World Ephemeris for the 20th Century

WORLD EPHEMERIS
for the
20th CENTURY
1900 to 2000
at Noon

1469 Morstein Road
West Chester, Pennsylvania 19380 USA

World Ephemeris for the 20th Century
1900 to 2000 at Noon

Copyright © 1983 Para Research, Inc.

Library of Congress Catalog Card Number: 83-60064
International Standard Book Number: 0-914918-61-3

Calculations compiled by Astro-Graphics Services,
Orleans, MA

Printed by R. R. Donnelley & Sons
55-pound Natural shade offset paper.
Edited by Marah Ren
Graphics by Robert Killam, Todd Sweet

Published by Whitford Press,
a division of Schiffer Publishing, Ltd.
This book may be purchased from the publisher.
Please include $2.00 postage.
Try your bookstore first.
Please send for free catalog to:
Whitford Press
c/o Schiffer Publishing, Ltd.
1469 Morstein Road
West Chester, Pennsylvania 19380

Manufactured in the United States of America

Preface

Within one compact, inexpensive volume, the *World Ephemeris* gives the longitudes of the Sun, Moon and planets once every twenty-four hours for 101 years, from January 1, 1900 through December 31, 2000. When used with a table of houses, this ephemeris provides all the basic information needed to construct horoscopes for the vast majority of people living today.

To suit the preference of astrologers who have learned to cast charts by various methods, there are two versions of this ephemeris. One gives the planetary positions each noon, the other gives them at midnight. The longitudes given in both versions are in the tropical zodiac, used by most astrologers in the Western world.

Following the practice of most modern ephemerides, both versions use Ephemeris Time, which in 1983 differed by less than a minute from the more familiar Greenwich Mean Time used in older ephemerides. Using Ephemeris Time with the Delta T correction table given in this ephemeris allows you to have maximum accuracy when you need it, but when you don't need great precision, Ephemeris Time can be used without correction just as you use GMT. Further on, you'll find directions on how to use the Delta T correction to take advantage of Ephemeris Time accuracy where it is appropriate to do so.

How to Read This Emphemeris

Both the noon and midnight versions of the *World Ephemeris* are set up in the same way, with two months per page. The column headings at the top of each month are as follows:

Day—The date of each day of the month. Breaks between weeks are indicated by blank rows between Saturdays and Sundays.
Sid. T.—The sidereal time on that day corresponding to noon or midnight Ephemeris Time.
Sun—The longitude of the Sun in the usual notation of degrees, sign, minutes and seconds.

The rest of the columns show the longitudes of the Moon, planets, and mean north (or ascending) node of the Moon.

At the bottom of each month is a line showing the dates and times of the Moon's phases and the Sun's ingress into a new sign. For example, here is the line for November, 1900:

11/22 Sun in Sag. 17:48 11/6 Full 23:00 11/14 3rd Qt. 2:37 R11/22 New 7:17(E) 11/29 1st Qt. 17:35

Let's look at this one piece at a time.

11/22 Sun in Sag. 17:48   On November 22, 1900, the Sun entered Sagittarius at 17:48 ET. Both the noon and midnight versions of this ephemeris give all times in twenty-four-hour time, in which midnight is 00:00 and noon is 12:00. Expressed in twelve-hour time, 17:48 is 5:48 P.M. This, of course, is Ephemeris Time in Greenwich, England. To convert this to the approximate clock time in a time zone in the continental United States, you would subtract five hours for Eastern Standard Time, six hours for Central Standard Time, seven hours for Mountain Standard Time, eight hours for Pacific Standard Time, etc. If daylight time is in effect, subtract one hour less than this. This time derived from Ephemeris Time will differ from Standard or Daylight time by less than two minutes. To convert it to the exact Standard or Daylight time, subtract the Delta T correction for that year, given in the following table.

11/6 Full 23:00   A full Moon occurred on November 6 at 23:00 ET or 11:00 P.M. ET.

11/14 3rd Qt. 2:37   The Moon's third quarter occurred on November 14 at 2:37 ET or 2:37 A.M. ET.

11/22 New 7:17(E)   On November 22 there was a new Moon that was also an eclipse of the Sun. All total, annular and major partial eclipses of both the Sun and the Moon are indicated in this manner. An "(E)" at a new Moon means an eclipse of the Sun, while an "(E)" on a full Moon means an eclipse of the Moon.

11/29 1st Qt. 17:35   The Moon's first quarter occurred on November 29 at 17:35 ET or 5:35 P.M. ET.

What Is Ephemeris Time?

Time, as we measure it by our clocks, is based on the Sun's apparent motion in the sky from east to west caused by the Earth turning on its axis. The most direct way to measure this kind of time is by a sundial. Sundials show Apparent Solar Time. The apparent solar day is the interval between two successive passages of the Sun over a given meridian (a north-south great circle passing directly over the head of the observer).

But the Sun does not appear to move at a constant speed. At some times of year the apparent solar day is slightly more than twenty-four hours and at other times slightly less. The apparent solar day is inconvenient when you are using clocks instead of sundials to tell time because it means that you have to reset the clocks every few days to make the Sun's meridian passage coincide with noon.

Therefore, the mean solar day was invented so that days could be the same length. The mean solar day is an average of the length of the apparent day over the course of a year. It is defined as the interval between two successive upper meridian passages of a fictional mean Sun (which is defined as traveling a constant 59′ 08″ per day forward along the celestial equator). The mean solar day gives rise to Mean Solar Time, which, with days, hours and minutes of a standard length, is the basis for modern time-keeping.

The use of Mean Solar Time allowed a great advance in ephemeris-making. In the eighteenth century, ephemerides were still based on apparent time, which, with days of unequal lenth, gave the positions of the planets at unequal intervals. When Mean Solar Time was adopted in the nineteenth century, the planetary positions could be given once every twenty-four hours, exactly, every day in the year. The Greenwich Mean Time in which most ephemerides came to be calculated is the local mean time at 0° longitude, the meridian passing through Greenwich, England. According to modern usage, the term Greenwich Mean Time is reserved for this kind of time stated as A.M. and P.M. When Greenwich Mean Time is stated in twenty-four-hour terms beginning at midnight, it is called Universal Time.

Universal Time remained the standard for ephemerides until the mid-twentieth century. Then, measuring time with extremely accurate quartz-crystal and atomic clocks made it apparent that something was slightly amiss. Predictions of the position of the Moon still departed by a tiny amount from what lunar theory predicted. At first, astronomers put small corrections into their Moon equations to account for the discrepancy. But gradually it became clear that it was not the Moon equations that were at fault. The rotations of the Earth, which was the ultimate basis of time-keeping and which had been assumed to be constant, was found in fact to vary by tiny amounts each day.

To correct for this, astronomers invented Ephemeris Time. Roughly speaking, Ephemeris Time is a perfect mean time that would be the same as Universal Time if the Earth rotated constantly on its axis. The astronomers arbitrarily created a standard tropical year, defining it as the time it took for the Sun to travel exactly 360° in the zodiac from January 0.5, 1900 (in the civil calendar, December 31, 1899 at noon GMT). Then they created standard-length days defined as divisions of the year 1900. Instead of giving planetary positions as of noon or midnight Greenwich Mean Time or Universal Time, present-day ephemerides give the positions as of noon or midnight Ephemeris Time.

Our clocks are still set according to Universal Time, however. This is the only way that the mean Sun can be made always to transit the Greenwich meridian at exactly noon. Universal Time and the standard times (Eastern Standard, Central Standard, etc.) that are derived from it keep our lives synchronized with the daily cycle of the Sun. To keep pace with the tiny variations in the Earth's rotation, Universal Time is reset a number of times a year. Once or twice a year, when the difference becomes great enough, the news media announce a "leap-second," and people reset their watches.

Since the 1890s the net effect of the variations in the Earth's rotational speed has been that the Earth has been slowing down. By 1890, the actual rotation of the Earth had fallen behind its assumed uniform rotation by fifty seconds of time. This difference is called the Delta T correction for 1890. The table following this introduction gives the values for each year since 1900.

How to Use the Delta T Correction

If you do not require great precision in casting charts, you do not need to concern yourself with the Delta T table. Leaving the Delta T correction out in 1982 can cause an error no greater than 2′ of arc for the Moon, and it will be even less for the other planets. Other factors actually will cause the Moon to be off by more than that amount. If you require greater accuracy, you can make the correction very simply by following these steps:

1. For erecting houses, use the Sidereal Time as given in the ephemeris without any changes, and use conventional Universal Time (UT), GMT, standard time or local mean time as you normally do. It is never appropriate to do house calculations in Ephemeris Time.

2. It is, however, appropriate to compute planetary positions using Ephemeris Time. Simply add the Delta T value for the birth year to the UT or GMT corresponding to the birth time. Then compute the planets using this time instead of the uncorrected GMT. (If the Delta T value is negative, as it was in 1900, subtract it from the UT or GMT.)

3. If you are erecting a chart for the time of a solar ingress or phase of the Moon as given in this ephemeris, remember that these times are in ET already. Therefore, do *not* add the Delta T correction when computing the planetary positions. Instead, when you are computing the houses, subtract Delta T from the time of the ingress or phase to convert this time from ET to UT. (If Delta T was negative, as it was in 1900, add it to the ET.) Then erect the houses as you normally do. In this case, not correcting would cause an error of up to 10′ of arc in the house cusps in 1982. This, however, is still not a serious error.

4. If you are computing a lunar or solar return, remember that the time of the return that you get using this ephemeris will also be in ET. Therefore, you should follow the same procedure as in step #3.

The Computations in This Ephemeris

In the *World Ephemeris* Mercury and Venus have been computed using modified formulas based on Volume 6 of the *Astronomical Papers Prepared for the American Ephemeris and Nautical Almanac (APAE)*. The modifications consisted of dropping all periodic perturbations of less than 1″ of arc. This results in final precision on the inner planets of ± 0.1′ of arc. The results were then rounded to the nearest minute of arc.

      In the case of Mars, the original elements of Volume 6 have been replaced by Ross's corrected elements. This is now the standard procedure used by the U.S. Naval Observatory in computing Mars positions for *The Astronomical Almanac* (which is what the *American Ephemeris and Nautical Almanac* has been called since 1980). Mars was also computed precise to ± 0.1′ of arc and then rounded to the nearest minute of arc.

The Sun was computed from Volume 6 of the *APAE,* but the full theory was used so that the Sun is precise to better than 1″ of arc. For the final ephemeris the results were rounded to the nearest second.

The outer planets were computed using positions derived from the starting conditions of Volume 22 of the *APAE.* These positions are considerably improved over those given in *The Astronomical Almanac,* which are based on the older Volume 12 of the *APAE.* I was helped by Mark Pottenger, who has been kind enough to supply the astrological community with a program that computes high-precision outer-planet ephemerides from the starting conditions given in Volume 22. I translated Pottenger's program from the North Star dialect of BASIC to Microsoft BASIC-80, which has full sixteen-digit precision. I then computed outer-planet ephemerides by numerical integration for the period from approximately 1300 B.C. to A.D. 2150. Although in most cases it is not noticeable, the outer-planet calculations in this ephemeris are better than those of *The Astronomical Almanac.*

The Moon was computed from a modified version of the formulae given in the *Improved Lunar Ephemeris.* The positions were computed to within 2″ of arc and then rounded to the nearest minute.

Once all positions were computed, they were corrected for nutation and aberration, to better than 1″ of arc. This ephemeris gives apparent longitudes, which is the nearly universal practice of astrological ephemerides.

Comparison with Other Ephemerides

From time to time the reader will notice differences between this ephemeris and others widely used by the astrological community. It is not a matter of this or that ephemeris being right and the other wrong. It is the result of certain conventions being used in one or the other and different choices being made.

Occasionally there will be differences of a minute of arc in a position (a second in the case of the Sun) or a minute in the time of a lunar phase or solar ingress. This is the result of rounding off. The actual positions in these cases were near thirty seconds of arc or time, so one program rounded one way and the other program the other way. The actual difference is never as great as a whole minute of arc or time.

For retrograde dates, different conventions are sometimes employed. Some ephemerides mark planets direct or retrograde on the midnight or noon preceding the actual station. Thus, at midnight or noon on the date given, the planet's motion has not actually changed direction. In the *World Ephemeris* the change of direction is not noted until the first midnight or noon after which the planet has actually changed direction. This is the practice of most older ephemerides, and it seems to me the more rational way of presenting the information.

The Limits of Ephemeris Accuracy

There are several good reasons for computing this ephemeris to the precisions stated above. The most significant reason is that this degree of precision is realistic! Astrologers have a regard for the accuracy of astronomical calculations that is often not warranted by the facts, particularly regarding government ephemerides such as *The Astronomical Almanac.*

Although NASA and the Jet Propulsion Laboratory have done extremely precise planetary computations for calculating the trajectories of lunar and planetary probes, these data have not yet been adopted by the government ephemerides, which as of 1983 still compute the inner planets and Sun from tables created in the late nineteenth and early twentieth century. These ephemerides compute the outer planets from more modern tables generated in 1950, which gives good results for Jupiter and Saturn, but still makes Pluto quite inaccurate. Recently the Neptune equations have also become suspect, as new evidence suggests that Galileo sighted Neptune not exactly where it should have been according to today's theory of Neptune's orbit.

These inaccuracies are not large enough to matter when you are doing calculations for births during this century timed only to the minute. They do, however, prevent you from doing things like computing a chart for the exact time a Uranus-Pluto (or any other outer-planet) aspect forms. These planets move so slowly that the time given in an ephemeris for such an aspect may not be accurate even to the day, let alone the hour and minute. Such inaccuracy is not due to the sloppiness of the ephemeris compiler, it is due to the inadequacies of present-day planetary theory.

Several astrologers have expressed a desire for planetary positions accurate enough to use in calculating planetary returns (charts erected for the moment a transiting planet conjoins its natal position). This can be done for the inner planets, but the outer planets are not computed with sufficient accuracy to calculate the returns with an accurate Ascendant and Midheaven. When new data makes it possible to compute an ephemeris sufficiently accurate to justify giving Uranus, Neptune and Pluto positions accurate to better than a tenth of a second of arc, then we will be justified in computing the times of their mutual aspects and their transits over natal positions. Until then, however, we should be realistic about the shortcomings of all existing ephemerides and work within their limitations.

This ephemeris gives planetary positions using the best information available today. It is photographed directly from computer output so there is no chance of typographical errors. Included at the end of the *World Ephemeris* are a number of blank horoscope forms on which you can plot your chart.

Delta T for About July 1 of Each Year
Delta T = Ephemeris Time − Universal Time

Year	ΔT	Year	ΔT	Year	ΔT	Year	ΔT
1900	− 3.9	1905	3.1	1910	10.5	1915	15.8
1901	− 2.9	1906	4.6	1911	12.1	1916	17.5
1902	− 0.6	1907	5.9	1912	12.5	1917	19.0
1903	0.7	1908	7.2	1913	14.4	1918	18.4
1904	1.8	1909	8.6	1914	15.6	1919	19.6
1920	20.4	1925	22.7	1930	23.2	1935	23.6
1921	21.0	1926	22.9	1931	23.3	1936	23.5
1922	21.8	1927	22.9	1932	23.6	1937	23.6
1923	21.8	1928	22.7	1933	23.5	1938	24.0
1924	22.4	1929	22.9	1934	23.7	1939	23.8
1940	24.2	1945	26.4	1950	29.4	1955	31.6
1941	25.0	1946	26.9	1951	29.7	1956	31.5
1942	25.0	1947	27.7	1952	30.3	1957	31.9
1943	25.7	1948	28.1	1953	31.0	1958	32.5
1944	26.2	1949	28.9	1954	31.1	1959	32.9
1960	33.4	1965	36.1	1970	40.7	1975	46.0
1961	33.8	1966	37.0	1971	41.7	1976	47.0
1962	34.2	1967	37.9	1972	42.8	1977	48.0
1963	34.7	1968	38.8	1973	44.0	1978	49.1
1964	35.4	1969	39.7	1974	45.0	1979	50.1
1980	51.0	1985	____	1990	____	1995	____
1981	51.8	1986	____	1991	____	1996	____
1982	52.6*	1987	____	1992	____	1997	____
1983	53.5*	1988	____	1993	____	1998	____
1984	____	1989	____	1994	____	1999	____

2000   ____

*estimated

The value of Delta T is derived from actual observation of the Earth's rotation as it fluctuates from year to year. Therefore, it cannot be known precisely in advance. As of the 1980s, it was increasing by approximately one second a year. Adding a second for every year after 1983 will give you precision more than adequate for almost all astrological use. Blank spaces have been provided in case you wish to update this table when exact information for future years is made available in *The Astronomical Almanac* by the U.S. Naval and Royal Greenwich observatories.

Day	Sid. T.	Sun	Moon	Merc.	Venus	Mars	Jup.	Saturn	Uranus	Nept.	Pluto	N.Node
1	18:42:44	10Cp39 48	9Cp37	19Sg38	7Aq 0	14Cp15	1Sg14	27Sg46	10Sg10	25Ge12R	15Ge14R	19Sg 8
2	18:46:40	11 41 0	24 13	20 56	8 14	15 1	1 26	27 53	10 13	25 11	15 13	19 5
3	18:50:37	12 42 11	8Aq58	22 16	9 29	15 48	1 37	28 0	10 16	25 9	15 12	19 1
4	18:54:33	13 43 22	23 46	23 37	10 43	16 34	1 49	28 7	10 20	25 7	15 11	18 58
5	18:58:30	14 44 33	8Pi28	24 58	11 58	17 20	2 0	28 14	10 23	25 6	15 10	18 55
6	19: 2:26	15 45 43	22 59	26 21	13 12	18 7	2 12	28 21	10 26	25 4	15 9	18 52
7	19: 6:23	16 46 53	7Ar14	27 45	14 27	18 53	2 23	28 28	10 29	25 3	15 8	18 49
8	19:10:19	17 48 2	21 11	29 10	15 41	19 40	2 34	28 35	10 32	25 1	15 7	18 46
9	19:14:16	18 49 11	4Ta50	0Cp35	16 56	20 26	2 45	28 42	10 35	25 0	15 6	18 42
10	19:18:13	19 50 19	18 11	2 1	18 10	21 13	2 56	28 48	10 38	24 58	15 6	18 39
11	19:22: 9	20 51 26	1Ge17	3 28	19 24	21 59	3 7	28 55	10 42	24 57	15 5	18 36
12	19:26: 6	21 52 34	14 9	4 56	20 39	22 46	3 18	29 2	10 45	24 55	15 4	18 33
13	19:30: 2	22 53 40	26 48	6 24	21 53	23 33	3 29	29 9	10 48	24 54	15 3	18 30
14	19:33:59	23 54 46	9Cn17	7 53	23 7	24 19	3 40	29 15	10 50	24 52	15 2	18 27
15	19:37:55	24 55 51	21 36	9 22	24 21	25 6	3 50	29 22	10 53	24 51	15 1	18 23
16	19:41:52	25 56 56	3Le47	10 52	25 36	25 53	4 1	29 28	10 56	24 49	15 0	18 20
17	19:45:48	26 58 1	15 50	12 23	26 50	26 39	4 11	29 35	10 59	24 48	14 59	18 17
18	19:49:45	27 59 5	27 47	13 54	28 4	27 26	4 22	29 42	11 2	24 47	14 59	18 14
19	19:53:42	29 0 8	9Vi40	15 26	29 18	28 13	4 32	29 48	11 5	24 45	14 58	18 11
20	19:57:38	0Aq 1 11	21 32	16 58	0Pi32	29 0	4 42	29 55	11 7	24 44	14 57	18 7
21	20: 1:35	1 2 13	3Li25	18 31	1 46	29 47	4 52	0Cp 1	11 10	24 43	14 56	18 4
22	20: 5:31	2 3 15	15 22	20 5	3 0	0Aq34	5 2	0 7	11 13	24 41	14 55	18 1
23	20: 9:28	3 4 16	27 29	21 39	4 14	1 20	5 12	0 14	11 15	24 40	14 55	17 58
24	20:13:24	4 5 17	9Sc51	23 14	5 28	2 7	5 22	0 20	11 18	24 39	14 54	17 55
25	20:17:21	5 6 17	22 31	24 49	6 41	2 54	5 31	0 26	11 21	24 38	14 53	17 52
26	20:21:17	6 7 17	5Sg35	26 25	7 55	3 41	5 41	0 32	11 23	24 36	14 53	17 48
27	20:25:14	7 8 16	19 5	28 2	9 9	4 28	5 50	0 39	11 26	24 35	14 52	17 45
28	20:29:11	8 9 14	3Cp 4	29 39	10 23	5 15	6 0	0 45	11 28	24 34	14 51	17 42
29	20:33: 7	9 10 12	17 31	1Aq17	11 36	6 2	6 9	0 51	11 30	24 33	14 51	17 39
30	20:37: 4	10 11 9	2Aq21	2 56	12 50	6 50	6 18	0 57	11 33	24 32	14 50	17 36
31	20:41: 0	11 12 4	17 28	4 35	14 3	7 37	6 27	1 3	11 35	24 31	14 50	17 33

1/20 Sun in Aqu. 11:32   1/1 New 13:52   1/8 1st Qt. 5:40   1/15 Full 19:07   1/23 3rd Qt. 23:53   1/31 New 1:23

Day	Sid. T.	Sun	Moon	Merc.	Venus	Mars	Jup.	Saturn	Uranus	Nept.	Pluto	N.Node
1	20:44:57	12Aq12 59	2Pi40	6Aq15	15Pi17	8Aq24	6Sg36	1Cp 9	11Sg37	24Ge30R	14Ge49R	17Sg29
2	20:48:53	13 13 52	17 47	7 56	16 30	9 11	6 44	1 15	11 40	24 29	14 48	17 26
3	20:52:50	14 14 44	2Ar41	9 37	17 44	9 58	6 53	1 21	11 42	24 28	14 48	17 23
4	20:56:46	15 15 34	17 13	11 20	18 57	10 45	7 2	1 26	11 44	24 27	14 47	17 20
5	21: 0:43	16 16 23	1Ta20	13 3	20 10	11 32	7 10	1 32	11 46	24 26	14 47	17 17
6	21: 4:40	17 17 11	15 1	14 46	21 23	12 20	7 18	1 38	11 48	24 25	14 46	17 13
7	21: 8:36	18 17 57	28 18	16 31	22 36	13 7	7 26	1 43	11 50	24 24	14 46	17 10
8	21:12:33	19 18 41	11Ge13	18 16	23 49	13 54	7 34	1 49	11 52	24 23	14 46	17 7
9	21:16:29	20 19 24	23 53	20 3	25 2	14 41	7 42	1 54	11 54	24 22	14 45	17 4
10	21:20:26	21 20 6	6Cn15	21 49	26 15	15 28	7 50	2 0	11 56	24 22	14 45	17 1
11	21:24:22	22 20 46	18 23	23 37	27 28	16 16	7 57	2 5	11 58	24 21	14 44	16 58
12	21:28:19	23 21 24	0Le35	25 26	28 41	17 3	8 5	2 10	11 59	24 20	14 44	16 54
13	21:32:16	24 22 0	12 36	27 15	29 54	17 50	8 12	2 16	12 1	24 19	14 44	16 51
14	21:36:12	25 22 35	24 32	29 5	1Ar 6	18 37	8 19	2 21	12 3	24 18	14 43	16 48
15	21:40: 9	26 23 9	6Vi26	0Pi55	2 19	19 25	8 26	2 26	12 4	24 18	14 43	16 45
16	21:44: 5	27 23 41	18 19	2 46	3 31	20 12	8 33	2 31	12 6	24 17	14 43	16 42
17	21:48: 2	28 24 12	0Li11	4 37	4 43	20 59	8 40	2 36	12 7	24 16	14 43	16 38
18	21:51:58	29 24 41	12 6	6 29	5 56	21 47	8 46	2 41	12 9	24 16	14 42	16 35
19	21:55:55	0Pi25 9	24 5	8 21	7 8	22 34	8 53	2 46	12 10	24 16	14 42	16 32
20	21:59:51	1 25 35	6Sc12	10 13	8 20	23 21	8 59	2 51	12 12	24 16	14 42	16 29
21	22: 3:48	2 26 0	18 32	12 5	9 32	24 8	9 5	2 55	12 13	24 15	14 42	16 26
22	22: 7:44	3 26 24	1Sg 7	13 56	10 44	24 56	9 11	3 0	12 14	24 15	14 42	16 23
23	22:11:41	4 26 47	14 3	15 47	11 56	25 43	9 17	3 4	12 15	24 14	14 42	16 19
24	22:15:38	5 27 8	27 25	17 37	13 8	26 30	9 23	3 9	12 17	24 14	14 42	16 16
25	22:19:34	6 27 27	11Cp15	19 26	14 19	27 18	9 28	3 13	12 18	24 14	14 42	16 13
26	22:23:31	7 27 46	25 34	21 13	15 31	28 5	9 33	3 18	12 19	24 13	14 42	16 10
27	22:27:27	8 28 2	10Aq21	22 58	16 43	28 52	9 39	3 22	12 20	24 13	14 42D	16 7
28	22:31:24	9 28 17	25 29	24 40	17 54	29 40	9 44	3 26	12 21	24 13	14 42	16 4

2/19 Sun in Pis. 2:01   2/6 1st Qt. 16:23   2/14 Full 13:50   2/22 3rd Qt. 16:44

MARCH 1900

Day	Sid. T.	Sun	Moon	Merc.	Venus	Mars	Jup.	Saturn	Uranus	Nept.	Pluto	N.Node
1	22:35:20	10Pi28 30	10Pi49	26Pi19	19Ar 5	0Pi27	9Sg48	3Cp30	12Sg22	24Ge13R	14Ge42	16Sg 0
2	22:39:17	11 28 42	26 10	27 54	20 17	1 14	9 53	3 34	12 22	24 13	14 42	15 57
3	22:43:13	12 28 51	11Ar19	29 26	21 28	2 2	9 58	3 38	12 23	24 13	14 42	15 54
4	22:47:10	13 28 58	26 7	0Ar52	22 39	2 49	10 2	3 42	12 24	24 13	14 42	15 51
5	22:51: 7	14 29 4	10Ta28	2 13	23 49	3 36	10 6	3 46	12 25	24 13	14 42	15 48
6	22:55: 3	15 29 7	24 19	3 29	25 0	4 24	10 10	3 49	12 25	24 13D	14 42	15 44
7	22:59: 0	16 29 8	7Ge42	4 38	26 11	5 11	10 14	3 53	12 26	24 13	14 42	15 41
8	23: 2:56	17 29 7	20 39	5 40	27 21	5 58	10 18	3 57	12 26	24 13	14 42	15 38
9	23: 6:53	18 29 4	3Cn14	6 34	28 32	6 45	10 21	4 0	12 27	24 13	14 43	15 35
10	23:10:49	19 28 59	15 33	7 21	29 42	7 33	10 24	4 3	12 27	24 13	14 43	15 32
11	23:14:46	20 28 51	27 40	8 0	0Ta52	8 20	10 27	4 7	12 28	24 13	14 43	15 29
12	23:18:42	21 28 41	9Le39	8 30	2 2	9 7	10 30	4 10	12 28	24 13	14 43	15 25
13	23:22:39	22 28 30	21 33	8 52	3 12	9 54	10 33	4 13	12 28	24 14	14 44	15 22
14	23:26:36	23 28 15	3Vi25	9 5	4 22	10 42	10 36	4 16	12 28	24 14	14 44	15 19
15	23:30:32	24 27 59	15 18	9 10	5 31	11 29	10 38	4 19	12 29	24 14	14 44	15 16
16	23:34:29	25 27 41	27 11	9 6R	6 41	12 16	10 40	4 22	12 29	24 15	14 45	15 13
17	23:38:25	26 27 21	9Li 8	8 54	7 50	13 3	10 42	4 24	12 29	24 15	14 45	15 10
18	23:42:22	27 26 59	21 8	8 35	8 59	13 50	10 44	4 27	12 29R	24 15	14 45	15 6
19	23:46:18	28 26 35	3Sc15	8 8	10 8	14 37	10 46	4 30	12 29	24 16	14 46	15 3
20	23:50:15	29 26 9	15 29	7 35	11 17	15 25	10 47	4 32	12 29	24 16	14 46	15 0
21	23:54:11	0Ar25 41	27 53	6 56	12 26	16 12	10 49	4 34	12 28	24 17	14 47	14 57
22	23:58: 8	1 25 12	10Sg31	6 13	13 34	16 59	10 50	4 37	12 28	24 17	14 47	14 54
23	0: 2: 4	2 24 40	23 26	5 25	14 43	17 46	10 51	4 39	12 28	24 18	14 48	14 50
24	0: 6: 1	3 24 7	6Cp43	4 35	15 51	18 33	10 51	4 41	12 28	24 19	14 48	14 47
25	0: 9:58	4 23 33	20 23	3 43	16 59	19 20	10 52	4 43	12 27	24 19	14 49	14 44
26	0:13:54	5 22 56	4Aq30	2 51	18 7	20 7	10 52	4 45	12 27	24 20	14 49	14 41
27	0:17:51	6 22 18	19 2	1 59	19 15	20 54	10 52	4 47	12 26	24 21	14 50	14 38
28	0:21:47	7 21 38	3Pi56	1 9	20 22	21 41	10 52R	4 48	12 25	24 21	14 51	14 35
29	0:25:44	8 20 56	19 5	0 21	21 30	22 28	10 52	4 50	12 25	24 22	14 51	14 31
30	0:29:40	9 20 12	4Ar18	29Pi36	22 37	23 15	10 52	4 51	12 25	24 23	14 52	14 28
31	0:33:37	10 19 26	19 26	28 56	23 44	24 2	10 51	4 53	12 24	24 24	14 52	14 25

3/21 Sun in Ari. 1:39   3/1 New 11:25   3/8 1st Qt. 5:34   3/16 Full 8:12   3/24 3rd Qt. 5:36   3/30 New 20:30

APRIL 1900

Day	Sid. T.	Sun	Moon	Merc.	Venus	Mars	Jup.	Saturn	Uranus	Nept.	Pluto	N.Node
1	0:37:33	11Ar18 38	4Ta17	28Pi20R	24Ta51	24Pi48	10Sg50R	4Cp54	12Sg23R	24Ge25	14Ge53	14Sg22
2	0:41:30	12 17 48	18 45	27 48	25 57	25 35	10 49	4 55	12 22	24 26	14 54	14 19
3	0:45:27	13 16 56	2Ge44	27 22	27 3	26 22	10 48	4 56	12 22	24 27	14 55	14 16
4	0:49:23	14 16 1	16 15	27 1	28 10	27 9	10 47	4 57	12 21	24 28	14 55	14 12
5	0:53:20	15 15 4	29 19	26 46	29 15	27 56	10 45	4 58	12 20	24 29	14 56	14 9
6	0:57:16	16 14 5	11Cn59	26 36	0Ge21	28 42	10 43	4 59	12 19	24 30	14 57	14 6
7	1: 1:13	17 13 3	24 20	26 32	1 27	29 29	10 42	5 0	12 18	24 31	14 58	14 3
8	1: 5: 9	18 12 0	6Le27	26 33D	2 32	0Ar16	10 39	5 1	12 17	24 32	14 59	14 0
9	1: 9: 6	19 10 53	18 25	26 40	3 37	1 2	10 37	5 1	12 16	24 33	14 59	13 56
10	1:13: 2	20 9 45	0Vi17	26 51	4 41	1 49	10 35	5 1	12 14	24 34	15 0	13 53
11	1:16:59	21 8 34	12 8	27 8	5 46	2 35	10 32	5 2	12 13	24 35	15 1	13 50
12	1:20:56	22 7 21	24 1	27 29	6 50	3 22	10 29	5 2	12 12	24 36	15 2	13 47
13	1:24:52	23 6 7	5Li58	27 55	7 54	4 8	10 26	5 2	12 11	24 38	15 3	13 44
14	1:28:49	24 4 50	18 1	28 25	8 57	4 55	10 23	5 2R	12 9	24 39	15 4	13 41
15	1:32:45	25 3 31	0Sc11	28 59	10 1	5 41	10 20	5 2	12 8	24 40	15 5	13 37
16	1:36:42	26 2 10	12 29	29 38	11 4	6 28	10 17	5 2	12 6	24 41	15 6	13 34
17	1:40:38	27 0 47	24 57	0Ar20	12 6	7 14	10 13	5 1	12 5	24 43	15 7	13 31
18	1:44:35	27 59 22	7Sg35	1 5	13 9	8 0	10 9	5 1	12 4	24 44	15 8	13 28
19	1:48:31	28 57 56	20 25	1 55	14 11	8 47	10 5	5 1	12 2	24 46	15 9	13 25
20	1:52:28	29 56 27	3Cp30	2 47	15 13	9 33	10 1	5 0	12 0	24 47	15 10	13 22
21	1:56:25	0Ta54 59	16 52	3 43	16 14	10 19	9 57	5 0	11 59	24 49	15 11	13 18
22	2: 0:21	1 53 27	0Aq31	4 41	17 15	11 5	9 52	4 59	11 57	24 50	15 12	13 15
23	2: 4:18	2 51 55	14 30	5 43	18 16	11 51	9 48	4 58	11 55	24 51	15 13	13 12
24	2: 8:14	3 50 20	28 48	6 47	19 16	12 37	9 43	4 57	11 54	24 53	15 14	13 9
25	2:12:11	4 48 44	13Pi22	7 54	20 16	13 24	9 38	4 56	11 52	24 55	15 15	13 6
26	2:16: 7	5 47 7	28 9	9 3	21 16	14 10	9 33	4 55	11 50	24 56	15 16	13 2
27	2:20: 4	6 45 27	13Ar 0	10 15	22 15	14 56	9 28	4 54	11 48	24 58	15 17	12 59
28	2:24: 0	7 43 47	27 49	11 29	23 13	15 41	9 22	4 52	11 46	24 59	15 18	12 56
29	2:27:57	8 42 4	12Ta26	12 46	24 12	16 27	9 17	4 51	11 44	25 1	15 20	12 53
30	2:31:53	9 40 20	26 46	14 5	25 10	17 13	9 11	4 49	11 43	25 3	15 21	12 50

4/20 Sun in Tau. 13:27   4/6 1st Qt. 20:55   4/15 Full 1:02   4/22 3rd Qt. 14:33   4/29 New 5:23

Day	Sid. T.	Sun	Moon	Merc.	Venus	Mars	Jup.	Saturn	Uranus	Nept.	Pluto	N.Node
1	2:35:50	10Ta38 34	10Co43	15Ar26	26Ge 7	17Ar59	9Sg 5R	4Cp48R	11Sg41R	25Co 4	15Co22	12Sg47
2	2:39:47	11 36 45	24 16	16 49	27 4	18 45	8 59	4 46	11 39	25 6	15 23	12 43
3	2:43:43	12 34 56	7Cn23	18 14	28 0	19 31	8 53	4 44	11 37	25 8	15 24	12 40
4	2:47:40	13 33 4	20 8	19 41	28 56	20 16	8 47	4 43	11 34	25 10	15 25	12 37
5	2:51:36	14 31 10	2Le33	21 11	29 51	21 2	8 41	4 41	11 32	25 11	15 27	12 34
6	2:55:33	15 29 14	14 43	22 42	0Cn46	21 47	8 35	4 39	11 30	25 13	15 28	12 31
7	2:59:29	16 27 16	26 43	24 16	1 40	22 33	8 28	4 36	11 28	25 15	15 29	12 27
8	3: 3:26	17 25 17	8Vi37	25 51	2 34	23 18	8 21	4 34	11 26	25 17	15 30	12 24
9	3: 7:23	18 23 15	20 29	27 29	3 27	24 4	8 15	4 32	11 24	25 19	15 32	12 21
10	3:11:19	19 21 12	2Li24	29 9	4 19	24 49	8 8	4 29	11 22	25 21	15 33	12 18
11	3:15:16	20 19 7	14 25	0Ta50	5 11	25 35	8 1	4 27	11 19	25 22	15 34	12 15
12	3:19:12	21 17 0	26 35	2 34	6 2	26 20	7 54	4 24	11 17	25 24	15 35	12 12
13	3:23: 9	22 14 51	8Sc55	4 19	6 52	27 5	7 47	4 22	11 15	25 26	15 37	12 8
14	3:27: 5	23 12 41	21 27	6 7	7 42	27 50	7 40	4 19	11 12	25 28	15 38	12 5
15	3:31: 2	24 10 30	4Sg12	7 56	8 30	28 35	7 33	4 16	11 10	25 30	15 39	12 2
16	3:34:58	25 8 17	17 11	9 48	9 18	29 20	7 26	4 14	11 8	25 32	15 41	11 59
17	3:38:55	26 6 3	0Cp22	11 41	10 6	0Ta 6	7 18	4 11	11 5	25 34	15 42	11 56
18	3:42:52	27 3 48	13 47	13 37	10 52	0 50	7 11	4 8	11 3	25 36	15 43	11 53
19	3:46:48	28 1 32	27 25	15 35	11 38	1 35	7 4	4 5	11 1	25 38	15 45	11 49
20	3:50:45	28 59 14	11Aq15	17 34	12 22	2 20	6 56	4 1	10 58	25 40	15 46	11 46
21	3:54:41	29 56 16	25 16	19 35	13 6	3 5	6 49	3 58	10 56	25 42	15 47	11 43
22	3:58:38	0Ge54 36	9Pi28	21 38	13 48	3 50	6 41	3 55	10 53	25 44	15 49	11 40
23	4: 2:34	1 52 15	23 47	23 43	14 30	4 35	6 33	3 52	10 51	25 46	15 50	11 37
24	4: 6:31	2 49 54	8Ar11	25 49	15 11	5 19	6 26	3 48	10 49	25 48	15 51	11 33
25	4:10:27	3 47 31	22 36	27 57	15 50	6 4	6 18	3 45	10 46	25 51	15 53	11 30
26	4:14:24	4 45 8	6Ta57	0Ge 6	16 29	6 49	6 11	3 41	10 44	25 53	15 54	11 27
27	4:18:21	5 42 43	21 10	2 16	17 6	7 33	6 3	3 38	10 41	25 55	15 55	11 24
28	4:22:17	6 40 18	5Ge 9	4 27	17 42	8 18	5 55	3 34	10 39	25 57	15 57	11 21
29	4:26:14	7 37 51	18 52	6 39	18 16	9 2	5 48	3 30	10 36	25 59	15 58	11 18
30	4:30:10	8 35 23	2Cn15	8 51	18 50	9 46	5 40	3 26	10 34	26 1	15 59	11 14
31	4:34: 7	9 32 54	15 18	11 3	19 22	10 31	5 32	3 23	10 31	26 3	16 1	11 11

5/21 Sun in Gem. 13:17   5/6 1st Qt. 13:39   5/14 Full 15:37   5/21 3rd Qt. 20:31   5/28 New 14:50(E)

Day	Sid. T.	Sun	Moon	Merc.	Venus	Mars	Jup.	Saturn	Uranus	Nept.	Pluto	N.Node
1	4:38: 3	10Ge30 24	28Cn 2	13Ge15	19Cn52	11Ta15	5Sg25R	3Cp19R	10Sg29R	26Ge 5	16Ge 2	11Sg 8
2	4:42: 0	11 27 53	10Le29	15 26	20 21	11 59	5 17	3 15	10 26	26 8	16 4	11 5
3	4:45:56	12 25 20	22 41	17 37	20 49	12 43	5 10	3 11	10 24	26 10	16 5	11 2
4	4:49:53	13 22 46	4Vi42	19 47	21 15	13 27	5 2	3 7	10 21	26 12	16 6	10 59
5	4:53:50	14 20 11	16 37	21 55	21 39	14 11	4 55	3 3	10 19	26 14	16 8	10 55
6	4:57:46	15 17 35	28 31	24 2	22 2	14 55	4 47	2 59	10 17	26 16	16 9	10 52
7	5: 1:43	16 14 58	10Li27	26 8	22 23	15 39	4 40	2 55	10 14	26 19	16 11	10 49
8	5: 5:39	17 12 19	22 30	28 11	22 41	16 23	4 32	2 51	10 12	26 21	16 12	10 46
9	5: 9:36	18 9 40	4Sc44	0Cn13	22 58	17 7	4 25	2 46	10 9	26 23	16 13	10 43
10	5:13:32	19 7 0	17 12	2 13	23 14	17 51	4 18	2 42	10 7	26 25	16 15	10 39
11	5:17:29	20 4 19	29 57	4 10	23 27	18 34	4 11	2 38	10 4	26 27	16 16	10 36
12	5:21:25	21 1 37	12Sg59	6 6	23 38	19 18	4 4	2 34	10 2	26 30	16 18	10 33
13	5:25:22	21 58 54	26 19	7 59	23 46	20 1	3 57	2 29	10 0	26 32	16 19	10 30
14	5:29:19	22 56 11	9Cp56	9 50	23 53	20 45	3 50	2 25	9 57	26 34	16 20	10 27
15	5:33:15	23 53 27	23 48	11 38	23 58	21 28	3 43	2 21	9 55	26 36	16 22	10 24
16	5:37:12	24 50 43	7Aq50	13 24	24 0	22 12	3 36	2 17	9 52	26 39	16 23	10 20
17	5:41: 8	25 47 58	22 1	15 8	24 0R	22 55	3 30	2 12	9 50	26 41	16 24	10 17
18	5:45: 5	26 45 13	6Pi16	16 49	23 57	23 38	3 23	2 8	9 48	26 43	16 26	10 14
19	5:49: 1	27 42 28	20 32	18 28	23 52	24 21	3 17	2 3	9 45	26 45	16 27	10 11
20	5:52:58	28 39 43	4Ar46	20 4	23 45	25 4	3 10	1 59	9 43	26 48	16 29	10 8
21	5:56:54	29 36 58	18 55	21 38	23 35	25 48	3 4	1 55	9 41	26 50	16 30	10 5
22	6: 0:51	0Cn34 12	2Ta59	23 9	23 23	26 31	2 58	1 50	9 39	26 52	16 31	10 1
23	6: 4:48	1 31 27	16 54	24 38	23 9	27 13	2 52	1 46	9 36	26 54	16 33	9 58
24	6: 8:44	2 28 41	0Ge39	26 5	22 52	27 56	2 46	1 41	9 34	26 57	16 34	9 55
25	6:12:41	3 25 55	14 12	27 29	22 33	28 39	2 40	1 37	9 32	26 59	16 35	9 52
26	6:16:37	4 23 9	27 33	28 50	22 12	29 22	2 35	1 32	9 30	27 1	16 37	9 49
27	6:20:34	5 20 23	10Cn39	0Le 9	21 49	0Ge 5	2 29	1 28	9 28	27 3	16 38	9 45
28	6:24:30	6 17 37	23 30	1 25	21 23	0 47	2 24	1 24	9 25	27 5	16 39	9 42
29	6:28:27	7 14 50	6Le 6	2 39	20 56	1 30	2 19	1 19	9 23	27 8	16 41	9 39
30	6:32:23	8 12 3	18 29	3 49	20 26	2 12	2 14	1 15	9 21	27 10	16 42	9 36

6/21 Sun in Can. 21:40   6/5 1st Qt. 6:58   6/13 Full 3:38(E)   6/20 3rd Qt. 0:57   6/27 New 1:27

JULY 1900

Day	Sid. T.	Sun	Moon	Merc.	Venus	Mars	Jup.	Saturn	Uranus	Nept.	Pluto	N.Node
1	6:36:20	9Cn 9 16	0Vi39	4Le57	19Cn55R	2Ge55	2Sg 9R	1Cp11R	9Sg19R	27Ge12	16Ge43	9Sg33
2	6:40:17	10 6 29	12 39	6 2	19 23	3 37	2 4	1 6	9 17	27 14	16 45	9 30
3	6:44:13	11 3 41	24 34	7 4	18 49	4 20	2 0	1 2	9 15	27 16	16 46	9 26
4	6:48:10	12 0 53	6Li26	8 3	18 14	5 2	1 55	0 58	9 13	27 19	16 47	9 23
5	6:52: 6	12 58 4	18 21	8 59	17 38	5 44	1 51	0 53	9 11	27 21	16 48	9 20
6	6:56: 3	13 55 16	0Sc24	9 51	17 1	6 26	1 47	0 49	9 9	27 23	16 50	9 17
7	6:59:59	14 52 27	12 39	10 40	16 24	7 8	1 43	0 45	9 8	27 25	16 51	9 14
8	7: 3:56	15 49 38	25 10	11 25	15 46	7 50	1 39	0 41	9 6	27 27	16 52	9 10
9	7: 7:52	16 46 50	8Sg 2	12 7	15 8	8 32	1 36	0 36	9 4	27 29	16 53	9 7
10	7:11:49	17 44 1	21 16	12 45	14 31	9 14	1 32	0 32	9 2	27 32	16 55	9 4
11	7:15:46	18 41 12	4Cp54	13 19	13 54	9 56	1 29	0 28	9 0	27 34	16 56	9 1
12	7:19:42	19 38 24	18 53	13 49	13 18	10 37	1 26	0 24	8 59	27 36	16 57	8 58
13	7:23:39	20 35 36	3Aq11	14 15	12 43	11 19	1 23	0 20	8 57	27 38	16 58	8 55
14	7:27:35	21 32 48	17 42	14 36	12 9	12 1	1 21	0 16	8 56	27 40	16 59	8 51
15	7:31:32	22 30 0	2Pi19	14 53	11 36	12 42	1 18	0 12	8 54	27 42	17 1	8 48
16	7:35:28	23 27 14	16 55	15 5	11 5	13 24	1 16	0 8	8 52	27 44	17 2	8 45
17	7:39:25	24 24 27	1Ar25	15 12	10 35	14 5	1 13	0 5	8 51	27 46	17 3	8 42
18	7:43:21	25 21 42	15 45	15 13	10 8	14 46	1 11	0 1	8 49	27 48	17 4	8 39
19	7:47:18	26 18 57	29 50	15 13R	9 42	15 28	1 10	29Sg57	8 48	27 50	17 5	8 36
20	7:51:15	27 16 13	13Ta41	15 6	9 19	16 9	1 8	29 53	8 47	27 52	17 6	8 32
21	7:55:11	28 13 30	27 18	14 54	8 57	16 50	1 6	29 50	8 45	27 54	17 7	8 29
22	7:59: 8	29 10 48	10Ge41	14 37	8 38	17 31	1 5	29 46	8 44	27 56	17 9	8 26
23	8: 3: 4	0Le 8 7	23 51	14 15	8 21	18 12	1 4	29 43	8 43	27 58	17 10	8 23
24	8: 7: 1	1 5 27	6Cn49	13 49	8 7	18 53	1 3	29 39	8 42	28 0	17 11	8 20
25	8:10:57	2 2 47	19 35	13 19	7 55	19 34	1 2	29 36	8 40	28 2	17 12	8 16
26	8:14:54	3 0 8	2Le11	12 45	7 45	20 15	1 2	29 33	8 39	28 4	17 13	8 13
27	8:18:51	3 57 30	14 35	12 7	7 38	20 55	1 1	29 29	8 38	28 6	17 14	8 10
28	8:22:47	4 54 52	26 49	11 27	7 33	21 36	1 1	29 26	8 37	28 8	17 15	8 7
29	8:26:44	5 52 15	8Vi53	10 44	7 30	22 16	1 1D	29 23	8 36	28 10	17 16	8 4
30	8:30:40	6 49 39	20 51	10 0	7 30D	22 57	1 1	29 20	8 35	28 11	17 17	8 1
31	8:34:37	7 47 3	2Li43	9 14	7 32	23 37	1 2	29 17	8 34	28 13	17 18	7 57

7/23 Sun in Leo 8:36   7/5 1st Qt. 0:13   7/12 Full 13:22   7/19 3rd Qt. 5:31   7/26 New 13:43

AUGUST 1900

Day	Sid. T.	Sun	Moon	Merc.	Venus	Mars	Jup.	Saturn	Uranus	Nept.	Pluto	N.Node
1	8:38:33	8Le44 28	14Li33	8Le29R	7Cn36	24Ge18	1Sg 2	29Sg14R	8Sg34R	28Ge15	17Ge19	7Sg54
2	8:42:30	9 41 54	26 26	7 45	7 43	24 58	1 3	29 11	8 33	28 17	17 20	7 51
3	8:46:26	10 39 20	8Sc27	7 2	7 52	25 38	1 4	29 9	8 32	28 19	17 20	7 48
4	8:50:23	11 36 48	20 39	6 22	8 2	26 18	1 5	29 6	8 31	28 20	17 21	7 45
5	8:54:19	12 34 16	3Sg 9	5 45	8 15	26 58	1 6	29 3	8 31	28 22	17 22	7 42
6	8:58:16	13 31 44	16 0	5 12	8 30	27 38	1 8	29 1	8 30	28 24	17 23	7 38
7	9: 2:13	14 29 14	29 18	4 44	8 47	28 18	1 9	28 58	8 30	28 25	17 24	7 35
8	9: 6: 9	15 26 44	13Cp 3	4 21	9 6	28 58	1 11	28 56	8 29	28 27	17 25	7 32
9	9:10: 6	16 24 15	27 16	4 4	9 26	29 38	1 13	28 54	8 29	28 29	17 26	7 29
10	9:14: 2	17 21 48	11Aq52	3 53	9 48	0Cn18	1 15	28 51	8 28	28 30	17 26	7 26
11	9:17:59	18 19 21	26 46	3 48	10 12	0 57	1 18	28 49	8 28	28 32	17 27	7 22
12	9:21:55	19 16 56	11Pi48	3 51D	10 38	1 37	1 20	28 47	8 27	28 34	17 28	7 19
13	9:25:52	20 14 32	26 48	4 1	11 5	2 16	1 23	28 45	8 27	28 35	17 29	7 16
14	9:29:48	21 12 9	11Ar38	4 17	11 34	2 56	1 26	28 43	8 27	28 37	17 29	7 13
15	9:33:45	22 9 48	26 10	4 42	12 4	3 35	1 29	28 42	8 27	28 38	17 30	7 10
16	9:37:42	23 7 28	10Ta22	5 13	12 36	4 14	1 32	28 40	8 27	28 40	17 31	7 7
17	9:41:38	24 5 10	24 12	5 52	13 9	4 53	1 35	28 38	8 27	28 41	17 31	7 3
18	9:45:35	25 2 54	7Ge41	6 38	13 43	5 33	1 39	28 37	8 27D	28 42	17 32	7 0
19	9:49:31	26 0 40	20 52	7 30	14 19	6 12	1 43	28 36	8 27	28 44	17 33	6 57
20	9:53:28	26 58 27	3Cn46	8 30	14 56	6 51	1 47	28 34	8 27	28 45	17 33	6 54
21	9:57:24	27 56 16	16 27	9 36	15 34	7 29	1 51	28 33	8 27	28 47	17 34	6 51
22	10: 1:21	28 54 6	28 56	10 48	16 13	8 8	1 55	28 32	8 28	28 48	17 34	6 48
23	10: 5:18	29 51 58	11Le16	12 6	16 54	8 47	1 59	28 31	8 28	28 49	17 35	6 44
24	10: 9:14	0Vi49 52	23 28	13 30	17 35	9 26	2 4	28 30	8 28	28 50	17 35	6 41
25	10:13:11	1 47 47	5Vi33	14 59	18 17	10 4	2 8	28 29	8 29	28 52	17 36	6 38
26	10:17: 7	2 45 43	17 31	16 32	19 1	10 43	2 13	28 28	8 29	28 53	17 36	6 35
27	10:21: 4	3 43 41	29 24	18 10	19 45	11 21	2 18	28 28	8 29	28 54	17 37	6 32
28	10:25: 0	4 41 41	11Li14	19 52	20 30	11 59	2 24	28 27	8 30	28 55	17 37	6 28
29	10:28:57	5 39 41	23 3	21 37	21 17	12 37	2 29	28 27	8 30	28 56	17 38	6 25
30	10:32:53	6 37 44	4Sc55	23 24	22 4	13 16	2 34	28 27	8 31	28 57	17 38	6 22
31	10:36:50	7 35 48	16 54	25 14	22 51	13 54	2 40	28 26	8 32	28 58	17 39	6 19

8/23 Sun in Vir. 15:20   8/3 1st Qt. 16:45   8/10 Full 21:30   8/17 3rd Qt. 11:46   8/25 New 3:52

SEPTEMBER 1900

Day	Sid. T.	Sun	Moon	Merc.	Venus	Mars	Jup.	Saturn	Uranus	Nept.	Pluto	N.Node
1	10:40:46	8Vi33 53	29Sc 4	27Le 6	23Cn40	14Cn32	2Sg46	28Sg26R	8Sg33	28Ge59	17Ge39	6Sg16
2	10:44:43	9 32 0	11Sg30	29 0	24 29	15 9	2 52	28 26	8 33	29 0	17 39	6 13
3	10:48:40	10 30 8	24 18	0Vi54	25 20	15 47	2 58	28 26D	8 34	29 1	17 40	6 9
4	10:52:36	11 28 17	7Cp31	2 50	26 10	16 25	3 4	28 26	8 35	29 2	17 40	6 6
5	10:56:33	12 26 28	21 14	4 45	27 2	17 3	3 11	28 26	8 36	29 3	17 40	6 3
6	11: 0:29	13 24 41	5Aq27	6 41	27 54	17 40	3 17	28 27	8 37	29 4	17 40	6 0
7	11: 4:26	14 22 55	20 8	8 37	28 47	18 18	3 24	28 27	8 38	29 5	17 41	5 57
8	11: 8:22	15 21 11	5Pi11	10 33	29 40	18 55	3 31	28 28	8 39	29 6	17 41	5 54
9	11:12:19	16 19 28	20 26	12 28	0Le34	19 32	3 38	28 28	8 40	29 7	17 41	5 50
10	11:16:15	17 17 47	5Ar43	14 23	1 29	20 9	3 45	28 29	8 41	29 7	17 41	5 47
11	11:20:12	18 16 8	20 51	16 17	2 24	20 46	3 52	28 30	8 43	29 8	17 41	5 44
12	11:24: 9	19 14 32	5Ta40	18 10	3 20	21 23	4 0	28 31	8 44	29 9	17 41	5 41
13	11:28: 5	20 12 57	20 5	20 2	4 16	22 0	4 7	28 32	8 45	29 9	17 42	5 38
14	11:32: 2	21 11 25	4Ge 3	21 54	5 13	22 37	4 15	28 33	8 47	29 10	17 42	5 34
15	11:35:58	22 9 54	17 35	23 44	6 10	23 14	4 23	28 34	8 48	29 11	17 42	5 31
16	11:39:55	23 8 26	0Cn43	25 34	7 8	23 50	4 31	28 35	8 50	29 11	17 42	5 28
17	11:43:51	24 7 1	13 32	27 22	8 6	24 27	4 39	28 37	8 51	29 12	17 42	5 25
18	11:47:48	25 5 37	26 3	29 10	9 5	25 3	4 47	28 38	8 53	29 12	17 42R	5 22
19	11:51:44	26 4 16	8Le22	0Li56	10 4	25 39	4 55	28 40	8 54	29 13	17 42	5 19
20	11:55:41	27 2 56	20 31	2 42	11 3	26 16	5 4	28 41	8 56	29 13	17 42	5 15
21	11:59:38	28 1 39	2Vi33	4 26	12 3	26 52	5 12	28 43	8 58	29 14	17 42	5 12
22	12: 3:34	29 0 24	14 30	6 10	13 4	27 28	5 21	28 45	8 59	29 14	17 41	5 9
23	12: 7:31	29 59 11	26 23	7 52	14 4	28 4	5 30	28 47	9 1	29 14	17 41	5 6
24	12:11:27	0Li57 59	8Li14	9 34	15 6	28 39	5 39	28 49	9 3	29 15	17 41	5 3
25	12:15:24	1 56 50	20 4	11 14	16 7	29 15	5 48	28 51	9 5	29 15	17 41	4 59
26	12:19:20	2 55 43	1Sc56	12 54	17 9	29 51	5 57	28 53	9 7	29 15	17 41	4 56
27	12:23:17	3 54 38	13 51	14 33	18 11	0Le26	6 6	28 56	9 9	29 15	17 40	4 53
28	12:27:13	4 53 34	25 52	16 11	19 14	1 2	6 16	28 58	9 11	29 15	17 40	4 50
29	12:31:10	5 52 33	8Sg 4	17 48	20 17	1 37	6 25	29 0	9 13	29 15	17 40	4 47
30	12:35: 6	6 51 33	20 30	19 24	21 20	2 12	6 35	29 3	9 15	29 16	17 40	4 44

9/23 Sun in Lib. 12:20   9/2 1st Qt. 7:55   9/9 Full 5:06   9/15 3rd Qt. 20:57   9/23 New 19:57

OCTOBER 1900

Day	Sid. T.	Sun	Moon	Merc.	Venus	Mars	Jup.	Saturn	Uranus	Nept.	Pluto	N.Node
1	12:39: 3	7Li50 35	3Cp15	20Li59	22Le23	2Le47	6Sg45	29Sg 6	9Sg17	29Ge16	17Ge40R	4Sg40
2	12:43: 0	8 49 39	16 23	22 34	23 27	3 22	6 55	29 9	9 20	29 16	17 39	4 37
3	12:46:56	9 48 44	29 58	24 7	24 31	3 57	7 4	29 12	9 22	29 16R	17 39	4 34
4	12:50:53	10 47 52	14Aq 1	25 40	25 36	4 31	7 14	29 15	9 24	29 16	17 39	4 31
5	12:54:49	11 47 1	28 32	27 12	26 40	5 6	7 25	29 18	9 26	29 15	17 38	4 28
6	12:58:46	12 46 11	13Pi28	28 43	27 45	5 40	7 35	29 21	9 29	29 15	17 38	4 25
7	13: 2:42	13 45 24	28 40	0Sc14	28 50	6 15	7 45	29 24	9 31	29 15	17 38	4 21
8	13: 6:39	14 44 39	13Ar58	1 43	29 56	6 49	7 56	29 27	9 34	29 15	17 37	4 18
9	13:10:35	15 43 55	29 12	3 12	1Vi 2	7 23	8 6	29 31	9 36	29 15	17 37	4 15
10	13:14:32	16 43 14	14Ta11	4 40	2 7	7 57	8 17	29 34	9 39	29 15	17 36	4 12
11	13:18:29	17 42 35	28 47	6 7	3 14	8 30	8 28	29 38	9 41	29 14	17 36	4 9
12	13:22:25	18 41 59	12Ge57	7 34	4 20	9 4	8 38	29 42	9 44	29 14	17 35	4 5
13	13:26:22	19 41 24	26 38	8 59	5 27	9 38	8 49	29 45	9 47	29 14	17 35	4 2
14	13:30:18	20 40 52	9Cn52	10 24	6 34	10 11	9 0	29 49	9 49	29 13	17 34	3 59
15	13:34:15	21 40 23	22 43	11 48	7 41	10 44	9 11	29 53	9 52	29 13	17 34	3 56
16	13:38:11	22 39 56	5Le14	13 11	8 48	11 17	9 23	29 57	9 55	29 12	17 33	3 53
17	13:42: 8	23 39 31	17 30	14 33	9 56	11 50	9 34	0Cp 1	9 58	29 12	17 32	3 50
18	13:46: 4	24 39 8	29 34	15 54	11 4	12 23	9 45	0 5	10 0	29 12	17 32	3 46
19	13:50: 1	25 38 47	11Vi30	17 14	12 12	12 56	9 56	0 9	10 3	29 11	17 31	3 43
20	13:53:58	26 38 29	23 23	18 33	13 20	13 28	10 8	0 14	10 6	29 10	17 30	3 40
21	13:57:54	27 38 12	5Li13	19 50	14 28	14 1	10 20	0 18	10 9	29 10	17 29	3 37
22	14: 1:51	28 37 58	17 4	21 7	15 37	14 33	10 31	0 23	10 12	29 9	17 28	3 34
23	14: 5:47	29 37 46	28 58	22 22	16 45	15 5	10 43	0 27	10 15	29 8	17 28	3 31
24	14: 9:44	0Sc37 36	10Sc56	23 35	17 54	15 37	10 55	0 32	10 18	29 7	17 27	3 27
25	14:13:40	1 37 28	22 59	24 47	19 3	16 9	11 6	0 36	10 21	29 7	17 26	3 24
26	14:17:37	2 37 21	5Sg11	25 57	20 13	16 40	11 18	0 41	10 24	29 6	17 26	3 21
27	14:21:33	3 37 17	17 32	27 4	21 22	17 12	11 30	0 46	10 27	29 6	17 25	3 18
28	14:25:30	4 37 14	0Cp 7	28 10	22 32	17 43	11 42	0 51	10 30	29 5	17 25	3 15
29	14:29:27	5 37 13	12 56	29 13	23 41	18 14	11 55	0 56	10 33	29 5	17 24	3 11
30	14:33:23	6 37 14	26 5	0Sg14	24 51	18 45	12 7	1 1	10 37	29 3	17 23	3 8
31	14:37:20	7 37 16	9Aq34	1 11	26 1	19 15	12 19	1 6	10 40	29 2	17 22	3 5

10/23 Sun in Sco. 20:55   10/1 1st Qt. 21:10   10/8 Full 13:18   10/15 3rd Qt. 9:51   10/23 New 13:27   10/31 1st Qt. 8:17

NOVEMBER 1900

Day	Sid. T.	Sun	Moon	Merc.	Venus	Mars	Jup.	Saturn	Uranus	Nept.	Pluto	N.Node
1	14:41:16	8Sc37 20	23Aq27	2Sg 5	27Vi11	19Le46	12Sg31	1Cp11	10Sg43	29Ge 1R	17Ge21R	3Sg 2
2	14:45:13	9 37 25	7Pi42	2 55	28 22	20 16	12 44	1 16	10 46	29 0	17 20	2 59
3	14:49: 9	10 37 32	22 19	3 41	29 32	20 46	12 56	1 21	10 50	28 59	17 19	2 56
4	14:53: 6	11 37 40	7Ar11	4 22	0Li43	21 16	13 9	1 27	10 53	28 58	17 19	2 52
5	14:57: 2	12 37 50	22 12	4 58	1 53	21 46	13 21	1 32	10 56	28 57	17 18	2 49
6	15: 0:59	13 38 2	7Ta15	5 28	3 4	22 16	13 34	1 37	11 0	28 56	17 17	2 46
7	15: 4:55	14 38 16	22 8	5 51	4 15	22 45	13 46	1 43	11 3	28 55	17 16	2 43
8	15: 8:52	15 38 31	6Ge45	6 8	5 26	23 14	13 59	1 49	11 6	28 54	17 15	2 40
9	15:12:49	16 38 48	21 0	6 16	6 37	23 43	14 12	1 54	11 10	28 53	17 14	2 37
10	15:16:45	17 39 7	4Cn49	6 16R	7 49	24 12	14 25	2 0	11 13	28 52	17 13	2 33
11	15:20:42	18 39 28	18 12	6 7	9 0	24 40	14 37	2 6	11 17	28 50	17 12	2 30
12	15:24:38	19 39 51	1Le10	5 47	10 12	25 9	14 50	2 11	11 20	28 49	17 11	2 27
13	15:28:35	20 40 16	13 46	5 18	11 23	25 37	15 3	2 17	11 24	28 48	17 10	2 24
14	15:32:31	21 40 43	26 3	4 39	12 35	26 4	15 16	2 23	11 27	28 47	17 9	2 21
15	15:36:28	22 41 12	8Vi 8	3 49	13 47	26 32	15 29	2 29	11 31	28 45	17 8	2 17
16	15:40:25	23 41 42	20 3	2 50	14 59	26 59	15 42	2 35	11 34	28 44	17 7	2 14
17	15:44:21	24 42 14	1Li54	1 42	16 11	27 26	15 55	2 41	11 38	28 43	17 6	2 11
18	15:48:18	25 42 48	13 44	0 28	17 23	27 53	16 9	2 47	11 41	28 41	17 5	2 8
19	15:52:14	26 43 24	25 37	29Sc 9	18 36	28 20	16 22	2 53	11 45	28 40	17 4	2 5
20	15:56:11	27 44 1	7Sc36	27 47	19 48	28 46	16 35	2 59	11 48	28 39	17 2	2 2
21	16: 0: 7	28 44 40	19 42	26 26	21 0	29 12	16 48	3 6	11 52	28 37	17 1	1 58
22	16: 4: 4	29 45 21	1Sg59	25 8	22 13	29 38	17 2	3 12	11 56	28 36	17 0	1 55
23	16: 8: 0	0Sg46 3	14 26	23 56	23 26	0Vi 3	17 15	3 18	11 59	28 34	16 59	1 52
24	16:11:57	1 46 46	27 6	22 51	24 38	0 29	17 28	3 25	12 3	28 33	16 58	1 49
25	16:15:54	2 47 30	9Cp59	21 56	25 51	0 53	17 42	3 31	12 7	28 31	16 57	1 46
26	16:19:50	3 48 16	23 5	21 12	27 4	1 18	17 55	3 37	12 10	28 30	16 56	1 43
27	16:23:47	4 49 2	6Aq25	20 39	28 17	1 42	18 8	3 44	12 14	28 28	16 55	1 39
28	16:27:43	5 49 50	20 0	20 18	29 30	2 6	18 22	3 50	12 18	28 27	16 54	1 36
29	16:31:40	6 50 39	3Pi50	20 8	0Sc43	2 30	18 35	3 57	12 21	28 25	16 52	1 33
30	16:35:36	7 51 28	17 54	20 9D	1 56	2 54	18 49	4 4	12 25	28 24	16 51	1 30

11/22 Sun in Sag. 17:48   11/6 Full 23:00   11/14 3rd Qt. 2:37   11/22 New 7:17(E)   11/29 1st Qt. 17:35

DECEMBER 1900

Day	Sid. T.	Sun	Moon	Merc.	Venus	Mars	Jup.	Saturn	Uranus	Nept.	Pluto	N.Node
1	16:39:33	8Sg52 18	2Ar10	20Sc20	3Sc 9	3Vi17	19Sg 2	4Cp10	12Sg29	28Ge22R	16Ge50R	1Sg27
2	16:43:29	9 53 9	16 38	20 41	4 23	3 39	19 16	4 17	12 32	28 20	16 49	1 23
3	16:47:26	10 54 1	1Ta12	21 10	5 36	4 2	19 29	4 24	12 36	28 19	16 48	1 20
4	16:51:23	11 54 54	15 48	21 47	6 49	4 24	19 43	4 30	12 40	28 17	16 47	1 17
5	16:55:19	12 55 48	0Ge20	22 31	8 3	4 45	19 56	4 37	12 43	28 16	16 46	1 14
6	16:59:16	13 56 43	14 42	23 21	9 16	5 7	20 10	4 44	12 47	28 14	16 44	1 11
7	17: 3:12	14 57 38	28 48	24 16	10 30	5 28	20 24	4 51	12 51	28 12	16 43	1 8
8	17: 7: 9	15 58 35	12Cn35	25 16	11 43	5 48	20 37	4 57	12 54	28 11	16 42	1 4
9	17:11: 5	16 59 33	25 59	26 20	12 57	6 8	20 51	5 4	12 58	28 9	16 41	1 1
10	17:15: 2	18 0 32	9Le 1	27 27	14 11	6 28	21 5	5 11	13 2	28 7	16 40	0 58
11	17:18:58	19 1 32	21 42	28 37	15 24	6 47	21 18	5 18	13 5	28 6	16 39	0 55
12	17:22:55	20 2 33	4Vi 3	29 51	16 38	7 6	21 32	5 25	13 9	28 4	16 37	0 52
13	17:26:52	21 3 35	16 10	1Sg 6	17 52	7 25	21 46	5 32	13 13	28 2	16 36	0 48
14	17:30:48	22 4 38	28 7	2 24	19 6	7 43	21 59	5 39	13 16	28 1	16 35	0 45
15	17:34:45	23 5 42	9Li58	3 43	20 20	8 1	22 13	5 46	13 20	27 59	16 34	0 42
16	17:38:41	24 6 46	21 48	5 4	21 34	8 18	22 27	5 53	13 23	27 57	16 33	0 39
17	17:42:38	25 7 52	3Sc42	6 26	22 48	8 34	22 40	6 0	13 27	27 56	16 32	0 36
18	17:46:34	26 8 59	15 45	7 49	24 2	8 51	22 54	6 7	13 31	27 54	16 30	0 33
19	17:50:31	27 10 6	27 59	9 13	25 16	9 6	23 8	6 14	13 34	27 52	16 29	0 29
20	17:54:27	28 11 14	10Sg28	10 38	26 30	9 22	23 21	6 21	13 38	27 50	16 28	0 26
21	17:58:24	29 12 23	23 13	12 4	27 44	9 37	23 35	6 28	13 42	27 49	16 27	0 23
22	18: 2:21	0Cp13 32	6Cp15	13 31	28 59	9 51	23 49	6 35	13 45	27 47	16 26	0 20
23	18: 6:17	1 14 41	19 33	14 59	0Sg13	10 4	24 2	6 42	13 49	27 45	16 25	0 17
24	18:10:14	2 15 51	3Aq 5	16 27	1 27	10 18	24 16	6 49	13 52	27 44	16 24	0 14
25	18:14:10	3 17 1	16 49	17 55	2 42	10 30	24 30	6 56	13 56	27 42	16 23	0 10
26	18:18: 7	4 18 11	0Pi43	19 24	3 56	10 42	24 43	7 3	13 59	27 40	16 21	0 4
27	18:22: 3	5 19 20	14 43	20 53	5 10	10 54	24 57	7 10	14 3	27 39	16 20	0 4
28	18:26: 0	6 20 30	28 48	22 23	6 25	11 5	25 10	7 17	14 6	27 37	16 19	0 0
29	18:29:56	7 21 40	12Ar56	23 53	7 39	11 15	25 24	7 24	14 10	27 35	16 18	29Sc58
30	18:33:53	8 22 49	27 6	25 24	8 53	11 24	25 38	7 31	14 13	27 34	16 17	29 54
31	18:37:50	9 23 59	11Ta15	26 55	10 8	11 34	25 51	7 39	14 17	27 32	16 16	29 51

12/22 Sun in Cap. 6:41   12/6 Full 10:38   12/13 3rd Qt. 22:42   12/22 New 0:01   12/29 1st Qt. 1:48

Day	Sid. T.	Sun	Moon	Merc.	Venus	Mars	Jup.	Saturn	Uranus	Nept.	Pluto	N.Node
1	18:41:46	10Cp25 8	25Ta22	28Sg27	11Sg22	11Vi43	26Sg 5	7Cp46	14Sg20	27Ge30R	16Ge15R	29Sc48
2	18:45:43	11 26 17	9Ge25	29 58	12 37	11 51	26 18	7 53	14 23	27 29	16 14	29 45
3	18:49:39	12 27 26	23 20	1Cp30	13 51	11 58	26 31	8 0	14 27	27 27	16 13	29 42
4	18:53:36	13 28 34	7Cn 5	3 3	15 6	12 5	26 45	8 7	14 30	27 25	16 12	29 39
5	18:57:32	14 29 43	20 36	4 36	16 20	12 11	26 58	8 14	14 33	27 24	16 11	29 35
6	19: 1:29	15 30 51	3Le51	6 9	17 35	12 16	27 12	8 21	14 37	27 22	16 10	29 32
7	19: 5:25	16 32 0	16 48	7 43	18 50	12 20	27 25	8 28	14 40	27 21	16 9	29 29
8	19: 9:22	17 33 8	29 27	9 17	20 4	12 24	27 38	8 35	14 43	27 19	16 8	29 26
9	19:13:19	18 34 16	11Vi49	10 51	21 19	12 27	27 52	8 42	14 46	27 17	16 7	29 23
10	19:17:15	19 35 24	23 57	12 26	22 33	12 30	28 5	8 49	14 50	27 16	16 6	29 20
11	19:21:12	20 36 32	5Li54	14 2	23 48	12 32	28 18	8 56	14 53	27 14	16 5	29 16
12	19:25: 8	21 37 40	17 44	15 37	25 3	12 33	28 31	9 3	14 56	27 13	16 4	29 13
13	19:29: 5	22 38 48	29 34	17 14	26 17	12 33R	28 44	9 10	14 59	27 11	16 3	29 10
14	19:33: 1	23 39 55	11Sc28	18 51	27 32	12 32	28 57	9 17	15 2	27 10	16 2	29 7
15	19:36:58	24 41 3	23 31	20 28	28 47	12 31	29 10	9 24	15 5	27 8	16 2	29 4
16	19:40:54	25 42 10	5Sg49	22 6	0Cp 2	12 29	29 23	9 31	15 8	27 7	16 1	29 0
17	19:44:51	26 43 17	18 25	23 44	1 16	12 26	29 36	9 38	15 11	27 5	16 0	28 57
18	19:48:48	27 44 23	1Cp22	25 23	2 31	12 22	29 49	9 45	15 14	27 4	15 59	28 54
19	19:52:44	28 45 29	14 42	27 2	3 46	12 18	0Cp 2	9 51	15 17	27 3	15 58	28 51
20	19:56:41	29 46 35	28 23	28 42	5 1	12 12	0 15	9 58	15 20	27 1	15 57	28 48
21	20: 0:37	0Aq47 40	12Aq23	0Aq23	6 15	12 6	0 28	10 5	15 23	27 0	15 57	28 45
22	20: 4:34	1 48 43	26 36	2 4	7 30	11 59	0 41	10 12	15 26	26 58	15 56	28 41
23	20: 8:30	2 49 46	10Pi58	3 46	8 45	11 52	0 53	10 19	15 28	26 57	15 55	28 38
24	20:12:27	3 50 48	25 22	5 28	10 0	11 43	1 6	10 25	15 31	26 56	15 54	28 35
25	20:16:24	4 51 49	9Ar43	7 11	11 15	11 34	1 18	10 32	15 34	26 55	15 54	28 32
26	20:20:20	5 52 49	23 57	8 55	12 29	11 24	1 31	10 39	15 37	26 53	15 53	28 29
27	20:24:17	6 53 48	8Ta 3	10 39	13 44	11 13	1 43	10 45	15 39	26 52	15 52	28 22
28	20:28:13	7 54 45	22 0	12 24	14 59	11 1	1 56	10 52	15 42	26 51	15 51	28 22
29	20:32:10	8 55 41	5Ge47	14 9	16 14	10 49	2 8	10 58	15 44	26 50	15 51	28 19
30	20:36: 6	9 56 36	19 25	15 54	17 29	10 36	2 20	11 5	15 47	26 49	15 50	28 16
31	20:40: 3	10 57 29	2Cn53	17 41	18 43	10 22	2 32	11 11	15 49	26 47	15 50	28 13

1/20 Sun in Aqu. 17:16   1/5 Full 0:13   1/12 3rd Qt. 20:38   1/20 New 14:36   1/27 1st Qt. 9:52

Day	Sid. T.	Sun	Moon	Merc.	Venus	Mars	Jup.	Saturn	Uranus	Nept.	Pluto	N.Node
1	20:43:59	11Aq58 22	16Cn12	19Aq27	19Cp58	10Vi 7R	2Cp44	11Cp18	15Sg52	26Ge46R	15Ge49R	28Sc10
2	20:47:56	12 59 13	29 21	21 14	21 13	9 52	2 57	11 24	15 54	26 45	15 48	28 6
3	20:51:53	14 0 3	12Le17	23 0	22 28	9 36	3 8	11 31	15 57	26 44	15 48	28 3
4	20:55:49	15 0 51	25 0	24 47	23 43	9 19	3 20	11 37	15 59	26 43	15 47	28 0
5	20:59:46	16 1 39	7Vi30	26 34	24 57	9 2	3 32	11 43	16 1	26 42	15 47	27 57
6	21: 3:42	17 2 25	19 46	28 20	26 12	8 44	3 44	11 50	16 4	26 41	15 46	27 54
7	21: 7:39	18 3 10	1Li51	0Pi 6	27 27	8 25	3 56	11 56	16 6	26 40	15 46	27 51
8	21:11:35	19 3 54	13 47	1 51	28 42	8 6	4 7	12 2	16 8	26 39	15 45	27 47
9	21:15:32	20 4 37	25 36	3 35	29 57	7 46	4 19	12 8	16 10	26 38	15 45	27 44
10	21:19:28	21 5 19	7Sc24	5 18	1Aq11	7 25	4 30	12 14	16 12	26 38	15 45	27 41
11	21:23:25	22 6 0	19 16	6 59	2 26	7 4	4 42	12 20	16 14	26 37	15 44	27 38
12	21:27:21	23 6 40	1Sg18	8 37	3 41	6 43	4 53	12 26	16 16	26 36	15 44	27 35
13	21:31:18	24 7 19	13 34	10 13	4 56	6 21	5 4	12 32	16 18	26 35	15 43	27 32
14	21:35:15	25 7 56	26 10	11 45	6 11	5 59	5 15	12 38	16 20	26 34	15 43	27 28
15	21:39:11	26 8 32	9Cp10	13 14	7 25	5 36	5 26	12 44	16 22	26 34	15 43	27 25
16	21:43: 8	27 9 7	22 37	14 38	8 40	5 13	5 37	12 49	16 23	26 33	15 43	27 22
17	21:47: 4	28 9 41	6Aq31	15 56	9 55	4 50	5 48	12 55	16 25	26 32	15 42	27 19
18	21:51: 1	29 10 13	20 50	17 9	11 10	4 27	5 59	13 1	16 27	26 32	15 42	27 16
19	21:54:57	0Pi10 43	5Pi27	18 15	12 25	4 3	6 9	13 6	16 29	26 31	15 42	27 12
20	21:58:54	1 11 12	20 16	19 14	13 39	3 39	6 20	13 12	16 30	26 31	15 42	27 9
21	22: 2:50	2 11 39	5Ar 7	20 5	14 54	3 15	6 30	13 17	16 32	26 30	15 41	27 6
22	22: 6:47	3 12 5	19 52	20 48	16 9	2 52	6 41	13 23	16 33	26 30	15 41	27 3
23	22:10:44	4 12 28	4Ta25	21 22	17 24	2 28	6 51	13 28	16 35	26 29	15 41	27 0
24	22:14:40	5 12 49	18 42	21 46	18 39	2 4	7 1	13 33	16 36	26 29	15 41	26 57
25	22:18:37	6 13 9	2Ge41	22 1	19 53	1 40	7 11	13 38	16 37	26 28	15 41	26 53
26	22:22:33	7 13 27	16 23	22 6	21 8	1 17	7 21	13 44	16 39	26 28	15 41	26 50
27	22:26:30	8 13 42	29 49	22 1R	22 23	0 53	7 31	13 49	16 40	26 28	15 41	26 47
28	22:30:26	9 13 55	13Cn 0	21 47	23 38	0 30	7 41	13 54	16 41	26 28	15 41	26 44

2/19 Sun in Pis. 7:45   2/3 Full 15:29   2/11 3rd Qt. 18:12   2/19 New 2:45   2/25 1st Qt. 18:38

MARCH 1901

Day	Sid. T.	Sun	Moon	Merc.	Venus	Mars	Jup.	Saturn	Uranus	Nept.	Pluto	N.Node
1	22:34:23	10Pi14 7	25Cn59	21Pi24R	24Aq52	0Vi 7R	7Cp50	13Cp59	16Sg42	26Ge27R	15Ge41	26Sc41
2	22:38:19	11 14 16	8Le46	20 52	26 7	29Le44	8 0	14 3	16 43	26 27	15 41	26 37
3	22:42:16	12 14 23	21 22	20 12	27 22	29 22	8 9	14 8	16 44	26 27	15 41	26 34
4	22:46:13	13 14 29	3Vi48	19 26	28 36	29 0	8 18	14 13	16 45	26 27	15 41	26 31
5	22:50: 9	14 14 32	16 5	18 35	29 51	28 39	8 28	14 18	16 46	26 27	15 41	26 28
6	22:54: 6	15 14 33	28 11	17 39	1Pi 6	28 18	8 37	14 22	16 47	26 27	15 41	26 25
7	22:58: 2	16 14 33	10Li10	16 40	2 20	27 57	8 46	14 27	16 48	26 27	15 41	26 22
8	23: 1:59	17 14 31	22 2	15 40	3 35	27 37	8 54	14 31	16 49	26 27D	15 42	26 18
9	23: 5:55	18 14 27	3Sc50	14 40	4 50	27 18	9 3	14 36	16 49	26 27	15 42	26 15
10	23: 9:52	19 14 22	15 38	13 42	6 4	26 59	9 12	14 40	16 50	26 27	15 42	26 12
11	23:13:48	20 14 14	27 29	12 45	7 19	26 41	9 20	14 44	16 51	26 27	15 42	26 9
12	23:17:45	21 14 6	9Sg29	11 53	8 34	26 23	9 28	14 48	16 51	26 27	15 42	26 6
13	23:21:42	22 13 55	21 42	11 5	9 48	26 7	9 37	14 52	16 52	26 27	15 43	26 3
14	23:25:38	23 13 43	4Cp15	10 21	11 3	25 50	9 45	14 56	16 52	26 27	15 43	25 59
15	23:29:35	24 13 29	17 12	9 44	12 18	25 35	9 53	15 0	16 53	26 27	15 43	25 56
16	23:33:31	25 13 13	0Aq36	9 12	13 32	25 20	10 0	15 4	16 53	26 28	15 44	25 53
17	23:37:28	26 12 56	14 30	8 47	14 47	25 6	10 8	15 8	16 53	26 28	15 44	25 50
18	23:41:24	27 12 36	28 52	8 28	16 1	24 52	10 15	15 12	16 53	26 28	15 45	25 47
19	23:45:21	28 12 15	13Pi38	8 15	17 16	24 40	10 23	15 15	16 54	26 29	15 45	25 43
20	23:49:17	29 11 52	28 41	8 9	18 31	24 28	10 30	15 19	16 54	26 29	15 45	25 40
21	23:53:14	0Ar11 27	13Ar50	8 8D	19 45	24 17	10 37	15 22	16 54	26 30	15 46	25 37
22	23:57:11	1 10 59	28 56	8 13	21 0	24 6	10 44	15 25	16 54R	26 30	15 46	25 34
23	0: 1: 7	2 10 30	13Ta51	8 24	22 14	23 57	10 51	15 29	16 54	26 31	15 47	25 31
24	0: 5: 4	3 9 58	28 26	8 40	23 29	23 48	10 57	15 32	16 54	26 31	15 47	25 28
25	0: 9: 0	4 9 24	12Ge39	9 1	24 43	23 40	11 4	15 35	16 54	26 32	15 48	25 24
26	0:12:57	5 8 48	26 28	9 27	25 58	23 33	11 10	15 38	16 53	26 32	15 48	25 21
27	0:16:53	6 8 9	9Cn55	9 57	27 12	23 27	11 16	15 41	16 53	26 33	15 49	25 18
28	0:20:50	7 7 28	23 1	10 32	28 27	23 21	11 22	15 43	16 53	26 34	15 49	25 15
29	0:24:46	8 6 45	5Le50	11 11	29 41	23 16	11 28	15 46	16 53	26 34	15 50	25 12
30	0:28:43	9 5 59	18 24	11 53	0Ar56	23 12	11 34	15 49	16 52	26 35	15 51	25 9
31	0:32:39	10 5 11	0Vi46	12 40	2 10	23 9	11 39	15 51	16 52	26 36	15 51	25 5

3/21 Sun in Ari. 7:23   3/5 Full 8:04   3/13 3rd Qt. 13:06   3/20 New 12:53   3/27 1st Qt. 4:39

APRIL 1901

Day	Sid. T.	Sun	Moon	Merc.	Venus	Mars	Jup.	Saturn	Uranus	Nept.	Pluto	N.Node
1	0:36:36	11Ar 4 21	12Vi58	13Pi29	3Ar24	23Le 7R	11Cp45	15Cp54	16Sg51R	26Ge37	15Ge52	25Sc 2
2	0:40:33	12 3 29	25 2	14 22	4 39	23 5	11 50	15 56	16 51	26 37	15 53	24 59
3	0:44:29	13 2 34	6Li59	15 18	5 53	23 4	11 55	15 58	16 50	26 38	15 53	24 56
4	0:48:26	14 1 38	18 51	16 17	7 8	23 4D	12 0	16 0	16 50	26 39	15 54	24 53
5	0:52:22	15 0 39	0Sc41	17 18	8 22	23 4	12 4	16 3	16 49	26 40	15 55	24 49
6	0:56:19	15 59 38	12 29	18 22	9 36	23 6	12 9	16 4	16 48	26 41	15 55	24 46
7	1: 0:15	16 58 36	24 18	19 29	10 51	23 8	12 13	16 6	16 47	26 42	15 56	24 43
8	1: 4:12	17 57 32	6Sg12	20 38	12 5	23 10	12 17	16 8	16 46	26 43	15 57	24 40
9	1: 8: 8	18 56 26	18 15	21 49	13 19	23 14	12 21	16 10	16 46	26 44	15 58	24 37
10	1:12: 5	19 55 18	0Cp30	23 3	14 34	23 18	12 25	16 11	16 44	26 45	15 59	24 34
11	1:16: 2	20 54 8	13 2	24 19	15 48	23 22	12 29	16 13	16 44	26 46	16 0	24 30
12	1:19:58	21 52 57	25 55	25 37	17 2	23 28	12 32	16 14	16 43	26 47	16 1	24 27
13	1:23:55	22 51 44	9Aq13	26 56	18 16	23 34	12 36	16 16	16 42	26 49	16 1	24 24
14	1:27:51	23 50 29	22 59	28 18	19 31	23 41	12 39	16 17	16 40	26 50	16 2	24 21
15	1:31:48	24 49 13	7Pi12	29 42	20 45	23 48	12 42	16 18	16 39	26 51	16 3	24 18
16	1:35:44	25 47 54	21 35	1Ar 7	21 59	23 56	12 45	16 19	16 38	26 52	16 4	24 15
17	1:39:41	26 46 34	6Ar51	2 35	23 13	24 4	12 47	16 20	16 37	26 53	16 5	24 11
18	1:43:37	27 45 12	22 2	4 4	24 28	24 13	12 50	16 21	16 35	26 55	16 6	24 8
19	1:47:34	28 43 49	7Ta16	5 35	25 42	24 23	12 52	16 21	16 33	26 56	16 7	24 5
20	1:51:30	29 42 23	22 22	7 7	26 56	24 33	12 54	16 22	16 33	26 57	16 8	24 2
21	1:55:27	0Ta40 55	7Ge11	8 42	28 10	24 44	12 56	16 22	16 31	26 59	16 9	23 59
22	1:59:24	1 39 26	21 39	10 18	29 24	24 56	12 57	16 23	16 30	27 0	16 10	23 55
23	2: 3:20	2 37 54	5Cn41	11 56	0Ta38	25 8	12 59	16 23	16 28	27 2	16 11	23 52
24	2: 7:17	3 36 20	19 17	13 35	1 53	25 20	13 0	16 23	16 25	27 3	16 12	23 49
25	2:11:13	4 34 44	2Le27	15 17	3 7	25 33	13 1	16 23R	16 24	27 5	16 13	23 46
26	2:15:10	5 33 5	15 16	17 0	4 21	25 47	13 2	16 23	16 22	27 6	16 14	23 43
27	2:19: 6	6 31 25	27 46	18 45	5 35	26 1	13 3	16 23	16 22	27 8	16 15	23 40
28	2:23: 3	7 29 42	10Vi 1	20 31	6 49	26 15	13 3	16 23	16 20	27 9	16 16	23 36
29	2:27: 0	8 27 58	22 5	22 20	8 3	26 31	13 4	16 23	16 18	27 11	16 18	23 33
30	2:30:56	9 26 11	4Li 1	24 10	9 17	26 46	13 4	16 23	16 17	27 12	16 19	23 30

4/20 Sun in Tau. 19:13   4/4 Full 1:20   4/12 3rd Qt. 3:57   4/18 New 21:38   4/25 1st Qt. 16:15

Day	Sid. T.	Sun	Moon	Merc.	Venus	Mars	Jup.	Saturn	Uranus	Nept.	Pluto	N.Node
1	2:34:53	10Ta24 23	15Li52	26Ar 1	10Ta31	27Le 2	13Cp 4R	16Cp22R	16Sg15R	27Ge14	16Ge20	23Sc27
2	2:38:49	11 22 32	27 40	27 55	11 45	27 18	13 3	16 22	16 13	27 16	16 21	23 24
3	2:42:46	12 20 40	9Sc29	29 50	12 59	27 35	13 3	16 21	16 11	27 17	16 22	23 21
4	2:46:42	13 18 47	21 20	1Ta48	14 13	27 53	13 3	16 20	16 9	27 19	16 23	23 17
5	2:50:39	14 16 51	3Sg16	3 46	15 27	28 10	13 2	16 19	16 7	27 21	16 25	23 14
6	2:54:35	15 14 54	15 18	5 47	16 41	28 28	13 1	16 18	16 5	27 23	16 26	23 11
7	2:58:32	16 12 56	27 29	7 49	17 55	28 47	13 0	16 17	16 3	27 24	16 27	23 8
8	3: 2:28	17 10 56	9Cp53	9 53	19 9	29 6	12 58	16 16	16 1	27 26	16 28	23 5
9	3: 6:25	18 8 55	22 31	11 58	20 23	29 25	12 57	16 15	15 59	27 28	16 29	23 1
10	3:10:22	19 6 52	5Aq26	14 5	21 37	29 45	12 55	16 14	15 57	27 30	16 31	22 58
11	3:14:18	20 4 48	18 42	16 13	22 50	0Vi 5	12 53	16 12	15 55	27 32	16 32	22 55
12	3:18:15	21 2 43	2Pi21	18 22	24 4	0 26	12 51	16 11	15 53	27 33	16 33	22 52
13	3:22:11	22 0 36	16 22	20 31	25 18	0 46	12 49	16 9	15 51	27 35	16 35	22 49
14	3:26: 8	22 58 29	0Ar46	22 42	26 32	1 8	12 46	16 7	15 49	27 37	16 36	22 46
15	3:30: 4	23 56 20	15 30	24 53	27 46	1 29	12 43	16 6	15 46	27 39	16 37	22 42
16	3:34: 1	24 54 10	0Ta27	27 4	29 0	1 51	12 41	16 4	15 44	27 41	16 38	22 39
17	3:37:57	25 51 58	15 31	29 16	0Ge14	2 13	12 38	16 2	15 42	27 43	16 40	22 36
18	3:41:54	26 49 46	0Ge33	1Ge26	1 28	2 36	12 34	16 0	15 40	27 45	16 41	22 33
19	3:45:51	27 47 32	15 25	3 37	2 41	2 58	12 31	15 58	15 37	27 47	16 42	22 30
20	3:49:47	28 45 16	29 58	5 46	3 55	3 22	12 28	15 55	15 35	27 49	16 44	22 26
21	3:53:44	29 42 59	14Cn 8	7 54	5 9	3 45	12 24	15 53	15 33	27 51	16 45	22 23
22	3:57:40	0Ge40 41	27 52	10 1	6 23	4 9	12 20	15 51	15 30	27 53	16 46	22 20
23	4: 1:37	1 38 21	11Le10	12 6	7 37	4 33	12 16	15 48	15 28	27 55	16 48	22 17
24	4: 5:33	2 35 59	24 3	14 9	8 50	4 57	12 12	15 46	15 26	27 57	16 49	22 14
25	4: 9:30	3 33 36	6Vi35	16 11	10 4	5 22	12 8	15 43	15 23	27 59	16 50	22 11
26	4:13:26	4 31 11	18 49	18 10	11 18	5 47	12 3	15 40	15 21	28 1	16 52	22 7
27	4:17:23	5 28 45	0Li51	20 6	12 32	6 12	11 59	15 38	15 18	28 3	16 53	22 4
28	4:21:20	6 26 18	12 43	22 0	13 45	6 37	11 54	15 35	15 16	28 5	16 55	22 1
29	4:25:16	7 23 49	24 32	23 52	14 59	7 3	11 49	15 32	15 13	28 8	16 56	21 58
30	4:29:13	8 21 19	6Sc20	25 41	16 13	7 29	11 44	15 29	15 11	28 10	16 57	21 55
31	4:33: 9	9 18 48	18 11	27 27	17 26	7 55	11 38	15 26	15 9	28 12	16 59	21 52

5/21 Sun in Gem. 19:05   5/3 Full 18:19   5/11 3rd Qt. 14:38   5/18 New 5:38(E)   5/25 1st Qt. 5:39

Day	Sid. T.	Sun	Moon	Merc.	Venus	Mars	Jup.	Saturn	Uranus	Nept.	Pluto	N.Node
1	4:37: 6	10Ge16 15	0Sg 8	29Ge11	18Ge40	8Vi21	11Cp33R	15Cp23R	15Sg 6R	28Ge14	17Ge 0	21Sc48
2	4:41: 2	11 13 42	12 13	0Cn52	19 54	8 48	11 28	15 20	15 4	28 16	17 1	21 45
3	4:44:59	12 11 8	24 28	2 30	21 7	9 15	11 22	15 16	15 1	28 18	17 3	21 42
4	4:48:55	13 8 33	6Cp54	4 5	22 21	9 42	11 16	15 13	14 59	28 20	17 4	21 39
5	4:52:52	14 5 57	19 33	5 37	23 35	10 10	11 10	15 10	14 56	28 23	17 6	21 36
6	4:56:49	15 3 20	2Aq26	7 7	24 48	10 37	11 4	15 6	14 54	28 25	17 7	21 32
7	5: 0:45	16 0 43	15 33	8 33	26 2	11 5	10 58	15 3	14 51	28 27	17 8	21 29
8	5: 4:42	16 58 5	28 55	9 57	27 16	11 33	10 52	14 59	14 49	28 29	17 10	21 26
9	5: 8:38	17 55 26	12Pi33	11 17	28 29	12 1	10 45	14 55	14 46	28 31	17 11	21 23
10	5:12:35	18 52 47	26 28	12 35	29 43	12 30	10 39	14 52	14 44	28 34	17 13	21 20
11	5:16:31	19 50 8	10Ar38	13 50	0Cn56	12 59	10 32	14 48	14 42	28 36	17 14	21 17
12	5:20:28	20 47 29	25 3	15 1	2 10	13 27	10 25	14 44	14 39	28 38	17 15	21 13
13	5:24:25	21 44 47	9Ta39	16 9	3 24	13 57	10 19	14 40	14 37	28 40	17 17	21 10
14	5:28:21	22 42 7	24 22	17 14	4 37	14 26	10 12	14 36	14 34	28 42	17 18	21 7
15	5:32:18	23 39 26	9Ge 6	18 16	5 51	14 55	10 5	14 32	14 32	28 45	17 20	21 4
16	5:36:14	24 36 44	23 44	19 14	7 4	15 25	9 57	14 28	14 29	28 47	17 21	21 1
17	5:40:11	25 34 2	8Cn10	20 9	8 18	15 55	9 50	14 24	14 27	28 49	17 22	20 58
18	5:44: 7	26 31 19	22 17	21 1	9 31	16 25	9 43	14 20	14 24	28 51	17 24	20 54
19	5:48: 4	27 28 36	6Le 2	21 48	10 45	16 55	9 36	14 16	14 22	28 54	17 26	20 51
20	5:52: 0	28 25 52	19 22	22 32	11 59	17 25	9 28	14 12	14 20	28 56	17 26	20 48
21	5:55:57	29 23 7	2Vi18	23 12	13 12	17 56	9 21	14 8	14 17	28 58	17 28	20 45
22	5:59:54	0Cn20 22	14 52	23 48	14 26	18 27	9 14	14 4	14 15	29 0	17 29	20 42
23	6: 3:50	1 17 36	27 8	24 20	15 39	18 58	9 6	13 59	14 13	29 3	17 31	20 38
24	6: 7:47	2 14 49	9Li 9	24 47	16 53	19 29	8 58	13 55	14 10	29 5	17 32	20 35
25	6:11:43	3 12 2	21 2	25 11	18 6	20 0	8 51	13 51	14 8	29 7	17 33	20 32
26	6:15:40	4 9 14	2Sc50	25 30	19 19	20 32	8 43	13 47	14 6	29 9	17 35	20 29
27	6:19:36	5 6 26	14 40	25 44	20 33	21 3	8 36	13 42	14 4	29 11	17 36	20 26
28	6:23:33	6 3 38	26 34	25 54	21 46	21 35	8 28	13 38	14 1	29 14	17 38	20 23
29	6:27:29	7 0 49	8Sg38	25 59	23 0	22 7	8 20	13 34	13 59	29 16	17 39	20 19
30	6:31:26	7 58 0	20 54	26 0R	24 13	22 39	8 12	13 29	13 57	29 18	17 40	20 16

6/22 Sun in Can. 3:28   6/2 Full 9:53   6/9 3rd Qt. 22:00   6/16 New 13:33   6/23 1st Qt. 20:59

JULY 1901

Day	Sid. T.	Sun	Moon	Merc.	Venus	Mars	Jup.	Saturn	Uranus	Nept.	Pluto	N.Node
1	6:35:23	8Cn55 10	3Cp24	25Cn55R	25Cn27	23Vi11	8Cp 5R	13Cp25R	13Sg55R	29Ge20	17Ge41	20Sc13
2	6:39:19	9 52 21	16 9	25 47	26 40	23 43	7 57	13 20	13 53	29 23	17 43	20 10
3	6:43:16	10 49 32	29 9	25 34	27 53	24 16	7 49	13 16	13 50	29 25	17 44	20 7
4	6:47:12	11 46 42	12Aq23	25 16	29 7	24 49	7 42	13 12	13 48	29 27	17 46	20 4
5	6:51: 9	12 43 53	25 50	24 55	0Le20	25 21	7 34	13 7	13 46	29 29	17 46	20 0
6	6:55: 5	13 41 4	9Pi28	24 29	1 34	25 54	7 26	13 3	13 44	29 31	17 48	19 57
7	6:59: 2	14 38 15	23 16	24 1	2 47	26 27	7 19	12 58	13 42	29 34	17 49	19 54
8	7: 2:58	15 35 27	7Ar13	23 29	4 0	27 1	7 11	12 54	13 40	29 36	17 50	19 51
9	7: 6:55	16 32 39	21 18	22 54	5 14	27 34	7 4	12 50	13 38	29 38	17 52	19 48
10	7:10:52	17 29 52	5Ta29	22 18	6 27	28 7	6 56	12 45	13 36	29 40	17 53	19 44
11	7:14:48	18 27 5	19 45	21 40	7 40	28 41	6 49	12 41	13 35	29 42	17 54	19 41
12	7:18:45	19 24 19	4Ge 5	21 1	8 54	29 15	6 41	12 36	13 33	29 44	17 55	19 38
13	7:22:41	20 21 33	18 24	20 21	10 7	29 49	6 34	12 32	13 31	29 46	17 56	19 35
14	7:26:38	21 18 48	2Cn39	19 43	11 20	0Li23	6 27	12 28	13 29	29 49	17 58	19 32
15	7:30:34	22 16 3	16 45	19 5	12 34	0 57	6 20	12 23	13 27	29 51	17 59	19 29
16	7:34:31	23 13 19	0Le38	18 29	13 47	1 31	6 13	12 19	13 26	29 53	18 0	19 25
17	7:38:27	24 10 35	14 12	17 56	15 0	2 6	6 5	12 15	13 24	29 55	18 1	19 22
18	7:42:24	25 7 51	27 26	17 26	16 13	2 40	5 59	12 10	13 22	29 57	18 2	19 19
19	7:46:21	26 5 8	10Vi19	16 59	17 27	3 15	5 52	12 6	13 21	29 59	18 4	19 16
20	7:50:17	27 2 25	22 52	16 37	18 40	3 50	5 45	12 2	13 19	0Cn 1	18 5	19 13
21	7:54:14	27 59 42	5Li 7	16 19	19 53	4 25	5 38	11 58	13 18	0 3	18 6	19 10
22	7:58:10	28 56 59	17 8	16 6	21 6	5 0	5 32	11 54	13 16	0 5	18 7	19 6
23	8: 2: 7	29 54 17	29 1	15 59	22 19	5 35	5 25	11 50	13 15	0 7	18 8	19 3
24	8: 6: 3	0Le51 35	10Sc49	15 57D	23 33	6 10	5 19	11 46	13 13	0 9	18 9	19 0
25	8:10: 0	1 48 54	22 40	16 1	24 46	6 45	5 13	11 42	13 12	0 11	18 10	18 57
26	8:13:56	2 46 13	4Sg37	16 10	25 59	7 21	5 7	11 38	13 11	0 13	18 11	18 54
27	8:17:53	3 43 32	16 46	16 26	27 12	7 57	5 1	11 34	13 9	0 15	18 12	18 50
28	8:21:50	4 40 52	29 11	16 48	28 25	8 32	4 55	11 30	13 8	0 17	18 13	18 47
29	8:25:46	5 38 13	11Cp54	17 16	29 38	9 8	4 49	11 26	13 7	0 19	18 14	18 44
30	8:29:43	6 35 35	24 56	17 50	0Vi51	9 44	4 44	11 22	13 6	0 21	18 15	18 41
31	8:33:39	7 32 57	8Aq18	18 31	2 4	10 20	4 38	11 18	13 5	0 22	18 16	18 38

7/23 Sun in Leo 14:24 7/1 Full 23:18 7/9 3rd Qt. 3:20 7/15 New 22:10 7/23 1st Qt. 13:58 7/31 Full 10:34

AUGUST 1901

Day	Sid. T.	Sun	Moon	Merc.	Venus	Mars	Jup.	Saturn	Uranus	Nept.	Pluto	N.Node
1	8:37:36	8Le30 20	21Aq56	19Cn17	3Vi17	10Li56	4Cp33R	11Cp15R	13Sg 4R	0Cn24	18Ge17	18Sc35
2	8:41:32	9 27 44	5Pi49	20 10	4 30	11 33	4 28	11 11	13 3	0 26	18 18	18 31
3	8:45:29	10 25 9	19 50	21 8	5 43	12 9	4 23	11 7	13 2	0 28	18 19	18 28
4	8:49:25	11 22 35	3Ar58	22 12	6 56	12 46	4 18	11 4	13 1	0 30	18 20	18 25
5	8:53:22	12 20 2	18 8	23 22	8 9	13 22	4 13	11 1	13 0	0 32	18 21	18 22
6	8:57:19	13 17 31	2Ta17	24 37	9 22	13 59	4 9	10 57	12 59	0 33	18 22	18 19
7	9: 1:15	14 15 1	16 25	25 58	10 35	14 36	4 4	10 54	12 58	0 35	18 23	18 15
8	9: 5:12	15 12 33	0Ge31	27 24	11 48	15 13	4 0	10 51	12 58	0 37	18 23	18 12
9	9: 9: 8	16 10 5	14 32	28 54	13 1	15 50	3 56	10 47	12 57	0 38	18 24	18 9
10	9:13: 5	17 7 40	28 29	0Le29	14 13	16 27	3 53	10 44	12 56	0 40	18 25	18 6
11	9:17: 1	18 5 16	12Cn19	2 8	15 26	17 4	3 49	10 41	12 56	0 42	18 26	18 3
12	9:20:58	19 2 53	26 0	3 51	16 39	17 42	3 45	10 38	12 55	0 43	18 27	18 0
13	9:24:54	20 0 31	9Le30	5 38	17 52	18 19	3 42	10 35	12 55	0 45	18 27	17 56
14	9:28:51	20 58 11	22 46	7 27	19 5	18 57	3 39	10 32	12 54	0 47	18 28	17 53
15	9:32:48	21 55 51	5Vi46	9 20	20 17	19 34	3 36	10 30	12 54	0 48	18 29	17 50
16	9:36:44	22 53 33	18 28	11 14	21 30	20 12	3 33	10 27	12 53	0 50	18 30	17 47
17	9:40:41	23 51 16	0Li54	13 11	22 43	20 50	3 31	10 24	12 53	0 51	18 30	17 44
18	9:44:37	24 49 1	13 5	15 9	23 55	21 28	3 28	10 22	12 53	0 53	18 31	17 41
19	9:48:34	25 46 46	25 4	17 8	25 8	22 6	3 26	10 19	12 53	0 54	18 32	17 37
20	9:52:30	26 44 33	6Sc55	19 8	26 21	22 44	3 24	10 17	12 53	0 56	18 32	17 34
21	9:56:27	27 42 21	18 43	21 8	27 33	23 22	3 22	10 15	12 53	0 57	18 33	17 31
22	10: 0:23	28 40 10	0Sg33	23 8	28 46	24 1	3 21	10 13	12 52	0 58	18 33	17 28
23	10: 4:20	29 38 0	12 30	25 9	29 59	24 39	3 19	10 10	12 53D	1 0	18 34	17 25
24	10: 8:17	0Vi35 52	24 41	27 9	1Li11	25 18	3 18	10 8	12 53	1 1	18 35	17 21
25	10:12:13	1 33 45	7Cp10	29 8	2 23	25 56	3 17	10 6	12 53	1 2	18 35	17 18
26	10:16:10	2 31 39	20 0	1Vi 7	3 36	26 35	3 16	10 5	12 53	1 4	18 36	17 15
27	10:20: 6	3 29 34	3Aq13	3 5	4 48	27 14	3 15	10 3	12 53	1 5	18 36	17 12
28	10:24: 3	4 27 31	16 50	5 2	6 1	27 53	3 14	10 1	12 53	1 6	18 37	17 9
29	10:27:59	5 25 29	0Pi49	6 59	7 13	28 32	3 14	10 0	12 54	1 7	18 37	17 6
30	10:31:56	6 23 29	15 6	8 54	8 25	29 11	3 14	9 58	12 54	1 8	18 37	17 2
31	10:35:52	7 21 30	29 33	10 48	9 38	29 50	3 14D	9 57	12 55	1 10	18 38	16 59

8/23 Sun in Vir. 21:07 8/7 3rd Qt. 8:02 8/14 New 8:27 8/22 1st Qt. 7:52 8/29 Full 20:21

Day	Sid. T.	Sun	Moon	Merc.	Venus	Mars	Jup.	Saturn	Uranus	Nept.	Pluto	N.Node
1	10:39:49	8Vi19 34	14Ar 6	12Vi40	10Li50	0Sc29	3Cp14	9Cp55R	12Sg55	1Cn11	18Ge38	16Sc56
2	10:43:45	9 17 39	28 37	14 32	12 2	1 8	3 15	9 54	12 56	1 12	18 39	16 53
3	10:47:42	10 15 46	13Ta 3	16 23	13 14	1 48	3 15	9 53	12 56	1 13	18 39	16 50
4	10:51:39	11 13 55	27 19	18 12	14 26	2 27	3 16	9 52	12 57	1 14	18 39	16 47
5	10:55:35	12 12 6	11Ge25	20 0	15 38	3 7	3 17	9 51	12 57	1 15	18 40	16 43
6	10:59:32	13 10 19	25 18	21 47	16 51	3 47	3 18	9 50	12 58	1 16	18 40	16 40
7	11: 3:28	14 8 35	9Cn 1	23 32	18 3	4 27	3 19	9 50	12 59	1 17	18 40	16 37
8	11: 7:25	15 6 52	22 31	25 17	19 15	5 7	3 21	9 49	13 0	1 18	18 40	16 34
9	11:11:21	16 5 12	5Le50	27 0	20 27	5 46	3 23	9 48	13 1	1 18	18 41	16 31
10	11:15:18	17 3 33	18 56	28 43	21 39	6 27	3 25	9 48	13 2	1 19	18 41	16 27
11	11:19:14	18 1 56	1Vi50	0Li24	22 51	7 7	3 27	9 48	13 3	1 20	18 41	16 24
12	11:23:11	19 0 21	14 31	2 4	24 3	7 47	3 29	9 47	13 4	1 21	18 41	16 21
13	11:27: 8	19 58 49	26 59	3 43	25 14	8 27	3 31	9 47	13 5	1 22	18 41	16 18
14	11:31: 4	20 57 17	9Li14	5 20	26 26	9 8	3 34	9 47D	13 6	1 22	18 41	16 15
15	11:35: 1	21 55 48	21 18	6 57	27 38	9 48	3 37	9 47	13 7	1 23	18 41	16 12
16	11:38:57	22 54 21	3Sc12	8 33	28 50	10 29	3 40	9 47	13 8	1 24	18 42	16 8
17	11:42:54	23 52 55	15 1	10 8	0Sc 2	11 10	3 43	9 48	13 10	1 24	18 42	16 5
18	11:46:50	24 51 31	26 47	11 41	1 13	11 50	3 47	9 48	13 11	1 25	18 42	16 2
19	11:50:47	25 50 8	8Sg36	13 14	2 25	12 31	3 50	9 48	13 12	1 25	18 42R	15 59
20	11:54:43	26 48 48	20 32	14 45	3 36	13 12	3 54	9 49	13 14	1 26	18 42	15 56
21	11:58:40	27 47 29	2Cp41	16 16	4 48	13 53	3 58	9 49	13 15	1 26	18 42	15 53
22	12: 2:37	28 46 12	15 8	17 46	6 0	14 34	4 2	9 50	13 17	1 27	18 41	15 49
23	12: 6:33	29 44 57	27 58	19 14	7 11	15 15	4 6	9 51	13 18	1 27	18 41	15 46
24	12:10:30	0Li43 43	11Aq13	20 42	8 22	15 57	4 10	9 52	13 20	1 28	18 41	15 43
25	12:14:26	1 42 31	24 55	22 8	9 34	16 38	4 15	9 53	13 22	1 28	18 41	15 40
26	12:18:23	2 41 21	9Pi 3	23 34	10 45	17 19	4 20	9 54	13 23	1 28	18 41	15 37
27	12:22:19	3 40 12	23 34	24 58	11 56	18 1	4 25	9 55	13 25	1 28	18 41	15 33
28	12:26:16	4 39 6	8Ar21	26 21	13 7	18 43	4 30	9 57	13 27	1 29	18 41	15 30
29	12:30:12	5 38 1	23 17	27 44	14 19	19 24	4 35	9 58	13 29	1 29	18 40	15 27
30	12:34: 9	6 36 59	8Ta12	29 5	15 30	20 6	4 41	10 0	13 31	1 29	18 40	15 24

9/23 Sun in Lib. 18:09   9/5 3rd Qt. 13:27   9/12 New 21:18   9/21 1st Qt. 1:33   9/28 Full 5:36

Day	Sid. T.	Sun	Moon	Merc.	Venus	Mars	Jup.	Saturn	Uranus	Nept.	Pluto	N.Node
1	12:38: 5	7Li35 59	23Ta 0	0Sc24	16Sc41	20Sc48	4Cp46	10Cp 1	13Sg33	1Cn29	18Ge40R	15Sc21
2	12:42: 2	8 35 2	7Ge35	1 43	17 52	21 30	4 52	10 3	13 35	1 29	18 40	15 18
3	12:45:59	9 34 6	21 52	3 0	19 3	22 12	4 58	10 5	13 37	1 29	18 39	15 14
4	12:49:55	10 33 13	5Cn50	4 16	20 14	22 54	5 4	10 7	13 39	1 29	18 39	15 11
5	12:53:52	11 32 23	19 29	5 31	21 24	23 36	5 10	10 9	13 41	1 30R	18 39	15 8
6	12:57:48	12 31 35	2Le49	6 44	22 35	24 18	5 17	10 11	13 43	1 29	18 38	15 5
7	13: 1:45	13 30 49	15 53	7 55	23 46	25 0	5 23	10 13	13 45	1 29	18 38	15 2
8	13: 5:41	14 30 5	28 42	9 4	24 57	25 43	5 30	10 15	13 48	1 29	18 37	14 59
9	13: 9:38	15 29 24	11Vi17	10 12	26 7	26 25	5 37	10 17	13 50	1 29	18 37	14 55
10	13:13:34	16 28 44	23 39	11 18	27 18	27 8	5 44	10 20	13 52	1 29	18 37	14 52
11	13:17:31	17 28 7	5Li52	12 21	28 28	27 50	5 51	10 22	13 55	1 29	18 36	14 49
12	13:21:28	18 27 32	17 55	13 22	29 39	28 33	5 58	10 25	13 57	1 29	18 36	14 46
13	13:25:24	19 26 59	29 50	14 20	0Sg49	29 16	6 6	10 28	14 0	1 28	18 35	14 43
14	13:29:21	20 26 28	11Sc40	15 15	1 59	29 59	6 13	10 31	14 2	1 28	18 35	14 39
15	13:33:17	21 25 59	23 27	16 7	3 10	0Sg42	6 21	10 34	14 5	1 28	18 34	14 36
16	13:37:14	22 25 32	5Sg13	16 55	4 20	1 25	6 29	10 37	14 7	1 27	18 34	14 33
17	13:41:10	23 25 7	17 3	17 40	5 30	2 8	6 37	10 40	14 10	1 27	18 33	14 30
18	13:45: 7	24 24 43	28 59	18 20	6 40	2 51	6 45	10 43	14 12	1 27	18 32	14 27
19	13:49: 3	25 24 22	11Cp 7	18 56	7 50	3 34	6 53	10 46	14 15	1 26	18 32	14 24
20	13:53: 0	26 24 2	23 31	19 26	9 0	4 17	7 2	10 49	14 18	1 26	18 31	14 20
21	13:56:57	27 23 44	6Aq15	19 51	10 9	5 1	7 10	10 53	14 21	1 25	18 30	14 17
22	14: 0:53	28 23 27	19 24	20 9	11 19	5 44	7 19	10 56	14 23	1 25	18 30	14 14
23	14: 4:50	29 23 13	3Pi 0	20 20	12 29	6 27	7 28	11 0	14 26	1 24	18 29	14 11
24	14: 8:46	0Sc23 0	16 26	20 24	13 38	7 11	7 37	11 4	14 29	1 23	18 28	14 8
25	14:12:43	1 22 48	1Ar34	20 20R	14 47	7 55	7 46	11 8	14 32	1 23	18 28	14 4
26	14:16:39	2 22 39	16 26	20 8	15 57	8 38	7 55	11 11	14 35	1 22	18 27	14 1
27	14:20:36	3 22 31	1Ta32	19 46	17 6	9 22	8 4	11 15	14 38	1 21	18 26	13 58
28	14:24:32	4 22 25	16 44	19 15	18 15	10 6	8 14	11 19	14 41	1 21	18 25	13 55
29	14:28:29	5 22 22	1Ge49	18 35	19 24	10 50	8 23	11 23	14 44	1 20	18 25	13 52
30	14:32:26	6 22 20	16 47	17 46	20 33	11 34	8 33	11 28	14 47	1 19	18 24	13 49
31	14:36:22	7 22 21	1Cn23	16 48	21 41	12 18	8 43	11 32	14 50	1 18	18 23	13 45

10/24 Sun in Sco. 2:46   10/4 3rd Qt. 20:52   10/12 New 13:11   10/20 1st Qt. 17:57   10/27 Full 15:06(E)

NOVEMBER 1901

Day	Sid. T.	Sun	Moon	Merc.	Venus	Mars	Jup.	Saturn	Uranus	Nept.	Pluto	N.Node
1	14:40:19	8Sc22 23	15Cn34	15Sc43R	22Sg50	13Sg 2	8Cp53	11Cp36	14Sg53	1Cn17R	18Ge22R	13Sc42
2	14:44:15	9 22 28	29 21	14 31	23 58	13 46	9 3	11 41	14 56	1 16	18 21	13 39
3	14:48:12	10 22 35	12Le43	13 15	25 7	14 30	9 13	11 45	14 59	1 15	18 20	13 36
4	14:52: 8	11 22 44	25 42	11 56	26 15	15 15	9 23	11 50	15 2	1 15	18 19	13 33
5	14:56: 5	12 22 55	8Vi21	10 38	27 23	15 59	9 34	11 54	15 6	1 14	18 19	13 30
6	15: 0: 1	13 23 9	20 44	9 22	28 31	16 43	9 44	11 59	15 9	1 13	18 18	13 26
7	15: 3:58	14 23 24	2Li54	8 12	29 39	17 28	9 55	12 4	15 12	1 12	18 17	13 23
8	15: 7:55	15 23 41	14 54	7 8	0Cp47	18 12	10 5	12 9	15 15	1 10	18 16	13 20
9	15:11:51	16 24 0	26 48	6 14	1 54	18 57	10 16	12 13	15 19	1 9	18 15	13 17
10	15:15:48	17 24 21	8Sc37	5 30	3 2	19 42	10 27	12 18	15 22	1 8	18 14	13 14
11	15:19:44	18 24 43	20 24	4 57	4 9	20 27	10 38	12 24	15 25	1 7	18 13	13 10
12	15:23:41	19 25 7	2Sg11	4 36	5 16	21 11	10 49	12 29	15 29	1 6	18 12	13 7
13	15:27:37	20 25 33	14 1	4 27	6 23	21 56	11 0	12 34	15 32	1 5	18 11	13 4
14	15:31:34	21 26 1	25 56	4 29D	7 30	22 41	11 11	12 39	15 36	1 4	18 10	13 1
15	15:35:30	22 26 30	7Cp57	4 41	8 36	23 26	11 23	12 44	15 39	1 2	18 9	12 58
16	15:39:27	23 27 0	20 9	5 4	9 43	24 11	11 34	12 50	15 42	1 1	18 8	12 55
17	15:43:24	24 27 32	2Aq34	5 36	10 49	24 56	11 46	12 55	15 46	1 0	18 7	12 51
18	15:47:20	25 28 5	15 16	6 16	11 55	25 42	11 57	13 1	15 49	0 58	18 6	12 48
19	15:51:17	26 28 39	28 19	7 3	13 0	26 27	12 9	13 6	15 53	0 57	18 5	12 45
20	15:55:13	27 29 14	11Pi44	7 56	14 6	27 12	12 21	13 12	15 56	0 56	18 4	12 42
21	15:59:10	28 29 51	25 34	8 56	15 11	27 57	12 33	13 18	16 0	0 54	18 2	12 39
22	16: 3: 6	29 30 28	9Ar50	10 0	16 16	28 43	12 45	13 23	16 4	0 53	18 1	12 36
23	16: 7: 3	0Sg31 7	24 30	11 8	17 21	29 28	12 57	13 29	16 7	0 52	18 0	12 32
24	16:10:59	1 31 47	9Ta29	12 20	18 25	0Cp14	13 9	13 35	16 11	0 50	17 59	12 29
25	16:14:56	2 32 29	24 40	13 36	19 30	0 59	13 21	13 41	16 14	0 49	17 58	12 26
26	16:18:53	3 33 11	9Ge53	14 54	20 34	1 45	13 33	13 47	16 18	0 47	17 57	12 23
27	16:22:49	4 33 55	25 0	16 14	21 37	2 31	13 46	13 53	16 21	0 46	17 56	12 20
28	16:26:46	5 34 41	9Cn50	17 36	22 41	3 16	13 58	13 59	16 25	0 44	17 55	12 16
29	16:30:42	6 35 27	24 16	19 0	23 44	4 2	14 10	14 5	16 29	0 43	17 54	12 13
30	16:34:39	7 36 16	8Le16	20 25	24 47	4 48	14 23	14 11	16 32	0 41	17 52	12 10

11/22 Sun in Sag. 23:41   11/3 3rd Qt. 7:24   11/11 New 7:34(E)   11/19 1st Qt. 8:23   11/26 Full 1:18

DECEMBER 1901

Day	Sid. T.	Sun	Moon	Merc.	Venus	Mars	Jup.	Saturn	Uranus	Nept.	Pluto	N.Node
1	16:38:35	8Sg37 5	21Le46	21Sc52	25Cp49	5Cp34	14Cp35	14Cp17	16Sg36	0Cn40R	17Ge51R	12Sc 7
2	16:42:32	9 37 57	4Vi49	23 19	26 52	6 20	14 48	14 23	16 40	0 38	17 50	12 4
3	16:46:28	10 38 49	17 28	24 47	27 53	7 6	15 1	14 30	16 43	0 37	17 49	12 1
4	16:50:25	11 39 43	29 48	26 16	28 55	7 52	15 14	14 36	16 47	0 35	17 48	11 57
5	16:54:22	12 40 38	11Li52	27 46	29 56	8 38	15 26	14 42	16 50	0 34	17 47	11 54
6	16:58:18	13 41 34	23 47	29 16	0Aq57	9 24	15 39	14 49	16 54	0 32	17 46	11 51
7	17: 2:15	14 42 32	5Sc35	0Sg47	1 57	10 10	15 52	14 55	16 58	0 30	17 44	11 48
8	17: 6:11	15 43 31	17 21	2 18	2 57	10 56	16 5	15 2	17 1	0 29	17 43	11 45
9	17:10: 8	16 44 30	29 8	3 49	3 56	11 42	16 18	15 8	17 5	0 27	17 42	11 42
10	17:14: 4	17 45 31	10Sg59	5 20	4 55	12 29	16 32	15 15	17 9	0 25	17 41	11 38
11	17:18: 1	18 46 33	22 56	6 52	5 54	13 15	16 45	15 21	17 12	0 24	17 40	11 35
12	17:21:57	19 47 36	5Cp 1	8 24	6 52	14 1	16 58	15 28	17 16	0 22	17 39	11 32
13	17:25:54	20 48 39	17 15	9 56	7 50	14 48	17 11	15 34	17 20	0 20	17 37	11 29
14	17:29:51	21 49 43	29 38	11 29	8 47	15 34	17 24	15 41	17 23	0 19	17 36	11 26
15	17:33:47	22 50 47	12Aq13	13 1	9 43	16 21	17 38	15 48	17 27	0 17	17 35	11 22
16	17:37:44	23 51 52	25 2	14 34	10 39	17 7	17 51	15 55	17 31	0 15	17 34	11 19
17	17:41:40	24 52 57	8Pi 5	16 6	11 34	17 54	18 5	16 1	17 34	0 14	17 33	11 16
18	17:45:37	25 54 3	21 25	17 39	12 29	18 41	18 18	16 8	17 38	0 12	17 32	11 13
19	17:49:33	26 55 8	5Ar 4	19 13	13 23	19 27	18 32	16 15	17 42	0 10	17 30	11 10
20	17:53:30	27 56 14	19 3	20 46	14 16	20 14	18 45	16 22	17 45	0 9	17 29	11 7
21	17:57:26	28 57 20	3Ta23	22 19	15 9	21 1	18 59	16 29	17 49	0 7	17 28	11 3
22	18: 1:23	29 58 27	18 1	23 53	16 1	21 47	19 13	16 36	17 53	0 5	17 27	11 0
23	18: 5:20	0Cp59 34	2Ge53	25 27	16 52	22 34	19 26	16 42	17 56	0 3	17 26	10 57
24	18: 9:16	2 0 41	17 53	27 1	17 43	23 21	19 40	16 49	18 0	0 2	17 25	10 54
25	18:13:13	3 1 48	2Cn53	28 35	18 32	24 8	19 54	16 56	18 3	0 0	17 24	10 51
26	18:17: 9	4 2 55	17 42	0Cp10	19 21	24 55	20 7	17 3	18 7	29Ge58	17 23	10 48
27	18:21: 6	5 4 3	2Le13	1 45	20 9	25 42	20 21	17 10	18 10	29 57	17 21	10 44
28	18:25: 2	6 5 11	16 19	3 20	20 56	26 29	20 35	17 17	18 14	29 55	17 20	10 41
29	18:28:59	7 6 20	29 58	4 55	21 42	27 16	20 49	17 24	18 17	29 53	17 19	10 38
30	18:32:55	8 7 29	13Vi 8	6 31	22 27	28 3	21 3	17 31	18 21	29 52	17 18	10 35
31	18:36:52	9 8 38	25 52	8 7	23 11	28 50	21 17	17 38	18 24	29 50	17 17	10 32

12/22 Sun in Cap. 12:37   12/2 3rd Qt. 21:49   12/11 New 2:53   12/18 1st Qt. 20:35   12/25 Full 12:16

Day	Sid. T.	Sun	Moon	Merc.	Venus	Mars	Jup.	Saturn	Uranus	Nept.	Pluto	N.Node
1	18:40:49	10Cp 9 48	8Li14	9Cp43	23Aq54	29Cp37	21Cp31	17Cp46	18Sg28	29Ge48R	17Ge16R	10Sc28
2	18:44:45	11 10 57	20 19	11 20	24 35	0Aq24	21 44	17 53	18 31	29 47	17 15	10 25
3	18:48:42	12 12 8	2Sc13	12 57	25 16	1 11	21 58	18 0	18 35	29 45	17 14	10 22
4	18:52:38	13 13 18	14 0	14 34	25 55	1 58	22 12	18 7	18 38	29 43	17 13	10 19
5	18:56:35	14 14 29	25 46	16 12	26 34	2 45	22 26	18 14	18 42	29 42	17 12	10 16
6	19: 0:31	15 15 39	7Sg36	17 50	27 10	3 32	22 40	18 21	18 45	29 40	17 11	10 13
7	19: 4:28	16 16 50	19 32	19 29	27 46	4 20	22 54	18 28	18 48	29 38	17 10	10 9
8	19: 8:24	17 18 1	1Cp38	21 8	28 20	5 7	23 9	18 35	18 52	29 37	17 9	10 6
9	19:12:21	18 19 11	13 55	22 47	28 53	5 54	23 23	18 42	18 55	29 35	17 8	10 3
10	19:16:18	19 20 22	26 25	24 27	29 24	6 41	23 37	18 49	18 58	29 34	17 7	10 0
11	19:20:14	20 21 32	9Aq 7	26 7	29 53	7 29	23 51	18 56	19 2	29 32	17 6	9 57
12	19:24:11	21 22 41	22 1	27 47	0Pi21	8 16	24 5	19 4	19 5	29 30	17 5	9 53
13	19:28: 7	22 23 50	5Pi 7	29 28	0 47	9 3	24 19	19 11	19 8	29 29	17 4	9 50
14	19:32: 4	23 24 58	18 23	1Aq 9	1 11	9 51	24 33	19 18	19 11	29 27	17 3	9 47
15	19:36: 0	24 26 6	1Ar51	2 51	1 34	10 38	24 47	19 25	19 15	29 26	17 2	9 44
16	19:39:57	25 27 12	15 30	4 32	1 54	11 25	25 1	19 32	19 18	29 24	17 1	9 41
17	19:43:53	26 28 18	29 22	6 14	2 13	12 13	25 15	19 39	19 21	29 23	17 0	9 38
18	19:47:50	27 29 23	13Ta26	7 55	2 29	13 0	25 30	19 46	19 24	29 21	17 0	9 34
19	19:51:47	28 30 28	27 43	9 37	2 43	13 47	25 44	19 53	19 27	29 20	16 59	9 31
20	19:55:43	29 31 31	12Ge10	11 19	2 55	14 35	25 58	20 0	19 30	29 18	16 58	9 28
21	19:59:40	0Aq32 33	26 44	13 0	3 5	15 22	26 12	20 7	19 33	29 17	16 57	9 25
22	20: 3:36	1 33 35	11Cn20	14 40	3 13	16 10	26 26	20 14	19 36	29 16	16 56	9 22
23	20: 7:33	2 34 36	25 51	16 20	3 18	16 57	26 40	20 21	19 39	29 14	16 56	9 19
24	20:11:29	3 35 36	10Le 9	17 59	3 21	17 45	26 54	20 28	19 42	29 13	16 55	9 15
25	20:15:26	4 36 35	24 8	19 37	3 21R	18 32	27 8	20 35	19 45	29 12	16 54	9 12
26	20:19:23	5 37 33	7Vi44	21 13	3 19	19 19	27 22	20 42	19 47	29 10	16 53	9 9
27	20:23:19	6 38 30	20 56	22 47	3 14	20 7	27 36	20 49	19 50	29 9	16 53	9 6
28	20:27:16	7 39 27	3Li43	24 18	3 7	20 54	27 51	20 56	19 53	29 8	16 52	9 3
29	20:31:12	8 40 23	16 8	25 47	2 57	21 42	28 5	21 3	19 56	29 7	16 51	8 59
30	20:35: 9	9 41 18	28 16	27 12	2 45	22 29	28 19	21 10	19 58	29 5	16 51	8 56
31	20:39: 5	10 42 13	10Sc11	28 32	2 30	23 17	28 33	21 17	20 1	29 4	16 50	8 53

1/20 Sun in Aqu. 23:12   1/1 3rd Qt. 16:08   1/9 New 21:14   1/17 1st Qt. 6:38   1/24 Full 0:06   1/31 3rd Qt. 13:08

Day	Sid. T.	Sun	Moon	Merc.	Venus	Mars	Jup.	Saturn	Uranus	Nept.	Pluto	N.Node
1	20:43: 2	11Aq43 7	22Sc 0	29Aq48	2Pi13R	24Aq 4	28Cp46	21Cp23	20Sg 4	29Ge 3R	16Ge49R	8Sc50
2	20:46:58	12 44 0	3Sg47	0Pi58	1 54	24 52	29 0	21 30	20 6	29 2	16 49	8 47
3	20:50:55	13 44 52	15 39	2 2	1 32	25 39	29 14	21 37	20 9	29 1	16 48	8 44
4	20:54:52	14 45 43	27 40	2 58	1 8	26 27	29 28	21 44	20 11	29 0	16 48	8 40
5	20:58:48	15 46 33	9Cp53	3 47	0 42	27 14	29 42	21 50	20 14	28 59	16 47	8 37
6	21: 2:45	16 47 22	22 21	4 27	0 14	28 2	29 56	21 57	20 16	28 58	16 47	8 34
7	21: 6:41	17 48 11	5Aq 6	4 57	29Aq43	28 49	0Aq10	22 4	20 19	28 56	16 46	8 31
8	21:10:38	18 48 57	18 8	5 17	29 12	29 36	0 24	22 10	20 21	28 55	16 46	8 28
9	21:14:34	19 49 43	1Pi24	5 27	28 39	0Pi24	0 37	22 17	20 23	28 55	16 45	8 25
10	21:18:31	20 50 27	14 54	5 27R	28 4	1 11	0 51	22 24	20 26	28 54	16 45	8 21
11	21:22:27	21 51 9	28 34	5 15	27 29	1 59	1 5	22 30	20 28	28 53	16 44	8 18
12	21:26:24	22 51 50	12Ar22	4 53	26 52	2 46	1 18	22 37	20 30	28 52	16 44	8 15
13	21:30:20	23 52 30	26 16	4 21	26 15	3 34	1 32	22 43	20 32	28 51	16 44	8 12
14	21:34:17	24 53 7	10Ta15	3 40	25 38	4 21	1 46	22 49	20 34	28 50	16 43	8 9
15	21:38:14	25 53 43	24 18	2 50	25 0	5 8	1 59	22 56	20 36	28 49	16 43	8 5
16	21:42:10	26 54 17	8Ge24	1 54	24 23	5 56	2 13	23 2	20 38	28 49	16 43	8 2
17	21:46: 7	27 54 50	22 33	0 52	23 46	6 43	2 26	23 8	20 40	28 48	16 42	7 59
18	21:50: 3	28 55 20	6Cn43	29Aq47	23 10	7 30	2 40	23 15	20 42	28 47	16 42	7 56
19	21:54: 0	29 55 49	20 51	28 39	22 35	8 18	2 53	23 21	20 44	28 47	16 42	7 53
20	21:57:56	0Pi56 16	4Le53	27 32	22 1	9 5	3 6	23 27	20 46	28 46	16 41	7 50
21	22: 1:53	1 56 41	18 46	26 26	21 28	9 52	3 20	23 33	20 47	28 45	16 41	7 46
22	22: 5:49	2 57 4	2Vi24	25 24	20 57	10 40	3 33	23 39	20 49	28 45	16 41	7 43
23	22: 9:46	3 57 26	15 45	24 25	20 28	11 27	3 46	23 45	20 51	28 44	16 41	7 40
24	22:13:43	4 57 46	28 46	23 32	20 1	12 14	3 59	23 51	20 52	28 44	16 41	7 37
25	22:17:39	5 58 5	11Li28	22 45	19 35	13 1	4 12	23 57	20 54	28 43	16 41	7 34
26	22:21:36	6 58 21	23 52	22 5	19 12	13 49	4 25	24 3	20 56	28 43	16 41	7 31
27	22:25:32	7 58 37	6Sc 0	21 32	18 51	14 36	4 38	24 9	20 57	28 43	16 41	7 27
28	22:29:29	8 58 51	17 57	21 6	18 33	15 23	4 51	24 14	20 58	28 42	16 40	7 24

2/19 Sun in Pis. 13:40   2/8 New 13:21   2/15 1st Qt. 14:56   2/22 Full 13:03

MARCH 1902

Day	Sid. T.	Sun	Moon	Merc.	Venus	Mars	Jup.	Saturn	Uranus	Nept.	Pluto	N.Node
1	22:33:25	9Pi59 3	29Sc47	20Aq47R	18Aq16R	16Pi10	5Aq 4	24Cp20	21Sg 0	28Ge42R	16Ge40R	7Sc21
2	22:37:22	10 59 14	11Sg36	20 35	18 3	16 57	5 17	24 26	21 1	28 42	16 40D	7 18
3	22:41:18	11 59 23	23 28	20 29	17 52	17 44	5 30	24 31	21 2	28 41	16 40	7 15
4	22:45:15	12 59 31	5Cp31	20 31D	17 43	18 31	5 42	24 37	21 4	28 41	16 41	7 11
5	22:49:12	13 59 37	17 47	20 38	17 37	19 19	5 55	24 42	21 5	28 41	16 41	7 8
6	22:53: 8	14 59 42	0Aq20	20 52	17 33	20 6	6 7	24 47	21 6	28 41	16 41	7 5
7	22:57: 5	15 59 44	13 14	21 11	17 31	20 53	6 20	24 53	21 7	28 41	16 41	7 2
8	23: 1: 1	16 59 45	26 29	21 35	17 33D	21 40	6 32	24 58	21 8	28 40	16 41	6 59
9	23: 4:58	17 59 45	10Pi 4	22 4	17 36	22 27	6 45	25 3	21 9	28 40	16 41	6 56
10	23: 8:54	18 59 42	23 56	22 38	17 42	23 13	6 57	25 8	21 10	28 40	16 41	6 52
11	23:12:51	19 59 37	8Ar 3	23 16	17 50	24 0	7 9	25 13	21 11	28 40D	16 41	6 49
12	23:16:47	20 59 30	22 17	23 58	18 0	24 47	7 21	25 19	21 11	28 40	16 42	6 46
13	23:20:44	21 59 22	6Ta37	24 44	18 13	25 34	7 33	25 23	21 12	28 41	16 42	6 43
14	23:24:41	22 59 11	20 56	25 33	18 27	26 21	7 45	25 28	21 13	28 41	16 42	6 40
15	23:28:37	23 58 58	5Ge13	26 25	18 44	27 8	7 57	25 33	21 14	28 41	16 42	6 36
16	23:32:34	24 58 42	19 24	27 21	19 2	27 54	8 9	25 38	21 14	28 41	16 43	6 33
17	23:36:30	25 58 24	3Cn28	28 19	19 23	28 41	8 20	25 42	21 15	28 41	16 43	6 30
18	23:40:27	26 58 4	17 25	29 20	19 45	29 28	8 32	25 47	21 15	28 41	16 43	6 27
19	23:44:23	27 57 42	1Le12	0Pi24	20 9	0Ar15	8 44	25 52	21 16	28 42	16 44	6 24
20	23:48:20	28 57 18	14 48	1 30	20 34	1 1	8 55	25 56	21 16	28 42	16 44	6 21
21	23:52:16	29 56 51	28 14	2 38	21 2	1 48	9 6	26 0	21 16	28 42	16 45	6 17
22	23:56:13	0Ar56 21	11Vi26	3 49	21 31	2 34	9 18	26 5	21 17	28 43	16 45	6 14
23	0: 0: 9	1 55 50	24 24	5 2	22 1	3 21	9 29	26 9	21 17	28 43	16 46	6 11
24	0: 4: 6	2 55 17	7Li 7	6 16	22 33	4 7	9 40	26 13	21 17	28 44	16 46	6 8
25	0: 8: 3	3 54 41	19 36	7 33	23 6	4 54	9 51	26 17	21 17	28 44	16 47	6 5
26	0:11:59	4 54 4	1Sc52	8 51	23 41	5 40	10 2	26 21	21 17	28 45	16 47	6 2
27	0:15:56	5 53 25	13 56	10 11	24 17	6 26	10 13	26 25	21 17R	28 45	16 48	5 58
28	0:19:52	6 52 44	25 51	11 33	24 54	7 13	10 23	26 29	21 17	28 46	16 48	5 55
29	0:23:49	7 52 1	7Sg41	12 57	25 32	7 59	10 34	26 32	21 17	28 46	16 49	5 52
30	0:27:45	8 51 16	19 30	14 22	26 12	8 45	10 45	26 36	21 17	28 47	16 49	5 49
31	0:31:42	9 50 30	1Cp24	15 49	26 53	9 31	10 55	26 40	21 17	28 48	16 50	5 46

3/21 Sun in Ari. 13:16   3/2 3rd Qt. 10:39   3/10 New 2:50   3/16 1st Qt. 22:13   3/24 Full 3:21

APRIL 1902

Day	Sid. T.	Sun	Moon	Merc.	Venus	Mars	Jup.	Saturn	Uranus	Nept.	Pluto	N.Node
1	0:35:38	10Ar49 41	13Cp25	17Pi17	27Aq35	10Ar18	11Aq 5	26Cp43	21Sg16R	28Ge48	16Ge51	5Sc42
2	0:39:35	11 48 51	25 41	18 47	28 17	11 4	11 16	26 47	21 16	28 49	16 51	5 39
3	0:43:32	12 47 59	8Aq14	20 19	29 1	11 50	11 26	26 50	21 16	28 50	16 52	5 36
4	0:47:28	13 47 6	21 9	21 52	29 46	12 36	11 36	26 53	21 15	28 51	16 53	5 33
5	0:51:25	14 46 10	4Pi27	23 26	0Pi32	13 22	11 46	26 56	21 15	28 52	16 53	5 30
6	0:55:21	15 45 13	18 10	25 2	1 18	14 8	11 55	26 59	21 14	28 53	16 54	5 27
7	0:59:18	16 44 13	2Ar16	26 40	2 5	14 54	12 5	27 2	21 14	28 53	16 55	5 23
8	1: 3:14	17 43 12	16 41	28 19	2 54	15 40	12 15	27 5	21 13	28 54	16 56	5 20
9	1: 7:11	18 42 9	1Ta20	29 59	3 43	16 25	12 24	27 8	21 13	28 55	16 56	5 17
10	1:11: 7	19 41 4	16 5	1Ar42	4 32	17 11	12 33	27 11	21 12	28 56	16 57	5 14
11	1:15: 4	20 39 56	0Ge51	3 25	5 23	17 57	12 43	27 13	21 11	28 57	16 58	5 11
12	1:19: 1	21 38 47	15 30	5 10	6 14	18 43	12 52	27 16	21 10	28 58	16 59	5 8
13	1:22:57	22 37 35	29 58	6 57	7 5	19 28	13 1	27 18	21 9	29 0	17 0	5 4
14	1:26:54	23 36 21	14Cn10	8 45	7 58	20 14	13 9	27 21	21 8	29 1	17 1	5 1
15	1:30:50	24 35 4	28 6	10 35	8 51	20 59	13 18	27 23	21 8	29 2	17 2	4 58
16	1:34:47	25 33 46	11Le44	12 26	9 44	21 45	13 27	27 25	21 7	29 3	17 3	4 55
17	1:38:43	26 32 25	25 5	14 19	10 38	22 30	13 35	27 27	21 5	29 5	17 3	4 52
18	1:42:40	27 31 2	8Vi10	16 14	11 33	23 16	13 43	27 29	21 4	29 5	17 4	4 48
19	1:46:36	28 29 36	21 0	18 10	12 28	24 1	13 52	27 31	21 3	29 7	17 5	4 45
20	1:50:33	29 28 9	3Li37	20 7	13 24	24 46	14 0	27 33	21 2	29 8	17 6	4 42
21	1:54:29	0Ta26 39	16 1	22 6	14 20	25 32	14 8	27 34	21 1	29 9	17 8	4 39
22	1:58:26	1 25 8	28 14	24 7	15 17	26 17	14 15	27 36	21 0	29 11	17 8	4 36
23	2: 2:23	2 23 34	10Sc19	26 9	16 14	27 2	14 23	27 37	20 58	29 12	17 9	4 33
24	2: 6:19	3 21 59	22 17	28 13	17 11	27 47	14 30	27 39	20 57	29 13	17 10	4 29
25	2:10:16	4 20 22	4Sg 9	0Ta17	18 9	28 32	14 38	27 40	20 56	29 15	17 12	4 26
26	2:14:12	5 18 44	15 58	2 23	19 6	29 17	14 45	27 41	20 54	29 16	17 13	4 23
27	2:18: 9	6 17 3	27 48	4 30	20 6	0Ta 2	14 52	27 42	20 53	29 18	17 14	4 20
28	2:22: 5	7 15 21	9Cp42	6 38	21 5	0 47	14 59	27 43	20 51	29 19	17 15	4 17
29	2:26: 2	8 13 38	21 44	8 47	22 5	1 32	15 6	27 44	20 50	29 21	17 16	4 14
30	2:29:58	9 11 53	3Aq58	10 56	23 5	2 17	15 12	27 45	20 48	29 22	17 17	4 10

4/21 Sun in Tau. 1:04   4/1 3rd Qt. 6:24   4/8 New 13:50(E)   4/15 1st Qt. 5:25   4/22 Full 18:49(E)   4/30 3rd Qt. 22:58

Day	Sid. T.	Sun	Moon	Merc.	Venus	Mars	Jup.	Saturn	Uranus	Nept.	Pluto	N.Node
1	2:33:55	10Ta10 7	16Aq28	13Ta 6	24Pi 5	3Ta 2	15Aq19	27Cp46	20Sg46R	29Ge24	17Ge18	4Sc 7
2	2:37:52	11 8 18	29 19	15 15	25 6	3 46	15 25	27 47	20 45	29 26	17 19	4 4
3	2:41:48	12 6 29	12Pi33	17 24	26 6	4 31	15 31	27 47	20 43	29 27	17 20	4 1
4	2:45:45	13 4 38	26 14	19 33	27 8	5 16	15 37	27 47	20 41	29 29	17 22	3 58
5	2:49:41	14 2 46	10Ar20	21 41	28 9	6 0	15 43	27 48	20 39	29 30	17 23	3 54
6	2:53:38	15 0 52	24 51	23 48	29 11	6 45	15 48	27 48	20 38	29 32	17 24	3 51
7	2:57:34	15 58 56	9Ta41	25 54	0Ar13	7 29	15 54	27 48	20 36	29 34	17 25	3 48
8	3: 1:31	16 56 59	24 44	27 57	1 15	8 14	15 59	27 48R	20 34	29 36	17 26	3 45
9	3: 5:27	17 55 1	9Ge51	29 59	2 18	8 58	16 4	27 48	20 32	29 37	17 28	3 42
10	3: 9:24	18 53 1	24 53	1Ge59	3 20	9 42	16 9	27 48	20 30	29 39	17 29	3 39
11	3:13:21	19 50 59	9Cn40	3 56	4 24	10 27	16 14	27 48	20 28	29 41	17 30	3 35
12	3:17:17	20 48 55	24 8	5 51	5 27	11 11	16 19	27 47	20 26	29 43	17 31	3 32
13	3:21:14	21 46 49	8Le13	7 43	6 30	11 55	16 23	27 47	20 24	29 45	17 33	3 29
14	3:25:10	22 44 42	21 53	9 32	7 34	12 39	16 27	27 46	20 22	29 46	17 34	3 26
15	3:29: 7	23 42 32	5Vi 9	11 18	8 38	13 23	16 32	27 46	20 20	29 48	17 35	3 23
16	3:33: 3	24 40 21	18 4	13 1	9 42	14 7	16 36	27 45	20 18	29 50	17 37	3 20
17	3:37: 0	25 38 8	0Li40	14 41	10 46	14 51	16 39	27 44	20 16	29 52	17 38	3 16
18	3:40:56	26 35 54	13 2	16 17	11 51	15 35	16 43	27 43	20 13	29 54	17 39	3 13
19	3:44:53	27 33 38	25 12	17 50	12 56	16 19	16 46	27 42	20 11	29 56	17 40	3 10
20	3:48:50	28 31 21	7Sc13	19 19	14 1	17 2	16 49	27 41	20 9	29 58	17 42	3 7
21	3:52:46	29 29 2	19 9	20 46	15 6	17 46	16 52	27 40	20 7	0Cn 0	17 43	3 4
22	3:56:43	0Ge26 41	1Sg 0	22 9	16 11	18 30	16 55	27 38	20 4	0 2	17 44	3 0
23	4: 0:39	1 24 20	12 50	23 29	17 16	19 13	16 58	27 37	20 2	0 4	17 46	2 57
24	4: 4:36	2 21 57	24 40	24 44	18 22	19 57	17 1	27 36	20 0	0 6	17 47	2 54
25	4: 8:32	3 19 34	6Cp33	25 57	19 28	20 41	17 3	27 34	19 58	0 8	17 49	2 51
26	4:12:29	4 17 9	18 30	27 5	20 34	21 24	17 5	27 32	19 55	0 10	17 50	2 48
27	4:16:25	5 14 43	0Aq35	28 10	21 40	22 7	17 7	27 30	19 53	0 12	17 51	2 45
28	4:20:22	6 12 16	12 51	29 11	22 46	22 51	17 9	27 27	19 51	0 14	17 53	2 41
29	4:24:19	7 9 48	25 20	0Cn 8	23 52	23 34	17 10	27 25	19 48	0 16	17 54	2 38
30	4:28:15	8 7 20	8Pi 7	1 1	24 59	24 17	17 12	27 25	19 46	0 18	17 55	2 35
31	4:32:12	9 4 50	21 15	1 51	26 6	25 0	17 13	27 23	19 43	0 20	17 57	2 32

5/22 Sun in Gem. 0:53   5/7 New 22:45(E)   5/14 1st Qt. 13:40   5/22 Full 10:46   5/30 3rd Qt. 12:00

Day	Sid. T.	Sun	Moon	Merc.	Venus	Mars	Jup.	Saturn	Uranus	Nept.	Pluto	N.Node
1	4:36: 8	10Ge 2 20	4Ar48	2Cn36	27Ar12	25Ta44	17Aq14	27Cp20R	19Sg41R	0Cn22	17Ge58	2Sc29
2	4:40: 5	10 59 49	18 46	3 17	28 19	26 27	17 14	27 18	19 39	0 25	18 0	2 25
3	4:44: 1	11 57 18	3Ta10	3 54	29 26	27 10	17 15	27 16	19 36	0 27	18 1	2 22
4	4:47:58	12 54 45	17 58	4 26	0Ta34	27 53	17 15	27 13	19 34	0 29	18 2	2 19
5	4:51:54	13 52 13	3Ge 3	4 55	1 41	28 36	17 16	27 11	19 31	0 31	18 4	2 16
6	4:55:51	14 49 39	18 18	5 18	2 48	29 18	17 16R	27 8	19 29	0 33	18 5	2 13
7	4:59:48	15 47 4	3Cn31	5 37	3 56	0Ge 1	17 15	27 5	19 26	0 35	18 7	2 10
8	5: 3:44	16 44 28	18 33	5 52	5 4	0 44	17 15	27 3	19 24	0 37	18 8	2 6
9	5: 7:41	17 41 52	3Le14	6 2	6 11	1 27	17 15	27 0	19 21	0 40	18 9	2 3
10	5:11:37	18 39 14	17 30	6 7	7 19	2 9	17 14	26 57	19 19	0 42	18 11	2 0
11	5:15:34	19 36 35	1Vi17	6 8R	8 27	2 52	17 13	26 54	19 17	0 44	18 12	1 57
12	5:19:30	20 33 55	14 36	6 5	9 35	3 34	17 12	26 51	19 14	0 46	18 14	1 54
13	5:23:27	21 31 15	27 29	5 57	10 43	4 17	17 10	26 48	19 12	0 48	18 15	1 51
14	5:27:23	22 28 33	10Li 1	5 44	11 52	4 59	17 9	26 44	19 9	0 51	18 16	1 47
15	5:31:20	23 25 50	22 16	5 28	13 0	5 42	17 7	26 41	19 7	0 53	18 18	1 44
16	5:35:17	24 23 7	4Sc18	5 8	14 9	6 24	17 5	26 38	19 4	0 55	18 19	1 41
17	5:39:13	25 20 23	16 13	4 45	15 17	7 6	17 3	26 34	19 2	0 57	18 20	1 38
18	5:43:10	26 17 38	28 3	4 18	16 26	7 48	17 1	26 31	18 59	1 0	18 22	1 35
19	5:47: 6	27 14 52	9Sg52	3 49	17 34	8 31	16 58	26 28	18 57	1 2	18 23	1 31
20	5:51: 3	28 12 7	21 42	3 17	18 43	9 13	16 56	26 24	18 55	1 4	18 25	1 28
21	5:54:59	29 9 20	3Cp36	2 44	19 52	9 55	16 53	26 20	18 52	1 6	18 26	1 25
22	5:58:56	0Cn 6 33	15 34	2 10	21 1	10 37	16 50	26 17	18 50	1 8	18 27	1 22
23	6: 2:53	1 3 46	27 39	1 35	22 11	11 19	16 47	26 13	18 47	1 11	18 29	1 19
24	6: 6:49	2 0 59	9Aq52	1 0	23 19	12 0	16 44	26 9	18 45	1 13	18 30	1 16
25	6:10:46	2 58 11	22 15	0 26	24 29	12 42	16 40	26 5	18 43	1 15	18 32	1 12
26	6:14:42	3 55 24	4Pi50	29Ge53	25 38	13 24	16 37	26 1	18 40	1 17	18 33	1 9
27	6:18:39	4 52 36	17 38	29 21	26 47	14 6	16 33	25 57	18 38	1 20	18 34	1 6
28	6:22:35	5 49 48	0Ar44	28 52	27 57	14 47	16 29	25 53	18 36	1 22	18 36	1 3
29	6:26:32	6 47 1	14 11	28 26	29 6	15 29	16 24	25 49	18 33	1 24	18 37	1 0
30	6:30:28	7 44 13	27 59	28 3	0Ge16	16 11	16 20	25 45	18 31	1 26	18 38	0 57

6/22 Sun in Can. 9:15   6/6 New 6:11   6/12 1st Qt. 23:54   6/21 Full 2:17   6/28 3rd Qt. 21:52

JULY 1902

Day	Sid. T.	Sun	Moon	Merc.	Venus	Mars	Jup.	Saturn	Uranus	Nept.	Pluto	N.Node
1	6:34:25	8Cn41 26	12Ta11	27Ge44R	1Ge26	16Ge52	16Aq16R	25Cp41R	18Sg29R	1Cn29	18Ge40	0Sc53
2	6:38:21	9 38 39	26 46	27 29	2 36	17 33	16 11	25 37	18 26	1 31	18 41	0 50
3	6:42:18	10 35 53	11Ge40	27 19	3 45	18 15	16 6	25 33	18 24	1 33	18 42	0 47
4	6:46:15	11 33 6	26 46	27 12	4 55	18 56	16 1	25 29	18 22	1 35	18 44	0 44
5	6:50:11	12 30 20	11Cn55	27 11D	6 5	19 38	15 56	25 24	18 20	1 37	18 45	0 41
6	6:54: 8	13 27 33	26 57	27 15	7 15	20 19	15 51	25 20	18 18	1 40	18 46	0 37
7	6:58: 4	14 24 47	11Le43	27 23	8 26	21 0	15 45	25 16	18 16	1 42	18 47	0 34
8	7: 2: 1	15 22 0	26 4	27 37	9 36	21 41	15 40	25 12	18 13	1 44	18 49	0 31
9	7: 5:57	16 19 14	9Vi56	27 56	10 46	22 22	15 34	25 7	18 11	1 46	18 50	0 28
10	7: 9:54	17 16 27	23 20	28 21	11 57	23 3	15 28	25 3	18 9	1 48	18 51	0 25
11	7:13:51	18 13 40	6Li16	28 50	13 7	23 44	15 22	24 58	18 7	1 51	18 52	0 22
12	7:17:47	19 10 53	18 49	29 25	14 17	24 25	15 16	24 54	18 5	1 53	18 54	0 18
13	7:21:44	20 8 6	1Sc 3	0Cn 4	15 28	25 6	15 10	24 50	18 3	1 55	18 55	0 15
14	7:25:40	21 5 20	13 3	0 49	16 39	25 47	15 3	24 45	18 1	1 57	18 56	0 12
15	7:29:37	22 2 33	24 56	1 39	17 49	26 27	14 57	24 41	18 0	1 59	18 57	0 9
16	7:33:33	22 59 46	6Sg45	2 34	19 0	27 8	14 50	24 36	17 58	2 1	18 59	0 6
17	7:37:30	23 57 0	18 34	3 34	20 11	27 49	14 43	24 32	17 56	2 3	19 0	0 3
18	7:41:26	24 54 14	0Cp28	4 39	21 22	28 29	14 37	24 27	17 54	2 5	19 1	29Li59
19	7:45:23	25 51 29	12 27	5 49	22 32	29 10	14 30	24 23	17 52	2 8	19 2	29 56
20	7:49:20	26 48 43	24 35	7 3	23 43	29 50	14 23	24 19	17 50	2 10	19 3	29 53
21	7:53:16	27 45 59	6Aq52	8 22	24 54	0Cn31	14 15	24 14	17 49	2 12	19 4	29 50
22	7:57:13	28 43 15	19 18	9 46	26 6	1 11	14 8	24 10	17 47	2 14	19 5	29 47
23	8: 1: 9	29 40 31	1Pi54	11 14	27 17	1 51	14 1	24 5	17 45	2 16	19 7	29 43
24	8: 5: 6	0Le37 48	14 41	12 46	28 28	2 32	13 54	24 1	17 44	2 18	19 8	29 40
25	8: 9: 2	1 35 6	27 41	14 22	29 39	3 12	13 46	23 57	17 42	2 20	19 9	29 37
26	8:12:59	2 32 25	10Ar53	16 3	0Cn51	3 52	13 39	23 52	17 41	2 22	19 10	29 34
27	8:16:55	3 29 45	24 20	17 47	2 2	4 32	13 31	23 48	17 39	2 24	19 11	29 31
28	8:20:52	4 27 6	8Ta 5	19 34	3 13	5 12	13 24	23 44	17 38	2 26	19 12	29 28
29	8:24:49	5 24 28	22 7	21 25	4 25	5 52	13 16	23 39	17 37	2 28	19 13	29 24
30	8:28:45	6 21 52	6Ge27	23 18	5 37	6 32	13 8	23 35	17 35	2 30	19 14	29 21
31	8:32:42	7 19 16	21 3	25 14	6 48	7 12	13 1	23 31	17 34	2 32	19 15	29 18

7/23 Sun in Leo 20:10   7/5 New 12:59   7/12 1st Qt. 12:46   7/20 Full 16:45   7/28 3rd Qt. 5:15

AUGUST 1902

Day	Sid. T.	Sun	Moon	Merc.	Venus	Mars	Jup.	Saturn	Uranus	Nept.	Pluto	N.Node
1	8:36:38	8Le16 42	5Cn49	27Cn13	8Cn 0	7Cn52	12Aq53R	23Cp27R	17Sg33R	2Cn33	19Ge16	29Li15
2	8:40:35	9 14 8	20 41	29 13	9 12	8 32	12 45	23 22	17 31	2 35	19 17	29 12
3	8:44:31	10 11 36	5Le28	1Le14	10 24	9 12	12 37	23 18	17 30	2 37	19 18	29 9
4	8:48:28	11 9 4	20 2	3 17	11 36	9 51	12 29	23 14	17 29	2 39	19 19	29 5
5	8:52:24	12 6 34	4Vi17	5 21	12 47	10 31	12 22	23 10	17 28	2 41	19 20	29 2
6	8:56:21	13 4 8	18 7	7 25	13 59	11 11	12 14	23 6	17 27	2 43	19 21	28 59
7	9: 0:18	14 1 35	1Li31	9 29	15 12	11 50	12 6	23 2	17 26	2 44	19 22	28 56
8	9: 4:14	14 59 7	14 29	11 34	16 24	12 30	11 58	22 58	17 25	2 46	19 22	28 53
9	9: 8:11	15 56 39	27 3	13 38	17 36	13 9	11 50	22 54	17 24	2 48	19 23	28 49
10	9:12: 7	16 54 13	9Sc19	15 41	18 48	13 48	11 43	22 50	17 23	2 50	19 24	28 46
11	9:16: 4	17 51 47	21 21	17 44	20 0	14 28	11 35	22 46	17 22	2 51	19 25	28 43
12	9:20: 0	18 49 23	3Sg15	19 46	21 13	15 7	11 27	22 43	17 22	2 53	19 26	28 40
13	9:23:57	19 46 59	15 5	21 47	22 25	15 46	11 19	22 39	17 21	2 55	19 27	28 37
14	9:27:53	20 44 37	26 56	23 46	23 37	16 25	11 12	22 35	17 20	2 56	19 27	28 34
15	9:31:50	21 42 15	8Cp54	25 45	24 50	17 4	11 4	22 32	17 20	2 58	19 28	28 30
16	9:35:47	22 39 55	21 0	27 42	26 3	17 44	10 57	22 28	17 19	3 0	19 29	28 27
17	9:39:43	23 37 36	3Aq17	29 38	27 15	18 23	10 49	22 25	17 19	3 1	19 30	28 24
18	9:43:40	24 35 17	15 46	1Vi33	28 28	19 1	10 42	22 21	17 18	3 3	19 30	28 21
19	9:47:36	25 33 1	28 29	3 26	29 40	19 40	10 34	22 18	17 18	3 4	19 31	28 18
20	9:51:33	26 30 45	11Pi24	5 18	0Le53	20 19	10 27	22 15	17 17	3 6	19 32	28 14
21	9:55:29	27 28 31	24 31	7 8	2 6	20 58	10 20	22 11	17 17	3 7	19 32	28 11
22	9:59:26	28 26 18	7Ar49	8 58	3 19	21 37	10 13	22 8	17 17	3 9	19 33	28 8
23	10: 3:22	29 24 8	21 18	10 45	4 32	22 15	10 6	22 5	17 16	3 10	19 33	28 5
24	10: 7:19	0Vi21 59	4Ta57	12 32	5 45	22 54	9 59	22 2	17 16	3 11	19 34	28 2
25	10:11:15	1 19 51	18 47	14 17	6 58	23 33	9 52	21 59	17 16	3 13	19 35	27 59
26	10:15:12	2 17 46	2Ge48	16 1	8 11	24 11	9 45	21 56	17 16	3 14	19 35	27 55
27	10:19: 9	3 15 42	16 59	17 43	9 24	24 50	9 39	21 54	17 16D	3 15	19 36	27 52
28	10:23: 5	4 13 41	1Cn18	19 24	10 37	25 28	9 32	21 51	17 16	3 17	19 36	27 49
29	10:27: 2	5 11 41	15 43	21 4	11 50	26 6	9 25	21 48	17 16	3 18	19 37	27 46
30	10:30:58	6 9 43	0Le 9	22 42	13 4	26 45	9 20	21 46	17 16	3 19	19 37	27 43
31	10:34:55	7 7 46	14 31	24 20	14 17	27 23	9 14	21 43	17 16	3 20	19 37	27 40

8/24 Sun in Vir. 2:53   8/3 New 20:17   8/11 1st Qt. 4:24   8/19 Full 6:03   8/26 3rd Qt. 11:04

SEPTEMBER 1902

Day	Sid. T.	Sun	Moon	Merc.	Venus	Mars	Jup.	Saturn	Uranus	Nept.	Pluto	N.Node
1	10:38:51	8Vi 5 52	28Le42	25Vi56	15Le30	28Cn 1	9Aq 8R	21Cp41R	17Sg17	3Cn22	19Ge38	27Li36
2	10:42:48	9 3 59	12Vi39	27 31	16 44	28 39	9 2	21 39	17 17	3 23	19 38	27 33
3	10:46:44	10 2 8	26 16	29 4	17 57	29 17	8 56	21 36	17 17	3 24	19 39	27 30
4	10:50:41	11 0 18	9Li31	0Li36	19 11	29 56	8 50	21 34	17 18	3 25	19 39	27 27
5	10:54:38	11 58 30	22 25	2 7	20 24	0Le33	8 45	21 32	17 18	3 26	19 39	27 24
6	10:58:34	12 56 44	4Sc58	3 37	21 38	1 11	8 40	21 30	17 19	3 27	19 40	27 20
7	11: 2:31	13 54 59	17 15	5 6	22 52	1 49	8 35	21 28	17 19	3 28	19 40	27 17
8	11: 6:27	14 53 16	29 18	6 33	24 5	2 27	8 30	21 27	17 20	3 29	19 40	27 14
9	11:10:24	15 51 34	11Sg13	7 59	25 19	3 5	8 25	21 25	17 20	3 30	19 40	27 11
10	11:14:20	16 49 54	23 4	9 24	26 33	3 43	8 20	21 23	17 21	3 31	19 41	27 8
11	11:18:17	17 48 15	4Cp57	10 48	27 47	4 20	8 16	21 21	17 22	3 32	19 41	27 5
12	11:22:13	18 46 38	16 57	12 10	29 1	4 58	8 12	21 21	17 23	3 33	19 41	27 1
13	11:26:10	19 45 2	29 7	13 31	0Vi14	5 35	8 8	21 19	17 24	3 33	19 41	26 58
14	11:30: 7	20 43 29	11Aq30	14 50	1 28	6 13	8 4	21 18	17 24	3 34	19 41	26 55
15	11:34: 3	21 41 56	24 10	16 8	2 42	6 50	8 0	21 17	17 25	3 35	19 41	26 52
16	11:38: 0	22 40 26	7Pi 7	17 24	3 56	7 28	7 57	21 16	17 26	3 36	19 42	26 49
17	11:41:56	23 38 57	20 20	18 39	5 10	8 5	7 53	21 15	17 27	3 36	19 42	26 46
18	11:45:53	24 37 31	3Ar50	19 52	6 25	8 42	7 50	21 14	17 29	3 37	19 42	26 42
19	11:49:49	25 36 6	17 33	21 4	7 39	9 19	7 47	21 13	17 30	3 38	19 42	26 39
20	11:53:46	26 34 43	1Ta27	22 14	8 53	9 56	7 44	21 13	17 31	3 38	19 42R	26 36
21	11:57:42	27 33 23	15 29	23 21	10 7	10 33	7 42	21 12	17 32	3 39	19 42	26 33
22	12: 1:39	28 32 4	29 37	24 27	11 21	11 10	7 39	21 12	17 33	3 39	19 42	26 30
23	12: 5:35	29 30 48	13Ge48	25 31	12 36	11 47	7 37	21 12	17 35	3 40	19 42	26 26
24	12: 9:32	0Li29 35	28 0	26 32	13 50	12 24	7 35	21 11	17 36	3 40	19 42	26 23
25	12:13:29	1 28 23	12Cn11	27 30	15 4	13 1	7 33	21 11	17 38	3 41	19 41	26 20
26	12:17:25	2 27 14	26 19	28 26	16 19	13 38	7 31	21 11D	17 39	3 41	19 41	26 17
27	12:21:22	3 26 7	10Le22	29 20	17 33	14 14	7 30	21 11	17 41	3 42	19 41	26 14
28	12:25:18	4 25 3	24 16	0Sc 9	18 48	14 51	7 29	21 11	17 42	3 42	19 41	26 11
29	12:29:15	5 24 0	8Vi 0	0 56	20 2	15 28	7 28	21 12	17 44	3 42	19 41	26 7
30	12:33:11	6 23 0	21 31	1 39	21 17	16 4	7 27	21 12	17 46	3 42	19 41	26 4

9/23 Sun in Lib. 23:55   9/2 New 5:19   9/9 1st Qt. 22:15   9/17 Full 18:23   9/24 3rd Qt. 16:31

OCTOBER 1902

Day	Sid. T.	Sun	Moon	Merc.	Venus	Mars	Jup.	Saturn	Uranus	Nept.	Pluto	N.Node
1	12:37: 8	7Li22 2	4Li46	2Sc17	22Vi31	16Le41	7Aq26R	21Cp12	17Sg47	3Cn43	19Ge40R	26Li 1
2	12:41: 4	8 21 5	17 45	2 52	23 46	17 17	7 26	21 13	17 49	3 43	19 40	25 58
3	12:45: 1	9 20 11	0Sc28	3 21	25 1	17 53	7 25	21 14	17 51	3 43	19 40	25 55
4	12:48:58	10 19 19	12 55	3 45	26 15	18 29	7 25	21 14	17 53	3 43	19 40	25 52
5	12:52:54	11 18 29	25 8	4 4	27 30	19 6	7 25D	21 15	17 55	3 43	19 39	25 48
6	12:56:51	12 17 40	7Sg10	4 16	28 45	19 42	7 26	21 16	17 57	3 43	19 39	25 45
7	13: 0:47	13 16 54	19 5	4 22	0Li 0	20 18	7 26	21 17	17 59	3 43	19 39	25 42
8	13: 4:44	14 16 9	0Cp56	4 21R	1 14	20 54	7 27	21 18	18 1	3 43R	19 38	25 39
9	13: 8:40	15 15 26	12 49	4 12	2 29	21 30	7 28	21 20	18 3	3 43	19 38	25 36
10	13:12:37	16 14 45	24 48	3 55	3 44	22 5	7 29	21 21	18 5	3 43	19 37	25 32
11	13:16:33	17 14 5	6Aq57	3 31	4 59	22 41	7 30	21 22	18 7	3 43	19 37	25 29
12	13:20:30	18 13 27	19 22	2 58	6 14	23 17	7 32	21 24	18 9	3 43	19 36	25 26
13	13:24:27	19 12 52	2Pi 5	2 16	7 29	23 52	7 33	21 26	18 12	3 43	19 36	25 23
14	13:28:23	20 12 17	15 9	1 27	8 44	24 28	7 35	21 27	18 14	3 43	19 35	25 20
15	13:32:20	21 11 45	28 35	0 30	9 59	25 3	7 37	21 29	18 16	3 42	19 35	25 17
16	13:36:16	22 11 15	12Ar22	29Li27	11 14	25 39	7 40	21 31	18 19	3 42	19 34	25 13
17	13:40:13	23 10 46	26 28	28 18	12 29	26 14	7 42	21 33	18 21	3 42	19 34	25 10
18	13:44: 9	24 10 20	10Ta50	27 5	13 44	26 49	7 45	21 35	18 23	3 41	19 33	25 7
19	13:48: 6	25 9 56	25 21	25 51	14 59	27 24	7 48	21 37	18 26	3 41	19 33	25 4
20	13:52: 2	26 9 34	9Ge55	24 37	16 14	27 59	7 51	21 40	18 29	3 41	19 32	25 1
21	13:55:59	27 9 14	24 28	23 25	17 29	28 34	7 54	21 42	18 31	3 40	19 31	24 58
22	13:59:56	28 8 57	8Cn54	22 18	18 44	29 9	7 57	21 45	18 34	3 40	19 31	24 54
23	14: 3:52	29 8 42	23 9	21 18	19 59	29 44	8 1	21 47	18 36	3 39	19 30	24 51
24	14: 7:49	0Sc 8 29	7Le12	20 26	21 14	0Vi19	8 5	21 50	18 39	3 39	19 29	24 48
25	14:11:45	1 8 18	21 0	19 44	22 29	0 53	8 9	21 53	18 42	3 38	19 29	24 45
26	14:15:42	2 8 10	4Vi33	19 12	23 44	1 28	8 13	21 56	18 45	3 37	19 28	24 42
27	14:19:38	3 8 4	17 52	18 52	25 0	2 3	8 17	21 59	18 47	3 37	19 27	24 38
28	14:23:35	4 8 0	0Li57	18 44	26 15	2 37	8 22	22 2	18 50	3 36	19 26	24 35
29	14:27:31	5 7 58	13 49	18 46D	27 30	3 11	8 26	22 5	18 53	3 35	19 26	24 32
30	14:31:28	6 7 57	26 28	19 0	28 45	3 45	8 31	22 8	18 56	3 35	19 25	24 29
31	14:35:24	7 7 59	8Sc55	19 24	0Sc 0	4 20	8 36	22 11	18 59	3 34	19 24	24 26

10/24 Sun in Sco. 8:36   10/1 New 17:09   10/9 1st Qt. 17:21   10/17 Full 6:01 (E)   10/23 3rd Qt. 22:58   10/31 New 8:13(E)

NOVEMBER 1902

Day	Sid. T.	Sun	Moon	Merc.	Venus	Mars	Jup.	Saturn	Uranus	Nept.	Pluto	N.Node
1	14:39:21	8Sc 8 3	21Sc11	19Li57	1Sc16	4Vi54	8Aq42	22Cp15	19Sg 2	3Cn33R	19Ge23R	24Li23
2	14:43:18	9 8 9	3Sg18	20 39	2 31	5 28	8 47	22 18	19 5	3 32	19 22	24 19
3	14:47:14	10 8 16	15 17	21 29	3 46	6 1	8 53	22 22	19 8	3 31	19 22	24 16
4	14:51:11	11 8 26	27 10	22 26	5 2	6 35	8 58	22 25	19 11	3 31	19 21	24 13
5	14:55: 7	12 8 36	9Cp 1	23 29	6 17	7 9	9 4	22 29	19 14	3 30	19 20	24 10
6	14:59: 4	13 8 49	20 52	24 37	7 32	7 42	9 10	22 33	19 17	3 29	19 19	24 7
7	15: 3: 0	14 9 3	2Aq49	25 50	8 48	8 16	9 17	22 37	19 20	3 28	19 18	24 3
8	15: 6:57	15 9 18	14 55	27 6	10 3	8 49	9 23	22 41	19 23	3 27	19 17	24 0
9	15:10:53	16 9 35	27 15	28 26	11 18	9 22	9 30	22 45	19 26	3 26	19 16	23 57
10	15:14:50	17 9 53	9Pi54	29 49	12 34	9 56	9 36	22 49	19 30	3 25	19 15	23 54
11	15:18:47	18 10 13	22 55	1Sc14	13 49	10 29	9 43	22 53	19 33	3 24	19 14	23 51
12	15:22:43	19 10 34	6Ar22	2 41	15 4	11 1	9 50	22 58	19 36	3 23	19 13	23 48
13	15:26:40	20 10 56	20 16	4 10	16 20	11 34	9 58	23 2	19 39	3 22	19 12	23 44
14	15:30:36	21 11 20	4Ta34	5 40	17 35	12 7	10 5	23 6	19 43	3 20	19 11	23 41
15	15:34:33	22 11 46	19 15	7 11	18 50	12 40	10 12	23 11	19 46	3 19	19 10	23 38
16	15:38:29	23 12 13	4Ge11	8 43	20 6	13 12	10 20	23 16	19 49	3 18	19 9	23 35
17	15:42:26	24 12 42	19 13	10 16	21 21	13 44	10 28	23 20	19 53	3 17	19 8	23 32
18	15:46:22	25 13 13	4Cn13	11 49	22 37	14 17	10 36	23 25	19 56	3 16	19 7	23 29
19	15:50:19	26 13 45	19 3	13 23	23 52	14 49	10 44	23 30	20 0	3 14	19 6	23 25
20	15:54:16	27 14 19	3Le32	14 57	25 7	15 21	10 52	23 35	20 3	3 13	19 5	23 22
21	15:58:12	28 14 55	17 42	16 31	26 23	15 52	11 1	23 40	20 6	3 12	19 4	23 19
22	16: 2: 9	29 15 33	1Vi28	18 5	27 38	16 24	11 9	23 45	20 10	3 10	19 3	23 16
23	16: 6: 5	0Sg16 12	14 53	19 40	28 54	16 56	11 18	23 50	20 13	3 9	19 2	23 13
24	16:10: 2	1 16 53	27 57	21 14	0Sg 9	17 27	11 27	23 55	20 17	3 8	19 1	23 9
25	16:13:58	2 17 36	10Li44	22 49	1 25	17 59	11 36	24 0	20 20	3 6	19 0	23 6
26	16:17:55	3 18 20	23 17	24 23	2 40	18 30	11 45	24 6	20 24	3 5	18 58	23 3
27	16:21:51	4 19 5	5Sc38	25 58	3 55	19 1	11 54	24 11	20 27	3 3	18 57	23 0
28	16:25:48	5 19 52	17 50	27 32	5 11	19 32	12 3	24 16	20 31	3 2	18 56	22 57
29	16:29:45	6 20 41	29 54	29 7	6 26	20 2	12 13	24 22	20 35	3 0	18 55	22 54
30	16:33:41	7 21 31	11Sg53	0Sg41	7 42	20 33	12 23	24 27	20 38	2 59	18 54	22 50

11/23 Sun in Sag. 5:35   11/8 1st Qt. 12:30   11/15 Full 17:07   11/22 3rd Qt. 7:47   11/30 New 2:04

DECEMBER 1902

Day	Sid. T.	Sun	Moon	Merc.	Venus	Mars	Jup.	Saturn	Uranus	Nept.	Pluto	N.Node
1	16:37:38	8Sg22 22	23Sg48	2Sg16	8Sg57	21Vi 4	12Aq32	24Cp33	20Sg42	2Cn57R	18Ge53R	22Li47
2	16:41:34	9 23 14	5Cp39	3 50	10 13	21 34	12 42	24 39	20 45	2 56	18 52	22 44
3	16:45:31	10 24 7	17 30	5 24	11 28	22 4	12 52	24 44	20 49	2 54	18 50	22 41
4	16:49:27	11 25 1	29 22	6 58	12 44	22 34	13 2	24 50	20 52	2 53	18 49	22 38
5	16:53:24	12 25 55	11Aq19	8 33	13 59	23 4	13 13	24 56	20 56	2 51	18 48	22 35
6	16:57:20	13 26 51	23 23	10 7	15 15	23 33	13 23	25 2	21 0	2 50	18 47	22 31
7	17: 1:17	14 27 47	5Pi38	11 41	16 30	24 3	13 33	25 8	21 3	2 48	18 46	22 28
8	17: 5:14	15 28 44	18 10	13 15	17 46	24 32	13 44	25 14	21 7	2 46	18 45	22 25
9	17: 9:10	16 29 42	1Ar 3	14 49	19 1	25 1	13 55	25 20	21 11	2 45	18 44	22 22
10	17:13: 7	17 30 40	14 22	16 24	20 17	25 30	14 5	25 26	21 14	2 43	18 42	22 19
11	17:17: 3	18 31 39	28 8	17 58	21 32	25 59	14 16	25 32	21 18	2 42	18 41	22 15
12	17:21: 0	19 32 39	12Ta24	19 32	22 48	26 28	14 27	25 38	21 22	2 40	18 40	22 12
13	17:24:56	20 33 39	27 7	21 7	24 3	26 56	14 38	25 44	21 25	2 38	18 39	22 9
14	17:28:53	21 34 39	12Ge12	22 41	25 18	27 24	14 50	25 51	21 29	2 37	18 38	22 6
15	17:32:49	22 35 41	27 29	24 16	26 34	27 52	15 1	25 57	21 33	2 35	18 37	22 3
16	17:36:46	23 36 43	12Cn49	25 50	27 49	28 20	15 12	26 3	21 36	2 33	18 35	22 0
17	17:40:43	24 37 46	27 59	27 25	29 5	28 48	15 24	26 10	21 40	2 32	18 34	21 56
18	17:44:39	25 38 50	12Le50	29 0	0Cp20	29 15	15 36	26 16	21 43	2 30	18 33	21 53
19	17:48:36	26 39 54	27 15	0Cp36	1 36	29 42	15 47	26 23	21 47	2 28	18 32	21 50
20	17:52:32	27 41 0	11Vi11	2 11	2 51	0Li 9	15 59	26 29	21 51	2 27	18 31	21 47
21	17:56:29	28 42 6	24 39	3 47	4 7	0 36	16 11	26 36	21 54	2 25	18 30	21 44
22	18: 0:25	29 43 13	7Li41	5 22	5 22	1 3	16 23	26 42	21 58	2 23	18 28	21 41
23	18: 4:22	0Cp44 20	20 21	6 58	6 38	1 29	16 35	26 49	22 2	2 21	18 27	21 37
24	18: 8:19	1 45 29	2Sc44	8 35	7 53	1 55	16 47	26 56	22 5	2 20	18 26	21 34
25	18:12:15	2 46 37	14 55	10 11	9 8	2 21	16 59	27 2	22 9	2 18	18 25	21 31
26	18:16:12	3 47 47	26 56	11 47	10 24	2 46	17 12	27 9	22 12	2 16	18 24	21 28
27	18:20: 8	4 48 57	8Sg52	13 24	11 39	3 12	17 24	27 16	22 16	2 15	18 23	21 25
28	18:24: 5	5 50 7	20 45	15 1	12 55	3 37	17 36	27 23	22 20	2 13	18 22	21 21
29	18:28: 1	6 51 18	2Cp36	16 38	14 10	4 1	17 49	27 30	22 23	2 11	18 21	21 18
30	18:31:58	7 52 29	14 28	18 15	15 26	4 26	18 2	27 36	22 27	2 10	18 19	21 15
31	18:35:54	8 53 39	26 22	19 52	16 41	4 50	18 14	27 43	22 30	2 8	18 18	21 12

12/22 Sun in Cap. 18:36   12/8 1st Qt. 6:26   12/15 Full 3:47   12/21 3rd Qt. 20:00   12/29 New 21:25

JANUARY 1903

Day	Sid. T.	Sun	Moon	Merc.	Venus	Mars	Jup.	Saturn	Uranus	Nept.	Pluto	N.Node
1	18:39:51	9Cp54 50	8Aq18	21Cp29	17Cp57	5Li14	18Aq27	27Cp50	22Sg34	2Cn 6R	18Ge17R	21Li 9
2	18:43:48	10 56 1	20 19	23 6	19 12	5 38	18 40	27 57	22 37	2 5	18 16	21 6
3	18:47:44	11 57 11	2Pi26	24 43	20 27	6 1	18 53	28 4	22 41	2 3	18 15	21 2
4	18:51:41	12 58 22	14 43	26 19	21 43	6 24	19 6	28 11	22 44	2 1	18 14	20 59
5	18:55:37	13 59 32	27 14	27 55	22 58	6 47	19 19	28 18	22 48	2 0	18 13	20 56
6	18:59:34	15 0 42	10Ar 2	29 30	24 14	7 9	19 32	28 25	22 51	1 58	18 12	20 53
7	19: 3:30	16 1 51	23 11	1Aq 5	25 29	7 31	19 45	28 32	22 55	1 56	18 11	20 50
8	19: 7:27	17 3 0	6Ta46	2 38	26 44	7 53	19 58	28 39	22 58	1 55	18 10	20 47
9	19:11:23	18 4 8	20 48	4 11	28 0	8 15	20 11	28 46	23 2	1 53	18 9	20 43
10	19:15:20	19 5 16	5Ge18	5 42	29 15	8 36	20 25	28 53	23 5	1 51	18 8	20 40
11	19:19:17	20 6 23	20 13	7 11	0Aq30	8 57	20 38	29 0	23 8	1 50	18 7	20 37
12	19:23:13	21 7 30	5Cn26	8 37	1 46	9 17	20 51	29 7	23 12	1 48	18 6	20 34
13	19:27:10	22 8 36	20 47	10 1	3 1	9 37	21 5	29 14	23 15	1 47	18 5	20 31
14	19:31: 6	23 9 42	6Le 3	11 22	4 16	9 57	21 18	29 21	23 18	1 45	18 4	20 27
15	19:35: 3	24 10 48	21 5	12 38	5 32	10 16	21 32	29 29	23 22	1 43	18 3	20 24
16	19:38:59	25 11 53	5Vi43	13 51	6 47	10 35	21 46	29 36	23 25	1 42	18 2	20 21
17	19:42:56	26 12 58	19 51	14 57	8 2	10 54	21 59	29 43	23 28	1 40	18 2	20 18
18	19:46:52	27 14 3	3Li29	15 58	9 17	11 12	22 13	29 50	23 31	1 39	18 1	20 15
19	19:50:49	28 15 7	16 38	16 52	10 33	11 29	22 27	29 57	23 34	1 37	18 0	20 12
20	19:54:46	29 16 11	29 21	17 39	11 48	11 47	22 41	0Aq 4	23 38	1 36	17 59	20 8
21	19:58:42	0Aq17 14	11Sc45	18 16	13 3	12 4	22 54	0 11	23 41	1 34	17 58	20 5
22	20: 2:39	1 18 17	23 53	18 44	14 18	12 20	23 8	0 18	23 44	1 33	17 57	20 2
23	20: 6:35	2 19 20	5Sg51	19 2	15 34	12 36	23 22	0 26	23 47	1 32	17 56	19 59
24	20:10:32	3 20 22	17 43	19 9	16 49	12 51	23 36	0 33	23 50	1 30	17 56	19 56
25	20:14:28	4 21 24	29 33	19 5R	18 4	13 6	23 50	0 40	23 53	1 29	17 55	19 52
26	20:18:25	5 22 25	11Cp24	18 50	19 19	13 21	24 4	0 47	23 56	1 27	17 54	19 49
27	20:22:21	6 23 25	23 18	18 23	20 34	13 35	24 18	0 54	23 59	1 26	17 53	19 46
28	20:26:18	7 24 24	5Aq17	17 45	21 50	13 48	24 32	1 1	24 2	1 25	17 53	19 43
29	20:30:15	8 25 23	17 21	16 57	23 5	14 1	24 47	1 8	24 5	1 24	17 52	19 40
30	20:34:11	9 26 20	29 32	16 0	24 20	14 14	25 1	1 15	24 7	1 22	17 51	19 37
31	20:38: 8	10 27 16	11Pi50	14 56	25 35	14 26	25 15	1 22	24 10	1 21	17 51	19 33

1/21 Sun in Aqu. 5:13   1/6 1st Qt. 21:57   1/13 Full 14:17   1/20 3rd Qt. 11:49   1/28 New 16:38

FEBRUARY 1903

Day	Sid. T.	Sun	Moon	Merc.	Venus	Mars	Jup.	Saturn	Uranus	Nept.	Pluto	N.Node
1	20:42: 4	11Aq28 11	24Pi18	13Aq47R	26Aq50	14Li37	25Aq29	1Aq29	24Sg13	1Cn20R	17Ge50R	19Li30
2	20:46: 1	12 29 5	6Ar57	12 35	28 5	14 48	25 43	1 37	24 16	1 19	17 49	19 27
3	20:49:57	13 29 57	19 50	11 21	29 20	14 58	25 58	1 44	24 18	1 17	17 49	19 24
4	20:53:54	14 30 48	2Ta59	10 8	0Pi35	15 8	26 12	1 51	24 21	1 16	17 48	19 21
5	20:57:50	15 31 38	16 28	8 58	1 50	15 17	26 26	1 58	24 24	1 15	17 48	19 18
6	21: 1:47	16 32 26	0Ge19	7 53	3 5	15 26	26 40	2 5	24 26	1 14	17 47	19 14
7	21: 5:44	17 33 12	14 33	6 54	4 20	15 34	26 55	2 12	24 29	1 13	17 47	19 11
8	21: 9:40	18 33 57	29 8	6 1	5 35	15 41	27 9	2 19	24 31	1 12	17 46	19 8
9	21:13:37	19 34 41	14Cn 9	5 16	6 50	15 48	27 23	2 25	24 34	1 11	17 46	19 5
10	21:17:33	20 35 23	29 2	4 39	8 5	15 54	27 38	2 32	24 36	1 10	17 45	19 2
11	21:21:30	21 36 3	14Le 4	4 10	9 19	15 59	27 52	2 39	24 39	1 9	17 45	18 58
12	21:25:26	22 36 42	28 58	3 49	10 34	16 4	28 7	2 46	24 41	1 8	17 44	18 55
13	21:29:23	23 37 20	13Vi34	3 35	11 49	16 8	28 21	2 53	24 43	1 7	17 44	18 52
14	21:33:19	24 37 56	27 45	3 30	13 4	16 11	28 35	3 0	24 46	1 6	17 44	18 49
15	21:37:16	25 38 31	11Li29	3 32D	14 19	16 14	28 50	3 7	24 48	1 5	17 43	18 46
16	21:41:13	26 39 5	24 45	3 40	15 33	16 15	29 4	3 13	24 50	1 4	17 43	18 43
17	21:45: 9	27 39 38	7Sc36	3 55	16 48	16 17	29 19	3 20	24 52	1 4	17 43	18 39
18	21:49: 6	28 40 9	20 5	4 15	18 3	16 17	29 33	3 27	24 54	1 3	17 42	18 36
19	21:53: 2	29 40 39	2Sg17	4 42	19 17	16 17R	29 48	3 33	24 56	1 2	17 42	18 33
20	21:56:59	0Pi41 8	14 17	5 13	20 32	16 16	0Pi 2	3 40	24 58	1 1	17 42	18 30
21	22: 0:55	1 41 35	26 10	5 49	21 46	16 14	0 17	3 47	25 0	1 1	17 41	18 27
22	22: 4:52	2 42 1	8Cp 0	6 29	23 1	16 11	0 31	3 53	25 2	1 0	17 41	18 24
23	22: 8:48	3 42 26	19 53	7 14	24 16	16 8	0 45	4 0	25 4	0 59	17 41	18 20
24	22:12:45	4 42 49	1Aq50	8 2	25 30	16 4	1 0	4 6	25 6	0 59	17 41	18 17
25	22:16:41	5 43 10	13 54	8 53	26 45	15 59	1 14	4 13	25 8	0 58	17 41	18 14
26	22:20:38	6 43 30	26 8	9 48	27 59	15 54	1 29	4 19	25 9	0 58	17 41	18 11
27	22:24:35	7 43 48	8Pi32	10 46	29 13	15 47	1 43	4 26	25 11	0 57	17 41	18 8
28	22:28:31	8 44 5	21 7	11 46	0Ar28	15 40	1 58	4 32	25 13	0 57	17 40	18 4

2/19 Sun in Pis. 19:41   2/5 1st Qt. 10:12   2/12 Full 0:58   2/19 3rd Qt. 6:23   2/27 New 10:19

MARCH 1903

Day	Sid. T.	Sun	Moon	Merc.	Venus	Mars	Jup.	Saturn	Uranus	Nept.	Pluto	N.Node
1	22:32:28	9Pi44 19	3Ar52	12Aq49	1Ar42	15Li32R	2Pi12	4Aq38	25Sg14	0Cn57R	17Ge40R	18Li 1
2	22:36:24	10 44 32	16 50	13 54	2 56	15 23	2 26	4 45	25 16	0 56	17 40	17 58
3	22:40:21	11 44 43	0Ta 0	15 2	4 11	15 14	2 41	4 51	25 17	0 56	17 40D	17 55
4	22:44:17	12 44 51	13 23	16 11	5 25	15 3	2 55	4 57	25 19	0 56	17 40	17 52
5	22:48:14	13 44 58	26 59	17 23	6 39	14 52	3 10	5 3	25 20	0 55	17 40	17 49
6	22:52:10	14 45 2	10Ge50	18 37	7 53	14 40	3 24	5 9	25 22	0 55	17 41	17 45
7	22:56: 7	15 45 5	24 55	19 52	9 7	14 28	3 38	5 15	25 23	0 55	17 41	17 42
8	23: 0: 4	16 45 5	9Cn13	21 9	10 21	14 15	3 52	5 21	25 24	0 55	17 41	17 39
9	23: 4: 0	17 45 3	23 42	22 28	11 35	14 1	4 7	5 27	25 25	0 55	17 41	17 36
10	23: 7:57	18 44 59	8Le17	23 48	12 49	13 46	4 21	5 33	25 26	0 54	17 41	17 33
11	23:11:53	19 44.52	22 52	25 10	14 3	13 30	4 35	5 39	25 27	0 54	17 41	17 30
12	23:15:50	20 44 44	7Vi21	26 33	15 17	13 14	4 49	5 44	25 28	0 54	17 41	17 26
13	23:19:46	21 44 33	21 37	27 58	16 31	12 58	5 4	5 50	25 29	0 54D	17 42	17 23
14	23:23:43	22 44 20	5Li36	29 24	17 45	12 40	5 18	5 56	25 30	0 54	17 42	17 20
15	23:27:39	23 44 6	19 14	0Pi52	18 59	12 22	5 32	6 1	25 31	0 54	17 42	17 17
16	23:31:36	24 43 49	2Sc29	2 21	20 12	12 4	5 46	6 7	25 32	0 54	17 42	17 14
17	23:35:33	25 43 31	15 23	3 51	21 26	11 44	6 0	6 12	25 33	0 55	17 43	17 10
18	23:39:29	26 43 11	27 56	5 22	22 40	11 25	6 14	6 18	25 34	0 55	17 43	17 7
19	23:43:26	27 42 50	10Sg12	6 55	23 53	11 4	6 28	6 23	25 34	0 55	17 43	17 4
20	23:47:22	28 42 27	22 15	8 30	25 7	10 44	6 42	6 28	25 35	0 55	17 44	17 1
21	23:51:19	29 42 1	4Cp11	10 5	26 20	10 23	6 56	6 34	25 36	0 56	17 44	16 58
22	23:55:15	0Ar41 35	16 4	11 42	27 34	10 1	7 10	6 39	25 36	0 56	17 45	16 55
23	23:59:12	1 41 6	27 58	13 20	28 47	9 39	7 23	6 44	25 37	0 56	17 45	16 51
24	0: 3: 8	2 40 36	9Aq57	14 59	0Ta 0	9 17	7 37	6 49	25 37	0 56	17 45	16 48
25	0: 7: 5	3 40 3	22 6	16 40	1 14	8 54	7 51	6 54	25 37	0 57	17 46	16 45
26	0:11:12	4 39 29	4Pi27	18 22	2 27	8 31	8 5	6 59	25 38	0 57	17 46	16 42
27	0:14:58	5 38 53	17 2	20 5	3 40	8 8	8 18	7 3	25 38	0 58	17 47	16 39
28	0:18:55	6 38 15	29 53	21 50	4 53	7 45	8 32	7 8	25 38	0 58	17 47	16 36
29	0:22:51	7 37 35	13Ar 0	23 36	6 6	7 22	8 46	7 13	25 38	0 59	17 48	16 32
30	0:26:48	8 36 52	26 21	25 23	7 19	6 59	8 59	7 17	25 38	0 59	17 49	16 29
31	0:30:44	9 36 8	9Ta56	27 12	8 32	6 35	9 12	7 22	25 38	1 0	17 49	16 26

3/21 Sun in Ari. 19:15   3/6 1st Qt. 19:14   3/13 Full 12:13   3/21 3rd Qt. 2:08   3/29 New 1:26(E)

APRIL 1903

Day	Sid. T.	Sun	Moon	Merc.	Venus	Mars	Jup.	Saturn	Uranus	Nept.	Pluto	N.Node
1	0:34:41	10Ar35 22	23Ta43	29Pi 2	9Ta45	6Li12R	9Pi26	7Aq26	25Sg38R	1Cn 1	17Ge50	16Li23
2	0:38:37	11 34 33	7Ge40	0Ar54	10 58	5 49	9 39	7 31	25 38	1 1	17 50	16 20
3	0:42:34	12 33 42	21 45	2 47	12 11	5 26	9 53	7 35	25 38	1 2	17 51	16 16
4	0:46:30	13 32 49	5Cn55	4 41	13 24	5 3	10 6	7 39	25 38	1 3	17 52	16 13
5	0:50:27	14 31 53	20 8	6 37	14 37	4 40	10 19	7 44	25 38	1 3	17 53	16 10
6	0:54:24	15 30 55	4Le21	8 34	15 49	4 18	10 32	7 48	25 37	1 4	17 53	16 7
7	0:58:20	16 29 55	18 33	10 33	17 2	3 55	10 45	7 52	25 37	1 5	17 54	16 4
8	1: 2:17	17 28 52	2Vi40	12 32	18 14	3 34	10 58	7 56	25 37	1 6	17 55	16 1
9	1: 6:13	18 27 47	16 39	14 33	19 27	3 12	11 11	7 59	25 36	1 7	17 55	15 57
10	1:10:10	19 26 40	0Li28	16 36	20 39	2 51	11 24	8 3	25 36	1 8	17 56	15 54
11	1:14: 6	20 25 30	14 3	18 39	21 51	2 31	11 37	8 7	25 35	1 9	17 57	15 51
12	1:18: 3	21 24 19	27 23	20 43	23 4	2 10	11 50	8 10	25 35	1 10	17 58	15 48
13	1:21:59	22 23 6	10Sc27	22 48	24 16	1 51	12 2	8 14	25 34	1 11	17 59	15 45
14	1:25:56	23 21 51	23 14	24 54	25 28	1 32	12 15	8 17	25 33	1 12	18 0	15 41
15	1:29:53	24 20 34	5Sg44	27 1	26 40	1 13	12 27	8 21	25 32	1 13	18 1	15 38
16	1:33:49	25 19 15	18 0	29 8	27 52	0 55	12 40	8 24	25 31	1 14	18 1	15 35
17	1:37:46	26 17 54	0Cp 5	1Ta15	29 4	0 38	12 52	8 27	25 31	1 15	18 2	15 32
18	1:41:42	27 16 32	12 2	3 22	0Ge16	0 22	13 5	8 30	25 30	1 16	18 3	15 29
19	1:45:39	28 15 8	23 56	5 28	1 28	0 6	13 17	8 33	25 29	1 17	18 4	15 26
20	1:49:35	29 13 43	5Aq50	7 34	2 39	29Vi50	13 29	8 36	25 27	1 19	18 5	15 22
21	1:53:32	0Ta12 15	17 50	9 38	3 51	29 36	13 41	8 39	25 26	1 20	18 6	15 19
22	1:57:28	1 10 47	0Pi 0	11 41	5 3	29 22	13 53	8 42	25 24	1 21	18 7	15 16
23	2: 1:25	2 9 16	12 24	13 43	6 14	29 9	14 5	8 44	25 23	1 22	18 8	15 13
24	2: 5:22	3 7 44	25 2	15 42	7 26	28 57	14 17	8 47	25 21	1 24	18 9	15 10
25	2: 9:18	4 6 10	8Ar 7	17 40	8 37	28 45	14 29	8 49	25 20	1 25	18 10	15 7
26	2:13:15	5 4 34	21 30	19 34	9 48	28 34	14 40	8 52	25 21	1 27	18 11	15 3
27	2:17:11	6 2 56	5Ta14	21 26	11 0	28 24	14 52	8 54	25 20	1 28	18 12	15 0
28	2:21: 8	7 1 17	19 15	23 14	12 11	28 15	15 3	8 56	25 19	1 29	18 13	14 57
29	2:25: 4	7 59 36	3Ge31	25 0	13 22	28 6	15 15	8 58	25 17	1 31	18 14	14 54
30	2:29: 1	8 57 53	17 55	26 41	14 33	27 59	15 26	9 0	25 16	1 32	18 16	14 51

4/21 Sun in Tau. 6:58   4/5 1st Qt. 1:51   4/12 Full 0:18(E)   4/19 3rd Qt. 21:30   4/27 New 13:31

Day	Sid. T.	Sun	Moon	Merc.	Venus	Mars	Jup.	Saturn	Uranus	Nept.	Pluto	N.Node
1	2:32:57	9Ta56 8	2Cn24	28Ta19	15Ge44	27Vi52R	15Pi37	9Aq 2	25Sg15R	1Cn34	18Ge17	14Li47
2	2:36:54	10 54 21	16 50	29 54	16 54	27 46	15 49	9 4	25 13	1 35	18 18	14 44
3	2:40:51	11 52 32	1Le10	1Ge24	18 5	27 41	16 0	9 5	25 12	1 37	18 19	14 41
4	2:44:47	12 50 41	15 21	2 51	19 16	27 36	16 11	9 7	25 10	1 39	18 20	14 38
5	2:48:44	13 48 48	29 20	4 13	20 26	27 33	16 21	9 9	25 8	1 40	18 21	14 35
6	2:52:40	14 46 53	13Vi 8	5 31	21 37	27 30	16 32	9 10	25 7	1 42	18 23	14 32
7	2:56:37	15 44 56	26 43	6 45	22 47	27 28	16 43	9 11	25 5	1 43	18 24	14 28
8	3: 0:33	16 42 57	10Li 5	7 55	23 57	27 27	16 53	9 12	25 3	1 45	18 25	14 25
9	3: 4:30	17 40 57	23 15	9 0	25 8	27 26	17 4	9 14	25 2	1 47	18 26	14 22
10	3: 8:26	18 38 54	6Sc13	10 1	26 18	27 26D	17 14	9 15	25 0	1 49	18 27	14 19
11	3:12:23	19 36 50	18 59	10 57	27 28	27 27	17 24	9 16	24 58	1 50	18 29	14 16
12	3:16:19	20 34 45	1Sg32	11 49	28 37	27 29	17 34	9 16	24 56	1 52	18 30	14 13
13	3:20:16	21 32 38	13 54	12 36	29 47	27 32	17 44	9 17	24 54	1 54	18 31	14 9
14	3:24:13	22 30 29	26 3	13 19	0Cn57	27 35	17 54	9 18	24 52	1 56	18 32	14 6
15	3:28: 9	23 28 20	8Cp 8	13 57	2 6	27 39	18 4	9 18	24 50	1 57	18 34	14 3
16	3:32: 6	24 26 9	20 4	14 30	3 16	27 43	18 14	9 19	24 49	1 59	18 35	14 0
17	3:36: 2	25 23 56	1Aq56	14 58	4 25	27 49	18 23	9 19	24 47	2 1	18 36	13 57
18	3:39:59	26 21 43	13 50	15 21	5 34	27 55	18 33	9 19	24 44	2 3	18 38	13 53
19	3:43:55	27 19 28	25 48	15 39	6 44	28 1	18 42	9 19	24 42	2 5	18 39	13 50
20	3:47:52	28 17 12	7Pi56	15 53	7 53	28 9	18 51	9 20R	24 40	2 7	18 40	13 47
21	3:51:48	29 14 55	20 19	16 1	9 1	28 17	19 0	9 19	24 38	2 9	18 42	13 44
22	3:55:45	0Ge12 37	3Ar 1	16 5	10 10	28 26	19 9	9 19	24 36	2 11	18 43	13 41
23	3:59:42	1 10 18	16 6	16 4R	11 19	28 35	19 18	9 19	24 34	2 13	18 44	13 38
24	4: 3:38	2 7 58	29 37	15 59	12 27	28 45	19 27	9 19	24 32	2 15	18 46	13 34
25	4: 7:35	3 5 37	13Ta34	15 49	13 36	28 55	19 35	9 18	24 29	2 17	18 47	13 31
26	4:11:31	4 3 15	27 54	15 35	14 44	29 6	19 43	9 18	24 27	2 19	18 48	13 28
27	4:15:28	5 0 52	12Ge34	15 17	15 52	29 18	19 52	9 17	24 25	2 21	18 50	13 25
28	4:19:24	5 58 28	27 25	14 56	17 0	29 31	20 0	9 16	24 23	2 23	18 51	13 22
29	4:23:21	6 56 2	12Cn19	14 31	18 8	29 43	20 8	9 16	24 20	2 25	18 52	13 19
30	4:27:17	7 53 35	27 7	14 4	19 16	29 57	20 16	9 15	24 18	2 27	18 54	13 15
31	4:31:14	8 51 7	11Le43	13 34	20 23	0Li11	20 23	9 14	24 16	2 29	18 55	13 12

5/22 Sun in Gem. 6:45   5/4 1st Qt. 7:26   5/11 Full 13:18   5/19 3rd Qt. 15:18   5/26 New 22:50

Day	Sid. T.	Sun	Moon	Merc.	Venus	Mars	Jup.	Saturn	Uranus	Nept.	Pluto	N.Node
1	4:35:11	9Ge48 37	26Le 2	13Ge 3R	21Cn31	0Li25	20Pi31	9Aq13R	24Sg13R	2Cn31	18Ge57	13Li 9
2	4:39: 7	10 46 6	10Vi 1	12 30	22 38	0 41	20 38	9 11	24 11	2 33	18 58	13 6
3	4:43: 4	11 43 33	23 40	11 57	23 45	0 56	20 46	9 10	24 9	2 35	18 59	13 3
4	4:47: 0	12 41 0	7Li 1	11 23	24 52	1 12	20 53	9 9	24 6	2 37	19 1	12 59
5	4:50:57	13 38 25	20 6	10 50	25 59	1 29	21 0	9 7	24 4	2 39	19 2	12 56
6	4:54:53	14 35 49	2Sc57	10 18	27 6	1 46	21 7	9 6	24 2	2 42	19 4	12 53
7	4:58:50	15 33 11	15 35	9 47	28 12	2 4	21 13	9 4	23 59	2 44	19 5	12 50
8	5: 2:46	16 30 33	28 3	9 19	29 18	2 22	21 20	9 2	23 57	2 46	19 6	12 47
9	5: 6:43	17 27 55	10Sg22	8 53	0Le24	2 40	21 26	9 0	23 54	2 48	19 7	12 44
10	5:10:40	18 25 15	22 33	8 30	1 30	2 59	21 32	8 58	23 52	2 50	19 10	12 40
11	5:14:36	19 22 34	4Cp37	8 11	2 36	3 19	21 38	8 56	23 49	2 52	19 11	12 37
12	5:18:33	20 19 53	16 35	7 55	3 41	3 38	21 44	8 54	23 47	2 55	19 12	12 34
13	5:22:29	21 17 12	28 28	7 43	4 47	3 59	21 50	8 52	23 45	2 57	19 13	12 31
14	5:26:26	22 14 29	10Aq19	7 36	5 52	4 19	21 55	8 50	23 42	2 59	19 15	12 28
15	5:30:22	23 11 47	22 12	7 33	6 57	4 40	22 1	8 47	23 40	3 1	19 16	12 25
16	5:34:19	24 9 3	4Pi 9	7 34D	8 1	5 2	22 6	8 45	23 37	3 3	19 18	12 21
17	5:38:16	25 6 20	16 15	7 40	9 6	5 24	22 11	8 42	23 32	3 6	19 19	12 18
18	5:42:12	26 3 36	28 35	7 50	10 10	5 46	22 16	8 40	23 32	3 8	19 20	12 15
19	5:46: 9	27 0 52	11Ar14	8 5	11 14	6 9	22 21	8 37	23 30	3 10	19 22	12 12
20	5:50: 5	27 58 8	24 17	8 25	12 18	6 32	22 25	8 34	23 27	3 12	19 23	12 9
21	5:54: 2	28 55 24	7Ta47	8 49	13 22	6 55	22 30	8 32	23 25	3 14	19 25	12 5
22	5:57:58	29 52 39	21 46	9 18	14 25	7 19	22 34	8 29	23 22	3 17	19 26	12 2
23	6: 1:55	0Cn49 54	6Ge13	9 51	15 28	7 43	22 38	8 26	23 20	3 19	19 27	11 59
24	6: 5:51	1 47 10	21 4	10 29	16 31	8 7	22 42	8 23	23 18	3 21	19 29	11 56
25	6: 9:48	2 44 25	6Cn 1	11 12	17 33	8 32	22 45	8 20	23 15	3 23	19 30	11 53
26	6:13:45	3 41 39	21 25	11 58	18 35	8 57	22 49	8 16	23 13	3 26	19 31	11 50
27	6:17:41	4 38 53	6Le33	12 49	19 37	9 23	22 52	8 13	23 10	3 28	19 33	11 46
28	6:21:38	5 36 7	21 26	13 44	20 39	9 49	22 55	8 10	23 8	3 30	19 34	11 43
29	6:25:34	6 33 20	5Vi58	14 44	21 40	10 15	22 58	8 6	23 6	3 32	19 35	11 40
30	6:29:31	7 30 33	20 5	15 47	22 41	10 41	23 1	8 3	23 3	3 35	19 37	11 37

6/22 Sun in Can. 15:05   6/2 1st Qt. 13:24   6/10 Full 3:08   6/18 3rd Qt. 6:44   6/25 New 6:11

JULY 1903

Day	Sid. T.	Sun	Moon	Merc.	Venus	Mars	Jup.	Saturn	Uranus	Nept.	Pluto	N.Node
1	6:33:27	8Cn27 46	3Li46	16Ge55	23Le42	11Li 8	23Pi 3	7Aq59R	23Sg 1R	3Cn37	19Ge38	11Li34
2	6:37:24	9 24 58	17 4	18 6	24 43	11 35	23 5	7 56	22 59	3 39	19 40	11 30
3	6:41:20	10 22 9	0Sc 1	19 21	25 43	12 2	23 8	7 52	22 56	3 41	19 41	11 27
4	6:45:17	11 19 21	12 41	20 41	26 42	12 30	23 10	7 48	22 54	3 43	19 42	11 24
5	6:49:13	12 16 32	25 7	22 4	27 41	12 57	23 11	7 45	22 52	3 46	19 43	11 21
6	6:53:10	13 13 43	7Sg23	23 31	28 40	13 25	23 13	7 41	22 50	3 48	19 45	11 18
7	6:57: 7	14 10 54	19 30	25 2	29 39	13 54	23 14	7 37	22 47	3 50	19 46	11 15
8	7: 1: 3	15 8 5	1Cp32	26 36	0Vi37	14 23	23 16	7 33	22 45	3 52	19 47	11 11
9	7: 5: 0	16 5 16	13 29	28 14	1 35	14 51	23 17	7 29	22 43	3 54	19 49	11 8
10	7: 8:56	17 2 27	25 22	29 55	2 32	15 21	23 17	7 25	22 41	3 57	19 50	11 5
11	7:12:53	17 59 38	7Aq14	1Cn40	3 29	15 50	23 18	7 21	22 39	3 59	19 51	11 2
12	7:16:49	18 56 50	19 6	3 28	4 25	16 20	23 18	7 17	22 36	4 1	19 52	10 59
13	7:20:46	19 54 2	1Pi 0	5 19	5 21	16 50	23 19	7 13	22 34	4 3	19 54	10 56
14	7:24:43	20 51 14	12 59	7 13	6 16	17 20	23 19R	7 9	22 32	4 5	19 55	10 52
15	7:28:39	21 48 27	25 6	9 9	7 11	17 50	23 18	7 5	22 30	4 8	19 56	10 49
16	7:32:36	22 45 41	7Ar26	11 8	8 6	18 21	23 18	7 0	22 28	4 10	19 57	10 46
17	7:36:32	23 42 55	20 3	13 10	9 0	18 52	23 17	6 56	22 26	4 12	19 59	10 43
18	7:40:29	24 40 10	3Ta 2	15 13	9 53	19 23	23 17	6 52	22 24	4 14	20 0	10 40
19	7:44:25	25 37 26	16 27	17 17	10 46	19 54	23 16	6 47	22 22	4 16	20 1	10 36
20	7:48:22	26 34 42	0Ge20	19 23	11 38	20 26	23 15	6 43	22 21	4 18	20 2	10 33
21	7:52:18	27 32 0	14 42	21 29	12 29	20 58	23 13	6 39	22 19	4 20	20 3	10 30
22	7:56:15	28 29 18	29 31	23 37	13 20	21 30	23 12	6 34	22 17	4 22	20 4	10 27
23	8: 0:12	29 26 37	14Cn39	25 44	14 10	22 2	23 10	6 30	22 15	4 24	20 6	10 24
24	8: 4: 8	0Le23 56	29 56	27 52	15 0	22 34	23 8	6 26	22 13	4 26	20 7	10 21
25	8: 8: 5	1 21 16	15Le13	29 59	15 48	23 7	23 6	6 21	22 12	4 29	20 8	10 17
26	8:12: 1	2 18 37	0Vi17	2Le 6	16 37	23 40	23 4	6 17	22 10	4 31	20 9	10 14
27	8:15:58	3 15 58	15 0	4 12	17 24	24 13	23 1	6 12	22 8	4 33	20 10	10 11
28	8:19:54	4 13 20	29 17	6 17	18 10	24 46	22 58	6 8	22 7	4 35	20 11	10 8
29	8:23:51	5 10 42	13Li 7	8 21	18 56	25 19	22 56	6 3	22 5	4 37	20 12	10 5
30	8:27:47	6 8 5	26 29	10 24	19 41	25 53	22 52	5 59	22 3	4 39	20 13	10 2
31	8:31:44	7 5 28	9Sc26	12 26	20 24	26 27	22 49	5 54	22 2	4 40	20 14	9 58

7/24 Sun in Leo 1:59   7/1 1st Qt. 21:02   7/9 Full 17:43   7/17 3rd Qt. 19:24   7/24 New 12:46   7/31 1st Qt. 7:15

AUGUST 1903

Day	Sid. T.	Sun	Moon	Merc.	Venus	Mars	Jup.	Saturn	Uranus	Nept.	Pluto	N.Node
1	8:35:41	8Le 2 52	22Sc 4	14Le26	21Vi 7	27Li 1	22Pi46R	5Aq50R	22Sg 0R	4Cn42	20Ge15	9Li55
2	8:39:37	9 0 16	4Sg25	16 25	21 49	27 35	22 42	5 46	21 59	4 44	20 16	9 52
3	8:43:34	9 57 41	16 35	18 22	22 30	28 9	22 38	5 41	21 58	4 46	20 17	9 49
4	8:47:30	10 55 7	28 36	20 18	23 10	28 44	22 34	5 37	21 56	4 48	20 18	9 46
5	8:51:27	11 52 34	10Cp32	22 12	23 49	29 18	22 30	5 32	21 55	4 50	20 19	9 42
6	8:55:23	12 50 2	22 24	24 5	24 26	29 53	22 26	5 28	21 54	4 52	20 20	9 39
7	8:59:20	13 47 30	4Aq17	25 56	25 3	0Sc28	22 22	5 23	21 53	4 54	20 21	9 36
8	9: 3:16	14 45 0	16 10	27 46	25 38	1 4	22 17	5 19	21 51	4 56	20 22	9 33
9	9: 7:13	15 42 30	28 5	29 34	26 12	1 39	22 12	5 15	21 50	4 57	20 23	9 30
10	9:11:10	16 40 2	10Pi 5	1Vi20	26 44	2 14	22 7	5 10	21 49	4 59	20 24	9 27
11	9:15: 6	17 37 35	22 11	3 5	27 16	2 50	22 2	5 6	21 48	5 1	20 25	9 23
12	9:19: 3	18 35 9	4Ar25	4 49	27 45	3 26	21 57	5 2	21 47	5 3	20 25	9 20
13	9:22:59	19 32 44	16 51	6 31	28 14	4 2	21 51	4 58	21 46	5 4	20 26	9 17
14	9:26:56	20 30 21	29 32	8 11	28 41	4 38	21 46	4 53	21 45	5 6	20 27	9 14
15	9:30:52	21 28 0	12Ta32	9 50	29 6	5 15	21 40	4 49	21 45	5 8	20 28	9 11
16	9:34:49	22 25 40	25 53	11 28	29 29	5 51	21 34	4 45	21 44	5 9	20 28	9 8
17	9:38:45	23 23 22	9Ge39	13 4	29 51	6 28	21 28	4 41	21 43	5 11	20 29	9 4
18	9:42:42	24 21 5	23 51	14 39	0Li12	7 5	21 22	4 37	21 43	5 13	20 30	9 1
19	9:46:39	25 18 50	8Cn26	16 12	0 30	7 41	21 15	4 33	21 42	5 14	20 30	8 58
20	9:50:35	26 16 37	23 20	17 43	0 46	8 19	21 9	4 29	21 41	5 16	20 31	8 55
21	9:54:32	27 14 25	8Le26	19 14	1 1	8 56	21 2	4 25	21 40	5 17	20 32	8 52
22	9:58:28	28 12 15	23 35	20 42	1 13	9 33	20 56	4 21	21 40	5 19	20 32	8 48
23	10: 2:25	29 10 6	8Vi36	22 10	1 24	10 11	20 49	4 17	21 39	5 20	20 33	8 45
24	10: 6:21	0Vi 7 58	23 21	23 35	1 32	10 48	20 42	4 13	21 39	5 22	20 34	8 42
25	10:10:18	1 5 52	7Li44	25 0	1 38	11 26	20 35	4 10	21 39	5 23	20 34	8 39
26	10:14:14	2 3 47	21 39	26 22	1 42	12 4	20 28	4 6	21 38	5 25	20 35	8 36
27	10:18:11	3 1 44	5Sc 8	27 43	1 44	12 42	20 21	4 2	21 38	5 26	20 35	8 33
28	10:22: 7	3 59 42	18 11	29 3	1 43R	13 21	20 13	3 59	21 38	5 27	20 36	8 29
29	10:26: 4	4 57 41	0Sg51	0Li21	1 40	13 59	20 6	3 55	21 38	5 29	20 36	8 26
30	10:30: 1	5 55 41	13 14	1 37	1 35	14 37	19 59	3 52	21 38	5 30	20 37	8 23
31	10:33:57	6 53 43	25 22	2 51	1 27	15 16	19 51	3 49	21 38	5 31	20 37	8 20

8/24 Sun in Vir. 8:42   8/8 Full 8:54   8/16 3rd Qt. 5:23   8/22 New 19:51   8/29 1st Qt. 20:34

Day	Sid. T.	Sun	Moon	Merc.	Venus	Mars	Jup.	Saturn	Uranus	Nept.	Pluto	N.Node
1	10:37:54	7Vi51 46	7Cp21	4Li 3	1Li17R	15Sc55	19Pi43R	3Aq45R	21Sg38	5Cn32	20Ge38	8Li17
2	10:41:50	8 49 51	19 15	5 14	1 4	16 34	19 36	3 42	21 38	5 34	20 38	8 14
3	10:45:47	9 47 57	1Aq 7	6 22	0 50	17 13	19 28	3 39	21 38	5 35	20 39	8 10
4	10:49:43	10 46 5	13 0	7 29	0 32	17 52	19 20	3 36	21 38	5 36	20 39	8 7
5	10:53:40	11 44 14	24 56	8 33	0 13	18 31	19 12	3 33	21 38	5 37	20 39	8 4
6	10:57:36	12 42 25	6Pi58	9 35	29Vi51	19 11	19 5	3 30	21 38	5 38	20 40	8 1
7	11: 1:33	13 40 37	19 8	10 34	29 27	19 50	18 57	3 27	21 39	5 39	20 40	7 58
8	11: 5:30	14 38 52	1Ar27	11 31	29 1	20 30	18 49	3 24	21 39	5 40	20 40	7 54
9	11: 9:26	15 37 8	13 55	12 25	28 33	21 9	18 41	3 21	21 39	5 41	20 41	7 51
10	11:13:23	16 35 26	26 36	13 16	28 3	21 49	18 33	3 19	21 40	5 42	20 41	7 48
11	11:17:19	17 33 46	9Ta30	14 4	27 32	22 29	18 25	3 16	21 40	5 43	20 41	7 45
12	11:21:16	18 32 9	22 39	14 48	26 59	23 9	18 17	3 14	21 41	5 44	20 41	7 42
13	11:25:12	19 30 33	6Ge 5	15 28	26 25	23 50	18 9	3 11	21 41	5 45	20 41	7 39
14	11:29: 9	20 29 0	19 49	16 5	25 50	24 30	18 1	3 9	21 42	5 46	20 42	7 35
15	11:33: 5	21 27 28	3Cn52	16 37	25 14	25 10	17 53	3 7	21 43	5 47	20 42	7 32
16	11:37: 2	22 25 59	18 11	17 5	24 38	25 51	17 45	3 5	21 44	5 48	20 42	7 29
17	11:40:59	23 24 33	2Le45	17 28	24 1	26 32	17 37	3 3	21 44	5 48	20 42	7 26
18	11:44:55	24 23 8	17 29	17 45	23 24	27 12	17 29	3 1	21 45	5 49	20 42	7 23
19	11:48:52	25 21 45	2Vi16	17 57	22 47	27 53	17 21	2 59	21 46	5 50	20 42	7 19
20	11:52:48	26 20 25	16 59	18 3	22 11	28 34	17 14	2 57	21 47	5 51	20 42	7 16
21	11:56:45	27 19 6	1Li32	18 3R	21 35	29 15	17 6	2 55	21 48	5 51	20 42R	7 13
22	12: 0:41	28 17 49	15 47	17 56	21 0	29 57	16 58	2 54	21 49	5 52	20 42	7 10
23	12: 4:38	29 16 35	29 41	17 41	20 26	0Sg38	16 50	2 52	21 50	5 52	20 42	7 7
24	12: 8:34	0Li15 22	13Sc12	17 20	19 53	1 20	16 43	2 51	21 51	5 53	20 42	7 4
25	12:12:31	1 14 11	26 19	16 51	19 21	2 1	16 35	2 50	21 53	5 53	20 42	7 0
26	12:16:27	2 13 1	9Sg 3	16 15	18 52	2 43	16 28	2 48	21 54	5 54	20 42	6 57
27	12:20:24	3 11 54	21 29	15 32	18 24	3 24	16 21	2 47	21 55	5 54	20 42	6 54
28	12:24:21	4 10 48	3Cp39	14 42	17 57	4 6	16 13	2 46	21 57	5 55	20 42	6 51
29	12:28:17	5 9 44	15 39	13 46	17 33	4 48	16 6	2 45	21 58	5 55	20 42	6 48
30	12:32:14	6 8 42	27 32	12 45	17 11	5 30	15 59	2 44	21 59	5 56	20 41	6 45

9/24 Sun in Lib. 5:44   9/7 Full 0:20   9/14 3rd Qt. 13:14   9/21 New 4:30(E)   9/28 1st Qt. 13:08

Day	Sid. T.	Sun	Moon	Merc.	Venus	Mars	Jup.	Saturn	Uranus	Nept.	Pluto	N.Node
1	12:36:10	7Li 7 41	9Aq24	11Li39R	16Vi52R	6Sg12	15Pi52R	2Aq44R	22Sg 1	5Cn56	20Ge41R	6Li41
2	12:40: 7	8 6 42	21 18	10 31	16 34	6 55	15 45	2 43	22 3	5 56	20 41	6 38
3	12:44: 3	9 5 45	3Pi19	9 22	16 19	7 37	15 39	2 43	22 4	5 56	20 41	6 35
4	12:48: 0	10 4 50	15 28	8 14	16 6	8 19	15 32	2 42	22 6	5 57	20 40	6 32
5	12:51:56	11 3 57	27 50	7 8	15 56	9 2	15 26	2 42	22 7	5 57	20 40	6 29
6	12:55:53	12 3 6	10Ar24	6 7	15 48	9 45	15 19	2 42	22 9	5 57	20 40	6 25
7	12:59:50	13 2 17	23 12	5 12	15 43	10 27	15 13	2 41	22 11	5 57	20 39	6 22
8	13: 3:46	14 1 30	6Ta15	4 25	15 40D	11 10	15 7	2 41D	22 13	5 57	20 39	6 19
9	13: 7:43	15 0 45	19 31	3 46	15 40D	11 53	15 1	2 41	22 15	5 57	20 39	6 16
10	13:11:39	16 0 2	3Ge 1	3 18	15 42	12 36	14 55	2 42	22 17	5 57R	20 38	6 13
11	13:15:36	16 59 22	16 42	3 1	15 46	13 19	14 50	2 42	22 19	5 57	20 38	6 10
12	13:19:32	17 58 44	0Cn35	2 54	15 53	14 2	14 44	2 42	22 21	5 57	20 37	6 6
13	13:23:29	18 58 9	14 37	2 58D	16 1	14 45	14 39	2 43	22 23	5 57	20 37	6 3
14	13:27:25	19 57 35	28 47	3 13	16 12	15 29	14 34	2 43	22 25	5 57	20 37	6 0
15	13:31:22	20 57 4	13Le 3	3 38	16 26	16 12	14 29	2 44	22 27	5 57	20 36	5 57
16	13:35:19	21 56 36	27 23	4 13	16 41	16 56	14 24	2 45	22 29	5 56	20 36	5 54
17	13:39:15	22 56 9	11Vi42	4 57	16 58	17 39	14 19	2 46	22 31	5 56	20 35	5 51
18	13:43:12	23 55 45	25 58	5 49	17 17	18 23	14 15	2 47	22 34	5 56	20 34	5 47
19	13:47: 8	24 55 23	10Li 6	6 48	17 39	19 7	14 11	2 48	22 36	5 56	20 34	5 44
20	13:51: 5	25 55 3	24 3	7 53	18 2	19 50	14 6	2 49	22 38	5 55	20 33	5 41
21	13:55: 1	26 54 45	7Sc44	9 5	18 27	20 34	14 3	2 50	22 41	5 55	20 33	5 38
22	13:58:58	27 54 29	21 7	10 21	18 53	21 18	13 59	2 52	22 43	5 55	20 32	5 35
23	14: 2:54	28 54 15	4Sg11	11 42	19 21	22 2	13 55	2 53	22 45	5 54	20 31	5 31
24	14: 6:51	29 54 3	16 55	13 6	19 51	22 47	13 52	2 55	22 48	5 54	20 31	5 28
25	14:10:47	0Sc53 53	29 22	14 34	20 22	23 31	13 49	2 56	22 51	5 53	20 30	5 25
26	14:14:44	1 53 44	11Cp34	16 3	20 55	24 15	13 46	2 58	22 53	5 53	20 29	5 22
27	14:18:41	2 53 37	23 34	17 35	21 29	24 59	13 43	3 0	22 56	5 52	20 29	5 19
28	14:22:37	3 53 32	5Aq27	19 9	22 5	25 44	13 40	3 2	22 58	5 52	20 28	5 16
29	14:26:34	4 53 28	17 19	20 44	22 42	26 28	13 38	3 4	23 1	5 51	20 27	5 12
30	14:30:30	5 53 26	29 13	22 20	23 20	27 13	13 36	3 6	23 4	5 50	20 26	5 9
31	14:34:27	6 53 26	11Pi15	23 57	24 0	27 58	13 34	3 8	23 7	5 50	20 26	5 6

10/24 Sun in Sco. 14:23   10/6 Full 15:23(E)   10/13 3rd Qt. 19:57   10/20 New 15:30   10/28 1st Qt. 8:32

NOVEMBER 1903

Day	Sid. T.	Sun	Moon	Merc.	Venus	Mars	Jup.	Saturn	Uranus	Nept.	Pluto	N.Node
1	14:38:23	7Sc53 27	23Pi28	25Li35	24Vi40	28Sg42	13Pi32R	3Aq11	23Sg 9	5Cn49R	20Ge25R	5Li 3
2	14:42:20	8 53 30	5Ar58	27 12	25 22	29 27	13 30	3 13	23 12	5 48	20 24	5 0
3	14:46:16	9 53 35	18 46	28 51	26 5	0Cp12	13 29	3 16	23 15	5 47	20 23	4 57
4	14:50:13	10 53 41	1Ta53	0Sc29	26 49	0 57	13 28	3 18	23 18	5 47	20 22	4 53
5	14:54:10	11 53 49	15 19	2 7	27 34	1 42	13 27	3 21	23 21	5 46	20 21	4 50
6	14:58: 6	12 53 59	29 3	3 46	28 20	2 27	13 26	3 24	23 24	5 45	20 20	4 47
7	15: 2: 3	13 54 11	13Ge 1	5 24	29 7	3 12	13 26	3 27	23 27	5 44	20 20	4 44
8	15: 5:59	14 54 25	27 8	7 2	29 55	3 57	13 25	3 30	23 30	5 43	20 19	4 41
9	15: 9:56	15 54 41	11Cn22	8 40	0Li43	4 42	13 25	3 33	23 33	5 42	20 18	4 37
10	15:13:52	16 54 59	25 37	10 18	1 33	5 28	13 25D	3 36	23 36	5 41	20 17	4 34
11	15:17:49	17 55 19	9Le50	11 55	2 23	6 13	13 25	3 39	23 39	5 40	20 16	4 31
12	15:21:45	18 55 40	23 58	13 33	3 15	6 59	13 26	3 43	23 42	5 39	20 15	4 28
13	15:25:42	19 56 4	8Vi 2	15 10	4 7	7 44	13 27	3 46	23 45	5 38	20 14	4 25
14	15:29:39	20 56 30	21 58	16 46	4 59	8 30	13 28	3 50	23 49	5 37	20 13	4 22
15	15:33:35	21 56 57	5Li47	18 23	5 53	9 15	13 29	3 53	23 52	5 36	20 12	4 18
16	15:37:32	22 57 27	19 28	19 59	6 47	10 1	13 30	3 57	23 55	5 35	20 11	4 15
17	15:41:28	23 57 58	2Sc58	21 35	7 42	10 47	13 31	4 1	23 58	5 34	20 10	4 12
18	15:45:25	24 58 31	16 18	23 10	8 37	11 32	13 33	4 5	24 1	5 32	20 9	4 9
19	15:49:21	25 59 5	29 24	24 46	9 33	12 18	13 35	4 9	24 5	5 31	20 8	4 6
20	15:53:18	26 59 41	12Sg17	26 21	10 29	13 4	13 37	4 13	24 8	5 30	20 7	4 2
21	15:57:14	28 0 19	24 54	27 56	11 27	13 50	13 39	4 17	24 11	5 29	20 6	3 59
22	16: 1:11	29 0 57	7Cp17	29 31	12 24	14 36	13 42	4 21	24 15	5 27	20 5	3 56
23	16: 5: 8	0Sg 1 37	19 26	1Sg 6	13 23	15 22	13 45	4 25	24 18	5 26	20 4	3 53
24	16: 9: 4	1 2 19	1Aq25	2 40	14 21	16 8	13 48	4 30	24 22	5 25	20 2	3 50
25	16:13: 1	2 3 1	13 17	4 14	15 21	16 54	13 51	4 34	24 25	5 23	20 1	3 47
26	16:16:57	3 3 44	25 7	5 48	16 20	17 40	13 54	4 39	24 28	5 22	20 0	3 43
27	16:20:54	4 4 29	6Pi58	7 22	17 20	18 26	13 57	4 43	24 32	5 21	19 59	3 40
28	16:24:50	5 5 14	18 58	8 56	18 21	19 13	14 1	4 48	24 35	5 19	19 58	3 37
29	16:28:47	6 6 0	1Ar11	10 30	19 22	19 59	14 5	4 53	24 39	5 18	19 57	3 34
30	16:32:43	7 6 48	13 42	12 4	20 23	20 45	14 9	4 57	24 42	5 16	19 56	3 31

11/23 Sun in Sag. 11:21   11/5 Full 5:27   11/12 3rd Qt. 2:46   11/19 New 5:10   11/27 1st Qt. 5:36

DECEMBER 1903

Day	Sid. T.	Sun	Moon	Merc.	Venus	Mars	Jup.	Saturn	Uranus	Nept.	Pluto	N.Node
1	16:36:40	8Sg 7 36	26Ar35	13Sg38	21Li25	21Cp32	14Pi13	5Aq 2	24Sg46	5Cn15R	19Ge55R	3Li28
2	16:40:37	9 8 26	9Ta53	15 11	22 27	22 18	14 18	5 7	24 49	5 13	19 53	3 24
3	16:44:33	10 9 16	23 37	16 45	23 30	23 4	14 22	5 12	24 53	5 12	19 52	3 21
4	16:48:30	11 10 7	7Ge43	18 18	24 33	23 51	14 27	5 17	24 57	5 10	19 51	3 18
5	16:52:26	12 11 0	22 9	19 52	25 36	24 37	14 32	5 22	25 0	5 9	19 50	3 15
6	16:56:23	13 11 54	6Cn46	21 25	26 40	25 24	14 37	5 28	25 4	5 7	19 49	3 12
7	17: 0:19	14 12 48	21 28	22 59	27 44	26 11	14 43	5 33	25 7	5 6	19 48	3 8
8	17: 4:16	15 13 44	6Le 6	24 32	28 48	26 57	14 48	5 38	25 11	5 4	19 47	3 5
9	17: 8:12	16 14 41	20 36	26 6	29 53	27 44	14 54	5 44	25 14	5 3	19 45	3 2
10	17:12: 9	17 15 40	4Vi52	27 39	0Sc58	28 31	15 0	5 49	25 18	5 1	19 44	2 59
11	17:16: 6	18 16 39	18 53	29 12	2 3	29 17	15 6	5 55	25 22	5 0	19 43	2 56
12	17:20: 2	19 17 40	2Li39	0Cp46	3 8	0Aq 4	15 12	6 0	25 25	4 58	19 42	2 53
13	17:23:59	20 18 41	16 10	2 19	4 14	0 51	15 19	6 6	25 29	4 56	19 41	2 49
14	17:27:55	21 19 44	29 29	3 52	5 20	1 38	15 25	6 12	25 33	4 55	19 40	2 46
15	17:31:52	22 20 48	12Sc37	5 25	6 26	2 24	15 32	6 18	25 36	4 53	19 38	2 43
16	17:35:48	23 21 52	25 33	6 58	7 33	3 11	15 39	6 23	25 40	4 51	19 37	2 40
17	17:39:45	24 22 58	8Sg19	8 30	8 40	3 58	15 46	6 29	25 43	4 50	19 36	2 37
18	17:43:41	25 24 4	20 54	10 2	9 47	4 45	15 53	6 35	25 47	4 48	19 35	2 34
19	17:47:38	26 25 11	3Cp19	11 34	10 54	5 32	16 1	6 41	25 51	4 46	19 34	2 30
20	17:51:35	27 26 18	15 32	13 5	12 1	6 19	16 8	6 47	25 54	4 45	19 33	2 27
21	17:55:31	28 27 26	27 36	14 35	13 9	7 6	16 16	6 53	25 58	4 43	19 31	2 24
22	17:59:28	29 28 34	9Aq32	16 4	14 17	7 53	16 24	7 0	26 2	4 41	19 30	2 21
23	18: 3:24	0Cp29 42	21 22	17 33	15 25	8 40	16 32	7 6	26 5	4 40	19 29	2 18
24	18: 7:21	1 30 51	3Pi 9	19 0	16 33	9 27	16 40	7 12	26 9	4 38	19 28	2 14
25	18:11:17	2 31 59	14 59	20 25	17 42	10 14	16 48	7 18	26 13	4 36	19 27	2 11
26	18:15:14	3 33 8	26 55	21 49	18 50	11 1	16 57	7 25	26 16	4 34	19 26	2 8
27	18:19:10	4 34 16	9Ar 4	23 10	19 59	11 48	17 5	7 31	26 20	4 33	19 25	2 5
28	18:23:17	5 35 25	21 22	24 29	21 8	12 35	17 14	7 37	26 23	4 31	19 23	2 2
29	18:27: 4	6 36 34	4Ta21	25 45	22 17	13 22	17 23	7 44	26 27	4 29	19 22	1 59
30	18:31: 0	7 37 42	17 39	26 57	23 26	14 9	17 32	7 50	26 31	4 28	19 21	1 55
31	18:34:57	8 38 51	1Ge26	28 5	24 35	14 56	17 41	7 57	26 34	4 26	19 20	1 52

12/23 Sun in Cap. 0:21   12/4 Full 18:13   12/11 3rd Qt. 10:53   12/18 New 21:26   12/27 1st Qt. 2:22

Day	Sid. T.	Sun	Moon	Merc.	Venus	Mars	Jup.	Saturn	Uranus	Nept.	Pluto	N.Node
1	18:38:53	9Cp39 59	15Ge41	29Cp 8	25Sc45	15Aq44	17Pi50	8Aq 3	26Sg38	4Cn24R	19Ge19R	1Li49
2	18:42:50	10 41 8	0Cn22	0Aq 6	26 55	16 31	18 0	8 10	26 41	4 23	19 18	1 46
3	18:46:46	11 42 16	15 20	0 57	28 4	17 18	18 9	8 17	26 45	4 21	19 17	1 43
4	18:50:43	12 43 25	0Le26	1 41	29 14	18 5	18 19	8 23	26 48	4 19	19 16	1 40
5	18:54:40	13 44 33	15 30	2 16	0Sg24	18 52	18 29	8 30	26 52	4 18	19 15	1 36
6	18:58:36	14 45 41	0Vi23	2 42	1 34	19 39	18 39	8 37	26 55	4 16	19 14	1 33
7	19: 2:33	15 46 50	14 58	2 59	2 45	20 26	18 49	8 44	26 59	4 14	19 13	1 30
8	19: 6:29	16 47 58	29 11	3 4R	3 55	21 14	18 59	8 51	27 2	4 13	19 12	1 27
9	19:10:26	17 49 7	13Li 1	2 58	5 6	22 1	19 9	8 57	27 6	4 11	19 11	1 24
10	19:14:22	18 50 16	26 30	2 41	6 16	22 48	19 20	9 4	27 9	4 9	19 10	1 20
11	19:18:19	19 51 25	9Sc40	2 12	7 27	23 35	19 30	9 11	27 13	4 8	19 9	1 17
12	19:22:15	20 52 34	22 34	1 31	8 38	24 22	19 41	9 18	27 16	4 6	19 8	1 14
13	19:26:12	21 53 42	5Sg14	0 39	9 49	25 9	19 52	9 25	27 20	4 4	19 7	1 11
14	19:30: 9	22 54 51	17 42	29Cp38	11 0	25 57	20 3	9 32	27 23	4 3	19 6	1 8
15	19:34: 5	23 55 59	0Cp 1	28 29	12 11	26 44	20 13	9 39	27 26	4 1	19 5	1 5
16	19:38: 2	24 57 7	12 12	27 15	13 22	27 31	20 25	9 46	27 30	4 0	19 4	1 1
17	19:41:58	25 58 15	24 15	25 58	14 34	28 18	20 36	9 53	27 33	3 58	19 2	0 58
18	19:45:55	26 59 22	6Aq11	24 39	15 45	29 5	20 47	10 0	27 36	3 57	19 1	0 55
19	19:49:51	28 0 28	18 3	23 22	16 57	29 52	20 59	10 7	27 39	3 55	19 1	0 52
20	19:53:48	29 1 33	29 51	22 9	18 8	0Pi40	21 10	10 14	27 43	3 53	19 0	0 49
21	19:57:44	0Aq 2 38	11Pi39	21 2	19 20	1 27	21 22	10 21	27 46	3 52	18 59	0 46
22	20: 1:41	1 3 42	23 28	20 2	20 32	2 14	21 33	10 29	27 49	3 50	18 59	0 42
23	20: 5:38	2 4 45	5Ar25	19 9	21 43	3 1	21 45	10 36	27 52	3 49	18 58	0 39
24	20: 9:34	3 5 47	17 32	18 26	22 55	3 48	21 57	10 43	27 55	3 48	18 57	0 36
25	20:13:31	4 6 48	29 55	17 51	24 7	4 35	22 9	10 50	27 59	3 46	18 56	0 33
26	20:17:27	5 7 48	12Ta40	17 26	25 19	5 22	22 21	10 57	28 2	3 45	18 55	0 30
27	20:21:24	6 8 46	25 50	17 9	26 31	6 9	22 33	11 4	28 5	3 43	18 55	0 26
28	20:25:20	7 9 44	9Ge29	17 1	27 43	6 56	22 45	11 11	28 8	3 42	18 54	0 23
29	20:29:17	8 10 40	23 38	17 1D	28 55	7 43	22 58	11 19	28 11	3 41	18 53	0 20
30	20:33:13	9 11 36	8Cn16	17 9	0Cp 8	8 30	23 10	11 26	28 14	3 39	18 53	0 17
31	20:37:10	10 12 29	23 16	17 24	1 20	9 17	23 22	11 33	28 17	3 38	18 52	0 14

1/21 Sun in Aqu. 10:58   1/3 Full 5:47   1/9 3rd Qt. 21:10   1/17 New 15:46   1/25 1st Qt. 20:41

Day	Sid. T.	Sun	Moon	Merc.	Venus	Mars	Jup.	Saturn	Uranus	Nept.	Pluto	N.Node
1	20:41: 7	11Aq13 22	8Le31	17Cp45	2Cp32	10Pi 4	23Pi35	11Aq40	28Sg20	3Cn37R	18Ge51R	0Li11
2	20:45: 3	12 14 14	23 49	18 12	3 45	10 51	23 48	11 47	28 22	3 35	18 51	0 7
3	20:49: 0	13 15 5	8Vi59	18 44	4 57	11 38	24 0	11 55	28 25	3 34	18 50	0 4
4	20:52:56	14 15 54	23 53	19 22	6 9	12 25	24 13	12 2	28 28	3 33	18 49	0 1
5	20:56:53	15 16 43	8Li24	20 4	7 22	13 12	24 26	12 9	28 31	3 32	18 49	29Vi58
6	21: 0:49	16 17 31	22 29	20 50	8 35	13 59	24 39	12 16	28 34	3 31	18 48	29 55
7	21: 4:46	17 18 18	6Sc 7	21 40	9 47	14 46	24 52	12 23	28 36	3 30	18 48	29 51
8	21: 8:42	18 19 4	19 21	22 33	11 0	15 32	25 5	12 30	28 39	3 28	18 47	29 48
9	21:12:39	19 19 49	2Sg13	23 30	12 12	16 19	25 18	12 38	28 42	3 27	18 47	29 45
10	21:16:36	20 20 33	14 47	24 29	13 25	17 6	25 31	12 45	28 44	3 26	18 46	29 42
11	21:20:32	21 21 16	27 7	25 31	14 38	17 53	25 44	12 52	28 47	3 25	18 46	29 39
12	21:24:29	22 21 57	9Cp15	26 36	15 51	18 40	25 58	12 59	28 49	3 24	18 45	29 36
13	21:28:25	23 22 38	21 15	27 43	17 4	19 26	26 11	13 6	28 52	3 23	18 45	29 32
14	21:32:22	24 23 17	3Aq10	28 52	18 17	20 13	26 24	13 13	28 54	3 22	18 44	29 29
15	21:36:18	25 23 55	15 1	0Aq 3	19 29	21 0	26 38	13 20	28 57	3 21	18 44	29 26
16	21:40:15	26 24 31	26 50	1 16	20 42	21 46	26 51	13 27	28 59	3 20	18 44	29 23
17	21:44:11	27 25 6	8Pi38	2 30	21 55	22 33	27 5	13 34	29 1	3 20	18 43	29 20
18	21:48: 8	28 25 40	20 29	3 47	23 8	23 19	27 19	13 41	29 4	3 19	18 43	29 17
19	21:52: 4	29 26 11	2Ar24	5 4	24 21	24 6	27 32	13 49	29 6	3 18	18 43	29 13
20	21:56: 1	0Pi26 41	14 27	6 23	25 35	24 52	27 46	13 56	29 8	3 17	18 42	29 10
21	21:59:58	1 27 9	26 39	7 44	26 48	25 39	28 0	14 2	29 10	3 16	18 42	29 7
22	22: 3:54	2 27 36	9Ta 5	9 6	28 1	26 25	28 13	14 9	29 12	3 16	18 42	29 4
23	22: 7:51	3 28 0	21 49	10 29	29 14	27 12	28 27	14 16	29 14	3 15	18 42	29 1
24	22:11:47	4 28 23	4Ge55	11 54	0Aq27	27 58	28 41	14 23	29 16	3 14	18 41	28 57
25	22:15:44	5 28 43	18 25	13 19	1 40	28 44	28 55	14 30	29 18	3 14	18 41	28 54
26	22:19:40	6 29 2	2Cn21	14 46	2 53	29 31	29 9	14 37	29 20	3 13	18 41	28 51
27	22:23:37	7 29 18	16 44	16 14	4 7	0Ar17	29 23	14 44	29 22	3 13	18 41	28 48
28	22:27:33	8 29 33	1Le29	17 43	5 20	1 3	29 37	14 51	29 24	3 12	18 41	28 45
29	22:31:30	9 29 45	16 32	19 13	6 33	1 49	29 51	14 57	29 26	3 12	18 41	28 42

2/20 Sun in Pis. 1:25   2/1 Full 16:33   2/8 3rd Qt. 9:56   2/16 New 11:04   2/24 1st Qt. 11:08

MARCH 1904

Day	Sid. T.	Sun	Moon	Merc.	Venus	Mars	Jup.	Saturn	Uranus	Nept.	Pluto	N.Node
1	22:35:27	10Pi29 56	1Vi44	20Aq45	7Aq46	2Ar35	0Ar 5	15Aq 4	29Sg28	3Cn11R	18Ge41R	28Vi38
2	22:39:23	11 30 5	16 55	22 17	9 0	3 22	0 19	15 11	29 29	3 11	18 41	28 35
3	22:43:20	12 30 11	1Li56	23 51	10 13	4 8	0 34	15 18	29 31	3 10	18 41D	28 32
4	22:47:16	13 30 17	16 38	25 26	11 26	4 54	0 48	15 24	29 33	3 10	18 41	28 29
5	22:51:13	14 30 20	0Sc56	27 1	12 40	5 40	1 2	15 31	29 34	3 10	18 41	28 26
6	22:55: 9	15 30 22	14 47	28 38	13 53	6 26	1 16	15 37	29 36	3 9	18 41	28 23
7	22:59: 6	16 30 22	28 11	0Pi16	15 6	7 11	1 31	15 44	29 37	3 9	18 41	28 19
8	23: 3: 2	17 30 21	11Sg10	1 55	16 20	7 57	1 45	15 50	29 38	3 9	18 41	28 16
9	23: 6:59	18 30 18	23 47	3 35	17 33	8 43	1 59	15 57	29 40	3 9	18 41	28 13
10	23:10:56	19 30 14	6Cp 6	5 17	18 46	9 29	2 14	16 3	29 41	3 9	18 41	28 10
11	23:14:52	20 30 7	18 11	6 59	20 0	10 15	2 28	16 10	29 42	3 8	18 41	28 7
12	23:18:49	21 30 0	0Aq 7	8 43	21 13	11 0	2 42	16 16	29 44	3 8	18 42	28 3
13	23:22:45	22 29 50	11 57	10 28	22 27	11 46	2 57	16 22	29 45	3 8	18 42	28 0
14	23:26:42	23 29 38	23 45	12 14	23 40	12 32	3 11	16 29	29 46	3 8D	18 42	27 57
15	23:30:38	24 29 25	5Pi33	14 1	24 54	13 17	3 26	16 35	29 47	3 8	18 42	27 54
16	23:34:35	25 29 9	17 26	15 50	26 7	14 3	3 40	16 41	29 48	3 8	18 43	27 51
17	23:38:31	26 28 52	29 24	17 39	27 21	14 48	3 55	16 47	29 49	3 8	18 43	27 48
18	23:42:28	27 28 33	11Ar29	19 30	28 34	15 34	4 9	16 53	29 50	3 8	18 43	27 44
19	23:46:24	28 28 11	23 44	21 23	29 48	16 19	4 24	16 59	29 51	3 9	18 44	27 41
20	23:50:21	29 27 48	6Ta10	23 16	1Pi 1	17 5	4 38	17 5	29 51	3 9	18 44	27 38
21	23:54:18	0Ar27 22	18 48	25 10	2 15	17 50	4 53	17 11	29 52	3 9	18 44	27 35
22	23:58:14	1 26 54	1Ge42	27 6	3 28	18 35	5 7	17 17	29 53	3 9	18 45	27 32
23	0: 2:11	2 26 24	14 52	29 3	4 42	19 21	5 22	17 22	29 53	3 10	18 45	27 29
24	0: 6: 7	3 25 52	28 21	1Ar 1	5 55	20 6	5 36	17 28	29 54	3 10	18 46	27 25
25	0:10: 4	4 25 17	12Cn 8	3 1	7 9	20 51	5 51	17 34	29 55	3 10	18 46	27 22
26	0:14: 0	5 24 40	26 16	5 1	8 22	21 36	6 5	17 40	29 55	3 11	18 47	27 19
27	0:17:57	6 24 0	10Le41	7 2	9 36	22 21	6 20	17 45	29 56	3 11	18 47	27 16
28	0:21:53	7 23 18	25 22	9 4	10 49	23 6	6 34	17 51	29 56	3 11	18 48	27 13
29	0:25:50	8 22 34	10Vi12	11 6	12 3	23 51	6 49	17 56	29 56	3 12	18 48	27 9
30	0:29:47	9 21 47	25 6	13 10	13 16	24 36	7 3	18 1	29 57	3 12	18 49	27 6
31	0:33:43	10 20 59	9Li56	15 13	14 30	25 21	7 18	18 7	29 57	3 13	18 49	27 3

3/21 Sun in Ari. 0:58   3/2 Full 2:48   3/9 3rd Qt. 1:00   3/17 New 5:39(E)   3/24 1st Qt. 21:37   3/31 Full 12:44

APRIL 1904

Day	Sid. T.	Sun	Moon	Merc.	Venus	Mars	Jup.	Saturn	Uranus	Nept.	Pluto	N.Node
1	0:37:40	11Ar20 8	24Li33	17Ar17	15Pi43	26Ar 5	7Ar32	18Aq12	29Sg57	3Cn14	18Ge50	27Vi 0
2	0:41:36	12 19 16	8Sc52	19 20	16 57	26 50	7 47	18 17	29 57	3 14	18 51	26 57
3	0:45:33	13 18 21	22 48	21 23	18 11	27 35	8 1	18 22	29 57	3 15	18 51	26 54
4	0:49:29	14 17 25	6Sg19	23 25	19 24	28 20	8 16	18 27	29 57R	3 16	18 52	26 50
5	0:53:26	15 16 27	19 25	25 27	20 38	29 4	8 30	18 32	29 57	3 16	18 53	26 47
6	0:57:22	16 15 27	2Cp 7	27 27	21 51	29 49	8 45	18 37	29 57	3 17	18 53	26 44
7	1: 1:19	17 14 26	14 29	29 25	23 5	0Ta33	8 59	18 42	29 57	3 18	18 54	26 41
8	1: 5:16	18 13 22	26 36	1Ta21	24 18	1 18	9 14	18 47	29 56	3 19	18 55	26 38
9	1: 9:12	19 12 17	8Aq32	3 15	25 32	2 2	9 28	18 52	29 56	3 19	18 56	26 35
10	1:13: 9	20 11 10	20 21	5 5	26 45	2 46	9 43	18 56	29 56	3 20	18 56	26 31
11	1:17: 5	21 10 2	2Pi 9	6 53	27 59	3 31	9 57	19 1	29 56	3 21	18 57	26 28
12	1:21: 2	22 8 51	14 0	8 37	29 13	4 15	10 11	19 5	29 55	3 22	18 58	26 25
13	1:24:58	23 7 39	25 57	10 17	0Ar26	4 59	10 26	19 10	29 55	3 23	18 59	26 22
14	1:28:55	24 6 24	8Ar 3	11 53	1 40	5 43	10 40	19 14	29 54	3 24	19 0	26 19
15	1:32:51	25 5 8	20 22	13 25	2 53	6 28	10 54	19 18	29 54	3 25	19 1	26 15
16	1:36:48	26 3 50	2Ta53	14 53	4 7	7 12	11 9	19 22	29 53	3 26	19 2	26 12
17	1:40:44	27 2 30	15 38	16 16	5 20	7 56	11 23	19 27	29 53	3 27	19 2	26 9
18	1:44:41	28 1 8	28 37	17 34	6 34	8 40	11 37	19 31	29 52	3 28	19 3	26 6
19	1:48:38	28 59 44	11Ge50	18 47	7 48	9 24	11 51	19 35	29 51	3 30	19 4	26 3
20	1:52:34	29 58 18	25 16	19 55	9 1	10 7	12 5	19 38	29 50	3 31	19 5	26 0
21	1:56:31	0Ta56 49	8Cn55	20 57	10 15	10 51	12 20	19 42	29 50	3 32	19 6	25 56
22	2: 0:27	1 55 19	22 45	21 55	11 28	11 35	12 34	19 46	29 49	3 33	19 7	25 53
23	2: 4:24	2 53 46	6Le46	22 47	12 42	12 19	12 48	19 50	29 48	3 34	19 8	25 50
24	2: 8:20	3 52 11	20 57	23 33	13 55	13 2	13 2	19 53	29 47	3 36	19 9	25 47
25	2:12:17	4 50 34	5Vi17	24 14	15 9	13 46	13 16	19 57	29 46	3 37	19 10	25 44
26	2:16:13	5 48 55	19 42	24 49	16 22	14 29	13 30	20 0	29 45	3 38	19 11	25 40
27	2:20:10	6 47 13	4Li10	25 19	17 36	15 13	13 44	20 3	29 44	3 40	19 13	25 37
28	2:24: 7	7 45 30	18 36	25 43	18 49	15 56	13 58	20 6	29 42	3 41	19 14	25 34
29	2:28: 3	8 43 45	2Sc54	26 2	20 3	16 40	14 11	20 10	29 41	3 43	19 15	25 31
30	2:32: 0	9 41 58	17 0	26 15	21 17	17 23	14 25	20 13	29 40	3 44	19 16	25 28

4/20 Sun in Tau. 12:42   4/7 3rd Qt. 17:53   4/15 New 21:53   4/23 1st Qt. 4:55   4/29 Full 22:36

Day	Sid. T.	Sun	Moon	Merc.	Venus	Mars	Jup.	Saturn	Uranus	Nept.	Pluto	N.Node
1	2:35:56	10Ta40 9	0Sg48	26Ta22	22Ar30	18Ta 6	14Ar39	20Aq16	29Sg39R	3Cn46	19Ge17	25Vi25
2	2:39:53	11 38 19	14 15	26 24R	23 44	18 50	14 53	20 18	29 37	3 47	19 18	25 21
3	2:43:49	12 36 27	27 20	26 21	24 57	19 33	15 6	20 21	29 36	3 49	19 19	25 18
4	2:47:46	13 34 33	10Cp 4	26 13	26 11	20 16	15 20	20 24	29 35	3 50	19 20	25 15
5	2:51:42	14 32 39	22 28	26 0	27 24	20 59	15 34	20 26	29 33	3 52	19 22	25 12
6	2:55:39	15 30 42	4Aq37	25 43	28 38	21 42	15 47	20 29	29 32	3 53	19 23	25 9
7	2:59:36	16 28 45	16 33	25 21	29 51	22 25	16 1	20 31	29 30	3 55	19 24	25 6
8	3: 3:32	17 26 46	28 23	24 56	1Ta 5	23 8	16 14	20 34	29 29	3 57	19 25	25 2
9	3: 7:29	18 24 45	10Pi12	24 28	2 18	23 51	16 27	20 36	29 27	3 58	19 26	24 59
10	3:11:25	19 22 43	22 5	23 57	3 32	24 34	16 41	20 38	29 25	4 0	19 28	24 56
11	3:15:22	20 20 40	4Ar 7	23 24	4 45	25 17	16 54	20 40	29 24	4 2	19 29	24 53
12	3:19:18	21 18 35	16 21	22 50	5 59	25 59	17 7	20 42	29 22	4 3	19 30	24 50
13	3:23:15	22 16 30	28 51	22 14	7 12	26 42	17 20	20 44	29 20	4 5	19 31	24 46
14	3:27:11	23 14 22	11Ta38	21 39	8 26	27 25	17 33	20 46	29 18	4 7	19 33	24 43
15	3:31: 8	24 12 14	24 44	21 3	9 39	28 7	17 47	20 47	29 17	4 9	19 34	24 40
16	3:35: 5	25 10 4	8Ge 7	20 29	10 53	28 50	18 0	20 49	29 15	4 10	19 35	24 37
17	3:39: 1	26 7 52	21 45	19 56	12 6	29 32	18 12	20 50	29 13	4 12	19 36	24 34
18	3:42:58	27 5 39	5Cn35	19 26	13 20	0Ge15	18 25	20 52	29 11	4 14	19 38	24 31
19	3:46:54	28 3 25	19 33	18 58	14 34	0 57	18 38	20 53	29 9	4 16	19 39	24 27
20	3:50:51	29 1 8	3Le37	18 33	15 47	1 40	18 51	20 54	29 7	4 18	19 40	24 24
21	3:54:47	29 58 51	17 44	18 11	17 1	2 22	19 3	20 55	29 5	4 20	19 42	24 21
22	3:58:44	0Ge56 31	1Vi52	17 53	18 14	3 4	19 16	20 56	29 3	4 22	19 43	24 18
23	4: 2:40	1 54 10	16 0	17 39	19 28	3 46	19 29	20 57	29 1	4 24	19 44	24 15
24	4: 6:37	2 51 47	0Li 7	17 29	20 41	4 29	19 41	20 58	28 59	4 26	19 46	24 12
25	4:10:34	3 49 23	14 11	17 24	21 55	5 11	19 53	20 58	28 57	4 28	19 47	24 8
26	4:14:30	4 46 57	28 11	17 23D	23 8	5 53	20 6	20 59	28 54	4 29	19 49	24 5
27	4:18:27	5 44 31	12Sc 4	17 26	24 22	6 35	20 18	20 59	28 52	4 31	19 50	24 2
28	4:22:23	6 42 2	25 46	17 34	25 35	7 17	20 30	21 0	28 50	4 33	19 51	23 59
29	4:26:20	7 39 33	9Sg16	17 46	26 49	7 59	20 42	21 0	28 48	4 36	19 53	23 56
30	4:30:16	8 37 3	22 29	18 3	28 2	8 40	20 54	21 0	28 46	4 38	19 54	23 52
31	4:34:13	9 34 31	5Cp25	18 24	29 16	9 22	21 6	21 0	28 43	4 40	19 55	23 49

5/21 Sun in Gem. 12:29   5/7 3rd Qt. 11:50   5/15 New 10:58   5/22 1st Qt. 10:19   5/29 Full 8:54

Day	Sid. T.	Sun	Moon	Merc.	Venus	Mars	Jup.	Saturn	Uranus	Nept.	Pluto	N.Node
1	4:38: 9	10Ge31 59	18Cp 3	18Ta50	0Ge29	10Ge 4	21Ar18	21Aq 0R	28Sg41R	4Cn42	19Ge57	23Vi46
2	4:42: 6	11 29 26	0Aq24	19 20	1 43	10 46	21 30	21 0	28 39	4 44	19 58	23 43
3	4:46: 3	12 26 52	12 31	19 54	2 56	11 27	21 41	21 0	28 37	4 46	20 0	23 40
4	4:49:59	13 24 17	24 27	20 32	4 10	12 9	21 53	21 0	28 34	4 48	20 1	23 37
5	4:53:56	14 21 42	6Pi17	21 14	5 23	12 50	22 4	20 59	28 32	4 50	20 2	23 33
6	4:57:52	15 19 6	18 6	22 0	6 37	13 32	22 16	20 59	28 30	4 52	20 4	23 30
7	5: 1:49	16 16 29	29 59	22 49	7 50	14 13	22 27	20 58	28 27	4 54	20 5	23 27
8	5: 5:45	17 13 52	12Ar 3	23 43	9 4	14 55	22 38	20 57	28 25	4 56	20 7	23 24
9	5: 9:42	18 11 14	24 21	24 40	10 18	15 36	22 49	20 57	28 22	4 59	20 9	23 21
10	5:13:38	19 8 36	6Ta58	25 41	11 31	16 18	23 0	20 56	28 20	5 1	20 9	23 18
11	5:17:35	20 5 57	19 57	26 45	12 45	16 59	23 11	20 55	28 18	5 3	20 11	23 14
12	5:21:32	21 3 18	3Ge19	27 52	13 58	17 40	23 22	20 54	28 15	5 5	20 12	23 11
13	5:25:28	22 0 38	17 3	29 3	15 12	18 21	23 33	20 53	28 13	5 7	20 14	23 8
14	5:29:25	22 57 57	1Cn 5	0Ge18	16 26	19 3	23 43	20 51	28 10	5 9	20 15	23 5
15	5:33:21	23 55 16	15 21	1 35	17 39	19 44	23 54	20 50	28 8	5 12	20 16	23 2
16	5:37:18	24 52 34	29 44	2 56	18 53	20 25	24 4	20 49	28 6	5 14	20 18	22 58
17	5:41:14	25 49 52	14Le10	4 20	20 6	21 6	24 14	20 47	28 3	5 16	20 19	22 55
18	5:45:11	26 47 8	28 33	5 47	21 20	21 47	24 24	20 45	28 1	5 18	20 21	22 52
19	5:49: 7	27 44 24	12Vi50	7 17	22 34	22 28	24 34	20 44	27 58	5 20	20 22	22 49
20	5:53: 4	28 41 39	26 58	8 51	23 47	23 9	24 44	20 42	27 56	5 23	20 23	22 46
21	5:57: 1	29 38 53	10Li57	10 27	25 1	23 49	24 54	20 40	27 53	5 25	20 25	22 43
22	6: 0:57	0Cn36 7	24 46	12 7	26 15	24 30	25 4	20 38	27 51	5 27	20 26	22 39
23	6: 4:54	1 33 19	8Sc26	13 49	27 28	25 11	25 14	20 36	27 48	5 29	20 28	22 36
24	6: 8:50	2 30 32	21 55	15 34	28 42	25 52	25 23	20 34	27 46	5 32	20 29	22 33
25	6:12:47	3 27 44	5Sg14	17 23	29 55	26 32	25 32	20 32	27 44	5 34	20 30	22 30
26	6:16:43	4 24 55	18 21	19 14	1Cn 9	27 13	25 42	20 29	27 41	5 36	20 32	22 27
27	6:20:40	5 22 7	1Cp15	21 8	2 23	27 54	25 51	20 27	27 39	5 38	20 33	22 24
28	6:24:36	6 19 18	13 55	23 4	3 36	28 34	26 0	20 24	27 36	5 41	20 34	22 20
29	6:28:33	7 16 28	26 23	25 3	4 50	29 15	26 9	20 22	27 34	5 43	20 36	22 17
30	6:32:30	8 13 39	8Aq34	27 4	6 4	29 55	26 17	20 19	27 31	5 45	20 37	22 14

6/21 Sun in Can. 20:51   6/6 3rd Qt. 5:52   6/13 New 21:10   6/20 1st Qt. 15:10   6/27 Full 20:23

JULY 1904

Day	Sid. T.	Sun	Moon	Merc.	Venus	Mars	Jup.	Saturn	Uranus	Nept.	Pluto	N.Node
1	6:36:26	9Cn10 50	20Aq36	29Ge 7	7Cn18	0Cn35	26Ar26	20Aq16R	27Sg29R	5Cn47	20Ge38	22Vi11
2	6:40:23	10 8 1	2Pi29	1Cn12	8 31	1 16	26 34	20 14	27 27	5 49	20 40	22 8
3	6:44:19	11 5 12	14 18	3 18	9 45	1 56	26 43	20 11	27 24	5 52	20 41	22 4
4	6:48:16	12 2 23	26 6	5 26	10 59	2 36	26 51	20 8	27 22	5 54	20 42	22 1
5	6:52:12	12 59 34	7Ar59	7 35	12 12	3 17	26 59	20 5	27 20	5 56	20 44	21 58
6	6:56: 9	13 56 46	20 2	9 44	13 26	3 57	27 7	20 2	27 17	5 58	20 45	21 55
7	7: 0: 6	14 53 58	2Ta21	11 54	14 40	4 37	27 15	19 58	27 15	6 1	20 46	21 52
8	7: 4: 2	15 51 11	15 0	14 4	15 54	5 17	27 22	19 55	27 13	6 3	20 48	21 49
9	7: 7:59	16 48 24	28 3	16 14	17 8	5 57	27 30	19 52	27 11	6 5	20 49	21 45
10	7:11:55	17 45 37	11Ge32	18 23	18 21	6 37	27 37	19 48	27 8	6 7	20 50	21 42
11	7:15:52	18 42 51	25 27	20 32	19 35	7 17	27 44	19 45	27 6	6 9	20 52	21 39
12	7:19:48	19 40 6	9Cn46	22 40	20 49	7 57	27 51	19 42	27 4	6 12	20 53	21 36
13	7:23:45	20 37 20	24 22	24 46	22 3	8 37	27 58	19 38	27 2	6 14	20 54	21 33
14	7:27:41	21 34 35	9Le 9	26 52	23 17	9 17	28 5	19 34	27 0	6 16	20 55	21 29
15	7:31:38	22 31 50	23 58	28 56	24 31	9 57	28 12	19 31	26 57	6 18	20 57	21 26
16	7:35:34	23 29 5	8Vi42	0Le59	25 44	10 37	28 18	19 27	26 55	6 20	20 58	21 23
17	7:39:31	24 26 21	23 16	3 0	26 58	11 17	28 24	19 23	26 53	6 22	20 59	21 20
18	7:43:28	25 23 36	7Li35	5 0	28 12	11 56	28 30	19 19	26 51	6 25	21 0	21 17
19	7:47:24	26 20 52	21 37	6 58	29 26	12 36	28 36	19 15	26 49	6 27	21 1	21 14
20	7:51:21	27 18 8	5Sc23	8 54	0Le40	13 16	28 42	19 11	26 47	6 29	21 3	21 10
21	7:55:17	28 15 24	18 52	10 49	1 54	13 55	28 48	19 7	26 45	6 31	21 4	21 7
22	7:59:14	29 12 41	2Sg 6	12 41	3 8	14 35	28 53	19 3	26 43	6 33	21 5	21 4
23	8: 3:10	0Le 9 58	15 6	14 33	4 22	15 14	28 58	18 59	26 41	6 35	21 6	21 1
24	8: 7: 7	1 7 15	27 53	16 22	5 36	15 54	29 4	18 55	26 39	6 37	21 7	20 58
25	8:11: 4	2 4 33	10Cp28	18 9	6 50	16 33	29 9	18 51	26 38	6 39	21 8	20 55
26	8:15: 0	3 1 51	22 51	19 55	8 3	17 13	29 13	18 47	26 36	6 41	21 9	20 51
27	8:18:57	3 59 10	5Aq 4	21 39	9 17	17 52	29 18	18 43	26 34	6 43	21 10	20 48
28	8:22:53	4 56 30	17 7	23 22	10 31	18 32	29 22	18 38	26 32	6 45	21 12	20 45
29	8:26:50	5 53 51	29 2	25 3	11 45	19 11	29 27	18 34	26 31	6 47	21 13	20 42
30	8:30:46	6 51 12	10Pi51	26 42	12 59	19 50	29 31	18 30	26 29	6 49	21 14	20 39
31	8:34:43	7 48 35	22 38	28 19	14 13	20 29	29 35	18 25	26 27	6 51	21 15	20 35

7/23 Sun in Leo 7:50   7/5 3rd Qt. 22:54   7/13 New 5:27   7/19 1st Qt. 20:48   7/27 Full 9:42

AUGUST 1904

Day	Sid. T.	Sun	Moon	Merc.	Venus	Mars	Jup.	Saturn	Uranus	Nept.	Pluto	N.Node
1	8:38:39	8Le45 58	4Ar26	29Le54	15Le27	21Cn 9	29Ar38	18Aq21R	26Sg26R	6Cn53	21Ge16	20Vi32
2	8:42:36	9 43 23	16 19	1Vi28	16 41	21 48	29 42	18 16	26 24	6 55	21 17	20 29
3	8:46:33	10 40 49	28 22	3 0	17 55	22 27	29 45	18 12	26 23	6 57	21 18	20 26
4	8:50:29	11 38 16	10Ta40	4 31	19 9	23 6	29 48	18 8	26 21	6 '59	21 19	20 23
5	8:54:26	12 35 44	23 17	6 0	20 23	23 45	29 51	18 3	26 20	7 1	21 20	20 20
6	8:58:22	13 33 14	6Ge17	7 27	21 37	24 24	29 54	17 59	26 18	7 3	21 20	20 16
7	9: 2:19	14 30 45	19 45	8 52	22 51	25 3	29 57	17 54	26 17	7 5	21 21	20 13
8	9: 6:15	15 28 18	3Cn41	10 15	24 5	25 42	29 59	17 50	26 15	7 7	21 22	20 10
9	9:10:12	16 25 52	18 3	11 37	25 19	26 21	0Ta 1	17 45	26 14	7 8	21 23	20 7
10	9:14: 8	17 23 27	2Le47	12 57	26 34	27 0	0 3	17 41	26 13	7 10	21 24	20 4
11	9:18: 5	18 21 3	17 47	14 15	27 48	27 39	0 5	17 36	26 12	7 12	21 25	20 1
12	9:22: 1	19 18 40	2Vi53	15 31	29 2	28 18	0 7	17 32	26 11	7 14	21 26	19 57
13	9:25:58	20 16 19	17 57	16 45	0Vi16	28 56	0 8	17 27	26 9	7 16	21 27	19 54
14	9:29:55	21 13 58	2Li49	17 57	1 30	29 35	0 9	17 23	26 8	7 17	21 27	19 51
15	9:33:51	22 11 39	17 24	19 7	2 44	0Le14	0 11	17 18	26 7	7 19	21 28	19 48
16	9:37:48	23 9 20	1Sc39	20 14	3 58	0 53	0 11	17 14	26 6	7 21	21 29	19 45
17	9:41:44	24 7 3	15 30	21 19	5 12	1 31	0 12	17 9	26 5	7 22	21 30	19 41
18	9:45:41	25 4 47	28 59	22 22	6 26	2 10	0 12	17 5	26 5	7 24	21 30	19 38
19	9:49:37	26 2 32	12Sg 7	23 23	7 40	2 48	0 13	17 1	26 4	7 26	21 31	19 35
20	9:53:34	27 0 18	24 56	24 20	8 54	3 27	0 13R	16 56	26 3	7 27	21 32	19 32
21	9:57:30	27 58 5	7Cp30	25 15	10 9	4 6	0 13	16 52	26 2	7 29	21 32	19 29
22	10: 1:27	28 55 53	19 50	26 7	11 23	4 44	0 12	16 47	26 2	7 30	21 33	19 26
23	10: 5:24	29 53 43	2Aq 0	26 55	12 37	5 22	0 12	16 43	26 1	7 32	21 34	19 22
24	10: 9:20	0Vi51 34	14 1	27 41	13 51	6 1	0 11	16 39	26 0	7 33	21 34	19 19
25	10:13:17	1 49 26	25 55	28 22	15 5	6 39	0 10	16 35	26 0	7 35	21 35	19 16
26	10:17:13	2 47 20	7Pi45	29 0	16 19	7 18	0 9	16 30	25 59	7 36	21 36	19 13
27	10:21:10	3 45 16	19 33	29 34	17 33	7 56	0 8	16 26	25 59	7 38	21 36	19 10
28	10:25: 6	4 43 13	1Ar20	0Li 4	18 47	8 34	0 6	16 22	25 58	7 39	21 37	19 7
29	10:29: 3	5 41 11	13 11	0 30	20 1	9 12	0 4	16 18	25 58	7 40	21 37	19 3
30	10:32:59	6 39 12	25 7	0 50	21 15	9 51	0 2	16 14	25 58	7 42	21 38	19 0
31	10:36:56	7 37 14	7Ta13	1 6	22 30	10 29	0 0	16 10	25 58	7 43	21 38	18 57

8/23 Sun in Vir. 14:36   8/4 3rd Qt. 14:03   8/11 New 12:58   8/18 1st Qt. 4:27   8/26 Full 1:02

Day	Sid. T.	Sun	Moon	Merc.	Venus	Mars	Jup.	Saturn	Uranus	Nept.	Pluto	N.Node
1	10:40:53	8Vi35 19	19Ta32	1Li16	23Vi44	11Le 7	29Ar58R	16Aq 6R	25Sg57R	7Cn44	21Ge39	18Vi54
2	10:44:49	9 33 25	2Ge 8	1 20	24 58	11 45	29 55	16 2	25 57	7 46	21 39	18 51
3	10:48:46	10 31 33	15 5	1 19R	26 12	12 23	29 53	15 58	25 57	7 47	21 39	18 47
4	10:52:42	11 29 44	28 26	1 11	27 26	13 1	29 50	15 54	25 57	7 48	21 40	18 44
5	10:56:39	12 27 56	12Cn13	0 58	28 40	13 39	29 46	15 50	25 57D	7 49	21 40	18 41
6	11: 0:35	13 26 11	26 27	0 38	29 54	14 17	29 43	15 47	25 57	7 50	21 41	18 38
7	11: 4:32	14 24 27	11Le 5	0 11	1Li 8	14 55	29 40	15 43	25 57	7 52	21 41	18 35
8	11: 8:28	15 22 45	26 2	29Vi38	2 23	15 33	29 36	15 39	25 57	7 53	21 41	18 32
9	11:12:25	16 21 5	11Vi11	28 59	3 37	16 11	29 32	15 36	25 58	7 54	21 41	18 28
10	11:16:22	17 19 27	26 23	28 13	4 51	16 49	29 28	15 32	25 58	7 55	21 42	18 25
11	11:20:18	18 17 51	11Li28	27 23	6 5	17 27	29 24	15 29	25 58	7 56	21 42	18 22
12	11:24:15	19 16 17	26 18	26 28	7 19	18 5	29 19	15 26	25 58	7 57	21 42	18 19
13	11:28:11	20 14 44	10Sc46	25 29	8 33	18 43	29 15	15 22	25 59	7 58	21 42	18 16
14	11:32: 8	21 13 13	24 48	24 27	9 47	19 20	29 10	15 19	25 59	7 59	21 43	18 13
15	11:36: 4	22 11 43	8Sg24	23 25	11 1	19 58	29 5	15 16	26 0	7 59	21 43	18 9
16	11:40: 1	23 10 16	21 34	22 22	12 15	20 36	29 0	15 13	26 0	8 0	21 43	18 6
17	11:43:57	24 8 49	4Cp22	21 21	13 30	21 13	28 55	15 10	26 1	8 1	21 43	18 3
18	11:47:54	25 7 25	16 49	20 23	14 44	21 51	28 49	15 7	26 2	8 2	21 43	18 0
19	11:51:51	26 6 2	29 2	19 30	15 58	22 29	28 44	15 4	26 2	8 3	21 43	17 57
20	11:55:47	27 4 41	11Aq 3	18 43	17 12	23 6	28 38	15 1	26 3	8 4	21 43	17 53
21	11:59:44	28 3 22	22 56	18 3	18 26	23 44	28 32	14 59	26 4	8 4	21 43	17 50
22	12: 3:40	29 2 4	4Pi45	17 32	19 40	24 21	28 26	14 56	26 5	8 5	21 43R	17 47
23	12: 7:37	0Li 0 48	16 33	17 9	20 54	24 59	28 20	14 54	26 6	8 5	21 43	17 44
24	12:11:33	0 59 34	28 21	16 56	22 8	25 36	28 14	14 51	26 7	8 6	21 43	17 41
25	12:15:30	1 58 22	10Ar13	16 53D	23 22	26 13	28 7	14 49	26 8	8 7	21 43	17 38
26	12:19:26	2 57 13	22 11	17 1	24 36	26 51	28 1	14 47	26 9	8 7	21 43	17 34
27	12:23:23	3 56 5	4Ta16	17 18	25 50	27 28	27 54	14 44	26 10	8 8	21 43	17 31
28	12:27:19	4 54 59	16 31	17 45	27 4	28 5	27 47	14 42	26 11	8 8	21 43	17 28
29	12:31:16	5 53 56	28 58	18 21	28 18	28 43	27 40	14 40	26 12	8 9	21 42	17 25
30	12:35:13	6 52 55	11Ge39	19 7	29 32	29 20	27 33	14 38	26 14	8 9	21 42	17 22

9/23 Sun in Lib. 11:40   9/3 3rd Qt. 2:58   9/9 New 20:43(E)   9/16 1st Qt. 15:13   9/24 Full 17:50

Day	Sid. T.	Sun	Moon	Merc.	Venus	Mars	Jup.	Saturn	Uranus	Nept.	Pluto	N.Node
1	12:39: 9	7Li51 56	24Ge36	20Vi 0	0Sc46	29Le57	27Ar26R	14Aq37R	26Sg15	8Cn 9	21Ge42R	17Vi18
2	12:43: 6	8 51 0	7Cn53	21 1	2 0	0Vi34	27 19	14 35	26 16	8 10	21 42	17 15
3	12:47: 2	9 50 6	21 30	22 9	3 14	1 11	27 11	14 33	26 18	8 10	21 42	17 12
4	12:50:59	10 49 15	5Le30	23 23	4 28	1 49	27 4	14 32	26 19	8 10	21 41	17 9
5	12:54:55	11 48 25	19 52	24 42	5 42	2 26	26 56	14 30	26 21	8 10	21 41	17 6
6	12:58:52	12 47 38	4Vi34	26 6	6 56	3 3	26 49	14 29	26 22	8 11	21 41	17 3
7	13: 2:48	13 46 53	19 30	27 35	8 10	3 40	26 41	14 28	26 24	8 11	21 40	16 59
8	13: 6:45	14 46 10	4Li33	29 6	9 24	4 17	26 33	14 27	26 26	8 11	21 40	16 56
9	13:10:41	15 45 30	19 36	0Li40	10 38	4 53	26 25	14 26	26 27	8 11	21 40	16 53
10	13:14:38	16 44 51	4Sc29	2 17	11 52	5 30	26 17	14 25	26 29	8 11	21 39	16 50
11	13:18:35	17 44 15	19 5	3 55	13 6	6 7	26 9	14 24	26 31	8 11	21 38	16 47
12	13:22:31	18 43 40	3Sg16	5 35	14 20	6 44	26 1	14 23	26 33	8 11R	21 38	16 44
13	13:26:28	19 43 7	17 0	7 16	15 34	7 21	25 53	14 22	26 35	8 11	21 38	16 40
14	13:30:24	20 42 36	0Cp16	8 58	16 47	7 58	25 45	14 22	26 37	8 11	21 38	16 37
15	13:34:21	21 42 7	13 6	10 41	18 1	8 34	25 37	14 21	26 39	8 11	21 37	16 34
16	13:38:17	22 41 40	25 35	12 24	19 15	9 11	25 29	14 21	26 41	8 11	21 37	16 31
17	13:42:14	23 41 14	7Aq45	14 7	20 29	9 48	25 21	14 21	26 43	8 10	21 36	16 28
18	13:46:10	24 40 50	19 43	15 50	21 43	10 24	25 13	14 21	26 45	8 10	21 35	16 24
19	13:50: 7	25 40 28	1Pi33	17 33	22 57	11 1	25 5	14 21D	26 47	8 10	21 35	16 21
20	13:54: 4	26 40 7	13 20	19 16	24 11	11 37	24 57	14 21	26 49	8 10	21 34	16 18
21	13:58: 0	27 39 49	25 8	20 58	25 24	12 14	24 49	14 21	26 51	8 9	21 34	16 15
22	14: 1:57	28 39 32	7Ar 1	22 41	26 38	12 50	24 40	14 21	26 54	8 9	21 33	16 12
23	14: 5:53	29 39 17	19 0	24 23	27 52	13 27	24 32	14 22	26 56	8 9	21 32	16 9
24	14: 9:50	0Sc39 4	1Ta 9	26 4	29 6	14 3	24 24	14 22	26 58	8 8	21 32	16 5
25	14:13:46	1 38 53	13 28	27 45	0Sg20	14 39	24 16	14 23	27 1	8 8	21 31	16 2
26	14:17:43	2 38 44	25 59	29 26	1 33	15 16	24 8	14 24	27 3	8 7	21 30	15 59
27	14:21:39	3 38 37	8Ge42	1Sc 6	2 47	15 52	24 1	14 24	27 6	8 7	21 30	15 56
28	14:25:36	4 38 32	21 36	2 45	4 1	16 28	23 53	14 25	27 8	8 6	21 29	15 53
29	14:29:33	5 38 30	4Cn44	4 24	5 15	17 4	23 45	14 26	27 11	8 6	21 28	15 50
30	14:33:29	6 38 29	18 5	6 3	6 28	17 40	23 37	14 27	27 13	8 5	21 27	15 46
31	14:37:26	7 38 31	1Le40	7 41	7 42	18 16	23 30	14 28	27 16	8 5	21 27	15 43

10/23 Sun in Sco. 20:19   10/2 3rd Qt. 13:52   10/9 New 5:25   10/16 1st Qt. 5:54   10/24 Full 10:56   10/31 3rd Qt. 23:13

NOVEMBER 1904

Day	Sid. T.	Sun	Moon	Merc.	Venus	Mars	Jup.	Saturn	Uranus	Nept.	Pluto	N.Node
1	14:41:22	8Sc38 35	15Le31	9Sc19	8Sg56	18Vi52	23Ar22R	14Aq30	27Sg18	8Cn 4R	21Ge26R	15Vi40
2	14:45:19	9 38 41	29 37	10 56	10 9	19 28	23 14	14 31	27 21	8 3	21 25	15 37
3	14:49:15	10 38 49	13Vi57	12 33	11 23	20 4	23 7	14 32	27 24	8 2	21 24	15 34
4	14:53:12	11 38 59	28 31	14 9	12 37	20 40	23 0	14 34	27 27	8 1	21 23	15 30
5	14:57: 8	12 39 11	13Li13	15 45	13 50	21 16	22 53	14 36	27 29	8 1	21 22	15 27
6	15: 1: 5	13 39 25	27 57	17 21	15 4	21 52	22 45	14 38	27 32	8 0	21 22	15 24
7	15: 5: 2	14 39 42	12Sc37	18 56	16 17	22 28	22 38	14 39	27 35	7 59	21 21	15 21
8	15: 8:58	15 39 59	27 5	20 31	17 31	23 3	22 32	14 41	27 38	7 58	21 20	15 18
9	15:12:55	16 40 19	11Sg14	22 5	18 45	23 39	22 25	14 44	27 41	7 57	21 19	15 15
10	15:16:51	17 40 40	24 59	23 39	19 58	24 15	22 18	14 46	27 44	7 56	21 18	15 11
11	15:20:48	18 41 3	8Cp19	25 13	21 12	24 50	22 12	14 48	27 47	7 56	21 17	15 8
12	15:24:44	19 41 27	21 13	26 47	22 25	25 26	22 5	14 50	27 50	7 55	21 16	15 5
13	15:28:41	20 41 53	3Aq44	28 20	23 39	26 1	21 59	14 53	27 53	7 54	21 15	15 2
14	15:32:37	21 42 20	15 56	29 53	24 52	26 37	21 53	14 55	27 56	7 52	21 14	14 59
15	15:36:34	22 42 48	27 54	1Sg26	26 6	27 12	21 47	14 58	27 59	7 51	21 13	14 56
16	15:40:31	23 43 17	9Pi44	2 58	27 19	27 47	21 41	15 1	28 2	7 50	21 12	14 52
17	15:44:27	24 43 48	21 31	4 30	28 32	28 23	21 36	15 4	28 5	7 49	21 11	14 49
18	15:48:24	25 44 20	3Ar21	6 2	29 46	28 58	21 30	15 7	28 9	7 48	21 10	14 46
19	15:52:20	26 44 54	15 17	7 34	0Cp59	29 33	21 25	15 10	28 12	7 47	21 9	14 43
20	15:56:17	27 45 28	27 24	9 6	2 12	0Li 8	21 20	15 13	28 15	7 46	21 8	14 40
21	16: 0:13	28 46 4	9Ta44	10 37	3 26	0 43	21 15	15 16	28 18	7 44	21 7	14 36
22	16: 4:10	29 46 42	22 19	12 8	4 39	1 18	21 10	15 19	28 22	7 43	21 6	14 33
23	16: 8: 6	0Sg47 21	5Ge 9	13 39	5 52	1 53	21 6	15 23	28 25	7 42	21 5	14 30
24	16:12: 3	1 48 1	18 14	15 9	7 5	2 28	21 1	15 26	28 28	7 41	21 4	14 27
25	16:16: 0	2 48 43	1Cn31	16 40	8 18	3 3	20 57	15 30	28 32	7 39	21 2	14 24
26	16:19:56	3 49 26	14 59	18 10	9 32	3 38	20 53	15 34	28 35	7 38	21 1	14 21
27	16:23:53	4 50 10	28 37	19 39	10 45	4 12	20 49	15 37	28 38	7 37	21 0	14 17
28	16:27:49	5 50 57	12Le22	21 8	11 58	4 47	20 46	15 41	28 42	7 35	20 59	14 14
29	16:31:46	6 51 44	26 15	22 37	13 11	5 21	20 42	15 45	28 45	7 34	20 58	14 11
30	16:35:42	7 52 33	10Vi15	24 5	14 24	5 56	20 39	15 49	28 49	7 32	20 57	14 8

11/22 Sun in Sag. 17:16   11/7 New 15:37   11/15 1st Qt. 0:35   11/23 Full 3:12   11/30 3rd Qt. 7:38

DECEMBER 1904

Day	Sid. T.	Sun	Moon	Merc.	Venus	Mars	Jup.	Saturn	Uranus	Nept.	Pluto	N.Node
1	16:39:39	8Sg53 24	24Vi21	25Sg33	15Cp37	6Li30	20Ar36R	15Aq53	28Sg52	7Cn31R	20Ge56R	14Vi 5
2	16:43:35	9 54 16	8Li34	27 0	16 50	7 5	20 33	15 58	28 55	7 30	20 55	14 2
3	16:47:32	10 55 9	22 50	28 27	18 2	7 39	20 30	16 2	28 59	7 28	20 53	13 58
4	16:51:29	11 56 4	7Sc 8	29 52	19 15	8 13	20 28	16 6	29 2	7 27	20 52	13 55
5	16:55:25	12 57 0	21 23	1Cp17	20 28	8 48	20 25	16 11	29 6	7 25	20 51	13 52
6	16:59:22	13 57 57	5Sg29	2 40	21 41	9 22	20 23	16 15	29 9	7 24	20 50	13 49
7	17: 3:18	14 58 55	19 22	4 2	22 54	9 56	20 22	16 20	29 13	7 22	20 49	13 46
8	17: 7:15	15 59 55	2Cp56	5 22	24 6	10 30	20 20	16 24	29 17	7 21	20 48	13 42
9	17:11:11	17 0 55	16 9	6 40	25 19	11 4	20 18	16 29	29 20	7 19	20 46	13 39
10	17:15: 8	18 1 55	29 0	7 57	26 31	11 37	20 17	16 34	29 24	7 17	20 45	13 36
11	17:19: 5	19 2 57	11Aq31	9 10	27 44	12 11	20 16	16 39	29 27	7 16	20 44	13 33
12	17:23: 1	20 3 59	23 44	10 21	28 56	12 45	20 15	16 44	29 31	7 14	20 43	13 30
13	17:26:58	21 5 1	5Pi43	11 28	0Aq 9	13 18	20 15	16 49	29 34	7 13	20 42	13 27
14	17:30:54	22 6 4	17 34	12 32	1 21	13 52	20 14	16 54	29 38	7 11	20 41	13 23
15	17:34:51	23 7 7	29 21	13 30	2 33	14 25	20 14	16 59	29 42	7 9	20 39	13 20
16	17:38:47	24 8 11	11Ar11	14 24	3 45	14 59	20 14D	17 4	29 45	7 8	20 38	13 17
17	17:42:44	25 9 15	23 9	15 11	4 58	15 32	20 15	17 10	29 49	7 6	20 37	13 14
18	17:46:40	26 10 19	5Ta20	15 52	6 10	16 5	20 15	17 15	29 52	7 4	20 36	13 11
19	17:50:37	27 11 24	17 47	16 24	7 22	16 38	20 16	17 20	29 56	7 3	20 35	13 7
20	17:54:33	28 12 29	0Ge34	16 49	8 33	17 11	20 17	17 26	0Cp 0	7 1	20 34	13 4
21	17:58:30	29 13 35	13 40	17 3	9 45	17 44	20 18	17 31	0 3	6 59	20 32	13 1
22	18: 2:27	0Cp14 41	27 5	17 8R	10 57	18 17	20 19	17 37	0 7	6 58	20 31	12 58
23	18: 6:23	1 15 47	10Cn47	17 1	12 9	18 49	20 20	17 43	0 10	6 56	20 30	12 55
24	18:10:20	2 16 54	24 42	16 43	13 20	19 22	20 22	17 48	0 14	6 54	20 29	12 52
25	18:14:16	3 18 1	8Le46	16 13	14 32	19 54	20 24	17 54	0 18	6 53	20 28	12 48
26	18:18:13	4 19 9	22 54	15 31	15 43	20 27	20 26	18 0	0 21	6 51	20 27	12 45
27	18:22: 9	5 20 17	7Vi 4	14 38	16 54	20 59	20 28	18 6	0 25	6 49	20 26	12 42
28	18:26: 6	6 21 26	21 13	13 36	18 5	21 31	20 31	18 12	0 29	6 47	20 25	12 39
29	18:30: 2	7 22 35	5Li20	12 25	19 17	22 3	20 34	18 18	0 32	6 46	20 23	12 36
30	18:33:59	8 23 44	19 23	11 8	20 28	22 35	20 37	18 24	0 36	6 44	20 22	12 33
31	18:37:56	9 24 54	3Sc22	9 47	21 39	23 7	20 40	18 30	0 39	6 42	20 21	12 29

12/22 Sun in Cap. 6:14   12/7 New 3:46   12/14 1st Qt. 22:07   12/22 Full 18:01   12/29 3rd Qt. 15:46

JANUARY 1905

Day	Sid. T.	Sun	Moon	Merc.	Venus	Mars	Jup.	Saturn	Uranus	Nept.	Pluto	N.Node
1	18:41:52	10Cp26 5	17Sc17	8Cp26R	22Aq50	23Li39	20Ar43	18Aq36	0Cp43	6Cn41R	20Ge20R	12Vi26
2	18:45:49	11 27 15	1Sg 4	7 6	24 0	24 11	20 46	18 43	0 47	6 39	20 19	12 23
3	18:49:45	12 28 26	14 42	5 50	25 11	24 42	20 50	18 49	0 50	6 37	20 18	12 20
4	18:53:42	13 29 37	28 9	4 41	26 22	25 14	20 54	18 55	0 54	6 36	20 17	12 17
5	18:57:38	14 30 48	11Cp22	3 39	27 32	25 45	20 58	19 1	0 57	6 34	20 16	12 13
6	19: 1:35	15 31 59	24 19	2 47	28 42	26 16	21 2	19 8	1 1	6 32	20 15	12 10
7	19: 5:32	16 33 10	6Aq59	2 4	29 52	26 47	21 7	19 14	1 4	6 31	20 14	12 7
8	19: 9:28	17 34 20	19 23	1 32	1Pi 2	27 18	21 12	19 21	1 8	6 29	20 13	12 4
9	19:13:25	18 35 30	1Pi32	1 9	2 12	27 49	21 16	19 27	1 11	6 27	20 12	12 1
10	19:17:21	19 36 39	13 30	0 56	3 22	28 19	21 21	19 34	1 15	6 26	20 11	11 58
11	19:21:18	20 37 48	25 20	0 52D	4 31	28 50	21 27	19 41	1 18	6 24	20 10	11 54
12	19:25:14	21 38 56	7Ar 8	0 57	5 41	29 20	21 32	19 47	1 22	6 22	20 9	11 51
13	19:29:11	22 40 4	18 58	1 10	6 50	29 50	21 38	19 54	1 25	6 21	20 8	11 48
14	19:33: 7	23 41 11	0Ta55	1 30	7 59	0Sc21	21 43	20 1	1 29	6 19	20 7	11 45
15	19:37: 4	24 42 17	13 5	1 57	9 8	0 50	21 49	20 7	1 32	6 17	20 6	11 42
16	19:41: 0	25 43 23	25 33	2 29	10 17	1 20	21 55	20 14	1 35	6 16	20 5	11 39
17	19:44:57	26 44 28	8Ge22	3 7	11 26	1 50	22 1	20 21	1 39	6 14	20 4	11 35
18	19:48:54	27 45 32	21 35	3 50	12 34	2 19	22 8	20 28	1 42	6 13	20 3	11 32
19	19:52:50	28 46 35	5Cn11	4 38	13 42	2 49	22 15	20 35	1 45	6 11	20 2	11 29
20	19:56:47	29 47 38	19 11	5 29	14 50	3 18	22 21	20 42	1 49	6 10	20 1	11 26
21	20: 0:43	0Aq48 39	3Le28	6 25	15 58	3 47	22 28	20 49	1 52	6 8	20 0	11 23
22	20: 4:40	1 49 40	17 58	7 23	17 6	4 16	22 35	20 56	1 55	6 7	20 0	11 19
23	20: 8:36	2 50 40	2Vi35	8 24	18 13	4 44	22 43	21 3	1 59	6 5	19 59	11 16
24	20:12:33	3 51 40	17 12	9 28	19 20	5 13	22 50	21 10	2 2	6 4	19 58	11 13
25	20:16:30	4 52 39	1Li43	10 35	20 27	5 41	22 57	21 17	2 5	6 2	19 57	11 10
26	20:20:26	5 53 37	16 5	11 43	21 34	6 9	23 5	21 24	2 8	6 1	19 56	11 7
27	20:24:23	6 54 35	0Sc14	12 54	22 41	6 37	23 13	21 31	2 11	5 59	19 56	11 4
28	20:28:19	7 55 33	14 11	14 6	23 47	7 5	23 21	21 38	2 14	5 58	19 55	11 0
29	20:32:16	8 56 29	27 53	15 21	24 53	7 32	23 29	21 45	2 18	5 57	19 54	10 57
30	20:36:12	9 57 25	11Sg22	16 36	25 59	7 59	23 37	21 52	2 21	5 55	19 53	10 54
31	20:40: 9	10 58 20	24 37	17 54	27 4	8 26	23 46	21 59	2 24	5 54	19 53	10 51

1/20 Sun in Aqu. 16:52   1/5 New 18:17   1/13 1st Qt. 20:11   1/21 Full 7:14   1/28 3rd Qt. 0:20

FEBRUARY 1905

Day	Sid. T.	Sun	Moon	Merc.	Venus	Mars	Jup.	Saturn	Uranus	Nept.	Pluto	N.Node
1	20:44: 5	11Aq59 15	7Cp39	19Cp12	28Pi10	8Sc53	23Ar55	22Aq 6	2Cp27	5Cn53R	19Ge52R	10Vi48
2	20:48: 2	13 0 8	20 32	20 32	29 15	9 20	24 3	22 14	2 30	5 51	19 51	10 45
3	20:51:59	14 1 1	3Aq 4	21 54	0Ar19	9 46	24 12	22 21	2 33	5 50	19 51	10 41
4	20:55:55	15 1 52	15 27	23 16	1 24	10 13	24 21	22 28	2 35	5 49	19 50	10 38
5	20:59:52	16 2 42	27 40	24 39	2 28	10 39	24 30	22 35	2 38	5 48	19 50	10 35
6	21: 3:48	17 3 31	9Pi42	26 4	3 32	11 4	24 40	22 42	2 41	5 46	19 49	10 32
7	21: 7:45	18 4 18	21 36	27 29	4 35	11 30	24 49	22 50	2 44	5 45	19 48	10 29
8	21:11:41	19 5 4	3Ar25	28 56	5 38	11 55	24 58	22 57	2 47	5 44	19 48	10 25
9	21:15:38	20 5 49	15 12	0Aq23	6 41	12 20	25 8	23 4	2 50	5 43	19 47	10 22
10	21:19:34	21 6 31	27 2	1 52	7 43	12 45	25 18	23 11	2 52	5 42	19 47	10 19
11	21:23:31	22 7 13	8Ta58	3 21	8 45	13 9	25 28	23 18	2 55	5 41	19 46	10 16
12	21:27:27	23 7 53	21 6	4 52	9 47	13 34	25 38	23 26	2 58	5 40	19 46	10 13
13	21:31:24	24 8 31	3Ge30	6 23	10 48	13 58	25 48	23 33	3 0	5 39	19 46	10 10
14	21:35:21	25 9 7	16 15	7 55	11 49	14 21	25 58	23 40	3 3	5 38	19 45	10 6
15	21:39:17	26 9 42	29 24	9 28	12 50	14 45	26 8	23 47	3 5	5 37	19 45	10 3
16	21:43:14	27 10 15	12Cn59	11 2	13 49	15 8	26 19	23 55	3 8	5 36	19 44	10 0
17	21:47:10	28 10 46	27 1	12 36	14 49	15 31	26 29	24 2	3 10	5 35	19 44	9 57
18	21:51: 7	29 11 15	11Le27	14 12	15 48	15 53	26 40	24 9	3 13	5 34	19 44	9 54
19	21:55: 3	0Pi11 43	26 13	15 49	16 47	16 15	26 51	24 16	3 15	5 33	19 43	9 51
20	21:59: 0	1 12 9	11Vi11	17 26	17 45	16 37	27 2	24 24	3 17	5 32	19 43	9 47
21	22: 2:56	2 12 33	26 13	19 5	18 42	16 59	27 13	24 31	3 20	5 31	19 43	9 44
22	22: 6:53	3 12 56	11Li10	20 44	19 39	17 20	27 24	24 38	3 22	5 31	19 43	9 41
23	22:10:50	4 13 18	25 56	22 24	20 35	17 41	27 35	24 45	3 24	5 30	19 42	9 38
24	22:14:46	5 13 38	10Sc24	24 6	21 31	18 1	27 46	24 52	3 26	5 29	19 42	9 35
25	22:18:43	6 13 57	24 30	25 48	22 27	18 21	27 58	24 59	3 28	5 29	19 42	9 31
26	22:22:39	7 14 14	8Sg15	27 31	23 21	18 41	28 9	25 7	3 30	5 28	19 42	9 28
27	22:26:36	8 14 30	21 40	29 16	24 15	19 0	28 21	25 14	3 32	5 27	19 42	9 25
28	22:30:32	9 14 45	4Cp41	1Pi 1	25 9	19 19	28 32	25 21	3 34	5 27	19 42	9 22

2/19 Sun in Pis. 7:21   2/4 New 11:06   2/12 1st Qt. 16:20   2/19 Full 18:52(E)   2/26 3rd Qt. 10:04

MARCH 1905

Day	Sid. T.	Sun	Moon	Merc.	Venus	Mars	Jup.	Saturn	Uranus	Nept.	Pluto	N.Node
1	22:34:29	10Pi14 58	17Cp27	2Pi47	26Ar 1	19Sc38	28Ar44	25Aq28	3Cp36	5Cn26R	19Ge42R	9Vi19
2	22:38:25	11 15 9	29 58	4 35	26 53	19 56	28 56	25 35	3 38	5 26	19 42	9 16
3	22:42:22	12 15 19	12Aq16	6 23	27 44	20 14	29 8	25 42	3 40	5 25	19 41	9 12
4	22:46:19	13 15 27	24 23	8 13	28 35	20 31	29 20	25 49	3 42	5 25	19 41D	9 9
5	22:50:15	14 15 33	6Pi23	10 4	29 24	20 48	29 32	25 56	3 44	5 25	19 41	9 6
6	22:54:12	15 15 37	18 17	11 55	0Ta13	21 5	29 44	26 3	3 45	5 24	19 41	9 3
7	22:58: 8	16 15 40	0Ar 7	13 48	1 1	21 21	29 56	26 10	3 47	5 24	19 42	9 0
8	23: 2: 5	17 15 40	11 55	15 42	1 48	21 36	0Ta 9	26 17	3 49	5 23	19 42	8 56
9	23: 6: 1	18 15 38	23 44	17 37	2 35	21 51	0 21	26 24	3 50	5 23	19 42	8 53
10	23: 9:58	19 15 35	5Ta36	19 32	3 20	22 6	0 34	26 31	3 52	5 23	19 42	8 50
11	23:13:54	20 15 29	17 34	21 29	4 4	22 20	0 46	26 38	3 53	5 23	19 42	8 47
12	23:17:51	21 15 21	29 42	23 26	4 47	22 34	0 59	26 44	3 55	5 23	19 42	8 44
13	23:21:48	22 15 11	12Ge18	25 25	5 29	22 47	1 12	26 51	3 56	5 22	19 42	8 41
14	23:25:44	23 14 59	24 44	27 23	6 10	23 0	1 24	26 58	3 57	5 22	19 43	8 37
15	23:29:41	24 14 45	7Cn45	29 22	6 50	23 12	1 37	27 5	3 59	5 22	19 43	8 34
16	23:33:37	25 14 28	21 12	1Ar22	7 28	23 23	1 50	27 11	4 0	5 22	19 43	8 31
17	23:37:34	26 14 9	5Le 5	3 21	8 6	23 34	2 3	27 18	4 1	5 22D	19 43	8 28
18	23:41:30	27 13 48	19 25	5 21	8 42	23 45	2 16	27 25	4 2	5 22	19 44	8 25
19	23:45:27	28 13 24	4Vi 9	7 20	9 16	23 55	2 29	27 31	4 3	5 22	19 44	8 22
20	23:49:23	29 12 58	19 11	9 18	9 49	24 4	2 42	27 38	4 4	5 22	19 44	8 18
21	23:53:20	0Ar12 30	4Li25	11 15	10 21	24 13	2 55	27 44	4 5	5 23	19 45	8 15
22	23:57:16	1 12 1	19 39	13 11	10 51	24 21	3 8	27 51	4 6	5 23	19 45	8 12
23	0: 1:13	2 11 29	4Sc44	15 5	11 20	24 28	3 22	27 57	4 7	5 23	19 45	8 9
24	0: 5:10	3 10 55	19 31	16 56	11 47	24 35	3 35	28 4	4 8	5 23	19 46	8 6
25	0: 9: 6	4 10 20	3Sg54	18 45	12 12	24 41	3 49	28 10	4 9	5 23	19 46	8 2
26	0:13: 3	5 9 43	17 49	20 31	12 36	24 47	4 2	28 16	4 10	5 24	19 47	7 59
27	0:16:59	6 9 4	1Cp17	22 14	12 58	24 52	4 15	28 23	4 10	5 24	19 47	7 56
28	0:20:56	7 8 24	14 20	23 52	13 18	24 56	4 29	28 29	4 11	5 24	19 48	7 53
29	0:24:52	8 7 41	27 0	25 27	13 35	24 59	4 43	28 35	4 11	5 25	19 48	7 50
30	0:28:49	9 6 57	9Aq22	26 56	13 51	25 2	4 56	28 41	4 12	5 25	19 49	7 47
31	0:32:45	10 6 11	21 29	28 21	14 5	25 4	5 10	28 47	4 12	5 26	19 49	7 43

3/21 Sun in Ari. 6:57   3/6 New 5:19(E)   3/14 1st Qt. 8:59   3/21 Full 4:56   3/27 3rd Qt. 21:35

APRIL 1905

Day	Sid. T.	Sun	Moon	Merc.	Venus	Mars	Jup.	Saturn	Uranus	Nept.	Pluto	N.Node
1	0:36:42	11Ar 5 23	3Pi27	29Ar40	14Ta17	25Sc 5	5Ta24	28Aq53	4Cp13	5Cn26	19Ge50	7Vi40
2	0:40:39	12 4 33	15 19	0Ta54	14 27	25 6	5 37	28 59	4 13	5 27	19 51	7 37
3	0:44:35	13 3 42	27 7	2 2	14 34	25 6R	5 51	29 5	4 13	5 27	19 51	7 34
4	0:48:32	14 2 48	8Ar55	3 3	14 39	25 5	6 5	29 11	4 14	5 28	19 52	7 31
5	0:52:28	15 1 52	20 44	3 59	14 42R	25 1	6 19	29 17	4 14	5 29	19 53	7 28
6	0:56:25	16 0 55	2Ta37	4 48	14 42	24 58	6 33	29 22	4 14	5 29	19 53	7 24
7	1: 0:21	16 59 55	14 35	5 30	14 40	24 54	6 47	29 28	4 14	5 30	19 54	7 21
8	1: 4:18	17 58 53	26 40	6 6	14 36	24 50	7 0	29 34	4 14	5 31	19 55	7 18
9	1: 8:14	18 57 49	8Ge54	6 36	14 29	24 44	7 14	29 39	4 14R	5 31	19 55	7 15
10	1:12:11	19 56 42	21 20	6 58	14 19	24 38	7 28	29 45	4 14	5 32	19 56	7 12
11	1:16: 7	20 55 34	4Cn 1	7 14	14 8	24 31	7 42	29 50	4 14	5 33	19 57	7 8
12	1:20: 4	21 54 23	16 58	7 24	13 53	24 24	7 57	29 55	4 14	5 34	19 58	7 5
13	1:24: 1	22 53 10	0Le17	7 27R	13 36	24 15	8 11	0Pi 1	4 14	5 35	19 59	7 2
14	1:27:57	23 51 55	13 59	7 24	13 17	24 6	8 25	0 6	4 13	5 36	20 0	6 59
15	1:31:54	24 50 37	28 5	7 15	12 56	23 56	8 39	0 11	4 13	5 37	20 0	6 56
16	1:35:50	25 49 17	12Vi35	7 0	12 32	23 56	8 53	0 16	4 13	5 38	20 1	6 53
17	1:39:47	26 47 55	27 27	6 40	12 6	23 45	9 7	0 21	4 12	5 39	20 2	6 49
18	1:43:43	27 46 30	12Li34	6 15	11 38	23 34	9 21	0 26	4 12	5 40	20 3	6 46
19	1:47:40	28 45 4	27 47	5 45	11 8	23 22	9 36	0 31	4 11	5 41	20 4	6 43
20	1:51:36	29 43 36	12Sc57	5 12	10 36	23 9	9 50	0 36	4 11	5 42	20 5	6 40
21	1:55:33	0Ta42 6	27 52	4 36	10 3	22 55	10 4	0 41	4 10	5 43	20 6	6 37
22	1:59:30	1 40 34	12Sg26	3 58	9 29	22 41	10 18	0 46	4 9	5 44	20 7	6 34
23	2: 3:26	2 39 1	26 31	3 18	8 53	22 26	10 32	0 50	4 9	5 45	20 8	6 30
24	2: 7:23	3 37 26	10Cp 7	2 38	8 17	22 11	10 47	0 55	4 8	5 47	20 9	6 27
25	2:11:19	4 35 50	23 15	1 57	7 39	21 54	11 1	0 59	4 7	5 48	20 10	6 24
26	2:15:16	5 34 11	5Aq57	1 17	7 2	21 38	11 15	1 4	4 6	5 49	20 11	6 21
27	2:19:12	6 32 32	18 18	0 38	6 24	21 20	11 30	1 8	4 5	5 50	20 12	6 18
28	2:23: 9	7 30 50	0Pi23	0 0	5 46	21 2	11 44	1 12	4 5	5 52	20 13	6 14
29	2:27: 5	8 29 8	12 17	29Ar27	5 9	20 44	11 58	1 16	4 4	5 53	20 14	6 11
30	2:31: 2	9 27 23	24 5	28 56	4 32	20 25	12 12	1 21	4 2	5 54	20 15	6 8

4/20 Sun in Tau. 18:44   4/4 New 23:23   4/12 1st Qt. 21:41   4/19 Full 13:38   4/26 3rd Qt. 11:13

MAY 1905

Day	Sid. T.	Sun	Moon	Merc.	Venus	Mars	Jup.	Saturn	Uranus	Nept.	Pluto	N.Node
1	2:34:59	10Ta25 37	5Ar52	28Ar28R	3Ta56R	20Sc 5R	12Ta27	1Pi25	4Cp 1R	5Cn56	20Ge16	6Vi 5
2	2:38:55	11 23 49	17 41	28 5	3 21	19 45	12 41	1 29	4 0	5 57	20 17	6 2
3	2:42:52	12 22 0	29 34	27 45	2 47	19 25	12 55	1 32	3 59	5 59	20 19	5 59
4	2:46:48	13 20 9	11Ta34	27 30	2 14	19 5	13 10	1 36	3 58	6 0	20 20	5 55
5	2:50:45	14 18 17	23 42	27 20	1 43	18 44	13 24	1 40	3 57	6 2	20 21	5 52
6	2:54:41	15 16 23	5Ge59	27 14	1 14	18 22	13 38	1 44	3 55	6 3	20 22	5 49
7	2:58:38	16 14 27	18 26	27 13D	0 47	18 1	13 52	1 47	3 54	6 5	20 23	5 46
8	3: 2:34	17 12 29	1Cn 3	27 16	0 22	17 39	14 7	1 51	3 53	6 6	20 24	5 43
9	3: 6:31	18 10 30	13 53	27 25	29Ar59	17 18	14 21	1 54	3 51	6 8	20 26	5 40
10	3:10:28	19 8 29	26 56	27 37	29 38	16 56	14 35	1 57	3 50	6 10	20 27	5 36
11	3:14:24	20 6 25	10Le15	27 55	29 19	16 34	14 49	2 0	3 48	6 11	20 28	5 33
12	3:18:21	21 4 20	23 51	28 17	29 3	16 12	15 4	2 4	3 47	6 13	20 29	5 30
13	3:22:17	22 2 14	7Vi47	28 43	28 49	15 51	15 18	2 7	3 45	6 15	20 31	5 27
14	3:26:14	23 0 5	22 2	29 13	28 38	15 29	15 32	2 10	3 43	6 16	20 32	5 24
15	3:30:10	23 57 54	6Li35	29 48	28 29	15 7	15 46	2 12	3 42	6 18	20 33	5 20
16	3:34: 7	24 55 42	21 24	0Ta26	28 23	14 46	16 1	2 15	3 40	6 20	20 34	5 17
17	3:38: 3	25 53 29	6Sc21	1 8	28 18	14 25	16 15	2 18	3 38	6 22	20 36	5 14
18	3:42: 0	26 51 13	21 18	1 54	28 17	14 4	16 29	2 20	3 37	6 23	20 37	5 11
19	3:45:57	27 48 57	6Sg 5	2 43	28 17D	13 44	16 43	2 23	3 35	6 25	20 38	5 8
20	3:49:53	28 46 39	20 35	3 36	28 20	13 24	16 57	2 25	3 33	6 27	20 40	5 5
21	3:53:50	29 44 20	4Cp41	4 32	28 25	13 4	17 11	2 28	3 31	6 29	20 41	5 1
22	3:57:46	0Ge42 0	18 20	5 31	28 33	12 45	17 25	2 30	3 29	6 31	20 42	4 58
23	4: 1:43	1 39 39	1Aq31	6 34	28 42	12 26	17 39	2 32	3 27	6 33	20 44	4 55
24	4: 5:39	2 37 16	14 16	7 39	28 54	12 8	17 53	2 34	3 25	6 35	20 45	4 52
25	4: 9:36	3 34 53	26 40	8 48	29 8	11 50	18 7	2 36	3 23	6 37	20 46	4 49
26	4:13:32	4 32 29	8Pi47	9 59	29 23	11 33	18 21	2 38	3 21	6 38	20 48	4 45
27	4:17:29	5 30 4	20 42	11 13	29 41	11 16	18 35	2 39	3 19	6 40	20 49	4 42
28	4:21:26	6 27 37	2Ar31	12 30	0Ta 1	11 0	18 49	2 41	3 17	6 42	20 50	4 39
29	4:25:22	7 25 10	14 19	13 50	0 22	10 45	19 3	2 43	3 15	6 44	20 52	4 36
30	4:29:19	8 22 43	26 11	15 13	0 45	10 30	19 17	2 44	3 13	6 46	20 53	4 33
31	4:33:15	9 20 14	8Ta10	16 38	1 10	10 16	19 31	2 45	3 11	6 48	20 55	4 30

5/21 Sun in Gem. 18:31   5/4 New 15:50   5/12 1st Qt. 6:46   5/18 Full 21:36   5/26 3rd Qt. 2:50

JUNE 1905

Day	Sid. T.	Sun	Moon	Merc.	Venus	Mars	Jup.	Saturn	Uranus	Nept.	Pluto	N.Node
1	4:37:12	10Ge17 44	20Ta18	18Ta 6	1Ta36	10Sc 3R	19Ta45	2Pi47	3Cp 9R	6Cn50	20Ge56	4Vi26
2	4:41: 8	11 15 14	2Ge38	19 36	2 4	9 50	19 58	2 48	3 7	6 52	20 57	4 23
3	4:45: 5	12 12 43	15 9	21 9	2 34	9 39	20 12	2 49	3 4	6 55	20 59	4 20
4	4:49: 1	13 10 10	27 53	22 45	3 5	9 28	20 26	2 50	3 2	6 57	21 0	4 17
5	4:52:58	14 7 37	10Cn49	24 23	3 37	9 17	20 40	2 51	3 0	6 59	21 2	4 14
6	4:56:55	15 5 3	23 56	26 4	4 11	9 8	20 53	2 51	2 58	7 1	21 3	4 11
7	5: 0:51	16 2 27	7Le14	27 47	4 45	9 0	21 7	2 52	2 55	7 3	21 4	4 7
8	5: 4:48	16 59 51	20 44	29 33	5 22	8 52	21 20	2 53	2 53	7 5	21 6	4 4
9	5: 8:44	17 57 13	4Vi26	1Ge22	5 59	8 45	21 34	2 53	2 51	7 7	21 7	4 1
10	5:12:41	18 54 34	18 20	3 12	6 37	8 39	21 47	2 53	2 48	7 9	21 9	3 58
11	5:16:37	19 51 55	2Li26	5 6	7 17	8 34	22 1	2 54	2 46	7 11	21 10	3 55
12	5:20:34	20 49 14	16 44	7 2	7 58	8 29	22 14	2 54	2 44	7 14	21 11	3 51
13	5:24:30	21 46 32	1Sc12	9 0	8 39	8 26	22 27	2 54	2 41	7 16	21 13	3 48
14	5:28:27	22 43 49	15 46	11 0	9 22	8 23	22 41	2 54R	2 39	7 18	21 14	3 45
15	5:32:24	23 41 6	0Sg19	13 2	10 5	8 21	22 54	2 54	2 36	7 20	21 16	3 42
16	5:36:20	24 38 22	14 45	15 6	10 50	8 20	23 7	2 54	2 34	7 22	21 17	3 39
17	5:40:17	25 35 37	28 58	17 12	11 35	8 20D	23 20	2 53	2 32	7 24	21 18	3 36
18	5:44:13	26 32 52	12Cp51	19 20	12 21	8 20	23 33	2 53	2 29	7 27	21 20	3 32
19	5:48:10	27 30 7	26 23	21 28	13 8	8 22	23 46	2 52	2 27	7 29	21 21	3 29
20	5:52: 6	28 27 21	9Aq30	23 38	13 56	8 24	23 59	2 52	2 24	7 31	21 23	3 26
21	5:56: 3	29 24 35	22 14	25 49	14 44	8 27	24 12	2 51	2 22	7 33	21 24	3 23
22	6: 0: 0	0Cn21 48	4Pi39	28 0	15 33	8 30	24 24	2 50	2 20	7 35	21 25	3 20
23	6: 3:56	1 19 2	16 47	0Cn11	16 23	8 35	24 38	2 49	2 17	7 38	21 27	3 13
24	6: 7:53	2 16 15	28 44	2 23	17 14	8 40	24 50	2 48	2 15	7 40	21 28	3 13
25	6:11:49	3 13 28	10Ar36	4 34	18 5	8 46	25 3	2 47	2 12	7 42	21 30	3 10
26	6:15:46	4 10 41	22 26	6 45	18 57	8 53	25 15	2 46	2 10	7 44	21 31	3 7
27	6:19:42	5 7 55	4Ta21	8 54	19 49	9 0	25 28	2 45	2 7	7 47	21 32	3 4
28	6:23:39	6 5 8	16 24	11 3	20 42	9 9	25 40	2 43	2 5	7 49	21 34	3 1
29	6:27:35	7 2 21	28 39	13 11	21 36	9 18	25 53	2 42	2 2	7 51	21 35	2 57
30	6:31:32	7 59 35	11Ge 9	15 17	22 30	9 27	26 5	2 40	2 0	7 53	21 36	2 54

6/22 Sun in Can. 2:51   6/3 New 5:56   6/10 1st Qt. 13:05   6/17 Full 5:51   6/24 3rd Qt. 19:46

JULY 1905

Day	Sid. T.	Sun	Moon	Merc.	Venus	Mars	Jup.	Saturn	Uranus	Nept.	Pluto	N.Node
1	6:35:28	8Cn56 48	23Ge54	17Cn21	23Ta25	9Sc38	26Ta17	2Pi39R	1Cp58R	7Cn56	21Ge38	2Vi51
2	6:39:25	9 54 2	6Cn56	19 24	24 20	9 49	26 30	2 37	1 55	7 58	21 39	2 48
3	6:43:22	10 51 15	20 12	21 26	25 15	10 0	26 42	2 35	1 53	8 0	21 41	2 45
4	6:47:18	11 48 29	3Le42	23 25	26 11	10 13	26 54	2 33	1 50	8 2	21 42	2 42
5	6:51:15	12 45 42	17 23	25 23	27 8	10 26	27 6	2 31	1 48	8 4	21 43	2 38
6	6:55:11	13 42 55	1Vi14	27 19	28 5	10 39	27 18	2 29	1 46	8 7	21 45	2 35
7	6:59: 8	14 40 8	15 11	29 13	29 2	10 53	27 29	2 27	1 43	8 9	21 46	2 32
8	7: 3: 4	15 37 21	29 15	1Le 5	0Ge 0	11 8	27 41	2 24	1 41	8 11	21 47	2 29
9	7: 7: 1	16 34 33	13Li24	2 54	0 58	11 24	27 53	2 22	1 39	8 13	21 48	2 26
10	7:10:57	17 31 46	27 36	4 43	1 57	11 40	28 4	2 20	1 36	8 16	21 50	2 23
11	7:14:54	18 28 58	11Sc49	6 29	2 56	11 57	28 16	2 17	1 34	8 18	21 51	2 19
12	7:18:51	19 26 10	26 0	8 13	3 55	12 14	28 27	2 14	1 32	8 20	21 52	2 16
13	7:22:47	20 23 23	10Sg 8	9 55	4 55	12 32	28 38	2 12	1 29	8 22	21 54	2 13
14	7:26:44	21 20 36	24 7	11 35	5 55	12 50	28 49	2 9	1 27	8 24	21 55	2 10
15	7:30:40	22 17 48	7Cp54	13 13	6 55	13 9	29 1	2 6	1 25	8 27	21 56	2 7
16	7:34:37	23 15 1	21 26	14 49	7 56	13 29	29 12	2 3	1 23	8 29	21 57	2 3
17	7:38:33	24 12 15	4Aq40	16 24	8 57	13 49	29 22	2 0	1 21	8 31	21 59	2 0
18	7:42:30	25 9 29	17 35	17 56	9 58	14 9	29 33	1 57	1 18	8 33	22 0	1 57
19	7:46:27	26 6 43	0Pi13	19 27	10 59	14 30	29 44	1 54	1 16	8 35	22 1	1 54
20	7:50:23	27 3 58	12 33	20 55	12 1	14 51	29 54	1 51	1 14	8 37	22 2	1 51
21	7:54:20	28 1 14	24 41	22 21	13 3	15 13	0Ge 5	1 47	1 12	8 40	22 3	1 48
22	7:58:16	28 58 30	6Ar38	23 46	14 6	15 36	0 15	1 44	1 10	8 42	22 5	1 44
23	8: 2:13	29 55 48	18 30	25 8	15 8	15 59	0 26	1 40	1 8	8 44	22 6	1 41
24	8: 6: 9	0Le53 6	0Ta22	26 28	16 11	16 22	0 36	1 37	1 6	8 46	22 7	1 38
25	8:10: 6	1 50 25	12 18	27 46	17 15	16 46	0 46	1 33	1 4	8 48	22 9	1 35
26	8:14: 2	2 47 45	24 23	29 2	18 18	17 10	0 56	1 30	1 2	8 50	22 9	1 32
27	8:17:59	3 45 6	6Ge41	0Vi16	19 22	17 35	1 6	1 26	1 0	8 52	22 10	1 29
28	8:21:55	4 42 29	19 16	1 27	20 26	18 0	1 15	1 22	0 58	8 54	22 11	1 25
29	8:25:52	5 39 52	2Cn10	2 36	21 30	18 25	1 25	1 18	0 56	8 56	22 12	1 22
30	8:29:49	6 37 16	15 25	3 42	22 34	18 51	1 35	1 15	0 54	8 58	22 13	1 19
31	8:33:45	7 34 41	28 59	4 46	23 39	19 18	1 44	1 11	0 53	9 0	22 15	1 16

7/23 Sun in Leo 13:46   7/2 New 17:50   7/9 1st Qt. 17:46   7/16 Full 15:32   7/24 3rd Qt. 13:08

AUGUST 1905

Day	Sid. T.	Sun	Moon	Merc.	Venus	Mars	Jup.	Saturn	Uranus	Nept.	Pluto	N.Node
1	8:37:42	8Le32 7	12Le51	5Vi47	24Ge43	19Sc44	1Ge53	1Pi 7R	0Cp51R	9Cn 2	22Ge16	1Vi13
2	8:41:38	9 29 33	26 57	6 46	25 48	20 11	2 2	1 3	0 49	9 4	22 17	1 9
3	8:45:35	10 27 1	11Vi14	7 41	26 54	20 39	2 11	0 59	0 47	9 6	22 18	1 6
4	8:49:31	11 24 29	25 36	8 34	27 59	21 6	2 20	0 55	0 46	9 8	22 19	1 3
5	8:53:28	12 21 58	10Li 0	9 23	29 4	21 35	2 29	0 50	0 44	9 10	22 20	1 0
6	8:57:24	13 19 28	24 22	10 9	0Cn10	22 3	2 38	0 46	0 43	9 12	22 21	0 57
7	9: 1:21	14 16 59	8Sc38	10 52	1 16	22 32	2 46	0 42	0 41	9 14	22 21	0 54
8	9: 5:18	15 14 30	22 46	11 30	2 22	23 1	2 55	0 38	0 39	9 16	22 22	0 50
9	9: 9:14	16 12 2	6Sg44	12 5	3 29	23 31	3 3	0 33	0 38	9 18	22 23	0 47
10	9:13:11	17 9 35	20 30	12 36	4 35	24 1	3 11	0 29	0 37	9 20	22 24	0 44
11	9:17: 7	18 7 9	4Cp 5	13 3	5 42	24 31	3 19	0 25	0 35	9 21	22 25	0 41
12	9:21: 4	19 4 44	17 26	13 25	6 49	25 1	3 27	0 20	0 34	9 23	22 26	0 38
13	9:25: 0	20 2 20	0Aq32	13 42	7 55	25 32	3 35	0 16	0 33	9 25	22 27	0 34
14	9:28:57	20 59 57	13 25	13 54	9 3	26 3	3 42	0 12	0 31	9 27	22 28	0 31
15	9:32:53	21 57 35	26 4	14 2	10 10	26 35	3 50	0 7	0 30	9 29	22 29	0 28
16	9:36:50	22 55 15	8Pi29	14 4R	11 17	27 7	3 57	0 3	0 29	9 30	22 29	0 25
17	9:40:47	23 52 56	20 42	14 0	12 25	27 39	4 4	29Aq58	0 28	9 32	22 30	0 22
18	9:44:43	24 50 38	2Ar45	13 51	13 33	28 11	4 11	29 54	0 27	9 34	22 31	0 19
19	9:48:40	25 48 22	14 40	13 36	14 41	28 43	4 18	29 49	0 26	9 35	22 31	0 15
20	9:52:36	26 46 7	26 32	13 15	15 49	29 16	4 25	29 45	0 25	9 37	22 32	0 12
21	9:56:33	27 43 54	8Ta23	12 49	16 57	29 49	4 31	29 40	0 24	9 39	22 33	0 9
22	10: 0:29	28 41 43	20 19	12 17	18 5	0Sg23	4 37	29 35	0 23	9 40	22 34	0 6
23	10: 4:26	29 39 34	2Ge23	11 39	19 14	0 56	4 44	29 31	0 22	9 42	22 34	0 3
24	10: 8:22	0Vi37 26	14 40	10 57	20 22	1 30	4 50	29 26	0 21	9 43	22 35	0 0
25	10:12:19	1 35 20	27 14	10 11	21 31	2 4	4 56	29 22	0 20	9 45	22 35	29Le56
26	10:16:16	2 33 16	10Cn 9	9 21	22 40	2 39	5 1	29 17	0 20	9 47	22 36	29 53
27	10:20:12	3 31 13	23 28	8 28	23 49	3 13	5 7	29 13	0 19	9 48	22 37	29 50
28	10:24: 9	4 29 13	7Le11	7 33	24 58	3 48	5 12	29 8	0 18	9 49	22 37	29 47
29	10:28: 5	5 27 14	21 17	6 37	26 7	4 23	5 18	29 4	0 18	9 51	22 38	29 44
30	10:32: 2	6 25 16	5Vi44	5 41	27 17	4 59	5 23	28 59	0 17	9 52	22 38	29 40
31	10:35:58	7 23 21	20 25	4 46	28 26	5 34	5 28	28 55	0 17	9 54	22 39	29 37

8/23 Sun in Vir. 20:29   8/1 New 4:03   8/7 1st Qt. 22:16   8/15 Full 3:31(E)   8/23 3rd Qt. 6:10   8/30 New 13:13(E)

SEPTEMBER 1905

Day	Sid. T.	Sun	Moon	Merc.	Venus	Mars	Jup.	Saturn	Uranus	Nept.	Pluto	N.Node
1	10:39:55	8Vi21 27	5Li14	3Vi55R	29Cn36	6Sg10	5Ge32	28Aq50R	0Cp16R	9Cn55	22Ge39	29Le34
2	10:43:51	9 19 34	20 3	3 7	0Le46	6 46	5 37	28 46	0 16	9 56	22 40	29 31
3	10:47:48	10 17 43	4Sc46	2 24	1 56	7 22	5 41	28 41	0 15	9 58	22 40	29 28
4	10:51:45	11 15 53	19 16	1 47	3 6	7 59	5 45	28 37	0 15	9 59	22 41	29 25
5	10:55:41	12 14 5	3Sg30	1 17	4 16	8 35	5 49	28 33	0 15	10 0	22 41	29 21
6	10:59:38	13 12 19	17 24	0 54	5 26	9 12	5 53	28 28	0 15	10 1	22 41	29 18
7	11: 3:34	14 10 33	1Cp 0	0 40	6 36	9 49	5 57	28 24	0 15	10 3	22 42	29 15
8	11: 7:31	15 8 50	14 18	0 35	7 47	10 26	6 0	28 20	0 15	10 4	22 42	29 12
9	11:11:27	16 7 7	27 18	0 38D	8 57	11 4	6 4	28 16	0 15	10 5	22 42	29 9
10	11:15:24	17 5 27	10Aq 4	0 50	10 8	11 41	6 7	28 11	0 15D	10 6	22 43	29 6
11	11:19:20	18 3 48	22 36	1 12	11 19	12 19	6 10	28 7	0 15	10 7	22 43	29 2
12	11:23:17	19 2 11	4Pi57	1 42	12 29	12 57	6 12	28 3	0 15	10 8	22 43	28 59
13	11:27:14	20 0 35	17 9	2 22	13 40	13 35	6 15	27 59	0 15	10 9	22 43	28 56
14	11:31:10	20 59 1	29 13	3 9	14 51	14 14	6 17	27 55	0 15	10 10	22 44	28 53
15	11:35: 7	21 57 29	11Ar10	4 5	16 3	14 52	6 19	27 51	0 15	10 11	22 44	28 50
16	11:39: 3	22 56 0	23 3	5 7	17 14	15 31	6 21	27 47	0 15	10 12	22 44	28 46
17	11:43: 0	23 54 32	4Ta54	6 17	18 25	16 10	6 23	27 43	0 16	10 13	22 44	28 43
18	11:46:56	24 53 6	16 45	7 33	19 37	16 49	6 25	27 40	0 17	10 14	22 44	28 40
19	11:50:53	25 51 43	28 40	8 54	20 48	17 28	6 26	27 36	0 17	10 15	22 44	28 37
20	11:54:49	26 50 22	10Ge43	10 21	22 0	18 7	6 27	27 32	0 18	10 16	22 44	28 34
21	11:58:46	27 49 3	22 57	11 52	23 12	18 47	6 28	27 29	0 18	10 16	22 44	28 31
22	12: 2:42	28 47 46	5Cn27	13 27	24 23	19 26	6 29	27 25	0 19	10 17	22 44	28 27
23	12: 6:39	29 46 32	18 17	15 5	25 35	20 6	6 30	27 22	0 19	10 18	22 44R	28 24
24	12:10:36	0Li45 19	1Le31	16 45	26 47	20 46	6 30	27 18	0 20	10 18	22 44	28 21
25	12:14:32	1 44 9	15 12	18 28	27 59	21 26	6 30R	27 15	0 21	10 19	22 44	28 18
26	12:18:29	2 43 2	29 20	20 13	29 12	22 7	6 30	27 12	0 22	10 20	22 44	28 15
27	12:22:25	3 41 56	13Vi54	21 59	0Vi24	22 47	6 30	27 8	0 23	10 20	22 44	28 12
28	12:26:22	4 40 52	28 49	23 45	1 36	23 28	6 30	27 5	0 24	10 21	22 44	28 8
29	12:30:18	5 39 51	13Li57	25 33	2 49	24 8	6 29	27 2	0 25	10 21	22 44	28 5
30	12:34:15	6 38 51	29 8	27 21	4 1	24 49	6 28	26 59	0 26	10 22	22 44	28 2

9/23 Sun in Lib. 17:30   9/6 1st Qt. 4:09   9/13 Full 18:10   9/21 3rd Qt. 22:13   9/28 New 21:59

OCTOBER 1905

Day	Sid. T.	Sun	Moon	Merc.	Venus	Mars	Jup.	Saturn	Uranus	Nept.	Pluto	N.Node
1	12:38:11	7Li37 54	14Sc13	29Vi 9	5Vi14	25Sg30	6Ge27R	26Aq56R	0Cp27	10Cn22	22Ge44R	27Le59
2	12:42: 8	8 36 58	29 2	0Li57	6 26	26 11	6 26	26 54	0 28	10 23	22 43	27 56
3	12:46: 5	9 36 4	13Sg29	2 45	7 39	26 52	6 24	26 51	0 29	10 23	22 43	27 52
4	12:50: 1	10 35 12	27 31	4 33	8 52	27 34	6 23	26 48	0 30	10 23	22 43	27 49
5	12:53:58	11 34 22	11Cp 7	6 20	10 5	28 15	6 21	26 46	0 32	10 24	22 43	27 46
6	12:57:54	12 33 33	24 18	8 7	11 18	28 57	6 19	26 43	0 33	10 24	22 42	27 43
7	13: 1:51	13 32 46	7Aq 7	9 54	12 31	29 39	6 16	26 41	0 34	10 24	22 42	27 40
8	13: 5:47	14 32 1	19 40	11 39	13 44	0Cp20	6 14	26 39	0 36	10 24	22 42	27 37
9	13: 9:44	15 31 18	1Pi58	13 24	14 57	1 2	6 11	26 36	0 37	10 25	22 42	27 33
10	13:13:40	16 30 37	14 6	15 9	16 10	1 44	6 8	26 34	0 39	10 25	22 41	27 30
11	13:17:37	17 29 57	26 6	16 52	17 24	2 27	6 5	26 32	0 40	10 25	22 41	27 27
12	13:21:33	18 29 19	8Ar 2	18 35	18 37	3 9	6 2	26 30	0 42	10 25	22 40	27 24
13	13:25:30	19 28 44	19 55	20 18	19 50	3 51	5 59	26 28	0 44	10 25	22 40	27 21
14	13:29:27	20 28 10	1Ta46	21 59	21 4	4 34	5 55	26 27	0 45	10 25R	22 39	27 17
15	13:33:23	21 27 39	13 38	23 40	22 17	5 16	5 51	26 25	0 47	10 25	22 39	27 14
16	13:37:20	22 27 9	25 32	25 21	23 31	5 59	5 47	26 24	0 49	10 25	22 39	27 11
17	13:41:16	23 26 42	7Ge30	27 0	24 45	6 42	5 43	26 22	0 51	10 25	22 38	27 8
18	13:45:13	24 26 17	19 35	28 39	25 58	7 25	5 39	26 21	0 53	10 25	22 37	27 5
19	13:49: 9	25 25 55	1Cn48	0Sc17	27 12	8 8	5 34	26 19	0 55	10 25	22 37	27 2
20	13:53: 6	26 25 34	14 16	1 55	28 26	8 51	5 29	26 18	0 57	10 24	22 36	26 58
21	13:57: 2	27 25 16	27 0	3 32	29 40	9 34	5 24	26 17	0 59	10 24	22 36	26 55
22	14: 0:59	28 25 0	10Le 6	5 9	0Li54	10 17	5 19	26 16	1 1	10 24	22 35	26 52
23	14: 4:56	29 24 47	23 38	6 45	2 8	11 1	5 14	26 15	1 3	10 23	22 35	26 49
24	14: 8:52	0Sc24 35	7Vi36	8 20	3 22	11 44	5 9	26 15	1 5	10 23	22 34	26 46
25	14:12:49	1 24 26	22 3	9 55	4 36	12 28	5 3	26 14	1 7	10 23	22 33	26 43
26	14:16:45	2 24 19	6Li55	11 29	5 50	13 11	4 57	26 13	1 9	10 22	22 33	26 39
27	14:20:42	3 24 14	22 14	13 3	7 4	13 55	4 52	26 13	1 12	10 22	22 32	26 36
28	14:24:38	4 24 12	7Sc25	14 36	8 19	14 39	4 45	26 13	1 14	10 22	22 31	26 33
29	14:28:35	5 24 11	22 42	16 9	9 33	15 23	4 39	26 12	1 16	10 21	22 30	26 30
30	14:32:31	6 24 12	7Sg46	17 41	10 47	16 7	4 33	26 12	1 19	10 21	22 30	26 27
31	14:36:28	7 24 14	22 28	19 13	12 2	16 51	4 27	26 12D	1 21	10 20	22 29	26 23

10/24 Sun in Sco. 2:08   10/5 1st Qt. 12:54   10/13 Full 11:02   10/21 3rd Qt. 12:50   10/28 New 6:58

NOVEMBER 1905

Day	Sid. T.	Sun	Moon	Merc.	Venus	Mars	Jup.	Saturn	Uranus	Nept.	Pluto	N.Node
1	14:40:25	8Sc24 19	6Cp41	20Sc45	13Li16	17Cp35	4Ge20R	26Aq12	1Cp24	10Cn19R	22Ge28R	26Le20
2	14:44:21	9 24 25	20 24	22 16	14 31	18 19	4 13	26 12	1 26	10 19	22 27	26 17
3	14:48:18	10 24 32	3Aq39	23 46	15 45	19 3	4 6	26 13	1 29	10 18	22 27	26 14
4	14:52:14	11 24 41	16 28	25 16	17 0	19 48	3 59	26 13	1 31	10 17	22 26	26 11
5	14:56:11	12 24 51	28 56	26 46	18 14	20 32	3 52	26 14	1 34	10 17	22 25	26 8
6	15: 0: 7	13 25 3	11Pi 8	28 15	19 29	21 16	3 45	26 14	1 37	10 16	22 24	26 4
7	15: 4: 4	14 25 17	23 9	29 44	20 43	22 1	3 38	26 15	1 39	10 15	22 23	26 1
8	15: 8: 0	15 25 32	5Ar 3	1Sg12	21 58	22 45	3 31	26 16	1 42	10 14	22 22	25 58
9	15:11:57	16 25 48	16 54	2 39	23 13	23 30	3 23	26 17	1 45	10 14	22 21	25 55
10	15:15:54	17 26 7	28 45	4 7	24 27	24 15	3 15	26 18	1 48	10 13	22 20	25 52
11	15:19:50	18 26 26	10Ta38	5 33	25 42	24 59	3 8	26 19	1 50	10 12	22 19	25 49
12	15:23:47	19 26 48	22 33	6 59	26 57	25 44	3 0	26 20	1 53	10 11	22 18	25 45
13	15:27:43	20 27 11	4Ge33	8 25	28 12	26 29	2 52	26 21	1 56	10 10	22 18	25 42
14	15:31:40	21 27 36	16 39	9 49	29 27	27 14	2 44	26 23	1 59	10 9	22 17	25 39
15	15:35:36	22 28 3	28 52	11 13	0Sc42	27 59	2 37	26 24	2 2	10 8	22 16	25 36
16	15:39:33	23 28 31	11Cn13	12 36	1 57	28 44	2 29	26 26	2 5	10 7	22 15	25 33
17	15:43:29	24 29 2	23 45	13 58	3 11	29 29	2 21	26 27	2 8	10 6	22 14	25 29
18	15:47:26	25 29 34	6Le30	15 19	4 26	0Aq14	2 12	26 29	2 11	10 5	22 13	25 26
19	15:51:23	26 30 7	19 33	16 39	5 41	0 59	2 4	26 31	2 14	10 4	22 12	25 23
20	15:55:19	27 30 43	2Vi56	17 58	6 56	1 45	1 56	26 33	2 17	10 3	22 10	25 20
21	15:59:16	28 31 20	16 43	19 15	8 12	2 30	1 48	26 35	2 20	10 1	22 9	25 17
22	16: 3:12	29 31 59	0Li55	20 30	9 27	3 15	1 40	26 38	2 24	10 0	22 8	25 14
23	16: 7: 9	0Sg32 40	15 30	21 43	10 42	4 0	1 32	26 40	2 27	9 59	22 7	25 10
24	16:11: 5	1 33 22	0Sc26	22 54	11 57	4 46	1 24	26 42	2 30	9 58	22 6	25 7
25	16:15: 2	2 34 6	15 35	24 2	13 12	5 31	1 15	26 45	2 33	9 57	22 5	25 4
26	16:18:58	3 34 51	0Sg46	25 8	14 27	6 17	1 7	26 47	2 36	9 55	22 4	25 1
27	16:22:55	4 35 38	15 49	26 10	15 42	7 2	0 59	26 50	2 40	9 54	22 3	24 58
28	16:26:52	5 36 26	0Cp35	27 8	16 57	7 48	0 51	26 53	2 43	9 53	22 2	24 55
29	16:30:48	6 37 15	14 55	28 2	18 13	8 33	0 43	26 56	2 46	9 51	22 1	24 51
30	16:34:45	7 38 5	28 46	28 50	19 28	9 19	0 35	26 59	2 50	9 50	22 0	24 48

11/22 Sun in Sag. 23:05   11/4 1st Qt. 1:39   11/12 Full 5:11   11/20 3rd Qt. 1:34   11/26 New 16:47

DECEMBER 1905

Day	Sid. T.	Sun	Moon	Merc.	Venus	Mars	Jup.	Saturn	Uranus	Nept.	Pluto	N.Node
1	16:38:41	8Sg38 56	12Aq 8	29Sg34	20Sc43	10Aq 4	0Ge27R	27Aq 2	2Cp53	9Cn49R	21Ge58R	24Le45
2	16:42:38	9 39 48	25 2	0Cp10	21 58	10 50	0 19	27 5	2 56	9 47	21 57	24 42
3	16:46:34	10 40 40	7Pi34	0 40	23 14	11 36	0 11	27 8	3 0	9 46	21 56	24 39
4	16:50:31	11 41 34	19 47	1 1	24 29	12 21	0 3	27 12	3 3	9 44	21 55	24 35
5	16:54:27	12 42 28	1Ar48	1 14	25 44	13 7	29Ta55	27 15	3 7	9 43	21 54	24 32
6	16:58:24	13 43 23	13 41	1 17R	27 0	13 53	29 47	27 19	3 10	9 41	21 53	24 29
7	17: 2:21	14 44 18	25 31	1 9	28 15	14 39	29 40	27 22	3 14	9 40	21 52	24 26
8	17: 6:17	15 45 15	7Ta22	0 51	29 30	15 24	29 32	27 26	3 17	9 38	21 50	24 23
9	17:10:14	16 46 12	19 17	0 21	0Sg45	16 10	29 25	27 30	3 20	9 37	21 49	24 20
10	17:14:10	17 47 10	1Ge18	29Sg40	2 1	16 56	29 17	27 34	3 24	9 35	21 48	24 16
11	17:18: 7	18 48 9	13 27	28 49	3 16	17 42	29 10	27 38	3 28	9 34	21 47	24 13
12	17:22: 3	19 49 9	25 45	27 45	4 31	18 28	29 3	27 42	3 31	9 32	21 46	24 10
13	17:26: 0	20 50 9	8Cn12	26 34	5 47	19 13	28 56	27 46	3 35	9 31	21 45	24 7
14	17:29:56	21 51 10	20 48	25 16	7 2	19 59	28 49	27 50	3 38	9 29	21 43	24 4
15	17:33:53	22 52 12	3Le35	23 55	8 18	20 45	28 42	27 55	3 42	9 27	21 42	24 1
16	17:37:50	23 53 15	16 33	22 32	9 33	21 31	28 36	27 59	3 45	9 26	21 41	23 57
17	17:41:46	24 54 19	29 44	21 10	10 48	22 17	28 29	28 3	3 49	9 24	21 40	23 54
18	17:45:43	25 55 24	13Vi 9	19 52	12 4	23 3	28 23	28 8	3 52	9 22	21 39	23 51
19	17:49:39	26 56 29	26 52	18 41	13 19	23 49	28 16	28 13	3 56	9 21	21 37	23 48
20	17:53:36	27 57 35	10Li52	17 39	14 35	24 35	28 10	28 17	4 0	9 19	21 36	23 45
21	17:57:32	28 58 43	25 10	16 46	15 50	25 21	28 4	28 22	4 3	9 17	21 35	23 41
22	18: 1:29	29 59 50	9Sc43	16 3	17 5	26 7	27 58	28 27	4 7	9 16	21 34	23 38
23	18: 5:25	1Cp 0 59	24 27	15 32	18 21	26 52	27 53	28 32	4 10	9 14	21 33	23 35
24	18: 9:22	2 2 8	9Sg15	15 11	19 36	27 38	27 47	28 37	4 14	9 12	21 32	23 32
25	18:13:19	3 3 18	23 59	15 0	20 52	28 24	27 42	28 42	4 18	9 11	21 31	23 29
26	18:17:15	4 4 28	8Cp31	15 0D	22 7	29 10	27 36	28 47	4 21	9 9	21 29	23 26
27	18:21:12	5 5 38	22 44	15 8	23 23	29 56	27 31	28 52	4 25	9 7	21 28	23 22
28	18:25: 8	6 6 49	6Aq34	15 25	24 38	0Pi42	27 26	28 58	4 28	9 6	21 27	23 19
29	18:29: 5	7 7 59	19 57	15 50	25 54	1 28	27 22	29 3	4 32	9 4	21 26	23 16
30	18:33: 1	8 9 10	2Pi56	16 21	27 9	2 14	27 17	29 8	4 36	9 2	21 25	23 13
31	18:36:58	9 10 20	15 33	16 59	28 24	3 0	27 13	29 14	4 39	9 1	21 24	23 10

12/22 Sun in Cap. 12:04   12/3 1st Qt. 18:37   12/11 Full 23:25   12/19 3rd Qt. 12:09   12/26 New 4:03

JANUARY 1906

Day	Sid. T.	Sun	Moon	Merc.	Venus	Mars	Jup.	Saturn	Uranus	Nept.	Pluto	N.Node
1	18:40:54	10Cp11 30	27Pi50	17Sg42	29Sg40	3Pi46	27Ta 9R	29Aq19	4Cp43	8Cn59R	21Ge23R	23Le 6
2	18:44:51	11 12 39	9Ar54	18 30	0Cp55	4 32	27 5	29 25	4 46	8 57	21 22	23 3
3	18:48:48	12 13 49	21 49	19 23	2 11	5 18	27 1	29 31	4 50	8 55	21 20	23 0
4	18:52:44	13 14 58	3Ta41	20 20	3 26	6 4	26 57	29 36	4 54	8 54	21 19	22 57
5	18:56:41	14 16 7	15 33	21 20	4 42	6 50	26 54	29 42	4 57	8 52	21 18	22 54
6	19: 0:37	15 17 15	27 31	22 23	5 57	7 35	26 51	29 48	5 1	8 50	21 17	22 51
7	19: 4:34	16 18 24	9Ge36	23 29	7 13	8 21	26 48	29 54	5 4	8 49	21 16	22 47
8	19: 8:30	17 19 32	21 53	24 37	8 28	9 7	26 45	0Pi 0	5 8	8 47	21 15	22 44
9	19:12:27	18 20 39	4Cn23	25 48	9 43	9 53	26 42	0 6	5 11	8 45	21 14	22 41
10	19:16:24	19 21 46	17 6	27 1	10 59	10 39	26 40	0 12	5 15	8 44	21 13	22 38
11	19:20:20	20 22 53	0Le 2	28 15	12 14	11 25	26 38	0 18	5 18	8 42	21 12	22 35
12	19:24:17	21 24 0	13 11	29 31	13 30	12 10	26 36	0 24	5 22	8 40	21 11	22 32
13	19:28:13	22 25 6	26 32	0Cp49	14 45	12 56	26 34	0 31	5 25	8 39	21 10	22 28
14	19:32:10	23 26 12	10Vi 4	2 8	16 0	13 42	26 32	0 37	5 29	8 37	21 9	22 25
15	19:36: 6	24 27 18	23 47	3 28	17 16	14 28	26 31	0 43	5 32	8 35	21 8	22 22
16	19:40: 3	25 28 23	7Li39	4 49	18 31	15 13	26 30	0 50	5 36	8 34	21 7	22 19
17	19:43:59	26 29 29	21 41	6 12	19 47	15 59	26 29	0 56	5 39	8 32	21 6	22 16
18	19:47:56	27 30 34	5Sc50	7 35	21 2	16 45	26 28	1 3	5 43	8 31	21 5	22 12
19	19:51:53	28 31 39	20 6	8 59	22 18	17 30	26 28	1 9	5 46	8 29	21 4	22 9
20	19:55:49	29 32 43	4Sg25	10 24	23 33	18 16	26 27	1 16	5 50	8 28	21 4	22 6
21	19:59:46	0Aq33 47	18 44	11 50	24 48	19 2	26 27	1 22	5 53	8 26	21 3	22 3
22	20: 3:42	1 34 51	2Cp58	13 17	26 4	19 47	26 27D	1 29	5 56	8 24	21 2	22 0
23	20: 7:39	2 35 54	17 3	14 45	27 19	20 33	26 28	1 36	6 0	8 23	21 1	21 57
24	20:11:35	3 36 56	0Aq54	16 13	28 35	21 18	26 28	1 42	6 3	8 21	21 0	21 53
25	20:15:32	4 37 58	14 28	17 42	29 50	22 4	26 29	1 49	6 6	8 20	20 59	21 50
26	20:19:28	5 38 58	27 43	19 12	1Aq 5	22 49	26 30	1 56	6 9	8 18	20 58	21 47
27	20:23:25	6 39 58	10Pi38	20 42	2 21	23 35	26 31	2 3	6 13	8 17	20 58	21 44
28	20:27:22	7 40 56	23 14	22 13	3 36	24 20	26 32	2 9	6 16	8 16	20 57	21 41
29	20:31:18	8 41 53	5Ar34	23 45	4 51	25 6	26 34	2 16	6 19	8 14	20 56	21 38
30	20:35:15	9 42 49	17 41	25 18	6 7	25 51	26 35	2 23	6 22	8 13	20 55	21 34
31	20:39:11	10 43 44	29 38	26 51	7 22	26 37	26 37	2 30	6 25	8 11	20 55	21 31

1/20 Sun in Aqu. 22:43   1/2 1st Qt. 14:52   1/10 Full 16:36   1/17 3rd Qt. 20:49   1/24 New 17:09

FEBRUARY 1906

Day	Sid. T.	Sun	Moon	Merc.	Venus	Mars	Jup.	Saturn	Uranus	Nept.	Pluto	N.Node
1	20:43: 8	11Aq44 37	11Ta31	28Cp25	8Aq37	27Pi22	26Ta39	2Pi37	6Cp29	8Cn10R	20Ge54R	21Le28
2	20:47: 4	12 45 30	23 24	0Aq 0	9 53	28 7	26 42	2 44	6 32	8 9	20 53	21 25
3	20:51: 1	13 46 20	5Ge22	1 35	11 8	28 52	26 44	2 51	6 35	8 7	20 53	21 22
4	20:54:57	14 47 10	17 29	3 11	12 23	29 38	26 47	2 58	6 38	8 6	20 52	21 18
5	20:58:54	15 47 58	29 49	4 48	13 39	0Ar23	26 50	3 5	6 41	8 5	20 51	21 15
6	21: 2:51	16 48 45	12Cn25	6 26	14 54	1 8	26 53	3 12	6 44	8 3	20 51	21 12
7	21: 6:47	17 49 30	25 20	8 4	16 9	1 53	26 56	3 20	6 47	8 2	20 50	21 9
8	21:10:44	18 50 14	8Le33	9 43	17 24	2 38	27 0	3 27	6 50	8 1	20 50	21 6
9	21:14:40	19 50 56	22 5	11 23	18 40	3 23	27 3	3 34	6 52	8 0	20 49	21 3
10	21:18:37	20 51 37	5Vi53	13 3	19 55	4 8	27 7	3 41	6 55	7 59	20 49	20 59
11	21:22:33	21 52 17	19 54	14 45	21 10	4 53	27 11	3 48	6 58	7 57	20 48	20 56
12	21:26:30	22 52 55	4Li 4	16 28	22 25	5 38	27 16	3 55	7 1	7 56	20 48	20 53
13	21:30:26	23 53 33	18 21	18 11	23 40	6 23	27 20	4 3	7 4	7 55	20 47	20 50
14	21:34:23	24 54 9	2Sc38	19 55	24 56	7 8	27 25	4 10	7 6	7 54	20 47	20 47
15	21:38:20	25 54 44	16 54	21 40	26 11	7 53	27 29	4 17	7 9	7 53	20 46	20 44
16	21:42:16	26 55 18	1Sg 6	23 26	27 26	8 38	27 34	4 24	7 12	7 52	20 46	20 40
17	21:46:13	27 55 51	15 11	25 13	28 41	9 23	27 39	4 32	7 14	7 51	20 46	20 37
18	21:50: 9	28 56 22	29 7	27 1	29 56	10 7	27 45	4 39	7 17	7 50	20 45	20 34
19	21:54: 6	29 56 52	12Cp53	28 49	1Pi11	10 52	27 50	4 46	7 19	7 49	20 45	20 31
20	21:58: 2	0Pi57 21	26 29	0Pi39	2 26	11 37	27 56	4 53	7 22	7 48	20 45	20 28
21	22: 1:59	1 57 49	9Aq52	2 29	3 42	12 21	28 2	5 1	7 24	7 48	20 44	20 24
22	22: 5:55	2 58 14	23 2	4 20	4 57	13 6	28 8	5 8	7 27	7 47	20 44	20 21
23	22: 9:52	3 58 38	5Pi58	6 12	6 12	13 51	28 14	5 15	7 29	7 46	20 44	20 18
24	22:13:49	4 59 1	18 41	8 5	7 27	14 35	28 21	5 23	7 32	7 45	20 44	20 15
25	22:17:45	5 59 22	1Ar10	9 58	8 42	15 20	28 27	5 30	7 34	7 44	20 43	20 12
26	22:21:42	6 59 40	13 26	11 52	9 57	16 4	28 33	5 37	7 36	7 44	20 43	20 9
27	22:25:38	7 59 57	25 31	13 46	11 12	16 48	28 40	5 45	7 38	7 43	20 43	20 5
28	22:29:35	9 0 12	7Ta29	15 41	12 27	17 33	28 47	5 52	7 40	7 42	20 43	20 2

2/19 Sun in Pis. 13:15   2/1 1st Qt. 12:31   2/9 Full 7:46(E)   2/16 3rd Qt. 4:23   2/23 New 7:57(E)

MARCH 1906

Day	Sid. T.	Sun	Moon	Merc.	Venus	Mars	Jup.	Saturn	Uranus	Nept.	Pluto	N.Node
1	22:33:31	10Pi 0 25	19Ta22	17Pi36	13Pi42	18Ar17	28Ta54	5Pi59	7Cp43	7Cn42R	20Ge43R	19Le59
2	22:37:28	11 0 36	1Ge14	19 31	14 57	19 1	29 2	6 6	7 45	7 41	20 43	19 56
3	22:41:24	12 0 45	13 10	21 25	16 12	19 46	29 9	6 14	7 47	7 41	20 43	19 53
4	22:45:21	13 0 52	25 15	23 19	17 27	20 30	29 17	6 21	7 49	7 40	20 43	19 50
5	22:49:17	14 0 57	7Cn34	25 13	18 42	21 14	29 24	6 28	7 51	7 40	20 43	19 46
6	22:53:14	15 1 0	20 10	27 5	19 56	21 58	29 32	6 36	7 53	7 39	20 43D	19 43
7	22:57:11	16 1 0	3Le 8	28 56	21 11	22 42	29 40	6 43	7 55	7 39	20 43	19 40
8	23: 1: 7	17 0 59	16 30	0Ar44	22 26	23 26	29 48	6 50	7 56	7 38	20 43	19 37
9	23: 5: 4	18 0 55	0Vi15	2 31	23 41	24 10	29 57	6 57	7 58	7 38	20 43	19 34
10	23: 9: 0	19 0 49	14 24	4 14	24 56	24 54	0Ge 5	7 4	8 0	7 38	20 43	19 30
11	23:12:57	20 0 42	28 51	5 55	26 11	25 38	0 13	7 12	8 2	7 37	20 43	19 27
12	23:16:53	21 0 32	13Li31	7 31	27 25	26 22	0 22	7 19	8 3	7 37	20 43	19 24
13	23:20:50	22 0 20	28 17	9 3	28 40	27 5	0 31	7 26	8 5	7 37	20 43	19 21
14	23:24:46	23 0 8	13Sc 0	10 31	29 55	27 49	0 40	7 33	8 6	7 37	20 43	19 18
15	23:28:43	23 59 53	27 35	11 52	1Ar 9	28 33	0 49	7 40	8 8	7 37	20 44	19 15
16	23:32:40	24 59 37	11Sg56	13 9	2 24	29 16	0 58	7 47	8 9	7 36	20 44	19 11
17	23:36:36	25 59 19	26 1	14 18	3 39	0Ta 0	1 7	7 55	8 11	7 36	20 44	19 8
18	23:40:33	26 58 59	9Cp48	15 22	4 53	0 44	1 17	8 2	8 12	7 36	20 44	19 5
19	23:44:29	27 58 37	23 18	16 18	6 8	1 27	1 26	8 9	8 13	7 36D	20 45	19 2
20	23:48:26	28 58 14	6Aq32	17 7	7 23	2 11	1 36	8 16	8 15	7 36	20 45	18 59
21	23:52:22	29 57 49	19 32	17 49	8 37	2 54	1 45	8 23	8 16	7 36	20 45	18 55
22	23:56:19	0Ar57 22	2Pi19	18 22	9 52	3 38	1 55	8 30	8 17	7 36	20 46	18 52
23	0: 0:15	1 56 53	14 55	18 48	11 6	4 21	2 5	8 37	8 18	7 37	20 46	18 49
24	0: 4:12	2 56 23	27 21	19 6	12 21	5 4	2 15	8 44	8 19	7 37	20 46	18 46
25	0: 8: 8	3 55 50	9Ar37	19 17	13 35	5 47	2 25	8 50	8 20	7 37	20 47	18 43
26	0:12: 5	4 55 15	21 45	19 19R	14 50	6 31	2 36	8 57	8 21	7 37	20 47	18 40
27	0:16: 2	5 54 38	3Ta46	19 14	16 4	7 14	2 46	9 4	8 22	7 37	20 48	18 36
28	0:19:58	6 53 59	15 41	19 2	17 19	7 57	2 57	9 11	8 23	7 38	20 48	18 33
29	0:23:55	7 53 17	27 33	18 43	18 33	8 40	3 7	9 18	8 24	7 38	20 49	18 30
30	0:27:51	8 52 34	9Ge24	18 19	19 47	9 23	3 18	9 24	8 24	7 38	20 49	18 27
31	0:31:48	9 51 48	21 19	17 47	21 2	10 6	3 29	9 31	8 25	7 39	20 50	18 24

3/21 Sun in Ari. 12:53   3/3 1st Qt. 9:28   3/10 Full 20:17   3/17 3rd Qt. 11:58   3/24 New 23:52

APRIL 1906

Day	Sid. T.	Sun	Moon	Merc.	Venus	Mars	Jup.	Saturn	Uranus	Nept.	Pluto	N.Node
1	0:35:44	10Ar51 0	3Cn21	17Ar11R	22Ar16	10Ta49	3Ge40	9Pi38	8Cp26	7Cn39	20Ge50	18Le21
2	0:39:41	11 50 10	15 36	16 31	23 30	11 32	3 51	9 44	8 26	7 40	20 51	18 17
3	0:43:37	12 49 17	28 8	15 47	24 45	12 15	4 2	9 51	8 27	7 40	20 52	18 14
4	0:47:34	13 48 22	11Le 2	15 1	25 59	12 58	4 13	9 57	8 27	7 41	20 52	18 11
5	0:51:31	14 47 24	24 22	14 14	27 13	13 40	4 24	10 4	8 28	7 41	20 53	18 8
6	0:55:27	15 46 25	8Vi10	13 26	28 27	14 23	4 35	10 10	8 28	7 42	20 54	18 5
7	0:59:24	16 45 23	22 27	12 38	29 41	15 6	4 47	10 17	8 28	7 42	20 54	18 1
8	1: 3:20	17 44 19	7Li 8	11 52	0Ta56	15 48	4 58	10 23	8 29	7 43	20 55	17 58
9	1: 7:17	18 43 13	22 8	11 8	2 10	16 31	5 10	10 29	8 29	7 44	20 56	17 55
10	1:11:13	19 42 5	7Sc17	10 27	3 24	17 13	5 22	10 35	8 29	7 44	20 56	17 52
11	1:15:10	20 40 55	22 25	9 49	4 38	17 56	5 33	10 42	8 29	7 45	20 57	17 49
12	1:19: 6	21 39 43	7Sg22	9 15	5 52	18 38	5 45	10 48	8 29	7 46	20 58	17 46
13	1:23: 3	22 38 29	22 0	8 46	7 6	19 21	5 57	10 54	8 29R	7 47	20 59	17 42
14	1:27: 0	23 37 14	6Cp15	8 21	8 20	20 3	6 9	11 0	8 29	7 48	21 0	17 39
15	1:30:56	24 35 58	20 5	8 2	9 34	20 45	6 21	11 6	8 29	7 48	21 0	17 36
16	1:34:53	25 34 39	3Aq31	7 47	10 48	21 28	6 33	11 12	8 29	7 49	21 1	17 33
17	1:38:49	26 33 19	16 36	7 38	12 2	22 10	6 45	11 18	8 29	7 50	21 2	17 30
18	1:42:46	27 31 57	29 23	7 33	13 15	22 52	6 58	11 24	8 29	7 51	21 3	17 27
19	1:46:42	28 30 33	11Pi55	7 34D	14 29	23 34	7 10	11 29	8 28	7 52	21 4	17 23
20	1:50:39	29 29 8	24 16	7 40	15 43	24 16	7 22	11 35	8 28	7 53	21 5	17 20
21	1:54:35	0Ta27 41	6Ar28	7 51	16 57	24 58	7 35	11 41	8 28	7 54	21 6	17 17
22	1:58:32	1 26 12	18 33	8 7	18 11	25 40	7 47	11 46	8 27	7 55	21 7	17 14
23	2: 2:29	2 24 41	0Ta32	8 27	19 24	26 22	8 0	11 52	8 27	7 56	21 8	17 11
24	2: 6:25	3 23 9	12 27	8 52	20 38	27 4	8 12	11 57	8 26	7 58	21 9	17 7
25	2:10:22	4 21 34	24 20	9 22	21 52	27 46	8 25	12 3	8 26	7 59	21 10	17 4
26	2:14:18	5 19 58	6Ge11	9 55	23 6	28 28	8 38	12 8	8 25	8 0	21 11	17 1
27	2:18:15	6 18 20	18 3	10 32	24 19	29 10	8 51	12 13	8 24	8 1	21 12	16 58
28	2:22:11	7 16 39	29 59	11 13	25 33	29 51	9 3	12 19	8 24	8 2	21 13	16 55
29	2:26: 8	8 14 57	12Cn 1	11 58	26 46	0Ge33	9 16	12 24	8 23	8 4	21 14	16 52
30	2:30: 4	9 13 13	24 14	12 46	28 0	1 15	9 29	12 29	8 22	8 5	21 15	16 48

4/21 Sun in Tau. 0:39   4/2 1st Qt. 4:02   4/9 Full 6:12   4/15 3rd Qt. 20:37   4/23 New 16:06

Day	Sid. T.	Sun	Moon	Merc.	Venus	Mars	Jup.	Saturn	Uranus	Nept.	Pluto	N.Node
1	2:34: 1	10Ta11 27	6Le43	13Ar38	29Ta13	1Ge56	9Ge42	12Pi34	8Cp21R	8Cn 6	21Ge16	16Le45
2	2:37:58	11 9 38	19 32	14 33	0Ge27	2 38	9 55	12 39	8 20	8 8	21 17	16 42
3	2:41:54	12 7 48	2Vi46	15 31	1 40	3 19	10 8	12 44	8 19	8 9	21 18	16 39
4	2:45:51	13 5 55	16 28	16 32	2 54	4 1	10 21	12 49	8 18	8 11	21 20	16 36
5	2:49:47	14 4 1	0Li40	17 35	4 7	4 42	10 35	12 53	8 17	8 12	21 21	16 33
6	2:53:44	15 2 5	15 20	18 42	5 20	5 24	10 48	12 58	8 16	8 14	21 22	16 29
7	2:57:40	16 0 7	0Sc23	19 51	6 34	6 5	11 1	13 3	8 15	8 15	21 23	16 26
8	3: 1:37	16 58 7	15 41	21 3	7 47	6 46	11 14	13 7	8 14	8 17	21 24	16 23
9	3: 5:33	17 56 6	1Sg 1	22 17	9 0	7 27	11 28	13 12	8 13	8 18	21 25	16 20
10	3: 9:30	18 54 3	16 13	23 34	10 13	8 9	11 41	13 16	8 11	8 20	21 27	16 17
11	3:13:27	19 51 59	1Cp 6	24 53	11 27	8 50	11 54	13 20	8 10	8 21	21 28	16 13
12	3:17:23	20 49 53	15 34	26 14	12 40	9 31	12 8	13 24	8 9	8 23	21 29	16 10
13	3:21:20	21 47 46	29 34	27 38	13 53	10 12	12 21	13 29	8 7	8 24	21 30	16 7
14	3:25:16	22 45 38	13Aq 6	29 4	15 6	10 53	12 35	13 33	8 6	8 26	21 32	16 4
15	3:29:13	23 43 29	26 12	0Ta33	16 19	11 34	12 48	13 37	8 4	8 28	21 33	16 1
16	3:33: 9	24 41 19	8Pi56	2 3	17 32	12 15	13 2	13 41	8 3	8 30	21 34	15 58
17	3:37: 6	25 39 7	21 23	3 36	18 45	12 56	13 15	13 44	8 1	8 31	21 35	15 54
18	3:41: 2	26 36 54	3Ar36	5 11	19 58	13 37	13 29	13 48	8 0	8 33	21 37	15 51
19	3:44:59	27 34 40	15 39	6 49	21 11	14 18	13 43	13 52	7 58	8 35	21 38	15 48
20	3:48:55	28 32 25	27 37	8 28	22 24	14 59	13 56	13 55	7 56	8 37	21 39	15 45
21	3:52:52	29 30 9	9Ta31	10 10	23 37	15 39	14 10	13 59	7 55	8 38	21 41	15 42
22	3:56:49	0Ge27 51	21 23	11 53	24 50	16 20	14 24	14 2	7 53	8 40	21 42	15 39
23	4: 0:45	1 25 32	3Ge14	13 39	26 3	17 1	14 38	14 5	7 51	8 42	21 43	15 35
24	4: 4:42	2 23 13	15 7	15 27	27 15	17 42	14 51	14 9	7 49	8 44	21 45	15 32
25	4: 8:38	3 20 51	27 3	17 18	28 28	18 22	15 5	14 12	7 48	8 46	21 46	15 29
26	4:12:35	4 18 29	9Cn 4	19 11	29 41	19 3	15 19	14 15	7 46	8 48	21 47	15 26
27	4:16:31	5 16 5	21 12	21 5	0Cn54	19 43	15 33	14 18	7 44	8 50	21 49	15 23
28	4:20:28	6 13 40	3Le29	23 2	2 6	20 24	15 46	14 21	7 42	8 51	21 50	15 19
29	4:24:24	7 11 13	16 0	25 1	3 19	21 4	16 0	14 23	7 40	8 53	21 51	15 16
30	4:28:21	8 8 45	28 49	27 1	4 31	21 45	16 14	14 26	7 38	8 55	21 53	15 13
31	4:32:18	9 6 15	12Vi 0	29 4	5 44	22 25	16 28	14 29	7 36	8 57	21 54	15 10

5/22 Sun in Gem. 0:25   5/1 1st Qt. 19:07   5/8 Full 14:09   5/15 3rd Qt. 7:03   5/23 New 8:01   5/31 1st Qt. 6:24

Day	Sid. T.	Sun	Moon	Merc.	Venus	Mars	Jup.	Saturn	Uranus	Nept.	Pluto	N.Node
1	4:36:14	10Ge 3 45	25Vi35	1Ge 9	6Cn57	23Ge 6	16Ge42	14Pi31	7Cp34R	8Cn59	21Ge55	15Le 7
2	4:40:11	11 1 13	9Li37	3 15	8 9	23 46	16 56	14 34	7 32	9 1	21 57	15 4
3	4:44: 7	11 58 39	24 6	5 22	9 21	24 26	17 9	14 36	7 30	9 3	21 58	15 0
4	4:48: 4	12 56 5	8Sc59	7 31	10 34	25 6	17 23	14 38	7 28	9 5	22 0	14 57
5	4:52: 0	13 53 29	24 7	9 41	11 46	25 47	17 37	14 40	7 25	9 7	22 1	14 54
6	4:55:57	14 50 53	9Sg23	11 52	12 58	26 27	17 51	14 42	7 23	9 10	22 2	14 51
7	4:59:54	15 48 15	24 34	14 4	14 11	27 7	18 5	14 44	7 21	9 12	22 4	14 48
8	5: 3:50	16 45 37	9Cp31	16 16	15 23	27 47	18 19	14 46	7 19	9 14	22 5	14 44
9	5: 7:47	17 42 58	24 6	18 28	16 35	28 27	18 32	14 48	7 17	9 16	22 7	14 41
10	5:11:43	18 40 19	8Aq14	20 40	17 47	29 7	18 46	14 49	7 14	9 18	22 8	14 38
11	5:15:40	19 37 39	21 53	22 51	18 59	29 47	19 0	14 51	7 12	9 20	22 10	14 35
12	5:19:36	20 34 58	5Pi 5	25 2	20 11	0Cn27	19 14	14 52	7 10	9 24	22 11	14 32
13	5:23:33	21 32 17	17 53	27 12	21 23	1 7	19 28	14 54	7 7	9 24	22 13	14 29
14	5:27:29	22 29 36	0Ar20	29 21	22 35	1 47	19 42	14 55	7 5	9 26	22 14	14 25
15	5:31:26	23 26 54	12 33	1Cn28	23 47	2 27	19 56	14 56	7 3	9 29	22 15	14 22
16	5:35:22	24 24 12	24 34	3 34	24 59	3 7	20 9	14 57	7 0	9 31	22 17	14 19
17	5:39:19	25 21 30	6Ta29	5 38	26 11	3 47	20 23	14 58	6 58	9 33	22 18	14 16
18	5:43:16	26 18 47	18 21	7 40	27 23	4 26	20 37	14 59	6 56	9 35	22 19	14 13
19	5:47:12	27 16 4	0Ge12	9 40	28 35	5 6	20 51	15 0	6 53	9 37	22 21	14 10
20	5:51: 9	28 13 21	12 6	11 39	29 46	5 46	21 5	15 1	6 51	9 39	22 22	14 6
21	5:55: 5	29 10 37	24 4	13 35	0Le58	6 26	21 18	15 1	6 49	9 42	22 24	14 3
22	5:59: 2	0Cn 7 53	6Cn 7	15 29	2 10	7 5	21 32	15 2	6 46	9 44	22 25	14 0
23	6: 2:58	1 5 8	18 17	17 21	3 21	7 45	21 46	15 2	6 44	9 46	22 26	13 57
24	6: 6:55	2 2 23	0Le37	19 11	4 33	8 25	22 0	15 2	6 41	9 48	22 28	13 54
25	6:10:52	2 59 38	13 6	20 58	5 44	9 4	22 13	15 2	6 39	9 51	22 29	13 50
26	6:14:48	3 56 52	25 48	22 44	6 56	9 44	22 27	15 2	6 36	9 53	22 31	13 47
27	6:18:45	4 54 6	8Vi45	24 27	8 7	10 23	22 41	15 2R	6 34	9 55	22 32	13 44
28	6:22:41	5 51 19	22 0	26 8	9 18	11 3	22 54	15 2	6 32	9 57	22 33	13 41
29	6:26:38	6 48 32	5Li35	27 46	10 29	11 42	23 8	15 2	6 29	9 59	22 35	13 38
30	6:30:34	7 45 44	19 30	29 23	11 41	12 22	23 22	15 2	6 27	10 2	22 36	13 35

6/22 Sun in Can. 8:42   6/6 Full 21:12   6/13 3rd Qt. 19:34   6/21 New 23:06   6/29 1st Qt. 14:19

JULY 1906

Day	Sid. T.	Sun	Moon	Merc.	Venus	Mars	Jup.	Saturn	Uranus	Nept.	Pluto	N.Node
1	6:34:31	8Cn42 56	3Sc46	0Le57	12Le52	13Cn 1	23Ge35	15Pi 1R	6Cp24R	10Cn 4	22Ge38	13Le31
2	6:38:27	9 40 7	18 21	2 29	14 3	13 40	23 49	15 1	6 22	10 6	22 39	13 28
3	6:42:24	10 37 18	3Sg10	3 58	15 14	14 20	24 2	15 0	6 19	10 8	22 40	13 25
4	6:46:21	11 34 29	18 7	5 25	16 25	14 59	24 16	14 59	6 17	10 11	22 42	13 22
5	6:50:17	12 31 40	3Cp 2	6 50	17 36	15 38	24 29	14 58	6 15	10 13	22 43	13 19
6	6:54:14	13 28 51	17 48	8 13	18 47	16 18	24 43	14 58	6 12	10 15	22 44	13 16
7	6:58:10	14 26 2	2Aq17	9 33	19 57	16 57	24 56	14 57	6 10	10 17	22 46	13 12
8	7: 2: 7	15 23 13	16 23	10 51	21 8	17 36	25 10	14 55	6 7	10 20	22 47	13 9
9	7: 6: 3	16 20 25	0Pi 4	12 6	22 19	18 15	25 23	14 54	6 5	10 22	22 48	13 6
10	7:10: 0	17 17 36	13 20	13 19	23 29	18 54	25 36	14 53	6 3	10 24	22 50	13 3
11	7:13:56	18 14 48	26 13	14 29	24 40	19 33	25 50	14 51	6 0	10 26	22 51	13 0
12	7:17:53	19 12 1	8Ar44	15 37	25 50	20 13	26 3	14 50	5 58	10 28	22 52	12 56
13	7:21:50	20 9 14	20 59	16 41	27 1	20 52	26 16	14 48	5 56	10 31	22 53	12 53
14	7:25:46	21 6 28	3Ta 2	17 43	28 11	21 31	26 29	14 47	5 53	10 33	22 55	12 50
15	7:29:43	22 3 42	14 58	18 42	29 21	22 10	26 42	14 45	5 51	10 35	22 56	12 47
16	7:33:39	23 0 57	26 50	19 38	0Vi31	22 49	26 56	14 43	5 49	10 37	22 57	12 44
17	7:37:36	23 58 13	8Ge42	20 31	1 41	23 28	27 9	14 41	5 46	10 39	22 59	12 41
18	7:41:32	24 55 29	20 39	21 20	2 51	24 7	27 22	14 39	5 44	10 42	23 0	12 37
19	7:45:29	25 52 46	2Cn43	22 6	4 1	24 46	27 35	14 37	5 42	10 44	23 1	12 34
20	7:49:25	26 50 3	14 56	22 49	5 11	25 25	27 48	14 35	5 40	10 46	23 2	12 31
21	7:53:22	27 47 21	27 19	23 27	6 21	26 3	28 0	14 32	5 37	10 48	23 3	12 28
22	7:57:19	28 44 40	9Le54	24 2	7 31	26 42	28 13	14 30	5 35	10 50	23 5	12 25
23	8: 1:15	29 41 59	22 43	24 33	8 40	27 21	28 26	14 27	5 33	10 52	23 6	12 22
24	8: 5:12	0Le39 18	5Vi44	24 59	9 50	28 0	28 39	14 25	5 31	10 55	23 7	12 18
25	8: 9: 8	1 36 38	18 59	25 22	10 59	28 39	28 51	14 22	5 29	10 57	23 8	12 15
26	8:13: 5	2 33 59	2Li28	25 39	12 9	29 18	29 4	14 19	5 27	10 59	23 9	12 12
27	8:17: 1	3 31 20	16 11	25 52	13 18	29 56	29 17	14 16	5 25	11 1	23 10	12 9
28	8:20:58	4 28 41	0Sc 8	26 0	14 27	0Le35	29 29	14 14	5 23	11 3	23 11	12 6
29	8:24:54	5 26 3	14 18	26 3	15 36	1 14	29 42	14 11	5 21	11 5	23 13	12 2
30	8:28:51	6 23 25	28 37	26 1R	16 45	1 53	29 54	14 8	5 19	11 7	23 14	11 59
31	8:32:48	7 20 48	13Sg 5	25 54	17 54	2 31	0Cn 6	14 4	5 17	11 9	23 15	11 56

7/23 Sun in Leo 19:33   7/6 Full 4:27   7/13 3rd Qt. 10:13   7/21 New 12:59(E)   7/28 1st Qt. 19:56

AUGUST 1906

Day	Sid. T.	Sun	Moon	Merc.	Venus	Mars	Jup.	Saturn	Uranus	Nept.	Pluto	N.Node
1	8:36:44	8Le18 12	27Sg36	25Le42R	19Vi 3	3Le10	0Cn18	14Pi 1R	5Cp15R	11Cn11	23Ge16	11Le53
2	8:40:41	9 15 36	12Cp 5	25 24	20 11	3 49	0 31	13 58	5 13	11 13	23 17	11 50
3	8:44:37	10 13 1	26 28	25 2	21 20	4 27	0 43	13 55	5 11	11 15	23 18	11 47
4	8:48:34	11 10 27	10Aq38	24 34	22 28	5 6	0 55	13 51	5 9	11 17	23 19	11 43
5	8:52:30	12 7 53	24 32	24 2	23 37	5 44	1 7	13 48	5 8	11 19	23 20	11 40
6	8:56:27	13 5 21	8Pi 6	23 26	24 45	6 23	1 19	13 44	5 6	11 21	23 21	11 37
7	9: 0:24	14 2 50	21 19	22 46	25 53	7 1	1 31	13 40	5 4	11 23	23 22	11 34
8	9: 4:20	15 0 20	4Ar11	22 2	27 1	7 40	1 42	13 37	5 2	11 25	23 23	11 31
9	9: 8:17	15 57 51	16 45	21 16	28 9	8 18	1 54	13 33	5 1	11 27	23 24	11 28
10	9:12:13	16 55 24	29 2	20 28	29 17	8 57	2 6	13 29	4 59	11 29	23 25	11 24
11	9:16:10	17 52 58	11Ta 6	19 39	0Li24	9 35	2 17	13 25	4 58	11 31	23 26	11 21
12	9:20: 6	18 50 34	23 3	18 50	1 32	10 14	2 29	13 21	4 56	11 33	23 26	11 18
13	9:24: 3	19 48 11	4Ge55	18 2	2 39	10 52	2 40	13 17	4 55	11 34	23 27	11 15
14	9:27:59	20 45 49	16 49	17 16	3 46	11 31	2 52	13 13	4 53	11 36	23 28	11 12
15	9:31:56	21 43 30	28 48	16 32	4 54	12 9	3 3	13 9	4 52	11 38	23 29	11 8
16	9:35:52	22 41 11	10Cn57	15 52	6 1	12 48	3 14	13 5	4 50	11 40	23 30	11 5
17	9:39:49	23 38 54	23 18	15 16	7 7	13 26	3 25	13 1	4 49	11 42	23 31	11 2
18	9:43:46	24 36 39	5Le54	14 46	8 14	14 4	3 36	12 57	4 48	11 43	23 31	10 59
19	9:47:42	25 34 25	18 46	14 21	9 21	14 43	3 47	12 53	4 46	11 45	23 32	10 56
20	9:51:39	26 32 12	1Vi56	14 3	10 27	15 21	3 58	12 48	4 45	11 47	23 33	10 53
21	9:55:35	27 30 0	15 22	13 52	11 33	15 59	4 8	12 44	4 44	11 49	23 34	10 49
22	9:59:32	28 27 50	29 2	13 49D	12 39	16 38	4 19	12 40	4 43	11 50	23 34	10 46
23	10: 3:28	29 25 42	12Li55	13 53	13 45	17 16	4 29	12 35	4 42	11 52	23 35	10 43
24	10: 7:25	0Vi23 34	26 58	14 5	14 51	17 54	4 40	12 31	4 41	11 53	23 36	10 40
25	10:11:21	1 21 28	11Sc 6	14 25	15 57	18 32	4 50	12 27	4 40	11 55	23 36	10 37
26	10:15:18	2 19 23	25 18	14 52	17 2	19 11	5 0	12 22	4 39	11 57	23 37	10 33
27	10:19:15	3 17 19	9Sg32	15 28	18 7	19 49	5 10	12 18	4 38	11 58	23 38	10 30
28	10:23:11	4 15 17	23 43	16 11	19 12	20 27	5 20	12 13	4 37	12 0	23 38	10 27
29	10:27: 8	5 13 16	7Cp52	17 2	20 17	21 5	5 30	12 9	4 36	12 1	23 39	10 24
30	10:31: 4	6 11 16	21 54	18 1	21 22	21 43	5 40	12 4	4 35	12 3	23 39	10 21
31	10:35: 1	7 9 17	5Aq49	19 6	22 26	22 22	5 49	12 0	4 35	12 4	23 40	10 18

8/24 Sun in Vir. 2:14   8/4 Full 13:00(E)   8/12 3rd Qt. 2:48   8/20 New 1:27(E)   8/27 1st Qt. 0:42

Day	Sid. T.	Sun	Moon	Merc.	Venus	Mars	Jup.	Saturn	Uranus	Nept.	Pluto	N.Node
1	10:38:57	8Vi 7 20	19Aq34	20Le17	23Li30	23Le 0	5Cn59	11Pi55R	4Cp34R	12Cn 6	23Ge40	10Le14
2	10:42:54	9 5 25	3Pi 6	21 35	24 34	23 38	6 8	11 50	4 34	12 7	23 41	10 11
3	10:46:50	10 3 31	16 24	22 58	25 38	24 16	6 18	11 46	4 33	12 8	23 41	10 8
4	10:50:47	11 1 39	29 26	24 27	26 41	24 54	6 27	11 41	4 32	12 10	23 42	10 5
5	10:54:43	11 59 48	12Ar12	26 0	27 45	25 32	6 36	11 37	4 32	12 11	23 42	10 2
6	10:58:40	12 58 0	24 41	27 37	28 48	26 10	6 45	11 32	4 32	12 12	23 43	9 59
7	11: 2:37	13 56 13	6Ta57	29 18	29 51	26 48	6 54	11 28	4 31	12 14	23 43	9 55
8	11: 6:33	14 54 29	19 1	1Vi 1	0Sc53	27 26	7 2	11 23	4 31	12 15	23 43	9 52
9	11:10:30	15 52 46	0Ge57	2 48	1 55	28 4	7 11	11 18	4 31	12 16	23 44	9 49
10	11:14:26	16 51 6	12 49	4 36	2 57	28 43	7 20	11 14	4 30	12 17	23 44	9 46
11	11:18:23	17 49 28	24 42	6 26	3 59	29 21	7 28	11 9	4 30	12 18	23 44	9 43
12	11:22:19	18 47 52	6Cn41	8 18	5 1	29 59	7 36	11 5	4 30	12 20	23 45	9 39
13	11:26:16	19 46 18	18 50	10 10	6 2	0Vi37	7 44	11 0	4 30	12 21	23 45	9 36
14	11:30:12	20 44 46	1Le15	12 3	7 3	1 15	7 52	10 56	4 30D	12 22	23 45	9 33
15	11:34: 9	21 43 16	13 58	13 56	8 3	1 53	8 0	10 51	4 30	12 23	23 45	9 30
16	11:38: 6	22 41 48	27 4	15 49	9 3	2 31	8 8	10 47	4 30	12 24	23 45	9 27
17	11:42: 2	23 40 22	10Vi32	17 42	10 3	3 9	8 15	10 42	4 30	12 25	23 46	9 24
18	11:45:59	24 38 58	24 21	19 35	11 3	3 46	8 23	10 38	4 30	12 26	23 46	9 20
19	11:49:55	25 37 36	8Li29	21 27	12 2	4 24	8 30	10 34	4 31	12 27	23 46	9 17
20	11:53:52	26 36 16	22 50	23 19	13 1	5 2	8 37	10 29	4 31	12 27	23 46	9 14
21	11:57:48	27 34 58	7Sc19	25 10	13 59	5 40	8 44	10 25	4 31	12 28	23 46	9 11
22	12: 1:45	28 33 41	21 49	27 0	14 57	6 18	8 51	10 21	4 32	12 29	23 46	9 8
23	12: 5:41	29 32 26	6Sg15	28 50	15 54	6 56	8 57	10 17	4 32	12 30	23 46	9 5
24	12: 9:38	0Li31 14	20 33	0Li39	16 52	7 34	9 4	10 12	4 33	12 31	23 46R	9 1
25	12:13:35	1 30 2	4Cp40	2 27	17 48	8 12	9 10	10 8	4 33	12 31	23 46	8 58
26	12:17:31	2 28 53	18 35	4 14	18 44	8 50	9 17	10 4	4 34	12 32	23 46	8 55
27	12:21:28	3 27 45	2Aq18	6 0	19 40	9 28	9 23	10 0	4 34	12 33	23 46	8 52
28	12:25:24	4 26 38	15 49	7 45	20 35	10 6	9 28	9 56	4 35	12 33	23 46	8 49
29	12:29:21	5 25 34	29 8	9 29	21 30	10 43	9 34	9 52	4 36	12 34	23 46	8 45
30	12:33:17	6 24 31	12Pi17	11 12	22 24	11 21	9 40	9 49	4 37	12 35	23 46	8 42

9/23 Sun in Lib. 23:15   9/2 Full 23:36   9/10 3rd Qt. 20:54   9/18 New 12:33   9/25 1st Qt. 6:11

Day	Sid. T.	Sun	Moon	Merc.	Venus	Mars	Jup.	Saturn	Uranus	Nept.	Pluto	N.Node
1	12:37:14	7Li23 31	25Pi14	12Li55	23Sc17	11Vi59	9Cn45	9Pi45R	4Cp38	12Cn35	23Ge46R	8Le39
2	12:41:10	8 22 32	7Ar59	14 36	24 10	12 37	9 50	9 41	4 38	12 36	23 45	8 36
3	12:45: 7	9 21 35	20 32	16 17	25 3	13 15	9 55	9 37	4 39	12 36	23 45	8 33
4	12:49: 3	10 20 40	2Ta54	17 57	25 54	13 52	10 0	9 34	4 40	12 36	23 45	8 30
5	12:53: 0	11 19 48	15 4	19 36	26 46	14 30	10 5	9 30	4 41	12 37	23 45	8 26
6	12:56:57	12 18 57	27 5	21 14	27 36	15 8	10 10	9 27	4 43	12 37	23 45	8 23
7	13: 0:53	13 18 10	8Ge59	22 52	28 26	15 46	10 14	9 23	4 44	12 38	23 44	8 20
8	13: 4:50	14 17 24	20 49	24 29	29 15	16 23	10 18	9 20	4 45	12 38	23 44	8 17
9	13: 8:46	15 16 40	2Cn39	26 5	0Sg 3	17 1	10 22	9 17	4 46	12 38	23 44	8 14
10	13:12:43	16 15 59	14 35	27 40	0 50	17 39	10 26	9 14	4 47	12 38	23 43	8 11
11	13:16:39	17 15 20	26 42	29 14	1 37	18 17	10 30	9 10	4 49	12 39	23 43	8 7
12	13:20:36	18 14 44	9Le 5	0Sc48	2 22	18 54	10 33	9 7	4 50	12 39	23 43	8 4
13	13:24:33	19 14 10	21 49	2 21	3 7	19 32	10 37	9 4	4 52	12 39	23 42	8 1
14	13:28:29	20 13 38	4Vi58	3 54	3 51	20 10	10 40	9 2	4 53	12 39	23 42	7 58
15	13:32:26	21 13 8	18 34	5 26	4 34	20 48	10 43	8 59	4 55	12 39	23 41	7 55
16	13:36:22	22 12 40	2Li38	6 57	5 16	21 25	10 46	8 56	4 56	12 39	23 41	7 51
17	13:40:19	23 12 15	17 5	8 27	5 57	22 3	10 48	8 53	4 58	12 39R	23 40	7 48
18	13:44:15	24 11 51	1Sc51	9 57	6 37	22 41	10 50	8 51	5 0	12 39	23 39	7 45
19	13:48:12	25 11 30	16 47	11 26	7 15	23 18	10 53	8 48	5 1	12 39	23 39	7 42
20	13:52: 8	26 11 11	1Sg43	12 55	7 53	23 56	10 55	8 46	5 3	12 39	23 39	7 39
21	13:56: 5	27 10 53	16 31	14 22	8 29	24 34	10 56	8 44	5 5	12 39	23 38	7 36
22	14: 0: 1	28 10 37	1Cp 4	15 49	9 4	25 11	10 58	8 42	5 7	12 38	23 38	7 32
23	14: 3:58	29 10 23	15 18	17 16	9 38	25 49	10 59	8 40	5 9	12 38	23 37	7 29
24	14: 7:55	0Sc10 11	29 12	18 41	10 10	26 26	11 1	8 38	5 11	12 38	23 36	7 26
25	14:11:51	1 10 0	12Aq47	20 6	10 40	27 4	11 2	8 36	5 13	12 38	23 36	7 23
26	14:15:48	2 9 51	26 4	21 30	11 10	27 42	11 3	8 34	5 15	12 37	23 35	7 20
27	14:19:44	3 9 43	9Pi 7	22 54	11 37	28 19	11 3	8 32	5 17	12 37	23 35	7 17
28	14:23:41	4 9 37	21 56	24 16	12 3	28 57	11 4	8 31	5 19	12 37	23 34	7 13
29	14:27:37	5 9 33	4Ar34	25 38	12 27	29 34	11 4	8 29	5 21	12 36	23 33	7 10
30	14:31:34	6 9 31	17 2	26 58	12 50	0Li12	11 4R	8 28	5 23	12 36	23 32	7 7
31	14:35:30	7 9 30	29 21	28 17	13 11	0 49	11 4	8 26	5 26	12 35	23 32	7 4

10/24 Sun in Sco. 7:55   10/2 Full 12:48   10/10 3rd Qt. 15:39   10/17 New 22:43   10/24 1st Qt. 13:50

NOVEMBER 1906

Day	Sid. T.	Sun	Moon	Merc.	Venus	Mars	Jup.	Saturn	Uranus	Nept.	Pluto	N.Node
1	14:39:27	8Sc 9 31	11Ta31	29Sc36	13Sg29	1Li27	11Cn 3R	8Pi25R	5Cp28	12Cn35R	23Ge31R	7Le 1
2	14:43:24	9 9 34	23 34	0Sg53	13 46	2 4	11 3	8 24	5 30	12 34	23 30	6 57
3	14:47:20	10 9 40	5Ge30	2 8	14 1	2 42	11 2	8 23	5 33	12 34	23 29	6 54
4	14:51:17	11 9 47	17 21	3 22	14 14	3 19	11 1	8 22	5 35	12 33	23 28	6 51
5	14:55:13	12 9 56	29 9	4 34	14 24	3 57	11 0	8 21	5 37	12 32	23 28	6 48
6	14:59:10	13 10 7	10Cn59	5 44	14 33	4 34	10 58	8 21	5 40	12 32	23 27	6 45
7	15: 3: 6	14 10 20	22 53	6 53	14 39	5 12	10 57	8 20	5 42	12 31	23 26	6 42
8	15: 7: 3	15 10 35	4Le57	7 58	14 43	5 49	10 55	8 19	5 45	12 30	23 25	6 38
9	15:10:59	16 10 52	17 15	9 1	14 44	6 27	10 53	8 19	5 48	12 30	23 24	6 35
10	15:14:56	17 11 11	29 55	10 2	14 44R	7 4	10 51	8 19	5 50	12 29	23 23	6 32
11	15:18:53	18 11 32	12Vi59	10 58	14 40	7 42	10 48	8 19	5 53	12 28	23 22	6 29
12	15:22:49	19 11 55	26 32	11 51	14 35	8 19	10 46	8 19	5 56	12 27	23 21	6 26
13	15:26:46	20 12 20	10Li35	12 40	14 27	8 56	10 43	8 19D	5 58	12 26	23 20	6 22
14	15:30:42	21 12 47	25 8	13 23	14 16	9 34	10 40	8 19	6 1	12 25	23 20	6 19
15	15:34:39	22 13 16	10Sc 4	14 2	14 3	10 11	10 37	8 19	6 4	12 24	23 19	6 16
16	15:38:35	23 13 46	25 15	14 34	13 48	10 49	10 33	8 19	6 7	12 23	23 18	6 13
17	15:42:32	24 14 18	10Sg30	14 59	13 30	11 26	10 30	8 20	6 10	12 22	23 17	6 10
18	15:46:28	25 14 51	25 39	15 17	13 10	12 3	10 26	8 20	6 13	12 21	23 16	6 7
19	15:50:25	26 15 26	10Cp32	15 27	12 48	12 41	10 22	8 21	6 15	12 20	23 15	6 3
20	15:54:22	27 16 2	25 2	15 27R	12 24	13 18	10 18	8 22	6 18	12 19	23 14	6 0
21	15:58:18	28 16 39	9Aq 7	15 18	11 57	13 55	10 13	8 23	6 21	12 18	23 12	5 57
22	16: 2:15	29 17 17	22 47	14 59	11 29	14 33	10 9	8 24	6 24	12 17	23 11	5 54
23	16: 6:11	0Sg17 57	6Pi 3	14 29	10 59	15 10	10 4	8 25	6 27	12 16	23 10	5 51
24	16:10: 8	1 18 37	18 59	13 48	10 27	15 47	9 59	8 26	6 31	12 15	23 9	5 48
25	16:14: 4	2 19 19	1Ar38	12 57	9 54	16 24	9 54	8 27	6 34	12 14	23 8	5 44
26	16:18: 1	3 20 1	14 4	11 56	9 20	17 2	9 49	8 29	6 37	12 12	23 7	5 41
27	16:21:57	4 20 45	26 19	10 46	8 45	17 39	9 44	8 30	6 40	12 11	23 6	5 38
28	16:25:54	5 21 30	8Ta25	9 30	8 9	18 16	9 38	8 32	6 43	12 10	23 5	5 35
29	16:29:50	6 22 16	20 26	8 9	7 32	18 53	9 33	8 33	6 46	12 9	23 4	5 32
30	16:33:47	7 23 3	2Ge21	6 46	6 56	19 30	9 27	8 35	6 50	12 7	23 3	5 28

11/23 Sun in Sag. 4:54   11/1 Full 4:46   11/9 3rd Qt. 9:45   11/16 New 8:36   11/23 1st Qt. 0:39   11/30 Full 23:07

DECEMBER 1906

Day	Sid. T.	Sun	Moon	Merc.	Venus	Mars	Jup.	Saturn	Uranus	Nept.	Pluto	N.Node
1	16:37:44	8Sg23 52	14Ge13	5Sg25R	6Sg19R	20Li 8	9Cn21R	8Pi37	6Cp53	12Cn 6R	23Ge 2R	5Le25
2	16:41:40	9 24 41	26 3	4 7	5 43	20 45	9 15	8 39	6 56	12 5	23 0	5 22
3	16:45:37	10 25 32	7Cn53	2 55	5 8	21 22	9 9	8 41	6 59	12 3	22 59	5 19
4	16:49:33	11 26 24	19 45	1 51	4 33	21 59	9 2	8 44	7 3	12 2	22 58	5 16
5	16:53:30	12 27 17	1Le42	0 58	3 59	22 36	8 56	8 46	7 6	12 0	22 57	5 13
6	16:57:26	13 28 12	13 47	0 15	3 27	23 13	8 49	8 48	7 9	11 59	22 56	5 9
7	17: 1:23	14 29 7	26 6	29Sc43	2 56	23 50	8 42	8 51	7 13	11 57	22 55	5 6
8	17: 5:20	15 30 4	8Vi42	29 23	2 26	24 27	8 35	8 53	7 16	11 56	22 53	5 3
9	17: 9:16	16 31 2	21 40	29 14	1 59	25 4	8 28	8 56	7 20	11 55	22 52	5 0
10	17:13:13	17 32 2	5Li 5	29 15D	1 34	25 41	8 21	8 59	7 23	11 53	22 51	4 57
11	17:17: 9	18 33 2	18 58	29 27	1 10	26 18	8 14	9 2	7 26	11 52	22 50	4 54
12	17:21: 6	19 34 4	3Sc19	29 47	0 49	26 55	8 7	9 5	7 30	11 50	22 49	4 50
13	17:25: 2	20 35 6	18 7	0Sg15	0 30	27 32	7 59	9 8	7 33	11 48	22 48	4 47
14	17:28:59	21 36 10	3Sg14	0 51	0 14	28 9	7 52	9 11	7 37	11 47	22 46	4 44
15	17:32:55	22 37 15	18 31	1 33	0 0	28 46	7 44	9 14	7 40	11 45	22 45	4 41
16	17:36:52	23 38 20	3Cp47	2 21	29Sc48	29 23	7 37	9 18	7 44	11 44	22 44	4 38
17	17:40:49	24 39 26	18 52	3 14	29 39	0Sc 0	7 29	9 21	7 47	11 42	22 43	4 34
18	17:44:45	25 40 32	3Aq37	4 12	29 33	0 37	7 21	9 25	7 51	11 40	22 42	4 31
19	17:48:42	26 41 39	17 57	5 14	29 29	1 13	7 13	9 29	7 54	11 39	22 41	4 28
20	17:52:38	27 42 46	1Pi50	6 19	29 27	1 50	7 5	9 32	7 58	11 37	22 39	4 25
21	17:56:35	28 43 53	15 15	7 27	29 28D	2 27	6 57	9 36	8 2	11 36	22 38	4 22
22	18: 0:31	29 45 0	28 15	8 37	29 31	3 4	6 49	9 40	8 5	11 34	22 37	4 19
23	18: 4:28	0Cp46 7	10Ar54	9 50	29 36	3 40	6 41	9 44	8 9	11 32	22 36	4 15
24	18: 8:24	1 47 15	23 16	11 5	29 44	4 17	6 33	9 48	8 12	11 31	22 35	4 12
25	18:12:21	2 48 22	5Ta25	12 22	29 54	4 54	6 25	9 52	8 16	11 29	22 34	4 9
26	18:16:18	3 49 30	17 25	13 41	0Sg 7	5 31	6 17	9 57	8 19	11 27	22 32	4 6
27	18:20:14	4 50 38	29 19	15 1	0 21	6 7	6 9	10 1	8 23	11 26	22 31	4 3
28	18:24:11	5 51 46	11Ge10	16 22	0 38	6 44	6 1	10 5	8 27	11 24	22 30	4 0
29	18:28: 7	6 52 54	23 0	17 44	0 56	7 20	5 53	10 10	8 30	11 22	22 29	3 56
30	18:32: 4	7 54 3	4Cn51	19 7	1 17	7 57	5 45	10 14	8 34	11 21	22 28	3 53
31	18:36: 0	8 55 11	16 46	20 32	1 40	8 33	5 36	10 19	8 37	11 19	22 27	3 50

12/22 Sun in Cap. 17:53   12/9 3rd Qt. 1:45   12/15 New 18:54   12/22 1st Qt. 15:04   12/30 Full 18:44

JANUARY 1907

Day	Sid. T.	Sun	Moon	Merc.	Venus	Mars	Jup.	Saturn	Uranus	Nept.	Pluto	N.Node
1	18:39:57	9Cp56 19	28Cn45	21Sg57	2Sg 4	9Sc10	5Cn28R	10Pi24	8Cp41	11Cn17R	22Ge26R	3Le47
2	18:43:54	10 57 28	10Le52	23 22	2 30	9 46	5 20	10 29	8 45	11 15	22 25	3 44
3	18:47:50	11 58 37	23 7	24 49	2 58	10 23	5 12	10 34	8 48	11 14	22 23	3 40
4	18:51:47	12 59 45	5Vi35	26 16	3 27	10 59	5 4	10 39	8 52	11 12	22 22	3 37
5	18:55:43	14 0 54	18 16	27 44	3 58	11 35	4 56	10 44	8 55	11 10	22 21	3 34
6	18:59:40	15 2 3	1Li16	29 12	4 31	12 12	4 48	10 49	8 59	11 9	22 20	3 31
7	19: 3:36	16 3 13	14 36	0Cp41	5 5	12 48	4 41	10 54	9 3	11 7	22 19	3 28
8	19: 7:33	17 4 22	28 18	2 11	5 40	13 24	4 33	10 59	9 6	11 5	22 18	3 25
9	19:11:29	18 5 32	12Sc24	3 41	6 17	14 1	4 25	11 4	9 10	11 4	22 17	3 21
10	19:15:26	19 6 41	26 52	5 11	6 55	14 37	4 18	11 10	9 13	11 2	22 16	3 18
11	19:19:23	20 7 51	11Sg39	6 42	7 35	15 13	4 10	11 15	9 17	11 0	22 15	3 15
12	19:23:19	21 9 1	26 39	8 14	8 15	15 49	4 2	11 21	9 20	10 59	22 14	3 12
13	19:27:16	22 10 10	11Cp42	9 45	8 57	16 25	3 55	11 27	9 24	10 57	22 13	3 9
14	19:31:12	23 11 19	26 42	11 18	9 40	17 1	3 48	11 32	9 27	10 55	22 12	3 6
15	19:35: 9	24 12 28	11Aq28	12 51	10 24	17 37	3 41	11 38	9 31	10 54	22 11	3 2
16	19:39: 5	25 13 35	25 55	14 24	11 9	18 13	3 34	11 44	9 34	10 52	22 10	2 59
17	19:43: 2	26 14 42	9Pi57	15 58	11 55	18 49	3 27	11 50	9 38	10 50	22 9	2 56
18	19:46:58	27 15 49	23 32	17 33	12 42	19 25	3 20	11 55	9 41	10 49	22 8	2 53
19	19:50:55	28 16 54	6Ar41	19 8	13 29	20 1	3 13	12 1	9 45	10 47	22 7	2 50
20	19:54:52	29 17 59	19 27	20 43	14 18	20 37	3 6	12 7	9 48	10 45	22 6	2 46
21	19:58:48	0Aq19 3	1Ta52	22 20	15 8	21 13	3 0	12 13	9 52	10 44	22 5	2 43
22	20: 2:45	1 20 5	14 2	23 56	15 58	21 48	2 54	12 20	9 55	10 42	22 4	2 40
23	20: 6:41	2 21 7	26 0	25 33	16 49	22 24	2 48	12 26	9 59	10 41	22 4	2 37
24	20:10:38	3 22 8	7Ge52	27 11	17 41	23 0	2 41	12 32	10 2	10 39	22 3	2 34
25	20:14:34	4 23 8	19 41	28 50	18 33	23 35	2 36	12 38	10 5	10 38	22 2	2 31
26	20:18:31	5 24 6	1Cn31	0Aq29	19 26	24 11	2 30	12 45	10 9	10 36	22 1	2 27
27	20:22:27	6 25 4	13 26	2 9	20 20	24 46	2 24	12 51	10 12	10 35	22 0	2 24
28	20:26:24	7 26 1	25 27	3 49	21 14	25 22	2 19	12 58	10 15	10 33	21 59	2 21
29	20:30:21	8 26 56	7Le38	5 30	22 9	25 57	2 13	13 4	10 19	10 32	21 59	2 18
30	20:34:17	9 27 51	19 59	7 12	23 5	26 33	2 8	13 11	10 22	10 30	21 58	2 15
31	20:38:14	10 28 45	2Vi32	8 54	24 1	27 8	2 3	13 17	10 25	10 29	21 57	2 11

1/21 Sun in Aqu. 4:31   1/7 3rd Qt. 14:47   1/14 New 5:57(E)   1/21 1st Qt. 8:42   1/29 Full 13:45(E)

FEBRUARY 1907

Day	Sid. T.	Sun	Moon	Merc.	Venus	Mars	Jup.	Saturn	Uranus	Nept.	Pluto	N.Node
1	20:42:10	11Aq29 37	15Vi17	10Aq38	24Sg58	27Sc43	1Cn58R	13Pi24	10Cp28	10Cn27R	21Ge56R	2Le 8
2	20:46: 7	12 30 29	28 16	12 21	25 55	28 18	1 54	13 30	10 31	10 26	21 56	2 5
3	20:50: 3	13 31 20	11Li29	14 6	26 53	28 53	1 49	13 37	10 35	10 25	21 55	2 2
4	20:54: 0	14 32 10	24 57	15 51	27 51	29 29	1 45	13 44	10 38	10 23	21 54	1 59
5	20:57:56	15 32 59	8Sc39	17 37	28 50	0Sg 4	1 41	13 51	10 41	10 22	21 54	1 56
6	21: 1:53	16 33 48	22 36	19 24	29 49	0 39	1 37	13 57	10 44	10 21	21 53	1 52
7	21: 5:50	17 34 35	6Sg47	21 11	0Cp49	1 13	1 33	14 4	10 47	10 19	21 53	1 49
8	21: 9:46	18 35 22	21 11	22 59	1 49	1 48	1 30	14 11	10 50	10 18	21 52	1 46
9	21:13:43	19 36 7	5Cp43	24 47	2 49	2 23	1 26	14 18	10 53	10 17	21 51	1 43
10	21:17:39	20 36 52	20 21	26 36	3 50	2 58	1 23	14 25	10 56	10 16	21 51	1 40
11	21:21:36	21 37 35	4Aq58	28 20	4 51	3 32	1 20	14 32	10 59	10 14	21 50	1 37
12	21:25:32	22 38 17	19 27	0Pi15	5 53	4 7	1 17	14 39	11 2	10 13	21 50	1 33
13	21:29:29	23 38 57	3Pi44	2 5	6 55	4 42	1 15	14 46	11 5	10 12	21 49	1 30
14	21:33:25	24 39 36	17 43	3 55	7 57	5 16	1 12	14 53	11 8	10 11	21 49	1 27
15	21:37:22	25 40 14	1Ar19	5 45	8 59	5 50	1 10	15 0	11 11	10 10	21 48	1 24
16	21:41:19	26 40 49	14 33	7 34	10 2	6 25	1 8	15 8	11 13	10 9	21 48	1 21
17	21:45:15	27 41 23	27 23	9 23	11 5	6 59	1 6	15 15	11 16	10 8	21 48	1 17
18	21:49:12	28 41 55	9Ta53	11 11	12 9	7 33	1 5	15 22	11 19	10 7	21 47	1 14
19	21:53: 8	29 42 26	22 6	12 57	13 12	8 7	1 3	15 29	11 21	10 6	21 47	1 11
20	21:57: 5	0Pi42 54	4Ge 6	14 42	14 16	8 41	1 2	15 36	11 24	10 5	21 46	1 8
21	22: 1: 1	1 43 21	15 58	16 25	15 21	9 15	1 1	15 44	11 27	10 4	21 46	1 5
22	22: 4:58	2 43 46	27 47	18 6	16 25	9 49	1 0	15 51	11 29	10 3	21 46	1 2
23	22: 8:54	3 44 9	9Cn38	19 43	17 30	10 23	1 0	15 58	11 32	10 2	21 46	0 58
24	22:12:51	4 44 30	21 35	21 17	18 35	10 56	0 59	16 5	11 34	10 1	21 45	0 55
25	22:16:48	5 44 49	3Le43	22 46	19 40	11 30	0 59	16 13	11 37	10 0	21 45	0 52
26	22:20:44	6 45 6	16 4	24 11	20 45	12 3	0 59D	16 20	11 39	10 0	21 45	0 49
27	22:24:41	7 45 22	28 41	25 31	21 51	12 37	0 59	16 27	11 42	9 59	21 45	0 46
28	22:28:37	8 45 35	11Vi34	26 44	22 57	13 10	1 0	16 35	11 44	9 58	21 45	0 43

2/19 Sun in Pis. 18:58   2/6 3rd Qt. 0:52   2/12 New 17:43   2/20 1st Qt. 4:35   2/28 Full 6:23

MARCH 1907

Day	Sid. T.	Sun	Moon	Merc.	Venus	Mars	Jup.	Saturn	Uranus	Nept.	Pluto	N.Node
1	22:32:34	9Pi45 47	24Vi43	27Pi51	24Cp 3	13Sg43	1Cn 0	16Pi42	11Cp46	9Cn57R	21Ge44R	0Le39
2	22:36:30	10 45 57	8Li 7	28 51	25 9	14 16	1 1	16 49	11 49	9 57	21 44	0 36
3	22:40:27	11 46 6	21 44	29 43	26 15	14 49	1 2	16 57	11 51	9 56	21 44	0 33
4	22:44:23	12 46 13	5Sc31	0Ar27	27 22	15 22	1 4	17 4	11 53	9 56	21 44	0 30
5	22:48:20	13 46 18	19 27	1 2	28 29	15 55	1 5	17 11	11 55	9 55	21 44	0 27
6	22:52:16	14 46 22	3Sg29	1 29	29 36	16 28	1 7	17 19	11 57	9 54	21 44	0 23
7	22:56:13	15 46 24	17 35	1 46	0Aq43	17 0	1 8	17 26	11 59	9 54	21 44D	0 20
8	23: 0:10	16 46 25	1Cp44	1 54	1 50	17 33	1 10	17 34	12 1	9 53	21 44	0 17
9	23: 4: 6	17 46 24	15 55	1 54R	2 57	18 5	1 12	17 41	12 3	9 53	21 44	0 14
10	23: 8: 3	18 46 21	0Aq 6	1 44	4 5	18 38	1 15	17 48	12 5	9 53	21 44	0 11
11	23:11:59	19 46 17	14 14	1 26	5 13	19 10	1 17	17 56	12 7	9 52	21 44	0 8
12	23:15:56	20 46 11	28 17	1 1	6 21	19 42	1 20	18 3	12 9	9 52	21 44	0 4
13	23:19:52	21 46 3	12Pi11	0 27	7 29	20 14	1 23	18 11	12 11	9 52	21 45	0 1
14	23:23:49	22 45 53	25 52	29Pi48	8 37	20 45	1 26	18 18	12 12	9 51	21 45	29Cn58
15	23:27:45	23 45 41	9Ar18	29 3	9 45	21 17	1 29	18 25	12 14	9 51	21 45	29 55
16	23:31:42	24 45 27	22 24	28 13	10 53	21 48	1 33	18 33	12 16	9 51	21 45	29 52
17	23:35:39	25 45 11	5Ta12	27 20	12 2	22 20	1 37	18 40	12 17	9 51	21 45	29 49
18	23:39:35	26 44 53	17 42	26 26	13 10	22 51	1 40	18 47	12 19	9 51	21 46	29 45
19	23:43:32	27 44 32	29 55	25 30	14 19	23 22	1 44	18 55	12 21	9 50	21 46	29 42
20	23:47:28	28 44 10	11Ge55	24 35	15 28	23 53	1 49	19 2	12 22	9 50	21 46	29 39
21	23:51:25	29 43 45	23 48	23 41	16 37	24 24	1 53	19 9	12 23	9 50	21 46	29 36
22	23:55:21	0Ar43 18	5Cn37	22 50	17 46	24 55	1 58	19 17	12 25	9 50D	21 47	29 33
23	23:59:18	1 42 48	17 28	22 2	18 55	25 25	2 2	19 24	12 26	9 50	21 47	29 29
24	0: 3:14	2 42 16	29 26	21 18	20 4	25 55	2 7	19 31	12 27	9 50	21 47	29 26
25	0: 7:11	3 41 42	11Le37	20 39	21 13	26 26	2 12	19 39	12 29	9 51	21 48	29 23
26	0:11: 8	4 41 6	24 5	20 5	22 23	26 56	2 17	19 46	12 30	9 51	21 48	29 20
27	0:15: 4	5 40 27	6Vi53	19 37	23 32	27 25	2 23	19 53	12 31	9 51	21 49	29 17
28	0:19: 1	6 39 47	20 2	19 14	24 42	27 55	2 28	20 0	12 32	9 51	21 49	29 14
29	0:22:57	7 39 4	3Li33	18 57	25 51	28 25	2 34	20 7	12 33	9 51	21 50	29 10
30	0:26:54	8 38 19	17 22	18 47	27 1	28 54	2 40	20 14	12 34	9 52	21 50	29 7
31	0:30:50	9 37 32	1Sc27	18 41	28 11	29 23	2 46	20 22	12 35	9 52	21 51	29 4

3/21 Sun in Ari. 18:33   3/7 3rd Qt. 8:42   3/14 New 6:05   3/22 1st Qt. 1:10   3/29 Full 19:44

APRIL 1907

Day	Sid. T.	Sun	Moon	Merc.	Venus	Mars	Jup.	Saturn	Uranus	Nept.	Pluto	N.Node
1	0:34:47	10Ar36 43	15Sc41	18Pi42	29Aq21	29Sg52	2Cn52	20Pi29	12Cp36	9Cn52	21Ge51	29Cn 1
2	0:38:43	11 35 52	0Sg 1	18 48	0Pi31	0Cp21	2 58	20 36	12 37	9 53	21 52	28 58
3	0:42:40	12 34 59	14 20	18 59	1 41	0 49	3 5	20 43	12 37	9 53	21 52	28 55
4	0:46:36	13 34 5	28 35	19 16	2 51	1 17	3 12	20 50	12 38	9 53	21 53	28 51
5	0:50:33	14 33 9	12Cp44	19 37	4 1	1 46	3 18	20 57	12 39	9 54	21 54	28 48
6	0:54:30	15 32 12	26 46	20 3	5 11	2 14	3 25	21 4	12 39	9 54	21 54	28 45
7	0:58:26	16 31 12	10Aq40	20 33	6 22	2 41	3 32	21 11	12 40	9 55	21 55	28 42
8	1: 2:23	17 30 11	24 26	21 8	7 32	3 9	3 40	21 18	12 40	9 55	21 56	28 39
9	1: 6:19	18 29 8	8Pi 3	21 46	8 42	3 36	3 47	21 25	12 41	9 56	21 56	28 35
10	1:10:16	19 28 3	21 31	22 29	9 53	4 3	3 54	21 31	12 41	9 57	21 57	28 32
11	1:14:12	20 26 56	4Ar49	23 15	11 3	4 30	4 2	21 38	12 42	9 57	21 58	28 29
12	1:18: 9	21 25 47	17 54	24 4	12 14	4 56	4 10	21 45	12 42	9 58	21 59	28 26
13	1:22: 5	22 24 37	0Ta45	24 57	13 25	5 22	4 18	21 52	12 42	9 59	21 59	28 23
14	1:26: 2	23 23 24	13 22	25 53	14 35	5 48	4 26	21 58	12 42	10 0	22 0	28 20
15	1:29:59	24 22 9	25 44	26 51	15 46	6 14	4 34	22 5	12 42	10 0	22 1	28 16
16	1:33:55	25 20 52	7Ge53	27 53	16 57	6 39	4 42	22 12	12 43	10 1	22 2	28 13
17	1:37:52	26 19 33	19 51	28 57	18 8	7 5	4 51	22 18	12 43R	10 2	22 3	28 10
18	1:41:48	27 18 12	1Cn42	0Ar 4	19 19	7 30	4 59	22 25	12 43	10 3	22 3	28 7
19	1:45:45	28 16 49	13 29	1 13	20 30	7 54	5 8	22 31	12 43	10 4	22 4	28 4
20	1:49:41	29 15 24	25 20	2 25	21 41	8 18	5 16	22 38	12 42	10 5	22 5	28 0
21	1:53:38	0Ta13 56	7Le17	3 39	22 52	8 42	5 25	22 44	12 42	10 6	22 6	27 57
22	1:57:34	1 12 26	19 28	4 55	24 3	9 6	5 34	22 51	12 42	10 7	22 7	27 54
23	2: 1:31	2 10 54	1Vi57	6 13	25 14	9 29	5 43	22 57	12 42	10 8	22 8	27 51
24	2: 5:28	3 9 20	14 49	7 33	26 25	9 52	5 52	23 3	12 41	10 9	22 9	27 48
25	2: 9:24	4 7 44	28 6	8 56	27 36	10 15	6 2	23 9	12 41	10 10	22 10	27 45
26	2:13:21	5 6 5	11Li49	10 20	28 47	10 37	6 11	23 15	12 40	10 11	22 11	27 41
27	2:17:17	6 4 25	25 57	11 47	29 59	10 59	6 21	23 22	12 40	10 12	22 12	27 38
28	2:21:14	7 2 43	10Sc24	13 15	1Ar10	11 21	6 30	23 28	12 40	10 13	22 13	27 35
29	2:25:10	8 0 59	25 4	14 46	2 21	11 42	6 40	23 34	12 39	10 15	22 14	27 32
30	2:29: 7	8 59 14	9Sg49	16 18	3 33	12 3	6 50	23 40	12 39	10 16	22 15	27 29

4/21 Sun in Tau. 6:17   4/5 3rd Qt. 15:20   4/12 New 19:06   4/20 1st Qt. 20:38   4/28 Full 6:05

Day	Sid. T.	Sun	Moon	Merc.	Venus	Mars	Jup.	Saturn	Uranus	Nept.	Pluto	N.Node
1	2:33: 3	9Ta57 27	24Sg32	17Ar52	4Ar44	12Cp24	7Cn 0	23Pi45	12Cp38R	10Cn17	22Ge16	27Cn26
2	2:37: 0	10 55 38	9Cp 5	19 28	5 55	12 44	7 10	23 51	12 37	10 18	22 17	27 22
3	2:40:57	11 53 48	23 26	21 6	7 7	13 3	7 20	23 57	12 37	10 20	22 19	27 19
4	2:44:53	12 51 57	7Aq32	22 46	8 18	13 23	7 30	24 3	12 36	10 21	22 20	27 16
5	2:48:50	13 50 4	21 22	24 28	9 30	13 42	7 41	24 8	12 35	10 23	22 21	27 13
6	2:52:46	14 48 10	4Pi57	26 12	10 41	14 0	7 51	24 14	12 34	10 24	22 22	27 10
7	2:56:43	15 46 14	18 19	27 57	11 53	14 18	8 2	24 19	12 33	10 25	22 23	27 6
8	3: 0:39	16 44 17	1Ar27	29 45	13 5	14 35	8 12	24 25	12 32	10 27	22 24	27 3
9	3: 4:36	17 42 18	14 23	1Ta34	14 16	14 52	8 23	24 30	12 31	10 28	22 25	27 0
10	3: 8:32	18 40 18	27 7	3 25	15 28	15 9	8 34	24 36	12 30	10 30	22 27	26 57
11	3:12:29	19 38 17	9Ta40	5 18	16 40	15 25	8 45	24 41	12 29	10 31	22 28	26 54
12	3:16:26	20 36 14	22 2	7 13	17 51	15 40	8 56	24 46	12 28	10 33	22 29	26 51
13	3:20:22	21 34 9	4Ge12	9 10	19 3	15 55	9 7	24 51	12 27	10 34	22 30	26 47
14	3:24:19	22 32 3	16 13	11 9	20 15	16 10	9 18	24 56	12 25	10 36	22 32	26 44
15	3:28:15	23 29 56	28 7	13 10	21 27	16 24	9 29	25 1	12 24	10 38	22 33	26 41
16	3:32:12	24 27 47	9Cn55	15 12	22 39	16 37	9 40	25 6	12 23	10 39	22 34	26 38
17	3:36: 8	25 25 36	21 42	17 16	23 50	16 50	9 51	25 11	12 21	10 41	22 35	26 35
18	3:40: 5	26 23 24	3Le31	19 21	25 2	17 2	10 3	25 16	12 21	10 43	22 37	26 32
19	3:44: 1	27 21 9	15 28	21 28	26 14	17 14	10 14	25 21	12 19	10 44	22 38	26 28
20	3:47:58	28 18 54	27 38	23 37	27 26	17 25	10 26	25 25	12 17	10 46	22 39	26 25
21	3:51:55	29 16 36	10Vi 5	25 46	28 38	17 35	10 38	25 30	12 16	10 48	22 41	26 22
22	3:55:51	0Ge14 17	22 55	27 56	29 50	17 45	10 49	25 34	12 14	10 50	22 42	26 19
23	3:59:48	1 11 57	6Li12	0Ge 7	1Ta 2	17 54	11 1	25 39	12 12	10 51	22 43	26 16
24	4: 3:44	2 9 35	19 57	2 19	2 14	18 3	11 13	25 43	12 11	10 53	22 45	26 12
25	4: 7:41	3 7 11	4Sc10	4 31	3 26	18 11	11 25	25 48	12 9	10 55	22 46	26 9
26	4:11:37	4 4 46	18 47	6 43	4 38	18 18	11 37	25 52	12 7	10 57	22 47	26 6
27	4:15:34	5 2 20	3Sg42	8 54	5 50	18 25	11 49	25 56	12 6	10 59	22 49	26 3
28	4:19:30	5 59 53	18 46	11 5	7 2	18 31	12 1	26 0	12 4	11 1	22 50	26 0
29	4:23:27	6 57 25	3Cp49	13 15	8 14	18 36	12 13	26 4	12 2	11 3	22 51	25 57
30	4:27:24	7 54 56	18 43	15 24	9 27	18 41	12 25	26 8	12 0	11 5	22 53	25 53
31	4:31:20	8 52 26	3Aq22	17 31	10 39	18 45	12 37	26 11	11 58	11 6	22 54	25 50

5/22 Sun in Gem. 6:03   5/4 3rd Qt. 21:53   5/12 New 8:59   5/20 1st Qt. 13:27   5/27 Full 14:18

Day	Sid. T.	Sun	Moon	Merc.	Venus	Mars	Jup.	Saturn	Uranus	Nept.	Pluto	N.Node
1	4:35:17	9Ge49 55	17Aq41	19Ge37	11Ta51	18Cp48	12Cn50	26Pi15	11Cp56R	11Cn 8	22Ge55	25Cn47
2	4:39:13	10 47 23	1Pi38	21 41	13 3	18 50	13 2	26 19	11 54	11 10	22 57	25 44
3	4:43:10	11 44 51	15 14	23 44	14 15	18 52	13 14	26 22	11 53	11 12	22 58	25 41
4	4:47: 6	12 42 17	28 29	25 44	15 28	18 53	13 27	26 26	11 51	11 14	23 0	25 38
5	4:51: 3	13 39 44	11Ar27	27 42	16 40	18 53R	13 39	26 29	11 49	11 16	23 1	25 34
6	4:54:59	14 37 9	24 9	29 38	17 52	18 53	13 52	26 32	11 46	11 18	23 2	25 31
7	4:58:56	15 34 34	6Ta38	1Cn31	19 4	18 51	14 5	26 36	11 44	11 20	23 4	25 28
8	5: 2:53	16 31 58	18 55	3 22	20 17	18 49	14 17	26 39	11 42	11 23	23 5	25 25
9	5: 6:49	17 29 22	1Ge 3	5 10	21 29	18 46	14 30	26 42	11 40	11 25	23 7	25 22
10	5:10:46	18 26 45	13 3	6 56	22 41	18 43	14 43	26 45	11 38	11 27	23 8	25 18
11	5:14:42	19 24 7	24 56	8 40	23 54	18 39	14 55	26 47	11 36	11 29	23 9	25 15
12	5:18:39	20 21 29	6Cn45	10 21	25 6	18 35	15 8	26 50	11 34	11 31	23 11	25 12
13	5:22:35	21 18 49	18 32	11 59	26 19	18 28	15 21	26 53	11 31	11 33	23 12	25 9
14	5:26:32	22 16 9	0Le19	13 35	27 31	18 21	15 34	26 55	11 29	11 35	23 14	25 6
15	5:30:29	23 13 28	12 10	15 8	28 44	18 14	15 47	26 58	11 27	11 37	23 15	25 3
16	5:34:25	24 10 46	24 9	16 38	29 56	18 6	16 0	27 0	11 25	11 39	23 17	24 59
17	5:38:22	25 8 4	6Vi20	18 6	1Ge 9	17 57	16 13	27 2	11 22	11 42	23 18	24 56
18	5:42:18	26 5 20	18 47	19 31	2 21	17 48	16 26	27 4	11 20	11 44	23 19	24 53
19	5:46:15	27 2 36	1Li34	20 54	3 34	17 37	16 39	27 7	11 18	11 46	23 21	24 50
20	5:50:11	27 59 51	14 46	22 13	4 46	17 27	16 52	27 9	11 15	11 48	23 22	24 47
21	5:54: 8	28 57 6	28 26	23 30	5 59	17 15	17 5	27 11	11 13	11 50	23 24	24 43
22	5:58: 4	29 54 19	12Sc33	24 44	7 12	17 3	17 18	27 12	11 11	11 52	23 25	24 40
23	6: 2: 1	0Cn51 32	27 6	25 55	8 24	16 51	17 31	27 14	11 8	11 55	23 26	24 37
24	6: 5:58	1 48 45	12Sg 1	27 3	9 37	16 38	17 45	27 15	11 6	11 57	23 28	24 34
25	6: 9:54	2 45 57	27 9	28 8	10 50	16 24	17 58	27 17	11 4	11 59	23 29	24 31
26	6:13:51	3 43 9	12Cp22	29 10	12 2	16 10	18 11	27 18	11 1	12 1	23 31	24 28
27	6:17:47	4 40 20	27 30	0Le 9	13 15	15 55	18 24	27 20	10 59	12 3	23 32	24 24
28	6:21:44	5 37 32	12Aq24	1 5	14 28	15 40	18 38	27 21	10 56	12 6	23 33	24 21
29	6:25:40	6 34 43	26 57	1 57	15 41	15 24	18 51	27 22	10 54	12 8	23 35	24 18
30	6:29:37	7 31 55	11Pi 6	2 46	16 53	15 8	19 4	27 23	10 52	12 10	23 36	24 15

6/22 Sun in Can. 14:23   6/3 3rd Qt. 5:19   6/10 New 23:50   6/19 1st Qt. 2:55   6/25 Full 21:27

JULY 1907

Day	Sid. T.	Sun	Moon	Merc.	Venus	Mars	Jup.	Saturn	Uranus	Nept.	Pluto	N.Node
1	6:33:33	8Cn29 6	24Pi50	3Le31	18Ge 6	14Cp52R	19Cn17	27Pi24	10Cp49R	12Cn12	23Ge38	24Cn12
2	6:37:30	9 26 18	8Ar 9	4 12	19 19	14 35	19 31	27 25	10 47	12 15	23 39	24 9
3	6:41:27	10 23 30	21 5	4 49	20 32	14 18	19 44	27 25	10 44	12 17	23 40	24 5
4	6:45:23	11 20 42	3Ta41	5 23	21 45	14 1	19 58	27 26	10 42	12 19	23 42	24 2
5	6:49:20	12 17 55	16 1	5 52	22 58	13 43	20 11	27 26	10 39	12 21	23 43	23 59
6	6:53:16	13 15 8	28 9	6 17	24 11	13 26	20 24	27 27	10 37	12 23	23 44	23 56
7	6:57:13	14 12 21	10Ge 8	6 38	25 24	13 8	20 38	27 27	10 35	12 26	23 46	23 53
8	7: 1: 9	15 9 34	22 0	6 54	26 37	12 50	20 51	27 27	10 32	12 28	23 47	23 49
9	7: 5: 6	16 6 48	3Cn48	7 6	27 50	12 33	21 4	27 27	10 30	12 30	23 48	23 46
10	7: 9: 2	17 4 1	15 35	7 13	29 3	12 15	21 18	27 27R	10 27	12 32	23 50	23 43
11	7:12:59	18 1 15	27 23	7 15R	0Cn16	11 58	21 31	27 27	10 25	12 35	23 51	23 40
12	7:16:55	18 58 30	9Le15	7 12	1 29	11 40	21 45	27 27	10 23	12 37	23 52	23 37
13	7:20:52	19 55 44	21 12	7 5	2 42	11 23	21 58	27 27	10 20	12 39	23 54	23 34
14	7:24:49	20 52 58	3Vi18	6 53	3 56	11 6	22 11	27 26	10 18	12 41	23 55	23 30
15	7:28:45	21 50 13	15 35	6 36	5 9	10 49	22 25	27 26	10 15	12 43	23 56	23 27
16	7:32:42	22 47 27	28 7	6 15	6 22	10 33	22 38	27 25	10 13	12 46	23 58	23 24
17	7:36:38	23 44 42	10Li56	5 50	7 35	10 17	22 52	27 25	10 11	12 48	23 59	23 21
18	7:40:35	24 41 57	24 5	5 21	8 49	10 1	23 5	27 24	10 8	12 50	24 0	23 18
19	7:44:31	25 39 12	7Sc37	4 48	10 2	9 46	23 19	27 23	10 6	12 52	24 1	23 15
20	7:48:28	26 36 28	21 34	4 12	11 15	9 31	23 32	27 22	10 4	12 54	24 3	23 11
21	7:52:24	27 33 43	5Sg55	3 33	12 28	9 17	23 45	27 21	10 1	12 57	24 4	23 8
22	7:56:21	28 30 59	20 36	2 53	13 42	9 3	23 59	27 20	9 59	12 59	24 5	23 5
23	8: 0:18	29 28 15	5Cp34	2 11	14 55	8 50	24 12	27 18	9 57	13 1	24 6	23 2
24	8: 4:14	0Le25 32	20 41	1 28	16 9	8 38	24 25	27 17	9 55	13 3	24 7	22 59
25	8: 8:11	1 22 49	5Aq48	0 46	17 22	8 26	24 39	27 15	9 53	13 5	24 9	22 55
26	8:12: 7	2 20 7	20 47	0 4	18 36	8 15	24 52	27 14	9 50	13 7	24 10	22 52
27	8:16: 4	3 17 26	5Pi28	29Cn25	19 49	8 5	25 6	27 12	9 48	13 10	24 11	22 49
28	8:20: 0	4 14 46	19 47	28 47	21 3	7 55	25 19	27 10	9 46	13 12	24 12	22 46
29	8:23:57	5 12 6	3Ar39	28 13	22 16	7 46	25 32	27 8	9 44	13 14	24 13	22 43
30	8:27:54	6 9 28	17 4	27 42	23 30	7 38	25 45	27 7	9 42	13 16	24 14	22 40
31	8:31:50	7 6 50	0Ta 4	27 16	24 43	7 30	25 59	27 4	9 40	13 18	24 15	22 36

7/24 Sun in Leo 1:18   7/2 3rd Qt. 14:34   7/10 New 15:17(E)   7/18 1st Qt. 13:12   7/25 Full 4:29(E)

AUGUST 1907

Day	Sid. T.	Sun	Moon	Merc.	Venus	Mars	Jup.	Saturn	Uranus	Nept.	Pluto	N.Node
1	8:35:47	8Le 4 14	12Ta41	26Cn54R	25Cn57	7Cp24R	26Cn12	27Pi 2R	9Cp38R	13Cn20	24Ge16	22Cn33
2	8:39:43	9 1 39	24 59	26 38	27 11	7 18	26 25	27 0	9 36	13 22	24 17	22 30
3	8:43:40	9 59 5	7Ge 3	26 28	28 24	7 13	26 38	26 58	9 34	13 24	24 19	22 27
4	8:47:36	10 56 33	18 57	26 24	29 38	7 9	26 52	26 55	9 32	13 26	24 20	22 24
5	8:51:33	11 54 1	0Cn46	26 27D	0Le52	7 5	27 5	26 53	9 30	13 28	24 21	22 21
6	8:55:29	12 51 31	12 33	26 36	2 6	7 2	27 18	26 50	9 28	13 30	24 22	22 17
7	8:59:26	13 49 2	24 21	26 51	3 19	7 1	27 31	26 48	9 26	13 32	24 23	22 14
8	9: 3:23	14 46 34	6Le14	27 13	4 33	7 0	27 44	26 45	9 24	13 34	24 24	22 11
9	9: 7:19	15 44 7	18 14	27 43	5 47	7 0D	27 57	26 42	9 22	13 36	24 25	22 8
10	9:11:16	16 41 41	0Vi22	28 18	7 1	7 0	28 10	26 39	9 21	13 38	24 26	22 5
11	9:15:12	17 39 16	12 41	29 1	8 15	7 2	28 23	26 36	9 19	13 40	24 26	22 2
12	9:19: 9	18 36 53	25 12	29 50	9 29	7 4	28 36	26 33	9 17	13 42	24 27	21 58
13	9:23: 5	19 34 30	7Li55	0Le46	10 43	7 8	28 49	26 30	9 15	13 44	24 28	21 55
14	9:27: 2	20 32 8	20 53	1 48	11 57	7 12	29 2	26 27	9 14	13 46	24 29	21 52
15	9:30:58	21 29 47	4Sc 7	2 56	13 11	7 17	29 15	26 23	9 12	13 48	24 30	21 49
16	9:34:55	22 27 28	17 38	4 11	14 25	7 22	29 28	26 20	9 11	13 49	24 31	21 46
17	9:38:52	23 25 9	1Sg26	5 30	15 39	7 29	29 41	26 17	9 9	13 51	24 32	21 42
18	9:42:48	24 22 51	15 33	6 55	16 53	7 36	29 54	26 13	9 8	13 53	24 32	21 39
19	9:46:45	25 20 35	29 57	8 25	18 7	7 44	0Le 6	26 9	9 6	13 55	24 33	21 36
20	9:50:41	26 18 19	14Cp35	10 0	19 21	7 53	0 19	26 6	9 5	13 57	24 34	21 33
21	9:54:38	27 16 5	29 23	11 39	20 35	8 3	0 32	26 2	9 3	13 58	24 35	21 30
22	9:58:34	28 13 52	14Aq15	13 21	21 50	8 13	0 44	25 58	9 2	14 0	24 36	21 27
23	10: 2:31	29 11 40	29 3	15 7	23 4	8 25	0 57	25 55	9 1	14 2	24 36	21 23
24	10: 6:27	0Vi 9 30	13Pi40	16 56	24 18	8 36	1 9	25 51	9 0	14 4	24 37	21 20
25	10:10:24	1 7 21	27 58	18 48	25 32	8 49	1 22	25 47	8 58	14 5	24 38	21 17
26	10:14:20	2 5 14	11Ar53	20 41	26 46	9 2	1 34	25 43	8 57	14 7	24 38	21 14
27	10:18:17	3 3 8	25 22	22 36	28 1	9 16	1 47	25 39	8 56	14 8	24 39	21 11
28	10:22:14	4 1 4	8Ta26	24 32	29 15	9 31	1 59	25 35	8 55	14 10	24 40	21 7
29	10:26:10	4 59 3	21 5	26 29	0Vi29	9 47	2 11	25 30	8 54	14 11	24 40	21 4
30	10:30: 7	5 57 3	3Ge24	28 27	1 44	10 3	2 23	25 26	8 53	14 13	24 41	21 1
31	10:34: 3	6 55 5	15 28	0Vi25	2 58	10 19	2 35	25 22	8 52	14 14	24 41	20 58

8/24 Sun in Vir. 8:04   8/1 3rd Qt. 2:25   8/9 New 6:36   8/16 1st Qt. 21:05   8/23 Full 12:15   8/30 3rd Qt. 17:28

Day	Sid. T.	Sun	Moon	Merc.	Venus	Mars	Jup.	Saturn	Uranus	Nept.	Pluto	N.Node
1	10:38: 0	7Vi53 9	27Ge21	2Vi23	4Vi13	10Cp37	2Le48	25Pi18R	8Cp51R	14Cn16	24Ge42	20Cn55
2	10:41:56	8 51 15	9Cn 9	4 21	5 27	10 55	3 0	25 13	8 51	14 17	24 42	20 52
3	10:45:53	9 49 22	20 57	6 18	6 41	11 13	3 12	25 9	8 50	14 19	24 43	20 48
4	10:49:49	10 47 32	2Le49	8 15	7 56	11 33	3 23	25 5	8 49	14 20	24 43	20 45
5	10:53:46	11 45 43	14 48	10 11	9 10	11 52	3 35	25 0	8 48	14 22	24 44	20 42
6	10:57:43	12 43 57	26 58	12 6	10 25	12 13	3 47	24 56	8 48	14 23	24 44	20 39
7	11: 1:39	13 42 12	9Vi20	14 0	11 39	12 34	3 59	24 51	8 47	14 24	24 45	20 36
8	11: 5:36	14 40 28	21 57	15 53	12 54	12 55	4 11	24 47	8 46	14 26	24 45	20 32
9	11: 9:32	15 38 47	4Li47	17 46	14 9	13 17	4 22	24 42	8 46	14 27	24 45	20 29
10	11:13:29	16 37 7	17 50	19 37	15 23	13 40	4 34	24 38	8 46	14 28	24 46	20 26
11	11:17:25	17 35 29	1Sc 6	21 27	16 38	14 3	4 45	24 33	8 45	14 29	24 46	20 23
12	11:21:22	18 33 53	14 34	23 16	17 52	14 26	4 56	24 28	8 45	14 31	24 46	20 20
13	11:25:18	19 32 18	28 13	25 4	19 7	14 50	5 8	24 24	8 44	14 32	24 47	20 17
14	11:29:15	20 30 45	12Sg 2	26 51	20 22	15 15	5 19	24 19	8 44	14 33	24 47	20 13
15	11:33:12	21 29 14	26 2	28 37	21 36	15 40	5 30	24 15	8 44	14 34	24 47	20 10
16	11:37: 8	22 27 44	10Cp11	0Li22	22 51	16 6	5 41	24 10	8 44	14 35	24 47	20 7
17	11:41: 5	23 26 15	24 29	2 6	24 6	16 32	5 52	24 5	8 44	14 36	24 48	20 4
18	11:45: 1	24 24 49	8Aq54	3 48	25 20	16 58	6 3	24 1	8 44	14 37	24 48	20 1
19	11:48:58	25 23 24	23 21	5 30	26 35	17 25	6 14	23 56	8 44D	14 38	24 48	19 58
20	11:52:54	26 22 0	7Pi47	7 11	27 50	17 52	6 25	23 51	8 44	14 39	24 48	19 54
21	11:56:51	27 20 39	22 6	8 50	29 4	18 20	6 35	23 47	8 44	14 40	24 48	19 51
22	12: 0:47	28 19 19	6Ar11	10 29	0Li19	18 48	6 46	23 42	8 44	14 41	24 48	19 48
23	12: 4:44	29 18 1	19 57	12 6	1 34	19 17	6 56	23 37	8 44	14 42	24 48	19 45
24	12: 8:41	0Li16 46	3Ta22	13 43	2 49	19 45	7 6	23 33	8 45	14 43	24 48	19 42
25	12:12:37	1 15 33	16 24	15 19	4 3	20 15	7 17	23 28	8 45	14 43	24 48	19 38
26	12:16:34	2 14 21	29 4	16 54	5 18	20 44	7 27	23 24	8 45	14 44	24 48R	19 35
27	12:20:30	3 13 13	11Ge24	18 27	6 33	21 14	7 37	23 19	8 46	14 45	24 48	19 32
28	12:24:27	4 12 6	23 28	20 0	7 48	21 45	7 47	23 15	8 46	14 46	24 48	19 29
29	12:28:23	5 11 2	5Cn22	21 33	9 3	22 15	7 57	23 10	8 47	14 46	24 48	19 26
30	12:32:20	6 10 0	17 10	23 4	10 17	22 46	8 6	23 6	8 47	14 47	24 48	19 23

9/24 Sun in Lib. 5:09   9/7 New 21:04   9/15 1st Qt. 3:40   9/21 Full 21:34   9/29 3rd Qt. 11:37

Day	Sid. T.	Sun	Moon	Merc.	Venus	Mars	Jup.	Saturn	Uranus	Nept.	Pluto	N.Node
1	12:36:16	7Li 9 0	28Cn58	24Li34	11Li32	23Cp18	8Le16	23Pi 1R	8Cp48	14Cn48	24Ge48R	19Cn19
2	12:40:13	8 8 3	10Le52	26 4	12 47	23 49	8 26	22 57	8 48	14 48	24 48	19 16
3	12:44: 9	9 7 7	22 57	27 32	14 2	24 21	8 35	22 52	8 49	14 49	24 48	19 13
4	12:48: 6	10 6 14	5Vi15	29 0	15 17	24 54	8 44	22 48	8 50	14 49	24 47	19 10
5	12:52: 3	11 5 23	17 50	0Sc27	16 32	25 26	8 54	22 44	8 51	14 50	24 47	19 7
6	12:55:59	12 4 35	0Li44	1 53	17 47	25 59	9 3	22 39	8 52	14 50	24 47	19 4
7	12:59:56	13 3 48	13 55	3 18	19 2	26 32	9 12	22 35	8 53	14 51	24 47	19 0
8	13: 3:52	14 3 4	27 22	4 42	20 16	27 6	9 20	22 31	8 53	14 51	24 47	18 57
9	13: 7:49	15 2 21	11Sc 9	6 5	21 31	27 39	9 29	22 27	8 54	14 51	24 46	18 54
10	13:11:45	16 1 40	24 54	7 27	22 46	28 13	9 38	22 23	8 56	14 52	24 46	18 51
11	13:15:42	17 1 2	8Sg52	8 48	24 1	28 47	9 46	22 19	8 57	14 52	24 46	18 48
12	13:19:38	18 0 25	22 54	10 7	25 16	29 22	9 55	22 15	8 58	14 52	24 45	18 44
13	13:23:35	18 59 50	6Cp58	11 26	26 31	29 57	10 3	22 11	8 59	14 52	24 45	18 41
14	13:27:32	19 59 17	21 4	12 43	27 46	0Aq32	10 11	22 7	9 0	14 53	24 44	18 38
15	13:31:28	20 58 45	5Aq10	14 0	29 1	1 7	10 19	22 3	9 2	14 53	24 44	18 35
16	13:35:25	21 58 15	19 15	15 14	0Sc16	1 42	10 27	22 0	9 3	14 53	24 44	18 32
17	13:39:21	22 57 47	3Pi19	16 27	1 31	2 18	10 35	21 56	9 4	14 53	24 43	18 29
18	13:43:18	23 57 20	17 18	17 39	2 46	2 54	10 42	21 53	9 6	14 53	24 43	18 25
19	13:47:14	24 56 56	1Ar11	18 48	4 1	3 30	10 50	21 49	9 7	14 53R	24 42	18 22
20	13:51:11	25 56 33	14 53	19 56	5 16	4 6	10 57	21 46	9 9	14 53	24 42	18 19
21	13:55: 7	26 56 12	28 20	21 2	6 31	4 42	11 4	21 42	9 11	14 53	24 41	18 16
22	13:59: 4	27 55 53	11Ta31	22 5	7 46	5 19	11 11	21 39	9 12	14 53	24 41	18 13
23	14: 3: 1	28 55 36	24 24	23 4	9 0	5 56	11 18	21 36	9 14	14 53	24 40	18 10
24	14: 6:57	29 55 22	6Ge58	24 4	10 15	6 33	11 25	21 33	9 16	14 53	24 39	18 6
25	14:10:54	0Sc55 9	19 15	24 58	11 30	7 10	11 31	21 30	9 17	14 52	24 39	18 3
26	14:14:50	1 54 59	1Cn18	25 49	12 45	7 47	11 38	21 27	9 19	14 52	24 38	18 0
27	14:18:47	2 54 51	13 11	26 37	14 0	8 25	11 44	21 24	9 21	14 52	24 38	17 57
28	14:22:43	3 54 45	24 59	27 20	15 15	9 2	11 50	21 21	9 23	14 52	24 37	17 54
29	14:26:40	4 54 41	6Le47	27 58	16 30	9 40	11 56	21 18	9 25	14 51	24 36	17 50
30	14:30:36	5 54 40	18 41	28 31	17 45	10 18	12 2	21 15	9 27	14 51	24 35	17 47
31	14:34:33	6 54 40	0Vi47	28 58	19 0	10 56	12 8	21 13	9 29	14 50	24 35	17 44

10/24 Sun in Sco. 13:52   10/7 New 10:21   10/14 1st Qt. 10:02   10/21 Full 9:17   10/29 3rd Qt. 7:51

NOVEMBER 1907

Day	Sid. T.	Sun	Moon	Merc.	Venus	Mars	Jup.	Saturn	Uranus	Nept.	Pluto	N.Node
1	14:38:29	7Sc54 43	13Vi 9	29Sc19	20Sc15	11Aq35	12Le13	21Pi10R	9Cp31	14Cn50R	24Ge34R	17Cn41
2	14:42:26	8 54 48	25 50	29 32	21 30	12 13	12 19	21 8	9 33	14 50	24 33	17 38
3	14:46:23	9 54 55	8Li54	29 38	22 45	12 52	12 24	21 6	9 36	14 49	24 32	17 35
4	14:50:19	10 55 4	22 21	29 35R	24 0	13 30	12 29	21 4	9 38	14 49	24 32	17 31
5	14:54:16	11 55 14	6Sc 9	29 23	25 15	14 9	12 34	21 2	9 40	14 48	24 31	17 28
6	14:58:12	12 55 27	20 14	29 2	26 30	14 48	12 38	21 0	9 42	14 47	24 30	17 25
7	15: 2: 9	13 55 41	4Sg32	28 32	27 45	15 27	12 43	20 58	9 45	14 47	24 29	17 22
8	15: 6: 5	14 55 58	18 57	27 51	29 0	16 7	12 47	20 56	9 47	14 46	24 28	17 19
9	15:10: 2	15 56 15	3Cp22	27 0	0Sg15	16 46	12 51	20 54	9 50	14 45	24 27	17 16
10	15:13:59	16 56 35	17 44	26 1	1 30	17 25	12 55	20 53	9 52	14 45	24 27	17 12
11	15:17:55	17 56 55	2Aq 0	24 53	2 45	18 5	12 59	20 51	9 55	14 44	24 26	17 9
12	15:21:52	18 57 17	16 7	23 39	4 0	18 45	13 3	20 50	9 57	14 43	24 25	17 6
13	15:25:48	19 57 41	0Pi 5	22 21	5 15	19 24	13 6	20 48	10 0	14 42	24 24	17 3
14	15:29:45	20 58 6	13 53	21 1	6 30	20 4	13 9	20 47	10 2	14 42	24 23	17 0
15	15:33:41	21 58 31	27 31	19 41	7 45	20 44	13 13	20 46	10 5	14 41	24 22	16 56
16	15:37:38	22 58 59	10Ar59	18 24	9 0	21 24	13 15	20 45	10 8	14 40	24 21	16 53
17	15:41:34	23 59 28	24 15	17 12	10 15	22 4	13 18	20 44	10 10	14 39	24 20	16 50
18	15:45:31	24 59 58	7Ta19	16 9	11 30	22 45	13 21	20 44	10 13	14 38	24 19	16 47
19	15:49:28	26 0 29	20 9	15 15	12 45	23 25	13 23	20 43	10 16	14 37	24 18	16 44
20	15:53:24	27 1 2	2Ge45	14 32	14 0	24 5	13 25	20 42	10 19	14 36	24 17	16 41
21	15:57:21	28 1 37	15 8	14 1	15 15	24 46	13 27	20 42	10 21	14 35	24 16	16 37
22	16: 1:17	29 2 13	27 17	13 41	16 30	25 27	13 29	20 42	10 24	14 34	24 15	16 34
23	16: 5:14	0Sg 2 51	9Cn16	13 32	17 45	26 7	13 31	20 41	10 27	14 33	24 14	16 31
24	16: 9:10	1 3 31	21 7	13 35D	19 0	26 48	13 32	20 41	10 30	14 32	24 13	16 28
25	16:13: 7	2 4 12	2Le55	13 48	20 15	27 29	13 33	20 41D	10 33	14 31	24 12	16 25
26	16:17: 3	3 4 54	14 42	14 11	21 30	28 10	13 34	20 41	10 36	14 29	24 11	16 21
27	16:21: 0	4 5 38	26 35	14 42	22 45	28 51	13 35	20 41	10 39	14 28	24 9	16 18
28	16:24:57	5 6 24	8Vi39	15 21	24 0	29 32	13 36	20 42	10 42	14 27	24 8	16 15
29	16:28:53	6 7 11	20 59	16 7	25 15	0Pi13	13 36	20 42	10 45	14 26	24 7	16 12
30	16:32:50	7 7 59	3Li39	17 0	26 29	0 54	13 36	20 43	10 48	14 24	24 6	16 9

11/23 Sun in Sag. 10:52   11/5 New 22:39   11/12 1st Qt. 17:14   11/20 Full 0:04   11/28 3rd Qt. 4:21

DECEMBER 1907

Day	Sid. T.	Sun	Moon	Merc.	Venus	Mars	Jup.	Saturn	Uranus	Nept.	Pluto	N.Node
1	16:36:46	8Sg 8 50	16Li44	17Sc57	27Sg44	1Pi35	13Le36R	20Pi43	10Cp52	14Cn23R	24Ge 5R	16Cn 6
2	16:40:43	9 9 41	0Sc14	18 59	28 59	2 16	13 36	20 44	10 55	14 22	24 4	16 2
3	16:44:39	10 10 34	14 11	20 6	0Cp14	2 58	13 36	20 45	10 58	14 21	24 3	15 59
4	16:48:36	11 11 28	28 30	21 15	1 29	3 39	13 35	20 46	11 1	14 19	24 2	15 56
5	16:52:32	12 12 24	13Sg 8	22 28	2 44	4 20	13 34	20 47	11 4	14 18	24 0	15 53
6	16:56:29	13 13 20	27 57	23 44	3 59	5 2	13 33	20 48	11 8	14 16	23 59	15 50
7	17: 0:26	14 14 17	12Cp50	25 2	5 14	5 43	13 32	20 49	11 11	14 15	23 58	15 47
8	17: 4:22	15 15 16	27 37	26 21	6 29	6 25	13 31	20 51	11 14	14 14	23 57	15 43
9	17: 8:19	16 16 15	12Aq14	27 43	7 44	7 6	13 29	20 52	11 18	14 12	23 56	15 40
10	17:12:15	17 17 14	26 37	29 5	8 59	7 48	13 28	20 54	11 21	14 11	23 55	15 37
11	17:16:12	18 18 14	10Pi41	0Sg30	10 14	8 30	13 26	20 55	11 24	14 9	23 54	15 34
12	17:20: 8	19 19 15	24 28	1 55	11 28	9 11	13 24	20 57	11 28	14 8	23 52	15 31
13	17:24: 5	20 20 15	7Ar56	3 21	12 43	9 53	13 21	20 59	11 31	14 6	23 51	15 27
14	17:28: 1	21 21 17	21 8	4 48	13 58	10 35	13 19	21 1	11 34	14 5	23 50	15 24
15	17:31:58	22 22 19	4Ta 4	6 15	15 13	11 17	13 16	21 3	11 38	14 3	23 49	15 21
16	17:35:55	23 23 21	16 47	7 43	16 28	11 59	13 13	21 5	11 41	14 2	23 48	15 18
17	17:39:51	24 24 25	29 16	9 12	17 42	12 40	13 10	21 8	11 45	14 0	23 46	15 15
18	17:43:48	25 25 28	11Ge35	10 41	18 57	13 22	13 6	21 10	11 48	13 58	23 45	15 12
19	17:47:44	26 26 32	23 43	12 11	20 12	14 4	13 3	21 13	11 52	13 57	23 44	15 8
20	17:51:41	27 27 37	5Cn44	13 41	21 27	14 46	12 59	21 15	11 55	13 55	23 43	15 5
21	17:55:37	28 28 42	17 37	15 11	22 42	15 28	12 55	21 18	11 59	13 54	23 42	15 2
22	17:59:34	29 29 48	29 26	16 42	23 56	16 10	12 51	21 21	12 2	13 52	23 41	14 59
23	18: 3:31	0Cp30 54	11Le13	18 13	25 11	16 52	12 47	21 24	12 6	13 50	23 39	14 56
24	18: 7:27	1 32 1	23 2	19 44	26 26	17 34	12 43	21 27	12 9	13 49	23 38	14 53
25	18:11:24	2 33 9	4Vi55	21 16	27 40	18 16	12 38	21 30	12 13	13 47	23 37	14 49
26	18:15:20	3 34 17	16 58	22 48	28 55	18 58	12 33	21 33	12 16	13 45	23 36	14 46
27	18:19:17	4 35 25	29 15	24 20	0Aq10	19 40	12 28	21 36	12 20	13 44	23 35	14 43
28	18:23:13	5 36 34	11Li50	25 52	1 24	20 22	12 23	21 40	12 23	13 42	23 34	14 40
29	18:27:10	6 37 44	24 48	27 25	2 39	21 5	12 18	21 43	12 27	13 40	23 32	14 37
30	18:31: 6	7 38 54	8Sc11	28 58	3 54	21 47	12 13	21 47	12 31	13 39	23 31	14 33
31	18:35: 3	8 40 5	22 2	0Cp31	5 8	22 29	12 7	21 51	12 34	13 37	23 30	14 30

12/22 Sun in Cap. 23:52   12/5 New 10:23   12/12 1st Qt. 2:16   12/19 Full 17:55   12/27 3rd Qt. 23:10

Day	Sid. T.	Sun	Moon	Merc.	Venus	Mars	Jup.	Saturn	Uranus	Nept.	Pluto	N.Node
1	18:39: 0	9Cp41 16	6Sg20	2Cp 5	6Aq23	23Pi11	12Le 1R	21Pi54	12Cp38	13Cn35R	23Ge29R	14Cn27
2	18:42:56	10 42 27	21 1	3 39	7 37	23 53	11 56	21 58	12 41	13 34	23 28	14 24
3	18:46:53	11 43 38	6Cp 1	5 13	8 52	24 35	11 50	22 2	12 45	13 32	23 27	14 21
4	18:50:49	12 44 50	21 10	6 48	10 6	25 17	11 43	22 6	12 48	13 30	23 26	14 18
5	18:54:46	13 46 1	6Aq20	8 23	11 21	26 0	11 37	22 10	12 52	13 29	23 25	14 14
6	18:58:42	14 47 12	21 20	9 58	12 35	26 42	11 31	22 14	12 56	13 27	23 23	14 11
7	19: 2:39	15 48 23	6Pi 4	11 34	13 50	27 24	11 24	22 19	12 59	13 25	23 22	14 8
8	19: 6:35	16 49 33	20 26	13 10	15 4	28 6	11 18	22 23	13 3	13 23	23 21	14 5
9	19:10:32	17 50 43	4Ar23	14 47	16 19	28 48	11 11	22 28	13 6	13 22	23 20	14 2
10	19:14:29	18 51 52	17 54	16 24	17 33	29 30	11 4	22 32	13 10	13 20	23 19	13 59
11	19:18:25	19 53 0	1Ta 2	18 2	18 47	0Ar13	10 57	22 37	13 14	13 18	23 18	13 55
12	19:22:22	20 54 8	13 50	19 39	20 1	0 55	10 50	22 41	13 17	13 17	23 17	13 52
13	19:26:18	21 55 16	26 19	21 18	21 16	1 37	10 43	22 46	13 21	13 15	23 16	13 49
14	19:30:15	22 56 22	8Ge35	22 57	22 30	2 19	10 35	22 51	13 24	13 13	23 15	13 46
15	19:34:11	23 57 29	20 40	24 36	23 44	3 1	10 28	22 56	13 28	13 12	23 14	13 43
16	19:38: 8	24 58 34	2Cn37	26 16	24 58	3 43	10 21	23 1	13 31	13 10	23 13	13 39
17	19:42: 4	25 59 39	14 28	27 56	26 12	4 25	10 13	23 6	13 35	13 8	23 12	13 36
18	19:46: 1	27 0 44	26 17	29 37	27 26	5 8	10 5	23 11	13 38	13 7	23 11	13 33
19	19:49:58	28 1 48	8Le 6	1Aq19	28 40	5 50	9 58	23 17	13 42	13 5	23 10	13 30
20	19:53:54	29 2 51	19 55	3 1	29 54	6 32	9 50	23 22	13 45	13 3	23 9	13 27
21	19:57:51	0Aq 3 53	1Vi48	4 43	1Pi 8	7 14	9 42	23 27	13 49	13 2	23 8	13 24
22	20: 1:47	1 4 56	13 47	6 26	2 22	7 56	9 34	23 33	13 52	13 0	23 7	13 20
23	20: 5:44	2 5 57	25 54	8 9	3 36	8 38	9 27	23 38	13 56	12 59	23 7	13 17
24	20: 9:40	3 6 58	8Li12	9 53	4 50	9 20	9 19	23 44	13 59	12 57	23 6	13 14
25	20:13:37	4 7 58	20 46	11 37	6 4	10 2	9 11	23 49	14 3	12 56	23 5	13 11
26	20:17:33	5 8 58	3Sc38	13 21	7 17	10 44	9 3	23 55	14 6	12 54	23 4	13 8
27	20:21:30	6 9 58	16 52	15 6	8 31	11 26	8 55	24 1	14 9	12 52	23 3	13 5
28	20:25:27	7 10 57	0Sg30	16 50	9 45	12 8	8 47	24 7	14 13	12 51	23 2	13 1
29	20:29:23	8 11 55	14 34	18 35	10 58	12 50	8 39	24 13	14 16	12 49	23 2	12 58
30	20:33:20	9 12 52	29 3	20 20	12 12	13 32	8 31	24 19	14 19	12 48	23 1	12 55
31	20:37:16	10 13 49	13Cp55	22 4	13 25	14 14	8 23	24 25	14 23	12 46	23 0	12 52

1/21 Sun in Aqu. 10:28   1/3 New 21:43(E)   1/10 1st Qt. 13:53   1/18 Full 13:37   1/26 3rd Qt. 15:01

Day	Sid. T.	Sun	Moon	Merc.	Venus	Mars	Jup.	Saturn	Uranus	Nept.	Pluto	N.Node
1	20:41:13	11Aq14 45	29Cp 2	23Aq47	14Pi39	14Ar56	8Le15R	24Pi31	14Cp26	12Cn45R	22Ge59R	12Cn49
2	20:45: 9	12 15 40	14Aq17	25 30	15 52	15 38	8 7	24 37	14 29	12 44	22 59	12 45
3	20:49: 6	13 16 33	29 28	27 12	17 5	16 20	7 59	24 43	14 33	12 42	22 58	12 42
4	20:53: 2	14 17 26	14Pi28	28 52	18 19	17 2	7 51	24 49	14 36	12 41	22 57	12 39
5	20:56:59	15 18 17	29 5	0Pi31	19 32	17 44	7 43	24 56	14 39	12 39	22 56	12 36
6	21: 0:56	16 19 6	13Ar17	2 7	20 45	18 26	7 35	25 2	14 42	12 38	22 56	12 33
7	21: 4:52	17 19 55	26 59	3 41	21 58	19 8	7 27	25 8	14 45	12 37	22 55	12 30
8	21: 8:49	18 20 41	10Ta13	5 11	23 11	19 50	7 20	25 15	14 49	12 35	22 55	12 26
9	21:12:45	19 21 26	23 1	6 38	24 24	20 31	7 12	25 21	14 52	12 34	22 54	12 23
10	21:16:42	20 22 10	5Ge28	8 0	25 37	21 13	7 4	25 28	14 55	12 33	22 53	12 20
11	21:20:38	21 22 52	17 38	9 17	26 50	21 55	6 57	25 34	14 58	12 31	22 53	12 17
12	21:24:35	22 23 32	29 37	10 28	28 2	22 37	6 49	25 41	15 1	12 30	22 52	12 14
13	21:28:31	23 24 11	11Cn27	11 32	29 15	23 18	6 42	25 48	15 4	12 29	22 52	12 10
14	21:32:28	24 24 48	23 14	12 29	0Ar27	24 0	6 34	25 54	15 7	12 28	22 51	12 7
15	21:36:25	25 25 24	5Le 2	13 18	1 40	24 42	6 27	26 1	15 10	12 27	22 51	12 4
16	21:40:21	26 25 57	16 51	13 58	2 52	25 24	6 20	26 8	15 13	12 26	22 50	12 1
17	21:44:18	27 26 30	28 46	14 29	4 5	26 5	6 13	26 15	15 16	12 24	22 50	11 58
18	21:48:14	28 27 1	10Vi48	14 51	5 17	26 47	6 6	26 22	15 19	12 23	22 49	11 55
19	21:52:11	29 27 30	22 57	15 2	6 29	27 28	5 59	26 29	15 21	12 22	22 49	11 51
20	21:56: 7	0Pi27 58	5Li15	15 3R	7 41	28 10	5 53	26 35	15 24	12 21	22 49	11 48
21	22: 0: 4	1 28 24	17 44	14 54	8 53	28 51	5 46	26 42	15 27	12 20	22 48	11 45
22	22: 4: 0	2 28 49	0Sc25	14 35	10 5	29 33	5 40	26 49	15 30	12 19	22 48	11 42
23	22: 7:57	3 29 13	13 20	14 6	11 17	0Ta14	5 33	26 56	15 32	12 18	22 48	11 39
24	22:11:54	4 29 35	26 31	13 29	12 28	0 56	5 27	27 4	15 35	12 17	22 48	11 36
25	22:15:50	5 29 56	10Sg 1	12 44	13 40	1 37	5 21	27 11	15 38	12 17	22 47	11 32
26	22:19:47	6 30 15	23 51	11 52	14 51	2 19	5 15	27 18	15 40	12 16	22 47	11 29
27	22:23:43	7 30 34	8Cp 3	10 56	16 3	3 0	5 9	27 25	15 43	12 15	22 47	11 26
28	22:27:40	8 30 50	22 35	9 55	17 14	3 42	5 4	27 32	15 45	12 14	22 47	11 23
29	22:31:36	9 31 5	7Aq24	8 53	18 25	4 23	4 58	27 39	15 48	12 13	22 46	11 20

2/20 Sun in Pis. 0:54   2/2 New 8:36   2/9 1st Qt. 4:27   2/17 Full 9:05   2/25 3rd Qt. 3:24

MARCH 1908

Day	Sid. T.	Sun	Moon	Merc.	Venus	Mars	Jup.	Saturn	Uranus	Nept.	Pluto	N.Node
1	22:35:33	10Pi31 19	22Aq25	7Pi49R	19Ar37	5Ta 4	4Le53R	27Pi47	15Cp50	12Cn13R	22Ge46R	11Cn16
2	22:39:29	11 31 30	7Pi28	6 47	20 48	5 46	4 48	27 54	15 53	12 12	22 46	11 13
3	22:43:26	12 31 40	22 25	5 47	21 58	6 27	4 42	28 1	15 55	12 11	22 46	11 10
4	22:47:22	13 31 48	7Ar 6	4 50	23 9	7 8	4 38	28 8	15 57	12 11	22 46	11 7
5	22:51:19	14 31 54	21 24	3 58	24 20	7 49	4 33	28 16	16 0	12 10	22 46	11 4
6	22:55:16	15 31 58	5Ta14	3 10	25 30	8 30	4 28	28 23	16 2	12 9	22 46	11 1
7	22:59:12	16 32 0	18 35	2 29	26 41	9 12	4 24	28 30	16 4	12 9	22 46D	10 57
8	23: 3: 9	17 31 59	1Ge29	1 54	27 51	9 53	4 20	28 38	16 6	12 8	22 46	10 54
9	23: 7: 5	18 31 57	13 59	1 26	29 1	10 34	4 16	28 45	16 8	12 8	22 46	10 51
10	23:11: 2	19 31 52	26 10	1 4	0Ta11	11 15	4 12	28 53	16 10	12 7	22 46	10 48
11	23:14:58	20 31 45	8Cn 8	0 48	1 21	11 56	4 8	29 0	16 12	12 7	22 46	10 45
12	23:18:55	21 31 36	19 57	0 40	2 31	12 37	4 4	29 7	16 14	12 6	22 46	10 42
13	23:22:51	22 31 25	1Le44	0 37D	3 41	13 18	4 1	29 15	16 16	12 6	22 46	10 38
14	23:26:48	23 31 11	13 32	0 41	4 50	13 59	3 58	29 22	16 18	12 6	22 46	10 35
15	23:30:45	24 30 56	25 26	0 50	5 59	14 40	3 55	29 30	16 20	12 6	22 47	10 32
16	23:34:41	25 30 38	7Vi28	1 5	7 9	15 21	3 52	29 37	16 22	12 5	22 47	10 29
17	23:38:38	26 30 18	19 40	1 26	8 18	16 2	3 50	29 45	16 24	12 5	22 47	10 26
18	23:42:34	27 29 56	2Li 3	1 51	9 26	16 42	3 47	29 52	16 25	12 5	22 47	10 22
19	23:46:31	28 29 32	14 37	2 21	10 35	17 23	3 45	0Ar 0	16 27	12 5	22 48	10 19
20	23:50:27	29 29 6	27 23	2 55	11 44	18 4	3 43	0 7	16 29	12 5	22 48	10 16
21	23:54:24	0Ar28 38	10Sc21	3 33	12 52	18 45	3 41	0 15	16 30	12 4	22 48	10 13
22	23:58:20	1 28 9	23 30	4 16	14 0	19 25	3 39	0 22	16 32	12 4	22 48	10 10
23	0: 2:17	2 27 37	6Sg50	5 2	15 8	20 6	3 38	0 29	16 33	12 4D	22 49	10 7
24	0: 6:14	3 27 4	20 23	5 51	16 16	20 47	3 37	0 37	16 35	12 4	22 49	10 3
25	0:10:10	4 26 30	4Cp10	6 44	17 24	21 27	3 36	0 44	16 36	12 4	22 50	10 0
26	0:14: 7	5 25 53	18 10	7 40	18 31	22 8	3 35	0 52	16 37	12 5	22 50	9 57
27	0:18: 3	6 25 15	2Aq25	8 38	19 39	22 49	3 34	0 59	16 39	12 5	22 50	9 54
28	0:22: 0	7 24 35	16 53	9 39	20 46	23 29	3 34	1 7	16 40	12 5	22 51	9 51
29	0:25:56	8 23 53	1Pi30	10 43	21 53	24 10	3 33	1 14	16 41	12 5	22 51	9 48
30	0:29:53	9 23 9	16 11	11 50	23 0	24 50	3 33	1 22	16 42	12 5	22 52	9 44
31	0:33:49	10 22 23	0Ar48	12 59	24 6	25 31	3 33D	1 29	16 43	12 5	22 52	9 41

3/21 Sun in Ari. 0:27   3/2 New 18:57   3/9 1st Qt. 21:42   3/18 Full 2:28   3/25 3rd Qt. 12:32

APRIL 1908

Day	Sid. T.	Sun	Moon	Merc.	Venus	Mars	Jup.	Saturn	Uranus	Nept.	Pluto	N.Node
1	0:37:46	11Ar21 35	15Ar14	14Pi10	25Ta13	26Ta11	3Le34	1Ar36	16Cp44	12Cn 6	22Ge53	9Cn38
2	0:41:42	12 20 46	29 23	15 23	26 19	26 51	3 34	1 44	16 45	12 6	22 54	9 35
3	0:45:39	13 19 54	13Ta 9	16 38	27 25	27 32	3 35	1 51	16 46	12 6	22 54	9 32
4	0:49:36	14 18 59	26 30	17 55	28 30	28 12	3 36	1 59	16 47	12 7	22 55	9 28
5	0:53:32	15 18 3	9Ge25	19 14	29 36	28 53	3 37	2 6	16 48	12 7	22 55	9 25
6	0:57:29	16 17 5	21 58	20 35	0Ge41	29 33	3 38	2 13	16 49	12 8	22 56	9 22
7	1: 1:25	17 16 4	4Cn12	21 58	1 46	0Ge13	3 39	2 21	16 49	12 8	22 57	9 19
8	1: 5:22	18 15 1	16 12	23 23	2 50	0 53	3 41	2 28	16 50	12 9	22 57	9 16
9	1: 9:18	19 13 55	28 3	24 49	3 55	1 33	3 43	2 35	16 51	12 9	22 58	9 13
10	1:13:15	20 12 47	9Le51	26 17	4 59	2 14	3 45	2 42	16 51	12 10	22 59	9 9
11	1:17:12	21 11 37	21 42	27 47	6 3	2 54	3 47	2 50	16 52	12 10	22 59	9 6
12	1:21: 8	22 10 25	3Vi40	29 18	7 6	3 34	3 49	2 57	16 52	12 11	23 0	9 3
13	1:25: 5	23 9 11	15 48	0Ar51	8 10	4 14	3 52	3 4	16 53	12 12	23 1	9 0
14	1:29: 1	24 7 54	28 9	2 26	9 13	4 54	3 54	3 11	16 53	12 12	23 2	8 57
15	1:32:58	25 6 35	10Li46	4 2	10 15	5 34	3 57	3 18	16 53	12 13	23 3	8 54
16	1:36:54	26 5 14	23 37	5 40	11 18	6 14	4 0	3 25	16 54	12 14	23 3	8 50
17	1:40:51	27 3 52	6Sc44	7 20	12 20	6 54	4 3	3 32	16 54	12 15	23 4	8 47
18	1:44:47	28 2 27	20 3	9 1	13 21	7 34	4 7	3 39	16 54	12 16	23 5	8 44
19	1:48:44	29 1 1	3Sg34	10 44	14 23	8 14	4 10	3 46	16 54	12 16	23 6	8 41
20	1:52:40	29 59 33	17 15	12 29	15 24	8 54	4 14	3 53	16 54	12 17	23 7	8 38
21	1:56:37	0Ta58 3	1Cp 4	14 15	16 24	9 34	4 18	4 0	16 54R	12 18	23 8	8 34
22	2: 0:34	1 56 32	14 59	16 3	17 24	10 13	4 22	4 7	16 54	12 19	23 9	8 31
23	2: 4:30	2 54 59	29 2	17 52	18 24	10 53	4 26	4 14	16 54	12 20	23 10	8 28
24	2: 8:27	3 53 24	13Aq10	19 44	19 24	11 33	4 31	4 21	16 54	12 21	23 11	8 25
25	2:12:23	4 51 48	27 23	21 37	20 23	12 13	4 35	4 28	16 54	12 22	23 12	8 22
26	2:16:20	5 50 10	11Pi38	23 31	21 21	12 52	4 40	4 35	16 54	12 23	23 13	8 19
27	2:20:16	6 48 31	25 53	25 27	22 19	13 32	4 45	4 41	16 53	12 25	23 14	8 15
28	2:24:13	7 46 50	10Ar 3	27 25	23 17	14 12	4 50	4 48	16 53	12 26	23 15	8 12
29	2:28: 9	8 45 7	24 4	29 25	24 14	14 51	4 55	4 55	16 53	12 27	23 16	8 9
30	2:32: 6	9 43 23	7Ta51	1Ta26	25 11	15 31	5 1	5 1	16 52	12 28	23 17	8 6

4/20 Sun in Tau. 12:11   4/1 New 5:02   4/8 1st Qt. 16:31   4/16 Full 16:55   4/23 3rd Qt. 19:07   4/30 New 15:33

Day	Sid. T.	Sun	Moon	Merc.	Venus	Mars	Jup.	Saturn	Uranus	Nept.	Pluto	N.Node
1	2:36: 3	10Ta41 37	21Ta20	3Ta29	26Ge 7	16Ge11	5Le 6	5Ar 8	16Cp52R	12Cn29	23Ge18	8Cn 3
2	2:39:59	11 39 49	4Ge30	5 33	27 3	16 50	5 12	5 14	16 51	12 31	23 19	7 59
3	2:43:56	12 38 0	17 19	7 38	27 58	17 30	5 18	5 21	16 51	12 32	23 20	7 56
4	2:47:52	13 36 8	29 48	9 45	28 53	18 9	5 24	5 27	16 50	12 33	23 21	7 53
5	2:51:49	14 34 15	12Cn 2	11 53	29 47	18 49	5 30	5 34	16 49	12 34	23 22	7 50
6	2:55:45	15 32 20	24 2	14 2	0Cn41	19 28	5 36	5 40	16 49	12 36	23 24	7 47
7	2:59:42	16 30 23	5Le55	16 12	1 33	20 8	5 43	5 46	16 48	12 37	23 25	7 44
8	3: 3:38	17 28 24	17 45	18 22	2 26	20 47	5 49	5 53	16 47	12 39	23 26	7 40
9	3: 7:35	18 26 23	29 37	20 32	3 17	21 26	5 56	5 59	16 46	12 40	23 27	7 37
10	3:11:32	19 24 20	11Vi37	22 43	4 8	22 6	6 3	6 5	16 45	12 42	23 28	7 34
11	3:15:28	20 22 15	23 49	24 53	4 58	22 45	6 10	6 11	16 44	12 43	23 30	7 31
12	3:19:25	21 20 9	6Li16	27 3	5 47	23 24	6 17	6 17	16 44	12 45	23 31	7 28
13	3:23:21	22 18 1	19 1	29 12	6 36	24 4	6 24	6 23	16 42	12 46	23 32	7 25
14	3:27:18	23 15 51	2Sc 6	1Ge21	7 24	24 43	6 32	6 29	16 41	12 48	23 33	7 21
15	3:31:14	24 13 40	15 29	3 27	8 11	25 22	6 39	6 35	16 40	12 49	23 34	7 18
16	3:35:11	25 11 27	29 11	5 33	8 57	26 1	6 47	6 40	16 39	12 51	23 36	7 15
17	3:39: 7	26 9 13	13Sg 6	7 36	9 42	26 41	6 54	6 46	16 38	12 53	23 37	7 12
18	3:43: 4	27 6 58	27 12	9 37	10 26	27 20	7 2	6 52	16 37	12 54	23 38	7 9
19	3:47: 1	28 4 41	11Cp25	11 36	11 10	27 59	7 10	6 57	16 35	12 56	23 40	7 5
20	3:50:57	29 2 23	25 42	13 33	11 52	28 38	7 18	7 3	16 34	12 58	23 41	7 2
21	3:54:54	0Ge 0 4	9Aq58	15 27	12 34	29 17	7 27	7 9	16 33	12 59	23 42	6 59
22	3:58:50	0 57 45	24 12	17 19	13 14	29 56	7 35	7 14	16 31	13 1	23 44	6 56
23	4: 2:47	1 55 24	8Pi21	19 8	13 53	0Cn35	7 43	7 19	16 30	13 3	23 45	6 53
24	4: 6:43	2 53 2	22 25	20 54	14 31	1 14	7 52	7 25	16 28	13 5	23 46	6 50
25	4:10:40	3 50 39	6Ar20	22 37	15 8	1 53	8 1	7 30	16 27	13 6	23 48	6 46
26	4:14:36	4 48 15	20 6	24 17	15 43	2 32	8 9	7 35	16 25	13 8	23 49	6 43
27	4:18:33	5 45 50	3Ta40	25 54	16 18	3 11	8 18	7 40	16 23	13 10	23 50	6 40
28	4:22:30	6 43 25	17 0	27 28	16 51	3 50	8 27	7 45	16 22	13 12	23 52	6 37
29	4:26:26	7 40 58	0Ge 6	28 59	17 22	4 29	8 37	7 50	16 20	13 14	23 53	6 34
30	4:30:23	8 38 31	12 57	0Cn27	17 52	5 8	8 46	7 55	16 18	13 16	23 54	6 31
31	4:34:19	9 36 2	25 32	1 52	18 21	5 47	8 55	8 0	16 17	13 18	23 56	6 27

5/21 Sun in Gem. 11:58   5/8 1st Qt. 11:23   5/16 Full 4:32   5/23 3rd Qt. 0:17   5/30 New 3:14

Day	Sid. T.	Sun	Moon	Merc.	Venus	Mars	Jup.	Saturn	Uranus	Nept.	Pluto	N.Node
1	4:38:16	10Ge33 32	7Cn53	3Cn13	18Cn48	6Cn26	9Le 5	8Ar 5	16Cp15R	13Cn19	23Ge57	6Cn24
2	4:42:12	11 31 1	20 1	4 32	19 14	7 5	9 14	8 9	16 13	13 21	23 59	6 21
3	4:46: 9	12 28 29	2Le 0	5 47	19 37	7 44	9 24	8 14	16 11	13 23	24 0	6 18
4	4:50: 6	13 25 56	13 52	6 59	19 59	8 22	9 33	8 18	16 9	13 25	24 1	6 15
5	4:54: 2	14 23 21	25 42	8 7	20 20	9 1	9 43	8 23	16 7	13 27	24 3	6 11
6	4:57:59	15 20 46	7Vi35	9 12	20 38	9 40	9 53	8 27	16 5	13 29	24 4	6 8
7	5: 1:55	16 18 9	19 34	10 14	20 54	10 19	10 3	8 32	16 3	13 31	24 6	6 5
8	5: 5:52	17 15 31	1Li46	11 12	21 9	10 58	10 13	8 36	16 1	13 33	24 7	6 2
9	5: 9:48	18 12 52	14 14	12 6	21 21	11 36	10 23	8 40	15 59	13 35	24 8	5 59
10	5:13:45	19 10 12	27 1	12 57	21 32	12 15	10 34	8 44	15 57	13 37	24 10	5 56
11	5:17:41	20 7 31	10Sc11	13 44	21 40	12 54	10 44	8 48	15 55	13 40	24 11	5 52
12	5:21:38	21 4 50	23 44	14 27	21 46	13 32	10 55	8 52	15 53	13 42	24 13	5 49
13	5:25:35	22 2 7	7Sg40	15 5	21 50	14 11	11 5	8 56	15 51	13 44	24 14	5 46
14	5:29:31	22 59 24	21 55	15 40	21 51	14 50	11 16	8 59	15 49	13 46	24 15	5 43
15	5:33:28	23 56 40	6Cp25	16 11	21 50R	15 28	11 26	9 3	15 47	13 48	24 17	5 40
16	5:37:24	24 53 56	21 4	16 37	21 47	16 7	11 37	9 7	15 45	13 50	24 18	5 37
17	5:41:21	25 51 11	5Aq46	16 59	21 41	16 45	11 48	9 10	15 42	13 52	24 20	5 33
18	5:45:17	26 48 26	20 25	17 16	21 33	17 24	11 59	9 13	15 40	13 54	24 21	5 30
19	5:49:14	27 45 41	4Pi54	17 29	21 23	18 3	12 10	9 17	15 38	13 57	24 23	5 27
20	5:53:10	28 42 55	19 11	17 38	21 10	18 41	12 21	9 20	15 36	13 59	24 24	5 24
21	5:57: 7	29 40 10	3Ar13	17 41	20 55	19 20	12 32	9 23	15 33	14 1	24 25	5 21
22	6: 1: 4	0Cn37 24	16 59	17 41R	20 37	19 58	12 43	9 26	15 31	14 3	24 27	5 17
23	6: 5: 0	1 34 38	0Ta28	17 35	20 18	20 37	12 55	9 29	15 29	14 5	24 28	5 14
24	6: 8:57	2 31 52	13 41	17 26	19 56	21 15	13 6	9 32	15 26	14 7	24 30	5 11
25	6:12:53	3 29 6	26 39	17 12	19 31	21 54	13 17	9 34	15 24	14 10	24 31	5 8
26	6:16:50	4 26 20	9Ge23	16 53	19 5	22 32	13 29	9 37	15 22	14 12	24 32	5 5
27	6:20:46	5 23 34	21 54	16 32	18 37	23 11	13 40	9 40	15 19	14 14	24 34	5 2
28	6:24:43	6 20 48	4Cn14	16 6	18 7	23 49	13 52	9 42	15 17	14 16	24 35	4 58
29	6:28:39	7 18 1	16 23	15 37	17 36	24 27	14 4	9 44	15 15	14 18	24 37	4 55
30	6:32:36	8 15 15	28 23	15 6	17 3	25 6	14 15	9 47	15 12	14 21	24 38	4 52

6/21 Sun in Can. 20:19   6/7 1st Qt. 4:56   6/14 Full 13:55   6/21 3rd Qt. 5:26   6/28 New 16:31(E)

JULY 1908

Day	Sid. T.	Sun	Moon	Merc.	Venus	Mars	Jup.	Saturn	Uranus	Nept.	Pluto	N.Node
1	6:36:33	9Cn12 28	10Le18	14Cn32R	16Cn28R	25Cn44	14Le27	9Ar49	15Cp10R	14Cn23	24Ge39	4Cn49
2	6:40:29	10 9 41	22 8	13 57	15 53	26 23	14 39	9 51	15 7	14 25	24 41	4 46
3	6:44:26	11 6 54	3Vi58	13 21	15 17	27 1	14 51	9 53	15 5	14 27	24 42	4 43
4	6:48:22	12 4 6	15 50	12 43	14 40	27 39	15 3	9 55	15 2	14 30	24 44	4 39
5	6:52:19	13 1 18	27 49	12 6	14 2	28 18	15 15	9 57	15 0	14 32	24 45	4 36
6	6:56:15	13 58 30	9Li59	11 30	13 25	28 56	15 27	9 58	14 58	14 34	24 46	4 33
7	7: 0:12	14 55 42	22 25	10 55	12 47	29 35	15 39	10 0	14 55	14 36	24 48	4 30
8	7: 4: 8	15 52 54	5Sc 9	10 22	12 10	0Le13	15 51	10 1	14 53	14 38	24 49	4 27
9	7: 8: 5	16 50 6	18 17	9 52	11 34	0 51	16 3	10 3	14 50	14 41	24 50	4 23
10	7:12: 2	17 47 17	1Sg50	9 25	10 58	1 29	16 16	10 4	14 48	14 43	24 52	4 20
11	7:15:58	18 44 29	15 49	9 1	10 23	2 8	16 28	10 5	14 46	14 45	24 53	4 17
12	7:19:55	19 41 41	0Cp12	8 42	9 49	2 46	16 40	10 6	14 43	14 47	24 54	4 14
13	7:23:51	20 38 53	14 57	8 26	9 17	3 24	16 53	10 7	14 41	14 50	24 56	4 11
14	7:27:48	21 36 5	29 55	8 16	8 46	4 3	17 5	10 8	14 38	14 52	24 57	4 8
15	7:31:44	22 33 18	15Aq 0	8 11	8 17	4 41	17 18	10 9	14 36	14 54	24 58	4 4
16	7:35:41	23 30 31	0Pi 1	8 11D	7 50	5 19	17 30	10 9	14 34	14 56	25 0	4 1
17	7:39:37	24 27 44	14 51	8 16	7 25	5 57	17 43	10 10	14 31	14 58	25 1	3 58
18	7:43:34	25 24 59	29 23	8 27	7 2	6 36	17 55	10 11	14 29	15 1	25 2	3 55
19	7:47:31	26 22 14	13Ar33	8 44	6 42	7 14	18 8	10 11	14 26	15 3	25 3	3 52
20	7:51:27	27 19 30	27 19	9 6	6 23	7 52	18 20	10 11	14 24	15 5	25 5	3 48
21	7:55:24	28 16 46	10Ta42	9 34	6 7	8 30	18 33	10 11	14 22	15 7	25 6	3 45
22	7:59:20	29 14 4	23 43	10 8	5 53	9 9	18 46	10 11R	14 19	15 9	25 7	3 42
23	8: 3:17	0Le11 22	6Ge26	10 47	5 42	9 47	18 59	10 11	14 17	15 12	25 9	3 39
24	8: 7:13	1 8 42	18 54	11 32	5 33	10 25	19 11	10 11	14 15	15 14	25 9	3 36
25	8:11:10	2 6 2	1Cn 9	12 23	5 27	11 3	19 24	10 11	14 13	15 16	25 11	3 33
26	8:15: 7	3 3 23	13 15	13 19	5 22	11 41	19 37	10 11	14 10	15 18	25 12	3 29
27	8:19: 3	4 0 45	25 13	14 21	5 21	12 20	19 50	10 10	14 8	15 20	25 13	3 26
28	8:23: 0	4 58 8	7Le 7	15 28	5 21D	12 58	20 3	10 10	14 6	15 22	25 14	3 23
29	8:26:56	5 55 31	18 58	16 40	5 24	13 36	20 16	10 9	14 4	15 24	25 15	3 20
30	8:30:53	6 52 55	0Vi48	17 58	5 29	14 14	20 29	10 8	14 1	15 27	25 16	3 17
31	8:34:49	7 50 20	12 38	19 20	5 36	14 52	20 42	10 7	13 59	15 29	25 17	3 14

7/23 Sun in Leo 7:14   7/6 1st Qt. 20:25   7/13 Full 21:48   7/20 3rd Qt. 12:02   7/28 New 7:17

AUGUST 1908

Day	Sid. T.	Sun	Moon	Merc.	Venus	Mars	Jup.	Saturn	Uranus	Nept.	Pluto	N.Node
1	8:38:46	8Le47 45	24Vi33	20Cn47	5Cn46	15Le31	20Le55	10Ar 6R	13Cp57R	15Cn31	25Ge18	3Cn10
2	8:42:42	9 45 12	6Li33	22 19	5 57	16 9	21 8	10 5	13 55	15 33	25 20	3 7
3	8:46:39	10 42 39	18 43	23 55	6 11	16 47	21 21	10 4	13 53	15 35	25 21	3 4
4	8:50:35	11 40 6	1Sc 6	25 35	6 26	17 25	21 34	10 3	13 51	15 37	25 22	3 1
5	8:54:32	12 37 35	13 47	27 19	6 44	18 3	21 47	10 1	13 49	15 39	25 23	2 58
6	8:58:29	13 35 4	26 48	29 6	7 3	18 41	22 0	10 0	13 47	15 41	25 24	2 54
7	9: 2:25	14 32 34	10Sg14	0Le57	7 24	19 20	22 13	9 58	13 45	15 43	25 25	2 51
8	9: 6:22	15 30 5	24 7	2 50	7 47	19 58	22 26	9 57	13 43	15 45	25 26	2 48
9	9:10:18	16 27 37	8Cp27	4 45	8 11	20 36	22 39	9 55	13 41	15 47	25 27	2 45
10	9:14:15	17 25 9	23 12	6 43	8 37	21 14	22 52	9 53	13 39	15 49	25 28	2 42
11	9:18:11	18 22 43	8Aq16	8 42	9 5	21 52	23 5	9 51	13 37	15 51	25 29	2 39
12	9:22: 8	19 20 18	23 32	10 43	9 34	22 30	23 18	9 49	13 35	15 53	25 30	2 35
13	9:26: 4	20 17 53	8Pi48	12 44	10 5	23 9	23 31	9 47	13 34	15 55	25 30	2 32
14	9:30: 1	21 15 31	23 54	14 46	10 37	23 47	23 44	9 45	13 32	15 57	25 31	2 29
15	9:33:58	22 13 9	8Ar41	16 48	11 10	24 25	23 57	9 43	13 30	15 59	25 32	2 26
16	9:37:54	23 10 49	23 3	18 50	11 45	25 3	24 10	9 40	13 29	16 0	25 33	2 23
17	9:41:51	24 8 31	6Ta56	20 52	12 21	25 41	24 23	9 38	13 27	16 2	25 34	2 20
18	9:45:47	25 6 15	20 20	22 53	12 58	26 19	24 36	9 35	13 25	16 4	25 35	2 16
19	9:49:44	26 4 0	3Ge19	24 54	13 37	26 57	24 50	9 32	13 24	16 6	25 35	2 13
20	9:53:40	27 1 47	15 56	26 54	14 16	27 36	25 3	9 30	13 22	16 8	25 36	2 10
21	9:57:37	27 59 35	28 13	28 54	14 57	28 14	25 16	9 27	13 21	16 10	25 37	2 7
22	10: 1:33	28 57 25	10Cn22	0Vi51	15 39	28 52	25 29	9 24	13 19	16 11	25 38	2 4
23	10: 5:30	29 55 17	22 19	2 48	16 21	29 30	25 42	9 21	13 18	16 13	25 38	2 0
24	10: 9:27	0Vi53 11	4Le11	4 44	17 5	0Vi 8	25 55	9 18	13 16	16 15	25 39	1 57
25	10:13:23	1 51 6	16 1	6 39	17 50	0 47	26 8	9 15	13 15	16 16	25 40	1 54
26	10:17:20	2 49 2	27 50	8 32	18 35	1 25	26 21	9 11	13 14	16 18	25 41	1 51
27	10:21:16	3 47 1	9Vi42	10 24	19 22	2 3	26 34	9 8	13 12	16 20	25 41	1 48
28	10:25:13	4 45 0	21 37	12 15	20 9	2 41	26 47	9 5	13 11	16 21	25 42	1 45
29	10:29: 9	5 43 1	3Li37	14 5	20 57	3 19	27 0	9 1	13 10	16 23	25 42	1 41
30	10:33: 6	6 41 4	15 44	15 53	21 46	3 58	27 13	8 58	13 9	16 25	25 43	1 38
31	10:37: 2	7 39 8	27 59	17 40	22 35	4 36	27 26	8 54	13 8	16 26	25 44	1 35

8/23 Sun in Vir. 13:57   8/5 1st Qt. 9:40   8/12 Full 4:59   8/18 3rd Qt. 21:25   8/26 New 22:59

SEPTEMBER 1908

Day	Sid. T.	Sun	Moon	Merc.	Venus	Mars	Jup.	Saturn	Uranus	Nept.	Pluto	N.Node
1	10:40:59	8Vi37 14	10Sc25	19Vi26	23Cn26	5Vi14	27Le39	8Ar50R	13Cp 7R	16Cn28	25Ge44	1Cn32
2	10:44:56	9 35 21	23 5	21 10	24 17	5 52	27 52	8 47	13 6	16 29	25 45	1 29
3	10:48:52	10 33 30	6Sg 3	22 53	25 8	6 30	28 5	8 43	13 5	16 31	25 45	1 26
4	10:52:49	11 31 40	19 22	24 36	26 1	7 9	28 18	8 39	13 4	16 32	25 46	1 22
5	10:56:45	12 29 52	3Cp 5	26 16	26 54	7 47	28 31	8 35	13 3	16 33	25 46	1 19
6	11: 0:42	13 28 4	17 13	27 56	27 47	8 25	28 44	8 31	13 2	16 35	25 47	1 16
7	11: 4:38	14 26 19	1Aq47	29 35	28 41	9 3	28 57	8 27	13 2	16 36	25 47	1 13
8	11: 8:35	15 24 35	16 42	1Li12	29 36	9 42	29 10	8 23	13 1	16 38	25 47	1 10
9	11:12:31	16 22 52	1Pi52	2 48	0Le31	10 20	29 22	8 19	13 0	16 39	25 48	1 6
10	11:16:28	17 21 12	17 7	4 23	1 27	10 58	29 35	8 15	13 0	16 40	25 48	1 3
11	11:20:25	18 19 33	2Ar17	5 57	2 23	11 36	29 48	8 10	12 59	16 41	25 48	1 0
12	11:24:21	19 17 56	17 11	7 30	3 20	12 14	0Vi 1	8 6	12 58	16 43	25 49	0 57
13	11:28:18	20 16 21	1Ta41	9 2	4 18	12 53	0 13	8 2	12 58	16 44	25 49	0 54
14	11:32:14	21 14 48	15 41	10 32	5 15	13 31	0 26	7 57	12 58	16 45	25 49	0 51
15	11:36:11	22 13 17	29 12	12 2	6 14	14 9	0 39	7 53	12 57	16 46	25 50	0 47
16	11:40: 7	23 11 49	12Ge14	13 30	7 13	14 48	0 51	7 48	12 57	16 47	25 50	0 44
17	11:44: 4	24 10 22	24 52	14 58	8 12	15 26	1 4	7 44	12 56	16 49	25 50	0 41
18	11:48: 0	25 8 58	7Cn10	16 24	9 11	16 4	1 16	7 39	12 56	16 50	25 50	0 38
19	11:51:57	26 7 37	19 14	17 49	10 11	16 43	1 29	7 35	12 56	16 51	25 50	0 35
20	11:55:54	27 6 17	1Le 8	19 13	11 12	17 21	1 41	7 30	12 56	16 52	25 50	0 32
21	11:59:50	28 4 59	12 58	20 35	12 13	17 59	1 54	7 26	12 56	16 53	25 51	0 28
22	12: 3:47	29 3 44	24 47	21 57	13 14	18 38	2 6	7 21	12 56D	16 54	25 51	0 25
23	12: 7:43	0Li 2 31	6Vi39	23 17	14 15	19 16	2 18	7 16	12 56	16 54	25 51	0 22
24	12:11:40	1 1 19	18 35	24 36	15 17	19 54	2 31	7 11	12 56	16 55	25 51	0 19
25	12:15:36	2 0 10	0Li37	25 53	16 19	20 33	2 43	7 7	12 56	16 56	25 51	0 16
26	12:19:33	2 59 3	12 47	27 10	17 22	21 11	2 55	7 2	12 56	16 57	25 51R	0 12
27	12:23:29	3 57 58	25 5	28 24	18 25	21 50	3 7	6 58	12 57	16 58	25 51	0 9
28	12:27:26	4 56 54	7Sc32	29 37	19 28	22 28	3 19	6 53	12 57	16 59	25 51	0 6
29	12:31:22	5 55 53	20 10	0Sc49	20 32	23 6	3 31	6 48	12 57	16 59	25 51	0 3
30	12:35:19	6 54 54	2Sg58	1 58	21 36	23 45	3 43	6 44	12 57	17 0	25 51	0 0

9/23 Sun in Lib. 10:59   9/3 1st Qt. 20:51   9/10 Full 12:23   9/17 3rd Qt. 10:33   9/25 New 14:59

OCTOBER 1908

Day	Sid. T.	Sun	Moon	Merc.	Venus	Mars	Jup.	Saturn	Uranus	Nept.	Pluto	N.Node
1	12:39:16	7Li53 56	16Sg 1	3Sc 6	22Le40	24Vi23	3Vi55	6Ar39R	12Cp58	17Cn 1	25Ge51R	29Ge57
2	12:43:12	8 53 0	29 19	4 11	23 44	25 2	4 7	6 34	12 58	17 1	25 50	29 53
3	12:47: 9	9 52 6	12Cp56	5 15	24 49	25 40	4 19	6 29	12 59	17 2	25 50	29 50
4	12:51: 5	10 51 13	26 54	6 16	25 54	26 19	4 30	6 25	13 0	17 2	25 50	29 47
5	12:55: 2	11 50 23	11Aq11	7 14	26 59	26 57	4 42	6 20	13 0	17 3	25 50	29 44
6	12:58:58	12 49 34	25 48	8 10	28 4	27 36	4 54	6 15	13 1	17 3	25 50	29 41
7	13: 2:55	13 48 46	10Pi39	9 3	29 10	28 14	5 5	6 11	13 2	17 4	25 49	29 37
8	13: 6:51	14 48 1	25 37	9 52	0Vi16	28 53	5 17	6 6	13 2	17 4	25 49	29 34
9	13:10:48	15 47 18	10Ar34	10 37	1 22	29 31	5 28	6 1	13 3	17 5	25 49	29 31
10	13:14:45	16 46 36	25 19	11 19	2 29	0Li10	5 40	5 57	13 4	17 5	25 49	29 28
11	13:18:41	17 45 57	9Ta46	11 56	3 35	0 48	5 51	5 52	13 5	17 5	25 48	29 25
12	13:22:38	18 45 20	23 47	12 29	4 42	1 27	6 2	5 48	13 6	17 6	25 48	29 22
13	13:26:34	19 44 45	7Ge20	12 56	5 49	2 5	6 13	5 43	13 7	17 6	25 48	29 18
14	13:30:31	20 44 12	20 27	13 17	6 57	2 44	6 24	5 39	13 8	17 6	25 47	29 15
15	13:34:27	21 43 42	3Cn 8	13 32	8 4	3 22	6 35	5 34	13 9	17 7	25 47	29 12
16	13:38:24	22 43 14	15 29	13 40	9 12	4 1	6 46	5 30	13 11	17 7	25 46	29 9
17	13:42:20	23 42 49	27 35	13 41R	10 20	4 40	6 57	5 26	13 12	17 7	25 46	29 6
18	13:46:17	24 42 25	9Le31	13 35	11 28	5 18	7 8	5 21	13 13	17 7	25 45	29 3
19	13:50:14	25 42 4	21 21	13 20	12 36	5 57	7 18	5 17	13 14	17 7	25 45	28 59
20	13:54:10	26 41 45	3Vi12	12 56	13 45	6 36	7 29	5 13	13 16	17 7	25 44	28 56
21	13:58: 7	27 41 28	15 6	12 23	14 54	7 14	7 39	5 9	13 17	17 7R	25 44	28 53
22	14: 2: 3	28 41 13	27 7	11 42	16 3	7 53	7 50	5 4	13 19	17 7	25 43	28 50
23	14: 6: 0	29 41 1	9Li18	10 52	17 12	8 32	8 0	5 0	13 20	17 7	25 43	28 47
24	14: 9:56	0Sc40 50	21 40	9 53	18 21	9 10	8 10	4 56	13 22	17 7	25 42	28 43
25	14:13:53	1 40 42	4Sc13	8 48	19 30	9 49	8 20	4 52	13 23	17 7	25 41	28 40
26	14:17:49	2 40 36	16 58	7 37	20 40	10 28	8 30	4 48	13 25	17 6	25 41	28 37
27	14:21:46	3 40 31	29 54	6 22	21 50	11 7	8 40	4 45	13 27	17 6	25 40	28 34
28	14:25:42	4 40 28	13Sg 1	5 5	22 59	11 45	8 50	4 41	13 29	17 6	25 40	28 31
29	14:29:39	5 40 28	26 19	3 49	24 9	12 24	9 0	4 37	13 30	17 6	25 39	28 28
30	14:33:36	6 40 28	9Cp50	2 35	25 20	13 3	9 9	4 34	13 32	17 5	25 38	28 24
31	14:37:32	7 40 31	23 32	1 26	26 30	13 42	9 19	4 30	13 34	17 5	25 37	28 21

10/23 Sun in Sco. 19:37   10/3 1st Qt. 6:14   10/9 Full 21:03   10/17 3rd Qt. 3:35   10/25 New 6:46

NOVEMBER 1908

Day	Sid. T.	Sun	Moon	Merc.	Venus	Mars	Jup.	Saturn	Uranus	Nept.	Pluto	N.Node
1	14:41:29	8Sc40 35	7Aq27	0Sc25R	27Vi40	14Li20	9Vi28	4Ar27R	13Cp36	17Cn 5R	25Ge37R	28Ge18
2	14:45:25	9 40 40	21 34	29Li32	28 51	14 59	9 37	4 23	13 38	17 4	25 36	28 15
3	14:49:22	10 40 47	5Pi53	28 50	0Li 2	15 38	9 47	4 20	13 40	17 4	25 35	28 12
4	14:53:18	11 40 55	20 21	28 19	1 12	16 17	9 56	4 17	13 42	17 3	25 34	28 9
5	14:57:15	12 41 5	4Ar52	27 59	2 23	16 56	10 5	4 14	13 44	17 3	25 34	28 5
6	15: 1:12	13 41 17	19 23	27 52	3 34	17 35	10 13	4 10	13 46	17 3	25 33	28 2
7	15: 5: 8	14 41 30	3Ta45	27 55D	4 46	18 14	10 22	4 7	13 49	17 2	25 32	27 59
8	15: 9: 5	15 41 45	17 53	28 9	5 57	18 53	10 31	4 5	13 51	17 1	25 31	27 56
9	15:13: 1	16 42 2	1Ge42	28 33	7 8	19 31	10 39	4 2	13 53	17 0	25 30	27 53
10	15:16:58	17 42 20	15 10	29 7	8 20	20 10	10 48	3 59	13 55	17 0	25 29	27 49
11	15:20:54	18 42 41	28 14	29 49	9 31	20 49	10 56	3 56	13 58	16 59	25 28	27 46
12	15:24:51	19 43 3	10Cn57	0Sc38	10 43	21 28	11 4	3 54	14 0	16 58	25 27	27 43
13	15:28:47	20 43 27	23 20	1 34	11 55	22 7	11 12	3 51	14 3	16 58	25 27	27 40
14	15:32:44	21 43 53	5Le29	2 35	13 7	22 46	11 20	3 49	14 5	16 57	25 26	27 37
15	15:36:41	22 44 21	17 27	3 42	14 19	23 25	11 27	3 47	14 8	16 56	25 25	27 34
16	15:40:37	23 44 51	29 19	4 52	15 31	24 4	11 35	3 45	14 10	16 55	25 24	27 30
17	15:44:34	24 45 22	11Vi11	6 7	16 43	24 43	11 42	3 42	14 13	16 54	25 23	27 27
18	15:48:30	25 45 55	23 7	7 24	17 56	25 22	11 50	3 40	14 15	16 53	25 22	27 24
19	15:52:27	26 46 30	5Li11	8 45	19 8	26 2	11 57	3 39	14 18	16 52	25 21	27 21
20	15:56:23	27 47 7	17 27	10 7	20 21	26 41	12 4	3 37	14 21	16 51	25 20	27 18
21	16: 0:20	28 47 45	29 58	11 32	21 33	27 20	12 11	3 35	14 24	16 50	25 19	27 15
22	16: 4:16	29 48 25	12Sc45	12 58	22 46	27 59	12 18	3 34	14 26	16 49	25 18	27 11
23	16: 8:13	0Sg49 7	25 47	14 25	23 59	28 38	12 24	3 32	14 29	16 48	25 16	27 8
24	16:12:10	1 49 50	9Sg 6	15 54	25 12	29 17	12 31	3 31	14 32	16 47	25 15	27 5
25	16:16: 6	2 50 34	22 38	17 23	26 25	29 56	12 37	3 29	14 35	16 46	25 14	27 2
26	16:20: 3	3 51 19	6Cp22	18 54	27 38	0Sc36	12 43	3 28	14 38	16 45	25 13	26 59
27	16:23:59	4 52 6	20 16	20 24	28 51	1 15	12 49	3 27	14 41	16 44	25 12	26 55
28	16:27:56	5 52 54	4Aq18	21 56	0Sc 4	1 54	12 55	3 26	14 44	16 43	25 11	26 52
29	16:31:52	6 53 42	18 24	23 28	1 17	2 33	13 1	3 25	14 47	16 41	25 10	26 49
30	16:35:49	7 54 32	2Pi34	25 0	2 30	3 12	13 6	3 25	14 50	16 40	25 9	26 46

11/22 Sun in Sag. 16:35   11/1 1st Qt. 14:16   11/8 Full 7:58   11/15 3rd Qt. 23:41   11/23 New 21:53   11/30 1st Qt. 21:44

DECEMBER 1908

Day	Sid. T.	Sun	Moon	Merc.	Venus	Mars	Jup.	Saturn	Uranus	Nept.	Pluto	N.Node
1	16:39:45	8Sg55 22	16Pi45	26Sc32	3Sc44	3Sc52	13Vi12	3Ar24R	14Cp53	16Cn39R	25Ge 8R	26Ge43
2	16:43:42	9 56 13	0Ar56	28 4	4 57	4 31	13 17	3 23	14 56	16 38	25 7	26 40
3	16:47:39	10 57 5	15 3	29 57	6 10	5 10	13 22	3 23	14 59	16 36	25 5	26 36
4	16:51:35	11 57 58	29 4	1Sg10	7 24	5 49	13 27	3 23	15 2	16 35	25 4	26 33
5	16:55:32	12 58 51	12Ta56	2 43	8 38	6 29	13 31	3 23	15 5	16 34	25 3	26 30
6	16:59:28	13 59 46	26 37	4 16	9 51	7 8	13 36	3 22	15 8	16 32	25 2	26 27
7	17: 3:25	15 0 41	10Ge 3	5 49	11 5	7 47	13 40	3 22D	15 11	16 31	25 1	26 24
8	17: 7:21	16 1 38	23 13	7 23	12 18	8 27	13 45	3 23	15 15	16 30	25 0	26 21
9	17:11:18	17 2 35	6Cn 7	8 56	13 32	9 6	13 49	3 23	15 18	16 28	24 59	26 17
10	17:15:15	18 3 33	18 44	10 29	14 46	9 46	13 52	3 23	15 21	16 27	24 57	26 14
11	17:19:11	19 4 32	1Le 5	12 3	16 0	10 25	13 56	3 24	15 24	16 25	24 56	26 11
12	17:23: 8	20 5 33	13 14	13 36	17 14	11 4	14 0	3 24	15 28	16 24	24 55	26 8
13	17:27: 4	21 6 34	25 13	15 10	18 28	11 44	14 3	3 25	15 31	16 22	24 54	26 5
14	17:31: 1	22 7 36	7Vi 6	16 44	19 42	12 23	14 6	3 26	15 34	16 21	24 53	26 1
15	17:34:57	23 8 39	18 58	18 17	20 56	13 3	14 9	3 27	15 38	16 19	24 51	25 58
16	17:38:54	24 9 43	0Li54	19 51	22 10	13 42	14 12	3 28	15 41	16 18	24 50	25 55
17	17:42:50	25 10 48	12 57	21 25	23 24	14 22	14 14	3 29	15 44	16 16	24 49	25 52
18	17:46:47	26 11 54	25 14	23 0	24 38	15 1	14 17	3 30	15 48	16 15	24 48	25 49
19	17:50:43	27 13 0	7Sc46	24 34	25 52	15 41	14 19	3 31	15 51	16 13	24 47	25 46
20	17:54:40	28 14 8	20 39	26 9	27 7	16 20	14 21	3 33	15 55	16 12	24 46	25 42
21	17:58:37	29 15 16	3Sg53	27 43	28 21	17 0	14 23	3 34	15 58	16 10	24 44	25 39
22	18: 2:33	0Cp16 25	17 28	29 18	29 35	17 39	14 25	3 36	16 2	16 8	24 43	25 36
23	18: 6:30	1 17 34	1Cp23	0Cp53	0Sg49	18 19	14 26	3 38	16 5	16 6	24 42	25 33
24	18:10:26	2 18 43	15 35	2 29	2 4	18 58	14 27	3 39	16 9	16 5	24 41	25 30
25	18:14:23	3 19 53	29 59	4 5	3 18	19 38	14 29	3 41	16 12	16 3	24 40	25 26
26	18:18:19	4 21 3	14Aq30	5 40	4 33	20 18	14 29	3 43	16 16	16 2	24 39	25 23
27	18:22:16	5 22 13	29 1	7 17	5 47	20 57	14 30	3 46	16 19	16 0	24 37	25 20
28	18:26:13	6 23 23	13Pi27	8 53	7 1	21 37	14 31	3 48	16 23	15 58	24 36	25 17
29	18:30: 9	7 24 33	27 45	10 30	8 16	22 17	14 31	3 50	16 26	15 57	24 35	25 14
30	18:34: 6	8 25 42	11Ar52	12 7	9 30	22 56	14 31R	3 53	16 30	15 55	24 34	25 11
31	18:38: 2	9 26 52	25 46	13 44	10 45	23 36	14 31	3 55	16 33	15 53	24 33	25 7

12/22 Sun in Cap. 5:34   12/7 Full 21:44   12/15 3rd Qt. 21:12   12/23 New 11:50(E)   12/30 1st Qt. 5:40

Day	Sid. T.	Sun	Moon	Merc.	Venus	Mars	Jup.	Saturn	Uranus	Nept.	Pluto	N.Node
1	18:41:59	10Cp28 1	9Ta26	15Cp22	11Sg59	24Sc16	14Vi31R	3Ar58	16Cp37	15Cn52R	24Ge32R	25Ge 4
2	18:45:55	11 29 10	22 52	17 0	13 14	24 55	14 30	4 1	16 40	15 50	24 30	25 1
3	18:49:52	12 30 19	6Ge 6	18 38	14 29	25 35	14 30	4 4	16 44	15 48	24 29	24 58
4	18:53:48	13 31 27	19 6	20 17	15 43	26 15	14 29	4 7	16 47	15 47	24 28	24 55
5	18:57:45	14 32 36	1Cn54	21 55	16 58	26 55	14 28	4 10	16 51	15 45	24 27	24 52
6	19: 1:42	15 33 44	14 30	23 34	18 12	27 34	14 27	4 13	16 55	15 43	24 26	24 48
7	19: 5:38	16 34 52	26 55	25 14	19 27	28 14	14 25	4 16	16 58	15 42	24 25	24 45
8	19: 9:35	17 36 0	9Le 9	26 53	20 42	28 54	14 24	4 20	17 2	15 40	24 24	24 42
9	19:13:31	18 37 8	21 14	28 33	21 56	29 34	14 22	4 23	17 5	15 38	24 23	24 39
10	19:17:28	19 38 15	3Vi12	0Aq12	23 11	0Sg14	14 20	4 27	17 9	15 36	24 22	24 36
11	19:21:24	20 39 23	15 5	1 52	24 26	0 53	14 18	4 30	17 12	15 35	24 21	24 32
12	19:25:21	21 40 30	26 57	3 32	25 40	1 33	14 15	4 34	17 16	15 33	24 20	24 29
13	19:29:17	22 41 37	8Li50	5 11	26 55	2 13	14 13	4 38	17 20	15 31	24 19	24 26
14	19:33:14	23 42 44	20 51	6 50	28 10	2 53	14 10	4 42	17 23	15 30	24 18	24 23
15	19:37:11	24 43 51	3Sc 4	8 28	29 25	3 33	14 7	4 46	17 27	15 28	24 17	24 20
16	19:41: 7	25 44 57	15 32	10 6	0Cp39	4 13	14 4	4 50	17 30	15 26	24 16	24 17
17	19:45: 4	26 46 4	28 21	11 42	1 54	4 53	14 0	4 54	17 34	15 25	24 15	24 13
18	19:49: 0	27 47 10	11Sg35	13 17	3 9	5 33	13 57	4 58	17 37	15 23	24 14	24 10
19	19:52:57	28 48 16	25 15	14 51	4 24	6 13	13 53	5 3	17 41	15 21	24 13	24 7
20	19:56:53	29 49 21	9Cp22	16 23	5 39	6 52	13 49	5 7	17 44	15 20	24 12	24 4
21	20: 0:50	0Aq50 26	23 52	17 52	6 53	7 32	13 45	5 12	17 48	15 18	24 11	24 1
22	20: 4:46	1 51 30	8Aq40	19 18	8 8	8 12	13 41	5 16	17 51	15 17	24 10	23 58
23	20: 8:43	2 52 33	23 39	20 41	9 23	8 52	13 37	5 21	17 55	15 15	24 9	23 54
24	20:12:40	3 53 35	8Pi39	21 59	10 38	9 32	13 32	5 26	17 58	15 13	24 8	23 51
25	20:16:36	4 54 36	23 31	23 13	11 53	10 12	13 27	5 31	18 2	15 12	24 7	23 48
26	20:20:33	5 55 36	8Ar 7	24 21	13 8	10 52	13 23	5 35	18 5	15 10	24 6	23 45
27	20:24:29	6 56 35	22 24	25 23	14 22	11 32	13 18	5 40	18 9	15 9	24 6	23 42
28	20:28:26	7 57 33	6Ta19	26 18	15 37	12 12	13 12	5 46	18 12	15 7	24 5	23 38
29	20:32:22	8 58 29	19 52	27 4	16 52	12 52	13 7	5 51	18 15	15 6	24 4	23 35
30	20:36:19	9 59 24	3Ge 4	27 42	18 7	13 33	13 2	5 56	18 19	15 4	24 3	23 32
31	20:40:15	11 0 18	16 0	28 10	19 22	14 13	12 56	6 1	18 22	15 3	24 2	23 29

1/20 Sun in Aqu. 16:11   1/6 Full 14:12   1/14 3rd Qt. 18:11   1/22 New 0:12   1/28 1st Qt. 15:07

Day	Sid. T.	Sun	Moon	Merc.	Venus	Mars	Jup.	Saturn	Uranus	Nept.	Pluto	N.Node
1	20:44:12	12Aq 1 11	28Ge40	28Aq28	20Cp37	14Sg53	12Vi50R	6Ar 7	18Cp26	15Cn 1R	24Ge 2R	23Ge26
2	20:48: 9	13 2 2	11Cn 9	28 36	21 51	15 33	12 44	6 12	18 29	15 0	24 1	23 23
3	20:52: 5	14 2 52	23 20	28 32R	23 6	16 13	12 38	6 18	18 32	14 58	24 0	23 19
4	20:56: 2	15 3 41	5Le39	28 17	24 21	16 53	12 32	6 23	18 36	14 57	24 0	23 16
5	20:59:58	16 4 29	17 44	27 51	25 36	17 33	12 26	6 29	18 39	14 55	23 59	23 13
6	21: 3:55	17 5 15	29 43	27 15	26 51	18 13	12 19	6 35	18 42	14 54	23 58	23 10
7	21: 7:51	18 6 0	11Vi37	26 29	28 6	18 53	12 13	6 40	18 45	14 53	23 58	23 7
8	21:11:48	19 6 44	23 30	25 36	29 20	19 33	12 6	6 46	18 49	14 51	23 57	23 4
9	21:15:45	20 7 27	5Li21	24 35	0Aq35	20 13	11 59	6 52	18 52	14 50	23 56	23 0
10	21:19:41	21 8 8	17 15	23 29	1 50	20 54	11 52	6 58	18 55	14 49	23 56	22 57
11	21:23:38	22 8 49	29 15	22 20	3 5	21 34	11 45	7 4	18 58	14 47	23 55	22 54
12	21:27:34	23 9 28	11Sc24	21 10	4 20	22 14	11 38	7 10	19 1	14 46	23 55	22 51
13	21:31:31	24 10 6	23 48	20 1	5 35	22 54	11 31	7 16	19 4	14 45	23 54	22 48
14	21:35:27	25 10 43	6Sg30	18 53	6 49	23 34	11 24	7 23	19 7	14 44	23 54	22 44
15	21:39:24	26 11 19	19 37	17 50	8 4	24 15	11 17	7 29	19 10	14 42	23 53	22 41
16	21:43:20	27 11 54	3Cp11	16 52	9 19	24 55	11 9	7 35	19 13	14 41	23 53	22 38
17	21:47:17	28 12 28	17 14	15 59	10 34	25 35	11 2	7 41	19 16	14 40	23 52	22 35
18	21:51:14	29 13 0	1Aq46	15 14	11 49	26 15	10 54	7 48	19 19	14 39	23 52	22 32
19	21:55:10	0Pi13 31	16 42	14 36	13 4	26 55	10 47	7 54	19 22	14 38	23 51	22 29
20	21:59: 7	1 14 0	1Pi55	14 6	14 19	27 36	10 39	8 1	19 25	14 37	23 51	22 25
21	22: 3: 3	2 14 27	17 13	13 43	15 33	28 16	10 31	8 7	19 28	14 36	23 51	22 22
22	22: 7: 0	3 14 53	2Ar27	13 27	16 48	28 56	10 24	8 14	19 31	14 35	23 50	22 19
23	22:10:56	4 15 17	17 24	13 19	18 3	29 36	10 16	8 21	19 34	14 34	23 50	22 16
24	22:14:53	5 15 39	1Ta57	13 17D	19 18	0Cp17	10 8	8 27	19 36	14 33	23 50	22 13
25	22:18:49	6 15 59	16 4	13 23	20 33	0 57	10 0	8 34	19 39	14 32	23 50	22 9
26	22:22:46	7 16 17	29 42	13 34	21 47	1 37	9 52	8 41	19 42	14 31	23 49	22 6
27	22:26:42	8 16 33	12Ge54	13 51	23 2	2 17	9 44	8 48	19 44	14 30	23 49	22 3
28	22:30:39	9 16 47	25 44	14 14	24 17	2 58	9 37	8 55	19 47	14 29	23 49	22 0

2/19 Sun in Pis. 6:38   2/5 Full 8:24   2/13 3rd Qt. 12:47   2/20 New 10:52   2/27 1st Qt. 2:49

MARCH 1909

Day	Sid. T.	Sun	Moon	Merc.	Venus	Mars	Jup.	Saturn	Uranus	Nept.	Pluto	N.Node
1	22:34:36	10Pi16 59	8Cn15	14Aq42	25Aq32	3Cp38	9Vi29R	9Ar 2	19Cp50	14Cn28R	23Ge49R	21Ge57
2	22:38:32	11 17 9	20 33	15 15	26 46	4 18	9 21	9 9	19 52	14 28	23 49	21 54
3	22:42:29	12 17 17	2Le41	15 52	28 1	4 58	9 13	9 16	19 55	14 27	23 48	21 50
4	22:46:25	13 17 22	14 41	16 33	29 16	5 39	9 5	9 23	19 57	14 26	23 48	21 47
5	22:50:22	14 17 26	26 38	17 18	0Pi31	6 19	8 57	9 30	20 0	14 25	23 48	21 44
6	22:54:18	15 17 28	8Vi32	18 7	1 45	6 59	8 50	9 37	20 2	14 25	23 48	21 41
7	22:58:15	16 17 28	20 24	18 59	3 0	7 39	8 42	9 44	20 4	14 24	23 48	21 38
8	23: 2:11	17 17 26	2Li17	19 54	4 15	8 20	8 34	9 51	20 7	14 24	23 48D	21 35
9	23: 6: 8	18 17 22	14 12	20 52	5 29	9 0	8 26	9 58	20 9	14 23	23 48	21 31
10	23:10: 5	19 17 16	26 10	21 52	6 44	9 40	8 19	10 5	20 11	14 22	23 48	21 28
11	23:14: 1	20 17 9	8Sc13	22 56	7 59	10 20	8 11	10 13	20 13	14 22	23 48	21 25
12	23:17:58	21 17 0	20 24	24 1	9 13	11 1	8 4	10 20	20 16	14 21	23 48	21 22
13	23:21:54	22 16 49	2Sg48	25 9	10 28	11 41	7 56	10 27	20 18	14 21	23 48	21 19
14	23:25:51	23 16 37	15 28	26 19	11 43	12 21	7 49	10 34	20 20	14 21	23 48	21 15
15	23:29:47	24 16 23	28 29	27 31	12 57	13 2	7 42	10 42	20 22	14 20	23 49	21 12
16	23:33:44	25 16 7	11Cp54	28 46	14 12	13 42	7 34	10 49	20 24	14 20	23 49	21 9
17	23:37:40	26 15 50	25 46	0Pi 1	15 27	14 22	7 27	10 56	20 26	14 20	23 49	21 6
18	23:41:37	27 15 30	10Aq 7	1 19	16 41	15 2	7 20	11 4	20 28	14 19	23 49	21 3
19	23:45:34	28 15 9	24 55	2 39	17 56	15 43	7 13	11 11	20 30	14 19	23 49	21 0
20	23:49:30	29 14 46	10Pi 2	4 0	19 10	16 23	7 7	11 19	20 31	14 19	23 50	20 56
21	23:53:27	0Ar14 21	25 21	5 23	20 25	17 3	7 0	11 26	20 33	14 19	23 50	20 53
22	23:57:23	1 13 54	10Ar39	6 47	21 39	17 43	6 53	11 34	20 35	14 19	23 50	20 50
23	0: 1:20	2 13 25	25 46	8 13	22 54	18 24	6 47	11 41	20 37	14 18	23 51	20 47
24	0: 5:16	3 12 54	10Ta31	9 40	24 9	19 4	6 40	11 49	20 38	14 18	23 51	20 44
25	0: 9:13	4 12 21	24 49	11 9	25 23	19 44	6 34	11 56	20 40	14 18	23 51	20 41
26	0:13: 9	5 11 45	8Ge37	12 39	26 38	20 24	6 28	12 4	20 41	14 18D	23 52	20 37
27	0:17: 6	6 11 7	21 56	14 11	27 52	21 4	6 22	12 11	20 43	14 18	23 52	20 34
28	0:21: 2	7 10 27	4Cn50	15 44	29 7	21 45	6 16	12 19	20 44	14 19	23 52	20 31
29	0:24:59	8 9 45	17 22	17 19	0Ar21	22 25	6 10	12 26	20 46	14 19	23 53	20 28
30	0:28:56	9 9 0	29 38	18 55	1 36	23 5	6 4	12 34	20 47	14 19	23 53	20 25
31	0:32:52	10 8 13	11Le42	20 32	2 50	23 45	5 59	12 41	20 48	14 19	23 54	20 21

3/21 Sun in Ari. 6:13   3/7 Full 2:56   3/15 3rd Qt. 3:41   3/21 New 20:11   3/28 1st Qt. 16:49

APRIL 1909

Day	Sid. T.	Sun	Moon	Merc.	Venus	Mars	Jup.	Saturn	Uranus	Nept.	Pluto	N.Node
1	0:36:49	11Ar 7 23	23Le38	22Pi11	4Ar 4	24Cp25	5Vi54R	12Ar49	20Cp50	14Cn19	23Ge54	20Ge18
2	0:40:45	12 6 31	5Vi31	23 51	5 19	25 5	5 48	12 56	20 51	14 19	23 55	20 15
3	0:44:42	13 5 37	17 22	25 33	6 33	25 46	5 43	13 4	20 52	14 20	23 56	20 12
4	0:48:38	14 4 41	29 15	27 16	7 48	26 26	5 39	13 11	20 53	14 20	23 56	20 9
5	0:52:35	15 3 43	11Li11	29 1	9 2	27 6	5 34	13 19	20 54	14 20	23 57	20 6
6	0:56:31	16 2 42	23 11	0Ar47	10 16	27 46	5 29	13 26	20 55	14 21	23 57	20 2
7	1: 0:28	17 1 40	5Sc17	2 34	11 31	28 26	5 25	13 34	20 56	14 21	23 58	19 59
8	1: 4:25	18 0 36	17 30	4 23	12 45	29 6	5 21	13 42	20 57	14 21	23 59	19 56
9	1: 8:21	18 59 29	29 52	6 14	13 59	29 46	5 16	13 49	20 58	14 22	23 59	19 53
10	1:12:18	19 58 22	12Sg24	8 6	15 14	0Aq26	5 13	13 57	20 59	14 22	24 0	19 50
11	1:16:14	20 57 12	25 10	9 59	16 28	1 6	5 9	14 4	20 59	14 23	24 1	19 47
12	1:20:11	21 56 0	8Cp13	11 54	17 42	1 46	5 5	14 12	21 0	14 23	24 1	19 43
13	1:24: 7	22 54 47	21 36	13 50	18 56	2 26	5 2	14 19	21 1	14 24	24 2	19 40
14	1:28: 4	23 53 33	5Aq21	15 48	20 11	3 6	4 59	14 27	21 1	14 25	24 3	19 37
15	1:32: 0	24 52 16	19 30	17 47	21 25	3 46	4 55	14 34	21 2	14 25	24 4	19 34
16	1:35:57	25 50 58	4Pi 1	19 48	22 39	4 25	4 53	14 42	21 2	14 26	24 5	19 31
17	1:39:54	26 49 38	18 50	21 50	23 53	5 5	4 50	14 49	21 3	14 27	24 5	19 27
18	1:43:50	27 48 16	3Ar52	23 54	25 8	5 45	4 47	14 57	21 3	14 28	24 6	19 24
19	1:47:47	28 46 52	18 56	25 58	26 22	6 25	4 45	15 4	21 4	14 28	24 7	19 21
20	1:51:43	29 45 27	3Ta54	28 4	27 36	7 4	4 43	15 11	21 4	14 29	24 8	19 18
21	1:55:40	0Ta44 0	18 36	0Ta11	28 50	7 44	4 41	15 19	21 4	14 30	24 9	19 15
22	1:59:36	1 42 30	2Ge56	2 18	0Ta 4	8 24	4 39	15 26	21 4	14 31	24 10	19 12
23	2: 3:33	2 40 59	16 49	4 26	1 19	9 3	4 38	15 34	21 4	14 32	24 11	19 8
24	2: 7:29	3 39 26	0Cn14	6 34	2 33	9 43	4 36	15 41	21 4	14 33	24 12	19 5
25	2:11:26	4 37 50	13 14	8 43	3 47	10 23	4 35	15 48	21 5	14 34	24 13	19 2
26	2:15:23	5 36 13	25 51	10 51	5 1	11 2	4 34	15 55	21 5R	14 35	24 14	18 59
27	2:19:19	6 34 33	8Le10	13 0	6 15	11 42	4 33	16 3	21 4	14 36	24 15	18 56
28	2:23:16	7 32 51	20 16	15 7	7 29	12 21	4 32	16 10	21 4	14 37	24 16	18 53
29	2:27:12	8 31 7	2Vi12	17 13	8 43	13 0	4 32	16 17	21 4	14 38	24 17	18 49
30	2:31: 9	9 29 21	14 5	19 18	9 57	13 40	4 32	16 24	21 4	14 39	24 18	18 46

4/20 Sun in Tau. 17:58   4/5 Full 20:28   4/13 3rd Qt. 14:30   4/20 New 4:51   4/27 1st Qt. 8:36

Day	Sid. T.	Sun	Moon	Merc.	Venus	Mars	Jup.	Saturn	Uranus	Nept.	Pluto	N.Node
1	2:35: 5	10Ta27 33	25Vi57	21Ta22	11Ta11	14Aq19	4Vi31R	16Ar31	21Cp 4R	14Cn40	24Ge19	18Ge43
2	2:39: 2	11 25 44	7Li52	23 23	12 25	14 58	4 31D	16 39	21 4	14 41	24 20	18 40
3	2:42:58	12 23 52	19 52	25 23	13 39	15 38	4 32	16 46	21 3	14 43	24 21	18 37
4	2:46:55	13 21 58	2Sc 0	27 20	14 53	16 17	4 32	16 53	21 3	14 44	24 22	18 33
5	2:50:51	14 20 3	14 16	29 14	16 7	16 56	4 33	17 0	21 2	14 45	24 23	18 30
6	2:54:48	15 18 6	26 43	1Ge 6	17 21	17 35	4 34	17 7	21 2	14 46	24 24	18 27
7	2:58:45	16 16 8	9Sg21	2 54	18 35	18 14	4 35	17 14	21 1	14 48	24 26	18 24
8	3: 2:41	17 14 8	22 11	4 40	19 49	18 53	4 36	17 21	21 1	14 49	24 27	18 21
9	3: 6:38	18 12 6	5Cp14	6 22	21 3	19 32	4 37	17 27	21 0	14 50	24 28	18 18
10	3:10:34	19 10 4	18 30	8 4	22 17	20 10	4 39	17 34	20 59	14 52	24 29	18 14
11	3:14:31	20 8 0	2Aq 2	9 36	23 31	20 49	4 40	17 41	20 59	14 53	24 30	18 11
12	3:18:27	21 5 54	15 49	11 7	24 44	21 28	4 42	17 48	20 58	14 55	24 32	18 8
13	3:22:24	22 3 47	29 52	12 35	25 58	22 6	4 44	17 55	20 57	14 56	24 33	18 5
14	3:26:20	23 1 40	14Pi 9	14 0	27 12	22 45	4 46	18 1	20 56	14 58	24 34	18 2
15	3:30:17	23 59 31	28 39	15 20	28 26	23 23	4 49	18 8	20 55	14 59	24 35	17 58
16	3:34:14	24 57 20	13Ar17	16 37	29 40	24 2	4 51	18 15	20 54	15 1	24 36	17 55
17	3:38:10	25 55 9	27 56	17 50	0Ge54	24 40	4 54	18 21	20 53	15 2	24 38	17 52
18	3:42: 7	26 52 56	12Ta31	18 59	2 8	25 18	4 57	18 28	20 52	15 4	24 39	17 49
19	3:46: 3	27 50 42	26 54	20 4	3 21	25 56	5 0	18 34	20 51	15 6	24 40	17 46
20	3:50: 0	28 48 27	11Ge 1	21 5	4 35	26 34	5 3	18 40	20 50	15 7	24 42	17 43
21	3:53:56	29 46 10	24 47	22 2	5 49	27 12	5 7	18 47	20 49	15 9	24 43	17 39
22	3:57:53	0Ge43 52	8Cn11	22 55	7 3	27 50	5 11	18 53	20 47	15 11	24 44	17 36
23	4: 1:50	1 41 33	21 12	23 43	8 17	28 28	5 14	18 59	20 46	15 12	24 46	17 33
24	4: 5:46	2 39 12	3Le52	24 27	9 30	29 5	5 18	19 6	20 45	15 14	24 47	17 30
25	4: 9:43	3 36 49	16 15	25 7	10 44	29 43	5 22	19 12	20 44	15 16	24 48	17 27
26	4:13:39	4 34 25	28 23	25 42	11 58	0Pi20	5 27	19 18	20 42	15 18	24 50	17 24
27	4:17:36	5 32 0	10Vi22	26 13	13 12	0 58	5 31	19 24	20 41	15 19	24 51	17 20
28	4:21:32	6 29 33	22 15	26 40	14 25	1 35	5 36	19 30	20 39	15 21	24 52	17 17
29	4:25:29	7 27 5	4Li 9	27 1	15 39	2 12	5 40	19 36	20 38	15 23	24 54	17 14
30	4:29:25	8 24 35	16 6	27 18	16 53	2 49	5 45	19 42	20 36	15 25	24 55	17 11
31	4:33:22	9 22 4	28 10	27 31	18 6	3 26	5 50	19 47	20 35	15 27	24 56	17 8

5/21 Sun in Gem. 17:45   5/5 Full 12:08   5/12 3rd Qt. 21:45   5/19 New 13:42   5/27 1st Qt. 1:28

Day	Sid. T.	Sun	Moon	Merc.	Venus	Mars	Jup.	Saturn	Uranus	Nept.	Pluto	N.Node
1	4:37:19	10Ge19 32	10Sc25	27Ge38	19Ge20	4Pi 2	5Vi55	19Ar53	20Cp33R	15Cn29	24Ge58	17Ge 4
2	4:41:15	11 16 59	22 52	27 41	20 34	4 39	6 1	19 59	20 31	15 30	24 59	17 1
3	4:45:12	12 14 25	5Sg34	27 40R	21 47	5 16	6 6	20 4	20 30	15 32	25 1	16 58
4	4:49: 8	13 11 50	18 31	27 34	23 1	5 52	6 12	20 10	20 28	15 34	25 2	16 55
5	4:53: 5	14 9 14	1Cp43	27 24	24 15	6 28	6 18	20 15	20 26	15 36	25 3	16 52
6	4:57: 1	15 6 37	15 10	27 9	25 28	7 4	6 24	20 21	20 24	15 38	25 5	16 49
7	5: 0:58	16 3 59	28 49	26 51	26 42	7 40	6 30	20 26	20 22	15 40	25 6	16 45
8	5: 4:54	17 1 21	12Aq40	26 30	27 55	8 16	6 36	20 31	20 21	15 42	25 8	16 42
9	5: 8:51	17 58 42	26 41	26 5	29 9	8 51	6 42	20 37	20 19	15 44	25 9	16 39
10	5:12:48	18 56 3	10Pi49	25 37	0Cn23	9 27	6 49	20 42	20 17	15 46	25 10	16 36
11	5:16:44	19 53 23	25 2	25 7	1 36	10 2	6 55	20 47	20 15	15 48	25 11	16 33
12	5:20:41	20 50 43	9Ar18	24 35	2 50	10 37	7 2	20 52	20 13	15 50	25 13	16 30
13	5:24:37	21 48 2	23 34	24 2	4 3	11 12	7 9	20 57	20 11	15 52	25 15	16 26
14	5:28:34	22 45 21	7Ta48	23 28	5 17	11 47	7 16	21 2	20 9	15 54	25 16	16 23
15	5:32:30	23 42 40	21 55	22 55	6 30	12 21	7 23	21 7	20 7	15 57	25 18	16 20
16	5:36:27	24 39 58	5Ge52	22 21	7 44	12 56	7 31	21 11	20 5	15 59	25 19	16 17
17	5:40:24	25 37 16	19 36	21 49	8 58	13 30	7 38	21 16	20 3	16 1	25 20	16 14
18	5:44:20	26 34 34	3Cn 5	21 18	10 11	14 4	7 46	21 20	20 0	16 3	25 22	16 10
19	5:48:17	27 31 50	16 17	20 49	11 25	14 37	7 53	21 25	19 58	16 5	25 23	16 7
20	5:52:13	28 29 7	29 11	20 23	12 38	15 11	8 1	21 29	19 56	16 7	25 25	16 4
21	5:56:10	29 26 22	11Le48	19 59	13 52	15 44	8 9	21 34	19 54	16 9	25 26	16 1
22	6: 0: 6	0Cn23 38	24 10	19 40	15 5	16 17	8 17	21 38	19 52	16 11	25 28	15 58
23	6: 4: 3	1 20 52	6Vi19	19 23	16 19	16 50	8 25	21 42	19 49	16 14	25 29	15 55
24	6: 7:59	2 18 6	18 18	19 12	17 32	17 22	8 33	21 46	19 47	16 16	25 30	15 51
25	6:11:56	3 15 19	0Li12	19 4	18 46	17 55	8 42	21 50	19 45	16 18	25 32	15 48
26	6:15:53	4 12 32	12 5	19 1	19 59	18 27	8 50	21 54	19 43	16 20	25 33	15 45
27	6:19:49	5 9 44	24 3	19 2D	21 12	18 59	8 59	21 58	19 40	16 22	25 35	15 42
28	6:23:46	6 6 56	6Sc 9	19 8	22 26	19 30	9 7	22 2	19 38	16 24	25 36	15 39
29	6:27:42	7 4 7	18 27	19 20	23 39	20 2	9 16	22 5	19 36	16 27	25 37	15 36
30	6:31:39	8 1 19	1Sg 2	19 36	24 53	20 33	9 25	22 9	19 33	16 29	25 39	15 32

6/22 Sun in Can. 2:06   6/4 Full 1:25(E)   6/11 3rd Qt. 2:43   6/17 New 23:28(E)   6/25 1st Qt. 18:43

JULY 1909

Day	Sid. T.	Sun	Moon	Merc.	Venus	Mars	Jup.	Saturn	Uranus	Nept.	Pluto	N.Node
1	6:35:35	8Cn58 29	13Sg56	19Ge57	26Cn 6	21Pi 3	9Vi34	22Ar12	19Cp31R	16Cn31	25Ge40	15Ge29
2	6:39:32	9 55 40	27 10	20 22	27 19	21 34	9 43	22 16	19 29	16 33	25 42	15 26
3	6:43:28	10 52 51	10Cp44	20 53	28 33	22 4	9 52	22 19	19 26	16 36	25 43	15 23
4	6:47:25	11 50 1	24 36	21 29	29 46	22 34	10 2	22 22	19 24	16 38	25 44	15 20
5	6:51:22	12 47 12	8Aq43	22 9	0Le59	23 3	10 11	22 25	19 21	16 40	25 46	15 16
6	6:55:18	13 44 23	23 1	22 54	2 13	23 32	10 21	22 28	19 19	16 42	25 47	15 13
7	6:59:15	14 41 34	7Pi23	23 44	3 26	24 1	10 30	22 31	19 17	16 44	25 49	15 10
8	7: 3:11	15 38 45	21 47	24 39	4 39	24 29	10 40	22 34	19 14	16 47	25 50	15 7
9	7: 7: 8	16 35 57	6Ar 7	25 38	5 53	24 57	10 50	22 37	19 12	16 49	25 51	15 4
10	7:11: 4	17 33 9	20 19	26 42	7 6	25 25	11 0	22 40	19 9	16 51	25 53	15 1
11	7:15: 1	18 30 22	4Ta23	27 50	8 19	25 53	11 10	22 42	19 7	16 53	25 54	14 57
12	7:18:57	19 27 36	18 17	29 2	9 33	26 19	11 20	22 45	19 5	16 56	25 55	14 54
13	7:22:54	20 24 50	1Ge59	0Cn19	10 46	26 46	11 30	22 47	19 2	16 58	25 57	14 51
14	7:26:51	21 22 4	15 31	1 41	11 59	27 12	11 40	22 49	19 0	17 0	25 58	14 48
15	7:30:47	22 19 19	28 50	3 6	13 12	27 38	11 50	22 51	18 57	17 2	25 59	14 45
16	7:34:44	23 16 35	11Cn57	4 36	14 26	28 3	12 1	22 54	18 55	17 5	26 0	14 42
17	7:38:40	24 13 51	24 51	6 9	15 39	28 28	12 11	22 56	18 53	17 7	26 2	14 38
18	7:42:37	25 11 8	7Le32	7 47	16 52	28 52	12 22	22 57	18 50	17 9	26 3	14 35
19	7:46:33	26 8 24	20 0	9 28	18 5	29 16	12 32	22 59	18 48	17 11	26 4	14 32
20	7:50:30	27 5 42	2Vi16	11 13	19 18	29 40	12 43	23 1	18 45	17 13	26 6	14 29
21	7:54:26	28 2 59	14 22	13 1	20 32	0Ar 3	12 54	23 2	18 43	17 16	26 7	14 26
22	7:58:23	29 0 17	26 19	14 52	21 45	0 25	13 5	23 4	18 41	17 18	26 8	14 22
23	8: 2:20	29 57 35	8Li12	16 46	22 58	0 47	13 16	23 5	18 38	17 20	26 9	14 19
24	8: 6:16	0Le54 54	20 4	18 43	24 11	1 9	13 27	23 7	18 36	17 22	26 11	14 16
25	8:10:13	1 52 13	1Sc59	20 42	25 24	1 29	13 38	23 8	18 34	17 24	26 12	14 13
26	8:14: 9	2 49 32	14 3	22 43	26 37	1 50	13 49	23 9	18 31	17 26	26 13	14 10
27	8:18: 6	3 46 52	26 21	24 45	27 50	2 10	14 0	23 10	18 29	17 29	26 14	14 7
28	8:22: 2	4 44 13	8Sg58	26 49	29 3	2 29	14 11	23 11	18 27	17 31	26 15	14 3
29	8:25:59	5 41 34	21 57	28 54	0Vi16	2 48	14 23	23 11	18 24	17 33	26 16	14 0
30	8:29:55	6 38 56	5Cp20	0Le59	1 29	3 6	14 34	23 12	18 22	17 35	26 18	13 57
31	8:33:52	7 36 18	19 10	3 5	2 42	3 23	14 46	23 13	18 20	17 37	26 19	13 54

7/23 Sun in Leo 13:01   7/3 Full 12:17   7/10 3rd Qt. 6:58   7/17 New 10:45   7/25 1st Qt. 11:45

AUGUST 1909

Day	Sid. T.	Sun	Moon	Merc.	Venus	Mars	Jup.	Saturn	Uranus	Nept.	Pluto	N.Node
1	8:37:49	8Le33 41	3Aq22	5Le11	3Vi55	3Ar40	14Vi57	23Ar13	18Cp18R	17Cn39	26Ge20	13Ge51
2	8:41:45	9 31 5	17 55	7 16	5 8	3 56	15 9	23 13	18 15	17 41	26 21	13 47
3	8:45:42	10 28 30	2Pi39	9 22	6 21	4 12	15 20	23 14	18 13	17 44	26 22	13 44
4	8:49:38	11 25 56	17 28	11 26	7 34	4 27	15 32	23 14	18 11	17 46	26 23	13 41
5	8:53:35	12 23 23	2Ar14	13 30	8 47	4 41	15 44	23 14R	18 9	17 48	26 24	13 38
6	8:57:31	13 20 52	16 48	15 32	9 59	4 54	15 56	23 14	18 7	17 50	26 25	13 35
7	9: 1:28	14 18 21	1Ta 8	17 34	11 12	5 7	16 8	23 14	18 5	17 52	26 26	13 32
8	9: 5:24	15 15 52	15 11	19 34	12 25	5 19	16 19	23 13	18 3	17 54	26 27	13 28
9	9: 9:21	16 13 25	28 55	21 33	13 38	5 31	16 31	23 13	18 1	17 56	26 28	13 25
10	9:13:18	17 10 59	12Ge23	23 31	14 51	5 41	16 43	23 13	17 59	17 58	26 29	13 22
11	9:17:14	18 8 34	25 35	25 27	16 3	5 51	16 56	23 12	17 57	18 0	26 30	13 19
12	9:21:11	19 6 11	8Cn33	27 22	17 16	6 0	17 8	23 11	17 55	18 2	26 31	13 16
13	9:25: 7	20 3 49	21 20	29 15	18 29	6 9	17 20	23 10	17 53	18 4	26 32	13 13
14	9:29: 4	21 1 29	3Le56	1Vi 7	19 41	6 16	17 32	23 10	17 51	18 6	26 33	13 9
15	9:33: 0	21 59 10	16 21	2 58	20 54	6 23	17 44	23 9	17 49	18 8	26 34	13 6
16	9:36:57	22 56 52	28 38	4 47	22 7	6 29	17 57	23 7	17 47	18 10	26 35	13 3
17	9:40:54	23 54 36	10Vi45	6 35	23 19	6 34	18 9	23 6	17 45	18 11	26 36	13 0
18	9:44:50	24 52 20	22 45	8 21	24 32	6 38	18 21	23 5	17 44	18 13	26 36	12 57
19	9:48:47	25 50 6	4Li39	10 6	25 45	6 42	18 34	23 4	17 42	18 15	26 37	12 53
20	9:52:43	26 47 53	16 29	11 49	26 57	6 44	18 46	23 2	17 40	18 17	26 38	12 50
21	9:56:40	27 45 42	28 19	13 31	28 10	6 46	18 59	23 0	17 38	18 19	26 39	12 47
22	10: 0:36	28 43 31	10Sc13	15 11	29 22	6 47	19 11	22 59	17 37	18 21	26 40	12 44
23	10: 4:33	29 41 22	22 14	16 51	0Li34	6 47R	19 24	22 57	17 35	18 22	26 40	12 41
24	10: 8:29	0Vi39 14	4Sg29	18 29	1 47	6 46	19 36	22 55	17 34	18 24	26 41	12 38
25	10:12:26	1 37 7	17 2	20 5	2 59	6 45	19 49	22 53	17 32	18 26	26 42	12 34
26	10:16:22	2 35 2	29 59	21 40	4 12	6 42	20 1	22 51	17 31	18 28	26 42	12 31
27	10:20:19	3 32 58	13Cp23	23 13	5 24	6 39	20 14	22 49	17 29	18 29	26 43	12 28
28	10:24:15	4 30 55	27 17	24 46	6 36	6 35	20 27	22 46	17 28	18 31	26 44	12 25
29	10:28:12	5 28 54	11Aq38	26 18	7 48	6 30	20 40	22 44	17 26	18 33	26 44	12 22
30	10:32: 9	6 26 54	26 25	27 47	9 1	6 25	20 52	22 42	17 25	18 34	26 45	12 19
31	10:36: 5	7 24 55	11Pi28	29 16	10 13	6 18	21 5	22 39	17 24	18 36	26 46	12 15

8/23 Sun in Vir. 19:44   8/1 Full 21:14   8/8 3rd Qt. 12:10   8/15 New 23:54   8/24 1st Qt. 3:55   8/31 Full 5:08

Day	Sid. T.	Sun	Moon	Merc.	Venus	Mars	Jup.	Saturn	Uranus	Nept.	Pluto	N.Node
1	10:40: 2	8Vi22 58	26Pi39	0Li43	11Li25	6Ar11R	21Vi18	22Ar36R	17Cp23R	18Cn38	26Ge46	12Ge12
2	10:43:58	9 21 3	11Ar46	2 9	12 37	6 3	21 31	22 34	17 21	18 39	26 47	12 9
3	10:47:55	10 19 10	26 40	3 33	13 49	5 54	21 43	22 31	17 20	18 41	26 47	12 6
4	10:51:51	11 17 19	11Ta14	4 56	15 1	5 44	21 56	22 28	17 19	18 42	26 48	12 3
5	10:55:48	12 15 30	25 25	6 18	16 13	5 34	22 9	22 25	17 18	18 44	26 48	11 59
6	10:59:45	13 13 43	9Ge11	7 38	17 25	5 23	22 22	22 22	17 17	18 45	26 49	11 56
7	11: 3:41	14 11 58	22 34	8 56	18 37	5 11	22 35	22 19	17 16	18 47	26 49	11 53
8	11: 7:38	15 10 15	5Cn38	10 13	19 49	4 59	22 48	22 16	17 15	18 48	26 50	11 50
9	11:11:34	16 8 34	18 24	11 29	21 1	4 46	23 1	22 12	17 14	18 49	26 50	11 47
10	11:15:31	17 6 55	0Le56	12 42	22 13	4 32	23 14	22 9	17 13	18 51	26 50	11 44
11	11:19:27	18 5 19	13 18	13 54	23 25	4 18	23 27	22 5	17 13	18 52	26 51	11 40
12	11:23:24	19 3 44	25 30	15 4	24 36	4 3	23 40	22 2	17 12	18 53	26 51	11 37
13	11:27:20	20 2 11	7Vi35	16 12	25 48	3 48	23 53	21 58	17 11	18 55	26 51	11 34
14	11:31:17	21 0 40	19 35	17 18	27 0	3 32	24 6	21 55	17 11	18 56	26 52	11 31
15	11:35:14	21 59 11	1Li29	18 22	28 12	3 16	24 19	21 51	17 10	18 57	26 52	11 28
16	11:39:10	22 57 43	13 20	19 24	29 23	2 59	24 32	21 47	17 9	18 58	26 52	11 25
17	11:43: 7	23 56 18	25 10	20 23	0Sc35	2 43	24 45	21 43	17 9	19 0	26 53	11 21
18	11:47: 3	24 54 54	7Sc 0	21 19	1 46	2 26	24 58	21 39	17 9	19 1	26 53	11 18
19	11:51: 0	25 53 32	18 54	22 13	2 58	2 9	25 10	21 35	17 8	19 2	26 53	11 15
20	11:54:56	26 52 12	0Sg55	23 3	4 9	1 51	25 23	21 31	17 8	19 3	26 53	11 12
21	11:58:53	27 50 54	13 8	23 51	5 21	1 34	25 36	21 27	17 7	19 4	26 53	11 9
22	12: 2:49	28 49 38	25 38	24 34	6 32	1 16	25 49	21 23	17 7	19 5	26 53	11 5
23	12: 6:46	29 48 23	8Cp30	25 14	7 43	0 59	26 2	21 19	17 7	19 6	26 53	11 2
24	12:10:42	0Li47 9	21 48	25 49	8 54	0 41	26 15	21 14	17 7	19 7	26 54	10 59
25	12:14:39	1 45 58	5Aq36	26 21	10 6	0 24	26 28	21 10	17 7	19 8	26 54	10 56
26	12:18:36	2 44 48	19 53	26 47	11 17	0 7	26 41	21 6	17 7	19 9	26 54	10 53
27	12:22:32	3 43 40	4Pi38	27 7	12 28	29Pi50	26 54	21 1	17 7D	19 10	26 54R	10 50
28	12:26:29	4 42 34	19 44	27 23	13 39	29 33	27 7	20 57	17 7	19 10	26 54	10 46
29	12:30:25	5 41 29	5Ar 2	27 31	14 50	29 16	27 20	20 53	17 7	19 11	26 54	10 43
30	12:34:22	6 40 27	20 21	27 34R	16 1	29 0	27 33	20 48	17 7	19 12	26 54	10 40

9/23 Sun in Lib. 16:45   9/6 3rd Qt. 19:44   9/14 New 15:09   9/22 1st Qt. 18:31   9/29 Full 13:05

Day	Sid. T.	Sun	Moon	Merc.	Venus	Mars	Jup.	Saturn	Uranus	Nept.	Pluto	N.Node
1	12:38:18	7Li39 27	5Ta30	27Li29R	17Sc12	28Pi44R	27Vi46	20Ar43R	17Cp 7	19Cn13	26Ge53R	10Ge37
2	12:42:15	8 38 29	20 19	27 18	18 23	28 29	27 59	20 39	17 7	19 13	26 53	10 34
3	12:46:11	9 37 33	4Ge43	26 58	19 33	28 14	28 12	20 34	17 8	19 14	26 53	10 31
4	12:50: 8	10 36 40	18 39	26 31	20 44	27 59	28 24	20 30	17 8	19 15	26 53	10 27
5	12:54: 5	11 35 49	2Cn 8	25 56	21 55	27 45	28 37	20 25	17 8	19 16	26 53	10 24
6	12:58: 1	12 35 1	15 12	25 13	23 5	27 32	28 50	20 20	17 9	19 16	26 53	10 21
7	13: 1:58	13 34 14	27 56	24 22	24 16	27 19	29 3	20 16	17 9	19 17	26 53	10 18
8	13: 5:54	14 33 30	10Le22	23 25	25 26	27 6	29 16	20 11	17 10	19 17	26 52	10 15
9	13: 9:51	15 32 49	22 36	22 22	26 37	26 55	29 28	20 6	17 11	19 18	26 52	10 11
10	13:13:47	16 32 9	4Vi40	21 14	27 47	26 43	29 41	20 1	17 11	19 18	26 52	10 8
11	13:17:44	17 31 32	16 37	20 3	28 57	26 33	29 54	19 57	17 12	19 18	26 51	10 5
12	13:21:40	18 30 57	28 31	18 51	0Sg 7	26 23	0Li 6	19 52	17 13	19 19	26 51	10 2
13	13:25:37	19 30 23	10Li22	17 39	1 18	26 14	0 19	19 47	17 13	19 19	26 51	9 59
14	13:29:34	20 29 52	22 13	16 31	2 28	26 6	0 32	19 42	17 14	19 19	26 51	9 56
15	13:33:30	21 29 24	4Sc 4	15 26	3 38	25 59	0 44	19 38	17 15	19 20	26 50	9 52
16	13:37:27	22 28 57	15 59	14 29	4 47	25 52	0 57	19 33	17 16	19 20	26 50	9 49
17	13:41:23	23 28 32	27 58	13 40	5 57	25 46	1 9	19 28	17 17	19 20	26 49	9 46
18	13:45:20	24 28 9	10Sg 6	13 0	7 7	25 41	1 22	19 23	17 18	19 20	26 49	9 43
19	13:49:16	25 27 48	22 24	12 31	8 17	25 37	1 34	19 19	17 19	19 21	26 48	9 40
20	13:53:13	26 27 28	4Cp56	12 13	9 26	25 33	1 47	19 14	17 21	19 21	26 48	9 36
21	13:57: 9	27 27 11	17 47	12 6	10 36	25 31	1 59	19 9	17 22	19 21	26 47	9 33
22	14: 1: 6	28 26 55	1Aq 0	12 11D	11 45	25 29	2 11	19 5	17 23	19 21	26 47	9 30
23	14: 5: 3	29 26 40	14 38	12 26	12 54	25 28	2 23	19 0	17 24	19 21R	26 46	9 27
24	14: 8:59	0Sc26 28	28 43	12 52	14 3	25 27D	2 36	18 55	17 26	19 21	26 46	9 24
25	14:12:56	1 26 16	13Pi14	13 27	15 13	25 28	2 48	18 51	17 27	19 21	26 45	9 21
26	14:16:52	2 26 7	28 6	14 10	16 21	25 29	3 0	18 46	17 29	19 21	26 44	9 17
27	14:20:49	3 25 59	13Ar14	15 2	17 30	25 31	3 12	18 42	17 30	19 20	26 43	9 14
28	14:24:45	4 25 54	28 27	16 0	18 39	25 34	3 24	18 37	17 32	19 20	26 43	9 11
29	14:28:42	5 25 50	13Ta36	17 5	19 48	25 38	3 36	18 33	17 33	19 20	26 43	9 8
30	14:32:38	6 25 48	28 30	18 15	20 56	25 42	3 48	18 28	17 35	19 20	26 42	9 5
31	14:36:35	7 25 48	13Ge 3	19 30	22 5	25 48	4 0	18 24	17 37	19 20	26 41	9 2

10/24 Sun in Sco. 1:23   10/6 3rd Qt. 6:44   10/14 New 8:13   10/22 1st Qt. 7:03   10/28 Full 22:07

NOVEMBER 1909

Day	Sid. T.	Sun	Moon	Merc.	Venus	Mars	Jup.	Saturn	Uranus	Nept.	Pluto	N.Node
1	14:40:32	8Sc25 50	27Ge 9	20Li49	23Sg13	25Pi54	4Li12	18Ar19R	17Cp38	19Cn19R	26Ge40R	8Ge58
2	14:44:28	9 25 55	10Cn48	22 11	24 21	26 0	4 23	18 15	17 40	19 19	26 40	8 55
3	14:48:25	10 26 1	24 0	23 36	25 29	26 8	4 35	18 11	17 42	19 19	26 39	8 52
4	14:52:21	11 26 10	6Le48	25 4	26 37	26 16	4 47	18 7	17 44	19 18	26 38	8 49
5	14:56:18	12 26 20	19 16	26 33	27 44	26 25	4 58	18 3	17 46	19 18	26 37	8 46
6	15: 0:14	13 26 33	1Vi29	28 4	28 52	26 34	5 10	17 59	17 48	19 17	26 37	8 42
7	15: 4:11	14 26 48	13 30	29 36	29 59	26 44	5 21	17 55	17 50	19 17	26 36	8 39
8	15: 8: 7	15 27 4	25 24	1Sc10	1Cp 7	26 55	5 32	17 51	17 52	19 16	26 35	8 36
9	15:12: 4	16 27 23	7Li15	2 44	2 14	27 7	5 44	17 47	17 54	19 16	26 34	8 33
10	15:16: 1	17 27 43	19 5	4 19	3 21	27 19	5 55	17 43	17 56	19 15	26 33	8 30
11	15:19:57	18 28 6	0Sc57	5 54	4 27	27 32	6 6	17 39	17 58	19 14	26 32	8 27
12	15:23:54	19 28 30	12 54	7 29	5 34	27 45	6 17	17 35	18 0	19 14	26 31	8 23
13	15:27:50	20 28 55	24 58	9 5	6 40	27 59	6 28	17 32	18 3	19 13	26 30	8 20
14	15:31:47	21 29 23	7Sg 9	10 41	7 47	28 14	6 39	17 28	18 5	19 12	26 30	8 17
15	15:35:43	22 29 52	19 30	12 17	8 53	28 29	6 50	17 25	18 7	19 11	26 29	8 14
16	15:39:40	23 30 23	2Cp 1	13 53	9 59	28 45	7 1	17 22	18 10	19 11	26 28	8 11
17	15:43:36	24 30 54	14 46	15 29	11 4	29 1	7 11	17 18	18 12	19 10	26 27	8 8
18	15:47:33	25 31 28	27 46	17 5	12 9	29 18	7 22	17 15	18 15	19 9	26 26	8 4
19	15:51:29	26 32 2	11Aq 3	18 41	13 15	29 36	7 33	17 12	18 17	19 9	26 25	8 1
20	15:55:26	27 32 38	24 38	20 17	14 19	29 54	7 43	17 9	18 20	19 8	26 24	7 58
21	15:59:23	28 33 14	8Pi32	21 52	15 24	0Ar12	7 53	17 6	18 22	19 7	26 23	7 55
22	16: 3:19	29 33 52	22 46	23 28	16 29	0 31	8 4	17 3	18 25	19 6	26 22	7 52
23	16: 7:16	0Sg34 31	7Ar16	25 3	17 33	0 51	8 14	17 0	18 27	19 5	26 21	7 48
24	16:11:12	1 35 11	22 0	26 38	18 36	1 11	8 24	16 57	18 30	19 4	26 20	7 45
25	16:15: 9	2 35 52	6Ta51	28 13	19 40	1 31	8 34	16 55	18 33	19 3	26 18	7 42
26	16:19: 5	3 36 35	21 41	29 48	20 43	1 52	8 44	16 52	18 35	19 2	26 17	7 39
27	16:23: 2	4 37 18	6Ge24	1Sg23	21 46	2 13	8 53	16 50	18 38	19 0	26 16	7 36
28	16:26:59	5 38 4	20 52	2 58	22 49	2 35	9 3	16 48	18 41	18 59	26 15	7 33
29	16:30:55	6 38 50	5Cn 0	4 32	23 51	2 57	9 13	16 45	18 44	18 58	26 14	7 29
30	16:34:52	7 39 38	18 44	6 6	24 53	3 20	9 22	16 43	18 47	18 57	26 13	7 26

11/22 Sun in Sag. 22:20   11/4 3rd Qt. 21:38   11/13 New 2:18   11/20 1st Qt. 17:29   11/27 Full 8:52(E)

DECEMBER 1909

Day	Sid. T.	Sun	Moon	Merc.	Venus	Mars	Jup.	Saturn	Uranus	Nept.	Pluto	N.Node
1	16:38:48	8Sg40 27	2Le 2	7Sg41	25Cp55	3Ar43	9Li31	16Ar41R	18Cp50	18Cn56R	26Ge12R	7Ge23
2	16:42:45	9 41 17	14 57	9 15	26 56	4 6	9 41	16 39	18 53	18 55	26 11	7 20
3	16:46:41	10 42 9	27 31	10 49	27 57	4 30	9 50	16 38	18 56	18 53	26 10	7 17
4	16:50:38	11 43 2	9Vi46	12 24	28 57	4 54	9 59	16 36	18 59	18 52	26 9	7 14
5	16:54:35	12 43 56	21 49	13 58	29 57	5 19	10 8	16 34	19 2	18 51	26 7	7 10
6	16:58:31	13 44 52	3Li43	15 32	0Aq57	5 44	10 17	16 33	19 5	18 50	26 6	7 7
7	17: 2:28	14 45 49	15 33	17 6	1 56	6 9	10 25	16 31	19 8	18 48	26 5	7 4
8	17: 6:24	15 46 47	27 23	18 40	2 55	6 34	10 34	16 30	19 11	18 47	26 4	7 1
9	17:10:21	16 47 46	9Sc18	20 15	3 53	7 0	10 42	16 29	19 14	18 46	26 3	6 58
10	17:14:17	17 48 47	21 21	21 49	4 51	7 26	10 51	16 28	19 17	18 44	26 2	6 54
11	17:18:14	18 49 48	3Sg35	23 24	5 48	7 53	10 59	16 27	19 20	18 43	26 0	6 51
12	17:22:10	19 50 50	16 0	24 58	6 45	8 20	11 7	16 26	19 23	18 41	25 59	6 48
13	17:26: 7	20 51 53	28 40	26 33	7 41	8 47	11 15	16 25	19 27	18 40	25 57	6 45
14	17:30: 3	21 52 57	11Cp33	28 7	8 37	9 14	11 23	16 24	19 30	18 38	25 57	6 42
15	17:34: 0	22 54 2	24 40	29 42	9 32	9 42	11 30	16 24	19 33	18 37	25 56	6 39
16	17:37:57	23 55 6	8Aq 0	1Cp17	10 27	10 10	11 38	16 23	19 36	18 35	25 54	6 35
17	17:41:53	24 56 12	21 33	2 52	11 20	10 38	11 45	16 23	19 40	18 34	25 53	6 32
18	17:45:50	25 57 17	5Pi18	4 27	12 13	11 6	11 53	16 23	19 43	18 32	25 52	6 29
19	17:49:46	26 58 23	19 13	6 2	13 6	11 35	12 0	16 23	19 46	18 31	25 51	6 26
20	17:53:43	27 59 29	3Ar18	7 37	13 57	12 4	12 7	16 23D	19 50	18 29	25 50	6 23
21	17:57:39	29 0 35	17 30	9 13	14 48	12 33	12 13	16 23	19 53	18 28	25 49	6 20
22	18: 1:36	0Cp 1 42	1Ta49	10 48	15 38	13 2	12 20	16 23	19 56	18 26	25 47	6 16
23	18: 5:32	1 2 48	16 11	12 23	16 27	13 32	12 27	16 24	20 0	18 23	25 46	6 13
24	18: 9:29	2 3 55	0Ge33	13 58	17 16	14 2	12 33	16 24	20 3	18 23	25 45	6 10
25	18:13:26	3 5 2	14 51	15 33	18 3	14 32	12 39	16 24	20 7	18 21	25 44	6 7
26	18:17:22	4 6 9	28 58	17 8	18 50	15 2	12 46	16 25	20 10	18 20	25 43	6 4
27	18:21:19	5 7 17	12Cn53	18 43	19 35	15 33	12 52	16 26	20 14	18 18	25 41	6 0
28	18:25:15	6 8 25	26 29	20 20	20 20	16 3	12 57	16 27	20 17	18 16	25 40	5 57
29	18:29:12	7 9 33	9Le46	21 51	21 3	16 34	13 3	16 28	20 21	18 15	25 39	5 54
30	18:33: 8	8 10 41	22 42	23 24	21 46	17 5	13 9	16 29	20 24	18 13	25 38	5 51
31	18:37: 5	9 11 49	5Vi18	24 56	22 27	17 36	13 14	16 30	20 28	18 11	25 37	5 48

12/22 Sun in Cap. 11:20   12/4 3rd Qt. 16:12   12/12 New 19:59(E)   12/20 1st Qt. 2:18   12/26 Full 21:30

Day	Sid. T.	Sun	Moon	Merc.	Venus	Mars	Jup.	Saturn	Uranus	Nept.	Pluto	N.Node
1	18:41: 2	10Cp12 58	17Vi37	20Cp27	23Aq /	18Ar 7	13Li19	16Ar31	20Cp31	18Cn10R	25Ge36R	5Ge45
2	18:44:58	11 14 7	29 41	27 57	23 46	18 39	13 24	16 33	20 35	18 8	25 35	5 41
3	18:48:55	12 15 17	11Li36	29 26	24 24	19 11	13 29	16 34	20 38	18 6	25 33	5 38
4	18:52:51	13 16 26	23 26	0Aq52	25 0	19 43	13 34	16 36	20 42	18 5	25 32	5 35
5	18:56:48	14 17 36	5Sc17	2 16	25 35	20 15	13 38	16 38	20 45	18 3	25 31	5 32
6	19: 0:44	15 18 46	17 13	3 38	26 8	20 47	13 42	16 40	20 49	18 1	25 30	5 29
7	19: 4:41	16 19 56	29 19	4 56	26 40	21 19	13 47	16 42	20 52	18 0	25 29	5 25
8	19: 8:37	17 21 6	11Sg40	6 10	27 10	21 52	13 51	16 44	20 56	17 58	25 28	5 22
9	19:12:34	18 22 16	24 17	7 20	27 39	22 25	13 54	16 46	20 59	17 56	25 27	5 19
10	19:16:31	19 23 26	7Cp14	8 25	28 6	22 57	13 58	16 48	21 3	17 54	25 26	5 16
11	19:20:27	20 24 36	20 29	9 24	28 32	23 30	14 2	16 51	21 7	17 53	25 25	5 13
12	19:24:24	21 25 45	4Aq 3	10 16	28 55	24 3	14 5	16 53	21 10	17 51	25 24	5 10
13	19:28:20	22 26 54	17 51	11 0	29 17	24 37	14 8	16 56	21 14	17 49	25 23	5 6
14	19:32:17	23 28 3	1Pi51	11 36	29 36	25 10	14 11	16 59	21 17	17 48	25 21	5 3
15	19:36:13	24 29 10	15 58	12 2	29 54	25 43	14 14	17 1	21 21	17 46	25 20	5 0
16	19:40:10	25 30 17	0Ar 8	12 18	0Pi10	26 17	14 16	17 4	21 24	17 44	25 19	4 57
17	19:44: 6	26 31 23	14 19	12 24R	0 23	26 50	14 19	17 7	21 28	17 43	25 18	4 54
18	19:48: 3	27 32 28	28 27	12 17	0 34	27 24	14 21	17 10	21 31	17 41	25 17	4 51
19	19:52: 0	28 33 33	12Ta32	11 59	0 43	27 58	14 23	17 14	21 35	17 39	25 16	4 47
20	19:55:56	29 34 36	26 32	11 30	0 50	28 32	14 25	17 17	21 38	17 38	25 16	4 44
21	19:59:53	0Aq35 38	10Ge27	10 49	0 54	29 6	14 26	17 20	21 42	17 36	25 15	4 41
22	20: 3:49	1 36 40	24 16	9 58	0 56	29 40	14 28	17 24	21 46	17 34	25 14	4 38
23	20: 7:46	2 37 41	7Cn56	8 58	0 55R	0Ta15	14 29	17 27	21 49	17 33	25 13	4 35
24	20:11:42	3 38 40	21 27	7 51	0 52	0 49	14 30	17 31	21 53	17 31	25 12	4 31
25	20:15:39	4 39 39	4Le45	6 39	0 46	1 23	14 31	17 35	21 56	17 30	25 11	4 28
26	20:19:36	5 40 37	17 48	5 24	0 38	1 58	14 32	17 39	22 0	17 28	25 10	4 25
27	20:23:32	6 41 34	0Vi36	4 8	0 27	2 33	14 32	17 43	22 3	17 26	25 9	4 22
28	20:27:29	7 42 30	13 8	2 54	0 14	3 7	14 33	17 47	22 6	17 25	25 8	4 19
29	20:31:25	8 43 26	25 25	1 43	29Aq58	3 42	14 33	17 51	22 10	17 23	25 8	4 16
30	20:35:22	9 44 21	7Li29	0 37	29 40	4 17	14 33R	17 55	22 13	17 22	25 7	4 12
31	20:39:18	10 45 14	19 23	29Cp38	29 19	4 52	14 33	17 59	22 17	17 20	25 6	4 9

1/20 Sun in Aqu. 21:59   1/3 3rd Qt. 13:27   1/11 New 11:51   1/18 1st Qt. 10:20   1/25 Full 11:51

Day	Sid. T.	Sun	Moon	Merc.	Venus	Mars	Jup.	Saturn	Uranus	Nept.	Pluto	N.Node
1	20:43:15	11Aq46 7	1Sc13	28Cp46R	28Aq56R	5Ta27	14Li32R	18Ar 4	22Cp20	17Cn19R	25Ge 5R	4Ge 6
2	20:47:11	12 47 0	13 2	28 3	28 31	6 2	14 32	18 8	22 24	17 17	25 4	4 3
3	20:51: 8	13 47 51	24 57	27 28	28 4	6 37	14 31	18 13	22 27	17 16	25 4	4 0
4	20:55: 4	14 48 42	7Sg 3	27 2	27 35	7 12	14 30	18 17	22 30	17 14	25 3	3 57
5	20:59: 1	15 49 31	19 24	26 44	27 4	7 48	14 29	18 22	22 34	17 13	25 2	3 53
6	21: 2:58	16 50 20	2Cp 7	26 34	26 32	8 23	14 27	18 27	22 37	17 11	25 2	3 50
7	21: 6:54	17 51 8	15 13	26 31D	25 58	8 59	14 26	18 32	22 40	17 10	25 1	3 47
8	21:10:51	18 51 55	28 44	26 37	25 23	9 34	14 24	18 37	22 44	17 8	25 0	3 44
9	21:14:47	19 52 40	12Aq38	26 49	24 47	10 10	14 22	18 42	22 47	17 7	25 0	3 41
10	21:18:44	20 53 24	26 52	27 7	24 11	10 45	14 20	18 47	22 50	17 6	24 59	3 37
11	21:22:40	21 54 7	11Pi21	27 31	23 34	11 21	14 17	18 52	22 53	17 3	24 58	3 34
12	21:26:37	22 54 48	25 56	28 1	22 56	11 57	14 15	18 58	22 57	17 3	24 58	3 31
13	21:30:34	23 55 28	10Ar32	28 35	22 19	12 33	14 12	19 3	23 0	17 2	24 57	3 28
14	21:34:30	24 56 6	25 1	29 14	21 42	13 8	14 9	19 8	23 3	17 0	24 57	3 25
15	21:38:27	25 56 42	9Ta20	29 58	21 6	13 44	14 6	19 14	23 6	16 59	24 56	3 22
16	21:42:23	26 57 16	23 26	0Aq45	20 30	14 20	14 3	19 19	23 9	16 58	24 56	3 18
17	21:46:20	27 57 49	7Ge18	1 36	19 55	14 56	14 0	19 25	23 12	16 57	24 55	3 15
18	21:50:16	28 58 20	20 58	2 30	19 22	15 32	13 56	19 31	23 15	16 56	24 55	3 12
19	21:54:13	29 58 49	4Cn27	3 27	18 50	16 8	13 52	19 37	23 18	16 54	24 54	3 9
20	21:58: 9	0Pi59 16	17 43	4 27	18 20	16 44	13 48	19 42	23 21	16 53	24 54	3 6
21	22: 2: 6	1 59 41	0Le50	5 29	17 51	17 21	13 44	19 48	23 24	16 52	24 54	3 3
22	22: 6: 3	3 0 5	13 45	6 34	17 25	17 57	13 40	19 54	23 27	16 51	24 53	2 59
23	22: 9:59	4 0 27	26 29	7 41	17 0	18 33	13 36	20 0	23 30	16 50	24 53	2 56
24	22:13:56	5 0 47	9Vi 2	8 51	16 38	19 9	13 31	20 6	23 33	16 48	24 52	2 53
25	22:17:52	6 1 5	21 23	10 2	16 18	19 45	13 26	20 13	23 36	16 48	24 52	2 50
26	22:21:49	7 1 22	3Li33	11 15	16 1	20 22	13 21	20 19	23 39	16 47	24 52	2 47
27	22:25:45	8 1 37	15 32	12 30	15 46	20 58	13 16	20 25	23 42	16 46	24 52	2 43
28	22:29:42	9 1 50	27 25	13 46	15 33	21 35	13 11	20 31	23 44	16 45	24 52	2 40

2/19 Sun in Pis. 12:28   2/2 3rd Qt. 11:27   2/10 New 1:13   2/16 1st Qt. 18:32   2/24 Full 3:36

MARCH 1910

Day	Sid. T.	Sun	Moon	Merc.	Venus	Mars	Jup.	Saturn	Uranus	Nept.	Pluto	N.Node
1	22:33:38	10Pi 2 2	9Sc13	15Aq 4	15Aq23R	22Ta11	13Li 6R	20Ar38	23Cp47	16Cn44R	24Ge51R	2Ge37
2	22:37:35	11 2 12	21 1	16 24	15 15	22 47	13 0	20 44	23 50	16 43	24 51	2 34
3	22:41:31	12 2 21	2Sg54	17 45	15 10	23 24	12 55	20 51	23 52	16 43	24 51	2 31
4	22:45:28	13 2 29	14 58	19 8	15 8	24 1	12 49	20 57	23 55	16 42	24 51	2 28
5	22:49:25	14 2 34	27 17	20 32	15 7D	24 37	12 43	21 4	23 58	16 41	24 51	2 24
6	22:53:21	15 2 39	9Cp58	21 57	15 10	25 14	12 37	21 10	24 0	16 40	24 51	2 21
7	22:57:18	16 2 41	23 4	23 24	15 14	25 50	12 31	21 17	24 3	16 40	24 51	2 18
8	23: 1:14	17 2 42	6Aq38	24 52	15 21	26 27	12 24	21 24	24 5	16 39	24 51	2 15
9	23: 5:11	18 2 41	20 40	26 21	15 30	27 4	12 18	21 31	24 8	16 38	24 51	2 12
10	23: 9: 7	19 2 39	5Pi 8	27 51	15 41	27 40	12 12	21 37	24 10	16 38	24 51D	2 9
11	23:13: 4	20 2 34	19 56	29 23	15 55	28 17	12 5	21 44	24 12	16 37	24 51	2 5
12	23:17: 0	21 2 28	4Ar54	0Pi56	16 10	28 54	11 58	21 51	24 15	16 37	24 51	2 2
13	23:20:57	22 2 19	19 54	2 30	16 28	29 30	11 51	21 58	24 17	16 36	24 51	1 59
14	23:24:54	23 2 9	4Ta47	4 5	16 47	0Ge 7	11 44	22 5	24 19	16 36	24 51	1 56
15	23:28:50	24 1 56	19 26	5 42	17 9	0 44	11 37	22 12	24 22	16 35	24 51	1 53
16	23:32:47	25 1 42	3Ge46	7 20	17 32	1 21	11 30	22 19	24 24	16 35	24 51	1 49
17	23:36:43	26 1 24	17 45	8 59	17 56	1 58	11 23	22 26	24 26	16 34	24 51	1 46
18	23:40:40	27 1 5	1Cn24	10 39	18 23	2 35	11 16	22 33	24 28	16 34	24 51	1 43
19	23:44:36	28 0 43	14 45	12 20	18 51	3 11	11 9	22 41	24 30	16 34	24 52	1 40
20	23:48:33	29 0 19	27 49	14 3	19 21	3 48	11 1	22 48	24 32	16 33	24 52	1 37
21	23:52:29	29 59 53	10Le39	15 47	19 52	4 25	10 54	22 55	24 34	16 33	24 52	1 34
22	23:56:26	0Ar59 24	23 16	17 32	20 24	5 2	10 46	23 2	24 36	16 33	24 52	1 30
23	0: 0:22	1 58 53	5Vi43	19 18	20 58	5 39	10 39	23 10	24 38	16 33	24 53	1 27
24	0: 4:19	2 58 20	17 59	21 6	21 34	6 16	10 31	23 17	24 40	16 32	24 53	1 24
25	0: 8:16	3 57 45	0Li 7	22 55	22 10	6 53	10 24	23 24	24 41	16 32	24 53	1 21
26	0:12:12	4 57 8	12 8	24 45	22 48	7 30	10 16	23 32	24 43	16 32	24 54	1 18
27	0:16: 9	5 56 29	24 2	26 37	23 27	8 7	10 8	23 39	24 45	16 32	24 54	1 14
28	0:20: 5	6 55 47	5Sc51	28 30	24 7	8 44	10 1	23 46	24 46	16 32D	24 54	1 11
29	0:24: 2	7 55 4	17 39	0Ar25	24 49	9 21	9 53	23 54	24 48	16 32	24 55	1 8
30	0:27:59	8 54 19	29 27	2 20	25 31	9 58	9 45	24 1	24 50	16 32	24 55	1 5
31	0:31:55	9 53 33	11Sg21	4 17	26 14	10 35	9 37	24 9	24 51	16 32	24 55	1 2

3/21 Sun in Ari. 12:03   3/4 3rd Qt. 7:52   3/11 New 12:12   3/18 1st Qt. 3:37   3/25 Full 20:21

APRIL 1910

Day	Sid. T.	Sun	Moon	Merc.	Venus	Mars	Jup.	Saturn	Uranus	Nept.	Pluto	N.Node
1	0:35:52	10Ar52 44	23Sg25	6Ar15	26Aq58	11Ge12	9Li30R	24Ar16	24Cp52	16Cn32	24Ge56	0Ge59
2	0:39:48	11 51 54	5Cp43	8 15	27 44	11 49	9 22	24 24	24 54	16 33	24 57	0 55
3	0:43:45	12 51 2	18 20	10 15	28 30	12 26	9 14	24 31	24 55	16 33	24 57	0 52
4	0:47:41	13 50 8	1Aq21	12 17	29 17	13 3	9 6	24 39	24 57	16 33	24 58	0 49
5	0:51:38	14 49 13	14 50	14 20	0Pi 4	13 40	8 59	24 46	24 58	16 33	24 58	0 46
6	0:55:34	15 48 15	28 48	16 24	0 53	14 17	8 51	24 54	24 59	16 33	24 59	0 43
7	0:59:31	16 47 16	13Pi15	18 28	1 42	14 54	8 43	25 1	25 0	16 34	25 0	0 40
8	1: 3:27	17 46 15	28 4	20 33	2 32	15 31	8 36	25 9	25 1	16 34	25 0	0 36
9	1: 7:24	18 45 12	13Ar11	22 39	3 23	16 9	8 28	25 17	25 2	16 35	25 1	0 33
10	1:11:21	19 44 7	28 23	24 44	4 15	16 46	8 21	25 24	25 3	16 35	25 2	0 30
11	1:15:17	20 43 0	13Ta33	26 50	5 7	17 23	8 13	25 32	25 4	16 36	25 3	0 27
12	1:19:14	21 41 51	28 30	28 55	5 59	18 0	8 6	25 40	25 5	16 36	25 4	0 24
13	1:23:10	22 40 40	13Ge 7	1Ta 0	6 53	18 37	7 59	25 47	25 6	16 36	25 4	0 20
14	1:27: 7	23 39 27	27 21	3 3	7 47	19 14	7 51	25 55	25 7	16 37	25 5	0 17
15	1:31: 3	24 38 11	11Cn 9	5 6	8 41	19 51	7 44	26 2	25 8	16 38	25 5	0 14
16	1:35: 0	25 36 53	24 34	7 7	9 36	20 29	7 37	26 10	25 9	16 38	25 6	0 11
17	1:38:56	26 35 33	7Le36	9 5	10 31	21 6	7 30	26 18	25 9	16 39	25 7	0 8
18	1:42:53	27 34 10	20 20	11 2	11 27	21 43	7 23	26 25	25 10	16 39	25 8	0 5
19	1:46:50	28 32 46	2Vi48	12 56	12 24	22 20	7 16	26 33	25 10	16 40	25 8	0 1
20	1:50:46	29 31 19	15 3	14 47	13 21	22 57	7 10	26 41	25 11	16 41	25 10	29Ta58
21	1:54:43	0Ta29 50	27 8	16 35	14 18	23 34	7 3	26 48	25 11	16 42	25 10	29 55
22	1:58:39	1 28 19	9Li 6	18 19	15 16	24 12	6 57	26 56	25 12	16 43	25 11	29 52
23	2: 2:36	2 26 46	20 59	20 0	16 14	24 49	6 50	27 3	25 12	16 43	25 12	29 49
24	2: 6:32	3 25 11	2Sc48	21 37	17 13	25 26	6 44	27 11	25 13	16 44	25 13	29 46
25	2:10:29	4 23 34	14 36	23 9	18 12	26 3	6 38	27 19	25 13	16 45	25 14	29 42
26	2:14:25	5 21 56	26 26	24 38	19 11	26 40	6 32	27 26	25 13	16 46	25 15	29 39
27	2:18:22	6 20 15	8Sg19	26 3	20 11	27 17	6 26	27 34	25 13	16 47	25 16	29 36
28	2:22:18	7 18 33	20 27	27 23	21 11	27 55	6 20	27 41	25 13	16 48	25 17	29 33
29	2:26:15	8 16 50	2Cp27	28 38	22 11	28 32	6 14	27 49	25 13	16 49	25 18	29 30
30	2:30:12	9 15 5	14 48	29 49	23 12	29 9	6 9	27 56	25 13R	16 50	25 19	29 26

4/20 Sun in Tau. 23:46   4/3 3rd Qt. 0:48   4/9 New 21:25   4/16 1st Qt. 14:04   4/24 Full 13:22

Day	Sid. T.	Sun	Moon	Merc.	Venus	Mars	Jup.	Saturn	Uranus	Nept.	Pluto	N.Node
1	2:34: 8	10Ta13 18	27Cp27	0Ge55	24Pi13	29Ge46	6Li 3R	28Ar 4	25Cp13R	16Cn51	25Ge20	29Ta23
2	2:38: 5	11 11 30	10Aq26	1 57	25 14	0Cn23	5 58	28 11	25 13	16 52	25 21	29 20
3	2:42: 1	12 9 41	23 49	2 53	26 16	1 1	5 53	28 19	25 13	16 53	25 22	29 17
4	2:45:58	13 7 50	7Pi38	3 45	27 18	1 38	5 48	28 26	25 13	16 55	25 23	29 14
5	2:49:54	14 5 57	21 52	4 32	28 20	2 15	5 43	28 34	25 13	16 56	25 24	29 11
6	2:53:51	15 4 3	6Ar31	5 13	29 22	2 52	5 39	28 41	25 12	16 57	25 26	29 7
7	2:57:47	16 2 8	21 28	5 50	0Ar25	3 30	5 34	28 49	25 12	16 58	25 27	29 4
8	3: 1:44	17 0 11	6Ta37	6 22	1 28	4 7	5 30	28 56	25 12	17 0	25 28	29 1
9	3: 5:41	17 58 13	21 47	6 48	2 31	4 44	5 26	29 4	25 11	17 1	25 29	28 58
10	3: 9:37	18 56 13	6Ge51	7 10	3 35	5 21	5 21	29 11	25 11	17 2	25 30	28 55
11	3:13:34	19 54 12	21 38	7 26	4 38	5 59	5 18	29 18	25 10	17 4	25 31	28 52
12	3:17:30	20 52 9	6Cn 4	7 37	5 42	6 36	5 14	29 26	25 10	17 5	25 33	28 48
13	3:21:27	21 50 4	20 4	7 43	6 46	7 13	5 10	29 33	25 9	17 6	25 34	28 45
14	3:25:23	22 47 57	3Le37	7 44R	7 51	7 50	5 7	29 40	25 9	17 8	25 35	28 42
15	3:29:20	23 45 48	16 45	7 40	8 55	8 28	5 4	29 47	25 8	17 9	25 36	28 39
16	3:33:17	24 43 38	29 30	7 32	10 0	9 5	5 1	29 54	25 7	17 11	25 38	28 36
17	3:37:13	25 41 26	11Vi55	7 19	11 5	9 42	4 58	0Ta 2	25 7	17 12	25 39	28 32
18	3:41:10	26 39 12	24 6	7 2	12 10	10 19	4 55	0 9	25 6	17 14	25 40	28 29
19	3:45: 6	27 36 57	6Li 6	6 42	13 15	10 57	4 53	0 16	25 5	17 15	25 41	28 26
20	3:49: 3	28 34 40	17 58	6 18	14 20	11 34	4 51	0 23	25 4	17 17	25 43	28 23
21	3:52:59	29 32 21	29 47	5 50	15 26	12 11	4 48	0 30	25 3	17 18	25 44	28 20
22	3:56:56	0Ge30 1	11Sc35	5 21	16 32	12 48	4 46	0 37	25 2	17 20	25 45	28 17
23	4: 0:52	1 27 40	23 25	4 49	17 38	13 26	4 45	0 44	25 0	17 22	25 47	28 13
24	4: 4:49	2 25 18	5Sg20	4 16	18 44	14 3	4 43	0 51	24 59	17 23	25 48	28 10
25	4: 8:46	3 22 54	17 21	3 42	19 50	14 40	4 42	0 58	24 58	17 25	25 49	28 7
26	4:12:42	4 20 29	29 31	3 8	20 56	15 17	4 40	1 4	24 57	17 27	25 51	28 4
27	4:16:39	5 18 3	11Cp52	2 35	22 3	15 55	4 39	1 11	24 56	17 29	25 52	28 1
28	4:20:35	6 15 36	24 25	2 2	23 9	16 32	4 38	1 18	24 54	17 30	25 53	27 58
29	4:24:32	7 13 9	7Aq12	1 31	24 16	17 9	4 38	1 25	24 53	17 32	25 55	27 54
30	4:28:28	8 10 40	20 16	1 1	25 23	17 46	4 37	1 31	24 52	17 34	25 56	27 51
31	4:32:25	9 8 10	3Pi39	0 34	26 30	18 24	4 37	1 38	24 50	17 36	25 57	27 48

5/21 Sun in Gem. 23:30   5/2 3rd Qt. 13:29   5/9 New 5:33(E)   5/16 1st Qt. 2:13   5/24 Full 5:39(E)   5/31 3rd Qt. 22:24

Day	Sid. T.	Sun	Moon	Merc.	Venus	Mars	Jup.	Saturn	Uranus	Nept.	Pluto	N.Node
1	4:36:21	10Ge 5 40	17Pi22	0Ge10R	27Ar37	19Cn 1	4Li37R	1Ta45	24Cp49R	17Cn38	25Ge59	27Ta45
2	4:40:18	11 3 9	1Ar24	29Ta50	28 44	19 38	4 37D	1 51	24 47	17 39	26 0	27 42
3	4:44:15	12 0 37	15 47	29 33	29 52	20 16	4 37	1 57	24 46	17 41	26 1	27 38
4	4:48:11	12 58 5	0Ta25	29 20	0Ta59	20 53	4 37	2 4	24 44	17 43	26 3	27 35
5	4:52: 8	13 55 32	15 16	29 11	2 7	21 30	4 38	2 10	24 43	17 45	26 4	27 32
6	4:56: 4	14 52 58	0Ge12	29 6	3 15	22 8	4 39	2 17	24 41	17 47	26 6	27 29
7	5: 0: 1	15 50 23	15 6	29 6D	4 22	22 45	4 40	2 23	24 39	17 49	26 7	27 26
8	5: 3:57	16 47 48	29 50	29 10	5 30	23 22	4 41	2 29	24 38	17 51	26 9	27 23
9	5: 7:54	17 45 12	14Cn17	29 18	6 38	24 0	4 42	2 35	24 36	17 53	26 10	27 19
10	5:11:50	18 42 34	28 21	29 32	7 47	24 37	4 43	2 41	24 34	17 55	26 11	27 16
11	5:15:47	19 39 56	12Le 0	29 49	8 55	25 14	4 45	2 47	24 32	17 57	26 13	27 13
12	5:19:44	20 37 17	25 13	0Ge11	10 3	25 52	4 47	2 53	24 30	17 59	26 14	27 10
13	5:23:40	21 34 37	8Vi 2	0 38	11 12	26 29	4 49	2 59	24 29	18 1	26 16	27 7
14	5:27:37	22 31 56	20 30	1 9	12 20	27 6	4 51	3 5	24 27	18 3	26 17	27 3
15	5:31:33	23 29 14	2Li40	1 44	13 29	27 44	4 53	3 11	24 25	18 5	26 19	27 0
16	5:35:30	24 26 31	14 39	2 24	14 38	28 21	4 56	3 17	24 23	18 7	26 20	26 57
17	5:39:26	25 23 47	26 30	3 7	15 46	28 58	4 59	3 22	24 21	18 9	26 21	26 54
18	5:43:23	26 21 3	8Sc18	3 55	16 55	29 36	5 1	3 28	24 19	18 11	26 23	26 51
19	5:47:19	27 18 17	20 7	4 47	18 4	0Le13	5 4	3 34	24 17	18 13	26 24	26 48
20	5:51:16	28 15 32	2Sg 1	5 42	19 13	0 50	5 8	3 39	24 15	18 15	26 26	26 44
21	5:55:13	29 12 45	14 4	6 42	20 22	1 28	5 11	3 44	24 13	18 18	26 27	26 41
22	5:59: 9	0Cn 9 59	26 17	7 45	21 32	2 5	5 14	3 50	24 11	18 20	26 29	26 38
23	6: 3: 6	1 7 12	8Cp42	8 53	22 41	2 43	5 18	3 55	24 8	18 22	26 30	26 35
24	6: 7: 2	2 4 24	21 20	10 3	23 50	3 20	5 22	4 0	24 6	18 24	26 31	26 32
25	6:10:59	3 1 37	4Aq11	11 18	25 0	3 57	5 26	4 5	24 4	18 26	26 33	26 29
26	6:14:55	3 58 49	17 16	12 36	26 9	4 35	5 30	4 11	24 2	18 28	26 34	26 25
27	6:18:52	4 56 1	0Pi34	13 58	27 19	5 12	5 34	4 16	24 0	18 31	26 36	26 22
28	6:22:49	5 53 13	14 6	15 23	28 28	5 50	5 39	4 20	23 57	18 33	26 37	26 19
29	6:26:45	6 50 25	27 51	16 52	29 38	6 27	5 44	4 25	23 55	18 35	26 38	26 16
30	6:30:42	7 47 37	11Ar48	18 24	0Ge48	7 5	5 48	4 30	23 53	18 37	26 40	26 13

6/22 Sun in Can. 7:49   6/7 New 13:16   6/14 1st Qt. 16:19   6/22 Full 20:12   6/30 3rd Qt. 4:39

JULY 1910

Day	Sid. T.	Sun	Moon	Merc.	Venus	Mars	Jup.	Saturn	Uranus	Nept.	Pluto	N.Node
1	6:34:38	8Cn44 50	25Ar58	20Ge 0	1Ge58	7Le42	5Li53	4Ta35	23Cp51R	18Cn39	26Ge41	26Ta 9
2	6:38:35	9 42 2	10Ta18	21 39	3 8	8 20	5 58	4 39	23 48	18 41	26 43	26 6
3	6:42:31	10 39 15	24 46	23 21	4 18	8 57	6 4	4 44	23 46	18 44	26 44	26 3
4	6:46:28	11 36 29	9Ge20	25 7	5 28	9 34	6 9	4 48	23 44	18 46	26 46	26 0
5	6:50:24	12 33 42	23 52	26 55	6 38	10 12	6 15	4 53	23 41	18 48	26 47	25 57
6	6:54:21	13 30 56	8Cn19	28 47	7 48	10 49	6 20	4 57	23 39	18 50	26 48	25 54
7	6:58:18	14 28 9	22 34	0Cn41	8 59	11 27	6 26	5 1	23 37	18 53	26 50	25 50
8	7: 2:14	15 25 23	6Le31	2 38	10 9	12 5	6 32	5 5	23 34	18 55	26 51	25 47
9	7: 6:11	16 22 37	20 7	4 37	11 20	12 42	6 38	5 10	23 32	18 57	26 52	25 44
10	7:10: 7	17 19 50	3Vi19	6 39	12 30	13 20	6 44	5 13	23 29	18 59	26 54	25 41
11	7:14: 4	18 17 4	16 9	8 42	13 41	13 57	6 51	5 17	23 27	19 1	26 55	25 38
12	7:18: 0	19 14 18	28 37	10 47	14 51	14 35	6 57	5 21	23 25	19 4	26 56	25 35
13	7:21:57	20 11 31	10Li49	12 53	16 2	15 12	7 4	5 25	23 22	19 6	26 58	25 31
14	7:25:53	21 8 45	22 47	15 1	17 13	15 50	7 11	5 29	23 20	19 8	26 59	25 28
15	7:29:50	22 5 59	4Sc38	17 9	18 23	16 27	7 18	5 32	23 17	19 10	27 0	25 25
16	7:33:47	23 3 12	16 27	19 17	19 34	17 5	7 25	5 35	23 15	19 13	27 2	25 22
17	7:37:43	24 0 26	28 18	21 26	20 45	17 43	7 32	5 39	23 13	19 15	27 3	25 19
18	7:41:40	24 57 41	10Sg17	23 34	21 56	18 20	7 39	5 42	23 10	19 17	27 4	25 15
19	7:45:36	25 54 55	22 27	25 43	23 7	18 58	7 47	5 45	23 8	19 19	27 6	25 12
20	7:49:33	26 52 10	4Cp51	27 50	24 18	19 35	7 54	5 48	23 5	19 22	27 7	25 9
21	7:53:29	27 49 26	17 32	29 57	25 30	20 13	8 2	5 51	23 3	19 24	27 8	25 6
22	7:57:26	28 46 41	0Aq29	2Le 2	26 41	20 51	8 10	5 54	23 1	19 26	27 9	25 3
23	8: 1:22	29 43 58	13 43	4 7	27 52	21 28	8 18	5 57	22 58	19 28	27 11	25 0
24	8: 5:19	0Le41 15	27 12	6 10	29 3	22 6	8 26	6 0	22 56	19 30	27 12	24 56
25	8: 9:16	1 38 32	10Pi52	8 12	0Cn15	22 44	8 34	6 2	22 53	19 33	27 13	24 53
26	8:13:12	2 35 51	24 42	10 12	1 26	23 22	8 42	6 5	22 51	19 35	27 14	24 50
27	8:17: 9	3 33 11	8Ar39	12 11	2 38	23 59	8 51	6 7	22 49	19 37	27 16	24 47
28	8:21: 5	4 30 31	22 42	14 8	3 49	24 37	8 59	6 10	22 46	19 39	27 17	24 44
29	8:25: 2	5 27 53	6Ta48	16 4	5 1	25 15	9 8	6 12	22 44	19 41	27 18	24 41
30	8:28:58	6 25 16	20 57	17 58	6 13	25 53	9 17	6 14	22 42	19 43	27 19	24 37
31	8:32:55	7 22 40	5Ge 7	19 51	7 24	26 30	9 25	6 16	22 39	19 46	27 20	24 34

7/23 Sun in Leo 18:43   7/6 New 21:20   7/14 1st Qt. 8:24   7/22 Full 8:37   7/29 3rd Qt. 9:34

AUGUST 1910

Day	Sid. T.	Sun	Moon	Merc.	Venus	Mars	Jup.	Saturn	Uranus	Nept.	Pluto	N.Node
1	8:36:51	8Le20 5	19Ge17	21Le42	8Cn36	27Le 8	9Li34	6Ta18	22Cp37R	19Cn48	27Ge21	24Ta31
2	8:40:48	9 17 31	3Cn25	23 31	9 48	27 46	9 43	6 20	22 35	19 50	27 22	24 28
3	8:44:44	10 14 58	17 28	25 18	11 0	28 24	9 53	6 22	22 32	19 52	27 24	24 25
4	8:48:41	11 12 27	1Le20	27 1	12 12	29 2	10 2	6 23	22 30	19 54	27 25	24 21
5	8:52:38	12 9 56	15 0	28 49	13 24	29 39	10 11	6 25	22 28	19 56	27 26	24 18
6	8:56:34	13 7 27	28 22	0Vi31	14 36	0Vi17	10 21	6 26	22 26	19 58	27 27	24 15
7	9: 0:31	14 4 58	11Vi26	2 13	15 48	0 55	10 30	6 27	22 24	20 0	27 28	24 12
8	9: 4:27	15 2 30	24 10	3 52	17 1	1 33	10 40	6 29	22 21	20 2	27 29	24 9
9	9: 8:24	16 0 3	6Li35	5 30	18 13	2 11	10 50	6 30	22 19	20 4	27 30	24 6
10	9:12:21	16 57 37	18 45	7 7	19 25	2 49	10 59	6 31	22 17	20 6	27 31	24 2
11	9:16:17	17 55 12	0Sc43	8 41	20 38	3 27	11 9	6 32	22 15	20 8	27 32	23 59
12	9:20:14	18 52 48	12 33	10 15	21 50	4 5	11 19	6 32	22 13	20 11	27 33	23 56
13	9:24:10	19 50 25	24 21	11 47	23 2	4 43	11 29	6 33	22 11	20 13	27 34	23 53
14	9:28: 7	20 48 2	6Sg13	13 17	24 15	5 21	11 40	6 34	22 9	20 14	27 35	23 50
15	9:32: 3	21 45 41	18 14	14 45	25 28	5 59	11 50	6 34	22 7	20 16	27 36	23 47
16	9:36: 0	22 43 21	0Cp28	16 12	26 40	6 37	12 0	6 35	22 5	20 18	27 37	23 43
17	9:39:56	23 41 2	13 1	17 38	27 53	7 15	12 11	6 35	22 3	20 20	27 38	23 40
18	9:43:53	24 38 44	25 53	19 1	29 6	7 53	12 21	6 35	22 1	20 22	27 38	23 37
19	9:47:49	25 36 27	9Aq 8	20 23	0Le18	8 31	12 32	6 35	21 59	20 24	27 39	23 34
20	9:51:46	26 34 12	22 42	21 44	1 31	9 9	12 43	6 35R	21 57	20 26	27 40	23 31
21	9:55:42	27 31 58	6Pi35	23 2	2 44	9 47	12 53	6 35	21 56	20 28	27 41	23 27
22	9:59:39	28 29 45	20 42	24 19	3 57	10 26	13 4	6 35	21 54	20 30	27 42	23 24
23	10: 3:36	29 27 34	4Ar57	25 34	5 10	11 4	13 15	6 34	21 52	20 32	27 42	23 21
24	10: 7:32	0Vi25 24	19 15	26 47	6 23	11 42	13 26	6 34	21 50	20 33	27 43	23 18
25	10:11:29	1 23 17	3Ta33	27 59	7 36	12 20	13 37	6 33	21 49	20 35	27 44	23 15
26	10:15:25	2 21 11	17 47	29 8	8 49	12 58	13 48	6 33	21 47	20 37	27 45	23 12
27	10:19:22	3 19 7	1Ge56	0Li15	10 2	13 37	14 0	6 32	21 45	20 39	27 45	23 8
28	10:23:18	4 17 5	15 57	1 19	11 16	14 15	14 11	6 31	21 44	20 40	27 46	23 5
29	10:27:15	5 15 4	29 52	2 22	12 29	14 53	14 22	6 30	21 42	20 42	27 47	23 2
30	10:31:12	6 13 6	13Cn39	3 21	13 42	15 32	14 34	6 29	21 41	20 44	27 47	22 59
31	10:35: 8	7 11 10	27 17	4 19	14 56	16 10	14 45	6 28	21 39	20 46	27 48	22 56

8/24 Sun in Vir. 1:28   8/5 New 6:37   8/13 1st Qt. 2:01   8/20 Full 19:14   8/27 3rd Qt. 14:33

SEPTEMBER 1910

Day	Sid. T.	Sun	Moon	Merc.	Venus	Mars	Jup.	Saturn	Uranus	Nept.	Pluto	N.Node
1	10:39: 5	8Vi 9 15	10Le45	5Li13	16Le 9	16Vi48	14Li57	6Ta26R	21Cp38R	20Cn47	27Ge49	22Ta52
2	10:43: 1	9 7 22	24 2	6 5	17 23	17 27	15 8	6 25	21 36	20 49	27 49	22 49
3	10:46:58	10 5 31	7Vi 4	6 53	18 36	18 5	15 20	6 23	21 35	20 50	27 50	22 46
4	10:50:54	11 3 41	19 52	7 38	19 50	18 43	15 32	6 22	21 34	20 52	27 50	22 43
5	10:54:51	12 1 53	2Li24	8 19	21 3	19 22	15 43	6 20	21 33	20 54	27 51	22 40
6	10:58:47	13 0 7	14 42	8 57	22 17	20 0	15 55	6 18	21 31	20 55	27 51	22 37
7	11: 2:44	13 58 23	26 46	9 30	23 31	20 39	16 7	6 16	21 30	20 57	27 52	22 33
8	11: 6:41	14 56 40	8Sc41	9 59	24 45	21 17	16 19	6 14	21 29	20 58	27 52	22 30
9	11:10:37	15 54 58	20 30	10 23	25 58	21 56	16 31	6 12	21 28	21 0	27 53	22 27
10	11:14:34	16 53 18	2Sg17	10 42	27 12	22 34	16 43	6 10	21 27	21 1	27 53	22 24
11	11:18:30	17 51 40	14 8	10 56	28 26	23 13	16 55	6 8	21 26	21 2	27 54	22 21
12	11:22:27	18 50 4	26 8	11 4	29 40	23 52	17 7	6 5	21 25	21 4	27 54	22 18
13	11:26:23	19 48 29	8Cp22	11 7R	0Vi54	24 30	17 19	6 3	21 24	21 5	27 54	22 14
14	11:30:20	20 46 56	20 56	11 3	2 8	25 9	17 32	6 0	21 23	21 6	27 55	22 11
15	11:34:16	21 45 24	3Aq53	10 52	3 22	25 48	17 44	5 58	21 22	21 8	27 55	22 8
16	11:38:13	22 43 54	17 15	10 34	4 36	26 26	17 56	5 55	21 22	21 9	27 55	22 5
17	11:42: 9	23 42 25	1Pi 3	10 10	5 50	27 5	18 9	5 52	21 21	21 10	27 55	22 2
18	11:46: 6	24 40 58	15 13	9 39	7 4	27 44	18 21	5 49	21 20	21 11	27 56	21 58
19	11:50: 3	25 39 34	29 42	9 0	8 19	28 23	18 34	5 46	21 20	21 13	27 56	21 55
20	11:53:59	26 38 11	14Ar22	8 16	9 33	29 1	18 46	5 43	21 19	21 14	27 56	21 52
21	11:57:56	27 36 50	29 5	7 25	10 47	29 40	18 59	5 40	21 19	21 15	27 56	21 49
22	12: 1:52	28 35 32	13Ta46	6 28	12 1	0Li19	19 11	5 37	21 18	21 16	27 56	21 46
23	12: 5:49	29 34 15	28 19	5 27	13 16	0 58	19 24	5 33	21 18	21 17	27 57	21 43
24	12: 9:45	0Li33 1	12Ge39	4 23	14 30	1 37	19 36	5 30	21 17	21 18	27 57	21 39
25	12:13:42	1 31 49	26 44	3 17	15 44	2 16	19 49	5 26	21 17	21 19	27 57	21 36
26	12:17:39	2 30 40	10Cn35	2 11	16 59	2 55	20 2	5 23	21 17	21 20	27 57	21 33
27	12:21:35	3 29 33	24 10	1 5	18 13	3 34	20 14	5 19	21 16	21 21	27 57	21 30
28	12:25:32	4 28 28	7Le31	0 3	19 28	4 13	20 27	5 15	21 16	21 22	27 57	21 27
29	12:29:28	5 27 25	20 38	29Vi 6	20 42	4 52	20 40	5 12	21 16	21 23	27 57R	21 24
30	12:33:25	6 26 25	3Vi33	28 15	21 57	5 31	20 53	5 8	21 16	21 24	27 57	21 20

9/23 Sun in Lib. 22:31   9/3 New 18:06   9/11 1st Qt. 20:10   9/19 Full 4:52   9/25 3rd Qt. 20:54

OCTOBER 1910

Day	Sid. T.	Sun	Moon	Merc.	Venus	Mars	Jup.	Saturn	Uranus	Nept.	Pluto	N.Node
1	12:37:21	7Li25 27	16Vi14	27Vi31R	23Vi12	6Li10	21Li 6	5Ta 4R	21Cp16	21Cn25	27Ge57R	21Ta17
2	12:41:18	8 24 30	28 44	26 57	24 26	6 49	21 18	5 0	21 16	21 25	27 57	21 14
3	12:45:14	9 23 36	11Li 1	26 32	25 41	7 28	21 31	4 56	21 16	21 26	27 57	21 11
4	12:49:11	10 22 44	23 8	26 17	26 56	8 7	21 44	4 52	21 16	21 27	27 56	21 8
5	12:53: 7	11 21 54	5Sc 6	26 13D	28 10	8 47	21 57	4 48	21 16	21 27	27 56	21 4
6	12:57: 4	12 21 6	16 56	26 20	29 25	9 26	22 10	4 43	21 17	21 28	27 56	21 1
7	13: 1: 1	13 20 20	28 43	26 37	0Li40	10 5	22 23	4 39	21 17	21 29	27 56	20 58
8	13: 4:57	14 19 36	10Sg29	27 4	1 55	10 44	22 36	4 35	21 17	21 29	27 56	20 55
9	13: 8:54	15 18 53	22 19	27 40	3 10	11 24	22 49	4 30	21 18	21 30	27 56	20 52
10	13:12:50	16 18 13	4Cp18	28 25	4 24	12 3	23 2	4 26	21 18	21 30	27 55	20 49
11	13:16:47	17 17 34	16 30	29 19	5 39	12 42	23 15	4 21	21 18	21 31	27 55	20 45
12	13:20:43	18 16 57	29 1	0Li27	6 54	13 22	23 28	4 17	21 19	21 31	27 55	20 42
13	13:24:40	19 16 21	11Aq55	1 27	8 9	14 1	23 41	4 12	21 20	21 32	27 54	20 39
14	13:28:36	20 15 48	25 14	2 40	9 24	14 41	23 54	4 8	21 20	21 32	27 54	20 36
15	13:32:33	21 15 16	9Pi 2	3 58	10 39	15 20	24 7	4 3	21 21	21 33	27 54	20 33
16	13:36:30	22 14 46	23 17	5 21	11 54	16 0	24 20	3 58	21 22	21 33	27 53	20 30
17	13:40:26	23 14 18	7Ar55	6 47	13 9	16 39	24 33	3 54	21 22	21 33	27 53	20 26
18	13:44:23	24 13 51	22 50	8 17	14 24	17 19	24 46	3 49	21 23	21 34	27 53	20 23
19	13:48:19	25 13 27	7Ta53	9 49	15 39	17 59	24 59	3 44	21 24	21 34	27 52	20 20
20	13:52:16	26 13 5	22 57	11 23	16 54	18 38	25 12	3 40	21 25	21 34	27 52	20 17
21	13:56:12	27 12 45	7Ge52	12 59	18 9	19 18	25 25	3 35	21 26	21 34	27 51	20 14
22	14: 0: 9	28 12 27	22 32	14 36	19 24	19 58	25 38	3 30	21 27	21 34	27 51	20 10
23	14: 4: 5	29 12 12	6Cn52	16 14	20 39	20 37	25 51	3 25	21 28	21 34	27 50	20 7
24	14: 8: 2	0Sc11 59	20 50	17 53	21 55	21 17	26 5	3 20	21 29	21 34	27 50	20 4
25	14:11:58	1 11 48	4Le25	19 33	23 10	21 57	26 18	3 16	21 31	21 34R	27 49	20 1
26	14:15:55	2 11 39	17 40	21 13	24 25	22 37	26 31	3 11	21 32	21 34	27 48	19 58
27	14:19:52	3 11 33	0Vi35	22 53	25 40	23 17	26 44	3 6	21 33	21 34	27 48	19 55
28	14:23:48	4 11 29	13 14	24 34	26 55	23 57	26 57	3 1	21 34	21 34	27 47	19 51
29	14:27:45	5 11 26	25 39	26 14	28 11	24 37	27 10	2 56	21 36	21 34	27 47	19 48
30	14:31:41	6 11 26	7Li53	27 54	29 26	25 16	27 23	2 51	21 37	21 34	27 46	19 45
31	14:35:38	7 11 28	19 57	29 34	0Sc41	25 56	27 36	2 47	21 39	21 34	27 45	19 42

10/24 Sun in Sco. 7:11   10/3 New 8:32   10/11 1st Qt. 13:40   10/18 Full 14:24   10/25 3rd Qt. 5:48

NOVEMBER 1910

Day	Sid. T.	Sun	Moon	Merc.	Venus	Mars	Jup.	Saturn	Uranus	Nept.	Pluto	N.Node
1	14:39:34	8Sc11 32	1Sc53	1Sc14	1Sc56	26Li37	27Li49	2Ta42R	21Cp40	21Cn34R	27Ge45R	19Ta39
2	14:43:31	9 11 38	13 44	2 54	3 12	27 17	28 2	2 37	21 42	21 33	27 44	19 36
3	14:47:28	10 11 45	25 32	4 33	4 27	27 57	28 15	2 32	21 43	21 33	27 43	19 32
4	14:51:24	11 11 55	7Sg19	6 12	5 42	28 37	28 28	2 28	21 45	21 33	27 42	19 29
5	14:55:21	12 12 6	19 7	7 50	6 58	29 17	28 40	2 23	21 47	21 32	27 42	19 26
6	14:59:17	13 12 19	0Cp59	9 29	8 13	29 57	28 53	2 18	21 49	21 32	27 41	19 23
7	15: 3:14	14 12 33	13 0	11 6	9 28	0Sc37	29 6	2 13	21 50	21 32	27 40	19 20
8	15: 7:10	15 12 49	25 12	12 44	10 44	1 18	29 19	2 9	21 52	21 31	27 39	19 16
9	15:11: 7	16 13 7	7Aq40	14 21	11 59	1 58	29 32	2 4	21 54	21 31	27 38	19 13
10	15:15: 3	17 13 25	20 28	15 58	13 14	2 38	29 45	2 0	21 56	21 30	27 37	19 10
11	15:19: 0	18 13 46	3Pi39	17 34	14 30	3 19	29 57	1 55	21 58	21 30	27 37	19 7
12	15:22:56	19 14 7	17 17	19 10	15 45	3 59	0Sc10	1 51	22 0	21 29	27 36	19 4
13	15:26:53	20 14 30	1Ar22	20 46	17 0	4 40	0 23	1 46	22 2	21 28	27 35	19 1
14	15:30:50	21 14 55	15 53	22 22	18 16	5 20	0 35	1 42	22 4	21 28	27 34	18 57
15	15:34:46	22 15 20	0Ta46	23 57	19 31	6 0	0 48	1 37	22 6	21 27	27 33	18 54
16	15:38:43	23 15 48	15 54	25 32	20 46	6 41	1 1	1 33	22 9	21 26	27 32	18 51
17	15:42:39	24 16 17	1Ge 9	27 6	22 2	7 22	1 13	1 29	22 11	21 26	27 31	18 48
18	15:46:36	25 16 47	16 20	28 41	23 17	8 2	1 26	1 25	22 13	21 25	27 30	18 45
19	15:50:33	26 17 19	1Cn18	0Sg15	24 33	8 43	1 38	1 20	22 15	21 24	27 29	18 41
20	15:54:29	27 17 53	15 56	1 49	25 48	9 23	1 51	1 16	22 18	21 23	27 28	18 38
21	15:58:26	28 18 29	0Le 9	3 23	27 4	10 4	2 3	1 12	22 20	21 22	27 27	18 35
22	16: 2:22	29 19 6	13 54	4 56	28 19	10 45	2 15	1 8	22 23	21 22	27 25	18 32
23	16: 6:19	0Sg19 45	27 13	6 30	29 34	11 26	2 28	1 4	22 25	21 21	27 24	18 29
24	16:10:15	1 20 26	10Vi 7	8 3	0Sg50	12 6	2 40	1 1	22 28	21 20	27 23	18 26
25	16:14:12	2 21 8	22 40	9 36	2 5	12 47	2 52	0 57	22 30	21 19	27 23	18 22
26	16:18: 8	3 21 52	4Li56	11 9	3 21	13 28	3 4	0 53	22 33	21 18	27 22	18 19
27	16:22: 5	4 22 37	17 0	12 42	4 36	14 9	3 17	0 49	22 35	21 17	27 21	18 16
28	16:26: 1	5 23 24	28 55	14 15	5 52	14 50	3 29	0 46	22 38	21 16	27 20	18 13
29	16:29:58	6 24 12	10Sc44	15 48	7 7	15 31	3 41	0 42	22 41	21 15	27 19	18 10
30	16:33:55	7 25 2	22 31	17 20	8 23	16 12	3 53	0 39	22 43	21 14	27 18	18 7

11/23 Sun in Sag. 4:11   11/2 New 1:56(E)   11/10 1st Qt. 5:29   11/17 Full 0:25(E)   11/23 3rd Qt. 18:13

DECEMBER 1910

Day	Sid. T.	Sun	Moon	Merc.	Venus	Mars	Jup.	Saturn	Uranus	Nept.	Pluto	N.Node
1	16:37:51	8Sg25 52	4Sg18	18Sg53	9Sg38	16Sc53	4Sc 4	0Ta36R	22Cp46	21Cn12R	27Ge16R	18Ta 3
2	16:41:48	9 26 45	16 8	20 25	10 53	17 34	4 16	0 33	22 49	21 11	27 15	18 0
3	16:45:44	10 27 38	28 2	21 57	12 9	18 15	4 28	0 29	22 52	21 10	27 14	17 57
4	16:49:41	11 28 32	10Cp 2	23 29	13 24	18 56	4 40	0 26	22 55	21 9	27 13	17 54
5	16:53:37	12 29 27	22 11	25 1	14 40	19 38	4 51	0 23	22 57	21 8	27 12	17 51
6	16:57:34	13 30 23	4Aq30	26 33	15 55	20 19	5 3	0 21	23 0	21 6	27 11	17 47
7	17: 1:31	14 31 20	17 2	28 5	17 11	21 0	5 15	0 18	23 3	21 5	27 10	17 44
8	17: 5:27	15 32 17	29 49	29 36	18 26	21 41	5 26	0 15	23 6	21 4	27 8	17 41
9	17: 9:24	16 33 16	12Pi55	1Cp 7	19 42	22 23	5 37	0 13	23 9	21 2	27 7	17 38
10	17:13:20	17 34 14	26 22	2 37	20 57	23 4	5 49	0 10	23 12	21 1	27 6	17 35
11	17:17:17	18 35 13	10Ar12	4 7	22 13	23 45	6 0	0 8	23 15	21 0	27 5	17 32
12	17:21:13	19 36 13	24 26	5 37	23 28	24 27	6 11	0 5	23 18	20 58	27 4	17 28
13	17:25:10	20 37 14	9Ta 2	7 6	24 44	25 8	6 22	0 3	23 22	20 57	27 3	17 25
14	17:29: 6	21 38 14	23 56	8 34	25 59	25 50	6 33	0 1	23 25	20 56	27 1	17 22
15	17:33: 3	22 39 16	9Ge 3	10 1	27 15	26 31	6 44	29Ar59	23 28	20 54	27 0	17 19
16	17:36:59	23 40 18	24 13	11 27	28 30	27 13	6 55	29 57	23 31	20 53	26 59	17 16
17	17:40:56	24 41 21	9Cn16	12 52	29 45	27 55	7 6	29 55	23 34	20 51	26 58	17 13
18	17:44:53	25 42 24	24 4	14 15	1Cp 1	28 36	7 16	29 54	23 37	20 50	26 57	17 9
19	17:48:49	26 43 29	8Le28	15 36	2 16	29 18	7 27	29 52	23 41	20 48	26 55	17 6
20	17:52:46	27 44 34	22 25	16 55	3 32	0Sg 0	7 38	29 51	23 44	20 47	26 54	17 3
21	17:56:42	28 45 39	5Vi53	18 11	4 47	0 41	7 48	29 49	23 47	20 45	26 53	17 0
22	18: 0:39	29 46 45	18 53	19 24	6 3	1 23	7 58	29 48	23 51	20 44	26 52	16 57
23	18: 4:36	0Cp47 53	1Li28	20 34	7 18	2 5	8 8	29 47	23 54	20 42	26 51	16 53
24	18: 8:32	1 49 0	13 44	21 40	8 34	2 47	8 19	29 46	23 57	20 40	26 50	16 50
25	18:12:29	2 50 8	25 44	22 40	9 49	3 29	8 29	29 45	24 1	20 39	26 48	16 47
26	18:16:25	3 51 17	7Sc36	23 36	11 4	4 11	8 39	29 44	24 4	20 37	26 47	16 44
27	18:20:22	4 52 27	19 22	24 24	12 20	4 53	8 48	29 43	24 7	20 36	26 46	16 41
28	18:24:18	5 53 37	1Sg 8	25 6	13 35	5 35	8 58	29 43	24 11	20 34	26 45	16 38
29	18:28:15	6 54 47	12 57	25 40	14 51	6 17	9 8	29 42	24 14	20 32	26 44	16 34
30	18:32:11	7 55 58	24 53	26 4	16 6	6 59	9 17	29 42	24 18	20 31	26 42	16 31
31	18:36: 8	8 57 9	6Cp56	26 19	17 22	7 41	9 27	29 42	24 21	20 29	26 41	16 28

12/22 Sun in Cap. 17:12   12/1 New 21:11   12/9 1st Qt. 19:05   12/16 Full 11:05   12/23 3rd Qt. 10:36   12/31 New 16:21

Day	Sid. T.	Sun	Moon	Merc.	Venus	Mars	Jup.	Saturn	Uranus	Nept.	Pluto	N.Node
1	18:40: 4	9Cp58 19	19Cp 9	26Cp23R	18Cp37	8Sg23	9Sc36	29Ar42R	24Cp24	20Cn27R	26Ge40R	16Ta25
2	18:44: 1	10 59 30	1Aq32	26 15	19 52	9 5	9 45	29 42D	24 28	20 26	26 39	16 22
3	18:47:58	12 0 41	14 7	25 56	21 8	9 47	9 54	29 42	24 31	20 24	26 38	16 19
4	18:51:54	13 1 52	26 52	25 25	22 23	10 30	10 3	29 42	24 35	20 22	26 37	16 15
5	18:55:51	14 3 2	9Pi50	24 42	23 39	11 12	10 12	29 42	24 38	20 21	26 36	16 12
6	18:59:47	15 4 12	23 1	23 49	24 54	11 54	10 21	29 43	24 42	20 19	26 34	16 9
7	19: 3:44	16 5 21	6Ar26	22 46	26 9	12 36	10 30	29 43	24 45	20 17	26 33	16 6
8	19: 7:40	17 6 30	20 8	21 35	27 25	13 19	10 38	29 44	24 49	20 16	26 32	16 3
9	19:11:37	18 7 39	4Ta 6	20 19	28 40	14 1	10 47	29 45	24 52	20 14	26 31	15 59
10	19:15:34	19 8 47	18 21	18 59	29 55	14 44	10 55	29 45	24 56	20 12	26 30	15 56
11	19:19:30	20 9 54	2Ge53	17 39	1Aq11	15 26	11 3	29 46	24 59	20 11	26 29	15 53
12	19:23:27	21 11 1	17 36	16 21	2 26	16 9	11 11	29 48	25 3	20 9	26 28	15 50
13	19:27:23	22 12 8	2Cn27	15 8	3 41	16 51	11 19	29 49	25 7	20 7	26 27	15 47
14	19:31:20	23 13 14	17 16	14 0	4 57	17 34	11 27	29 50	25 10	20 6	26 26	15 44
15	19:35:16	24 14 19	1Le56	13 0	6 12	18 16	11 34	29 51	25 14	20 4	26 25	15 40
16	19:39:13	25 15 24	16 18	12 9	7 27	18 59	11 42	29 53	25 17	20 2	26 24	15 37
17	19:43: 9	26 16 28	0Vi17	11 27	8 42	19 42	11 49	29 55	25 21	20 0	26 23	15 34
18	19:47: 6	27 17 32	13 49	10 54	9 58	20 24	11 56	29 56	25 24	19 59	26 22	15 31
19	19:51: 3	28 18 36	26 55	10 31	11 13	21 7	12 3	29 58	25 28	19 57	26 21	15 28
20	19:54:59	29 19 39	9Li35	10 17	12 28	21 50	12 10	0Ta 0	25 31	19 55	26 20	15 24
21	19:58:56	0Aq20 42	21 54	10 12	13 43	22 33	12 17	0 2	25 35	19 54	26 19	15 21
22	20: 2:52	1 21 45	3Sc57	10 15D	14 59	23 16	12 24	0 5	25 38	19 52	26 18	15 18
23	20: 6:49	2 22 47	15 49	10 26	16 14	23 59	12 30	0 7	25 42	19 50	26 17	15 15
24	20:10:45	3 23 48	27 36	10 44	17 29	24 41	12 37	0 9	25 45	19 49	26 16	15 12
25	20:14:42	4 24 49	9Sg23	11 8	18 44	25 24	12 43	0 12	25 49	19 47	26 15	15 9
26	20:18:38	5 25 50	21 15	11 38	19 59	26 7	12 49	0 14	25 53	19 46	26 14	15 5
27	20:22:35	6 26 49	3Cp16	12 14	21 14	26 50	12 55	0 17	25 56	19 44	26 13	15 2
28	20:26:32	7 27 49	15 29	12 54	22 29	27 34	13 0	0 20	26 0	19 42	26 12	14 59
29	20:30:28	8 28 47	27 56	13 39	23 45	28 17	13 6	0 23	26 3	19 41	26 12	14 56
30	20:34:25	9 29 44	10Aq36	14 28	25 0	29 0	13 11	0 26	26 6	19 39	26 11	14 53
31	20:38:21	10 30 40	23 31	15 21	26 15	29 43	13 17	0 29	26 10	19 38	26 10	14 50

1/21 Sun in Aqu. 3:52   1/8 1st Qt. 6:20   1/14 Full 22:26   1/22 3rd Qt. 6:21   1/30 New 9:45

Day	Sid. T.	Sun	Moon	Merc.	Venus	Mars	Jup.	Saturn	Uranus	Nept.	Pluto	N.Node
1	20:42:18	11Aq31 35	6Pi38	16Cp17	27Aq30	0Cp26	13Sc22	0Ta32	26Cp13	19Cn36R	26Ge 9R	14Ta46
2	20:46:14	12 32 29	19 56	17 16	28 45	1 9	13 27	0 36	26 17	19 34	26 8	14 43
3	20:50:11	13 33 21	3Ar25	18 17	0Pi 0	1 53	13 31	0 39	26 20	19 33	26 8	14 40
4	20:54: 7	14 34 12	17 2	19 22	1 15	2 36	13 36	0 42	26 24	19 31	26 7	14 37
5	20:58: 4	15 35 2	0Ta48	20 28	2 30	3 19	13 40	0 46	26 27	19 30	26 6	14 34
6	21: 2: 1	16 35 51	14 44	21 37	3 45	4 3	13 45	0 50	26 30	19 28	26 5	14 30
7	21: 5:57	17 36 37	28 48	22 48	5 0	4 46	13 49	0 54	26 34	19 27	26 5	14 27
8	21: 9:54	18 37 23	13Ge 0	24 0	6 15	5 29	13 53	0 57	26 37	19 26	26 4	14 24
9	21:13:50	19 38 6	27 20	25 15	7 29	6 13	13 56	1 1	26 41	19 24	26 3	14 21
10	21:17:47	20 38 48	11Cn43	26 30	8 44	6 56	14 0	1 6	26 44	19 23	26 2	14 18
11	21:21:43	21 39 29	26 5	27 48	9 59	7 40	14 3	1 10	26 47	19 21	26 2	14 15
12	21:25:40	22 40 8	10Le22	29 7	11 14	8 23	14 7	1 14	26 50	19 20	26 1	14 11
13	21:29:36	23 40 46	24 28	0Aq27	12 29	9 7	14 10	1 18	26 54	19 19	26 1	14 8
14	21:33:33	24 41 21	8Vi12	1 48	13 43	9 50	14 13	1 23	26 57	19 17	26 0	14 5
15	21:37:30	25 41 56	21 37	3 11	14 58	10 34	14 15	1 27	27 0	19 16	26 0	14 2
16	21:41:26	26 42 29	4Li39	4 35	16 13	11 18	14 18	1 32	27 3	19 15	25 59	13 59
17	21:45:23	27 43 1	17 19	6 0	17 27	12 1	14 20	1 36	27 7	19 13	25 59	13 56
18	21:49:19	28 43 32	29 40	7 26	18 42	12 45	14 22	1 41	27 10	19 12	25 58	13 52
19	21:53:16	29 44 1	11Sc45	8 53	19 57	13 29	14 24	1 46	27 13	19 11	25 58	13 49
20	21:57:12	0Pi44 29	23 39	10 21	21 11	14 13	14 26	1 51	27 16	19 10	25 57	13 46
21	22: 1: 9	1 44 56	5Sg28	11 51	22 26	14 56	14 27	1 56	27 19	19 9	25 57	13 43
22	22: 5: 6	2 45 22	17 17	13 21	23 40	15 40	14 29	2 1	27 22	19 7	25 57	13 40
23	22: 9: 2	3 45 46	29 11	14 52	24 55	16 24	14 30	2 6	27 25	19 6	25 56	13 36
24	22:12:59	4 46 8	11Cp16	16 25	26 9	17 8	14 31	2 11	27 28	19 5	25 56	13 33
25	22:16:55	5 46 30	23 35	17 58	27 23	17 52	14 32	2 17	27 31	19 5	25 56	13 30
26	22:20:52	6 46 49	6Aq11	19 33	28 38	18 36	14 33	2 22	27 34	19 3	25 55	13 27
27	22:24:48	7 47 7	19 6	21 8	29 52	19 20	14 33	2 28	27 37	19 2	25 55	13 24
28	22:28:45	8 47 23	2Pi19	22 45	1Ar 7	20 4	14 33	2 33	27 40	19 1	25 55	13 21

2/19 Sun in Pis. 18:20   2/6 1st Qt. 15:27   2/13 Full 10:37   2/21 3rd Qt. 3:44

MARCH 1911

Day	Sid. T.	Sun	Moon	Merc.	Venus	Mars	Jup.	Saturn	Uranus	Nept.	Pluto	N.Node
1	22:32:41	9Pi47 38	15Pi48	24Aq22	2Ar21	20Cp48	14Sc33R	2Ta39	27Cp43	19Cn 0R	25Ge55R	13Ta17
2	22:36:38	10 47 51	29 32	26 1	3 35	21 32	14 33	2 44	27 46	18 59	25 54	13 14
3	22:40:34	11 48 1	13Ar26	27 40	4 49	22 16	14 33	2 50	27 48	18 58	25 54	13 11
4	22:44:31	12 48 10	27 27	29 21	6 4	23 0	14 32	2 56	27 51	18 57	25 54	13 8
5	22:48:28	13 48 17	11Ta32	1Pi 3	7 18	23 44	14 32	3 2	27 54	18 57	25 54	13 5
6	22:52:24	14 48 22	25 39	2 46	8 32	24 28	14 31	3 8	27 57	18 56	25 54	13 2
7	22:56:21	15 48 25	9Ge47	4 29	9 46	25 12	14 30	3 14	27 59	18 55	25 54	12 58
8	23: 0:17	16 48 25	23 54	6 14	11 0	25 57	14 28	3 20	28 2	18 54	25 54	12 55
9	23: 4:14	17 48 23	7Cn59	8 1	12 14	26 41	14 27	3 26	28 4	18 54	25 53	12 52
10	23: 8:10	18 48 19	22 0	9 48	13 28	27 25	14 25	3 32	28 7	18 53	25 53	12 49
11	23:12: 7	19 48 13	5Le56	11 36	14 42	28 9	14 24	3 38	28 10	18 52	25 53D	12 46
12	23:16: 4	20 48 5	19 44	13 26	15 56	28 54	14 22	3 45	28 12	18 52	25 54	12 42
13	23:20: 0	21 47 54	3Vi20	15 16	17 9	29 38	14 19	3 51	28 14	18 51	25 54	12 39
14	23:23:56	22 47 42	16 43	17 8	18 23	0Aq22	14 17	3 57	28 17	18 50	25 54	12 36
15	23:27:53	23 47 27	29 50	19 1	19 37	1 6	14 15	4 4	28 19	18 50	25 54	12 33
16	23:31:50	24 47 11	12Li39	20 56	20 50	1 51	14 12	4 10	28 22	18 49	25 54	12 30
17	23:35:46	25 46 52	25 11	22 51	22 4	2 35	14 9	4 17	28 24	18 49	25 54	12 27
18	23:39:43	26 46 32	7Sc28	24 47	23 18	3 20	14 6	4 23	28 26	18 48	25 54	12 23
19	23:43:39	27 46 10	19 32	26 45	24 31	4 4	14 3	4 30	28 28	18 48	25 54	12 20
20	23:47:36	28 45 46	1Sg27	28 43	25 45	4 48	13 59	4 37	28 31	18 48	25 54	12 17
21	23:51:32	29 45 21	13 16	0Ar42	26 58	5 33	13 56	4 44	28 33	18 47	25 55	12 14
22	23:55:29	0Ar44 53	25 6	2 42	28 11	6 17	13 52	4 50	28 35	18 47	25 55	12 11
23	23:59:25	1 44 24	7Cp 1	4 43	29 25	7 2	13 48	4 57	28 37	18 47	25 55	12 8
24	0: 3:22	2 43 53	19 7	6 45	0Ta38	7 46	13 44	5 4	28 39	18 47	25 55	12 4
25	0: 7:19	3 43 21	1Aq27	8 46	1 51	8 31	13 39	5 11	28 41	18 46	25 56	12 1
26	0:11:15	4 42 46	14 6	10 48	3 4	9 16	13 35	5 18	28 43	18 46	25 56	11 58
27	0:15:12	5 42 10	27 7	12 50	4 17	10 0	13 30	5 25	28 45	18 46	25 56	11 55
28	0:19: 8	6 41 32	10Pi30	14 52	5 31	10 45	13 26	5 32	28 46	18 46	25 57	11 52
29	0:23: 5	7 40 52	24 15	16 53	6 44	11 29	13 21	5 39	28 48	18 46	25 57	11 48
30	0:27: 1	8 40 9	8Ar19	18 53	7 56	12 14	13 16	5 46	28 50	18 46	25 58	11 45
31	0:30:58	9 39 25	22 38	20 52	9 9	12 59	13 11	5 53	28 52	18 46D	25 58	11 42

3/21 Sun in Ari. 17:54   3/1 New 0:31   3/7 1st Qt. 23:01   3/14 Full 23:58   3/23 3rd Qt. 0:26   3/30 New 12:38

APRIL 1911

Day	Sid. T.	Sun	Moon	Merc.	Venus	Mars	Jup.	Saturn	Uranus	Nept.	Pluto	N.Node
1	0:34:55	10Ar38 39	7Ta 7	22Ar49	10Ta22	13Aq43	13Sc 5R	6Ta 1	28Cp53	18Cn46	25Ge59	11Ta39
2	0:38:51	11 37 51	21 38	24 44	11 35	14 28	13 0	6 8	28 55	18 46	25 59	11 36
3	0:42:48	12 37 0	6Ge 9	26 36	12 48	15 12	12 54	6 15	28 57	18 46	26 0	11 33
4	0:46:44	13 36 7	20 33	28 26	14 0	15 57	12 49	6 22	28 58	18 46	26 0	11 29
5	0:50:41	14 35 12	4Cn48	0Ta13	15 13	16 42	12 43	6 30	29 0	18 46	26 1	11 26
6	0:54:37	15 34 15	18 52	1 56	16 26	17 26	12 37	6 37	29 1	18 46	26 1	11 23
7	0:58:34	16 33 15	2Le44	3 35	17 38	18 11	12 31	6 45	29 2	18 47	26 2	11 20
8	1: 2:30	17 32 13	16 22	5 10	18 51	18 56	12 24	6 52	29 4	18 47	26 2	11 17
9	1: 6:27	18 31 8	29 47	6 40	20 3	19 41	12 18	6 59	29 5	18 47	26 3	11 13
10	1:10:23	19 30 1	12Vi59	8 6	21 15	20 25	12 12	7 7	29 6	18 48	26 4	11 10
11	1:14:20	20 28 52	25 57	9 27	22 27	21 10	12 5	7 14	29 7	18 48	26 4	11 7
12	1:18:17	21 27 41	8Li41	10 42	23 40	21 55	11 58	7 22	29 9	18 48	26 5	11 4
13	1:22:13	22 26 28	21 12	11 52	24 52	22 39	11 52	7 29	29 10	18 49	26 6	11 1
14	1:26:10	23 25 13	3Sc31	12 57	26 4	23 24	11 45	7 37	29 11	18 49	26 7	10 58
15	1:30: 6	24 23 56	15 39	13 56	27 16	24 9	11 38	7 44	29 12	18 50	26 7	10 54
16	1:34: 3	25 22 37	27 38	14 49	28 27	24 54	11 31	7 52	29 13	18 50	26 8	10 51
17	1:37:59	26 21 16	9Sg31	15 36	29 39	25 38	11 24	8 0	29 13	18 51	26 9	10 48
18	1:41:56	27 19 54	21 20	16 17	0Ge51	26 23	11 17	8 7	29 14	18 51	26 10	10 45
19	1:45:53	28 18 30	3Cp11	16 53	2 3	27 8	11 9	8 15	29 15	18 52	26 10	10 42
20	1:49:49	29 17 4	15 6	17 22	3 14	27 53	11 2	8 22	29 16	18 53	26 11	10 39
21	1:53:46	0Ta15 36	27 10	17 45	4 26	28 37	10 55	8 30	29 17	18 53	26 12	10 35
22	1:57:42	1 14 7	9Aq29	18 2	5 37	29 22	10 47	8 38	29 17	18 54	26 13	10 32
23	2: 1:39	2 12 36	22 6	18 14	6 49	0Pi 7	10 40	8 45	29 18	18 55	26 14	10 29
24	2: 5:35	3 11 4	5Pi 5	18 19	8 0	0 52	10 32	8 53	29 18	18 56	26 15	10 26
25	2: 9:32	4 9 30	18 29	18 19R	9 11	1 36	10 25	9 1	29 19	18 57	26 16	10 23
26	2:13:28	5 7 54	2Ar18	18 13	10 22	2 21	10 17	9 8	29 20	18 57	26 17	10 19
27	2:17:25	6 6 17	16 32	18 2	11 33	3 6	10 9	9 16	29 20	18 58	26 18	10 16
28	2:21:21	7 4 38	1Ta 6	17 47	12 44	3 50	10 2	9 24	29 20	18 59	26 19	10 13
29	2:25:18	8 2 57	15 54	17 26	13 55	4 35	9 54	9 31	29 20	19 0	26 20	10 10
30	2:29:15	9 1 14	0Ge50	i7 1	15 6	5 20	9 47	9 39	29 21	19 1	26 21	10 7

4/21 Sun in Tau. 5:36   4/6 1st Qt. 5:55   4/13 Full 14:36   4/21 3rd Qt. 18:35   4/28 New 22:25(E)

Day	Sid. T.	Sun	Moon	Merc.	Venus	Mars	Jup.	Saturn	Uranus	Nept.	Pluto	N.Node
1	2:33:11	9Ta59 30	15Ge46	16Ta33R	16Ge17	6Pi 5	9Sc39R	9Ta47	29Cp21	19Cn 2	26Ge22	10Ta 4
2	2:37: 8	10 57 44	0Cn33	16 2	17 27	6 49	9 31	9 55	29 21	19 3	26 23	10 0
3	2:41: 4	11 55 55	15 6	15 28	18 38	7 34	9 24	10 2	29 21	19 4	26 24	9 57
4	2:45: 1	12 54 5	29 20	14 52	19 48	8 19	9 16	10 10	29 21	19 5	26 25	9 54
5	2:48:57	13 52 13	13Le13	14 15	20 59	9 3	9 8	10 18	29 21R	19 6	26 26	9 51
6	2:52:54	14 50 18	26 46	13 38	22 9	9 48	9 1	10 25	29 21	19 8	26 27	9 48
7	2:56:50	15 48 22	9Vi59	13 0	23 19	10 32	8 53	10 33	29 21	19 9	26 28	9 45
8	3: 0:47	16 46 23	22 53	12 24	24 29	11 17	8 46	10 41	29 21	19 10	26 29	9 41
9	3: 4:44	17 44 23	5Li32	11 49	25 39	12 2	8 38	10 48	29 20	19 11	26 31	9 38
10	3: 8:40	18 42 21	17 58	11 15	26 49	12 46	8 31	10 56	29 20	19 12	26 32	9 35
11	3:12:37	19 40 18	0Sc12	10 45	27 59	13 31	8 23	11 4	29 20	19 14	26 33	9 32
12	3:16:33	20 38 12	12 18	10 17	29 9	14 15	8 16	11 11	29 20	19 15	26 34	9 29
13	3:20:30	21 36 5	24 16	9 52	0Cn18	15 0	8 8	11 19	29 19	19 16	26 35	9 25
14	3:24:26	22 33 57	6Sg10	9 32	1 28	15 44	8 1	11 26	29 19	19 18	26 36	9 22
15	3:28:23	23 31 47	18 0	9 15	2 37	16 28	7 54	11 34	29 18	19 19	26 38	9 19
16	3:32:20	24 29 36	29 50	9 3	3 46	17 13	7 47	11 42	29 18	19 21	26 39	9 16
17	3:36:16	25 27 24	11Cp42	8 55	4 55	17 57	7 40	11 49	29 17	19 22	26 40	9 13
18	3:40:13	26 25 11	23 38	8 51	6 4	18 42	7 33	11 57	29 16	19 24	26 41	9 10
19	3:44: 9	27 22 56	5Aq44	8 52D	7 13	19 26	7 26	12 4	29 16	19 25	26 43	9 6
20	3:48: 6	28 20 40	18 1	8 58	8 22	20 10	7 19	12 12	29 15	19 27	26 44	9 3
21	3:52: 2	29 18 23	0Pi35	9 8	9 30	20 54	7 13	12 19	29 14	19 28	26 45	9 0
22	3:55:59	0Ge16 5	13 30	9 23	10 39	21 39	7 6	12 27	29 13	19 30	26 47	8 57
23	3:59:55	1 13 45	26 48	9 42	11 47	22 23	7 0	12 34	29 13	19 31	26 48	8 54
24	4: 3:52	2 11 25	10Ar31	10 5	12 56	23 7	6 53	12 42	29 12	19 33	26 49	8 51
25	4: 7:48	3 9 4	24 42	10 33	14 4	23 51	6 47	12 49	29 11	19 34	26 51	8 47
26	4:11:45	4 6 42	9Ta17	11 5	15 12	24 35	6 41	12 56	29 10	19 36	26 52	8 44
27	4:15:42	5 4 19	24 13	11 41	16 19	25 19	6 35	13 4	29 9	19 38	26 53	8 41
28	4:19:38	6 1 55	9Ge21	12 20	17 27	26 3	6 29	13 11	29 7	19 40	26 55	8 38
29	4:23:35	6 59 30	24 4	13 4	18 35	26 47	6 23	13 18	29 6	19 41	26 56	8 35
30	4:27:31	7 57 3	9Cn39	13 52	19 42	27 31	6 17	13 26	29 5	19 43	26 57	8 31
31	4:31:28	8 54 35	24 30	14 43	20 49	28 15	6 12	13 33	29 4	19 45	26 59	8 28

5/22 Sun in Gem. 5:19   5/5 1st Qt. 13:14   5/13 Full 6:10   5/21 3rd Qt. 9:23   5/28 New 6:24

Day	Sid. T.	Sun	Moon	Merc.	Venus	Mars	Jup.	Saturn	Uranus	Nept.	Pluto	N.Node
1	4:35:24	9Ge52 6	8Le58	15Ta37	21Cn56	28Pi59	6Sc 7R	13Ta40	29Cp 3R	19Cn47	27Ge 0	8Ta25
2	4:39:21	10 49 36	23 1	16 35	23 3	29 42	6 1	13 47	29 1	19 48	27 1	8 22
3	4:43:18	11 47 4	6Vi37	17 36	24 10	0Ar26	5 56	13 54	29 0	19 50	27 3	8 19
4	4:47:14	12 44 31	19 47	18 41	25 17	1 10	5 51	14 1	28 59	19 52	27 4	8 16
5	4:51:11	13 41 57	2Li35	19 49	26 23	1 53	5 46	14 8	28 57	19 54	27 6	8 12
6	4:55: 7	14 39 21	15 4	21 0	27 29	2 37	5 42	14 15	28 56	19 56	27 7	8 9
7	4:59: 4	15 36 45	27 18	22 14	28 35	3 20	5 37	14 22	28 54	19 58	27 8	8 6
8	5: 3: 0	16 34 7	9Sc21	23 31	29 41	4 4	5 33	14 29	28 53	20 0	27 10	8 3
9	5: 6:57	17 31 28	21 17	24 51	0Le47	4 47	5 29	14 36	28 51	20 2	27 11	8 0
10	5:10:53	18 28 49	3Sg 9	26 14	1 52	5 31	5 25	14 43	28 49	20 3	27 13	7 57
11	5:14:50	19 26 9	14 59	27 40	2 58	6 14	5 21	14 50	28 48	20 5	27 14	7 53
12	5:18:46	20 23 28	26 49	29 9	4 3	6 57	5 17	14 57	28 46	20 7	27 15	7 50
13	5:22:43	21 20 46	8Cp41	0Ge41	5 7	7 40	5 14	15 4	28 44	20 9	27 17	7 47
14	5:26:40	22 18 4	20 37	2 16	6 12	8 23	5 10	15 10	28 43	20 11	27 18	7 44
15	5:30:36	23 15 21	2Aq39	3 53	7 16	9 6	5 7	15 17	28 41	20 13	27 20	7 41
16	5:34:33	24 12 38	14 49	5 34	8 21	9 49	5 4	15 23	28 39	20 15	27 21	7 37
17	5:38:29	25 9 54	27 10	7 17	9 25	10 32	5 1	15 30	28 37	20 17	27 23	7 34
18	5:42:26	26 7 10	9Pi45	9 3	10 28	11 15	4 59	15 37	28 35	20 20	27 24	7 31
19	5:46:23	27 4 26	22 36	10 51	11 32	11 57	4 56	15 43	28 33	20 22	27 26	7 28
20	5:50:19	28 1 41	5Ar48	12 43	12 35	12 40	4 54	15 49	28 32	20 24	27 27	7 25
21	5:54:16	28 58 57	19 24	14 37	13 38	13 22	4 52	15 56	28 30	20 26	27 29	7 22
22	5:58:12	29 56 12	3Ta24	16 33	14 41	14 5	4 50	16 2	28 28	20 28	27 30	7 18
23	6: 2: 9	0Cn53 27	17 50	18 32	15 43	14 47	4 48	16 8	28 26	20 30	27 31	7 15
24	6: 6: 5	1 50 42	2Ge38	20 33	16 45	15 29	4 46	16 15	28 23	20 32	27 33	7 12
25	6:10: 2	2 47 57	17 44	22 36	17 47	16 12	4 45	16 21	28 21	20 34	27 34	7 9
26	6:13:58	3 45 12	2Cn58	24 41	18 49	16 54	4 44	16 27	28 19	20 36	27 36	7 6
27	6:17:55	4 42 26	18 10	26 48	19 50	17 36	4 43	16 33	28 17	20 39	27 37	7 2
28	6:21:51	5 39 40	3Le10	28 56	20 51	18 18	4 42	16 39	28 15	20 41	27 38	6 59
29	6:25:48	6 36 54	17 48	1Cn 5	21 51	19 0	4 41	16 45	28 13	20 43	27 40	6 56
30	6:29:45	7 34 8	2Vi 0	3 15	22 52	19 41	4 41	16 51	28 11	20 45	27 41	6 53

6/22 Sun in Can. 13:36   6/3 1st Qt. 22:04   6/11 Full 21:51   6/19 3rd Qt. 20:51   6/26 New 13:20

JULY 1911

Day	Sid. T.	Sun	Moon	Merc.	Venus	Mars	Jup.	Saturn	Uranus	Nept.	Pluto	N.Node
1	6:33:41	8Cn31 21	15Vi42	5Cn25	23Le52	20Ar23	4Sc40R	16Ta56	28Cp 8R	20Cn47	27Ge43	6Ta50
2	6:37:38	9 28 33	28 56	7 36	24 51	21 4	4 40	17 2	28 6	20 49	27 44	6 47
3	6:41:34	10 25 45	11Li43	9 46	25 50	21 46	4 40D	17 8	28 4	20 52	27 46	6 43
4	6:45:31	11 22 57	24 10	11 57	26 49	22 27	4 40	17 13	28 2	20 54	27 47	6 40
5	6:49:27	12 20 9	6Sc20	14 6	27 47	23 8	4 41	17 19	27 59	20 56	27 48	6 37
6	6:53:24	13 17 20	18 19	16 15	28 45	23 49	4 41	17 24	27 57	20 58	27 50	6 34
7	6:57:21	14 14 31	0Sg10	18 24	29 43	24 30	4 42	17 30	27 55	21 0	27 51	6 31
8	7: 1:17	15 11 43	11 59	20 30	0Vi40	25 11	4 43	17 35	27 53	21 3	27 53	6 28
9	7: 5:14	16 8 54	23 49	22 36	1 37	25 52	4 44	17 40	27 50	21 5	27 54	6 24
10	7: 9:10	17 6 5	5Cp41	24 40	2 33	26 32	4 45	17 45	27 48	21 7	27 55	6 21
11	7:13: 7	18 3 17	17 39	26 43	3 28	27 13	4 47	17 50	27 46	21 9	27 57	6 18
12	7:17: 3	19 0 28	29 43	28 44	4 24	27 53	4 48	17 55	27 43	21 12	27 58	6 15
13	7:21: 0	19 57 40	11Aq55	0Le43	5 18	28 33	4 50	18 0	27 41	21 14	27 59	6 12
14	7:24:56	20 54 52	24 15	2 40	6 13	29 14	4 52	18 5	27 38	21 16	28 1	6 8
15	7:28:53	21 52 5	6Pi46	4 36	7 6	29 54	4 54	18 10	27 36	21 18	28 2	6 5
16	7:32:49	22 49 18	19 28	6 30	7 59	0Ta33	4 57	18 15	27 34	21 21	28 3	6 2
17	7:36:46	23 46 32	2Ar24	8 22	8 52	1 13	4 59	18 19	27 31	21 23	28 5	5 59
18	7:40:43	24 43 47	15 36	10 12	9 44	1 53	5 2	18 24	27 29	21 25	28 6	5 56
19	7:44:39	25 41 2	29 7	12 1	10 35	2 32	5 5	18 28	27 26	21 27	28 7	5 53
20	7:48:36	26 38 18	12Ta58	13 47	11 25	3 11	5 8	18 33	27 24	21 29	28 9	5 49
21	7:52:32	27 35 35	27 11	15 32	12 15	3 50	5 11	18 37	27 22	21 32	28 10	5 46
22	7:56:29	28 32 53	11Ge44	17 15	13 4	4 29	5 14	18 41	27 19	21 34	28 11	5 43
23	8: 0:26	29 30 11	26 34	18 56	13 53	5 8	5 18	18 46	27 17	21 36	28 12	5 40
24	8: 4:22	0Le27 31	11Cn35	20 36	14 41	5 47	5 22	18 50	27 14	21 38	28 14	5 37
25	8: 8:19	1 24 51	26 38	22 13	15 28	6 25	5 25	18 54	27 12	21 41	28 15	5 34
26	8:12:15	2 22 12	11Le32	23 49	16 14	7 3	5 29	18 57	27 10	21 43	28 16	5 30
27	8:16:12	3 19 33	26 9	25 23	16 59	7 41	5 34	19 1	27 7	21 45	28 17	5 27
28	8:20: 8	4 16 55	10Vi22	26 55	17 43	8 19	5 38	19 5	27 5	21 47	28 19	5 24
29	8:24: 5	5 14 18	24 7	28 25	18 27	8 57	5 42	19 9	27 2	21 49	28 20	5 21
30	8:28: 1	6 11 41	7Li24	29 54	19 9	9 35	5 47	19 12	27 0	21 51	28 21	5 18
31	8:31:58	7 9 4	20 14	1Vi20	19 51	10 12	5 52	19 16	26 58	21 54	28 22	5 14

7/24 Sun in Leo 0:29   7/3 1st Qt. 9:20   7/11 Full 12:53   7/19 3rd Qt. 5:31   7/25 New 20:12

AUGUST 1911

Day	Sid. T.	Sun	Moon	Merc.	Venus	Mars	Jup.	Saturn	Uranus	Nept.	Pluto	N.Node
1	8:35:54	8Le 6 28	2Sc42	2Vi45	20Vi31	10Ta49	5Sc57	19Ta19	26Cp55R	21Cn56	28Ge23	5Ta11
2	8:39:51	9 3 53	14 53	4 8	21 11	11 26	6 2	19 22	26 53	21 58	28 24	5 8
3	8:43:48	10 1 19	26 51	5 29	21 49	12 3	6 7	19 25	26 51	22 0	28 26	5 5
4	8:47:44	10 58 45	8Sg43	6 48	22 26	12 40	6 13	19 28	26 48	22 2	28 27	5 2
5	8:51:41	11 56 12	20 32	8 5	23 2	13 16	6 18	19 31	26 46	22 4	28 28	4 59
6	8:55:37	12 53 40	2Cp24	9 20	23 37	13 52	6 24	19 34	26 44	22 6	28 29	4 55
7	8:59:34	13 51 8	14 21	10 32	24 10	14 28	6 30	19 37	26 42	22 9	28 30	4 52
8	9: 3:30	14 48 38	26 26	11 43	24 42	15 4	6 36	19 40	26 39	22 11	28 31	4 49
9	9: 7:27	15 46 8	8Aq40	12 51	25 13	15 40	6 42	19 42	26 37	22 13	28 33	4 46
10	9:11:23	16 43 40	21 5	13 57	25 42	16 15	6 48	19 45	26 35	22 15	28 34	4 43
11	9:15:20	17 41 12	3Pi41	15 0	26 10	16 50	6 55	19 47	26 33	22 17	28 34	4 40
12	9:19:17	18 38 46	16 28	16 1	26 36	17 25	7 1	19 50	26 31	22 19	28 35	4 36
13	9:23:13	19 36 22	29 26	16 59	27 1	18 0	7 8	19 52	26 28	22 21	28 36	4 33
14	9:27:10	20 33 58	12Ar36	17 54	27 24	18 34	7 15	19 54	26 26	22 23	28 37	4 30
15	9:31: 6	21 31 36	25 57	18 46	27 45	19 8	7 22	19 56	26 24	22 25	28 38	4 27
16	9:35: 3	22 29 16	9Ta32	19 35	28 4	19 42	7 29	19 58	26 22	22 27	28 39	4 24
17	9:38:59	23 26 57	23 21	20 21	28 22	20 16	7 36	20 0	26 20	22 29	28 40	4 20
18	9:42:56	24 24 40	7Ge25	21 3	28 37	20 49	7 44	20 1	26 18	22 31	28 41	4 17
19	9:46:52	25 22 24	21 44	21 42	28 51	21 22	7 51	20 3	26 16	22 33	28 42	4 14
20	9:50:49	26 20 11	6Cn15	22 17	29 3	21 55	7 59	20 4	26 14	22 35	28 42	4 11
21	9:54:46	27 17 59	20 53	22 47	29 12	22 27	8 7	20 6	26 12	22 37	28 43	4 8
22	9:58:42	28 15 48	5Le34	23 13	29 20	22 59	8 14	20 7	26 10	22 39	28 44	4 5
23	10: 2:39	29 13 39	20 8	23 35	29 25	23 31	8 22	20 8	26 8	22 40	28 45	4 1
24	10: 6:35	0Vi11 31	4Vi30	23 52	29 28	24 3	8 31	20 9	26 6	22 42	28 46	3 58
25	10:10:32	1 9 25	18 32	24 3	29 29R	24 34	8 39	20 10	26 4	22 44	28 46	3 55
26	10:14:28	2 7 21	2Li12	24 9	29 27	25 5	8 47	20 11	26 3	22 46	28 47	3 52
27	10:18:25	3 5 17	15 26	24 10R	29 23	25 36	8 56	20 12	26 1	22 48	28 48	3 49
28	10:22:21	4 3 15	28 5	24 5	29 17	26 6	9 4	20 12	25 59	22 50	28 49	3 46
29	10:26:18	5 1 15	10Sc46	23 53	29 8	26 36	9 13	20 13	25 57	22 51	28 49	3 42
30	10:30:15	5 59 15	22 58	23 36	28 57	27 6	9 22	20 13	25 56	22 53	28 50	3 39
31	10:34:11	6 57 18	4Sg58	23 12	28 44	27 35	9 31	20 14	25 54	22 55	28 51	3 36

8/24 Sun in Vir. 7:13   8/1 1st Qt. 23:29   8/10 Full 2:55   8/17 3rd Qt. 12:11   8/24 New 4:14   8/31 1st Qt. 16:20

Day	Sid. T.	Sun	Moon	Merc.	Venus	Mars	Jup.	Saturn	Uranus	Nept.	Pluto	N.Node
1	10:38: 8	7Vi55 21	16Sg51	22Vi43R	28Vi28R	28Ta 4	9Sc40	20Ta14	25Cp53R	22Cn57	28Ge51	3Ta33
2	10:42: 4	8 53 26	28 42	22 7	28 10	28 33	9 49	20 14	25 51	22 58	28 52	3 30
3	10:46: 1	9 51 33	10Cp36	21 26	27 49	29 1	9 58	20 14R	25 50	23 0	28 53	3 26
4	10:49:57	10 49 40	22 37	20 40	27 26	29 29	10 8	20 14	25 48	23 1	28 53	3 23
5	10:53:54	11 47 50	4Aq48	19 48	27 2	29 56	10 17	20 14	25 47	23 3	28 54	3 20
6	10:57:50	12 46 1	17 12	18 54	26 35	0Ge23	10 27	20 13	25 45	23 5	28 54	3 17
7	11: 1:47	13 44 13	29 51	17 56	26 6	0 50	10 37	20 13	25 44	23 6	28 55	3 14
8	11: 5:44	14 42 27	12Pi44	16 56	25 36	1 16	10 46	20 12	25 43	23 8	28 55	3 11
9	11: 9:40	15 40 43	25 51	15 56	25 4	1 42	10 56	20 12	25 41	23 9	28 56	3 7
10	11:13:37	16 39 1	9Ar11	14 57	24 31	2 7	11 6	20 11	25 40	23 11	28 56	3 4
11	11:17:33	17 37 21	22 42	14 0	23 56	2 32	11 16	20 10	25 39	23 12	28 57	3 1
12	11:21:30	18 35 43	6Ta24	13 7	23 21	2 56	11 27	20 9	25 38	23 14	28 57	2 58
13	11:25:26	19 34 7	20 14	12 18	22 44	3 20	11 37	20 8	25 37	23 15	28 57	2 55
14	11:29:23	20 32 33	4Ge13	11 36	22 8	3 44	11 47	20 7	25 36	23 17	28 58	2 51
15	11:33:19	21 31 1	18 18	11 1	21 31	4 7	11 58	20 5	25 35	23 18	28 58	2 48
16	11:37:16	22 29 32	2Cn30	10 33	20 54	4 30	12 8	20 4	25 34	23 19	28 58	2 45
17	11:41:13	23 28 4	16 45	10 15	20 17	4 52	12 19	20 2	25 33	23 21	28 59	2 42
18	11:45: 9	24 26 39	1Le 1	10 6	19 40	5 13	12 30	20 1	25 32	23 22	28 59	2 39
19	11:49: 6	25 25 16	15 15	10 7D	19 5	5 34	12 40	19 59	25 31	23 23	28 59	2 36
20	11:53: 2	26 23 55	29 22	10 17	18 30	5 54	12 51	19 57	25 30	23 24	28 59	2 32
21	11:56:59	27 22 37	13Vi18	10 37	17 56	6 14	13 2	19 55	25 29	23 26	29 0	2 29
22	12: 0:55	28 21 20	26 59	11 7	17 24	6 34	13 13	19 53	25 29	23 27	29 0	2 26
23	12: 4:52	29 20 5	10Li23	11 45	16 53	6 52	13 24	19 51	25 28	23 28	29 0	2 23
24	12: 8:48	0Li18 52	23 26	12 32	16 24	7 10	13 36	19 49	25 27	23 29	29 0	2 20
25	12:12:45	1 17 41	6Sc11	13 27	15 57	7 28	13 47	19 47	25 27	23 30	29 0	2 17
26	12:16:41	2 16 32	18 38	14 30	15 31	7 45	13 58	19 44	25 26	23 31	29 0	2 13
27	12:20:38	3 15 25	0Sg50	15 39	15 8	8 1	14 10	19 42	25 26	23 32	29 0	2 10
28	12:24:35	4 14 19	12 51	16 55	14 47	8 17	14 21	19 39	25 25	23 33	29 0	2 7
29	12:28:31	5 13 16	24 44	18 16	14 28	8 32	14 33	19 37	25 25	23 34	29 0	2 4
30	12:32:28	6 12 14	6Cp36	19 42	14 12	8 46	14 44	19 34	25 25	23 35	29 0R	2 1

9/24 Sun in Lib. 4:18   9/8 Full 15:57   9/15 3rd Qt. 17:51   9/22 New 14:37   9/30 1st Qt. 11:08

Day	Sid. T.	Sun	Moon	Merc.	Venus	Mars	Jup.	Saturn	Uranus	Nept.	Pluto	N.Node
1	12:36:24	7Li11 14	18Cp30	21Vi11	13Vi58R	9Ge 0	14Sc56	19Ta31R	25Cp25R	23Cn36	29Ge 0R	1Ta57
2	12:40:21	8 10 16	0Aq32	22 45	13 46	9 13	15 8	19 28	25 24	23 37	29 0	1 54
3	12:44:17	9 9 19	12 46	24 21	13 37	9 25	15 20	19 25	25 24	23 38	29 0	1 51
4	12:48:14	10 8 24	25 15	26 0	13 30	9 37	15 31	19 22	25 24	23 38	29 0	1 48
5	12:52:10	11 7 31	8Pi 2	27 40	13 25	9 48	15 43	19 19	25 24	23 39	29 0	1 45
6	12:56: 7	12 6 40	21 8	29 22	13 23	9 58	15 55	19 15	25 24D	23 40	29 0	1 42
7	13: 0: 3	13 5 51	4Ar33	1Li 5	13 24D	10 7	16 7	19 12	25 24	23 41	29 0	1 38
8	13: 4: 0	14 5 4	18 16	2 50	13 26	10 16	16 20	19 9	25 24	23 41	29 0	1 35
9	13: 7:57	15 4 19	2Ta13	4 34	13 31	10 24	16 32	19 5	25 25	23 42	28 59	1 32
10	13:11:53	16 3 36	16 22	6 19	13 39	10 31	16 44	19 1	25 25	23 43	28 59	1 29
11	13:15:50	17 2 55	0Ge39	8 5	13 48	10 37	16 56	18 58	25 25	23 43	28 59	1 26
12	13:19:46	18 2 17	14 58	9 50	14 0	10 42	17 9	18 54	25 25	23 44	28 59	1 23
13	13:23:43	19 1 41	29 17	11 35	14 14	10 47	17 21	18 50	25 25	23 44	28 58	1 19
14	13:27:40	20 1 7	13Cn33	13 20	14 30	10 51	17 33	18 46	25 26	23 45	28 58	1 16
15	13:31:36	21 0 36	27 42	15 4	14 48	10 54	17 46	18 42	25 26	23 45	28 58	1 13
16	13:35:33	22 0 7	11Le44	16 48	15 8	10 56	17 58	18 38	25 27	23 46	28 57	1 10
17	13:39:29	22 59 41	25 36	18 32	15 30	10 57	18 11	18 34	25 27	23 46	28 57	1 7
18	13:43:26	23 59 16	9Vi17	20 15	15 53	10 57R	18 24	18 30	25 28	23 46	28 57	1 3
19	13:47:22	24 58 54	22 45	21 58	16 19	10 57	18 36	18 26	25 29	23 47	28 56	1 0
20	13:51:19	25 58 34	6Li 0	23 40	16 46	10 55	18 49	18 21	25 29	23 47	28 56	0 57
21	13:55:15	26 58 16	19 1	25 21	17 15	10 53	19 2	18 17	25 30	23 47	28 55	0 54
22	13:59:12	27 58 0	1Sc48	27 2	17 45	10 49	19 14	18 13	25 31	23 47	28 55	0 51
23	14: 3: 8	28 57 46	14 20	28 43	18 17	10 45	19 27	18 8	25 32	23 47	28 54	0 48
24	14: 7: 5	29 57 34	26 40	0Sc23	18 50	10 40	19 40	18 4	25 33	23 48	28 54	0 44
25	14:11: 2	0Sc57 24	8Sg48	2 2	19 25	10 34	19 53	17 59	25 34	23 48	28 53	0 41
26	14:14:58	1 57 16	20 47	3 40	20 1	10 27	20 6	17 55	25 35	23 48	28 53	0 38
27	14:18:55	2 57 9	2Cp40	5 19	20 38	10 20	20 19	17 50	25 36	23 48	28 52	0 35
28	14:22:51	3 57 5	14 31	6 56	21 17	10 11	20 32	17 45	25 37	23 48R	28 52	0 32
29	14:26:48	4 57 2	26 24	8 33	21 57	10 2	20 45	17 41	25 38	23 48	28 51	0 29
30	14:30:44	5 57 0	8Aq24	10 10	22 38	9 51	20 58	17 36	25 39	23 48	28 50	0 25
31	14:34:41	6 57 0	20 35	11 46	23 20	9 40	21 11	17 31	25 41	23 48	28 50	0 22

10/24 Sun in Sco. 12:58   10/8 Full 4:11   10/14 3rd Qt. 23:46   10/22 New 4:09(E)   10/30 1st Qt. 6:41

NOVEMBER 1911

Day	Sid. T.	Sun	Moon	Merc.	Venus	Mars	Jup.	Saturn	Uranus	Nept.	Pluto	N.Node
1	14:38:37	7Sc57 2	3Pi 2	13Sc22	24Vi 3	9Ge28R	21Sc24	17Ta26R	25Cp42	23Cn48R	28Ge49R	0Ta19
2	14:42:34	8 57 6	15 49	14 57	24 47	9 15	21 37	17 22	25 43	23 47	28 48	0 16
3	14:46:31	9 57 11	28 59	16 31	25 33	9 2	21 50	17 17	25 45	23 47	28 48	0 13
4	14:50:27	10 57 17	12Ar33	18 6	26 19	8 47	22 3	17 12	25 46	23 47	28 47	0 9
5	14:54:24	11 57 26	26 31	19 40	27 6	8 32	22 16	17 7	25 48	23 47	28 46	0 6
6	14:58:20	12 57 36	10Ta50	21 13	27 54	8 16	22 30	17 2	25 49	23 46	28 45	0 3
7	15: 2:17	13 57 48	25 25	22 46	28 43	8 0	22 43	16 57	25 51	23 46	28 44	0 0
8	15: 6:13	14 58 1	10Ge10	24 19	29 33	7 42	22 56	16 53	25 52	23 46	28 44	29Ar57
9	15:10:10	15 58 17	24 58	25 52	0Li24	7 24	23 9	16 48	25 54	23 45	28 43	29 54
10	15:14: 6	16 58 35	9Cn41	27 24	1 15	7 6	23 23	16 43	25 56	23 45	28 42	29 50
11	15:18: 3	17 58 54	24 14	28 55	2 7	6 47	23 36	16 38	25 58	23 44	28 41	29 47
12	15:22: 0	18 59 16	8Le31	0Sg27	3 0	6 27	23 49	16 33	25 59	23 44	28 40	29 44
13	15:25:56	19 59 40	22 30	1 58	3 54	6 7	24 2	16 28	26 1	23 43	28 39	29 41
14	15:29:53	21 0 5	6Vi11	3 29	4 48	5 46	24 16	16 23	26 3	23 43	28 39	29 38
15	15:33:49	22 0 32	19 34	4 59	5 43	5 25	24 29	16 18	26 5	23 42	28 38	29 35
16	15:37:46	23 1 2	2Li41	6 29	6 39	5 4	24 42	16 14	26 7	23 42	28 37	29 31
17	15:41:42	24 1 33	15 33	7 59	7 35	4 42	24 56	16 9	26 9	23 41	28 36	29 28
18	15:45:39	25 2 5	28 12	9 29	8 31	4 20	25 9	16 4	26 11	23 40	28 35	29 25
19	15:49:35	26 2 40	10Sc39	10 58	9 29	3 57	25 22	15 59	26 13	23 40	28 34	29 22
20	15:53:32	27 3 16	22 57	12 26	10 27	3 35	25 36	15 54	26 16	23 39	28 33	29 19
21	15:57:29	28 3 54	5Sg 6	13 55	11 25	3 12	25 49	15 50	26 18	23 38	28 32	29 15
22	16: 1:25	29 4 33	17 7	15 23	12 24	2 50	26 2	15 45	26 20	23 37	28 31	29 12
23	16: 5:22	0Sg 5 13	29 3	16 50	13 23	2 27	26 16	15 40	26 22	23 36	28 30	29 9
24	16: 9:18	1 5 55	10Cp55	18 16	14 23	2 5	26 29	15 36	26 25	23 35	28 29	29 6
25	16:13:15	2 6 38	22 45	19 42	15 23	1 42	26 42	15 31	26 27	23 35	28 28	29 3
26	16:17:11	3 7 22	4Aq38	21 8	16 24	1 20	26 56	15 27	26 30	23 34	28 27	29 0
27	16:21: 8	4 8 7	16 35	22 32	17 25	0 58	27 9	15 22	26 32	23 33	28 26	28 56
28	16:25: 5	5 8 53	28 43	23 55	18 27	0 36	27 22	15 18	26 34	23 32	28 25	28 53
29	16:29: 1	6 9 40	11Pi 4	25 18	19 29	0 14	27 35	15 13	26 37	23 31	28 23	28 50
30	16:32:58	7 10 28	23 45	26 39	20 31	29Ta53	27 49	15 9	26 40	23 30	28 22	28 47

11/23 Sun in Sag. 9:56   11/6 Full 15:48   11/13 3rd Qt. 7:20   11/20 New 20:49   11/29 1st Qt. 1:42

DECEMBER 1911

Day	Sid. T.	Sun	Moon	Merc.	Venus	Mars	Jup.	Saturn	Uranus	Nept.	Pluto	N.Node
1	16:36:54	8Sg11 17	6Ar48	27Sg58	21Li34	29Ta32R	28Sc 2	15Ta 5R	26Cp42	23Cn29R	28Ge21R	28Ar44
2	16:40:51	9 12 7	20 19	29 16	22 37	29 12	28 15	15 1	26 45	23 27	28 20	28 40
3	16:44:47	10 12 58	4Ta17	0Cp32	23 40	28 52	28 28	14 56	26 47	23 26	28 19	28 37
4	16:48:44	11 13 49	18 43	1 46	24 44	28 32	28 42	14 52	26 50	23 25	28 18	28 34
5	16:52:40	12 14 42	3Ge33	2 57	25 48	28 13	28 55	14 48	26 53	23 24	28 17	28 31
6	16:56:37	13 15 36	18 39	4 5	26 52	27 55	29 8	14 44	26 56	23 23	28 16	28 28
7	17: 0:34	14 16 31	3Cn51	5 10	27 57	27 37	29 21	14 40	26 58	23 22	28 15	28 25
8	17: 4:30	15 17 27	19 0	6 10	29 2	27 20	29 34	14 36	27 1	23 20	28 13	28 21
9	17: 8:27	16 18 23	3Le55	7 6	0Sc 7	27 4	29 47	14 33	27 4	23 19	28 12	28 18
10	17:12:23	17 19 22	18 30	7 57	1 13	26 48	0Sg 0	14 29	27 7	23 18	28 11	28 15
11	17:16:20	18 20 21	2Vi39	8 42	2 19	26 33	0 13	14 25	27 10	23 17	28 10	28 12
12	17:20:16	19 21 21	16 22	9 20	3 25	26 19	0 26	14 22	27 13	23 15	28 9	28 9
13	17:24:13	20 22 23	29 41	9 51	4 31	26 5	0 39	14 18	27 16	23 14	28 8	28 6
14	17:28: 9	21 23 25	12Li37	10 13	5 38	25 53	0 52	14 15	27 19	23 13	28 6	28 2
15	17:32: 6	22 24 29	25 11	10 26	6 45	25 41	1 5	14 12	27 22	23 11	28 5	27 59
16	17:36: 3	23 25 33	7Sc39	10 29R	7 52	25 29	1 18	14 9	27 25	23 10	28 4	27 56
17	17:39:59	24 26 38	19 52	10 20	8 59	25 19	1 31	14 5	27 28	23 8	28 3	27 53
18	17:43:56	25 27 44	1Sg56	10 1	10 6	25 9	1 44	14 2	27 31	23 7	28 2	27 50
19	17:47:52	26 28 51	13 55	9 30	11 14	25 1	1 57	13 59	27 34	23 5	28 0	27 46
20	17:51:49	27 29 59	25 50	8 47	12 22	24 53	2 9	13 57	27 37	23 4	27 59	27 43
21	17:55:45	28 31 7	7Cp43	7 53	13 30	24 46	2 22	13 54	27 41	23 2	27 58	27 40
22	17:59:42	29 32 15	19 34	6 49	14 38	24 39	2 35	13 51	27 44	23 1	27 57	27 37
23	18: 3:38	0Cp33 24	1Aq26	5 37	15 47	24 34	2 47	13 49	27 47	22 59	27 56	27 34
24	18: 7:35	1 34 33	13 21	4 19	16 56	24 29	3 0	13 46	27 50	22 58	27 54	27 31
25	18:11:32	2 35 42	25 20	2 58	18 4	24 25	3 12	13 44	27 53	22 56	27 53	27 27
26	18:15:28	3 36 51	7Pi26	1 35	19 13	24 22	3 25	13 41	27 57	22 55	27 52	27 24
27	18:19:25	4 38 1	19 45	0 15	20 22	24 20	3 37	13 39	28 0	22 53	27 51	27 21
28	18:23:21	5 39 10	2Ar20	28Sg59	21 32	24 19	3 50	13 37	28 3	22 51	27 50	27 18
29	18:27:18	6 40 19	15 15	27 50	22 41	24 18	4 2	13 35	28 7	22 50	27 48	27 15
30	18:31:14	7 41 28	28 35	26 49	23 51	24 19D	4 14	13 33	28 10	22 48	27 47	27 12
31	18:35:11	8 42 37	12Ta23	25 57	25 1	24 20	4 26	13 32	28 13	22 47	27 46	27 8

12/22 Sun in Cap. 22:53   12/6 Full 2:52   12/12 3rd Qt. 17:46   12/20 New 15:40   12/28 1st Qt. 18:47

Day	Sid. T.	Sun	Moon	Merc.	Venus	Mars	Jup.	Saturn	Uranus	Nept.	Pluto	N.Node
1	18:39: 7	9Cp43 46	26Ta40	25Sg16R	26Sc10	24Ta21	4Sg38	13Ta30R	28Cp17	22Cn45R	27Ge45R	27Ar 5
2	18:43: 4	10 44 55	11Ge26	24 45	27 20	24 24	4 50	13 28	28 20	22 43	27 44	27 2
3	18:47: 1	11 46 4	26 33	24 24	28 30	24 27	5 2	13 27	28 24	22 42	27 43	26 59
4	18:50:57	12 47 12	11Cn54	24 13	29 41	24 31	5 14	13 26	28 27	22 40	27 42	26 56
5	18:54:54	13 48 20	27 16	24 12D	0Sg51	24 36	5 26	13 25	28 31	22 38	27 40	26 52
6	18:58:50	14 49 29	12Le28	24 19	2 2	24 42	5 38	13 23	28 34	22 37	27 39	26 49
7	19: 2:47	15 50 37	27 20	24 35	3 12	24 48	5 50	13 22	28 37	22 35	27 38	26 46
8	19: 6:43	16 51 46	11Vi44	24 58	4 23	24 55	6 1	13 22	28 41	22 33	27 37	26 43
9	19:10:40	17 52 54	25 39	25 27	5 34	25 2	6 13	13 21	28 44	22 32	27 36	26 40
10	19:14:36	18 54 2	9Li 4	26 3	6 44	25 10	6 24	13 20	28 48	22 30	27 35	26 37
11	19:18:33	19 55 11	22 2	26 44	7 56	25 19	6 36	13 20	28 51	22 28	27 34	26 33
12	19:22:30	20 56 19	4Sc37	27 30	9 7	25 29	6 47	13 19	28 55	22 27	27 33	26 30
13	19:26:26	21 57 28	16 56	28 20	10 18	25 39	6 59	13 19	28 58	22 25	27 31	26 27
14	19:30:23	22 58 36	29 1	29 14	11 29	25 49	7 10	13 19	29 2	22 23	27 30	26 24
15	19:34:19	23 59 44	10Sg59	0Cp12	12 41	26 1	7 21	13 19	29 5	22 21	27 29	26 21
16	19:38:16	25 0 52	22 51	1 12	13 52	26 12	7 32	13 19D	29 9	22 20	27 28	26 18
17	19:42:12	26 1 59	4Cp42	2 16	15 4	26 25	7 43	13 19	29 12	22 18	27 27	26 14
18	19:46: 9	27 3 6	16 34	3 22	16 15	26 38	7 54	13 19	29 16	22 16	27 26	26 11
19	19:50: 6	28 4 13	28 27	4 31	17 27	26 51	8 5	13 19	29 20	22 15	27 25	26 8
20	19:54: 2	29 5 18	10Aq23	5 41	18 39	27 5	8 15	13 20	29 23	22 13	27 24	26 5
21	19:57:59	0Aq 6 23	22 24	6 54	19 51	27 20	8 26	13 20	29 27	22 11	27 23	26 2
22	20: 1:55	1 7 28	4Pi30	8 8	21 2	27 35	8 36	13 21	29 30	22 10	27 22	25 58
23	20: 5:52	2 8 31	16 44	9 24	22 14	27 51	8 47	13 22	29 34	22 8	27 21	25 55
24	20: 9:48	3 9 33	29 7	10 41	23 27	28 7	8 57	13 23	29 37	22 6	27 20	25 52
25	20:13:45	4 10 35	11Ar44	12 0	24 39	28 23	9 7	13 24	29 41	22 5	27 19	25 49
26	20:17:41	5 11 35	24 37	13 20	25 51	28 40	9 17	13 25	29 44	22 3	27 19	25 46
27	20:21:38	6 12 34	7Ta50	14 41	27 3	28 58	9 27	13 26	29 48	22 1	27 18	25 43
28	20:25:35	7 13 32	21 27	16 3	28 15	29 16	9 37	13 28	29 51	22 0	27 17	25 39
29	20:29:31	8 14 29	5Ge30	17 26	29 28	29 34	9 47	13 29	29 55	21 58	27 16	25 36
30	20:33:28	9 15 24	19 59	18 50	0Cp40	29 53	9 57	13 31	29 58	21 56	27 15	25 33
31	20:37:24	10 16 18	4Cn50	20 16	1 52	0Ge12	10 6	13 32	0Aq 2	21 55	27 14	25 30

1/21 Sun in Aqu. 9:29   1/4 Full 13:29   1/11 3rd Qt. 7:43   1/19 New 11:10   1/27 1st Qt. 8:51

Day	Sid. T.	Sun	Moon	Merc.	Venus	Mars	Jup.	Saturn	Uranus	Nept.	Pluto	N.Node
1	20:41:21	11Aq17 12	19Cn58	21Cp42	3Cp 5	0Ge32	10Sg16	13Ta34	0Aq 5	21Cn53R	27Ge13R	25Ar27
2	20:45:17	12 18 3	5Le13	23 9	4 17	0 52	10 25	13 36	0 9	21 52	27 13	25 24
3	20:49:14	13 18 54	20 24	24 37	5 30	1 12	10 35	13 38	0 12	21 50	27 12	25 20
4	20:53:11	14 19 43	5Vi20	26 5	6 43	1 33	10 44	13 40	0 16	21 49	27 11	25 17
5	20:57: 7	15 20 32	19 52	27 35	7 55	1 54	10 53	13 43	0 19	21 47	27 10	25 14
6	21: 1: 4	16 21 19	3Li56	29 5	9 8	2 15	11 2	13 45	0 23	21 46	27 9	25 11
7	21: 5: 0	17 22 6	17 30	0Aq37	10 21	2 37	11 10	13 47	0 26	21 44	27 9	25 8
8	21: 8:57	18 22 51	0Sc36	2 9	11 33	2 59	11 19	13 50	0 29	21 43	27 8	25 4
9	21:12:53	19 23 35	13 17	3 41	12 46	3 22	11 28	13 53	0 33	21 41	27 7	25 1
10	21:16:50	20 24 19	25 39	5 15	13 59	3 45	11 36	13 55	0 36	21 40	27 7	24 58
11	21:20:46	21 25 1	7Sg45	6 50	15 12	4 8	11 44	13 58	0 40	21 38	27 6	24 55
12	21:24:43	22 25 43	19 41	8 25	16 25	4 31	11 53	14 1	0 43	21 37	27 5	24 52
13	21:28:40	23 26 23	1Cp33	10 1	17 38	4 55	12 1	14 4	0 46	21 35	27 5	24 49
14	21:32:36	24 27 2	13 23	11 38	18 51	5 19	12 9	14 7	0 50	21 34	27 4	24 45
15	21:36:33	25 27 39	25 15	13 16	20 4	5 43	12 16	14 11	0 53	21 33	27 4	24 42
16	21:40:29	26 28 16	7Aq12	14 55	21 17	6 8	12 24	14 14	0 56	21 31	27 3	24 39
17	21:44:26	27 28 50	19 15	16 34	22 30	6 32	12 32	14 18	0 59	21 30	27 3	24 36
18	21:48:22	28 29 24	1Pi25	18 15	23 43	6 57	12 39	14 21	1 3	21 29	27 2	24 33
19	21:52:19	29 29 55	13 44	19 56	24 56	7 23	12 46	14 25	1 6	21 27	27 2	24 29
20	21:56:15	0Pi30 25	26 11	21 39	26 10	7 48	12 53	14 28	1 9	21 26	27 1	24 26
21	22: 0:12	1 30 54	8Ar49	23 22	27 23	8 14	13 0	14 32	1 12	21 25	27 1	24 23
22	22: 4: 8	2 31 20	21 38	25 6	28 36	8 40	13 7	14 36	1 15	21 24	27 0	24 20
23	22: 8: 5	3 31 45	4Ta41	26 51	29 49	9 6	13 14	14 40	1 19	21 23	27 0	24 17
24	22:12: 2	4 32 8	17 59	28 37	1Aq 3	9 33	13 20	14 44	1 22	21 21	27 0	24 14
25	22:15:58	5 32 29	1Ge35	0Pi24	2 16	10 0	13 27	14 49	1 25	21 20	26 59	24 10
26	22:19:55	6 32 48	15 29	2 13	3 29	10 27	13 33	14 53	1 28	21 19	26 59	24 7
27	22:23:51	7 33 5	29 42	4 2	4 42	10 54	13 39	14 57	1 31	21 18	26 59	24 4
28	22:27:48	8 33 19	14Cn13	5 52	5 56	11 21	13 45	15 2	1 34	21 17	26 58	24 1
29	22:31:44	9 33 32	28 57	7 43	7 9	11 49	13 51	15 6	1 37	21 17	26 58	23 58

2/19 Sun in Pis. 23:56   2/2 Full 23:58   2/10 3rd Qt. 0:51   2/18 New 5:44   2/25 1st Qt. 19:27

MARCH 1912

Day	Sid. T.	Sun	Moon	Merc.	Venus	Mars	Jup.	Saturn	Uranus	Nept.	Pluto	N.Node
1	22:35:41	10Pi33 43	13Le48	9Pi35	8Aq22	12Ge16	13Sg56	15Ta11	1Aq40	21Cn15R	26Ge58R	23Ar55
2	22:39:38	11 33 52	28 38	11 28	9 36	12 44	14 2	15 16	1 43	21 14	26 58	23 51
3	22:43:34	12 33 58	13Vi18	13 22	10 49	13 12	14 7	15 21	1 46	21 13	26 57	23 48
4	22:47:30	13 34 3	27 42	15 16	12 3	13 41	14 12	15 25	1 48	21 12	26 57	23 45
5	22:51:27	14 34 6	11Li43	17 12	13 16	14 9	14 17	15 30	1 51	21 11	26 57	23 42
6	22:55:24	15 34 8	25 20	19 8	14 29	14 38	14 22	15 35	1 54	21 10	26 57	23 39
7	22:59:20	16 34 8	8Sc31	21 5	15 43	15 7	14 27	15 41	1 57	21 10	26 57	23 35
8	23: 3:17	17 34 6	21 18	23 2	16 56	15 36	14 31	15 46	1 59	21 9	26 57	23 32
9	23: 7:13	18 34 2	3Sg45	24 59	18 10	16 5	14 35	15 51	2 2	21 8	26 57	23 29
10	23:11:10	19 33 57	15 55	26 57	19 23	16 34	14 39	15 56	2 5	21 7	26 57	23 26
11	23:15: 6	20 33 50	27 55	28 54	20 37	17 4	14 43	16 2	2 7	21 7	26 57D	23 23
12	23:19: 3	21 33 42	9Cp48	0Ar52	21 50	17 33	14 47	16 7	2 10	21 6	26 57	23 20
13	23:23: 0	22 33 32	21 40	2 48	23 4	18 3	14 51	16 13	2 13	21 5	26 57	23 16
14	23:26:56	23 33 20	3Aq34	4 44	24 17	18 33	14 54	16 19	2 15	21 5	26 57	23 13
15	23:30:53	24 33 6	15 34	6 38	25 31	19 3	14 57	16 24	2 18	21 4	26 57	23 10
16	23:34:49	25 32 50	27 43	8 30	26 44	19 33	15 0	16 30	2 20	21 4	26 57	23 7
17	23:38:46	26 32 33	10Pi 3	10 21	27 58	20 3	15 3	16 36	2 23	21 3	26 57	23 4
18	23:42:42	27 32 13	22 36	12 8	29 11	20 34	15 6	16 42	2 25	21 3	26 57	23 1
19	23:46:39	28 31 52	5Ar21	13 53	0Pi25	21 4	15 8	16 48	2 27	21 2	26 57	22 57
20	23:50:35	29 31 28	18 19	15 34	1 39	21 35	15 11	16 54	2 30	21 2	26 58	22 54
21	23:54:32	0Ar31 3	1Ta31	17 12	2 52	22 6	15 13	17 0	2 32	21 1	26 58	22 51
22	23:58:28	1 30 35	14 54	18 45	4 6	22 37	15 15	17 6	2 34	21 1	26 58	22 48
23	0: 2:25	2 30 5	28 30	20 13	5 19	23 8	15 17	17 12	2 36	21 1	26 58	22 45
24	0: 6:22	3 29 33	12Ge18	21 35	6 33	23 39	15 18	17 19	2 38	21 0	26 59	22 41
25	0:10:18	4 28 59	26 16	22 53	7 47	24 10	15 20	17 25	2 41	21 0	26 59	22 38
26	0:14:15	5 28 22	10Cn24	24 4	9 0	24 42	15 21	17 31	2 43	21 0	26 59	22 35
27	0:18:11	6 27 43	24 41	25 9	10 14	25 13	15 22	17 38	2 45	21 0	27 0	22 32
28	0:22: 8	7 27 1	9Le 2	26 8	11 27	25 45	15 23	17 44	2 47	21 0	27 0	22 29
29	0:26: 4	8 26 17	23 26	26 59	12 41	26 16	15 23	17 51	2 49	20 59	27 0	22 26
30	0:30: 1	9 25 31	7Vi47	27 44	13 54	26 48	15 24	17 57	2 50	20 59	27 1	22 22
31	0:33:58	10 24 42	22 0	28 22	15 8	27 20	15 24	18 4	2 52	20 59	27 1	22 19

3/20 Sun in Ari. 23:29   3/3 Full 10:42   3/10 3rd Qt. 19:55   3/18 New 22:08   3/26 1st Qt. 3:02

APRIL 1912

Day	Sid. T.	Sun	Moon	Merc.	Venus	Mars	Jup.	Saturn	Uranus	Nept.	Pluto	N.Node
1	0:37:54	11Ar23 52	6Li 0	28Ar53	16Pi22	27Ge52	15Sg24R	18Ta11	2Aq54	20Cn59	27Ge 2	22Ar16
2	0:41:51	12 22 59	19 45	29 17	17 35	28 24	15 24	18 18	2 56	20 59	27 2	22 13
3	0:45:47	13 22 4	3Sc11	29 33	18 49	28 56	15 24	18 24	2 58	20 59	27 3	22 10
4	0:49:44	14 21 7	16 17	29 42	20 2	29 28	15 23	18 31	2 59	20 59	27 3	22 7
5	0:53:40	15 20 9	29 4	29 45R	21 16	0Cn 1	15 23	18 38	3 1	20 59	27 4	22 3
6	0:57:37	16 19 9	11Sg32	29 40	22 30	0 33	15 22	18 45	3 2	21 0	27 4	22 0
7	1: 1:33	17 18 7	23 46	29 30	23 43	1 6	15 21	18 52	3 4	21 0	27 5	21 57
8	1: 5:30	18 17 3	5Cp48	29 13	24 57	1 38	15 20	18 59	3 5	21 0	27 5	21 54
9	1: 9:27	19 15 57	17 43	28 50	26 10	2 11	15 18	19 6	3 7	21 0	27 6	21 51
10	1:13:23	20 14 50	29 36	28 22	27 24	2 44	15 17	19 13	3 8	21 1	27 7	21 47
11	1:17:20	21 13 41	11Aq32	27 50	28 38	3 16	15 15	19 20	3 10	21 1	27 7	21 44
12	1:21:16	22 12 30	23 34	27 14	29 51	3 49	15 13	19 28	3 11	21 1	27 8	21 41
13	1:25:13	23 11 17	5Pi46	26 35	1Ar 5	4 22	15 11	19 35	3 12	21 2	27 9	21 38
14	1:29: 9	24 10 2	18 13	25 54	2 18	4 55	15 8	19 42	3 13	21 2	27 10	21 35
15	1:33: 6	25 8 46	0Ar56	25 11	3 32	5 29	15 6	19 49	3 14	21 2	27 10	21 32
16	1:37: 2	26 7 28	13 57	24 27	4 46	6 2	15 3	19 57	3 16	21 3	27 11	21 28
17	1:40:59	27 6 9	27 17	23 44	5 59	6 35	15 0	20 4	3 17	21 3	27 12	21 25
18	1:44:55	28 4 46	10Ta53	23 1	7 13	7 8	14 57	20 11	3 18	21 4	27 13	21 22
19	1:48:52	29 3 22	24 44	22 21	8 27	7 42	14 54	20 19	3 19	21 5	27 13	21 19
20	1:52:49	0Ta 1 56	8Ge46	21 42	9 40	8 15	14 50	20 26	3 20	21 5	27 14	21 16
21	1:56:45	1 0 28	22 57	21 6	10 54	8 49	14 47	20 34	3 20	21 6	27 15	21 13
22	2: 0:42	1 58 58	7Cn12	20 34	12 7	9 22	14 43	20 41	3 21	21 7	27 16	21 9
23	2: 4:38	2 57 26	21 28	20 6	13 21	9 56	14 39	20 48	3 22	21 7	27 17	21 6
24	2: 8:35	3 55 51	5Le42	19 42	14 35	10 30	14 35	20 56	3 23	21 8	27 18	21 3
25	2:12:31	4 54 14	19 52	19 23	15 48	11 3	14 31	21 4	3 24	21 9	27 19	21 0
26	2:16:28	5 52 35	3Vi55	19 8	17 2	11 37	14 27	21 11	3 24	21 10	27 20	20 57
27	2:20:25	6 50 54	17 49	18 58	18 15	12 11	14 22	21 19	3 25	21 10	27 21	20 53
28	2:24:21	7 49 11	1Li34	18 53	19 29	12 45	14 17	21 26	3 25	21 11	27 22	20 50
29	2:28:18	8 47 26	15 7	18 53D	20 42	13 19	14 12	21 34	3 26	21 12	27 23	20 47
30	2:32:14	9 45 39	28 28	18 58	21 56	13 53	14 7	21 42	3 26	21 13	27 24	20 44

4/20 Sun in Tau. 11:13   4/1 Full 22:04(E)   4/9 3rd Qt. 15:24   4/17 New 11:40(E)   4/24 1st Qt. 8:47

Day	Sid. T.	Sun	Moon	Merc.	Venus	Mars	Jup.	Saturn	Uranus	Nept.	Pluto	N.Node
1	2:36:11	10Ta43 51	11Sc34	19Ar 7	23Ar 9	14Cn27	14Sg 2R	21Ta49	3Aq26	21Cn14	27Ge25	20Ar41
2	2:40: 7	11 42 0	24 27	19 21	24 23	15 1	13 57	21 57	3 27	21 15	27 26	20 38
3	2:44: 4	12 40 8	7Sg 4	19 40	25 37	15 35	13 52	22 5	3 27	21 16	27 27	20 34
4	2:48: 0	13 38 14	19 28	20 3	26 50	16 10	13 46	22 12	3 27	21 17	27 28	20 31
5	2:51:57	14 36 19	1Cp40	20 31	28 4	16 44	13 40	22 20	3 27	21 18	27 29	20 28
6	2:55:53	15 34 23	13 42	21 2	29 17	17 18	13 35	22 28	3 27	21 19	27 30	20 25
7	2:59:50	16 32 25	25 38	21 38	0Ta31	17 53	13 29	22 35	3 27	21 20	27 31	20 22
8	3: 3:47	17 30 25	7Aq30	22 18	1 44	18 27	13 23	22 43	3 27R	21 22	27 32	20 18
9	3: 7:43	18 28 24	19 25	23 1	2 58	19 2	13 16	22 51	3 27	21 23	27 34	20 15
10	3:11:40	19 26 22	1Pi27	23 48	4 11	19 36	13 10	22 59	3 27	21 24	27 35	20 12
11	3:15:36	20 24 19	13 39	24 38	5 25	20 11	13 4	23 6	3 27	21 25	27 36	20 9
12	3:19:33	21 22 14	26 8	25 32	6 39	20 45	12 57	23 14	3 27	21 27	27 37	20 6
13	3:23:29	22 20 8	8Ar55	26 29	7 52	21 20	12 51	23 22	3 27	21 28	27 38	20 3
14	3:27:26	23 18 0	22 6	27 29	9 6	21 55	12 44	23 30	3 26	21 29	27 39	19 59
15	3:31:23	24 15 52	5Ta39	28 32	10 19	22 30	12 37	23 37	3 26	21 30	27 41	19 56
16	3:35:19	25 13 42	19 36	29 38	11 33	23 4	12 30	23 45	3 26	21 32	27 42	19 53
17	3:39:16	26 11 31	3Ge52	0Ta46	12 46	23 39	12 23	23 53	3 25	21 33	27 43	19 50
18	3:43:12	27 9 18	18 22	1 58	14 0	24 14	12 16	24 1	3 25	21 35	27 44	19 47
19	3:47: 9	28 7 4	3Cn 1	3 12	15 13	24 49	12 9	24 9	3 24	21 36	27 46	19 44
20	3:51: 5	29 4 48	17 40	4 29	16 27	25 24	12 2	24 16	3 24	21 38	27 47	19 40
21	3:55: 2	0Ge 2 31	2Le14	5 48	17 41	25 59	11 55	24 24	3 23	21 39	27 48	19 37
22	3:58:58	1 0 12	16 37	7 10	18 54	26 34	11 47	24 32	3 22	21 41	27 50	19 34
23	4: 2:55	1 57 51	0Vi47	8 35	20 8	27 9	11 40	24 39	3 22	21 42	27 51	19 31
24	4: 6:52	2 55 29	14 40	10 2	21 21	27 45	11 32	24 47	3 21	21 44	27 52	19 28
25	4:10:48	3 53 5	28 19	11 31	22 35	28 20	11 25	24 55	3 20	21 45	27 54	19 24
26	4:14:45	4 50 40	11Li43	13 3	23 48	28 55	11 17	25 3	3 19	21 47	27 55	19 21
27	4:18:41	5 48 13	24 53	14 37	25 2	29 30	11 10	25 10	3 18	21 49	27 56	19 18
28	4:22:38	6 45 46	7Sc50	16 14	26 15	0Le 5	11 2	25 18	3 18	21 50	27 58	19 15
29	4:26:34	7 43 16	20 36	17 53	27 29	0 41	10 55	25 26	3 17	21 52	27 59	19 12
30	4:30:31	8 40 46	3Sg11	19 35	28 42	1 16	10 47	25 33	3 16	21 54	28 0	19 9
31	4:34:27	9 38 15	15 35	21 18	29 56	1 52	10 39	25 41	3 14	21 56	28 2	19 5

5/21 Sun in Gem. 10:57   5/1 Full 10:19   5/9 3rd Qt. 9:56   5/16 New 22:14   5/23 1st Qt. 14:11   5/30 Full 23:29

Day	Sid. T.	Sun	Moon	Merc.	Venus	Mars	Jup.	Saturn	Uranus	Nept.	Pluto	N.Node
1	4:38:24	10Ge35 43	27Sg50	23Ta 5	1Ge10	2Le27	10Sg32R	25Ta48	3Aq13R	21Cn57	28Ge 3	19Ar 2
2	4:42:21	11 33 9	9Cp56	24 53	2 23	3 2	10 24	25 56	3 12	21 59	28 4	18 59
3	4:46:17	12 30 35	21 54	26 44	3 37	3 38	10 17	26 4	3 11	22 1	28 6	18 56
4	4:50:14	13 28 0	3Aq48	28 38	4 50	4 14	10 9	26 11	3 10	22 3	28 7	18 53
5	4:54:10	14 25 23	15 40	0Ge33	6 4	4 49	10 1	26 19	3 8	22 4	28 9	18 50
6	4:58: 7	15 22 48	27 33	2 31	7 17	5 25	9 54	26 26	3 7	22 6	28 10	18 46
7	5: 2: 3	16 20 11	9Pi33	4 31	8 31	6 0	9 46	26 34	3 6	22 8	28 11	18 43
8	5: 6: 0	17 17 34	21 43	6 33	9 44	6 36	9 39	26 41	3 4	22 10	28 13	18 40
9	5: 9:56	18 14 56	4Ar 9	8 37	10 58	7 12	9 31	26 49	3 3	22 12	28 14	18 37
10	5:13:53	19 12 17	16 56	10 42	12 12	7 48	9 24	26 56	3 1	22 14	28 16	18 34
11	5:17:49	20 9 38	0Ta 8	12 49	13 25	8 23	9 16	27 3	3 0	22 16	28 17	18 30
12	5:21:46	21 6 59	13 46	14 58	14 39	8 59	9 9	27 11	2 58	22 18	28 19	18 27
13	5:25:43	22 4 19	27 53	17 8	15 52	9 35	9 1	27 18	2 57	22 20	28 20	18 24
14	5:29:39	23 1 38	12Ge24	19 18	17 6	10 11	8 54	27 25	2 55	22 22	28 21	18 21
15	5:33:36	23 58 58	27 11	21 30	18 20	10 47	8 47	27 33	2 53	22 24	28 23	18 18
16	5:37:32	24 56 16	12Cn17	23 42	19 33	11 23	8 40	27 40	2 52	22 26	28 24	18 15
17	5:41:29	25 53 34	27 20	25 53	20 47	11 59	8 33	27 47	2 50	22 28	28 26	18 11
18	5:45:26	26 50 51	12Le15	28 5	22 1	12 35	8 26	27 54	2 48	22 30	28 27	18 8
19	5:49:22	27 48 7	26 54	0Cn16	23 14	13 11	8 19	28 1	2 46	22 32	28 29	18 5
20	5:53:19	28 45 23	11Vi12	2 27	24 28	13 47	8 12	28 8	2 45	22 34	28 30	18 2
21	5:57:15	29 42 38	25 8	4 37	25 42	14 23	8 6	28 15	2 43	22 36	28 32	17 59
22	6: 1:12	0Cn39 52	8Li41	6 45	26 55	15 0	7 59	28 22	2 41	22 38	28 33	17 56
23	6: 5: 8	1 37 5	21 55	8 52	28 9	15 36	7 52	28 29	2 39	22 40	28 34	17 52
24	6: 9: 5	2 34 18	4Sc50	10 58	29 23	16 12	7 46	28 36	2 37	22 42	28 36	17 49
25	6:13: 1	3 31 30	17 32	13 2	0Cn36	16 48	7 40	28 43	2 35	22 44	28 37	17 46
26	6:16:58	4 28 42	0Sg 1	15 4	1 50	17 24	7 34	28 50	2 33	22 47	28 39	17 43
27	6:20:55	5 25 53	12 21	17 5	3 4	18 1	7 28	28 57	2 31	22 49	28 40	17 40
28	6:24:51	6 23 5	24 32	19 3	4 17	18 37	7 22	29 3	2 29	22 51	28 42	17 36
29	6:28:48	7 20 16	6Cp37	21 0	5 31	19 14	7 16	29 10	2 27	22 53	28 43	17 33
30	6:32:44	8 17 27	18 36	22 55	6 45	19 50	7 10	29 17	2 25	22 55	28 44	17 30

6/21 Sun in Can. 19:17   6/8 3rd Qt. 2:35   6/15 New 6:24   6/21 1st Qt. 20:39   6/29 Full 13:34

JULY 1912

Day	Sid. T.	Sun	Moon	Merc.	Venus	Mars	Jup.	Saturn	Uranus	Nept.	Pluto	N.Node
1	6:36:41	9Cn14 37	0Aq31	24Cn47	7Cn58	20Le26	7Sg 5R	29Ta23	2Aq23R	22Cn57	28Ge46	17Ar27
2	6:40:37	10 11 48	12 23	26 38	9 12	21 3	6 59	29 30	2 21	23 0	28 47	17 24
3	6:44:34	11 8 59	24 14	28 27	10 26	21 39	6 54	29 36	2 18	23 2	28 49	17 21
4	6:48:30	12 6 10	6Pi 7	0Le13	11 40	22 16	6 49	29 43	2 16	23 4	28 50	17 17
5	6:52:27	13 3 21	18 6	1 58	12 53	22 53	6 44	29 49	2 14	23 6	28 52	17 14
6	6:56:23	14 0 32	0Ar15	3 40	14 7	23 29	6 39	29 55	2 12	23 8	28 53	17 11
7	7: 0:20	14 57 44	12 39	5 20	15 21	24 6	6 34	0Ge 2	2 9	23 10	28 54	17 8
8	7: 4:17	15 54 56	25 22	6 59	16 35	24 43	6 30	0 8	2 7	23 13	28 56	17 5
9	7: 8:13	16 52 9	8Ta30	8 35	17 48	25 19	6 26	0 14	2 5	23 15	28 57	17 2
10	7:12:10	17 49 22	22 6	10 9	19 2	25 56	6 21	0 20	2 3	23 17	28 58	16 58
11	7:16: 6	18 46 36	6Ge11	11 40	20 16	26 33	6 17	0 26	2 0	23 19	29 0	16 55
12	7:20: 3	19 43 50	20 45	13 11	21 30	27 10	6 13	0 32	1 58	23 22	29 1	16 52
13	7:24: 0	20 41 5	5Cn42	14 39	22 44	27 47	6 10	0 38	1 56	23 24	29 3	16 49
14	7:27:56	21 38 20	20 55	16 4	23 58	28 23	6 6	0 44	1 53	23 26	29 4	16 46
15	7:31:53	22 35 35	6Le12	17 28	25 11	29 0	6 3	0 50	1 51	23 28	29 5	16 42
16	7:35:49	23 32 51	21 23	18 49	26 25	29 37	6 0	0 56	1 49	23 31	29 7	16 39
17	7:39:46	24 30 7	6Vi17	20 8	27 39	0Vi14	5 57	1 1	1 46	23 33	29 8	16 36
18	7:43:42	25 27 23	20 48	21 25	28 53	0 51	5 54	1 7	1 44	23 35	29 9	16 33
19	7:47:39	26 24 39	4Li52	22 39	0Le 7	1 28	5 51	1 12	1 41	23 37	29 11	16 30
20	7:51:35	27 21 55	18 29	23 51	1 21	2 5	5 49	1 18	1 39	23 39	29 12	16 27
21	7:55:32	28 19 12	1Sc42	25 1	2 35	2 43	5 46	1 23	1 37	23 42	29 13	16 23
22	7:59:28	29 16 29	14 33	26 8	3 49	3 20	5 44	1 29	1 34	23 44	29 14	16 20
23	8: 3:25	0Le13 46	27 7	27 12	5 3	3 57	5 42	1 34	1 32	23 46	29 16	16 17
24	8: 7:22	1 11 4	9Sg27	28 14	6 16	4 34	5 41	1 39	1 30	23 48	29 17	16 14
25	8:11:18	2 8 22	21 37	29 13	7 30	5 11	5 39	1 44	1 27	23 51	29 18	16 11
26	8:15:15	3 5 41	3Cp39	0Vi 1	8 44	5 49	5 38	1 49	1 25	23 53	29 19	16 7
27	8:19:11	4 3 0	15 37	1 1	9 58	6 26	5 36	1 54	1 22	23 55	29 21	16 4
28	8:23: 8	5 0 20	27 31	1 51	11 12	7 3	5 35	1 59	1 20	23 57	29 22	16 1
29	8:27: 4	5 57 41	9Aq23	2 37	12 26	7 41	5 35	2 4	1 18	23 59	29 23	15 58
30	8:31: 1	6 55 2	21 15	3 20	13 40	8 18	5 34	2 9	1 15	24 1	29 24	15 55
31	8:34:57	7 52 24	3Pi 9	3 59	14 54	8 56	5 34	2 13	1 13	24 4	29 25	15 52

7/23 Sun in Leo 6:14   7/7 3rd Qt. 16:47   7/14 New 13:13   7/21 1st Qt. 5:18   7/29 Full 4:28

AUGUST 1912

Day	Sid. T.	Sun	Moon	Merc.	Venus	Mars	Jup.	Saturn	Uranus	Nept.	Pluto	N.Node
1	8:38:54	8Le49 48	15Pi 5	4Vi34	16Le 8	9Vi33	5Sg33R	2Ge18	1Aq10R	24Cn 6	29Ge27	15Ar48
2	8:42:51	9 47 12	27 8	5 5	17 22	10 11	5 33	2 22	1 8	24 8	29 28	15 45
3	8:46:47	10 44 37	9Ar21	5 31	18 36	10 48	5 33D	2 27	1 6	24 10	29 29	15 42
4	8:50:44	11 42 4	21 46	5 54	19 50	11 26	5 34	2 31	1 3	24 12	29 30	15 39
5	8:54:40	12 39 32	4Ta29	6 12	21 4	12 3	5 34	2 35	1 1	24 14	29 31	15 36
6	8:58:37	13 37 1	17 33	6 25	22 18	12 41	5 35	2 39	0 59	24 17	29 32	15 33
7	9: 2:33	14 34 32	1Ge 3	6 33	23 32	13 19	5 35	2 44	0 56	24 19	29 33	15 29
8	9: 6:30	15 32 4	15 0	6 36	24 46	13 56	5 36	2 48	0 54	24 21	29 34	15 26
9	9:10:27	16 29 37	29 25	6 33R	26 0	14 34	5 38	2 51	0 52	24 23	29 35	15 23
10	9:14:23	17 27 12	14Cn15	6 25	27 14	15 12	5 39	2 55	0 49	24 25	29 37	15 20
11	9:18:20	18 24 48	29 22	6 12	28 28	15 50	5 41	2 59	0 47	24 27	29 38	15 17
12	9:22:16	19 22 26	14Le38	5 53	29 42	16 28	5 42	3 3	0 45	24 29	29 39	15 13
13	9:26:13	20 20 4	29 51	5 29	0Vi56	17 6	5 44	3 6	0 43	24 31	29 40	15 10
14	9:30: 9	21 17 44	14Vi52	4 59	2 10	17 44	5 46	3 10	0 41	24 33	29 41	15 7
15	9:34: 6	22 15 25	29 33	4 25	3 25	18 22	5 49	3 13	0 38	24 35	29 41	15 1
16	9:38: 2	23 13 7	13Li44	3 46	4 39	19 0	5 51	3 16	0 36	24 37	29 42	15 1
17	9:41:59	24 10 50	27 29	3 2	5 53	19 38	5 54	3 19	0 34	24 39	29 43	14 58
18	9:45:55	25 8 34	10Sc48	2 16	7 7	20 16	5 56	3 22	0 32	24 41	29 44	14 54
19	9:49:52	26 6 19	23 42	1 26	8 21	20 54	5 59	3 25	0 30	24 43	29 45	14 51
20	9:53:49	27 4 5	6Sg15	0 34	9 35	21 32	6 3	3 28	0 28	24 45	29 46	14 48
21	9:57:45	28 1 53	18 33	29Le41	10 49	22 10	6 6	3 31	0 26	24 47	29 47	14 45
22	10: 1:42	28 59 41	0Cp39	28 48	12 3	22 49	6 9	3 34	0 24	24 49	29 48	14 42
23	10: 5:38	29 57 31	12 37	27 56	13 17	23 27	6 13	3 36	0 22	24 51	29 48	14 39
24	10: 9:35	0Vi55 22	24 30	27 6	14 31	24 5	6 17	3 39	0 20	24 53	29 49	14 35
25	10:13:31	1 53 15	6Aq22	26 19	15 45	24 44	6 21	3 41	0 18	24 55	29 50	14 32
26	10:17:28	2 51 9	18 15	25 37	16 59	25 22	6 25	3 43	0 16	24 57	29 51	14 29
27	10:21:25	3 49 4	0Pi10	24 59	18 13	26 0	6 29	3 46	0 14	24 58	29 52	14 26
28	10:25:21	4 47 1	12 9	24 28	19 28	26 39	6 34	3 48	0 12	25 0	29 52	14 23
29	10:29:18	5 45 0	24 14	24 4	20 42	27 17	6 38	3 50	0 10	25 2	29 53	14 19
30	10:33:14	6 43 0	6Ar27	23 47	21 56	27 56	6 43	3 51	0 9	25 4	29 54	14 16
31	10:37:11	7 41 2	18 50	23 38	23 10	28 35	6 48	3 53	0 7	25 6	29 54	14 13

8/23 Sun in Vir. 13:02   8/6 3rd Qt. 4:17   8/12 New 19:58   8/19 1st Qt. 16:56   8/27 Full 19:59

Day	Sid. T.	Sun	Moon	Merc.	Venus	Mars	Jup.	Saturn	Uranus	Nept.	Pluto	N.Node
1	10:41: 7	8Vi39 6	1Ta25	23Le37	24Vi24	29Vi13	6Sg53	3Ge55	0Aq 5R	25Cn 7	29Ge55	14Ar10
2	10:45: 4	9 37 11	14 14	23 45	25 38	29 52	6 59	3 56	0 3	25 9	29 56	14 7
3	10:49: 0	10 35 19	27 22	24 1	26 52	0Li31	7 4	3 58	0 2	25 11	29 56	14 4
4	10:52:57	11 33 29	10Ge50	24 26	28 6	1 9	7 10	3 59	0 0	25 12	29 57	14 0
5	10:56:53	12 31 41	24 40	24 59	29 20	1 48	7 16	4 0	29Cp59	25 14	29 57	13 57
6	11: 0:50	13 29 55	8Cn52	25 41	0Li34	2 27	7 22	4 2	29 57	25 16	29 58	13 54
7	11: 4:47	14 28 11	23 25	26 31	1 48	3 6	7 28	4 3	29 56	25 17	29 58	13 51
8	11: 8:43	15 26 29	8Le14	27 28	3 2	3 45	7 34	4 3	29 54	25 19	29 59	13 48
9	11:12:40	16 24 49	23 13	28 33	4 17	4 24	7 40	4 4	29 53	25 20	29 59	13 45
10	11:16:36	17 23 11	8Vi13	29 44	5 31	5 3	7 47	4 5	29 51	25 22	0Cn 0	13 41
11	11:20:33	18 21 34	23 5	1Vi 1	6 45	5 42	7 53	4 6	29 50	25 23	0 1	13 38
12	11:24:29	19 20 0	7Li41	2 24	7 59	6 21	8 0	4 6	29 49	25 25	0 1	13 35
13	11:28:26	20 18 27	21 56	3 52	9 13	7 0	8 7	4 6	29 47	25 26	0 1	13 32
14	11:32:22	21 16 56	5Sc46	5 25	10 27	7 39	8 14	4 7	29 46	25 28	0 1	13 29
15	11:36:19	22 15 27	19 10	7 1	11 41	8 18	8 22	4 7	29 45	25 29	0 2	13 25
16	11:40:16	23 13 59	2Sg 9	8 41	12 55	8 57	8 29	4 7R	29 44	25 31	0 2	13 22
17	11:44:12	24 12 33	14 46	10 23	14 9	9 37	8 36	4 7	29 43	25 32	0 2	13 19
18	11:48: 9	25 11 9	27 6	12 8	15 23	10 16	8 44	4 7	29 42	25 33	0 3	13 16
19	11:52: 5	26 9 46	9Cp12	13 54	16 37	10 55	8 52	4 6	29 41	25 35	0 3	13 13
20	11:56: 2	27 8 26	21 10	15 42	17 51	11 35	9 0	4 6	29 40	25 36	0 3	13 10
21	11:59:58	28 7 6	3Aq 2	17 31	19 5	12 14	9 8	4 5	29 39	25 37	0 3	13 6
22	12: 3:55	29 5 49	14 54	19 21	20 19	12 54	9 16	4 5	29 38	25 38	0 4	13 3
23	12: 7:52	0Li 4 33	26 48	21 11	21 33	13 33	9 24	4 4	29 37	25 39	0 4	13 0
24	12:11:48	1 3 19	8Pi48	23 1	22 47	14 13	9 33	4 3	29 37	25 41	0 4	12 57
25	12:15:45	2 2 7	20 56	24 51	24 1	14 52	9 41	4 2	29 36	25 42	0 4	12 54
26	12:19:41	3 0 57	3Ar13	26 42	25 15	15 32	9 50	4 1	29 35	25 43	0 4	12 50
27	12:23:38	3 59 49	15 42	28 31	26 29	16 12	9 59	4 0	29 35	25 44	0 4	12 47
28	12:27:34	4 58 43	28 22	0Li21	27 43	16 52	10 8	3 59	29 34	25 45	0 4	12 44
29	12:31:31	5 57 40	11Ta15	2 9	28 57	17 31	10 17	3 57	29 33	25 46	0 4	12 41
30	12:35:27	6 56 38	24 21	3 58	0Sc11	18 11	10 26	3 56	29 33	25 47	0 4R	12 38

9/23 Sun in Lib. 10:08   9/4 3rd Qt. 13:23   9/11 New 3:48   9/18 1st Qt. 7:55   9/26 Full 11:34(E)

Day	Sid. T.	Sun	Moon	Merc.	Venus	Mars	Jup.	Saturn	Uranus	Nept.	Pluto	N.Node
1	12:39:24	7Li55 39	7Ge42	5Li45	1Sc25	18Li51	10Sg35	3Ge54R	29Cp33R	25Cn48	0Cn 4R	12Ar35
2	12:43:20	8 54 42	21 18	7 32	2 39	19 31	10 44	3 53	29 32	25 49	0 4	12 31
3	12:47:17	9 53 47	5Cn 8	9 18	3 53	20 11	10 54	3 51	29 32	25 50	0 4	12 28
4	12:51:14	10 52 55	19 12	11 4	5 7	20 51	11 3	3 49	29 32	25 50	0 4	12 25
5	12:55:10	11 52 5	3Le29	12 48	6 21	21 31	11 13	3 47	29 31	25 51	0 4	12 22
6	12:59: 7	12 51 18	17 56	14 32	7 35	22 11	11 23	3 45	29 31	25 52	0 4	12 19
7	13: 3: 3	13 50 33	2Vi29	16 15	8 48	22 51	11 33	3 43	29 31	25 53	0 4	12 16
8	13: 7: 0	14 49 49	17 4	17 57	10 2	23 31	11 43	3 40	29 31	25 54	0 4	12 12
9	13:10:56	15 49 9	1Li34	19 39	11 16	24 12	11 53	3 38	29 31D	25 54	0 3	12 9
10	13:14:53	16 48 30	15 53	21 19	12 30	24 52	12 3	3 36	29 31	25 55	0 3	12 6
11	13:18:49	17 47 53	29 57	22 59	13 44	25 32	12 14	3 33	29 31	25 56	0 3	12 3
12	13:22:46	18 47 19	13Sc42	24 38	14 58	26 13	12 24	3 30	29 31	25 56	0 3	12 0
13	13:26:42	19 46 46	27 5	26 17	16 12	26 53	12 35	3 28	29 31	25 57	0 2	11 56
14	13:30:39	20 46 15	10Sg 7	27 55	17 26	27 34	12 45	3 25	29 32	25 57	0 2	11 53
15	13:34:36	21 45 46	22 47	29 32	18 39	28 14	12 56	3 22	29 32	25 58	0 2	11 50
16	13:38:32	22 45 19	5Cp 9	1Sc 8	19 53	28 55	13 7	3 19	29 32	25 58	0 1	11 47
17	13:42:29	23 44 54	17 17	2 44	21 7	29 35	13 18	3 16	29 33	25 59	0 1	11 44
18	13:46:25	24 44 30	29 15	4 19	22 21	0Sc16	13 29	3 12	29 33	25 59	0 1	11 41
19	13:50:22	25 44 8	11Aq 8	5 54	23 35	0 57	13 40	3 9	29 34	25 59	0 0	11 37
20	13:54:18	26 43 48	22 59	7 28	24 48	1 37	13 51	3 6	29 34	26 0	0 0	11 34
21	13:58:15	27 43 30	4Pi55	9 1	26 2	2 18	14 2	3 3	29 35	26 0	29Ge59	11 31
22	14: 2:11	28 43 13	16 59	10 34	27 16	2 59	14 14	2 59	29 35	26 0	29 59	11 28
23	14: 6: 8	29 42 58	29 14	12 6	28 30	3 40	14 25	2 55	29 36	26 1	29 58	11 25
24	14:10: 5	0Sc42 45	11Ar43	13 38	29 43	4 21	14 37	2 51	29 37	26 1	29 58	11 22
25	14:14: 1	1 42 34	24 28	15 9	0Sg57	5 2	14 48	2 48	29 37	26 1	29 57	11 18
26	14:17:58	2 42 25	7Ta30	16 40	2 11	5 43	15 0	2 44	29 38	26 1	29 57	11 15
27	14:21:54	3 42 18	20 47	18 10	3 24	6 24	15 12	2 40	29 39	26 1	29 56	11 12
28	14:25:51	4 42 12	4Ge20	19 39	4 38	7 5	15 23	2 36	29 40	26 1	29 56	11 9
29	14:29:47	5 42 9	18 4	21 8	5 52	7 46	15 35	2 32	29 41	26 1R	29 55	11 6
30	14:33:44	6 42 9	1Cn59	22 37	7 5	8 27	15 47	2 28	29 42	26 1	29 54	11 3
31	14:37:40	7 42 10	16 1	24 5	8 19	9 8	15 59	2 23	29 43	26 1	29 54	10 59

10/23 Sun in Sco. 18:50   10/3 3rd Qt. 20:48   10/10 New 13:40(E)   10/18 1st Qt. 2:06   10/26 Full 2:30

NOVEMBER 1912

Day	Sid. T.	Sun	Moon	Merc.	Venus	Mars	Jup.	Saturn	Uranus	Nept.	Pluto	N.Node
1	14:41:37	8Sc42 13	0Le 8	25Sc32	9Sg33	9Sc50	16Sg11	2Ge19R	29Cp44	26Cn 1R	29Ge53R	10Ar56
2	14:45:34	9 42 19	14 18	26 59	10 46	10 31	16 24	2 15	29 46	26 1	29 52	10 53
3	14:49:30	10 42 27	28 29	28 25	12 0	11 12	16 36	2 11	29 47	26 1	29 52	10 50
4	14:53:27	11 42 36	12Vi39	29 50	13 13	11 54	16 48	2 6	29 48	26 1	29 51	10 47
5	14:57:23	12 42 48	26 46	1Sg15	14 27	12 35	17 0	2 2	29 49	26 0	29 50	10 43
6	15: 1:20	13 43 2	10Li47	2 39	15 40	13 17	17 13	1 57	29 51	26 0	29 49	10 40
7	15: 5:16	14 43 18	24 40	4 2	16 54	13 58	17 25	1 53	29 52	26 0	29 49	10 37
8	15: 9:13	15 43 36	8Sc23	5 24	18 7	14 40	17 38	1 48	29 54	25 59	29 48	10 34
9	15:13: 9	16 43 55	21 51	6 46	19 21	15 22	17 50	1 43	29 55	25 59	29 47	10 31
10	15:17: 6	17 44 17	5Sg 4	8 6	20 34	16 3	18 3	1 39	29 57	25 59	29 46	10 28
11	15:21: 3	18 44 40	18 0	9 25	21 48	16 45	18 16	1 34	29 58	25 58	29 45	10 24
12	15:24:59	19 45 4	0Cp38	10 43	23 1	17 27	18 28	1 29	0Aq 0	25 58	29 45	10 21
13	15:28:56	20 45 30	12 59	11 59	24 15	18 9	18 41	1 25	0 2	25 57	29 44	10 18
14	15:32:52	21 45 57	25 7	13 14	25 28	18 51	18 54	1 20	0 4	25 57	29 43	10 15
15	15:36:49	22 46 26	7Aq 5	14 27	26 41	19 33	19 7	1 15	0 5	25 56	29 42	10 12
16	15:40:45	23 46 56	18 57	15 38	27 55	20 15	19 20	1 10	0 7	25 56	29 41	10 8
17	15:44:42	24 47 28	0Pi47	16 46	29 8	20 57	19 33	1 5	0 9	25 55	29 40	10 5
18	15:48:39	25 48 0	12 42	17 52	0Cp21	21 39	19 46	1 0	0 11	25 55	29 39	10 2
19	15:52:35	26 48 34	24 46	18 55	1 34	22 21	19 59	0 55	0 13	25 54	29 38	9 59
20	15:56:32	27 49 9	7Ar 4	19 54	2 48	23 3	20 12	0 50	0 15	25 53	29 37	9 56
21	16: 0:28	28 49 45	19 40	20 49	4 1	23 45	20 25	0 46	0 17	25 52	29 36	9 53
22	16: 4:25	29 50 23	2Ta37	21 40	5 14	24 28	20 38	0 41	0 19	25 52	29 35	9 49
23	16: 8:21	0Sg51 2	15 56	22 26	6 27	25 10	20 52	0 36	0 21	25 51	29 34	9 46
24	16:12:18	1 51 42	29 37	23 7	7 40	25 52	21 5	0 31	0 24	25 50	29 33	9 43
25	16:16:14	2 52 24	13Ge36	23 41	8 53	26 35	21 18	0 26	0 26	25 49	29 32	9 40
26	16:20:11	3 53 7	27 51	24 8	10 6	27 17	21 32	0 21	0 28	25 48	29 31	9 37
27	16:24: 8	4 53 51	12Cn14	24 27	11 19	28 0	21 45	0 16	0 30	25 47	29 30	9 34
28	16:28: 4	5 54 37	26 40	24 37	12 32	28 42	21 58	0 11	0 33	25 46	29 29	9 30
29	16:32: 1	6 55 25	11Le 3	24 38R	13 45	29 25	22 12	0 6	0 35	25 45	29 28	9 27
30	16:35:57	7 56 14	25 19	24 29	14 58	0Sg 8	22 25	0 1	0 38	25 44	29 27	9 24

11/22 Sun in Sag. 15:48   11/2 3rd Qt. 3:38   11/9 New 2:05   11/16 1st Qt. 22:43   11/24 Full 16:12

DECEMBER 1912

Day	Sid. T.	Sun	Moon	Merc.	Venus	Mars	Jup.	Saturn	Uranus	Nept.	Pluto	N.Node
1	16:39:54	8Sg57 4	9Vi27	24Sg 9R	16Cp11	0Sg50	22Sg39	29Ta57R	0Aq40	25Cn43R	29Ge26R	9Ar21
2	16:43:50	9 57 56	23 24	23 38	17 23	1 33	22 52	29 52	0 43	25 42	29 24	9 18
3	16:47:47	10 58 49	7Li12	22 55	18 36	2 16	23 6	29 47	0 45	25 41	29 23	9 14
4	16:51:44	11 59 43	20 49	22 2	19 49	2 59	23 19	29 42	0 48	25 40	29 22	9 11
5	16:55:40	13 0 39	4Sc16	20 59	21 1	3 42	23 33	29 38	0 50	25 39	29 21	9 8
6	16:59:37	14 1 36	17 33	19 48	22 14	4 25	23 46	29 33	0 53	25 38	29 20	9 5
7	17: 3:33	15 2 35	0Sg39	18 30	23 27	5 8	24 0	29 28	0 56	25 37	29 19	9 2
8	17: 7:30	16 3 34	13 33	17 9	24 39	5 51	24 14	29 24	0 58	25 35	29 18	8 59
9	17:11:26	17 4 34	26 15	15 46	25 52	6 34	24 27	29 19	1 1	25 34	29 16	8 55
10	17:15:23	18 5 35	8Cp44	14 24	27 4	7 17	24 41	29 14	1 4	25 33	29 15	8 52
11	17:19:19	19 6 37	21 0	13 7	28 16	8 0	24 54	29 10	1 7	25 32	29 14	8 49
12	17:23:16	20 7 40	3Aq 5	11 56	29 29	8 43	25 8	29 6	1 9	25 30	29 13	8 46
13	17:27:12	21 8 43	15 0	10 54	0Aq41	9 27	25 22	29 1	1 12	25 29	29 12	8 43
14	17:31: 9	22 9 46	26 50	10 2	1 53	10 10	25 35	28 57	1 15	25 28	29 11	8 39
15	17:35: 6	23 10 50	8Pi39	9 21	3 5	10 53	25 49	28 53	1 18	25 26	29 9	8 36
16	17:39: 2	24 11 55	20 30	8 51	4 17	11 37	26 3	28 48	1 21	25 25	29 8	8 33
17	17:42:59	25 12 59	2Ar31	8 31	5 29	12 20	26 17	28 44	1 24	25 24	29 7	8 30
18	17:46:55	26 14 4	14 46	8 23	6 41	13 4	26 30	28 40	1 27	25 22	29 6	8 27
19	17:50:52	27 15 10	27 21	8 24D	7 53	13 47	26 44	28 36	1 30	25 21	29 5	8 24
20	17:54:48	28 16 15	10Ta21	8 35	9 5	14 31	26 58	28 32	1 33	25 19	29 3	8 20
21	17:58:45	29 17 22	23 47	8 54	10 16	15 15	27 11	28 28	1 36	25 18	29 2	8 17
22	18: 2:41	0Cp18 28	7Ge40	9 21	11 28	15 58	27 25	28 25	1 39	25 16	29 1	8 14
23	18: 6:38	1 19 34	21 59	9 56	12 39	16 42	27 39	28 21	1 43	25 15	29 0	8 11
24	18:10:35	2 20 41	6Cn38	10 36	13 51	17 26	27 53	28 17	1 46	25 13	28 59	8 8
25	18:14:31	3 21 49	21 29	11 22	15 2	18 10	28 6	28 14	1 49	25 12	28 57	8 5
26	18:18:28	4 22 56	6Le23	12 13	16 13	18 53	28 20	28 10	1 52	25 10	28 56	8 1
27	18:22:24	5 24 5	21 11	13 8	17 24	19 37	28 34	28 7	1 55	25 9	28 55	7 58
28	18:26:21	6 25 13	5Vi47	14 7	18 35	20 21	28 47	28 3	1 59	25 7	28 54	7 55
29	18:30:17	7 26 22	20 5	15 10	19 46	21 5	29 1	28 0	2 2	25 5	28 53	7 52
30	18:34:14	8 27 31	4Li 6	16 15	20 57	21 49	29 15	27 57	2 5	25 4	28 51	7 49
31	18:38:11	9 28 41	17 47	17 23	22 7	22 33	29 28	27 54	2 8	25 2	28 50	7 45

12/22 Sun in Cap. 4:45   12/1 3rd Qt. 11:05   12/8 New 17:07   12/16 1st Qt. 20:06   12/24 Full 4:30   12/30 3rd Qt. 20:12

Day	Sid. T.	Sun	Moon	Merc.	Venus	Mars	Jup.	Saturn	Uranus	Nept.	Pluto	N.Node
1	18:42: 7	10Cp29 52	1Sc12	18Sg34	23Aq18	23Sg18	29Sg42	27Ta51R	2Aq12	25Cn 1R	28Ge49R	7Ar42
2	18:46: 4	11 31 2	14 22	19 47	24 29	24 2	29 56	27 48	2 15	24 59	28 48	7 39
3	18:50: 0	12 32 13	27 19	21 2	25 39	24 46	0Cp 9	27 45	2 19	24 57	28 47	7 36
4	18:53:57	13 33 24	10Sg 4	22 18	26 49	25 30	0 23	27 43	2 22	24 56	28 46	7 33
5	18:57:53	14 34 35	22 39	23 36	27 59	26 15	0 37	27 40	2 25	24 54	28 44	7 30
6	19: 1:50	15 35 46	5Cp 4	24 55	29 9	26 59	0 50	27 38	2 29	24 52	28 43	7 26
7	19: 5:47	16 36 57	17 20	26 15	0Pi19	27 43	1 4	27 35	2 32	24 51	28 42	7 23
8	19: 9:43	17 38 8	29 26	27 37	1 29	28 28	1 17	27 33	2 36	24 49	28 41	7 20
9	19:13:40	18 39 18	11Aq25	29 0	2 38	29 12	1 31	27 31	2 39	24 47	28 40	7 17
10	19:17:36	19 40 28	23 17	0Cp23	3 48	29 57	1 44	27 29	2 42	24 46	28 39	7 14
11	19:21:33	20 41 38	5Pi 5	1 48	4 57	0Cp41	1 58	27 27	2 46	24 44	28 38	7 11
12	19:25:29	21 42 47	16 52	3 13	6 6	1 26	2 11	27 25	2 49	24 42	28 37	7 7
13	19:29:26	22 43 55	28 43	4 39	7 15	2 11	2 24	27 23	2 53	24 41	28 36	7 4
14	19:33:22	23 45 3	10Ar41	6 6	8 24	2 55	2 38	27 22	2 56	24 39	28 34	7 1
15	19:37:19	24 46 10	22 52	7 33	9 32	3 40	2 51	27 20	3 0	24 37	28 33	6 58
16	19:41:15	25 47 16	5Ta22	9 2	10 41	4 25	3 4	27 19	3 3	24 35	28 32	6 55
17	19:45:12	26 48 22	18 16	10 30	11 49	5 10	3 17	27 17	3 7	24 34	28 31	6 51
18	19:49: 9	27 49 26	1Ge38	12 0	12 57	5 54	3 30	27 16	3 10	24 32	28 30	6 48
19	19:53: 5	28 50 30	15 30	13 30	14 5	6 39	3 44	27 15	3 14	24 30	28 29	6 45
20	19:57: 2	29 51 33	29 51	15 1	15 12	7 24	3 57	27 14	3 17	24 29	28 28	6 42
21	20: 0:58	0Aq52 35	14Cn39	16 32	16 20	8 9	4 10	27 13	3 21	24 27	28 27	6 39
22	20: 4:55	1 53 36	29 44	18 4	17 27	8 54	4 23	27 12	3 24	24 25	28 26	6 36
23	20: 8:51	2 54 37	14Le57	19 36	18 34	9 39	4 36	27 12	3 28	24 23	28 25	6 32
24	20:12:48	3 55 37	0Vi 8	21 9	19 40	10 24	4 49	27 11	3 31	24 22	28 24	6 29
25	20:16:45	4 56 36	15 6	22 43	20 47	11 9	5 1	27 11	3 35	24 20	28 23	6 26
26	20:20:41	5 57 34	29 45	24 18	21 53	11 54	5 14	27 10	3 38	24 19	28 22	6 23
27	20:24:38	6 58 32	14Li 0	25 53	22 59	12 40	5 27	27 10	3 42	24 17	28 22	6 20
28	20:28:34	7 59 29	27 50	27 28	24 5	13 25	5 40	27 10	3 45	24 15	28 21	6 17
29	20:32:31	9 0 25	11Sc16	29 5	25 10	14 10	5 52	27 10D	3 49	24 14	28 20	6 13
30	20:36:27	10 1 21	24 22	0Aq42	26 16	14 55	6 5	27 10	3 53	24 12	28 19	6 10
31	20:40:24	11 2 16	7Sg10	2 19	27 21	15 41	6 17	27 10	3 56	24 10	28 18	6 7

1/20 Sun in Aqu. 15:19 1/7 New 10:28 1/15 1st Qt. 16:01 1/22 Full 15:40 1/29 3rd Qt. 7:34

Day	Sid. T.	Sun	Moon	Merc.	Venus	Mars	Jup.	Saturn	Uranus	Nept.	Pluto	N.Node
1	20:44:20	12Aq 3 10	19Sg43	3Aq58	28Pi25	16Cp26	6Cp30	27Ta11	4Aq 0	24Cn 9R	28Ge17R	6Ar 4
2	20:48:17	13 4 4	2Cp 3	5 37	29 30	17 11	6 42	27 11	4 3	24 7	28 16	6 1
3	20:52:14	14 4 56	14 14	7 17	0Ar34	17 57	6 55	27 12	4 6	24 6	28 16	5 57
4	20:56:10	15 5 48	26 18	8 57	1 37	18 42	7 7	27 13	4 10	24 4	28 15	5 54
5	21: 0: 7	16 6 38	8Aq15	10 39	2 41	19 28	7 19	27 13	4 13	24 3	28 14	5 51
6	21: 4: 3	17 7 27	20 7	12 21	3 44	20 13	7 31	27 14	4 17	24 1	28 13	5 48
7	21: 8: 0	18 8 15	1Pi57	14 4	4 47	20 59	7 43	27 15	4 20	24 0	28 13	5 45
8	21:11:56	19 9 1	13 45	15 47	5 49	21 44	7 55	27 17	4 24	23 58	28 12	5 42
9	21:15:53	20 9 46	25 34	17 32	6 51	22 30	8 7	27 18	4 27	23 57	28 11	5 38
10	21:19:49	21 10 30	7Ar26	19 17	7 52	23 16	8 19	27 19	4 31	23 55	28 11	5 35
11	21:23:46	22 11 12	19 27	21 3	8 54	24 1	8 31	27 21	4 34	23 54	28 10	5 32
12	21:27:43	23 11 52	1Ta39	22 50	9 54	24 47	8 43	27 22	4 37	23 52	28 9	5 29
13	21:31:39	24 12 31	14 7	24 38	10 55	25 33	8 54	27 24	4 41	23 51	28 9	5 26
14	21:35:36	25 13 8	26 56	26 27	11 55	26 18	9 6	27 26	4 44	23 49	28 8	5 23
15	21:39:32	26 13 43	10Ge10	28 16	12 54	27 4	9 17	27 28	4 48	23 48	28 8	5 19
16	21:43:29	27 14 16	23 52	0Pi 6	13 53	27 50	9 29	27 30	4 51	23 47	28 7	5 16
17	21:47:25	28 14 48	8Cn 3	1 56	14 51	28 36	9 40	27 32	4 54	23 45	28 6	5 13
18	21:51:22	29 15 18	22 41	3 48	15 49	29 22	9 51	27 34	4 57	23 44	28 6	5 10
19	21:55:18	0Pi15 46	7Le41	5 40	16 47	0Aq 8	10 2	27 37	5 1	23 43	28 5	5 7
20	21:59:15	1 16 12	22 54	7 32	17 44	0 54	10 13	27 39	5 4	23 41	28 5	5 3
21	22: 3:12	2 16 37	8Vi12	9 24	18 40	1 39	10 24	27 42	5 7	23 40	28 5	5 0
22	22: 7: 8	3 17 0	23 22	11 17	19 36	2 25	10 35	27 44	5 10	23 39	28 4	4 57
23	22:11: 5	4 17 21	8Li16	13 10	20 31	3 11	10 46	27 47	5 14	23 38	28 4	4 54
24	22:15: 1	5 17 41	22 48	15 2	21 25	3 57	10 56	27 50	5 17	23 36	28 3	4 51
25	22:18:58	6 18 0	6Sc53	16 54	22 19	4 43	11 7	27 53	5 20	23 35	28 3	4 48
26	22:22:54	7 18 17	20 30	18 46	23 12	5 30	11 18	27 56	5 23	23 34	28 2	4 44
27	22:26:51	8 18 32	3Sg43	20 36	24 5	6 16	11 28	27 59	5 26	23 33	28 2	4 41
28	22:30:47	9 18 47	16 32	22 25	24 56	7 2	11 38	28 3	5 29	23 32	28 2	4 38

2/19 Sun in Pis. 5:44 2/6 New 5:22 2/14 1st Qt. 8:34 2/21 Full 2:03 2/27 3rd Qt. 21:15

MARCH 1913

Day	Sid. T.	Sun	Moon	Merc.	Venus	Mars	Jup.	Saturn	Uranus	Nept.	Pluto	N.Node
1	22:34:44	10Pi18 59	29Sg 2	24Pi12	25Ar47	7Aq48	11Cp48	28Ta 6	5Aq32	23Cn31R	28Ge 2R	4Ar35
2	22:38:41	11 19 10	11Cp17	25 57	26 38	8 34	11 58	28 9	5 35	23 30	28 2	4 32
3	22:42:37	12 19 20	23 21	27 39	27 27	9 20	12 8	28 13	5 38	23 29	28 1	4 28
4	22:46:34	13 19 28	5Aq17	29 18	28 16	10 6	12 18	28 17	5 41	23 28	28 1	4 25
5	22:50:30	14 19 34	17 7	0Ar53	29 3	10 53	12 28	28 20	5 44	23 27	28 1	4 22
6	22:54:27	15 19 38	28 56	2 23	29 50	11 39	12 37	28 24	5 47	23 26	28 1	4 19
7	22:58:23	16 19 41	10Pi45	3 49	0Ta36	12 25	12 47	28 28	5 50	23 25	28 1	4 16
8	23: 2:20	17 19 41	22 35	5 9	1 21	13 11	12 56	28 32	5 53	23 24	28 1	4 13
9	23: 6:17	18 19 40	4Ar30	6 24	2 5	13 58	13 6	28 36	5 56	23 23	28 0	4 9
10	23:10:13	19 19 37	16 31	7 31	2 48	14 44	13 15	28 41	5 59	23 23	28 0	4 6
11	23:14:10	20 19 31	28 41	8 32	3 30	15 30	13 24	28 45	6 1	23 22	28 0	4 3
12	23:18: 6	21 19 24	11Ta 2	9 26	4 10	16 16	13 33	28 49	6 4	23 21	28 0	4 0
13	23:22: 3	22 19 15	23 36	10 12	4 50	17 3	13 41	28 54	6 7	23 20	28 0D	3 57
14	23:25:59	23 19 3	6Ge28	10 49	5 28	17 49	13 50	28 58	6 9	23 20	28 0	3 54
15	23:29:56	24 18 49	19 40	11 19	6 5	18 36	13 59	29 3	6 12	23 19	28 0	3 50
16	23:33:52	25 18 33	3Cn14	11 40	6 40	19 22	14 7	29 8	6 15	23 18	28 0	3 47
17	23:37:49	26 18 14	17 11	11 53	7 15	20 8	14 15	29 13	6 17	23 18	28 1	3 44
18	23:41:45	27 17 53	1Le32	11 57	7 47	20 55	14 24	29 18	6 20	23 17	28 1	3 41
19	23:45:42	28 17 30	16 13	11 54R	8 19	21 41	14 32	29 23	6 22	23 17	28 1	3 38
20	23:49:39	29 17 5	1Vi10	11 42	8 48	22 27	14 40	29 28	6 25	23 16	28 1	3 34
21	23:53:35	0Ar16 37	16 15	11 23	9 17	23 14	14 47	29 33	6 27	23 16	28 1	3 31
22	23:57:32	1 16 7	1Li19	10 57	9 43	24 0	14 55	29 38	6 30	23 15	28 1	3 28
23	0: 1:28	2 15 35	16 13	10 24	10 8	24 47	15 2	29 43	6 32	23 15	28 2	3 25
24	0: 5:25	3 15 1	0Sc50	9 46	10 31	25 33	15 10	29 49	6 34	23 14	28 2	3 22
25	0: 9:21	4 14 26	15 4	9 4	10 52	26 20	15 17	29 54	6 36	23 14	28 2	3 19
26	0:13:18	5 13 48	28 53	8 17	11 11	27 6	15 24	0Ge 0	6 39	23 14	28 2	3 15
27	0:17:14	6 13 9	12Sg14	7 28	11 29	27 52	15 31	0 5	6 41	23 14	28 3	3 12
28	0:21:11	7 12 28	25 10	6 38	11 44	28 39	15 38	0 11	6 43	23 13	28 3	3 9
29	0:25: 7	8 11 45	7Cp44	5 47	11 57	29 25	15 44	0 17	6 45	23 13	28 3	3 6
30	0:29: 4	9 11 1	20 0	4 56	12 8	0Pi12	15 51	0 23	6 47	23 13	28 4	3 3
31	0:33: 1	10 10 14	2Aq 3	4 7	12 17	0 58	15 57	0 28	6 49	23 13	28 4	3 0

3/21 Sun in Ari. 5:18 3/8 New 0:22 3/15 1st Qt. 20:58 3/22 Full 11:56(E) 3/29 3rd Qt. 12:58

APRIL 1913

Day	Sid. T.	Sun	Moon	Merc.	Venus	Mars	Jup.	Saturn	Uranus	Nept.	Pluto	N.Node
1	0:36:57	11Ar 9 26	13Aq56	3Ar20R	12Ta24	1Pi45	16Cp 3	0Ge34	6Aq51	23Cn13R	28Ge 5	2Ar56
2	0:40:54	12 8 36	25 45	2 36	12 28	2 31	16 9	0 40	6 53	23 13	28 5	2 53
3	0:44:50	13 7 44	7Pi33	1 56	12 30	3 18	16 15	0 46	6 55	23 13	28 6	2 50
4	0:48:47	14 6 50	19 23	1 20	12 30R	4 4	16 21	0 53	6 57	23 13D	28 6	2 47
5	0:52:43	15 5 54	1Ar19	0 49	12 27	4 51	16 26	0 59	6 59	23 13	28 7	2 44
6	0:56:40	16 4 57	13 23	0 23	12 21	5 37	16 32	1 5	7 1	23 13	28 7	2 40
7	1: 0:36	17 3 57	25 37	0 2	12 14	6 24	16 37	1 11	7 2	23 13	28 8	2 37
8	1: 4:33	18 2 55	8Ta 2	29Pi47	12 3	7 10	16 42	1 18	7 4	23 13	28 8	2 34
9	1: 8:30	19 1 51	20 39	29 37	11 51	7 56	16 47	1 24	7 6	23 13	28 9	2 31
10	1:12:26	20 0 45	3Ge30	29 32	11 36	8 43	16 51	1 31	7 7	23 13	28 10	2 28
11	1:16:23	20 59 37	16 35	29 33D	11 18	9 29	16 56	1 37	7 9	23 13	28 10	2 25
12	1:20:19	21 58 26	29 55	29 39	10 58	10 16	17 0	1 44	7 10	23 14	28 11	2 21
13	1:24:16	22 57 14	13Cn30	29 51	10 36	11 2	17 5	1 50	7 12	23 14	28 12	2 18
14	1:28:12	23 55 59	27 22	0Ar 7	10 11	11 49	17 9	1 57	7 13	23 14	28 12	2 15
15	1:32: 9	24 54 41	11Le29	0 28	9 45	12 35	17 12	2 4	7 14	23 15	28 13	2 12
16	1:36: 5	25 53 22	25 51	0 53	9 16	13 21	17 16	2 11	7 16	23 15	28 14	2 9
17	1:40: 2	26 52 0	10Vi24	1 23	8 46	14 8	17 20	2 17	7 17	23 15	28 14	2 6
18	1:43:59	27 50 36	25 4	1 57	8 14	14 54	17 23	2 24	7 18	23 16	28 15	2 2
19	1:47:55	28 49 10	9Li47	2 34	7 40	15 40	17 26	2 31	7 19	23 17	28 16	1 59
20	1:51:52	29 47 41	24 25	3 16	7 5	16 27	17 29	2 38	7 20	23 17	28 17	1 56
21	1:55:48	0Ta46 11	8Sc51	4 1	6 29	17 13	17 32	2 45	7 22	23 18	28 18	1 53
22	1:59:45	1 44 39	23 1	4 50	5 52	17 59	17 34	2 52	7 23	23 19	28 19	1 50
23	2: 3:41	2 43 5	6Sg50	5 42	5 15	18 46	17 37	2 59	7 24	23 19	28 20	1 46
24	2: 7:38	3 41 30	20 14	6 37	4 37	19 32	17 39	3 6	7 25	23 20	28 21	1 43
25	2:11:34	4 39 53	3Cp15	7 36	3 59	20 18	17 41	3 13	7 26	23 20	28 21	1 40
26	2:15:31	5 38 15	15 57	8 37	3 21	21 4	17 43	3 21	7 26	23 21	28 22	1 37
27	2:19:28	6 36 34	28 12	9 41	2 44	21 50	17 44	3 28	7 27	23 22	28 23	1 34
28	2:23:24	7 34 53	10Aq16	10 47	2 7	22 37	17 46	3 35	7 28	23 22	28 24	1 31
29	2:27:21	8 33 9	22 10	11 56	1 31	23 23	17 47	3 42	7 28	23 23	28 25	1 27
30	2:31:17	9 31 24	3Pi59	13 8	0 56	24 9	17 48	3 50	7 29	23 24	28 26	1 24

4/20 Sun in Tau. 17:03 4/6 New 17:48(E) 4/14 1st Qt. 5:39 4/20 Full 21:33 4/28 3rd Qt. 6:09

Day	Sid. T.	Sun	Moon	Merc.	Venus	Mars	Jup.	Saturn	Uranus	Nept.	Pluto	N.Node
1	2:35:14	10Ta29 38	15Pi48	14Ar22	0Ta23R	24Pi55	17Cp49	3Ge57	7Aq30	23Cn25	28Ge27	1Ar21
2	2:39:10	11 27 50	27 41	15 39	29Ar51	25 41	17 50	4 5	7 30	23 26	28 28	1 18
3	2:43: 7	12 26 1	9Ar43	16 58	29 21	26 27	17 50	4 12	7 31	23 27	28 29	1 15
4	2:47: 3	13 24 9	21 56	18 19	28 52	27 13	17 51	4 19	7 31	23 28	28 30	1 12
5	2:51: 0	14 22 17	4Ta24	19 42	28 26	27 59	17 51	4 27	7 31	23 29	28 31	1 8
6	2:54:57	15 20 23	17 7	21 7	28 1	28 45	17 51R	4 34	7 32	23 30	28 32	1 5
7	2:58:53	16 18 27	0Ge 6	22 35	27 39	29 31	17 51	4 42	7 32	23 31	28 34	1 2
8	3: 2:50	17 16 29	13 19	24 4	27 19	0Ar17	17 50	4 49	7 32	23 32	28 35	0 59
9	3: 6:46	18 14 30	26 46	25 36	27 1	1 3	17 49	4 57	7 32	23 33	28 36	0 56
10	3:10:43	19 12 29	10Cn25	27 10	26 46	1 49	17 49	5 5	7 33	23 34	28 37	0 52
11	3:14:39	20 10 27	24 14	28 46	26 33	2 35	17 48	5 12	7 33	23 35	28 38	0 49
12	3:18:36	21 8 22	8Le11	0Ta24	26 23	3 21	17 47	5 20	7 33	23 37	28 39	0 46
13	3:22:32	22 6 16	22 15	2 4	26 15	4 6	17 45	5 28	7 33R	23 38	28 40	0 43
14	3:26:29	23 4 7	6Vi24	3 46	26 9	4 52	17 44	5 35	7 33	23 39	28 42	0 40
15	3:30:26	24 1 57	20 38	5 30	26 6	5 38	17 42	5 43	7 33	23 40	28 43	0 37
16	3:34:22	24 59 45	4Li55	7 16	26 5D	6 24	17 40	5 51	7 32	23 42	28 44	0 33
17	3:38:19	25 57 32	19 11	9 4	26 6	7 9	17 38	5 58	7 32	23 43	28 45	0 30
18	3:42:15	26 55 17	3Sc24	10 54	26 10	7 55	17 35	6 6	7 32	23 44	28 47	0 27
19	3:46:12	27 53 0	17 29	12 46	26 16	8 40	17 33	6 14	7 32	23 46	28 48	0 24
20	3:50: 8	28 50 42	1Sg21	14 40	26 24	9 26	17 30	6 22	7 31	23 47	28 49	0 21
21	3:54: 5	29 48 23	14 58	16 37	26 34	10 11	17 28	6 29	7 31	23 49	28 50	0 17
22	3:58: 1	0Ge46 3	28 15	18 35	26 47	10 57	17 24	6 37	7 30	23 50	28 52	0 14
23	4: 1:58	1 43 41	11Cp12	20 35	27 1	11 42	17 21	6 45	7 30	23 52	28 53	0 11
24	4: 5:55	2 41 18	23 48	22 37	27 18	12 27	17 18	6 53	7 29	23 53	28 54	0 8
25	4: 9:51	3 38 55	6Aq 7	24 41	27 36	13 13	17 14	7 0	7 29	23 55	28 56	0 5
26	4:13:48	4 36 30	18 12	26 46	27 56	13 58	17 11	7 8	7 28	23 56	28 57	0 2
27	4:17:44	5 34 5	0Pi 6	28 53	28 18	14 43	17 7	7 16	7 27	23 58	28 58	29Pi58
28	4:21:41	6 31 38	11 56	1Ge 2	28 42	15 28	17 3	7 24	7 27	23 59	29 0	29 55
29	4:25:37	7 29 11	23 45	3 11	29 7	16 14	16 58	7 32	7 26	24 1	29 1	29 52
30	4:29:34	8 26 42	5Ar41	5 22	29 34	16 59	16 54	7 39	7 25	24 3	29 3	29 49
31	4:33:30	9 24 13	17 47	7 33	0Ta 3	17 44	16 49	7 47	7 24	24 4	29 4	29 46

5/21 Sun in Gem. 16:50   5/6 New 8:24   5/13 1st Qt. 11:45   5/20 Full 7:18   5/28 3rd Qt. 0:04

Day	Sid. T.	Sun	Moon	Merc.	Venus	Mars	Jup.	Saturn	Uranus	Nept.	Pluto	N.Node
1	4:37:27	10Ge21 43	0Ta 8	9Ge45	0Ta33	18Ar29	16Cp45R	7Ge55	7Aq23R	24Cn 6	29Ge 5	29Pi43
2	4:41:24	11 19 13	12 47	11 57	1 4	19 14	16 40	8 3	7 22	24 8	29 6	29 39
3	4:45:20	12 16 41	25 45	14 9	1 37	19 59	16 35	8 11	7 21	24 10	29 8	29 36
4	4:49:17	13 14 9	9Ge 4	16 21	2 11	20 43	16 30	8 18	7 20	24 11	29 9	29 33
5	4:53:13	14 11 36	22 42	18 32	2 46	21 28	16 25	8 26	7 19	24 13	29 11	29 30
6	4:57:10	15 9 2	6Cn35	20 42	3 23	22 13	16 19	8 34	7 18	24 15	29 12	29 27
7	5: 1: 6	16 6 27	20 39	22 52	4 1	22 58	16 14	8 42	7 17	24 17	29 13	29 23
8	5: 5: 3	17 3 50	4Le49	25 0	4 40	23 42	16 8	8 49	7 16	24 19	29 15	29 20
9	5: 9: 0	18 1 13	19 2	27 6	5 20	24 27	16 2	8 57	7 14	24 20	29 16	29 17
10	5:12:56	18 58 35	3Vi14	29 11	6 1	25 11	15 56	9 5	7 13	24 22	29 18	29 14
11	5:16:53	19 55 56	17 24	1Cn14	6 43	25 56	15 50	9 13	7 12	24 24	29 19	29 11
12	5:20:49	20 53 15	1Li29	3 15	7 26	26 40	15 44	9 20	7 10	24 26	29 21	29 8
13	5:24:46	21 50 34	15 29	5 14	8 10	27 24	15 38	9 28	7 9	24 28	29 22	29 4
14	5:28:42	22 47 52	29 25	7 11	8 54	28 9	15 31	9 36	7 7	24 30	29 23	29 1
15	5:32:39	23 45 9	13Sc13	9 5	9 40	28 53	15 25	9 43	7 6	24 32	29 25	28 58
16	5:36:35	24 42 25	26 53	10 58	10 26	29 37	15 18	9 51	7 4	24 34	29 26	28 55
17	5:40:32	25 39 40	10Sg22	12 48	11 14	0Ta21	15 11	9 59	7 3	24 36	29 28	28 52
18	5:44:29	26 36 55	23 38	14 35	12 2	1 5	15 4	10 6	7 1	24 38	29 29	28 49
19	5:48:25	27 34 9	6Cp39	16 21	12 50	1 49	14 58	10 14	7 0	24 40	29 31	28 45
20	5:52:22	28 31 23	19 24	18 4	13 40	2 33	14 51	10 21	6 58	24 42	29 32	28 42
21	5:56:18	29 28 37	1Aq53	19 44	14 30	3 17	14 43	10 29	6 56	24 44	29 34	28 39
22	6: 0:15	0Cn25 50	14 7	21 23	15 21	4 0	14 36	10 36	6 54	24 46	29 35	28 36
23	6: 4:11	1 23 2	26 9	22 59	16 12	4 44	14 29	10 44	6 53	24 48	29 36	28 33
24	6: 8: 8	2 20 17	8Pi 2	24 32	17 4	5 28	14 22	10 51	6 51	24 50	29 38	28 29
25	6:12: 4	3 17 29	19 50	26 3	17 57	6 11	14 14	10 59	6 49	24 52	29 39	28 26
26	6:16: 1	4 14 42	1Ar40	27 32	18 50	6 55	14 7	11 6	6 47	24 54	29 41	28 23
27	6:19:57	5 11 55	13 35	28 58	19 44	7 38	13 59	11 14	6 45	24 57	29 42	28 20
28	6:23:54	6 9 8	25 43	0Le22	20 38	8 21	13 52	11 21	6 43	24 59	29 43	28 17
29	6:27:51	7 6 21	8Ta 6	1 43	21 33	9 5	13 44	11 28	6 41	25 1	29 45	28 14
30	6:31:47	8 3 34	20 51	3 2	22 28	9 48	13 37	11 35	6 39	25 3	29 47	28 10

6/22 Sun in Can. 1:10   6/4 New 19:57   6/11 1st Qt. 16:37   6/18 Full 17:53   6/26 3rd Qt. 17:41

JULY 1913

Day	Sid. T.	Sun	Moon	Merc.	Venus	Mars	Jup.	Saturn	Uranus	Nept.	Pluto	N.Node
1	6:35:44	9Cn 0 47	3Ge59	4Le18	23Ta24	10Ta31	13Cp29R	11Ge43	6Aq37R	25Cn 5	29Ge48	28Pi 7
2	6:39:40	9 58 1	17 32	5 32	24 20	11 14	13 21	11 50	6 35	25 7	29 49	28 4
3	6:43:37	10 55 14	1Cn28	6 42	25 17	11 57	13 14	11 57	6 33	25 9	29 51	28 1
4	6:47:34	11 52 28	15 44	7 50	26 14	12 40	13 6	12 4	6 31	25 12	29 52	27 58
5	6:51:30	12 49 42	0Le12	8 55	27 12	13 23	12 58	12 11	6 29	25 14	29 54	27 55
6	6:55:27	13 46 55	14 48	9 57	28 10	14 5	12 51	12 18	6 27	25 16	29 55	27 51
7	6:59:23	14 44 8	29 23	10 57	29 8	14 48	12 43	12 25	6 25	25 18	29 57	27 48
8	7: 3:20	15 41 21	13Vi53	11 53	0Ge 7	15 30	12 35	12 32	6 23	25 20	29 58	27 45
9	7: 7:16	16 38 34	28 14	12 45	1 6	16 13	12 28	12 39	6 20	25 23	29 59	27 42
10	7:11:13	17 35 47	12Li22	13 35	2 5	16 55	12 20	12 46	6 18	25 25	0Cn 1	27 39
11	7:15: 9	18 33 0	26 18	14 20	3 5	17 38	12 12	12 53	6 16	25 27	0 2	27 35
12	7:19: 6	19 30 13	10Sc 1	15 3	4 5	18 20	12 5	13 0	6 14	25 29	0 3	27 32
13	7:23: 2	20 27 26	23 32	15 41	5 6	19 2	11 57	13 7	6 11	25 31	0 5	27 29
14	7:26:59	21 24 39	6Sg51	16 16	6 6	19 44	11 50	13 13	6 9	25 34	0 6	27 26
15	7:30:56	22 21 52	19 57	16 46	7 7	20 26	11 42	13 20	6 7	25 36	0 8	27 23
16	7:34:52	23 19 5	2Cp51	17 12	8 9	21 8	11 35	13 27	6 5	25 38	0 9	27 20
17	7:38:49	24 16 19	15 33	17 34	9 10	21 49	11 27	13 33	6 2	25 40	0 10	27 16
18	7:42:45	25 13 32	28 2	17 51	10 12	22 31	11 20	13 40	6 0	25 43	0 12	27 13
19	7:46:42	26 10 47	10Aq19	18 4	11 15	23 13	11 13	13 46	5 58	25 45	0 13	27 10
20	7:50:38	27 8 2	22 25	18 12	12 17	23 54	11 6	13 53	5 55	25 47	0 14	27 7
21	7:54:35	28 5 17	4Pi22	18 15	13 20	24 35	10 58	13 59	5 53	25 49	0 16	27 4
22	7:58:32	29 2 34	16 12	18 13R	14 23	25 17	10 51	14 5	5 51	25 51	0 17	27 1
23	8: 2:28	29 59 51	27 59	18 7	15 26	25 58	10 44	14 12	5 48	25 54	0 18	26 57
24	8: 6:25	0Le57 8	9Ar47	17 55	16 29	26 39	10 38	14 18	5 46	25 56	0 19	26 54
25	8:10:21	1 54 27	21 42	17 38	17 33	27 20	10 31	14 24	5 43	25 58	0 21	26 51
26	8:14:18	2 51 47	3Ta49	17 17	18 37	28 1	10 24	14 30	5 41	26 0	0 22	26 48
27	8:18:14	3 49 7	16 12	16 51	19 41	28 41	10 18	14 36	5 39	26 3	0 23	26 45
28	8:22:11	4 46 29	28 57	16 20	20 46	29 22	10 11	14 42	5 36	26 5	0 24	26 41
29	8:26: 7	5 43 52	12Ge 6	15 46	21 50	0Ge 3	10 5	14 48	5 34	26 7	0 26	26 38
30	8:30: 4	6 41 16	25 43	15 8	22 55	0 43	9 59	14 54	5 31	26 9	0 27	26 35
31	8:34: 0	7 38 41	9Cn47	14 27	24 0	1 23	9 53	14 59	5 29	26 11	0 28	26 32

7/23 Sun in Leo 12:04   7/4 New 5:06   7/10 1st Qt. 21:37   7/18 Full 6:06   7/26 3rd Qt. 9:59

AUGUST 1913

Day	Sid. T.	Sun	Moon	Merc.	Venus	Mars	Jup.	Saturn	Uranus	Nept.	Pluto	N.Node
1	8:37:57	8Le36 7	24Cn14	13Le43R	25Ge 5	2Ge 4	9Cp47R	15Ge 5	5Aq27R	26Cn14	0Cn29	26Pi29
2	8:41:54	9 33 34	9Le 0	12 58	26 11	2 44	9 41	15 11	5 24	26 16	0 30	26 26
3	8:45:50	10 31 1	23 56	12 12	27 16	3 24	9 35	15 16	5 22	26 18	0 32	26 22
4	8:49:47	11 28 30	8Vi53	11 26	28 22	4 4	9 30	15 22	5 19	26 20	0 33	26 19
5	8:53:43	12 25 59	23 44	10 41	29 28	4 44	9 24	15 27	5 17	26 22	0 34	26 16
6	8:57:40	13 23 29	8Li23	9 57	0Cn34	5 23	9 19	15 33	5 15	26 24	0 35	26 13
7	9: 1:36	14 21 0	22 44	9 16	1 41	6 3	9 14	15 38	5 12	26 27	0 36	26 10
8	9: 5:33	15 18 32	6Sc45	8 37	2 47	6 42	9 9	15 43	5 10	26 29	0 37	26 6
9	9: 9:30	16 16 5	20 27	8 3	3 54	7 21	9 4	15 48	5 8	26 31	0 38	26 3
10	9:13:26	17 13 38	3Sg51	7 34	5 1	8 1	8 59	15 53	5 5	26 33	0 39	26 0
11	9:17:23	18 11 12	16 57	7 10	6 8	8 40	8 55	15 58	5 3	26 35	0 40	25 57
12	9:21:19	19 8 48	29 47	6 52	7 15	9 19	8 51	16 3	5 1	26 37	0 41	25 54
13	9:25:16	20 6 24	12Cp24	6 41	8 22	9 57	8 46	16 8	4 58	26 39	0 42	25 51
14	9:29:12	21 4 1	24 48	6 36	9 30	10 36	8 42	16 13	4 56	26 41	0 43	25 47
15	9:33: 9	22 1 39	7Aq 2	6 38D	10 37	11 15	8 39	16 17	4 54	26 43	0 44	25 44
16	9:37: 5	22 59 19	19 7	6 48	11 45	11 53	8 35	16 22	4 52	26 45	0 45	25 41
17	9:41: 2	23 57 0	1Pi 4	7 5	12 53	12 31	8 31	16 26	4 49	26 47	0 46	25 38
18	9:44:59	24 54 42	12 55	7 29	14 1	13 9	8 28	16 31	4 47	26 49	0 47	25 35
19	9:48:55	25 52 25	24 42	8 1	15 9	13 47	8 25	16 35	4 45	26 51	0 48	25 32
20	9:52:52	26 50 11	6Ar29	8 41	16 17	14 25	8 22	16 39	4 43	26 53	0 49	25 28
21	9:56:48	27 47 57	18 19	9 27	17 26	15 3	8 19	16 44	4 41	26 55	0 50	25 25
22	10: 0:45	28 45 45	0Ta15	10 21	18 35	15 40	8 17	16 48	4 39	26 57	0 51	25 22
23	10: 4:41	29 43 35	12 22	11 21	19 43	16 18	8 14	16 52	4 36	26 59	0 52	25 19
24	10: 8:38	0Vi41 27	24 44	12 28	20 52	16 55	8 12	16 56	4 34	27 1	0 53	25 16
25	10:12:34	1 39 21	7Ge25	13 41	22 1	17 32	8 10	16 59	4 32	27 3	0 53	25 12
26	10:16:31	2 37 16	20 31	15 1	23 10	18 9	8 8	17 3	4 30	27 5	0 54	25 9
27	10:20:28	3 35 13	4Cn 3	16 25	24 20	18 46	8 7	17 7	4 28	27 7	0 55	25 6
28	10:24:24	4 33 12	18 3	17 55	25 29	19 23	8 5	17 10	4 26	27 9	0 56	25 3
29	10:28:21	5 31 13	2Le29	19 29	26 38	19 59	8 4	17 14	4 24	27 11	0 56	24 57
30	10:32:17	6 29 16	17 17	21 8	27 48	20 36	8 3	17 17	4 22	27 12	0 57	24 57
31	10:36:14	7 27 20	2Vi21	22 50	28 58	21 12	8 2	17 20	4 21	27 14	0 58	24 53

8/23 Sun in Vir. 18:48   8/2 New 12:58   8/9 1st Qt. 4:03   8/16 Full 20:27   8/25 3rd Qt. 0:18   8/31 New 20:38(E)

Day	Sid. T.	Sun		Moon	Merc.	Venus	Mars	Jup.	Saturn	Uranus	Nept.	Pluto	N.Node
1	10:40:10	8Vi25	26	17Vi31	24Le35	0Le 8	21Ge48	8Cp 1R	17Ge24	4Aq19R	27Cn16	0Cn58	24Pi50
2	10:44: 7	9	23 33	2Li39	26 23	1 18	22 24	8 1	17 27	4 17	27 18	0 59	24 47
3	10:48: 3	10	21 42	17 35	28 13	2 28	22 59	8 1	17 30	4 15	27 20	1 0	24 44
4	10:52: 0	11	19 53	2Sc12	0Vi 5	3 38	23 35	8 1	17 32	4 13	27 21	1 0	24 41
5	10:55:57	12	18 5	16 26	1 58	4 48	24 10	8 1D	17 35	4 12	27 23	1 1	24 38
6	10:59:53	13	16 19	0Sg16	3 52	5 59	24 45	8 1	17 38	4 10	27 25	1 2	24 34
7	11: 3:50	14	14 34	13 41	5 47	7 9	25 20	8 1	17 40	4 8	27 26	1 2	24 31
8	11: 7:46	15	12 50	26 44	7 42	8 20	25 55	8 2	17 43	4 7	27 28	1 3	24 28
9	11:11:43	16	11 9	9Cp26	9 37	9 31	26 29	8 3	17 45	4 5	27 30	1 3	24 25
10	11:15:39	17	9 28	21 52	11 33	10 41	27 4	8 4	17 48	4 3	27 31	1 4	24 22
11	11:19:36	18	7 49	4Aq 5	13 27	11 52	27 38	8 5	17 50	4 2	27 33	1 4	24 18
12	11:23:32	19	6 12	16 7	15 22	13 3	28 12	8 7	17 52	4 0	27 34	1 5	24 15
13	11:27:29	20	4 37	28 3	17 16	14 15	28 46	8 8	17 54	3 59	27 36	1 5	24 12
14	11:31:25	21	3 3	9Pi53	19 9	15 26	29 19	8 10	17 56	3 58	27 37	1 5	24 9
15	11:35:22	22	1 31	21 41	21 1	16 37	29 53	8 12	17 57	3 56	27 39	1 6	24 6
16	11:39:19	23	0 1	3Ar29	22 52	17 49	0Cn26	8 14	17 59	3 55	27 40	1 6	24 3
17	11:43:15	23	58 33	15 19	24 43	19 0	0 59	8 17	18 1	3 54	27 42	1 6	23 59
18	11:47:12	24	57 7	27 13	26 32	20 12	1 32	8 19	18 2	3 52	27 43	1 7	23 56
19	11:51: 8	25	55 43	9Ta15	28 21	21 23	2 4	8 22	18 3	3 51	27 44	1 7	23 53
20	11:55: 5	26	54 21	21 27	0Li 9	22 35	2 37	8 25	18 4	3 50	27 46	1 7	23 50
21	11:59: 1	27	53 2	3Ge52	1 55	23 47	3 9	8 28	18 6	3 49	27 47	1 8	23 47
22	12: 2:58	28	51 44	16 34	3 41	24 59	3 40	8 31	18 7	3 48	27 48	1 8	23 44
23	12: 6:55	29	50 29	29 35	5 26	26 11	4 12	8 35	18 7	3 47	27 50	1 8	23 40
24	12:10:51	0Li49	16	13Cn 0	7 10	27 23	4 43	8 38	18 8	3 46	27 51	1 8	23 37
25	12:14:48	1	48 6	26 48	8 52	28 35	5 15	8 42	18 9	3 45	27 52	1 8	23 34
26	12:18:44	2	46 58	11Le 2	10 34	29 48	5 45	8 46	18 9	3 44	27 53	1 8	23 31
27	12:22:41	3	45 52	25 39	12 15	1Vi 0	6 16	8 50	18 10	3 43	27 54	1 9	23 28
28	12:26:37	4	44 48	10Vi35	13 55	2 13	6 46	8 54	18 10	3 43	27 55	1 9	23 24
29	12:30:34	5	43 46	25 42	15 34	3 25	7 16	8 59	18 10	3 42	27 57	1 9	23 21
30	12:34:30	6	42 46	10Li53	17 13	4 38	7 46	9 4	18 10	3 41	27 58	1 9	23 18

9/23 Sun in Lib. 15:53   9/7 1st Qt. 13:06   9/15 Full 12:46(E)   9/23 3rd Qt. 12:30   9/30 New 4:57(E)

Day	Sid. T.	Sun		Moon	Merc.	Venus	Mars	Jup.	Saturn	Uranus	Nept.	Pluto	N.Node
1	12:38:27	7Li41	49	25Li57	18Li50	5Vi50	8Cn16	9Cp 9	18Ge10R	3Aq40R	27Cn59	1Cn 9	23Pi15
2	12:42:24	8	40 53	10Sc46	20 27	7 3	8 45	9 14	18 10	3 40	28 0	1 9R	23 12
3	12:46:20	9	39 59	25 12	22 2	8 16	9 14	9 19	18 10	3 39	28 1	1 9	23 9
4	12:50:17	10	39 7	9Sg13	23 37	9 29	9 43	9 24	18 10	3 39	28 1	1 9	23 5
5	12:54:13	11	38 17	22 45	25 11	10 42	10 11	9 30	18 9	3 38	28 2	1 9	23 2
6	12:58:10	12	37 29	5Cp51	26 45	11 55	10 39	9 35	18 9	3 38	28 3	1 9	22 59
7	13: 2: 6	13	36 42	18 34	28 17	13 8	11 7	9 41	18 8	3 38	28 4	1 8	22 56
8	13: 6: 3	14	35 58	0Aq57	29 49	14 21	11 34	9 47	18 7	3 37	28 5	1 8	22 53
9	13: 9:59	15	35 14	13 4	1Sc20	15 35	12 1	9 53	18 6	3 37	28 6	1 8	22 50
10	13:13:56	16	34 33	25 0	2 50	16 48	12 28	10 0	18 5	3 37	28 6	1 8	22 46
11	13:17:53	17	33 54	6Pi50	4 20	18 1	12 55	10 6	18 4	3 37	28 7	1 8	22 43
12	13:21:49	18	33 16	18 37	5 49	19 15	13 21	10 13	18 3	3 37	28 8	1 7	22 40
13	13:25:46	19	32 40	0Ar25	7 16	20 28	13 46	10 20	18 2	3 37	28 8	1 7	22 37
14	13:29:42	20	32 6	12 17	8 44	21 42	14 12	10 26	18 0	3 37D	28 9	1 7	22 34
15	13:33:39	21	31 35	24 14	10 10	22 55	14 37	10 34	17 59	3 37	28 10	1 7	22 30
16	13:37:35	22	31 5	6Ta18	11 36	24 9	15 2	10 41	17 57	3 37	28 10	1 6	22 27
17	13:41:32	23	30 37	18 32	13 0	25 23	15 26	10 48	17 55	3 37	28 11	1 6	22 24
18	13:45:28	24	30 12	0Ge56	14 24	26 37	15 50	10 56	17 54	3 37	28 11	1 6	22 21
19	13:49:25	25	29 49	13 31	15 47	27 50	16 13	11 3	17 52	3 37	28 12	1 5	22 18
20	13:53:21	26	29 28	26 21	17 10	29 4	16 36	11 11	17 50	3 38	28 12	1 5	22 15
21	13:57:18	27	29 9	9Cn25	18 31	0Li18	16 59	11 19	17 47	3 38	28 12	1 4	22 11
22	14: 1:15	28	28 53	22 47	19 51	1 32	17 21	11 27	17 45	3 38	28 13	1 4	22 8
23	14: 5:11	29	28 39	6Le26	21 10	2 46	17 43	11 35	17 43	3 39	28 13	1 3	22 5
24	14: 9: 8	0Sc28	27	20 26	22 28	4 1	18 4	11 44	17 40	3 39	28 13	1 3	22 2
25	14:13: 4	1	28 17	4Vi44	23 44	5 15	18 25	11 52	17 38	3 40	28 14	1 3	21 59
26	14:17: 1	2	28 9	19 20	24 59	6 29	18 46	12 1	17 35	3 41	28 14	1 2	21 55
27	14:20:57	3	28 4	4Li10	26 13	7 43	19 6	12 10	17 32	3 41	28 14	1 1	21 52
28	14:24:54	4	28 1	19 6	27 25	8 58	19 25	12 19	17 29	3 42	28 14	1 1	21 49
29	14:28:51	5	28 0	4Sc 2	28 35	10 12	19 44	12 28	17 27	3 43	28 14	1 0	21 46
30	14:32:47	6	28 0	18 49	29 43	11 26	20 3	12 37	17 24	3 43	28 14	1 0	21 43
31	14:36:44	7	28 3	3Sg18	0Sg49	12 41	20 21	12 46	17 20	3 44	28 14	0 59	21 40

10/24 Sun in Sco. 0:35   10/7 1st Qt. 1:46   10/15 Full 6:07   10/22 3rd Qt. 22:53   10/29 New 14:29

NOVEMBER 1913

Day	Sid. T.	Sun	Moon	Merc.	Venus	Mars	Jup.	Saturn	Uranus	Nept.	Pluto	N.Node
1	14:40:40	8Sc28 7	17Sg23	1Sg52	13Li55	20Cn39	12Cp55	17Ge17R	3Aq45	28Cn14R	0Cn58R	21Pi36
2	14:44:37	9 28 13	1Cp 3	2 53	15 10	20 56	13 5	17 14	3 46	28 14	0 58	21 33
3	14:48:33	10 28 21	14 14	3 50	16 24	21 12	13 15	17 11	3 47	28 14	0 57	21 30
4	14:52:30	11 28 31	27 0	4 44	17 39	21 28	13 24	17 7	3 48	28 14	0 56	21 27
5	14:56:26	12 28 41	9Aq25	5 34	18 54	21 43	13 34	17 3	3 50	28 14	0 56	21 24
6	15: 0:23	13 28 54	21 32	6 20	20 8	21 58	13 44	17 0	3 51	28 14	0 55	21 21
7	15: 4:19	14 29 7	3Pi27	7 1	21 23	22 12	13 54	16 56	3 52	28 14	0 54	21 17
8	15: 8:16	15 29 23	15 15	7 36	22 38	22 26	14 4	16 52	3 53	28 13	0 53	21 14
9	15:12:13	16 29 39	27 2	8 5	23 52	22 39	14 15	16 49	3 54	28 13	0 53	21 11
10	15:16: 9	17 29 57	8Ar52	8 28	25 7	22 51	14 25	16 45	3 56	28 13	0 52	21 8
11	15:20: 6	18 30 17	20 48	8 43	26 22	23 3	14 36	16 41	3 57	28 12	0 51	21 5
12	15:24: 2	19 30 39	2Ta54	8 50	27 37	23 14	14 46	16 37	3 59	28 12	0 50	21 1
13	15:27:59	20 31 2	15 11	8 49R	28 52	23 24	14 57	16 32	4 0	28 12	0 49	20 58
14	15:31:55	21 31 26	27 41	8 37	0Sc 7	23 34	15 8	16 28	4 2	28 11	0 48	20 55
15	15:35:52	22 31 53	10Ge24	8 16	1 21	23 43	15 19	16 24	4 3	28 11	0 47	20 52
16	15:39:49	23 32 21	23 19	7 45	2 36	23 51	15 30	16 20	4 5	28 10	0 46	20 49
17	15:43:45	24 32 50	6Cn26	7 3	3 51	23 59	15 41	16 15	4 7	28 10	0 46	20 46
18	15:47:42	25 33 22	19 44	6 11	5 6	24 6	15 53	16 11	4 8	28 9	0 45	20 42
19	15:51:38	26 33 55	3Le13	5 9	6 21	24 12	16 4	16 6	4 10	28 9	0 44	20 39
20	15:55:35	27 34 30	16 54	4 0	7 36	24 17	16 15	16 2	4 12	28 8	0 43	20 36
21	15:59:31	28 35 7	0Vi46	2 44	8 52	24 22	16 27	15 57	4 14	28 7	0 42	20 33
22	16: 3:28	29 35 45	14 51	1 23	10 7	24 26	16 38	15 53	4 16	28 7	0 41	20 30
23	16: 7:24	0Sg36 26	29 6	0 2	11 22	24 29	16 50	15 48	4 18	28 6	0 40	20 27
24	16:11:21	1 37 7	13Li31	28Sc41	12 37	24 31	17 2	15 43	4 20	28 5	0 39	20 23
25	16:15:17	2 37 51	28 3	27 24	13 52	24 33	17 14	15 39	4 22	28 4	0 38	20 20
26	16:19:14	3 38 36	12Sc36	26 13	15 7	24 34	17 26	15 34	4 24	28 4	0 37	20 17
27	16:23:11	4 39 22	27 4	25 10	16 22	24 33R	17 38	15 29	4 26	28 3	0 36	20 14
28	16:27: 7	5 40 10	11Sg20	24 17	17 38	24 33	17 50	15 24	4 28	28 2	0 35	20 11
29	16:31: 4	6 40 59	25 19	23 36	18 53	24 31	18 2	15 19	4 30	28 1	0 33	20 7
30	16:35: 0	7 41 49	8Cp55	23 6	20 8	24 28	18 14	15 14	4 33	28 0	0 32	20 4

11/22 Sun in Sag. 21:35   11/5 1st Qt. 18:34   11/13 Full 23:11   11/21 3rd Qt. 7:56   11/28 New 1:41

DECEMBER 1913

Day	Sid. T.	Sun	Moon	Merc.	Venus	Mars	Jup.	Saturn	Uranus	Nept.	Pluto	N.Node
1	16:38:57	8Sg42 41	22Cp 7	22Sc47R	21Sc23	24Cn25R	18Cp27	15Ge10R	4Aq35	27Cn59R	0Cn31R	20Pi 1
2	16:42:53	9 43 33	4Aq55	22 39	22 39	24 20	18 39	15 5	4 37	27 58	0 30	19 58
3	16:46:50	10 44 26	17 21	22 43D	23 54	24 15	18 52	15 0	4 40	27 57	0 29	19 55
4	16:50:47	11 45 20	29 30	22 56	25 9	24 9	19 4	14 55	4 42	27 56	0 28	19 52
5	16:54:43	12 46 14	11Pi26	23 18	26 25	24 2	19 17	14 50	4 45	27 55	0 27	19 48
6	16:58:40	13 47 10	23 15	23 49	27 40	23 55	19 29	14 45	4 47	27 54	0 26	19 45
7	17: 2:36	14 48 6	5Ar 2	24 27	28 55	23 46	19 42	14 40	4 50	27 53	0 25	19 42
8	17: 6:33	15 49 2	16 53	25 12	0Sg11	23 37	19 55	14 35	4 52	27 52	0 23	19 39
9	17:10:29	16 50 0	28 53	26 2	1 26	23 27	20 8	14 30	4 55	27 50	0 22	19 36
10	17:14:26	17 50 58	11Ta 6	26 58	2 41	23 16	20 21	14 25	4 57	27 49	0 21	19 33
11	17:18:22	18 51 57	23 35	27 58	3 57	23 4	20 34	14 20	5 0	27 48	0 20	19 29
12	17:22:19	19 52 57	6Ge20	29 2	5 12	22 51	20 47	14 15	5 3	27 47	0 19	19 26
13	17:26:16	20 53 57	19 23	0Sg 9	6 27	22 38	21 0	14 10	5 5	27 45	0 18	19 23
14	17:30:12	21 54 58	2Cn41	1 19	7 43	22 23	21 13	14 5	5 8	27 44	0 16	19 20
15	17:34: 9	22 56 0	16 13	2 32	8 58	22 8	21 26	14 1	5 11	27 43	0 15	19 17
16	17:38: 5	23 57 3	29 48	3 48	10 14	21 52	21 39	13 56	5 14	27 42	0 14	19 13
17	17:42: 2	24 58 7	13Le45	5 5	11 29	21 36	21 53	13 51	5 17	27 40	0 13	19 10
18	17:45:58	25 59 11	27 40	6 24	12 44	21 19	22 6	13 46	5 20	27 39	0 12	19 7
19	17:49:55	27 0 16	11Vi40	7 44	14 0	21 1	22 19	13 41	5 22	27 37	0 10	19 4
20	17:53:52	28 1 22	25 42	9 6	15 15	20 42	22 33	13 37	5 25	27 36	0 9	19 1
21	17:57:48	29 2 29	9Li48	10 29	16 31	20 23	22 46	13 32	5 28	27 35	0 8	18 58
22	18: 1:45	0Cp 3 36	23 54	11 53	17 46	20 3	23 0	13 27	5 31	27 33	0 7	18 54
23	18: 5:41	1 4 45	8Sc 2	13 18	19 2	19 42	23 13	13 23	5 34	27 32	0 6	18 51
24	18: 9:38	2 5 54	22 7	14 43	20 17	19 21	23 27	13 18	5 37	27 30	0 4	18 48
25	18:13:34	3 7 3	6Sg 8	16 10	21 32	19 0	23 41	13 14	5 41	27 29	0 3	18 45
26	18:17:31	4 8 13	19 59	17 37	22 48	18 38	23 54	13 9	5 44	27 27	0 2	18 42
27	18:21:27	5 9 24	3Cp37	19 5	24 3	18 15	24 8	13 5	5 47	27 26	0 1	18 39
28	18:25:24	6 10 34	16 58	20 33	25 19	17 53	24 22	13 0	5 50	27 24	29Ge58	18 35
29	18:29:21	7 11 45	0Aq 0	22 2	26 34	17 30	24 36	12 56	5 53	27 23	29 57	18 32
30	18:33:17	8 12 56	12 42	23 31	27 50	17 6	24 49	12 52	5 56	27 21	29 56	18 29
31	18:37:14	9 14 7	25 6	25 1	29 5	16 43	25 3	12 48	5 59	27 19		18 26

12/22 Sun in Cap. 10:35   12/5 1st Qt. 14:58   12/13 Full 15:00   12/20 3rd Qt. 16:16   12/27 New 14:59

Day	Sid. T.	Sun	Moon	Merc.	Venus	Mars	Jup.	Saturn	Uranus	Nept.	Pluto	N.Node
1	18:41:10	10Cp15 17	7Pi14	26Sg31	0Cp21	16Cn19R	25Cp17	12Ge44R	6Aq 3	27Cn18R	29Ge55R	18Pi23
2	18:45: 7	11 16 27	19 11	28 1	1 36	15 55	25 31	12 40	6 6	27 16	29 54	18 19
3	18:49: 3	12 17 38	1Ar 0	29 32	2 52	15 31	25 45	12 36	6 9	27 15	29 52	18 16
4	18:53: 0	13 18 47	12 48	1Cp 3	4 7	15 7	25 59	12 32	6 13	27 13	29 51	18 13
5	18:56:56	14 19 57	24 39	2 35	5 23	14 43	26 13	12 28	6 16	27 11	29 50	18 10
6	19: 0:53	15 21 6	6Ta40	4 7	6 38	14 19	26 27	12 24	6 19	27 10	29 49	18 7
7	19: 4:49	16 22 15	18 55	5 40	7 53	13 56	26 41	12 20	6 23	27 8	29 48	18 4
8	19: 8:46	17 23 23	1Ge28	7 13	9 9	13 32	26 55	12 17	6 26	27 6	29 47	18 0
9	19:12:43	18 24 31	14 22	8 46	10 24	13 9	27 9	12 13	6 29	27 5	29 46	17 57
10	19:16:39	19 25 39	27 38	10 20	11 40	12 45	27 23	12 10	6 33	27 3	29 44	17 54
11	19:20:36	20 26 46	11Cn15	11 54	12 55	12 23	27 37	12 7	6 36	27 1	29 43	17 51
12	19:24:32	21 27 53	25 11	13 29	14 11	12 0	27 51	12 3	6 39	27 0	29 42	17 48
13	19:28:29	22 28 59	9Le20	15 4	15 26	11 38	28 5	12 0	6 43	26 58	29 41	17 44
14	19:32:25	23 30 5	23 37	16 40	16 41	11 16	28 19	11 57	6 46	26 56	29 40	17 41
15	19:36:22	24 31 11	7Vi59	18 16	17 57	10 55	28 33	11 54	6 50	26 55	29 39	17 38
16	19:40:19	25 32 16	22 20	19 53	19 12	10 34	28 48	11 51	6 53	26 53	29 38	17 35
17	19:44:15	26 33 21	6Li36	21 30	20 28	10 14	29 2	11 48	6 57	26 51	29 37	17 32
18	19:48:12	27 34 26	20 46	23 7	21 43	9 54	29 16	11 46	7 0	26 49	29 36	17 29
19	19:52: 8	28 35 31	4Sc49	24 46	22 58	9 35	29 30	11 43	7 4	26 48	29 35	17 25
20	19:56: 5	29 36 35	18 43	26 25	24 14	9 17	29 44	11 41	7 7	26 46	29 34	17 22
21	20: 0: 1	0Aq37 39	2Sg28	28 4	25 29	8 59	29 58	11 38	7 11	26 44	29 33	17 19
22	20: 3:58	1 38 43	16 3	29 44	26 45	8 42	0Aq12	11 36	7 14	26 43	29 32	17 16
23	20: 7:54	2 39 46	29 27	1Aq24	28 0	8 26	0 26	11 34	7 18	26 41	29 31	17 13
24	20:11:51	3 40 49	12Cp39	3 6	29 16	8 10	0 41	11 32	7 21	26 39	29 30	17 10
25	20:15:48	4 41 50	25 37	4 48	0Aq31	7 55	0 55	11 30	7 25	26 38	29 29	17 6
26	20:19:44	5 42 51	8Aq21	6 30	1 46	7 41	1 9	11 28	7 28	26 36	29 28	17 3
27	20:23:41	6 43 51	20 50	8 13	3 2	7 27	1 23	11 26	7 32	26 34	29 27	17 0
28	20:27:37	7 44 50	3Pi 6	9 57	4 17	7 14	1 37	11 24	7 35	26 33	29 26	16 57
29	20:31:34	8 45 48	15 9	11 41	5 32	7 3	1 51	11 23	7 39	26 31	29 25	16 54
30	20:35:30	9 46 45	27 4	13 26	6 48	6 51	2 5	11 21	7 42	26 29	29 24	16 50
31	20:39:27	10 47 40	8Ar53	15 11	8 3	6 41	2 20	11 20	7 46	26 28	29 23	16 47

1/20 Sun in Aqu. 21:12   1/4 1st Qt. 13:09   1/12 Full 5:09   1/19 3rd Qt. 0:30   1/26 New 6:34

Day	Sid. T.	Sun	Moon	Merc.	Venus	Mars	Jup.	Saturn	Uranus	Nept.	Pluto	N.Node
1	20:43:24	11Aq48 34	20Ar40	16Aq57	9Aq18	6Cn32R	2Aq34	11Ge19R	7Aq49	26Cn26R	29Ge22R	16Pi44
2	20:47:20	12 49 27	2Ta31	18 44	10 34	6 23	2 48	11 18	7 53	26 24	29 22	16 41
3	20:51:17	13 50 19	14 31	20 31	11 49	6 15	3 2	11 17	7 56	26 23	29 21	16 38
4	20:55:13	14 51 9	26 44	22 18	13 4	6 8	3 16	11 16	8 0	26 21	29 20	16 35
5	20:59:10	15 51 58	9Ge15	24 5	14 20	6 2	3 30	11 15	8 3	26 20	29 19	16 31
6	21: 3: 6	16 52 45	22 9	25 53	15 35	5 56	3 44	11 14	8 7	26 18	29 18	16 28
7	21: 7: 3	17 53 31	5Cn27	27 40	16 50	5 52	3 58	11 14	8 10	26 16	29 18	16 25
8	21:10:59	18 54 16	19 11	29 28	18 5	5 48	4 12	11 13	8 14	26 15	29 17	16 22
9	21:14:56	19 54 58	3Le18	1Pi15	19 21	5 45	4 26	11 13	8 17	26 13	29 16	16 19
10	21:18:52	20 55 40	17 46	3 1	20 36	5 43	4 40	11 13	8 21	26 12	29 16	16 16
11	21:22:49	21 56 20	2Vi28	4 47	21 51	5 41	4 54	11 13	8 24	26 10	29 15	16 12
12	21:26:46	22 56 59	17 16	6 31	23 6	5 40	5 8	11 13D	8 27	26 9	29 14	16 9
13	21:30:42	23 57 36	2Li 5	8 14	24 21	5 40D	5 21	11 13	8 31	26 7	29 14	16 6
14	21:34:39	24 58 12	16 46	9 55	25 37	5 41	5 35	11 13	8 34	26 6	29 13	16 3
15	21:38:35	25 58 47	1Sc15	11 34	26 52	5 43	5 49	11 13	8 38	26 5	29 12	16 0
16	21:42:32	26 59 21	15 28	13 9	28 7	5 45	6 3	11 14	8 41	26 3	29 12	15 56
17	21:46:28	27 59 54	29 23	14 41	29 22	5 48	6 16	11 14	8 44	26 2	29 11	15 53
18	21:50:25	29 0 25	13Sg 1	16 9	0Pi37	5 52	6 30	11 15	8 48	26 0	29 11	15 50
19	21:54:22	0Pi 0 55	26 22	17 32	1 52	5 56	6 44	11 16	8 51	25 59	29 10	15 47
20	21:58:18	1 1 24	9Cp26	18 50	3 8	6 1	6 57	11 17	8 54	25 58	29 10	15 44
21	22: 2:15	2 1 52	22 16	20 2	4 23	6 7	7 11	11 18	8 58	25 56	29 9	15 41
22	22: 6:11	3 2 18	4Aq52	21 7	5 38	6 13	7 24	11 19	9 1	25 55	29 9	15 37
23	22:10: 8	4 2 42	17 16	22 5	6 53	6 20	7 38	11 20	9 4	25 54	29 8	15 34
24	22:14: 4	5 3 5	29 29	22 54	8 8	6 27	7 51	11 22	9 8	25 53	29 8	15 31
25	22:18: 1	6 3 26	11Pi33	23 35	9 23	6 36	8 5	11 23	9 11	25 51	29 7	15 28
26	22:21:57	7 3 45	23 30	24 8	10 38	6 45	8 18	11 25	9 14	25 50	29 7	15 25
27	22:25:54	8 4 3	5Ar21	24 31	11 53	6 54	8 31	11 27	9 17	25 49	29 7	15 22
28	22:29:50	9 4 18	17 9	24 44	13 8	7 4	8 44	11 28	9 20	25 48	29 6	15 18

2/19 Sun in Pis. 11:38   2/3 1st Qt. 10:32   2/10 Full 17:35   2/17 3rd Qt. 9:23   2/25 New 0:02(E)

MARCH 1914

Day	Sid. T.	Sun	Moon	Merc.	Venus	Mars	Jup.	Saturn	Uranus	Nept.	Pluto	N.Node
1	22:33:47	10Pi 4 32	28Ar57	24Pi48R	14Pi23	7Cn15	8Aq58	11Ge30	9Aq23	25Cn47R	29Ge 6R	15Pi15
2	22:37:44	11 4 44	10Ta49	24 43	15 38	7 26	9 11	11 32	9 27	25 46	29 6	15 12
3	22:41:40	12 4 53	22 48	24 28	16 53	7 37	9 24	11 34	9 30	25 45	29 6	15 9
4	22:45:37	13 5 1	4Ge59	24 4	18 8	7 50	9 37	11 37	9 33	25 43	29 5	15 5
5	22:49:33	14 5 7	17 26	23 32	19 23	8 2	9 50	11 39	9 36	25 42	29 5	15 2
6	22:53:30	15 5 10	0Cn14	22 53	20 38	8 16	10 3	11 42	9 39	25 41	29 5	14 59
7	22:57:26	16 5 12	13 26	22 7	21 52	8 30	10 16	11 44	9 42	25 41	29 5	14 56
8	23: 1:23	17 5 11	27 4	21 16	23 7	8 44	10 28	11 47	9 45	25 40	29 5	14 53
9	23: 5:20	18 5 8	11Le10	20 21	24 22	8 59	10 41	11 49	9 48	25 39	29 5	14 50
10	23: 9:16	19 5 2	25 40	19 24	25 37	9 14	10 54	11 52	9 51	25 38	29 5	14 47
11	23:13:13	20 4 55	10Vi32	18 25	26 52	9 29	11 6	11 55	9 54	25 37	29 4	14 43
12	23:17: 9	21 4 46	25 37	17 26	28 6	9 46	11 19	11 58	9 56	25 36	29 4	14 40
13	23:21: 6	22 4 35	10Li46	16 28	29 21	10 2	11 31	12 2	9 59	25 35	29 4	14 37
14	23:25: 2	23 4 21	25 51	15 33	0Ar36	10 19	11 44	12 5	10 2	25 35	29 4D	14 34
15	23:28:59	24 4 7	10Sc42	14 42	1 50	10 37	11 56	12 8	10 5	25 34	29 4	14 31
16	23:32:55	25 3 50	25 14	13 54	3 5	10 54	12 8	12 12	10 8	25 33	29 4	14 28
17	23:36:52	26 3 32	9Sg22	13 12	4 20	11 13	12 20	12 15	10 10	25 32	29 4	14 24
18	23:40:48	27 3 12	23 5	12 35	5 34	11 31	12 32	12 19	10 13	25 32	29 5	14 21
19	23:44:45	28 2 50	6Cp23	12 4	6 49	11 50	12 44	12 23	10 16	25 31	29 5	14 18
20	23:48:42	29 2 27	19 20	11 39	8 4	12 10	12 56	12 27	10 18	25 31	29 5	14 15
21	23:52:38	0Ar 2 2	1Aq57	11 21	9 18	12 29	13 8	12 30	10 21	25 30	29 5	14 12
22	23:56:35	1 1 35	14 19	11 8	10 33	12 49	13 20	12 35	10 23	25 30	29 5	14 8
23	0: 0:31	2 1 6	26 28	11 1	11 47	13 10	13 31	12 39	10 26	25 29	29 6	14 5
24	0: 4:28	3 0 35	8Pi29	11 1D	13 2	13 31	13 43	12 43	10 28	25 29	29 6	14 2
25	0: 8:24	4 0 3	20 23	11 6	14 16	13 52	13 55	12 47	10 31	25 28	29 6	13 59
26	0:12:21	4 59 28	2Ar13	11 17	15 31	14 13	14 6	12 52	10 33	25 28	29 6	13 56
27	0:16:17	5 58 51	14 1	11 33	16 45	14 35	14 17	12 56	10 35	25 27	29 7	13 53
28	0:20:14	6 58 13	25 50	11 53	18 0	14 57	14 29	13 1	10 38	25 27	29 7	13 49
29	0:24:11	7 57 32	7Ta41	12 19	19 14	15 19	14 40	13 5	10 40	25 27	29 7	13 46
30	0:28: 7	8 56 49	19 37	12 49	20 28	15 42	14 51	13 10	10 42	25 27	29 7	13 43
31	0:32: 4	9 56 3	1Ge40	13 24	21 43	16 5	15 2	13 15	10 44	25 26	29 8	13 40

3/21 Sun in Ari. 11:11   3/5 1st Qt. 5:03   3/12 Full 4:18(E)   3/18 3rd Qt. 19:39   3/26 New 18:09

APRIL 1914

Day	Sid. T.	Sun	Moon	Merc.	Venus	Mars	Jup.	Saturn	Uranus	Nept.	Pluto	N.Node
1	0:36: 0	10Ar55 16	13Ge53	14Pi 2	22Ar57	16Cn28	15Aq13	13Ge20	10Aq47	25Cn26R	29Ge 8	13Pi37
2	0:39:57	11 54 26	26 20	14 45	24 11	16 52	15 23	13 25	10 49	25 26	29 9	13 33
3	0:43:53	12 53 34	9Cn 4	15 31	25 25	17 15	15 34	13 30	10 51	25 26	29 9	13 30
4	0:47:50	13 52 40	22 8	16 20	26 40	17 39	15 44	13 35	10 53	25 26	29 10	13 27
5	0:51:46	14 51 43	5Le37	17 13	27 54	18 4	15 55	13 40	10 55	25 26	29 10	13 24
6	0:55:43	15 50 44	19 31	18 8	29 8	18 28	16 5	13 45	10 57	25 26D	29 11	13 21
7	0:59:40	16 49 43	3Vi51	19 7	0Ta22	18 53	16 16	13 51	10 59	25 26	29 11	13 18
8	1: 3:36	17 48 39	18 36	20 8	1 36	19 18	16 26	13 56	11 1	25 26	29 12	13 14
9	1: 7:33	18 47 33	3Li40	21 12	2 50	19 43	16 36	14 2	11 2	25 26	29 12	13 11
10	1:11:29	19 46 25	18 54	22 19	4 4	20 9	16 46	14 7	11 4	25 26	29 13	13 8
11	1:15:26	20 45 15	4Sc 9	23 28	5 18	20 35	16 55	14 13	11 6	25 26	29 13	13 5
12	1:19:22	21 44 3	19 15	24 39	6 32	21 1	17 5	14 19	11 8	25 26	29 14	13 2
13	1:23:19	22 42 49	4Sg 2	25 53	7 46	21 27	17 15	14 24	11 9	25 27	29 15	12 59
14	1:27:16	23 41 34	18 24	27 9	9 0	21 53	17 24	14 30	11 11	25 27	29 15	12 55
15	1:31:12	24 40 17	2Cp18	28 26	10 14	22 20	17 33	14 36	11 12	25 27	29 16	12 52
16	1:35: 9	25 38 58	15 42	29 46	11 28	22 46	17 42	14 42	11 14	25 27	29 17	12 49
17	1:39: 5	26 37 38	28 40	1Ar 8	12 42	23 13	17 52	14 48	11 15	25 28	29 18	12 46
18	1:43: 2	27 36 16	11Aq14	2 32	13 56	23 41	18 1	14 54	11 17	25 28	29 18	12 43
19	1:46:58	28 34 52	23 31	3 57	15 10	24 8	18 9	15 0	11 18	25 29	29 19	12 39
20	1:50:55	29 33 26	5Pi33	5 25	16 24	24 35	18 18	15 7	11 19	25 29	29 20	12 36
21	1:54:51	0Ta31 59	17 27	6 54	17 37	25 3	18 27	15 13	11 21	25 30	29 21	12 33
22	1:58:48	1 30 30	29 16	8 25	18 51	25 31	18 35	15 19	11 22	25 30	29 22	12 30
23	2: 2:44	2 28 59	11Ar 3	9 58	20 5	25 59	18 44	15 26	11 23	25 31	29 23	12 27
24	2: 6:41	3 27 26	22 51	11 33	21 18	26 27	18 52	15 32	11 24	25 31	29 24	12 24
25	2:10:38	4 25 52	4Ta43	13 10	22 32	26 56	19 0	15 39	11 25	25 32	29 24	12 20
26	2:14:34	5 24 16	16 41	14 48	23 46	27 24	19 8	15 45	11 26	25 32	29 25	12 17
27	2:18:31	6 22 38	28 45	16 28	24 59	27 53	19 16	15 52	11 27	25 33	29 26	12 14
28	2:22:27	7 20 58	10Ge57	18 10	26 13	28 22	19 23	15 58	11 28	25 34	29 27	12 11
29	2:26:24	8 19 16	23 19	19 54	27 26	28 51	19 31	16 5	11 29	25 34	29 28	12 8
30	2:30:20	9 17 32	5Cn52	21 39	28 40	29 19	19 38	16 12	11 30	25 35	29 29	12 5

4/20 Sun in Tau. 22:53   4/3 1st Qt. 19:41   4/10 Full 13:28   4/17 3rd Qt. 7:52   4/25 New 11:22

MAY 1914

Day	Sid. T.	Sun	Moon	Merc.	Venus	Mars	Jup.	Saturn	Uranus	Nept.	Pluto	N.Node
1	2:34:17	10Ta15 46	18Cn39	23Ar26	29Ta53	29Cn50	19Aq45	16Ge19	11Aq31	25Cn36	29Ge30	12Pi 1
2	2:38:14	11 13 58	1Le43	25 15	1Ge 7	0Le19	19 52	16 26	11 32	25 37	29 31	11 58
3	2:42:10	12 12 8	15 5	27 6	2 20	0 49	19 59	16 32	11 32	25 38	29 32	11 55
4	2:46: 7	13 10 16	28 49	28 58	3 34	1 19	20 6	16 39	11 33	25 39	29 33	11 52
5	2:50: 3	14 8 22	12Vi56	0Ta53	4 47	1 49	20 13	16 46	11 34	25 40	29 34	11 49
6	2:54: 0	15 6 26	27 25	2 49	6 0	2 19	20 19	16 53	11 34	25 41	29 35	11 45
7	2:57:56	16 4 29	12Li13	4 47	7 13	2 49	20 26	17 0	11 35	25 41	29 36	11 42
8	3: 1:53	17 2 29	27 16	6 46	8 27	3 19	20 32	17 8	11 35	25 43	29 37	11 39
9	3: 5:49	18 0 28	12Sc24	8 48	9 40	3 50	20 38	17 15	11 36	25 44	29 39	11 36
10	3: 9:46	18 58 25	27 28	10 51	10 53	4 20	20 44	17 22	11 36	25 45	29 40	11 33
11	3:13:42	19 56 20	12Sg18	12 55	12 6	4 51	20 49	17 29	11 36	25 46	29 41	11 30
12	3:17:39	20 54 15	26 45	15 1	13 19	5 22	20 55	17 36	11 36	25 47	29 42	11 26
13	3:21:36	21 52 7	10Cp45	17 8	14 32	5 53	21 0	17 44	11 37	25 48	29 43	11 23
14	3:25:32	22 49 59	24 15	19 17	15 45	6 24	21 5	17 51	11 37	25 49	29 44	11 20
15	3:29:29	23 47 49	7Aq17	21 27	16 58	6 55	21 10	17 58	11 37	25 50	29 46	11 17
16	3:33:25	24 45 38	19 55	23 37	18 11	7 26	21 15	18 6	11 37	25 52	29 47	11 14
17	3:37:22	25 43 26	2Pi12	25 48	19 24	7 58	21 20	18 13	11 37R	25 53	29 48	11 11
18	3:41:18	26 41 13	14 14	27 59	20 37	8 29	21 24	18 21	11 37	25 54	29 49	11 7
19	3:45:15	27 38 59	26 7	0Ge11	21 50	9 1	21 29	18 28	11 37	25 56	29 50	11 4
20	3:49:11	28 36 43	7Ar54	2 22	23 3	9 33	21 33	18 36	11 37	25 57	29 52	11 1
21	3:53: 8	29 34 26	19 42	4 33	24 16	10 4	21 37	18 43	11 37	25 58	29 53	10 58
22	3:57: 5	0Ge32 9	1Ta33	6 43	25 29	10 36	21 41	18 51	11 36	26 0	29 54	10 55
23	4: 1: 1	1 29 50	13 31	8 52	26 41	11 8	21 44	18 58	11 36	26 1	29 56	10 51
24	4: 4:58	2 27 30	25 37	11 0	27 54	11 41	21 48	19 6	11 36	26 3	29 57	10 48
25	4: 8:54	3 25 8	7Ge53	13 6	29 7	12 13	21 51	19 13	11 35	26 4	29 58	10 45
26	4:12:51	4 22 46	20 19	15 11	0Cn20	12 45	21 54	19 21	11 35	26 6	29 59	10 42
27	4:16:47	5 20 22	2Cn55	17 13	1 32	13 18	21 57	19 29	11 34	26 7	0Cn 1	10 39
28	4:20:44	6 17 57	15 43	19 14	2 45	13 50	22 0	19 36	11 34	26 9	0 2	10 36
29	4:24:41	7 15 31	28 43	21 12	3 57	14 23	22 3	19 44	11 33	26 10	0 3	10 32
30	4:28:37	8 13 3	11Le55	23 8	5 10	14 56	22 5	19 52	11 33	26 12	0 5	10 29
31	4:32:34	9 10 34	25 21	25 2	6 22	15 28	22 7	19 59	11 32	26 13	0 6	10 26

5/21 Sun in Gem. 22:38   5/3 1st Qt. 6:29   5/9 Full 21:31   5/16 3rd Qt. 22:12   5/25 New 2:35

JUNE 1914

Day	Sid. T.	Sun	Moon	Merc.	Venus	Mars	Jup.	Saturn	Uranus	Nept.	Pluto	N.Node
1	4:36:30	10Ge 8 4	9Vi 2	26Ge53	7Cn35	16Le 1	22Aq 9	20Ge 7	11Aq31R	26Cn15	0Cn 8	10Pi23
2	4:40:27	11 5 32	23 0	28 41	8 47	16 34	22 11	20 15	11 30	26 17	0 9	10 20
3	4:44:23	12 2 59	7Li15	0Cn27	9 59	17 7	22 12	20 23	11 30	26 18	0 10	10 17
4	4:48:20	13 0 25	21 45	2 10	11 12	17 41	22 14	20 30	11 29	26 20	0 12	10 13
5	4:52:16	13 57 49	6Sc27	3 50	12 24	18 14	22 15	20 38	11 28	26 22	0 13	10 10
6	4:56:13	14 55 13	21 15	5 28	13 36	18 47	22 16	20 46	11 27	26 24	0 15	10 7
7	5: 0: 9	15 52 35	6Sg 1	7 2	14 48	19 21	22 17	20 54	11 26	26 25	0 16	10 4
8	5: 4: 6	16 49 57	20 37	8 34	16 0	19 54	22 17	21 2	11 25	26 27	0 17	10 1
9	5: 8: 3	17 47 18	4Cp55	10 3	17 13	20 28	22 18	21 9	11 24	26 29	0 19	9 57
10	5:11:59	18 44 38	18 51	11 30	18 25	21 1	22 18	21 17	11 23	26 31	0 20	9 54
11	5:15:56	19 41 58	2Aq20	12 53	19 37	21 35	22 18R	21 25	11 22	26 33	0 23	9 51
12	5:19:52	20 39 17	15 24	14 14	20 49	22 9	22 18	21 33	11 21	26 35	0 23	9 48
13	5:23:49	21 36 35	28 4	15 31	22 0	22 43	22 18	21 41	11 19	26 36	0 24	9 45
14	5:27:45	22 33 54	10Pi23	16 46	23 12	23 17	22 17	21 48	11 18	26 38	0 26	9 42
15	5:31:42	23 31 11	22 27	17 58	24 24	23 51	22 16	21 56	11 17	26 40	0 27	9 38
16	5:35:39	24 28 29	4Ar21	19 6	25 36	24 25	22 16	22 4	11 15	26 42	0 29	9 35
17	5:39:35	25 25 46	16 11	20 11	26 48	24 59	22 14	22 12	11 14	26 44	0 30	9 32
18	5:43:32	26 23 2	28 1	21 13	27 59	25 34	22 13	22 20	11 12	26 46	0 32	9 29
19	5:47:28	27 20 19	9Ta56	22 12	29 11	26 8	22 12	22 28	11 11	26 48	0 33	9 26
20	5:51:25	28 17 35	21 59	23 7	0Le23	26 42	22 10	22 35	11 9	26 50	0 35	9 22
21	5:55:21	29 14 51	4Ge14	23 59	1 34	27 17	22 8	22 43	11 8	26 52	0 36	9 19
22	5:59:18	0Cn12 7	16 42	24 47	2 46	27 51	22 6	22 51	11 6	26 54	0 38	9 16
23	6: 3:14	1 9 23	29 25	25 32	3 57	28 26	22 4	22 59	11 5	26 56	0 39	9 13
24	6: 7:11	2 6 38	12Cn19	26 12	5 8	29 1	22 1	23 6	11 3	26 58	0 40	9 10
25	6:11: 8	3 3 53	25 27	26 49	6 20	29 36	21 59	23 14	11 1	27 0	0 42	9 7
26	6:15: 4	4 1 7	8Le47	27 21	7 31	0Vi11	21 56	23 22	11 0	27 2	0 43	9 3
27	6:19: 1	4 58 21	22 17	27 50	8 42	0 45	21 53	23 30	10 58	27 4	0 45	9 0
28	6:22:57	5 55 34	5Vi57	28 14	9 54	1 20	21 50	23 37	10 56	27 7	0 46	8 57
29	6:26:54	6 52 47	19 47	28 34	11 5	1 56	21 47	23 45	10 54	27 9	0 48	8 54
30	6:30:50	7 50 0	3Li47	28 49	12 16	2 31	21 43	23 53	10 52	27 11	0 49	8 51

6/22 Sun in Can. 6:55   6/1 1st Qt. 14:03   6/8 Full 5:18   6/15 3rd Qt. 14:20   6/23 New 15:33   6/30 1st Qt. 19:24

JULY 1914

Day	Sid. T.	Sun	Moon	Merc.	Venus	Mars	Jup.	Saturn	Uranus	Nept.	Pluto	N.Node
1	6:34:47	8Cn47 12	17Li55	29Cn 0	13Le27	3Vi 6	21Aq39R	24Ge 0	10Aq50R	27Cn13	0Cn51	8Pi48
2	6:38:44	9 44 24	2Sc11	29 6	14 38	3 41	21 35	24 8	10 49	27 15	0 52	8 44
3	6:42:40	10 41 35	16 33	29 7R	15 48	4 16	21 31	24 16	10 47	27 17	0 53	8 41
4	6:46:37	11 38 46	0Sg56	29 4	16 59	4 52	21 27	24 23	10 45	27 19	0 55	8 38
5	6:50:33	12 35 57	15 17	28 56	18 10	5 27	21 23	24 31	10 43	27 21	0 56	8 35
6	6:54:30	13 33 8	29 28	28 43	19 21	6 3	21 18	24 38	10 41	27 24	0 58	8 32
7	6:58:26	14 30 19	13Cp26	28 26	20 31	6 38	21 14	24 46	10 39	27 26	0 59	8 28
8	7: 2:23	15 27 30	27 6	28 5	21 42	7 14	21 9	24 53	10 36	27 28	1 1	8 25
9	7: 6:19	16 24 41	10Aq25	27 40	22 52	7 50	21 4	25 1	10 34	27 30	1 2	8 22
10	7:10:16	17 21 53	23 22	27 11	24 3	8 26	20 59	25 8	10 32	27 32	1 3	8 19
11	7:14:12	18 19 4	5Pi59	26 39	25 13	9 1	20 53	25 16	10 30	27 35	1 5	8 16
12	7:18: 9	19 16 17	18 18	26 5	26 23	9 37	20 48	25 23	10 28	27 37	1 6	8 13
13	7:22: 6	20 13 29	0Ar23	25 28	27 33	10 13	20 42	25 31	10 26	27 39	1 8	8 9
14	7:26: 2	21 10 42	12 18	24 49	28 44	10 49	20 37	25 38	10 24	27 41	1 9	8 6
15	7:29:59	22 7 56	24 10	24 9	29 54	11 25	20 31	25 45	10 21	27 43	1 10	8 3
16	7:33:55	23 5 10	6Ta 2	23 30	1Vi 4	12 2	20 25	25 52	10 19	27 46	1 12	8 0
17	7:37:52	24 2 26	17 59	22 50	2 13	12 38	20 19	26 0	10 17	27 48	1 13	7 57
18	7:41:48	24 59 41	0Ge 7	22 11	3 23	13 14	20 12	26 7	10 15	27 50	1 14	7 54
19	7:45:45	25 56 58	12 28	21 34	4 33	13 51	20 6	26 14	10 12	27 52	1 16	7 50
20	7:49:41	26 54 15	25 5	21 0	5 43	14 27	20 0	26 21	10 10	27 55	1 17	7 47
21	7:53:38	27 51 33	8Cn 0	20 28	6 52	15 3	19 53	26 28	10 8	27 57	1 18	7 44
22	7:57:35	28 48 52	21 12	20 0	8 2	15 40	19 46	26 35	10 5	27 59	1 20	7 41
23	8: 1:31	29 46 11	4Le41	19 37	9 11	16 17	19 39	26 42	10 3	28 1	1 21	7 38
24	8: 5:28	0Le43 30	18 25	19 18	10 20	16 53	19 33	26 49	10 1	28 3	1 22	7 34
25	8: 9:24	1 40 51	2Vi20	19 4	11 30	17 30	19 26	26 56	9 58	28 6	1 24	7 31
26	8:13:21	2 38 11	16 23	18 55	12 39	18 7	19 18	27 3	9 56	28 8	1 25	7 28
27	8:17:17	3 35 32	0Li32	18 52	13 48	18 44	19 11	27 10	9 54	28 10	1 26	7 25
28	8:21:14	4 32 54	14 45	18 55D	14 57	19 20	19 4	27 17	9 51	28 12	1 27	7 22
29	8:25:11	5 30 16	28 58	19 4	16 5	19 57	18 57	27 23	9 49	28 15	1 29	7 19
30	8:29: 7	6 27 39	13Sc10	19 19	17 14	20 34	18 49	27 30	9 46	28 17	1 30	7 15
31	8:33: 4	7 25 2	27 18	19 41	18 23	21 11	18 42	27 37	9 44	28 19	1 31	7 12

7/23 Sun in Leo 17:47   7/7 Full 14:00   7/15 3rd Qt. 7:32   7/23 New 2:38   7/29 1st Qt. 23:51

AUGUST 1914

Day	Sid. T.	Sun	Moon	Merc.	Venus	Mars	Jup.	Saturn	Uranus	Nept.	Pluto	N.Node
1	8:37: 0	8Le22 26	11Sg21	20Cn 8	19Vi31	21Vi49	18Aq34R	27Ge43	9Aq42R	28Cn21	1Cn32	7Pi 9
2	8:40:57	9 19 50	25 16	20 43	20 40	22 26	18 27	27 50	9 39	28 23	1 34	7 6
3	8:44:53	10 17 15	9Cp 0	21 23	21 48	23 3	18 19	27 56	9 37	28 26	1 35	7 3
4	8:48:50	11 14 41	22 32	22 10	22 56	23 40	18 11	28 3	9 34	28 28	1 36	7 0
5	8:52:47	12 12 8	5Aq48	23 2	24 4	24 18	18 4	28 9	9 32	28 30	1 37	6 56
6	8:56:43	13 9 36	18 49	24 1	25 12	24 55	17 56	28 16	9 30	28 32	1 38	6 53
7	9: 0:40	14 7 5	1Pi33	25 6	26 20	25 33	17 48	28 22	9 27	28 34	1 39	6 50
8	9: 4:36	15 4 34	14 1	26 16	27 28	26 10	17 40	28 28	9 25	28 36	1 41	6 47
9	9: 8:33	16 2 5	26 15	27 32	28 35	26 48	17 32	28 34	9 22	28 39	1 42	6 44
10	9:12:29	16 59 38	8Ar18	28 54	29 42	27 25	17 25	28 40	9 20	28 41	1 43	6 40
11	9:16:26	17 57 11	20 14	0Le20	0Li50	28 3	17 17	28 46	9 18	28 43	1 44	6 37
12	9:20:22	18 54 46	2Ta 5	1 52	1 57	28 41	17 9	28 52	9 15	28 45	1 45	6 34
13	9:24:19	19 52 23	13 58	3 27	3 4	29 19	17 1	28 58	9 13	28 47	1 46	6 31
14	9:28:15	20 50 1	25 55	5 7	4 11	29 57	16 53	29 4	9 11	28 49	1 47	6 28
15	9:32:12	21 47 41	8Ge 3	6 51	5 18	0Li34	16 45	29 10	9 8	28 51	1 48	6 25
16	9:36: 9	22 45 22	20 26	8 38	6 24	1 13	16 38	29 16	9 6	28 53	1 49	6 21
17	9:40: 5	23 43 4	3Cn 6	10 28	7 31	1 51	16 30	29 21	9 4	28 55	1 50	6 18
18	9:44: 2	24 40 49	16 7	12 20	8 37	2 29	16 22	29 27	9 1	28 57	1 51	6 15
19	9:47:58	25 38 34	29 30	14 15	9 43	3 7	16 15	29 32	8 59	29 0	1 52	6 12
20	9:51:55	26 36 22	13Le15	16 12	10 49	3 45	16 7	29 38	8 57	29 2	1 53	6 9
21	9:55:51	27 34 10	27 20	18 9	11 55	4 23	15 59	29 43	8 55	29 4	1 54	6 5
22	9:59:48	28 32 0	11Vi40	20 8	13 0	5 2	15 52	29 48	8 52	29 6	1 55	6 2
23	10: 3:44	29 29 52	26 10	22 8	14 6	5 40	15 44	29 54	8 50	29 8	1 55	5 59
24	10: 7:41	0Vi27 44	10Li45	24 7	15 11	6 19	15 37	29 59	8 48	29 10	1 56	5 56
25	10:11:38	1 25 38	25 20	26 7	16 16	6 57	15 30	0Cn 4	8 46	29 11	1 57	5 53
26	10:15:34	2 23 34	9Sc48	28 7	17 21	7 36	15 23	0 9	8 44	29 13	1 58	5 50
27	10:19:31	3 21 30	24 6	0Vi 6	18 26	8 14	15 15	0 14	8 42	29 15	1 59	5 46
28	10:23:27	4 19 28	8Sg12	2 5	19 30	8 53	15 8	0 19	8 40	29 17	1 59	5 43
29	10:27:24	5 17 27	22 3	4 3	20 35	9 32	15 2	0 23	8 38	29 19	2 0	5 40
30	10:31:20	6 15 28	5Cp40	6 0	21 39	10 11	14 55	0 28	8 36	29 21	2 1	5 37
31	10:35:17	7 13 30	19 1	7 56	22 42	10 50	14 48	0 33	8 33	29 23	2 2	5 34

8/24 Sun in Vir. 0:30   8/6 Full 0:40   8/14 3rd Qt. 0:56   8/21 New 12:26(E)   8/28 1st Qt. 4:52

SEPTEMBER 1914

Day	Sid. T.	Sun	Moon	Merc.	Venus	Mars	Jup.	Saturn	Uranus	Nept.	Pluto	N.Node
1	10:39:13	8Vi11 33	2Aq 8	9Vi51	23Li46	11Li29	14Aq41R	0Cn37	8Aq32R	29Cn25	2Cn 2	5Pi31
2	10:43:10	9 9 37	15 1	11 46	24 49	12 7	14 35	0 42	8 30	29 26	2 3	5 27
3	10:47: 7	10 7 44	27 41	13 39	25 52	12 47	14 29	0 46	8 28	29 28	2 4	5 24
4	10:51: 3	11 5 52	10Pi 8	15 30	26 55	13 26	14 22	0 50	8 26	29 30	2 4	5 21
5	10:55: 0	12 4 1	22 25	17 21	27 58	14 5	14 16	0 54	8 24	29 32	2 5	5 18
6	10:58:56	13 2 12	4Ar31	19 11	29 0	14 44	14 10	0 58	8 22	29 34	2 6	5 15
7	11: 2:53	14 0 25	16 30	20 59	0Sc 2	15 23	14 4	1 2	8 20	29 35	2 6	5 11
8	11: 6:49	14 58 40	28 24	22 46	1 4	16 3	13 59	1 6	8 18	29 37	2 7	5 8
9	11:10:46	15 56 57	10Ta14	24 33	2 6	16 42	13 53	1 10	8 17	29 39	2 7	5 5
10	11:14:42	16 55 16	22 6	26 17	3 7	17 21	13 48	1 14	8 15	29 40	2 8	5 2
11	11:18:39	17 53 38	4Ge 3	28 1	4 8	18 1	13 42	1 17	8 13	29 42	2 8	4 59
12	11:22:35	18 52 1	16 9	29 44	5 8	18 41	13 37	1 21	8 12	29 43	2 9	4 56
13	11:26:32	19 50 26	28 28	1Li25	6 9	19 20	13 32	1 24	8 10	29 45	2 9	4 52
14	11:30:29	20 48 54	11Cn 6	3 6	7 9	20 0	13 27	1 28	8 8	29 47	2 10	4 49
15	11:34:25	21 47 24	24 5	4 45	8 8	20 40	13 23	1 31	8 7	29 48	2 10	4 46
16	11:38:22	22 45 55	7Le29	6 24	9 8	21 19	13 18	1 34	8 5	29 50	2 11	4 43
17	11:42:18	23 44 29	21 19	8 1	10 6	21 59	13 14	1 37	8 4	29 51	2 11	4 40
18	11:46:15	24 43 5	5Vi34	9 37	11 5	22 39	13 10	1 40	8 3	29 53	2 11	4 37
19	11:50:11	25 41 43	20 11	11 13	12 3	23 19	13 6	1 43	8 1	29 54	2 12	4 33
20	11:54: 8	26 40 23	5Li 4	12 47	13 1	23 59	13 2	1 46	8 0	29 55	2 12	4 30
21	11:58: 4	27 39 5	20 4	14 20	13 58	24 39	12 58	1 48	7 59	29 57	2 12	4 27
22	12: 2: 1	28 37 48	5Sc 4	15 52	14 55	25 20	12 55	1 51	7 57	29 58	2 12	4 24
23	12: 5:58	29 36 34	19 54	17 24	15 51	26 0	12 52	1 53	7 56	29 59	2 13	4 21
24	12: 9:54	0Li35 21	4Sg27	18 54	16 47	26 40	12 49	1 56	7 55	0Le 1	2 13	4 17
25	12:13:51	1 34 10	18 41	20 23	17 43	27 20	12 46	1 58	7 54	0 2	2 13	4 14
26	12:17:47	2 33 1	2Cp31	21 52	18 37	28 1	12 43	2 0	7 53	0 3	2 13	4 11
27	12:21:44	3 31 53	16 0	23 19	19 32	28 41	12 41	2 2	7 52	0 5	2 13	4 8
28	12:25:40	4 30 47	29 46	24 46	20 26	29 22	12 39	2 4	7 51	0 6	2 13	4 5
29	12:29:37	5 29 43	11Aq58	26 11	21 19	0Sc 2	12 37	2 6	7 50	0 7	2 14	4 2
30	12:33:33	6 28 41	24 32	27 35	22 11	0 43	12 35	2 8	7 49	0 8	2 14	3 58

9/23 Sun in Lib. 21:34   9/4 Full 14:01(E)   9/12 3rd Qt. 17:48   9/19 New 21:33   9/26 1st Qt. 12:03

OCTOBER 1914

Day	Sid. T.	Sun	Moon	Merc.	Venus	Mars	Jup.	Saturn	Uranus	Nept.	Pluto	N.Node
1	12:37:30	7Li27 40	6Pi54	28Li59	23Sc 3	1Sc24	12Aq33R	2Cn 9	7Aq48R	0Le 9	2Cn14	3Pi55
2	12:41:27	8 26 41	19 7	0Sc21	23 55	2 4	12 32	2 11	7 47	0 10	2 14	3 52
3	12:45:23	9 25 44	1Ar11	1 42	24 45	2 45	12 30	2 12	7 47	0 11	2 14R	3 49
4	12:49:20	10 24 49	13 10	3 2	25 35	3 26	12 29	2 13	7 46	0 12	2 14	3 46
5	12:53:16	11 23 56	25 4	4 20	26 24	4 7	12 29	2 14	7 45	0 13	2 14	3 43
6	12:57:13	12 23 6	6Ta56	5 38	27 13	4 48	12 28	2 16	7 45	0 14	2 14	3 39
7	13: 1: 9	13 22 17	18 47	6 54	28 1	5 29	12 27	2 16	7 44	0 15	2 13	3 36
8	13: 5: 6	14 21 31	0Ge39	8 8	28 48	6 10	12 27	2 17	7 43	0 16	2 13	3 33
9	13: 9: 2	15 20 47	12 37	9 21	29 34	6 51	12 27	2 18	7 43	0 17	2 13	3 30
10	13:12:59	16 20 5	24 41	10 33	0Sg19	7 32	12 27D	2 19	7 43	0 18	2 13	3 27
11	13:16:56	17 19 26	6Cn58	11 42	1 3	8 14	12 28	2 19	7 42	0 18	2 13	3 23
12	13:20:52	18 18 49	19 30	12 50	1 46	8 55	12 28	2 20	7 42	0 19	2 13	3 20
13	13:24:49	19 18 14	2Le23	13 56	2 29	9 36	12 29	2 20	7 42	0 20	2 12	3 17
14	13:28:45	20 17 41	15 40	14 59	3 10	10 18	12 30	2 20R	7 41	0 21	2 12	3 14
15	13:32:42	21 17 11	29 24	16 0	3 50	10 59	12 31	2 20	7 41	0 21	2 12	3 11
16	13:36:38	22 16 43	13Vi36	16 58	4 30	11 41	12 32	2 20	7 41	0 22	2 11	3 8
17	13:40:35	23 16 17	28 15	17 54	5 8	12 22	12 34	2 20	7 41	0 22	2 11	3 4
18	13:44:31	24 15 54	13Li16	18 46	5 44	13 4	12 35	2 19	7 41D	0 23	2 11	3 1
19	13:48:28	25 15 32	28 30	19 34	6 20	13 46	12 37	2 19	7 41	0 24	2 11	2 58
20	13:52:24	26 15 13	13Sc47	20 19	6 54	14 28	12 39	2 19	7 41	0 24	2 10	2 55
21	13:56:21	27 14 55	28 57	20 59	7 27	15 10	12 42	2 18	7 41	0 24	2 10	2 52
22	14: 0:18	28 14 39	13Sg49	21 34	7 58	15 52	12 44	2 17	7 41	0 25	2 9	2 49
23	14: 4:14	29 14 25	28 16	22 4	8 28	16 34	12 47	2 16	7 42	0 25	2 9	2 45
24	14: 8:11	0Sc14 13	12Cp16	22 28	8 57	17 16	12 50	2 15	7 42	0 26	2 9	2 42
25	14:12: 7	1 14 3	25 47	22 45	9 23	17 58	12 53	2 14	7 42	0 26	2 8	2 39
26	14:16: 4	2 13 54	8Aq52	22 55	9 48	18 40	12 56	2 13	7 43	0 26	2 8	2 36
27	14:20: 1	3 13 46	21 35	22 59R	10 12	19 22	13 0	2 12	7 43	0 27	2 7	2 33
28	14:23:57	4 13 41	4Pi 0	22 54	10 33	20 4	13 3	2 11	7 44	0 27	2 7	2 29
29	14:27:54	5 13 37	16 11	22 40	10 53	20 47	13 7	2 9	7 44	0 27	2 6	2 26
30	14:31:50	6 13 34	28 13	22 16	11 11	21 29	13 11	2 8	7 45	0 27	2 5	2 23
31	14:35:47	7 13 33	10Ar 9	21 44	11 27	22 11	13 15	2 6	7 45	0 27	2 5	2 20

10/24 Sun in Sco. 6:18   10/4 Full 5:59   10/12 3rd Qt. 9:33   10/19 New 6:34   10/25 1st Qt. 22:44

NOVEMBER 1914

Day	Sid. T.	Sun	Moon	Merc.	Venus	Mars	Jup.	Saturn	Uranus	Nept.	Pluto	N.Node
1	14:39:43	8Sc13 35	22Ar 1	21Sc 2R	11Sg41	22Sc54	13Aq20	2Cn 4R	7Aq46	0Le27	2Cn 4R	2Pi17
2	14:43:40	9 13 38	3Ta53	20 10	11 52	23 37	13 24	2 2	7 47	0 27	2 4	2 14
3	14:47:36	10 13 42	15 45	19 11	12 2	24 19	13 29	2 0	7 48	0 27R	2 3	2 10
4	14:51:33	11 13 49	27 39	18 3	12 9	25 2	13 34	1 58	7 48	0 27	2 2	2 7
5	14:55:29	12 13 58	9Ge36	16 50	12 14	25 45	13 39	1 56	7 49	0 27	2 1	2 4
6	14:59:26	13 14 8	21 38	15 32	12 17	26 27	13 44	1 53	7 50	0 27	2 1	2 1
7	15: 3:23	14 14 21	3Cn47	14 13	12 17R	27 10	13 50	1 51	7 51	0 27	2 0	1 58
8	15: 7:19	15 14 35	16 6	12 55	12 15	27 53	13 55	1 48	7 52	0 27	1 59	1 54
9	15:11:16	16 14 52	28 37	11 39	12 11	28 36	14 1	1 46	7 53	0 27	1 58	1 51
10	15:15:12	17 15 10	11Le25	10 30	12 4	29 19	14 7	1 43	7 55	0 27	1 58	1 48
11	15:19: 9	18 15 31	24 34	9 28	11 54	0Sg 2	14 13	1 40	7 56	0 26	1 57	1 45
12	15:23: 5	19 15 53	8Vi 8	8 35	11 43	0 45	14 20	1 37	7 57	0 26	1 56	1 42
13	15:27: 2	20 16 17	22 7	7 54	11 28	1 29	14 26	1 34	7 58	0 26	1 55	1 39
14	15:30:58	21 16 43	6Li34	7 24	11 12	2 12	14 33	1 31	8 0	0 25	1 54	1 35
15	15:34:55	22 17 12	21 26	7 5	10 53	2 55	14 39	1 28	8 1	0 25	1 53	1 32
16	15:38:52	23 17 41	6Sc36	6 59	10 32	3 38	14 46	1 25	8 3	0 25	1 53	1 29
17	15:42:48	24 18 13	21 54	7 3D	10 9	4 22	14 53	1 21	8 4	0 24	1 52	1 26
18	15:46:45	25 18 46	7Sg10	7 10	9 43	5 5	15 1	1 18	8 6	0 24	1 51	1 23
19	15:50:41	26 19 21	22 11	7 42	9 16	5 49	15 8	1 14	8 7	0 23	1 50	1 20
20	15:54:38	27 19 57	6Cp50	8 16	8 47	6 33	15 16	1 11	8 9	0 23	1 49	1 16
21	15:58:34	28 20 34	21 0	8 57	8 16	7 16	15 23	1 7	8 10	0 22	1 48	1 13
22	16: 2:31	29 21 13	4Aq40	9 45	7 43	8 0	15 31	1 3	8 12	0 21	1 47	1 10
23	16: 6:27	0Sg21 53	17 50	10 39	7 10	8 44	15 39	0 59	8 14	0 21	1 46	1 7
24	16:10:24	1 22 33	0Pi35	11 39	6 35	9 27	15 47	0 55	8 16	0 20	1 45	1 4
25	16:14:21	2 23 15	12 59	12 44	6 0	10 11	15 56	0 51	8 18	0 19	1 44	1 0
26	16:18:17	3 23 58	25 8	13 53	5 24	10 55	16 4	0 47	8 20	0 19	1 43	0 57
27	16:22:14	4 24 42	7Ar 5	15 5	4 47	11 39	16 13	0 43	8 21	0 18	1 42	0 54
28	16:26:10	5 25 27	18 58	16 20	4 11	12 23	16 22	0 39	8 23	0 17	1 41	0 51
29	16:30: 7	6 26 13	0Ta48	17 38	3 34	13 7	16 30	0 35	8 25	0 16	1 40	0 48
30	16:34: 3	7 27 0	12 39	18 58	2 59	13 51	16 39	0 31	8 28	0 15	1 39	0 45

11/23 Sun in Sag. 3:21   11/2 Full 23:49   11/10 3rd Qt. 23:37   11/17 New 16:02   11/24 1st Qt. 13:39

DECEMBER 1914

Day	Sid. T.	Sun	Moon	Merc.	Venus	Mars	Jup.	Saturn	Uranus	Nept.	Pluto	N.Node
1	16:38: 0	8Sg27 48	24Ta34	20Sc20	2Sg23R	14Sg36	16Aq49	0Cn26R	8Aq30	0Le14R	1Cn38R	0Pi41
2	16:41:56	9 28 37	6Ge34	21 43	1 49	15 20	16 58	0 22	8 32	0 14	1 36	0 38
3	16:45:53	10 29 28	18 39	23 8	1 16	16 4	17 7	0 17	8 34	0 13	1 35	0 35
4	16:49:50	11 30 20	0Cn52	24 34	0 44	16 48	17 17	0 13	8 36	0 12	1 34	0 32
5	16:53:46	12 31 12	13 12	26 1	0 14	17 33	17 26	0 8	8 38	0 11	1 33	0 29
6	16:57:43	13 32 7	25 41	27 29	29Sc45	18 17	17 36	0 4	8 41	0 10	1 32	0 26
7	17: 1:39	14 33 2	8Le21	28 57	29 19	19 2	17 46	29Ge59	8 43	0 9	1 31	0 22
8	17: 5:36	15 33 58	21 14	0Sg26	28 54	19 46	17 56	29 54	8 46	0 7	1 30	0 19
9	17: 9:32	16 34 56	4Vi23	1 56	28 32	20 31	18 6	29 49	8 48	0 6	1 29	0 16
10	17:13:29	17 35 54	17 51	3 26	28 12	21 16	18 16	29 45	8 50	0 5	1 27	0 13
11	17:17:26	18 36 54	1Li40	4 57	27 54	22 0	18 27	29 40	8 53	0 4	1 26	0 10
12	17:21:22	19 37 55	15 50	6 28	27 38	22 45	18 37	29 35	8 55	0 3	1 25	0 6
13	17:25:19	20 38 57	0Sc23	7 59	27 26	23 30	18 48	29 30	8 58	0 2	1 24	0 3
14	17:29:15	21 40 0	15 12	9 30	27 15	24 15	18 59	29 25	9 1	0 0	1 23	0 0
15	17:33:12	22 41 5	0Sg13	11 2	27 7	25 0	19 9	29 20	9 3	29Cn59	1 22	29Aq57
16	17:37: 8	23 42 10	15 15	12 34	27 2	25 45	19 20	29 15	9 6	29 58	1 20	29 54
17	17:41: 5	24 43 15	0Cp 8	14 6	26 59	26 30	19 31	29 11	9 9	29 57	1 19	29 51
18	17:45: 1	25 44 22	14 45	15 38	26 59D	27 15	19 43	29 6	9 11	29 55	1 18	29 47
19	17:48:58	26 45 29	28 57	17 11	27 1	28 0	19 54	29 1	9 14	29 54	1 17	29 44
20	17:52:54	27 46 36	12Aq42	18 43	27 5	28 45	20 5	28 56	9 17	29 53	1 16	29 41
21	17:56:51	28 47 43	25 59	20 16	27 12	29 30	20 17	28 51	9 20	29 51	1 14	29 38
22	18: 0:48	29 48 51	8Pi50	21 49	27 21	0Cp15	20 28	28 46	9 23	29 50	1 13	29 35
23	18: 4:44	0Cp49 59	21 19	23 22	27 32	1 1	20 40	28 41	9 26	29 48	1 12	29 32
24	18: 8:41	1 51 7	3Ar30	24 56	27 45	1 46	20 52	28 36	9 29	29 47	1 11	29 28
25	18:12:37	2 52 15	15 30	26 30	28 1	2 31	21 4	28 31	9 32	29 45	1 10	29 25
26	18:16:34	3 53 23	27 23	28 4	28 18	3 17	21 15	28 26	9 35	29 44	1 8	29 22
27	18:20:30	4 54 31	9Ta13	29 38	28 38	4 2	21 27	28 21	9 38	29 42	1 7	29 19
28	18:24:27	5 55 39	21 6	1Cp12	28 59	4 48	21 40	28 16	9 41	29 41	1 6	29 16
29	18:28:24	6 56 47	3Ge 4	2 47	29 23	5 33	21 52	28 11	9 44	29 39	1 5	29 12
30	18:32:20	7 57 55	15 9	4 22	29 48	6 19	22 4	28 6	9 47	29 38	1 4	29 9
31	18:36:17	8 59 4	27 25	5 57	0Sg15	7 5	22 16	28 2	9 50	29 36	1 2	29 6

12/22 Sun in Cap. 16:23   12/2 Full 18:20   12/10 3rd Qt. 11:32   12/17 New 2:35   12/24 1st Qt. 8:25

Day	Sid. T.	Sun	Moon	Merc.	Venus	Mars	Jup.	Saturn	Uranus	Nept.	Pluto	N.Node
1	18:40:13	10Cp 0 12	9Cn50	7Cp33	0Sg43	7Cp50	22Aq29	27Ge57R	9Aq53	29Cn35R	1Cn 1R	29Aq 3
2	18:44:10	11 1 21	22 27	9 9	1 14	8 36	22 41	27 52	9 56	29 33	1 0	29 0
3	18:48: 6	12 2 29	5Le15	10 45	1 45	9 22	22 54	27 47	9 59	29 32	0 59	28 57
4	18:52: 3	13 3 38	18 14	12 22	2 19	10 8	23 6	27 43	10 2	29 30	0 58	28 53
5	18:56: 0	14 4 47	1Vi24	13 59	2 53	10 53	23 19	27 38	10 6	29 28	0 56	28 50
6	18:59:56	15 5 55	14 46	15 36	3 29	11 39	23 32	27 33	10 9	29 27	0 55	28 47
7	19: 3:53	16 7 4	28 21	17 14	4 7	12 25	23 45	27 29	10 12	29 25	0 54	28 44
8	19: 7:49	17 8 13	12Li10	18 52	4 46	13 11	23 58	27 24	10 15	29 23	0 53	28 41
9	19:11:46	18 9 22	26 12	20 31	5 26	13 57	24 11	27 20	10 19	29 22	0 52	28 38
10	19:15:42	19 10 31	10Sc28	22 10	6 7	14 43	24 24	27 15	10 22	29 20	0 51	28 34
11	19:19:39	20 11 41	24 54	23 50	6 49	15 29	24 37	27 11	10 25	29 19	0 49	28 31
12	19:23:35	21 12 50	9Sg27	25 29	7 32	16 15	24 50	27 7	10 29	29 17	0 48	28 28
13	19:27:32	22 13 59	24 2	27 10	8 17	17 2	25 3	27 2	10 32	29 15	0 47	28 25
14	19:31:29	23 15 8	8Cp31	28 51	9 2	17 48	25 17	26 58	10 36	29 13	0 46	28 22
15	19:35:25	24 16 17	22 48	0Aq32	9 49	18 34	25 30	26 54	10 39	29 12	0 45	28 18
16	19:39:22	25 17 25	6Aq48	2 13	10 36	19 20	25 43	26 50	10 42	29 10	0 44	28 15
17	19:43:18	26 18 32	20 26	3 55	11 24	20 7	25 57	26 46	10 46	29 8	0 43	28 12
18	19:47:15	27 19 39	3Pi42	5 37	12 13	20 53	26 10	26 42	10 49	29 7	0 42	28 9
19	19:51:11	28 20 45	16 35	7 20	13 3	21 39	26 24	26 38	10 53	29 5	0 41	28 6
20	19:55: 8	29 21 50	29 7	9 2	13 54	22 26	26 38	26 34	10 56	29 3	0 40	28 3
21	19:59: 4	0Aq22 55	11Ar23	10 45	14 45	23 12	26 51	26 31	10 59	29 2	0 39	27 59
22	20: 3: 1	1 23 58	23 26	12 27	15 38	23 59	27 5	26 27	11 3	29 0	0 38	27 56
23	20: 6:58	2 25 0	5Ta21	14 9	16 30	24 45	27 19	26 23	11 6	28 58	0 37	27 53
24	20:10:54	3 26 1	17 13	15 51	17 24	25 32	27 33	26 20	11 10	28 57	0 36	27 50
25	20:14:51	4 27 2	29 6	17 32	18 18	26 18	27 46	26 17	11 13	28 55	0 35	27 47
26	20:18:47	5 28 1	11Ge 6	19 13	19 13	27 5	28 0	26 13	11 17	28 53	0 34	27 43
27	20:22:44	6 28 59	23 16	20 52	20 8	27 51	28 14	26 10	11 20	28 51	0 33	27 40
28	20:26:40	7 29 56	5Cn38	22 30	21 4	28 38	28 28	26 7	11 24	28 50	0 32	27 37
29	20:30:37	8 30 52	18 15	24 7	22 1	29 25	28 42	26 4	11 27	28 48	0 31	27 34
30	20:34:33	9 31 47	1Le 8	25 41	22 58	0Aq11	28 56	26 1	11 31	28 46	0 30	27 31
31	20:38:30	10 32 41	14 16	27 12	23 55	0 58	29 10	25 58	11 34	28 45	0 29	27 28

1/21 Sun in Aqu. 3:00   1/1 Full 12:20   1/8 3rd Qt. 21:13   1/15 New 14:42   1/23 1st Qt. 5:32   1/31 Full 4:41

Day	Sid. T.	Sun	Moon	Merc.	Venus	Mars	Jup.	Saturn	Uranus	Nept.	Pluto	N.Node
1	20:42:27	11Aq33 34	27Le39	28Aq40	24Sg53	1Aq45	29Aq24	25Ge56R	11Aq38	28Cn43R	0Cn28R	27Aq24
2	20:46:23	12 34 26	11Vi15	0Pi 5	25 52	2 31	29 39	25 53	11 41	28 42	0 27	27 21
3	20:50:20	13 35 17	25 3	1 25	26 51	3 18	29 53	25 51	11 45	28 40	0 27	27 18
4	20:54:16	14 36 7	9Li 0	2 40	27 50	4 5	0Pi 7	25 48	11 48	28 38	0 26	27 15
5	20:58:13	15 36 56	23 3	3 49	28 50	4 52	0 21	25 46	11 52	28 37	0 25	27 12
6	21: 2: 9	16 37 44	7Sc12	4 52	29 50	5 39	0 35	25 44	11 55	28 35	0 24	27 9
7	21: 6: 6	17 38 31	21 23	5 47	0Cp51	6 26	0 50	25 41	11 59	28 33	0 23	27 5
8	21:10: 2	18 39 17	5Sg35	6 34	1 52	7 12	1 4	25 39	12 2	28 32	0 23	27 2
9	21:13:59	19 40 3	19 45	7 12	2 53	7 59	1 18	25 38	12 6	28 30	0 22	26 59
10	21:17:56	20 40 47	3Cp51	7 40	3 55	8 46	1 33	25 36	12 9	28 29	0 21	26 56
11	21:21:52	21 41 30	17 50	7 59	4 57	9 33	1 47	25 34	12 13	28 27	0 20	26 53
12	21:25:49	22 42 13	1Aq38	8 7	5 59	10 20	2 1	25 32	12 16	28 26	0 20	26 49
13	21:29:45	23 42 53	15 13	8 4R	7 2	11 7	2 16	25 31	12 20	28 24	0 19	26 46
14	21:33:42	24 43 33	28 32	7 51	8 5	11 54	2 30	25 30	12 23	28 23	0 18	26 43
15	21:37:38	25 44 10	11Pi35	7 28	9 9	12 41	2 44	25 28	12 27	28 21	0 18	26 40
16	21:41:35	26 44 47	24 22	6 55	10 12	13 28	2 59	25 27	12 30	28 20	0 17	26 37
17	21:45:31	27 45 21	6Ar52	6 13	11 16	14 15	3 13	25 26	12 33	28 18	0 17	26 34
18	21:49:28	28 45 54	19 7	5 23	12 21	15 2	3 28	25 25	12 37	28 17	0 16	26 30
19	21:53:25	29 46 25	1Ta11	4 27	13 25	15 50	3 42	25 24	12 40	28 16	0 15	26 27
20	21:57:21	0Pi46 54	13 8	3 25	14 30	16 37	3 57	25 24	12 44	28 14	0 15	26 24
21	22: 1:18	1 47 22	25 0	2 21	15 35	17 24	4 11	25 23	12 47	28 13	0 14	26 21
22	22: 5:14	2 47 48	6Ge54	1 15	16 40	18 11	4 25	25 23	12 50	28 11	0 14	26 18
23	22: 9:11	3 48 11	18 53	0 8	17 45	18 58	4 40	25 22	12 54	28 10	0 13	26 15
24	22:13: 7	4 48 33	1Cn 3	29Aq 4	18 51	19 45	4 54	25 22	12 57	28 9	0 13	26 11
25	22:17: 4	5 48 53	13 26	28 3	19 56	20 32	5 9	25 22	13 0	28 8	0 13	26 8
26	22:21: 0	6 49 11	26 8	27 6	21 2	21 19	5 23	25 22D	13 3	28 6	0 12	26 5
27	22:24:57	7 49 27	9Le10	26 14	22 9	22 6	5 38	25 22	13 7	28 5	0 12	26 2
28	22:28:54	8 49 41	22 34	25 28	23 15	22 54	5 52	25 22	13 10	28 4	0 12	25 59

2/19 Sun in Pis. 17:23   2/7 3rd Qt. 5:11   2/14 New 4:31(E)   2/22 1st Qt. 2:58

MARCH 1915

Day	Sid. T.	Sun	Moon	Merc.	Venus	Mars	Jup.	Saturn	Uranus	Nept.	Pluto	N.Node
1	22:32:50	9Pi49 54	6Vi18	24Aq49R	24Cp21	23Aq41	6Pi 7	25Ge23	13Aq13	28Cn 3R	0Cn11R	25Aq55
2	22:36:47	10 50 4	20 21	24 16	25 28	24 28	6 21	25 23	13 16	28 2	0 11	25 52
3	22:40:43	11 50 13	4Li38	23 51	26 35	25 15	6 36	25 24	13 20	28 0	0 11	25 49
4	22:44:40	12 50 20	19 4	23 33	27 42	26 2	6 50	25 24	13 23	27 59	0 10	25 46
5	22:48:36	13 50 25	3Sc34	23 21	28 49	26 49	7 4	25 25	13 26	27 58	0 10	25 43
6	22:52:33	14 50 29	18 2	23 16	29 57	27 37	7 19	25 26	13 29	27 57	0 10	25 40
7	22:56:29	15 50 31	2Sg24	23 18D	1Aq 4	28 24	7 33	25 27	13 32	27 56	0 10	25 36
8	23: 0:26	16 50 31	16 35	23 26	2 12	29 11	7 48	25 28	13 35	27 55	0 10	25 33
9	23: 4:23	17 50 31	0Cp35	23 39	3 20	29 58	8 2	25 29	13 38	27 54	0 9	25 30
10	23: 8:19	18 50 28	14 22	23 58	4 28	0Pi45	8 16	25 30	13 41	27 53	0 9	25 27
11	23:12:16	19 50 24	27 56	24 23	5 36	1 32	8 31	25 32	13 44	27 52	0 9	25 24
12	23:16:12	20 50 18	11Aq18	24 52	6 44	2 20	8 45	25 33	13 47	27 51	0 9	25 21
13	23:20: 9	21 50 10	24 26	25 25	7 52	3 7	8 59	25 35	13 50	27 50	0 9	25 17
14	23:24: 5	22 50 1	7Pi22	26 3	9 1	3 54	9 14	25 37	13 53	27 50	0 9	25 14
15	23:28: 2	23 49 49	20 6	26 45	10 10	4 41	9 28	25 39	13 56	27 49	0 9D	25 11
16	23:31:58	24 49 36	2Ar38	27 31	11 18	5 28	9 42	25 41	13 59	27 48	0 9	25 8
17	23:35:55	25 49 20	14 59	28 20	12 27	6 15	9 56	25 43	14 2	27 47	0 9	25 5
18	23:39:51	26 49 2	27 10	29 12	13 36	7 3	10 11	25 45	14 4	27 47	0 9	25 1
19	23:43:48	27 48 43	9Ta11	0Pi 8	14 45	7 50	10 25	25 47	14 7	27 46	0 9	24 58
20	23:47:45	28 48 21	21 7	1 6	15 54	8 37	10 39	25 50	14 10	27 45	0 9	24 55
21	23:51:41	29 47 57	2Ge59	2 7	17 3	9 24	10 53	25 52	14 13	27 45	0 9	24 52
22	23:55:38	0Ar47 31	14 51	3 11	18 13	10 11	11 7	25 55	14 15	27 44	0 10	24 49
23	23:59:34	1 47 2	26 48	4 17	19 22	10 58	11 21	25 58	14 18	27 43	0 10	24 46
24	0: 3:31	2 46 31	8Cn55	5 25	20 32	11 45	11 35	26 0	14 21	27 43	0 10	24 42
25	0: 7:27	3 45 58	21 16	6 35	21 41	12 32	11 49	26 3	14 23	27 42	0 10	24 39
26	0:11:24	4 45 22	3Le56	7 48	22 51	13 19	12 3	26 6	14 26	27 42	0 10	24 36
27	0:15:21	5 44 45	16 58	9 3	24 1	14 6	12 17	26 10	14 28	27 42	0 11	24 33
28	0:19:17	6 44 4	0Vi27	10 19	25 10	14 53	12 31	26 13	14 31	27 41	0 11	24 30
29	0:23:14	7 43 22	14 22	11 38	26 20	15 40	12 45	26 16	14 33	27 41	0 11	24 27
30	0:27:10	8 42 37	28 41	12 58	27 30	16 27	12 58	26 19	14 36	27 40	0 12	24 23
31	0:31: 7	9 41 51	13Li21	14 20	28 40	17 14	13 12	26 23	14 38	27 40	0 12	24 20

3/21 Sun in Ari. 16:51   3/1 Full 18:33   3/8 3rd Qt. 12:28   3/15 New 19:42   3/23 1st Qt. 22:48   3/31 Full 5:38

APRIL 1915

Day	Sid. T.	Sun	Moon	Merc.	Venus	Mars	Jup.	Saturn	Uranus	Nept.	Pluto	N.Node
1	0:35: 3	10Ar41 2	28Li15	15Pi44	29Aq50	18Pi 1	13Pi26	26Ge27	14Aq40	27Cn40R	0Cn12	24Aq17
2	0:39: 0	11 40 11	13Sc13	17 9	1Pi 1	18 48	13 39	26 30	14 42	27 40	0 13	24 14
3	0:42:56	12 39 19	28 6	18 36	2 11	19 35	13 53	26 34	14 45	27 39	0 13	24 11
4	0:46:53	13 38 24	12Sg47	20 5	3 21	20 22	14 7	26 38	14 47	27 39	0 14	24 7
5	0:50:50	14 37 28	27 10	21 35	4 32	21 9	14 20	26 42	14 49	27 39	0 14	24 4
6	0:54:46	15 36 31	11Cp13	23 7	5 42	21 56	14 33	26 46	14 51	27 39	0 15	24 1
7	0:58:43	16 35 31	24 55	24 40	6 53	22 43	14 47	26 50	14 53	27 39	0 15	23 58
8	1: 2:39	17 34 30	8Aq17	26 15	8 3	23 29	15 0	26 54	14 55	27 39	0 16	23 55
9	1: 6:36	18 33 27	21 21	27 52	9 14	24 16	15 13	26 59	14 57	27 39D	0 16	23 52
10	1:10:32	19 32 22	4Pi11	29 30	10 24	25 3	15 27	27 3	14 59	27 39	0 17	23 48
11	1:14:29	20 31 16	16 47	1Ar 9	11 35	25 50	15 40	27 8	15 1	27 39	0 17	23 45
12	1:18:25	21 30 7	29 13	2 50	12 46	26 36	15 53	27 12	15 3	27 39	0 18	23 42
13	1:22:22	22 28 56	11Ar30	4 33	13 57	27 23	16 6	27 17	15 5	27 39	0 19	23 39
14	1:26:19	23 27 44	23 39	6 17	15 8	28 10	16 19	27 22	15 7	27 39	0 19	23 36
15	1:30:15	24 26 30	5Ta42	8 3	16 19	28 56	16 32	27 27	15 8	27 40	0 20	23 32
16	1:34:11	25 25 13	17 39	9 50	17 30	29 43	16 45	27 32	15 10	27 40	0 21	23 29
17	1:38: 8	26 23 55	29 32	11 39	18 41	0Ar30	16 58	27 37	15 12	27 40	0 21	23 26
18	1:42: 5	27 22 34	11Ge23	13 30	19 52	1 16	17 10	27 42	15 13	27 40	0 22	23 23
19	1:46: 1	28 21 12	23 15	15 22	21 3	2 3	17 23	27 47	15 15	27 41	0 23	23 20
20	1:49:58	29 19 48	5Cn11	17 15	22 14	2 49	17 35	27 52	15 17	27 41	0 24	23 17
21	1:53:54	0Ta18 20	17 15	19 11	23 25	3 36	17 48	27 57	15 18	27 41	0 24	23 13
22	1:57:51	1 16 51	29 32	21 7	24 36	4 22	18 0	28 3	15 19	27 42	0 25	23 10
23	2: 1:48	2 15 20	12Le 5	23 6	25 48	5 8	18 13	28 8	15 21	27 42	0 26	23 7
24	2: 5:44	3 13 47	25 5	25 5	26 59	5 55	18 25	28 14	15 22	27 43	0 27	23 4
25	2: 9:41	4 12 11	8Vi30	27 7	28 10	6 41	18 37	28 19	15 23	27 43	0 28	23 0
26	2:13:37	5 10 33	22 24	29 10	29 22	7 27	18 49	28 25	15 25	27 44	0 29	22 58
27	2:17:34	6 8 53	6Li47	1Ta14	0Ar33	8 14	19 1	28 31	15 26	27 45	0 30	22 54
28	2:21:30	7 7 11	21 35	3 20	1 44	9 0	19 13	28 36	15 27	27 45	0 30	22 51
29	2:25:27	8 5 28	6Sc43	5 27	2 56	9 46	19 25	28 42	15 28	27 46	0 31	22 48
30	2:29:23	9 3 42	21 59	7 34	4 7	10 32	19 37	28 48	15 29	27 47	0 32	22 45

4/21 Sun in Tau. 4:29   4/6 3rd Qt. 20:12   4/14 New 11:36   4/22 1st Qt. 15:39   4/29 Full 14:19

Day	Sid. T.	Sun	Moon	Merc.	Venus	Mars	Jup.	Saturn	Uranus	Nept.	Pluto	N.Node
1	2:33:20	10Ta 1 55	7Sg12	9Ta43	5Ar19	11Ar18	19Pi49	28Ge54	15Aq30	27Cn47	0Cn33	22Aq42
2	2:37:16	11 0 7	22 13	11 52	6 30	12 4	20 0	29 0	15 31	27 48	0 34	22 38
3	2:41:13	11 58 17	6Cp53	14 2	7 42	12 50	20 12	29 6	15 32	27 49	0 35	22 35
4	2:45:10	12 56 25	21 7	16 11	8 54	13 36	20 23	29 13	15 33	27 50	0 36	22 32
5	2:49: 6	13 54 32	4Aq54	18 21	10 5	14 22	20 35	29 19	15 34	27 50	0 37	22 29
6	2:53: 3	14 52 37	18 15	20 31	11 17	15 8	20 46	29 25	15 35	27 51	0 38	22 26
7	2:56:59	15 50 42	1Pi14	22 40	12 29	15 54	20 57	29 31	15 35	27 52	0 40	22 23
8	3: 0:56	16 48 44	13 55	24 47	13 40	16 40	21 8	29 38	15 36	27 53	0 41	22 19
9	3: 4:53	17 46 45	26 20	26 54	14 52	17 26	21 19	29 44	15 37	27 54	0 42	22 16
10	3: 8:49	18 44 45	8Ar34	28 59	16 4	18 11	21 30	29 51	15 37	27 55	0 43	22 13
11	3:12:45	19 42 44	20 39	1Ge 3	17 16	18 57	21 41	29 57	15 38	27 56	0 44	22 10
12	3:16:42	20 40 41	2Ta39	3 4	18 28	19 43	21 52	0Cn 4	15 38	27 57	0 45	22 7
13	3:20:38	21 38 36	14 35	5 3	19 39	20 28	22 2	0 11	15 39	27 58	0 46	22 4
14	3:24:35	22 36 31	26 28	7 0	20 51	21 14	22 13	0 17	15 39	27 59	0 47	22 0
15	3:28:32	23 34 23	8Ge20	8 54	22 3	21 59	22 23	0 24	15 39	28 1	0 49	21 57
16	3:32:28	24 32 15	20 11	10 45	23 15	22 45	22 33	0 31	15 39	28 2	0 50	21 54
17	3:36:25	25 30 4	2Cn 5	12 34	24 27	23 30	22 43	0 38	15 40	28 3	0 51	21 51
18	3:40:21	26 27 52	14 4	14 19	25 39	24 16	22 53	0 45	15 40	28 4	0 52	21 48
19	3:44:18	27 25 39	26 10	16 1	26 51	25 1	23 3	0 52	15 40	28 5	0 54	21 44
20	3:48:14	28 23 24	8Le28	17 41	28 3	25 46	23 13	0 59	15 40	28 7	0 55	21 41
21	3:52:11	29 21 7	21 1	19 17	29 15	26 31	23 23	1 6	15 40	28 8	0 56	21 38
22	3:56: 8	0Ge18 48	3Vi55	20 49	0Ta27	27 16	23 32	1 13	15 40	28 9	0 57	21 35
23	4: 0: 4	1 16 28	17 14	22 19	1 39	28 2	23 42	1 20	15 40	28 11	0 59	21 32
24	4: 4: 1	2 14 6	1Li 0	23 45	2 51	28 47	23 51	1 27	15 40	28 12	1 0	21 29
25	4: 7:57	3 11 43	15 16	25 8	4 3	29 32	24 0	1 34	15 40	28 14	1 1	21 25
26	4:11:54	4 9 19	29 59	26 27	5 16	0Ta17	24 9	1 41	15 39	28 15	1 3	21 22
27	4:15:50	5 6 53	15Sc 4	27 43	6 28	1 1	24 18	1 49	15 39	28 16	1 4	21 19
28	4:19:47	6 4 26	0Sg27	28 55	7 40	1 46	24 27	1 56	15 39	28 18	1 5	21 16
29	4:23:43	7 1 57	15 41	0Cn 4	8 52	2 31	24 36	2 3	15 39	28 19	1 7	21 13
30	4:27:40	7 59 28	0Cp51	1 9	10 4	3 16	24 44	2 11	15 38	28 21	1 8	21 10
31	4:31:37	8 56 57	15 41	2 10	11 17	4 1	24 53	2 18	15 38	28 23	1 9	21 6

5/22 Sun in Gem. 4:11   5/6 3rd Qt. 5:22   5/14 New 3:31   5/22 1st Qt. 4:50   5/28 Full 21:33

Day	Sid. T.	Sun	Moon	Merc.	Venus	Mars	Jup.	Saturn	Uranus	Nept.	Pluto	N.Node
1	4:35:33	9Ge54 26	0Aq 6	3Cn 8	12Ta29	4Ta45	25Pi 1	2Cn25	15Aq37R	28Cn24	1Cn11	21Aq 3
2	4:39:30	10 51 54	14 3	4 2	13 41	5 30	25 9	2 33	15 37	28 26	1 12	21 0
3	4:43:26	11 49 22	27 31	4 52	14 53	6 14	25 17	2 40	15 36	28 27	1 13	20 57
4	4:47:23	12 46 48	10Pi33	5 38	16 6	6 59	25 25	2 48	15 35	28 29	1 15	20 54
5	4:51:19	13 44 14	23 13	6 20	17 18	7 43	25 33	2 55	15 35	28 31	1 16	20 50
6	4:55:16	14 41 39	5Ar35	6 57	18 30	8 28	25 41	3 3	15 34	28 32	1 18	20 47
7	4:59:13	15 39 3	17 44	7 31	19 43	9 12	25 48	3 10	15 33	28 34	1 19	20 44
8	5: 3: 9	16 36 27	29 45	8 0	20 55	9 56	25 55	3 18	15 32	28 36	1 20	20 41
9	5: 7: 6	17 33 50	11Ta39	8 24	22 8	10 40	26 3	3 26	15 31	28 38	1 22	20 38
10	5:11: 2	18 31 13	23 31	8 45	23 20	11 24	26 10	3 33	15 30	28 39	1 23	20 35
11	5:14:59	19 28 35	5Ge23	9 0	24 32	12 9	26 17	3 41	15 30	28 41	1 25	20 31
12	5:18:55	20 25 57	17 16	9 11	25 45	12 53	26 23	3 49	15 29	28 43	1 26	20 28
13	5:22:52	21 23 17	29 11	9 18	26 57	13 36	26 30	3 56	15 27	28 45	1 28	20 25
14	5:26:48	22 20 37	11Cn11	9 20R	28 10	14 20	26 36	4 4	15 26	28 47	1 29	20 22
15	5:30:45	23 17 57	23 17	9 18	29 23	15 4	26 42	4 12	15 25	28 49	1 30	20 19
16	5:34:42	24 15 15	5Le31	9 11	0Ge35	15 48	26 49	4 19	15 24	28 50	1 32	20 16
17	5:38:38	25 12 33	17 56	8 59	1 48	16 32	26 54	4 27	15 23	28 52	1 33	20 12
18	5:42:35	26 9 50	0Vi35	8 44	3 0	17 15	27 0	4 35	15 22	28 54	1 35	20 9
19	5:46:31	27 7 6	13 32	8 25	4 13	17 59	27 6	4 43	15 20	28 56	1 36	20 6
20	5:50:28	28 4 21	26 49	8 2	5 26	18 42	27 11	4 51	15 19	28 58	1 38	20 3
21	5:54:24	29 1 36	10Li29	7 36	6 38	19 26	27 17	4 58	15 18	29 0	1 39	20 0
22	5:58:21	29 58 50	24 35	7 7	7 51	20 9	27 22	5 6	15 16	29 2	1 41	19 56
23	6: 2:18	0Cn56 3	9Sc 4	6 36	9 4	20 53	27 27	5 14	15 15	29 4	1 42	19 53
24	6: 6:14	1 53 15	23 54	6 3	10 16	21 36	27 31	5 22	15 13	29 6	1 44	19 50
25	6:10:11	2 50 28	8Sg58	5 28	11 29	22 19	27 36	5 29	15 12	29 8	1 45	19 47
26	6:14: 7	3 47 39	24 8	4 53	12 42	23 2	27 40	5 37	15 10	29 10	1 46	19 44
27	6:18: 4	4 44 51	9Cp10	4 17	13 55	23 45	27 45	5 45	15 8	29 12	1 48	19 41
28	6:22: 0	5 42 2	23 59	3 42	15 7	24 28	27 49	5 53	15 7	29 14	1 49	19 37
29	6:25:57	6 39 13	8Aq26	3 8	16 20	25 11	27 53	6 1	15 5	29 16	1 51	19 34
30	6:29:53	7 36 24	22 28	2 36	17 33	25 54	27 56	6 9	15 3	29 19	1 52	19 31

6/22 Sun in Can. 12:30   6/4 3rd Qt. 16:32   6/12 New 18:57   6/20 1st Qt. 14:25   6/27 Full 4:27

JULY 1915

Day	Sid. T.	Sun	Moon	Merc.	Venus	Mars	Jup.	Saturn	Uranus	Nept.	Pluto	N.Node
1	6:33:50	8Cn33 35	6Pi 1	2Cn 6R	18Ge46	26Ta37	28Pi 0	6Cn16	15Aq 2R	29Cn21	1Cn54	19Aq28
2	6:37:46	9 30 47	19 9	1 38	19 59	27 20	28 3	6 24	15 0	29 23	1 55	19 25
3	6:41:43	10 27 58	1Ar53	1 14	21 12	28 2	28 6	6 32	14 58	29 25	1 57	19 21
4	6:45:40	11 25 10	14 18	0 54	22 25	28 45	28 9	6 40	14 56	29 27	1 58	19 18
5	6:49:36	12 22 21	26 28	0 37	23 38	29 27	28 12	6 48	14 54	29 29	2 0	19 15
6	6:53:33	13 19 34	8Ta28	0 25	24 51	0Ge10	28 15	6 55	14 52	29 31	2 1	19 12
7	6:57:29	14 16 46	20 22	0 17	26 4	0 52	28 17	7 3	14 50	29 33	2 2	19 9
8	7: 1:26	15 13 59	2Ge13	0 15	27 17	1 35	28 19	7 11	14 49	29 36	2 4	19 6
9	7: 5:22	16 11 12	14 6	0 17D	28 30	2 17	28 21	7 19	14 47	29 38	2 5	19 2
10	7: 9:19	17 8 26	26 2	0 24	29 43	2 59	28 23	7 26	14 45	29 40	2 7	18 59
11	7:13:16	18 5 40	8Cn 4	0 37	0Cn56	3 41	28 25	7 34	14 42	29 42	2 8	18 56
12	7:17:12	19 2 54	20 13	0 55	2 9	4 23	28 26	7 42	14 40	29 44	2 9	18 53
13	7:21: 9	20 0 8	2Le31	1 18	3 23	5 5	28 27	7 50	14 38	29 47	2 11	18 50
14	7:25: 5	20 57 23	15 0	1 47	4 36	5 47	28 28	7 57	14 36	29 49	2 12	18 47
15	7:29: 2	21 54 37	27 40	2 21	5 49	6 29	28 29	8 5	14 34	29 51	2 14	18 43
16	7:32:58	22 51 52	10Vi34	3 0	7 2	7 11	28 30	8 13	14 32	29 53	2 15	18 40
17	7:36:55	23 49 7	23 42	3 45	8 16	7 53	28 30	8 20	14 30	29 55	2 16	18 37
18	7:40:51	24 46 22	7Li 6	4 34	9 29	8 34	28 31	8 28	14 28	29 58	2 18	18 34
19	7:44:48	25 43 37	20 48	5 29	10 42	9 16	28 31R	8 36	14 25	0Le 2	2 19	18 31
20	7:48:44	26 40 53	4Sc47	6 29	11 56	9 57	28 31	8 43	14 23	0 4	2 21	18 27
21	7:52:41	27 38 9	19 4	7 34	13 9	10 39	28 30	8 51	14 21	0 6	2 22	18 24
22	7:56:38	28 35 25	3Sg35	8 44	14 22	11 20	28 30	8 58	14 19	0 9	2 23	18 21
23	8: 0:34	29 32 41	18 16	9 59	15 36	12 1	28 29	9 6	14 16	0 9	2 25	18 18
24	8: 4:31	0Le29 58	3Cp 2	11 19	16 49	12 42	28 28	9 13	14 14	0 11	2 26	18 15
25	8: 8:27	1 27 15	17 45	12 43	18 3	13 23	28 27	9 21	14 12	0 13	2 27	18 12
26	8:12:24	2 24 33	2Aq18	14 11	19 16	14 4	28 26	9 28	14 9	0 15	2 28	18 8
27	8:16:21	3 21 52	16 36	15 44	20 30	14 45	28 24	9 35	14 7	0 18	2 30	18 5
28	8:20:17	4 19 11	0Pi32	17 21	21 43	15 26	28 23	9 43	14 5	0 20	2 31	18 2
29	8:24:14	5 16 31	14 5	19 2	22 57	16 7	28 21	9 50	14 2	0 22	2 32	17 59
30	8:28:10	6 13 52	27 15	20 47	24 11	16 48	28 19	9 57	14 0	0 24	2 34	17 56
31	8:32: 7	7 11 14	10Ar 3	22 35	25 24	17 28	28 17	10 5	13 58	0 26	2 35	17 53

7/23 Sun in Leo 23:27   7/4 3rd Qt. 5:54   7/12 New 9:31   7/19 1st Qt. 21:09   7/26 Full 12:11

AUGUST 1915

Day	Sid. T.	Sun	Moon	Merc.	Venus	Mars	Jup.	Saturn	Uranus	Nept.	Pluto	N.Node
1	8:36: 3	8Le 8 37	22Ar31	24Cn26	26Cn38	18Ge 9	28Pi14R	10Cn12	13Aq55R	0Le29	2Cn36	17Aq49
2	8:40: 0	9 6 2	4Ta43	26 20	27 52	18 49	28 11	10 19	13 53	0 31	2 37	17 46
3	8:43:56	10 3 27	16 45	28 16	29 5	19 30	28 9	10 26	13 51	0 33	2 38	17 43
4	8:47:53	11 0 54	28 39	0Le15	0Le19	20 10	28 6	10 33	13 48	0 35	2 40	17 40
5	8:51:49	11 58 22	10Ge31	2 15	1 33	20 50	28 2	10 41	13 46	0 38	2 41	17 37
6	8:55:46	12 55 51	22 26	4 17	2 47	21 30	27 59	10 48	13 43	0 40	2 42	17 33
7	8:59:43	13 53 22	4Cn25	6 20	4 1	22 10	27 55	10 55	13 41	0 42	2 43	17 30
8	9: 3:39	14 50 53	16 34	8 23	5 14	22 50	27 52	11 2	13 39	0 44	2 44	17 27
9	9: 7:36	15 48 26	28 54	10 27	6 28	23 30	27 48	11 9	13 36	0 46	2 45	17 24
10	9:11:32	16 46 0	11Le26	12 30	7 42	24 10	27 43	11 15	13 34	0 48	2 47	17 21
11	9:15:29	17 43 35	24 13	14 34	8 56	24 50	27 39	11 22	13 31	0 51	2 48	17 18
12	9:19:25	18 41 12	7Vi15	16 37	10 10	25 30	27 35	11 29	13 29	0 53	2 49	17 14
13	9:23:22	19 38 49	20 30	18 40	11 24	26 9	27 30	11 36	13 27	0 55	2 50	17 11
14	9:27:19	20 36 27	4Li 0	20 42	12 38	26 49	27 25	11 42	13 24	0 57	2 51	17 8
15	9:31:15	21 34 7	17 42	22 43	13 52	27 28	27 20	11 49	13 22	0 59	2 52	17 5
16	9:35:12	22 31 47	1Sc35	24 43	15 6	28 7	27 15	11 56	13 20	1 1	2 53	17 2
17	9:39: 8	23 29 29	15 38	26 42	16 20	28 47	27 10	12 2	13 17	1 3	2 54	16 59
18	9:43: 5	24 27 11	29 49	28 39	17 34	29 26	27 5	12 9	13 15	1 5	2 55	16 55
19	9:47: 1	25 24 55	14Sg 6	0Vi36	18 49	0Cn 5	26 59	12 15	13 13	1 7	2 56	16 52
20	9:50:58	26 22 40	28 26	2 31	20 3	0 44	26 53	12 22	13 10	1 10	2 57	16 49
21	9:54:54	27 20 26	12Cp45	4 24	21 17	1 22	26 47	12 28	13 8	1 12	2 58	16 46
22	9:58:51	28 18 13	27 1	6 17	22 31	2 1	26 41	12 34	13 6	1 14	2 59	16 43
23	10: 2:48	29 16 1	11Aq 8	8 8	23 45	2 40	26 35	12 40	13 3	1 16	3 0	16 39
24	10: 6:44	0Vi13 50	25 4	9 57	24 59	3 18	26 29	12 47	13 1	1 18	3 1	16 36
25	10:10:41	1 11 41	8Pi45	11 46	26 14	3 57	26 22	12 53	12 59	1 20	3 1	16 33
26	10:14:37	2 9 34	22 8	13 33	27 28	4 35	26 16	12 59	12 57	1 22	3 2	16 30
27	10:18:34	3 7 28	5Ar13	15 18	28 42	5 14	26 9	13 5	12 54	1 24	3 3	16 27
28	10:22:30	4 5 24	17 59	17 3	29 57	5 52	26 2	13 10	12 52	1 25	3 4	16 24
29	10:26:27	5 3 22	0Ta27	18 46	1Vi11	6 30	25 56	13 16	12 50	1 27	3 5	16 20
30	10:30:23	6 1 21	12 40	20 27	2 25	7 8	25 49	13 22	12 48	1 29	3 5	16 17
31	10:34:20	6 59 22	24 42	22 8	3 40	7 46	25 41	13 28	12 46	1 31	3 6	16 14

8/24 Sun in Vir. 6:15   8/2 3rd Qt. 21:27   8/10 New 22:52(E)   8/18 1st Qt. 2:17   8/24 Full 21:40

Day	Sid. T.	Sun	Moon	Merc.	Venus	Mars	Jup.	Saturn	Uranus	Nept.	Pluto	N.Node
1	10:38:16	7Vi57 26	6Ge37	23Vi47	4Vi54	8Cn24	25Pi34R	13Cn33	12Aq44R	1Le33	3Cn 7	16Aq11
2	10:42:13	8 55 31	18 29	25 25	6 8	9 1	25 27	13 39	12 42	1 35	3 8	16 8
3	10:46:10	9 53 38	0Cn24	27 2	7 23	9 39	25 20	13 45	12 40	1 37	3 8	16 5
4	10:50: 6	10 51 47	12 25	28 37	8 37	10 16	25 12	13 50	12 38	1 39	3 9	16 1
5	10:54: 3	11 49 58	24 38	0Li12	9 52	10 54	25 5	13 55	12 36	1 40	3 10	15 58
6	10:57:59	12 48 11	7Le 5	1 45	11 6	11 31	24 57	14 1	12 34	1 42	3 10	15 55
7	11: 1:56	13 46 26	19 50	3 17	12 21	12 8	24 49	14 6	12 32	1 44	3 11	15 52
8	11: 5:52	14 44 43	2Vi55	4 47	13 35	12 45	24 42	14 11	12 30	1 46	3 11	15 49
9	11: 9:49	15 43 2	16 18	6 17	14 50	13 22	24 34	14 16	12 28	1 47	3 12	15 45
10	11:13:45	16 41 22	0Li 0	7 45	16 5	13 59	24 26	14 21	12 26	1 49	3 13	15 42
11	11:17:42	17 39 44	13 57	9 12	17 19	14 36	24 18	14 26	12 24	1 51	3 13	15 39
12	11:21:38	18 38 8	28 5	10 38	18 34	15 13	24 10	14 31	12 22	1 53	3 14	15 36
13	11:25:35	19 36 33	12Sc20	12 3	19 48	15 49	24 2	14 35	12 21	1 54	3 14	15 33
14	11:29:32	20 35 0	26 37	13 26	21 3	16 25	23 54	14 40	12 19	1 56	3 15	15 30
15	11:33:28	21 33 29	10Sg53	14 48	22 18	17 2	23 46	14 45	12 17	1 57	3 15	15 26
16	11:37:25	22 32 0	25 5	16 9	23 32	17 38	23 38	14 49	12 16	1 59	3 15	15 23
17	11:41:21	23 30 32	9Cp11	17 28	24 47	18 14	23 30	14 54	12 14	2 0	3 16	15 20
18	11:45:18	24 29 5	23 10	18 46	26 2	18 50	23 22	14 58	12 12	2 2	3 16	15 17
19	11:49:14	25 27 40	7Aq 0	20 2	27 16	19 26	23 14	15 2	12 11	2 3	3 17	15 14
20	11:53:11	26 26 17	20 41	21 17	28 31	20 1	23 6	15 6	12 9	2 5	3 17	15 10
21	11:57: 7	27 24 56	4Pi11	22 31	29 46	20 37	22 58	15 10	12 8	2 6	3 17	15 7
22	12: 1: 4	28 23 36	17 29	23 42	1Li 1	21 12	22 50	15 14	12 6	2 8	3 17	15 4
23	12: 5: 1	29 22 18	0Ar35	24 52	2 15	21 48	22 43	15 18	12 5	2 9	3 18	15 1
24	12: 8:57	0Li21 3	13 26	26 0	3 30	22 23	22 35	15 22	12 4	2 11	3 18	14 58
25	12:12:54	1 19 49	26 4	27 5	4 45	22 58	22 27	15 26	12 2	2 12	3 18	14 55
26	12:16:50	2 18 37	8Ta27	28 9	6 0	23 33	22 19	15 29	12 1	2 13	3 18	14 51
27	12:20:47	3 17 28	20 38	29 10	7 14	24 8	22 11	15 33	12 0	2 14	3 19	14 48
28	12:24:43	4 16 21	2Ge38	0Sc 9	8 29	24 42	22 4	15 36	11 59	2 16	3 19	14 45
29	12:28:40	5 15 16	14 32	1 5	9 44	25 17	21 56	15 39	11 58	2 17	3 19	14 42
30	12:32:36	6 14 14	26 22	1 58	10 59	25 51	21 49	15 43	11 56	2 18	3 19	14 39

9/24 Sun in Lib. 3:24   9/1 3rd Qt. 14:56   9/9 New 10:53   9/16 1st Qt. 7:21   9/23 Full 9:35

Day	Sid. T.	Sun	Moon	Merc.	Venus	Mars	Jup.	Saturn	Uranus	Nept.	Pluto	N.Node
1	12:36:33	7Li13 13	8Cn15	2Sc48	12Li14	26Cn25	21Pi41R	15Cn46	11Aq55R	2Le19	3Cn19	14Aq36
2	12:40:30	8 12 16	20 15	3 35	13 29	27 0	21 34	15 49	11 54	2 20	3 19	14 32
3	12:44:26	9 11 20	2Le27	4 17	14 43	27 34	21 27	15 52	11 53	2 22	3 19	14 29
4	12:48:23	10 10 26	14 56	4 56	15 58	28 7	21 19	15 55	11 53	2 23	3 19R	14 26
5	12:52:19	11 9 35	27 47	5 30	17 13	28 41	21 12	15 57	11 52	2 24	3 19	14 23
6	12:56:16	12 8 46	11Vi 1	5 59	18 28	29 14	21 5	16 0	11 51	2 25	3 19	14 20
7	13: 0:12	13 7 59	24 41	6 23	19 43	29 48	20 58	16 2	11 50	2 26	3 19	14 16
8	13: 4: 9	14 7 15	8Li44	6 41	20 58	0Le21	20 52	16 5	11 49	2 27	3 19	14 13
9	13: 8: 5	15 6 32	23 7	6 53	22 13	0 54	20 45	16 7	11 49	2 28	3 19	14 10
10	13:12: 2	16 5 52	7Sc44	6 59	23 28	1 27	20 38	16 9	11 48	2 29	3 19	14 7
11	13:15:59	17 5 13	22 26	6 56R	24 42	2 0	20 32	16 11	11 47	2 29	3 19	14 4
12	13:19:55	18 4 37	7Sg 7	6 47	25 57	2 32	20 26	16 13	11 47	2 30	3 18	14 1
13	13:23:52	19 4 2	21 39	6 29	27 12	3 5	20 20	16 15	11 46	2 31	3 18	13 57
14	13:27:48	20 3 29	5Cp58	6 3	28 27	3 37	20 14	16 17	11 46	2 32	3 18	13 54
15	13:31:45	21 2 58	20 3	5 28	29 42	4 9	20 8	16 19	11 46	2 33	3 18	13 51
16	13:35:41	22 2 28	3Aq51	4 45	0Sc57	4 41	20 2	16 20	11 45	2 33	3 18	13 48
17	13:39:38	23 2 0	17 25	3 54	2 12	5 12	19 57	16 22	11 45	2 34	3 17	13 45
18	13:43:35	24 1 34	0Pi45	2 56	3 27	5 44	19 51	16 23	11 45	2 35	3 17	13 42
19	13:47:31	25 1 9	13 53	1 51	4 42	6 15	19 46	16 24	11 45	2 35	3 17	13 38
20	13:51:28	26 0 47	26 53	0 40	5 57	6 46	19 41	16 25	11 44	2 36	3 16	13 35
21	13:55:24	27 0 26	9Ar34	29Li27	7 12	7 17	19 36	16 26	11 44	2 36	3 16	13 32
22	13:59:21	28 0 7	22 9	28 11	8 27	7 48	19 32	16 27	11 44	2 37	3 16	13 29
23	14: 3:17	28 59 50	4Ta34	26 57	9 42	8 18	19 27	16 28	11 44D	2 37	3 15	13 26
24	14: 7:14	29 59 35	16 48	25 45	10 57	8 49	19 23	16 29	11 44	2 38	3 15	13 22
25	14:11:10	0Sc59 22	28 52	24 39	12 11	9 19	19 19	16 29	11 45	2 38	3 14	13 19
26	14:15: 7	1 59 12	10Ge49	23 40	13 26	9 49	19 15	16 30	11 45	2 39	3 14	13 16
27	14:19: 3	2 59 3	22 40	22 49	14 41	10 18	19 11	16 30	11 45	2 39	3 13	13 13
28	14:23: 0	3 58 57	4Cn29	22 9	15 56	10 48	19 7	16 30	11 45	2 39	3 13	13 10
29	14:26:57	4 58 52	16 19	21 40	17 11	11 17	19 4	16 30	11 45	2 40	3 12	13 7
30	14:30:53	5 58 50	28 16	21 22	18 26	11 46	19 1	16 30R	11 46	2 40	3 12	13 3
31	14:34:50	6 58 50	10Le25	21 16	19 41	12 15	18 58	16 30	11 46	2 40	3 11	13 0

10/24 Sun in Sco. 12:10   10/1 3rd Qt. 9:44   10/8 New 21:42   10/15 1st Qt. 13:51   10/23 Full 0:15   10/31 3rd Qt. 4:40

NOVEMBER 1915

Day	Sid. T.	Sun	Moon	Merc.	Venus	Mars	Jup.	Saturn	Uranus	Nept.	Pluto	N.Node
1	14:38:46	7Sc58 52	22Le51	21Li21	20Sc56	12Le43	18Pi55R	16Cn30R	11Aq47	2Le40	3Cn10R	12Aq57
2	14:42:43	8 58 57	5Vi39	21 37	22 11	13 11	18 52	16 30	11 47	2 40	3 10	12 54
3	14:46:39	9 59 3	18 53	22 3	23 26	13 40	18 50	16 29	11 48	2 40	3 9	12 51
4	14:50:36	10 59 12	2Li37	22 38	24 41	14 7	18 48	16 28	11 48	2 40	3 9	12 48
5	14:54:33	11 59 22	16 50	23 22	25 56	14 35	18 46	16 28	11 49	2 40	3 8	12 44
6	14:58:29	12 59 35	1Sc28	24 13	27 11	15 2	18 44	16 27	11 50	2 40R	3 7	12 41
7	15: 2:26	13 59 49	16 25	25 11	28 26	15 29	18 42	16 26	11 51	2 40	3 6	12 38
8	15: 6:22	15 0 5	1Sg31	26 14	29 41	15 56	18 41	16 25	11 51	2 40	3 6	12 35
9	15:10:19	16 0 23	16 36	27 23	0Sg56	16 22	18 40	16 24	11 52	2 40	3 5	12 32
10	15:14:15	17 0 42	1Cp30	28 36	2 11	16 49	18 39	16 23	11 53	2 40	3 4	12 28
11	15:18:12	18 1 3	16 7	29 53	3 26	17 14	18 38	16 21	11 54	2 40	3 3	12 25
12	15:22: 8	19 1 26	0Aq22	1Sc13	4 41	17 40	18 37	16 20	11 55	2 40	3 3	12 22
13	15:26: 5	20 1 49	14 14	2 36	5 56	18 5	18 37	16 18	11 56	2 39	3 2	12 19
14	15:30: 1	21 2 14	27 44	4 0	7 11	18 30	18 37	16 17	11 57	2 39	3 1	12 16
15	15:33:58	22 2 41	10Pi55	5 27	8 26	18 55	18 37D	16 15	11 59	2 39	3 0	12 13
16	15:37:55	23 3 8	23 49	6 55	9 41	19 19	18 37	16 13	12 0	2 39	2 59	12 9
17	15:41:51	24 3 37	6Ar29	8 25	10 56	19 43	18 37	16 11	12 1	2 38	2 58	12 6
18	15:45:48	25 4 7	18 58	9 56	12 10	20 7	18 38	16 9	12 2	2 38	2 57	12 3
19	15:49:44	26 4 39	1Ta17	11 27	13 25	20 31	18 39	16 7	12 4	2 37	2 56	12 0
20	15:53:41	27 5 12	13 28	12 59	14 40	20 54	18 40	16 4	12 5	2 37	2 56	11 57
21	15:57:37	28 5 46	25 32	14 32	15 55	21 16	18 41	16 2	12 7	2 36	2 55	11 54
22	16: 1:34	29 6 22	7Ge30	16 5	17 10	21 39	18 43	16 0	12 8	2 36	2 54	11 50
23	16: 5:31	0Sg 7 0	19 22	17 39	18 25	22 1	18 44	15 57	12 10	2 35	2 53	11 47
24	16: 9:27	1 7 39	1Cn12	19 12	19 40	22 22	18 46	15 54	12 11	2 35	2 52	11 44
25	16:13:23	2 8 19	13 0	20 46	20 55	22 43	18 48	15 51	12 13	2 34	2 51	11 41
26	16:17:20	3 9 2	24 51	22 20	22 10	23 4	18 51	15 49	12 15	2 33	2 50	11 38
27	16:21:17	4 9 45	6Le47	23 54	23 25	23 25	18 53	15 46	12 17	2 33	2 49	11 34
28	16:25:13	5 10 30	18 54	25 28	24 40	23 45	18 56	15 43	12 18	2 32	2 48	11 31
29	16:29:10	6 11 16	1Vi16	27 2	25 55	24 4	18 59	15 39	12 20	2 31	2 47	11 28
30	16:33: 6	7 12 4	13 59	28 36	27 10	24 23	19 2	15 36	12 22	2 30	2 45	11 25

11/23 Sun in Sag. 9:14   11/7 New 7:52   11/13 1st Qt. 23:03   11/21 Full 17:36   11/29 3rd Qt. 22:11

DECEMBER 1915

Day	Sid. T.	Sun	Moon	Merc.	Venus	Mars	Jup.	Saturn	Uranus	Nept.	Pluto	N.Node
1	16:37: 3	8Sg12 54	27Vi 7	0Sg11	28Sg24	24Le42	19Pi 5	15Cn33R	12Aq24	2Le30R	2Cn44R	11Aq22
2	16:41: 0	9 13 45	10Li44	1 45	29 39	25 0	19 9	15 29	12 26	2 29	2 43	11 19
3	16:44:56	10 14 37	24 51	3 19	0Cp54	25 18	19 12	15 26	12 28	2 28	2 42	11 15
4	16:48:53	11 15 31	9Sc27	4 53	2 9	25 35	19 16	15 22	12 30	2 27	2 41	11 12
5	16:52:49	12 16 26	24 26	6 27	3 24	25 52	19 20	15 19	12 32	2 26	2 40	11 9
6	16:56:46	13 17 22	9Sg41	8 1	4 39	26 9	19 25	15 15	12 34	2 25	2 39	11 6
7	17: 0:42	14 18 20	24 59	9 35	5 54	26 25	19 29	15 11	12 36	2 24	2 38	11 3
8	17: 4:39	15 19 18	10Cp11	11 9	7 9	26 40	19 34	15 7	12 39	2 23	2 37	10 59
9	17: 8:36	16 20 17	25 6	12 43	8 23	26 55	19 38	15 3	12 41	2 22	2 35	10 56
10	17:12:32	17 21 17	9Aq38	14 17	9 38	27 9	19 43	14 59	12 43	2 21	2 34	10 53
11	17:16:28	18 22 17	23 43	15 51	10 53	27 23	19 49	14 55	12 46	2 20	2 33	10 50
12	17:20:25	19 23 18	7Pi22	17 26	12 8	27 36	19 54	14 51	12 48	2 19	2 32	10 47
13	17:24:22	20 24 19	20 35	19 0	13 23	27 49	20 0	14 47	12 50	2 18	2 31	10 44
14	17:28:18	21 25 21	3Ar27	20 34	14 38	28 1	20 5	14 42	12 53	2 16	2 30	10 40
15	17:32:15	22 26 23	16 1	22 9	15 52	28 13	20 11	14 38	12 55	2 15	2 28	10 37
16	17:36:11	23 27 26	28 21	23 43	17 7	28 24	20 17	14 33	12 58	2 14	2 27	10 34
17	17:40: 8	24 28 29	10Ta30	25 18	18 22	28 34	20 23	14 29	13 0	2 13	2 26	10 31
18	17:44: 5	25 29 32	22 31	26 53	19 37	28 44	20 30	14 24	13 3	2 12	2 25	10 28
19	17:48: 1	26 30 36	4Ge27	28 28	20 51	28 53	20 36	14 20	13 6	2 10	2 24	10 25
20	17:51:58	27 31 41	16 19	0Cp 3	22 6	29 1	20 43	14 15	13 8	2 9	2 22	10 21
21	17:55:54	28 32 46	28 9	1 38	23 21	29 9	20 50	14 11	13 11	2 8	2 21	10 18
22	17:59:51	29 33 52	10Cn 0	3 14	24 35	29 16	20 57	14 6	13 14	2 6	2 20	10 15
23	18: 3:47	0Cp34 58	21 52	4 50	25 50	29 23	21 4	14 1	13 16	2 5	2 19	10 12
24	18: 7:44	1 36 4	3Le47	6 26	27 5	29 29	21 12	13 56	13 19	2 3	2 17	10 9
25	18:11:40	2 37 11	15 50	8 2	28 19	29 34	21 19	13 52	13 22	2 2	2 16	10 5
26	18:15:37	3 38 19	28 1	9 38	29 34	29 38	21 27	13 47	13 25	2 1	2 15	10 2
27	18:19:34	4 39 27	10Vi26	11 15	0Aq49	29 42	21 35	13 42	13 28	1 59	2 14	9 59
28	18:23:30	5 40 35	23 9	12 52	2 3	29 45	21 43	13 37	13 31	1 58	2 13	9 56
29	18:27:27	6 41 44	6Li12	14 29	3 18	29 47	21 51	13 32	13 34	1 56	2 12	9 53
30	18:31:23	7 42 54	19 39	16 6	4 32	29 49	21 59	13 27	13 37	1 55	2 10	9 50
31	18:35:20	8 44 4	3Sc34	17 44	5 47	29 49	22 8	13 22	13 40	1 53	2 9	9 46

12/22 Sun in Cap. 22:16   12/6 New 18:04   12/13 1st Qt. 11:38   12/21 Full 12:52   12/29 3rd Qt. 12:59

Day	Sid. T.	Sun	Moon	Merc.	Venus	Mars	Jup.	Saturn	Uranus	Nept.	Pluto	N.Node
1	18:39:16	9Cp45 14	17Sc54	19Cp21	7Aq 1	29Le49R	22Pi16	13Cn17R	13Aq43	1Le52R	2Cn 8R	9Aq43
2	18:43:13	10 46 25	2Sg39	20 59	8 16	29 48	22 25	13 12	13 46	1 50	2 7	9 40
3	18:47: 9	11 47 36	17 42	22 36	9 30	29 47	22 34	13 8	13 49	1 49	2 6	9 37
4	18:51: 6	12 48 47	2Cp54	24 14	10 45	29 44	22 43	13 3	13 52	1 47	2 4	9 34
5	18:55: 2	13 49 58	18 6	25 52	11 59	29 41	22 52	12 58	13 55	1 45	2 3	9 31
6	18:58:59	14 51 9	3Aq 7	27 29	13 14	29 37	23 1	12 53	13 58	1 44	2 2	9 27
7	19: 2:56	15 52 20	17 50	29 6	14 28	29 32	23 11	12 48	14 1	1 42	2 1	9 24
8	19: 6:52	16 53 31	2Pi 8	0Aq43	15 42	29 27	23 20	12 43	14 4	1 41	2 0	9 21
9	19:10:49	17 54 41	15 59	2 19	16 57	29 20	23 30	12 38	14 8	1 39	1 59	9 18
10	19:14:45	18 55 50	29 23	3 54	18 11	29 13	23 40	12 33	14 11	1 37	1 57	9 15
11	19:18:42	19 56 59	12Ar22	5 28	19 25	29 5	23 50	12 28	14 14	1 36	1 56	9 11
12	19:22:38	20 58 7	24 59	7 1	20 39	28 56	24 0	12 23	14 17	1 34	1 55	9 8
13	19:26:35	21 59 15	7Ta18	8 32	21 54	28 46	24 10	12 18	14 21	1 32	1 54	9 5
14	19:30:31	23 0 22	19 24	10 1	23 8	28 36	24 20	12 13	14 24	1 31	1 53	9 2
15	19:34:28	24 1 28	1Ge20	11 28	24 22	28 24	24 31	12 9	14 27	1 29	1 52	8 59
16	19:38:25	25 2 34	13 11	12 52	25 36	28 12	24 41	12 4	14 31	1 27	1 51	8 56
17	19:42:21	26 3 39	25 1	14 12	26 50	28 0	24 52	11 59	14 34	1 26	1 50	8 52
18	19:46:18	27 4 44	6Cn51	15 29	28 4	27 46	25 3	11 54	14 37	1 24	1 48	8 49
19	19:50:14	28 5 48	18 45	16 40	29 18	27 32	25 14	11 50	14 41	1 22	1 47	8 46
20	19:54:11	29 6 51	0Le44	17 47	0Pi32	27 16	25 25	11 45	14 44	1 21	1 46	8 43
21	19:58: 8	0Aq 7 53	12 50	18 46	1 46	27 1	25 36	11 40	14 47	1 19	1 45	8 40
22	20: 2: 4	1 8 55	25 5	19 39	2 59	26 44	25 47	11 36	14 51	1 17	1 44	8 37
23	20: 6: 1	2 9 56	7Vi30	20 24	4 13	26 27	25 58	11 31	14 54	1 15	1 43	8 33
24	20: 9:57	3 10 57	20 8	20 59	5 27	26 9	26 9	11 27	14 58	1 14	1 42	8 30
25	20:13:54	4 11 57	3Li 0	21 26	6 41	25 50	26 21	11 23	15 1	1 12	1 41	8 27
26	20:17:50	5 12 56	16 9	21 41	7 54	25 31	26 33	11 18	15 5	1 10	1 40	8 24
27	20:21:47	6 13 55	29 35	21 46R	9 8	25 11	26 44	11 14	15 8	1 9	1 39	8 21
28	20:25:43	7 14 54	13Sc21	21 40	10 21	24 51	26 56	11 10	15 12	1 7	1 38	8 17
29	20:29:40	8 15 51	27 26	21 22	11 35	24 30	27 8	11 6	15 15	1 5	1 37	8 14
30	20:33:36	9 16 48	11Sg50	20 53	12 48	24 9	27 20	11 2	15 19	1 4	1 36	8 11
31	20:37:33	10 17 45	26 29	20 14	14 2	23 47	27 32	10 58	15 22		1 35	8 8

1/21 Sun in Aqu. 8:54   1/5 New 4:45   1/12 1st Qt. 3:37   1/20 Full 8:29(E)   1/28 3rd Qt. 0:35

Day	Sid. T.	Sun	Moon	Merc.	Venus	Mars	Jup.	Saturn	Uranus	Nept.	Pluto	N.Node
1	20:41:30	11Aq18 41	11Cp18	19Aq24R	15Pi15	23Le25R	27Pi44	10Cn54R	15Aq25	1Le 0R	1Cn35R	8Aq 5
2	20:45:26	12 19 35	26 11	18 27	16 28	23 2	27 56	10 50	15 29	0 59	1 34	8 2
3	20:49:23	13 20 29	11Aq 0	17 23	17 41	22 39	28 8	10 46	15 32	0 57	1 33	7 58
4	20:53:19	14 21 22	25 38	16 13	18 55	22 16	28 21	10 42	15 36	0 55	1 32	7 55
5	20:57:16	15 22 13	9Pi57	15 1	20 8	21 53	28 33	10 39	15 39	0 54	1 31	7 52
6	21: 1:12	16 23 3	23 53	13 49	21 21	21 29	28 46	10 35	15 43	0 52	1 30	7 49
7	21: 5: 9	17 23 52	7Ar25	12 37	22 34	21 5	28 58	10 32	15 46	0 51	1 29	7 46
8	21: 9: 5	18 24 39	20 31	11 29	23 46	20 41	29 11	10 28	15 50	0 49	1 28	7 43
9	21:13: 2	19 25 24	3Ta14	10 25	24 59	20 17	29 24	10 25	15 53	0 47	1 28	7 39
10	21:16:59	20 26 8	15 37	9 27	26 12	19 53	29 37	10 22	15 57	0 46	1 27	7 36
11	21:20:55	21 26 50	27 45	8 36	27 25	19 29	29 50	10 19	16 0	0 44	1 26	7 33
12	21:24:52	22 27 31	9Ge41	7 52	28 37	19 5	0Ar 3	10 16	16 4	0 43	1 26	7 30
13	21:28:48	23 28 10	21 32	7 17	29 50	18 42	0 16	10 13	16 7	0 41	1 25	7 27
14	21:32:45	24 28 48	3Cn21	6 49	1Ar 2	18 18	0 29	10 10	16 11	0 40	1 24	7 23
15	21:36:41	25 29 24	15 12	6 29	2 14	17 55	0 42	10 7	16 14	0 38	1 24	7 20
16	21:40:38	26 29 58	27 10	6 16	3 27	17 31	0 55	10 4	16 18	0 37	1 23	7 17
17	21:44:34	27 30 31	9Le17	6 12	4 39	17 9	1 8	10 2	16 21	0 35	1 22	7 14
18	21:48:31	28 31 2	21 36	6 14D	5 51	16 46	1 22	9 59	16 25	0 34	1 22	7 11
19	21:52:28	29 31 31	4Vi 7	6 23	7 3	16 24	1 35	9 57	16 28	0 32	1 21	7 8
20	21:56:24	0Pi31 59	16 53	6 38	8 15	16 2	1 49	9 55	16 31	0 31	1 21	7 4
21	22: 0:21	1 32 25	29 52	6 59	9 27	15 41	2 2	9 53	16 35	0 29	1 20	7 1
22	22: 4:17	2 32 50	13Li 5	7 25	10 38	15 20	2 16	9 51	16 38	0 28	1 20	6 58
23	22: 8:14	3 33 13	26 31	7 57	11 50	15 0	2 29	9 49	16 42	0 27	1 19	6 55
24	22:12:10	4 33 35	10Sc10	8 33	13 1	14 40	2 43	9 47	16 45	0 25	1 19	6 52
25	22:16: 7	5 33 56	23 59	9 13	14 13	14 21	2 57	9 45	16 48	0 24	1 18	6 48
26	22:20: 3	6 34 15	7Sg59	9 57	15 24	14 3	3 10	9 44	16 52	0 23	1 18	6 45
27	22:24: 0	7 34 33	22 9	10 45	16 35	13 45	3 24	9 42	16 55	0 21	1 17	6 42
28	22:27:57	8 34 50	6Cp26	11 37	17 47	13 28	3 38	9 41	16 58	0 20	1 17	6 39
29	22:31:53	9 35 5	20 49	12 32	18 58	13 11	3 52	9 39	17 2	0 19	1 17	6 36

2/19 Sun in Pis. 23:18   2/3 New 16:06(E)   2/10 1st Qt. 22:20   2/19 Full 2:29   2/26 3rd Qt. 9:24

MARCH 1916

Day	Sid. T.	Sun	Moon	Merc.	Venus	Mars	Jup.	Saturn	Uranus	Nept.	Pluto	N.Node
1	22:35:50	10Pi35 18	5Aq14	13Aq29	20Ar 8	12Le55R	4Ar 6	9Cn38R	17Aq 5	0Le18R	1Cn16R	6Aq33
2	22:39:46	11 35 30	19 37	14 29	21 19	12 40	4 20	9 37	17 8	0 16	1 16	6 29
3	22:43:43	12 35 40	3Pi53	15 32	22 30	12 26	4 34	9 36	17 11	0 15	1 16	6 26
4	22:47:39	13 35 48	17 57	16 38	23 40	12 12	4 48	9 35	17 15	0 14	1 16	6 23
5	22:51:36	14 35 54	1Ar44	17 45	24 51	11 59	5 2	9 35	17 18	0 13	1 15	6 20
6	22:55:32	15 35 59	15 12	18 55	26 1	11 47	5 16	9 34	17 21	0 12	1 15	6 17
7	22:59:29	16 36 1	28 19	20 6	27 11	11 36	5 30	9 33	17 24	0 11	1 15	6 14
8	23: 3:26	17 36 1	11Ta 4	21 20	28 21	11 25	5 44	9 33	17 27	0 10	1 15	6 10
9	23: 7:22	18 35 59	23 30	22 35	29 31	11 16	5 58	9 33	17 30	0 9	1 15	6 7
10	23:11:19	19 35 55	5Ge40	23 53	0Ta41	11 7	6 13	9 33	17 34	0 8	1 14	6 4
11	23:15:15	20 35 49	17 38	25 11	1 51	10 58	6 27	9 32	17 37	0 7	1 14	6 1
12	23:19:12	21 35 41	29 29	26 32	3 0	10 51	6 41	9 33D	17 40	0 6	1 14	5 58
13	23:23: 8	22 35 30	11Cn18	27 54	4 10	10 44	6 55	9 33	17 43	0 5	1 14	5 54
14	23:27: 5	23 35 18	23 10	29 17	5 19	10 39	7 10	9 33	17 46	0 4	1 14	5 51
15	23:31: 1	24 35 3	5Le11	0Pi42	6 28	10 33	7 24	9 33	17 49	0 3	14D	5 48
16	23:34:58	25 34 45	17 24	2 6	7 37	10 29	7 38	9 34	17 52	0 2	1 14	5 45
17	23:38:55	26 34 26	29 53	3 36	8 45	10 26	7 53	9 34	17 55	0 1	1 14	5 42
18	23:42:51	27 34 4	12Vi40	5 6	9 54	10 23	8 7	9 35	17 57	0 1	1 14	5 39
19	23:46:48	28 33 40	25 46	6 36	11 2	10 21	8 22	9 36	18 0	0 0	1 14	5 35
20	23:50:44	29 33 15	9Li10	8 8	12 11	10 20	8 36	9 37	18 3	29Cn59	1 14	5 32
21	23:54:41	0Ar32 47	22 50	9 41	13 19	10 20	8 51	9 38	18 6	29 59	1 14	5 29
22	23:58:37	1 32 18	6Sc42	11 16	14 27	10 20D	9 5	9 39	18 9	29 58	1 15	5 26
23	0: 2:34	2 31 46	20 43	12 52	15 34	10 21	9 19	9 40	18 11	29 57	1 15	5 23
24	0: 6:30	3 31 13	4Sg49	14 29	16 42	10 23	9 34	9 42	18 14	29 57	1 15	5 20
25	0:10:27	4 30 38	18 58	16 7	17 49	10 25	9 48	9 43	18 17	29 56	1 15	5 16
26	0:14:23	5 30 2	3Cp 6	17 47	18 56	10 28	10 3	9 45	18 19	29 56	1 15	5 13
27	0:18:20	6 29 23	17 13	19 28	20 3	10 32	10 17	9 47	18 22	29 55	1 16	5 10
28	0:22:17	7 28 43	1Aq18	21 11	21 10	10 36	10 32	9 48	18 25	29 55	1 16	5 7
29	0:26:13	8 28 1	15 19	22 55	22 16	10 42	10 46	9 50	18 27	29 54	1 16	5 4
30	0:30:10	9 27 18	29 15	24 40	23 23	10 47	11 1	9 52	18 30	29 54	1 17	5 0
31	0:34: 6	10 26 32	13Pi 4	26 27	24 29	10 54	11 15	9 54	18 32	29 54	1 17	4 57

3/20 Sun in Ari. 22:47   3/4 New 3:58   3/11 1st Qt. 18:33   3/19 Full 17:27   3/26 3rd Qt. 16:22

APRIL 1916

Day	Sid. T.	Sun	Moon	Merc.	Venus	Mars	Jup.	Saturn	Uranus	Nept.	Pluto	N.Node
1	0:38: 3	11Ar25 44	26Pi43	28Pi15	25Ta35	11Le 1	11Ar30	9Cn57	18Aq35	29Cn53R	1Cn17	4Aq54
2	0:41:59	12 24 55	10Ar11	0Ar 5	26 40	11 9	11 44	9 59	18 37	29 53	1 18	4 51
3	0:45:56	13 24 3	23 24	1 55	27 46	11 17	11 59	10 2	18 39	29 53	1 18	4 48
4	0:49:53	14 23 10	6Ta20	3 48	28 51	11 26	12 13	10 4	18 42	29 53	1 19	4 45
5	0:53:49	15 22 14	18 59	5 42	29 56	11 35	12 28	10 7	18 44	29 52	1 19	4 41
6	0:57:45	16 21 16	1Ge22	7 37	1Ge 0	11 45	12 43	10 9	18 46	29 52	1 20	4 38
7	1: 1:42	17 20 16	13 30	9 33	2 5	11 56	12 57	10 12	18 48	29 52	1 20	4 35
8	1: 5:39	18 19 14	25 28	11 31	3 9	12 7	13 11	10 15	18 51	29 52	1 21	4 32
9	1: 9:35	19 18 9	7Cn18	13 31	4 13	12 19	13 26	10 18	18 53	29 52	1 21	4 29
10	1:13:32	20 17 2	19 7	15 31	5 16	12 31	13 40	10 21	18 55	29 52D	1 22	4 26
11	1:17:28	21 15 53	0Le59	17 33	6 20	12 44	13 55	10 25	18 57	29 52	1 22	4 22
12	1:21:25	22 14 42	13 0	19 36	7 22	12 57	14 9	10 28	18 59	29 52	1 23	4 19
13	1:25:21	23 13 28	25 16	21 40	8 25	13 11	14 24	10 32	19 1	29 52	1 24	4 16
14	1:29:18	24 12 12	7Vi50	23 46	9 27	13 26	14 38	10 35	19 3	29 52	1 24	4 13
15	1:33:15	25 10 54	20 46	25 52	10 29	13 40	14 52	10 39	19 5	29 52	1 25	4 10
16	1:37:11	26 9 33	4Li 7	27 58	11 31	13 56	15 7	10 42	19 6	29 53	1 26	4 6
17	1:41: 8	27 8 11	17 50	0Ta 5	12 32	14 11	15 21	10 46	19 8	29 53	1 26	4 3
18	1:45: 4	28 6 47	1Sc53	2 13	13 33	14 28	15 36	10 50	19 10	29 53	1 27	4 0
19	1:49: 1	29 5 21	16 13	4 20	14 34	14 44	15 50	10 54	19 12	29 53	1 28	3 57
20	1:52:57	0Ta 3 52	0Sg41	6 27	15 34	15 1	16 4	10 58	19 13	29 54	1 29	3 54
21	1:56:54	1 2 23	15 12	8 34	16 34	15 19	16 18	11 2	19 15	29 54	1 29	3 51
22	2: 0:50	2 0 51	29 39	10 39	17 33	15 36	16 33	11 7	19 17	29 54	1 30	3 47
23	2: 4:47	2 59 18	14Cp 0	12 44	18 32	15 55	16 47	11 11	19 18	29 55	1 31	3 44
24	2: 8:44	3 57 44	28 10	14 47	19 30	16 13	17 1	11 15	19 20	29 55	1 32	3 41
25	2:12:40	4 56 8	12Aq 9	16 48	20 28	16 32	17 15	11 20	19 21	29 56	1 33	3 38
26	2:16:37	5 54 30	25 58	18 47	21 26	16 52	17 29	11 24	19 22	29 56	1 34	3 35
27	2:20:33	6 52 51	9Pi35	20 44	22 23	17 12	17 43	11 29	19 24	29 57	1 34	3 31
28	2:24:30	7 51 10	23 1	22 38	23 20	17 32	17 57	11 34	19 25	29 57	1 35	3 28
29	2:28:26	8 49 27	6Ar17	24 29	24 16	17 52	18 11	11 39	19 26	29 58	1 36	3 25
30	2:32:23	9 47 43	19 21	26 17	25 12	18 13	18 25	11 44	19 28	29 59	1 37	3 22

4/20 Sun in Tau. 10:25   4/2 New 16:21   4/10 1st Qt. 14:35   4/18 Full 5:07   4/24 3rd Qt. 22:38

MAY 1916

Day	Sid. T.	Sun	Moon	Merc.	Venus	Mars	Jup.	Saturn	Uranus	Nept.	Pluto	N.Node
1	2:36:19	10Ta45 57	2Ta14	28Ta 1	26Ge 7	18Le34	18Ar39	11Cn49	19Aq29	29Cn59	1Cn38	3Aq19
2	2:40:16	11 44 10	14 53	29 43	27 1	18 56	18 53	11 54	19 30	0Le 0	1 39	3 16
3	2:44:13	12 42 21	27 20	1Ge20	27 55	19 18	19 7	11 59	19 31	0 1	1 40	3 12
4	2:48: 9	13 40 30	9Ge34	2 54	28 48	19 40	19 21	12 4	19 32	0 2	1 41	3 9
5	2:52: 6	14 38 37	21 37	4 24	29 41	20 2	19 35	12 9	19 33	0 2	1 42	3 6
6	2:56: 2	15 36 43	3Cn31	5 50	0Cn33	20 25	19 49	12 15	19 34	0 3	1 43	3 3
7	2:59:59	16 34 46	15 19	7 12	1 25	20 48	20 2	12 20	19 35	0 4	1 44	3 0
8	3: 3:55	17 32 48	27 7	8 30	2 15	21 11	20 16	12 26	19 36	0 5	1 46	2 57
9	3: 7:52	18 30 48	8Le58	9 44	3 5	21 35	20 30	12 31	19 36	0 6	1 47	2 53
10	3:11:48	19 28 46	20 58	10 54	3 54	21 59	20 43	12 37	19 37	0 7	1 48	2 50
11	3:15:45	20 26 42	3Vi13	11 59	4 43	22 23	20 57	12 43	19 38	0 8	1 49	2 47
12	3:19:42	21 24 36	15 47	13 0	5 30	22 48	21 10	12 49	19 38	0 9	1 50	2 44
13	3:23:38	22 22 29	28 46	13 57	6 17	23 13	21 24	12 54	19 39	0 10	1 51	2 41
14	3:27:35	23 20 20	12Li11	14 49	7 3	23 38	21 37	13 0	19 39	0 11	1 52	2 37
15	3:31:31	24 18 9	26 3	15 37	7 48	24 3	21 50	13 6	19 40	0 12	1 54	2 34
16	3:35:28	25 15 56	10Sc20	16 20	8 32	24 28	22 4	13 12	19 40	0 13	1 55	2 31
17	3:39:24	26 13 42	24 58	16 59	9 15	24 54	22 17	13 18	19 41	0 14	1 56	2 28
18	3:43:21	27 11 27	9Sg49	17 33	9 57	25 20	22 30	13 25	19 41	0 15	1 57	2 25
19	3:47:17	28 9 10	24 49	18 2	10 38	25 46	22 43	13 31	19 41	0 17	1 58	2 22
20	3:51:14	29 6 53	9Cp34	18 26	11 18	26 13	22 56	13 37	19 42	0 18	2 0	2 18
21	3:55:11	0Ge 4 34	24 14	18 46	11 57	26 39	23 9	13 43	19 42	0 19	2 1	2 15
22	3:59: 7	1 2 14	8Aq38	19 1	12 35	27 6	23 22	13 50	19 42	0 20	2 2	2 12
23	4: 3: 4	1 59 53	22 44	19 10	13 11	27 33	23 35	13 56	19 42	0 22	2 4	2 9
24	4: 7: 0	2 57 31	6Pi31	19 16	13 46	28 1	23 48	14 3	19 42	0 23	2 5	2 6
25	4:10:57	3 55 8	20 1	19 16R	14 20	28 28	24 0	14 9	19 42R	0 25	2 6	2 3
26	4:14:53	4 52 44	3Ar15	19 12	14 53	28 56	24 13	14 16	19 42	0 26	2 7	1 59
27	4:18:50	5 50 19	16 14	19 4	15 24	29 24	24 26	14 22	19 42	0 27	2 9	1 56
28	4:22:46	6 47 53	29 0	18 51	15 54	29 52	24 38	14 29	19 42	0 29	2 10	1 53
29	4:26:43	7 45 27	11Ta33	18 34	16 22	0Vi21	24 51	14 36	19 42	0 30	2 11	1 50
30	4:30:40	8 42 59	23 58	18 14	16 48	0 49	25 3	14 43	19 41	0 32	2 13	1 47
31	4:34:36	9 40 30	6Ge 8	17 50	17 13	1 18	25 15	14 50	19 41	0 33	2 14	1 43

5/21 Sun in Gem. 10:06   5/2 New 5:29   5/10 1st Qt. 8:47   5/17 Full 14:11   5/24 3rd Qt. 5:16   5/31 New 19:37

JUNE 1916

Day	Sid. T.	Sun	Moon	Merc.	Venus	Mars	Jup.	Saturn	Uranus	Nept.	Pluto	N.Node
1	4:38:33	10Ge38 1	18Ge11	17Ge24R	17Cn37	1Vi47	25Ar27	14Cn56	19Aq41R	0Le35	2Cn16	1Aq40
2	4:42:29	11 35 30	0Cn 7	16 55	17 58	2 16	25 40	15 3	19 40	0 36	2 17	1 37
3	4:46:26	12 32 59	11 57	16 24	18 18	2 45	25 52	15 10	19 40	0 38	2 18	1 34
4	4:50:22	13 30 26	23 44	15 52	18 36	3 15	26 4	15 17	19 39	0 40	2 20	1 31
5	4:54:19	14 27 52	5Le31	15 18	18 52	3 44	26 16	15 24	19 39	0 41	2 21	1 28
6	4:58:16	15 25 17	17 22	14 45	19 5	4 14	26 27	15 31	19 38	0 43	2 23	1 24
7	5: 2:12	16 22 41	29 22	14 12	19 17	4 44	26 39	15 39	19 38	0 45	2 24	1 21
8	5: 6: 9	17 20 3	11Vi36	13 39	19 27	5 14	26 51	15 46	19 37	0 46	2 25	1 18
9	5:10: 5	18 17 25	24 8	13 8	19 35	5 45	27 2	15 53	19 36	0 48	2 27	1 15
10	5:14: 2	19 14 46	7Li 4	12 39	19 40	6 15	27 14	16 0	19 35	0 50	2 28	1 12
11	5:17:58	20 12 5	20 26	12 12	19 43	6 46	27 25	16 7	19 35	0 52	2 30	1 9
12	5:21:55	21 9 24	4Sc17	11 48	19 44R	7 16	27 37	16 15	19 34	0 53	2 31	1 5
13	5:25:51	22 6 41	18 35	11 28	19 42	7 47	27 48	16 22	19 33	0 55	2 33	1 2
14	5:29:48	23 3 58	3Sg18	11 11	19 38	8 18	27 59	16 29	19 32	0 57	2 34	0 59
15	5:33:45	24 1 15	18 18	10 58	19 32	8 50	28 10	16 37	19 31	0 59	2 35	0 56
16	5:37:41	24 58 30	3Cp20	10 49	19 23	9 21	28 21	16 44	19 30	1 1	2 37	0 53
17	5:41:38	25 55 46	18 35	10 44	19 12	9 53	28 32	16 52	19 29	1 3	2 38	0 49
18	5:45:34	26 53 0	3Aq33	10 44D	18 58	10 24	28 42	16 59	19 28	1 5	2 40	0 46
19	5:49:31	27 50 15	18 14	10 48	18 42	10 56	28 53	17 7	19 26	1 6	2 41	0 43
20	5:53:27	28 47 29	2Pi34	10 57	18 24	11 28	29 3	17 14	19 25	1 8	2 43	0 40
21	5:57:24	29 44 43	16 30	11 11	18 3	12 0	29 14	17 22	19 24	1 10	2 44	0 37
22	6: 1:20	0Cn41 57	0Ar 3	11 29	17 41	12 32	29 24	17 29	19 23	1 12	2 46	0 34
23	6: 5:17	1 39 10	13 13	11 52	17 16	13 5	29 34	17 37	19 21	1 14	2 47	0 30
24	6: 9:14	2 36 24	26 5	12 20	16 49	13 37	29 44	17 44	19 20	1 16	2 49	0 27
25	6:13:10	3 33 38	8Ta39	12 53	16 20	14 10	29 54	17 52	19 19	1 18	2 50	0 24
26	6:17: 7	4 30 51	21 0	13 30	15 50	14 42	0Ta 4	18 0	19 17	1 20	2 52	0 21
27	6:21: 3	5 28 5	3Ge10	14 11	15 18	15 15	0 14	18 7	19 16	1 22	2 53	0 18
28	6:25: 0	6 25 18	15 11	14 57	14 44	15 48	0 24	18 15	19 14	1 24	2 54	0 15
29	6:28:56	7 22 32	27 5	15 47	14 9	16 21	0 33	18 23	19 13	1 26	2 56	0 11
30	6:32:53	8 19 45	8Cn54	16 42	13 34	16 55	0 42	18 31	19 11	1 28	2 57	0 8

6/21 Sun in Can. 18:25   6/8 1st Qt. 23:59   6/15 Full 21:41   6/22 3rd Qt. 13:16   6/30 New 10:43

JULY 1916

Day	Sid. T.	Sun	Moon	Merc.	Venus	Mars	Jup.	Saturn	Uranus	Nept.	Pluto	N.Node
1	6:36:49	9Cn16 59	20Cn42	17Ge41	12Cn57R	17Vi28	0Ta52	18Cn38	19Àq 9R	1Le31	2Cn59	0Aq 5
2	6:40:46	10 14 12	2Le29	18 44	12 20	18 1	1 1	18 46	19 8	1 33	3 0	0 2
3	6:44:43	11 11 25	14 18	19 51	11 43	18 35	1 10	18 54	19 6	1 35	3 2	29Cp59
4	6:48:39	12 8 37	26 14	21 3	11 5	19 9	1 19	19 1	19 4	1 37	3 3	29 55
5	6:52:36	13 5 50	8Vi17	22 18	10 28	19 43	1 27	19 9	19 3	1 39	3 5	29 52
6	6:56:32	14 3 2	20 34	23 38	9 51	20 17	1 36	19 17	19 1	1 41	3 6	29 49
7	7: 0:29	15 0 15	3Li 7	25 1	9 15	20 51	1 44	19 25	18 59	1 43	3 8	29 46
8	7: 4:25	15 57 27	16 0	26 29	8 39	21 25	1 53	19 33	18 57	1 45	3 9	29 43
9	7: 8:22	16 54 39	29 17	28 0	8 5	21 59	2 1	19 40	18 55	1 48	3 10	29 40
10	7:12:18	17 51 51	13Sc 0	29 35	7 31	22 33	2 9	19 48	18 53	1 50	3 12	29 36
11	7:16:15	18 49 2	27 10	1Cn13	7 0	23 8	2 17	19 56	18 51	1 52	3 13	29 33
12	7:20:12	19 46 14	11Sg44	2 55	6 29	23 42	2 25	20 4	18 49	1 54	3 15	29 30
13	7:24: 8	20 43 26	26 39	4 40	6 1	24 17	2 33	20 11	18 47	1 56	3 16	29 27
14	7:28: 5	21 40 38	11Cp47	6 29	5 35	24 52	2 40	20 19	18 45	1 58	3 18	29 24
15	7:32: 1	22 37 51	26 59	8 21	5 10	25 27	2 47	20 27	18 43	2 1	3 19	29 20
16	7:35:58	23 35 4	12Aq 6	10 15	4 48	26 2	2 55	20 35	18 41	2 3	3 20	29 17
17	7:39:54	24 32 17	26 59	12 12	4 28	26 37	3 2	20 43	18 39	2 5	3 22	29 14
18	7:43:51	25 29 31	11Pi32	14 12	4 10	27 12	3 9	20 50	18 37	2 7	3 23	29 11
19	7:47:48	26 26 45	25 39	16 13	3 55	27 48	3 15	20 58	18 35	2 10	3 24	29 8
20	7:51:44	27 24 1	9Ar20	18 16	3 42	28 23	3 22	21 6	18 33	2 12	3 26	29 5
21	7:55:41	28 21 17	22 35	20 21	3 31	28 59	3 28	21 14	18 30	2 14	3 27	29 1
22	7:59:37	29 18 34	5Ta26	22 27	3 23	29 34	3 35	21 21	18 28	2 16	3 29	28 58
23	8: 3:34	0Le15 51	17 57	24 33	3 17	0Li10	3 41	21 29	18 26	2 18	3 30	28 55
24	8: 7:30	1 13 10	0Ge12	26 40	3 14	0 46	3 47	21 37	18 24	2 21	3 31	28 52
25	8:11:27	2 10 30	12 15	28 47	3 13D	1 22	3 53	21 45	18 22	2 23	3 33	28 49
26	8:15:23	3 7 51	24 9	0Le54	3 14	1 58	3 58	21 52	18 19	2 25	3 34	28 46
27	8:19:20	4 5 12	5Cn57	3 1	3 17	2 34	4 4	22 0	18 17	2 27	3 35	28 42
28	8:23:17	5 2 34	17 44	5 7	3 23	3 10	4 9	22 8	18 15	2 30	3 36	28 39
29	8:27:13	5 59 58	29 32	7 12	3 31	3 46	4 14	22 15	18 12	2 32	3 38	28 36
30	8:31:10	6 57 22	11Le23	9 17	3 41	4 23	4 19	22 23	18 10	2 34	3 39	28 33
31	8:35: 6	7 54 46	23 20	11 20	3 53	4 59	4 24	22 31	18 8	2 36	3 40	28 30

7/23 Sun in Leo 5:21 7/8 1st Qt. 11:55 7/15 Full 4:40(E) 7/21 3rd Qt. 23:33 7/30 New 2:15(E)

AUGUST 1916

Day	Sid. T.	Sun	Moon	Merc.	Venus	Mars	Jup.	Saturn	Uranus	Nept.	Pluto	N.Node
1	8:39: 3	8Le52 12	5Vi24	13Le22	4Cn 7	5Li36	4Ta29	22Cn38	18Aq 5R	2Le38	3Cn41	28Cp26
2	8:42:59	9 49 38	17 37	15 23	4 24	6 13	4 33	22 46	18 3	2 41	3 43	28 23
3	8:46:56	10 47 5	0Li 3	17 22	4 42	6 49	4 37	22 53	18 1	2 43	3 44	28 20
4	8:50:52	11 44 33	12 43	19 20	5 1	7 26	4 42	23 1	17 58	2 45	3 45	28 17
5	8:54:49	12 42 2	25 39	21 16	5 23	8 3	4 45	23 8	17 56	2 47	3 46	28 14
6	8:58:46	13 39 31	8Sc54	23 11	5 46	8 40	4 49	23 16	17 54	2 49	3 47	28 11
7	9: 2:42	14 37 1	22 31	25 5	6 11	9 17	4 53	23 23	17 51	2 52	3 49	28 7
8	9: 6:39	15 34 32	6Sg29	26 57	6 38	9 55	4 56	23 31	17 49	2 54	3 50	28 4
9	9:10:35	16 32 4	20 48	28 47	7 6	10 32	4 59	23 38	17 46	2 56	3 51	28 1
10	9:14:32	17 29 37	5Cp26	0Vi36	7 36	11 9	5 2	23 46	17 44	2 58	3 52	27 58
11	9:18:28	18 27 11	20 20	2 23	8 7	11 47	5 5	23 53	17 42	3 0	3 53	27 55
12	9:22:25	19 24 45	5Aq21	4 9	8 39	12 24	5 8	24 0	17 39	3 3	3 54	27 52
13	9:26:21	20 22 21	20 22	5 53	9 13	13 2	5 10	24 8	17 37	3 5	3 55	27 48
14	9:30:18	21 19 58	5Pi15	7 36	9 48	13 40	5 13	24 15	17 34	3 7	3 56	27 45
15	9:34:14	22 17 36	19 51	9 17	10 25	14 18	5 15	24 22	17 32	3 9	3 57	27 42
16	9:38:11	23 15 16	4Ar 5	10 57	11 2	14 55	5 16	24 29	17 30	3 11	3 58	27 39
17	9:42: 8	24 12 57	17 53	12 35	11 41	15 33	5 18	24 36	17 27	3 13	3 59	27 36
18	9:46: 4	25 10 39	1Ta14	14 12	12 21	16 12	5 20	24 43	17 25	3 15	4 0	27 32
19	9:50: 1	26 8 24	14 9	15 48	13 2	16 50	5 21	24 51	17 23	3 17	4 1	27 29
20	9:53:57	27 6 10	26 41	17 22	13 44	17 28	5 22	24 58	17 20	3 19	4 2	27 26
21	9:57:54	28 3 58	8Ge55	18 55	14 27	18 6	5 23	25 5	17 18	3 22	4 3	27 23
22	10: 1:50	29 1 47	20 55	20 26	15 11	18 45	5 23	25 12	17 16	3 24	4 4	27 20
23	10: 5:47	29 59 38	2Cn47	21 56	15 56	19 23	5 24	25 18	17 13	3 26	4 5	27 17
24	10: 9:43	0Vi57 31	14 34	23 24	16 41	20 2	5 24	25 25	17 11	3 28	4 6	27 13
25	10:13:40	1 55 26	26 21	24 51	17 28	20 40	5 24R	25 32	17 9	3 30	4 7	27 10
26	10:17:37	2 53 22	8Le12	26 17	18 15	21 19	5 24	25 39	17 6	3 32	4 8	27 7
27	10:21:33	3 51 20	20 10	27 41	19 4	21 58	5 24	25 46	17 4	3 34	4 9	27 4
28	10:25:30	4 49 20	2Vi17	29 3	19 53	22 37	5 23	25 52	17 2	3 36	4 10	27 1
29	10:29:26	5 47 21	14 35	0Li23	20 42	23 16	5 23	25 59	17 0	3 38	4 11	26 58
30	10:33:23	6 45 23	27 4	1 43	21 33	23 55	5 22	26 5	16 57	3 40	4 11	26 54
31	10:37:20	7 43 28	9Li46	3 1	22 24	24 34	5 21	26 12	16 55	3 41	4 12	26 51

8/23 Sun in Vir. 12:09 8/6 1st Qt. 21:06 8/13 Full 12:00 8/20 3rd Qt. 12:53 8/28 New 17:24

Day	Sid. T.	Sun	Moon	Merc.	Venus	Mars	Jup.	Saturn	Uranus	Nept.	Pluto	N.Node
1	10:41:16	8Vi41 33	22Li41	4Li17	23Cn16	25Li14	5Ta19R	26Cn18	16Aq53R	3Le43	4Cn13	26Cp48
2	10:45:12	9 39 41	5Sc49	5 31	24 8	25 53	5 18	26 25	16 51	3 45	4 13	26 45
3	10:49: 9	10 37 49	19 12	6 44	25 2	26 32	5 16	26 31	16 49	3 47	4 14	26 42
4	10:53: 5	11 36 0	2Sg48	7 54	25 55	27 12	5 14	26 38	16 47	3 49	4 15	26 38
5	10:57: 2	12 34 11	16 39	9 3	26 50	27 51	5 12	26 44	16 45	3 51	4 15	26 35
6	11: 0:59	13 32 24	0Cp45	10 9	27 44	28 31	5 10	26 50	16 42	3 53	4 16	26 32
7	11: 4:55	14 30 39	15 5	11 13	28 40	29 9	5 7	26 56	16 40	3 54	4 17	26 29
8	11: 8:52	15 28 55	29 36	12 15	29 36	29 50	5 5	27 2	16 38	3 56	4 17	26 26
9	11:12:48	16 27 13	14Aq16	13 15	0Le32	0Sc30	5 2	27 8	16 36	3 58	4 18	26 23
10	11:16:45	17 25 32	28 58	14 11	1 29	1 10	4 59	27 14	16 34	4 0	4 18	26 19
11	11:20:42	18 23 53	13Pi36	15 5	2 27	1 50	4 55	27 20	16 33	4 1	4 19	26 16
12	11:24:38	19 22 15	28 2	15 56	3 24	2 30	4 52	27 26	16 31	4 3	4 19	26 13
13	11:28:35	20 20 40	12Ar11	16 44	4 23	3 11	4 48	27 32	16 29	4 5	4 20	26 10
14	11:32:31	21 19 7	25 58	17 28	5 22	3 51	4 44	27 37	16 27	4 6	4 20	26 7
15	11:36:28	22 17 35	9Ta20	18 9	6 21	4 31	4 40	27 43	16 25	4 8	4 21	26 4
16	11:40:24	23 16 6	22 17	18 46	7 20	5 12	4 36	27 48	16 23	4 10	4 21	26 0
17	11:44:21	24 14 39	4Ge52	19 18	8 20	5 52	4 32	27 54	16 22	4 11	4 22	25 57
18	11:48:17	25 13 14	17 7	19 46	9 21	6 33	4 27	27 59	16 20	4 13	4 22	25 54
19	11:52:14	26 11 52	29 8	20 8	10 22	7 13	4 22	28 5	16 18	4 14	4 22	25 51
20	11:56:10	27 10 32	10Cn59	20 26	11 23	7 54	4 17	28 10	16 17	4 16	4 23	25 48
21	12: 0: 7	28 9 13	22 47	20 37	12 25	8 35	4 12	28 15	16 15	4 17	4 23	25 44
22	12: 4: 4	29 7 58	4Le35	20 43	13 27	9 16	4 7	28 20	16 14	4 19	4 24	25 41
23	12: 8: 0	0Li 6 44	16 30	20 42R	14 29	9 57	4 2	28 25	16 12	4 20	4 24	25 38
24	12:11:57	1 5 32	28 35	20 34	15 31	10 38	3 56	28 30	16 10	4 22	4 24	25 35
25	12:15:53	2 4 23	10Vi53	20 19	16 34	11 19	3 50	28 35	16 9	4 23	4 24	25 32
26	12:19:50	3 3 15	23 26	19 57	17 38	12 0	3 44	28 40	16 8	4 24	4 24	25 29
27	12:23:46	4 2 10	6Li14	19 27	18 41	12 41	3 38	28 44	16 6	4 26	4 25	25 25
28	12:27:43	5 1 7	19 18	18 50	19 45	13 23	3 32	28 49	16 5	4 27	4 25	25 22
29	12:31:39	6 0 5	2Sc35	18 5	20 49	14 4	3 26	28 53	16 4	4 28	4 25	25 19
30	12:35:36	6 59 6	16 5	17 14	21 54	14 46	3 19	28 58	16 2	4 29	4 25	25 16

9/23 Sun in Lib. 9:15   9/5 1st Qt. 4:27   9/11 Full 20:31   9/19 3rd Qt. 5:35   9/27 New 7:34

Day	Sid. T.	Sun	Moon	Merc.	Venus	Mars	Jup.	Saturn	Uranus	Nept.	Pluto	N.Node
1	12:39:33	7Li58 8	29Sc44	16Li16R	22Le58	15Sc27	3Ta13R	29Cn 2	16Aq 1R	4Le31	4Cn25	25Cp13
2	12:43:29	8 57 13	13Sg32	15 14	24 3	16 9	3 6	29 6	16 0	4 32	4 25	25 9
3	12:47:26	9 56 19	27 26	14 7	25 9	16 50	2 59	29 11	15 59	4 33	4 25	25 3
4	12:51:22	10 55 26	11Cp28	12 58	26 14	17 32	2 52	29 15	15 58	4 34	4 25R	25 0
5	12:55:19	11 54 36	25 35	11 48	27 20	18 14	2 45	29 19	15 57	4 35	4 25	24 57
6	12:59:15	12 53 47	9Aq47	10 39	28 26	18 56	2 38	29 23	15 56	4 36	4 25	24 54
7	13: 3:12	13 53 0	24 3	9 33	29 32	19 38	2 31	29 26	15 55	4 37	4 25	24 50
8	13: 7: 8	14 52 15	8Pi19	8 32	0Vi38	20 20	2 23	29 30	15 54	4 38	4 25	24 47
9	13:11: 5	15 51 32	22 32	7 38	1 45	21 2	2 16	29 34	15 53	4 39	4 25	24 44
10	13:15: 2	16 50 50	6Ar37	6 52	2 52	21 44	2 8	29 37	15 52	4 40	4 25	24 41
11	13:18:58	17 50 11	20 29	6 15	3 59	22 27	2 1	29 41	15 52	4 41	4 25	24 38
12	13:22:55	18 49 33	4Ta 4	5 49	5 6	23 9	1 53	29 44	15 51	4 42	4 24	24 35
13	13:26:51	19 48 58	17 18	5 33	6 14	23 51	1 45	29 47	15 50	4 43	4 24	24 31
14	13:30:48	20 48 25	0Ge12	5 28D	7 22	24 34	1 37	29 51	15 50	4 44	4 24	24 28
15	13:34:44	21 47 54	12 44	5 35	8 30	25 16	1 30	29 54	15 49	4 44	4 24	24 25
16	13:38:41	22 47 26	24 59	5 52	9 38	25 59	1 22	29 57	15 49	4 45	4 23	24 22
17	13:42:37	23 46 59	7Cn 0	6 19	10 46	26 42	1 14	0Le 2	15 48	4 46	4 23	24 19
18	13:46:34	24 46 35	18 52	6 56	11 54	27 24	1 6	0 5	15 48	4 47	4 23	24 15
19	13:50:31	25 46 14	0Le39	7 41	13 3	28 7	0 58	0 7	15 47	4 47	4 22	24 12
20	13:54:27	26 45 54	12 29	8 34	14 12	28 50	0 49	0 10	15 47	4 48	4 22	24 9
21	13:58:24	27 45 37	24 26	9 35	15 21	29 33	0 41	0 12	15 47	4 49	4 22	24 6
22	14: 2:20	28 45 22	6Vi35	10 41	16 30	0Sg16	0 33	0 14	15 47	4 49	4 21	24 3
23	14: 6:17	29 45 9	19 0	11 53	17 40	0 59	0 25	0 16	15 46	4 50	4 21	24 0
24	14:10:13	0Sc44 58	1Li44	13 10	18 49	1 42	0 17	0 18	15 46	4 50	4 20	23 56
25	14:14:10	1 44 50	14 49	14 31	19 59	2 26	0 9	0 20	15 46	4 51	4 20	23 53
26	14:18: 6	2 44 43	28 13	15 56	21 9	3 9	0 1	0 22	15 46D	4 51	4 19	23 50
27	14:22: 3	3 44 39	11Sc55	17 23	22 19	3 52	29Ar53	0 24	15 47	4 52	4 19	23 47
28	14:26: 0	4 44 36	25 50	18 53	23 29	4 36	29 44	0 24	15 47	4 52	4 18	23 44
29	14:29:56	5 44 35	9Sg55	20 24	24 39	5 19	29 36	0 25	15 47	4 52	4 18	23 44
30	14:33:53	6 44 36	24 5	21 58	25 50	6 3	29 28	0 27	15 47	4 52	4 18	23 41
31	14:37:49	7 44 39	8Cp16	23 32	27 0	6 47	29 20	0 28	15 47	4 53	4 17	23 37

10/23 Sun in Sco. 17:58   10/4 1st Qt. 11:00   10/11 Full 7:01   10/19 3rd Qt. 1:08   10/26 New 20:37

NOVEMBER 1916

Day	Sid. T.	Sun	Moon	Merc.	Venus	Mars	Jup.	Saturn	Uranus	Nept.	Pluto	N.Node
1	14:41:46	8Sc44 43	22Cp26	25Li 8	28Vi11	7Sg30	29Ar12R	0Le30	15Aq47	4Le53	4Cn17R	23Cp34
2	14:45:42	9 44 49	6Aq34	26 44	29 22	8 14	29 5	0 31	15 48	4 53	4 16	23 31
3	14:49:39	10 44 56	20 37	28 21	0Li33	8 58	28 57	0 32	15 48	4 53	4 15	23 28
4	14:53:35	11 45 5	4Pi36	29 58	1 44	9 42	28 49	0 33	15 49	4 53	4 15	23 25
5	14:57:32	12 45 15	18 30	1Sc36	2 55	10 26	28 41	0 33	15 49	4 53	4 14	23 21
6	15: 1:28	13 45 27	2Ar17	3 14	4 6	11 10	28 34	0 34	15 50	4 53	4 13	23 18
7	15: 5:25	14 45 40	15 56	4 51	5 18	11 54	28 26	0 35	15 50	4 53R	4 13	23 15
8	15: 9:22	15 45 55	29 23	6 29	6 29	12 38	28 19	0 35	15 51	4 53	4 12	23 12
9	15:13:18	16 46 12	12Ta36	8 7	7 41	13 22	28 12	0 36	15 52	4 53	4 11	23 9
10	15:17:15	17 46 30	25 34	9 44	8 52	14 7	28 4	0 36	15 52	4 53	4 10	23 6
11	15:21:11	18 46 50	8Ge16	11 22	10 4	14 51	27 57	0 36	15 53	4 53	4 10	23 2
12	15:25: 8	19 47 12	20 41	12 59	11 16	15 35	27 50	0 36R	15 54	4 53	4 9	22 59
13	15:29: 4	20 47 36	2Cn52	14 36	12 28	16 20	27 43	0 36	15 55	4 53	4 8	22 56
14	15:33: 1	21 48 2	14 50	16 12	13 40	17 4	27 37	0 36	15 56	4 53	4 7	22 53
15	15:36:57	22 48 29	26 41	17 49	14 53	17 49	27 30	0 35	15 57	4 52	4 6	22 50
16	15:40:54	23 48 58	8Le28	19 25	16 5	18 34	27 23	0 35	15 58	4 52	4 6	22 47
17	15:44:51	24 49 29	20 17	21 1	17 17	19 18	27 17	0 34	15 59	4 52	4 5	22 43
18	15:48:47	25 50 2	2Vi13	22 37	18 30	20 3	27 11	0 34	16 0	4 51	4 4	22 40
19	15:52:44	26 50 36	14 22	24 13	19 42	20 48	27 5	0 33	16 2	4 51	4 3	22 37
20	15:56:40	27 51 12	26 48	25 48	20 55	21 33	26 59	0 32	16 3	4 51	4 2	22 34
21	16: 0:37	28 51 50	9Li36	27 23	22 8	22 18	26 53	0 31	16 4	4 50	4 1	22 31
22	16: 4:34	29 52 30	22 48	28 58	23 21	23 3	26 47	0 30	16 5	4 50	4 0	22 28
23	16: 8:30	0Sg53 11	6Sc24	0Sg33	24 34	23 48	26 42	0 29	16 7	4 49	3 59	22 24
24	16:12:26	1 53 54	20 23	2 8	25 47	24 33	26 37	0 27	16 8	4 49	3 58	22 21
25	16:16:23	2 54 38	4Sg40	3 42	27 0	25 18	26 32	0 26	16 10	4 48	3 57	22 18
26	16:20:20	3 55 24	19 11	5 16	28 13	26 3	26 26	0 24	16 11	4 47	3 56	22 15
27	16:24:16	4 56 10	3Cp49	6 51	29 26	26 49	26 22	0 23	16 13	4 47	3 55	22 12
28	16:28:13	5 56 58	18 26	8 25	0Sc39	27 34	26 17	0 21	16 15	4 46	3 54	22 8
29	16:32: 9	6 57 47	2Aq57	9 59	1 53	28 19	26 13	0 19	16 16	4 45	3 53	22 5
30	16:36: 6	7 58 37	17 19	11 33	3 6	29 5	26 9	0 17	16 18	4 45	3 52	22 2

11/22 Sun in Sag. 14:58   11/2 1st Qt. 17:51   11/9 Full 20:18   11/17 3rd Qt. 22:00   11/25 New 8:50

DECEMBER 1916

Day	Sid. T.	Sun	Moon	Merc.	Venus	Mars	Jup.	Saturn	Uranus	Nept.	Pluto	N.Node
1	16:40: 2	8Sg59 28	1Pi28	13Sg 7	4Sc19	29Sg50	26Ar 5R	0Le15R	16Aq20	4Le44R	3Cn51R	21Cp59
2	16:43:59	10 0 19	15 24	14 41	5 33	0Cp36	26 1	0 13	16 22	4 43	3 50	21 56
3	16:47:56	11 1 11	29 6	16 14	6 47	1 21	25 57	0 11	16 24	4 42	3 49	21 53
4	16:51:52	12 2 4	12Ar35	17 48	8 0	2 7	25 54	0 8	16 25	4 41	3 47	21 49
5	16:55:49	13 2 58	25 51	19 22	9 14	2 53	25 50	0 6	16 27	4 40	3 46	21 46
6	16:59:45	14 3 53	8Ta54	20 56	10 28	3 38	25 47	0 3	16 29	4 40	3 45	21 43
7	17: 3:42	15 4 48	21 44	22 30	11 41	4 24	25 44	0 1	16 31	4 39	3 44	21 40
8	17: 7:38	16 5 45	4Ge21	24 3	12 55	5 10	25 42	29Cn58	16 33	4 38	3 43	21 37
9	17:11:35	17 6 42	16 46	25 37	14 9	5 56	25 39	29 55	16 36	4 37	3 42	21 33
10	17:15:31	18 7 40	28 59	27 11	15 23	6 42	25 37	29 52	16 38	4 36	3 41	21 30
11	17:19:28	19 8 39	11Cn 2	28 45	16 37	7 28	25 35	29 49	16 40	4 35	3 39	21 27
12	17:23:24	20 9 39	22 57	0Cp19	17 51	8 14	25 33	29 46	16 42	4 33	3 38	21 24
13	17:27:21	21 10 40	4Le46	1 52	19 5	9 0	25 31	29 43	16 44	4 32	3 37	21 21
14	17:31:18	22 11 41	16 33	3 26	20 19	9 46	25 30	29 39	16 47	4 31	3 36	21 18
15	17:35:14	23 12 44	28 22	5 0	21 33	10 32	25 28	29 36	16 49	4 30	3 35	21 14
16	17:39:11	24 13 47	10Vi17	6 33	22 47	11 18	25 27	29 32	16 52	4 29	3 34	21 11
17	17:43: 7	25 14 52	22 23	8 7	24 1	12 4	25 27	29 29	16 54	4 28	3 32	21 8
18	17:47: 4	26 15 57	4Li46	9 40	25 16	12 51	25 26	29 25	16 56	4 26	3 31	21 5
19	17:51: 0	27 17 3	17 29	11 13	26 30	13 37	25 25	29 21	16 59	4 25	3 30	21 2
20	17:54:57	28 18 10	0Sc37	12 46	27 44	14 23	25 25	29 18	17 2	4 24	3 29	20 58
21	17:58:54	29 19 18	14 12	14 18	28 58	15 10	25 25D	29 14	17 4	4 23	3 28	20 55
22	18: 2:50	0Cp20 26	28 14	15 49	0Sg13	15 56	25 26	29 10	17 7	4 21	3 26	20 52
23	18: 6:47	1 21 35	12Sg41	17 20	1 27	16 43	25 26	29 6	17 9	4 20	3 25	20 49
24	18:10:43	2 22 44	27 27	18 50	2 42	17 29	25 27	29 2	17 12	4 19	3 24	20 46
25	18:14:40	3 23 54	12Cp25	20 19	3 56	18 16	25 27	28 58	17 15	4 17	3 23	20 43
26	18:18:36	4 25 4	27 27	21 47	5 11	19 2	25 28	28 53	17 18	4 16	3 21	20 39
27	18:22:33	5 26 15	12Aq24	23 13	6 25	19 49	25 30	28 49	17 20	4 14	3 20	20 36
28	18:26:29	6 27 25	27 9	24 37	7 40	20 36	25 31	28 45	17 23	4 13	3 19	20 33
29	18:30:26	7 28 35	11Pi36	25 58	8 54	21 22	25 33	28 40	17 26	4 11	3 18	20 30
30	18:34:23	8 29 45	25 43	27 17	10 9	22 9	25 35	28 36	17 29	4 10	3 17	20 27
31	18:38:19	9 30 54	9Ar27	28 33	11 23	22 56	25 37	28 31	17 32	4 8	3 15	20 24

12/22 Sun in Cap. 3:59   12/2 1st Qt. 1:55   12/9 Full 12:44   12/17 3rd Qt. 18:06   12/24 New 20:31 (E)   12/31 1st Qt. 12:07

Day	Sid. T.	Sun	Moon	Merc.	Venus	Mars	Jup.	Saturn	Uranus	Nept.	Pluto	N.Node
1	18:42:16	10Cp32 4	22Ar51	29Cp45	12Sg38	23Cp43	25Ar39	28Cn27R	17Aq35	4Le 7R	3Cn14R	20Cp20
2	18:46:12	11 33 13	5Ta55	0Aq53	13 53	24 30	25 42	28 22	17 38	4 5	3 13	20 17
3	18:50: 9	12 34 22	18 41	1 55	15 7	25 16	25 44	28 18	17 41	4 4	3 12	20 14
4	18:54: 5	13 35 31	1Ge13	2 52	16 22	26 3	25 47	28 13	17 44	4 2	3 11	20 11
5	18:58: 2	14 36 39	13 32	3 42	17 36	26 50	25 50	28 8	17 47	4 1	3 9	20 8
6	19: 1:59	15 37 48	25 41	4 24	18 51	27 37	25 54	28 3	17 50	3 59	3 8	20 4
7	19: 5:55	16 38 56	7Cn42	4 58	20 6	28 24	25 57	27 59	17 53	3 58	3 7	20 1
8	19: 9:52	17 40 3	19 37	5 22	21 21	29 11	26 1	27 54	17 56	3 56	3 6	19 58
9	19:13:48	18 41 11	1Le27	5 36	22 35	29 58	26 5	27 49	17 59	3 54	3 5	19 55
10	19:17:45	19 42 18	13 15	5 40R	23 50	0Aq45	26 9	27 44	18 2	3 53	3 4	19 52
11	19:21:41	20 43 25	25 3	5 31	25 5	1 32	26 13	27 39	18 5	3 51	3 2	19 49
12	19:25:38	21 44 32	6Vi55	5 11	26 19	2 19	26 17	27 34	18 9	3 49	3 1	19 45
13	19:29:34	22 45 39	18 52	4 39	27 34	3 6	26 22	27 30	18 12	3 48	3 0	19 42
14	19:33:31	23 46 45	0Li59	3 56	28 49	3 54	26 27	27 25	18 15	3 46	2 59	19 39
15	19:37:27	24 47 51	13 19	3 3	0Cp 4	4 41	26 32	27 20	18 18	3 45	2 58	19 36
16	19:41:24	25 48 57	25 58	2 0	1 19	5 28	26 37	27 15	18 22	3 43	2 57	19 33
17	19:45:21	26 50 3	8Sc58	0 51	2 33	6 15	26 42	27 10	18 25	3 41	2 56	19 30
18	19:49:17	27 51 9	22 23	29Cp36	3 48	7 2	26 48	27 5	18 28	3 39	2 55	19 26
19	19:53:14	28 52 14	6Sg11	28 19	5 3	7 50	26 53	27 0	18 31	3 38	2 53	19 23
20	19:57:10	29 53 19	20 33	27 1	6 18	8 37	26 59	26 55	18 35	3 36	2 52	19 20
21	20: 1: 7	0Aq54 23	5Cp16	25 46	7 33	9 24	27 5	26 50	18 38	3 34	2 51	19 17
22	20: 5: 4	1 55 27	20 18	24 34	8 48	10 12	27 12	26 45	18 41	3 33	2 50	19 14
23	20: 9: 0	2 56 30	5Aq31	23 28	10 3	10 59	27 18	26 40	18 45	3 31	2 49	19 10
24	20:12:57	3 57 33	20 44	22 30	11 17	11 46	27 25	26 35	18 48	3 29	2 48	19 7
25	20:16:53	4 58 34	5Pi49	21 40	12 32	12 34	27 31	26 31	18 52	3 28	2 47	19 4
26	20:20:50	5 59 34	20 37	20 58	13 47	13 21	27 38	26 26	18 55	3 26	2 46	19 1
27	20:24:46	7 0 34	5Ar 1	20 25	15 2	14 8	27 45	26 21	18 58	3 24	2 45	18 58
28	20:28:43	8 1 31	18 58	20 1	16 17	14 56	27 52	26 16	19 2	3 23	2 44	18 55
29	20:32:39	9 2 28	2Ta27	19 46	17 32	15 43	28 0	26 11	19 5	3 21	2 43	18 51
30	20:36:36	10 3 24	15 31	19 39	18 47	16 30	28 7	26 7	19 9	3 19	2 42	18 48
31	20:40:32	11 4 18	28 13	19 40D	20 2	17 18	28 15	26 2	19 12	3 18	2 41	18 45

1/20 Sun in Aqu. 14:38   1/8 Full 7:42(E)   1/16 3rd Qt. 11:42   1/23 New 7:40(E)   1/30 1st Qt. 1:01

Day	Sid. T.	Sun	Moon	Merc.	Venus	Mars	Jup.	Saturn	Uranus	Nept.	Pluto	N.Node
1	20:44:29	12Aq 5 11	10Ge36	19Cp49	21Cp16	18Aq 5	28Ar23	25Cn57R	19Aq16	3Le16R	2Cn41R	18Cp42
2	20:48:26	13 6 2	22 44	20 4	22 31	18 53	28 31	25 53	19 19	3 14	2 40	18 39
3	20:52:22	14 6 52	4Cn43	20 25	23 46	19 40	28 39	25 48	19 23	3 13	2 39	18 36
4	20:56:19	15 7 41	16 35	20 53	25 1	20 28	28 47	25 44	19 26	3 11	2 38	18 32
5	21: 0:15	16 8 29	28 24	21 26	26 16	21 15	28 56	25 39	19 30	3 9	2 37	18 29
6	21: 4:12	17 9 15	10Le11	22 3	27 31	22 2	29 4	25 35	19 33	3 8	2 36	18 26
7	21: 8: 8	18 10 0	22 1	22 45	28 46	22 50	29 13	25 30	19 37	3 6	2 35	18 23
8	21:12: 5	19 10 44	3Vi53	23 32	0Aq 0	23 37	29 22	25 26	19 40	3 4	2 35	18 20
9	21:16: 2	20 11 27	15 51	24 22	1 15	24 25	29 31	25 22	19 43	3 3	2 34	18 16
10	21:19:58	21 12 8	27 56	25 15	2 30	25 12	29 40	25 18	19 47	3 1	2 33	18 13
11	21:23:55	22 12 48	10Li10	26 11	3 45	26 0	29 49	25 13	19 50	3 0	2 32	18 10
12	21:27:51	23 13 27	22 35	27 11	5 0	26 47	29 58	25 9	19 54	2 58	2 32	18 7
13	21:31:48	24 14 4	5Sc15	28 13	6 15	27 35	0Ta 8	25 5	19 57	2 57	2 31	18 4
14	21:35:44	25 14 41	18 11	29 17	7 30	28 22	0 17	25 1	20 1	2 55	2 30	18 1
15	21:39:41	26 15 16	1Sg28	0Aq24	8 44	29 9	0 27	24 58	20 4	2 53	2 30	17 57
16	21:43:37	27 15 51	15 7	1 33	9 59	29 57	0 37	24 54	20 8	2 52	2 29	17 54
17	21:47:34	28 16 24	29 10	2 44	11 14	0Pi44	0 47	24 50	20 11	2 50	2 28	17 51
18	21:51:30	29 16 56	13Cp37	3 57	12 29	1 32	0 57	24 46	20 15	2 49	2 28	17 48
19	21:55:27	0Pi17 26	28 25	5 11	13 44	2 19	1 7	24 43	20 18	2 47	2 27	17 45
20	21:59:24	1 17 55	13Aq29	6 28	14 59	3 7	1 18	24 39	20 22	2 46	2 27	17 42
21	22: 3:20	2 18 23	28 40	7 45	16 14	3 54	1 28	24 36	20 25	2 44	2 26	17 38
22	22: 7:17	3 18 48	13Pi49	9 5	17 28	4 41	1 39	24 33	20 28	2 43	2 26	17 35
23	22:11:13	4 19 12	28 46	10 25	18 43	5 29	1 49	24 29	20 32	2 42	2 25	17 32
24	22:15:10	5 19 35	13Ar21	11 47	19 58	6 16	2 0	24 26	20 35	2 40	2 25	17 29
25	22:19: 6	6 19 55	27 30	13 11	21 13	7 4	2 11	24 23	20 39	2 39	2 24	17 26
26	22:23: 3	7 20 13	11Ta 9	14 35	22 28	7 51	2 22	24 20	20 42	2 38	2 24	17 22
27	22:26:59	8 20 30	24 20	16 1	23 43	8 38	2 33	24 17	20 45	2 36	2 23	17 19
28	22:30:56	9 20 44	7Ge 5	17 28	24 57	9 26	2 44	24 15	20 49	2 35	2 23	17 16

2/19 Sun in Pis. 5:05   2/7 Full 3:28   2/15 3rd Qt. 1:53   2/21 New 18:09   2/28 1st Qt. 16:44

MARCH 1917

Day	Sid. T.	Sun	Moon	Merc.	Venus	Mars	Jup.	Saturn	Uranus	Nept.	Pluto	N.Node
1	22:34:53	10Pi20 57	19Ge28	18Aq56	26Aq12	10Pi13	2Ta55	24Cn12R	20Aq52	2Le34R	2Cn23R	17Cp13
2	22:38:49	11 21 7	1Cn34	20 26	27 27	11 0	3 7	24 9	20 55	2 32	2 22	17 10
3	22:42:46	12 21 15	13 29	21 56	28 42	11 48	3 18	24 7	20 59	2 31	2 22	17 7
4	22:46:42	13 21 22	25 17	23 28	29 56	12 35	3 29	24 5	21 2	2 30	2 22	17 3
5	22:50:39	14 21 26	7Le 4	25 0	1Pi11	13 22	3 41	24 2	21 5	2 29	2 21	17 0
6	22:54:35	15 21 28	18 52	26 34	2 26	14 9	3 53	24 0	21 9	2 28	2 21	16 57
7	22:58:32	16 21 28	0Vi45	28 9	3 41	14 56	4 5	23 58	21 12	2 27	2 21	16 54
8	23: 2:28	17 21 26	12 45	29 46	4 55	15 44	4 16	23 56	21 15	2 25	2 21	16 51
9	23: 6:25	18 21 22	24 53	1Pi23	6 10	16 31	4 28	23 54	21 18	2 24	2 20	16 47
10	23:10:21	19 21 16	7Li11	3 1	7 25	17 18	4 40	23 53	21 21	2 23	2 20	16 44
11	23:14:18	20 21 9	19 39	4 41	8 39	18 5	4 53	23 51	21 25	2 22	2 20	16 41
12	23:18:15	21 20 59	2Sc17	6 22	9 54	18 52	5 5	23 49	21 28	2 21	2 20	16 38
13	23:22:11	22 20 48	15 8	8 4	11 9	19 39	5 17	23 48	21 31	2 20	2 20	16 35
14	23:26: 8	23 20 36	28 11	9 47	12 23	20 26	5 29	23 47	21 34	2 19	2 20	16 32
15	23:30: 4	24 20 21	11Sg29	11 31	13 38	21 13	5 42	23 45	21 37	2 18	2 20	16 28
16	23:34: 1	25 20 3		13 17	14 53	22 0	5 54	23 44	21 40	2 18	2 20	16 25
17	23:37:57	26 19 47	8Cp54	15 3	16 7	22 47	6 7	23 43	21 43	2 17	2 20D	16 22
18	23:41:54	27 19 28	23 4	16 51	17 22	23 34	6 19	23 42	21 46	2 16	2 20	16 19
19	23:45:50	28 19 7	7Aq32	18 40	18 37	24 21	6 32	23 41	21 49	2 15	2 20	16 16
20	23:49:47	29 18 44	22 15	20 31	19 51	25 8	6 45	23 41	21 52	2 14	2 20	16 13
21	23:53:44	0Ar18 19	7Pi 8	22 23	21 6	25 55	6 58	23 40	21 55	2 14	2 20	16 9
22	23:57:40	1 17 52	22 2	24 16	22 20	26 42	7 11	23 40	21 58	2 13	2 20	16 6
23	0: 1:37	2 17 23	6Ar49	26 10	23 35	27 29	7 24	23 39	22 1	2 12	2 20	16 3
24	0: 5:33	3 16 52	21 21	28 5	24 49	28 15	7 37	23 39	22 3	2 12	2 20	16 0
25	0: 9:30	4 16 19	5Ta30	0Ar 2	26 4	29 2	7 50	23 39	22 6	2 11	2 21	15 57
26	0:13:26	5 15 44	19 13	2 0	27 18	29 49	8 3	23 39D	22 9	2 10	2 21	15 53
27	0:17:23	6 15 7	2Ge28	3 59	28 33	0Ar36	8 16	23 39	22 12	2 10	2 21	15 50
28	0:21:19	7 14 27	15 17	5 59	29 48	1 22	8 29	23 39	22 14	2 9	2 21	15 47
29	0:25:16	8 13 45	27 43	8 0	1Ar 2	2 9	8 43	23 40	22 17	2 9	2 22	15 44
30	0:29:13	9 13 1	9Cn51	10 2	2 16	2 56	8 56	23 40	22 20	2 8	2 22	15 41
31	0:33: 9	10 12 14	21 48	12 5	3 31	3 42	9 9	23 41	22 22	2 8	2 22	15 38

3/21 Sun in Ari. 4:37   3/8 Full 21:58   3/16 3rd Qt. 12:33   3/23 New 4:05   3/30 1st Qt. 10:36

APRIL 1917

Day	Sid. T.	Sun	Moon	Merc.	Venus	Mars	Jup.	Saturn	Uranus	Nept.	Pluto	N.Node
1	0:37: 6	11Ar11 25	3Le37	14Ar 8	4Ar45	4Ar29	9Ta23	23Cn41	22Aq25	2Le 7R	2Cn23	15Cp34
2	0:41: 2	12 10 34	15 24	16 12	6 0	5 15	9 36	23 42	22 27	2 7	2 23	15 31
3	0:44:59	13 9 41	27 15	18 16	7 14	6 2	9 50	23 43	22 30	2 7	2 23	15 28
4	0:48:55	14 8 45	9Vi13	20 20	8 29	6 48	10 3	23 44	22 32	2 6	2 24	15 25
5	0:52:52	15 7 47	21 20	22 24	9 43	7 34	10 17	23 45	22 35	2 6	2 24	15 22
6	0:56:48	16 6 47	3Li40	24 27	10 57	8 21	10 30	23 46	22 37	2 6	2 25	15 19
7	1: 0:45	17 5 45	16 13	26 30	12 12	9 7	10 44	23 48	22 40	2 6	2 25	15 15
8	1: 4:42	18 4 41	28 58	28 31	13 26	9 53	10 58	23 49	22 42	2 6	2 26	15 12
9	1: 8:38	19 3 34	11Sc57	0Ta31	14 40	10 39	11 12	23 50	22 44	2 5	2 26	15 9
10	1:12:35	20 2 26	25 6	2 29	15 55	11 26	11 25	23 52	22 46	2 5	2 27	15 6
11	1:16:31	21 1 17	8Sg27	4 25	17 9	12 12	11 39	23 54	22 49	2 5	2 27	15 3
12	1:20:28	22 0 5	21 58	6 18	18 23	12 58	11 53	23 56	22 51	2 5	2 28	14 59
13	1:24:24	22 58 52	5Cp39	8 8	19 38	13 44	12 7	23 58	22 53	2 5D	2 28	14 56
14	1:28:21	23 57 37	19 31	9 55	20 52	14 30	12 21	24 0	22 55	2 5	2 29	14 53
15	1:32:17	24 56 20	3Aq34	11 39	22 6	15 16	12 35	24 2	22 57	2 5	2 30	14 50
16	1:36:14	25 55 2	17 47	13 18	23 20	16 2	12 49	24 4	22 59	2 5	2 30	14 47
17	1:40:11	26 53 42	2Pi 9	14 54	24 35	16 48	13 3	24 6	23 1	2 6	2 31	14 44
18	1:44: 7	27 52 20	16 37	16 25	25 49	17 34	13 17	24 9	23 3	2 6	2 32	14 40
19	1:48: 4	28 50 57	1Ar 6	17 52	27 3	18 19	13 31	24 12	23 5	2 6	2 33	14 37
20	1:52: 0	29 49 32	15 30	19 14	28 17	19 5	13 45	24 14	23 7	2 6	2 33	14 34
21	1:55:57	0Ta48 5	29 42	20 32	29 31	19 51	13 59	24 17	23 9	2 6	2 34	14 31
22	1:59:53	1 46 36	13Ta37	21 45	0Ta45	20 36	14 13	24 20	23 10	2 7	2 35	14 28
23	2: 3:50	2 45 5	27 11	22 52	2 0	21 22	14 27	24 23	23 12	2 7	2 36	14 25
24	2: 7:46	3 43 32	10Ge21	23 55	3 14	22 8	14 42	24 26	23 14	2 7	2 36	14 21
25	2:11:43	4 41 57	23 9	24 52	4 28	22 53	14 56	24 29	23 15	2 8	2 37	14 18
26	2:15:39	5 40 20	5Cn36	25 44	5 42	23 39	15 10	24 32	23 17	2 8	2 38	14 15
27	2:19:36	6 38 41	17 46	26 31	6 56	24 24	15 24	24 36	23 19	2 9	2 39	14 12
28	2:23:33	7 37 0	29 44	27 12	8 10	25 10	15 38	24 39	23 20	2 9	2 40	14 9
29	2:27:29	8 35 17	11Le35	27 48	9 24	25 55	15 52	24 43	23 22	2 10	2 41	14 5
30	2:31:26	9 33 32	23 25	28 19	10 38	26 40	16 7	24 46	23 23	2 10	2 42	14 2

4/20 Sun in Tau. 16:17   4/7 Full 13:49   4/14 3rd Qt. 20:12   4/21 New 14:01   4/29 1st Qt. 5:22

Day	Sid. T.	Sun	Moon	Merc.	Venus	Mars	Jup.	Saturn	Uranus	Nept.	Pluto	N.Node
1	2:35:22	10Ta31 45	5Vi18	28Ta44	11Ta52	27Ar25	16Ta21	24Cn50	23Aq24	2Le11	2Cn43	13Cp59
2	2:39:19	11 29 56	17 19	29 3	13 6	28 11	16 35	24 54	23 26	2 11	2 44	13 56
3	2:43:15	12 28 5	29 33	29 18	14 20	28 56	16 49	24 58	23 27	2 12	2 45	13 53
4	2:47:12	13 26 12	12Li 2	29 26	15 34	29 41	17 4	25 2	23 28	2 13	2 46	13 50
5	2:51: 9	14 24 17	24 47	29 30	16 48	0Ta26	17 18	25 6	23 29	2 14	2 47	13 46
6	2:55: 5	15 22 20	7Sc50	29 28R	18 2	1 11	17 32	25 10	23 30	2 14	2 48	13 43
7	2:59: 1	16 20 22	21 8	29 21	19 16	1 56	17 46	25 14	23 31	2 15	2 49	13 40
8	3: 2:58	17 18 22	4Sg41	29 10	20 30	2 41	18 1	25 19	23 33	2 16	2 50	13 37
9	3: 6:55	18 16 21	18 26	28 54	21 44	3 25	18 15	25 23	23 33	2 17	2 51	13 34
10	3:10:51	19 14 18	2Cp19	28 34	22 58	4 10	18 29	25 27	23 34	2 18	2 52	13 31
11	3:14:48	20 12 14	16 20	28 10	24 12	4 55	18 44	25 32	23 35	2 19	2 53	13 27
12	3:18:44	21 10 9	0Aq25	27 43	25 26	5 40	18 58	25 37	23 36	2 19	2 54	13 24
13	3:22:41	22 8 2	14 33	27 13	26 40	6 24	19 12	25 41	23 37	2 20	2 56	13 21
14	3:26:38	23 5 54	28 43	26 41	27 53	7 9	19 26	25 46	23 38	2 21	2 57	13 18
15	3:30:34	24 3 45	12Pi53	26 8	29 7	7 53	19 40	25 51	23 38	2 22	2 58	13 15
16	3:34:31	25 1 35	27 1	25 33	0Ge21	8 38	19 55	25 56	23 39	2 23	2 59	13 11
17	3:38:27	25 59 24	11Ar 5	25 1	1 35	9 22	20 9	26 1	23 40	2 25	3 0	13 8
18	3:42:24	26 57 11	25 1	24 23	2 49	10 7	20 23	26 6	23 40	2 26	3 2	13 5
19	3:46:20	27 54 57	8Ta47	23 49	4 3	10 51	20 37	26 12	23 41	2 27	3 3	13 2
20	3:50:17	28 52 42	22 18	23 16	5 16	11 35	20 51	26 17	23 41	2 28	3 4	12 59
21	3:54:13	29 50 26	5Ge33	22 45	6 30	12 20	21 5	26 22	23 42	2 29	3 5	12 56
22	3:58:10	0Ge48 8	18 29	22 17	7 44	13 4	21 20	26 28	23 42	2 30	3 7	12 52
23	4: 2: 7	1 45 49	1Cn 8	21 51	8 58	13 48	21 34	26 33	23 42	2 32	3 8	12 49
24	4: 6: 3	2 43 29	13 30	21 29	10 11	14 32	21 48	26 39	23 42	2 33	3 9	12 46
25	4:10: 0	3 41 7	25 38	21 10	11 25	15 16	22 2	26 44	23 43	2 34	3 10	12 43
26	4:13:56	4 38 44	7Le36	20 55	12 39	16 0	22 16	26 50	23 43	2 36	3 12	12 40
27	4:17:53	5 36 19	19 28	20 44	13 53	16 44	22 30	26 56	23 43	2 37	3 13	12 36
28	4:21:49	6 33 53	1Vi18	20 38	15 6	17 28	22 44	27 2	23 43	2 38	3 14	12 33
29	4:25:46	7 31 26	13 13	20 35	16 20	18 11	22 58	27 7	23 43R	2 40	3 16	12 30
30	4:29:42	8 28 57	25 15	20 38D	17 34	18 55	23 12	27 13	23 43	2 41	3 17	12 27
31	4:33:39	9 26 27	7Li31	20 44	18 47	19 39	23 26	27 19	23 43	2 43	3 18	12 24

5/21 Sun in Gem. 15:59   5/7 Full 2:43   5/14 3rd Qt. 1:48   5/21 New 0:47   5/28 1st Qt. 23:33

Day	Sid. T.	Sun	Moon	Merc.	Venus	Mars	Jup.	Saturn	Uranus	Nept.	Pluto	N.Node
1	4:37:36	10Ge23 55	20Li 4	20Ta55	20Ge 1	20Ta22	23Ta40	27Cn25	23Aq43R	2Le44	3Cn20	12Cp21
2	4:41:32	11 21 22	2Sc56	21 11	21 15	21 6	23 54	27 32	23 43	2 46	3 21	12 17
3	4:45:29	12 18 49	16 10	21 31	22 28	21 49	24 7	27 38	23 42	2 47	3 22	12 14
4	4:49:25	13 16 14	29 44	21 56	23 42	22 33	24 21	27 44	23 42	2 49	3 24	12 11
5	4:53:22	14 13 38	13Sg37	22 24	24 56	23 16	24 35	27 50	23 42	2 50	3 25	12 8
6	4:57:18	15 11 1	27 46	22 57	26 9	23 59	24 49	27 57	23 41	2 52	3 27	12 5
7	5: 1:15	16 8 24	12Cp 6	23 34	27 23	24 43	25 2	28 3	23 41	2 54	3 28	12 2
8	5: 5:12	17 5 46	26 32	24 16	28 36	25 26	25 16	28 10	23 40	2 55	3 29	11 58
9	5: 9: 8	18 3 7	10Aq59	25 1	29 50	26 9	25 30	28 16	23 40	2 57	3 31	11 55
10	5:13: 4	19 0 27	25 24	25 50	1Cn 4	26 52	25 43	28 23	23 39	2 59	3 32	11 52
11	5:17: 1	19 57 47	9Pi42	26 43	2 17	27 35	25 57	28 29	23 39	3 0	3 34	11 49
12	5:20:58	20 55 7	23 51	27 39	3 31	28 18	26 11	28 36	23 38	3 2	3 35	11 46
13	5:24:54	21 52 26	7Ar50	28 39	4 44	29 1	26 24	28 43	23 37	3 4	3 37	11 42
14	5:28:51	22 49 45	21 36	29 43	5 58	29 44	26 37	28 49	23 37	3 6	3 38	11 39
15	5:32:47	23 47 4	5Ta10	0Ge50	7 11	0Ge27	26 51	28 56	23 36	3 7	3 40	11 36
16	5:36:44	24 44 22	18 30	2 1	8 25	1 10	27 4	29 3	23 35	3 9	3 41	11 33
17	5:40:41	25 41 40	1Ge36	3 15	9 38	1 52	27 18	29 10	23 34	3 11	3 42	11 30
18	5:44:37	26 38 58	14 28	4 32	10 52	2 35	27 31	29 17	23 33	3 13	3 44	11 27
19	5:48:34	27 36 15	27 6	5 53	12 5	3 18	27 44	29 24	23 32	3 15	3 45	11 23
20	5:52:30	28 33 31	9Cn31	7 15	13 19	4 0	27 57	29 31	23 31	3 17	3 47	11 20
21	5:56:27	29 30 47	21 44	8 44	14 32	4 43	28 10	29 38	23 30	3 19	3 48	11 17
22	6: 0:23	0Cn28 3	3Le46	10 15	15 46	5 25	28 23	29 45	23 29	3 20	3 50	11 14
23	6: 4:20	1 25 18	15 41	11 49	16 59	6 7	28 36	29 52	23 28	3 22	3 51	11 11
24	6: 8:16	2 22 32	27 32	13 26	18 13	6 50	28 49	29 59	23 27	3 24	3 53	11 8
25	6:12:13	3 19 46	9Vi22	15 6	19 26	7 32	29 2	0Le 6	23 25	3 26	3 54	11 4
26	6:16: 9	4 17 0	21 16	16 49	20 40	8 14	29 15	0 14	23 24	3 28	3 56	11 1
27	6:20: 6	5 14 13	3Li18	18 35	21 53	8 56	29 28	0 21	23 23	3 30	3 57	10 58
28	6:24: 3	6 11 25	15 33	20 24	23 6	9 38	29 41	0 28	23 21	3 32	3 59	10 55
29	6:27:59	7 8 37	28 5	22 15	24 20	10 20	29 53	0 36	23 20	3 34	4 0	10 52
30	6:31:56	8 5 49	10Sc57	24 10	25 33	11 2	0Ge 6	0 43	23 19	3 36	4 2	10 48

6/22 Sun in Can. 0:15   6/5 Full 13:07   6/12 3rd Qt. 6:38   6/19 New 13:02(E)   6/27 1st Qt. 16:08

JULY 1917

Day	Sid. T.	Sun	Moon	Merc.	Venus	Mars	Jup.	Saturn	Uranus	Nept.	Pluto	N.Node
1	6:35:52	9Cn 3 0	24Sc13	26Ge 7	26Cn46	11Ge44	0Ge19	0Le50	23Aq17R	3Le38	4Cn 3	10Cp45
2	6:39:49	10 0 11	7Sg54	28 6	28 0	12 26	0 31	0 58	23 16	3 41	4 5	10 42
3	6:43:45	10 57 22	21 58	0Cn 8	29 13	13 8	0 43	1 5	23 14	3 43	4 6	10 39
4	6:47:42	11 54 32	6Cp24	2 11	0Le26	13 50	0 56	1 13	23 13	3 45	4 7	10 36
5	6:51:39	12 51 43	21 5	4 17	1 40	14 31	1 8	1 20	23 11	3 47	4 9	10 33
6	6:55:35	13 48 54	5Aq56	6 23	2 53	15 13	1 20	1 28	23 9	3 49	4 10	10 29
7	6:59:32	14 46 5	20 49	8 31	4 6	15 54	1 32	1 35	23 8	3 51	4 12	10 26
8	7: 3:28	15 43 16	5Pi36	10 40	5 20	16 36	1 44	1 43	23 6	3 53	4 13	10 23
9	7: 7:25	16 40 27	20 11	12 49	6 33	17 17	1 56	1 50	23 4	3 55	4 15	10 20
10	7:11:21	17 37 39	4Ar29	14 59	7 46	17 59	2 8	1 58	23 2	3 57	4 16	10 17
11	7:15:18	18 34 52	18 28	17 9	8 59	18 40	2 20	2 5	23 1	4 0	4 18	10 14
12	7:19:14	19 32 5	2Ta 8	19 18	10 13	19 21	2 32	2 13	22 59	4 2	4 19	10 10
13	7:23:11	20 29 18	15 28	21 27	11 26	20 2	2 44	2 21	22 57	4 4	4 20	10 7
14	7:27: 8	21 26 33	28 30	23 35	12 39	20 44	2 55	2 28	22 55	4 6	4 22	10 4
15	7:31: 4	22 23 48	11Ge16	25 42	13 52	21 25	3 7	2 36	22 53	4 8	4 23	10 1
16	7:35: 1	23 21 3	23 48	27 48	15 5	22 6	3 18	2 44	22 51	4 10	4 25	9 58
17	7:38:57	24 18 19	6Cn 9	29 53	16 18	22 47	3 29	2 51	22 49	4 13	4 26	9 54
18	7:42:54	25 15 35	18 19	1Le56	17 32	23 28	3 41	2 59	22 47	4 15	4 27	9 51
19	7:46:50	26 12 52	0Le21	3 58	18 45	24 8	3 52	3 7	22 45	4 17	4 29	9 48
20	7:50:47	27 10 9	12 17	5 58	19 58	24 49	4 3	3 15	22 43	4 19	4 30	9 45
21	7:54:43	28 7 27	24 9	7 57	21 11	25 30	4 14	3 22	22 41	4 21	4 32	9 42
22	7:58:40	29 4 45	5Vi59	9 54	22 24	26 11	4 25	3 30	22 39	4 24	4 33	9 39
23	8: 2:37	0Le 2 4	17 49	11 49	23 37	26 51	4 36	3 38	22 37	4 26	4 34	9 35
24	8: 6:33	0 59 23	29 44	13 43	24 50	27 32	4 46	3 46	22 34	4 28	4 36	9 32
25	8:10:30	1 56 42	11Li45	15 35	26 3	28 12	4 57	3 53	22 32	4 30	4 37	9 29
26	8:14:26	2 54 2	23 58	17 25	27 16	28 53	5 7	4 1	22 30	4 33	4 38	9 26
27	8:18:23	3 51 23	6Sc26	19 14	28 29	29 33	5 18	4 9	22 28	4 35	4 40	9 23
28	8:22:19	4 48 43	19 14	21 1	29 42	0Cn13	5 28	4 17	22 26	4 37	4 41	9 20
29	8:26:16	5 46 5	2Sg25	22 46	0Vi55	0 54	5 38	4 24	22 23	4 39	4 42	9 16
30	8:30:12	6 43 27	16 3	24 29	2 8	1 34	5 48	4 32	22 21	4 42	4 44	9 13
31	8:34: 9	7 40 49	0Cp 7	26 11	3 21	2 14	5 58	4 40	22 19	4 44	4 45	9 10

7/23 Sun in Leo 11:08   7/4 Full 21:41(E)   7/11 3rd Qt. 12:12   7/19 New 3:00(E)   7/27 1st Qt. 6:40

AUGUST 1917

Day	Sid. T.	Sun	Moon	Merc.	Venus	Mars	Jup.	Saturn	Uranus	Nept.	Pluto	N.Node
1	8:38: 6	8Le38 12	14Cp37	27Le51	4Vi34	2Cn54	6Ge 8	4Le48	22Aq17R	4Le46	4Cn46	9Cp 7
2	8:42: 2	9 35 36	29 29	29 29	5 47	3 34	6 18	4 55	22 14	4 48	4 47	9 4
3	8:45:59	10 33 1	14Aq35	1Vi 6	6 59	4 14	6 27	5 3	22 12	4 50	4 49	9 0
4	8:49:55	11 30 27	29 47	2 41	8 12	4 54	6 37	5 11	22 10	4 53	4 50	8 57
5	8:53:52	12 27 54	14Pi55	4 15	9 25	5 34	6 46	5 18	22 7	4 55	4 51	8 54
6	8:57:48	13 25 21	29 48	5 46	10 38	6 14	6 56	5 26	22 5	4 57	4 52	8 51
7	9: 1:45	14 22 51	14Ar21	7 16	11 51	6 53	7 5	5 34	22 3	4 59	4 53	8 48
8	9: 5:41	15 20 21	28 29	8 45	13 3	7 33	7 14	5 41	22 0	5 1	4 55	8 45
9	9: 9:38	16 17 53	12Ta11	10 11	14 16	8 13	7 23	5 49	21 58	5 4	4 56	8 41
10	9:13:35	17 15 26	25 27	11 36	15 29	8 52	7 31	5 57	21 55	5 6	4 57	8 38
11	9:17:31	18 13 1	8Ge20	13 0	16 41	9 32	7 40	6 4	21 53	5 8	4 58	8 35
12	9:21:28	19 10 37	20 55	14 21	17 54	10 11	7 48	6 12	21 51	5 10	4 59	8 32
13	9:25:24	20 8 15	3Cn14	15 41	19 7	10 50	7 57	6 20	21 48	5 12	5 0	8 29
14	9:29:21	21 5 54	15 22	16 58	20 19	11 30	8 5	6 27	21 46	5 15	5 2	8 25
15	9:33:17	22 3 35	27 21	18 14	21 32	12 9	8 13	6 35	21 43	5 17	5 2	8 22
16	9:37:14	23 1 17	9Le15	19 28	22 44	12 48	8 21	6 42	21 41	5 19	5 4	8 19
17	9:41:10	23 59 0	21 6	20 40	23 57	13 27	8 29	6 50	21 39	5 21	5 5	8 16
18	9:45: 7	24 56 45	2Vi56	21 50	25 9	14 6	8 37	6 57	21 36	5 23	5 6	8 13
19	9:49: 4	25 54 30	14 47	22 57	26 22	14 45	8 44	7 5	21 34	5 25	5 7	8 10
20	9:53: 0	26 52 17	26 40	24 3	27 34	15 24	8 51	7 12	21 32	5 27	5 8	8 6
21	9:56:57	27 50 6	8Li38	25 5	28 47	16 3	8 59	7 20	21 29	5 29	5 9	8 3
22	10: 0:53	28 47 56	20 42	26 6	0Li11	16 42	9 6	7 27	21 27	5 31	5 10	8 0
23	10: 4:50	29 45 46	2Sc56	27 3	1Li11	17 21	9 13	7 35	21 24	5 34	5 11	7 57
24	10: 8:46	0Vi43 39	15 24	27 58	2 24	17 59	9 20	7 42	21 22	5 36	5 11	7 54
25	10:12:43	1 41 32	28 8	28 50	3 36	18 38	9 26	7 49	21 20	5 38	5 12	7 51
26	10:16:39	2 39 27	11Sg12	29 39	4 48	19 16	9 33	7 57	21 17	5 40	5 13	7 47
27	10:20:36	3 37 23	24 41	0Li24	6 0	19 55	9 39	8 4	21 15	5 42	5 14	7 44
28	10:24:33	4 35 20	8Cp37	1 6	7 13	20 33	9 45	8 11	21 13	5 44	5 15	7 41
29	10:28:29	5 33 19	22 59	1 44	8 25	21 12	9 51	8 18	21 10	5 46	5 16	7 38
30	10:32:26	6 31 19	7Aq46	2 19	9 37	21 50	9 57	8 25	21 8	5 48	5 17	7 35
31	10:36:22	7 29 20	22 53	2 48	10 49	22 28	10 3	8 33	21 6	5 50	5 17	7 31

8/23 Sun in Vir. 17:54   8/3 Full 5:11   8/9 3rd Qt. 19:56   8/17 New 18:21   8/25 1st Qt. 19:08

Day	Sid. T.	Sun	Moon	Merc.	Venus	Mars	Jup.	Saturn	Uranus	Nept.	Pluto	N.Node
1	10:40:19	8Vi27 23	8Pi10	3Li14	12Li 1	23Cn 6	10Ge 8	8Le40	21Aq 4R	5Le52	5Cn18	7Cp28
2	10:44:15	9 25 28	23 27	3 34	13 13	23 44	10 14	8 47	21 1	5 54	5 19	7 25
3	10:48:12	10 23 34	8Ar34	3 50	14 25	24 22	10 19	8 54	20 59	5 55	5 20	7 22
4	10:52: 8	11 21 42	23 19	4 0	15 37	25 0	10 24	9 1	20 57	5 57	5 20	7 19
5	10:56: 5	12 19 52	7Ta37	4 4	16 49	25 38	10 29	9 8	20 55	5 59	5 21	7 16
6	11: 0: 2	13 18 4	21 26	4 3R	18 1	26 16	10 34	9 15	20 53	6 1	5 22	7 12
7	11: 3:58	14 16 18	4Ge46	3 55	19 12	26 54	10 38	9 21	20 50	6 3	5 22	7 9
8	11: 7:55	15 14 35	17 39	3 41	20 24	27 32	10 43	9 28	20 48	6 5	5 23	7 6
9	11:11:51	16 12 53	0Cn10	3 20	21 36	28 9	10 47	9 35	20 46	6 7	5 24	7 3
10	11:15:48	17 11 14	12 24	2 52	22 48	28 47	10 51	9 42	20 44	6 8	5 24	7 0
11	11:19:44	18 9 36	24 26	2 19	23 59	29 24	10 54	9 48	20 42	6 10	5 25	6 57
12	11:23:41	19 8 1	6Le19	1 38	25 11	0Le 2	10 58	9 55	20 40	6 12	5 25	6 53
13	11:27:38	20 6 27	18 9	0 52	26 23	0 39	11 2	10 1	20 38	6 14	5 26	6 50
14	11:31:34	21 4 56	29 59	0 0	27 34	1 16	11 5	10 8	20 36	6 15	5 26	6 47
15	11:35:31	22 3 27	11Vi50	29Vi 4	28 46	1 54	11 8	10 14	20 34	6 17	5 27	6 44
16	11:39:27	23 1 59	23 44	28 4	29 57	2 31	11 11	10 21	20 32	6 19	5 27	6 41
17	11:43:23	24 0 33	5Li44	27 2	1Sc 9	3 8	11 13	10 27	20 30	6 20	5 28	6 37
18	11:47:20	24 59 9	17 49	25 58	2 20	3 45	11 16	10 34	20 29	6 22	5 28	6 34
19	11:51:17	25 57 48	0Sc 2	24 54	3 31	4 22	11 18	10 40	20 27	6 23	5 29	6 31
20	11:55:13	26 56 27	12 24	23 53	4 43	4 59	11 20	10 46	20 25	6 25	5 29	6 28
21	11:59:10	27 55 9	24 57	22 55	5 54	5 35	11 22	10 52	20 23	6 27	5 29	6 25
22	12: 3: 6	28 53 53	7Sg43	22 1	7 5	6 12	11 24	10 58	20 21	6 28	5 30	6 22
23	12: 7: 3	29 52 38	20 46	21 15	8 16	6 49	11 26	11 4	20 20	6 30	5 30	6 18
24	12:10:59	0Li51 25	4Cp 9	20 35	9 27	7 25	11 27	11 10	20 18	6 31	5 30	6 15
25	12:14:56	1 50 13	17 54	20 5	10 38	8 2	11 28	11 16	20 17	6 33	5 30	6 12
26	12:18:53	2 49 4	2Aq 3	19 43	11 49	8 38	11 29	11 22	20 15	6 34	5 31	6 9
27	12:22:49	3 47 56	16 35	19 32	13 0	9 14	11 30	11 27	20 14	6 35	5 31	6 6
28	12:26:46	4 46 49	1Pi28	19 31D	14 11	9 51	11 30	11 33	20 12	6 37	5 31	6 3
29	12:30:42	5 45 45	16 34	19 40	15 22	10 27	11 31	11 39	20 11	6 38	5 31	5 59
30	12:34:39	6 44 42	1Ar44	19 59	16 32	11 3	11 31R	11 44	20 9	6 39	5 31	5 56

9/23 Sun in Lib. 15:01   9/1 Full 12:28   9/8 3rd Qt. 7:05   9/16 New 10:27   9/24 1st Qt. 5:41   9/30 Full 20:31

Day	Sid. T.	Sun	Moon	Merc.	Venus	Mars	Jup.	Saturn	Uranus	Nept.	Pluto	N.Node
1	12:38:35	7Li43 42	16Ar47	20Vi28	17Sc43	11Le39	11Ge31R	11Le50	20Aq 8R	6Le41	5Cn32	5Cp53
2	12:42:32	8 42 43	1Ta34	21 6	18 54	12 15	11 31	11 55	20 6	6 42	5 32	5 50
3	12:46:28	9 41 47	15 57	21 53	20 4	12 51	11 30	12 0	20 5	6 43	5 32	5 47
4	12:50:25	10 40 53	29 52	22 48	21 15	13 26	11 29	12 6	20 4	6 44	5 32	5 43
5	12:54:21	11 40 1	13Ge17	23 50	22 25	14 2	11 29	12 11	20 3	6 45	5 32	5 40
6	12:58:18	12 39 12	26 15	24 59	23 35	14 38	11 27	12 16	20 2	6 47	5 32R	5 37
7	13: 2:15	13 38 24	8Cn48	26 14	24 46	15 13	11 26	12 21	20 0	6 48	5 32	5 34
8	13: 6:11	14 37 40	21 3	27 34	25 56	15 48	11 25	12 26	19 59	6 49	5 32	5 31
9	13:10: 8	15 36 57	3Le 4	28 59	27 6	16 24	11 23	12 31	19 58	6 50	5 32	5 28
10	13:14: 4	16 36 17	14 57	0Li27	28 16	16 59	11 21	12 36	19 57	6 51	5 32	5 24
11	13:18: 1	17 35 39	26 47	1 58	29 26	17 34	11 19	12 40	19 56	6 52	5 32	5 21
12	13:21:57	18 35 4	8Vi37	3 33	0Sg36	18 9	11 17	12 45	19 55	6 53	5 31	5 18
13	13:25:54	19 34 30	20 31	5 9	1 46	18 44	11 14	12 49	19 55	6 54	5 31	5 15
14	13:29:51	20 33 59	2Li31	6 47	2 56	19 19	11 12	12 54	19 54	6 55	5 31	5 12
15	13:33:47	21 33 29	14 40	8 27	4 6	19 54	11 9	12 58	19 53	6 56	5 31	5 9
16	13:37:44	22 33 2	26 57	10 7	5 15	20 28	11 6	13 2	19 52	6 56	5 31	5 5
17	13:41:40	23 32 37	9Sc24	11 49	6 25	21 3	11 3	13 7	19 52	6 57	5 30	5 2
18	13:45:37	24 32 14	22 1	13 30	7 34	21 37	10 59	13 11	19 51	6 58	5 30	4 59
19	13:49:33	25 31 53	4Sg49	15 13	8 44	22 12	10 56	13 15	19 50	6 59	5 30	4 56
20	13:53:30	26 31 34	17 47	16 55	9 53	22 46	10 52	13 19	19 50	6 59	5 30	4 53
21	13:57:26	27 31 16	0Cp59	18 37	11 2	23 20	10 48	13 23	19 49	7 0	5 29	4 49
22	14: 1:23	28 31 0	14 24	20 20	12 11	23 54	10 43	13 26	19 49	7 1	5 29	4 46
23	14: 5:20	29 30 46	28 6	22 2	13 20	24 28	10 39	13 30	19 49	7 1	5 28	4 43
24	14: 9:16	0Sc30 34	12Aq 5	23 44	14 29	25 2	10 34	13 33	19 48	7 2	5 28	4 40
25	14:13:13	1 30 23	26 22	25 25	15 38	25 36	10 30	13 37	19 48	7 2	5 28	4 37
26	14:17: 9	2 30 14	10Pi53	27 6	16 46	26 9	10 25	13 40	19 48	7 3	5 27	4 34
27	14:21: 6	3 30 6	25 36	28 47	17 55	26 43	10 20	13 43	19 48	7 3	5 27	4 30
28	14:25: 2	4 30 0	10Ar23	0Sc28	19 3	27 16	10 14	13 47	19 48	7 4	5 26	4 27
29	14:28:59	5 29 56	25 8	2 8	20 11	27 50	10 9	13 50	19 47	7 4	5 26	4 24
30	14:32:55	6 29 54	9Ta41	3 47	21 20	28 23	10 3	13 53	19 47D	7 5	5 25	4 21
31	14:36:52	7 29 54	23 55	5 26	22 27	28 56	9 58	13 56	19 47	7 5	5 25	4 18

10/23 Sun in Sco. 23:44   10/7 3rd Qt. 22:14   10/16 New 2:41   10/23 1st Qt. 14:38   10/30 Full 6:19

NOVEMBER 1917

Day	Sid. T.	Sun	Moon	Merc.	Venus	Mars	Jup.	Saturn	Uranus	Nept.	Pluto	N.Node
1	14:40:49	8Sc29 55	7Ge47	7Sc 5	23Sg35	29Le29	9Ge52R	13Le58	19Aq48	7Le 5	5Cn24R	4Cp14
2	14:44:45	9 29 59	21 12	8 43	24 43	0Vi 1	9 46	14 1	19 48	7 6	5 24	4 11
3	14:48:42	10 30 5	4Cn12	10 20	25 51	0 34	9 40	14 3	19 48	7 6	5 23	4 8
4	14:52:38	11 30 13	16 50	11 58	26 58	1 7	9 33	14 6	19 48	7 6	5 22	4 5
5	14:56:35	12 30 23	29 8	13 34	28 5	1 39	9 27	14 8	19 48	7 6	5 22	4 2
6	15: 0:31	13 30 35	11Le12	15 11	29 12	2 11	9 20	14 10	19 49	7 6	5 21	3 59
7	15: 4:28	14 30 49	23 7	16 47	0Cp19	2 44	9 13	14 13	19 49	7 6	5 20	3 55
8	15: 8:24	15 31 5	4Vi58	18 23	1 26	3 16	9 6	14 15	19 50	7 7	5 20	3 52
9	15:12:21	16 31 23	16 50	19 58	2 33	3 47	9 0	14 17	19 50	7 7	5 19	3 49
10	15:16:18	17 31 43	28 47	21 33	3 39	4 19	8 52	14 18	19 51	7 7R	5 18	3 46
11	15:20:14	18 32 5	10Li52	23 7	4 45	4 51	8 45	14 20	19 51	7 7	5 17	3 43
12	15:24:11	19 32 29	23 9	24 42	5 52	5 22	8 38	14 22	19 52	7 6	5 17	3 40
13	15:28: 7	20 32 54	5Sc38	26 16	6 57	5 54	8 30	14 23	19 52	7 6	5 16	3 36
14	15:32: 4	21 33 22	18 21	27 50	8 3	6 25	8 23	14 24	19 53	7 6	5 15	3 33
15	15:36: 0	22 33 51	1Sg18	29 23	9 8	6 56	8 15	14 26	19 54	7 6	5 14	3 30
16	15:39:57	23 34 21	14 27	0Sg56	10 14	7 27	8 8	14 27	19 55	7 6	5 13	3 27
17	15:43:53	24 34 53	27 48	2 29	11 19	7 57	8 0	14 28	19 56	7 6	5 12	3 24
18	15:47:50	25 35 27	11Cp20	4 2	12 23	8 28	7 52	14 29	19 57	7 5	5 12	3 20
19	15:51:47	26 36 2	25 2	5 35	13 28	8 58	7 44	14 30	19 58	7 5	5 11	3 17
20	15:55:43	27 36 37	8Aq53	7 7	14 32	9 28	7 36	14 30	19 59	7 5	5 10	3 14
21	15:59:40	28 37 15	22 54	8 39	15 36	9 58	7 28	14 31	20 0	7 4	5 9	3 11
22	16: 3:36	29 37 53	7Pi 3	10 11	16 40	10 28	7 20	14 31	20 1	7 4	5 8	3 8
23	16: 7:33	0Sg38 32	21 18	11 43	17 43	10 58	7 12	14 32	20 2	7 3	5 7	3 5
24	16:11:29	1 39 12	5Ar37	13 14	18 46	11 28	7 4	14 32	20 3	7 3	5 6	3 1
25	16:15:26	2 39 54	19 56	14 46	19 49	11 57	6 56	14 32	20 5	7 2	5 5	2 58
26	16:19:22	3 40 36	4Ta11	16 17	20 51	12 26	6 48	14 32R	20 6	7 2	5 4	2 55
27	16:23:19	4 41 20	18 17	17 48	21 53	12 55	6 40	14 32	20 7	7 1	5 3	2 52
28	16:27:16	5 42 5	2Ge10	19 18	22 55	13 24	6 31	14 32	20 9	7 1	5 2	2 49
29	16:31:12	6 42 51	15 45	20 49	23 57	13 52	6 23	14 32	20 10	7 0	5 1	2 46
30	16:35: 9	7 43 39	29 1	22 19	24 58	14 21	6 15	14 31	20 12	6 59	5 0	2 42

11/22 Sun in Sag. 20:45   11/6 3rd Qt. 17:03   11/14 New 18:28   11/21 1st Qt. 22:29   11/28 Full 18:41

DECEMBER 1917

Day	Sid. T.	Sun	Moon	Merc.	Venus	Mars	Jup.	Saturn	Uranus	Nept.	Pluto	N.Node
1	16:39: 5	8Sg44 27	11Cn57	23Sg48	25Cp58	14Vi49	6Ge 7R	14Le31R	20Aq13	6Le59R	4Cn59R	2Cp39
2	16:43: 2	9 45 18	24 33	25 17	26 59	15 17	5 59	14 30	20 15	6 58	4 58	2 36
3	16:46:58	10 46 9	6Le53	26 46	27 58	15 44	5 51	14 29	20 17	6 57	4 57	2 33
4	16:50:55	11 47 2	18 59	28 14	28 58	16 12	5 43	14 28	20 18	6 57	4 55	2 30
5	16:54:51	12 47 56	0Vi56	29 42	29 57	16 39	5 34	14 27	20 20	6 56	4 54	2 26
6	16:58:48	13 48 51	12 48	1Cp 9	0Aq55	17 6	5 26	14 26	20 22	6 55	4 53	2 23
7	17: 2:45	14 49 47	24 41	2 35	1 53	17 33	5 18	14 25	20 24	6 54	4 52	2 20
8	17: 6:41	15 50 45	6Li39	4 0	2 51	18 0	5 11	14 24	20 26	6 53	4 51	2 17
9	17:10:38	16 51 44	18 46	5 23	3 48	18 26	5 3	14 22	20 28	6 52	4 50	2 14
10	17:14:34	17 52 44	1Sc 6	6 46	4 44	18 52	4 55	14 21	20 30	6 51	4 49	2 11
11	17:18:31	18 53 45	13 43	8 6	5 40	19 18	4 47	14 19	20 32	6 50	4 47	2 7
12	17:22:27	19 54 47	26 38	9 25	6 36	19 44	4 40	14 17	20 34	6 49	4 46	2 4
13	17:26:24	20 55 50	9Sg51	10 42	7 30	20 9	4 32	14 16	20 36	6 48	4 45	2 1
14	17:30:20	21 56 54	23 22	11 55	8 25	20 34	4 25	14 14	20 38	6 47	4 44	1 58
15	17:34:17	22 57 58	7Cp10	13 6	9 18	20 59	4 17	14 12	20 40	6 46	4 43	1 55
16	17:38:14	23 59 3	21 10	14 13	10 11	21 24	4 10	14 9	20 42	6 45	4 42	1 52
17	17:42:10	25 0 9	5Aq19	15 16	11 3	21 48	4 3	14 7	20 45	6 44	4 40	1 48
18	17:46: 7	26 1 15	19 34	16 15	11 54	22 12	3 56	14 5	20 47	6 42	4 39	1 45
19	17:50: 3	27 2 21	3Pi51	17 7	12 45	22 35	3 49	14 2	20 49	6 41	4 38	1 42
20	17:54: 0	28 3 28	18 6	17 54	13 34	22 59	3 42	14 0	20 52	6 40	4 37	1 39
21	17:57:56	29 4 35	2Ar18	18 33	14 23	23 22	3 35	13 57	20 54	6 39	4 36	1 36
22	18: 1:53	0Cp 5 41	16 22	19 5	15 11	23 45	3 29	13 54	20 57	6 38	4 34	1 32
23	18: 5:50	1 6 48	0Ta19	19 27	15 58	24 7	3 22	13 52	20 59	6 36	4 33	1 29
24	18: 9:46	2 7 55	14 7	19 40	16 44	24 29	3 16	13 49	21 2	6 35	4 32	1 26
25	18:13:42	3 9 3	27 43	19 42R	17 30	24 51	3 10	13 46	21 4	6 34	4 31	1 23
26	18:17:39	4 10 10	11Ge 8	19 33	18 14	25 12	3 4	13 42	21 7	6 32	4 30	1 20
27	18:21:36	5 11 18	24 19	19 12	18 57	25 33	2 58	13 39	21 10	6 31	4 28	1 17
28	18:25:32	6 12 25	7Cn16	18 39	19 39	25 54	2 52	13 36	21 12	6 29	4 27	1 13
29	18:29:29	7 13 33	19 58	17 55	20 19	26 14	2 47	13 33	21 15	6 28	4 26	1 10
30	18:33:25	8 14 41	2Le27	17 0	20 59	26 34	2 42	13 29	21 18	6 27	4 25	1 7
31	18:37:22	9 15 50	14 43	15 55	21 37	26 54	2 36	13 26	21 20	6 25	4 23	1 4

12/22 Sun in Cap. 9:46   12/6 3rd Qt. 14:14   12/14 New 9:17(E)   12/21 1st Qt. 6:07   12/28 Full 9:52(E)

Day	Sid. T.	Sun	Moon	Merc.	Venus	Mars	Jup.	Saturn	Uranus	Nept.	Pluto	N.Node
1	18:41:19	10Cp16 58	26Le48	14Cp43R	22Aq14	27Vi13	2Ge31R	13Le22R	21Aq23	6Le24R	4Cn22R	1Cp 1
2	18:45:15	11 18 7	8Vi45	13 25	22 50	27 32	2 27	13 18	21 26	6 22	4 21	0 58
3	18:49:12	12 19 16	20 38	12 4	23 24	27 50	2 22	13 14	21 29	6 21	4 20	0 54
4	18:53: 8	13 20 25	2Li30	10 43	23 57	28 8	2 18	13 11	21 32	6 19	4 19	0 51
5	18:57: 5	14 21 35	14 26	9 25	24 28	28 26	2 13	13 7	21 35	6 18	4 17	0 48
6	19: 1: 1	15 22 44	26 31	8 11	24 58	28 43	2 9	13 3	21 38	6 16	4 16	0 45
7	19: 4:58	16 23 54	8Sc49	7 3	25 26	29 0	2 5	12 59	21 41	6 15	4 15	0 42
8	19: 8:55	17 25 3	21 25	6 4	25 52	29 16	2 1	12 54	21 44	6 13	4 14	0 38
9	19:12:51	18 26 13	4Sg23	5 14	26 17	29 32	1 58	12 50	21 47	6 11	4 13	0 35
10	19:16:48	19 27 23	17 44	4 33	26 39	29 47	1 54	12 46	21 50	6 10	4 11	0 32
11	19:20:44	20 28 33	1Cp29	4 3	27 0	0Li 2	1 51	12 42	21 53	6 8	4 10	0 29
12	19:24:41	21 29 42	15 36	3 42	27 19	0 16	1 48	12 37	21 56	6 7	4 9	0 26
13	19:28:37	22 30 51	0Aq 2	3 30	27 36	0 30	1 45	12 33	21 59	6 5	4 8	0 23
14	19:32:34	23 32 0	14 42	3 28D	27 50	0 43	1 43	12 28	22 2	6 3	4 7	0 19
15	19:36:30	24 33 8	29 27	3 34	28 3	0 56	1 40	12 24	22 5	6 2	4 6	0 16
16	19:40:27	25 34 15	14Pi10	3 48	28 13	1 8	1 38	12 19	22 8	6 0	4 5	0 13
17	19:44:23	26 35 22	28 45	4 9	28 21	1 20	1 36	12 15	22 12	5 58	4 3	0 10
18	19:48:20	27 36 27	13Ar 7	4 36	28 27	1 31	1 35	12 10	22 15	5 57	4 2	0 7
19	19:52:16	28 37 32	27 13	5 9	28 30	1 41	1 33	12 5	22 18	5 55	4 1	0 3
20	19:56:13	29 38 36	11Ta 0	5 48	28 31R	1 51	1 32	12 1	22 21	5 53	4 0	0 0
21	20: 0:10	0Aq39 39	24 31	6 31	28 29	2 1	1 30	11 56	22 25	5 52	3 59	29Sg57
22	20: 4: 6	1 40 41	7Ge46	7 19	28 25	2 9	1 29	11 51	22 28	5 50	3 58	29 54
23	20: 8: 3	2 41 41	20 46	8 10	28 18	2 18	1 29	11 46	22 31	5 48	3 57	29 51
24	20:11:59	3 42 41	3Cn33	9 5	28 9	2 25	1 28	11 41	22 34	5 47	3 56	29 48
25	20:15:56	4 43 40	16 9	10 4	27 57	2 32	1 28	11 37	22 38	5 45	3 55	29 44
26	20:19:53	5 44 38	28 35	11 5	27 43	2 38	1 28	11 32	22 41	5 43	3 54	29 41
27	20:23:49	6 45 36	10Le51	12 9	27 26	2 44	1 28D	11 27	22 45	5 42	3 53	29 38
28	20:27:45	7 46 32	22 59	13 15	27 7	2 49	1 28	11 22	22 48	5 40	3 52	29 35
29	20:31:42	8 47 27	5Vi 0	14 24	26 45	2 53	1 29	11 17	22 51	5 38	3 51	29 32
30	20:35:39	9 48 21	16 56	15 34	26 21	2 57	1 29	11 12	22 55	5 36	3 50	29 29
31	20:39:35	10 49 15	28 48	16 47	25 55	2 59	1 30	11 7	22 58	5 35	3 49	29 25

1/20 Sun in Aqu. 20:25   1/5 3rd Qt. 11:49   1/12 New 22:36   1/19 1st Qt. 14:38   1/27 Full 3:14

Day	Sid. T.	Sun	Moon	Merc.	Venus	Mars	Jup.	Saturn	Uranus	Nept.	Pluto	N.Node
1	20:43:32	11Aq50 8	10Li39	18Cp 1	25Aq27R	3Li 2	1Ge31	11Le 2R	23Aq 2	5Le33R	3Cn48R	29Sg22
2	20:47:28	12 50 59	22 34	19 16	24 57	3 3	1 33	10 57	23 5	5 31	3 47	29 19
3	20:51:25	13 51 50	4Sc36	20 34	24 26	3 4	1 34	10 52	23 8	5 30	3 46	29 16
4	20:55:21	14 52 41	16 50	21 52	23 53	3 4R	1 36	10 48	23 12	5 28	3 45	29 13
5	20:59:18	15 53 30	29 20	23 12	23 18	3 3	1 38	10 43	23 15	5 26	3 45	29 9
6	21: 3:15	16 54 18	12Sg12	24 33	22 43	3 1	1 40	10 38	23 19	5 25	3 44	29 6
7	21: 7:11	17 55 6	25 29	25 56	22 7	2 59	1 42	10 33	23 22	5 23	3 43	29 3
8	21:11: 8	18 55 52	9Cp15	27 19	21 30	2 56	1 45	10 28	23 26	5 22	3 42	29 0
9	21:15: 4	19 56 37	23 28	28 44	20 53	2 52	1 47	10 23	23 29	5 20	3 41	28 57
10	21:19: 1	20 57 22	8Aq 7	0Aq 9	20 16	2 47	1 50	10 18	23 33	5 18	3 40	28 54
11	21:22:57	21 58 4	23 6	1 36	19 38	2 42	1 53	10 14	23 36	5 17	3 40	28 50
12	21:26:54	22 58 46	8Pi15	3 3	19 2	2 36	1 57	10 9	23 40	5 15	3 39	28 47
13	21:30:50	23 59 26	23 24	4 32	18 26	2 29	2 0	10 4	23 43	5 13	3 38	28 44
14	21:34:47	25 0 4	8Ar24	6 2	17 51	2 21	2 4	10 0	23 46	5 12	3 38	28 41
15	21:38:43	26 0 40	23 5	7 32	17 17	2 12	2 8	9 55	23 50	5 10	3 37	28 38
16	21:42:40	27 1 15	7Ta23	9 4	16 44	2 3	2 12	9 50	23 53	5 9	3 36	28 35
17	21:46:37	28 1 48	21 16	10 36	16 13	1 53	2 16	9 46	23 57	5 7	3 36	28 31
18	21:50:33	29 2 19	4Ge44	12 9	15 43	1 42	2 20	9 41	24 0	5 6	3 35	28 28
19	21:54:30	0Pi 2 49	17 49	13 43	15 16	1 30	2 25	9 37	24 4	5 4	3 34	28 25
20	21:58:26	1 3 16	0Cn37	15 18	14 50	1 18	2 30	9 32	24 7	5 3	3 34	28 22
21	22: 2:23	2 3 42	13 8	16 54	14 27	1 5	2 35	9 28	24 11	5 1	3 33	28 19
22	22: 6:19	3 4 6	25 28	18 31	14 6	0 51	2 40	9 24	24 14	5 0	3 33	28 15
23	22:10:16	4 4 28	7Le39	20 9	13 47	0 36	2 45	9 20	24 18	4 58	3 32	28 12
24	22:14:13	5 4 48	19 44	21 48	13 31	0 21	2 51	9 15	24 21	4 57	3 32	28 9
25	22:18: 9	6 5 7	1Vi43	23 28	13 17	0 5	2 56	9 11	24 24	4 55	3 31	28 6
26	22:22: 6	7 5 23	13 39	25 9	13 5	29Vi48	3 2	9 7	24 28	4 54	3 31	28 3
27	22:26: 2	8 5 38	25 32	26 51	12 56	29 31	3 8	9 3	24 31	4 53	3 30	28 0
28	22:29:59	9 5 51	7Li24	28 34	12 50	29 13	3 14	8 59	24 35	4 51	3 30	27 56

2/19 Sun in Pis. 10:53   2/4 3rd Qt. 7:52   2/11 New 10:05   2/18 1st Qt. 0:57   2/25 Full 21:34

MARCH 1918

Day	Sid. T.	Sun	Moon	Merc.	Venus	Mars	Jup.	Saturn	Uranus	Nept.	Pluto	N.Node
1	22:33:55	10Pi 6 3	19Li17	0Pi18	12Aq46R	28Vi54R	3Ge20	8Le55R	24Aq38	4Le50R	3Cn29R	27Sg53
2	22:37:52	11 6 13	1Sc14	2 3	12 44	28 35	3 27	8 52	24 41	4 49	3 29	27 50
3	22:41:48	12 6 21	13 16	3 49	12 45D	28 15	3 33	8 48	24 45	4 47	3 29	27 47
4	22:45:45	13 6 28	25 28	5 36	12 48	27 55	3 40	8 44	24 48	4 46	3 28	27 44
5	22:49:42	14 6 34	7Sg55	7 24	12 54	27 34	3 47	8 41	24 51	4 45	3 28	27 41
6	22:53:38	15 6 37	20 41	9 14	13 2	27 13	3 54	8 37	24 55	4 44	3 28	27 37
7	22:57:35	16 6 40	3Cp50	11 4	13 12	26 51	4 1	8 34	24 58	4 43	3 27	27 34
8	23: 1:31	17 6 40	17 27	12 56	13 24	26 29	4 9	8 31	25 1	4 41	3 27	27 31
9	23: 5:28	18 6 39	1Aq33	14 48	13 38	26 7	4 16	8 27	25 5	4 40	3 27	27 28
10	23: 9:24	19 6 36	16 8	16 42	13 55	25 44	4 24	8 24	25 8	4 39	3 27	27 25
11	23:13:21	20 6 32	1Pi 8	18 36	14 13	25 21	4 32	8 21	25 11	4 38	3 27	27 21
12	23:17:17	21 6 26	16 24	20 32	14 34	24 58	4 40	8 18	25 14	4 37	3 26	27 18
13	23:21:14	22 6 17	1Ar45	22 29	14 56	24 35	4 48	8 15	25 17	4 36	3 26	27 15
14	23:25:11	23 6 7	17 0	24 26	15 20	24 11	4 56	8 13	25 21	4 35	3 26	27 12
15	23:29: 7	24 5 55	1Ta58	26 24	15 45	23 48	5 4	8 10	25 24	4 34	3 26	27 9
16	23:33: 4	25 5 40	16 31	28 23	16 13	23 24	5 13	8 7	25 27	4 33	3 26	27 6
17	23:37: 0	26 5 23	0Ge36	0Ar23	16 42	23 0	5 22	8 5	25 30	4 32	3 26	27 2
18	23:40:57	27 5 4	14 11	2 23	17 12	22 37	5 30	8 3	25 33	4 31	3 26D	26 59
19	23:44:53	28 4 43	27 20	4 23	17 44	22 13	5 39	8 0	25 36	4 30	3 26	26 56
20	23:48:50	29 4 19	10Cn 5	6 23	18 17	21 50	5 48	7 58	25 39	4 29	3 26	26 53
21	23:52:46	0Ar 3 54	22 32	8 23	18 52	21 27	5 57	7 56	25 42	4 29	3 26	26 50
22	23:56:43	1 3 25	4Le45	10 22	19 28	21 4	6 7	7 54	25 45	4 28	3 26	26 46
23	0: 0:40	2 2 55	16 48	12 21	20 5	20 42	6 16	7 52	25 48	4 27	3 26	26 43
24	0: 4:36	3 2 22	28 45	14 18	20 43	20 19	6 26	7 50	25 51	4 26	3 27	26 40
25	0: 8:33	4 1 47	10Vi39	16 14	21 23	19 57	6 35	7 49	25 54	4 26	3 27	26 37
26	0:12:29	5 1 10	22 31	18 8	22 4	19 36	6 45	7 47	25 57	4 25	3 27	26 34
27	0:16:26	6 0 31	4Li24	19 59	22 45	19 15	6 55	7 46	26 0	4 24	3 27	26 31
28	0:20:22	6 59 50	16 18	21 48	23 28	18 54	7 5	7 44	26 3	4 24	3 27	26 27
29	0:24:19	7 59 7	28 16	23 33	24 12	18 34	7 15	7 43	26 5	4 23	3 28	26 24
30	0:28:15	8 58 22	10Sc18	25 15	24 57	18 14	7 25	7 42	26 8	4 23	3 28	26 21
31	0:32:12	9 57 35	22 27	26 53	25 42	17 55	7 35	7 41	26 11	4 22	3 28	26 18

3/21 Sun in Ari. 10:26   3/6 3rd Qt. 0:44   3/12 New 19:52   3/19 1st Qt. 13:30   3/27 Full 15:33

APRIL 1918

Day	Sid. T.	Sun	Moon	Merc.	Venus	Mars	Jup.	Saturn	Uranus	Nept.	Pluto	N.Node
1	0:36: 8	10Ar56 46	4Sg44	28Ar27	26Aq29	17Vi37R	7Ge45	7Le40R	26Aq14	4Le22R	3Cn28	26Sg15
2	0:40: 5	11 55 55	17 14	29 55	27 16	17 19	7 56	7 39	26 16	4 21	3 29	26 12
3	0:44: 1	12 55 3	0Cp 0	1Ta38	28 4	17 2	8 6	7 39	26 19	4 21	3 29	26 8
4	0:47:58	13 54 9	13 6	2 38	28 53	16 45	8 17	7 38	26 22	4 20	3 29	26 5
5	0:51:55	14 53 13	26 36	3 51	29 43	16 29	8 28	7 37	26 24	4 20	3 30	26 2
6	0:55:51	15 52 15	10Aq31	4 58	0Pi33	16 14	8 39	7 37	26 27	4 20	3 30	25 59
7	0:59:48	16 51 16	24 53	5 59	1 25	16 0	8 49	7 37	26 29	4 19	3 31	25 56
8	1: 3:44	17 50 15	9Pi39	6 54	2 16	15 46	9 0	7 37	26 32	4 19	3 31	25 52
9	1: 7:41	18 49 12	24 44	7 43	3 9	15 33	9 12	7 37D	26 34	4 19	3 32	25 49
10	1:11:37	19 48 7	9Ar58	8 26	4 2	15 21	9 23	7 37	26 37	4 19	3 32	25 46
11	1:15:34	20 47 0	25 10	9 2	4 55	15 9	9 34	7 37	26 39	4 19	3 33	25 43
12	1:19:30	21 45 51	10Ta11	9 31	5 50	14 58	9 45	7 37	26 41	4 19	3 33	25 40
13	1:23:27	22 44 40	24 50	9 54	6 44	14 49	9 57	7 37	26 44	4 18	3 34	25 37
14	1:27:24	23 43 27	9Ge 3	10 11	7 40	14 39	10 8	7 38	26 46	4 18	3 35	25 33
15	1:31:20	24 42 12	22 47	10 21	8 35	14 31	10 20	7 38	26 48	4 18D	3 35	25 30
16	1:35:17	25 40 55	6Cn 3	10 25	9 32	14 23	10 32	7 39	26 50	4 18	3 36	25 27
17	1:39:13	26 39 35	18 53	10 23R	10 28	14 17	10 43	7 40	26 52	4 18	3 36	25 24
18	1:43:10	27 38 13	1Le23	10 15	11 26	14 11	10 55	7 41	26 55	4 19	3 37	25 21
19	1:47: 7	28 36 49	13 36	10 1	12 23	14 6	11 7	7 42	26 57	4 19	3 38	25 18
20	1:51: 3	29 35 23	25 38	9 43	13 21	14 1	11 19	7 43	26 59	4 19	3 39	25 14
21	1:54:59	0Ta33 55	7Vi33	9 19	14 20	13 58	11 31	7 44	27 1	4 19	3 39	25 11
22	1:58:56	1 32 24	19 25	8 51	15 18	13 55	11 43	7 46	27 3	4 19	3 40	25 8
23	2: 2:53	2 30 51	1Li17	8 20	16 18	13 53	11 55	7 47	27 4	4 19	3 41	25 5
24	2: 6:49	3 29 17	13 11	7 45	17 17	13 51	12 8	7 49	27 6	4 20	3 42	25 2
25	2:10:46	4 27 40	25 10	7 8	18 17	13 51	12 20	7 50	27 8	4 20	3 43	24 58
26	2:14:42	5 26 1	7Sc15	6 29	19 17	13 51D	12 32	7 52	27 10	4 20	3 43	24 55
27	2:18:39	6 24 21	19 27	5 50	20 18	13 52	12 45	7 54	27 12	4 21	3 44	24 52
28	2:22:35	7 22 39	1Sg48	5 10	21 19	13 54	12 57	7 56	27 13	4 21	3 45	24 49
29	2:26:32	8 20 56	14 19	4 30	22 20	13 56	13 10	7 58	27 15	4 22	3 46	24 46
30	2:30:29	9 19 10	27 2	3 52	23 22	13 59	13 22	8 0	27 17	4 22	3 47	24 43

4/20 Sun in Tau. 22:06   4/4 3rd Qt. 13:33   4/11 New 4:34   4/18 1st Qt. 4:07   4/26 Full 8:05

Day	Sid. T.	Sun	Moon	Merc.	Venus	Mars	Jup.	Saturn	Uranus	Nept.	Pluto	N.Node
1	2:34:25	10Ta17 24	9Cp58	3Ta16R	24Pi23	14Vi 3	13Ge35	8Le 3	27Aq18	4Le23	3Cn48	24Sg39
2	2:38:22	11 15 35	23 10	2 41	25 25	14 8	13 48	8 5	27 20	4 23	3 49	24 36
3	2:42:18	12 13 46	6Aq40	2 10	26 28	14 13	14 1	8 7	27 21	4 24	3 50	24 33
4	2:46:15	13 11 55	20 31	1 43	27 30	14 19	14 13	8 10	27 22	4 24	3 51	24 30
5	2:50:11	14 10 2	4Pi41	1 19	28 33	14 25	14 26	8 13	27 24	4 25	3 52	24 27
6	2:54: 8	15 8 8	19 10	0 59	29 36	14 33	14 39	8 16	27 25	4 26	3 53	24 24
7	2:58: 4	16 6 13	3Ar54	0 43	0Ar40	14 40	14 52	8 18	27 26	4 26	3 54	24 20
8	3: 2: 1	17 4 16	18 46	0 32	1 43	14 49	15 5	8 21	27 28	4 27	3 55	24 17
9	3: 5:57	18 2 18	3Ta40	0 25	2 47	14 58	15 18	8 24	27 29	4 28	3 56	24 14
10	3: 9:54	19 0 18	18 26	0 23D	3 51	15 8	15 31	8 28	27 30	4 29	3 57	24 11
11	3:13:51	19 58 17	2Ge56	0 26	4 56	15 18	15 45	8 31	27 31	4 29	3 58	24 8
12	3:17:47	20 56 14	17 5	0 34	6 0	15 29	15 58	8 34	27 32	4 30	3 59	24 4
13	3:21:44	21 54 9	0Cn50	0 46	7 5	15 40	16 11	8 38	27 33	4 31	4 0	24 1
14	3:25:40	22 52 3	14 9	1 2	8 9	15 52	16 24	8 41	27 34	4 32	4 2	23 58
15	3:29:37	23 49 55	27 5	1 23	9 15	16 5	16 38	8 45	27 35	4 33	4 3	23 55
16	3:33:33	24 47 46	9Le39	1 48	10 20	16 18	16 51	8 49	27 36	4 34	4 4	23 52
17	3:37:30	25 45 34	21 56	2 18	11 25	16 32	17 4	8 52	27 37	4 35	4 5	23 49
18	3:41:27	26 43 21	4Vi 0	2 51	12 31	16 46	17 18	8 56	27 37	4 36	4 6	23 45
19	3:45:23	27 41 7	15 56	3 29	13 36	17 0	17 31	9 0	27 38	4 37	4 8	23 42
20	3:49:20	28 38 50	27 49	4 10	14 42	17 16	17 45	9 4	27 39	4 38	4 9	23 39
21	3:53:16	29 36 32	9Li42	4 55	15 48	17 31	17 58	9 9	27 39	4 39	4 10	23 36
22	3:57:13	0Ge34 13	21 39	5 44	16 54	17 48	18 12	9 13	27 40	4 41	4 11	23 33
23	4: 1: 9	1 31 52	3Sc43	6 36	18 1	18 4	18 25	9 17	27 40	4 42	4 13	23 30
24	4: 5: 6	2 29 30	15 57	7 31	19 7	18 21	18 39	9 22	27 41	4 43	4 14	23 26
25	4: 9: 2	3 27 6	28 21	8 30	20 14	18 39	18 52	9 26	27 41	4 44	4 15	23 23
26	4:12:59	4 24 42	10Sg58	9 32	21 20	18 57	19 6	9 31	27 42	4 45	4 16	23 20
27	4:16:55	5 22 16	23 48	10 37	22 27	19 15	19 20	9 35	27 42	4 47	4 18	23 17
28	4:20:52	6 19 49	6Cp51	11 45	23 34	19 34	19 33	9 40	27 42	4 48	4 19	23 14
29	4:24:49	7 17 21	20 7	12 57	24 41	19 54	19 47	9 45	27 43	4 49	4 20	23 10
30	4:28:45	8 14 52	3Aq36	14 11	25 48	20 13	20 1	9 50	27 43	4 51	4 22	23 7
31	4:32:42	9 12 23	17 18	15 27	26 56	20 33	20 14	9 55	27 43	4 52	4 23	23 4

5/21 Sun in Gem. 21:46   5/3 3rd Qt. 22:26   5/10 New 13:01   5/17 1st Qt. 20:14   5/25 Full 22:33

Day	Sid. T.	Sun	Moon	Merc.	Venus	Mars	Jup.	Saturn	Uranus	Nept.	Pluto	N.Node
1	4:36:38	10Ge 9 52	1Pi14	16Ta47	28Ar 3	20Vi54	20Ge28	10Le 0	27Aq43	4Le54	4Cn24	23Sg 1
2	4:40:35	11 7 21	15 21	18 10	29 11	21 15	20 42	10 5	27 43R	4 55	4 26	22 58
3	4:44:31	12 4 49	29 38	19 35	0Ta19	21 36	20 56	10 10	27 43	4 57	4 27	22 55
4	4:48:28	13 2 17	14Ar 2	21 3	1 26	21 58	21 9	10 15	27 43	4 58	4 29	22 51
5	4:52:25	13 59 43	28 30	22 33	2 34	22 20	21 23	10 21	27 43	5 0	4 30	22 48
6	4:56:21	14 57 10	12Ta56	24 7	3 42	22 42	21 37	10 26	27 42	5 1	4 31	22 45
7	5: 0:18	15 54 35	27 16	25 43	4 50	23 5	21 51	10 31	27 42	5 3	4 33	22 42
8	5: 4:14	16 52 0	11Ge25	27 21	5 59	23 28	22 5	10 37	27 42	5 4	4 34	22 39
9	5: 8:11	17 49 24	25 18	29 2	7 7	23 52	22 18	10 43	27 42	5 6	4 36	22 35
10	5:12: 7	18 46 47	8Cn53	0Ge46	8 15	24 15	22 32	10 48	27 41	5 8	4 37	22 32
11	5:16: 4	19 44 10	22 7	2 33	9 24	24 39	22 46	10 54	27 41	5 9	4 38	22 29
12	5:20: 0	20 41 31	5Le 1	4 22	10 33	25 4	23 0	11 0	27 41	5 11	4 40	22 26
13	5:23:57	21 38 52	17 36	6 13	11 41	25 28	23 14	11 6	27 40	5 13	4 41	22 23
14	5:27:54	22 36 11	29 55	8 7	12 50	25 53	23 28	11 12	27 39	5 14	4 43	22 20
15	5:31:50	23 33 30	12Vi 1	10 4	13 59	26 19	23 41	11 18	27 39	5 16	4 44	22 16
16	5:35:47	24 30 48	23 58	12 3	15 8	26 44	23 55	11 24	27 38	5 18	4 46	22 13
17	5:39:43	25 28 5	5Li52	14 3	16 17	27 10	24 9	11 30	27 38	5 20	4 47	22 10
18	5:43:40	26 25 21	17 46	16 6	17 26	27 36	24 23	11 36	27 37	5 21	4 49	22 7
19	5:47:36	27 22 36	29 45	18 11	18 35	28 3	24 37	11 42	27 36	5 23	4 50	22 4
20	5:51:33	28 19 51	11Sc53	20 17	19 44	28 30	24 50	11 48	27 35	5 25	4 52	22 1
21	5:55:29	29 17 5	24 13	22 25	20 54	28 57	25 4	11 55	27 34	5 27	4 53	21 57
22	5:59:26	0Cn14 19	6Sg49	24 35	22 3	29 24	25 18	12 1	27 33	5 29	4 54	21 54
23	6: 3:23	1 11 32	19 41	26 45	23 13	29 52	25 32	12 7	27 32	5 31	4 56	21 51
24	6: 7:19	2 8 45	2Cp51	28 55	24 22	0Li19	25 45	12 14	27 31	5 33	4 57	21 48
25	6:11:16	3 5 57	16 17	1Cn 7	25 32	0 47	25 59	12 20	27 30	5 35	4 59	21 45
26	6:15:12	4 3 9	29 59	3 18	26 42	1 16	26 13	12 27	27 29	5 37	5 0	21 41
27	6:19: 9	5 0 21	13Aq54	5 29	27 51	1 44	26 26	12 33	27 28	5 38	5 2	21 38
28	6:23: 5	5 57 33	27 58	7 40	29 1	2 13	26 40	12 40	27 27	5 40	5 3	21 35
29	6:27: 2	6 54 45	12Pi 9	9 50	0Ge11	2 42	26 54	12 47	27 26	5 42	5 5	21 32
30	6:30:59	7 51 57	26 23	11 59	1 21	3 11	27 7	12 54	27 25	5 44	5 6	21 29

6/22 Sun in Can. 6:00   6/2 3rd Qt. 4:20   6/8 New 22:03(E)   6/16 1st Qt. 13:11   6/24 Full 10:38(E)

JULY 1918

Day	Sid. T.	Sun	Moon	Merc.	Venus	Mars	Jup.	Saturn	Uranus	Nept.	Pluto	N.Node
1	6:34:55	8Cn49 10	10Ar38	14Cn 7	2Ge31	3Li41	27Ge21	13Le 0	27Aq23R	5Le46	5Cn 8	21Sg26
2	6:38:52	9 46 22	24 51	16 14	3 41	4 10	27 35	13 7	27 22	5 48	5 9	21 22
3	6:42:48	10 43 35	8Ta59	18 19	4 52	4 40	27 48	13 14	27 21	5 51	5 11	21 19
4	6:46:45	11 40 48	23 0	20 23	6 2	5 11	28 2	13 21	27 19	5 53	5 12	21 16
5	6:50:41	12 38 1	6Ge53	22 25	7 12	5 41	28 15	13 28	27 18	5 55	5 14	21 13
6	6:54:38	13 35 15	20 35	24 25	8 23	6 11	28 29	13 35	27 16	5 57	5 15	21 10
7	6:58:34	14 32 29	4Cn 5	26 24	9 33	6 42	28 42	13 42	27 15	5 59	5 17	21 7
8	7: 2:31	15 29 43	17 21	28 21	10 44	7 13	28 56	13 49	27 13	6 1	5 18	21 3
9	7: 6:28	16 26 57	0Le21	0Le16	11 54	7 44	29 9	13 56	27 12	6 3	5 20	21 0
10	7:10:24	17 24 11	13 6	2 9	13 5	8 16	29 23	14 3	27 10	6 5	5 21	20 57
11	7:14:21	18 21 25	25 36	4 0	14 16	8 47	29 36	14 10	27 8	6 7	5 22	20 54
12	7:18:17	19 18 39	7Vi52	5 49	15 26	9 19	29 50	14 18	27 6	6 9	5 24	20 51
13	7:22:14	20 15 53	19 57	7 37	16 37	9 51	0Cn 3	14 25	27 5	6 12	5 25	20 47
14	7:26:10	21 13 7	1Li54	9 22	17 48	10 23	0 16	14 32	27 3	6 14	5 27	20 44
15	7:30: 7	22 10 22	13 47	11 5	18 59	10 55	0 30	14 39	27 1	6 16	5 28	20 41
16	7:34: 3	23 7 36	25 41	12 47	20 10	11 28	0 43	14 47	26 59	6 18	5 30	20 38
17	7:38: 0	24 4 51	7Sc39	14 27	21 21	12 1	0 56	14 54	26 57	6 20	5 31	20 35
18	7:41:57	25 2 5	19 48	16 4	22 32	12 34	1 9	15 1	26 56	6 22	5 32	20 32
19	7:45:53	25 59 20	2Sg11	17 40	23 43	13 7	1 22	15 9	26 54	6 25	5 34	20 28
20	7:49:50	26 56 36	14 52	19 14	24 55	13 40	1 35	15 16	26 52	6 27	5 35	20 25
21	7:53:46	27 53 51	27 55	20 46	26 6	14 13	1 48	15 24	26 50	6 29	5 37	20 22
22	7:57:43	28 51 7	11Cp20	22 16	27 17	14 47	2 1	15 31	26 48	6 31	5 38	20 19
23	8: 1:39	29 48 24	25 8	23 44	28 29	15 20	2 14	15 39	26 46	6 33	5 39	20 16
24	8: 5:36	0Le45 41	9Aq15	25 10	29 40	15 54	2 27	15 46	26 44	6 36	5 41	20 13
25	8: 9:32	1 42 58	23 38	26 34	0Cn52	16 28	2 40	15 54	26 42	6 38	5 42	20 9
26	8:13:29	2 40 17	8Pi10	27 56	2 3	17 3	2 53	16 1	26 39	6 40	5 43	20 6
27	8:17:26	3 37 36	22 44	29 16	3 15	17 37	3 6	16 9	26 37	6 42	5 45	20 3
28	8:21:22	4 34 56	7Ar15	0Vi34	4 26	18 11	3 18	16 16	26 35	6 45	5 46	20 0
29	8:25:19	5 32 18	21 38	1 50	5 38	18 46	3 31	16 24	26 33	6 47	5 47	19 57
30	8:29:15	6 29 40	5Ta49	3 3	6 50	19 21	3 44	16 32	26 31	6 49	5 49	19 53
31	8:33:12	7 27 4	19 47	4 14	8 2	19 56	3 56	16 39	26 29	6 51	5 50	19 50

7/23 Sun in Leo 16:52   7/1 3rd Qt. 8:43   7/8 New 8:22   7/16 1st Qt. 6:25   7/23 Full 20:35   7/30 3rd Qt. 13:14

AUGUST 1918

Day	Sid. T.	Sun	Moon	Merc.	Venus	Mars	Jup.	Saturn	Uranus	Nept.	Pluto	N.Node
1	8:37: 8	8Le24 28	3Ge32	5Vi23	9Cn14	20Li31	4Cn 9	16Le47	26Aq26R	6Le53	5Cn51	19Sg47
2	8:41: 5	9 21 54	17 3	6 30	10 26	21 6	4 21	16 54	26 24	6 56	5 53	19 44
3	8:45: 1	10 19 21	0Cn21	7 33	11 38	21 42	4 33	17 2	26 22	6 58	5 54	19 41
4	8:48:58	11 16 50	13 27	8 35	12 50	22 17	4 46	17 10	26 20	7 0	5 55	19 38
5	8:52:54	12 14 19	26 22	9 33	14 2	22 53	4 58	17 17	26 17	7 2	5 56	19 34
6	8:56:51	13 11 49	9Le 5	10 29	15 14	23 29	5 10	17 25	26 15	7 5	5 58	19 31
7	9: 0:48	14 9 21	21 36	11 22	16 26	24 5	5 22	17 33	26 13	7 7	5 59	19 28
8	9: 4:44	15 6 53	3Vi57	12 11	17 39	24 41	5 34	17 40	26 10	7 9	6 0	19 25
9	9: 8:41	16 4 26	16 7	12 57	18 51	25 17	5 46	17 48	26 8	7 11	6 1	19 22
10	9:12:37	17 2 0	28 8	13 40	20 3	25 54	5 58	17 56	26 6	7 13	6 2	19 19
11	9:16:34	17 59 36	10Li 2	14 19	21 15	26 30	6 10	18 4	26 3	7 16	6 4	19 15
12	9:20:30	18 57 12	21 53	14 54	22 28	27 7	6 22	18 11	26 1	7 18	6 5	19 12
13	9:24:27	19 54 49	3Sc44	15 25	23 41	27 44	6 34	18 19	25 59	7 20	6 6	19 9
14	9:28:23	20 52 27	15 40	15 52	24 54	28 21	6 45	18 27	25 56	7 22	6 7	19 6
15	9:32:20	21 50 6	27 46	16 14	26 6	28 58	6 57	18 34	25 54	7 24	6 8	19 3
16	9:36:17	22 47 46	10Sg 7	16 32	27 19	29 35	7 8	18 42	25 51	7 27	6 9	18 59
17	9:40:13	23 45 28	22 48	16 44	28 32	0Sc12	7 20	18 50	25 49	7 29	6 10	18 56
18	9:44:10	24 43 10	5Cp54	16 51	29 45	0 50	7 31	18 57	25 47	7 31	6 11	18 53
19	9:48: 6	25 40 53	19 26	16 53R	0Le57	1 27	7 42	19 5	25 44	7 33	6 12	18 50
20	9:52: 3	26 38 38	3Aq26	16 50	2 10	2 5	7 54	19 13	25 42	7 35	6 13	18 47
21	9:55:59	27 36 24	17 51	16 40	3 23	2 43	8 5	19 20	25 39	7 37	6 14	18 44
22	9:59:56	28 34 11	2Pi36	16 25	4 36	3 21	8 16	19 28	25 37	7 39	6 15	18 40
23	10: 3:52	29 31 59	17 33	16 4	5 49	3 59	8 27	19 35	25 35	7 41	6 16	18 37
24	10: 7:49	0Vi29 49	2Ar32	15 38	7 2	4 37	8 37	19 43	25 32	7 44	6 17	18 34
25	10:11:46	1 27 41	17 25	15 5	8 16	5 15	8 48	19 51	25 30	7 46	6 18	18 31
26	10:15:42	2 25 35	2Ta 4	14 27	9 29	5 54	8 59	19 58	25 28	7 48	6 19	18 28
27	10:19:39	3 23 30	16 24	13 44	10 42	6 32	9 9	20 6	25 25	7 50	6 20	18 24
28	10:23:35	4 21 27	0Ge23	12 57	11 55	7 11	9 20	20 13	25 23	7 52	6 21	18 21
29	10:27:32	5 19 26	14 2	12 6	13 9	7 49	9 30	20 21	25 21	7 54	6 22	18 18
30	10:31:28	6 17 27	27 21	11 12	14 22	8 28	9 40	20 28	25 18	7 56	6 23	18 15
31	10:35:25	7 15 30	10Cn24	10 16	15 35	9 7	9 51	20 36	25 16	7 58	6 23	18 12

8/23 Sun in Vir. 23:38   8/6 New 20:29   8/14 1st Qt. 23:16   8/22 Full 5:02   8/28 3rd Qt. 19:27

Day	Sid. T.	Sun	Moon	Merc.	Venus	Mars	Jup.	Saturn	Uranus	Nept.	Pluto	N.Node
1	10:39:21	8Vi13 35	23Cn12	9Vi18R	16Le49	9Sc46	10Cn 1	20Le43	25Aq14R	8Le 0	6Cn24	18Sg 9
2	10:43:18	9 11 42	5Le49	8 22	18 2	10 26	10 11	20 51	25 11	8 2	6 25	18 5
3	10:47:15	10 9 50	18 15	7 26	19 16	11 5	10 20	20 58	25 9	8 4	6 26	18 2
4	10:51:11	11 8 1	0Vi32	6 34	20 30	11 44	10 30	21 6	25 7	8 6	6 26	17 59
5	10:55: 8	12 6 13	12 42	5 46	21 43	12 24	10 40	21 13	25 4	8 8	6 27	17 56
6	10:59: 4	13 4 26	24 44	5 2	22 57	13 4	10 49	21 20	25 2	8 10	6 28	17 53
7	11: 3: 1	14 2 42	6Li39	4 25	24 11	13 43	10 59	21 28	25 0	8 11	6 29	17 50
8	11: 6:57	15 0 59	18 31	3 55	25 25	14 23	11 8	21 35	24 58	8 13	6 29	17 46
9	11:10:54	15 59 17	0Sc20	3 33	26 39	15 3	11 17	21 42	24 56	8 15	6 30	17 43
10	11:14:50	16 57 37	12 10	3 19	27 52	15 43	11 26	21 49	24 53	8 17	6 31	17 40
11	11:18:47	17 55 59	24 4	3 15	29 6	16 24	11 35	21 57	24 51	8 19	6 31	17 37
12	11:22:44	18 54 23	6Sg 8	3 19D	0Vi20	17 4	11 44	22 4	24 49	8 21	6 32	17 34
13	11:26:40	19 52 48	18 26	3 33	1 34	17 44	11 52	22 11	24 47	8 22	6 32	17 30
14	11:30:37	20 51 15	1Cp 3	3 56	2 48	18 25	12 1	22 18	24 45	8 24	6 33	17 27
15	11:34:33	21 49 43	14 4	4 27	4 2	19 5	12 9	22 25	24 43	8 26	6 33	17 24
16	11:38:30	22 48 13	27 34	5 8	5 17	19 46	12 18	22 32	24 41	8 28	6 34	17 21
17	11:42:26	23 46 45	11Aq33	5 57	6 31	20 27	12 26	22 39	24 39	8 29	6 34	17 18
18	11:46:23	24 45 18	26 2	6 54	7 45	21 8	12 34	22 46	24 37	8 31	6 35	17 15
19	11:50:19	25 43 53	10Pi56	7 58	8 59	21 49	12 42	22 53	24 35	8 33	6 35	17 11
20	11:54:16	26 42 30	26 6	9 9	10 13	22 30	12 49	23 0	24 33	8 34	6 36	17 8
21	11:58:12	27 41 9	11Ar23	10 26	11 28	23 11	12 57	23 7	24 31	8 36	6 36	17 5
22	12: 2: 9	28 39 49	26 35	11 48	12 42	23 52	13 4	23 13	24 29	8 37	6 36	17 2
23	12: 6: 6	29 38 32	11Ta32	13 15	13 56	24 33	13 12	23 20	24 27	8 39	6 37	16 59
24	12:10: 2	0Li37 18	26 7	14 47	15 11	25 15	13 19	23 27	24 26	8 40	6 37	16 56
25	12:13:59	1 36 5	10Ge16	16 22	16 25	25 56	13 26	23 33	24 24	8 42	6 37	16 52
26	12:17:55	2 34 55	23 59	18 0	17 40	26 38	13 33	23 40	24 22	8 43	6 38	16 49
27	12:21:52	3 33 47	7Cn18	19 41	18 54	27 20	13 39	23 47	24 20	8 45	6 38	16 46
28	12:25:48	4 32 41	20 15	21 23	20 9	28 2	13 46	23 53	24 19	8 46	6 38	16 43
29	12:29:45	5 31 38	2Le55	23 7	21 23	28 44	13 52	23 59	24 17	8 48	6 38	16 40
30	12:33:42	6 30 37	15 21	24 53	22 38	29 26	13 59	24 6	24 16	8 49	6 38	16 36

9/23 Sun in Lib. 20:46   9/5 New 10:44   9/13 1st Qt. 15:02   9/20 Full 13:01   9/27 3rd Qt. 4:39

Day	Sid. T.	Sun	Moon	Merc.	Venus	Mars	Jup.	Saturn	Uranus	Nept.	Pluto	N.Node
1	12:37:38	7Li29 38	27Le35	26Vi39	23Vi53	0Sg 8	14Cn 5	24Le12	24Aq14R	8Le50	6Cn39	16Sg33
2	12:41:35	8 28 41	9Vi41	28 26	25 7	0 50	14 11	24 18	24 13	8 52	6 39	16 30
3	12:45:31	9 27 47	21 41	0Li13	26 22	1 32	14 17	24 25	24 11	8 53	6 39	16 27
4	12:49:28	10 26 54	3Li36	2 1	27 37	2 15	14 22	24 31	24 10	8 54	6 39	16 24
5	12:53:24	11 26 4	15 28	3 48	28 51	2 57	14 28	24 37	24 8	8 56	6 39	16 21
6	12:57:21	12 25 15	27 18	5 35	0Li 6	3 40	14 33	24 43	24 7	8 57	6 39	16 17
7	13: 1:17	13 24 29	9Sc 8	7 22	1 21	4 22	14 38	24 49	24 6	8 58	6 39	16 14
8	13: 5:14	14 23 44	21 1	9 9	2 36	5 5	14 43	24 55	24 4	8 59	6 39R	16 11
9	13: 9:11	15 23 2	2Sg58	10 55	3 51	5 48	14 48	25 1	24 3	9 0	6 39	16 8
10	13:13: 7	16 22 21	15 3	12 40	5 6	6 31	14 53	25 6	24 2	9 1	6 39	16 5
11	13:17: 4	17 21 42	27 21	14 25	6 20	7 14	14 57	25 12	24 1	9 2	6 39	16 2
12	13:21: 0	18 21 5	9Cp56	16 10	7 35	7 57	15 2	25 18	24 0	9 4	6 39	15 58
13	13:24:57	19 20 30	22 52	17 53	8 50	8 40	15 6	25 23	23 59	9 5	6 39	15 55
14	13:28:53	20 19 57	6Aq14	19 36	10 5	9 23	15 10	25 29	23 58	9 5	6 39	15 52
15	13:32:50	21 19 25	20 5	21 19	11 20	10 6	15 13	25 34	23 57	9 6	6 38	15 49
16	13:36:46	22 18 55	4Pi24	23 0	12 35	10 50	15 17	25 40	23 56	9 7	6 38	15 46
17	13:40:43	23 18 26	19 10	24 41	13 50	11 33	15 20	25 45	23 55	9 8	6 38	15 42
18	13:44:39	24 18 0	4Ar17	26 22	15 5	12 17	15 24	25 50	23 54	9 9	6 38	15 39
19	13:48:36	25 17 35	19 34	28 1	16 20	13 0	15 27	25 55	23 53	9 10	6 37	15 36
20	13:52:32	26 17 12	4Ta52	29 40	17 35	13 44	15 29	26 0	23 52	9 11	6 37	15 33
21	13:56:29	27 16 52	19 59	1Sc19	18 51	14 28	15 32	26 5	23 52	9 11	6 37	15 30
22	14: 0:26	28 16 33	4Ge47	2 57	20 6	15 12	15 35	26 10	23 51	9 12	6 37	15 27
23	14: 4:22	29 16 17	19 9	4 34	21 21	15 56	15 37	26 15	23 51	9 13	6 36	15 23
24	14: 8:19	0Sc16 3	3Cn 3	6 10	22 36	16 40	15 39	26 20	23 50	9 14	6 36	15 20
25	14:12:15	1 15 52	16 29	7 47	23 51	17 24	15 41	26 24	23 50	9 14	6 35	15 17
26	14:16:12	2 15 42	29 31	9 22	25 6	18 8	15 43	26 29	23 49	9 15	6 35	15 14
27	14:20: 8	3 15 35	12Le11	10 57	26 21	18 52	15 44	26 34	23 49	9 15	6 35	15 11
28	14:24: 5	4 15 30	24 33	12 32	27 37	19 36	15 45	26 38	23 48	9 16	6 34	15 8
29	14:28: 1	5 15 27	6Vi43	14 6	28 52	20 21	15 47	26 42	23 48	9 16	6 34	15 4
30	14:31:58	6 15 26	18 43	15 39	0Sc 7	21 5	15 47	26 47	23 48	9 17	6 33	15 1
31	14:35:55	7 15 27	0Li37	17 13	1 22	21 50	15 48	26 51	23 48	9 17	6 33	14 58

10/24 Sun in Sco. 5:33   10/5 New 3:05   10/13 1st Qt. 5:00   10/19 Full 21:35   10/26 3rd Qt. 17:35

NOVEMBER 1918

Day	Sid. T.	Sun	Moon	Merc.	Venus	Mars	Jup.	Saturn	Uranus	Nept.	Pluto	N.Node
1	14:39:51	8Sc15 31	12L128	18Sc45	2Sc38	22Sg34	15Cn49	26Le55	23Aq48R	9Le18	6Cn32R	14Sg55
2	14:43:48	9 15 36	24 18	20 18	3 53	23 19	15 49	26 59	23 47	9 18	6 32	14 52
3	14:47:44	10 15 43	6Sc10	21 49	5 8	24 3	15 49R	27 3	23 47	9 18	6 31	14 48
4	14:51:41	11 15 52	18 5	23 21	6 24	24 48	15 49	27 6	23 47D	9 19	6 30	14 45
5	14:55:37	12 16 3	0Sg 4	24 52	7 39	25 33	15 49	27 10	23 47	9 19	6 30	14 42
6	14:59:34	13 16 16	12 10	26 22	8 54	26 18	15 48	27 14	23 48	9 19	6 29	14 39
7	15: 3:30	14 16 30	24 25	27 53	10 10	27 3	15 48	27 17	23 48	9 19	6 28	14 36
8	15: 7:27	15 16 46	6Cp51	29 22	11 25	27 48	15 47	27 21	23 48	9 19	6 28	14 33
9	15:11:24	16 17 4	19 32	0Sg52	12 40	28 33	15 46	27 24	23 48	9 19	6 27	14 29
10	15:15:20	17 17 23	2Aq30	2 21	13 56	29 18	15 44	27 27	23 49	9 20	6 26	14 26
11	15:19:17	18 17 43	15 48	3 49	15 11	0Cp 3	15 43	27 30	23 49	9 20	6 26	14 23
12	15:23:13	19 18 5	29 30	5 17	16 26	0 49	15 41	27 33	23 49	9 20R	6 25	14 20
13	15:27:10	20 18 28	13Pi35	6 44	17 42	1 34	15 39	27 36	23 50	9 20	6 24	14 17
14	15:31: 6	21 18 52	28 3	8 11	18 57	2 19	15 37	27 39	23 50	9 20	6 23	14 13
15	15:35: 3	22 19 18	12Ar50	9 38	20 12	3 5	15 35	27 42	23 51	9 19	6 22	14 10
16	15:38:59	23 19 45	27 50	11 3	21 28	3 50	15 33	27 45	23 52	9 19	6 22	14 7
17	15:42:56	24 20 14	12Ta55	12 28	22 43	4 36	15 30	27 47	23 52	9 19	6 21	14 4
18	15:46:53	25 20 44	27 56	13 53	23 59	5 22	15 27	27 49	23 53	9 19	6 20	14 1
19	15:50:49	26 21 16	12Ge43	15 16	25 14	6 7	15 24	27 52	23 54	9 19	6 19	13 58
20	15:54:46	27 21 49	27 10	16 38	26 29	6 53	15 21	27 54	23 55	9 19	6 18	13 54
21	15:58:42	28 22 24	11Cn12	18 0	27 45	7 39	15 18	27 56	23 55	9 18	6 17	13 51
22	16: 2:39	29 23 1	24 48	19 20	29 0	8 25	15 14	27 58	23 56	9 18	6 16	13 48
23	16: 6:35	0Sg23 39	7Le58	20 39	0Sg16	9 11	15 10	28 0	23 57	9 18	6 15	13 45
24	16:10:32	1 24 19	20 44	21 56	1 31	9 56	15 6	28 2	23 58	9 17	6 14	13 42
25	16:14:29	2 25 0	3Vi10	23 12	2 46	10 42	15 2	28 3	24 0	9 17	6 13	13 39
26	16:18:25	3 25 44	15 20	24 25	4 2	11 28	14 58	28 5	24 1	9 16	6 12	13 35
27	16:22:22	4 26 28	27 19	25 36	5 17	12 14	14 53	28 6	24 2	9 16	6 11	13 32
28	16:26:18	5 27 14	9Li11	26 45	6 33	13 1	14 48	28 8	24 3	9 15	6 10	13 29
29	16:30:15	6 28 2	21 1	27 50	7 48	13 47	14 43	28 9	24 5	9 15	6 9	13 26
30	16:34:11	7 28 51	2Sc51	28 52	9 4	14 33	14 38	28 10	24 6	9 14	6 8	13 23

11/23 Sun in Sag. 2:39   11/3 New 21:01   11/11 1st Qt. 16:46   11/18 Full 7:33   11/25 3rd Qt. 10:25

DECEMBER 1918

Day	Sid. T.	Sun	Moon	Merc.	Venus	Mars	Jup.	Saturn	Uranus	Nept.	Pluto	N.Node
1	16:38: 8	8Sg29 42	14Sc46	29Sg50	10Sg19	15Cp19	14Cn33R	28Le11	24Aq 7	9Le14R	6Cn 7R	13Sg19
2	16:42: 4	9 30 34	26 48	0Cp44	11 35	16 6	14 28	28 12	24 8	9 13	6 6	13 16
3	16:46: 1	10 31 27	8Sg58	1 32	12 50	16 52	14 22	28 13	24 10	9 12	6 5	13 13
4	16:49:58	11 32 21	21 18	2 14	14 6	17 38	14 16	28 13	24 11	9 11	6 4	13 10
5	16:53:54	12 33 16	3Cp50	2 50	15 21	18 25	14 10	28 14	24 13	9 11	6 3	13 7
6	16:57:51	13 34 12	16 34	3 18	16 37	19 11	14 4	28 14	24 15	9 10	6 2	13 4
7	17: 1:47	14 35 9	29 32	3 38	17 52	19 58	13 58	28 15	24 16	9 9	6 1	13 0
8	17: 5:44	15 36 7	12Aq43	3 49	19 7	20 44	13 52	28 15	24 18	9 8	6 0	12 57
9	17: 9:40	16 37 5	26 9	3 50R	20 23	21 31	13 45	28 15	24 20	9 7	5 58	12 54
10	17:13:37	17 38 4	9Pi50	3 40	21 38	22 18	13 39	28 15R	24 21	9 7	5 57	12 51
11	17:17:33	18 39 4	23 47	3 19	22 54	23 4	13 32	28 15	24 23	9 6	5 56	12 48
12	17:21:30	19 40 4	7Ar59	2 47	24 9	23 51	13 25	28 14	24 25	9 5	5 55	12 45
13	17:25:27	20 41 4	22 23	2 3	25 25	24 38	13 18	28 14	24 27	9 4	5 54	12 41
14	17:29:23	21 42 5	6Ta56	1 8	26 40	25 24	13 11	28 14	24 29	9 3	5 53	12 38
15	17:33:20	22 43 7	21 34	0 3	27 56	26 11	13 4	28 13	24 31	9 2	5 51	12 35
16	17:37:16	23 44 9	6Ge12	28Sg50	29 11	26 58	12 57	28 12	24 33	9 1	5 50	12 32
17	17:41:13	24 45 12	20 42	27 31	0Cp26	27 45	12 50	28 12	24 35	9 0	5 49	12 29
18	17:45: 9	25 46 15	4Cn59	26 9	1 42	28 32	12 42	28 11	24 37	8 58	5 48	12 25
19	17:49: 6	26 47 19	18 57	24 46	2 57	29 19	12 35	28 10	24 40	8 57	5 47	12 22
20	17:53: 3	27 48 24	2Le34	23 26	4 13	0Aq 6	12 27	28 9	24 42	8 56	5 45	12 19
21	17:56:59	28 49 29	15 48	22 10	5 28	0 53	12 19	28 7	24 44	8 55	5 44	12 16
22	18: 0:56	29 50 35	28 39	21 1	6 44	1 40	12 12	28 6	24 46	8 54	5 43	12 13
23	18: 4:52	0Cp51 42	11Vi10	20 0	7 59	2 27	12 4	28 5	24 49	8 52	5 42	12 10
24	18: 8:49	1 52 49	23 23	19 10	9 15	3 14	11 56	28 3	24 51	8 51	5 41	12 6
25	18:12:45	2 53 57	5Li24	18 30	10 30	4 1	11 48	28 1	24 53	8 50	5 39	12 3
26	18:16:42	3 55 5	17 17	18 0	11 45	4 48	11 40	28 0	24 56	8 49	5 38	12 0
27	18:20:38	4 56 14	29 6	17 42	13 1	5 35	11 32	27 58	24 58	8 47	5 37	11 57
28	18:24:35	5 57 24	10Sc58	17 33	14 16	6 22	11 24	27 56	25 1	8 46	5 36	11 54
29	18:28:31	6 58 34	22 55	17 34D	15 32	7 9	11 16	27 54	25 3	8 45	5 35	11 51
30	18:32:28	7 59 44	5Sg 3	17 44	16 47	7 57	11 8	27 51	25 6	8 43	5 33	11 47
31	18:36:25	9 0 55	17 23	18 2	18 2	8 44	11 0	27 49	25 9	8 42	5 32	11 44

12/22 Sun in Cap. 15:42   12/3 New 15:19(E)   12/11 1st Qt. 2:31   12/17 Full 19:17   12/25 3rd Qt. 6:31

Day	Sid. T.	Sun	Moon	Merc.	Venus	Mars	Jup.	Saturn	Uranus	Nept.	Pluto	N.Node
1	18:40:21	10Cp 2 6	29Sg59	18Sg28	19Cp18	9Aq30	10Cn51R	27Le47R	25Aq11	8Le40R	5Cn31R	11Sg41
2	18:44:18	11 3 17	12Cp51	19 0	20 33	10 18	10 43	27 44	25 14	8 39	5 30	11 38
3	18:48:14	12 4 28	25 59	19 39	21 49	11 5	10 35	27 42	25 17	8 37	5 28	11 35
4	18:52:11	13 5 39	9Aq21	20 22	23 4	11 53	10 27	27 39	25 19	8 36	5 27	11 31
5	18:56: 7	14 6 49	22 57	21 11	24 19	12 40	10 19	27 36	25 22	8 35	5 26	11 28
6	19: 0: 4	15 8 0	6Pi44	22 4	25 35	13 27	10 11	27 33	25 25	8 33	5 25	11 25
7	19: 4: 1	16 9 9	20 39	23 0	26 50	14 15	10 3	27 30	25 28	8 31	5 24	11 22
8	19: 7:57	17 10 19	4Ar41	24 1	28 6	15 2	9 55	27 27	25 31	8 30	5 22	11 19
9	19:11:54	18 11 28	18 47	25 4	29 21	15 49	9 47	27 24	25 34	8 28	5 21	11 16
10	19:15:50	19 12 36	2Ta56	26 10	0Aq36	16 36	9 39	27 21	25 37	8 27	5 20	11 12
11	19:19:47	20 13 44	17 7	27 18	1 51	17 24	9 31	27 18	25 40	8 25	5 19	11 9
12	19:23:43	21 14 51	1Ge17	28 28	3 7	18 11	9 23	27 14	25 43	8 24	5 18	11 6
13	19:27:40	22 15 58	15 25	29 41	4 22	18 58	9 16	27 11	25 46	8 22	5 17	11 3
14	19:31:36	23 17 4	29 27	0Cp55	5 37	19 46	9 8	27 7	25 49	8 20	5 15	11 0
15	19:35:33	24 18 10	13Cn21	2 11	6 53	20 33	9 0	27 4	25 52	8 19	5 14	10 57
16	19:39:30	25 19 15	27 2	3 28	8 8	21 21	8 53	27 0	25 55	8 17	5 13	10 53
17	19:43:26	26 20 19	10Le27	4 47	9 23	22 8	8 45	26 56	25 58	8 16	5 12	10 50
18	19:47:23	27 21 24	23 35	6 7	10 38	22 55	8 38	26 52	26 1	8 14	5 11	10 47
19	19:51:19	28 22 27	6Vi24	7 28	11 54	23 43	8 31	26 48	26 4	8 12	5 10	10 44
20	19:55:16	29 23 30	18 55	8 51	13 9	24 30	8 24	26 44	26 7	8 11	5 9	10 41
21	19:59:12	0Aq24 33	1Li 9	10 14	14 24	25 17	8 17	26 40	26 10	8 9	5 8	10 37
22	20: 3: 9	1 25 35	13 11	11 38	15 39	26 5	8 10	26 36	26 14	8 7	5 6	10 34
23	20: 7: 6	2 26 36	25 4	13 3	16 54	26 52	8 3	26 32	26 17	8 4	5 5	10 31
24	20:11: 2	3 27 38	6Sc54	14 29	18 9	27 39	7 56	26 28	26 20	8 4	5 4	10 28
25	20:14:59	4 28 38	18 45	15 56	19 25	28 27	7 50	26 24	26 23	8 2	5 3	10 25
26	20:18:55	5 29 38	0Sg42	17 23	20 40	29 14	7 43	26 19	26 27	8 1	5 2	10 22
27	20:22:52	6 30 38	12 52	18 52	21 55	0Pi 1	7 37	26 15	26 30	7 59	5 1	10 18
28	20:26:48	7 31 37	25 18	20 21	23 10	0 49	7 31	26 10	26 33	7 57	5 0	10 15
29	20:30:45	8 32 35	8Cp 4	21 51	24 25	1 36	7 25	26 6	26 37	7 55	4 59	10 12
30	20:34:41	9 33 32	21 12	23 21	25 40	2 23	7 19	26 1	26 40	7 54	4 58	10 9
31	20:38:38	10 34 29	4Aq41	24 52	26 55	3 11	7 13	25 57	26 43	7 52	4 57	10 6

1/21 Sun in Aqu. 2:21   1/2 New 8:24   1/9 1st Qt. 10:55   1/16 Full 8:44   1/24 3rd Qt. 4:22   1/31 New 23:07

Day	Sid. T.	Sun	Moon	Merc.	Venus	Mars	Jup.	Saturn	Uranus	Nept.	Pluto	N.Node
1	20:42:34	11Aq35 24	18Aq30	26Cp25	28Aq10	3Pi58	7Cn 8R	25Le52R	26Aq47	7Le50R	4Cn56R	10Sg 2
2	20:46:31	12 36 18	2Pi35	27 57	29 25	4 45	7 2	25 47	26 50	7 49	4 55	9 59
3	20:50:28	13 37 11	16 50	29 31	0Pi40	5 32	6 57	25 43	26 53	7 47	4 54	9 56
4	20:54:24	14 38 2	1Ar10	1Aq 5	1 55	6 20	6 52	25 38	26 57	7 45	4 54	9 53
5	20:58:21	15 38 53	15 31	2 40	3 10	7 7	6 47	25 33	27 0	7 44	4 53	9 50
6	21: 2:17	16 39 41	29 47	4 16	4 25	7 54	6 43	25 29	27 4	7 42	4 52	9 47
7	21: 6:14	17 40 29	13Ta56	5 52	5 40	8 41	6 38	25 24	27 7	7 40	4 51	9 43
8	21:10:10	18 41 14	27 57	7 29	6 55	9 28	6 34	25 19	27 10	7 39	4 50	9 40
9	21:14: 7	19 41 59	11Ge50	9 8	8 10	10 16	6 30	25 14	27 14	7 37	4 49	9 37
10	21:18: 4	20 42 41	25 35	10 46	9 24	11 3	6 26	25 9	27 17	7 35	4 48	9 34
11	21:22: 0	21 43 22	9Cn11	12 26	10 39	11 50	6 22	25 4	27 21	7 34	4 48	9 31
12	21:25:56	22 44 2	22 37	14 6	11 54	12 37	6 18	25 0	27 24	7 32	4 47	9 28
13	21:29:53	23 44 39	5Le54	15 48	13 9	13 24	6 15	24 55	27 28	7 31	4 46	9 24
14	21:33:50	24 45 16	18 59	17 30	14 23	14 11	6 11	24 50	27 31	7 29	4 45	9 21
15	21:37:46	25 45 51	1Vi51	19 13	15 38	14 58	6 8	24 45	27 35	7 27	4 45	9 18
16	21:41:43	26 46 24	14 29	20 57	16 53	15 45	6 5	24 40	27 38	7 26	4 44	9 15
17	21:45:39	27 46 56	26 53	22 42	18 7	16 32	6 3	24 35	27 42	7 24	4 43	9 12
18	21:49:36	28 47 26	9Li 4	24 27	19 22	17 19	6 0	24 30	27 45	7 23	4 43	9 8
19	21:53:33	29 47 55	21 3	26 14	20 36	18 6	5 58	24 26	27 49	7 21	4 42	9 5
20	21:57:29	0Pi48 23	2Sc55	28 2	21 51	18 53	5 56	24 21	27 52	7 20	4 41	9 2
21	22: 1:25	1 48 49	14 44	29 50	23 5	19 40	5 54	24 16	27 55	7 18	4 41	8 59
22	22: 5:22	2 49 14	26 33	1Pi40	24 20	20 27	5 52	24 11	27 59	7 17	4 40	8 56
23	22: 9:19	3 49 38	8Sg30	3 30	25 34	21 13	5 50	24 6	28 2	7 15	4 40	8 53
24	22:13:15	4 50 0	20 38	5 21	26 49	22 0	5 49	24 2	28 6	7 14	4 39	8 49
25	22:17:12	5 50 21	3Cp 4	7 13	28 3	22 47	5 48	23 57	28 9	7 12	4 39	8 46
26	22:21: 8	6 50 41	15 52	9 6	29 18	23 34	5 47	23 52	28 13	7 11	4 38	8 43
27	22:25: 5	7 50 59	29 6	10 59	0Ar32	24 21	5 46	23 48	28 16	7 9	4 38	8 40
28	22:29: 1	8 51 15	12Aq46	12 53	1 46	25 7	5 46	23 43	28 20	7 8	4 37	8 37

2/19 Sun in Pis. 16:48   2/7 1st Qt. 18:52   2/14 Full 23:38   2/23 3rd Qt. 1:48

MARCH 1919

Day	Sid. T.	Sun	Moon	Merc.	Venus	Mars	Jup.	Saturn	Uranus	Nept.	Pluto	N.Node
1	22:32:58	9Pi51 30	26Aq52	14Pi48	3Ar 0	25Pi54	5Cn45R	23Le38R	28Aq23	7Le 7R	4Cn37R	8Sg34
2	22:36:54	10 51 42	11Pi19	16 43	4 15	26 41	5 45	23 34	28 26	7 5	4 36	8 30
3	22:40:51	11 51 54	26 1	18 39	5 29	27 27	5 45D	23 29	28 30	7 4	4 36	8 27
4	22:44:48	12 52 3	10Ar48	20 34	6 43	28 14	5 45	23 25	28 33	7 3	4 36	8 24
5	22:48:44	13 52 10	25 34	22 30	7 57	29 0	5 46	23 21	28 37	7 1	4 35	8 21
6	22:52:41	14 52 15	10Ta11	24 25	9 11	29 47	5 46	23 16	28 40	7 0	4 35	8 18
7	22:56:37	15 52 18	24 34	26 20	10 25	0Ar33	5 47	23 12	28 43	6 59	4 35	8 14
8	23: 0:34	16 52 19	8Ge41	28 14	11 39	1 20	5 48	23 8	28 47	6 57	4 34	8 11
9	23: 4:30	17 52 18	22 32	0Ar 6	12 53	2 6	5 50	23 3	28 50	6 56	4 34	8 8
10	23: 8:27	18 52 15	6Cn 6	1 57	14 7	2 52	5 51	22 59	28 53	6 55	4 34	8 5
11	23:12:23	19 52 9	19 26	3 46	15 21	3 39	5 53	22 55	28 57	6 54	4 34	8 2
12	23:16:20	20 52 1	2Le33	5 32	16 34	4 25	5 54	22 51	29 0	6 53	4 33	7 59
13	23:20:17	21 51 51	15 28	7 15	17 48	5 11	5 56	22 47	29 3	6 52	4 33	7 55
14	23:24:13	22 51 39	28 12	8 55	19 2	5 57	5 59	22 43	29 6	6 51	4 33	7 52
15	23:28:10	23 51 24	10Vi45	10 31	20 15	6 44	6 1	22 40	29 10	6 50	4 33	7 49
16	23:32: 6	24 51 8	23 7	12 2	21 29	7 30	6 4	22 36	29 13	6 49	4 33	7 46
17	23:36: 3	25 50 49	5Li20	13 29	22 42	8 16	6 6	22 32	29 16	6 48	4 33	7 43
18	23:39:59	26 50 29	17 23	14 50	23 56	9 2	6 9	22 29	29 19	6 47	4 33	7 40
19	23:43:56	27 50 7	29 18	16 5	25 9	9 48	6 12	22 25	29 22	6 46	4 33D	7 36
20	23:47:52	28 49 43	11Sc 8	17 14	26 23	10 34	6 16	22 22	29 25	6 45	4 33	7 33
21	23:51:49	29 49 17	22 55	18 16	27 36	11 20	6 19	22 18	29 28	6 44	4 33	7 30
22	23:55:46	0Ar48 49	4Sg44	19 12	28 49	12 6	6 23	22 15	29 32	6 43	4 33	7 27
23	23:59:42	1 48 19	16 39	20 0	0Ta 3	12 51	6 27	22 12	29 35	6 42	4 33	7 24
24	0: 3:39	2 47 48	28 46	20 41	1 16	13 37	6 31	22 9	29 38	6 41	4 33	7 20
25	0: 7:35	3 47 15	11Cp 9	21 14	2 29	14 23	6 35	22 6	29 41	6 41	4 33	7 17
26	0:11:32	4 46 40	23 54	21 40	3 42	15 9	6 39	22 3	29 44	6 40	4 33	7 14
27	0:15:28	5 46 4	7Aq 6	21 58	4 55	15 54	6 44	22 0	29 47	6 39	4 34	7 11
28	0:19:25	6 45 26	20 46	22 8	6 8	16 40	6 49	21 57	29 50	6 38	4 34	7 8
29	0:23:21	7 44 45	4Pi54	22 11R	7 21	17 25	6 54	21 55	29 53	6 38	4 34	7 5
30	0:27:18	8 44 3	19 29	22 6	8 34	18 11	6 59	21 52	29 55	6 37	4 34	7 1
31	0:31:15	9 43 19	4Ar24	21 55	9 47	18 56	7 4	21 50	29 58	6 37	4 35	6 58

3/21 Sun in Ari. 16:19   3/2 New 11:11   3/9 1st Qt. 3:14   3/16 Full 15:41   3/24 3rd Qt. 20:34   3/31 New 21:05

APRIL 1919

Day	Sid. T.	Sun	Moon	Merc.	Venus	Mars	Jup.	Saturn	Uranus	Nept.	Pluto	N.Node
1	0:35:11	10Ar42 33	19Ar29	21Ar36R	10Ta59	19Ar42	7Cn 9	21Le47R	0Pi 1	6Le36R	4Cn35	6Sg55
2	0:39: 8	11 41 45	4Ta36	21 21	12 12	20 27	7 15	21 45	0 4	6 36	4 35	6 52
3	0:43: 4	12 40 55	19 35	20 42	13 25	21 13	7 20	21 43	0 7	6 35	4 35	6 49
4	0:47: 1	13 40 2	4Ge18	20 7	14 37	21 58	7 26	21 41	0 9	6 35	4 36	6 46
5	0:50:57	14 39 7	18 40	19 28	15 50	22 43	7 32	21 39	0 12	6 34	4 36	6 42
6	0:54:54	15 38 10	2Cn40	18 46	17 2	23 28	7 39	21 37	0 15	6 34	4 37	6 39
7	0:58:50	16 37 11	16 17	18 2	18 15	24 14	7 45	21 35	0 17	6 33	4 37	6 36
8	1: 2:47	17 36 9	29 34	17 15	19 27	24 59	7 51	21 33	0 20	6 33	4 37	6 33
9	1: 6:43	18 35 5	12Le32	16 29	20 39	25 44	7 58	21 32	0 23	6 33	4 38	6 30
10	1:10:40	19 33 59	25 14	15 42	21 51	26 29	8 5	21 30	0 25	6 32	4 38	6 26
11	1:14:37	20 32 50	7Vi43	14 57	23 4	27 14	8 12	21 29	0 28	6 32	4 39	6 23
12	1:18:33	21 31 40	20 1	14 14	24 16	27 59	8 19	21 28	0 30	6 32	4 39	6 20
13	1:22:30	22 30 27	2Li 9	13 33	25 28	28 43	8 26	21 27	0 33	6 32	4 40	6 17
14	1:26:26	23 29 12	14 10	12 56	26 39	29 28	8 33	21 26	0 35	6 32	4 41	6 14
15	1:30:23	24 27 54	26 5	12 22	27 51	0Ta13	8 41	21 25	0 37	6 32	4 41	6 11
16	1:34:19	25 26 35	7Sc56	11 53	29 3	0 58	8 48	21 24	0 40	6 32	4 42	6 7
17	1:38:16	26 25 15	19 44	11 28	0Ge15	1 42	8 56	21 23	0 42	6 32	4 42	6 4
18	1:42:13	27 23 52	1Sg32	11 8	1 26	2 27	9 4	21 22	0 44	6 32	4 43	6 1
19	1:46: 9	28 22 27	13 24	10 53	2 38	3 12	9 12	21 22	0 47	6 32	4 44	5 58
20	1:50: 5	29 21 1	25 21	10 44	3 49	3 56	9 20	21 22	0 49	6 32	4 44	5 55
21	1:54: 2	0Ta19 33	7Cp30	10 39	5 1	4 41	9 28	21 21	0 51	6 32	4 45	5 51
22	1:57:59	1 18 4	19 53	10 39D	6 12	5 25	9 37	21 21	0 53	6 32	4 46	5 48
23	2: 1:55	2 16 33	2Aq36	10 45	7 23	6 9	9 45	21 21	0 55	6 32	4 47	5 45
24	2: 5:52	3 15 0	15 42	10 55	8 34	6 54	9 54	21 21D	0 57	6 32	4 48	5 42
25	2: 9:48	4 13 26	29 15	11 10	9 45	7 38	10 3	21 21	0 59	6 32	4 48	5 39
26	2:13:45	5 11 50	13Pi17	11 30	10 56	8 22	10 12	21 21	1 1	6 33	4 49	5 36
27	2:17:41	6 10 12	27 45	11 54	12 7	9 6	10 21	21 22	1 3	6 33	4 50	5 32
28	2:21:38	7 8 33	12Ar36	12 23	13 18	9 50	10 30	21 22	1 5	6 33	4 51	5 29
29	2:25:35	8 6 52	27 43	12 56	14 29	10 34	10 39	21 23	1 7	6 34	4 52	5 26
30	2:29:31	9 5 10	12Ta56	13 32	15 40	11 18	10 48	21 23	1 8	6 34	4 53	5 23

4/21 Sun in Tau. 3:59   4/7 1st Qt. 12:39   4/15 Full 8:25   4/23 3rd Qt. 11:21   4/30 New 5:30

Day	Sid. T.	Sun	Moon	Merc.	Venus	Mars	Jup.	Saturn	Uranus	Nept.	Pluto	N.Node
1	2:33:28	10Ta 3 25	28Ta 6	14Ar13	16Ge50	12Ta 2	10Cn58	21Le24	1Pi10	6Le35	4Cn54	5Sg20
2	2:37:24	11 1 39	13Ge 4	14 57	18 1	12 46	11 7	21 25	1 12	6 35	4 54	5 17
3	2:41:21	11 59 51	27 41	15 45	19 11	13 30	11 17	21 26	1 14	6 35	4 55	5 13
4	2:45:17	12 58 1	11Cn55	16 36	20 21	14 14	11 27	21 27	1 15	6 36	4 56	5 10
5	2:49:14	13 56 10	25 42	17 31	21 31	14 58	11 36	21 28	1 17	6 37	4 57	5 7
6	2:53:10	14 54 16	9Le 4	18 28	22 41	15 41	11 46	21 30	1 18	6 37	4 58	5 4
7	2:57: 7	15 52 20	22 3	19 29	23 51	16 25	11 56	21 31	1 20	6 38	4 59	5 1
8	3: 1: 4	16 50 22	4Vi42	20 32	25 1	17 9	12 6	21 32	1 21	6 38	5 0	4 57
9	3: 5: 0	17 48 22	17 4	21 38	26 11	17 52	12 17	21 34	1 23	6 39	5 1	4 54
10	3: 8:57	18 46 21	29 14	22 47	27 21	18 36	12 27	21 36	1 24	6 40	5 3	4 51
11	3:12:53	19 44 17	11Li13	23 59	28 30	19 19	12 37	21 38	1 25	6 41	5 4	4 48
12	3:16:50	20 42 12	23 7	25 13	29 40	20 2	12 48	21 39	1 26	6 41	5 5	4 45
13	3:20:46	21 40 6	4Sc56	26 29	0Cn49	20 46	12 58	21 41	1 28	6 42	5 6	4 42
14	3:24:43	22 37 57	16 45	27 48	1 58	21 29	13 9	21 44	1 29	6 43	5 7	4 38
15	3:28:39	23 35 48	28 34	29 10	3 7	22 12	13 20	21 46	1 30	6 44	5 8	4 35
16	3:32:36	24 33 37	10Sg26	0Ta34	4 16	22 55	13 31	21 48	1 31	6 45	5 9	4 32
17	3:36:33	25 31 24	22 24	2 0	5 25	23 38	13 42	21 50	1 32	6 46	5 10	4 29
18	3:40:29	26 29 10	4Cp30	3 28	6 34	24 22	13 53	21 53	1 33	6 47	5 12	4 26
19	3:44:26	27 26 55	16 46	4 59	7 42	25 5	14 4	21 56	1 34	6 48	5 13	4 23
20	3:48:22	28 24 39	29 16	6 32	8 51	25 48	14 15	21 58	1 35	6 49	5 14	4 19
21	3:52:19	29 22 22	12Aq 2	8 8	9 59	26 30	14 26	22 1	1 35	6 50	5 15	4 16
22	3:56:15	0Ge20 3	25 8	9 45	11 7	27 13	14 37	22 4	1 36	6 51	5 17	4 13
23	4: 0:12	1 17 44	8Pi36	11 25	12 16	27 56	14 49	22 7	1 37	6 52	5 18	4 10
24	4: 4: 8	2 15 24	22 27	13 7	13 23	28 39	15 0	22 10	1 38	6 53	5 19	4 7
25	4: 8: 5	3 13 2	6Ar42	14 51	14 31	29 22	15 12	22 13	1 38	6 54	5 20	4 3
26	4:12: 2	4 10 40	21 19	16 38	15 39	0Ge 4	15 23	22 16	1 39	6 55	5 22	4 0
27	4:15:58	5 8 17	6Ta12	18 27	16 46	0 47	15 35	22 20	1 39	6 57	5 23	3 57
28	4:19:55	6 5 53	21 16	20 18	17 54	1 29	15 47	22 23	1 40	6 58	5 24	3 54
29	4:23:51	7 3 27	6Ge21	22 11	19 1	2 12	15 58	22 27	1 40	6 59	5 26	3 51
30	4:27:48	8 1 1	21 19	24 6	20 8	2 54	16 10	22 30	1 41	7 1	5 27	3 48
31	4:31:44	8 58 34	6Cn 3	26 4	21 15	3 37	16 22	22 34	1 41	7 2	5 28	3 44

5/22 Sun in Gem. 3:39   5/6 1st Qt. 23:34   5/15 Full 1:01   5/22 3rd Qt. 22:04   5/29 New 13:12(E)

Day	Sid. T.	Sun	Moon	Merc.	Venus	Mars	Jup.	Saturn	Uranus	Nept.	Pluto	N.Node
1	4:35:41	9Ge56 5	20Cn24	28Ta 3	22Cn22	4Ge19	16Cn34	22Le38	1Pi41	7Le 3	5Cn30	3Sg41
2	4:39:37	10 53 35	4Le21	0Ge 5	23 28	5 1	16 46	22 42	1 42	7 5	5 31	3 38
3	4:43:34	11 51 4	17 50	2 8	24 35	5 44	16 58	22 46	1 42	7 6	5 32	3 35
4	4:47:31	12 48 32	0Vi54	4 13	25 41	6 26	17 10	22 50	1 42	7 7	5 34	3 32
5	4:51:27	13 45 58	13 35	6 20	26 47	7 8	17 23	22 54	1 42	7 9	5 35	3 29
6	4:55:24	14 43 23	25 57	8 28	27 53	7 50	17 35	22 58	1 42	7 10	5 36	3 25
7	4:59:20	15 40 47	8Li 4	10 37	28 58	8 32	17 47	23 3	1 42R	7 12	5 38	3 22
8	5: 3:17	16 38 10	20 0	12 48	0Le 4	9 14	17 59	23 7	1 42	7 13	5 39	3 19
9	5: 7:13	17 35 32	1Sc50	14 59	1 9	9 56	18 12	23 11	1 42	7 15	5 41	3 16
10	5:11:10	18 32 52	13 38	17 11	2 14	10 38	18 24	23 16	1 42	7 17	5 42	3 13
11	5:15: 6	19 30 12	25 27	19 23	3 19	11 20	18 37	23 21	1 41	7 18	5 44	3 9
12	5:19: 3	20 27 32	7Sg20	21 35	4 23	12 2	18 49	23 25	1 41	7 20	5 45	3 6
13	5:23: 0	21 24 50	19 20	23 47	5 27	12 43	19 2	23 30	1 41	7 21	5 46	3 3
14	5:26:56	22 22 8	1Cp29	25 58	6 32	13 25	19 15	23 35	1 41	7 23	5 48	3 0
15	5:30:53	23 19 25	13 48	28 8	7 35	14 7	19 27	23 40	1 40	7 25	5 49	2 57
16	5:34:49	24 16 42	26 19	0Cn17	8 39	14 48	19 40	23 45	1 40	7 27	5 51	2 54
17	5:38:46	25 13 58	9Aq 3	2 25	9 42	15 30	19 53	23 50	1 39	7 28	5 52	2 50
18	5:42:42	26 11 14	22 2	4 32	10 46	16 11	20 6	23 55	1 39	7 30	5 54	2 47
19	5:46:39	27 8 29	5Pi15	6 37	11 48	16 53	20 18	24 0	1 38	7 32	5 55	2 44
20	5:50:35	28 5 45	18 45	8 40	12 51	17 34	20 31	24 6	1 38	7 34	5 57	2 41
21	5:54:32	29 3 0	2Ar31	10 42	13 53	18 15	20 44	24 11	1 37	7 35	5 58	2 38
22	5:58:29	0Cn 0 15	16 35	12 41	14 55	18 57	20 57	24 16	1 36	7 37	6 0	2 35
23	6: 2:25	0 57 30	0Ta55	14 39	15 57	19 38	21 10	24 22	1 35	7 39	6 1	2 31
24	6: 6:22	1 54 45	15 28	16 34	16 59	20 19	21 23	24 28	1 35	7 41	6 3	2 28
25	6:10:18	2 52 0	0Ge11	18 28	18 0	21 0	21 36	24 33	1 34	7 43	6 4	2 25
26	6:14:15	3 49 14	14 58	20 19	19 1	21 42	21 49	24 39	1 33	7 45	6 6	2 22
27	6:18:11	4 46 29	29 43	22 8	20 1	22 23	22 2	24 45	1 32	7 47	6 7	2 19
28	6:22: 8	5 43 44	14Cn17	23 55	21 1	23 4	22 15	24 50	1 31	7 49	6 9	2 15
29	6:26: 5	6 40 58	28 35	25 39	22 1	23 45	22 29	24 56	1 30	7 51	6 10	2 12
30	6:30: 1	7 38 12	12Le32	27 22	23 0	24 26	22 42	25 2	1 29	7 53	6 12	2 9

6/22 Sun in Can. 11:54   6/5 1st Qt. 12:22   6/13 Full 16:28   6/21 3rd Qt. 5:33   6/27 New 20:53

JULY 1919

Day	Sid. T.	Sun	Moon	Merc.	Venus	Mars	Jup.	Saturn	Uranus	Nept.	Pluto	N.Node
1	6:33:58	8Le35 25	26Le 4	29Cn 2	23Le59	25Ge 6	22Cn55	25Le 8	1Pi28R	7Le55	6Cn13	2Sg 6
2	6:37:54	9 32 38	9Vi12	0Le40	24 58	25 47	23 8	25 14	1 27	7 57	6 14	2 3
3	6:41:51	10 29 51	21 55	2 16	25 56	26 28	23 21	25 20	1 25	7 59	6 16	2 0
4	6:45:47	11 27 4	4Li19	3 50	26 54	27 9	23 35	25 27	1 24	8 1	6 17	1 56
5	6:49:44	12 24 16	16 26	5 22	27 52	27 49	23 48	25 33	1 23	8 3	6 19	1 53
6	6:53:40	13 21 28	28 22	6 51	28 48	28 30	24 1	25 39	1 21	8 5	6 20	1 50
7	6:57:37	14 18 40	10Sc11	8 18	29 45	29 11	24 14	25 45	1 20	8 7	6 22	1 47
8	7: 1:34	15 15 51	22 0	9 43	0Vi41	29 51	24 28	25 52	1 19	8 9	6 23	1 44
9	7: 5:30	16 13 3	3Sg51	11 5	1 36	0Cn32	24 41	25 58	1 17	8 11	6 25	1 40
10	7: 9:27	17 10 15	15 50	12 25	2 32	1 12	24 54	26 5	1 16	8 13	6 26	1 37
11	7:13:23	18 7 26	27 59	13 43	3 26	1 53	25 8	26 11	1 14	8 15	6 28	1 34
12	7:17:20	19 4 38	10Cp21	14 58	4 20	2 33	25 21	26 18	1 13	8 17	6 29	1 31
13	7:21:16	20 1 50	22 57	16 11	5 13	3 13	25 35	26 24	1 11	8 19	6 31	1 28
14	7:25:13	20 59 3	5Aq47	17 21	6 6	3 54	25 48	26 31	1 10	8 21	6 32	1 25
15	7:29: 9	21 56 15	18 52	18 28	6 58	4 34	26 1	26 38	1 8	8 24	6 34	1 21
16	7:33: 6	22 53 29	2Pi10	19 33	7 50	5 14	26 15	26 44	1 6	8 26	6 35	1 18
17	7:37: 3	23 50 42	15 41	20 35	8 41	5 54	26 28	26 51	1 4	8 28	6 36	1 15
18	7:40:59	24 47 56	29 22	21 35	9 31	6 34	26 41	26 58	1 3	8 30	6 38	1 12
19	7:44:56	25 45 12	13Ar13	22 30	10 21	7 14	26 55	27 5	1 1	8 32	6 39	1 9
20	7:48:52	26 42 27	27 13	23 23	11 10	7 54	27 8	27 12	0 59	8 34	6 41	1 6
21	7:52:49	27 39 44	11Ta22	24 13	11 58	8 34	27 22	27 19	0 57	8 37	6 42	1 2
22	7:56:45	28 37 2	25 38	24 59	12 45	9 14	27 35	27 26	0 55	8 39	6 43	0 59
23	8: 0:42	29 34 20	9Ge58	25 42	13 32	9 54	27 48	27 33	0 53	8 41	6 45	0 56
24	8: 4:38	0Le31 39	24 21	26 21	14 18	10 34	28 2	27 40	0 52	8 43	6 46	0 53
25	8: 8:35	1 29 0	8Cn43	26 56	15 3	11 14	28 15	27 47	0 50	8 45	6 48	0 50
26	8:12:32	2 26 20	22 57	27 27	15 47	11 53	28 28	27 54	0 48	8 48	6 49	0 46
27	8:16:28	3 23 42	6Le59	27 54	16 30	12 33	28 42	28 1	0 46	8 50	6 50	0 43
28	8:20:25	4 21 4	20 45	28 17	17 12	13 13	28 55	28 8	0 43	8 52	6 52	0 40
29	8:24:21	5 18 27	4Vi10	28 35	17 53	13 52	29 8	28 16	0 41	8 54	6 53	0 37
30	8:28:18	6 15 51	17 14	28 48	18 33	14 32	29 22	28 23	0 39	8 57	6 54	0 34
31	8:32:14	7 13 15	29 57	28 56	19 12	15 12	29 35	28 30	0 37	8 59	6 56	0 31

7/23 Sun in Leo 22:45   7/5 1st Qt. 3:17   7/13 Full 6:02   7/20 3rd Qt. 11:03   7/27 New 5:22

AUGUST 1919

Day	Sid. T.	Sun	Moon	Merc.	Venus	Mars	Jup.	Saturn	Uranus	Nept.	Pluto	N.Node
1	8:36:11	8Le10 40	12Li20	29Le 0	19Vi50	15Cn51	29Cn48	28Le37	0Pi35R	9Le 1	6Cn57	0Sg27
2	8:40: 7	9 8 5	24 27	28 58R	20 27	16 30	0Le 2	28 45	0 33	9 3	6 58	0 24
3	8:44: 4	10 5 31	6Sc23	28 51	21 2	17 10	0 15	28 52	0 31	9 5	7 0	0 21
4	8:48: 1	11 2 58	18 12	28 39	21 36	17 49	0 28	28 59	0 28	9 8	7 1	0 18
5	8:51:57	12 0 25	0Sg 1	28 22	22 9	18 29	0 41	29 7	0 26	9 10	7 2	0 15
6	8:55:54	12 57 53	11 55	27 59	22 41	19 8	0 55	29 14	0 24	9 12	7 3	0 12
7	8:59:50	13 55 23	23 57	27 31	23 11	19 47	1 8	29 22	0 22	9 14	7 5	0 8
8	9: 3:47	14 52 53	6Cp14	26 59	23 40	20 26	1 21	29 29	0 20	9 17	7 6	0 5
9	9: 7:43	15 50 23	18 47	26 22	24 7	21 5	1 34	29 37	0 17	9 19	7 7	0 2
10	9:11:40	16 47 55	1Aq39	25 42	24 32	21 45	1 47	29 44	0 15	9 21	7 8	29Sc59
11	9:15:37	17 45 28	14 50	24 57	24 56	22 24	2 0	29 52	0 13	9 23	7 9	29 56
12	9:19:33	18 43 2	28 18	24 11	25 18	23 3	2 13	29 59	0 10	9 25	7 11	29 52
13	9:23:29	19 40 37	12Pi 1	23 23	25 39	23 42	2 26	0Vi 7	0 8	9 28	7 12	29 49
14	9:27:26	20 38 13	25 56	22 32	25 57	24 21	2 39	0 14	0 6	9 30	7 13	29 46
15	9:31:23	21 35 51	9Ar58	21 42	26 14	24 59	2 52	0 22	0 3	9 32	7 14	29 43
16	9:35:19	22 33 30	24 4	20 52	26 29	25 38	3 5	0 29	0 1	9 34	7 15	29 40
17	9:39:16	23 31 11	8Ta12	20 5	26 42	26 17	3 18	0 37	29Aq59	9 36	7 16	29 37
18	9:43:12	24 28 53	22 19	19 20	26 52	26 56	3 31	0 44	29 56	9 38	7 17	29 33
19	9:47: 9	25 26 38	6Ge26	18 39	27 1	27 35	3 44	0 52	29 54	9 41	7 18	29 30
20	9:51: 5	26 24 24	20 31	18 2	27 8	28 13	3 57	1 0	29 51	9 43	7 19	29 27
21	9:55: 2	27 22 11	4Cn32	17 31	27 12	28 52	4 10	1 7	29 49	9 45	7 20	29 24
22	9:58:59	28 20 0	18 28	17 6	27 14	29 31	4 22	1 15	29 47	9 47	7 21	29 21
23	10: 2:55	29 17 51	2Le18	16 48	27 14R	0Le 9	4 35	1 22	29 44	9 49	7 22	29 18
24	10: 6:52	0Vi15 44	15 56	16 37	27 11	0 48	4 48	1 30	29 42	9 51	7 23	29 14
25	10:10:48	1 13 38	29 22	16 33D	27 7	1 26	5 0	1 38	29 39	9 53	7 24	29 11
26	10:14:45	2 11 33	12Vi32	16 38	26 59	2 5	5 13	1 45	29 37	9 56	7 25	29 8
27	10:18:41	3 9 30	25 25	16 50	26 50	2 43	5 26	1 53	29 35	9 58	7 26	29 5
28	10:22:38	4 7 28	7Li59	17 10	26 38	3 22	5 38	2 1	29 32	10 0	7 27	29 2
29	10:26:35	5 5 28	20 18	17 39	26 23	4 0	5 50	2 8	29 30	10 2	7 28	28 58
30	10:30:31	6 3 29	2Sc22	18 16	26 7	4 38	6 3	2 16	29 27	10 4	7 29	28 55
31	10:34:27	7 1 31	14 16	19 0	25 48	5 16	6 15	2 23	29 25	10 6	7 30	28 52

8/24 Sun in Vir. 5:29   8/3 1st Qt. 20:11   8/11 Full 17:39   8/18 3rd Qt. 15:56   8/25 New 15:37

SEPTEMBER 1919

Day	Sid. T.	Sun	Moon	Merc.	Venus	Mars	Jup.	Saturn	Uranus	Nept.	Pluto	N.Node
1	10:38:24	7Vi59 35	26Sc 5	19Le52	25Vi26R	5Le55	6Le28	2Vi31	29Aq23R	10Le 8	7Cn31	28Sc49
2	10:42:21	8 57 41	7Sg53	20 52	25 3	6 33	6 40	2 39	29 20	10 10	7 31	28 46
3	10:46:17	9 55 48	19 47	21 58	24 37	7 11	6 52	2 46	29 18	10 12	7 32	28 43
4	10:50:14	10 53 56	1Cp51	23 10	24 10	7 49	7 4	2 54	29 16	10 14	7 33	28 39
5	10:54:10	11 52 5	14 11	24 29	23 41	8 27	7 16	3 1	29 13	10 16	7 34	28 36
6	10:58: 7	12 50 17	26 50	25 53	23 10	9 5	7 28	3 9	29 11	10 18	7 35	28 33
7	11: 2: 3	13 48 29	9Aq52	27 23	22 37	9 43	7 40	3 16	29 9	10 20	7 35	28 30
8	11: 6: 0	14 46 44	23 17	28 56	22 3	10 21	7 52	3 24	29 7	10 22	7 36	28 27
9	11: 9:56	15 45 0	7Pi 4	0Vi34	21 28	10 59	8 4	3 31	29 4	10 24	7 37	28 24
10	11:13:53	16 43 17	21 11	2 15	20 52	11 37	8 16	3 39	29 2	10 25	7 37	28 20
11	11:17:50	17 41 37	5Ar31	3 59	20 16	12 15	8 27	3 46	29 0	10 27	7 38	28 17
12	11:21:46	18 39 58	19 59	5 46	19 39	12 52	8 39	3 54	28 58	10 29	7 39	28 14
13	11:25:43	19 38 21	4Ta28	7 34	19 2	13 30	8 51	4 1	28 55	10 31	7 39	28 11
14	11:29:39	20 36 47	18 54	9 24	18 25	14 8	9 2	4 9	28 53	10 33	7 40	28 8
15	11:33:36	21 35 15	3Ge13	11 15	17 48	14 45	9 14	4 16	28 51	10 35	7 40	28 4
16	11:37:32	22 33 45	17 22	13 6	17 12	15 23	9 25	4 24	28 49	10 36	7 41	28 1
17	11:41:29	23 32 17	1Cn22	14 59	16 36	16 0	9 36	4 31	28 47	10 38	7 41	27 58
18	11:45:25	24 30 51	15 10	16 51	16 2	16 38	9 48	4 38	28 45	10 40	7 42	27 55
19	11:49:22	25 29 28	28 48	18 44	15 29	17 15	9 59	4 46	28 43	10 41	7 42	27 52
20	11:53:19	26 28 6	12Le14	20 36	14 57	17 53	10 10	4 53	28 41	10 43	7 43	27 49
21	11:57:15	27 26 47	25 29	22 28	14 26	18 30	10 21	5 0	28 39	10 45	7 43	27 45
22	12: 1:12	28 25 30	8Vi32	24 19	13 58	19 8	10 32	5 7	28 37	10 46	7 44	27 42
23	12: 5: 8	29 24 15	21 22	26 10	13 31	19 45	10 43	5 15	28 35	10 48	7 44	27 39
24	12: 9: 5	0Li23 2	3Li58	28 0	13 7	20 22	10 53	5 22	28 33	10 50	7 44	27 36
25	12:13: 1	1 21 51	16 20	29 50	12 44	20 59	11 4	5 29	28 31	10 51	7 45	27 33
26	12:16:58	2 20 42	28 30	1Li38	12 24	21 37	11 14	5 36	28 29	10 53	7 45	27 29
27	12:20:54	3 19 35	10Sc29	3 26	12 6	22 14	11 25	5 43	28 27	10 54	7 45	27 26
28	12:24:51	4 18 29	22 30	5 13	11 51	22 51	11 35	5 50	28 25	10 56	7 45	27 23
29	12:28:48	5 17 26	4Sg 7	6 59	11 37	23 28	11 46	5 57	28 24	10 57	7 46	27 20
30	12:32:44	6 16 24	15 54	8 45	11 27	24 5	11 56	6 4	28 22	10 59	7 46	27 17

9/24 Sun in Lib. 2:36   9/2 1st Qt. 14:22   9/10 Full 3:54   9/16 3rd Qt. 21:32   9/24 New 4:34

OCTOBER 1919

Day	Sid. T.	Sun	Moon	Merc.	Venus	Mars	Jup.	Saturn	Uranus	Nept.	Pluto	N.Node
1	12:36:41	7Li15 24	27Sg46	10Li29	11Vi18R	24Le42	12Le 6	6Vi11	28Aq20R	11Le 0	7Cn46	27Sc14
2	12:40:37	8 14 26	9Cp49	12 13	11 12	25 19	12 16	6 18	28 18	11 2	7 46	27 10
3	12:44:34	9 13 30	22 7	13 55	11 9	25 56	12 26	6 25	28 17	11 3	7 46	27 7
4	12:48:30	10 12 35	4Aq45	15 37	11 8D	26 32	12 36	6 32	28 15	11 4	7 47	27 4
5	12:52:27	11 11 42	17 48	17 18	11 9	27 9	12 45	6 38	28 14	11 6	7 47	27 1
6	12:56:23	12 10 51	1Pi17	18 58	11 12	27 46	12 55	6 45	28 12	11 7	7 47	26 58
7	13: 0:20	13 10 1	15 13	20 38	11 18	28 23	13 4	6 52	28 11	11 8	7 47	26 55
8	13: 4:16	14 9 15	29 33	22 16	11 26	28 59	13 14	6 58	28 9	11 9	7 47	26 51
9	13: 8:13	15 8 29	14Ar12	23 54	11 37	29 36	13 23	7 5	28 8	11 10	7 47R	26 48
10	13:12: 9	16 7 46	29 2	25 31	11 49	0Vi12	13 32	7 11	28 6	11 12	7 47	26 45
11	13:16: 6	17 7 5	13Ta57	27 8	12 4	0 49	13 41	7 18	28 5	11 13	7 47	26 42
12	13:20: 3	18 6 26	28 47	28 43	12 20	1 25	13 50	7 24	28 4	11 14	7 47	26 39
13	13:23:59	19 5 49	13Ge26	0Sc18	12 39	2 2	13 59	7 31	28 3	11 15	7 47	26 35
14	13:27:56	20 5 15	27 50	1 52	12 59	2 38	14 7	7 37	28 1	11 16	7 46	26 32
15	13:31:52	21 4 43	11Cn56	3 26	13 22	3 14	14 16	7 43	28 0	11 17	7 46	26 29
16	13:35:49	22 4 13	25 44	4 59	13 46	3 51	14 24	7 49	27 59	11 18	7 46	26 26
17	13:39:46	23 3 46	9Le13	6 31	14 12	4 27	14 33	7 55	27 58	11 19	7 46	26 23
18	13:43:42	24 3 21	22 26	8 3	14 40	5 3	14 41	8 2	27 57	11 20	7 46	26 20
19	13:47:38	25 2 58	5Vi23	9 34	15 9	5 39	14 49	8 8	27 56	11 21	7 46	26 16
20	13:51:35	26 2 37	18 5	11 4	15 40	6 15	14 57	8 14	27 55	11 22	7 45	26 13
21	13:55:32	27 2 18	0Li36	12 34	16 12	6 51	15 4	8 19	27 54	11 23	7 45	26 10
22	13:59:28	28 2 2	12 54	14 3	16 46	7 27	15 12	8 25	27 53	11 23	7 44	26 7
23	14: 3:25	29 1 48	25 3	15 31	17 21	8 3	15 19	8 31	27 53	11 24	7 44	26 4
24	14: 7:21	0Sc 1 35	7Sc 3	16 59	17 58	8 39	15 27	8 37	27 52	11 25	7 44	26 1
25	14:11:18	1 1 25	18 56	18 26	18 35	9 15	15 34	8 42	27 51	11 26	7 44	25 57
26	14:15:14	2 1 17	0Sg44	19 53	19 14	9 50	15 41	8 48	27 50	11 26	7 43	25 54
27	14:19:11	3 1 10	12 30	21 18	19 55	10 26	15 48	8 53	27 50	11 27	7 43	25 51
28	14:23: 8	4 1 5	24 17	22 43	20 36	11 2	15 55	8 59	27 49	11 27	7 42	25 48
29	14:27: 4	5 1 2	6Cp10	24 8	21 19	11 37	16 1	9 4	27 49	11 28	7 42	25 45
30	14:31: 1	6 1 1	18 11	25 31	22 2	12 13	16 8	9 9	27 48	11 28	7 42	25 41
31	14:34:57	7 1 1	0Aq27	26 54	22 47	12 48	16 14	9 15	27 48	11 29	7 41	25 38

10/24 Sun in Sco. 11:22   10/2 1st Qt. 8:37   10/9 Full 13:39   10/16 3rd Qt. 5:05   10/23 New 20:39

NOVEMBER 1919

Day	Sid. T.	Sun	Moon	Merc.	Venus	Mars	Jup.	Saturn	Uranus	Nept.	Pluto	N.Node
1	14:38:54	8Sc 1 3	13Aq 1	28Sc16	23Vi32	13Vi24	16Le20	9Vi20	27Aq48R	11Le30	7Cn41R	25Sc35
2	14:42:50	9 1 7	25 58	29 36	24 19	13 59	16 26	9 25	27 47	11 30	7 40	25 32
3	14:46:47	10 1 12	9Pi21	0Sg56	25 6	14 34	16 32	9 30	27 47	11 30	7 39	25 29
4	14:50:43	11 1 18	23 12	2 14	25 55	15 9	16 38	9 35	27 47	11 31	7 39	25 26
5	14:54:40	12 1 26	7Ar30	3 32	26 44	15 44	16 44	9 40	27 47	11 31	7 38	25 22
6	14:58:36	13 1 36	22 12	4 47	27 34	16 19	16 49	9 44	27 47	11 31	7 38	25 19
7	15: 2:33	14 1 47	7Ta12	6 2	28 25	16 54	16 54	9 49	27 46	11 32	7 37	25 16
8	15: 6:30	15 2 1	22 22	7 14	29 16	17 29	16 59	9 54	27 46D	11 32	7 36	25 13
9	15:10:26	16 2 16	7Ge32	8 25	0Li 9	18 4	17 4	9 58	27 47	11 32	7 36	25 10
10	15:14:23	17 2 33	22 33	9 33	1 2	18 39	17 9	10 2	27 47	11 32	7 35	25 7
11	15:18:19	18 2 52	7Cn18	10 39	1 56	19 14	17 13	10 7	27 47	11 32	7 34	25 3
12	15:22:16	19 3 12	21 40	11 42	2 50	19 48	17 18	10 11	27 47	11 33	7 34	25 0
13	15:26:12	20 3 35	5Le38	12 42	3 45	20 23	17 22	10 15	27 47	11 33	7 33	24 57
14	15:30: 9	21 4 0	19 11	13 39	4 41	20 58	17 26	10 19	27 48	11 33	7 32	24 54
15	15:34: 6	22 4 26	2Vi20	14 31	5 37	21 32	17 30	10 23	27 48	11 33R	7 31	24 51
16	15:38: 2	23 4 55	15 9	15 20	6 34	22 6	17 34	10 27	27 48	11 33	7 30	24 47
17	15:41:59	24 5 25	27 40	16 3	7 31	22 41	17 37	10 31	27 49	11 33	7 30	24 44
18	15:45:55	25 5 57	9Li56	16 41	8 29	23 15	17 40	10 35	27 49	11 32	7 29	24 41
19	15:49:52	26 6 31	22 2	17 12	9 28	23 49	17 44	10 38	27 50	11 32	7 28	24 38
20	15:53:48	27 7 6	3Sc59	17 37	10 27	24 23	17 46	10 42	27 50	11 32	7 27	24 35
21	15:57:45	28 7 43	15 50	17 53	11 26	24 57	17 49	10 45	27 51	11 32	7 26	24 32
22	16: 1:41	29 8 22	27 39	18 1	12 26	25 31	17 52	10 49	27 52	11 32	7 25	24 28
23	16: 5:38	0Sg 9 2	9Sg26	18 0R	13 27	26 5	17 54	10 52	27 53	11 31	7 24	24 25
24	16: 9:34	1 9 44	21 14	17 49	14 28	26 39	17 56	10 55	27 53	11 31	7 23	24 22
25	16:13:31	2 10 26	3Cp 5	17 28	15 29	27 13	17 58	10 58	27 54	11 31	7 22	24 19
26	16:17:28	3 11 10	15 3	16 55	16 30	27 46	18 0	11 1	27 55	11 30	7 21	24 16
27	16:21:24	4 11 56	27 8	16 12	17 33	28 20	18 2	11 4	27 56	11 30	7 20	24 13
28	16:25:21	5 12 42	9Aq26	15 18	18 35	28 53	18 3	11 6	27 57	11 30	7 19	24 9
29	16:29:17	6 13 29	21 59	14 15	19 38	29 27	18 5	11 9	27 58	11 29	7 18	24 6
30	16:33:14	7 14 17	4Pi50	13 3	20 41	0Li 0	18 6	11 12	27 59	11 29	7 17	24 3

11/23 Sun in Sag. 8:26 11/1 1st Qt. 1:43 11/7 Full 23:35(E) 11/14 3rd Qt. 15:41 11/22 New 15:20(E) 11/30 1st Qt. 16:47

DECEMBER 1919

Day	Sid. T.	Sun	Moon	Merc.	Venus	Mars	Jup.	Saturn	Uranus	Nept.	Pluto	N.Node
1	16:37:10	8Sg15 6	18Pi 4	11Sg45R	21Li44	0Li33	18Le 7	11Vi14	28Aq 1	11Le28R	7Cn16R	24Sc 0
2	16:41: 7	9 15 56	1Ar42	10 24	22 48	1 6	18 7	11 16	28 2	11 27	7 15	23 57
3	16:45: 4	10 16 47	15 46	9 1	23 52	1 39	18 8	11 19	28 3	11 27	7 14	23 53
4	16:49: 0	11 17 38	0Ta16	7 40	24 57	2 12	18 8	11 21	28 4	11 26	7 13	23 50
5	16:52:57	12 18 31	15 8	6 23	26 2	2 45	18 8R	11 23	28 6	11 26	7 12	23 47
6	16:56:53	13 19 24	0Ge15	5 13	27 7	3 17	18 8	11 25	28 7	11 25	7 11	23 44
7	17: 0:50	14 20 18	15 29	4 12	28 12	3 50	18 8	11 26	28 9	11 24	7 10	23 41
8	17: 4:46	15 21 14	0Cn41	3 20	29 18	4 22	18 7	11 28	28 10	11 23	7 9	23 38
9	17: 8:43	16 22 10	15 40	2 40	0Sc24	4 55	18 7	11 30	28 12	11 23	7 8	23 34
10	17:12:39	17 23 8	0Le19	2 11	1 30	5 27	18 6	11 31	28 13	11 22	7 7	23 31
11	17:16:36	18 24 6	14 31	1 53	2 36	5 59	18 5	11 33	28 15	11 21	7 5	23 28
12	17:20:33	19 25 6	28 15	1 47	3 43	6 31	18 3	11 34	28 17	11 20	7 4	23 25
13	17:24:29	20 26 7	11Vi31	1 50D	4 50	7 3	18 2	11 35	28 18	11 19	7 3	23 22
14	17:28:26	21 27 9	24 21	2 3	5 57	7 35	18 0	11 36	28 20	11 18	7 2	23 18
15	17:32:22	22 28 11	6Li49	2 25	7 4	8 7	17 58	11 37	28 22	11 17	7 1	23 15
16	17:36:19	23 29 15	19 0	2 54	8 12	8 38	17 56	11 38	28 24	11 16	7 0	23 12
17	17:40:15	24 30 20	0Sc59	3 31	9 19	9 10	17 54	11 38	28 26	11 15	6 58	23 9
18	17:44:12	25 31 25	12 50	4 14	10 27	9 41	17 51	11 39	28 28	11 14	6 57	23 6
19	17:48: 8	26 32 31	24 37	5 2	11 35	10 12	17 49	11 39	28 30	11 13	6 56	23 3
20	17:52: 5	27 33 39	6Sg23	5 56	12 44	10 43	17 46	11 40	28 32	11 12	6 55	22 59
21	17:56: 2	28 34 46	18 12	6 54	13 52	11 14	17 43	11 40	28 34	11 11	6 54	22 56
22	17:59:58	29 35 54	0Cp 5	7 55	15 1	11 45	17 40	11 40	28 36	11 10	6 52	22 53
23	18: 3:55	0Cp37 3	12 5	9 0	16 10	12 16	17 36	11 40R	28 38	11 9	6 51	22 50
24	18: 7:51	1 38 12	24 13	10 8	17 19	12 46	17 33	11 40	28 40	11 7	6 50	22 47
25	18:11:48	2 39 21	6Aq30	11 19	18 28	13 17	17 29	11 40	28 42	11 6	6 49	22 44
26	18:15:44	3 40 31	18 58	12 32	19 38	13 47	17 25	11 40	28 45	11 5	6 47	22 40
27	18:19:41	4 41 40	1Pi38	13 47	20 47	14 17	17 21	11 39	28 47	11 4	6 46	22 37
28	18:23:38	5 42 50	14 32	15 3	21 57	14 47	17 17	11 39	28 49	11 2	6 45	22 34
29	18:27:34	6 43 59	27 43	16 21	23 7	15 17	17 12	11 38	28 52	11 1	6 44	22 31
30	18:31:31	7 45 9	11Ar12	17 41	24 16	15 46	17 7	11 37	28 54	11 0	6 43	22 28
31	18:35:27	8 46 18	25 2	19 2	25 27	16 16	17 3	11 37	28 57	10 58	6 41	22 24

12/22 Sun in Cap. 21:27 12/7 Full 10:03 12/14 3rd Qt. 6:02 12/22 New 10:55 12/30 1st Qt. 5:25

JANUARY 1920

Day	Sid. T.	Sun	Moon	Merc.	Venus	Mars	Jup.	Saturn	Uranus	Nept.	Pluto	N.Node
1	18:39:24	9Cp47 27	9Ta13	20Sg24	26Sc37	16Li45	16Le58R	11Vi36R	28Aq59	10Le57R	6Cn40R	22Sc21
2	18:43:20	10 48 36	23 44	21 47	27 47	17 14	16 52	11 35	29 2	10 55	6 39	22 18
3	18:47:17	11 49 44	8Ge32	23 11	28 57	17 43	16 47	11 33	29 4	10 54	6 38	22 15
4	18:51:13	12 50 53	23 31	24 36	0Sg 8	18 12	16 42	11 32	29 7	10 53	6 36	22 12
5	18:55:10	13 52 1	8Cn34	26 1	1 19	18 41	16 36	11 31	29 10	10 51	6 35	22 9
6	18:59: 7	14 53 9	23 32	27 28	2 29	19 9	16 30	11 29	29 12	10 50	6 34	22 5
7	19: 3: 3	15 54 18	8Le14	28 55	3 40	19 37	16 24	11 28	29 15	10 48	6 33	22 2
8	19: 7: 0	16 55 26	22 34	0Cp22	4 51	20 6	16 18	11 26	29 18	10 47	6 32	21 59
9	19:10:56	17 56 34	6Vi26	1 50	6 2	20 33	16 12	11 24	29 20	10 45	6 30	21 56
10	19:14:53	18 57 42	19 50	3 19	7 13	21 1	16 6	11 22	29 23	10 44	6 29	21 53
11	19:18:49	19 58 49	2Li46	4 49	8 25	21 29	15 59	11 20	29 26	10 42	6 28	21 50
12	19:22:46	20 59 57	15 18	6 19	9 36	21 56	15 52	11 18	29 29	10 41	6 27	21 46
13	19:26:42	22 1 5	27 31	7 49	10 47	22 23	15 46	11 16	29 32	10 39	6 26	21 43
14	19:30:39	23 2 13	9Sc29	9 20	11 59	22 50	15 39	11 14	29 35	10 37	6 24	21 40
15	19:34:36	24 3 20	21 18	10 52	13 10	23 17	15 32	11 11	29 38	10 36	6 23	21 37
16	19:38:32	25 4 28	3Sg 4	12 24	14 22	23 43	15 25	11 9	29 41	10 34	6 22	21 34
17	19:42:29	26 5 35	14 52	13 56	15 34	24 9	15 18	11 6	29 44	10 33	6 21	21 30
18	19:46:25	27 6 42	26 44	15 29	16 46	24 35	15 10	11 3	29 47	10 31	6 20	21 27
19	19:50:22	28 7 48	8Cp44	17 3	17 58	25 1	15 3	11 1	29 50	10 29	6 19	21 24
20	19:54:18	29 8 54	20 55	18 37	19 10	25 27	14 56	10 58	29 53	10 28	6 18	21 21
21	19:58:15	0Aq 9 59	3Aq17	20 12	20 22	25 52	14 48	10 55	29 56	10 26	6 16	21 18
22	20: 2:11	1 11 3	15 51	21 47	21 34	26 17	14 41	10 52	29 59	10 24	6 15	21 15
23	20: 6: 8	2 12 7	28 23	23 23	22 46	26 42	14 33	10 48	0Pi 2	10 23	6 14	21 11
24	20:10: 5	3 13 10	11Pi35	24 59	23 58	27 6	14 25	10 45	0 5	10 21	6 13	21 8
25	20:14: 1	4 14 11	24 43	26 36	25 11	27 30	14 18	10 42	0 9	10 19	6 12	21 5
26	20:17:58	5 15 12	8Ar 3	28 14	26 23	27 54	14 10	10 39	0 12	10 18	6 11	21 2
27	20:21:54	6 16 12	21 36	29 52	27 35	28 18	14 2	10 35	0 15	10 16	6 10	20 59
28	20:25:51	7 17 10	5Ta20	1Aq31	28 48	28 41	13 54	10 32	0 18	10 14	6 9	20 56
29	20:29:47	8 18 7	19 19	3 11	0Cp 0	29 4	13 46	10 28	0 21	10 13	6 8	20 52
30	20:33:44	9 19 3	3Ge31	4 51	1 13	29 27	13 38	10 24	0 25	10 11	6 7	20 49
31	20:37:40	10 19 58	17 55	6 32	2 25	29 50	13 30	10 20	0 28	10 9	6 6	20 46

1/21 Sun in Aqu. 8:05   1/5 Full 21:05   1/13 3rd Qt. 0:08   1/21 New 5:27   1/28 1st Qt. 15:38

FEBRUARY 1920

Day	Sid. T.	Sun	Moon	Merc.	Venus	Mars	Jup.	Saturn	Uranus	Nept.	Pluto	N.Node
1	20:41:37	11Aq20 51	2Cn30	8Aq14	3Cp38	0Sc12	13Le22R	10Vi17R	0Pi31	10Le 8R	6Cn 5R	20Sc43
2	20:45:34	12 21 43	17 9	9 56	4 51	0 34	13 14	10 13	0 35	10 6	6 4	20 40
3	20:49:30	13 22 34	1Le46	11 40	6 3	0 55	13 6	10 9	0 38	10 4	6 3	20 36
4	20:53:27	14 23 24	16 13	13 23	7 16	1 16	12 58	10 5	0 41	10 3	6 2	20 33
5	20:57:23	15 24 12	0Vi24	15 8	8 29	1 37	12 50	10 1	0 45	10 1	6 1	20 30
6	21: 1:20	16 25 0	14 14	16 53	9 42	1 58	12 42	9 56	0 48	9 59	6 0	20 27
7	21: 5:16	17 25 46	27 38	18 39	10 55	2 18	12 34	9 52	0 51	9 57	5 59	20 24
8	21: 9:13	18 26 31	10Li37	20 26	12 8	2 38	12 26	9 48	0 55	9 56	5 59	20 21
9	21:13: 9	19 27 15	23 12	22 13	13 20	2 57	12 19	9 44	0 58	9 54	5 58	20 17
10	21:17: 6	20 27 58	5Sc28	24 2	14 33	3 16	12 11	9 39	1 2	9 52	5 57	20 14
11	21:21: 2	21 28 40	17 29	25 50	15 46	3 35	12 3	9 35	1 5	9 51	5 56	20 11
12	21:24:59	22 29 21	29 20	27 40	17 0	3 53	11 55	9 30	1 8	9 49	5 55	20 8
13	21:28:56	23 30 1	11Sg13	29 29	18 13	4 11	11 47	9 26	1 12	9 48	5 54	20 5
14	21:32:52	24 30 40	22 57	1Pi19	19 26	4 28	11 40	9 21	1 15	9 46	5 54	20 1
15	21:36:49	25 31 17	4Cp52	3 10	20 39	4 45	11 32	9 17	1 19	9 44	5 53	19 58
16	21:40:45	26 31 53	16 58	5 0	21 52	5 2	11 25	9 12	1 22	9 43	5 52	19 55
17	21:44:42	27 32 28	29 18	6 51	23 5	5 18	11 17	9 8	1 26	9 41	5 52	19 52
18	21:48:38	28 33 1	11Aq54	8 41	24 19	5 33	11 10	9 3	1 29	9 40	5 51	19 49
19	21:52:35	29 33 33	24 45	10 31	25 32	5 49	11 3	8 58	1 33	9 38	5 50	19 46
20	21:56:31	0Pi34 4	7Pi52	12 21	26 45	6 3	10 55	8 54	1 36	9 36	5 50	19 42
21	22: 0:28	1 34 32	21 13	14 9	27 58	6 18	10 48	8 49	1 39	9 35	5 49	19 39
22	22: 4:25	2 34 59	4Ar45	15 56	29 12	6 31	10 41	8 44	1 43	9 33	5 48	19 36
23	22: 8:21	3 35 25	18 26	17 41	0Aq25	6 44	10 35	8 39	1 46	9 32	5 48	19 33
24	22:12:18	4 35 48	2Ta15	19 24	1 38	6 57	10 28	8 34	1 50	9 30	5 47	19 30
25	22:16:14	5 36 9	16 10	21 4	2 52	7 9	10 21	8 30	1 53	9 29	5 47	19 27
26	22:20:11	6 36 29	0Ge10	22 41	4 5	7 21	10 15	8 25	1 57	9 27	5 46	19 23
27	22:24: 7	7 36 46	14 16	24 15	5 19	7 32	10 8	8 20	2 0	9 26	5 46	19 20
28	22:28: 4	8 37 2	28 25	25 44	6 32	7 43	10 2	8 15	2 4	9 24	5 45	19 17
29	22:32: 0	9 37 15	12Cn37	27 8	7 45	7 53	9 56	8 10	2 7	9 23	5 45	19 14

2/19 Sun in Pis. 22:29   2/4 Full 8:42   2/11 3rd Qt. 20:49   2/19 New 21:35   2/26 1st Qt. 23:49

MARCH 1920

Day	Sid. T.	Sun	Moon	Merc.	Venus	Mars	Jup.	Saturn	Uranus	Nept.	Pluto	N.Node
1	22:35:57	10Pi37 26	26Cn49	28Pi26	8Aq59	8Sc 2	9Le50R	8Vi 6R	2Pi10	9Le22R	5Cn44R	19Sc11
2	22:39:54	11 37 35	10Le58	29 39	10 12	8 11	9 44	8 1	2 14	9 20	5 44	19 7
3	22:43:50	12 37 43	24 59	0Ar45	11 26	8 19	9 38	7 56	2 17	9 19	5 43	19 4
4	22:47:47	13 37 48	8Vi47	1 43	12 39	8 26	9 33	7 51	2 21	9 18	5 43	19 1
5	22:51:43	14 37 51	22 19	2 34	13 53	8 33	9 27	7 47	2 24	9 16	5 43	18 58
6	22:55:40	15 37 53	5Li32	3 17	15 6	8 40	9 22	7 42	2 28	9 15	5 42	18 55
7	22:59:36	16 37 52	18 24	3 51	16 20	8 45	9 17	7 37	2 31	9 14	5 42	18 52
8	23: 3:33	17 37 50	0Sc57	4 16	17 33	8 50	9 12	7 32	2 34	9 12	5 42	18 48
9	23: 7:29	18 37 46	13 12	4 33	18 47	8 55	9 7	7 28	2 38	9 11	5 41	18 45
10	23:11:26	19 37 41	25 14	4 41	20 0	8 58	9 3	7 23	2 41	9 10	5 41	18 42
11	23:15:23	20 37 34	7Sg 7	4 39R	21 14	9 1	8 58	7 18	2 44	9 9	5 41	18 39
12	23:19:19	21 37 25	18 56	4 30	22 27	9 4	8 54	7 14	2 48	9 8	5 41	18 36
13	23:23:16	22 37 15	0Cp47	4 12	23 41	9 5	8 50	7 9	2 51	9 6	5 41	18 33
14	23:27:12	23 37 3	12 44	3 46	24 55	9 6	8 46	7 5	2 54	9 5	5 41	18 29
15	23:31: 9	24 36 49	24 53	3 13	26 8	9 6R	8 42	7 0	2 58	9 4	5 40	18 26
16	23:35: 5	25 36 33	7Aq17	2 34	27 22	9 5	8 39	6 56	3 1	9 3	5 40	18 23
17	23:39: 2	26 36 15	20 1	1 50	28 35	9 4	8 35	6 51	3 4	9 2	5 40	18 20
18	23:42:58	27 35 56	3Pi 4	1 1	29 49	9 2	8 32	6 47	3 7	9 1	5 40	18 17
19	23:46:55	28 35 35	16 28	0 10	1Pi 3	8 59	8 29	6 43	3 10	9 0	5 40	18 13
20	23:50:51	29 35 12	0Ar10	29Pi16	2 16	8 55	8 26	6 39	3 14	8 59	5 40D	18 10
21	23:54:48	0Ar34 46	14 6	28 22	3 30	8 51	8 24	6 34	3 17	8 58	5 40	18 7
22	23:58:45	1 34 19	28 14	27 28	4 44	8 45	8 21	6 30	3 20	8 57	5 40	18 4
23	0: 2:41	2 33 49	12Ta29	26 35	5 57	8 39	8 19	6 26	3 23	8 56	5 40	18 1
24	0: 6:38	3 33 18	26 46	25 45	7 11	8 33	8 17	6 22	3 26	8 56	5 40	17 58
25	0:10:34	4 32 44	11Ge 2	24 58	8 25	8 25	8 15	6 18	3 29	8 55	5 41	17 54
26	0:14:31	5 32 8	25 16	24 15	9 38	8 17	8 13	6 14	3 32	8 54	5 41	17 51
27	0:18:27	6 31 29	9Cn23	23 36	10 52	8 11	8 11	6 10	3 35	8 53	5 41	17 48
28	0:22:24	7 30 48	23 25	23 3	12 6	7 58	8 10	6 7	3 38	8 53	5 41	17 45
29	0:26:21	8 30 5	7Le19	22 35	13 19	7 47	8 9	6 3	3 41	8 52	5 41	17 42
30	0:30:17	9 29 19	21 3	22 13	14 33	7 36	8 8	5 59	3 44	8 51	5 41	17 39
31	0:34:14	10 28 31	4Vi37	21 56	15 47	7 24	8 7	5 56	3 47	8 51	5 42	17 35

3/20 Sun in Ari. 21:59   3/4 Full 21:13   3/12 3rd Qt. 17:57   3/20 New 10:56   3/27 1st Qt. 6:45

APRIL 1920

Day	Sid. T.	Sun	Moon	Merc.	Venus	Mars	Jup.	Saturn	Uranus	Nept.	Pluto	N.Node
1	0:38:10	11Ar27 40	17Vi58	21Pi45R	17Pi 0	7Sc11R	8Le 6R	5Vi52R	3Pi50	8Le50R	5Cn42	17Sc32
2	0:42: 7	12 26 48	1Li 5	21 40	18 14	6 58	8 6	5 49	3 53	8 49	5 42	17 29
3	0:46: 3	13 25 53	13 58	21 40D	19 27	6 43	8 6	5 46	3 56	8 49	5 43	17 26
4	0:50: 0	14 24 57	26 35	21 46	20 41	6 29	8 6D	5 42	3 59	8 48	5 43	17 23
5	0:53:56	15 23 58	8Sc58	21 57	21 55	6 13	8 6	5 39	4 2	8 48	5 43	17 19
6	0:57:53	16 22 58	21 9	22 13	23 8	5 57	8 6	5 36	4 4	8 47	5 44	17 16
7	1: 1:49	17 21 55	3Sg 8	22 34	24 22	5 40	8 7	5 33	4 7	8 47	5 44	17 13
8	1: 5:46	18 20 51	15· 1	22 59	25 36	5 22	8 8	5 30	4 10	8 47	5 45	17 10
9	1: 9:42	19 19 45	26 50	23 29	26 49	5 4	8 9	5 27	4 13	8 46	5 45	17 7
10	1:13:39	20 18 38	8Cp41	24 3	28 3	4 46	8 10	5 25	4 15	8 46	5 46	17 4
11	1:17:36	21 17 28	20 39	24 42	29 17	4 26	8 11	5 22	4 18	8 46	5 46	17 0
12	1:21:32	22 16 17	2Aq47	25 24	0Ar30	4 7	8 12	5 20	4 20	8 45	5 47	16 57
13	1:25:29	23 15 4	15 12	26 9	1 44	3 47	8 14	5 17	4 23	8 45	5 47	16 54
14	1:29:25	24 13 49	27 56	26 58	2 58	3 26	8 16	5 15	4 25	8 45	5 48	16 51
15	1:33:22	25 12 33	11Pi 2	27 51	4 11	3 5	8 18	5 12	4 28	8 45	5 48	16 48
16	1:37:18	26 11 15	24 33	28 46	5 25	2 44	8 20	5 10	4 30	8 45	5 49	16 45
17	1:41:15	27 9 54	8Ar27	29 45	6 39	2 22	8 23	5 8	4 33	8 45	5 50	16 41
18	1:45:11	28 8 33	22 41	0Ar46	7 52	2 0	8 25	5 6	4 35	8 45	5 50	16 38
19	1:49: 8	29 7 9	7Ta12	1 50	9 6	1 38	8 28	5 4	4 38	8 45D	5 51	16 35
20	1:53: 5	0Ta 5 43	21 52	2 56	10 19	1 16	8 31	5 3	4 40	8 45	5 52	16 32
21	1:57: 1	1 4 16	6Ge36	4 6	11 33	0 53	8 34	5 1	4 42	8 45	5 52	16 29
22	2: 0:58	2 2 46	21 16	5 17	12 47	0 31	8 37	4 59	4 44	8 45	5 53	16 25
23	2: 4:54	3 1 14	5Cn48	6 31	14 0	0 8	8 41	4 58	4 47	8 45	5 54	16 22
24	2: 8:51	3 59 40	20 7	7 47	15 14	29Li45	8 44	4 57	4 49	8 45	5 55	16 19
25	2:12:47	4 58 4	4Le11	9 5	16 28	29 23	8 48	4 55	4 51	8 45	5 55	16 16
26	2:16:44	5 56 25	17 58	10 26	17 41	29 0	8 52	4 54	4 53	8 45	5 56	16 13
27	2:20:40	6 54 45	1Vi28	11 49	18 55	28 38	8 56	4 53	4 55	8 46	5 57	16 10
28	2:24:37	7 53 2	14 43	13 13	20 8	28 16	9 1	4 52	4 57	8 46	5 58	16 6
29	2:28:34	8 51 18	27 42	14 40	21 22	27 54	9 5	4 51	4 59	8 46	5 59	16 3
30	2:32:30	9 49 31	10Li26	16 8	22 36	27 32	9 10	4 51	5 1	8 47	6 0	16 0

4/20 Sun in Tau. 9:39   4/3 Full 10:55   4/11 3rd Qt. 13:24   4/18 New 21:43   4/25 1st Qt. 13:27

Day	Sid. T.	Sun	Moon	Merc.	Venus	Mars	Jup.	Saturn	Uranus	Nept.	Pluto	N.Node
1	2:36:27	10Ta47 42	22Li58	17Ar39	23Ar49	27Li11R	9Le14	4Vi50R	5Pi 3	8Le47	6Cn 1	15Sc57
2	2:40:23	11 45 52	5Sc19	19 12	25 3	26 50	9 19	4 49	5 5	8 47	6 2	15 54
3	2:44:20	12 44 0	17 29	20 46	26 16	26 29	9 24	4 49	5 6	8 48	6 2	15 50
4	2:48:16	13 42 6	29 30	22 23	27 30	26 9	9 30	4 49	5 8	8 48	6 3	15 47
5	2:52:13	14 40 11	11Sg25	24 1	28 44	25 49	9 35	4 48	5 10	8 49	6 4	15 44
6	2:56: 9	15 38 14	23 16	25 41	29 57	25 30	9 41	4 48	5 11	8 49	6 5	15 41
7	3: 0: 6	16 36 16	5Cp 6	27 23	1Ta11	25 11	9 46	4 48D	5 13	8 50	6 6	15 38
8	3: 4: 3	17 34 16	16 58	29 8	2 24	24 53	9 52	4 48	5 15	8 51	6 7	15 35
9	3: 7:59	18 32 15	28 55	0Ta54	3 38	24 35	9 58	4 49	5 16	8 51	6 9	15 31
10	3:11:56	19 30 12	11Aq 3	2 42	4 51	24 19	10 5	4 49	5 18	8 52	6 10	15 28
11	3:15:52	20 28 8	23 25	4 32	6 5	24 2	10 11	4 49	5 19	8 53	6 11	15 22
12	3:19:49	21 26 3	6Pi 6	6 23	7 19	23 47	10 17	4 50	5 20	8 53	6 12	15 19
13	3:23:45	22 23 57	19 9	8 17	8 32	23 32	10 24	4 51	5 22	8 54	6 13	15 16
14	3:27:42	23 21 49	2Ar49	10 13	9 46	23 17	10 31	4 51	5 23	8 55	6 14	15 16
15	3:31:38	24 19 40	16 31	12 11	10 59	23 4	10 37	4 52	5 24	8 56	6 15	15 12
16	3:35:35	25 17 30	0Ta51	14 10	12 13	22 51	10 44	4 53	5 26	8 57	6 16	15 9
17	3:39:32	26 15 19	15 32	16 11	13 27	22 39	10 52	4 54	5 27	8 57	6 18	15 6
18	3:43:28	27 13 6	0Ge29	18 14	14 40	22 28	10 59	4 55	5 28	8 58	6 19	15 3
19	3:47:25	28 10 52	15 34	20 19	15 54	22 17	11 6	4 57	5 29	8 59	6 20	15 0
20	3:51:21	29 8 37	0Cn37	22 25	17 7	22 7	11 14	4 58	5 30	9 0	6 21	14 56
21	3:55:18	0Ge 6 20	15 30	24 33	18 21	21 58	11 21	4 59	5 31	9 1	6 22	14 53
22	3:59:14	1 4 1	0Le 6	26 42	19 34	21 50	11 29	5 1	5 32	9 2	6 24	14 50
23	4: 3:11	2 1 41	14 21	28 52	20 48	21 43	11 37	5 3	5 33	9 3	6 25	14 47
24	4: 7: 7	2 59 20	28 12	1Ge 3	22 2	21 37	11 45	5 4	5 34	9 4	6 26	14 44
25	4:11: 4	3 56 56	11Vi39	3 14	23 15	21 31	11 53	5 6	5 34	9 6	6 27	14 41
26	4:15: 1	4 54 32	24 44	5 26	24 29	21 26	12 2	5 8	5 35	9 7	6 29	14 37
27	4:18:57	5 52 5	7Li30	7 38	25 42	21 22	12 10	5 10	5 36	9 8	6 30	14 34
28	4:22:54	6 49 38	19 59	9 49	26 56	21 19	12 19	5 12	5 36	9 9	6 31	14 31
29	4:26:50	7 47 9	2Sc16	12 1	28 9	21 17	12 27	5 15	5 37	9 10	6 33	14 28
30	4:30:47	8 44 39	14 22	14 11	29 23	21 15	12 36	5 17	5 38	9 12	6 34	14 25
31	4:34:43	9 42 8	26 21	16 21	0Ge37	21 14	12 45	5 19	5 38	9 13	6 35	14 22

5/21 Sun in Gem. 9:22   5/3 Full 1:47(E)   5/11 3rd Qt. 5:51   5/18 New 6:25(E)   5/24 1st Qt. 21:07

Day	Sid. T.	Sun	Moon	Merc.	Venus	Mars	Jup.	Saturn	Uranus	Nept.	Pluto	N.Node
1	4:38:40	10Ge39 35	8Sg15	18Ge29	1Ge50	21Li15	12Le54	5Vi22	5Pi39	9Le14	6Cn37	14Sc18
2	4:42:37	11 37 2	20 6	20 36	3 4	21 15	13 3	5 25	5 39	9 16	6 38	14 15
3	4:46:33	12 34 28	1Cp56	22 42	4 17	21 17	13 12	5 27	5 39	9 17	6 39	14 12
4	4:50:30	13 31 53	13 47	24 45	5 31	21 19	13 21	5 30	5 40	9 18	6 41	14 9
5	4:54:26	14 29 17	25 42	26 47	6 44	21 23	13 31	5 33	5 40	9 20	6 42	14 6
6	4:58:23	15 26 40	7Aq42	28 46	7 58	21 26	13 40	5 36	5 40	9 21	6 44	14 2
7	5: 2:19	16 24 3	19 52	0Cn44	9 12	21 31	13 50	5 39	5 40	9 23	6 45	13 59
8	5: 6:16	17 21 25	2Pi13	2 39	10 25	21 36	13 59	5 43	5 40	9 24	6 46	13 56
9	5:10:12	18 18 47	14 52	4 31	11 39	21 43	14 9	5 46	5 40	9 26	6 48	13 53
10	5:14: 9	19 16 8	27 50	6 21	12 52	21 49	14 19	5 49	5 40R	9 27	6 49	13 50
11	5:18: 5	20 13 28	11Ar11	8 9	14 6	21 57	14 29	5 53	5 40	9 29	6 51	13 47
12	5:22: 2	21 10 48	24 58	9 55	15 20	22 5	14 39	5 56	5 40	9 30	6 52	13 43
13	5:25:59	22 8 8	9Ta11	11 37	16 33	22 14	14 49	6 0	5 40	9 32	6 54	13 40
14	5:29:55	23 5 28	23 49	13 18	17 47	22 23	14 59	6 4	5 40	9 34	6 55	13 37
15	5:33:52	24 2 47	8Ge48	14 56	19 0	22 34	15 9	6 7	5 40	9 35	6 56	13 34
16	5:37:48	25 0 5	24 0	16 31	20 14	22 45	15 20	6 11	5 39	9 37	6 58	13 31
17	5:41:45	25 57 23	9Cn15	18 4	21 28	22 56	15 30	6 15	5 39	9 38	6 59	13 28
18	5:45:41	26 54 41	24 22	19 34	22 41	23 8	15 41	6 19	5 39	9 40	7 1	13 24
19	5:49:38	27 51 57	9Le13	21 1	23 55	23 21	15 51	6 24	5 38	9 42	7 2	13 21
20	5:53:35	28 49 14	23 41	22 26	25 9	23 34	16 2	6 28	5 38	9 44	7 4	13 18
21	5:57:31	29 46 29	7Vi40	23 49	26 22	23 48	16 13	6 32	5 37	9 46	7 5	13 15
22	6: 1:28	0Cn43 43	21 11	25 8	27 36	24 3	16 23	6 37	5 37	9 48	7 7	13 12
23	6: 5:24	1 40 57	4Li16	26 25	28 50	24 18	16 34	6 41	5 36	9 49	7 8	13 9
24	6: 9:21	2 38 11	16 57	27 39	0Cn 3	24 34	16 45	6 46	5 35	9 51	7 10	13 5
25	6:13:17	3 35 23	29 20	28 50	1 17	24 50	16 56	6 50	5 35	9 53	7 11	13 2
26	6:17:14	4 32 35	11Sc28	29 59	2 31	25 7	17 8	6 55	5 34	9 55	7 13	12 59
27	6:21:10	5 29 47	23 26	1Le 4	3 44	25 24	17 19	7 0	5 33	9 57	7 14	12 56
28	6:25: 7	6 26 59	5Sg18	2 6	4 58	25 42	17 30	7 5	5 32	9 59	7 16	12 53
29	6:29: 4	7 24 10	17 8	3 5	6 12	26 0	17 41	7 10	5 32	10 1	7 17	12 49
30	6:33: 0	8 21 21	28 58	4 1	7 26	26 19	17 53	7 15	5 31	10 3	7 19	12 46

6/21 Sun in Can. 17:40   6/1 Full 17:18   6/9 3rd Qt. 18:58   6/16 New 13:41   6/23 1st Qt. 6:49

JULY 1920

Day	Sid. T.	Sun	Moon	Merc.	Venus	Mars	Jup.	Saturn	Uranus	Nept.	Pluto	N.Node
1	6:36:57	9Cn18 32	10Cp49	4Le54	8Cn39	26Li39	18Le 4	7Vi20	5Pi30R	10Le 5	7Cn20	12Sc43
2	6:40:53	10 15 43	22 45	5 43	9 53	26 59	18 16	7 25	5 29	10 7	7 22	12 40
3	6:44:50	11 12 53	4Aq46	6 28	11 7	27 19	18 27	7 30	5 28	10 9	7 23	12 37
4	6:48:46	12 10 4	16 54	7 10	12 21	27 40	18 39	7 35	5 26	10 11	7 25	12 34
5	6:52:43	13 7 15	29 10	7 48	13 34	28 1	18 51	7 41	5 25	10 13	7 26	12 30
6	6:56:40	14 4 26	11Pi37	8 22	14 48	28 23	19 3	7 46	5 24	10 15	7 28	12 27
7	7: 0:36	15 1 38	24 18	8 52	16 2	28 45	19 14	7 52	5 23	10 17	7 29	12 24
8	7: 4:33	15 58 50	7Ar15	9 17	17 16	29 7	19 26	7 57	5 22	10 19	7 31	12 21
9	7: 8:29	16 56 2	20 31	9 39	18 29	29 30	19 38	8 3	5 20	10 21	7 32	12 18
10	7:12:26	17 53 15	4Ta 9	9 56	19 43	29 54	19 50	8 8	5 19	10 23	7 34	12 14
11	7:16:22	18 50 28	18 12	10 8	20 57	0Sc18	20 2	8 14	5 18	10 25	7 35	12 11
12	7:20:19	19 47 42	2Ge38	10 15	22 11	0 42	20 14	8 20	5 16	10 27	7 36	12 8
13	7:24:15	20 44 57	17 26	10 18	23 25	1 7	20 26	8 26	5 15	10 29	7 38	12 5
14	7:28:12	21 42 12	2Cn29	10 16R	24 39	1 32	20 39	8 32	5 13	10 31	7 39	12 2
15	7:32: 8	22 39 27	17 40	10 9	25 52	1 57	20 51	8 38	5 12	10 33	7 41	11 59
16	7:36: 5	23 36 43	2Le48	9 58	27 6	2 23	21 3	8 44	5 10	10 36	7 42	11 55
17	7:40: 2	24 33 59	17 43	9 42	28 20	2 49	21 16	8 50	5 8	10 38	7 44	11 52
18	7:43:58	25 31 16	2Vi16	9 21	29 34	3 15	21 28	8 56	5 7	10 40	7 45	11 49
19	7:47:55	26 28 32	16 22	8 55	0Le48	3 42	21 40	9 2	5 5	10 42	7 47	11 46
20	7:51:51	27 25 49	29 58	8 26	2 2	4 9	21 53	9 8	5 3	10 44	7 48	11 43
21	7:55:48	28 23 6	13Li 6	7 53	3 16	4 37	22 5	9 15	5 2	10 46	7 49	11 39
22	7:59:44	29 20 24	25 49	7 17	4 30	5 5	22 18	9 21	5 0	10 49	7 51	11 36
23	8: 3:41	0Le17 42	8Sc11	6 38	5 44	5 33	22 30	9 27	4 58	10 51	7 52	11 33
24	8: 7:38	1 15 0	20 17	5 57	6 57	6 1	22 43	9 34	4 56	10 53	7 54	11 30
25	8:11:34	2 12 19	2Sg13	5 14	8 11	6 30	22 56	9 40	4 54	10 55	7 55	11 27
26	8:15:30	3 9 38	14 3	4 31	9 25	6 59	23 8	9 47	4 52	10 57	7 56	11 24
27	8:19:27	4 6 57	25 52	3 47	10 39	7 29	23 21	9 53	4 51	11 0	7 58	11 20
28	8:23:24	5 4 18	7Cp44	3 5	11 53	7 58	23 34	10 0	4 49	11 2	7 59	11 17
29	8:27:20	6 1 39	19 40	2 24	13 7	8 28	23 46	10 7	4 47	11 4	8 0	11 14
30	8:31:17	6 59 0	1Aq42	1 45	14 21	8 59	23 59	10 13	4 45	11 6	8 2	11 11
31	8:35:13	7 56 23	13 53	1 9	15 35	9 29	24 12	10 20	4 43	11 8	8 3	11 8

7/23 Sun in Leo 4:35   7/1 Full 8:41   7/9 3rd Qt. 5:06   7/15 New 20:25   7/22 1st Qt. 19:20   7/30 Full 23:19

AUGUST 1920

Day	Sid. T.	Sun	Moon	Merc.	Venus	Mars	Jup.	Saturn	Uranus	Nept.	Pluto	N.Node
1	8:39:10	8Le53 46	26Aq13	0Le38R	16Le49	10Sc 0	24Le25	10Vi27	4Pi41R	11Le11	8Cn 4	11Sc 5
2	8:43: 6	9 51 10	8Pi42	0 10	18 3	10 31	24 38	10 34	4 38	11 13	8 6	11 1
3	8:47: 3	10 48 36	21 22	29Cn48	19 17	11 3	24 50	10 41	4 36	11 15	8 7	10 58
4	8:51: 0	11 46 2	4Ar13	29 31	20 31	11 34	25 3	10 48	4 34	11 17	8 8	10 55
5	8:54:56	12 43 30	17 17	29 20	21 45	12 6	25 16	10 54	4 32	11 20	8 10	10 52
6	8:58:53	13 40 59	0Ta36	29 15	22 59	12 38	25 29	11 1	4 30	11 22	8 11	10 49
7	9: 2:49	14 38 29	14 11	29 17D	24 13	13 11	25 42	11 8	4 28	11 24	8 12	10 45
8	9: 6:46	15 36 1	28 5	29 25	25 27	13 43	25 55	11 16	4 25	11 26	8 13	10 42
9	9:10:42	16 33 34	12Ge19	29 41	26 41	14 16	26 8	11 23	4 23	11 28	8 15	10 39
10	9:14:39	17 31 9	26 50	0Le 3	27 55	14 50	26 21	11 30	4 21	11 31	8 16	10 36
11	9:18:35	18 28 45	11Cn35	0 32	29 9	15 23	26 34	11 37	4 19	11 33	8 17	10 33
12	9:22:32	19 26 22	26 28	1 8	0Vi23	15 57	26 47	11 44	4 16	11 35	8 18	10 30
13	9:26:29	20 24 1	11Le21	1 52	1 37	16 30	27 0	11 51	4 14	11 37	8 19	10 26
14	9:30:25	21 21 41	26 5	2 41	2 51	17 5	27 13	11 58	4 12	11 39	8 21	10 23
15	9:34:22	22 19 22	10Vi31	3 38	4 5	17 39	27 26	12 6	4 9	11 42	8 22	10 20
16	9:38:18	23 17 4	24 35	4 41	5 19	18 13	27 40	12 13	4 7	11 44	8 23	10 17
17	9:42:15	24 14 48	8Li11	5 50	6 33	18 48	27 53	12 20	4 5	11 46	8 24	10 14
18	9:46:11	25 12 32	21 21	7 5	7 47	19 23	28 6	12 28	4 2	11 48	8 25	10 11
19	9:50: 8	26 10 18	4Sc 6	8 26	9 1	19 58	28 19	12 35	4 0	11 50	8 26	10 7
20	9:54: 4	27 8 5	16 30	9 52	10 16	20 34	28 32	12 42	3 58	11 53	8 27	10 4
21	9:58: 1	28 5 53	28 37	11 22	11 30	21 9	28 45	12 50	3 55	11 55	8 28	10 1
22	10: 1:58	29 3 42	10Sg34	12 58	12 44	21 45	28 58	12 57	3 53	11 57	8 29	9 58
23	10: 5:54	0Vi 1 32	22 25	14 37	13 58	22 21	29 11	13 4	3 51	11 59	8 30	9 55
24	10: 9:51	0 59 24	4Cp16	16 21	15 12	22 57	29 24	13 12	3 48	12 1	8 31	9 51
25	10:13:47	1 57 17	16 10	18 7	16 26	23 33	29 37	13 19	3 46	12 3	8 32	9 48
26	10:17:44	2 55 11	28 12	19 56	17 40	24 10	29 50	13 27	3 43	12 5	8 33	9 45
27	10:21:40	3 53 7	10Aq22	21 48	18 54	24 47	0Vi 3	13 34	3 41	12 7	8 34	9 42
28	10:25:37	4 51 4	22 44	23 41	20 8	25 23	0 17	13 42	3 39	12 10	8 35	9 39
29	10:29:33	5 49 3	5Pi18	25 36	21 22	26 1	0 30	13 49	3 36	12 12	8 36	9 36
30	10:33:30	6 47 3	18 5	27 32	22 36	26 38	0 43	13 57	3 34	12 14	8 37	9 32
31	10:37:26	7 45 5	1Ar 4	29 28	23 50	27 15	0 56	14 4	3 31	12 16	8 38	9 29

8/23 Sun in Vir. 11:22   8/7 3rd Qt. 12:51   8/14 New 3:44   8/21 1st Qt. 10:52   8/29 Full 13:03

Day	Sid. T.	Sun	Moon	Merc.	Venus	Mars	Jup.	Saturn	Uranus	Nept.	Pluto	N.Node
1	10:41:23	8Vi43 8	14Ar13	1Vi25	25Vi 4	27Sc53	1Vi 9	14Vi12	3Pi29R	12Le18	8Cn38	9Sc26
2	10:45:20	9 41 14	27 34	3 23	26 18	28 31	1 22	14 19	3 27	12 20	8 39	9 23
3	10:49:16	10 39 21	11Ta 6	5 20	27 32	29 9	1 35	14 27	3 24	12 22	8 40	9 20
4	10:53:13	11 37 31	24 50	7 17	28 46	29 47	1 48	14 34	3 22	12 24	8 41	9 17
5	10:57: 9	12 35 42	8Ge44	9 13	0Li 0	0Sg25	2 1	14 42	3 20	12 26	8 42	9 13
6	11: 1: 6	13 33 56	22 51	11 9	1 14	1 3	2 14	14 49	3 17	12 28	8 42	9 10
7	11: 5: 3	14 32 12	7Cn 7	13 4	2 28	1 42	2 26	14 57	3 15	12 30	8 43	9 7
8	11: 8:59	15 30 29	21 32	14 58	3 42	2 21	2 39	15 4	3 13	12 32	8 44	9 4
9	11:12:56	16 28 49	6Le 1	16 52	4 56	3 0	2 52	15 12	3 10	12 34	8 45	9 1
10	11:16:52	17 27 11	20 28	18 44	6 11	3 39	3 5	15 19	3 8	12 36	8 45	8 57
11	11:20:49	18 25 34	4Vi49	20 36	7 25	4 18	3 18	15 27	3 6	12 37	8 46	8 54
12	11:24:45	19 24 0	18 56	22 26	8 39	4 57	3 31	15 34	3 3	12 39	8 47	8 51
13	11:28:42	20 22 27	2Li45	24 15	9 53	5 37	3 44	15 42	3 1	12 41	8 47	8 48
14	11:32:38	21 20 57	16 12	26 4	11 7	6 16	3 56	15 49	2 59	12 43	8 48	8 45
15	11:36:35	22 19 28	29 18	27 51	12 21	6 56	4 9	15 57	2 57	12 45	8 48	8 42
16	11:40:31	23 18 0	12Sc 1	29 37	13 35	7 36	4 22	16 4	2 54	12 47	8 49	8 38
17	11:44:28	24 16 35	24 25	1Li22	14 49	8 16	4 35	16 12	2 52	12 48	8 49	8 35
18	11:48:24	25 15 11	6Sg34	3 6	16 3	8 56	4 47	16 19	2 50	12 50	8 50	8 32
19	11:52:21	26 13 49	18 33	4 49	17 17	9 37	5 0	16 27	2 48	12 52	8 50	8 29
20	11:56:17	27 12 29	0Cp25	6 31	18 31	10 17	5 12	16 34	2 46	12 54	8 51	8 26
21	12: 0:14	28 11 10	12 17	8 12	19 45	10 58	5 25	16 42	2 44	12 55	8 51	8 23
22	12: 4:10	29 9 53	24 13	9 52	20 59	11 39	5 37	16 49	2 42	12 57	8 52	8 19
23	12: 8: 7	0Li 8 38	6Aq17	11 31	22 13	12 19	5 50	16 57	2 40	12 59	8 52	8 16
24	12:12: 4	1 7 24	18 33	13 9	23 27	13 0	6 2	17 4	2 38	13 0	8 52	8 13
25	12:16: 0	2 6 12	1Pi 4	14 46	24 40	13 41	6 15	17 11	2 36	13 2	8 53	8 10
26	12:19:57	3 5 2	13 52	16 23	25 54	14 23	6 27	17 19	2 34	13 3	8 53	8 7
27	12:23:53	4 3 54	26 55	17 58	27 8	15 4	6 39	17 26	2 32	13 5	8 53	8 3
28	12:27:50	5 2 48	10Ar13	19 32	28 21	15 46	6 52	17 33	2 30	13 7	8 54	8 0
29	12:31:47	6 1 44	23 49	21 6	29 36	16 27	7 4	17 41	2 28	13 9	8 54	7 57
30	12:35:43	7 0 42	7Ta35	22 39	0Sc50	17 9	7 16	17 48	2 26	13 9	8 54	7 54

9/23 Sun in Lib. 8:29   9/5 3rd Qt. 19:05   9/12 New 12:52   9/20 1st Qt. 4:55   9/28 Full 1:57

Day	Sid. T.	Sun	Moon	Merc.	Venus	Mars	Jup.	Saturn	Uranus	Nept.	Pluto	N.Node
1	12:39:40	7Li59 43	21Ta30	24Li10	2Sc 4	17Sg51	7Vi28	17Vi55	2Pi24R	13Le11	8Cn54	7Sc51
2	12:43:36	8 58 45	5Ge33	25 41	3 18	18 33	7 40	18 2	2 22	13 12	8 54	7 48
3	12:47:33	9 57 50	19 41	27 12	4 32	19 15	7 52	18 10	2 21	13 14	8 55	7 44
4	12:51:29	10 56 58	3Cn51	28 41	5 46	19 57	8 4	18 17	2 19	13 15	8 55	7 41
5	12:55:26	11 56 7	18 3	0Sc 9	6 59	20 39	8 16	18 24	2 17	13 17	8 55	7 38
6	12:59:22	12 55 19	2Le13	1 37	8 13	21 21	8 28	18 31	2 16	13 18	8 55	7 35
7	13: 3:19	13 54 34	16 20	3 4	9 27	22 4	8 40	18 38	2 14	13 19	8 55	7 32
8	13: 7:15	14 53 50	0Vi21	4 30	10 41	22 46	8 52	18 45	2 12	13 20	8 55	7 28
9	13:11:12	15 53 9	14 13	5 54	11 55	23 29	9 3	18 52	2 11	13 22	8 55R	7 25
10	13:15: 9	16 52 30	27 53	7 18	13 9	24 12	9 15	18 59	2 9	13 23	8 55	7 22
11	13:19: 5	17 51 53	11Li19	8 42	14 22	24 55	9 26	19 6	2 8	13 24	8 55	7 19
12	13:23: 2	18 51 19	24 29	10 4	15 36	25 38	9 38	19 13	2 7	13 26	8 55	7 16
13	13:26:58	19 50 46	7Sc21	11 25	16 50	26 21	9 49	19 20	2 5	13 27	8 55	7 13
14	13:30:55	20 50 15	19 57	12 45	18 4	27 4	10 1	19 27	2 4	13 27	8 55	7 9
15	13:34:51	21 49 46	2Sg17	14 3	19 18	27 47	10 12	19 33	2 3	13 29	8 55	7 6
16	13:38:48	22 49 19	14 25	15 21	20 31	28 31	10 23	19 40	2 1	13 30	8 55	7 3
17	13:42:44	23 48 54	26 23	16 37	21 45	29 14	10 34	19 47	2 0	13 31	8 54	7 0
18	13:46:41	24 48 31	8Cp16	17 52	22 59	29 58	10 45	19 54	1 59	13 32	8 54	6 57
19	13:50:37	25 48 9	20 8	19 5	24 13	0Cp41	10 56	20 0	1 58	13 33	8 54	6 54
20	13:54:34	26 47 50	2Aq 3	20 17	25 26	1 25	11 7	20 7	1 57	13 34	8 54	6 50
21	13:58:31	27 47 31	14 7	21 27	26 40	2 9	11 18	20 13	1 56	13 35	8 53	6 47
22	14: 2:27	28 47 15	26 24	22 35	27 54	2 53	11 29	20 20	1 55	13 36	8 53	6 44
23	14: 6:24	29 47 0	8Pi57	23 41	29 7	3 37	11 39	20 26	1 54	13 36	8 53	6 41
24	14:10:20	0Sc46 47	21 50	24 44	0Sg21	4 21	11 50	20 33	1 53	13 37	8 53	6 38
25	14:14:17	1 46 36	5Ar 4	25 45	1 35	5 5	12 0	20 39	1 52	13 37	8 52	6 34
26	14:18:13	2 46 27	18 40	26 43	2 48	5 49	12 11	20 45	1 51	13 38	8 52	6 31
27	14:22:10	3 46 19	2Ta36	27 38	4 2	6 33	12 21	20 51	1 50	13 39	8 51	6 28
28	14:26: 7	4 46 14	16 48	28 29	5 15	7 18	12 31	20 57	1 49	13 40	8 51	6 25
29	14:30: 3	5 46 10	1Ge13	29 16	6 29	8 2	12 42	21 4	1 49	13 40	8 51	6 22
30	14:34: 0	6 46 9	15 43	29 59	7 42	8 47	12 52	21 10	1 48	13 41	8 50	6 19
31	14:37:56	7 46 9	0Cn15	0Sg37	8 56	9 31	13 1	21 16	1 48	13 41	8 50	6 15

10/23 Sun in Sco. 17:13   10/5 3rd Qt. 0:54   10/12 New 0:51   10/20 1st Qt. 0:29   10/27 Full 14:09(E)

NOVEMBER 1920

Day	Sid. T.	Sun	Moon	Merc.	Venus	Mars	Jup.	Saturn	Uranus	Nept.	Pluto	N.Node
1	14:41:53	8Sc46 12	14Cn43	1Sg 9	10Sg 9	10Cp16	13Vi11	21Vi22	1Pi47R	13Le42	8Cn49R	6Sc12
2	14:45:49	9 46 17	29 2	1 36	11 23	11 1	13 21	21 27	1 47	13 42	8 49	6 9
3	14:49:46	10 46 24	13Le10	1 55	12 36	11 45	13 31	21 33	1 46	13 43	8 48	6 6
4	14:53:42	11 46 33	27 6	2 8	13 50	12 30	13 40	21 39	1 46	13 43	8 47	6 3
5	14:57:39	12 46 45	10Vi47	2 12	15 3	13 15	13 50	21 45	1 46	13 44	8 47	6 0
6	15: 1:36	13 46 58	24 15	2 8R	16 17	14 0	13 59	21 50	1 45	13 44	8 46	5 56
7	15: 5:32	14 47 13	7Li29	1 55	17 30	14 45	14 8	21 56	1 45	13 44	8 46	5 53
8	15: 9:29	15 47 30	20 29	1 32	18 44	15 30	14 17	22 1	1 45	13 45	8 45	5 50
9	15:13:25	16 47 49	3Sc16	0 59	19 57	16 15	14 26	22 7	1 45	13 45	8 44	5 47
10	15:17:22	17 48 10	15 51	0 16	21 10	17 1	14 35	22 12	1 45D	13 45	8 44	5 44
11	15:21:18	18 48 33	28 14	29Sc23	22 24	17 46	14 44	22 17	1 45	13 45	8 43	5 40
12	15:25:15	19 48 57	10Sg27	28 22	23 37	18 31	14 53	22 22	1 45	13 45	8 42	5 37
13	15:29:11	20 49 23	22 30	27 12	24 50	19 17	15 1	22 28	1 45	13 45	8 41	5 34
14	15:33: 8	21 49 51	4Cp26	25 57	26 4	20 2	15 9	22 33	1 45	13 46	8 41	5 31
15	15:37: 5	22 50 19	16 18	24 37	27 17	20 48	15 18	22 38	1 45	13 46	8 40	5 28
16	15:41: 1	23 50 50	28 9	23 16	28 30	21 33	15 26	22 42	1 46	13 46R	8 39	5 25
17	15:44:58	24 51 21	10Aq 3	21 57	29 43	22 19	15 34	22 47	1 46	13 46	8 38	5 21
18	15:48:54	25 51 54	22 4	20 40	0Cp57	23 4	15 42	22 52	1 46	13 46	8 37	5 18
19	15:52:51	26 52 28	4Pi16	19 31	2 10	23 50	15 49	22 57	1 47	13 45	8 36	5 15
20	15:56:47	27 53 3	16 45	18 29	3 23	24 36	15 57	23 1	1 47	13 45	8 36	5 12
21	16: 0:44	28 53 39	29 35	17 38	4 36	25 22	16 4	23 6	1 48	13 45	8 35	5 9
22	16: 4:40	29 54 17	12Ar49	16 57	5 49	26 7	16 12	23 10	1 48	13 45	8 34	5 6
23	16: 8:37	0Sg54 56	26 29	16 28	7 2	26 53	16 19	23 14	1 49	13 45	8 33	5 2
24	16:12:34	1 55 36	10Ta36	16 11	8 15	27 39	16 26	23 19	1 49	13 44	8 32	4 59
25	16:16:30	2 56 17	25 6	16 5	9 28	28 25	16 33	23 23	1 50	13 44	8 31	4 56
26	16:20:27	3 56 59	9Ge54	16 10D	10 41	29 11	16 40	23 27	1 51	13 44	8 30	4 53
27	16:24:23	4 57 43	24 52	16 25	11 53	29 57	16 46	23 31	1 52	13 43	8 29	4 50
28	16:28:20	5 58 29	9Cn52	16 49	13 6	0Aq43	16 53	23 35	1 52	13 43	8 28	4 46
29	16:32:16	6 59 15	24 45	17 22	14 19	1 29	16 59	23 38	1 53	13 43	8 27	4 43
30	16:36:13	8 0 4	9Le24	18 2	15 32	2 15	17 5	23 42	1 54	13 42	8 26	4 40

11/22 Sun in Sag. 14:16   11/3 3rd Qt. 7:35   11/10 New 16:05(E)   11/18 1st Qt. 20:13   11/26 Full 1:42

DECEMBER 1920

Day	Sid. T.	Sun	Moon	Merc.	Venus	Mars	Jup.	Saturn	Uranus	Nept.	Pluto	N.Node
1	16:40:10	9Sg 0 53	23Le42	18Sc49	16Cp44	3Aq 1	17Vi11	23Vi46	1Pi55	13Le42R	8Cn25R	4Sc37
2	16:44: 6	10 1 44	7Vi39	19 42	17 57	3 48	17 17	23 49	1 56	13 41	8 24	4 34
3	16:48: 3	11 2 37	21 14	20 40	19 10	4 34	17 23	23 53	1 57	13 41	8 23	4 31
4	16:51:59	12 3 30	4Li28	21 43	20 22	5 20	17 29	23 56	1 59	13 40	8 22	4 27
5	16:55:56	13 4 25	17 24	22 49	21 35	6 6	17 34	23 59	2 0	13 39	8 21	4 24
6	16:59:52	14 5 22	0Sc 5	23 59	22 47	6 53	17 39	24 2	2 1	13 39	8 20	4 21
7	17: 3:49	15 6 19	12 33	25 12	24 0	7 39	17 44	24 5	2 2	13 38	8 18	4 18
8	17: 7:45	16 7 18	24 50	26 27	25 12	8 25	17 49	24 8	2 4	13 37	8 17	4 15
9	17:11:42	17 8 18	7Sg 0	27 45	26 24	9 12	17 54	24 11	2 5	13 37	8 16	4 12
10	17:15:38	18 9 18	19 2	29 4	27 36	9 58	17 59	24 14	2 7	13 36	8 15	4 8
11	17:19:35	19 10 20	1Cp 0	0Sg25	28 49	10 45	18 3	24 16	2 8	13 35	8 14	4 5
12	17:23:32	20 11 22	12 53	1 47	0Aq 1	11 31	18 7	24 19	2 10	13 34	8 13	4 2
13	17:27:28	21 12 25	24 45	3 11	1 13	12 17	18 11	24 21	2 11	13 33	8 12	3 59
14	17:31:25	22 13 29	6Aq36	4 36	2 25	13 4	18 15	24 24	2 13	13 32	8 10	3 56
15	17:35:21	23 14 33	18 29	6 2	3 37	13 50	18 19	24 26	2 14	13 32	8 9	3 52
16	17:39:18	24 15 37	0Pi28	7 28	4 49	14 37	18 22	24 28	2 16	13 31	8 8	3 49
17	17:43:14	25 16 42	12 37	8 55	6 0	15 23	18 26	24 30	2 18	13 30	8 7	3 46
18	17:47:11	26 17 47	25 1	10 23	7 12	16 10	18 29	24 32	2 20	13 29	8 6	3 43
19	17:51: 7	27 18 53	7Ar43	11 51	8 24	16 57	18 32	24 34	2 22	13 28	8 4	3 40
20	17:55: 4	28 19 58	20 49	13 20	9 35	17 43	18 35	24 35	2 24	13 26	8 3	3 37
21	17:59: 1	29 21 4	4Ta22	14 50	10 47	18 30	18 37	24 37	2 25	13 25	8 2	3 33
22	18: 2:57	0Cp22 11	18 24	16 19	11 58	19 16	18 40	24 38	2 27	13 24	8 1	3 30
23	18: 6:54	1 23 17	2Ge54	17 49	13 9	20 3	18 42	24 40	2 29	13 23	8 0	3 27
24	18:10:50	2 24 24	17 50	19 20	14 20	20 49	18 44	24 41	2 32	13 22	7 58	3 24
25	18:14:47	3 25 31	3Cn 3	20 51	15 31	21 36	18 46	24 42	2 34	13 21	7 57	3 21
26	18:18:43	4 26 38	18 22	22 22	16 42	22 23	18 48	24 43	2 36	13 20	7 56	3 17
27	18:22:40	5 27 46	3Le37	23 53	17 53	23 9	18 49	24 44	2 38	13 18	7 55	3 14
28	18:26:37	6 28 54	18 37	25 25	19 4	23 56	18 51	24 45	2 40	13 17	7 54	3 11
29	18:30:33	7 30 2	3Vi14	26 57	20 14	24 42	18 52	24 46	2 43	13 16	7 52	3 8
30	18:34:30	8 31 10	17 23	28 30	21 25	25 29	18 53	24 46	2 46	13 15	7 51	3 5
31	18:38:26	9 32 20	1Li 4	0Cp 2	22 35	26 16	18 53	24 47	2 47	13 13	7 50	3 2

12/22 Sun in Cap. 3:17   12/2 3rd Qt. 16:29   12/10 New 10:04   12/18 1st Qt. 14:40   12/25 Full 12:39

Day	Sid. T.	Sun	Moon	Merc.	Venus	Mars	Jup.	Saturn	Uranus	Nept.	Pluto	N.Node
1	18:42:23	10Cp33 29	14Li17	1Cp35	23Aq46	27Aq 2	18Vi54	24Vi47	2Pi50	13Le12R	7Cn49R	2Sc58
2	18:46:19	11 34 39	27 8	3 9	24 56	27 49	18 54	24 47	2 52	13 10	7 47	2 55
3	18:50:16	12 35 49	9Sc39	4 43	26 6	28 35	18 55	24 48	2 54	13 9	7 46	2 52
4	18:54:12	13 36 59	21 56	6 17	27 16	29 22	18 55R	24 48R	2 57	13 8	7 45	2 49
5	18:58: 9	14 38 10	4Sg 1	7 51	28 26	0Pi 9	18 54	24 48	2 59	13 6	7 44	2 46
6	19: 2: 6	15 39 20	16 1	9 26	29 35	0 55	18 54	24 47	3 2	13 5	7 42	2 43
7	19: 6: 2	16 40 31	27 56	11 1	0Pi45	1 42	18 53	24 47	3 5	13 3	7 41	2 39
8	19: 9:58	17 41 41	9Cp49	12 37	1 54	2 28	18 53	24 47	3 7	13 2	7 40	2 36
9	19:13:55	18 42 51	21 41	14 13	3 3	3 15	18 52	24 46	3 10	13 0	7 39	2 33
10	19:17:52	19 44 1	3Aq33	15 50	4 12	4 1	18 50	24 46	3 13	12 59	7 38	2 30
11	19:21:48	20 45 11	15 27	17 27	5 21	4 48	18 49	24 45	3 15	12 57	7 36	2 27
12	19:25:45	21 46 20	27 24	19 4	6 30	5 35	18 47	24 44	3 18	12 56	7 35	2 23
13	19:29:41	22 47 29	9Pi28	20 42	7 39	6 21	18 46	24 43	3 21	12 54	7 34	2 20
14	19:33:38	23 48 36	21 39	22 20	8 47	7 8	18 44	24 42	3 24	12 53	7 33	2 17
15	19:37:34	24 49 43	4Ar 1	23 59	9 55	7 54	18 42	24 41	3 27	12 51	7 32	2 14
16	19:41:31	25 50 50	16 40	25 39	11 3	8 41	18 39	24 40	3 29	12 50	7 31	2 11
17	19:45:27	26 51 56	29 38	27 19	12 11	9 27	18 37	24 38	3 32	12 48	7 29	2 8
18	19:49:24	27 53 0	13Ta 0	28 59	13 18	10 13	18 34	24 37	3 35	12 46	7 28	2 4
19	19:53:21	28 54 4	26 50	0Aq40	14 26	11 0	18 31	24 35	3 38	12 45	7 27	2 1
20	19:57:17	29 55 7	11Ge 8	2 22	15 33	11 46	18 28	24 34	3 41	12 43	7 26	1 58
21	20: 1:14	0Aq56 10	25 53	4 4	16 40	12 33	18 25	24 32	3 44	12 41	7 25	1 55
22	20: 5:10	1 57 11	10Cn59	5 46	17 46	13 19	18 21	24 30	3 47	12 40	7 24	1 52
23	20: 9: 7	2 58 11	26 19	7 29	18 53	14 5	18 18	24 28	3 50	12 38	7 23	1 49
24	20:13: 3	3 59 11	11Le40	9 13	19 59	14 52	18 14	24 26	3 53	12 36	7 22	1 45
25	20:17: 0	5 0 9	26 50	10 57	21 5	15 38	18 10	24 24	3 57	12 35	7 20	1 42
26	20:20:57	6 1 7	11Vi40	12 42	22 11	16 24	18 6	24 22	4 0	12 33	7 19	1 39
27	20:24:53	7 2 5	26 2	14 26	23 16	17 11	18 2	24 19	4 3	12 31	7 18	1 36
28	20:28:50	8 3 1	9Li54	16 11	24 21	17 57	17 57	24 17	4 6	12 30	7 17	1 33
29	20:32:46	9 3 57	23 16	17 57	25 26	18 43	17 53	24 14	4 9	12 28	7 16	1 29
30	20:36:43	10 4 52	6Sc11	19 42	26 31	19 29	17 48	24 12	4 12	12 26	7 15	1 26
31	20:40:39	11 5 47	18 44	21 28	27 35	20 15	17 43	24 9	4 16	12 25	7 14	1 23

1/20 Sun in Aqu. 13:55   1/1 3rd Qt. 4:35   1/9 New 5:27   1/17 1st Qt. 6:31   1/23 Full 23:08   1/30 3rd Qt. 20:02

Day	Sid. T.	Sun	Moon	Merc.	Venus	Mars	Jup.	Saturn	Uranus	Nept.	Pluto	N.Node
1	20:44:36	12Aq 6 40	0Sg59	23Aq13	28Pi39	21Pi 1	17Vi38R	24Vi 6R	4Pi19	12Le23R	7Cn13R	1Sc20
2	20:48:32	13 7 33	13 2	24 58	29 43	21 48	17 32	24 3	4 22	12 21	7 12	1 17
3	20:52:29	14 8 25	24 56	26 42	0Ar46	22 34	17 27	24 0	4 25	12 20	7 11	1 14
4	20:56:26	15 9 16	6Cp48	28 25	1 49	23 20	17 21	23 57	4 29	12 18	7 10	1 10
5	21: 0:22	16 10 6	18 38	0Pi 1	2 52	24 6	17 16	23 54	4 32	12 16	7 9	1 7
6	21: 4:19	17 10 55	0Aq30	1 48	3 54	24 52	17 10	23 51	4 35	12 15	7 9	1 4
7	21: 8:15	18 11 43	12 26	3 27	4 56	25 38	17 4	23 47	4 39	12 13	7 8	1 1
8	21:12:12	19 12 30	24 26	5 3	5 57	26 24	16 58	23 44	4 42	12 11	7 7	0 58
9	21:16: 8	20 13 15	6Pi32	6 37	6 58	27 10	16 51	23 40	4 45	12 10	7 6	0 55
10	21:20: 5	21 13 58	18 45	8 7	7 59	27 55	16 45	23 37	4 49	12 8	7 5	0 51
11	21:24: 1	22 14 41	1Ar 7	9 33	8 59	28 41	16 38	23 33	4 52	12 6	7 4	0 48
12	21:27:58	23 15 21	13 38	10 55	9 59	29 27	16 32	23 29	4 56	12 5	7 3	0 45
13	21:31:54	24 16 0	26 22	12 11	10 58	0Ar13	16 25	23 26	4 59	12 3	7 3	0 42
14	21:35:51	25 16 38	9Ta22	13 21	11 57	0 59	16 18	23 22	5 2	12 1	7 2	0 39
15	21:39:48	26 17 13	22 41	14 24	12 55	1 44	16 11	23 18	5 6	12 0	7 1	0 35
16	21:43:44	27 17 47	6Ge22	15 19	13 53	2 30	16 4	23 14	5 9	11 58	7 0	0 32
17	21:47:41	28 18 19	20 26	16 7	14 51	3 15	15 57	23 10	5 13	11 56	7 0	0 29
18	21:51:37	29 18 50	4Cn53	16 45	15 47	4 1	15 50	23 6	5 16	11 55	6 59	0 26
19	21:55:34	0Pi19 18	19 39	17 15	16 43	4 47	15 43	23 1	5 20	11 53	6 58	0 23
20	21:59:30	1 19 45	4Le40	17 35	17 39	5 32	15 35	22 57	5 23	11 52	6 58	0 20
21	22: 3:27	2 20 10	19 45	17 44	18 34	6 18	15 28	22 53	5 26	11 50	6 57	0 16
22	22: 7:24	3 20 33	4Vi46	17 44R	19 28	7 3	15 20	22 49	5 30	11 49	6 56	0 13
23	22:11:20	4 20 54	19 33	17 34	20 22	7 48	15 13	22 44	5 33	11 47	6 56	0 10
24	22:15:17	5 21 14	3Li57	17 14	21 15	8 34	15 5	22 40	5 37	11 45	6 55	0 7
25	22:19:13	6 21 32	17 55	16 45	22 7	9 19	14 57	22 35	5 40	11 44	6 55	0 4
26	22:23:10	7 21 49	1Sc24	16 7	22 59	10 4	14 50	22 31	5 44	11 42	6 54	0 1
27	22:27: 6	8 22 4	14 27	15 22	23 49	10 49	14 42	22 26	5 47	11 41	6 54	29Li57
28	22:31: 3	9 22 18	27 6	14 31	24 39	11 35	14 34	22 22	5 51	11 40	6 53	29 54

2/19 Sun in Pis. 4:20   2/8 New 0:37   2/15 1st Qt. 18:53   2/22 Full 9:32

MARCH 1921

Day	Sid. T.	Sun	Moon	Merc.	Venus	Mars	Jup.	Saturn	Uranus	Nept.	Pluto	N.Node
1	22:34:59	10Pi22 30	9Sg25	13Pi35R	25Ar29	12Ar20	14Vi27R	22Vi17R	5Pi54	11Le38R	6Cn53R	29Li51
2	22:38:56	11 22 41	21 30	12 35	26 17	13 5	14 19	22 13	5 57	11 37	6 52	29 48
3	22:42:53	12 22 50	3Cp26	11 33	27 4	13 50	14 11	22 8	6 1	11 35	6 52	29 45
4	22:46:49	13 22 58	15 18	10 31	27 51	14 35	14 3	22 3	6 4	11 34	6 51	29 41
5	22:50:46	14 23 4	27 9	9 30	28 37	15 20	13 55	21 59	6 8	11 32	6 51	29 38
6	22:54:42	15 23 8	9Aq 3	8 31	29 21	16 5	13 47	21 54	6 11	11 31	6 51	29 35
7	22:58:39	16 23 10	21 3	7 35	0Ta 9	16 50	13 39	21 49	6 15	11 30	6 50	29 32
8	23: 2:35	17 23 11	3Pi11	6 44	0 47	17 35	13 32	21 44	6 18	11 28	6 50	29 29
9	23: 6:32	18 23 10	15 28	5 58	1 29	18 20	13 24	21 40	6 21	11 27	6 50	29 26
10	23:10:28	19 23 7	27 55	5 17	2 9	19 4	13 16	21 35	6 25	11 26	6 49	29 22
11	23:14:25	20 23 2	10Ar33	4 43	2 48	19 49	13 8	21 30	6 28	11 25	6 49	29 19
12	23:18:22	21 22 55	23 23	4 15	3 26	20 34	13 1	21 25	6 32	11 23	6 49	29 16
13	23:22:18	22 22 46	6Ta24	3 54	4 3	21 18	12 53	21 21	6 35	11 22	6 49	29 13
14	23:26:15	23 22 35	19 39	3 39	4 38	22 3	12 45	21 16	6 38	11 21	6 49	29 10
15	23:30:11	24 22 21	3Ge 7	3 31	5 12	22 47	12 38	21 11	6 42	11 20	6 48	29 6
16	23:34: 8	25 22 5	16 50	3 28D	5 44	23 32	12 30	21 6	6 45	11 19	6 48	29 3
17	23:38: 4	26 21 47	0Cn49	3 32	6 15	24 16	12 23	21 2	6 48	11 18	6 48	29 0
18	23:42: 1	27 21 27	15 2	3 42	6 44	25 1	12 15	20 57	6 51	11 17	6 48	28 57
19	23:45:57	28 21 5	29 28	3 57	7 12	25 45	12 8	20 52	6 55	11 16	6 48	28 54
20	23:49:54	29 20 40	14Le 3	4 17	7 38	26 29	12 1	20 48	6 58	11 15	6 48	28 51
21	23:53:51	0Ar20 12	28 42	4 42	8 2	27 14	11 54	20 43	7 1	11 14	6 48D	28 47
22	23:57:47	1 19 43	13Vi17	5 11	8 25	27 58	11 47	20 38	7 4	11 13	6 48	28 44
23	0: 1:44	2 19 11	27 43	5 46	8 45	28 42	11 40	20 34	7 8	11 12	6 48	28 41
24	0: 5:40	3 18 37	11Li53	6 24	9 4	29 26	11 33	20 29	7 11	11 11	6 48	28 38
25	0: 9:37	4 18 2	25 43	7 6	9 20	0Ta10	11 26	20 24	7 14	11 10	6 48	28 35
26	0:13:33	5 17 24	9Sc10	7 52	9 35	0 54	11 19	20 20	7 17	11 9	6 48	28 32
27	0:17:30	6 16 45	22 15	8 41	9 48	1 38	11 13	20 15	7 20	11 8	6 48	28 28
28	0:21:26	7 16 3	4Sg57	9 33	9 58	2 22	11 6	20 11	7 23	11 7	6 49	28 25
29	0:25:23	8 15 20	17 21	10 29	10 6	3 6	11 0	20 7	7 26	11 7	6 49	28 22
30	0:29:19	9 14 36	29 31	11 22	10 12	3 50	10 54	20 2	7 30	11 6	6 49	28 19
31	0:33:16	10 13 49	11Cp30	12 29	10 15	4 34	10 48	19 58	7 33	11 5	6 49	28 16

3/21 Sun in Ari. 3:51   3/1 3rd Qt. 14:03   3/9 New 18:09   3/17 1st Qt. 3:49   3/23 Full 20:19   3/31 3rd Qt. 9:13

APRIL 1921

Day	Sid. T.	Sun	Moon	Merc.	Venus	Mars	Jup.	Saturn	Uranus	Nept.	Pluto	N.Node
1	0:37:12	11Ar13 1	23Cp23	13Pi32	10Ta17R	5Ta17	10Vi42R	19Vi54R	7Pi36	11Le 4R	6Cn49	28Li12
2	0:41: 9	12 12 10	5Aq16	14 39	10 15	6 1	10 36	19 49	7 39	11 4	6 50	28 9
3	0:45: 5	13 11 18	17 12	15 47	10 12	6 45	10 30	19 45	7 42	11 3	6 50	28 6
4	0:49: 2	14 10 24	29 15	16 58	10 5	7 28	10 25	19 41	7 45	11 3	6 50	28 3
5	0:52:59	15 9 29	11Pi29	18 11	9 57	8 12	10 19	19 37	7 47	11 2	6 51	28 0
6	0:56:55	16 8 31	23 56	19 27	9 46	8 55	10 14	19 33	7 50	11 2	6 51	27 57
7	1: 0:52	17 7 31	6Ar38	20 44	9 32	9 39	10 9	19 29	7 53	11 1	6 51	27 53
8	1: 4:48	18 6 30	19 34	22 3	9 16	10 22	10 4	19 25	7 56	11 1	6 52	27 50
9	1: 8:45	19 5 26	2Ta46	23 24	8 58	11 6	9 59	19 21	7 59	11 0	6 52	27 47
10	1:12:41	20 4 20	16 12	24 47	8 37	11 49	9 55	19 18	8 2	11 0	6 53	27 44
11	1:16:38	21 3 13	29 51	26 12	8 14	12 32	9 50	19 14	8 4	10 59	6 53	27 41
12	1:20:35	22 2 3	13Ge41	27 39	7 49	13 15	9 46	19 10	8 7	10 59	6 54	27 38
13	1:24:31	23 0 51	27 40	29 7	7 22	13 59	9 42	19 7	8 10	10 59	6 54	27 34
14	1:28:28	23 59 36	11Cn47	0Ar37	6 53	14 42	9 38	19 3	8 12	10 59	6 55	27 31
15	1:32:24	24 58 19	25 58	2 9	6 22	15 25	9 34	19 0	8 15	10 58	6 55	27 28
16	1:36:21	25 57 0	10Le13	3 42	5 49	16 8	9 31	18 57	8 18	10 58	6 56	27 25
17	1:40:17	26 55 39	24 27	5 17	5 15	16 51	9 27	18 53	8 20	10 58	6 57	27 22
18	1:44:14	27 54 16	8Vi39	6 54	4 40	17 34	9 24	18 50	8 23	10 58	6 57	27 18
19	1:48:10	28 52 50	22 46	8 32	4 3	18 17	9 21	18 47	8 25	10 58	6 58	27 15
20	1:52: 7	29 51 22	6Li43	10 12	3 26	18 59	9 18	18 44	8 28	10 58	6 58	27 12
21	1:56: 4	0Ta49 52	20 28	11 54	2 49	19 42	9 15	18 41	8 30	10 58	6 59	27 9
22	2: 0: 1	1 48 20	3Sc58	13 37	2 11	20 25	9 13	18 38	8 32	10 58D	7 0	27 6
23	2: 3:57	2 46 46	17 12	15 23	1 33	21 7	9 10	18 36	8 35	10 58	7 0	27 3
24	2: 7:53	3 45 11	0Sg 8	17 9	0 55	21 50	9 8	18 33	8 37	10 58	7 1	26 59
25	2:11:50	4 43 34	12 47	18 58	0 18	22 33	9 6	18 30	8 39	10 58	7 2	26 56
26	2:15:46	5 41 55	25 11	20 48	29Ar42	23 15	9 4	18 28	8 42	10 58	7 3	26 53
27	2:19:43	6 40 15	7Cp21	22 40	29 6	23 58	9 2	18 26	8 44	10 58	7 4	26 50
28	2:23:39	7 38 32	19 22	24 34	28 32	24 40	9 1	18 23	8 46	10 58	7 5	26 47
29	2:27:36	8 36 49	1Aq16	26 29	27 59	25 23	9 0	18 21	8 48	10 59	7 5	26 44
30	2:31:33	9 35 4	13 10	28 26	27 27	26 5	8 58	18 19	8 50	10 59	7 6	26 40

4/20 Sun in Tau. 15:32   4/8 New 9:05(E)   4/15 1st Qt. 10:11   4/22 Full 7:49(E)   4/30 3rd Qt. 4:09

MAY 1921

Day	Sid. T.	Sun	Moon	Merc.	Venus	Mars	Jup.	Saturn	Uranus	Nept.	Pluto	N.Node
1	2:35:29	10Ta33 17	25Aq 6	0Ta25	26Ar57R	26Ta47	8Vi58R	18Vi17R	8Pi52	10Le59	7Cn 7	26Li37
2	2:39:26	11 31 29	7Pi11	2 25	26 30	27 29	8 57	18 15	8 54	10 59	7 8	26 34
3	2:43:22	12 29 39	19 27	4 27	26 4	28 12	8 56	18 13	8 56	11 0	7 9	26 31
4	2:47:19	13 27 48	1Ar59	6 30	25 40	28 54	8 56	18 12	8 58	11 0	7 10	26 28
5	2:51:15	14 25 55	14 50	8 35	25 19	29 36	8 56	18 10	9 0	11 1	7 11	26 24
6	2:55:12	15 24 1	28 2	10 41	24 59	0Ge18	8 56D	18 8	9 2	11 1	7 12	26 21
7	2:59: 8	16 22 5	11Ta34	12 49	24 43	1 0	8 56	18 7	9 4	11 2	7 13	26 18
8	3: 3: 5	17 20 8	25 24	14 58	24 28	1 42	8 56	18 6	9 5	11 2	7 14	26 15
9	3: 7: 1	18 18 9	9Ge31	17 7	24 16	2 24	8 57	18 4	9 7	11 3	7 15	26 12
10	3:10:58	19 16 9	23 49	19 17	24 7	3 6	8 57	18 3	9 9	11 3	7 16	26 9
11	3:14:55	20 14 6	8Cn13	21 28	24 0	3 48	8 58	18 2	9 10	11 4	7 17	26 5
12	3:18:51	21 12 2	22 38	23 39	23 55	4 29	8 59	18 1	9 12	11 4	7 18	26 2
13	3:22:48	22 9 56	7Le 0	25 50	23 52	5 11	9 1	18 1	9 14	11 5	7 19	25 59
14	3:26:44	23 7 49	21 15	28 0	23 52D	5 53	9 2	18 0	9 15	11 6	7 20	25 56
15	3:30:41	24 5 39	5Vi21	0Ge10	23 55	6 35	9 4	17 59	9 17	11 7	7 22	25 53
16	3:34:38	25 3 28	19 15	2 19	23 59	7 16	9 5	17 59	9 18	11 7	7 23	25 50
17	3:38:34	26 1 15	2Li58	4 27	24 6	7 58	9 7	17 58	9 19	11 8	7 24	25 46
18	3:42:31	26 59 0	16 29	6 33	24 15	8 39	9 10	17 58	9 21	11 9	7 25	25 43
19	3:46:27	27 56 44	29 48	8 38	24 26	9 21	9 12	17 58	9 22	11 10	7 27	25 40
20	3:50:24	28 54 26	12Sc55	10 41	24 39	10 2	9 14	17 58	9 23	11 11	7 29	25 37
21	3:54:20	29 52 7	25 49	12 41	24 54	10 44	9 17	17 58D	9 24	11 12	7 29	25 34
22	3:58:17	0Ge49 46	8Sg30	14 40	25 12	11 25	9 20	17 58	9 25	11 13	7 30	25 30
23	4: 2:13	1 47 24	20 59	16 36	25 31	12 6	9 23	17 58	9 27	11 14	7 31	25 27
24	4: 6:10	2 45 2	3Cp16	18 27	25 51	12 47	9 26	17 58	9 28	11 15	7 32	25 24
25	4:10: 6	3 42 38	15 23	20 20	26 14	13 29	9 29	17 59	9 29	11 16	7 34	25 21
26	4:14: 3	4 40 13	27 22	22 8	26 38	14 10	9 33	17 59	9 29	11 17	7 35	25 18
27	4:18: 0	5 37 47	9Aq16	23 54	27 4	14 51	9 37	18 0	9 30	11 18	7 36	25 15
28	4:21:56	6 35 20	21 9	25 36	27 32	15 32	9 40	18 1	9 31	11 19	7 38	25 11
29	4:25:53	7 32 52	3Pi 4	27 16	28 1	16 13	9 45	18 2	9 32	11 20	7 39	25 8
30	4:29:49	8 30 23	15 7	28 53	28 31	16 54	9 49	18 3	9 33	11 21	7 40	25 5
31	4:33:46	9 27 54	27 22	0Cn26	29 3	17 35	9 53	18 4	9 33	11 23	7 41	25 2

5/21 Sun in Gem. 15:17   5/7 New 21:02   5/14 1st Qt. 15:25   5/21 Full 20:15   5/29 3rd Qt. 21:45

JUNE 1921

Day	Sid. T.	Sun	Moon	Merc.	Venus	Mars	Jup.	Saturn	Uranus	Nept.	Pluto	N.Node
1	4:37:42	10Ge25 24	9Ar55	1Cn57	29Ar37	18Ge16	9Vi57	18Vi 5	9Pi34	11Le24	7Cn43	24Li59
2	4:41:39	11 22 53	22 49	3 25	0Ta11	18 57	10 2	18 6	9 35	11 25	7 44	24 55
3	4:45:35	12 20 21	6Ta 7	4 49	0 47	19 38	10 7	18 7	9 35	11 27	7 46	24 52
4	4:49:32	13 17 49	19 51	6 11	1 24	20 19	10 12	18 9	9 36	11 28	7 47	24 49
5	4:53:29	14 15 15	4Ge 0	7 29	2 2	20 59	10 17	18 10	9 36	11 29	7 48	24 46
6	4:57:25	15 12 41	18 29	8 44	2 42	21 40	10 22	18 12	9 37	11 31	7 50	24 43
7	5: 1:22	16 10 7	3Cn13	9 56	3 22	22 21	10 28	18 14	9 37	11 32	7 51	24 40
8	5: 5:18	17 7 31	18 4	11 5	4 3	23 1	10 33	18 16	9 38	11 33	7 53	24 36
9	5: 9:15	18 4 54	2Le53	12 10	4 46	23 42	10 39	18 18	9 38	11 35	7 54	24 33
10	5:13:11	19 2 16	17 33	13 12	5 29	24 23	10 45	18 20	9 38	11 36	7 55	24 30
11	5:17: 8	19 59 37	1Vi59	14 11	6 13	25 3	10 51	18 22	9 38	11 38	7 57	24 27
12	5:21: 5	20 56 57	16 6	15 6	6 59	25 44	10 57	18 24	9 38	11 39	7 58	24 24
13	5:25: 1	21 54 16	29 46	15 57	7 45	26 24	11 3	18 26	9 38R	11 41	8 0	24 21
14	5:28:58	22 51 34	13Li24	16 44	8 31	27 4	11 10	18 29	9 38	11 43	8 1	24 17
15	5:32:54	23 48 52	26 38	17 28	9 19	27 45	11 16	18 31	9 38	11 44	8 3	24 14
16	5:36:51	24 46 8	9Sc37	18 7	10 7	28 25	11 23	18 34	9 38	11 46	8 4	24 11
17	5:40:47	25 43 24	22 23	18 43	10 56	29 5	11 30	18 37	9 38	11 47	8 5	24 8
18	5:44:44	26 40 39	4Sg59	19 14	11 46	29 46	11 37	18 39	9 38	11 49	8 7	24 5
19	5:48:40	27 37 53	17 24	19 41	12 36	0Cn26	11 44	18 42	9 38	11 51	8 8	24 1
20	5:52:37	28 35 7	29 40	20 4	13 27	1 6	11 51	18 45	9 37	11 52	8 10	23 58
21	5:56:34	29 32 21	11Cp48	20 23	14 19	1 46	11 58	18 48	9 37	11 54	8 11	23 55
22	6: 0:30	0Cn29 34	23 50	20 36	15 11	2 26	12 6	18 52	9 37	11 56	8 13	23 52
23	6: 4:26	1 26 47	5Aq45	20 46	16 4	3 6	12 13	18 55	9 36	11 58	8 14	23 49
24	6: 8:23	2 23 59	17 37	20 50	16 58	3 46	12 21	18 58	9 36	12 0	8 16	23 46
25	6:12:20	3 21 12	29 28	20 50R	17 52	4 26	12 29	19 2	9 35	12 2	8 17	23 42
26	6:16:16	4 18 24	11Pi22	20 46	18 46	5 6	12 37	19 5	9 35	12 3	8 19	23 39
27	6:20:13	5 15 37	23 23	20 37	19 41	5 46	12 45	19 9	9 34	12 5	8 20	23 36
28	6:24: 9	6 12 49	5Ar36	20 24	20 36	6 26	12 53	19 12	9 34	12 7	8 22	23 33
29	6:28: 6	7 10 2	18 6	20 6	21 32	7 6	13 1	19 16	9 33	12 9	8 23	23 30
30	6:32: 2	8 7 14	0Ta58	19 45	22 29	7 46	13 10	19 20	9 32	12 11	8 24	23 27

6/21 Sun in Can. 23:36   6/6 New 6:15   6/12 1st Qt. 20:59   6/20 Full 9:41   6/28 3rd Qt. 13:17

JULY 1921

Day	Sid. T.	Sun	Moon	Merc.	Venus	Mars	Jup.	Saturn	Uranus	Nept.	Pluto	N.Node
1	6:35:59	9Cn 4 27	14Ta15	19Cn20R	23Ta26	8Cn26	13Vi18	19Vi24	9Pi31R	12Le13	8Cn26	23Li23
2	6:39:55	10 1 40	28 1	18 51	24 23	9 5	13 27	19 28	9 31	12 14	8 28	23 20
3	6:43:52	10 58 54	12Ge16	18 20	25 21	9 45	13 36	19 32	9 30	12 16	8 29	23 17
4	6:47:49	11 56 7	26 57	17 46	26 19	10 25	13 45	19 36	9 29	12 18	8 31	23 14
5	6:51:45	12 53 21	11Cn57	17 11	27 17	11 5	13 54	19 41	9 28	12 20	8 32	23 11
6	6:55:42	13 50 34	27 7	16 34	28 16	11 44	14 3	19 45	9 27	12 22	8 34	23 7
7	6:59:38	14 47 48	12Le16	15 56	29 16	12 24	14 12	19 49	9 26	12 24	8 35	23 4
8	7: 3:35	15 45 2	27 16	15 18	0Ge15	13 3	14 21	19 54	9 25	12 26	8 37	23 1
9	7: 7:31	16 42 15	11Vi56	14 41	1 15	13 43	14 31	19 59	9 24	12 28	8 38	22 58
10	7:11:28	17 39 28	26 13	14 5	2 15	14 22	14 40	20 3	9 22	12 31	8 40	22 55
11	7:15:25	18 36 41	10Li 5	13 31	3 16	15 2	14 50	20 8	9 21	12 33	8 41	22 52
12	7:19:21	19 33 55	23 34	13 0	4 17	15 41	14 59	20 13	9 20	12 35	8 43	22 48
13	7:23:18	20 31 8	6Sc40	12 31	5 18	16 21	15 9	20 18	9 19	12 37	8 44	22 45
14	7:27:14	21 28 21	19 28	12 6	6 19	17 0	15 19	20 23	9 17	12 39	8 46	22 42
15	7:31:11	22 25 34	2Sg 2	11 45	7 21	17 39	15 29	20 28	9 16	12 41	8 47	22 39
16	7:35: 7	23 22 48	14 24	11 29	8 23	18 19	15 39	20 33	9 15	12 43	8 49	22 36
17	7:39: 4	24 20 2	26 36	11 17	9 25	18 58	15 49	20 38	9 13	12 45	8 50	22 33
18	7:43: 0	25 17 16	8Cp42	11 10	10 28	19 37	15 59	20 43	9 12	12 47	8 52	22 29
19	7:46:57	26 14 30	20 41	11 9D	11 31	20 17	16 9	20 48	9 10	12 49	8 53	22 26
20	7:50:54	27 11 45	2Aq37	11 13	12 34	20 56	16 20	20 54	9 8	12 52	8 54	22 23
21	7:54:50	28 9 1	14 30	11 23	13 37	21 35	16 30	20 59	9 7	12 54	8 56	22 20
22	7:58:47	29 6 17	26 21	11 39	14 41	22 14	16 41	21 4	9 5	12 56	8 57	22 17
23	8: 2:43	0Le 3 33	8Pi13	12 1	15 44	22 53	16 51	21 10	9 4	12 58	8 59	22 13
24	8: 6:40	1 0 51	20 8	12 28	16 48	23 32	17 2	21 16	9 2	13 0	9 0	22 10
25	8:10:36	1 58 9	2Ar10	13 2	17 53	24 11	17 13	21 21	9 0	13 2	9 2	22 7
26	8:14:33	2 55 28	14 23	13 41	18 57	24 50	17 23	21 27	8 58	13 5	9 3	22 4
27	8:18:29	3 52 49	26 51	14 26	20 2	25 29	17 34	21 33	8 57	13 7	9 4	22 1
28	8:22:26	4 50 10	9Ta39	15 16	21 7	26 8	17 45	21 39	8 55	13 9	9 6	21 58
29	8:26:22	5 47 32	22 52	16 13	22 12	26 47	17 56	21 44	8 53	13 11	9 7	21 54
30	8:30:19	6 44 56	6Ge33	17 15	23 17	27 26	18 7	21 50	8 51	13 13	9 8	21 51
31	8:34:16	7 42 21	20 43	18 22	24 22	28 5	18 19	21 56	8 49	13 16	9 10	21 48

7/23 Sun in Leo 10:31   7/5 New 13:36   7/12 1st Qt. 4:16   7/20 Full 0:08   7/28 3rd Qt. 2:20

AUGUST 1921

Day	Sid. T.	Sun	Moon	Merc.	Venus	Mars	Jup.	Saturn	Uranus	Nept.	Pluto	N.Node
1	8:38:12	8Le39 46	5Cn21	19Cn35	25Ge28	28Cn44	18Vi30	22Vi 2	8Pi47R	13Le18	9Cn11	21Li45
2	8:42: 9	9 37 13	20 22	20 53	26 34	29 23	18 41	22 9	8 45	13 20	9 12	21 42
3	8:46: 5	10 34 41	5Le37	22 16	27 40	0Le 2	18 52	22 15	8 43	13 22	9 14	21 39
4	8:50: 2	11 32 10	20 55	23 44	28 46	0 40	19 4	22 21	8 41	13 25	9 15	21 35
5	8:53:58	12 29 39	6Vi 6	25 17	29 53	1 19	19 15	22 27	8 39	13 27	9 16	21 32
6	8:57:55	13 27 10	20 59	26 54	0Cn59	1 58	19 27	22 34	8 37	13 29	9 18	21 29
7	9: 1:52	14 24 41	5Li28	28 34	2 6	2 37	19 39	22 40	8 35	13 31	9 19	21 26
8	9: 5:48	15 22 13	19 29	0Le19	3 13	3 15	19 50	22 46	8 33	13 33	9 20	21 23
9	9: 9:45	16 19 46	3Sc 2	2 7	4 20	3 54	20 2	22 53	8 31	13 36	9 21	21 19
10	9:13:41	17 17 20	16 11	3 58	5 27	4 33	20 14	22 59	8 28	13 38	9 23	21 16
11	9:17:38	18 14 55	28 57	5 51	6 34	5 11	20 26	23 6	8 26	13 40	9 24	21 13
12	9:21:34	19 12 31	11Sg26	7 47	7 42	5 50	20 37	23 12	8 24	13 42	9 25	21 10
13	9:25:31	20 10 7	23 41	9 45	8 49	6 28	20 49	23 18	8 22	13 45	9 26	21 7
14	9:29:27	21 7 45	5Cp46	11 44	9 57	7 7	21 1	23 26	8 20	13 47	9 27	21 4
15	9:33:24	22 5 24	17 49	13 44	11 5	7 46	21 13	23 32	8 17	13 49	9 29	21 0
16	9:37:21	23 3 4	29 39	15 45	12 13	8 24	21 26	23 39	8 15	13 51	9 30	20 57
17	9:41:17	24 0 45	11Aq32	17 47	13 21	9 3	21 38	23 46	8 13	13 53	9 31	20 54
18	9:45:14	24 58 27	23 44	19 48	14 30	9 41	21 50	23 53	8 10	13 56	9 32	20 51
19	9:49:10	25 56 10	5Pi17	21 50	15 38	10 19	22 2	24 0	8 8	13 58	9 33	20 48
20	9:53: 7	26 53 55	17 14	23 51	16 47	10 58	22 14	24 7	8 6	14 0	9 34	20 44
21	9:57: 3	27 51 42	29 15	25 52	17 55	11 36	22 27	24 13	8 3	14 2	9 35	20 41
22	10: 1: 0	28 49 30	11Ar23	27 52	19 4	12 15	22 39	24 20	8 1	14 4	9 36	20 38
23	10: 4:56	29 47 19	23 42	29 51	20 13	12 53	22 51	24 27	7 59	14 6	9 37	20 35
24	10: 8:53	0Vi45 11	6Ta14	1Vi49	21 22	13 31	23 4	24 34	7 56	14 9	9 38	20 32
25	10:12:50	1 43 4	19 4	3 46	22 32	14 10	23 16	24 41	7 54	14 11	9 39	20 29
26	10:16:46	2 40 59	2Ge14	5 42	23 41	14 48	23 29	24 49	7 52	14 13	9 40	20 25
27	10:20:42	3 38 56	15 49	7 37	24 50	15 26	23 41	24 56	7 49	14 15	9 41	20 22
28	10:24:39	4 36 55	29 50	9 30	26 0	16 4	23 54	25 3	7 47	14 17	9 42	20 19
29	10:28:36	5 34 55	14Cn15	11 23	27 10	16 43	24 6	25 10	7 44	14 19	9 43	20 16
30	10:32:32	6 32 58	29 3	13 14	28 20	17 21	24 19	25 17	7 42	14 21	9 44	20 13
31	10:36:29	7 31 2	14Le 7	15 4	29 30	17 59	24 32	25 24	7 40	14 23	9 45	20 10

8/23 Sun in Vir. 17:15   8/3 New 20:17   8/10 1st Qt. 14:14   8/18 Full 15:28   8/26 3rd Qt. 12:51

Day	Sid. T.	Sun	Moon	Merc.	Venus	Mars	Jup.	Saturn	Uranus	Nept.	Pluto	N.Node
1	10:40:25	8Vi29 8	29Le18	16Vi53	0Le40	18Le37	24Vi44	25Vi32	7Pi37R	14Le26	9Cn46	20Li 6
2	10:44:22	9 27 16	14Vi25	18 40	1 50	19 15	24 57	25 39	7 35	14 28	9 47	20 3
3	10:48:18	10 25 25	29 20	20 26	3 0	19 53	25 10	25 46	7 32	14 30	9 48	20 0
4	10:52:15	11 23 36	13Li54	22 11	4 11	20 31	25 23	25 53	7 30	14 32	9 49	19 57
5	10:56:12	12 21 49	28 2	23 55	5 21	21 10	25 35	26 1	7 28	14 34	9 49	19 54
6	11: 0: 8	13 20 3	11Sc43	25 38	6 32	21 48	25 48	26 8	7 25	14 36	9 50	19 50
7	11: 4: 5	14 18 18	24 57	27 19	7 42	22 26	26 1	26 15	7 23	14 38	9 51	19 47
8	11: 8: 1	15 16 36	7Sg48	28 59	8 53	23 4	26 14	26 23	7 21	14 40	9 52	19 44
9	11:11:58	16 14 54	20 18	0Li39	10 4	23 42	26 27	26 30	7 18	14 42	9 52	19 41
10	11:15:55	17 13 14	2Cp33	2 16	11 15	24 20	26 40	26 38	7 16	14 44	9 53	19 38
11	11:19:51	18 11 36	14 36	3 53	12 26	24 58	26 52	26 45	7 13	14 46	9 54	19 35
12	11:23:48	19 10 0	26 32	5 29	13 38	25 36	27 5	26 52	7 11	14 47	9 54	19 31
13	11:27:44	20 8 25	8Aq24	7 4	14 49	26 13	27 18	27 0	7 9	14 49	9 55	19 28
14	11:31:41	21 6 51	20 16	8 37	16 0	26 51	27 31	27 7	7 6	14 51	9 56	19 25
15	11:35:37	22 5 20	2Pi10	10 10	17 12	27 29	27 44	27 15	7 4	14 53	9 56	19 22
16	11:39:34	23 3 50	14 8	11 41	18 23	28 7	27 57	27 22	7 2	14 55	9 57	19 19
17	11:43:30	24 2 22	26 13	13 11	19 35	28 45	28 10	27 29	7 0	14 57	9 57	19 16
18	11:47:27	25 0 56	8Ar25	14 41	20 47	29 23	28 23	27 37	6 57	14 59	9 58	19 12
19	11:51:23	25 59 32	20 47	16 9	21 58	0Vi 1	28 36	27 44	6 55	15 0	9 58	19 9
20	11:55:20	26 58 10	3Ta19	17 36	23 10	0 38	28 49	27 52	6 53	15 2	9 59	19 6
21	11:59:16	27 56 50	16 5	19 2	24 22	1 16	29 2	27 59	6 51	15 4	9 59	19 3
22	12: 3:13	28 55 32	29 4	20 27	25 34	1 54	29 15	28 7	6 49	15 6	10 0	19 0
23	12: 7:10	29 54 17	12Ge21	21 51	26 47	2 32	29 28	28 14	6 46	15 7	10 0	18 56
24	12:11: 6	0Li53 4	25 55	23 13	27 59	3 9	29 41	28 22	6 44	15 9	10 1	18 53
25	12:15: 3	1 51 53	9Cn49	24 35	29 11	3 47	29 54	28 29	6 42	15 11	10 1	18 50
26	12:18:59	2 50 45	24 1	25 55	0Vi24	4 25	0Li 7	28 37	6 40	15 12	10 1	18 47
27	12:22:56	3 49 38	8Le30	27 14	1 36	5 2	0 20	28 44	6 38	15 14	10 2	18 44
28	12:26:52	4 48 34	23 12	28 31	2 49	5 40	0 33	28 51	6 36	15 15	10 2	18 41
29	12:30:49	5 47 33	8Vi 1	29 47	4 2	6 18	0 46	28 59	6 34	15 17	10 2	18 37
30	12:34:45	6 46 33	22 50	1Sc 2	5 14	6 55	0 59	29 6	6 32	15 19	10 3	18 34

9/23 Sun in Lib. 14:20   9/2 New 3:33   9/9 1st Qt. 3:29   9/17 Full 7:20   9/24 3rd Qt. 21:18

Day	Sid. T.	Sun	Moon	Merc.	Venus	Mars	Jup.	Saturn	Uranus	Nept.	Pluto	N.Node
1	12:38:42	7Li45 35	7Li31	2Sc15	6Vi27	7Vi33	1Li12	29Vi14	6Pi30R	15Le20	10Cn 3	18Li31
2	12:42:38	8 44 40	21 57	3 27	7 40	8 10	1 25	29 21	6 28	15 22	10 3	18 28
3	12:46:35	9 43 46	6Sc 3	4 36	8 53	8 48	1 38	29 29	6 26	15 23	10 3	18 25
4	12:50:32	10 42 55	19 46	5 44	10 6	9 26	1 50	29 36	6 24	15 25	10 3	18 22
5	12:54:28	11 42 5	3Sg 5	6 50	11 19	10 3	2 3	29 43	6 23	15 26	10 4	18 18
6	12:58:25	12 41 17	16 0	7 53	12 32	10 41	2 16	29 51	6 21	15 27	10 4	18 15
7	13: 2:21	13 40 31	28 35	8 55	13 45	11 18	2 29	29 58	6 19	15 29	10 4	18 12
8	13: 6:18	14 39 47	10Cp52	9 53	14 59	11 56	2 42	0Li 5	6 17	15 30	10 4	18 9
9	13:10:14	15 39 5	22 56	10 49	16 12	12 33	2 55	0 13	6 16	15 31	10 4	18 6
10	13:14:11	16 38 24	4Aq51	11 42	17 26	13 10	3 8	0 20	6 14	15 33	10 4R	18 2
11	13:18: 7	17 37 45	16 43	12 31	18 39	13 48	3 20	0 27	6 12	15 34	10 4	17 59
12	13:22: 4	18 37 8	28 35	13 17	19 53	14 25	3 33	0 34	6 11	15 35	10 4	17 56
13	13:26: 1	19 36 32	10Pi32	13 58	21 6	15 3	3 46	0 42	6 9	15 36	10 4	17 53
14	13:29:57	20 35 59	22 35	14 35	22 20	15 40	3 59	0 49	6 8	15 37	10 4	17 50
15	13:33:54	21 35 27	4Ar50	15 7	23 33	16 17	4 11	0 56	6 6	15 39	10 4	17 47
16	13:37:50	22 34 57	17 16	15 34	24 47	16 55	4 24	1 3	6 5	15 40	10 4	17 43
17	13:41:47	23 34 30	29 56	15 55	26 1	17 32	4 37	1 10	6 3	15 41	10 3	17 40
18	13:45:43	24 34 4	12Ta49	16 9	27 15	18 9	4 49	1 17	6 2	15 42	10 3	17 37
19	13:49:40	25 33 41	25 56	16 17	28 29	18 46	5 2	1 24	6 1	15 43	10 3	17 34
20	13:53:36	26 33 19	9Ge17	16 17R	29 43	19 24	5 14	1 31	5 59	15 44	10 3	17 31
21	13:57:33	27 33 0	22 50	16 9	0Li57	20 1	5 27	1 38	5 58	15 45	10 3	17 28
22	14: 1:29	28 32 44	6Cn36	15 52	2 11	20 38	5 39	1 45	5 57	15 46	10 2	17 24
23	14: 5:26	29 32 29	20 32	15 27	3 25	21 15	5 52	1 52	5 56	15 47	10 2	17 21
24	14: 9:23	0Sc32 17	4Le38	14 53	4 39	21 52	6 4	1 59	5 55	15 48	10 1	17 18
25	14:13:19	1 32 7	18 52	14 9	5 53	22 29	6 17	2 6	5 54	15 49	10 1	17 15
26	14:17:16	2 31 59	3Vi11	13 17	7 8	23 7	6 29	2 13	5 53	15 50	10 1	17 12
27	14:21:12	3 31 53	17 33	12 17	8 22	23 44	6 41	2 19	5 52	15 50	10 1	17 8
28	14:25: 9	4 31 50	1Li54	11 10	9 36	24 21	6 53	2 26	5 51	15 51	10 0	17 5
29	14:29: 5	5 31 49	16 10	9 58	10 51	24 58	7 6	2 33	5 50	15 51	10 0	17 2
30	14:33: 2	6 31 49	0Sc15	8 41	12 5	25 35	7 18	2 39	5 49	15 52	9 59	16 59
31	14:36:59	7 31 52	14 7	7 24	13 20	26 12	7 30	2 46	5 48	15 53	9 59	16 56

10/23 Sun in Sco. 23:03   10/1 New 12:26(E)   10/8 1st Qt. 20:12   10/16 Full 22:59(E)   10/24 3rd Qt. 4:32   10/30 New 23:39

NOVEMBER 1921

Day	Sid. T.	Sun	Moon	Merc.	Venus	Mars	Jup.	Saturn	Uranus	Nept.	Pluto	N.Node
1	14:40:55	8Sc31 56	27Sc42	6Sc 7R	14Li34	26Vi49	7Li42	2Li53	5Pi48R	15Le53	9Cn59R	16Li53
2	14:44:52	9 32 3	10Sg57	4 54	15 49	27 26	7 54	2 59	5 47	15 54	9 58	16 49
3	14:48:48	10 32 11	23 52	3 46	17 4	28 3	8 6	3 6	5 46	15 54	9 58	16 46
4	14:52:45	11 32 20	6Cp27	2 46	18 18	28 40	8 18	3 12	5 46	15 55	9 57	16 43
5	14:56:41	12 32 31	18 46	1 55	19 33	29 17	8 29	3 18	5 45	15 55	9 56	16 40
6	15: 0:38	13 32 44	0Aq51	1 15	20 48	29 54	8 41	3 25	5 45	15 56	9 56	16 37
7	15: 4:34	14 32 58	12 47	0 47	22 2	0Li30	8 53	3 31	5 44	15 56	9 55	16 33
8	15: 8:31	15 33 14	24 39	0 30	23 17	1 7	9 5	3 37	5 44	15 57	9 55	16 30
9	15:12:28	16 33 31	6Pi30	0 24D	24 32	1 44	9 16	3 43	5 44	15 57	9 54	16 27
10	15:16:24	17 33 50	18 28	0 30	25 47	2 21	9 28	3 49	5 43	15 57	9 53	16 24
11	15:20:21	18 34 10	0Ar35	0 47	27 2	2 58	9 39	3 55	5 43	15 57	9 53	16 21
12	15:24:17	19 34 31	12 55	1 13	28 16	3 34	9 50	4 1	5 43	15 58	9 52	16 18
13	15:28:14	20 34 54	25 33	1 48	29 31	4 11	10 2	4 7	5 43	15 58	9 51	16 14
14	15:32:10	21 35 19	8Ta29	2 31	0Sc46	4 48	10 13	4 13	5 43	15 58	9 50	16 11
15	15:36: 7	22 35 45	21 45	3 21	2 1	5 24	10 24	4 19	5 43D	15 58	9 50	16 8
16	15:40: 3	23 36 13	5Ge18	4 18	3 16	6 1	10 35	4 25	5 43	15 58	9 49	16 5
17	15:44: 0	24 36 42	19 7	5 20	4 31	6 38	10 46	4 30	5 43	15 58	9 48	16 2
18	15:47:56	25 37 13	3Cn 7	6 27	5 46	7 14	10 57	4 36	5 43	15 58	9 47	15 59
19	15:51:53	26 37 46	17 15	7 38	7 1	7 51	11 8	4 42	5 43	15 58R	9 46	15 55
20	15:55:49	27 38 20	1Le27	8 53	8 16	8 27	11 19	4 47	5 43	15 58	9 46	15 52
21	15:59:46	28 38 57	15 40	10 10	9 31	9 4	11 30	4 53	5 44	15 58	9 45	15 49
22	16: 3:43	29 39 35	29 50	11 30	10 47	9 40	11 40	4 58	5 44	15 58	9 44	15 46
23	16: 7:39	0Sg40 14	13Vi56	12 53	12 2	10 17	11 51	5 3	5 44	15 58	9 43	15 43
24	16:11:36	1 40 56	27 57	14 17	13 17	10 53	12 1	5 8	5 45	15 58	9 42	15 39
25	16:15:32	2 41 39	11Li52	15 42	14 32	11 30	12 12	5 13	5 45	15 58	9 41	15 36
26	16:19:29	3 42 23	25 39	17 1	15 47	12 6	12 22	5 19	5 46	15 57	9 40	15 33
27	16:23:26	4 43 9	9Sc18	18 37	17 3	12 42	12 32	5 24	5 46	15 57	9 39	15 30
28	16:27:22	5 43 56	22 46	20 6	18 18	13 19	12 42	5 28	5 47	15 57	9 38	15 27
29	16:31:19	6 44 45	6Sg 2	21 36	19 33	13 55	12 52	5 33	5 48	15 56	9 37	15 24
30	16:35:15	7 45 35	19 3	23 6	20 48	14 31	13 2	5 38	5 49	15 56	9 36	15 20

11/22 Sun in Sag. 20:05   11/7 1st Qt. 15:54   11/15 Full 13:39   11/22 3rd Qt. 11:41   11/29 New 13:26

DECEMBER 1921

Day	Sid. T.	Sun	Moon	Merc.	Venus	Mars	Jup.	Saturn	Uranus	Nept.	Pluto	N.Node
1	16:39:12	8Sg46 27	1Cp50	24Sc37	22Sc 4	15Li 7	13Li12	5Li43	5Pi49	15Le56R	9Cn35R	15Li17
2	16:43: 8	9 47 19	14 21	26 9	23 19	15 43	13 22	5 47	5 50	15 55	9 34	15 14
3	16:47: 5	10 48 12	26 37	27 40	24 34	16 20	13 31	5 52	5 51	15 55	9 33	15 11
4	16:51: 2	11 49 6	8Aq41	29 12	25 50	16 56	13 41	5 56	5 52	15 54	9 32	15 8
5	16:54:58	12 50 1	20 36	0Sg44	27 5	17 32	13 50	6 1	5 53	15 54	9 31	15 5
6	16:58:54	13 50 57	2Pi26	2 17	28 20	18 8	13 59	6 5	5 54	15 53	9 30	15 1
7	17: 2:51	14 51 53	14 16	3 49	29 36	18 44	14 8	6 9	5 55	15 52	9 29	14 58
8	17: 6:48	15 52 50	26 11	5 22	0Sg51	19 20	14 17	6 13	5 56	15 52	9 28	14 55
9	17:10:44	16 53 47	8Ar17	6 55	2 6	19 56	14 26	6 17	5 57	15 51	9 26	14 52
10	17:14:41	17 54 46	20 38	8 27	3 22	20 32	14 35	6 21	5 59	15 50	9 25	14 49
11	17:18:37	18 55 45	3Ta20	10 0	4 37	21 7	14 44	6 25	6 0	15 50	9 24	14 45
12	17:22:34	19 56 44	16 25	11 33	5 52	21 43	14 53	6 29	6 1	15 49	9 23	14 42
13	17:26:30	20 57 44	29 56	13 7	7 8	22 19	15 1	6 32	6 3	15 48	9 22	14 39
14	17:30:27	21 58 45	13Ge50	14 40	8 23	22 55	15 9	6 36	6 4	15 47	9 21	14 36
15	17:34:23	22 59 47	28 5	16 13	9 39	23 30	15 18	6 39	6 6	15 47	9 20	14 33
16	17:38:20	24 0 49	12Cn35	17 47	10 54	24 6	15 26	6 43	6 7	15 46	9 18	14 30
17	17:42:17	25 1 52	27 12	19 21	12 9	24 42	15 34	6 46	6 9	15 45	9 17	14 26
18	17:46:13	26 2 56	11Le50	20 54	13 25	25 17	15 41	6 49	6 10	15 44	9 16	14 23
19	17:50:10	27 4 0	26 22	22 28	14 40	25 53	15 49	6 52	6 12	15 43	9 15	14 20
20	17:54: 6	28 5 6	10Vi43	24 2	15 56	26 28	15 57	6 55	6 14	15 42	9 14	14 17
21	17:58: 3	29 6 12	24 50	25 37	17 11	27 4	16 4	6 58	6 15	15 41	9 12	14 14
22	18: 1:59	0Cp 7 18	8Li44	27 11	18 27	27 39	16 12	7 1	6 17	15 40	9 11	14 11
23	18: 5:56	1 8 26	22 23	28 46	19 42	28 14	16 19	7 3	6 19	15 39	9 10	14 7
24	18: 9:53	2 9 34	5Sc50	0Cp21	20 57	28 50	16 26	7 6	6 21	15 38	9 9	14 4
25	18:13:49	3 10 43	19 5	1 56	22 13	29 25	16 33	7 8	6 23	15 36	9 7	14 1
26	18:17:46	4 11 53	2Sg 9	3 31	23 28	0Sc 0	16 39	7 11	6 25	15 35	9 6	13 58
27	18:21:42	5 13 3	15 3	5 7	24 44	0 35	16 46	7 13	6 27	15 34	9 5	13 55
28	18:25:39	6 14 13	27 45	6 43	25 59	1 10	16 52	7 15	6 29	15 33	9 4	13 51
29	18:29:35	7 15 23	10Cp17	8 19	27 15	1 46	16 59	7 17	6 31	15 32	9 3	13 48
30	18:33:32	8 16 34	22 37	9 56	28 30	2 21	17 5	7 19	6 33	15 30	9 1	13 45
31	18:37:28	9 17 45	4Aq47	11 33	29 46	2 55	17 11	7 21	6 35	15 29	9 0	13 42

12/22 Sun in Cap. 9:08   12/7 1st Qt. 13:19   12/15 Full 2:50   12/21 3rd Qt. 19:54   12/29 New 5:39

Day	Sid. T.	Sun	Moon	Merc.	Venus	Mars	Jup.	Saturn	Uranus	Nept.	Pluto	N.Node
1	18:41:25	10Cp18 55	16Aq47	13Cp10	1Cp 1	3Sc30	17Li17	7Li23	6Pi38	15Le28R	8Cn59R	13Li39
2	18:45:22	11 20 6	28 39	14 47	2 17	4 5	17 22	7 24	6 40	15 27	8 58	13 36
3	18:49:18	12 21 16	10Pi27	16 25	3 32	4 40	17 28	7 26	6 42	15 25	8 56	13 32
4	18:53:15	13 22 26	22 15	18 3	4 48	5 15	17 33	7 27	6 45	15 24	8 55	13 29
5	18:57:11	14 23 35	4Ar 7	19 42	6 3	5 49	17 39	7 29	6 47	15 22	8 54	13 26
6	19: 1: 8	15 24 45	16 9	21 21	7 19	6 24	17 44	7 30	6 49	15 21	8 53	13 23
7	19: 5: 4	16 25 53	28 27	23 0	8 34	6 59	17 48	7 31	6 52	15 20	8 51	13 20
8	19: 9: 1	17 27 2	11Ta 6	24 39	9 49	7 33	17 53	7 32	6 54	15 18	8 50	13 16
9	19:12:57	18 28 10	24 10	26 19	11 5	8 7	17 58	7 33	6 57	15 17	8 49	13 13
10	19:16:54	19 29 17	7Ge42	27 59	12 20	8 42	18 2	7 34	6 59	15 15	8 48	13 10
11	19:20:50	20 30 24	21 44	29 39	13 36	9 16	18 6	7 34	7 2	15 14	8 47	13 7
12	19:24:47	21 31 31	6Cn12	1Aq19	14 51	9 50	18 10	7 35	7 5	15 12	8 45	13 4
13	19:28:44	22 32 37	21 2	3 0	16 7	10 24	18 14	7 35	7 7	15 11	8 44	13 1
14	19:32:40	23 33 42	6Le 3	4 40	17 22	10 58	18 18	7 36	7 10	15 9	8 43	12 57
15	19:36:37	24 34 48	21 7	6 20	18 37	11 32	18 21	7 36	7 13	15 8	8 42	12 54
16	19:40:33	25 35 53	6Vi 4	8 0	19 53	12 6	18 25	7 36	7 15	15 6	8 41	12 51
17	19:44:30	26 36 57	20 46	9 40	21 8	12 40	18 28	7 36R	7 18	15 5	8 39	12 48
18	19:48:27	27 38 1	5Li 8	11 19	22 24	13 14	18 31	7 36	7 21	15 3	8 38	12 45
19	19:52:23	28 39 5	19 9	12 57	23 39	13 48	18 34	7 36	7 24	15 1	8 37	12 42
20	19:56:19	29 40 9	2Sc48	14 34	24 55	14 21	18 36	7 35	7 27	15 0	8 36	12 38
21	20: 0:16	0Aq41 12	16 7	16 10	26 10	14 55	18 39	7 35	7 30	14 58	8 35	12 35
22	20: 4:13	1 42 15	29 10	17 44	27 25	15 28	18 41	7 35	7 33	14 57	8 34	12 32
23	20: 8: 9	2 43 17	11Sg58	19 15	28 41	16 2	18 43	7 34	7 35	14 55	8 33	12 29
24	20:12: 6	3 44 19	24 34	20 45	29 56	16 35	18 45	7 33	7 38	14 53	8 31	12 26
25	20:16: 2	4 45 20	6Cp59	22 11	1Aq12	17 8	18 47	7 32	7 41	14 52	8 30	12 22
26	20:19:59	5 46 21	19 15	23 33	2 27	17 41	18 48	7 31	7 45	14 50	8 29	12 19
27	20:23:56	6 47 21	1Aq22	24 51	3 42	18 14	18 50	7 30	7 48	14 48	8 28	12 16
28	20:27:52	7 48 19	13 23	26 4	4 58	18 47	18 51	7 29	7 51	14 47	8 27	12 13
29	20:31:49	8 49 17	25 17	27 12	6 13	19 20	18 52	7 28	7 54	14 45	8 26	12 10
30	20:35:45	9 50 14	7Pi 6	28 12	7 28	19 53	18 52	7 27	7 57	14 43	8 25	12 7
31	20:39:42	10 51 9	18 54	29 6	8 44	20 26	18 53	7 25	8 0	14 42	8 24	12 3

1/20 Sun in Aqu. 19:48   1/6 1st Qt. 10:24   1/13 Full 14:37   1/20 3rd Qt. 6:00   1/27 New 23:48

Day	Sid. T.	Sun	Moon	Merc.	Venus	Mars	Jup.	Saturn	Uranus	Nept.	Pluto	N.Node
1	20:43:38	11Aq52 4	0Ar42	29Aq51	9Aq59	20Sc58	18Li53	7Li23R	8Pi 3	14Le40R	8Cn23R	12Li 0
2	20:47:35	12 52 56	12 34	0Pi27	11 14	21 31	18 54	7 22	8 6	14 38	8 22	11 57
3	20:51:31	13 53 48	24 35	0 53	12 30	22 3	18 54R	7 20	8 10	14 37	8 21	11 54
4	20:55:28	14 54 39	6Ta50	1 9	13 45	22 35	18 53	7 18	8 13	14 35	8 20	11 51
5	20:59:24	15 55 27	19 24	1 14R	15 0	23 7	18 53	7 16	8 16	14 33	8 19	11 48
6	21: 3:21	16 56 15	2Ge21	1 9	16 16	23 40	18 52	7 14	8 19	14 31	8 18	11 44
7	21: 7:18	17 57 1	15 47	0 52	17 31	24 11	18 52	7 12	8 23	14 30	8 17	11 41
8	21:11:14	18 57 45	29 42	0 15	18 46	24 43	18 51	7 10	8 26	14 28	8 16	11 38
9	21:15:11	19 58 28	14Cn 7	29Aq47	20 1	25 15	18 50	7 7	8 29	14 26	8 15	11 35
10	21:19: 7	20 59 10	28 58	29 1	21 17	25 47	18 48	7 5	8 32	14 25	8 15	11 32
11	21:23: 4	21 59 50	14Le 6	28 6	22 32	26 18	18 47	7 2	8 36	14 23	8 14	11 28
12	21:27: 0	23 0 28	29 23	27 5	23 47	26 49	18 45	7 0	8 39	14 21	8 13	11 25
13	21:30:57	24 1 5	14Vi37	26 0	25 2	27 21	18 43	6 57	8 42	14 20	8 12	11 22
14	21:34:53	25 1 41	29 39	24 52	26 17	27 52	18 41	6 54	8 46	14 18	8 11	11 19
15	21:38:50	26 2 15	14Li20	23 42	27 32	28 23	18 39	6 51	8 49	14 16	8 10	11 16
16	21:42:46	27 2 48	28 36	22 34	28 48	28 53	18 36	6 48	8 53	14 15	8 10	11 13
17	21:46:43	28 3 21	12Sc27	21 28	0Pi 3	29 24	18 34	6 45	8 56	14 13	8 9	11 9
18	21:50:40	29 3 52	25 52	20 26	1 18	29 55	18 31	6 42	8 59	14 12	8 8	11 6
19	21:54:36	0Pi 4 21	8Sg55	19 29	2 33	0Sg25	18 28	6 39	9 3	14 10	8 8	11 3
20	21:58:33	1 4 49	21 38	18 38	3 48	0 55	18 25	6 36	9 6	14 8	8 7	11 0
21	22: 2:29	2 5 16	4Cp 5	17 54	5 3	1 25	18 21	6 32	9 10	14 7	8 6	10 57
22	22: 6:26	3 5 42	16 19	17 17	6 18	1 55	18 18	6 29	9 13	14 5	8 6	10 54
23	22:10:22	4 6 6	28 24	16 48	7 33	2 25	18 14	6 25	9 16	14 4	8 5	10 50
24	22:14:19	5 6 28	10Aq21	16 26	8 48	2 55	18 10	6 22	9 20	14 2	8 4	10 47
25	22:18:16	6 6 49	22 14	16 11	10 3	3 24	18 6	6 18	9 23	14 0	8 4	10 44
26	22:22:12	7 7 8	4Pi 4	16 3	11 19	3 53	18 2	6 14	9 27	13 59	8 3	10 41
27	22:26: 9	8 7 26	15 52	16 2D	12 34	4 22	17 58	6 10	9 30	13 57	8 3	10 38
28	22:30: 5	9 7 42	27 41	16 8	13 49	4 51	17 53	6 6	9 34	13 56	8 2	10 34

2/19 Sun in Pis. 10:17   2/5 1st Qt. 4:52   2/12 Full 1:18   2/18 3rd Qt. 18:18   2/26 New 18:48

MARCH 1922

Day	Sid. T.	Sun	Moon	Merc.	Venus	Mars	Jup.	Saturn	Uranus	Nept.	Pluto	N.Node
1	22:34: 2	10Pi 7 55	9Ar33	16Aq19	15Pi 3	5Sg20	17Li48R	6Li 2R	9Pi37	13Le54R	8Cn 2R	10Li31
2	22:37:58	11 8 7	21 31	16 37	16 18	5 49	17 44	5 58	9 41	13 53	8 1	10 28
3	22:41:55	12 8 17	3Ta37	17 0	17 33	6 17	17 39	5 54	9 44	13 52	8 1	10 25
4	22:45:51	13 8 25	15 56	17 28	18 48	6 45	17 33	5 50	9 47	13 50	8 0	10 22
5	22:49:48	14 8 31	28 30	18 1	20 3	7 13	17 28	5 46	9 51	13 49	8 0	10 19
6	22:53:44	15 8 35	11Ge25	18 38	21 18	7 41	17 23	5 42	9 54	13 47	7 59	10 15
7	22:57:41	16 8 37	24 43	19 19	22 33	8 9	17 17	5 38	9 58	13 46	7 59	10 12
8	23: 1:38	17 8 36	8Cn28	20 4	23 48	8 36	17 11	5 33	10 1	13 45	7 59	10 9
9	23: 5:34	18 8 34	22 39	20 52	25 3	9 3	17 5	5 29	10 5	13 43	7 58	10 6
10	23: 9:31	19 8 29	7Le15	21 44	26 17	9 30	17 0	5 25	10 8	13 42	7 58	10 3
11	23:13:27	20 8 22	22 12	22 39	27 32	9 57	16 53	5 20	10 11	13 41	7 58	10 0
12	23:17:24	21 8 12	7Vi22	23 37	28 47	10 24	16 47	5 16	10 15	13 39	7 58	9 56
13	23:21:20	22 8 1	22 35	24 38	0Ar 2	10 50	16 41	5 11	10 18	13 38	7 57	9 53
14	23:25:17	23 7 48	7Li42	25 41	1 16	11 16	16 34	5 7	10 22	13 37	7 57	9 50
15	23:29:13	24 7 33	22 34	26 47	2 31	11 42	16 28	5 2	10 25	13 36	7 57	9 47
16	23:33:10	25 7 16	7Sc 4	27 54	3 46	12 7	16 21	4 58	10 28	13 34	7 57	9 44
17	23:37: 6	26 6 57	21 8	29 4	5 0	12 33	16 14	4 53	10 32	13 33	7 57	9 40
18	23:41: 3	27 6 37	4Sg44	0Pi17	6 15	12 58	16 7	4 48	10 35	13 32	7 56	9 37
19	23:45: 0	28 6 15	17 55	1 31	7 29	13 22	16 1	4 44	10 38	13 31	7 56	9 34
20	23:48:56	29 5 51	0Cp41	2 47	8 44	13 47	15 53	4 39	10 42	13 30	7 56	9 31
21	23:52:53	0Ar 5 25	13 8	4 4	9 59	14 11	15 46	4 35	10 45	13 29	7 56	9 28
22	23:56:49	1 4 58	25 20	5 24	11 13	14 35	15 39	4 30	10 48	13 28	7 56D	9 25
23	0: 0:46	2 4 29	7Aq20	6 45	12 28	14 59	15 32	4 25	10 52	13 27	7 56	9 21
24	0: 4:43	3 3 58	19 12	8 8	13 42	15 22	15 24	4 20	10 55	13 26	7 56	9 18
25	0: 8:39	4 3 25	1Pi 1	9 33	14 57	15 45	15 17	4 16	10 58	13 25	7 56	9 15
26	0:12:36	5 2 51	12 49	10 59	16 11	16 8	15 10	4 11	11 1	13 24	7 56	9 12
27	0:16:32	6 2 14	24 39	12 26	17 25	16 30	15 2	4 6	11 4	13 23	7 57	9 9
28	0:20:29	7 1 35	6Ar33	13 56	18 40	16 52	14 55	4 2	11 8	13 22	7 57	9 5
29	0:24:25	8 0 55	18 33	15 26	19 54	17 14	14 47	3 57	11 11	13 21	7 57	9 2
30	0:28:22	9 0 12	0Ta42	16 58	21 8	17 35	14 39	3 52	11 14	13 21	7 57	8 59
31	0:32:18	9 59 27	13 0	18 32	22 23	17 56	14 32	3 48	11 17	13 20	7 57	8 56

3/21 Sun in Ari. 9:49   3/6 1st Qt. 19:22   3/13 Full 11:14   3/20 3rd Qt. 8:43   3/28 New 13:03(E)

APRIL 1922

Day	Sid. T.	Sun	Moon	Merc.	Venus	Mars	Jup.	Saturn	Uranus	Nept.	Pluto	N.Node
1	0:36:15	10Ar58 40	25Ta31	20Pi 7	23Ar37	18Sg17	14Li24R	3Li43R	11Pi20	13Le19R	7Cn57	8Li53
2	0:40:11	11 57 51	8Ge16	21 43	24 51	18 37	14 16	3 38	11 23	13 18	7 58	8 50
3	0:44: 8	12 56 59	21 17	23 21	26 6	18 57	14 9	3 34	11 26	13 18	7 58	8 46
4	0:48: 5	13 56 5	4Cn36	25 0	27 20	19 17	14 1	3 29	11 29	13 17	7 58	8 43
5	0:52: 1	14 55 9	18 15	26 41	28 34	19 36	13 53	3 25	11 32	13 16	7 58	8 40
6	0:55:58	15 54 11	2Le14	28 23	29 48	19 54	13 45	3 20	11 35	13 16	7 59	8 37
7	0:59:54	16 53 10	16 32	0Ar 7	1Ta 2	20 13	13 38	3 16	11 38	13 15	7 59	8 34
8	1: 3:51	17 52 6	1Vi 8	1 52	2 16	20 31	13 30	3 11	11 41	13 15	8 0	8 31
9	1: 7:47	18 51 1	15 57	3 39	3 30	20 48	13 22	3 7	11 44	13 14	8 0	8 27
10	1:11:44	19 49 53	0Li52	5 27	4 44	21 5	13 15	3 2	11 47	13 14	8 0	8 24
11	1:15:40	20 48 43	15 47	7 17	5 58	21 22	13 7	2 58	11 50	13 13	8 1	8 21
12	1:19:37	21 47 31	0Sc32	9 8	7 12	21 38	12 59	2 54	11 53	13 13	8 1	8 18
13	1:23:34	22 46 18	15 2	11 0	8 26	21 53	12 52	2 49	11 56	13 12	8 2	8 15
14	1:27:30	23 45 2	29 10	12 55	9 40	22 8	12 44	2 45	11 58	13 12	8 2	8 11
15	1:31:27	24 43 45	12Sg54	14 50	10 54	22 23	12 37	2 41	12 1	13 12	8 3	8 8
16	1:35:23	25 42 26	26 11	16 48	12 8	22 37	12 30	2 37	12 4	13 11	8 3	8 5
17	1:39:20	26 41 5	9Cp 4	18 46	13 22	22 51	12 22	2 33	12 7	13 11	8 4	8 2
18	1:43:16	27 39 42	21 35	20 46	14 36	23 4	12 15	2 29	12 9	13 11	8 5	7 59
19	1:47:13	28 38 18	3Aq49	22 48	15 49	23 16	12 8	2 25	12 12	13 11	8 5	7 56
20	1:51:10	29 36 52	15 49	24 51	17 3	23 28	12 1	2 21	12 15	13 11	8 6	7 52
21	1:55: 6	0Ta35 25	27 40	26 55	18 17	23 40	11 54	2 17	12 17	13 11	8 7	7 49
22	1:59: 2	1 33 56	9Pi28	29 0	19 31	23 51	11 47	2 13	12 20	13 10	8 7	7 46
23	2: 2:59	2 32 25	21 17	1Ta 7	20 44	24 1	11 40	2 9	12 22	13 10	8 8	7 43
24	2: 6:56	3 30 52	3Ar10	3 14	21 58	24 10	11 33	2 6	12 25	13 10D	8 9	7 40
25	2:10:52	4 29 18	15 11	5 22	23 11	24 19	11 27	2 2	12 27	13 10	8 9	7 37
26	2:14:49	5 27 41	27 22	7 31	24 25	24 28	11 20	1 59	12 29	13 11	8 10	7 33
27	2:18:45	6 26 4	9Ta45	9 40	25 39	24 36	11 14	1 55	12 32	13 11	8 11	7 30
28	2:22:42	7 24 24	22 22	11 49	26 52	24 43	11 7	1 52	12 34	13 11	8 12	7 27
29	2:26:38	8 22 43	5Ge12	13 57	28 6	24 49	11 1	1 49	12 36	13 11	8 13	7 24
30	2:30:35	9 20 59	18 16	16 6	29 19	24 55	10 55	1 45	12 39	13 11	8 13	7 21

4/20 Sun in Tau. 21:29   4/5 1st Qt. 5:46   4/11 Full 20:44   4/19 3rd Qt. 0:54   4/27 New 5:04

Day	Sid. T.	Sun	Moon	Merc.	Venus	Mars	Jup.	Saturn	Uranus	Nept.	Pluto	N.Node
1	2:34:31	10Ta19 14	1Cn34	18Ta13	0Ge33	25Sg 0	10Li49R	1Li42R	12Pi41	13Le11	8Cn14	7Li17
2	2:38:28	11 17 27	15 4	20 19	1 46	25 5	10 43	1 39	12 43	13 11	8 15	7 14
3	2:42:24	12 15 37	28 48	22 24	2 59	25 8	10 37	1 36	12 45	13 12	8 16	7 11
4	2:46:21	13 13 46	12Le43	24 27	4 13	25 11	10 32	1 33	12 47	13 12	8 17	7 8
5	2:50:17	14 11 53	26 51	26 28	5 26	25 14	10 26	1 30	12 49	13 12	8 18	7 5
6	2:54:14	15 9 57	11Vi 8	28 27	6 39	25 15	10 21	1 28	12 51	13 13	8 19	7 2
7	2:58:11	16 8 0	25 33	0Ge24	7 52	25 16	10 16	1 25	12 53	13 13	8 20	6 58
8	3: 2: 7	17 6 1	10Li 4	2 18	9 6	25 17R	10 11	1 22	12 55	13 14	8 21	6 55
9	3: 6: 4	18 3 59	24 34	4 8	10 19	25 16	10 6	1 20	12 57	13 14	8 22	6 52
10	3:10: 0	19 1 57	9Sc 0	5 56	11 32	25 15	10 1	1 18	12 59	13 15	8 23	6 49
11	3:13:57	19 59 52	23 14	7 41	12 45	25 13	9 57	1 15	13 1	13 15	8 24	6 46
12	3:17:53	20 57 47	7Sg13	9 23	13 58	25 10	9 52	1 13	13 2	13 16	8 25	6 43
13	3:21:50	21 55 39	20 52	11 1	15 11	25 7	9 48	1 11	13 4	13 16	8 26	6 39
14	3:25:47	22 53 31	4Cp 9	12 35	16 24	25 2	9 44	1 9	13 6	13 17	8 27	6 36
15	3:29:43	23 51 21	17 3	14 7	17 37	24 57	9 40	1 7	13 8	13 18	8 28	6 33
16	3:33:40	24 49 10	29 36	15 34	18 50	24 51	9 36	1 5	13 9	13 18	8 30	6 30
17	3:37:36	25 46 57	11Aq51	16 58	20 3	24 45	9 33	1 3	13 11	13 19	8 31	6 27
18	3:41:33	26 44 44	23 53	18 19	21 16	24 37	9 30	1 2	13 12	13 20	8 32	6 23
19	3:45:29	27 42 29	5Pi45	19 36	22 28	24 29	9 26	1 0	13 14	13 21	8 33	6 20
20	3:49:26	28 40 13	17 34	20 49	23 41	24 20	9 23	0 59	13 15	13 21	8 34	6 17
21	3:53:22	29 37 56	29 24	21 58	24 54	24 11	9 20	0 57	13 16	13 22	8 35	6 14
22	3:57:19	0Ge35 38	11Ar21	23 3	26 7	24 1	9 18	0 56	13 18	13 23	8 37	6 11
23	4: 1:16	1 33 19	23 28	24 4	27 19	23 49	9 15	0 55	13 19	13 24	8 38	6 8
24	4: 5:12	2 30 59	5Ta49	25 2	28 32	23 38	9 13	0 54	13 20	13 25	8 39	6 4
25	4: 9: 9	3 28 38	18 27	25 55	29 45	23 25	9 10	0 53	13 22	13 26	8 40	6 1
26	4:13: 5	4 26 15	1Ge22	26 44	0Cn57	23 12	9 8	0 52	13 23	13 27	8 42	5 58
27	4:17: 2	5 23 52	14 35	27 29	2 10	22 59	9 7	0 51	13 24	13 28	8 43	5 55
28	4:20:58	6 21 27	28 3	28 10	3 22	22 44	9 5	0 51	13 25	13 29	8 44	5 52
29	4:24:55	7 19 1	11Cn44	28 46	4 35	22 29	9 3	0 50	13 26	13 30	8 45	5 49
30	4:28:51	8 16 34	25 36	29 18	5 47	22 14	9 2	0 50	13 27	13 31	8 47	5 45
31	4:32:48	9 14 6	9Le35	29 45	7 0	21 58	9 1	0 49	13 28	13 32	8 48	5 42

5/21 Sun in Gem. 21:11   5/4 1st Qt. 12:56   5/11 Full 6:06   5/18 3rd Qt. 18:17   5/26 New 18:04

Day	Sid. T.	Sun	Moon	Merc.	Venus	Mars	Jup.	Saturn	Uranus	Nept.	Pluto	N.Node
1	4:36:45	10Ge11 36	23Le39	0Cn 8	8Cn12	21Sg41R	9Li 0R	0Li49R	13Pi29	13Le34	8Cn49	5Li39
2	4:40:41	11 9 4	7Vi46	0 26	9 24	21 24	8 59	0 49	13 29	13 35	8 51	5 36
3	4:44:38	12 6 32	21 54	0 40	10 37	21 7	8 59	0 49	13 30	13 36	8 52	5 33
4	4:48:34	13 3 58	6Li 3	0 48	11 49	20 49	8 58	0 49D	13 31	13 37	8 54	5 29
5	4:52:31	14 1 23	20 11	0 53	13 1	20 30	8 58	0 49	13 32	13 39	8 55	5 26
6	4:56:27	14 58 47	4Sc16	0 53R	14 13	20 12	8 58D	0 49	13 32	13 40	8 56	5 23
7	5: 0:24	15 56 10	18 16	0 48	15 25	19 53	8 58	0 49	13 33	13 41	8 58	5 20
8	5: 4:20	16 53 31	2Sg 7	0 39	16 37	19 34	8 58	0 50	13 33	13 43	8 59	5 17
9	5: 8:17	17 50 52	15 47	0 26	17 49	19 15	8 59	0 50	13 34	13 44	9 1	5 14
10	5:12:14	18 48 13	29 10	0 8	19 1	18 55	9 0	0 51	13 34	13 45	9 2	5 10
11	5:16:10	19 45 32	12Cp16	29Ge48	20 13	18 36	9 1	0 52	13 35	13 47	9 3	5 7
12	5:20: 7	20 42 51	25 4	29 23	21 25	18 16	9 2	0 53	13 35	13 48	9 5	5 4
13	5:24: 3	21 40 9	7Aq33	28 56	22 37	17 56	9 3	0 54	13 35	13 50	9 6	5 1
14	5:28: 0	22 37 27	19 46	28 27	23 48	17 36	9 4	0 55	13 35	13 51	9 8	4 58
15	5:31:56	23 34 44	1Pi47	27 55	25 0	17 17	9 6	0 56	13 36	13 53	9 9	4 54
16	5:35:53	24 32 1	13 39	27 22	26 12	16 57	9 7	0 57	13 36	13 54	9 11	4 51
17	5:39:50	25 29 18	25 28	26 49	27 23	16 38	9 9	0 58	13 36	13 56	9 12	4 48
18	5:43:46	26 26 34	7Ar19	26 14	28 35	16 19	9 11	1 0	13 36	13 58	9 14	4 45
19	5:47:43	27 23 50	19 17	25 40	29 46	16 0	9 14	1 1	13 36R	13 59	9 15	4 42
20	5:51:39	28 21 6	1Ta28	25 7	0Le58	15 41	9 16	1 3	13 36	14 1	9 17	4 39
21	5:55:36	29 18 22	13 55	24 35	2 9	15 23	9 19	1 5	13 36	14 3	9 18	4 35
22	5:59:32	0Cn15 38	26 43	24 6	3 21	15 5	9 22	1 7	13 35	14 4	9 19	4 32
23	6: 3:29	1 12 53	9Ge53	23 38	4 32	14 47	9 25	1 9	13 35	14 6	9 21	4 29
24	6: 7:25	2 10 8	23 25	23 14	5 43	14 30	9 28	1 11	13 35	14 8	9 22	4 26
25	6:11:22	3 7 23	7Cn17	22 53	6 55	14 13	9 31	1 13	13 35	14 10	9 24	4 23
26	6:15:18	4 4 38	21 24	22 35	8 6	13 57	9 34	1 15	13 34	14 11	9 25	4 20
27	6:19:15	5 1 52	5Le41	22 22	9 17	13 42	9 38	1 17	13 34	14 13	9 27	4 16
28	6:23:12	5 59 6	20 3	22 13	10 28	13 27	9 42	1 20	13 34	14 15	9 28	4 13
29	6:27: 8	6 56 19	4Vi25	22 8	11 39	13 12	9 46	1 22	13 33	14 17	9 30	4 10
30	6:31: 5	7 53 32	18 43	22 8D	12 50	12 59	9 50	1 25	13 33	14 19	9 32	4 7

6/22 Sun in Can. 5:27   6/2 1st Qt. 18:10   6/9 Full 15:58   6/17 3rd Qt. 12:03   6/25 New 4:20

JULY 1922

Day	Sid. T.	Sun	Moon	Merc.	Venus	Mars	Jup.	Saturn	Uranus	Nept.	Pluto	N.Node
1	6:35: 1	8Cn50 44	2Li54	22Ge13	14Le 1	12Sg46R	9Li54	1Li28	13Pi32R	14Le21	9Cn33	4Li 4
2	6:38:58	9 47 56	16 57	22 23	15 11	12 34	9 58	1 30	13 31	14 22	9 35	4 0
3	6:42:54	10 45 8	0Sc52	22 38	16 22	12 22	10 3	1 33	13 31	14 24	9 36	3 57
4	6:46:51	11 42 19	14 38	22 58	17 33	12 11	10 8	1 36	13 30	14 26	9 38	3 54
5	6:50:47	12 39 31	28 16	23 22	18 43	12 1	10 13	1 39	13 29	14 28	9 39	3 51
6	6:54:44	13 36 42	11Sg43	23 52	19 54	11 52	10 18	1 42	13 28	14 30	9 41	3 48
7	6:58:41	14 33 53	24 47	24 21	21 4	11 44	10 23	1 46	13 28	14 32	9 42	3 45
8	7: 2:37	15 31 4	8Cp 1	25 7	22 15	11 36	10 28	1 49	13 27	14 34	9 44	3 41
9	7: 6:34	16 28 15	20 50	25 51	23 25	11 30	10 34	1 52	13 26	14 36	9 45	3 38
10	7:10:30	17 25 26	3Aq24	26 41	24 35	11 24	10 39	1 56	13 25	14 38	9 47	3 35
11	7:14:27	18 22 38	15 44	27 35	25 45	11 19	10 45	2 0	13 24	14 40	9 48	3 32
12	7:18:23	19 19 49	27 52	28 34	26 55	11 14	10 51	2 3	13 23	14 42	9 50	3 29
13	7:22:20	20 17 2	9Pi49	29 38	28 5	11 11	10 57	2 7	13 22	14 44	9 51	3 26
14	7:26:17	21 14 14	21 39	0Cn46	29 15	11 8	11 3	2 11	13 20	14 46	9 53	3 22
15	7:30:13	22 11 28	3Ar27	1 59	0Vi25	11 7	11 10	2 15	13 19	14 48	9 54	3 19
16	7:34:10	23 8 41	15 17	3 16	1 35	11 6	11 16	2 19	13 18	14 50	9 55	3 16
17	7:38: 6	24 5 56	27 15	4 38	2 44	11 6D	11 23	2 23	13 17	14 53	9 57	3 13
18	7:42: 3	25 3 11	9Ta26	6 4	3 54	11 7	11 29	2 27	13 15	14 55	9 58	3 10
19	7:46: 0	26 0 27	21 55	7 34	5 4	11 11	11 36	2 31	13 14	14 57	10 0	3 6
20	7:49:56	26 57 44	4Ge47	9 8	6 13	11 11	11 43	2 35	13 13	14 59	10 1	3 3
21	7:53:53	27 55 2	18 4	10 44	7 22	11 14	11 50	2 40	13 11	15 1	10 3	3 0
22	7:57:49	28 52 20	1Cn46	12 28	8 32	11 18	11 58	2 44	13 10	15 3	10 4	2 57
23	8: 1:46	29 49 39	15 53	14 13	9 41	11 23	12 5	2 49	13 8	15 5	10 6	2 54
24	8: 5:42	0Le46 59	0Le20	16 2	10 50	11 29	12 13	2 54	13 7	15 7	10 7	2 51
25	8: 9:39	1 44 19	15 1	17 54	11 59	11 35	12 20	2 58	13 5	15 10	10 9	2 47
26	8:13:35	2 41 40	29 47	19 49	13 8	11 42	12 28	3 3	13 3	15 12	10 10	2 44
27	8:17:32	3 39 1	14Vi31	21 46	14 16	11 50	12 36	3 8	13 2	15 14	10 11	2 41
28	8:21:28	4 36 23	29 8	23 45	15 25	11 59	12 44	3 13	13 0	15 16	10 13	2 38
29	8:25:25	5 33 45	13Li32	25 46	16 34	12 9	12 52	3 18	12 58	15 18	10 14	2 35
30	8:29:22	6 31 8	27 41	27 49	17 42	12 19	13 0	3 23	12 57	15 21	10 16	2 32
31	8:33:18	7 28 32	11Sc34	29 53	18 50	12 30	13 9	3 28	12 55	15 23	10 17	2 28

7/23 Sun in Leo 16:20   7/1 1st Qt. 22:52   7/9 Full 3:07   7/17 3rd Qt. 5:11   7/24 New 12:47   7/31 1st Qt. 4:22

AUGUST 1922

Day	Sid. T.	Sun	Moon	Merc.	Venus	Mars	Jup.	Saturn	Uranus	Nept.	Pluto	N.Node
1	8:37:15	8Le25 56	25Sc11	1Le57	19Vi59	12Sg42	13Li17	3Li33	12Pi53R	15Le25	10Cn18	2Li25
2	8:41:11	9 23 20	8Sg34	4 2	21 7	12 55	13 26	3 38	12 51	15 27	10 20	2 22
3	8:45: 8	10 20 46	21 42	6 8	22 15	13 8	13 34	3 44	12 49	15 29	10 21	2 19
4	8:49: 4	11 18 12	4Cp37	8 13	23 22	13 22	13 43	3 49	12 47	15 32	10 22	2 16
5	8:53: 1	12 15 39	17 20	10 18	24 30	13 37	13 52	3 54	12 45	15 34	10 24	2 12
6	8:56:57	13 13 7	29 50	12 22	25 38	13 52	14 1	4 0	12 43	15 36	10 25	2 9
7	9: 0:54	14 10 35	12Aq 9	14 26	26 45	14 8	14 10	4 5	12 41	15 38	10 26	2 6
8	9: 4:51	15 8 5	24 18	16 28	27 53	14 24	14 20	4 11	12 39	15 41	10 27	2 3
9	9: 8:47	16 5 36	6Pi17	18 30	29 0	14 42	14 29	4 17	12 37	15 43	10 29	2 0
10	9:12:44	17 3 8	18 9	20 31	0Li 7	14 59	14 38	4 23	12 35	15 45	10 30	1 57
11	9:16:40	18 0 41	29 57	22 30	1 14	15 18	14 48	4 28	12 33	15 47	10 31	1 53
12	9:20:37	18 58 16	11Ar44	24 28	2 20	15 37	14 57	4 34	12 31	15 49	10 32	1 50
13	9:24:33	19 55 52	23 34	26 25	3 27	15 57	15 7	4 40	12 29	15 52	10 34	1 47
14	9:28:30	20 53 29	5Ta32	28 20	4 34	16 17	15 17	4 46	12 27	15 54	10 35	1 44
15	9:32:26	21 51 8	17 42	0Vi14	5 40	16 37	15 27	4 52	12 25	15 56	10 36	1 41
16	9:36:23	22 48 49	0Ge 9	2 7	6 46	16 59	15 37	4 58	12 22	15 58	10 37	1 38
17	9:40:19	23 46 31	12 59	3 58	7 52	17 21	15 47	5 4	12 20	16 1	10 38	1 34
18	9:44:16	24 44 15	26 14	5 47	8 58	17 43	15 57	5 10	12 18	16 3	10 40	1 31
19	9:48:12	25 42 0	9Cn57	7 36	10 4	18 6	16 7	5 17	12 16	16 5	10 41	1 28
20	9:52: 9	26 39 47	24 9	9 23	11 9	18 29	16 18	5 23	12 13	16 7	10 42	1 25
21	9:56: 6	27 37 36	8Le42	11 8	12 14	18 53	16 28	5 29	12 11	16 9	10 43	1 22
22	10: 0: 2	28 35 26	23 35	12 52	13 20	19 17	16 39	5 36	12 9	16 12	10 44	1 18
23	10: 3:59	29 33 17	8Vi38	14 35	14 25	19 42	16 49	5 42	12 6	16 14	10 45	1 15
24	10: 7:55	0Vi31 10	23 42	16 16	15 29	20 8	17 0	5 48	12 4	16 16	10 46	1 12
25	10:11:52	1 29 4	8Li39	17 56	16 34	20 33	17 11	5 55	12 2	16 18	10 47	1 9
26	10:15:48	2 27 0	23 21	19 35	17 38	21 0	17 22	6 2	11 59	16 20	10 48	1 6
27	10:19:45	3 24 57	7Sc44	21 12	18 42	21 26	17 32	6 8	11 57	16 22	10 49	1 3
28	10:23:41	4 22 55	21 45	22 48	19 46	21 53	17 43	6 15	11 55	16 24	10 50	0 59
29	10:27:38	5 20 55	5Sg24	24 23	20 50	22 21	17 54	6 21	11 52	16 27	10 51	0 56
30	10:31:34	6 18 55	18 41	25 56	21 53	22 49	18 6	6 28	11 50	16 29	10 52	0 53
31	10:35:31	7 16 57	1Cp40	27 28	22 57	23 17	18 17	6 35	11 48	16 31	10 53	0 50

8/23 Sun in Vir. 23:05   8/7 Full 16:19   8/15 3rd Qt. 20:46   8/22 New 20:34   8/29 1st Qt. 11:55

Day	Sid. T.	Sun	Moon	Merc.	Venus	Mars	Jup.	Saturn	Uranus	Nept.	Pluto	N.Node
1	10:39:28	8Vi15 1	14Cp22	28Vi59	24Li 0	23Sg46	18Li28	6Li42	11Pi45R	16Le33	10Cn54	0Li47
2	10:43:24	9 13 6	26 49	0Li28	25 2	24 15	18 39	6 48•	11 43	16 35	10 55	0 43
3	10:47:21	10 11 13	9Aq 4	1 56	26 5	24 44	18 51	6 55	11 40	16 37	10 56	0 40
4	10:51:17	11 9 21	21 10	3 23	27 7	25 14	19 2	7 2	11 38	16 39	10 57	0 37
5	10:55:14	12 7 30	3Pi 8	4 49	28 9	25 44	19 14	7 9	11 36	16 41	10 57	0 34
6	10:59:10	13 5 41	15 0	6 13	29 10	26 15	19 25	7 16	11 33	16 43	10 58	0 31
7	11: 3: 7	14 3 54	26 49	7 36	0Sc12	26 46	19 37	7 23	11 31	16 45	10 59	0 28
8	11: 7: 4	15 2 9	8Ar36	8 57	1 13	27 17	19 49	7 30	11 28	16 47	11 0	0 24
9	11:11: 0	16 0 26	20 24	10 17	2 13	27 49	20 1	7 37	11 26	16 49	11 1	0 21
10	11:14:57	16 58 45	2Ta17	11 35	3 14	28 21	20 12	7 44	11 24	16 51	11 2	0 18
11	11:18:53	17 57 5	14 17	12 52	4 14	28 53	20 24	7 51	11 21	16 53	11 2	0 15
12	11:22:50	18 55 28	26 29	14 8	5 14	29 25	20 36	7 58	11 19	16 55	11 3	0 12
13	11:26:46	19 53 53	8Ge56	15 21	6 13	29 58	20 48	8 5	11 16	16 57	11 3	0 9
14	11:30:43	20 52 20	21 42	16 33	7 12	0Cp31	21 0	8 13	11 14	16 59	11 4	0 5
15	11:34:39	21 50 50	4Cn52	17 43	8 11	1 5	21 12	8 20	11 12	17 1	11 4	0 2
16	11:38:36	22 49 21	18 27	18 51	9 9	1 38	21 24	8 27	11 9	17 3	11 5	29Vi59
17	11:42:33	23 47 55	2Le29	19 58	10 7	2 12	21 37	8 34	11 7	17 5	11 6	29 56
18	11:46:29	24 46 31	16 57	21 2	11 4	2 47	21 49	8 41	11 5	17 7	11 6	29 53
19	11:50:26	25 45 8	1Vi47	22 3	12 1	3 21	22 1	8 49	11 2	17 8	11 7	29 49
20	11:54:22	26 43 48	16 52	23 2	12 58	3 56	22 13	8 56	11 0	17 10	11 8	29 46
21	11:58:19	27 42 30	2Li 5	23 59	13 54	4 31	22 26	9 3	10 58	17 12	11 8	29 43
22	12: 2:15	28 41 14	17 14	24 53	14 49	5 6	22 38	9 10	10 56	17 14	11 8	29 40
23	12: 6:12	29 40 0	2Sc12	25 43	15 44	5 42	22 51	9 18	10 53	17 16	11 9	29 37
24	12:10: 8	0Li38 47	16 50	26 30	16 39	6 18	23 3	9 25	10 51	17 17	11 9	29 34
25	12:14: 5	1 37 37	1Sg 4	27 14	17 33	6 54	23 16	9 32	10 49	17 19	11 10	29 30
26	12:18: 2	2 36 28	14 51	27 54	18 26	7 30	23 28	9 40	10 47	17 21	11 10	29 27
27	12:21:58	3 35 21	28 13	28 29	19 19	8 6	23 41	9 47	10 45	17 22	11 11	29 24
28	12:25:55	4 34 15	11Cp11	29 0	20 12	8 43	23 54	9 55	10 43	17 24	11 11	29 21
29	12:29:51	5 33 12	23 47	29 26	21 3	9 20	24 6	10 2	10 40	17 26	11 11	29 18
30	12:33:48	6 32 10	6Aq 7	29 47	21 54	9 57	24 19	10 9	10 38	17 27	11 12	29 15

9/23 Sun in Lib. 20:10 9/6 Full 7:47 9/14 3rd Qt. 10:20 9/21 New 4:38(E) 9/27 1st Qt. 22:40

Day	Sid. T.	Sun	Moon	Merc.	Venus	Mars	Jup.	Saturn	Uranus	Nept.	Pluto	N.Node
1	12:37:44	7Li31 10	18Aq13	0Sc 1	22Sc44	10Cp34	24Li32	10Li17	10Pi36R	17Le29	11Cn12	29Vi11
2	12:41:41	8 30 11	0Pi10	0 10	23 34	11 12	24 44	10 24	10 34	17 30	11 12	29 8
3	12:45:37	9 29 15	12 1	0 12R	24 23	11 50	24 57	10 31	10 32	17 32	11 12	29 2
4	12:49:34	10 28 20	23 48	0 6	25 11	12 28	25 10	10 39	10 30	17 34	11 13	29 2
5	12:53:31	11 27 27	5Ar36	29Li54	25 58	13 6	25 23	10 46	10 28	17 35	11 13	28 59
6	12:57:27	12 26 37	17 26	29 33	26 44	13 44	25 36	10 54	10 26	17 36	11 13	28 55
7	13: 1:24	13 25 48	29 20	29 4	27 30	14 22	25 49	11 1	10 24	17 38	11 13	28 52
8	13: 5:20	14 25 2	11Ta20	28 28	28 15	15 1	26 1	11 8	10 23	17 39	11 13	28 49
9	13: 9:17	15 24 17	23 29	27 43	28 58	15 40	26 14	11 16	10 21	17 41	11 13	28 46
10	13:13:13	16 23 35	5Ge48	26 51	29 41	16 19	26 27	11 23	10 19	17 42	11 13	28 43
11	13:17:10	17 22 56	18 21	25 52	0Sg23	16 58	26 40	11 30	10 17	17 43	11 13	28 40
12	13:21: 7	18 22 18	1Cn 9	24 48	1 4	17 37	26 53	11 38	10 15	17 45	11 13R	28 36
13	13:25: 3	19 21 43	14 15	23 39	1 43	18 17	27 6	11 45	10 14	17 46	11 13	28 33
14	13:29: 0	20 21 10	27 42	22 26	2 22	18 56	27 19	11 53	10 12	17 47	11 13	28 30
15	13:32:56	21 20 40	11Le32	21 13	2 59	19 36	27 32	12 0	10 10	17 48	11 13	28 27
16	13:36:53	22 20 12	25 45	20 1	3 35	20 16	27 45	12 7	10 9	17 50	11 13	28 24
17	13:40:49	23 19 46	10Vi19	18 53	4 10	20 56	27 58	12 14	10 7	17 51	11 13	28 21
18	13:44:46	24 19 22	25 10	17 49	4 43	21 36	28 11	12 22	10 6	17 52	11 13	28 17
19	13:48:42	25 19 1	10Li14	16 53	5 15	22 16	28 24	12 29	10 4	17 53	11 13	28 14
20	13:52:39	26 18 41	25 20	16 5	5 46	22 57	28 38	12 36	10 3	17 54	11 12	28 11
21	13:56:35	27 18 24	10Sc20	15 27	6 15	23 37	28 51	12 44	10 1	17 55	11 12	28 8
22	14: 0:32	28 18 9	25 6	15 0	6 43	24 18	29 4	12 51	10 0	17 56	11 12	28 5
23	14: 4:28	29 17 55	9Sg30	14 44	7 9	24 59	29 17	12 58	9 59	17 57	11 12	28 1
24	14: 8:25	0Sc17 43	23 27	14 40D	7 33	25 40	29 30	13 5	9 57	17 58	11 11	27 58
25	14:12:21	1 17 33	6Cp56	14 47	7 56	26 21	29 43	13 12	9 56	17 59	11 11	27 55
26	14:16:18	2 17 25	19 58	15 4	8 16	27 2	29 56	13 19	9 55	18 0	11 11	27 52
27	14:20:15	3 17 18	2Aq36	15 32	8 35	27 43	0Sc 9	13 27	9 54	18 1	11 10	27 49
28	14:24:11	4 17 13	14 54	16 9	8 52	28 25	0 22	13 34	9 53	18 1	11 10	27 46
29	14:28: 8	5 17 10	26 58	16 54	9 7	29 6	0 35	13 41	9 52	18 2	11 10	27 42
30	14:32: 4	6 17 8	8Pi51	17 47	9 19	29 48	0 48	13 48	9 51	18 3	11 9	27 39
31	14:36: 1	7 17 8	20 38	18 47	9 30	0Aq30	1 1	13 55	9 50	18 4	11 9	27 36

10/24 Sun in Sco. 4:53 10/6 Full 0:58 10/13 3rd Qt. 21:56 10/20 New 13:40 10/27 1st Qt. 13:26

NOVEMBER 1922

Day	Sid. T.	Sun	Moon	Merc.	Venus	Mars	Jup.	Saturn	Uranus	Nept.	Pluto	N.Node
1	14:39:57	8Sc17 9	2Ar25	19Li52	9Sg38	1Aq11	1Sc14	14Li 2	9Pi49R	18Le 4	11Cn 9R	27Vi33
2	14:43:54	9 17 13	14 15	21 3	9 45	1 53	1 27	14 9	9 48	18 5	11 8	27 30
3	14:47:50	10 17 18	26 10	22 18	9 48	2 35	1 40	14 16	9 47	18 6	11 8	27 27
4	14:51:47	11 17 24	8Ta13	23 37	9 50	3 17	1 53	14 22	9 46	18 6	11 7	27 23
5	14:55:44	12 17 33	20 26	24 59	9 49R	4 0	2 6	14 29	9 46	18 7	11 7	27 20
6	14:59:40	13 17 44	2Ge49	26 24	9 46	4 42	2 19	14 36	9 45	18 7	11 6	27 17
7	15: 3:37	14 17 56	15 24	27 51	9 40	5 24	2 32	14 43	9 44	18 8	11 5	27 14
8	15: 7:33	15 18 10	28 11	29 20	9 32	6 7	2 45	14 50	9 44	18 8	11 5	27 11
9	15:11:30	16 18 27	11Cn10	0Sc51	9 21	6 49	2 58	14 56	9 43	18 9	11 4	27 7
10	15:15:26	17 18 45	24 22	2 23	9 9	7 32	3 11	15 3	9 43	18 9	11 3	27 4
11	15:19:23	18 19 5	7Le49	3 56	8 53	8 14	3 24	15 9	9 42	18 9	11 3	27 1
12	15:23:19	19 19 27	21 32	5 29	8 35	8 57	3 37	15 16	9 42	18 10	11 2	26 58
13	15:27:16	20 19 51	5Vi30	7 3	8 15	9 40	3 50	15 23	9 41	18 10	11 1	26 55
14	15:31:13	21 20 17	19 45	8 38	7 53	10 23	4 3	15 29	9 41	18 10	11 1	26 52
15	15:35: 9	22 20 45	4Li14	10 13	7 29	11 6	4 15	15 35	9 41	18 10	11 0	26 48
16	15:39: 6	23 21 15	18 55	11 48	7 2	11 49	4 28	15 42	9 41	18 11	10 59	26 45
17	15:43: 2	24 21 47	3Sc43	13 24	6 34	12 32	4 41	15 48	9 41	18 11	10 58	26 42
18	15:46:59	25 22 20	18 29	14 59	6 4	13 15	4 54	15 54	9 40	18 11	10 58	26 39
19	15:50:55	26 22 55	3Sg 6	16 35	5 33	13 58	5 6	16 1	9 40	18 11	10 57	26 36
20	15:54:52	27 23 31	17 27	18 10	5 0	14 41	5 19	16 7	9 40D	18 11	10 56	26 32
21	15:58:48	28 24 9	1Cp25	19 46	4 26	15 24	5 32	16 13	9 41	18 11R	10 55	26 29
22	16: 2:45	29 24 48	14 58	21 21	3 51	16 8	5 44	16 19	9 41	18 11	10 54	26 26
23	16: 6:41	0Sg25 28	28 4	22 56	3 15	16 51	5 57	16 25	9 41	18 11	10 53	26 23
24	16:10:38	1 26 9	10Aq46	24 31	2 39	17 34	6 9	16 31	9 41	18 11	10 52	26 20
25	16:14:35	2 26 52	23 6	26 6	2 2	18 18	6 22	16 37	9 41	18 11	10 52	26 17
26	16:18:31	3 27 35	5Pi10	27 41	1 26	19 1	6 34	16 43	9 42	18 11	10 51	26 13
27	16:22:28	4 28 20	17 4	29 16	0 50	19 45	6 46	16 48	9 42	18 10	10 50	26 10
28	16:26:24	5 29 5	28 51	0Sg51	0 14	20 29	6 59	16 54	9 42	18 10	10 49	26 7
29	16:30:21	6 29 51	10Ar39	2 26	29Sc40	21 12	7 11	17 0	9 43	18 10	10 48	26 4
30	16:34:18	7 30 39	22 31	4 0	29 6	21 56	7 23	17 5	9 43	18 10	10 47	26 1

11/23 Sun in Sag. 1:56   11/4 Full 18:37   11/12 3rd Qt. 7:53   11/19 New 0:06   11/26 1st Qt. 8:15

DECEMBER 1922

Day	Sid. T.	Sun	Moon	Merc.	Venus	Mars	Jup.	Saturn	Uranus	Nept.	Pluto	N.Node
1	16:38:14	8Sg31 27	4Ta32	5Sg34	28Sc33R	22Aq39	7Sc35	17Li11	9Pi44	18Le 9R	10Cn46R	25Vi58
2	16:42:11	9 32 17	16 44	7 9	28 2	23 23	7 47	17 16	9 45	18 9	10 45	25 54
3	16:46: 7	10 33 8	29 11	8 43	27 33	24 7	7 59	17 22	9 45	18 8	10 44	25 51
4	16:50: 4	11 33 59	11Ge52	10 17	27 5	24 51	8 11	17 27	9 46	18 8	10 43	25 48
5	16:54: 0	12 34 52	24 47	11 52	26 39	25 35	8 23	17 32	9 47	18 8	10 42	25 45
6	16:57:57	13 35 46	7Cn56	13 26	26 16	26 18	8 35	17 37	9 48	18 7	10 40	25 42
7	17: 1:53	14 36 41	21 16	15 0	25 54	27 2	8 47	17 43	9 48	18 7	10 39	25 38
8	17: 5:50	15 37 37	4Le47	16 34	25 35	27 46	8 59	17 48	9 49	18 6	10 38	25 35
9	17: 9:46	16 38 34	18 26	18 9	25 19	28 30	9 10	17 53	9 50	18 5	10 37	25 32
10	17:13:43	17 39 33	2Vi13	19 43	25 4	29 14	9 22	17 57	9 51	18 5	10 36	25 29
11	17:17:40	18 40 32	16 9	21 17	24 53	29 58	9 33	18 2	9 53	18 4	10 35	25 26
12	17:21:36	19 41 33	0Li12	22 52	24 43	0Pi42	9 45	18 7	9 54	18 3	10 34	25 23
13	17:25:33	20 42 35	14 23	24 26	24 36	1 26	9 56	18 12	9 55	18 3	10 33	25 19
14	17:29:29	21 43 37	28 40	26 1	24 32	2 10	10 8	18 16	9 56	18 2	10 31	25 16
15	17:33:26	22 44 41	13Sc 1	27 36	24 30	2 54	10 19	18 21	9 57	18 1	10 30	25 13
16	17:37:22	23 45 46	27 21	29 11	24 31D	3 38	10 30	18 25	9 59	18 0	10 29	25 10
17	17:41:19	24 46 52	11Sg35	0Cp46	24 34	4 22	10 41	18 29	10 0	17 59	10 28	25 7
18	17:45:15	25 47 58	25 37	2 21	24 40	5 6	10 52	18 34	10 1	17 59	10 27	25 4
19	17:49:12	26 49 5	9Cp23	3 56	24 47	5 50	11 3	18 38	10 3	17 58	10 26	25 0
20	17:53: 9	27 50 12	22 49	5 32	24 58	6 34	11 14	18 42	10 4	17 57	10 24	24 57
21	17:57: 5	28 51 20	5Aq52	7 7	25 10	7 19	11 25	18 46	10 6	17 56	10 23	24 54
22	18: 1: 2	29 52 28	18 33	8 43	25 24	8 3	11 36	18 50	10 8	17 55	10 22	24 51
23	18: 4:58	0Cp53 37	0Pi54	10 19	25 41	8 47	11 46	18 54	10 9	17 54	10 21	24 48
24	18: 8:55	1 54 45	12 59	11 54	25 59	9 31	11 57	18 57	10 11	17 53	10 19	24 44
25	18:12:51	2 55 53	24 54	13 30	26 20	10 15	12 7	19 1	10 13	17 52	10 18	24 41
26	18:16:48	3 57 2	6Ar42	15 6	26 42	10 59	12 18	19 5	10 15	17 51	10 17	24 38
27	18:20:45	4 58 10	18 30	16 42	27 6	11 43	12 28	19 8	10 16	17 50	10 16	24 35
28	18:24:41	5 59 19	0Ta24	18 18	27 32	12 27	12 38	19 11	10 18	17 48	10 15	24 32
29	18:28:38	7 0 27	12 27	19 53	28 0	13 11	12 48	19 15	10 20	17 47	10 13	24 29
30	18:32:34	8 1 36	24 46	21 28	28 29	13 56	12 58	19 18	10 22	17 46	10 12	24 25
31	18:36:31	9 2 44	7Ge22	23 3	29 0	14 40	13 8	19 21	10 24	17 45	10 11	24 22

12/22 Sun in Cap. 14:57   12/4 Full 11:23   12/11 3rd Qt. 16:41   12/18 New 12:20(E)   12/26 1st Qt. 5:53

Day	Sid. T.	Sun	Moon	Merc.	Venus	Mars	Jup.	Saturn	Uranus	Nept.	Pluto	N.Node
1	18:40:27	10Cp 3 53	20Ge17	24Cp38	29Sc33	15Pi24	13Sc18	19Li24	10Pi26	17Le44R	10Cn10R	24Vi19
2	18:44:24	11 5 1	3Cn32	26 11	0Sg 7	16 8	13 28	19 27	10 28	17 42	10 8	24 16
3	18:48:21	12 6 9	17 3	27 44	1 19	16 52	13 37	19 30	10 30	17 41	10 7	24 13
4	18:52:17	13 7 18	0Le50	29 16	1 19	17 36	13 47	19 32	10 33	17 40	10 6	24 10
5	18:56:14	14 8 26	14 46	0Aq46	1 57	18 20	13 56	19 35	10 35	17 38	10 5	24 6
6	19: 0:10	15 9 35	28 50	2 15	2 36	19 4	14 5	19 37	10 37	17 37	10 3	24 3
7	19: 4: 7	16 10 43	12Vi57	3 42	3 17	19 48	14 14	19 40	10 39	17 36	10 2	24 0
8	19: 8: 3	17 11 52	27 4	5 6	3 58	20 32	14 23	19 42	10 42	17 34	10 1	23 57
9	19:12: 0	18 13 0	11Li11	6 28	4 41	21 16	14 32	19 44	10 44	17 33	10 0	23 54
10	19:15:56	19 14 9	25 16	7 46	5 25	22 0	14 41	19 46	10 46	17 31	9 58	23 50
11	19:19:53	20 15 18	9Sc19	9 0	6 10	22 44	14 50	19 48	10 49	17 30	9 57	23 47
12	19:23:50	21 16 26	23 18	10 9	6 56	23 28	14 58	19 50	10 51	17 29	9 56	23 44
13	19:27:46	22 17 35	7Sg11	11 13	7 43	24 12	15 7	19 52	10 54	17 27	9 55	23 41
14	19:31:43	23 18 44	20 57	12 11	8 31	24 56	15 15	19 54	10 56	17 26	9 54	23 38
15	19:35:39	24 19 52	4Cp33	13 2	9 19	25 40	15 23	19 55	10 59	17 24	9 52	23 35
16	19:39:36	25 21 0	17 55	13 45	10 9	26 24	15 31	19 57	11 2	17 23	9 51	23 31
17	19:43:32	26 22 7	1Aq 2	14 19	10 59	27 8	15 39	19 58	11 4	17 21	9 50	23 28
18	19:47:29	27 23 14	13 52	14 43	11 50	27 52	15 47	19 59	11 7	17 19	9 49	23 25
19	19:51:25	28 24 20	26 25	14 57	12 42	28 36	15 55	20 1	11 10	17 18	9 48	23 22
20	19:55:22	29 25 25	8Pi42	15 0R	13 35	29 20	16 2	20 2	11 12	17 16	9 46	23 19
21	19:59:19	0Aq26 30	20 46	14 51	14 28	0Ar 4	16 10	20 3	11 15	17 15	9 45	23 16
22	20: 3:15	1 27 33	2Ar39	14 31	15 22	0 47	16 17	20 3	11 18	17 13	9 44	23 12
23	20: 7:11	2 28 36	14 28	13 59	16 16	1 31	16 24	20 4	11 21	17 11	9 43	23 9
24	20:11: 8	3 29 38	26 16	13 16	17 11	2 15	16 31	20 5	11 24	17 10	9 42	23 6
25	20:15: 5	4 30 38	8Ta 9	12 24	18 7	2 59	16 38	20 5	11 27	17 8	9 41	23 3
26	20:19: 1	5 31 38	20 13	11 23	19 3	3 43	16 44	20 6	11 30	17 7	9 40	23 0
27	20:22:58	6 32 36	2Ge31	10 16	20 0	4 26	16 51	20 6	11 32	17 5	9 39	22 56
28	20:26:54	7 33 33	15 10	9 3	20 57	5 10	16 57	20 6	11 35	17 3	9 38	22 53
29	20:30:51	8 34 29	28 10	7 49	21 55	5 54	17 4	20 6	11 38	17 2	9 36	22 50
30	20:34:48	9 35 24	11Cn34	6 34	22 53	6 37	17 10	20 6R	11 41	17 0	9 35	22 47
31	20:38:44	10 36 18	25 21	5 20	23 52	7 21	17 16	20 6	11 44	16 58	9 34	22 44

1/21 Sun in Aqu. 1:35 1/3 Full 2:34 1/10 3rd Qt. 0:55 1/17 New 2:41 1/25 1st Qt. 3:59

Day	Sid. T.	Sun	Moon	Merc.	Venus	Mars	Jup.	Saturn	Uranus	Nept.	Pluto	N.Node
1	20:42:41	11Aq37 11	9Le28	4Aq11R	24Sg51	8Ar 4	17Sc22	20Li 6R	11Pi48	16Le57R	9Cn33R	22Vi41
2	20:46:37	12 38 2	23 50	3 7	25 51	8 48	17 27	20 5	11 51	16 55	9 32	22 37
3	20:50:34	13 38 53	8Vi22	2 10	26 51	9 31	17 33	20 5	11 54	16 53	9 31	22 34
4	20:54:30	14 39 42	22 56	1 20	27 51	10 15	17 38	20 4	11 57	16 52	9 30	22 31
5	20:58:27	15 40 31	7Li28	0 38	28 52	10 58	17 43	20 4	12 0	16 50	9 29	22 28
6	21: 2:24	16 41 18	21 53	0 4	29 54	11 42	17 48	20 3	12 3	16 48	9 28	22 25
7	21: 6:20	17 42 5	6Sc 8	29Cp39	0Cp55	12 25	17 53	20 2	12 6	16 47	9 27	22 21
8	21:10:16	18 42 50	20 11	29 22	1 57	13 9	17 58	20 1	12 10	16 45	9 26	22 18
9	21:14:13	19 43 35	4Sg 1	29 13	2 59	13 52	18 2	20 0	12 13	16 43	9 25	22 15
10	21:18:10	20 44 19	17 38	29 12D	4 2	14 35	18 6	19 59	12 16	16 41	9 25	22 12
11	21:22: 6	21 45 2	1Cp 2	29 18	5 5	15 19	18 11	19 58	12 19	16 40	9 24	22 9
12	21:26: 3	22 45 43	14 13	29 30	6 8	16 2	18 15	19 56	12 23	16 38	9 23	22 6
13	21:29:59	23 46 24	27 10	29 49	7 12	16 45	18 18	19 55	12 26	16 36	9 22	22 2
14	21:33:56	24 47 3	9Aq54	0Aq14	8 16	17 28	18 22	19 53	12 29	16 35	9 21	21 59
15	21:37:52	25 47 40	22 25	0 43	9 20	18 11	18 25	19 51	12 33	16 33	9 20	21 56
16	21:41:49	26 48 16	4Pi44	1 18	10 24	18 55	18 29	19 50	12 36	16 31	9 20	21 53
17	21:45:45	27 48 51	16 52	1 57	11 29	19 38	18 32	19 48	12 39	16 30	9 19	21 50
18	21:49:42	28 49 24	28 51	2 41	12 33	20 21	18 35	19 46	12 43	16 28	9 18	21 47
19	21:53:39	29 49 55	10Ar42	3 28	13 39	21 4	18 37	19 44	12 46	16 26	9 17	21 43
20	21:57:35	0Pi50 24	22 30	4 19	14 44	21 47	18 40	19 42	12 49	16 25	9 17	21 40
21	22: 1:32	1 50 52	4Ta18	5 13	15 49	22 30	18 42	19 39	12 53	16 23	9 16	21 37
22	22: 5:28	2 51 18	16 11	6 10	16 55	23 13	18 45	19 37	12 56	16 22	9 15	21 34
23	22: 9:25	3 51 42	28 13	7 10	18 1	23 56	18 47	19 35	13 0	16 20	9 15	21 31
24	22:13:21	4 52 4	10Ge29	8 12	19 7	24 39	18 48	19 32	13 3	16 18	9 14	21 27
25	22:17:18	5 52 24	23 4	9 17	20 14	25 21	18 50	19 29	13 6	16 17	9 13	21 24
26	22:21:15	6 52 42	6Cn 1	10 24	21 20	26 4	18 52	19 27	13 10	16 15	9 13	21 21
27	22:25:11	7 52 58	19 23	11 33	22 27	26 47	18 53	19 24	13 13	16 14	9 12	21 18
28	22:29: 8	8 53 13	3Le12	12 44	23 34	27 30	18 54	19 21	13 17	16 12	9 12	21 15

2/19 Sun in Pis. 16:00 2/1 Full 15:53 2/8 3rd Qt. 9:16 2/15 New 19:07 2/24 1st Qt. 0:06

MARCH 1923

Day	Sid. T.	Sun	Moon	Merc.	Venus	Mars	Jup.	Saturn	Uranus	Nept.	Pluto	N.Node
1	22:33: 4	9Pi53 25	17Le26	13Aq57	24Cp41	28Ar12	18Sc55	19Li18R	13Pi20	16Le11R	9Cn11R	21Vi12
2	22:37: 1	10 53 35	2Vi 2	15 12	25 48	28 55	18 56	19 15	13 24	16 9	9 11	21 8
3	22:40:57	11 53 43	16 53	16 29	26 55	29 38	18 56	19 12	13 27	16 8	9 10	21 5
4	22:44:54	12 53 50	1Li52	17 47	28 3	0Ta20	18 56	19 9	13 30	16 6	9 10	21 2
5	22:48:50	13 53 55	16 51	19 7	29 10	1 3	18 57	19 5	13 34	16 5	9 9	20 59
6	22:52:47	14 53 58	1Sc41	20 28	0Aq18	1 45	18 56R	19 2	13 37	16 3	9 9	20 56
7	22:56:43	15 54 0	16 16	21 51	1 26	2 28	18 56	18 59	13 41	16 2	9 8	20 53
8	23: 0:40	16 54 0	0Sg32	23 15	2 34	3 10	18 56	18 55	13 44	16 0	9 8	20 49
9	23: 4:36	17 53 58	14 27	24 41	3 42	3 52	18 55	18 51	13 48	15 59	9 7	20 46
10	23: 8:33	18 53 55	28 1	26 7	4 51	4 35	18 54	18 48	13 51	15 58	9 7	20 43
11	23:12:30	19 53 50	11Cp14	27 35	5 59	5 17	18 53	18 44	13 54	15 56	9 7	20 40
12	23:16:26	20 53 44	24 9	29 5	7 8	5 59	18 52	18 40	13 58	15 55	9 7	20 37
13	23:20:23	21 53 36	6Aq48	0Pi36	8 16	6 42	18 51	18 36	14 1	15 54	9 6	20 33
14	23:24:19	22 53 26	19 13	2 8	9 25	7 24	18 49	18 33	14 5	15 52	9 6	20 30
15	23:28:16	23 53 14	1Pi27	3 41	10 34	8 6	18 48	18 29	14 8	15 51	9 6	20 27
16	23:32:12	24 53 0	13 32	5 15	11 43	8 48	18 46	18 25	14 12	15 50	9 6	20 24
17	23:36: 9	25 52 45	25 30	6 51	12 52	9 30	18 44	18 21	14 15	15 49	9 6	20 21
18	23:40: 5	26 52 27	7Ar22	8 28	14 2	10 12	18 41	18 16	14 18	15 48	9 5	20 18
19	23:44: 2	27 52 7	19 11	10 6	15 11	10 54	18 39	18 12	14 22	15 46	9 5	20 14
20	23:47:58	28 51 45	0Ta59	11 46	16 20	11 36	18 36	18 8	14 25	15 45	9 5	20 11
21	23:51:55	29 51 21	12 49	13 26	17 30	12 18	18 33	18 4	14 28	15 44	9 5	20 8
22	23:55:52	0Ar50 55	24 44	15 8	18 40	13 0	18 30	18 0	14 32	15 43	9 5	20 5
23	23:59:48	1 50 27	6Ge46	16 51	19 49	13 42	18 27	17 55	14 35	15 42	9 5	20 2
24	0: 3:45	2 49 56	19 1	18 36	20 59	14 24	18 24	17 51	14 38	15 41	9 5D	19 59
25	0: 7:41	3 49 23	1Cn32	20 22	22 9	15 6	18 20	17 46	14 42	15 40	9 5	19 55
26	0:11:38	4 48 48	14 23	22 9	23 19	15 47	18 17	17 42	14 45	15 39	9 5	19 52
27	0:15:35	5 48 11	27 37	23 57	24 29	16 29	18 13	17 38	14 48	15 38	9 5	19 49
28	0:19:31	6 47 31	11Le18	25 47	25 39	17 11	18 9	17 33	14 51	15 37	9 5	19 46
29	0:23:28	7 46 49	25 26	27 38	26 49	17 53	18 4	17 29	14 55	15 36	9 5	19 43
30	0:27:24	8 46 4	9Vi59	29 31	27 59	18 34	18 0	17 24	14 58	15 35	9 6	19 39
31	0:31:21	9 45 17	24 54	1Ar25	29 9	19 16	17 56	17 19	15 1	15 34	9 6	19 36

3/21 Sun in Ari. 15:29   3/3 Full 3:24(E)   3/9 3rd Qt. 18:31   3/17 New 12:51(E)   3/25 1st Qt. 16:42

APRIL 1923

Day	Sid. T.	Sun	Moon	Merc.	Venus	Mars	Jup.	Saturn	Uranus	Nept.	Pluto	N.Node
1	0:35:17	10Ar44 28	10Li 3	3Ar20	0Pi20	19Ta57	17Sc51R	17Li15R	15Pi 4	15Le34R	9Cn 6	19Vi33
2	0:39:14	11 43 38	25 17	5 16	1 30	20 39	17 46	17 10	15 8	15 33	9 6	19 30
3	0:43:10	12 42 45	10Sc27	7 14	2 41	21 20	17 41	17 6	15 11	15 32	9 6	19 27
4	0:47: 7	13 41 50	25 22	9 13	3 51	22 2	17 36	17 1	15 14	15 31	9 7	19 24
5	0:51: 3	14 40 54	9Sg56	11 14	5 2	22 43	17 31	16 56	15 17	15 31	9 7	19 20
6	0:55: 0	15 39 55	24 4	13 15	6 12	23 24	17 25	16 52	15 20	15 30	9 7	19 17
7	0:58:56	16 38 55	7Cp44	15 18	7 23	24 6	17 20	16 47	15 23	15 29	9 7	19 14
8	1: 2:53	17 37 54	20 58	17 21	8 34	24 47	17 14	16 43	15 26	15 29	9 8	19 11
9	1: 6:50	18 36 50	3Aq49	19 26	9 45	25 28	17 8	16 38	15 29	15 28	9 8	19 8
10	1:10:46	19 35 45	16 19	21 31	10 56	26 9	17 2	16 33	15 32	15 27	9 9	19 5
11	1:14:43	20 34 38	28 34	23 37	12 6	26 50	16 56	16 29	15 35	15 27	9 9	19 1
12	1:18:39	21 33 29	10Pi37	25 43	13 17	27 31	16 50	16 24	15 38	15 26	9 10	18 58
13	1:22:36	22 32 18	22 32	27 49	14 28	28 13	16 44	16 19	15 41	15 26	9 10	18 55
14	1:26:32	23 31 6	4Ar22	29 55	15 39	28 54	16 37	16 15	15 44	15 26	9 10	18 52
15	1:30:29	24 29 51	16 10	2Ta 0	16 51	29 35	16 31	16 10	15 47	15 25	9 11	18 49
16	1:34:25	25 28 35	27 58	4 5	18 2	0Ge16	16 24	16 6	15 50	15 25	9 11	18 45
17	1:38:22	26 27 17	9Ta49	6 9	19 13	0 57	16 17	16 1	15 52	15 24	9 12	18 42
18	1:42:19	27 25 56	21 44	8 11	20 24	1 37	16 11	15 57	15 55	15 24	9 13	18 39
19	1:46:15	28 24 34	3Ge44	10 12	21 35	2 18	16 4	15 52	15 58	15 24	9 13	18 36
20	1:50:12	29 23 10	15 53	12 10	22 47	2 59	15 57	15 48	16 1	15 24	9 14	18 33
21	1:54: 8	0Ta21 43	28 12	14 6	23 58	3 40	15 50	15 43	16 3	15 23	9 14	18 30
22	1:58: 5	1 20 15	10Cn45	16 0	25 9	4 21	15 43	15 39	16 6	15 23	9 15	18 26
23	2: 2: 2	2 18 44	23 34	17 50	26 21	5 1	15 35	15 34	16 9	15 23	9 16	18 23
24	2: 5:58	3 17 11	6Le42	19 37	27 32	5 42	15 28	15 30	16 11	15 23	9 16	18 20
25	2: 9:55	4 15 36	20 13	21 21	28 44	6 23	15 21	15 26	16 14	15 23	9 17	18 17
26	2:13:51	5 13 58	4Vi 8	23 1	29 55	7 3	15 13	15 21	16 16	15 23	9 18	18 14
27	2:17:48	6 12 19	18 29	24 38	1Ar 7	7 44	15 6	15 17	16 19	15 23D	9 19	18 10
28	2:21:44	7 10 37	3Li13	26 10	2 18	8 24	14 59	15 13	16 21	15 23	9 20	18 7
29	2:25:41	8 8 54	18 15	27 38	3 30	9 5	14 51	15 9	16 24	15 23	9 20	18 4
30	2:29:37	9 7 8	3Sc28	29 2	4 41	9 45	14 43	15 5	16 26	15 23	9 21	18 1

4/21 Sun in Tau. 3:06   4/1 Full 13:10   4/8 3rd Qt. 5:23   4/16 New 6:29   4/24 1st Qt. 5:20   4/30 Full 21:30

Day	Sid. T.	Sun	Moon	Merc.	Venus	Mars	Jup.	Saturn	Uranus	Nept.	Pluto	N.Node
1	2:33:34	10Ta 5 21	18Sc41	0Ge22	5Ar53	10Ge26	14Sc36R	15Li 1R	16Pi29	15Le23	9Cn22	17Vi58
2	2:37:30	11 3 32	3Sg45	1 37	7 5	11 6	14 28	14 57	16 31	15 23	9 23	17 55
3	2:41:27	12 1 42	18 29	2 48	8 16	11 47	14 21	14 53	16 33	15 24	9 24	17 51
4	2:45:23	12 59 50	2Cp48	3 54	9 28	12 27	14 13	14 50	16 35	15 24	9 25	17 48
5	2:49:20	13 57 56	16 37	4 56	10 40	13 7	14 5	14 46	16 38	15 24	9 26	17 45
6	2:53:17	14 56 2	29 57	5 52	11 52	13 48	13 58	14 42	16 40	15 24	9 27	17 42
7	2:57:13	15 54 5	12Aq50	6 45	13 4	14 28	13 50	14 38	16 42	15 25	9 27	17 39
8	3: 1:10	16 52 8	25 20	7 32	14 15	15 8	13 42	14 35	16 44	15 25	9 28	17 36
9	3: 5: 6	17 50 9	7Pi32	8 14	15 27	15 48	13 35	14 31	16 46	15 25	9 29	17 32
10	3: 9: 3	18 48 8	19 31	8 52	16 39	16 28	13 27	14 28	16 48	15 26	9 30	17 29
11	3:12:59	19 46 6	1Ar22	9 24	17 51	17 8	13 20	14 25	16 50	15 26	9 32	17 26
12	3:16:56	20 44 3	13 10	9 52	19 3	17 48	13 12	14 21	16 52	15 27	9 33	17 23
13	3:20:52	21 41 59	24 57	10 14	20 15	18 29	13 5	14 18	16 54	15 27	9 34	17 20
14	3:24:49	22 39 53	6Ta48	10 31	21 27	19 9	12 57	14 15	16 56	15 28	9 35	17 16
15	3:28:46	23 37 45	18 44	10 44	22 39	19 49	12 50	14 12	16 58	15 29	9 36	17 13
16	3:32:42	24 35 37	0Ge47	10 51	23 51	20 28	12 42	14 9	16 59	15 29	9 37	17 10
17	3:36:39	25 33 27	12 58	10 54	25 3	21 8	12 35	14 6	17 1	15 30	9 38	17 7
18	3:40:35	26 31 15	25 18	10 51R	26 15	21 48	12 28	14 3	17 3	15 30	9 39	17 4
19	3:44:32	27 29 2	7Cn49	10 45	27 27	22 28	12 21	14 0	17 4	15 31	9 40	17 1
20	3:48:28	28 26 47	20 31	10 33	28 39	23 8	12 13	13 58	17 6	15 32	9 42	16 57
21	3:52:25	29 24 31	3Le26	10 18	29 51	23 48	12 6	13 55	17 8	15 33	9 43	16 54
22	3:56:22	0Ge22 13	16 36	9 58	1Ta 4	24 28	11 59	13 53	17 9	15 34	9 44	16 51
23	4: 0:18	1 19 53	0Vi 3	9 36	2 16	25 7	11 52	13 50	17 11	15 34	9 45	16 48
24	4: 4:14	2 17 32	13 50	9 10	3 28	25 47	11 46	13 48	17 12	15 35	9 46	16 45
25	4: 8:11	3 15 9	27 57	8 41	4 40	26 27	11 39	13 46	17 13	15 36	9 48	16 42
26	4:12: 8	4 12 45	12Li25	8 10	5 52	27 6	11 32	13 44	17 15	15 37	9 49	16 38
27	4:16: 4	5 10 19	27 10	7 38	7 5	27 46	11 26	13 42	17 16	15 38	9 50	16 35
28	4:20: 1	6 7 52	12Sc 6	7 4	8 17	28 26	11 19	13 40	17 17	15 39	9 51	16 32
29	4:23:57	7 5 24	27 7	6 31	9 29	29 5	11 13	13 38	17 19	15 40	9 53	16 29
30	4:27:54	8 2 55	12Sg 2	5 57	10 41	29 45	11 7	13 36	17 20	15 41	9 54	16 26
31	4:31:50	9 0 24	26 43	5 24	11 54	0Cn24	11 1	13 34	17 21	15 42	9 55	16 22

5/22 Sun in Gem. 2:46   5/7 3rd Qt. 18:18   5/15 New 22:38   5/23 1st Qt. 14:25   5/30 Full 5:07

Day	Sid. T.	Sun	Moon	Merc.	Venus	Mars	Jup.	Saturn	Uranus	Nept.	Pluto	N.Node
1	4:35:47	9Ge57 53	11Cp 1	4Ge52R	13Ta 6	1Cn 4	10Sc55R	13Li33R	17Pi22	15Le43	9Cn57	16Vi19
2	4:39:44	10 55 21	24 53	4 22	14 18	1 43	10 49	13 31	17 23	15 44	9 58	16 16
3	4:43:40	11 52 48	8Aq17	3 55	15 31	2 23	10 43	13 30	17 24	15 46	9 59	16 13
4	4:47:37	12 50 14	21 13	3 30	16 43	3 2	10 38	13 29	17 25	15 47	10 1	16 10
5	4:51:33	13 47 39	3Pi46	3 8	17 55	3 41	10 32	13 27	17 26	15 48	10 2	16 7
6	4:55:30	14 45 4	16 0	2 50	19 8	4 21	10 27	13 26	17 27	15 49	10 3	16 3
7	4:59:26	15 42 28	28 0	2 36	20 20	5 0	10 22	13 25	17 27	15 50	10 5	16 0
8	5: 3:23	16 39 51	9Ar51	2 26	21 33	5 39	10 17	13 24	17 28	15 52	10 6	15 57
9	5: 7:19	17 37 14	21 40	2 20	22 45	6 19	10 12	13 24	17 29	15 53	10 8	15 54
10	5:11:16	18 34 37	3Ta29	2 18D	23 58	6 58	10 7	13 23	17 29	15 54	10 9	15 51
11	5:15:12	19 31 59	15 24	2 21	25 10	7 37	10 3	13 22	17 30	15 56	10 11	15 48
12	5:19: 9	20 29 20	27 27	2 28	26 23	8 16	9 58	13 22	17 30	15 57	10 12	15 44
13	5:23: 6	21 26 40	9Ge40	2 40	27 35	8 55	9 54	13 22	17 31	15 59	10 13	15 41
14	5:27: 2	22 24 1	22 4	2 56	28 48	9 35	9 50	13 21	17 31	16 0	10 15	15 38
15	5:30:59	23 21 21	4Cn40	3 17	0Ge 1	10 14	9 46	13 21	17 32	16 2	10 16	15 35
16	5:34:55	24 18 39	17 27	3 43	1 13	10 53	9 42	13 21	17 32	16 3	10 18	15 32
17	5:38:52	25 15 57	0Le26	4 12	2 26	11 32	9 39	13 21D	17 32	16 5	10 19	15 28
18	5:42:49	26 13 14	13 37	4 47	3 39	12 11	9 35	13 21	17 33	16 6	10 21	15 25
19	5:46:45	27 10 31	26 59	5 25	4 51	12 50	9 32	13 21	17 33	16 8	10 22	15 22
20	5:50:42	28 7 46	10Vi33	6 8	6 4	13 29	9 29	13 22	17 33	16 9	10 24	15 19
21	5:54:38	29 5 1	24 20	6 55	7 17	14 8	9 26	13 22	17 33	16 11	10 25	15 16
22	5:58:35	0Cn 2 16	8Li21	7 46	8 29	14 47	9 23	13 22	17 33	16 13	10 27	15 13
23	6: 2:31	0 59 29	22 36	8 41	9 42	15 26	9 21	13 23	17 33R	16 14	10 28	15 9
24	6: 6:28	1 56 42	7Sc 2	9 40	10 55	16 5	9 18	13 24	17 33	16 16	10 30	15 6
25	6:10:24	2 53 55	21 36	10 43	12 8	16 44	9 16	13 25	17 33	16 18	10 31	15 3
26	6:14:21	3 51 6	6Sg14	11 50	13 21	17 23	9 14	13 26	17 33	16 19	10 33	15 0
27	6:18:18	4 48 18	20 47	13 1	14 33	18 2	9 12	13 27	17 33	16 21	10 34	14 57
28	6:22:14	5 45 29	5Cp10	14 15	15 46	18 41	9 11	13 28	17 33	16 23	10 36	14 54
29	6:26:11	6 42 40	19 15	15 34	16 59	19 19	9 9	13 29	17 32	16 25	10 37	14 50
30	6:30: 7	7 39 51	2Aq59	16 55	18 12	19 58	9 8	13 30	17 32	16 26	10 39	14 47

6/22 Sun in Can. 11:03   6/6 3rd Qt. 9:19   6/14 New 12:42   6/21 1st Qt. 20:46   6/28 Full 13:04

JULY 1923

Day	Sid. T.	Sun	Moon	Merc.	Venus	Mars	Jup.	Saturn	Uranus	Nept.	Pluto	N.Node
1	6:34: 4	8Cn37 2	16Aq18	18Ge21	19Ge25	20Cn37	9Sc 7R	13Li32	17Pi32R	16Le28	10Cn40	14Vi44
2	6:38: 0	9 34 13	29 14	19 50	20 38	21 16	9 6	13 33	17 31	16 30	10 42	14 41
3	6:41:57	10 31 24	11Pi47	21 23	21 51	21 55	9 5	13 35	17 31	16 32	10 43	14 38
4	6:45:53	11 28 35	24 2	22 59	23 4	22 33	9 4	13 36	17 30	16 34	10 45	14 34
5	6:49:50	12 25 46	6Ar 4	24 38	24 17	23 12	9 4	13 38	17 30	16 36	10 46	14 31
6	6:53:47	13 22 58	17 57	26 21	25 30	23 51	9 4	13 40	17 29	16 38	10 48	14 28
7	6:57:43	14 20 10	29 48	28 7	26 43	24 29	9 4	13 42	17 28	16 40	10 49	14 25
8	7: 1:39	15 17 23	11Ta40	29 56	27 56	25 8	9 4D	13 44	17 28	16 42	10 51	14 22
9	7: 5:36	16 14 35	23 38	1Cn48	29 9	25 47	9 4	13 46	17 27	16 44	10 52	14 19
10	7: 9:33	17 11 49	5Ge47	3 43	0Cn22	26 25	9 5	13 49	17 26	16 46	10 54	14 15
11	7:13:29	18 9 2	18 9	5 41	1 36	27 4	9 5	13 51	17 25	16 48	10 55	14 12
12	7:17:26	19 6 16	0Cn46	7 41	2 49	27 43	9 6	13 53	17 24	16 50	10 57	14 9
13	7:21:22	20 3 30	13 38	9 42	4 2	28 21	9 7	13 56	17 23	16 52	10 58	14 6
14	7:25:19	21 0 45	26 45	11 46	5 15	29 0	9 8	13 59	17 22	16 54	11 0	14 3
15	7:29:15	21 58 0	10Le 5	13 51	6 29	29 38	9 10	14 1	17 21	16 56	11 1	13 59
16	7:33:12	22 55 15	23 38	15 58	7 42	0Le17	9 11	14 4	17 20	16 58	11 3	13 56
17	7:37: 9	23 52 30	7Vi21	18 5	8 55	0 56	9 13	14 7	17 19	17 0	11 4	13 53
18	7:41: 5	24 49 45	21 13	20 13	10 9	1 34	9 15	14 10	17 18	17 2	11 6	13 50
19	7:45: 2	25 47 1	5Li12	22 21	11 22	2 13	9 17	14 13	17 17	17 4	11 7	13 47
20	7:48:58	26 44 17	19 18	24 30	12 35	2 51	9 19	14 16	17 16	17 6	11 9	13 44
21	7:52:55	27 41 33	3Sc28	26 38	13 49	3 30	9 22	14 20	17 14	17 8	11 10	13 40
22	7:56:52	28 38 49	17 42	28 45	15 2	4 8	9 24	14 23	17 13	17 10	11 12	13 37
23	8: 0:48	29 36 6	1Sg57	0Le52	16 16	4 46	9 27	14 26	17 12	17 13	11 13	13 34
24	8: 4:44	0Le33 23	16 9	2 58	17 29	5 25	9 30	14 30	17 10	17 15	11 15	13 31
25	8: 8:41	1 30 40	0Cp16	5 3	18 43	6 3	9 33	14 33	17 9	17 17	11 16	13 28
26	8:12:38	2 27 58	14 12	7 6	19 56	6 42	9 37	14 37	17 8	17 19	11 17	13 25
27	8:16:34	3 25 16	27 55	9 9	21 10	7 20	9 40	14 41	17 6	17 21	11 19	13 21
28	8:20:31	4 22 36	11Aq20	11 10	22 23	7 59	9 44	14 45	17 5	17 23	11 20	13 18
29	8:24:27	5 19 56	24 26	13 9	23 37	8 37	9 47	14 49	17 3	17 25	11 22	13 15
30	8:28:24	6 17 16	7Pi13	15 7	24 51	9 15	9 51	14 53	17 1	17 28	11 23	13 12
31	8:32:20	7 14 38	19 42	17 3	26 4	9 54	9 55	14 57	17 0	17 30	11 24	13 9

7/23 Sun in Leo 22:01   7/6 3rd Qt. 1:56   7/14 New 0:45   7/21 1st Qt. 1:32   7/27 Full 22:33

AUGUST 1923

Day	Sid. T.	Sun	Moon	Merc.	Venus	Mars	Jup.	Saturn	Uranus	Nept.	Pluto	N.Node
1	8:36:17	8Le12 1	1Ar56	18Le58	27Cn18	10Le32	10Sc 0	15Li 1	16Pi58R	17Le32	11Cn26	13Vi 5
2	8:40:13	9 9 24	13 58	20 51	28 32	11 10	10 4	15 5	16 56	17 34	11 27	13 2
3	8:44:10	10 6 49	25 52	22 43	29 45	11 49	10 9	15 10	16 55	17 36	11 29	12 59
4	8:48: 7	11 4 15	7Ta43	24 33	0Le59	12 27	10 14	15 14	16 53	17 39	11 30	12 56
5	8:52: 3	12 1 43	19 37	26 21	2 13	13 5	10 18	15 18	16 51	17 41	11 31	12 53
6	8:56: 0	12 59 11	1Ge37	28 8	3 27	13 44	10 24	15 23	16 49	17 43	11 33	12 50
7	8:59:56	13 56 41	13 48	29 53	4 41	14 22	10 29	15 28	16 47	17 45	11 34	12 46
8	9: 3:53	14 54 13	26 15	1Vi37	5 55	15 0	10 34	15 32	16 45	17 47	11 35	12 43
9	9: 7:49	15 51 45	8Cn59	3 19	7 9	15 39	10 40	15 37	16 43	17 50	11 37	12 40
10	9:11:46	16 49 19	22 3	4 59	8 22	16 17	10 45	15 42	16 41	17 52	11 38	12 37
11	9:15:42	17 46 54	5Le26	6 38	9 36	16 55	10 51	15 47	16 39	17 54	11 39	12 34
12	9:19:39	18 44 30	19 8	8 16	10 50	17 33	10 57	15 52	16 37	17 56	11 40	12 31
13	9:23:36	19 42 7	3Vi 5	9 52	12 4	18 12	11 3	15 57	16 35	17 59	11 42	12 27
14	9:27:32	20 39 46	17 14	11 26	13 18	18 50	11 10	16 2	16 33	18 1	11 43	12 24
15	9:31:29	21 37 25	1Li31	12 59	14 33	19 28	11 16	16 7	16 31	18 3	11 44	12 21
16	9:35:25	22 35 6	15 52	14 30	15 47	20 6	11 22	16 12	16 29	18 5	11 45	12 18
17	9:39:22	23 32 48	0Sc13	16 0	17 1	20 45	11 29	16 18	16 27	18 7	11 46	12 15
18	9:43:18	24 30 31	14 31	17 28	18 15	21 23	11 36	16 23	16 25	18 10	11 48	12 11
19	9:47:15	25 28 14	28 42	18 55	19 29	22 1	11 43	16 28	16 23	18 12	11 49	12 8
20	9:51:12	26 25 59	12Sg46	20 20	20 43	22 39	11 50	16 34	16 20	18 14	11 50	12 5
21	9:55: 8	27 23 45	26 39	21 44	21 57	23 18	11 57	16 40	16 18	18 16	11 51	12 2
22	9:59: 5	28 21 33	10Cp22	23 5	23 12	23 56	12 5	16 45	16 16	18 18	11 52	11 59
23	10: 3: 1	29 19 21	23 52	24 26	24 26	24 34	12 12	16 51	16 14	18 21	11 53	11 56
24	10: 6:58	0Vi17 11	7Aq 8	25 44	25 40	25 12	12 20	16 57	16 12	18 23	11 54	11 52
25	10:10:54	1 15 2	20 10	27 1	26 54	25 50	12 27	17 2	16 9	18 25	11 55	11 49
26	10:14:51	2 12 54	2Pi57	28 16	28 9	26 29	12 35	17 8	16 7	18 27	11 56	11 46
27	10:18:47	3 10 48	15 30	29 29	29 23	27 7	12 43	17 14	16 5	18 29	11 57	11 43
28	10:22:44	4 8 44	27 50	0Li40	0Vi37	27 45	12 51	17 20	16 2	18 32	11 59	11 40
29	10:26:40	5 6 41	9Ar59	1 49	1 52	28 23	13 0	17 26	16 0	18 34	12 0	11 37
30	10:30:37	6 4 40	21 58	2 56	3 6	29 1	13 8	17 32	15 58	18 36	12 1	11 33
31	10:34:33	7 2 40	3Ta52	4 0	4 20	29 39	13 16	17 38	15 55	18 38	12 1	11 30

8/24 Sun in Vir. 4:52   8/4 3rd Qt. 19:22   8/12 New 11:17   8/19 1st Qt. 6:07   8/26 Full 10:29(E)

Day	Sid. T.	Sun	Moon	Merc.	Venus	Mars	Jup.	Saturn	Uranus	Nept.	Pluto	N.Node
1	10:38:30	8Vi 0 43	15Ta43	5Li 3	5Vi35	0Vi18	13Sc25	17Li44	15Pi53R	18Le40	12Cn 2	11Vi27
2	10:42:26	8 58 48	27 36	6 3	6 49	0 56	13 34	17 51	15 51	18 42	12 3	11 24
3	10:46:23	9 56 54	9Ge35	7 0	8 4	1 34	13 43	17 57	15 48	18 44	12 4	11 21
4	10:50:20	10 55 3	21 45	7 54	9 18	2 12	13 51	18 3	15 46	18 46	12 5	11 17
5	10:54:16	11 53 13	4Cn11	8 46	10 33	2 50	14 1	18 9	15 43	18 49	12 6	11 14
6	10:58:13	12 51 26	16 56	9 34	11 47	3 28	14 10	18 16	15 41	18 51	12 7	11 11
7	11: 2: 9	13 49 40	0Le 3	10 19	13 2	4 7	14 19	18 22	15 39	18 53	12 8	11 8
8	11: 6: 6	14 47 57	13 34	11 0	14 16	4 45	14 28	18 29	15 36	18 55	12 8	11 5
9	11:10: 3	15 46 15	27 29	11 38	15 31	5 23	14 38	18 35	15 34	18 57	12 9	11 2
10	11:13:59	16 44 36	11Vi45	12 11	16 45	6 1	14 47	18 42	15 31	18 59	12 10	10 58
11	11:17:56	17 42 58	26 18	12 40	18 0	6 39	14 57	18 48	15 29	19 1	12 11	10 55
12	11:21:52	18 41 21	11Li 2	13 5	19 14	7 17	15 7	18 55	15 27	19 3	12 12	10 52
13	11:25:49	19 39 47	25 49	13 24	20 29	7 56	15 17	19 2	15 24	19 5	12 12	10 49
14	11:29:45	20 38 14	10Sc34	13 37	21 44	8 34	15 27	19 8	15 22	19 7	12 13	10 46
15	11:33:42	21 36 43	25 8	13 45	22 58	9 12	15 37	19 15	15 19	19 9	12 14	10 42
16	11:37:38	22 35 14	9Sg29	13 47R	24 13	9 50	15 47	19 22	15 17	19 11	12 14	10 39
17	11:41:35	23 33 46	23 32	13 43	25 28	10 28	15 57	19 29	15 15	19 13	12 15	10 36
18	11:45:31	24 32 20	7Cp16	13 31	26 42	11 6	16 7	19 36	15 12	19 14	12 15	10 33
19	11:49:28	25 30 56	20 43	13 13	27 57	11 45	16 18	19 42	15 10	19 16	12 16	10 30
20	11:53:24	26 29 33	3Aq53	12 48	29 12	12 23	16 28	19 49	15 8	19 18	12 17	10 27
21	11:57:21	27 28 12	16 47	12 16	0Li27	13 1	16 39	19 56	15 5	19 20	12 17	10 23
22	12: 1:18	28 26 52	29 27	11 36	1 41	13 39	16 50	20 3	15 3	19 22	12 18	10 20
23	12: 5:14	29 25 35	11Pi55	10 50	2 56	14 17	17 1	20 10	15 1	19 24	12 18	10 17
24	12: 9:11	0Li24 19	24 13	9 58	4 11	14 55	17 11	20 17	14 58	19 25	12 19	10 14
25	12:13: 7	1 23 5	6Ar22	9 0	5 25	15 34	17 22	20 24	14 56	19 27	12 19	10 11
26	12:17: 4	2 21 53	18 23	7 58	6 40	16 12	17 33	20 31	14 54	19 29	12 19	10 8
27	12:21: 0	3 20 44	0Ta19	6 53	7 55	16 50	17 45	20 38	14 52	19 31	12 20	10 4
28	12:24:57	4 19 36	12 10	5 46	9 10	17 28	17 56	20 45	14 49	19 32	12 20	10 1
29	12:28:53	5 18 31	24 1	4 38	10 25	18 6	18 7	20 53	14 47	19 34	12 21	9 58
30	12:32:50	6 17 28	5Ge54	3 32	11 39	18 44	18 18	21 0	14 45	19 36	12 21	9 55

9/24 Sun in Lib. 2:04   9/3 3rd Qt. 12:47   9/10 New 20:53(E)   9/17 1st Qt. 12:04   9/25 Full 1:16

Day	Sid. T.	Sun	Moon	Merc.	Venus	Mars	Jup.	Saturn	Uranus	Nept.	Pluto	N.Node
1	12:36:46	7Li16 27	17Ge52	2Li30R	12Li54	19Vi23	18Sc30	21Li 7	14Pi43R	19Le37	12Cn21	9Vi52
2	12:40:43	8 15 29	0Cn 0	1 33	14 9	20 1	18 41	21 14	14 41	19 39	12 22	9 48
3	12:44:40	9 14 32	12 21	0 42	15 24	20 39	18 53	21 21	14 38	19 41	12 22	9 45
4	12:48:36	10 13 39	25 2	0 0	16 39	21 17	19 4	21 28	14 36	19 42	12 22	9 42
5	12:52:33	11 12 47	8Le 4	29Vi26	17 54	21 55	19 16	21 36	14 34	19 44	12 22	9 39
6	12:56:29	12 11 58	21 32	29 3	19 8	22 34	19 28	21 43	14 32	19 45	12 22	9 36
7	13: 0:26	13 11 11	5Vi28	28 50	20 23	23 12	19 40	21 50	14 30	19 47	12 23	9 33
8	13: 4:23	14 10 26	19 50	28 48D	21 38	23 50	19 52	21 57	14 28	19 48	12 23	9 29
9	13: 8:19	15 9 43	4Li35	28 57	22 53	24 28	20 4	22 5	14 26	19 50	12 23	9 26
10	13:12:16	16 9 3	19 38	29 16	24 8	25 6	20 16	22 12	14 24	19 51	12 23	9 23
11	13:16:12	17 8 25	4Sc48	29 44	25 23	25 45	20 28	22 19	14 22	19 52	12 23	9 20
12	13:20: 9	18 7 48	19 56	0Li23	26 38	26 23	20 40	22 27	14 21	19 54	12 23	9 17
13	13:24: 5	19 7 14	4Sg52	1 10	27 53	27 1	20 52	22 34	14 19	19 55	12 23	9 14
14	13:28: 2	20 6 41	19 28	2 5	29 8	27 39	21 4	22 41	14 17	19 56	12 23R	9 10
15	13:31:58	21 6 10	3Cp41	3 7	0Sc22	28 18	21 17	22 48	14 15	19 58	12 23	9 7
16	13:35:55	22 5 41	17 28	4 15	1 37	28 56	21 29	22 56	14 13	19 59	12 23	9 4
17	13:39:51	23 5 14	0Aq50	5 29	2 52	29 34	21 41	23 3	14 12	20 0	12 23	9 1
18	13:43:48	24 4 48	13 49	6 48	4 7	0Li12	21 54	23 10	14 10	20 1	12 23	8 58
19	13:47:45	25 4 24	26 30	8 11	5 22	0 51	22 6	23 18	14 8	20 3	12 23	8 54
20	13:51:41	26 4 2	8Pi56	9 38	6 37	1 29	22 19	23 25	14 7	20 4	12 23	8 51
21	13:55:38	27 3 41	21 9	11 7	7 52	2 7	22 31	23 32	14 5	20 5	12 22	8 48
22	13:59:34	28 3 23	3Ar14	12 39	9 7	2 45	22 44	23 40	14 4	20 6	12 22	8 45
23	14: 3:31	29 3 6	15 13	14 13	10 22	3 24	22 57	23 47	14 2	20 7	12 22	8 42
24	14: 7:27	0Sc 2 51	27 8	15 48	11 37	4 2	23 9	23 54	14 1	20 8	12 22	8 39
25	14:11:24	1 2 38	9Ta 0	17 25	12 52	4 40	23 22	24 1	13 59	20 9	12 21	8 35
26	14:15:20	2 2 27	20 52	19 3	14 6	5 18	23 35	24 9	13 58	20 10	12 21	8 32
27	14:19:17	3 2 19	2Ge44	20 41	15 21	5 57	23 48	24 16	13 57	20 11	12 21	8 29
28	14:23:14	4 2 12	14 39	22 20	16 36	6 35	24 1	24 23	13 55	20 12	12 21	8 26
29	14:27:10	5 2 8	26 39	24 0	17 51	7 13	24 14	24 30	13 54	20 13	12 20	8 23
30	14:31: 7	6 2 5	8Cn47	25 39	19 6	7 52	24 26	24 38	13 53	20 13	12 20	8 20
31	14:35: 3	7 2 5	21 7	27 19	20 20	8 30	24 39	24 45	13 52	20 14	12 19	8 16

10/24 Sun in Sco. 10:51   10/3 3rd Qt. 5:29   10/10 New 6:06   10/16 1st Qt. 20:54   10/24 Full 18:26

NOVEMBER 1923

Day	Sid. T.	Sun	Moon	Merc.	Venus	Mars	Jup.	Saturn	Uranus	Nept.	Pluto	N.Node
1	14:39: 0	8Sc 2 7	3Le42	28Li59	21Sc36	9Li 8	24Sc52	24Li52	13Pi51R	20Le15	12Cn19R	8Vi13
2	14:42:56	9 2 11	16 37	0Sc38	22 51	9 47	25 5	24 59	13 49	20 16	12 19	8 10
3	14:46:53	10 2 17	29 56	2 18	24 6	10 25	25 19	25 6	13 48	20 16	12 18	8 7
4	14:50:50	11 2 25	13Vi42	3 57	25 21	11 3	25 32	25 13	13 47	20 17	12 18	8 4
5	14:54:46	12 2 36	27 57	5 36	26 36	11 42	25 45	25 21	13 47	20 18	12 17	8 0
6	14:58:43	13 2 48	12Li58	7 14	27 51	12 20	25 58	25 28	13 46	20 18	12 17	7 57
7	15: 2:39	14 3 3	27 42	8 53	29 6	12 58	26 11	25 35	13 45	20 19	12 16	7 54
8	15: 6:36	15 3 19	12Sc59	10 31	0Sg21	13 37	26 24	25 42	13 44	20 19	12 15	7 51
9	15:10:32	16 3 37	28 20	12 8	1 36	14 15	26 37	25 49	13 43	20 20	12 15	7 48
10	15:14:29	17 3 57	13Sg31	13 46	2 51	14 53	26 51	25 56	13 43	20 20	12 14	7 45
11	15:18:25	18 4 18	28 24	15 23	4 5	15 32	27 4	26 3	13 42	20 21	12 14	7 41
12	15:22:22	19 4 41	12Cp50	16 59	5 20	16 10	27 17	26 10	13 41	20 21	12 13	7 38
13	15:26:19	20 5 6	26 47	18 36	6 35	16 49	27 30	26 17	13 41	20 22	12 12	7 35
14	15:30:15	21 5 31	10Aq14	20 12	7 50	17 27	27 44	26 24	13 40	20 22	12 12	7 32
15	15:34:12	22 5 58	23 14	21 48	9 5	18 5	27 57	26 30	13 40	20 22	12 11	7 29
16	15:38: 8	23 6 27	5Pi52	23 23	10 20	18 44	28 10	26 37	13 39	20 22	12 10	7 26
17	15:42: 5	24 6 56	18 11	24 58	11 35	19 22	28 24	26 44	13 39	20 23	12 9	7 22
18	15:46: 1	25 7 27	0Ar17	26 33	12 50	20 1	28 37	26 51	13 39	20 23	12 9	7 19
19	15:49:58	26 7 59	12 15	28 8	14 5	20 39	28 50	26 57	13 38	20 23	12 8	7 16
20	15:53:54	27 8 33	24 8	29 43	15 20	21 17	29 4	27 4	13 38	20 23	12 7	7 13
21	15:57:51	28 9 7	5Ta59	1Sg17	16 35	21 56	29 17	27 11	13 38	20 23	12 6	7 10
22	16: 1:47	29 9 44	17 50	2 51	17 50	22 34	29 30	27 17	13 38	20 23	12 5	7 6
23	16: 5:44	0Sg10 21	29 44	4 25	19 4	23 13	29 44	27 24	13 38	20 23	12 4	7 3
24	16: 9:41	1 11 0	11Ge41	5 59	20 19	23 51	29 57	27 30	13 38D	20 23R	12 4	7 0
25	16:13:37	2 11 41	23 43	7 32	21 34	24 30	0Sg10	27 37	13 38	20 23	12 3	6 57
26	16:17:34	3 12 23	5Cn51	9 6	22 49	25 8	0 24	27 43	13 38	20 23	12 2	6 54
27	16:21:30	4 13 7	18 6	10 39	24 4	25 46	0 37	27 50	13 38	20 23	12 1	6 51
28	16:25:27	5 13 52	0Le30	12 12	25 19	26 25	0 50	27 56	13 38	20 23	12 0	6 47
29	16:29:23	6 14 38	13 8	13 46	26 34	27 3	1 4	28 2	13 39	20 23	11 59	6 44
30	16:33:20	7 15 26	26 1	15 19	27 49	27 42	1 17	28 9	13 39	20 23	11 58	6 41

11/23 Sun in Sag. 7:54   11/1 3rd Qt. 20:49   11/8 New 15:27   11/15 1st Qt. 9:41   11/23 Full 12:58

DECEMBER 1923

Day	Sid. T.	Sun	Moon	Merc.	Venus	Mars	Jup.	Saturn	Uranus	Nept.	Pluto	N.Node
1	16:37:16	8Sg16 15	9Vi13	16Sg52	29Sg 4	28Li20	1Sg30	28Li15	13Pi39	20Le22R	11Cn57R	6Vi38
2	16:41:13	9 17 6	22 49	18 25	0Cp18	28 59	1 44	28 21	13 40	20 22	11 56	6 35
3	16:45:10	10 17 58	6Li49	19 58	1 33	29 37	1 57	28 27	13 40	20 22	11 55	6 31
4	16:49: 6	11 18 52	21 15	21 30	2 48	0Sc16	2 10	28 33	13 41	20 21	11 54	6 28
5	16:53: 3	12 19 47	6Sc 4	23 3	4 3	0 54	2 24	28 39	13 41	20 21	11 53	6 25
6	16:56:59	13 20 43	21 9	24 36	5 18	1 33	2 37	28 45	13 42	20 21	11 52	6 22
7	17: 0:56	14 21 41	6Sg23	26 8	6 33	2 11	2 50	28 51	13 43	20 20	11 51	6 19
8	17: 4:52	15 22 39	21 33	27 41	7 47	2 50	3 3	28 57	13 43	20 20	11 50	6 16
9	17: 8:49	16 23 39	6Cp29	29 13	9 2	3 28	3 17	29 2	13 44	20 19	11 48	6 12
10	17:12:46	17 24 39	21 2	0Cp45	10 17	4 7	3 30	29 8	13 45	20 19	11 47	6 9
11	17:16:42	18 25 40	5Aq 8	2 17	11 32	4 45	3 43	29 14	13 46	20 18	11 46	6 6
12	17:20:39	19 26 42	18 43	3 48	12 47	5 24	3 56	29 19	13 47	20 17	11 45	6 3
13	17:24:35	20 27 44	1Pi50	5 19	14 1	6 2	4 9	29 25	13 48	20 17	11 44	6 0
14	17:28:32	21 28 46	14 32	6 50	15 16	6 41	4 22	29 30	13 49	20 16	11 43	5 57
15	17:32:28	22 29 49	26 53	8 20	16 31	7 19	4 36	29 35	13 50	20 15	11 42	5 53
16	17:36:25	23 30 53	9Ar 0	9 49	17 46	7 58	4 49	29 41	13 51	20 15	11 40	5 50
17	17:40:21	24 31 56	20 56	11 18	19 0	8 37	5 2	29 46	13 52	20 14	11 39	5 47
18	17:44:18	25 33 1	2Ta47	12 46	20 15	9 15	5 15	29 51	13 53	20 13	11 38	5 44
19	17:48:15	26 34 5	14 37	14 12	21 30	9 54	5 28	29 56	13 55	20 12	11 37	5 41
20	17:52:11	27 35 10	26 30	15 37	22 45	10 32	5 41	0Sc 1	13 56	20 11	11 36	5 37
21	17:56: 7	28 36 16	8Ge27	17 1	23 59	11 11	5 53	0 6	13 57	20 10	11 34	5 34
22	18: 0: 4	29 37 21	20 32	18 22	25 14	11 49	6 6	0 11	13 59	20 10	11 33	5 31
23	18: 4: 1	0Cp38 28	2Cn43	19 41	26 28	12 28	6 19	0 16	14 0	20 9	11 32	5 28
24	18: 7:57	1 39 34	15 4	20 58	27 43	13 6	6 32	0 21	14 2	20 8	11 31	5 25
25	18:11:54	2 40 41	27 33	22 11	28 58	13 45	6 45	0 25	14 3	20 7	11 30	5 22
26	18:15:50	3 41 49	10Le12	23 20	0Aq12	14 23	6 57	0 30	14 5	20 6	11 28	5 18
27	18:19:47	4 42 57	23 3	24 26	1 27	15 2	7 10	0 34	14 6	20 5	11 27	5 15
28	18:23:43	5 44 5	6Vi 5	25 26	2 41	15 41	7 23	0 39	14 8	20 4	11 26	5 12
29	18:27:40	6 45 14	19 22	26 20	3 56	16 19	7 35	0 43	14 10	20 2	11 25	5 9
30	18:31:37	7 46 23	2Li56	27 8	5 10	16 58	7 48	0 47	14 12	20 1	11 23	5 6
31	18:35:33	8 47 33	16 48	27 48	6 25	17 36	8 0	0 51	14 14	20 0	11 22	5 3

12/22 Sun in Cap. 20:54   12/1 3rd Qt. 10:09   12/8 New 1:31   12/15 1st Qt. 2:38   12/23 Full 7:33   12/30 3rd Qt. 21:07

JANUARY 1924

Day	Sid. T.	Sun	Moon	Merc.	Venus	Mars	Jup.	Saturn	Uranus	Nept.	Pluto	N.Node
1	18:39:30	9Cp48 43	0Sc58	28Cp20	7Aq39	18Sc15	8Sg12	0Sc55	14Pi15	19Le59R	11Cn21R	4Vi59
2	18:43:26	10 49 54	15 26	28 43	8 54	18 53	8 25	0 59	14 17	19 58	11 20	4 56
3	18:47:23	11 51 5	0Sg 7	28 55	10 8	19 32	8 37	1 3	14 19	19 56	11 18	4 53
4	18:51:20	12 52 16	14 57	28 56R	11 23	20 10	8 49	1 7	14 21	19 55	11 17	4 50
5	18:55:16	13 53 27	29 47	28 46	12 37	20 49	9 1	1 11	14 23	19 54	11 16	4 47
6	18:59:12	14 54 39	14Cp28	28 25	13 51	21 28	9 14	1 14	14 25	19 53	11 15	4 43
7	19: 3: 9	15 55 50	28 53	27 51	15 6	22 6	9 26	1 18	14 28	19 51	11 13	4 40
8	19: 7: 6	16 57 1	12Aq55	27 6	16 20	22 45	9 38	1 21	14 30	19 50	11 12	4 37
9	19:11: 2	17 58 11	26 32	26 10	17 34	23 23	9 50	1 25	14 32	19 49	11 11	4 34
10	19:14:59	18 59 22	9Pi44	25 6	18 48	24 2	10 1	1 28	14 34	19 47	11 10	4 31
11	19:18:55	20 0 31	22 31	23 54	20 3	24 40	10 13	1 31	14 36	19 46	11 8	4 28
12	19:22:52	21 1 40	4Ar57	22 37	21 17	25 19	10 25	1 34	14 39	19 44	11 7	4 24
13	19:26:48	22 2 48	17 7	21 18	22 31	25 57	10 37	1 37	14 41	19 43	11 6	4 21
14	19:30:45	23 3 56	29 6	19 59	23 45	26 36	10 48	1 40	14 43	19 42	11 5	4 18
15	19:34:41	24 5 3	10Ta59	18 42	24 59	27 15	11 0	1 43	14 46	19 40	11 4	4 15
16	19:38:38	25 6 9	22 50	17 30	26 13	27 53	11 11	1 46	14 48	19 39	11 2	4 12
17	19:42:35	26 7 15	4Ge45	16 25	27 27	28 32	11 22	1 48	14 51	19 37	11 1	4 9
18	19:46:31	27 8 20	16 45	15 27	28 41	29 10	11 34	1 51	14 53	19 36	11 0	4 5
19	19:50:28	28 9 24	28 56	14 38	29 55	29 49	11 45	1 53	14 56	19 34	10 59	4 2
20	19:54:24	29 10 27	11Cn18	13 57	1Pi 8	0Sg27	11 56	1 55	14 59	19 33	10 58	3 59
21	19:58:21	0Aq11 30	23 52	13 27	2 22	1 6	12 7	1 58	15 1	19 31	10 56	3 56
22	20: 2:17	1 12 32	6Le40	13 5	3 36	1 44	12 18	2 0	15 4	19 29	10 55	3 53
23	20: 6:14	2 13 33	19 40	12 53	4 50	2 23	12 29	2 2	15 7	19 28	10 54	3 49
24	20:10:10	3 14 33	2Vi52	12 49D	6 3	3 1	12 39	2 4	15 9	19 26	10 53	3 46
25	20:14: 7	4 15 33	16 16	12 53	7 17	3 40	12 50	2 5	15 12	19 25	10 52	3 43
26	20:18: 3	5 16 32	29 52	13 5	8 30	4 18	13 1	2 7	15 15	19 23	10 51	3 40
27	20:22: 0	6 17 31	13Li38	13 23	9 44	4 57	13 11	2 9	15 18	19 21	10 50	3 37
28	20:25:57	7 18 29	27 35	13 48	10 57	5 35	13 22	2 10	15 21	19 20	10 48	3 34
29	20:29:53	8 19 26	11Sc40	14 19	12 11	6 14	13 32	2 12	15 23	19 18	10 47	3 30
30	20:33:50	9 20 23	25 54	14 54	13 24	6 52	13 42	2 13	15 26	19 16	10 46	3 27
31	20:37:46	10 21 19	10Sg14	15 35	14 37	7 31	13 52	2 14	15 29	19 15	10 45	3 24

1/21 Sun in Aqu. 7:29   1/6 New 12:48   1/13 1st Qt. 22:45   1/22 Full 0:57   1/29 3rd Qt. 5:53

FEBRUARY 1924

Day	Sid. T.	Sun	Moon	Merc.	Venus	Mars	Jup.	Saturn	Uranus	Nept.	Pluto	N.Node
1	20:41:43	11Aq22 15	24Sg35	16Cp20	15Pi50	8Sg 9	14Sg 2	2Sc15	15Pi32	19Le13R	10Cn44R	3Vi21
2	20:45:40	12 23 9	8Cp55	17 9	17 4	8 48	14 12	2 16	15 35	19 11	10 43	3 18
3	20:49:36	13 24 3	23 8	18 2	18 17	9 26	14 22	2 17	15 38	19 10	10 42	3 15
4	20:53:33	14 24 55	7Aq 9	18 58	19 30	10 4	14 31	2 18	15 41	19 8	10 41	3 11
5	20:57:29	15 25 47	20 54	19 57	20 43	10 43	14 41	2 18	15 44	19 6	10 40	3 8
6	21: 1:26	16 26 37	4Pi20	20 58	21 55	11 21	14 50	2 19	15 48	19 5	10 39	3 5
7	21: 5:22	17 27 26	17 26	22 3	23 8	12 0	15 0	2 19	15 51	19 3	10 38	3 2
8	21: 9:19	18 28 13	0Ar12	23 9	24 21	12 38	15 9	2 20	15 54	19 1	10 37	2 59
9	21:13:15	19 28 59	12 41	24 18	25 34	13 16	15 18	2 20	15 57	19 0	10 36	2 55
10	21:17:12	20 29 43	24 54	25 28	26 46	13 55	15 27	2 20	16 0	18 58	10 35	2 52
11	21:21: 8	21 30 26	6Ta55	26 41	27 59	14 33	15 36	2 20R	16 3	18 56	10 34	2 49
12	21:25: 5	22 31 7	18 50	27 55	29 11	15 11	15 45	2 20	16 6	18 55	10 33	2 46
13	21:29: 2	23 31 47	0Ge42	29 11	0Ar24	15 50	15 53	2 20	16 10	18 53	10 33	2 43
14	21:32:58	24 32 25	12 37	0Aq28	1 36	16 28	16 2	2 19	16 13	18 51	10 32	2 40
15	21:36:55	25 33 1	24 39	1 47	2 48	17 6	16 10	2 19	16 16	18 50	10 31	2 36
16	21:40:51	26 33 36	6Cn52	3 7	4 0	17 45	16 18	2 19	16 19	18 48	10 30	2 33
17	21:44:48	27 34 9	19 19	4 29	5 12	18 23	16 26	2 18	16 23	18 46	10 29	2 30
18	21:48:44	28 34 40	2Le 4	5 51	6 24	19 1	16 34	2 17	16 26	18 45	10 28	2 27
19	21:52:41	29 35 9	15 6	7 15	7 36	19 39	16 42	2 16	16 29	18 43	10 28	2 24
20	21:56:37	0Pi35 37	28 27	8 40	8 48	20 18	16 50	2 15	16 33	18 41	10 27	2 20
21	22: 0:34	1 36 3	12Vi 4	10 7	9 59	20 56	16 58	2 14	16 36	18 40	10 26	2 17
22	22: 4:31	2 36 27	25 57	11 34	11 11	21 34	17 5	2 13	16 39	18 38	10 26	2 14
23	22: 8:27	3 36 51	10Li 0	13 3	12 22	22 12	17 12	2 12	16 43	18 36	10 25	2 11
24	22:12:24	4 37 12	24 12	14 32	13 34	22 50	17 20	2 11	16 46	18 35	10 24	2 8
25	22:16:20	5 37 32	8Sc27	16 3	14 45	23 29	17 27	2 9	16 49	18 33	10 24	2 5
26	22:20:17	6 37 51	22 43	17 34	15 56	24 7	17 33	2 8	16 53	18 32	10 23	2 1
27	22:24:13	7 38 8	6Sg57	19 7	17 7	24 45	17 40	2 6	16 56	18 30	10 22	1 58
28	22:28:10	8 38 24	21 6	20 41	18 18	25 23	17 47	2 4	17 0	18 28	10 22	1 55
29	22:32: 7	9 38 39	5Cp 8	22 16	19 29	26 1	17 53	2 3	17 3	18 27	10 21	1 52

2/19 Sun in Pis. 21:52   2/5 New 1:38   2/12 1st Qt. 20:09   2/20 Full 16:08(E)   2/27 3rd Qt. 13:15

MARCH 1924

Day	Sid. T.	Sun	Moon	Merc.	Venus	Mars	Jup.	Saturn	Uranus	Nept.	Pluto	N.Node
1	22:36: 3	10Pi38 52	19Cp 1	23Aq52	20Ar39	26Sg39	18Sg 0	2Sc 1R	17Pi 7	18Le25R	10Cn21R	1Vi 49
2	22:40: 0	11 39 3	2Aq44	25 28	21 50	27 17	18 6	1 59	17 10	18 24	10 20	1 46
3	22:43:56	12 39 13	16 16	27 6	23 0	27 55	18 12	1 56	17 13	18 22	10 20	1 42
4	22:47:53	13 39 21	29 36	28 45	24 11	28 33	18 18	1 54	17 17	18 21	10 19	1 39
5	22:51:49	14 39 27	12Pi41	0Pi26	25 21	29 11	18 23	1 52	17 20	18 19	10 19	1 36
6	22:55:46	15 39 31	25 32	2 7	26 31	29 49	18 29	1 50	17 24	18 18	10 18	1 33
7	22:59:42	16 39 34	8Ar 9	3 49	27 41	0Cp27	18 34	1 47	17 27	18 16	10 18	1 30
8	23: 3:39	17 39 34	20 33	5 33	28 51	1 5	18 39	1 44	17 31	18 15	10 17	1 26
9	23: 7:36	18 39 32	2Ta44	7 17	0Ta 0	1 42	18 44	1 42	17 34	18 13	10 17	1 23
10	23:11:32	19 39 28	14 45	9 3	1 10	2 20	18 49	1 39	17 37	18 12	10 17	1 20
11	23:15:29	20 39 23	26 40	10 50	2 19	2 58	18 54	1 36	17 41	18 11	10 16	1 17
12	23:19:25	21 39 14	8Ge33	12 38	3 28	3 36	18 59	1 33	17 44	18 9	10 16	1 14
13	23:23:22	22 39 4	20 27	14 27	4 37	4 13	19 3	1 30	17 48	18 8	10 16	1 11
14	23:27:18	23 38 52	2Cn27	16 17	5 46	4 51	19 7	1 27	17 51	18 7	10 16	1 7
15	23:31:15	24 38 37	14 38	18 9	6 55	5 29	19 11	1 24	17 55	18 5	10 15	1 4
16	23:35:11	25 38 20	27 5	20 1	8 4	6 6	19 15	1 21	17 58	18 4	10 15	1 1
17	23:39: 8	26 38 1	9Le52	21 55	9 12	6 44	19 19	1 18	18 1	18 3	10 15	0 58
18	23:43: 4	27 37 39	23 1	23 50	10 20	7 22	19 22	1 14	18 5	18 2	10 15	0 55
19	23:47: 1	28 37 15	6Vi34	25 46	11 28	7 59	19 26	1 11	18 8	18 0	10 15	0 52
20	23:50:57	29 36 50	20 31	27 44	12 36	8 36	19 29	1 7	18 12	17 59	10 15	0 48
21	23:54:54	0Ar36 22	4Li47	29 42	13 44	9 14	19 32	1 4	18 15	17 58	10 14	0 45
22	23:58:51	1 35 52	19 20	1Ar41	14 51	9 51	19 35	1 0	18 18	17 57	10 14	0 42
23	0: 2:47	2 35 20	4Sc 1	3 41	15 59	10 29	19 37	0 56	18 22	17 56	10 14	0 39
24	0: 6:44	3 34 46	18 43	5 42	17 6	11 6	19 40	0 53	18 25	17 55	10 14D	0 36
25	0:10:40	4 34 11	3Sg21	7 44	18 13	11 43	19 42	0 49	18 28	17 54	10 14	0 32
26	0:14:37	5 33 34	17 47	9 46	19 19	12 20	19 44	0 45	18 32	17 53	10 14	0 29
27	0:18:33	6 32 55	1Cp59	11 49	20 26	12 58	19 46	0 41	18 35	17 52	10 14	0 26
28	0:22:30	7 32 14	15 55	13 51	21 32	13 35	19 48	0 37	18 38	17 51	10 15	0 23
29	0:26:26	8 31 32	29 34	15 54	22 38	14 12	19 49	0 33	18 42	17 50	10 15	0 20
30	0:30:23	9 30 47	12Aq57	17 56	23 44	14 49	19 50	0 29	18 45	17 49	10 15	0 17
31	0:34:19	10 30 1	26 5	19 57	24 50	15 26	19 52	0 25	18 48	17 48	10 15	0 13

3/20 Sun in Ari. 21:20   3/5 New 15:58(E)   3/13 1st Qt. 16:51   3/21 Full 4:30   3/27 3rd Qt. 20:25

APRIL 1924

Day	Sid. T.	Sun	Moon	Merc.	Venus	Mars	Jup.	Saturn	Uranus	Nept.	Pluto	N.Node
1	0:38:16	11Ar29 13	9Pi 1	21Ar57	25Ta55	16Cp 3	19Sg53	0Sc21R	18Pi51	17Le47R	10Cn15	0Vi10
2	0:42:13	12 28 23	21 45	23 56	27 0	16 40	19 53	0 16	18 55	17 46	10 15	0 7
3	0:46: 9	13 27 32	4Ar17	25 53	28 5	17 17	19 54	0 12	18 58	17 45	10 16	0 4
4	0:50: 6	14 26 38	16 40	27 48	29 10	17 53	19 54	0 8	19 1	17 45	10 16	0 1
5	0:54: 2	15 25 42	28 54	29 40	0Ge14	18 30	19 54	0 3	19 4	17 44	10 16	29Le58
6	0:57:59	16 24 44	10Ta59	1Ta29	1 18	19 7	19 54R	29Li59	19 7	17 43	10 16	29 54
7	1: 1:55	17 23 44	22 57	3 15	2 22	19 43	19 54	29 55	19 10	17 43	10 17	29 51
8	1: 5:52	18 22 42	4Ge50	4 58	3 25	20 20	19 54	29 50	19 14	17 42	10 17	29 48
9	1: 9:48	19 21 37	16 42	6 36	4 29	20 56	19 53	29 46	19 17	17 41	10 17	29 45
10	1:13:45	20 20 31	28 34	8 10	5 31	21 33	19 53	29 41	19 20	17 41	10 18	29 42
11	1:17:42	21 19 22	10Cn32	9 40	6 34	22 9	19 52	29 37	19 23	17 40	10 18	29 38
12	1:21:38	22 18 11	22 41	11 5	7 36	22 45	19 51	29 32	19 26	17 40	10 19	29 35
13	1:25:35	23 16 57	5Le 4	12 25	8 38	23 21	19 49	29 28	19 29	17 39	10 19	29 32
14	1:29:31	24 15 42	17 47	13 40	9 40	23 58	19 48	29 23	19 32	17 39	10 20	29 29
15	1:33:28	25 14 24	0Vi55	14 50	10 41	24 34	19 46	29 19	19 35	17 38	10 20	29 26
16	1:37:24	26 13 3	14 30	15 54	11 42	25 10	19 44	29 14	19 38	17 38	10 21	29 23
17	1:41:21	27 11 41	28 33	16 53	12 42	25 45	19 42	29 9	19 41	17 37	10 21	29 19
18	1:45:17	28 10 16	13Li 2	17 46	13 42	26 21	19 40	29 5	19 43	17 37	10 22	29 16
19	1:49:14	29 8 50	27 53	18 33	14 42	26 57	19 38	29 0	19 46	17 37	10 22	29 13
20	1:53:11	0Ta 7 22	12Sc57	19 15	15 41	27 33	19 35	28 56	19 49	17 36	10 23	29 10
21	1:57: 7	1 5 51	28 4	19 50	16 40	28 8	19 32	28 51	19 52	17 36	10 24	29 7
22	2: 1: 4	2 4 20	13Sg 5	20 20	17 39	28 44	19 29	28 46	19 55	17 36	10 25	29 4
23	2: 5: 0	3 2 46	27 51	20 44	18 37	29 19	19 26	28 42	19 57	17 36	10 25	29 0
24	2: 8:57	4 1 11	12Cp16	21 2	19 34	29 54	19 23	28 37	20 0	17 36	10 26	28 57
25	2:12:53	4 59 34	26 17	21 15	20 31	0Aq29	19 19	28 33	20 3	17 35	10 26	28 54
26	2:16:50	5 57 56	9Aq54	21 21	21 28	1 4	19 16	28 28	20 5	17 35	10 27	28 51
27	2:20:47	6 56 16	23 9	21 22R	22 24	1 39	19 12	28 24	20 8	17 35	10 28	28 48
28	2:24:43	7 54 35	6Pi 5	21 18	23 19	2 14	19 8	28 19	20 11	17 35D	10 29	28 44
29	2:28:40	8 52 52	18 45	21 8	24 14	2 49	19 4	28 15	20 13	17 35	10 29	28 41
30	2:32:36	9 51 7	1Ar13	20 54	25 8	3 23	19 0	28 10	20 16	17 35	10 30	28 38

4/20 Sun in Tau. 8:59   4/4 New 7:17   4/12 1st Qt. 11:12   4/19 Full 14:11   4/26 3rd Qt. 4:28

Day	Sid. T.	Sun	Moon	Merc.	Venus	Mars	Jup.	Saturn	Uranus	Nept.	Pluto	N.Node
1	2:36:33	10Ta49 21	13Ar30	20Ta35R	26Ge 2	3Aq58	18Sg55R	28Li 6R	20Pi18	17Le35	10Cn31	28Le35
2	2:40:29	11 47 33	25 40	20 12	26 55	4 32	18 50	28 1	20 21	17 36	10 32	28 32
3	2:44:26	12 45 44	7Ta43	19 45	27 48	5 7	18 46	27 57	20 23	17 36	10 33	28 29
4	2:48:22	13 43 53	19 41	19 15	28 40	5 41	18 41	27 53	20 25	17 36	10 34	28 25
5	2:52:19	14 42 0	1Ge35	18 42	29 31	6 15	18 36	27 48	20 28	17 36	10 35	28 22
6	2:56:15	15 40 6	13 27	18 8	0Cn21	6 49	18 30	27 44	20 30	17 36	10 36	28 19
7	3: 0:12	16 38 10	25 18	17 32	1 11	7 22	18 25	27 40	20 32	17 37	10 37	28 16
8	3: 4: 9	17 36 12	7Cn11	16 55	2 0	7 56	18 20	27 36	20 34	17 37	10 38	28 13
9	3: 8: 5	18 34 12	19 9	16 18	2 48	8 29	18 14	27 32	20 37	17 37	10 39	28 9
10	3:12: 2	19 32 10	1Le16	15 42	3 36	9 3	18 8	27 28	20 39	17 38	10 40	28 6
11	3:15:58	20 30 7	13 37	15 7	4 22	9 36	18 2	27 24	20 41	17 38	10 41	28 3
12	3:19:55	21 28 2	26 16	14 34	5 8	10 9	17 56	27 20	20 43	17 38	10 42	28 0
13	3:23:51	22 25 54	9Vi18	14 3	5 53	10 42	17 50	27 16	20 45	17 39	10 43	27 57
14	3:27:48	23 23 45	22 48	13 35	6 37	11 14	17 44	27 12	20 47	17 39	10 44	27 54
15	3:31:44	24 21 35	6Li47	13 10	7 19	11 47	17 37	27 8	20 49	17 40	10 45	27 50
16	3:35:41	25 19 22	21 15	12 49	8 1	12 19	17 31	27 4	20 51	17 40	10 46	27 47
17	3:39:38	26 17 8	6Sc 9	12 32	8 42	12 51	17 24	27 0	20 53	17 41	10 47	27 44
18	3:43:34	27 14 53	21 21	12 18	9 21	13 23	17 18	26 57	20 55	17 42	10 48	27 41
19	3:47:31	28 12 36	6Sg40	12 9	10 0	13 55	17 11	26 53	20 56	17 42	10 49	27 38
20	3:51:27	29 10 18	21 56	12 5	10 5	14 26	17 4	26 50	20 58	17 43	10 51	27 35
21	3:55:24	0Ge 7 59	6Cp58	12 5D	11 13	14 58	16 57	26 46	21 0	17 44	10 52	27 31
22	3:59:20	1 5 38	21 37	12 9	11 48	15 29	16 50	26 43	21 1	17 45	10 53	27 28
23	4: 3:17	2 3 17	5Aq49	12 18	12 22	16 0	16 43	26 40	21 3	17 45	10 54	27 25
24	4: 7:14	3 0 54	19 33	12 32	12 54	16 31	16 36	26 36	21 5	17 46	10 55	27 22
25	4:11:10	3 58 31	2Pi50	12 50	13 24	17 1	16 29	26 33	21 6	17 47	10 57	27 19
26	4:15: 7	4 56 7	15 44	13 12	13 54	17 31	16 22	26 30	21 8	17 48	10 58	27 15
27	4:19: 3	5 53 41	28 19	13 39	14 21	18 1	16 14	26 27	21 9	17 49	10 59	27 12
28	4:23: 0	6 51 15	10Ar38	14 9	14 47	18 31	16 7	26 24	21 11	17 50	11 0	27 9
29	4:26:56	7 48 48	22 47	14 44	15 12	19 1	15 59	26 21	21 12	17 51	11 2	27 6
30	4:30:53	8 46 20	4Ta48	15 23	15 34	19 30	15 52	26 18	21 13	17 52	11 3	27 3
31	4:34:49	9 43 51	16 44	16 6	15 55	19 59	15 44	26 16	21 14	17 53	11 4	27 0

5/21 Sun in Gem. 8:41   5/3 New 23:00   5/12 1st Qt. 2:14   5/18 Full 21:53   5/25 3rd Qt. 14:16

Day	Sid. T.	Sun	Moon	Merc.	Venus	Mars	Jup.	Saturn	Uranus	Nept.	Pluto	N.Node
1	4:38:46	10Ge41 21	28Ta37	16Ta53	16Cn15	20Aq28	15Sg37R	26Li13R	21Pi16	17Le54	11Cn 6	26Le56
2	4:42:43	11 38 51	10Ge29	17 43	16 32	20 56	15 29	26 11	21 17	17 55	11 7	26 53
3	4:46:39	12 36 19	22 21	18 37	16 47	21 24	15 22	26 8	21 18	17 56	11 8	26 50
4	4:50:35	13 33 46	4Cn14	19 34	17 0	21 52	15 14	26 6	21 19	17 57	11 10	26 47
5	4:54:32	14 31 13	16 12	20 35	17 12	22 20	15 6	26 3	21 20	17 58	11 11	26 44
6	4:58:29	15 28 38	28 14	21 39	17 21	22 47	14 59	26 1	21 21	18 0	11 13	26 41
7	5: 2:25	16 26 2	10Le26	22 47	17 28	23 14	14 51	25 59	21 22	18 1	11 14	26 37
8	5: 6:22	17 23 25	22 49	23 57	17 32	23 41	14 43	25 57	21 23	18 2	11 15	26 34
9	5:10:18	18 20 47	5Vi29	25 11	17 35	24 7	14 36	25 55	21 24	18 3	11 17	26 31
10	5:14:15	19 18 8	18 29	26 28	17 35R	24 33	14 28	25 53	21 25	18 5	11 18	26 28
11	5:18:11	20 15 28	1Li53	27 48	17 32	24 59	14 21	25 52	21 25	18 6	11 20	26 25
12	5:22: 8	21 12 47	15 43	29 11	17 28	25 24	14 13	25 50	21 26	18 7	11 21	26 21
13	5:26: 2	22 10 5	0Sc 2	0Ge37	17 21	25 49	14 6	25 48	21 27	18 9	11 23	26 18
14	5:30: 1	23 7 22	14 46	2 6	17 11	26 14	13 58	25 47	21 27	18 10	11 24	26 15
15	5:33:58	24 4 39	29 49	3 39	16 59	26 38	13 51	25 46	21 28	18 12	11 25	26 12
16	5:37:54	25 1 54	15Sg 4	5 14	16 45	27 2	13 43	25 44	21 28	18 13	11 27	26 9
17	5:41:51	25 59 9	0Cp20	6 52	16 28	27 25	13 36	25 43	21 29	18 15	11 28	26 6
18	5:45:47	26 56 24	15 25	8 32	16 9	27 48	13 29	25 42	21 29	18 16	11 30	26 2
19	5:49:44	27 53 38	0Aq11	10 16	15 48	28 11	13 21	25 41	21 30	18 18	11 31	25 59
20	5:53:40	28 50 52	14 31	12 3	15 24	28 33	13 14	25 40	21 30	18 19	11 33	25 56
21	5:57:37	29 48 5	28 23	13 52	14 59	28 54	13 7	25 39	21 30	18 21	11 34	25 53
22	6: 1:34	0Cn45 19	11Pi46	15 44	14 31	29 15	13 0	25 39	21 30	18 22	11 36	25 50
23	6: 5:30	1 42 32	24 45	17 39	14 2	29 36	12 53	25 38	21 31	18 24	11 37	25 47
24	6: 9:27	2 39 45	7Ar21	19 36	13 31	29 56	12 46	25 38	21 31	18 26	11 39	25 43
25	6:13:23	3 36 58	19 40	21 35	12 58	0Pi16	12 40	25 37	21 31	18 27	11 40	25 40
26	6:17:20	4 34 11	1Ta47	23 37	12 24	0 35	12 33	25 37	21 31	18 29	11 42	25 37
27	6:21:16	5 31 24	13 45	25 40	11 49	0 54	12 27	25 37	21 31	18 31	11 43	25 34
28	6:25:13	6 28 38	25 38	27 46	11 13	1 13	12 20	25 37	21 31	18 33	11 45	25 31
29	6:29: 9	7 25 51	7Ge29	29 53	10 36	1 30	12 14	25 37D	21 31	18 34	11 46	25 27
30	6:33: 6	8 23 4	19 21	2Cn 1	9 59	1 47	12 7	25 37	21 30	18 36	11 48	25 24

6/21 Sun in Can. 17:00   6/2 New 14:34   6/10 1st Qt. 13:37   6/17 Full 4:42   6/24 3rd Qt. 2:16

JULY 1924

Day	Sid. T.	Sun	Moon	Merc.	Venus	Mars	Jup.	Saturn	Uranus	Nept.	Pluto	N.Node
1	6:37: 3	9Cn20 17	1Cn16	4Cn10	9Cn22R	2Pi 3	12Sg 1R	25Li37	21Pi30R	18Le38	11Cn49	25Le21
2	6:40:59	10 17 31	13 15	6 20	8 44	2 19	11 55	25 37	21 30	18 40	11 51	25 18
3	6:44:56	11 14 44	25 21	8 30	8 7	2 34	11 50	25 38	21 30	18 42	11 52	25 15
4	6:48:52	12 11 57	7Le34	10 41	7 30	2 49	11 44	25 38	21 29	18 43	11 54	25 12
5	6:52:49	13 9 9	19 56	12 51	6 54	3 3	11 38	25 39	21 29	18 45	11 55	25 8
6	6:56:45	14 6 22	2Vi30	15 1	6 19	3 17	11 33	25 40	21 28	18 47	11 57	25 5
7	7: 0:42	15 3 35	15 18	17 10	5 45	3 29	11 27	25 40	21 28	18 49	11 59	25 2
8	7: 4:38	16 0 47	28 23	19 19	5 12	3 42	11 22	25 41	21 27	18 51	12 0	24 59
9	7: 8:35	16 57 59	11Li48	21 26	4 41	3 53	11 17	25 42	21 27	18 53	12 2	24 56
10	7:12:31	17 55 12	25 34	23 32	4 11	4 4	11 12	25 43	21 26	18 55	12 3	24 53
11	7:16:28	18 52 24	9Sc41	25 37	3 44	4 14	11 7	25 45	21 25	18 57	12 5	24 49
12	7:20:25	19 49 36	24 10	27 40	3 18	4 23	11 3	25 46	21 25	18 59	12 6	24 46
13	7:24:21	20 46 48	8Sg56	29 42	2 54	4 32	10 58	25 47	21 24	19 1	12 8	24 43
14	7:28:18	21 44 0	23 52	1Le42	2 33	4 40	10 54	25 49	21 23	19 3	12 9	24 40
15	7:32:14	22 41 13	8Cp51	3 40	2 13	4 47	10 50	25 50	21 22	19 5	12 11	24 37
16	7:36:11	23 38 26	23 45	5 37	1 56	4 54	10 46	25 52	21 21	19 7	12 12	24 33
17	7:40: 8	24 35 39	8Aq24	7 31	1 41	5 0	10 42	25 54	21 20	19 9	12 14	24 30
18	7:44: 4	25 32 52	22 42	9 25	1 29	5 5	10 39	25 56	21 19	19 11	12 15	24 27
19	7:48: 1	26 30 7	6Pi36	11 16	1 19	5 9	10 35	25 57	21 18	19 13	12 17	24 24
20	7:51:57	27 27 21	20 4	13 5	1 12	5 13	10 32	26 0	21 17	19 15	12 18	24 21
21	7:55:54	28 24 37	3Ar 7	14 53	1 7	5 15	10 29	26 2	21 16	19 17	12 20	24 18
22	7:59:50	29 21 53	15 48	16 39	1 4	5 17	10 26	26 4	21 15	19 19	12 21	24 14
23	8: 3:47	0Le19 11	28 10	18 23	1 4D	5 18	10 23	26 6	21 14	19 21	12 23	24 11
24	8: 7:43	1 16 29	10Ta18	20 5	1 5	5 19R	10 20	26 9	21 12	19 24	12 24	24 8
25	8:11:40	2 13 48	22 16	21 46	1 10	5 18	10 18	26 11	21 11	19 26	12 25	24 5
26	8:15:36	3 11 8	4Ge 9	23 24	1 16	5 17	10 16	26 14	21 10	19 28	12 27	24 2
27	8:19:33	4 8 29	16 1	25 1	1 25	5 15	10 14	26 17	21 8	19 30	12 28	23 58
28	8:23:30	5 5 51	27 55	26 37	1 36	5 12	10 12	26 19	21 7	19 32	12 30	23 55
29	8:27:26	6 3 14	9Cn54	28 10	1 48	5 9	10 10	26 22	21 6	19 34	12 31	23 52
30	8:31:23	7 0 38	22 1	29 42	2 3	5 4	10 9	26 25	21 4	19 37	12 33	23 49
31	8:35:19	7 58 3	4Le18	1Vi12	2 20	4 59	10 7	26 28	21 3	19 39	12 34	23 46

7/23 Sun in Leo 3:58   7/2 New 5:35   7/9 1st Qt. 21:46   7/16 Full 11:49   7/23 3rd Qt. 16:36   7/31 New 19:42(E)

AUGUST 1924

Day	Sid. T.	Sun	Moon	Merc.	Venus	Mars	Jup.	Saturn	Uranus	Nept.	Pluto	N.Node
1	8:39:16	8Le55 28	16Le46	2Vi40	2Cn38	4Pi53R	10Sg 6R	26Li31	21Pi 1R	19Le41	12Cn35	23Le43
2	8:43:12	9 52 55	29 25	4 6	2 59	4 46	10 5	26 35	20 59	19 43	12 37	23 39
3	8:47: 9	10 50 22	12Vi18	5 31	3 21	4 39	10 4	26 38	20 58	19 45	12 38	23 36
4	8:51: 5	11 47 50	25 24	6 53	3 45	4 31	10 4	26 41	20 56	19 48	12 39	23 33
5	8:55: 2	12 45 19	8Li44	8 14	4 11	4 22	10 4	26 45	20 54	19 50	12 41	23 30
6	8:58:59	13 42 49	22 19	9 33	4 38	4 13	10 3	26 48	20 53	19 52	12 42	23 27
7	9: 2:55	14 40 19	6Sc 8	10 49	5 6	4 2	10 3D	26 52	20 51	19 54	12 44	23 24
8	9: 6:51	15 37 50	20 12	12 4	5 36	3 52	10 3	26 56	20 49	19 56	12 45	23 20
9	9:10:48	16 35 22	4Sg28	13 17	6 8	3 40	10 4	26 59	20 47	19 59	12 46	23 17
10	9:14:45	17 32 55	18 54	14 27	6 41	3 28	10 4	27 3	20 45	20 1	12 47	23 14
11	9:18:41	18 30 29	3Cp26	15 35	7 15	3 16	10 5	27 7	20 43	20 3	12 49	23 11
12	9:22:38	19 28 4	18 0	16 41	7 51	3 3	10 6	27 11	20 42	20 5	12 50	23 8
13	9:26:34	20 25 40	2Aq29	17 44	8 27	2 50	10 7	27 15	20 40	20 7	12 51	23 4
14	9:30:31	21 23 16	16 49	18 45	9 5	2 36	10 8	27 20	20 38	20 10	12 52	23 1
15	9:34:28	22 20 54	0Pi53	19 43	9 44	2 22	10 10	27 24	20 36	20 12	12 54	22 58
16	9:38:24	23 18 34	14 39	20 38	10 24	2 7	10 12	27 28	20 34	20 14	12 55	22 55
17	9:42:21	24 16 14	28 3	21 31	11 6	1 52	10 13	27 33	20 32	20 16	12 56	22 52
18	9:46:17	25 13 57	11Ar 6	22 20	11 48	1 37	10 15	27 37	20 29	20 19	12 57	22 49
19	9:50:14	26 11 40	23 49	23 6	12 31	1 22	10 18	27 42	20 27	20 21	12 59	22 45
20	9:54:10	27 9 26	6Ta13	23 48	13 15	1 6	10 20	27 46	20 25	20 23	13 0	22 42
21	9:58: 7	28 7 13	18 23	24 27	14 0	0 50	10 23	27 51	20 23	20 25	13 1	22 39
22	10: 2: 4	29 5 2	0Ge23	25 2	14 46	0 34	10 25	27 56	20 21	20 27	13 2	22 36
23	10: 6: 0	0Vi 2 52	12 16	25 32	15 33	0 18	10 28	28 1	20 19	20 30	13 3	22 33
24	10: 9:57	1 0 45	24 9	25 59	16 21	0 2	10 31	28 6	20 16	20 32	13 4	22 30
25	10:13:53	1 58 39	6Cn 4	26 20	17 9	29Aq47	10 35	28 11	20 14	20 34	13 5	22 26
26	10:17:50	2 56 35	18 7	26 37	17 58	29 31	10 38	28 16	20 12	20 36	13 6	22 23
27	10:21:46	3 54 32	0Le21	26 49	18 48	29 15	10 42	28 21	20 10	20 38	13 7	22 20
28	10:25:43	4 52 32	12 49	26 55	19 39	29 0	10 45	28 26	20 7	20 41	13 8	22 17
29	10:29:39	5 50 33	25 32	26 55R	20 30	28 44	10 49	28 31	20 5	20 43	13 9	22 14
30	10:33:36	6 48 35	8Vi31	26 50	21 22	28 29	10 53	28 37	20 3	20 45	13 10	22 10
31	10:37:32	7 46 39	21 47	26 38	22 15	28 15	10 58	28 42	20 1	20 47	13 11	22 7

8/23 Sun in Vir. 10:48   8/8 1st Qt. 3:42   8/14 Full 20:19(E)   8/22 3rd Qt. 9:10   8/30 New 8:37(E)

Day	Sid. T.	Sun	Moon	Merc.	Venus	Mars	Jup.	Saturn	Uranus	Nept.	Pluto	N.Node
1	10:41:29	8Vi44 45	5Li18	26Vi20R	23Cn 8	28Aq 0R	11Sg 2	28Li47	19Pi58R	20Le49	13Cn12	22Le 4
2	10:45:25	9 42 52	19 3	25 56	24 2	27 46	11 7	28 53	19 56	20 51	13 13	22 1
3	10:49:22	10 41 1	2Sc58	25 26	24 57	27 33	11 11	28 58	19 53	20 53	13 14	21 58
4	10:53:19	11 39 12	17 2	24 50	25 52	27 20	11 16	29 4	19 51	20 56	13 15	21 55
5	10:57:15	12 37 23	1Sg11	24 8	26 47	27 7	11 22	29 10	19 49	20 58	13 16	21 51
6	11: 1:12	13 35 37	15 23	23 20	27 43	26 56	11 27	29 16	19 46	21 0	13 17	21 48
7	11: 5: 8	14 33 51	29 36	22 28	28 40	26 44	11 32	29 21	19 44	21 2	13 18	21 45
8	11: 9: 5	15 32 8	13Cp47	21 32	29 37	26 34	11 38	29 27	19 42	21 4	13 18	21 42
9	11:13: 1	16 30 25	27 55	20 33	0Le34	26 24	11 43	29 33	19 39	21 6	13 19	21 39
10	11:16:58	17 28 45	11Aq57	19 33	1 32	26 14	11 49	29 39	19 37	21 8	13 20	21 36
11	11:20:55	18 27 6	25 50	18 32	2 31	26 6	11 55	29 45	19 34	21 10	13 21	21 32
12	11:24:51	19 25 28	9Pi31	17 32	3 30	25 58	12 2	29 51	19 32	21 12	13 22	21 29
13	11:28:48	20 23 53	22 59	16 34	4 29	25 50	12 8	29 57	19 30	21 14	13 22	21 26
14	11:32:44	21 22 19	6Ar11	15 40	5 29	25 44	12 14	0Sc 3	19 27	21 16	13 23	21 23
15	11:36:41	22 20 47	19 6	14 51	6 29	25 38	12 21	0 9	19 25	21 18	13 24	21 20
16	11:40:37	23 19 18	1Ta45	14 9	7 29	25 33	12 28	0 16	19 22	21 20	13 24	21 16
17	11:44:34	24 17 50	14 8	13 34	8 30	25 29	12 35	0 22	19 20	21 22	13 25	21 13
18	11:48:30	25 16 25	26 17	13 8	9 31	25 25	12 42	0 28	19 18	21 24	13 26	21 10
19	11:52:27	26 15 1	8Ge17	12 51	10 33	25 23	12 49	0 35	19 15	21 26	13 26	21 7
20	11:56:24	27 13 40	20 10	12 43	11 35	25 21	12 56	0 41	19 13	21 28	13 27	21 4
21	12: 0:20	28 12 22	2Cn 1	12 45D	12 37	25 20	13 4	0 48	19 10	21 29	13 27	21 1
22	12: 4:17	29 11 5	13 57	12 57	13 40	25 20D	13 11	0 54	19 8	21 31	13 28	20 57
23	12: 8:13	0Li 9 51	26 0	13 18	14 43	25 20	13 19	1 1	19 6	21 33	13 28	20 54
24	12:12:10	1 8 39	8Le17	13 49	15 46	25 21	13 27	1 7	19 3	21 35	13 29	20 51
25	12:16: 6	2 7 29	20 50	14 30	16 50	25 23	13 35	1 14	19 1	21 37	13 29	20 48
26	12:20: 3	3 6 21	3Vi45	15 18	17 54	25 26	13 43	1 20	18 59	21 39	13 30	20 45
27	12:23:59	4 5 15	17 1	16 15	18 58	25 30	13 51	1 27	18 56	21 40	13 30	20 42
28	12:27:56	5 4 12	0Li38	17 19	20 2	25 34	14 0	1 34	18 54	21 42	13 31	20 38
29	12:31:52	6 3 10	14 36	18 30	21 7	25 40	14 8	1 41	18 52	21 44	13 31	20 35
30	12:35:49	7 2 11	28 48	19 46	22 12	25 46	14 17	1 47	18 50	21 45	13 31	20 32

9/23 Sun in Lib. 7:59   9/6 1st Qt. 8:46   9/13 Full 7:00   9/21 3rd Qt. 3:35   9/28 New 20:16

Day	Sid. T.	Sun	Moon	Merc.	Venus	Mars	Jup.	Saturn	Uranus	Nept.	Pluto	N.Node
1	12:39:45	8Li 1 13	13Sc12	21Vi 8	23Le17	25Aq53	14Sg26	1Sc54	18Pi47R	21Le47	13Cn32	20Le29
2	12:43:42	9 0 18	27 39	22 34	24 23	26 0	14 35	2 1	18 45	21 49	13 32	20 26
3	12:47:38	9 59 24	12Sg 5	24 4	25 28	26 8	14 44	2 8	18 43	21 50	13 32	20 22
4	12:51:35	10 58 32	26 25	25 38	26 34	26 17	14 53	2 15	18 41	21 52	13 32	20 19
5	12:55:32	11 57 42	10Cp36	27 14	27 41	26 27	15 2	2 22	18 39	21 54	13 33	20 16
6	12:59:28	12 56 53	24 36	28 52	28 47	26 38	15 11	2 29	18 37	21 55	13 33	20 13
7	13: 3:25	13 56 7	8Aq26	0Li33	29 54	26 49	15 21	2 36	18 34	21 57	13 33	20 10
8	13: 7:21	14 55 22	22 4	2 14	1Vi 1	27 1	15 30	2 43	18 32	21 58	13 33	20 7
9	13:11:18	15 54 38	5Pi32	3 57	2 8	27 13	15 40	2 50	18 30	22 0	13 33	20 3
10	13:15:15	16 53 57	18 48	5 41	3 15	27 27	15 50	2 57	18 28	22 1	13 33	20 0
11	13:19:11	17 53 17	1Ar53	7 25	4 23	27 41	16 0	3 4	18 26	22 3	13 33	19 57
12	13:23: 8	18 52 40	14 47	9 9	5 30	27 55	16 10	3 11	18 24	22 4	13 33	19 54
13	13:27: 4	19 52 4	27 28	10 54	6 38	28 11	16 20	3 18	18 22	22 5	13 34	19 51
14	13:31: 1	20 51 31	9Ta57	12 38	7 46	28 26	16 30	3 25	18 20	22 7	13 34R	19 47
15	13:34:57	21 51 0	22 14	14 22	8 55	28 43	16 40	3 32	18 19	22 8	13 34	19 44
16	13:38:54	22 50 31	4Ge19	16 7	10 3	29 0	16 51	3 39	18 17	22 9	13 33	19 41
17	13:42:50	23 50 4	16 16	17 50	11 12	29 17	17 1	3 47	18 15	22 11	13 33	19 38
18	13:46:47	24 49 39	28 8	19 34	12 21	29 36	17 12	3 54	18 13	22 12	13 33	19 35
19	13:50:43	25 49 17	9Cn57	21 17	13 30	29 54	17 23	4 1	18 11	22 13	13 33	19 32
20	13:54:40	26 48 57	21 50	22 59	14 39	0Pi14	17 33	4 8	18 10	22 14	13 33	19 28
21	13:58:37	27 48 39	3Le50	24 41	15 48	0 33	17 44	4 15	18 8	22 15	13 33	19 25
22	14: 2:33	28 48 23	16 5	26 22	16 58	0 54	17 55	4 23	18 6	22 16	13 33	19 22
23	14: 6:30	29 48 10	28 39	28 3	18 7	1 14	18 6	4 30	18 5	22 18	13 33	19 19
24	14:10:26	0Sc47 59	11Vi35	29 43	19 17	1 36	18 18	4 37	18 3	22 19	13 32	19 16
25	14:14:23	1 47 50	24 58	1Sc23	20 27	1 58	18 29	4 44	18 2	22 20	13 32	19 13
26	14:18:19	2 47 43	8Li48	3 2	21 37	2 20	18 40	4 52	18 0	22 21	13 32	19 9
27	14:22:16	3 47 38	23 4	4 41	22 48	2 43	18 52	4 59	17 59	22 22	13 31	19 6
28	14:26:12	4 47 36	7Sc41	6 19	23 58	3 6	19 3	5 6	17 57	22 23	13 31	19 3
29	14:30: 9	5 47 35	22 31	7 57	25 8	3 29	19 15	5 13	17 56	22 23	13 31	19 0
30	14:34: 5	6 47 36	7Sg25	9 34	26 19	3 53	19 26	5 21	17 54	22 24	13 30	18 57
31	14:38: 2	7 47 39	22 15	11 11	27 30	4 18	19 38	5 28	17 53	22 25	13 30	18 53

10/23 Sun in Sco. 16:45   10/5 1st Qt. 14:30   10/12 Full 20:21   10/20 3rd Qt. 22:55   10/28 New 6:57

NOVEMBER 1924

Day	Sid. T.	Sun	Moon	Merc.	Venus	Mars	Jup.	Saturn	Uranus	Nept.	Pluto	N.Node
1	14:41:59	8Sc47 44	6Cp54	12Sc47	28Vi41	4Pi43	19Sg50	5Sc35	17Pi52R	22Le26	13Cn30R	18Le50
2	14:45:55	9 47 50	21 15	14 23	29 52	5 8	20 2	5 42	17 51	22 27	13 29	18 47
3	14:49:52	10 47 58	5Aq18	15 58	1Li 3	5 34	20 14	5 50	17 49	22 28	13 29	18 44
4	14:53:48	11 48 7	19 1	17 33	2 14	6 0	20 26	5 57	17 48	22 28	13 28	18 41
5	14:57:45	12 48 17	2Pi27	19 8	3 26	6 26	20 38	6 4	17 47	22 29	13 28	18 38
6	15: 1:42	13 48 29	15 38	20 42	4 37	6 53	20 50	6 11	17 46	22 30	13 27	18 34
7	15: 5:38	14 48 43	28 35	22 16	5 49	7 20	21 2	6 18	17 45	22 30	13 27	18 31
8	15: 9:35	15 48 58	11Ar20	23 49	7 1	7 48	21 15	6 26	17 44	22 31	13 26	18 28
9	15:13:31	16 49 15	23 55	25 22	8 12	8 15	21 27	6 33	17 43	22 31	13 26	18 25
10	15:17:28	17 49 33	6Ta20	26 55	9 24	8 44	21 40	6 40	17 43	22 32	13 25	18 22
11	15:21:24	18 49 53	18 36	28 27	10 36	9 12	21 52	6 47	17 42	22 32	13 24	18 19
12	15:25:21	19 50 15	0Ge43	29 59	11 48	9 41	22 5	6 54	17 41	22 33	13 24	18 15
13	15:29:17	20 50 39	12 43	1Sg31	13 1	10 10	22 17	7 1	17 40	22 33	13 23	18 12
14	15:33:14	21 51 4	24 36	3 3	14 13	10 39	22 30	7 8	17 40	22 34	13 22	18 9
15	15:37:10	22 51 31	6Cn26	4 34	15 25	11 9	22 43	7 16	17 39	22 34	13 22	18 6
16	15:41: 7	23 52 0	18 14	6 5	16 38	11 39	22 55	7 23	17 38	22 34	13 21	18 3
17	15:45: 3	24 52 31	0Le 5	7 36	17 50	12 9	23 8	7 30	17 38	22 35	13 20	17 59
18	15:49: 0	25 53 3	12 3	9 6	19 3	12 39	23 21	7 37	17 37	22 35	13 19	17 56
19	15:52:57	26 53 37	24 14	10 36	20 16	13 10	23 34	7 44	17 37	22 35	13 19	17 53
20	15:56:53	27 54 13	6Vi42	12 6	21 29	13 41	23 47	7 51	17 37	22 35	13 18	17 50
21	16: 0:50	28 54 51	19 34	13 35	22 42	14 12	24 0	7 58	17 36	22 35	13 17	17 47
22	16: 4:46	29 55 30	2Li54	15 4	23 55	14 44	24 13	8 5	17 36	22 35	13 16	17 44
23	16: 8:43	0Sg56 11	16 43	16 33	25 8	15 15	24 26	8 11	17 36	22 36	13 15	17 40
24	16:12:39	1 56 54	1Sc 2	18 1	26 21	15 47	24 39	8 18	17 36	22 36	13 14	17 37
25	16:16:36	2 57 38	15 48	19 29	27 34	16 19	24 52	8 25	17 36	22 36R	13 13	17 34
26	16:20:32	3 58 23	0Sg52	20 56	28 47	16 51	25 6	8 32	17 36	22 35	13 12	17 31
27	16:24:29	4 59 10	16 6	22 22	0Sc 1	17 24	25 19	8 39	17 36D	22 35	13 12	17 28
28	16:28:26	5 59 59	1Cp17	23 48	1 14	17 57	25 32	8 45	17 36	22 35	13 11	17 25
29	16:32:22	7 0 48	16 17	25 13	2 27	18 30	25 45	8 52	17 36	22 35	13 10	17 21
30	16:36:19	8 1 38	0Aq57	26 37	3 41	19 3	25 59	8 59	17 36	22 35	13 9	17 18

11/22 Sun in Sag. 13:47   11/3 1st Qt. 22:19   11/11 Full 12:31   11/19 3rd Qt. 17:39   11/26 New 17:16

DECEMBER 1924

Day	Sid. T.	Sun	Moon	Merc.	Venus	Mars	Jup.	Saturn	Uranus	Nept.	Pluto	N.Node
1	16:40:15	9Sg 2 30	15Aq13	27Sg59	4Sc55	19Pi36	26Sg12	9Sc 5	17Pi36	22Le35R	13Cn 8R	17Le15
2	16:44:12	10 3 22	29 4	29 21	6 8	20 9	26 26	9 12	17 36	22 35	13 7	17 12
3	16:48: 8	11 4 15	12Pi31	0Cp41	7 22	20 43	26 39	9 19	17 37	22 34	13 6	17 9
4	16:52: 5	12 5 8	25 37	1 59	8 36	21 17	26 53	9 25	17 37	22 34	13 5	17 5
5	16:56: 2	13 6 3	8Ar24	3 15	9 49	21 51	27 6	9 32	17 37	22 34	13 4	17 2
6	16:59:58	14 6 58	20 57	4 29	11 3	22 25	27 20	9 38	17 38	22 33	13 2	16 59
7	17: 3:55	15 7 54	3Ta18	5 40	12 17	22 59	27 33	9 44	17 38	22 33	13 1	16 56
8	17: 7:51	16 8 50	15 30	6 48	13 31	23 34	27 47	9 51	17 39	22 33	13 0	16 53
9	17:11:48	17 9 47	27 34	7 53	14 45	24 8	28 0	9 57	17 39	22 32	12 59	16 50
10	17:15:44	18 10 46	9Ge32	8 53	15 59	24 43	28 14	10 3	17 40	22 32	12 58	16 46
11	17:19:41	19 11 45	21 26	9 49	17 13	25 18	28 28	10 9	17 41	22 31	12 57	16 43
12	17:23:37	20 12 46	3Cn17	10 39	18 27	25 53	28 41	10 16	17 42	22 30	12 56	16 40
13	17:27:34	21 13 46	15 6	11 23	19 41	26 28	28 55	10 22	17 42	22 30	12 55	16 37
14	17:31:31	22 14 48	26 56	12 0	20 55	27 3	29 9	10 28	17 43	22 29	12 54	16 34
15	17:35:27	23 15 51	8Le49	12 30	22 9	27 38	29 22	10 34	17 44	22 28	12 52	16 31
16	17:39:24	24 16 54	20 49	12 50	23 24	28 14	29 36	10 40	17 45	22 28	12 51	16 27
17	17:43:20	25 17 58	3Vi 1	13 1	24 38	28 50	29 50	10 45	17 46	22 27	12 50	16 24
18	17:47:17	26 19 3	15 27	13 1R	25 52	29 25	0Cp 3	10 51	17 47	22 26	12 49	16 21
19	17:51:13	27 20 9	28 14	12 51	27 7	0Ar 1	0 17	10 57	17 48	22 26	12 48	16 18
20	17:55:10	28 21 16	11Li26	12 28	28 21	0 37	0 31	11 3	17 49	22 25	12 46	16 15
21	17:59: 6	29 22 23	25 5	11 54	29 35	1 13	0 45	11 8	17 51	22 24	12 45	16 11
22	18: 3: 3	0Cp23 32	9Sc14	11 9	0Sg50	1 49	0 58	11 14	17 52	22 23	12 44	16 8
23	18: 6:59	1 24 41	23 51	10 13	2 4	2 26	1 12	11 19	17 53	22 22	12 43	16 5
24	18:10:56	2 25 50	8Sg50	9 7	3 19	3 2	1 26	11 25	17 55	22 21	12 42	16 2
25	18:14:53	3 27 0	24 4	7 53	4 33	3 38	1 40	11 30	17 56	22 20	12 40	15 59
26	18:18:49	4 28 11	9Cp22	6 34	5 48	4 15	1 54	11 36	17 57	22 19	12 39	15 56
27	18:22:46	5 29 22	24 34	5 13	7 2	4 51	2 7	11 41	17 59	22 18	12 38	15 52
28	18:26:42	6 30 33	9Aq29	3 51	8 17	5 28	2 21	11 46	18 0	22 17	12 37	15 49
29	18:30:39	7 31 43	24 1	2 32	9 32	6 5	2 35	11 51	18 2	22 16	12 35	15 46
30	18:34:35	8 32 54	8Pi 6	1 17	10 46	6 42	2 49	11 56	18 4	22 15	12 34	15 43
31	18:38:32	9 34 5	21 44	0 10	12 1	7 19	3 2	12 1	18 5	22 14	12 33	15 40

12/22 Sun in Cap. 2:46   12/3 1st Qt. 9:11   12/11 Full 7:04   12/19 3rd Qt. 10:12   12/26 New 3:46

JANUARY 1925

Day	Sid. T.	Sun	Moon	Merc.	Venus	Mars	Jup.	Saturn	Uranus	Nept.	Pluto	N.Node
1	18:42:29	10Cp35 15	4Ar56	29Sg11R	13Sg16	7Ar56	3Cp16	12Sc 6	18Pi 7	22Le13R	12Cn32R	15Le36
2	18:46:25	11 36 25	17 45	28 22	14 30	8 33	3 30	12 11	18 9	22 12	12 30	15 33
3	18:50:22	12 37 34	0Ta15	27 43	15 45	9 10	3 43	12 16	18 11	22 10	12 29	15 30
4	18:54:18	13 38 44	12 30	27 14	17 0	9 47	3 57	12 20	18 13	22 9	12 28	15 27
5	18:58:15	14 39 53	24 35	26 56	18 14	10 24	4 11	12 25	18 14	22 8	12 27	15 24
6	19: 2:11	15 41 2	6Ge31	26 47	19 29	11 2	4 24	12 29	18 16	22 7	12 25	15 21
7	19: 6: 8	16 42 10	18 23	26 47D	20 44	11 39	4 38	12 34	18 18	22 5	12 24	15 17
8	19:10: 4	17 43 19	0Cn14	26 56	21 59	12 17	4 52	12 38	18 20	22 4	12 23	15 14
9	19:14: 1	18 44 27	12 4	27 12	23 13	12 54	5 5	12 43	18 23	22 2	12 22	15 11
10	19:17:58	19 45 34	23 56	27 36	24 28	13 32	5 19	12 47	18 25	22 1	12 20	15 8
11	19:21:54	20 46 42	5Le52	28 6	25 43	14 9	5 32	12 51	18 27	22 0	12 19	15 5
12	19:25:51	21 47 49	17 53	28 42	26 58	14 47	5 46	12 55	18 29	21 59	12 18	15 2
13	19:29:47	22 48 55	0Vi 3	29 23	28 13	15 25	5 59	12 59	18 31	21 57	12 17	14 58
14	19:33:44	23 50 2	12 23	0Cp10	29 27	16 2	6 13	13 3	18 34	21 56	12 15	14 55
15	19:37:41	24 51 8	24 56	1 0	0Cp42	16 40	6 26	13 6	18 36	21 54	12 14	14 52
16	19:41:37	25 52 14	7Li46	1 54	1 57	17 18	6 40	13 10	18 38	21 53	12 13	14 49
17	19:45:33	26 53 19	20 55	2 52	3 12	17 56	6 53	13 14	18 41	21 51	12 12	14 46
18	19:49:30	27 54 25	4Sc27	3 53	4 27	18 34	7 7	13 17	18 43	21 50	12 11	14 42
19	19:53:27	28 55 30	18 22	4 56	5 42	19 12	7 20	13 21	18 45	21 48	12 9	14 39
20	19:57:23	29 56 35	2Sg40	6 2	6 57	19 50	7 33	13 24	18 48	21 47	12 8	14 36
21	20: 1:20	0Aq57 39	17 20	7 11	8 11	20 28	7 47	13 27	18 50	21 45	12 7	14 33
22	20: 5:16	1 58 43	2Cp16	8 21	9 26	21 6	8 0	13 30	18 53	21 44	12 6	14 30
23	20: 9:13	2 59 47	17 21	9 33	10 41	21 44	8 13	13 33	18 56	21 42	12 5	14 27
24	20:13: 9	4 0 50	2Aq25	10 47	11 56	22 23	8 26	13 36	18 58	21 41	12 4	14 23
25	20:17: 6	5 1 52	17 20	12 3	13 11	23 1	8 39	13 39	19 1	21 39	12 2	14 20
26	20:21: 3	6 2 52	1Pi57	13 20	14 26	23 39	8 52	13 42	19 4	21 37	12 1	14 17
27	20:24:59	7 3 52	16 12	14 39	15 41	24 17	9 5	13 45	19 6	21 36	12 0	14 14
28	20:28:56	8 4 51	0Ar 0	15 59	16 56	24 56	9 18	13 47	19 9	21 34	11 59	14 11
29	20:32:52	9 5 48	13 22	17 20	18 11	25 34	9 31	13 50	19 12	21 33	11 58	14 8
30	20:36:49	10 6 45	26 19	18 42	19 26	26 12	9 44	13 53	19 15	21 31	11 57	14 4
31	20:40:45	11 7 39	8Ta54	20 5	20 41	26 51	9 57	13 54	19 18	21 29	11 56	14 1

1/20 Sun in Aqu. 13:20   1/1 1st Qt. 23:26   1/10 Full 2:47   1/17 3rd Qt. 23:33   1/24 New 14:45(E)   1/31 1st Qt. 16:43

FEBRUARY 1925

Day	Sid. T.	Sun	Moon	Merc.	Venus	Mars	Jup.	Saturn	Uranus	Nept.	Pluto	N.Node
1	20:44:42	12Aq 8 33	21Ta10	21Cp29	21Cp55	27Ar29	10Cp10	13Sc56	19Pi20	21Le28R	11Cn55R	13Le58
2	20:48:38	13 9 25	3Ge14	22 54	23 10	28 7	10 22	13 58	19 23	21 26	11 54	13 55
3	20:52:35	14 10 16	15 8	24 21	24 25	28 46	10 35	14 0	19 26	21 24	11 53	13 52
4	20:56:32	15 11 6	26 58	25 48	25 40	29 24	10 48	14 2	19 29	21 23	11 52	13 48
5	21: 0:28	16 11 54	8Cn47	27 16	26 55	0Ta 3	11 0	14 4	19 32	21 21	11 51	13 45
6	21: 4:25	17 12 41	20 38	28 45	28 10	0 41	11 13	14 6	19 35	21 19	11 50	13 42
7	21: 8:21	18 13 26	2Le35	0Aq14	29 25	1 20	11 25	14 7	19 38	21 18	11 49	13 39
8	21:12:18	19 14 10	14 40	1 45	0Aq40	1 58	11 37	14 9	19 41	21 16	11 48	13 36
9	21:16:14	20 14 53	26 54	3 16	1 55	2 37	11 50	14 10	19 44	21 14	11 47	13 33
10	21:20:11	21 15 34	9Vi20	4 48	3 10	3 15	12 2	14 11	19 48	21 13	11 46	13 29
11	21:24: 8	22 16 15	21 57	6 22	4 24	3 54	12 14	14 13	19 51	21 11	11 45	13 26
12	21:28: 4	23 16 53	4Li47	7 56	5 39	4 32	12 26	14 14	19 54	21 9	11 44	13 23
13	21:32: 0	24 17 31	17 51	9 30	6 54	5 11	12 38	14 15	19 57	21 7	11 43	13 20
14	21:35:57	25 18 7	1Sc10	11 6	8 9	5 50	12 50	14 15	20 0	21 6	11 42	13 17
15	21:39:53	26 18 43	14 44	12 43	9 24	6 28	13 2	14 16	20 3	21 4	11 41	13 14
16	21:43:50	27 19 17	28 34	14 20	10 39	7 7	13 14	14 17	20 7	21 2	11 40	13 10
17	21:47:47	28 19 50	12Sg39	15 58	11 54	7 45	13 25	14 17	20 10	21 1	11 40	13 7
18	21:51:43	29 20 22	26 58	17 37	13 9	8 24	13 37	14 18	20 13	20 59	11 39	13 4
19	21:55:40	0Pi20 52	11Cp29	19 18	14 23	9 3	13 49	14 18	20 16	20 57	11 38	13 1
20	21:59:37	1 21 21	26 7	20 59	15 38	9 41	14 0	14 18	20 20	20 56	11 37	12 58
21	22: 3:33	2 21 49	10Aq48	22 41	16 53	10 20	14 11	14 19	20 23	20 54	11 37	12 54
22	22: 7:30	3 22 15	25 24	24 24	18 8	10 59	14 23	14 19R	20 26	20 52	11 36	12 51
23	22:11:26	4 22 39	9Pi50	26 7	19 23	11 37	14 34	14 18	20 30	20 51	11 35	12 48
24	22:15:22	5 23 2	24 0	27 52	20 38	12 16	14 45	14 18	20 33	20 49	11 34	12 45
25	22:19:19	6 23 22	7Ar49	29 38	21 53	12 55	14 56	14 18	20 36	20 48	11 33	12 42
26	22:23:16	7 23 41	21 14	1Pi25	23 7	13 33	15 7	14 17	20 40	20 46	11 33	12 39
27	22:27:12	8 23 58	4Ta16	3 13	24 22	14 12	15 18	14 17	20 43	20 44	11 32	12 35
28	22:31: 9	9 24 13	16 56	5 2	25 37	14 51	15 29	14 16	20 46	20 43	11 32	12 32

2/19 Sun in Pis. 3:43   2/8 Full 21:49(E)   2/16 3rd Qt. 9:42   2/23 New 2:12

MARCH 1925

Day	Sid. T.	Sun	Moon	Merc.	Venus	Mars	Jup.	Saturn	Uranus	Nept.	Pluto	N.Node
1	22:35: 5	10Pi24 26	29Ta16	6Pi52	26Aq52	15Ta29	15Cp39	14Sc16R	20Pi50	20Le41R	11Cn31R	12Le29
2	22:39: 2	11 24 37	11Ge22	8 43	28 7	16 8	15 50	14 15	20 53	20 40	11 31	12 26
3	22:42:58	12 24 46	23 17	10 35	29 21	16 47	16 0	14 14	20 57	20 38	11 30	12 23
4	22:46:55	13 24 53	5Cn 6	12 28	0Pi36	17 26	16 11	14 13	21 0	20 37	11 30	12 20
5	22:50:52	14 24 58	16 56	14 21	1 51	18 4	16 21	14 12	21 3	20 35	11 29	12 16
6	22:54:48	15 25 0	28 49	16 16	3 6	18 43	16 31	14 11	21 7	20 34	11 29	12 13
7	22:58:45	16 25 1	10Le51	18 12	4 21	19 22	16 41	14 9	21 10	20 32	11 28	12 10
8	23: 2:41	17 24 59	23 4	20 8	5 35	20 0	16 51	14 8	21 14	20 31	11 28	12 7
9	23: 6:38	18 24 56	5Vi32	22 5	6 50	20 39	17 1	14 6	21 17	20 29	11 28	12 4
10	23:10:34	19 24 50	18 15	24 3	8 5	21 18	17 11	14 5	21 20	20 28	11 27	12 0
11	23:14:31	20 24 42	1Li14	26 1	9 19	21 56	17 20	14 3	21 24	20 26	11 27	11 57
12	23:18:27	21 24 33	14 29	27 59	10 34	22 35	17 30	14 1	21 27	20 25	11 26	11 54
13	23:22:24	22 24 21	27 57	29 57	11 49	23 13	17 39	14 0	21 31	20 24	11 26	11 51
14	23:26:20	23 24 8	11Sc37	1Ar55	13 3	23 52	17 48	13 58	21 34	20 22	11 26	11 48
15	23:30:17	24 23 54	25 27	3 53	14 18	24 31	17 57	13 55	21 38	20 21	11 26	11 45
16	23:34:14	25 23 37	9Sg24	5 50	15 33	25 9	18 6	13 53	21 41	20 19	11 25	11 41
17	23:38:10	26 23 19	23 28	7 45	16 47	25 48	18 15	13 51	21 44	20 18	11 25	11 38
18	23:42: 7	27 22 59	7Cp36	9 40	18 2	26 27	18 24	13 49	21 48	20 17	11 25	11 35
19	23:46: 3	28 22 38	21 48	11 32	19 17	27 5	18 33	13 46	21 51	20 16	11 25	11 32
20	23:50: 0	29 22 15	6Aq 1	13 22	20 31	27 44	18 41	13 44	21 55	20 14	11 25	11 29
21	23:53:56	0Ar21 49	20 14	15 10	21 46	28 23	18 50	13 41	21 58	20 13	11 25	11 25
22	23:57:53	1 21 22	4Pi23	16 54	23 0	29 1	18 58	13 38	22 2	20 12	11 25	11 22
23	0: 1:49	2 20 54	18 25	18 35	24 15	29 40	19 6	13 36	22 5	20 11	11 24	11 19
24	0: 5:46	3 20 23	2Ar15	20 11	25 30	0Ge18	19 14	13 33	22 8	20 10	11 24	11 16
25	0: 9:43	4 19 50	15 51	21 44	26 44	0 57	19 22	13 30	22 12	20 9	11 24	11 13
26	0:13:39	5 19 15	29 8	23 11	27 59	1 36	19 29	13 27	22 15	20 7	11 24D	11 10
27	0:17:36	6 18 38	12Ta 7	24 33	29 13	2 14	19 37	13 24	22 18	20 6	11 24	11 6
28	0:21:32	7 17 58	24 45	25 49	0Ar28	2 53	19 44	13 21	22 22	20 5	11 24	11 3
29	0:25:29	8 17 17	7Ge 6	27 0	1 42	3 31	19 52	13 17	22 25	20 4	11 25	11 0
30	0:29:25	9 16 33	19 13	28 4	2 57	4 10	19 59	13 14	22 28	20 3	11 25	10 57
31	0:33:22	10 15 47	1Cn 8	29 2	4 11	4 48	20 6	13 11	22 32	20 2	11 25	10 54

3/21 Sun in Ari. 3:12   3/2 1st Qt. 12:07   3/10 Full 14:21   3/17 3rd Qt. 17:22   3/24 New 14:03

APRIL 1925

Day	Sid. T.	Sun	Moon	Merc.	Venus	Mars	Jup.	Saturn	Uranus	Nept.	Pluto	N.Node
1	0:37:19	11Ar14 58	12Cn58	29Ar53	5Ar26	5Ge27	20Cp13	13Sc 7R	22Pi35	20Le 1R	11Cn25	10Le51
2	0:41:15	12 14 8	24 47	0Ta38	6 40	6 5	20 20	13 4	22 38	20 1	11 25	10 47
3	0:45:12	13 13 15	6Le42	1 16	7 54	6 44	20 26	13 0	22 42	20 0	11 25	10 44
4	0:49: 8	14 12 19	18 46	1 46	9 9	7 22	20 33	12 57	22 45	19 59	11 25	10 41
5	0:53: 5	15 11 22	1Vi 5	2 10	10 23	8 1	20 39	12 53	22 48	19 58	11 26	10 38
6	0:57: 1	16 10 22	13 42	2 27	11 38	8 39	20 45	12 49	22 51	19 57	11 26	10 35
7	1: 0:58	17 9 20	26 40	2 37	12 52	9 18	20 51	12 45	22 55	19 56	11 26	10 31
8	1: 4:54	18 8 15	9Li58	2 40R	14 6	9 56	20 57	12 41	22 58	19 56	11 27	10 28
9	1: 8:51	19 7 9	23 37	2 36	15 21	10 35	21 2	12 38	23 1	19 55	11 27	10 25
10	1:12:48	20 6 1	7Sc32	2 26	16 35	11 13	21 8	12 34	23 4	19 54	11 27	10 22
11	1:16:44	21 4 51	21 39	2 11	17 49	11 51	21 13	12 30	23 7	19 54	11 28	10 19
12	1:20:41	22 3 39	5Sg53	1 49	19 4	12 30	21 18	12 26	23 10	19 53	11 28	10 16
13	1:24:37	23 2 25	20 10	1 23	20 18	13 8	21 23	12 21	23 13	19 52	11 28	10 12
14	1:28:34	24 1 10	4Cp26	0 52	21 32	13 47	21 28	12 17	23 16	19 52	11 29	10 9
15	1:32:30	24 59 52	18 37	0 17	22 46	14 25	21 33	12 13	23 20	19 51	11 29	10 6
16	1:36:27	25 58 34	2Aq42	29Ar40	24 1	15 3	21 37	12 9	23 23	19 51	11 30	10 3
17	1:40:23	26 57 13	16 41	28 59	25 15	15 42	21 42	12 5	23 26	19 50	11 30	10 0
18	1:44:20	27 55 51	0Pi33	28 18	26 29	16 20	21 46	12 0	23 29	19 50	11 31	9 57
19	1:48:16	28 54 27	14 18	27 35	27 43	16 58	21 50	11 56	23 32	19 50	11 32	9 53
20	1:52:13	29 53 2	27 54	26 53	28 57	17 37	21 54	11 52	23 34	19 49	11 32	9 50
21	1:56:10	0Ta51 34	11Ar19	26 11	0Ta12	18 15	21 57	11 47	23 37	19 49	11 33	9 47
22	2: 0: 6	1 50 5	24 33	25 31	1 26	18 53	22 1	11 43	23 40	19 49	11 33	9 44
23	2: 4: 3	2 48 34	7Ta34	24 53	2 40	19 32	22 4	11 38	23 43	19 48	11 34	9 41
24	2: 7:59	3 47 1	20 19	24 17	3 54	20 10	22 7	11 34	23 46	19 48	11 35	9 37
25	2:11:56	4 45 27	2Ge49	23 45	5 8	20 48	22 10	11 29	23 49	19 48	11 35	9 34
26	2:15:52	5 43 50	15 5	23 17	6 22	21 27	22 13	11 25	23 51	19 48	11 36	9 31
27	2:19:49	6 42 11	27 8	22 53	7 36	22 5	22 15	11 20	23 54	19 48	11 37	9 28
28	2:23:46	7 40 31	9Cn 2	22 33	8 50	22 43	22 18	11 16	23 57	19 48	11 38	9 25
29	2:27:42	8 38 48	20 51	22 18	10 5	23 21	22 20	11 11	24 0	19 47	11 38	9 22
30	2:31:39	9 37 3	2Le39	22 8	11 19	24 0	22 22	11 7	24 2	19 47	11 39	9 18

4/20 Sun in Tau. 14:51   4/1 1st Qt. 8:12   4/9 Full 3:33   4/15 3rd Qt. 23:40   4/23 New 2:28

Day	Sid. T.	Sun	Moon	Merc.	Venus	Mars	Jup.	Saturn	Uranus	Nept.	Pluto	N.Node
1	2:35:35	10Ta35 16	14Le55	22Ar 2R	12Ta33	24Ge38	22Cp24	11Sc 2R	24Pi 5	19Le47	11Cn40	9Le15
2	2:39:32	11 33 27	26 37	22 1D	13 47	25 16	22 25	10 58	24 7	19 47	11 41	9 12
3	2:43:28	12 31 36	8Vi57	22 5	15 1	25 54	22 27	10 53	24 10	19 48	11 42	9 9
4	2:47:25	13 29 44	21 38	22 14	16 15	26 32	22 28	10 49	24 12	19 48	11 43	9 6
5	2:51:21	14 27 49	4Li43	22 27	17 29	27 10	22 29	10 44	24 15	19 48	11 43	9 3
6	2:55:18	15 25 52	18 13	22 45	18 43	27 49	22 30	10 40	24 17	19 48	11 44	8 59
7	2:59:14	16 23 54	2Sc 8	23 7	19 56	28 27	22 31	10 35	24 20	19 48	11 45	8 56
8	3: 3:11	17 21 54	16 24	23 34	21 10	29 5	22 31	10 31	24 22	19 48	11 46	8 53
9	3: 7: 7	18 19 52	0Sg56	24 5	22 24	29 43	22 32	10 26	24 25	19 49	11 47	8 50
10	3:11: 4	19 17 49	15 37	24 40	23 38	0Cn21	22 32	10 22	24 27	19 49	11 48	8 47
11	3:15: 1	20 15 44	0Cp18	25 19	24 52	0 59	22 32R	10 17	24 29	19 49	11 49	8 43
12	3:18:57	21 13 39	14 54	26 1	26 6	1 37	22 31	10 13	24 31	19 50	11 50	8 40
13	3:22:54	22 11 31	29 19	26 48	27 20	2 15	22 31	10 8	24 34	19 50	11 51	8 37
14	3:26:50	23 9 23	13Aq31	27 37	28 34	2 54	22 30	10 4	24 36	19 50	11 52	8 34
15	3:30:47	24 7 14	27 29	28 30	29 47	3 32	22 29	10 0	24 38	19 51	11 53	8 31
16	3:34:44	25 5 3	11Pi12	29 27	1Ge 1	4 10	22 28	9 55	24 40	19 51	11 55	8 28
17	3:38:40	26 2 51	24 41	0Ta26	2 15	4 48	22 27	9 51	24 42	19 52	11 56	8 24
18	3:42:36	27 0 38	7Ar57	1 29	3 29	5 26	22 26	9 47	24 44	19 52	11 57	8 21
19	3:46:33	27 58 23	21 2	2 34	4 43	6 4	22 24	9 43	24 46	19 53	11 58	8 18
20	3:50:30	28 56 8	3Ta54	3 43	5 57	6 42	22 22	9 38	24 48	19 54	11 59	8 15
21	3:54:26	29 53 51	16 35	4 54	7 10	7 20	22 20	9 34	24 50	19 54	12 0	8 12
22	3:58:23	0Ge51 33	29 3	6 8	8 24	7 58	22 18	9 30	24 52	19 55	12 1	8 9
23	4: 2:19	1 49 14	11Ge20	7 25	9 38	8 36	22 16	9 26	24 53	19 56	12 3	8 5
24	4: 6:16	2 46 54	23 27	8 44	10 52	9 14	22 14	9 22	24 55	19 56	12 4	8 2
25	4:10:12	3 44 32	5Cn24	10 6	12 5	9 52	22 11	9 18	24 57	19 57	12 5	7 59
26	4:14: 9	4 42 9	17 15	11 31	13 19	10 30	22 8	9 14	24 59	19 58	12 6	7 56
27	4:18: 6	5 39 45	29 2	12 58	14 33	11 8	22 5	9 11	25 0	19 59	12 8	7 53
28	4:22: 2	6 37 19	10Le49	14 27	15 46	11 46	22 2	9 7	25 2	20 0	12 9	7 49
29	4:25:59	7 34 52	22 42	15 59	17 0	12 24	21 58	9 3	25 3	20 1	12 10	7 46
30	4:29:55	8 32 23	4Vi45	17 34	18 14	13 2	21 55	9 0	25 5	20 2	12 11	7 43
31	4:33:52	9 29 53	17 4	19 11	19 28	13 40	21 51	8 56	25 6	20 2	12 13	7 40

5/21 Sun in Gem. 14:33   5/1 1st Qt. 3:20   5/8 Full 13:43   5/15 3rd Qt. 5:46   5/22 New 15:48   5/30 1st Qt. 20:05

Day	Sid. T.	Sun	Moon	Merc.	Venus	Mars	Jup.	Saturn	Uranus	Nept.	Pluto	N.Node
1	4:37:49	10Ge27 22	29Vi44	20Ta50	20Ge41	14Cn18	21Cp47R	8Sc52R	25Pi 8	20Le 3	12Cn14	7Le37
2	4:41:45	11 24 50	12Li48	22 32	21 55	14 56	21 43	8 49	25 9	20 4	12 15	7 34
3	4:45:41	12 22 16	26 20	24 17	23 8	15 34	21 39	8 46	25 10	20 6	12 17	7 30
4	4:49:38	13 19 41	10Sc20	26 3	24 22	16 11	21 34	8 42	25 12	20 7	12 18	7 27
5	4:53:35	14 17 5	24 46	27 53	25 36	16 49	21 30	8 39	25 13	20 8	12 20	7 24
6	4:57:31	15 14 28	9Sg32	29 44	26 49	17 27	21 25	8 36	25 14	20 9	12 21	7 21
7	5: 1:28	16 11 51	24 31	1Ge38	28 3	18 5	21 20	8 33	25 15	20 10	12 22	7 18
8	5: 5:24	17 9 12	9Cp33	3 34	29 16	18 43	21 15	8 30	25 16	20 11	12 24	7 14
9	5: 9:21	18 6 33	24 30	5 33	0Cn30	19 21	21 10	8 27	25 17	20 12	12 25	7 11
10	5:13:17	19 3 53	9Aq15	7 33	1 43	19 59	21 4	8 24	25 18	20 14	12 27	7 8
11	5:17:14	20 1 13	23 41	9 36	2 57	20 37	20 59	8 21	25 19	20 15	12 28	7 5
12	5:21:10	20 58 32	7Pi48	11 40	4 10	21 15	20 53	8 18	25 20	20 16	12 29	7 2
13	5:25: 7	21 55 51	21 33	13 46	5 24	21 52	20 48	8 16	25 21	20 18	12 31	6 59
14	5:29: 4	22 53 9	4Ar58	15 54	6 38	22 30	20 42	8 13	25 22	20 19	12 32	6 55
15	5:33: 0	23 50 27	18 5	18 3	7 51	23 8	20 36	8 11	25 23	20 20	12 34	6 52
16	5:36:57	24 47 45	0Ta56	20 13	9 5	23 46	20 29	8 8	25 23	20 22	12 35	6 49
17	5:40:53	25 45 2	13 32	22 24	10 18	24 24	20 23	8 6	25 24	20 23	12 37	6 46
18	5:44:50	26 42 19	25 56	24 36	11 31	25 2	20 17	8 4	25 25	20 25	12 38	6 43
19	5:48:46	27 39 36	8Ge 9	26 47	12 45	25 40	20 10	8 1	25 25	20 26	12 40	6 40
20	5:52:43	28 36 52	20 14	28 59	13 58	26 17	20 4	7 59	25 26	20 28	12 41	6 36
21	5:56:39	29 34 8	2Cn11	1Cn10	15 12	26 55	19 57	7 57	25 26	20 29	12 43	6 33
22	6: 0:36	0Cn31 24	14 2	3 21	16 25	27 33	19 50	7 55	25 27	20 31	12 44	6 30
23	6: 4:33	1 28 39	25 50	5 31	17 39	28 11	19 43	7 54	25 27	20 32	12 46	6 27
24	6: 8:29	2 25 54	7Le36	7 40	18 52	28 49	19 36	7 52	25 27	20 34	12 47	6 24
25	6:12:26	3 23 8	19 25	9 48	20 6	29 27	19 29	7 50	25 28	20 35	12 49	6 20
26	6:16:22	4 20 21	1Vi19	11 55	21 19	0Le 5	19 22	7 49	25 28	20 37	12 50	6 17
27	6:20:19	5 17 35	13 23	14 0	22 32	0 42	19 15	7 47	25 28	20 39	12 52	6 14
28	6:24:15	6 14 47	25 42	16 3	23 46	1 20	19 8	7 46	25 28	20 40	12 53	6 11
29	6:28:12	7 12 0	8Li20	18 5	24 59	1 58	19 1	7 45	25 28	20 42	12 55	6 8
30	6:32: 9	8 9 11	21 20	20 4	26 12	2 36	18 53	7 44	25 28	20 44	12 56	6 5

6/21 Sun in Can. 22:50   6/6 Full 21:48   6/13 3rd Qt. 12:44   6/21 New 6:17   6/29 1st Qt. 9:43

JULY 1925

Day	Sid. T.	Sun	Moon	Merc.	Venus	Mars	Jup.	Saturn	Uranus	Nept.	Pluto	N.Node
1	6:36: 5	9Cn 6 23	4Sc47	22Cn 2	27Cn26	3Le14	18Cp46R	7Sc43R	25Pi28R	20Le46	12Cn58	6Le 1
2	6:40: 2	10 3 34	18 43	23 58	28 39	3 52	18 38	7 42	25 28	20 47	12 59	5 58
3	6:43:58	11 0 45	3Sg 5	25 52	29 52	4 29	18 31	7 41	25 28	20 49	13 1	5 55
4	6:47:55	11 57 56	17 51	27 44	1Le 6	5 7	18 23	7 40	25 28	20 51	13 2	5 52
5	6:51:51	12 55 6	2Cp54	29 33	2 19	5 45	18 16	7 39	25 28	20 53	13 4	5 49
6	6:55:48	13 52 17	18 6	1Le21	3 32	6 23	18 8	7 39	25 28	20 55	13 5	5 46
7	6:59:44	14 49 28	3Aq16	3 7	4 45	7 1	18 0	7 38	25 27	20 56	13 7	5 42
8	7: 3:41	15 46 38	18 16	4 51	5 59	7 38	17 53	7 38	25 27	20 58	13 8	5 39
9	7: 7:37	16 43 50	2Pi58	6 33	7 12	8 16	17 45	7 38	25 27	21 0	13 10	5 36
10	7:11:34	17 41 1	17 18	8 12	8 25	8 54	17 37	7 37	25 26	21 2	13 11	5 33
11	7:15:31	18 38 13	1Ar13	9 50	9 38	9 32	17 29	7 37	25 26	21 4	13 13	5 30
12	7:19:27	19 35 25	14 42	11 26	10 51	10 10	17 22	7 37D	25 25	21 6	13 15	5 26
13	7:23:24	20 32 39	27 49	12 59	12 4	10 48	17 14	7 37	25 25	21 8	13 16	5 23
14	7:27:20	21 29 52	10Ta34	14 31	13 18	11 26	17 6	7 38	25 24	21 10	13 18	5 20
15	7:31:17	22 27 6	23 2	16 1	14 31	12 3	16 59	7 38	25 23	21 12	13 19	5 17
16	7:35:13	23 24 21	5Ge16	17 28	15 44	12 41	16 51	7 38	25 23	21 14	13 21	5 14
17	7:39:10	24 21 37	17 19	18 53	16 57	13 19	16 44	7 38	25 22	21 16	13 22	5 11
18	7:43: 6	25 18 53	29 14	20 17	18 10	13 57	16 36	7 39	25 21	21 18	13 24	5 7
19	7:47: 3	26 16 10	11Cn 4	21 38	19 23	14 35	16 28	7 40	25 20	21 20	13 25	5 4
20	7:51: 0	27 13 27	22 52	22 57	20 36	15 13	16 21	7 41	25 19	21 22	13 27	5 1
21	7:54:56	28 10 45	4Le39	24 13	21 49	15 51	16 14	7 42	25 18	21 24	13 28	4 58
22	7:58:53	29 8 3	16 28	25 28	23 2	16 28	16 6	7 43	25 17	21 26	13 30	4 55
23	8: 2:49	0Le 5 22	28 22	26 40	24 15	17 6	15 59	7 44	25 16	21 28	13 31	4 52
24	8: 6:46	1 2 41	10Vi22	27 49	25 28	17 44	15 52	7 45	25 15	21 30	13 33	4 48
25	8:10:42	2 0 0	22 33	28 56	26 41	18 22	15 44	7 46	25 14	21 32	13 34	4 45
26	8:14:39	2 57 21	4Li56	0Vi 1	27 54	19 0	15 37	7 48	25 13	21 35	13 36	4 42
27	8:18:36	3 54 41	17 36	1 2	29 7	19 38	15 30	7 49	25 12	21 37	13 37	4 39
28	8:22:32	4 52 2	0Sc35	2 1	0Vi20	20 16	15 23	7 51	25 11	21 39	13 38	4 36
29	8:26:29	5 49 24	13 56	2 57	1 33	20 54	15 17	7 52	25 9	21 41	13 40	4 32
30	8:30:25	6 46 46	27 42	3 50	2 46	21 32	15 10	7 54	25 8	21 43	13 41	4 29
31	8:34:22	7 44 9	11Sg53	4 40	3 59	22 10	15 3	7 56	25 7	21 45	13 43	4 26

7/23 Sun in Leo 9:45   7/6 Full 4:54   7/12 3rd Qt. 21:34   7/20 New 21:40(E)   7/28 1st Qt. 20:23

AUGUST 1925

Day	Sid. T.	Sun	Moon	Merc.	Venus	Mars	Jup.	Saturn	Uranus	Nept.	Pluto	N.Node
1	8:38:18	8Le41 32	26Sg27	5Vi26	5Vi11	22Le48	14Cp57R	7Sc58	25Pi 5R	21Le48	13Cn44	4Le23
2	8:42:15	9 38 56	11Cp20	6 9	6 24	23 26	14 50	8 0	25 4	21 50	13 46	4 20
3	8:46:11	10 36 21	26 25	6 48	7 37	24 3	14 44	8 2	25 2	21 52	13 47	4 17
4	8:50: 8	11 33 47	11Aq34	7 24	8 50	24 41	14 38	8 4	25 1	21 54	13 48	4 13
5	8:54: 5	12 31 13	26 39	7 55	10 2	25 19	14 32	8 7	24 59	21 56	13 50	4 10
6	8:58: 1	13 28 41	11Pi29	8 22	11 15	25 57	14 26	8 9	24 58	21 58	13 51	4 7
7	9: 1:57	14 26 9	25 59	8 45	12 28	26 35	14 20	8 12	24 56	22 1	13 52	4 4
8	9: 5:54	15 23 39	10Ar 4	9 3	13 40	27 13	14 15	8 14	24 54	22 3	13 54	4 1
9	9: 9:51	16 21 11	23 41	9 16	14 53	27 51	14 9	8 17	24 53	22 5	13 55	3 57
10	9:13:47	17 18 43	6Ta52	9 24	16 6	28 29	14 4	8 20	24 51	22 7	13 56	3 54
11	9:17:44	18 16 17	19 39	9 27	17 18	29 7	13 59	8 23	24 49	22 10	13 58	3 51
12	9:21:40	19 13 53	2Ge 5	9 25R	18 31	29 45	13 53	8 26	24 47	22 12	13 59	3 48
13	9:25:37	20 11 30	14 15	9 17	19 43	0Vi23	13 48	8 29	24 46	22 14	14 0	3 45
14	9:29:33	21 9 9	26 13	9 4	20 56	1 2	13 44	8 32	24 44	22 16	14 2	3 42
15	9:33:30	22 6 49	8Cn 4	8 45	22 8	1 40	13 39	8 35	24 42	22 18	14 3	3 38
16	9:37:26	23 4 31	19 51	8 20	23 21	2 18	13 35	8 38	24 40	22 21	14 4	3 35
17	9:41:23	24 2 14	1Le38	7 50	24 33	2 56	13 30	8 42	24 38	22 23	14 5	3 32
18	9:45:20	24 59 58	13 28	7 15	25 45	3 34	13 26	8 45	24 36	22 25	14 7	3 29
19	9:49:16	25 57 44	25 23	6 36	26 58	4 12	13 22	8 49	24 34	22 27	14 8	3 26
20	9:53:13	26 55 31	7Vi27	5 52	28 10	4 50	13 18	8 52	24 32	22 30	14 9	3 23
21	9:57: 9	27 53 19	19 39	5 4	29 22	5 28	13 15	8 56	24 30	22 32	14 10	3 16
22	10: 1: 6	28 51 9	2Li 2	4 13	0Li35	6 6	13 11	9 0	24 28	22 34	14 11	3 16
23	10: 5: 3	29 49 0	14 37	3 20	1 47	6 45	13 8	9 4	24 26	22 36	14 12	3 13
24	10: 8:59	0Vi46 52	27 26	2 26	2 59	7 23	13 5	9 8	24 24	22 38	14 14	3 10
25	10:12:56	1 44 46	10Sc31	1 32	4 11	8 1	13 2	9 12	24 21	22 41	14 15	3 7
26	10:16:52	2 42 41	23 52	0 39	5 24	8 39	12 59	9 16	24 19	22 43	14 16	3 3
27	10:20:49	3 40 37	7Sg32	29Le49	6 36	9 17	12 57	9 20	24 17	22 45	14 17	3 0
28	10:24:45	4 38 35	21 31	29 1	7 48	9 56	12 55	9 24	24 15	22 47	14 18	2 57
29	10:28:42	5 36 34	5Cp48	28 18	9 0	10 34	12 52	9 29	24 13	22 49	14 19	2 54
30	10:32:38	6 34 34	20 22	27 40	10 12	11 12	12 50	9 33	24 10	22 52	14 20	2 51
31	10:36:35	7 32 35	5Aq 9	27 8	11 24	11 50	12 49	9 37	24 8	22 54	14 21	2 48

8/23 Sun in Vir. 16:34   8/4 Full 11:59(E)   8/11 3rd Qt. 9:11   8/19 New 13:15   8/27 1st Qt. 4:46

Day	Sid. T.	Sun	Moon	Merc.	Venus	Mars	Jup.	Saturn	Uranus	Nept.	Pluto	N.Node
1	10:40:31	8Vi30 38	20Aq 2	26Le44R	12Li36	12Vi29	12Cp47R	9Sc42	24Pi 6R	22Le56	14Cn22	2Le44
2	10:44:28	9 28 43	4Pi56	26 27	13 47	13 7	12 46	9 47	24 4	22 58	14 23	2 41
3	10:48:25	10 26 49	19 41	26 18	14 59	13 45	12 44	9 51	24 1	23 0	14 24	2 38
4	10:52:21	11 24 56	4Ar10	26 18D	16 11	14 24	12 43	9 56	23 59	23 2	14 25	2 35
5	10:56:18	12 23 6	18 18	26 27	17 23	15 2	12 42	10 1	23 57	23 4	14 26	2 32
6	11: 0:14	13 21 18	2Ta 0	26 44	18 34	15 40	12 42	10 6	23 54	23 7	14 27	2 29
7	11: 4:11	14 19 31	15 15	27 10	19 46	16 19	12 41	10 11	23 52	23 9	14 27	2 25
8	11: 8: 7	15 17 47	28 5	27 45	20 58	16 57	12 41	10 16	23 50	23 11	14 28	2 22
9	11:12: 4	16 16 5	10Ge33	28 28	22 9	17 35	12 41	10 21	23 47	23 13	14 29	2 19
10	11:16: 0	17 14 24	22 43	29 19	23 21	18 14	12 41D	10 26	23 45	23 15	14 30	2 16
11	11:19:57	18 12 46	4Cn40	0Vi17	24 33	18 52	12 42	10 31	23 42	23 17	14 31	2 13
12	11:23:53	19 11 10	16 30	1 23	25 44	19 31	12 42	10 37	23 40	23 19	14 32	2 9
13	11:27:50	20 9 36	28 17	2 36	26 55	20 9	12 43	10 42	23 38	23 21	14 32	2 6
14	11:31:47	21 8 5	10Le 6	3 54	28 7	20 48	12 44	10 48	23 35	23 23	14 33	2 3
15	11:35:43	22 6 35	22 1	5 18	29 18	21 26	12 45	10 53	23 33	23 25	14 34	2 0
16	11:39:40	23 5 7	4Vi 4	6 47	0Sc30	22 5	12 46	10 59	23 30	23 27	14 34	1 57
17	11:43:36	24 3 41	16 20	8 20	1 41	22 43	12 48	11 4	23 28	23 29	14 35	1 54
18	11:47:33	25 2 17	28 48	9 56	2 52	23 22	12 49	11 10	23 26	23 31	14 36	1 50
19	11:51:29	26 0 55	11Li29	11 36	4 3	24 0	12 51	11 16	23 23	23 33	14 36	1 47
20	11:55:26	26 59 35	24 24	13 19	5 14	24 39	12 53	11 21	23 21	23 35	14 37	1 44
21	11:59:22	27 58 17	7Sc31	15 3	6 25	25 18	12 56	11 27	23 18	23 37	14 38	1 41
22	12: 3:19	28 57 0	20 51	16 49	7 36	25 56	12 58	11 33	23 16	23 39	14 38	1 38
23	12: 7:16	29 55 45	4Sg22	18 37	8 47	26 35	13 1	11 39	23 14	23 41	14 39	1 35
24	12:11:12	0Li54 33	18 4	20 25	9 58	27 14	13 4	11 45	23 11	23 43	14 39	1 31
25	12:15: 9	1 53 21	1Cp58	22 15	11 9	27 52	13 7	11 51	23 9	23 44	14 40	1 28
26	12:19: 5	2 52 12	16 3	24 4	12 20	28 31	13 10	11 57	23 6	23 46	14 40	1 25
27	12:23: 2	3 51 4	0Aq19	25 54	13 31	29 10	13 13	12 3	23 4	23 48	14 41	1 22
28	12:26:58	4 49 58	14 43	27 41	14 41	29 49	13 17	12 9	23 2	23 50	14 41	1 19
29	12:30:55	5 48 53	29 12	29 32	15 52	0Li27	13 20	12 16	22 59	23 52	14 41	1 15
30	12:34:51	6 47 51	13Pi43	1Li21	17 2	1 6	13 24	12 22	22 57	23 53	14 42	1 12

9/23 Sun in Lib. 13:44   9/2 Full 19:53   9/10 3rd Qt. 0:12   9/18 New 4:13   9/25 1st Qt. 11:51

Day	Sid. T.	Sun	Moon	Merc.	Venus	Mars	Jup.	Saturn	Uranus	Nept.	Pluto	N.Node
1	12:38:48	7Li46 50	28Pi 9	3Li10	18Sc13	1Li45	13Cp28	12Sc28	22Pi55R	23Le55	14Cn42	1Le 9
2	12:42:44	8 45 51	12Ar24	4 58	19 23	2 24	13 33	12 35	22 53	23 57	14 43	1 6
3	12:46:41	9 44 54	26 22	6 45	20 34	3 3	13 37	12 41	22 50	23 58	14 43	1 3
4	12:50:38	10 44 0	10Ta 0	8 32	21 44	3 42	13 42	12 47	22 48	24 0	14 43	1 0
5	12:54:34	11 43 8	23 13	10 18	22 54	4 21	13 46	12 54	22 46	24 2	14 43	0 56
6	12:58:31	12 42 18	6Ge 4	12 3	24 4	4 59	13 51	13 0	22 44	24 3	14 44	0 53
7	13: 2:27	13 41 30	18 33	13 48	25 14	5 38	13 56	13 7	22 41	24 5	14 44	0 50
8	13: 6:24	14 40 44	0Cn44	15 31	26 24	6 17	14 2	13 13	22 39	24 6	14 44	0 47
9	13:10:20	15 40 1	12 42	17 15	27 34	6 56	14 7	13 20	22 37	24 8	14 44	0 44
10	13:14:17	16 39 20	24 32	18 57	28 44	7 35	14 13	13 27	22 35	24 10	14 44	0 41
11	13:18:13	17 38 42	6Le19	20 38	29 54	8 14	14 19	13 33	22 33	24 11	14 45	0 37
12	13:22:10	18 38 6	18 10	22 19	1Sg 3	8 54	14 24	13 40	22 31	24 12	14 45	0 34
13	13:26: 7	19 37 32	0Vi 8	23 59	2 13	9 33	14 31	13 47	22 29	24 14	14 45	0 31
14	13:30: 3	20 37 0	12 19	25 39	3 22	10 12	14 37	13 54	22 27	24 15	14 45	0 28
15	13:34: 0	21 36 30	24 45	27 18	4 32	10 51	14 43	14 1	22 25	24 17	14 45	0 25
16	13:37:56	22 36 3	7Li29	28 56	5 41	11 30	14 50	14 7	22 23	24 18	14 45R	0 21
17	13:41:53	23 35 37	20 30	0Sc33	6 51	12 9	14 57	14 14	22 21	24 19	14 45	0 18
18	13:45:49	24 35 14	3Sc47	2 10	8 0	12 48	15 3	14 21	22 19	24 21	14 45	0 15
19	13:49:46	25 34 53	17 19	3 46	9 9	13 28	15 10	14 28	22 17	24 22	14 45	0 12
20	13:53:43	26 34 33	1Sg 2	5 21	10 18	14 7	15 18	14 35	22 15	24 23	14 44	0 9
21	13:57:39	27 34 16	14 54	6 56	11 27	14 46	15 25	14 42	22 13	24 24	14 44	0 6
22	14: 1:36	28 34 0	28 52	8 30	12 35	15 26	15 32	14 49	22 11	24 26	14 44	0 2
23	14: 5:32	29 33 46	12Cp53	10 4	13 44	16 5	15 40	14 56	22 9	24 27	14 44	29Cn59
24	14: 9:29	0Sc33 34	26 57	11 37	14 52	16 44	15 48	15 3	22 8	24 28	14 44	29 56
25	14:13:25	1 33 24	11Aq 2	13 10	16 1	17 24	15 56	15 10	22 6	24 29	14 44	29 53
26	14:17:22	2 33 15	25 9	14 42	17 9	18 3	16 4	15 17	22 4	24 30	14 43	29 50
27	14:21:18	3 33 7	9Pi16	16 14	18 17	18 42	16 12	15 24	22 3	24 31	14 43	29 46
28	14:25:15	4 33 1	23 21	17 45	19 25	19 22	16 20	15 31	22 1	24 32	14 43	29 43
29	14:29:11	5 32 57	7Ar20	19 15	20 33	20 1	16 29	15 39	22 0	24 33	14 42	29 40
30	14:33: 8	6 32 55	21 11	20 46	21 41	20 41	16 37	15 46	21 58	24 34	14 42	29 37
31	14:37: 4	7 32 55	4Ta48	22 15	22 48	21 20	16 46	15 53	21 57	24 35	14 42	29 34

10/23 Sun in Sco. 22:32   10/2 Full 5:23   10/9 3rd Qt. 18:34   10/17 New 18:06   10/24 1st Qt. 18:38   10/31 Full 17:17

NOVEMBER 1925

Day	Sid. T.	Sun	Moon	Merc.	Venus	Mars	Jup.	Saturn	Uranus	Nept.	Pluto	N.Node
1	14:41: 1	8Sc32 56	18Ta10	23Sc44	23Sg56	22Li 0	16Cp55	16Sc 0	21Pi55R	24Le36	14Cn41R	29Cn31
2	14:44:58	9 32 59	1Ge13	25 13	25 3	22 40	17 4	16 7	21 54	24 37	14 41	29 27
3	14:48:54	10 33 5	13 57	26 41	26 10	23 19	17 13	16 14	21 52	24 38	14 41	29 24
4	14:52:51	11 33 12	26 23	28 8	27 17	23 59	17 22	16 21	21 51	24 38	14 40	29 21
5	14:56:47	12 33 22	8Cn32	29 35	28 24	24 38	17 32	16 29	21 50	24 39	14 40	29 18
6	15: 0:44	13 33 33	20 30	1Sg 1	29 31	25 18	17 41	16 36	21 49	24 40	14 39	29 15
7	15: 4:40	14 33 47	2Le20	2 27	0Cp37	25 58	17 51	16 43	21 47	24 41	14 39	29 12
8	15: 8:37	15 34 2	14 7	3 52	1 43	26 38	18 0	16 50	21 46	24 41	14 38	29 8
9	15:12:34	16 34 20	25 58	5 16	2 49	27 17	18 10	16 57	21 45	24 42	14 38	29 5
10	15:16:30	17 34 39	7Vi58	6 40	3 55	27 57	18 20	17 5	21 44	24 43	14 37	29 2
11	15:20:27	18 35 0	20 11	8 2	5 1	28 37	18 30	17 12	21 43	24 43	14 36	28 59
12	15:24:23	19 35 23	2Li42	9 24	6 6	29 17	18 40	17 19	21 42	24 44	14 36	28 56
13	15:28:20	20 35 49	15 35	10 45	7 12	29 57	18 51	17 26	21 41	24 44	14 35	28 52
14	15:32:17	21 36 16	28 50	12 4	8 17	0Sc37	19 1	17 33	21 40	24 45	14 34	28 49
15	15:36:13	22 36 44	12Sc26	13 22	9 22	1 16	19 12	17 41	21 40	24 45	14 34	28 46
16	15:40: 9	23 37 15	26 21	14 39	10 26	1 56	19 22	17 48	21 39	24 45	14 33	28 43
17	15:44: 6	24 37 47	10Sg31	15 54	11 30	2 36	19 33	17 55	21 38	24 46	14 32	28 40
18	15:48: 3	25 38 21	24 50	17 7	12 35	3 16	19 44	18 2	21 37	24 46	14 32	28 37
19	15:51:59	26 38 55	9Cp12	18 18	13 38	3 56	19 55	18 9	21 37	24 46	14 31	28 33
20	15:55:56	27 39 32	23 34	19 27	14 42	4 37	20 6	18 16	21 36	24 47	14 30	28 30
21	15:59:52	28 40 9	7Aq51	20 33	15 45	5 17	20 17	18 24	21 36	24 47	14 29	28 27
22	16: 3:49	29 40 48	22 1	21 36	16 48	5 57	20 28	18 31	21 35	24 47	14 28	28 24
23	16: 7:45	0Sg41 27	6Pi 3	22 35	17 50	6 37	20 39	18 38	21 35	24 47	14 27	28 21
24	16:11:42	1 42 8	19 57	23 30	18 53	7 17	20 51	18 45	21 34	24 47	14 27	28 18
25	16:15:38	2 42 50	3Ar42	24 21	19 55	7 57	21 2	18 52	21 34	24 47	14 26	28 14
26	16:19:35	3 43 32	17 17	25 6	20 56	8 37	21 14	18 59	21 34	24 48	14 25	28 11
27	16:23:32	4 44 16	0Ta41	25 46	21 57	9 18	21 25	19 6	21 34	24 48R	14 24	28 8
28	16:27:28	5 45 1	13 53	26 19	22 58	9 58	21 37	19 13	21 33	24 48	14 23	28 5
29	16:31:25	6 45 47	26 53	26 45	23 59	10 38	21 49	19 20	21 33	24 47	14 22	28 2
30	16:35:21	7 46 35	9Ge38	27 3	24 59	11 19	22 1	19 27	21 33	24 47	14 21	27 58

11/22 Sun in Sag. 19:36   11/8 3rd Qt. 15:13   11/16 New 6:58   11/23 1st Qt. 2:06   11/30 Full 8:11

DECEMBER 1925

Day	Sid. T.	Sun	Moon	Merc.	Venus	Mars	Jup.	Saturn	Uranus	Nept.	Pluto	N.Node
1	16:39:18	8Sg47 23	22Ge 8	27Sg12	25Cp58	11Sc59	22Cp13	19Sc34	21Pi33	24Le47R	14Cn20R	27Cn55
2	16:43:14	9 48 13	4Cn25	27 10R	26 57	12 39	22 25	19 41	21 33	24 47	14 19	27 52
3	16:47:11	10 49 4	16 30	26 59	27 56	13 20	22 37	19 48	21 33	24 47	14 18	27 49
4	16:51: 7	11 49 57	28 25	26 36	28 54	14 0	22 50	19 55	21 34	24 47	14 17	27 46
5	16:55: 4	12 50 50	10Le14	26 3	29 52	14 41	23 2	20 1	21 34	24 46	14 16	27 43
6	16:59: 0	13 51 45	22 1	25 18	0Aq49	15 21	23 14	20 8	21 34	24 46	14 15	27 39
7	17: 2:57	14 52 41	3Vi51	24 22	1 46	16 2	23 27	20 15	21 34	24 46	14 14	27 36
8	17: 6:54	15 53 38	15 49	23 17	2 42	16 42	23 39	20 22	21 35	24 46	14 13	27 33
9	17:10:50	16 54 37	28 0	22 4	3 38	17 23	23 52	20 28	21 35	24 45	14 12	27 30
10	17:14:47	17 55 36	10Li30	20 44	4 33	18 4	24 5	20 35	21 35	24 45	14 11	27 27
11	17:18:43	18 56 37	23 23	19 22	5 27	18 44	24 17	20 42	21 36	24 44	14 10	27 24
12	17:22:40	19 57 39	6Sc40	17 59	6 21	19 25	24 30	20 48	21 36	24 44	14 8	27 20
13	17:26:37	20 58 42	20 23	16 39	7 14	20 6	24 43	20 55	21 37	24 43	14 7	27 17
14	17:30:33	21 59 46	4Sg31	15 23	8 7	20 46	24 56	21 1	21 38	24 43	14 6	27 14
15	17:34:30	23 0 50	19 0	14 14	8 59	21 27	25 9	21 8	21 38	24 42	14 5	27 11
16	17:38:26	24 1 56	3Cp42	13 14	9 49	22 8	25 22	21 14	21 39	24 41	14 4	27 7
17	17:42:23	25 3 2	18 31	12 25	10 40	22 49	25 35	21 21	21 40	24 41	14 3	27 4
18	17:46:19	26 4 8	3Aq20	11 46	11 29	23 30	25 48	21 27	21 41	24 40	14 2	27 1
19	17:50:16	27 5 15	18 1	11 18	12 18	24 10	26 2	21 33	21 42	24 39	14 0	26 58
20	17:54:12	28 6 22	2Pi29	11 1	13 5	24 51	26 15	21 40	21 43	24 39	13 59	26 55
21	17:58: 9	29 7 29	16 41	10 55	13 52	25 32	26 28	21 46	21 44	24 38	13 58	26 52
22	18: 2: 5	0Cp 8 37	0Ar36	10 58D	14 38	26 13	26 41	21 52	21 45	24 37	13 57	26 49
23	18: 6: 2	1 9 44	14 14	11 10	15 22	26 54	26 55	21 58	21 46	24 36	13 56	26 45
24	18: 9:59	2 10 52	27 34	11 31	16 6	27 35	27 8	22 4	21 47	24 35	13 54	26 42
25	18:13:55	3 11 59	10Ta39	11 59	16 48	28 16	27 22	22 10	21 48	24 35	13 53	26 39
26	18:17:52	4 13 7	23 30	12 34	17 30	28 57	27 35	22 16	21 49	24 34	13 52	26 36
27	18:21:48	5 14 15	6Ge 7	13 15	18 10	29 38	27 49	22 22	21 51	24 33	13 51	26 33
28	18:25:45	6 15 23	18 33	14 2	18 49	0Sg20	28 3	22 28	21 52	24 32	13 49	26 30
29	18:29:41	7 16 31	0Cn48	14 53	19 27	1 1	28 16	22 34	21 53	24 31	13 48	26 26
30	18:33:38	8 17 40	12 53	15 48	20 3	1 42	28 30	22 40	21 55	24 30	13 47	26 23
31	18:37:34	9 18 48	24 50	16 47	20 38	2 23	28 44	22 45	21 56	24 29	13 46	26 20

12/22 Sun in Cap. 8:37   12/8 3rd Qt. 12:11   12/15 New 19:05   12/22 1st Qt. 11:09   12/30 Full 2:02

Day	Sid. T.	Sun	Moon	Merc.	Venus	Mars	Jup.	Saturn	Uranus	Nept.	Pluto	N.Node
1	18:41:31	10Cp19 57	6Le41	17Sg50	21Aq12	3Sg 4	28Cp57	22Sc51	21Pi58	24Le28R	13Cn44R	26Cn17
2	18:45:28	11 21 6	18 29	18 55	21 44	3 46	29 11	22 56	22 0	24 26	13 43	26 14
3	18:49:24	12 22 15	0Vi17	20 4	22 15	4 27	29 25	23 2	22 1	24 25	13 42	26 10
4	18:53:21	13 23 24	12 7	21 14	22 44	5 8	29 39	23 7	22 3	24 24	13 41	26 7
5	18:57:17	14 24 33	24 5	22 27	23 11	5 50	29 53	23 13	22 5	24 23	13 39	26 4
6	19: 1:14	15 25 42	6Li15	23 41	23 36	6 31	0Aq 7	23 18	22 6	24 22	13 38	26 1
7	19: 5:10	16 26 51	18 40	24 57	24 0	7 12	0 21	23 23	22 8	24 20	13 37	25 58
8	19: 9: 7	17 28 1	1Sc27	26 15	24 22	7 54	0 35	23 29	22 10	24 19	13 36	25 55
9	19:13: 4	18 29 11	14 37	27 34	24 42	8 35	0 49	23 34	22 12	24 18	13 34	25 51
10	19:17: 0	19 30 21	28 15	28 54	25 0	9 17	1 3	23 39	22 14	24 17	13 33	25 48
11	19:20:57	20 31 30	12Sg20	0Cp15	25 16	9 58	1 17	23 44	22 16	24 15	13 32	25 45
12	19:24:53	21 32 40	26 50	1 38	25 29	10 40	1 31	23 49	22 18	24 14	13 31	25 42
13	19:28:50	22 33 49	11Cp42	3 1	25 41	11 22	1 45	23 53	22 20	24 13	13 29	25 39
14	19:32:46	23 34 58	26 48	4 26	25 50	12 3	1 59	23 58	22 22	24 11	13 28	25 35
15	19:36:43	24 36 7	11Aq56	5 51	25 57	12 45	2 13	24 3	22 24	24 10	13 27	25 32
16	19:40:40	25 37 15	27 1	7 17	26 2	13 27	2 27	24 8	22 26	24 8	13 26	25 29
17	19:44:36	26 38 22	11Pi52	8 43	26 4	14 8	2 41	24 12	22 29	24 7	13 24	25 26
18	19:48:33	27 39 28	26 24	10 11	26 4R	14 50	2 56	24 17	22 31	24 6	13 23	25 23
19	19:52:29	28 40 34	10Ar32	11 39	26 1	15 32	3 10	24 21	22 33	24 4	13 22	25 20
20	19:56:26	29 41 38	24 15	13 8	25 56	16 14	3 24	24 25	22 35	24 3	13 21	25 16
21	20: 0:22	0Aq42 42	7Ta35	14 37	25 48	16 55	3 38	24 29	22 38	24 1	13 20	25 13
22	20: 4:19	1 43 45	20 32	16 7	25 38	17 37	3 52	24 34	22 40	24 0	13 18	25 10
23	20: 8:15	2 44 46	3Ge11	17 38	25 25	18 19	4 6	24 38	22 43	23 58	13 17	25 7
24	20:12:12	3 45 47	15 34	19 10	25 10	19 1	4 21	24 42	22 45	23 56	13 16	25 4
25	20:16: 9	4 46 47	27 44	20 42	24 52	19 43	4 35	24 46	22 48	23 55	13 15	25 1
26	20:20: 5	5 47 46	9Cn46	22 14	24 32	20 25	4 49	24 49	22 50	23 53	13 14	24 57
27	20:24: 2	6 48 43	21 40	23 48	24 9	21 7	5 3	24 53	22 53	23 52	13 13	24 54
28	20:27:58	7 49 40	3Le31	25 22	23 45	21 49	5 17	24 57	22 56	23 50	13 11	24 51
29	20:31:55	8 50 36	15 20	26 56	23 18	22 31	5 32	25 0	22 58	23 49	13 10	24 48
30	20:35:51	9 51 30	27 8	28 32	22 49	23 13	5 46	25 4	23 1	23 47	13 9	24 45
31	20:39:48	10 52 24	8Vi59	0Aq 8	22 18	23 55	6 0	25 7	23 4	23 45	13 8	24 41

1/20 Sun in Aqu. 19:13   1/7 3rd Qt. 7:23   1/14 New 6:35(E)   1/20 1st Qt. 22:31   1/28 Full 21:35

Day	Sid. T.	Sun	Moon	Merc.	Venus	Mars	Jup.	Saturn	Uranus	Nept.	Pluto	N.Node
1	20:43:44	11Aq53 17	20Vi54	1Aq44	21Aq46R	24Sg37	6Aq14	25Sc10	23Pi 6	23Le44R	13Cn 7R	24Cn38
2	20:47:41	12 54 9	2Li56	3 22	21 13	25 19	6 28	25 14	23 9	23 42	13 6	24 35
3	20:51:38	13 55 0	15 8	5 0	20 38	26 1	6 42	25 17	23 12	23 40	13 5	24 32
4	20:55:34	14 55 50	27 34	6 39	20 2	26 44	6 56	25 20	23 15	23 39	13 4	24 29
5	20:59:31	15 56 39	10Sc16	8 18	19 25	27 26	7 11	25 23	23 18	23 37	13 3	24 26
6	21: 3:27	16 57 27	23 19	9 59	18 48	28 8	7 25	25 25	23 21	23 35	13 2	24 22
7	21: 7:24	17 58 15	6Sg45	11 40	18 11	28 50	7 39	25 28	23 23	23 34	13 1	24 19
8	21:11:20	18 59 1	20 37	13 22	17 34	29 33	7 53	25 31	23 26	23 32	13 0	24 16
9	21:15:17	19 59 47	4Cp55	15 5	16 57	0Cp15	8 7	25 33	23 29	23 30	12 59	24 13
10	21:19:13	21 0 31	19 37	16 48	16 21	0 57	8 21	25 36	23 32	23 29	12 58	24 10
11	21:23:10	22 1 15	4Aq39	18 33	15 45	1 40	8 35	25 39	23 35	23 27	12 57	24 3
12	21:27: 7	23 1 56	19 52	20 18	15 10	2 22	8 49	25 40	23 39	23 25	12 56	24 3
13	21:31: 3	24 2 37	5Pi 7	22 4	14 37	3 4	9 3	25 42	23 42	23 24	12 55	24 0
14	21:35: 0	25 3 16	20 13	23 51	14 5	3 47	9 17	25 45	23 45	23 22	12 54	23 57
15	21:38:56	26 3 53	5Ar 2	25 39	13 35	4 29	9 31	25 46	23 48	23 20	12 53	23 54
16	21:42:53	27 4 29	19 26	27 27	13 6	5 12	9 45	25 48	23 51	23 19	12 52	23 51
17	21:46:49	28 5 3	3Ta21	29 16	12 40	5 54	9 59	25 50	23 54	23 17	12 51	23 47
18	21:50:46	29 5 35	16 48	1Pi 7	12 15	6 37	10 12	25 52	23 57	23 15	12 50	23 44
19	21:54:42	0Pi 6 5	29 48	2 57	11 53	7 20	10 26	25 53	24 0	23 14	12 50	23 41
20	21:58:39	1 6 34	12Ge25	4 49	11 33	8 2	10 40	25 55	24 4	23 12	12 49	23 38
21	22: 2:36	2 7 0	24 43	6 41	11 16	8 45	10 54	25 56	24 7	23 10	12 48	23 35
22	22: 6:32	3 7 25	6Cn47	8 34	11 0	9 27	11 8	25 57	24 10	23 9	12 48	23 32
23	22:10:29	4 7 48	18 41	10 27	10 47	10 10	11 21	25 58	24 13	23 7	12 47	23 28
24	22:14:25	5 8 9	0Le30	12 20	10 37	10 53	11 35	26 0	24 17	23 5	12 45	23 25
25	22:18:22	6 8 28	12 17	14 14	10 29	11 35	11 49	26 1	24 20	23 4	12 45	23 22
26	22:22:18	7 8 45	24 5	16 7	10 24	12 18	12 2	26 2	24 23	23 2	12 44	23 19
27	22:26:15	8 9 0	5Vi57	18 0	10 21	13 1	12 16	26 3	24 27	23 0	12 44	23 16
28	22:30:11	9 9 14	17 54	19 53	10 20D	13 44	12 29	26 3	24 30	22 59	12 44	23 13

2/19 Sun in Pis. 9:35   2/5 3rd Qt. 23:25   2/12 New 17:21   2/19 1st Qt. 12:36   2/27 Full 16:51

MARCH 1926

Day	Sid. T.	Sun	Moon	Merc.	Venus	Mars	Jup.	Saturn	Uranus	Nept.	Pluto	N.Node
1	22:34: 8	10Pi 9 26	29Vi58	21Pi45	10Aq22	14Cp27	12Aq43	26Sc 3	24Pi33	22Le57R	12Cn43R	23Cn 9
2	22:38: 4	11 9 36	12Li11	23 35	10 27	15 9	12 56	26 4	24 37	22 56	12 42	23 6
3	22:42: 1	12 9 44	24 33	25 24	10 33	15 52	13 9	26 4	24 40	22 54	12 42	23 3
4	22:45:57	13 9 51	7Sc 6	27 11	10 42	16 35	13 23	26 4	24 43	22 52	12 41	23 0
5	22:49:54	14 9 57	19 53	28 56	10 53	17 18	13 36	26 4	24 47	22 51	12 41	22 57
6	22:53:51	15 10 0	2Sg55	0Ar38	11 7	18 1	13 49	26 4R	24 50	22 49	12 40	22 53
7	22:57:47	16 10 3	16 16	2 16	11 22	18 44	14 2	26 4	24 54	22 48	12 40	22 50
8	23: 1:44	17 10 3	29 56	3 51	11 39	19 27	14 15	26 4	24 57	22 46	12 39	22 47
9	23: 5:40	18 10 2	13Cp59	5 21	11 58	20 10	14 28	26 3	25 0	22 45	12 39	22 44
10	23: 9:37	19 10 0	28 23	6 46	12 20	20 53	14 41	26 3	25 4	22 43	12 38	22 41
11	23:13:33	20 9 56	13Aq 6	8 5	12 43	21 36	14 54	26 3	25 7	22 42	12 38	22 38
12	23:17:30	21 9 49	28 5	9 18	13 7	22 19	15 7	26 2	25 11	22 40	12 38	22 34
13	23:21:26	22 9 41	13Pi10	10 25	13 34	23 2	15 20	26 2	25 14	22 39	12 37	22 31
14	23:25:23	23 9 32	28 13	11 25	14 2	23 45	15 33	26 1	25 17	22 38	12 37	22 28
15	23:29:20	24 9 20	13Ar 4	12 17	14 32	24 28	15 45	26 0	25 21	22 36	12 37	22 25
16	23:33:16	25 9 6	27 34	13 2	15 3	25 11	15 58	25 59	25 24	22 35	12 36	22 22
17	23:37:13	26 8 50	11Ta37	13 39	15 35	25 54	16 10	25 58	25 28	22 33	12 36	22 19
18	23:41: 9	27 8 31	25 12	14 8	16 9	26 37	16 23	25 57	25 31	22 32	12 36	22 15
19	23:45: 6	28 8 11	8Ge18	14 29	16 45	27 21	16 35	25 55	25 35	22 31	12 36	22 12
20	23:49: 2	29 7 48	20 59	14 41	17 21	28 4	16 48	25 54	25 38	22 29	12 36	22 9
21	23:52:59	0Ar 7 23	3Cn18	14 45	17 59	28 47	17 0	25 53	25 41	22 28	12 35	22 6
22	23:56:55	1 6 59	15 22	14 42R	18 38	29 30	17 12	25 51	25 45	22 27	12 35	22 3
23	0: 0:52	2 6 26	27 15	14 30	19 18	0Aq13	17 24	25 49	25 48	22 26	12 35	21 59
24	0: 4:49	3 5 54	9Le 3	14 12	20 0	0 57	17 36	25 48	25 52	22 25	12 35	21 56
25	0: 8:45	4 5 20	20 50	13 46	20 42	1 40	17 48	25 46	25 55	22 23	12 35	21 53
26	0:12:42	5 4 43	2Vi40	13 15	21 25	2 23	18 0	25 44	25 59	22 22	12 35	21 50
27	0:16:38	6 4 5	14 37	12 38	22 9	3 6	18 12	25 42	26 2	22 21	12 35D	21 47
28	0:20:35	7 3 24	26 43	11 56	22 55	3 50	18 23	25 40	26 5	22 20	12 35	21 44
29	0:24:31	8 2 41	8L159	11 11	23 41	4 33	18 35	25 37	26 9	22 19	12 35	21 40
30	0:28:28	9 1 56	21 27	10 24	24 28	5 16	18 47	25 35	26 12	22 18	12 35	21 37
31	0:32:24	10 1 9	4Sc 5	9 34	25 15	5 59	18 58	25 33	26 15	22 17	12 35	21 34

3/21 Sun in Ari. 9:01   3/7 3rd Qt. 11:50   3/14 New 3:20   3/21 1st Qt. 5:12   3/29 Full 10:00

APRIL 1926

Day	Sid. T.	Sun	Moon	Merc.	Venus	Mars	Jup.	Saturn	Uranus	Nept.	Pluto	N.Node
1	0:36:21	11Ar 0 20	16Sc55	8Ar44R	26Aq 4	6Aq43	19Aq 9	25Sc30R	26Pi19	22Le16R	12Cn35	21Cn31
2	0:40:17	11 59 29	29 56	7 55	26 53	7 26	19 21	25 28	26 22	22 15	12 36	21 28
3	0:44:14	12 58 37	13Sg 9	7 6	27 43	8 9	19 32	25 25	26 25	22 14	12 36	21 24
4	0:48:11	13 57 43	26 34	6 20	28 34	8 53	19 43	25 22	26 29	22 13	12 36	21 21
5	0:52: 7	14 56 47	10Cp13	5 37	29 26	9 36	19 54	25 19	26 32	22 12	12 36	21 18
6	0:56: 4	15 55 49	24 8	4 57	0Pi18	10 20	20 5	25 17	26 35	22 11	12 36	21 15
7	1: 0: 0	16 54 49	8Aq17	4 22	1 10	11 3	20 15	25 14	26 39	22 10	12 37	21 12
8	1: 3:57	17 53 48	22 41	3 51	2 4	11 46	20 26	25 11	26 42	22 10	12 37	21 9
9	1: 7:54	18 52 45	7Pi17	3 25	2 58	12 30	20 37	25 7	26 45	22 9	12 37	21 5
10	1:11:50	19 51 40	22 0	3 4	3 52	13 13	20 47	25 4	26 48	22 8	12 37	21 2
11	1:15:47	20 50 33	6Ar43	2 49	4 47	13 57	20 57	25 1	26 52	22 7	12 38	20 59
12	1:19:43	21 49 25	21 18	2 39	5 43	14 40	21 8	24 58	26 55	22 7	12 38	20 56
13	1:23:40	22 48 14	5Ta38	2 34	6 39	15 23	21 18	24 54	26 58	22 6	12 39	20 53
14	1:27:36	23 47 1	19 36	2 35D	7 35	16 7	21 28	24 51	27 1	22 5	12 39	20 50
15	1:31:33	24 45 47	3Ge 9	2 40	8 32	16 50	21 38	24 47	27 4	22 5	12 39	20 46
16	1:35:29	25 44 30	16 17	2 51	9 30	17 34	21 48	24 44	27 7	22 4	12 40	20 43
17	1:39:26	26 43 11	29 0	3 7	10 28	18 17	21 57	24 40	27 10	22 4	12 40	20 40
18	1:43:22	27 41 49	11Cn22	3 27	11 26	19 0	22 7	24 36	27 14	22 3	12 41	20 37
19	1:47:19	28 40 26	23 28	3 52	12 25	19 44	22 16	24 33	27 17	22 3	12 42	20 34
20	1:51:16	29 39 0	5Le23	4 21	13 24	20 27	22 26	24 29	27 20	22 2	12 42	20 30
21	1:55:12	0Ta37 32	17 12	4 55	14 23	21 11	22 35	24 25	27 23	22 1	12 43	20 27
22	1:59: 9	1 36 2	29 1	5 32	15 23	21 54	22 44	24 21	27 26	22 1	12 43	20 24
23	2: 3: 5	2 34 30	10Vi55	6 13	16 23	22 38	22 53	24 17	27 29	22 1	12 44	20 21
24	2: 7: 2	3 32 56	22 57	6 58	17 24	23 21	23 2	24 13	27 32	22 1	12 45	20 18
25	2:10:58	4 31 19	5Li12	7 46	18 24	24 4	23 10	24 9	27 34	22 0	12 45	20 15
26	2:14:55	5 29 41	17 39	8 38	19 25	24 48	23 19	24 5	27 37	22 0	12 46	20 11
27	2:18:51	6 28 1	0Sc22	9 33	20 27	25 31	23 27	24 1	27 40	22 0	12 47	20 8
28	2:22:48	7 26 19	13 19	10 31	21 28	26 14	23 36	23 56	27 43	22 0	12 47	20 5
29	2:26:44	8 24 35	26 30	11 32	22 30	26 58	23 44	23 52	27 46	22 0	12 48	20 2
30	2:30:41	9 22 49	9Sg53	12 35	23 33	27 41	23 52	23 48	27 49	22 0	12 49	19 59

4/20 Sun in Tau. 20:36   4/5 3rd Qt. 20:50   4/12 New 12:57   4/19 1st Qt. 23:23   4/28 Full 0:17

MAY 1926

Day	Sid. T.	Sun	Moon	Merc.	Venus	Mars	Jup.	Saturn	Uranus	Nept.	Pluto	N.Node
1	2:34:38	10Ta21 2	23Sg26	13Ar42	24Pi35	28Aq24	24Aq 0	23Sc44R	27Pi51	22Le 0R	12Cn50	19Cn56
2	2:38:34	11 19 14	7Cp 8	14 51	25 38	29 8	24 8	23 39	27 54	21 59	12 50	19 52
3	2:42:31	12 17 24	20 59	16 2	26 41	29 51	24 15	23 35	27 57	21 59D	12 51	19 49
4	2:46:27	13 15 32	4Aq57	17 16	27 44	0Pi34	24 23	23 31	27 59	21 59	12 52	19 46
5	2:50:24	14 13 39	19 3	18 32	28 48	1 17	24 30	23 26	28 2	22 0	12 53	19 43
6	2:54:21	15 11 45	3Pi15	19 51	29 52	2 1	24 37	23 22	28 5	22 0	12 54	19 40
7	2:58:17	16 9 49	17 32	21 12	0Ar55	2 44	24 44	23 17	28 7	22 0	12 55	19 36
8	3: 2:14	17 7 52	1Ar50	22 35	2 0	3 27	24 51	23 13	28 10	22 0	12 56	19 33
9	3: 6:10	18 5 54	16 7	24 1	3 4	4 10	24 58	23 9	28 12	22 0	12 57	19 30
10	3:10: 7	19 3 54	0Ta16	25 29	4 9	4 53	25 5	23 4	28 15	22 0	12 58	19 27
11	3:14: 3	20 1 52	14 13	26 58	5 13	5 37	25 11	23 0	28 17	22 0	12 59	19 24
12	3:18: 0	20 59 49	27 53	28 30	6 18	6 20	25 18	22 55	28 19	22 1	13 0	19 21
13	3:21:56	21 57 45	11Ge14	0Ta 4	7 24	7 3	25 24	22 51	28 22	22 1	13 1	19 17
14	3:25:53	22 55 39	24 13	1 41	8 29	7 46	25 30	22 46	28 24	22 1	13 2	19 14
15	3:29:50	23 53 31	6Cn53	3 19	9 34	8 29	25 36	22 42	28 26	22 2	13 3	19 11
16	3:33:46	24 51 22	19 14	4 59	10 40	9 12	25 41	22 37	28 29	22 2	13 4	19 8
17	3:37:42	25 49 11	1Le20	6 42	11 46	9 55	25 47	22 33	28 31	22 3	13 5	19 5
18	3:41:39	26 46 58	13 16	8 26	12 52	10 38	25 52	22 28	28 33	22 3	13 6	19 2
19	3:45:36	27 44 44	25 7	10 13	13 58	11 21	25 58	22 24	28 35	22 4	13 7	18 58
20	3:49:32	28 42 28	6Vi58	12 1	15 4	12 4	26 3	22 19	28 37	22 4	13 8	18 55
21	3:53:29	29 40 11	18 54	13 52	16 11	12 46	26 7	22 15	28 39	22 5	13 10	18 52
22	3:57:25	0Ge37 51	0Li59	15 45	17 17	13 29	26 12	22 10	28 41	22 5	13 11	18 49
23	4: 1:22	1 35 31	13 18	17 40	18 24	14 12	26 17	22 6	28 43	22 6	13 12	18 46
24	4: 5:18	2 33 8	25 54	19 37	19 31	14 55	26 21	22 1	28 45	22 7	13 13	18 42
25	4: 9:15	3 30 45	8Sc48	21 36	20 38	15 37	26 25	21 57	28 47	22 7	13 14	18 39
26	4:13:11	4 28 20	22 1	23 37	21 45	16 20	26 29	21 53	28 49	22 8	13 16	18 36
27	4:17: 8	5 25 54	5Sg32	25 40	22 52	17 2	26 33	21 48	28 51	22 9	13 17	18 33
28	4:21: 5	6 23 27	19 18	27 44	23 59	17 45	26 37	21 44	28 53	22 10	13 18	18 30
29	4:25: 1	7 20 59	3Cp16	29 50	25 7	18 27	26 40	21 40	28 54	22 10	13 19	18 27
30	4:28:58	8 18 29	17 23	1Ge58	26 14	19 10	26 43	21 36	28 56	22 11	13 21	18 23
31	4:32:54	9 15 59	1Aq36	4 7	27 22	19 52	26 46	21 31	28 58	22 12	13 22	18 20

5/21 Sun in Gem. 20:15   5/5 3rd Qt. 3:13   5/11 New 22:56   5/19 1st Qt. 17:48   5/27 Full 11:49

JUNE 1926

Day	Sid. T.	Sun	Moon	Merc.	Venus	Mars	Jup.	Saturn	Uranus	Nept.	Pluto	N.Node
1	4:36:51	10Ge13 28	15Aq50	6Ge17	28Ar30	20Pi34	26Aq49	21Sc27R	28Pi59	22Le13	13Cn23	18Cn17
2	4:40:47	11 10 57	0Pi 4	8 28	29 37	21 16	26 52	21 23	29 1	22 14	13 25	18 14
3	4:44:44	12 8 24	14 16	10 39	0Ta45	21 59	26 55	21 19	29 2	22 15	13 26	18 11
4	4:48:41	13 5 51	28 23	12 51	1 53	22 41	26 57	21 15	29 4	22 16	13 27	18 8
5	4:52:37	14 3 17	12Ar24	15 3	3 2	23 23	26 59	21 11	29 5	22 17	13 29	18 4
6	4:56:34	15 0 43	26 17	17 15	4 10	24 5	27 1	21 7	29 7	22 18	13 30	18 1
7	5: 0:30	15 58 8	10Ta 0	19 27	5 18	24 47	27 3	21 3	29 8	22 19	13 31	17 58
8	5: 4:27	16 55 32	23 30	21 38	6 27	25 28	27 5	20 59	29 9	22 20	13 33	17 55
9	5: 8:23	17 52 56	6Ge46	23 48	7 35	26 10	27 6	20 56	29 11	22 21	13 34	17 52
10	5:12:20	18 50 19	19 46	25 57	8 44	26 52	27 7	20 52	29 12	22 23	13 36	17 48
11	5:16:16	19 47 41	2Cn30	28 4	9 53	27 34	27 8	20 48	29 13	22 24	13 37	17 45
12	5:20:13	20 45 3	14 59	0Cn10	11 2	28 15	27 9	20 45	29 14	22 25	13 38	17 42
13	5:24:10	21 42 23	27 14	2 14	12 11	28 56	27 10	20 41	29 15	22 26	13 40	17 39
14	5:28: 6	22 39 43	9Le17	4 16	13 20	29 38	27 10	20 38	29 16	22 28	13 41	17 36
15	5:32: 3	23 37 2	21 12	6 16	14 29	0Ar19	27 10	20 34	29 17	22 29	13 43	17 33
16	5:35:59	24 34 20	3Vi 3	8 14	15 38	1 0	27 11R	20 31	29 18	22 30	13 44	17 29
17	5:39:56	25 31 37	14 54	10 10	16 47	1 41	27 10	20 28	29 19	22 32	13 46	17 26
18	5:43:52	26 28 54	26 50	12 4	17 56	2 22	27 10	20 24	29 20	22 33	13 47	17 23
19	5:47:49	27 26 9	8Li56	13 56	19 6	3 3	27 10	20 21	29 20	22 34	13 49	17 20
20	5:51:45	28 23 24	21 16	15 45	20 15	3 44	27 9	20 18	29 21	22 36	13 50	17 17
21	5:55:42	29 20 38	3Sc54	17 32	21 25	4 25	27 8	20 15	29 22	22 37	13 52	17 13
22	5:59:38	0Cn17 52	16 53	19 17	22 34	5 5	27 7	20 12	29 23	22 39	13 53	17 10
23	6: 3:35	1 15 5	0Sg14	21 0	23 44	5 46	27 6	20 9	29 23	22 40	13 55	17 7
24	6: 7:32	2 12 18	13 58	22 40	24 54	6 26	27 4	20 7	29 24	22 42	13 56	17 4
25	6:11:28	3 9 30	28 3	24 18	26 4	7 6	27 3	20 4	29 24	22 43	13 58	17 1
26	6:15:25	4 6 42	12Cp24	25 53	27 14	7 47	27 1	20 1	29 25	22 45	13 59	16 58
27	6:19:21	5 3 53	26 57	27 26	28 24	8 27	26 59	19 59	29 25	22 47	14 1	16 54
28	6:23:18	6 1 5	11Aq35	28 57	29 34	9 6	26 56	19 56	29 25	22 48	14 2	16 51
29	6:27:14	6 58 16	26 13	0Le25	0Ge44	9 46	26 54	19 54	29 26	22 50	14 4	16 48
30	6:31:11	7 55 28	10Pi45	1 51	1 54	10 26	26 51	19 52	29 26	22 52	14 5	16 45

6/22 Sun in Can. 4:30   6/3 3rd Qt. 8:09   6/10 New 10:08   6/18 1st Qt. 11:14   6/25 Full 21:13

JULY 1926

Day	Sid. T.	Sun	Moon	Merc.	Venus	Mars	Jup.	Saturn	Uranus	Nept.	Pluto	N.Node
1	6:35: 8	8Cn52 40	25Pi 7	3Le15	3Ge 4	11Ar 5	26Aq49R	19Sc50R	29Pi26	22Le53	14Cn 7	16Cn42
2	6:39: 4	9 49 51	9Ar16	4 36	4 14	11 45	26 46	19 47	29 26	22 55	14 8	16 39
3	6:43: 1	10 47 4	23 10	5 55	5 25	12 24	26 43	19 45	29 26	22 57	14 10	16 35
4	6:46:57	11 44 16	6Ta48	7 11	6 35	13 3	26 39	19 44	29 26	22 58	14 11	16 32
5	6:50:54	12 41 29	20 10	8 24	7 46	13 42	26 36	19 42	29 26R	23 0	14 13	16 29
6	6:54:50	13 38 42	3Ge17	9 35	8 56	14 21	26 32	19 40	29 26	23 2	14 14	16 26
7	6:58:47	14 35 55	16 10	10 43	10 7	15 0	26 28	19 38	29 26	23 4	14 16	16 23
8	7: 2:43	15 33 8	28 49	11 48	11 17	15 38	26 24	19 37	29 26	23 6	14 18	16 19
9	7: 6:40	16 30 22	11Cn15	12 50	12 28	16 16	26 20	19 35	29 26	23 7	14 19	16 16
10	7:10:37	17 27 36	23 31	13 50	13 39	16 55	26 15	19 34	29 26	23 9	14 21	16 13
11	7:14:33	18 24 50	5Le36	14 46	14 50	17 33	26 11	19 33	29 25	23 11	14 22	16 10
12	7:18:30	19 22 4	17 34	15 39	16 1	18 10	26 6	19 31	29 25	23 13	14 24	16 7
13	7:22:26	20 19 19	29 27	16 29	17 12	18 48	26 1	19 30	29 25	23 15	14 25	16 4
14	7:26:23	21 16 33	11Vi17	17 15	18 23	19 26	25 56	19 29	29 24	23 17	14 27	16 0
15	7:30:19	22 13 47	23 8	17 58	19 34	20 3	25 51	19 28	29 24	23 19	14 28	15 57
16	7:34:16	23 11 2	5Li 3	18 36	20 45	20 40	25 46	19 28	29 23	23 21	14 30	15 54
17	7:38:12	24 8 17	17 7	19 11	21 56	21 17	25 40	19 27	29 23	23 23	14 31	15 51
18	7:42: 9	25 5 32	29 25	19 42	23 7	21 53	25 35	19 26	29 22	23 25	14 33	15 48
19	7:46: 6	26 2 47	12Sc 0	20 9	24 19	22 30	25 29	19 26	29 22	23 27	14 34	15 45
20	7:50: 2	27 0 2	24 57	20 31	25 30	23 6	25 23	19 25	29 21	23 29	14 36	15 41
21	7:53:58	27 57 18	8Sg18	20 49	26 41	23 42	25 17	19 25	29 20	23 31	14 37	15 38
22	7:57:55	28 54 34	22 5	21 3	27 53	24 18	25 11	19 25	29 19	23 33	14 39	15 35
23	8: 1:52	29 51 50	6Cp17	21 11	29 4	24 54	25 4	19 25	29 18	23 35	14 40	15 32
24	8: 5:48	0Le49 7	20 52	21 15	0Cn16	25 29	24 58	19 24D	29 18	23 37	14 42	15 29
25	8: 9:45	1 46 24	5Aq43	21 13R	1 27	26 4	24 51	19 25	29 17	23 39	14 43	15 25
26	8:13:41	2 43 43	20 45	21 7	2 39	26 39	24 45	19 25	29 16	23 41	14 45	15 22
27	8:17:38	3 41 1	5Pi47	20 55	3 51	27 14	24 38	19 25	29 15	23 43	14 46	15 19
28	8:21:34	4 38 21	20 41	20 39	5 3	27 49	24 31	19 25	29 14	23 46	14 48	15 16
29	8:25:31	5 35 42	5Ar20	20 17	6 14	28 23	24 24	19 26	29 13	23 48	14 49	15 13
30	8:29:28	6 33 4	19 39	19 51	7 26	28 57	24 17	19 26	29 11	23 50	14 51	15 10
31	8:33:24	7 30 26	3Ta35	19 20	8 38	29 30	24 10	19 27	29 10	23 52	14 52	15 6

7/23 Sun in Leo 15:25   7/2 3rd Qt. 13:02   7/9 New 23:06(E)   7/18 1st Qt. 2:55   7/25 Full 5:14   7/31 3rd Qt. 19:25

AUGUST 1926

Day	Sid. T.	Sun	Moon	Merc.	Venus	Mars	Jup.	Saturn	Uranus	Nept.	Pluto	N.Node
1	8:37:21	8Le27 50	17Ta 8	18Le46R	9Cn50	0Ta 4	24Aq 3R	19Sc28	29Pi 9R	23Le54	14Cn54	15Cn 3
2	8:41:17	9 25 16	0Ge19	18 7	11 2	0 37	23 56	19 29	29 8	23 56	14 55	15 0
3	8:45:14	10 22 42	13 12	17 26	12 14	1 10	23 48	19 29	29 6	23 58	14 56	14 57
4	8:49:11	11 20 10	25 47	16 42	13 27	1 42	23 41	19 30	29 5	24 1	14 58	14 54
5	8:53: 7	12 17 39	8Cn 9	15 56	14 39	2 14	23 33	19 32	29 4	24 3	14 59	14 51
6	8:57: 4	13 15 9	20 21	15 9	15 51	2 46	23 26	19 33	29 2	24 5	15 1	14 47
7	9: 1: 0	14 12 40	2Le24	14 22	17 4	3 18	23 18	19 34	29 1	24 7	15 2	14 44
8	9: 4:57	15 10 12	14 21	13 35	18 16	3 49	23 11	19 36	28 59	24 9	15 3	14 41
9	9: 8:53	16 7 45	26 13	12 50	19 28	4 20	23 3	19 37	28 58	24 12	15 5	14 38
10	9:12:50	17 5 19	8Vi 4	12 8	20 41	4 51	22 55	19 39	28 56	24 14	15 6	14 35
11	9:16:46	18 2 55	19 54	11 29	21 53	5 21	22 47	19 40	28 55	24 16	15 7	14 31
12	9:20:43	19 0 31	1Li46	10 53	23 6	5 51	22 40	19 42	28 53	24 18	15 9	14 28
13	9:24:39	19 58 8	13 43	10 23	24 19	6 21	22 32	19 44	28 51	24 20	15 10	14 25
14	9:28:36	20 55 46	25 47	9 59	25 31	6 50	22 24	19 46	28 49	24 23	15 11	14 22
15	9:32:32	21 53 26	8Sc 3	9 40	26 44	7 18	22 16	19 48	28 48	24 25	15 13	14 19
16	9:36:29	22 51 6	20 35	9 28	27 57	7 47	22 8	19 50	28 46	24 27	15 14	14 16
17	9:40:26	23 48 47	3Sg26	9 23	29 10	8 15	22 0	19 53	28 44	24 29	15 15	14 12
18	9:44:22	24 46 30	16 40	9 25D	0Le23	8 43	21 53	19 55	28 42	24 32	15 16	14 9
19	9:48:19	25 44 14	0Cp21	9 35	1 35	9 10	21 45	19 57	28 40	24 34	15 18	14 6
20	9:52:15	26 41 58	14 29	9 52	2 48	9 37	21 37	20 0	28 38	24 36	15 19	14 3
21	9:56:12	27 39 44	29 4	10 17	4 1	10 3	21 29	20 3	28 37	24 38	15 20	14 0
22	10: 0: 8	28 37 31	14Aq 1	10 49	5 14	10 29	21 21	20 5	28 35	24 40	15 21	13 57
23	10: 4: 5	29 35 19	29 13	11 29	6 28	10 54	21 14	20 8	28 33	24 43	15 22	13 53
24	10: 8: 1	0Vi33 9	14Pi30	12 17	7 41	11 19	21 6	20 11	28 31	24 45	15 24	13 50
25	10:11:58	1 31 0	29 41	13 11	8 54	11 44	20 58	20 14	28 29	24 47	15 25	13 47
26	10:15:55	2 28 53	14Ar37	14 12	10 7	12 8	20 51	20 17	28 26	24 49	15 26	13 44
27	10:19:51	3 26 48	29 10	15 20	11 21	12 31	20 43	20 20	28 24	24 51	15 27	13 41
28	10:23:48	4 24 45	13Ta15	16 35	12 34	12 54	20 36	20 23	28 22	24 54	15 28	13 37
29	10:27:44	5 22 43	26 52	17 55	13 47	13 17	20 29	20 27	28 20	24 56	15 29	13 34
30	10:31:41	6 20 44	10Ge 2	19 20	15 1	13 39	20 21	20 30	28 18	24 58	15 30	13 31
31	10:35:38	7 18 46	22 48	20 51	16 14	14 0	20 14	20 34	28 16	25 0	15 31	13 28

8/23 Sun in Vir. 22:15   8/8 New 13:49   8/16 1st Qt. 16:39   8/23 Full 12:38   8/30 3rd Qt. 4:40

Day	Sid. T.	Sun	Moon	Merc.	Venus	Mars	Jup.	Saturn	Uranus	Nept.	Pluto	N.Node
1	10:39:34	8Vi16 50	5Cn15	22Le26	17Le28	14Ta21	20Aq 7R	20Sc37	28Pi14R	25Le 2	15Cn32	13Cn25
2	10:43:31	9 14 56	17 28	24 5	18 41	14 41	20 0	20 41	28 11	25 5	15 33	13 22
3	10:47:27	10 13 4	29 30	25 48	19 55	15 1	19 53	20 45	28 9	25 7	15 34	13 18
4	10:51:24	11 11 14	11Le25	27 33	21 9	15 20	19 46	20 48	28 7	25 9	15 35	13 15
5	10:55:20	12 9 26	23 16	29 21	22 22	15 39	19 40	20 52	28 5	25 11	15 36	13 12
6	10:59:17	13 7 39	5Vi 6	1Vi11	23 36	15 56	19 33	20 56	28 2	25 13	15 37	13 9
7	11: 3:13	14 5 54	16 56	3 3	24 50	16 14	19 26	21 0	28 0	25 15	15 38	13 6
8	11: 7:10	15 4 11	28 49	4 55	26 4	16 30	19 20	21 4	27 58	25 17	15 39	13 2
9	11:11: 6	16 2 30	10Li46	6 49	27 18	16 46	19 14	21 9	27 55	25 20	15 40	12 59
10	11:15: 3	17 0 50	22 48	8 43	28 32	17 1	19 8	21 13	27 53	25 22	15 41	12 56
11	11:18:59	17 59 12	4Sc57	10 38	29 46	17 16	19 2	21 17	27 51	25 24	15 41	12 53
12	11:22:56	18 57 36	17 17	12 33	1Vi 0	17 30	18 56	21 22	27 48	25 26	15 42	12 50
13	11:26:53	19 56 1	29 49	14 27	2 14	17 43	18 50	21 26	27 46	25 28	15 43	12 47
14	11:30:49	20 54 28	12Sg37	16 21	3 28	17 56	18 45	21 31	27 43	25 30	15 44	12 43
15	11:34:46	21 52 57	25 45	18 14	4 42	18 7	18 39	21 36	27 41	25 32	15 45	12 40
16	11:38:42	22 51 27	9Cp17	20 7	5 56	18 18	18 34	21 40	27 39	25 34	15 45	12 37
17	11:42:39	23 49 59	21 59	21 59	7 10	18 28	18 29	21 45	27 36	25 36	15 46	12 34
18	11:46:35	24 48 32	7Aq37	23 51	8 25	18 38	18 24	21 50	27 34	25 38	15 47	12 31
19	11:50:32	25 47 7	22 25	25 41	9 39	18 47	18 19	21 55	27 31	25 40	15 47	12 28
20	11:54:28	26 45 44	7Pi31	27 31	10 53	18 54	18 14	22 0	27 29	25 42	15 48	12 24
21	11:58:25	27 44 23	22 47	29 20	12 7	19 1	18 10	22 5	27 27	25 44	15 49	12 21
22	12: 2:22	28 43 3	8Ar 2	1Li 7	13 22	19 8	18 6	22 10	27 24	25 46	15 49	12 18
23	12: 6:18	29 41 46	23 5	2 54	14 36	19 13	18 2	22 15	27 22	25 48	15 50	12 15
24	12:10:15	0Li40 30	7Ta47	4 40	15 51	19 18	17 58	22 20	27 19	25 50	15 50	12 12
25	12:14:11	1 39 17	22 1	6 25	17 5	19 21	17 54	22 26	27 17	25 52	15 51	12 8
26	12:18: 8	2 38 6	5Ge45	8 9	18 20	19 24	17 50	22 31	27 15	25 54	15 51	12 5
27	12:22: 4	3 36 58	19 0	9 52	19 34	19 26	17 47	22 37	27 12	25 55	15 52	12 2
28	12:26: 1	4 35 51	1Cn48	11 34	20 49	19 27	17 44	22 42	27 10	25 57	15 52	11 59
29	12:29:58	5 34 47	14 15	13 15	22 3	19 27R	17 41	22 48	27 7	25 59	15 53	11 56
30	12:33:54	6 33 46	26 25	14 56	23 18	19 27	17 38	22 53	27 5	26 1	15 53	11 53

9/23 Sun in Lib. 19:27 9/7 New 5:45 9/15 1st Qt. 4:27 9/21 Full 20:19 9/28 3rd Qt. 17:48

Day	Sid. T.	Sun	Moon	Merc.	Venus	Mars	Jup.	Saturn	Uranus	Nept.	Pluto	N.Node
1	12:37:51	7Li32 46	8Le23	16Li35	24Vi33	19Ta25R	17Aq35R	22Sc59	27Pi 3R	26Le 3	15Cn54	11Cn49
2	12:41:47	8 31 49	20 15	18 14	25 47	19 23	17 33	23 5	27 0	26 4	15 54	11 46
3	12:45:44	9 30 54	2Vi 4	19 52	27 2	19 19	17 31	23 10	26 58	26 6	15 54	11 43
4	12:49:40	10 30 1	13 54	21 29	28 17	19 15	17 28	23 16	26 56	26 8	15 55	11 40
5	12:53:37	11 29 10	25 47	23 5	29 32	19 10	17 27	23 22	26 53	26 10	15 55	11 37
6	12:57:33	12 28 21	7Li46	24 40	0Li46	19 3	17 25	23 28	26 51	26 11	15 55	11 34
7	13: 1:30	13 27 35	19 51	26 15	2 1	18 56	17 23	23 34	26 49	26 13	15 55	11 30
8	13: 5:27	14 26 50	2Sc 3	27 49	3 16	18 49	17 22	23 40	26 47	26 14	15 56	11 27
9	13: 9:23	15 26 8	14 24	29 22	4 31	18 40	17 21	23 46	26 44	26 16	15 56	11 24
10	13:13:20	16 25 27	26 54	0Sc54	5 46	18 30	17 20	23 52	26 42	26 18	15 56	11 21
11	13:17:16	17 24 48	9Sg35	2 25	7 1	18 20	17 20	23 59	26 40	26 19	15 56	11 18
12	13:21:13	18 24 12	22 29	3 56	8 16	18 8	17 19	24 5	26 38	26 21	15 56	11 14
13	13:25: 9	19 23 37	5Cp38	5 26	9 31	17 56	17 19	24 11	26 36	26 22	15 56	11 11
14	13:29: 6	20 23 3	19 5	6 56	10 46	17 44	17 19	24 17	26 33	26 24	15 56	11 8
15	13:33: 2	21 22 32	2Aq53	8 25	12 1	17 30	17 19D	24 24	26 31	26 25	15 57	11 5
16	13:36:59	22 22 2	9 52	9 52	13 16	17 16	17 19	24 30	26 29	26 27	15 57	11 2
17	13:40:55	23 21 33	1Pi32	11 20	14 31	17 1	17 20	24 36	26 27	26 28	15 57R	10 59
18	13:44:52	24 21 7	16 19	12 46	15 46	16 45	17 21	24 43	26 25	26 29	15 57	10 55
19	13:48:48	25 20 42	1Ar18	14 12	17 1	16 28	17 22	24 49	26 23	26 31	15 57	10 52
20	13:52:45	26 20 19	16 19	15 37	18 16	16 11	17 23	24 56	26 21	26 32	15 56	10 49
21	13:56:42	27 19 58	1Ta13	17 1	19 31	15 54	17 24	25 3	26 19	26 33	15 56	10 46
22	14: 0:38	28 19 40	15 51	18 24	20 46	15 36	17 26	25 9	26 17	26 35	15 56	10 43
23	14: 4:35	29 19 23	0Ge 6	19 46	22 1	15 17	17 28	25 16	26 15	26 36	15 56	10 40
24	14: 8:31	0Sc19 8	13 53	21 7	23 16	14 58	17 30	25 22	26 13	26 37	15 56	10 36
25	14:12:28	1 18 56	27 13	22 28	24 31	14 38	17 32	25 29	26 11	26 38	15 56	10 33
26	14:16:24	2 18 46	10Cn 5	23 47	25 47	14 19	17 34	25 36	26 10	26 39	15 56	10 30
27	14:20:21	3 18 38	22 36	25 5	27 2	13 58	17 37	25 43	26 8	26 40	15 55	10 27
28	14:24:18	4 18 32	4Le48	26 22	28 17	13 38	17 39	25 49	26 6	26 42	15 55	10 24
29	14:28:14	5 18 29	16 47	27 37	29 32	13 17	17 42	25 56	26 4	26 43	15 55	10 20
30	14:32:10	6 18 27	28 40	28 51	0Sc47	12 56	17 46	26 3	26 3	26 44	15 55	10 17
31	14:36: 7	7 18 28	10Vi30	0Sg 3	2 3	12 35	17 49	26 10	26 1	26 45	15 54	10 14

10/24 Sun in Sco. 4:19 10/6 New 22:13 10/14 1st Qt. 14:28 10/21 Full 5:16 10/28 3rd Qt. 10:57

NOVEMBER 1926

Day	Sid. T.	Sun	Moon	Merc.	Venus	Mars	Jup.	Saturn	Uranus	Nept.	Pluto	N.Node
1	14:40: 4	8Sc18 31	22Vi21	1Sg13	3Sc18	12Ta14R	17Aq52	26Sc17	26Pi 0R	26Le46	15Cn54R	10Cn11
2	14:44: 0	9 18 35	4Li19	2 22	4 33	11 53	17 56	26 24	25 58	26 47	15 54	10 8
3	14:47:57	10 18 42	16 24	3 28	5 49	11 32	18 0	26 31	25 56	26 47	15 53	10 5
4	14:51:53	11 18 51	28 39	4 31	7 4	11 10	18 4	26 38	25 55	26 48	15 53	10 1
5	14:55:50	12 19 2	11Sc 5	5 32	8 19	10 50	18 8	26 45	25 54	26 49	15 52	9 58
6	14:59:46	13 19 14	23 42	6 29	9 35	10 29	18 13	26 52	25 52	26 50	15 52	9 55
7	15: 3:43	14 19 29	6Sg30	7 23	10 50	10 8	18 17	26 59	25 51	26 51	15 51	9 52
8	15: 7:39	15 19 45	19 29	8 13	12 5	9 48	18 22	27 6	25 49	26 52	15 51	9 49
9	15:11:36	16 20 2	2Cp40	8 58	13 21	9 28	18 27	27 13	25 48	26 52	15 50	9 46
10	15:15:33	17 20 21	16 2	9 39	14 36	9 9	18 32	27 20	25 47	26 53	15 50	9 42
11	15:19:29	18 20 42	29 36	10 14	15 51	8 50	18 38	27 27	25 46	26 54	15 49	9 39
12	15:23:26	19 21 4	13Aq24	10 42	17 7	8 31	18 43	27 34	25 45	26 54	15 49	9 36
13	15:27:22	20 21 27	27 26	11 4	18 22	8 13	18 49	27 41	25 43	26 55	15 48	9 33
14	15:31:19	21 21 52	11Pi40	11 18	19 37	7 55	18 55	27 48	25 42	26 55	15 47	9 30
15	15:35:15	22 22 18	26 6	11 24	20 53	7 38	19 1	27 55	25 41	26 56	15 47	9 26
16	15:39:12	23 22 45	10Ar38	11 20R	22 8	7 22	19 7	28 3	25 40	26 56	15 46	9 23
17	15:43: 9	24 23 13	25 13	11 7	23 24	7 6	19 13	28 10	25 40	26 57	15 45	9 20
18	15:47: 5	25 23 43	9Ta43	10 44	24 39	6 51	19 20	28 17	25 39	26 57	15 45	9 17
19	15:51: 2	26 24 15	24 1	10 10	25 54	6 37	19 27	28 24	25 38	26 58	15 44	9 14
20	15:54:58	27 24 48	8Ge 3	9 26	27 10	6 23	19 33	28 31	25 37	26 58	15 43	9 11
21	15:58:55	28 25 22	21 43	8 31	28 25	6 10	19 40	28 38	25 36	26 58	15 42	9 7
22	16: 2:51	29 25 59	4Cn59	7 28	29 41	5 58	19 48	28 45	25 36	26 58	15 41	9 4
23	16: 6:48	0Sg26 36	17 53	6 16	0Sg56	5 47	19 55	28 53	25 35	26 59	15 41	9 1
24	16:10:45	1 27 16	0Le26	4 59	2 11	5 36	20 2	29 0	25 34	26 59	15 40	8 58
25	16:14:41	2 27 57	12 41	3 37	3 27	5 26	20 10	29 7	25 34	26 59	15 39	8 55
26	16:18:38	3 28 39	24 44	2 15	4 42	5 17	20 18	29 14	25 33	26 59	15 38	8 51
27	16:22:34	4 29 23	6Vi38	0 55	5 58	5 9	20 26	29 21	25 33	26 59	15 37	8 48
28	16:26:31	5 30 9	18 30	29Sc39	7 13	5 2	20 34	29 28	25 33	26 59	15 36	8 45
29	16:30:28	6 30 56	0Li23	28 29	8 28	4 55	20 42	29 35	25 32	26 59	15 35	8 42
30	16:34:24	7 31 44	12 23	27 29	9 44	4 49	20 50	29 42	25 32	26 59R	15 34	8 39

11/23 Sun in Sag. 1:28   11/5 New 14:35   11/12 1st Qt. 23:02   11/19 Full 16:21   11/27 3rd Qt. 7:15

DECEMBER 1926

Day	Sid. T.	Sun	Moon	Merc.	Venus	Mars	Jup.	Saturn	Uranus	Nept.	Pluto	N.Node
1	16:38:20	8Sg32 35	24Li32	26Sc39R	10Sg59	4Ta44R	20Aq59	29Sc50	25Pi32R	26Le59R	15Cn33R	8Cn36
2	16:42:17	9 33 26	6Sc55	26 0	12 15	4 40	21 8	29 57	25 31	26 59	15 32	8 32
3	16:46:13	10 34 19	19 32	25 32	13 30	4 37	21 16	0Sg 4	25 31	26 59	15 32	8 29
4	16:50:10	11 35 13	2Sg25	25 16	14 46	4 34	21 25	0 11	25 31	26 59	15 31	8 26
5	16:54: 7	12 36 8	15 34	25 11D	16 1	4 33	21 34	0 18	25 31	26 59	15 29	8 23
6	16:58: 3	13 37 4	28 57	25 16	17 17	4 32	21 44	0 25	25 31D	26 59	15 28	8 20
7	17: 2: 0	14 38 1	12Cp33	25 31	18 32	4 32D	21 53	0 32	25 31	26 58	15 27	8 17
8	17: 5:56	15 38 59	26 19	25 55	19 48	4 32	22 2	0 39	25 31	26 58	15 26	8 13
9	17: 9:53	16 39 58	10Aq15	26 27	21 3	4 34	22 12	0 46	25 32	26 58	15 25	8 10
10	17:13:49	17 40 57	24 17	27 6	22 19	4 36	22 22	0 53	25 32	26 58	15 24	8 7
11	17:17:46	18 41 57	8Pi24	27 52	23 34	4 39	22 32	1 0	25 32	26 57	15 23	8 4
12	17:21:43	19 42 57	22 35	28 43	24 49	4 43	22 42	1 7	25 32	26 57	15 22	8 1
13	17:25:39	20 43 58	6Ar46	29 39	26 5	4 47	22 52	1 14	25 33	26 56	15 21	7 57
14	17:29:36	21 44 59	20 57	0Sg39	27 20	4 53	23 2	1 20	25 33	26 56	15 20	7 54
15	17:33:32	22 46 1	5Ta 3	1 43	28 36	4 59	23 12	1 27	25 34	26 55	15 19	7 51
16	17:37:29	23 47 3	19 3	2 50	29 51	5 6	23 23	1 34	25 34	26 55	15 17	7 48
17	17:41:25	24 48 6	2Ge52	4 1	1Cp 7	5 13	23 33	1 41	25 35	26 54	15 16	7 45
18	17:45:22	25 49 9	16 28	5 14	2 22	5 21	23 44	1 48	25 36	26 54	15 15	7 42
19	17:49:18	26 50 13	29 49	6 29	3 37	5 30	23 54	1 54	25 36	26 53	15 14	7 38
20	17:53:15	27 51 18	12Cn53	7 46	4 53	5 39	24 5	2 1	25 37	26 52	15 13	7 35
21	17:57:12	28 52 23	25 40	9 4	6 8	5 49	24 16	2 8	25 38	26 52	15 12	7 32
22	18: 1: 8	29 53 28	8Le10	10 24	7 24	6 0	24 27	2 14	25 39	26 51	15 10	7 29
23	18: 5: 5	0Cp54 35	20 25	11 46	8 39	6 12	24 39	2 21	25 40	26 50	15 9	7 26
24	18: 9: 1	1 55 41	2Vi29	13 8	9 54	6 23	24 50	2 28	25 40	26 49	15 8	7 23
25	18:12:58	2 56 49	14 25	14 32	11 10	6 36	25 1	2 34	25 41	26 49	15 7	7 19
26	18:16:54	3 57 57	26 17	15 56	12 25	6 49	25 13	2 40	25 42	26 48	15 5	7 16
27	18:20:51	4 59 5	8Li10	17 22	13 41	7 3	25 24	2 47	25 44	26 47	15 4	7 13
28	18:24:48	6 0 14	20 9	18 48	14 56	7 17	25 36	2 53	25 45	26 46	15 3	7 10
29	18:28:44	7 1 23	2Sc19	20 15	16 12	7 32	25 48	3 0	25 46	26 45	15 2	7 7
30	18:32:41	8 2 33	14 42	21 42	17 27	7 47	26 0	3 6	25 47	26 44	15 0	7 3
31	18:36:37	9 3 44	27 24	23 10	18 42	8 3	26 12	3 12	25 48	26 43	14 59	7 0

12/22 Sun in Cap. 14:34   12/5 New 6:12   12/12 1st Qt. 6:47   12/19 Full 6:09   12/27 3rd Qt. 4:59

JANUARY 1927

Day	Sid. T.	Sun	Moon	Merc.	Venus	Mars	Jup.	Saturn	Uranus	Nept.	Pluto	N.Node
1	18:40:34	10Cp 4 55	10Sg26	24Sg39	19Cp58	8Ta19	26Aq24	3Sg18	25Pi50	26Le42R	14Cn58R	6Cn57
2	18:44:30	11 6 6	23 50	26 8	21 13	8 36	26 36	3 25	25 51	26 41	14 57	6 54
3	18:48:27	12 7 17	7Cp34	27 37	22 28	8 53	26 48	3 31	25 53	26 40	14 55	6 51
4	18:52:23	13 8 28	21 36	29 7	23 44	9 11	27 0	3 37	25 54	26 39	14 54	6 48
5	18:56:20	14 9 39	5Aq52	0Cp38	24 59	9 29	27 13	3 43	25 56	26 38	14 53	6 44
6	19: 0:16	15 10 49	20 17	2 9	26 15	9 48	27 25	3 49	25 57	26 37	14 52	6 41
7	19: 4:13	16 12 0	4Pi46	3 40	27 30	10 7	27 38	3 55	25 59	26 35	14 50	6 38
8	19: 8:10	17 13 10	19 14	5 12	28 45	10 27	27 50	4 1	26 0	26 34	14 49	6 35
9	19:12: 6	18 14 19	3Ar35	6 44	0Aq 1	10 47	28 3	4 6	26 2	26 33	14 48	6 32
10	19:16: 3	19 15 28	17 47	8 17	1 16	11 7	28 16	4 12	26 4	26 32	14 47	6 29
11	19:19:59	20 16 37	1Ta47	9 50	2 31	11 28	28 29	4 18	26 6	26 30	14 45	6 25
12	19:23:56	21 17 44	15 35	11 23	3 47	11 49	28 42	4 24	26 8	26 29	14 44	6 22
13	19:27:52	22 18 51	29 9	12 57	5 2	12 11	28 55	4 29	26 10	26 28	14 43	6 19
14	19:31:49	23 19 58	12Ge31	14 32	6 17	12 32	29 8	4 35	26 11	26 26	14 42	6 16
15	19:35:45	24 21 4	25 40	16 7	7 32	12 55	29 21	4 40	26 13	26 25	14 40	6 13
16	19:39:42	25 22 9	8Cn37	17 42	8 48	13 17	29 34	4 45	26 15	26 24	14 39	6 9
17	19:43:39	26 23 14	21 21	19 18	10 3	13 40	29 47	4 51	26 17	26 22	14 38	6 6
18	19:47:35	27 24 18	3Le53	20 54	11 18	14 4	0Pi 0	4 56	26 20	26 21	14 37	6 3
19	19:51:32	28 25 22	16 14	22 31	12 33	14 27	0 14	5 1	26 22	26 20	14 35	6 0
20	19:55:28	29 26 25	28 25	24 9	13 48	14 51	0 27	5 6	26 24	26 18	14 34	5 57
21	19:59:25	0Aq27 27	10Vi26	25 47	15 4	15 15	0 41	5 11	26 26	26 17	14 33	5 54
22	20: 3:21	1 28 29	22 22	27 26	16 19	15 40	0 54	5 16	26 28	26 15	14 31	5 50
23	20: 7:18	2 29 30	4Li14	29 5	17 34	16 5	1 8	5 21	26 31	26 14	14 29	5 47
24	20:11:15	3 30 31	16 6	0Aq45	18 49	16 30	1 21	5 26	26 33	26 12	14 28	5 44
25	20:15:11	4 31 32	28 3	2 25	20 4	16 55	1 35	5 31	26 35	26 11	14 27	5 41
26	20:19: 8	5 32 32	10Sc 9	4 7	21 19	17 21	1 49	5 36	26 38	26 9	14 26	5 38
27	20:23: 4	6 33 31	22 29	5 48	22 34	17 47	2 2	5 40	26 40	26 7	14 25	5 35
28	20:27: 1	7 34 30	5Sg 8	7 31	23 49	18 13	2 16	5 45	26 43	26 6	14 24	5 31
29	20:30:57	8 35 28	18 9	9 14	25 4	18 39	2 30	5 49	26 45	26 4	14 23	5 28
30	20:34:54	9 36 25	1Cp36	10 58	26 19	19 6	2 44	5 54	26 48	26 3	14 22	5 25
31	20:38:50	10 37 22	15 29	12 42	27 34	19 33	2 58	5 58	26 50	26 1	14 21	5 22

1/21 Sun in Aqu. 1:12   1/3 New 20:28(E)   1/10 1st Qt. 14:44   1/17 Full 22:27   1/26 3rd Qt. 2:05

FEBRUARY 1927

Day	Sid. T.	Sun	Moon	Merc.	Venus	Mars	Jup.	Saturn	Uranus	Nept.	Pluto	N.Node
1	20:42:47	11Aq38 17	29Cp47	14Aq27	28Aq49	20Ta 0	3Pi12	6Sg 2	26Pi53	26Le 0R	14Cn20R	5Cn19
2	20:46:44	12 39 12	14Aq26	16 13	0Pi 4	20 28	3 26	6 6	26 56	25 58	14 19	5 15
3	20:50:40	13 40 5	29 18	17 59	1 19	20 55	3 40	6 11	26 58	25 56	14 18	5 12
4	20:54:37	14 40 58	14Pi17	19 46	2 34	21 23	3 54	6 15	27 1	25 55	14 17	5 9
5	20:58:33	15 41 48	29 11	21 33	3 49	21 51	4 8	6 19	27 4	25 53	14 16	5 6
6	21: 2:30	16 42 38	13Ar54	23 21	5 4	22 19	4 22	6 22	27 7	25 51	14 15	5 3
7	21: 6:26	17 43 26	28 9	25 9	6 19	22 48	4 36	6 26	27 9	25 50	14 14	5 0
8	21:10:23	18 44 12	12Ta24	26 57	7 34	23 16	4 50	6 30	27 12	25 48	14 13	4 56
9	21:14:19	19 44 57	26 7	28 46	8 49	23 45	5 5	6 33	27 15	25 45	14 12	4 53
10	21:18:16	20 45 40	9Ge30	0Pi34	10 4	24 14	5 19	6 37	27 18	25 43	14 11	4 50
11	21:22:12	21 46 22	22 35	2 22	11 18	24 43	5 33	6 40	27 21	25 41	14 10	4 47
12	21:26: 9	22 47 2	5Cn24	4 10	12 33	25 12	5 47	6 44	27 24	25 40	14 9	4 44
13	21:30: 5	23 47 41	18 0	5 57	13 48	25 42	6 2	6 47	27 27	25 38	14 8	4 40
14	21:34: 2	24 48 18	0Le25	7 43	15 2	26 12	6 16	6 50	27 30	25 36	14 7	4 37
15	21:37:59	25 48 53	12 42	9 28	16 17	26 41	6 30	6 53	27 33	25 35	14 6	4 34
16	21:41:55	26 49 27	24 51	11 11	17 32	27 11	6 45	6 56	27 36	25 33	14 5	4 31
17	21:45:52	27 49 59	6Vi53	12 52	18 46	27 42	6 59	6 59	27 39	25 31	14 4	4 28
18	21:49:48	28 50 30	18 51	14 30	20 1	28 12	7 14	7 2	27 42	25 30	14 3	4 25
19	21:53:45	29 50 59	0Li44	16 6	21 15	28 42	7 28	7 4	27 45	25 28	14 2	4 21
20	21:57:42	0Pi51 27	12 36	17 37	22 30	29 13	7 42	7 7	27 48	25 26	14 1	4 18
21	22: 1:38	1 51 53	24 28	19 5	23 44	29 44	7 57	7 10	27 51	25 23	14 0	4 15
22	22: 5:35	2 52 18	6Sc24	20 27	24 59	0Ge14	8 11	7 12	27 55	25 21	13 59	4 12
23	22: 9:31	3 52 42	18 28	21 44	26 13	0 45	8 26	7 14	27 58	25 20	13 59	4 9
24	22:13:28	4 53 4	0Sg44	22 54	27 27	1 17	8 40	7 16	28 1	25 18	13 58	4 6
25	22:17:24	5 53 25	13 17	23 57	28 42	1 48	8 55	7 19	28 4	25 16	13 57	4 2
26	22:21:21	6 53 45	26 12	24 51	29 56	2 19	9 9	7 21	28 7	25 16	13 57	3 59
27	22:25:17	7 54 3	9Cp32	25 43	1Ar10	2 51	9 24	7 23	28 11	25 16	13 57	3 56
28	22:29:14	8 54 19	23 22	26 23	2 25	3 22	9 38	7 24	28 14	25 15	13 56	3 53

2/19 Sun in Pis. 15:35   2/2 New 8:55   2/8 1st Qt. 23:54   2/16 Full 16:18   2/24 3rd Qt. 20:43

MARCH 1927

Day	Sid. T.	Sun	Moon	Merc.	Venus	Mars	Jup.	Saturn	Uranus	Nept.	Pluto	N.Node
1	22:33:11	9Pi54 34	7Aq40	26Pi54	3Ar39	3Ge54	9Pi53	7Sg26	28Pi17	25Le13R	13Cn55R	3Cn50
2	22:37: 7	10 54 48	22 26	27 15	4 53	4 26	10 7	7 28	28 21	25 11	13 55	3 46
3	22:41: 4	11 54 59	7Pi31	27 28	6 7	4 58	10 22	7 29	28 24	25 10	13 54	3 43
4	22:45: 0	12 55 9	22 48	27 31R	7 21	5 30	10 36	7 31	28 27	25 8	13 54	3 40
5	22:48:57	13 55 17	8Ar 3	27 24	8 35	6 2	10 51	7 32	28 31	25 7	13 53	3 37
6	22:52:53	14 55 23	23 8	27 9	9 49	6 34	11 5	7 33	28 34	25 5	13 52	3 34
7	22:56:50	15 55 27	7Ta52	26 45	11 3	7 7	11 20	7 34	28 37	25 3	13 52	3 31
8	23: 0:46	16 55 29	22 10	26 13	12 17	7 39	11 34	7 35	28 41	25 2	13 51	3 27
9	23: 4:43	17 55 28	6Ge 1	25 34	13 31	8 12	11 48	7 36	28 44	25 0	13 51	3 24
10	23: 8:39	18 55 26	19 25	24 49	14 45	8 44	12 3	7 37	28 47	24 59	13 51	3 21
11	23:12:36	19 55 21	2Cn25	23 59	15 58	9 17	12 17	7 38	28 51	24 57	13 50	3 18
12	23:16:32	20 55 14	15 6	23 5	17 12	9 50	12 32	7 38	28 54	24 56	13 50	3 15
13	23:20:29	21 55 5	27 31	22 8	18 26	10 23	12 46	7 39	28 58	24 54	13 49	3 12
14	23:24:26	22 54 53	9Le44	21 11	19 39	10 56	13 0	7 39	29 1	24 53	13 49	3 8
15	23:28:22	23 54 40	21 49	20 13	20 53	11 29	13 15	7 40	29 4	24 52	13 49	3 5
16	23:32:19	24 54 24	3Vi48	19 17	22 7	12 2	13 29	7 40	29 8	24 50	13 48	3 2
17	23:36:15	25 54 6	15 44	18 23	23 20	12 35	13 43	7 40	29 11	24 49	13 48	2 59
18	23:40:12	26 53 46	27 37	17 32	24 33	13 8	13 58	7 40R	29 15	24 47	13 48	2 56
19	23:44: 8	27 53 24	9Li30	16 46	25 47	13 42	14 12	7 40	29 18	24 46	13 48	2 52
20	23:48: 5	28 53 1	21 23	16 4	27 0	14 15	14 26	7 40	29 22	24 45	13 47	2 49
21	23:52: 2	29 52 35	3Sc18	15 28	28 13	14 49	14 41	7 39	29 25	24 43	13 47	2 46
22	23:55:58	0Ar52 7	15 18	14 57	29 27	15 22	14 55	7 39	29 28	24 42	13 47	2 43
23	23:59:55	1 51 38	27 24	14 33	0Ta40	15 56	15 9	7 39	29 32	24 41	13 47	2 40
24	0: 3:51	2 51 7	9Sg41	14 14	1 53	16 30	15 23	7 38	29 35	24 39	13 47	2 37
25	0: 7:48	3 50 34	22 12	14 2	3 6	17 3	15 37	7 37	29 39	24 38	13 47	2 33
26	0:11:44	4 49 59	5Cp 3	13 55	4 19	17 37	15 51	7 36	29 42	24 37	13 47	2 30
27	0:15:41	5 49 23	18 16	13 55D	5 32	18 11	16 5	7 36	29 46	24 36	13 47	2 27
28	0:19:37	6 48 45	1Aq56	14 0	6 45	18 45	16 20	7 35	29 49	24 35	13 47D	2 24
29	0:23:34	7 48 5	16 5	14 10	7 58	19 19	16 34	7 33	29 52	24 34	13 47	2 21
30	0:27:31	8 47 23	0Pi42	14 26	9 10	19 53	16 48	7 32	29 56	24 32	13 47	2 18
31	0:31:27	9 46 39	15 42	14 47	10 23	20 27	17 1	7 31	29 59	24 31	13 47	2 14

3/21 Sun in Ari. 14:59 3/3 New 19:25 3/10 1st Qt. 11:03 3/18 Full 10:24 3/26 3rd Qt. 11:35

APRIL 1927

Day	Sid. T.	Sun	Moon	Merc.	Venus	Mars	Jup.	Saturn	Uranus	Nept.	Pluto	N.Node
1	0:35:24	10Ar45 53	0Ar57	15Pi12	11Ta36	21Ge 2	17Pi15	7Sg30R	0Ar 3	24Le30R	13Cn47	2Cn11
2	0:39:20	11 45 6	16 18	15 42	12 48	21 36	17 29	7 28	0 6	24 29	13 47	2 8
3	0:43:17	12 44 16	1Ta31	16 16	14 1	22 10	17 43	7 26	0 9	24 28	13 47	2 5
4	0:47:13	13 43 24	16 26	16 55	15 13	22 44	17 57	7 25	0 13	24 27	13 47	2 2
5	0:51:10	14 42 30	0Ge57	17 37	16 26	23 19	18 11	7 23	0 16	24 26	13 47	1 58
6	0:55: 6	15 41 34	14 58	18 23	17 38	23 53	18 24	7 21	0 19	24 25	13 48	1 55
7	0:59: 3	16 40 36	28 30	19 12	18 50	24 28	18 38	7 19	0 23	24 24	13 48	1 52
8	1: 3: 0	17 39 35	11Cn35	20 4	20 3	25 2	18 52	7 17	0 26	24 24	13 48	1 49
9	1: 6:56	18 38 32	24 17	21 0	21 15	25 37	19 5	7 15	0 29	24 23	13 48	1 46
10	1:10:53	19 37 26	6Le41	21 58	22 27	26 12	19 19	7 13	0 33	24 22	13 49	1 43
11	1:14:49	20 36 19	18 50	22 59	23 39	26 46	19 32	7 11	0 36	24 21	13 49	1 39
12	1:18:46	21 35 8	0Vi51	24 3	24 51	27 21	19 45	7 8	0 39	24 20	13 50	1 36
13	1:22:42	22 33 56	12 45	25 10	26 3	27 56	19 59	7 6	0 42	24 20	13 50	1 33
14	1:26:39	23 32 42	24 37	26 18	27 14	28 31	20 12	7 3	0 46	24 19	13 50	1 30
15	1:30:35	24 31 25	6Li29	27 30	28 26	29 5	20 25	7 1	0 49	24 18	13 50	1 27
16	1:34:32	25 30 7	18 23	28 43	29 38	29 40	20 38	6 58	0 52	24 18	13 51	1 24
17	1:38:28	26 28 46	0Sc20	29 59	0Ge49	0Cn15	20 52	6 55	0 55	24 17	13 51	1 20
18	1:42:25	27 27 24	12 22	1Ar17	2 1	0 50	21 5	6 52	0 58	24 16	13 52	1 17
19	1:46:22	28 25 59	24 30	2 37	3 12	1 25	21 18	6 49	1 2	24 16	13 52	1 14
20	1:50:18	29 24 33	6Sg45	3 58	4 23	2 0	21 31	6 46	1 5	24 15	13 53	1 11
21	1:54:15	0Ta23 5	19 11	5 22	5 35	2 35	21 43	6 43	1 8	24 15	13 53	1 8
22	1:58:11	1 21 36	1Cp49	6 48	6 46	3 10	21 56	6 40	1 11	24 14	13 54	1 4
23	2: 2: 8	2 20 5	14 43	8 16	7 57	3 46	22 9	6 37	1 14	24 14	13 55	1 1
24	2: 6: 5	3 18 32	27 55	9 45	9 8	4 21	22 22	6 34	1 17	24 14	13 55	0 58
25	2:10: 1	4 16 57	11Aq30	11 17	10 19	4 56	22 34	6 30	1 20	24 13	13 56	0 55
26	2:13:57	5 15 21	25 29	12 50	11 30	5 31	22 47	6 27	1 23	24 13	13 56	0 52
27	2:17:54	6 13 44	9Pi51	14 25	12 40	6 7	22 59	6 23	1 26	24 12	13 57	0 49
28	2:21:51	7 12 5	24 35	16 2	13 51	6 42	23 12	6 20	1 29	24 12	13 58	0 45
29	2:25:47	8 10 24	9Ar34	17 41	15 2	7 17	23 24	6 16	1 32	24 12	13 59	0 42
30	2:29:43	9 8 42	24 40	19 21	16 12	7 53	23 36	6 12	1 35	24 12	13 59	0 39

4/21 Sun in Tau. 2:32 4/2 New 4:24 4/9 1st Qt. 0:21 4/17 Full 3:36 4/24 3rd Qt. 22:21

Day	Sid. T.	Sun	Moon	Merc.	Venus	Mars	Jup.	Saturn	Uranus	Nept.	Pluto	N.Node
1	2:33:40	10Ta 6 58	9Ta44	21Ar 4	17Ge22	8Cn28	23Pi48	6Sg 9R	1Ar38	24Le12R	14Cn 0	0Cn36
2	2:37:37	11 5 12	24 35	22 48	18 33	9 4	24 0	6 5	1 40	24 12	14 1	0 33
3	2:41:33	12 3 24	9Ge 7	24 34	19 43	9 39	24 12	6 1	1 43	24 12	14 2	0 29
4	2:45:30	13 1 35	23 12	26 21	20 53	10 15	24 24	5 57	1 46	24 11	14 3	0 26
5	2:49:26	13 59 44	6Cn51	28 11	22 3	10 50	24 36	5 53	1 49	24 11	14 3	0 23
6	2:53:23	14 57 51	20 2	0Ta 2	23 13	11 26	24 48	5 49	1 51	24 11D	14 4	0 20
7	2:57:19	15 55 56	2Le49	1 56	24 23	12 1	24 59	5 45	1 54	24 11	14 5	0 17
8	3: 1:16	16 53 58	15 16	3 51	25 32	12 37	25 11	5 41	1 57	24 11	14 6	0 14
9	3: 5:13	17 51 59	27 28	5 48	26 42	13 13	25 22	5 37	1 59	24 12	14 7	0 10
10	3: 9: 9	18 49 59	9Vi28	7 46	27 51	13 48	25 34	5 33	2 2	24 12	14 8	0 7
11	3:13: 6	19 47 56	21 22	9 47	29 1	14 24	25 45	5 29	2 5	24 12	14 9	0 4
12	3:17: 2	20 45 51	3Li14	11 49	0Cn10	15 0	25 56	5 24	2 7	24 12	14 10	0 1
13	3:20:59	21 43 45	15 7	13 53	1 19	15 35	26 7	5 20	2 10	24 12	14 11	29Ge58
14	3:24:56	22 41 37	27 4	15 58	2 28	16 11	26 18	5 16	2 12	24 13	14 12	29 55
15	3:28:52	23 39 27	9Sc 7	18 5	3 37	16 47	26 29	5 11	2 15	24 13	14 13	29 51
16	3:32:48	24 37 16	21 18	20 13	4 45	17 23	26 40	5 7	2 17	24 13	14 14	29 48
17	3:36:45	25 35 4	3Sg38	22 22	5 54	17 59	26 51	5 3	2 19	24 14	14 15	29 45
18	3:40:42	26 32 50	16 9	24 32	7 2	18 34	27 1	4 58	2 22	24 14	14 16	29 42
19	3:44:38	27 30 35	28 50	26 43	8 11	19 10	27 12	4 54	2 24	24 14	14 17	29 39
20	3:48:35	28 28 19	11Cp44	28 54	9 19	19 46	27 22	4 50	2 26	24 15	14 18	29 35
21	3:52:31	29 26 1	24 52	1Ge 5	10 27	20 22	27 32	4 45	2 28	24 15	14 20	29 32
22	3:56:28	0Ge23 42	8Aq15	3 17	11 35	20 58	27 43	4 41	2 31	24 16	14 21	29 29
23	4: 0:25	1 21 23	21 54	5 28	12 43	21 34	27 53	4 36	2 33	24 16	14 22	29 26
24	4: 4:21	2 19 2	5Pi49	7 39	13 50	22 10	28 3	4 32	2 35	24 17	14 23	29 23
25	4: 8:17	3 16 40	20 1	9 49	14 58	22 46	28 12	4 27	2 37	24 18	14 24	29 20
26	4:12:14	4 14 18	4Ar28	11 57	16 5	23 22	28 22	4 23	2 39	24 18	14 26	29 16
27	4:16:11	5 11 54	19 5	14 5	17 12	23 58	28 32	4 18	2 41	24 19	14 27	29 13
28	4:20: 7	6 9 30	3Ta47	16 11	18 19	24 35	28 41	4 14	2 43	24 20	14 28	29 10
29	4:24: 4	7 7 4	18 27	18 15	19 26	25 11	28 50	4 9	2 45	24 20	14 29	29 7
30	4:28: 0	8 4 38	3Ge 0	20 17	20 33	25 47	29 0	4 5	2 47	24 21	14 31	29 4
31	4:31:57	9 2 11	17 17	22 16	21 39	26 23	29 9	4 1	2 49	24 22	14 32	29 1

5/22 Sun in Gem. 2:08   5/1 New 12:40   5/8 1st Qt. 15:27   5/16 Full 19:03   5/24 3rd Qt. 5:34   5/30 New 21:06

Day	Sid. T.	Sun	Moon	Merc.	Venus	Mars	Jup.	Saturn	Uranus	Nept.	Pluto	N.Node
1	4:35:53	9Ge59 42	1Cn15	24Ge14	22Cn46	26Cn59	29Pi18	3Sg56R	2Ar50	24Le23	14Cn33	28Ge57
2	4:39:50	10 57 13	14 50	26 9	23 52	27 35	29 27	3 52	2 52	24 24	14 34	28 54
3	4:43:47	11 54 42	28 2	28 22	24 58	28 12	29 35	3 47	2 54	24 24	14 36	28 51
4	4:47:43	12 52 10	10Le53	29 53	26 4	28 48	29 44	3 43	2 56	24 25	14 37	28 48
5	4:51:40	13 49 37	23 23	1Cn40	27 9	29 24	29 52	3 39	2 57	24 26	14 38	28 45
6	4:55:36	14 47 2	5Vi37	3 25	28 14	0Le 1	0Ar 1	3 34	2 59	24 27	14 40	28 41
7	4:59:33	15 44 26	17 40	5 8	29 20	0 37	0 9	3 30	3 0	24 28	14 41	28 38
8	5: 3:29	16 41 50	29 36	6 48	0Le25	1 13	0 17	3 26	3 2	24 29	14 43	28 35
9	5: 7:26	17 39 12	11Li28	8 25	1 29	1 50	0 25	3 21	3 3	24 31	14 44	28 32
10	5:11:22	18 36 33	23 23	9 59	2 34	2 26	0 33	3 17	3 5	24 32	14 45	28 29
11	5:15:19	19 33 53	5Sc23	11 31	3 38	3 2	0 40	3 13	3 6	24 33	14 47	28 26
12	5:19:16	20 31 12	17 32	13 0	4 42	3 39	0 48	3 9	3 7	24 34	14 48	28 22
13	5:23:12	21 28 31	29 52	14 26	5 46	4 15	0 55	3 5	3 9	24 35	14 50	28 19
14	5:27: 9	22 25 49	12Sg25	15 49	6 49	4 52	1 2	3 0	3 10	24 36	14 51	28 16
15	5:31: 5	23 23 6	25 13	17 10	7 53	5 28	1 9	2 56	3 11	24 38	14 52	28 13
16	5:35: 2	24 20 22	8Cp15	18 27	8 56	6 5	1 16	2 52	3 12	24 39	14 54	28 10
17	5:38:58	25 17 38	21 32	19 42	9 59	6 41	1 23	2 48	3 13	24 40	14 55	28 6
18	5:42:55	26 14 53	5Aq 3	20 54	11 1	7 18	1 29	2 45	3 14	24 41	14 57	28 3
19	5:46:52	27 12 8	18 46	22 2	12 3	7 55	1 36	2 41	3 15	24 43	14 58	28 0
20	5:50:48	28 9 23	2Pi40	23 8	13 5	8 31	1 42	2 37	3 16	24 44	15 0	27 57
21	5:54:45	29 6 38	16 43	24 10	14 7	9 8	1 48	2 33	3 17	24 46	15 1	27 54
22	5:58:41	0Cn 3 52	0Ar54	25 9	15 8	9 44	1 54	2 29	3 18	24 47	15 3	27 51
23	6: 2:38	1 1 7	15 10	26 5	16 9	10 21	2 0	2 26	3 19	24 48	15 4	27 47
24	6: 6:34	1 58 21	29 28	26 57	17 10	10 58	2 6	2 22	3 19	24 50	15 6	27 44
25	6:10:31	2 55 35	13Ta45	27 46	18 10	11 35	2 11	2 19	3 20	24 51	15 7	27 41
26	6:14:27	3 52 50	27 59	28 31	19 10	12 11	2 16	2 15	3 21	24 53	15 9	27 38
27	6:18:24	4 50 4	12Ge 4	29 12	20 10	12 48	2 22	2 12	3 21	24 55	15 10	27 35
28	6:22:21	5 47 18	25 58	29 49	21 9	13 25	2 27	2 8	3 22	24 56	15 12	27 32
29	6:26:17	6 44 32	9Cn37	0Le22	22 8	14 2	2 31	2 5	3 22	24 58	15 13	27 28
30	6:30:14	7 41 46	22 59	0 52	23 7	14 39	2 36	2 2	3 23	24 59	15 15	27 25

6/22 Sun in Can. 10:23   6/7 1st Qt. 7:49   6/15 Full 8:20(E)   6/22 3rd Qt. 10:30   6/29 New 6:32(E)

JULY 1927

Day	Sid. T.	Sun	Moon	Merc.	Venus	Mars	Jup.	Saturn	Uranus	Nept.	Pluto	N.Node
1	6:34:10	8Cn38 59	6Le 4	1Le16	24Le 5	15Le15	2Ar40	1Sg59R	3Ar23	25Le 1	15Cn17	27Ge22
2	6:38: 7	9 36 13	18 50	1 37	25 2	15 52	2 45	1 56	3 24	25 3	15 18	27 19
3	6:42: 3	10 33 26	1Vi19	1 53	26 0	16 29	2 49	1 53	3 24	25 4	15 20	27 16
4	6:46: 0	11 30 38	13 34	2 4	26 56	17 6	2 53	1 50	3 24	25 6	15 21	27 12
5	6:49:56	12 27 51	25 37	2 11	27 53	17 43	2 56	1 47	3 24	25 8	15 23	27 9
6	6:53:53	13 25 3	7Li33	2 13R	28 49	18 20	3 0	1 44	3 25	25 9	15 24	27 6
7	6:57:49	14 22 15	19 26	2 11	29 44	18 57	3 3	1 41	3 25	25 11	15 26	27 3
8	7: 1:46	15 19 27	1Sc21	2 3	0Vi39	19 34	3 6	1 39	3 25	25 13	15 27	27 0
9	7: 5:43	16 16 38	13 22	1 52	1 33	20 11	3 9	1 36	3 25R	25 15	15 29	26 57
10	7: 9:39	17 13 50	25 34	1 35	2 27	20 48	3 12	1 34	3 25	25 17	15 30	26 53
11	7:13:36	18 11 2	8Sg 0	1 14	3 20	21 25	3 15	1 31	3 25	25 18	15 32	26 50
12	7:17:32	19 8 14	20 44	0 50	4 13	22 2	3 17	1 29	3 25	25 20	15 34	26 47
13	7:21:29	20 5 26	3Cp47	0 21	5 5	22 39	3 20	1 27	3 24	25 22	15 35	26 44
14	7:25:25	21 2 38	17 10	29Cn49	5 56	23 16	3 22	1 25	3 24	25 24	15 37	26 41
15	7:29:22	21 59 50	0Aq51	29 14	6 47	23 54	3 23	1 23	3 24	25 26	15 38	26 38
16	7:33:19	22 57 3	14 49	28 37	7 37	24 31	3 25	1 21	3 24	25 28	15 40	26 34
17	7:37:15	23 54 16	28 59	27 58	8 26	25 8	3 27	1 19	3 23	25 30	15 41	26 31
18	7:41:12	24 51 30	13Pi17	27 17	9 15	25 45	3 28	1 17	3 23	25 32	15 43	26 28
19	7:45: 8	25 48 44	27 38	26 36	10 2	26 22	3 29	1 16	3 22	25 34	15 44	26 25
20	7:49: 5	26 45 59	11Ar58	25 56	10 49	27 0	3 30	1 14	3 22	25 36	15 46	26 22
21	7:53: 1	27 43 15	26 13	25 16	11 36	27 37	3 31	1 12	3 21	25 38	15 47	26 18
22	7:56:58	28 40 32	10Ta21	24 38	12 21	28 14	3 31	1 11	3 21	25 40	15 49	26 15
23	8: 0:54	29 37 50	24 21	24 2	13 6	28 52	3 31	1 10	3 20	25 42	15 50	26 12
24	8: 4:51	0Le35 8	8Ge11	23 29	13 49	29 29	3 31R	1 8	3 19	25 44	15 52	26 9
25	8: 8:48	1 32 28	21 50	23 0	14 32	0Vi 7	3 31	1 7	3 19	25 46	15 53	26 6
26	8:12:44	2 29 48	5Cn18	22 35	15 14	0 44	3 31	1 6	3 18	25 48	15 55	26 3
27	8:16:41	3 27 9	18 34	22 15	15 55	1 22	3 31	1 5	3 17	25 50	15 56	25 59
28	8:20:37	4 24 31	1Le37	21 59	16 34	1 59	3 30	1 5	3 16	25 52	15 58	25 56
29	8:24:34	5 21 54	14 27	21 50	17 13	2 37	3 29	1 4	3 15	25 54	15 59	25 53
30	8:28:30	6 19 18	27 3	21 46	17 50	3 14	3 28	1 3	3 14	25 56	16 1	25 50
31	8:32:27	7 16 42	9Vi26	21 48D	18 26	3 52	3 27	1 3	3 13	25 59	16 2	25 47

7/23 Sun in Leo 21:17   7/7 1st Qt. 0:53   7/14 Full 19:23   7/21 3rd Qt. 14:44   7/28 New 17:36

AUGUST 1927

Day	Sid. T.	Sun	Moon	Merc.	Venus	Mars	Jup.	Saturn	Uranus	Nept.	Pluto	N.Node
1	8:36:23	8Le14 6	21Vi36	21Cn56	19Vi 1	4Vi29	3Ar25R	1Sg 2R	3Ar12R	26Le 1	16Cn 4	25Ge44
2	8:40:20	9 11 32	3Li38	22 11	19 35	5 7	3 23	1 2	3 11	26 3	16 5	25 40
3	8:44:17	10 8 58	15 32	22 32	20 8	5 44	3 22	1 1	3 10	26 5	16 7	25 37
4	8:48:13	11 6 25	27 24	23 0	20 38	6 22	3 20	1 1	3 9	26 7	16 8	25 34
5	8:52:10	12 3 52	9Sc17	23 34	21 8	7 0	3 17	1 1	3 8	26 9	16 10	25 31
6	8:56: 6	13 1 21	21 17	24 14	21 36	7 38	3 15	1 1D	3 7	26 11	16 11	25 28
7	9: 0: 3	13 58 50	3Sg28	25 1	22 3	8 15	3 12	1 1	3 5	26 14	16 12	25 24
8	9: 3:59	14 56 20	15 55	25 54	22 27	8 53	3 9	1 2	3 4	26 16	16 14	25 21
9	9: 7:56	15 53 50	28 43	26 54	22 51	9 31	3 6	1 2	3 3	26 18	16 15	25 18
10	9:11:52	16 51 22	11Cp54	27 59	23 12	10 9	3 3	1 2	3 1	26 20	16 16	25 15
11	9:15:49	17 48 55	25 31	29 10	23 32	10 47	3 0	1 3	3 0	26 22	16 18	25 12
12	9:19:46	18 46 28	9Aq32	0Le27	23 50	11 24	2 56	1 3	2 58	26 25	16 19	25 9
13	9:23:42	19 44 3	23 53	1 49	24 6	12 2	2 52	1 4	2 57	26 27	16 21	25 5
14	9:27:39	20 41 39	8Pi31	3 17	24 20	12 40	2 48	1 5	2 55	26 29	16 22	25 2
15	9:31:35	21 39 16	23 16	4 49	24 32	13 18	2 44	1 6	2 53	26 31	16 23	24 59
16	9:35:32	22 36 55	8Ar 1	6 25	24 42	13 56	2 40	1 7	2 52	26 33	16 24	24 56
17	9:39:28	23 34 35	22 38	8 6	24 49	14 34	2 36	1 8	2 50	26 36	16 26	24 53
18	9:43:25	24 32 17	7Ta 4	9 50	24 55	15 12	2 31	1 9	2 48	26 38	16 27	24 50
19	9:47:22	25 30 0	21 13	11 37	24 59	15 50	2 26	1 10	2 47	26 40	16 28	24 46
20	9:51:18	26 27 45	5Ge 6	13 28	25 0R	16 29	2 21	1 12	2 45	26 42	16 30	24 43
21	9:55:15	27 25 32	18 41	15 20	24 59	17 7	2 16	1 13	2 43	26 45	16 31	24 40
22	9:59:11	28 23 21	2Cn 2	17 15	24 55	17 45	2 11	1 15	2 41	26 47	16 32	24 37
23	10: 3: 8	29 21 11	15 9	19 12	24 49	18 23	2 5	1 16	2 39	26 49	16 33	24 34
24	10: 7: 4	0Vi19 3	28 3	21 9	24 41	19 1	2 0	1 18	2 38	26 51	16 34	24 30
25	10:11: 1	1 16 57	10Le46	23 8	24 30	19 40	1 54	1 20	2 36	26 53	16 36	24 27
26	10:14:57	2 14 52	23 19	25 6	24 17	20 18	1 48	1 22	2 34	26 56	16 37	24 24
27	10:18:54	3 12 48	5Vi42	27 6	24 2	20 56	1 42	1 24	2 32	26 58	16 38	24 21
28	10:22:50	4 10 46	17 55	29 5	23 45	21 35	1 36	1 26	2 30	27 0	16 39	24 18
29	10:26:47	5 8 46	29 59	1Vi 3	23 25	22 13	1 29	1 28	2 28	27 2	16 40	24 15
30	10:30:44	6 6 47	11Li56	3 2	23 3	22 51	1 23	1 31	2 25	27 5	16 41	24 11
31	10:34:40	7 4 49	23 48	5 0	22 38	23 30	1 17	1 33	2 23	27 7	16 42	24 8

8/24 Sun in Vir. 4:06   8/5 1st Qt. 18:05   8/13 Full 4:37   8/19 3rd Qt. 19:55   8/27 New 6:46

SEPTEMBER 1927

Day	Sid. T.	Sun	Moon	Merc.	Venus	Mars	Jup.	Saturn	Uranus	Nept.	Pluto	N.Node
1	10:38:37	8Vi 2 53	5Sc37	6Vi57	22Vi12R	24Vi 8	1Ar10R	1Sg36	2Ar21R	27Le 9	16Cn43	24Ge 5
2	10:42:33	9 0 59	17 28	8 53	21 44	24 47	1 3	1 38	2 19	27 11	16 44	24 2
3	10:46:30	9 59 6	29 25	10 49	21 14	25 25	0 56	1 41	2 17	27 13	16 45	23 59
4	10:50:26	10 57 14	11Sg33	12 43	20 42	26 4	0 49	1 44	2 15	27 15	16 46	23 56
5	10:54:23	11 55 24	23 57	14 36	20 9	26 43	0 42	1 47	2 13	27 18	16 47	23 52
6	10:58:19	12 53 36	6Cp43	16 28	19 35	27 21	0 35	1 49	2 10	27 20	16 48	23 49
7	11: 2:16	13 51 48	19 54	18 19	19 0	28 0	0 27	1 52	2 8	27 22	16 49	23 46
8	11: 6:13	14 50 3	3Aq34	20 9	18 24	28 39	0 20	1 56	2 6	27 24	16 50	23 43
9	11:10: 9	15 48 19	17 43	21 58	17 47	29 17	0 13	1 59	2 4	27 26	16 51	23 40
10	11:14: 6	16 46 36	2Pi18	23 45	17 10	29 56	0 5	2 2	2 1	27 28	16 52	23 36
11	11:18: 2	17 44 55	17 13	25 32	16 33	0Li35	29Pi57	2 5	1 59	27 30	16 53	23 33
12	11:21:59	18 43 16	2Ar20	27 17	15 56	1 14	29 50	2 9	1 57	27 33	16 54	23 30
13	11:25:55	19 41 39	17 28	29 1	15 19	1 53	29 42	2 12	1 54	27 35	16 55	23 27
14	11:29:52	20 40 3	2Ta27	0Li44	14 43	2 32	29 34	2 16	1 52	27 37	16 55	23 24
15	11:33:49	21 38 31	17 9	2 26	14 8	3 11	29 26	2 20	1 50	27 39	16 56	23 21
16	11:37:45	22 37 0	1Ge29	4 7	13 34	3 50	29 19	2 24	1 47	27 41	16 57	23 17
17	11:41:42	23 35 32	15 26	5 47	13 1	4 29	29 11	2 27	1 45	27 43	16 58	23 14
18	11:45:38	24 34 5	28 59	7 26	12 29	5 8	29 3	2 31	1 43	27 45	16 58	23 11
19	11:49:35	25 32 41	12Cn12	9 4	12 0	5 47	28 55	2 35	1 40	27 47	16 59	23 8
20	11:53:31	26 31 20	25 7	10 41	11 32	6 26	28 47	2 39	1 38	27 49	17 0	23 5
21	11:57:28	27 30 0	7Le47	12 17	11 6	7 5	28 39	2 44	1 35	27 51	17 0	23 1
22	12: 1:24	28 28 42	20 14	13 51	10 42	7 44	28 31	2 48	1 33	27 53	17 1	22 58
23	12: 5:21	29 27 27	2Vi32	15 25	10 20	8 24	28 23	2 52	1 31	27 55	17 2	22 55
24	12: 9:18	0Li26 14	14 42	16 58	10 1	9 3	28 15	2 57	1 28	27 57	17 2	22 52
25	12:13:14	1 25 2	26 45	18 30	9 44	9 42	28 7	3 1	1 26	27 59	17 3	22 49
26	12:17:10	2 23 53	8Li43	20 1	9 29	10 21	27 59	3 6	1 23	28 1	17 3	22 46
27	12:21: 7	3 22 46	20 35	21 31	9 17	11 1	27 51	3 10	1 21	28 3	17 4	22 42
28	12:25: 4	4 21 40	2Sc25	23 0	9 7	11 40	27 43	3 15	1 18	28 5	17 4	22 39
29	12:29: 0	5 20 37	14 14	24 29	9 0	12 20	27 35	3 20	1 16	28 6	17 5	22 36
30	12:32:57	6 19 35	26 5	25 56	8 54	12 59	27 27	3 24	1 14	28 8	17 5	22 33

9/24 Sun in Lib. 1:18   9/4 1st Qt. 10:45   9/11 Full 12:54   9/18 3rd Qt. 3:30   9/25 New 22:11

OCTOBER 1927

Day	Sid. T.	Sun	Moon	Merc.	Venus	Mars	Jup.	Saturn	Uranus	Nept.	Pluto	N.Node
1	12:36:53	7Li18 35	8Sg 2	27Li22	8Vi52R	13Li39	27Pi19R	3Sg29	1Ar11R	28Le10	17Cn 6	22Ge30
2	12:40:50	8 17 38	20 8	28 47	8 52D	14 18	27 11	3 34	1 9	28 12	17 6	22 27
3	12:44:46	9 16 42	2Cp29	0Sc12	8 54	14 58	27 4	3 39	1 7	28 14	17 7	22 23
4	12:48:43	10 15 47	15 10	1 35	8 58	15 38	26 56	3 44	1 4	28 15	17 7	22 20
5	12:52:39	11 14 55	28 16	2 57	9 5	16 17	26 49	3 50	1 2	28 17	17 7	22 17
6	12:56:36	12 14 4	11Aq50	4 18	9 14	16 57	26 41	3 55	0 59	28 19	17 8	22 14
7	13: 0:33	13 13 15	25 54	5 38	9 25	17 37	26 34	4 0	0 57	28 21	17 8	22 11
8	13: 4:29	14 12 27	10Pi27	6 57	9 38	18 17	26 26	4 5	0 55	28 22	17 8	22 7
9	13: 8:26	15 11 42	25 25	8 14	9 53	18 56	26 19	4 11	0 52	28 24	17 8	22 4
10	13:12:22	16 10 58	10Ar40	9 30	10 11	19 36	26 12	4 16	0 50	28 26	17 9	22 1
11	13:16:19	17 10 17	25 59	10 45	10 30	20 16	26 5	4 22	0 48	28 27	17 9	21 58
12	13:20:15	18 9 37	11Ta14	11 58	10 51	20 56	25 58	4 27	0 46	28 29	17 9	21 55
13	13:24:12	19 9 0	26 12	13 10	11 14	21 36	25 52	4 33	0 43	28 30	17 9	21 52
14	13:28: 9	20 8 25	10Ge47	14 20	11 39	22 16	25 45	4 39	0 41	28 32	17 9	21 48
15	13:32: 5	21 7 52	24 55	15 28	12 5	22 56	25 38	4 45	0 39	28 33	17 9	21 45
16	13:36: 2	22 7 22	8Cn36	16 33	12 33	23 36	25 32	4 50	0 37	28 35	17 9	21 42
17	13:39:58	23 6 54	21 51	17 37	13 3	24 16	25 26	4 56	0 34	28 36	17 9	21 39
18	13:43:55	24 6 29	4Le44	18 38	13 34	24 57	25 20	5 2	0 32	28 38	17 9	21 36
19	13:47:51	25 6 5	17 18	19 36	14 7	25 37	25 14	5 8	0 30	28 39	17 9R	21 33
20	13:51:48	26 5 44	29 38	20 32	14 41	26 17	25 8	5 14	0 28	28 41	17 9	21 29
21	13:55:44	27 5 25	11Vi47	21 24	15 17	26 57	25 2	5 20	0 26	28 42	17 9	21 26
22	13:59:41	28 5 8	23 48	22 12	15 54	27 38	24 57	5 26	0 24	28 43	17 9	21 23
23	14: 3:37	29 4 54	5Li44	22 57	16 32	28 18	24 51	5 32	0 22	28 45	17 9	21 20
24	14: 7:34	0Sc 4 41	17 36	23 36	17 11	28 59	24 46	5 39	0 20	28 46	17 9	21 17
25	14:11:30	1 4 30	29 26	24 11	17 52	29 39	24 41	5 45	0 18	28 47	17 9	21 13
26	14:15:27	2 4 22	11Sc17	24 41	18 34	0Sc20	24 36	5 51	0 16	28 48	17 9	21 10
27	14:19:24	3 4 15	23 9	25 4	19 17	1 0	24 31	5 57	0 14	28 50	17 9	21 7
28	14:23:20	4 4 11	5Sg 5	25 21	20 1	1 41	24 27	6 4	0 12	28 51	17 8	21 4
29	14:27:17	5 4 8	17 7	25 31	20 45	2 21	24 23	6 10	0 10	28 52	17 8	21 1
30	14:31:13	6 4 7	29 18	25 33R	21 31	3 2	24 19	6 17	0 8	28 53	17 8	20 58
31	14:35:10	7 4 7	11Cp42	25 26	22 18	3 43	24 15	6 23	0 7	28 54	17 8	20 54

10/24 Sun in Sco. 10:07   10/4 1st Qt. 2:02   10/10 Full 21:15   10/17 3rd Qt. 14:32   10/25 New 15:38

NOVEMBER 1927

Day	Sid. T.	Sun	Moon	Merc.	Venus	Mars	Jup.	Saturn	Uranus	Nept.	Pluto	N.Node
1	14:39: 6	8Sc 4 9	24Cp23	25Sc10R	23Vi 6	4Sc24	24Pi11R	6Sg30	0Ar 5R	28Le55	17Cn 7R	20Ge51
2	14:43: 3	9 4 13	7Aq24	24 45	23 55	5 4	24 7	6 36	0 3	28 56	17 7	20 48
3	14:47: 0	10 4 18	20 50	24 11	24 44	5 45	24 4	6 43	0 2	28 57	17 7	20 45
4	14:50:56	11 4 25	4Pi43	23 27	25 34	6 26	24 1	6 49	0 0	28 58	17 6	20 42
5	14:54:53	12 4 33	19 3	22 33	26 25	7 7	23 58	6 56	29Pi58	28 59	17 6	20 39
6	14:58:49	13 4 43	3Ar47	21 32	27 17	7 48	23 55	7 3	29 57	29 0	17 5	20 35
7	15: 2:46	14 4 54	18 50	20 22	28 10	8 29	23 52	7 9	29 55	29 1	17 5	20 32
8	15: 6:42	15 5 7	4Ta 3	19 7	29 3	9 10	23 50	7 16	29 54	29 2	17 4	20 29
9	15:10:39	16 5 22	19 17	17 49	29 57	9 51	23 47	7 23	29 52	29 2	17 4	20 26
10	15:14:35	17 5 39	4Ge20	16 29	0Li51	10 32	23 45	7 30	29 51	29 3	17 3	20 23
11	15:18:32	18 5 57	19 4	15 10	1 47	11 14	23 44	7 37	29 49	29 4	17 3	20 19
12	15:22:29	19 6 18	3Cn23	13 56	2 43	11 55	23 42	7 44	29 48	29 4	17 2	20 16
13	15:26:25	20 6 40	17 15	12 47	3 39	12 36	23 41	7 50	29 47	29 5	17 2	20 13
14	15:30:22	21 7 4	0Le40	11 47	4 36	13 17	23 39	7 57	29 46	29 6	17 1	20 10
15	15:34:18	22 7 30	13 39	10 57	5 34	13 59	23 38	8 4	29 44	29 6	17 0	20 7
16	15:38:15	23 7 58	26 16	10 18	6 32	14 40	23 38	8 11	29 43	29 7	17 0	20 4
17	15:42:11	24 8 27	8Vi35	9 51	7 30	15 22	23 37	8 18	29 42	29 7	16 59	20 0
18	15:46: 8	25 8 59	20 41	9 35	8 29	16 3	23 37	8 25	29 41	29 8	16 58	19 57
19	15:50: 5	26 9 32	2Li39	9 30D	9 29	16 45	23 37	8 32	29 40	29 8	16 58	19 54
20	15:54: 1	27 10 7	14 30	9 37	10 29	17 26	23 37D	8 39	29 39	29 9	16 57	19 51
21	15:57:57	28 10 44	26 20	9 54	11 29	18 8	23 37	8 46	29 38	29 9	16 56	19 48
22	16: 1:54	29 11 22	8Sc11	10 20	12 30	18 49	23 37	8 53	29 37	29 10	16 55	19 45
23	16: 5:50	0Sg12 2	20 5	10 55	13 32	19 31	23 38	9 0	29 36	29 10	16 55	19 41
24	16: 9:47	1 12 43	2Sg 4	11 37	14 34	20 13	23 39	9 7	29 36	29 10	16 54	19 38
25	16:13:44	2 13 26	14 9	12 27	15 36	20 55	23 40	9 14	29 35	29 10	16 53	19 35
26	16:17:40	3 14 10	26 24	13 22	16 38	21 36	23 41	9 21	29 34	29 11	16 52	19 32
27	16:21:37	4 14 55	8Cp48	14 22	17 41	22 18	23 43	9 29	29 33	29 11	16 51	19 29
28	16:25:34	5 15 42	21 25	15 27	18 44	23 0	23 45	9 36	29 33	29 11	16 50	19 25
29	16:29:30	6 16 29	4Aq15	16 36	19 48	23 42	23 46	9 43	29 32	29 11	16 50	19 22
30	16:33:26	7 17 17	17 22	17 48	20 52	24 24	23 49	9 50	29 32	29 11	16 49	19 19

11/23 Sun in Sag. 7:15   11/2 1st Qt. 15:16   11/9 Full 6:36   11/16 3rd Qt. 5:28   11/24 New 10:09

DECEMBER 1927

Day	Sid. T.	Sun	Moon	Merc.	Venus	Mars	Jup.	Saturn	Uranus	Nept.	Pluto	N.Node
1	16:37:23	8Sg18 7	0Pi47	19Sc 3	21Li56	25Sc 6	23Pi51	9Sg57	29Pi31R	29Le11	16Cn48R	19Ge16
2	16:41:20	9 18 57	14 32	20 21	23 1	25 48	23 53	10 4	29 31	29 11R	16 47	19 13
3	16:45:16	10 19 48	28 37	21 41	24 6	26 30	23 56	10 11	29 31	29 11	16 46	19 10
4	16:49:13	11 20 39	13Ar 1	23 2	25 11	27 13	23 59	10 18	29 30	29 11	16 45	19 6
5	16:53: 9	12 21 32	27 40	24 25	26 16	27 55	24 2	10 26	29 30	29 11	16 44	19 3
6	16:57: 6	13 22 25	12Ta31	25 50	27 22	28 37	24 5	10 33	29 30	29 11	16 43	19 0
7	17: 1: 3	14 23 20	27 25	27 15	28 28	29 19	24 9	10 40	29 30	29 11	16 42	18 57
8	17: 4:59	15 24 15	12Ge15	28 42	29 34	0Sg 2	24 13	10 47	29 30	29 11	16 41	18 54
9	17: 8:56	16 25 11	26 53	0Sg 9	0Sc40	0 44	24 17	10 54	29 30	29 10	16 40	18 50
10	17:12:52	17 26 8	11Cn12	1 37	1 47	1 27	24 21	11 1	29 30D	29 10	16 39	18 47
11	17:16:49	18 27 7	25 9	3 6	2 54	2 9	24 25	11 8	29 30	29 10	16 37	18 44
12	17:20:45	19 28 6	8Le41	4 35	4 1	2 52	24 29	11 15	29 30	29 10	16 36	18 41
13	17:24:42	20 29 6	21 47	6 5	5 9	3 34	24 34	11 22	29 30	29 9	16 35	18 38
14	17:28:39	21 30 7	4Vi31	7 35	6 16	4 17	24 39	11 29	29 30	29 9	16 34	18 35
15	17:32:35	22 31 9	16 54	9 6	7 24	4 59	24 44	11 36	29 30	29 8	16 33	18 31
16	17:36:31	23 32 12	29 3	10 37	8 32	5 42	24 49	11 43	29 31	29 8	16 32	18 28
17	17:40:28	24 33 16	11Li 0	12 8	9 40	6 25	24 55	11 50	29 31	29 7	16 31	18 25
18	17:44:25	25 34 21	22 51	13 39	10 49	7 8	25 0	11 57	29 32	29 7	16 30	18 22
19	17:48:21	26 35 27	4Sc40	15 11	11 57	7 50	25 6	12 4	29 32	29 6	16 28	18 19
20	17:52:18	27 36 34	16 32	16 43	13 6	8 33	25 12	12 11	29 33	29 5	16 27	18 16
21	17:56:14	28 37 41	28 30	18 15	14 15	9 16	25 18	12 18	29 33	29 5	16 26	18 12
22	18: 0:11	29 38 49	10Sg37	19 47	15 24	9 59	25 24	12 25	29 34	29 4	16 25	18 9
23	18: 4: 7	0Cp39 57	22 55	21 20	16 33	10 42	25 31	12 32	29 34	29 4	16 24	18 6
24	18: 8: 4	1 41 7	5Cp26	22 52	17 43	11 25	25 37	12 39	29 35	29 3	16 22	18 3
25	18:12: 0	2 42 16	18 10	24 25	18 52	12 8	25 44	12 46	29 36	29 2	16 21	18 0
26	18:15:57	3 43 25	1Aq 8	25 59	20 2	12 51	25 51	12 53	29 37	29 2	16 20	17 56
27	18:19:54	4 44 35	14 20	27 32	21 12	13 34	25 58	12 59	29 38	29 1	16 19	17 53
28	18:23:50	5 45 45	27 45	29 6	22 22	14 18	26 5	13 6	29 39	29 0	16 17	17 50
29	18:27:47	6 46 55	11Pi22	0Cp40	23 32	15 1	26 13	13 13	29 40	28 59	16 16	17 47
30	18:31:43	7 48 4	25 10	2 14	24 42	15 44	26 20	13 20	29 41	28 58	16 15	17 44
31	18:35:40	8 49 14	9Ar10	3 49	25 53	16 28	26 28	13 26	29 42	28 57	16 14	17 41

12/22 Sun in Cap. 20:19   12/2 1st Qt. 2:15   12/8 Full 17:32(E)   12/16 3rd Qt. 0:04   12/24 New 4:14(E)   12/31 1st Qt. 11:22

Day	Sid. T.	Sun	Moon	Merc.	Venus	Mars	Jup.	Saturn	Uranus	Nept.	Pluto	N.Node
1	18:39:36	9Cp50 23	23Ar19	5Cp24	27Sc 3	17Sg11	26Pi36	13Sg33	29Pi43	28Le56R	16Cn12R	17Ge37
2	18:43:33	10 51 32	7Ta37	6 59	28 14	17 54	26 44	13 40	29 44	28 55	16 11	17 34
3	18:47:30	11 52 41	21 59	8 34	29 24	18 38	26 52	13 46	29 45	28 54	16 10	17 31
4	18:51:26	12 53 50	6Ge24	10 10	0Sg35	19 21	27 0	13 53	29 47	28 53	16 9	17 28
5	18:55:23	13 54 58	20 47	11 47	1 46	20 5	27 9	13 59	29 48	28 52	16 7	17 25
6	18:59:19	14 56 6	5Cn 3	13 23	2 57	20 48	27 17	14 6	29 49	28 51	16 6	17 22
7	19: 3:16	15 57 14	19 8	15 0	4 8	21 32	27 26	14 12	29 51	28 50	16 5	17 18
8	19: 7:12	16 58 22	2Le55	16 38	5 19	22 16	27 35	14 19	29 52	28 49	16 4	17 15
9	19:11: 9	17 59 30	16 24	18 16	6 31	22 59	27 44	14 25	29 54	28 48	16 2	17 12
10	19:15: 5	19 0 38	29 31	19 54	7 42	23 43	27 53	14 31	29 55	28 47	16 1	17 9
11	19:19: 2	20 1 45	12Vi18	21 33	8 54	24 27	28 3	14 37	29 57	28 45	16 0	17 6
12	19:22:59	21 2 53	24 45	23 12	10 5	25 11	28 12	14 44	29 59	28 44	15 58	17 2
13	19:26:55	22 4 0	6Li56	24 52	11 17	25 54	28 22	14 50	0Ar 0	28 43	15 57	16 59
14	19:30:52	23 5 7	18 55	26 32	12 28	26 38	28 31	14 56	0 2	28 42	15 56	16 56
15	19:34:48	24 6 14	0Sc46	28 12	13 40	27 22	28 41	15 2	0 4	28 40	15 55	16 53
16	19:38:45	25 7 21	12 36	29 53	14 52	28 6	28 51	15 8	0 6	28 39	15 53	16 50
17	19:42:41	26 8 28	24 28	1Aq35	16 4	28 50	29 1	15 14	0 7	28 38	15 52	16 47
18	19:46:38	27 9 34	6Sg28	3 17	17 16	29 34	29 11	15 20	0 9	28 36	15 51	16 43
19	19:50:34	28 10 40	18 41	4 59	18 28	0Cp18	29 22	15 26	0 11	28 35	15 50	16 40
20	19:54:31	29 11 46	1Cp 9	6 41	19 40	1 2	29 32	15 32	0 13	28 33	15 48	16 37
21	19:58:27	0Aq12 51	13 55	8 24	20 53	1 47	29 43	15 37	0 15	28 32	15 47	16 34
22	20: 2:24	1 13 55	26 59	10 7	22 5	2 31	29 53	15 43	0 18	28 31	15 46	16 31
23	20: 6:21	2 14 59	10Aq22	11 51	23 17	3 15	0Ar 4	15 49	0 20	28 29	15 45	16 28
24	20:10:17	3 16 2	24 1	13 34	24 30	3 59	0 15	15 54	0 22	28 28	15 44	16 24
25	20:14:14	4 17 4	7Pi53	15 17	25 42	4 44	0 26	16 0	0 24	28 26	15 42	16 21
26	20:18:10	5 18 5	21 54	17 0	26 55	5 28	0 37	16 5	0 26	28 25	15 41	16 18
27	20:22: 7	6 19 5	6Ar 0	18 42	28 7	6 12	0 48	16 11	0 29	28 23	15 40	16 15
28	20:26: 3	7 20 4	20 9	20 24	29 20	6 57	1 0	16 16	0 31	28 22	15 39	16 12
29	20:30: 0	8 21 2	4Ta18	22 5	0Cp33	7 41	1 11	16 21	0 33	28 20	15 38	16 8
30	20:33:56	9 21 58	18 24	23 45	1 45	8 26	1 22	16 27	0 36	28 18	15 37	16 5
31	20:37:53	10 22 53	2Ge28	25 24	2 58	9 10	1 34	16 32	0 38	28 17	15 35	16 2

1/21 Sun in Aqu. 6:57   1/7 Full 6:08   1/14 3rd Qt. 21:14   1/22 New 20:19   1/29 1st Qt. 19:26

Day	Sid. T.	Sun	Moon	Merc.	Venus	Mars	Jup.	Saturn	Uranus	Nept.	Pluto	N.Node
1	20:41:50	11Aq23 47	16Ge28	27Aq 0	4Cp11	9Cp55	1Ar46	16Sg37	0Ar41	28Le15R	15Cn34R	15Ge59
2	20:45:46	12 24 40	0Cn22	28 35	5 24	10 40	1 57	16 42	0 43	28 14	15 33	15 56
3	20:49:43	13 25 31	14 10	0Pi 6	6 36	11 24	2 9	16 47	0 46	28 12	15 32	15 53
4	20:53:39	14 26 21	27 49	1 34	7 49	12 9	2 21	16 52	0 48	28 11	15 31	15 49
5	20:57:36	15 27 9	11Le16	2 58	9 2	12 54	2 33	16 56	0 51	28 9	15 30	15 46
6	21: 1:32	16 27 57	24 29	4 18	10 15	13 38	2 45	17 1	0 54	28 7	15 29	15 43
7	21: 5:29	17 28 43	7Vi27	5 32	11 28	14 23	2 58	17 6	0 56	28 6	15 28	15 40
8	21: 9:26	18 29 28	20 8	6 40	12 41	15 8	3 10	17 10	0 59	28 4	15 27	15 37
9	21:13:22	19 30 12	2Li32	7 41	13 54	15 53	3 22	17 15	1 2	28 2	15 26	15 34
10	21:17:19	20 30 55	14 42	8 35	15 7	16 38	3 35	17 19	1 4	28 1	15 25	15 30
11	21:21:15	21 31 37	26 41	9 20	16 21	17 22	3 47	17 24	1 7	27 59	15 24	15 27
12	21:25:12	22 32 17	8Sc33	9 56	17 34	18 7	4 0	17 28	1 10	27 57	15 23	15 24
13	21:29: 8	23 32 57	20 21	10 23	18 47	18 52	4 13	17 32	1 13	27 56	15 22	15 21
14	21:33: 5	24 33 35	2Sg13	10 40	20 0	19 37	4 25	17 36	1 16	27 54	15 21	15 18
15	21:37: 1	25 34 12	14 13	10 46	21 13	20 22	4 38	17 40	1 19	27 52	15 20	15 14
16	21:40:58	26 34 48	26 26	10 42R	22 27	21 7	4 51	17 44	1 22	27 51	15 19	15 11
17	21:44:55	27 35 23	8Cp58	10 28	23 40	21 53	5 4	17 48	1 25	27 49	15 18	15 8
18	21:48:51	28 35 57	21 52	10 3	24 53	22 38	5 17	17 52	1 28	27 47	15 17	15 5
19	21:52:48	29 36 29	5Aq 9	9 29	26 7	23 23	5 30	17 56	1 31	27 46	15 16	15 2
20	21:56:44	0Pi36 59	18 51	8 47	27 20	24 8	5 43	17 59	1 34	27 44	15 15	14 59
21	22: 0:41	1 37 29	2Pi54	7 57	28 33	24 53	5 57	18 3	1 37	27 42	15 14	14 55
22	22: 4:37	2 37 56	17 14	7 0	29 47	25 38	6 10	18 6	1 40	27 41	15 14	14 52
23	22: 8:34	3 38 22	1Ar44	6 0	1Aq 0	26 24	6 23	18 10	1 43	27 39	15 13	14 49
24	22:12:30	4 38 45	16 17	4 56	2 14	27 9	6 37	18 13	1 46	27 37	15 12	14 46
25	22:16:27	5 39 7	0Ta47	3 51	3 27	27 54	6 50	18 16	1 49	27 36	15 11	14 43
26	22:20:23	6 39 28	15 9	2 46	4 41	28 40	7 4	18 19	1 52	27 34	15 11	14 39
27	22:24:20	7 39 46	29 20	1 42	5 54	29 25	7 17	18 22	1 56	27 32	15 10	14 36
28	22:28:17	8 40 2	13Ge20	0 42	7 8	0Aq11	7 31	18 25	1 59	27 31	15 9	14 33
29	22:32:13	9 40 16	27 7	29Aq47	8 21	0 56	7 44	18 28	2 2	27 29	15 9	14 30

2/19 Sun in Pis. 21:20   2/5 Full 20:11   2/13 3rd Qt. 19:05   2/21 New 9:41   2/28 1st Qt. 3:21

MARCH 1928

Day	Sid. T.	Sun	Moon	Merc.	Venus	Mars	Jup.	Saturn	Uranus	Nept.	Pluto	N.Node
1	22:36:10	10Pi40 28	10Cn42	28Aq56R	9Aq35	1Aq41	7Ar58	18Sg31	2Ar 5	27Le27R	15Cn 8R	14Ge27
2	22:40: 6	11 40 38	24 7	28 11	10 48	2 27	8 12	18 33	2 8	27 26	15 7	14 24
3	22:44: 3	12 40 45	7Le21	27 33	12 2	3 12	8 26	18 36	2 12	27 24	15 7	14 20
4	22:47:59	13 40 51	20 24	27 2	13 15	3 58	8 40	18 38	2 15	27 22	15 6	14 17
5	22:51:56	14 40 55	3Vi17	26 37	14 29	4 43	8 53	18 41	2 18	27 21	15 6	14 14
6	22:55:53	15 40 57	15 57	26 19	15 43	5 29	9 7	18 43	2 22	27 19	15 5	14 11
7	22:59:49	16 40 57	28 25	26 8	16 56	6 15	9 21	18 45	2 25	27 18	15 5	14 8
8	23: 3:46	17 40 55	10Li41	26 4	18 10	7 0	9 35	18 47	2 28	27 16	15 4	14 5
9	23: 7:42	18 40 51	22 46	26 5D	19 23	7 46	9 49	18 49	2 32	27 15	15 4	14 1
10	23:11:39	19 40 46	4Sc42	26 13	20 37	8 31	10 3	18 51	2 35	27 13	15 3	13 58
11	23:15:35	20 40 39	16 32	26 27	21 51	9 17	10 17	18 53	2 38	27 12	15 3	13 55
12	23:19:32	21 40 30	28 20	26 46	23 4	10 3	10 32	18 54	2 42	27 10	15 2	13 52
13	23:23:28	22 40 19	10Sg10	27 10	24 18	10 48	10 46	18 56	2 45	27 9	15 2	13 49
14	23:27:25	23 40 7	22 8	27 39	25 32	11 34	11 0	18 57	2 48	27 7	15 2	13 45
15	23:31:22	24 39 53	4Cp19	28 13	26 45	12 20	11 14	18 59	2 52	27 6	15 1	13 42
16	23:35:18	25 39 38	16 49	28 51	27 59	13 6	11 28	19 0	2 55	27 4	15 1	13 39
17	23:39:15	26 39 20	29 43	29 32	29 13	13 51	11 43	19 1	2 59	27 3	15 1	13 36
18	23:43:11	27 39 1	13Aq 4	0Pi18	0Pi26	14 37	11 57	19 2	3 2	27 1	15 0	13 33
19	23:47: 8	28 38 40	26 52	1 7	1 40	15 23	12 11	19 3	3 6	27 0	15 0	13 30
20	23:51: 4	29 38 17	11Pi 7	1 59	2 54	16 9	12 26	19 4	3 9	26 59	15 0	13 26
21	23:55: 1	0Ar37 53	25 45	2 54	4 7	16 55	12 40	19 5	3 12	26 57	15 0	13 23
22	23:58:57	1 37 26	10Ar37	3 53	5 21	17 41	12 54	19 6	3 16	26 56	14 59	13 20
23	0: 2:54	2 36 57	25 35	4 54	6 35	18 27	13 9	19 6	3 19	26 55	14 59	13 17
24	0: 6:51	3 36 26	10Ta29	5 57	7 49	19 12	13 23	19 7	3 23	26 53	14 59	13 14
25	0:10:47	4 35 53	25 13	7 3	9 2	19 58	13 37	19 7	3 26	26 52	14 59	13 11
26	0:14:43	5 35 17	9Ge40	8 11	10 16	20 44	13 52	19 7	3 30	26 51	14 59	13 7
27	0:18:40	6 34 40	23 48	9 22	11 30	21 30	14 6	19 8	3 33	26 50	14 59	13 4
28	0:22:37	7 33 59	7Cn37	10 34	12 43	22 16	14 21	19 8	3 36	26 48	14 59	13 1
29	0:26:33	8 33 17	21 7	11 49	13 57	23 2	14 35	19 8R	3 40	26 47	14 59D	12 58
30	0:30:30	9 32 32	4Le20	13 6	15 11	23 48	14 50	19 8	3 43	26 46	14 59	12 55
31	0:34:26	10 31 45	17 18	14 24	16 24	24 34	15 4	19 7	3 47	26 45	14 59	12 51

3/20 Sun in Ari. 20:45   3/6 Full 11:27   3/14 3rd Qt. 15:20   3/21 New 20:30   3/28 1st Qt. 11:55

APRIL 1928

Day	Sid. T.	Sun	Moon	Merc.	Venus	Mars	Jup.	Saturn	Uranus	Nept.	Pluto	N.Node
1	0:38:23	11Ar30 56	0Vi 4	15Pi45	17Pi38	25Aq20	15Ar19	19Sg 7R	3Ar50	26Le44R	14Cn59	12Ge48
2	0:42:20	12 30 4	12 37	17 7	18 52	26 6	15 33	19 7	3 53	26 43	14 59	12 45
3	0:46:16	13 29 10	25 0	18 31	20 6	26 52	15 48	19 6	3 57	26 42	14 59	12 42
4	0:50:13	14 28 14	7Li14	19 56	21 21	27 38	16 2	19 6	4 0	26 41	14 59	12 39
5	0:54: 9	15 27 16	19 18	21 24	22 33	28 24	16 17	19 5	4 7	26 40	15 0	12 36
6	0:58: 6	16 26 15	1Sc16	22 52	23 47	29 10	16 31	19 4	4 7	26 39	15 0	12 32
7	1: 2: 2	17 25 13	13 7	24 23	25 0	29 56	16 46	19 3	4 10	26 38	15 0	12 29
8	1: 5:59	18 24 9	24 56	25 55	26 14	0Pi42	17 0	19 2	4 14	26 37	15 0	12 26
9	1: 9:56	19 23 4	6Sg43	27 29	27 28	1 27	17 15	19 1	4 17	26 36	15 1	12 23
10	1:13:52	20 21 56	18 34	29 4	28 41	2 13	17 29	19 0	4 20	26 35	15 1	12 20
11	1:17:48	21 20 47	0Cp32	0Ar41	29 55	2 59	17 44	18 59	4 24	26 34	15 1	12 17
12	1:21:45	22 19 36	12 43	2 19	1Ar 9	3 45	17 58	18 57	4 27	26 33	15 1	12 13
13	1:25:42	23 18 23	25 11	3 59	2 23	4 31	18 13	18 56	4 30	26 33	15 2	12 10
14	1:29:38	24 17 8	8Aq 1	5 41	3 36	5 17	18 27	18 54	4 34	26 32	15 2	12 7
15	1:33:35	25 15 52	21 17	7 24	4 50	6 3	18 42	18 52	4 37	26 31	15 3	12 4
16	1:37:31	26 14 34	5Pi 2	9 9	6 4	6 49	18 56	18 51	4 40	26 31	15 3	12 1
17	1:41:28	27 13 14	19 15	10 55	7 17	7 35	19 10	18 49	4 43	26 30	15 3	11 57
18	1:45:24	28 11 53	3Ar55	12 43	8 31	8 21	19 25	18 47	4 47	26 29	15 4	11 54
19	1:49:21	29 10 29	18 53	14 33	9 45	9 7	19 39	18 45	4 50	26 29	15 4	11 51
20	1:53:17	0Ta 9 4	4Ta 3	16 24	10 58	9 53	19 54	18 43	4 53	26 28	15 5	11 48
21	1:57:14	1 7 37	19 14	18 17	12 12	10 39	20 8	18 41	4 56	26 28	15 6	11 45
22	2: 1:11	2 6 8	4Ge16	20 11	13 26	11 25	20 22	18 38	4 59	26 27	15 6	11 42
23	2: 5: 7	3 4 37	19 2	22 7	14 39	12 11	20 37	18 36	5 2	26 27	15 7	11 38
24	2: 9: 4	4 3 4	3Cn26	24 5	15 53	12 57	20 51	18 33	5 6	26 26	15 7	11 35
25	2:13: 0	5 1 29	17 25	26 4	17 7	13 43	21 5	18 31	5 9	26 26	15 8	11 32
26	2:16:57	5 59 51	1Le 1	28 5	18 20	14 29	21 19	18 28	5 12	26 25	15 9	11 29
27	2:20:53	6 58 12	14 14	0Ta 7	19 34	15 14	21 34	18 26	5 15	26 25	15 9	11 26
28	2:24:50	7 56 30	27 6	2 11	20 48	16 0	21 48	18 23	5 18	26 25	15 10	11 23
29	2:28:47	8 54 46	9Vi42	4 16	22 1	16 46	22 2	18 20	5 21	26 24	15 11	11 19
30	2:32:43	9 53 0	22 4	6 22	23 15	17 32	22 16	18 17	5 24	26 24	15 11	11 16

4/20 Sun in Tau. 8:17   4/5 Full 3:39   4/13 3rd Qt. 8:09   4/20 New 5:25   4/26 1st Qt. 21:42

Day	Sid. T.	Sun	Moon	Merc.	Venus	Mars	Jup.	Saturn	Uranus	Nept.	Pluto	N.Node
1	2:36:40	10Ta51 12	4Li15	8Ta30	24Ar29	18Pi18	22Ar30	18Sg14R	5Ar27	26Le24R	15Cn12	11Ge13
2	2:40:36	11 49 23	16 17	10 38	25 42	19 4	22 44	18 11	5 30	26 24	15 13	11 10
3	2:44:33	12 47 31	28 12	12 47	26 56	19 49	22 58	18 8	5 32	26 24	15 14	11 7
4	2:48:29	13 45 38	10Sc 3	14 57	28 9	20 35	23 12	18 5	5 35	26 23	15 15	11 3
5	2:52:26	14 43 43	21 52	17 7	29 23	21 21	23 26	18 1	5 38	26 23	15 15	11 0
6	2:56:22	15 41 46	3Sg40	19 17	0Ta37	22 6	23 40	17 58	5 41	26 23	15 16	10 57
7	3: 0:19	16 39 48	15 31	21 27	1 50	22 52	23 54	17 55	5 44	26 23D	15 17	10 54
8	3: 4:16	17 37 49	27 26	23 37	3 4	23 38	24 8	17 51	5 47	26 23	15 18	10 51
9	3: 8:12	18 35 47	9Cp29	25 45	4 17	24 23	24 22	17 48	5 49	26 23	15 19	10 48
10	3:12: 9	19 33 45	21 43	27 53	5 31	25 9	24 36	17 44	5 52	26 23	15 20	10 44
11	3:16: 5	20 31 41	4Aq13	29 59	6 45	25 55	24 49	17 40	5 55	26 24	15 21	10 41
12	3:20: 2	21 29 36	17 2	2Ge 4	7 58	26 40	25 3	17 37	5 57	26 24	15 22	10 38
13	3:23:58	22 27 30	0Pi14	4 7	9 12	27 26	25 17	17 33	6 0	26 24	15 23	10 35
14	3:27:55	23 25 22	13 51	6 8	10 25	28 11	25 30	17 29	6 3	26 24	15 24	10 32
15	3:31:51	24 23 13	27 55	8 6	11 39	28 57	25 44	17 25	6 5	26 24	15 25	10 28
16	3:35:48	25 21 3	12Ar24	10 2	12 53	29 42	25 57	17 21	6 8	26 25	15 26	10 25
17	3:39:44	26 18 52	27 14	11 56	14 6	0Ar27	26 11	17 17	6 10	26 25	15 27	10 22
18	3:43:41	27 16 40	12Ta19	13 46	15 20	1 13	26 24	17 13	6 13	26 25	15 28	10 19
19	3:47:38	28 14 26	27 31	15 34	16 33	1 58	26 38	17 9	6 15	26 26	15 29	10 16
20	3:51:34	29 12 11	12Ge39	17 19	17 47	2 43	26 51	17 5	6 17	26 26	15 30	10 13
21	3:55:31	0Ge 9 55	27 34	19 1	19 1	3 29	27 4	17 1	6 20	26 27	15 32	10 9
22	3:59:27	1 7 37	12Cn10	20 40	20 14	4 14	27 18	16 57	6 22	26 27	15 33	10 6
23	4: 3:24	2 5 17	26 22	22 15	21 28	4 59	27 31	16 53	6 24	26 28	15 34	10 3
24	4: 7:20	3 2 57	10Le 7	23 48	22 42	5 44	27 44	16 49	6 26	26 28	15 35	10 0
25	4:11:17	4 0 34	23 26	25 17	23 55	6 29	27 57	16 44	6 29	26 29	15 36	9 57
26	4:15:13	4 58 10	6Vi21	26 43	25 9	7 14	28 10	16 40	6 31	26 29	15 38	9 54
27	4:19:10	5 55 45	18 56	28 5	26 22	8 0	28 23	16 36	6 33	26 30	15 39	9 50
28	4:23: 7	6 53 18	1Li 4	29 25	27 36	8 44	28 36	16 31	6 35	26 31	15 40	9 47
29	4:27: 3	7 50 50	13 18	0Cn40	28 49	9 29	28 48	16 27	6 37	26 31	15 41	9 44
30	4:31: 0	8 48 20	25 13	1 53	0Ge 3	10 14	29 1	16 23	6 39	26 32	15 43	9 41
31	4:34:56	9 45 49	7Sc 4	3 2	1 17	10 59	29 14	16 18	6 41	26 33	15 44	9 38

5/21 Sun in Gem. 7:53   5/4 Full 20:12   5/12 3rd Qt. 20:51   5/19 New 13:14(E)   5/26 1st Qt. 9:12

Day	Sid. T.	Sun	Moon	Merc.	Venus	Mars	Jup.	Saturn	Uranus	Nept.	Pluto	N.Node
1	4:38:53	10Ge43 17	18Sc52	4Cn 7	2Ge30	11Ar44	29Ar26	16Sg14R	6Ar43	26Le34	15Cn45	9Ge34
2	4:42:49	11 40 44	0Sg40	5 9	3 44	12 29	29 39	16 9	6 45	26 34	15 46	9 31
3	4:46:46	12 38 10	12 32	6 7	4 57	13 13	29 51	16 5	6 47	26 35	15 48	9 28
4	4:50:43	13 35 35	24 29	7 1	6 11	13 58	0Ta 4	16 1	6 49	26 36	15 49	9 25
5	4:54:39	14 33 0	6Cp34	7 52	7 25	14 43	0 16	15 56	6 50	26 37	15 50	9 22
6	4:58:36	15 30 23	18 47	8 38	8 38	15 27	0 28	15 52	6 52	26 38	15 52	9 19
7	5: 2:32	16 27 46	1Aq13	9 21	9 52	16 12	0 40	15 47	6 54	26 39	15 53	9 15
8	5: 6:29	17 25 8	13 52	9 59	11 5	16 56	0 52	15 43	6 55	26 40	15 55	9 12
9	5:10:25	18 22 29	26 47	10 34	12 19	17 40	1 4	15 38	6 57	26 41	15 56	9 9
10	5:14:22	19 19 50	10Pi 0	11 4	13 33	18 25	1 16	15 34	6 58	26 42	15 57	9 6
11	5:18:18	20 17 10	23 33	11 29	14 46	19 9	1 28	15 29	7 0	26 43	15 59	9 3
12	5:22:15	21 14 30	7Ar27	11 50	16 0	19 53	1 40	15 25	7 1	26 44	16 0	9 0
13	5:26:12	22 11 50	21 41	12 7	17 13	20 37	1 51	15 21	7 3	26 45	16 2	8 56
14	5:30: 8	23 9 9	6Ta15	12 19	18 27	21 22	2 3	15 16	7 4	26 46	16 3	8 53
15	5:34: 5	24 6 28	21 3	12 27	19 41	22 6	2 14	15 12	7 6	26 48	16 5	8 50
16	5:38: 1	25 3 46	5Ge59	12 30	20 54	22 50	2 26	15 8	7 7	26 49	16 6	8 47
17	5:41:58	26 1 4	20 58	12 29R	22 8	23 33	2 37	15 3	7 8	26 50	16 8	8 44
18	5:45:54	26 58 22	5Cn49	12 23	23 22	24 17	2 48	14 59	7 9	26 51	16 9	8 40
19	5:49:51	27 55 39	20 26	12 12	24 35	25 1	2 59	14 55	7 10	26 53	16 10	8 37
20	5:53:47	28 52 55	4Le41	11 58	25 49	25 45	3 10	14 50	7 12	26 54	16 12	8 34
21	5:57:44	29 50 11	18 33	11 39	27 3	26 28	3 21	14 46	7 13	26 55	16 13	8 31
22	6: 1:40	0Cn47 26	1Vi58	11 17	28 16	27 12	3 32	14 42	7 14	26 57	16 15	8 28
23	6: 5:37	1 44 40	14 57	10 52	29 30	27 55	3 43	14 38	7 15	26 58	16 16	8 25
24	6: 9:34	2 41 54	27 34	10 23	0Cn44	28 39	3 53	14 34	7 15	27 0	16 18	8 21
25	6:13:30	3 39 7	9Li52	9 52	1 58	29 22	4 4	14 30	7 16	27 1	16 20	8 18
26	6:17:27	4 36 20	21 55	9 19	3 11	0Ta 5	4 14	14 26	7 17	27 3	16 21	8 15
27	6:21:23	5 33 32	3Sc49	8 44	4 25	0 49	4 25	14 22	7 18	27 4	16 23	8 12
28	6:25:20	6 30 44	15 38	8 9	5 39	1 32	4 35	14 18	7 19	27 6	16 24	8 9
29	6:29:16	7 27 55	27 26	7 33	6 52	2 15	4 45	14 14	7 19	27 7	16 26	8 6
30	6:33:13	8 25 6	9Sg17	6 57	8 6	2 58	4 55	14 10	7 20	27 9	16 27	8 2

6/21 Sun in Can. 16:07   6/3 Full 12:14(E)   6/11 3rd Qt. 5:51   6/17 New 20:42(E)   6/24 1st Qt. 22:48

JULY 1928

Day	Sid. T.	Sun	Moon	Merc.	Venus	Mars	Jup.	Saturn	Uranus	Nept.	Pluto	N.Node
1	6:37:10	9Cn22 17	21Sg14	6Cn22R	9Cn20	3Ta40	5Ta 5	14Sg 6R	7Ar20	27Le10	16Cn29	7Ge59
2	6:41: 6	10 19 28	3Cp21	5 49	10 34	4 23	5 15	14 2	7 21	27 12	16 30	7 56
3	6:45: 3	11 16 39	15 39	5 17	11 47	5 6	5 24	13 59	7 21	27 14	16 32	7 53
4	6:48:59	12 13 49	28 9	4 49	13 1	5 49	5 34	13 55	7 22	27 15	16 33	7 50
5	6:52:56	13 11 0	10Aq51	4 23	14 15	6 31	5 43	13 51	7 22	27 17	16 35	7 46
6	6:56:52	14 8 11	23 47	4 1	15 29	7 13	5 52	13 48	7 23	27 19	16 36	7 43
7	7: 0:49	15 5 22	6Pi57	3 43	16 42	7 56	6 1	13 44	7 23	27 21	16 38	7 40
8	7: 4:45	16 2 33	20 21	3 30	17 56	8 38	6 10	13 41	7 23	27 22	16 40	7 37
9	7: 8:42	16 59 45	3Ar58	3 21	19 10	9 20	6 19	13 38	7 23	27 24	16 41	7 34
10	7:12:38	17 56 58	17 48	3 16	20 24	10 2	6 28	13 34	7 23	27 26	16 43	7 31
11	7:16:35	18 54 10	1Ta53	3 17D	21 38	10 44	6 37	13 31	7 24	27 28	16 44	7 27
12	7:20:32	19 51 24	16 9	3 24	22 51	11 26	6 45	13 28	7 24	27 29	16 46	7 24
13	7:24:28	20 48 38	0Ge37	3 35	24 5	12 8	6 54	13 25	7 24R	27 31	16 47	7 21
14	7:28:25	21 45 52	15 11	3 52	25 19	12 50	7 2	13 22	7 24	27 33	16 49	7 18
15	7:32:22	22 43 8	29 48	4 15	26 33	13 31	7 10	13 19	7 23	27 35	16 51	7 15
16	7:36:18	23 40 23	14Cn22	4 43	27 47	14 13	7 18	13 16	7 23	27 37	16 52	7 12
17	7:40:15	24 37 39	28 45	5 16	29 1	14 54	7 26	13 13	7 23	27 39	16 54	7 8
18	7:44:11	25 34 56	12Le53	5 55	0Le15	15 35	7 33	13 11	7 23	27 41	16 55	7 5
19	7:48: 8	26 32 12	26 41	6 39	1 28	16 16	7 41	13 8	7 23	27 43	16 57	7 2
20	7:52: 4	27 29 30	10Vi 5	7 29	2 42	16 57	7 48	13 5	7 22	27 45	16 58	6 59
21	7:56: 1	28 26 47	23 6	8 23	3 56	17 38	7 55	13 3	7 22	27 47	17 0	6 56
22	7:59:57	29 24 5	5Li44	9 23	5 10	18 19	8 2	13 1	7 21	27 49	17 1	6 52
23	8: 3:54	0Le21 23	18 3	10 29	6 24	19 0	8 9	12 58	7 21	27 51	17 3	6 49
24	8: 7:50	1 18 41	0Sc 6	11 39	7 38	19 40	8 16	12 56	7 20	27 53	17 4	6 46
25	8:11:47	2 16 0	12 0	12 54	8 52	20 21	8 23	12 54	7 20	27 55	17 6	6 43
26	8:15:44	3 13 19	23 49	14 14	10 6	21 1	8 29	12 52	7 19	27 57	17 7	6 40
27	8:19:40	4 10 39	5Sg38	15 39	11 20	21 42	8 36	12 50	7 19	27 59	17 9	6 37
28	8:23:37	5 7 59	17 32	17 8	12 34	22 22	8 42	12 48	7 18	28 1	17 10	6 33
29	8:27:33	6 5 20	29 36	18 42	13 48	23 2	8 48	12 46	7 17	28 3	17 12	6 30
30	8:31:30	7 2 42	11Cp53	20 20	15 2	23 41	8 53	12 44	7 16	28 5	17 13	6 27
31	8:35:26	8 0 4	24 24	22 1	16 15	24 21	8 59	12 43	7 15	28 7	17 15	6 24

7/23 Sun in Leo 3:03   7/3 Full 2:49   7/10 3rd Qt. 12:16   7/17 New 4:36   7/24 1st Qt. 14:38

AUGUST 1928

Day	Sid. T.	Sun	Moon	Merc.	Venus	Mars	Jup.	Saturn	Uranus	Nept.	Pluto	N.Node
1	8:39:23	8Le57 27	7Aq12	23Cn47	17Le29	25Ta 1	9Ta 5	12Sg41R	7Ar15R	28Le 9	17Cn16	6Ge21
2	8:43:20	9 54 51	20 16	25 35	18 43	25 40	9 10	12 40	7 14	28 11	17 18	6 17
3	8:47:16	10 52 16	3Pi35	27 27	19 57	26 20	9 15	12 39	7 13	28 14	17 19	6 14
4	8:51:13	11 49 42	17 7	29 21	21 11	26 59	9 20	12 37	7 12	28 16	17 21	6 11
5	8:55: 9	12 47 9	0Ar50	1Le18	22 25	27 38	9 25	12 36	7 10	28 18	17 22	6 8
6	8:59: 6	13 44 37	14 41	3 17	23 39	28 17	9 30	12 35	7 9	28 20	17 24	6 5
7	9: 3: 2	14 42 6	28 39	5 17	24 53	28 55	9 34	12 34	7 8	28 22	17 25	6 2
8	9: 6:59	15 39 37	12Ta42	7 19	26 7	29 34	9 38	12 33	7 7	28 24	17 26	5 58
9	9:10:55	16 37 10	26 50	9 21	27 21	0Ge12	9 42	12 33	7 6	28 27	17 28	5 55
10	9:14:52	17 34 44	11Ge 1	11 24	28 35	0 51	9 46	12 32	7 4	28 29	17 29	5 52
11	9:18:49	18 32 19	25 14	13 27	29 49	1 29	9 50	12 31	7 3	28 31	17 31	5 49
12	9:22:45	19 29 56	9Cn26	15 30	1Vi 3	2 7	9 54	12 31	7 2	28 33	17 32	5 46
13	9:26:42	20 27 34	23 35	17 33	2 17	2 45	9 57	12 30	7 0	28 35	17 33	5 43
14	9:30:38	21 25 14	7Le36	19 36	3 31	3 23	10 0	12 30	6 59	28 38	17 35	5 39
15	9:34:35	22 22 54	21 25	21 38	4 45	4 0	10 3	12 30	6 57	28 40	17 36	5 36
16	9:38:31	23 20 36	4Vi59	23 39	5 59	4 38	10 6	12 30	6 56	28 42	17 37	5 33
17	9:42:28	24 18 20	18 13	25 39	7 13	5 15	10 9	12 30D	6 54	28 44	17 39	5 30
18	9:46:24	25 16 4	1Li 8	27 38	8 27	5 52	10 11	12 30	6 53	28 46	17 40	5 27
19	9:50:21	26 13 50	13 42	29 36	9 41	6 29	10 13	12 30	6 51	28 49	17 41	5 23
20	9:54:18	27 11 37	25 59	1Vi32	10 56	7 5	10 15	12 30	6 49	28 51	17 42	5 20
21	9:58:14	28 9 25	8Sc 2	3 28	12 10	7 42	10 17	12 31	6 48	28 53	17 44	5 17
22	10: 2:10	29 7 14	19 55	5 22	13 24	8 18	10 19	12 31	6 46	28 55	17 45	5 14
23	10: 6: 7	0Vi 5 4	1Sg44	7 15	14 38	8 54	10 20	12 32	6 44	28 58	17 46	5 11
24	10:10: 4	1 2 56	13 33	9 6	15 52	9 30	10 22	12 33	6 42	29 0	17 47	5 7
25	10:14: 0	2 0 49	25 29	10 56	17 6	10 6	10 23	12 33	6 41	29 2	17 48	5 4
26	10:17:57	2 58 44	7Cp37	12 45	18 20	10 42	10 24	12 34	6 39	29 4	17 50	5 1
27	10:21:53	3 56 39	20 0	14 33	19 34	11 17	10 24	12 35	6 37	29 6	17 51	4 58
28	10:25:50	4 54 36	2Aq42	16 19	20 48	11 52	10 25	12 36	6 35	29 9	17 52	4 55
29	10:29:46	5 52 34	15 45	18 4	22 2	12 27	10 25	12 37	6 33	29 11	17 53	4 52
30	10:33:43	6 50 34	29 9	19 47	23 16	13 2	10 25R	12 39	6 31	29 13	17 54	4 49
31	10:37:40	7 48 36	12Pi51	21 30	24 30	13 36	10 25	12 40	6 29	29 15	17 55	4 45

8/23 Sun in Vir. 9:54   8/1 Full 15:31   8/8 3rd Qt. 17:24   8/15 New 13:49   8/23 1st Qt. 8:22   8/31 Full 2:34

SEPTEMBER 1928

Day	Sid. T.	Sun	Moon	Merc.	Venus	Mars	Jup.	Saturn	Uranus	Nept.	Pluto	N.Node
1	10:41:36	8Vi46 39	26Pi49	23Vi11	25Vi44	14Ge11	10Ta25R	12Sg41	6Ar27R	29Le18	17Cn56	4Ge42
2	10:45:33	9 44 44	10Ar57	24 50	26 58	14 45	10 24	12 43	6 25	29 20	17 57	4 39
3	10:49:29	10 42 50	25 11	26 29	28 12	15 19	10 23	12 45	6 23	29 22	17 58	4 36
4	10:53:26	11 40 59	9Ta26	28 6	29 26	15 52	10 22	12 46	6 21	29 24	17 59	4 33
5	10:57:22	12 39 10	23 40	29 43	0Li40	16 26	10 21	12 48	6 19	29 26	18 0	4 29
6	11: 1:19	13 37 22	7Ge50	1Li18	1 54	16 59	10 20	12 50	6 16	29 28	18 1	4 26
7	11: 5:15	14 35 37	21 55	2 52	3 8	17 32	10 18	12 52	6 14	29 31	18 2	4 23
8	11: 9:12	15 33 54	5Cn54	4 24	4 22	18 5	10 17	12 54	6 12	29 33	18 3	4 20
9	11:13: 9	16 32 14	19 46	5 56	5 36	18 37	10 15	12 57	6 10	29 35	18 4	4 17
10	11:17: 5	17 30 35	3Le32	7 26	6 50	19 10	10 13	12 59	6 8	29 37	18 5	4 14
11	11:21: 2	18 28 58	17 8	8 55	8 4	19 41	10 10	13 1	6 5	29 39	18 6	4 10
12	11:24:58	19 27 23	0Vi33	10 23	9 18	20 13	10 8	13 4	6 3	29 41	18 7	4 7
13	11:28:55	20 25 50	13 45	11 50	10 32	20 45	10 5	13 6	6 1	29 43	18 8	4 4
14	11:32:51	21 24 19	26 42	13 16	11 46	21 16	10 2	13 9	5 58	29 46	18 9	4 1
15	11:36:48	22 22 50	9Li23	14 40	13 0	21 47	9 59	13 12	5 56	29 48	18 9	3 58
16	11:40:44	23 21 22	21 49	16 4	14 14	22 17	9 56	13 15	5 54	29 50	18 10	3 55
17	11:44:41	24 19 56	4Sc 0	17 26	15 28	22 48	9 52	13 17	5 51	29 52	18 11	3 51
18	11:48:37	25 18 33	15 59	18 46	16 42	23 18	9 49	13 20	5 49	29 54	18 12	3 48
19	11:52:34	26 17 10	27 51	20 5	17 56	23 47	9 45	13 24	5 47	29 56	18 12	3 45
20	11:56:30	27 15 50	9Sg38	21 23	19 9	24 17	9 41	13 27	5 44	29 58	18 13	3 42
21	12: 0:27	28 14 32	21 27	22 40	20 23	24 46	9 37	13 30	5 42	0Vi 0	18 14	3 39
22	12: 4:24	29 13 15	3Cp22	23 55	21 37	25 15	9 32	13 33	5 40	0 2	18 14	3 35
23	12: 8:20	0Li12 0	15 29	25 8	22 51	25 43	9 28	13 37	5 37	0 4	18 15	3 32
24	12:12:17	1 10 46	27 53	26 20	24 5	26 11	9 23	13 40	5 35	0 6	18 16	3 29
25	12:16:13	2 9 34	10Aq39	27 29	25 19	26 39	9 18	13 44	5 32	0 8	18 16	3 26
26	12:20:10	3 8 24	23 49	28 37	26 33	27 6	9 13	13 48	5 30	0 10	18 17	3 23
27	12:24: 6	4 7 16	7Pi24	29 43	27 47	27 34	9 8	13 51	5 28	0 12	18 17	3 20
28	12:28: 3	5 6 10	21 23	0Sc47	29 1	28 0	9 2	13 55	5 25	0 14	18 18	3 16
29	12:32: 0	6 5 5	5Ar41	1 48	0Sc14	28 27	8 57	13 59	5 23	0 16	18 18	3 13
30	12:35:56	7 4 3	20 14	2 47	1 28	28 53	8 51	14 3	5 20	0 17	18 19	3 10

9/23 Sun in Lib. 7:06   9/6 3rd Qt. 22:35   9/14 New 1:21   9/22 1st Qt. 2:58   9/29 Full 12:43

OCTOBER 1928

Day	Sid. T.	Sun	Moon	Merc.	Venus	Mars	Jup.	Saturn	Uranus	Nept.	Pluto	N.Node
1	12:39:53	8Li 3 3	4Ta54	3Sc43	2Sc42	29Ge18	8Ta45R	14Sg 7	5Ar18R	0Vi19	18Cn19	3Ge 7
2	12:43:49	9 2 5	19 34	4 37	3 56	29 44	8 39	14 11	5 15	0 21	18 20	3 4
3	12:47:46	10 1 9	4Ge 9	5 27	5 10	0Cn 8	8 33	14 16	5 13	0 23	18 20	3 1
4	12:51:42	11 0 16	18 33	6 13	6 24	0 33	8 27	14 20	5 11	0 25	18 20	2 57
5	12:55:39	11 59 25	2Cn44	6 56	7 37	0 57	8 20	14 24	5 8	0 26	18 21	2 54
6	12:59:35	12 58 36	16 41	7 34	8 51	1 20	8 13	14 29	5 6	0 28	18 21	2 51
7	13: 3:32	13 57 50	0Le24	8 8	10 5	1 43	8 7	14 33	5 4	0 30	18 21	2 48
8	13: 7:29	14 57 6	13 53	8 37	11 19	2 6	8 0	14 38	5 1	0 32	18 22	2 45
9	13:11:25	15 56 24	27 9	9 1	12 32	2 28	7 53	14 43	4 59	0 33	18 22	2 41
10	13:15:21	16 55 45	10Vi11	9 18	13 46	2 50	7 46	14 48	4 56	0 35	18 22	2 38
11	13:19:18	17 55 7	23 1	9 30	15 0	3 12	7 39	14 52	4 54	0 37	18 23	2 35
12	13:23:15	18 54 32	5Li38	9 34	16 14	3 32	7 31	14 57	4 52	0 38	18 23	2 32
13	13:27:11	19 53 59	18 3	9 31R	17 27	3 53	7 24	15 2	4 49	0 40	18 23	2 29
14	13:31: 8	20 53 28	0Sc16	9 20	18 41	4 13	7 16	15 7	4 47	0 42	18 23	2 26
15	13:35: 4	21 52 59	12 19	9 1	19 55	4 32	7 9	15 12	4 45	0 43	18 23	2 22
16	13:39: 1	22 52 32	24 13	8 34	21 9	4 51	7 1	15 17	4 43	0 45	18 23	2 19
17	13:42:57	23 52 7	6Sg 2	7 57	22 22	5 9	6 53	15 23	4 40	0 46	18 23	2 16
18	13:46:54	24 51 44	17 48	7 13	23 36	5 27	6 46	15 28	4 38	0 48	18 23	2 13
19	13:50:51	25 51 22	29 35	6 20	24 50	5 44	6 38	15 33	4 36	0 49	18 23R	2 10
20	13:54:47	26 51 3	11Cp29	5 20	26 3	6 0	6 30	15 39	4 34	0 50	18 23	2 6
21	13:58:44	27 50 45	23 34	4 13	27 17	6 16	6 22	15 44	4 32	0 52	18 23	2 3
22	14: 2:40	28 50 29	5Aq56	3 1	28 30	6 32	6 14	15 50	4 29	0 53	18 23	2 0
23	14: 6:37	29 50 14	18 38	1 46	29 44	6 47	6 6	15 55	4 27	0 55	18 23	1 57
24	14:10:33	0Sc50 2	1Pi45	0 31	0Sg58	7 1	5 58	16 1	4 25	0 56	18 23	1 54
25	14:14:30	1 49 50	15 20	29Li16	2 11	7 14	5 50	16 7	4 23	0 57	18 23	1 51
26	14:18:26	2 49 41	29 22	28 5	3 25	7 27	5 41	16 12	4 21	0 58	18 23	1 47
27	14:22:23	3 49 33	13Ar49	26 59	4 38	7 40	5 33	16 18	4 19	1 0	18 22	1 44
28	14:26:20	4 49 28	28 35	26 1	5 52	7 51	5 25	16 24	4 17	1 1	18 22	1 41
29	14:30:16	5 49 24	13Ta35	25 13	7 5	8 2	5 17	16 30	4 15	1 2	18 22	1 38
30	14:34:13	6 49 22	28 38	24 35	8 19	8 12	5 9	16 36	4 13	1 3	18 21	1 35
31	14:38: 9	7 49 22	13Ge36	24 8	9 32	8 22	5 1	16 42.	4 11	1 4	18 21	1 32

10/23 Sun in Sco. 15:55   10/6 3rd Qt. 5:06   10/13 New 15:56   10/21 1st Qt. 21:06   10/28 Full 22:44

NOVEMBER 1928

Day	Sid. T.	Sun	Moon	Merc.	Venus	Mars	Jup.	Saturn	Uranus	Nept.	Pluto	N.Node
1	14:42: 6	8Sc49 24	28Ge22	23L152R	10Sg46	8Cn31	4Ta53R	16Sg48	4Ar 9R	1Vi 5	18Cn21R	1Ge28
2	14:46: 2	9 49 29	12Cn51	23 49D	11 59	8 39	4 44	16 54	4 8	1 6	18 21	1 25
3	14:49:59	10 49 35	26 58	23 56	13 12	8 46	4 36	17 0	4 6	1 8	18 20	1 22
4	14:53:55	11 49 44	10Le44	24 14	14 26	8 53	4 28	17 6	4 4	1 9	18 20	1 19
5	14:57:52	12 49 55	24 8	24 42	15 39	8 59	4 20	17 13	4 2	1 9	18 20	1 16
6	15: 1:49	13 50 7	7Vi13	25 19	16 52	9 4	4 12	17 19	4 1	1 10	18 19	1 12
7	15: 5:45	14 50 22	20 1	26 4	18 6	9 8	4 5	17 25	3 59	1 11	18 19	1 9
8	15: 9:42	15 50 39	2Li33	26 56	19 19	9 11	3 57	17 32	3 57	1 12	18 18	1 6
9	15:13:38	16 50 58	14 53	27 55	20 32	9 14	3 49	17 38	3 56	1 13	18 18	1 3
10	15:17:35	17 51 18	27 3	28 59	21 46	9 16	3 41	17 45	3 54	1 14	18 17	1 0
11	15:21:31	18 51 40	9Sc 3	0Sc 9	22 59	9 17	3 34	17 51	3 53	1 15	18 17	0 57
12	15:25:28	19 52 5	20 58	1 22	24 12	9 17R	3 26	17 58	3 51	1 15	18 16	0 53
13	15:29:24	20 52 30	2Sg47	2 39	25 25	9 16	3 19	18 4	3 50	1 16	18 16	0 50
14	15:33:21	21 52 58	14 34	3 59	26 39	9 15	3 11	18 11	3 48	1 17	18 15	0 47
15	15:37:17	22 53 27	26 21	5 21	27 52	9 12	3 4	18 17	3 47	1 17	18 14	0 44
16	15:41:14	23 53 57	8Cp11	6 46	29 5	9 9	2 57	18 24	3 46	1 18	18 14	0 41
17	15:45:11	24 54 29	20 6	8 12	0Cp18	9 5	2 50	18 31	3 44	1 19	18 13	0 38
18	15:49: 7	25 55 2	2Aq12	9 40	1 31	9 0	2 43	18 37	3 43	1 19	18 12	0 34
19	15:53: 4	26 55 36	14 32	11 9	2 44	8 54	2 36	18 44	3 42	1 20	18 12	0 31
20	15:57: 0	27 56 12	27 9	12 39	3 57	8 47	2 30	18 51	3 41	1 20	18 11	0 28
21	16: 0:57	28 56 49	10Pi 9	14 10	5 10	8 40	2 23	18 58	3 40	1 21	18 10	0 25
22	16: 4:54	29 57 26	23 34	15 42	6 23	8 31	2 17	19 5	3 39	1 21	18 10	0 22
23	16: 8:50	0Sg58 5	7Ar26	17 14	7 36	8 22	2 11	19 11	3 38	1 21	18 9	0 18
24	16:12:47	1 58 45	21 45	18 47	8 48	8 12	2 5	19 18	3 37	1 22	18 8	0 15
25	16:16:43	2 59 27	6Ta29	20 20	10 1	8 1	1 59	19 25	3 36	1 22	18 7	0 12
26	16:20:40	4 0 9	21 31	21 53	11 14	7 49	1 53	19 32	3 35	1 22	18 6	0 9
27	16:24:36	5 0 53	6Ge44	23 26	12 27	7 36	1 47	19 39	3 34	1 23	18 5	0 6
28	16:28:33	6 1 38	21 58	25 0	13 39	7 23	1 42	19 46	3 34	1 23	18 5	0 3
29	16:32:29	7 2 24	7Cn 4	26 33	14 52	7 8	1 37	19 53	3 33	1 23	18 4	29Ta59
30	16:36:26	8 3 12	21 52	28 7	16 5	6 53	1 31	20 0	3 32	1 23	18 3	29 56

11/22 Sun in Sag. 13:01   11/4 3rd Qt. 14:07   11/12 New 9:36(E)   11/20 1st Qt. 13:36   11/27 Full 9:06(E)

DECEMBER 1928

Day	Sid. T.	Sun	Moon	Merc.	Venus	Mars	Jup.	Saturn	Uranus	Nept.	Pluto	N.Node
1	16:40:22	9Sg 4 1	6Le16	29Sc41	17Cp17	6Cn37R	1Ta26R	20Sg 7	3Ar32R	1Vi23	18Cn 2	29Ta53
2	16:44:19	10 4 52	20 14	1Sg14	18 30	6 21	1 22	20 14	3 31	1 23	18 1	29 50
3	16:48:16	11 5 44	3Vi45	2 48	19 42	6 4	1 17	20 21	3 31	1 23	18 0	29 47
4	16:52:12	12 6 37	16 50	4 22	20 55	5 45	1 13	20 28	3 30	1 23R	17 59	29 44
5	16:56: 9	13 7 31	29 33	5 56	22 7	5 27	1 8	20 35	3 30	1 23	17 58	29 40
6	17: 0: 5	14 8 27	11L157	7 30	23 19	5 7	1 4	20 42	3 29	1 23	17 57	29 37
7	17: 4: 2	15 9 24	24 6	9 3	24 31	4 48	1 1	20 49	3 29	1 23	17 56	29 34
8	17: 7:58	16 10 23	6Sc 5	10 37	25 44	4 27	0 57	20 56	3 29	1 23	17 55	29 31
9	17:11:55	17 11 22	17 57	12 11	26 56	4 6	0 53	21 3	3 29	1 23	17 54	29 28
10	17:15:51	18 12 22	29 46	13 45	28 8	3 45	0 50	21 10	3 28	1 22	17 53	29 24
11	17:19:48	19 13 24	11Sg33	15 19	29 20	3 23	0 47	21 18	3 28	1 22	17 52	29 21
12	17:23:45	20 14 26	23 21	16 53	0Aq32	3 0	0 44	21 25	3 28	1 22	17 51	29 18
13	17:27:41	21 15 29	5Cp12	18 27	1 44	2 38	0 42	21 32	3 28D	1 22	17 49	29 15
14	17:31:38	22 16 33	17 8	20 2	2 55	2 15	0 39	21 39	3 28	1 21	17 48	29 12
15	17:35:34	23 17 37	29 12	21 36	4 7	1 51	0 37	21 46	3 28	1 21	17 47	29 9
16	17:39:31	24 18 42	11Aq24	23 10	5 19	1 28	0 35	21 53	3 29	1 20	17 46	29 5
17	17:43:27	25 19 47	23 48	24 45	6 30	1 5	0 33	22 0	3 29	1 20	17 45	29 2
18	17:47:24	26 20 53	6Pi27	26 20	7 42	0 41	0 31	22 7	3 29	1 20	17 44	28 59
19	17:51:21	27 21 58	19 23	27 55	8 53	0 17	0 30	22 14	3 29	1 19	17 43	28 56
20	17:55:17	28 23 4	2Ar39	29 30	10 5	29Ge53	0 29	22 21	3 30	1 18	17 41	28 53
21	17:59:14	29 24 11	16 18	1Cp 5	11 16	29 30	0 28	22 29	3 30	1 18	17 40	28 50
22	18: 3:10	0Cp25 17	0Ta21	2 40	12 27	29 6	0 27	22 36	3 31	1 17	17 39	28 46
23	18: 7: 7	1 26 24	14 47	4 16	13 38	28 43	0 26	22 43	3 31	1 17	17 38	28 43
24	18:11: 3	2 27 30	29 35	5 52	14 49	28 20	0 26	22 50	3 32	1 16	17 37	28 40
25	18:15: 0	3 28 37	14Ge38	7 28	16 0	27 57	0 26	22 57	3 32	1 15	17 35	28 37
26	18:18:57	4 29 45	29 50	9 5	17 10	27 34	0 26D	23 4	3 33	1 15	17 34	28 34
27	18:22:53	5 30 52	14Cn59	10 41	18 21	27 12	0 26	23 11	3 34	1 14	17 33	28 30
28	18:26:50	6 32 0	29 56	12 18	19 31	26 50	0 26	23 18	3 34	1 13	17 32	28 27
29	18:30:46	7 33 8	14Le33	13 55	20 42	26 28	0 27	23 25	3 35	1 12	17 30	28 24
30	18:34:43	8 34 16	28 43	15 33	21 52	26 7	0 28	23 32	3 36	1 11	17 29	28 21
31	18:38:39	9 35 25	12Vi25	17 10	23 2	25 47	0 29	23 39	3 37	1 10	17 28	28 18

12/22 Sun in Cap. 2:04   12/4 3rd Qt. 2:32   12/12 New 5:06   12/20 1st Qt. 3:44   12/26 Full 19:55

JANUARY 1929

Day	Sid. T.	Sun	Moon	Merc.	Venus	Mars	Jup.	Saturn	Uranus	Nept.	Pluto	N.Node
1	18:42:36	10Cp36 34	25Vi37	18Cp48	24Aq12	25Ge27R	0Ta30	23Sg45	3Ar38	1Vi10R	17Cn27R	28Ta15
2	18:46:32	11 37 43	8Li24	20 26	25 22	25 7	0 32	23 52	3 39	1 9	17 25	28 11
3	18:50:29	12 38 52	20 48	22 4	26 32	24 48	0 33	23 59	3 40	1 8	17 24	28 8
4	18:54:26	13 40 2	2Sc56	23 43	27 41	24 30	0 35	24 6	3 41	1 7	17 23	28 5
5	18:58:22	14 41 12	14 51	25 21	28 51	24 12	0 37	24 13	3 42	1 6	17 21	28 2
6	19: 2:19	15 42 22	26 39	26 59	0Pi 0	23 55	0 40	24 20	3 44	1 5	17 20	27 59
7	19: 6:15	16 43 32	8Sg25	28 38	1 9	23 39	0 42	24 26	3 45	1 4	17 19	27 55
8	19:10:12	17 44 43	20 12	0Aq16	2 18	23 23	0 45	24 33	3 46	1 2	17 18	27 52
9	19:14: 8	18 45 53	2Cp 4	1 53	3 27	23 9	0 48	24 40	3 48	1 1	17 16	27 49
10	19:18: 5	19 47 3	14 2	3 31	4 36	22 55	0 51	24 47	3 49	1 0	17 15	27 46
11	19:22: 1	20 48 12	26 9	5 7	5 44	22 41	0 54	24 53	3 50	0 59	17 14	27 43
12	19:25:58	21 49 22	8Aq26	6 43	6 52	22 29	0 57	25 0	3 52	0 58	17 13	27 40
13	19:29:55	22 50 30	20 53	8 18	8 1	22 17	1 1	25 6	3 54	0 57	17 11	27 36
14	19:33:51	23 51 38	3Pi31	9 51	9 9	22 6	1 5	25 13	3 55	0 55	17 10	27 33
15	19:37:48	24 52 46	16 21	11 23	10 16	21 56	1 9	25 19	3 57	0 54	17 9	27 30
16	19:41:44	25 53 53	29 23	12 52	11 24	21 47	1 13	25 26	3 59	0 53	17 7	27 27
17	19:45:41	26 54 59	12Ar40	14 19	12 31	21 39	1 18	25 32	4 0	0 51	17 6	27 24
18	19:49:37	27 56 4	26 13	15 43	13 38	21 31	1 22	25 39	4 2	0 50	17 5	27 21
19	19:53:34	28 57 8	10Ta 3	17 3	14 45	21 24	1 27	25 45	4 4	0 49	17 4	27 17
20	19:57:30	29 58 11	24 11	18 19	15 52	21 18	1 32	25 51	4 6	0 47	17 2	27 14
21	20: 1:27	0Aq59 14	8Ge37	19 30	16 58	21 13	1 37	25 58	4 8	0 46	17 1	27 11
22	20: 5:24	2 0 15	23 17	20 35	18 4	21 9	1 43	26 4	4 10	0 45	17 0	27 8
23	20: 9:20	3 1 16	8Cn 8	21 34	19 10	21 5	1 48	26 10	4 12	0 43	16 59	27 5
24	20:13:17	4 2 16	23 2	22 25	20 16	21 3	1 54	26 16	4 14	0 42	16 58	27 1
25	20:17:13	5 3 14	7Le49	23 8	21 21	21 1	2 0	26 22	4 16	0 40	16 56	26 58
26	20:21:10	6 4 12	22 23	23 42	22 26	21 0	2 6	26 28	4 18	0 39	16 55	26 55
27	20:25: 6	7 5 9	6Vi35	24 6	23 31	20 59	2 12	26 34	4 20	0 37	16 54	26 52
28	20:29: 3	8 6 5	20 21	24 20	24 35	21 0D	2 19	26 40	4 22	0 36	16 53	26 49
29	20:33: 0	9 7 1	3Li40	24 23R	25 40	21 1	2 25	26 46	4 24	0 34	16 52	26 46
30	20:36:56	10 7 55	16 32	24 14	26 44	21 3	2 32	26 52	4 27	0 33	16 50	26 42
31	20:40:53	11 8 49	29 0	23 54	27 47	21 5	2 39	26 58	4 29	0 31	16 49	26 39

1/20 Sun in Aqu. 12:43   1/2 3rd Qt. 18:45   1/11 New 0:29   1/18 1st Qt. 15:15   1/25 Full 7:09

FEBRUARY 1929

Day	Sid. T.	Sun	Moon	Merc.	Venus	Mars	Jup.	Saturn	Uranus	Nept.	Pluto	N.Node
1	20:44:49	12Aq 9 42	11Sc10	23Aq24R	28Pi50	21Ge 9	2Ta46	27Sg 3	4Ar31	0Vi30R	16Cn48R	26Ta36
2	20:48:46	13 10 35	23 6	22 43	29 53	21 13	2 53	27 9	4 34	0 28	16 47	26 33
3	20:52:42	14 11 27	4Sg55	21 52	0Ar56	21 17	3 0	27 15	4 36	0 26	16 46	26 30
4	20:56:39	15 12 17	16 42	20 54	1 58	21 23	3 8	27 20	4 39	0 25	16 45	26 27
5	21: 0:35	16 13 7	28 31	19 49	3 0	21 29	3 15	27 26	4 41	0 23	16 44	26 23
6	21: 4:32	17 13 56	10Cp27	18 40	4 1	21 36	3 23	27 31	4 44	0 22	16 43	26 20
7	21: 8:28	18 14 43	22 33	17 29	5 2	21 43	3 31	27 36	4 46	0 20	16 42	26 17
8	21:12:25	19 15 30	4Aq52	16 17	6 3	21 51	3 39	27 42	4 49	0 18	16 41	26 14
9	21:16:22	20 16 15	17 24	15 7	7 3	22 0	3 48	27 47	4 52	0 17	16 39	26 11
10	21:20:18	21 16 59	0Pi 9	14 0	8 3	22 9	3 56	27 52	4 54	0 15	16 38	26 7
11	21:24:15	22 17 42	13 8	12 58	9 2	22 19	4 5	27 57	4 57	0 13	16 37	26 4
12	21:28:11	23 18 23	26 18	12 1	10 0	22 29	4 13	28 2	5 0	0 12	16 36	26 1
13	21:32: 8	24 19 2	9Ar39	11 12	10 59	22 40	4 22	28 7	5 3	0 10	16 35	25 58
14	21:36: 4	25 19 40	23 10	10 29	11 56	22 52	4 31	28 12	5 5	0 8	16 35	25 55
15	21:40: 1	26 20 16	6Ta50	9 55	12 54	23 4	4 40	28 17	5 8	0 7	16 34	25 52
16	21:43:57	27 20 50	20 40	9 28	13 50	23 17	4 49	28 22	5 11	0 5	16 33	25 48
17	21:47:54	28 21 23	4Ge40	9 9	14 46	23 30	4 59	28 26	5 14	0 3	16 32	25 45
18	21:51:51	29 21 53	18 50	8 58	15 42	23 44	5 8	28 31	5 17	0 2	16 31	25 42
19	21:55:47	0Pi22 22	3Cn 8	8 54	16 36	23 58	5 18	28 35	5 20	0 0	16 30	25 39
20	21:59:44	1 22 49	17 33	8 56D	17 31	24 13	5 28	28 40	5 23	29Le58	16 29	25 36
21	22: 3:40	2 23 14	2Le 0	9 6	18 24	24 28	5 37	28 44	5 26	29 57	16 28	25 33
22	22: 7:37	3 23 38	16 23	9 21	19 17	24 43	5 47	28 49	5 29	29 55	16 27	25 29
23	22:11:33	4 23 59	0Vi36	9 42	20 9	25 0	5 57	28 53	5 32	29 53	16 27	25 26
24	22:15:30	5 24 19	14 34	10 9	21 0	25 16	6 8	28 57	5 35	29 52	16 26	25 23
25	22:19:27	6 24 37	28 11	10 40	21 51	25 33	6 18	29 1	5 38	29 50	16 25	25 20
26	22:23:23	7 24 54	11Li26	11 17	22 41	25 51	6 28	29 5	5 41	29 48	16 24	25 17
27	22:27:20	8 25 9	24 17	11 57	23 30	26 9	6 39	29 9	5 44	29 47	16 24	25 13
28	22:31:16	9 25 22	6Sc47	12 41	24 18	26 27	6 49	29 13	5 47	29 45	16 23	25 10

2/19 Sun in Pis. 3:07   2/1 3rd Qt. 14:11   2/9 New 17:55   2/17 1st Qt. 0:23   2/23 Full 18:59

MARCH 1929

Day	Sid. T.	Sun	Moon	Merc.	Venus	Mars	Jup.	Saturn	Uranus	Nept.	Pluto	N.Node
1	22:35:13	10Pi25 34	18Sc59	13Aq29	25Ar 5	26Ge45	7Ta 0	29Sg16	5Ar50	29Le43R	16Cn22R	25Ta 7
2	22:39: 9	11 25 44	0Sg58	14 20	25 51	27 4	7 11	29 20	5 54	29 42	16 22	25 4
3	22:43: 6	12 25 53	12 49	15 15	26 37	27 24	7 22	29 24	5 57	29 40	16 21	25 1
4	22:47: 2	13 26 1	24 37	16 12	27 21	27 44	7 33	29 27	6 0	29 38	16 20	24 58
5	22:50:59	14 26 6	6Cp28	17 13	28 4	28 4	7 44	29 31	6 3	29 37	16 20	24 54
6	22:54:56	15 26 11	18 28	18 15	28 46	28 24	7 55	29 34	6 6	29 35	16 19	24 51
7	22:58:52	16 26 13	0Aq39	19 21	29 28	28 45	8 7	29 37	6 10	29 34	16 19	24 48
8	23: 2:48	17 26 14	13 6	20 28	0Ta 7	29 6	8 18	29 40	6 13	29 32	16 18	24 45
9	23: 6:45	18 26 13	25 50	21 38	0 46	29 28	8 30	29 43	6 16	29 30	16 17	24 42
10	23:10:42	19 26 10	8Pi52	22 50	1 24	29 50	8 41	29 46	6 20	29 29	16 17	24 39
11	23:14:38	20 26 5	22 12	24 3	2 0	0Cn12	8 53	29 49	6 23	29 27	16 17	24 35
12	23:18:35	21 25 59	5Ar46	25 19	2 35	0 34	9 5	29 52	6 26	29 26	16 16	24 32
13	23:22:31	22 25 50	19 32	26 36	3 8	0 57	9 17	29 55	6 30	29 24	16 16	24 29
14	23:26:28	23 25 39	3Ta27	27 55	3 40	1 20	9 29	29 57	6 33	29 23	16 15	24 26
15	23:30:24	24 25 26	17 28	29 15	4 10	1 43	9 41	0Cp 0	6 36	29 21	16 15	24 23
16	23:34:21	25 25 11	1Ge32	0Pi37	4 39	2 7	9 53	0 2	6 40	29 20	16 15	24 19
17	23:38:17	26 24 54	15 39	2 1	5 6	2 31	10 5	0 4	6 43	29 18	16 14	24 16
18	23:42:14	27 24 34	29 46	3 26	5 32	2 55	10 17	0 7	6 46	29 17	16 14	24 13
19	23:46:11	28 24 12	13Cn53	4 53	5 56	3 19	10 29	0 9	6 50	29 15	16 14	24 10
20	23:50: 7	29 23 48	27 59	6 21	6 17	3 44	10 42	0 11	6 53	29 14	16 13	24 7
21	23:54: 4	0Ar23 21	12Le 0	7 50	6 37	4 9	10 54	0 13	6 57	29 13	16 13	24 4
22	23:58: 0	1 22 52	25 55	9 21	6 55	4 34	11 7	0 15	7 0	29 11	16 13	24 0
23	0: 1:57	2 22 21	9Vi41	10 53	7 12	5 0	11 19	0 16	7 4	29 10	16 13	23 57
24	0: 5:53	3 21 48	23 13	12 27	7 25	5 25	11 32	0 18	7 7	29 8	16 12	23 54
25	0: 9:50	4 21 12	6Li30	14 2	7 37	5 51	11 45	0 20	7 10	29 7	16 12	23 51
26	0:13:47	5 20 35	19 29	15 38	7 47	6 17	11 58	0 21	7 14	29 6	16 12	23 48
27	0:17:43	6 19 56	2Sc11	17 16	7 54	6 43	12 10	0 22	7 17	29 5	16 12	23 44
28	0:21:40	7 19 14	14 36	18 55	7 59	7 10	12 23	0 24	7 21	29 3	16 12	23 41
29	0:25:36	8 18 31	26 46	20 35	8 2	7 36	12 36	0 25	7 24	29 2	16 12	23 38
30	0:29:33	9 17 46	8Sg45	22 17	8 2R	8 3	12 49	0 26	7 27	29 1	16 12D	23 35
31	0:33:29	10 16 59	20 37	24 0	8 0	8 30	13 2	0 27	7 31	29 0	16 12	23 32

3/21 Sun in Ari. 2:35   3/3 3rd Qt. 11:09   3/11 New 8:37   3/18 1st Qt. 7:42   3/25 Full 7:47

APRIL 1929

Day	Sid. T.	Sun	Moon	Merc.	Venus	Mars	Jup.	Saturn	Uranus	Nept.	Pluto	N.Node
1	0:37:26	11Ar16 11	2Cp27	25Pi44	7Ta56R	8Cn58	13Ta16	0Cp28	7Ar34	28Le59R	16Cn12	23Ta29
2	0:41:22	12 15 21	14 19	27 30	7 49	9 25	13 29	0 28	7 38	28 57	16 12	23 25
3	0:45:19	13 14 28	26 19	29 18	7 39	9 53	13 42	0 29	7 41	28 56	16 12	23 22
4	0:49:16	14 13 35	8Aq32	1Ar 7	7 27	10 21	13 55	0 30	7 45	28 55	16 12	23 19
5	0:53:12	15 12 39	21 1	2 57	7 13	10 49	14 9	0 30	7 48	28 54	16 13	23 16
6	0:57: 9	16 11 41	3Pi51	4 48	6 56	11 17	14 22	0 31	7 51	28 53	16 13	23 13
7	1: 1: 5	17 10 42	17 2	6 42	6 37	11 45	14 35	0 31	7 55	28 52	16 13	23 10
8	1: 5: 2	18 9 40	0Ar36	8 36	6 15	12 14	14 49	0 31	7 58	28 51	16 13	23 6
9	1: 8:58	19 8 37	14 29	10 32	5 52	12 42	15 2	0 31	8 2	28 50	16 13	23 3
10	1:12:55	20 7 32	28 38	12 30	5 26	13 11	15 16	0 31R	8 5	28 49	16 14	23 0
11	1:16:51	21 6 25	13Ta 0	14 28	4 58	13 40	15 30	0 31	8 8	28 48	16 14	22 57
12	1:20:48	22 5 16	27 28	16 29	4 28	14 9	15 43	0 31	8 12	28 47	16 14	22 54
13	1:24:44	23 4 4	11Ge56	18 30	3 57	14 38	15 57	0 30	8 15	28 47	16 15	22 50
14	1:28:41	24 2 51	26 22	20 33	3 24	15 8	16 11	0 30	8 18	28 46	16 15	22 47
15	1:32:38	25 1 35	10Cn41	22 37	2 49	15 37	16 24	0 29	8 22	28 45	16 15	22 44
16	1:36:34	26 0 17	24 50	24 42	2 14	16 7	16 38	0 29	8 25	28 44	16 16	22 41
17	1:40:31	26 58 56	8Le48	26 48	1 37	16 37	16 52	0 28	8 28	28 44	16 16	22 38
18	1:44:27	27 57 33	22 35	28 54	1 0	17 7	17 6	0 27	8 32	28 43	16 17	22 35
19	1:48:24	28 56 9	6Vi 8	1Ta 2	0 22	17 37	17 20	0 26	8 35	28 42	16 17	22 31
20	1:52:20	29 54 41	19 29	3 9	29Ar44	18 7	17 34	0 25	8 38	28 42	16 17	22 28
21	1:56:17	0Ta53 12	2Li35	5 17	29 6	18 38	17 48	0 24	8 41	28 41	16 18	22 25
22	2: 0:14	1 51 41	15 29	7 25	28 29	19 8	18 2	0 23	8 45	28 40	16 19	22 22
23	2: 4:10	2 50 7	28 8	9 32	27 52	19 39	18 16	0 22	8 48	28 40	16 19	22 19
24	2: 8: 7	3 48 32	10Sc34	11 39	27 16	20 9	18 30	0 20	8 51	28 39	16 20	22 16
25	2:12: 3	4 46 55	22 49	13 44	26 40	20 40	18 44	0 19	8 54	28 39	16 20	22 12
26	2:16: 0	5 45 17	4Sg53	15 49	26 6	21 11	18 58	0 17	8 57	28 38	16 21	22 9
27	2:19:56	6 43 37	16 49	17 51	25 34	21 42	19 12	0 16	9 0	28 38	16 22	22 6
28	2:23:53	7 41 55	28 40	19 52	25 3	22 13	19 26	0 14	9 4	28 38	16 22	22 3
29	2:27:49	8 40 11	10Cp29	21 51	24 34	22 45	19 40	0 12	9 7	28 37	16 23	22 0
30	2:31:46	9 38 26	22 22	23 47	24 7	23 16	19 54	0 10	9 10	28 37	16 24	21 56

4/20 Sun in Tau. 14:11   4/2 3rd Qt. 7:29   4/9 New 20:33   4/16 1st Qt. 14:09   4/23 Full 21:48

MAY 1929

Day	Sid. T.	Sun	Moon	Merc.	Venus	Mars	Jup.	Saturn	Uranus	Nept.	Pluto	N.Node
1	2:35:43	10Ta36 39	4Aq22	25Ta40	23Ar42R	23Cn47	20Ta 8	0Cp 8R	9Ar13	28Le37R	16Cn24	21Ta53
2	2:39:39	11 34 51	16 33	27 31	23 19	24 19	20 22	0 6	9 16	28 36	16 25	21 50
3	2:43:36	12 33 2	29 2	29 18	22 58	24 51	20 37	0 4	9 19	28 36	16 26	21 47
4	2:47:32	13 31 11	11Pi50	1Ge 2	22 40	25 23	20 51	0 1	9 22	28 36	16 27	21 44
5	2:51:29	14 29 18	25 2	2 43	22 24	25 54	21 5	29Sg59	9 25	28 36	16 28	21 41
6	2:55:25	15 27 24	8Ar39	4 20	22 10	26 26	21 19	29 57	9 28	28 36	16 28	21 37
7	2:59:22	16 25 29	22 40	5 53	21 59	26 59	21 33	29 54	9 31	28 35	16 29	21 34
8	3: 3:18	17 23 32	7Ta 4	7 23	21 50	27 31	21 47	29 52	9 33	28 35	16 30	21 31
9	3: 7:15	18 21 34	21 44	8 48	21 44	28 3	22 2	29 49	9 36	28 35	16 31	21 28
10	3:11:12	19 19 34	6Ge36	10 10	21 40	28 35	22 16	29 46	9 39	28 35D	16 32	21 25
11	3:15: 8	20 17 32	21 30	11 28	21 39	29 8	22 30	29 43	9 42	28 35	16 33	21 22
12	3:19: 5	21 15 29	6Cn19	12 42	21 40D	29 40	22 44	29 40	9 45	28 35	16 34	21 18
13	3:23: 1	22 13 24	20 57	13 52	21 43	0Le13	22 59	29 37	9 47	28 36	16 35	21 15
14	3:26:58	23 11 17	5Le19	14 57	21 48	0 46	23 13	29 34	9 50	28 36	16 36	21 12
15	3:30:54	24 9 8	19 22	15 59	21 56	1 18	23 27	29 31	9 53	28 36	16 37	21 9
16	3:34:51	25 6 58	3Vi 5	16 56	22 6	1 51	23 41	29 28	9 56	28 36	16 38	21 6
17	3:38:47	26 4 46	16 27	17 49	22 18	2 24	23 55	29 25	9 58	28 36	16 39	21 2
18	3:42:44	27 2 32	29 32	18 37	22 32	2 57	24 10	29 21	10 1	28 37	16 40	20 59
19	3:46:41	28 0 16	12Li20	19 21	22 48	3 30	24 24	29 18	10 3	28 37	16 41	20 56
20	3:50:37	28 57 59	24 53	20 0	23 5	4 3	24 38	29 15	10 6	28 37	16 42	20 53
21	3:54:34	29 55 40	7Sc14	20 35	23 25	4 37	24 52	29 11	10 8	28 38	16 43	20 50
22	3:58:30	0Ge53 21	19 25	21 5	23 47	5 10	25 6	29 7	10 11	28 38	16 44	20 47
23	4: 2:27	1 50 59	1Sg28	21 31	24 10	5 43	25 21	29 4	10 13	28 38	16 46	20 43
24	4: 6:23	2 48 37	13 25	21 51	24 35	6 17	25 35	29 0	10 16	28 39	16 47	20 40
25	4:10:20	3 46 13	25 17	22 7	25 1	6 50	25 49	28 56	10 18	28 39	16 48	20 37
26	4:14:17	4 43 49	7Cp 7	22 18	25 29	7 24	26 3	28 53	10 20	28 40	16 49	20 34
27	4:18:13	5 41 23	18 57	22 25	25 59	7 58	26 17	28 49	10 23	28 40	16 50	20 31
28	4:22:10	6 38 56	0Aq51	22 27R	26 30	8 31	26 31	28 45	10 25	28 41	16 52	20 27
29	4:26: 6	7 36 28	12 52	22 24	27 3	9 5	26 45	28 41	10 27	28 42	16 53	20 24
30	4:30: 3	8 34 0	25 3	22 17	27 36	9 39	26 59	28 37	10 29	28 42	16 54	20 21
31	4:33:59	9 31 30	7Pi29	22 5	28 11	10 13	27 13	28 33	10 31	28 43	16 55	20 18

5/21 Sun in Gem. 13:48   5/2 3rd Qt. 1:26   5/9 New 6:08(E)   5/15 1st Qt. 20:56   5/23 Full 12:50   5/31 3rd Qt. 16:13

JUNE 1929

Day	Sid. T.	Sun	Moon	Merc.	Venus	Mars	Jup.	Saturn	Uranus	Nept.	Pluto	N.Node
1	4:37:56	10Ge29 0	20P i13	21Ge50R	28Ar48	10Le47	27Ta27	28Sg29R	10Ar33	28Le44	16Cn57	20Ta15
2	4:41:52	11 26 29	3Ar20	21 31	29 21	11 21	27 41	28 25	10 36	28 44	16 58	20 12
3	4:45:49	12 23 57	16 52	21 8	0Ta 4	11 55	27 55	28 21	10 38	28 45	16 59	20 8
4	4:49:45	13 21 25	0Ta51	20 42	0 44	12 30	28 9	28 16	10 40	28 46	17 1	20 5
5	4:53:42	14 18 52	15 15	20 14	1 24	13 4	28 23	28 12	10 41	28 47	17 2	20 2
6	4:57:38	15 16 18	0Ge 2	19 44	2 6	13 38	28 37	28 8	10 43	28 48	17 3	19 59
7	5: 1:35	16 13 44	15 5	19 12	2 49	14 13	28 51	28 4	10 45	28 49	17 5	19 56
8	5: 5:32	17 11 9	0Cn16	18 39	3 33	14 47	29 5	27 59	10 47	28 49	17 6	19 53
9	5: 9:28	18 8 32	15 24	18 5	4 17	15 22	29 18	27 55	10 49	28 50	17 8	19 49
10	5:13:25	19 5 55	0Le22	17 32	5 3	15 56	29 32	27 51	10 51	28 51	17 9	19 46
11	5:17:21	20 3 17	15 0	16 59	5 49	16 31	29 46	27 46	10 52	28 52	17 10	19 43
12	5:21:18	21 0 38	29 13	16 27	6 36	17 6	0Ge 0	27 42	10 54	28 53	17 12	19 40
13	5:25:14	21 57 58	13Vi 1	15 57	7 24	17 40	0 13	27 37	10 56	28 55	17 13	19 37
14	5:29:11	22 55 17	26 22	15 30	8 13	18 15	0 27	27 33	10 57	28 56	17 15	19 33
15	5:33: 7	23 52 35	9Li20	15 5	9 2	18 50	0 40	27 29	10 59	28 57	17 16	19 30
16	5:37: 4	24 49 52	21 58	14 43	9 52	19 25	0 54	27 24	11 0	28 58	17 18	19 27
17	5:41: 1	25 47 8	4Sc20	14 25	10 43	20 0	1 7	27 20	11 2	28 59	17 19	19 24
18	5:44:57	26 44 24	16 29	14 10	11 34	20 35	1 21	27 15	11 3	29 0	17 20	19 21
19	5:48:54	27 41 39	28 29	14 0	12 26	21 10	1 34	27 11	11 4	29 2	17 22	19 18
20	5:52:50	28 38 53	10Sg23	13 54	13 18	21 45	1 48	27 7	11 6	29 3	17 23	19 14
21	5:56:47	29 36 7	22 14	13 52D	14 12	22 20	2 1	27 2	11 7	29 4	17 25	19 11
22	6: 0:44	0Cn33 20	4Cp 4	13 55	15 5	22 56	2 14	26 58	11 8	29 5	17 26	19 8
23	6: 4:40	1 30 33	15 55	14 3	15 59	23 31	2 27	26 53	11 9	29 7	17 28	19 5
24	6: 8:37	2 27 46	27 49	14 15	16 54	24 6	2 41	26 49	11 10	29 8	17 30	19 2
25	6:12:33	3 24 59	9Aq47	14 32	17 49	24 42	2 54	26 44	11 11	29 10	17 31	18 59
26	6:16:30	4 22 11	21 52	14 54	18 45	25 17	3 7	26 40	11 12	29 11	17 33	18 55
27	6:20:26	5 19 23	4Pi 7	15 21	19 41	25 53	3 20	26 36	11 13	29 12	17 34	18 52
28	6:24:23	6 16 36	16 34	15 52	20 38	26 28	3 33	26 31	11 14	29 14	17 36	18 49
29	6:28:19	7 13 48	29 16	16 28	21 35	27 4	3 46	26 27	11 15	29 15	17 37	18 46
30	6:32:16	8 11 1	12Ar18	17 9	22 32	27 40	3 59	26 23	11 16	29 17	17 39	18 43

6/21 Sun in Can. 22:01   6/7 New 13:57   6/14 1st Qt. 5:15   6/22 Full 4:15   6/30 3rd Qt. 3:54

JULY 1929

Day	Sid. T.	Sun	Moon	Merc.	Venus	Mars	Jup.	Saturn	Uranus	Nept.	Pluto	N.Node
1	6:36:12	9Cn 8 13	25Ar43	17Ge54	23Ta30	28Le15	4Ge11	26Sg18R	11Ar17	29Le18	17Cn40	18Ta39
2	6:40: 9	10 5 26	9Ta32	18 44	24 28	28 51	4 24	26 14	11 18	29 20	17 42	18 36
3	6:44: 5	11 2 39	23 48	19 38	25 27	29 27	4 37	26 10	11 18	29 22	17 43	18 33
4	6:48: 2	11 59 53	8Ge28	20 37	26 26	0Vi 3	4 50	26 6	11 19	29 23	17 45	18 30
5	6:51:59	12 57 6	23 28	21 40	27 25	0 39	5 2	26 2	11 20	29 25	17 47	18 27
6	6:55:55	13 54 20	8Cn40	22 47	28 25	1 15	5 15	25 58	11 20	29 27	17 48	18 24
7	6:59:52	14 51 34	23 55	23 59	29 25	1 51	5 27	25 53	11 21	29 28	17 50	18 20
8	7: 3:48	15 48 48	9Le 2	25 14	0Ge25	2 27	5 39	25 49	11 21	29 30	17 51	18 17
9	7: 7:45	16 46 2	23 51	26 34	1 26	3 3	5 52	25 45	11 21	29 32	17 53	18 14
10	7:11:41	17 43 16	8Vi15	27 58	2 27	3 39	6 4	25 41	11 22	29 33	17 54	18 11
11	7:15:38	18 40 29	22 10	29 26	3 28	4 16	6 16	25 38	11 22	29 35	17 56	18 8
12	7:19:34	19 37 43	5Li36	0Cn57	4 30	4 52	6 28	25 34	11 22	29 37	17 58	18 5
13	7:23:31	20 34 57	18 35	2 33	5 32	5 28	6 40	25 30	11 23	29 39	17 59	18 1
14	7:27:28	21 32 10	1Sc10	4 12	6 34	6 5	6 52	25 26	11 23	29 41	18 1	17 58
15	7:31:24	22 29 24	13 28	5 54	7 36	6 41	7 4	25 22	11 23	29 42	18 2	17 55
16	7:35:21	23 26 38	25 31	7 41	8 39	7 18	7 16	25 19	11 23	29 44	18 4	17 52
17	7:39:17	24 23 52	7Sg26	9 30	9 42	7 54	7 28	25 15	11 23R	29 46	18 5	17 49
18	7:43:14	25 21 7	19 16	11 22	10 45	8 31	7 39	25 12	11 23	29 48	18 7	17 45
19	7:47:11	26 18 21	1Cp 5	13 17	11 48	9 8	7 51	25 8	11 23	29 50	18 8	17 42
20	7:51: 7	27 15 36	12 56	15 15	12 52	9 44	8 2	25 5	11 23	29 52	18 10	17 39
21	7:55: 4	28 12 52	24 51	17 15	13 56	10 21	8 14	25 1	11 22	29 54	18 12	17 36
22	7:59: 0	29 10 8	6Aq51	19 17	15 0	10 58	8 25	24 58	11 22	29 56	18 13	17 33
23	8: 2:57	0Le 7 24	18 58	21 20	16 4	11 35	8 36	24 55	11 22	29 58	18 15	17 30
24	8: 6:53	1 4 42	1Pi12	23 25	17 9	12 11	8 47	24 52	11 22	0Vi 0	18 16	17 26
25	8:10:50	2 2 0	13 36	25 30	18 13	12 48	8 58	24 49	11 21	0 2	18 18	17 23
26	8:14:47	2 59 19	26 11	27 37	19 18	13 25	9 9	24 46	11 21	0 4	18 19	17 20
27	8:18:43	3 56 38	8Ar58	29 43	20 23	14 2	9 20	24 43	11 20	0 6	18 21	17 17
28	8:22:40	4 53 59	22 1	1Le50	21 29	14 39	9 31	24 40	11 20	0 8	18 22	17 14
29	8:26:36	5 51 21	5Ta22	3 56	22 34	15 17	9 42	24 37	11 19	0 10	18 24	17 11
30	8:30:33	6 48 44	19 4	6 2	23 40	15 54	9 52	24 34	11 19	0 12	18 25	17 7
31	8:34:29	7 46 8	3Ge 8	8 8	24 46	16 31	10 3	24 32	11 18	0 14	18 25	17 4

7/23 Sun in Leo 8:54   7/6 New 20:47   7/13 1st Qt. 16:05   7/21 Full 19:21   7/29 3rd Qt. 12:56

AUGUST 1929

Day	Sid. T.	Sun	Moon	Merc.	Venus	Mars	Jup.	Saturn	Uranus	Nept.	Pluto	N.Node
1	8:38:26	8Le43 34	17Ge34	10Le12	25Ge52	17Vi 8	10Ge13	24Sg29R	11Ar17R	0Vi16	18Cn28	17Ta 1
2	8:42:23	9 41 0	2Cn19	12 15	26 58	17 46	10 23	24 27	11 17	0 18	18 30	16 58
3	8:46:19	10 38 28	17 19	14 18	28 4	18 23	10 33	24 24	11 16	0 20	18 31	16 55
4	8:50:15	11 35 56	2Le24	16 19	29 11	19 1	10 44	24 22	11 15	0 22	18 33	16 51
5	8:54:12	12 33 26	17 25	18 19	0Cn18	19 38	10 53	24 20	11 14	0 25	18 34	16 48
6	8:58: 9	13 30 57	2Vi13	20 17	1 25	20 16	11 3	24 18	11 13	0 27	18 36	16 45
7	9: 2: 5	14 28 28	16 38	22 14	2 32	20 53	11 13	24 16	11 12	0 29	18 37	16 42
8	9: 6: 2	15 26 0	0Li37	24 10	3 39	21 31	11 23	24 14	11 11	0 31	18 39	16 39
9	9: 9:58	16 23 33	14 7	26 4	4 46	22 8	11 32	24 12	11 10	0 33	18 40	16 36
10	9:13:55	17 21 7	27 9	27 56	5 54	22 46	11 41	24 10	11 9	0 35	18 41	16 32
11	9:17:51	18 18 42	9Sc46	29 47	7 1	23 24	11 51	24 8	11 8	0 38	18 43	16 29
12	9:21:48	19 16 18	22 4	1Vi37	8 9	24 2	12 0	24 7	11 7	0 40	18 44	16 26
13	9:25:44	20 13 55	4Sg 8	3 25	9 17	24 40	12 9	24 5	11 5	0 42	18 46	16 23
14	9:29:41	21 11 33	16 2	5 11	10 25	25 18	12 18	24 2	11 4	0 44	18 47	16 16
15	9:33:38	22 9 12	27 52	6 56	11 33	25 55	12 26	24 1	11 3	0 46	18 48	16 13
16	9:37:34	23 6 52	9Cp42	8 40	12 42	26 33	12 35	24 1	11 1	0 48	18 50	16 13
17	9:41:31	24 4 33	21 36	10 22	13 50	27 12	12 44	24 0	11 0	0 51	18 51	16 10
18	9:45:27	25 2 15	3Aq36	12 2	14 59	27 50	12 52	23 59	10 59	0 53	18 52	16 7
19	9:49:24	25 59 58	15 45	13 42	16 7	28 28	13 0	23 58	10 57	0 55	18 54	16 4
20	9:53:20	26 57 43	28 3	15 20	17 16	29 6	13 8	23 57	10 56	0 57	18 55	15 57
21	9:57:17	27 55 29	10Pi32	16 56	18 25	29 44	13 16	23 56	10 54	1 0	18 56	15 54
22	10: 1:14	28 53 17	23 11	18 31	19 34	0Li23	13 24	23 55	10 53	1 2	18 57	15 51
23	10: 5:10	29 51 6	6Ar 1	20 5	20 44	1 1	13 32	23 55	10 51	1 4	18 59	15 48
24	10: 9: 7	0Vi48 56	19 3	21 37	21 53	1 39	13 39	23 54	10 49	1 6	19 0	15 48
25	10:13: 3	1 46 49	2Ta16	23 8	23 2	2 18	13 46	23 54	10 48	1 8	19 1	15 45
26	10:17: 0	2 44 43	15 43	24 37	24 12	2 56	13 54	23 54	10 46	1 11	19 2	15 42
27	10:20:56	3 42 39	29 24	26 5	25 22	3 35	14 1	23 54	10 44	1 13	19 3	15 38
28	10:24:53	4 40 37	13Ge21	27 32	26 32	4 13	14 8	23 53	10 42	1 15	19 5	15 35
29	10:28:49	5 38 37	27 34	28 57	27 42	4 52	14 14	23 53D	10 40	1 17	19 6	15 32
30	10:32:46	6 36 39	12Cn 2	0Li21	28 52	5 31	14 21	23 54	10 39	1 20	19 7	15 29
31	10:36:43	7 34 43	26 40	1 43	0Le 2	6 10	14 27	23 54	10 37	1 22	19 8	15 26

8/23 Sun in Vir. 15:42   8/5 New 3:40   8/12 1st Qt. 6:02   8/20 Full 9:43   8/27 3rd Qt. 20:02

Day	Sid. T.	Sun	Moon	Merc.	Venus	Mars	Jup.	Saturn	Uranus	Nept.	Pluto	N.Node
1	10:40:39	8Vi32 48	11Le23	3Li 4	1Le12	6Li48	14Ge34	23Sg54	10Ar35R	1Vi24	19Cn 9	15Ta22
2	10:44:36	9 30 56	26 5	4 23	2 22	7 27	14 40	23 54	10 33	1 26	19 10	15 19
3	10:48:32	10 29 5	10Vi36	5 40	3 33	8 6	14 46	23 55	10 31	1 28	19 11	15 16
4	10:52:29	11 27 15	24 51	6 56	4 43	8 45	14 52	23 55	10 29	1 31	19 12	15 13
5	10:56:25	12 25 28	8Li43	8 11	5 54	9 24	14 57	23 56	10 27	1 33	19 13	15 10
6	11: 0:22	13 23 42	22 10	9 23	7 5	10 3	15 3	23 57	10 25	1 35	19 14	15 7
7	11: 4:18	14 21 57	5Sc12	10 33	8 16	10 42	15 8	23 58	10 23	1 37	19 15	15 3
8	11: 8:15	15 20 14	17 51	11 42	9 27	11 22	15 13	23 59	10 21	1 39	19 16	15 0
9	11:12:11	16 18 33	0Sg11	12 48	10 38	12 1	15 18	24 0	10 18	1 42	19 17	14 57
10	11:16: 8	17 16 53	12 16	13 53	11 49	12 40	15 23	24 1	10 16	1 44	19 18	14 54
11	11:20: 4	18 15 15	24 12	14 55	13 0	13 19	15 28	24 2	10 14	1 46	19 19	14 51
12	11:24: 1	19 13 38	6Cp 3	15 54	14 12	13 59	15 32	24 4	10 12	1 48	19 20	14 48
13	11:27:58	20 12 3	17 55	16 51	15 23	14 38	15 37	24 5	10 10	1 50	19 21	14 44
14	11:31:54	21 10 30	29 52	17 45	16 35	15 18	15 41	24 7	10 7	1 52	19 22	14 41
15	11:35:51	22 8 58	11Aq57	18 36	17 46	15 57	15 45	24 8	10 5	1 54	19 23	14 38
16	11:39:47	23 7 28	24 14	19 24	18 58	16 37	15 48	24 10	10 3	1 57	19 24	14 35
17	11:43:44	24 6 0	6Pi44	20 9	20 10	17 16	15 52	24 12	10 1	1 59	19 24	14 32
18	11:47:40	25 4 33	19 29	20 49	21 22	17 56	15 55	24 14	9 58	2 1	19 25	14 28
19	11:51:37	26 3 9	2Ar27	21 26	22 34	18 36	15 59	24 16	9 56	2 3	19 26	14 25
20	11:55:34	27 1 46	15 38	21 58	23 46	19 16	16 2	24 18	9 54	2 5	19 27	14 22
21	11:59:30	28 0 25	29 52	22 26	24 58	19 55	16 4	24 20	9 51	2 7	19 27	14 19
22	12: 3:26	28 59 7	12Ta35	22 48	26 10	20 35	16 7	24 23	9 49	2 9	19 28	14 16
23	12: 7:23	29 57 51	26 18	23 5	27 22	21 15	16 10	24 25	9 47	2 11	19 29	14 13
24	12:11:20	0Li56 37	10Ge11	23 16	28 35	21 55	16 12	24 27	9 44	2 13	19 29	14 9
25	12:15:16	1 55 25	24 12	23 21	29 47	22 35	16 14	24 30	9 42	2 15	19 30	14 6
26	12:19:13	2 54 16	8Cn20	23 20R	1Vi 0	23 15	16 16	24 33	9 39	2 17	19 31	14 3
27	12:23: 9	3 53 9	22 35	23 11	2 12	23 55	16 17	24 35	9 37	2 19	19 31	14 0
28	12:27: 6	4 52 4	6Le53	22 55	3 25	24 36	16 19	24 38	9 35	2 21	19 32	13 57
29	12:31: 2	5 51 2	21 11	22 32	4 38	25 16	16 20	24 41	9 32	2 23	19 32	13 54
30	12:34:59	6 50 1	5Vi24	22 1	5 51	25 56	16 21	24 44	9 30	2 25	19 33	13 50

9/23 Sun in Lib. 12:53   9/3 New 11:48   9/10 1st Qt. 22:57   9/18 Full 23:16   9/26 3rd Qt. 2:07

Day	Sid. T.	Sun	Moon	Merc.	Venus	Mars	Jup.	Saturn	Uranus	Nept.	Pluto	N.Node
1	12:38:55	7Li49 3	19Vi29	21Li23R	7Vi 4	26Li37	16Ge22	24Sg47	9Ar27R	2Vi27	19Cn33	13Ta47
2	12:42:52	8 48 7	3Li21	20 37	8 17	27 17	16 23	24 51	9 25	2 28	19 34	13 44
3	12:46:49	9 47 13	16 56	19 44	9 30	27 58	16 23	24 54	9 23	2 30	19 34	13 41
4	12:50:45	10 46 21	0Sc11	18 45	10 43	28 38	16 24	24 57	9 20	2 32	19 35	13 38
5	12:54:42	11 45 32	13 6	17 41	11 56	29 19	16 24R	25 1	9 18	2 34	19 35	13 34
6	12:58:38	12 44 44	25 42	16 33	13 9	29 59	16 24	25 4	9 15	2 36	19 35	13 31
7	13: 2:35	13 43 57	8Sg 2	15 23	14 23	0Sc40	16 23	25 8	9 13	2 38	19 36	13 28
8	13: 6:31	14 43 13	20 8	14 12	15 36	1 21	16 23	25 12	9 10	2 39	19 36	13 25
9	13:10:28	15 42 31	2Cp 4	13 3	16 49	2 2	16 22	25 15	9 8	2 41	19 36	13 22
10	13:14:24	16 41 50	13 57	11 57	18 3	2 42	16 21	25 19	9 6	2 43	19 37	13 19
11	13:18:21	17 41 11	25 49	10 56	19 16	3 23	16 20	25 23	9 3	2 45	19 37	13 15
12	13:22:18	18 40 34	7Aq47	10 3	20 30	4 4	16 19	25 27	9 1	2 46	19 37	13 12
13	13:26:14	19 39 59	19 54	9 18	21 44	4 45	16 17	25 31	8 58	2 48	19 37	13 9
14	13:30:11	20 39 25	2Pi15	8 43	22 58	5 26	16 16	25 35	8 56	2 50	19 37	13 6
15	13:34: 7	21 38 53	14 52	8 19	24 11	6 7	16 14	25 40	8 54	2 51	19 38	13 3
16	13:38: 4	22 38 23	27 48	8 5	25 25	6 49	16 11	25 44	8 51	2 53	19 38	13 0
17	13:42: 0	23 37 55	11Ar 2	8 3D	26 39	7 30	16 9	25 48	8 49	2 54	19 38	12 56
18	13:45:57	24 37 29	24 35	8 11	27 53	8 11	16 7	25 53	8 47	2 56	19 38	12 53
19	13:49:54	25 37 5	8Ta23	8 30	29 7	8 52	16 4	25 58	8 45	2 57	19 38	12 50
20	13:53:50	26 36 43	22 24	8 59	0Li21	9 34	16 1	26 2	8 42	2 59	19 38	12 47
21	13:57:47	27 36 23	6Ge34	9 38	1 35	10 15	15 58	26 7	8 40	3 0	19 38R	12 44
22	14: 1:43	28 36 5	20 50	10 25	2 49	10 57	15 55	26 12	8 38	3 2	19 38	12 40
23	14: 5:40	29 35 51	5Cn 7	11 19	4 3	11 38	15 51	26 16	8 36	3 3	19 38	12 37
24	14: 9:36	0Sc35 38	19 23	12 21	5 18	12 20	15 48	26 21	8 33	3 5	19 38	12 34
25	14:13:33	1 35 27	3Le36	13 29	6 32	13 1	15 44	26 26	8 31	3 6	19 38	12 31
26	14:17:29	2 35 18	17 41	14 41	7 46	13 43	15 40	26 31	8 29	3 7	19 38	12 28
27	14:21:26	3 35 12	1Vi39	15 59	9 1	14 25	15 35	26 37	8 27	3 9	19 37	12 25
28	14:25:22	4 35 8	15 27	17 20	10 15	15 7	15 31	26 42	8 25	3 10	19 37	12 21
29	14:29:19	5 35 6	29 4	18 44	11 30	15 49	15 26	26 47	8 23	3 11	19 37	12 18
30	14:33:16	6 35 6	12Li28	20 12	12 44	16 30	15 22	26 52	8 21	3 12	19 37	12 15
31	14:37:12	7 35 8	25 39	21 41	13 59	17 12	15 17	26 58	8 19	3 13	19 37	12 12

10/23 Sun in Sco. 21:42   10/2 New 22:19   10/10 1st Qt. 18:05   10/18 Full 12:06   10/25 3rd Qt. 8:21

NOVEMBER 1929

Day	Sid. T.	Sun	Moon	Merc.	Venus	Mars	Jup.	Saturn	Uranus	Nept.	Pluto	N.Node
1	14:41: 9	8Sc35 12	8Sc35	23Li12	15Li13	17Sc55	15Ge12R	27Sg 3	8Ar17R	3Vi15	19Cn36R	12Ta 9
2	14:45: 5	9 35 18	21 16	24 45	16 28	18 37	15 6	27 9	8 15	3 16	19 36	12 5
3	14:49: 2	10 35 26	3Sg43	26 19	17 42	19 19	15 1	27 14	8 13	3 17	19 36	12 2
4	14:52:58	11 35 35	15 58	27 54	18 57	20 1	14 55	27 20	8 11	3 18	19 35	11 59
5	14:56:55	12 35 47	28 2	29 30	20 12	20 43	14 50	27 25	8 9	3 19	19 35	11 56
6	15: 0:51	13 35 59	9Cp58	1Sc 6	21 27	21 26	14 44	27 31	8 7	3 20	19 35	11 53
7	15: 4:48	14 36 14	21 50	2 43	22 41	22 8	14 38	27 37	8 5	3 21	19 34	11 50
8	15: 8:45	15 36 30	3Aq41	4 20	23 56	22 50	14 31	27 43	8 3	3 22	19 34	11 46
9	15:12:41	16 36 47	15 37	5 57	25 11	23 33	14 25	27 49	8 2	3 23	19 33	11 43
10	15:16:38	17 37 6	27 43	7 34	26 26	24 15	14 18	27 54	8 0	3 24	19 33	11 40
11	15:20:34	18 37 26	10Pi 1	9 11	27 41	24 58	14 12	28 0	7 58	3 25	19 32	11 37
12	15:24:31	19 37 48	22 38	10 48	28 56	25 40	14 5	28 6	7 57	3 25	19 32	11 34
13	15:28:27	20 38 11	5Ar36	12 25	0Sc11	26 23	13 58	28 12	7 55	3 26	19 31	11 31
14	15:32:24	21 38 35	18 58	14 2	1 26	27 6	13 51	28 19	7 54	3 27	19 30	11 27
15	15:36:21	22 39 1	2Ta43	15 39	2 41	27 49	13 44	28 25	7 52	3 28	19 30	11 24
16	15:40:17	23 39 28	16 51	17 15	3 56	28 32	13 37	28 31	7 51	3 28	19 29	11 21
17	15:44:14	24 39 57	1Ge17	18 51	5 11	29 14	13 29	28 37	7 49	3 29	19 29	11 18
18	15:48:10	25 40 28	15 56	20 27	6 26	29 57	13 22	28 44	7 48	3 30	19 28	11 15
19	15:52: 7	26 41 0	0Cn41	22 3	7 41	0Sg40	13 14	28 50	7 46	3 30	19 27	11 11
20	15:56: 3	27 41 34	15 25	23 39	8 56	1 23	13 7	28 56	7 45	3 31	19 27	11 8
21	16: 0: 0	28 42 10	0Le 1	25 14	10 11	2 6	12 59	29 3	7 44	3 31	19 26	11 5
22	16: 3:56	29 42 47	14 25	26 50	11 26	2 50	12 51	29 9	7 43	3 32	19 25	11 2
23	16: 7:53	0Sg43 27	28 32	28 25	12 41	3 33	12 43	29 16	7 41	3 32	19 25	10 59
24	16:11:50	1 44 7	12Vi21	0Sg 0	13 57	4 16	12 36	29 22	7 40	3 33	19 24	10 56
25	16:15:46	2 44 50	25 54	1 34	15 12	4 59	12 28	29 29	7 39	3 33	19 23	10 52
26	16:19:43	3 45 34	9Li 9	3 9	16 27	5 43	12 20	29 35	7 38	3 33	19 22	10 49
27	16:23:39	4 46 19	22 10	4 43	17 42	6 26	12 11	29 42	7 37	3 34	19 21	10 46
28	16:27:36	5 47 6	4Sc57	6 18	18 58	7 10	12 3	29 49	7 36	3 34	19 20	10 43
29	16:31:32	6 47 55	17 32	7 52	20 13	7 53	11 55	29 55	7 35	3 34	19 20	10 40
30	16:35:29	7 48 44	29 56	9 26	21 28	8 37	11 47	0Cp 2	7 34	3 35	19 19	10 37

11/22 Sun in Sag. 18:49   11/1 New 12:01(E)   11/9 1st Qt. 14:10   11/17 Full 0:14   11/23 3rd Qt. 16:04

DECEMBER 1929

Day	Sid. T.	Sun	Moon	Merc.	Venus	Mars	Jup.	Saturn	Uranus	Nept.	Pluto	N.Node
1	16:39:25	8Sg49 35	12Sg11	11Sg 0	22Sc43	9Sg20	11Ge39R	0Cp 9	7Ar33R	3Vi35	19Cn18R	10Ta33
2	16:43:22	9 50 28	24 17	12 35	23 59	10 4	11 31	0 16	7 33	3 35	19 17	10 30
3	16:47:18	10 51 21	6Cp16	14 9	25 14	10 48	11 22	0 22	7 32	3 35	19 16	10 27
4	16:51:15	11 52 15	18 10	15 43	26 29	11 32	11 14	0 29	7 31	3 35	19 15	10 24
5	16:55:12	12 53 10	0Aq 1	17 17	27 45	12 16	11 6	0 36	7 31	3 35	19 14	10 21
6	16:59: 8	13 54 6	11 52	18 51	29 0	12 59	10 58	0 43	7 30	3 35R	19 13	10 17
7	17: 3: 5	14 55 3	23 47	20 25	0Sg15	13 43	10 50	0 50	7 30	3 35	19 12	10 14
8	17: 7: 1	15 56 0	5Pi48	21 59	1 31	14 27	10 42	0 57	7 29	3 35	19 11	10 11
9	17:10:58	16 56 58	18 2	23 33	2 46	15 11	10 34	1 4	7 29	3 35	19 10	10 8
10	17:14:55	17 57 57	0Ar33	25 7	4 2	15 55	10 25	1 11	7 28	3 35	19 9	10 5
11	17:18:51	18 58 56	13 25	26 41	5 17	16 40	10 17	1 18	7 28	3 35	19 8	10 2
12	17:22:48	19 59 56	26 42	28 15	6 32	17 24	10 9	1 25	7 28	3 34	19 7	9 58
13	17:26:44	21 0 56	10Ta27	29 49	7 48	18 8	10 2	1 32	7 28	3 34	19 6	9 55
14	17:30:41	22 1 57	24 40	1Cp24	9 3	18 52	9 54	1 39	7 27	3 34	19 4	9 52
15	17:34:37	23 2 59	9Ge19	2 58	10 19	19 37	9 46	1 46	7 27	3 34	19 3	9 49
16	17:38:34	24 4 1	24 17	4 32	11 34	20 21	9 38	1 53	7 27	3 33	19 1	9 46
17	17:42:31	25 5 4	9Cn26	6 6	12 49	21 5	9 31	2 0	7 27D	3 33	19 0	9 43
18	17:46:27	26 6 7	24 37	7 41	14 5	21 50	9 23	2 7	7 27	3 33	19 0	9 39
19	17:50:24	27 7 11	9Le38	9 15	15 20	22 34	9 16	2 14	7 27	3 32	18 59	9 36
20	17:54:20	28 8 16	24 21	10 49	16 36	23 19	9 8	2 21	7 27	3 32	18 58	9 33
21	17:58:17	29 9 22	8Vi42	12 23	17 51	24 4	9 1	2 28	7 28	3 31	18 56	9 30
22	18: 2:13	0Cp10 28	22 37	13 56	19 7	24 48	8 54	2 35	7 28	3 31	18 55	9 27
23	18: 6:10	1 11 35	6Li 6	15 29	20 22	25 33	8 47	2 42	7 29	3 30	18 54	9 23
24	18:10: 6	2 12 43	19 13	17 2	21 38	26 18	8 40	2 49	7 29	3 30	18 53	9 20
25	18:14: 3	3 13 52	2Sc 1	18 34	22 53	27 3	8 33	2 57	7 29	3 29	18 52	9 17
26	18:18: 0	4 15 1	14 32	20 6	24 9	27 47	8 27	3 4	7 29	3 28	18 50	9 14
27	18:21:56	5 16 10	26 51	21 36	25 24	28 32	8 20	3 11	7 30	3 27	18 49	9 11
28	18:25:53	6 17 20	9Sg 1	23 6	26 40	29 17	8 14	3 18	7 30	3 27	18 48	9 8
29	18:29:49	7 18 30	21 3	24 34	27 55	0Cp 2	8 7	3 25	7 31	3 26	18 47	9 4
30	18:33:46	8 19 41	3Cp 1	26 0	29 10	0 47	8 1	3 32	7 32	3 25	18 45	9 1
31	18:37:42	9 20 52	14 55	27 24	0Cp26	1 32	7 55	3 39	7 32	3 25	18 44	8 58

12/22 Sun in Cap. 7:53   12/1 New 4:49   12/9 1st Qt. 9:42   12/16 Full 11:38   12/23 3rd Qt. 2:28   12/30 New 23:42

Day	Sid. T.	Sun	Moon	Merc.	Venus	Mars	Jup.	Saturn	Uranus	Nept.	Pluto	N.Node
1	18:41:39	10Cp22 3	26Cp48	28Cp46	1Cp41	2Cp17	7Ge50R	3Cp46	7Ar33	3Vi24R	18Cn43R	8Ta55
2	18:45:35	11 23 13	8Aq39	0Aq 5	2 57	3 3	7 44	3 53	7 34	3 23	18 42	8 52
3	18:49:32	12 24 24	20 32	1 21	4 12	3 48	7 38	4 0	7 35	3 22	18 40	8 49
4	18:53:28	13 25 34	2Pi27	2 33	5 28	4 33	7 33	4 7	7 36	3 21	18 39	8 45
5	18:57:25	14 26 44	14 29	3 40	6 43	5 19	7 28	4 14	7 37	3 20	18 38	8 42
6	19: 1:22	15 27 54	26 41	4 42	7 59	6 4	7 23	4 21	7 38	3 19	18 36	8 39
7	19: 5:18	16 29 3	9Ar 7	5 37	9 14	6 49	7 18	4 28	7 39	3 18	18 35	8 36
8	19: 9:15	17 30 12	21 51	6 26	10 30	7 35	7 14	4 35	7 40	3 17	18 34	8 33
9	19:13:11	18 31 20	4Ta59	7 7	11 45	8 20	7 9	4 42	7 41	3 16	18 33	8 29
10	19:17: 8	19 32 28	18 34	7 39	13 1	9 6	7 5	4 49	7 42	3 15	18 31	8 26
11	19:21: 4	20 33 36	2Ge38	8 1	14 16	9 51	7 1	4 56	7 44	3 14	18 30	8 23
12	19:25: 1	21 34 42	17 11	8 13	15 32	10 37	6 57	5 3	7 45	3 13	18 29	8 20
13	19:28:58	22 35 49	2Cn 9	8 14R	16 47	11 22	6 53	5 10	7 46	3 11	18 28	8 17
14	19:32:54	23 36 54	17 25	8 3	18 2	12 8	6 50	5 17	7 48	3 10	18 26	8 14
15	19:36:51	24 38 0	2Le49	7 41	19 18	12 54	6 47	5 24	7 49	3 9	18 25	8 10
16	19:40:47	25 39 4	18 6	7 6	20 33	13 39	6 43	5 31	7 51	3 8	18 24	8 7
17	19:44:44	26 40 9	3Vi 8	6 21	21 49	14 25	6 41	5 37	7 52	3 7	18 22	8 4
18	19:48:40	27 41 12	17 45	5 26	23 4	15 11	6 38	5 44	7 54	3 5	18 21	8 1
19	19:52:37	28 42 16	1Li54	4 22	24 20	15 57	6 35	5 51	7 55	3 4	18 20	7 58
20	19:56:33	29 43 19	15 32	3 12	25 35	16 43	6 33	5 58	7 57	3 3	18 19	7 54
21	20: 0:30	0Aq44 22	28 42	1 57	26 50	17 29	6 31	6 4	7 59	3 1	18 17	7 51
22	20: 4:27	1 45 24	11Sc28	0 40	28 6	18 14	6 29	6 11	8 1	3 0	18 16	7 48
23	20: 8:23	2 46 26	23 55	29Cp23	29 21	19 0	6 27	6 18	8 2	2 59	18 15	7 45
24	20:12:20	3 47 28	6Sg 6	28 9	0Aq37	19 46	6 26	6 24	8 4	2 57	18 14	7 42
25	20:16:16	4 48 29	18 8	26 59	1 52	20 33	6 24	6 31	8 6	2 56	18 12	7 39
26	20:20:13	5 49 29	0Cp 3	25 55	3 7	21 19	6 23	6 37	8 8	2 54	18 11	7 35
27	20:24: 9	6 50 29	11 56	24 58	4 23	22 5	6 22	6 44	8 10	2 53	18 10	7 32
28	20:28: 6	7 51 28	24 10	24 10	5 38	22 51	6 22	6 50	8 12	2 51	18 9	7 29
29	20:32: 2	8 52 26	5Aq39	23 30	6 53	23 37	6 21	6 57	8 14	2 50	18 8	7 26
30	20:35:59	9 53 22	17 33	22 59	8 9	24 23	6 21	7 3	8 16	2 48	18 6	7 23
31	20:39:56	10 54 18	29 31	22 36	9 24	25 10	6 21	7 9	8 19	2 47	18 5	7 20

1/20 Sun in Aqu. 18:34   1/8 1st Qt. 3:11   1/14 Full 22:21   1/21 3rd Qt. 16:07   1/29 New 19:08

Day	Sid. T.	Sun	Moon	Merc.	Venus	Mars	Jup.	Saturn	Uranus	Nept.	Pluto	N.Node
1	20:43:52	11Aq55 13	11Pi33	22Cp22R	10Aq39	25Cp56	6Ge21	7Cp16	8Ar21	2Vi45R	18Cn 4R	7Ta16
2	20:47:48	12 56 6	23 41	22 17	11 55	26 42	6 21	7 22	8 23	2 44	18 3	7 13
3	20:51:45	13 56 58	5Ar58	22 19D	13 10	27 29	6 22	7 28	8 25	2 42	18 2	7 10
4	20:55:42	14 57 49	18 27	22 28	14 25	28 15	6 22	7 34	8 28	2 41	18 1	7 7
5	20:59:38	15 58 38	1Ta10	22 44	15 41	29 1	6 23	7 40	8 30	2 39	18 0	7 4
6	21: 3:35	16 59 26	14 13	23 6	16 56	29 48	6 24	7 46	8 32	2 37	17 58	7 0
7	21: 7:31	18 0 13	27 39	23 34	18 11	0Aq34	6 26	7 52	8 35	2 36	17 57	6 57
8	21:11:28	19 0 58	11Ge30	24 7	19 27	1 21	6 27	7 58	8 37	2 34	17 56	6 54
9	21:15:24	20 1 41	25 48	24 44	20 42	2 7	6 29	8 4	8 40	2 33	17 55	6 51
10	21:19:21	21 2 23	10Cn31	25 27	21 57	2 54	6 31	8 10	8 42	2 31	17 54	6 48
11	21:23:18	22 3 3	25 34	26 13	23 12	3 40	6 33	8 16	8 45	2 29	17 53	6 45
12	21:27:14	23 3 42	10Le48	27 3	24 27	4 27	6 36	8 21	8 47	2 28	17 52	6 41
13	21:31:11	24 4 19	26 4	27 56	25 43	5 13	6 38	8 27	8 50	2 26	17 51	6 38
14	21:35: 7	25 4 55	11Vi 8	28 53	26 58	6 0	6 41	8 33	8 53	2 24	17 50	6 35
15	21:39: 4	26 5 29	25 53	29 52	28 13	6 46	6 44	8 38	8 55	2 23	17 49	6 32
16	21:43: 1	27 6 2	10Li11	0Aq54	29 28	7 33	6 47	8 44	8 58	2 21	17 48	6 29
17	21:46:57	28 6 34	23 59	1 58	0Pi43	8 20	6 50	8 49	9 1	2 19	17 47	6 26
18	21:50:53	29 7 4	7Sc18	3 5	1 58	9 6	6 54	8 55	9 4	2 18	17 46	6 22
19	21:54:50	0Pi 7 33	20 10	4 14	3 13	9 53	6 57	9 0	9 7	2 16	17 45	6 19
20	21:58:47	1 8 1	2Sg41	5 25	4 29	10 40	7 1	9 5	9 9	2 14	17 45	6 16
21	22: 2:43	2 8 28	14 54	6 38	5 44	11 27	7 5	9 10	9 12	2 13	17 44	6 13
22	22: 6:40	3 8 53	26 55	7 52	6 59	12 13	7 9	9 15	9 15	2 11	17 43	6 10
23	22:10:36	4 9 17	8Cp48	9 8	8 14	13 0	7 14	9 21	9 18	2 9	17 42	6 6
24	22:14:33	5 9 39	20 39	10 26	9 29	13 47	7 18	9 26	9 21	2 8	17 41	6 3
25	22:18:29	6 10 0	2Aq30	11 45	10 44	14 34	7 23	9 30	9 24	2 6	17 40	6 0
26	22:22:26	7 10 19	14 24	13 6	11 59	15 21	7 28	9 35	9 27	2 4	17 40	5 57
27	22:26:22	8 10 37	26 23	14 28	13 14	16 7	7 33	9 40	9 30	2 3	17 39	5 54
28	22:30:19	9 10 53	8Pi28	15 52	14 29	16 54	7 38	9 45	9 33	2 1	17 38	5 51

2/19 Sun in Pis. 9:00   2/6 1st Qt. 17:26   2/13 Full 8:39   2/20 3rd Qt. 8:45   2/28 New 13:33

MARCH 1930

Day	Sid. T.	Sun	Moon	Merc.	Venus	Mars	Jup.	Saturn	Uranus	Nept.	Pluto	N.Node
1	22:34:16	10Pi11 7	20Pi41	17Aq16	15Pi44	17Aq41	7Ge44	9Cp49	9Ar36	1Vi59R	17Cn37R	5Ta47
2	22:38:12	11 11 19	3Ar 2	18 42	16 59	18 28	7 50	9 54	9 39	1 58	17 37	5 44
3	22:42: 9	12 11 29	15 32	20 9	18 14	19 15	7 55	9 59	9 42	1 56	17 36	5 41
4	22:46: 5	13 11 38	28 14	21 38	19 29	20 2	8 1	10 3	9 46	1 54	17 35	5 38
5	22:50: 2	14 11 44	11Ta 8	23 8	20 44	20 49	8 7	10 7	9 49	1 53	17 35	5 35
6	22:53:58	15 11 48	24 17	24 38	21 58	21 36	8 14	10 12	9 52	1 51	17 34	5 32
7	22:57:55	16 11 51	7Ge44	26 10	23 13	22 23	8 20	10 16	9 55	1 49	17 34	5 28
8	23: 1:51	17 11 51	21 29	27 43	24 28	23 9	8 27	10 20	9 58	1 48	17 33	5 25
9	23: 5:48	18 11 49	5Cn34	29 18	25 43	23 56	8 34	10 24	10 2	1 46	17 32	5 22
10	23: 9:45	19 11 44	19 59	0Pi53	26 58	24 43	8 40	10 28	10 5	1 45	17 32	5 19
11	23:13:41	20 11 38	4Le39	2 30	28 12	25 30	8 48	10 32	10 8	1 43	17 31	5 16
12	23:17:38	21 11 29	19 30	4 8	29 27	26 17	8 55	10 36	10 11	1 42	17 31	5 12
13	23:21:34	22 11 18	4Vi24	5 46	0Ar42	27 4	9 2	10 39	10 15	1 40	17 30	5 9
14	23:25:31	23 11 5	19 13	7 27	1 56	27 51	9 10	10 43	10 18	1 38	17 30	5 6
15	23:29:27	24 10 50	3Li47	9 8	3 11	28 38	9 17	10 46	10 21	1 37	17 30	5 3
16	23:33:24	25 10 33	18 1	10 50	4 26	29 25	9 25	10 50	10 25	1 35	17 29	5 0
17	23:37:21	26 10 14	1Sc50	12 34	5 40	0Pi12	9 33	10 53	10 28	1 34	17 29	4 57
18	23:41:17	27 9 53	15 13	14 19	6 55	0 59	9 41	10 57	10 31	1 32	17 29	4 53
19	23:45:14	28 9 31	28 12	16 5	8 10	1 46	9 49	11 0	10 35	1 31	17 28	4 50
20	23:49:10	29 9 7	10Sg48	17 53	9 24	2 33	9 58	11 3	10 38	1 29	17 28	4 47
21	23:53: 7	0Ar 8 41	23 6	19 41	10 39	3 20	10 6	11 6	10 41	1 28	17 28	4 44
22	23:57: 3	1 8 13	5Cp10	21 31	11 53	4 7	10 15	11 9	10 45	1 27	17 27	4 41
23	0: 1: 0	2 7 44	17 6	23 22	13 8	4 54	10 24	11 12	10 48	1 25	17 27	4 38
24	0: 4:56	3 7 13	28 58	25 15	14 22	5 41	10 32	11 14	10 52	1 24	17 27	4 34
25	0: 8:53	4 6 40	10Aq51	27 9	15 37	6 27	10 41	11 17	10 55	1 22	17 27	4 31
26	0:12:49	5 6 5	22 47	29 4	16 51	7 14	10 51	11 20	10 58	1 21	17 27	4 28
27	0:16:46	6 5 29	4Pi51	1Ar 0	18 5	8 1	11 0	11 22	11 2	1 20	17 27	4 25
28	0:20:43	7 4 50	17 4	2 58	19 20	8 48	11 9	11 24	11 5	1 18	17 26	4 22
29	0:24:39	8 4 9	29 29	4 56	20 34	9 35	11 19	11 27	11 9	1 17	17 26	4 18
30	0:28:36	9 3 27	12Ar 6	6 56	21 48	10 22	11 28	11 29	11 12	1 16	17 26	4 15
31	0:32:32	10 2 42	24 55	8 57	23 3	11 9	11 38	11 31	11 15	1 15	17 26	4 12

3/21 Sun in Ari. 8:30   3/8 1st Qt. 4:00   3/14 Full 18:59   3/22 3rd Qt. 3:13   3/30 New 5:47

APRIL 1930

Day	Sid. T.	Sun	Moon	Merc.	Venus	Mars	Jup.	Saturn	Uranus	Nept.	Pluto	N.Node
1	0:36:29	11Ar 1 56	7Ta58	10Ar59	24Ar17	11Pi56	11Ge48	11Cp33	11Ar19	1Vi13R	17Cn26	4Ta 9
2	0:40:25	12 1 13	21 13	13 2	25 31	12 43	11 58	11 35	11 22	1 12	17 26	4 6
3	0:44:22	13 0 16	4Ge41	15 6	26 45	13 30	12 8	11 37	11 26	1 11	17 26	4 3
4	0:48:18	13 59 23	18 21	17 10	28 0	14 16	12 18	11 39	11 29	1 10	17 26	3 59
5	0:52:15	14 58 27	2Cn13	19 14	29 14	15 3	12 28	11 40	11 33	1 9	17 27	3 56
6	0:56:12	15 57 29	16 17	21 19	0Ta28	15 50	12 38	11 42	11 36	1 8	17 27	3 53
7	1: 0: 8	16 56 29	0Le30	23 24	1 42	16 37	12 49	11 43	11 39	1 7	17 27	3 50
8	1: 4: 5	17 55 27	14 52	25 28	2 56	17 24	12 59	11 44	11 43	1 6	17 27	3 47
9	1: 8: 1	18 54 22	29 17	27 31	4 10	18 10	13 10	11 46	11 46	1 5	17 27	3 43
10	1:11:58	19 53 14	13Vi43	29 34	5 24	18 57	13 21	11 47	11 50	1 4	17 27	3 40
11	1:15:54	20 52 5	28 3	1Ta35	6 38	19 44	13 32	11 48	11 53	1 3	17 28	3 37
12	1:19:51	21 50 53	12Li13	3 35	7 52	20 31	13 43	11 49	11 57	1 2	17 28	3 34
13	1:23:48	22 49 40	26 8	5 33	9 6	21 17	13 54	11 50	12 0	1 1	17 28	3 31
14	1:27:44	23 48 24	9Sc45	7 28	10 20	22 4	14 5	11 50	12 3	1 0	17 29	3 28
15	1:31:41	24 47 7	23 3	9 21	11 34	22 51	14 16	11 51	12 7	0 59	17 29	3 24
16	1:35:37	25 45 48	5Sg59	11 11	12 47	23 37	14 27	11 52	12 10	0 58	17 29	3 21
17	1:39:34	26 44 27	18 37	12 57	14 1	24 24	14 38	11 52	12 13	0 57	17 30	3 18
18	1:43:30	27 43 4	0Cp57	14 40	15 15	25 10	14 50	11 52	12 17	0 57	17 30	3 15
19	1:47:27	28 41 40	13 5	16 19	16 29	25 57	15 1	11 53	12 20	0 56	17 30	3 12
20	1:51:23	29 40 14	25 3	17 54	17 43	26 44	15 13	11 53	12 23	0 55	17 31	3 9
21	1:55:20	0Ta38 46	6Aq57	19 24	18 56	27 30	15 24	11 53	12 27	0 55	17 31	3 5
22	1:59:17	1 37 17	18 50	20 51	20 10	28 17	15 36	11 53R	12 30	0 54	17 32	3 2
23	2: 3:13	2 35 46	0Pi48	22 12	21 24	29 3	15 48	11 53	12 33	0 53	17 32	2 59
24	2: 7:10	3 34 14	12 55	23 30	22 37	29 49	16 0	11 52	12 36	0 53	17 33	2 56
25	2:11: 6	4 32 39	25 14	24 42	23 51	0Ar36	16 12	11 52	12 40	0 52	17 34	2 53
26	2:15: 3	5 31 3	7Ar48	25 49	25 4	1 22	16 24	11 52	12 43	0 52	17 34	2 49
27	2:18:59	6 29 26	20 39	26 52	26 18	2 9	16 36	11 51	12 46	0 51	17 35	2 46
28	2:22:56	7 27 46	3Ta47	27 49	27 31	2 55	16 48	11 51	12 49	0 51	17 35	2 43
29	2:26:52	8 26 5	17 13	28 42	28 45	3 41	17 0	11 50	12 53	0 50	17 36	2 40
30	2:30:49	9 24 22	0Ge54	29 29	29 58	4 28	17 12	11 49	12 56	0 50	17 37	2 37

4/20 Sun in Tau. 20:06   4/6 1st Qt. 11:25   4/13 Full 5:49(E)   4/20 3rd Qt. 22:09   4/28 New 19:09(E)

Day	Sid. T.	Sun	Moon	Merc.	Venus	Mars	Jup.	Saturn	Uranus	Nept.	Pluto	N.Node
1	2:34:45	10Ta22 38	14Ge48	0Ge11	1Ge12	5Ar14	17Ge25	11Cp48R	12Ar59	0Vi49R	17Cn38	2Ta34
2	2:38:42	11 20 51	28 53	0 47	2 25	6 0	17 37	11 47	13 2	0 49	17 38	2 30
3	2:42:38	12 19 3	13Cn 4	1 19	3 38	6 46	17 50	11 46	13 5	0 49	17 39	2 27
4	2:46:35	13 17 12	27 19	1 45	4 51	7 32	18 2	11 45	13 8	0 48	17 40	2 24
5	2:50:32	14 15 19	11Le33	2 5	6 5	8 18	18 15	11 44	13 11	0 48	17 41	2 21
6	2:54:28	15 13 25	25 46	2 20	7 18	9 4	18 27	11 42	13 14	0 48	17 41	2 18
7	2:58:25	16 11 28	9Vi54	2 30	8 31	9 50	18 40	11 41	13 17	0 48	17 42	2 15
8	3: 2:21	17 9 30	23 55	2 35	9 44	10 36	18 53	11 39	13 20	0 48	17 43	2 11
9	3: 6:18	18 7 29	7Li47	2 35R	10 57	11 22	19 5	11 37	13 23	0 48	17 44	2 8
10	3:10:15	19 5 27	21 29	2 29	12 10	12 8	19 18	11 36	13 26	0 47	17 45	2 5
11	3:14:11	20 3 23	4Sc58	2 19	13 23	12 54	19 31	11 34	13 29	0 47	17 46	2 2
12	3:18: 8	21 1 18	18 15	2 5	14 36	13 40	19 44	11 32	13 32	0 47D	17 47	1 59
13	3:22: 4	21 59 11	1Sg16	1 46	15 49	14 26	19 57	11 30	13 35	0 47	17 48	1 55
14	3:26: 1	22 57 2	14 2	1 24	17 2	15 11	20 10	11 28	13 38	0 47	17 49	1 52
15	3:29:57	23 54 53	26 34	0 58	18 15	15 57	20 23	11 26	13 41	0 48	17 50	1 49
16	3:33:54	24 52 42	8Cp52	0 30	19 28	16 43	20 36	11 23	13 43	0 48	17 51	1 46
17	3:37:50	25 50 29	20 59	29Ta59	20 41	17 28	20 49	11 21	13 46	0 48	17 52	1 43
18	3:41:47	26 48 16	2Aq57	29 26	21 54	18 14	21 2	11 19	13 49	0 48	17 53	1 40
19	3:45:44	27 46 1	14 51	28 52	23 7	18 59	21 16	11 16	13 52	0 48	17 54	1 36
20	3:49:40	28 43 45	26 44	28 17	24 19	19 45	21 29	11 13	13 54	0 48	17 55	1 33
21	3:53:37	29 41 28	8Pi42	27 43	25 32	20 30	21 42	11 11	13 57	0 49	17 56	1 30
22	3:57:33	0Ge39 10	20 49	27 9	26 45	21 16	21 55	11 8	13 59	0 49	17 57	1 27
23	4: 1:30	1 36 51	3Ar 9	26 39	27 57	22 1	22 9	11 5	14 2	0 49	17 58	1 24
24	4: 5:26	2 34 31	15 47	26 5	29 10	22 46	22 22	11 2	14 5	0 50	17 59	1 21
25	4: 9:23	3 32 10	28 46	25 36	0Cn22	23 32	22 36	10 59	14 7	0 50	18 1	1 17
26	4:13:19	4 29 48	12Ta 7	25 10	1 35	24 17	22 49	10 56	14 10	0 51	18 2	1 14
27	4:17:16	5 27 25	25 51	24 47	2 47	25 2	23 3	10 53	14 12	0 51	18 3	1 11
28	4:21:12	6 25 1	9Ge56	24 27	4 0	25 47	23 16	10 50	14 14	0 52	18 4	1 8
29	4:25: 9	7 22 35	24 18	24 11	5 12	26 32	23 30	10 47	14 17	0 52	18 5	1 5
30	4:29: 5	8 20 9	8Cn51	23 59	6 24	27 17	23 43	10 43	14 19	0 53	18 7	1 1
31	4:33: 2	9 17 41	23 28	23 51	7 37	28 2	23 57	10 40	14 21	0 53	18 8	0 58

5/21 Sun in Gem. 19:42   5/5 1st Qt. 16:53   5/12 Full 17:30   5/20 3rd Qt. 16:22   5/28 New 5:37

Day	Sid. T.	Sun	Moon	Merc.	Venus	Mars	Jup.	Saturn	Uranus	Nept.	Pluto	N.Node
1	4:36:59	10Ge15 12	8Le 2	23Ta48R	8Cn49	28Ar47	24Ge10	10Cp36R	14Ar24	0Vi54	18Cn 9	0Ta55
2	4:40:55	11 12 42	22 29	23 49D	10 1	29 32	24 24	10 33	14 26	0 55	18 11	0 52
3	4:44:52	12 10 10	6Vi44	23 54	11 13	0Ta16	24 37	10 29	14 28	0 55	18 12	0 49
4	4:48:48	13 7 37	20 45	24 4	12 26	1 1	24 51	10 26	14 30	0 56	18 13	0 46
5	4:52:45	14 5 3	4Li32	24 19	13 38	1 46	25 5	10 22	14 32	0 57	18 15	0 42
6	4:56:41	15 2 27	18 4	24 38	14 50	2 30	25 18	10 18	14 34	0 58	18 16	0 39
7	5: 0:38	15 59 51	1Sc22	25 1	16 2	3 15	25 32	10 15	14 36	0 58	18 17	0 36
8	5: 4:35	16 57 13	14 28	25 29	17 14	4 0	25 46	10 11	14 38	0 59	18 19	0 33
9	5: 8:31	17 54 35	27 22	26 1	18 26	4 44	26 0	10 7	14 40	1 0	18 21	0 30
10	5:12:28	18 51 55	10Sg 5	26 37	19 37	5 28	26 13	10 3	14 42	1 1	18 23	0 27
11	5:16:24	19 49 15	22 36	27 17	20 49	6 13	26 27	9 59	14 44	1 2	18 24	0 23
12	5:20:21	20 46 34	4Cp57	28 1	22 1	6 57	26 41	9 55	14 46	1 3	18 26	0 20
13	5:24:18	21 43 53	17 8	28 49	23 13	7 41	26 55	9 51	14 48	1 4	18 27	0 17
14	5:28:14	22 41 11	29 11	29 42	24 24	8 25	27 8	9 47	14 50	1 5	18 27	0 14
15	5:32:10	23 38 28	11Aq 7	0Ge37	25 36	9 9	27 22	9 43	14 51	1 6	18 29	0 11
16	5:36: 7	24 35 45	22 59	1 37	26 47	9 53	27 36	9 38	14 53	1 7	18 30	0 7
17	5:40: 4	25 33 2	4Pi51	2 40	27 59	10 37	27 50	9 34	14 55	1 8	18 31	0 4
18	5:44: 0	26 30 18	16 47	3 47	29 10	11 21	28 3	9 30	14 56	1 8	18 33	0 1
19	5:47:57	27 27 34	28 51	4 58	0Le22	12 5	28 17	9 26	14 58	1 11	18 34	29Ar58
20	5:51:53	28 24 50	11Ar10	6 12	1 33	12 49	28 31	9 21	14 59	1 12	18 36	29 55
21	5:55:50	29 22 6	23 47	7 29	2 44	13 32	28 45	9 17	15 1	1 13	18 37	29 52
22	5:59:46	0Cn19 21	6Ta46	8 50	3 56	14 16	28 59	9 13	15 2	1 14	18 39	29 48
23	6: 3:43	1 16 37	20 12	10 14	5 7	15 0	29 12	9 8	15 3	1 16	18 40	29 45
24	6: 7:39	2 13 52	4Ge 6	11 42	6 18	15 43	29 26	9 4	15 5	1 17	18 42	29 42
25	6:11:36	3 11 8	18 25	13 12	7 29	16 27	29 40	9 0	15 6	1 18	18 43	29 39
26	6:15:33	4 8 23	3Cn 7	14 46	8 40	17 10	29 54	8 55	15 7	1 20	18 45	29 36
27	6:19:29	5 5 37	18 3	16 24	9 51	17 53	0Cn 7	8 51	15 8	1 21	18 47	29 32
28	6:23:26	6 2 52	3Le 4	18 4	11 2	18 37	0 21	8 46	15 10	1 22	18 48	29 29
29	6:27:23	7 0 6	18 1	19 48	12 13	19 20	0 35	8 42	15 11	1 24	18 50	29 26
30	6:31:19	7 57 20	2Vi46	21 35	13 24	20 3	0 49	8 37	15 12	1 25	18 51	29 23

6/22 Sun in Can. 3:53   6/3 1st Qt. 21:56   6/11 Full 6:12   6/19 3rd Qt. 9:01   6/26 New 13:47

JULY 1930

Day	Sid. T.	Sun	Moon	Merc.	Venus	Mars	Jup.	Saturn	Uranus	Nept.	Pluto	N.Node
1	6:35:15	8Cn54 33	17Vi12	23Ge24	14Le34	20Ta46	1Cn 2	8Cp33R	15Ar13	1Vi27	18Cn53	29Ar20
2	6:39:12	9 51 46	1Li17	25 17	15 45	21 29	1 16	8 29	15 14	1 28	18 54	29 17
3	6:43: 9	10 48 58	15 0	27 12	16 55	22 12	1 30	8 24	15 15	1 30	18 56	29 13
4	6:47: 5	11 46 10	28 23	29 9	18 6	22 55	1 43	8 20	15 15	1 31	18 57	29 10
5	6:51: 2	12 43 22	11Sc28	1Cn 9	19 16	23 37	1 57	8 15	15 16	1 33	18 59	29 7
6	6:54:58	13 40 34	24 17	3 11	20 27	24 20	2 11	8 11	15 17	1 34	19 1	29 4
7	6:58:55	14 37 45	6Sg54	5 15	21 37	25 3	2 24	8 7	15 18	1 36	19 2	29 1
8	7: 2:51	15 34 57	19 20	7 21	22 47	25 45	2 38	8 2	15 18	1 38	19 4	28 58
9	7: 6:48	16 32 8	1Cp37	9 28	23 57	26 28	2 51	7 58	15 19	1 39	19 5	28 54
10	7:10:44	17 29 20	13 46	11 36	25 7	27 10	3 5	7 53	15 20	1 41	19 7	28 51
11	7:14:41	18 26 32	25 49	13 45	26 17	27 52	3 18	7 49	15 20	1 43	19 8	28 48
12	7:18:38	19 23 44	7Aq46	15 54	27 27	28 35	3 32	7 45	15 21	1 45	19 10	28 45
13	7:22:34	20 20 56	19 39	18 3	28 37	29 17	3 45	7 41	15 21	1 46	19 12	28 42
14	7:26:31	21 18 9	1Pi30	20 12	29 47	29 59	3 58	7 36	15 21	1 48	19 13	28 38
15	7:30:27	22 15 22	13 22	22 21	0Vi56	0Ge41	4 12	7 32	15 22	1 50	19 15	28 35
16	7:34:24	23 12 36	25 17	24 29	2 6	1 23	4 25	7 28	15 22	1 52	19 16	28 32
17	7:38:20	24 9 50	7Ar20	26 37	3 15	2 4	4 38	7 24	15 22	1 54	19 18	28 29
18	7:42:17	25 7 5	19 36	28 43	4 25	2 46	4 52	7 20	15 22	1 55	19 19	28 26
19	7:46:14	26 4 21	2Ta10	0Le48	5 34	3 28	5 5	7 16	15 22	1 57	19 21	28 23
20	7:50:10	27 1 37	15 6	2 52	6 43	4 9	5 18	7 11	15 23	1 59	19 23	28 19
21	7:54: 7	27 58 55	28 29	4 54	7 52	4 51	5 31	7 7	15 23	2 1	19 24	28 16
22	7:58: 3	28 56 13	12Ge22	6 55	9 1	5 32	5 44	7 4	15 23R	2 3	19 26	28 13
23	8: 2: 0	29 53 32	26 43	8 55	10 10	6 14	5 58	7 0	15 23	2 5	19 27	28 10
24	8: 5:56	0Le50 52	11Cn31	10 53	11 19	6 55	6 11	6 56	15 23	2 7	19 29	28 7
25	8: 9:53	1 48 13	26 38	12 49	12 28	7 36	6 24	6 52	15 22	2 9	19 30	28 4
26	8:13:49	2 45 34	11Le53	14 43	13 36	8 17	6 37	6 48	15 22	2 11	19 32	28 0
27	8:17:46	3 42 56	27 7	16 36	14 45	8 58	6 50	6 44	15 22	2 13	19 34	27 57
28	8:21:43	4 40 18	12Vi 8	18 27	15 53	9 39	7 2	6 41	15 21	2 15	19 35	27 54
29	8:25:39	5 37 41	26 49	20 17	17 1	10 20	7 15	6 37	15 21	2 17	19 37	27 51
30	8:29:36	6 35 4	11Li 4	22 5	18 9	11 1	7 28	6 34	15 21	2 19	19 38	27 48
31	8:33:32	7 32 28	24 53	23 51	19 18	11 42	7 41	6 30	15 21	2 21	19 40	27 44

7/23 Sun in Leo 14:42   7/3 1st Qt. 4:03   7/10 Full 20:01   7/18 3rd Qt. 23:29   7/25 New 20:42

AUGUST 1930

Day	Sid. T.	Sun	Moon	Merc.	Venus	Mars	Jup.	Saturn	Uranus	Nept.	Pluto	N.Node
1	8:37:29	8Le29 53	8Sc16	25Le35	20Vi25	12Ge22	7Cn54	6Cp27R	15Ar20R	2Vi23	19Cn41	27Ar41
2	8:41:25	9 27 18	21 17	27 18	21 33	13 3	8 6	6 23	15 19	2 25	19 43	27 38
3	8:45:22	10 24 44	3Sg59	28 59	22 41	13 43	8 19	6 20	15 19	2 27	19 44	27 35
4	8:49:18	11 22 10	16 26	0Vi38	23 48	14 23	8 31	6 17	15 18	2 29	19 46	27 32
5	8:53:15	12 19 38	28 42	2 16	24 56	15 4	8 44	6 14	15 17	2 31	19 47	27 29
6	8:57:11	13 17 6	10Cp48	3 52	26 3	15 44	8 56	6 11	15 16	2 33	19 49	27 25
7	9: 1: 8	14 14 35	22 49	5 27	27 10	16 24	9 9	6 8	15 16	2 36	19 50	27 22
8	9: 5: 5	15 12 5	4Aq45	7 0	28 17	17 4	9 21	6 5	15 15	2 38	19 52	27 19
9	9: 9: 1	16 9 36	16 38	8 31	29 24	17 43	9 33	6 2	15 14	2 40	19 53	27 16
10	9:12:58	17 7 8	28 30	10 1	0Li31	18 23	9 46	5 59	15 13	2 42	19 54	27 13
11	9:16:54	18 4 41	10Pi22	11 29	1 37	19 3	9 58	5 56	15 12	2 44	19 56	27 10
12	9:20:51	19 2 15	22 16	12 55	2 43	19 42	10 10	5 54	15 11	2 46	19 57	27 6
13	9:24:48	19 59 51	4Ar14	14 20	3 50	20 22	10 22	5 51	15 10	2 48	19 59	27 3
14	9:28:44	20 57 28	16 20	15 43	4 56	21 1	10 34	5 49	15 9	2 51	20 0	26 57
15	9:32:41	21 55 6	28 38	17 4	6 2	21 40	10 46	5 46	15 8	2 53	20 1	26 54
16	9:36:37	22 52 47	11Ta12	18 23	7 7	22 20	10 57	5 44	15 7	2 55	20 3	26 54
17	9:40:34	23 50 28	24 5	19 41	8 13	22 59	11 9	5 42	15 6	2 57	20 4	26 50
18	9:44:30	24 48 12	7Ge23	20 57	9 18	23 38	11 21	5 39	15 4	2 59	20 5	26 47
19	9:48:27	25 45 57	21 9	22 11	10 24	24 16	11 32	5 37	15 3	3 2	20 7	26 44
20	9:52:23	26 43 43	5Cn22	23 22	11 29	24 55	11 44	5 35	15 2	3 4	20 8	26 41
21	9:56:20	27 41 32	20 2	24 32	12 33	25 34	11 55	5 34	15 0	3 6	20 9	26 38
22	10: 0:16	28 39 22	5Le 4	25 40	13 38	26 12	12 7	5 32	14 59	3 8	20 11	26 35
23	10: 4:13	29 37 13	20 18	26 45	14 42	26 51	12 18	5 30	14 57	3 11	20 12	26 31
24	10: 8:10	0Vi35 6	5Vi35	27 48	15 47	27 29	12 29	5 28	14 56	3 13	20 13	26 28
25	10:12: 6	1 33 0	20 43	28 48	16 51	28 7	12 40	5 27	14 54	3 15	20 15	26 25
26	10:16: 3	2 30 56	5Li32	29 46	17 54	28 45	12 51	5 25	14 53	3 17	20 16	26 22
27	10:19:59	3 28 53	19 58	0Li41	18 58	29 23	13 2	5 24	14 51	3 19	20 17	26 19
28	10:23:56	4 26 51	3Sc55	1 33	20 1	0Cn 1	13 13	5 23	14 49	3 22	20 18	26 16
29	10:27:52	5 24 51	17 25	2 22	21 4	0 39	13 24	5 22	14 48	3 24	20 19	26 12
30	10:31:49	6 22 52	0Sg30	3 7	22 7	1 16	13 35	5 21	14 46	3 26	20 21	26 9
31	10:35:45	7 20 55	13 12	3 49	23 10	1 54	13 45	5 20	14 44	3 28	20 22	26 6

8/23 Sun in Vir. 21:27   8/1 1st Qt. 12:27   8/9 Full 10:58   8/17 3rd Qt. 11:31   8/24 New 3:37   8/30 1st Qt. 23:57

Day	Sid. T.	Sun	Moon	Merc.	Venus	Mars	Jup.	Saturn	Uranus	Nept.	Pluto	N.Node
1	10:39:42	8Vi18 58	25Sg37	4Li27	24Li12	2Cn31	13Cn56	5Cp19R	14Ar43R	3Vi31	20Cn23	26Ar 3
2	10:43:39	9 17 4	7Cp48	5 2	25 14	3 9	14 6	5 18	14 41	3 33	20 24	26 0
3	10:47:35	10 15 10	19 50	5 32	26 16	3 46	14 16	5 17	14 39	3 35	20 25	25 56
4	10:51:32	11 13 18	1Aq45	5 57	27 17	4 23	14 27	5 17	14 37	3 37	20 26	25 53
5	10:55:28	12 11 28	13 38	6 18	28 18	5 0	14 37	5 16	14 35	3 39	20 27	25 50
6	10:59:25	13 9 39	25 30	6 33	29 19	5 36	14 47	5 16	14 33	3 42	20 28	25 47
7	11: 3:21	14 7 52	7Pi23	6 43	0Sc20	6 13	14 56	5 16	14 31	3 44	20 29	25 44
8	11: 7:18	15 6 7	19 19	6 47	1 20	6 49	15 6	5 15	14 29	3 46	20 30	25 41
9	11:11:14	16 4 23	1Ar20	6 45R	2 20	7 26	15 16	5 15	14 27	3 48	20 31	25 37
10	11:15:11	17 2 41	13 27	6 37	3 19	8 2	15 26	5 15D	14 25	3 50	20 32	25 34
11	11:19: 8	18 1 1	25 43	6 22	4 18	8 38	15 35	5 16	14 23	3 53	20 33	25 31
12	11:23: 4	18 59 23	8Ta10	6 1	5 17	9 14	15 44	5 16	14 21	3 55	20 34	25 28
13	11:27: 1	19 57 48	20 51	5 33	6 15	9 50	15 54	5 16	14 19	3 57	20 35	25 25
14	11:30:57	20 56 14	3Ge48	4 58	7 13	10 26	16 3	5 16	14 17	3 59	20 36	25 21
15	11:34:54	21 54 43	17 5	4 16	8 11	11 1	16 12	5 17	14 14	4 1	20 37	25 18
16	11:38:50	22 53 14	0Cn45	3 29	9 8	11 37	16 20	5 17	14 12	4 3	20 38	25 15
17	11:42:47	23 51 47	14 47	2 36	10 5	12 12	16 29	5 18	14 10	4 5	20 39	25 12
18	11:46:44	24 50 22	29 12	1 39	11 1	12 47	16 38	5 19	14 8	4 8	20 39	25 9
19	11:50:40	25 48 59	13Le57	0 38	11 57	13 22	16 46	5 20	14 6	4 10	20 40	25 6
20	11:54:37	26 47 39	28 54	29Vi34	12 52	13 57	16 55	5 21	14 3	4 12	20 41	25 2
21	11:58:33	27 46 20	13Vi57	28 29	13 47	14 31	17 3	5 22	14 1	4 14	20 42	24 59
22	12: 2:30	28 45 4	28 56	27 25	14 41	15 6	17 11	5 23	13 59	4 16	20 42	24 56
23	12: 6:26	29 43 49	13Li42	26 23	15 35	15 40	17 19	5 24	13 56	4 18	20 43	24 53
24	12:10:23	0Li42 36	28 9	25 24	16 28	16 14	17 27	5 26	13 54	4 20	20 44	24 50
25	12:14:19	1 41 26	12Sc12	24 31	17 20	16 48	17 34	5 27	13 52	4 22	20 45	24 47
26	12:18:16	2 40 17	25 48	23 45	18 12	17 22	17 42	5 29	13 49	4 24	20 45	24 43
27	12:22:12	3 39 10	8Sg58	23 6	19 3	17 56	17 49	5 30	13 47	4 26	20 46	24 40
28	12:26: 9	4 38 4	21 46	22 37	19 54	18 29	17 57	5 32	13 44	4 28	20 46	24 37
29	12:30: 5	5 37 1	4Cp13	22 17	20 44	19 3	18 4	5 34	13 42	4 30	20 47	24 34
30	12:34: 2	6 35 59	16 25	22 7	21 33	19 36	18 11	5 36	13 40	4 32	20 47	24 31

9/23 Sun in Lib. 18:36   9/8 Full 2:48   9/15 3rd Qt. 21:13   9/22 New 11:42   9/29 1st Qt. 14:58

Day	Sid. T.	Sun	Moon	Merc.	Venus	Mars	Jup.	Saturn	Uranus	Nept.	Pluto	N.Node
1	12:37:59	7Li34 59	28Cp26	22Vi 7	22Sc21	20Cn 9	18Cn17	5Cp38	13Ar37R	4Vi34	20Cn48	24Ar27
2	12:41:55	8 34 0	10Aq20	22 18	23 9	20 42	18 24	5 40	13 35	4 36	20 49	24 24
3	12:45:52	9 33 4	22 11	22 39	23 56	21 14	18 31	5 42	13 32	4 38	20 49	24 21
4	12:49:48	10 32 9	4Pi 4	23 10	24 42	21 47	18 37	5 45	13 30	4 40	20 49	24 18
5	12:53:45	11 31 16	16 0	23 50	25 27	22 19	18 43	5 47	13 28	4 41	20 50	24 15
6	12:57:41	12 30 25	28 3	24 38	26 11	22 51	18 49	5 50	13 25	4 43	20 50	24 12
7	13: 1:38	13 29 36	10Ar14	25 35	26 54	23 23	18 55	5 52	13 23	4 45	20 51	24 8
8	13: 5:35	14 28 49	22 35	26 38	27 36	23 54	19 1	5 55	13 20	4 47	20 51	24 5
9	13: 9:31	15 28 4	5Ta 7	27 48	28 17	24 26	19 6	5 58	13 18	4 49	20 51	24 2
10	13:13:28	16 27 21	17 52	29 4	28 57	24 57	19 12	6 1	13 15	4 51	20 52	23 59
11	13:17:24	17 26 41	0Ge49	0Li25	29 36	25 28	19 17	6 4	13 13	4 52	20 52	23 56
12	13:21:21	18 26 2	14 1	1 50	0Sg14	25 59	19 22	6 7	13 11	4 54	20 52	23 53
13	13:25:17	19 25 27	27 28	3 18	0 51	26 29	19 27	6 10	13 8	4 56	20 52	23 49
14	13:29:14	20 24 53	11Cn 9	4 50	1 26	27 0	19 32	6 13	13 6	4 57	20 53	23 46
15	13:33:11	21 24 22	25 6	6 24	2 0	27 30	19 36	6 16	13 3	4 59	20 53	23 43
16	13:37: 7	22 23 53	9Le18	8 0	2 33	28 0	19 41	6 20	13 1	5 1	20 53	23 40
17	13:41: 4	23 23 26	23 42	9 38	3 4	28 29	19 45	6 23	12 59	5 2	20 53	23 37
18	13:45: 0	24 23 2	8Vi15	11 17	3 34	28 59	19 49	6 27	12 56	5 4	20 53	23 33
19	13:48:57	25 22 39	22 52	12 57	4 2	29 28	19 53	6 30	12 54	5 6	20 53	23 30
20	13:52:53	26 22 19	7Li28	14 38	4 29	29 57	19 56	6 34	12 52	5 7	20 53	23 27
21	13:56:50	27 22 1	21 56	16 19	4 54	0Le25	20 0	6 38	12 49	5 9	20 53	23 24
22	14: 0:46	28 21 46	6Sc11	18 0	5 17	0 54	20 3	6 42	12 47	5 10	20 53R	23 21
23	14: 4:43	29 21 32	20 7	19 42	5 39	1 22	20 6	6 46	12 45	5 12	20 53	23 18
24	14: 8:39	0Sc21 20	3Sg42	21 24	5 59	1 50	20 9	6 50	12 42	5 13	20 53	23 14
25	14:12:36	1 21 10	16 55	23 5	6 17	2 17	20 12	6 54	12 40	5 15	20 53	23 11
26	14:16:32	2 21 1	29 46	24 47	6 32	2 45	20 15	6 58	12 38	5 16	20 53	23 8
27	14:20:29	3 20 54	12Cp17	26 28	6 46	3 12	20 17	7 3	12 36	5 17	20 53	23 5
28	14:24:26	4 20 49	24 31	28 9	6 58	3 38	20 19	7 7	12 33	5 19	20 53	23 2
29	14:28:22	5 20 46	6Aq33	29 49	7 7	4 5	20 21	7 11	12 31	5 20	20 53	22 59
30	14:32:19	6 20 44	18 27	1Sc29	7 15	4 31	20 23	7 16	12 29	5 21	20 53	22 55
31	14:36:15	7 20 44	0Pi18	3 9	7 20	4 57	20 24	7 21	12 27	5 23	20 53	22 52

10/24 Sun in Sco. 3:26   10/7 Full 18:56(E)   10/15 3rd Qt. 5:12   10/21 New 21:48(E)   10/29 1st Qt. 9:22

NOVEMBER 1930

Day	Sid. T.	Sun	Moon	Merc.	Venus	Mars	Jup.	Saturn	Uranus	Nept.	Pluto	N.Node
1	14:40:12	8Sc20 46	12Pi11	4Sc48	7Sg23	5Le22	20Cn26	7Cp25	12Ar25R	5Vi24	20Cn52R	22Ar49
2	14:44: 8	9 20 49	24 10	6 27	7 23R	5 48	20 27	7 30	12 23	5 25	20 52	22 46
3	14:48: 5	10 20 53	6Ar19	8 6	7 21	6 12	20 28	7 35	12 21	5 26	20 52	22 43
4	14:52: 1	11 21 0	18 40	9 44	7 16	6 37	20 29	7 40	12 19	5 27	20 51	22 39
5	14:55:58	12 21 8	1Ta16	11 21	7 10	7 1	20 30	7 45	12 17	5 28	20 51	22 36
6	14:59:55	13 21 18	14 7	12 59	7 0	7 25	20 30	7 50	12 15	5 29	20 51	22 33
7	15: 3:51	14 21 30	27 15	14 35	6 48	7 48	20 30	7 55	12 13	5 31	20 50	22 30
8	15: 7:48	15 21 43	10Ge38	16 12	6 34	8 11	20 30R	8 0	12 11	5 32	20 50	22 27
9	15:11:44	16 21 59	24 14	17 48	6 18	8 34	20 30	8 5	12 9	5 33	20 50	22 24
10	15:15:41	17 22 16	8Cn 1	19 24	5 59	8 57	20 30	8 10	12 7	5 34	20 49	22 20
11	15:19:37	18 22 36	21 58	20 59	5 37	9 19	20 29	8 16	12 5	5 34	20 49	22 17
12	15:23:34	19 22 57	6Le 1	22 34	5 14	9 40	20 28	8 21	12 3	5 35	20 48	22 14
13	15:27:31	20 23 20	20 8	24 9	4 49	10 1	20 27	8 27	12 2	5 36	20 48	22 11
14	15:31:27	21 23 46	4Vi19	25 43	4 21	10 22	20 26	8 32	12 0	5 37	20 47	22 8
15	15:35:24	22 24 13	18 31	27 18	3 52	10 42	20 25	8 38	11 58	5 38	20 47	22 5
16	15:39:20	23 24 42	2Li41	28 52	3 21	11 2	20 23	8 43	11 56	5 39	20 46	22 2
17	15:43:17	24 25 13	16 48	0Sg25	2 49	11 22	20 22	8 49	11 55	5 39	20 45	21 58
18	15:47:13	25 25 45	0Sc49	1 59	2 16	11 41	20 20	8 55	11 53	5 40	20 45	21 55
19	15:51:10	26 26 19	14 40	3 32	1 41	11 59	20 17	9 1	11 52	5 41	20 44	21 52
20	15:55: 6	27 26 55	28 19	5 5	1 6	12 17	20 15	9 6	11 50	5 41	20 43	21 49
21	15:59: 3	28 27 33	11Sg42	6 38	0 30	12 35	20 12	9 12	11 49	5 42	20 43	21 45
22	16: 3: 0	29 28 12	24 48	8 11	29Sc53	12 52	20 10	9 18	11 47	5 43	20 42	21 42
23	16: 6:56	0Sg28 52	7Cp35	9 43	29 17	13 9	20 7	9 24	11 46	5 43	20 41	21 39
24	16:10:53	1 29 33	20 6	11 15	28 41	13 25	20 4	9 30	11 45	5 44	20 40	21 36
25	16:14:49	2 30 16	2Aq20	12 48	28 5	13 40	20 0	9 36	11 43	5 44	20 40	21 33
26	16:18:46	3 30 59	14 23	14 20	27 30	13 55	19 57	9 43	11 42	5 45	20 39	21 30
27	16:22:42	4 31 44	26 17	15 51	26 56	14 10	19 53	9 49	11 41	5 45	20 38	21 26
28	16:26:39	5 32 30	8Pi 7	17 23	26 22	14 24	19 49	9 55	11 40	5 45	20 37	21 23
29	16:30:35	6 33 16	19 59	18 54	25 51	14 37	19 45	10 1	11 39	5 46	20 36	21 20
30	16:34:32	7 34 4	1Ar57	20 26	25 20	14 50	19 41	10 8	11 38	5 46	20 36	21 17

11/23 Sun in Sag. 0:35   11/6 Full 10:28   11/13 3rd Qt. 12:27   11/20 New 10:21   11/28 1st Qt. 6:18

DECEMBER 1930

Day	Sid. T.	Sun	Moon	Merc.	Venus	Mars	Jup.	Saturn	Uranus	Nept.	Pluto	N.Node
1	16:38:28	8Sg34 52	14Ar 7	21Sg57	24Sc52R	15Le 2	19Cn37R	10Cp14	11Ar37R	5Vi46	20Cn35R	21Ar14
2	16:42:25	9 35 42	26 34	23 27	24 25	15 14	19 32	10 20	11 36	5 46	20 34	21 10
3	16:46:22	10 36 32	9Ta19	24 58	24 0	15 25	19 27	10 27	11 35	5 47	20 33	21 7
4	16:50:18	11 37 23	22 26	26 28	23 38	15 35	19 22	10 33	11 34	5 47	20 32	21 4
5	16:54:15	12 38 16	5Ge55	27 58	23 17	15 45	19 17	10 40	11 33	5 47	20 31	21 1
6	16:58:11	13 39 9	19 44	29 27	22 59	15 54	19 12	10 46	11 32	5 47	20 30	20 58
7	17: 2: 8	14 40 4	3Cn50	0Cp55	22 44	16 2	19 6	10 53	11 31	5 47	20 29	20 55
8	17: 6: 5	15 41 0	18 6	2 24	22 30	16 10	19 1	11 0	11 31	5 47	20 28	20 51
9	17:10: 1	16 41 56	2Le28	3 51	22 20	16 17	18 55	11 6	11 30	5 47R	20 27	20 48
10	17:13:58	17 42 54	16 51	5 17	22 12	16 24	18 49	11 13	11 30	5 47	20 26	20 45
11	17:17:54	18 43 53	1Vi 9	6 43	22 6	16 29	18 43	11 20	11 29	5 47	20 25	20 42
12	17:21:51	19 44 53	15 20	8 7	22 3	16 34	18 37	11 27	11 29	5 47	20 24	20 39
13	17:25:47	20 45 54	29 22	9 30	22 2D	16 39	18 31	11 33	11 28	5 47	20 23	20 36
14	17:29:44	21 46 57	13Li15	10 51	22 4	16 42	18 24	11 40	11 28	5 47	20 22	20 32
15	17:33:40	22 48 0	26 59	12 8	22 8	16 45	18 17	11 47	11 27	5 46	20 20	20 29
16	17:37:37	23 49 4	10Sc33	13 26	22 14	16 47	18 11	11 54	11 27	5 46	20 19	20 26
17	17:41:33	24 50 9	23 58	14 40	22 23	16 48	18 4	12 1	11 27	5 46	20 18	20 23
18	17:45:30	25 51 15	7Sg12	15 51	22 34	16 49	17 57	12 8	11 27	5 46	20 17	20 20
19	17:49:27	26 52 22	20 15	16 58	22 48	16 48R	17 50	12 15	11 27	5 45	20 16	20 16
20	17:53:23	27 53 29	3Cp 5	18 1	23 3	16 47	17 42	12 21	11 27	5 45	20 15	20 13
21	17:57:20	28 54 37	15 42	18 58	23 21	16 45	17 35	12 28	11 27D	5 44	20 14	20 10
22	18: 1:16	29 55 45	28 6	19 50	23 40	16 42	17 28	12 35	11 27	5 44	20 12	20 7
23	18: 5:13	0Cp56 54	10Aq17	20 36	24 2	16 39	17 20	12 42	11 27	5 43	20 11	20 4
24	18: 9: 9	1 58 2	22 17	21 14	24 25	16 34	17 13	12 49	11 27	5 43	20 10	20 1
25	18:13: 6	2 59 11	4Pi 9	21 44	24 50	16 29	17 5	12 56	11 27	5 42	20 9	19 57
26	18:17: 2	4 0 20	15 57	22 5	25 17	16 23	16 57	13 4	11 27	5 42	20 8	19 54
27	18:20:59	5 1 29	27 47	22 15	25 45	16 16	16 49	13 11	11 27	5 41	20 7	19 51
28	18:24:56	6 2 38	9Ar43	22 15R	26 15	16 9	16 42	13 18	11 28	5 41	20 5	19 48
29	18:28:52	7 3 46	21 50	22 3	26 47	16 0	16 34	13 25	11 28	5 40	20 4	19 45
30	18:32:49	8 4 55	4Ta15	21 40	27 20	15 51	16 26	13 32	11 28	5 39	20 3	19 42
31	18:36:45	9 6 4	17 2	21 5	27 55	15 41	16 18	13 39	11 29	5 38	20 1	19 38

12/22 Sun in Cap. 13:40   12/6 Full 0:40   12/12 3rd Qt. 20:07   12/20 New 1:24   12/28 1st Qt. 3:59

JANUARY 1931

Day	Sid. T.	Sun	Moon	Merc.	Venus	Mars	Jup.	Saturn	Uranus	Nept.	Pluto	N.Node
1	18:40:42	10Cp 7 12	0Ge14	20Cp18R	28Sc31	15Le30R	16Cn10R	13Cp46	11Ar30	5Vi38R	20Cn 0R	19Ar35
2	18:44:38	11 8 21	13 54	19 21	29 8	15 18	16 2	13 53	11 30	5 37	19 59	19 32
3	18:48:35	12 9 29	28 0	18 14	29 47	15 6	15 54	14 0	11 31	5 36	19 58	19 29
4	18:52:31	13 10 38	12Cn28	17 1	0Sg27	14 52	15 45	14 7	11 32	5 35	19 56	19 26
5	18:56:28	14 11 46	27 12	15 42	1 8	14 38	15 37	14 14	11 32	5 34	19 55	19 22
6	19: 0:25	15 12 54	12Le 3	14 22	1 50	14 23	15 29	14 22	11 33	5 33	19 54	19 19
7	19: 4:21	16 14 2	26 52	13 1	2 33	14 8	15 21	14 29	11 34	5 32	19 52	19 16
8	19: 8:18	17 15 10	11Vi32	11 44	3 18	13 51	15 13	14 36	11 35	5 32	19 51	19 13
9	19:12:14	18 16 19	25 58	10 31	4 3	13 34	15 5	14 43	11 36	5 31	19 50	19 10
10	19:16:11	19 17 27	10Li 6	9 26	4 50	13 16	14 57	14 50	11 37	5 29	19 49	19 7
11	19:20: 8	20 18 35	23 56	8 28	5 37	12 58	14 49	14 57	11 38	5 28	19 47	19 3
12	19:24: 4	21 19 43	7Sc30	7 40	6 25	12 39	14 41	15 4	11 39	5 27	19 46	19 0
13	19:28: 1	22 20 52	20 48	7 2	7 14	12 19	14 33	15 11	11 40	5 26	19 45	18 57
14	19:31:57	23 22 0	3Sg53	6 33	8 4	11 59	14 25	15 18	11 41	5 25	19 43	18 54
15	19:35:54	24 23 8	16 46	6 14	8 55	11 38	14 17	15 25	11 43	5 24	19 42	18 51
16	19:39:50	25 24 16	29 28	6 5	9 46	11 17	14 9	15 32	11 44	5 23	19 41	18 48
17	19:43:47	26 25 23	11Cp59	6 4D	10 38	10 55	14 1	15 39	11 45	5 22	19 40	18 44
18	19:47:43	27 26 30	24 21	6 11	11 31	10 33	13 54	15 46	11 47	5 20	19 38	18 41
19	19:51:40	28 27 36	6Aq33	6 25	12 25	10 10	13 46	15 53	11 48	5 19	19 37	18 38
20	19:55:37	29 28 42	18 37	6 47	13 19	9 48	13 38	16 0	11 50	5 18	19 36	18 35
21	19:59:33	0Aq29 47	0Pi32	7 15	14 14	9 24	13 31	16 7	11 51	5 17	19 35	18 32
22	20: 3:30	1 30 50	12 22	7 48	15 9	9 1	13 23	16 14	11 53	5 15	19 33	18 28
23	20: 7:26	2 31 54	24 9	8 27	16 5	8 37	13 16	16 21	11 54	5 14	19 32	18 25
24	20:11:23	3 32 56	5Ar57	9 11	17 2	8 13	13 9	16 28	11 56	5 13	19 31	18 22
25	20:15:19	4 33 57	17 51	9 59	17 59	7 49	13 2	16 35	11 58	5 11	19 30	18 19
26	20:19:16	5 34 57	29 55	10 50	18 57	7 25	12 55	16 42	12 0	5 10	19 28	18 16
27	20:23:12	6 35 55	12Ta61	11 46	19 55	7 1	12 48	16 49	12 1	5 8	19 27	18 13
28	20:27: 9	7 36 53	24 58	12 44	20 53	6 37	12 41	16 56	12 3	5 7	19 26	18 10
29	20:31: 6	8 37 50	8Ge 6	13 45	21 52	6 13	12 35	17 2	12 5	5 6	19 25	18 6
30	20:35: 2	9 38 45	21 44	14 49	22 52	5 49	12 28	17 9	12 7	5 4	19 23	18 3
31	20:38:58	10 39 39	5Cn51	15 55	23 52	5 26	12 22	17 16	12 9	5 3	19 22	18 0

1/21 Sun in Aqu. 0:18   1/4 Full 13:15   1/11 3rd Qt. 5:10   1/18 New 18:36   1/27 1st Qt. 0:06

FEBRUARY 1931

Day	Sid. T.	Sun	Moon	Merc.	Venus	Mars	Jup.	Saturn	Uranus	Nept.	Pluto	N.Node
1	20:42:55	11Aq40 32	20Cn26	17Cp 4	24Sg52	5Le 2R	12Cn16R	17Cp23	12Ar11	5Vi 1R	19Cn21R	17Ar57
2	20:46:52	12 41 24	5Le23	18 14	25 53	4 39	12 10	17 29	12 13	5 0	19 20	17 54
3	20:50:48	13 42 14	20 32	19 26	26 54	4 16	12 4	17 36	12 15	4 58	19 19	17 50
4	20:54:45	14 43 4	5Vi44	20 40	27 55	3 53	11 58	17 43	12 17	4 56	19 18	17 47
5	20:58:41	15 43 52	20 47	21 56	28 57	3 31	11 52	17 49	12 20	4 55	19 16	17 44
6	21: 2:38	16 44 39	5Li34	23 13	29 59	3 9	11 47	17 56	12 22	4 53	19 15	17 41
7	21: 6:35	17 45 26	19 59	24 32	1Cp 2	2 48	11 42	18 2	12 24	4 52	19 14	17 38
8	21:10:31	18 46 11	4Sc 0	25 51	2 4	2 27	11 36	18 9	12 26	4 50	19 13	17 34
9	21:14:28	19 46 55	17 38	27 13	3 7	2 7	11 31	18 15	12 29	4 49	19 11	17 31
10	21:18:24	20 47 39	0Sg54	28 35	4 11	1 47	11 27	18 21	12 31	4 47	19 10	17 28
11	21:22:21	21 48 21	13 51	29 58	5 15	1 28	11 22	18 28	12 34	4 45	19 9	17 25
12	21:26:17	22 49 3	26 32	1Aq23	6 19	1 9	11 18	18 34	12 36	4 44	19 8	17 22
13	21:30:14	23 49 43	8Cp59	2 49	7 23	0 51	11 13	18 40	12 39	4 42	19 7	17 19
14	21:34:11	24 50 22	21 16	4 15	8 27	0 34	11 9	18 47	12 41	4 40	19 7	17 15
15	21:38: 7	25 50 59	3Aq24	5 43	9 32	0 18	11 5	18 53	12 44	4 39	19 6	17 12
16	21:42: 4	26 51 36	15 25	7 12	10 37	0 2	11 1	18 59	12 46	4 37	19 5	17 9
17	21:46: 0	27 52 10	27 20	8 42	11 42	29Cn46	10 58	19 5	12 49	4 36	19 4	17 6
18	21:49:57	28 52 43	9Pi11	10 12	12 48	29 32	10 55	19 11	12 52	4 34	19 3	17 3
19	21:53:53	29 53 15	20 59	11 44	13 54	29 18	10 51	19 17	12 54	4 32	19 2	16 59
20	21:57:50	0Pi53 45	2Ar47	13 17	15 0	29 5	10 48	19 23	12 57	4 31	19 1	16 56
21	22: 1:46	1 54 13	14 37	14 50	16 6	28 53	10 46	19 29	13 0	4 29	19 0	16 53
22	22: 5:43	2 54 39	26 33	16 25	17 12	28 42	10 43	19 35	13 3	4 27	18 59	16 50
23	22: 9:39	3 55 4	8Ta38	18 0	18 18	28 31	10 41	19 40	13 5	4 25	18 58	16 47
24	22:13:36	4 55 26	20 58	19 37	19 25	28 21	10 38	19 46	13 8	4 24	18 57	16 44
25	22:17:32	5 55 47	3Ge36	21 14	20 32	28 12	10 36	19 52	13 11	4 22	18 57	16 40
26	22:21:29	6 56 6	16 38	22 53	21 39	28 4	10 35	19 57	13 14	4 20	18 56	16 37
27	22:25:26	7 56 23	0Cn 7	24 32	22 46	27 57	10 33	20 3	13 17	4 19	18 55	16 34
28	22:29:22	8 56 37	14 5	26 13	23 53	27 50	10 31	20 8	13 20	4 17	18 54	16 31

2/19 Sun in Pis. 14:41   2/3 Full 0:26   2/9 3rd Qt. 16:10   2/17 New 13:11   2/25 1st Qt. 16:42

MARCH 1931

Day	Sid. T.	Sun	Moon	Merc.	Venus	Mars	Jup.	Saturn	Uranus	Nept.	Pluto	N.Node
1	22:33:19	9Pi56 50	28Cn31	27Aq54	25Cp 1	27Cn44R	10Cn30R	20Cp14	13Ar23	4Vi15R	18Cn53R	16Ar28
2	22:37:15	10 57 1	13Le22	29 36	26 9	27 39	10 29	20 19	13 26	4 14	18 53	16 25
3	22:41:12	11 57 9	28 31	1Pi20	27 16	27 35	10 28	20 24	13 29	4 12	18 52	16 21
4	22:45: 8	12 57 16	13Vi47	3 5	28 24	27 32	10 28	20 30	13 32	4 10	18 51	16 18
5	22:49: 5	13 57 21	29 2	4 50	29 32	27 29	10 27	20 35	13 35	4 9	18 51	16 15
6	22:53: 1	14 57 24	14Li 4	6 37	0Aq41	27 27	10 27	20 40	13 38	4 7	18 50	16 12
7	22:56:58	15 57 25	28 46	8 25	1 49	27 26	10 27	20 45	13 41	4 6	18 49	16 9
8	23: 0:55	16 57 25	13Sc 3	10 14	2 57	27 26	10 27D	20 50	13 44	4 4	18 49	16 5
9	23: 4:51	17 57 23	26 53	12 4	4 6	27 26D	10 27	20 55	13 47	4 2	18 48	16 2
10	23: 8:48	18 57 20	10Sg17	13 55	5 15	27 27	10 28	21 0	13 51	4 1	18 48	15 59
11	23:12:44	19 57 15	23 17	15 48	6 23	27 29	10 28	21 4	13 54	3 59	18 47	15 56
12	23:16:41	20 57 8	5Cp57	17 41	7 32	27 31	10 29	21 9	13 57	3 57	18 47	15 53
13	23:20:38	21 57 0	18 19	19 35	8 41	27 34	10 30	21 14	14 0	3 56	18 46	15 50
14	23:24:34	22 56 49	0Aq29	21 31	9 51	27 38	10 32	21 18	14 4	3 54	18 46	15 46
15	23:28:31	23 56 37	12 28	23 27	11 0	27 43	10 33	21 23	14 7	3 53	18 45	15 43
16	23:32:27	24 56 24	24 21	25 25	12 9	27 48	10 35	21 27	14 10	3 51	18 45	15 40
17	23:36:24	25 56 8	6Pi11	27 23	13 19	27 54	10 37	21 32	14 13	3 50	18 44	15 37
18	23:40:20	26 55 51	17 59	29 22	14 28	28 0	10 39	21 36	14 17	3 48	18 44	15 34
19	23:44:17	27 55 31	29 48	1Ar22	15 38	28 8	10 41	21 40	14 20	3 47	18 43	15 31
20	23:48:13	28 55 9	11Ar40	3 23	16 47	28 15	10 43	21 44	14 23	3 45	18 43	15 28
21	23:52:10	29 54 46	23 37	5 23	17 57	28 24	10 46	21 48	14 27	3 44	18 43	15 24
22	23:56: 6	0Ar54 20	5Ta41	7 24	19 7	28 33	10 49	21 52	14 30	3 42	18 43	15 21
23	0: 0: 3	1 53 52	17 55	9 25	20 17	28 42	10 52	21 56	14 33	3 41	18 43	15 18
24	0: 4: 0	2 53 22	0Ge21	11 25	21 27	28 52	10 55	22 0	14 37	3 39	18 42	15 15
25	0: 7:56	3 52 50	13 4	13 25	22 37	29 3	10 58	22- 3	14 40	3 38	18 42	15 11
26	0:11:53	4 52 15	26 6	15 24	23 47	29 14	11 2	22 7	14 43	3 37	18 42	15 8
27	0:15:49	5 51 38	9Cn29	17 21	24 58	29 26	11 5	22 11	14 47	3 35	18 42	15 5
28	0:19:46	6 50 59	23 16	19 17	26 8	29 38	11 9	22 14	14 50	3 34	18 42	15 2
29	0:23:42	7 50 18	7Le27	21 11	27 18	29 51	11 13	22 17	14 54	3 32	18 42	14 59
30	0:27:39	8 49 34	22 0	23 2	28 29	0Le 4	11 18	22 21	14 57	3 31	18 41	14 56
31	0:31:35	9 48 47	6Vi52	24 50	29 39	0 18	11 22	22 24	15 1	3 30	18 41	14 52

3/21 Sun in Ari. 14:07   3/4 Full 10:36   3/11 3rd Qt. 5:15   3/19 New 7:51   3/27 1st Qt. 5:04

APRIL 1931

Day	Sid. T.	Sun	Moon	Merc.	Venus	Mars	Jup.	Saturn	Uranus	Nept.	Pluto	N.Node
1	0:35:32	10Ar47 59	21Vi55	26Ar35	0Pi50	0Le33	11Cn27	22Cp27	15Ar 4	3Vi29R	18Cn41R	14Ar49
2	0:39:28	11 47 8	7Li 2	28 16	2 0	0 47	11 31	22 30	15 7	3 27	18 41D	14 46
3	0:43:25	12 46 15	22 3	29 54	3 11	1 3	11 36	22 33	15 11	3 26	18 41	14 43
4	0:47:22	13 45 20	6Sc50	1Ta26	4 22	1 18	11 41	22 36	15 14	3 25	18 41	14 40
5	0:51:18	14 44 24	21 16	2 54	5 33	1 34	11 47	22 38	15 18	3 24	18 41	14 37
6	0:55:15	15 43 25	5Sg17	4 17	6 43	1 51	11 52	22 41	15 21	3 23	18 42	14 33
7	0:59:11	16 42 25	18 51	5 35	7 54	2 8	11 57	22 44	15 25	3 21	18 42	14 30
8	1: 3: 8	17 41 23	1Cp59	6 48	9 5	2 26	12 3	22 46	15 28	3 20	18 42	14 27
9	1: 7: 4	18 40 19	14 43	7 54	10 16	2 43	12 9	22 48	15 31	3 19	18 42	14 24
10	1:11: 1	19 39 14	27 7	8 55	11 27	3 2	12 15	22 51	15 35	3 18	18 42	14 21
11	1:14:58	20 38 6	9Aq15	9 50	12 38	3 20	12 21	22 53	15 38	3 17	18 42	14 17
12	1:18:54	21 36 57	21 12	10 39	13 49	3 39	12 28	22 55	15 42	3 16	18 43	14 14
13	1:22:51	22 35 47	3Pi 3	11 21	15 1	3 59	12 34	22 57	15 45	3 15	18 43	14 11
14	1:26:47	23 34 34	14 50	11 57	16 12	4 18	12 41	22 59	15 48	3 14	18 43	14 8
15	1:30:44	24 33 19	26 39	12 27	17 23	4 38	12 48	23 2	15 52	3 13	18 43	14 5
16	1:34:40	25 32 3	8Ar31	12 51	18 34	4 59	12 54	23 4	15 55	3 12	18 44	14 2
17	1:38:36	26 30 45	20 30	13 8	19 46	5 20	13 2	23 4	15 59	3 12	18 44	13 58
18	1:42:33	27 29 25	2Ta37	13 19	20 57	5 41	13 9	23 6	16 2	3 11	18 45	13 55
19	1:46:30	28 28 3	14 55	13 24	22 9	6 2	13 16	23 7	16 5	3 10	18 45	13 52
20	1:50:26	29 26 39	27 27	13 23R	23 20	6 24	13 24	23 8	16 9	3 9	18 45	13 49
21	1:54:23	0Ta25 13	10Ge 7	13 16	24 31	6 46	13 31	23 10	16 12	3 8	18 46	13 46
22	1:58:19	1 23 45	23 3	13 4	25 43	7 8	13 39	23 11	16 16	3 8	18 46	13 42
23	2: 2:16	2 22 14	6Cn14	12 47	26 55	7 31	13 47	23 12	16 19	3 7	18 47	13 39
24	2: 6:13	3 20 42	19 42	12 25	28 6	7 54	13 55	23 13	16 22	3 6	18 47	13 36
25	2:10: 9	4 19 8	3Le25	11 58	29 18	8 17	14 3	23 14	16 25	3 6	18 48	13 33
26	2:14: 6	5 17 31	17 26	11 28	0Ar29	8 41	14 11	23 14	16 29	3 5	18 48	13 30
27	2:18: 2	6 15 52	1Vi42	10 55	1 41	9 4	14 20	23 15	16 32	3 4	18 49	13 27
28	2:21:59	7 14 11	16 12	10 19	2 53	9 29	14 28	23 16	16 35	3 4	18 50	13 23
29	2:25:55	8 12 28	0Li52	9 42	4 4	9 53	14 37	23 16	16 39	3 3	18 50	13 20
30	2:29:52	9 10 43	15 37	9 3	5 16	10 17	14 46	23 16	16 42	3 3	18 51	13 17

4/21 Sun in Tau. 1:40   4/2 Full 20:06(E)   4/9 3rd Qt. 20:16   4/18 New 1:00(E)   4/25 1st Qt. 13:40

Day	Sid. T.	Sun	Moon	Merc.	Venus	Mars	Jup.	Saturn	Uranus	Nept.	Pluto	N.Node
1	2:33:48	10Ta 8 56	0Sc21	8Ta24R	6Ar28	10Le42	14Cn54	23Cp17	16Ar45	3Vi 3R	18Cn52	13Ar14
2	2:37:45	11 7 7	14 56	7 45	7 40	11 7	15 3	23 17	16 48	3 2	18 52	13 11
3	2:41:41	12 5 17	29 16	7 7	8 51	11 33	15 12	23 17	16 51	3 2	18 53	13 8
4	2:45:38	13 3 25	13Sg17	6 31	10 3	11 58	15 22	23 17R	16 55	3 1	18 54	13 4
5	2:49:35	14 1 31	26 53	5 57	11 15	12 24	15 31	23 17	16 58	3 1	18 55	13 1
6	2:53:31	14 59 36	10Cp 5	5 26	12 27	12 50	15 40	23 16	17 1	3 1	18 55	12 58
7	2:57:28	15 57 40	22 54	4 58	13 39	13 16	15 50	23 16	17 4	3 0	18 56	12 55
8	3: 1:25	16 55 42	5Aq21	4 34	14 51	13 43	16 0	23 16	17 7	3 0	18 57	12 52
9	3: 5:21	17 53 43	17 31	4 13	16 3	14 10	16 9	23 15	17 10	3 0	18 58	12 48
10	3: 9:18	18 51 42	29 29	3 57	17 15	14 36	16 19	23 14	17 13	3 0	18 59	12 45
11	3:13:14	19 49 40	11Pi20	3 45	18 27	15 4	16 29	23 14	17 16	3 0	19 0	12 42
12	3:17:11	20 47 37	23 8	3 38	19 39	15 31	16 39	23 13	17 19	3 0	19 1	12 39
13	3:21: 7	21 45 32	4Ar58	3 35	20 51	15 58	16 49	23 12	17 22	3 0	19 2	12 36
14	3:25: 4	22 43 26	16 55	3 37D	22 3	16 26	17 0	23 11	17 25	3 0	19 3	12 33
15	3:29: 0	23 41 19	29 2	3 43	23 15	16 54	17 10	23 10	17 28	3 0D	19 3	12 29
16	3:32:57	24 39 10	11Ta21	3 54	24 27	17 22	17 20	23 9	17 31	3 0	19 4	12 26
17	3:36:53	25 37 0	23 55	4 10	25 39	17 50	17 31	23 7	17 34	3 0	19 5	12 23
18	3:40:50	26 34 49	6Ge44	4 30	26 52	18 19	17 41	23 6	17 37	3 0	19 7	12 20
19	3:44:46	27 32 36	19 48	4 54	28 4	18 47	17 52	23 5	17 40	3 0	19 8	12 17
20	3:48:43	28 30 22	3Cn 6	5 22	29 16	19 16	18 3	23 3	17 42	3 0	19 9	12 14
21	3:52:40	29 28 6	16 37	5 55	0Ta28	19 45	18 14	23 1	17 45	3 0	19 10	12 10
22	3:56:36	0Ge25 49	0Le19	6 32	1 40	20 14	18 24	23 0	17 48	3 0	19 11	12 7
23	4: 0:33	1 23 30	14 10	7 12	2 53	20 43	18 35	22 58	17 51	3 1	19 12	12 4
24	4: 4:29	2 21 10	28 10	7 57	4 5	21 13	18 46	22 56	17 53	3 1	19 13	12 1
25	4: 8:26	3 18 48	12Vi18	8 45	5 17	21 42	18 58	22 54	17 56	3 1	19 14	11 58
26	4:12:22	4 16 24	26 31	9 36	6 29	22 12	19 9	22 52	17 59	3 2	19 15	11 54
27	4:16:19	5 13 59	10Li49	10 31	7 42	22 42	19 20	22 49	18 1	3 2	19 17	11 51
28	4:20:16	6 11 32	25 9	11 29	8 54	23 12	19 31	22 47	18 4	3 3	19 18	11 48
29	4:24:12	7 9 5	9Sc27	12 31	10 6	23 42	19 43	22 45	18 6	3 3	19 19	11 45
30	4:28: 9	8 6 36	23 40	13 35	11 19	24 13	19 54	22 42	18 9	3 3	19 20	11 42
31	4:32: 5	9 4 5	7Sg42	14 43	12 31	24 43	20 6	22 40	18 11	3 4	19 21	11 39

5/22 Sun in Gem. 1:16   5/2 Full 5:15   5/9 3rd Qt. 12:49   5/17 New 15:28   5/24 1st Qt. 19:39   5/31 Full 14:33

Day	Sid. T.	Sun	Moon	Merc.	Venus	Mars	Jup.	Saturn	Uranus	Nept.	Pluto	N.Node
1	4:36: 2	10Ge 1 34	21Sg28	15Ta54	13Ta44	25Le14	20Cn17	22Cp37R	18Ar14	3Vi 5	19Cn23	11Ar35
2	4:39:58	10 59 2	4Cp57	17 7	14 56	25 45	20 29	22 35	18 16	3 5	19 24	11 32
3	4:43:55	11 56 29	18 4	18 24	16 8	26 16	20 41	22 32	18 18	3 6	19 25	11 29
4	4:47:51	12 53 55	0Aq51	19 44	17 21	26 47	20 53	22 29	18 21	3 6	19 27	11 26
5	4:51:48	13 51 21	13 18	21 6	18 33	27 18	21 5	22 26	18 23	3 7	19 28	11 23
6	4:55:45	14 48 45	25 29	22 31	19 46	27 49	21 16	22 23	18 25	3 8	19 29	11 20
7	4:59:41	15 46 9	7Pi27	23 59	20 58	28 21	21 28	22 20	18 27	3 9	19 31	11 16
8	5: 3:38	16 43 33	19 18	25 30	22 11	28 52	21 41	22 17	18 30	3 9	19 32	11 13
9	5: 7:34	17 40 55	1Ar 7	27 4	23 23	29 24	21 53	22 14	18 32	3 10	19 33	11 10
10	5:11:31	18 38 17	12 59	28 40	24 36	29 56	22 5	22 11	18 34	3 11	19 35	11 7
11	5:15:27	19 35 39	24 59	0Ge19	25 49	0Vi28	22 17	22 7	18 36	3 12	19 36	11 4
12	5:19:24	20 33 0	7Ta12	2 1	27 1	1 0	22 29	22 4	18 38	3 13	19 38	11 0
13	5:23:21	21 30 21	19 42	3 45	28 14	1 32	22 42	22 0	18 40	3 14	19 39	10 57
14	5:27:17	22 27 41	2Ge30	5 32	29 26	2 5	22 54	21 57	18 42	3 15	19 40	10 54
15	5:31:14	23 25 1	15 38	7 22	0Ge39	2 37	23 6	21 53	18 44	3 16	19 42	10 51
16	5:35:10	24 22 20	29 5	9 14	1 52	3 10	23 19	21 50	18 46	3 17	19 43	10 48
17	5:39: 7	25 19 39	12Cn48	11 9	3 5	3 42	23 31	21 46	18 47	3 18	19 45	10 45
18	5:43: 3	26 16 57	26 43	13 6	4 17	4 15	23 44	21 42	18 49	3 19	19 46	10 41
19	5:47: 0	27 14 14	10Le48	15 5	5 30	4 48	23 57	21 38	18 51	3 20	19 48	10 38
20	5:50:57	28 11 31	24 57	17 7	6 43	5 21	24 9	21 35	18 53	3 21	19 49	10 35
21	5:54:53	29 8 47	9Vi 8	19 10	7 56	5 54	24 22	21 31	18 54	3 22	19 51	10 32
22	5:58:49	0Cn 6 2	23 18	21 15	9 8	6 27	24 35	21 27	18 56	3 23	19 52	10 29
23	6: 2:46	1 3 16	7Li25	23 22	10 21	7 1	24 47	21 23	18 57	3 24	19 54	10 26
24	6: 6:42	2 0 29	21 29	25 31	11 34	7 34	25 0	21 19	18 59	3 26	19 55	10 22
25	6:10:39	2 57 42	5Sc29	27 40	12 47	8 8	25 13	21 15	19 0	3 27	19 57	10 19
26	6:14:36	3 54 55	19 24	29 50	14 0	8 41	25 26	21 11	19 2	3 28	19 58	10 16
27	6:18:32	4 52 7	3Sg11	2Cn 1	15 13	9 15	25 39	21 6	19 3	3 30	20 0	10 13
28	6:22:29	5 49 19	16 48	4 12	16 26	9 49	25 52	21 2	19 4	3 31	20 1	10 10
29	6:26:25	6 46 30	0Cp14	6 23	17 38	10 23	26 5	20 58	19 6	3 32	20 3	10 6
30	6:30:22	7 43 41	13 25	8 34	18 51	10 57	26 18	20 54	19 7	3 34	20 4	10 3

6/22 Sun in Can. 9:29   6/8 3rd Qt. 6:18   6/16 New 3:02   6/23 1st Qt. 0:23   6/30 Full 0:47

JULY 1931

Day	Sid. T.	Sun	Moon	Merc.	Venus	Mars	Jup.	Saturn	Uranus	Nept.	Pluto	N.Node
1	6:34:18	8Cn40 53	26Cp19	10Cn44	20Ge 4	11Vi31	26Cn31	20Cp50R	19Ar 8	3Vi35	20Cn 6	10Ar 0
2	6:38:15	9 38 4	8Aq57	12 54	21 17	12 5	26 44	20 45	19 9	3 37	20 8	9 57
3	6:42:12	10 35 15	21 19	15 2	22 30	12 39	26 57	20 41	19 10	3 38	20 9	9 54
4	6:46: 8	11 32 26	3Pi26	17 9	23 43	13 14	27 10	20 37	19 12	3 40	20 11	9 51
5	6:50: 5	12 29 37	15 23	19 15	24 57	13 48	27 23	20 32	19 13	3 41	20 12	9 47
6	6:54: 1	13 26 49	27 13	21 20	26 10	14 23	27 36	20 28	19 14	3 43	20 14	9 44
7	6:57:58	14 24 1	9Ar 1	23 23	27 23	14 58	27 49	20 24	19 14	3 44	20 15	9 41
8	7: 1:54	15 21 13	20 53	25 24	28 36	15 32	28 2	20 19	19 15	3 46	20 17	9 38
9	7: 5:51	16 18 26	2Ta55	27 24	29 49	16 7	28 16	20 15	19 16	3 47	20 19	9 35
10	7: 9:47	17 15 39	15 10	29 21	1Cn 2	16 42	28 29	20 10	19 17	3 49	20 20	9 31
11	7:13:44	18 12 52	27 45	1Le17	2 15	17 17	28 42	20 6	19 17	3 51	20 22	9 28
12	7:17:41	19 10 6	10Ge41	3 12	3 29	17 52	28 55	20 1	19 18	3 52	20 23	9 25
13	7:21:37	20 7 21	24 2	5 4	4 42	18 28	29 9	19 57	19 19	3 54	20 25	9 22
14	7:25:34	21 4 36	7Cn46	6 54	5 55	19 3	29 22	19 52	19 20	3 56	20 27	9 19
15	7:29:30	22 1 51	21 51	8 43	7 9	19 38	29 35	19 48	19 20	3 58	20 28	9 16
16	7:33:27	22 59 7	6Le11	10 29	8 22	20 14	29 49	19 44	19 21	3 59	20 30	9 12
17	7:37:24	23 56 22	20 41	12 14	9 35	20 49	0Le 2	19 39	19 21	4 1	20 31	9 9
18	7:41:20	24 53 38	5Vi14	13 57	10 49	21 25	0 15	19 35	19 22	4 3	20 33	9 6
19	7:45:17	25 50 55	19 44	15 38	12 2	22 1	0 29	19 30	19 22	4 5	20 34	9 3
20	7:49:13	26 48 11	4Li11	17 17	13 16	22 37	0 42	19 26	19 22	4 7	20 36	9 0
21	7:53:10	27 45 28	18 20	18 54	14 29	23 13	0 55	19 22	19 22	4 8	20 38	8 57
22	7:57: 6	28 42 45	2Sc22	20 29	15 43	23 49	1 9	19 17	19 22	4 10	20 39	8 53
23	8: 1: 3	29 40 2	16 11	22 2	16 56	24 25	1 22	19 13	19 23	4 12	20 41	8 50
24	8: 4:59	0Le37 20	29 49	23 34	18 10	25 1	1 35	19 9	19 23	4 14	20 42	8 47
25	8: 8:56	1 34 38	13Sg16	25 4	19 23	25 37	1 49	19 4	19 23	4 16	20 44	8 44
26	8:12:52	2 31 56	26 31	26 31	20 37	26 13	2 2	19 0	19 23R	4 18	20 46	8 41
27	8:16:49	3 29 15	9Cp34	27 57	21 50	26 50	2 15	18 56	19 23	4 20	20 47	8 37
28	8:20:46	4 26 35	22 24	29 21	23 4	27 26	2 29	18 52	19 23	4 22	20 49	8 34
29	8:24:42	5 23 55	5Aq 1	0Vi43	24 18	28 3	2 42	18 47	19 22	4 24	20 50	8 31
30	8:28:39	6 21 16	17 25	2 2	25 31	28 39	2 55	18 43	19 22	4 26	20 52	8 28
31	8:32:35	7 18 38	29 37	3 20	26 45	29 16	3 9	18 39	19 22	4 28	20 53	8 25

7/23 Sun in Leo 20:22   7/7 3rd Qt. 23:52   7/15 New 12:20   7/22 1st Qt. 5:16   7/29 Full 12:48

AUGUST 1931

Day	Sid. T.	Sun	Moon	Merc.	Venus	Mars	Jup.	Saturn	Uranus	Nept.	Pluto	N.Node
1	8:36:32	8Le16 1	11Pi38	4Vi36	27Cn59	29Vi53	3Le22	18Cp35R	19Ar22R	4Vi30	20Cn55	8Ar22
2	8:40:28	9 13 24	23 31	5 49	29 12	0Li30	3 35	18 31	19 21	4 32	20 56	8 18
3	8:44:25	10 10 49	5Ar19	7 0	0Le26	1 7	3 49	18 27	19 21	4 34	20 58	8 15
4	8:48:22	11 8 15	17 7	8 9	1 40	1 44	4 2	18 23	19 21	4 36	20 59	8 12
5	8:52:18	12 5 42	28 58	9 15	2 54	2 21	4 15	18 19	19 20	4 38	21 1	8 9
6	8:56:15	13 3 10	10Ta59	10 19	4 8	2 58	4 29	18 15	19 20	4 40	21 2	8 6
7	9: 0:11	14 0 40	23 13	11 20	5 22	3 35	4 42	18 11	19 19	4 42	21 4	8 3
8	9: 4: 8	14 58 11	5Ge48	12 19	6 35	4 12	4 55	18 8	19 18	4 44	21 5	7 59
9	9: 8: 4	15 55 44	18 46	13 15	7 49	4 50	5 8	18 4	19 18	4 47	21 7	7 56
10	9:12: 1	16 53 18	2Cn10	14 8	9 3	5 27	5 21	18 1	19 17	4 49	21 8	7 53
11	9:15:57	17 50 53	16 1	14 57	10 17	6 5	5 35	17 57	19 16	4 51	21 10	7 50
12	9:19:54	18 48 29	0Le17	15 44	11 31	6 43	5 48	17 54	19 15	4 53	21 11	7 47
13	9:23:51	19 46 7	14 54	16 26	12 45	7 20	6 1	17 50	19 15	4 55	21 13	7 43
14	9:27:47	20 43 46	29 44	17 6	13 59	7 58	6 14	17 47	19 14	4 57	21 14	7 40
15	9:31:44	21 41 26	14Vi40	17 41	15 13	8 36	6 27	17 44	19 13	4 59	21 15	7 37
16	9:35:40	22 39 7	29 32	18 12	16 28	9 14	6 40	17 40	19 12	5 2	21 17	7 34
17	9:39:37	23 36 49	14Li15	18 39	17 42	9 52	6 53	17 37	19 11	5 4	21 18	7 31
18	9:43:33	24 34 32	28 42	19 2	18 56	10 30	7 6	17 34	19 10	5 6	21 20	7 28
19	9:47:30	25 32 17	12Sc52	19 19	20 10	11 8	7 19	17 31	19 9	5 8	21 21	7 24
20	9:51:27	26 30 2	26 43	19 32	21 24	11 46	7 32	17 28	19 7	5 10	21 22	7 21
21	9:55:23	27 27 49	10Sg15	19 39	22 38	12 25	7 45	17 25	19 5	5 13	21 24	7 18
22	9:59:20	28 25 36	23 30	19 41R	23 53	13 3	7 58	17 22	19 5	5 15	21 25	7 15
23	10: 3:16	29 23 25	6Cp28	19 38	25 7	13 41	8 11	17 20	19 4	5 17	21 26	7 12
24	10: 7:13	0Vi21 15	19 13	19 28	26 21	14 20	8 23	17 17	19 2	5 19	21 28	7 9
25	10:11: 9	1 19 7	1Aq45	19 13	27 35	14 58	8 36	17 14	19 1	5 22	21 29	7 5
26	10:15: 6	2 17 0	14 5	18 51	28 49	15 37	8 49	17 12	18 59	5 24	21 30	7 2
27	10:19: 2	3 14 54	26 15	18 24	0Vi 4	16 16	9 2	17 10	18 58	5 26	21 31	6 59
28	10:22:59	4 12 49	8Pi16	17 51	1 18	16 55	9 14	17 7	18 57	5 28	21 33	6 56
29	10:26:55	5 10 47	20 11	17 13	2 33	17 33	9 27	17 5	18 55	5 30	21 34	6 53
30	10:30:52	6 8 45	2Ar 0	16 29	3 47	18 12	9 39	17 3	18 53	5 33	21 35	6 49
31	10:34:48	7 6 46	13 47	15 41	5 1	18 51	9 52	17 1	18 52	5 35	21 36	6 46

8/24 Sun in Vir. 3:11   8/6 3rd Qt. 16:28   8/13 New 20:27   8/20 1st Qt. 11:37   8/28 Full 3:10

Day	Sid. T.	Sun	Moon	Merc.	Venus	Mars	Jup.	Saturn	Uranus	Nept.	Pluto	N.Node
1	10:38:45	8Vi 4 48	25Ar34	14Vi48R	6Vi16	19Li30	10Le 4	16Cp59R	18Ar50R	5Vi37	21Cn37	6Ar43
2	10:42:42	9 2 52	7Ta26	13 53	7 30	20 10	10 17	16 57	18 48	5 39	21 38	6 40
3	10:46:38	10 0 59	19 27	12 56	8 45	20 49	10 29	16 55	18 47	5 42	21 40	6 37
4	10:50:35	10 59 7	1Ge41	11 58	9 59	21 28	10 42	16 53	18 45	5 44	21 41	6 34
5	10:54:31	11 57 17	14 13	11 0	11 14	22 8	10 54	16 52	18 43	5 46	21 42	6 30
6	10:58:28	12 55 29	27 7	10 4	12 28	22 47	11 6	16 50	18 41	5 48	21 43	6 27
7	11: 2:25	13 53 43	10Cn27	9 11	13 43	23 26	11 18	16 49	18 40	5 50	21 44	6 24
8	11: 6:21	14 51 59	24 15	8 22	14 57	24 6	11 31	16 48	18 38	5 53	21 45	6 21
9	11:10:18	15 50 18	8Le29	7 38	16 12	24 46	11 43	16 46	18 36	5 55	21 46	6 18
10	11:14:14	16 48 38	23 8	7 1	17 26	25 25	11 55	16 45	18 34	5 57	21 47	6 15
11	11:18:11	17 47 0	8Vi 6	6 31	18 41	26 5	12 7	16 44	18 32	5 59	21 48	6 11
12	11:22: 7	18 45 24	23 14	6 10	19 56	26 45	12 19	16 43	18 30	6 1	21 49	6 8
13	11:26: 4	19 43 49	8Li23	5 57	21 10	27 25	12 30	16 42	18 28	6 4	21 50	6 5
14	11:30: 0	20 42 17	23 24	5 53D	22 25	28 5	12 42	16 41	18 26	6 6	21 51	6 2
15	11:33:57	21 40 46	8Sc 9	5 59	23 40	28 45	12 54	16 41	18 24	6 8	21 52	5 59
16	11:37:53	22 39 17	22 34	6 14	24 54	29 25	13 6	16 40	18 22	6 10	21 53	5 55
17	11:41:50	23 37 50	6Sg34	6 38	26 9	0Sc 5	13 17	16 40	18 20	6 12	21 54	5 52
18	11:45:46	24 36 24	20 10	7 11	27 24	0 46	13 29	16 39	18 17	6 14	21 55	5 49
19	11:49:43	25 35 0	3Cp23	7 53	28 38	1 26	13 40	16 39	18 15	6 16	21 55	5 46
20	11:53:40	26 33 37	16 15	8 44	29 53	2 7	13 51	16 39	18 13	6 19	21 56	5 43
21	11:57:36	27 32 16	28 49	9 42	1Li 8	2 47	14 3	16 39	18 11	6 21	21 57	5 40
22	12: 1:33	28 30 57	11Aq 8	10 48	2 22	3 28	14 14	16 39D	18 9	6 23	21 58	5 36
23	12: 5:29	29 29 40	23 16	12 0	3 37	4 8	14 25	16 39	18 6	6 25	21 58	5 33
24	12: 9:26	0Li28 24	5Pi14	13 18	4 52	4 49	14 36	16 39	18 4	6 27	21 59	5 30
25	12:13:22	1 27 10	17 7	14 41	6 7	5 30	14 47	16 39	18 2	6 29	22 0	5 27
26	12:17:19	2 25 58	28 56	16 9	7 21	6 10	14 58	16 40	17 59	6 31	22 1	5 24
27	12:21:15	3 24 48	10Ar44	17 41	8 36	6 51	15 9	16 40	17 57	6 33	22 1	5 20
28	12:25:12	4 23 40	22 33	19 16	9 51	7 32	15 20	16 41	17 55	6 35	22 2	5 17
29	12:29: 8	5 22 35	4Ta24	20 54	11 6	8 13	15 30	16 42	17 52	6 37	22 2	5 14
30	12:33: 5	6 21 31	16 21	22 35	12 20	8 54	15 41	16 43	17 50	6 39	22 3	5 11

9/24 Sun in Lib. 0:24   9/5 3rd Qt. 7:21   9/12 New 4:26(E)   9/18 1st Qt. 20:38   9/26 Full 19:45(E)

Day	Sid. T.	Sun	Moon	Merc.	Venus	Mars	Jup.	Saturn	Uranus	Nept.	Pluto	N.Node
1	12:37: 2	7Li20 30	28Ta27	24Vi17	13Li35	9Sc36	15Le51	16Cp43	17Ar48R	6Vi41	22Cn 4	5Ar 8
2	12:40:58	8 19 31	10Ge44	26 1	14 50	10 17	16 2	16 44	17 45	6 43	22 4	5 5
3	12:44:55	9 18 34	23 17	27 46	16 5	10 58	16 12	16 46	17 43	6 45	22 5	5 1
4	12:48:51	10 17 39	6Cn 8	29 31	17 20	11 40	16 22	16 47	17 40	6 47	22 5	4 58
5	12:52:48	11 16 47	19 21	1Li18	18 34	12 21	16 32	16 48	17 38	6 49	22 6	4 55
6	12:56:44	12 15 57	2Le58	3 4	19 49	13 2	16 42	16 49	17 36	6 51	22 6	4 52
7	13: 0:41	13 15 10	17 1	4 51	21 4	13 44	16 52	16 51	17 33	6 53	22 7	4 49
8	13: 4:38	14 14 25	1Vi29	6 38	22 19	14 26	17 2	16 53	17 31	6 55	22 7	4 46
9	13: 8:34	15 13 42	16 18	8 24	23 34	15 7	17 12	16 54	17 28	6 56	22 7	4 42
10	13:12:31	16 13 1	1Li22	10 10	24 49	15 49	17 21	16 56	17 25	6 58	22 8	4 39
11	13:16:27	17 12 22	16 33	11 56	26 4	16 31	17 31	16 58	17 23	7 0	22 8	4 36
12	13:20:24	18 11 45	1Sc42	13 41	27 19	17 13	17 40	17 0	17 21	7 2	22 8	4 33
13	13:24:20	19 11 11	16 40	15 26	28 33	17 55	17 50	17 2	17 19	7 4	22 9	4 30
14	13:28:17	20 10 38	1Sg18	17 10	29 48	18 37	17 59	17 4	17 16	7 5	22 9	4 26
15	13:32:13	21 10 7	15 31	18 53	1Sc 3	19 19	18 8	17 6	17 14	7 7	22 9	4 23
16	13:36:10	22 9 38	29 16	20 36	2 18	20 1	18 17	17 9	17 11	7 9	22 9	4 20
17	13:40: 6	23 9 11	12Cp34	22 19	3 33	20 44	18 26	17 11	17 9	7 10	22 9	4 17
18	13:44: 3	24 8 45	25 27	24 0	4 48	21 26	18 34	17 14	17 6	7 12	22 10	4 14
19	13:47:59	25 8 22	7Aq58	25 41	6 3	22 8	18 43	17 16	17 4	7 14	22 10	4 11
20	13:51:56	26 7 59	20 12	27 22	7 18	22 51	18 51	17 19	17 2	7 15	22 10	4 7
21	13:55:53	27 7 39	2Pi13	29 1	8 33	23 33	19 0	17 22	16 59	7 17	22 10	4 4
22	13:59:49	28 7 20	14 6	0Sc41	9 47	24 16	19 8	17 25	16 57	7 18	22 10	4 1
23	14: 3:46	29 7 3	25 54	2 19	11 2	24 58	19 16	17 28	16 54	7 20	22 10	3 58
24	14: 7:42	0Sc 6 48	7Ar41	3 57	12 17	25 41	19 24	17 31	16 52	7 22	22 10R	3 55
25	14:11:39	1 6 35	19 30	5 35	13 32	26 24	19 32	17 34	16 50	7 23	22 10	3 52
26	14:15:35	2 6 24	1Ta24	7 11	14 47	27 7	19 40	17 37	16 47	7 24	22 10	3 48
27	14:19:32	3 6 15	13 23	8 48	16 2	27 50	19 47	17 41	16 45	7 26	22 10	3 45
28	14:23:29	4 6 7	25 31	10 24	17 17	28 33	19 54	17 44	16 43	7 27	22 10	3 42
29	14:27:25	5 6 2	7Ge38	11 59	18 32	29 16	20 2	17 48	16 41	7 29	22 10	3 39
30	14:31:22	6 5 59	20 17	13 34	19 47	29 59	20 9	17 51	16 38	7 30	22 9	3 36
31	14:35:18	7 5 58	2Cn57	15 8	21 1	0Sg42	20 16	17 55	16 36	7 31	22 9	3 32

10/24 Sun in Sco. 9:16   10/4 3rd Qt. 20:15   10/11 New 13:06(E)   10/18 1st Qt. 9:20   10/26 Full 13:34

NOVEMBER 1931

Day	Sid. T.	Sun	Moon	Merc.	Venus	Mars	Jup.	Saturn	Uranus	Nept.	Pluto	N.Node
1	14:39:15	8Sc 5 59	15Cn53	16Sc42	22Sc16	1Sg25	20Le23	17Cp59	16Ar34R	7Vi33	22Cn 9R	3Ar29
2	14:43:11	9 6 3	29 5	18 15	23 31	2 8	20 29	18 3	16 32	7 34	22 9	3 26
3	14:47: 8	10 6 8	12Le35	19 48	24 46	2 52	20 36	18 7	16 29	7 35	22 9	3 23
4	14:51: 4	11 6 15	26 25	21 21	26 1	3 35	20 42	18 11	16 27	7 36	22 8	3 20
5	14:55: 1	12 6 25	10Vi35	22 53	27 16	4 18	20 48	18 15	16 25	7 38	22 8	3 17
6	14:58:58	13 6 37	25 5	24 25	28 31	5 2	20 54	18 19	16 23	7 39	22 8	3 13
7	15: 2:54	14 6 50	9Li50	25 56	29 46	5 46	21 0	18 23	16 21	7 40	22 7	3 10
8	15: 6:51	15 7 6	24 47	27 27	1Sg 1	6 29	21 6	18 28	16 19	7 41	22 7	3 7
9	15:10:47	16 7 24	9Sc47	28 58	2 16	7 13	21 12	18 32	16 17	7 42	22 7	3 4
10	15:14:44	17 7 43	24 41	0Sg28	3 31	7 57	21 17	18 36	16 15	7 43	22 6	3 1
11	15:18:40	18 8 4	9Sg21	1 58	4 46	8 41	21 22	18 41	16 13	7 44	22 6	2 58
12	15:22:37	19 8 27	23 40	3 28	6 0	9 25	21 27	18 46	16 11	7 45	22 5	2 54
13	15:26:34	20 8 51	7Cp32	4 57	7 15	10 8	21 32	18 50	16 9	7 46	22 5	2 51
14	15:30:30	21 9 17	20 57	6 26	8 30	10 53	21 37	18 55	16 7	7 47	22 4	2 48
15	15:34:27	22 9 44	3Aq55	7 54	9 45	11 37	21 42	19 0	16 5	7 48	22 4	2 45
16	15:38:23	23 10 12	16 29	9 22	11 0	12 21	21 46	19 5	16 4	7 49	22 3	2 42
17	15:42:19	24 10 42	28 43	10 49	12 15	13 5	21 50	19 10	16 2	7 50	22 3	2 38
18	15:46:16	25 11 13	10Pi43	12 15	13 30	13 49	21 54	19 15	16 0	7 50	22 2	2 35
19	15:50:13	26 11 45	22 34	13 41	14 45	14 33	21 58	19 20	15 58	7 51	22 2	2 32
20	15:54: 9	27 12 18	4Ar21	15 7	16 0	15 18	22 2	19 25	15 57	7 52	22 1	2 29
21	15:58: 6	28 12 53	16 8	16 32	17 14	16 2	22 6	19 31	15 55	7 53	22 0	2 26
22	16: 2: 2	29 13 29	28 1	17 55	18 29	16 47	22 9	19 36	15 53	7 53	22 0	2 23
23	16: 5:59	0Sg14 6	10Ta 1	19 18	19 44	17 31	22 12	19 41	15 52	7 54	21 59	2 19
24	16: 9:56	1 14 44	22 11	20 40	20 59	18 16	22 15	19 47	15 50	7 54	21 58	2 16
25	16:13:52	2 15 25	4Ge34	22 1	22 14	19 0	22 18	19 52	15 49	7 55	21 57	2 13
26	16:17:49	3 16 6	17 8	23 20	23 29	19 45	22 21	19 58	15 48	7 55	21 57	2 10
27	16:21:45	4 16 49	29 55	24 37	24 44	20 30	22 23	20 3	15 46	7 56	21 56	2 7
28	16:25:42	5 17 33	12Cn54	25 53	25 58	21 15	22 25	20 9	15 45	7 56	21 55	2 4
29	16:29:39	6 18 19	26 4	27 7	27 13	22 0	22 27	20 15	15 44	7 57	21 54	2 0
30	16:33:35	7 19 6	9Le26	28 18	28 28	22 45	22 29	20 21	15 42	7 57	21 53	1 57

11/23 Sun in Sag. 6:25   11/3 3rd Qt. 7:18   11/9 New 22:56   11/17 1st Qt. 2:14   11/25 Full 7:10

DECEMBER 1931

Day	Sid. T.	Sun	Moon	Merc.	Venus	Mars	Jup.	Saturn	Uranus	Nept.	Pluto	N.Node
1	16:37:32	8Sg19 54	22Le59	29Sg27	29Sg43	23Sg30	22Le31	20Cp27	15Ar41R	7Vi58	21Cn52R	1Ar54
2	16:41:28	9 20 44	6Vi45	0Cp32	0Cp58	24 15	22 33	20 32	15 40	7 58	21 52	1 51
3	16:45:25	10 21 36	20 43	1 34	2 13	25 0	22 34	20 38	15 39	7 58	21 51	1 48
4	16:49:21	11 22 29	4Li54	2 32	3 27	25 45	22 35	20 44	15 38	7 58	21 50	1 44
5	16:53:18	12 23 23	19 17	3 25	4 42	26 30	22 36	20 50	15 37	7 59	21 49	1 41
6	16:57:14	13 24 18	3Sc49	4 13	5 57	27 15	22 37	20 57	15 36	7 59	21 48	1 38
7	17: 1:11	14 25 14	18 25	4 54	7 12	28 1	22 37	21 3	15 35	7 59	21 47	1 35
8	17: 5: 8	15 26 13	2Sg59	5 29	8 27	28 46	22 38	21 9	15 34	7 59	21 46	1 32
9	17: 9: 4	16 27 12	17 25	5 56	9 41	29 31	22 38	21 15	15 33	7 59	21 45	1 29
10	17:13: 1	17 28 12	1Cp35	6 14	10 56	0Cp17	22 38R	21 21	15 32	7 59R	21 44	1 25
11	17:16:57	18 29 13	15 24	6 23	12 11	1 2	22 37	21 28	15 31	7 59	21 43	1 22
12	17:20:54	19 30 15	28 49	6 22R	13 26	1 48	22 37	21 34	15 31	7 59	21 42	1 19
13	17:24:50	20 31 17	11Aq49	6 10	14 40	2 33	22 36	21 41	15 30	7 59	21 41	1 16
14	17:28:47	21 32 19	24 25	5 46	15 55	3 19	22 35	21 47	15 30	7 59	21 40	1 13
15	17:32:44	22 33 22	6Pi42	5 11	17 10	4 5	22 34	21 54	15 29	7 59	21 39	1 9
16	17:36:40	23 34 26	18 43	4 24	18 25	4 50	22 33	22 0	15 28	7 59	21 37	1 6
17	17:40:37	24 35 30	0Ar35	3 27	19 39	5 36	22 32	22 7	15 28	7 59	21 36	1 3
18	17:44:33	25 36 34	12 22	2 20	20 54	6 22	22 30	22 13	15 27	7 58	21 35	1 0
19	17:48:30	26 37 38	24 11	1 6	22 8	7 8	22 28	22 20	15 27	7 58	21 34	0 57
20	17:52:26	27 38 43	6Ta 6	29Sg46	23 23	7 54	22 26	22 27	15 27	7 57	21 33	0 54
21	17:56:23	28 39 49	18 12	28 24	24 38	8 40	22 24	22 33	15 27	7 57	21 32	0 50
22	18: 0:19	29 40 54	0Ge31	27 1	25 52	9 26	22 22	22 40	15 27	7 57	21 31	0 47
23	18: 4:16	0Cp42 0	13 7	25 42	27 7	10 12	22 19	22 47	15 26	7 57	21 29	0 44
24	18: 8:12	1 43 7	26 0	24 27	28 21	10 58	22 16	22 54	15 26	7 56	21 28	0 41
25	18:12: 9	2 44 13	9Cn 8	23 20	29 36	11 44	22 13	23 0	15 26	7 56	21 27	0 38
26	18:16: 5	3 45 20	22 31	22 22	0Aq51	12 30	22 10	23 7	15 26D	7 55	21 25	0 35
27	18:20: 2	4 46 28	6Le 5	21 34	2 5	13 16	22 7	23 14	15 26	7 55	21 24	0 31
28	18:23:59	5 47 36	19 49	20 56	3 19	14 3	22 3	23 21	15 26	7 54	21 23	0 28
29	18:27:55	6 48 44	3Vi39	20 29	4 34	14 49	22 0	23 28	15 27	7 54	21 22	0 25
30	18:31:52	7 49 53	17 35	20 13	5 48	15 35	21 56	23 35	15 27	7 53	21 21	0 22
31	18:35:48	8 51 2	1Li35	20 6	7 3	16 22	21 52	23 42	15 27	7 52	21 20	0 19

12/22 Sun in Cap. 19:30   12/2 3rd Qt. 16:51   12/9 New 10:16   12/16 1st Qt. 22:43   12/24 Full 23:24

Day	Sid. T.	Sun	Moon	Merc.	Venus	Mars	Jup.	Saturn	Uranus	Nept.	Pluto	N.Node
1	18:39:45	9Cp52 11	15Li39	20Sg 9	8Aq17	17Cp 8	21Le48R	23Cp49	15Ar27	7Vi52R	21Cn18R	0Ar15
2	18:43:42	10 53 21	29 46	20 20	9 32	17 55	21 43	23 56	15 28	7 51	21 17	0 12
3	18:47:38	11 54 32	13Sc55	20 39	10 46	18 41	21 39	24 3	15 28	7 50	21 16	0 9
4	18:51:35	12 55 42	28 5	21 6	12 0	19 28	21 34	24 10	15 29	7 49	21 14	0 6
5	18:55:31	13 56 53	12Sg11	21 39	13 15	20 14	21 29	24 17	15 29	7 48	21 13	0 3
6	18:59:28	14 58 4	26 10	22 18	14 29	21 1	21 24	24 24	15 30	7 48	21 12	0 0
7	19: 3:24	15 59 15	9Cp58	23 2	15 43	21 47	21 19	24 31	15 31	7 47	21 11	29Pi56
8	19: 7:21	17 0 26	23 30	23 51	16 57	22 34	21 13	24 38	15 31	7 46	21 9	29 53
9	19:11:17	18 1 36	6Aq43	24 44	18 11	23 21	21 8	24 45	15 32	7 45	21 8	29 50
10	19:15:14	19 2 46	19 36	25 40	19 26	24 7	21 2	24 52	15 33	7 44	21 7	29 47
11	19:19:10	20 3 56	2Pi10	26 41	20 40	24 54	20 56	24 59	15 34	7 43	21 5	29 44
12	19:23: 7	21 5 5	14 26	27 44	21 54	25 41	20 50	25 7	15 35	7 42	21 4	29 41
13	19:27: 4	22 6 14	26 28	28 50	23 8	26 28	20 44	25 14	15 35	7 41	21 3	29 37
14	19:31: 0	23 7 22	8Ar20	29 58	24 22	27 15	20 38	25 21	15 36	7 40	21 2	29 34
15	19:34:57	24 8 29	20 8	1Cp 8	25 36	28 2	20 31	25 28	15 38	7 39	21 0	29 31
16	19:38:53	25 9 36	1Ta57	2 20	26 50	28 48	20 25	25 35	15 39	7 38	20 59	29 28
17	19:42:50	26 10 42	13 53	3 35	28 4	29 35	20 18	25 42	15 40	7 37	20 58	29 25
18	19:46:46	27 11 47	26 1	4 50	29 17	0Aq22	20 11	25 49	15 41	7 35	20 56	29 21
19	19:50:43	28 12 51	8Ge24	6 7	0Pi31	1 9	20 4	25 56	15 42	7 34	20 55	29 18
20	19:54:40	29 13 55	21 7	7 26	1 45	1 56	19 57	26 4	15 43	7 33	20 54	29 15
21	19:58:36	0Aq14 57	4Cn11	8 46	2 59	2 43	19 50	26 11	15 45	7 32	20 53	29 12
22	20: 2:32	1 15 59	17 37	10 7	4 12	3 30	19 43	26 18	15 46	7 30	20 51	29 9
23	20: 6:29	2 17 0	1Le21	11 29	5 26	4 17	19 36	26 25	15 48	7 29	20 50	29 6
24	20:10:26	3 18 1	15 21	12 52	6 39	5 5	19 28	26 32	15 49	7 27	20 49	29 2
25	20:14:22	4 19 0	29 32	14 16	7 53	5 52	19 21	26 39	15 51	7 27	20 48	28 59
26	20:18:19	5 19 59	13Vi50	15 41	9 6	6 39	19 14	26 46	15 52	7 25	20 46	28 56
27	20:22:15	6 20 57	28 8	17 7	10 20	7 26	19 6	26 53	15 54	7 24	20 45	28 53
28	20:26:12	7 21 55	12Li25	18 34	11 33	8 13	18 58	27 0	15 56	7 22	20 44	28 50
29	20:30: 8	8 22 52	26 38	20 1	12 46	9 0	18 51	27 7	15 57	7 21	20 43	28 47
30	20:34: 5	9 23 48	10Sc44	21 30	13 59	9 47	18 43	27 14	15 59	7 20	20 41	28 43
31	20:38: 2	10 24 44	24 43	22 59	15 13	10 35	18 35	27 22	16 1	7 18	20 40	28 40

1/21 Sun in Aqu. 6:07   1/1 3rd Qt. 1:23   1/7 New 23:29   1/15 1st Qt. 20:55   1/23 Full 13:44   1/30 3rd Qt. 9:33

Day	Sid. T.	Sun	Moon	Merc.	Venus	Mars	Jup.	Saturn	Uranus	Nept.	Pluto	N.Node
1	20:41:58	11Aq25 39	8Sg35	24Cp29	16Pi26	11Aq22	18Le27R	27Cp29	16Ar 3	7Vi17R	20Cn39R	28Pi37
2	20:45:55	12 26 33	22 17	26 0	17 39	12 9	18 19	27 36	16 5	7 15	20 38	28 34
3	20:49:51	13 27 26	5Cp49	27 31	18 52	12 56	18 11	27 42	16 7	7 14	20 37	28 31
4	20:53:48	14 28 19	19 9	29 3	20 5	13 44	18 3	27 49	16 9	7 12	20 35	28 27
5	20:57:45	15 29 10	2Aq16	0Aq36	21 17	14 31	17 55	27 56	16 11	7 11	20 34	28 24
6	21: 1:41	16 30 0	15 9	2 10	22 30	15 18	17 47	28 3	16 13	7 9	20 33	28 21
7	21: 5:38	17 30 49	27 47	3 45	23 43	16 6	17 39	28 10	16 15	7 8	20 32	28 18
8	21: 9:34	18 31 37	10Pi11	5 20	24 55	16 53	17 31	28 17	16 17	7 6	20 31	28 15
9	21:13:31	19 32 23	22 21	6 56	26 8	17 40	17 23	28 24	16 19	7 5	20 30	28 12
10	21:17:27	20 33 8	4Ar20	8 33	27 20	18 28	17 15	28 31	16 21	7 3	20 29	28 8
11	21:21:24	21 33 51	16 12	10 11	28 33	19 15	17 7	28 37	16 24	7 1	20 27	28 5
12	21:25:20	22 34 33	28 0	11 49	29 45	20 3	16 59	28 44	16 26	7 0	20 26	28 2
13	21:29:17	23 35 13	9Ta49	13 29	0Ar57	20 50	16 52	28 51	16 28	6 58	20 25	27 59
14	21:33:14	24 35 51	21 43	15 9	2 9	21 37	16 44	28 58	16 31	6 57	20 24	27 56
15	21:37:10	25 36 28	3Ge50	16 50	3 21	22 25	16 36	29 4	16 33	6 55	20 23	27 53
16	21:41: 7	26 37 3	16 12	18 32	4 33	23 12	16 28	29 11	16 35	6 53	20 22	27 49
17	21:45: 3	27 37 37	28 54	20 14	5 45	23 59	16 20	29 17	16 38	6 52	20 21	27 46
18	21:49: 0	28 38 8	12Cn 0	21 58	6 57	24 47	16 13	29 24	16 40	6 50	20 20	27 43
19	21:52:56	29 38 38	25 31	23 43	8 9	25 34	16 5	29 31	16 43	6 48	20 19	27 40
20	21:56:53	0Pi39 6	9Le26	25 28	9 20	26 22	15 58	29 37	16 46	6 47	20 18	27 37
21	22: 0:50	1 39 32	23 43	27 15	10 32	27 9	15 50	29 43	16 48	6 45	20 17	27 33
22	22: 4:46	2 39 57	8Vi16	29 2	11 43	27 56	15 43	29 50	16 51	6 43	20 17	27 30
23	22: 8:43	3 40 20	23 0	0Pi50	12 54	28 44	15 36	29 56	16 54	6 42	20 16	27 27
24	22:12:39	4 40 41	7Li47	2 40	14 5	29 31	15 28	0Aq 2	16 56	6 40	20 15	27 24
25	22:16:35	5 41 1	22 30	4 30	15 16	0Pi19	15 21	0 9	16 59	6 38	20 14	27 21
26	22:20:32	6 41 20	7Sc 3	6 21	16 27	1 6	15 14	0 15	17 2	6 37	20 13	27 18
27	22:24:29	7 41 37	21 23	8 13	17 38	1 53	15 7	0 21	17 5	6 35	20 12	27 14
28	22:28:25	8 41 52	5Sg27	10 6	18 49	2 41	15 1	0 27	17 7	6 33	20 11	27 11
29	22:32:22	9 42 6	19 14	12 0	19 59	3 28	14 54	0 33	17 10	6 32	20 11	27 8

2/19 Sun in Pis. 20:29   2/6 New 14:45   2/14 1st Qt. 18:16   2/22 Full 2:08   2/28 3rd Qt. 18:03

MARCH 1932

Day	Sid. T.	Sun	Moon	Merc.	Venus	Mars	Jup.	Saturn	Uranus	Nept.	Pluto	N.Node
1	22:36:18	10Pi42 19	2Cp44	13Pi54	21Ar10	4Pi15	14Le47R	0Aq39	17Ar13	6Vi30R	20Cn10R	27Pi 5
2	22:40:15	11 42 31	15 57	15 49	22 20	5 3	14 41	0 45	17 16	6 28	20 9	27 2
3	22:44:12	12 42 40	28 56	17 45	23 30	5 50	14 35	0 51	17 19	6 27	20 8	26 58
4	22:48: 8	13 42 48	11Aq40	19 41	24 40	6 37	14 28	0 57	17 22	6 25	20 8	26 55
5	22:52: 5	14 42 54	24 12	21 37	25 50	7 25	14 22	1 3	17 25	6 23	20 7	26 52
6	22:56: 1	15 42 59	6Pi32	23 33	27 0	8 12	14 16	1 9	17 28	6 22	20 6	26 49
7	22:59:58	16 43 1	18 41	25 29	28 10	8 59	14 11	1 15	17 31	6 20	20 6	26 46
8	23: 3:54	17 43 2	0Ar42	27 25	29 19	9 47	14 5	1 20	17 34	6 18	20 5	26 43
9	23: 7:51	18 43 1	12 36	29 20	0Ta29	10 34	14 0	1 26	17 37	6 17	20 5	26 39
10	23:11:47	19 42 57	24 26	1Ar14	1 38	11 21	13 54	1 31	17 40	6 15	20 4	26 36
11	23:15:44	20 42 52	6Ta14	3 7	2 47	12 9	13 49	1 37	17 44	6 14	20 3	26 33
12	23:19:40	21 42 44	18 3	4 58	3 56	12 56	13 44	1 42	17 47	6 12	20 3	26 30
13	23:23:37	22 42 35	29 59	6 47	5 5	13 43	13 39	1 48	17 50	6 10	20 2	26 27
14	23:27:33	23 42 23	12Ge 3	8 33	6 13	14 30	13 35	1 53	17 53	6 9	20 2	26 24
15	23:31:30	24 42 9	24 23	10 16	7 22	15 17	13 30	1 58	17 56	6 7	20 1	26 20
16	23:35:26	25 41 52	7Cn 0	11 55	8 30	16 5	13 26	2 3	17 59	6 6	20 1	26 17
17	23:39:23	26 41 34	20 0	13 30	9 38	16 52	13 22	2 8	18 3	6 4	20 1	26 14
18	23:43:20	27 41 13	3Le26	15 1	10 46	17 39	13 18	2 14	18 6	6 2	20 0	26 11
19	23:47:16	28 40 50	17 19	16 27	11 53	18 26	13 14	2 18	18 9	6 1	20 0	26 8
20	23:51:13	29 40 24	1Vi38	17 47	13 1	19 13	13 10	2 23	18 13	5 59	20 0	26 4
21	23:55: 9	0Ar39 57	16 19	19 1	14 8	20 0	13 7	2 28	18 16	5 58	19 59	26 1
22	23:59: 6	1 39 27	1Li17	20 9	15 15	20 47	13 3	2 33	18 19	5 56	19 59	25 58
23	0: 3: 2	2 38 55	16 24	21 11	16 22	21 34	13 0	2 38	18 23	5 55	19 59	25 55
24	0: 6:59	3 38 21	1Sc31	22 5	17 29	22 21	12 57	2 42	18 26	5 54	19 58	25 52
25	0:10:56	4 37 45	16 28	22 53	18 35	23 8	12 55	2 47	18 29	5 52	19 58	25 49
26	0:14:52	5 37 8	1Sg 8	23 33	19 42	23 55	12 52	2 51	18 33	5 51	19 58	25 45
27	0:18:49	6 36 29	15 27	24 6	20 48	24 42	12 50	2 56	18 36	5 49	19 58	25 42
28	0:22:45	7 35 48	29 21	24 31	21 53	25 29	12 48	3 0	18 39	5 48	19 58	25 39
29	0:26:42	8 35 5	12Cp51	24 49	22 59	26 16	12 46	3 4	18 43	5 47	19 58	25 36
30	0:30:38	9 34 21	25 58	25 0	24 4	27 3	12 44	3 9	18 46	5 45	19 57	25 33
31	0:34:35	10 33 35	8Aq45	25 3R	25 9	27 49	12 42	3 13	18 50	5 44	19 57	25 30

3/20 Sun in Ari. 19:54   3/7 New 7:45(E)   3/15 1st Qt. 12:41   3/22 Full 12:38(E)   3/29 3rd Qt. 3:44

APRIL 1932

Day	Sid. T.	Sun	Moon	Merc.	Venus	Mars	Jup.	Saturn	Uranus	Nept.	Pluto	N.Node
1	0:38:31	11Ar32 47	21Aq15	24Ar59R	26Ta14	28Pi36	12Le41R	3Aq17	18Ar53	5Vi43R	19Cn57R	25Pi26
2	0:42:28	12 31 57	3Pi31	24 48	27 19	29 23	12 40	3 21	18 56	5 41	19 57	25 23
3	0:46:25	13 31 5	15 37	24 31	28 23	0Ar10	12 39	3 24	19 0	5 40	19 57D	25 20
4	0:50:21	14 30 11	27 35	24 8	29 27	0 56	12 38	3 28	19 3	5 39	19 57	25 17
5	0:54:18	15 29 16	9Ar27	23 39	0Ge31	1 43	12 37	3 32	19 7	5 38	19 57	25 14
6	0:58:14	16 28 18	21 17	23 5	1 34	2 30	12 36	3 36	19 10	5 36	19 57	25 10
7	1: 2:11	17 27 18	3Ta 5	22 28	2 38	3 16	12 36	3 39	19 13	5 35	19 58	25 7
8	1: 6: 7	18 26 16	14 55	21 47	3 41	4 3	12 36	3 43	19 17	5 34	19 58	25 4
9	1:10: 4	19 25 12	26 47	21 3	4 43	4 49	12 36D	3 46	19 20	5 33	19 58	25 1
10	1:14: 1	20 24 6	8Ge46	20 18	5 45	5 36	12 36	3 49	19 24	5 32	19 58	24 58
11	1:17:57	21 22 58	20 53	19 33	6 47	6 22	12 37	3 52	19 27	5 31	19 58	24 55
12	1:21:54	22 21 48	3Cn13	18 47	7 49	7 9	12 37	3 55	19 31	5 30	19 58	24 51
13	1:25:50	23 20 35	15 48	18 3	8 50	7 55	12 38	3 59	19 34	5 29	19 59	24 48
14	1:29:46	24 19 20	28 43	17 20	9 51	8 41	12 39	4 1	19 37	5 28	19 59	24 45
15	1:33:43	25 18 3	12Le12	16 40	10 51	9 28	12 40	4 4	19 41	5 27	19 59	24 42
16	1:37:40	26 16 43	25 42	16 3	11 51	10 14	12 42	4 7	19 44	5 26	20 0	24 39
17	1:41:36	27 15 21	9Vi51	15 30	12 51	11 0	12 43	4 10	19 48	5 25	20 0	24 36
18	1:45:33	28 13 57	24 26	15 1	13 50	11 46	12 45	4 12	19 51	5 24	20 0	24 32
19	1:49:29	29 12 31	9Li22	14 36	14 49	12 33	12 47	4 15	19 55	5 23	20 1	24 29
20	1:53:26	0Ta11 2	24 33	14 16	15 47	13 19	12 49	4 17	19 58	5 22	20 1	24 26
21	1:57:22	1 9 32	9Sc50	14 1	16 45	14 5	12 51	4 19	20 1	5 22	20 1	24 23
22	2: 1:19	2 8 0	25 1	13 50	17 42	14 51	12 54	4 22	20 5	5 21	20 2	24 20
23	2: 5:16	3 6 27	9Sg57	13 45	18 39	15 37	12 56	4 24	20 8	5 20	20 3	24 16
24	2: 9:12	4 4 51	24 31	13 45D	19 35	16 23	12 59	4 26	20 11	5 19	20 3	24 13
25	2:13: 9	5 3 15	8Cp37	13 50	20 31	17 9	13 2	4 28	20 15	5 19	20 4	24 10
26	2:17: 5	6 1 36	22 14	14 0	21 27	17 54	13 5	4 29	20 18	5 18	20 5	24 7
27	2:21: 2	6 59 56	5Aq23	14 14	22 21	18 40	13 9	4 31	20 21	5 18	20 5	24 4
28	2:24:59	7 58 14	18 8	14 33	23 16	19 26	13 12	4 33	20 25	5 17	20 6	24 1
29	2:28:55	8 56 31	0Pi33	14 57	24 9	20 12	13 16	4 34	20 28	5 16	20 6	23 57
30	2:32:51	9 54 47	12 42	15 25	25 2	20 57	13 20	4 36	20 31	5 16	20 7	23 54

4/20 Sun in Tau. 7:28   4/6 New 1:21   4/14 1st Qt. 3:16   4/20 Full 21:27   4/27 3rd Qt. 15:14

MAY 1932

Day	Sid. T.	Sun	Moon	Merc.	Venus	Mars	Jup.	Saturn	Uranus	Nept.	Pluto	N.Node
1	2:36:48	10Ta53 0	24Pi40	15Ar57	25Ge55	21Ar43	13Le24	4Aq37	20Ar35	5Vi15R	20Cn 7	23Pi51
2	2:40:45	11 51 12	6Ar31	16 33	26 46	22 29	13 28	4 38	20 38	5 15	20 8	23 48
3	2:44:41	12 49 23	18 19	17 13	27 37	23 14	13 32	4 40	20 41	5 14	20 9	23 45
4	2:48:38	13 47 32	0Ta 7	17 56	28 28	24 0	13 37	4 41	20 44	5 14	20 9	23 42
5	2:52:34	14 45 39	11 57	18 44	29 17	24 45	13 42	4 42	20 48	5 14	20 10	23 38
6	2:56:31	15 43 45	23 51	19 34	0Cn 6	25 31	13 46	4 42	20 51	5 13	20 11	23 35
7	3: 0:27	16 41 49	5Ge51	20 28	0 54	26 16	13 51	4 43	20 54	5 13	20 12	23 32
8	3: 4:24	17 39 52	17 58	21 25	1 41	27 1	13 57	4 44	20 57	5 13	20 13	23 29
9	3: 8:21	18 37 53	0Cn13	22 25	2 27	27 47	14 2	4 44	21 0	5 12	20 14	23 26
10	3:12:17	19 35 51	12 39	23 28	3 13	28 32	14 7	4 45	21 3	5 12	20 14	23 22
11	3:16:14	20 33 49	25 19	24 34	3 57	29 17	14 13	4 45	21 7	5 12	20 15	23 19
12	3:20:10	21 31 44	8Le13	25 43	4 41	0Ta 2	14 19	4 45	21 10	5 12	20 16	23 16
13	3:24: 7	22 29 37	21 26	26 54	5 24	0 47	14 25	4 46	21 13	5 12	20 17	23 13
14	3:28: 3	23 27 29	5Vi 0	28 8	6 5	1 32	14 31	4 46	21 16	5 12	20 18	23 10
15	3:32: 0	24 25 19	18 57	29 25	6 46	2 17	14 37	4 46R	21 19	5 12	20 19	23 7
16	3:35:57	25 23 7	3Li18	0Ta45	7 25	3 2	14 43	4 46	21 22	5 12D	20 20	23 3
17	3:39:53	26 20 53	18 0	2 5	8 3	3 47	14 50	4 45	21 25	5 12	20 21	23 0
18	3:43:49	27 18 38	2Sc59	3 29	8 40	4 32	14 56	4 45	21 28	5 12	20 22	22 57
19	3:47:46	28 16 22	18 8	4 55	9 16	5 16	15 3	4 45	21 31	5 12	20 23	22 54
20	3:51:43	29 14 4	3Sg16	6 24	9 50	6 1	15 10	4 44	21 33	5 12	20 24	22 51
21	3:55:39	0Ge11 44	18 15	7 55	10 23	6 46	15 17	4 43	21 36	5 12	20 25	22 47
22	3:59:36	1 9 24	2Cp54	9 28	10 55	7 30	15 24	4 43	21 39	5 12	20 26	22 44
23	4: 3:32	2 7 2	17 6	11 4	11 25	8 15	15 32	4 42	21 42	5 13	20 28	22 41
24	4: 7:29	3 4 40	0Aq50	12 41	11 54	8 59	15 39	4 41	21 45	5 13	20 30	22 38
25	4:11:25	4 2 16	14 5	14 22	12 21	9 44	15 47	4 40	21 47	5 13	20 30	22 35
26	4:15:22	4 59 51	26 53	16 4	12 46	10 28	15 54	4 39	21 50	5 13	20 31	22 32
27	4:19:19	5 57 26	9Pi19	17 49	13 10	11 12	16 2	4 38	21 53	5 14	20 32	22 28
28	4:23:15	6 54 59	21 27	19 36	13 32	11 57	16 10	4 36	21 56	5 14	20 33	22 25
29	4:27:12	7 52 32	3Ar24	21 25	13 53	12 41	16 18	4 35	21 58	5 14	20 35	22 22
30	4:31: 8	8 50 4	15 13	23 17	14 11	13 25	16 26	4 34	22 1	5 15	20 36	22 19
31	4:35: 5	9 47 35	27 1	25 11	14 28	14 9	16 34	4 32	22 3	5 15	20 37	22 16

5/21 Sun in Gem. 7:07   5/5 New 18:12   5/13 1st Qt. 14:02   5/20 Full 5:09   5/27 3rd Qt. 4:55

JUNE 1932

Day	Sid. T.	Sun	Moon	Merc.	Venus	Mars	Jup.	Saturn	Uranus	Nept.	Pluto	N.Node
1	4:39: 2	10Ge45 5	8Ta50	27Ta 7	14Cn43	14Ta53	16Le43	4Aq30R	22Ar 6	5Vi16	20Cn30	22Pi13
2	4:42:58	11 42 34	20 44	29 5	14 55	15 37	16 51	4 29	22 8	5 16	20 40	22 9
3	4:46:54	12 40 3	2Ge45	1Ge 6	15 6	16 21	17 0	4 27	22 11	5 17	20 41	22 6
4	4:50:51	13 37 30	14 55	3 7	15 14	17 5	17 9	4 25	22 13	5 18	20 42	22 3
5	4:54:48	14 34 57	27 14	5 11	15 21	17 49	17 18	4 23	22 16	5 18	20 44	22 0
6	4:58:44	15 32 23	9Cn43	7 17	15 25	18 33	17 27	4 21	22 18	5 19	20 45	21 57
7	5: 2:41	16 29 47	22 24	9 24	15 26	19 16	17 36	4 19	22 20	5 20	20 46	21 53
8	5: 6:37	17 27 11	5Le15	11 33	15 26R	20 0	17 45	4 16	22 23	5 21	20 48	21 50
9	5:10:34	18 24 34	18 19	13 43	15 23	20 44	17 54	4 14	22 25	5 22	20 49	21 47
10	5:14:31	19 21 55	1Vi37	15 54	15 17	21 27	18 4	4 12	22 27	5 22	20 50	21 44
11	5:18:27	20 19 16	15 10	18 5	15 9	22 11	18 13	4 9	22 29	5 23	20 52	21 41
12	5:22:24	21 16 35	29 1	20 17	14 59	22 54	18 23	4 7	22 32	5 24	20 53	21 38
13	5:26:20	22 13 54	13Li 9	22 29	14 46	23 37	18 32	4 4	22 34	5 24	20 55	21 34
14	5:30:17	23 11 11	27 34	24 41	14 31	24 21	18 42	4 1	22 36	5 25	20 56	21 31
15	5:34:13	24 8 28	12Sc14	26 52	14 14	25 4	18 52	3 58	22 38	5 26	20 57	21 28
16	5:38:10	25 5 44	27 3	29 3	13 54	25 47	19 2	3 55	22 40	5 27	20 59	21 25
17	5:42: 7	26 3 0	11Sg54	1Cn13	13 32	26 30	19 12	3 52	22 42	5 28	21 0	21 22
18	5:46: 3	27 0 14	26 38	3 22	13 8	27 13	19 22	3 49	22 44	5 29	21 2	21 19
19	5:49:59	27 57 29	11Cp 8	5 29	12 42	27 56	19 32	3 46	22 46	5 30	21 3	21 15
20	5:53:56	28 54 42	25 16	7 35	12 13	28 39	19 43	3 43	22 47	5 31	21 5	21 12
21	5:57:52	29 51 56	8Aq58	9 39	11 43	29 22	19 53	3 40	22 49	5 33	21 6	21 9
22	6: 1:49	0Cn49 9	22 14	11 42	11 12	0Ge 5	20 3	3 37	22 51	5 34	21 8	21 6
23	6: 5:46	1 46 22	5Pi 4	13 42	10 39	0 48	20 14	3 33	22 53	5 35	21 9	21 3
24	6: 9:42	2 43 35	17 32	15 41	10 4	1 30	20 25	3 30	22 54	5 36	21 11	20 59
25	6:13:39	3 40 48	29 43	17 38	9 27	2 13	20 35	3 26	22 56	5 37	21 12	20 56
26	6:17:35	4 38 1	11Ar41	19 32	8 52	2 55	20 46	3 23	22 57	5 38	21 14	20 53
27	6:21:32	5 35 14	23 32	21 25	8 16	3 38	20 57	3 19	22 59	5 40	21 15	20 50
28	6:25:29	6 32 27	5Ta21	23 15	7 38	4 20	21 8	3 15	23 1	5 41	21 17	20 47
29	6:29:25	7 29 40	17 13	25 3	7 1	5 3	21 19	3 12	23 2	5 42	21 19	20 44
30	6:33:22	8 26 53	29 12	26 50	6 23	5 45	21 30	3 8	23 3	5 44	21 20	20 40

6/21 Sun in Can. 15:23   6/4 New 9:16   6/11 1st Qt. 21:40   6/18 Full 12:38   6/25 3rd Qt. 20:36

JULY 1932

Day	Sid. T.	Sun	Moon	Merc.	Venus	Mars	Jup.	Saturn	Uranus	Nept.	Pluto	N.Node
1	6:37:18	9Cn24 7	11Ge21	28Cn34	5Cn46R	6Ge27	21Le41	3Aq 4R	23Ar 5	5Vi45	21Cn22	20Pi37
2	6:41:15	10 21 20	23 41	0Le16	5 10	7 10	21 52	3 0	23 6	5 47	21 23	20 34
3	6:45:11	11 18 33	6Cn15	1 55	4 34	7 52	22 4	2 56	23 7	5 48	21 25	20 31
4	6:49: 8	12 15 47	19 1	3 33	3 59	8 34	22 15	2 52	23 9	5 49	21 26	20 28
5	6:53: 4	13 13 0	2Le 1	5 9	3 25	9 16	22 26	2 48	23 10	5 51	21 28	20 25
6	6:57: 1	14 10 13	15 12	6 42	2 53	9 58	22 38	2 44	23 11	5 52	21 30	20 21
7	7: 0:57	15 7 26	28 34	8 13	2 23	10 40	22 49	2 40	23 12	5 54	21 31	20 18
8	7: 4:54	16 4 39	12Vi 7	9 42	1 54	11 22	23 1	2 36	23 13	5 56	21 33	20 15
9	7: 8:51	17 1 52	25 51	11 9	1 27	12 3	23 12	2 32	23 14	5 57	21 34	20 12
10	7:12:47	17 59 5	9Li45	12 33	1 1	12 45	23 24	2 27	23 15	5 59	21 36	20 9
11	7:16:44	18 56 18	23 49	13 55	0 38	13 27	23 36	2 23	23 16	6 0	21 38	20 5
12	7:20:40	19 53 31	8Sc 3	15 15	0 18	14 8	23 48	2 19	23 17	6 2	21 39	20 2
13	7:24:37	20 50 43	22 24	16 33	29Ge59	14 50	24 0	2 15	23 17	6 4	21 41	19 59
14	7:28:33	21 47 56	6Sg50	17 48	29 43	15 31	24 12	2 10	23 18	6 5	21 42	19 56
15	7:32:30	22 45 9	21 16	19 1	29 29	16 13	24 24	2 6	23 19	6 7	21 44	19 53
16	7:36:27	23 42 23	5Cp36	20 11	29 17	16 54	24 36	2 2	23 20	6 9	21 46	19 50
17	7:40:23	24 39 36	19 44	21 18	29 8	17 35	24 48	1 57	23 20	6 11	21 47	19 46
18	7:44:20	25 36 50	3Aq35	22 23	29 2	18 17	25 0	1 53	23 21	6 12	21 49	19 43
19	7:48:16	26 34 4	17 5	23 25	28 57	18 58	25 12	1 48	23 21	6 14	21 50	19 40
20	7:52:13	27 31 19	0Pi14	24 25	28 55	19 39	25 24	1 44	23 22	6 16	21 52	19 37
21	7:56: 9	28 28 35	13 1	25 21	28 56D	20 20	25 36	1 40	23 22	6 18	21 54	19 34
22	8: 0: 6	29 25 51	25 28	26 14	28 58	21 1	25 49	1 35	23 23	6 20	21 55	19 31
23	8: 4: 2	0Le23 8	7Ar39	27 4	29 3	21 42	26 1	1 31	23 23	6 21	21 57	19 27
24	8: 7:59	1 20 26	19 39	27 50	29 10	22 22	26 14	1 26	23 23	6 23	21 58	19 24
25	8:11:55	2 17 45	1Ta32	28 33	29 19	23 3	26 26	1 22	23 23	6 25	22 0	19 21
26	8:15:52	3 15 5	13 23	29 13	29 31	23 44	26 38	1 17	23 23	6 27	22 1	19 18
27	8:19:49	4 12 26	25 17	29 48	29 44	24 24	26 51	1 13	23 23	6 29	22 3	19 15
28	8:23:45	5 9 48	7Ge19	0Vi20	0Cn 0	25 5	27 3	1 8	23 24	6 31	22 5	19 11
29	8:27:42	6 7 11	19 33	0 47	0 17	25 45	27 16	1 4	23 24R	6 33	22 6	19 8
30	8:31:38	7 4 35	2Cn 2	1 10	0 36	26 26	27 29	1 0	23 24	6 35	22 8	19 5
31	8:35:35	8 2 0	14 47	1 28	0 57	27 6	27 41	0 55	23 23	6 37	22 9	19 2

7/23 Sun in Leo 2:18   7/3 New 22:20   7/11 1st Qt. 3:07   7/17 Full 21:07   7/25 3rd Qt. 13:42

AUGUST 1932

Day	Sid. T.	Sun	Moon	Merc.	Venus	Mars	Jup.	Saturn	Uranus	Nept.	Pluto	N.Node
1	8:39:32	8Le59 26	27Cn50	1Vi42	1Cn20	27Ge46	27Le54	0Aq51R	23Ar23R	6Vi39	22Cn11	18Pi59
2	8:43:28	9 56 53	11Le 9	1 51	1 44	28 27	28 7	0 46	23 23	6 41	22 12	18 56
3	8:47:25	10 54 20	24 43	1 54	2 11	29 7	28 19	0 42	23 23	6 43	22 14	18 52
4	8:51:21	11 51 49	8Vi29	1 53R	2 38	29 47	28 32	0 38	23 23	6 45	22 15	18 49
5	8:55:18	12 49 18	22 26	1 46	3 7	0Cn27	28 45	0 33	23 22	6 47	22 17	18 46
6	8:59:14	13 46 49	6Li30	1 34	3 38	1 7	28 58	0 29	23 22	6 49	22 18	18 43
7	9: 3:11	14 44 20	20 39	1 17	4 10	1 47	29 11	0 25	23 22	6 51	22 20	18 40
8	9: 7: 7	15 41 52	4Sc50	0 54	4 43	2 27	29 24	0 21	23 21	6 53	22 21	18 36
9	9:11: 4	16 39 24	19 3	0 26	5 18	3 6	29 36	0 16	23 21	6 55	22 23	18 33
10	9:15: 0	17 36 58	3Sg14	29Le53	5 54	3 46	29 49	0 12	23 20	6 58	22 24	18 30
11	9:18:57	18 34 32	17 21	29 16	6 31	4 26	0Vi 2	0 8	23 19	7 0	22 26	18 27
12	9:22:53	19 32 8	1Cp22	28 35	7 9	5 5	0 15	0 4	23 19	7 2	22 27	18 24
13	9:26:50	20 29 44	15 15	27 50	7 49	5 45	0 28	0 0	23 18	7 4	22 29	18 21
14	9:30:47	21 27 21	28 56	27 3	8 29	6 24	0 41	29Cp56	23 17	7 6	22 30	18 17
15	9:34:43	22 25 0	12Aq22	26 13	9 11	7 3	0 54	29 52	23 16	7 8	22 32	18 14
16	9:38:40	23 22 39	25 33	25 22	9 53	7 43	1 7	29 48	23 16	7 11	22 33	18 11
17	9:42:36	24 20 20	8Pi27	24 31	10 37	8 22	1 20	29 44	23 15	7 13	22 34	18 8
18	9:46:33	25 18 3	21 4	23 40	11 21	9 1	1 33	29 40	23 14	7 15	22 36	18 5
19	9:50:29	26 15 46	3Ar26	22 52	12 6	9 40	1 46	29 37	23 13	7 17	22 37	18 2
20	9:54:26	27 13 32	15 34	22 6	12 53	10 19	1 59	29 33	23 12	7 19	22 39	17 58
21	9:58:23	28 11 19	27 33	21 24	13 40	10 58	2 12	29 29	23 11	7 21	22 40	17 55
22	10: 2:19	29 9 7	9Ta26	20 46	14 27	11 37	2 25	29 26	23 10	7 24	22 41	17 52
23	10: 6:16	0Vi 6 58	21 18	20 15	15 16	12 15	2 38	29 22	23 8	7 26	22 43	17 49
24	10:10:12	1 4 50	3Ge12	19 49	16 5	12 54	2 51	29 19	23 7	7 28	22 44	17 46
25	10:14: 9	2 2 44	15 15	19 31	16 56	13 33	3 4	29 15	23 6	7 30	22 45	17 42
26	10:18: 5	3 0 40	27 30	19 19	17 46	14 11	3 18	29 12	23 5	7 33	22 46	17 39
27	10:22: 2	3 58 37	10Cn 1	19 16D	18 38	14 50	3 31	29 9	23 3	7 35	22 48	17 36
28	10:25:58	4 56 36	22 52	19 21	19 30	15 28	3 44	29 6	23 2	7 37	22 49	17 33
29	10:29:55	5 54 38	6Le 4	19 34	20 23	16 6	3 57	29 3	23 1	7 39	22 50	17 30
30	10:33:52	6 52 40	19 37	19 55	21 16	16 44	4 10	29 0	22 59	7 41	22 51	17 27
31	10:37:48	7 50 45	3Vi31	20 25	22 10	17 23	4 23	28 57	22 58	7 44	22 53	17 23

8/23 Sun in Vir. 9:07   8/2 New 9:42   8/9 1st Qt. 7:41   8/16 Full 7:42   8/24 3rd Qt. 7:21   8/31 New 19:55(E)

SEPTEMBER 1932

Day	Sid. T.	Sun	Moon	Merc.	Venus	Mars	Jup.	Saturn	Uranus	Nept.	Pluto	N.Node
1	10:41:45	8Vi48 51	17Vi42	21Le 2	23Cn 5	18Cn 1	4Vi36	28Cp54R	22Ar56R	7Vi46	22Cn54	17Pi20
2	10:45:41	9 46 59	2Li 5	21 48	24 0	18 39	4 49	28 51	22 55	7 48	22 55	17 17
3	10:49:38	10 45 8	16 36	22 41	24 56	19 17	5 2	28 48	22 53	7 50	22 56	17 14
4	10:53:34	11 43 19	1Sc 9	23 42	25 52	19 54	5 15	28 45	22 51	7 53	22 57	17 11
5	10:57:31	12 41 31	15 38	24 49	26 49	20 32	5 28	28 43	22 50	7 55	22 58	17 8
6	11: 1:28	13 39 45	0Sg 0	26 3	27 46	21 10	5 41	28 40	22 48	7 57	23 0	17 4
7	11: 5:24	14 38 1	14 11	27 23	28 43	21 47	5 54	28 38	22 46	7 59	23 1	17 1
8	11: 9:21	15 36 17	28 10	28 48	29 41	22 25	6 7	28 36	22 45	8 1	23 2	16 58
9	11:13:17	16 34 36	11Cp54	0Vi18	0Le40	23 2	6 20	28 33	22 43	8 4	23 3	16 55
10	11:17:13	17 32 56	25 24	1 52	1 39	23 40	6 33	28 31	22 41	8 6	23 4	16 52
11	11:21:10	18 31 17	8Aq40	3 30	2 38	24 17	6 46	28 29	22 39	8 8	23 5	16 48
12	11:25: 7	19 29 40	21 42	5 12	3 38	24 54	6 59	28 27	22 37	8 10	23 6	16 45
13	11:29: 3	20 28 5	4Pi30	6 56	4 38	25 31	7 12	28 25	22 35	8 12	23 7	16 42
14	11:33: 0	21 26 32	17 5	8 42	5 39	26 8	7 25	28 23	22 33	8 15	23 8	16 39
15	11:36:56	22 25 0	29 29	10 30	6 40	26 45	7 37	28 22	22 31	8 17	23 9	16 36
16	11:40:53	23 23 30	11Ar41	12 20	7 41	27 22	7 50	28 20	22 29	8 19	23 10	16 33
17	11:44:49	24 22 2	23 44	14 10	8 43	27 59	8 3	28 19	22 27	8 21	23 10	16 29
18	11:48:46	25 20 37	5Ta41	16 2	9 45	28 35	8 16	28 17	22 25	8 23	23 11	16 26
19	11:52:43	26 19 13	17 33	17 53	10 47	29 12	8 29	28 16	22 23	8 25	23 12	16 23
20	11:56:39	27 17 52	29 24	19 45	11 50	29 48	8 41	28 14	22 21	8 28	23 13	16 20
21	12: 0:36	28 16 33	11Ge17	21 36	12 52	0Le25	8 54	28 13	22 19	8 30	23 14	16 17
22	12: 4:32	29 15 16	23 18	23 25	13 56	1 1	9 7	28 12	22 17	8 32	23 15	16 14
23	12: 8:29	0Li14 1	5Cn31	25 19	14 59	1 37	9 19	28 11	22 14	8 34	23 15	16 10
24	12:12:25	1 12 49	17 59	27 10	16 3	2 13	9 32	28 10	22 12	8 36	23 16	16 7
25	12:16:22	2 11 39	0Le48	29 0	17 7	2 50	9 44	28 10	22 10	8 38	23 17	16 4
26	12:20:18	3 10 31	14 0	0Li49	18 12	3 25	9 57	28 9	22 8	8 40	23 18	16 1
27	12:24:15	4 9 25	27 37	2 37	19 17	4 1	10 9	28 8	22 5	8 42	23 18	15 58
28	12:28:12	5 8 22	11Vi40	4 25	20 22	4 37	10 22	28 8	22 3	8 44	23 19	15 54
29	12:32: 8	6 7 20	26 7	6 12	21 27	5 13	10 34	28 8	22 1	8 46	23 19	15 51
30	12:36: 5	7 6 21	10Li52	7 59	22 32	5 48	10 46	28 7	21 58	8 48	23 20	15 48

9/23 Sun in Lib. 6:16   9/7 1st Qt. 12:49   9/14 Full 21:06(E)   9/23 3rd Qt. 0:47   9/30 New 5:30

OCTOBER 1932

Day	Sid. T.	Sun	Moon	Merc.	Venus	Mars	Jup.	Saturn	Uranus	Nept.	Pluto	N.Node
1	12:40: 1	8Li 5 24	25Li48	9Li44	23Le38	6Le24	10Vi59	28Cp 7R	21Ar56R	8Vi50	23Cn21	15Pi45
2	12:43:58	9 4 28	10Sc47	11 28	24 44	6 59	11 11	28 7	21 54	8 52	23 21	15 42
3	12:47:54	10 3 35	25 40	13 12	25 50	7 34	11 23	28 7D	21 51	8 54	23 22	15 39
4	12:51:51	11 2 43	10Sg20	14 55	26 57	8 9	11 35	28 7	21 49	8 56	23 22	15 35
5	12:55:48	12 1 54	24 42	16 37	28 4	8 44	11 48	28 7	21 47	8 58	23 23	15 32
6	12:59:44	13 1 6	8Cp43	18 18	29 10	9 19	12 0	28 8	21 44	9 0	23 23	15 29
7	13: 3:41	14 0 19	22 21	19 59	0Vi18	9 54	12 12	28 8	21 42	9 2	23 24	15 26
8	13: 7:37	14 59 35	5Aq39	21 38	1 25	10 29	12 24	28 9	21 39	9 4	23 24	15 23
9	13:11:34	15 58 52	18 38	23 17	2 32	11 3	12 36	28 9	21 37	9 6	23 24	15 20
10	13:15:30	16 58 11	1Pi21	24 55	3 40	11 38	12 47	28 10	21 34	9 8	23 25	15 16
11	13:19:27	17 57 32	13 50	26 33	4 48	12 12	12 59	28 11	21 32	9 9	23 25	15 13
12	13:23:24	18 56 54	26 8	28 9	5 56	12 46	13 11	28 12	21 30	9 11	23 26	15 10
13	13:27:20	19 56 19	8Ar18	29 45	7 4	13 20	13 23	28 13	21 27	9 13	23 26	15 7
14	13:31:16	20 55 45	20 20	1Sc21	8 13	13 54	13 34	28 14	21 25	9 15	23 26	15 4
15	13:35:13	21 55 14	2Ta17	2 55	9 21	14 28	13 46	28 15	21 22	9 17	23 26	15 0
16	13:39: 9	22 54 44	14 10	4 29	10 30	15 2	13 57	28 16	21 20	9 18	23 27	14 57
17	13:43: 6	23 54 17	26 2	6 2	11 39	15 36	14 9	28 18	21 17	9 20	23 27	14 54
18	13:47: 3	24 53 52	7Ge53	7 35	12 48	16 9	14 20	28 19	21 15	9 22	23 27	14 51
19	13:50:59	25 53 29	19 47	9 7	13 58	16 43	14 31	28 21	21 13	9 23	23 27	14 48
20	13:54:56	26 53 9	1Cn47	10 39	15 7	17 16	14 42	28 23	21 10	9 25	23 27	14 45
21	13:58:52	27 52 51	13 57	12 9	16 17	17 49	14 54	28 25	21 8	9 27	23 27	14 41
22	14: 2:49	28 52 34	26 21	13 40	17 27	18 22	15 5	28 27	21 5	9 28	23 27	14 38
23	14: 6:46	29 52 21	9Le 4	15 9	18 37	18 55	15 16	28 29	21 3	9 30	23 27	14 35
24	14:10:42	0Sc52 9	22 9	16 39	19 47	19 27	15 27	28 31	21 0	9 31	23 27	14 32
25	14:14:39	1 52 0	5Vi40	18 7	20 57	20 0	15 37	28 33	20 58	9 33	23 27R	14 29
26	14:18:35	2 51 52	19 35	19 35	22 7	20 32	15 48	28 35	20 56	9 34	23 27	14 25
27	14:22:32	3 51 47	4Li 6	21 2	23 18	21 5	15 59	28 38	20 53	9 36	23 27	14 22
28	14:26:28	4 51 44	18 58	22 29	24 29	21 37	16 9	28 40	20 51	9 37	23 27	14 19
29	14:30:25	5 51 43	4Sc 7	23 55	25 39	22 9	16 20	28 43	20 49	9 39	23 27	14 16
30	14:34:21	6 51 44	19 24	25 20	26 50	22 41	16 30	28 45	20 46	9 40	23 27	14 13
31	14:38:18	7 51 47	4Sg38	26 44	28 1	23 12	16 41	28 48	20 44	9 42	23 27	14 10

10/23 Sun in Sco. 15:04   10/6 1st Qt. 20:06   10/14 Full 13:18   10/22 3rd Qt. 17:14   10/29 New 14:56

NOVEMBER 1932

Day	Sid. T.	Sun	Moon	Merc.	Venus	Mars	Jup.	Saturn	Uranus	Nept.	Pluto	N.Node
1	14:42:14	8Sc51 52	19Sg38	28Sc 8	29Vi12	23Le44	16Vi51	28Cp51	20Ar42R	9Vi43	23Cn27R	14Pi 6
2	14:46:11	9 51 58	4Cp17	29 31	0Li24	24 15	17 1	28 54	20 39	9 44	23 26	14 3
3	14:50: 8	10 52 6	18 29	0Sg53	1 35	24 46	17 11	28 57	20 37	9 45	23 26	14 0
4	14:54: 4	11 52 16	2Aq12	2 14	2 47	25 17	17 21	29 0	20 35	9 47	23 26	13 57
5	14:58: 1	12 52 27	15 29	3 34	3 58	25 48	17 31	29 3	20 33	9 48	23 26	13 54
6	15: 1:57	13 52 39	28 21	4 53	5 10	26 19	17 41	29 7	20 31	9 49	23 25	13 51
7	15: 5:54	14 52 53	10Pi55	6 10	6 22	26 50	17 50	29 10	20 28	9 50	23 25	13 47
8	15: 9:50	15 53 8	23 13	7 26	7 34	27 20	18 0	29 13	20 26	9 52	23 25	13 44
9	15:13:47	16 53 25	5Ar20	8 41	8 46	27 50	18 9	29 17	20 24	9 53	23 24	13 41
10	15:17:44	17 53 43	17 19	9 54	9 58	28 20	18 18	29 21	20 22	9 54	23 24	13 38
11	15:21:40	18 54 3	29 14	11 4	11 10	28 50	18 28	29 24	20 20	9 55	23 23	13 35
12	15:25:37	19 54 25	11Ta 6	12 13	12 22	29 19	18 37	29 28	20 18	9 56	23 23	13 31
13	15:29:33	20 54 48	22 58	13 19	13 35	29 49	18 46	29 32	20 16	9 57	23 23	13 28
14	15:33:30	21 55 13	4Ge50	14 22	14 47	0Vi18	18 55	29 36	20 14	9 58	23 22	13 25
15	15:37:26	22 55 39	16 45	15 23	16 0	0 47	19 3	29 40	20 12	9 59	23 21	13 22
16	15:41:23	23 56 8	28 44	16 19	17 12	1 16	19 12	29 44	20 10	10 0	23 21	13 19
17	15:45:19	24 56 38	10Cn48	17 12	18 25	1 44	19 21	29 49	20 8	10 0	23 20	13 16
18	15:49:16	25 57 9	23 0	18 0	19 38	2 13	19 29	29 53	20 6	10 1	23 20	13 12
19	15:53:12	26 57 43	5Le24	18 42	20 51	2 41	19 37	29 57	20 4	10 2	23 19	13 9
20	15:57: 9	27 58 18	18 3	19 19	22 4	3 9	19 45	0Aq 2	20 3	10 3	23 19	13 6
21	16: 1: 6	28 58 55	1Vi 1	19 50	23 17	3 37	19 54	0 6	20 1	10 4	23 18	13 3
22	16: 5: 2	29 59 33	14 22	20 13	24 30	4 4	20 1	0 11	19 59	10 4	23 17	12 57
23	16: 8:59	1Sg 0 14	28 10	20 29	25 43	4 31	20 9	0 16	19 58	10 5	23 17	12 57
24	16:12:55	2 0 55	12Li25	20 35	26 56	4 58	20 17	0 20	19 56	10 6	23 16	12 53
25	16:16:52	3 1 39	27 7	20 32R	28 9	5 25	20 24	0 25	19 54	10 6	23 15	12 50
26	16:20:49	4 2 24	12Sc11	20 19	29 23	5 52	20 32	0 30	19 53	10 7	23 14	12 47
27	16:24:45	5 3 11	27 28	19 55	0Sc36	6 18	20 39	0 35	19 51	10 7	23 14	12 44
28	16:28:42	6 3 59	12Sg47	19 20	1 50	6 44	20 46	0 40	19 50	10 8	23 13	12 41
29	16:32:38	7 4 48	27 57	18 34	3 3	7 10	20 53	0 45	19 48	10 8	23 12	12 37
30	16:36:35	8 5 38	12Cp48	17 38	4 17	7 35	21 0	0 51	19 47	10 9	23 11	12 34

11/22 Sun in Sag. 12:11   11/5 1st Qt. 6:51   11/13 Full 7:28   11/21 3rd Qt. 7:58   11/28 New 0:44

DECEMBER 1932

Day	Sid. T.	Sun	Moon	Merc.	Venus	Mars	Jup.	Saturn	Uranus	Nept.	Pluto	N.Node
1	16:40:31	9Sg 6 30	27Cp12	16Sg33R	5Sc31	8Vi 0	21Vi 6	0Aq56	19Ar46R	10Vi 9	23Cn10R	12Pi31
2	16:44:28	10 7 22	11Aq 5	15 19	6 44	8 25	21 13	1 1	19 44	10 9	23 9	12 28
3	16:48:24	11 8 15	24 29	14 0	7 58	8 50	21 19	1 7	19 43	10 10	23 8	12 25
4	16:52:21	12 9 8	7Pi25	12 38	9 12	9 14	21 26	1 12	19 42	10 10	23 8	12 22
5	16:56:17	13 10 3	19 59	11 15	10 26	9 38	21 32	1 17	19 41	10 10	23 7	12 18
6	17: 0:14	14 10 58	2Ar14	9 55	11 40	10 2	21 38	1 23	19 39	10 11	23 6	12 15
7	17: 4:10	15 11 54	14 17	8 39	12 54	10 25	21 43	1 29	19 38	10 11	23 5	12 12
8	17: 8: 7	16 12 50	26 12	7 31	14 8	10 48	21 49	1 34	19 37	10 11	23 4	12 9
9	17:12: 4	17 13 48	8Ta 3	6 32	15 22	11 11	21 54	1 40	19 36	10 11	23 3	12 6
10	17:16: 0	18 14 46	19 53	5 43	16 36	11 33	22 0	1 46	19 35	10 11	23 2	12 3
11	17:19:57	19 15 45	1Ge46	5 6	17 50	11 56	22 5	1 52	19 34	10 11	23 1	11 59
12	17:23:53	20 16 44	13 42	4 39	19 4	12 17	22 10	1 58	19 34	10 11R	23 0	11 56
13	17:27:50	21 17 45	25 44	4 24	20 18	12 39	22 14	2 4	19 33	10 11	22 59	11 53
14	17:31:46	22 18 46	7Cn52	4 19D	21 33	13 0	22 19	2 10	19 32	10 11	22 57	11 50
15	17:35:43	23 19 48	20 6	4 24	22 47	13 20	22 23	2 16	19 31	10 11	22 56	11 47
16	17:39:40	24 20 51	2Le29	4 39	24 1	13 41	22 28	2 22	19 31	10 11	22 55	11 43
17	17:43:36	25 21 54	15 2	5 2	25 16	14 0	22 32	2 28	19 30	10 11	22 54	11 40
18	17:47:33	26 22 59	27 46	5 33	26 30	14 20	22 36	2 34	19 29	10 11	22 53	11 37
19	17:51:29	27 24 4	10Vi46	6 10	27 44	14 39	22 39	2 40	19 29	10 10	22 52	11 34
20	17:55:26	28 25 9	24 4	6 54	28 59	14 58	22 43	2 47	19 28	10 10	22 51	11 31
21	17:59:22	29 26 16	7Li42	7 43	0Sg13	15 16	22 46	2 53	19 28	10 10	22 50	11 28
22	18: 3:19	0Cp27 24	21 43	8 37	1 28	15 34	22 50	3 0	19 27	10 10	22 48	11 24
23	18: 7:15	1 28 32	6Sc 3	9 35	2 42	15 51	22 53	3 6	19 27	10 9	22 47	11 21
24	18:11:12	2 29 41	20 51	10 36	3 57	16 8	22 55	3 12	19 27	10 9	22 46	11 18
25	18:15: 9	3 30 50	5Sg49	11 41	5 11	16 25	22 58	3 19	19 27	10 8	22 45	11 15
26	18:19: 5	4 32 0	20 54	12 49	6 26	16 41	23 1	3 26	19 27	10 8	22 44	11 12
27	18:23: 2	5 33 11	5Cp55	14 0	7 41	16 56	23 3	3 32	19 27	10 7	22 42	11 9
28	18:26:58	6 34 21	20 42	15 12	8 55	17 11	23 5	3 39	19 27	10 7	22 41	11 5
29	18:30:55	7 35 32	5Aq 8	16 27	10 10	17 26	23 7	3 45	19 27D	10 6	22 40	11 2
30	18:34:52	8 36 43	19 7	17 43	11 25	17 40	23 9	3 52	19 27	10 6	22 39	10 59
31	18:38:48	9 37 53	2Pi37	19 1	12 39	17 53	23 10	3 59	19 27	10 5	22 37	10 56

12/22 Sun in Cap. 1:15   12/4 1st Qt. 21:45   12/13 Full 2:21   12/20 3rd Qt. 20:22   12/27 New 11:23

Day	Sid. T.	Sun	Moon	Merc.	Venus	Mars	Jup.	Saturn	Uranus	Nept.	Pluto	N.Node
1	18:42:45	10Cp39 4	15Pi41	20Sg21	13Sg54	18Vi 6	23Vi12	4Aq 6	19Ar27	10Vi 5R	22Cn36R	10Pi53
2	18:46:41	11 40 14	28 20	21 41	15 9	18 18	23 13	4 12	19 27	10 4	22 35	10 49
3	18:50:38	12 41 23	10Ar39	23 3	16 24	18 30	23 14	4 19	19 28	10 3	22 34	10 46
4	18:54:34	13 42 33	22 44	24 26	17 38	18 42	23 15	4 26	19 28	10 2	22 32	10 43
5	18:58:31	14 43 42	4Ta39	25 50	18 53	18 52	23 15	4 33	19 28	10 2	22 31	10 40
6	19: 2:27	15 44 51	16 30	27 14	20 8	19 3	23 16	4 40	19 29	10 1	22 30	10 37
7	19: 6:24	16 45 59	28 21	28 40	21 23	19 12	23 16	4 47	19 29	10 0	22 28	10 34
8	19:10:20	17 47 8	10Ge16	0Cp 6	22 37	19 21	23 16R	4 54	19 30	9 59	22 27	10 30
9	19:14:17	18 48 15	22 17	1 33	23 52	19 29	23 16	5 1	19 30	9 58	22 26	10 27
10	19:18:14	19 49 23	4Cn26	3 0	25 7	19 37	23 15	5 8	19 31	9 57	22 25	10 24
11	19:22:10	20 50 30	16 45	4 28	26 22	19 44	23 15	5 15	19 32	9 56	22 23	10 21
12	19:26: 7	21 51 36	29 15	5 57	27 37	19 51	23 14	5 22	19 32	9 55	22 22	10 18
13	19:30: 3	22 52 43	11Le55	7 26	28 52	19 56	23 13	5 29	19 33	9 54	22 21	10 14
14	19:34: 0	23 53 49	24 45	8 56	0Cp 6	20 1	23 12	5 36	19 34	9 53	22 19	10 11
15	19:37:56	24 54 54	7Vi48	10 27	1 21	20 6	23 10	5 43	19 35	9 52	22 18	10 8
16	19:41:53	25 55 59	21 2	11 58	2 36	20 9	23 9	5 50	19 36	9 51	22 17	10 5
17	19:45:50	26 57 4	4Li29	13 29	3 51	20 12	23 7	5 57	19 37	9 50	22 15	10 2
18	19:49:46	27 58 9	18 10	15 1	5 6	20 15	23 5	6 4	19 38	9 49	22 14	9 59
19	19:53:43	28 59 13	2Sc 6	16 34	6 21	20 16	23 3	6 11	19 39	9 48	22 13	9 55
20	19:57:39	0Aq 0 18	16 16	18 7	7 36	20 17	23 1	6 19	19 40	9 47	22 12	9 52
21	20: 1:36	1 1 21	0Sg39	19 41	8 51	20 17R	22 59	6 26	19 41	9 46	22 10	9 49
22	20: 5:32	2 2 25	15 12	21 15	10 6	20 16	22 56	6 33	19 42	9 44	22 9	9 46
23	20: 9:29	3 3 28	29 49	22 50	11 21	20 15	22 53	6 40	19 44	9 43	22 8	9 43
24	20:13:25	4 4 30	14Cp24	24 26	12 35	20 12	22 50	6 47	19 45	9 42	22 6	9 40
25	20:17:22	5 5 32	28 50	26 2	13 50	20 9	22 47	6 54	19 46	9 41	22 5	9 36
26	20:21:19	6 6 33	13Aq 1	27 39	15 5	20 6	22 43	7 2	19 48	9 39	22 4	9 33
27	20:25:15	7 7 32	26 52	29 16	16 20	20 1	22 40	7 9	19 49	9 38	22 3	9 30
28	20:29:12	8 8 31	10Pi20	0Aq55	17 35	19 55	22 36	7 16	19 51	9 37	22 1	9 27
29	20:33: 8	9 9 29	23 25	2 33	18 50	19 49	22 32	7 23	19 52	9 35	22 0	9 24
30	20:37: 5	10 10 25	6Ar 8	4 13	20 5	19 42	22 28	7 30	19 54	9 34	21 59	9 20
31	20:41: 1	11 11 20	18 31	5 53	21 20	19 35	22 24	7 37	19 56	9 32	21 58	9 17

1/20 Sun in Aqu. 11:53   1/3 1st Qt. 16:24   1/11 Full 20:36   1/19 3rd Qt. 6:16   1/25 New 23:20

Day	Sid. T.	Sun	Moon	Merc.	Venus	Mars	Jup.	Saturn	Uranus	Nept.	Pluto	N.Node
1	20:44:58	12Aq12 14	0Ta40	7Aq34	22Cp35	19Vi26R	22Vi19R	7Aq45	19Ar57	9Vi31R	21Cn57R	9Pi14
2	20:48:55	13 13 7	12 38	9 15	23 50	19 17	22 15	7 52	19 59	9 29	21 55	9 11
3	20:52:51	14 13 58	24 31	10 58	25 5	19 6	22 10	7 59	20 1	9 28	21 54	9 8
4	20:56:48	15 14 48	6Ge24	12 41	26 20	18 55	22 5	8 6	20 3	9 27	21 53	9 5
5	21: 0:44	16 15 36	18 20	14 25	27 35	18 44	22 0	8 13	20 5	9 25	21 52	9 1
6	21: 4:40	17 16 23	0Cn24	16 9	28 50	18 31	21 55	8 20	20 7	9 24	21 51	8 58
7	21: 8:37	18 17 9	12 39	17 54	0Aq 5	18 18	21 49	8 27	20 9	9 22	21 49	8 55
8	21:12:34	19 17 53	25 7	19 41	1 20	18 4	21 44	8 34	20 11	9 20	21 48	8 52
9	21:16:30	20 18 36	7Le50	21 27	2 34	17 49	21 38	8 42	20 13	9 19	21 47	8 49
10	21:20:27	21 19 17	20 49	23 15	3 49	17 34	21 32	8 49	20 15	9 17	21 46	8 46
11	21:24:23	22 19 57	4Vi 2	25 3	5 4	17 18	21 27	8 56	20 17	9 16	21 45	8 42
12	21:28:20	23 20 35	17 30	26 52	6 19	17 1	21 20	9 3	20 19	9 14	21 44	8 39
13	21:32:16	24 21 12	1Li 9	28 42	7 34	16 44	21 14	9 10	20 21	9 13	21 43	8 36
14	21:36:13	25 21 48	14 59	0Pi32	8 49	16 25	21 8	9 17	20 24	9 11	21 42	8 33
15	21:40:10	26 22 23	28 58	2 22	10 4	16 7	21 2	9 24	20 26	9 9	21 41	8 30
16	21:44: 6	27 22 57	13Sc 3	4 13	11 19	15 47	20 55	9 31	20 28	9 8	21 40	8 26
17	21:48: 3	28 23 29	27 13	6 4	12 34	15 27	20 48	9 38	20 31	9 6	21 39	8 23
18	21:51:59	29 24 0	11Sg25	7 56	13 49	15 7	20 42	9 45	20 33	9 4	21 38	8 20
19	21:55:56	0Pi24 30	25 38	9 47	15 4	14 46	20 35	9 51	20 35	9 3	21 37	8 17
20	21:59:52	1 24 59	9Cp49	11 38	16 18	14 25	20 28	9 58	20 38	9 1	21 36	8 14
21	22: 3:49	2 25 26	23 54	13 29	17 33	14 3	20 21	10 5	20 40	9 0	21 35	8 11
22	22: 7:45	3 25 52	7Aq50	15 18	18 48	13 41	20 13	10 12	20 43	8 58	21 34	8 7
23	22:11:42	4 26 17	21 34	17 7	20 3	13 18	20 6	10 19	20 46	8 56	21 33	8 4
24	22:15:39	5 26 39	5Pi 4	18 54	21 18	12 55	19 59	10 25	20 48	8 55	21 32	8 1
25	22:19:35	6 27 0	18 17	20 40	22 33	12 32	19 51	10 32	20 51	8 53	21 31	7 58
26	22:23:32	7 27 19	1Ar13	22 23	23 48	12 9	19 44	10 39	20 53	8 51	21 30	7 55
27	22:27:28	8 27 37	13 52	24 3	25 3	11 45	19 36	10 45	20 56	8 49	21 30	7 52
28	22:31:25	9 27 52	26 16	25 40	26 17	11 21	19 29	10 52	20 59	8 48	21 29	7 48

2/19 Sun in Pis. 2:17   2/2 1st Qt. 13:17   2/10 Full 13:01   2/17 3rd Qt. 14:09   2/24 New 12:44(E)

MARCH 1933

Day	Sid. T.	Sun	Moon	Merc.	Venus	Mars	Jup.	Saturn	Uranus	Nept.	Pluto	N.Node
1	22:35:21	10Pi28 5	8Ta26	27Pi12	27Aq32	10Vi58R	19Vi21R	10Aq59	21Ar 2	8Vi46R	21Cn28R	7Pi45
2	22:39:18	11 28 17	20 26	28 41	28 47	10 34	19 13	11 5	21 5	8 44	21 27	7 42
3	22:43:15	12 28 26	2Ge20	0Ar 4	0Pi 2	10 10	19 6	11 12	21 7	8 43	21 26	7 39
4	22:47:11	13 28 33	14 12	1 22	1 17	9 46	18 58	11 18	21 10	8 41	21 26	7 36
5	22:51: 8	14 28 39	26 8	2 33	2 31	9 23	18 50	11 25	21 13	8 39	21 25	7 32
6	22:55: 4	15 28 42	8Cn12	3 38	3 46	8 59	18 42	11 31	21 16	8 38	21 24	7 29
7	22:59: 1	16 28 43	20 28	4 35	5 1	8 36	18 35	11 37	21 19	8 36	21 24	7 26
8	23: 2:57	17 28 41	3Le 0	5 25	6 16	8 13	18 27	11 44	21 22	8 34	21 23	7 23
9	23: 6:54	18 28 38	15 51	6 6	7 30	7 50	18 19	11 50	21 25	8 33	21 22	7 20
10	23:10:51	19 28 33	29 3	6 39	8 45	7 28	18 11	11 56	21 28	8 31	21 22	7 17
11	23:14:47	20 28 25	12Vi36	7 4	10 0	7 6	18 3	12 2	21 31	8 30	21 21	7 13
12	23:18:43	21 28 16	26 27	7 20	11 15	6 44	17 55	12 8	21 34	8 28	21 21	7 10
13	23:22:40	22 28 4	10Li35	7 27	12 29	6 22	17 48	12 14	21 37	8 26	21 20	7 7
14	23:26:36	23 27 51	24 55	7 25R	13 44	6 2	17 40	12 20	21 40	8 25	21 19	7 4
15	23:30:33	24 27 36	9Sc21	7 15	14 59	5 41	17 32	12 26	21 43	8 23	21 19	7 1
16	23:34:30	25 27 19	23 48	6 57	16 13	5 21	17 24	12 32	21 47	8 22	21 18	6 58
17	23:38:26	26 27 1	8Sg12	6 32	17 28	5 2	17 17	12 38	21 50	8 20	21 18	6 54
18	23:42:23	27 26 41	22 28	6 0	18 43	4 43	17 9	12 44	21 53	8 18	21 18	6 51
19	23:46:19	28 26 19	6Cp34	5 22	19 57	4 25	17 2	12 50	21 56	8 17	21 17	6 48
20	23:50:16	29 25 56	20 28	4 38	21 12	4 8	16 54	12 55	21 59	8 15	21 17	6 45
21	23:54:12	0Ar25 30	4Aq10	3 51	22 26	3 51	16 47	13 1	22 3	8 14	21 17	6 42
22	23:58: 9	1 25 3	17 40	3 0	23 41	3 35	16 39	13 6	22 6	8 12	21 16	6 38
23	0: 2: 6	2 24 34	0Pi57	2 8	24 56	3 20	16 32	13 12	22 9	8 11	21 16	6 35
24	0: 6: 2	3 24 4	14 2	1 14	26 10	3 5	16 25	13 17	22 12	8 9	21 16	6 32
25	0: 9:59	4 23 31	26 54	0 21	27 25	2 51	16 17	13 23	22 16	8 8	21 15	6 29
26	0:13:55	5 22 56	9Ar34	29Pi30	28 39	2 38	16 10	13 28	22 19	8 6	21 15	6 26
27	0:17:52	6 22 19	22 2	28 40	29 54	2 25	16 3	13 33	22 22	8 5	21 15	6 23
28	0:21:48	7 21 40	4Ta19	27 54	1Ar 8	2 13	15 57	13 39	22 26	8 3	21 15	6 19
29	0:25:45	8 20 59	16 25	27 12	2 23	2 2	15 50	13 44	22 29	8 2	21 15	6 16
30	0:29:41	9 20 16	28 24	26 34	3 37	1 52	15 43	13 49	22 32	8 1	21 14	6 13
31	0:33:38	10 19 30	10Ge17	26 1	4 52	1 43	15 36	13 54	22 36	7 59	21 14	6 10

3/21 Sun in Ari. 1:43   3/4 1st Qt. 10:23   3/12 Full 2:46   3/18 3rd Qt. 21:05   3/26 New 3:21

APRIL 1933

Day	Sid. T.	Sun	Moon	Merc.	Venus	Mars	Jup.	Saturn	Uranus	Nept.	Pluto	N.Node
1	0:37:35	11Ar18 42	22Ge 9	25Pi34R	6Ar 6	1Vi34R	15Vi30R	13Aq59	22Ar39	7Vi58R	21Cn14R	6Pi 7
2	0:41:31	12 17 52	4Cn 4	25 11	7 21	1 27	15 24	14 4	22 43	7 57	21 14	6 3
3	0:45:28	13 17 0	16 5	24 55	8 35	1 20	15 17	14 8	22 46	7 55	21 14	6 0
4	0:49:24	14 16 5	28 19	24 44	9 50	1 13	15 11	14 13	22 49	7 54	21 14D	5 57
5	0:53:21	15 15 8	10Le49	24 38	11 4	1 8	15 5	14 18	22 53	7 53	21 14	5 54
6	0:57:17	16 14 9	23 40	24 39D	12 18	1 3	15 0	14 22	22 56	7 52	21 14	5 51
7	1: 1:14	17 13 7	6Vi56	24 44	13 33	0 59	14 54	14 27	23 0	7 50	21 14	5 48
8	1: 5:11	18 12 3	20 38	24 55	14 47	0 56	14 48	14 31	23 3	7 49	21 14	5 44
9	1: 9: 7	19 10 57	4Li45	25 10	16 2	0 54	14 43	14 36	23 6	7 48	21 14	5 41
10	1:13: 4	20 9 49	19 14	25 31	17 16	0 52	14 38	14 40	23 10	7 47	21 15	5 38
11	1:17: 0	21 8 39	4Sc 0	25 56	18 30	0 52	14 32	14 44	23 13	7 46	21 15	5 35
12	1:20:57	22 7 27	18 54	26 26	19 44	0 52D	14 28	14 48	23 17	7 45	21 15	5 32
13	1:24:53	23 6 13	3Sg48	26 59	20 59	0 52	14 23	14 52	23 20	7 43	21 15	5 29
14	1:28:50	24 4 57	18 33	27 37	22 13	0 54	14 18	14 56	23 24	7 42	21 15	5 25
15	1:32:46	25 3 40	3Cp 4	28 19	23 27	0 56	14 14	15 0	23 27	7 41	21 16	5 22
16	1:36:43	26 2 21	17 15	29 4	24 41	0 59	14 9	15 4	23 30	7 40	21 16	5 19
17	1:40:39	27 1 0	1Aq 7	29 53	25 56	1 2	14 5	15 8	23 34	7 39	21 16	5 16
18	1:44:36	27 59 38	14 39	0Ar45	27 10	1 6	14 1	15 11	23 37	7 38	21 17	5 13
19	1:48:32	28 58 14	27 52	1 40	28 24	1 11	13 57	15 15	23 41	7 38	21 17	5 9
20	1:52:29	29 56 48	10Pi50	2 38	29 38	1 17	13 53	15 18	23 44	7 37	21 17	5 6
21	1:56:26	0Ta55 21	23 35	3 39	0Ta53	1 23	13 50	15 22	23 48	7 36	21 18	5 3
22	2: 0:22	1 53 52	6Ar 8	4 43	2 7	1 30	13 47	15 25	23 51	7 35	21 18	5 0
23	2: 4:19	2 52 21	18 31	5 49	3 21	1 37	13 43	15 28	23 54	7 34	21 19	4 57
24	2: 8:15	3 50 48	0Ta45	6 58	4 35	1 45	13 40	15 31	23 58	7 33	21 19	4 54
25	2:12:12	4 49 13	12 52	8 10	5 49	1 54	13 38	15 34	24 1	7 33	21 20	4 50
26	2:16: 9	5 47 37	24 52	9 23	7 3	2 3	13 35	15 37	24 5	7 32	21 20	4 47
27	2:20: 5	6 45 59	6Ge48	10 39	8 17	2 13	13 33	15 40	24 8	7 31	21 21	4 44
28	2:24: 2	7 44 19	18 39	11 58	9 31	2 24	13 31	15 43	24 11	7 31	21 21	4 41
29	2:27:58	8 42 36	0Cn30	13 18	10 45	2 35	13 28	15 46	24 15	7 30	21 22	4 38
30	2:31:55	9 40 52	12 24	14 41	11 59	2 46	13 26	15 48	24 18	7 29	21 23	4 35

4/20 Sun in Tau. 13:19   4/3 1st Qt. 5:57   4/10 Full 13:38   4/17 3rd Qt. 4:18   4/24 New 18:38

Day	Sid. T.	Sun	Moon	Merc.	Venus	Mars	Jup.	Saturn	Uranus	Nept.	Pluto	N.Node
1	2:35:51	10Ta39 6	24Cn24	16Ar 6	13Ta14	2Vi58	13Vi25R	15Aq51	24Ar21	7Vi29R	21Cn23	4Pi31
2	2:39:48	11 37 18	6Le34	17 32	14 28	3 11	13 23	15 53	24 25	7 28	21 24	4 28
3	2:43:44	12 35 28	19 0	19 1	15 42	3 24	13 22	15 56	24 28	7 28	21 25	4 25
4	2:47:41	13 33 35	1Vi47	20 32	16 56	3 38	13 21	15 58	24 31	7 27	21 25	4 22
5	2:51:37	14 31 41	15 0	22 5	18 9	3 52	13 20	16 0	24 35	7 27	21 26	4 19
6	2:55:34	15 29 45	28 40	23 40	19 23	4 7	13 19	16 2	24 38	7 26	21 27	4 15
7	2:59:31	16 27 47	12Li50	25 16	20 37	4 22	13 18	16 4	24 41	7 26	21 28	4 12
8	3: 3:27	17 25 47	27 27	26 55	21 51	4 38	13 18	16 6	24 44	7 26	21 28	4 9
9	3: 7:24	18 23 45	12Sc26	28 36	23 5	4 54	13 17	16 8	24 48	7 25	21 29	4 6
10	3:11:20	19 21 42	27 38	0Ta18	24 19	5 11	13 17	16 9	24 51	7 25	21 30	4 3
11	3:15:17	20 19 38	12Sg53	2 3	25 33	5 28	13 17D	16 11	24 54	7 25	21 31	4 0
12	3:19:13	21 17 32	27 58	3 50	26 47	5 46	13 18	16 12	24 57	7 24	21 32	3 56
13	3:23:10	22 15 25	12Cp47	5 38	28 1	6 3	13 18	16 14	25 0	7 24	21 33	3 53
14	3:27: 7	23 13 16	27 11	7 29	29 14	6 22	13 19	16 15	25 3	7 24	21 34	3 50
15	3:31: 3	24 11 6	11Aq10	9 21	0Ge28	6 41	13 20	16 16	25 7	7 24	21 35	3 47
16	3:34:59	25 8 55	24 43	11 16	1 42	7 0	13 21	16 17	25 10	7 24	21 35	3 44
17	3:38:56	26 6 43	7Pi52	13 12	2 56	7 19	13 22	16 18	25 13	7 24	21 36	3 41
18	3:42:53	27 4 30	20 41	15 11	4 10	7 39	13 23	16 19	25 16	7 24	21 37	3 37
19	3:46:49	28 2 15	3Ar15	17 11	5 24	8 0	13 25	16 20	25 19	7 24D	21 39	3 34
20	3:50:46	28 59 59	15 35	19 13	6 37	8 20	13 26	16 21	25 22	7 24	21 40	3 31
21	3:54:42	29 57 43	27 46	21 17	7 51	8 41	13 28	16 21	25 25	7 24	21 41	3 28
22	3:58:39	0Ge55 25	9Ta48	23 22	9 5	9 3	13 30	16 22	25 28	7 24	21 42	3 25
23	4: 2:36	1 53 6	21 48	25 29	10 19	9 25	13 33	16 22	25 31	7 24	21 43	3 21
24	4: 6:32	2 50 45	3Ge42	27 37	11 32	9 47	13 35	16 22	25 34	7 24	21 44	3 18
25	4:10:29	3 48 24	15 34	29 47	12 46	10 9	13 38	16 23	25 36	7 24	21 45	3 15
26	4:14:25	4 46 1	27 26	1Ge57	14 0	10 32	13 40	16 23	25 39	7 25	21 46	3 12
27	4:18:22	5 43 37	9Cn18	4 8	15 13	10 55	13 43	16 23R	25 42	7 25	21 47	3 9
28	4:22:18	6 41 12	21 13	6 20	16 27	11 18	13 46	16 23	25 45	7 25	21 49	3 6
29	4:26:15	7 38 45	3Le14	8 32	17 41	11 42	13 50	16 23	25 48	7 26	21 50	3 2
30	4:30:12	8 36 17	15 26	10 44	18 55	12 6	13 53	16 22	25 50	7 26	21 51	2 59
31	4:34: 8	9 33 48	27 51	12 56	20 8	12 31	13 57	16 22	25 53	7 26	21 52	2 56

5/21 Sun in Gem. 12:57   5/2 1st Qt. 22:39   5/9 Full 22:05   5/16 3rd Qt. 12:51   5/24 New 10:07

Day	Sid. T.	Sun	Moon	Merc.	Venus	Mars	Jup.	Saturn	Uranus	Nept.	Pluto	N.Node
1	4:38: 4	10Ge31 17	10Vi35	15Ge 7	21Ge22	12Vi55	14Vi 1	16Aq21R	25Ar56	7Vi27	21Cn53	2Pi53
2	4:42: 1	11 28 45	23 42	17 17	22 35	13 20	14 4	16 21	25 59	7 27	21 55	2 50
3	4:45:57	12 26 12	7Li16	19 26	23 49	13 45	14 9	16 20	26 1	7 28	21 56	2 46
4	4:49:54	13 23 38	21 19	21 34	25 3	14 11	14 13	16 19	26 4	7 28	21 57	2 43
5	4:53:51	14 21 2	5Sc51	23 41	26 16	14 36	14 17	16 19	26 6	7 29	21 59	2 40
6	4:57:47	15 18 25	20 48	25 45	27 30	15 3	14 22	16 18	26 9	7 29	22 0	2 37
7	5: 1:44	16 15 48	6Sg 2	27 48	28 43	15 29	14 27	16 17	26 11	7 30	22 1	2 34
8	5: 5:40	17 13 9	21 22	29 49	29 57	15 55	14 31	16 15	26 14	7 31	22 3	2 31
9	5: 9:37	18 10 30	6Cp39	1Cn48	1Cn10	16 22	14 36	16 14	26 16	7 31	22 4	2 27
10	5:13:33	19 7 50	21 37	3 44	2 24	16 49	14 42	16 13	26 19	7 32	22 5	2 24
11	5:17:30	20 5 9	6Aq13	5 38	3 37	17 16	14 47	16 11	26 21	7 33	22 7	2 21
12	5:21:27	21 2 28	20 22	7 30	4 51	17 44	14 52	16 10	26 23	7 34	22 8	2 18
13	5:25:23	21 59 47	4Pi 2	9 20	6 4	18 12	14 58	16 8	26 26	7 34	22 10	2 15
14	5:29:20	22 57 5	17 15	11 7	7 18	18 40	15 4	16 7	26 28	7 35	22 11	2 12
15	5:33:16	23 54 23	0Ar 5	12 52	8 31	19 8	15 10	16 5	26 30	7 36	22 12	2 8
16	5:37:13	24 51 40	12 35	14 34	9 45	19 36	15 16	16 3	26 32	7 37	22 14	2 5
17	5:41: 9	25 48 57	24 51	16 14	10 58	20 5	15 22	16 1	26 34	7 38	22 15	2 2
18	5:45: 6	26 46 14	6Ta56	17 51	12 12	20 34	15 28	15 59	26 36	7 39	22 17	1 59
19	5:49: 2	27 43 30	18 53	19 26	13 25	21 3	15 35	15 57	26 38	7 40	22 18	1 56
20	5:52:59	28 40 47	0Ge47	20 59	14 39	21 32	15 41	15 55	26 40	7 41	22 20	1 52
21	5:56:56	29 38 2	12 38	22 28	15 52	22 1	15 48	15 52	26 42	7 42	22 21	1 49
22	6: 0:52	0Cn35 18	24 30	23 56	17 5	22 31	15 55	15 50	26 44	7 43	22 23	1 46
23	6: 4:49	1 32 33	6Cn23	25 20	18 19	23 1	16 2	15 47	26 46	7 44	22 24	1 43
24	6: 8:45	2 29 48	18 20	26 43	19 32	23 31	16 9	15 45	26 48	7 45	22 26	1 40
25	6:12:42	3 27 3	0Le22	28 2	20 46	24 1	16 17	15 42	26 50	7 46	22 27	1 37
26	6:16:39	4 24 17	12 30	29 19	21 59	24 32	16 24	15 39	26 52	7 47	22 29	1 33
27	6:20:35	5 21 31	24 48	0Le33	23 12	25 2	16 32	15 37	26 53	7 49	22 30	1 30
28	6:24:32	6 18 44	7Vi19	1 44	24 26	25 33	16 39	15 34	26 55	7 50	22 32	1 27
29	6:28:28	7 15 57	20 6	2 53	25 39	26 4	16 47	15 31	26 56	7 51	22 33	1 24
30	6:32:25	8 13 9	3Li13	3 58	26 52	26 35	16 55	15 28	26 58	7 52	22 35	1 21

6/21 Sun in Can. 21:12   6/1 1st Qt. 11:53   6/8 Full 5:05   6/14 3rd Qt. 23:26   6/23 New 1:23   6/30 1st Qt. 21:41

JULY 1933

Day	Sid. T.	Sun	Moon	Merc.	Venus	Mars	Jup.	Saturn	Uranus	Nept.	Pluto	N.Node
1	6:36:22	9Cn10 21	16Li42	5Le 1	28Cn 6	27Vi 7	17Vi 3	15Aq25R	27Ar 0	7Vi54	22Cn37	1Pi18
2	6:40:18	10 7 33	0Sc37	6 0	29 19	27 38	17 11	15 21	27 1	7 55	22 38	1 14
3	6:44:15	11 4 44	14 57	6 56	0Le32	28 10	17 19	15 18	27 3	7 57	22 40	1 11
4	6:48:11	12 1 55	29 40	7 49	1 45	28 42	17 28	15 15	27 4	7 58	22 41	1 8
5	6:52: 7	12 59 6	14Sg41	8 39	2 58	29 14	17 36	15 12	27 6	7 59	22 43	1 5
6	6:56: 4	13 56 17	29 50	9 24	4 12	29 46	17 45	15 8	27 7	8 1	22 44	1 2
7	7: 0: 1	14 53 27	14Cp59	10 7	5 25	0Li19	17 53	15 5	27 8	8 2	22 46	0 58
8	7: 3:57	15 50 38	29 57	10 45	6 38	0 51	18 2	15 1	27 10	8 4	22 48	0 55
9	7: 7:54	16 47 49	14Aq35	11 20	7 51	1 24	18 11	14 57	27 11	8 5	22 49	0 52
10	7:11:50	17 45 1	28 49	11 50	9 4	1 57	18 20	14 54	27 12	8 7	22 51	0 49
11	7:15:47	18 42 12	12Pi35	12 16	10 18	2 30	18 29	14 50	27 13	8 8	22 52	0 46
12	7:19:43	19 39 25	25 55	12 38	11 31	3 3	18 38	14 46	27 14	8 10	22 54	0 43
13	7:23:40	20 36 37	8Ar49	12 56	12 44	3 36	18 48	14 42	27 15	8 12	22 56	0 39
14	7:27:37	21 33 51	21 23	13 9	13 57	4 9	18 57	14 39	27 16	8 13	22 57	0 36
15	7:31:33	22 31 4	3Ta39	13 17	15 10	4 43	19 7	14 35	27 17	8 15	22 59	0 33
16	7:35:30	23 28 19	15 43	13 20	16 23	5 17	19 16	14 31	27 18	8 17	23 1	0 30
17	7:39:26	24 25 34	27 39	13 19R	17 36	5 51	19 26	14 27	27 19	8 18	23 2	0 27
18	7:43:23	25 22 50	9Ge31	13 12	18 49	6 25	19 36	14 22	27 19	8 20	23 4	0 24
19	7:47:19	26 20 7	21 23	13 1	20 2	6 59	19 46	14 18	27 20	8 22	23 5	0 20
20	7:51:16	27 17 24	3Cn16	12 45	21 15	7 33	19 56	14 14	27 21	8 23	23 7	0 17
21	7:55:12	28 14 42	15 14	12 24	22 28	8 8	20 6	14 10	27 21	8 25	23 9	0 14
22	7:59: 9	29 12 0	27 19	11 59	23 41	8 42	20 16	14 6	27 22	8 27	23 10	0 11
23	8: 3: 6	0Le 9 19	9Le31	11 30	24 54	9 17	20 26	14 1	27 22	8 29	23 12	0 8
24	8: 7: 2	1 6 39	21 52	10 57	26 7	9 52	20 36	13 57	27 23	8 31	23 13	0 4
25	8:10:59	2 3 59	4Vi25	10 20	27 20	10 27	20 47	13 53	27 23	8 33	23 15	0 1
26	8:14:55	3 1 19	17 10	9 41	28 33	11 2	20 57	13 49	27 24	8 34	23 17	29Aq58
27	8:18:52	3 58 41	0Li 9	8 59	29 46	11 37	21 8	13 44	27 24	8 36	23 18	29 55
28	8:22:48	4 56 2	13 23	8 16	0Vi58	12 12	21 18	13 40	27 24	8 38	23 20	29 52
29	8:26:45	5 53 24	26 56	7 32	2 11	12 48	21 29	13 35	27 25	8 40	23 21	29 49
30	8:30:42	6 50 47	10Sc47	6 47	3 24	13 23	21 40	13 31	27 25	8 42	23 23	29 45
31	8:34:38	7 48 10	24 57	6 4	4 37	13 59	21 51	13 26	27 25	8 44	23 24	29 42

7/23 Sun in Leo 8:06   7/7 Full 11:51   7/14 3rd Qt. 12:24   7/22 New 16:03   7/30 1st Qt. 4:44

AUGUST 1933

Day	Sid. T.	Sun	Moon	Merc.	Venus	Mars	Jup.	Saturn	Uranus	Nept.	Pluto	N.Node
1	8:38:35	8Le45 34	9Sg23	5Le22R	5Vi49	14Li35	22Vi 2	13Aq22R	27Ar25	8Vi46	23Cn26	29Aq39
2	8:42:31	9 42 58	24 3	4 42	7 2	15 11	22 13	13 18	27 25	8 48	23 28	29 36
3	8:46:28	10 40 24	8Cp50	4 5	8 15	15 47	22 24	13 13	27 25R	8 50	23 29	29 33
4	8:50:24	11 37 50	23 38	3 32	9 28	16 23	22 35	13 9	27 25	8 52	23 31	29 30
5	8:54:21	12 35 16	8Aq19	3 3	10 40	17 0	22 46	13 4	27 25	8 54	23 32	29 26
6	8:58:17	13 32 44	22 47	2 40	11 53	17 36	22 57	13 0	27 25	8 56	23 34	29 23
7	9: 2:14	14 30 13	6Pi55	2 22	13 5	18 13	23 9	12 55	27 25	8 58	23 35	29 20
8	9: 6:10	15 27 43	20 40	2 10	14 18	18 49	23 20	12 51	27 24	9 0	23 37	29 17
9	9:10: 7	16 25 14	4Ar 2	2 5	15 30	19 26	23 31	12 46	27 24	9 2	23 38	29 14
10	9:14: 3	17 22 46	17 0	2 6D	16 43	20 3	23 43	12 42	27 24	9 4	23 40	29 10
11	9:18: 0	18 20 20	29 37	2 14	17 55	20 40	23 55	12 37	27 23	9 6	23 41	29 7
12	9:21:57	19 17 56	11Ta56	2 29	19 8	21 17	24 6	12 33	27 23	9 9	23 43	29 4
13	9:25:53	20 15 32	24 2	2 52	20 20	21 54	24 18	12 28	27 22	9 11	23 44	29 1
14	9:29:50	21 13 11	5Ge59	3 21	21 33	22 32	24 30	12 24	27 22	9 13	23 46	28 58
15	9:33:46	22 10 51	17 51	3 58	22 45	23 9	24 41	12 20	27 21	9 15	23 47	28 55
16	9:37:43	23 8 32	29 44	4 41	23 57	23 47	24 53	12 15	27 20	9 17	23 49	28 51
17	9:41:39	24 6 15	11Cn40	5 32	25 10	24 25	25 5	12 11	27 20	9 19	23 50	28 48
18	9:45:36	25 4 0	23 43	6 29	26 22	25 2	25 17	12 7	27 19	9 21	23 51	28 45
19	9:49:33	26 1 45	5Le56	7 33	27 34	25 40	25 29	12 2	27 19	9 24	23 53	28 42
20	9:53:29	26 59 33	18 21	8 43	28 47	26 18	25 41	11 58	27 17	9 26	23 54	28 39
21	9:57:26	27 57 22	1Vi 0	9 59	29 59	26 56	25 53	11 54	27 17	9 28	23 56	28 35
22	10: 1:22	28 55 12	13 52	11 20	1Li11	27 35	26 6	11 50	27 16	9 30	23 57	28 32
23	10: 5:19	29 53 3	26 58	12 47	2 23	28 13	26 18	11 45	27 15	9 32	23 58	28 29
24	10: 9:15	0Vi50 56	10Li18	14 19	3 35	28 51	26 30	11 41	27 14	9 35	24 0	28 26
25	10:13:12	1 48 50	23 52	15 55	4 47	29 30	26 42	11 37	27 13	9 37	24 1	28 23
26	10:17: 8	2 46 46	7Sc37	17 35	5 59	0Sc 9	26 55	11 33	27 12	9 39	24 2	28 20
27	10:21: 5	3 44 43	21 35	19 19	7 11	0 47	27 7	11 29	27 10	9 41	24 4	28 16
28	10:25: 2	4 42 41	5Sg41	21 6	8 23	1 26	27 19	11 25	27 9	9 43	24 5	28 13
29	10:28:58	5 40 40	19 56	22 55	9 35	2 5	27 32	11 21	27 8	9 46	24 6	28 10
30	10:32:55	6 38 41	4Cp16	24 47	10 47	2 44	27 44	11 17	27 7	9 48	24 8	28 7
31	10:36:51	7 36 43	18 38	26 40	11 59	3 23	27 57	11 14	27 5	9 50	24 9	28 4

8/23 Sun in Vir. 14:53   8/5 Full 19:32   8/13 3rd Qt. 3:50   8/21 New 5:48(E)   8/28 1st Qt. 10:14

Day	Sid. T.	Sun	Moon	Merc.	Venus	Mars	Jup.	Saturn	Uranus	Nept.	Pluto	N.Node
1	10:40:48	8Vi34 46	2Aq59	28Le35	13Li11	4Sc 2	28Vi 9	11Aq10R	27Ar 4R	9Vi52	24Cn10	28Aq 1
2	10:44:44	9 32 51	17 14	0Vi30	14 22	4 42	28 22	11 6	27 3	9 55	24 11	27 57
3	10:48:41	10 30 58	1Pi19	2 26	15 34	5 21	28 35	11 3	27 1	9 57	24 12	27 54
4	10:52:38	11 29 6	15 11	4 23	16 46	6 1	28 47	10 59	27 0	9 59	24 14	27 51
5	10:56:34	12 27 15	28 45	6 19	17 57	6 40	29 0	10 56	26 58	10 1	24 15	27 48
6	11: 0:31	13 25 27	12Ar 0	8 16	19 9	7 20	29 12	10 52	26 57	10 3	24 16	27 45
7	11: 4:27	14 23 40	24 56	10 12	20 21	8 0	29 25	10 49	26 55	10 6	24 17	27 41
8	11: 8:24	15 21 56	7Ta33	12 7	21 32	8 40	29 38	10 45	26 53	10 8	24 18	27 38
9	11:12:20	16 20 13	19 53	14 2	22 43	9 20	29 51	10 42	26 52	10 10	24 19	27 35
10	11:16:17	17 18 33	2Ge 0	15 57	23 55	10 0	0Li 3	10 39	26 50	10 12	24 20	27 32
11	11:20:13	18 16 55	13 58	17 50	25 6	10 40	0 16	10 36	26 48	10 15	24 21	27 29
12	11:24:10	19 15 19	25 50	19 42	26 18	11 20	0 29	10 33	26 47	10 17	24 22	27 26
13	11:28: 6	20 13 45	7Cn43	21 34	27 29	12 0	0 42	10 30	26 45	10 19	24 23	27 22
14	11:32: 3	21 12 13	19 40	23 24	28 40	12 41	0 55	10 27	26 43	10 21	24 24	27 19
15	11:35:59	22 10 43	1Le46	25 14	29 51	13 22	1 8	10 24	26 41	10 23	24 25	27 16
16	11:39:56	23 9 15	14 6	27 2	1Sc 2	14 2	1 21	10 22	26 39	10 26	24 26	27 13
17	11:43:53	24 7 49	26 41	28 50	2 14	14 43	1 34	10 19	26 37	10 28	24 27	27 10
18	11:47:49	25 6 25	9Vi35	0Li36	3 25	15 24	1 46	10 17	26 35	10 30	24 28	27 7
19	11:51:46	26 5 4	22 48	2 22	4 36	16 5	1 59	10 14	26 33	10 32	24 29	27 3
20	11:55:42	27 3 44	6Li19	4 6	5 47	16 46	2 12	10 12	26 31	10 34	24 30	27 0
21	11:59:39	28 2 26	20 6	5 49	6 57	17 27	2 25	10 9	26 29	10 36	24 31	26 57
22	12: 3:35	29 1 10	4Sc 6	7 32	8 8	18 8	2 38	10 7	26 27	10 39	24 31	26 54
23	12: 7:32	29 59 56	18 15	9 13	9 18	18 49	2 51	10 5	26 25	10 41	24 32	26 51
24	12:11:29	0Li58 44	2Sg29	10 53	10 30	19 30	3 4	10 3	26 23	10 43	24 33	26 47
25	12:15:25	1 57 33	16 44	12 33	11 40	20 12	3 17	10 1	26 21	10 45	24 34	26 44
26	12:19:22	2 56 24	0Cp57	14 11	12 51	20 53	3 30	9 59	26 19	10 47	24 35	26 41
27	12:23:18	3 55 17	15 6	15 49	14 2	21 35	3 43	9 58	26 16	10 49	24 35	26 38
28	12:27:15	4 54 12	29 9	17 26	15 12	22 17	3 56	9 56	26 14	10 51	24 36	26 35
29	12:31:11	5 53 8	13Aq 5	19 1	16 22	22 58	4 9	9 54	26 12	10 53	24 37	26 32
30	12:35: 8	6 52 6	26 53	20 36	17 33	23 40	4 22	9 53	26 10	10 55	24 37	26 28

9/23 Sun in Lib. 12:02   9/4 Full 5:05   9/11 3rd Qt. 21:30   9/19 New 18:21   9/26 1st Qt. 15:37

Day	Sid. T.	Sun	Moon	Merc.	Venus	Mars	Jup.	Saturn	Uranus	Nept.	Pluto	N.Node
1	12:39: 4	7Li51 5	10Pi32	22Li11	18Sc43	24Sc22	4Li35	9Aq52R	26Ar 7R	10Vi57	24Cn38	26Aq25
2	12:43: 1	8 50 7	23 59	23 44	19 53	25 4	4 48	9 50	26 5	10 59	24 39	26 22
3	12:46:58	9 49 11	7Ar14	25 16	21 3	25 46	5 1	9 49	26 3	11 1	24 39	26 19
4	12:50:54	10 48 16	20 15	26 48	22 13	26 28	5 14	9 48	26 1	11 3	24 40	26 16
5	12:54:51	11 47 24	3Ta 1	28 18	23 23	27 11	5 27	9 47	25 58	11 5	24 40	26 13
6	12:58:47	12 46 34	15 32	29 48	24 33	27 53	5 40	9 46	25 56	11 7	24 41	26 9
7	13: 2:44	13 45 46	27 49	1Sc18	25 43	28 35	5 53	9 46	25 53	11 9	24 41	26 6
8	13: 6:40	14 45 0	9Ge54	2 46	26 53	29 18	6 6	9 45	25 51	11 11	24 42	26 3
9	13:10:37	15 44 17	21 51	4 13	28 2	0Sg 1	6 19	9 44	25 49	11 13	24 42	26 0
10	13:14:34	16 43 36	3Cn42	5 40	29 12	0 43	6 32	9 44	25 46	11 15	24 42	25 57
11	13:18:30	17 42 57	15 33	7 6	0Sg21	1 26	6 44	9 43	25 44	11 17	24 43	25 53
12	13:22:26	18 42 20	27 29	8 31	1 31	2 9	6 57	9 43	25 41	11 19	24 43	25 50
13	13:26:23	19 41 46	9Le34	9 55	2 40	2 52	7 10	9 43	25 39	11 21	24 44	25 47
14	13:30:19	20 41 14	21 55	11 18	3 49	3 35	7 23	9 43	25 37	11 22	24 44	25 44
15	13:34:16	21 40 45	4Vi34	12 40	4 59	4 18	7 36	9 43D	25 34	11 24	24 44	25 41
16	13:38:13	22 40 17	17 37	14 1	6 8	5 1	7 49	9 43	25 32	11 26	24 45	25 38
17	13:42: 9	23 39 52	1Li 4	15 21	7 17	5 44	8 1	9 43	25 29	11 28	24 45	25 34
18	13:46: 6	24 39 29	14 55	16 40	8 25	6 27	8 14	9 44	25 27	11 30	24 45	25 31
19	13:50: 2	25 39 8	29 7	17 58	9 34	7 11	8 27	9 44	25 24	11 31	24 45	25 28
20	13:53:59	26 38 49	13Sc36	19 15	10 43	7 54	8 39	9 45	25 22	11 33	24 45	25 25
21	13:57:55	27 38 32	28 14	20 30	11 51	8 38	8 52	9 45	25 19	11 35	24 45	25 22
22	14: 1:52	28 38 16	12Sg53	21 43	13 0	9 21	9 5	9 46	25 17	11 36	24 45	25 19
23	14: 5:49	29 38 3	27 27	22 55	14 8	10 5	9 17	9 47	25 15	11 38	24 46	25 15
24	14: 9:45	0Sc37 51	11Cp57	24 5	15 16	10 49	9 30	9 48	25 12	11 40	24 46	25 12
25	14:13:42	1 37 41	26 1	25 13	16 24	11 32	9 42	9 49	25 10	11 41	24 46	25 9
26	14:17:39	2 37 33	9Aq57	26 19	17 32	12 16	9 55	9 50	25 7	11 43	24 46R	25 6
27	14:21:35	3 37 26	23 38	27 23	18 40	13 0	10 7	9 51	25 5	11 44	24 46	25 3
28	14:25:31	4 37 21	7Pi 6	28 24	19 47	13 44	10 20	9 53	25 2	11 46	24 46	24 59
29	14:29:28	5 37 17	20 21	29 22	20 55	14 28	10 32	9 54	25 0	11 47	24 46	24 56
30	14:33:24	6 37 15	3Ar25	0Sg17	22 2	15 12	10 44	9 56	24 58	11 49	24 45	24 53
31	14:37:21	7 37 15	16 18	1 8	23 9	15 57	10 57	9 57	24 55	11 50	24 45	24 50

10/23 Sun in Sco. 20:49   10/3 Full 17:08   10/11 3rd Qt. 16:46   10/19 New 5:45   10/25 1st Qt. 22:21

NOVEMBER 1933

Day	Sid. T.	Sun	Moon	Merc.	Venus	Mars	Jup.	Saturn	Uranus	Nept.	Pluto	N.Node
1	14:41:18	8Sc37 16	29Ar 1	1Sg55	24Sg16	16Sg41	11Li 9	9Aq59	24Ar53R	11Vi52	24Cn45R	24Aq47
2	14:45:14	9 37 20	11Ta32	2 38	25 23	17 25	11 21	10 1	24 51	11 53	24 45	24 44
3	14:49:10	10 37 25	23 53	3 15	26 30	18 10	11 33	10 3	24 48	11 54	24 45	24 40
4	14:53: 7	11 37 32	6Ge 3	3 47	27 36	18 54	11 45	10 5	24 46	11 56	24 45	24 37
5	14:57: 4	12 37 42	18 4	4 13	28 43	19 39	11 57	10 7	24 44	11 57	24 44	24 34
6	15: 1: 0	13 37 53	29 57	4 32	29 49	20 23	12 9	10 9	24 41	11 58	24 44	24 31
7	15: 4:57	14 38 6	11Cn47	4 43	0Cp55	21 8	12 21	10 12	24 39	11 59	24 44	24 28
8	15: 8:54	15 38 21	23 36	4 46R	2 0	21 53	12 33	10 14	24 37	12 1	24 43	24 24
9	15:12:50	16 38 38	5Le29	4 40	3 6	22 37	12 45	10 17	24 35	12 2	24 43	24 21
10	15:16:47	17 38 57	17 31	4 25	4 11	23 22	12 57	10 19	24 32	12 3	24 43	24 18
11	15:20:43	18 39 18	29 48	4 0	5 16	24 7	13 9	10 22	24 30	12 4	24 42	24 15
12	15:24:40	19 39 41	12Vi24	3 25	6 21	24 52	13 20	10 25	24 28	12 5	24 42	24 12
13	15:28:36	20 40 6	25 26	2 40	7 26	25 37	13 32	10 28	24 26	12 6	24 42	24 9
14	15:32:33	21 40 32	8Li56	1 45	8 30	26 22	13 43	10 31	24 24	12 7	24 41	24 5
15	15:36:29	22 41 1	22 55	0 41	9 34	27 8	13 55	10 34	24 22	12 8	24 41	24 2
16	15:40:26	23 41 31	7Sc21	29Sc30	10 38	27 53	14 6	10 37	24 20	12 9	24 40	23 59
17	15:44:23	24 42 3	22 9	28 13	11 42	28 38	14 18	10 40	24 18	12 10	24 40	23 56
18	15:48:19	25 42 37	7Sg10	26 52	12 45	29 23	14 29	10 44	24 16	12 11	24 39	23 53
19	15:52:16	26 43 12	22 15	25 31	13 48	0Cp 9	14 40	10 47	24 14	12 12	24 38	23 50
20	15:56:12	27 43 49	7Cp13	24 12	14 51	0 54	14 51	10 51	24 12	12 13	24 38	23 46
21	16: 0: 9	28 44 26	21 57	22 57	15 53	1 40	15 2	10 54	24 10	12 14	24 37	23 43
22	16: 4: 5	29 45 5	6Aq21	21 49	16 55	2 25	15 13	10 58	24 8	12 14	24 37	23 40
23	16: 8: 2	0Sg45 45	20 23	20 49	17 57	3 11	15 24	11 2	24 6	12 15	24 36	23 37
24	16:11:59	1 46 26	4Pi 3	20 0	18 58	3 57	15 35	11 6	24 4	12 16	24 35	23 34
25	16:15:55	2 47 8	17 23	19 22	19 59	4 42	15 46	11 10	24 3	12 17	24 34	23 30
26	16:19:52	3 47 51	0Ar25	18 56	21 0	5 28	15 56	11 14	24 1	12 17	24 34	23 27
27	16:23:48	4 48 36	13 13	18 41	22 0	6 14	16 7	11 18	23 59	12 18	24 33	23 24
28	16:27:45	5 49 21	25 49	18 38D	23 0	7 0	16 17	11 22	23 57	12 18	24 32	23 21
29	16:31:41	6 50 7	8Ta14	18 45	23 59	7 46	16 28	11 26	23 56	12 19	24 31	23 18
30	16:35:38	7 50 54	20 30	19 2	24 58	8 32	16 38	11 31	23 54	12 20	24 31	23 15

11/22 Sun in Sag. 17:54   11/2 Full 7:59   11/10 3rd Qt. 12:18   11/17 New 16:24   11/24 1st Qt. 7:39

DECEMBER 1933

Day	Sid. T.	Sun	Moon	Merc.	Venus	Mars	Jup.	Saturn	Uranus	Nept.	Pluto	N.Node
1	16:39:34	8Sg51 43	2Ge39	19Sc28	25Cp57	9Cp18	16Li48	11Aq35	23Ar53R	12Vi20	24Cn30R	23Aq11
2	16:43:31	9 52 32	14 40	20 2	26 55	10 4	16 58	11 40	23 51	12 20	24 29	23 8
3	16:47:27	10 53 23	26 36	20 43	27 52	10 50	17 8	11 44	23 50	12 21	24 28	23 5
4	16:51:24	11 54 15	8Cn27	21 31	28 49	11 36	17 18	11 49	23 48	12 21	24 27	23 2
5	16:55:20	12 55 8	20 15	22 24	29 46	12 22	17 28	11 54	23 47	12 22	24 26	22 59
6	16:59:17	13 56 3	2Le 4	23 23	0Aq42	13 9	17 38	11 59	23 46	12 22	24 25	22 56
7	17: 3:14	14 56 58	13 56	24 26	1 37	13 55	17 47	12 4	23 44	12 22	24 24	22 52
8	17: 7:10	15 57 55	25 57	25 32	2 32	14 41	17 57	12 9	23 43	12 22	24 23	22 49
9	17:11: 7	16 58 53	8Vi11	26 42	3 26	15 28	18 6	12 14	23 42	12 23	24 22	22 46
10	17:15: 3	17 59 51	20 43	27 54	4 19	16 14	18 15	12 19	23 41	12 23	24 21	22 43
11	17:19: 0	19 0 52	3Li39	29 10	5 12	17 1	18 25	12 24	23 40	12 23	24 20	22 40
12	17:22:56	20 1 53	17 2	0Sg27	6 4	17 47	18 34	12 29	23 39	12 23	24 19	22 36
13	17:26:53	21 2 55	0Sc55	1 46	6 55	18 34	18 43	12 34	23 38	12 23	24 18	22 33
14	17:30:50	22 3 58	15 18	3 7	7 46	19 20	18 52	12 40	23 37	12 23	24 17	22 30
15	17:34:46	23 5 3	0Sg 7	4 29	8 36	20 7	19 0	12 45	23 36	12 23R	24 16	22 27
16	17:38:43	24 6 8	15 15	5 52	9 25	20 54	19 9	12 51	23 35	12 23	24 15	22 24
17	17:42:39	25 7 14	0Cp33	7 16	10 13	21 40	19 17	12 56	23 34	12 23	24 14	22 21
18	17:46:36	26 8 20	15 48	8 42	11 0	22 27	19 26	13 2	23 33	12 23	24 13	22 17
19	17:50:32	27 9 27	0Aq51	10 8	11 46	23 14	19 34	13 8	23 33	12 23	24 12	22 14
20	17:54:29	28 10 34	15 34	11 35	12 32	24 1	19 42	13 13	23 32	12 22	24 11	22 11
21	17:58:25	29 11 42	29 51	13 2	13 16	24 48	19 50	13 19	23 31	12 22	24 10	22 8
22	18: 2:22	0Cp12 49	13Pi42	14 30	13 59	25 34	19 58	13 25	23 31	12 22	24 8	22 5
23	18: 6:19	1 13 57	27 7	15 59	14 41	26 21	20 6	13 31	23 30	12 22	24 7	22 2
24	18:10:15	2 15 5	10Ar 9	17 28	15 22	27 8	20 13	13 37	23 30	12 22	24 6	21 58
25	18:14:12	3 16 12	22 52	18 57	16 2	27 55	20 21	13 43	23 29	12 21	24 5	21 55
26	18:18: 8	4 17 20	5Ta18	20 27	16 40	28 42	20 28	13 49	23 29	12 21	24 4	21 52
27	18:22: 5	5 18 28	17 33	21 58	17 17	29 29	20 35	13 55	23 29	12 21	24 2	21 49
28	18:26: 1	6 19 36	29 38	23 28	17 53	0Aq16	20 42	14 1	23 28	12 20	24 1	21 46
29	18:29:58	7 20 44	11Ge37	24 59	18 28	1 3	20 49	14 8	23 28	12 20	24 0	21 42
30	18:33:55	8 21 52	23 31	26 31	19 1	1 50	20 56	14 14	23 28	12 19	23 59	21 39
31	18:37:51	9 23 1	5Cn22	28 2	19 32	2 38	21 3	14 20	23 28	12 19	23 57	21 36

12/22 Sun in Cap. 6:58   12/2 Full 1:31   12/10 3rd Qt. 6:24   12/17 New 2:53   12/23 1st Qt. 20:09   12/31 Full 20:54

Day	Sid. T.	Sun	Moon	Merc.	Venus	Mars	Jup.	Saturn	Uranus	Nept.	Pluto	N.Node
1	18:41:48	10Cp24 9	17Cn12	29Sg34	20Aq 2	3Aq25	21Li 9	14Aq27	23Ar28R	12Vi18R	23Cn56R	21Aq33
2	18:45:44	11 25 17	29 3	1Cp 7	20 30	4 12	21 16	14 33	23 28D	12 17	23 55	21 30
3	18:49:40	12 26 26	10Le55	2 40	20 57	4 59	21 22	14 39	23 28	12 17	23 54	21 27
4	18:53:37	13 27 34	22 53	4 13	21 21	5 46	21 28	14 46	23 28	12 16	23 52	21 23
5	18:57:34	14 28 42	4Vi59	5 46	21 44	6 33	21 34	14 52	23 28	12 15	23 51	21 20
6	19: 1:30	15 29 51	17 16	7 20	22 5	7 21	21 39	14 59	23 28	12 15	23 50	21 17
7	19: 5:27	16 31 0	29 49	8 54	22 24	8 8	21 45	15 6	23 29	12 14	23 48	21 14
8	19: 9:23	17 32 8	12Li41	10 29	22 41	8 55	21 50	15 12	23 29	12 13	23 47	21 11
9	19:13:20	18 33 17	25 57	12 4	22 56	9 43	21 55	15 19	23 29	12 12	23 46	21 8
10	19:17:16	19 34 26	9Sc39	13 39	23 9	10 30	22 1	15 26	23 30	12 12	23 45	21 4
11	19:21:13	20 35 35	23 48	15 15	23 20	11 17	22 6	15 32	23 30	12 11	23 43	21 1
12	19:25:10	21 36 44	8Sg22	16 52	23 28	12 5	22 10	15 39	23 31	12 10	23 42	20 58
13	19:29: 6	22 37 53	23 18	18 29	23 34	12 52	22 15	15 46	23 31	12 9	23 41	20 55
14	19:33: 3	23 39 2	8Cp28	20 6	23 38	13 39	22 19	15 53	23 32	12 8	23 39	20 52
15	19:37: 0	24 40 10	23 43	21 44	23 39R	14 27	22 24	16 0	23 33	12 7	23 38	20 48
16	19:40:56	25 41 18	8Aq51	23 22	23 37	15 14	22 28	16 7	23 33	12 6	23 37	20 45
17	19:44:53	26 42 25	23 41	25 1	23 34	16 1	22 32	16 14	23 34	12 5	23 35	20 42
18	19:48:49	27 43 31	8Pi14	26 41	23 27	16 49	22 35	16 21	23 35	12 4	23 34	20 39
19	19:52:46	28 44 37	22 18	28 21	23 19	17 36	22 39	16 28	23 36	12 3	23 33	20 36
20	19:56:42	29 45 42	5Ar55	0Aq 1	23 7	18 24	22 42	16 35	23 37	12 2	23 32	20 33
21	20: 0:39	0Aq46 45	19 5	1 42	22 53	19 11	22 45	16 42	23 38	12 0	23 30	20 29
22	20: 4:35	1 47 48	1Ta52	3 24	22 37	19 59	22 48	16 49	23 39	11 59	23 29	20 26
23	20: 8:32	2 48 50	14 20	5 6	22 18	20 46	22 51	16 56	23 40	11 58	23 28	20 23
24	20:12:29	3 49 50	26 32	6 49	21 57	21 34	22 54	17 3	23 41	11 57	23 26	20 20
25	20:16:25	4 50 50	8Ge32	8 32	21 34	22 21	22 56	17 10	23 42	11 56	23 25	20 17
26	20:20:22	5 51 49	20 26	10 16	21 8	23 8	22 59	17 17	23 43	11 54	23 24	20 13
27	20:24:18	6 52 46	2Cn16	12 0	20 40	23 56	23 1	17 24	23 45	11 53	23 23	20 10
28	20:28:15	7 53 43	14 5	13 45	20 11	24 43	23 3	17 31	23 46	11 52	23 21	20 7
29	20:32:11	8 54 39	25 56	15 30	19 39	25 31	23 4	17 39	23 47	11 50	23 20	20 4
30	20:36: 8	9 55 33	7Le52	17 16	19 7	26 18	23 6	17 46	23 49	11 49	23 19	20 1
31	20:40: 5	10 56 26	19 53	19 2	18 32	27 6	23 7	17 53	23 50	11 48	23 18	19 58

1/20 Sun in Aqu. 17:37   1/8 3rd Qt. 21:36   1/15 New 13:37   1/22 1st Qt. 11:51   1/30 Full 16:32(E)

Day	Sid. T.	Sun	Moon	Merc.	Venus	Mars	Jup.	Saturn	Uranus	Nept.	Pluto	N.Node
1	20:44: 1	11Aq57 19	2Vi 2	20Aq48	17Aq57R	27Aq53	23Li 9	18Aq 0	23Ar52	11Vi46R	23Cn16R	19Aq54
2	20:47:58	12 58 10	14 21	22 34	17 21	28 41	23 10	18 7	23 53	11 45	23 15	19 51
3	20:51:54	13 59 0	26 51	24 20	16 44	29 28	23 10	18 14	23 55	11 44	23 14	19 48
4	20:55:51	14 59 50	9Li34	26 6	16 7	0Pi15	23 11	18 22	23 56	11 42	23 13	19 45
5	20:59:47	16 0 38	22 33	27 52	15 30	1 3	23 11	18 29	23 58	11 41	23 11	19 42
6	21: 3:44	17 1 26	5Sc50	29 37	14 52	1 50	23 12	18 36	24 0	11 39	23 10	19 39
7	21: 7:40	18 2 12	19 26	1Pi20	14 16	2 38	23 12R	18 43	24 2	11 38	23 9	19 35
8	21:11:37	19 2 58	3Sg23	3 3	13 40	3 25	23 12	18 51	24 4	11 36	23 8	19 32
9	21:15:33	20 3 43	17 39	4 44	13 4	4 12	23 11	18 58	24 5	11 35	23 7	19 29
10	21:19:30	21 4 27	2Cp12	6 23	12 30	5 0	23 11	19 5	24 7	11 33	23 6	19 26
11	21:23:26	22 5 10	16 59	7 59	11 58	5 47	23 10	19 12	24 9	11 32	23 4	19 23
12	21:27:23	23 5 51	1Aq54	9 33	11 26	6 35	23 9	19 19	24 11	11 30	23 3	19 19
13	21:31:20	24 6 32	16 48	11 3	10 57	7 22	23 8	19 27	24 13	11 28	23 2	19 16
14	21:35:16	25 7 10	1Pi33	12 28	10 29	8 9	23 7	19 34	24 15	11 27	23 1	19 13
15	21:39:13	26 7 48	16 3	13 49	10 4	8 57	23 5	19 41	24 18	11 25	23 0	19 10
16	21:43: 9	27 8 23	0Ar12	15 4	9 40	9 44	23 4	19 48	24 20	11 24	22 59	19 7
17	21:47: 6	28 8 57	13 56	16 13	9 19	10 31	23 2	19 55	24 22	11 22	22 58	19 4
18	21:51: 2	29 9 29	27 15	17 15	9 0	11 18	23 0	20 3	24 24	11 20	22 57	19 0
19	21:54:59	0Pi10 0	10Ta 9	18 9	8 44	12 6	22 57	20 10	24 27	11 19	22 56	18 57
20	21:58:56	1 10 28	22 41	18 55	8 30	12 53	22 55	20 17	24 29	11 17	22 55	18 54
21	22: 2:52	2 10 55	4Ge56	19 32	8 18	13 40	22 52	20 24	24 31	11 16	22 54	18 51
22	22: 6:49	3 11 20	16 57	20 0	8 9	14 27	22 50	20 31	24 34	11 14	22 53	18 48
23	22:10:45	4 11 43	28 50	20 18	8 2	15 14	22 47	20 38	24 36	11 12	22 51	18 45
24	22:14:42	5 12 4	10Cn39	20 26	7 58	16 2	22 44	20 45	24 39	11 11	22 51	18 41
25	22:18:38	6 12 24	22 28	20 25R	7 56	16 49	22 40	20 52	24 41	11 9	22 50	18 38
26	22:22:35	7 12 41	4Le22	20 14	7 57D	17 36	22 37	20 59	24 44	11 7	22 49	18 35
27	22:26:31	8 12 56	16 23	19 53	8 0	18 23	22 33	21 6	24 46	11 6	22 49	18 32
28	22:30:28	9 13 10	28 35	19 23	8 5	19 10	22 29	21 13	24 49	11 4	22 48	18 29

2/19 Sun in Pis. 8:02   2/7 3rd Qt. 9:22   2/14 New 0:44(E)   2/21 1st Qt. 6:05

MARCH 1934

Day	Sid. T.	Sun	Moon	Merc.	Venus	Mars	Jup.	Saturn	Uranus	Nept.	Pluto	N.Node
1	22:34:25	10Pi13 21	10Vi58	18Pi46R	8Aq13	19Pi57	22Li25R	21Aq20	24Ar51	11Vi 2R	22Cn47R	18Aq25
2	22:38:21	11 13 31	23 35	18 1	8 23	20 44	22 21	21 27	24 54	11 1	22 46	18 22
3	22:42:18	12 13 39	6Li26	17 10	8 35	21 31	22 17	21 34	24 57	10 59	22 45	18 19
4	22:46:14	13 13 46	19 30	16 14	8 49	22 18	22 12	21 41	25 0	10 57	22 44	18 16
5	22:50:11	14 13 51	2Sc48	15 15	9 6	23 5	22 8	21 48	25 2	10 56	22 44	18 13
6	22:54: 7	15 13 54	16 18	14 15	9 24	23 52	22 3	21 55	25 5	10 54	22 43	18 10
7	22:58: 4	16 13 56	0Sg 1	13 14	9 44	24 38	21 58	22 2	25 8	10 52	22 42	18 6
8	23: 2: 1	17 13 56	13 55	12 14	10 6	25 25	21 53	22 8	25 11	10 51	22 42	18 3
9	23: 5:57	18 13 54	28 1	11 16	10 30	26 12	21 48	22 15	25 14	10 49	22 41	18 0
10	23: 9:53	19 13 51	12Cp16	10 21	10 55	26 59	21 42	22 22	25 17	10 47	22 40	17 57
11	23:13:50	20 13 47	26 38	9 31	11 23	27 46	21 37	22 29	25 20	10 46	22 40	17 54
12	23:17:46	21 13 40	11Aq 5	8 46	11 52	28 32	21 31	22 35	25 22	10 44	22 39	17 51
13	23:21:43	22 13 32	25 32	8 6	12 22	29 19	21 25	22 42	25 25	10 42	22 38	17 47
14	23:25:40	23 13 22	9Pi55	7 33	12 54	0Ar 6	21 19	22 48	25 28	10 41	22 38	17 44
15	23:29:36	24 13 10	24 8	7 6	13 27	0 52	21 13	22 55	25 32	10 39	22 37	17 41
16	23:33:33	25 12 56	8Ar 7	6 45	14 2	1 39	21 7	23 2	25 35	10 37	22 37	17 38
17	23:37:29	26 12 40	21 46	6 30	14 38	2 25	21 1	23 8	25 38	10 36	22 36	17 35
18	23:41:26	27 12 22	5Ta 4	6 22	15 15	3 12	20 54	23 14	25 41	10 34	22 36	17 31
19	23:45:22	28 12 2	18 0	6 20D	15 53	3 58	20 48	23 21	25 44	10 33	22 35	17 28
20	23:49:19	29 11 39	0Ge35	6 24	16 33	4 45	20 41	23 27	25 47	10 31	22 35	17 25
21	23:53:16	0Ar11 15	12 53	6 33	17 14	5 31	20 34	23 33	25 50	10 30	22 35	17 22
22	23:57:12	1 10 48	24 55	6 48	17 56	6 17	20 27	23 40	25 53	10 28	22 34	17 19
23	0: 1: 9	2 10 19	6Cn49	7 7	18 38	7 4	20 21	23 46	25 57	10 26	22 34	17 16
24	0: 5: 5	3 9 47	18 38	7 33	19 22	7 50	20 13	23 52	26 0	10 25	22 34	17 12
25	0: 9: 2	4 9 13	0Le28	8 3	20 7	8 36	20 6	23 58	26 3	10 23	22 33	17 9
26	0:12:58	5 8 37	12 24	8 37	20 53	9 22	19 59	24 4	26 6	10 22	22 33	17 6
27	0:16:55	6 7 59	24 30	9 15	21 39	10 9	19 52	24 10	26 10	10 20	22 33	17 3
28	0:20:51	7 7 18	6Vi51	9 56	22 27	10 55	19 45	24 16	26 13	10 19	22 33	17 0
29	0:24:48	8 6 35	19 28	10 42	23 15	11 41	19 37	24 22	26 16	10 18	22 32	16 57
30	0:28:44	9 5 50	2Li23	11 31	24 4	12 27	19 30	24 28	26 20	10 16	22 32	16 53
31	0:32:41	10 5 3	15 36	12 23	24 54	13 13	19 22	24 34	26 23	10 15	22 32	16 50

3/21 Sun in Ari. 7:28   3/1 Full 10:26   3/8 3rd Qt. 18:06   3/15 New 12:09   3/23 1st Qt. 1:45   3/31 Full 1:15

APRIL 1934

Day	Sid. T.	Sun	Moon	Merc.	Venus	Mars	Jup.	Saturn	Uranus	Nept.	Pluto	N.Node
1	0:36:37	11Ar 4 14	29Li 6	13Pi19	25Aq44	13Ar59	19Li15R	24Aq39	26Ar26	10Vi13R	22Cn32R	16Aq47
2	0:40:34	12 3 23	12Sc49	14 17	26 35	14 45	19 7	24 45	26 30	10 12	22 32	16 44
3	0:44:31	13 2 30	26 44	15 18	27 27	15 30	19 0	24 51	26 33	10 11	22 32	16 41
4	0:48:27	14 1 36	10Sg45	16 22	28 19	16 16	18 52	24 56	26 36	10 9	22 32	16 37
5	0:52:24	15 0 39	24 51	17 28	29 12	17 2	18 44	25 2	26 40	10 8	22 32	16 34
6	0:56:20	15 59 41	8Cp59	18 36	0Pi 6	17 48	18 37	25 7	26 43	10 7	22 32D	16 31
7	1: 0:17	16 58 42	23 6	19 47	1 0	18 33	18 29	25 13	26 46	10 5	22 32	16 28
8	1: 4:13	17 57 40	7Aq13	21 0	1 55	19 19	18 21	25 18	26 50	10 4	22 32	16 25
9	1: 8:10	18 56 37	21 18	22 16	2 50	20 5	18 14	25 23	26 53	10 3	22 32	16 22
10	1:12: 7	19 55 32	5Pi19	23 33	3 46	20 50	18 6	25 28	26 57	10 2	22 32	16 18
11	1:16: 3	20 54 25	19 15	24 52	4 43	21 36	17 58	25 34	27 0	10 0	22 32	16 15
12	1:20: 0	21 53 16	3Ar 3	26 13	5 39	22 21	17 51	25 39	27 4	9 59	22 32	16 12
13	1:23:56	22 52 5	16 40	27 37	6 37	23 7	17 43	25 44	27 7	9 58	22 32	16 9
14	1:27:53	23 50 53	0Ta 2	29 1	7 34	23 52	17 35	25 49	27 10	9 57	22 33	16 6
15	1:31:49	24 49 38	13 9	0Ar28	8 32	24 37	17 28	25 53	27 14	9 56	22 33	16 2
16	1:35:46	25 48 22	25 57	1 57	9 31	25 23	17 20	25 58	27 17	9 55	22 33	15 59
17	1:39:42	26 47 3	8Ge29	3 27	10 30	26 8	17 12	26 3	27 21	9 54	22 33	15 56
18	1:43:39	27 45 42	20 44	4 59	11 29	26 53	17 5	26 8	27 24	9 53	22 34	15 53
19	1:47:36	28 44 19	2Cn46	6 33	12 29	27 38	16 58	26 12	27 28	9 52	22 34	15 50
20	1:51:32	29 42 54	14 39	8 8	13 29	28 23	16 50	26 17	27 31	9 51	22 34	15 47
21	1:55:29	0Ta41 27	26 28	9 45	14 29	29 8	16 43	26 21	27 34	9 50	22 35	15 43
22	1:59:25	1 39 57	8Le18	11 24	15 30	29 53	16 36	26 25	27 38	9 49	22 35	15 40
23	2: 3:22	2 38 26	20 15	13 5	16 31	0Ta38	16 28	26 30	27 41	9 48	22 36	15 37
24	2: 7:18	3 36 52	2Vi23	14 47	17 32	1 23	16 21	26 34	27 45	9 47	22 36	15 34
25	2:11:15	4 35 16	14 48	16 31	18 34	2 8	16 14	26 38	27 48	9 46	22 37	15 31
26	2:15:12	5 33 38	27 33	18 17	19 36	2 52	16 7	26 42	27 52	9 45	22 37	15 28
27	2:19: 8	6 31 58	10Li41	20 4	20 38	3 37	16 0	26 46	27 55	9 44	22 38	15 24
28	2:23: 4	7 30 16	24 12	21 53	21 40	4 22	15 54	26 50	27 58	9 44	22 38	15 21
29	2:27: 1	8 28 32	8Sc 4	23 44	22 43	5 6	15 47	26 54	28 2	9 43	22 39	15 18
30	2:30:57	9 26 47	22 13	25 37	23 46	5 51	15 40	26 57	28 5	9 43	22 39	15 15

4/20 Sun in Tau. 19:00   4/7 3rd Qt. 0:49   4/13 New 23:57   4/21 1st Qt. 21:21   4/29 Full 12:46

Day	Sid. T.	Sun	Moon	Merc.	Venus	Mars	Jup.	Saturn	Uranus	Nept.	Pluto	N.Node
1	2:34:54	10Ta25 0	6Sg35	27Ar31	24Pi49	6Ta36	15Li34R	27Aq 1	28Ar 9	9Vi42R	22Cn40	15Aq12
2	2:38:51	11 23 11	21 2	29 27	25 52	7 20	15 28	27 5	28 12	9 42	22 41	15 8
3	2:42:47	12 21 21	5Cp28	1Ta25	26 56	8 4	15 21	27 8	28 15	9 41	22 41	15 5
4	2:46:44	13 19 29	19 50	3 24	28 0	8 49	15 15	27 11	28 19	9 40	22 42	15 2
5	2:50:40	14 17 36	4Aq 4	5 25	29 4	9 33	15 9	27 15	28 22	9 40	22 43	14 59
6	2:54:37	15 15 41	18 9	7 28	0Ar 8	10 17	15 3	27 18	28 25	9 39	22 43	14 56
7	2:58:33	16 13 45	2Pi 3	9 32	1 13	11 1	14 58	27 21	28 29	9 39	22 44	14 53
8	3: 2:30	17 11 48	15 47	11 38	2 18	11 46	14 52	27 24	28 32	9 39	22 45	14 49
9	3: 6:27	18 9 49	29 21	13 45	3 23	12 30	14 47	27 27	28 35	9 38	22 46	14 46
10	3:10:23	19 7 49	12Ar45	15 53	4 28	13 14	14 41	27 30	28 39	9 38	22 46	14 43
11	3:14:20	20 5 48	25 58	18 2	5 33	13 58	14 36	27 33	28 42	9 37	22 47	14 40
12	3:18:16	21 3 45	8Ta59	20 12	6 38	14 42	14 31	27 35	28 45	9 37	22 48	14 37
13	3:22:13	22 1 40	21 47	22 23	7 44	15 26	14 26	27 38	28 48	9 37	22 49	14 34
14	3:26: 9	22 59 35	4Ge21	24 34	8 50	16 9	14 21	27 40	28 52	9 37	22 50	14 30
15	3:30: 6	23 57 27	16 42	26 45	9 56	16 53	14 17	27 43	28 55	9 36	22 51	14 27
16	3:34: 2	24 55 18	28 51	28 56	11 2	17 37	14 12	27 45	28 58	9 36	22 52	14 24
17	3:37:59	25 53 8	10Cn49	1Ge 7	12 8	18 21	14 8	27 47	29 1	9 36	22 53	14 21
18	3:41:56	26 50 56	22 40	3 16	13 14	19 4	14 4	27 49	29 4	9 36	22 54	14 18
19	3:45:52	27 48 42	4Le28	5 25	14 21	19 48	14 0	27 51	29 7	9 36	22 55	14 14
20	3:49:49	28 46 27	16 16	7 33	15 28	20 31	13 56	27 53	29 11	9 36	22 56	14 11
21	3:53:45	29 44 10	28 12	9 39	16 34	21 15	13 52	27 55	29 14	9 36D	22 57	14 8
22	3:57:42	0Ge41 51	10Vi20	11 43	17 41	21 58	13 49	27 57	29 17	9 36	22 58	14 5
23	4: 1:38	1 39 31	22 44	13 45	18 48	22 42	13 46	27 58	29 20	9 36	22 59	14 2
24	4: 5:35	2 37 9	5Li31	15 45	19 56	23 25	13 43	28 0	29 23	9 36	23 0	13 59
25	4: 9:32	3 34 46	18 44	17 43	21 3	24 8	13 40	28 1	29 26	9 36	23 1	13 55
26	4:13:28	4 32 22	2Sc23	19 38	22 10	24 51	13 37	28 3	29 29	9 36	23 2	13 52
27	4:17:25	5 29 56	16 28	21 31	23 18	25 35	13 34	28 4	29 32	9 36	23 3	13 49
28	4:21:21	6 27 29	0Sg56	23 21	24 25	26 18	13 32	28 5	29 35	9 37	23 5	13 46
29	4:25:18	7 25 0	15 39	25 9	25 33	27 1	13 30	28 6	29 37	9 37	23 6	13 43
30	4:29:14	8 22 31	0Cp30	26 54	26 41	27 44	13 27	28 7	29 40	9 37	23 7	13 40
31	4:33:11	9 20 1	15 20	28 36	27 49	28 27	13 26	28 8	29 43	9 37	23 8	13 36

5/21 Sun in Gem. 18:35   5/6 3rd Qt. 6:41   5/13 New 12:30   5/21 1st Qt. 15:20   5/28 Full 21:42

Day	Sid. T.	Sun	Moon	Merc.	Venus	Mars	Jup.	Saturn	Uranus	Nept.	Pluto	N.Node
1	4:37: 7	10Ge17 30	0Aq 3	0Cn15	28Ar57	29Ta 9	13Li24R	28Aq 9	29Ar46	9Vi38	23Cn 9	13Aq33
2	4:41: 4	11 14 58	14 32	1 51	0Ta 5	29 52	13 22	28 9	29 49	9 38	23 11	13 30
3	4:45: 1	12 12 25	28 46	3 24	1 13	0Ge35	13 21	28 10	29 52	9 39	23 12	13 27
4	4:48:57	13 9 52	12Pi42	4 55	2 22	1 18	13 20	28 10	29 54	9 39	23 13	13 24
5	4:52:54	14 7 18	26 20	6 22	3 30	2 0	13 19	28 11	29 57	9 39	23 14	13 20
6	4:56:50	15 4 43	9Ar43	7 47	4 39	2 43	13 18	28 11	0Ta 0	9 40	23 16	13 17
7	5: 0:47	16 2 8	22 50	9 8	5 47	3 26	13 17	28 11	0 2	9 40	23 17	13 14
8	5: 4:43	16 59 32	5Ta44	10 26	6 56	4 8	13 17	28 11	0 5	9 41	23 18	13 11
9	5: 8:40	17 56 55	18 25	11 42	8 5	4 50	13 17	28 11R	0 7	9 42	23 20	13 8
10	5:12:37	18 54 18	0Ge55	12 54	9 14	5 33	13 16D	28 11	0 10	9 42	23 21	13 5
11	5:16:33	19 51 41	13 14	14 3	10 23	6 15	13 16	28 11	0 12	9 43	23 23	13 1
12	5:20:30	20 49 2	25 22	15 8	11 32	6 58	13 17	28 11	0 15	9 44	23 24	12 58
13	5:24:26	21 46 23	7Cn22	16 11	12 41	7 40	13 17	28 10	0 17	9 44	23 25	12 55
14	5:28:23	22 43 43	19 14	17 9	13 50	8 22	13 18	28 10	0 20	9 45	23 27	12 52
15	5:32:19	23 41 2	1Le 7	18 5	15 0	9 4	13 19	28 9	0 22	9 46	23 28	12 49
16	5:36:16	24 38 21	12 49	18 56	16 9	9 46	13 20	28 8	0 25	9 47	23 30	12 46
17	5:40:12	25 35 39	24 37	19 44	17 19	10 28	13 21	28 8	0 27	9 48	23 31	12 42
18	5:44: 9	26 32 56	6Vi33	20 29	18 28	11 10	13 22	28 7	0 29	9 48	23 33	12 39
19	5:48: 6	27 30 12	18 40	21 9	19 38	11 52	13 24	28 6	0 31	9 49	23 34	12 36
20	5:52: 2	28 27 27	1Li 3	21 45	20 47	12 34	13 25	28 5	0 33	9 50	23 35	12 33
21	5:55:59	29 24 42	13 48	22 18	21 57	13 16	13 27	28 3	0 36	9 51	23 37	12 29
22	5:59:55	0Cn21 56	26 58	22 46	23 7	13 58	13 29	28 2	0 38	9 52	23 38	12 26
23	6: 3:52	1 19 9	10Sc36	23 9	24 17	14 39	13 31	28 1	0 40	9 53	23 40	12 23
24	6: 7:48	2 16 22	24 42	23 28	25 27	15 21	13 34	27 59	0 42	9 54	23 41	12 20
25	6:11:45	3 13 34	9Sg14	23 43	26 37	16 2	13 36	27 58	0 44	9 55	23 43	12 17
26	6:15:42	4 10 46	24 6	23 53	27 47	16 44	13 39	27 56	0 46	9 57	23 45	12 14
27	6:19:38	5 7 58	9Cp11	23 59	28 57	17 26	13 42	27 54	0 48	9 58	23 46	12 11
28	6:23:35	6 5 9	24 19	24 0R	0Ge 7	18 7	13 45	27 52	0 50	9 59	23 48	12 7
29	6:27:31	7 2 21	9Aq21	23 56	1 17	18 48	13 48	27 50	0 51	10 0	23 49	12 4
30	6:31:28	7 59 32	24 9	23 48	2 28	19 30	13 52	27 48	0 53	10 1	23 51	12 1

6/22 Sun in Can. 2:48   6/4 3rd Qt. 12:53   6/12 New 2:12   6/20 1st Qt. 6:37   6/27 Full 5:08

JULY 1934

Day	Sid. T.	Sun	Moon	Merc.	Venus	Mars	Jup.	Saturn	Uranus	Nept.	Pluto	N.Node
1	6:35:24	8Cn56 43	8Pi37	23Cn35R	3Ge38	20Ge11	13Li55	27Aq46R	0Ta55	10Vi 3	23Cn52	11Aq58
2	6:39:21	9 53 55	22 43	23 19	4 48	20 52	13 59	27 44	0 57	10 4	23 54	11 55
3	6:43:17	10 51 7	6Ar26	22 58	5 59	21 33	14 3	27 42	0 58	10 5	23 55	11 51
4	6:47:14	11 48 19	19 47	22 33	7 9	22 15	14 7	27 39	1 0	10 6	23 57	11 48
5	6:51:10	12 45 31	2Ta48	22 5	8 20	22 56	14 11	27 37	1 2	10 8	23 59	11 45
6	6:55: 7	13 42 44	15 31	21 34	9 31	23 37	14 15	27 35	1 3	10 9	24 0	11 42
7	6:59: 3	14 39 56	27 59	21 0	10 41	24 18	14 20	27 32	1 5	10 11	24 2	11 39
8	7: 3: 0	15 37 10	10Ge15	20 24	11 52	24 59	14 25	27 29	1 6	10 12	24 3	11 36
9	7: 6:57	16 34 23	22 20	19 46	13 3	25 40	14 29	27 26	1 7	10 13	24 5	11 32
10	7:10:53	17 31 37	4Cn18	19 8	14 14	26 20	14 34	27 24	1 9	10 15	24 7	11 29
11	7:14:50	18 28 51	16 10	18 30	15 25	27 1	14 40	27 21	1 10	10 16	24 8	11 26
12	7:18:46	19 26 6	27 59	17 52	16 36	27 42	14 45	27 18	1 11	10 18	24 10	11 23
13	7:22:43	20 23 20	9Le45	17 15	17 47	28 23	14 50	27 15	1 13	10 20	24 11	11 20
14	7:26:39	21 20 35	21 33	16 39	18 58	29 3	14 56	27 11	1 14	10 21	24 13	11 17
15	7:30:36	22 17 49	3Vi25	16 7	20 10	29 44	15 2	27 8	1 15	10 23	24 15	11 13
16	7:34:33	23 15 4	15 23	15 37	21 21	0Cn24	15 7	27 5	1 16	10 24	24 16	11 10
17	7:38:29	24 12 20	27 33	15 10	22 32	1 5	15 13	27 1	1 17	10 26	24 18	11 7
18	7:42:26	25 9 35	9Li57	14 48	23 43	1 45	15 20	26 58	1 18	10 28	24 20	11 4
19	7:46:22	26 6 50	22 40	14 30	24 55	2 26	15 26	26 55	1 19	10 29	24 21	11 1
20	7:50:19	27 4 6	5Sc46	14 17	26 6	3 6	15 32	26 51	1 20	10 31	24 23	10 57
21	7:54:15	28 1 22	19 17	14 9	27 18	3 46	15 39	26 47	1 21	10 33	24 24	10 54
22	7:58:12	28 58 39	3Sg16	14 7D	28 29	4 26	15 46	26 44	1 21	10 35	24 26	10 51
23	8: 2: 8	29 55 55	17 40	14 10	29 41	5 7	15 52	26 40	1 22	10 36	24 28	10 48
24	8: 6: 5	0Le53 12	2Cp27	14 19	0Cn53	5 47	15 59	26 36	1 23	10 38	24 29	10 45
25	8:10: 2	1 50 30	17 31	14 34	2 4	6 27	16 6	26 32	1 23	10 40	24 31	10 42
26	8:13:58	2 47 48	2Aq43	14 55	3 16	7 7	16 14	26 28	1 24	10 42	24 33	10 38
27	8:17:55	3 45 7	17 53	15 22	4 28	7 47	16 21	26 24	1 25	10 44	24 34	10 35
28	8:21:51	4 42 26	2Pi54	15 55	5 40	8 27	16 29	26 20	1 25	10 45	24 36	10 32
29	8:25:48	5 39 47	17 36	16 34	6 52	9 7	16 36	26 16	1 26	10 47	24 37	10 29
30	8:29:44	6 37 8	1Ar54	17 19	8 4	9 46	16 44	26 12	1 26	10 49	24 39	10 26
31	8:33:41	7 34 30	15 47	18 10	9 16	10 26	16 52	26 8	1 26	10 51	24 40	10 23

7/23 Sun in Leo 13:43   7/3 3rd Qt. 20:28   7/11 New 17:06   7/19 1st Qt. 18:53   7/26 Full 12:09(E)

AUGUST 1934

Day	Sid. T.	Sun	Moon	Merc.	Venus	Mars	Jup.	Saturn	Uranus	Nept.	Pluto	N.Node
1	8:37:38	8Le31 54	29Ar13	19Cn 7	10Cn28	11Cn 6	17Li 0	26Aq 4R	1Ta27	10Vi53	24Cn42	10Aq19
2	8:41:34	9 29 19	12Ta15	20 9	11 40	11 46	17 8	26 0	1 27	10 55	24 44	10 16
3	8:45:31	10 26 45	24 55	21 17	12 52	12 25	17 16	25 56	1 27	10 57	24 45	10 13
4	8:49:27	11 24 12	7Ge17	22 30	14 5	13 5	17 24	25 51	1 27	10 59	24 47	10 10
5	8:53:24	12 21 41	19 25	23 49	15 17	13 44	17 33	25 47	1 27	11 1	24 48	10 7
6	8:57:20	13 19 10	1Cn23	25 13	16 29	14 24	17 41	25 43	1 27	11 3	24 50	10 3
7	9: 1:17	14 16 41	13 14	26 42	17 42	15 3	17 50	25 38	1 27R	11 5	24 51	10 0
8	9: 5:13	15 14 13	25 2	28 15	18 54	15 43	17 59	25 34	1 27	11 7	24 53	9 57
9	9: 9:10	16 11 46	6Le49	29 52	20 7	16 22	18 8	25 29	1 27	11 9	24 55	9 54
10	9:13: 6	17 9 21	18 37	1Le34	21 19	17 1	18 17	25 25	1 27	11 11	24 56	9 51
11	9:17: 3	18 6 56	0Vi30	3 19	22 32	17 41	18 26	25 21	1 27	11 13	24 58	9 48
12	9:21: 0	19 4 33	12 29	5 8	23 45	18 20	18 35	25 16	1 27	11 15	24 59	9 44
13	9:24:56	20 2 10	24 37	6 59	24 57	18 59	18 44	25 12	1 26	11 17	25 1	9 41
14	9:28:53	20 59 49	6Li55	8 53	26 10	19 38	18 54	25 7	1 26	11 19	25 2	9 38
15	9:32:49	21 57 28	19 27	10 49	27 23	20 17	19 3	25 3	1 26	11 22	25 4	9 35
16	9:36:46	22 55 9	2Sc14	12 46	28 36	20 56	19 13	24 58	1 25	11 24	25 5	9 32
17	9:40:42	23 52 51	15 19	14 45	29 49	21 35	19 22	24 53	1 25	11 26	25 6	9 29
18	9:44:39	24 50 34	28 45	16 45	1Le 2	22 14	19 32	24 49	1 24	11 28	25 8	9 25
19	9:48:36	25 48 18	12Sg33	18 46	2 15	22 53	19 42	24 44	1 24	11 30	25 9	9 22
20	9:52:32	26 46 3	26 44	20 47	3 28	23 32	19 52	24 40	1 23	11 32	25 11	9 19
21	9:56:29	27 43 49	11Cp15	22 48	4 41	24 11	20 2	24 35	1 22	11 34	25 12	9 16
22	10: 0:25	28 41 36	26 4	24 49	5 54	24 49	20 12	24 31	1 22	11 37	25 14	9 13
23	10: 4:22	29 39 25	11Aq 5	26 49	7 7	25 28	20 23	24 26	1 21	11 39	25 15	9 9
24	10: 8:18	0Vi37 15	26 9	28 49	8 20	26 7	20 33	24 22	1 20	11 41	25 16	9 6
25	10:12:15	1 35 6	11Pi 9	0Vi48	9 33	26 45	20 43	24 17	1 19	11 43	25 18	9 3
26	10:16:11	2 32 59	25 55	2 46	10 47	27 24	20 54	24 13	1 18	11 45	25 19	9 0
27	10:20: 8	3 30 54	10Ar20	4 43	12 0	28 2	21 4	24 8	1 17	11 48	25 20	8 57
28	10:24: 4	4 28 50	24 21	6 39	13 14	28 41	21 15	24 4	1 16	11 50	25 22	8 54
29	10:28: 1	5 26 48	7Ta54	8 35	14 27	29 19	21 26	24 0	1 15	11 52	25 23	8 50
30	10:31:58	6 24 48	21 0	10 28	15 41	29 57	21 37	23 55	1 14	11 54	25 24	8 47
31	10:35:54	7 22 50	3Ge42	12 21	16 54	0Le35	21 48	23 51	1 13	11 56	25 26	8 44

8/23 Sun in Vir. 20:33   8/2 3rd Qt. 6:27   8/10 New 8:46(E)   8/18 1st Qt. 4:33   8/24 Full 19:37   8/31 3rd Qt. 19:40

Day	Sid. T.	Sun	Moon	Merc.	Venus	Mars	Jup.	Saturn	Uranus	Nept.	Pluto	N.Node
1	10:39:51	8Vi20 54	16Ge 4	14Vi13	18Le 8	1Le14	21Li58	23Aq47R	1Ta12R	11Vi59	25Cn27	8Aq41
2	10:43:47	9 18 59	28 10	16 3	19 21	1 52	22 10	23 42	1 11	12 1	25 28	8 38
3	10:47:44	10 17 7	10Cn 5	17 52	20 35	2 30	22 21	23 38	1 10	12 3	25 29	8 35
4	10:51:40	11 15 17	21 53	19 40	21 49	3 8	22 32	23 34	1 8	12 5	25 30	8 31
5	10:55:37	12 13 28	3Le40	21 27	23 3	3 46	22 43	23 30	1 7	12 8	25 32	8 28
6	10:59:34	13 11 42	15 28	23 12	24 16	4 24	22 54	23 26	1 6	12 10	25 33	8 25
7	11: 3:30	14 9 57	27 22	24 56	25 30	5 2	23 6	23 22	1 4	12 12	25 34	8 22
8	11: 7:26	15 8 14	9Vi24	26 39	26 44	5 40	23 17	23 18	1 3	12 14	25 35	8 19
9	11:11:23	16 6 33	21 35	28 21	27 58	6 18	23 29	23 14	1 1	12 17	25 36	8 15
10	11:15:20	17 4 53	3Li57	0Li 2	29 12	6 56	23 40	23 10	1 0	12 19	25 37	8 12
11	11:19:16	18 3 16	16 31	1 42	0Vi26	7 33	23 52	23 6	0 58	12 21	25 38	8 9
12	11:23:13	19 1 40	29 17	3 20	1 40	8 11	24 4	23 2	0 56	12 23	25 40	8 6
13	11:27: 9	20 0 5	12Sc17	4 58	2 54	8 49	24 16	22 58	0 55	12 25	25 41	8 3
14	11:31: 6	20 58 33	25 30	6 34	4 8	9 26	24 27	22 54	0 53	12 28	25 42	8 0
15	11:35: 3	21 57 2	8Sg58	8 9	5 23	10 4	24 39	22 51	0 51	12 30	25 43	7 56
16	11:38:59	22 55 33	22 42	9 44	6 37	10 41	24 51	22 47	0 50	12 32	25 44	7 53
17	11:42:56	23 54 5	6Cp41	11 17	7 51	11 19	25 3	22 44	0 48	12 34	25 45	7 50
18	11:46:52	24 52 39	20 55	12 49	9 5	11 56	25 15	22 40	0 46	12 36	25 46	7 47
19	11:50:49	25 51 15	5Aq23	14 20	10 20	12 33	25 27	22 37	0 44	12 39	25 46	7 44
20	11:54:45	26 49 52	20 2	15 50	11 34	13 10	25 40	22 33	0 42	12 41	25 47	7 40
21	11:58:42	27 48 31	4Pi47	17 19	12 48	13 48	25 52	22 30	0 40	12 43	25 48	7 37
22	12: 2:39	28 47 11	19 30	18 47	14 3	14 25	26 4	22 27	0 38	12 45	25 49	7 34
23	12: 6:35	29 45 54	4Ar 6	20 14	15 17	15 2	26 16	22 24	0 36	12 47	25 50	7 31
24	12:10:31	0Li44 39	18 26	21 40	16 32	15 39	26 29	22 21	0 34	12 49	25 51	7 28
25	12:14:28	1 43 25	2Ta26	23 4	17 46	16 16	26 41	22 18	0 32	12 52	25 52	7 25
26	12:18:24	2 42 14	16 1	24 28	19 1	16 53	26 53	22 15	0 30	12 54	25 52	7 21
27	12:22:21	3 41 5	29 10	25 51	20 15	17 30	27 6	22 12	0 28	12 56	25 53	7 18
28	12:26:18	4 39 59	11Ge54	27 12	21 30	18 6	27 18	22 9	0 26	12 58	25 54	7 15
29	12:30:14	5 38 54	24 18	28 32	22 44	18 43	27 31	22 7	0 24	13 0	25 54	7 12
30	12:34:11	6 37 52	6Cn24	29 51	23 59	19 20	27 43	22 4	0 22	13 2	25 55	7 9

9/23 Sun in Lib. 17:46   9/9 New 0:20   9/16 1st Qt. 12:26   9/23 Full 4:19   9/30 3rd Qt. 12:29

Day	Sid. T.	Sun	Moon	Merc.	Venus	Mars	Jup.	Saturn	Uranus	Nept.	Pluto	N.Node
1	12:38: 7	7Li36 53	18Cn19	1Sc 8	25Vi14	19Le57	27Li56	22Aq 2R	0Ta20R	13Vi 4	25Cn56	7Aq 6
2	12:42: 4	8 35 55	0Le 8	2 25	26 28	20 33	28 9	21 59	0 17	13 6	25 57	7 2
3	12:46: 0	9 35 0	11 55	3 39	27 43	21 10	28 21	21 57	0 15	13 8	25 57	6 59
4	12:49:57	10 34 7	23 46	4 53	28 58	21 46	28 34	21 55	0 13	13 10	25 58	6 56
5	12:53:54	11 33 16	5Vi45	6 4	0Li13	22 23	28 47	21 53	0 11	13 12	25 58	6 53
6	12:57:50	12 32 28	17 56	7 14	1 27	22 59	29 0	21 51	0 8	13 14	25 59	6 50
7	13: 1:47	13 31 41	0Li21	8 22	2 42	23 35	29 12	21 49	0 6	13 16	26 0	6 46
8	13: 5:43	14 30 57	13 0	9 28	3 57	24 11	29 25	21 47	0 4	13 18	26 0	6 43
9	13: 9:40	15 30 15	25 54	10 32	5 12	24 48	29 38	21 45	0 1	13 20	26 0	6 40
10	13:13:36	16 29 35	9Sc 2	11 33	6 27	25 24	29 51	21 43	29Ar59	13 22	26 1	6 37
11	13:17:33	17 28 56	22 23	12 32	7 42	26 0	0Sc 4	21 42	29 56	13 24	26 1	6 34
12	13:21:29	18 28 20	5Sg55	13 28	8 57	26 36	0 17	21 40	29 54	13 26	26 2	6 31
13	13:25:26	19 27 46	19 36	14 20	10 12	27 12	0 30	21 39	29 52	13 28	26 2	6 27
14	13:29:23	20 27 13	3Cp26	15 10	11 27	27 48	0 43	21 38	29 49	13 30	26 3	6 24
15	13:33:19	21 26 42	17 23	15 55	12 42	28 23	0 56	21 36	29 47	13 32	26 3	6 21
16	13:37:16	22 26 13	1Aq27	16 37	13 57	28 59	1 9	21 35	29 44	13 33	26 3	6 18
17	13:41:12	23 25 45	15 38	17 13	15 12	29 35	1 22	21 34	29 42	13 35	26 3	6 15
18	13:45: 9	24 25 19	29 54	17 45	16 27	0Vi10	1 35	21 34	29 40	13 37	26 4	6 12
19	13:49: 5	25 24 54	14Pi13	18 12	17 42	0 46	1 48	21 33	29 37	13 39	26 4	6 8
20	13:53: 2	26 24 33	28 32	18 32	18 57	1 21	2 1	21 32	29 35	13 41	26 4	6 5
21	13:56:59	27 24 12	12Ar45	18 46	20 12	1 57	2 14	21 31	29 32	13 42	26 4	6 2
22	14: 0:55	28 23 54	26 46	18 52	21 27	2 32	2 27	21 31	29 30	13 44	26 4	5 59
23	14: 4:52	29 23 37	10Ta32	18 51R	22 43	3 7	2 40	21 31	29 27	13 46	26 5	5 56
24	14: 8:48	0Sc23 23	23 59	18 42	23 58	3 42	2 53	21 30	29 25	13 47	26 5	5 52
25	14:12:45	1 23 10	7Ge 3	18 24	25 13	4 18	3 6	21 30	29 22	13 49	26 5	5 49
26	14:16:41	2 23 0	19 46	17 57	26 28	4 53	3 19	21 30	29 20	13 51	26 5	5 46
27	14:20:38	3 22 52	2Cn10	17 21	27 43	5 28	3 32	21 30	29 18D	13 52	26 5	5 43
28	14:24:34	4 22 46	14 17	16 35	28 58	6 2	3 46	21 30	29 15	13 54	26 5R	5 40
29	14:28:31	5 22 42	26 12	15 41	0Sc14	6 37	3 59	21 30	29 13	13 55	26 5	5 37
30	14:32:27	6 22 41	8Le 1	14 39	1 29	7 12	4 12	21 31	29 10	13 57	26 5	5 33
31	14:36:24	7 22 41	19 49	13 30	2 44	7 47	4 25	21 31	29 8	13 58	26 5	5 30

10/24 Sun in Sco. 2:37   10/8 New 15:05   10/15 1st Qt. 19:29   10/22 Full 15:01   10/30 3rd Qt. 8:22

NOVEMBER 1934

Day	Sid. T.	Sun	Moon	Merc.	Venus	Mars	Jup.	Saturn	Uranus	Nept.	Pluto	N.Node
1	14:40:20	8Sc22 44	1Vi41	12Sc16R	3Sc59	8Vi21	4Sc38	21Aq32	29Ar 5R	14Vi 0	26Cn 5R	5Aq27
2	14:44:17	9 22 48	13 44	10 59	5 15	8 56	4 51	21 32	29 3	14 1	26 4	5 24
3	14:48:14	10 22 55	26 0	9 41	6 30	9 30	5 4	21 33	29 1	14 3	26 4	5 21
4	14:52:10	11 23 4	8Li35	8 24	7 45	10 4	5 17	21 34	28 58	14 4	26 4	5 18
5	14:56: 7	12 23 15	21 28	7 11	9 1	10 39	5 30	21 35	28 56	14 5	26 4	5 14
6	15: 0: 3	13 23 28	4Sc42	6 5	10 16	11 13	5 43	21 36	28 53	14 7	26 4	5 11
7	15: 4: 0	14 23 42	18 13	5 6	11 31	11 47	5 56	21 37	28 51	14 8	26 3	5 8
8	15: 7:56	15 23 59	2Sg 0	4 18	12 47	12 21	6 9	21 39	28 49	14 9	26 3	5 5
9	15:11:53	16 24 17	15 57	3 40	14 2	12 55	6 22	21 40	28 46	14 11	26 3	5 2
10	15:15:50	17 24 37	0Cp 2	3 14	15 17	13 29	6 35	21 41	28 44	14 12	26 2	4 58
11	15:19:46	18 24 58	14 10	3 0	16 33	14 2	6 48	21 43	28 42	14 13	26 2	4 55
12	15:23:43	19 25 20	28 19	2 57D	17 48	14 36	7 1	21 45	28 40	14 14	26 2	4 52
13	15:27:39	20 25 44	12Aq26	3 5	19 4	15 9	7 14	21 46	28 37	14 15	26 1	4 49
14	15:31:36	21 26 10	26 31	3 24	20 19	15 43	7 27	21 48	28 35	14 17	26 1	4 46
15	15:35:32	22 26 36	10Pi33	3 52	21 34	16 16	7 40	21 50	28 33	14 18	26 0	4 43
16	15:39:29	23 27 4	24 32	4 29	22 50	16 49	7 53	21 52	28 31	14 19	26 0	4 39
17	15:43:25	24 27 33	8Ar25	5 13	24 5	17 23	8 6	21 54	28 29	14 20	26 0	4 36
18	15:47:22	25 28 3	22 10	6 5	25 20	17 56	8 19	21 57	28 26	14 21	25 59	4 33
19	15:51:19	26 28 35	5Ta46	7 2	26 36	18 29	8 32	21 59	28 24	14 22	25 58	4 30
20	15:55:15	27 29 9	19 9	8 5	27 51	19 1	8 44	22 2	28 22	14 23	25 58	4 27
21	15:59:12	28 29 43	2Ge17	9 12	29 7	19 34	8 57	22 4	28 20	14 23	25 57	4 24
22	16: 3: 8	29 30 20	15 8	10 23	0Sg22	20 7	9 10	22 7	28 18	14 24	25 57	4 20
23	16: 7: 5	0Sg30 57	27 43	11 38	1 37	20 39	9 23	22 10	28 16	14 25	25 56	4 17
24	16:11: 1	1 31 37	10Cn 1	12 55	2 53	21 12	9 35	22 12	28 14	14 26	25 55	4 14
25	16:14:58	2 32 17	22 6	14 15	4 8	21 44	9 48	22 15	28 12	14 27	25 55	4 11
26	16:18:55	3 33 0	4Le 0	15 37	5 24	22 16	10 0	22 18	28 11	14 27	25 54	4 8
27	16:22:51	4 33 44	15 49	17 1	6 39	22 48	10 13	22 22	28 9	14 28	25 53	4 4
28	16:26:48	5 34 29	27 36	18 26	7 54	23 20	10 26	22 25	28 7	14 29	25 53	4 1
29	16:30:44	6 35 16	9Vi28	19 53	9 10	23 52	10 38	22 28	28 5	14 29	25 52	3 58
30	16:34:40	7 36 4	21 30	21 20	10 25	24 23	10 50	22 31	28 3	14 30	25 51	3 55

11/22 Sun in Sag. 23:45   11/7 New 4:44   11/14 1st Qt. 2:40   11/21 Full 4:27   11/29 3rd Qt. 5:39

DECEMBER 1934

Day	Sid. T.	Sun	Moon	Merc.	Venus	Mars	Jup.	Saturn	Uranus	Nept.	Pluto	N.Node
1	16:38:37	8Sg36 54	3Li48	22Sc49	11Sg41	24Vi55	11Sc 3	22Aq35	28Ar 2R	14Vi31	25Cn50R	3Aq52
2	16:42:34	9 37 45	16 24	24 18	12 56	25 26	11 15	22 39	28 0	14 31	25 49	3 49
3	16:46:30	10 38 38	29 24	25 48	14 12	25 58	11 27	22 42	27 58	14 32	25 49	3 45
4	16:50:27	11 39 32	12Sc47	27 18	15 27	26 29	11 40	22 46	27 57	14 32	25 48	3 42
5	16:54:23	12 40 27	26 34	28 49	16 43	27 0	11 52	22 50	27 55	14 33	25 47	3 39
6	16:58:20	13 41 23	10Sg41	0Sg20	17 58	27 31	12 4	22 54	27 54	14 33	25 46	3 36
7	17: 2:17	14 42 21	25 4	1 52	19 14	28 2	12 16	22 58	27 52	14 33	25 45	3 33
8	17: 6:13	15 43 19	9Cp37	3 23	20 29	28 32	12 28	23 2	27 51	14 34	25 44	3 29
9	17:10:10	16 44 18	24 12	4 55	21 44	29 3	12 40	23 6	27 49	14 34	25 43	3 26
10	17:14: 6	17 45 18	8Aq44	6 28	23 0	29 33	12 52	23 10	27 48	14 34	25 42	3 23
11	17:18: 3	18 46 18	23 9	8 0	24 15	0Li 3	13 4	23 15	27 47	14 35	25 41	3 20
12	17:21:59	19 47 19	7Pi23	9 32	25 31	0 33	13 16	23 19	27 46	14 35	25 40	3 17
13	17:25:56	20 48 20	21 25	11 5	26 46	1 3	13 27	23 24	27 44	14 35	25 39	3 14
14	17:29:53	21 49 22	5Ar14	12 38	28 2	1 32	13 39	23 28	27 43	14 35	25 38	3 10
15	17:33:49	22 50 24	18 51	14 11	29 17	2 2	13 51	23 33	27 42	14 35	25 37	3 7
16	17:37:45	23 51 27	2Ta15	15 44	0Cp32	2 31	14 2	23 38	27 41	14 35	25 36	3 4
17	17:41:42	24 52 30	15 26	17 17	1 48	3 1	14 14	23 42	27 40	14 35R	25 35	3 1
18	17:45:39	25 53 34	28 24	18 50	3 3	3 29	14 25	23 47	27 39	14 35	25 34	2 58
19	17:49:35	26 54 38	11Ge10	20 24	4 19	3 58	14 36	23 52	27 38	14 35	25 33	2 55
20	17:53:32	27 55 42	23 43	21 57	5 34	4 27	14 48	23 57	27 37	14 35	25 31	2 51
21	17:57:28	28 56 47	6Cn 3	23 31	6 50	4 55	14 59	24 2	27 36	14 35	25 30	2 48
22	18: 1:25	29 57 53	18 12	25 5	8 5	5 24	15 10	24 8	27 36	14 34	25 29	2 45
23	18: 5:21	0Cp58 59	0Le11	26 39	9 20	5 52	15 21	24 13	27 35	14 34	25 28	2 42
24	18: 9:18	2 0 6	12 3	28 14	10 36	6 20	15 32	24 18	27 34	14 34	25 27	2 39
25	18:13:15	3 1 13	23 51	29 48	11 51	6 47	15 43	24 23	27 34	14 34	25 26	2 35
26	18:17:11	4 2 20	5Vi38	1Cp23	13 7	7 15	15 53	24 29	27 33	14 34	25 24	2 32
27	18:21: 8	5 3 28	17 30	2 58	14 22	7 42	16 4	24 34	27 32	14 33	25 23	2 29
28	18:25: 4	6 4 37	29 30	4 33	15 37	8 9	16 15	24 40	27 32	14 33	25 22	2 26
29	18:29: 1	7 5 46	11Li44	6 9	16 53	8 36	16 25	24 46	27 31	14 33	25 21	2 23
30	18:32:57	8 6 55	24 17	7 45	18 8	9 2	16 36	24 51	27 31	14 32	25 19	2 20
31	18:36:54	9 8 5	7Sc13	9 21	19 23	9 29	16 46	24 57	27 31	14 32	25 18	2 16

12/22 Sun in Cap. 12:50   12/6 New 17:25   12/13 1st Qt. 10:52   12/20 Full 20:53   12/29 3rd Qt. 2:08

Day	Sid. T.	Sun	Moon	Merc.	Venus	Mars	Jup.	Saturn	Uranus	Nept.	Pluto	N.Node
1	18:40:51	10Cp 9 16	20Sc35	10Cp58	20Cp39	9Li55	16Sc56	25Aq 3	27Ar30R	14Vi31R	25Cn17R	2Aq13
2	18:44:47	11 10 26	4Sg23	12 35	21 54	10 21	17 6	25 9	27 30	14 31	25 16	2 10
3	18:48:44	12 11 37	18 38	14 12	23 10	10 47	17 16	25 15	27 30	14 30	25 14	2 7
4	18:52:40	13 12 48	3Cp14	15 50	24 25	11 12	17 26	25 21	27 30	14 30	25 13	2 4
5	18:56:37	14 13 59	18 6	17 28	25 40	11 37	17 36	25 27	27 30	14 29	25 12	2 1
6	19: 0:33	15 15 10	3Aq 5	19 6	26 56	12 2	17 46	25 33	27 30D	14 28	25 11	1 57
7	19: 4:30	16 16 21	18 4	20 45	28 11	12 27	17 55	25 39	27 30	14 28	25 9	1 54
8	19: 8:26	17 17 31	2Pi53	22 24	29 26	12 51	18 5	25 45	27 30	14 27	25 8	1 51
9	19:12:23	18 18 41	17 28	24 4	0Aq42	13 15	18 14	25 51	27 30	14 26	25 7	1 48
10	19:16:20	19 19 50	1Ar44	25 44	1 57	13 39	18 24	25 58	27 30	14 25	25 5	1 45
11	19:20:16	20 20 59	15 39	27 24	3 12	14 3	18 33	26 4	27 31	14 25	25 4	1 41
12	19:24:13	21 22 7	29 13	29 4	4 27	14 26	18 42	26 10	27 31	14 24	25 3	1 38
13	19:28: 9	22 23 14	12Ta27	0Aq45	5 43	14 49	18 51	26 17	27 31	14 23	25 1	1 35
14	19:32: 6	23 24 21	25 22	2 26	6 58	15 11	19 0	26 23	27 32	14 22	25 0	1 32
15	19:36: 3	24 25 27	8Ge 2	4 7	8 13	15 34	19 8	26 30	27 32	14 21	24 59	1 29
16	19:39:59	25 26 33	20 29	5 48	9 28	15 56	19 17	26 36	27 33	14 20	24 58	1 26
17	19:43:56	26 27 38	2Cn44	7 29	10 44	16 18	19 25	26 43	27 33	14 19	24 56	1 22
18	19:47:52	27 28 42	14 50	9 10	11 59	16 39	19 34	26 49	27 34	14 18	24 55	1 19
19	19:51:49	28 29 45	26 48	10 50	13 14	17 0	19 42	26 56	27 34	14 17	24 54	1 16
20	19:55:45	29 30 48	8Le41	12 31	14 29	17 21	19 50	27 3	27 35	14 16	24 52	1 13
21	19:59:42	0Aq31 50	20 30	14 10	15 44	17 41	19 58	27 10	27 36	14 15	24 51	1 10
22	20: 3:38	1 32 52	2Vi18	15 49	16 59	18 1	20 6	27 16	27 37	14 14	24 50	1 7
23	20: 7:35	2 33 53	14 7	17 26	18 15	18 20	20 14	27 23	27 38	14 13	24 48	1 3
24	20:11:31	3 34 53	26 1	19 2	19 30	18 40	20 21	27 30	27 39	14 12	24 47	1 0
25	20:15:28	4 35 53	8Li 2	20 37	20 45	18 58	20 29	27 37	27 39	14 10	24 46	0 57
26	20:19:25	5 36 52	20 16	22 9	22 0	19 17	20 36	27 44	27 40	14 9	24 44	0 54
27	20:23:21	6 37 51	2Sc45	23 38	23 15	19 35	20 43	27 51	27 42	14 8	24 43	0 51
28	20:27:18	7 38 49	15 34	25 4	24 30	19 52	20 50	27 58	27 43	14 7	24 42	0 47
29	20:31:14	8 39 46	28 47	26 26	25 45	20 10	20 57	28 5	27 44	14 5	24 41	0 44
30	20:35:11	9 40 43	12Sg26	27 43	27 0	20 26	21 4	28 12	27 45	14 4	24 39	0 41
31	20:39: 7	10 41 39	26 32	28 56	28 15	20 43	21 10	28 19	27 46	14 3	24 38	0 38

1/20 Sun in Aqu. 23:29   1/5 New 5:20(E)   1/11 1st Qt. 20:55   1/19 Full 15:44(E)   1/27 3rd Qt. 19:59

Day	Sid. T.	Sun	Moon	Merc.	Venus	Mars	Jup.	Saturn	Uranus	Nept.	Pluto	N.Node
1	20:43: 4	11Aq42 35	11Cp 4	0Pi 2	29Aq30	20Li58	21Sc17	28Aq26	27Ar48	14Vi 1R	24Cn37R	0Aq35
2	20:47: 1	12 43 29	25 57	1 1	0Pi45	21 14	21 23	28 33	27 49	14 0	24 36	0 32
3	20:50:57	13 44 22	11Aq 6	1 53	2 0	21 29	21 29	28 40	27 50	13 59	24 34	0 28
4	20:54:53	14 45 15	26 20	2 36	3 15	21 43	21 35	28 47	27 52	13 57	24 33	0 25
5	20:58:50	15 46 6	11Pi30	3 11	4 30	21 57	21 41	28 54	27 53	13 56	24 32	0 22
6	21: 2:47	16 46 55	26 26	3 35	5 45	22 10	21 47	29 1	27 55	13 54	24 31	0 19
7	21: 6:43	17 47 43	11Ar 1	3 49	6 59	22 23	21 52	29 9	27 56	13 53	24 30	0 16
8	21:10:40	18 48 30	25 10	3 52R	8 14	22 36	21 57	29 16	27 58	13 52	24 28	0 13
9	21:14:36	19 49 15	8Ta52	3 45	9 29	22 48	22 3	29 23	28 0	13 50	24 27	0 9
10	21:18:33	20 49 58	22 8	3 27	10 44	22 59	22 8	29 30	28 2	13 49	24 26	0 6
11	21:22:29	21 50 40	5Ge46	2 58	11 58	23 10	22 13	29 38	28 3	13 47	24 25	0 3
12	21:26:26	22 51 21	17 32	2 19	13 13	23 20	22 17	29 45	28 5	13 46	24 24	0 0
13	21:30:23	23 51 59	29 48	1 32	14 28	23 29	22 22	29 52	28 7	13 44	24 23	29Cp57
14	21:34:19	24 52 36	11Cn51	0 37	15 42	23 38	22 26	29 59	28 9	13 42	24 21	29 53
15	21:38:16	25 53 12	23 47	29Aq32	16 57	23 47	22 30	0Pi 7	28 11	13 41	24 20	29 50
16	21:42:12	26 53 45	5Le37	28 32	18 12	23 55	22 35	0 14	28 13	13 39	24 19	29 47
17	21:46: 9	27 54 17	17 26	27 24	19 26	24 2	22 38	0 21	28 15	13 38	24 18	29 44
18	21:50: 6	28 54 48	29 14	26 16	20 41	24 8	22 42	0 28	28 17	13 36	24 17	29 41
19	21:54: 2	29 55 17	11Vi 5	25 8	21 55	24 14	22 46	0 36	28 19	13 35	24 16	29 38
20	21:57:58	0Pi55 44	22 59	24 4	23 10	24 19	22 49	0 43	28 21	13 33	24 15	29 34
21	22: 1:55	1 56 10	5Li 0	23 3	24 24	24 24	22 52	0 50	28 24	13 31	24 14	29 31
22	22: 5:51	2 56 35	17 8	22 8	25 38	24 28	22 55	0 58	28 26	13 30	24 13	29 28
23	22: 9:48	3 56 58	29 27	21 18	26 53	24 31	22 58	1 5	28 28	13 28	24 12	29 25
24	22:13:45	4 57 19	11Sc58	20 35	28 7	24 34	23 1	1 12	28 30	13 26	24 11	29 22
25	22:17:41	5 57 39	24 46	19 59	29 21	24 35	23 3	1 19	28 33	13 25	24 10	29 18
26	22:21:38	6 57 58	7Sg52	19 31	0Ar36	24 37	23 5	1 27	28 35	13 23	24 9	29 15
27	22:25:34	7 58 16	21 20	19 9	1 50	24 37R	23 7	1 34	28 38	13 21	24 8	29 12
28	22:29:31	8 58 32	5Cp12	18 55	3 4	24 37	23 9	1 41	28 40	13 20	24 8	29 9

2/19 Sun in Pis. 13:52   2/3 New 16:28(E)   2/10 1st Qt. 9:25   2/18 Full 11:17   2/26 3rd Qt. 10:15

MARCH 1935

Day	Sid. T.	Sun	Moon	Merc.	Venus	Mars	Jup.	Saturn	Uranus	Nept.	Pluto	N.Node
1	22:33:27	9Pi58 46	19Cp29	18Aq48R	4Ar18	24Li35R	23Sc11	1Pi49	28Ar43	13Vi18R	24Cn 7R	29Cp 6
2	22:37:24	10 58 59	4Aq 9	18 48D	5 32	24 34	23 13	1 56	28 45	13 16	24 6	29 3
3	22:41:21	11 59 10	19 7	18 54	6 46	24 31	23 14	2 3	28 48	13 15	24 5	28 59
4	22:45:17	12 59 20	4Pi18	19 6	8 0	24 27	23 15	2 10	28 50	13 13	24 4	28 56
5	22:49:14	13 59 28	19 30	19 23	9 14	24 23	23 16	2 17	28 53	13 11	24 3	28 53
6	22:53:10	14 59 34	4Ar34	19 46	10 28	24 18	23 17	2 25	28 56	13 10	24 3	28 50
7	22:57: 7	15 59 38	19 21	20 14	11 42	24 13	23 17	2 32	28 58	13 8	24 2	28 47
8	23: 1: 3	16 59 39	3Ta43	20 47	12 56	24 6	23 18	2 39	29 1	13 6	24 1	28 44
9	23: 5: 0	17 59 39	17 36	21 24	14 10	23 59	23 18	2 46	29 4	13 5	24 0	28 40
10	23: 8:56	18 59 37	1Ge 0	22 5	15 24	23 51	23 18R	2 53	29 7	13 3	24 0	28 37
11	23:12:53	19 59 32	13 56	22 50	16 37	23 42	23 18	3 0	29 9	13 1	23 59	28 34
12	23:16:50	20 59 25	26 28	23 39	17 51	23 32	23 18	3 7	29 12	13 0	23 58	28 31
13	23:20:46	21 59 17	8Cn42	24 30	19 5	23 22	23 17	3 14	29 15	12 58	23 58	28 28
14	23:24:43	22 59 5	20 42	25 25	20 18	23 11	23 16	3 21	29 18	12 56	23 57	28 24
15	23:28:39	23 58 52	2Le34	26 23	21 32	22 59	23 15	3 28	29 21	12 55	23 57	28 21
16	23:32:36	24 58 36	14 21	27 24	22 45	22 47	23 14	3 35	29 24	12 53	23 56	28 18
17	23:36:32	25 58 19	26 8	28 27	23 58	22 33	23 13	3 42	29 27	12 52	23 56	28 15
18	23:40:29	26 57 59	7Vi58	29 32	25 12	22 19	23 12	3 49	29 30	12 50	23 55	28 12
19	23:44:26	27 57 37	19 54	0Pi40	26 25	22 4	23 10	3 56	29 33	12 48	23 55	28 9
20	23:48:22	28 57 13	1Li57	1 50	27 38	21 49	23 8	4 3	29 36	12 47	23 54	28 5
21	23:52:19	29 56 46	14 9	3 2	28 51	21 33	23 6	4 10	29 39	12 45	23 54	28 2
22	23:56:15	0Ar56 18	26 30	4 16	0Ta 5	21 16	23 4	4 17	29 42	12 44	23 53	27 59
23	0: 0:12	1 55 48	9Sc 1	5 33	1 18	20 59	23 1	4 23	29 45	12 42	23 53	27 56
24	0: 4: 8	2 55 17	21 44	6 50	2 31	20 41	22 59	4 30	29 48	12 40	23 53	27 53
25	0: 8: 5	3 54 43	4Sg39	8 10	3 44	20 22	22 56	4 37	29 52	12 39	23 52	27 50
26	0:12: 1	4 54 8	17 49	9 31	4 57	20 3	22 53	4 43	29 55	12 37	23 52	27 46
27	0:15:58	5 53 31	1Cp14	10 54	6 9	19 43	22 50	4 50	29 58	12 36	23 52	27 43
28	0:19:54	6 52 52	14 57	12 19	7 22	19 23	22 47	4 57	0Ta 1	12 34	23 51	27 40
29	0:23:51	7 52 12	29 0	13 45	8 35	19 2	22 43	5 3	0 4	12 33	23 51	27 37
30	0:27:47	8 51 30	13Aq21	15 13	9 48	18 41	22 40	5 10	0 8	12 31	23 51	27 34
31	0:31:44	9 50 45	28 0	16 43	11 0	18 20	22 36	5 16	0 11	12 30	23 51	27 30

3/21 Sun in Ari. 13:18   3/5 New 2:41   3/12 1st Qt. 0:30   3/20 Full 5:32   3/27 3rd Qt. 20:51

APRIL 1935

Day	Sid. T.	Sun	Moon	Merc.	Venus	Mars	Jup.	Saturn	Uranus	Nept.	Pluto	N.Node
1	0:35:41	10Ar50 0	12Pi51	18Pi14	12Ta13	17Li58R	22Sc32R	5Pi23	0Ta14	12Vi29R	23Cn51R	27Cp27
2	0:39:37	11 49 12	27 48	19 46	13 25	17 36	22 28	5 29	0 18	12 27	23 50	27 24
3	0:43:34	12 48 22	12Ar42	21 20	14 38	17 13	22 23	5 35	0 21	12 26	23 50	27 21
4	0:47:30	13 47 30	27 24	22 55	15 50	16 51	22 19	5 42	0 24	12 24	23 50	27 18
5	0:51:27	14 46 36	11Ta45	24 32	17 2	16 28	22 14	5 48	0 28	12 23	23 50	27 15
6	0:55:23	15 45 40	25 41	26 10	18 15	16 5	22 10	5 54	0 31	12 22	23 50	27 11
7	0:59:20	16 44 42	9Ge10	27 50	19 27	15 42	22 5	6 0	0 34	12 20	23 50	27 8
8	1: 3:16	17 43 41	22 10	29 32	20 39	15 19	22 0	6 6	0 38	12 19	23 50	27 5
9	1: 7:13	18 42 38	4Cn47	1Ar14	21 51	14 55	21 54	6 12	0 41	12 18	23 50	27 2
10	1:11:10	19 41 33	17 3	2 59	23 3	14 32	21 49	6 18	0 44	12 16	23 50	26 59
11	1:15: 6	20 40 26	29 4	4 44	24 15	14 9	21 43	6 24	0 48	12 15	23 50	26 56
12	1:19: 2	21 39 16	10Le56	6 32	25 27	13 47	21 38	6 30	0 51	12 14	23 50	26 52
13	1:22:59	22 38 4	22 44	8 21	26 38	13 24	21 32	6 36	0 55	12 13	23 51	26 49
14	1:26:56	23 36 50	4Vi33	10 11	27 50	13 1	21 26	6 42	0 58	12 12	23 51	26 46
15	1:30:52	24 35 34	16 26	12 3	29 2	12 39	21 20	6 47	1 2	12 10	23 51	26 43
16	1:34:49	25 34 15	28 28	13 56	0Ge13	12 17	21 14	6 53	1 5	12 9	23 51	26 40
17	1:38:45	26 32 55	10Li41	15 51	1 24	11 56	21 8	6 58	1 8	12 8	23 51	26 36
18	1:42:42	27 31 32	23 6	17 48	2 36	11 35	21 1	7 4	1 12	12 7	23 52	26 33
19	1:46:38	28 30 7	5Sc44	19 46	3 47	11 14	20 55	7 9	1 15	12 6	23 52	26 30
20	1:50:35	29 28 41	18 33	21 45	4 58	10 54	20 48	7 15	1 19	12 5	23 52	26 27
21	1:54:32	0Ta27 13	1Sg35	23 46	6 9	10 34	20 42	7 20	1 22	12 4	23 53	26 24
22	1:58:28	1 25 43	14 48	25 49	7 20	10 15	20 35	7 25	1 26	12 3	23 53	26 21
23	2: 2:25	2 24 11	28 11	27 52	8 31	9 56	20 28	7 31	1 29	12 2	23 53	26 17
24	2: 6:21	3 22 38	11Cp46	29 57	9 42	9 38	20 21	7 36	1 33	12 1	23 54	26 14
25	2:10:18	4 21 3	25 32	2Ta 4	10 53	9 21	20 7	7 41	1 36	12 0	23 54	26 11
26	2:14:14	5 19 27	9Aq29	4 11	12 3	9 4	20 7	7 46	1 39	11 59	23 55	26 8
27	2:18:11	6 17 49	23 39	6 19	13 14	8 48	20 0	7 51	1 43	11 58	23 55	26 5
28	2:22: 7	7 16 10	7Pi59	8 27	14 24	8 32	19 52	7 56	1 46	11 58	23 56	26 1
29	2:26: 4	8 14 29	22 28	10 36	15 35	8 17	19 45	8 0	1 50	11 57	23 56	25 58
30	2:30: 0	9 12 46	7Ar 0	12 46	16 45	8 3	19 38	8 5	1 53	11 56	23 57	25 55

4/21 Sun in Tau. 0:50   4/3 New 12:11   4/10 1st Qt. 17:43   4/18 Full 21:10   4/26 3rd Qt. 4:21

Day	Sid. T.	Sun	Moon	Merc.	Venus	Mars	Jup.	Saturn	Uranus	Nept.	Pluto	N.Node
1	2:33:57	10Ta11 2	21Ar30	14Ta55	17Ge55	7Li50R	19Sc30R	8Pi10	1Ta57	11Vi56R	23Cn57	25Cp52
2	2:37:54	11 9 16	5Ta52	17 4	19 5	7 37	19 23	8 14	2 0	11 55	23 58	25 49
3	2:41:50	12 7 28	19 58	19 12	20 15	7 25	19 15	8 19	2 3	11 54	23 59	25 46
4	2:45:47	13 5 39	3Ge44	21 19	21 25	7 14	19 8	8 23	2 7	11 54	23 59	25 42
5	2:49:43	14 3 48	17 6	23 25	22 35	7 4	19 0	8 28	2 10	11 53	24 0	25 39
6	2:53:40	15 1 55	0Cn 5	25 30	23 45	6 55	18 53	8 32	2 14	11 52	24 1	25 36
7	2:57:37	16 0 1	12 42	27 33	24 54	6 46	18 45	8 36	2 17	11 52	24 1	25 33
8	3: 1:33	16 58 4	25 0	29 33	26 4	6 38	18 38	8 40	2 20	11 51	24 2	25 30
9	3: 5:30	17 56 6	7Le 3	1Ge32	27 13	6 31	18 30	8 44	2 24	11 51	24 3	25 23
10	3: 9:26	18 54 5	18 57	3 28	28 22	6 25	18 22	8 48	2 27	11 51	24 4	25 23
11	3:13:23	19 52 3	0Vi46	5 21	29 31	6 19	18 15	8 52	2 30	11 50	24 4	25 20
12	3:17:19	20 49 59	12 37	7 11	0Cn40	6 14	18 7	8 56	2 34	11 50	24 5	25 17
13	3:21:16	21 47 53	24 34	8 58	1 49	6 11	17 59	9 0	2 37	11 49	24 6	25 14
14	3:25:12	22 45 45	6Li41	10 43	2 58	6 8	17 52	9 3	2 40	11 49	24 7	25 11
15	3:29: 9	23 43 36	19 2	12 24	4 6	6 5	17 44	9 7	2 44	11 49	24 8	25 7
16	3:33: 5	24 41 25	1Sc38	14 1	5 15	6 4	17 37	9 10	2 47	11 48	24 9	25 4
17	3:37: 2	25 39 12	14 31	15 35	6 23	6 3	17 29	9 14	2 50	11 48	24 10	25 1
18	3:40:58	26 36 58	27 40	17 6	7 31	6 3D	17 22	9 17	2 53	11 48	24 11	24 58
19	3:44:55	27 34 43	11Sg 3	18 34	8 39	6 4	17 14	9 20	2 56	11 48	24 12	24 55
20	3:48:52	28 32 27	24 39	19 58	9 47	6 6	17 7	9 23	3 0	11 48	24 13	24 52
21	3:52:48	29 30 9	8Cp26	21 18	10 55	6 8	17 0	9 26	3 3	11 48	24 14	24 48
22	3:56:45	0Ge27 50	22 20	22 35	12 2	6 11	16 52	9 29	3 6	11 48	24 15	24 45
23	4: 0:41	1 25 30	6Aq21	23 48	13 10	6 15	16 45	9 32	3 9	11 48	24 16	24 42
24	4: 4:38	2 23 9	20 26	24 57	14 17	6 19	16 38	9 35	3 12	11 48D	24 17	24 39
25	4: 8:34	3 20 47	4Pi35	26 2	15 24	6 25	16 31	9 38	3 15	11 48	24 18	24 36
26	4:12:31	4 18 24	18 46	27 4	16 31	6 30	16 24	9 40	3 18	11 48	24 19	24 33
27	4:16:28	5 16 0	2Ar58	28 2	17 38	6 37	16 17	9 43	3 22	11 48	24 20	24 29
28	4:20:24	6 13 35	17 7	28 56	18 44	6 44	16 10	9 45	3 25	11 48	24 21	24 26
29	4:24:21	7 11 10	1Ta11	29 45	19 51	6 52	16 3	9 47	3 28	11 48	24 23	24 23
30	4:28:17	8 8 43	15 5	0Cn31	20 57	7 1	15 57	9 50	3 31	11 48	24 24	24 20
31	4:32:14	9 6 16	28 46	1 12	22 3	7 10	15 50	9 52	3 34	11 48	24 25	24 17

5/22 Sun in Gem. 0:25 5/2 New 21:37 5/10 1st Qt. 11:54 5/18 Full 9:57 5/25 3rd Qt. 9:45

Day	Sid. T.	Sun	Moon	Merc.	Venus	Mars	Jup.	Saturn	Uranus	Nept.	Pluto	N.Node
1	4:36:10	10Ge 3 47	12Ge11	1Cn50	23Cn 9	7Li20	15Sc44R	9Pi54	3Ta36	11Vi49	24Cn26	24Cp13
2	4:40: 7	11 1 18	25 18	2 22	24 15	7 31	15 37	9 56	3 39	11 49	24 27	24 10
3	4:44: 4	11 58 47	8Cn 7	2 51	25 21	7 42	15 31	9 57	3 42	11 49	24 29	24 7
4	4:48: 0	12 56 16	20 38	3 15	26 26	7 54	15 25	9 59	3 45	11 50	24 30	24 4
5	4:51:57	13 53 43	2Le53	3 34	27 31	8 6	15 19	10 1	3 48	11 50	24 31	24 1
6	4:55:53	14 51 9	14 55	3 49	28 36	8 19	15 13	10 2	3 51	11 51	24 32	23 58
7	4:59:50	15 48 34	26 49	3 59	29 41	8 33	15 7	10 4	3 54	11 51	24 34	23 54
8	5: 3:46	16 45 58	8Vi40	4 4	0Le45	8 47	15 2	10 5	3 56	11 51	24 35	23 51
9	5: 7:43	17 43 20	20 32	4 5R	1 49	9 1	14 56	10 6	3 59	11 52	24 36	23 48
10	5:11:40	18 40 42	2Li31	4 2	2 53	9 17	14 51	10 7	4 2	11 53	24 38	23 45
11	5:15:36	19 38 2	14 40	3 54	3 57	9 32	14 46	10 9	4 4	11 53	24 39	23 42
12	5:19:33	20 35 22	27 4	3 42	5 0	9 49	14 41	10 10	4 7	11 54	24 40	23 39
13	5:23:29	21 32 41	9Sc46	3 26	6 4	10 5	14 36	10 11	4 10	11 54	24 42	23 35
14	5:27:26	22 29 59	22 49	3 6	7 7	10 23	14 31	10 11	4 12	11 55	24 43	23 32
15	5:31:23	23 27 16	6Sg12	2 42	8 9	10 40	14 26	10 12	4 15	11 56	24 45	23 29
16	5:35:19	24 24 32	19 55	2 16	9 12	10 59	14 22	10 12	4 17	11 57	24 46	23 26
17	5:39:15	25 21 48	3Cp54	1 47	10 14	11 17	14 18	10 13	4 20	11 57	24 48	23 23
18	5:43:12	26 19 3	18 6	1 16	11 16	11 36	14 14	10 13	4 22	11 58	24 49	23 19
19	5:47: 8	27 16 18	2Aq26	0 43	12 17	11 56	14 10	10 13	4 24	11 59	24 50	23 16
20	5:51: 5	28 13 33	16 50	0 13	13 18	12 16	14 6	10 13	4 27	12 0	24 52	23 13
21	5:55: 2	29 10 47	1Pi14	29Ge34	14 19	12 37	14 2	10 14R	4 29	12 1	24 53	23 10
22	5:58:58	0Cn 8 1	15 34	29 0	15 20	12 58	13 59	10 13	4 31	12 2	24 55	23 7
23	6: 2:55	1 5 15	29 47	28 26	16 20	13 19	13 55	10 13	4 34	12 3	24 56	23 4
24	6: 6:51	2 2 29	13Ar52	27 53	17 20	13 41	13 52	10 13	4 36	12 4	24 58	23 0
25	6:10:48	2 59 43	27 45	27 22	18 19	14 3	13 49	10 12	4 38	12 5	24 59	22 57
26	6:14:44	3 56 57	11Ta27	26 54	19 18	14 26	13 46	10 12	4 40	12 6	25 1	22 54
27	6:18:41	4 54 11	24 56	26 28	20 17	14 49	13 44	10 11	4 42	12 7	25 3	22 51
28	6:22:38	5 51 25	8Ge12	26 5	21 16	15 12	13 41	10 11	4 44	12 8	25 4	22 48
29	6:26:34	6 48 39	21 13	25 47	22 14	15 36	13 39	10 10	4 46	12 9	25 5	22 45
30	6:30:31	7 45 52	4Cn 0	25 32	23 11	16 0	13 37	10 10	4 48	12 10	25 7	22 41

6/22 Sun in Can. 8:38 6/1 New 7:52 6/9 1st Qt. 5:49 6/16 Full 20:20 6/23 3rd Qt. 14:22 6/30 New 19:45(E)

JULY 1935

Day	Sid. T.	Sun	Moon	Merc.	Venus	Mars	Jup.	Saturn	Uranus	Nept.	Pluto	N.Node
1	6:34:27	8Cn43 6	16Cn33	25Ge21R	24Le 8	16Li24	13Sc35R	10Pi 9R	4Ta50	12Vi11	25Cn 9	22Cp38
2	6:38:24	9 40 20	28 52	25 15	25 5	16 49	13 33	10 8	4 52	12 12	25 10	22 35
3	6:42:20	10 37 33	11Le 0	25 14D	26 1	17 14	13 31	10 6	4 54	12 14	25 12	22 32
4	6:46:17	11 34 46	22 59	25 18	26 57	17 40	13 30	10 5	4 56	12 15	25 14	22 29
5	6:50:13	12 31 59	4Vi52	25 26	27 52	18 6	13 29	10 4	4 57	12 16	25 15	22 25
6	6:54:10	13 29 11	16 43	25 40	28 47	18 32	13 28	10 3	4 59	12 18	25 17	22 22
7	6:58: 7	14 26 24	28 34	25 58	29 41	18 58	13 27	10 1	5 1	12 19	25 18	22 19
8	7: 2: 3	15 23 36	10Li32	26 22	0Vi34	19 25	13 26	9 59	5 3	12 20	25 20	22 16
9	7: 6: 0	16 20 48	22 41	26 51	1 27	19 52	13 26	9 58	5 4	12 22	25 22	22 13
10	7: 9:56	17 18 0	5Sc 4	27 25	2 20	20 20	13 25	9 56	5 6	12 23	25 23	22 10
11	7:13:53	18 15 12	17 46	28 4	3 11	20 47	13 25D	9 54	5 7	12 25	25 25	22 6
12	7:17:49	19 12 24	0Sg51	28 48	4 2	21 15	13 25	9 52	5 9	12 26	25 26	22 3
13	7:21:46	20 9 36	14 20	29 37	4 53	21 44	13 26	9 50	5 10	12 27	25 28	22 0
14	7:25:43	21 6 48	28 12	0Cn31	5 43	22 12	13 26	9 48	5 11	12 29	25 30	21 57
15	7:29:39	22 4 1	12Cp27	1 30	6 32	22 41	13 27	9 46	5 13	12 31	25 31	21 54
16	7:33:36	23 1 13	27 0	2 34	7 20	23 10	13 27	9 43	5 14	12 32	25 33	21 50
17	7:37:32	23 58 26	11Aq45	3 42	8 8	23 40	13 28	9 41	5 15	12 34	25 35	21 47
18	7:41:29	24 55 40	26 36	4 55	8 54	24 9	13 29	9 38	5 17	12 35	25 36	21 44
19	7:45:25	25 52 54	11Pi23	6 13	9 40	24 39	13 31	9 36	5 18	12 37	25 38	21 41
20	7:49:22	26 50 9	26 2	7 35	10 25	25 10	13 32	9 33	5 19	12 39	25 39	21 38
21	7:53:18	27 47 24	10Ar27	9 1	11 9	25 40	13 34	9 31	5 20	12 40	25 41	21 35
22	7:57:15	28 44 41	24 35	10 32	11 53	26 11	13 36	9 28	5 21	12 42	25 43	21 31
23	8: 1:11	29 41 58	8Ta24	12 7	12 35	26 42	13 38	9 25	5 22	12 44	25 44	21 28
24	8: 5: 8	0Le39 16	21 53	13 46	13 16	27 13	13 40	9 22	5 23	12 45	25 46	21 25
25	8: 9: 4	1 36 35	5Ge 5	15 28	13 57	27 44	13 43	9 19	5 24	12 47	25 48	21 22
26	8:13: 1	2 33 55	18 0	17 14	14 36	28 16	13 45	9 16	5 24	12 49	25 49	21 19
27	8:16:58	3 31 16	0Cn40	19 4	15 14	28 48	13 48	9 13	5 25	12 51	25 51	21 16
28	8:20:54	4 28 38	13 8	20 56	15 51	29 20	13 51	9 9	5 26	12 53	25 52	21 12
29	8:24:51	5 26 0	25 24	22 51	16 27	29 52	13 54	9 6	5 27	12 54	25 54	21 9
30	8:28:47	6 23 24	7Le32	24 49	17 1	0Sc25	13 57	9 3	5 27	12 56	25 56	21 6
31	8:32:44	7 20 48	19 31	26 48	17 34	0 58	14 0	8 59	5 28	12 58	25 57	21 3

7/23 Sun in Leo 19:33   7/8 1st Qt. 22:28   7/16 Full 5:01(E)   7/22 3rd Qt. 19:43   7/30 New 9:33(E)

AUGUST 1935

Day	Sid. T.	Sun	Moon	Merc.	Venus	Mars	Jup.	Saturn	Uranus	Nept.	Pluto	N.Node
1	8:36:40	8Le18 13	1Vi26	28Cn50	18Vi 6	1Sc31	14Sc 4	8Pi56R	5Ta28	13Vi 0	25Cn59	21Cp 0
2	8:40:37	9 15 38	13 16	0Le52	18 37	2 4	14 8	8 52	5 29	13 2	26 0	20 56
3	8:44:34	10 13 5	25 6	2 56	19 6	2 38	14 12	8 48	5 29	13 4	26 2	20 53
4	8:48:30	11 10 32	6Li58	5 0	19 33	3 11	14 16	8 45	5 30	13 6	26 4	20 50
5	8:52:27	12 8 0	18 56	7 5	19 59	3 45	14 20	8 41	5 30	13 8	26 5	20 47
6	8:56:23	13 5 28	1Sc 3	9 10	20 23	4 19	14 24	8 37	5 30	13 10	26 7	20 44
7	9: 0:20	14 2 58	13 23	11 14	20 46	4 53	14 29	8 33	5 30	13 12	26 8	20 41
8	9: 4:16	15 0 28	26 1	13 19	21 7	5 28	14 34	8 29	5 31	13 14	26 10	20 37
9	9: 8:13	15 57 59	9Sg 2	15 22	21 26	6 2	14 39	8 25	5 31	13 16	26 12	20 34
10	9:12: 9	16 55 31	22 27	17 25	21 43	6 37	14 44	8 21	5 31	13 18	26 13	20 31
11	9:16: 6	17 53 4	6Cp19	19 27	21 58	7 12	14 49	8 17	5 31	13 20	26 15	20 28
12	9:20: 3	18 50 38	20 38	21 28	22 11	7 47	14 54	8 13	5 31R	13 22	26 16	20 25
13	9:23:59	19 48 12	5Aq20	23 27	22 22	8 23	15 0	8 9	5 31	13 24	26 18	20 22
14	9:27:56	20 45 48	20 20	25 26	22 31	8 58	15 5	8 5	5 31	13 26	26 19	20 18
15	9:31:52	21 43 25	5Pi30	27 23	22 38	9 34	15 11	8 0	5 30	13 28	26 21	20 15
16	9:35:49	22 41 3	20 39	29 19	22 43	10 10	15 17	7 56	5 30	13 30	26 22	20 12
17	9:39:45	23 38 43	5Ar39	1Vi13	22 46	10 46	15 23	7 52	5 30	13 32	26 24	20 9
18	9:43:42	24 36 24	20 20	3 6	22 46R	11 22	15 29	7 47	5 30	13 34	26 25	20 6
19	9:47:39	25 34 7	4Ta39	4 58	22 44	11 58	15 36	7 43	5 29	13 37	26 27	20 2
20	9:51:35	26 31 52	18 31	6 48	22 39	12 35	15 42	7 39	5 29	13 39	26 28	19 59
21	9:55:31	27 29 38	1Ge59	8 37	22 32	13 12	15 49	7 34	5 28	13 41	26 30	19 56
22	9:59:28	28 27 26	15 2	10 24	22 23	13 49	15 56	7 30	5 28	13 43	26 31	19 53
23	10: 3:24	29 25 16	27 46	12 10	22 12	14 26	16 3	7 25	5 27	13 45	26 32	19 50
24	10: 7:21	0Vi23 8	10Cn12	13 55	21 58	15 3	16 10	7 21	5 27	13 47	26 34	19 47
25	10:11:18	1 21 1	22 26	15 38	21 41	15 40	16 17	7 16	5 26	13 49	26 35	19 43
26	10:15:14	2 18 56	4Le30	17 20	21 23	16 18	16 24	7 12	5 25	13 52	26 37	19 40
27	10:19:11	3 16 52	16 28	19 1	21 2	16 55	16 32	7 7	5 25	13 54	26 38	19 37
28	10:23: 7	4 14 50	28 21	20 40	20 39	17 33	16 39	7 3	5 24	13 56	26 39	19 34
29	10:27: 4	5 12 50	10Vi12	22 18	20 14	18 11	16 47	6 58	5 23	13 58	26 41	19 31
30	10:31: 0	6 10 51	22 2	23 55	19 47	18 49	16 55	6 53	5 22	14 0	26 42	19 28
31	10:34:57	7 8 53	3Li53	25 30	19 18	19 28	17 3	6 49	5 21	14 3	26 43	19 24

8/24 Sun in Vir. 2:24   8/7 1st Qt. 13:23   8/14 Full 12:44   8/21 3rd Qt. 3:.8   8/29 New 1:01

SEPTEMBER 1935

Day	Sid. T.	Sun	Moon	Merc.	Venus	Mars	Jup.	Saturn	Uranus	Nept.	Pluto	N.Node
1	10:38:54	8Vi 6 57	15Li48	27Vi 5	18Vi48R	20Sc 6	17Sc11	6Pi44R	5Ta20R	14Vi 5	26Cn45	19Cp21
2	10:42:50	9 5 3	27 48	28 38	18 16	20 45	17 19	6 40	5 19	14 7	26 46	19 18
3	10:46:47	10 3 10	9Sc56	0Li 9	17 42	21 23	17 27	6 35	5 18	14 9	26 47	19 15
4	10:50:43	11 1 19	22 16	1 40	17 7	22 2	17 36	6 31	5 17	14 12	26 48	19 12
5	10:54:40	11 59 29	4Sg51	3 9	16 32	22 41	17 44	6 26	5 16	14 14	26 50	19 8
6	10:58:37	12 57 41	17 46	4 37	15 55	23 20	17 53	6 22	5 15	14 16	26 51	19 5
7	11: 2:33	13 55 54	1Cp 3	6 3	15 19	23 59	18 2	6 17	5 14	14 18	26 52	19 2
8	11: 6:29	14 54 9	14 46	7 29	14 41	24 39	18 11	6 13	5 12	14 20	26 53	18 59
9	11:10:26	15 52 25	28 57	8 53	14 4	25 18	18 20	6 8	5 11	14 23	26 54	18 56
10	11:14:23	16 50 43	13Aq35	10 15	13 27	25 58	18 29	6 4	5 10	14 25	26 55	18 53
11	11:18:19	17 49 2	28 35	11 36	12 51	26 38	18 38	5 59	5 8	14 27	26 57	18 49
12	11:22:16	18 47 23	13Pi49	12 56	12 15	27 17	18 48	5 55	5 7	14 29	26 58	18 46
13	11:26:12	19 45 45	29 9	14 14	11 40	27 57	18 57	5 50	5 5	14 32	26 59	18 43
14	11:30: 9	20 44 10	14Ar21	15 31	11 6	28 38	19 7	5 46	5 4	14 34	27 0	18 40
15	11:34: 5	21 42 37	29 17	16 47	10 34	29 18	19 16	5 42	5 2	14 36	27 1	18 37
16	11:38: 2	22 41 6	13Ta48	18 0	10 3	29 58	19 26	5 38	5 1	14 38	27 2	18 34
17	11:41:59	23 39 36	27 49	19 12	9 34	0Sg39	19 36	5 33	4 59	14 40	27 3	18 30
18	11:45:55	24 38 10	11Ge22	20 22	9 7	1 19	19 46	5 29	4 57	14 43	27 4	18 27
19	11:49:52	25 36 45	24 26	21 30	8 42	2 0	19 56	5 25	4 55	14 45	27 5	18 24
20	11:53:48	26 35 23	7Cn 7	22 37	8 19	2 41	20 6	5 21	4 54	14 47	27 6	18 21
21	11:57:45	27 34 3	19 28	23 41	7 58	3 22	20 16	5 17	4 52	14 49	27 7	18 18
22	12: 1:41	28 32 45	1Le35	24 42	7 39	4 3	20 27	5 13	4 50	14 51	27 8	18 14
23	12: 5:38	29 31 29	13 33	25 41	7 23	4 44	20 37	5 9	4 48	14 54	27 9	18 11
24	12: 9:34	0Li30 16	25 25	26 38	7 9	5 25	20 48	5 5	4 46	14 56	27 9	18 8
25	12:13:31	1 29 4	7Vi14	27 32	6 58	6 7	20 58	5 1	4 44	14 58	27 10	18 5
26	12:17:27	2 27 55	19 4	28 22	6 48	6 48	21 9	4 57	4 43	15 0	27 11	18 2
27	12:21:24	3 26 47	0Li57	29 10	6 42	7 30	21 20	4 54	4 41	15 2	27 12	17 59
28	12:25:21	4 25 42	12 53	29 53	6 38	8 12	21 31	4 50	4 39	15 4	27 13	17 55
29	12:29:17	5 24 39	24 54	0Sc33	6 36	8 54	21 42	4 46	4 36	15 6	27 13	17 52
30	12:33:14	6 23 37	7Sc 2	1 8	6 37D	9 35	21 53	4 43	4 34	15 9	27 14	17 49

9/23 Sun in Lib. 23:39   9/6 1st Qt. 2:26   9/12 Full 20:19   9/19 3rd Qt. 14:23   9/27 New 17:30

OCTOBER 1935

Day	Sid. T.	Sun	Moon	Merc.	Venus	Mars	Jup.	Saturn	Uranus	Nept.	Pluto	N.Node
1	12:37:10	7Li22 38	19Sc18	1Sc39	6Vi40	10Sg18	22Sc 4	4Pi39R	4Ta32R	15Vi11	27Cn15	17Cp46
2	12:41: 7	8 21 40	1Sg44	2 5	6 45	11 0	22 15	4 36	4 30	15 13	27 16	17 43
3	12:45: 3	9 20 45	14 22	2 25	6 52	11 42	22 26	4 33	4 28	15 15	27 16	17 39
4	12:49: 0	10 19 51	27 15	2 40	7 2	12 24	22 38	4 29	4 26	15 17	27 17	17 36
5	12:52:57	11 18 59	10Cp27	2 47	7 14	13 7	22 49	4 26	4 24	15 19	27 17	17 33
6	12:56:53	12 18 8	24 2	2 49R	7 28	13 49	23 1	4 23	4 21	15 21	27 18	17 30
7	13: 0:50	13 17 20	8Aq 0	2 42	7 44	14 32	23 12	4 20	4 19	15 23	27 19	17 27
8	13: 4:46	14 16 33	22 23	2 29	8 2	15 15	23 24	4 17	4 17	15 25	27 19	17 24
9	13: 8:43	15 15 47	7Pi 9	2 7	8 22	15 58	23 36	4 14	4 15	15 27	27 20	17 20
10	13:12:39	16 15 4	22 12	1 37	8 44	16 40	23 47	4 11	4 12	15 29	27 20	17 17
11	13:16:36	17 14 23	7Ar23	0 59	9 7	17 23	23 59	4 9	4 10	15 31	27 21	17 14
12	13:20:32	18 13 43	22 33	0 13	9 33	18 7	24 11	4 6	4 8	15 33	27 21	17 11
13	13:24:29	19 13 6	7Ta30	29Li19	10 0	18 50	24 23	4 3	4 5	15 35	27 22	17 8
14	13:28:25	20 12 31	22 6	28 19	10 28	19 33	24 35	4 1	4 3	15 37	27 22	17 5
15	13:32:22	21 11 58	6Ge15	27 12	10 58	20 16	24 47	3 59	4 1	15 39	27 22	17 1
16	13:36:19	22 11 27	19 54	26 2	11 30	21 0	24 59	3 56	3 58	15 41	27 23	16 58
17	13:40:15	23 10 59	3Cn 3	24 49	12 3	21 43	25 12	3 54	3 56	15 42	27 23	16 55
18	13:44:12	24 10 33	15 48	23 35	12 38	22 27	25 24	3 52	3 53	15 44	27 24	16 52
19	13:48: 8	25 10 9	28 10	22 22	13 14	23 11	25 36	3 50	3 51	15 46	27 24	16 49
20	13:52: 5	26 9 48	10Le17	21 14	13 51	23 55	25 49	3 48	3 49	15 48	27 24	16 45
21	13:56: 1	27 9 29	22 14	20 11	14 30	24 39	26 1	3 46	3 46	15 50	27 24	16 42
22	13:59:58	28 9 12	4Vi 4	19 16	15 10	25 23	26 14	3 45	3 44	15 51	27 24	16 39
23	14: 3:55	29 8 57	15 54	18 30	15 51	26 7	26 26	3 43	3 41	15 53	27 24	16 36
24	14: 7:51	0Sc 8 44	27 45	17 54	16 33	26 51	26 39	3 41	3 39	15 55	27 25	16 33
25	14:11:48	1 8 33	9Li42	17 29	17 16	27 35	26 51	3 40	3 36	15 57	27 25	16 30
26	14:15:44	2 8 25	21 46	17 16	18 0	28 19	27 4	3 39	3 34	15 58	27 25	16 26
27	14:19:41	3 8 19	3Sc57	17 14D	18 45	29 4	27 17	3 37	3 31	16 0	27 25	16 23
28	14:23:37	4 8 14	16 18	17 23	19 32	29 48	27 29	3 36	3 29	16 2	27 25	16 20
29	14:27:34	5 8 12	28 48	17 42	20 19	0Cp33	27 42	3 35	3 27	16 3	27 25R	16 17
30	14:31:30	6 8 11	11Sg28	18 12	21 7	1 17	27 55	3 34	3 24	16 5	27 25	16 14
31	14:35:27	7 8 12	24 18	18 51	21 56	2 2	28 8	3 34	3 22	16 6	27 25	16 11

10/24 Sun in Sco. 8:30   10/5 1st Qt. 13:40   10/12 Full 4:39   10/19 3rd Qt. 5:36   10/27 New 10:16

NOVEMBER 1935

Day	Sid. T.	Sun	Moon	Merc.	Venus	Mars	Jup.	Saturn	Uranus	Nept.	Pluto	N.Node
1	14:39:24	8Sc 8 15	7Cp21	19Li38	22Vi45	2Cp46	28Sc21	3Pi33R	3Ta19R	16Vi 8	27Cn25R	16Cp 7
2	14:43:20	9 8 19	20 38	20 32	23 36	3 31	28 34	3 32	3 17	16 9	27 25	16 4
3	14:47:17	10 8 25	4Aq11	21 32	24 27	4 16	28 47	3 32	3 14	16 11	27 25	16 1
4	14:51:13	11 8 32	18 2	22 39	25 19	5 1	29 0	3 31	3 12	16 12	27 24	15 58
5	14:55:10	12 8 41	2Pi11	23 50	26 12	5 46	29 13	3 31	3 9	16 14	27 24	15 55
6	14:59: 6	13 8 52	16 37	25 6	27 5	6 31	29 26	3 31	3 7	16 15	27 24	15 51
7	15: 3: 3	14 9 4	1Ar17	26 25	28 0	7 16	29 39	3 31	3 5	16 17	27 24	15 48
8	15: 7: 0	15 9 17	16 6	27 47	28 54	8 1	29 52	3 31D	3 2	16 18	27 24	15 45
9	15:10:56	16 9 32	0Ta56	29 12	29 50	8 47	0Sg 5	3 31	3 0	16 19	27 23	15 42
10	15:14:53	17 9 49	15 38	0Sc39	0Li46	9 32	0 18	3 31	2 57	16 20	27 23	15 39
11	15:18:49	18 10 8	0Ge 4	2 7	1 42	10 17	0 32	3 31	2 55	16 22	27 23	15 36
12	15:22:45	19 10 28	14 9	3 37	2 39	11 3	0 45	3 32	2 53	16 23	27 22	15 32
13	15:26:42	20 10 50	27 48	5 9	3 37	11 48	0 58	3 32	2 50	16 24	27 22	15 29
14	15:30:39	21 11 14	11Cn 1	6 41	4 35	12 34	1 11	3 33	2 48	16 25	27 22	15 26
15	15:34:35	22 11 40	23 49	8 14	5 34	13 19	1 25	3 34	2 46	16 27	27 21	15 23
16	15:38:32	23 12 8	6Le16	9 48	6 33	14 5	1 38	3 34	2 43	16 28	27 21	15 20
17	15:42:28	24 12 37	18 26	11 22	7 33	14 51	1 51	3 35	2 41	16 29	27 20	15 17
18	15:46:25	25 13 8	0Vi25	12 56	8 33	15 36	2 5	3 36	2 39	16 30	27 20	15 13
19	15:50:21	26 13 42	12 17	14 31	9 34	16 22	2 18	3 38	2 37	16 31	27 19	15 10
20	15:54:18	27 14 16	24 8	16 6	10 35	17 8	2 31	3 39	2 35	16 32	27 19	15 7
21	15:58:15	28 14 53	6Li 1	17 41	11 36	17 54	2 45	3 40	2 32	16 33	27 18	15 4
22	16: 2:11	29 15 31	18 2	19 16	12 38	18 40	2 58	3 42	2 30	16 34	27 18	15 1
23	16: 6: 8	0Sg16 11	0Sc12	20 50	13 40	19 26	3 11	3 43	2 28	16 35	27 17	14 57
24	16:10: 4	1 16 53	12 34	22 25	14 43	20 12	3 25	3 45	2 26	16 36	27 16	14 54
25	16:14: 1	2 17 36	25 9	24 0	15 46	20 58	3 38	3 47	2 24	16 36	27 16	14 51
26	16:17:57	3 18 20	7Sg57	25 35	16 49	21 44	3 52	3 49	2 22	16 37	27 15	14 48
27	16:21:54	4 19 6	20 57	27 10	17 53	22 30	4 5	3 51	2 20	16 38	27 14	14 45
28	16:25:51	5 19 53	4Cp10	28 45	18 57	23 17	4 18	3 53	2 18	16 39	27 14	14 42
29	16:29:47	6 20 41	17 34	0Sg19	20 1	24 3	4 32	3 55	2 16	16 39	27 13	14 38
30	16:33:44	7 21 30	1Aq 8	1 54	21 6	24 49	4 45	3 57	2 14	16 40	27 12	14 35

11/23 Sun in Sag. 5:36   11/3 1st Qt. 23:12   11/10 Full 14:42   11/18 3rd Qt. 0:36   11/26 New 2:36

DECEMBER 1935

Day	Sid. T.	Sun	Moon	Merc.	Venus	Mars	Jup.	Saturn	Uranus	Nept.	Pluto	N.Node
1	16:37:40	8Sg22 20	14Aq53	3Sg28	22Li11	25Cp35	4Sg59	4Pi 0	2Ta12R	16Vi41	27Cn11R	14Cp32
2	16:41:37	9 23 11	28 48	5 3	23 16	26 22	5 12	4 2	2 11	16 41	27 11	14 29
3	16:45:33	10 24 3	12Pi53	6 37	24 22	27 8	5 25	4 5	2 9	16 42	27 10	14 26
4	16:49:30	11 24 55	27 6	8 11	25 27	27 55	5 39	4 7	2 7	16 43	27 9	14 23
5	16:53:26	12 25 48	11Ar25	9 46	26 33	28 41	5 52	4 10	2 5	16 43	27 8	14 19
6	16:57:23	13 26 42	25 47	11 20	27 40	29 28	6 6	4 13	2 4	16 44	27 7	14 16
7	17: 1:20	14 27 37	10Ta 7	12 54	28 46	0Aq14	6 19	4 16	2 2	16 44	27 6	14 13
8	17: 5:16	15 28 33	24 21	14 28	29 53	1 1	6 32	4 19	2 0	16 44	27 5	14 10
9	17: 9:13	16 29 29	8Ge23	16 2	1Sc 0	1 47	6 46	4 22	1 59	16 45	27 4	14 7
10	17:13: 9	17 30 27	22 10	17 37	2 7	2 34	6 59	4 25	1 57	16 45	27 3	14 3
11	17:17: 6	18 31 25	5Cn37	19 11	3 15	3 21	7 12	4 29	1 56	16 45	27 3	14 0
12	17:21: 2	19 32 25	18 44	20 45	4 22	4 7	7 25	4 32	1 54	16 46	27 2	13 57
13	17:24:59	20 33 25	1Le31	22 20	5 30	4 54	7 39	4 36	1 53	16 46	27 1	13 54
14	17:28:56	21 34 26	13 59	23 54	6 38	5 41	7 52	4 39	1 52	16 46	27 0	13 51
15	17:32:52	22 35 28	26 12	25 29	7 46	6 27	8 5	4 43	1 50	16 46	26 58	13 48
16	17:36:48	23 36 31	8Vi13	27 4	8 55	7 14	8 18	4 47	1 49	16 46	26 57	13 44
17	17:40:45	24 37 35	20 8	28 39	10 4	8 1	8 32	4 51	1 48	16 47	26 56	13 41
18	17:44:41	25 38 40	1Li59	0Cp14	11 12	8 48	8 45	4 55	1 47	16 47	26 55	13 38
19	17:48:38	26 39 45	13 54	1 49	12 21	9 35	8 58	4 59	1 46	16 47	26 54	13 35
20	17:52:35	27 40 52	25 56	3 25	13 30	10 22	9 11	5 3	1 44	16 47R	26 53	13 32
21	17:56:31	28 41 59	8Sc 9	5 0	14 40	11 8	9 24	5 7	1 43	16 47	26 52	13 28
22	18: 0:28	29 43 7	20 36	6 36	15 49	11 55	9 37	5 11	1 42	16 46	26 51	13 25
23	18: 4:24	0Cp44 16	3Sg21	8 12	16 59	12 42	9 50	5 16	1 41	16 46	26 50	13 22
24	18: 8:21	1 45 25	16 24	9 48	18 9	13 29	10 3	5 20	1 41	16 46	26 48	13 19
25	18:12:17	2 46 35	29 44	11 24	19 19	14 16	10 16	5 25	1 40	16 46	26 47	13 16
26	18:16:14	3 47 45	13Cp22	13 0	20 29	15 3	10 29	5 29	1 39	16 46	26 46	13 13
27	18:20:11	4 48 55	27 13	14 37	21 39	15 50	10 42	5 34	1 38	16 45	26 45	13 9
28	18:24: 7	5 50 6	11Aq16	16 13	22 49	16 37	10 55	5 39	1 37	16 45	26 44	13 6
29	18:28: 4	6 51 16	25 26	17 50	24 0	17 24	11 7	5 44	1 37	16 45	26 42	13 3
30	18:32: 0	7 52 27	9Pi40	19 26	25 10	18 11	11 20	5 49	1 36	16 45	26 41	13 0
31	18:35:57	8 53 37	23 55	21 2	26 21	18 58	11 33	5 54	1 36	16 44	26 40	12 57

12/22 Sun in Cap. 18:38   12/3 1st Qt. 7:28   12/10 Full 3:11   12/17 3rd Qt. 21:58   12/25 New 17:50(E)

Day	Sid. T.	Sun	Moon	Merc.	Venus	Mars	Jup.	Saturn	Uranus	Nept.	Pluto	N.Node
1	18:39:53	9Cp54 47	8Ar 8	22Cp39	27Sc32	19Aq45	11Sg45	5Pi59	1Ta35R	16Vi44R	26Cn39R	12Cp54
2	18:43:50	10 55 56	22 16	24 15	28 42	20 32	11 58	6 4	1 35	16 43	26 37	12 50
3	18:47:46	11 57 6	6Ta19	25 50	29 53	21 19	12 11	6 9	1 34	16 43	26 36	12 47
4	18:51:43	12 58 15	20 13	27 25	1Sg 4	22 6	12 23	6 14	1 34	16 42	26 35	12 44
5	18:55:40	13 59 24	3Ge57	28 59	2 16	22 53	12 36	6 20	1 34	16 42	26 34	12 41
6	18:59:36	15 0 33	17 30	0Aq33	3 27	23 40	12 48	6 25	1 33	16 41	26 32	12 38
7	19: 3:33	16 1 41	0Cn50	2 5	4 38	24 27	13 0	6 31	1 33	16 41	26 31	12 34
8	19: 7:29	17 2 49	13 56	3 36	5 50	25 14	13 13	6 36	1 33	16 40	26 30	12 31
9	19:11:26	18 3 58	26 48	5 5	7 1	26 1	13 25	6 42	1 33	16 39	26 28	12 28
10	19:15:22	19 5 5	9Le25	6 32	8 13	26 48	13 37	6 48	1 33	16 39	26 27	12 25
11	19:19:19	20 6 13	21 49	7 57	9 24	27 35	13 49	6 53	1 33D	16 38	26 26	12 22
12	19:23:16	21 7 20	4Vi 0	9 18	10 36	28 22	14 1	6 59	1 33	16 37	26 25	12 19
13	19:27:12	22 8 27	16 1	10 36	11 48	29 9	14 13	7 5	1 33	16 36	26 23	12 15
14	19:31: 9	23 9 34	27 56	11 50	13 0	29 56	14 25	7 11	1 33	16 36	26 22	12 12
15	19:35: 5	24 10 41	9Li48	12 58	14 12	0Pi43	14 37	7 17	1 34	16 35	26 21	12 9
16	19:39: 2	25 11 48	21 42	14 2	15 24	1 30	14 49	7 23	1 34	16 34	26 19	12 6
17	19:42:58	26 12 54	3Sc42	14 58	16 36	2 17	15 1	7 29	1 34	16 33	26 18	12 3
18	19:46:55	27 14 0	15 53	15 48	17 49	3 4	15 12	7 35	1 35	16 32	26 17	12 0
19	19:50:51	28 15 6	28 19	16 29	19 1	3 51	15 24	7 41	1 35	16 31	26 15	11 56
20	19:54:48	29 16 12	11Sg 6	17 1	20 13	4 38	15 35	7 48	1 36	16 30	26 14	11 53
21	19:58:44	0Aq17 17	24 14	17 23	21 26	5 25	15 47	7 54	1 36	16 29	26 13	11 50
22	20: 2:41	1 18 21	7Cp46	17 35	22 38	6 12	15 58	8 0	1 37	16 28	26 11	11 47
23	20: 6:38	2 19 25	21 42	17 35R	23 51	6 58	16 9	8 7	1 37	16 27	26 10	11 44
24	20:10:34	3 20 29	5Aq57	17 24	25 3	7 45	16 20	8 13	1 38	16 25	26 9	11 40
25	20:14:31	4 21 31	20 29	17 2	26 16	8 32	16 32	8 20	1 39	16 25	26 7	11 37
26	20:18:27	5 22 33	5Pi 9	16 28	27 28	9 19	16 43	8 26	1 40	16 24	26 6	11 34
27	20:22:24	6 23 33	19 52	15 44	28 41	10 6	16 53	8 33	1 40	16 21	26 5	11 31
28	20:26:20	7 24 32	4Ar30	14 50	29 54	10 53	17 4	8 40	1 41	16 21	26 3	11 28
29	20:30:17	8 25 30	18 57	13 48	1Cp 7	11 40	17 15	8 46	1 42	16 20	26 2	11 25
30	20:34:14	9 26 27	3Ta10	12 40	2 20	12 26	17 26	8 53	1 43	16 19	26 1	11 21
31	20:38:10	10 27 23	17 6	11 28	3 32	13 13	17 36	9 0	1 44	16 18	26 0	11 18

1/21 Sun in Aqu. 5:13   1/1 1st Qt. 15:15   1/8 Full 18:15(E)   1/16 3rd Qt. 19:41   1/24 New 7:18   1/30 1st Qt. 23:36

Day	Sid. T.	Sun	Moon	Merc.	Venus	Mars	Jup.	Saturn	Uranus	Nept.	Pluto	N.Node
1	20:42: 7	11Aq28 17	0Ge46	10Aq14R	4Cp45	14Pi 0	17Sg47	9Pi 6	1Ta45	16Vi16R	25Cn58R	11Cp15
2	20:46: 3	12 29 10	14 9	9 0	5 58	14 47	17 57	9 13	1 47	16 15	25 57	11 12
3	20:50: 0	13 30 2	27 18	7 48	7 11	15 33	18 7	9 20	1 48	16 14	25 56	11 9
4	20:53:56	14 30 52	10Cn14	6 41	8 24	16 20	18 17	9 27	1 49	16 12	25 55	11 6
5	20:57:53	15 31 41	22 57	5 38	9 37	17 6	18 28	9 34	1 50	16 11	25 53	11 2
6	21: 1:50	16 32 29	5Le30	4 42	10 50	17 53	18 38	9 41	1 52	16 10	25 52	10 59
7	21: 5:46	17 33 15	17 53	3 54	12 4	18 40	18 47	9 48	1 53	16 8	25 51	10 56
8	21: 9:43	18 34 0	0Vi 6	3 14	13 17	19 26	18 57	9 55	1 55	16 7	25 50	10 53
9	21:13:39	19 34 44	12 11	2 42	14 30	20 13	19 7	10 2	1 56	16 5	25 48	10 50
10	21:17:36	20 35 26	24 10	2 18	15 43	20 59	19 16	10 9	1 58	16 4	25 47	10 46
11	21:21:32	21 36 8	6Li 4	2 2	16 56	21 46	19 26	10 16	1 59	16 2	25 46	10 43
12	21:25:29	22 36 48	17 55	1 54	18 10	22 32	19 35	10 23	2 1	16 1	25 45	10 40
13	21:29:25	23 37 27	29 48	1 53D	19 23	23 19	19 44	10 30	2 3	15 59	25 44	10 37
14	21:33:22	24 38 5	11Sc46	2 0	20 36	24 5	19 53	10 37	2 4	15 58	25 43	10 34
15	21:37:18	25 38 42	23 53	2 13	21 50	24 51	20 2	10 45	2 6	15 56	25 42	10 31
16	21:41:15	26 39 17	6Sg15	2 32	23 3	25 38	20 11	10 52	2 8	15 55	25 40	10 27
17	21:45:12	27 39 52	18 56	2 56	24 16	26 24	20 20	10 59	2 10	15 53	25 39	10 24
18	21:49: 8	28 40 25	2Cp 1	3 26	25 30	27 10	20 28	11 6	2 12	15 52	25 38	10 21
19	21:53: 5	29 40 57	15 32	4 1	26 43	27 57	20 37	11 14	2 14	15 50	25 37	10 18
20	21:57: 1	0Pi41 28	29 32	4 41	27 57	28 43	20 45	11 21	2 16	15 48	25 36	10 15
21	22: 0:58	1 41 56	13Aq59	5 24	29 10	29 29	20 53	11 28	2 18	15 47	25 35	10 12
22	22: 4:54	2 42 24	28 48	6 11	0Aq24	0Ar15	21 1	11 35	2 20	15 45	25 34	10 8
23	22: 8:51	3 42 49	13Pi52	7 2	1 37	1 1	21 9	11 43	2 22	15 44	25 33	10 5
24	22:12:47	4 43 13	29 0	7 56	2 51	1 47	21 17	11 50	2 24	15 42	25 32	10 2
25	22:16:44	5 43 36	14Ar 3	8 53	4 4	2 33	21 25	11 57	2 26	15 40	25 30	9 59
26	22:20:41	6 43 56	28 52	9 53	5 18	3 19	21 32	12 5	2 28	15 39	25 29	9 56
27	22:24:37	7 44 14	13Ta20	10 55	6 31	4 5	21 40	12 12	2 31	15 37	25 28	9 52
28	22:28:34	8 44 31	27 24	12 0	7 45	4 51	21 47	12 19	2 33	15 35	25 27	9 49
29	22:32:30	9 44 45	11Ge 4	13 7	8 59	5 37	21 54	12 27	2 35	15 34	25 27	9 46

2/19 Sun in Pis. 19:33   2/7 Full 11:19   2/15 3rd Qt. 15:46   2/22 New 18:42   2/31 1st Qt. 9:28

MARCH 1936

Day	Sid. T.	Sun	Moon	Merc.	Venus	Mars	Jup.	Saturn	Uranus	Nept.	Pluto	N.Node
1	22:36:27	10Pi44 57	24Ge20	14Aq16	10Aq12	6Ar23	22Sg 1	12Pi34	2Ta38	15Vi32R	25Cn26R	9Cp43
2	22:40:23	11 45 8	7Cn17	15 27	11 26	7 9	22 8	12 41	2 40	15 30	25 26	9 40
3	22:44:20	12 45 16	19 57	16 41	12 39	7 54	22 15	12 49	2 43	15 29	25 25	9 37
4	22:48:17	13 45 22	2Le24	17 55	13 53	8 40	22 21	12 56	2 45	15 27	25 24	9 33
5	22:52:13	14 45 26	14 41	19 12	15 7	9 26	22 28	13 4	2 48	15 25	25 23	9 30
6	22:56:10	15 45 28	26 50	20 30	16 20	10 11	22 34	13 11	2 50	15 24	25 22	9 27
7	23: 0: 6	16 45 27	8Vi53	21 50	17 34	10 57	22 40	13 18	2 53	15 22	25 22	9 24
8	23: 4: 2	17 45 25	20 51	23 12	18 48	11 43	22 46	13 26	2 55	15 20	25 21	9 21
9	23: 7:59	18 45 21	2Li46	24 34	20 1	12 28	22 51	13 33	2 58	15 19	25 20	9 17
10	23:11:56	19 45 16	14 38	25 59	21 15	13 13	22 57	13 40	3 1	15 17	25 19	9 14
11	23:15:52	20 45 8	26 30	27 24	22 29	13 59	23 3	13 48	3 3	15 15	25 19	9 11
12	23:19:49	21 44 59	8Sc24	28 51	23 42	14 44	23 8	13 55	3 6	15 14	25 18	9 8
13	23:23:45	22 44 47	20 23	0Pi20	24 56	15 30	23 13	14 2	3 9	15 12	25 17	9 5
14	23:27:42	23 44 35	2Sg29	1 49	26 10	16 15	23 18	14 10	3 12	15 10	25 17	9 2
15	23:31:38	24 44 20	14 48	3 20	27 24	17 0	23 23	14 17	3 15	15 9	25 16	8 58
16	23:35:35	25 44 4	27 24	4 53	28 37	17 45	23 27	14 24	3 18	15 7	25 16	8 55
17	23:39:32	26 43 46	10Cp22	6 26	29 51	18 30	23 32	14 31	3 21	15 6	25 15	8 52
18	23:43:28	27 43 26	23 46	8 1	1Pi 5	19 16	23 36	14 39	3 23	15 4	25 15	8 49
19	23:47:25	28 43 5	7Aq39	9 37	2 19	20 1	23 40	14 46	3 26	15 2	25 14	8 46
20	23:51:21	29 42 42	22 2	11 15	3 32	20 46	23 44	14 53	3 29	15 1	25 14	8 43
21	23:55:18	0Ar42 17	6Pi51	12 53	4 46	21 31	23 48	15 0	3 32	14 59	25 13	8 39
22	23:59:14	1 41 50	22 1	14 33	6 0	22 16	23 52	15 7	3 35	14 57	25 13	8 36
23	0: 3:11	2 41 21	7Ar20	16 14	7 14	23 1	23 55	15 15	3 38	14 56	25 12	8 33
24	0: 7: 7	3 40 50	22 39	17 57	8 27	23 45	23 59	15 22	3 42	14 54	25 12	8 30
25	0:11: 4	4 40 16	7Ta45	19 41	9 41	24 30	24 2	15 29	3 45	14 53	25 12	8 27
26	0:15: 1	5 39 41	22 29	21 26	10 55	25 15	24 5	15 36	3 48	14 51	25 11	8 23
27	0:18:57	6 39 3	6Ge46	23 13	12 9	26 0	24 7	15 43	3 51	14 50	25 11	8 20
28	0:22:54	7 38 24	20 35	25 0	13 22	26 44	24 10	15 50	3 54	14 48	25 11	8 17
29	0:26:50	8 37 41	3Cn55	26 50	14 36	27 29	24 12	15 57	3 57	14 47	25 11	8 14
30	0:30:47	9 36 57	16 51	28 40	15 50	28 13	24 14	16 4	4 0	14 45	25 11	8 11
31	0:34:43	10 36 10	29 27	0Ar32	17 4	28 58	24 16	16 11	4 4	14 44	25 11	8 8

3/20 Sun in Ari. 18:58   3/8 Full 5:14   3/16 3rd Qt. 8:35   3/23 New 4:14   3/29 1st Qt. 21:22

APRIL 1936

Day	Sid. T.	Sun	Moon	Merc.	Venus	Mars	Jup.	Saturn	Uranus	Nept.	Pluto	N.Node
1	0:38:40	11Ar35 21	11Le47	2Ar25	18Pi17	29Ar42	24Sg18	16Pi18	4Ta 7	14Vi42R	25Cn10R	8Cp 4
2	0:42:37	12 34 29	23 55	4 20	19 31	0Ta27	24 20	16 25	4 10	14 41	25 10	8 1
3	0:46:33	13 33 35	5Vi56	6 16	20 45	1 11	24 21	16 31	4 13	14 39	25 10	7 58
4	0:50:30	14 32 39	17 51	8 13	21 59	1 55	24 23	16 38	4 17	14 38	25 10	7 55
5	0:54:26	15 31 41	29 45	10 12	23 12	2 40	24 24	16 45	4 20	14 37	25 10	7 52
6	0:58:23	16 30 40	11Li37	12 12	24 26	3 24	24 25	16 52	4 23	14 35	25 9	7 49
7	1: 2:19	17 29 38	23 30	14 13	25 40	4 8	24 25	16 58	4 27	14 34	25 9	7 45
8	1: 6:16	18 28 34	5Sc25	16 16	26 54	4 52	24 26	17 5	4 30	14 33	25 9D	7 42
9	1:10:12	19 27 27	17 24	18 19	28 7	5 36	24 26	17 12	4 33	14 31	25 9	7 39
10	1:14: 9	20 26 19	29 28	20 23	29 21	6 20	24 26	17 18	4 37	14 30	25 10	7 36
11	1:18: 5	21 25 9	11Sg40	22 29	0Ar35	7 4	24 26R	17 25	4 40	14 29	25 10	7 33
12	1:22: 2	22 23 58	24 3	24 35	1 48	7 48	24 26	17 31	4 44	14 27	25 10	7 29
13	1:25:58	23 22 44	6Cp40	26 41	3 2	8 32	24 26	17 38	4 47	14 26	25 10	7 26
14	1:29:55	24 21 29	19 36	28 47	4 16	9 16	24 25	17 44	4 50	14 25	25 10	7 23
15	1:33:52	25 20 12	2Aq54	0Ta54	5 30	10 0	24 24	17 51	4 54	14 24	25 10	7 20
16	1:37:48	26 18 53	16 38	3 0	6 43	10 43	24 23	17 57	4 57	14 23	25 10	7 17
17	1:41:45	27 17 33	0Pi49	5 6	7 57	11 27	24 22	18 3	5 1	14 21	25 11	7 14
18	1:45:41	28 16 11	15 26	7 11	9 11	12 11	24 21	18 9	5 4	14 20	25 11	7 10
19	1:49:38	29 14 47	0Ar25	9 15	10 25	12 54	24 19	18 16	5 7	14 19	25 11	7 7
20	1:53:34	0Ta13 22	15 37	11 17	11 38	13 38	24 17	18 22	5 11	14 18	25 11	7 4
21	1:57:31	1 11 55	0Ta52	13 17	12 52	14 21	24 16	18 28	5 14	14 17	25 12	7 1
22	2: 1:28	2 10 25	16 0	15 15	14 6	15 5	24 13	18 34	5 18	14 16	25 12	6 58
23	2: 5:24	3 8 54	0Ge50	17 11	15 19	15 48	24 11	18 40	5 21	14 15	25 12	6 55
24	2: 9:21	4 7 21	15 16	19 3	16 33	16 31	24 9	18 46	5 25	14 14	25 13	6 51
25	2:13:17	5 5 46	29 13	20 53	17 47	17 15	24 6	18 52	5 28	14 13	25 13	6 48
26	2:17:14	6 4 9	12Cn41	22 40	19 0	17 58	24 3	18 57	5 32	14 12	25 14	6 45
27	2:21:10	7 2 30	25 43	24 23	20 14	18 41	24 0	19 3	5 35	14 12	25 14	6 42
28	2:25: 7	8 0 48	8Le22	26 3	21 28	19 24	23 57	19 9	5 38	14 11	25 15	6 39
29	2:29: 3	8 59 5	20 42	27 38	22 42	20 7	23 54	19 14	5 42	14 10	25 15	6 35
30	2:33: 0	9 57 19	2Vi50	29 10	23 55	20 50	23 50	19 20	5 45	14 10	25 15	6 32

4/20 Sun in Tau. 6:31   4/6 Full 22:47   4/14 3rd Qt. 21:21   4/21 New 12:33   4/28 1st Qt. 11:16

MAY 1936

Day	Sid. T.	Sun	Moon	Merc.	Venus	Mars	Jup.	Saturn	Uranus	Nept.	Pluto	N.Node
1	2:36:57	10Ta55 32	14Vi48	0Ge38	25Ar 9	21Ta33	23Sg46R	19Pi25	5Ta49	14Vi 8R	25Cn16	6Cp29
2	2:40:53	11 53 42	26 41	2 1	26 22	22 16	23 43	19 31	5 52	14 8	25 17	6 26
3	2:44:50	12 51 50	8Li32	3 21	27 36	22 59	23 39	19 36	5 56	14 7	25 18	6 23
4	2:48:46	13 49 57	20 25	4 36	28 50	23 42	23 34	19 42	5 59	14 6	25 18	6 20
5	2:52:43	14 48 2	2Sc21	5 47	0Ta 3	24 24	23 30	19 47	6 3	14 6	25 19	6 16
6	2:56:39	15 46 5	14 22	6 53	1 17	25 7	23 25	19 52	6 6	14 5	25 20	6 13
7	3: 0:36	16 44 7	26 29	7 55	2 31	25 50	23 21	19 57	6 9	14 4	25 20	6 10
8	3: 4:33	17 42 7	8Sg44	8 52	3 44	26 32	23 16	20 2	6 13	14 4	25 21	6 7
9	3: 8:29	18 40 5	21 8	9 44	4 58	27 15	23 11	20 7	6 16	14 3	25 22	6 4
10	3:12:26	19 38 2	3Cp43	10 32	6 12	27 58	23 6	20 12	6 20	14 3	25 23	6 1
11	3:16:22	20 35 58	16 31	11 15	7 25	28 40	23 1	20 17	6 23	14 2	25 23	5 57
12	3:20:18	21 33 52	29 34	11 53	8 39	29 22	22 55	20 22	6 26	14 2	25 24	5 54
13	3:24:15	22 31 45	12Aq55	12 27	9 52	0Ge 5	22 50	20 26	6 30	14 1	25 25	5 51
14	3:28:12	23 29 37	26 36	12 55	11 6	0 47	22 44	20 31	6 33	14 1	25 26	5 48
15	3:32: 8	24 27 28	10Pi38	13 19	12 20	1 29	22 38	20 36	6 36	14 1	25 27	5 45
16	3:36: 5	25 25 17	25 0	13 37	13 33	2 12	22 32	20 40	6 40	14 0	25 28	5 41
17	3:40: 1	26 23 6	9Ar40	13 51	14 47	2 54	22 26	20 44	6 43	14 0	25 29	5 38
18	3:43:58	27 20 53	24 31	13 59	16 1	3 36	22 20	20 49	6 46	14 0	25 30	5 35
19	3:47:55	28 18 39	9Ta33	14 3	17 14	4 18	22 14	20 53	6 49	14 0	25 31	5 32
20	3:51:51	29 16 24	24 21	14 2R	18 28	5 0	22 7	20 57	6 53	14 0	25 32	5 29
21	3:55:48	0Ge14 7	9Ge 1	13 57	19 41	5 42	22 1	21 1	6 56	13 59	25 33	5 26
22	3:59:44	1 11 49	23 22	13 47	20 55	6 24	21 54	21 5	6 59	13 59	25 34	5 22
23	4: 3:41	2 9 30	7Cn19	13 33	22 9	7 6	21 47	21 9	7 2	13 59	25 35	5 19
24	4: 7:37	3 7 9	20 50	13 15	23 22	7 48	21 40	21 13	7 6	13 59	25 36	5 16
25	4:11:34	4 4 47	3Le57	12 53	24 36	8 30	21 34	21 17	7 9	13 59D	25 37	5 13
26	4:15:31	5 2 24	16 40	12 28	25 50	9 11	21 27	21 20	7 12	13 59	25 38	5 10
27	4:19:27	5 59 59	29 5	12 1	27 3	9 53	21 19	21 24	7 15	13 59	25 39	5 6
28	4:23:24	6 57 32	11Vi15	11 31	28 17	10 35	21 12	21 27	7 18	13 59	25 40	5 3
29	4:27:20	7 55 4	23 14	10 59	29 30	11 16	21 5	21 31	7 21	13 59	25 41	5 0
30	4:31:17	8 52 35	5Li 8	10 26	0Ge44	11 58	20 58	21 34	7 24	14 0	25 43	4 57
31	4:35:13	9 50 4	17 0	9 52	1 58	12 39	20 50	21 37	7 27	14 0	25 44	4 54

5/21 Sun in Gem. 6:08   5/6 Full 15:02   5/14 3rd Qt. 6:12   5/20 New 20:35   5/28 1st Qt. 2:46

JUNE 1936

Day	Sid. T.	Sun	Moon	Merc.	Venus	Mars	Jup.	Saturn	Uranus	Nept.	Pluto	N.Node
1	4:39:10	10Ge47 52	28Li55	9Ge19R	3Ge11	13Ge21	20Sg43R	21Pi41	7Ta30	14Vi 0	25Cn45	4Cp51
2	4:43: 6	11 44 59	10Sc55	8 46	4 25	14 2	20 36	21 44	7 33	14 0	25 46	4 47
3	4:47: 3	12 42 25	23 2	8 14	5 38	14 44	20 28	21 47	7 36	14 0	25 47	4 44
4	4:50:59	13 39 50	5Sg20	7 43	6 52	15 25	20 21	21 49	7 39	14 1	25 49	4 41
5	4:54:56	14 37 14	17 49	7 15	8 6	16 6	20 13	21 52	7 42	14 1	25 50	4 38
6	4:58:53	15 34 38	0Cp30	6 49	9 19	16 48	20 6	21 55	7 45	14 1	25 51	4 35
7	5: 2:49	16 32 0	13 24	6 27	10 33	17 29	19 58	21 58	7 48	14 2	25 53	4 32
8	5: 6:46	17 29 22	26 31	6 7	11 46	18 10	19 50	22 0	7 51	14 2	25 54	4 28
9	5:10:42	18 26 43	9Aq52	5 52	13 0	18 51	19 43	22 3	7 54	14 3	25 55	4 25
10	5:14:39	19 24 3	23 26	5 40	14 14	19 32	19 35	22 5	7 57	14 3	25 57	4 22
11	5:18:35	20 21 23	7Pi15	5 33	15 27	20 13	19 27	22 7	7 59	14 4	25 58	4 19
12	5:22:32	21 18 42	21 16	5 30	16 41	20 54	19 20	22 9	8 2	14 4	25 59	4 16
13	5:26:29	22 16 1	5Ar29	5 31D	17 55	21 35	19 12	22 11	8 5	14 5	26 1	4 12
14	5:30:25	23 13 20	19 52	5 37	19 8	22 16	19 5	22 13	8 7	14 6	26 2	4 9
15	5:34:21	24 10 38	4Ta21	5 47	20 22	22 57	18 57	22 15	8 10	14 6	26 4	4 6
16	5:38:18	25 7 57	18 51	6 3	21 36	23 38	18 49	22 17	8 13	14 7	26 6	4 3
17	5:42:15	26 5 14	3Ge18	6 22	22 49	24 19	18 42	22 19	8 15	14 7	26 8	4 0
18	5:46:11	27 2 32	17 36	6 46	24 3	24 59	18 34	22 20	8 18	14 8	26 9	3 57
19	5:50: 8	27 59 49	1Cn39	7 15	25 17	25 40	18 27	22 22	8 20	14 9	26 11	3 53
20	5:54: 4	28 57 5	15 25	7 48	26 30	26 21	18 20	22 23	8 23	14 10	26 12	3 50
21	5:58: 1	29 54 21	28 50	8 26	27 44	27 1	18 12	22 24	8 25	14 11	26 14	3 47
22	6: 1:58	0Cn51 36	11Le55	9 8	28 58	27 42	18 5	22 26	8 28	14 12	26 15	3 44
23	6: 5:54	1 48 51	24 39	9 54	0Cn11	28 22	17 58	22 27	8 30	14 13	26 17	3 41
24	6: 9:51	2 46 5	7Vi 5	10 45	1 25	29 3	17 50	22 28	8 32	14 14	26 17	3 38
25	6:13:47	3 43 19	19 17	11 39	2 39	29 43	17 43	22 29	8 35	14 15	26 18	3 34
26	6:17:44	4 40 32	1Li18	12 38	3 53	0Cn24	17 36	22 29	8 37	14 16	26 20	3 31
27	6:21:40	5 37 45	13 13	13 41	5 6	1 4	17 29	22 30	8 39	14 17	26 21	3 28
28	6:25:37	6 34 57	25 6	14 47	6 20	1 44	17 22	22 31	8 41	14 18	26 23	3 25
29	6:29:34	7 32 8	7Sc 2	15 58	7 34	2 25	17 16	22 31	8 44	14 19	26 25	3 22
30	6:33:30	8 29 20	19 5	17 13	8 47	3 5	17 9	22 32	8 46	14 20	26 26	3 18

6/21 Sun in Can. 14:22   6/5 Full 5:23   6/12 3rd Qt. 12:05   6/19 New 5:15(E)   6/26 1st Qt. 19:23

JULY 1936

Day	Sid. T.	Sun	Moon	Merc.	Venus	Mars	Jup.	Saturn	Uranus	Nept.	Pluto	N.Node
1	6:37:26	9Cn26 31	1Sg18	18Ge31	10Cn 1	3Cn45	17Sg 2R	22Pi32	8Ta48	14Vi21	26Cn28	3Cp15
2	6:41:23	10 23 41	13 45	19 53	11 15	4 25	16 56	22 32	8 50	14 22	26 29	3 12
3	6:45:19	11 20 52	26 28	21 19	12 29	5 5	16 49	22 32	8 52	14 23	26 31	3 9
4	6:49:16	12 18 3	9Cp28	22 48	13 42	5 45	16 43	22 32R	8 54	14 25	26 32	3 6
5	6:53:13	13 15 13	22 44	24 21	14 56	6 26	16 37	22 32	8 56	14 26	26 34	3 3
6	6:57: 9	14 12 24	6Aq16	25 58	16 10	7 6	16 31	22 32	8 58	14 27	26 36	2 59
7	7: 1: 6	15 9 35	20 2	27 38	17 24	7 46	16 25	22 31	8 59	14 28	26 37	2 56
8	7: 5: 2	16 6 46	3Pi59	29 21	18 37	8 25	16 19	22 31	9 1	14 30	26 39	2 53
9	7: 8:59	17 3 57	18 5	1Cn 8	19 51	9 5	16 13	22 30	9 3	14 31	26 41	2 50
10	7:12:55	18 1 9	2Ar16	2 58	21 5	9 45	16 8	22 30	9 5	14 32	26 42	2 47
11	7:16:52	18 58 21	16 30	4 50	22 19	10 25	16 2	22 29	9 6	14 34	26 44	2 44
12	7:20:49	19 55 34	0Ta44	6 46	23 33	11 5	15 57	22 28	9 8	14 35	26 45	2 40
13	7:24:45	20 52 48	14 55	8 44	24 47	11 45	15 52	22 27	9 10	14 37	26 47	2 37
14	7:28:42	21 50 2	29 2	10 44	26 0	12 24	15 47	22 26	9 11	14 38	26 49	2 34
15	7:32:38	22 47 17	13Ge 2	12 47	27 14	13 4	15 42	22 25	9 13	14 40	26 50	2 31
16	7:36:35	23 44 32	26 52	14 51	28 28	13 44	15 38	22 24	9 14	14 41	26 52	2 28
17	7:40:31	24 41 48	10Cn31	16 56	29 42	14 23	15 33	22 23	9 15	14 43	26 54	2 24
18	7:44:28	25 39 4	23 57	19 2	0Le56	15 3	15 29	22 21	9 17	14 44	26 55	2 21
19	7:48:24	26 36 21	7Le 7	21 10	2 10	15 42	15 24	22 20	9 18	14 46	26 57	2 18
20	7:52:21	27 33 38	20 2	23 17	3 24	16 22	15 20	22 18	9 19	14 48	26 59	2 15
21	7:56:18	28 30 56	2Vi40	25 25	4 37	17 1	15 17	22 17	9 21	14 49	27 0	2 12
22	8: 0:14	29 28 14	15 3	27 33	5 51	17 41	15 13	22 15	9 22	14 51	27 2	2 9
23	8: 4:11	0Le25 32	27 14	29 41	7 5	18 20	15 9	22 13	9 23	14 53	27 4	2 5
24	8: 8: 7	1 22 51	9Li14	1Le47	8 19	19 0	15 6	22 11	9 24	14 54	27 5	2 2
25	8:12: 4	2 20 10	21 9	3 53	9 33	19 39	15 3	22 9	9 25	14 56	27 7	1 59
26	8:16: 1	3 17 30	3Sc 1	5 59	10 47	20 18	15 0	22 7	9 26	14 58	27 8	1 56
27	8:19:57	4 14 50	14 56	8 3	12 1	20 57	14 57	22 5	9 27	15 0	27 10	1 53
28	8:23:54	5 12 10	27 0	10 5	13 15	21 37	14 54	22 2	9 28	15 1	27 12	1 50
29	8:27:50	6 9 32	9Sg15	12 7	14 29	22 16	14 52	22 0	9 29	15 3	27 13	1 46
30	8:31:47	7 6 53	21 47	14 7	15 43	22 55	14 49	21 57	9 30	15 5	27 15	1 43
31	8:35:44	8 4 16	4Cp39	16 5	16 57	23 34	14 47	21 55	9 30	15 7	27 17	1 40

7/23 Sun in Leo 1:18   7/4 Full 17:35(E)   7/11 3rd Qt. 16:28   7/18 New 15:19   7/26 1st Qt. 12:36

AUGUST 1936

Day	Sid. T.	Sun	Moon	Merc.	Venus	Mars	Jup.	Saturn	Uranus	Nept.	Pluto	N.Node
1	8:39:40	9Le 1 39	17Cp53	18Le 2	18Le11	24Cn13	14Sg45R	21Pi52R	9Ta31	15Vi 9	27Cn18	1Cp37
2	8:43:37	9 59 3	1Aq29	19 58	19 25	24 52	14 43	21 49	9 32	15 11	27 20	1 34
3	8:47:33	10 56 27	15 25	21 51	20 38	25 31	14 42	21 46	9 32	15 12	27 21	1 30
4	8:51:29	11 53 53	29 38	23 44	21 52	26 10	14 40	21 44	9 33	15 14	27 23	1 27
5	8:55:26	12 51 20	14Pi 4	25 34	23 6	26 49	14 39	21 41	9 33	15 16	27 25	1 24
6	8:59:23	13 48 48	28 34	27 24	24 20	27 28	14 38	21 38	9 34	15 18	27 26	1 21
7	9: 3:19	14 46 17	13Ar 5	29 11	25 34	28 7	14 37	21 34	9 34	15 20	27 28	1 18
8	9: 7:16	15 43 47	27 30	0Vi57	26 48	28 46	14 36	21 31	9 34	15 22	27 29	1 15
9	9:11:12	16 41 19	11Ta45	2 42	28 2	29 25	14 36	21 28	9 35	15 24	27 31	1 11
10	9:15: 9	17 38 52	25 49	4 25	29 16	0Le 4	14 36	21 25	9 35	15 26	27 33	1 8
11	9:19: 5	18 36 27	9Ge41	6 6	0Vi30	0 42	14 35D	21 21	9 35	15 28	27 34	1 5
12	9:23: 2	19 34 3	23 20	7 46	1 44	1 21	14 35	21 18	9 35	15 30	27 36	1 2
13	9:26:59	20 31 41	6Cn46	9 24	2 58	2 0	14 36	21 14	9 35	15 32	27 37	0 59
14	9:30:55	21 29 20	20 1	11 1	4 12	2 39	14 36	21 10	9 36	15 34	27 39	0 55
15	9:34:52	22 27 1	3Le 4	12 37	5 26	3 17	14 37	21 7	9 36R	15 36	27 40	0 52
16	9:38:48	23 24 43	15 55	14 10	6 40	3 56	14 38	21 3	9 36	15 39	27 42	0 49
17	9:42:45	24 22 26	28 34	15 43	7 54	4 35	14 39	20 59	9 35	15 41	27 43	0 46
18	9:46:41	25 20 11	11Vi 1	17 14	9 8	5 13	14 40	20 55	9 35	15 43	27 45	0 43
19	9:50:38	26 17 56	23 17	18 43	10 22	5 52	14 41	20 51	9 35	15 45	27 46	0 40
20	9:54:34	27 15 43	5Li23	20 11	11 36	6 30	14 43	20 47	9 35	15 47	27 48	0 36
21	9:58:31	28 13 32	17 20	21 37	12 50	7 9	14 44	20 43	9 34	15 49	27 49	0 33
22	10: 2:27	29 11 21	29 12	23 2	14 4	7 47	14 46	20 39	9 34	15 51	27 51	0 30
23	10: 6:24	0Vi 9 12	11Sc 3	24 25	15 18	8 26	14 48	20 35	9 34	15 53	27 52	0 27
24	10:10:20	1 7 4	22 56	25 47	16 32	9 4	14 51	20 31	9 33	15 56	27 53	0 24
25	10:14:17	2 4 57	4Sg57	27 7	17 46	9 42	14 53	20 27	9 33	15 58	27 55	0 21
26	10:18:14	3 2 52	17 10	28 25	19 0	10 21	14 56	20 22	9 32	16 0	27 56	0 17
27	10:22:10	4 0 48	29 41	29 42	20 14	10 59	14 59	20 18	9 32	16 2	27 58	0 14
28	10:26: 7	4 58 45	12Cp35	0Li57	21 28	11 37	15 2	20 14	9 31	16 4	27 59	0 11
29	10:30: 4	5 56 44	25 55	2 10	22 42	12 16	15 5	20 9	9 30	16 6	28 0	0 8
30	10:34: 0	6 54 43	9Aq41	3 21	23 56	12 54	15 8	20 5	9 30	16 9	28 2	0 5
31	10:37:56	7 52 45	23 54	4 30	25 10	13 32	15 12	20 1	9 29	16 11	28 3	0 1

8/23 Sun in Vir. 8:11   8/3 Full 3:48   8/9 3rd Qt. 21:00   8/17 New 3:21   8/25 1st Qt. 5:49

SEPTEMBER 1936

Day	Sid. T.	Sun	Moon	Merc.	Venus	Mars	Jup.	Saturn	Uranus	Nept.	Pluto	N.Node
1	10:41:53	8Vi50 48	8Pi29	5Li37	26Vi24	14Le10	15Sg16	19Pi56R	9Ta28R	16Vi13	28Cn 4	29Sg58
2	10:45:50	9 48 52	23 20	6 41	27 38	14 48	15 19	19 52	9 27	16 15	28 6	29 55
3	10:49:46	10 46 59	8Ar16	7 44	28 52	15 26	15 23	19 47	9 26	16 17	28 7	29 52
4	10:53:43	11 45 7	23 11	8 44	0Li 6	16 4	15 28	19 42	9 25	16 20	28 8	29 49
5	10:57:39	12 43 17	7Ta54	9 41	1 20	16 42	15 32	19 38	9 24	16 22	28 9	29 46
6	11: 1:35	13 41 29	22 21	10 35	2 34	17 20	15 37	19 33	9 23	16 24	28 11	29 42
7	11: 5:32	14 39 43	6Ge39	11 27	3 48	17 58	15 41	19 29	9 22	16 26	28 12	29 39
8	11: 9:29	15 38 0	20 17	12 15	5 2	18 36	15 46	19 24	9 21	16 29	28 13	29 36
9	11:13:25	16 36 18	3Cn45	13 1	6 16	19 14	15 51	19 20	9 20	16 31	28 14	29 33
10	11:17:22	17 34 39	16 56	13 42	7 30	19 52	15 56	19 15	9 19	16 33	28 15	29 30
11	11:21:18	18 33 2	29 53	14 20	8 44	20 30	16 2	19 10	9 17	16 35	28 17	29 27
12	11:25:15	19 31 26	12Le37	14 53	9 58	21 8	16 7	19 6	9 16	16 38	28 18	29 23
13	11:29:12	20 29 53	25 10	15 22	11 12	21 46	16 13	19 1	9 15	16 40	28 19	29 20
14	11:33: 8	21 28 22	7Vi33	15 46	12 25	22 24	16 19	18 56	9 13	16 42	28 20	29 17
15	11:37: 5	22 26 52	19 48	16 5	13 39	23 2	16 25	18 52	9 12	16 44	28 21	29 14
16	11:41: 1	23 25 25	1Li54	16 18	14 53	23 39	16 31	18 47	9 10	16 46	28 22	29 11
17	11:44:58	24 23 59	13 54	16 26	16 7	24 17	16 37	18 43	9 9	16 49	28 23	29 7
18	11:48:54	25 22 35	25 47	16 28R	17 21	24 55	16 44	18 38	9 7	16 51	28 24	29 4
19	11:52:51	26 21 13	7Sc37	16 23	18 35	25 32	16 50	18 33	9 6	16 53	28 25	29 1
20	11:56:48	27 19 53	19 26	16 11	19 49	26 10	16 57	18 29	9 4	16 55	28 26	28 58
21	12: 0:44	28 18 35	1Sg17	15 52	21 3	26 48	17 4	18 24	9 2	16 57	28 27	28 55
22	12: 4:40	29 17 18	13 15	15 26	22 17	27 25	17 11	18 20	9 1	17 0	28 28	28 52
23	12: 8:37	0Li16 3	25 26	14 52	23 31	28 3	17 18	18 15	8 59	17 2	28 29	28 48
24	12:12:34	1 14 50	7Cp53	14 12	24 44	28 41	17 26	18 11	8 57	17 4	28 30	28 45
25	12:16:30	2 13 39	20 43	13 24	25 58	29 18	17 33	18 7	8 55	17 6	28 31	28 42
26	12:20:27	3 12 29	3Aq59	12 31	27 12	29 55	17 41	18 2	8 54	17 8	28 31	28 39
27	12:24:23	4 11 21	17 45	11 32	28 26	0Vi33	17 48	17 58	8 52	17 10	28 32	28 36
28	12:28:20	5 10 15	2Pi 1	10 28	29 40	1 10	17 56	17 54	8 50	17 13	28 33	28 33
29	12:32:16	6 9 10	16 44	9 22	0Sc53	1 48	18 4	17 49	8 48	17 15	28 34	28 29
30	12:36:13	7 8 8	1Ar47	8 14	2 7	2 25	18 12	17 45	8 46	17 17	28 35	28 26

9/23 Sun in Lib. 5:27   9/1 Full 12:38   9/8 3rd Qt. 3:14   9/15 New 17:42   9/23 1st Qt. 22:13   9/30 Full 21:01

OCTOBER 1936

Day	Sid. T.	Sun	Moon	Merc.	Venus	Mars	Jup.	Saturn	Uranus	Nept.	Pluto	N.Node
1	12:40:10	8Li 7 7	17Ar 2	7Li 5R	3Sc21	3Vi 2	18Sg21	17Pi41R	8Ta44R	17Vi19	28Cn35	28Sg23
2	12:44: 6	9 6 9	2Ta16	5 59	4 35	3 40	18 29	17 37	8 42	17 21	28 36	28 20
3	12:48: 3	10 5 13	17 19	4 57	5 49	4 17	18 37	17 33	8 40	17 23	28 37	28 17
4	12:51:59	11 4 19	2Ge 3	4 0	7 2	4 54	18 46	17 29	8 38	17 25	28 37	28 13
5	12:55:56	12 3 27	16 23	3 10	8 16	5 32	18 55	17 25	8 36	17 27	28 38	28 10
6	12:59:52	13 2 38	0Cn18	2 28	9 30	6 9	19 4	17 21	8 33	17 29	28 39	28 7
7	13: 3:49	14 1 51	13 47	1 57	10 43	6 46	19 13	17 17	8 31	17 31	28 39	28 4
8	13: 7:45	15 1 7	26 54	1 35	11 57	7 23	19 22	17 13	8 29	17 33	28 40	28 1
9	13:11:42	16 0 24	9Le42	1 24	13 11	8 0	19 31	17 9	8 27	17 36	28 40	27 58
10	13:15:38	16 59 44	22 15	1 24D	14 25	8 37	19 40	17 5	8 25	17 38	28 41	27 54
11	13:19:35	17 59 7	4Vi36	1 34	15 38	9 14	19 50	17 2	8 22	17 39	28 41	27 51
12	13:23:32	18 58 31	16 47	1 55	16 52	9 51	19 59	16 58	8 20	17 41	28 42	27 48
13	13:27:28	19 57 58	28 50	2 26	18 6	10 28	20 9	16 55	8 18	17 43	28 42	27 45
14	13:31:25	20 57 27	10Li48	3 6	19 19	11 5	20 19	16 51	8 16	17 45	28 43	27 42
15	13:35:21	21 56 58	22 42	3 55	20 33	11 42	20 29	16 48	8 13	17 47	28 43	27 39
16	13:39:18	22 56 30	4Sc33	4 51	21 46	12 19	20 39	16 45	8 11	17 49	28 44	27 35
17	13:43:15	23 56 6	16 22	5 55	23 0	12 56	20 49	16 41	8 8	17 51	28 44	27 32
18	13:47:11	24 55 42	28 12	7 4	24 14	13 33	20 59	16 38	8 6	17 53	28 44	27 29
19	13:51: 8	25 55 21	10Sg 6	8 19	25 27	14 10	21 10	16 35	8 4	17 55	28 44	27 26
20	13:55: 4	26 55 2	22 6	9 38	26 41	14 47	21 20	16 32	8 1	17 57	28 45	27 23
21	13:59: 1	27 54 45	4Cp16	11 1	27 54	15 23	21 31	16 29	7 59	17 58	28 45	27 19
22	14: 2:57	28 54 29	16 42	12 28	29 8	16 0	21 41	16 27	7 56	18 0	28 45	27 16
23	14: 6:54	29 54 15	29 27	13 57	0Sg21	16 37	21 52	16 24	7 54	18 2	28 45	27 13
24	14:10:51	0Sc54 2	12Aq37	15 29	1 35	17 14	22 3	16 21	7 52	18 4	28 45	27 10
25	14:14:47	1 53 52	26 15	17 3	2 48	17 50	22 14	16 19	7 49	18 6	28 45	27 7
26	14:18:43	2 53 42	10Pi18	18 38	4 2	18 27	22 25	16 16	7 47	18 7	28 46	27 4
27	14:22:40	3 53 35	24 57	20 14	5 15	19 3	22 36	16 14	7 44	18 9	28 46	27 0
28	14:26:36	4 53 29	9Ar55	21 51	6 29	19 40	22 47	16 12	7 42	18 11	28 46	26 57
29	14:30:33	5 53 25	25 3	23 29	7 42	20 16	22 58	16 9	7 39	18 12	28 46	26 54
30	14:34:30	6 53 23	10Ta29	25 8	8 55	20 53	23 9	16 7	7 37	18 14	28 46R	26 51
31	14:38:26	7 53 23	25 43	26 46	10 9	21 29	23 21	16 5	7 34	18 15	28 46	26 48

10/23 Sun in Sco. 14:19   10/7 3rd Qt. 12:29   10/15 New 10:21   10/23 1st Qt. 12:54   10/30 Full 5:58

NOVEMBER 1936

Day	Sid. T.	Sun	Moon	Merc.	Venus	Mars	Jup.	Saturn	Uranus	Nept.	Pluto	N.Node
1	14:42:23	8Sc53 25	10Ge40	28Li25	11Sg22	22Vi 6	23Sg32	16Pi 4R	7Ta32R	18Vi17	28Cn46R	26Sg44
2	14:46:19	9 53 29	25 14	0Sc 4	12 36	22 42	23 44	16 2	7 29	18 19	28 46	26 41
3	14:50:16	10 53 35	9Cn21	1 43	13 49	23 18	23 55	16 0	7 27	18 20	28 46	26 38
4	14:54:12	11 53 43	23 0	3 22	15 2	23 55	24 7	15 58	7 24	18 22	28 45	26 35
5	14:58: 9	12 53 54	6Le13	5 1	16 15	24 31	24 19	15 57	7 22	18 23	28 45	26 32
6	15: 2: 6	13 54 6	19 2	6 39	17 29	25 7	24 31	15 56	7 20	18 24	28 45	26 29
7	15: 6: 2	14 54 21	1Vi33	8 17	18 42	25 43	24 43	15 54	7 17	18 26	28 45	26 25
8	15: 9:59	15 54 37	13 48	9 56	19 55	26 20	24 55	15 53	7 15	18 27	28 45	26 22
9	15:13:55	16 54 55	25 53	11 33	21 8	26 56	25 7	15 52	7 12	18 29	28 44	26 19
10	15:17:52	17 55 16	7Li50	13 11	22 21	27 32	25 19	15 51	7 10	18 30	28 44	26 16
11	15:21:48	18 55 38	19 42	14 48	23 35	28 8	25 32	15 50	7 7	18 31	28 44	26 13
12	15:25:45	19 56 2	1Sc33	16 25	24 48	28 44	25 44	15 49	7 5	18 33	28 44	26 10
13	15:29:41	20 56 27	13 23	18 1	26 1	29 20	25 56	15 49	7 3	18 34	28 43	26 6
14	15:33:38	21 56 55	25 15	19 38	27 14	29 56	26 9	15 48	7 0	18 35	28 43	26 3
15	15:37:35	22 57 24	7Sg11	21 14	28 27	0Li32	26 21	15 48	6 58	18 36	28 42	26 0
16	15:41:31	23 57 55	19 12	22 50	29 40	1 7	26 34	15 47	6 56	18 37	28 42	25 57
17	15:45:28	24 58 27	1Cp21	24 25	0Cp53	1 43	26 47	15 47	6 53	18 39	28 42	25 54
18	15:49:24	25 59 1	13 40	26 0	2 6	2 19	26 59	15 47	6 51	18 40	28 41	25 50
19	15:53:21	26 59 35	26 12	27 35	3 19	2 55	27 12	15 47D	6 49	18 41	28 41	25 47
20	15:57:17	28 0 11	9Aq 0	29 10	4 32	3 30	27 25	15 47	6 46	18 42	28 40	25 44
21	16: 1:14	29 0 49	22 8	0Sg45	5 44	4 6	27 38	15 47	6 44	18 43	28 39	25 41
22	16: 5:11	0Sg 1 27	5Pi38	2 19	6 57	4 41	27 51	15 48	6 42	18 44	28 39	25 38
23	16: 9: 7	1 2 7	19 32	3 53	8 10	5 17	28 4	15 48	6 40	18 45	28 38	25 35
24	16:13: 4	2 2 47	3Ar50	5 27	9 23	5 52	28 17	15 48	6 38	18 46	28 38	25 31
25	16:17: 0	3 3 29	18 31	7 1	10 35	6 28	28 30	15 49	6 35	18 47	28 37	25 28
26	16:20:57	4 4 11	3Ta27	8 35	11 48	7 3	28 43	15 50	6 33	18 47	28 36	25 25
27	16:24:53	5 4 55	18 33	10 9	13 1	7 39	28 56	15 51	6 31	18 48	28 36	25 22
28	16:28:50	6 5 41	3Ge38	11 42	14 13	8 14	29 9	15 52	6 29	18 49	28 35	25 19
29	16:32:46	7 6 27	18 35	13 16	15 26	8 49	29 22	15 53	6 27	18 50	28 34	25 16
30	16:36:43	8 7 15	3Cn13	14 49	16 38	9 24	29 36	15 54	6 25	18 51	28 34	25 12

11/22 Sun in Sag. 11:26   11/6 3rd Qt. 1:29   11/14 New 4:42   11/22 1st Qt. 1:19   11/28 Full 16:12

DECEMBER 1936

Day	Sid. T.	Sun	Moon	Merc.	Venus	Mars	Jup.	Saturn	Uranus	Nept.	Pluto	N.Node
1	16:40:39	9Sg 8 4	17Cn29	16Sg23	17Cp50	9Li59	29Sg49	15Pi55	6Ta23R	18Vi51	28Cn33R	25Sg 9
2	16:44:36	10 8 54	1Le17	17 56	19 3	10 34	0Cp 2	15 56	6 21	18 52	28 32	25 6
3	16:48:32	11 9 46	14 39	19 29	20 15	11 9	0 16	15 58	6 19	18 53	28 31	25 3
4	16:52:29	12 10 39	27 36	21 2	21 27	11 44	0 29	15 59	6 17	18 53	28 30	25 0
5	16:56:26	13 11 33	10Vi11	22 36	22 40	12 19	0 42	16 1	6 16	18 54	28 29	24 56
6	17: 0:22	14 12 29	22 29	24 9	23 52	12 54	0 56	16 3	6 14	18 54	28 29	24 53
7	17: 4:19	15 13 26	4Li32	25 42	25 4	13 29	1 9	16 5	6 12	18 55	28 28	24 50
8	17: 8:15	16 14 24	16 27	27 15	26 16	14 4	1 23	16 7	6 10	18 55	28 27	24 47
9	17:12:12	17 15 23	28 18	28 47	27 28	14 38	1 36	16 9	6 8	18 56	28 26	24 44
10	17:16: 8	18 16 24	10Sc 7	0Cp21	28 40	15 13	1 50	16 11	6 7	18 56	28 25	24 41
11	17:20: 5	19 17 25	21 59	1 53	29 51	15 48	2 4	16 13	6 5	18 56	28 24	24 37
12	17:24: 2	20 18 27	3Sg56	3 26	1Aq 3	16 22	2 17	16 16	6 4	18 57	28 23	24 34
13	17:27:58	21 19 31	16 1	4 58	2 15	16 57	2 31	16 18	6 2	18 57	28 22	24 31
14	17:31:55	22 20 35	28 14	6 30	3 26	17 31	2 45	16 21	6 1	18 57	28 21	24 28
15	17:35:51	23 21 40	10Cp39	8 2	4 38	18 5	2 58	16 23	5 59	18 58	28 20	24 25
16	17:39:48	24 22 45	23 15	9 33	5 49	18 39	3 12	16 26	5 58	18 58	28 19	24 22
17	17:43:44	25 23 51	6Aq 3	11 4	7 1	19 14	3 26	16 29	5 56	18 58	28 18	24 18
18	17:47:41	26 24 57	19 6	12 34	8 12	19 48	3 40	16 32	5 55	18 58	28 17	24 15
19	17:51:37	27 26 4	2Pi23	14 3	9 23	20 22	3 53	16 35	5 54	18 58	28 16	24 12
20	17:55:34	28 27 10	15 56	15 31	10 34	20 56	4 7	16 38	5 52	18 58	28 14	24 9
21	17:59:31	29 28 17	29 44	16 58	11 45	21 30	4 21	16 42	5 51	18 58R	28 13	24 6
22	18: 3:27	0Cp29 24	13Ar49	18 23	12 56	22 3	4 35	16 45	5 50	18 58	28 12	24 2
23	18: 7:24	1 30 32	28 8	19 47	14 7	22 37	4 49	16 48	5 49	18 58	28 11	23 59
24	18:11:20	2 31 39	12Ta39	21 9	15 18	23 11	5 2	16 52	5 48	18 58	28 10	23 56
25	18:15:17	3 32 47	27 18	22 29	16 28	23 44	5 16	16 56	5 47	18 58	28 9	23 53
26	18:19:13	4 33 54	11Ge59	23 45	17 39	24 18	5 30	16 59	5 46	18 58	28 8	23 50
27	18:23:10	5 35 2	26 36	24 58	18 49	24 51	5 44	17 3	5 45	18 57	28 6	23 47
28	18:27: 7	6 36 10	11Cn 3	26 8	19 59	25 25	5 58	17 7	5 44	18 57	28 5	23 43
29	18:31: 3	7 37 19	25 13	27 12	21 9	25 58	6 11	17 11	5 43	18 57	28 4	23 40
30	18:34:59	8 38 27	9Le 2	28 12	22 19	26 31	6 25	17 15	5 43	18 57	28 3	23 37
31	18:38:56	9 39 36	22 28	29 5	23 29	27 4	6 39	17 19	5 42	18 56	28 1	23 34

12/22 Sun in Cap. 0:27 12/5 3rd Qt. 18:20   12/13 New 23:25(E)   12/21 1st Qt. 11:30   12/28 Full 4:00

Day	Sid. T.	Sun	Moon	Merc.	Venus	Mars	Jup.	Saturn	Uranus	Nept.	Pluto	N.Node
1	18:42:52	10Cp40 45	5Vi31	29Cp52	24Aq39	27Li37	6Cp53	17Pi23	5Ta41R	18Vi56R	28Cn 0R	23Sg31
2	18:46:49	11 41 54	18 12	0Aq31	25 48	28 10	7 7	17 28	5 41	18 55	27 59	23 28
3	18:50:46	12 43 3	0Li33	1 1	26 58	28 43	7 20	17 32	5 40	18 55	27 58	23 24
4	18:54:42	13 44 13	12 39	1 21	28 7	29 16	7 34	17 37	5 40	18 55	27 56	23 21
5	18:58:39	14 45 23	24 35	1 31	29 16	29 48	7 48	17 41	5 39	18 54	27 55	23 18
6	19: 2:35	15 46 33	6Sc25	1 30R	0Pi25	0Sc21	8 2	17 46	5 39	18 54	27 54	23 15
7	19: 6:32	16 47 43	18 15	1 18	1 34	0 53	8 16	17 51	5 38	18 53	27 52	23 12
8	19:10:29	17 48 53	0Sg 8	0 54	2 42	1 26	8 29	17 56	5 38	18 52	27 51	23 8
9	19:14:25	18 50 3	12 10	0 17	3 51	1 58	8 43	18 0	5 38	18 52	27 50	23 5
10	19:18:22	19 51 14	24 23	29Cp30	4 59	2 30	8 57	18 5	5 38	18 51	27 49	23 2
11	19:22:18	20 52 24	6Cp50	28 33	6 7	3 2	9 11	18 10	5 37	18 50	27 47	22 59
12	19:26:15	21 53 33	19 32	27 27	7 15	3 34	9 24	18 16	5 37	18 50	27 46	22 56
13	19:30:12	22 54 43	2Aq30	26 14	8 23	4 6	9 38	18 21	5 37	18 49	27 45	22 53
14	19:34: 8	23 55 51	15 43	24 57	9 30	4 37	9 52	18 26	5 37D	18 48	27 43	22 49
15	19:38: 5	24 57 0	29 10	23 38	10 38	5 9	10 5	18 31	5 37	18 47	27 42	22 46
16	19:42: 1	25 58 7	12Pi49	22 20	11 45	5 40	10 19	18 37	5 37	18 47	27 41	22 43
17	19:45:58	26 59 14	26 38	21 5	12 51	6 12	10 32	18 42	5 38	18 46	27 39	22 40
18	19:49:54	28 0 20	10Ar35	19 54	13 58	6 43	10 46	18 48	5 38	18 45	27 38	22 37
19	19:53:51	29 1 25	24 38	18 51	15 4	7 14	10 59	18 53	5 38	18 44	27 37	22 33
20	19:57:47	0Aq 2 29	8Ta46	17 55	16 10	7 45	11 13	18 59	5 38	18 43	27 35	22 30
21	20: 1:44	1 3 32	22 57	17 7	17 16	8 16	11 26	19 5	5 39	18 42	27 34	22 27
22	20: 5:41	2 4 34	7Ge10	16 29	18 22	8 46	11 40	19 11	5 39	18 41	27 33	22 24
23	20: 9:37	3 5 36	21 22	16 0	19 27	9 17	11 53	19 16	5 40	18 40	27 31	22 21
24	20:13:34	4 6 36	5Cn30	15 40	20 32	9 47	12 6	19 22	5 40	18 39	27 30	22 18
25	20:17:30	5 7 35	19 31	15 29	21 37	10 18	12 20	19 28	5 41	18 38	27 29	22 14
26	20:21:27	6 8 33	3Le22	15 27D	22 41	10 48	12 33	19 34	5 41	18 37	27 27	22 11
27	20:25:23	7 9 31	16 58	15 32	23 46	11 18	12 46	19 40	5 42	18 35	27 26	22 8
28	20:29:20	8 10 27	0Vi16	15 44	24 49	11 47	13 0	19 47	5 43	18 34	27 25	22 5
29	20:33:17	9 11 23	13 16	16 3	25 53	12 17	13 13	19 53	5 44	18 33	27 23	22 2
30	20:37:13	10 12 18	25 56	16 28	26 56	12 47	13 26	19 59	5 44	18 32	27 22	21 59
31	20:41:10	11 13 11	8Li19	16 59	27 59	13 16	13 39	20 5	5 45	18 31	27 21	21 55

1/20 Sun in Aqu. 11:01 1/4 3rd Qt. 14:22 1/12 New 16:47 1/19 1st Qt. 20:02 1/26 Full 17:16

Day	Sid. T.	Sun	Moon	Merc.	Venus	Mars	Jup.	Saturn	Uranus	Nept.	Pluto	N.Node
1	20:45: 6	12Aq14 4	20Li27	17Cp36	29Pi 1	13Sc45	13Cp52	20Pi12	5Ta46	18Vi29R	27Cn20R	21Sg52
2	20:49: 2	13 14 57	2Sc23	18 16	0Ar 3	14 14	14 5	20 18	5 47	18 28	27 18	21 49
3	20:52:59	14 15 48	14 14	19 1	1 5	14 43	14 18	20 25	5 48	18 27	27 17	21 46
4	20:56:56	15 16 39	26 3	19 51	2 6	15 12	14 31	20 31	5 49	18 26	27 16	21 43
5	21: 0:52	16 17 28	7Sg57	20 43	3 7	15 40	14 44	20 38	5 51	18 24	27 14	21 39
6	21: 4:49	17 18 17	20 0	21 39	4 8	16 9	14 57	20 44	5 52	18 23	27 13	21 36
7	21: 8:45	18 19 5	2Cp17	22 38	5 8	16 37	15 9	20 51	5 53	18 21	27 12	21 33
8	21:12:42	19 19 52	14 53	23 40	6 7	17 5	15 22	20 57	5 54	18 20	27 11	21 30
9	21:16:38	20 20 37	27 48	24 44	7 6	17 32	15 35	21 4	5 56	18 19	27 10	21 27
10	21:20:35	21 21 22	11Aq 6	25 50	8 5	18 0	15 47	21 11	5 57	18 17	27 8	21 24
11	21:24:32	22 22 4	24 43	26 59	9 3	18 27	16 0	21 18	5 58	18 16	27 7	21 20
12	21:28:28	23 22 46	8Pi38	28 9	10 1	18 54	16 12	21 25	6 0	18 14	27 6	21 17
13	21:32:25	24 23 26	22 46	29 22	10 58	19 21	16 25	21 31	6 2	18 13	27 5	21 14
14	21:36:21	25 24 4	7Ar 1	0Aq36	11 54	19 48	16 37	21 38	6 3	18 11	27 4	21 11
15	21:40:18	26 24 41	21 19	1 52	12 50	20 14	16 49	21 45	6 5	18 10	27 3	21 8
16	21:44:15	27 25 16	5Ta36	3 9	13 46	20 41	17 1	21 52	6 6	18 8	27 1	21 5
17	21:48:11	28 25 49	19 47	4 28	14 40	21 7	17 13	21 59	6 8	18 7	27 0	21 1
18	21:52: 7	29 26 20	3Ge53	5 48	15 34	21 33	17 25	22 6	6 10	18 5	26 59	20 58
19	21:56: 4	0Pi26 50	17 51	7 10	16 28	21 58	17 37	22 13	6 12	18 4	26 58	20 55
20	22: 0: 1	1 27 18	1Cn41	8 32	17 20	22 23	17 49	22 20	6 14	18 2	26 57	20 52
21	22: 3:57	2 27 43	15 23	9 57	18 12	22 48	18 1	22 28	6 15	18 0	26 56	20 49
22	22: 7:54	3 28 7	28 58	11 22	19 3	23 13	18 13	22 35	6 17	17 59	26 55	20 45
23	22:11:50	4 28 29	12Le22	12 48	19 54	23 38	18 25	22 42	6 19	17 57	26 54	20 42
24	22:15:47	5 28 50	25 36	14 16	20 43	24 2	18 36	22 49	6 21	17 56	26 53	20 39
25	22:19:43	6 29 8	8Vi36	15 44	21 32	24 26	18 48	22 56	6 23	17 54	26 51	20 36
26	22:23:40	7 29 25	21 23	17 14	22 20	24 50	18 59	23 4	6 26	17 52	26 51	20 33
27	22:27:37	8 29 40	3Li55	18 45	23 7	25 13	19 10	23 11	6 28	17 51	26 50	20 30
28	22:31:33	9 29 53	16 13	20 17	23 53	25 36	19 22	23 18	6 30	17 49	26 49	20 26

2/19 Sun in Pis. 1:21 2/3 3rd Qt. 12:04 2/11 New 7:35 2/18 1st Qt. 3:50 2/25 Full 7:44

MARCH 1937

Day	Sid. T.	Sun	Moon	Merc.	Venus	Mars	Jup.	Saturn	Uranus	Nept.	Pluto	N.Node
1	22:35:29	10Pi30 5	28Li19	21Aq50	24Ar38	25Sc59	19Cp33	23Pi25	6Ta32	17Vi47R	26Cn48R	20Sg23
2	22:39:26	11 30 15	10Sc14	23 24	25 22	26 22	19 44	23 33	6 34	17 46	26 47	20 20
3	22:43:23	12 30 23	22 4	24 59	26 5	26 44	19 55	23 40	6 37	17 44	26 46	20 17
4	22:47:19	13 30 30	3Sg52	26 36	26 47	27 6	20 6	23 47	6 39	17 43	26 46	20 14
5	22:51:16	14 30 36	15 45	28 13	27 27	27 27	20 16	23 55	6 41	17 41	26 45	20 11
6	22:55:12	15 30 40	27 47	29 51	28 7	27 48	20 27	24 2	6 44	17 39	26 44	20 7
7	22:59: 9	16 30 42	10Cp 4	1Pi31	28 45	28 9	20 38	24 9	6 46	17 38	26 43	20 4
8	23: 3: 5	17 30 42	22 41	3 11	29 22	28 30	20 48	24 17	6 49	17 36	26 42	20 1
9	23: 7: 2	18 30 42	5Aq42	4 53	29 58	28 50	20 58	24 24	6 51	17 34	26 42	19 58
10	23:10:58	19 30 39	19 9	6 36	0Ta33	29 10	21 9	24 32	6 54	17 32	26 41	19 55
11	23:14:55	20 30 34	3Pi 1	8 20	1 6	29 29	21 19	24 39	6 56	17 31	26 40	19 51
12	23:18:52	21 30 28	17 17	10 5	1 37	29 48	21 29	24 47	6 59	17 29	26 39	19 48
13	23:22:48	22 30 19	1Ar50	11 52	2 7	0Sg 7	21 39	24 54	7 2	17 27	26 39	19 45
14	23:26:45	23 30 9	16 33	13 39	2 35	0 25	21 49	25 1	7 4	17 26	26 38	19 42
15	23:30:41	24 29 56	1Ta17	15 28	3 2	0 43	21 58	25 9	7 7	17 24	26 37	19 39
16	23:34:38	25 29 41	15 56	17 18	3 27	1 0	22 8	25 16	7 10	17 23	26 37	19 36
17	23:38:34	26 29 24	0Ge25	19 9	3 50	1 17	22 18	25 24	7 13	17 21	26 36	19 32
18	23:42:31	27 29 5	14 38	21 2	4 11	1 33	22 27	25 31	7 15	17 19	26 36	19 29
19	23:46:28	28 28 44	28 36	22 55	4 31	1 49	22 36	25 38	7 18	17 18	26 35	19 26
20	23:50:24	29 28 20	12Cn19	24 50	4 48	2 5	22 45	25 46	7 21	17 16	26 35	19 23
21	23:54:21	0Ar27 54	25 47	26 46	5 4	2 20	22 54	25 53	7 24	17 14	26 34	19 20
22	23:58:17	1 27 25	9Le 2	28 43	5 17	2 35	23 3	26 1	7 27	17 13	26 34	19 16
23	0: 2:13	2 26 55	22 5	0Ar41	5 28	2 49	23 12	26 8	7 30	17 11	26 33	19 13
24	0: 6:10	3 26 22	4Vi57	2 40	5 37	3 2	23 21	26 16	7 33	17 10	26 33	19 10
25	0:10: 7	4 25 46	17 37	4 40	5 44	3 15	23 29	26 23	7 36	17 8	26 32	19 7
26	0:14: 3	5 25 9	0Li 7	6 41	5 48	3 28	23 38	26 30	7 39	17 7	26 32	19 4
27	0:18: 0	6 24 29	12 25	8 43	5 50	3 40	23 46	26 38	7 42	17 5	26 32	19 1
28	0:21:56	7 23 48	24 34	10 46	5 49R	3 52	23 54	26 45	7 45	17 3	26 31	18 57
29	0:25:53	8 23 5	6Sc33	12 48	5 46	4 2	24 2	26 52	7 48	17 2	26 31	18 54
30	0:29:49	9 22 19	18 25	14 51	5 41	4 13	24 10	27 0	7 51	17 0	26 31	18 51
31	0:33:46	10 21 32	0Sg14	16 55	5 33	4 23	24 18	27 7	7 54	16 59	26 31	18 48

3/21 Sun in Ari. 0:45   3/5 3rd Qt. 9:17   3/12 New 19:32   3/19 1st Qt. 11:46   3/26 Full 23:12

APRIL 1937

Day	Sid. T.	Sun	Moon	Merc.	Venus	Mars	Jup.	Saturn	Uranus	Nept.	Pluto	N.Node
1	0:37:43	11Ar20 43	12Sg 1	18Ar57	5Ta23R	4Sg32	24Cp25	27Pi14	7Ta58	16Vi57R	26Cn30R	18Sg45
2	0:41:39	12 19 52	23 53	21 0	5 10	4 40	24 33	27 22	8 1	16 56	26 30	18 42
3	0:45:36	13 19 0	5Cp53	23 1	4 55	4 48	24 40	27 29	8 4	16 54	26 30	18 38
4	0:49:32	14 18 5	18 9	25 1	4 37	4 56	24 47	27 36	8 7	16 53	26 30	18 35
5	0:53:29	15 17 9	0Aq43	27 0	4 17	5 2	24 54	27 43	8 10	16 51	26 30	18 32
6	0:57:25	16 16 11	13 42	28 57	3 55	5 8	25 1	27 50	8 14	16 50	26 30	18 29
7	1: 1:22	17 15 11	27 9	0Ta51	3 30	5 14	25 8	27 58	8 17	16 49	26 30	18 26
8	1: 5:18	18 14 10	11Pi 4	2 43	3 4	5 18	25 14	28 5	8 20	16 47	26 30	18 22
9	1: 9:15	19 13 6	25 26	4 32	2 35	5 22	25 21	28 12	8 24	16 46	26 30D	18 19
10	1:13:12	20 12 1	10Ar11	6 18	2 5	5 26	25 27	28 19	8 27	16 44	26 30	18 16
11	1:17: 8	21 10 54	25 11	7 59	1 33	5 28	25 33	28 26	8 30	16 43	26 30	18 13
12	1:21: 5	22 9 45	10Ta17	9 37	0 59	5 30	25 39	28 33	8 34	16 42	26 30	18 10
13	1:25: 1	23 8 33	25 18	11 11	0 24	5 31	25 45	28 40	8 37	16 41	26 30	18 7
14	1:28:58	24 7 20	10Ge 7	12 40	29Ar48	5 32	25 50	28 47	8 40	16 39	26 30	18 3
15	1:32:54	25 6 4	24 37	14 4	29 12	5 32R	25 56	28 54	8 44	16 38	26 30	18 0
16	1:36:51	26 4 46	8Cn47	15 24	28 34	5 31	26 1	29 1	8 47	16 37	26 30	17 57
17	1:40:48	27 3 26	22 34	16 38	27 57	5 29	26 6	29 8	8 50	16 36	26 30	17 54
18	1:44:44	28 2 4	6Le 1	17 48	27 19	5 26	26 11	29 15	8 54	16 35	26 31	17 51
19	1:48:41	29 0 39	19 8	18 52	26 41	5 23	26 16	29 21	8 57	16 33	26 31	17 48
20	1:52:37	29 59 12	1Vi59	19 50	26 4	5 19	26 21	29 28	9 1	16 32	26 31	17 44
21	1:56:34	0Ta57 43	14 36	20 43	25 27	5 14	26 25	29 35	9 4	16 31	26 31	17 41
22	2: 0:30	1 56 12	27 0	21 31	24 51	5 9	26 30	29 42	9 8	16 30	26 32	17 38
23	2: 4:27	2 54 39	9Li14	22 13	24 16	5 3	26 34	29 48	9 11	16 29	26 32	17 35
24	2: 8:24	3 53 4	21 20	22 49	23 43	4 56	26 38	29 55	9 14	16 28	26 32	17 32
25	2:12:20	4 51 27	3Sc19	23 19	23 11	4 48	26 41	0Ar 2	9 18	16 27	26 33	17 28
26	2:16:16	5 49 48	15 11	23 44	22 40	4 39	26 45	0 8	9 21	16 26	26 33	17 25
27	2:20:13	6 48 7	27 1	24 3	22 12	4 30	26 49	0 15	9 25	16 25	26 34	17 22
28	2:24: 9	7 46 25	8Sg48	24 17	21 45	4 20	26 52	0 21	9 28	16 24	26 34	17 19
29	2:28: 6	8 44 41	20 37	24 24	21 21	4 9	26 55	0 27	9 32	16 23	26 35	17 16
30	2:32: 3	9 42 55	2Cp31	24 27R	20 59	3 58	26 58	0 34	9 35	16 22	26 35	17 13

4/20 Sun in Tau. 12:20   4/4 3rd Qt. 3:53   4/11 New 5:10   4/17 1st Qt. 20:34   4/25 Full 15:24

Day	Sid. T.	Sun	Moon	Merc.	Venus	Mars	Jup.	Saturn	Uranus	Nept.	Pluto	N.Node
1	2:35:59	10Ta41 8	14Cp33	24Ta23R	20Ar39R	3Sg45R	27Cp 1	0Ar40	9Ta39	16Vi22R	26Cn36	17Sg 9
2	2:39:56	11 39 19	26 49	24 15	20 21	3 32	27 3	0 46	9 42	16 21	26 36	17 6
3	2:43:52	12 37 29	9Aq22	24 2	20 6	3 19	27 6	0 53	9 46	16 20	26 37	17 3
4	2:47:49	13 35 37	22 18	23 45	19 53	3 4	27 8	0 59	9 49	16 19	26 38	17 0
5	2:51:46	14 33 44	5Pi39	23 23	19 43	2 49	27 10	1 5	9 53	16 19	26 38	16 57
6	2:55:42	15 31 50	19 27	22 58	19 35	2 34	27 12	1 11	9 56	16 18	26 39	16 54
7	2:59:39	16 29 54	3Ar44	22 29	19 30	2 17	27 13	1 17	9 59	16 17	26 39	16 50
8	3: 3:35	17 27 57	18 26	21 57	19 27	2 1	27 15	1 23	10 3	16 17	26 40	16 47
9	3: 7:32	18 25 58	3Ta26	21 24	19 26D	1 43	27 16	1 29	10 6	16 16	26 41	16 44
10	3:11:28	19 23 58	18 38	20 49	19 28	1 25	27 17	1 35	10 10	16 15	26 42	16 41
11	3:15:25	20 21 56	3Ge50	20 13	19 32	1 7	27 18	1 40	10 13	16 15	26 42	16 38
12	3:19:21	21 19 53	18 53	19 37	19 38	0 48	27 19	1 46	10 17	16 14	26 43	16 34
13	3:23:18	22 17 48	3Cn39	19 1	19 47	0 29	27 19	1 52	10 20	16 14	26 44	16 31
14	3:27:14	23 15 41	18 3	18 26	19 58	0 9	27 19	1 57	10 23	16 13	26 45	16 28
15	3:31:11	24 13 33	2Le 2	17 53	20 10	29Sc49	27 19	2 3	10 27	16 13	26 46	16 25
16	3:35: 8	25 11 23	15 36	17 22	20 25	29 29	27 19R	2 8	10 30	16 13	26 47	16 22
17	3:39: 4	26 9 11	28 45	16 54	20 42	29 8	27 19	2 14	10 34	16 12	26 48	16 19
18	3:43: 1	27 6 57	11Vi33	16 28	21 0	28 47	27 19	2 19	10 37	16 12	26 48	16 15
19	3:46:57	28 4 42	24 3	16 7	21 21	28 27	27 18	2 24	10 40	16 12	26 49	16 12
20	3:50:54	29 2 25	6Li19	15 48	21 43	28 5	27 17	2 29	10 44	16 11	26 50	16 9
21	3:54:50	0Ge 0 6	18 24	15 34	22 7	27 44	27 16	2 35	10 47	16 11	26 51	16 6
22	3:58:47	0 57 46	0Sc21	15 24	22 32	27 23	27 15	2 40	10 50	16 11	26 52	16 3
23	4: 2:44	1 55 25	12 12	15 19	22 59	27 2	27 14	2 45	10 53	16 11	26 53	16 0
24	4: 6:40	2 53 2	24 1	15 17D	23 28	26 41	27 12	2 50	10 57	16 11	26 54	15 56
25	4:10:37	3 50 38	5Sg49	15 21	23 58	26 20	27 10	2 54	11 0	16 11	26 56	15 53
26	4:14:33	4 48 13	17 39	15 29	24 30	25 59	27 8	2 59	11 3	16 11	26 57	15 50
27	4:18:30	5 45 47	29 33	15 41	25 3	25 38	27 6	3 4	11 6	16 10	26 58	15 47
28	4:22:26	6 43 20	11Cp34	15 58	25 37	25 18	27 4	3 9	11 10	16 10D	26 59	15 44
29	4:26:23	7 40 51	23 44	16 19	26 12	24 57	27 1	3 13	11 13	16 11	27 0	15 40
30	4:30:19	8 38 22	6Aq 6	16 45	26 49	24 38	26 59	3 18	11 16	16 11	27 1	15 37
31	4:34:16	9 35 52	18 43	17 14	27 27	24 18	26 56	3 22	11 19	16 11	27 2	15 34

5/21 Sun in Gem. 11:58 5/3 3rd Qt. 18:37 5/10 New 13:18 5/17 1st Qt. 6:50 5/25 Full 7:38

Day	Sid. T.	Sun	Moon	Merc.	Venus	Mars	Jup.	Saturn	Uranus	Nept.	Pluto	N.Node
1	4:38:12	10Ge33 21	1Pi39	17Ta48	28Ar 6	23Sc59R	26Cp53R	3Ar26	11Ta22	16Vi11	27Cn 4	15Sg31
2	4:42: 9	11 30 50	14 57	18 26	28 46	23 40	26 49	3 31	11 25	16 11	27 5	15 28
3	4:46: 6	12 28 17	28 38	19 8	29 27	23 22	26 46	3 35	11 29	16 11	27 6	15 25
4	4:50: 2	13 25 44	12Ar43	19 54	0Ta10	23 4	26 42	3 39	11 32	16 11	27 7	15 21
5	4:53:59	14 23 11	27 11	20 43	0 53	22 47	26 39	3 43	11 35	16 12	27 8	15 18
6	4:57:55	15 20 37	11Ta59	21 37	1 37	22 30	26 35	3 47	11 38	16 12	27 10	15 15
7	5: 1:52	16 18 2	27 0	22 33	2 22	22 14	26 31	3 51	11 41	16 12	27 11	15 12
8	5: 5:49	17 15 26	12Ge 7	23 34	3 8	21 59	26 26	3 54	11 44	16 13	27 12	15 9
9	5: 9:45	18 12 50	27 11	24 38	3 54	21 44	26 22	3 58	11 47	16 13	27 15	15 2
10	5:13:42	19 10 13	12Cn 2	25 45	4 42	21 30	26 17	4 2	11 50	16 13	27 15	15 2
11	5:17:38	20 7 35	26 35	26 55	5 30	21 17	26 13	4 5	11 52	16 14	27 16	14 59
12	5:21:35	21 4 56	10Le43	28 9	6 19	21 4	26 8	4 8	11 55	16 14	27 18	14 56
13	5:25:31	22 2 16	24 25	29 26	7 8	20 52	26 3	4 12	11 58	16 15	27 19	14 53
14	5:29:28	22 59 35	7Vi40	0Ge46	7 59	20 41	25 57	4 15	12 1	16 15	27 21	14 50
15	5:33:24	23 56 53	20 31	2 9	8 50	20 31	25 52	4 18	12 4	16 16	27 22	14 46
16	5:37:21	24 54 11	3Li 1	3 35	9 41	20 21	25 47	4 21	12 7	16 17	27 23	14 43
17	5:41:17	25 51 27	15 15	5 4	10 33	20 13	25 41	4 24	12 9	16 17	27 25	14 40
18	5:45:14	26 48 43	27 16	6 37	11 26	20 5	25 35	4 27	12 12	16 18	27 26	14 37
19	5:49:10	27 45 58	9Sc 8	8 12	12 19	19 58	25 29	4 30	12 15	16 19	27 28	14 34
20	5:53: 7	28 43 12	20 57	9 50	13 13	19 52	25 23	4 33	12 17	16 19	27 29	14 31
21	5:57: 4	29 40 26	2Sg44	11 32	14 8	19 46	25 17	4 35	12 20	16 20	27 31	14 27
22	6: 1: 0	0Cn37 39	14 35	13 16	15 2	19 42	25 11	4 38	12 22	16 21	27 32	14 24
23	6: 4:57	1 34 52	26 31	15 3	15 58	19 38	25 4	4 40	12 25	16 22	27 34	14 21
24	6: 8:53	2 32 5	8Cp34	16 53	16 54	19 35	24 58	4 42	12 27	16 23	27 35	14 18
25	6:12:50	3 29 17	20 47	18 46	17 50	19 33	24 51	4 45	12 30	16 24	27 37	14 15
26	6:16:46	4 26 29	3Aq10	20 41	18 47	19 32	24 44	4 47	12 32	16 24	27 38	14 11
27	6:20:43	5 23 41	15 46	22 39	19 44	19 32D	24 38	4 49	12 35	16 25	27 40	14 8
28	6:24:40	6 20 53	28 35	24 39	20 42	19 32	24 31	4 51	12 37	16 26	27 41	14 5
29	6:28:36	7 18 4	11Pi40	26 41	21 40	19 34	24 24	4 53	12 39	16 27	27 43	14 2
30	6:32:33	8 15 16	25 1	28 45	22 38	19 36	24 17	4 54	12 42	16 28	27 44	13 59

6/21 Sun in Can. 20:12 6/2 3rd Qt. 5:24 6/8 New 20:43(E) 6/15 1st Qt. 19:03 6/23 Full 23:00

JULY 1937

Day	Sid. T.	Sun	Moon	Merc.	Venus	Mars	Jup.	Saturn	Uranus	Nept.	Pluto	N.Node
1	6:36:29	9Cn12 28	8Ar39	0Cn51	23Ta37	19Sc39	24Cp 9R	4Ar56	12Ta44	16Vi30	27Cn46	13Sg56
2	6:40:26	10 9 41	22 35	2 58	24 36	19 43	24 2	4 57	12 46	16 31	27 48	13 52
3	6:44:22	11 6 53	6Ta48	5 6	25 35	19 47	23 55	4 59	12 48	16 32	27 49	13 49
4	6:48:19	12 4 6	21 17	7 16	26 35	19 52	23 47	5 0	12 51	16 33	27 51	13 46
5	6:52:15	13 1 19	5Ge59	9 26	27 35	19 58	23 40	5 1	12 53	16 34	27 52	13 43
6	6:56:12	13 58 33	20 48	11 36	28 36	20 5	23 32	5 3	12 55	16 35	27 54	13 40
7	7: 0: 9	14 55 46	5Cn37	13 46	29 37	20 13	23 25	5 4	12 57	16 37	27 56	13 37
8	7: 4: 5	15 53 0	20 20	15 56	0Ge38	20 21	23 17	5 5	12 59	16 38	27 57	13 33
9	7: 8: 2	16 50 14	4Le48	18 5	1 39	20 30	23 10	5 5	13 1	16 39	27 59	13 30
10	7:11:58	17 47 28	18 56	20 14	2 41	20 40	23 2	5 6	13 3	16 40	28 1	13 27
11	7:15:55	18 44 42	2Vi41	22 22	3 43	20 50	22 54	5 7	13 4	16 42	28 2	13 24
12	7:19:51	19 41 56	16 0	24 28	4 45	21 2	22 47	5 7	13 6	16 43	28 4	13 21
13	7:23:48	20 39 10	28 54	26 33	5 48	21 13	22 39	5 8	13 8	16 44	28 5	13 17
14	7:27:45	21 36 24	11Li26	28 37	6 50	21 26	22 31	5 8	13 10	16 46	28 7	13 14
15	7:31:41	22 33 38	23 40	0Le40	7 53	21 39	22 24	5 8	13 12	16 47	28 9	13 11
16	7:35:38	23 30 52	5Sc41	2 40	8 57	21 53	22 16	5 8R	13 13	16 49	28 10	13 8
17	7:39:34	24 28 6	17 32	4 40	10 0	22 8	22 8	5 8	13 15	16 50	28 12	13 5
18	7:43:30	25 25 21	29 20	6 37	11 4	22 23	22 1	5 8	13 16	16 52	28 14	13 2
19	7:47:27	26 22 35	11Sg10	8 33	12 8	22 39	21 53	5 8	13 18	16 53	28 15	12 58
20	7:51:24	27 19 51	23 4	10 27	13 12	22 55	21 45	5 8	13 19	16 55	28 17	12 55
21	7:55:20	28 17 6	5Cp 7	12 19	14 16	23 12	21 38	5 8	13 21	16 56	28 19	12 52
22	7:59:17	29 14 22	17 22	14 9	15 21	23 30	21 30	5 7	13 22	16 58	28 20	12 49
23	8: 3:13	0Le11 38	29 49	15 58	16 25	23 48	21 22	5 6	13 24	17 0	28 22	12 46
24	8: 7:10	1 8 55	12Aq31	17 45	17 30	24 7	21 15	5 6	13 25	17 1	28 24	12 43
25	8:11: 6	2 6 13	25 27	19 30	18 35	24 26	21 8	5 5	13 26	17 3	28 25	12 39
26	8:15: 3	3 3 32	8Pi36	21 13	19 41	24 46	21 0	5 4	13 27	17 5	28 27	12 36
27	8:19: 0	4 0 51	21 58	22 55	20 46	25 6	20 53	5 3	13 28	17 6	28 29	12 33
28	8:22:56	4 58 11	5Ar32	24 35	21 52	25 27	20 45	5 2	13 30	17 8	28 30	12 30
29	8:26:53	5 55 32	19 16	26 13	22 58	25 49	20 38	5 1	13 31	17 10	28 32	12 27
30	8:30:49	6 52 55	3Ta11	27 50	24 4	26 11	20 31	5 0	13 32	17 12	28 33	12 23
31	8:34:46	7 50 18	17 16	29 24	25 10	26 33	20 24	4 58	13 33	17 14	28 35	12 20

7/23 Sun in Leo 7:07   7/1 3rd Qt. 13:03   7/8 New 4:13   7/15 1st Qt. 9:37   7/23 Full 12:46   7/30 3rd Qt. 18:47

AUGUST 1937

Day	Sid. T.	Sun	Moon	Merc.	Venus	Mars	Jup.	Saturn	Uranus	Nept.	Pluto	N.Node
1	8:38:42	8Le47 43	1Ge30	0Vi57	26Ge17	26Sc56	20Cp17R	4Ar57R	13Ta33	17Vi15	28Cn37	12Sg17
2	8:42:39	9 45 9	15 50	2 29	27 23	27 19	20 10	4 55	13 34	17 17	28 38	12 14
3	8:46:35	10 42 36	0Cn16	3 58	28 30	27 43	20 3	4 53	13 35	17 19	28 40	12 11
4	8:50:32	11 40 5	14 41	5 26	29 37	28 7	19 57	4 52	13 36	17 21	28 42	12 8
5	8:54:29	12 37 34	29 3	6 52	0Cn44	28 32	19 50	4 50	13 37	17 23	28 43	12 4
6	8:58:25	13 35 4	13Le15	8 16	1 51	28 57	19 43	4 48	13 37	17 25	28 45	12 1
7	9: 2:22	14 32 36	27 11	9 38	2 59	29 23	19 37	4 46	13 38	17 27	28 47	11 58
8	9: 6:18	15 30 8	10Vi49	10 59	4 6	29 49	19 31	4 44	13 39	17 29	28 48	11 55
9	9:10:15	16 27 42	24 4	12 17	5 14	0Sg15	19 25	4 41	13 39	17 31	28 50	11 52
10	9:14:11	17 25 16	6Li57	13 34	6 22	0 42	19 19	4 39	13 40	17 33	28 51	11 49
11	9:18: 8	18 22 51	19 29	14 49	7 30	1 10	19 13	4 37	13 40	17 34	28 53	11 45
12	9:22: 5	19 20 27	1Sc43	16 1	8 38	1 37	19 7	4 34	13 40	17 36	28 54	11 42
13	9:26: 1	20 18 4	13 43	17 11	9 46	2 5	19 1	4 32	13 41	17 39	28 56	11 39
14	9:29:58	21 15 42	25 35	18 20	10 54	2 34	18 56	4 29	13 41	17 41	28 58	11 36
15	9:33:54	22 13 21	7Sg23	19 25	12 3	3 2	18 50	4 26	13 41	17 43	28 59	11 33
16	9:37:51	23 11 1	19 14	20 29	13 11	3 32	18 45	4 23	13 41	17 45	29 1	11 29
17	9:41:47	24 8 43	1Cp11	21 30	14 20	4 1	18 40	4 20	13 41	17 47	29 2	11 26
18	9:45:44	25 6 25	13 21	22 28	15 29	4 31	18 35	4 17	13 42	17 49	29 4	11 23
19	9:49:40	26 4 8	25 45	23 23	16 38	5 1	18 31	4 14	13 42R	17 51	29 5	11 20
20	9:53:37	27 1 53	8Aq27	24 16	17 47	5 32	18 26	4 11	13 42	17 53	29 7	11 17
21	9:57:33	27 59 39	21 27	25 5	18 56	6 2	18 22	4 8	13 41	17 55	29 8	11 14
22	10: 1:30	28 57 26	4Pi45	25 51	20 6	6 34	18 17	4 5	13 41	17 57	29 10	11 10
23	10: 5:26	29 55 15	18 19	26 33	21 15	7 5	18 13	4 1	13 41	17 59	29 11	11 7
24	10: 9:23	0Vi53 5	2Ar 5	27 12	22 25	7 37	18 9	3 58	13 41	18 1	29 13	11 4
25	10:13:20	1 50 57	16 0	27 47	23 34	8 9	18 6	3 54	13 41	18 4	29 14	11 1
26	10:17:16	2 48 51	0Ta 2	28 18	24 44	8 41	18 2	3 51	13 40	18 6	29 15	10 58
27	10:21:13	3 46 46	14 7	28 44	25 54	9 14	17 59	3 47	13 40	18 8	29 18	10 54
28	10:25: 9	4 44 44	28 13	29 6	27 4	9 47	17 55	3 43	13 40	18 10	29 18	10 51
29	10:29: 6	5 42 43	12Ge20	29 23	28 14	10 20	17 52	3 40	13 39	18 12	29 20	10 48
30	10:33: 3	6 40 44	26 27	29 34	29 24	10 54	17 50	3 36	13 39	18 14	29 21	10 45
31	10:36:59	7 38 48	10Cn31	29 40	0Le35	11 28	17 47	3 32	13 38	18 17	29 22	10 42

8/23 Sun in Vir. 13:58   8/6 New 12:37   8/14 1st Qt. 2:28   8/22 Full 0:47   8/28 3rd Qt. 23:55

Day	Sid. T.	Sun	Moon	Merc.	Venus	Mars	Jup.	Saturn	Uranus	Nept.	Pluto	N.Node
1	10:40:56	8Vi36 53	24Cn33	29Vi41R	1Le45	12Sg 2	17Cp44R	3Ar28R	13Ta37R	18Vi19	29Cn24	10Sg39
2	10:44:52	9 35 0	8Le29	29 35	2 56	12 36	17 42	3 24	13 37	18 21	29 25	10 35
3	10:48:49	10 33 8	22 17	29 23	4 6	13 10	17 40	3 20	13 36	18 23	29 26	10 32
4	10:52:45	11 31 19	5Vi52	29 5	5 17	13 45	17 38	3 16	13 35	18 25	29 28	10 29
5	10:56:42	12 29 31	19 13	28 40	6 28	14 20	17 36	3 11	13 35	18 28	29 29	10 26
6	11: 0:38	13 27 45	2Li16	28 9	7 39	14 56	17 35	3 7	13 34	18 30	29 30	10 23
7	11: 4:35	14 26 0	15 0	27 32	8 50	15 31	17 33	3 3	13 33	18 32	29 32	10 20
8	11: 8:31	15 24 18	27 27	26 49	10 1	16 7	17 32	2 59	13 32	18 34	29 33	10 16
9	11:12:28	16 22 36	9Sc38	26 1	11 13	16 43	17 31	2 54	13 31	18 37	29 34	10 13
10	11:16:25	17 20 57	21 36	25 9	12 24	17 19	17 30	2 50	13 30	18 39	29 35	10 10
11	11:20:21	18 19 19	3Sg27	24 11	13 35	17 56	17 30	2 45	13 29	18 41	29 36	10 7
12	11:24:18	19 17 42	15 15	23 11	14 47	18 32	17 29	2 41	13 28	18 43	29 38	10 4
13	11:28:14	20 16 8	27 5	22 9	15 58	19 9	17 29	2 36	13 26	18 45	29 39	10 0
14	11:32:11	21 14 35	9Cp 4	21 7	17 10	19 46	17 29D	2 32	13 25	18 48	29 40	9 57
15	11:36: 7	22 13 3	21 16	20 6	18 22	20 23	17 29	2 27	13 24	18 50	29 41	9 54
16	11:40: 4	23 11 33	3Aq45	19 8	19 34	21 1	17 30	2 23	13 23	18 52	29 42	9 51
17	11:44: 1	24 10 5	16 36	18 14	20 46	21 39	17 30	2 18	13 21	18 54	29 43	9 48
18	11:47:57	25 8 38	29 49	17 25	21 58	22 17	17 31	2 13	13 20	18 57	29 44	9 45
19	11:51:54	26 7 14	13Pi25	16 43	23 10	22 55	17 32	2 9	13 19	18 59	29 45	9 41
20	11:55:50	27 5 51	27 21	16 9	24 22	23 33	17 33	2 4	13 17	19 1	29 46	9 38
21	11:59:46	28 4 30	11Ar32	15 43	25 34	24 11	17 34	2 0	13 16	19 3	29 47	9 35
22	12: 3:43	29 3 11	25 54	15 27	26 47	24 50	17 36	1 55	13 14	19 5	29 48	9 32
23	12: 7:40	0Li 1 54	10Ta20	15 20	27 59	25 29	17 38	1 50	13 12	19 8	29 49	9 29
24	12:11:36	1 0 39	24 45	15 24D	29 11	26 8	17 39	1 46	13 11	19 10	29 50	9 26
25	12:15:33	1 59 27	9Ge 5	15 37	0Vi24	26 47	17 42	1 41	13 9	19 12	29 51	9 22
26	12:19:29	2 58 14	23 18	16 1	1 37	27 26	17 44	1 36	13 7	19 14	29 52	9 19
27	12:23:26	3 57 10	7Cn21	16 33	2 49	28 5	17 46	1 32	13 6	19 16	29 53	9 16
28	12:27:23	4 56 4	21 15	17 15	4 2	28 45	17 49	1 27	13 4	19 19	29 54	9 13
29	12:31:19	5 55 1	5Le 0	18 5	5 15	29 25	17 52	1 22	13 2	19 21	29 54	9 10
30	12:35:16	6 54 1	18 34	19 4	6 28	0Cp 5	17 55	1 18	13 0	19 23	29 55	9 6

9/23 Sun in Lib. 11:13   9/4 New 22:54   9/12 1st Qt. 20:57   9/20 Full 11:33   9/27 3rd Qt. 5:44

Day	Sid. T.	Sun	Moon	Merc.	Venus	Mars	Jup.	Saturn	Uranus	Nept.	Pluto	N.Node
1	12:39:12	7Li53 2	1Vi57	20Vi 9	7Vi41	0Cp45	17Cp58	1Ar13R	12Ta58R	19Vi25	29Cn56	9Sg 3
2	12:43: 9	8 52 6	15 8	21 20	8 54	1 25	18 2	1 8	12 57	19 27	29 57	9 0
3	12:47: 6	9 51 11	28 7	22 38	10 7	2 5	18 5	1 4	12 55	19 29	29 57	8 57
4	12:51: 2	10 50 19	10Li51	24 0	11 21	2 46	18 9	0 59	12 53	19 31	29 58	8 54
5	12:54:59	11 49 29	23 22	25 27	12 34	3 27	18 13	0 55	12 51	19 33	29 59	8 51
6	12:58:55	12 48 41	5Sc39	26 58	13 47	4 7	18 17	0 50	12 49	19 36	29 59	8 47
7	13: 2:51	13 47 55	17 43	28 31	15 1	4 48	18 22	0 46	12 47	19 38	0Le 0	8 44
8	13: 6:48	14 47 11	29 38	0Li 7	16 14	5 29	18 26	0 41	12 44	19 40	0 1	8 41
9	13:10:45	15 46 28	11Sg27	1 46	17 28	6 11	18 31	0 37	12 42	19 42	0 1	8 38
10	13:14:41	16 45 48	23 13	3 26	18 41	6 52	18 36	0 32	12 40	19 44	0 2	8 35
11	13:18:38	17 45 9	5Cp 3	5 7	19 55	7 33	18 41	0 28	12 38	19 46	0 2	8 32
12	13:22:34	18 44 32	17 0	6 49	21 9	8 15	18 46	0 24	12 36	19 48	0 3	8 28
13	13:26:31	19 43 57	29 10	8 32	22 22	8 57	18 51	0 19	12 34	19 50	0 3	8 25
14	13:30:27	20 43 24	11Aq38	10 15	23 36	9 38	18 57	0 15	12 31	19 52	0 4	8 22
15	13:34:24	21 42 52	24 29	11 59	24 50	10 20	19 3	0 11	12 29	19 54	0 4	8 19
16	13:38:21	22 42 22	7Pi46	13 43	26 4	11 2	19 9	0 7	12 27	19 56	0 5	8 16
17	13:42:17	23 41 54	21 29	15 26	27 18	11 45	19 15	0 3	12 25	19 58	0 5	8 12
18	13:46:14	24 41 28	5Ar37	17 10	28 32	12 27	19 21	29Pi59	12 22	20 0	0 6	8 9
19	13:50:10	25 41 4	20 6	18 53	29 46	13 9	19 27	29 55	12 20	20 1	0 6	8 6
20	13:54: 7	26 40 41	4Ta50	20 36	1Li 0	13 52	19 34	29 51	12 18	20 3	0 7	8 3
21	13:58: 3	27 40 21	19 41	22 19	2 14	14 34	19 40	29 47	12 15	20 5	0 7	8 0
22	14: 2: 0	28 40 3	4Ge32	24 1	3 28	15 17	19 47	29 43	12 13	20 7	0 7	7 57
23	14: 5:56	29 39 47	19 14	25 43	4 43	16 0	19 54	29 40	12 10	20 9	0 7	7 53
24	14: 9:53	0Sc39 34	3Cn44	27 24	5 57	16 42	20 1	29 36	12 8	20 11	0 7	7 50
25	14:13:50	1 39 22	17 58	29 5	7 11	17 25	20 8	29 32	12 6	20 12	0 7	7 47
26	14:17:46	2 39 13	1Le53	0Sc45	8 26	18 8	20 16	29 29	12 3	20 14	0 7	7 44
27	14:21:43	3 39 6	15 32	2 25	9 40	18 52	20 23	29 25	12 1	20 16	0 7	7 41
28	14:25:39	4 39 2	28 53	4 4	10 55	19 35	20 31	29 22	11 58	20 17	0 8	7 38
29	14:29:36	5 38 59	11Vi58	5 43	12 9	20 18	20 39	29 19	11 56	20 19	0 8	7 34
30	14:33:32	6 38 59	24 49	7 21	13 24	21 1	20 47	29 16	11 53	20 21	0 8	7 31
31	14:37:29	7 39 0	7Li27	8 58	14 38	21 45	20 55	29 12	11 51	20 23	0 8	7 28

10/23 Sun in Sco. 20:07   10/4 New 11:58   10/12 1st Qt. 15:47   10/19 Full 21:48   10/26 3rd Qt. 13:26

NOVEMBER 1937

Day	Sid. T.	Sun	Moon	Merc.	Venus	Mars	Jup.	Saturn	Uranus	Nept.	Pluto	N.Node
1	14:41:25	8Sc39 4	19Li53	10Sc36	15Li53	22Cp28	21Cp 3	29Pi 9R	11Ta48R	20Vi24	0Le 8R	7Sg25
2	14:45:22	9 39 10	2Sc 8	12 12	17 7	23 12	21 12	29 6	11 46	20 26	0 8	7 22
3	14:49:18	10 39 17	14 13	13 49	18 22	23 56	21 20	29 3	11 43	20 27	0 8	7 18
4	14:53:15	11 39 27	26 9	15 25	19 37	24 40	21 29	29 1	11 41	20 29	0 8	7 15
5	14:57:12	12 39 38	8Sg 0	17 0	20 52	25 23	21 38	28 58	11 39	20 31	0 7	7 12
6	15: 1: 8	13 39 51	19 47	18 35	22 7	26 7	21 47	28 55	11 36	20 32	0 7	7 9
7	15: 5: 5	14 40 5	1Cp33	20 10	23 21	26 51	21 56	28 53	11 34	20 34	0 7	7 6
8	15: 9: 1	15 40 21	13 22	21 44	24 36	27 35	22 5	28 50	11 31	20 35	0 7	7 3
9	15:12:58	16 40 39	25 19	23 19	25 51	28 19	22 15	28 48	11 29	20 36	0 7	6 59
10	15:16:54	17 40 58	7Aq27	24 52	27 6	29 4	22 24	28 46	11 26	20 38	0 7	6 56
11	15:20:51	18 41 19	19 52	26 26	28 21	29 48	22 34	28 44	11 24	20 39	0 6	6 53
12	15:24:47	19 41 41	2Pi37	27 59	29 36	0Aq32	22 43	28 41	11 21	20 41	0 6	6 50
13	15:28:44	20 42 4	15 48	29 31	0Sc51	1 16	22 53	28 39	11 19	20 42	0 6	6 47
14	15:32:40	21 42 29	29 25	1Sg 4	2 6	2 1	23 3	28 38	11 16	20 43	0 5	6 43
15	15:36:37	22 42 54	13Ar31	2 36	3 21	2 45	23 13	28 36	11 14	20 44	0 5	6 40
16	15:40:34	23 43 22	28 2	4 8	4 36	3 30	23 23	28 34	11 12	20 46	0 5	6 37
17	15:44:30	24 43 51	12Ta54	5 40	5 51	4 14	23 33	28 33	11 9	20 47	0 4	6 34
18	15:48:27	25 44 21	28 0	7 11	7 6	4 59	23 44	28 31	11 7	20 48	0 4	6 31
19	15:52:23	26 44 53	13Ge10	8 42	8 21	5 44	23 54	28 30	11 4	20 49	0 3	6 28
20	15:56:20	27 45 27	28 15	10 13	9 36	6 28	24 5	28 28	11 2	20 50	0 3	6 24
21	16: 0:17	28 46 2	13Cn 7	11 44	10 51	7 13	24 16	28 27	11 0	20 51	0 2	6 21
22	16: 4:13	29 46 39	27 40	13 14	12 7	7 58	24 26	28 26	10 57	20 53	0 2	6 18
23	16: 8:10	0Sg47 18	11Le49	14 44	13 22	8 43	24 37	28 25	10 55	20 54	0 1	6 15
24	16:12: 6	1 47 58	25 33	16 14	14 37	9 28	24 48	28 24	10 53	20 55	0 1	6 12
25	16:16: 3	2 48 40	8Vi53	17 43	15 52	10 12	24 59	28 24	10 51	20 56	0 0	6 9
26	16:19:59	3 49 23	21 52	19 12	17 8	10 57	25 11	28 23	10 48	20 56	29Cn59	6 5
27	16:23:56	4 50 8	4Li31	20 41	18 23	11 42	25 22	28 23	10 46	20 57	29 59	6 2
28	16:27:52	5 50 55	16 55	22 9	19 38	12 27	25 33	28 22	10 44	20 58	29 58	5 59
29	16:31:49	6 51 43	29 6	23 36	20 53	13 12	25 45	28 22	10 42	20 59	29 57	5 56
30	16:35:45	7 52 33	11Sc 8	25 3	22 9	13 57	25 56	28 22	10 40	21 0	29 57	5 53

11/22 Sun in Sag. 17:17   11/3 New 4:16   11/11 1st Qt. 9:34   11/18 Full 8:10(E)   11/25 3rd Qt. 0:05

DECEMBER 1937

Day	Sid. T.	Sun	Moon	Merc.	Venus	Mars	Jup.	Saturn	Uranus	Nept.	Pluto	N.Node
1	16:39:42	8Sg53 23	23Sc 3	26Sg29	23Sc24	14Aq43	26Cp 8	28Pi21R	10Ta38R	21Vi 1	29Cn56R	5Sg49
2	16:43:39	9 54 15	4Sg53	27 54	24 39	15 28	26 20	28 21D	10 35	21 1	29 55	5 46
3	16:47:35	10 55 9	16 40	29 19	25 55	16 13	26 32	28 22	10 33	21 2	29 54	5 43
4	16:51:32	11 56 3	28 28	0Cp42	27 10	16 58	26 43	28 22	10 31	21 3	29 53	5 40
5	16:55:28	12 56 59	10Cp17	2 4	28 25	17 43	26 55	28 22	10 29	21 3	29 53	5 37
6	16:59:25	13 57 55	22 10	3 24	29 41	18 29	27 8	28 23	10 27	21 4	29 52	5 34
7	17: 3:22	14 58 52	4Aq11	4 43	0Sg56	19 14	27 20	28 23	10 26	21 5	29 51	5 30
8	17: 7:18	15 59 50	16 22	5 59	2 12	19 59	27 32	28 24	10 24	21 5	29 50	5 27
9	17:11:15	17 0 48	28 46	7 13	3 27	20 44	27 44	28 25	10 22	21 6	29 49	5 24
10	17:15:11	18 1 47	11Pi27	8 25	4 42	21 30	27 57	28 25	10 20	21 6	29 48	5 21
11	17:19: 8	19 2 47	24 30	9 33	5 58	22 15	28 9	28 26	10 18	21 7	29 47	5 18
12	17:23: 4	20 3 47	7Ar56	10 37	7 13	23 0	28 22	28 27	10 16	21 7	29 46	5 15
13	17:27: 1	21 4 48	21 48	11 37	8 29	23 46	28 34	28 29	10 15	21 7	29 45	5 11
14	17:30:57	22 5 49	6Ta 7	12 33	9 44	24 31	28 47	28 30	10 13	21 8	29 44	5 8
15	17:34:54	23 6 51	20 49	13 22	11 0	25 16	29 0	28 31	10 11	21 8	29 43	5 5
16	17:38:50	24 7 53	5Ge51	14 5	12 15	26 2	29 12	28 33	10 10	21 8	29 42	5 2
17	17:42:47	25 8 56	21 4	14 41	13 30	26 47	29 25	28 35	10 8	21 8	29 41	4 59
18	17:46:43	26 10 0	6Cn19	15 9	14 46	27 33	29 38	28 36	10 7	21 9	29 40	4 55
19	17:50:40	27 11 4	21 26	15 27	16 1	28 18	29 51	28 38	10 5	21 9	29 39	4 52
20	17:54:37	28 12 9	6Le15	15 36	17 17	29 3	0Aq 4	28 40	10 4	21 9	29 38	4 49
21	17:58:33	29 13 14	20 40	15 34R	18 32	29 49	0 18	28 42	10 2	21 9	29 37	4 46
22	18: 2:30	0Cp14 20	4Vi38	15 21	19 48	0Pi34	0 31	28 44	10 1	21 9	29 36	4 43
23	18: 6:26	1 15 27	18 6	14 56	21 3	1 20	0 44	28 46	10 0	21 9	29 35	4 40
24	18:10:23	2 16 35	1Li 8	14 20	22 19	2 5	0 57	28 49	9 59	21 9R	29 34	4 36
25	18:14:20	3 17 43	13 46	13 31	23 34	2 51	1 11	28 51	9 57	21 9	29 32	4 33
26	18:18:16	4 18 51	26 5	12 33	24 50	3 36	1 24	28 54	9 56	21 9	29 31	4 30
27	18:22:13	5 20 1	8Sc 9	11 25	26 5	4 21	1 37	28 56	9 55	21 9	29 30	4 27
28	18:26: 9	6 21 11	20 4	10 10	27 20	5 7	1 51	28 59	9 54	21 9	29 29	4 24
29	18:30: 6	7 22 21	1Sg52	8 51	28 36	5 52	2 4	29 2	9 53	21 9	29 28	4 21
30	18:34: 2	8 23 31	13 38	7 29	29 51	6 38	2 18	29 5	9 52	21 8	29 26	4 17
31	18:37:59	9 24 42	25 26	6 8	1Cp 7	7 23	2 32	29 8	9 51	21 8	29 25	4 14

12/22 Sun in Cap. 6:22   12/2 New 23:11(E)   12/11 1st Qt. 1:13   12/17 Full 18:53   12/24 3rd Qt. 14:20

Day	Sid. T.	Sun	Moon	Merc.	Venus	Mars	Jup.	Saturn	Uranus	Nept.	Pluto	N.Node
1	18:41:55	10Cp25 53	7Cp16	4Cp50R	2Cp22	8Pi 9	2Aq45	29Pi11	9Ta50R	21Vi 8R	29Cn24R	4Sg11
2	18:45:52	11 27 4	19 12	3 37	3 38	8 54	2 59	29 14	9 49	21 8	29 23	4 8
3	18:49:48	12 28 15	1Aq15	2 32	4 53	9 39	3 13	29 18	9 49	21 7	29 21	4 5
4	18:53:45	13 29 26	13 26	1 36	6 9	10 25	3 27	29 21	9 48	21 7	29 20	4 1
5	18:57:42	14 30 37	25 47	0 49	7 24	11 10	3 40	29 25	9 47	21 6	29 19	3 58
6	19: 1:38	15 31 47	8Pi19	0 12	8 40	11 55	3 54	29 28	9 46	21 6	29 17	3 55
7	19: 5:35	16 32 57	21 5	29Sg45	9 55	12 41	4 8	29 32	9 46	21 5	29 16	3 52
8	19: 9:31	17 34 7	4Ar 7	29 28	11 11	13 26	4 22	29 36	9 45	21 5	29 15	3 49
9	19:13:28	18 35 16	17 26	29 21	12 26	14 11	4 36	29 40	9 45	21 4	29 14	3 46
10	19:17:24	19 36 24	1Ta 6	29 23D	13 42	14 57	4 50	29 44	9 44	21 4	29 12	3 42
11	19:21:21	20 37 32	15 7	29 33	14 57	15 42	5 4	29 48	9 44	21 3	29 11	3 39
12	19:25:18	21 38 40	29 29	29 45	16 13	16 27	5 18	29 52	9 44	21 3	29 10	3 36
13	19:29:14	22 39 47	14Ge12	0Cp15	17 28	17 13	5 32	29 56	9 43	21 2	29 8	3 33
14	19:33:11	23 40 53	29 9	0 45	18 44	17 58	5 46	0Ar 1	9 43	21 1	29 7	3 30
15	19:37: 7	24 41 58	14Cn14	1 22	19 59	18 43	6 0	0 5	9 43	21 0	29 6	3 27
16	19:41: 3	25 43 4	29 17	2 4	21 14	19 28	6 14	0 9	9 43	21 0	29 4	3 23
17	19:45: 0	26 44 8	14Le17	2 50	22 30	20 13	6 28	0 14	9 43	20 59	29 3	3 20
18	19:48:57	27 45 12	28 41	3 40	23 45	20 58	6 43	0 19	9 43D	20 58	29 2	3 17
19	19:52:53	28 46 16	12Vi47	4 35	25 1	21 44	6 57	0 23	9 43	20 57	29 0	3 14
20	19:56:50	29 47 19	26 25	5 32	26 16	22 29	7 11	0 28	9 43	20 56	28 59	3 11
21	20: 0:46	0Aq48 22	9Li34	6 33	27 31	23 14	7 25	0 33	9 43	20 55	28 58	3 7
22	20: 4:43	1 49 24	22 17	7 36	28 47	23 59	7 39	0 38	9 43	20 54	28 56	3 4
23	20: 8:40	2 50 26	4Sc38	8 42	0Aq 2	24 44	7 54	0 43	9 44	20 53	28 55	3 1
24	20:12:36	3 51 27	16 43	9 51	1 18	25 29	8 8	0 48	9 44	20 52	28 54	2 58
25	20:16:33	4 52 28	28 36	11 1	2 33	26 14	8 22	0 54	9 44	20 51	28 52	2 55
26	20:20:29	5 53 29	10Sg23	12 13	3 48	26 59	8 36	0 59	9 45	20 50	28 51	2 52
27	20:24:26	6 54 28	22 9	13 27	5 4	27 44	8 50	1 4	9 45	20 49	28 50	2 48
28	20:28:23	7 55 27	3Cp58	14 43	6 19	28 29	9 5	1 10	9 46	20 48	28 48	2 45
29	20:32:19	8 56 25	15 53	16 0	7 35	29 14	9 19	1 15	9 46	20 47	28 47	2 42
30	20:36:16	9 57 23	27 58	17 18	8 50	29 58	9 33	1 21	9 47	20 46	28 46	2 39
31	20:40:12	10 58 19	10Aq13	18 38	10 5	0Ar43	9 47	1 26	9 48	20 45	28 44	2 36

1/20 Sun in Aqu. 16:59   1/1 New 18:58   1/9 1st Qt. 14:13   1/16 Full 5:54   1/23 3rd Qt. 8:09   1/31 New 13:35

Day	Sid. T.	Sun	Moon	Merc.	Venus	Mars	Jup.	Saturn	Uranus	Nept.	Pluto	N.Node
1	20:44: 8	11Aq59 14	22Aq40	19Cp59	11Aq21	1Ar28	10Aq 2	1Ar32	9Ta48	20Vi44R	28Cn43R	2Sg32
2	20:48: 5	13 0 9	5Pi18	21 21	12 36	2 13	10 16	1 38	9 49	20 42	28 42	2 29
3	20:52: 2	14 1 1	18 8	22 44	13 51	2 58	10 30	1 43	9 50	20 41	28 40	2 26
4	20:55:58	15 1 53	1Ar 8	24 8	15 7	3 42	10 44	1 49	9 51	20 40	28 39	2 23
5	20:59:55	16 2 43	14 21	25 34	16 22	4 27	10 59	1 55	9 52	20 39	28 38	2 20
6	21: 3:51	17 3 32	27 45	27 0	17 37	5 12	11 13	2 1	9 53	20 37	28 37	2 17
7	21: 7:48	18 4 19	11Ta23	28 27	18 53	5 56	11 27	2 7	9 54	20 36	28 35	2 13
8	21:11:44	19 5 5	25 15	29 55	20 8	6 41	11 41	2 13	9 55	20 35	28 34	2 10
9	21:15:41	20 5 49	9Ge21	1Aq24	21 23	7 25	11 55	2 20	9 56	20 33	28 33	2 7
10	21:19:38	21 6 32	23 42	2 54	22 38	8 10	12 10	2 26	9 57	20 32	28 32	2 4
11	21:23:34	22 7 13	8Cn15	4 25	23 53	8 54	12 24	2 32	9 58	20 30	28 30	2 1
12	21:27:31	23 7 52	22 55	5 57	25 9	9 39	12 38	2 38	10 0	20 29	28 29	1 58
13	21:31:27	24 8 30	7Le37	7 29	26 24	10 23	12 52	2 45	10 1	20 28	28 28	1 54
14	21:35:24	25 9 6	22 13	9 2	27 39	11 7	13 6	2 51	10 2	20 26	28 27	1 51
15	21:39:20	26 9 41	6Vi35	10 37	28 54	11 52	13 20	2 58	10 4	20 25	28 26	1 48
16	21:43:17	27 10 14	20 36	12 12	0Pi 9	12 36	13 34	3 4	10 5	20 23	28 25	1 45
17	21:47:13	28 10 46	4Li14	13 48	1 24	13 20	13 48	3 11	10 7	20 22	28 23	1 42
18	21:51:10	29 11 17	17 25	15 25	2 40	14 5	14 2	3 17	10 8	20 20	28 22	1 38
19	21:55: 7	0Pi11 46	0Sc12	17 3	3 55	14 49	14 16	3 24	10 10	20 19	28 21	1 35
20	21:59: 3	1 12 13	12 37	18 41	5 10	15 33	14 30	3 31	10 12	20 17	28 20	1 32
21	22: 3: 0	2 12 40	24 44	20 21	6 25	16 17	14 44	3 38	10 13	20 15	28 19	1 29
22	22: 6:56	3 13 5	6Sg39	22 2	7 40	17 1	14 58	3 44	10 15	20 14	28 18	1 26
23	22:10:53	4 13 29	18 29	23 43	8 55	17 45	15 12	3 51	10 17	20 12	28 17	1 23
24	22:14:49	5 13 52	0Cp16	25 26	10 10	18 29	15 26	3 58	10 19	20 11	28 16	1 19
25	22:18:46	6 14 13	12 7	27 9	11 25	19 13	15 40	4 5	10 21	20 9	28 15	1 16
26	22:22:43	7 14 32	24 8	28 54	12 40	19 57	15 53	4 12	10 22	20 8	28 14	1 13
27	22:26:39	8 14 50	6Aq20	0Pi40	13 55	20 41	16 7	4 19	10 24	20 6	28 13	1 10
28	22:30:36	9 15 6	18 47	2 26	15 10	21 25	16 21	4 26	10 26	20 4	28 12	1 7

2/19 Sun in Pis. 7:20   2/8 1st Qt. 0:33   2/14 Full 17:15   2/22 3rd Qt. 4:24

MARCH 1938

Day	Sid. T.	Sun	Moon	Merc.	Venus	Mars	Jup.	Saturn	Uranus	Nept.	Pluto	N.Node
1	22:34:32	10Pi15 21	1Pi29	4Pi14	16Pi25	22Ar 8	16Aq35	4Ar33	10Ta28	20Vi 3R	28Cn11R	1Sg 4
2	22:38:29	11 15 34	14 26	6 3	17 40	22 52	16 48	4 40	10 31	20 1	28 10	1 0
3	22:42:25	12 15 45	27 38	7 52	18 55	23 36	17 2	4 47	10 33	19 59	28 9	0 57
4	22:46:22	13 15 54	11Ar 1	9 43	20 10	24 20	17 15	4 54	10 35	19 58	28 8	0 54
5	22:50:18	14 16 1	24 36	11 35	21 25	25 3	17 29	5 1	10 37	19 56	28 7	0 51
6	22:54:15	15 16 6	8Ta18	13 28	22 40	25 47	17 42	5 9	10 39	19 54	28 6	0 48
7	22:58:11	16 16 9	22 8	15 21	23 54	26 30	17 56	5 16	10 42	19 53	28 6	0 44
8	23: 2: 8	17 16 10	6Ge 5	17 16	25 9	27 14	18 9	5 23	10 44	19 51	28 5	0 41
9	23: 6: 4	18 16 8	20 8	19 12	26 24	27 57	18 23	5 30	10 46	19 49	28 4	0 38
10	23:10: 1	19 16 5	4Cn16	21 8	27 39	28 41	18 36	5 38	10 49	19 48	28 3	0 35
11	23:13:58	20 15 59	18 29	23 5	28 54	29 24	18 49	5 45	10 51	19 46	28 2	0 32
12	23:17:54	21 15 51	2Le44	25 3	0Ar 8	0Ta 7	19 2	5 52	10 54	19 44	28 2	0 29
13	23:21:51	22 15 41	16 59	27 2	1 23	0 51	19 15	6 0	10 56	19 43	28 1	0 25
14	23:25:47	23 15 28	1Vi 7	29 0	2 38	1 34	19 29	6 7	10 59	19 41	28 0	0 22
15	23:29:44	24 15 14	15 5	0Ar59	3 52	2 17	19 42	6 15	11 1	19 39	28 0	0 19
16	23:33:40	25 14 57	28 48	2 58	5 7	3 0	19 55	6 22	11 4	19 38	27 59	0 16
17	23:37:37	26 14 39	12Li11	4 57	6 21	3 43	20 7	6 29	11 7	19 36	27 58	0 13
18	23:41:34	27 14 18	25 15	6 55	7 36	4 26	20 20	6 37	11 9	19 34	27 58	0 10
19	23:45:30	28 13 56	7Sc58	8 52	8 51	5 9	20 33	6 44	11 12	19 33	27 57	0 6
20	23:49:27	29 13 32	20 22	10 48	10 5	5 52	20 46	6 52	11 15	19 31	27 57	0 3
21	23:53:23	0Ar13 6	2Sg30	12 42	11 20	6 35	20 58	6 59	11 18	19 29	27 56	0 0
22	23:57:20	1 12 38	14 27	14 35	12 34	7 18	21 11	7 7	11 20	19 28	27 56	29Sc57
23	0: 1:16	2 12 9	26 17	16 25	13 49	8 1	21 23	7 14	11 23	19 26	27 55	29 54
24	0: 5:13	3 11 37	8Cp 7	18 12	15 3	8 44	21 36	7 22	11 26	19 25	27 55	29 50
25	0: 9: 9	4 11 4	20 0	19 56	16 18	9 27	21 48	7 29	11 29	19 23	27 54	29 47
26	0:13: 6	5 10 30	2Aq 3	21 36	17 32	10 9	22 1	7 37	11 32	19 21	27 54	29 44
27	0:17: 3	6 9 53	14 20	23 12	18 46	10 52	22 13	7 44	11 35	19 20	27 54	29 41
28	0:20:59	7 9 14	26 53	24 43	20 1	11 35	22 25	7 52	11 38	19 18	27 53	29 38
29	0:24:56	8 8 34	9Pi46	26 9	21 15	12 17	22 37	7 59	11 41	19 17	27 53	29 35
30	0:28:52	9 7 52	22 58	27 31	22 29	13 0	22 49	8 7	11 44	19 15	27 53	29 31
31	0:32:49	10 7 7	6Ar29	28 46	23 44	13 43	23 1	8 14	11 47	19 14	27 53	29 28

3/21 Sun in Ari. 6:43   3/2 New 5:40   3/9 1st Qt. 8:36   3/16 Full 5:16   3/24 3rd Qt. 1:06   3/31 New 18:52

APRIL 1938

Day	Sid. T.	Sun	Moon	Merc.	Venus	Mars	Jup.	Saturn	Uranus	Nept.	Pluto	N.Node
1	0:36:45	11Ar 6 21	20Ar16	29Ar56	24Ar58	14Ta25	23Aq13	8Ar22	11Ta50	19Vi12R	27Cn52R	29Sc25
2	0:40:42	12 5 33	4Ta16	1Ta 0	26 12	15 7	23 24	8 29	11 53	19 11	27 52	29 22
3	0:44:38	13 4 42	18 25	1 57	27 26	15 50	23 36	8 37	11 56	19 9	27 52	29 19
4	0:48:35	14 3 50	2Ge38	2 48	28 40	16 32	23 48	8 44	11 59	19 8	27 51	29 16
5	0:52:31	15 2 55	16 53	3 32	29 55	17 14	23 59	8 52	12 3	19 6	27 51	29 12
6	0:56:28	16 1 58	1Cn 6	4 10	1Ta 9	17 57	24 11	8 59	12 6	19 5	27 51	29 9
7	1: 0:24	17 0 58	15 17	4 41	2 23	18 39	24 22	9 7	12 9	19 3	27 51	29 6
8	1: 4:21	17 59 56	29 22	5 5	3 37	19 21	24 33	9 14	12 12	19 2	27 51	29 3
9	1: 8:17	18 58 52	13Le22	5 22	4 51	20 3	24 44	9 22	12 15	19 0	27 51	29 0
10	1:12:14	19 57 45	27 13	5 32	6 5	20 45	24 55	9 29	12 19	18 59	27 51	28 56
11	1:16:11	20 56 36	10Vi55	5 36	7 19	21 27	25 6	9 37	12 22	18 58	27 51D	28 53
12	1:20: 7	21 55 25	24 25	5 34R	8 33	22 9	25 17	9 44	12 25	18 56	27 51	28 50
13	1:24: 4	22 54 12	7Li42	5 25	9 46	22 51	25 28	9 52	12 28	18 55	27 51	28 47
14	1:28: 0	23 52 56	20 44	5 10	11 0	23 33	25 38	9 59	12 32	18 54	27 51	28 44
15	1:31:57	24 51 39	3Sc31	4 50	12 14	24 15	25 49	10 6	12 35	18 52	27 51	28 41
16	1:35:54	25 50 20	16 2	4 25	13 28	24 57	25 59	10 14	12 39	18 51	27 51	28 37
17	1:39:50	26 48 59	28 19	3 56	14 42	25 39	26 9	10 21	12 42	18 50	27 51	28 34
18	1:43:47	27 47 36	10Sg24	3 22	15 55	26 20	26 20	10 28	12 45	18 49	27 52	28 31
19	1:47:43	28 46 11	22 20	2 46	17 9	27 2	26 30	10 36	12 49	18 47	27 52	28 28
20	1:51:40	29 44 45	4Cp11	2 7	18 23	27 44	26 40	10 43	12 52	18 46	27 52	28 25
21	1:55:36	0Ta43 17	16 1	1 26	19 36	28 25	26 50	10 50	12 55	18 45	27 52	28 21
22	1:59:33	1 41 48	27 55	0 45	20 50	29 7	26 59	10 57	12 59	18 44	27 53	28 18
23	2: 3:30	2 40 16	9Aq58	0 3	22 4	29 48	27 9	11 4	13 2	18 43	27 53	28 15
24	2: 7:26	3 38 43	22 14	29Ar22	23 17	0Ge30	27 18	11 12	13 6	18 42	27 53	28 12
25	2:11:22	4 37 9	4Pi49	28 43	24 31	1 11	27 28	11 19	13 9	18 41	27 54	28 9
26	2:15:19	5 35 33	17 44	28 5	25 44	1 53	27 37	11 26	13 13	18 40	27 54	28 6
27	2:19:15	6 33 55	1Ar 3	27 30	26 58	2 34	27 46	11 33	13 16	18 39	27 54	28 2
28	2:23:12	7 32 15	14 44	26 58	28 11	3 15	27 55	11 40	13 20	18 38	27 55	27 59
29	2:27: 9	8 30 34	28 48	26 30	29 25	3 57	28 4	11 47	13 23	18 37	27 55	27 56
30	2:31: 5	9 28 51	13Ta 9	26 5	0Ge38	4 38	28 13	11 54	13 26	18 36	27 56	27 53

4/20 Sun in Tau. 18:15   4/7 1st Qt. 15:10   4/14 Full 18:21   4/22 3rd Qt. 20:15   4/30 New 5:28

MAY 1938

Day	Sid. T.	Sun	Moon	Merc.	Venus	Mars	Jup.	Saturn	Uranus	Nept.	Pluto	N.Node
1	2:35: 2	10Ta27 7	27Ta43	25Ar45R	1Ge51	5Ge19	28Aq22	12Ar 1	13Ta30	18Vi35R	27Cn56	27Sc50
2	2:38:58	11 25 20	12Ge23	25 30	3 5	6 0	28 30	12 8	13 33	18 34	27 57	27 47
3	2:42:55	12 23 32	27 3	25 19	4 18	6 42	28 38	12 15	13 37	18 33	27 57	27 43
4	2:46:51	13 21 42	11Cn37	25 12	5 31	7 23	28 47	12 21	13 40	18 32	27 58	27 40
5	2:50:48	14 19 50	26 1	25 11D	6 44	8 4	28 55	12 28	13 44	18 32	27 59	27 37
6	2:54:45	15 17 56	10Le12	25 14	7 58	8 45	29 3	12 35	13 47	18 31	27 59	27 34
7	2:58:41	16 16 0	24 7	25 22	9 11	9 26	29 11	12 42	13 51	18 30	28 0	27 31
8	3: 2:38	17 14 1	7Vi46	25 34	10 24	10 7	29 18	12 48	13 54	18 29	28 0	27 27
9	3: 6:34	18 12 1	21 10	25 52	11 37	10 47	29 26	12 55	13 58	18 29	28 1	27 24
10	3:10:31	19 9 59	4Li18	26 13	12 50	11 28	29 33	13 2	14 1	18 28	28 2	27 21
11	3:14:27	20 7 56	17 11	26 39	14 3	12 9	29 40	13 8	14 5	18 27	28 3	27 18
12	3:18:24	21 5 50	29 52	27 9	15 16	12 50	29 48	13 15	14 8	18 27	28 3	27 15
13	3:22:20	22 3 43	12Sc19	27 43	16 29	13 31	29 55	13 21	14 11	18 26	28 4	27 12
14	3:26:17	23 1 35	24 36	28 21	17 41	14 11	0Pi 1	13 27	14 15	18 26	28 5	27 8
15	3:30:14	23 59 25	6Sg42	29 3	18 54	14 52	0 8	13 34	14 18	18 25	28 6	27 5
16	3:34:10	24 57 13	18 41	29 49	20 7	15 33	0 14	13 40	14 22	18 25	28 7	27 2
17	3:38: 7	25 55 0	0Cp34	0Ta38	21 20	16 13	0 21	13 46	14 25	18 24	28 8	26 59
18	3:42: 3	26 52 46	12 24	1 30	22 33	16 54	0 27	13 53	14 29	18 24	28 8	26 56
19	3:46: 0	27 50 31	24 15	2 26	23 45	17 34	0 33	13 59	14 32	18 24	28 9	26 53
20	3:49:56	28 48 15	6Aq 9	3 25	24 58	18 15	0 39	14 5	14 35	18 23	28 10	26 49
21	3:53:53	29 45 57	18 12	4 27	26 11	18 55	0 45	14 11	14 39	18 23	28 11	26 46
22	3:57:50	0Ge43 39	0Pi27	5 32	27 23	19 36	0 50	14 17	14 42	18 23	28 12	26 43
23	4: 1:46	1 41 19	12 58	6 40	28 36	20 16	0 56	14 23	14 46	18 22	28 13	26 40
24	4: 5:43	2 38 58	25 51	7 51	29 48	20 56	1 1	14 29	14 49	18 22	28 14	26 37
25	4: 9:39	3 36 37	9Ar 7	9 5	1Cn 1	21 37	1 6	14 34	14 52	18 22	28 15	26 33
26	4:13:36	4 34 14	22 49	10 22	2 13	22 17	1 11	14 40	14 56	18 22	28 16	26 30
27	4:17:32	5 31 51	6Ta57	11 41	3 25	22 57	1 16	14 46	14 59	18 22	28 17	26 27
28	4:21:29	6 29 26	21 28	13 3	4 38	23 37	1 20	14 51	15 2	18 22	28 19	26 24
29	4:25:25	7 27 1	6Ge17	14 27	5 50	24 17	1 25	14 57	15 5	18 22	28 20	26 21
30	4:29:22	8 24 34	21 18	15 54	7 2	24 58	1 29	15 2	15 9	18 22D	28 21	26 18
31	4:33:18	9 22 6	6Cn20	17 24	8 15	25 38	1 33	15 8	15 12	18 22	28 22	26 14

5/21 Sun in Gem. 17:50   5/6 1st Qt. 21:24   5/14 Full 8:39(E)   5/22 3rd Qt. 12:36   5/29 New 14:00(E)

JUNE 1938

Day	Sid. T.	Sun	Moon	Merc.	Venus	Mars	Jup.	Saturn	Uranus	Nept.	Pluto	N.Node
1	4:37:15	10Ge19 38	21Cn17	18Ta56	9Cn27	26Ge18	1Pi37	15Ar13	15Ta15	18Vi22	28Cn23	26Sc11
2	4:41:11	11 17 7	6Le 0	20 31	10 39	26 58	1 40	15 19	15 18	18 22	28 24	26 8
3	4:45: 8	12 14 36	20 24	22 9	11 51	27 38	1 44	15 24	15 22	18 22	28 26	26 5
4	4:49: 5	13 12 3	4Vi25	23 48	13 3	28 18	1 47	15 29	15 25	18 22	28 27	26 2
5	4:53: 1	14 9 29	18 3	25 31	14 15	28 58	1 51	15 34	15 28	18 22	28 28	25 59
6	4:56:58	15 6 54	1Li19	27 16	15 27	29 38	1 53	15 39	15 31	18 22	28 29	25 55
7	5: 0:54	16 4 17	14 14	29 3	16 39	0Cn17	1 56	15 44	15 34	18 23	28 31	25 52
8	5: 4:51	17 1 40	26 52	0Ge53	17 51	0 57	1 59	15 49	15 37	18 23	28 32	25 49
9	5: 8:47	17 59 1	9Sc16	2 45	19 2	1 37	2 1	15 54	15 40	18 23	28 33	25 46
10	5:12:44	18 56 22	21 28	4 40	20 14	2 17	2 4	15 58	15 43	18 24	28 35	25 43
11	5:16:41	19 53 42	3Sg32	6 36	21 26	2 57	2 6	16 3	15 46	18 24	28 36	25 39
12	5:20:37	20 51 0	15 29	8 36	22 38	3 36	2 7	16 8	15 49	18 24	28 37	25 36
13	5:24:34	21 48 19	27 21	10 37	23 49	4 16	2 9	16 12	15 52	18 25	28 39	25 33
14	5:28:30	22 45 36	9Cp12	12 40	25 1	4 56	2 11	16 17	15 55	18 25	28 40	25 30
15	5:32:27	23 42 53	21 2	14 45	26 12	5 35	2 12	16 21	15 58	18 26	28 41	25 27
16	5:36:23	24 40 10	2Aq55	16 52	27 24	6 15	2 13	16 25	16 1	18 26	28 43	25 24
17	5:40:20	25 37 26	14 52	19 0	28 35	6 54	2 14	16 29	16 4	18 27	28 44	25 20
18	5:44:16	26 34 42	26 56	21 9	29 46	7 34	2 15	16 33	16 7	18 27	28 46	25 17
19	5:48:13	27 31 57	9Pi11	23 20	0Le58	8 13	2 15	16 38	16 10	18 28	28 47	25 14
20	5:52:10	28 29 12	21 41	25 31	2 9	8 53	2 15	16 41	16 12	18 29	28 49	25 11
21	5:56: 6	29 26 27	4Ar29	27 42	3 20	9 32	2 16	16 45	16 15	18 29	28 50	25 8
22	6: 0: 3	0Cn23 42	17 39	29 54	4 31	10 12	2 15R	16 49	16 18	18 30	28 51	25 5
23	6: 3:59	1 20 57	1Ta15	2Cn 5	5 42	10 51	2 15	16 53	16 20	18 31	28 53	25 1
24	6: 7:56	2 18 11	15 17	4 16	6 53	11 31	2 15	16 56	16 23	18 32	28 54	24 58
25	6:11:52	3 15 26	29 45	6 27	8 4	12 10	2 14	17 0	16 26	18 32	28 56	24 55
26	6:15:49	4 12 41	14Ge35	8 36	9 15	12 49	2 13	17 3	16 28	18 33	28 58	24 52
27	6:19:46	5 9 55	29 43	10 45	10 26	13 29	2 12	17 7	16 31	18 34	28 59	24 49
28	6:23:42	6 7 9	14Cn50	12 52	11 36	14 8	2 11	17 10	16 33	18 35	29 1	24 45
29	6:27:38	7 4 23	0Le 9	14 57	12 47	14 47	2 10	17 13	16 36	18 36	29 2	24 42
30	6:31:35	8 1 37	15 8	17 2	13 58	15 26	2 8	17 16	16 38	18 37	29 4	24 39

6/22 Sun in Can. 2:04   6/5 1st Qt. 4:33   6/12 Full 23:47   6/21 3rd Qt. 1:52   6/27 New 21:10

JULY 1938

Day	Sid. T.	Sun	Moon	Merc.	Venus	Mars	Jup.	Saturn	Uranus	Nept.	Pluto	N.Node
1	6:35:32	8Cn58 50	29Le46	19Cn 4	15Le 8	16Cn 5	2Pi 6R	17Ar19	16Ta41	18Vi38	29Cn 5	24Sc36
2	6:39:28	9 56 3	13Vi57	21 5	16 19	16 45	2 4	17 22	16 43	18 39	29 7	24 33
3	6:43:25	10 53 16	27 40	23 4	17 29	17 24	2 2	17 25	16 46	18 40	29 9	24 30
4	6:47:21	11 50 28	10Li56	25 1	18 39	18 3	2 0	17 27	16 48	18 41	29 10	24 26
5	6:51:18	12 47 40	23 48	26 56	19 50	18 42	1 57	17 30	16 50	18 42	29 12	24 23
6	6:55:14	13 44 52	6Sc19	28 49	21 0	19 21	1 54	17 33	16 52	18 43	29 13	24 20
7	6:59:11	14 42 3	18 34	0Le40	22 10	20 0	1 51	17 35	16 55	18 45	29 15	24 17
8	7: 3: 8	15 39 15	0Sg37	2 29	23 20	20 39	1 48	17 37	16 57	18 46	29 17	24 14
9	7: 7: 4	16 36 26	12 33	4 16	24 30	21 18	1 45	17 39	16 59	18 47	29 18	24 10
10	7:11: 1	17 33 38	24 24	6 1	25 40	21 57	1 42	17 42	17 1	18 48	29 20	24 7
11	7:14:57	18 30 49	6Cp14	7 44	26 49	22 36	1 38	17 44	17 3	18 50	29 21	24 4
12	7:18:54	19 28 1	18 4	9 25	27 59	23 15	1 34	17 46	17 5	18 51	29 23	24 1
13	7:22:51	20 25 13	29 57	11 5	29 8	23 54	1 30	17 47	17 7	18 52	29 25	23 58
14	7:26:47	21 22 26	11Aq55	12 42	0Vi18	24 33	1 26	17 49	17 9	18 54	29 26	23 55
15	7:30:44	22 19 38	23 58	14 17	1 27	25 12	1 22	17 51	17 11	18 55	29 28	23 51
16	7:34:40	23 16 51	6Pi 9	15 50	2 37	25 50	1 17	17 52	17 13	18 56	29 30	23 48
17	7:38:37	24 14 5	18 29	17 21	3 46	26 29	1 12	17 54	17 15	18 58	29 31	23 45
18	7:42:33	25 11 19	1Ar 2	18 51	4 55	27 8	1 7	17 55	17 16	18 59	29 33	23 42
19	7:46:30	26 8 34	13 50	20 18	6 4	27 47	1 2	17 56	17 18	19 1	29 35	23 39
20	7:50:26	27 5 50	26 56	21 43	7 13	28 26	0 57	17 57	17 20	19 2	29 36	23 36
21	7:54:23	28 3 7	10Ta24	23 6	8 22	29 4	0 52	17 58	17 21	19 4	29 38	23 32
22	7:58:20	29 0 24	24 16	24 27	9 31	29 43	0 47	17 59	17 23	19 5	29 40	23 29
23	8: 2:16	29 57 43	8Ge33	25 45	10 39	0Le22	0 41	18 0	17 25	19 7	29 41	23 26
24	8: 6:13	0Le55 2	23 13	27 2	11 48	1 1	0 35	18 1	17 26	19 8	29 43	23 23
25	8:10: 9	1 52 22	8Cn12	28 16	12 56	1 39	0 29	18 1	17 27	19 10	29 45	23 20
26	8:14: 6	2 49 43	23 23	29 28	14 4	2 18	0 23	18 2	17 29	19 12	29 46	23 16
27	8:18: 2	3 47 5	8Le35	0Vi38	15 13	2 57	0 17	18 2	17 30	19 13	29 48	23 13
28	8:21:59	4 44 27	23 38	1 45	16 21	3 35	0 11	18 3	17 32	19 15	29 50	23 10
29	8:25:56	5 41 50	8Vi23	2 49	17 29	4 14	0 4	18 3	17 33	19 17	29 51	23 7
30	8:29:52	6 39 14	22 41	3 51	18 37	4 52	29Aq58	18 3	17 34	19 18	29 53	23 4
31	8:33:49	7 36 38	6Li31	4 50	19 44	5 31	29 51	18 3R	17 35	19 20	29 55	23 1

7/23 Sun in Leo 12:57   7/4 1st Qt. 13:47   7/12 Full 15:05   7/20 3rd Qt. 12:19   7/27 New 3:54

AUGUST 1938

Day	Sid. T.	Sun	Moon	Merc.	Venus	Mars	Jup.	Saturn	Uranus	Nept.	Pluto	N.Node
1	8:37:45	8Le34 2	19Li51	5Vi46	20Vi52	6Le10	29Aq44R	18Ar 3R	17Ta36	19Vi22	29Cn56	22Sc57
2	8:41:41	9 31 28	2Sc45	6 39	21 59	6 48	29 37	18 3	17 37	19 24	29 58	22 54
3	8:45:38	10 28 54	15 15	7 29	23 7	7 27	29 30	18 2	17 39	19 26	0Le 0	22 51
4	8:49:35	11 26 20	27 28	8 16	24 14	8 5	29 23	18 2	17 40	19 27	0 1	22 48
5	8:53:31	12 23 48	9Sg28	8 59	25 21	8 44	29 16	18 1	17 40	19 29	0 3	22 45
6	8:57:28	13 21 16	21 21	9 38	26 28	9 22	29 9	18 1	17 41	19 31	0 5	22 42
7	9: 1:24	14 18 45	3Cp10	10 14	27 34	10 1	29 2	18 0	17 42	19 33	0 6	22 38
8	9: 5:21	15 16 15	15 0	10 46	28 41	10 39	28 54	17 59	17 43	19 35	0 8	22 35
9	9: 9:17	16 13 46	26 53	11 13	29 47	11 17	28 47	17 58	17 44	19 37	0 9	22 32
10	9:13:14	17 11 17	8Aq52	11 36	0Li54	11 56	28 39	17 57	17 44	19 39	0 11	22 29
11	9:17:11	18 8 50	20 58	11 54	2 0	12 34	28 32	17 56	17 45	19 41	0 13	22 26
12	9:21: 7	19 6 24	3Pi12	12 8	3 6	13 13	28 24	17 55	17 46	19 43	0 14	22 22
13	9:25: 4	20 3 59	15 35	12 16	4 12	13 51	28 16	17 54	17 46	19 45	0 16	22 19
14	9:29: 0	21 1 36	28 7	12 19	5 17	14 29	28 9	17 52	17 47	19 47	0 17	22 16
15	9:32:57	21 59 14	10Ar50	12 17R	6 23	15 8	28 1	17 51	17 47	19 49	0 19	22 13
16	9:36:53	22 56 53	23 46	12 9	7 28	15 46	27 53	17 49	17 48	19 51	0 21	22 10
17	9:40:50	23 54 34	6Ta56	11 55	8 33	16 24	27 45	17 47	17 48	19 53	0 22	22 7
18	9:44:46	24 52 17	20 22	11 36	9 38	17 3	27 37	17 46	17 48	19 55	0 24	22 3
19	9:48:43	25 50 1	4Ge 8	11 11	10 42	17 41	27 30	17 44	17 49	19 57	0 25	22 0
20	9:52:39	26 47 47	18 13	10 41	11 47	18 19	27 22	17 42	17 49	19 59	0 27	21 57
21	9:56:36	27 45 35	2Cn38	10 6	12 51	18 57	27 14	17 40	17 49	20 1	0 28	21 54
22	10: 0:33	28 43 25	17 19	9 25	13 55	19 36	27 6	17 37	17 49	20 3	0 30	21 51
23	10: 4:29	29 41 16	2Le13	8 41	14 59	20 14	26 58	17 35	17 49	20 5	0 31	21 48
24	10: 8:26	0Vi39 8	17 10	7 52	16 3	20 52	26 50	17 33	17 49R	20 7	0 33	21 44
25	10:12:22	1 37 2	2Vi 1	7 0	17 6	21 31	26 43	17 30	17 49	20 9	0 34	21 41
26	10:16:19	2 34 58	16 39	6 7	18 9	22 9	26 35	17 28	17 49	20 12	0 36	21 38
27	10:20:15	3 32 55	0Li55	5 12	19 12	22 47	26 27	17 25	17 49	20 14	0 37	21 35
28	10:24:12	4 30 54	14 45	4 17	20 15	23 25	26 19	17 22	17 49	20 16	0 39	21 32
29	10:28: 8	5 28 53	28 7	3 23	21 17	24 3	26 12	17 20	17 48	20 18	0 40	21 28
30	10:32: 5	6 26 55	11Sc 3	2 31	22 19	24 42	26 4	17 17	17 48	20 20	0 41	21 25
31	10:36: 2	7 24 57	23 36	1 43	23 21	25 20	25 56	17 14	17 48	20 22	0 43	21 21

8/23 Sun in Vir. 19:46   8/3 1st Qt. 2:00   8/11 Full 5:57   8/18 3rd Qt. 20:31   8/25 New 11:18

Day	Sid. T.	Sun	Moon	Merc.	Venus	Mars	Jup.	Saturn	Uranus	Nept.	Pluto	N.Node
1	10:39:58	8Vi23 1	5Sg51	0Vi59R	24Li23	25Le58	25Aq49R	17Ar11R	17Ta47R	20Vi24	0Le44	21Sc19
2	10:43:55	9 21 7	17 52	0 21	25 24	26 36	25 41	17 7	17 47	20 27	0 46	21 16
3	10:47:51	10 19 13	29 45	29Le49	26 25	27 14	25 34	17 4	17 46	20 29	0 47	21 13
4	10:51:48	11 17 22	11Cp35	29 24	27 26	27 52	25 27	17 1	17 46	20 31	0 48	21 9
5	10:55:44	12 15 32	23 27	29 8	28 26	28 30	25 19	16 58	17 45	20 33	0 50	21 6
6	10:59:41	13 13 43	5Aq24	29 0	29 26	29 9	25 12	16 54	17 45	20 35	0 51	21 3
7	11: 3:37	14 11 56	17 30	29 0D	0Sc25	29 47	25 5	16 51	17 44	20 38	0 52	21 0
8	11: 7:34	15 10 10	29 45	29 10	1 25	0Vi25	24 58	16 47	17 43	20 40	0 53	20 57
9	11:11:31	16 8 26	12Pi12	29 28	2 24	1 3	24 51	16 43	17 42	20 42	0 55	20 54
10	11:15:27	17 6 44	24 51	29 55	3 22	1 41	24 45	16 40	17 42	20 44	0 56	20 50
11	11:19:24	18 5 4	7Ar41	0Vi31	4 20	2 19	24 38	16 36	17 41	20 47	0 57	20 47
12	11:23:20	19 3 25	20 43	1 15	5 18	2 57	24 32	16 32	17 40	20 49	0 58	20 44
13	11:27:17	20 1 49	3Ta56	2 8	6 15	3 35	24 25	16 28	17 39	20 51	1 0	20 41
14	11:31:13	21 0 15	17 20	3 8	7 12	4 13	24 19	16 24	17 38	20 53	1 1	20 38
15	11:35:10	21 58 43	0Ge55	4 15	8 8	4 51	24 13	16 20	17 37	20 55	1 2	20 34
16	11:39: 7	22 57 13	14 43	5 28	9 4	5 29	24 7	16 16	17 36	20 58	1 3	20 31
17	11:43: 3	23 55 45	28 44	6 48	10 0	6 7	24 1	16 12	17 34	21 0	1 4	20 28
18	11:47: 0	24 54 20	12Cn56	8 12	10 55	6 45	23 55	16 8	17 33	21 2	1 5	20 25
19	11:50:56	25 52 57	27 20	9 42	11 49	7 23	23 50	16 3	17 32	21 4	1 6	20 22
20	11:54:52	26 51 36	11Le50	11 15	12 43	8 1	23 44	15 59	17 31	21 7	1 7	20 19
21	11:58:49	27 50 17	26 22	12 52	13 36	8 39	23 39	15 55	17 29	21 9	1 8	20 15
22	12: 2:46	28 49 0	10Vi49	14 32	14 29	9 17	23 34	15 50	17 28	21 11	1 9	20 12
23	12: 6:42	29 47 45	25 7	16 15	15 21	9 55	23 29	15 46	17 27	21 13	1 10	20 9
24	12:10:39	0Li46 33	9Li 7	17 59	16 13	10 33	23 24	15 42	17 25	21 15	1 11	20 6
25	12:14:35	1 45 22	22 47	19 45	17 4	11 11	23 19	15 37	17 24	21 18	1 12	20 3
26	12:18:32	2 44 13	6Sc 4	21 32	17 54	11 49	23 15	15 33	17 22	21 20	1 13	19 59
27	12:22:28	3 43 6	18 59	23 20	18 43	12 27	23 11	15 28	17 21	21 22	1 14	19 56
28	12:26:25	4 42 0	1Sg32	25 8	19 32	13 5	23 7	15 23	17 19	21 24	1 15	19 53
29	12:30:22	5 40 57	13 48	26 57	20 20	13 43	23 3	15 19	17 17	21 26	1 16	19 50
30	12:34:18	6 39 55	25 51	28 46	21 7	14 21	22 59	15 14	17 16	21 29	1 17	19 47

9/23 Sun in Lib. 17:00   9/1 1st Qt. 17:28   9/9 Full 20:09   9/17 3rd Qt. 3:12   9/23 New 20:34

Day	Sid. T.	Sun	Moon	Merc.	Venus	Mars	Jup.	Saturn	Uranus	Nept.	Pluto	N.Node
1	12:38:15	7Li38 55	7Cp46	0Li35	21Sc53	14Vi59	22Aq55R	15Ar 9R	17Ta14R	21Vi31	1Le17	19Sc44
2	12:42:11	8 37 57	19 37	2 23	22 39	15 37	22 52	15 5	17 12	21 33	1 18	19 40
3	12:46: 8	9 37 1	1Aq31	4 11	23 23	16 15	22 49	15 0	17 10	21 35	1 19	19 37
4	12:50: 4	10 36 6	13 30	5 59	24 7	16 53	22 46	14 55	17 9	21 37	1 20	19 34
5	12:54: 1	11 35 14	25 40	7 46	24 50	17 31	22 43	14 51	17 7	21 39	1 21	19 31
6	12:57:58	12 34 23	8Pi 3	9 33	25 31	18 9	22 40	14 46	17 5	21 41	1 21	19 28
7	13: 1:54	13 33 33	20 41	11 19	26 12	18 47	22 38	14 41	17 3	21 44	1 22	19 25
8	13: 5:51	14 32 46	3Ar35	13 4	26 51	19 25	22 35	14 37	17 1	21 46	1 23	19 21
9	13: 9:47	15 32 1	16 45	14 48	27 30	20 3	22 33	14 32	16 59	21 48	1 23	19 18
10	13:13:44	16 31 18	0Ta10	16 32	28 7	20 41	22 32	14 27	16 57	21 50	1 24	19 15
11	13:17:40	17 30 37	13 47	18 15	28 43	21 19	22 30	14 22	16 55	21 52	1 24	19 12
12	13:21:37	18 29 58	27 35	19 58	29 17	21 56	22 28	14 18	16 53	21 54	1 25	19 9
13	13:25:33	19 29 21	11Ge32	21 39	29 51	22 34	22 27	14 13	16 51	21 56	1 25	19 5
14	13:29:30	20 28 47	25 35	23 20	0Sg23	23 12	22 26	14 8	16 49	21 58	1 26	19 2
15	13:33:27	21 28 15	9Cn43	25 0	0 53	23 50	22 25	14 4	16 46	22 0	1 26	18 59
16	13:37:23	22 27 46	23 53	26 40	1 22	24 28	22 25	13 59	16 44	22 2	1 27	18 56
17	13:41:20	23 27 19	8Le 5	28 19	1 49	25 6	22 24	13 54	16 42	22 4	1 27	18 53
18	13:45:16	24 26 54	22 16	29 57	2 15	25 44	22 24	13 50	16 40	22 6	1 28	18 50
19	13:49:13	25 26 31	6Vi22	1Sc35	2 39	26 22	22 24D	13 45	16 37	22 8	1 28	18 46
20	13:53: 9	26 26 10	20 21	3 12	3 2	27 0	22 24	13 41	16 35	22 10	1 28	18 43
21	13:57: 6	27 25 52	4Li10	4 48	3 22	27 37	22 24	13 36	16 33	22 12	1 29	18 40
22	14: 1: 3	28 25 36	17 46	6 24	3 41	28 15	22 25	13 31	16 31	22 14	1 29	18 37
23	14: 4:59	29 25 22	1Sc 6	7 59	3 58	28 53	22 26	13 27	16 28	22 15	1 29	18 34
24	14: 8:55	0Sc25 9	14 9	9 34	4 13	29 31	22 26	13 23	16 26	22 17	1 30	18 31
25	14:12:52	1 24 59	26 54	11 8	4 26	0Li 9	22 28	13 18	16 24	22 19	1 30	18 27
26	14:16:48	2 24 51	9Sg23	12 41	4 36	0 47	22 29	13 14	16 22	22 21	1 30	18 24
27	14:20:45	3 24 44	21 38	14 14	4 45	1 25	22 30	13 10	16 19	22 23	1 30	18 21
28	14:24:42	4 24 39	3Cp40	15 47	4 51	2 2	22 32	13 5	16 16	22 24	1 30	18 18
29	14:28:38	5 24 36	15 36	17 19	4 55	2 40	22 34	13 1	16 14	22 26	1 30	18 15
30	14:32:35	6 24 35	27 27	18 50	4 56	3 18	22 36	12 57	16 11	22 28	1 31	18 11
31	14:36:31	7 24 35	9Aq21	20 21	4 56R	3 56	22 39	12 53	16 9	22 30	1 31	18 8

10/24 Sun in Sco. 1:54   10/1 1st Qt. 11:45   10/9 Full 9:37   10/16 3rd Qt. 9:24   10/23 New 8:42   10/31 1st Qt. 7:45

NOVEMBER 1938

Day	Sid. T.	Sun	Moon	Merc.	Venus	Mars	Jup.	Saturn	Uranus	Nept.	Pluto	N.Node
1	14:40:28	8Sc24 37	21Aq20	21Sc52	4Sg52R	4Li34	22Aq41	12Ar49R	16Ta 7R	22Vi31	1Le31	18Sc 5
2	14:44:25	9 24 40	3Pi29	23 22	4 47	5 12	22 44	12 45	16 4	22 33	1 31R	18 2
3	14:48:21	10 24 45	15 54	24 52	4 39	5 49	22 47	12 41	16 2	22 35	1 31	17 59
4	14:52:18	11 24 51	28 37	26 21	4 28	6 27	22 50	12 37	15 59	22 36	1 31	17 56
5	14:56:14	12 24 59	11Ar40	27 50	4 15	7 5	22 54	12 33	15 57	22 38	1 31	17 52
6	15: 0:11	13 25 9	25 4	29 18	4 0	7 43	22 57	12 30	15 54	22 39	1 31	17 49
7	15: 4: 7	14 25 20	8Ta49	0Sg45	3 42	8 21	23 1	12 26	15 52	22 41	1 30	17 46
8	15: 8: 4	15 25 34	22 51	2 12	3 22	8 58	23 5	12 22	15 49	22 42	1 30	17 43
9	15:12: 0	16 25 49	7Ge 8	3 39	3 0	9 36	23 9	12 19	15 47	22 44	1 30	17 40
10	15:15:57	17 26 6	21 33	5 5	2 35	10 14	23 13	12 15	15 44	22 45	1 30	17 37
11	15:19:53	18 26 25	6Cn 3	6 30	2 9	10 52	23 18	12 12	15 42	22 47	1 30	17 33
12	15:23:50	19 26 45	20 30	7 55	1 40	11 29	23 23	12 9	15 39	22 48	1 29	17 30
13	15:27:47	20 27 8	4Le53	9 19	1 10	12 7	23 27	12 6	15 37	22 50	1 29	17 27
14	15:31:43	21 27 33	19 5	10 41	0 39	12 45	23 32	12 3	15 34	22 51	1 29	17 24
15	15:35:40	22 27 59	3Vi 7	12 3	0 6	13 23	23 37	12 0	15 32	22 52	1 29	17 21
16	15:39:36	23 28 28	16 56	13 24	29Sc32	14 0	23 43	11 57	15 29	22 54	1 28	17 17
17	15:43:33	24 28 58	0Li32	14 44	28 57	14 38	23 48	11 54	15 27	22 55	1 28	17 14
18	15:47:29	25 29 30	13 54	16 3	28 21	15 16	23 54	11 51	15 25	22 56	1 27	17 11
19	15:51:26	26 30 4	27 3	17 20	27 45	15 54	24 0	11 48	15 22	22 57	1 27	17 8
20	15:55:22	27 30 39	9Sc59	18 35	27 8	16 31	24 6	11 46	15 20	22 59	1 27	17 5
21	15:59:19	28 31 16	22 42	19 49	26 32	17 9	24 12	11 43	15 17	23 0	1 26	17 2
22	16: 3:15	29 31 55	5Sg13	21 0	25 56	17 47	24 19	11 41	15 15	23 1	1 26	16 58
23	16: 7:12	0Sg32	17 32	22 9	25 21	18 25	24 25	11 39	15 12	23 2	1 25	16 55
24	16:11: 9	1 33 17	29 41	23 15	24 46	19 2	24 32	11 36	15 10	23 3	1 24	16 52
25	16:15: 5	2 33 59	11Cp41	24 18	24 12	19 40	24 39	11 34	15 8	23 4	1 24	16 49
26	16:19: 2	3 34 43	23 35	25 17	23 39	20 18	24 46	11 32	15 5	23 5	1 23	16 46
27	16:22:58	4 35 28	5Aq26	26 12	23 8	20 55	24 53	11 30	15 3	23 6	1 23	16 43
28	16:26:55	5 36 14	17 18	27 2	22 39	21 33	25 1	11 29	15 1	23 7	1 22	16 39
29	16:30:51	6 37 1	29 15	27 47	22 11	22 11	25 8	11 27	14 59	23 8	1 21	16 36
30	16:34:48	7 37 49	11Pi21	28 26	21 45	22 48	25 16	11 25	14 56	23 9	1 21	16 33

11/22 Sun in Sag. 23:07   11/7 Full 22:24(E)   11/14 3rd Qt. 16:20   11/22 New 0:05(E)   11/30 1st Qt. 4:00

DECEMBER 1938

Day	Sid. T.	Sun	Moon	Merc.	Venus	Mars	Jup.	Saturn	Uranus	Nept.	Pluto	N.Node
1	16:38:45	8Sg38 37	23Pi42	28Sg59	21Sc22R	23Li26	25Aq24	11Ar24R	14Ta54R	23Vi10	1Le20R	16Sc30
2	16:42:41	9 39 27	6Ar21	29 23	21 0	24 4	25 32	11 22	14 52	23 11	1 19	16 27
3	16:46:38	10 40 18	19 23	29 39	20 41	24 41	25 40	11 21	14 50	23 11	1 19	16 23
4	16:50:34	11 41 9	2Ta50	29 46	20 24	25 19	25 48	11 20	14 48	23 12	1 18	16 20
5	16:54:31	12 42 1	16 43	29 43R	20 10	25 57	25 56	11 19	14 45	23 13	1 17	16 17
6	16:58:28	13 42 55	1Ge 1	29 29	19 57	26 34	26 5	11 18	14 43	23 13	1 16	16 14
7	17: 2:24	14 43 49	15 40	29 4	19 48	27 12	26 14	11 17	14 41	23 14	1 15	16 11
8	17: 6:21	15 44 44	0Cn32	28 28	19 41	27 49	26 23	11 16	14 39	23 15	1 14	16 8
9	17:10:17	16 45 41	15 31	27 40	19 36	28 27	26 32	11 16	14 37	23 15	1 14	16 4
10	17:14:14	17 46 38	0Le26	26 42	19 34	29 4	26 41	11 15	14 35	23 16	1 13	16 1
11	17:18:10	18 47 37	15 11	25 35	19 35D	29 42	26 50	11 15	14 33	23 16	1 12	15 58
12	17:22: 7	19 48 36	29 38	24 20	19 38	0Sc20	26 59	11 14	14 31	23 17	1 11	15 55
13	17:26: 3	20 49 37	13Vi44	23 0	19 43	0 57	27 9	11 14	14 30	23 17	1 10	15 52
14	17:30: 0	21 50 39	27 29	21 37	19 50	1 35	27 18	11 14	14 28	23 18	1 9	15 48
15	17:33:56	22 51 41	10Li53	20 14	20 0	2 12	27 28	11 14D	14 26	23 18	1 8	15 45
16	17:37:53	23 52 45	23 59	18 55	20 12	2 50	27 38	11 14	14 24	23 19	1 7	15 42
17	17:41:49	24 53 50	6Sc48	17 40	20 27	3 27	27 48	11 14	14 22	23 19	1 6	15 39
18	17:45:46	25 54 55	19 23	16 34	20 43	4 5	27 58	11 15	14 21	23 19	1 5	15 36
19	17:49:43	26 56 2	1Sg47	15 36	21 1	4 42	28 8	11 15	14 19	23 19	1 4	15 33
20	17:53:39	27 57 9	14 2	14 49	21 22	5 20	28 19	11 16	14 17	23 20	1 3	15 29
21	17:57:36	28 58 16	26 10	14 13	21 44	5 57	28 29	11 16	14 16	23 20	1 2	15 26
22	18: 1:32	29 59 25	8Cp11	13 47	22 8	6 35	28 40	11 17	14 14	23 20	1 0	15 23
23	18: 5:29	1Cp 0 33	20 7	13 33	22 34	7 12	28 51	11 18	14 13	23 20	0 59	15 20
24	18: 9:25	2 1 42	1Aq59	13 28D	23 2	7 49	29 1	11 19	14 11	23 20	0 58	15 17
25	18:13:22	3 2 51	13 50	13 33	23 31	8 27	29 12	11 20	14 10	23 20	0 57	15 14
26	18:17:19	4 4 0	25 42	13 47	24 2	9 4	29 23	11 21	14 9	23 20R	0 56	15 10
27	18:21:15	5 5 10	7Pi37	14 9	24 34	9 42	29 35	11 23	14 7	23 20	0 55	15 7
28	18:25:12	6 6 19	19 41	14 38	25 8	10 19	29 46	11 24	14 6	23 20	0 54	15 4
29	18:29: 8	7 7 28	1Ar56	15 14	25 44	10 56	29 57	11 26	14 5	23 20	0 52	15 1
30	18:33: 5	8 8 37	14 29	15 55	26 20	11 34	0Pi 9	11 28	14 3	23 20	0 51	14 58
31	18:37: 1	9 9 46	27 22	16 42	26 58	12 11	0 20	11 29	14 2	23 20	0 50	14 54

12/22 Sun in Cap. 12:14   12/7 Full 10:23   12/14 3rd Qt. 1:17   12/21 New 18:07   12/29 1st Qt. 22:54

JANUARY 1939

Day	Sid. T.	Sun	Moon	Merc.	Venus	Mars	Jup.	Saturn	Uranus	Nept.	Pluto	N.Node
1	18:40:58	10Cp10 55	10Ta42	17Sg34	27Sc38	12Sc48	0Pi32	11Ar31	14Ta 1R	23Vi19R	0Le49R	14Sc51
2	18:44:54	11 12 4	24 30	18 29	28 18	13 25	0 43	11 33	14 0	23 19	0 47	14 48
3	18:48:51	12 13 13	8Ge48	19 28	29 0	14 3	0 55	11 35	13 59	23 19	0 46	14 45
4	18:52:48	13 14 21	23 32	20 31	29 42	14 40	1 7	11 37	13 58	23 19	0 45	14 42
5	18:56:44	14 15 29	8Cn37	21 36	0Sg26	15 17	1 19	11 39	13 57	23 18	0 44	14 39
6	19: 0:41	15 16 38	23 55	22 44	1 11	15 54	1 31	11 42	13 57	23 18	0 42	14 35
7	19: 4:37	16 17 46	9Le12	23 55	1 57	16 31	1 43	11 44	13 56	23 18	0 41	14 32
8	19: 8:34	17 18 54	24 19	25 7	2 44	17 9	1 56	11 47	13 55	23 17	0 40	14 29
9	19:12:30	18 20 2	9Vi 7	26 21	3 31	17 46	2 8	11 50	13 54	23 17	0 38	14 26
10	19:16:27	19 21 10	23 28	27 37	4 20	18 23	2 20	11 52	13 54	23 16	0 37	14 23
11	19:20:24	20 22 17	7Li22	28 55	5 9	19 0	2 33	11 55	13 53	23 16	0 36	14 20
12	19:24:20	21 23 25	20 48	0Cp13	6 0	19 37	2 45	11 58	13 53	23 15	0 34	14 16
13	19:28:17	22 24 33	3Sc49	1 33	6 51	20 14	2 58	12 1	13 52	23 14	0 33	14 13
14	19:32:13	23 25 41	16 29	2 55	7 43	20 51	3 11	12 4	13 52	23 14	0 32	14 10
15	19:36: 9	24 26 49	28 54	4 17	8 35	21 28	3 23	12 8	13 51	23 13	0 30	14 7
16	19:40: 6	25 27 56	11Sg 6	5 40	9 28	22 5	3 36	12 11	13 51	23 12	0 29	14 4
17	19:44: 3	26 29 4	23 9	7 4	10 22	22 42	3 49	12 15	13 51	23 12	0 28	14 0
18	19:47:59	27 30 10	5Cp 7	8 29	11 17	23 19	4 2	12 18	13 50	23 11	0 26	13 57
19	19:51:56	28 31 17	17 1	9 55	12 12	23 56	4 15	12 22	13 50	23 10	0 25	13 54
20	19:55:52	29 32 23	28 53	11 22	13 8	24 33	4 28	12 26	13 50	23 9	0 24	13 51
21	19:59:49	0Aq33 28	10Aq45	12 49	14 4	25 10	4 42	12 30	13 50	23 9	0 22	13 48
22	20: 3:45	1 34 32	22 38	14 17	15 1	25 46	4 55	12 34	13 50D	23 8	0 21	13 45
23	20: 7:42	2 35 36	4Pi33	15 46	15 58	26 23	5 8	12 38	13 50	23 7	0 20	13 41
24	20:11:39	3 36 38	16 32	17 16	16 56	27 0	5 22	12 42	13 50	23 6	0 18	13 38
25	20:15:35	4 37 40	28 38	18 46	17 55	27 37	5 35	12 46	13 50	23 5	0 17	13 35
26	20:19:32	5 38 40	10Ar53	20 17	18 54	28 13	5 49	12 50	13 50	23 4	0 16	13 32
27	20:23:28	6 39 40	23 23	21 48	19 53	28 50	6 2	12 55	13 51	23 3	0 14	13 29
28	20:27:25	7 40 38	6Ta11	23 21	20 53	29 27	6 16	12 59	13 51	23 2	0 13	13 26
29	20:31:21	8 41 35	19 21	24 54	21 53	0Sg 3	6 29	13 4	13 51	23 1	0 12	13 22
30	20:35:18	9 42 31	2Ge58	26 27	22 53	0 40	6 43	13 8	13 52	23 0	0 10	13 19
31	20:39:14	10 43 26	17 3	28 1	23 54	1 16	6 57	13 13	13 52	22 59	0 9	13 16

1/20 Sun in Aqu. 22:51   1/5 Full 21:30   1/12 3rd Qt. 13:11   1/20 New 13:27   1/28 1st Qt. 15:00

FEBRUARY 1939

Day	Sid. T.	Sun	Moon	Merc.	Venus	Mars	Jup.	Saturn	Uranus	Nept.	Pluto	N.Node
1	20:43:11	11Aq44 20	1Cn37	29Cp36	24Sg56	1Sg53	7Pi11	13Ar18	13Ta53	22Vi57R	0Le 8R	13Sc13
2	20:47: 8	12 45 12	16 36	1Aq12	25 57	2 29	7 25	13 23	13 53	22 56	0 6	13 10
3	20:51: 4	13 46 3	1Le51	2 48	26 59	3 6	7 38	13 28	13 54	22 55	0 5	13 6
4	20:55: 1	14 46 52	17 14	4 25	28 2	3 42	7 52	13 33	13 54	22 54	0 4	13 3
5	20:58:57	15 47 41	2Vi30	6 3	29 4	4 19	8 6	13 38	13 55	22 53	0 3	13 0
6	21: 2:54	16 48 28	17 31	7 42	0Cp 7	4 55	8 20	13 43	13 56	22 51	0 1	12 57
7	21: 6:50	17 49 14	2Li 6	9 21	1 11	5 31	8 34	13 48	13 57	22 50	0 0	12 54
8	21:10:47	18 50 0	16 12	11 1	2 14	6 8	8 48	13 54	13 58	22 49	29Cn59	12 51
9	21:14:44	19 50 44	29 48	12 42	3 18	6 44	9 2	13 59	13 59	22 47	29 57	12 47
10	21:18:40	20 51 27	12Sc55	14 24	4 22	7 20	9 17	14 4	13 59	22 46	29 56	12 44
11	21:22:37	21 52 9	25 38	16 6	5 27	7 56	9 31	14 10	14 1	22 45	29 55	12 41
12	21:26:33	22 52 51	8Sg 1	17 50	6 31	8 32	9 45	14 16	14 2	22 43	29 54	12 38
13	21:30:30	23 53 31	20 10	19 34	7 36	9 8	9 59	14 21	14 3	22 42	29 53	12 35
14	21:34:26	24 54 10	2Cp 9	21 19	8 41	9 44	10 13	14 27	14 4	22 41	29 51	12 32
15	21:38:23	25 54 47	14 2	23 5	9 47	10 20	10 28	14 33	14 5	22 39	29 50	12 28
16	21:42:19	26 55 24	25 52	24 52	10 52	10 56	10 42	14 39	14 6	22 38	29 49	12 25
17	21:46:16	27 55 59	7Aq43	26 40	11 58	11 32	10 56	14 45	14 8	22 36	29 48	12 22
18	21:50:12	28 56 32	19 37	28 28	13 4	12 8	11 11	14 51	14 9	22 35	29 47	12 19
19	21:54: 9	29 57 4	1Pi34	0Pi18	14 11	12 43	11 25	14 57	14 10	22 33	29 46	12 16
20	21:58: 5	0Pi57 35	13 36	2 8	15 17	13 19	11 39	15 3	14 12	22 32	29 44	12 12
21	22: 2: 2	1 58 3	25 44	3 59	16 24	13 55	11 54	15 9	14 13	22 30	29 43	12 9
22	22: 5:59	2 58 31	7Ar59	5 50	17 31	14 30	12 8	15 16	14 15	22 29	29 42	12 6
23	22: 9:55	3 58 56	20 24	7 43	18 38	15 6	12 23	15 22	14 17	22 27	29 41	12 3
24	22:13:52	4 59 19	3Ta 0	9 36	19 45	15 41	12 37	15 28	14 18	22 26	29 40	12 0
25	22:17:48	5 59 41	15 51	11 29	20 52	16 17	12 52	15 35	14 20	22 24	29 39	11 57
26	22:21:45	7 0 0	29 0	13 23	22 0	16 52	13 6	15 41	14 22	22 22	29 38	11 53
27	22:25:42	8 0 18	12Ge30	15 17	23 7	17 28	13 21	15 48	14 23	22 21	29 37	11 50
28	22:29:38	9 0 33	26 24	17 12	24 15	18 3	13 35	15 54	14 25	22 19	29 36	11 47

2/19 Sun in Pis. 13:10   2/4 Full 7:55   2/11 3rd Qt. 4:12   2/19 New 8:28   2/27 1st Qt. 3:26

MARCH 1939

Day	Sid. T.	Sun	Moon	Merc.	Venus	Mars	Jup.	Saturn	Uranus	Nept.	Pluto	N.Node
1	22:33:35	10Pi 0 47	10Cn41	19Pi 6	25Cp23	18Sg38	13Pi50	16Ar 1	14Ta27	22Vi18R	29Cn35R	11Sc44
2	22:37:31	11 0 58	25 21	21 0	26 31	19 13	14 4	16 7	14 29	22 16	29 34	11 41
3	22:41:28	12 1 8	10Le18	22 53	27 39	19 48	14 19	16 14	14 31	22 14	29 33	11 37
4	22:45:24	13 1 15	25 25	24 45	28 48	20 23	14 33	16 21	14 33	22 13	29 32	11 34
5	22:49:21	14 1 20	10Vi31	26 36	29 56	20 58	14 48	16 28	14 35	22 11	29 31	11 31
6	22:53:17	15 1 24	25 26	28 25	1Aq 5	21 33	15 2	16 34	14 37	22 9	29 30	11 28
7	22:57:14	16 1 25	10Li 3	0Ar12	2 13	22 8	15 17	16 41	14 39	22 8	29 29	11 25
8	23: 1:10	17 1 25	24 14	1 57	3 22	22 43	15 31	16 48	14 42	22 6	29 29	11 22
9	23: 5: 7	18 1 23	7Sc57	3 38	4 31	23 17	15 46	16 55	14 44	22 4	29 28	11 18
10	23: 9: 4	19 1 20	21 12	5 16	5 40	23 52	16 0	17 2	14 46	22 3	29 27	11 15
11	23:13: 0	20 1 15	4Sg 2	6 50	6 49	24 26	16 15	17 9	14 48	22 1	29 26	11 12
12	23:16:57	21 1 8	16 30	8 19	7 58	25 1	16 29	17 16	14 51	21 59	29 25	11 9
13	23:20:53	22 1 0	28 42	9 43	9 8	25 35	16 44	17 23	14 53	21 58	29 25	11 6
14	23:24:50	23 0 50	10Cp42	11 1	10 17	26 9	16 58	17 30	14 55	21 56	29 24	11 3
15	23:28:46	24 0 38	22 35	12 14	11 27	26 43	17 13	17 38	14 58	21 54	29 23	10 59
16	23:32:43	25 0 25	4Aq26	13 19	12 36	27 17	17 27	17 45	15 0	21 53	29 23	10 56
17	23:36:40	26 0 9	16 18	14 18	13 46	27 51	17 41	17 52	15 3	21 51	29 22	10 53
18	23:40:36	26 59 52	28 14	15 10	14 56	28 25	17 56	17 59	15 5	21 49	29 21	10 50
19	23:44:33	27 59 33	10Pi17	15 54	16 6	28 59	18 10	18 7	15 8	21 48	29 21	10 47
20	23:48:29	28 59 12	22 28	16 30	17 16	29 33	18 25	18 14	15 11	21 46	29 20	10 43
21	23:52:25	29 58 49	4Ar49	16 58	18 26	0Cp 6	18 39	18 21	15 13	21 44	29 19	10 40
22	23:56:22	0Ar58 23	17 19	17 19	19 36	0 40	18 53	18 28	15 16	21 43	29 19	10 37
23	0: 0:19	1 57 56	0Ta 1	17 31	20 46	1 13	19 8	18 36	15 19	21 41	29 18	10 34
24	0: 4:15	2 57 27	12 54	17 35	21 56	1 47	19 22	18 43	15 21	21 40	29 18	10 31
25	0: 8:12	3 56 56	26 0	17 32R	23 7	2 20	19 36	18 51	15 24	21 38	29 17	10 28
26	0:12: 8	4 56 22	9Ge20	17 21	24 17	2 53	19 51	18 58	15 27	21 36	29 17	10 24
27	0:16: 5	5 55 46	22 55	17 3	25 28	3 26	20 5	19 6	15 30	21 35	29 17	10 21
28	0:20: 1	6 55 7	6Cn47	16 38	26 38	3 59	20 19	19 13	15 33	21 33	29 16	10 18
29	0:23:58	7 54 27	20 54	16 8	27 49	4 32	20 33	19 21	15 36	21 31	29 16	10 15
30	0:27:55	8 53 44	5Le16	15 32	28 59	5 4	20 47	19 28	15 38	21 30	29 16	10 12
31	0:31:51	9 52 58	19 50	14 52	0Pi10	5 37	21 2	19 36	15 41	21 28	29 15	10 9

3/21 Sun in Ari. 12:29   3/5 Full 18:01   3/12 3rd Qt. 21:38   3/21 New 1:50   3/28 1st Qt. 12:16

APRIL 1939

Day	Sid. T.	Sun	Moon	Merc.	Venus	Mars	Jup.	Saturn	Uranus	Nept.	Pluto	N.Node
1	0:35:48	10Ar52 10	4Vi30	14Ar 8R	1Pi21	6Cp 9	21Pi16	19Ar43	15Ta44	21Vi27R	29Cn15R	10Sc 5
2	0:39:44	11 51 20	19 10	13 21	2 32	6 41	21 30	19 51	15 47	21 25	29 15	10 2
3	0:43:41	12 50 28	3Li44	12 33	3 43	7 13	21 44	19 58.	15 50	21 24	29 14	9 59
4	0:47:37	13 49 33	18 5	11 44	4 54	7 45	21 58	20 6	15 53	21 22	29 14	9 56
5	0:51:34	14 48 37	2Sc 6	10 56	6 4	8 17	22 12	20 13	15 57	21 21	29 14	9 53
6	0:55:31	15 47 39	15 46	10 8	7 15	8 49	22 26	20 21	16 0	21 19	29 14	9 49
7	0:59:27	16 46 38	29 2	9 23	8 27	9 20	22 39	20 28	16 3	21 18	29 14	9 46
8	1: 3:23	17 45 36	11Sg55	8 40	9 38	9 52	22 53	20 36	16 6	21 16	29 14	9 43
9	1: 7:20	18 44 33	24 28	8 1	10 49	10 23	23 7	20 44	16 9	21 15	29 13	9 40
10	1:11:16	19 43 27	6Cp44	7 26	12 0	10 54	23 21	20 51	16 12	21 13	29 13	9 37
11	1:15:13	20 42 20	18 47	6 56	13 11	11 25	23 35	20 59	16 15	21 12	29 13	9 34
12	1:19:10	21 41 11	0Aq43	6 30	14 23	11 56	23 48	21 6	16 19	21 11	29 13D	9 30
13	1:23: 6	22 40 0	12 35	6 9	15 34	12 27	24 2	21 14	16 22	21 9	29 13	9 27
14	1:27: 3	23 38 47	24 29	5 53	16 45	12 57	24 15	21 21	16 25	21 8	29 13	9 24
15	1:30:59	24 37 33	6Pi28	5 43	17 57	13 27	24 29	21 29	16 28	21 7	29 13	9 21
16	1:34:56	25 36 17	18 36	5 38	19 8	13 57	24 42	21 37	16 32	21 5	29 13	9 18
17	1:38:52	26 34 59	0Ar55	5 38D	20 20	14 27	24 56	21 44	16 35	21 4	29 14	9 15
18	1:42:49	27 33 39	13 28	5 43	21 31	14 57	25 9	21 52	16 38	21 3	29 14	9 11
19	1:46:46	28 32 17	26 15	5 53	22 43	15 26	25 23	21 59	16 42	21 1	29 14	9 8
20	1:50:42	29 30 54	9Ta17	6 9	23 54	15 56	25 36	22 7	16 45	21 0	29 14	9 5
21	1:54:39	0Ta29 28	22 34	6 28	25 6	16 25	25 49	22 14	16 48	20 59	29 14	9 2
22	1:58:35	1 28 1	6Ge 4	6 53	26 17	16 54	26 2	22 22	16 52	20 58	29 15	8 59
23	2: 2:32	2 26 31	19 46	7 21	27 29	17 23	26 15	22 30	16 55	20 57	29 15	8 55
24	2: 6:28	3 25 0	3Cn39	7 54	28 41	17 51	26 28	22 37	16 59	20 55	29 15	8 52
25	2:10:25	4 23 26	17 41	8 31	29 53	18 19	26 41	22 45	17 2	20 54	29 15	8 49
26	2:14:21	5 21 50	1Le50	9 12	1Ar 4	18 47	26 54	22 52	17 5	20 53	29 16	8 46
27	2:18:18	6 20 12	16 3	9 56	2 16	19 15	27 7	22 59	17 9	20 52	29 16	8 43
28	2:22:15	7 18 31	0Vi20	10 44	3 28	19 43	27 20	23 7	17 12	20 51	29 17	8 40
29	2:26:11	8 16 49	14 36	11 35	4 40	20 10	27 33	23 14	17 16	20 50	29 17	8 36
30	2:30: 8	9 15 4	28 48	12 30	5 52	20 37	27 45	23 22	17 19	20 49	29 17	8 33

4/20 Sun in Tau. 23:55   4/4 Full 4:18   4/11 3rd Qt. 16:12   4/19 New 16:35(E)   4/26 1st Qt. 18:25

Day	Sid. T.	Sun	Moon	Merc.	Venus	Mars	Jup.	Saturn	Uranus	Nept.	Pluto	N.Node
1	2:34: 4	10Ta13 18	12Li53	13Ar27	7Ar 3	21Cp 4	27Pi58	23Ar29	17Ta23	20Vi48R	29Cn18	8Sc30
2	2:38: 1	11 11 29	26 47	14 28	8 15	21 30	28 10	23 36	17 26	20 47	29 18	8 27
3	2:41:57	12 9 39	10Sc27	15 31	9 27	21 57	28 23	23 44	17 29	20 46	29 19	8 24
4	2:45:54	13 7 47	23 51	16 37	10 39	22 23	28 35	23 51	17 33	20 45	29 19	8 20
5	2:49:51	14 5 54	6Sg58	17 46	11 51	22 48	28 47	23 58	17 36	20 44	29 20	8 17
6	2:53:47	15 3 59	19 46	18 57	13 3	23 14	28 59	24 6	17 40	20 44	29 21	8 14
7	2:57:44	16 2 2	2Cp18	20 11	14 15	23 39	29 12	24 13	17 43	20 43	29 21	8 11
8	3: 1:40	17 0 4	14 35	21 27	15 27	24 4	29 24	24 20	17 47	20 42	29 22	8 8
9	3: 5:37	17 58 5	26 40	22 46	16 39	24 28	29 35	24 27	17 50	20 41	29 23	8 5
10	3: 9:33	18 56 4	8Aq37	24 7	17 51	24 52	29 47	24 35	17 54	20 41	29 23	8 1
11	3:13:30	19 54 2	20 30	25 30	19 3	25 16	29 59	24 42	17 57	20 40	29 24	7 58
12	3:17:26	20 51 58	2Pi21	26 56	20 16	25 39	0Ar11	24 49	18 1	20 39	29 25	7 55
13	3:21:23	21 49 53	14 25	28 24	21 28	26 2	0 22	24 56	18 4	20 39	29 25	7 52
14	3:25:19	22 47 47	26 34	29 53	22 40	26 25	0 34	25 3	18 8	20 38	29 26	7 49
15	3:29:16	23 45 39	8Ar58	1Ta26	23 52	26 48	0 45	25 10	18 11	20 37	29 27	7 46
16	3:33:13	24 43 31	21 39	3 0	25 4	27 10	0 57	25 17	18 15	20 37	29 28	7 42
17	3:37: 9	25 41 21	4Ta40	4 36	26 16	27 31	1 8	25 24	18 18	20 36	29 29	7 39
18	3:41: 6	26 39 9	18 0	6 15	27 29	27 52	1 19	25 31	18 22	20 36	29 30	7 36
19	3:45: 2	27 36 57	1Ge40	7 56	28 41	28 13	1 30	25 37	18 25	20 35	29 30	7 33
20	3:48:59	28 34 43	15 36	9 39	29 53	28 34	1 41	25 44	18 28	20 35	29 31	7 30
21	3:52:55	29 32 28	29 46	11 24	1Ta 6	28 54	1 52	25 51	18 32	20 35	29 32	7 26
22	3:56:52	0Ge30 11	14Cn 5	13 11	2 18	29 13	2 3	25 58	18 35	20 34	29 33	7 23
23	4: 0:49	1 27 52	28 28	15 0	3 30	29 32	2 13	26 4	18 39	20 34	29 34	7 20
24	4: 4:45	2 25 32	12Le50	16 52	4 43	29 51	2 24	26 11	18 42	20 34	29 35	7 17
25	4: 8:42	3 23 11	27 8	18 45	5 55	0Aq 9	2 34	26 18	18 45	20 33	29 36	7 14
26	4:12:38	4 20 48	11Vi18	20 41	7 7	0 27	2 45	26 24	18 49	20 33	29 37	7 11
27	4:16:35	5 18 23	25 19	22 39	8 20	0 44	2 55	26 31	18 52	20 33	29 38	7 7
28	4:20:31	6 15 57	9Li 1	24 38	9 32	1 0	3 5	26 37	18 56	20 33	29 39	7 4
29	4:24:28	7 13 29	22 48	26 40	10 44	1 17	3 15	26 44	18 59	20 33	29 41	7 1
30	4:28:24	8 11 0	6Sc16	28 43	11 57	1 32	3 25	26 50	19 2	20 33	29 42	6 58
31	4:32:21	9 8 30	19 31	0Ge48	13 9	1 48	3 34	26 56	19 6	20 33	29 43	6 55

5/21 Sun in Gem. 23:27   5/3 Full 15:16(E)   5/11 3rd Qt. 10:41   5/19 New 4:25   5/25 1st Qt. 23:21

Day	Sid. T.	Sun	Moon	Merc.	Venus	Mars	Jup.	Saturn	Uranus	Nept.	Pluto	N.Node
1	4:36:17	10Ge 5 59	2Sg34	2Ge55	14Ta22	2Aq 2	3Ar44	27Ar 3	19Ta 9	20Vi33R	29Cn44	6Sc52
2	4:40:14	11 3 27	15 24	5 3	15 34	2 16	3 54	27 9	19 12	20 33D	29 45	6 48
3	4:44:11	12 0 53	28 0	7 13	16 47	2 30	4 3	27 15	19 15	20 33	29 46	6 45
4	4:48: 7	12 58 19	10Cp24	9 23	17 59	2 43	4 12	27 21	19 19	20 33	29 47	6 42
5	4:52: 4	13 55 44	22 37	11 34	19 12	2 55	4 21	27 27	19 22	20 33	29 49	6 39
6	4:56: 0	14 53 9	4Aq40	13 46	20 24	3 7	4 31	27 33	19 25	20 33	29 50	6 36
7	4:59:57	15 50 32	16 36	15 58	21 37	3 18	4 39	27 39	19 28	20 33	29 51	6 32
8	5: 3:53	16 47 55	28 29	18 10	22 50	3 28	4 48	27 45	19 32	20 33	29 52	6 29
9	5: 7:50	17 45 17	10Pi22	20 22	24 2	3 38	4 57	27 51	19 35	20 34	29 54	6 26
10	5:11:46	18 42 39	22 21	22 33	25 15	3 47	5 5	27 56	19 38	20 34	29 55	6 23
11	5:15:43	19 40 0	4Ar30	24 44	26 27	3 56	5 14	28 2	19 41	20 34	29 56	6 20
12	5:19:39	20 37 21	16 54	26 53	27 40	4 3	5 22	28 8	19 44	20 34	29 58	6 17
13	5:23:36	21 34 41	29 37	29 2	28 53	4 10	5 30	28 13	19 47	20 35	29 59	6 13
14	5:27:33	22 32 1	12Ta43	1Cn 8	0Ge 5	4 17	5 38	28 19	19 50	20 35	0Le 0	6 10
15	5:31:29	23 29 20	26 15	3 13	1 18	4 23	5 46	28 24	19 53	20 36	0 2	6 7
16	5:35:26	24 26 39	10Ge11	5 17	2 31	4 28	5 54	28 29	19 56	20 36	0 3	6 4
17	5:39:22	25 23 58	24 29	7 18	3 44	4 32	6 1	28 35	19 59	20 36	0 5	6 1
18	5:43:19	26 21 16	9Cn 5	9 18	4 56	4 35	6 8	28 40	20 2	20 37	0 6	5 58
19	5:47:16	27 18 33	23 51	11 15	6 9	4 38	6 16	28 45	20 5	20 38	0 8	5 54
20	5:51:12	28 15 50	8Le39	13 10	7 22	4 40	6 23	28 50	20 8	20 38	0 9	5 51
21	5:55: 9	29 13 5	23 21	15 3	8 35	4 42	6 30	28 55	20 11	20 39	0 10	5 48
22	5:59: 5	0Cn10 21	7Vi52	16 54	9 48	4 42	6 37	29 0	20 14	20 39	0 12	5 45
23	6: 3: 2	1 7 35	22 7	18 43	11 1	4 42R	6 43	29 5	20 17	20 40	0 13	5 42
24	6: 6:58	2 4 49	6Li 4	20 29	12 14	4 41	6 50	29 10	20 20	20 41	0 15	5 38
25	6:10:55	3 2 2	19 43	22 14	13 26	4 40	6 56	29 14	20 22	20 42	0 16	5 35
26	6:14:52	3 59 15	3Sc 5	23 56	14 39	4 37	7 2	29 19	20 25	20 42	0 18	5 32
27	6:18:48	4 56 27	16 13	25 35	15 52	4 34	7 8	29 24	20 28	20 43	0 19	5 29
28	6:22:45	5 53 38	29 7	27 12	17 5	4 30	7 14	29 28	20 30	20 44	0 21	5 26
29	6:26:41	6 50 50	11Sg50	28 46	18 18	4 26	7 20	29 32	20 33	20 45	0 23	5 23
30	6:30:37	7 48 1	24 22	0Le20	19 31	4 20	7 25	29 37	20 36	20 46	0 24	5 19

6/22 Sun in Can. 7:40   6/2 Full 3:11   6/10 3rd Qt. 4:07   6/17 New 13:37   6/24 1st Qt. 4:36

JULY 1939

Day	Sid. T.	Sun	Moon	Merc.	Venus	Mars	Jup.	Saturn	Uranus	Nept.	Pluto	N.Node
1	6:34:34	8Cn45 12	6Cp44	1Le51	20Ge44	4Aq14R	7Ar31	29Ar41	20Ta38	20Vi47	0Le26	5Sc16
2	6:38:31	9 42 22	18 58	3 19	21 57	4 7	7 36	29 45	20 41	20 48	0 27	5 13
3	6:42:27	10 39 33	1Aq 3	4 45	23 10	4 0	7 41	29 49	20 43	20 49	0 29	5 10
4	6:46:24	11 36 44	13 2	6 8	24 23	3 52	7 46	29 53	20 46	20 50	0 30	5 7
5	6:50:20	12 33 55	24 55	7 29	25 37	3 43	7 50	29 57	20 48	20 51	0 32	5 4
6	6:54:17	13 31 5	6Pi46	8 47	26 50	3 33	7 55	0Ta 1	20 51	20 52	0 34	5 0
7	6:58:13	14 28 17	18 38	10 3	28 3	3 23	7 59	0 5	20 53	20 53	0 35	4 57
8	7: 2:10	15 25 28	0Ar35	11 17	29 16	3 12	8 3	0 8	20 56	20 54	0 37	4 54
9	7: 6: 7	16 22 40	12 42	12 27	0Cn29	3 0	8 7	0 12	20 58	20 55	0 39	4 51
10	7:10: 3	17 19 52	25 3	13 35	1 42	2 48	8 11	0 15	21 0	20 56	0 40	4 48
11	7:14: 0	18 17 5	7Ta44	14 41	2 56	2 35	8 15	0 19	21 2	20 57	0 42	4 44
12	7:17:56	19 14 18	20 50	15 43	4 9	2 22	8 18	0 22	21 5	20 59	0 44	4 41
13	7:21:53	20 11 32	4Ge23	16 43	5 22	2 8	8 22	0 25	21 7	21 0	0 45	4 38
14	7:25:49	21 8 46	18 24	17 39	6 36	1 54	8 25	0 28	21 9	21 1	0 47	4 35
15	7:29:46	22 6 1	2Cn53	18 32	7 49	1 40	8 27	0 32	21 11	21 2	0 48	4 32
16	7:33:42	23 3 17	17 45	19 22	9 2	1 25	8 30	0 34	21 13	21 4	0 50	4 29
17	7:37:39	24 0 32	2Le50	20 9	10 16	1 9	8 33	0 37	21 15	21 5	0 52	4 25
18	7:41:36	24 57 48	17 59	20 52	11 29	0 53	8 35	0 40	21 17	21 7	0 53	4 22
19	7:45:32	25 55 5	3Vi 2	21 31	12 43	0 38	8 37	0 43	21 19	21 8	0 55	4 19
20	7:49:29	26 52 21	17 50	22 7	13 56	0 21	8 39	0 45	21 21	21 9	0 57	4 16
21	7:53:25	27 49 38	2Li17	22 38	15 10	0 5	8 41	0 48	21 23	21 11	0 59	4 13
22	7:57:22	28 46 55	16 19	23 5	16 23	29Cp48	8 42	0 50	21 24	21 12	1 0	4 9
23	8: 1:18	29 44 12	29 58	23 28	17 37	29 32	8 44	0 52	21 26	21 14	1 2	4 6
24	8: 5:15	0Le41 30	13Sc14	23 46	18 50	29 15	8 45	0 54	21 28	21 15	1 4	4 3
25	8: 9:12	1 38 48	26 11	24 0	20 4	28 59	8 46	0 57	21 29	21 17	1 5	4 0
26	8:13: 8	2 36 6	8Sg53	24 9	21 17	28 42	8 47	0 59	21 31	21 19	1 7	3 57
27	8:17: 5	3 33 25	21 21	24 13	22 31	28 26	8 47	1 0	21 33	21 20	1 9	3 54
28	8:21: 1	4 30 44	3Cp39	24 12R	23 45	28 9	8 47	1 2	21 34	21 22	1 10	3 50
29	8:24:58	5 28 4	15 49	24 6	24 58	27 53	8 48	1 4	21 36	21 23	1 12	3 47
30	8:28:54	6 25 25	27 53	23 54	26 12	27 37	8 48R	1 5	21 37	21 25	1 14	3 44
31	8:32:51	7 22 47	9Aq51	23 38	27 26	27 22	8 47	1 7	21 39	21 27	1 15	3 41

7/23 Sun in Leo 18:37 7/1 Full 16:16 7/9 3rd Qt. 19:49 7/16 New 21:03 7/23 1st Qt. 11:34 7/31 Full 6:37

AUGUST 1939

Day	Sid. T.	Sun	Moon	Merc.	Venus	Mars	Jup.	Saturn	Uranus	Nept.	Pluto	N.Node
1	8:36:47	8Le20 9	21Aq45	23Le17R	28Cn39	27Cp 6R	8Ar47R	1Ta 8	21Ta40	21Vi29	1Le17	3Sc38
2	8:40:44	9 17 32	3Pi36	22 50	29 53	26 51	8 46	1 9	21 41	21 30	1 19	3 35
3	8:44:40	10 14 56	15 27	22 20	1Le 7	26 37	8 46	1 11	21 42	21 32	1 20	3 31
4	8:48:37	11 12 21	27 20	21 45	2 21	26 23	8 45	1 12	21 44	21 34	1 22	3 28
5	8:52:33	12 9 48	9Ar18	21 6	3 35	26 9	8 43	1 13	21 45	21 36	1 24	3 25
6	8:56:30	13 7 15	21 24	20 23	4 49	25 56	8 42	1 13	21 46	21 37	1 25	3 22
7	9: 0:27	14 4 44	3Ta44	19 39	6 2	25 43	8 40	1 14	21 47	21 39	1 27	3 19
8	9: 4:23	15 2 14	16 22	18 52	7 16	25 31	8 39	1 15	21 48	21 41	1 29	3 15
9	9: 8:20	15 59 46	29 23	18 4	8 30	25 20	8 37	1 15	21 49	21 43	1 30	3 12
10	9:12:16	16 57 19	12Ge52	17 16	9 44	25 9	8 34	1 16	21 50	21 45	1 32	3 9
11	9:16:13	17 54 53	26 49	16 28	10 58	24 59	8 32	1 16	21 51	21 47	1 33	3 6
12	9:20: 9	18 52 29	11Cn16	15 42	12 12	24 49	8 29	1 16	21 52	21 49	1 35	3 3
13	9:24: 6	19 50 6	26 8	14 58	13 26	24 40	8 27	1 16	21 52	21 51	1 37	3 0
14	9:28: 3	20 47 45	11Le18	14 18	14 40	24 32	8 24	1 16R	21 53	21 53	1 38	2 56
15	9:31:59	21 45 25	26 36	13 42	15 55	24 25	8 20	1 16	21 54	21 55	1 40	2 53
16	9:35:56	22 43 6	11Vi51	13 11	17 9	24 18	8 17	1 16	21 54	21 57	1 42	2 50
17	9:39:52	23 40 48	26 53	12 46	18 23	24 13	8 14	1 16	21 55	21 59	1 43	2 47
18	9:43:49	24 38 31	11Li32	12 27	19 37	24 8	8 10	1 15	21 56	22 1	1 45	2 44
19	9:47:45	25 36 15	25 45	12 14	20 51	24 3	8 6	1 15	21 56	22 3	1 46	2 41
20	9:51:42	26 34 1	9Sc30	12 9	22 5	24 0	8 2	1 14	21 56	22 5	1 48	2 37
21	9:55:38	27 31 47	22 50	12 11D	23 20	23 58	7 58	1 14	21 57	22 7	1 49	2 34
22	9:59:35	28 29 35	5Sg46	12 21	24 34	23 56	7 53	1 13	21 57	22 9	1 51	2 31
23	10: 3:32	29 27 24	18 23	12 38	25 48	23 55D	7 49	1 12	21 57	22 11	1 52	2 28
24	10: 7:28	0Vi25 14	0Cp44	12 54	27 2	23 55	7 44	1 11	21 58	22 13	1 54	2 25
25	10:11:25	1 23 6	12 54	13 37	28 17	23 56	7 39	1 10	21 58	22 15	1 55	2 21
26	10:15:21	2 20 58	24 56	14 18	29 31	23 57	7 34	1 8	21 58	22 17	1 57	2 18
27	10:19:18	3 18 52	6Aq53	15 6	0Vi45	24 0	7 29	1 7	21 58	22 19	1 58	2 15
28	10:23:14	4 16 48	18 46	16 2	2 0	24 3	7 23	1 6	21 58	22 21	2 0	2 12
29	10:27:11	5 14 45	0Pi38	17 4	3 14	24 7	7 18	1 4	21 58R	22 24	2 1	2 9
30	10:31: 8	6 12 43	12 30	18 13	4 28	24 12	7 12	1 2	21 58	22 26	2 3	2 6
31	10:35: 4	7 10 43	24 24	19 28	5 43	24 18	7 6	1 1	21 58	22 28	2 4	2 3

8/24 Sun in Vir. 1:32 8/8 3rd Qt. 9:18 8/15 New 3:54 8/21 1st Qt. 21:21 8/29 Full 22:09

Day	Sid. T.	Sun	Moon	Merc.	Venus	Mars	Jup.	Saturn	Uranus	Nept.	Pluto	N.Node
1	10:39: 1	8Vi 8 45	6Ar22	20Le50	6Vi57	24Cp24	7Ar 0R	0Ta59R	21Ta58R	22Vi30	2Le 6	1Sc59
2	10:42:57	9 6 48	18 25	22 16	8 11	24 32	6 54	0 57	21 58	22 32	2 7	1 56
3	10:46:53	10 4 54	0Ta37	23 47	9 26	24 40	6 48	0 55	21 57	22 34	2 8	1 53
4	10:50:50	11 3 1	13 1	25 23	10 40	24 49	6 41	0 53	21 57	22 37	2 10	1 50
5	10:54:47	12 1 10	25 41	27 3	11 55	24 58	6 35	0 51	21 57	22 39	2 11	1 47
6	10:58:43	12 59 22	8Ge41	28 45	13 9	25 9	6 28	0 48	21 56	22 41	2 12	1 43
7	11: 2:40	13 57 35	22 4	0Vi31	14 24	25 20	6 21	0 46	21 56	22 43	2 14	1 40
8	11: 6:36	14 55 51	5Cn53	2 19	15 38	25 32	6 14	0 43	21 55	22 45	2 15	1 37
9	11:10:33	15 54 8	20 9	4 9	16 53	25 44	6 7	0 41	21 55	22 48	2 16	1 34
10	11:14:30	16 52 28	4Le49	6 0	18 8	25 57	6 0	0 38	21 54	22 50	2 18	1 31
11	11:18:26	17 50 50	19 48	7 53	19 22	26 11	5 53	0 35	21 53	22 52	2 19	1 27
12	11:22:23	18 49 13	4Vi58	9 46	20 37	26 26	5 46	0 32	21 53	22 54	2 20	1 24
13	11:26:19·	19 47 39	20 10	11 40	21 51	26 41	5 38	0 29	21 52	22 56	2 21	1 21
14	11:30:16	20 46 6	5Li13	13 34	23 6	26 57	5 31	0 26	21 51	22 59	2 23	1 18
15	11:34:12	21 44 35	19 57	15 27	24 21	27 14	5 23	0 23	21 50	23 1	2 24	1 15
16	11:38: 9	22 43 6	4Sc18	17 21	25 35	27 31	5 16	0 20	21 49	23 3	2 25	1 12
17	11:42: 6	23 41 38	18 12	19 14	26 50	27 49	5 8	0 17	21 48	23 5	2 26	1 8
18	11:46: 2	24 40 13	1Sg38	21 7	28 5	28 7	5 0	0 13	21 47	23 8	2 27	1 5
19	11:49:58	25 38 50	14 39	22 59	29 19	28 26	4 52	0 10	21 46	23 10	2 28	1 2
20	11:53:55	26 37 26	27 19	24 50	0Li34	28 46	4 44	0 7	21 45	23 12	2 29	0 59
21	11:57:52	27 36 6	9Cp40	26 41	1 49	29 6	4 36	0 3	21 44	23 14	2 31	0 56
22	12: 1:48	28 34 47	21 48	28 30	3 3	29 27	4 29	29Ar59	21 43	23 17	2 32	0 53
23	12: 5:45	29 33 29	3Aq47	0Li19	4 18	29 48	4 21	29 56	21 42	23 19	2 33	0 49
24	12: 9:41	0Li32 14	15 40	2 7	5 33	0Aq10	4 13	29 52	21 40	23 21	2 34	0 46
25	12:13:38	1 31 0	27 32	3 54	6 48	0 32	4 5	29 48	21 39	23 23	2 35	0 43
26	12:17:34	2 29 48	9Pi24	5 40	8 2	0 55	3 57	29 44	21 38	23 25	2 36	0 40
27	12:21:31	3 28 38	21 19	7 25	9 17	1 19	3 49	29 40	21 36	23 28	2 37	0 37
28	12:25:28	4 27 30	3Ar20	9 9	10 32	1 42	3 40	29 36	21 35	23 30	2 38	0 33
29	12:29:24	5 26 23	15 27	10 52	11 47	2 7	3 32	29 32	21 33	23 32	2 38	0 30
30	12:33:20	6 25 19	27 42	12 35	13 1	2 32	3 24	29 28	21 32	23 34	2 39	0 27

9/23 Sun in Lib. 22:50   9/6 3rd Qt. 20:25   9/13 New 11:22   9/20 1st Qt. 10:35   9/28 Full 14:27

Day	Sid. T.	Sun	Moon	Merc.	Venus	Mars	Jup.	Saturn	Uranus	Nept.	Pluto	N.Node
1	12:37:17	7Li24 17	10Ta 7	14Li16	14Li16	2Aq57	3Ar16R	29Ar23R	21Ta30R	23Vi36	2Le40	0Sc24
2	12:41:14	8 23 18	22 44	15 57	15 31	3 23	3 8	29 19	21 29	23 38	2 41	0 21
3	12:45:10	9 22 20	5Ge35	17 37	16 46	3 49	3 0	29 15	21 27	23 41	2 42	0 18
4	12:49: 7	10 21 25	18 41	19 15	18 1	4 15	2 53	29 11	21 25	23 43	2 43	0 14
5	12:53: 3	11 20 32	2Cn 6	20 54	19 15	4 42	2 45	29 6	21 24	23 45	2 43	0 11
6	12:57: 0	12 19 42	15 50	22 31	20 30	5 10	2 37	29 2	21 22	23 47	2 44	0 8
7	13: 0:56	13 18 54	29 54	24 7	21 45	5 38	2 29	28 57	21 20	23 49	2 45	0 5
8	13: 4:53	14 18 8	14Le17	25 43	23 0	6 6	2 21	28 53	21 18	23 51	2 46	0 2
9	13: 8:49	15 17 24	28 55	27 18	24 15	6 34	2 14	28 48	21 17	23 53	2 46	29Li58
10	13:12:46	16 16 43	13Vi44	28 52	25 30	7 3	2 6	28 43	21 15	23 56	2 47	29 55
11	13:16:43	17 16 4	28 36	0Sc26	26 44	7 32	1 59	28 39	21 13	23 58	2 48	29 52
12	13:20:39	18 15 27	13Li24	1 59	27 59	8 2	1 51	28 34	21 11	24 0	2 48	29 49
13	13:24:36	19 14 52	28 1	3 31	29 14	8 32	1 44	28 30	21 9	24 2	2 49	29 46
14	13:28:32	20 14 20	12Sc19	5 2	0Sc29	9 2	1 37	28 25	21 7	24 4	2 49	29 43
15	13:32:29	21 13 49	26 14	6 33	1 44	9 33	1 29	28 20	21 5	24 6	2 50	29 39
16	13:36:25	22 13 20	9Sg45	8 3	2 59	10 4	1 22	28 15	21 3	24 8	2 50	29 36
17	13:40:22	23 12 53	22 52	9 32	4 14	10 35	1 16	28 11	21 1	24 10	2 51	29 33
18	13:44:19	24 12 27	5Cp36	11 1	5 29	11 6	1 9	28 6	20 58	24 12	2 51	29 30
19	13:48:15	25 12 4	18 1	12 29	6 43	11 38	1 2	28 1	20 56	24 14	2 52	29 27
20	13:52:12	26 11 42	0Aq10	13 56	7 58	12 10	0 55	27 56	20 54	24 16	2 52	29 24
21	13:56: 8	27 11 22	12 9	15 23	9 13	12 43	0 49	27 51	20 52	24 18	2 52	29 20
22	14: 0: 5	28 11 3	24 2	16 48	10 28	13 15	0 43	27 47	20 50	24 20	2 53	29 17
23	14: 4: 1	29 10 47	5Pi53	18 13	11 43	13 48	0 37	27 42	20 47	24 22	2 53	29 14
24	14: 7:58	0Sc10 32	17 46	19 37	12 58	14 21	0 31	27 37	20 45	24 24	2 53	29 11
25	14:11:54	1 10 18	29 46	21 1	14 13	14 55	0 25	27 32	20 43	24 25	2 54	29 8
26	14:15:51	2 10 7	11Ar54	22 23	15 27	15 28	0 19	27 28	20 41	24 27	2 54	29 4
27	14:19:47	3 9 57	24 13	23 45	16 42	16 2	0 13	27 23	20 38	24 29	2 54	29 1
28	14:23:44	4 9 50	6Ta44	25 5	17 57	16 36	0 8	27 18	20 36	24 31	2 54	28 58
29	14:27:40	5 9 44	19 28	26 25	19 12	17 11	0 3	27 13	20 33	24 33	2 54	28 55
30	14:31:37	6 9 41	2Ge26	27 43	20 27	17 45	29Pi58	27 9	20 31	24 35	2 55	28 52
31	14:35:34	7 9 39	15 38	29 0	21 42	18 20	29 53	27 4	20 29	24 36	2 55	28 49

10/24 Sun in Sco. 7:46   10/6 3rd Qt. 5:28   10/12 New 20:30(E)   10/20 1st Qt. 3:24   10/28 Full 6:42(E)

NOVEMBER 1939

Day	Sid. T.	Sun	Moon	Merc.	Venus	Mars	Jup.	Saturn	Uranus	Nept.	Pluto	N.Node
1	14:39:30	8Sc 9 40	29Ge 3	0Sg15	22Sc57	18Aq55	29Pi48R	26Ar59R	20Ta26R	24Vi38	2Le55	28Li45
2	14:43:27	9 9 42	12Cn40	1 30	24 12	19 30	29 44	26 55	20 24	24 40	2 55	28 42
3	14:47:23	10 9 47	26 30	2 42	25 26	20 6	29 39	26 50	20 21	24 41	2 55	28 39
4	14:51:20	11 9 54	10Le31	3 52	26 41	20 41	29 35	26 45	20 19	24 43	2 55R	28 36
5	14:55:17	12 10 3	24 41	5 1	27 56	21 17	29 31	26 41	20 16	24 45	2 55	28 33
6	14:59:13	13 10 14	8Vi59	6 7	29 11	21 53	29 27	26 36	20 14	24 46	2 55	28 30
7	15: 3:10	14 10 28	23 22	7 11	0Sg26	22 29	29 24	26 32	20 12	24 48	2 55	28 26
8	15: 7: 6	15 10 43	7Li46	8 12	1 41	23 5	29 20	26 27	20 9	24 50	2 55	28 23
9	15:11: 3	16 11 0	22 8	9 9	2 56	23 42	29 17	26 23	20 7	24 51	2 55	28 20
10	15:14:59	17 11 19	6Sc22	10 3	4 11	24 18	29 14	26 19	20 4	24 53	2 54	28 17
11	15:18:56	18 11 40	20 24	10 53	5 25	24 55	29 11	26 14	20 2	24 54	2 54	28 14
12	15:22:52	19 12 2	4Sg10	11 38	6 40	25 32	29 8	26 10	19 59	24 56	2 54	28 10
13	15:26:49	20 12 27	17 36	12 18	7 55	26 9	29 6	26 6	19 57	24 57	2 54	28 7
14	15:30:45	21 12 52	0Cp42	12 52	9 10	26 46	29 4	26 2	19 54	24 59	2 54	28 4
15	15:34:42	22 13 20	13 28	13 20	10 25	27 23	29 2	25 58	19 52	25 0	2 53	28 1
16	15:38:39	23 13 48	25 55	13 41	11 40	28 1	29 0	25 54	19 49	25 1	2 53	27 58
17	15:42:35	24 14 18	8Aq 6	13 54	12 55	28 38	28 58	25 50	19 47	25 3	2 53	27 55
18	15:46:32	25 14 49	20 6	13 58R	14 10	29 16	28 57	25 46	19 44	25 4	2 52	27 51
19	15:50:28	26 15 22	1Pi58	13 53	15 24	29 54	28 55	25 42	19 42	25 5	2 52	27 48
20	15:54:25	27 15 55	13 49	13 37	16 39	0Pi32	28 54	25 39	19 39	25 7	2 51	27 45
21	15:58:21	28 16 30	25 43	13 12	17 54	1 10	28 54	25 35	19 37	25 8	2 51	27 42
22	16: 2:18	29 17 6	7Ar44	12 36	19 9	1 48	28 53	25 31	19 34	25 9	2 51	27 39
23	16: 6:15	0Sg17 43	19 57	11 49	20 24	2 26	28 53	25 28	19 32	25 10	2 50	27 36
24	16:10:11	1 18 22	2Ta25	10 52	21 39	3 5	28 52	25 24	19 29	25 11	2 50	27 32
25	16:14: 7	2 19 2	15 11	9 46	22 53	3 43	28 52D	25 21	19 27	25 12	2 49	27 29
26	16:18: 4	3 19 43	28 16	8 33	24 8	4 22	28 53	25 18	19 25	25 13	2 48	27 26
27	16:22: 1	4 20 26	11Ge38	7 14	25 23	5 1	28 53	25 15	19 22	25 15	2 48	27 23
28	16:25:57	5 21 9	25 17	5 52	26 38	5 40	28 54	25 12	19 20	25 16	2 47	27 20
29	16:29:54	6 21 55	9Cn10	4 30	27 53	6 18	28 54	25 9	19 17	25 17	2 47	27 16
30	16:33:50	7 22 41	23 12	3 10	29 7	6 57	28 56	25 6	19 15	25 18	2 46	27 13

11/23 Sun in Sag. 4:59   11/4 3rd Qt. 13:12   11/11 New 7:55   11/18 1st Qt. 23:21   11/26 Full 21:55

DECEMBER 1939

Day	Sid. T.	Sun	Moon	Merc.	Venus	Mars	Jup.	Saturn	Uranus	Nept.	Pluto	N.Node
1	16:37:47	8Sg23 29	7Le20	1Sg55R	0Cp22	7Pi37	28Pi57	25Ar 3R	19Ta13R	25Vi18	2Le45R	27Li10
2	16:41:43	9 24 19	21 30	0 48	1 37	8 16	28 58	25 0	19 10	25 19	2 45	27 7
3	16:45:40	10 25 10	5Vi40	29Sc50	2 52	8 55	29 0	24 57	19 8	25 20	2 44	27 4
4	16:49:37	11 26 2	19 48	29 2	4 7	9 34	29 2	24 55	19 6	25 21	2 43	27 1
5	16:53:33	12 26 56	3Li53	28 25	5 21	10 14	29 4	24 53	19 4	25 22	2 42	26 57
6	16:57:30	13 27 51	17 52	28 0	6 36	10 53	29 6	24 50	19 1	25 23	2 42	26 54
7	17: 1:26	14 28 47	1Sc45	27 47	7 51	11 33	29 9	24 48	18 59	25 23	2 41	26 51
8	17: 5:23	15 29 44	15 31	27 44D	9 6	12 12	29 11	24 46	18 57	25 24	2 40	26 48
9	17: 9:20	16 30 43	29 8	27 51	10 20	12 52	29 14	24 44	18 55	25 25	2 39	26 45
10	17:13:16	17 31 43	12Sg33	28 8	11 35	13 32	29 17	24 42	18 53	25 25	2 38	26 42
11	17:17:12	18 32 43	25 44	28 33	12 50	14 12	29 21	24 40	18 51	25 26	2 37	26 38
12	17:21: 9	19 33 45	8Cp40	29 7	14 4	14 51	29 24	24 38	18 49	25 27	2 36	26 35
13	17:25: 5	20 34 47	21 20	29 47	15 19	15 31	29 28	24 37	18 47	25 27	2 36	26 32
14	17:29: 2	21 35 50	3Aq45	0Sg33	16 34	16 11	29 32	24 35	18 45	25 28	2 35	26 29
15	17:32:59	22 36 53	15 55	1 24	17 49	16 51	29 36	24 34	18 43	25 28	2 34	26 26
16	17:36:55	23 37 57	27 54	2 21	19 3	17 31	29 40	24 32	18 41	25 28	2 33	26 22
17	17:40:52	24 39 1	9Pi46	3 21	20 18	18 12	29 45	24 31	18 39	25 29	2 32	26 19
18	17:44:48	25 40 6	21 35	4 25	21 32	18 52	29 49	24 30	18 37	25 29	2 31	26 16
19	17:48:45	26 41 11	3Ar27	5 33	22 47	19 32	29 54	24 29	18 35	25 30	2 30	26 13
20	17:52:41	27 42 16	15 27	6 43	24 2	20 12	29 59	24 28	18 33	25 30	2 29	26 10
21	17:56:38	28 43 21	27 40	7 55	25 16	20 53	0Ar 4	24 27	18 32	25 30	2 27	26 7
22	18: 0:35	29 44 27	10Ta11	9 10	26 31	21 33	0 10	24 27	18 30	25 30	2 26	26 3
23	18: 4:31	0Cp45 33	23 4	10 27	27 45	22 13	0 15	24 26	18 28	25 31	2 25	26 0
24	18: 8:28	1 46 39	6Ge21	11 45	29 0	22 54	0 21	24 26	18 27	25 31	2 24	25 57
25	18:12:24	2 47 46	20 3	13 5	0Aq14	23 34	0 27	24 25	18 25	25 31	2 23	25 54
26	18:16:21	3 48 53	4Cn 6	14 26	1 29	24 15	0 33	24 25	18 23	25 31	2 22	25 51
27	18:20:17	4 50 0	18 27	15 48	2 43	24 55	0 39	24 25	18 22	25 31	2 21	25 47
28	18:24:14	5 51 8	2Le59	17 12	3 58	25 36	0 45	24 25D	18 21	25 31R	2 20	25 44
29	18:28:10	6 52 15	17 35	18 36	5 12	26 16	0 52	24 25	18 19	25 31	2 18	25 41
30	18:32: 7	7 53 24	2Vi 8	20 1	6 26	26 57	0 59	24 25	18 18	25 31	2 17	25 38
31	18:36: 4	8 54 32	16 32	21 27	7 41	27 37	1 6	24 26	18 17	25 31	2 16	25 35

12/22 Sun in Cap. 18:06   12/3 3rd Qt. 20:40   12/10 New 21:46   12/18 1st Qt. 21:04   12/26 Full 11:29

Day	Sid. T.	Sun	Moon	Merc.	Venus	Mars	Jup.	Saturn	Uranus	Nept.	Pluto	N.Node
1	18:40: 0	9Cp55 41	0Li45	22Sg53	8Aq55	28Pi18	1Ar13	24Ar26	18Ta15R	25Vi31R	2Le15R	25Li32
2	18:43:57	10 56 51	14 45	24 21	10 9	28 59	1 20	24 27	18 14	25 31	2 14	25 28
3	18:47:53	11 58 0	28 31	25 48	11 24	29 40	1 27	24 27	18 13	25 30	2 12	25 25
4	18:51:50	12 59 10	12Sc 5	27 17	12 38	0Ar20	1 35	24 28	18 12	25 30	2 11	25 22
5	18:55:46	14 0 21	25 28	28 46	13 52	1 1	1 43	24 29	18 11	25 30	2 10	25 19
6	18:59:43	15 1 31	8Sg40	0Cp15	15 6	1 42	1 51	24 30	18 9	25 30	2 8	25 16
7	19: 3:40	16 2 42	21 41	1 45	16 20	2 23	1 59	24 31	18 8	25 29	2 7	25 13
8	19: 7:36	17 3 53	4Cp32	3 15	17 35	3 3	2 7	24 32	18 7	25 29	2 6	25 9
9	19:11:33	18 5 3	17 11	4 46	18 49	3 44	2 15	24 34	18 7	25 29	2 5	25 6
10	19:15:29	19 6 13	29 38	6 18	20 3	4 25	2 24	24 35	18 6	25 28	2 3	25 3
11	19:19:26	20 7 23	11Aq54	7 49	21 17	5 6	2 32	24 37	18 5	25 28	2 2	25 0
12	19:23:23	21 8 32	23 59	9 22	22 31	5 47	2 41	24 38	18 4	25 27	2 1	24 57
13	19:27:19	22 9 41	5Pi55	10 54	23 45	6 27	2 50	24 40	18 3	25 27	1 59	24 53
14	19:31:15	23 10 50	17 45	12 28	24 59	7 8	2 59	24 42	18 3	25 26	1 58	24 50
15	19:35:12	24 11 57	29 33	14 1	26 13	7 49	3 8	24 44	18 2	25 26	1 57	24 47
16	19:39: 8	25 13 4	11Ar22	15 36	27 26	8 30	3 17	24 46	18 2	25 25	1 55	24 44
17	19:43: 5	26 14 11	23 19	17 10	28 40	9 11	3 27	24 48	18 1	25 24	1 54	24 41
18	19:47: 1	27 15 16	5Ta28	18 45	29 54	9 52	3 36	24 51	18 1	25 24	1 53	24 38
19	19:50:58	28 16 21	17 56	20 21	1Pi 8	10 33	3 46	24 53	18 0	25 23	1 51	24 34
20	19:54:55	29 17 25	0Ge48	21 57	2 21	11 14	3 56	24 55	18 0	25 22	1 50	24 31
21	19:58:51	0Aq18 28	14 6	23 34	3 35	11 55	4 6	24 58	18 0	25 21	1 49	24 28
22	20: 2:48	1 19 30	27 54	25 12	4 48	12 35	4 16	25 1	17 59	25 21	1 47	24 25
23	20: 6:45	2 20 31	12Cn 9	26 50	6 2	13 16	4 26	25 4	17 59	25 20	1 46	24 22
24	20:10:41	3 21 31	26 48	28 28	7 15	13 57	4 36	25 7	17 59	25 19	1 45	24 19
25	20:14:38	4 22 31	11Le43	0Aq 7	8 29	14 38	4 47	25 10	17 59	25 18	1 43	24 15
26	20:18:34	5 23 30	26 45	1 47	9 42	15 19	4 57	25 13	17 59	25 17	1 42	24 12
27	20:22:31	6 24 28	11Vi43	3 27	10 55	16 0	5 8	25 16	17 59D	25 16	1 41	24 9
28	20:26:27	7 25 25	26 31	5 9	12 8	16 41	5 19	25 19	17 59	25 15	1 39	24 6
29	20:30:24	8 26 21	11Li 1	6 50	13 22	17 22	5 30	25 23	17 59	25 14	1 38	24 3
30	20:34:20	9 27 17	25 11	8 33	14 35	18 3	5 41	25 26	17 59	25 13	1 37	23 59
31	20:38:17	10 28 12	9Sc 0	10 16	15 48	18 43	5 52	25 30	17 59	25 12	1 35	23 56

1/21 Sun in Aqu. 4:45   1/2 3rd Qt. 4:56   1/9 New 13:53   1/17 1st Qt. 18:21   1/24 Full 23:22   1/31 3rd Qt. 14:48

Day	Sid. T.	Sun	Moon	Merc.	Venus	Mars	Jup.	Saturn	Uranus	Nept.	Pluto	N.Node
1	20:42:13	11Aq29 7	22Sc29	12Aq 0	17Pi 1	19Ar24	6Ar 3	25Ar33	18Ta 0	25Vi11R	1Le34R	23Li53
2	20:46:10	12 30 1	5Sg41	13 44	18 13	20 5	6 14	25 37	18 0	25 10	1 33	23 50
3	20:50: 7	13 30 54	18 37	15 29	19 26	20 46	6 25	25 41	18 0	25 9	1 31	23 47
4	20:54: 3	14 31 46	1Cp20	17 15	20 39	21 27	6 37	25 45	18 1	25 8	1 30	23 44
5	20:58: 0	15 32 37	13 52	19 2	21 52	22 8	6 49	25 49	18 1	25 6	1 29	23 40
6	21: 1:56	16 33 28	26 14	20 49	23 4	22 48	7 0	25 53	18 2	25 5	1 27	23 37
7	21: 5:53	17 34 17	8Aq27	22 36	24 17	23 29	7 12	25 57	18 2	25 4	1 26	23 34
8	21: 9:50	18 35 5	20 32	24 24	25 29	24 10	7 24	26 2	18 3	25 3	1 25	23 31
9	21:13:46	19 35 51	2Pi30	26 13	26 42	24 51	7 36	26 6	18 4	25 2	1 23	23 28
10	21:17:43	20 36 36	14 22	28 2	27 54	25 32	7 48	26 11	18 4	25 0	1 22	23 25
11	21:21:39	21 37 20	26 10	29 51	29 6	26 13	8 0	26 15	18 5	24 59	1 21	23 21
12	21:25:36	22 38 2	7Ar57	1Pi40	0Ar18	26 53	8 12	26 20	18 6	24 58	1 20	23 18
13	21:29:32	23 38 43	19 46	3 29	1 31	27 34	8 24	26 25	18 7	24 56	1 18	23 15
14	21:33:29	24 39 22	1Ta42	5 18	2 42	28 15	8 37	26 30	18 8	24 55	1 17	23 12
15	21:37:25	25 39 59	13 50	7 6	3 54	28 56	8 49	26 34	18 9	24 53	1 16	23 9
16	21:41:21	26 40 35	26 14	8 54	5 6	29 36	9 2	26 39	18 10	24 52	1 15	23 5
17	21:45:18	27 41 9	9Ge 0	10 41	6 18	0Ta17	9 14	26 45	18 11	24 51	1 14	23 2
18	21:49:15	28 41 41	22 12	12 26	7 29	0 58	9 27	26 50	18 12	24 49	1 12	22 59
19	21:53:11	29 42 11	5Cn54	14 9	8 41	1 38	9 40	26 55	18 13	24 48	1 11	22 56
20	21:57: 8	0Pi42 40	20 5	15 50	9 52	2 19	9 53	27 0	18 15	24 46	1 10	22 53
21	22: 1: 4	1 43 6	4Le44	17 28	11 3	3 0	10 5	27 6	18 16	24 45	1 9	22 50
22	22: 5: 1	2 43 31	19 45	19 3	12 15	3 40	10 18	27 11	18 17	24 43	1 8	22 46
23	22: 8:57	3 43 54	4Vi58	20 34	13 26	4 21	10 31	27 16	18 19	24 42	1 7	22 43
24	22:12:54	4 44 16	20 13	22 1	14 37	5 1	10 44	27 22	18 20	24 40	1 6	22 40
25	22:16:51	5 44 36	5Li20	23 23	15 47	5 42	10 58	27 28	18 22	24 39	1 4	22 37
26	22:20:47	6 44 54	20 11	24 39	16 58	6 22	11 11	27 33	18 23	24 37	1 3	22 34
27	22:24:44	7 45 11	4Sc38	25 48	18 9	7 3	11 24	27 39	18 25	24 36	1 2	22 31
28	22:28:40	8 45 26	18 41	26 51	19 19	7 44	11 37	27 45	18 27	24 34	1 1	22 27
29	22:32:37	9 45 41	2Sg17	27 46	20 29	8 24	11 51	27 51	18 28	24 32	1 0	22 24

2/19 Sun in Pis. 19:04   2/8 New 7:45   2/16 1st Qt. 12:56   2/23 Full 9:56

MARCH 1940

Day	Sid. T.	Sun	Moon	Merc.	Venus	Mars	Jup.	Saturn	Uranus	Nept.	Pluto	N.Node
1	22:36:34	10Pi45 53	15Sg31	28Pi32	21Ar40	9Ta 4	12Ar 4	27Ar57	18Ta30	24Vi31R	0Le59R	22Li21
2	22:40:30	11 46 4	28 23	29 11	22 50	9 45	12 18	28 3	18 32	24 29	0 58	22 18
3	22:44:26	12 46 14	10Cp59	29 41	24 0	10 25	12 31	28 9	18 34	24 28	0 57	22 15
4	22:48:23	13 46 22	23 20	0Ar 1	25 9	11 6	12 45	28 15	18 35	24 26	0 56	22 11
5	22:52:20	14 46 28	5Aq30	0 13	26 19	11 46	12 58	28 21	18 37	24 24	0 55	22 8
6	22:56:16	15 46 33	17 31	0 15R	27 29	12 27	13 12	28 28	18 39	24 23	0 55	22 5
7	23: 0:13	16 46 35	29 27	0 8	28 38	13 7	13 26	28 34	18 41	24 21	0 54	22 2
8	23: 4: 9	17 46 36	11Pi18	29Pi52	29 47	13 47	13 40	28 40	18 43	24 19	0 53	21 59
9	23: 8: 6	18 46 35	23 7	29 28	0Ta56	14 28	13 53	28 47	18 45	24 18	0 52	21 56
10	23:12: 2	19 46 32	4Ar55	28 56	2 5	15 8	14 7	28 53	18 47	24 16	0 51	21 52
11	23:15:59	20 46 28	16 44	28 18	3 14	15 48	14 21	29 0	18 50	24 14	0 50	21 49
12	23:19:56	21 46 21	28 38	27 33	4 23	16 28	14 35	29 6	18 52	24 13	0 50	21 46
13	23:23:52	22 46 12	10Ta39	26 44	5 31	17 9	14 49	29 13	18 54	24 11	0 49	21 43
14	23:27:49	23 46 1	22 51	25 51	6 39	17 49	15 3	29 20	18 56	24 9	0 48	21 40
15	23:31:45	24 45 47	5Ge17	24 55	7 47	18 29	15 17	29 27	18 59	24 8	0 47	21 36
16	23:35:42	25 45 32	18 1	23 59	8 55	19 9	15 31	29 33	19 1	24 6	0 47	21 33
17	23:39:38	26 45 14	1Cn 8	23 2	10 3	19 49	15 45	29 40	19 3	24 4	0 46	21 30
18	23:43:35	27 44 54	14 40	22 7	11 10	20 30	15 59	29 47	19 6	24 3	0 45	21 27
19	23:47:32	28 44 32	28 40	21 14	12 18	21 10	16 14	29 54	19 8	24 1	0 45	21 24
20	23:51:28	29 44 7	13Le 6	20 25	13 25	21 50	16 28	0Ta 1	19 11	23 59	0 44	21 21
21	23:55:24	0Ar43 40	27 55	19 39	14 32	22 30	16 42	0 8	19 13	23 58	0 43	21 17
22	23:59:21	1 43 11	13Vi 0	18 58	15 39	23 10	16 56	0 15	19 16	23 56	0 43	21 14
23	0: 3:18	2 42 39	28 14	18 23	16 45	23 50	17 10	0 22	19 19	23 54	0 42	21 11
24	0: 7:14	3 42 6	13Li25	17 53	17 51	24 30	17 25	0 29	19 21	23 53	0 42	21 8
25	0:11:11	4 41 30	28 25	17 29	18 57	25 10	17 39	0 36	19 24	23 51	0 41	21 5
26	0:15: 7	5 40 53	13Sc 6	17 10	20 3	25 50	17 53	0 43	19 27	23 50	0 41	21 2
27	0:19: 4	6 40 14	27 22	16 58	21 8	26 30	18 8	0 51	19 29	23 48	0 40	20 58
28	0:23: 0	7 39 33	11Sg11	16 51	22 14	27 9	18 22	0 58	19 32	23 46	0 40	20 55
29	0:26:57	8 38 50	24 33	16 51D	23 19	27 49	18 36	1 5	19 35	23 45	0 40	20 52
30	0:30:54	9 38 6	7Cp31	16 56	24 24	28 29	18 51	1 12	19 38	23 43	0 39	20 49
31	0:34:50	10 37 20	20 7	17 6	25 28	29 9	19 5	1 20	19 41	23 42	0 39	20 46

3/20 Sun in Ari. 18:24   3/1 3rd Qt. 2:36   3/9 New 2:23   3/17 1st Qt. 3:25   3/23 Full 19:34   3/30 3rd Qt. 16:20

APRIL 1940

Day	Sid. T.	Sun	Moon	Merc.	Venus	Mars	Jup.	Saturn	Uranus	Nept.	Pluto	N.Node
1	0:38:47	11Ar36 32	2Aq26	17Pi21	26Ta32	29Ta49	19Ar20	1Ta27	19Ta43	23Vi40R	0Le39R	20Li42
2	0:42:43	12 35 42	14 31	17 42	27 36	0Ge29	19 34	1 34	19 46	23 38	0 38	20 39
3	0:46:40	13 34 51	26 27	18 7	28 40	1 8	19 49	1 42	19 49	23 37	0 38	20 36
4	0:50:37	14 33 57	8Pi17	18 37	29 44	1 48	20 3	1 49	19 52	23 35	0 38	20 33
5	0:54:33	15 33 2	20 5	19 11	0Ge47	2 28	20 18	1 57	19 55	23 34	0 38	20 30
6	0:58:29	16 32 4	1Ar53	19 49	1 50	3 7	20 32	2 4	19 58	23 32	0 37	20 27
7	1: 2:26	17 31 5	13 44	20 30	2 52	3 47	20 47	2 12	20 1	23 31	0 37	20 23
8	1: 6:22	18 30 4	25 40	21 16	3 54	4 27	21 1	2 19	20 4	23 29	0 37	20 20
9	1:10:19	19 29 0	7Ta44	22 5	4 56	5 6	21 15	2 27	20 8	23 28	0 37	20 17
10	1:14:16	20 27 55	19 56	22 57	5 58	5 46	21 30	2 34	20 11	23 26	0 37	20 14
11	1:18:12	21 26 47	2Ge19	23 52	6 59	6 26	21 44	2 42	20 14	23 25	0 37	20 11
12	1:22: 9	22 25 38	14 56	24 50	7 59	7 5	21 59	2 49	20 17	23 24	0 37	20 8
13	1:26: 5	23 24 26	27 47	25 51	9 0	7 45	22 13	2 57	20 20	23 22	0 37D	20 4
14	1:30: 2	24 23 12	10Cn57	26 55	10 0	8 24	22 28	3 4	20 23	23 21	0 37	20 1
15	1:33:58	25 21 55	24 26	28 1	10 59	9 4	22 42	3 12	20 27	23 19	0 37	19 58
16	1:37:55	26 20 37	8Le16	29 10	11 58	9 43	22 57	3 20	20 30	23 18	0 37	19 55
17	1:41:52	27 19 16	22 26	0Ar21	12 57	10 22	23 11	3 27	20 33	23 17	0 37	19 52
18	1:45:48	28 17 52	6Vi56	1 35	13 55	11 2	23 26	3 35	20 36	23 15	0 37	19 48
19	1:49:45	29 16 27	21 41	2 50	14 53	11 41	23 40	3 43	20 40	23 14	0 37	19 45
20	1:53:41	0Ta14 59	6Li37	4 8	15 50	12 21	23 55	3 50	20 43	23 13	0 38	19 42
21	1:57:38	1 13 30	21 35	5 28	16 47	13 0	24 9	3 58	20 46	23 12	0 38	19 39
22	2: 1:34	2 11 58	6Sc28	6 50	17 43	13 39	24 23	4 5	20 50	23 10	0 38	19 36
23	2: 5:31	3 10 25	21 7	8 14	18 39	14 19	24 38	4 13	20 53	23 9	0 39	19 33
24	2: 9:27	4 8 50	5Sg27	9 40	19 34	14 58	24 52	4 21	20 56	23 8	0 39	19 29
25	2:13:24	5 7 13	19 23	11 8	20 29	15 37	25 7	4 28	21 0	23 7	0 39	19 26
26	2:17:20	6 5 34	2Cp52	12 38	21 23	16 16	25 21	4 36	21 3	23 6	0 39	19 23
27	2:21:17	7 3 54	15 56	14 9	22 17	16 56	25 35	4 44	21 6	23 5	0 40	19 20
28	2:25:13	8 2 13	28 37	15 43	23 9	17 35	25 50	4 51	21 10	23 4	0 40	19 17
29	2:29:10	9 0 30	10Aq58	17 18	24 2	18 14	26 4	4 59	21 13	23 2	0 40	19 14
30	2:33: 7	9 58 45	23 4	18 55	24 53	18 53	26 18	5 7	21 17	23 1	0 41	19 10

4/20 Sun in Tau. 5:51   4/7 New 20:19(E)   4/15 1st Qt. 13:46   4/22 Full 4:37   4/29 3rd Qt. 7:49

Day	Sid. T.	Sun	Moon	Merc.	Venus	Mars	Jup.	Saturn	Uranus	Nept.	Pluto	N.Node
1	2:37: 3	10Ta56 59	4Pi59	20Ar34	25Ge44	19Ge32	26Ar32	5Ta14	21Ta20	23Vi 0R	0Le41	19Li 7
2	2:41: 0	11 55 11	16 48	22 15	26 34	20 11	26 47	5 22	21 24	22 59	0 42	19 4
3	2:44:56	12 53 22	28 35	23 58	27 23	20 50	27 1	5 29	21 27	22 59	0 42	19 1
4	2:48:53	13 51 31	10Ar26	25 43	28 12	21 29	27 15	5 37	21 30	22 58	0 43	18 58
5	2:52:49	14 49 39	22 22	27 29	29 0	22 8	27 29	5 45	21 34	22 57	0 43	18 54
6	2:56:46	15 47 45	4Ta27	29 47	29 47	22 47	27 43	5 52	21 37	22 56	0 44	18 51
7	3: 0:43	16 45 49	16 43	1Ta 8	0Cn33	23 26	27 57	6 0	21 41	22 55	0 44	18 48
8	3: 4:39	17 43 52	29 11	3 0	1 18	24 5	28 11	6 7	21 44	22 54	0 45	18 45
9	3: 8:35	18 41 54	11Ge52	4 54	2 2	24 44	28 25	6 15	21 48	22 53	0 46	18 42
10	3:12:32	19 39 53	24 47	6 50	2 46	25 23	28 39	6 23	21 51	22 53	0 46	18 39
11	3:16:28	20 37 51	7Cn56	8 48	3 28	26 2	28 53	6 30	21 55	22 52	0 47	18 35
12	3:20:25	21 35 47	21 19	10 47	4 9	26 41	29 7	6 38	21 58	22 51	0 48	18 32
13	3:24:22	22 33 42	4Le55	12 48	4 49	27 20	29 21	6 45	22 2	22 51	0 49	18 29
14	3:28:18	23 31 34	18 44	14 51	5 28	27 59	29 35	6 53	22 5	22 50	0 49	18 26
15	3:32:15	24 29 25	2Vi46	16 56	6 6	28 38	29 49	7 0	22 9	22 49	0 50	18 23
16	3:36:11	25 27 13	17 0	19 2	6 43	29 17	0Ta 2	7 7	22 12	22 49	0 51	18 20
17	3:40: 8	26 25 1	1Li24	21 9	7 18	29 55	0 16	7 15	22 16	22 48	0 52	18 16
18	3:44: 5	27 22 46	15 55	23 18	7 52	0Cn34	0 30	7 22	22 19	22 48	0 53	18 13
19	3:48: 1	28 20 30	0Sc29	25 27	8 25	1 13	0 43	7 30	22 23	22 47	0 54	18 10
20	3:51:58	29 18 12	15 1	27 38	8 56	1 52	0 57	7 37	22 26	22 47	0 55	18 7
21	3:55:54	0Ge15 53	29 24	29 49	9 26	2 30	1 10	7 44	22 30	22 46	0 55	18 4
22	3:59:51	1 13 33	13Sg34	2Ge 1	9 54	3 9	1 24	7 51	22 33	22 46	0 56	18 0
23	4: 3:47	2 11 11	27 24	4 12	10 21	3 48	1 37	7 59	22 37	22 45	0 57	17 57
24	4: 7:44	3 8 49	10Cp53	6 24	10 46	4 26	1 51	8 6	22 40	22 45	0 58	17 54
25	4:11:40	4 6 25	23 58	8 35	11 9	5 5	2 4	8 13	22 43	22 45	0 59	17 51
26	4:15:37	5 4 0	6Aq41	10 46	11 31	5 44	2 17	8 20	22 47	22 45	1 0	17 48
27	4:19:33	6 1 35	19 3	12 55	11 51	6 22	2 30	8 27	22 50	22 44	1 1	17 45
28	4:23:30	6 59 8	1Pi11	15 3	12 9	7 1	2 43	8 34	22 54	22 44	1 3	17 41
29	4:27:27	7 56 41	13 6	17 10	12 25	7 40	2 57	8 41	22 57	22 44	1 4	17 38
30	4:31:23	8 54 12	24 56	19 15	12 39	8 18	3 10	8 48	23 0	22 44	1 5	17 35
31	4:35:20	9 51 43	6Ar45	21 19	12 51	8 57	3 23	8 55	23 4	22 44	1 6	17 32

5/21 Sun in Gem. 5:23 5/7 New 12:07 5/14 1st Qt. 20:51 5/21 Full 13:33 5/29 3rd Qt. 0:41

Day	Sid. T.	Sun	Moon	Merc.	Venus	Mars	Jup.	Saturn	Uranus	Nept.	Pluto	N.Node
1	4:39:16	10Ge49 13	18Ar37	23Ge20	13Cn 1	9Cn35	3Ta35	9Ta 2	23Ta 7	22Vi44R	1Le 7	17Li29
2	4:43:13	11 46 42	0Ta38	25 19	13 8	10 14	3 48	9 9	23 11	22 44	1 8	17 25
3	4:47: 9	12 44 10	12 52	27 16	13 14	10 52	4 1	9 16	23 14	22 44D	1 9	17 22
4	4:51: 6	13 41 38	25 21	29 11	13 17	11 31	4 14	9 23	23 17	22 44	1 11	17 19
5	4:55: 3	14 39 5	8Ge 6	1Cn 3	13 18R	12 9	4 26	9 30	23 21	22 44	1 12	17 16
6	4:58:59	15 36 31	21 8	2 52	13 17	12 48	4 39	9 36	23 24	22 44	1 13	17 13
7	5: 2:56	16 33 56	4Cn27	4 40	13 13	13 26	4 52	9 43	23 27	22 44	1 14	17 10
8	5: 6:52	17 31 20	17 59	6 24	13 7	14 5	5 4	9 50	23 30	22 44	1 16	17 6
9	5:10:49	18 28 43	1Le43	8 6	12 59	14 43	5 16	9 56	23 34	22 44	1 17	17 3
10	5:14:45	19 26 5	15 36	9 45	12 48	15 22	5 29	10 3	23 37	22 44	1 18	17 0
11	5:18:42	20 23 26	29 36	11 22	12 34	16 0	5 41	10 9	23 40	22 45	1 19	16 57
12	5:22:38	21 20 47	13Vi40	12 56	12 18	16 39	5 53	10 16	23 43	22 45	1 22	16 54
13	5:26:35	22 18 6	27 48	14 28	12 0	17 17	6 5	10 22	23 46	22 45	1 23	16 51
14	5:30:31	23 15 24	11Li58	15 56	11 40	17 55	6 17	10 29	23 50	22 45	1 24	16 47
15	5:34:28	24 12 41	26 9	17 22	11 17	18 34	6 29	10 35	23 53	22 46	1 25	16 44
16	5:38:25	25 9 57	10Sc18	18 45	10 52	19 12	6 41	10 41	23 56	22 46	1 26	16 41
17	5:42:21	26 7 13	24 24	20 6	10 26	19 50	6 53	10 47	23 59	22 47	1 28	16 38
18	5:46:18	27 4 28	8Sg24	21 23	9 57	20 29	7 4	10 53	24 2	22 47	1 29	16 35
19	5:50:14	28 1 42	22 12	22 38	9 26	21 7	7 16	10 59	24 5	22 48	1 31	16 31
20	5:54:11	28 58 56	5Cp46	23 50	8 54	21 45	7 27	11 5	24 8	22 48	1 32	16 28
21	5:58: 8	29 56 9	19 3	24 58	8 21	22 24	7 39	11 11	24 11	22 49	1 34	16 25
22	6: 2: 4	0Cn53 22	2Aq 0	26 4	7 46	23 2	7 50	11 17	24 14	22 49	1 35	16 22
23	6: 6: 1	1 50 35	14 39	27 7	7 10	23 40	8 1	11 23	24 17	22 50	1 37	16 19
24	6: 9:57	2 47 48	27 0	28 6	6 33	24 18	8 12	11 29	24 20	22 51	1 38	16 16
25	6:13:54	3 45 0	9Pi 6	29 2	5 56	24 57	8 23	11 35	24 23	22 51	1 40	16 12
26	6:17:51	4 42 13	21 1	29 55	5 19	25 35	8 34	11 40	24 26	22 52	1 41	16 9
27	6:21:47	5 39 25	2Ar51	0Le44	4 41	26 13	8 45	11 46	24 28	22 53	1 43	16 6
28	6:25:43	6 36 37	14 40	1 29	4 4	26 51	8 56	11 51	24 31	22 54	1 44	16 3
29	6:29:40	7 33 50	26 34	2 11	3 27	27 29	9 7	11 57	24 34	22 54	1 46	16 0
30	6:33:37	8 31 3	8Ta38	2 49	2 50	28 8	9 17	12 2	24 37	22 55	1 47	15 57

6/21 Sun in Can. 13:37 6/6 New 1:05 6/13 1st Qt. 2:00 6/19 Full 23:02 6/27 3rd Qt. 18:13

JULY 1940

Day	Sid. T.	Sun	Moon	Merc.	Venus	Mars	Jup.	Saturn	Uranus	Nept.	Pluto	N.Node
1	6:37:33	9Cn28 16	20Ta57	3Le23	2Cn15R	28Cn46	9Ta27	12Ta 7	24Ta39	22Vi56	1Le49	15Li53
2	6:41:30	10 25 29	3Ge35	3 52	1 40	29 24	9 38	12 13	24 42	22 57	1 50	15 50
3	6:45:26	11 22 42	16 34	4 18	1 7	0Le 2	9 48	12 18	24 45	22 58	1 52	15 47
4	6:49:23	12 19 55	29 54	4 39	0 35	0 40	9 58	12 23	24 47	22 59	1 54	15 44
5	6:53:19	13 17 8	13Cn34	4 56	0 5	1 19	10 8	12 28	24 50	23 0	1 55	15 41
6	6:57:16	14 14 22	27 32	5 8	29Ge37	1 57	10 18	12 33	24 52	23 1	1 57	15 37
7	7: 1:13	15 11 35	11Le42	5 16	29 10	2 35	10 28	12 38	24 55	23 2	1 59	15 34
8	7: 5: 9	16 8 48	25 59	5 18	28 46	3 13	10 37	12 42	24 57	23 3	2 0	15 31
9	7: 9: 6	17 6 1	10Vi18	5 17R	28 24	3 51	10 47	12 47	25 0	23 4	2 2	15 28
10	7:13: 2	18 3 14	24 36	5 10	28 4	4 29	10 56	12 52	25 2	23 5	2 3	15 25
11	7:16:59	19 0 27	8Li48	4 59	27 46	5 8	11 6	12 56	25 5	23 7	2 5	15 22
12	7:20:55	19 57 40	22 55	4 43	27 30	5 46	11 15	13 1	25 7	23 8	2 7	15 18
13	7:24:52	20 54 53	6Sc55	4 22	27 17	6 24	11 24	13 5	25 9	23 9	2 8	15 15
14	7:28:48	21 52 6	20 47	3 58	27 7	7 2	11 33	13 10	25 12	23 10	2 10	15 12
15	7:32:45	22 49 19	4Sg31	3 29	26 58	7 40	11 42	13 14	25 14	23 11	2 12	15 9
16	7:36:41	23 46 32	18 6	2 57	26 52	8 18	11 50	13 18	25 16	23 13	2 13	15 6
17	7:40:38	24 43 46	1Cp30	2 22	26 49	8 56	11 59	13 22	25 18	23 14	2 15	15 3
18	7:44:35	25 41 0	14 42	1 44	26 47	9 34	12 7	13 26	25 20	23 15	2 17	14 59
19	7:48:31	26 38 14	27 40	1 5	26 48D	10 13	12 15	13 30	25 22	23 17	2 18	14 56
20	7:52:28	27 35 28	10Aq23	0 24	26 52	10 51	12 24	13 34	25 24	23 18	2 20	14 53
21	7:56:24	28 32 44	22 51	29Cn42	26 57	11 29	12 32	13 37	25 26	23 20	2 22	14 50
22	8: 0:21	29 29 59	5Pi 5	29 0	27 5	12 7	12 39	13 41	25 28	23 21	2 24	14 47
23	8: 4:17	0Le27 16	17 7	28 19	27 15	12 45	12 47	13 45	25 30	23 23	2 25	14 43
24	8: 8:14	1 24 33	29 0	27 40	27 27	13 23	12 55	13 48	25 32	23 24	2 27	14 40
25	8:12:11	2 21 51	10Ar48	27 3	27 41	14 1	13 2	13 51	25 34	23 26	2 29	14 37
26	8:16: 7	3 19 11	22 37	26 29	27 57	14 39	13 9	13 55	25 36	23 27	2 30	14 34
27	8:20: 4	4 16 31	4Ta31	25 58	28 15	15 17	13 16	13 58	25 37	23 29	2 32	14 31
28	8:24: 0	5 13 52	16 35	25 32	28 35	15 55	13 23	14 1	25 39	23 30	2 34	14 28
29	8:27:57	6 11 14	28 55	25 11	28 56	16 33	13 30	14 4	25 41	23 32	2 35	14 24
30	8:31:53	7 8 37	11Ge36	24 54	29 19	17 11	13 37	14 7	25 42	23 34	2 37	14 21
31	8:35:50	8 6 2	24 41	24 43	29 44	17 50	13 43	14 10	25 44	23 35	2 39	14 18

7/23 Sun in Leo 0:35   7/5 New 11:28   7/12 1st Qt. 6:35   7/19 Full 9:56   7/27 3rd Qt. 11:30

AUGUST 1940

Day	Sid. T.	Sun	Moon	Merc.	Venus	Mars	Jup.	Saturn	Uranus	Nept.	Pluto	N.Node
1	8:39:46	9Le 3 27	8Cn11	24Cn39R	0Cn11	18Le28	13Ta50	14Ta12	25Ta45	23Vi37	2Le40	14Li15
2	8:43:43	10 0 54	22 6	24 40D	0 39	19 6	13 56	14 15	25 47	23 39	2 42	14 12
3	8:47:39	10 58 21	6Le23	24 48	1 9	19 44	14 2	14 17	25 48	23 40	2 44	14 9
4	8:51:36	11 55 50	20 55	25 2	1 40	20 22	14 8	14 20	25 50	23 42	2 45	14 5
5	8:55:33	12 53 19	5Vi37	25 23	2 12	21 0	14 14	14 22	25 51	23 44	2 47	14 2
6	8:59:29	13 50 49	20 20	25 51	2 46	21 38	14 19	14 24	25 52	23 46	2 49	13 59
7	9: 3:26	14 48 20	4Li58	26 25	3 21	22 16	14 24	14 27	25 54	23 47	2 50	13 56
8	9: 7:22	15 45 52	19 26	27 5	3 57	22 54	14 30	14 29	25 55	23 49	2 52	13 53
9	9:11:19	16 43 24	3Sc41	27 53	4 35	23 32	14 35	14 30	25 56	23 51	2 54	13 49
10	9:15:15	17 40 58	17 41	28 46	5 13	24 11	14 39	14 32	25 57	23 53	2 55	13 46
11	9:19:12	18 38 32	1Sg26	29 46	5 53	24 49	14 44	14 34	25 58	23 55	2 57	13 43
12	9:23: 9	19 36 8	14 56	0Le53	6 34	25 27	14 49	14 36	25 59	23 57	2 59	13 40
13	9:27: 5	20 33 44	28 13	2 5	7 16	26 5	14 53	14 37	26 0	23 59	3 0	13 37
14	9:31: 2	21 31 21	11Cp16	3 22	7 58	26 43	14 57	14 39	26 1	24 1	3 2	13 34
15	9:34:58	22 29 0	24 7	4 45	8 42	27 21	15 1	14 40	26 2	24 3	3 4	13 30
16	9:38:55	23 26 39	6Aq45	6 13	9 27	27 59	15 5	14 41	26 3	24 5	3 5	13 27
17	9:42:51	24 24 20	19 12	7 46	10 12	28 37	15 8	14 42	26 3	24 7	3 7	13 24
18	9:46:48	25 22 2	1Pi26	9 23	10 59	29 16	15 12	14 43	26 4	24 9	3 8	13 21
19	9:50:44	26 19 45	13 31	11 5	11 46	29 54	15 15	14 44	26 5	24 11	3 10	13 18
20	9:54:41	27 17 29	25 26	12 49	12 34	0Vi32	15 18	14 45	26 6	24 13	3 12	13 14
21	9:58:38	28 15 16	7Ar16	14 37	13 23	1 10	15 21	14 45	26 6	24 15	3 13	13 11
22	10: 2:34	29 13 3	19 3	16 28	14 12	1 48	15 24	14 46	26 6	24 17	3 15	13 8
23	10: 6:30	0Vi10 53	0Ta51	18 21	15 3	2 26	15 26	14 46	26 7	24 19	3 16	13 5
24	10:10:27	1 8 44	12 44	20 16	15 54	3 4	15 28	14 47	26 7	24 21	3 18	13 2
25	10:14:24	2 6 37	24 48	22 12	16 45	3 43	15 30	14 47	26 8	24 23	3 19	12 59
26	10:18:20	3 4 32	7Ge 7	24 9	17 38	4 21	15 32	14 47	26 8	24 25	3 21	12 55
27	10:22:17	4 2 29	19 46	26 7	18 31	4 59	15 34	14 47R	26 8	24 27	3 22	12 52
28	10:26:13	5 0 27	2Cn49	28 5	19 24	5 37	15 36	14 47	26 8	24 29	3 24	12 49
29	10:30:10	5 58 28	16 19	0Vi 4	20 18	6 15	15 37	14 47	26 9	24 31	3 25	12 46
30	10:34: 6	6 56 30	0Le17	2 2	21 11	6 54	15 38	14 47	26 9	24 33	3 27	12 43
31	10:38: 3	7 54 34	14 40	4 1	22 8	7 32	15 39	14 46	26 9	24 36	3 28	12 40

8/23 Sun in Vir. 7:29   8/3 New 20:09   8/10 1st Qt. 12:01   8/17 Full 23:03   8/26 3rd Qt. 3:33

Day	Sid. T.	Sun	Moon	Merc.	Venus	Mars	Jup.	Saturn	Uranus	Nept.	Pluto	N.Node
1	10:41:59	8Vi52 39	29Le25	5Vi58	23Cn 4	8Vi10	15Ta40	14Ta46R	26Ta 9R	24Vi38	3Le30	12Li36
2	10:45:56	9 50 47	14Vi23	7 55	24 0	8 48	15 40	14 45	26 9	24 40	3 31	12 33
3	10:49:52	10 48 56	29 26	9 51	24 57	9 27	15 40	14 44	26 9	24 42	3 32	12 30
4	10:53:49	11 47 7	14Li25	11 47	25 54	10 5	15 40	14 44	26 9	24 44	3 34	12 27
5	10:57:45	12 45 19	29 13	13 41	26 52	10 43	15 40R	14 43	26 8	24 46	3 35	12 24
6	11: 1:42	13 43 33	13Sc44	15 34	27 50	11 21	15 40	14 42	26 8	24 49	3 37	12 20
7	11: 5:39	14 41 48	27 54	17 27	28 49	12 0	15 40	14 40	26 8	24 51	3 38	12 17
8	11: 9:35	15 40 5	11Sg43	19 18	29 48	12 38	15 39	14 39	26 7	24 53	3 39	12 14
9	11:13:32	16 38 23	25 10	21 8	0Le47	13 16	15 38	14 38	26 7	24 55	3 41	12 11
10	11:17:28	17 36 43	8Cp18	22 57	1 47	13 55	15 37	14 36	26 7	24 57	3 42	12 8
11	11:21:25	18 35 4	21 8	24 45	2 47	14 33	15 36	14 35	26 6	25 0	3 43	12 5
12	11:25:22	19 33 27	3Aq43	26 32	3 48	15 11	15 34	14 33	26 6	25 2	3 44	12 1
13	11:29:18	20 31 52	16 5	28 17	4 49	15 50	15 32	14 31	26 5	25 4	3 46	11 58
14	11:33:15	21 30 18	28 17	0Li 2	5 50	16 28	15 31	14 30	26 4	25 6	3 47	11 55
15	11:37:11	22 28 46	10Pi19	1 45	6 52	17 6	15 28	14 28	26 4	25 9	3 48	11 52
16	11:41: 8	23 27 16	22 14	3 28	7 54	17 45	15 26	14 26	26 3	25 11	3 49	11 49
17	11:45: 4	24 25 48	4Ar 5	5 9	8 56	18 23	15 24	14 23	26 2	25 13	3 51	11 46
18	11:49: 1	25 24 22	15 52	6 49	9 59	19 1	15 21	14 21	26 1	25 15	3 52	11 42
19	11:52:57	26 22 57	27 40	8 29	11 2	19 40	15 18	14 19	26 0	25 17	3 53	11 39
20	11:56:54	27 21 35	9Ta29	10 7	12 5	20 18	15 15	14 16	26 0	25 20	3 54	11 36
21	12: 0:50	28 20 15	21 25	11 44	13 9	20 57	15 12	14 14	25 59	25 22	3 55	11 33
22	12: 4:47	29 18 58	3Ge30	13 21	14 13	21 35	15 8	14 11	25 58	25 24	3 56	11 30
23	12: 8:44	0Li17 42	15 49	14 56	15 17	22 14	15 5	14 9	25 56	25 26	3 57	11 26
24	12:12:40	1 16 29	28 25	16 30	16 21	22 52	15 1	14 6	25 55	25 29	3 58	11 23
25	12:16:37	2 15 18	11Cn24	18 4	17 26	23 30	14 57	14 3	25 54	25 31	3 59	11 20
26	12:20:33	3 14 9	24 47	19 37	18 31	24 9	14 53	14 0	25 53	25 33	4 0	11 17
27	12:24:30	4 13 3	8Le37	21 8	19 36	24 48	14 48	13 57	25 52	25 35	4 1	11 14
28	12:28:26	5 11 59	22 54	22 39	20 42	25 26	14 44	13 54	25 50	25 37	4 2	11 11
29	12:32:23	6 10 57	7Vi35	24 9	21 48	26 5	14 39	13 50	25 49	25 40	4 3	11 7
30	12:36:20	7 9 57	22 34	25 38	22 54	26 43	14 34	13 47	25 48	25 42	4 4	11 4

9/23 Sun in Lib. 4:46 9/2 New 4:15 9/8 1st Qt. 19:32 9/16 Full 14:41 9/24 3rd Qt. 17:47

Day	Sid. T.	Sun	Moon	Merc.	Venus	Mars	Jup.	Saturn	Uranus	Nept.	Pluto	N.Node
1	12:40:16	8Li 9 0	7Li45	27Li 6	24Le 0	27Vi22	14Ta29R	13Ta44R	25Ta46R	25Vi44	4Le 5	11Li 1
2	12:44:13	9 8 4	22 57	28 33	25 6	28 0	14 24	13 40	25 45	25 46	4 6	10 58
3	12:48: 9	10 7 10	8Sc 0	29 59	26 13	28 39	14 18	13 37	25 43	25 48	4 7	10 55
4	12:52: 6	11 6 19	22 48	1Sc24	27 20	29 18	14 13	13 33	25 42	25 51	4 7	10 52
5	12:56: 2	12 5 29	7Sg13	2 49	28 27	29 56	14 7	13 29	25 40	25 53	4 8	10 48
6	12:59:59	13 4 41	21 13	4 12	29 34	0Li35	14 1	13 26	25 39	25 55	4 9	10 45
7	13: 3:55	14 3 55	4Cp46	5 34	0Vi42	1 13	13 55	13 22	25 37	25 57	4 10	10 42
8	13: 7:52	15 3 10	17 54	6 55	1 50	1 52	13 49	13 18	25 35	25 59	4 10	10 39
9	13:11:48	16 2 28	0Aq40	8 15	2 57	2 31	13 43	13 14	25 33	26 1	4 11	10 36
10	13:15:45	17 1 47	13 7	9 34	4 5	3 10	13 36	13 10	25 32	26 3	4 12	10 32
11	13:19:42	18 1 7	25 20	10 52	5 14	3 48	13 30	13 6	25 30	26 6	4 12	10 29
12	13:23:38	19 0 30	7Pi21	12 8	6 22	4 27	13 23	13 2	25 28	26 8	4 13	10 26
13	13:27:35	19 59 54	19 15	13 23	7 31	5 6	13 16	12 57	25 26	26 10	4 14	10 23
14	13:31:31	20 59 21	1Ar 4	14 36	8 40	5 45	13 9	12 53	25 24	26 12	4 14	10 20
15	13:35:28	21 58 49	12 52	15 48	9 49	6 23	13 2	12 49	25 22	26 14	4 15	10 17
16	13:39:25	22 58 19	24 40	16 58	10 58	7 2	12 55	12 44	25 20	26 16	4 15	10 13
17	13:43:21	23 57 52	6Ta31	18 6	12 7	7 41	12 48	12 40	25 18	26 18	4 16	10 10
18	13:47:18	24 57 26	18 27	19 12	13 16	8 20	12 41	12 35	25 16	26 20	4 16	10 7
19	13:51:14	25 57 3	0Ge31	20 16	14 26	8 59	12 33	12 31	25 14	26 22	4 17	10 4
20	13:55:11	26 56 41	12 43	21 17	15 36	9 37	12 25	12 26	25 12	26 24	4 17	10 1
21	13:59: 7	27 56 23	25 8	22 15	16 46	10 16	12 18	12 22	25 10	26 26	4 18	9 58
22	14: 3: 4	28 56 6	7Cn47	23 11	17 56	10 55	12 10	12 17	25 8	26 28	4 18	9 54
23	14: 7: 0	29 55 51	20 43	24 3	19 6	11 34	12 2	12 13	25 6	26 30	4 18	9 51
24	14:10:57	0Sc55 39	4Le 0	24 51	20 16	12 13	11 54	12 8	25 3	26 32	4 19	9 48
25	14:14:53	1 55 29	17 38	25 35	21 27	12 52	11 46	12 3	25 1	26 34	4 19	9 45
26	14:18:50	2 55 21	1Vi41	26 15	22 37	13 31	11 39	11 59	24 59	26 35	4 19	9 42
27	14:22:46	3 55 16	16 6	26 49	23 48	14 10	11 30	11 54	24 57	26 37	4 19	9 38
28	14:26:43	4 55 12	0Li52	27 18	24 59	14 49	11 22	11 49	24 54	26 39	4 20	9 35
29	14:30:39	5 55 11	15 52	27 41	26 10	15 28	11 14	11 44	24 52	26 41	4 20	9 32
30	14:34:36	6 55 12	1Sc 6	27 57	27 21!	16 7	11 6	11 39	24 50	26 43	4 20	9 29
31	14:38:32	7 55 14	16 6	28 6	28 33	16 46	10 58	11 35	24 47	26 45	4 20	9 26

10/23 Sun in Sco. 13:40 10/1 New 12:41(E) 10/8 1st Qt. 6:18 10/16 Full 8:15 10/24 3rd Qt. 6:05 10/30 New 22:03

NOVEMBER 1940

Day	Sid. T.	Sun	Moon	Merc.	Venus	Mars	Jup.	Saturn	Uranus	Nept.	Pluto	N.Node
1	14:42:29	8Sc55 19	1Sg 1	28Sc 6R	29Vi44	17Li25	10Ta50R	11Ta30R	24Ta45R	26Vi46	4Le20	9Li23
2	14:46:26	9 55 25	15 37	27 58	0Li55	18 4	10 42	11 25	24 43	26 48	4 20	9 19
3	14:50:22	10 55 33	29 47	27 41	2 7	18 43	10 33	11 20	24 40	26 50	4 20	9 16
4	14:54:19	11 55 43	13Cp29	27 14	3 19	19 23	10 25	11 15	24 38	26 52	4 20	9 13
5	14:58:15	12 55 54	26 44	26 38	4 30	20 2	10 17	11 10	24 35	26 53	4 20R	9 10
6	15: 2:12	13 56 7	9Aq33	25 51	5 42	20 41	10 9	11 6	24 33	26 55	4 20	9 7
7	15: 6: 9	14 56 21	21 59	24 56	6 54	21 20	10 1	11 1	24 31	26 57	4 20	9 3
8	15:10: 5	15 56 36	4Pi 9	23 52	8 6	21 59	9 53	10 56	24 28	26 58	4 20	9 0
9	15:14: 1	16 56 53	16 6	22 41	9 19	22 39	9 45	10 51	24 26	27 0	4 20	8 57
10	15:17:58	17 57 12	27 56	21 25	10 31	23 18	9 37	10 46	24 23	27 1	4 20	8 54
11	15:21:55	18 57 32	9Ar42	20 5	11 43	23 57	9 29	10 42	24 21	27 3	4 20	8 51
12	15:25:51	19 57 53	21 30	18 45	12 56	24 36	9 21	10 37	24 18	27 4	4 20	8 48
13	15:29:48	20 58 16	3Ta22	17 27	14 8	25 16	9 13	10 32	24 16	27 6	4 19	8 44
14	15:33:44	21 58 41	15 20	16 13	15 21	25 55	9 5	10 27	24 13	27 7	4 19	8 41
15	15:37:41	22 59 7	27 27	15 6	16 34	26 34	8 57	10 23	24 11	27 9	4 19	8 38
16	15:41:37	23 59 35	9Ge44	14 8	17 46	27 14	8 50	10 18	24 8	27 10	4 19	8 35
17	15:45:34	25 0 5	22 11	13 20	18 59	27 53	8 42	10 13	24 6	27 12	4 18	8 32
18	15:49:31	26 0 36	4Cn50	12 44	20 12	28 32	8 35	10 9	24 3	27 13	4 18	8 29
19	15:53:27	27 1 9	17 41	12 19	21 25	29 12	8 28	10 4	24 1	27 14	4 18	8 25
20	15:57:24	28 1 44	0Le45	12 5	22 38	29 51	8 20	10 0	23 58	27 16	4 17	8 22
21	16: 1:20	29 2 20	14 3	12 3D	23 51	0Sc31	8 13	9 55	23 56	27 17	4 17	8 19
22	16: 5:17	0Sg 2 58	27 37	12 12	25 5	1 10	8 6	9 51	23 53	27 18	4 16	8 16
23	16: 9:13	1 3 38	11Vi27	12 31	26 18	1 50	7 59	9 47	23 51	27 19	4 16	8 13
24	16:13:10	2 4 19	25 35	12 59	27 31	2 29	7 52	9 42	23 48	27 20	4 15	8 9
25	16:17: 6	3 5 3	9Li59	13 35	28 45	3 9	7 46	9 38	23 46	27 22	4 15	8 6
26	16:21: 3	4 5 47	24 37	14 19	29 58	3 48	7 39	9 34	23 43	27 23	4 14	8 3
27	16:24:59	5 6 33	9Sc25	15 9	1Sc12	4 28	7 33	9 30	23 41	27 24	4 14	8 0
28	16:28:56	6 7 21	24 16	16 5	2 25	5 8	7 26	9 26	23 38	27 25	4 13	7 57
29	16:32:53	7 8 10	9Sg 1	17 6	3 39	5 47	7 20	9 22	23 36	27 26	4 13	7 54
30	16:36:49	8 9 0	23 33	18 11	4 53	6 27	7 14	9 18	23 34	27 27	4 12	7 50

11/22 Sun in Sag. 10:50   11/6 1st Qt. 21:08   11/15 Full 2:23   11/22 3rd Qt. 16:36   11/29 New 8:42

DECEMBER 1940

Day	Sid. T.	Sun	Moon	Merc.	Venus	Mars	Jup.	Saturn	Uranus	Nept.	Pluto	N.Node
1	16:40:46	9Sg 9 52	7Cp44	19Sc20	6Sc 7	7Sc 7	7Ta 9R	9Ta14R	23Ta31R	27Vi28	4Le11R	7Li47
2	16:44:42	10 10 44	21 30	20 32	7 21	7 46	7 3	9 10	23 29	27 29	4 11	7 44
3	16:48:39	11 11 38	4Aq50	21 47	8 34	8 26	6 57	9 7	23 27	27 30	4 10	7 41
4	16:52:36	12 12 32	17 43	23 5	9 48	9 6	6 52	9 3	23 24	27 31	4 9	7 38
5	16:56:32	13 13 26	0Pi13	24 24	11 2	9 45	6 47	8 59	23 22	27 32	4 8	7 35
6	17: 0:29	14 14 22	12 24	25 45	12 16	10 25	6 42	8 56	23 20	27 32	4 8	7 31
7	17: 4:25	15 15 18	24 21	27 8	13 30	11 5	6 37	8 52	23 17	27 33	4 7	7 28
8	17: 8:22	16 16 15	6Ar11	28 32	14 44	11 45	6 33	8 49	23 15	27 34	4 6	7 25
9	17:12:18	17 17 13	17 57	29 57	15 59	12 25	6 28	8 46	23 13	27 35	4 5	7 22
10	17:16:15	18 18 11	29 47	1Sg23	17 13	13 4	6 24	8 43	23 11	27 35	4 4	7 19
11	17:20:11	19 19 10	11Ta42	2 50	18 27	13 44	6 20	8 40	23 8	27 36	4 3	7 15
12	17:24: 8	20 20 10	23 48	4 18	19 41	14 24	6 16	8 37	23 6	27 37	4 2	7 12
13	17:28: 4	21 21 10	6Ge 7	5 47	20 55	15 4	6 12	8 34	23 4	27 37	4 1	7 9
14	17:32: 1	22 22 11	18 40	7 15	22 10	15 44	6 9	8 31	23 2	27 38	4 1	7 6
15	17:35:58	23 23 13	1Cn26	8 45	23 24	16 24	6 5	8 28	23 0	27 38	4 0	7 3
16	17:39:54	24 24 15	14 26	10 15	24 39	17 4	6 2	8 26	22 58	27 39	3 59	7 0
17	17:43:51	25 25 19	27 38	11 45	25 53	17 44	5 59	8 23	22 56	27 39	3 58	6 56
18	17:47:47	26 26 22	11Le 1	13 15	27 7	18 24	5 57	8 21	22 54	27 40	3 57	6 53
19	17:51:44	27 27 27	24 33	14 46	28 22	19 4	5 54	8 18	22 52	27 40	3 56	6 50
20	17:55:41	28 28 33	8Vi15	16 17	29 36	19 44	5 52	8 16	22 50	27 40	3 55	6 47
21	17:59:37	29 29 39	22 5	17 49	0Sg51	20 24	5 50	8 14	22 48	27 41	3 54	6 44
22	18: 3:34	0Cp30 46	6Li 4	19 20	2 5	21 4	5 48	8 12	22 46	27 41	3 53	6 41
23	18: 7:30	1 31 54	20 12	20 52	3 20	21 44	5 46	8 10	22 45	27 41	3 51	6 37
24	18:11:27	2 33 2	4Sc28	22 24	4 35	22 24	5 45	8 8	22 43	27 41	3 50	6 34
25	18:15:23	3 34 11	18 50	23 57	5 49	23 4	5 44	8 7	22 41	27 41	3 49	6 31
26	18:19:20	4 35 21	3Sg14	25 30	7 4	23 45	5 43	8 5	22 39	27 42	3 48	6 28
27	18:23:16	5 36 31	17 35	27 3	8 19	24 25	5 42	8 3	22 38	27 42	3 47	6 25
28	18:27:13	6 37 41	1Cp47	28 36	9 33	25 5	5 41	8 2	22 36	27 42	3 46	6 21
29	18:31: 9	7 38 52	15 44	0Cp 9	10 48	25 45	5 41	8 1	22 35	27 42	3 45	6 18
30	18:35: 6	8 40 3	29 22	1 43	12 3	26 25	5 41	8 0	22 33	27 42R	3 43	6 15
31	18:39: 2	9 41 13	12Aq37	3 17	13 17	27 6	5 41D	7 59	22 32	27 42	3 42	6 12

12/21 Sun in Cap. 23:55   12/6 1st Qt. 16:01   12/14 Full 19:38   12/22 3rd Qt. 1:45   12/28 New 20:56

JANUARY 1941

Day	Sid. T.	Sun	Moon	Merc.	Venus	Mars	Jup.	Saturn	Uranus	Nept.	Pluto	N.Node
1	18:42:59	10Cp42 24	25Aq29	4Cp52	14Sg32	27Sc46	5Ta41	7Ta58R	22Ta30R	27Vi42R	3Le41R	6Li 9
2	18:46:56	11 43 35	8Pi 0	6 27	15 47	28 26	5 41	7 57	22 29	27 42	3 40	6 6
3	18:50:52	12 44 45	20 13	8 2	17 2	29 7	5 42	7 56	22 27	27 41	3 38	6 2
4	18:54:49	13 45 55	2Ar12	9 37	18 17	29 47	5 43	7 55	22 26	27 41	3 37	5 59
5	18:58:45	14 47 4	14 2	11 13	19 31	0Sg27	5 44	7 55	22 25	27 41	3 36	5 56
6	19: 2:42	15 48 13	25 50	12 49	20 46	1 8	5 45	7 54	22 24	27 41	3 35	5 53
7	19: 6:39	16 49 22	7Ta40	14 26	22 1	1 48	5 46	7 54	22 22	27 41	3 33	5 50
8	19:10:35	17 50 31	19 38	16 3	23 16	2 28	5 48	7 54	22 21	27 40	3 32	5 47
9	19:14:32	18 51 39	1Ge49	17 40	24 31	3 9	5 50	7 54D	22 20	27 40	3 31	5 43
10	19:18:28	19 52 46	14 16	19 18	25 46	3 49	5 52	7 54	22 19	27 40	3 29	5 40
11	19:22:25	20 53 53	27 0	20 56	27 1	4 30	5 54	7 54	22 18	27 39	3 28	5 37
12	19:26:21	21 55 0	10Cn 4	22 35	28 15	5 10	5 57	7 54	22 17	27 39	3 27	5 34
13	19:30:18	22 56 6	23 25	24 15	29 30	5 51	5 59	7 55	22 16	27 38	3 26	5 31
14	19:34:14	23 57 12	7Le25	25 54	0Cp45	6 31	6 2	7 55	22 16	27 38	3 24	5 27
15	19:38:11	24 58 17	20 51	27 35	2 0	7 12	6 5	7 56	22 15	27 37	3 23	5 24
16	19:42: 7	25 59 22	4Vi48	29 15	3 15	7 52	6 8	7 57	22 14	27 37	3 22	5 21
17	19:46: 4	27 0 27	18 51	0Aq57	4 30	8 33	6 12	7 57	22 13	27 36	3 20	5 18
18	19:50: 1	28 1 31	2Li56	2 38	5 45	9 14	6 15	7 58	22 13	27 35	3 19	5 15
19	19:53:57	29 2 35	17 2	4 20	7 0	9 54	6 19	8 0	22 12	27 35	3 17	5 12
20	19:57:54	0Aq 3 39	1Sc 8	6 3	8 15	10 35	6 23	8 1	22 12	27 34	3 16	5 8
21	20: 1:50	1 4 42	15 13	7 46	9 30	11 16	6 27	8 2	22 11	27 33	3 15	5 5
22	20: 5:47	2 5 45	29 15	9 29	10 45	11 56	6 32	8 3	22 11	27 33	3 13	5 2
23	20: 9:43	3 6 47	13Sg14	11 13	12 0	12 37	6 36	8 5	22 10	27 32	3 12	4 59
24	20:13:40	4 7 49	27 7	12 57	13 15	13 18	6 41	8 6	22 10	27 31	3 11	4 56
25	20:17:37	5 8 51	10Cp51	14 41	14 30	13 58	6 46	8 8	22 10	27 30	3 9	4 52
26	20:21:33	6 9 52	24 23	16 25	15 45	14 39	6 51	8 10	22 9	27 29	3 8	4 49
27	20:25:30	7 10 51	7Aq40	18 9	17 0	15 20	6 57	8 12	22 9	27 28	3 7	4 46
28	20:29:26	8 11 50	20 41	19 52	18 15	16 1	7 2	8 14	22 9	27 27	3 5	4 43
29	20:33:23	9 12 48	3Pi23	21 35	19 30	16 42	7 8	8 16	22 9	27 25	3 4	4 40
30	20:37:19	10 13 45	15 48	23 18	20 45	17 22	7 14	8 18	22 9D	27 25	3 3	4 37
31	20:41:16	11 14 40	27 59	25 0	21 59	18 3	7 19	8 21	22 9	27 24	3 1	4 33

1/20 Sun in Aqu. 10:34   1/5 1st Qt. 13:40   1/13 Full 11:04   1/20 3rd Qt. 10:02   1/27 New 11:03

FEBRUARY 1941

Day	Sid. T.	Sun	Moon	Merc.	Venus	Mars	Jup.	Saturn	Uranus	Nept.	Pluto	N.Node
1	20:45:12	12Aq15 34	9Ar57	26Aq40	23Cp14	18Sg44	7Ta26	8Ta23	22Ta 9	27Vi23R	3Le 0R	4Li30
2	20:49: 9	13 16 27	21 48	28 19	24 29	19 25	7 32	8 26	22 9	27 22	2 59	4 27
3	20:53: 5	14 17 19	3Ta36	29 55	25 44	20 6	7 39	8 29	22 10	27 21	2 57	4 24
4	20:57: 2	15 18 9	15 26	1Pi30	26 59	20 47	7 45	8 31	22 10	27 20	2 56	4 21
5	21: 0:59	16 18 58	27 24	3 1	28 14	21 28	7 52	8 34	22 10	27 19	2 55	4 18
6	21: 4:55	17 19 45	9Ge35	4 29	29 29	22 9	7 59	8 37	22 11	27 18	2 53	4 14
7	21: 8:52	18 20 31	22 3	5 53	0Aq44	22 50	8 6	8 40	22 11	27 17	2 52	4 11
8	21:12:48	19 21 16	4Cn52	7 11	1 59	23 31	8 14	8 43	22 11	27 15	2 51	4 8
9	21:16:45	20 21 59	18 4	8 25	3 14	24 12	8 21	8 47	22 12	27 14	2 49	4 5
10	21:20:42	21 22 40	1Le39	9 32	4 29	24 53	8 29	8 50	22 13	27 13	2 48	4 2
11	21:24:38	22 23 20	15 34	10 31	5 44	25 34	8 36	8 54	22 13	27 12	2 47	3 58
12	21:28:35	23 23 59	29 47	11 24	6 59	26 15	8 44	8 57	22 14	27 10	2 46	3 55
13	21:32:31	24 24 36	14Vi12	12 7	8 14	26 56	8 52	9 1	22 15	27 9	2 44	3 52
14	21:36:27	25 25 11	28 43	12 42	9 29	27 37	9 1	9 5	22 15	27 8	2 43	3 49
15	21:40:24	26 25 46	13Li14	13 7	10 44	28 18	9 9	9 8	22 16	27 6	2 42	3 46
16	21:44:21	27 26 19	27 41	13 22	11 59	28 59	9 17	9 12	22 17	27 5	2 41	3 43
17	21:48:17	28 26 51	12Sc 0	13 27R	13 14	29 40	9 26	9 16	22 18	27 4	2 39	3 39
18	21:52:14	29 27 22	26 8	13 21	14 28	0Cp21	9 35	9 21	22 19	27 2	2 38	3 36
19	21:56:10	0Pi27 51	10Sg 5	13 5	15 43	1 2	9 44	9 25	22 20	27 0	2 37	3 33
20	22: 0: 7	1 28 20	23 50	12 40	16 58	1 44	9 53	9 29	22 21	26 59	2 36	3 30
21	22: 4: 3	2 28 47	7Cp22	12 5	18 13	2 25	10 2	9 33	22 22	26 58	2 35	3 27
22	22: 8: 0	3 29 13	20 41	11 22	19 28	3 6	10 11	9 38	22 23	26 56	2 33	3 24
23	22:11:57	4 29 37	3Aq47	10 32	20 43	3 47	10 21	9 43	22 25	26 55	2 32	3 20
24	22:15:53	5 29 59	16 40	9 36	21 58	4 28	10 30	9 47	22 26	26 53	2 31	3 17
25	22:19:50	6 30 20	29 19	8 36	23 13	5 10	10 40	9 52	22 27	26 52	2 30	3 14
26	22:23:46	7 30 40	11Pi46	7 33	24 28	5 51	10 50	9 57	22 29	26 50	2 29	3 11
27	22:27:43	8 30 57	24 0	6 29	25 43	6 32	10 59	10 2	22 30	26 49	2 28	3 8
28	22:31:39	9 31 13	6Ar 4	5 25	26 57	7 13	11 10	10 7	22 32	26 47	2 27	3 4

2/19 Sun in Pis. 0:57   2/4 1st Qt. 11:43   2/12 Full 0:27   2/18 3rd Qt. 18:08   2/26 New 3:02

MARCH 1941

Day	Sid. T.	Sun	Moon	Merc.	Venus	Mars	Jup.	Saturn	Uranus	Nept.	Pluto	N.Node
1	22:35:36	10Pi31 27	17Ar59	4Pi23R	28Aq12	7Cp55	11Ta20	10Ta12	22Ta33	26Vi46R	2Le26R	3Li 1
2	22:39:32	11 31 38	29 49	3 24	29 27	8 36	11 30	10 17	22 35	26 44	2 25	2 58
3	22:43:29	12 31 48	11Ta36	2 29	0Pi42	9 17	11 40	10 22	22 36	26 42	2 24	2 55
4	22:47:25	13 31 56	23 27	1 40	1 57	9 59	11 51	10 27	22 38	26 41	2 23	2 52
5	22:51:22	14 32 2	5Ge24	0 56	3 12	10 40	12 1	10 33	22 40	26 39	2 22	2 49
6	22:55:18	15 32 5	17 33	0 19	4 26	11 21	12 12	10 38	22 41	26 38	2 21	2 45
7	22:59:15	16 32 7	29 58	29Aq48	5 41	12 3	12 23	10 44	22 43	26 36	2 20	2 42
8	23: 3:12	17 32 7	12Cn44	29 25	6 56	12 44	12 34	10 49	22 45	26 34	2 19	2 39
9	23: 7: 8	18 32 4	25 54	29 7	8 11	13 25	12 45	10 55	22 47	26 33	2 18	2 36
10	23:11: 5	19 31 59	9Le30	28 57	9 25	14 7	12 56	11 0	22 49	26 31	2 17	2 33
11	23:15: 1	20 31 52	23 31	28 52	10 40	14 48	13 7	11 6	22 51	26 29	2 17	2 30
12	23:18:58	21 31 42	7Vi56	28 55D	11 55	15 30	13 18	11 12	22 53	26 28	2 16	2 26
13	23:22:54	22 31 31	22 39	29 3	13 9	16 11	13 30	11 18	22 55	26 26	2 15	2 23
14	23:26:51	23 31 18	7Li33	29 16	14 24	16 52	13 41	11 24	22 57	26 24	2 14	2 20
15	23:30:48	24 31 3	22 31	29 35	15 39	17 34	13 53	11 30	22 59	26 23	2 13	2 17
16	23:34:44	25 30 46	7Sc24	0Pi 0	16 54	18 15	14 4	11 36	23 1	26 21	2 13	2 14
17	23:38:41	26 30 27	22 5	0 28	18 8	18 57	14 16	11 42	23 4	26 19	2 12	2 10
18	23:42:37	27 30 7	6Sg29	1 2	19 23	19 38	14 28	11 48	23 6	26 18	2 11	2 7
19	23:46:33	28 29 45	20 34	1 40	20 37	20 20	14 40	11 55	23 8	26 16	2 11	2 4
20	23:50:30	29 29 21	4Cp18	2 21	21 52	21 1	14 52	12 1	23 11	26 14	2 10	2 1
21	23:54:27	0Ar28 56	17 42	3 6	23 7	21 42	15 4	12 7	23 13	26 13	2 9	1 58
22	23:58:23	1 28 28	0Aq46	3 55	24 21	22 24	15 16	12 14	23 15	26 11	2 9	1 55
23	0: 2:20	2 28 0	13 34	4 47	25 36	23 5	15 28	12 20	23 18	26 9	2 8	1 51
24	0: 6:16	3 27 29	26 7	5 42	26 51	23 47	15 40	12 27	23 20	26 8	2 8	1 48
25	0:10:13	4 26 56	8Pi28	6 40	28 5	24 28	15 53	12 34	23 23	26 6	2 7	1 45
26	0:14:10	5 26 21	20 38	7 41	29 20	25 10	16 5	12 40	23 25	26 4	2 7	1 42
27	0:18: 6	6 25 45	2Ar40	8 45	0Ar34	25 51	16 18	12 47	23 28	26 3	2 6	1 39
28	0:22: 3	7 25 6	14 36	9 51	1 49	26 33	16 30	12 54	23 31	26 1	2 6	1 35
29	0:25:59	8 24 25	26 27	10 59	3 3	27 14	16 43	13 0	23 33	26 0	2 5	1 32
30	0:29:56	9 23 42	8Ta15	12 9	4 18	27 56	16 55	13 7	23 36	25 58	2 5	1 29
31	0:33:52	10 22 57	20 4	13 22	5 32	28 37	17 8	13 14	23 39	25 56	2 4	1 26

3/21 Sun in Ari. 0:21   3/6 1st Qt. 7:43   3/13 Full 11:47(E)   3/20 3rd Qt. 2:52   3/27 New 20:14(E)

APRIL 1941

Day	Sid. T.	Sun	Moon	Merc.	Venus	Mars	Jup.	Saturn	Uranus	Nept.	Pluto	N.Node
1	0:37:49	11Ar22 10	1Ge56	14Pi37	6Ar47	29Cp19	17Ta21	13Ta21	23Ta42	25Vi55R	2Le 4R	1Li23
2	0:41:46	12 21 21	13 54	15 53	8 1	0Aq 2	17 34	13 28	23 44	25 53	2 4	1 20
3	0:45:42	13 20 29	26 3	17 12	9 16	0 42	17 47	13 35	23 47	25 52	2 3	1 16
4	0:49:39	14 19 35	8Cn25	18 33	10 30	1 23	18 0	13 42	23 50	25 50	2 3	1 13
5	0:53:35	15 18 39	21 6	19 55	11 45	2 5	18 13	13 49	23 53	25 48	2 3	1 10
6	0:57:32	16 17 40	4Le10	21 19	12 59	2 46	18 26	13 56	23 56	25 47	2 3	1 7
7	1: 1:28	17 16 39	17 38	22 45	14 13	3 28	18 39	14 4	23 59	25 45	2 2	1 4
8	1: 5:25	18 15 36	1Vi33	24 12	15 28	4 9	18 52	14 11	24 2	25 44	2 2	1 1
9	1: 9:21	19 14 30	15 55	25 41	16 42	4 51	19 5	14 18	24 5	25 42	2 2	0 57
10	1:13:18	20 13 23	0Li41	27 12	17 56	5 32	19 19	14 25	24 8	25 41	2 2	0 54
11	1:17:14	21 12 13	15 44	28 44	19 11	6 14	19 32	14 33	24 11	25 39	2 2	0 51
12	1:21:11	22 11 1	0Sc56	0Ar18	20 25	6 55	19 45	14 40	24 14	25 38	2 2	0 48
13	1:25: 8	23 9 47	16 8	1 54	21 39	7 36	19 59	14 47	24 17	25 37	2 2	0 45
14	1:29: 4	24 8 32	1Sg10	3 31	22 54	8 18	20 12	14 55	24 20	25 35	2 2	0 41
15	1:33: 1	25 7 14	15 53	5 10	24 8	8 59	20 26	15 2	24 23	25 34	2 2D	0 38
16	1:36:57	26 5 55	0Cp13	6 51	25 22	9 41	20 39	15 9	24 26	25 32	2 2	0 35
17	1:40:54	27 4 35	14 5	8 33	26 36	10 22	20 53	15 17	24 29	25 31	2 2	0 32
18	1:44:50	28 3 12	27 31	10 16	27 50	11 3	21 6	15 24	24 33	25 30	2 2	0 29
19	1:48:47	29 1 48	10Aq32	12 2	29 5	11 45	21 20	15 32	24 36	25 28	2 2	0 26
20	1:52:44	0Ta 0 23	23 12	13 49	0Ta19	12 26	21 34	15 39	24 39	25 27	2 2	0 22
21	1:56:40	0 58 55	5Pi35	15 37	1 33	13 7	21 47	15 47	24 42	25 26	2 2	0 19
22	2: 0:36	1 57 26	17 44	17 28	2 47	13 49	22 1	15 55	24 46	25 24	2 3	0 16
23	2: 4:33	2 55 55	29 43	19 19	4 1	14 30	22 15	16 2	24 49	25 23	2 3	0 13
24	2: 8:30	3 54 23	11Ar36	21 13	5 16	15 11	22 29	16 10	24 52	25 22	2 3	0 10
25	2:12:26	4 52 48	23 25	23 8	6 30	15 53	22 43	16 17	24 56	25 21	2 3	0 7
26	2:16:23	5 51 12	5Ta14	25 5	7 44	16 34	22 56	16 25	24 59	25 19	2 4	0 3
27	2:20:19	6 49 34	17 3	27 4	8 58	17 15	23 10	16 33	25 2	25 18	2 4	0 0
28	2:24:16	7 47 55	28 55	29 4	10 12	17 56	23 24	16 40	25 6	25 17	2 4	29Vi57
29	2:28:13	8 46 13	10Ge52	1Ta 5	11 26	18 37	23 38	16 48	25 9	25 16	2 5	29 54
30	2:32: 9	9 44 30	22 56	3 8	12 40	19 19	23 52	16 56	25 12	25 15	2 5	29 51

4/20 Sun in Tau. 11:51   4/5 1st Qt. 0:12   4/11 Full 21:16   4/18 3rd Qt. 13:03   4/26 New 13:24

Day	Sid. T.	Sun	Moon	Merc.	Venus	Mars	Jup.	Saturn	Uranus	Nept.	Pluto	N.Nodo
1	2:36: 6	10Ta42 45	5Cn 9	5Ta13	13Ta54	20Aq 0	24Ta 6	17Ta 3	25Ta16	25Vi14R	2Le 5	29Vi47
2	2:40: 2	11 40 57	17 34	7 19	15 8	20 41	24 20	17 11	25 19	25 13	2 6	29 44
3	2:43:59	12 39 8	0Le14	9 26	16 22	21 22	24 34	17 19	25 23	25 12	2 6	29 41
4	2:47:55	13 37 16	13 13	11 34	17 36	22 3	24 48	17 26	25 26	25 11	2 7	29 38
5	2:51:52	14 35 23	26 33	13 43	18 50	22 44	25 2	17 34	25 30	25 10	2 7	29 35
6	2:55:49	15 33 28	10Vi18	15 53	20 4	23 25	25 16	17 42	25 33	25 9	2 8	29 32
7	2:59:45	16 31 30	24 28	18 3	21 18	24 6	25 30	17 50	25 36	25 8	2 8	29 28
8	3: 3:41	17 29 31	9Li 3	20 13	22 32	24 46	25 45	17 57	25 40	25 7	2 9	29 25
9	3: 7:38	18 27 30	23 59	22 24	23 46	25 27	25 59	18 5	25 43	25 6	2 10	29 22
10	3:11:34	19 25 27	9Sc 9	24 34	25 0	26 8	26 13	18 13	25 47	25 5	2 10	29 19
11	3:15:31	20 23 23	24 24	26 43	26 13	26 49	26 27	18 21	25 50	25 5	2 11	29 16
12	3:19:28	21 21 17	9Sg34	28 52	27 27	27 30	26 41	18 28	25 54	25 4	2 12	29 13
13	3:23:24	22 19 10	24 28	0Ge59	28 41	28 10	26 55	18 36	25 57	25 3	2 12	29 9
14	3:27:21	23 17 2	8Cp59	3 5	29 55	28 51	27 9	18 44	26 1	25 2	2 13	29 6
15	3:31:17	24 14 52	23 1	5 9	1Ge 9	29 31	27 24	18 51	26 4	25 2	2 14	29 3
16	3:35:14	25 12 41	6Aq34	7 12	2 23	0Pi12	27 38	18 59	26 8	25 1	2 15	29 0
17	3:39:10	26 10 29	19 39	9 12	3 36	0 52	27 52	19 7	26 11	25 0	2 15	28 57
18	3:43: 7	27 8 15	2Pi19	11 10	4 50	1 33	28 6	19 14	26 15	25 0	2 16	28 53
19	3:47: 4	28 6 1	14 39	13 5	6 4	2 13	28 20	19 22	26 18	24 59	2 17	28 50
20	3:51: 0	29 3 45	26 44	14 58	7 18	2 53	28 34	19 30	26 22	24 59	2 18	28 47
21	3:54:57	0Ge 1 29	8Ar38	16 48	8 32	3 34	28 48	19 37	26 25	24 58	2 19	28 44
22	3:58:53	0 59 11	20 27	18 35	9 45	4 14	29 3	19 45	26 29	24 58	2 20	28 41
23	4: 2:50	1 56 52	2Ta15	20 19	10 59	4 54	29 17	19 53	26 32	24 57	2 21	28 38
24	4: 6:46	2 54 32	14 3	22 1	12 13	5 34	29 31	20 0	26 36	24 57	2 22	28 34
25	4:10:43	3 52 11	25 56	23 39	13 26	6 14	29 45	20 8	26 39	24 57	2 23	28 31
26	4:14:39	4 49 48	7Ge55	25 14	14 40	6 54	29 59	20 15	26 43	24 56	2 24	28 28
27	4:18:36	5 47 25	20 1	26 46	15 54	7 33	0Ge13	20 23	26 46	24 56	2 25	28 25
28	4:22:33	6 45 0	2Cn15	28 15	17 8	8 13	0 27	20 31	26 50	24 55	2 26	28 22
29	4:26:29	7 42 34	14 39	29 41	18 21	8 53	0 42	20 38	26 53	24 55	2 27	28 19
30	4:30:26	8 40 7	27 13	1Cn 3	19 35	9 32	0 56	20 46	26 56	24 55	2 28	28 15
31	4:34:22	9 37 38	10Le 0	2 22	20 49	10 12	1 10	20 53	27 0	24 55	2 29	28 12

5/21 Sun in Gem. 11:23   5/4 1st Qt. 12:49   5/11 Full 5:16   5/18 3rd Qt. 1:17   5/26 New 5:19

Day	Sid. T.	Sun	Moon	Merc.	Venus	Mars	Jup.	Saturn	Uranus	Nept.	Pluto	N.Node
1	4:38:19	10Ge35 9	23Le 2	3Cn38	22Ge 2	10Pi51	1Ge24	21Ta 0	27Ta 3	24Vi55R	2Le30	28Vi 9
2	4:42:15	11 32 37	6Vi20	4 51	23 16	11 30	1 38	21 8	27 7	24 55	2 31	28 6
3	4:46:12	12 30 5	19 58	6 0	24 29	12 10	1 52	21 15	27 10	24 55	2 32	28 3
4	4:50: 9	13 27 31	3Li57	7 6	25 43	12 49	2 6	21 23	27 14	24 54	2 34	27 59
5	4:54: 5	14 24 56	18 17	8 8	26 56	13 28	2 20	21 30	27 17	24 54	2 35	27 56
6	4:58: 2	15 22 20	2Sc56	9 6	28 10	14 7	2 34	21 37	27 20	24 54D	2 36	27 53
7	5: 1:58	16 19 43	17 51	10 1	29 24	14 45	2 48	21 45	27 24	24 54	2 37	27 50
8	5: 5:55	17 17 5	2Sg53	10 52	0Cn37	15 24	3 2	21 52	27 27	24 55	2 39	27 47
9	5: 9:51	18 14 26	17 55	11 39	1 51	16 3	3 16	21 59	27 30	24 55	2 40	27 44
10	5:13:48	19 11 46	2Cp45	12 22	3 4	16 41	3 29	22 6	27 34	24 55	2 41	27 40
11	5:17:44	20 9 6	17 15	13 2	4 18	17 20	3 43	22 13	27 37	24 55	2 42	27 37
12	5:21:41	21 6 25	1Aq20	13 37	5 31	17 58	3 57	22 21	27 40	24 55	2 44	27 34
13	5:25:37	22 3 43	14 57	14 8	6 45	18 36	4 11	22 28	27 43	24 55	2 45	27 31
14	5:29:34	23 1 1	28 5	14 34	7 58	19 14	4 25	22 35	27 47	24 56	2 46	27 28
15	5:33:30	23 58 19	10Pi48	14 56	9 11	19 52	4 38	22 42	27 50	24 56	2 48	27 24
16	5:37:27	24 55 36	23 10	15 14	10 25	20 29	4 52	22 49	27 53	24 56	2 49	27 21
17	5:41:24	25 52 53	5Ar16	15 27	11 38	21 7	5 6	22 56	27 56	24 57	2 51	27 18
18	5:45:20	26 50 9	17 10	15 36	12 52	21 44	5 19	23 2	27 59	24 57	2 52	27 15
19	5:49:17	27 47 25	29 0	15 40	14 5	22 22	5 33	23 9	28 3	24 57	2 53	27 12
20	5:53:13	28 44 42	10Ta48	15 39R	15 18	22 59	5 46	23 16	28 6	24 58	2 55	27 9
21	5:57:10	29 41 57	22 40	15 34	16 32	23 36	6 0	23 23	28 9	24 58	2 56	27 5
22	6: 1: 6	0Cn39 13	4Ge38	15 25	17 45	24 12	6 13	23 30	28 12	24 59	2 58	27 2
23	6: 5: 3	1 36 29	16 45	15 11	18 59	24 49	6 27	23 36	28 15	24 59	2 59	26 59
24	6: 9: 0	2 33 44	29 3	14 54	20 12	25 25	6 40	23 43	28 18	25 0	3 1	26 56
25	6:12:56	3 30 59	11Cn31	14 32	21 25	26 2	6 53	23 49	28 21	25 1	3 2	26 53
26	6:16:53	4 28 13	24 11	14 7	22 39	26 38	7 7	23 56	28 24	25 1	3 4	26 50
27	6:20:49	5 25 27	7Le 2	13 39	23 52	27 14	7 20	24 2	28 27	25 2	3 5	26 46
28	6:24:46	6 22 41	20 4	13 8	25 5	27 49	7 33	24 9	28 30	25 3	3 7	26 43
29	6:28:42	7 19 55	3Vi18	12 35	26 19	28 25	7 46	24 15	28 33	25 3	3 8	26 40
30	6:32:39	8 17 7	16 45	12 0	27 32	29 0	7 59	24 21	28 36	25 4	3 10	26 37

6/21 Sun in Can. 19:34   6/2 1st Qt. 21:57   6/9 Full 12:34   6/16 3rd Qt. 15:46   6/24 New 19:23

Day	Sid. T.	Sun	Moon	Merc.	Venus	Mars	Jup.	Saturn	Uranus	Nept.	Pluto	N.Node
1	6:36:35	9Cn14 20	0Li25	11Cn24R	28Cn45	29Pi35	8Ge12	24Ta28	28Ta39	25Vi 5	3Le12	26Vi34
2	6:40:32	10 11 32	14 19	10 47	29 58	0Ar10	8 25	24 34	28 41	25 6	3 13	26 30
3	6:44:29	11 8 44	28 28	10 11	1Le11	0 45	8 38	24 40	28 44	25 7	3 15	26 27
4	6:48:25	12 5 55	12Sc51	9 35	2 25	1 19	8 51	24 46	28 47	25 8	3 16	26 24
5	6:52:22	13 3 6	27 25	9 1	3 38	1 54	9 4	24 52	28 50	25 8	3 18	26 21
6	6:56:18	14 0 18	12Sg 5	8 28	4 51	2 28	9 17	24 58	28 52	25 9	3 20	26 18
7	7: 0:15	14 57 29	26 45	7 58	6 4	3 1	9 29	25 4	28 55	25 10	3 21	26 15
8	7: 4:11	15 54 40	11Cp17	7 32	7 17	3 35	9 42	25 10	28 58	25 11	3 23	26 11
9	7: 8: 8	16 51 51	25 33	7 8	8 30	4 9	9 55	25 16	29 0	25 12	3 25	26 8
10	7:12: 5	17 49 2	9Aq29	6 49	9 44	4 41	10 7	25 21	29 3	25 13	3 26	26 5
11	7:16: 1	18 46 14	23 1	6 34	10 57	5 14	10 20	25 27	29 6	25 15	3 28	26 2
12	7:19:58	19 43 25	6Pi 8	6 23	12 10	5 46	10 32	25 33	29 8	25 16	3 29	25 59
13	7:23:54	20 40 38	18 51	6 18	13 23	6 18	10 44	25 38	29 10	25 17	3 31	25 56
14	7:27:50	21 37 51	1Ar14	6 18D	14 36	6 50	10 57	25 44	29 13	25 18	3 33	25 52
15	7:31:47	22 35 4	13 22	6 23	15 49	7 22	11 9	25 49	29 15	25 19	3 34	25 49
16	7:35:44	23 32 18	25 18	6 33	17 2	7 53	11 21	25 54	29 18	25 20	3 36	25 46
17	7:39:40	24 29 33	7Ta 9	6 49	18 15	8 24	11 33	26 0	29 20	25 22	3 38	25 43
18	7:43:37	25 26 48	19 0	7 11	19 28	8 55	11 45	26 5	29 22	25 23	3 40	25 40
19	7:47:33	26 24 4	0Ge55	7 38	20 41	9 25	11 57	26 10	29 25	25 24	3 41	25 36
20	7:51:30	27 21 21	12 58	8 11	21 54	9 55	12 9	26 15	29 27	25 26	3 43	25 33
21	7:55:27	28 18 39	25 13	8 49	23 7	10 24	12 21	26 20	29 29	25 27	3 45	25 30
22	7:59:23	29 15 57	7Cn42	9 33	24 19	10 54	12 32	26 25	29 31	25 28	3 46	25 27
23	8: 3:20	0Le13 16	20 25	10 23	25 32	11 23	12 44	26 30	29 33	25 30	3 48	25 24
24	8: 7:16	1 10 36	3Le22	11 18	26 45	11 51	12 55	26 34	29 35	25 31	3 50	25 21
25	8:11:13	2 7 56	16 34	12 18	27 58	12 19	13 7	26 39	29 37	25 33	3 51	25 17
26	8:15: 9	3 5 17	29 58	13 23	29 11	12 47	13 18	26 43	29 39	25 34	3 53	25 14
27	8:19: 6	4 2 38	13Vi33	14 34	0Vi24	13 14	13 29	26 48	29 41	25 36	3 55	25 11
28	8:23: 3	5 0 0	27 18	15 50	1 36	13 41	13 41	26 52	29 43	25 37	3 57	25 8
29	8:26:59	5 57 22	11Li12	17 10	2 49	14 8	13 52	26 57	29 45	25 39	3 58	25 5
30	8:30:55	6 54 45	25 13	18 36	4 2	14 34	14 3	27 1	29 47	25 40	4 0	25 2
31	8:34:52	7 52 9	9Sc21	20 6	5 15	14 59	14 14	27 5	29 49	25 42	4 2	24 58

7/23 Sun in Leo 6:27   7/2 1st Qt. 4:24   7/8 Full 20:18   7/16 3rd Qt. 8:08   7/24 New 7:39   7/31 1st Qt. 9:20

Day	Sid. T.	Sun	Moon	Merc.	Venus	Mars	Jup.	Saturn	Uranus	Nept.	Pluto	N.Node
1	8:38:49	8Le49 33	23Sc34	21Cn40	6Vi27	15Ar25	14Ge24	27Ta 9	29Ta50	25Vi44	4Le 3	24Vi55
2	8:42:45	9 46 57	7Sg50	23 19	7 40	15 49	14 35	27 13	29 52	25 45	4 5	24 52
3	8:46:42	10 44 23	22 7	25 1	8 52	16 13	14 46	27 17	29 54	25 47	4 7	24 49
4	8:50:38	11 41 49	6Cp20	26 47	10 5	16 37	14 56	27 21	29 55	25 49	4 9	24 46
5	8:54:35	12 39 15	20 25	28 36	11 18	17 0	15 7	27 25	29 57	25 50	4 10	24 42
6	8:58:31	13 36 43	4Aq17	0Le28	12 30	17 23	15 17	27 28	29 58	25 52	4 12	24 39
7	9: 2:28	14 34 12	17 53	2 23	13 43	17 45	15 27	27 32	0Ge 0	25 54	4 14	24 36
8	9: 6:25	15 31 41	1Pi11	4 20	14 55	18 7	15 37	27 35	0 1	25 56	4 15	24 33
9	9:10:21	16 29 12	14 8	6 19	16 8	18 28	15 47	27 38	0 3	25 58	4 17	24 30
10	9:14:18	17 26 44	26 47	8 19	17 20	18 49	15 57	27 42	0 4	25 59	4 19	24 27
11	9:18:14	18 24 17	9Ar 8	10 21	18 32	19 9	16 7	27 45	0 5	26 1	4 20	24 23
12	9:22:11	19 21 52	21 15	12 23	19 45	19 28	16 17	27 48	0 6	26 3	4 22	24 20
13	9:26: 7	20 19 28	3Ta13	14 25	20 57	19 47	16 26	27 51	0 8	26 5	4 24	24 17
14	9:30: 4	21 17 5	15 5	16 28	22 9	20 5	16 36	27 54	0 9	26 7	4 25	24 14
15	9:34: 0	22 14 45	26 57	18 31	23 22	20 23	16 45	27 57	0 10	26 9	4 27	24 11
16	9:37:57	23 12 25	8Ge53	20 33	24 34	20 40	16 54	27 59	0 11	26 11	4 29	24 8
17	9:41:53	24 10 8	20 59	22 35	25 46	20 56	17 3	28 2	0 12	26 13	4 30	24 4
18	9:45:50	25 7 51	3Cn18	24 36	26 58	21 11	17 12	28 4	0 13	26 15	4 32	24 1
19	9:49:47	26 5 37	15 53	26 36	28 10	21 26	17 21	28 7	0 14	26 16	4 33	23 58
20	9:53:43	27 3 24	28 46	28 35	29 23	21 40	17 30	28 9	0 15	26 18	4 35	23 55
21	9:57:40	28 1 12	11Le59	0Vi33	0Li35	21 54	17 39	28 11	0 15	26 20	4 37	23 52
22	10: 1:36	28 59 2	25 30	2 30	1 47	22 7	17 47	28 13	0 16	26 22	4 38	23 48
23	10: 5:33	29 56 53	9Vi17	4 25	2 59	22 19	17 55	28 15	0 17	26 25	4 40	23 45
24	10: 9:30	0Vi54 46	23 18	6 20	4 11	22 30	18 4	28 17	0 17	26 27	4 41	23 42
25	10:13:26	1 52 40	7Li29	8 13	5 23	22 40	18 12	28 19	0 18	26 29	4 43	23 39
26	10:17:23	2 50 35	21 46	10 5	6 35	22 50	18 20	28 21	0 18	26 31	4 44	23 36
27	10:21:19	3 48 32	6Sc 5	11 56	7 46	22 59	18 27	28 22	0 19	26 33	4 46	23 33
28	10:25:16	4 46 30	20 22	13 45	8 58	23 7	18 35	28 24	0 19	26 35	4 47	23 29
29	10:29:12	5 44 30	4Sg36	15 33	10 10	23 15	18 43	28 25	0 20	26 37	4 49	23 26
30	10:33: 9	6 42 30	18 44	17 20	11 22	23 21	18 50	28 26	0 20	26 39	4 50	23 23
31	10:37: 6	7 40 32	2Cp44	19 5	12 33	23 27	18 57	28 27	0 20	26 41	4 52	23 20

8/23 Sun in Vir. 13:17   8/7 Full 5:39   8/15 3rd Qt. 1:40   8/22 New 18:34   8/29 1st Qt. 14:04

SEPTEMBER 1941

Day	Sid. T.	Sun	Moon	Merc.	Venus	Mars	Jup.	Saturn	Uranus	Nept.	Pluto	N.Node
1	10:41: 2	8Vi38 36	16Cp34	20Vi49	13Li45	23Ar32	19Ge 4	28Ta28	0Ge21	26Vi43	4Le53	23Vi17
2	10:44:58	9 36 41	0Aq12	22 32	14 57	23 36	19 11	28 29	0 21	26 45	4 55	23 13
3	10:48:55	10 34 47	13 37	24 14	16 8	23 39	19 18	28 30	0 21	26 48	4 56	23 10
4	10:52:51	11 32 55	26 49	25 54	17 20	23 42	19 25	28 31	0 21	26 50	4 58	23 7
5	10:56:48	12 31 4	9Pi46	27 33	18 31	23 43	19 31	28 32	0 21	26 52	4 59	23 4
6	11: 0:45	13 29 15	22 28	29 11	19 43	23 44	19 37	28 32	0 21R	26 54	5 1	23 1
7	11: 4:41	14 27 28	4Ar55	0Li48	20 54	23 44R	19 43	28 32	0 21	26 56	5 2	22 58
8	11: 8:37	15 25 43	17 10	2 24	22 5	23 43	19 49	28 33	0 21	26 58	5 3	22 54
9	11:12:34	16 23 59	29 14	3 59	23 17	23 41	19 55	28 33	0 21	27 1	5 5	22 51
10	11:16:31	17 22 18	11Ta10	5 32	24 28	23 38	20 1	28 33	0 21	27 3	5 6	22 48
11	11:20:27	18 20 39	23 2	7 4	25 39	23 34	20 6	28 33R	0 20	27 5	5 7	22 45
12	11:24:24	19 19 2	4Ge54	8 36	26 50	23 29	20 12	28 33	0 20	27 7	5 9	22 42
13	11:28:20	20 17 27	16 50	10 6	28 2	23 24	20 17	28 33	0 20	27 10	5 10	22 39
14	11:32:17	21 15 54	28 54	11 35	29 13	23 18	20 22	28 32	0 19	27 12	5 11	22 35
15	11:36:14	22 14 23	11Cn12	13 2	0Sc24	23 11	20 26	28 32	0 19	27 14	5 13	22 32
16	11:40:10	23 12 55	23 48	14 29	1 35	23 3	20 31	28 31	0 18	27 16	5 14	22 29
17	11:44: 6	24 11 28	6Le44	15 54	2 45	22 54	20 35	28 31	0 18	27 18	5 15	22 26
18	11:48: 3	25 10 4	20 3	17 19	3 56	22 44	20 40	28 30	0 17	27 21	5 16	22 23
19	11:52: 0	26 8 41	3Vi46	18 42	5 7	22 34	20 44	28 29	0 16	27 23	5 17	22 19
20	11:55:56	27 7 21	17 51	20 4	6 18	22 22	20 48	28 28	0 16	27 25	5 19	22 16
21	11:59:53	28 6 3	2Li15	21 24	7 29	22 10	20 51	28 27	0 15	27 27	5 20	22 13
22	12: 3:49	29 4 47	16 52	22 43	8 39	21 58	20 55	28 26	0 14	27 30	5 22	22 10
23	12: 7:46	0Li 3 32	1Sc36	24 1	9 50	21 44	20 58	28 24	0 13	27 32	5 23	22 7
24	12:11:42	1 2 20	16 20	25 18	11 0	21 30	21 2	28 23	0 12	27 34	5 24	22 4
25	12:15:39	2 1 9	0Sg58	26 33	12 11	21 16	21 5	28 21	0 11	27 36	5 25	22 0
26	12:19:36	3 0 0	15 24	27 46	13 21	21 0	21 7	28 20	0 10	27 38	5 26	21 57
27	12:23:32	3 58 53	29 34	28 58	14 32	20 45	21 10	28 18	0 9	27 41	5 26	21 54
28	12:27:29	4 57 47	13Cp27	0Sc 8	15 42	20 28	21 12	28 16	0 8	27 43	5 27	21 51
29	12:31:25	5 56 43	27 3	1 16	16 52	20 12	21 15	28 14	0 7	27 45	5 28	21 48
30	12:35:22	6 55 41	10Aq22	2 22	18 2	19 54	21 17	28 12	0 6	27 47	5 29	21 45

9/23 Sun in Lib. 10:33 9/5 Full 17:36(E) 9/13 3rd Qt. 19:32 9/21 New 4:39(E) 9/27 1st Qt. 20:09

OCTOBER 1941

Day	Sid. T.	Sun	Moon	Merc.	Venus	Mars	Jup.	Saturn	Uranus	Nept.	Pluto	N.Node
1	12:39:18	7Li54 41	23Aq24	3Sc25	19Sc12	19Ar37R	21Ge18	28Ta10R	0Ge 5R	27Vi50	5Le30	21Vi41
2	12:43:15	8 53 42	6Pi13	4 27	20 22	19 19	21 20	28 8	0 4	27 52	5 31	21 38
3	12:47:12	9 52 45	18 49	5 26	21 32	19 1	21 22	28 6	0 2	27 54	5 32	21 35
4	12:51: 8	10 51 50	1Ar13	6 22	22 42	18 43	21 23	28 3	0 1	27 56	5 33	21 32
5	12:55: 4	11 50 58	13 28	7 15	23 51	18 24	21 24	28 1	29Ta59	27 58	5 34	21 29
6	12:59: 1	12 50 7	25 34	8 5	25 1	18 5	21 25	27 58	29 58	28 0	5 34	21 25
7	13: 2:58	13 49 18	7Ta33	8 52	26 11	17 46	21 25	27 55	29 57	28 3	5 35	21 22
8	13: 6:54	14 48 32	19 27	9 35	27 20	17 27	21 26	27 52	29 55	28 5	5 36	21 19
9	13:10:51	15 47 47	1Ge18	10 13	28 29	17 9	21 26	27 50	29 53	28 7	5 37	21 16
10	13:14:47	16 47 5	13 9	10 47	29 39	16 50	21 26R	27 47	29 52	28 9	5 37	21 13
11	13:18:44	17 46 26	25 4	11 15	0Sg48	16 31	21 26	27 44	29 50	28 11	5 38	21 10
12	13:22:40	18 45 48	7Cn 6	11 39	1 57	16 12	21 26	27 40	29 48	28 13	5 39	21 6
13	13:26:37	19 45 13	19 20	11 56	3 6	15 54	21 25	27 37	29 47	28 15	5 39	21 3
14	13:30:34	20 44 41	1Le51	12 6	4 15	15 36	21 24	27 34	29 45	28 18	5 40	21 0
15	13:34:30	21 44 10	14 43	12 10R	5 24	15 18	21 23	27 30	29 43	28 20	5 41	20 57
16	13:38:27	22 43 42	27 58	12 6	6 32	15 0	21 22	27 27	29 41	28 22	5 41	20 54
17	13:42:23	23 43 16	11Vi41	11 54	7 41	14 43	21 21	27 23	29 40	28 24	5 42	20 51
18	13:46:20	24 42 52	25 51	11 33	8 50	14 26	21 19	27 20	29 38	28 26	5 42	20 47
19	13:50:17	25 42 30	10Li26	11 4	9 58	14 10	21 18	27 16	29 36	28 28	5 43	20 44
20	13:54:13	26 42 11	25 20	10 26	11 6	13 54	21 16	27 12	29 34	28 30	5 43	20 41
21	13:58: 9	27 41 54	10Sc27	9 40	12 14	13 39	21 13	27 8	29 32	28 32	5 44	20 38
22	14: 2: 6	28 41 38	25 36	8 45	13 22	13 24	21 11	27 4	29 30	28 34	5 44	20 35
23	14: 6: 2	29 41 24	10Sg37	7 43	14 30	13 10	21 9	27 0	29 28	28 36	5 45	20 31
24	14: 9:59	0Sc41 13	25 22	6 35	15 38	12 57	21 6	26 56	29 26	28 38	5 45	20 28
25	14:13:56	1 41 3	9Cp45	5 22	16 46	12 44	21 3	26 52	29 23	28 40	5 45	20 25
26	14:17:52	2 40 54	23 43	4 6	17 53	12 32	21 0	26 48	29 21	28 42	5 46	20 22
27	14:21:49	3 40 47	7Aq16	2 49	19 1	12 21	20 56	26 44	29 19	28 44	5 46	20 19
28	14:25:45	4 40 42	20 26	1 35	20 8	12 10	20 53	26 39	29 17	28 46	5 46	20 16
29	14:29:42	5 40 39	3Pi16	0 24	21 15	12 0	20 49	26 35	29 15	28 48	5 46	20 12
30	14:33:38	6 40 37	15 49	29Li19	22 22	11 51	20 45	26 31	29 12	28 49	5 47	20 9
31	14:37:35	7 40 36	28 9	28 23	23 28	11 43	20 41	26 26	29 10	28 51	5 47	20 6

10/23 Sun in Sco. 19:28 10/5 Full 8:32 10/13 3rd Qt. 12:52 10/20 New 14:20 10/27 1st Qt. 5:04

NOVEMBER 1941

Day	Sid. T.	Sun	Moon	Merc.	Venus	Mars	Jup.	Saturn	Uranus	Nept.	Pluto	N.Node
1	14:41:32	8Sc40 38	10Ar19	27Li37R	24Sg35	11Ar36R	20Ge37R	26Ta22R	29Ta 8R	28Vi53	5Le47	20Vi 3
2	14:45:28	9 40 41	22 22	27 1	25 41	11 29	20 33	26 17	29 6	28 55	5 47	20 0
3	14:49:25	10 40 46	4Ta19	26 36	26 47	11 23	20 28	26 13	29 3	28 56	5 47	19 57
4	14:53:21	11 40 53	16 13	26 24	27 53	11 18	20 23	26 8	29 1	28 58	5 47	19 53
5	14:57:18	12 41 1	28 5	26 22D	28 59	11 14	20 18	26 3	28 59	29 0	5 47	19 50
6	15: 1:14	13 41 12	9Ge57	26 32	0Cp 4	11 10	20 13	25 59	28 56	29 2	5 47	19 47
7	15: 5:11	14 41 24	21 50	26 52	1 10	11 7	20 8	25 54	28 54	29 3	5 47R	19 44
8	15: 9: 7	15 41 39	3Cn47	27 22	2 15	11 6	20 2	25 49	28 51	29 5	5 47	19 41
9	15:13: 4	16 41 55	15 50	28 1	3 20	11 4	19 57	25 44	28 49	29 7	5 47	19 37
10	15:17: 1	17 42 13	28 2	28 47	4 25	11 4D	19 51	25 40	28 46	29 8	5 47	19 34
11	15:20:57	18 42 34	10Le29	29 40	5 29	11 5	19 45	25 35	28 44	29 10	5 47	19 31
12	15:24:54	19 42 56	23 14	0Sc40	6 33	11 6	19 39	25 30	28 42	29 12	5 47	19 28
13	15:28:50	20 43 20	6Vi21	1 45	7 37	11 8	19 33	25 25	28 39	29 13	5 47	19 25
14	15:32:47	21 43 46	19 54	2 54	8 41	11 11	19 27	25 20	28 37	29 15	5 47	19 22
15	15:36:43	22 44 14	3Li56	4 8	9 44	11 15	19 20	25 15	28 34	29 16	5 46	19 18
16	15:40:40	23 44 43	18 26	5 25	10 47	11 19	19 13	25 10	28 32	29 18	5 46	19 15
17	15:44:37	24 45 15	3Sc21	6 45	11 50	11 24	19 7	25 6	28 29	29 19	5 46	19 12
18	15:48:33	25 45 48	18 34	8 7	12 53	11 30	19 0	25 1	28 27	29 20	5 45	19 9
19	15:52:30	26 46 23	3Sg55	9 31	13 55	11 37	18 53	24 56	28 24	29 22	5 45	19 6
20	15:56:26	27 47 0	19 12	10 57	14 57	11 44	18 46	24 51	28 22	29 23	5 45	19 2
21	16: 0:23	28 47 37	4Cp14	12 25	15 58	11 52	18 39	24 46	28 19	29 25	5 44	18 59
22	16: 4:19	29 48 16	18 53	13 54	16 59	12 1	18 31	24 41	28 17	29 26	5 44	18 56
23	16: 8:16	0Sg48 57	3Aq 3	15 23	18 0	12 10	18 24	24 36	28 14	29 27	5 44	18 53
24	16:12:12	1 49 38	16 43	16 54	19 1	12 20	18 16	24 31	28 12	29 28	5 43	18 50
25	16:16: 8	2 50 20	29 55	18 25	20 1	12 31	18 9	24 27	28 9	29 30	5 43	18 47
26	16:20: 5	3 51 3	12Pi43	19 56	21 0	12 43	18 1	24 22	28 7	29 31	5 42	18 43
27	16:24: 2	4 51 48	25 10	21 28	21 59	12 55	17 53	24 17	28 4	29 32	5 42	18 40
28	16:27:58	5 52 33	7Ar21	23 1	22 58	13 8	17 45	24 12	28 2	29 33	5 41	18 37
29	16:31:55	6 53 19	19 25	24 34	23 56	13 21	17 37	24 8	27 59	29 34	5 41	18 34
30	16:35:52	7 54 7	1Ta20	26 6	24 54	13 35	17 29	24 3	27 57	29 35	5 40	18 31

11/22 Sun in Sag. 16:38   11/4 Full 2:00   11/12 3rd Qt. 4:54   11/19 New 0:04   11/25 1st Qt. 17:53

DECEMBER 1941

Day	Sid. T.	Sun	Moon	Merc.	Venus	Mars	Jup.	Saturn	Uranus	Nept.	Pluto	N.Node
1	16:39:48	8Sg54 55	13Ta12	27Sc39	25Cp51	13Ar49	17Ge21R	23Ta58R	27Ta54R	29Vi36	5Le39R	18Vi28
2	16:43:44	9 55 45	25 3	29 13	26 48	14 4	17 13	23 54	27 52	29 37	5 39	18 24
3	16:47:41	10 56 35	6Ge56	0Sg46	27 44	14 20	17 5	23 49	27 49	29 38	5 38	18 21
4	16:51:38	11 57 27	18 51	2 19	28 40	14 36	16 57	23 45	27 47	29 39	5 37	18 18
5	16:55:34	12 58 20	0Cn49	3 53	29 35	14 53	16 49	23 40	27 44	29 40	5 37	18 15
6	16:59:31	13 59 14	12 53	5 26	0Aq29	15 10	16 41	23 36	27 42	29 41	5 36	18 12
7	17: 3:28	15 0 9	25 2	7 0	1 23	15 28	16 32	23 31	27 40	29 42	5 35	18 8
8	17: 7:24	16 1 5	7Le21	8 33	2 16	15 46	16 24	23 27	27 37	29 43	5 34	18 5
9	17:11:20	17 2 2	19 50	10 7	3 8	16 5	16 16	23 23	27 35	29 44	5 33	18 2
10	17:15:17	18 3 1	2Vi34	11 40	4 0	16 24	16 8	23 18	27 33	29 44	5 33	17 59
11	17:19:13	19 4 0	15 36	13 14	4 51	16 43	16 0	23 14	27 30	29 45	5 32	17 56
12	17:23:10	20 5 1	29 0	14 48	5 41	17 3	15 51	23 10	27 28	29 46	5 31	17 53
13	17:27: 7	21 6 2	12Li49	16 22	6 30	17 24	15 43	23 6	27 26	29 47	5 30	17 49
14	17:31: 3	22 7 5	27 4	17 56	7 19	17 45	15 35	23 2	27 24	29 47	5 29	17 46
15	17:35: 0	23 8 9	11Sc44	19 30	8 7	18 6	15 27	22 58	27 21	29 48	5 28	17 43
16	17:38:56	24 9 14	26 44	21 4	8 53	18 28	15 19	22 55	27 19	29 48	5 27	17 40
17	17:42:53	25 10 20	11Sg57	22 38	9 39	18 50	15 11	22 51	27 17	29 49	5 26	17 37
18	17:46:49	26 11 26	27 12	24 12	10 24	19 13	15 3	22 47	27 15	29 49	5 25	17 34
19	17:50:46	27 12 33	12Cp17	25 47	11 8	19 36	14 55	22 43	27 13	29 50	5 24	17 30
20	17:54:43	28 13 40	27 3	27 22	11 51	19 59	14 48	22 40	27 11	29 50	5 23	17 27
21	17:58:39	29 14 48	11Aq22	28 57	12 32	20 22	14 40	22 37	27 9	29 51	5 22	17 24
22	18: 2:36	0Cp15 56	25 12	0Cp32	13 13	20 46	14 32	22 33	27 7	29 51	5 21	17 21
23	18: 6:32	1 17 4	8Pi32	2 7	13 52	21 11	14 25	22 30	27 5	29 51	5 20	17 18
24	18:10:29	2 18 12	21 25	3 43	14 30	21 35	14 17	22 27	27 3	29 52	5 19	17 14
25	18:14:25	3 19 20	3Ar56	5 19	15 6	22 0	14 10	22 24	27 1	29 52	5 18	17 11
26	18:18:22	4 20 29	16 9	6 55	15 42	22 26	14 3	22 21	26 59	29 52	5 17	17 8
27	18:22:18	5 21 37	28 9	8 31	16 15	22 51	13 56	22 18	26 57	29 52	5 16	17 5
28	18:26:15	6 22 45	10Ta 8	10 8	16 48	23 17	13 49	22 15	26 56	29 52	5 14	17 2
29	18:30:11	7 23 53	21 53	11 45	17 18	23 43	13 42	22 12	26 54	29 53	5 13	16 59
30	18:34: 8	8 25 2	3Ge44	13 22	17 48	24 10	13 35	22 10	26 52	29 53	5 12	16 55
31	18:38: 5	9 26 10	15 38	14 59	18 15	24 37	13 28	22 7	26 50	29 53	5 11	16 52

12/22 Sun in Cap. 5:45   12/3 Full 20:51   12/11 3rd Qt. 18:48   12/18 New 10:19   12/25 1st Qt. 10:44

Day	Sid. T.	Sun	Moon	Merc.	Venus	Mars	Jup.	Saturn	Uranus	Nept.	Pluto	N.Node
1	18:42: 1	10Cp27 18	27Ge38	16Cp37	18Aq41	25Ar 4	13Ge22R	22Ta 5R	26Ta49R	29Vi53R	5Le10R	16Vi49
2	18:45:58	11 28 27	9Cn45	18 15	19 5	25 31	13 15	22 2	26 47	29 53	5 8	16 46
3	18:49:54	12 29 35	22 0	19 53	19 27	25 59	13 9	22 0	26 46	29 53	5 7	16 43
4	18:53:51	13 30 43	4Le23	21 31	19 47	26 26	13 3	21 58	26 44	29 53	5 6	16 40
5	18:57:47	14 31 51	16 55	23 10	20 5	26 54	12 57	21 56	26 43	29 52	5 5	16 36
6	19: 1:44	15 33 0	29 38	24 49	20 21	27 23	12 51	21 54	26 41	29 52	5 3	16 33
7	19: 5:41	16 34 8	12Vi32	26 28	20 35	27 51	12 46	21 52	26 40	29 52	5 2	16 30
8	19: 9:37	17 35 16	25 40	28 7	20 47	28 20	12 40	21 51	26 39	29 52	5 1	16 27
9	19:13:34	18 36 25	9Li 5	29 46	20 56	28 49	12 35	21 49	26 37	29 52	5 0	16 24
10	19:17:30	19 37 33	22 47	1Aq25	21 4	29 18	12 30	21 47	26 36	29 51	4 58	16 20
11	19:21:27	20 38 42	6Sc49	3 4	21 9	29 47	12 25	21 46	26 35	29 51	4 57	16 17
12	19:25:23	21 39 50	21 11	4 42	21 11	0Ta17	12 20	21 45	26 34	29 51	4 56	16 14
13	19:29:20	22 40 59	5Sg48	6 20	21 11R	0 47	12 15	21 44	26 33	29 50	4 54	16 11
14	19:33:16	23 42 7	20 37	7 57	21 9	1 17	12 11	21 43	26 32	29 50	4 53	16 8
15	19:37:13	24 43 16	5Cp31	9 34	21 4	1 47	12 7	21 42	26 31	29 49	4 52	16 5
16	19:41:10	25 44 23	20 19	11 9	20 57	2 17	12 3	21 41	26 30	29 49	4 50	16 1
17	19:45: 7	26 45 31	4Aq55	12 42	20 47	2 48	11 59	21 40	26 29	29 48	4 49	15 58
18	19:49: 3	27 46 37	19 10	14 14	20 34	3 18	11 55	21 39	26 28	29 48	4 48	15 55
19	19:52:59	28 47 43	3Pi 1	15 44	20 19	3 49	11 52	21 39	26 27	29 47	4 46	15 52
20	19:56:56	29 48 48	16 25	17 11	20 2	4 20	11 48	21 39	26 26	29 47	4 45	15 49
21	20: 0:53	0Aq49 52	29 24	18 35	19 42	4 51	11 45	21 38	26 26	29 46	4 44	15 46
22	20: 4:49	1 50 55	12Ar 0	19 55	19 20	5 23	11 42	21 38	26 25	29 45	4 42	15 42
23	20: 8:46	2 51 58	24 18	21 10	18 56	5 54	11 40	21 38D	26 24	29 45	4 41	15 39
24	20:12:42	3 52 59	6Ta21	22 20	18 29	6 26	11 37	21 38	26 24	29 44	4 39	15 36
25	20:16:39	4 53 59	18 17	23 25	18 1	6 57	11 35	21 38	26 23	29 43	4 38	15 33
26	20:20:35	5 54 58	0Ge 8	24 22	17 31	7 29	11 33	21 39	26 23	29 42	4 37	15 30
27	20:24:32	6 55 56	12 0	25 12	16 59	8 1	11 31	21 39	26 22	29 41	4 35	15 26
28	20:28:28	7 56 53	23 57	25 53	16 25	8 33	11 29	21 40	26 22	29 40	4 34	15 23
29	20:32:25	8 57 49	6Cn 2	26 25	15 50	9 6	11 28	21 40	26 22	29 40	4 33	15 20
30	20:36:22	9 58 43	18 17	26 48	15 15	9 38	11 26	21 41	26 21	29 39	4 31	15 17
31	20:40:18	10 59 37	0Le43	26 59	14 38	10 11	11 25	21 42	26 21	29 38	4 30	15 14

1/20 Sun in Aqu. 16:24   1/2 Full 15:42   1/10 3rd Qt. 6:05   1/16 New 21:32   1/24 1st Qt. 6:36

Day	Sid. T.	Sun	Moon	Merc.	Venus	Mars	Jup.	Saturn	Uranus	Nept.	Pluto	N.Node
1	20:44:15	12Aq 0 29	13Le22	27Aq 0R	14Aq 1R	10Ta43	11Ge24R	21Ta43	26Ta21R	29Vi37R	4Le29R	15Vi11
2	20:48:12	13 1 20	26 14	26 49	13 24	11 16	11 24	21 44	26 21	29 36	4 27	15 7
3	20:52: 8	14 2 10	9Vi18	26 27	12 47	11 49	11 23	21 45	26 21D	29 35	4 26	15 4
4	20:56: 4	15 3 0	22 34	25 55	12 10	12 22	11 23	21 46	26 21	29 34	4 25	15 1
5	21: 0: 0	16 3 48	6Li 2	25 12	11 33	12 55	11 23D	21 48	26 21	29 33	4 23	14 58
6	21: 3:57	17 4 35	19 41	24 21	10 58	13 28	11 23	21 49	26 21	29 32	4 22	14 55
7	21: 7:54	18 5 21	3Sc31	23 22	10 23	14 2	11 23	21 51	26 21	29 30	4 21	14 51
8	21:11:50	19 6 7	17 32	22 17	9 49	14 35	11 24	21 53	26 22	29 29	4 19	14 48
9	21:15:47	20 6 51	1Sg43	21 9	9 17	15 8	11 25	21 55	26 22	29 28	4 18	14 45
10	21:19:44	21 7 35	16 1	19 58	8 47	15 42	11 26	21 57	26 22	29 27	4 17	14 42
11	21:23:40	22 8 17	0Cp25	18 47	8 18	16 16	11 27	21 59	26 23	29 26	4 15	14 39
12	21:27:37	23 8 59	14 49	17 38	7 52	16 49	11 28	22 1	26 23	29 24	4 13	14 36
13	21:31:33	24 9 39	29 8	16 33	7 27	17 23	11 30	22 3	26 24	29 23	4 13	14 32
14	21:35:30	25 10 18	13Aq18	15 32	7 5	17 57	11 31	22 6	26 24	29 22	4 11	14 29
15	21:39:26	26 10 55	27 14	14 37	6 45	18 31	11 33	22 8	26 25	29 21	4 10	14 26
16	21:43:23	27 11 31	10Pi51	13 49	6 27	19 5	11 35	22 11	26 25	29 19	4 9	14 23
17	21:47:19	28 12 5	24 9	13 8	6 12	19 40	11 38	22 14	26 26	29 18	4 8	14 20
18	21:51:16	29 12 38	7Ar 6	12 35	5 59	20 14	11 40	22 16	26 27	29 16	4 6	14 17
19	21:55:13	0Pi13 8	19 43	12 9	5 48	20 48	11 43	22 19	26 28	29 15	4 5	14 13
20	21:59: 9	1 13 37	2Ta 4	11 51	5 40	21 23	11 46	22 22	26 29	29 14	4 4	14 10
21	22: 3: 5	2 14 5	14 11	11 40	5 35	21 57	11 49	22 25	26 30	29 12	4 3	14 7
22	22: 7: 2	3 14 30	26 8	11 37	5 32	22 32	11 52	22 29	26 30	29 11	4 2	14 4
23	22:10:59	4 14 54	8Ge 1	11 40D	5 31D	23 6	11 56	22 32	26 32	29 9	4 1	14 1
24	22:14:55	5 15 15	19 55	11 50	5 33	23 41	11 59	22 35	26 33	29 8	3 59	13 57
25	22:18:52	6 15 35	1Cn52	12 6	5 37	24 16	12 3	22 39	26 34	29 5	3 58	13 54
26	22:22:49	7 15 53	13 59	12 27	5 44	24 50	12 7	22 43	26 35	29 3	3 57	13 51
27	22:26:45	8 16 9	26 19	12 54	5 52	25 25	12 11	22 46	26 36	29 3	3 56	13 48
28	22:30:41	9 16 22	8Le53	13 25	6 3	26 0	12 16	22 50	26 37	29 2	3 55	13 45

2/19 Sun in Pis. 6:47   2/1 Full 9:13   2/8 3rd Qt. 14:53   2/15 New 10:03   2/23 1st Qt. 3:40

MARCH 1942

Day	Sid. T.	Sun	Moon	Merc.	Venus	Mars	Jup.	Saturn	Uranus	Nept.	Pluto	N.Node
1	22:34:38	10Pi16 34	21Le45	14Aq 1	6Aq17	26Ta35	12Ge20	22Ta54	26Ta39	29Vi 0R	3Le54R	13Vi42
2	22:38:34	11 16 44	4Vi55	14 42	6 32	27 10	12 25	22 58	26 40	28 59	3 53	13 38
3	22:42:31	12 16 52	18 22	15 26	6 49	27 45	12 30	23 2	26 41	28 57	3 52	13 35
4	22:46:27	13 16 59	2Li 5	16 14	7 8	28 20	12 35	23 6	26 43	28 56	3 51	13 32
5	22:50:24	14 17 3	16 0	17 5	7 29	28 55	12 40	23 11	26 44	28 54	3 50	13 29
6	22:54:21	15 17 6	0Sc 0	18 0	7 52	29 31	12 46	23 15	26 46	28 52	3 49	13 26
7	22:58:17	16 17 8	14 17	18 57	8 17	0Ge 6	12 51	23 19	26 48	28 51	3 48	13 23
8	23: 2:14	17 17 7	28 32	19 57	8 43	0 41	12 57	23 24	26 49	28 49	3 47	13 19
9	23: 6:10	18 17 6	12Sg46	21 0	9 11	1 16	13 3	23 28	26 51	28 48	3 46	13 16
10	23:10: 7	19 17 2	26 58	22 5	9 41	1 52	13 9	23 33	26 53	28 46	3 45	13 13
11	23:14: 3	20 16 57	11Cp 5	23 12	10 12	2 27	13 15	23 38	26 54	28 44	3 44	13 10
12	23:18: 0	21 16 51	25 7	24 22	10 44	3 3	13 21	23 43	26 56	28 43	3 43	13 7
13	23:21:57	22 16 42	8Aq55	25 34	11 18	3 38	13 28	23 48	26 58	28 41	3 43	13 3
14	23:25:53	23 16 32	22 36	26 47	11 54	4 14	13 35	23 53	27 0	28 39	3 42	13 0
15	23:29:50	24 16 20	6Pi 4	28 3	12 30	4 49	13 42	23 58	27 2	28 38	3 41	12 57
16	23:33:46	25 16 7	19 19	29 20	13 8	5 25	13 49	24 3	27 4	28 36	3 40	12 54
17	23:37:43	26 15 51	2Ar19	0Pi39	13 47	6 1	13 56	24 8	27 6	28 34	3 39	12 51
18	23:41:39	27 15 33	15 5	2 0	14 27	6 36	14 3	24 14	27 8	28 33	3 39	12 48
19	23:45:36	28 15 13	27 36	3 22	15 9	7 12	14 11	24 19	27 10	28 31	3 38	12 44
20	23:49:32	29 14 51	9Ta54	4 46	15 51	7 48	14 18	24 24	27 13	28 29	3 37	12 41
21	23:53:29	0Ar14 26	22 1	6 11	16 34	8 24	14 26	24 30	27 15	28 28	3 37	12 38
22	23:57:26	1 14 0	3Ge59	7 38	17 19	9 0	14 34	24 36	27 17	28 26	3 36	12 35
23	0: 1:22	2 13 32	15 52	9 6	18 4	9 36	14 42	24 41	27 19	28 24	3 35	12 32
24	0: 5:19	3 13 1	27 45	10 36	18 50	10 11	14 50	24 47	27 22	28 23	3 35	12 29
25	0: 9:15	4 12 27	9Cn41	12 7	19 37	10 47	14 58	24 53	27 24	28 21	3 34	12 25
26	0:13:12	5 11 52	21 47	13 40	20 25	11 23	15 7	24 59	27 26	28 19	3 34	12 22
27	0:17: 8	6 11 14	4Le 6	15 14	21 14	11 59	15 15	25 5	27 29	28 18	3 33	12 19
28	0:21: 5	7 10 34	16 42	16 49	22 3	12 35	15 24	25 11	27 31	28 16	3 33	12 16
29	0:25: 2	8 9 52	29 40	18 26	22 53	13 11	15 33	25 17	27 34	28 14	3 32	12 13
30	0:28:58	9 9 7	13Vi 0	20 4	23 44	13 47	15 42	25 23	27 36	28 13	3 32	12 9
31	0:32:55	10 8 20	26 44	21 43	24 35	14 23	15 51	25 29	27 39	28 11	3 31	12 6

3/21 Sun in Ari. 6:11   3/3 Full 0:20(E)   3/9 3rd Qt. 22:01   3/16 New 23:50(E)   3/25 1st Qt. 0:01

APRIL 1942

Day	Sid. T.	Sun	Moon	Merc.	Venus	Mars	Jup.	Saturn	Uranus	Nept.	Pluto	N.Node
1	0:36:51	11Ar 7 31	10Li50	23Pi24	25Aq28	15Ge 0	16Ge 0	25Ta35	27Ta42	28Vi10R	3Le31R	12Vi 3
2	0:40:48	12 6 40	25 13	25 6	26 20	15 36	16 9	25 42	27 44	28 8	3 30	12 0
3	0:44:44	13 5 47	9Sc48	26 50	27 14	16 12	16 19	25 48	27 47	28 6	3 30	11 57
4	0:48:41	14 4 52	24 28	28 35	28 8	16 48	16 28	25 54	27 50	28 5	3 30	11 54
5	0:52:37	15 3 56	9Sg 6	0Ar22	29 2	17 24	16 38	26 1	27 52	28 3	3 29	11 50
6	0:56:34	16 2 57	23 36	2 10	29 57	18 0	16 48	26 7	27 55	28 2	3 29	11 47
7	1: 0:30	17 1 57	7Cp54	3 59	0Pi53	18 37	16 57	26 14	27 58	28 0	3 29	11 44
8	1: 4:27	18 0 56	21 57	5 50	1 49	19 13	17 7	26 21	28 1	27 59	3 29	11 41
9	1: 8:24	18 59 52	5Aq45	7 43	2 46	19 49	17 17	26 27	28 4	27 57	3 29	11 38
10	1:12:20	19 58 47	19 17	9 37	3 43	20 26	17 28	26 34	28 7	27 56	3 28	11 35
11	1:16:17	20 57 40	2Pi34	11 32	4 40	21 2	17 38	26 41	28 10	27 54	3 28	11 31
12	1:20:13	21 56 31	15 38	13 29	5 38	21 38	17 48	26 48	28 13	27 53	3 28	11 28
13	1:24:10	22 55 21	28 30	15 27	6 37	22 15	17 59	26 55	28 16	27 51	3 28	11 25
14	1:28: 6	23 54 8	11Ar10	17 27	7 35	22 51	18 9	27 2	28 19	27 50	3 28	11 22
15	1:32: 3	24 52 54	23 40	19 28	8 34	23 27	18 20	27 8	28 22	27 48	3 28	11 15
16	1:36: 0	25 51 37	5Ta59	21 30	9 34	24 4	18 31	27 15	28 25	27 47	3 28D	11 15
17	1:39:56	26 50 19	18 10	23 34	10 34	24 40	18 42	27 23	28 28	27 45	3 28	11 12
18	1:43:53	27 48 59	0Ge12	25 38	11 34	25 17	18 53	27 30	28 31	27 44	3 28	11 9
19	1:47:49	28 47 36	12 8	27 44	12 35	25 53	19 4	27 37	28 34	27 43	3 28	11 6
20	1:51:46	29 46 12	24 0	29 51	13 36	26 29	19 15	27 44	28 37	27 41	3 28	11 3
21	1:55:42	0Ta44 45	5Cn51	1Ta58	14 37	27 6	19 26	27 51	28 40	27 40	3 28	11 0
22	1:59:39	1 43 16	17 46	4 6	15 38	27 42	19 37	27 58	28 44	27 39	3 28	10 56
23	2: 3:35	2 41 46	29 51	6 14	16 40	28 19	19 49	28 6	28 47	27 37	3 29	10 53
24	2: 7:32	3 40 12	12Le 5	8 23	17 42	28 56	20 0	28 13	28 50	27 36	3 29	10 50
25	2:11:29	4 38 37	24 38	10 31	18 45	29 32	20 12	28 20	28 53	27 35	3 29	10 47
26	2:15:25	5 37 0	7Vi34	12 38	19 47	0Cn 9	20 23	28 28	28 56	27 33	3 29	10 44
27	2:19:21	6 35 20	20 56	14 45	20 50	0 45	20 35	28 35	29 0	27 32	3 29	10 40
28	2:23:18	7 33 39	4Li45	16 50	21 53	1 22	20 47	28 42	29 3	27 31	3 30	10 37
29	2:27:15	8 31 55	19 2	18 52	22 56	1 58	20 58	28 50	29 6	27 30	3 30	10 34
30	2:31:11	9 30 10	3Sc42	20 57	24 0	2 35	21 10	28 57	29 10	27 29	3 30	10 31

4/20 Sun in Tau. 17:39   4/1 Full 12:33   4/8 3rd Qt. 4:43   4/15 New 14:34   4/23 1st Qt. 18:10   4/30 Full 22:00

Day	Sid. T.	Sun	Moon	Merc.	Venus	Mars	Jup.	Saturn	Uranus	Nept.	Pluto	N.Node
1	2:35: 8	10Ta28 23	18Sc40	22Iab/	25Pi 4	3Cn11	21Ge22	29Ta 5	29Ta13	27Vi28R	3Le31	10Vi28
2	2:39: 5	11 26 34	3Sg45	24 55	26 8	3 48	21 34	29 12	29 16	27 26	3 31	10 25
3	2:43: 1	12 24 44	18 47	26 51	27 12	4 25	21 46	29 20	29 20	27 25	3 32	10 21
4	2:46:57	13 22 52	3Cp39	28 44	28 17	5 1	21 58	29 27	29 23	27 24	3 32	10 18
5	2:50:54	14 20 59	18 12	0Ge33	29 21	5 38	22 11	29 35	29 27	27 23	3 33	10 15
6	2:54:51	15 19 4	2Aq23	2 20	0Ar26	6 15	22 23	29 43	29 30	27 22	3 33	10 12
7	2:58:47	16 17 8	16 11	4 3	1 31	6 51	22 35	29 50	29 33	27 21	3 34	10 9
8	3: 2:44	17 15 11	29 36	5 43	2 36	7 28	22 48	29 58	29 37	27 20	3 34	10 6
9	3: 6:40	18 13 12	12Pi42	7 20	3 42	8 5	23 0	0Ge 5	29 40	27 19	3 35	10 2
10	3:10:37	19 11 12	25 31	8 53	4 47	8 41	23 13	0 13	29 44	27 19	3 35	9 59
11	3:14:33	20 9 10	8Ar 6	10 22	5 53	9 18	23 25	0 21	29 47	27 18	3 36	9 56
12	3:18:30	21 7 8	20 29	11 47	6 59	9 55	23 38	0 28	29 51	27 17	3 37	9 53
13	3:22:26	22 5 3	2Ta44	13 9	8 5	10 32	23 50	0 36	29 54	27 16	3 37	9 50
14	3:26:23	23 2 58	14 52	14 27	9 11	11 8	24 3	0 44	29 58	27 15	3 38	9 46
15	3:30:20	24 0 51	26 53	15 41	10 18	11 45	24 16	0 52	0Ge 1	27 14	3 39	9 43
16	3:34:16	24 58 42	8Ge50	16 51	11 24	12 22	24 29	0 59	0 5	27 14	3 40	9 40
17	3:38:13	25 56 32	20 42	17 56	12 31	12 59	24 41	1 7	0 8	27 13	3 40	9 37
18	3:42:10	26 54 21	2Cn33	18 58	13 38	13 36	24 54	1 15	0 12	27 12	3 41	9 34
19	3:46: 6	27 52 8	14 25	19 56	14 44	14 12	25 7	1 23	0 15	27 12	3 42	9 31
20	3:50: 2	28 49 53	26 20	20 49	15 51	14 49	25 20	1 30	0 19	27 11	3 43	9 27
21	3:53:59	29 47 37	8Le22	21 38	16 59	15 26	25 33	1 38	0 22	27 11	3 44	9 24
22	3:57:56	0Ge45 19	20 35	22 23	18 6	16 3	25 46	1 46	0 26	27 10	3 45	9 21
23	4: 1:52	1 43 0	3Vi 5	23 3	19 13	16 40	25 59	1 54	0 29	27 10	3 45	9 18
24	4: 5:48	2 40 39	15 57	23 38	20 21	17 16	26 12	2 1	0 33	27 9	3 46	9 15
25	4: 9:45	3 38 16	29 14	24 10	21 28	17 53	26 26	2 9	0 36	27 9	3 47	9 12
26	4:13:42	4 35 52	13Li 1	24 36	22 36	18 30	26 39	2 17	0 40	27 8	3 48	9 8
27	4:17:38	5 33 27	27 15	24 58	23 44	19 7	26 52	2 25	0 43	27 8	3 49	9 5
28	4:21:35	6 31 0	11Sc58	25 15	24 52	19 44	27 5	2 32	0 47	27 7	3 50	9 2
29	4:25:31	7 28 32	27 3	25 27	26 0	20 21	27 19	2 40	0 50	27 7	3 51	8 59
30	4:29:28	8 26 3	12Sg20	25 35	27 8	20 58	27 32	2 48	0 54	27 7	3 52	8 56
31	4:33:24	9 23 33	27 38	25 38	28 16	21 35	27 45	2 56	0 57	27 6	3 54	8 52

5/21 Sun in Gem. 17:09 5/7 3rd Qt. 12:13 5/15 New 5:45 5/23 1st Qt. 9:11 5/30 Full 5:29

Day	Sid. T.	Sun	Moon	Merc.	Venus	Mars	Jup.	Saturn	Uranus	Nept.	Pluto	N.Node
1	4:37:21	10Ge21 2	12Cp46	25Ge37R	29Ar25	22Cn12	27Ge59	3Ge 3	1Ge 1	27Vi 6R	3Le55	8Vi49
2	4:41:18	11 18 30	27 35	25 31	0Ta33	22 48	28 12	3 11	1 4	27 6	3 56	8 46
3	4:45:14	12 15 58	11Aq58	25 21	1 42	23 25	28 26	3 19	1 8	27 6	3 57	8 43
4	4:49:11	13 13 24	25 54	25 6	2 50	24 2	28 39	3 27	1 11	27 6	3 58	8 40
5	4:53: 7	14 10 50	9Pi22	24 48	3 59	24 39	28 52	3 34	1 14	27 6	3 59	8 37
6	4:57: 4	15 8 16	22 27	24 26	5 8	25 16	29 6	3 42	1 18	27 6	4 0	8 33
7	5: 1: 0	16 5 40	5Ar10	24 2	6 17	25 53	29 20	3 50	1 21	27 5	4 2	8 30
8	5: 4:57	17 3 4	17 38	23 34	7 26	26 30	29 33	3 57	1 25	27 5D	4 3	8 27
9	5: 8:53	18 0 28	29 52	23 4	8 35	27 7	29 47	4 5	1 28	27 5	4 4	8 24
10	5:12:50	18 57 51	11Ta57	22 33	9 44	27 44	0Cn 0	4 12	1 31	27 6	4 5	8 21
11	5:16:47	19 55 13	23 57	22 0	10 53	28 21	0 14	4 20	1 35	27 6	4 7	8 18
12	5:20:43	20 52 35	5Ge51	21 26	12 2	28 58	0 27	4 28	1 38	27 6	4 8	8 14
13	5:24:40	21 49 56	17 44	20 52	13 12	29 35	0 41	4 35	1 42	27 6	4 9	8 11
14	5:28:36	22 47 16	29 35	20 19	14 21	0Le12	0 55	4 43	1 45	27 6	4 11	8 8
15	5:32:33	23 44 36	11Cn27	19 47	15 31	0 49	1 8	4 50	1 48	27 6	4 12	8 5
16	5:36:29	24 41 55	23 22	19 16	16 40	1 27	1 22	4 58	1 52	27 7	4 13	8 2
17	5:40:26	25 39 14	5Le20	18 48	17 50	2 4	1 36	5 5	1 55	27 7	4 15	7 58
18	5:44:23	26 36 31	17 26	18 22	19 0	2 41	1 49	5 13	1 58	27 7	4 16	7 55
19	5:48:19	27 33 48	29 43	17 59	20 9	3 18	2 3	5 20	2 1	27 7	4 18	7 52
20	5:52:16	28 31 4	12Vi14	17 39	21 19	3 55	2 17	5 27	2 5	27 8	4 19	7 49
21	5:56:12	29 28 20	25 3	17 24	22 29	4 32	2 31	5 35	2 8	27 8	4 20	7 46
22	6: 0: 9	0Cn25 35	8Li16	17 12	23 39	5 9	2 44	5 42	2 11	27 9	4 22	7 43
23	6: 4: 5	1 22 49	21 55	17 4	24 49	5 46	2 58	5 49	2 14	27 9	4 23	7 39
24	6: 8: 2	2 20 2	6Sc 2	17 1	25 59	6 23	3 12	5 57	2 17	27 10	4 25	7 36
25	6:11:59	3 17 15	20 36	17 3D	27 9	7 1	3 25	6 4	2 20	27 10	4 26	7 33
26	6:15:55	4 14 27	5Sg33	17 9	28 20	7 38	3 39	6 11	2 24	27 11	4 28	7 30
27	6:19:51	5 11 39	20 46	17 20	29 30	8 15	3 53	6 18	2 27	27 11	4 29	7 27
28	6:23:48	6 8 51	6Cp 3	17 36	0Ge40	8 52	4 6	6 25	2 30	27 12	4 31	7 24
29	6:27:45	7 6 3	21 15	17 57	1 51	9 29	4 20	6 32	2 33	27 13	4 33	7 20
30	6:31:41	8 3 14	6Aq10	18 22	3 1	10 7	4 34	6 39	2 36	27 13	4 34	7 17

6/22 Sun in Can. 1:17 6/5 3rd Qt. 21:27 6/13 New 21:02 6/21 1st Qt. 20:45 6/28 Full 12:10

JULY 1942

Day	Sid. T.	Sun	Moon	Merc.	Venus	Mars	Jup.	Saturn	Uranus	Nept.	Pluto	N.Node
1	6:35:37	9Cn 0 25	20Aq42	18Ge53	4Ge12	10Le44	4Cn48	6Ge46	2Ge39	27Vi14	4Le36	7Vi14
2	6:39:34	9 57 37	4Pi47	19 28	5 22	11 21	5 1	6 53	2 42	27 15	4 37	7 11
3	6:43:31	10 54 48	18 22	20 8	6 33	11 58	5 15	7 0	2 45	27 16	4 39	7 8
4	6:47:27	11 52 0	1Ar32	20 52	7 44	12 36	5 29	7 7	2 48	27 16	4 40	7 4
5	6:51:24	12 49 12	14 18	21 42	8 54	13 13	5 42	7 14	2 50	27 17	4 42	7 1
6	6:55:21	13 46 25	26 44	22 35	10 5	13 50	5 56	7 21	2 53	27 18	4 44	6 58
7	6:59:17	14 43 37	8Ta57	23 34	11 16	14 28	6 9	7 28	2 56	27 19	4 45	6 55
8	7: 3:14	15 40 50	20 58	24 37	12 27	15 5	6 23	7 34	2 59	27 20	4 47	6 52
9	7: 7:10	16 38 4	2Ge53	25 44	13 38	15 42	6 37	7 41	3 2	27 21	4 49	6 49
10	7:11: 7	17 35 18	14 45	26 55	14 49	16 20	6 50	7 48	3 4	27 22	4 50	6 45
11	7:15: 3	18 32 32	26 37	28 11	16 0	16 57	7 4	7 54	3 7	27 23	4 52	6 42
12	7:19: 0	19 29 46	8Cn30	29 31	17 11	17 34	7 17	8 1	3 10	27 24	4 54	6 39
13	7:22:56	20 27 1	20 26	0Cn55	18 22	18 12	7 31	8 7	3 12	27 25	4 55	6 36
14	7:26:53	21 24 16	2Le27	2 23	19 34	18 49	7 44	8 13	3 15	27 26	4 57	6 33
15	7:30:50	22 21 31	14 34	3 56	20 45	19 27	7 58	8 20	3 18	27 27	4 59	6 29
16	7:34:46	23 18 47	26 50	5 32	21 56	20 4	8 11	8 26	3 20	27 28	5 0	6 26
17	7:38:42	24 16 3	9Vi17	7 11	23 8	20 42	8 25	8 32	3 23	27 30	5 2	6 23
18	7:42:39	25 13 18	21 56	8 55	24 19	21 19	8 38	8 38	3 25	27 31	5 4	6 20
19	7:46:36	26 10 34	4Li52	10 41	25 31	21 57	8 51	8 45	3 28	27 32	5 5	6 17
20	7:50:32	27 7 51	18 6	12 31	26 42	22 34	9 5	8 51	3 30	27 33	5 7	6 14
21	7:54:29	28 5 7	1Sc42	14 24	27 54	23 12	9 18	8 57	3 32	27 35	5 9	6 10
22	7:58:26	29 2 24	15 40	16 20	29 6	23 49	9 31	9 3	3 35	27 36	5 10	6 7
23	8: 2:22	29 59 41	0Sg 1	18 18	0Cn17	24 27	9 44	9 8	3 37	27 37	5 12	6 4
24	8: 6:18	0Le56 59	14 41	20 18	1 29	25 4	9 58	9 14	3 39	27 39	5 14	6 1
25	8:10:15	1 54 17	29 36	22 20	2 41	25 42	10 11	9 20	3 41	27 40	5 16	5 58
26	8:14:12	2 51 35	14Cp38	24 24	3 53	26 20	10 24	9 26	3 44	27 42	5 17	5 55
27	8:18: 8	3 48 54	29 37	26 28	5 5	26 57	10 37	9 31	3 46	27 43	5 19	5 51
28	8:22: 5	4 46 14	14Aq25	28 34	6 17	27 35	10 50	9 37	3 48	27 45	5 21	5 48
29	8:26: 1	5 43 34	28 55	0Le40	7 29	28 12	11 3	9 42	3 50	27 46	5 22	5 45
30	8:29:58	6 40 55	13Pi 2	2 46	8 41	28 50	11 16	9 48	3 52	27 48	5 24	5 42
31	8:33:54	7 38 17	26 42	4 52	9 53	29 28	11 29	9 53	3 54	27 49	5 26	5 39

7/23 Sun in Leo 12:08   7/5 3rd Qt. 8:59   7/13 New 12:03   7/21 1st Qt. 5:13   7/27 Full 19:14

AUGUST 1942

Day	Sid. T.	Sun	Moon	Merc.	Venus	Mars	Jup.	Saturn	Uranus	Nept.	Pluto	N.Node
1	8:37:51	8Le35 40	9Ar56	6Le58	11Cn 5	0Vi 5	11Cn42	9Ge58	3Ge56	27Vi51	5Le28	5Vi35
2	8:41:47	9 33 5	22 47	9 3	12 17	0 43	12 7	10 4	3 58	27 52	5 29	5 32
3	8:45:44	10 30 30	5Ta17	11 8	13 30	1 21	12 20	10 9	4 0	27 54	5 31	5 29
4	8:49:41	11 27 57	17 31	13 11	14 42	1 59	12 33	10 14	4 1	27 56	5 33	5 26
5	8:53:37	12 25 25	29 33	15 14	15 55	2 37	12 45	10 19	4 3	27 57	5 35	5 23
6	8:57:34	13 22 54	11Ge28	17 15	17 7	3 14	12 58	10 24	4 5	27 59	5 36	5 20
7	9: 1:30	14 20 25	23 20	19 16	18 19	3 52	13 10	10 28	4 7	28 1	5 38	5 16
8	9: 5:27	15 17 57	5Cn12	21 14	19 32	4 30	13 23	10 33	4 8	28 2	5 40	5 13
9	9: 9:23	16 15 30	17 8	23 12	20 45	5 8	13 23	10 38	4 10	28 4	5 41	5 10
10	9:13:20	17 13 4	29 10	25 8	21 57	5 46	13 35	10 42	4 11	28 6	5 43	5 7
11	9:17:17	18 10 40	11Le21	27 3	23 10	6 24	13 48	10 47	4 13	28 8	5 45	5 4
12	9:21:13	19 8 16	23 41	28 56	24 23	7 2	14 0	10 51	4 14	28 9	5 46	5 1
13	9:25:10	20 5 54	6Vi13	0Vi47	25 35	7 40	14 12	10 56	4 16	28 11	5 48	4 57
14	9:29: 6	21 3 33	18 57	2 37	26 48	8 18	14 24	11 0	4 17	28 13	5 50	4 54
15	9:33: 3	22 1 13	1Li54	4 26	28 1	8 56	14 37	11 4	4 18	28 15	5 51	4 51
16	9:36:59	22 58 54	15 5	6 13	29 14	9 34	14 49	11 8	4 20	28 17	5 53	4 48
17	9:40:56	23 56 36	28 31	7 59	0Le27	10 12	15 1	11 12	4 21	28 19	5 55	4 45
18	9:44:52	24 54 19	12Sc12	9 43	1 40	10 50	15 13	11 16	4 22	28 21	5 56	4 41
19	9:48:49	25 52 3	26 8	11 26	2 53	11 28	15 24	11 20	4 23	28 23	5 58	4 38
20	9:52:45	26 49 48	10Sg19	13 8	4 6	12 6	15 36	11 24	4 24	28 25	6 0	4 35
21	9:56:42	27 47 35	24 42	14 48	5 19	12 44	15 48	11 27	4 25	28 27	6 1	4 32
22	10: 0:39	28 45 22	9Cp14	16 26	6 33	13 22	16 0	11 31	4 26	28 29	6 3	4 29
23	10: 4:35	29 43 11	23 51	18 4	7 46	14 0	16 11	11 34	4 27	28 31	6 5	4 26
24	10: 8:32	0Vi41 1	8Aq26	19 40	8 59	14 39	16 23	11 38	4 28	28 33	6 6	4 22
25	10:12:28	1 38 52	22 54	21 13	10 13	15 17	16 34	11 41	4 29	28 35	6 8	4 19
26	10:16:25	2 36 45	7Pi 8	22 47	11 26	15 55	16 46	11 44	4 30	28 37	6 9	4 16
27	10:20:21	3 34 39	21 5	24 19	12 39	16 33	16 57	11 47	4 30	28 39	6 11	4 13
28	10:24:18	4 32 35	4Ar42	25 49	13 53	17 12	17 8	11 50	4 31	28 41	6 12	4 10
29	10:28:15	5 30 32	17 56	27 19	15 6	17 50	17 19	11 53	4 32	28 43	6 14	4 7
30	10:32:11	6 28 32	0Ta48	28 46	16 20	18 28	17 30	11 56	4 32	28 45	6 16	4 3
31	10:36: 7	7 26 33	13 21	0Li13	17 33	19 7	17 41	11 58	4 33	28 47	6 17	4 0

8/23 Sun in Vir. 18:59   8/3 3rd Qt. 23:04   8/12 New 2:28(E)   8/19 1st Qt. 11:31   8/26 Full 3:46(E)

Day	Sid. T.	Sun	Moon	Merc.	Venus	Mars	Jup.	Saturn	Uranus	Nept.	Pluto	N.Node
1	10:40: 4	8Vi24 36	25Ta37	1Li37	18Le47	19Vi45	17Cn52	12Ge 1	4Ge33	28Vi49	6Le19	3Vi57
2	10:44: 1	9 22 41	7Ge41	3 1	20 1	20 23	18 3	12 4	4 34	28 51	6 20	3 54
3	10:47:57	10 20 48	19 37	4 23	21 15	21 2	18 13	12 6	4 34	28 53	6 22	3 51
4	10:51:54	11 18 57	1Cn29	5 44	22 28	21 40	18 24	12 8	4 34	28 55	6 23	3 47
5	10:55:50	12 17 8	13 22	7 3	23 42	22 19	18 34	12 10	4 35	28 58	6 24	3 44
6	10:59:47	13 15 21	25 21	8 20	24 56	22 57	18 45	12 12	4 35	29 0	6 26	3 41
7	11: 3:44	14 13 36	7Le28	9 36	26 10	23 36	18 55	12 14	4 35	29 2	6 27	3 38
8	11: 7:40	15 11 52	19 48	10 50	27 24	24 14	19 5	12 16	4 35	29 4	6 29	3 35
9	11:11:37	16 10 11	2Vi22	12 2	28 38	24 53	19 16	12 18	4 35	29 6	6 30	3 32
10	11:15:33	17 8 31	15 12	13 13	29 52	25 32	19 26	12 20	4 35R	29 8	6 32	3 28
11	11:19:30	18 6 53	28 18	14 21	1Vi 6	26 10	19 35	12 21	4 35	29 11	6 33	3 25
12	11:23:26	19 5 17	11Li39	15 28	2 20	26 49	19 45	12 23	4 35	29 13	6 34	3 22
13	11:27:23	20 3 43	25 15	16 32	3 34	27 28	19 55	12 24	4 35	29 15	6 36	3 19
14	11:31:20	21 2 10	9Sc 2	17 34	4 48	28 7	20 5	12 25	4 35	29 17	6 37	3 16
15	11:35:16	22 0 39	23 0	18 34	6 2	28 45	20 14	12 26	4 35	29 19	6 38	3 13
16	11:39:13	22 59 10	7Sg 4	19 31	7 17	29 24	20 23	12 27	4 34	29 22	6 39	3 9
17	11:43: 9	23 57 42	21 14	20 25	8 31	0Li 3	20 33	12 28	4 34	29 24	6 41	3 6
18	11:47: 6	24 56 16	5Cp27	21 16	9 45	0 42	20 42	12 29	4 34	29 26	6 42	3 3
19	11:51: 2	25 54 52	19 40	22 4	11 0	1 21	20 51	12 30	4 33	29 28	6 43	3 0
20	11:54:58	26 53 29	3Aq52	22 49	12 14	2 0	21 0	12 30	4 33	29 31	6 44	2 57
21	11:58:55	27 52 8	18 0	23 29	13 28	2 38	21 9	12 31	4 32	29 33	6 46	2 53
22	12: 2:52	28 50 49	2Pi 0	24 6	14 43	3 17	21 17	12 31	4 32	29 35	6 47	2 50
23	12: 6:48	29 49 31	15 50	24 38	15 57	3 56	21 26	12 31	4 31	29 37	6 48	2 47
24	12:10:45	0Li48 15	29 28	25 6	17 12	4 35	21 34	12 32	4 30	29 40	6 49	2 44
25	12:14:42	1 47 1	12Ar50	25 28	18 26	5 14	21 42	12 32R	4 29	29 42	6 50	2 41
26	12:18:38	2 45 50	25 56	25 45	19 41	5 54	21 51	12 31	4 29	29 44	6 51	2 38
27	12:22:34	3 44 40	8Ta44	25 55	20 55	6 33	21 59	12 31	4 28	29 46	6 52	2 34
28	12:26:31	4 43 32	21 15	26 0	22 10	7 12	22 6	12 31	4 27	29 48	6 53	2 31
29	12:30:28	5 42 27	3Ge31	25 58R	23 25	7 51	22 14	12 31	4 26	29 51	6 54	2 28
30	12:34:24	6 41 24	15 35	25 48	24 39	8 30	22 22	12 30	4 25	29 53	6 55	2 25

9/23 Sun in Lib. 16:17   9/2 3rd Qt. 15:42   9/10 New 15:53(E)   9/17 1st Qt. 16:57   9/24 Full 14:34

Day	Sid. T.	Sun	Moon	Merc.	Venus	Mars	Jup.	Saturn	Uranus	Nept.	Pluto	N.Node
1	12:38:21	7Li40 24	27Ge30	25Li32R	25Vi54	9Li 9	22Cn29	12Ge29R	4Ge24R	29Vi55	6Le56	2Vi22
2	12:42:18	8 39 26	9Cn22	25 7	27 9	9 49	22 37	12 29	4 23	29 57	6 57	2 18
3	12:46:14	9 38 29	21 14	24 35	28 23	10 28	22 44	12 28	4 22	29 59	6 58	2 15
4	12:50:11	10 37 36	3Le13	23 55	29 38	11 7	22 51	12 27	4 21	0Li 2	6 59	2 12
5	12:54: 7	11 36 44	15 22	23 8	0Li53	11 47	22 58	12 26	4 20	0 4	7 0	2 9
6	12:58: 3	12 35 55	27 47	22 13	2 8	12 26	23 5	12 25	4 18	0 6	7 1	2 6
7	13: 2: 0	13 35 8	10Vi31	21 13	3 23	13 6	23 11	12 23	4 17	0 8	7 2	2 3
8	13: 5:57	14 34 23	23 35	20 7	4 38	13 45	23 18	12 22	4 16	0 10	7 3	1 59
9	13: 9:53	15 33 40	7Li 1	18 58	5 53	14 25	23 24	12 20	4 14	0 13	7 3	1 56
10	13:13:50	16 32 59	20 47	17 47	7 7	15 4	23 30	12 19	4 13	0 15	7 4	1 53
11	13:17:47	17 32 21	4Sc51	16 35	8 22	15 44	23 36	12 17	4 11	0 17	7 5	1 50
12	13:21:43	18 31 44	19 7	15 26	9 37	16 23	23 42	12 15	4 10	0 19	7 6	1 47
13	13:25:39	19 31 10	3Sg30	14 20	10 52	17 3	23 47	12 13	4 8	0 21	7 6	1 44
14	13:29:36	20 30 37	17 54	13 20	12 7	17 43	23 53	12 11	4 7	0 23	7 7	1 40
15	13:33:33	21 30 6	2Cp15	12 28	13 22	18 22	23 58	12 9	4 5	0 25	7 8	1 37
16	13:37:29	22 29 36	16 29	11 45	14 37	19 2	24 3	12 7	4 3	0 28	7 8	1 34
17	13:41:26	23 29 9	0Aq34	11 11	15 53	19 42	24 8	12 5	4 2	0 30	7 9	1 31
18	13:45:23	24 28 43	14 30	10 49	17 8	20 21	24 13	12 2	4 0	0 32	7 10	1 28
19	13:49:19	25 28 19	28 15	10 37	18 23	21 1	24 18	12 0	3 58	0 34	7 10	1 24
20	13:53:15	26 27 56	11Pi50	10 37D	19 38	21 41	24 22	11 57	3 56	0 36	7 11	1 21
21	13:57:12	27 27 35	25 14	10 48	20 53	22 21	24 26	11 55	3 54	0 38	7 11	1 18
22	14: 1: 8	28 27 16	8Ar28	11 9	22 8	23 1	24 30	11 52	3 53	0 40	7 12	1 15
23	14: 5: 5	29 26 59	21 31	11 40	23 23	23 41	24 34	11 49	3 51	0 42	7 12	1 12
24	14: 9: 1	0Sc26 44	4Ta20	12 21	24 38	24 21	24 38	11 46	3 49	0 44	7 12	1 9
25	14:12:58	1 26 31	16 56	13 9	25 53	25 1	24 42	11 43	3 47	0 46	7 13	1 5
26	14:16:54	2 26 20	29 20	14 5	27 9	25 41	24 45	11 40	3 45	0 48	7 13	1 2
27	14:20:51	3 26 11	11Ge32	15 8	28 24	26 21	24 48	11 36	3 43	0 50	7 14	0 59
28	14:24:48	4 26 4	23 33	16 16	29 39	27 1	24 51	11 33	3 41	0 52	7 14	0 56
29	14:28:44	5 25 59	5Cn26	17 29	0Sc54	27 41	24 54	11 30	3 38	0 54	7 14	0 53
30	14:32:41	6 25 57	17 16	18 47	2 10	28 22	24 57	11 26	3 36	0 56	7 14	0 50
31	14:36:37	7 25 57	29 7	20 8	3 25	29 2	24 59	11 23	3 34	0 58	7 15	0 46

10/24 Sun in Sco. 1:16   10/2 3rd Qt. 10:27   10/10 New 4:07   10/16 1st Qt. 22:59   10/24 Full 4:05

NOVEMBER 1942

Day	Sid. T.	Sun	Moon	Merc.	Venus	Mars	Jup.	Saturn	Uranus	Nept.	Pluto	N.Node
1	14:40:34	8Sc25 58	11Le 3	21Li33	4Sc40	29Li42	25Cn 2	11Ge19R	3Ge32R	0Li59	7Le15	0Vi43
2	14:44:31	9 26 2	23 10	23 0	5 55	0Sc22	25 4	11 15	3 30	1 1	7 15	0 40
3	14:48:27	10 26 8	5Vi34	24 29	7 11	1 3	25 5	11 11	3 28	1 3	7 15	0 37
4	14:52:24	11 26 16	18 18	26 0	8 26	1 43	25 7	11 8	3 25	1 5	7 15	0 34
5	14:56:20	12 26 26	1Li28	27 32	9 41	2 24	25 9	11 4	3 23	1 7	7 15	0 30
6	15: 0:16	13 26 38	15 5	29 6	10 57	3 4	25 10	11 0	3 21	1 8	7 15	0 27
7	15: 4:13	14 26 52	29 8	0Sc40	12 12	3 45	25 11	10 55	3 18	1 10	7 16	0 24
8	15: 8: 9	15 27 8	13Sc34	2 16	13 27	4 25	25 12	10 51	3 16	1 12	7 16R	0 21
9	15:12: 6	16 27 26	28 17	3 51	14 43	5 6	25 13	10 47	3 14	1 14	7 16	0 18
10	15:16: 2	17 27 45	13Sg 8	5 27	15 58	5 46	25 13	10 43	3 11	1 15	7 15	0 15
11	15:19:59	18 28 6	27 58	7 4	17 13	6 27	25 13	10 38	3 9	1 17	7 15	0 11
12	15:23:56	19 28 29	12Cp40	8 40	18 29	7 8	25 14	10 34	3 6	1 19	7 15	0 8
13	15:27:52	20 28 53	27 8	10 17	19 44	7 48	25 14R	10 30	3 4	1 20	7 15	0 5
14	15:31:49	21 29 18	11Aq19	11 53	20 59	8 29	25 13	10 25	3 2	1 22	7 15	0 2
15	15:35:46	22 29 44	25 11	13 30	22 15	9 10	25 13	10 21	2 59	1 23	7 15	29Le59
16	15:39:42	23 30 12	8Pi45	15 6	23 30	9 51	25 12	10 16	2 57	1 25	7 15	29 56
17	15:43:38	24 30 41	22 4	16 42	24 45	10 32	25 11	10 11	2 54	1 26	7 14	29 52
18	15:47:35	25 31 12	5Ar 9	18 18	26 1	11 13	25 10	10 7	2 52	1 28	7 14	29 49
19	15:51:32	26 31 43	18 2	19 54	27 16	11 54	25 9	10 2	2 49	1 29	7 14	29 46
20	15:55:28	27 32 16	0Ta43	21 30	28 32	12 35	25 7	9 57	2 47	1 31	7 14	29 43
21	15:59:25	28 32 51	13 15	23 6	29 47	13 16	25 6	9 53	2 44	1 32	7 13	29 40
22	16: 3:21	29 33 26	25 37	24 41	1Sg 2	13 57	25 4	9 48	2 42	1 34	7 13	29 36
23	16: 7:18	0Sg34 4	7Ge50	26 17	2 18	14 38	25 2	9 43	2 39	1 35	7 13	29 33
24	16:11:14	1 34 42	19 54	27 52	3 33	15 19	25 0	9 38	2 37	1 36	7 12	29 30
25	16:15:11	2 35 23	1Cn51	29 27	4 49	16 0	24 57	9 33	2 34	1 38	7 12	29 27
26	16:19: 7	3 36 4	13 42	1Sg 1	6 4	16 41	24 54	9 28	2 32	1 39	7 11	29 24
27	16:23: 4	4 36 47	25 30	2 36	7 19	17 22	24 52	9 24	2 29	1 40	7 11	29 21
28	16:27: 1	5 37 32	7Le19	4 11	8 35	18 4	24 49	9 19	2 26	1 41	7 10	29 17
29	16:30:58	6 38 18	19 13	5 45	9 50	18 45	24 45	9 14	2 24	1 43	7 10	29 14
30	16:34:54	7 39 6	1Vi16	7 20	11 6	19 26	24 42	9 9	2 21	1 44	7 9	29 11

11/22 Sun in Sag. 22:31　11/1 3rd Qt. 6:18　11/8 New 15:19　11/15 1st Qt. 6:57　11/22 Full 20:24

DECEMBER 1942

Day	Sid. T.	Sun	Moon	Merc.	Venus	Mars	Jup.	Saturn	Uranus	Nept.	Pluto	N.Node
1	16:38:50	8Sg39 55	13Vi36	8Sg54	12Sg21	20Sc 8	24Cn38R	9Ge 4R	2Ge19R	1Li45	7Le 9R	29Le 8
2	16:42:47	9 40 45	26 16	10 28	13 37	20 49	24 34	8 59	2 16	1 46	7 8	29 5
3	16:46:43	10 41 37	9Li22	12 2	14 52	21 31	24 31	8 54	2 14	1 47	7 7	29 2
4	16:50:40	11 42 30	22 57	13 36	16 7	22 12	24 26	8 49	2 11	1 48	7 7	28 58
5	16:54:37	12 43 25	7Sc 3	15 11	17 23	22 54	24 22	8 44	2 9	1 49	7 6	28 55
6	16:58:33	13 44 21	21 36	16 45	18 38	23 35	24 18	8 39	2 7	1 50	7 5	28 52
7	17: 2:30	14 45 18	6Sg32	18 19	19 54	24 17	24 13	8 34	2 4	1 51	7 5	28 49
8	17: 6:27	15 46 16	21 41	19 53	21 9	24 59	24 8	8 29	2 2	1 52	7 4	28 46
9	17:10:23	16 47 15	6Cp54	21 27	22 25	25 40	24 3	8 25	1 59	1 53	7 3	28 42
10	17:14:19	17 48 15	21 58	23 2	23 40	26 22	23 58	8 20	1 57	1 54	7 2	28 39
11	17:18:16	18 49 15	6Aq47	24 36	24 56	27 4	23 52	8 15	1 54	1 54	7 1	28 36
12	17:22:13	19 50 16	21 13	26 10	26 11	27 46	23 47	8 10	1 52	1 55	7 1	28 33
13	17:26: 9	20 51 18	5Pi15	27 45	27 26	28 28	23 41	8 5	1 50	1 56	7 0	28 30
14	17:30: 6	21 52 20	18 53	29 19	28 42	29 10	23 36	8 1	1 47	1 57	6 59	28 27
15	17:34: 3	22 53 22	2Ar 9	0Cp54	29 57	29 51	23 30	7 56	1 45	1 57	6 58	28 23
16	17:37:59	23 54 25	15 5	2 28	1Cp13	0Sg33	23 23	7 51	1 43	1 58	6 57	28 20
17	17:41:55	24 55 28	27 46	4 3	2 28	1 15	23 17	7 47	1 41	1 59	6 56	28 17
18	17:45:52	25 56 32	10Ta14	5 38	3 43	1 57	23 11	7 42	1 38	1 59	6 55	28 14
19	17:49:49	26 57 36	22 31	7 13	4 59	2 40	23 4	7 38	1 36	2 0	6 54	28 11
20	17:53:45	27 58 40	4Ge40	8 47	6 14	3 22	22 58	7 33	1 34	2 0	6 53	28 7
21	17:57:42	28 59 45	16 41	10 22	7 30	4 4	22 51	7 29	1 32	2 1	6 52	28 4
22	18: 1:39	0Cp 0 51	28 38	11 57	8 45	4 46	22 44	7 24	1 30	2 1	6 51	28 1
23	18: 5:35	1 1 56	10Cn30	13 31	10 0	5 28	22 37	7 20	1 27	2 1	6 50	27 58
24	18: 9:31	2 3 3	22 20	15 6	11 16	6 11	22 30	7 16	1 25	2 2	6 49	27 55
25	18:13:28	3 4 9	4Le 9	16 40	12 31	6 53	22 23	7 12	1 23	2 2	6 48	27 52
26	18:17:24	4 5 17	15 59	18 14	13 47	7 35	22 16	7 8	1 21	2 2	6 47	27 48
27	18:21:21	5 6 24	27 55	19 47	15 2	8 18	22 8	7 4	1 19	2 3	6 46	27 45
28	18:25:18	6 7 32	10Vi 0	21 20	16 17	9 0	22 1	7 0	1 17	2 3	6 45	27 42
29	18:29:14	7 8 41	22 12	22 52	17 33	9 43	21 53	6 56	1 15	2 3	6 43	27 39
30	18:33:11	8 9 50	4Li54	24 23	18 48	10 25	21 45	6 52	1 14	2 3	6 42	27 36
31	18:37: 7	9 10 59	17 54	25 53	20 3	11 8	21 38	6 48	1 12	2 3	6 41	27 33

12/22 Sun in Cap. 11:40　12/1 3rd Qt. 1:37　12/8 New 2:00　12/14 1st Qt. 17:48　12/22 Full 15:03　12/30 3rd Qt. 18:38

Day	Sid. T.	Sun	Moon	Merc.	Venus	Mars	Jup.	Saturn	Uranus	Nept.	Pluto	N.Node
1	18:41: 4	10Cp12 9	1Sc20	27Cp21	21Cp19	11Sg50	21Cn30R	6Ge44R	1Ge1UR	2Li 4	6Le40R	27Le29
2	18:45: 0	11 13 19	15 15	20 48	22 34	12 33	21 22	6 41	1 8	2 4	6 39	27 26
3	18:48:57	12 14 30	29 39	0Aq12	23 49	13 15	21 14	6 37	1 6	2 4	6 37	27 23
4	18:52:54	13 15 40	14Sg29	1 34	25 5	13 58	21 6	6 34	1 5	2 4R	6 36	27 20
5	18:56:50	14 16 51	29 38	2 54	26 20	14 41	20 58	6 30	1 3	2 4	6 35	27 17
6	19: 0:47	15 18 2	14Cp56	4 9	27 35	15 24	20 50	6 27	1 1	2 4	6 34	27 13
7	19: 4:44	16 19 13	0Aq12	5 20	28 51	16 7	20 42	6 24	1 0	2 3	6 32	27 10
8	19: 8:40	17 20 24	15 15	6 27	0Aq 6	16 49	20 34	6 21	0 58	2 3	6 31	27 7
9	19:12:36	18 21 34	29 58	7 28	1 21	17 32	20 26	6 18	0 57	2 3	6 30	27 4
10	19:16:33	19 22 43	14Pi16	8 23	2 37	18 15	20 18	6 15	0 55	2 3	6 29	27 1
11	19:20:29	20 23 53	28 7	9 10	3 52	18 58	20 10	6 12	0 54	2 3	6 27	26 58
12	19:24:26	21 25 1	11Ar30	9 49	5 7	19 41	20 1	6 9	0 53	2 2	6 26	26 54
13	19:28:22	22 26 9	24 30	10 20	6 22	20 24	19 53	6 7	0 51	2 2	6 25	26 51
14	19:32:19	23 27 16	7Ta 9	10 40	7 38	21 7	19 45	6 4	0 50	2 2	6 23	26 48
15	19:36:16	24 28 22	19 32	10 50	8 53	21 50	19 37	6 2	0 49	2 1	6 22	26 45
16	19:40:12	25 29 28	1Ge41	10 48R	10 8	22 34	19 29	5 59	0 48	2 1	6 21	26 42
17	19:44: 9	26 30 33	13 42	10 35	11 23	23 17	19 21	5 57	0 47	2 1	6 19	26 39
18	19:48: 5	27 31 38	25 36	10 10	12 39	24 0	19 13	5 55	0 46	2 0	6 18	26 35
19	19:52: 2	28 32 42	7Cn27	9 34	13 54	24 43	19 5	5 53	0 44	2 0	6 17	26 32
20	19:55:58	29 33 45	19 17	8 46	15 9	25 26	18 57	5 51	0 44	1 59	6 15	26 29
21	19:59:55	0Aq34 47	1Le 7	7 50	16 24	26 10	18 50	5 49	0 43	1 58	6 14	26 26
22	20: 3:52	1 35 48	13 0	6 45	17 39	26 53	18 42	5 48	0 42	1 58	6 12	26 23
23	20: 7:48	2 36 49	24 58	5 34	18 54	27 37	18 34	5 46	0 41	1 57	6 11	26 19
24	20:11:45	3 37 50	7Vi 2	4 19	20 9	28 20	18 27	5 45	0 40	1 57	6 10	26 16
25	20:15:41	4 38 49	19 15	3 3	21 24	29 3	18 19	5 43	0 39	1 56	6 8	26 13
26	20:19:38	5 39 48	1Li41	1 47	22 39	29 47	18 12	5 42	0 39	1 55	6 7	26 10
27	20:23:34	6 40 46	14 21	0 34	23 54	0Cp30	18 4	5 41	0 38	1 54	6 6	26 7
28	20:27:31	7 41 44	27 20	29Cp26	25 9	1 14	17 57	5 40	0 37	1 54	6 4	26 4
29	20:31:27	8 42 41	10Sc41	28 23	26 24	1 58	17 50	5 39	0 37	1 53	6 3	26 0
30	20:35:24	9 43 37	24 25	27 28	27 39	2 41	17 43	5 38	0 36	1 52	6 1	25 57
31	20:39:21	10 44 33	8Sg33	26 42	28 54	3 25	17 36	5 37	0 36	1 51	6 0	25 54

1/20 Sun in Aqu. 22:19   1/6 New 12:38   1/13 1st Qt. 7:49   1/21 Full 10:48   1/29 3rd Qt. 8:14

Day	Sid. T.	Sun	Moon	Merc.	Venus	Mars	Jup.	Saturn	Uranus	Nept.	Pluto	N.Node
1	20:43:17	11Aq45 28	23Sg 4	26Cp 3R	0Pi 9	4Cp 9	17Cn29R	5Ge37R	0Ge36R	1Li 50R	5Le59R	25Le51
2	20:47:14	12 46 23	7Cp55	25 34	1 24	4 52	17 22	5 36	0 35	1 49	5 57	25 48
3	20:51:10	13 47 16	22 58	25 13	2 39	5 36	17 16	5 36	0 35	1 48	5 56	25 45
4	20:55: 7	14 48 8	8Aq 5	25 0	3 54	6 20	17 9	5 35	0 35	1 47	5 55	25 41
5	20:59: 3	15 49 0	23 6	24 55	5 9	7 4	17 3	5 35	0 35	1 46	5 53	25 38
6	21: 3: 0	16 49 50	7Pi54	24 58D	6 24	7 48	16 57	5 35D	0 35	1 45	5 52	25 35
7	21: 6:57	17 50 38	22 21	25 8	7 39	8 32	16 51	5 35	0 35	1 44	5 51	25 32
8	21:10:53	18 51 25	6Ar22	25 24	8 53	9 16	16 45	5 36	0 35D	1 43	5 49	25 29
9	21:14:50	19 52 11	19 57	25 47	10 8	10 0	16 39	5 36	0 35	1 42	5 48	25 25
10	21:18:46	20 52 55	3Ta 6	26 15	11 23	10 44	16 34	5 36	0 35	1 41	5 47	25 22
11	21:22:43	21 53 37	15 50	26 48	12 37	11 28	16 28	5 37	0 35	1 40	5 45	25 19
12	21:26:39	22 54 18	28 15	27 26	13 52	12 12	16 23	5 37	0 35	1 38	5 44	25 16
13	21:30:35	23 54 57	10Ge25	28 8	15 7	12 56	16 18	5 38	0 35	1 37	5 43	25 13
14	21:34:32	24 55 35	22 23	28 55	16 21	13 40	16 13	5 39	0 36	1 36	5 41	25 10
15	21:38:29	25 56 11	4Cn14	29 48	17 36	14 24	16 8	5 40	0 36	1 35	5 40	25 6
16	21:42:25	26 56 45	16 3	0Aq38	18 50	15 8	16 4	5 41	0 36	1 33	5 39	25 3
17	21:46:22	27 57 18	27 52	1 35	20 5	15 53	15 59	5 42	0 37	1 32	5 38	25 0
18	21:50:19	28 57 48	9Le46	2 34	21 19	16 37	15 55	5 44	0 37	1 31	5 36	24 57
19	21:54:15	29 58 17	21 46	3 36	22 34	17 21	15 51	5 45	0 38	1 29	5 35	24 54
20	21:58:11	0Pi58 45	3Vi54	4 40	23 48	18 6	15 47	5 47	0 39	1 28	5 34	24 50
21	22: 2: 8	1 59 11	16 12	5 47	25 3	18 50	15 44	5 48	0 39	1 27	5 33	24 47
22	22: 6: 5	2 59 35	28 41	6 56	26 17	19 34	15 40	5 50	0 40	1 25	5 31	24 44
23	22:10: 1	3 59 58	11Li23	8 6	27 31	20 19	15 37	5 52	0 41	1 24	5 30	24 41
24	22:13:58	5 0 19	24 19	9 19	28 46	21 3	15 34	5 54	0 42	1 22	5 29	24 38
25	22:17:55	6 0 39	7Sc29	10 34	0Ar 0	21 48	15 31	5 56	0 43	1 21	5 28	24 35
26	22:21:51	7 0 58	20 55	11 50	1 14	22 32	15 28	5 58	0 44	1 20	5 27	24 31
27	22:25:48	8 1 15	4Sg36	13 8	2 28	23 17	15 25	6 1	0 45	1 18	5 26	24 28
28	22:29:44	9 1 31	18 34	14 27	3 42	24 1	15 23	6 3	0 46	1 17	5 24	24 25

2/19 Sun in Pis. 12:41   2/4 New 23:29(E)   2/12 1st Qt. 0:40   2/20 Full 5:45(E)   2/27 3rd Qt. 18:23

MARCH 1943

Day	Sid. T.	Sun	Moon	Merc.	Venus	Mars	Jup.	Saturn	Uranus	Nept.	Pluto	N.Node
1	22:33:40	10Pi 1 45	2Cp48	15Aq48	4Ar56	24Cp46	15Cn21R	6Ge 5	0Ge47	1Li15R	5Le23R	24Le22
2	22:37:37	11 1 58	17 15	17 10	6 10	25 30	15 19	6 8	0 48	1 13	5 22	24 19
3	22:41:34	12 2 9	1Aq52	18 33	7 24	26 15	15 17	6 11	0 49	1 12	5 21	24 16
4	22:45:30	13 2 19	16 35	19 58	8 38	27 0	15 16	6 14	0 50	1 10	5 20	24 12
5	22:49:27	14 2 27	1Pi17	21 24	9 52	27 44	15 14	6 17	0 52	1 9	5 19	24 9
6	22:53:24	15 2 33	15 51	22 52	11 6	28 29	15 13	6 20	0 53	1 7	5 18	24 6
7	22:57:20	16 2 37	0Ar11	24 21	12 20	29 14	15 12	6 23	0 54	1 6	5 17	24 3
8	23: 1:16	17 2 39	14 12	25 50	13 34	29 59	15 11	6 26	0 56	1 4	5 16	24 0
9	23: 5:13	18 2 40	27 50	27 22	14 47	0Aq43	15 11	6 29	0 57	1 2	5 15	23 56
10	23: 9:10	19 2 38	11Ta 4	28 54	16 1	1 28	15 10	6 33	0 59	1 1	5 14	23 53
11	23:13: 6	20 2 34	23 54	0Pi27	17 15	2 13	15 10	6 36	1 0	0 59	5 13	23 50
12	23:17: 2	21 2 27	6Ge23	2 2	18 28	2 58	15 10D	6 40	1 2	0 58	5 12	23 47
13	23:20:59	22 2 19	18 35	3 38	19 42	3 43	15 10	6 43	1 4	0 56	5 12	23 44
14	23:24:56	23 2 9	0Cn35	5 15	20 55	4 28	15 11	6 47	1 5	0 54	5 11	23 41
15	23:28:52	24 1 56	12 26	6 53	22 9	5 12	15 11	6 51	1 7	0 53	5 10	23 37
16	23:32:49	25 1 41	24 15	8 33	23 22	5 57	15 12	6 55	1 9	0 51	5 9	23 34
17	23:36:46	26 1 24	6Le 5	10 13	24 36	6 42	15 13	6 59	1 11	0 49	5 8	23 31
18	23:40:41	27 1 4	18 2	11 55	25 49	7 27	15 14	7 3	1 13	0 48	5 7	23 28
19	23:44:38	28 0 42	0Vi 9	13 38	27 2	8 12	15 15	7 8	1 15	0 46	5 7	23 25
20	23:48:35	29 0 19	12 28	15 23	28 15	8 57	15 17	7 12	1 17	0 44	5 6	23 22
21	23:52:31	29 59 53	25 2	17 8	29 28	9 42	15 19	7 16	1 19	0 43	5 5	23 18
22	23:56:28	0Ar59 25	7Li51	18 55	0Ta41	10 27	15 21	7 21	1 21	0 41	5 5	23 15
23	0: 0:25	1 58 55	20 56	20 43	1 54	11 12	15 23	7 26	1 23	0 39	5 4	23 12
24	0: 4:21	2 58 23	4Sc15	22 32	3 7	11 57	15 25	7 30	1 25	0 38	5 3	23 9
25	0: 8:17	3 57 49	17 47	24 23	4 20	12 43	15 27	7 35	1 27	0 36	5 3	23 6
26	0:12:14	4 57 14	1Sg30	26 15	5 33	13 28	15 30	7 40	1 30	0 35	5 2	23 2
27	0:16:11	5 56 36	15 22	28 9	6 46	14 13	15 33	7 45	1 32	0 33	5 1	22 59
28	0:20: 7	6 55 57	29 22	0Ar 3	7 58	14 58	15 36	7 50	1 34	0 31	5 1	22 56
29	0:24: 4	7 55 17	13Cp28	1 59	9 11	15 43	15 39	7 55	1 37	0 30	5 0	22 53
30	0:28: 1	8 54 34	27 39	3 56	10 24	16 28	15 42	8 0	1 39	0 28	5 0	22 50
31	0:31:57	9 53 50	11Aq54	5 55	11 36	17 13	15 46	8 5	1 41	0 26	4 59	22 47

3/21 Sun in Ari. 12:03   3/6 New 10:34   3/13 1st Qt. 19:30   3/21 Full 22:08   3/29 3rd Qt. 1:52

APRIL 1943

Day	Sid. T.	Sun	Moon	Merc.	Venus	Mars	Jup.	Saturn	Uranus	Nept.	Pluto	N.Node
1	0:35:53	10Ar53 4	26Aq10	7Ar54	12Ta49	17Aq59	15Cn50	8Ge11	1Ge44	0Li25R	4Le59R	22Le43
2	0:39:50	11 52 16	10Pi25	9 55	14 1	18 44	15 53	8 16	1 46	0 23	4 59	22 40
3	0:43:47	12 51 26	24 34	11 57	15 13	19 29	15 58	8 21	1 49	0 21	4 58	22 37
4	0:47:43	13 50 35	8Ar33	14 0	16 26	20 14	16 2	8 27	1 51	0 20	4 58	22 34
5	0:51:39	14 49 41	22 19	16 3	17 38	21 0	16 6	8 33	1 54	0 18	4 57	22 31
6	0:55:36	15 48 45	5Ta47	18 8	18 50	21 45	16 11	8 38	1 57	0 17	4 57	22 28
7	0:59:33	16 47 47	18 56	20 12	20 2	22 30	16 15	8 44	1 59	0 15	4 57	22 24
8	1: 3:29	17 46 47	1Ge45	22 18	21 14	23 15	16 20	8 50	2 2	0 13	4 57	22 21
9	1: 7:26	18 45 45	14 14	24 23	22 26	24 1	16 25	8 56	2 5	0 12	4 56	22 18
10	1:11:22	19 44 40	26 27	26 28	23 38	24 46	16 31	9 2	2 8	0 10	4 56	22 15
11	1:15:19	20 43 34	8Cn28	28 32	24 49	25 31	16 36	9 8	2 10	0 9	4 56	22 12
12	1:19:16	21 42 25	20 19	0Ta36	26 1	26 16	16 42	9 14	2 13	0 7	4 56	22 8
13	1:23:12	22 41 13	2Le 8	2 39	27 13	27 2	16 47	9 20	2 16	0 6	4 56	22 5
14	1:27: 9	23 40 0	14 0	4 40	28 24	27 47	16 53	9 26	2 19	0 4	4 56	22 2
15	1:31: 5	24 38 44	25 58	6 40	29 36	28 32	16 59	9 32	2 22	0 3	4 55	21 59
16	1:35: 2	25 37 26	8Vi10	8 37	0Ge47	29 18	17 5	9 39	2 25	0 1	4 55	21 56
17	1:38:58	26 36 6	20 37	10 32	1 58	0Pi 3	17 12	9 45	2 28	0 0	4 55	21 53
18	1:42:55	27 34 43	3Li24	12 24	3 9	0 48	17 18	9 51	2 31	29Vi58	4 55D	21 49
19	1:46:52	28 33 19	16 31	14 13	4 20	1 33	17 25	9 58	2 34	29 57	4 55	21 46
20	1:50:48	29 31 53	29 58	15 59	5 31	2 19	17 32	10 4	2 37	29 56	4 55	21 43
21	1:54:44	0Ta30 24	13Sc43	17 41	6 42	3 4	17 39	10 11	2 40	29 54	4 56	21 40
22	1:58:41	1 28 54	27 41	19 20	7 53	3 49	17 46	10 18	2 43	29 53	4 56	21 37
23	2: 2:38	2 27 23	11Sg50	20 54	9 4	4 35	17 53	10 24	2 46	29 52	4 56	21 34
24	2: 6:34	3 25 49	26 3	22 24	10 15	5 20	18 0	10 31	2 49	29 50	4 56	21 30
25	2:10:31	4 24 14	10Cp17	23 50	11 25	6 5	18 8	10 38	2 53	29 49	4 56	21 27
26	2:14:27	5 22 38	24 29	25 11	12 36	6 50	18 15	10 45	2 56	29 48	4 56	21 24
27	2:18:24	6 21 0	8Aq37	26 28	13 46	7 36	18 23	10 51	2 59	29 46	4 57	21 21
28	2:22:20	7 19 20	22 40	27 40	14 56	8 21	18 31	10 58	3 2	29 45	4 57	21 18
29	2:26:17	8 17 39	6Pi37	28 48	16 6	9 6	18 39	11 5	3 6	29 44	4 57	21 14
30	2:30:14	9 15 56	20 28	29 50	17 16	9 51	18 47	11 12	3 9	29 43	4 57	21 11

4/20 Sun in Tau. 23:32   4/4 New 21:53   4/12 1st Qt. 15:04   4/20 Full 11:11   4/27 3rd Qt. 7:52

Day	Sid. T.	Sun	Moon	Merc.	Venus	Mars	Jup.	Saturn	Uranus	Nept.	Pluto	N.Node
1	2:34:10	10Ta14 12	4Ar11	0Ge48	18Ge26	10Pi36	18Cn55	11Ge19	3Ge12	29Vi41R	4Le58	21Le 8
2	2:38: 7	11 12 26	17 45	1 40	19 36	11 22	19 3	11 26	3 15	29 40	4 58	21 5
3	2:42: 3	12 10 38	1Ta 8	2 28	20 46	12 7	19 12	11 34	3 19	29 39	4 58	21 2
4	2:46: 0	13 8 49	14 18	3 11	21 56	12 52	19 20	11 41	3 22	29 38	4 59	20 59
5	2:49:56	14 6 58	27 12	3 48	23 5	13 37	19 29	11 48	3 25	29 37	4 59	20 55
6	2:53:53	15 5 6	9Ge51	4 20	24 15	14 22	19 38	11 55	3 29	29 36	5 0	20 52
7	2:57:49	16 3 12	22 14	4 47	25 24	15 7	19 47	12 2	3 32	29 35	5 0	20 49
8	3: 1:46	17 1 15	4Cn24	5 8	26 33	15 53	19 56	12 10	3 36	29 34	5 1	20 46
9	3: 5:42	17 59 18	16 22	5 25	27 42	16 38	20 5	12 17	3 39	29 33	5 1	20 43
10	3: 9:39	18 57 18	28 13	5 36	28 51	17 23	20 15	12 24	3 42	29 32	5 2	20 39
11	3:13:36	19 55 16	10Le 1	5 42	0Cn 0	18 8	20 24	12 32	3 46	29 31	5 3	20 36
12	3:17:32	20 53 13	21 51	5 43R	1 9	18 53	20 33	12 39	3 49	29 30	5 3	20 33
13	3:21:29	21 51 8	3Vi50	5 40	2 17	19 38	20 43	12 47	3 53	29 29	5 4	20 30
14	3:25:25	22 49 1	16 2	5 31	3 26	20 23	20 53	12 54	3 56	29 28	5 4	20 27
15	3:29:22	23 46 52	28 33	5 18	4 34	21 8	21 2	13 2	4 0	29 28	5 5	20 24
16	3:33:19	24 44 41	11Li26	5 1	5 42	21 53	21 12	13 9	4 3	29 27	5 6	20 20
17	3:37:15	25 42 29	24 44	4 40	6 50	22 38	21 22	13 17	4 7	29 26	5 7	20 17
18	3:41:12	26 40 15	8Sc26	4 15	7 58	23 22	21 32	13 24	4 10	29 25	5 7	20 14
19	3:45: 8	27 38 0	22 31	3 48	9 6	24 7	21 43	13 32	4 14	29 24	5 8	20 11
20	3:49: 5	28 35 44	6Sg54	3 18	10 13	24 52	21 53	13 40	4 17	29 24	5 9	20 8
21	3:53: 1	29 33 26	21 28	2 46	11 21	25 37	22 3	13 47	4 21	29 23	5 10	20 5
22	3:56:58	0Ge31 7	6Cp 6	2 13	12 28	26 22	22 14	13 55	4 24	29 23	5 11	20 1
23	4: 0:54	1 28 47	20 42	1 39	13 35	27 6	22 24	14 2	4 28	29 22	5 12	19 58
24	4: 4:51	2 26 26	5Aq11	1 4	14 42	27 51	22 35	14 10	4 31	29 21	5 12	19 55
25	4: 8:47	3 24 4	19 27	0 30	15 49	28 35	22 46	14 18	4 35	29 21	5 13	19 52
26	4:12:44	4 21 41	3Pi31	29Ta57	16 55	29 20	22 56	14 26	4 38	29 20	5 14	19 49
27	4:16:41	5 19 17	17 21	29 26	18 2	0Ar 5	23 7	14 33	4 42	29 20	5 15	19 45
28	4:20:37	6 16 52	0Ar59	28 57	19 8	0 49	23 18	14 41	4 45	29 19	5 16	19 42
29	4:24:33	7 14 26	14 23	28 30	20 14	1 34	23 29	14 49	4 49	29 19	5 17	19 39
30	4:28:30	8 11 59	27 36	28 6	21 20	2 18	23 40	14 57	4 52	29 19	5 18	19 36
31	4:32:27	9 9 32	10Ta36	27 45	22 26	3 2	23 52	15 4	4 56	29 18	5 19	19 33

5/21 Sun in Gem. 23:03   5/4 New 9:43   5/12 1st Qt. 9:53   5/19 Full 21:13   5/26 3rd Qt. 13:34

Day	Sid. T.	Sun	Moon	Merc.	Venus	Mars	Jup.	Saturn	Uranus	Nept.	Pluto	N.Node
1	4:36:23	10Ge 7 3	23Ta25	27Ta28R	23Cn31	3Ar47	24Cn 3	15Ge12	4Ge59	29Vi18R	5Le20	19Le30
2	4:40:20	11 4 34	6Ge 1	27 15	24 36	4 31	24 14	15 20	5 3	29 18	5 22	19 26
3	4:44:17	12 2 4	18 25	27 6	25 41	5 15	24 26	15 28	5 6	29 17	5 23	19 23
4	4:48:13	12 59 32	0Cn38	27 2	26 46	6 0	24 37	15 35	5 10	29 17	5 24	19 20
5	4:52: 9	13 57 0	12 40	27 1D	27 51	6 44	24 49	15 43	5 13	29 17	5 25	19 17
6	4:56: 6	14 54 27	24 33	27 6	28 55	7 28	25 0	15 51	5 17	29 17	5 26	19 14
7	5: 0: 3	15 51 52	6Le22	27 14	29 59	8 12	25 12	15 59	5 20	29 17	5 27	19 11
8	5: 3:59	16 49 17	18 9	27 27	1Le 3	8 56	25 24	16 7	5 24	29 17	5 29	19 7
9	5: 7:56	17 46 40	29 59	27 45	2 7	9 40	25 35	16 14	5 27	29 17	5 30	19 4
10	5:11:52	18 44 2	11Vi56	28 7	3 10	10 24	25 47	16 22	5 31	29 17	5 31	19 1
11	5:15:49	19 41 23	24 8	28 34	4 14	11 7	25 59	16 30	5 34	29 17D	5 32	18 58
12	5:19:46	20 38 44	6Li37	29 5	5 16	11 51	26 11	16 38	5 37	29 17	5 34	18 55
13	5:23:42	21 36 3	19 30	29 40	6 19	12 35	26 23	16 46	5 41	29 17	5 35	18 51
14	5:27:38	22 33 21	2Sc50	0Ge19	7 21	13 18	26 35	16 53	5 44	29 17	5 36	18 48
15	5:31:35	23 30 39	16 37	1 2	8 23	14 2	26 47	17 1	5 48	29 17	5 38	18 45
16	5:35:32	24 27 56	0Sg50	1 50	9 25	14 45	26 59	17 9	5 51	29 17	5 39	18 42
17	5:39:28	25 25 12	15 27	2 41	10 27	15 29	27 11	17 17	5 54	29 17	5 40	18 39
18	5:43:25	26 22 27	0Cp19	3 37	11 28	16 12	27 24	17 24	5 58	29 17	5 42	18 36
19	5:47:22	27 19 42	15 18	4 36	12 28	16 56	27 36	17 32	6 1	29 18	5 43	18 32
20	5:51:18	28 16 57	0Aq16	5 38	13 29	17 39	27 48	17 40	6 4	29 18	5 45	18 29
21	5:55:14	29 14 11	15 5	6 45	14 29	18 22	28 1	17 48	6 8	29 18	5 46	18 26
22	5:59:11	0Cn11 25	29 38	7 55	15 29	19 5	28 13	17 55	6 11	29 19	5 47	18 23
23	6: 3: 8	1 8 39	13Pi53	9 9	16 28	19 48	28 26	18 3	6 14	29 19	5 49	18 20
24	6: 7: 4	2 5 53	27 47	10 26	17 27	20 31	28 38	18 11	6 18	29 20	5 50	18 17
25	6:11: 0	3 3 7	11Ar22	11 47	18 26	21 14	28 51	18 18	6 21	29 20	5 52	18 13
26	6:14:57	4 0 20	24 38	13 11	19 24	21 56	29 3	18 26	6 24	29 20	5 53	18 10
27	6:18:54	4 57 34	7Ta37	14 39	20 22	22 39	29 16	18 33	6 27	29 21	5 55	18 7
28	6:22:50	5 54 48	20 22	16 10	21 19	23 22	29 29	18 41	6 30	29 22	5 56	18 4
29	6:26:47	6 52 2	2Ge53	17 45	22 16	24 4	29 42	18 49	6 34	29 22	5 58	18 1
30	6:30:43	7 49 15	15 13	19 23	23 13	24 47	29 54	18 56	6 37	29 23	5 59	17 57

6/22 Sun in Can. 7:13   6/2 New 22:34   6/11 1st Qt. 2:36   6/18 Full 5:15   6/24 3rd Qt. 20:08

JULY 1943

Day	Sid. T.	Sun	Moon	Merc.	Venus	Mars	Jup.	Saturn	Uranus	Nept.	Pluto	N.Node
1	6:34:40	8Cn46 29	27Ge23	21Ge 4	24Le 9	25Ar29	0Le 7	19Ge 4	6Ge40	29Vi23	6Le 1	17Le54
2	6:38:36	9 43 43	9Cn24	22 48	25 4	26 11	0 20	19 11	6 43	29 24	6 3	17 51
3	6:42:33	10 40 57	21 18	24 35	25 59	26 53	0 33	19 19	6 46	29 25	6 4	17 48
4	6:46:30	11 38 10	3Le 7	26 25	26 54	27 35	0 46	19 26	6 49	29 26	6 6	17 45
5	6:50:26	12 35 24	14 54	28 18	27 48	28 17	0 59	19 34	6 52	29 26	6 7	17 42
6	6:54:23	13 32 37	26 41	0Cn14	28 41	28 59	1 12	19 41	6 55	29 27	6 9	17 38
7	6:58:19	14 29 50	8Vi32	2 12	29 34	29 41	1 25	19 48	6 58	29 28	6 11	17 35
8	7: 2:16	15 27 3	20 30	4 13	0Vi26	0Ta22	1 38	19 56	7 1	29 29	6 12	17 32
9	7: 6:12	16 24 16	2Li42	6 16	1 17	1 4	1 51	20 3	7 4	29 30	6 14	17 29
10	7:10: 9	17 21 28	15 10	8 20	2 8	1 45	2 4	20 10	7 7	29 31	6 16	17 26
11	7:14: 6	18 18 41	28 0	10 26	2 59	2 27	2 17	20 17	7 10	29 32	6 17	17 23
12	7:18: 2	19 15 54	11Sc15	12 33	3 48	3 8	2 30	20 25	7 12	29 33	6 19	17 19
13	7:21:59	20 13 6	24 58	14 41	4 37	3 49	2 43	20 32	7 15	29 34	6 21	17 16
14	7:25:55	21 10 19	9Sg 9	16 49	5 25	4 30	2 56	20 39	7 18	29 35	6 22	17 13
15	7:29:52	22 7 32	23 45	18 58	6 12	5 11	3 9	20 46	7 21	29 36	6 24	17 10
16	7:33:48	23 4 45	8Cp41	21 7	6 59	5 51	3 23	20 53	7 23	29 37	6 26	17 7
17	7:37:45	24 1 58	23 49	23 16	7 44	6 32	3 36	21 0	7 26	29 38	6 27	17 3
18	7:41:41	24 59 11	9Aq 1	25 24	8 29	7 12	3 49	21 7	7 29	29 39	6 29	17 0
19	7:45:38	25 56 26	24 5	27 32	9 13	7 53	4 2	21 14	7 31	29 40	6 31	16 57
20	7:49:35	26 53 40	8Pi55	29 38	9 56	8 33	4 15	21 21	7 34	29 41	6 32	16 54
21	7:53:31	27 50 56	23 25	1Le44	10 37	9 13	4 29	21 27	7 36	29 43	6 34	16 51
22	7:57:28	28 48 12	7Ar30	3 48	11 18	9 53	4 42	21 34	7 39	29 44	6 36	16 48
23	8: 1:24	29 45 29	21 11	5 51	11 58	10 33	4 55	21 41	7 41	29 45	6 38	16 44
24	8: 5:21	0Le42 47	4Ta27	7 53	12 37	11 12	5 8	21 48	7 44	29 46	6 39	16 41
25	8: 9:17	1 40 5	17 22	9 53	13 15	11 52	5 22	21 54	7 46	29 48	6 41	16 38
26	8:13:14	2 37 25	29 58	11 51	13 51	12 31	5 35	22 1	7 49	29 49	6 43	16 35
27	8:17:11	3 34 46	12Ge19	13 48	14 26	13 10	5 48	22 7	7 51	29 51	6 45	16 32
28	8:21: 7	4 32 8	24 28	15 43	15 0	13 50	6 2	22 14	7 53	29 52	6 46	16 28
29	8:25: 3	5 29 30	6Cn27	17 37	15 33	14 29	6 15	22 20	7 56	29 53	6 48	16 25
30	8:29: 0	6 26 54	18 20	19 29	16 4	15 7	6 28	22 27	7 58	29 55	6 50	16 22
31	8:32:57	7 24 18	0Le 8	21 19	16 34	15 46	6 41	22 33	8 0	29 56	6 52	16 19

7/23 Sun in Leo 18:05   7/2 New 12:44   7/10 1st Qt. 16:29   7/17 Full 12:22   7/24 3rd Qt. 4:39

AUGUST 1943

Day	Sid. T.	Sun	Moon	Merc.	Venus	Mars	Jup.	Saturn	Uranus	Nept.	Pluto	N.Node
1	8:36:53	8Le21 43	11Le56	23Le 8	17Vi 3	16Ta24	6Le55	22Ge39	8Ge 2	29Vi58	6Le53	16Le16
2	8:40:50	9 19 9	23 43	24 55	17 30	17 3	7 8	22 45	8 4	29 59	6 55	16 13
3	8:44:46	10 16 36	5Vi34	26 40	17 55	17 41	7 21	22 52	8 6	0Li 1	6 57	16 9
4	8:48:43	11 14 4	17 30	28 24	18 19	18 19	7 35	22 58	8 8	0 3	6 58	16 6
5	8:52:39	12 11 32	29 34	0Vi 6	18 41	18 57	7 48	23 4	8 10	0 4	7 0	16 3
6	8:56:36	13 9 1	11Li50	1 47	19 1	19 34	8 1	23 10	8 12	0 6	7 2	16 0
7	9: 0:33	14 6 31	24 21	3 25	19 19	20 12	8 14	23 16	8 14	0 8	7 4	15 57
8	9: 4:29	15 4 2	7Sc10	5 3	19 35	20 49	8 28	23 21	8 16	0 9	7 5	15 54
9	9: 8:26	16 1 34	20 21	6 38	19 50	21 26	8 41	23 27	8 18	0 11	7 7	15 50
10	9:12:22	16 59 6	3Sg56	8 12	20 2	22 3	8 54	23 33	8 19	0 13	7 9	15 47
11	9:16:19	17 56 39	17 56	9 45	20 13	22 39	9 7	23 38	8 21	0 14	7 11	15 44
12	9:20:16	18 54 14	2Cp20	11 16	20 21	23 16	9 20	23 44	8 23	0 16	7 12	15 41
13	9:24:12	19 51 49	17 6	12 45	20 27	23 52	9 34	23 50	8 24	0 18	7 14	15 38
14	9:28: 8	20 49 25	2Aq 8	14 13	20 31	24 28	9 47	23 55	8 26	0 20	7 16	15 34
15	9:32: 5	21 47 2	17 18	15 39	20 33	25 4	10 0	24 0	8 28	0 22	7 17	15 31
16	9:36: 2	22 44 40	2Pi27	17 3	20 32R	25 40	10 13	24 6	8 29	0 23	7 19	15 28
17	9:39:58	23 42 20	17 26	18 26	20 29	26 15	10 26	24 11	8 30	0 25	7 21	15 25
18	9:43:54	24 40 1	2Ar 6	19 47	20 24	26 51	10 39	24 16	8 32	0 27	7 22	15 22
19	9:47:51	25 37 44	16 22	21 6	20 16	27 26	10 52	24 21	8 33	0 29	7 24	15 19
20	9:51:48	26 35 28	0Ta12	22 23	20 6	28 0	11 5	24 26	8 35	0 31	7 26	15 15
21	9:55:44	27 33 14	13 34	23 39	19 53	28 35	11 18	24 31	8 36	0 33	7 27	15 12
22	9:59:41	28 31 1	26 31	24 53	19 38	29 9	11 31	24 36	8 37	0 35	7 29	15 9
23	10: 3:38	29 28 51	9Ge 6	26 4	19 21	29 43	11 44	24 41	8 38	0 37	7 31	15 5
24	10: 7:34	0Vi26 42	21 23	27 14	19 2	0Ge17	11 57	24 45	8 39	0 39	7 32	15 3
25	10:11:30	1 24 35	3Cn26	28 21	18 40	0 51	12 10	24 50	8 40	0 41	7 34	15 0
26	10:15:27	2 22 29	15 20	29 27	18 16	1 24	12 23	24 54	8 41	0 43	7 36	14 56
27	10:19:24	3 20 25	27 9	0Li 30	17 50	1 57	12 36	24 59	8 42	0 45	7 37	14 53
28	10:23:20	4 18 23	8Le55	1 30	17 23	2 30	12 49	25 3	8 43	0 47	7 39	14 50
29	10:27:17	5 16 23	20 43	2 28	16 53	3 2	13 1	25 7	8 44	0 49	7 40	14 47
30	10:31:13	6 14 24	2Vi35	3 23	16 22	3 34	13 14	25 11	8 45	0 51	7 42	14 44
31	10:35:10	7 12 27	14 34	4 15	15 49	4 6	13 27	25 16	8 46	0 53	7 43	14 40

8/24 Sun in Vir. 0:56   8/1 New 4:07(E)   8/9 1st Qt. 3:37   8/15 Full 19:34(E)   8/22 3rd Qt. 16:05   8/30 New 20:00

Day	Sid. T.	Sun	Moon	Merc.	Venus	Mars	Jup.	Saturn	Uranus	Nept.	Pluto	N.Node
1	10:39: 6	8Vi10 31	26Vi40	5Li 4	15Vi15R	4Ge38	13Le39	25Ge20	8Ge46	0Li 55	7Le45	14Le37
2	10:43: 3	9 8 37	8Li56	5 50	14 40	5 9	13 52	25 23	8 47	0 57	7 47	14 34
3	10:46:59	10 6 45	21 24	6 32	14 4	5 40	14 4	25 27	8 48	0 59	7 48	14 31
4	10:50:56	11 4 54	4Sc 4	7 10	13 28	6 11	14 17	25 31	8 48	1 1	7 50	14 28
5	10:54:53	12 3 4	17 0	7 44	12 51	6 42	14 29	25 35	8 49	1 3	7 51	14 25
6	10:58:49	13 1 16	0Sg12	8 14	12 14	7 12	14 42	25 38	8 49	1 6	7 53	14 21
7	11: 2:46	13 59 30	13 42	8 40	11 37	7 41	14 54	25 42	8 50	1 8	7 54	14 18
8	11: 6:42	14 57 45	27 32	9 0	11 0	8 11	15 6	25 45	8 50	1 10	7 55	14 15
9	11:10:39	15 56 1	11Cp41	9 16	10 24	8 40	15 19	25 48	8 50	1 12	7 57	14 12
10	11:14:35	16 54 19	26 9	9 25	9 48	9 9	15 31	25 51	8 50	1 14	7 58	14 9
11	11:18:32	17 52 39	10Aq53	9 29	9 14	9 37	15 43	25 54	8 51	1 16	8 0	14 6
12	11:22:29	18 51 0	25 47	9 27R	8 41	10 5	15 55	25 57	8 51	1 19	8 1	14 2
13	11:26:25	19 49 22	10Pi44	9 18	8 9	10 33	16 7	26 0	8 51	1 21	8 2	13 59
14	11:30:22	20 47 47	25 37	9 3	7 38	11 0	16 19	26 3	8 51	1 23	8 4	13 56
15	11:34:19	21 46 13	10Ar16	8 41	7 10	11 27	16 31	26 6	8 51R	1 25	8 5	13 53
16	11:38:15	22 44 42	24 36	8 12	6 43	11 54	16 43	26 8	8 51	1 27	8 6	13 50
17	11:42:11	23 43 12	8Ta31	7 36	6 19	12 20	16 55	26 11	8 51	1 30	8 8	13 46
18	11:46: 8	24 41 45	21 58	6 54	5 56	12 46	17 7	26 13	8 51	1 32	8 9	13 43
19	11:50: 4	25 40 19	5Ge 0	6 5	5 36	13 11	17 18	26 15	8 50	1 34	8 10	13 40
20	11:54: 1	26 38 56	17 37	5 11	5 18	13 36	17 30	26 17	8 50	1 36	8 12	13 37
21	11:57:57	27 37 36	29 55	4 12	5 3	14 0	17 41	26 20	8 50	1 38	8 13	13 34
22	12: 1:54	28 36 17	11Cn57	3 10	4 50	14 24	17 53	26 21	8 50	1 41	8 14	13 31
23	12: 5:51	29 35 1	23 50	2 5	4 39	14 48	18 4	26 23	8 49	1 43	8 15	13 27
24	12: 9:47	0Li33 47	5Le37	0 59	4 31	15 11	18 16	26 25	8 49	1 45	8 16	13 24
25	12:13:44	1 32 35	17 24	29Vi54	4 25	15 33	18 27	26 27	8 48	1 47	8 18	13 21
26	12:17:40	2 31 25	29 15	28 52	4 22	15 55	18 38	26 28	8 48	1 50	8 19	13 18
27	12:21:37	3 30 17	11Vi14	27 53	4 21D	16 17	18 49	26 30	8 47	1 52	8 20	13 15
28	12:25:33	4 29 12	23 22	27 0	4 22	16 38	19 0	26 31	8 46	1 54	8 21	13 12
29	12:29:30	5 28 8	5Li43	26 14	4 26	16 58	19 11	26 32	8 46	1 56	8 22	13 8
30	12:33:27	6 27 7	18 16	25 37	4 32	17 18	19 22	26 33	8 45	1 58	8 23	13 5

9/23 Sun in Lib. 22:12 9/7 1st Qt. 12:33 9/14 Full 3:40 9/21 3rd Qt. 7:06 9/29 New 11:30

Day	Sid. T.	Sun	Moon	Merc.	Venus	Mars	Jup.	Saturn	Uranus	Nept.	Pluto	N.Node
1	12:37:23	7Li26 7	1Sc 2	25Vi 8R	4Vi41	17Ge38	19Le33	26Ge34	8Ge44R	2Li 1	8Le24	13Le 2
2	12:41:20	8 25 10	14 1	24 50	4 51	17 57	19 44	26 35	8 43	2 3	8 25	12 59
3	12:45:16	9 24 14	27 12	24 41	5 4	18 15	19 55	26 36	8 42	2 5	8 26	12 56
4	12:49:13	10 23 20	10Sg35	24 44D	5 18	18 33	20 5	26 36	8 41	2 7	8 27	12 52
5	12:53: 9	11 22 28	24 10	24 57	5 35	18 50	20 16	26 37	8 40	2 10	8 28	12 49
6	12:57: 6	12 21 38	7Cp58	25 19	5 54	19 7	20 26	26 37	8 39	2 12	8 29	12 46
7	13: 1: 2	13 20 49	21 57	25 52	6 14	19 23	20 36	26 38	8 38	2 14	8 30	12 43
8	13: 4:59	14 20 3	6Aq 8	26 34	6 37	19 38	20 46	26 38	8 37	2 16	8 31	12 40
9	13: 8:56	15 19 18	20 30	27 24	7 1	19 53	20 57	26 38	8 36	2 18	8 31	12 37
10	13:12:52	16 18 34	5Pi 0	28 22	7 27	20 7	21 7	26 38R	8 35	2 21	8 32	12 33
11	13:16:49	17 17 53	19 34	7 54	7 54	20 20	21 16	26 38	8 33	2 23	8 33	12 30
12	13:20:45	18 17 13	4Ar 7	0Li38	8 23	20 33	21 26	26 37	8 32	2 25	8 34	12 27
13	13:24:42	19 16 35	18 31	1 54	8 54	20 45	21 36	26 37	8 31	2 27	8 35	12 24
14	13:28:38	20 16 0	2Ta41	3 16	9 26	20 56	21 46	26 37	8 29	2 29	8 35	12 21
15	13:32:35	21 15 26	16 30	4 41	10 0	21 7	21 55	26 36	8 28	2 31	8 36	12 17
16	13:36:32	22 14 55	29 56	6 9	10 35	21 17	22 4	26 35	8 26	2 33	8 37	12 14
17	13:40:28	23 14 26	12Ge59	7 41	11 11	21 26	22 14	26 35	8 25	2 36	8 37	12 11
18	13:44:25	24 13 59	25 37	9 15	11 49	21 34	22 23	26 34	8 23	2 38	8 38	12 8
19	13:48:21	25 13 34	7Cn56	10 51	12 28	21 42	22 32	26 33	8 22	2 40	8 39	12 5
20	13:52:18	26 13 12	20 0	12 28	13 8	21 49	22 41	26 31	8 20	2 42	8 39	12 2
21	13:56:14	27 12 52	1Le52	14 7	13 49	21 55	22 50	26 30	8 18	2 44	8 40	11 58
22	14: 0:10	28 12 34	13 40	15 46	14 32	22 0	22 58	26 29	8 17	2 46	8 40	11 55
23	14: 4: 7	29 12 19	25 29	17 26	15 15	22 4	23 7	26 27	8 15	2 48	8 41	11 52
24	14: 8: 4	0Sc12 5	7Vi23	19 7	16 0	22 8	23 15	26 26	8 13	2 50	8 41	11 49
25	14:12: 0	1 11 54	19 27	20 48	16 45	22 11	23 24	26 24	8 11	2 52	8 42	11 46
26	14:15:57	2 11 45	1Li45	22 28	17 31	22 13	23 32	26 22	8 9	2 54	8 42	11 43
27	14:19:54	3 11 38	14 19	24 9	18 19	22 14	23 40	26 21	8 7	2 56	8 42	11 39
28	14:23:50	4 11 33	27 10	25 50	19 7	22 14R	23 48	26 19	8 5	2 58	8 43	11 36
29	14:27:47	5 11 30	10Sc17	27 31	19 56	22 13	23 56	26 16	8 3	3 0	8 43	11 33
30	14:31:43	6 11 29	23 40	29 11	20 46	22 12	24 4	26 14	8 1	3 2	8 43	11 30
31	14:35:40	7 11 30	7Sg15	0Sc52	21 37	22 9	24 11	26 12	7 59	3 4	8 44	11 27

10/24 Sun in Sco. 7:09 10/6 1st Qt. 20:10 10/13 Full 13:23 10/21 3rd Qt. 1:42 10/29 New 1:59

NOVEMBER 1943

Day	Sid. T.	Sun	Moon	Merc.	Venus	Mars	Jup.	Saturn	Uranus	Nept.	Pluto	N.Node
1	14:39:36	8Sc11 32	21Sg 0	2Sc31	22Vi28	22Ge 6R	24Le19	26Ge10R	7Ge57R	3Li 6	8Le44	11Le23
2	14:43:33	9 11 37	4Cp52	4 11.	23 21	22 2	24 26	26 7	7 55	3 8	8 44	11 20
3	14:47:30	10 11 43	18 49	5 50`	24 14	21 57	24 33	26 5	7 53	3 10	8 44	11 17
4	14:51:26	11 11 50	2Aq50	7 29	25 7	21 51	24 40	26 2	7 51	3 12	8 45	11 14
5	14:55:23	12 11 59	16 54	9 7	26 2	21 44	24 47	25 59	7 49	3 13	8 45	11 11
6	14:59:19	13 12 9	1Pi 1	10 45	26 56	21 36	24 54	25 56	7 46	3 15	8 45	11 8
7	15: 3:15	14 12 21	15 10	12 23	27 52	21 27	25 0	25 53	7 44	3 17	8 45	11 4
8	15: 7:12	15 12 34	29 19	14 0	28 48	21 18	25 7	25 50	7 42	3 19	8 45	11 1
9	15:11: 9	16 12 49	13Ar24	15 37	29 45	21 8	25 13	25 47	7 40	3 21	8 45	10 58
10	15:15: 5	17 13 6	27 23	17 13	0Li42	20 56	25 19	25 44	7 37	3 22	8 45R	10 55
11	15:19: 2	18 13 24	11Ta10	18 49	1 40	20 44	25 25	25 40	7 35	3 24	8 45	10 52
12	15:22:59	19 13 44	24 43	20 25	2 38	20 32	25 31	25 37	7 33	3 26	8 45	10 49
13	15:26:55	20 14 5	7Ge57	22 1	3 37	20 18	25 36	25 34	7 30	3 27	8 45	10 45
14	15:30:51	21 14 28	20 52	23 36	4 36	20 3	25 42	25 30	7 28	3 29	8 45	10 42
15	15:34:48	22 14 53	3Cn27	25 11	5 36	19 48	25 47	25 26	7 26	3 31	8 45	10 39
16	15:38:45	23 15 20	15 44	26 45	6 36	19 32	25 52	25 23	7 23	3 32	8 45	10 36
17	15:42:41	24 15 49	27 47	28 19	7 37	19 15	25 57	25 19	7 21	3 34	8 44	10 33
18	15:46:38	25 16 19	9Le40	29 54	8 38	18 58	26 2	25 15	7 18	3 35	8 44	10 29
19	15:50:35	26 16 51	21 28	1Sg27	9 40	18 40	26 7	25 11	7 16	3 37	8 44	10 26
20	15:54:31	27 17 25	3Vi17	3 1	10 42	18 21	26 11	25 7	7 13	3 38	8 44	10 23
21	15:58:27	28 18 1	15 11	4 35	11 44	18 2	26 15	25 3	7 11	3 40	8 43	10 20
22	16: 2:24	29 18 38	27 17	6 8	12 47	17 42	26 19	24 59	7 8	3 41	8 43	10 17
23	16: 6:20	0Sg19 17	9Li39	7 41	13 50	17 21	26 23	24 55	7 6	3 43	8 43	10 14
24	16:10:17	1 19 58	22 21	9 14	14 53	17 0	26 27	24 50	7 3	3 44	8 42	10 10
25	16:14:13	2 20 40	5Sc24	10 47	15 57	16 39	26 31	24 46	7 1	3 45	8 42	10 7
26	16:18:10	3 21 24	18 49	12 19	17 1	16 17	26 34	24 42	6 58	3 47	8 42	10 4
27	16:22: 7	4 22 9	2Sg33	13 52	18 5	15 55	26 37	24 37	6 56	3 48	8 41	10 1
28	16:26: 3	5 22 56	16 34	15 24	19 10	15 33	26 40	24 33	6 53	3 49	8 41	9 58
29	16:30: 0	6 23 44	0Cp46	16 57	20 15	15 10	26 43	24 28	6 51	3 51	8 40	9 55
30	16:33:56	7 24 33	15 4	18 29	21 20	14 47	26 46	24 23	6 48	3 52	8 40	9 51

11/23 Sun in Sag. 4:22   11/5 1st Qt. 3:23   11/12 Full 1:27   11/19 3rd Qt. 22:43   11/27 New 15:23

DECEMBER 1943

Day	Sid. T.	Sun	Moon	Merc.	Venus	Mars	Jup.	Saturn	Uranus	Nept.	Pluto	N.Node
1	16:37:53	8Sg25 23	29Cp24	20Sg 1	22Li26	14Ge24R	26Le48	24Ge19R	6Ge46R	3Li53	8Le39R	9Le48
2	16:41:50	9 26 14	13Aq41	21 32	23 32	14 1	26 51	24 14	6 43	3 54	8 39	9 45
3	16:45:46	10 27 6	27 53	23 4	24 38	13 38	26 53	24 9	6 41	3 55	8 38	9 42
4	16:49:43	11 27 58	11Pi59	24 35	25 44	13 15	26 55	24 5	6 38	3 57	8 37	9 39
5	16:53:39	12 28 51	25 57	26 7	26 51	12 52	26 56	24 0	6 35	3 58	8 37	9 35
6	16:57:36	13 29 45	9Ar48	27 38	27 58	12 29	26 58	23 55	6 33	3 59	8 36	9 32
7	17: 1:32	14 30 40	23 30	29 8	29 5	12 6	26 59	23 50	6 30	4 0	8 35	9 29
8	17: 5:29	15 31 35	7Ta 2	0Cp38	0Sc12	11 43	27 0	23 45	6 28	4 1	8 35	9 26
9	17: 9:25	16 32 31	20 23	2 8	1 19	11 21	27 1	23 41	6 25	4 2	8 34	9 23
10	17:13:22	17 33 29	3Ge31	3 37	2 27	10 59	27 2	23 36	6 23	4 2	8 33	9 20
11	17:17:18	18 34 26	16 25	5 6	3 35	10 37	27 3	23 31	6 21	4 3	8 32	9 16
12	17:21:15	19 35 25	29 5	6 34	4 43	10 16	27 3	23 26	6 18	4 4	8 32	9 13
13	17:25:12	20 36 25	11Cn29	8 1	5 51	9 55	27 3	23 21	6 16	4 5	8 31	9 10
14	17:29: 8	21 37 25	23 41	9 26	7 0	9 35	27 3R	23 16	6 13	4 6	8 30	9 7
15	17:33: 5	22 38 27	5Le41	10 51	8 9	9 15	27 3	23 11	6 11	4 7	8 29	9 4
16	17:37: 1	23 39 29	17 32	12 14	9 17	8 56	27 3	23 6	6 8	4 7	8 28	9 1
17	17:40:58	24 40 32	29 20	13 36	10 27	8 37	27 2	23 1	6 6	4 8	8 27	8 57
18	17:44:54	25 41 36	11Vi 8	14 55	11 36	8 19	27 1	22 56	6 4	4 9	8 26	8 54
19	17:48:51	26 42 41	23 2	16 12	12 45	8 1	27 0	22 51	6 1	4 9	8 25	8 51
20	17:52:48	27 43 47	5Li 6	17 26	13 55	7 44	26 59	22 46	5 59	4 10	8 24	8 48
21	17:56:44	28 44 53	17 27	18 36	15 4	7 28	26 58	22 41	5 57	4 10	8 23	8 45
22	18: 0:41	29 46 0	0Sc 8	19 43	16 14	7 13	26 56	22 37	5 55	4 11	8 22	8 41
23	18: 4:37	0Cp47 8	13 13	20 45	17 24	6 58	26 54	22 32	5 52	4 11	8 21	8 38
24	18: 8:34	1 48 17	26 43	21 43	18 34	6 44	26 52	22 27	5 50	4 12	8 20	8 35
25	18:12:30	2 49 26	10Sg38	22 34	19 44	6 31	26 50	22 22	5 48	4 12	8 19	8 32
26	18:16:27	3 50 36	24 56	23 18	20 55	6 19	26 48	22 17	5 46	4 13	8 18	8 29
27	18:20:23	4 51 46	9Cp30	23 55	22 5	6 7	26 45	22 12	5 44	4 13	8 17	8 26
28	18:24:20	5 52 56	24 14	24 23	23 16	5 56	26 42	22 8	5 42	4 13	8 16	8 22
29	18:28:16	6 54 7	9Aq 2	24 42	24 26	5 46	26 40	22 3	5 39	4 14	8 15	8 19
30	18:32:13	7 55 17	23 45	24 50	25 37	5 37	26 36	21 58	5 37	4 14	8 14	8 16
31	18:36:10	8 56 28	8Pi18	24 48R	26 48	5 29	26 33	21 54	5 35	4 14	8 12	8 13

12/22 Sun in Cap. 17:30   12/4 1st Qt. 11:04   12/11 Full 16:25   12/19 3rd Qt. 20:04   12/27 New 3:51

JANUARY 1944

Day	Sid. T.	Sun	Moon	Merc.	Venus	Mars	Jup.	Saturn	Uranus	Nept.	Pluto	N.Node
1	18:40: 6	9Cp57 38	22Pi37	24Cp34R	27Sc59	5Ge21R	26Le30R	21Ge49R	5Ge33R	4Li14	8Le11R	8Le10
2	18:44: 3	10 58 48	6Ar40	24 7	29 10	5 15	26 26	21 45	5 32	4 15	8 10	8 6
3	18:47:59	11 59 57	20 26	23 30	0Sg22	5 9	26 22	21 40	5 30	4 15	8 9	8 3
4	18:51:56	13 1 6	3Ta56	22 41	1 33	5 4	26 18	21 36	5 28	4 15	8 8	8 0
5	18:55:53	14 2 16	17 9	21 41	2 44	5 0	26 14	21 31	5 26	4 15	8 6	7 57
6	18:59:49	15 3 24	0Ge 9	20 33	3 56	4 56	26 10	21 27	5 24	4 15R	8 5	7 54
7	19: 3:46	16 4 33	12 54	19 19	5 7	4 54	26 5	21 23	5 22	4 15	8 4	7 51
8	19: 7:42	17 5 41	25 27	18 0	6 19	4 52	26 0	21 18	5 21	4 15	8 3	7 47
9	19:11:39	18 6 49	7Cn48	16 40	7 31	4 51	25 55	21 14	5 19	4 15	8 1	7 44
10	19:15:35	19 7 56	19 59	15 20	8 43	4 51D	25 50	21 10	5 17	4 14	8 0	7 41
11	19:19:31	20 9 4	2Le 1	14 4	9 54	4 52	25 45	21 6	5 16	4 14	7 59	7 38
12	19:23:28	21 10 11	13 56	12 53	11 6	4 53	25 40	21 2	5 14	4 14	7 58	7 35
13	19:27:25	22 11 17	25 45	11 50	12 19	4 55	25 34	20 58	5 13	4 14	7 56	7 32
14	19:31:21	23 12 24	7Vi33	10 55	13 31	4 58	25 29	20 55	5 11	4 14	7 55	7 28
15	19:35:18	24 13 30	19 22	10 9	14 43	5 2	25 23	20 51	5 10	4 13	7 54	7 25
16	19:39:15	25 14 36	1Li15	9 32	15 55	5 6	25 17	20 47	5 8	4 13	7 52	7 22
17	19:43:11	26 15 42	13 19	9 5	17 7	5 11	25 11	20 44	5 7	4 13	7 51	7 19
18	19:47: 7	27 16 47	25 36	8 48	18 20	5 17	25 5	20 40	5 6	4 12	7 50	7 16
19	19:51: 4	28 17 52	8Sc12	8 40	19 32	5 23	24 59	20 37	5 5	4 12	7 48	7 12
20	19:55: 1	29 18 58	21 11	8 40D	20 45	5 30	24 52	20 33	5 3	4 11	7 47	7 9
21	19:58:57	0Aq20 2	4Sg35	8 48	21 57	5 38	24 45	20 30	5 2	4 11	7 45	7 6
22	20: 2:54	1 21 6	18 27	9 3	23 10	5 46	24 39	20 27	5 1	4 10	7 44	7 3
23	20: 6:51	2 22 10	2Cp45	9 26	24 23	5 55	24 32	20 24	5 0	4 10	7 43	7 0
24	20:10:47	3 23 13	17 26	9 54	25 35	6 5	24 25	20 21	4 59	4 9	7 41	6 57
25	20:14:43	4 24 16	2Aq25	10 28	26 48	6 15	24 18	20 18	4 58	4 9	7 40	6 53
26	20:18:40	5 25 17	17 32	11 7	28 1	6 26	24 11	20 16	4 57	4 8	7 39	6 50
27	20:22:36	6 26 18	2Pi39	11 51	29 14	6 37	24 4	20 13	4 56	4 7	7 37	6 47
28	20:26:33	7 27 18	17 36	12 39	0Cp27	6 49	23 56	20 10	4 55	4 7	7 36	6 44
29	20:30:30	8 28 16	2Ar17	13 31	1 40	7 2	23 49	20 8	4 55	4 6	7 34	6 41
30	20:34:26	9 29 13	16 36	14 26	2 53	7 15	23 42	20 6	4 54	4 5	7 33	6 38
31	20:38:23	10 30 9	0Ta31	15 24	4 6	7 29	23 34	20 3	4 53	4 4	7 32	6 34

1/21 Sun in Aqu. 4:08   1/2 1st Qt. 20:05   1/10 Full 10:10   1/18 3rd Qt. 15:32   1/25 New 15:25(E)

FEBRUARY 1944

Day	Sid. T.	Sun	Moon	Merc.	Venus	Mars	Jup.	Saturn	Uranus	Nept.	Pluto	N.Node
1	20:42:20	11Aq31 4	14Ta 1	16Cp25	5Cp19	7Ge43	23Le26R	20Ge 1R	4Ge53R	4Li 3R	7Le30R	6Le31
2	20:46:16	12 31 57	27 9	17 29	6 32	7 58	23 19	19 59	4 52	4 2	7 29	6 28
3	20:50:12	13 32 49	9Ge57	18 35	7 45	8 13	23 11	19 57	4 52	4 2	7 27	6 25
4	20:54: 9	14 33 40	22 28	19 44	8 58	8 28	23 3	19 55	4 51	4 1	7 26	6 22
5	20:58: 6	15 34 29	4Cn45	20 54	10 11	8 44	22 55	19 54	4 51	4 0	7 25	6 18
6	21: 2: 2	16 35 17	16 52	22 6	11 24	9 1	22 47	19 52	4 50	3 59	7 23	6 15
7	21: 5:59	17 36 4	28 51	23 20	12 38	9 18	22 40	19 50	4 50	3 58	7 22	6 12
8	21: 9:56	18 36 49	10Le44	24 36	13 51	9 36	22 32	19 49	4 50	3 57	7 21	6 9
9	21:13:52	19 37 33	22 33	25 53	15 4	9 54	22 24	19 48	4 50	3 56	7 19	6 6
10	21:17:48	20 38 15	4Vi22	27 11	16 17	10 12	22 16	19 47	4 50	3 55	7 18	6 3
11	21:21:45	21 38 55	16 11	28 31	17 31	10 31	22 8	19 45	4 50	3 53	7 17	5 59
12	21:25:41	22 39 37	28 4	29 52	18 44	10 50	22 0	19 44	4 50D	3 52	7 15	5 56
13	21:29:38	23 40 15	10Li 2	1Aq15	19 58	11 9	21 52	19 44	4 50	3 51	7 14	5 53
14	21:33:34	24 40 53	22 8	2 38	21 11	11 29	21 44	19 43	4 50	3 50	7 13	5 50
15	21:37:31	25 41 29	4Sc26	4 3	22 24	11 49	21 36	19 42	4 50	3 49	7 11	5 47
16	21:41:28	26 42 4	17 0	5 29	23 38	12 10	21 28	19 42	4 50	3 48	7 10	5 44
17	21:45:24	27 42 38	29 52	6 55	24 51	12 31	21 20	19 41	4 50	3 46	7 9	5 40
18	21:49:21	28 43 11	13Sg 7	8 23	26 5	12 52	21 12	19 41	4 51	3 45	7 7	5 37
19	21:53:17	29 43 43	26 47	9 52	27 18	13 14	21 5	19 41	4 51	3 44	7 6	5 34
20	21:57:14	0Pi44 13	10Cp53	11 22	28 32	13 36	20 57	19 41D	4 51	3 42	7 5	5 31
21	22: 1:10	1 44 42	25 25	12 53	29 46	13 58	20 49	19 41	4 52	3 41	7 4	5 28
22	22: 5: 7	2 45 10	10Aq19	14 25	0Aq59	14 21	20 41	19 41	4 52	3 40	7 2	5 24
23	22: 9: 4	3 45 36	25 28	15 58	2 13	14 44	20 34	19 41	4 53	3 38	7 1	5 21
24	22:13: 0	4 46 0	10Pi43	17 32	3 26	15 7	20 26	19 42	4 53	3 37	7 0	5 18
25	22:16:57	5 46 23	25 55	19 7	4 40	15 31	20 19	19 42	4 54	3 36	6 59	5 15
26	22:20:53	6 46 43	10Ar52	20 43	5 54	15 55	20 11	19 43	4 55	3 34	6 58	5 12
27	22:24:50	7 47 2	25 28	22 20	7 7	16 19	20 4	19 44	4 56	3 33	6 56	5 9
28	22:28:46	8 47 19	9Ta37	23 58	8 21	16 43	19 57	19 44	4 56	3 31	6 55	5 5
29	22:32:43	9 47 34	23 17	25 36	9 35	17 8	19 50	19 45	4 57	3 30	6 54	5 2

2/19 Sun in Pis. 18:28   2/1 1st Qt. 7:08   2/9 Full 5:30   2/17 3rd Qt. 7:42   2/24 New 1:59

MARCH 1944

Day	Sid. T.	Sun	Moon	Merc.	Venus	Mars	Jup.	Saturn	Uranus	Nept.	Pluto	N.Node
1	22:36:39	10Pi47 47	6Ge30	27Aq16	10Aq48	17Ge33	19Le43R	19Ge46	4Ge58	3Li28R	6Le53R	4Le59
2	22:40:36	11 47 57	19 17	28 57	12 2	17 58	19 36	19 48	4 59	3 27	6 52	4 56
3	22:44:33	12 48 6	1Cn44	0Pi39	13 16	18 23	19 29	19 49	5 0	3 25	6 51	4 53
4	22:48:29	13 48 13	13 54	2 23	14 30	18 49	19 22	19 50	5 1	3 24	6 50	4 50
5	22:52:26	14 48 17	25 53	4 7	15 43	19 15	19 16	19 52	5 2	3 22	6 49	4 46
6	22:56:22	15 48 20	7Le44	5 52	16 57	19 41	19 9	19 53	5 4	3 21	6 48	4 43
7	23: 0:19	16 48 20	19 32	7 38	18 11	20 7	19 3	19 55	5 5.	3 19	6 47	4 40
8	23: 4:15	17 48 18	1Vi20	9 26	19 24	20 34	18 57	19 57	5 6	3 18	6 46	4 37
9	23: 8:12	18 48 15	13 9	11 14	20 38	21 0	18 51	19 59	5 7	3 16	6 45	4 34
10	23:12: 9	19 48 9	25 3	13 4	21 52	21 27	18 45	20 1	5 9	3 14	6 44	4 30
11	23:16: 5	20 48 1	7Li 3	14 55	23 6	21 54	18 39	20 3	5 10	3 13	6 43	4 27
12	23:20: 2	21 47 52	19 10	16 47	24 19	22 22	18 33	20 5	5 12	3 11	6 42	4 24
13	23:23:58	22 47 41	1Sc26	18 40	25 33	22 49	18 28	20 8	5 13	3 9	6 41	4 21
14	23:27:55	23 47 27	13 53	20 35	26 47	23 17	18 22	20 10	5 15	3 8	6 40	4 18
15	23:31:51	24 47 13	26 32	22 30	28 1	23 45	18 17	20 13	5 16	3 6	6 39	4 15
16	23:35:47	25 46 56	9Sg25	24 26	29 15	24 13	18 12	20 16	5 18	3 5	6 38	4 11
17	23:39:44	26 46 38	22 36	26 24	0Pi28	24 41	18 7	20 18	5 20	3 3	6 38	4 8
18	23:43:41	27 46 18	6Cp 7	28 22	1 42	25 10	18 2	20 21	5 21	3 1	6 37	4 5
19	23:47:37	28 45 57	19 59	0Ar21	2 56	25 38	17 58	20 24	5 23	3 0	6 36	4 2
20	23:51:34	29 45 34	4Aq15	2 21	4 10	26 7	17 53	20 27	5 25	2 58	6 35	3 59
21	23:55:31	0Ar45 8	18 51	4 22	5 24	26 36	17 49	20 30	5 27	2 56	6 35	3 55
22	23:59:27	1 44 42	3Pi46	6 23	6 37	27 5	17 45	20 34	5 29	2 55	6 34	3 52
23	0: 3:24	2 44 13	18 51	8 24	7 51	27 34	17 41	20 37	5 31	2 53	6 33	3 49
24	0: 7:20	3 43 42	3Ar58	10 26	9 5	28 4	17 37	20 41	5 33	2 51	6 33	3 46
25	0:11:17	4 43 9	18 57	12 27	10 19	28 33	17 34	20 44	5 35	2 50	6 32	3 43
26	0:15:13	5 42 34	3Ta38	14 28	11 33	29 3	17 31	20 48	5 37	2 48	6 31	3 40
27	0:19:10	6 41 57	17 55	16 28	12 46	29 33	17 27	20 52	5 39	2 46	6 31	3 36
28	0:23: 7	7 41 18	1Ge43	18 27	14 0	0Cn 3	17 24	20 55	5 41	2 45	6 30	3 33
29	0:27: 3	8 40 36	15 2	20 24	15 14	0 33	17 22	20 59	5 44	2 43	6 30	3 30
30	0:31: 0	9 39 52	27 54	22 20	16 28	1 3	17 19	21 3	5 46	2 41	6 29	3 27
31	0:34:56	10 39 6	10Cn23	24 14	17 42	1 33	17 16	21 8	5 48	2 40	6 29	3 24

3/20 Sun in Ari. 17:49   3/1 1st Qt. 20:40   3/10 Full 0:28   3/17 3rd Qt. 20:05   3/24 New 11:36   3/31 1st Qt. 12:35

APRIL 1944

Day	Sid. T.	Sun	Moon	Merc.	Venus	Mars	Jup.	Saturn	Uranus	Nept.	Pluto	N.Node
1	0:38:53	11Ar38 17	22Cn33	26Ar 4	18Pi55	2Cn 4	17Le14R	21Ge12	5Ge51	2Li38R	6Le28R	3Le21
2	0:42:49	12 37 26	4Le31	27 52	20 9	2 34	17 12	21 16	5 53	2 37	6 28	3 17
3	0:46:46	13 36 33	16 21	29 37	21 23	3 5	17 10	21 21	5 55	2 35	6 27	3 14
4	0:50:42	14 35 38	28 8	1Ta17	22 37	3 36	17 9	21 25	5 58	2 33	6 27	3 11
5	0:54:39	15 34 40	9Vi56	2 54	23 51	4 7	17 7	21 30	6 0	2 32	6 27	3 8
6	0:58:36	16 33 40	21 49	4 26	25 4	4 38	17 6	21 34	6 3	2 30	6 26	3 5
7	1: 2:32	17 32 38	3Li50	5 53	26 18	5 9	17 5	21 39	6 5	2 28	6 26	3 1
8	1: 6:28	18 31 33	16 0	7 16	27 32	5 40	17 4	21 44	6 8	2 27	6 26	2 58
9	1:10:25	19 30 27	28 21	8 33	28 46	6 11	17 3	21 49	6 11	2 25	6 25	2 55
10	1:14:22	20 29 19	10Sc52	9 45	29 59	6 43	17 2	21 54	6 13	2 24	6 25	2 52
11	1:18:18	21 28 9	23 34	10 51	1Ar13	7 14	17 2	21 59	6 16	2 22	6 25	2 49
12	1:22:15	22 26 57	6Sg27	11 51	2 27	7 46	17 2	22 4	6 19	2 21	6 25	2 46
13	1:26:12	23 25 44	19 32	12 46	3 41	8 18	17 2D	22 9	6 22	2 19	6 25	2 42
14	1:30: 8	24 24 28	2Cp50	13 35	4 55	8 50	17 2	22 14	6 24	2 18	6 24	2 39
15	1:34: 4	25 23 11	16 21	14 17	6 8	9 22	17 2	22 20	6 27	2 16	6 24	2 36
16	1:38: 1	26 21 52	0Aq 8	14 54	7 22	9 54	17 3	22 25	6 30	2 15	6 24	2 33
17	1:41:58	27 20 32	14 12	15 24	8 36	10 26	17 4	22 31	6 33	2 13	6 24	2 30
18	1:45:54	28 19 10	28 31	15 48	9 50	10 58	17 5	22 36	6 36	2 12	6 24	2 27
19	1:49:51	29 17 46	13Pi 4	16 6	11 3	11 30	17 6	22 42	6 39	2 10	6 24D	2 23
20	1:53:47	0Ta16 21	27 17	16 18	12 17	12 3	17 7	22 47	6 42	2 9	6 24	2 20
21	1:57:44	1 14 53	12Ar34	16 24	13 31	12 35	17 8	22 53	6 45	2 7	6 24	2 17
22	2: 1:40	2 13 24	27 17	16 24R	14 45	13 8	17 10	22 59	6 48	2 6	6 24	2 14
23	2: 5:37	3 11 53	11Ta47	16 19	15 58	13 41	17 12	23 5	6 51	2 5	6 24	2 11
24	2: 9:33	4 10 21	25 57	16 8	17 12	14 13	17 14	23 11	6 54	2 3	6 25	2 7
25	2:13:30	5 8 46	9Ge44	15 52	18 26	14 46	17 16	23 17	6 57	2 2	6 25	2 4
26	2:17:27	6 7 9	23 4	15 31	19 40	15 19	17 18	23 23	7 0	2 1	6 25	2 1
27	2:21:23	7 5 31	5Cn58	15 6	20 53	15 52	17 21	23 29	7 3	1 59	6 25	1 58
28	2:25:20	8 3 50	18 30	14 38	22 7	16 25	17 24	23 36	7 6	1 58	6 25	1 55
29	2:29:16	9 2 7	0Le42	14 6	23 21	16 58	17 27	23 42	7 10	1 57	6 26	1 52
30	2:33:13	10 0 22	12 42	13 32	24 34	17 31	17 30	23 48	7 13	1 56	6 26	1 48

4/20 Sun in Tau. 5:18   4/8 Full 17:22   4/16 3rd Qt. 4:59   4/22 New 20:44   4/30 1st Qt. 6:07

MAY 1944

Day	Sid. T.	Sun	Moon	Merc.	Venus	Mars	Jup.	Saturn	Uranus	Nept.	Pluto	N.Node
1	2:37: 9	10Ta58 35	24Le33	12Ta55R	25Ar48	18Cn 4	17Le33	23Ge55	7Ge16	1Li54R	6Le26	1Le45
2	2:41: 6	11 56 46	6Vi22	12 17	27 2	18 38	17 36	24 1	7 19	1 53	6 27	1 42
3	2:45: 3	12 54 55	18 13	11 39	28 15	19 11	17 40	24 7	7 23	1 52	6 27	1 39
4	2:48:59	13 53 2	0Li10	11 1	29 29	19 45	17 44	24 14	7 26	1 51	6 27	1 36
5	2:52:55	14 51 7	12 18	10 24	0Ta43	20 18	17 48	24 21	7 29	1 50	6 28	1 33
6	2:56:52	15 49 11	24 38	9 48	1 56	20 52	17 52	24 27	7 33	1 49	6 28	1 29
7	3: 0:49	16 47 12	7Sc12	9 14	3 10	21 25	17 56	24 34	7 36	1 48	6 29	1 26
8	3: 4:45	17 45 12	20 0	8 43	4 24	21 59	18 0	24 41	7 39	1 47	6 29	1 23
9	3: 8:42	18 43 11	3Sg 2	8 15	5 37	22 33	18 5	24 47	7 43	1 46	6 30	1 20
10	3:12:38	19 41 8	16 16	7 50	6 51	23 6	18 10	24 54	7 46	1 45	6 30	1 17
11	3:16:35	20 39 3	29 42	7 29	8 5	23 40	18 14	25 1	7 49	1 44	6 31	1 13
12	3:20:31	21 36 58	13Cp17	7 12	9 18	24 14	18 19	25 8	7 53	1 43	6 32	1 10
13	3:24:28	22 34 51	27 1	6 59	10 32	24 48	18 25	25 15	7 56	1 42	6 32	1 7
14	3:28:25	23 32 42	10Aq55	6 51	11 46	25 22	18 30	25 22	8 0	1 41	6 33	1 4
15	3:32:21	24 30 33	24 57	6 47	12 59	25 56	18 36	25 29	8 3	1 40	6 34	1 1
16	3:36:18	25 28 22	9Pi 7	6 48D	14 13	26 31	18 41	25 36	8 7	1 39	6 34	0 58
17	3:40:14	26 26 10	23 24	6 53	15 27	27 5	18 47	25 43	8 10	1 38	6 35	0 54
18	3:44:11	27 23 57	7Ar45	7 3	16 40	27 39	18 53	25 51	8 14	1 38	6 36	0 51
19	3:48: 7	28 21 43	22 6	7 18	17 54	28 13	18 59	25 58	8 17	1 37	6 37	0 48
20	3:52: 4	29 19 28	6Ta23	7 37	19 7	28 48	19 5	26 5	8 20	1 36	6 37	0 45
21	3:56: 0	0Ge17 11	20 29	8 0	20 21	29 22	19 12	26 12	8 24	1 35	6 38	0 42
22	3:59:57	1 14 54	4Ge20	8 27	21 35	29 57	19 18	26 20	8 27	1 35	6 39	0 39
23	4: 3:54	2 12 35	17 52	8 59	22 48	0Le31	19 25	26 27	8 31	1 34	6 40	0 35
24	4: 7:50	3 10 14	1Cn 3	9 35	24 2	1 6	19 32	26 34	8 35	1 33	6 41	0 32
25	4:11:47	4 7 53	13 53	10 15	25 16	1 40	19 39	26 42	8 38	1 33	6 42	0 29
26	4:15:43	5 5 30	26 22	10 58	26 29	2 15	19 46	26 49	8 42	1 32	6 43	0 26
27	4:19:40	6 3 5	8Le36	11 45	27 43	2 50	19 53	26 57	8 45	1 32	6 44	0 23
28	4:23:36	7 0 39	20 36	12 36	28 57	3 25	20 0	27 4	8 49	1 31	6 45	0 19
29	4:27:33	7 58 12	2Vi29	13 30	0Ge10	3 59	20 8	27 12	8 52	1 31	6 46	0 16
30	4:31:30	8 55 43	14 19	14 28	1 24	4 34	20 15	27 19	8 56	1 30	6 47	0 13
31	4:35:26	9 53 13	26 12	15 29	2 37	5 9	20 23	27 27	8 59	1 30	6 48	0 10

5/21 Sun in Gem. 4:51   5/8 Full 7:29   5/15 3rd Qt. 11:12   5/22 New 6:13   5/30 1st Qt. 0:07

JUNE 1944

Day	Sid. T.	Sun	Moon	Merc.	Venus	Mars	Jup.	Saturn	Uranus	Nept.	Pluto	N.Node
1	4:39:23	10Ge50 42	8Li13	16Ta33	3Ge51	5Le44	20Le31	27Ge34	9Ge 3	1Li30R	6Le49	0Le 7
2	4:43:19	11 48 9	20 25	17 40	5 5	6 19	20 39	27 42	9 6	1 29	6 50	0 4
3	4:47:16	12 45 36	2Sc52	18 51	6 18	6 54	20 47	27 50	9 10	1 29	6 51	0 0
4	4:51:12	13 43 1	15 36	20 4	7 32	7 29	20 55	27 57	9 13	1 29	6 52	29Cn57
5	4:55: 9	14 40 25	28 39	21 21	8 46	8 4	21 3	28 5	9 17	1 29	6 53	29 54
6	4:59: 6	15 37 48	11Sg59	22 40	9 59	8 40	21 12	28 13	9 20	1 28	6 54	29 51
7	5: 3: 2	16 35 11	25 36	24 3	11 13	9 15	21 20	28 20	9 24	1 28	6 56	29 48
8	5: 6:58	17 32 32	9Cp25	25 28	12 26	9 50	21 29	28 28	9 27	1 28	6 57	29 44
9	5:10:55	18 29 53	23 27	26 56	13 40	10 25	21 38	28 36	9 31	1 28	6 58	29 41
10	5:14:52	19 27 13	7Aq32	28 27	14 54	11 1	21 46	28 43	9 34	1 28	6 59	29 38
11	5:18:48	20 24 33	21 44	0Ge 1	16 7	11 36	21 55	28 51	9 38	1 28	7 1	29 35
12	5:22:44	21 21 52	5Pi57	1 38	17 21	12 12	22 4	28 59	9 41	1 28D	7 2	29 32
13	5:26:41	22 19 11	20 9	3 17	18 35	12 47	22 14	29 7	9 45	1 28	7 3	29 29
14	5:30:38	23 16 30	4Ar19	4 59	19 48	13 23	22 23	29 14	9 48	1 28	7 5	29 25
15	5:34:34	24 13 48	18 25	6 44	21 2	13 58	22 32	29 22	9 52	1 28	7 6	29 22
16	5:38:31	25 11 6	2Ta24	8 32	22 16	14 34	22 42	29 30	9 55	1 28	7 8	29 19
17	5:42:28	26 8 23	16 15	10 22	23 29	15 10	22 51	29 38	9 59	1 28	7 9	29 16
18	5:46:24	27 5 41	29 54	12 15	24 43	15 45	23 1	29 46	10 2	1 28	7 10	29 13
19	5:50:21	28 2 58	13Ge20	14 10	25 57	16 21	23 11	29 53	10 5	1 29	7 11	29 10
20	5:54:17	29 0 14	26 30	16 8	27 10	16 57	23 21	0Cn 1	10 9	1 29	7 13	29 6
21	5:58:14	29 57 30	9Cn24	18 8	28 24	17 33	23 31	0 9	10 12	1 29	7 14	29 3
22	6: 2:10	0Cn54 46	22 1	20 10	29 38	18 8	23 41	0 17	10 16	1 29	7 16	29 0
23	6: 6: 7	1 52 1	4Le24	22 14	0Cn52	18 44	23 51	0 25	10 19	1 30	7 17	28 57
24	6:10: 3	2 49 16	16 33	24 20	2 5	19 20	24 1	0 33	10 23	1 30	7 19	28 54
25	6:14: 0	3 46 30	28 32	26 27	3 19	19 56	24 11	0 40	10 26	1 31	7 20	28 50
26	6:17:57	4 43 44	10Vi25	28 36	4 33	20 32	24 22	0 48	10 29	1 31	7 22	28 47
27	6:21:53	5 40 57	22 15	0Cn45	5 46	21 8	24 32	0 56	10 32	1 31	7 23	28 44
28	6:25:49	6 38 10	4Li 9	2 55	7 0	21 44	24 43	1 4	10 35	1 32	7 25	28 41
29	6:29:46	7 35 22	16 9	5 6	8 14	22 21	24 53	1 11	10 39	1 32	7 26	28 38
30	6:33:43	8 32 34	28 22	7 17	9 28	22 57	25 4	1 19	10 42	1 33	7 28	28 35

6/21 Sun in Can. 13:03   6/6 Full 18:58   6/13 3rd Qt. 15:57   6/20 New 17:00   6/28 1st Qt. 17:27

JULY 1944

Day	Sid. T.	Sun	Moon	Merc.	Venus	Mars	Jup.	Saturn	Uranus	Nept.	Pluto	N.Node
1	6:37:39	9Cn29 45	10Sc51	9Cn28	10Cn41	23Le33	25Le15	1Cn27	10Ge45	1Li34	7Le29	28Cn31
2	6:41:36	10 26 56	23 40	11 38	11 55	24 9	25 26	1 35	10 48	1 34	7 31	28 28
3	6:45:33	11 24 7	6Sg50	13 48	13 9	24 45	25 37	1 42	10 51	1 35	7 33	28 25
4	6:49:29	12 21 18	20 22	15 57	14 23	25 22	25 48	1 50	10 55	1 36	7 34	28 22
5	6:53:25	13 18 29	4Cp16	18 5	15 36	25 58	25 59	1 58	10 58	1 36	7 36	28 19
6	6:57:22	14 15 40	18 27	20 11	16 50	26 35	26 10	2 6	11 1	1 37	7 37	28 16
7	7: 1:19	15 12 51	2Aq53	22 16	18 4	27 11	26 21	2 13	11 4	1 38	7 39	28 12
8	7: 5:15	16 10 2	17 26	24 20	19 18	27 47	26 33	2 21	11 7	1 39	7 41	28 9
9	7: 9:12	17 7 13	2Pi 2	26 22	20 32	28 24	26 44	2 29	11 10	1 40	7 42	28 6
10	7:13: 8	18 4 25	16 36	28 22	21 45	29 1	26 55	2 36	11 13	1 40	7 44	28 3
11	7:17: 5	19 1 37	1Ar 1	0Le21	22 59	29 37	27 7	2 44	11 16	1 41	7 46	28 0
12	7:21: 1	19 58 49	15 15	2 18	24 13	0Vi14	27 18	2 51	11 19	1 42	7 47	27 56
13	7:24:58	20 56 3	29 16	4 13	25 27	0 50	27 30	2 59	11 22	1 43	7 49	27 53
14	7:28:54	21 53 16	13Ta 2	6 6	26 41	1 27	27 41	3 7	11 25	1 44	7 51	27 50
15	7:32:51	22 50 31	26 33	7 58	27 54	2 4	27 53	3 14	11 27	1 45	7 52	27 47
16	7:36:47	23 47 46	9Ge50	9 47	29 8	2 41	28 5	3 22	11 30	1 46	7 54	27 44
17	7:40:44	24 45 2	22 51	11 35	0Le22	3 18	28 17	3 29	11 33	1 47	7 56	27 41
18	7:44:41	25 42 18	5Cn39	13 21	1 36	3 54	28 29	3 37	11 36	1 49	7 57	27 37
19	7:48:37	26 39 35	18 13	15 5	2 50	4 31	28 41	3 44	11 39	1 50	7 59	27 34
20	7:52:34	27 36 53	0Le36	16 47	4 4	5 8	28 53	3 51	11 41	1 51	8 1	27 31
21	7:56:30	28 34 11	12 47	18 27	5 18	5 45	29 5	3 59	11 44	1 52	8 3	27 28
22	8: 0:27	29 31 29	24 49	20 6	6 32	6 22	29 17	4 6	11 47	1 53	8 4	27 25
23	8: 4:24	0Le28 48	6Vi45	21 42	7 45	6 59	29 29	4 13	11 49	1 54	8 6	27 22
24	8: 8:20	1 26 7	18 36	23 17	8 59	7 36	29 41	4 21	11 52	1 56	8 8	27 18
25	8:12:17	2 23 27	0Li26	24 50	10 13	8 14	29 53	4 28	11 54	1 57	8 10	27 15
26	8:16:13	3 20 47	12 19	26 21	11 27	8 51	0Vi 5	4 35	11 57	1 58	8 11	27 12
27	8:20:10	4 18 8	24 19	27 51	12 41	9 28	0 18	4 42	11 59	2 0	8 13	27 9
28	8:24: 6	5 15 29	6Sc29	29 18	13 55	10 5	0 30	4 49	12 2	2 1	8 15	27 6
29	8:28: 3	6 12 51	18 56	0Vi43	15 9	10 43	0 42	4 56	12 4	2 3	8 17	27 2
30	8:31:59	7 10 13	1Sg42	2 7	16 23	11 20	0 55	5 3	12 7	2 4	8 18	26 59
31	8:35:56	8 7 36	14 52	3 28	17 37	11 57	1 7	5 11	12 9	2 5	8 20	26 56

7/22 Sun in Leo 23:56   7/6 Full 4:27   7/12 3rd Qt. 20:39   7/20 New 5:43(E)   7/28 1st Qt. 9:24

AUGUST 1944

Day	Sid. T.	Sun	Moon	Merc.	Venus	Mars	Jup.	Saturn	Uranus	Nept.	Pluto	N.Node
1	8:39:52	9Le 5 0	28Sg27	4Vi48	18Le51	12Vi35	1Vi20	5Cn17	12Ge11	2Li 7	8Le22	26Cn53
2	8:43:49	10 2 24	12Cp27	6 6	20 5	13 12	1 32	5 24	12 13	2 8	8 24	26 50
3	8:47:46	10 59 49	26 51	7 21	21 19	13 50	1 45	5 31	12 16	2 10	8 25	26 47
4	8:51:42	11 57 15	11Aq35	8 34	22 33	14 27	1 57	5 38	12 18	2 11	8 27	26 43
5	8:55:39	12 54 42	26 31	9 45	23 46	15 5	2 10	5 45	12 20	2 13	8 29	26 40
6	8:59:35	13 52 10	11Pi31	10 54	25 0	15 42	2 23	5 52	12 22	2 15	8 31	26 37
7	9: 3:32	14 49 39	26 28	12 0	26 14	16 20	2 35	5 58	12 24	2 16	8 32	26 34
8	9: 7:28	15 47 9	11Ar13	13 4	27 28	16 58	2 48	6 5	12 26	2 18	8 34	26 31
9	9:11:25	16 44 40	25 40	14 6	28 42	17 35	3 1	6 12	12 28	2 20	8 36	26 28
10	9:15:22	17 42 13	9Ta45	15 4	29 56	18 13	3 13	6 18	12 30	2 21	8 38	26 24
11	9:19:18	18 39 48	23 29	16 0	1Vi10	18 51	3 26	6 25	12 32	2 23	8 39	26 21
12	9:23:14	19 37 24	6Ge50	16 53	2 24	19 29	3 39	6 31	12 34	2 25	8 41	26 18
13	9:27:11	20 35 2	19 52	17 43	3 38	20 7	3 52	6 37	12 35	2 26	8 43	26 15
14	9:31: 8	21 32 41	2Cn36	18 29	4 52	20 45	4 5	6 44	12 37	2 28	8 44	26 12
15	9:35: 4	22 30 21	15 6	19 12	6 6	21 23	4 18	6 50	12 39	2 30	8 46	26 8
16	9:39: 1	23 28 3	27 24	19 52	7 20	22 1	4 30	6 56	12 41	2 32	8 48	26 5
17	9:42:57	24 25 47	9Le32	20 27	8 34	22 39	4 43	7 2	12 42	2 34	8 50	26 2
18	9:46:54	25 23 31	21 33	20 59	9 48	23 17	4 56	7 8	12 44	2 36	8 51	25 59
19	9:50:50	26 21 17	3Vi28	21 26	11 2	23 55	5 9	7 14	12 45	2 37	8 53	25 56
20	9:54:47	27 19 5	15 20	21 48	12 16	24 33	5 22	7 20	12 47	2 39	8 55	25 53
21	9:58:44	28 16 53	27 10	22 6	13 30	25 11	5 35	7 26	12 48	2 41	8 56	25 49
22	10: 2:40	29 14 43	9Li 1	22 19	14 44	25 50	5 48	7 32	12 50	2 43	8 58	25 46
23	10: 6:37	0Vi12 34	20 54	22 26	15 58	26 28	6 1	7 38	12 51	2 45	9 0	25 43
24	10:10:33	1 10 27	2Sc54	22 28R	17 12	27 6	6 14	7 44	12 52	2 47	9 1	25 40
25	10:14:30	2 8 21	15 4	22 24	18 26	27 45	6 27	7 49	12 53	2 49	9 3	25 37
26	10:18:27	3 6 16	27 27	22 15	19 40	28 23	6 40	7 55	12 55	2 51	9 5	25 33
27	10:22:23	4 4 13	10Sg 9	21 59	20 54	29 1	6 53	8 0	12 56	2 53	9 6	25 30
28	10:26:20	5 2 10	23 12	21 38	22 8	29 40	7 6	8 6	12 57	2 55	9 8	25 27
29	10:30:16	6 0 9	6Cp41	21 10	23 22	0Li19	7 19	8 11	12 58	2 57	9 9	25 24
30	10:34:13	6 58 10	20 37	20 36	24 36	0 57	7 32	8 16	12 59	2 59	9 11	25 21
31	10:38: 9	7 56 12	5Aq 0	19 57	25 50	1 36	7 45	8 22	13 0	3 1	9 13	25 18

8/23 Sun in Vir. 6:47   8/4 Full 12:40   8/11 3rd Qt. 2:52   8/18 New 20:25   8/26 1st Qt. 23:39

Day	Sid. T.	Sun	Moon	Merc.	Venus	Mars	Jup.	Saturn	Uranus	Nept.	Pluto	N.Node
1	10:42: 5	8V♍54 15	19Aq48	19V♍12R	27V♍ 3	2L♎14	7V♍58	8Cn27	13Ge 1	3L♎ 3	9Le14	25Cn14
2	10:46: 2	9 52 20	4P♓55	18 23	28 17	2 53	8 11	8 32	13 2	3 5	9 16	25 11
3	10:49:59	10 50 26	20 10	17 30	29 31	3 32	8 24	8 37	13 2	3 7	9 17	25 8
4	10:53:55	11 48 34	5Ar25	16 34	0Li45	4 11	8 37	8 42	13 3	3 9	9 19	25 5
5	10:57:52	12 46 44	20 28	15 35	1 59	4 50	8 50	8 47	13 4	3 11	9 20	25 2
6	11: 1:49	13 44 56	5Ta11	14 36	3 13	5 28	9 4	8 51	13 5	3 14	9 22	24 59
7	11: 5:45	14 43 10	19 28	13 38	4 27	6 7	9 17	8 56	13 5	3 16	9 23	24 55
8	11: 9:41	15 41 26	3Ge17	12 41	5 41	6 46	9 30	9 1	13 6	3 18	9 25	24 52
9	11:13:38	16 39 44	16 39	11 47	6 55	7 25	9 43	9 5	13 6	3 20	9 26	24 49
10	11:17:35	17 38 4	29 35	10 57	8 9	8 5	9 55	9 9	13 7	3 22	9 28	24 46
11	11:21:31	18 36 27	12Cn11	10 13	9 23	8 44	10 8	9 14	13 7	3 24	9 29	24 43
12	11:25:28	19 34 51	24 31	9 36	10 37	9 23	10 21	9 18	13 7	3 26	9 31	24 39
13	11:29:25	20 33 18	6Le38	9 7	11 50	10 2	10 34	9 22	13 8	3 29	9 32	24 36
14	11:33:21	21 31 46	18 36	8 46	13 4	10 41	10 47	9 26	13 8	3 31	9 33	24 33
15	11:37:17	22 30 17	0Vi30	8 34	14 18	11 21	11 0	9 30	13 8	3 33	9 35	24 30
16	11:41:14	23 28 49	12 20	8 31D	15 32	12 0	11 13	9 34	13 8	3 35	9 36	24 27
17	11:45:10	24 27 24	24 11	8 38	16 46	12 39	11 26	9 38	13 7	3 37	9 37	24 24
18	11:49: 7	25 26 0	6Li 2	8 54	18 0	13 19	11 39	9 42	13 8	3 40	9 39	24 20
19	11:53: 4	26 24 38	17 56	9 20	19 14	13 58	11 52	9 45	13 8R	3 42	9 40	24 17
20	11:57: 0	27 23 19	29 55	9 55	20 27	14 38	12 4	9 49	13 8	3 44	9 41	24 14
21	12: 0:57	28 22 1	11Sc59	10 39	21 41	15 17	12 17	9 52	13 8	3 46	9 43	24 11
22	12: 4:54	29 20 44	24 12	11 31	22 55	15 57	12 30	9 56	13 8	3 49	9 44	24 8
23	12: 8:50	0Li19 30	6Sg36	12 31	24 9	16 37	12 43	9 59	13 8	3 51	9 45	24 5
24	12:12:46	1 18 17	19 16	13 37	25 23	17 16	12 55	10 2	13 7	3 53	9 46	24 1
25	12:16:43	2 17 6	2Cp14	14 51	26 36	17 56	13 8	10 5	13 7	3 55	9 47	23 58
26	12:20:40	3 15 57	15 34	16 10	27 50	18 36	13 21	10 8	13 7	3 57	9 49	23 55
27	12:24:36	4 14 50	29 19	17 34	29 4	19 16	13 33	10 11	13 6	4 0	9 50	23 52
28	12:28:33	5 13 44	13Aq32	19 2	0Sc18	19 56	13 46	10 13	13 6	4 2	9 51	23 49
29	12:32:30	6 12 39	28 0	20 34	1 31	20 36	13 58	10 16	13 5	4 4	9 52	23 45
30	12:36:26	7 11 37	13Pi10	22 10	2 45	21 16	14 11	10 19	13 5	4 6	9 53	23 42

9/23 Sun in Lib. 4:02   9/2 Full 20:21   9/9 3rd Qt. 12:03   9/17 New 12:38   9/25 1st Qt. 12:08

Day	Sid. T.	Sun	Moon	Merc.	Venus	Mars	Jup.	Saturn	Uranus	Nept.	Pluto	N.Node
1	12:40:22	8Li10 37	28Pi25	23Vi48	3Sc59	21Li56	14Vi23	10Cn21	13Ge 4R	4Li 9	9Le54	23Cn39
2	12:44:18	9 9 38	13Ar43	25 28	5 13	22 36	14 36	10 23	13 3	4 11	9 55	23 36
3	12:48:15	10 8 42	28 54	27 10	6 26	23 16	14 48	10 26	13 3	4 13	9 56	23 33
4	12:52:11	11 7 47	13Ta47	28 54	7 40	23 56	15 0	10 28	13 2	4 15	9 57	23 30
5	12:56: 8	12 6 55	28 14	0Li38	8 54	24 36	15 13	10 30	13 1	4 18	9 58	23 26
6	13: 0: 5	13 6 6	12Ge12	2 23	10 7	25 16	15 25	10 32	13 0	4 20	9 59	23 23
7	13: 4: 1	14 5 18	25 39	4 9	11 21	25 57	15 37	10 33	12 59	4 22	10 0	23 20
8	13: 7:58	15 4 33	8Cn39	5 55	12 35	26 37	15 49	10 35	12 58	4 24	10 1	23 17
9	13:11:55	16 3 50	21 15	7 40	13 48	27 18	16 1	10 37	12 57	4 26	10 2	23 14
10	13:15:51	17 3 10	3Le32	9 26	15 2	27 58	16 13	10 38	12 56	4 29	10 3	23 11
11	13:19:47	18 2 32	15 35	11 12	16 15	28 39	16 25	10 39	12 55	4 31	10 3	23 4
12	13:23:44	19 1 56	27 30	12 57	17 29	29 19	16 37	10 41	12 54	4 33	10 4	23 4
13	13:27:41	20 1 22	9Vi20	14 42	18 43	0Sc 0	16 49	10 42	12 53	4 35	10 5	23 1
14	13:31:37	21 0 51	21 9	16 27	19 56	0 40	17 1	10 43	12 51	4 37	10 6	22 58
15	13:35:34	22 0 21	3Li 1	18 10	21 10	1 21	17 13	10 44	12 50	4 39	10 6	22 55
16	13:39:31	22 59 54	14 56	19 54	22 23	2 2	17 25	10 45	12 49	4 42	10 7	22 51
17	13:43:27	23 59 29	26 57	21 37	23 37	2 43	17 36	10 45	12 47	4 44	10 8	22 48
18	13:47:23	24 59 6	9Sc 5	23 19	24 50	3 23	17 48	10 46	12 46	4 46	10 8	22 45
19	13:51:20	25 58 45	21 20	25 1	26 4	4 4	17 59	10 46	12 44	4 48	10 9	22 42
20	13:55:16	26 58 26	3Sg43	26 42	27 17	4 45	18 11	10 47	12 43	4 50	10 10	22 39
21	13:59:13	27 58 8	16 16	28 22	28 31	5 26	18 22	10 47	12 41	4 52	10 10	22 36
22	14: 3: 9	28 57 53	29 2	0Sc 2	29 44	6 7	18 34	10 47	12 40	4 54	10 11	22 32
23	14: 7: 6	29 57 39	12Cp 2	1 41	0Sg58	6 49	18 45	10 47R	12 38	4 56	10 11	22 29
24	14:11: 3	0Sc57 27	25 19	3 20	2 11	7 30	18 56	10 47	12 36	4 58	10 12	22 26
25	14:14:59	1 57 16	8Aq57	4 58	3 25	8 11	19 7	10 47	12 35	5 0	10 12	22 23
26	14:18:56	2 57 8	22 56	6 35	4 38	8 52	19 18	10 47	12 33	5 2	10 13	22 20
27	14:22:52	3 57 0	7Pi18	8 12	5 51	9 33	19 29	10 46	12 31	5 4	10 13	22 17
28	14:26:49	4 56 55	22 0	9 49	7 5	10 15	19 40	10 46	12 29	5 6	10 14	22 13
29	14:30:45	5 56 51	6Ar56	11 25	8 18	10 56	19 51	10 45	12 28	5 8	10 14	22 10
30	14:34:42	6 56 48	22 0	13 0	9 31	11 38	20 2	10 44	12 26	5 10	10 14	22 7
31	14:38:39	7 56 48	7Ta 1	14 35	10 45	12 19	20 12	10 43	12 24	5 12	10 15	22 4

10/23 Sun in Sco. 12:57   10/2 Full 4:22   10/9 3rd Qt. 1:12   10/17 New 5:35   10/24 1st Qt. 22:49   10/31 Full 13:36

NOVEMBER 1944

Day	Sid. T.	Sun	Moon	Merc.	Venus	Mars	Jup.	Saturn	Uranus	Nept.	Pluto	N.Node
1	14:42:35	8Sc56 50	21Ta50	16Sc10	11Sg58	13Sc 1	20Vi23	10Cn42R	12Ge22R	5Li14	10Le15	22Cn 1
2	14:46:32	9 56 53	6Ge18	17 44	13 11	13 42	20 33	10 41	12 20	5 16	10 15	21 57
3	14:50:28	10 56 59	20 19	19 18	14 24	14 24	20 44	10 40	12 18	5 18	10 15	21 54
4	14:54:25	11 57 6	3Cn52	20 51	15 37	15 5	20 54	10 39	12 16	5 20	10 15	21 51
5	14:58:21	12 57 16	16 57	22 24	16 51	15 47	21 4	10 37	12 14	5 22	10 16	21 48
6	15: 2:18	13 57 28	29 37	23 57	18 4	16 29	21 14	10 36	12 11	5 24	10 16	21 45
7	15: 6:14	14 57 41	11Le57	25 29	19 17	17 11	21 24	10 34	12 9	5 26	10 16	21 42
8	15:10:11	15 57 57	24 2	27 1	20 30	17 53	21 34	10 32	12 7	5 27	10 16	21 38
9	15:14: 8	16 58 15	5Vi57	28 32	21 43	18 35	21 44	10 31	12 5	5 29	10 16	21 35
10	15:18: 4	17 58 34	17 48	0Sg 3	22 56	19 17	21 54	10 29	12 3	5 31	10 16	21 32
11	15:22: 1	18 58 56	29 38	1 34	24 9	19 59	22 4	10 27	12 0	5 33	10 16R	21 29
12	15:25:57	19 59 19	11Li32	3 4	25 22	20 41	22 13	10 24	11 58	5 34	10 16	21 26
13	15:29:54	20 59 44	23 33	4 34	26 35	21 23	22 23	10 22	11 56	5 36	10 16	21 22
14	15:33:50	22 0 11	5Sc42	6 4	27 48	22 5	22 32	10 20	11 53	5 38	10 16	21 19
15	15:37:47	23 0 40	18 1	7 34	29 1	22 47	22 41	10 17	11 51	5 39	10 16	21 16
16	15:41:44	24 1 10	0Sg31	9 2	0Cp14	23 30	22 50	10 15	11 49	5 41	10 16	21 13
17	15:45:40	25 1 42	13 11	10 31	1 27	24 12	22 59	10 12	11 46	5 43	10 16	21 10
18	15:49:37	26 2 16	26 2	11 59	2 40	24 54	23 8	10 9	11 44	5 44	10 16	21 7
19	15:53:33	27 2 51	9Cp 5	13 27	3 52	25 37	23 17	10 7	11 41	5 46	10 15	21 3
20	15:57:30	28 3 27	22 18	14 54	5 5	26 19	23 25	10 4	11 39	5 47	10 15	21 0
21	16: 1:26	29 4 4	5Aq45	16 20	6 18	27 2	23 34	10 1	11 37	5 49	10 15	20 57
22	16: 5:23	0Sg 4 43	19 25	17 46	7 31	27 44	23 42	9 57	11 34	5 50	10 14	20 54
23	16: 9:19	1 5 22	3Pi19	19 11	8 43	28 27	23 51	9 54	11 32	5 52	10 14	20 51
24	16:13:16	2 6 3	17 28	20 35	9 56	29 10	23 59	9 51	11 29	5 53	10 14	20 48
25	16:17:12	3 6 44	1Ar50	21 58	11 8	29 53	24 7	9 48	11 27	5 55	10 13	20 44
26	16:21: 9	4 7 27	16 22	23 21	12 21	0Sg35	24 15	9 44	11 24	5 56	10 13	20 41
27	16:25: 6	5 8 11	1Ta 0	24 42	13 33	1 18	24 23	9 40	11 22	5 57	10 13	20 38
28	16:29: 2	6 8 56	15 36	26 1	14 46	2 1	24 30	9 37	11 19	5 59	10 12	20 35
29	16:32:59	7 9 42	0Ge 3	27 19	15 58	2 44	24 38	9 33	11 17	6 0	10 12	20 32
30	16:36:55	8 10 29	14 16	28 35	17 10	3 27	24 45	9 29	11 14	6 1	10 11	20 28

11/22 Sun in Sag. 10:08   11/7 3rd Qt. 18:29   11/15 New 22:30   11/23 1st Qt. 7:53   11/30 Full 0:52

DECEMBER 1944

Day	Sid. T.	Sun	Moon	Merc.	Venus	Mars	Jup.	Saturn	Uranus	Nept.	Pluto	N.Node
1	16:40:52	9Sg11 17	28Ge 8	29Sg49	18Cp22	4Sg10	24Vi52	9Cn25R	11Ge11R	6Li 3	10Le11R	20Cn25
2	16:44:48	10 12 7	11Cn38	1Cp 1	19 35	4 53	24 59	9 22	11 9	6 4	10 10	20 22
3	16:48:45	11 12 58	24 43	2 10	20 47	5 36	25 6	9 18	11 6	6 5	10 9	20 19
4	16:52:42	12 13 50	7Le27	3 15	21 59	6 19	25 13	9 13	11 4	6 6	10 9	20 16
5	16:56:38	13 14 44	19 50	4 17	23 11	7 3	25 20	9 9	11 1	6 7	10 8	20 13
6	17: 0:35	14 15 39	1Vi59	5 14	24 23	7 46	25 26	9 5	10 59	6 8	10 8	20 9
7	17: 4:31	15 16 35	13 57	6 7	25 35	8 29	25 33	9 1	10 56	6 9	10 7	20 6
8	17: 8:27	16 17 32	25 49	6 54	26 47	9 12	25 39	8 57	10 54	6 10	10 6	20 3
9	17:12:24	17 18 30	7Li41	7 35	27 58	9 56	25 45	8 52	10 51	6 11	10 5	20 0
10	17:16:21	18 19 30	19 36	8 8	29 10	10 39	25 51	8 48	10 49	6 12	10 5	19 57
11	17:20:17	19 20 30	1Sc40	8 34	0Aq22	11 23	25 57	8 43	10 46	6 13	10 4	19 54
12	17:24:14	20 21 32	13 55	8 50	1 33	12 6	26 2	8 39	10 44	6 14	10 3	19 50
13	17:28:11	21 22 35	26 24	8 57	2 45	12 50	26 8	8 34	10 41	6 15	10 1	19 47
14	17:32: 7	22 23 38	9Sg 8	8 54R	3 56	13 34	26 13	8 29	10 39	6 16	10 1	19 44
15	17:36: 3	23 24 43	22 7	8 39	5 7	14 17	26 18	8 25	10 36	6 17	10 1	19 41
16	17:40: 0	24 25 48	5Cp21	8 13	6 19	15 1	26 23	8 20	10 34	6 17	10 0	19 38
17	17:43:57	25 26 54	18 48	7 35	7 30	15 45	26 28	8 15	10 31	6 18	9 59	19 34
18	17:47:54	26 28 0	2Aq26	6 46	8 41	16 29	26 32	8 11	10 29	6 19	9 58	19 31
19	17:51:50	27 29 6	16 15	5 46	9 52	17 13	26 37	8 6	10 27	6 20	9 57	19 28
20	17:55:47	28 30 13	0Pi12	4 38	11 2	17 57	26 41	8 1	10 24	6 20	9 56	19 25
21	17:59:43	29 31 20	14 16	3 22	12 13	18 41	26 45	7 56	10 22	6 21	9 55	19 22
22	18: 3:40	0Cp32 27	28 24	2 1	13 23	19 25	26 49	7 51	10 19	6 21	9 54	19 19
23	18: 7:36	1 33 34	12Ar36	0 39	14 34	20 9	26 53	7 46	10 17	6 22	9 53	19 15
24	18:11:33	2 34 42	26 48	29Sg17	15 45	20 53	26 57	7 41	10 15	6 22	9 52	19 12
25	18:15:29	3 35 49	10Ta59	27 59	16 55	21 37	27 0	7 36	10 12	6 23	9 51	19 9
26	18:19:26	4 36 56	25 5	26 46	18 5	22 21	27 3	7 31	10 10	6 23	9 50	19 6
27	18:23:23	5 38 4	9Ge 2	25 41	19 15	23 6	27 6	7 26	10 8	6 24	9 49	19 3
28	18:27:19	6 39 12	22 48	24 45	20 25	23 50	27 9	7 22	10 6	6 24	9 48	19 0
29	18:31:16	7 40 20	6Cn19	24 0	21 35	24 34	27 12	7 17	10 4	6 24	9 46	18 56
30	18:35:12	8 41 28	19 34	23 24	22 44	25 19	27 14	7 12	10 1	6 25	9 45	18 53
31	18:39: 9	9 42 36	2Le30	22 59	23 54	26 3	27 17	7 7	9 59	6 25	9 44	18 50

12/21 Sun in Cap. 23:15   12/7 3rd Qt. 14:57   12/15 New 14:35   12/22 1st Qt. 15:54   12/29 Full 14:38

Day	Sid. T.	Sun	Moon	Merc.	Venus	Mars	Jup.	Saturn	Uranus	Nept.	Pluto	N.Node
1	18:43: 5	10Cp43 44	15Le10	22Sg44R	25Aq 3	26Sg48	27Vi19	7Cn 2R	9Ge57R	6Li25	9Le43R	18Cn47
2	18:47: 2	11 44 53	27 33	22 39	26 12	27 32	27 21	6 57	9 55	6 25	9 42	18 44
3	18:50:59	12 46 1	9Vi43	22 44D	27 22	28 17	27 22	6 52	9 53	6 26	9 41	18 40
4	18:54:55	13 47 10	21 42	22 56	28 30	29 1	27 24	6 47	9 51	6 26	9 39	18 37
5	18:58:52	14 48 19	3Li36	23 17	29 39	29 46	27 25	6 42	9 49	6 26	9 38	18 34
6	19: 2:48	15 49 28	15 28	23 44	0Pi48	0Cp31	27 26	6 37	9 47	6 26	9 37	18 31
7	19: 6:45	16 50 38	27 24	24 18	1 56	1 15	27 27	6 32	9 45	6 26	9 36	18 28
8	19:10:41	17 51 47	9Sc27	24 57	3 4	2 0	27 28	6 28	9 44	6 26R	9 34	18 25
9	19:14:38	18 52 56	21 43	25 41	4 12	2 45	27 29	6 23	9 42	6 26	9 33	18 21
10	19:18:34	19 54 6	4Sg15	26 31	5 20	3 30	27 29	6 18	9 40	6 26	9 32	18 18
11	19:22:31	20 55 15	17 6	27 24	6 28	4 15	27 29	6 13	9 38	6 26	9 31	18 15
12	19:26:28	21 56 25	0Cp18	28 21	7 35	5 0	27 30R	6 9	9 36	6 26	9 29	18 12
13	19:30:24	22 57 34	13 50	29 21	8 42	5 45	27 29	6 4	9 35	6 25	9 28	18 9
14	19:34:21	23 58 42	27 42	0Cp24	9 49	6 30	27 29	5 59	9 33	6 25	9 27	18 6
15	19:38:17	24 59 50	11Aq49	1 29	10 56	7 15	27 28	5 55	9 32	6 25	9 25	18 2
16	19:42:14	26 0 58	26 8	2 37	12 3	8 0	27 28	5 50	9 30	6 25	9 24	17 59
17	19:46:10	27 2 5	10Pi33	3 48	13 9	8 45	27 27	5 46	9 29	6 24	9 23	17 56
18	19:50: 7	28 3 11	24 59	5 0	14 15	9 30	27 26	5 41	9 27	6 24	9 21	17 53
19	19:54: 4	29 4 16	9Ar22	6 14	15 21	10 16	27 24	5 37	9 26	6 24	9 20	17 50
20	19:58: 0	0Aq 5 20	23 38	7 29	16 26	11 1	27 23	5 33	9 24	6 23	9 18	17 46
21	20: 1:57	1 6 23	7Ta44	8 46	17 32	11 46	27 21	5 29	9 23	6 23	9 17	17 43
22	20: 5:53	2 7 26	21 39	10 5	18 37	12 32	27 19	5 24	9 22	6 22	9 16	17 40
23	20: 9:50	3 8 27	5Ge22	11 25	19 41	13 17	27 17	5 20	9 21	6 22	9 14	17 37
24	20:13:46	4 9 27	18 52	12 45	20 46	14 2	27 15	5 16	9 19	6 21	9 13	17 34
25	20:17:42	5 10 26	2Cn 9	14 7	21 50	14 48	27 12	5 12	9 18	6 21	9 12	17 31
26	20:21:39	6 11 25	15 15	15 31	22 54	15 33	27 10	5 8	9 17	6 20	9 10	17 27
27	20:25:36	7 12 22	28 7	16 55	23 57	16 19	27 7	5 5	9 16	6 19	9 9	17 24
28	20:29:32	8 13 18	10Le47	18 20	25 0	17 4	27 4	5 1	9 15	6 19	9 7	17 21
29	20:33:29	9 14 14	23 15	19 45	26 3	17 50	27 1	4 57	9 14	6 18	9 6	17 18
30	20:37:26	10 15 8	5Vi32	21 12	27 5	18 36	26 58	4 54	9 13	6 17	9 5	17 15
31	20:41:22	11 16 1	17 39	22 40	28 7	19 21	26 54	4 50	9 12	6 16	9 3	17 11

1/20 Sun in Aqu. 9:54   1/6 3rd Qt. 12:48   1/14 New 5:07(E)   1/20 1st Qt. 23:48   1/28 Full 6:41

Day	Sid. T.	Sun	Moon	Merc.	Venus	Mars	Jup.	Saturn	Uranus	Nept.	Pluto	N.Node
1	20:45:18	12Aq16 54	29Vi37	24Cp 8	29Pi 9	20Cp 7	26Vi50R	4Cn47R	9Ge12R	6Li16R	9Le 2R	17Cn 8
2	20:49:15	13 17 45	11Li31	25 38	0Ar10	20 53	26 46	4 43	9 11	6 15	9 0	17 5
3	20:53:12	14 18 36	23 23	27 8	1 11	21 38	26 42	4 40	9 10	6 14	8 59	17 2
4	20:57: 8	15 19 26	5Sc17	28 38	2 11	22 24	26 38	4 37	9 10	6 13	8 58	16 59
5	21: 1: 5	16 20 15	17 18	0Aq10	3 11	23 10	26 34	4 34	9 9	6 12	8 56	16 56
6	21: 5: 2	17 21 3	29 31	1 43	4 10	23 56	26 29	4 31	9 9	6 11	8 55	16 52
7	21: 8:58	18 21 50	12Sg 0	3 16	5 9	24 42	26 24	4 28	9 8	6 10	8 54	16 49
8	21:12:55	19 22 37	24 49	4 50	6 8	25 28	26 20	4 25	9 8	6 9	8 52	16 46
9	21:16:51	20 23 22	8Cp 3	6 25	7 6	26 14	26 14	4 23	9 7	6 8	8 51	16 43
10	21:20:47	21 24 6	21 43	8 0	8 3	27 0	26 9	4 20	9 7	6 7	8 49	16 40
11	21:24:44	22 24 49	5Aq48	9 37	9 0	27 46	26 4	4 18	9 7	6 6	8 48	16 37
12	21:28:41	23 25 30	20 16	11 14	9 56	28 32	25 58	4 15	9 6	6 5	8 47	16 33
13	21:32:37	24 26 10	5Pi 1	12 52	10 52	29 18	25 53	4 13	9 6	6 4	8 45	16 30
14	21:36:34	25 26 49	19 55	14 31	11 47	0Aq 4	25 47	4 11	9 6	6 3	8 44	16 27
15	21:40:31	26 27 26	4Ar50	16 11	12 42	0 50	25 41	4 9	9 6	6 2	8 43	16 24
16	21:44:27	27 28 1	19 37	17 52	13 36	1 36	25 35	4 7	9 6D	6 0	8 41	16 21
17	21:48:23	28 28 34	4Ta10	19 33	14 29	2 22	25 29	4 5	9 6	5 59	8 40	16 17
18	21:52:20	29 29 6	18 24	21 16	15 21	3 8	25 23	4 3	9 6	5 58	8 39	16 14
19	21:56:17	0Pi29 36	2Ge17	22 59	16 13	3 55	25 16	4 1	9 6	5 57	8 38	16 11
20	22: 0:13	1 30 4	15 50	24 44	17 4	4 41	25 10	4 0	9 7	5 56	8 36	16 8
21	22: 4:10	2 30 30	29 2	26 29	17 54	5 27	25 3	3 58	9 7	5 54	8 35	16 5
22	22: 8: 7	3 30 54	12Cn 2	28 15	18 44	6 13	24 56	3 57	9 7	5 53	8 34	16 2
23	22:12: 3	4 31 17	24 46	0Pi 3	19 32	7 0	24 49	3 56	9 8	5 52	8 32	15 58
24	22:15:59	5 31 37	7Le18	1 51	20 20	7 46	24 42	3 55	9 8	5 50	8 31	15 55
25	22:19:56	6 31 56	19 41	3 40	21 6	8 32	24 35	3 54	9 9	5 49	8 30	15 52
26	22:23:53	7 32 13	1Vi55	5 30	21 52	9 19	24 28	3 53	9 9	5 47	8 29	15 49
27	22:27:49	8 32 28	14 2	7 21	22 37	10 5	24 21	3 52	9 10	5 46	8 28	15 46
28	22:31:45	9 32 41	26 3	9 13	23 20	10 52	24 14	3 51	9 10	5 45	8 27	15 43

2/19 Sun in Pis. 0:15   2/5 3rd Qt. 9:56   2/12 New 17:34   2/19 1st Qt. 8:38   2/27 Full 0:07

MARCH 1945

Day	Sid. T.	Sun	Moon	Merc.	Venus	Mars	Jup.	Saturn	Uranus	Nept.	Pluto	N.Node
1	22:35:42	10Pi32 52	7Li58	11Pi 6	24Ar 3	11Aq38	24Vi 6R	3Cn51R	9Ge11	5Li43R	8Le25R	15Cn39
2	22:39:39	11 33 2	19 51	13 0	24 45	12 24	23 59	3 50	9 12	5 42	8 24	15 36
3	22:43:35	12 33 10	1Sc43	14 54	25 25	13 11	23 52	3 50	9 13	5 40	8 23	15 33
4	22:47:32	13 33 17	13 36	16 49	26 4	13 57	23 44	3 50	9 13	5 39	8 22	15 30
5	22:51:28	14 33 22	25 36	18 45	26 42	14 44	23 36	3 50	9 14	5 37	8 21	15 27
6	22:55:25	15 33 26	7Sg45	20 42	27 19	15 30	23 29	3 50D	9 15	5 36	8 20	15 23
7	22:59:21	16 33 28	20 9	22 38	27 54	16 17	23 21	3 50	9 16	5 34	8 19	15 20
8	23: 3:18	17 33 28	2Cp53	24 35	28 28	17 3	23 13	3 50	9 17	5 33	8 18	15 17
9	23: 7:15	18 33 27	16 1	26 32	29 1	17 50	23 6	3 51	9 18	5 31	8 17	15 14
10	23:11:11	19 33 24	29 37	28 29	29 32	18 36	22 58	3 51	9 20	5 29	8 16	15 11
11	23:15: 8	20 33 19	13Aq42	0Ar25	0Ta 1	19 23	22 50	3 52	9 21	5 28	8 15	15 8
12	23:19: 4	21 33 13	28 15	2 21	0 29	20 10	22 42	3 52	9 22	5 26	8 14	15 4
13	23:23: 1	22 33 4	13Pi12	4 15	0 55	20 56	22 34	3 53	9 23	5 25	8 13	15 1
14	23:26:58	23 32 54	28 23	6 8	1 19	21 43	22 27	3 54	9 25	5 23	8 12	14 58
15	23:30:54	24 32 42	13Ar39	7 59	1 42	22 30	22 19	3 55	9 26	5 21	8 11	14 55
16	23:34:50	25 32 27	28 48	9 48	2 3	23 16	22 11	3 56	9 28	5 20	8 10	14 52
17	23:38:46	26 32 11	13Ta41	11 33	2 21	24 3	22 3	3 57	9 29	5 18	8 9	14 49
18	23:42:43	27 31 52	28 11	13 16	2 38	24 49	21 55	3 59	9 31	5 17	8 8	14 45
19	23:46:40	28 31 31	12Ge13	14 55	2 53	25 36	21 48	4 0	9 32	5 15	8 8	14 42
20	23:50:36	29 31 8	25 50	16 29	3 6	26 23	21 40	4 2	9 34	5 13	8 7	14 39
21	23:54:33	0Ar30 43	9Cn 1	17 59	3 16	27 9	21 32	4 3	9 36	5 12	8 6	14 36
22	23:58:30	1 30 15	21 51	19 24	3 24	27 56	21 25	4 5	9 37	5 10	8 5	14 33
23	0: 2:26	2 29 45	4Le24	20 43	3 30	28 43	21 17	4 7	9 39	5 8	8 4	14 29
24	0: 6:23	3 29 12	16 44	21 57	3 34	29 29	21 10	4 9	9 41	5 7	8 4	14 26
25	0:10:19	4 28 37	28 54	23 4	3 35R	0Pi16	21 2	4 11	9 43	5 5	8 3	14 23
26	0:14:16	5 28 0	10Vi57	24 5	3 33	1 3	20 55	4 13	9 45	5 3	8 3	14 20
27	0:18:12	6 27 21	22 55	24 59	3 30	1 49	20 48	4 16	9 47	5 2	8 2	14 17
28	0:22: 9	7 26 40	4Li50	25 46	3 23	2 36	20 40	4 18	9 49	5 0	8 1	14 14
29	0:26: 5	8 25 57	16 43	26 25	3 15	3 23	20 33	4 21	9 51	4 58	8 1	14 10
30	0:30: 2	9 25 11	28 36	26 58	3 4	4 9	20 26	4 23	9 53	4 57	8 0	14 7
31	0:33:59	10 24 24	10Sc30	27 23	2 50	4 56	20 19	4 26	9 55	4 55	8 0	14 4

3/20 Sun in Ari. 23:38   3/7 3rd Qt. 4:30   3/14 New 3:51   3/20 1st Qt. 19:12   3/28 Full 17:45

APRIL 1945

Day	Sid. T.	Sun	Moon	Merc.	Venus	Mars	Jup.	Saturn	Uranus	Nept.	Pluto	N.Node
1	0:37:55	11Ar23 35	22Sc26	27Ar41	2Ta34R	5Pi43	20Vi12R	4Cn29	9Ge57	4Li53R	7Le59R	14Cn 1
2	0:41:51	12 22 44	4Sg28	27 52	2 15	6 29	20 5	4 32	9 59	4 52	7 59	13 58
3	0:45:48	13 21 51	16 38	27 56	1 54	7 16	19 59	4 35	10 2	4 50	7 58	13 54
4	0:49:45	14 20 57	29 2	27 52R	1 31	8 3	19 52	4 38	10 4	4 49	7 58	13 51
5	0:53:41	15 20 0	11Cp42	27 42	1 6	8 49	19 46	4 41	10 6	4 47	7 57	13 48
6	0:57:38	16 19 2	24 45	27 26	0 39	9 36	19 39	4 44	10 9	4 45	7 57	13 45
7	1: 1:34	17 18 2	8Aq12	27 4	0 9	10 23	19 33	4 48	10 11	4 44	7 57	13 42
8	1: 5:31	18 17 1	22 9	26 36	29Ar38	11 9	19 27	4 51	10 13	4 42	7 56	13 39
9	1: 9:27	19 15 57	6Pi34	26 4	29 6	11 56	19 21	4 55	10 16	4 40	7 56	13 35
10	1:13:24	20 14 52	21 25	25 28	28 32	12 42	19 15	4 59	10 18	4 39	7 56	13 32
11	1:17:21	21 13 45	6Ar35	24 48	27 56	13 29	19 9	5 2	10 21	4 37	7 55	13 29
12	1:21:17	22 12 36	21 55	24 6	27 20	14 16	19 4	5 6	10 24	4 36	7 55	13 26
13	1:25:14	23 11 25	7Ta13	23 22	26 43	15 2	18 58	5 10	10 26	4 34	7 55	13 23
14	1:29:10	24 10 12	22 17	22 38	26 6	15 49	18 53	5 14	10 29	4 33	7 55	13 20
15	1:33: 7	25 8 57	6Ge59	21 53	25 28	16 35	18 48	5 19	10 32	4 31	7 55	13 16
16	1:37: 3	26 7 40	21 13	21 10	24 50	17 22	18 43	5 23	10 34	4 30	7 55	13 13
17	1:41: 0	27 6 20	4Cn58	20 28	24 13	18 8	18 38	5 27	10 37	4 28	7 55	13 10
18	1:44:56	28 4 59	18 15	19 48	23 36	18 55	18 33	5 32	10 40	4 27	7 54	13 7
19	1:48:53	29 3 35	1Le 8	19 12	22 59	19 41	18 29	5 36	10 43	4 25	7 54	13 4
20	1:52:49	0Ta 2 9	13 40	18 39	22 24	20 28	18 24	5 41	10 46	4 24	7 54D	13 0
21	1:56:46	1 0 40	25 56	18 9	21 49	21 14	18 20	5 45	10 48	4 22	7 54	12 57
22	2: 0:43	1 59 10	8Vi 1	17 45	21 17	22 1	18 16	5 50	10 51	4 21	7 54	12 54
23	2: 4:39	2 57 37	19 58	17 24	20 45	22 47	18 12	5 55	10 54	4 19	7 55	12 51
24	2: 8:36	3 56 2	1Li52	17 9	20 15	23 33	18 8	6 0	10 57	4 18	7 55	12 48
25	2:12:32	4 54 25	13 44	16 58	19 48	24 20	18 5	6 5	11 0	4 17	7 55	12 45
26	2:16:29	5 52 47	25 36	16 52	19 22	25 6	18 2	6 10	11 3	4 15	7 55	12 41
27	2:20:26	6 51 6	7Sc31	16 52D	18 58	25 52	17 58	6 15	11 6	4 14	7 55	12 38
28	2:24:22	7 49 24	19 29	16 56	18 37	26 39	17 55	6 20	11 9	4 13	7 55	12 35
29	2:28:19	8 47 40	1Sg33	17 5	18 18	27 25	17 52	6 25	11 12	4 11	7 56	12 32
30	2:32:15	9 45 54	13 43	17 18	18 1	28 11	17 50	6 31	11 16	4 10	7 56	12 29

4/20 Sun in Tau. 11:07   4/5 3rd Qt. 19:19   4/12 New 12:30   4/19 1st Qt. 7:47   4/27 Full 10:33

Day	Sid. T.	Sun	Moon	Merc.	Venus	Mars	Jup.	Saturn	Uranus	Nept.	Pluto	N.Node
1	2:36:12	10Ta44 7	26Sg 2	17Ar37	17Ar47R	28Pi57	17Vi47R	6Cn36	11Ge19	4Li 9R	7Le56	12Cn26
2	2:40: 8	11 42 18	8Cp32	18 0	17 35	29 44	17 45	6 42	11 22	4 7	7 56	12 22
3	2:44: 5	12 40 28	21 17	18 27	17 25	0Ar30	17 43	6 47	11 25	4 6	7 57	12 19
4	2:48: 1	13 38 36	4Aq20	18 58	17 19	1 16	17 41	6 53	11 28	4 5	7 57	12 16
5	2:51:58	14 36 43	17 44	19 33	17 14	2 2	17 39	6 59	11 32	4 4	7 57	12 13
6	2:55:54	15 34 49	1Pi33	20 13	17 12	2 48	17 38	7 4	11 35	4 3	7 58	12 10
7	2:59:51	16 32 53	15 45	20 56	17 12D	3 34	17 36	7 10	11 38	4 2	7 58	12 6
8	3: 3:48	17 30 55	0Ar22	21 42	17 15	4 20	17 35	7 16	11 41	4 0	7 59	12 3
9	3: 7:44	18 28 56	15 16	22 32	17 20	5 6	17 34	7 22	11 45	3 59	7 59	12 0
10	3:11:40	19 26 56	0Ta23	23 26	17 27	5 52	17 33	7 28	11 48	3 58	8 0	11 57
11	3:15:37	20 24 55	15 30	24 22	17 36	6 38	17 32	7 34	11 51	3 57	8 0	11 54
12	3:19:34	21 22 52	0Ge30	25 22	17 48	7 24	17 32	7 40	11 55	3 56	8 1	11 51
13	3:23:30	22 20 47	15 12	26 25	18 1	8 10	17 31	7 47	11 58	3 55	8 2	11 47
14	3:27:27	23 18 41	29 30	27 30	18 17	8 55	17 31	7 53	12 1	3 54	8 2	11 44
15	3:31:24	24 16 33	13Cn21	28 39	18 34	9 41	17 31D	7 59	12 5	3 53	8 3	11 41
16	3:35:20	25 14 24	26 45	29 50	18 53	10 27	17 32	8 6	12 8	3 53	8 3	11 38
17	3:39:16	26 12 13	9Le43	1Ta 4	19 14	11 13	17 32	8 12	12 12	3 52	8 4	11 35
18	3:43:13	27 10 0	22 19	2 20	19 37	11 58	17 33	8 19	12 15	3 51	8 5	11 32
19	3:47:10	28 7 45	4Vi37	3 39	20 2	12 44	17 33	8 25	12 19	3 50	8 6	11 28
20	3:51: 6	29 5 29	16 43	5 0	20 28	13 30	17 34	8 32	12 22	3 49	8 6	11 25
21	3:55: 3	0Ge 3 11	28 39	6 24	20 56	14 15	17 36	8 38	12 26	3 48	8 7	11 22
22	3:58:59	1 0 51	10Li32	7 50	21 25	15 1	17 37	8 45	12 29	3 48	8 8	11 19
23	4: 2:56	1 58 30	22 24	9 19	21 56	15 46	17 38	8 52	12 32	3 47	8 9	11 16
24	4: 6:52	2 56 8	4Sc18	10 50	22 28	16 31	17 40	8 59	12 36	3 46	8 10	11 12
25	4:10:49	3 53 44	16 17	12 24	23 1	17 17	17 42	9 5	12 39	3 46	8 11	11 9
26	4:14:45	4 51 19	28 23	14 0	23 36	18 2	17 44	9 12	12 43	3 45	8 11	11 6
27	4:18:42	5 48 53	10Sg37	15 38	24 12	18 47	17 46	9 19	12 47	3 44	8 12	11 3
28	4:22:39	6 46 26	23 0	17 18	24 49	19 32	17 48	9 26	12 50	3 44	8 13	11 0
29	4:26:35	7 43 58	5Cp34	19 1	25 28	20 18	17 51	9 33	12 54	3 43	8 14	10 57
30	4:30:32	8 41 28	18 20	20 47	26 7	21 3	17 54	9 40	12 57	3 43	8 15	10 53
31	4:34:29	9 38 58	1Aq19	22 34	26 48	21 48	17 57	9 47	13 1	3 42	8 16	10 50

5/21 Sun in Gem. 10:41   5/5 3rd Qt. 6:02   5/11 New 20:22   5/18 1st Qt. 22:12   5/27 Full 1:49

Day	Sid. T.	Sun	Moon	Merc.	Venus	Mars	Jup.	Saturn	Uranus	Nept.	Pluto	N.Node
1	4:38:25	10Ge36 27	14Aq33	24Ta24	27Ar29	22Ar33	18Vi 0	9Cn54	13Ge 4	3Li42R	8Le17	10Cn47
2	4:42:21	11 33 55	28 3	26 16	28 12	23 18	18 3	10 2	13 8	3 42	8 18	10 44
3	4:46:18	12 31 23	11Pi51	28 11	28 55	24 3	18 6	10 9	13 11	3 41	8 20	10 41
4	4:50:15	13 28 50	25 56	0Ge 7	29 40	24 47	18 10	10 16	13 15	3 41	8 21	10 38
5	4:54:11	14 26 16	10Ar17	2 6	0Ta25	25 32	18 13	10 23	13 18	3 40	8 22	10 34
6	4:58: 8	15 23 42	24 52	4 7	1 11	26 17	18 17	10 31	13 22	3 40	8 23	10 31
7	5: 2: 4	16 21 7	9Ta35	6 10	1 58	27 2	18 21	10 38	13 25	3 40	8 24	10 28
8	5: 6: 1	17 18 31	24 20	8 15	2 46	27 46	18 26	10 45	13 29	3 40	8 25	10 25
9	5: 9:57	18 15 55	9Ge 0	10 21	3 34	28 31	18 30	10 53	13 32	3 40	8 27	10 22
10	5:13:54	19 13 18	23 27	12 29	4 23	29 16	18 34	11 0	13 36	3 39	8 28	10 18
11	5:17:50	20 10 40	7Cn34	14 38	5 13	0Ta 0	18 39	11 8	13 40	3 39	8 29	10 15
12	5:21:47	21 8 2	21 24	16 48	6 4	0 44	18 44	11 15	13 43	3 39	8 30	10 12
13	5:25:43	22 5 22	4Le48	18 59	6 55	1 29	18 49	11 23	13 47	3 39	8 32	10 9
14	5:29:40	23 2 42	17 48	21 11	7 47	2 13	18 54	11 30	13 50	3 39	8 33	10 6
15	5:33:37	24 0 1	0Vi28	23 23	8 39	2 57	18 59	11 38	13 54	3 39D	8 34	10 3
16	5:37:33	24 57 19	12 49	25 35	9 32	3 41	19 5	11 45	13 57	3 39	8 35	9 59
17	5:41:30	25 54 36	24 57	27 46	10 26	4 26	19 10	11 53	14 1	3 39	8 37	9 56
18	5:45:26	26 51 52	6Li55	29 57	11 20	5 10	19 16	12 0	14 4	3 39	8 38	9 53
19	5:49:23	27 49 7	18 49	2Cn 8	12 15	5 54	19 22	12 8	14 8	3 39	8 40	9 50
20	5:53:19	28 46 22	0Sc42	4 17	13 10	6 38	19 28	12 16	14 11	3 40	8 41	9 47
21	5:57:16	29 43 36	12 38	6 25	14 5	7 21	19 34	12 23	14 14	3 40	8 42	9 43
22	6: 1:13	0Cn40 50	24 42	8 32	15 1	8 5	19 40	12 31	14 18	3 40	8 44	9 40
23	6: 5: 9	1 38 3	6Sg55	10 37	15 58	8 49	19 47	12 39	14 21	3 40	8 45	9 37
24	6: 9: 6	2 35 16	19 21	12 40	16 55	9 32	19 53	12 46	14 25	3 41	8 47	9 34
25	6:13: 2	3 32 28	2Cp 0	14 42	17 52	10 16	20 0	12 54	14 28	3 41	8 48	9 31
26	6:16:59	4 29 40	14 53	16 42	18 50	11 0	20 7	13 2	14 32	3 41	8 50	9 28
27	6:20:55	5 26 52	28 0	18 40	19 48	11 43	20 14	13 10	14 35	3 42	8 51	9 24
28	6:24:52	6 24 4	11Aq22	20 36	20 47	12 26	20 21	13 17	14 38	3 42	8 53	9 21
29	6:28:48	7 21 15	24 56	22 29	21 46	13 10	20 28	13 25	14 42	3 43	8 54	9 18
30	6:32:45	8 18 27	8Pi43	24 21	22 45	13 53	20 35	13 33	14 45	3 43	8 56	9 15

6/21 Sun in Can. 18:52   6/3 3rd Qt. 13:16   6/10 New 4:26   6/17 1st Qt. 14:06   6/25 Full 15:08(E)

JULY 1945

Day	Sid. T.	Sun	Moon	Merc.	Venus	Mars	Jup.	Saturn	Uranus	Nept.	Pluto	N.Node
1	6:36:42	9Cn15 39	22Pi41	26Cn11	23Ta44	14Ta36	20Vi43	13Cn41	14Ge48	3Li44	8Le57	9Cn12
2	6:40:38	10 12 51	6Ar47	27 59	24 44	15 19	20 50	13 49	14 51	3 44	8 59	9 9
3	6:44:35	11 10 3	21 1	29 44	25 45	16 2	20 58	13 56	14 55	3 45	9 1	9 5
4	6:48:31	12 7 15	5Ta20	1Le27	26 45	16 45	21 6	14 4	14 58	3 45	9 2	9 2
5	6:52:28	13 4 28	19 40	3 9	27 46	17 28	21 14	14 12	15 1	3 46	9 4	8 59
6	6:56:24	14 1 41	3Ge58	4 48	28 47	18 11	21 22	14 20	15 4	3 47	9 5	8 56
7	7: 0:21	14 58 55	18 11	6 25	29 49	18 53	21 30	14 27	15 8	3 47	9 7	8 53
8	7: 4:18	15 56 9	2Cn14	8 0	0Ge51	19 36	21 39	14 35	15 11	3 48	9 9	8 49
9	7: 8:14	16 53 23	16 3	9 33	1 53	20 18	21 47	14 43	15 14	3 49	9 10	8 46
10	7:12:11	17 50 37	29 36	11 4	2 55	21 1	21 56	14 51	15 17	3 50	9 12	8 43
11	7:16: 8	18 47 51	12Le51	12 33	3 58	21 43	22 4	14 59	15 20	3 50	9 14	8 40
12	7:20: 4	19 45 6	25 47	13 59	5 1	22 26	22 13	15 6	15 23	3 51	9 15	8 37
13	7:24: 0	20 42 20	8Vi25	15 23	6 4	23 8	22 22	15 14	15 26	3 52	9 17	8 34
14	7:27:57	21 39 34	20 46	16 45	7 7	23 50	22 31	15 22	15 29	3 53	9 19	8 30
15	7:31:54	22 36 49	2Li55	18 5	8 11	24 32	22 40	15 30	15 32	3 54	9 20	8 27
16	7:35:50	23 34 4	14 54	19 22	9 14	25 14	22 49	15 38	15 35	3 55	9 22	8 24
17	7:39:47	24 31 18	26 48	20 37	10 18	25 56	22 58	15 45	15 38	3 56	9 24	8 21
18	7:43:44	25 28 33	8Sc41	21 50	11 23	26 38	23 8	15 53	15 41	3 57	9 25	8 18
19	7:47:40	26 25 49	20 38	23 0	12 27	27 19	23 17	16 1	15 44	3 58	9 27	8 15
20	7:51:36	27 23 4	2Sg44	24 8	13 32	28 1	23 27	16 8	15 47	3 59	9 29	8 11
21	7:55:33	28 20 20	15 3	25 13	14 36	28 42	23 36	16 16	15 50	4 0	9 31	8 8
22	7:59:30	29 17 36	27 37	26 15	15 41	29 24	23 46	16 24	15 53	4 2	9 32	8 5
23	8: 3:26	0Le14 53	10Cp30	27 14	16 47	0Ge 5	23 56	16 31	15 55	4 3	9 34	8 2
24	8: 7:23	1 12 10	23 42	28 11	17 52	0 46	24 6	16 39	15 58	4 4	9 36	7 59
25	8:11:20	2 9 28	7Aq12	29 4	18 58	1 27	24 16	16 47	16 1	4 5	9 38	7 55
26	8:15:16	3 6 46	21 0	29 54	20 3	2 8	24 26	16 54	16 3	4 6	9 39	7 52
27	8:19:12	4 4 5	5Pi 2	0Vi41	21 9	2 49	24 36	17 2	16 6	4 8	9 41	7 49
28	8:23: 9	5 1 25	19 13	1 24	22 15	3 30	24 46	17 9	16 9	4 9	9 43	7 46
29	8:27: 5	5 58 46	3Ar30	2 4	23 22	4 11	24 57	17 17	16 11	4 10	9 45	7 43
30	8:31: 2	6 56 8	17 49	2 40	24 28	4 52	25 7	17 25	16 14	4 12	9 46	7 40
31	8:34:59	7 53 32	2Ta 6	3 11	25 35	5 32	25 18	17 32	16 16	4 13	9 48	7 36

7/23 Sun in Leo 5:46   7/2 3rd Qt. 18:13   7/9 New 13:36(E)   7/17 1st Qt. 7:01   7/25 Full 2:26   7/31 3rd Qt. 22:30

AUGUST 1945

Day	Sid. T.	Sun	Moon	Merc.	Venus	Mars	Jup.	Saturn	Uranus	Nept.	Pluto	N.Node
1	8:38:55	8Le50 56	16Ta17	3Vi39	26Ge42	6Ge13	25Vi28	17Cn39	16Ge19	4Li15	9Le50	7Cn33
2	8:42:52	9 48 22	0Ge22	4 2	27 49	6 53	25 39	17 47	16 21	4 16	9 52	7 30
3	8:46:48	10 45 49	14 18	4 21	28 56	7 33	25 50	17 54	16 24	4 17	9 54	7 27
4	8:50:45	11 43 17	28 5	4 35	0Cn 3	8 13	26 1	18 2	16 26	4 19	9 55	7 24
5	8:54:41	12 40 46	11Cn41	4 44	1 10	8 53	26 12	18 9	16 28	4 20	9 57	7 21
6	8:58:38	13 38 17	25 6	4 48	2 18	9 33	26 22	18 16	16 31	4 22	9 59	7 17
7	9: 2:35	14 35 48	8Le18	4 47R	3 26	10 13	26 34	18 24	16 33	4 24	10 1	7 14
8	9: 6:31	15 33 21	21 16	4 40	4 33	10 53	26 45	18 31	16 35	4 25	10 2	7 11
9	9:10:28	16 30 54	4Vi 1	4 28	5 41	11 33	26 56	18 38	16 37	4 27	10 4	7 8
10	9:14:24	17 28 29	16 31	4 11	6 49	12 12	27 7	18 45	16 39	4 28	10 6	7 5
11	9:18:21	18 26 4	28 49	3 48	7 58	12 51	27 18	18 53	16 41	4 30	10 8	7 1
12	9:22:17	19 23 41	10Li55	3 20	9 6	13 31	27 30	19 0	16 44	4 32	10 9	6 58
13	9:26:14	20 21 19	22 52	2 47	10 15	14 10	27 41	19 7	16 46	4 33	10 11	6 55
14	9:30:10	21 18 57	4Sc45	2 9	11 23	14 49	27 53	19 14	16 47	4 35	10 13	6 52
15	9:34: 7	22 16 37	16 36	1 27	12 32	15 28	28 4	19 21	16 49	4 37	10 15	6 49
16	9:38: 3	23 14 17	28 32	0 42	13 41	16 7	28 16	19 28	16 51	4 39	10 16	6 46
17	9:42: 0	24 11 59	10Sg37	29Le53	14 50	16 45	28 28	19 35	16 53	4 40	10 18	6 42
18	9:45:57	25 9 42	22 56	29 3	15 59	17 24	28 39	19 41	16 55	4 42	10 20	6 39
19	9:49:53	26 7 26	5Cp34	28 11	17 8	18 2	28 51	19 48	16 57	4 44	10 21	6 36
20	9:53:50	27 5 11	18 34	27 19	18 17	18 41	29 3	19 55	16 58	4 46	10 23	6 33
21	9:57:46	28 2 57	1Aq58	26 27	19 27	19 19	29 15	20 2	17 0	4 48	10 25	6 30
22	10: 1:43	29 0 45	15 46	25 38	20 36	19 57	29 27	20 8	17 2	4 50	10 27	6 27
23	10: 5:39	29 58 34	29 57	24 51	21 46	20 35	29 39	20 15	17 3	4 51	10 28	6 23
24	10: 9:36	0Vi56 24	14Pi26	24 6	22 56	21 14	29 51	20 22	17 5	4 53	10 30	6 20
25	10:13:33	1 54 16	29 5	23 30	24 6	21 50	0Li 3	20 28	17 6	4 55	10 32	6 17
26	10:17:29	2 52 9	13Ar48	22 57	25 16	22 28	0 15	20 35	17 8	4 57	10 33	6 14
27	10:21:26	3 50 4	28 27	22 31	26 26	23 5	0 27	20 41	17 9	4 59	10 35	6 11
28	10:25:22	4 48 2	12Ta56	22 13	27 36	23 42	0 39	20 47	17 10	5 1	10 37	6 7
29	10:29:18	5 46 1	27 12	22 2	28 46	24 19	0 52	20 54	17 12	5 3	10 38	6 4
30	10:33:15	6 44 2	11Ge11	21 58D	29 57	24 56	1 4	21 0	17 13	5 5	10 40	6 1
31	10:37:12	7 42 4	24 55	22 4	1Le 7	25 33	1 16	21 6	17 14	5 7	10 41	5 58

8/23 Sun in Vir. 12:36   8/8 New 0:32   8/16 1st Qt. 0:27   8/23 Full 12:03   8/30 3rd Qt. 3:45

Day	Sid. T.	Sun	Moon	Merc.	Venus	Mars	Jup.	Saturn	Uranus	Nept.	Pluto	N.Node
1	10:41: 8	8Vi40 9	8Cn24	22Le17	2Le18	26Ge10	1Li29	21Cn12	17Ge15	5Li 9	10Le43	5Cn55
2	10:45: 5	9 38 16	21 39	22 39	3 29	26 46	1 41	21 18	17 16	5 11	10 45	5 52
3	10:49: 2	10 36 25	4Le42	23 10	4 40	27 23	1 54	21 24	17 17	5 13	10 46	5 48
4	10:52:58	11 34 35	17 32	23 49	5 51	27 59	2 6	21 30	17 18	5 15	10 48	5 45
5	10:56:55	12 32 48	0Vi12	24 35	7 2	28 35	2 19	21 36	17 19	5 18	10 49	5 42
6	11: 0:51	13 31 2	12 42	25 30	8 13	29 11	2 31	21 42	17 20	5 20	10 51	5 39
7	11: 4:47	14 29 17	25 1	26 32	9 24	29 47	2 44	21 48	17 21	5 22	10 52	5 36
8	11: 8:44	15 27 35	7Li10	27 40	10 35	0Cn22	2 56	21 53	17 22	5 24	10 54	5 32
9	11:12:40	16 25 54	19 11	28 55	11 47	0 58	3 9	21 59	17 22	5 26	10 55	5 29
10	11:16:37	17 24 15	1Sc 5	0Vi16	12 58	1 33	3 22	22 5	17 23	5 28	10 57	5 26
11	11:20:34	18 22 37	12 56	1 42	14 10	2 8	3 34	22 10	17 24	5 30	10 58	5 23
12	11:24:30	19 21 2	24 45	3 13	15 21	2 43	3 47	22 15	17 24	5 32	11 0	5 20
13	11:28:27	20 19 27	6Sg38	4 48	16 33	3 18	4 0	22 21	17 25	5 35	11 1	5 17
14	11:32:23	21 17 55	18 40	6 27	17 45	3 52	4 13	22 26	17 25	5 37	11 3	5 13
15	11:36:20	22 16 24	0Cp56	8 8	18 57	4 27	4 26	22 31	17 26	5 39	11 4	5 10
16	11:40:16	23 14 55	13 31	9 52	20 9	5 1	4 38	22 36	17 26	5 41	11 6	5 7
17	11:44:13	24 13 27	26 30	11 39	21 21	5 35	4 51	22 41	17 26	5 43	11 7	5 4
18	11:48: 9	25 12 1	9Aq57	13 26	22 33	6 9	5 4	22 46	17 27	5 45	11 8	5 1
19	11:52: 6	26 10 37	23 52	15 16	23 45	6 42	5 17	22 51	17 27	5 48	11 10	4 58
20	11:56: 3	27 9 14	8Pi16	17 6	24 58	7 16	5 30	22 56	17 27	5 50	11 11	4 54
21	11:59:59	28 7 53	23 2	18 56	26 10	7 49	5 43	23 1	17 27	5 52	11 12	4 51
22	12: 3:56	29 6 34	8Ar 3	20 47	27 22	8 22	5 56	23 5	17 27	5 54	11 13	4 48
23	12: 7:52	0Li 5 17	23 10	22 38	28 35	8 55	6 9	23 10	17 27R	5 57	11 15	4 45
24	12:11:49	1 4 3	8Ta12	24 29	29 48	9 27	6 21	23 14	17 27	5 59	11 16	4 42
25	12:15:45	2 2 50	23 0	26 19	1Vi 0	10 0	6 34	23 19	17 27	6 1	11 17	4 38
26	12:19:42	3 1 40	7Ge29	28 10	2 13	10 32	6 47	23 23	17 27	6 3	11 18	4 35
27	12:23:39	4 0 32	21 35	29 59	3 26	11 4	7 0	23 27	17 27	6 5	11 20	4 32
28	12:27:35	4 59 26	5Cn19	1Li48	4 39	11 36	7 13	23 31	17 27	6 8	11 21	4 29
29	12:31:32	5 58 23	18 41	3 37	5 52	12 7	7 26	23 35	17 26	6 10	11 22	4 26
30	12:35:28	6 57 22	1Le44	5 25	7 5	12 39	7 39	23 39	17 26	6 12	11 23	4 23

9/23 Sun in Lib. 9:50   9/6 New 13:44   9/14 1st Qt. 17:39   9/21 Full 20:46   9/28 3rd Qt. 11:24

Day	Sid. T.	Sun	Moon	Merc.	Venus	Mars	Jup.	Saturn	Uranus	Nept.	Pluto	N.Node
1	12:39:25	7Li56 23	14Le32	7Li12	8Vi18	13Cn10	7Li52	23Cn43	17Ge26R	6Li14	11Le24	4Cn19
2	12:43:21	8 55 27	27 7	8 58	9 31	13 41	8 5	23 47	17 25	6 17	11 25	4 16
3	12:47:17	9 54 33	9Vi31	10 43	10 44	14 11	8 18	23 51	17 25	6 19	11 26	4 13
4	12:51:14	10 53 40	21 46	12 28	11 58	14 42	8 31	23 54	17 24	6 21	11 27	4 10
5	12:55:11	11 52 50	3Li53	14 12	13 11	15 12	8 44	23 58	17 23	6 23	11 28	4 7
6	12:59: 7	12 52 2	15 54	15 55	14 25	15 42	8 57	24 1	17 23	6 26	11 29	4 4
7	13: 3: 4	13 51 16	27 50	17 37	15 38	16 11	9 10	24 4	17 22	6 28	11 30	4 0
8	13: 7: 1	14 50 32	9Sc41	19 18	16 52	16 41	9 23	24 7	17 21	6 30	11 31	3 57
9	13:10:57	15 49 50	21 29	20 59	18 5	17 10	9 36	24 11	17 21	6 32	11 32	3 54
10	13:14:53	16 49 10	3Sg19	22 39	19 19	17 38	9 49	24 14	17 20	6 34	11 33	3 51
11	13:18:50	17 48 32	15 11	24 18	20 33	18 7	10 2	24 16	17 19	6 37	11 34	3 48
12	13:22:47	18 47 56	27 12	25 56	21 46	18 35	10 15	24 19	17 18	6 39	11 35	3 44
13	13:26:43	19 47 21	9Cp25	27 34	23 0	19 3	10 28	24 22	17 17	6 41	11 36	3 41
14	13:30:40	20 46 49	21 56	29 11	24 14	19 31	10 41	24 24	17 16	6 43	11 36	3 38
15	13:34:37	21 46 18	4Aq50	0Sc47	25 28	19 58	10 54	24 27	17 15	6 45	11 37	3 35
16	13:38:33	22 45 48	18 10	2 23	26 42	20 25	11 6	24 29	17 14	6 48	11 38	3 32
17	13:42:30	23 45 20	2Pi 1	3 58	27 56	20 52	11 19	24 32	17 12	6 50	11 39	3 29
18	13:46:26	24 44 55	16 22	5 32	29 10	21 18	11 32	24 34	17 11	6 52	11 39	3 25
19	13:50:22	25 44 30	1Ar 7	7 6	0Li24	21 44	11 45	24 36	17 10	6 54	11 40	3 22
20	13:54:19	26 44 8	16 17	8 39	1 38	22 10	11 58	24 38	17 9	6 56	11 41	3 19
21	13:58:16	27 43 48	1Ta36	10 11	2 53	22 35	12 10	24 40	17 7	6 58	11 41	3 16
22	14: 2:12	28 43 30	16 53	11 43	4 7	23 0	12 23	24 41	17 6	7 0	11 42	3 13
23	14: 6: 9	29 43 14	1Ge59	13 15	5 21	23 25	12 36	24 43	17 4	7 2	11 43	3 10
24	14:10: 6	0Sc43 0	16 44	14 45	6 36	23 49	12 49	24 44	17 3	7 5	11 43	3 6
25	14:14: 2	1 42 48	1Cn 4	16 16	7 50	24 13	13 1	24 46	17 1	7 7	11 44	3 3
26	14:17:58	2 42 39	14 57	17 45	9 4	24 36	13 14	24 47	17 0	7 9	11 44	3 0
27	14:21:55	3 42 31	28 24	19 14	10 19	25 0	13 26	24 48	16 58	7 11	11 45	2 57
28	14:25:52	4 42 26	11Le27	20 43	11 33	25 22	13 39	24 49	16 56	7 13	11 45	2 54
29	14:29:48	5 42 23	24 10	22 11	12 48	25 45	13 52	24 50	16 55	7 15	11 46	2 50
30	14:33:45	6 42 23	6Vi37	23 38	14 3	26 7	14 4	24 51	16 53	7 17	11 46	2 47
31	14:37:42	7 42 24	18 51	25 5	15 17	26 28	14 17	24 52	16 51	7 19	11 46	2 44

10/23 Sun in Sco. 18:44   10/6 New 5:23   10/14 1st Qt. 9:38   10/21 Full 5:32   10/27 3rd Qt. 22:30

NOVEMBER 1945

Day	Sid. T.	Sun	Moon	Merc.	Venus	Mars	Jup.	Saturn	Uranus	Nept.	Pluto	N.Node
1	14:41:38	8Sc42 27	0Li56	26Sc31	16Li32	26Cn49	14Li29	24Cn53	16Ge49R	7Li21	11Le47	2Cn41
2	14:45:34	9 42 33	12 55	27 56	17 47	27 10	14 41	24 53	16 47	7 23	11 47	2 38
3	14:49:31	10 42 40	24 49	29 21	19 1	27 30	14 54	24 53	16 46	7 25	11 47	2 35
4	14:53:27	11 42 50	6Sc40	0Sg45	20 16	27 50	15 6	24 54	16 44	7 27	11 47	2 31
5	14:57:24	12 43 1	18 30	2 8	21 31	28 9	15 18	24 54	16 42	7 29	11 48	2 28
6	15: 1:20	13 43 14	0Sg21	3 30	22 46	28 28	15 30	24 54R	16 40	7 30	11 48	2 25
7	15: 5:17	14 43 29	12 14	4 52	24 1	28 46	15 43	24 54	16 38	7 32	11 48	2 22
8	15: 9:14	15 43 45	24 11	6 12	25 16	29 4	15 55	24 54	16 36	7 34	11 48	2 19
9	15:13:10	16 44 3	6Cp16	7 31	26 30	29 21	16 7	24 53	16 34	7 36	11 48	2 16
10	15:17: 7	17 44 23	18 33	8 49	27 45	29 38	16 19	24 53	16 31	7 38	11 48	2 12
11	15:21: 3	18 44 44	1Aq 4	10 5	29 0	29 54	16 31	24 53	16 29	7 40	11 48	2 9
12	15:25: 0	19 45 6	13 55	11 20	0Sc15	0Le10	16 43	24 52	16 27	7 41	11 48	2 6
13	15:28:56	20 45 30	27 9	12 33	1 30	0 25	16 54	24 51	16 25	7 43	11 48R	2 3
14	15:32:53	21 45 54	10Pi49	13 44	2 45	0 39	17 6	24 50	16 23	7 45	11 48	2 0
15	15:36:50	22 46 21	24 57	14 53	4 0	0 53	17 18	24 49	16 20	7 47	11 48	1 56
16	15:40:46	23 46 48	9Ar31	15 59	5 16	1 7	17 30	24 48	16 18	7 48	11 48	1 53
17	15:44:43	24 47 17	24 27	17 3	6 31	1 19	17 41	24 47	16 16	7 50	11 48	1 50
18	15:48:39	25 47 48	9Ta38	18 3	7 46	1 32	17 53	24 46	16 13	7 52	11 48	1 47
19	15:52:36	26 48 20	24 54	19 0	9 1	1 43	18 4	24 45	16 11	7 53	11 48	1 44
20	15:56:32	27 48 53	10Ge 4	19 52	10 16	1 54	18 16	24 43	16 9	7 55	11 48	1 41
21	16: 0:29	28 49 28	24 59	20 40	11 31	2 4	18 27	24 41	16 6	7 56	11 47	1 37
22	16: 4:25	29 50 4	9Cn30	21 22	12 46	2 14	18 38	24 40	16 4	7 58	11 47	1 34
23	16: 8:22	0Sg50 42	23 35	21 58	14 2	2 23	18 49	24 38	16 2	7 59	11 47	1 31
24	16:12:19	1 51 22	7Le13	22 28	15 17	2 31	19 0	24 36	15 59	8 1	11 47	1 28
25	16:16:15	2 52 4	20 23	22 50	16 32	2 39	19 12	24 34	15 57	8 2	11 46	1 25
26	16:20:12	3 52 47	3Vi10	23 4	17 47	2 46	19 22	24 32	15 54	8 4	11 46	1 21
27	16:24: 8	4 53 31	15 38	23 9R	19 3	2 52	19 33	24 30	15 52	8 5	11 46	1 18
28	16:28: 5	5 54 17	27 50	23 4	20 18	2 57	19 44	24 27	15 49	8 7	11 45	1 15
29	16:32: 1	6 55 5	9Li51	22 48	21 33	3 1	19 55	24 25	15 47	8 8	11 45	1 12
30	16:35:58	7 55 53	21 45	22 22	22 49	3 6	20 6	24 22	15 44	8 9	11 44	1 9

11/22 Sun in Sag. 15:56   11/4 New 23:11   11/12 1st Qt. 23:35   11/19 Full 15:13   11/26 3rd Qt. 13:28

DECEMBER 1945

Day	Sid. T.	Sun	Moon	Merc.	Venus	Mars	Jup.	Saturn	Uranus	Nept.	Pluto	N.Node
1	16:39:55	8Sg56 44	3Sc35	21Sg44R	24Sc 4	3Le 9	20Li16	24Cn20R	15Ge42R	8Li11	11Le44R	1Cn 6
2	16:43:51	9 57 35	15 25	20 56	25 19	3 11	20 27	24 17	15 39	8 12	11 43	1 2
3	16:47:48	10 58 28	27 17	19 57	26 35	3 13	20 37	24 14	15 37	8 13	11 43	0 59
4	16:51:44	11 59 23	9Sg12	18 50	27 50	3 13	20 47	24 11	15 34	8 14	11 42	0 56
5	16:55:41	13 0 18	21 13	17 34	29 5	3 13R	20 58	24 8	15 31	8 16	11 42	0 53
6	16:59:37	14 1 14	3Cp22	16 14	0Sg21	3 13	21 8	24 5	15 29	8 17	11 41	0 50
7	17: 3:34	15 2 11	15 39	14 51	1 36	3 11	21 18	24 2	15 26	8 18	11 40	0 47
8	17: 7:30	16 3 9	28 8	13 29	2 52	3 8	21 28	23 59	15 24	8 19	11 40	0 43
9	17:11:27	17 4 8	10Aq49	12 10	4 7	3 5	21 37	23 55	15 21	8 20	11 39	0 40
10	17:15:23	18 5 7	23 47	10 56	5 22	3 1	21 47	23 52	15 19	8 21	11 38	0 37
11	17:19:20	19 6 7	7Pi 2	9 50	6 38	2 56	21 57	23 48	15 16	8 22	11 38	0 34
12	17:23:17	20 7 7	20 37	8 53	7 53	2 50	22 6	23 45	15 14	8 23	11 37	0 31
13	17:27:13	21 8 8	4Ar32	8 7	9 9	2 43	22 16	23 41	15 11	8 24	11 36	0 27
14	17:31:10	22 9 10	18 48	7 32	10 24	2 36	22 25	23 37	15 9	8 25	11 35	0 24
15	17:35: 6	23 10 11	3Ta22	7 8	11 40	2 28	22 34	23 33	15 6	8 26	11 34	0 21
16	17:39: 3	24 11 14	18 10	6 55	12 55	2 18	22 43	23 29	15 4	8 27	11 34	0 18
17	17:43: 0	25 12 16	3Ge 5	6 52D	14 10	2 8	22 52	23 25	15 1	8 28	11 33	0 15
18	17:46:56	26 13 20	18 0	6 59	15 26	1 58	23 1	23 21	14 59	8 29	11 32	0 12
19	17:50:53	27 14 24	2Cn47	7 15	16 41	1 46	23 10	23 17	14 56	8 29	11 31	0 8
20	17:54:49	28 15 28	17 18	7 40	17 57	1 33	23 18	23 13	14 54	8 30	11 30	0 5
21	17:58:46	29 16 33	1Le27	8 11	19 12	1 20	23 27	23 9	14 51	8 31	11 29	0 2
22	18: 2:42	0Cp17 38	15 12	8 50	20 28	1 6	23 35	23 4	14 49	8 31	11 28	29Ge59
23	18: 6:38	1 18 45	28 31	9 34	21 43	0 51	23 44	23 0	14 46	8 32	11 27	29 56
24	18:10:35	2 19 51	11Vi25	10 23	22 59	0 36	23 52	22 56	14 44	8 32	11 26	29 53
25	18:14:32	3 20 59	23 58	11 17	24 14	0 19	24 0	22 51	14 41	8 33	11 25	29 49
26	18:18:28	4 22 7	6Li13	12 15	25 30	0 1	24 8	22 47	14 39	8 33	11 23	29 46
27	18:22:25	5 23 15	18 15	13 17	26 45	29Cn44	24 15	22 42	14 37	8 34	11 22	29 43
28	18:26:22	6 24 24	0Sc 9	14 22	28 1	29 26	24 23	22 37	14 34	8 34	11 21	29 40
29	18:30:18	7 25 34	11 58	15 30	29 16	29 7	24 30	22 33	14 32	8 35	11 21	29 37
30	18:34:14	8 26 44	23 48	16 40	0Cp32	28 47	24 38	22 28	14 30	8 35	11 20	29 33
31	18:38:11	9 27 54	5Sg42	17 52	1 47	28 27	24 45	22 23	14 28	8 36	11 18	29 30

12/22 Sun in Cap. 5:04   12/4 New 18:07   12/12 1st Qt. 11:05   12/19 Full 2:18(E)   12/26 3rd Qt. 8:01

Day	Sid. T.	Sun	Moon	Merc.	Venus	Mars	Jup.	Saturn	Uranus	Nept.	Pluto	N.Node
1	18:42: 8	10Cp29 4	17Sg43	19Sg 7	3Cp 3	28Cn 6R	24Li52	22Cn19R	14Ge25R	8Li36	11Le17R	29Ge27
2	18:46: 4	11 30 15	29 54	20 23	4 18	27 45	24 59	22 14	14 23	8 36	11 16	29 24
3	18:50: 1	12 31 26	12Cp17	21 41	5 34	27 23	25 6	22 9	14 21	8 36	11 15	29 21
4	18:53:58	13 32 37	24 53	23 0	6 49	27 1	25 12	22 4	14 19	8 37	11 14	29 18
5	18:57:54	14 33 47	7Aq42	24 20	8 5	26 38	25 19	21 59	14 17	8 37	11 12	29 14
6	19: 1:51	15 34 58	20 45	25 42	9 20	26 15	25 25	21 54	14 15	8 37	11 11	29 11
7	19: 5:47	16 36 8	4Pi 1	27 4	10 36	25 52	25 31	21 49	14 13	8 37	11 10	29 8
8	19: 9:44	17 37 17	17 30	28 28	11 51	25 28	25 37	21 45	14 11	8 37	11 9	29 5
9	19:13:40	18 38 26	1Ar12	29 52	13 6	25 4	25 43	21 40	14 9	8 37	11 7	29 2
10	19:17:37	19 39 35	15 5	1Cp17	14 22	24 41	25 49	21 35	14 7	8 37R	11 6	28 59
11	19:21:33	20 40 43	29 10	2 43	15 37	24 17	25 55	21 30	14 5	8 37	11 5	28 55
12	19:25:30	21 41 50	13Ta24	4 10	16 53	23 53	26 0	21 25	14 3	8 37	11 4	28 52
13	19:29:27	22 42 57	27 46	5 38	18 8	23 29	26 5	21 20	14 1	8 37	11 2	28 49
14	19:33:23	23 44 3	12Ge18	7 6	19 24	23 5	26 10	21 15	13 59	8 37	11 1	28 46
15	19:37:20	24 45 9	26 40	8 34	20 39	22 41	26 15	21 10	13 57	8 37	11 0	28 43
16	19:41:16	25 46 14	11Cn 3	10 4	21 55	22 17	26 20	21 5	13 56	8 36	10 58	28 39
17	19:45:13	26 47 18	25 17	11 33	23 10	21 53	26 25	21 0	13 54	8 36	10 57	28 36
18	19:49:10	27 48 22	9Le15	13 4	24 25	21 30	26 29	20 55	13 52	8 36	10 56	28 33
19	19:53: 6	28 49 25	22 56	14 35	25 41	21 7	26 33	20 50	13 51	8 36	10 54	28 30
20	19:57: 3	29 50 27	6Vi15	16 7	26 56	20 44	26 37	20 45	13 49	8 35	10 53	28 27
21	20: 0:59	0Aq51 29	19 12	17 39	28 12	20 22	26 41	20 41	13 48	8 35	10 52	28 24
22	20: 4:56	1 52 31	1Li49	19 12	29 27	20 0	26 45	20 36	13 46	8 35	10 50	28 20
23	20: 8:52	2 53 32	14 7	20 45	0Aq43	19 38	26 49	20 31	13 45	8 34	10 49	28 17
24	20:12:49	3 54 32	26 11	22 19	1 58	19 17	26 52	20 26	13 43	8 34	10 47	28 14
25	20:16:45	4 55 32	8Sc 6	23 54	3 13	18 56	26 55	20 22	13 42	8 33	10 46	28 11
26	20:20:42	5 56 32	19 55	25 29	4 29	18 36	26 58	20 17	13 41	8 33	10 45	28 8
27	20:24:39	6 57 31	1Sg45	27 5	5 44	18 17	27 1	20 12	13 40	8 32	10 43	28 5
28	20:28:35	7 58 29	13 41	28 42	6 59	17 58	27 4	20 8	13 38	8 31	10 42	28 1
29	20:32:32	8 59 27	25 46	0Aq19	8 15	17 39	27 6	20 3	13 37	8 31	10 40	27 58
30	20:36:28	10 0 24	8Cp 5	1 57	9 30	17 22	27 9	19 59	13 36	8 30	10 39	27 55
31	20:40:25	11 1 20	20 41	3 35	10 45	17 5	27 11	19 54	13 35	8 30	10 38	27 52

1/20 Sun in Aqu. 15:45   1/3 New 12:30(E)   1/10 1st Qt. 20:27   1/17 Full 14:47   1/25 3rd Qt. 5:00

Day	Sid. T.	Sun	Moon	Merc.	Venus	Mars	Jup.	Saturn	Uranus	Nept.	Pluto	N.Node
1	20:44:21	12Aq 2 14	3Aq35	5Aq14	12Aq 1	16Cn49R	27Li13	19Cn50R	13Ge34R	8Li29R	10Le36R	27Ge49
2	20:48:18	13 3 8	16 47	6 54	13 16	16 33	27 15	19 45	13 33	8 28	10 35	27 45
3	20:52:15	14 4 1	0Pi16	8 35	14 31	16 18	27 16	19 41	13 32	8 27	10 33	27 42
4	20:56:11	15 4 53	13 59	10 17	15 47	16 4	27 18	19 37	13 31	8 26	10 32	27 39
5	21: 0: 8	16 5 43	27 53	11 59	17 2	15 51	27 19	19 33	13 30	8 26	10 31	27 36
6	21: 4: 4	17 6 32	11Ar55	13 42	18 17	15 38	27 20	19 29	13 30	8 25	10 29	27 33
7	21: 8: 1	18 7 19	26 1	15 25	19 33	15 27	27 21	19 24	13 29	8 24	10 28	27 30
8	21:11:57	19 8 5	10Ta 9	17 10	20 48	15 16	27 21	19 21	13 28	8 23	10 26	27 26
9	21:15:54	20 8 49	24 16	18 55	22 3	15 6	27 22	19 17	13 28	8 22	10 25	27 23
10	21:19:50	21 9 32	8Ge22	20 41	23 18	14 56	27 22	19 13	13 27	8 21	10 24	27 20
11	21:23:47	22 10 13	22 25	22 28	24 34	14 48	27 22R	19 9	13 27	8 20	10 22	27 17
12	21:27:43	23 10 52	6Cn25	24 16	25 49	14 40	27 22	19 5	13 26	8 19	10 21	27 14
13	21:31:40	24 11 30	20 19	26 4	27 4	14 33	27 22	19 2	13 26	8 18	10 20	27 10
14	21:35:37	25 12 6	4Le 6	27 53	28 19	14 27	27 21	18 58	13 26	8 17	10 18	27 7
15	21:39:33	26 12 41	17 42	29 43	29 34	14 22	27 20	18 55	13 25	8 16	10 17	27 4
16	21:43:29	27 13 14	1Vi 5	1Pi33	0Pi49	14 17	27 20	18 52	13 25	8 15	10 16	27 1
17	21:47:26	28 13 45	14 12	3 24	2 5	14 14	27 18	18 48	13 25	8 13	10 14	26 58
18	21:51:23	29 14 16	27 3	5 16	3 20	14 11	27 17	18 45	13 25	8 12	10 13	26 55
19	21:55:19	0Pi14 44	9Li36	7 7	4 35	14 9	27 16	18 42	13 25D	8 11	10 12	26 51
20	21:59:16	1 15 11	21 54	8 59	5 50	14 7	27 14	18 39	13 25	8 10	10 10	26 48
21	22: 3:13	2 15 37	3Sc58	10 52	7 5	14 6	27 12	18 36	13 25	8 9	10 9	26 45
22	22: 7: 9	3 16 2	15 52	12 44	8 20	14 7D	27 10	18 33	13 25	8 7	10 8	26 42
23	22:11: 6	4 16 25	27 42	14 35	9 35	14 7	27 8	18 31	13 25	8 6	10 6	26 39
24	22:15: 2	5 16 47	9Sg31	16 26	10 50	14 9	27 6	18 28	13 25	8 5	10 5	26 36
25	22:18:59	6 17 7	21 26	18 17	12 5	14 11	27 3	18 26	13 25	8 3	10 4	26 32
26	22:22:55	7 17 26	3Cp25	20 6	13 20	14 14	27 1	18 23	13 26	8 2	10 3	26 29
27	22:26:52	8 17 43	15 55	21 53	14 35	14 18	26 58	18 21	13 26	8 1	10 2	26 26
28	22:30:48	9 17 59	28 37	23 38	15 50	14 22	26 54	18 19	13 26	7 59	10 0	26 23

2/19 Sun in Pis. 6:09   2/2 New 4:44   2/9 1st Qt. 4:28   2/16 Full 4:28   2/24 3rd Qt. 2:37

MARCH 1946

Day	Sid. T.	Sun	Moon	Merc.	Venus	Mars	Jup.	Saturn	Uranus	Nept.	Pluto	N.Node
1	22:34:45	10Pi18 14	11Aq42	25Pi21	17Pi 5	14Cn27	26Li51R	18Cn16R	13Ge27	7Li58R	9Le59R	26Ge20
2	22:38:42	11 18 26	25 11	27 1	18 20	14 33	26 48	18 14	13 27	7 56	9 58	26 16
3	22:42:38	12 18 37	9Pi 2	28 37	19 35	14 39	26 44	18 13	13 28	7 55	9 57	26 13
4	22:46:34	13 18 46	23 12	0Ar10	20 50	14 46	26 40	18 11	13 28	7 54	9 56	26 10
5	22:50:31	14 18 53	7Ar35	1 37	22 5	14 54	26 36	18 9	13 29	7 52	9 55	26 7
6	22:54:27	15 18 59	22 4	3 0	23 20	15 2	26 32	18 7	13 30	7 51	9 53	26 4
7	22:58:24	16 19 2	6Ta33	4 16	24 34	15 11	26 28	18 6	13 31	7 49	9 52	26 1
8	23: 2:20	17 19 3	20 57	5 27	25 49	15 21	26 23	18 5	13 31	7 48	9 51	25 57
9	23: 6:17	18 19 2	5Ge13	6 30	27 4	15 31	26 19	18 3	13 32	7 46	9 50	25 54
10	23:10:14	19 18 59	19 17	7 26	28 19	15 41	26 14	18 2	13 33	7 44	9 49	25 51
11	23:14:10	20 18 53	3Cn11	8 15	29 33	15 52	26 9	18 1	13 34	7 43	9 48	25 48
12	23:18: 7	21 18 45	16 54	8 55	0Ar48	16 4	26 4	18 0	13 35	7 41	9 47	25 45
13	23:22: 4	22 18 36	0Le26	9 27	2 3	16 16	25 59	17 59	13 36	7 40	9 46	25 42
14	23:26: 0	23 18 23	13 48	9 51	3 17	16 29	25 53	17 59	13 36	7 38	9 45	25 38
15	23:29:56	24 18 9	26 59	10 6	4 32	16 42	25 48	17 58	13 39	7 37	9 44	25 35
16	23:33:53	25 17 53	9Vi59	10 13	5 47	16 56	25 42	17 58	13 40	7 35	9 43	25 32
17	23:37:49	26 17 34	22 48	10 11R	7 1	17 10	25 36	17 57	13 41	7 33	9 43	25 29
18	23:41:46	27 17 13	5Li24	10 1	8 16	17 25	25 31	17 57	13 43	7 32	9 42	25 26
19	23:45:43	28 16 51	17 47	9 44	9 30	17 40	25 25	17 57	13 44	7 30	9 41	25 22
20	23:49:39	29 16 26	29 58	9 19	10 45	17 56	25 18	17 57D	13 45	7 29	9 40	25 19
21	23:53:35	0Ar16 0	11Sc58	8 47	11 59	18 12	25 12	17 57	13 47	7 27	9 39	25 16
22	23:57:32	1 15 32	23 51	8 10	13 14	18 29	25 6	17 57	13 48	7 25	9 38	25 13
23	0: 1:29	2 15 2	5Sg39	7 27	14 28	18 45	24 59	17 57	13 50	7 24	9 38	25 10
24	0: 5:25	3 14 30	17 28	6 41	15 43	19 3	24 53	17 58	13 52	7 22	9 37	25 7
25	0: 9:22	4 13 57	29 21	5 51	16 57	19 21	24 46	17 58	13 53	7 20	9 36	25 3
26	0:13:19	5 13 22	11Cp26	5 0	18 12	19 39	24 39	17 59	13 55	7 19	9 35	25 0
27	0:17:15	6 12 45	23 47	4 8	19 26	19 57	24 32	18 0	13 57	7 17	9 35	24 57
28	0:21:11	7 12 6	6Aq29	3 16	20 40	20 16	24 25	18 0	13 59	7 15	9 34	24 54
29	0:25: 8	8 11 26	19 37	2 25	21 55	20 36	24 18	18 1	14 0	7 14	9 33	24 51
30	0:29: 5	9 10 43	3Pi11	1 37	23 9	20 55	24 11	18 2	14 2	7 12	9 33	24 48
31	0:33: 1	10 9 59	17 14	0 52	24 23	21 15	24 4	18 4	14 4	7 10	9 32	24 44

3/21 Sun in Ari. 5:33   3/3 New 18:02   3/10 1st Qt. 12:03   3/17 Full 19:11   3/25 3rd Qt. 22:38

APRIL 1946

Day	Sid. T.	Sun	Moon	Merc.	Venus	Mars	Jup.	Saturn	Uranus	Nept.	Pluto	N.Node
1	0:36:57	11Ar 9 13	1Ar40	0Ar10R	25Ar37	21Cn36	23Li56R	18Cn 5	14Ge 6	7Li 9R	9Le32R	24Ge41
2	0:40:54	12 8 24	16 23	29Pi33	26 51	21 56	23 49	18 6	14 8	7 7	9 31	24 38
3	0:44:51	13 7 34	1Ta17	29 0	28 6	22 17	23 42	18 8	14 10	7 5	9 31	24 35
4	0:48:47	14 6 42	16 11	28 33	29 20	22 39	23 34	18 9	14 12	7 4	9 30	24 32
5	0:52:44	15 5 47	0Ge58	28 11	0Ta34	23 1	23 27	18 11	14 15	7 2	9 30	24 28
6	0:56:40	16 4 50	15 32	27 54	1 48	23 23	23 19	18 13	14 17	7 1	9 29	24 25
7	1: 0:37	17 3 51	29 48	27 43	3 2	23 45	23 11	18 15	14 19	6 59	9 29	24 22
8	1: 4:34	18 2 50	13Cn45	27 38	4 16	24 7	23 4	18 17	14 21	6 57	9 29	24 19
9	1: 8:30	19 1 46	27 24	27 38D	5 30	24 30	22 56	18 19	14 24	6 56	9 28	24 16
10	1:12:27	20 0 40	10Le47	27 43	6 44	24 54	22 48	18 21	14 26	6 54	9 28	24 13
11	1:16:23	20 59 32	23 53	27 53	7 58	25 17	22 41	18 24	14 28	6 52	9 28	24 9
12	1:20:20	21 58 21	6Vi47	28 8	9 12	25 41	22 33	18 26	14 31	6 51	9 27	24 6
13	1:24:16	22 57 8	19 28	28 29	10 26	26 5	22 25	18 29	14 33	6 49	9 27	24 3
14	1:28:13	23 55 53	1Li57	28 53	11 39	26 29	22 18	18 31	14 36	6 48	9 27	24 0
15	1:32:10	24 54 36	14 17	29 22	12 53	26 53	22 10	18 34	14 38	6 46	9 27	23 57
16	1:36: 6	25 53 17	26 27	29 56	14 7	27 18	22 2	18 37	14 41	6 45	9 26	23 54
17	1:40: 2	26 51 56	8Sc29	0Ar33	15 21	27 43	21 55	18 40	14 43	6 43	9 26	23 50
18	1:43:59	27 50 33	20 23	1 14	16 34	28 8	21 47	18 43	14 46	6 42	9 26	23 47
19	1:47:56	28 49 8	2Sg13	1 59	17 48	28 34	21 40	18 46	14 49	6 40	9 26	23 44
20	1:51:52	29 47 42	14 0	2 47	19 2	29 0	21 32	18 49	14 52	6 39	9 26	23 41
21	1:55:49	0Ta46 14	25 49	3 39	20 15	29 26	21 24	18 53	14 54	6 37	9 26	23 38
22	1:59:45	1 44 44	7Cp43	4 34	21 29	29 52	21 17	18 56	14 57	6 36	9 26D	23 34
23	2: 3:42	2 43 13	19 47	5 32	22 42	0Le18	21 10	19 0	15 0	6 34	9 26	23 31
24	2: 7:38	3 41 39	2Aq 6	6 32	23 56	0 45	21 2	19 3	15 3	6 33	9 26	23 28
25	2:11:35	4 40 5	14 46	7 36	25 9	1 11	20 55	19 7	15 6	6 31	9 26	23 25
26	2:15:32	5 38 28	27 50	8 42	26 23	1 38	20 48	19 11	15 8	6 30	9 26	23 22
27	2:19:28	6 36 50	11Pi22	9 51	27 36	2 5	20 40	19 15	15 11	6 29	9 26	23 19
28	2:23:25	7 35 11	25 22	11 2	28 50	2 33	20 33	19 19	15 14	6 27	9 27	23 15
29	2:27:21	8 33 30	9Ar50	12 16	0Ge 3	3 0	20 26	19 23	15 17	6 26	9 27	23 12
30	2:31:18	9 31 47	24 40	13 32	1 16	3 28	20 19	19 27	15 20	6 24	9 27	23 9

4/20 Sun in Tau. 17:02   4/2 New 4:38   4/8 1st Qt. 20:05   4/16 Full 10:47   4/24 3rd Qt. 15:19

Day	Sid. T.	Sun	Moon	Merc.	Venus	Mars	Jup.	Saturn	Uranus	Nept.	Pluto	N.Node
1	2:35:14	10Ta30 3	9Ta45	14Ar50	2Ge30	3Le56	20Li12R	19Cn31	15Ge23	6Li23R	9Le27	23Ge 6
2	2:39:11	11 28 17	24 55	16 11	3 43	4 24	20 6	19 35	15 26	6 22	9 27	23 3
3	2:43: 8	12 26 29	10Ge 1	17 33	4 56	4 52	19 59	19 40	15 30	6 21	9 28	22 59
4	2:47: 4	13 24 39	24 53	18 58	6 9	5 21	19 52	19 44	15 33	6 19	9 28	22 56
5	2:51: 0	14 22 48	9Cn26	20 25	7 23	5 49	19 46	19 49	15 36	6 18	9 28	22 53
6	2:54:57	15 20 54	23 36	21 54	8 36	6 18	19 39	19 54	15 39	6 17	9 29	22 50
7	2:58:54	16 18 59	7Le22	23 25	9 49	6 47	19 33	19 58	15 42	6 16	9 29	22 47
8	3: 2:50	17 17 1	20 58	24 58	11 2	7 16	19 27	20 3	15 45	6 15	9 30	22 44
9	3: 6:47	18 15 2	3Vi48	26 33	12 15	7 45	19 21	20 8	15 49	6 13	9 30	22 40
10	3:10:43	19 13 0	16 32	28 11	13 28	8 15	19 15	20 13	15 52	6 12	9 31	22 37
11	3:14:40	20 10 57	29 2	29 50	14 41	8 44	19 9	20 18	15 55	6 11	9 31	22 34
12	3:18:37	21 8 52	11Li18	1Ta31	15 54	9 14	19 4	20 23	15 58	6 10	9 32	22 31
13	3:22:33	22 6 46	23 25	3 14	17 6	9 44	18 58	20 29	16 2	6 9	9 32	22 28
14	3:26:30	23 4 37	5Sc25	4 59	18 19	10 14	18 53	20 34	16 5	6 8	9 33	22 25
15	3:30:26	24 2 28	17 18	6 46	19 32	10 44	18 48	20 39	16 8	6 7	9 33	22 21
16	3:34:23	25 0 16	29 8	8 35	20 45	11 14	18 43	20 45	16 12	6 6	9 34	22 18
17	3:38:19	25 58 4	10Sg56	10 27	21 57	11 44	18 38	20 50	16 15	6 5	9 35	22 15
18	3:42:16	26 55 50	22 45	12 20	23 10	12 15	18 33	20 56	16 18	6 4	9 35	22 12
19	3:46:13	27 53 35	4Cp37	14 15	24 23	12 46	18 28	21 1	16 22	6 3	9 36	22 9
20	3:50: 9	28 51 18	16 35	16 12	25 35	13 16	18 24	21 7	16 25	6 2	9 37	22 5
21	3:54: 5	29 49 0	28 43	18 11	26 48	13 47	18 20	21 13	16 29	6 2	9 37	22 2
22	3:58: 2	0Ge46 42	11Aq 5	20 12	28 0	14 18	18 15	21 19	16 32	6 1	9 38	21 59
23	4: 1:59	1 44 22	23 44	22 15	29 13	14 49	18 11	21 24	16 36	6 0	9 39	21 56
24	4: 5:55	2 42 1	6Pi45	24 19	0Cn25	15 21	18 8	21 30	16 39	5 59	9 40	21 53
25	4: 9:51	3 39 39	20 11	26 25	1 38	15 52	18 4	21 36	16 43	5 59	9 41	21 50
26	4:13:48	4 37 17	4Ar 3	28 33	2 50	16 24	18 0	21 42	16 46	5 58	9 42	21 46
27	4:17:45	5 34 53	18 21	0Ge42	4 2	16 55	17 57	21 49	16 50	5 57	9 43	21 43
28	4:21:41	6 32 28	3Ta 3	2 52	5 14	17 27	17 54	21 55	16 53	5 57	9 43	21 40
29	4:25:38	7 30 3	18 3	5 3	6 27	17 59	17 51	22 1	16 57	5 56	9 44	21 37
30	4:29:35	8 27 37	3Ge14	7 14	7 39	18 31	17 48	22 7	17 0	5 55	9 45	21 34
31	4:33:31	9 25 9	18 24	9 26	8 51	19 3	17 45	22 14	17 4	5 55	9 46	21 31

5/21 Sun in Gem. 16:34   5/1 New 13:17   5/8 1st Qt. 5:14   5/16 Full 2:53   5/24 3rd Qt. 4:02   5/30 New 20:50(E)

Day	Sid. T.	Sun	Moon	Merc.	Venus	Mars	Jup.	Saturn	Uranus	Nept.	Pluto	N.Node
1	4:37:27	10Ge22 41	3Cn26	11Ge38	10Cn 3	19Le35	17Li43R	22Cn20	17Ge 7	5Li54R	9Le47	21Ge27
2	4:41:24	11 20 11	18 12	13 50	11 15	20 7	17 41	22 27	17 11	5 54	9 48	21 24
3	4:45:21	12 17 40	2Le34	16 2	12 27	20 40	17 39	22 33	17 14	5 53	9 49	21 21
4	4:49:17	13 15 8	16 31	18 13	13 39	21 12	17 37	22 40	17 18	5 53	9 51	21 18
5	4:53:14	14 12 35	0Vi 2	20 23	14 51	21 45	17 35	22 46	17 21	5 53	9 52	21 15
6	4:57:10	15 10 0	13 8	22 31	16 3	22 17	17 33	22 53	17 25	5 52	9 53	21 11
7	5: 1: 7	16 7 24	25 51	24 39	17 15	22 50	17 32	23 0	17 28	5 52	9 54	21 8
8	5: 5: 4	17 4 47	8Li17	26 44	18 26	23 23	17 31	23 6	17 32	5 52	9 55	21 5
9	5: 9: 0	18 2 9	20 27	28 48	19 38	23 56	17 30	23 13	17 36	5 51	9 56	21 2
10	5:12:56	18 59 30	2Sc27	0Cn51	20 50	24 29	17 29	23 20	17 39	5 51	9 57	20 59
11	5:16:53	19 56 50	14 20	2 51	22 1	25 2	17 28	23 27	17 43	5 51	9 59	20 56
12	5:20:50	20 54 10	26 9	4 49	23 13	25 36	17 28	23 34	17 46	5 51	10 0	20 52
13	5:24:46	21 51 28	7Sg57	6 44	24 24	26 9	17 27	23 41	17 50	5 51	10 1	20 49
14	5:28:43	22 48 46	19 47	8 38	25 36	26 42	17 27	23 48	17 53	5 50	10 2	20 46
15	5:32:40	23 46 3	1Cp40	10 29	26 47	27 16	17 27D	23 55	17 57	5 50	10 4	20 43
16	5:36:36	24 43 19	13 39	12 18	27 58	27 49	17 27	24 2	18 0	5 50	10 5	20 40
17	5:40:32	25 40 35	25 47	14 4	29 9	28 23	17 28	24 9	18 4	5 50D	10 6	20 37
18	5:44:29	26 37 51	8Aq 5	15 49	0Le21	28 57	17 28	24 16	18 7	5 50	10 8	20 33
19	5:48:26	27 35 6	20 36	17 30	1 32	29 31	17 29	24 24	18 11	5 50	10 9	20 30
20	5:52:22	28 32 21	3Pi22	19 10	2 43	0Vi 5	17 30	24 31	18 14	5 51	10 10	20 27
21	5:56:19	29 29 36	16 26	20 46	3 54	0 39	17 31	24 38	18 18	5 51	10 12	20 24
22	6: 0:15	0Cn26 50	29 49	22 21	5 5	1 13	17 32	24 45	18 21	5 51	10 13	20 21
23	6: 4:12	1 24 5	13Ar33	23 53	6 16	1 47	17 34	24 53	18 25	5 51	10 15	20 17
24	6: 8: 8	2 21 19	27 39	25 22	7 27	2 21	17 36	25 0	18 28	5 51	10 16	20 14
25	6:12: 5	3 18 34	12Ta 6	26 50	8 37	2 56	17 37	25 8	18 32	5 51	10 18	20 11
26	6:16: 1	4 15 48	26 50	28 14	9 48	3 30	17 39	25 15	18 35	5 52	10 19	20 8
27	6:19:58	5 13 3	11Ge46	29 36	10 59	4 5	17 42	25 22	18 39	5 52	10 21	20 5
28	6:23:54	6 10 17	26 50	0Le55	12 9	4 39	17 44	25 30	18 42	5 52	10 22	20 2
29	6:27:52	7 7 31	11Cn43	2 12	13 20	5 14	17 46	25 37	18 46	5 53	10 24	19 58
30	6:31:48	8 4 45	26 29	3 26	14 30	5 49	17 49	25 45	18 49	5 53	10 25	19 55

6/22 Sun in Can. 0:45   6/6 1st Qt. 16:07   6/14 Full 18:42(E)   6/22 3rd Qt. 13:12   6/29 New 4:06(E)

JULY 1946

Day	Sid. T.	Sun	Moon	Merc.	Venus	Mars	Jup.	Saturn	Uranus	Nept.	Pluto	N.Node
1	6:35:45	9Cn 1 59	10Le56	4Le38	15Le41	6Vi24	17Li52	25Cn52	18Ge52	5Li54	10Le27	19Ge52
2	6:39:41	9 59 12	24 59	5 46	16 51	6 59	17 55	26 0	18 56	5 54	10 28	19 49
3	6:43:38	10 56 26	8Vi36	6 52	18 1	7 34	17 58	26 8	18 59	5 55	10 30	19 46
4	6:47:34	11 53 38	21 47	7 55	19 11	8 9	18 1	26 15	19 3	5 55	10 31	19 43
5	6:51:31	12 50 51	4Li34	8 54	20 21	8 44	18 5	26 23	19 6	5 56	10 33	19 39
6	6:55:28	13 48 3	17 0	9 51	21 31	9 19	18 9	26 30	19 9	5 56	10 35	19 36
7	6:59:24	14 45 15	29 9	10 44	22 41	9 54	18 13	26 38	19 12	5 57	10 36	19 33
8	7: 3:21	15 42 27	11Sc 7	11 34	23 51	10 30	18 17	26 46	19 16	5 58	10 38	19 30
9	7: 7:17	16 39 39	22 57	12 20	25 1	11 5	18 21	26 53	19 19	5 58	10 40	19 27
10	7:11:14	17 36 51	4Sg45	13 3	26 10	11 41	18 25	27 1	19 22	5 59	10 41	19 23
11	7:15:10	18 34 2	16 34	13 42	27 20	12 16	18 30	27 9	19 25	6 0	10 43	19 20
12	7:19: 7	19 31 14	28 28	14 17	28 29	12 52	18 34	27 16	19 29	6 0	10 45	19 17
13	7:23: 3	20 28 27	10Cp29	14 48	29 39	13 28	18 39	27 24	19 32	6 1	10 46	19 14
14	7:27: 0	21 25 39	22 40	15 15	0Vi48	14 3	18 44	27 32	19 35	6 2	10 48	19 11
15	7:30:56	22 22 52	5Aq 2	15 37	1 57	14 39	18 49	27 40	19 38	6 3	10 50	19 8
16	7:34:53	23 20 5	17 37	15 55	3 6	15 15	18 54	27 47	19 41	6 4	10 51	19 4
17	7:38:50	24 17 18	0Pi24	16 9	4 15	15 51	19 0	27 55	19 44	6 5	10 53	19 1
18	7:42:46	25 14 32	13 25	16 17	5 24	16 27	19 5	28 3	19 47	6 6	10 55	18 58
19	7:46:43	26 11 47	26 40	16 21	6 33	17 3	19 11	28 11	19 50	6 7	10 56	18 55
20	7:50:39	27 9 2	10Ar 9	16 20R	7 41	17 40	19 17	28 18	19 53	6 8	10 58	18 52
21	7:54:36	28 6 19	23 52	16 14	8 50	18 16	19 23	28 26	19 56	6 9	11 0	18 48
22	7:58:32	29 3 36	7Ta50	16 3	9 58	18 52	19 29	28 34	19 59	6 10	11 2	18 45
23	8: 2:29	0Le 0 54	22 2	15 48	11 7	19 29	19 35	28 42	20 2	6 11	11 3	18 42
24	8: 6:26	0 58 13	6Ge27	15 27	12 15	20 5	19 42	28 49	20 5	6 12	11 5	18 39
25	8:10:22	1 55 33	21 1	15 2	13 23	20 42	19 48	28 57	20 8	6 13	11 7	18 36
26	8:14:19	2 52 53	5Cn40	14 33	14 31	21 18	19 55	29 5	20 11	6 15	11 9	18 33
27	8:18:15	3 50 15	20 19	13 59	15 39	21 55	20 2	29 13	20 14	6 16	11 10	18 29
28	8:22:11	4 47 38	4Le51	13 23	16 47	22 32	20 9	29 20	20 16	6 17	11 12	18 26
29	8:26: 8	5 45 1	19 10	12 43	17 54	23 9	20 16	29 28	20 19	6 18	11 14	18 23
30	8:30: 5	6 42 24	3Vi 9	12 0	19 2	23 46	20 23	29 36	20 22	6 20	11 16	18 20
31	8:34: 1	7 39 49	16 46	11 16	20 9	24 22	20 30	29 44	20 25	6 21	11 18	18 17

7/23 Sun in Leo 11:37 7/6 1st Qt. 5:16 7/14 Full 9:23 7/21 3rd Qt. 19:52 7/28 New 11:54

AUGUST 1946

Day	Sid. T.	Sun	Moon	Merc.	Venus	Mars	Jup.	Saturn	Uranus	Nept.	Pluto	N.Node
1	8:37:58	8Le37 14	29Vi58	10Le31R	21Vi17	24Vi59	20Li38	29Cn51	20Ge27	6Li22	11Le19	18Ge14
2	8:41:55	9 34 40	12Li46	9 46	22 24	25 37	20 45	29 59	20 30	6 24	11 21	18 10
3	8:45:51	10 32 6	25 13	9 1	23 31	26 14	20 53	0Le 7	20 32	6 25	11 23	18 7
4	8:49:47	11 29 33	7Sc23	8 18	24 37	26 51	21 1	0 14	20 35	6 27	11 25	18 4
5	8:53:44	12 27 1	19 21	7 37	25 44	27 28	21 9	0 22	20 37	6 28	11 26	18 1
6	8:57:41	13 24 29	1Sg11	6 59	26 51	28 6	21 17	0 30	20 40	6 29	11 28	17 58
7	9: 1:37	14 21 59	12 59	6 25	27 57	28 43	21 25	0 37	20 42	6 31	11 30	17 54
8	9: 5:34	15 19 29	24 50	5 55	29 3	29 20	21 33	0 45	20 45	6 32	11 32	17 51
9	9: 9:31	16 17 0	6Cp49	5 31	0Li 9	29 58	21 42	0 52	20 47	6 34	11 34	17 48
10	9:13:27	17 14 32	18 58	5 12	1 15	0Li35	21 50	1 0	20 49	6 36	11 35	17 45
11	9:17:23	18 12 5	1Aq22	4 59	2 21	1 13	21 59	1 8	20 52	6 37	11 37	17 42
12	9:21:20	19 9 39	14 0	4 53	3 26	1 51	22 8	1 15	20 54	6 39	11 39	17 39
13	9:25:16	20 7 14	26 54	4 54D	4 31	2 29	22 17	1 23	20 56	6 40	11 41	17 35
14	9:29:13	21 4 51	10Pi 4	5 2	5 37	3 6	22 26	1 30	20 58	6 42	11 42	17 32
15	9:33:10	22 2 28	23 27	5 17	6 42	3 44	22 35	1 38	21 0	6 44	11 44	17 29
16	9:37: 6	23 0 8	7Ar 2	5 40	7 46	4 22	22 44	1 45	21 3	6 46	11 46	17 26
17	9:41: 3	23 57 48	20 46	6 9	8 51	5 0	22 53	1 52	21 5	6 47	11 48	17 23
18	9:44:59	24 55 30	4Ta39	6 47	9 55	5 38	23 3	2 0	21 7	6 49	11 49	17 20
19	9:48:56	25 53 14	18 38	7 31	10 59	6 17	23 12	2 7	21 9	6 51	11 51	17 16
20	9:52:52	26 51 0	2Ge43	8 22	12 3	6 55	23 22	2 14	21 10	6 53	11 53	17 13
21	9:56:49	27 48 47	16 54	9 20	13 7	7 33	23 31	2 22	21 12	6 54	11 55	17 10
22	10: 0:46	28 46 36	1Cn 8	10 25	14 10	8 11	23 41	2 29	21 14	6 56	11 56	17 7
23	10: 4:42	29 44 27	15 23	11 36	15 14	8 50	23 51	2 36	21 16	6 58	11 58	17 4
24	10: 8:39	0Vi42 20	29 38	12 53	16 17	9 28	24 1	2 43	21 18	7 0	12 0	17 0
25	10:12:36	1 40 14	13Le46	14 15	17 19	10 7	24 11	2 50	21 19	7 1	12 2	16 57
26	10:16:32	2 38 9	27 45	15 43	18 22	10 46	24 21	2 58	21 21	7 4	12 3	16 54
27	10:20:28	3 36 6	11Vi29	17 16	19 24	11 24	24 32	3 5	21 23	7 6	12 5	16 51
28	10:24:25	4 34 5	24 55	18 52	20 26	12 3	24 42	3 12	21 24	7 8	12 7	16 48
29	10:28:21	5 32 5	8Li 0	20 33	21 28	12 42	24 52	3 19	21 26	7 10	12 8	16 45
30	10:32:18	6 30 7	20 45	22 17	22 29	13 21	25 3	3 26	21 27	7 12	12 10	16 41
31	10:36:14	7 28 10	3Sc10	24 5	23 30	14 0	25 13	3 33	21 29	7 13	12 12	16 38

8/23 Sun in Vir. 18:27 8/4 1st Qt. 20:56 8/12 Full 22:26 8/20 3rd Qt. 1:17 8/26 New 21:08

Day	Sid. T.	Sun	Moon	Merc.	Venus	Mars	Jup.	Saturn	Uranus	Nept.	Pluto	N.Node
1	10:40:11	8Vi26 14	15Sc19	25Le54	24Li31	14Li39	25Li24	3Le39	21Ge30	7Li15	12Le13	16Ge35
2	10:44: 8	9 24 20	27 16	27 46	25 31	15 18	25 35	3 46	21 31	7 18	12 15	16 32
3	10:48: 4	10 22 27	9Sg 6	29 39	26 31	15 57	25 46	3 53	21 33	7 20	12 16	16 29
4	10:52: 1	11 20 36	20 55	1Vi33	27 31	16 36	25 57	4 0	21 34	7 22	12 18	16 26
5	10:55:57	12 18 46	2Cp47	3 28	28 31	17 15	26 8	4 6	21 35	7 24	12 20	16 22
6	10:59:54	13 16 58	14 48	5 24	29 30	17 54	26 19	4 13	21 36	7 26	12 21	16 19
7	11: 3:50	14 15 11	27 3	7 20	0Sc28	18 34	26 30	4 20	21 37	7 28	12 23	16 16
8	11: 7:47	15 13 26	9Aq36	9 15	1 26	19 13	26 41	4 26	21 38	7 30	12 24	16 13
9	11:11:44	16 11 42	22 28	11 11	2 24	19 53	26 52	4 33	21 39	7 32	12 26	16 10
10	11:15:40	17 10 0	5Pi40	13 6	3 22	20 32	27 3	4 39	21 40	7 34	12 27	16 6
11	11:19:37	18 8 20	19 12	15 1	4 19	21 12	27 15	4 45	21 41	7 36	12 29	16 3
12	11:23:33	19 6 41	3Ar 0	16 55	5 15	21 51	27 26	4 52	21 42	7 38	12 30	16 0
13	11:27:29	20 5 5	17 1	18 48	6 11	22 31	27 38	4 58	21 43	7 40	12 32	15 57
14	11:31:26	21 3 30	1Ta 9	20 41	7 7	23 11	27 49	5 4	21 43	7 43	12 33	15 54
15	11:35:22	22 1 58	15 21	22 32	8 2	23 51	28 1	5 10	21 44	7 45	12 35	15 51
16	11:39:19	23 0 28	29 33	24 23	8 57	24 31	28 13	5 16	21 45	7 47	12 36	15 47
17	11:43:15	23 59 0	13Ge43	26 12	9 51	25 11	28 25	5 22	21 45	7 49	12 38	15 44
18	11:47:12	24 57 34	27 50	28 1	10 44	25 51	28 36	5 28	21 46	7 51	12 39	15 41
19	11:51: 9	25 56 10	11Cn52	29 49	11 37	26 31	28 48	5 34	21 46	7 53	12 40	15 38
20	11:55: 6	26 54 49	25 50	1Li35	12 30	27 11	29 0	5 40	21 47	7 56	12 42	15 35
21	11:59: 2	27 53 30	9Le41	3 21	13 21	27 51	29 12	5 46	21 47	7 58	12 43	15 32
22	12: 2:59	28 52 13	23 24	5 5	14 13	28 31	29 24	5 52	21 47	8 0	12 44	15 28
23	12: 6:55	29 50 58	6Vi58	6 49	15 3	29 12	29 36	5 57	21 48	8 2	12 46	15 25
24	12:10:51	0Li49 45	20 19	8 32	15 53	29 52	29 49	6 3	21 48	8 5	12 47	15 22
25	12:14:48	1 48 35	3Li26	10 13	16 42	0Sc33	0Sc 1	6 8	21 48	8 7	12 48	15 19
26	12:18:45	2 47 26	16 17	11 54	17 30	1 13	0 13	6 14	21 48	8 9	12 50	15 16
27	12:22:41	3 46 19	28 52	13 34	18 18	1 54	0 25	6 19	21 48	8 11	12 51	15 12
28	12:26:38	4 45 14	11Sc11	15 13	19 4	2 35	0 38	6 24	21 48R	8 13	12 52	15 9
29	12:30:34	5 44 11	23 16	16 51	19 50	3 15	0 50	6 30	21 48	8 16	12 53	15 6
30	12:34:31	6 43 10	5Sg11	18 28	20 35	3 56	1 3	6 35	21 48	8 18	12 54	15 3

9/23 Sun in Lib. 15:41   9/3 1st Qt. 14:49   9/11 Full 10:00   9/18 3rd Qt. 6:45   9/25 New 8:46

Day	Sid. T.	Sun	Moon	Merc.	Venus	Mars	Jup.	Saturn	Uranus	Nept.	Pluto	N.Node
1	12:38:27	7Li42 10	16Sg59	20Li 4	21Sc19	4Sc37	1Sc15	6Le40	21Ge48R	8Li20	12Le56	15Ge 0
2	12:42:24	8 41 13	28 47	21 40	22 2	5 18	1 28	6 45	21 47	8 22	12 57	14 57
3	12:46:20	9 40 17	10Cp38	23 14	22 45	5 59	1 40	6 50	21 47	8 25	12 58	14 53
4	12:50:17	10 39 23	22 39	24 48	23 26	6 40	1 53	6 54	21 47	8 27	12 59	14 50
5	12:54:14	11 38 31	4Aq55	26 21	24 6	7 21	2 5	6 59	21 47	8 29	13 0	14 47
6	12:58:10	12 37 40	17 30	27 53	24 45	8 2	2 18	7 4	21 46	8 31	13 1	14 44
7	13: 2: 7	13 36 52	0Pi28	29 25	25 22	8 43	2 31	7 8	21 46	8 34	13 2	14 41
8	13: 6: 3	14 36 5	13 51	0Sc55	25 59	9 25	2 44	7 13	21 45	8 36	13 3	14 37
9	13:10: 0	15 35 20	27 37	2 25	26 34	10 6	2 56	7 17	21 45	8 38	13 4	14 34
10	13:13:56	16 34 37	11Ar45	3 54	27 8	10 47	3 9	7 22	21 44	8 40	13 5	14 31
11	13:17:53	17 33 55	26 10	5 22	27 40	11 29	3 22	7 26	21 43	8 42	13 6	14 28
12	13:21:50	18 33 17	10Ta44	6 50	28 12	12 10	3 35	7 30	21 43	8 45	13 7	14 25
13	13:25:46	19 32 40	25 22	8 16	28 41	12 52	3 48	7 34	21 42	8 47	13 8	14 22
14	13:29:43	20 32 5	9Ge57	9 42	29 9	13 34	4 1	7 38	21 41	8 49	13 9	14 18
15	13:33:39	21 31 33	24 24	11 7	29 36	14 15	4 14	7 42	21 40	8 51	13 9	14 15
16	13:37:36	22 31 3	8Cn40	12 31	0Sg 1	14 57	4 27	7 46	21 39	8 53	13 10	14 12
17	13:41:32	23 30 36	22 43	13 54	0 24	15 39	4 39	7 49	21 38	8 56	13 11	14 9
18	13:45:28	24 30 11	6Le33	15 16	0 46	16 21	4 52	7 53	21 37	8 58	13 12	14 6
19	13:49:25	25 29 48	20 10	16 38	1 5	17 3	5 5	7 56	21 36	9 0	13 12	14 3
20	13:53:22	26 29 27	3Vi33	17 58	1 23	17 45	5 19	8 0	21 35	9 2	13 13	13 59
21	13:57:18	27 29 9	16 44	19 17	1 39	18 27	5 32	8 3	21 34	9 4	13 14	13 56
22	14: 1:15	28 28 52	29 42	20 35	1 53	19 9	5 45	8 6	21 33	9 6	13 15	13 53
23	14: 5:12	29 28 38	12Li28	21 52	2 4	19 51	5 58	8 9	21 31	9 9	13 15	13 50
24	14: 9: 8	0Sc28 26	25 0	23 7	2 14	20 33	6 11	8 12	21 30	9 11	13 16	13 47
25	14:13: 5	1 28 16	7Sc20	24 21	2 21	21 16	6 24	8 15	21 29	9 13	13 16	13 43
26	14:17: 1	2 28 8	19 29	25 33	2 26	21 58	6 37	8 18	21 27	9 15	13 17	13 40
27	14:20:58	3 28 2	1Sg28	26 43	2 29	22 41	6 50	8 21	21 26	9 17	13 17	13 37
28	14:24:54	4 27 57	13 19	27 52	2 30R	23 23	7 3	8 23	21 24	9 19	13 18	13 34
29	14:28:51	5 27 55	25 6	28 58	2 28	24 6	7 16	8 26	21 23	9 21	13 18	13 31
30	14:32:48	6 27 54	6Cp50	0Sg 2	2 23	24 48	7 30	8 28	21 21	9 23	13 19	13 28
31	14:36:44	7 27 54	18 43	1 3	2 17	25 31	7 43	8 31	21 20	9 25	13 19	13 24

10/24 Sun in Sco. 0:35   10/3 1st Qt. 9:54   10/10 Full 20:41   10/17 3rd Qt. 13:28   10/24 New 23:32

NOVEMBER 1946

Day	Sid. T.	Sun	Moon	Merc.	Venus	Mars	Jup.	Saturn	Uranus	Nept.	Pluto	N.Node
1	14:40:41	8Sc27 57	0Aq42	2Sg 1	2Sg 7R	26Sc14	7Sc56	8Le33	21Ge18R	9Li27	13Le20	13Ge21
2	14:44:37	9 28 1	12 55	2 56	1 56	26 57	8 9	8 35	21 16	9 29	13 20	13 18
3	14:48:33	10 28 6	25 27	3 47	1 42	27 40	8 22	8 37	21 15	9 31	13 20	13 15
4	14:52:30	11 28 13	8Pi22	4 34	1 25	28 22	8 35	8 39	21 13	9 33	13 21	13 12
5	14:56:27	12 28 22	21 44	5 16	1 6	29 5	8 48	8 40	21 11	9 35	13 21	13 9
6	15: 0:23	13 28 32	5Ar32	5 53	0 45	29 49	9 1	8 42	21 9	9 37	13 21	13 5
7	15: 4:20	14 28 44	19 47	6 24	0 22	0Sg32	9 15	8 44	21 7	9 39	13 21	13 2
8	15: 8:17	15 28 57	4Ta25	6 49	29Sc56	1 15	9 28	8 45	21 5	9 41	13 22	12 59
9	15:12:13	16 29 12	19 18	7 7	29 29	1 58	9 41	8 46	21 3	9 43	13 22	12 56
10	15:16: 9	17 29 29	4Ge19	7 17	29 0	2 41	9 54	8 47	21 1	9 45	13 22	12 53
11	15:20: 6	18 29 48	19 18	7 19R	28 29	3 25	10 7	8 49	20 59	9 46	13 22	12 49
12	15:24: 3	19 30 9	4Cn 9	7 12	27 57	4 8	10 20	8 50	20 57	9 48	13 22	12 46
13	15:27:59	20 30 31	18 45	6 55	27 23	4 51	10 33	8 50	20 55	9 50	13 22	12 43
14	15:31:56	21 30 56	3Le 1	6 28	26 49	5 35	10 46	8 51	20 53	9 52	13 22	12 40
15	15:35:53	22 31 22	16 57	5 50	26 13	6 19	10 59	8 52	20 51	9 54	13 22R	12 37
16	15:39:49	23 31 50	0Vi31	5 3	25 37	7 2	11 12	8 52	20 49	9 55	13 22	12 34
17	15:43:45	24 32 20	13 46	4 5	25 1	7 46	11 25	8 53	20 47	9 57	13 22	12 30
18	15:47:42	25 32 52	26 42	2 59	24 24	8 30	11 38	8 53	20 44	9 59	13 22	12 27
19	15:51:38	26 33 26	9Li23	1 46	23 48	9 13	11 51	8 53	20 42	10 0	13 22	12 24
20	15:55:35	27 34 1	21 50	0 28	23 12	9 57	12 4	8 53R	20 40	10 2	13 22	12 21
21	15:59:31	28 34 38	4Sc 5	29Sc 7	22 37	10 41	12 17	8 53	20 38	10 4	13 22	12 18
22	16: 3:28	29 35 17	16 11	27 45	22 3	11 25	12 30	8 53	20 35	10 5	13 21	12 15
23	16: 7:25	0Sg35 57	28 9	26 26	21 29	12 9	12 43	8 53	20 33	10 7	13 21	12 11
24	16:11:21	1 36 38	10Sg 1	25 12	20 58	12 53	12 55	8 52	20 31	10 8	13 21	12 8
25	16:15:18	2 37 21	21 50	24 6	20 27	13 37	13 8	8 52	20 28	10 10	13 21	12 5
26	16:19:14	3 38 5	3Cp36	23 9	19 59	14 22	13 21	8 51	20 26	10 12	13 20	12 2
27	16:23:11	4 38 51	15 24	22 22	19 32	15 6	13 34	8 51	20 23	10 13	13 20	11 59
28	16:27: 8	5 39 37	27 16	21 47	19 7	15 50	13 46	8 50	20 21	10 14	13 20	11 55
29	16:31: 4	6 40 25	9Aq16	21 24	18 44	16 35	13 59	8 49	20 18	10 16	13 19	11 52
30	16:35: 1	7 41 13	21 28	21 11	18 24	17 19	14 12	8 48	20 16	10 17	13 19	11 49

11/22 Sun in Sag. 21:47   11/2 1st Qt. 4:41   11/9 Full 7:11   11/15 3rd Qt. 22:35   11/23 New 17:24(E)

DECEMBER 1946

Day	Sid. T.	Sun	Moon	Merc.	Venus	Mars	Jup.	Saturn	Uranus	Nept.	Pluto	N.Node
1	16:38:57	8Sg42 3	3Pi56	21Sc10	18Sc 6R	18Sg 4	14Sc24	8Le47R	20Ge14R	10Li19	13Le18R	11Ge46
2	16:42:54	9 42 53	16 45	21 19	17 50	18 48	14 37	8 45	20 11	10 20	13 18	11 43
3	16:46:50	10 43 44	29 57	21 38	17 37	19 33	14 49	8 44	20 9	10 21	13 17	11 40
4	16:50:47	11 44 36	13Ar36	22 6	17 26	20 17	15 2	8 43	20 6	10 23	13 17	11 36
5	16:54:43	12 45 28	27 43	22 41	17 17	21 2	15 14	8 41	20 3	10 24	13 16	11 33
6	16:58:40	13 46 22	12Ta16	23 23	17 12	21 47	15 26	8 39	20 1	10 25	13 16	11 30
7	17: 2:36	14 47 16	27 11	24 12	17 8	22 31	15 39	8 37	19 58	10 26	13 15	11 27
8	17: 6:33	15 48 12	12Ge20	25 6	17 7D	23 16	15 51	8 36	19 56	10 28	13 15	11 24
9	17:10:30	16 49 8	27 34	26 5	17 9	24 1	16 3	8 34	19 53	10 29	13 14	11 21
10	17:14:26	17 50 5	12Cn44	27 8	17 13	24 46	16 16	8 31	19 51	10 30	13 13	11 17
11	17:18:23	18 51 4	27 41	28 14	17 19	25 31	16 28	8 29	19 48	10 31	13 13	11 14
12	17:22:20	19 52 3	12Le17	29 24	17 27	26 16	16 40	8 27	19 46	10 32	13 12	11 11
13	17:26:16	20 53 3	26 27	0Sg36	17 38	27 1	16 52	8 24	19 43	10 33	13 11	11 8
14	17:30:13	21 54 5	10Vi10	1 51	17 51	27 46	17 4	8 22	19 41	10 34	13 10	11 5
15	17:34:10	22 55 7	23 27	3 8	18 6	28 31	17 16	8 19	19 38	10 35	13 10	11 1
16	17:38: 6	23 56 10	6Li20	4 27	18 24	29 17	17 27	8 17	19 35	10 36	13 9	10 58
17	17:42: 3	24 57 15	18 53	5 47	18 43	0Cp 2	17 39	8 14	19 33	10 37	13 8	10 55
18	17:45:59	25 58 20	1Sc10	7 9	19 4	0 47	17 51	8 11	19 30	10 38	13 7	10 52
19	17:49:56	26 59 26	13 14	8 32	19 27	1 33	18 3	8 9	19 28	10 38	13 6	10 49
20	17:53:52	28 0 33	25 9	9 56	19 52	2 18	18 14	8 5	19 25	10 39	13 5	10 46
21	17:57:48	29 1 40	7Sg 0	11 21	20 19	3 4	18 26	8 1	19 23	10 40	13 4	10 42
22	18: 1:45	0Cp 2 48	18 47	12 47	20 47	3 49	18 37	7 58	19 20	10 41	13 3	10 39
23	18: 5:42	1 3 57	0Cp34	14 13	21 17	4 35	18 48	7 55	19 18	10 41	13 2	10 36
24	18: 9:38	2 5 6	12 24	15 41	21 49	5 20	19 0	7 51	19 15	10 42	13 1	10 33
25	18:13:35	3 6 15	24 17	17 8	22 22	6 6	19 11	7 48	19 13	10 43	13 0	10 30
26	18:17:32	4 7 25	6Aq16	18 37	22 57	6 52	19 22	7 44	19 10	10 43	12 59	10 26
27	18:21:28	5 8 34	18 22	20 6	23 33	7 37	19 33	7 41	19 8	10 44	12 58	10 23
28	18:25:24	6 9 44	0Pi40	21 35	24 10	8 23	19 44	7 37	19 6	10 44	12 57	10 20
29	18:29:21	7 10 54	13 10	23 5	24 49	9 9	19 55	7 33	19 3	10 45	12 56	10 17
30	18:33:18	8 12 3	25 56	24 35	25 29	9 55	20 6	7 29	19 1	10 45	12 55	10 14
31	18:37:14	9 13 13	9Ar 2	26 5	26 10	10 41	20 16	7 25	18 58	10 46	12 54	10 11

12/22 Sun in Cap. 10:54   12/1 1st Qt. 21:48   12/8 Full 17:52(E)   12/15 3rd Qt. 10:57   12/23 New 13:06   12/31 1st Qt. 12:23

Day	Sid. T.	Sun	Moon	Merc.	Venus	Mars	Jup.	Saturn	Uranus	Nept.	Pluto	N.Node
1	18:41:11	10Cp14 22	22Ar29	27Sg36	26Sc52	11Cp27	20Sc27	7Le21R	18Ge56R	10Li46	12Le53R	10Ge 7
2	18:45: 8	11 15 31	6Ta21	29 7	27 35	12 13	20 38	7 17	18 54	10 47	12 52	10 4
3	18:49: 4	12 16 40	20 37	0Cp39	28 19	12 59	20 48	7 13	18 51	10 47	12 51	10 1
4	18:53: 0	13 17 48	5Ge16	2 11	29 5	13 45	20 58	7 8	18 49	10 47	12 49	9 58
5	18:56:57	14 18 57	20 15	3 44	29 51	14 31	21 9	7 4	18 47	10 48	12 48	9 55
6	19: 0:54	15 20 5	5Cn25	5 16	0Sg38	15 17	21 19	7 0	18 45	10 48	12 47	9 52
7	19: 4:50	16 21 13	20 37	6 50	1 26	16 3	21 29	6 55	18 42	10 48	12 46	9 48
8	19: 8:47	17 22 21	5Le42	8 23	2 15	16 50	21 39	6 51	18 40	10 48	12 45	9 45
9	19:12:43	18 23 28	20 30	9 57	3 5	17 36	21 49	6 46	18 38	10 48	12 43	9 42
10	19:16:40	19 24 36	4Vi54	11 32	3 56	18 22	21 59	6 42	18 36	10 48	12 42	9 39
11	19:20:37	20 25 43	18 50	13 6	4 47	19 8	22 8	6 37	18 34	10 48	12 41	9 36
12	19:24:33	21 26 51	2Li16	14 42	5 39	19 55	22 18	6 33	18 32	10 48R	12 39	9 32
13	19:28:29	22 27 58	15 14	16 17	6 32	20 41	22 27	6 28	18 30	10 48	12 38	9 29
14	19:32:26	23 29 5	27 49	17 54	7 26	21 28	22 37	6 23	18 28	10 48	12 37	9 26
15	19:36:23	24 30 12	10Sc 3	19 30	8 20	22 14	22 46	6 18	18 26	10 48	12 36	9 23
16	19:40:19	25 31 19	22 4	21 8	9 15	23 1	22 55	6 14	18 24	10 48	12 34	9 20
17	19:44:16	26 32 26	3Sg55	22 45	10 10	23 47	23 4	6 9	18 22	10 48	12 33	9 17
18	19:48:13	27 33 32	15 42	24 24	11 6	24 34	23 13	6 4	18 20	10 48	12 32	9 13
19	19:52: 9	28 34 38	27 28	26 3	12 3	25 20	23 22	5 59	18 19	10 48	12 30	9 10
20	19:56: 5	29 35 44	9Cp17	27 42	13 0	26 7	23 30	5 54	18 17	10 47	12 29	9 7
21	20: 0: 2	0Aq36 49	21 11	29 22	13 58	26 54	23 39	5 49	18 15	10 47	12 27	9 4
22	20: 3:59	1 37 53	3Aq13	1Aq 2	14 56	27 40	23 47	5 44	18 14	10 47	12 26	9 1
23	20: 7:55	2 38 57	15 24	2 44	15 54	28 27	23 55	5 40	18 12	10 46	12 25	8 58
24	20:11:51	3 39 59	27 44	4 25	16 54	29 14	24 4	5 35	18 10	10 46	12 23	8 54
25	20:15:48	4 41 1	10Pi15	6 8	17 53	0Aq 0	24 12	5 30	18 9	10 46	12 22	8 51
26	20:19:45	5 42 2	22 57	7 51	18 53	0 47	24 19	5 25	18 7	10 45	12 21	8 48
27	20:23:41	6 43 1	5Ar51	9 34	19 53	1 34	24 27	5 20	18 6	10 45	12 19	8 45
28	20:27:38	7 44 0	18 59	11 18	20 54	2 21	24 35	5 15	18 4	10 44	12 18	8 42
29	20:31:34	8 44 57	2Ta23	13 3	21 55	3 8	24 42	5 10	18 3	10 44	12 16	8 38
30	20:35:31	9 45 54	16 5	14 48	22 57	3 55	24 50	5 5	18 2	10 43	12 15	8 35
31	20:39:27	10 46 48	0Ge 5	16 34	23 59	4 42	24 57	5 0	18 0	10 42	12 13	8 32

1/20 Sun in Aqu. 21:32   1/7 Full 4:47   1/14 3rd Qt. 2:56   1/22 New 8:35   1/30 1st Qt. 0:07

Day	Sid. T.	Sun	Moon	Merc.	Venus	Mars	Jup.	Saturn	Uranus	Nept.	Pluto	N.Node
1	20:43:24	11Aq47 42	14Ge24	18Aq20	25Sg 1	5Aq29	25Sc 4	4Le55R	17Ge59R	10Li42R	12Le12R	8Ge29
2	20:47:21	12 48 34	29 0	20 6	26 4	6 16	25 11	4 50	17 58	10 41	12 11	8 26
3	20:51:17	13 49 25	13Cn49	21 53	27 6	7 2	25 18	4 46	17 57	10 40	12 9	8 23
4	20:55:14	14 50 15	28 45	23 40	28 10	7 49	25 24	4 41	17 56	10 40	12 8	8 19
5	20:59:10	15 51 3	13Le39	25 27	29 13	8 36	25 31	4 36	17 55	10 39	12 6	8 16
6	21: 3: 7	16 51 50	28 22	27 13	0Cp17	9 23	25 37	4 31	17 54	10 38	12 5	8 13
7	21: 7: 3	17 52 36	12Vi46	29 0	1 21	10 11	25 43	4 27	17 53	10 37	12 4	8 10
8	21:11: 0	18 53 21	26 46	0Pi46	2 25	10 58	25 49	4 22	17 52	10 36	12 2	8 7
9	21:14:56	19 54 4	10Li18	2 32	3 30	11 45	25 55	4 17	17 51	10 35	12 1	8 4
10	21:18:53	20 54 47	23 23	4 16	4 35	12 32	26 1	4 13	17 50	10 35	11 59	8 0
11	21:22:50	21 55 29	6Sc 2	5 59	5 40	13 19	26 6	4 8	17 50	10 34	11 58	7 57
12	21:26:46	22 56 9	18 20	7 40	6 45	14 6	26 12	4 3	17 49	10 33	11 57	7 54
13	21:30:43	23 56 48	0Sg22	9 19	7 51	14 53	26 17	3 59	17 48	10 32	11 55	7 51
14	21:34:39	24 57 27	12 14	10 56	8 56	15 40	26 22	3 54	17 48	10 31	11 54	7 48
15	21:38:36	25 58 4	24 1	12 29	10 2	16 28	26 27	3 50	17 47	10 30	11 53	7 44
16	21:42:32	26 58 40	5Cp48	13 58	11 9	17 15	26 32	3 46	17 47	10 29	11 51	7 41
17	21:46:29	27 59 14	17 40	15 23	12 15	18 2	26 36	3 42	17 46	10 27	11 50	7 38
18	21:50:26	28 59 47	29 41	16 43	13 22	18 49	26 41	3 37	17 46	10 26	11 49	7 35
19	21:54:22	0Pi 0 19	11Aq52	17 57	14 28	19 36	26 45	3 33	17 46	10 25	11 47	7 32
20	21:58:19	1 0 49	24 16	19 5	15 35	20 24	26 49	3 29	17 45	10 24	11 46	7 29
21	22: 2:15	2 1 18	6Pi53	20 5	16 43	21 11	26 53	3 25	17 45	10 23	11 45	7 25
22	22: 6:12	3 1 45	19 43	20 58	17 50	21 58	26 57	3 21	17 45	10 22	11 43	7 22
23	22:10: 8	4 2 10	2Ar45	21 43	18 57	22 45	27 0	3 17	17 45	10 20	11 42	7 19
24	22:14: 5	5 2 34	15 58	22 18	20 5	23 33	27 4	3 13	17 45	10 19	11 41	7 16
25	22:18: 1	6 2 55	29 22	22 45	21 13	24 20	27 7	3 10	17 45D	10 18	11 39	7 13
26	22:21:58	7 3 15	12Ta56	23 2	22 21	25 7	27 10	3 6	17 45	10 16	11 38	7 9
27	22:25:54	8 3 33	26 40	23 9	23 29	25 54	27 13	3 2	17 45	10 15	11 37	7 6
28	22:29:51	9 3 48	10Ge35	23 6R	24 37	26 42	27 16	2 59	17 45	10 14	11 36	7 3

2/19 Sun in Pis. 11:52   2/5 Full 15:51   2/12 3rd Qt. 21:58   2/21 New 2:00   2/28 1st Qt. 9:12

MARCH 1947

Day	Sid. T.	Sun	Moon	Merc.	Venus	Mars	Jup.	Saturn	Uranus	Nept.	Pluto	N.Node
1	22:33:48	10Pi 4 2	24Ge41	22Pi54R	25Cp45	27Aq29	27Sc18	2Le55R	17Ge45	10Li12R	11Le34R	7Ge 0
2	22:37:44	11 4 14	8Cn57	22 33	26 54	28 16	27 20	2 52	17 46	10 11	11 33	6 57
3	22:41:41	12 4 23	23 22	22 3	28 2	29 3	27 23	2 49	17 46	10 10	11 32	6 54
4	22:45:37	13 4 30	7Le51	21 25	29 11	29 51	27 25	2 46	17 46	10 8	11 31	6 50
5	22:49:34	14 4 36	22 20	20 40	0Aq20	0Pi38	27 26	2 43	17 47	10 7	11 30	6 47
6	22:53:30	15 4 39	6Vi42	19 50	1 29	1 25	27 28	2 40	17 47	10 5	11 29	6 44
7	22:57:27	16 4 40	20 50	18 55	2 38	2 12	27 29	2 37	17 48	10 4	11 27	6 41
8	23: 1:24	17 4 40	4Li39	17 57	3 47	3 0	27 31	2 34	17 48	10 2	11 26	6 38
9	23: 5:20	18 4 38	18 6	16 58	4 56	3 47	27 32	2 31	17 49	10 1	11 25	6 35
10	23: 9:17	19 4 34	1Sc 9	15 58	6 5	4 34	27 33	2 29	17 50	9 59	11 24	6 31
11	23:13:13	20 4 28	13 50	14 59	7 15	5 21	27 33	2 26	17 50	9 58	11 23	6 28
12	23:17:10	21 4 21	26 10	14 2	8 24	6 9	27 34	2 24	17 51	9 56	11 22	6 25
13	23:21: 6	22 4 11	8Sg15	13 9	9 34	6 56	27 34	2 21	17 52	9 55	11 21	6 22
14	23:25: 3	23 4 1	20 9	12 19	10 44	7 43	27 34	2 19	17 53	9 53	11 20	6 19
15	23:28:59	24 3 48	1Cp58	11 35	11 54	8 30	27 34R	2 17	17 54	9 52	11 19	6 15
16	23:32:56	25 3 34	13 47	10 56	13 3	9 17	27 34	2 15	17 55	9 50	11 18	6 12
17	23:36:53	26 3 18	25 42	10 24	14 13	10 5	27 33	2 13	17 56	9 49	11 17	6 9
18	23:40:49	27 3 1	7Aq47	9 57	15 23	10 52	27 33	2 11	17 57	9 47	11 16	6 6
19	23:44:45	28 2 41	20 5	9 36	16 34	11 39	27 32	2 10	17 58	9 45	11 15	6 3
20	23:48:42	29 2 20	2Pi40	9 22	17 44	12 26	27 31	2 8	17 59	9 44	11 14	6 0
21	23:52:39	0Ar 1 56	15 32	9 14	18 54	13 13	27 29	2 6	18 1	9 42	11 14	5 56
22	23:56:35	1 1 31	28 41	9 12D	20 5	14 0	27 28	2 5	18 2	9 40	11 13	5 53
23	0: 0:32	2 1 4	12Ar 5	9 16	21 15	14 47	27 26	2 4	18 3	9 39	11 12	5 50
24	0: 4:29	3 0 35	25 43	9 25	22 25	15 35	27 25	2 3	18 5	9 37	11 11	5 47
25	0: 8:25	4 0 3	9Ta31	9 40	23 36	16 22	27 23	2 1	18 6	9 36	11 10	5 44
26	0:12:21	4 59 30	23 26	10 0	24 47	17 9	27 20	2 0	18 8	9 34	11 10	5 41
27	0:16:18	5 58 54	7Ge27	10 25	25 57	17 56	27 18	2 0	18 9	9 32	11 9	5 37
28	0:20:15	6 58 16	21 31	10 54	27 8	18 43	27 16	1 59	18 11	9 31	11 8	5 34
29	0:24:11	7 57 35	5Cn38	11 28	28 19	19 30	27 13	1 58	18 13	9 29	11 8	5 31
30	0:28: 8	8 56 52	19 46	12 6	29 30	20 17	27 10	1 58	18 14	9 27	11 7	5 28
31	0:32: 4	9 56 7	3Le54	12 47	0Pi41	21 4	27 7	1 57	18 16	9 26	11 6	5 25

3/21 Sun in Ari. 11:13   3/7 Full 3:16   3/14 3rd Qt. 18:28   3/22 New 16:35   3/29 1st Qt. 16:15

APRIL 1947

Day	Sid. T.	Sun	Moon	Merc.	Venus	Mars	Jup.	Saturn	Uranus	Nept.	Pluto	N.Node
1	0:36: 1	10Ar55 20	18Le 1	13Pi33	1Pi52	21Pi51	27Sc 4R	1Le57R	18Ge18	9Li24R	11Le 6R	5Ge21
2	0:39:57	11 54 30	2Vi 2	14 22	3 3	22 38	27 0	1 57	18 20	9 22	11 5	5 18
3	0:43:54	12 53 38	15 56	15 14	4 14	23 24	26 57	1 57	18 21	9 21	11 5	5 15
4	0:47:50	13 52 43	29 38	16 9	5 25	24 11	26 53	1 57D	18 23	9 19	11 4	5 12
5	0:51:47	14 51 47	13Li 5	17 7	6 36	24 58	26 49	1 57	18 25	9 17	11 3	5 9
6	0:55:44	15 50 48	26 15	18 8	7 47	25 45	26 45	1 57	18 27	9 16	11 3	5 6
7	0:59:40	16 49 48	9Sc 7	19 11	8 58	26 32	26 41	1 57	18 29	9 14	11 3	5 2
8	1: 3:37	17 48 45	21 41	20 17	10 9	27 18	26 37	1 58	18 31	9 13	11 2	4 59
9	1: 7:33	18 47 41	3Sg58	21 26	11 21	28 5	26 32	1 59	18 34	9 11	11 2	4 56
10	1:11:30	19 46 35	16 2	22 37	12 32	28 52	26 27	1 59	18 36	9 9	11 1	4 53
11	1:15:26	20 45 27	27 57	23 50	13 44	29 39	26 22	2 0	18 38	9 8	11 1	4 50
12	1:19:23	21 44 18	9Cp48	25 5	14 55	0Ar25	26 17	2 1	18 40	9 6	11 1	4 47
13	1:23:20	22 43 7	21 38	26 22	16 6	1 12	26 12	2 2	18 43	9 4	11 0	4 43
14	1:27:16	23 41 53	3Aq34	27 42	17 18	1 58	26 7	2 3	18 45	9 3	11 0	4 40
15	1:31:13	24 40 39	15 40	29 3	18 29	2 45	26 1	2 4	18 47	9 1	11 0	4 37
16	1:35: 9	25 39 22	28 2	0Ar26	19 41	3 32	25 56	2 6	18 50	9 0	11 0	4 34
17	1:39: 6	26 38 4	10Pi41	1 51	20 53	4 18	25 50	2 7	18 52	8 58	10 59	4 31
18	1:43: 2	27 36 44	23 41	3 18	22 4	5 4	25 44	2 9	18 55	8 57	10 59	4 27
19	1:46:59	28 35 22	7Ar 3	4 47	23 16	5 51	25 38	2 10	18 57	8 55	10 59	4 24
20	1:50:55	29 33 58	20 45	6 17	24 28	6 37	25 32	2 12	19 0	8 54	10 59	4 21
21	1:54:51	0Ta32 33	4Ta44	7 50	25 39	7 24	25 26	2 14	19 2	8 52	10 59	4 18
22	1:58:48	1 31 5	18 57	9 24	26 51	8 10	25 20	2 16	19 5	8 50	10 59	4 15
23	2: 2:45	2 29 36	3Ge20	11 0	28 3	8 56	25 13	2 18	19 8	8 49	10 59	4 12
24	2: 6:42	3 28 5	17 46	12 37	29 15	9 43	25 7	2 20	19 11	8 48	10 59D	4 8
25	2:10:38	4 26 31	2Cn11	14 16	0Ar27	10 29	25 0	2 22	19 13	8 46	10 59	4 5
26	2:14:35	5 24 56	16 31	15 57	1 39	11 15	24 53	2 25	19 16	8 45	10 59	4 2
27	2:18:31	6 23 18	0Le45	17 40	2 51	12 1	24 46	2 27	19 19	8 43	10 59	3 59
28	2:22:28	7 21 38	14 49	19 25	4 2	12 47	24 40	2 30	19 21	8 42	10 59	3 56
29	2:26:24	8 19 56	28 43	21 11	5 14	13 33	24 34	2 32	19 24	8 40	10 59	3 53
30	2:30:21	9 18 12	12Vi24	22 59	6 26	14 19	24 25	2 35	19 27	8 39	11 0	3 49

4/20 Sun in Tau. 22:40   4/5 Full 15:29   4/13 3rd Qt. 14:24   4/21 New 4:20   4/27 1st Qt. 22:18

MAY 1947

Day	Sid. T.	Sun	Moon	Merc.	Venus	Mars	Jup.	Saturn	Uranus	Nept.	Pluto	N.Node
1	2:34:18	10Ta16 26	25Vi53	24Ar49	7Ar38	15Ar 5	24Sc18R	2Le38	19Ge30	8Li38R	11Le 0	3Ge46
2	2:38:14	11 14 38	9Li 9	26 40	8 50	15 51	24 11	2 41	19 33	8 36	11 0	3 43
3	2:42:11	12 12 48	22 12	28 34	10 2	16 37	24 4	2 44	19 36	8 35	11 0	3 40
4	2:46: 7	13 10 56	5Sc 0	0Ta29	11 14	17 23	23 56	2 47	19 39	8 34	11 0	3 37
5	2:50: 3	14 9 3	17 34	2 26	12 26	18 9	23 49	2 51	19 42	8 32	11 0	3 33
6	2:54: 0	15 7 7	29 55	4 24	13 39	18 55	23 41	2 54	19 45	8 31	11 1	3 30
7	2:57:56	16 5 11	12Sg 5	6 24	14 51	19 40	23 34	2 57	19 48	8 30	11 1	3 27
8	3: 1:53	17 3 12	24 5	8 26	16 3	20 26	23 26	3 1	19 51	8 29	11 2	3 24
9	3: 5:50	18 1 13	5Cp59	10 30	17 15	21 12	23 19	3 5	19 54	8 27	11 2	3 21
10	3: 9:47	18 59 12	17 49	12 35	18 27	21 57	23 11	3 8	19 58	8 26	11 3	3 18
11	3:13:43	19 57 9	29 40	14 41	19 39	22 43	23 4	3 12	20 1	8 25	11 3	3 14
12	3:17:40	20 55 5	11Aq36	16 49	20 51	23 28	22 56	3 16	20 4	8 24	11 4	3 11
13	3:21:36	21 53 0	23 42	18 58	22 4	24 14	22 48	3 20	20 7	8 23	11 4	3 8
14	3:25:33	22 50 54	6Pi 2	21 7	23 16	24 59	22 41	3 24	20 10	8 22	11 5	3 5
15	3:29:29	23 48 46	18 40	23 18	24 28	25 44	22 33	3 28	20 14	8 21	11 5	3 2
16	3:33:26	24 46 37	1Ar41	25 29	25 40	26 30	22 25	3 32	20 17	8 20	11 6	2 58
17	3:37:23	25 44 27	15 6	27 40	26 53	27 15	22 18	3 37	20 20	8 19	11 6	2 55
18	3:41:19	26 42 15	28 55	29 51	28 5	28 0	22 10	3 41	20 24	8 18	11 7	2 52
19	3:45:15	27 40 3	13Ta 7	2Ge 2	29 17	28 45	22 3	3 46	20 27	8 17	11 8	2 49
20	3:49:12	28 37 49	27 39	4 13	0Ta30	29 31	21 55	3 50	20 30	8 16	11 8	2 46
21	3:53: 9	29 35 34	12Ge24	6 22	1 42	0Ta16	21 48	3 55	20 34	8 15	11 9	2 43
22	3:57: 5	0Ge33 18	27 15	8 31	2 55	1 1	21 40	4 0	20 37	8 14	11 10	2 39
23	4: 1: 1	1 31 0	12Cn 5	10 38	4 7	1 46	21 33	4 4	20 41	8 13	11 11	2 36
24	4: 4:58	2 28 40	26 47	12 43	5 19	2 31	21 25	4 9	20 44	8 12	11 11	2 33
25	4: 8:55	3 26 19	11Le15	14 47	6 32	3 15	21 18	4 14	20 47	8 12	11 12	2 30
26	4:12:51	4 23 57	25 27	16 49	7 44	4 0	21 11	4 19	20 51	8 11	11 13	2 27
27	4:16:48	5 21 32	9Vi19	18 48	8 57	4 45	21 3	4 24	20 54	8 10	11 14	2 24
28	4:20:45	6 19 7	22 51	20 45	10 9	5 30	20 56	4 30	20 58	8 9	11 15	2 20
29	4:24:41	7 16 40	6Li 5	22 40	11 22	6 14	20 49	4 35	21 1	8 9	11 16	2 17
30	4:28:37	8 14 11	19 2	24 32	12 34	6 59	20 42	4 40	21 5	8 8	11 17	2 14
31	4:32:34	9 11 42	1Sc44	26 22	13 47	7 43	20 35	4 45	21 8	8 8	11 18	2 11

5/21 Sun in Gem. 22:10 5/5 Full 4:54 5/13 3rd Qt. 8:08 5/20 New 13:44(E) 5/27 1st Qt. 4:36

JUNE 1947

Day	Sid. T.	Sun	Moon	Merc.	Venus	Mars	Jup.	Saturn	Uranus	Nept.	Pluto	N.Node
1	4:36:31	10Ge 9 11	14Sc13	28Ge 9	14Ta59	8Ta28	20Sc28R	4Le51	21Ge12	8Li 7R	11Le19	2Ge 8
2	4:40:27	11 6 39	26 30	29 53	16 12	9 12	20 22	4 56	21 15	8 6	11 20	2 4
3	4:44:24	12 4 6	8Sg38	1Cn34	17 24	9 57	20 15	5 2	21 19	8 6	11 21	2 1
4	4:48:21	13 1 32	20 38	3 13	18 37	10 41	20 8	5 8	21 22	8 5	11 22	1 58
5	4:52:17	13 58 57	2Cp33	4 49	19 50	11 25	20 2	5 13	21 26	8 5	11 23	1 55
6	4:56:14	14 56 21	14 24	6 22	21 2	12 9	19 55	5 19	21 29	8 4	11 24	1 52
7	5: 0:10	15 53 44	26 14	7 52	22 15	12 54	19 49	5 25	21 33	8 4	11 25	1 49
8	5: 4: 6	16 51 7	8Aq 6	9 19	23 27	13 38	19 43	5 31	21 36	8 4	11 26	1 45
9	5: 8: 3	17 48 29	20 3	10 43	24 40	14 22	19 37	5 37	21 40	8 3	11 27	1 42
10	5:12: 0	18 45 50	2Pi 8	12 4	25 53	15 6	19 31	5 43	21 44	8 3	11 28	1 39
11	5:15:56	19 43 11	14 22	13 23	27 5	15 49	19 25	5 49	21 47	8 3	11 30	1 36
12	5:19:53	20 40 32	27 2	14 38	28 18	16 33	19 20	5 55	21 51	8 2	11 31	1 33
13	5:23:50	21 37 52	9Ar58	15 50	29 31	17 17	19 14	6 1	21 54	8 2	11 32	1 30
14	5:27:46	22 35 11	23 19	16 59	0Ge44	18 1	19 9	6 8	21 58	8 2	11 33	1 26
15	5:31:42	23 32 30	7Ta 5	18 5	1 56	18 45	19 4	6 14	22 1	8 2	11 35	1 23
16	5:35:39	24 29 49	21 18	19 8	3 9	19 28	18 58	6 20	22 5	8 2	11 36	1 20
17	5:39:36	25 27 8	5Ge55	20 7	4 22	20 12	18 54	6 27	22 9	8 2	11 37	1 17
18	5:43:32	26 24 26	20 51	21 3	5 35	20 55	18 49	6 33	22 12	8 2	11 39	1 14
19	5:47:29	27 21 44	5Cn59	21 55	6 48	21 39	18 44	6 40	22 16	8 2	11 40	1 10
20	5:51:26	28 19 1	21 8	22 44	8 1	22 22	18 40	6 46	22 19	8 2D	11 41	1 7
21	5:55:22	29 16 17	6Le10	23 28	9 14	23 5	18 35	6 53	22 23	8 2	11 43	1 4
22	5:59:18	0Cn13 33	20 57	24 9	10 26	23 49	18 31	7 0	22 26	8 2	11 44	1 1
23	6: 3:15	1 10 48	5Vi21	24 46	11 39	24 32	18 27	7 6	22 30	8 2	11 45	0 58
24	6: 7:11	2 8 2	19 19	25 19	12 52	25 15	18 23	7 13	22 33	8 2	11 47	0 55
25	6:11: 8	3 5 16	2Li52	25 48	14 5	25 58	18 19	7 20	22 37	8 2	11 48	0 51
26	6:15: 4	4 2 29	16 13	26 13	15 18	26 41	18 16	7 27	22 40	8 3	11 50	0 48
27	6:19: 1	4 59 42	28 48	26 33	16 31	27 24	18 13	7 34	22 44	8 3	11 51	0 45
28	6:22:58	5 56 54	11Sc18	26 48	17 44	28 7	18 9	7 41	22 47	8 3	11 53	0 42
29	6:26:54	6 54 5	23 33	26 59	18 57	28 50	18 6	7 48	22 51	8 3	11 54	0 39
30	6:30:51	7 51 17	5Sg38	27 6	20 10	29 32	18 3	7 55	22 54	8 3	11 56	0 36

6/22 Sun in Can. 6:19 6/3 Full 19:27(E) 6/11 3rd Qt. 22:58 6/18 New 21:26 6/25 1st Qt. 12:26

JULY 1947

Day	Sid. T.	Sun	Moon	Merc.	Venus	Mars	Jup.	Saturn	Uranus	Nept.	Pluto	N.Node
1	6:34:47	8Cn48 28	17Sg36	27Cn 7R	21Ge23	0Ge15	18Sc 1R	8Le 2	22Ge58	8Li 4	11Le57	0Ge32
2	6:38:44	9 45 39	29 29	27 5	22 36	0 58	17 58	8 9	23 1	8 4	11 59	0 29
3	6:42:41	10 42 50	11Cp20	26 57	23 50	1 40	17 56	8 16	23 5	8 5	12 0	0 26
4	6:46:37	11 40 0	23 10	26 45	25 3	2 23	17 54	8 23	23 8	8 5	12 2	0 23
5	6:50:34	12 37 11	5Aq 2	26 29	26 16	3 5	17 52	8 30	23 12	8 6	12 4	0 20
6	6:54:30	13 34 22	16 57	26 8	27 29	3 47	17 50	8 37	23 15	8 6	12 5	0 16
7	6:58:27	14 31 33	28 58	25 44	28 42	4 30	17 48	8 45	23 18	8 7	12 7	0 13
8	7: 2:23	15 28 44	11Pi 7	25 16	29 55	5 12	17 47	8 52	23 22	8 7	12 8	0 10
9	7: 6:20	16 25 56	23 27	24 45	1Cn 9	5 54	17 46	8 59	23 25	8 8	12 10	0 7
10	7:10:16	17 23 8	6Ar 1	24 11	2 22	6 36	17 44	9 7	23 28	8 8	12 12	0 4
11	7:14:13	18 20 20	18 54	23 35	3 35	7 18	17 44	9 14	23 32	8 9	12 13	0 1
12	7:18: 9	19 17 33	2Ta 7	22 57	4 48	8 0	17 43	9 21	23 35	8 10	12 15	29Ta57
13	7:22: 6	20 14 47	15 46	22 18	6 2	8 42	17 42	9 29	23 38	8 11	12 17	29 54
14	7:26: 3	21 12 1	29 50	21 39	7 15	9 24	17 42	9 36	23 42	8 11	12 18	29 51
15	7:29:59	22 9 15	14Ge21	21 0	8 29	10 5	17 42	9 44	23 45	8 12	12 20	29 48
16	7:33:56	23 6 31	29 13	20 22	9 42	10 47	17 42D	9 51	23 48	8 13	12 22	29 45
17	7:37:52	24 3 47	14Cn22	19 45	10 55	11 29	17 42	9 59	23 51	8 14	12 24	29 42
18	7:41:49	25 1 3	29 38	19 11	12 9	12 10	17 42	10 6	23 55	8 15	12 25	29 38
19	7:45:45	25 58 19	14Le50	18 40	13 22	12 52	17 43	10 14	23 58	8 16	12 27	29 35
20	7:49:42	26 55 36	29 48	18 12	14 36	13 33	17 44	10 21	24 1	8 17	12 29	29 32
21	7:53:39	27 52 53	14Vi24	17 49	15 49	14 14	17 44	10 29	24 4	8 18	12 30	29 29
22	7:57:35	28 50 11	28 32	17 29	17 3	14 56	17 46	10 37	24 7	8 19	12 32	29 26
23	8: 1:32	29 47 29	12Li10	17 15	18 17	15 37	17 47	10 44	24 10	8 20	12 34	29 22
24	8: 5:28	0Le44 47	25 21	17 6	19 30	16 18	17 48	10 52	24 13	8 21	12 36	29 19
25	8: 9:25	1 42 5	8Sc 6	17 3	20 44	16 59	17 50	10 59	24 16	8 22	12 38	29 16
26	8:13:21	2 39 24	20 31	17 5D	21 57	17 40	17 52	11 7	24 19	8 23	12 39	29 13
27	8:17:18	3 36 43	2Sg41	17 11	23 11	18 21	17 54	11 15	24 22	8 24	12 41	29 10
28	8:21:14	4 34 3	14 40	17 27	24 25	19 2	17 56	11 22	24 25	8 25	12 43	29 7
29	8:25:11	5 31 23	26 32	17 48	25 38	19 42	17 58	11 30	24 28	8 26	12 45	29 3
30	8:29: 7	6 28 44	8Cp22	18 14	26 52	20 23	18 1	11 38	24 31	8 28	12 46	29 0
31	8:33: 4	7 26 6	20 12	18 47	28 6	21 4	18 3	11 45	24 34	8 29	12 48	28 57

7/23 Sun in Leo 17:15   7/3 Full 10:39   7/11 3rd Qt. 10:55   7/18 New 4:16   7/24 1st Qt. 22:54

AUGUST 1947

Day	Sid. T.	Sun	Moon	Merc.	Venus	Mars	Jup.	Saturn	Uranus	Nept.	Pluto	N.Node
1	8:37: 1	8Le23 28	2Aq 4	19Cn26	29Cn20	21Ge44	18Sc 6	11Le53	24Ge36	8Li30	12Le50	28Ta54
2	8:40:57	9 20 51	14 1	20 11	0Le33	22 25	18 9	12 1	24 39	8 32	12 52	28 51
3	8:44:54	10 18 15	26 3	21 2	1 47	23 5	18 12	12 9	24 42	8 33	12 54	28 47
4	8:48:50	11 15 40	8Pi13	21 59	3 1	23 45	18 16	12 16	24 45	8 34	12 55	28 44
5	8:52:47	12 13 7	20 30	23 2	4 15	24 25	18 19	12 24	24 47	8 36	12 57	28 41
6	8:56:44	13 10 34	2Ar58	24 11	5 29	25 5	18 23	12 32	24 50	8 37	12 59	28 38
7	9: 0:40	14 8 2	15 37	25 25	6 43	25 46	18 27	12 39	24 53	8 38	13 1	28 35
8	9: 4:37	15 5 32	28 31	26 44	7 57	26 26	18 31	12 47	24 55	8 40	13 3	28 32
9	9: 8:33	16 3 3	11Ta43	28 9	9 11	27 5	18 35	12 55	24 58	8 41	13 4	28 28
10	9:12:30	17 0 36	25 15	29 38	10 25	27 45	18 40	13 3	25 0	8 43	13 6	28 25
11	9:16:26	17 58 10	9Ge 9	1Le12	11 39	28 25	18 44	13 10	25 3	8 44	13 8	28 22
12	9:20:22	18 55 45	23 26	2 50	12 53	29 5	18 49	13 18	25 5	8 46	13 10	28 19
13	9:24:19	19 53 22	8Cn 5	4 33	14 7	29 44	18 54	13 26	25 8	8 48	13 13	28 16
14	9:28:16	20 51 1	23 2	6 18	15 21	0Cn24	18 59	13 33	25 10	8 49	13 15	28 13
15	9:32:12	21 48 40	8Le 8	8 7	16 35	1 3	19 4	13 41	25 12	8 51	13 17	28 9
16	9:36: 9	22 46 21	23 14	9 59	17 49	1 43	19 9	13 49	25 15	8 53	13 17	28 6
17	9:40: 6	23 44 4	8Vi11	11 53	19 3	2 22	19 15	13 56	25 17	8 54	13 19	28 3
18	9:44: 2	24 41 47	22 48	13 49	20 17	3 1	19 20	14 4	25 19	8 56	13 20	28 0
19	9:47:58	25 39 32	7Li 0	15 47	21 32	3 40	19 26	14 12	25 21	8 58	13 22	27 57
20	9:51:55	26 37 17	20 43	17 46	22 46	4 19	19 32	14 19	25 23	8 59	13 24	27 53
21	9:55:52	27 35 4	3Sc57	19 45	24 0	4 58	19 38	14 27	25 25	9 1	13 26	27 50
22	9:59:48	28 32 52	16 46	21 46	25 14	5 37	19 44	14 34	25 27	9 3	13 27	27 47
23	10: 3:45	29 30 42	29 12	23 46	26 29	6 16	19 51	14 42	25 29	9 5	13 29	27 44
24	10: 7:42	0Vi28 32	11Sg21	25 46	27 43	6 55	19 57	14 49	25 31	9 7	13 31	27 41
25	10:11:38	1 26 24	23 19	27 46	28 57	7 33	20 4	14 57	25 33	9 8	13 33	27 38
26	10:15:34	2 24 17	5Cp10	29 46	0Vi11	8 12	20 11	15 4	25 35	9 10	13 34	27 34
27	10:19:31	3 22 11	17 0	1Vi45	1 26	8 50	20 18	15 12	25 37	9 12	13 36	27 31
28	10:23:27	4 20 7	28 52	3 43	2 40	9 28	20 25	15 19	25 39	9 14	13 38	27 28
29	10:27:24	5 18 4	10Aq48	5 40	3 54	10 7	20 32	15 27	25 40	9 16	13 40	27 25
30	10:31:21	6 16 3	22 52	7 36	5 9	10 45	20 39	15 34	25 42	9 18	13 41	27 22
31	10:35:17	7 14 3	5Pi 5	9 32	6 23	11 23	20 47	15 42	25 44	9 20	13 43	27 19

8/24 Sun in Vir. 0:10   8/2 Full 1:50   8/9 3rd Qt. 20:22   8/16 New 11:13   8/23 1st Qt. 12:41   8/31 Full 16:35

Day	Sid. T.	Sun	Moon	Merc.	Venus	Mars	Jup.	Saturn	Uranus	Nept.	Pluto	N.Node
1	10:39:14	8Vi12 4	17Pi27	11Vi26	7Vi38	12Cn 1	20Sc54	15Le49	25Ge45	9Li22	13Le45	27Ta15
2	10:43:11	9 10 7	29 59	13 19	8 52	12 39	21 2	15 56	25 47	9 24	13 46	27 12
3	10:47: 7	10 8 13	12Ar41	15 10	10 7	13 17	21 10	16 3	25 48	9 26	13 48	27 9
4	10:51: 3	11 6 19	25 34	17 1	11 21	13 54	21 18	16 11	25 50	9 28	13 49	27 6
5	10:55: 0	12 4 28	8Ta39	18 50	12 36	14 32	21 26	16 18	25 51	9 30	13 51	27 3
6	10:58:57	13 2 39	21 57	20 39	13 50	15 9	21 34	16 25	25 53	9 32	13 53	26 59
7	11: 2:53	14 0 52	5Ge30	22 26	15 5	15 47	21 42	16 32	25 54	9 34	13 54	26 56
8	11: 6:50	14 59 7	19 20	24 12	16 19	16 24	21 51	16 39	25 55	9 36	13 56	26 53
9	11:10:47	15 57 24	3Cn26	25 56	17 34	17 1	22 0	16 47	25 57	9 38	13 57	26 50
10	11:14:43	16 55 44	17 49	27 40	18 48	17 38	22 8	16 54	25 58	9 40	13 59	26 47
11	11:18:39	17 54 5	2Le25	29 22	20 3	18 16	22 17	17 1	25 59	9 42	14 1	26 44
12	11:22:36	18 52 28	17 10	1Li 4	21 17	18 52	22 26	17 8	26 0	9 44	14 2	26 40
13	11:26:32	19 50 54	1Vi56	2 44	22 32	19 29	22 35	17 15	26 1	9 46	14 4	26 37
14	11:30:29	20 49 21	16 36	4 23	23 47	20 6	22 44	17 21	26 2	9 49	14 5	26 34
15	11:34:25	21 47 50	1Li 2	6 1	25 1	20 43	22 53	17 28	26 3	9 51	14 7	26 31
16	11:38:22	22 46 21	15 7	7 38	26 16	21 19	23 3	17 35	26 4	9 53	14 8	26 28
17	11:42:19	23 44 54	28 47	9 14	27 31	21 56	23 12	17 42	26 4	9 55	14 10	26 25
18	11:46:15	24 43 28	12Sc 1	10 48	28 45	22 32	23 22	17 49	26 5	9 57	14 11	26 21
19	11:50:12	25 42 4	24 51	12 22	0Li 0	23 8	23 32	17 55	26 6	9 59	14 12	26 18
20	11:54: 8	26 40 42	7Sg20	13 55	1 15	23 44	23 41	18 2	26 7	10 1	14 14	26 15
21	11:58: 5	27 39 22	19 31	15 27	2 29	24 20	23 51	18 8	26 7	10 4	14 15	26 12
22	12: 2: 1	28 38 4	1Cp31	16 58	3 44	24 56	24 1	18 15	26 8	10 6	14 17	26 9
23	12: 5:58	29 36 47	13 23	18 27	4 59	25 32	24 11	18 21	26 8	10 8	14 18	26 5
24	12: 9:55	0Li35 31	25 14	19 56	6 13	26 7	24 22	18 28	26 9	10 10	14 19	26 2
25	12:13:51	1 34 18	7Aq 8	21 24	7 28	26 43	24 32	18 34	26 9	10 12	14 21	25 59
26	12:17:48	2 33 6	19 9	22 51	8 43	27 18	24 42	18 40	26 9	10 15	14 22	25 56
27	12:21:44	3 31 56	1Pi19	24 16	9 58	27 54	24 53	18 47	26 10	10 17	14 23	25 53
28	12:25:41	4 30 48	13 42	25 41	11 12	28 29	25 3	18 53	26 10	10 19	14 25	25 50
29	12:29:37	5 29 42	26 18	27 5	12 27	29 4	25 14	18 59	26 10	10 21	14 26	25 46
30	12:33:34	6 28 38	9Ar 7	28 27	13 42	29 39	25 25	19 5	26 10	10 24	14 27	25 43

9/23 Sun in Lib. 21:29   9/8 3rd Qt. 3:57   9/14 New 19:28   9/22 1st Qt. 5:42   9/30 Full 6:41

Day	Sid. T.	Sun	Moon	Merc.	Venus	Mars	Jup.	Saturn	Uranus	Nept.	Pluto	N.Node
1	12:37:30	7Li27 36	22Ar10	29Li48	14Li57	0Le14	25Sc35	19Le11	26Ge10	10Li26	14Le28	25Ta40
2	12:41:27	8 26 36	5Ta24	1Sc 9	16 11	0 48	25 46	19 17	26 10	10 28	14 29	25 37
3	12:45:24	9 25 38	18 50	2 27	17 26	1 23	25 57	19 23	26 10R	10 30	14 31	25 34
4	12:49:20	10 24 42	2Ge26	3 45	18 41	1 57	26 8	19 29	26 10	10 33	14 32	25 31
5	12:53:17	11 23 49	16 12	5 1	19 56	2 32	26 20	19 35	26 10	10 35	14 33	25 27
6	12:57:13	12 22 58	0Cn 9	6 16	21 11	3 6	26 31	19 40	26 10	10 37	14 34	25 24
7	13: 1:10	13 22 10	14 12	7 29	22 25	3 40	26 42	19 46	26 10	10 39	14 35	25 21
8	13: 5: 6	14 21 24	28 24	8 41	23 40	4 14	26 53	19 51	26 10	10 41	14 36	25 18
9	13: 9: 3	15 20 40	12Le49	9 51	24 55	4 47	27 5	19 57	26 9	10 44	14 37	25 15
10	13:13: 0	16 19 58	27 3	10 59	26 10	5 21	27 16	20 2	26 9	10 46	14 38	25 11
11	13:16:56	17 19 19	11Vi22	12 5	27 25	5 55	27 28	20 8	26 8	10 48	14 39	25 8
12	13:20:53	18 18 42	25 35	13 9	28 39	6 28	27 40	20 13	26 8	10 50	14 40	25 5
13	13:24:49	19 18 7	9Li36	14 11	29 54	7 1	27 51	20 18	26 7	10 53	14 41	25 2
14	13:28:46	20 17 34	23 22	15 9	1Sc 9	7 34	28 3	20 23	26 7	10 55	14 42	24 59
15	13:32:42	21 17 4	6Sc49	16 5	2 24	8 7	28 15	20 28	26 6	10 57	14 43	24 56
16	13:36:38	22 16 35	19 56	16 58	3 39	8 40	28 27	20 33	26 5	10 59	14 44	24 52
17	13:40:35	23 16 8	2Sg42	17 47	4 54	9 12	28 39	20 38	26 5	11 1	14 44	24 49
18	13:44:32	24 15 43	15 10	18 33	6 9	9 45	28 51	20 43	26 4	11 4	14 45	24 46
19	13:48:28	25 15 20	27 22	19 14	7 23	10 17	29 3	20 48	26 3	11 6	14 46	24 43
20	13:52:25	26 14 59	9Cp23	19 51	8 38	10 49	29 15	20 52	26 2	11 8	14 47	24 40
21	13:56:22	27 14 39	21 17	20 22	9 53	11 21	29 28	20 57	26 1	11 10	14 48	24 36
22	14: 0:18	28 14 21	3Aq 9	20 48	11 8	11 53	29 40	21 1	26 0	11 12	14 48	24 33
23	14: 4:15	29 14 5	15 3	21 8	12 23	12 24	29 52	21 6	25 59	11 15	14 49	24 30
24	14: 8:11	0Sc13 50	27 5	21 21	13 38	12 56	0Sg 5	21 10	25 58	11 17	14 50	24 27
25	14:12: 8	1 13 38	9Pi19	21 27	14 53	13 27	0 17	21 14	25 57	11 19	14 50	24 24
26	14:16: 4	2 13 27	21 47	21 24R	16 7	13 58	0 30	21 18	25 56	11 21	14 51	24 21
27	14:20: 1	3 13 17	4Ar33	21 14	17 22	14 29	0 42	21 22	25 55	11 23	14 51	24 17
28	14:23:58	4 13 10	17 37	20 54	18 37	14 59	0 55	21 26	25 53	11 25	14 52	24 14
29	14:27:54	5 13 4	0Ta59	20 37	19 52	15 30	1 8	21 30	25 52	11 27	14 52	24 11
30	14:31:51	6 13 1	14 37	19 47	21 7	16 0	1 20	21 34	25 51	11 29	14 53	24 8
31	14:35:47	7 12 59	28 29	19 0	22 22	16 30	1 33	21 37	25 49	11 31	14 53	24 5

10/24 Sun in Sco. 6:27   10/7 3rd Qt. 10:30   10/14 New 6:10   10/22 1st Qt. 1:11   10/29 Full 20:07

NOVEMBER 1947

Day	Sid. T.	Sun	Moon	Merc.	Venus	Mars	Jup.	Saturn	Uranus	Nept.	Pluto	N.Node
1	14:39:43	8Sc12 59	12Ge33	18Sc 4R	23Sc36	17Le 0	1Sg46	21Le41	25Ge48R	11Li33	14Le54	24Ta 2
2	14:43:40	9 13 2	26 43	17 0	24 51	17 30	1 59	21 44	25 46	11 35	14 54	23 58
3	14:47:37	10 13 7	10Cn58	15 49	26 6	17 59	2 12	21 48	25 45	11 37	14 55	23 55
4	14:51:33	11 13 13	25 13	14 34	27 21	18 28	2 24	21 51	25 43	11 39	14 55	23 52
5	14:55:30	12 13 22	9Le27	13 15	28 36	18 57	2 37	21 54	25 42	11 41	14 55	23 49
6	14:59:27	13 13 33	23 36	11 57	29 51	19 26	2 50	21 57	25 40	11 43	14 56	23 46
7	15: 3:23	14 13 46	7Vi39	10 40	1Sg 6	19 55	3 3	22 0	25 38	11 45	14 56	23 42
8	15: 7:19	15 14 1	21 33	9 28	2 20	20 23	3 17	22 3	25 36	11 47	14 56	23 39
9	15:11:16	16 14 18	5Li18	8 23	3 35	20 51	3 30	22 6	25 35	11 49	14 56	23 36
10	15:15:13	17 14 37	18 51	7 26	4 50	21 19	3 43	22 9	25 33	11 51	14 57	23 33
11	15:19: 9	18 14 58	2Sc11	6 40	6 5	21 47	3 56	22 11	25 31	11 53	14 57	23 30
12	15:23: 6	19 15 20	15 17	6 5	7 20	22 14	4 9	22 14	25 29	11 55	14 57	23 27
13	15:27: 3	20 15 45	28 7	5 42	8 35	22 41	4 22	22 16	25 27	11 57	14 57	23 23
14	15:30:59	21 16 11	10Sg43	5 30	9 50	23 8	4 36	22 18	25 25	11 59	14 57	23 20
15	15:34:55	22 16 38	23 5	5 30D	11 4	23 35	4 49	22 20	25 23	12 0	14 57	23 17
16	15:38:52	23 17 8	5Cp14	5 40	12 19	24 1	5 2	22 22	25 21	12 2	14 57	23 14
17	15:42:48	24 17 38	17 14	6 1	13 34	24 27	5 15	22 24	25 19	12 4	14 57R	23 11
18	15:46:45	25 18 10	29 8	6 31	14 49	24 53	5 29	22 26	25 17	12 6	14 57	23 8
19	15:50:42	26 18 43	11Aq 0	7 9	16 4	25 19	5 42	22 28	25 15	12 7	14 57	23 4
20	15:54:38	27 19 17	22 53	7 55	17 19	25 44	5 56	22 29	25 13	12 9	14 57	23 1
21	15:58:35	28 19 53	4Pi53	8 47	18 33	26 9	6 9	22 31	25 10	12 11	14 57	22 58
22	16: 2:31	29 20 30	17 5	9 45	19 48	26 33	6 22	22 32	25 8	12 13	14 57	22 55
23	16: 6:28	0Sg21 9	29 32	10 48	21 3	26 58	6 36	22 34	25 6	12 14	14 57	22 52
24	16:10:24	1 21 47	12Ar19	11 56	22 18	27 22	6 49	22 35	25 4	12 16	14 56	22 48
25	16:14:21	2 22 27	25 28	13 7	23 32	27 45	7 3	22 36	25 1	12 17	14 56	22 45
26	16:18:18	3 23 8	9Ta 1	14 22	24 47	28 9	7 16	22 37	24 59	12 19	14 56	22 42
27	16:22:14	4 23 51	22 57	15 39	26 2	28 32	7 29	22 38	24 57	12 21	14 56	22 39
28	16:26:11	5 24 35	7Ge13	16 59	27 17	28 54	7 43	22 38	24 54	12 22	14 55	22 36
29	16:30: 7	6 25 20	21 45	18 20	28 32	29 17	7 56	22 39	24 52	12 24	14 55	22 33
30	16:34: 4	7 26 7	6Cn26	19 44	29 46	29 39	8 10	22 39	24 50	12 25	14 55	22 29

11/23 Sun in Sag. 3:38   11/5 3rd Qt. 17:04   11/12 New 20:01(E)   11/20 1st Qt. 21:44   11/28 Full 8:46

DECEMBER 1947

Day	Sid. T.	Sun	Moon	Merc.	Venus	Mars	Jup.	Saturn	Uranus	Nept.	Pluto	N.Node
1	16:38: 0	8Sg26 55	21Cn 8	21Sc 9	1Cp 1	0Vi 0	8Sg23	22Le40	24Ge47R	12Li26	14Le54R	22Ta26
2	16:41:57	9 27 44	5Le47	22 35	2 16	0 21	8 37	22 40	24 45	12 28	14 54	22 23
3	16:45:54	10 28 35	20 15	24 2	3 31	0 42	8 50	22 40	24 42	12 29	14 53	22 20
4	16:49:50	11 29 27	4Vi29	25 30	4 45	1 3	9 4	22 40R	24 40	12 31	14 53	22 17
5	16:53:46	12 30 21	18 27	26 59	6 0	1 23	9 17	22 40	24 37	12 32	14 52	22 14
6	16:57:43	13 31 16	2Li 8	28 28	7 15	1 42	9 31	22 40	24 35	12 33	14 52	22 10
7	17: 1:40	14 32 12	15 33	29 58	8 29	2 2	9 44	22 40	24 32	12 35	14 51	22 7
8	17: 5:36	15 33 9	28 42	1Sg28	9 44	2 20	9 58	22 39	24 30	12 36	14 51	22 4
9	17: 9:33	16 34 8	11Sc37	2 59	10 59	2 39	10 11	22 39	24 27	12 37	14 50	22 1
10	17:13:29	17 35 8	24 20	4 30	12 14	2 57	10 24	22 38	24 25	12 38	14 50	21 58
11	17:17:26	18 36 8	6Sg51	6 2	13 28	3 14	10 38	22 37	24 22	12 39	14 49	21 54
12	17:21:22	19 37 10	19 12	7 33	14 43	3 31	10 51	22 37	24 20	12 40	14 48	21 51
13	17:25:19	20 38 13	1Cp24	9 5	15 58	3 48	11 5	22 36	24 17	12 42	14 48	21 48
14	17:29:16	21 39 16	13 28	10 37	17 12	4 4	11 18	22 35	24 15	12 43	14 47	21 45
15	17:33:12	22 40 20	25 25	12 9	18 27	4 19	11 31	22 33	24 12	12 44	14 46	21 42
16	17:37: 9	23 41 24	7Aq17	13 42	19 41	4 34	11 45	22 32	24 9	12 45	14 45	21 39
17	17:41: 5	24 42 29	19 8	15 14	20 56	4 49	11 58	22 31	24 7	12 46	14 45	21 35
18	17:45: 2	25 43 34	1Pi 0	16 47	22 11	5 3	12 11	22 29	24 4	12 47	14 44	21 32
19	17:48:58	26 44 40	12 58	18 20	23 25	5 16	12 25	22 28	24 2	12 48	14 43	21 29
20	17:52:55	27 45 46	25 5	19 53	24 40	5 29	12 38	22 26	23 59	12 48	14 42	21 26
21	17:56:51	28 46 52	7Ar27	21 26	25 54	5 42	12 51	22 24	23 57	12 49	14 41	21 23
22	18: 0:48	29 47 58	20 8	23 0	27 9	5 53	13 4	22 22	23 54	12 50	14 40	21 20
23	18: 4:45	0Cp49 5	3Ta12	24 33	28 23	6 5	13 18	22 20	23 52	12 51	14 39	21 16
24	18: 8:41	1 50 12	16 44	26 7	29 38	6 15	13 31	22 18	23 49	12 52	14 38	21 13
25	18:12:38	2 51 19	0Ge43	27 41	0Aq52	6 25	13 44	22 16	23 46	12 52	14 37	21 10
26	18:16:34	3 52 26	15 9	29 16	2 6	6 35	13 57	22 13	23 44	12 53	14 36	21 7
27	18:20:31	4 53 34	29 58	0Cp50	3 21	6 44	14 10	22 11	23 41	12 54	14 35	21 4
28	18:24:27	5 54 41	15Cn 2	2 25	4 35	6 52	14 23	22 8	23 39	12 54	14 34	21 0
29	18:28:24	6 55 49	0Le12	4 0	5 50	6 59	14 36	22 6	23 36	12 55	14 33	20 57
30	18:32:21	7 56 57	15 17	5 35	7 4	7 6	14 49	22 3	23 34	12 55	14 32	20 54
31	18:36:17	8 58 6	0Vi 8	7 11	8 18	7 12	15 2	22 0	23 32	12 56	14 31	20 51

12/22 Sun in Cap. 16:43   12/5 3rd Qt. 0:56   12/12 New 12:54   12/20 1st Qt. 17:44   12/27 Full 20:27

JANUARY 1948

Day	Sid. T.	Sun	Moon	Merc.	Venus	Mars	Jup.	Saturn	Uranus	Nept.	Pluto	N.Node
1	18:40:14	9Cp59 15	14Vi39	8Cp47	9Aq32	7Vi18	15Sg15	21Le57R	23Ge29R	12Li56	14Le30R	20Ta48
2	18:44:10	11 0 24	28 45	10 23	10 47	7 23	15 28	21 54	23 27	12 57	14 29	20 45
3	18:48: 7	12 1 33	12Li26	12 0	12 1	7 27	15 40	21 51	23 24	12 57	14 28	20 41
4	18:52: 3	13 2 43	25 44	13 37	13 15	7 30	15 53	21 48	23 22	12 58	14 27	20 38
5	18:56: 0	14 3 53	8Sc41	15 14	14 29	7 33	16 6	21 45	23 20	12 58	14 25	20 35
6	18:59:56	15 5 4	21 21	16 52	15 43	7 35	16 19	21 41	23 17	12 58	14 24	20 32
7	19: 3:53	16 6 14	3Sg46	18 30	16 57	7 36	16 31	21 38	23 15	12 59	14 23	20 29
8	19: 7:49	17 7 25	16 2	20 8	18 11	7 36	16 44	21 34	23 13	12 59	14 22	20 25
9	19:11:46	18 8 35	28 9	21 47	19 26	7 36R	16 56	21 31	23 10	12 59	14 21	20 22
10	19:15:43	19 9 46	10Cp10	23 27	20 40	7 35	17 9	21 27	23 8	12 59	14 19	20 19
11	19:19:39	20 10 56	22 7	25 7	21 53	7 33	17 21	21 23	23 6	12 59	14 18	20 16
12	19:23:35	21 12 6	4Aq 1	26 47	23 7	7 30	17 34	21 20	23 4	12 59	14 17	20 13
13	19:27:32	22 13 15	15 52	28 22	24 21	7 27	17 46	21 16	23 2	12 59	14 15	20 10
14	19:31:29	23 14 24	27 44	0Aq 8	25 35	7 23	17 58	21 12	22 59	12 59	14 14	20 6
15	19:35:25	24 15 32	9Pi37	1 49	26 49	7 18	18 10	21 8	22 57	12 59R	14 13	20 3
16	19:39:22	25 16 39	21 35	3 30	28 3	7 12	18 22	21 4	22 55	12 59	14 12	20 0
17	19:43:19	26 17 46	3Ar41	5 12	29 16	7 5	18 35	20 59	22 53	12 59	14 10	19 57
18	19:47:15	27 18 52	15 59	6 54	0Pi30	6 58	18 47	20 55	22 51	12 59	14 9	19 54
19	19:51:11	28 19 58	28 34	8 36	1 44	6 49	18 58	20 51	22 49	12 59	14 8	19 51
20	19:55: 8	29 21 2	11Ta30	10 18	2 57	6 40	19 10	20 47	22 47	12 59	14 6	19 47
21	19:59: 5	0Aq22 5	24 51	11 59	4 11	6 31	19 22	20 42	22 45	12 59	14 5	19 44
22	20: 3: 1	1 23 8	8Ge22	13 41	5 24	6 20	19 34	20 38	22 44	12 59	14 3	19 41
23	20: 6:58	2 24 10	23 2	15 21	6 37	6 8	19 46	20 33	22 42	12 58	14 2	19 38
24	20:10:54	3 25 10	7Cn50	17 2	7 51	5 56	19 57	20 29	22 40	12 58	14 1	19 35
25	20:14:51	4 26 10	22 59	18 41	9 4	5 43	20 9	20 24	22 38	12 58	13 59	19 31
26	20:18:48	5 27 9	8Le20	20 19	10 17	5 29	20 20	20 20	22 37	12 57	13 58	19 28
27	20:22:44	6 28 7	23 41	21 55	11 30	5 15	20 31	20 15	22 35	12 57	13 56	19 25
28	20:26:40	7 29 4	8Vi51	23 30	12 43	5 0	20 43	20 10	22 33	12 56	13 55	19 22
29	20:30:37	8 30 0	23 40	25 2	13 57	4 44	20 54	20 6	22 32	12 56	13 54	19 19
30	20:34:34	9 30 56	8Li 2	26 31	15 9	4 27	21 5	20 1	22 30	12 55	13 52	19 16
31	20:38:30	10 31 51	21 53	27 57	16 22	4 10	21 16	19 56	22 29	12 55	13 51	19 12

1/21 Sun in Aqu. 3:19   1/3 3rd Qt. 11:13   1/11 New 7:45   1/19 1st Qt. 11:33   1/26 Full 7:12

FEBRUARY 1948

Day	Sid. T.	Sun	Moon	Merc.	Venus	Mars	Jup.	Saturn	Uranus	Nept.	Pluto	N.Node
1	20:42:27	11Aq32 45	5Sc16	29Aq18	17Pi35	3Vi52R	21Sg27	19Le51R	22Ge27R	12Li54R	13Le49R	19Ta 9
2	20:46:24	12 33 38	18 13	0Pi35	18 48	3 33	21 38	19 46	22 26	12 54	13 48	19 6
3	20:50:20	13 34 31	0Sg49	1 40	20 1	3 14	21 48	19 42	22 25	12 53	13 47	19 3
4	20:54:16	14 35 23	13 8	2 52	21 13	2 54	21 59	19 37	22 23	12 52	13 45	19 0
5	20:58:13	15 36 14	25 15	3 50	22 26	2 34	22 10	19 32	22 22	12 52	13 44	18 57
6	21: 2:10	16 37 4	7Cp14	4 40	23 38	2 13	22 20	19 27	22 21	12 51	13 42	18 53
7	21: 6: 6	17 37 53	19 8	5 22	24 51	1 51	22 30	19 22	22 20	12 50	13 41	18 50
8	21:10: 2	18 38 40	1Aq 0	5 54	26 3	1 29	22 41	19 17	22 18	12 49	13 39	18 47
9	21:13:59	19 39 27	12 51	6 17	27 15	1 7	22 51	19 12	22 17	12 49	13 38	18 44
10	21:17:56	20 40 12	24 44	6 29	28 27	0 45	23 1	19 7	22 16	12 48	13 37	18 41
11	21:21:52	21 40 56	6Pi39	6 31R	29 40	0 21	23 11	19 3	22 15	12 47	13 35	18 37
12	21:25:49	22 41 39	18 38	6 21	0Ar51	29Le58	23 21	18 58	22 14	12 46	13 34	18 34
13	21:29:45	23 42 20	0Ar42	6 1	2 3	29 35	23 30	18 53	22 14	12 45	13 32	18 31
14	21:33:42	24 42 59	12 53	5 32	3 15	29 11	23 40	18 48	22 13	12 44	13 31	18 28
15	21:37:38	25 43 37	25 14	4 52	4 27	28 48	23 50	18 43	22 12	12 43	13 30	18 25
16	21:41:35	26 44 13	7Ta50	4 4	5 38	28 24	23 59	18 38	22 11	12 42	13 28	18 22
17	21:45:32	27 44 47	20 42	3 9	6 50	28 0	24 8	18 33	22 11	12 41	13 27	18 18
18	21:49:28	28 45 19	3Ge56	2 9	8 1	27 36	24 17	18 29	22 10	12 40	13 26	18 15
19	21:53:25	29 45 50	17 36	1 4	9 13	27 12	24 27	18 24	22 9	12 39	13 24	18 12
20	21:57:21	0Pi46 19	1Cn42	29Aq58	10 24	26 48	24 35	18 19	22 9	12 38	13 23	18 9
21	22: 1:18	1 46 46	16 15	28 50	11 35	26 25	24 44	18 15	22 8	12 37	13 21	18 6
22	22: 5:15	2 47 11	1Le11	27 44	12 46	26 1	24 53	18 10	22 8	12 36	13 20	18 3
23	22: 9:11	3 47 34	16 23	26 41	13 57	25 38	25 2	18 5	22 8	12 34	13 19	17 59
24	22:13: 8	4 47 56	1Vi41	25 42	15 7	25 15	25 10	18 1	22 7	12 33	13 18	17 56
25	22:17: 4	5 48 16	16 52	24 47	16 18	24 52	25 18	17 56	22 7	12 32	13 16	17 53
26	22:21: 1	6 48 34	1Li48	23 59	17 28	24 30	25 26	17 52	22 7	12 31	13 15	17 50
27	22:24:57	7 48 50	16 19	23 17	18 39	24 8	25 35	17 47	22 7	12 29	13 14	17 47
28	22:28:54	8 49 5	0Sc21	22 43	19 49	23 46	25 42	17 43	22 7	12 28	13 12	17 43
29	22:32:50	9 49 18	13 53	22 15	20 59	23 25	25 50	17 38	22 7D	12 27	13 11	17 40

2/19 Sun in Pis. 17:37   2/2 3rd Qt. 0:32   2/10 New 3:02   2/18 1st Qt. 1:56   2/24 Full 17:16

MARCH 1948

Day	Sid. T.	Sun	Moon	Merc.	Venus	Mars	Jup.	Saturn	Uranus	Nept.	Pluto	N.Node
1	22:36:47	10Pi49 30	26Sc58	21Aq54R	22Ar 9	23Le 4R	25Sg58	17Le34R	22Ge 7	12Li26R	13Le10R	17Ta37
2	22:40:43	11 49 41	9Sg38	21 41	23 19	22 44	26 5	17 30	22 7	12 24	13 9	17 34
3	22:44:40	12 49 50	21 59	21 34	24 28	22 25	26 13	17 26	22 7	12 23	13 7	17 31
4	22:48:37	13 49 57	4Cp 6	21 34D	25 38	22 6	26 20	17 22	22 7	12 21	13 6	17 28
5	22:52:33	14 50 3	16 3	21 40	26 47	21 47	26 27	17 18	22 7	12 20	13 5	17 24
6	22:56:30	15 50 7	27 55	21 52	27 56	21 29	26 34	17 14	22 8	12 19	13 4	17 21
7	23: 0:26	16 50 10	9Aq45	22 10	29 5	21 12	26 41	17 10	22 8	12 17	13 3	17 18
8	23: 4:23	17 50 11	21 37	22 33	0Ta14	20 56	26 47	17 6	22 8	12 16	13 2	17 15
9	23: 8:19	18 50 9	3Pi33	23 1	1 23	20 40	26 54	17 2	22 9	12 14	13 1	17 12
10	23:12:16	19 50 6	15 34	23 34	2 32	20 25	27 0	16 58	22 9	12 13	12 59	17 9
11	23:16:13	20 50 1	27 41	24 11	3 40	20 11	27 6	16 55	22 10	12 11	12 58	17 5
12	23:20: 9	21 49 55	9Ar57	24 52	4 48	19 57	27 12	16 51	22 11	12 10	12 57	17 2
13	23:24: 5	22 49 46	22 20	25 37	5 57	19 45	27 18	16 48	22 11	12 8	12 56	16 59
14	23:28: 2	23 49 35	4Ta55	26 25	7 4	19 33	27 24	16 44	22 12	12 7	12 55	16 56
15	23:31:59	24 49 21	17 41	27 17	8 12	19 21	27 30	16 41	22 13	12 5	12 54	16 53
16	23:35:55	25 49 6	0Ge41	28 11	9 20	19 11	27 35	16 38	22 14	12 4	12 53	16 49
17	23:39:52	26 48 49	13 58	29 9	10 27	19 1	27 40	16 35	22 14	12 2	12 52	16 46
18	23:43:48	27 48 29	27 34	0Pi10	11 34	18 52	27 45	16 32	22 15	12 0	12 51	16 43
19	23:47:45	28 48 7	11Cn31	1 13	12 41	18 44	27 50	16 29	22 16	11 59	12 50	16 40
20	23:51:41	29 47 42	25 48	2 18	13 48	18 37	27 55	16 26	22 17	11 57	12 50	16 37
21	23:55:38	0Ar47 15	10Le23	3 26	14 54	18 30	28 0	16 23	22 18	11 56	12 49	16 34
22	23:59:35	1 46 46	25 13	4 36	16 0	18 25	28 4	16 20	22 20	11 54	12 48	16 30
23	0: 3:31	2 46 15	10Vi 9	5 48	17 6	18 20	28 8	16 18	22 21	11 52	12 47	16 27
24	0: 7:28	3 45 41	25 3	7 2	18 12	18 16	28 12	16 15	22 22	11 51	12 46	16 24
25	0:11:24	4 45 6	9Li47	8 18	19 18	18 12	28 16	16 13	22 23	11 49	12 45	16 21
26	0:15:21	5 44 28	24 12	9 36	20 23	18 10	28 20	16 10	22 25	11 47	12 45	16 18
27	0:19:18	6 43 48	8Sc14	10 56	21 28	18 8	28 23	16 8	22 26	11 46	12 44	16 14
28	0:23:14	7 43 7	21 51	12 18	22 33	18 7	28 27	16 6	22 27	11 44	12 43	16 11
29	0:27:10	8 42 24	5Sg 1	13 41	23 37	18 6	28 30	16 4	22 29	11 43	12 42	16 8
30	0:31: 7	9 41 39	17 47	15 6	24 41	18 7D	28 33	16 0	22 30	11 41	12 42	16 5
31	0:35: 4	10 40 52	0Cp14	16 32	25 45	18 8	28 36	16 0	22 32	11 39	12 42	16 2

3/20 Sun in Ari. 16:57   3/2 3rd Qt. 16:36   3/10 New 21:15   3/18 1st Qt. 12:28   3/25 Full 3:11

APRIL 1948

Day	Sid. T.	Sun	Moon	Merc.	Venus	Mars	Jup.	Saturn	Uranus	Nept.	Pluto	N.Node
1	0:39: 0	11Ar40 3	12Cp24	18Pi 0	26Ta49	18Le 9	28Sg39	15Le58R	22Ge34	11Li38R	12Le40R	15Ta59
2	0:42:56	12 39 13	24 23	19 30	27 52	18 12	28 41	15 57	22 35	11 36	12 40	15 55
3	0:46:53	13 38 21	6Aq17	21 1	28 55	18 15	28 43	15 55	22 37	11 34	12 39	15 52
4	0:50:50	14 37 27	18 8	22 34	29 58	18 19	28 46	15 54	22 39	11 33	12 39	15 49
5	0:54:46	15 36 31	0Pi 2	24 8	1Ge 1	18 24	28 47	15 53	22 41	11 31	12 38	15 46
6	0:58:43	16 35 33	12 1	25 44	2 3	18 29	28 49	15 51	22 42	11 29	12 38	15 43
7	1: 2:40	17 34 33	24 9	27 21	3 5	18 35	28 51	15 50	22 44	11 28	12 37	15 40
8	1: 6:36	18 33 32	6Ar27	29 0	4 6	18 41	28 52	15 49	22 46	11 26	12 37	15 36
9	1:10:32	19 32 28	18 56	0Ar40	5 7	18 48	28 53	15 48	22 48	11 24	12 36	15 33
10	1:14:29	20 31 23	1Ta37	2 22	6 8	18 56	28 54	15 48	22 50	11 23	12 36	15 30
11	1:18:26	21 30 15	14 30	4 5	7 8	19 5	28 55	15 47	22 52	11 21	12 36	15 27
12	1:22:22	22 29 6	27 37	5 50	8 8	19 14	28 56	15 46	22 54	11 20	12 35	15 24
13	1:26:19	23 27 54	10Ge56	7 37	9 7	19 23	28 56	15 46	22 57	11 18	12 35	15 20
14	1:30:15	24 26 40	24 28	9 24	10 6	19 33	28 57	15 46	22 59	11 16	12 35	15 17
15	1:34:12	25 25 24	8Cn14	11 14	11 5	19 44	28 57R	15 45	23 1	11 15	12 34	15 14
16	1:38: 8	26 24 5	22 12	13 5	12 3	19 55	28 57	15 45	23 3	11 13	12 34	15 11
17	1:42: 5	27 22 45	6Le21	14 58	13 1	20 7	28 56	15 45D	23 6	11 12	12 34	15 8
18	1:46: 1	28 21 22	20 41	16 52	13 58	20 20	28 56	15 45	23 8	11 10	12 34	15 5
19	1:49:58	29 19 56	5Vi 7	18 48	14 55	20 32	28 55	15 45	23 10	11 8	12 34	15 1
20	1:53:55	0Ta18 29	19 36	20 45	15 51	20 46	28 54	15 46	23 13	11 7	12 33	14 58
21	1:57:51	1 16 59	4Li 2	22 44	16 46	21 0	28 53	15 46	23 15	11 5	12 33	14 55
22	2: 1:48	2 15 28	18 22	24 44	17 42	21 14	28 52	15 47	23 18	11 4	12 33	14 52
23	2: 5:45	3 13 54	2Sc26	26 46	18 36	21 29	28 51	15 47	23 20	11 2	12 33	14 49
24	2: 9:41	4 12 18	16 14	28 49	19 30	21 44	28 49	15 48	23 23	11 1	12 33	14 46
25	2:13:37	5 10 41	29 43	0Ta54	20 23	22 0	28 47	15 49	23 26	10 59	12 33D	14 42
26	2:17:34	6 9 2	12Sg50	3 0	21 16	22 16	28 45	15 50	23 28	10 58	12 33	14 39
27	2:21:31	7 7 22	25 37	5 7	22 8	22 33	28 43	15 51	23 31	10 56	12 33	14 36
28	2:25:27	8 5 40	8Cp 6	7 14	22 59	22 50	28 41	15 52	23 34	10 55	12 33	14 33
29	2:29:24	9 3 56	20 20	9 23	23 50	23 8	28 38	15 53	23 36	10 54	12 33	14 30
30	2:33:21	10 2 11	2Aq22	11 32	24 40	23 26	28 36	15 55	23 39	10 52	12 34	14 26

4/20 Sun in Tau. 4:25   4/1 3rd Qt. 10:25   4/9 New 13:17   4/16 1st Qt. 19:42   4/23 Full 13:29(E)

Day	Sid. T.	Sun	Moon	Merc.	Venus	Mars	Jup.	Saturn	Uranus	Nept.	Pluto	N.Node
1	2:37:17	11Ta 0 24	14Aq17	13Ta42	25Ge29	23I e44	28Sg33R	15Le56	23Ge42	10Li51R	12Le34	14Ta23
2	2:41:13	11 58 36	26 10	15 51	26 17	24 3	28 30	15 58	23 45	10 49	12 34	14 20
3	2:45:10	12 56 46	8Pi 5	18 1	27 5	24 22	28 26	15 59	23 48	10 48	12 34	14 17
4	2:49: 6	13 54 55	20 7	20 10	27 52	24 42	28 23	16 1	23 51	10 47	12 34	14 14
5	2:53: 3	14 53 2	2Ar19	22 18	28 37	25 1	28 19	16 3	23 54	10 45	12 35	14 11
6	2:56:59	15 51 8	14 45	24 25	29 22	25 22	28 16	16 5	23 56	10 44	12 35	14 7
7	3: 0:56	16 49 12	27 26	26 31	0Cn 6	25 42	28 12	16 7	23 59	10 43	12 35	14 4
8	3: 4:53	17 47 15	10Ta24	28 35	0 49	26 3	28 8	16 9	24 2	10 42	12 36	14 1
9	3: 8:49	18 45 16	23 39	0Ge37	1 31	26 25	28 3	16 12	24 6	10 40	12 36	13 58
10	3:12:46	19 43 16	7Ge10	2 37	2 12	26 46	27 59	16 14	24 9	10 39	12 37	13 55
11	3:16:42	20 41 14	20 56	4 35	2 52	27 9	27 54	16 17	24 12	10 38	12 37	13 52
12	3:20:39	21 39 10	4Cn53	6 30	3 31	27 31	27 50	16 19	24 15	10 37	12 37	13 48
13	3:24:35	22 37 5	18 59	8 23	4 9	27 53	27 45	16 22	24 18	10 36	12 38	13 45
14	3:28:32	23 34 57	3Le10	10 13	4 45	28 16	27 40	16 25	24 21	10 35	12 39	13 42
15	3:32:29	24 32 48	17 24	11 59	5 20	28 39	27 35	16 27	24 24	10 33	12 39	13 39
16	3:36:25	25 30 38	1Vi38	13 43	5 54	29 3	27 29	16 30	24 28	10 32	12 40	13 36
17	3:40:22	26 28 25	15 50	15 23	6 26	29 27	27 24	16 34	24 31	10 31	12 40	13 32
18	3:44:18	27 26 11	29 56	17 1	6 57	29 51	27 18	16 37	24 34	10 30	12 41	13 29
19	3:48:15	28 23 55	13Li55	18 34	7 26	0Vi15	27 13	16 40	24 37	10 29	12 42	13 26
20	3:52:11	29 21 37	27 45	20 5	7 54	0 40	27 7	16 43	24 41	10 28	12 42	13 23
21	3:56: 8	0Ge19 18	11Sc24	21 32	8 20	1 5	27 1	16 47	24 44	10 27	12 43	13 20
22	4: 0: 4	1 16 58	24 50	22 56	8 45	1 30	26 55	16 50	24 47	10 27	12 44	13 17
23	4: 4: 1	2 14 36	8Sg 1	24 16	9 7	1 56	26 48	16 54	24 51	10 26	12 44	13 13
24	4: 7:58	3 12 13	20 56	25 33	9 28	2 21	26 42	16 58	24 54	10 25	12 45	13 10
25	4:11:54	4 9 49	3Cp36	26 46	9 48	2 47	26 36	17 1	24 57	10 24	12 46	13 7
26	4:15:51	5 7 24	16 1	27 55	10 5	3 13	26 29	17 5	25 1	10 23	12 47	13 4
27	4:19:47	6 4 58	28 14	29 1	10 20	3 40	26 22	17 9	25 4	10 22	12 48	13 1
28	4:23:44	7 2 31	10Aq16	0Cn 3	10 34	4 7	26 16	17 13	25 8	10 22	12 49	12 58
29	4:27:40	8 0 3	22 12	1 1	10 45	4 33	26 9	17 18	25 11	10 21	12 49	12 54
30	4:31:37	8 57 34	4Pi 5	1 55	10 54	5 1	26 2	17 22	25 15	10 20	12 50	12 51
31	4:35:34	9 55 5	16 0	2 46	11 1	5 28	25 55	17 26	25 18	10 20	12 51	12 48

5/21 Sun in Gem. 3:58   5/1 3rd Qt. 4:48   5/9 New 2:31(E)   5/16 1st Qt. 0:55   5/23 Full 0:37   5/30 3rd Qt. 22:43

Day	Sid. T.	Sun	Moon	Merc.	Venus	Mars	Jup.	Saturn	Uranus	Nept.	Pluto	N.Node
1	4:39:30	10Ge52 34	28Pi 1	3Cn32	11Cn 6	5Vi56	25Sg48R	17Le30	25Ge22	10Li19R	12Le52	12Ta45
2	4:43:27	11 50 3	10Ar15	4 14	11 9	6 23	25 40	17 35	25 25	10 18	12 53	12 42
3	4:47:23	12 47 31	22 43	4 52	11 9R	6 51	25 33	17 40	25 29	10 18	12 54	12 38
4	4:51:20	13 44 58	5Ta31	5 26	11 7	7 20	25 26	17 44	25 32	10 17	12 55	12 35
5	4:55:16	14 42 25	18 41	5 55	11 2	7 48	25 18	17 49	25 36	10 17	12 56	12 32
6	4:59:12	15 39 51	2Ge13	6 20	10 55	8 17	25 11	17 54	25 39	10 16	12 57	12 29
7	5: 3: 9	16 37 16	16 7	6 40	10 46	8 45	25 3	17 59	25 43	10 16	12 59	12 26
8	5: 7: 6	17 34 40	0Cn19	6 56	10 34	9 14	24 56	18 3	25 46	10 15	13 0	12 23
9	5:11: 2	18 32 4	14 44	7 11	10 20	9 44	24 48	18 9	25 50	10 15	13 1	12 19
10	5:14:59	19 29 26	29 17	7 14	10 4	10 13	24 41	18 14	25 53	10 15	13 2	12 16
11	5:18:56	20 26 48	13Le50	7 16R	9 45	10 43	24 33	18 19	25 57	10 14	13 3	12 13
12	5:22:52	21 24 8	28 19	7 14	9 24	11 12	24 25	18 24	26 0	10 14	13 4	12 10
13	5:26:49	22 21 28	12Vi38	7 7	9 0	11 42	24 18	18 29	26 4	10 14	13 6	12 7
14	5:30:45	23 18 46	26 46	6 56	8 35	12 12	24 10	18 35	26 8	10 13	13 7	12 3
15	5:34:42	24 16 4	10Li40	6 41	8 8	12 43	24 2	18 40	26 11	10 13	13 8	12 0
16	5:38:38	25 13 21	24 20	6 22	7 38	13 13	23 55	18 46	26 15	10 13	13 9	11 57
17	5:42:35	26 10 36	7Sc47	5 59	7 7	13 44	23 47	18 51	26 18	10 13	13 11	11 54
18	5:46:32	27 7 52	21 2	5 33	6 35	14 14	23 39	18 57	26 22	10 13	13 12	11 51
19	5:50:28	28 5 6	4Sg 4	5 5	6 1	14 45	23 32	19 3	26 25	10 13	13 13	11 48
20	5:54:25	29 2 20	16 55	4 34	5 25	15 16	23 24	19 8	26 29	10 13	13 15	11 44
21	5:58:21	29 59 34	29 34	4 1	4 49	15 48	23 17	19 14	26 33	10 13D	13 16	11 41
22	6: 2:17	0Cn56 47	12Cp 1	3 27	4 12	16 19	23 9	19 20	26 36	10 13	13 18	11 38
23	6: 6:14	1 53 59	24 18	2 52	3 35	16 51	23 2	19 26	26 40	10 13	13 19	11 35
24	6:10:11	2 51 12	6Aq25	2 17	2 58	17 22	22 54	19 32	26 43	10 13	13 20	11 32
25	6:14: 7	3 48 24	18 24	1 42	2 20	17 54	22 47	19 38	26 47	10 13	13 22	11 29
26	6:18: 4	4 45 36	0Pi18	1 9	1 42	18 26	22 39	19 44	26 50	10 13	13 23	11 25
27	6:22: 1	5 42 48	12 10	0 37	1 6	18 58	22 32	19 50	26 54	10 14	13 25	11 22
28	6:25:57	6 40 0	24 3	0 11	0 31	19 31	22 25	19 57	26 58	10 14	13 26	11 19
29	6:29:53	7 37 12	6Ar 3	29Ge40	29Ge54	20 3	22 18	20 3	27 1	10 14	13 28	11 16
30	6:33:50	8 34 25	18 14	29 16	29 20	20 36	22 11	20 9	27 5	10 14	13 29	11 13

6/21 Sun in Can. 12:11   6/7 New 12:56   6/14 1st Qt. 5:41   6/21 Full 12:54   6/29 3rd Qt. 15:23

JULY 1948

Day	Sid. T.	Sun	Moon	Merc.	Venus	Mars	Jup.	Saturn	Uranus	Nept.	Pluto	N.Node
1	6:37:47	9Cn31 37	0Ta42	28Ge56R	28Ge47R	21Vi 8	22Sg 4R	20Le16	27Ge 8	10Li14	13Le31	11Ta 9
2	6:41:43	10 28 50	13 31	28 40	28 16	21 41	21 57	20 22	27 12	10 15	13 32	11 6
3	6:45:40	11 26 3	26 44	28 28	27 46	22 14	21 50	20 28	27 15	10 15	13 34	11 3
4	6:49:37	12 23 16	10Ge25	28 20	27 19	22 47	21 43	20 35	27 19	10 15	13 36	11 0
5	6:53:33	13 20 29	24 32	28 18	26 53	23 21	21 36	20 42	27 22	10 16	13 37	10 57
6	6:57:29	14 17 43	9Cn 3	28 20D	26 29	23 54	21 30	20 48	27 26	10 16	13 39	10 54
7	7: 1:26	15 14 56	23 51	28 27	26 8	24 28	21 23	20 55	27 29	10 17	13 40	10 50
8	7: 5:22	16 12 10	8Le49	28 40	25 48	25 1	21 17	21 2	27 32	10 17	13 42	10 47
9	7: 9:19	17 9 23	23 46	28 57	25 31	25 35	21 11	21 8	27 36	10 18	13 44	10 44
10	7:13:16	18 6 37	8Vi35	29 20	25 17	26 9	21 5	21 15	27 39	10 19	13 45	10 41
11	7:17:12	19 3 50	23 8	29 48	25 4	26 43	20 59	21 22	27 43	10 19	13 47	10 38
12	7:21: 9	20 1 4	7Li22	0Cn21	24 54	27 17	20 53	21 29	27 46	10 20	13 49	10 35
13	7:25: 5	20 58 17	21 14	1 0	24 47	27 51	20 47	21 36	27 49	10 21	13 50	10 31
14	7:29: 2	21 55 31	4Sc47	1 44	24 42	28 26	20 41	21 43	27 53	10 21	13 52	10 28
15	7:32:58	22 52 44	18 1	2 32	24 39	29 0	20 36	21 50	27 56	10 22	13 54	10 25
16	7:36:55	23 49 58	0Sg58	3 26	24 38D	29 35	20 31	21 57	27 59	10 23	13 55	10 22
17	7:40:52	24 47 11	13 43	4 25	24 40	0Li 9	20 25	22 4	28 3	10 24	13 57	10 19
18	7:44:48	25 44 25	26 15	5 29	24 44	0 44	20 20	22 11	28 6	10 24	13 59	10 15
19	7:48:45	26 41 40	8Cp39	6 37	24 51	1 19	20 15	22 18	28 9	10 25	14 1	10 12
20	7:52:42	27 38 55	20 53	7 50	24 59	1 54	20 11	22 25	28 13	10 26	14 2	10 9
21	7:56:38	28 36 10	3Aq 0	9 8	25 10	2 30	20 6	22 33	28 16	10 27	14 4	10 6
22	8: 0:35	29 33 26	15 0	10 31	25 22	3 5	20 2	22 40	28 19	10 28	14 6	10 3
23	8: 4:31	0Le30 42	26 56	11 58	25 37	3 40	19 57	22 47	28 22	10 29	14 8	10 0
24	8: 8:28	1 27 59	8Pi47	13 29	25 53	4 16	19 53	22 54	28 25	10 30	14 9	9 56
25	8:12:24	2 25 17	20 38	15 5	26 12	4 51	19 49	23 2	28 28	10 31	14 11	9 53
26	8:16:21	3 22 36	2Ar30	16 44	26 32	5 27	19 45	23 9	28 31	10 32	14 13	9 50
27	8:20:18	4 19 56	14 29	18 28	26 54	6 3	19 42	23 16	28 35	10 33	14 15	9 47
28	8:24:14	5 17 16	26 38	20 14	27 18	6 39	19 38	23 24	28 38	10 35	14 16	9 44
29	8:28:11	6 14 38	9Ta 3	22 4	27 43	7 15	19 35	23 31	28 41	10 36	14 18	9 41
30	8:32: 7	7 12 1	21 48	23 57	28 11	7 51	19 32	23 39	28 44	10 37	14 20	9 37
31	8:36: 4	8 9 25	4Ge59	25 53	28 39	8 27	19 29	23 46	28 47	10 38	14 22	9 34

7/22 Sun in Leo 23:08   7/6 New 21:09   7/13 1st Qt. 11:30   7/21 Full 2:31   7/29 3rd Qt. 6:12

AUGUST 1948

Day	Sid. T.	Sun	Moon	Merc.	Venus	Mars	Jup.	Saturn	Uranus	Nept.	Pluto	N.Node
1	8:40: 0	9Le 6 50	18Ge38	27Cn51	29Ge 9	9Li 4	19Sg26R	23Le54	28Ge49	10Li39	14Le24	9Ta31
2	8:43:57	10 4 17	2Cn47	29 50	29 41	9 40	19 24	24 1	28 52	10 41	14 25	9 28
3	8:47:54	11 1 44	17 24	1Le52	0Cn13	10 17	19 21	24 9	28 55	10 42	14 27	9 25
4	8:51:50	11 59 13	2Le23	3 54	0 48	10 53	19 19	24 16	28 58	10 43	14 29	9 21
5	8:55:47	12 56 42	17 35	5 58	1 23	11 30	19 17	24 24	29 1	10 45	14 31	9 18
6	8:59:43	13 54 12	2Vi50	8 2	2 0	12 7	19 15	24 31	29 4	10 46	14 33	9 15
7	9: 3:40	14 51 44	17 56	10 6	2 38	12 44	19 13	24 39	29 6	10 47	14 35	9 12
8	9: 7:36	15 49 16	2Li45	12 10	3 17	13 21	19 12	24 46	29 9	10 49	14 36	9 9
9	9:11:32	16 46 49	17 11	14 14	3 57	13 58	19 10	24 54	29 12	10 50	14 38	9 6
10	9:15:29	17 44 23	1Sc11	16 18	4 38	14 35	19 9	25 2	29 15	10 52	14 40	9 2
11	9:19:26	18 41 58	14 45	18 21	5 20	15 13	19 8	25 9	29 17	10 53	14 42	8 59
12	9:23:22	19 39 33	27 56	20 23	6 3	15 50	19 8	25 17	29 20	10 55	14 44	8 56
13	9:27:19	20 37 10	10Sg47	22 24	6 47	16 28	19 7	25 25	29 22	10 56	14 45	8 53
14	9:31:16	21 34 48	23 21	24 23	7 32	17 5	19 7	25 32	29 25	10 58	14 47	8 50
15	9:35:12	22 32 26	5Cp43	26 22	8 18	17 43	19 6	25 40	29 27	11 0	14 49	8 47
16	9:39: 8	23 30 6	17 55	28 20	9 5	18 21	19 6D	25 47	29 30	11 1	14 51	8 43
17	9:43: 5	24 27 47	29 59	0Vi16	9 52	18 59	19 7	25 55	29 32	11 3	14 53	8 40
18	9:47: 2	25 25 29	11Aq58	2 11	10 40	19 37	19 7	26 3	29 34	11 5	14 54	8 37
19	9:50:58	26 23 12	23 52	4 4	11 29	20 15	19 7	26 10	29 37	11 6	14 56	8 34
20	9:54:55	27 20 57	5Pi45	5 56	12 19	20 53	19 8	26 18	29 39	11 8	14 58	8 31
21	9:58:52	28 18 43	17 36	7 47	13 9	21 31	19 9	26 26	29 41	11 10	15 0	8 27
22	10: 2:48	29 16 31	29 28	9 36	14 1	22 10	19 10	26 33	29 44	11 11	15 2	8 24
23	10: 6:44	0Vi14 20	11Ar23	11 24	14 52	22 48	19 11	26 41	29 46	11 13	15 3	8 21
24	10:10:41	1 12 11	23 24	13 11	15 45	23 27	19 13	26 49	29 48	11 15	15 5	8 18
25	10:14:37	2 10 3	5Ta35	14 56	16 38	24 5	19 14	26 56	29 50	11 17	15 7	8 15
26	10:18:34	3 7 57	18 0	16 40	17 32	24 44	19 16	27 4	29 52	11 19	15 9	8 12
27	10:22:31	4 5 54	0Ge43	18 23	18 26	25 23	19 18	27 12	29 54	11 20	15 10	8 8
28	10:26:27	5 3 52	13 49	20 4	19 21	26 2	19 21	27 19	29 56	11 22	15 12	8 5
29	10:30:24	6 1 52	27 22	21 44	20 16	26 41	19 23	27 27	29 58	11 24	15 14	8 2
30	10:34:21	6 59 54	11Cn24	23 24	21 12	27 20	19 25	27 34	0Cn 0	11 26	15 15	7 59
31	10:38:17	7 57 57	25 53	25 0	22 8	27 59	19 28	27 42	0 2	11 28	15 17	7 56

8/23 Sun in Vir. 6:03   8/5 New 4:13   8/11 1st Qt. 19:41   8/19 Full 17:32   8/27 3rd Qt. 18:46

Day	Sid. T.	Sun	Moon	Merc.	Venus	Mars	Jup.	Saturn	Uranus	Nept.	Pluto	N.Node
1	10:42:13	8Vi56 3	10Le47	26Vi36	23Cn 5	28Li38	19Sg31	27Le49	0Cn 3	11Li30	15Le19	7Ta52
2	10:46:10	9 54 10	25 58	28 12	24 2	29 17	19 34	27 57	0 5	11 32	15 21	7 49
3	10:50: 7	10 52 19	11Vi16	29 45	25 0	29 57	19 37	28 5	0 7	11 34	15 22	7 46
4	10:54: 3	11 50 30	26 29	1Li18	25 59	0Sc36	19 41	28 12	0 8	11 36	15 24	7 43
5	10:58: 0	12 48 43	11Li28	2 49	26 57	1 16	19 44	28 20	0 10	11 38	15 26	7 40
6	11: 1:57	13 46 57	26 5	4 19	27 56	1 56	19 48	28 27	0 11	11 40	15 27	7 37
7	11: 5:53	14 45 12	10Sc15	5 48	28 56	2 35	19 52	28 35	0 13	11 42	15 29	7 33
8	11: 9:49	15 43 29	23 57	7 16	29 56	3 15	19 56	28 42	0 14	11 44	15 30	7 30
9	11:13:45	16 41 48	7Sg12	8 42	0Le56	3 55	20 1	28 49	0 16	11 46	15 32	7 27
10	11:17:42	17 40 8	20 5	10 7	1 57	4 35	20 5	28 57	0 17	11 48	15 34	7 24
11	11:21:38	18 38 30	2Cp37	11 31	2 58	5 15	20 10	29 4	0 19	11 50	15 35	7 21
12	11:25:35	19 36 53	14 55	12 53	3 59	5 55	20 15	29 11	0 20	11 52	15 37	7 18
13	11:29:32	20 35 18	27 1	14 14	5 1	6 36	20 20	29 19	0 21	11 54	15 38	7 14
14	11:33:29	21 33 45	8Aq59	15 34	6 3	7 16	20 25	29 26	0 22	11 56	15 40	7 11
15	11:37:25	22 32 13	20 53	16 52	7 5	7 56	20 30	29 33	0 23	11 59	15 41	7 8
16	11:41:22	23 30 43	2Pi45	18 9	8 8	8 37	20 36	29 41	0 24	12 1	15 43	7 5
17	11:45:18	24 29 15	14 37	19 24	9 11	9 17	20 42	29 48	0 25	12 3	15 44	7 2
18	11:49:14	25 27 48	26 30	20 38	10 14	9 58	20 47	29 55	0 26	12 5	15 46	6 58
19	11:53:11	26 26 24	8Ar28	21 50	11 18	10 39	20 53	0Vi 2	0 27	12 7	15 47	6 55
20	11:57: 8	27 25 2	20 30	23 0	12 22	11 20	20 59	0 9	0 28	12 9	15 49	6 52
21	12: 1: 4	28 23 41	2Ta40	24 8	13 26	12 1	21 6	0 16	0 29	12 12	15 50	6 49
22	12: 5: 1	29 22 23	15 0	25 15	14 31	12 41	21 12	0 23	0 30	12 14	15 52	6 46
23	12: 8:58	0Li21 7	27 32	26 19	15 35	13 23	21 19	0 30	0 30	12 16	15 53	6 43
24	12:12:54	1 19 53	10Ge20	27 20	16 40	14 4	21 26	0 37	0 31	12 18	15 54	6 39
25	12:16:50	2 18 42	23 27	28 20	17 46	14 45	21 32	0 44	0 32	12 20	15 56	6 36
26	12:20:47	3 17 33	6Cn55	29 16	18 51	15 26	21 39	0 51	0 32	12 23	15 57	6 33
27	12:24:43	4 16 26	20 47	0Sc10	19 57	16 8	21 47	0 58	0 33	12 25	15 58	6 30
28	12:28:40	5 15 22	5Le 3	1 1	21 3	16 49	21 54	1 5	0 33	12 27	16 0	6 27
29	12:32:36	6 14 19	19 40	1 48	22 9	17 31	22 1	1 11	0 34	12 29	16 1	6 24
30	12:36:33	7 13 19	4Vi34	2 32	23 16	18 12	22 9	1 18	0 34	12 31	16 2	6 20

9/23 Sun in Lib. 3:22   9/3 New 11:22   9/10 1st Qt. 7:06   9/18 Full 9:43   9/26 3rd Qt. 5:07

Day	Sid. T.	Sun	Moon	Merc.	Venus	Mars	Jup.	Saturn	Uranus	Nept.	Pluto	N.Node
1	12:40:30	8Li12 21	19Vi38	3Sc12	24Le22	18Sc54	22Sg17	1Vi25	0Cn34	12Li34	16Le 3	6Ta17
2	12:44:26	9 11 26	4Li42	3 47	25 29	19 36	22 24	1 31	0 34	12 36	16 5	6 14
3	12:48:23	10 10 32	19 37	4 17	26 36	20 18	22 32	1 38	0 35	12 38	16 6	6 11
4	12:52:19	11 9 40	4Sc15	4 43	27 44	20 59	22 41	1 44	0 35	12 40	16 7	6 8
5	12:56:16	12 8 51	18 30	5 3	28 51	21 41	22 49	1 51	0 35	12 43	16 8	6 4
6	13: 0:12	13 8 3	2Sg19	5 17	29 59	22 24	22 57	1 57	0 35R	12 45	16 9	6 1
7	13: 4: 9	14 7 17	15 42	5 24	1Vi 7	23 6	23 6	2 4	0 35	12 47	16 10	5 58
8	13: 8: 6	15 6 33	28 40	5 24R	2 15	23 48	23 14	2 10	0 35	12 49	16 11	5 55
9	13:12: 2	16 5 50	11Cp16	5 17	3 23	24 30	23 23	2 16	0 35	12 51	16 13	5 52
10	13:15:59	17 5 10	23 35	5 3	4 31	25 13	23 32	2 22	0 34	12 54	16 14	5 49
11	13:19:55	18 4 31	5Aq40	4 40	5 40	25 55	23 41	2 28	0 34	12 56	16 15	5 45
12	13:23:52	19 3 54	17 37	4 8	6 49	26 38	23 50	2 34	0 34	12 58	16 16	5 42
13	13:27:48	20 3 19	29 29	3 29	7 58	27 20	23 59	2 40	0 34	13 0	16 17	5 39
14	13:31:45	21 2 45	11Pi20	2 41	9 7	28 3	24 9	2 46	0 33	13 3	16 17	5 36
15	13:35:41	22 2 14	23 14	1 46	10 16	28 46	24 18	2 52	0 33	13 5	16 18	5 33
16	13:39:38	23 1 44	5Ar12	0 43	11 26	29 28	24 28	2 58	0 32	13 7	16 19	5 30
17	13:43:35	24 1 16	17 18	29Li36	12 35	0Sg11	24 38	3 4	0 32	13 9	16 20	5 26
18	13:47:31	25 0 50	29 32	28 24	13 45	0 54	24 47	3 10	0 31	13 11	16 21	5 23
19	13:51:28	26 0 27	11Ta57	27 9	14 55	1 37	24 57	3 15	0 30	13 14	16 22	5 20
20	13:55:24	27 0 5	24 34	25 55	16 5	2 20	25 7	3 21	0 30	13 16	16 23	5 17
21	13:59:21	27 59 46	7Ge22	24 43	17 15	3 3	25 18	3 26	0 29	13 18	16 23	5 14
22	14: 3:17	28 59 29	20 25	23 34	18 25	3 47	25 28	3 32	0 28	13 20	16 24	5 10
23	14: 7:14	29 59 14	3Cn42	22 32	19 36	4 30	25 38	3 37	0 27	13 22	16 25	5 7
24	14:11:11	0Sc59 1	17 15	21 38	20 46	5 13	25 49	3 42	0 26	13 25	16 26	5 4
25	14:15: 7	1 58 50	1Le 4	20 54	21 57	5 57	25 59	3 47	0 25	13 27	16 26	5 1
26	14:19: 4	2 58 42	15 9	20 20	23 8	6 40	26 10	3 53	0 24	13 29	16 27	4 58
27	14:23: 0	3 58 36	29 28	19 58	24 19	7 24	26 20	3 58	0 23	13 31	16 27	4 55
28	14:26:57	4 58 32	13Vi59	19 47	25 30	8 8	26 31	4 3	0 22	13 33	16 28	4 51
29	14:30:53	5 58 31	28 37	19 47D	26 41	8 51	26 42	4 8	0 21	13 35	16 29	4 48
30	14:34:50	6 58 31	13Li17	19 59	27 53	9 35	26 53	4 12	0 20	13 37	16 29	4 45
31	14:38:46	7 58 34	27 53	20 20	29 4	10 19	27 4	4 17	0 19	13 39	16 30	4 42

10/23 Sun in Sco. 12:19   10/2 New 19:42   10/9 1st Qt. 22:11   10/18 Full 2:24   10/25 3rd Qt. 13:42

NOVEMBER 1948

Day	Sid. T.	Sun	Moon	Merc.	Venus	Mars	Jup.	Saturn	Uranus	Nept.	Pluto	N.Node
1	14:42:43	8Sc58 38	12Sc17	20Li52	0Li16	11Sg 3	27Sg16	4Vi22	0Cn17R	13Li41	16Le30	4Ta39
2	14:46:39	9 58 45	26 25	21 32	1 27	11 47	27 27	4 26	0 16	13 43	16 31	4 36
3	14:50:36	10 58 53	10Sg13	22 21	2 39	12 31	27 38	4 31	0 15	13 46	16 31	4 32
4	14:54:33	11 59 3	23 37	23 16	3 51	13 15	27 50	4 35	0 13	13 48	16 31	4 29
5	14:58:29	12 59 14	6Cp39	24 18	5 3	13 59	28 1	4 39	0 12	13 50	16 32	4 26
6	15: 2:26	13 59 27	19 20	25 25	6 15	14 43	28 13	4 44	0 10	13 52	16 32	4 23
7	15: 6:22	14 59 42	1Aq41	26 36	7 27	15 28	28 25	4 48	0 9	13 54	16 32	4 20
8	15:10:19	15 59 58	13 49	27 52	8 40	16 12	28 36	4 52	0 7	13 56	16 33	4 16
9	15:14:15	17 0 15	25 46	29 11	9 52	16 57	28 48	4 56	0 5	13 57	16 33	4 13
10	15:18:12	18 0 34	7Pi38	0Sc33	11 4	17 41	29 0	5 0	0 4	13 59	16 33	4 10
11	15:22: 9	19 0 55	19 29	1 58	12 17	18 26	29 12	5 4	0 2	14 1	16 33	4 7
12	15:26: 5	20 1 16	1Ar24	3 25	13 30	19 10	29 24	5 7	0 0	14 3	16 33	4 4
13	15:30: 2	21 1 40	13 26	4 53	14 42	19 55	29 36	5 11	29Ge58	14 5	16 34	4 1
14	15:33:58	22 2 5	25 40	6 23	15 55	20 40	29 49	5 14	29 57	14 7	16 34	3 57
15	15:37:54	23 2 31	8Ta 7	7 53	17 8	21 24	0Cp 1	5 18	29 55	14 9	16 34	3 54
16	15:41:51	24 2 59	20 50	9 25	18 21	22 9	0 13	5 21	29 53	14 11	16 34	3 51
17	15:45:48	25 3 28	3Ge47	10 58	19 34	22 54	0 26	5 24	29 51	14 12	16 34	3 48
18	15:49:44	26 3 59	17 1	12 31	20 47	23 39	0 38	5 27	29 49	14 14	16 34R	3 45
19	15:53:41	27 4 32	0Cn28	14 4	22 0	24 24	0 51	5 30	29 47	14 16	16 34	3 41
20	15:57:38	28 5 6	14 7	15 38	23 13	25 9	1 3	5 33	29 45	14 18	16 34	3 38
21	16: 1:34	29 5 43	27 57	17 12	24 27	25 54	1 16	5 36	29 43	14 19	16 34	3 35
22	16: 5:30	0Sg 6 20	11Le55	18 46	25 40	26 40	1 29	5 39	29 41	14 21	16 34	3 32
23	16: 9:27	1 7 0	26 0	20 21	26 53	27 25	1 41	5 41	29 38	14 23	16 33	3 29
24	16:13:24	2 7 41	10Vi 9	21 55	28 7	28 10	1 54	5 44	29 36	14 25	16 33	3 26
25	16:17:20	3 8 24	24 21	23 30	29 20	28 56	2 7	5 46	29 34	14 26	16 33	3 22
26	16:21:17	4 9 8	8Li34	25 4	0Sc34	29 41	2 20	5 49	29 32	14 28	16 33	3 19
27	16:25:14	5 9 54	22 45	26 39	1 48	0Cp27	2 33	5 51	29 30	14 29	16 33	3 16
28	16:29:10	6 10 42	6Sc52	28 13	3 1	1 12	2 46	5 53	29 27	14 31	16 32	3 13
29	16:33: 6	7 11 30	20 51	29 48	4 15	1 58	2 59	5 55	29 25	14 32	16 32	3 10
30	16:37: 3	8 12 21	4Sg39	1Sg22	5 29	2 43	3 12	5 57	29 23	14 34	16 32	3 7

11/22 Sun in Sag. 9:30   11/1 New 6:03(E)   11/8 1st Qt. 16:47   11/16 Full 18:32   11/23 3rd Qt. 21:23   11/30 New 18:45

DECEMBER 1948

Day	Sid. T.	Sun	Moon	Merc.	Venus	Mars	Jup.	Saturn	Uranus	Nept.	Pluto	N.Node
1	16:41: 0	9Sg13 12	18Sg13	2Sg56	6Sc43	3Cp29	3Cp26	5Vi59	29Ge20R	14Li35	16Le31R	3Ta 3
2	16:44:56	10 14 5	1Cp30	4 31	7 57	4 15	3 39	6 0	29 18	14 37	16 31	3 0
3	16:48:53	11 14 59	14 28	6 5	9 11	5 1	3 52	6 2	29 15	14 38	16 30	2 57
4	16:52:50	12 15 53	27 7	7 39	10 25	5 46	4 6	6 3	29 13	14 40	16 30	2 54
5	16:56:46	13 16 49	9Aq30	9 13	11 39	6 32	4 19	6 5	29 11	14 41	16 29	2 51
6	17: 0:43	14 17 45	21 38	10 47	12 53	7 18	4 32	6 6	29 8	14 42	16 29	2 47
7	17: 4:39	15 18 42	3Pi36	12 22	14 7	8 4	4 46	6 7	29 6	14 44	16 28	2 44
8	17: 8:36	16 19 39	15 27	13 56	15 21	8 50	4 59	6 8	29 3	14 45	16 28	2 41
9	17:12:32	17 20 37	27 17	15 30	16 36	9 36	5 13	6 9	29 1	14 46	16 27	2 38
10	17:16:29	18 21 36	9Ar11	17 4	17 50	10 23	5 26	6 10	28 58	14 47	16 27	2 35
11	17:20:26	19 22 36	21 15	18 38	19 4	11 9	5 40	6 10	28 56	14 49	16 26	2 32
12	17:24:22	20 23 36	3Ta32	20 13	20 18	11 55	5 53	6 11	28 53	14 50	16 25	2 28
13	17:28:19	21 24 37	16 8	21 47	21 33	12 41	6 7	6 11	28 51	14 51	16 25	2 25
14	17:32:15	22 25 38	29 3	23 22	22 47	13 27	6 21	6 12	28 48	14 52	16 24	2 22
15	17:36:12	23 26 40	12Ge20	24 56	24 2	14 14	6 34	6 12	28 46	14 53	16 23	2 19
16	17:40: 8	24 27 43	25 58	26 31	25 16	15 0	6 48	6 12	28 43	14 54	16 23	2 16
17	17:44: 5	25 28 46	9Cn53	28 6	26 30	15 47	7 2	6 12R	28 40	14 55	16 22	2 13
18	17:48: 1	26 29 50	24 2	29 41	27 45	16 33	7 16	6 12	28 38	14 56	16 21	2 9
19	17:51:58	27 30 54	8Le19	1Cp16	29 0	17 20	7 29	6 12	28 35	14 57	16 20	2 6
20	17:55:55	28 32 0	22 39	2 52	0Sg14	18 6	7 43	6 11	28 33	14 58	16 19	2 3
21	17:59:51	29 33 6	6Vi58	4 27	1 29	18 53	7 57	6 11	28 30	14 59	16 18	2 0
22	18: 3:48	0Cp34 13	21 11	6 3	2 43	19 39	8 11	6 10	28 28	15 0	16 17	1 57
23	18: 7:44	1 35 20	5Li17	7 39	3 58	20 26	8 25	6 10	28 25	15 1	16 16	1 53
24	18:11:41	2 36 28	19 15	9 15	5 13	21 13	8 39	6 9	28 22	15 2	16 16	1 50
25	18:15:37	3 37 37	3Sc 4	10 52	6 27	21 59	8 52	6 8	28 20	15 2	16 15	1 47
26	18:19:34	4 38 47	16 45	12 28	7 42	22 46	9 6	6 7	28 17	15 3	16 14	1 44
27	18:23:31	5 39 57	0Sg18	14 5	8 57	23 33	9 20	6 6	28 15	15 4	16 13	1 41
28	18:27:27	6 41 8	13 40	15 42	10 11	24 20	9 34	6 5	28 12	15 4	16 12	1 38
29	18:31:24	7 42 18	26 51	17 19	11 26	25 7	9 48	6 3	28 10	15 5	16 11	1 34
30	18:35:20	8 43 29	9Cp50	18 56	12 41	25 54	10 2	6 2	28 7	15 6	16 10	1 31
31	18:39:17	9 44 41	22 36	20 33	13 56	26 41	10 16	6 0	28 5	15 6	16 8	1 28

12/21 Sun in Cap. 22:34   12/8 1st Qt. 13:58   12/16 Full 9:11   12/23 3rd Qt. 5:13   12/30 New 9:45

JANUARY 1949

Day	Sid. T.	Sun	Moon	Merc.	Venus	Mars	Jup.	Saturn	Uranus	Nept.	Pluto	N.Node
1	18:43:13	10Cp45 52	5Aq 8	22Cp10	15Sg11	27Cp27	10Cp30	5Vi59R	28Ge 2R	15Li 7	16Le 7R	1Ta25
2	18:47:10	11 47 3	17 25	23 47	16 26	28 14	10 44	5 57	28 0	15 7	16 6	1 22
3	18:51: 7	12 48 14	29 31	25 24	17 40	29 1	10 58	5 55	27 57	15 8	16 5	1 19
4	18:55: 3	13 49 24	11Pi27	27 1	18 55	29 49	11 11	5 53	27 55	15 8	16 4	1 15
5	18:58:59	14 50 35	23 17	28 37	20 10	0Aq36	11 25	5 51	27 52	15 8	16 3	1 12
6	19: 2:56	15 51 45	5Ar 5	0Aq12	21 25	1 23	11 39	5 49	27 50	15 9	16 2	1 9
7	19: 6:53	16 52 54	16 57	1 47	22 40	2 10	11 53	5 47	27 47	15 9	16 0	1 6
8	19:10:49	17 54 3	28 58	3 21	23 55	2 57	12 7	5 44	27 45	15 9	15 59	1 3
9	19:14:45	18 55 12	11Ta14	4 54	25 10	3 44	12 21	5 42	27 43	15 10	15 58	0 59
10	19:18:42	19 56 20	23 49	6 25	26 25	4 31	12 35	5 39	27 40	15 10	15 57	0 56
11	19:22:39	20 57 28	6Ge49	7 55	27 39	5 18	12 49	5 37	27 38	15 10	15 55	0 53
12	19:26:35	21 58 35	20 15	9 22	28 54	6 6	13 2	5 34	27 36	15 10	15 54	0 50
13	19:30:32	22 59 41	4Cn 7	10 47	0Cp 9	6 53	13 16	5 31	27 33	15 10	15 53	0 47
14	19:34:29	24 0 47	18 24	12 8	1 24	7 40	13 30	5 28	27 31	15 10	15 52	0 44
15	19:38:25	25 1 53	2Le59	13 26	2 39	8 27	13 44	5 25	27 29	15 10	15 50	0 40
16	19:42:22	26 2 58	17 45	14 39	3 54	9 15	13 58	5 22	27 27	15 10R	15 49	0 37
17	19:46:18	27 4 3	2Vi33	15 47	5 9	10 2	14 11	5 19	27 25	15 10	15 48	0 34
18	19:50:15	28 5 7	17 15	16 49	6 24	10 49	14 25	5 15	27 23	15 10	15 46	0 31
19	19:54:11	29 6 11	1Li46	17 45	7 39	11 37	14 39	5 12	27 20	15 10	15 45	0 28
20	19:58: 8	0Aq 7 15	16 2	18 33	8 54	12 24	14 52	5 9	27 18	15 10	15 44	0 25
21	20: 2: 4	1 8 18	0Sc 0	19 12	10 9	13 11	15 6	5 5	27 16	15 10	15 42	0 21
22	20: 6: 1	2 9 21	13 42	19 42	11 24	13 59	15 20	5 2	27 14	15 10	15 41	0 18
23	20: 9:58	3 10 23	27 9	20 3	12 39	14 46	15 33	4 58	27 12	15 10	15 39	0 15
24	20:13:54	4 11 25	10Sg22	20 12	13 54	15 34	15 47	4 54	27 11	15 9	15 38	0 12
25	20:17:50	5 12 26	23 22	20 10R	15 9	16 21	16 1	4 50	27 9	15 9	15 37	0 9
26	20:21:47	6 13 27	6Cp12	19 57	16 24	17 8	16 14	4 46	27 7	15 9	15 35	0 5
27	20:25:44	7 14 27	18 51	19 32	17 39	17 56	16 28	4 43	27 5	15 8	15 34	0 2
28	20:29:40	8 15 26	1Aq19	18 57	18 54	18 43	16 41	4 38	27 3	15 8	15 32	29Ar59
29	20:33:37	9 16 25	13 38	18 11	20 9	19 31	16 54	4 34	27 2	15 8	15 31	29 56
30	20:37:34	10 17 22	25 46	17 16	21 24	20 18	17 8	4 30	27 0	15 7	15 30	29 53
31	20:41:30	11 18 18	7Pi46	16 14	22 39	21 6	17 21	4 26	26 58	15 7	15 28	29 50

1/20 Sun in Aqu. 9:09 1/7 1st Qt. 11:52 1/14 Full 22:00 1/21 3rd Qt. 14:08 1/29 New 2:42

FEBRUARY 1949

Day	Sid. T.	Sun	Moon	Merc.	Venus	Mars	Jup.	Saturn	Uranus	Nept.	Pluto	N.Node
1	20:45:26	12Aq19 13	19Pi38	15Aq 6R	23Cp54	21Aq53	17Cp34	4Vi22R	26Ge57R	15Li 6R	15Le27R	29Ar46
2	20:49:23	13 20 6	1Ar26	13 54	25 9	22 41	17 48	4 17	26 55	15 6	15 25	29 43
3	20:53:20	14 20 58	13 13	12 40	26 24	23 28	18 1	4 13	26 53	15 5	15 24	29 40
4	20:57:16	15 21 49	25 3	11 27	27 39	24 16	18 14	4 9	26 52	15 4	15 22	29 37
5	21: 1:13	16 22 39	7Ta 2	10 17	28 54	25 3	18 27	4 4	26 51	15 4	15 21	29 34
6	21: 5: 9	17 23 27	19 14	9 11	0Aq 9	25 51	18 40	4 0	26 49	15 3	15 20	29 30
7	21: 9: 6	18 24 14	1Ge46	8 10	1 24	26 38	18 53	3 55	26 48	15 2	15 18	29 27
8	21:13: 2	19 24 59	14 41	7 16	2 39	27 26	19 6	3 51	26 47	15 2	15 17	29 24
9	21:16:59	20 25 42	28 5	6 29	3 54	28 13	19 19	3 46	26 45	15 1	15 15	29 21
10	21:20:55	21 26 24	11Cn58	5 50	5 9	29 0	19 32	3 41	26 44	15 0	15 14	29 18
11	21:24:52	22 27 5	26 20	5 19	6 24	29 48	19 45	3 37	26 43	14 59	15 13	29 15
12	21:28:48	23 27 44	11Le 7	4 56	7 39	0Pi35	19 58	3 32	26 42	14 58	15 11	29 11
13	21:32:45	24 28 21	26 9	4 42	8 54	1 23	20 10	3 27	26 41	14 57	15 10	29 8
14	21:36:42	25 28 57	11Vi19	4 34	10 9	2 10	20 23	3 23	26 40	14 57	15 8	29 5
15	21:40:38	26 29 31	26 25	4 34D	11 24	2 58	20 36	3 18	26 39	14 56	15 7	29 2
16	21:44:35	27 30 4	11Li19	4 41	12 39	3 45	20 48	3 13	26 38	14 55	15 5	28 59
17	21:48:31	28 30 36	25 53	4 55	13 54	4 32	21 1	3 8	26 37	14 54	15 4	28 56
18	21:52:28	29 31 7	10Sc 5	5 14	15 9	5 20	21 13	3 3	26 36	14 53	15 3	28 52
19	21:56:25	0Pi31 36	23 54	5 39	16 23	6 7	21 25	2 58	26 36	14 52	15 1	28 49
20	22: 0:21	1 32 4	7Sg20	6 9	17 38	6 55	21 38	2 54	26 35	14 50	15 0	28 46
21	22: 4:18	2 32 31	20 27	6 44	18 53	7 42	21 50	2 49	26 34	14 49	14 59	28 43
22	22: 8:14	3 32 57	3Cp16	7 23	20 8	8 29	22 2	2 44	26 34	14 48	14 57	28 40
23	22:12:11	4 33 21	15 51	8 7	21 23	9 17	22 14	2 39	26 33	14 47	14 56	28 36
24	22:16: 7	5 33 43	28 15	8 54	22 38	10 4	22 26	2 34	26 33	14 46	14 55	28 33
25	22:20: 4	6 34 4	10Aq28	9 45	23 53	10 51	22 38	2 29	26 32	14 45	14 53	28 30
26	22:24: 0	7 34 24	22 33	10 39	25 8	11 39	22 50	2 25	26 32	14 44	14 52	28 27
27	22:27:57	8 34 41	4Pi32	11 36	26 23	12 26	23 2	2 20	26 31	14 42	14 51	28 24
28	22:31:53	9 34 57	16 25	12 35	27 38	13 13	23 14	2 15	26 31	14 41	14 49	28 21

2/18 Sun in Pis. 23:28 2/6 1st Qt. 8:06 2/13 Full 9:09 2/20 3rd Qt. 0:43 2/27 New 20:55

MARCH 1949

Day	Sid. T.	Sun	Moon	Merc.	Venus	Mars	Jup.	Saturn	Uranus	Nept.	Pluto	N.Node
1	22:35:50	10Pi35 11	28Pi14	13Aq38	28Aq52	14Pi 1	23Cp25	2Vi10R	26Ge31R	14Li40R	14Le48R	28Ar17
2	22:39:47	11 35 24	10Ar 2	14 42	0Pi 7	14 48	23 37	2 5	26 31	14 38	14 47	28 14
3	22:43:43	12 35 34	21 50	15 49	1 22	15 35	23 48	2 1	26 31	14 37	14 46	28 11
4	22:47:40	13 35 42	3Ta42	16 59	2 37	16 22	24 0	1 56	26 31	14 36	14 44	28 8
5	22:51:36	14 35 49	15 42	18 10	3 52	17 9	24 11	1 51	26 31D	14 34	14 43	28 5
6	22:55:33	15 35 53	27 54	19 23	5 7	17 56	24 22	1 47	26 31	14 33	14 42	28 2
7	22:59:29	16 35 55	10Ge23	20 38	6 21	18 44	24 33	1 42	26 31	14 32	14 41	27 58
8	23: 3:26	17 35 55	23 13	21 55	7 36	19 31	24 44	1 37	26 31	14 30	14 40	27 55
9	23: 7:23	18 35 53	6Cn30	23 13	8 51	20 18	24 55	1 33	26 31	14 29	14 38	27 52
10	23:11:19	19 35 48	20 14	24 33	10 6	21 5	25 6	1 28	26 31	14 27	14 37	27 49
11	23:15:15	20 35 42	4Le28	25 54	11 21	21 52	25 17	1 24	26 32	14 26	14 36	27 46
12	23:19:12	21 35 33	19 8	27 17	12 35	22 39	25 27	1 19	26 32	14 24	14 35	27 42
13	23:23: 9	22 35 22	4Vi10	28 42	13 50	23 26	25 38	1 15	26 32	14 23	14 34	27 39
14	23:27: 5	23 35 8	19 23	0Pi 8	15 5	24 13	25 48	1 11	26 33	14 21	14 33	27 36
15	23:31: 2	24 34 53	4Li40	1 35	16 19	25 0	25 58	1 7	26 33	14 20	14 32	27 33
16	23:34:58	25 34 36	19 48	3 4	17 34	25 46	26 9	1 2	26 34	14 18	14 31	27 30
17	23:38:55	26 34 17	4Sc39	4 33	18 49	26 33	26 19	0 58	26 35	14 17	14 30	27 27
18	23:42:52	27 33 57	19 8	6 5	20 3	27 20	26 29	0 54	26 35	14 15	14 29	27 23
19	23:46:48	28 33 34	3Sg10	7 37	21 18	28 7	26 39	0 50	26 36	14 14	14 28	27 20
20	23:50:45	29 33 10	16 46	9 11	22 33	28 54	26 48	0 46	26 37	14 12	14 27	27 17
21	23:54:41	0Ar32 44	29 58	10 47	23 47	29 40	26 58	0 42	26 38	14 10	14 26	27 14
22	23:58:38	1 32 17	12Cp47	12 23	25 2	0Ar27	27 8	0 38	26 39	14 9	14 25	27 11
23	0: 2:34	2 31 47	25 17	14 1	26 17	1 14	27 17	0 35	26 40	14 7	14 24	27 8
24	0: 6:31	3 31 16	7Aq33	15 40	27 31	2 0	27 26	0 31	26 41	14 6	14 23	27 4
25	0:10:28	4 30 43	19 38	17 20	28 46	2 47	27 35	0 27	26 42	14 4	14 23	27 1
26	0:14:24	5 30 8	1Pi34	19 2	0Ar 0	3 34	27 45	0 24	26 43	14 2	14 22	26 58
27	0:18:21	6 29 32	13 26	20 45	1 15	4 20	27 53	0 20	26 44	14 1	14 21	26 55
28	0:22:17	7 28 53	25 14	22 30	2 29	5 7	28 2	0 17	26 45	13 59	14 20	26 52
29	0:26:14	8 28 12	7Ar 2	24 16	3 44	5 53	28 11	0 14	26 46	13 58	14 19	26 48
30	0:30:10	9 27 29	18 52	26 3	4 58	6 40	28 19	0 11	26 48	13 56	14 19	26 45
31	0:34: 6	10 26 44	0Ta45	27 51	6 13	7 26	28 28	0 7	26 49	13 54	14 18	26 42

3/20 Sun in Ari. 22:49   3/8 1st Qt. 0:43   3/14 Full 19:03   3/21 3rd Qt. 13:11   3/29 New 15:11

APRIL 1949

Day	Sid. T.	Sun	Moon	Merc.	Venus	Mars	Jup.	Saturn	Uranus	Nept.	Pluto	N.Node
1	0:38: 3	11Ar25 57	12Ta44	29Pi41	7Ar27	8Ar12	28Cp36	0Vi 4R	26Ge50	13Li53R	14Le17R	26Ar39
2	0:42: 0	12 25 8	24 52	1Ar33	8 42	8 59	28 44	0 1	26 52	13 51	14 17	26 36
3	0:45:56	13 24 17	7Ge11	3 25	9 56	9 45	28 52	29Le59	26 53	13 49	14 16	26 33
4	0:49:53	14 23 23	19 45	5 19	11 11	10 31	29 0	29 56	26 55	13 48	14 15	26 29
5	0:53:50	15 22 27	2Cn37	7 15	12 25	11 17	29 8	29 53	26 56	13 46	14 15	26 26
6	0:57:46	16 21 29	15 50	9 12	13 40	12 3	29 16	29 51	26 58	13 44	14 14	26 23
7	1: 1:42	17 20 29	29 26	11 10	14 54	12 50	29 23	29 48	27 0	13 43	14 14	26 20
8	1: 5:39	18 19 26	13Le27	13 10	16 8	13 36	29 31	29 46	27 2	13 41	14 13	26 17
9	1: 9:36	19 18 21	27 51	15 11	17 23	14 22	29 38	29 43	27 3	13 39	14 13	26 13
10	1:13:32	20 17 13	12Vi36	17 13	18 37	15 8	29 45	29 41	27 5	13 38	14 12	26 10
11	1:17:29	21 16 3	27 37	19 16	19 51	15 54	29 52	29 39	27 7	13 36	14 12	26 7
12	1:21:26	22 14 51	12Li44	21 20	21 6	16 39	29 58	29 37	27 9	13 34	14 12	26 4
13	1:25:22	23 13 37	27 50	23 25	22 20	17 25	0Aq 5	29 35	27 11	13 33	14 11	26 1
14	1:29:18	24 12 21	12Sc45	25 31	23 34	18 11	0 11	29 33	27 13	13 31	14 11	25 58
15	1:33:15	25 11 4	27 22	27 38	24 48	18 57	0 18	29 32	27 15	13 30	14 11	25 54
16	1:37:11	26 9 44	11Sg35	29 44	26 3	19 43	0 24	29 30	27 17	13 28	14 10	25 51
17	1:41: 8	27 8 23	25 22	1Ta52	27 17	20 28	0 30	29 28	27 19	13 26	14 10	25 48
18	1:45: 5	28 7 0	8Cp41	3 58	28 31	21 14	0 36	29 27	27 21	13 25	14 10	25 45
19	1:49: 1	29 5 36	21 36	6 5	29 45	21 59	0 41	29 26	27 24	13 23	14 10	25 42
20	1:52:58	0Ta 4 9	4Aq 9	8 11	1Ta 0	22 45	0 47	29 25	27 26	13 22	14 9	25 39
21	1:56:55	1 2 41	16 25	10 16	2 14	23 30	0 52	29 23	27 28	13 20	14 9	25 35
22	2: 0:51	2 1 12	28 27	12 19	3 28	24 16	0 57	29 22	27 30	13 19	14 9	25 32
23	2: 4:47	2 59 41	10Pi20	14 21	4 42	25 1	1 2	29 22	27 33	13 17	14 9	25 29
24	2: 8:44	3 58 8	22 8	16 21	5 56	25 47	1 7	29 21	27 35	13 16	14 9	25 26
25	2:12:41	4 56 33	3Ar56	18 19	7 10	26 32	1 12	29 20	27 38	13 14	14 9	25 23
26	2:16:37	5 54 57	15 45	20 14	8 24	27 17	1 16	29 20	27 40	13 13	14 9D	25 19
27	2:20:34	6 53 19	27 40	22 6	9 38	28 2	1 20	29 19	27 43	13 11	14 9	25 16
28	2:24:31	7 51 39	9Ta42	23 55	10 53	28 48	1 25	29 19	27 45	13 10	14 9	25 13
29	2:28:27	8 49 57	21 53	25 41	12 7	29 33	1 29	29 18	27 48	13 8	14 9	25 10
30	2:32:23	9 48 14	4Ge15	27 24	13 21	0Ta18	1 32	29 18	27 51	13 7	14 9	25 7

4/20 Sun in Tau. 10:18   4/6 1st Qt. 13:02   4/13 Full 4:09(E)   4/20 3rd Qt. 3:28   4/28 New 8:03(E)

Day	Sid. T.	Sun	Moon	Merc.	Venus	Mars	Jup.	Saturn	Uranus	Nept.	Pluto	N.Node
1	2:36:20	10Ta46 29	16Ge49	29Ta 3	14Ta35	1Ta 3	1Aq36	29Le18	27Ge53	13Li 5R	14Le 9	25Ar 4
2	2:40:16	11 44 41	29 37	0Ge38	15 49	1 48	1 39	29 18	27 56	13 4	14 9	25 0
3	2:44:13	12 42 52	12Cn39	2 9	17 3	2 33	1 43	29 18	27 59	13 2	14 10	24 57
4	2:48: 9	13 41 1	25 58	3 37	18 17	3 17	1 46	29 19	28 1	13 1	14 10	24 54
5	2:52: 6	14 39 8	9Le33	5 0	19 31	4 2	1 49	29 19	28 4	13 0	14 10	24 51
6	2:56: 3	15 37 13	23 26	6 19	20 45	4 47	1 51	29 20	28 7	12 58	14 10	24 48
7	2:59:59	16 35 16	7Vi36	7 34	21 59	5 32	1 54	29 20	28 10	12 57	14 11	24 45
8	3: 3:56	17 33 17	22 1	8 45	23 12	6 16	1 56	29 21	28 13	12 56	14 11	24 41
9	3: 7:52	18 31 16	6Li40	9 51	24 26	7 1	1 59	29 22	28 16	12 54	14 11	24 38
10	3:11:49	19 29 13	21 26	10 53	25 40	7 45	2 1	29 23	28 19	12 53	14 12	24 35
11	3:15:45	20 27 9	6Sc14	11 50	26 54	8 30	2 3	29 24	28 22	12 52	14 12	24 32
12	3:19:42	21 25 3	20 56	12 43	28 8	9 14	2 4	29 25	28 25	12 51	14 12	24 29
13	3:23:39	22 22 55	5Sg26	13 32	29 22	9 59	2 6	29 26	28 28	12 50	14 13	24 25
14	3:27:35	23 20 47	19 38	14 15	0Ge36	10 43	2 7	29 27	28 31	12 48	14 13	24 22
15	3:31:32	24 18 36	3Cp27	14 54	1 49	11 27	2 8	29 29	28 34	12 47	14 14	24 19
16	3:35:28	25 16 25	16 51	15 29	3 3	12 12	2 9	29 30	28 37	12 46	14 14	24 16
17	3:39:25	26 14 12	29 50	15 58	4 17	12 56	2 10	29 32	28 40	12 45	14 15	24 13
18	3:43:21	27 11 58	12Aq27	16 23	5 31	13 40	2 10	29 34	28 43	12 44	14 15	24 10
19	3:47:18	28 9 43	24 44	16 42	6 44	14 24	2 11	29 36	28 46	12 43	14 16	24 6
20	3:51:14	29 7 27	6Pi47	16 57	7 58	15 8	2 11	29 38	28 50	12 42	14 17	24 3
21	3:55:11	0Ge 5 10	18 40	17 7	9 12	15 52	2 11R	29 40	28 53	12 41	14 17	24 0
22	3:59: 8	1 2 51	0Ar29	17 12	10 26	16 36	2 10	29 42	28 56	12 40	14 18	23 57
23	4: 3: 4	2 0 32	12 17	17 13R	11 39	17 20	2 10	29 44	28 59	12 39	14 19	23 54
24	4: 7: 1	2 58 11	24 10	17 8	12 53	18 4	2 9	29 46	29 3	12 38	14 20	23 51
25	4:10:57	3 55 50	6Ta11	17 0	14 7	18 47	2 8	29 49	29 6	12 37	14 20	23 47
26	4:14:54	4 53 27	18 23	16 47	15 21	19 31	2 7	29 51	29 9	12 36	14 21	23 44
27	4:18:50	5 51 4	0Ge49	16 30	16 34	20 15	2 6	29 54	29 13	12 35	14 22	23 41
28	4:22:47	6 48 39	13 29	16 10	17 48	20 58	2 5	29 57	29 16	12 35	14 23	23 38
29	4:26:44	7 46 13	26 23	15 46	19 2	21 42	2 3	29 59	29 19	12 34	14 24	23 35
30	4:30:40	8 43 46	9Cn32	15 19	20 15	22 25	2 2	0Vi 2	29 23	12 33	14 24	23 31
31	4:34:37	9 41 18	22 54	14 50	21 29	23 9	2 0	0 5	29 26	12 32	14 25	23 28

5/21 Sun in Gem. 9:51   5/5 1st Qt. 21:33   5/12 Full 12:51   5/19 3rd Qt. 19:23   5/27 New 22:24

Day	Sid. T.	Sun	Moon	Merc.	Venus	Mars	Jup.	Saturn	Uranus	Nept.	Pluto	N.Node
1	4:38:33	10Ge38 48	6Le28	14Ge19R	22Ge42	23Ta52	1Aq57R	0Vi 9	29Ge30	12Li32R	14Le26	23Ar25
2	4:42:30	11 36 17	20 13	13 47	23 56	24 35	1 55	0 12	29 33	12 31	14 27	23 22
3	4:46:26	12 33 45	4Vi 8	13 13	25 10	25 19	1 53	0 15	29 37	12 30	14 28	23 19
4	4:50:23	13 31 11	18 12	12 40	26 23	26 2	1 50	0 18	29 40	12 30	14 29	23 16
5	4:54:19	14 28 37	2Li24	12 7	27 37	26 45	1 47	0 22	29 44	12 29	14 30	23 12
6	4:58:16	15 26 1	16 42	11 34	28 50	27 28	1 44	0 25	29 47	12 28	14 31	23 9
7	5: 2:12	16 23 24	1Sc 4	11 3	0Cn 4	28 11	1 41	0 29	29 51	12 28	14 32	23 6
8	5: 6: 9	17 20 46	15 27	10 34	1 17	28 54	1 37	0 33	29 54	12 27	14 34	23 3
9	5:10: 6	18 18 7	29 46	10 8	2 31	29 37	1 34	0 37	29 58	12 27	14 35	23 0
10	5:14: 2	19 15 27	13Sg57	9 44	3 44	0Ge20	1 30	0 41	0Cn 1	12 27	14 36	22 57
11	5:17:59	20 12 46	27 54	9 24	4 58	1 3	1 26	0 45	0 5	12 26	14 37	22 53
12	5:21:55	21 10 5	11Cp33	9 7	6 11	1 45	1 22	0 49	0 8	12 26	14 38	22 50
13	5:25:52	22 7 23	24 52	8 54	7 24	2 28	1 18	0 53	0 12	12 25	14 39	22 47
14	5:29:48	23 4 40	7Aq49	8 45	8 38	3 11	1 13	0 57	0 15	12 25	14 41	22 44
15	5:33:45	24 1 58	20 25	8 41	9 51	3 53	1 9	1 1	0 19	12 25	14 42	22 41
16	5:37:42	24 59 14	2Pi43	8 41D	11 5	4 36	1 4	1 6	0 23	12 25	14 43	22 37
17	5:41:38	25 56 31	14 47	8 45	12 18	5 18	0 59	1 10	0 26	12 24	14 45	22 34
18	5:45:35	26 53 47	26 41	8 54	13 31	6 1	0 54	1 15	0 30	12 24	14 46	22 31
19	5:49:31	27 51 2	8Ar30	9 8	14 45	6 43	0 49	1 19	0 33	12 24	14 47	22 28
20	5:53:27	28 48 18	20 19	9 26	15 58	7 25	0 44	1 24	0 37	12 24	14 48	22 25
21	5:57:24	29 45 33	2Ta15	9 49	17 12	8 8	0 38	1 29	0 40	12 24	14 50	22 22
22	6: 1:21	0Cn42 49	14 21	10 17	18 25	8 50	0 32	1 34	0 44	12 24	14 51	22 18
23	6: 5:17	1 40 4	26 42	10 49	19 38	9 32	0 27	1 39	0 48	12 24	14 52	22 15
24	6: 9:14	2 37 19	9Ge20	11 26	20 52	10 14	0 21	1 44	0 51	12 24D	14 54	22 12
25	6:13:11	3 34 33	22 17	12 7	22 5	10 56	0 15	1 49	0 55	12 24	14 55	22 9
26	6:17: 7	4 31 48	5Cn33	12 53	23 18	11 38	0 9	1 54	0 58	12 24	14 57	22 6
27	6:21: 3	5 29 2	19 6	13 42	24 31	12 20	0 3	1 59	1 2	12 24	14 58	22 2
28	6:25: 0	6 26 16	2Le53	14 37	25 45	13 2	29Cp56	2 5	1 6	12 24	15 0	21 59
29	6:28:57	7 23 30	16 51	15 35	26 58	13 44	29 49	2 10	1 9	12 24	15 1	21 56
30	6:32:53	8 20 43	0Vi55	16 37	28 11	14 25	29 43	2 15	1 13	12 24	15 3	21 53

6/21 Sun in Can. 18:03   6/4 1st Qt. 3:28   6/10 Full 21:46   6/18 3rd Qt. 12:30   6/26 New 10:02

JULY 1949

Day	Sid. T.	Sun	Moon	Merc.	Venus	Mars	Jup.	Saturn	Uranus	Nept.	Pluto	N.Node
1	6:36:50	9Cn17 56	15Vi 3	17Ge44	29Cn24	15Ge 7	29Cp36R	2Vi21	1Cn16	12Li25	15Le 4	21Ar50
2	6:40:47	10 15 8	29 12	18 54	0Le38	15 49	29 29	2 26	1 20	12 25	15 6	21 47
3	6:44:43	11 12 21	13Li20	20 9	1 51	16 30	29 22	2 32	1 23	12 25	15 7	21 43
4	6:48:39	12 9 32	27 26	21 27	3 4	17 12	29 15	2 38	1 27	12 25	15 9	21 40
5	6:52:36	13 6 44	11Sc30	22 49	4 17	17 53	29 8	2 43	1 31	12 26	15 10	21 37
6	6:56:32	14 3 55	25 30	24 16	5 30	18 35	29 1	2 49	1 34	12 26	15 12	21 34
7	7: 0:29	15 1 6	9Sg24	25 45	6 43	19 16	28 54	2 55	1 38	12 27	15 14	21 31
8	7: 4:26	15 58 17	23 10	27 19	7 56	19 57	28 46	3 1	1 41	12 27	15 15	21 28
9	7: 8:22	16 55 29	6Cp44	28 56	9 9	20 39	28 39	3 7	1 45	12 28	15 17	21 24
10	7:12:19	17 52 40	20 5	0Cn37	10 22	21 20	28 31	3 13	1 48	12 28	15 18	21 21
11	7:16:15	18 49 51	3Aq10	2 21	11 35	22 1	28 24	3 19	1 52	12 29	15 20	21 18
12	7:20:12	19 47 3	15 57	4 8	12 48	22 42	28 16	3 25	1 55	12 29	15 22	21 15
13	7:24: 8	20 44 15	28 27	5 59	14 1	23 23	28 9	3 32	1 59	12 30	15 23	21 12
14	7:28: 5	21 41 28	10Pi41	7 52	15 14	24 4	28 1	3 38	2 2	12 31	15 25	21 8
15	7:32: 2	22 38 41	22 42	9 48	16 27	24 45	27 53	3 44	2 5	12 31	15 27	21 5
16	7:35:58	23 35 54	4Ar35	11 47	17 40	25 26	27 46	3 50	2 9	12 32	15 29	21 2
17	7:39:55	24 33 8	16 24	13 47	18 53	26 7	27 38	3 57	2 12	12 33	15 30	20 59
18	7:43:51	25 30 23	28 13	15 50	20 6	26 47	27 30	4 3	2 16	12 33	15 32	20 56
19	7:47:48	26 27 39	10Ta10	17 54	21 19	27 28	27 22	4 10	2 19	12 34	15 34	20 53
20	7:51:44	27 24 55	22 18	20 0	22 32	28 9	27 14	4 16	2 22	12 35	15 36	20 49
21	7:55:41	28 22 13	4Ge43	22 6	23 45	28 49	27 7	4 23	2 26	12 36	15 37	20 46
22	7:59:37	29 19 31	17 29	24 13	24 58	29 30	26 59	4 30	2 29	12 37	15 39	20 43
23	8: 3:34	0Le16 50	0Cn38	26 21	26 10	0Cn10	26 51	4 36	2 32	12 38	15 41	20 40
24	8: 7:30	1 14 9	14 10	28 28	27 23	0 51	26 43	4 43	2 35	12 39	15 43	20 37
25	8:11:27	2 11 29	28 3	0Le35	28 36	1 31	26 36	4 50	2 39	12 40	15 44	20 34
26	8:15:24	3 8 50	12Le14	2 42	29 49	2 11	26 28	4 57	2 42	12 41	15 46	20 30
27	8:19:20	4 6 12	26 38	4 48	1Vi 1	2 52	26 21	5 3	2 45	12 42	15 48	20 27
28	8:23:17	5 3 34	11Vi 7	6 54	2 14	3 32	26 13	5 10	2 48	12 43	15 50	20 24
29	8:27:13	6 0 57	25 35	8 58	3 27	4 12	26 5	5 17	2 51	12 44	15 52	20 21
30	8:31:10	6 58 20	10Li 0	11 1	4 39	4 52	25 58	5 24	2 55	12 45	15 53	20 18
31	8:35: 6	7 55 44	24 16	13 3	5 52	5 32	25 50	5 31	2 58	12 46	15 55	20 14

7/23 Sun in Leo 4:57   7/3 1st Qt. 8:08   7/10 Full 7:42   7/18 3rd Qt. 6:02   7/25 New 19:34

AUGUST 1949

Day	Sid. T.	Sun	Moon	Merc.	Venus	Mars	Jup.	Saturn	Uranus	Nept.	Pluto	N.Node
1	8:39: 3	8Le53 8	8Sc22	15Le 3	7Vi 5	6Cn12	25Cp43R	5Vi38	3Cn 1	12Li47	15Le57	20Ar11
2	8:43: 0	9 50 33	22 18	17 2	8 17	6 52	25 36	5 45	3 4	12 48	15 59	20 8
3	8:46:56	10 47 59	6Sg 2	19 0	9 30	7 32	25 29	5 52	3 7	12 50	16 1	20 5
4	8:50:53	11 45 25	19 37	20 56	10 42	8 12	25 21	5 59	3 10	12 51	16 2	20 2
5	8:54:49	12 42 52	3Cp 0	22 50	11 55	8 51	25 14	6 7	3 13	12 52	16 4	19 59
6	8:58:46	13 40 20	16 11	24 43	13 7	9 31	25 7	6 14	3 16	12 54	16 6	19 55
7	9: 2:42	14 37 49	29 10	26 35	14 20	10 11	25 0	6 21	3 19	12 55	16 8	19 52
8	9: 6:39	15 35 19	11Aq55	28 25	15 32	10 50	24 54	6 28	3 22	12 56	16 10	19 49
9	9:10:35	16 32 49	24 27	0Vi13	16 44	11 30	24 47	6 35	3 24	12 58	16 12	19 46
10	9:14:32	17 30 21	6Pi46	2 0	17 57	12 9	24 40	6 43	3 27	12 59	16 13	19 43
11	9:18:29	18 27 54	18 53	3 45	19 9	12 49	24 34	6 50	3 30	13 1	16 15	19 40
12	9:22:25	19 25 29	0Ar50	5 29	20 21	13 28	24 28	6 57	3 33	13 2	16 17	19 36
13	9:26:22	20 23 4	12 40	7 11	21 33	14 7	24 21	7 5	3 36	13 4	16 19	19 33
14	9:30:18	21 20 41	24 27	8 52	22 46	14 47	24 15	7 12	3 38	13 5	16 21	19 30
15	9:34:15	22 18 20	6Ta16	10 31	23 58	15 26	24 9	7 19	3 41	13 7	16 23	19 27
16	9:38:11	23 16 0	18 11	12 9	25 10	16 5	24 3	7 27	3 44	13 8	16 24	19 24
17	9:42: 8	24 13 42	0Ge19	13 45	26 22	16 44	23 57	7 34	3 46	13 10	16 26	19 20
18	9:46: 5	25 11 26	12 44	15 20	27 34	17 23	23 52	7 42	3 49	13 11	16 28	19 17
19	9:50: 1	26 9 11	25 31	16 54	28 46	18 2	23 46	7 49	3 51	13 13	16 30	19 14
20	9:53:58	27 6 57	8Cn43	18 25	29 58	18 41	23 41	7 57	3 54	13 15	16 32	19 11
21	9:57:54	28 4 46	22 18	19 56	1Li10	19 20	23 36	8 4	3 56	13 16	16 34	19 8
22	10: 1:51	29 2 35	6Le26	21 25	2 22	19 59	23 31	8 12	3 59	13 18	16 35	19 5
23	10: 5:47	0Vi 0 27	20 52	22 53	3 34	20 37	23 26	8 19	4 1	13 20	16 37	19 1
24	10: 9:43	0 58 20	5Vi35	24 19	4 46	21 16	23 21	8 27	4 3	13 21	16 39	18 58
25	10:13:40	1 56 14	20 27	25 43	5 58	21 55	23 17	8 34	4 6	13 23	16 41	18 55
26	10:17:37	2 54 10	5Li19	27 6	7 9	22 33	23 12	8 42	4 8	13 25	16 42	18 52
27	10:21:33	3 52 7	20 5	28 28	8 21	23 12	23 8	8 49	4 10	13 27	16 44	18 49
28	10:25:30	4 50 5	4Sc37	29 47	9 33	23 50	23 4	8 57	4 12	13 29	16 46	18 46
29	10:29:27	5 48 5	18 54	1Li 6	10 44	24 29	23 0	9 4	4 14	13 31	16 48	18 42
30	10:33:23	6 46 6	2Sg53	2 22	11 56	25 7	22 56	9 12	4 16	13 32	16 49	18 39
31	10:37:19	7 44 8	16 33	3 37	13 8	25 45	22 53	9 19	4 18	13 34	16 51	18 36

8/23 Sun in Vir. 11:49   8/1 1st Qt. 12:58   8/8 Full 19:34   8/16 3rd Qt. 22:59   8/24 New 4:00   8/30 1st Qt. 19:17

Day	Sid. T.	Sun	Moon	Merc.	Venus	Mars	Jup.	Saturn	Uranus	Nept.	Pluto	N.Node
1	10:41:16	8Vi42 12	29Sg57	4Li50	14Li19	26Cn23	22Cp49R	9Vi27	4Cn20	13Li36	16Le53	18Ar33
2	10:45:13	9 40 17	13Cp 5	6 1	15 31	27 1	22 46	9 35	4 22	13 38	16 55	18 30
3	10:49: 9	10 38 24	25 58	7 10	16 42	27 40	22 43	9 42	4 24	13 40	16 56	18 26
4	10:53: 6	11 36 32	8Aq37	8 17	17 53	28 18	22 40	9 50	4 26	13 42	16 58	18 23
5	10:57: 3	12 34 41	21 4	9 21	19 5	28 56	22 38	9 57	4 28	13 44	17 0	18 20
6	11: 0:59	13 32 53	3Pi20	10 24	20 16	29 33	22 35	10 5	4 30	13 46	17 1	18 17
7	11: 4:56	14 31 5	15 27	11 24	21 27	0Le11	22 33	10 12	4 32	13 48	17 3	18 14
8	11: 8:52	15 29 20	27 25	12 21	22 39	0 49	22 31	10 20	4 33	13 50	17 5	18 11
9	11:12:48	16 27 36	9Ar17	13 16	23 50	1 27	22 29	10 28	4 35	13 52	17 6	18 7
10	11:16:45	17 25 55	21 4	14 7	25 1	2 4	22 27	10 35	4 37	13 54	17 8	18 4
11	11:20:42	18 24 15	2Ta51	14 56	26 12	2 42	22 26	10 43	4 38	13 56	17 10	18 1
12	11:24:38	19 22 37	14 40	15 41	27 23	3 20	22 25	10 50	4 40	13 58	17 11	17 58
13	11:28:35	20 21 2	26 36	16 23	28 34	3 57	22 23	10 58	4 41	14 0	17 13	17 55
14	11:32:32	21 19 29	8Ge43	17 0	29 45	4 34	22 22	11 5	4 42	14 2	17 14	17 51
15	11:36:28	22 17 57	21 6	17 33	0Sc55	5 12	22 22	11 13	4 44	14 4	17 16	17 48
16	11:40:24	23 16 28	3Cn50	18 2	2 6	5 49	22 21	11 20	4 45	14 6	17 18	17 45
17	11:44:21	24 15 2	16 57	18 26	3 17	6 26	22 21	11 28	4 46	14 9	17 19	17 42
18	11:48:18	25 13 37	0Le32	18 45	4 28	7 3	22 21	11 35	4 48	14 11	17 21	17 39
19	11:52:14	26 12 14	14 34	18 58	5 38	7 41	22 21D	11 42	4 49	14 13	17 22	17 36
20	11:56:11	27 10 54	29 3	19 6	6 49	8 18	22 21	11 50	4 50	14 15	17 24	17 32
21	12: 0: 8	28 9 36	13Vi52	19 7R	7 59	8 55	22 21	11 57	4 51	14 17	17 25	17 29
22	12: 4: 4	29 8 19	28 56	19 1	9 10	9 31	22 22	12 5	4 52	14 19	17 27	17 26
23	12: 8: 0	0Li 7 5	14Li 5	18 49	10 20	10 8	22 23	12 12	4 53	14 21	17 28	17 23
24	12:11:57	1 5 52	29 10	18 29	11 30	10 45	22 24	12 19	4 54	14 24	17 29	17 20
25	12:15:54	2 4 42	14Sc 2	18 2	12 41	11 22	22 25	12 27	4 55	14 26	17 31	17 17
26	12:19:50	3 3 33	28 36	17 27	13 51	11 58	22 26	12 34	4 55	14 28	17 32	17 13
27	12:23:46	4 2 26	12Sg46	16 46	15 1	12 35	22 28	12 41	4 56	14 30	17 34	17 10
28	12:27:43	5 1 21	26 33	15 57	16 11	13 11	22 30	12 48	4 57	14 32	17 35	17 7
29	12:31:40	6 0 17	9Cp56	15 2	17 21	13 48	22 32	12 55	4 58	14 35	17 36	17 4
30	12:35:36	6 59 16	22 58	14 2	18 31	14 24	22 34	13 3	4 58	14 37	17 38	17 1

9/23 Sun in Lib. 9:06   9/7 Full 10:00   9/15 3rd Qt. 14:29   9/22 New 12:21   9/29 1st Qt. 4:19

Day	Sid. T.	Sun	Moon	Merc.	Venus	Mars	Jup.	Saturn	Uranus	Nept.	Pluto	N.Node
1	12:39:33	7Li58 16	5Aq40	12Li57R	19Sc41	15Le 0	22Cp36	13Vi10	4Cn59	14Li39	17Le39	16Ar57
2	12:43:29	8 57 17	18 7	11 49	20 50	15 37	22 39	13 17	4 59	14 41	17 40	16 54
3	12:47:26	9 56 21	0Pi20	10 40	22 0	16 13	22 41	13 24	5 0	14 44	17 41	16 51
4	12:51:22	10 55 26	12 24	9 31	23 9	16 49	22 44	13 31	5 0	14 46	17 43	16 48
5	12:55:19	11 54 33	24 20	8 25	24 19	17 25	22 47	13 38	5 0	14 48	17 44	16 45
6	12:59:16	12 53 42	6Ar11	7 22	25 28	18 1	22 51	13 45	5 1	14 50	17 45	16 42
7	13: 3:12	13 52 53	17 59	6 26	26 37	18 36	22 54	13 52	5 1	14 52	17 46	16 38
8	13: 7: 9	14 52 7	29 47	5 37	27 47	19 12	22 58	13 59	5 1	14 55	17 47	16 35
9	13:11: 5	15 51 22	11Ta36	4 57	28 56	19 48	23 2	14 6	5 1	14 57	17 48	16 32
10	13:15: 2	16 50 40	23 30	4 26	0Sg 5	20 23	23 6	14 12	5 1	14 59	17 49	16 29
11	13:18:59	17 50 0	5Ge30	4 6	1 14	20 59	23 10	14 19	5 1R	15 1	17 51	16 26
12	13:22:55	18 49 22	17 41	3 57	2 22	21 34	23 14	14 26	5 1	15 4	17 52	16 23
13	13:26:51	19 48 46	0Cn 5	3 59D	3 31	22 10	23 19	14 32	5 1	15 6	17 53	16 19
14	13:30:48	20 48 13	12 46	4 12	4 40	22 45	23 24	14 39	5 1	15 8	17 54	16 16
15	13:34:45	21 47 42	25 48	4 35	5 48	23 20	23 29	14 46	5 1	15 10	17 55	16 13
16	13:38:41	22 47 13	9Le14	5 8	6 57	23 55	23 34	14 52	5 0	15 13	17 56	16 10
17	13:42:38	23 46 47	23 5	5 50	8 5	24 30	23 39	14 59	5 0	15 15	17 56	16 7
18	13:46:34	24 46 22	7Vi22	6 40	9 13	25 5	23 44	15 5	5 0	15 17	17 57	16 3
19	13:50:31	25 46 0	22 3	7 37	10 21	25 40	23 50	15 12	4 59	15 19	17 58	16 0
20	13:54:27	26 45 41	7Li 2	8 42	11 29	26 15	23 56	15 18	4 59	15 21	17 59	15 57
21	13:58:24	27 45 23	22 12	9 52	12 37	26 50	24 2	15 24	4 58	15 24	18 0	15 54
22	14: 2:21	28 45 8	7Sc24	11 7	13 44	27 24	24 8	15 30	4 58	15 26	18 1	15 51
23	14: 6:17	29 44 54	22 29	12 27	14 52	27 59	24 14	15 37	4 57	15 28	18 1	15 48
24	14:10:14	0Sc44 42	7Sg17	13 51	15 59	28 33	24 21	15 43	4 57	15 30	18 2	15 44
25	14:14:10	1 44 32	21 42	15 17	17 6	29 7	24 27	15 49	4 56	15 32	18 3	15 41
26	14:18: 7	2 44 24	5Cp40	16 47	18 13	29 41	24 34	15 55	4 55	15 34	18 4	15 38
27	14:22: 3	3 44 18	19 10	18 18	19 20	0Vi16	24 41	16 1	4 54	15 37	18 5	15 35
28	14:26: 0	4 44 13	2Aq14	19 51	20 27	0 50	24 48	16 6	4 53	15 39	18 5	15 32
29	14:29:56	5 44 10	14 55	21 26	21 34	1 23	24 55	16 12	4 52	15 41	18 6	15 29
30	14:33:53	6 44 8	27 17	23 2	22 40	1 57	25 3	16 18	4 51	15 43	18 6	15 25
31	14:37:49	7 44 8	9Pi23	24 38	23 46	2 31	25 10	16 24	4 50	15 45	18 7	15 22

10/23 Sun in Sco. 18:04   10/7 Full 2:53(E)   10/15 3rd Qt. 4:06   10/21 New 21:23(E)   10/28 1st Qt. 17:05

NOVEMBER 1949

Day	Sid. T.	Sun	Moon	Merc.	Venus	Mars	Jup.	Saturn	Uranus	Nept.	Pluto	N.Node
1	14:41:46	8Sc44 10	21Pi20	26Li16	24Sg52	3Vi 5	25Cp18	16Vi29	4Cn49R	15Li47	18Le 7	15Ar19
2	14:45:43	9 44 13	3Ar10	27 53	25 58	3 38	25 26	16 35	4 48	15 49	18 8	15 16
3	14:49:39	10 44 18	14 57	29 31	27 3	4 11	25 34	16 40	4 47	15 51	18 8	15 13
4	14:53:36	11 44 25	26 45	1Sc10	28 9	4 45	25 42	16 46	4 46	15 53	18 9	15 9
5	14:57:32	12 44 33	8Ta35	2 48	29 14	5 18	25 50	16 51	4 45	15 56	18 9	15 6
6	15: 1:29	13 44 43	20 31	4 26	0Cp19	5 51	25 58	16 56	4 43	15 58	18 9	15 3
7	15: 5:26	14 44 56	2Ge34	6 4	1 24	6 24	26 7	17 1	4 42	16 0	18 10	15 0
8	15: 9:22	15 45 10	14 45	7 43	2 28	6 57	26 15	17 7	4 40	16 2	18 10	14 57
9	15:13:19	16 45 26	27 6	9 20	3 32	7 29	26 24	17 12	4 39	16 4	18 10	14 54
10	15:17:15	17 45 43	9Cn39	10 58	4 36	8 2	26 33	17 17	4 38	16 6	18 11	14 50
11	15:21:12	18 46 3	22 25	12 36	5 40	8 34	26 42	17 21	4 36	16 8	18 11	14 47
12	15:25: 8	19 46 25	5Le28	14 13	6 44	9 7	26 51	17 26	4 34	16 9	18 11	14 44
13	15:29: 5	20 46 48	18 48	15 50	7 47	9 39	27 1	17 31	4 33	16 11	18 11	14 41
14	15:33: 1	21 47 14	2Vi28	17 27	8 50	10 11	27 10	17 36	4 31	16 13	18 12	14 38
15	15:36:58	22 47 41	16 29	19 3	9 52	10 43	27 20	17 40	4 29	16 15	18 12	14 35
16	15:40:54	23 48 11	0Li51	20 39	10 55	11 15	27 29	17 45	4 28	16 17	18 12	14 31
17	15:44:51	24 48 42	15 31	22 15	11 57	11 47	27 39	17 49	4 26	16 19	18 12	14 28
18	15:48:48	25 49 15	0Sc26	23 51	12 58	12 18	27 49	17 53	4 24	16 21	18 12	14 25
19	15:52:44	26 49 49	15 28	25 26	14 0	12 50	27 59	17 58	4 22	16 23	18 12	14 22
20	15:56:40	27 50 26	0Sg28	27 2	15 1	13 21	28 9	18 2	4 20	16 24	18 12R	14 19
21	16: 0:37	28 51 3	15 17	28 37	16 1	13 52	28 19	18 6	4 18	16 26	18 12	14 15
22	16: 4:34	29 51 43	29 48	0Sg11	17 1	14 23	28 30	18 10	4 16	16 28	18 12	14 12
23	16: 8:30	0Sg52 23	13Cp55	1 46	18 1	14 54	28 40	18 14	4 14	16 30	18 12	14 9
24	16:12:27	1 53 5	27 33	3 20	19 0	15 25	28 51	18 17	4 12	16 31	18 12	14 6
25	16:16:24	2 53 47	10Aq43	4 55	19 59	15 55	29 2	18 21	4 10	16 33	18 12	14 3
26	16:20:20	3 54 31	23 28	6 29	20 58	16 25	29 12	18 25	4 8	16 35	18 11	14 0
27	16:24:16	4 55 16	5Pi51	8 3	21 56	16 56	29 23	18 28	4 6	16 36	18 11	13 56
28	16:28:13	5 56 2	17 57	9 37	22 53	17 26	29 34	18 32	4 4	16 38	18 11	13 53
29	16:32:10	6 56 48	29 51	11 11	23 50	17 56	29 45	18 35	4 2	16 40	18 11	13 50
30	16:36: 6	7 57 36	11Ar39	12 45	24 47	18 25	29 57	18 38	4 0	16 41	18 10	13 47

11/22 Sun in Sag. 15:17   11/5 Full 21:09   11/13 3rd Qt. 15:48   11/20 New 7:30   11/27 1st Qt. 10:02

DECEMBER 1949

Day	Sid. T.	Sun	Moon	Merc.	Venus	Mars	Jup.	Saturn	Uranus	Nept.	Pluto	N.Node
1	16:40: 3	8Sg58 25	23Ar26	14Sg18	25Cp42	18Vi55	0Aq 8	18Vi41	3Cn57R	16Li43	18Le10R	13Ar44
2	16:43:59	9 59 14	5Ta15	15 52	26 38	19 24	0 19	18 44	3 55	16 44	18 9	13 40
3	16:47:56	11 0 5	17 11	17 26	27 32	19 53	0 31	18 47	3 53	16 46	18 9	13 37
4	16:51:52	12 0 57	29 15	18 59	28 26	20 22	0 42	18 50	3 50	16 47	18 9	13 34
5	16:55:49	13 1 49	11Ge30	20 33	29 20	20 51	0 54	18 53	3 48	16 49	18 8	13 31
6	16:59:45	14 2 43	23 57	22 6	0Aq13	21 20	1 6	18 55	3 46	16 50	18 8	13 28
7	17: 3:42	15 3 38	6Cn36	23 40	1 5	21 48	1 18	18 58	3 43	16 51	18 8	13 25
8	17: 7:39	16 4 34	19 27	25 13	1 56	22 17	1 29	19 0	3 41	16 53	18 7	13 21
9	17:11:35	17 5 31	2Le29	26 47	2 47	22 45	1 41	19 3	3 38	16 54	18 7	13 18
10	17:15:32	18 6 29	15 43	28 20	3 36	23 13	1 54	19 5	3 36	16 55	18 6	13 15
11	17:19:29	19 7 28	29 9	29 54	4 25	23 40	2 6	19 7	3 34	16 57	18 5	13 12
12	17:23:25	20 8 28	12Vi47	1Cp27	5 13	24 8	2 18	19 9	3 31	16 58	18 5	13 9
13	17:27:21	21 9 30	26 39	3 0	6 1	24 35	2 30	19 11	3 29	16 59	18 4	13 6
14	17:31:18	22 10 32	10Li44	4 33	6 47	25 2	2 43	19 13	3 26	17 0	18 3	13 2
15	17:35:15	23 11 36	25 3	6 6	7 32	25 29	2 55	19 14	3 23	17 1	18 3	12 59
16	17:39:11	24 12 40	9Sc33	7 39	8 17	25 55	3 8	19 16	3 21	17 3	18 2	12 56
17	17:43: 8	25 13 46	24 11	9 12	9 0	26 21	3 20	19 17	3 18	17 4	18 1	12 53
18	17:47: 4	26 14 52	8Sg50	10 44	9 42	26 47	3 33	19 19	3 16	17 5	18 1	12 50
19	17:51: 1	27 15 59	23 23	12 16	10 23	27 13	3 46	19 20	3 13	17 6	18 0	12 46
20	17:54:57	28 17 6	7Cp44	13 47	11 3	27 39	3 59	19 21	3 11	17 7	17 59	12 43
21	17:58:54	29 18 16	21 46	15 18	11 42	28 4	4 11	19 22	3 8	17 8	17 58	12 40
22	18: 2:50	0Cp19 23	5Aq24	16 47	12 19	28 29	4 24	19 23	3 6	17 9	17 57	12 37
23	18: 6:47	1 20 31	18 36	18 16	12 55	28 54	4 37	19 24	3 3	17 10	17 56	12 34
24	18:10:44	2 21 40	1Pi24	19 43	13 30	29 18	4 50	19 25	3 0	17 10	17 55	12 31
25	18:14:41	3 22 49	13 50	21 9	14 3	29 42	5 4	19 25	2 58	17 11	17 54	12 27
26	18:18:37	4 23 58	25 58	22 34	14 34	0Li 6	5 17	19 26	2 55	17 12	17 54	12 24
27	18:22:33	5 25 6	7Ar54	23 56	15 4	0 30	5 30	19 26	2 53	17 13	17 53	12 21
28	18:26:30	6 26 15	19 42	25 15	15 33	0 53	5 43	19 26	2 50	17 14	17 52	12 18
29	18:30:26	7 27 24	1Ta29	26 32	16 0	1 16	5 57	19 26	2 48	17 15	17 51	12 15
30	18:34:23	8 28 33	13 21	27 45	16 25	1 39	6 10	19 26	2 45	17 15	17 50	12 12
31	18:38:19	9 29 41	25 21	28 54	16 48	2 2	6 24	19 26R	2 42	17 16	17 48	12 8

12/22 Sun in Cap. 4:24   12/5 Full 15:14   12/13 3rd Qt. 1:48   12/19 New 18:56   12/27 1st Qt. 6:32

Day	Sid. T.	Sun	Moon	Merc.	Venus	Mars	Jup.	Saturn	Uranus	Nept.	Pluto	N.Node
1	18:42:17	10Cp30 50	7Ge33	29Cp58	17Aq 9	2Li23	6Aq37	19Vi26R	2Cn40R	17Li16	17Le47R	12Ar 5
2	18:46:13	11 31 59	19 59	0Aq57	17 28	2 45	6 51	19 26	2 37	17 17	17 46	12 2
3	18:50: 9	12 33 7	2Cn42	1 49	17 45	3 7	7 4	19 25	2 35	17 17	17 45	11 59
4	18:54: 6	13 34 16	15 41	2 35	18 1	3 28	7 18	19 25	2 32	17 18	17 44	11 56
5	18:58: 3	14 35 24	28 55	3 12	18 14	3 49	7 32	19 24	2 30	17 18	17 43	11 52
6	19: 1:59	15 36 32	12Le21	3 40	18 24	4 9	7 45	19 23	2 27	17 19	17 42	11 49
7	19: 5:56	16 37 40	25 57	3 59	18 33	4 29	7 59	19 22	2 25	17 19	17 41	11 46
8	19: 9:52	17 38 49	9Vi41	4 7	18 39	4 48	8 13	19 21	2 22	17 20	17 39	11 43
9	19:13:49	18 39 57	23 32	4 3R	18 43	5 8	8 27	19 20	2 20	17 20	17 38	11 40
10	19:17:45	19 41 5	7Li29	3 48	18 44	5 27	8 41	19 19	2 17	17 20	17 37	11 37
11	19:21:42	20 42 14	21 31	3 21	18 43R	5 45	8 55	19 18	2 15	17 20	17 36	11 33
12	19:25:39	21 43 22	5Sc37	2 43	18 40	6 3	9 9	19 17	2 13	17 21	17 34	11 30
13	19:29:35	22 44 30	19 47	1 53	18 34	6 21	9 23	19 15	2 10	17 21	17 33	11 27
14	19:33:32	23 45 39	3Sg59	0 54	18 25	6 38	9 37	19 13	2 8	17 21	17 32	11 24
15	19:37:28	24 46 47	18 10	29Cp47	18 14	6 54	9 51	19 12	2 5	17 21	17 31	11 21
16	19:41:25	25 47 55	2Cp17	28 34	18 1	7 11	10 5	19 10	2 3	17 21	17 29	11 18
17	19:45:21	26 49 2	16 14	27 17	17 45	7 26	10 19	19 8	2 1	17 21	17 28	11 14
18	19:49:18	27 50 9	29 56	25 59	17 26	7 42	10 33	19 6	1 59	17 21	17 27	11 11
19	19:53:14	28 51 16	13Aq21	24 41	17 6	7 57	10 47	19 4	1 56	17 21	17 25	11 8
20	19:57:11	29 52 21	26 25	23 27	16 43	8 11	11 1	19 2	1 54	17 21	17 24	11 5
21	20: 1: 8	0Aq53 26	9Pi 9	22 19	16 17	8 25	11 16	18 59	1 52	17 21	17 23	11 2
22	20: 5: 4	1 54 30	21 34	21 17	15 50	8 38	11 30	18 57	1 50	17 21	17 21	10 58
23	20: 9: 0	2 55 33	3Ar42	20 23	15 21	8 51	11 44	18 54	1 48	17 21	17 20	10 55
24	20:12:57	3 56 35	15 39	19 37	14 50	9 3	11 58	18 52	1 46	17 21	17 18	10 52
25	20:16:54	4 57 35	27 29	19 1	14 17	9 15	12 12	18 49	1 44	17 21	17 17	10 49
26	20:20:50	5 58 35	9Ta17	18 34	13 44	9 26	12 27	18 46	1 42	17 20	17 16	10 46
27	20:24:47	6 59 34	21 9	18 15	13 9	9 37	12 41	18 43	1 40	17 20	17 14	10 43
28	20:28:44	8 0 32	3Ge10	18 5	12 33	9 47	12 55	18 40	1 38	17 20	17 13	10 39
29	20:32:40	9 1 28	15 25	18 4D	11 56	9 57	13 10	18 37	1 36	17 19	17 11	10 36
30	20:36:36	10 2 23	27 58	18 10	11 19	10 6	13 24	18 34	1 34	17 19	17 10	10 33
31	20:40:33	11 3 17	10Cn51	18 23	10 42	10 14	13 38	18 31	1 32	17 19	17 9	10 30

1/20 Sun in Aqu. 15:00 1/4 Full 7:48 1/11 3rd Qt. 10:32 1/18 New 8:00 1/26 1st Qt. 4:40

Day	Sid. T.	Sun	Moon	Merc.	Venus	Mars	Jup.	Saturn	Uranus	Nept.	Pluto	N.Node
1	20:44:30	12Aq 4 10	24Cn 4	18Cp43	10Aq 4R	10Li22	13Aq53	18Vi28R	1Cn30R	17Li18R	17Le 7R	10Ar27
2	20:48:26	13 5 2	7Le38	19 8	9 28	10 29	14 7	18 24	1 28	17 18	17 6	10 24
3	20:52:23	14 5 52	21 28	19 40	8 52	10 35	14 21	18 21	1 27	17 17	17 4	10 20
4	20:56:20	15 6 42	5Vi31	20 16	8 16	10 41	14 35	18 17	1 25	17 17	17 3	10 17
5	21: 0:16	16 7 30	19 43	20 57	7 42	10 46	14 50	18 14	1 23	17 16	17 1	10 14
6	21: 4:12	17 8 17	3Li58	21 42	7 9	10 50	15 4	18 10	1 22	17 15	17 0	10 11
7	21: 8: 9	18 9 4	18 14	22 31	6 38	10 54	15 18	18 6	1 20	17 15	16 59	10 8
8	21:12: 5	19 9 49	2Sc28	23 24	6 8	10 57	15 33	18 2	1 19	17 14	16 57	10 4
9	21:16: 2	20 10 33	16 37	24 20	5 40	11 0	15 47	17 58	1 17	17 13	16 56	10 1
10	21:19:59	21 11 17	0Sg40	25 18	5 15	11 1	16 1	17 54	1 16	17 13	16 54	9 58
11	21:23:55	22 11 59	14 37	26 20	4 51	11 2	16 16	17 50	1 15	17 12	16 53	9 55
12	21:27:52	23 12 41	28 26	27 24	4 30	11 2R	16 30	17 46	1 13	17 11	16 51	9 52
13	21:31:48	24 13 21	12Cp 6	28 30	4 11	11 2	16 44	17 42	1 12	17 10	16 50	9 49
14	21:35:45	25 14 0	25 34	29 39	3 54	11 0	16 58	17 38	1 11	17 10	16 49	9 45
15	21:39:41	26 14 38	8Aq51	0Aq49	3 40	10 58	17 13	17 34	1 10	17 9	16 47	9 42
16	21:43:38	27 15 14	21 53	2 2	3 28	10 55	17 27	17 29	1 8	17 9	16 46	9 39
17	21:47:35	28 15 49	4Pi40	3 16	3 19	10 52	17 41	17 25	1 7	17 8	16 44	9 36
18	21:51:31	29 16 22	17 12	4 32	3 12	10 47	17 55	17 21	1 6	17 7	16 43	9 33
19	21:55:28	0Pi16 53	29 29	5 49	3 8	10 42	18 9	17 16	1 5	17 5	16 41	9 29
20	21:59:24	1 17 23	11Ar34	7 8	3 6	10 36	18 24	17 12	1 4	17 4	16 40	9 26
21	22: 3:21	2 17 51	23 29	8 28	3 7D	10 29	18 38	17 7	1 3	17 3	16 39	9 23
22	22: 7:17	3 18 17	5Ta19	9 50	3 10	10 22	18 52	17 3	1 3	17 2	16 37	9 20
23	22:11:14	4 18 42	17 7	11 13	3 15	10 14	19 6	16 58	1 2	17 1	16 36	9 17
24	22:15:10	5 19 4	28 59	12 37	3 23	10 5	19 20	16 53	1 1	17 0	16 35	9 14
25	22:19: 7	6 19 25	10Ge59	14 2	3 33	9 55	19 34	16 49	1 0	16 58	16 33	9 10
26	22:23: 3	7 19 43	23 13	15 29	3 45	9 44	19 48	16 44	1 0	16 57	16 32	9 7
27	22:27: 0	8 20 0	5Cn46	16 57	3 59	9 33	20 2	16 39	0 59	16 56	16 31	9 4
28	22:30:57	9 20 15	18 40	18 26	4 15	9 21	20 16	16 35	0 59	16 55	16 29	9 1

2/19 Sun in Pis. 5:18 2/2 Full 22:17 2/9 3rd Qt. 18:33 2/16 New 22:53 2/25 1st Qt. 1:53

MARCH 1950

Day	Sid. T.	Sun	Moon	Merc.	Venus	Mars	Jup.	Saturn	Uranus	Nept.	Pluto	N.Node
1	22:34:53	10Pi20 27	1Le58	19Aq56	4Aq33	9Li 8R	20Aq30	16Vi30R	0Cn58R	16Li54R	16Le28R	8Ar58
2	22:38:50	11 20 38	15 40	21 27	4 53	8 54	20 44	16 25	0 58	16 52	16 27	8 55
3	22:42:46	12 20 46	29 45	22 59	5 15	8 40	20 58	16 20	0 57	16 51	16 25	8 51
4	22:46:43	13 20 53	14Vi 9	24 32	5 39	8 25	21 11	16 15	0 57	16 50	16 24	8 48
5	22:50:39	14 20 58	28 46	26 7	6 4	8 9	21 25	16 11	0 57	16 49	16 23	8 45
6	22:54:36	15 21 1	13Li30	27 42	6 32	7 53	21 39	16 6	0 57	16 47	16 22	8 42
7	22:58:33	16 21 2	28 13	29 19	7 0	7 35	21 53	16 1	0 56	16 46	16 20	8 39
8	23: 2:29	17 21 2	12Sc49	0Pi57	7 31	7 18	22 6	15 56	0 56	16 44	16 19	8 35
9	23: 6:26	18 21 0	27 15	2 36	8 2	6 59	22 20	15 52	0 56	16 43	16 18	8 32
10	23:10:22	19 20 57	11Sg26	4 16	8 36	6 40	22 33	15 47	0 56D	16 42	16 17	8 29
11	23:14:19	20 20 52	25 21	5 57	9 10	6 21	22 47	15 42	0 56	16 40	16 16	8 26
12	23:18:15	21 20 45	9Cp 0	7 39	9 46	6 1	23 0	15 37	0 57	16 39	16 15	8 23
13	23:22:12	22 20 37	22 23	9 23	10 24	5 40	23 14	15 32	0 57	16 37	16 13	8 20
14	23:26: 8	23 20 27	5Aq31	11 7	11 2	5 19	23 27	15 28	0 57	16 36	16 12	8 16
15	23:30: 5	24 20 15	18 24	12 53	11 42	4 58	23 40	15 23	0 57	16 34	16 11	8 13
16	23:34: 2	25 20 1	1Pi 3	14 40	12 22	4 36	23 54	15 18	0 58	16 33	16 10	8 10
17	23:37:58	26 19 46	13 30	16 29	13 4	4 14	24 7	15 14	0 58	16 31	16 9	8 7
18	23:41:55	27 19 28	25 46	18 18	13 47	3 51	24 20	15 9	0 58	16 30	16 8	8 4
19	23:45:51	28 19 9	7Ar53	20 9	14 31	3 29	24 33	15 4	0 59	16 28	16 7	8 1
20	23:49:48	29 18 47	19 51	22 1	15 16	3 6	24 46	15 0	0 59	16 27	16 6	7 57
21	23:53:44	0Ar18 23	1Ta43	23 54	16 2	2 43	24 59	14 55	1 0	16 25	16 5	7 54
22	23:57:41	1 17 58	13 31	25 49	16 48	2 19	25 12	14 51	1 1	16 24	16 4	7 51
23	0: 1:38	2 17 30	25 20	27 44	17 36	1 56	25 25	14 46	1 1	16 22	16 3	7 48
24	0: 5:34	3 16 59	7Ge12	29 41	18 24	1 32	25 38	14 42	1 2	16 20	16 2	7 45
25	0: 9:31	4 16 27	19 12	1Ar39	19 13	1 9	25 51	14 38	1 3	16 19	16 1	7 41
26	0:13:27	5 15 52	1Cn24	3 38	20 3	0 46	26 4	14 33	1 4	16 17	16 1	7 38
27	0:17:24	6 15 15	13 52	5 38	20 53	0 22	26 16	14 29	1 5	16 16	16 0	7 35
28	0:21:20	7 14 36	26 42	7 39	21 45	29Vi59	26 29	14 25	1 6	16 14	15 59	7 32
29	0:25:16	8 13 54	9Le55	9 41	22 37	29 36	26 41	14 21	1 7	16 12	15 58	7 29
30	0:29:13	9 13 10	23 35	11 44	23 29	29 13	26 54	14 16	1 8	16 11	15 57	7 26
31	0:33:10	10 12 24	7Vi41	13 47	24 22	28 51	27 6	14 12	1 9	16 9	15 57	7 22

3/21 Sun in Ari. 4:36   3/4 Full 10:34   3/11 3rd Qt. 2:39   3/18 New 15:20(E)   3/26 1st Qt. 20:10

APRIL 1950

Day	Sid. T.	Sun	Moon	Merc.	Venus	Mars	Jup.	Saturn	Uranus	Nept.	Pluto	N.Node
1	0:37: 6	11Ar11 35	22Vi12	15Ar50	25Aq16	28Vi29R	27Aq18	14Vi 8R	1Cn10	16Li 7R	15Le56R	7Ar19
2	0:41: 3	12 10 44	7Li 2	17 54	26 10	28 7	27 31	14 4	1 11	16 6	15 55	7 16
3	0:45: 0	13 9 51	22 4	19 58	27 5	27 45	27 43	14 0	1 13	16 4	15 54	7 13
4	0:48:56	14 8 57	7Sc11	22 1	28 0	27 24	27 55	13 57	1 14	16 3	15 54	7 10
5	0:52:52	15 8 0	22 11	24 3	28 56	27 4	28 7	13 53	1 15	16 1	15 53	7 7
6	0:56:49	16 7 1	6Sg59	26 5	29 53	26 44	28 19	13 49	1 17	15 59	15 53	7 3
7	1: 0:46	17 6 1	21 27	28 5	0Pi50	26 24	28 30	13 46	1 18	15 58	15 52	7 0
8	1: 4:42	18 4 59	5Cp32	0Ta 4	1 47	26 5	28 42	13 42	1 20	15 56	15 51	6 57
9	1: 8:39	19 3 56	19 13	2 0	2 45	25 46	28 54	13 39	1 21	15 54	15 51	6 54
10	1:12:36	20 2 50	2Aq31	3 55	3 43	25 29	29 5	13 35	1 23	15 53	15 50	6 51
11	1:16:32	21 1 43	15 28	5 46	4 41	25 11	29 17	13 32	1 24	15 51	15 50	6 47
12	1:20:29	22 0 34	28 7	7 34	5 40	24 55	29 28	13 29	1 26	15 49	15 50	6 44
13	1:24:25	22 59 23	10Pi30	9 19	6 40	24 39	29 39	13 26	1 28	15 48	15 49	6 41
14	1:28:21	23 58 11	22 42	11 0	7 40	24 24	29 51	13 23	1 30	15 46	15 49	6 38
15	1:32:18	24 56 56	4Ar44	12 37	8 40	24 9	0Pi 2	13 20	1 32	15 44	15 48	6 35
16	1:36:15	25 55 40	16 40	14 10	9 40	23 55	0 13	13 17	1 33	15 43	15 48	6 32
17	1:40:11	26 54 22	28 31	15 39	10 41	23 42	0 24	13 14	1 35	15 41	15 48	6 28
18	1:44: 8	27 53 2	10Ta21	17 3	11 42	23 30	0 34	13 11	1 37	15 40	15 47	6 25
19	1:48: 5	28 51 39	22 9	18 22	12 43	23 18	0 45	13 9	1 39	15 38	15 47	6 22
20	1:52: 1	29 50 15	4Ge 0	19 36	13 45	23 8	0 56	13 6	1 41	15 36	15 47	6 19
21	1:55:57	0Ta48 49	15 55	20 45	14 47	22 58	1 6	13 4	1 44	15 35	15 47	6 16
22	1:59:54	1 47 21	27 58	21 49	15 49	22 49	1 16	13 1	1 46	15 33	15 47	6 13
23	2: 3:51	2 45 51	10Cn11	22 47	16 52	22 40	1 27	12 59	1 48	15 32	15 46	6 9
24	2: 7:47	3 44 18	22 38	23 41	17 55	22 33	1 37	12 57	1 50	15 30	15 46	6 6
25	2:11:44	4 42 43	5Le23	24 28	18 58	22 26	1 47	12 55	1 52	15 29	15 46	6 3
26	2:15:41	5 41 7	18 29	25 11	20 1	22 20	1 57	12 53	1 55	15 27	15 46	6 0
27	2:19:37	6 39 28	2Vi 0	25 48	21 5	22 15	2 7	12 51	1 57	15 26	15 46	5 57
28	2:23:33	7 37 46	15 57	26 19	22 8	22 10	2 16	12 49	2 0	15 24	15 46	5 53
29	2:27:30	8 36 3	0Li21	26 44	23 12	22 7	2 26	12 47	2 2	15 23	15 46D	5 50
30	2:31:26	9 34 18	15 9	27 4	24 16	22 4	2 35	12 46	2 4	15 21	15 46	5 47

4/20 Sun in Tau. 16:00   4/2 Full 20:49(E)   4/9 3rd Qt. 11:43   4/17 New 8:26   4/25 1st Qt. 10:40

Day	Sid. T.	Sun	Moon	Merc.	Venus	Mars	Jup.	Saturn	Uranus	Nept.	Pluto	N.Node
1	2:35:23	10Ta32 31	0Sc14	27Ta19	25Pi21	22Vi 2R	2Pi45	12Vi44R	2Cn 7	15Li20R	15Le46	5Ar44
2	2:39:19	11 30 42	15 29	27 28	26 25	22 1	2 54	12 43	2 9	15 18	15 46	5 41
3	2:43:16	12 28 52	0Sg44	27 31	27 30	22 0	3 3	12 42	2 12	15 17	15 46	5 38
4	2:47:13	13 27 0	15 48	27 29R	28 35	22 0D	3 12	12 41	2 15	15 15	15 47	5 34
5	2:51: 9	14 25 6	0Cp32	27 23	29 40	22 1	3 21	12 39	2 17	15 14	15 47	5 31
6	2:55: 6	15 23 11	14 50	27 11	0Ar46	22 3	3 30	12 39	2 20	15 13	15 47	5 28
7	2:59: 2	16 21 15	28 40	26 55	1 51	22 6	3 38	12 38	2 23	15 11	15 47	5 25
8	3: 2:59	17 19 17	12Aq 1	26 35	2 57	22 9	3 47	12 37	2 25	15 10	15 47	5 22
9	3: 6:55	18 17 18	24 57	26 11	4 3	22 13	3 55	12 36	2 28	15 9	15 48	5 18
10	3:10:52	19 15 17	7Pi31	25 43	5 9	22 17	4 3	12 36	2 31	15 7	15 48	5 15
11	3:14:49	20 13 15	19 47	25 13	6 15	22 23	4 11	12 35	2 34	15 6	15 48	5 12
12	3:18:45	21 11 12	1Ar51	24 41	7 21	22 29	4 19	12 35	2 37	15 5	15 49	5 9
13	3:22:42	22 9 7	13 45	24 7	8 28	22 35	4 27	12 35	2 40	15 3	15 49	5 6
14	3:26:38	23 7 1	25 35	23 32	9 34	22 42	4 35	12 35	2 43	15 2	15 50	5 3
15	3:30:35	24 4 54	7Ta23	22 56	10 41	22 50	4 42	12 34D	2 46	15 1	15 50	4 59
16	3:34:31	25 2 45	19 12	22 21	11 48	22 59	4 49	12 35	2 49	15 0	15 51	4 56
17	3:38:28	26 0 35	1Ge 3	21 46	12 55	23 8	4 57	12 35	2 52	14 59	15 51	4 53
18	3:42:24	26 58 24	12 59	21 13	14 2	23 18	5 4	12 35	2 55	14 57	15 52	4 50
19	3:46:21	27 56 11	25 2	20 42	15 9	23 28	5 10	12 35	2 58	14 56	15 52	4 47
20	3:50:18	28 53 57	7Cn12	20 13	16 17	23 39	5 17	12 36	3 1	14 55	15 53	4 44
21	3:54:14	29 51 41	19 31	19 47	17 24	23 51	5 24	12 36	3 4	14 54	15 53	4 40
22	3:58:11	0Ge49 23	2Le 5	19 25	18 32	24 3	5 30	12 37	3 7	14 53	15 54	4 37
23	4: 2: 7	1 47 4	14 49	19 6	19 40	24 16	5 37	12 38	3 10	14 52	15 55	4 34
24	4: 6: 4	2 44 44	27 53	18 51	20 47	24 29	5 43	12 39	3 14	14 51	15 55	4 31
25	4:10: 0	3 42 21	11Vi17	18 40	21 55	24 43	5 49	12 40	3 17	14 50	15 56	4 28
26	4:13:57	4 39 58	25 4	18 33	23 3	24 58	5 54	12 41	3 20	14 49	15 57	4 24
27	4:17:54	5 37 32	9Li15	18 31	24 11	25 12	6 0	12 42	3 23	14 48	15 58	4 21
28	4:21:50	6 35 6	23 49	18 33D	25 20	25 28	6 5	12 44	3 27	14 47	15 58	4 18
29	4:25:47	7 32 38	8Sc43	18 39	26 28	25 44	6 11	12 45	3 30	14 47	15 59	4 15
30	4:29:43	8 30 9	23 51	18 51	27 36	26 0	6 16	12 46	3 33	14 46	16 0	4 12
31	4:33:40	9 27 38	9Sg 2	19 6	28 45	26 17	6 21	12 48	3 37	14 45	16 1	4 9

5/21 Sun in Gem. 15:28   5/2 Full 5:20   5/8 3rd Qt. 22:32   5/17 New 0:55   5/24 1st Qt. 21:29   5/31 Full 12:43

Day	Sid. T.	Sun	Moon	Merc.	Venus	Mars	Jup.	Saturn	Uranus	Nept.	Pluto	N.Node
1	4:37:36	10Ge25 7	24Sg 8	19Ta26	29Ar53	26Vi35	6Pi26	12Vi50	3Cn40	14Li44R	16Le 2	4Ar 5
2	4:41:33	11 22 35	8Cp57	19 51	1Ta 2	26 52	6 30	12 52	3 43	14 43	16 3	4 2
3	4:45:29	12 20 2	23 22	20 19	2 11	27 11	6 35	12 54	3 47	14 43	16 4	3 59
4	4:49:26	13 17 28	7Aq19	20 52	3 20	27 29	6 39	12 56	3 50	14 42	16 5	3 56
5	4:53:22	14 14 53	20 47	21 29	4 29	27 49	6 43	12 58	3 54	14 41	16 6	3 53
6	4:57:19	15 12 18	3Pi46	22 10	5 38	28 8	6 47	13 0	3 57	14 41	16 7	3 50
7	5: 1:16	16 9 42	16 22	22 55	6 47	28 28	6 51	13 2	4 1	14 40	16 8	3 46
8	5: 5:12	17 7 5	28 37	23 44	7 56	28 49	6 54	13 5	4 4	14 40	16 9	3 43
9	5: 9: 9	18 4 28	10Ar39	24 36	9 5	29 9	6 58	13 7	4 7	14 39	16 10	3 40
10	5:13: 5	19 1 50	22 31	25 33	10 15	29 31	7 1	13 10	4 11	14 39	16 11	3 37
11	5:17: 2	19 59 12	4Ta19	26 32	11 24	29 52	7 4	13 12	4 14	14 38	16 12	3 34
12	5:20:59	20 56 33	16 7	27 36	12 33	0Li14	7 7	13 15	4 18	14 38	16 13	3 30
13	5:24:55	21 53 54	27 59	28 42	13 43	0 37	7 10	13 18	4 22	14 37	16 15	3 27
14	5:28:52	22 51 14	9Ge55	29 52	14 53	0 59	7 12	13 21	4 25	14 37	16 16	3 24
15	5:32:48	23 48 34	22 0	1Ge 3	16 2	1 22	7 14	13 24	4 29	14 36	16 17	3 21
16	5:36:45	24 45 53	4Cn13	2 23	17 12	1 46	7 17	13 27	4 32	14 36	16 18	3 18
17	5:40:41	25 43 12	16 36	3 43	18 22	2 10	7 19	13 30	4 36	14 36	16 19	3 15
18	5:44:37	26 40 29	29 9	5 6	19 32	2 34	7 20	13 34	4 39	14 35	16 21	3 11
19	5:48:34	27 37 46	11Le53	6 32	20 42	2 58	7 22	13 37	4 43	14 35	16 22	3 8
20	5:52:31	28 35 3	24 48	8 2	21 52	3 23	7 23	13 41	4 47	14 35	16 23	3 5
21	5:56:27	29 32 18	7Vi58	9 34	23 2	3 48	7 24	13 44	4 50	14 35	16 25	3 2
22	6: 0:24	0Cn29 33	21 23	11 10	24 12	4 13	7 25	13 48	4 54	14 35	16 26	2 59
23	6: 4:21	1 26 47	5Li 5	12 49	25 22	4 39	7 26	13 52	4 57	14 35	16 27	2 56
24	6: 8:17	2 24 1	19 6	14 31	26 33	5 5	7 27	13 56	5 1	14 35	16 29	2 52
25	6:12:13	3 21 14	3Sc25	16 16	27 43	5 31	7 27	13 59	5 5	14 35	16 30	2 49
26	6:16:10	4 18 26	18 1	18 3	28 53	5 58	7 27	14 3	5 8	14 34D	16 32	2 46
27	6:20: 7	5 15 38	2Sg50	19 54	0Ge 4	6 25	7 27R	14 8	5 12	14 35	16 33	2 43
28	6:24: 3	6 12 50	17 44	21 47	1 14	6 52	7 27	14 12	5 15	14 35	16 35	2 40
29	6:28: 0	7 10 1	2Cp35	23 43	2 25	7 20	7 27	14 16	5 19	14 35	16 36	2 36
30	6:31:57	8 7 13	17 15	25 41	3 35	7 47	7 26	14 20	5 23	14 35	16 38	2 33

6/21 Sun in Can. 23:37   6/7 3rd Qt. 11:36   6/15 New 15:53   6/23 1st Qt. 5:13   6/29 Full 19:59

JULY 1950

Day	Sid. T.	Sun	Moon	Merc.	Venus	Mars	Jup.	Saturn	Uranus	Nept.	Pluto	N.Node
1	6:35:53	9Cn 4 24	1Aq35	27Ge42	4Ge46	8Li15	7Pi26R	14Vi25	5Cn26	14Li35	16Le39	2Ar30
2	6:39:49	10 1 35	15 30	29 45	5 57	8 44	7 25	14 29	5 30	14 35	16 41	2 27
3	6:43:46	10 58 46	28 59	1Cn49	7 7	9 12	7 23	14 34	5 33	14 35	16 42	2 24
4	6:47:42	11 55 57	12Pi 0	3 55	8 18	9 41	7 22	14 38	5 37	14 36	16 44	2 21
5	6:51:39	12 53 8	24 38	6 3	9 29	10 10	7 21	14 43	5 41	14 36	16 45	2 17
6	6:55:36	13 50 20	6Ar56	8 11	10 40	10 39	7 19	14 48	5 44	14 36	16 47	2 14
7	6:59:32	14 47 32	18 59	10 21	11 51	11 9	7 17	14 53	5 48	14 36	16 48	2 11
8	7: 3:29	15 44 44	0Ta53	12 30	13 2	11 38	7 15	14 58	5 51	14 37	16 50	2 8
9	7: 7:25	16 41 57	12 42	14 40	14 13	12 8	7 12	15 3	5 55	14 37	16 52	2 5
10	7:11:22	17 39 10	24 32	16 50	15 24	12 39	7 10	15 8	5 58	14 38	16 53	2 2
11	7:15:18	18 36 24	6Ge27	19 0	16 36	13 9	7 7	15 13	6 2	14 38	16 55	1 58
12	7:19:15	19 33 38	18 31	21 8	17 47	13 40	7 4	15 18	6 6	14 39	16 57	1 55
13	7:23:12	20 30 53	0Cn44	23 16	18 58	14 11	7 1	15 23	6 9	14 39	16 58	1 52
14	7:27: 8	21 28 8	13 10	25 23	20 10	14 42	6 58	15 29	6 13	14 40	17 0	1 49
15	7:31: 5	22 25 23	25 48	27 29	21 21	15 13	6 55	15 34	6 16	14 40	17 2	1 46
16	7:35: 2	23 22 38	8Le39	29 34	22 33	15 44	6 51	15 40	6 20	14 41	17 3	1 42
17	7:38:58	24 19 54	21 42	1Le37	23 44	16 16	6 47	15 45	6 23	14 42	17 5	1 39
18	7:42:54	25 17 10	4Vi56	3 38	24 56	16 48	6 43	15 51	6 27	14 42	17 7	1 36
19	7:46:51	26 14 26	18 21	5 38	26 7	17 20	6 39	15 56	6 30	14 43	17 9	1 33
20	7:50:47	27 11 43	1Li58	7 36	27 19	17 53	6 35	16 2	6 33	14 44	17 10	1 30
21	7:54:44	28 8 59	15 45	9 33	28 31	18 25	6 30	16 8	6 37	14 45	17 12	1 27
22	7:58:40	29 6 16	29 44	11 28	29 43	18 58	6 26	16 14	6 40	14 45	17 14	1 23
23	8: 2:37	0Le 3 34	13Sc55	13 21	0Cn54	19 31	6 21	16 20	6 44	14 46	17 16	1 20
24	8: 6:34	1 0 51	28 15	15 12	2 6	20 4	6 16	16 26	6 47	14 47	17 17	1 17
25	8:10:30	1 58 9	12Sg42	17 2	3 18	20 37	6 11	16 32	6 50	14 48	17 19	1 14
26	8:14:27	2 55 28	27 11	18 50	4 30	21 10	6 6	16 38	6 54	14 49	17 21	1 11
27	8:18:23	3 52 47	11Cp38	20 36	5 42	21 44	6 0	16 44	6 57	14 50	17 23	1 7
28	8:22:20	4 50 6	25 55	22 20	6 54	22 18	5 55	16 50	7 0	14 51	17 25	1 4
29	8:26:16	5 47 27	9Aq57	24 3	8 6	22 52	5 49	16 56	7 4	14 52	17 26	1 1
30	8:30:13	6 44 48	23 40	25 44	9 18	23 26	5 43	17 3	7 7	14 53	17 28	0 58
31	8:34:10	7 42 9	7Pi 0	27 23	10 31	24 0	5 37	17 9	7 10	14 54	17 30	0 55

7/23 Sun in Leo 10:30   7/7 3rd Qt. 2:54   7/15 New 5:06   7/22 1st Qt. 10:51   7/29 Full 4:18

AUGUST 1950

Day	Sid. T.	Sun	Moon	Merc.	Venus	Mars	Jup.	Saturn	Uranus	Nept.	Pluto	N.Node
1	8:38: 6	8Le39 32	19Pi58	29Le 1	11Cn43	24Li35	5Pi31R	17Vi15	7Cn13	14Li55	17Le32	0Ar52
2	8:42: 3	9 36 56	2Ar35	0Vi37	12 55	25 10	5 25	17 22	7 17	14 56	17 34	0 48
3	8:45:59	10 34 21	14 53	2 11	14 8	25 44	5 18	17 28	7 20	14 58	17 36	0 45
4	8:49:56	11 31 47	26 58	3 44	15 20	26 19	5 12	17 35	7 23	14 59	17 37	0 42
5	8:53:52	12 29 14	8Ta53	5 14	16 33	26 55	5 5	17 41	7 26	15 0	17 39	0 39
6	8:57:49	13 26 43	20 44	6 43	17 45	27 30	4 58	17 48	7 29	15 1	17 41	0 36
7	9: 1:45	14 24 13	2Ge37	8 11	18 58	28 5	4 52	17 54	7 32	15 2	17 43	0 33
8	9: 5:42	15 21 44	14 35	9 36	20 10	28 41	4 45	18 1	7 35	15 4	17 45	0 29
9	9: 9:39	16 19 17	26 42	11 0	21 23	29 17	4 38	18 8	7 38	15 5	17 47	0 26
10	9:13:35	17 16 51	9Cn 3	12 22	22 36	29 53	4 30	18 15	7 41	15 6	17 48	0 23
11	9:17:32	18 14 26	21 39	13 43	23 48	0Sc29	4 23	18 21	7 44	15 8	17 50	0 20
12	9:21:28	19 12 3	4Le32	15 1	25 1	1 5	4 16	18 28	7 47	15 9	17 52	0 17
13	9:25:25	20 9 40	17 41	16 18	26 14	1 41	4 8	18 35	7 50	15 11	17 54	0 13
14	9:29:21	21 7 19	1Vi 6	17 32	27 27	2 18	4 1	18 42	7 53	15 12	17 56	0 10
15	9:33:18	22 4 59	14 44	18 44	28 40	2 55	3 53	18 49	7 56	15 14	17 58	0 7
16	9:37:15	23 2 40	28 33	19 55	29 53	3 31	3 46	18 56	7 58	15 15	18 0	0 4
17	9:41:11	24 0 23	12Li30	21 3	1Le 6	4 8	3 38	19 3	8 1	15 17	18 1	0 0
18	9:45: 8	24 58 6	26 35	22 9	2 19	4 45	3 30	19 10	8 4	15 18	18 3	29Pi58
19	9:49: 4	25 55 50	10Sc43	23 12	3 32	5 23	3 23	19 17	8 7	15 20	18 5	29 54
20	9:53: 1	26 53 36	24 55	24 13	4 45	6 0	3 15	19 24	8 9	15 21	18 7	29 51
21	9:56:57	27 51 23	9Sg 7	25 11	5 59	6 38	3 7	19 31	8 12	15 23	18 9	29 48
22	10: 0:54	28 49 11	23 18	26 7	7 12	7 15	2 59	19 39	8 15	15 25	18 11	29 45
23	10: 4:50	29 47 0	7Cp24	26 59	8 25	7 53	2 51	19 46	8 17	15 28	18 12	29 42
24	10: 8:47	0Vi44 50	21 24	27 49	9 39	8 31	2 43	19 53	8 20	15 28	18 14	29 39
25	10:12:43	1 42 41	5Aq14	28 35	10 52	9 9	2 35	20 0	8 22	15 30	18 16	29 35
26	10:16:40	2 40 34	18 50	29 17	12 5	9 47	2 27	20 7	8 25	15 31	18 18	29 32
27	10:20:37	3 38 28	2Pi11	29 56	13 19	10 25	2 19	20 15	8 27	15 33	18 20	29 29
28	10:24:33	4 36 24	15 15	0Li31	14 32	11 4	2 12	20 22	8 29	15 35	18 21	29 26
29	10:28:30	5 34 21	28 2	1 2	15 46	11 42	2 4	20 29	8 32	15 37	18 23	29 23
30	10:32:26	6 32 20	10Ar32	1 29	17 0	12 21	1 56	20 37	8 34	15 39	18 25	29 19
31	10:36:23	7 30 21	22 47	1 50	18 13	13 0	1 48	20 44	8 36	15 40	18 27	29 16

8/23 Sun in Vir. 17:24   8/5 3rd Qt. 19:56   8/13 New 16:49   8/20 1st Qt. 15:36   8/27 Full 14:51

Day	Sid. T.	Sun	Moon	Merc.	Venus	Mars	Jup.	Saturn	Uranus	Nept.	Pluto	N.Node
1	10:40:19	8Vi28 23	4Ta51	2Li 7	19Le27	13Sc39	1Pi40R	20Vi51	8Cn39	15Li42	18Le29	29Pi13
2	10:44:16	9 26 28	16 46	2 19	20 41	14 18	1 33	20 59	8 41	15 44	18 30	29 10
3	10:48:13	10 24 34	28 38	2 24	21 54	14 57	1 25	21 6	8 43	15 46	18 32	29 7
4	10:52: 9	11 22 43	10Ge31	2 24R	23 8	15 36	1 17	21 14	8 45	15 48	18 34	29 4
5	10:56: 6	12 20 53	22 29	2 18	24 22	16 15	1 10	21 21	8 47	15 50	18 35	29 0
6	11: 0: 2	13 19 6	4Cn38	2 6	25 36	16 55	1 2	21 28	8 49	15 52	18 37	28 57
7	11: 3:59	14 17 20	17 1	1 47	26 50	17 35	0 55	21 36	8 51	15 54	18 39	28 54
8	11: 7:55	15 15 36	29 42	1 22	28 4	18 14	0 47	21 43	8 53	15 56	18 41	28 51
9	11:11:52	16 13 55	12Le43	0 51	29 18	18 54	0 40	21 51	8 55	15 58	18 42	28 48
10	11:15:48	17 12 15	26 5	0 13	0Vi32	19 34	0 33	21 58	8 57	16 0	18 44	28 45
11	11:19:45	18 10 37	9Vi48	29Le45	1 46	20 14	0 25	22 6	8 58	16 2	18 46	28 41
12	11:23:42	19 9 1	23 49	28 39	3 0	20 54	0 18	22 13	9 0	16 4	18 47	28 38
13	11:27:38	20 7 27	8Li 4	27 45	4 14	21 35	0 11	22 21	9 2	16 6	18 49	28 35
14	11:31:34	21 5 54	22 29	26 47	5 29	22 15	0 4	22 28	9 3	16 8	18 51	28 32
15	11:35:31	22 4 24	6Sc59	25 46	6 43	22 56	29Aq58	22 36	9 5	16 10	18 52	28 29
16	11:39:28	23 2 55	21 28	24 43	7 57	23 36	29 51	22 43	9 7	16 12	18 54	28 25
17	11:43:24	24 1 27	5Sg52	23 40	9 11	24 17	29 44	22 51	9 8	16 14	18 55	28 22
18	11:47:21	25 0 2	20 7	22 39	10 26	24 58	29 38	22 58	9 10	16 16	18 57	28 19
19	11:51:18	25 58 38	4Cp12	21 40	11 40	25 39	29 32	23 6	9 11	16 18	18 58	28 16
20	11:55:14	26 57 15	18 3	20 45	12 55	26 20	29 25	23 13	9 12	16 20	19 0	28 13
21	11:59:10	27 55 54	1Aq42	19 57	14 9	27 1	29 19	23 21	9 14	16 23	19 1	28 10
22	12: 3: 7	28 54 35	15 6	19 15	15 23	27 42	29 13	23 28	9 15	16 25	19 3	28 6
23	12: 7: 4	29 53 18	28 17	18 42	16 38	28 23	29 8	23 36	9 16	16 27	19 4	28 3
24	12:11: 0	0Li52 2	11Pi14	18 17	17 52	29 5	29 2	23 43	9 17	16 29	19 6	28 0
25	12:14:56	1 50 48	23 58	18 2	19 7	29 46	28 57	23 51	9 18	16 31	19 7	27 57
26	12:18:53	2 49 37	6Ar29	17 57D	20 22	0Sg28	28 51	23 58	9 19	16 33	19 9	27 54
27	12:22:50	3 48 27	18 48	18 2	21 36	1 10	28 46	24 6	9 20	16 36	19 10	27 51
28	12:26:46	4 47 19	0Ta56	18 17	22 51	1 52	28 41	24 13	9 21	16 38	19 12	27 47
29	12:30:43	5 46 13	12 56	18 42	24 5	2 33	28 36	24 20	9 22	16 40	19 13	27 44
30	12:34:39	6 45 10	24 50	19 17	25 20	3 15	28 32	24 28	9 23	16 42	19 14	27 41

9/23 Sun in Lib. 14:44   9/4 3rd Qt. 13:54   9/12 New 3:29(E)   9/18 1st Qt. 20:54   9/26 Full 4:22(E)

Day	Sid. T.	Sun	Moon	Merc.	Venus	Mars	Jup.	Saturn	Uranus	Nept.	Pluto	N.Node
1	12:38:36	7Li44 9	6Ge42	20Vi 0	26Vi35	3Sg58	28Aq27R	24Vi35	9Cn24	16Li44	19Le16	27Pi38
2	12:42:33	8 43 10	18 34	20 52	27 50	4 40	28 23	24 42	9 25	16 47	19 17	27 35
3	12:46:29	9 42 14	0Cn31	21 51	29 4	5 22	28 19	24 50	9 25	16 49	19 18	27 31
4	12:50:26	10 41 19	12 37	22 58	0Li19	6 5	28 15	24 57	9 26	16 51	19 20	27 28
5	12:54:22	11 40 27	24 57	24 11	1 34	6 47	28 11	25 4	9 27	16 53	19 21	27 25
6	12:58:19	12 39 38	7Le35	25 29	2 49	7 30	28 7	25 12	9 27	16 55	19 22	27 22
7	13: 2:15	13 38 50	20 36	26 52	4 4	8 12	28 4	25 19	9 28	16 58	19 23	27 19
8	13: 6:12	14 38 5	4Vi 1	28 19	5 19	8 55	28 1	25 26	9 28	17 0	19 24	27 16
9	13:10: 9	15 37 22	17 52	29 50	6 34	9 38	27 58	25 33	9 28	17 2	19 26	27 12
10	13:14: 5	16 36 41	2Li 7	1Li23	7 48	10 21	27 55	25 41	9 29	17 4	19 27	27 9
11	13:18: 1	17 36 3	16 42	2 59	9 3	11 4	27 52	25 48	9 29	17 7	19 28	27 6
12	13:21:58	18 35 26	1Sc33	4 37	10 18	11 47	27 50	25 55	9 29	17 9	19 29	27 3
13	13:25:55	19 34 51	16 29	6 17	11 33	12 30	27 47	26 2	9 29	17 11	19 30	27 0
14	13:29:51	20 34 19	1Sg24	7 58	12 48	13 13	27 45	26 9	9 29	17 13	19 31	26 56
15	13:33:48	21 33 48	16 9	9 39	14 3	13 57	27 43	26 16	9 29	17 16	19 32	26 53
16	13:37:44	22 33 19	0Cp39	11 22	15 19	14 40	27 42	26 23	9 29R	17 18	19 33	26 50
17	13:41:41	23 32 52	14 48	13 4	16 34	15 24	27 40	26 30	9 29	17 20	19 34	26 47
18	13:45:37	24 32 26	28 37	14 47	17 49	16 7	27 39	26 37	9 29	17 22	19 35	26 44
19	13:49:34	25 32 2	12Aq 4	16 30	19 4	16 51	27 38	26 44	9 29	17 25	19 36	26 41
20	13:53:31	26 31 40	25 13	18 13	20 19	17 35	27 37	26 51	9 29	17 27	19 37	26 37
21	13:57:27	27 31 20	8Pi 4	19 56	21 34	18 19	27 36	26 58	9 29	17 29	19 38	26 34
22	14: 1:24	28 31 1	20 41	21 39	22 49	19 3	27 36	27 5	9 28	17 31	19 39	26 31
23	14: 5:20	29 30 44	3Ar 6	23 21	24 4	19 47	27 36	27 11	9 28	17 33	19 40	26 28
24	14: 9:17	0Sc30 29	15 21	25 3	25 19	20 31	27 36D	27 18	9 28	17 36	19 40	26 25
25	14:13:13	1 30 16	27 28	26 44	26 35	21 15	27 36	27 25	9 27	17 38	19 41	26 22
26	14:17:10	2 30 4	9Ta29	28 25	27 50	21 59	27 36	27 31	9 27	17 40	19 42	26 18
27	14:21: 7	3 29 55	21 24	0Sc 6	29 5	22 43	27 37	27 38	9 26	17 42	19 43	26 15
28	14:25: 3	4 29 48	3Ge17	1 46	0Sc20	23 28	27 37	27 44	9 25	17 44	19 43	26 12
29	14:28:59	5 29 43	15 8	3 25	1 35	24 12	27 38	27 51	9 25	17 46	19 44	26 9
30	14:32:56	6 29 40	27 0	5 5	2 51	24 57	27 39	27 57	9 24	17 49	19 45	26 6
31	14:36:53	7 29 39	8Cn56	6 43	4 6	25 41	27 41	28 4	9 23	17 51	19 45	26 2

10/23 Sun in Sco. 23:45   10/4 3rd Qt. 7:53   10/11 New 13:34   10/18 1st Qt. 4:18   10/25 Full 20:47

NOVEMBER 1950

Day	Sid. T.	Sun	Moon	Merc.	Venus	Mars	Jup.	Saturn	Uranus	Nept.	Pluto	N.Node
1	14:40:49	8Sc29 40	21Cn 0	8Sc21	5Sc21	26Sg26	27Aq42	28Vi10	9Cn22R	17Li53	19Le46	25Pi59
2	14:44:46	9 29 44	3Le17	9 59	6 36	27 10	27 44	28 16	9 21	17 55	19 46	25 56
3	14:48:42	10 29 49	15 49	11 36	7 52	27 55	27 46	28 23	9 20	17 57	19 47	25 53
4	14:52:39	11 29 57	28 43	13 13	9 7	28 40	27 48	28 29	9 19	17 59	19 47	25 50
5	14:56:36	12 30 6	12Vi 1	14 50	10 22	29 25	27 51	28 35	9 18	18 1	19 48	25 47
6	15: 0:32	13 30 18	25 48	16 26	11 38	0Cp10	27 53	28 41	9 17	18 3	19 48	25 43
7	15: 4:29	14 30 31	10Li 2	18 1	12 53	0 55	27 56	28 47	9 16	18 5	19 49	25 40
8	15: 8:25	15 30 47	24 43	19 37	14 8	1 40	27 59	28 53	9 15	18 7	19 49	25 37
9	15:12:22	16 31 5	9Sc45	21 12	15 24	2 25	28 2	28 59	9 14	18 9	19 50	25 34
10	15:16:18	17 31 24	25 0	22 46	16 39	3 11	28 5	29 5	9 12	18 11	19 50	25 31
11	15:20:15	18 31 45	10Sg16	24 20	17 54	3 56	28 9	29 10	9 11	18 13	19 50	25 28
12	15:24:12	19 32 8	25 23	25 54	19 10	4 41	28 12	29 16	9 10	18 15	19 50	25 24
13	15:28: 8	20 32 32	10Cp11	27 28	20 25	5 27	28 16	29 22	9 8	18 17	19 51	25 21
14	15:32: 4	21 32 58	24 35	29 1	21 40	6 12	28 20	29 27	9 7	18 19	19 51	25 18
15	15:36: 1	22 33 25	8Aq31	0Sg34	22 56	6 58	28 25	29 33	9 5	18 21	19 51	25 15
16	15:39:58	23 33 53	21 59	2 7	24 11	7 43	28 29	29 38	9 4	18 23	19 51	25 12
17	15:43:54	24 34 22	5Pi 3	3 39	25 27	8 29	28 34	29 43	9 2	18 25	19 51	25 8
18	15:47:50	25 34 53	17 45	5 12	26 42	9 15	28 39	29 49	9 1	18 27	19 52	25 5
19	15:51:47	26 35 25	0Ar11	6 44	27 57	10 0	28 44	29 54	8 59	18 29	19 52	25 2
20	15:55:44	27 35 58	12 23	8 16	29 13	10 46	28 49	29 59	8 57	18 31	19 52	24 59
21	15:59:40	28 36 32	24 27	9 47	0Sg28	11 32	28 54	0Li 4	8 55	18 33	19 52R	24 56
22	16: 3:37	29 37 8	6Ta24	11 19	1 43	12 18	29 0	0 9	8 54	18 34	19 52	24 53
23	16: 7:34	0Sg37 45	18 18	12 50	2 59	13 4	29 6	0 14	8 52	18 36	19 52	24 49
24	16:11:30	1 38 24	0Ge11	14 21	4 14	13 50	29 12	0 19	8 50	18 38	19 52	24 46
25	16:15:26	2 39 4	12 3	15 51	5 30	14 36	29 18	0 24	8 48	18 40	19 52	24 43
26	16:19:23	3 39 45	23 56	17 22	6 45	15 22	29 24	0 28	8 46	18 41	19 51	24 40
27	16:23:20	4 40 28	5Cn52	18 52	8 0	16 8	29 30	0 33	8 44	18 43	19 51	24 37
28	16:27:16	5 41 12	17 52	20 21	9 16	16 54	29 37	0 37	8 42	18 45	19 51	24 34
29	16:31:13	6 41 58	29 59	21 51	10 31	17 41	29 44	0 42	8 40	18 46	19 51	24 30
30	16:35: 9	7 42 45	12Le16	23 20	11 47	18 27	29 51	0 46	8 38	18 48	19 51	24 27

11/22 Sun in Sag. 21:03   11/3 3rd Qt. 1:01   11/9 New 23:26   11/16 1st Qt. 15:06   11/24 Full 15:14

DECEMBER 1950

Day	Sid. T.	Sun	Moon	Merc.	Venus	Mars	Jup.	Saturn	Uranus	Nept.	Pluto	N.Node
1	16:39: 6	8Sg43 33	24Le46	24Sg48	13Sg 2	19Cp13	29Aq58	0Li50	8Cn36R	18Li50	19Le50R	24Pi24
2	16:43: 3	9 44 23	7Vi34	26 16	14 17	20 0	0Pi 5	0 55	8 34	18 51	19 50	24 21
3	16:46:59	10 45 15	20 43	27 43	15 33	20 46	0 12	0 59	8 31	18 53	19 50	24 18
4	16:50:55	11 46 7	4Li18	29 10	16 48	21 33	0 20	1 3	8 29	18 54	19 49	24 14
5	16:54:52	12 47 1	18 21	0Cp36	18 4	22 19	0 28	1 6	8 27	18 56	19 49	24 11
6	16:58:49	13 47 57	2Sc52	2 1	19 19	23 6	0 36	1 10	8 25	18 57	19 49	24 8
7	17: 2:45	14 48 54	17 47	3 24	20 35	23 52	0 44	1 14	8 22	18 59	19 48	24 5
8	17: 6:42	15 49 52	3Sg 0	4 46	21 50	24 39	0 52	1 18	8 20	19 0	19 48	24 2
9	17:10:39	16 50 51	18 21	6 7	23 5	25 25	1 0	1 21	8 18	19 1	19 47	23 59
10	17:14:35	17 51 50	3Cp38	7 26	24 21	26 12	1 9	1 25	8 15	19 3	19 47	23 55
11	17:18:31	18 52 51	18 39	8 43	25 36	26 59	1 17	1 28	8 13	19 4	19 46	23 52
12	17:22:28	19 53 52	3Aq16	9 57	26 52	27 46	1 26	1 31	8 11	19 6	19 46	23 49
13	17:26:25	20 54 54	17 24	11 9	28 7	28 32	1 35	1 34	8 8	19 7	19 45	23 46
14	17:30:21	21 55 57	1Pi 4	12 17	29 23	29 19	1 44	1 38	8 6	19 8	19 44	23 43
15	17:34:18	22 57 0	14 10	13 21	0Cp38	0Aq 6	1 53	1 40	8 3	19 9	19 44	23 40
16	17:38:14	23 58 3	26 53	14 21	1 53	0 53	2 2	1 43	8 1	19 10	19 43	23 36
17	17:42:11	24 59 6	9Ar17	15 15	3 9	1 40	2 12	1 46	7 58	19 12	19 42	23 33
18	17:46: 7	26 0 10	21 25	16 4	4 24	2 27	2 21	1 49	7 56	19 13	19 42	23 30
19	17:50: 4	27 1 15	3Ta24	16 46	5 40	3 14	2 31	1 51	7 53	19 14	19 41	23 27
20	17:54: 0	28 2 19	15 17	17 21	6 55	4 0	2 41	1 54	7 51	19 15	19 40	23 24
21	17:57:57	29 3 24	27 7	17 47	8 10	4 47	2 51	1 56	7 48	19 16	19 39	23 20
22	18: 1:53	0Cp 4 30	8Ge59	18 4	9 26	5 34	3 1	1 58	7 46	19 17	19 38	23 17
23	18: 5:50	1 5 36	20 53	18 10	10 41	6 21	3 11	2 1	7 43	19 18	19 38	23 14
24	18: 9:47	2 6 42	2Cn51	18 6R	11 56	7 9	3 21	2 3	7 41	19 19	19 37	23 11
25	18:13:43	3 7 48	14 55	17 50	13 12	7 56	3 31	2 5	7 38	19 20	19 36	23 8
26	18:17:40	4 8 55	27 4	17 23	14 27	8 43	3 42	2 6	7 35	19 21	19 35	23 5
27	18:21:36	5 10 3	9Le21	16 43	15 43	9 30	3 53	2 8	7 33	19 22	19 34	23 1
28	18:25:33	6 11 10	21 47	15 53	16 58	10 17	4 3	2 10	7 30	19 22	19 33	22 58
29	18:29:29	7 12 19	4Vi24	14 52	18 13	11 4	4 14	2 11	7 28	19 23	19 32	22 55
30	18:33:26	8 13 27	17 14	13 43	19 29	11 51	4 25	2 13	7 25	19 24	19 31	22 52
31	18:37:23	9 14 36	0Li22	12 27	20 44	12 38	4 36	2 14	7 22	19 25	19 30	22 49

12/22 Sun in Cap. 10:14   12/2 3rd Qt. 16:22   12/9 New 9:29   12/16 1st Qt. 5:57   12/24 Full 10:23

Day	Sid. T.	Sun	Moon	Merc.	Venus	Mars	Jup.	Saturn	Uranus	Nept.	Pluto	N.Node
1	18:41:19	10Cp15 45	13Li50	11Cp 7R	21Cp59	13Aq26	4Pi47	2Li15	7Cn20R	19Li25	19Le29R	22Pi45
2	18:45:16	11 16 55	27 40	9 45	23 15	14 13	4 59	2 16	7 17	19 26	19 28	22 42
3	18:49:12	12 18 5	11Sc55	8 25	24 30	15 0	5 10	2 17	7 15	19 27	19 27	22 39
4	18:53: 9	13 19 16	26 31	7 8	25 45	15 47	5 21	2 18	7 12	19 27	19 26	22 36
5	18:57: 5	14 20 26	11Sg26	5 57	27 1	16 34	5 33	2 19	7 10	19 28	19 25	22 33
6	19: 1: 2	15 21 37	26 31	4 54	28 16	17 22	5 45	2 20	7 7	19 28	19 24	22 30
7	19: 4:58	16 22 48	11Cp37	4 0	29 31	18 9	5 56	2 20	7 4	19 29	19 22	22 26
8	19: 8:55	17 23 59	26 33	3 15	0Aq47	18 56	6 8	2 21	7 2	19 29	19 21	22 23
9	19:12:52	18 25 9	11Aq11	2 41	2 2	19 43	6 20	2 21	6 59	19 30	19 20	22 20
10	19:16:49	19 26 19	25 24	2 16	3 17	20 31	6 32	2 21	6 57	19 30	19 19	22 17
11	19:20:45	20 27 29	9Pi 9	2 1	4 32	21 18	6 44	2 21	6 54	19 30	19 18	22 14
12	19:24:42	21 28 38	22 25	1 55	5 48	22 5	6 57	2 21R	6 52	19 31	19 16	22 11
13	19:28:38	22 29 46	5Ar15	1 58D	7 3	22 53	7 9	2 21	6 49	19 31	19 15	22 7
14	19:32:34	23 30 54	17 43	2 9	8 18	23 40	7 21	2 21	6 47	19 31	19 14	22 4
15	19:36:31	24 32 1	29 55	2 28	9 33	24 27	7 34	2 21	6 45	19 31	19 13	22 1
16	19:40:28	25 33 7	11Ta54	2 53	10 48	25 14	7 46	2 20	6 42	19 32	19 11	21 58
17	19:44:24	26 34 13	23 47	3 24	12 4	26 2	7 59	2 20	6 40	19 32	19 10	21 55
18	19:48:21	27 35 17	5Ge38	4 1	13 19	26 49	8 11	2 19	6 37	19 32	19 9	21 51
19	19:52:18	28 36 22	17 30	4 43	14 34	27 36	8 24	2 18	6 35	19 32	19 7	21 48
20	19:56:14	29 37 25	29 27	5 30	15 49	28 23	8 37	2 18	6 33	19 32	19 6	21 45
21	20: 0:10	0Aq38 28	11Cn31	6 20	17 4	29 11	8 50	2 17	6 30	19 32R	19 5	21 42
22	20: 4: 7	1 39 29	23 44	7 15	18 19	29 58	9 3	2 16	6 28	19 32	19 3	21 39
23	20: 8: 4	2 40 30	6Le 6	8 12	19 34	0Pi45	9 16	2 14	6 26	19 32	19 2	21 36
24	20:12: 0	3 41 31	18 39	9 13	20 49	1 32	9 29	2 13	6 24	19 32	19 0	21 32
25	20:15:57	4 42 30	1Vi22	10 16	22 4	2 20	9 42	2 12	6 21	19 32	18 59	21 29
26	20:19:54	5 43 29	14 16	11 22	23 19	3 7	9 55	2 10	6 19	19 32	18 58	21 26
27	20:23:50	6 44 27	27 22	12 30	24 34	3 54	10 9	2 9	6 17	19 31	18 56	21 23
28	20:27:46	7 45 24	10Li41	13 40	25 49	4 41	10 22	2 7	6 15	19 31	18 55	21 20
29	20:31:43	8 46 21	24 15	14 52	27 4	5 28	10 35	2 5	6 13	19 31	18 53	21 17
30	20:35:40	9 47 17	8Sc 3	16 6	28 19	6 15	10 49	2 3	6 11	19 31	18 52	21 13
31	20:39:36	10 48 13	22 7	17 22	29 34	7 3	11 2	2 1	6 9	19 30	18 51	21 10

1/20 Sun in Aqu. 20:53 1/1 3rd Qt. 5:12 1/7 New 20:11 1/15 1st Qt. 0:23 1/23 Full 4:47 1/30 3rd Qt. 15:14

Day	Sid. T.	Sun	Moon	Merc.	Venus	Mars	Jup.	Saturn	Uranus	Nept.	Pluto	N.Node
1	20:43:33	11Aq49 8	6Sg25	18Cp39	0Pi49	7Pi50	11Pi16	1Li59R	6Cn 7R	19Li30R	18Le49R	21Pi 7
2	20:47:30	12 50 2	20 56	19 57	2 4	8 37	11 29	1 57	6 5	19 29	18 48	21 4
3	20:51:26	13 50 55	5Cp34	21 17	3 19	9 24	11 43	1 55	6 3	19 29	18 46	21 1
4	20:55:22	14 51 48	20 14	22 38	4 34	10 11	11 57	1 52	6 1	19 28	18 45	20 57
5	20:59:19	15 52 39	4Aq48	24 0	5 49	10 58	12 11	1 50	5 59	19 28	18 43	20 54
6	21: 3:15	16 53 29	19 9	25 23	7 3	11 45	12 24	1 47	5 57	19 28	18 42	20 51
7	21: 7:12	17 54 18	3Pi12	26 47	8 18	12 32	12 38	1 44	5 56	19 27	18 41	20 48
8	21:11: 9	18 55 6	16 52	28 12	9 33	13 19	12 52	1 42	5 54	19 26	18 39	20 45
9	21:15: 5	19 55 52	0Ar 9	29 39	10 48	14 6	13 6	1 39	5 52	19 26	18 38	20 42
10	21:19: 2	20 56 37	13 3	1Aq 6	12 2	14 53	13 20	1 36	5 51	19 25	18 36	20 38
11	21:22:58	21 57 20	25 36	2 34	13 17	15 40	13 34	1 33	5 49	19 24	18 35	20 35
12	21:26:55	22 58 1	7Ta52	4 3	14 32	16 27	13 48	1 30	5 48	19 24	18 33	20 32
13	21:30:51	23 58 41	19 55	5 34	15 46	17 14	14 2	1 27	5 46	19 23	18 32	20 29
14	21:34:48	24 59 20	1Ge50	7 5	17 1	18 1	14 16	1 23	5 45	19 22	18 30	20 26
15	21:38:45	25 59 56	13 42	8 36	18 15	18 48	14 31	1 20	5 43	19 21	18 29	20 23
16	21:42:41	27 0 31	25 35	10 9	19 30	19 35	14 45	1 17	5 42	19 21	18 28	20 19
17	21:46:38	28 1 4	7Cn35	11 43	20 44	20 21	14 59	1 13	5 41	19 20	18 26	20 16
18	21:50:35	29 1 36	19 43	13 18	21 59	21 8	15 13	1 10	5 39	19 19	18 25	20 13
19	21:54:31	0Pi 2 5	2Le 4	14 53	23 13	21 55	15 28	1 6	5 38	19 18	18 23	20 10
20	21:58:27	1 2 33	14 38	16 29	24 28	22 42	15 42	1 2	5 37	19 17	18 22	20 7
21	22: 2:24	2 3 0	27 27	18 7	25 42	23 28	15 56	0 58	5 36	19 16	18 20	20 3
22	22: 6:20	3 3 24	10Vi31	19 45	26 56	24 15	16 11	0 55	5 35	19 15	18 19	20 0
23	22:10:17	4 3 47	23 49	21 24	28 10	25 2	16 25	0 51	5 34	19 14	18 18	19 57
24	22:14:13	5 4 9	7Li20	23 5	29 25	25 48	16 39	0 47	5 33	19 13	18 16	19 54
25	22:18:10	6 4 29	21 3	24 46	0Ar39	26 35	16 54	0 43	5 32	19 12	18 15	19 51
26	22:22: 7	7 4 47	4Sc55	26 28	1 53	27 21	17 8	0 39	5 31	19 11	18 14	19 48
27	22:26: 3	8 5 4	18 56	28 11	3 7	28 8	17 23	0 34	5 30	19 11	18 12	19 44
28	22:30: 0	9 5 20	3Sg 3	29 55	4 21	28 54	17 37	0 30	5 29	19 8	18 11	19 41

2/19 Sun in Pis. 11:10 2/6 New 7:54 2/13 1st Qt. 20:56 2/21 Full 21:13 2/28 3rd Qt. 23:00

MARCH 1951

Day	Sid. T.	Sun	Moon	Merc.	Venus	Mars	Jup.	Saturn	Uranus	Nept.	Pluto	N.Node
1	22:33:56	10Pi 5 34	17Sg15	1Pi41	5Ar35	29Pi41	17Pi52	0Li26R	5Cn29R	19Li 7R	18Le 9R	19Pi38
2	22:37:53	11 5 47	1Cp29	3 27	6 49	0Ar27	18 6	0 22	5 28	19 6	18 8	19 35
3	22:41:49	12 5 58	15 43	5 14	8 3	1 13	18 21	0 17	5 27	19 5	18 7	19 32
4	22:45:46	13 6 8	29 54	7 3	9 17	2 0	18 35	0 13	5 27	19 4	18 6	19 29
5	22:49:43	14 6 16	13Aq57	8 52	10 31	2 46	18 50	0 9	5 26	19 2	18 4	19 25
6	22:53:39	15 6 23	27 51	10 42	11 45	3 32	19 4	0 4	5 26	19 1	18 3	19 22
7	22:57:36	16 6 27	11Pi30	12 34	12 58	4 18	19 19	0 0	5 25	19 0	18 2	19 19
8	23: 1:32	17 6 30	24 54	14 27	14 12	5 5	19 33	29Vi55	5 25	18 58	18 0	19 16
9	23: 5:29	18 6 30	8Ar 0	16 20	15 26	5 51	19 48	29 51	5 25	18 57	17 59	19 13
10	23: 9:25	19 6 29	20 49	18 15	16 39	6 37	20 2	29 46	5 25	18 56	17 58	19 9
11	23:13:22	20 6 26	3Ta21	20 11	17 53	7 23	20 17	29 41	5 24	18 54	17 57	19 6
12	23:17:18	21 6 20	15 37	22 7	19 6	8 9	20 31	29 37	5 24	18 53	17 56	19 3
13	23:21:15	22 6 13	27 42	24 5	20 20	8 55	20 46	29 32	5 24	18 52	17 54	19 0
14	23:25:12	23 6 3	9Ge39	26 3	21 33	9 41	21 0	29 27	5 24D	18 50	17 53	18 57
15	23:29: 8	24 5 51	21 32	28 1	22 47	10 27	21 15	29 23	5 24	18 49	17 52	18 54
16	23:33: 5	25 5 37	3Cn26	0Ar 0	24 0	11 13	21 29	29 18	5 24	18 47	17 51	18 50
17	23:37: 1	26 5 21	15 25	2 0	25 13	11 58	21 44	29 13	5 24	18 46	17 50	18 47
18	23:40:58	27 5 2	27 34	4 0	26 26	12 44	21 59	29 9	5 25	18 44	17 49	18 44
19	23:44:54	28 4 41	9Le58	5 59	27 40	13 30	22 13	29 4	5 25	18 43	17 48	18 41
20	23:48:51	29 4 18	22 39	7 58	28 53	14 16	22 28	28 59	5 25	18 41	17 47	18 38
21	23:52:48	0Ar 3 53	5Vi39	9 57	0Ta 6	15 1	22 42	28 54	5 25	18 40	17 46	18 34
22	23:56:44	1 3 25	19 0	11 54	1 19	15 47	22 56	28 50	5 26	18 38	17 45	18 31
23	0: 0:41	2 2 56	2Li40	13 50	2 32	16 32	23 11	28 45	5 26	18 37	17 44	18 28
24	0: 4:37	3 2 24	16 38	15 45	3 44	17 18	23 25	28 40	5 27	18 35	17 43	18 25
25	0: 8:33	4 1 50	0Sc50	17 37	4 57	18 3	23 40	28 35	5 27	18 33	17 42	18 22
26	0:12:30	5 1 15	15 11	19 27	6 10	18 49	23 54	28 31	5 28	18 32	17 41	18 19
27	0:16:26	6 0 38	29 36	21 13	7 23	19 34	24 9	28 26	5 29	18 30	17 40	18 15
28	0:20:23	6 59 59	13Sg59	22 57	8 35	20 19	24 23	28 21	5 29	18 29	17 39	18 12
29	0:24:20	7 59 18	28 18	24 36	9 48	21 5	24 37	28 17	5 30	18 27	17 38	18 9
30	0:28:16	8 58 36	12Cp29	26 11	11 0	21 50	24 52	28 12	5 31	18 25	17 38	18 6
31	0:32:13	9 57 52	26 30	27 42	12 13	22 35	25 6	28 8	5 32	18 24	17 37	18 3

3/21 Sun in Ari. 10:26   3/7 New 20:51(E)   3/15 1st Qt. 17:40   3/23 Full 10:50   3/30 3rd Qt. 5:35

APRIL 1951

Day	Sid. T.	Sun	Moon	Merc.	Venus	Mars	Jup.	Saturn	Uranus	Nept.	Pluto	N.Node
1	0:36:10	10Ar57 6	10Aq20	29Ar 8	13Ta25	23Ar20	25Pi20	28Vi 3R	5Cn33	18Li22R	17Le36R	18Pi 0
2	0:40: 6	11 56 18	23 58	0Ta28	14 37	24 5	25 34	27 59	5 34	18 21	17 35	17 56
3	0:44: 2	12 55 28	7Pi24	1 43	15 49	24 50	25 49	27 54	5 35	18 19	17 35	17 53
4	0:47:59	13 54 37	20 37	2 52	17 2	25 35	26 3	27 50	5 36	18 17	17 34	17 50
5	0:51:55	14 53 43	3Ar38	3 55	18 14	26 20	26 17	27 45	5 37	18 16	17 33	17 47
6	0:55:52	15 52 48	16 26	4 52	19 26	27 5	26 31	27 41	5 38	18 14	17 33	17 44
7	0:59:49	16 51 50	29 2	5 43	20 38	27 50	26 45	27 36	5 39	18 12	17 32	17 40
8	1: 3:45	17 50 51	11Ta25	6 27	21 49	28 35	26 59	27 32	5 41	18 11	17 31	17 37
9	1: 7:42	18 49 49	23 37	7 4	23 1	29 20	27 13	27 27	5 42	18 9	17 31	17 34
10	1:11:38	19 48 45	5Ge40	7 35	24 13	0Ta 4	27 27	27 24	5 43	18 7	17 30	17 31
11	1:15:35	20 47 39	17 36	8 0	25 25	0 49	27 41	27 20	5 45	18 6	17 30	17 28
12	1:19:31	21 46 31	29 28	8 17	26 36	1 34	27 55	27 16	5 46	18 4	17 29	17 25
13	1:23:27	22 45 21	11Cn21	8 28	27 47	2 19	28 9	27 12	5 48	18 2	17 29	17 21
14	1:27:24	23 44 8	23 19	8 33	28 59	3 3	28 23	27 8	5 50	18 1	17 28	17 18
15	1:31:21	24 42 53	5Le26	8 32R	0Ge10	3 47	28 37	27 4	5 51	17 59	17 28	17 15
16	1:35:17	25 41 36	17 48	8 24	1 21	4 32	28 50	27 0	5 53	17 58	17 27	17 12
17	1:39:14	26 40 16	0Vi28	8 11	2 32	5 16	29 4	26 56	5 55	17 56	17 27	17 9
18	1:43:11	27 38 54	13 32	7 52	3 43	6 0	29 18	26 52	5 56	17 54	17 27	17 6
19	1:47: 7	28 37 30	27 1	7 28	4 54	6 45	29 31	26 49	5 58	17 53	17 26	17 2
20	1:51: 4	29 36 4	10Li55	7 0	6 5	7 29	29 45	26 45	6 0	17 51	17 26	16 59
21	1:55: 0	0Ta34 37	25 13	6 28	7 16	8 13	29 58	26 41	6 2	17 49	17 26	16 56
22	1:58:57	1 33 7	9Sc49	5 53	8 27	8 57	0Ar12	26 38	6 4	17 48	17 26	16 53
23	2: 2:53	2 31 35	24 38	5 15	9 37	9 41	0 25	26 35	6 6	17 46	17 25	16 50
24	2: 6:50	3 30 2	9Sg30	4 36	10 48	10 25	0 38	26 31	6 8	17 45	17 25	16 46
25	2:10:47	4 28 27	24 18	3 56	11 58	11 9	0 52	26 28	6 10	17 43	17 25	16 43
26	2:14:43	5 26 50	8Cp54	3 15	13 8	11 53	1 5	26 25	6 12	17 42	17 25	16 40
27	2:18:40	6 25 12	23 13	2 35	14 18	12 37	1 18	26 22	6 14	17 40	17 25	16 37
28	2:22:36	7 23 32	7Aq14	1 56	15 29	13 21	1 31	26 19	6 17	17 39	17 25	16 34
29	2:26:32	8 21 51	20 55	1 18	16 38	14 4	1 44	26 16	6 19	17 37	17 25	16 31
30	2:30:29	9 20 8	4Pi18	0 43	17 48	14 48	1 57	26 13	6 21	17 35	17 25D	16 27

4/20 Sun in Tau. 21:49   4/6 New 10:52   4/14 1st Qt. 12:56   4/21 Full 21:30   4/28 3rd Qt. 12:18

MAY 1951

Day	Sid. T.	Sun	Moon	Merc.	Venus	Mars	Jup.	Saturn	Uranus	Nept.	Pluto	N.Node
1	2:34:26	10Ta18 23	17Pi25	0Ta12R	18Ge58	15Ta32	2Ar10	26Vi10R	6Cn23	17Li34R	17Le25	16Pi24
2	2:38:22	11 16 37	0Ar18	29Ar43	20 8	16 15	2 23	26 8	6 26	17 32	17 25	16 21
3	2:42:19	12 14 50	12 58	29 19	21 17	16 59	2 36	26 5	6 28	17 31	17 25	16 18
4	2:46:16	13 13 1	25 28	28 58	22 27	17 42	2 49	26 3	6 31	17 30	17 25	16 15
5	2:50:12	14 11 10	7Ta49	28 42	23 36	18 26	3 2	26 0	6 33	17 28	17 25	16 12
6	2:54: 8	15 9 18	20 0	28 30	24 45	19 9	3 14	25 58	6 36	17 27	17 25	16 8
7	2:58: 5	16 7 24	2Ge 5	28 23	25 54	19 52	3 27	25 56	6 38	17 25	17 26	16 5
8	3: 2: 2	17 5 28	14 3	28 21D	27 3	20 36	3 39	25 54	6 41	17 24	17 26	16 2
9	3: 5:58	18 3 31	25 56	28 23	28 12	21 19	3 52	25 52	6 43	17 23	17 26	15 59
10	3: 9:55	19 1 31	7Cn47	28 30	29 21	22 2	4 4	25 50	6 46	17 21	17 26	15 56
11	3:13:52	19 59 30	19 39	28 42	0Cn29	22 45	4 16	25 48	6 49	17 20	17 27	15 52
12	3:17:48	20 57 28	1Le35	28 58	1 38	23 28	4 28	25 46	6 52	17 19	17 27	15 49
13	3:21:44	21 55 23	13 40	29 19	2 46	24 11	4 40	25 45	6 54	17 17	17 27	15 46
14	3:25:41	22 53 17	25 58	29 44	3 54	24 54	4 52	25 43	6 57	17 16	17 28	15 43
15	3:29:37	23 51 8	8Vi35	0Ta13	5 2	25 37	5 4	25 42	7 0	17 15	17 28	15 40
16	3:33:34	24 48 58	21 36	0 46	6 10	26 20	5 16	25 40	7 3	17 13	17 29	15 37
17	3:37:30	25 46 47	5Li 3	1 24	7 18	27 3	5 28	25 39	7 6	17 12	17 29	15 33
18	3:41:27	26 44 33	19 0	2 5	8 25	27 46	5 39	25 38	7 9	17 11	17 30	15 30
19	3:45:24	27 42 18	3Sc25	2 50	9 33	28 28	5 51	25 37	7 12	17 10	17 30	15 27
20	3:49:20	28 40 2	18 14	3 38	10 40	29 11	6 2	25 36	7 15	17 9	17 31	15 24
21	3:53:17	29 37 44	3Sg20	4 30	11 47	29 54	6 14	25 35	7 18	17 8	17 31	15 21
22	3:57:13	0Ge35 25	18 33	5 25	12 54	0Ge36	6 25	25 34	7 21	17 7	17 32	15 17
23	4: 1:10	1 33 5	3Cp42	6 24	14 0	1 19	6 36	25 34	7 24	17 5	17 32	15 14
24	4: 5: 7	2 30 43	18 37	7 25	15 7	2 1	6 47	25 33	7 27	17 4	17 33	15 11
25	4: 9: 4	3 28 21	3Aq11	8 30	16 13	2 44	6 58	25 33	7 30	17 3	17 34	15 8
26	4:13: 0	4 25 57	17 21	9 38	17 20	3 26	7 9	25 32	7 33	17 2	17 35	15 5
27	4:16:57	5 23 33	1Pi 5	10 48	18 26	4 8	7 20	25 32	7 36	17 1	17 35	15 2
28	4:20:53	6 21 8	14 25	12 2	19 31	4 51	7 31	25 32	7 40	17 0	17 36	14 58
29	4:24:50	7 18 42	27 24	13 18	20 37	5 33	7 41	25 32D	7 43	16 59	17 37	14 55
30	4:28:46	8 16 15	10Ar 5	14 37	21 42	6 15	7 52	25 32	7 46	16 59	17 38	14 52
31	4:32:43	9 13 47	22 32	15 59	22 48	6 57	8 2	25 32	7 49	16 58	17 38	14 49

5/21 Sun in Gem. 21:16   5/6 New 1:36   5/14 1st Qt. 5:32   5/21 Full 5:45   5/27 3rd Qt. 20:17

JUNE 1951

Day	Sid. T.	Sun	Moon	Merc.	Venus	Mars	Jup.	Saturn	Uranus	Nept.	Pluto	N.Node
1	4:36:39	10Ge11 18	4Ta49	17Ta24	23Cn53	7Ge39	8Ar13	25Vi33	7Cn53	16Li57R	17Le39	14Pi46
2	4:40:36	11 8 48	16 57	18 51	24 57	8 21	8 23	25 33	7 56	16 56	17 40	14 43
3	4:44:32	12 6 18	28 59	20 21	26 2	9 3	8 33	25 33	7 59	16 55	17 41	14 39
4	4:48:29	13 3 46	10Ge56	21 53	27 6	9 45	8 43	25 34	8 3	16 55	17 42	14 36
5	4:52:26	14 1 14	22 49	23 28	28 11	10 27	8 53	25 35	8 6	16 54	17 43	14 33
6	4:56:22	14 58 41	4Cn41	25 6	29 14	11 9	9 2	25 36	8 9	16 53	17 44	14 30
7	5: 0:19	15 56 7	16 32	26 46	0Le18	11 51	9 12	25 37	8 13	16 52	17 45	14 27
8	5: 4:15	16 53 31	28 25	28 29	1 21	12 32	9 21	25 38	8 16	16 52	17 46	14 23
9	5: 8:12	17 50 55	10Le22	0Ge15	2 24	13 14	9 31	25 39	8 20	16 51	17 47	14 20
10	5:12: 9	18 48 18	22 28	2 2	3 27	13 56	9 40	25 40	8 23	16 51	17 48	14 17
11	5:16: 5	19 45 39	4Vi45	3 53	4 30	14 37	9 49	25 41	8 26	16 50	17 49	14 14
12	5:20: 2	20 43 0	17 20	5 46	5 32	15 19	9 58	25 43	8 30	16 49	17 50	14 11
13	5:23:58	21 40 20	0Li16	7 41	6 34	16 0	10 7	25 44	8 33	16 49	17 52	14 8
14	5:27:55	22 37 38	13 38	9 39	7 36	16 42	10 16	25 46	8 37	16 48	17 53	14 4
15	5:31:51	23 34 56	27 29	11 38	8 37	17 23	10 24	25 47	8 40	16 48	17 54	14 1
16	5:35:47	24 32 13	11Sc49	13 40	9 38	18 4	10 33	25 49	8 44	16 48	17 55	13 58
17	5:39:44	25 29 29	26 36	15 44	10 39	18 46	10 41	25 51	8 48	16 47	17 56	13 55
18	5:43:41	26 26 44	11Sg44	17 50	11 39	19 27	10 49	25 53	8 51	16 47	17 58	13 52
19	5:47:37	27 23 59	27 2	19 57	12 39	20 8	10 57	25 55	8 55	16 47	17 59	13 49
20	5:51:34	28 21 13	12Cp21	22 5	13 39	20 49	11 5	25 57	8 58	16 46	18 0	13 45
21	5:55:31	29 18 27	27 28	24 15	14 38	21 30	11 13	26 0	9 2	16 46	18 1	13 42
22	5:59:27	0Cn15 41	12Aq15	26 26	15 37	22 12	11 21	26 2	9 5	16 46	18 3	13 39
23	6: 3:23	1 12 54	26 36	28 37	16 35	22 53	11 28	26 5	9 9	16 46	18 4	13 36
24	6: 7:20	2 10 8	10Pi28	0Cn48	17 33	23 34	11 35	26 7	9 13	16 46	18 5	13 33
25	6:11:17	3 7 21	23 53	2 59	18 31	24 14	11 43	26 10	9 16	16 45	18 7	13 29
26	6:15:13	4 4 34	6Ar52	5 11	19 28	24 55	11 50	26 13	9 20	16 45	18 8	13 26
27	6:19:10	5 1 47	19 31	7 21	20 25	25 36	11 56	26 15	9 23	16 45	18 10	13 23
28	6:23: 7	5 59 0	1Ta54	9 31	21 21	26 17	12 3	26 18	9 27	16 45	18 11	13 20
29	6:27: 3	6 56 13	14 4	11 40	22 17	26 58	12 10	26 21	9 31	16 45	18 13	13 17
30	6:30:59	7 53 26	26 5	13 48	23 12	27 38	12 16	26 25	9 34	16 45D	18 14	13 14

6/22 Sun in Can. 5:25   6/4 New 16:41   6/12 1st Qt. 18:52   6/19 Full 12:36   6/26 3rd Qt. 6:22

JULY 1951

Day	Sid. T.	Sun	Moon	Merc.	Venus	Mars	Jup.	Saturn	Uranus	Nept.	Pluto	N.Node
1	6:34:56	8Cn50 40	8Ge 1	15Cn54	24Le 7	28Ge19	12Ar22	26Vi28	9Cn38	16Li45	18Le16	13Pi10
2	6:38:53	9 47 53	19 54	17 59	25 1	29 0	12 29	26 31	9 42	16 45	18 17	13 7
3	6:42:49	10 45 7	1Cn45	20 2	25 55	29 40	12 34	26 34	9 45	16 46	18 19	13 4
4	6:46:46	11 42 20	13 37	22 4	26 48	0Cn21	12 40	26 38	9 49	16 46	18 20	13 1
5	6:50:42	12 39 33	25 31	24 4	27 41	1 1	12 46	26 41	9 52	16 46	18 22	12 58
6	6:54:39	13 36 47	7Le29	26 2	28 33	1 42	12 51	26 45	9 56	16 46	18 23	12 55
7	6:58:36	14 34 0	19 33	27 58	29 24	2 22	12 57	26 49	10 0	16 46	18 25	12 51
8	7: 2:32	15 31 13	1Vi44	29 52	0Vi15	3 2	13 2	26 53	10 3	16 47	18 26	12 48
9	7: 6:28	16 28 26	14 7	1Le44	1 5	3 43	13 7	26 57	10 7	16 47	18 28	12 45
10	7:10:25	17 25 39	26 45	3 35	1 54	4 23	13 11	27 1	10 10	16 47	18 30	12 42
11	7:14:22	18 22 51	9Li42	5 23	2 43	5 3	13 16	27 5	10 14	16 48	18 31	12 39
12	7:18:18	19 20 4	23 1	7 10	3 30	5 43	13 20	27 9	10 18	16 48	18 33	12 35
13	7:22:15	20 17 17	6Sc44	8 54	4 17	6 24	13 25	27 13	10 21	16 49	18 35	12 32
14	7:26:12	21 14 30	20 54	10 37	5 3	7 4	13 29	27 17	10 25	16 49	18 36	12 29
15	7:30: 8	22 11 42	5Sg29	12 17	5 49	7 44	13 33	27 22	10 28	16 50	18 38	12 26
16	7:34: 4	23 8 55	20 24	13 56	6 33	8 24	13 36	27 26	10 32	16 50	18 40	12 23
17	7:38: 1	24 6 8	5Cp33	15 32	7 17	9 4	13 40	27 31	10 35	16 51	18 41	12 20
18	7:41:58	25 3 22	20 45	17 7	7 59	9 44	13 43	27 35	10 39	16 51	18 43	12 16
19	7:45:54	26 0 36	5Aq50	18 40	8 41	10 24	13 46	27 40	10 43	16 52	18 45	12 13
20	7:49:50	26 57 50	20 39	20 11	9 21	11 3	13 49	27 45	10 46	16 53	18 47	12 10
21	7:53:47	27 55 5	5Pi 4	21 39	10 0	11 43	13 52	27 50	10 50	16 53	18 48	12 7
22	7:57:44	28 52 20	19 3	23 6	10 39	12 23	13 55	27 54	10 53	16 54	18 50	12 4
23	8: 1:40	29 49 37	2Ar35	24 31	11 16	13 3	13 57	27 59	10 57	16 55	18 52	12 1
24	8: 5:37	0Le46 54	15 40	25 54	11 52	13 42	13 59	28 4	11 0	16 56	18 54	11 57
25	8: 9:33	1 44 12	28 23	27 14	12 27	14 22	14 1	28 10	11 3	16 57	18 56	11 54
26	8:13:30	2 41 31	10Ta46	28 33	13 0	15 2	14 3	28 15	11 7	16 57	18 57	11 51
27	8:17:26	3 38 51	22 56	29 49	13 32	15 41	14 5	28 20	11 10	16 58	18 59	11 48
28	8:21:23	4 36 12	4Ge55	1Vi 3	14 3	16 21	14 6	28 25	11 14	16 59	19 1	11 45
29	8:25:20	5 33 34	16 49	2 15	14 32	17 0	14 7	28 31	11 17	17 0	19 3	11 41
30	8:29:16	6 30 57	28 40	3 25	15 0	17 40	14 8	28 36	11 21	17 1	19 5	11 38
31	8:33:13	7 28 21	10Cn32	4 32	15 26	18 19	14 9	28 42	11 24	17 1	19 6	11 35

7/23 Sun in Leo 16:21   7/4 New 7:48   7/12 1st Qt. 4:57   7/18 Full 19:18   7/25 3rd Qt. 19:00

AUGUST 1951

Day	Sid. T.	Sun	Moon	Merc.	Venus	Mars	Jup.	Saturn	Uranus	Nept.	Pluto	N.Node
1	8:37: 9	8Le25 46	22Cn27	5Vi36	15Vi51	18Cn58	14Ar10	28Vi47	11Cn27	17Li 3	19Le 8	11Pi32
2	8:41: 6	9 23 11	4Le27	6 38	16 14	19 38	14 10	28 53	11 31	17 4	19 10	11 29
3	8:45: 2	10 20 38	16 34	7 37	16 35	20 17	14 11	28 58	11 34	17 5	19 12	11 26
4	8:48:59	11 18 5	28 49	8 33	16 55	20 56	14 11R	29 4	11 37	17 7	19 14	11 22
5	8:52:55	12 15 34	11Vi14	9 27	17 12	21 35	14 11	29 10	11 40	17 8	19 16	11 19
6	8:56:52	13 13 3	23 51	10 17	17 28	22 15	14 10	29 16	11 44	17 9	19 18	11 16
7	9: 0:49	14 10 33	6Li41	11 4	17 42	22 54	14 10	29 22	11 47	17 10	19 19	11 13
8	9: 4:45	15 8 4	19 46	11 47	17 54	23 33	14 9	29 28	11 50	17 11	19 21	11 10
9	9: 8:42	16 5 36	3Sc 9	12 27	18 3	24 12	14 8	29 34	11 53	17 13	19 23	11 6
10	9:12:38	17 3 8	16 51	13 3	18 11	24 51	14 7	29 40	11 56	17 14	19 25	11 3
11	9:16:35	18 0 42	0Sg52	13 34	18 16	25 30	14 6	29 46	11 59	17 15	19 27	11 0
12	9:20:31	18 58 16	15 13	14 2	18 19	26 9	14 4	29 52	12 2	17 16	19 29	10 57
13	9:24:28	19 55 51	29 49	14 25	18 20R	26 48	14 2	29 58	12 5	17 18	19 31	10 54
14	9:28:25	20 53 27	14Cp36	14 44	18 18	27 27	14 0	0Li 5	12 8	17 19	19 32	10 51
15	9:32:21	21 51 4	29 27	14 57	18 14	28 6	13 58	0 11	12 11	17 21	19 34	10 47
16	9:36:18	22 48 43	14Aq15	15 6	18 8	28 44	13 56	0 17	12 14	17 22	19 36	10 44
17	9:40:14	23 46 22	28 52	15 9	17 59	29 23	13 54	0 24	12 17	17 24	19 38	10 41
18	9:44:11	24 44 3	13Pi12	15 7R	17 48	0Le 2	13 51	0 30	12 20	17 25	19 40	10 38
19	9:48: 7	25 41 45	27 9	14 59	17 35	0 40	13 48	0 37	12 23	17 27	19 42	10 35
20	9:52: 4	26 39 28	10Ar43	14 45	17 19	1 19	13 45	0 43	12 26	17 28	19 44	10 32
21	9:56: 0	27 37 14	23 52	14 26	17 1	1 58	13 42	0 50	12 29	17 30	19 45	10 28
22	9:59:57	28 35 1	6Ta38	14 1	16 40	2 36	13 38	0 57	12 32	17 31	19 47	10 25
23	10: 3:53	29 32 49	19 5	13 30	16 18	3 15	13 35	1 3	12 34	17 33	19 49	10 22
24	10: 7:50	0Vi30 40	1Ge17	12 54	15 53	3 53	13 31	1 10	12 37	17 35	19 51	10 19
25	10:11:47	1 28 32	13 17	12 13	15 26	4 32	13 27	1 17	12 40	17 36	19 53	10 16
26	10:15:43	2 26 26	25 11	11 27	14 58	5 10	13 23	1 23	12 42	17 38	19 55	10 12
27	10:19:40	3 24 21	7Cn 3	10 38	14 28	5 49	13 18	1 30	12 45	17 40	19 57	10 9
28	10:23:36	4 22 19	18 56	9 45	13 56	6 27	13 14	1 37	12 48	17 41	19 58	10 6
29	10:27:33	5 20 18	0Le55	8 50	13 23	7 5	13 9	1 44	12 50	17 43	20 0	10 3
30	10:31:29	6 18 19	13 3	7 54	12 48	7 44	13 4	1 51	12 53	17 45	20 2	10 0
31	10:35:26	7 16 21	25 20	6 58	12 13	8 22	12 59	1 58	12 55	17 47	20 4	9 57

8/23 Sun in Vir. 23:17   8/2 New 22:39   8/10 1st Qt. 12:23   8/17 Full 3:00   8/24 3rd Qt. 10:21

Day	Sid. T.	Sun	Moon	Merc.	Venus	Mars	Jup.	Saturn	Uranus	Nept.	Pluto	N.Node
1	10:39:23	8Vi14 26	7Vi50	6Vi 3R	11Vi37R	9Le 0	12Ar54R	2Li 5	12Cn57	17Li48	20Le 6	9Pi53
2	10:43:19	9 12 31	20 34	5 11	11 0	9 38	12 48	2 12	13 0	17 50	20 7	9 50
3	10:47:16	10 10 39	3Li31	4 22	10 23	10 16	12 43	2 19	13 2	17 52	20 9	9 47
4	10:51:12	11 8 48	16 42	3 37	9 46	10 55	12 37	2 26	13 4	17 54	20 11	9 44
5	10:55: 9	12 6 59	0Sc 6	2 59	9 9	11 33	12 31	2 33	13 7	17 56	20 13	9 41
6	10:59: 5	13 5 11	13 44	2 27	8 32	12 11	12 25	2 40	13 9	17 58	20 14	9 38
7	11: 3: 2	14 3 25	27 34	2 3	7 57	12 49	12 19	2 47	13 11	18 0	20 16	9 34
8	11: 6:58	15 1 40	11Sg35	1 47	7 21	13 27	12 13	2 55	13 13	18 2	20 18	9 31
9	11:10:55	15 59 56	25 46	1 39	6 47	14 5	12 7	3 2	13 15	18 4	20 20	9 28
10	11:14:52	16 58 15	10Cp 5	1 40D	6 15	14 42	12 0	3 9	13 17	18 5	20 21	9 25
11	11:18:48	17 56 34	24 29	1 51	5 43	15 20	11 54	3 16	13 19	18 7	20 23	9 22
12	11:22:44	18 54 56	8Aq53	2 11	5 14	15 58	11 47	3 24	13 21	18 9	20 25	9 18
13	11:26:41	19 53 18	23 15	2 39	4 46	16 36	11 40	3 31	13 23	18 11	20 26	9 15
14	11:30:38	20 51 43	7Pi28	3 16	4 20	17 14	11 33	3 38	13 25	18 13	20 28	9 12
15	11:34:34	21 50 9	21 29	4 2	3 56	17 51	11 26	3 45	13 27	18 16	20 30	9 9
16	11:38:31	22 48 37	5Ar15	4 56	3 35	18 29	11 19	3 53	13 29	18 18	20 31	9 6
17	11:42:28	23 47 7	18 41	5 57	3 15	19 7	11 11	4 0	13 31	18 20	20 33	9 3
18	11:46:24	24 45 40	1Ta47	7 5	2 58	19 44	11 4	4 7	13 32	18 22	20 35	8 59
19	11:50:20	25 44 14	14 34	8 20	2 44	20 22	10 57	4 15	13 34	18 24	20 36	8 56
20	11:54:17	26 42 50	27 2	9 40	2 31	20 59	10 49	4 22	13 35	18 26	20 38	8 53
21	11:58:14	27 41 29	9Ge15	11 6	2 21	21 37	10 41	4 30	13 37	18 28	20 39	8 50
22	12: 2:10	28 40 10	21 17	12 36	2 14	22 14	10 34	4 37	13 39	18 30	20 41	8 47
23	12: 6: 7	29 38 53	3Cn11	14 10	2 9	22 52	10 26	4 44	13 40	18 32	20 42	8 44
24	12:10: 3	0Li37 38	15 3	15 47	2 7	23 29	10 18	4 52	13 41	18 34	20 44	8 40
25	12:14: 0	1 36 26	26 57	17 27	2 7D	24 6	10 10	4 59	13 43	18 37	20 45	8 37
26	12:17:56	2 35 16	8Le58	19 10	2 9	24 44	10 2	5 7	13 44	18 39	20 47	8 34
27	12:21:53	3 34 8	21 10	20 54	2 13	25 21	9 54	5 14	13 45	18 41	20 48	8 31
28	12:25:49	4 33 2	3Vi37	22 39	2 20	25 58	9 46	5 21	13 46	18 43	20 50	8 28
29	12:29:46	5 31 58	16 20	24 26	2 29	26 36	9 38	5 29	13 48	18 45	20 51	8 24
30	12:33:43	6 30 57	29 22	26 13	2 40	27 13	9 30	5 36	13 49	18 47	20 53	8 21

9/23 Sun in Lib. 20:38   9/1 New 12:50(E)   9/8 1st Qt. 18:17   9/15 Full 12:39   9/23 3rd Qt. 4:14

Day	Sid. T.	Sun	Moon	Merc.	Venus	Mars	Jup.	Saturn	Uranus	Nept.	Pluto	N.Node
1	12:37:39	7Li29 57	12Li43	28Vi 1	2Vi54	27Le50	9Ar22R	5Li44	13Cn50	18Li50	20Le54	8Pi18
2	12:41:36	8 29 0	26 20	29 49	3 9	28 27	9 14	5 51	13 51	18 52	20 55	8 15
3	12:45:32	9 28 4	10Sc11	1Li37	3 27	29 4	9 6	5 58	13 52	18 54	20 57	8 12
4	12:49:29	10 27 11	24 14	3 25	3 46	29 41	8 58	6 6	13 53	18 56	20 58	8 9
5	12:53:25	11 26 19	8Sg23	5 13	4 7	0Vi18	8 50	6 13	13 54	18 58	20 59	8 5
6	12:57:22	12 25 29	22 36	7 0	4 30	0 55	8 42	6 21	13 54	19 1	21 1	8 2
7	13: 1:19	13 24 41	6Cp48	8 47	4 55	1 32	8 34	6 28	13 55	19 3	21 2	7 59
8	13: 5:15	14 23 54	20 59	10 33	5 21	2 9	8 26	6 35	13 56	19 5	21 3	7 56
9	13: 9:12	15 23 10	5Aq 6	12 19	5 49	2 45	8 18	6 43	13 56	19 7	21 4	7 53
10	13:13: 8	16 22 27	19 7	14 4	6 19	3 22	8 10	6 50	13 57	19 10	21 6	7 50
11	13:17: 5	17 21 45	3Pi 1	15 48	6 50	3 59	8 2	6 57	13 58	19 12	21 7	7 46
12	13:21: 1	18 21 6	16 47	17 32	7 23	4 36	7 54	7 5	13 58	19 14	21 8	7 43
13	13:24:58	19 20 28	0Ar23	19 15	7 57	5 12	7 47	7 12	13 58	19 16	21 9	7 40
14	13:28:54	20 19 53	13 47	20 58	8 32	5 49	7 39	7 19	13 59	19 19	21 10	7 37
15	13:32:51	21 19 19	26 57	22 39	9 9	6 25	7 31	7 27	13 59	19 21	21 11	7 34
16	13:36:47	22 18 48	9Ta53	24 20	9 47	7 2	7 24	7 34	13 59	19 23	21 12	7 30
17	13:40:44	23 18 18	22 32	26 1	10 26	7 38	7 16	7 41	14 0	19 25	21 13	7 27
18	13:44:41	24 17 51	4Ge57	27 40	11 7	8 15	7 9	7 48	14 0	19 28	21 14	7 24
19	13:48:37	25 17 26	17 9	29 19	11 49	8 51	7 2	7 56	14 0	19 30	21 15	7 21
20	13:52:34	26 17 3	29 9	0Sc58	12 31	9 28	6 54	8 3	14 0	19 32	21 16	7 18
21	13:56:30	27 16 43	11Cn 2	2 36	13 15	10 4	6 47	8 10	14 0R	19 34	21 17	7 15
22	14: 0:27	28 16 24	22 53	4 13	14 0	10 40	6 40	8 17	14 0	19 36	21 18	7 11
23	14: 4:23	29 16 8	4Le45	5 49	14 45	11 16	6 33	8 24	14 0	19 39	21 19	7 8
24	14: 8:20	0Sc15 55	16 45	7 25	15 32	11 53	6 27	8 31	13 59	19 41	21 20	7 5
25	14:12:17	1 15 43	28 58	9 1	16 20	12 29	6 20	8 38	13 59	19 43	21 21	7 2
26	14:16:13	2 15 34	11Vi27	10 36	17 8	13 5	6 14	8 45	13 59	19 45	21 22	6 59
27	14:20:10	3 15 26	24 18	12 10	17 58	13 41	6 7	8 52	13 59	19 47	21 22	6 55
28	14:24: 6	4 15 21	7Li33	13 44	18 48	14 17	6 1	8 59	13 58	19 50	21 23	6 52
29	14:28: 3	5 15 18	21 11	15 17	19 39	14 53	5 55	9 6	13 58	19 52	21 24	6 49
30	14:31:59	6 15 17	5Sc12	16 50	20 30	15 29	5 49	9 13	13 57	19 54	21 25	6 46
31	14:35:56	7 15 18	19 32	18 23	21 23	16 4	5 43	9 20	13 57	19 56	21 25	6 43

10/24 Sun in Sco. 5:37   10/1 New 1:57   10/8 1st Qt. 0:01   10/15 Full 0:51   10/22 3rd Qt. 23:56   10/30 New 13:55

NOVEMBER 1951

Day	Sid. T.	Sun	Moon	Merc.	Venus	Mars	Jup.	Saturn	Uranus	Nept.	Pluto	N.Node
1	14:39:52	8Sc15 21	4Sg 3	19Sc55	22Vi16	16Vi40	5Ar38R	9Li27	13Cn56R	19Li58	21Le26	6Pi40
2	14:43:49	9 15 25	18 39	21 26	23 10	17 16	5 32	9 34	13 56	20 0	21 27	6 36
3	14:47:46	10 15 32	3Cp14	22 57	24 4	17 52	5 27	9 40	13 55	20 3	21 27	6 33
4	14:51:42	11 15 39	17 41	24 28	24 59	18 27	5 22	9 47	13 54	20 5	21 28	6 30
5	14:55:39	12 15 49	1Aq56	25 58	25 55	19 3	5 17	9 54	13 53	20 7	21 28	6 27
6	14:59:35	13 16 0	15 58	27 28	26 51	19 38	5 12	10 0	13 52	20 9	21 29	6 24
7	15: 3:32	14 16 12	29 47	28 57	27 48	20 14	5 7	10 7	13 51	20 11	21 29	6 21
8	15: 7:28	15 16 25	13Pi22	0Sg26	28 46	20 49	5 3	10 13	13 51	20 13	21 30	6 17
9	15:11:25	16 16 41	26 45	1 54	29 44	21 25	4 59	10 20	13 50	20 15	21 30	6 14
10	15:15:22	17 16 57	9Ar57	3 22	0Li42	22 0	4 55	10 26	13 48	20 17	21 31	6 11
11	15:19:18	18 17 15	22 58	4 49	1 41	22 35	4 51	10 33	13 47	20 19	21 31	6 8
12	15:23:14	19 17 35	5Ta48	6 16	2 40	23 11	4 47	10 39	13 46	20 21	21 31	6 5
13	15:27:11	20 17 57	18 26	7 42	3 40	23 46	4 44	10 45	13 45	20 23	21 32	6 1
14	15:31: 8	21 18 20	0Ge54	9 8	4 41	24 21	4 40	10 52	13 44	20 25	21 32	5 58
15	15:35: 4	22 18 45	13 10	10 33	5 41	24 56	4 37	10 58	13 42	20 27	21 32	5 55
16	15:39: 0	23 19 11	25 16	11 57	6 43	25 31	4 34	11 4	13 41	20 29	21 32	5 52
17	15:42:57	24 19 39	7Cn14	13 20	7 44	26 6	4 32	11 10	13 40	20 31	21 33	5 49
18	15:46:54	25 20 10	19 5	14 43	8 46	26 40	4 29	11 16	13 38	20 33	21 33	5 46
19	15:50:50	26 20 41	0Le53	16 4	9 49	27 15	4 27	11 22	13 37	20 35	21 33	5 42
20	15:54:47	27 21 15	12 43	17 24	10 51	27 50	4 25	11 28	13 35	20 37	21 33	5 39
21	15:58:44	28 21 50	24 40	18 43	11 54	28 25	4 23	11 34	13 34	20 39	21 33	5 36
22	16: 2:40	29 22 27	6Vi49	20 0	12 58	28 59	4 21	11 40	13 32	20 41	21 33	5 33
23	16: 6:36	0Sg23 5	19 16	21 16	14 2	29 34	4 19	11 45	13 30	20 42	21 33	5 30
24	16:10:33	1 23 46	2Li 5	22 30	15 6	0Li 8	4 18	11 51	13 29	20 44	21 33R	5 27
25	16:14:30	2 24 28	15 21	23 41	16 10	0 43	4 17	11 57	13 27	20 46	21 33	5 23
26	16:18:26	3 25 11	29 6	24 50	17 15	1 17	4 16	12 2	13 25	20 48	21 33	5 20
27	16:22:23	4 25 56	13Sc19	25 56	18 20	1 51	4 16	12 8	13 23	20 50	21 33	5 17
28	16:26:20	5 26 43	27 56	26 59	19 26	2 25	4 15	12 13	13 22	20 51	21 33	5 14
29	16:30:16	6 27 31	12Sg51	27 58	20 31	2 59	4 15	12 18	13 20	20 53	21 33	5 11
30	16:34:13	7 28 20	27 53	28 53	21 37	3 34	4 15D	12 24	13 18	20 55	21 32	5 7

11/23 Sun in Sag. 2:52   11/6 1st Qt. 6:59   11/13 Full 15:52   11/21 3rd Qt. 20:02   11/29 New 1:01

DECEMBER 1951

Day	Sid. T.	Sun	Moon	Merc.	Venus	Mars	Jup.	Saturn	Uranus	Nept.	Pluto	N.Node
1	16:38: 9	8Sg29 10	12Cp53	29Sg43	22Li43	4Li 7	4Ar15	12Li29	13Cn16R	20Li56	21Le32R	5Pi 4
2	16:42: 5	9 30 1	27 43	0Cp28	23 50	4 41	4 15	12 34	13 14	20 58	21 32	5 1
3	16:46: 2	10 30 53	12Aq15	1 6	24 56	5 15	4 16	12 39	13 12	21 0	21 32	4 58
4	16:49:59	11 31 46	26 26	1 37	26 3	5 49	4 17	12 44	13 10	21 1	21 31	4 55
5	16:53:55	12 32 40	10Pi16	2 0	27 10	6 23	4 18	12 49	13 8	21 3	21 31	4 52
6	16:57:52	13 33 34	23 45	2 15	28 18	6 56	4 19	12 54	13 5	21 4	21 31	4 48
7	17: 1:49	14 34 29	6Ar57	2 20R	29 25	7 30	4 20	12 59	13 3	21 6	21 30	4 45
8	17: 5:45	15 35 25	19 53	2 15	0Sc33	8 3	4 22	13 3	13 1	21 7	21 30	4 42
9	17: 9:41	16 36 21	2Ta36	1 58	1 41	8 36	4 24	13 8	12 59	21 9	21 29	4 39
10	17:13:38	17 37 19	15 7	1 31	2 49	9 10	4 26	13 12	12 57	21 10	21 29	4 36
11	17:17:35	18 38 17	27 30	0 52	3 57	9 43	4 28	13 17	12 54	21 12	21 29	4 33
12	17:21:31	19 39 15	9Ge43	0 2	5 6	10 16	4 31	13 21	12 52	21 13	21 28	4 29
13	17:25:28	20 40 15	21 49	29Sg 1	6 15	10 49	4 33	13 25	12 50	21 14	21 27	4 26
14	17:29:25	21 41 15	3Cn48	27 52	7 24	11 21	4 36	13 30	12 47	21 16	21 27	4 23
15	17:33:21	22 42 17	15 41	26 35	8 33	11 54	4 39	13 34	12 45	21 17	21 26	4 20
16	17:37:17	23 43 19	27 30	25 14	9 42	12 27	4 42	13 38	12 43	21 18	21 26	4 17
17	17:41:14	24 44 21	9Le18	23 51	10 51	12 59	4 46	13 42	12 40	21 19	21 25	4 13
18	17:45:10	25 45 25	21 8	22 29	12 1	13 32	4 49	13 45	12 38	21 21	21 24	4 10
19	17:49: 7	26 46 29	3Vi 4	21 11	13 11	14 4	4 53	13 49	12 35	21 22	21 24	4 7
20	17:53: 3	27 47 34	15 10	19 58	14 20	14 37	4 57	13 53	12 33	21 23	21 23	4 4
21	17:57: 0	28 48 40	27 33	18 54	15 30	15 9	5 1	13 56	12 30	21 24	21 22	4 1
22	18: 0:57	29 49 47	10Li17	17 59	16 40	15 41	5 6	14 0	12 28	21 25	21 21	3 58
23	18: 4:53	0Cp50 54	23 26	17 14	17 51	16 13	5 10	14 3	12 25	21 26	21 21	3 54
24	18: 8:50	1 52 3	7Sc 5	16 40	19 1	16 44	5 15	14 7	12 23	21 27	21 20	3 51
25	18:12:46	2 53 12	21 15	16 17	20 12	17 16	5 20	14 10	12 20	21 28	21 19	3 48
26	18:16:43	3 54 21	5Sg52	16 4	21 22	17 48	5 25	14 13	12 18	21 29	21 18	3 45
27	18:20:40	4 55 31	20 52	16 2D	22 33	18 19	5 31	14 16	12 15	21 30	21 17	3 42
28	18:24:36	5 56 42	6Cp 6	16 8	23 44	18 51	5 36	14 19	12 13	21 31	21 16	3 39
29	18:28:33	6 57 52	21 23	16 23	24 55	19 22	5 42	14 22	12 10	21 32	21 15	3 35
30	18:32:29	7 59 3	6Aq32	16 46	26 6	19 53	5 48	14 24	12 7	21 33	21 14	3 32
31	18:36:26	9 0 13	21 24	17 17	27 17	20 24	5 54	14 27	12 5	21 34	21 13	3 29

12/22 Sun in Cap. 16:01   12/5 1st Qt. 16:21   12/13 Full 9:31   12/21 3rd Qt. 14:38   12/28 New 11:44

Day	Sid. T.	Sun	Moon	Merc.	Venus	Mars	Jup.	Saturn	Uranus	Nept.	Pluto	N.Node
1	18:40:22	10Cp 1 24	5Pi53	17Sg53	28Sc28	20Li55	6Ar 0	14Li29	12Cn 2R	21Li34	21Le12R	3Pi26
2	18:44:19	11 2 34	19 55	18 35	29 40	21 25	6 6	14 32	12 0	21 35	21 11	3 23
3	18:48:15	12 3 44	3Ar32	19 22	0Sg51	21 56	6 13	14 34	11 57	21 36	21 10	3 19
4	18:52:12	13 4 54	16 45	20 14	2 3	22 26	6 20	14 36	11 54	21 36	21 9	3 16
5	18:56: 8	14 6 3	29 37	21 10	3 15	22 57	6 26	14 38	11 52	21 37	21 8	3 13
6	19: 0: 5	15 7 12	12Ta12	22 9	4 26	23 27	6 33	14 40	11 49	21 38	21 7	3 10
7	19: 4: 2	16 8 21	24 33	23 11	5 38	23 57	6 41	14 42	11 47	21 38	21 6	3 7
8	19: 7:58	17 9 29	6Ge43	24 17	6 50	24 27	6 48	14 44	11 44	21 39	21 5	3 4
9	19:11:55	18 10 37	18 46	25 25	8 2	24 56	6 56	14 46	11 41	21 39	21 3	3 0
10	19:15:51	19 11 45	0Cn43	26 35	9 14	25 26	7 3	14 47	11 39	21 40	21 2	2 57
11	19:19:48	20 12 52	12 35	27 47	10 26	25 55	7 11	14 49	11 36	21 40	21 0	2 54
12	19:23:44	21 13 59	24 25	29 1	11 38	26 24	7 19	14 50	11 34	21 41	20 59	2 51
13	19:27:41	22 15 6	6Le15	0Cp17	12 50	26 53	7 27	14 52	11 31	21 41	20 59	2 48
14	19:31:38	23 16 12	18 6	1 34	14 3	27 22	7 35	14 53	11 29	21 41	20 57	2 44
15	19:35:34	24 17 18	0Vi 0	2 52	15 15	27 51	7 44	14 54	11 26	21 42	20 56	2 41
16	19:39:31	25 18 24	12 0	4 12	16 27	28 20	7 52	14 55	11 24	21 42	20 55	2 38
17	19:43:27	26 19 29	24 11	5 33	17 40	28 48	8 1	14 55	11 21	21 42	20 54	2 35
18	19:47:24	27 20 34	6Li35	6 55	18 52	29 16	8 10	14 56	11 19	21 42	20 52	2 32
19	19:51:20	28 21 39	19 17	8 18	20 5	29 44	8 19	14 57	11 16	21 42	20 51	2 29
20	19:55:17	29 22 43	2Sc21	9 43	21 18	0Sc12	8 28	14 57	11 14	21 43	20 50	2 25
21	19:59:13	0Aq23 47	15 50	11 7	22 30	0 39	8 37	14 58	11 11	21 43	20 48	2 22
22	20: 3:10	1 24 51	29 47	12 33	23 43	1 7	8 47	14 58	11 9	21 43	20 47	2 19
23	20: 7: 6	2 25 55	14Sg11	14 0	24 56	1 34	8 56	14 58	11 7	21 43R	20 46	2 16
24	20:11: 3	3 26 58	28 58	15 27	26 9	2 1	9 6	14 58	11 4	21 43	20 44	2 13
25	20:15: 0	4 28 0	14Cp 4	16 55	27 22	2 28	9 16	14 58R	11 2	21 43	20 43	2 10
26	20:18:56	5 29 2	29 18	18 24	28 35	2 54	9 26	14 58	11 0	21 43	20 41	2 6
27	20:22:53	6 30 3	14Aq30	19 54	29 48	3 21	9 36	14 58	10 57	21 42	20 40	2 3
28	20:26:49	7 31 3	29 32	21 24	1Cp 1	3 47	9 46	14 58	10 55	21 42	20 39	2 0
29	20:30:46	8 32 1	14Pi14	22 55	2 14	4 13	9 56	14 57	10 53	21 42	20 37	1 57
30	20:34:43	9 32 59	28 31	24 27	3 27	4 38	10 7	14 57	10 51	21 42	20 36	1 54
31	20:38:39	10 33 55	12Ar20	25 59	4 40	5 3	10 17	14 56	10 48	21 42	20 34	1 50

1/21 Sun in Aqu. 2:39   1/4 1st Qt. 4:43   1/12 Full 4:55   1/20 3rd Qt. 6:10   1/26 New 22:27

Day	Sid. T.	Sun	Moon	Merc.	Venus	Mars	Jup.	Saturn	Uranus	Nept.	Pluto	N.Node
1	20:42:36	11Aq34 50	25Ar43	27Cp33	5Cp53	5Sc29	10Ar28	14Li55R	10Cn46R	21Li41R	20Le33R	1Pi47
2	20:46:32	12 35 44	8Ta41	29 6	7 7	5 53	10 38	14 54	10 44	21 41	20 31	1 44
3	20:50:29	13 36 37	21 17	0Aq41	8 20	6 18	10 49	14 53	10 42	21 41	20 30	1 41
4	20:54:25	14 37 28	3Ge37	2 16	9 33	6 42	11 0	14 52	10 40	21 40	20 29	1 38
5	20:58:21	15 38 17	15 42	3 52	10 46	7 7	11 11	14 51	10 38	21 40	20 27	1 35
6	21: 2:18	16 39 6	27 39	5 29	12 0	7 30	11 22	14 50	10 36	21 39	20 26	1 31
7	21: 6:15	17 39 53	9Cn31	7 6	13 13	7 54	11 34	14 48	10 34	21 39	20 24	1 28
8	21:10:11	18 40 38	21 20	8 45	14 26	8 17	11 45	14 47	10 32	21 38	20 23	1 25
9	21:14: 8	19 41 22	3Le 9	10 24	15 40	8 40	11 56	14 45	10 30	21 38	20 21	1 22
10	21:18: 5	20 42 5	15 2	12 3	16 53	9 3	12 8	14 43	10 29	21 37	20 20	1 19
11	21:22: 1	21 42 46	26 59	13 44	18 7	9 25	12 20	14 42	10 27	21 37	20 18	1 16
12	21:25:57	22 43 26	9Vi 6	15 26	19 20	9 47	12 31	14 40	10 25	21 36	20 17	1 12
13	21:29:54	23 44 5	21 15	17 8	20 34	10 9	12 43	14 38	10 23	21 35	20 15	1 9
14	21:33:51	24 44 42	3Li38	18 51	21 47	10 30	12 55	14 36	10 22	21 35	20 14	1 6
15	21:37:47	25 45 18	16 13	20 35	23 1	10 51	13 7	14 33	10 20	21 34	20 13	1 3
16	21:41:44	26 45 53	29 3	22 20	24 14	11 12	13 19	14 31	10 19	21 33	20 11	1 0
17	21:45:41	27 46 27	12Sc10	24 6	25 28	11 32	13 31	14 29	10 17	21 32	20 10	0 56
18	21:49:37	28 46 59	25 37	25 52	26 41	11 52	13 43	14 26	10 16	21 32	20 8	0 53
19	21:53:33	29 47 31	9Sg23	27 40	27 55	12 11	13 56	14 24	10 14	21 31	20 7	0 50
20	21:57:30	0Pi48 1	23 31	29 29	29 9	12 31	14 8	14 21	10 13	21 30	20 5	0 47
21	22: 1:26	1 48 30	7Cp58	1Pi18	0Aq22	12 49	14 21	14 18	10 11	21 29	20 4	0 44
22	22: 5:23	2 48 57	22 41	3 8	1 36	13 8	14 33	14 16	10 10	21 28	20 2	0 41
23	22: 9:20	3 49 23	7Aq35	4 59	2 50	13 26	14 46	14 13	10 9	21 27	20 1	0 37
24	22:13:16	4 49 47	22 32	6 51	4 3	13 43	14 59	14 10	10 8	21 26	20 0	0 34
25	22:17:13	5 50 10	7Pi24	8 44	5 17	14 1	15 11	14 7	10 6	21 25	19 58	0 31
26	22:21:10	6 50 31	22 4	10 37	6 31	14 17	15 24	14 3	10 5	21 24	19 57	0 28
27	22:25: 6	7 50 51	6Ar25	12 31	7 45	14 34	15 37	14 0	10 4	21 23	19 55	0 25
28	22:29: 2	8 51 8	20 22	14 25	8 58	14 49	15 50	13 57	10 3	21 22	19 54	0 22
29	22:32:59	9 51 23	3Ta53	16 20	10 12	15 5	16 3	13 53	10 2	21 21	19 53	0 18

2/19 Sun in Pis. 16:57   2/2 1st Qt. 20:02   2/11 Full 0:29(E)   2/18 3rd Qt. 18:02   2/25 New 9:16(E)

MARCH 1952

Day	Sid. T.	Sun	Moon	Merc.	Venus	Mars	Jup.	Saturn	Uranus	Nept.	Pluto	N.Node
1	22:36:56	10Pi51 37	16Ta59	18Pi15	11Aq26	15Sc20	16Ar16	13Li50R	10Cn 1R	21Li20R	19Le51R	0Pi15
2	22:40:52	11 51 48	29 41	20 10	12 40	15 34	16 29	13 46	10 1	21 18	19 50	0 12
3	22:44:49	12 51 57	12Ge 4	22 5	13 53	15 48	16 43	13 43	10 0	21 17	19 49	0 9
4	22:48:46	13 52 5	24 11	23 59	15 7	16 2	16 56	13 39	9 59	21 16	19 47	0 6
5	22:52:42	14 52 10	6Cn 7	25 53	16 21	16 14	17 9	13 35	9 58	21 15	19 46	0 2
6	22:56:38	15 52 13	17 57	27 45	17 35	16 27	17 23	13 32	9 58	21 14	19 45	29Aq59
7	23: 0:35	16 52 14	29 45	29 36	18 49	16 39	17 36	13 28	9 57	21 12	19 44	29 56
8	23: 4:31	17 52 13	11Le36	1Ar26	20 2	16 50	17 50	13 24	9 57	21 11	19 42	29 53
9	23: 8:28	18 52 9	23 33	3 13	21 16	17 1	18 3	13 20	9 56	21 10	19 41	29 50
10	23:12:24	19 52 4	5Vi38	4 57	22 30	17 11	18 17	13 16	9 56	21 8	19 40	29 47
11	23:16:21	20 51 57	17 54	6 38	23 44	17 21	18 30	13 12	9 55	21 7	19 39	29 43
12	23:20:18	21 51 47	0Li23	8 15	24 58	17 30	18 44	13 8	9 55	21 6	19 37	29 40
13	23:24:14	22 51 36	13 5	9 48	26 11	17 38	18 58	13 3	9 55	21 4	19 36	29 37
14	23:28:11	23 51 23	26 0	11 17	27 25	17 46	19 12	12 59	9 54	21 3	19 35	29 34
15	23:32: 7	24 51 8	9Sc 9	12 40	28 39	17 53	19 25	12 55	9 54	21 1	19 34	29 31
16	23:36: 4	25 50 52	22 31	13 57	29 53	18 0	19 39	12 50	9 54	21 0	19 33	29 28
17	23:40: 0	26 50 34	6Sg 7	15 9	1Pi 7	18 6	19 53	12 46	9 54	20 58	19 32	29 24
18	23:43:57	27 50 14	19 55	16 13	2 21	18 11	20 7	12 42	9 54D	20 57	19 31	29 21
19	23:47:54	28 49 52	3Cp55	17 11	3 34	18 15	20 21	12 37	9 54	20 56	19 29	29 18
20	23:51:50	29 49 29	18 6	18 2	4 48	18 19	20 35	12 33	9 54	20 54	19 28	29 15
21	23:55:47	0Ar49 4	2Aq27	18 45	6 2	18 22	20 49	12 28	9 54	20 53	19 27	29 12
22	23:59:43	1 48 37	16 55	19 21	7 16	18 25	21 3	12 24	9 55	20 51	19 26	29 8
23	0: 3:40	2 48 8	1Pi25	19 48	8 30	18 27	21 17	12 19	9 55	20 49	19 25	29 5
24	0: 7:36	3 47 38	15 54	20 8	9 44	18 28	21 31	12 14	9 55	20 48	19 24	29 2
25	0:11:33	4 47 5	0Ar15	20 21	10 58	18 28R	21 46	12 10	9 55	20 46	19 23	28 59
26	0:15:29	5 46 30	14 24	20 25	12 12	18 28	22 0	12 5	9 56	20 45	19 22	28 56
27	0:19:26	6 45 54	28 14	20 22R	13 25	18 27	22 14	12 1	9 56	20 43	19 22	28 53
28	0:23:23	7 45 15	11Ta44	20 11	14 39	18 25	22 28	11 56	9 57	20 42	19 21	28 49
29	0:27:19	8 44 34	24 51	19 54	15 53	18 22	22 42	11 51	9 57	20 40	19 20	28 46
30	0:31:16	9 43 51	7Ge37	19 30	17 7	18 19	22 57	11 47	9 58	20 38	19 19	28 43
31	0:35:12	10 43 5	20 2	19 1	18 21	18 15	23 11	11 42	9 59	20 37	19 18	28 40

3/20 Sun in Ari. 16:14   3/3 1st Qt. 13:44   3/11 Full 18:14   3/19 3rd Qt. 2:40   3/25 New 20:13

APRIL 1952

Day	Sid. T.	Sun	Moon	Merc.	Venus	Mars	Jup.	Saturn	Uranus	Nept.	Pluto	N.Node
1	0:39: 9	11Ar42 18	2Cn11	18Ar26R	19Pi35	18Sc10R	23Ar25	11Li37R	10Cn 0	20Li35R	19Le17R	28Aq37
2	0:43: 5	12 41 28	14 8	17 47	20 49	18 4	23 40	11 33	10 0	20 34	19 17	28 33
3	0:47: 2	13 40 35	25 59	17 4	22 2	17 58	23 54	11 28	10 1	20 32	19 16	28 30
4	0:50:59	14 39 40	7Le48	16 19	23 16	17 50	24 8	11 23	10 2	20 30	19 15	28 27
5	0:54:55	15 38 43	19 40	15 32	24 30	17 42	24 23	11 19	10 3	20 29	19 14	28 24
6	0:58:52	16 37 44	1Vi41	14 45	25 44	17 34	24 37	11 14	10 4	20 27	19 14	28 21
7	1: 2:48	17 36 43	13 53	13 57	26 58	17 24	24 52	11 9	10 5	20 25	19 13	28 18
8	1: 6:45	18 35 39	26 21	13 11	28 11	17 14	25 6	11 5	10 6	20 24	19 12	28 14
9	1:10:41	19 34 33	9Li 6	12 26	29 25	17 3	25 20	11 0	10 7	20 22	19 12	28 11
10	1:14:37	20 33 25	22 8	11 44	0Ar39	16 51	25 35	10 55	10 9	20 20	19 11	28 8
11	1:18:34	21 32 15	5Sc28	11 6	1 53	16 39	25 49	10 51	10 10	20 19	19 11	28 5
12	1:22:31	22 31 3	19 2	10 31	3 7	16 26	26 4	10 46	10 11	20 17	19 10	28 2
13	1:26:27	23 29 50	2Sg48	10 0	4 20	16 12	26 18	10 42	10 13	20 15	19 10	27 59
14	1:30:24	24 28 35	16 44	9 35	5 34	15 57	26 33	10 37	10 14	20 14	19 9	27 55
15	1:34:21	25 27 18	0Cp46	9 14	6 48	15 42	26 47	10 33	10 15	20 12	19 9	27 52
16	1:38:17	26 25 59	14 52	8 58	8 2	15 26	27 1	10 28	10 17	20 11	19 8	27 49
17	1:42:14	27 24 38	28 59	8 47	9 16	15 9	27 16	10 24	10 18	20 9	19 8	27 46
18	1:46:10	28 23 16	13Aq 7	8 42	10 29	14 52	27 30	10 20	10 20	20 7	19 7	27 43
19	1:50: 7	29 21 53	27 15	8 41D	11 43	14 35	27 45	10 15	10 22	20 6	19 7	27 39
20	1:54: 3	0Ta20 27	11Pi21	8 46	12 57	14 16	27 59	10 11	10 23	20 4	19 7	27 36
21	1:58: 0	1 19 0	25 23	8 56	14 11	13 57	28 14	10 7	10 25	20 2	19 7	27 33
22	2: 1:57	2 17 31	9Ar18	9 10	15 25	13 38	28 28	10 3	10 27	20 1	19 6	27 30
23	2: 5:53	3 16 1	23 4	9 30	16 38	13 18	28 43	9 59	10 29	19 59	19 6	27 27
24	2: 9:50	4 14 28	6Ta36	9 53	17 52	12 58	28 57	9 55	10 31	19 58	19 6	27 24
25	2:13:46	5 12 54	19 53	10 21	19 6	12 37	29 11	9 51	10 33	19 56	19 6	27 20
26	2:17:42	6 11 18	2Ge51	10 54	20 20	12 16	29 26	9 47	10 35	19 54	19 6	27 17
27	2:21:39	7 9 40	15 32	11 30	21 33	11 55	29 40	9 43	10 37	19 53	19 6	27 14
28	2:25:36	8 8 0	27 55	12 10	22 47	11 34	29 55	9 39	10 39	19 51	19 6	27 11
29	2:29:32	9 6 18	10Cn 3	12 54	24 1	11 12	0Ta 9	9 35	10 41	19 50	19 6	27 8
30	2:33:29	10 4 34	22 0	13 42	25 15	10 50	0 23	9 31	10 43	19 48	19 5	27 5

4/20 Sun in Tau. 3:37   4/2 1st Qt. 8:49   4/10 Full 8:54   4/17 3rd Qt. 9:08   4/24 New 7:28

Day	Sid. T.	Sun	Moon	Merc.	Venus	Mars	Jup.	Saturn	Uranus	Nept.	Pluto	N.Node
1	2:37:26	11Ta 2 47	3Le50	14Ar32	26Ar28	10Sc28R	0Ta38	9Li28R	10Cn45	19Li47R	19Le 5	27Aq 1
2	2:41:22	12 0 59	15 39	15 26	27 42	10 6	0 52	9 24	10 47	19 45	19 6	26 58
3	2:45:18	12 59 9	27 32	16 23	28 56	9 43	1 6	9 21	10 50	19 44	19 6	26 55
4	2:49:15	13 57 17	9Vi34	17 24	0Ta 9	9 21	1 20	9 17	10 52	19 42	19 6	26 52
5	2:53:12	14 55 23	21 50	18 27	1 23	8 59	1 35	9 14	10 54	19 41	19 6	26 49
6	2:57: 8	15 53 27	4Li25	19 32	2 37	8 37	1 49	9 11	10 57	19 39	19 6	26 45
7	3: 1: 5	16 51 29	17 21	20 41	3 51	8 15	2 3	9 7	10 59	19 38	19 6	26 42
8	3: 5: 2	17 49 29	0Sc40	21 52	5 4	7 53	2 17	9 4	11 1	19 37	19 6	26 39
9	3: 8:58	18 47 28	14 20	23 6	6 18	7 32	2 31	9 1	11 4	19 35	19 7	26 36
10	3:12:54	19 45 25	28 20	24 22	7 32	7 11	2 45	8 58	11 7	19 34	19 7	26 33
11	3:16:51	20 43 21	12Sg33	25 40	8 45	6 50	3 0	8 55	11 9	19 32	19 7	26 30
12	3:20:47	21 41 15	26 54	27 1	9 59	6 29	3 14	8 53	11 12	19 31	19 7	26 26
13	3:24:44	22 39 8	11Cp19	28 25	11 13	6 9	3 28	8 50	11 14	19 30	19 8	26 23
14	3:28:41	23 37 0	25 41	29 50	12 26	5 49	3 42	8 47	11 17	19 28	19 8	26 20
15	3:32:37	24 34 50	9Aq57	1Ta18	13 40	5 30	3 56	8 45	11 20	19 27	19 8	26 17
16	3:36:34	25 32 39	24 6	2 48	14 54	5 11	4 10	8 42	11 23	19 26	19 9	26 14
17	3:40:30	26 30 27	8Pi 5	4 20	16 7	4 53	4 23	8 40	11 25	19 25	19 9	26 11
18	3:44:27	27 28 14	21 56	5 55	17 21	4 35	4 37	8 37	11 28	19 23	19 10	26 7
19	3:48:23	28 26 0	5Ar37	7 32	18 35	4 18	4 51	8 35	11 31	19 22	19 10	26 4
20	3:52:20	29 23 45	19 9	9 11	19 48	4 2	5 5	8 33	11 34	19 21	19 11	26 1
21	3:56:17	0Ge21 28	2Ta30	10 52	21 2	3 46	5 19	8 31	11 37	19 20	19 11	25 58
22	4: 0:13	1 19 11	15 39	12 35	22 16	3 31	5 32	8 29	11 40	19 19	19 12	25 55
23	4: 4:10	2 16 52	28 36	14 21	23 29	3 16	5 46	8 27	11 43	19 18	19 13	25 51
24	4: 8: 6	3 14 32	11Ge19	16 9	24 43	3 2	6 0	8 26	11 46	19 17	19 13	25 48
25	4:12: 3	4 12 11	23 48	17 59	25 57	2 49	6 13	8 24	11 49	19 16	19 14	25 45
26	4:15:59	5 9 48	6Cn 3	19 51	27 10	2 37	6 27	8 22	11 52	19 14	19 15	25 42
27	4:19:56	6 7 24	18 6	21 45	28 24	2 26	6 40	8 21	11 55	19 13	19 15	25 39
28	4:23:53	7 4 59	0Le 0	23 41	29 38	2 15	6 54	8 20	11 58	19 12	19 16	25 36
29	4:27:49	8 2 32	11 49	25 40	0Ge51	2 5	7 7	8 18	12 1	19 12	19 17	25 32
30	4:31:45	9 0 4	23 37	27 40	2 5	1 56	7 20	8 17	12 4	19 11	19 18	25 29
31	4:35:42	9 57 35	5Vi29	29 42	3 18	1 48	7 33	8 16	12 7	19 10	19 18	25 26

5/21 Sun in Gem. 3:04 5/2 1st Qt. 3:58 5/9 Full 20:16 5/16 3rd Qt. 14:40 5/23 New 19:28 5/31 1st Qt. 21:47

Day	Sid. T.	Sun	Moon	Merc.	Venus	Mars	Jup.	Saturn	Uranus	Nept.	Pluto	N.Node
1	4:39:39	10Ge55 4	17Vi30	1Ge46	4Ge32	1Sc40R	7Ta47	8Li15R	12Cn11	19Li 9R	19Le19	25Aq23
2	4:43:35	11 52 32	29 47	3 52	5 46	1 33	8 0	8 14	12 14	19 7	19 20	25 20
3	4:47:32	12 49 59	12Li23	6 0	6 59	1 28	8 13	8 13	12 17	19 7	19 21	25 17
4	4:51:28	13 47 25	25 23	8 8	8 13	1 23	8 26	8 12	12 20	19 6	19 22	25 13
5	4:55:25	14 44 49	8Sc50	10 18	9 27	1 19	8 39	8 12	12 24	19 5	19 23	25 10
6	4:59:21	15 42 13	22 42	12 29	10 40	1 15	8 52	8 12	12 27	19 5	19 24	25 7
7	5: 3:18	16 39 35	6Sg58	14 41	11 54	1 13	9 5	8 11	12 30	19 4	19 25	25 4
8	5: 7:15	17 36 57	21 33	16 53	13 8	1 11	9 17	8 11	12 34	19 3	19 26	25 1
9	5:11:11	18 34 18	6Cp18	19 5	14 21	1 10	9 30	8 11	12 37	19 3	19 27	24 57
10	5:15: 8	19 31 38	21 7	21 17	15 35	1 10D	9 43	8 11	12 41	19 2	19 28	24 54
11	5:19: 4	20 28 57	5Aq51	23 28	16 49	1 11	9 55	8 11D	12 44	19 1	19 29	24 51
12	5:23: 1	21 26 16	20 25	25 39	18 2	1 12	10 8	8 11	12 47	19 1	19 30	24 48
13	5:26:57	22 23 35	4Pi44	27 49	19 16	1 14	10 20	8 12	12 51	19 0	19 31	24 45
14	5:30:54	23 20 53	18 48	29 58	20 30	1 18	10 33	8 12	12 54	19 0	19 33	24 42
15	5:34:50	24 18 11	2Ar34	2Cn 6	21 43	1 21	10 45	8 12	12 58	18 59	19 34	24 38
16	5:38:47	25 15 29	16 5	4 12	22 57	1 26	10 57	8 13	13 1	18 59	19 35	24 35
17	5:42:44	26 12 46	29 21	6 16	24 11	1 31	11 9	8 14	13 5	18 58	19 36	24 32
18	5:46:40	27 10 3	12Ta23	8 18	25 24	1 37	11 21	8 14	13 8	18 58	19 37	24 29
19	5:50:37	28 7 19	25 13	10 19	26 38	1 44	11 33	8 15	13 12	18 58	19 39	24 26
20	5:54:33	29 4 36	7Ge50	12 18	27 52	1 52	11 45	8 16	13 15	18 57	19 40	24 22
21	5:58:30	0Cn 1 52	20 16	14 14	29 5	2 0	11 57	8 17	13 19	18 57	19 41	24 19
22	6: 2:27	0 59 8	2Cn30	16 9	0Cn19	2 9	12 9	8 18	13 23	18 57	19 43	24 16
23	6: 6:23	1 56 23	14 35	18 1	1 33	2 18	12 20	8 20	13 26	18 57	19 44	24 13
24	6:10:20	2 53 38	26 31	19 51	2 47	2 29	12 32	8 21	13 30	18 56	19 45	24 10
25	6:14:17	3 50 52	8Le21	21 39	4 0	2 40	12 44	8 22	13 33	18 56	19 47	24 7
26	6:18:13	4 48 6	20 8	23 25	5 14	2 51	12 55	8 24	13 37	18 56	19 48	24 3
27	6:22: 9	5 45 20	1Vi55	25 9	6 28	3 4	13 6	8 26	13 40	18 56	19 49	24 0
28	6:26: 6	6 42 33	13 47	26 50	7 41	3 17	13 17	8 27	13 44	18 56	19 51	23 57
29	6:30: 3	7 39 46	25 47	28 29	8 55	3 30	13 29	8 29	13 48	18 56	19 52	23 54
30	6:33:59	8 36 58	8Li 3	0Le 6	10 9	3 44	13 40	8 31	13 51	18 56D	19 54	23 51

6/21 Sun in Can. 11:13 6/8 Full 5:07 6/14 3rd Qt. 20:28 6/22 New 8:45 6/30 1st Qt. 13:12

JULY 1952

Day	Sid. T.	Sun	Moon	Merc.	Venus	Mars	Jup.	Saturn	Uranus	Nept.	Pluto	N.Node
1	6:37:56	9Cn34 10	20Li37	1Le41	11Cn23	3Sc59	13Ta51	8Li33	13Cn55	18Li56	19Le55	23Aq48
2	6:41:52	10 31 21	3Sc36	3 13	12 36	4 14	14 1	8 35	13 59	18 56	19 57	23 44
3	6:45:49	11 28 32	17 1	4 43	13 50	4 30	14 12	8 37	14 2	18 56	19 58	23 41
4	6:49:46	12 25 43	0Sg55	6 11	15 4	4 47	14 23	8 40	14 6	18 56	20 0	23 38
5	6:53:42	13 22 54	15 15	7 36	16 18	5 4	14 33	8 42	14 9	18 56	20 1	23 35
6	6:57:38	14 20 5	29 58	9 0	17 31	5 22	14 44	8 45	14 13	18 56	20 3	23 32
7	7: 1:35	15 17 16	14Cp57	10 20	18 45	5 40	14 54	8 47	14 17	18 57	20 5	23 28
8	7: 5:32	16 14 27	0Aq 0	11 39	19 59	5 59	15 4	8 50	14 20	18 57	20 6	23 25
9	7: 9:28	17 11 37	15 7	12 54	21 13	6 18	15 14	8 53	14 24	18 57	20 8	23 22
10	7:13:25	18 8 49	0Pi 0	14 8	22 27	6 37	15 24	8 56	14 28	18 58	20 9	23 19
11	7:17:22	19 6 0	14 37	15 19	23 40	6 58	15 34	8 59	14 31	18 58	20 11	23 16
12	7:21:18	20 3 13	28 52	16 27	24 54	7 18	15 44	9 2	14 35	18 58	20 13	23 13
13	7:25:14	21 0 25	12Ar45	17 32	26 8	7 40	15 54	9 5	14 39	18 59	20 14	23 9
14	7:29:11	21 57 38	26 16	18 35	27 22	8 1	16 3	9 8	14 42	18 59	20 16	23 6
15	7:33: 8	22 54 52	9Ta26	19 34	28 36	8 23	16 13	9 11	14 46	19 0	20 18	23 3
16	7:37: 4	23 52 7	22 18	20 31	29 50	8 46	16 22	9 15	14 49	19 0	20 19	23 0
17	7:41: 0	24 49 22	4Ge53	21 24	1Le 3	9 9	16 31	9 18	14 53	19 1	20 21	22 57
18	7:44:57	25 46 38	17 16	22 15	2 17	9 32	16 40	9 22	14 57	19 1	20 23	22 54
19	7:48:54	26 43 55	29 27	23 2	3 31	9 56	16 49	9 25	15 0	19 2	20 25	22 50
20	7:52:50	27 41 12	11Cn30	23 45	4 45	10 21	16 58	9 29	15 4	19 2	20 26	22 47
21	7:56:47	28 38 30	23 25	24 25	5 59	10 45	17 7	9 33	15 7	19 3	20 28	22 44
22	8: 0:43	29 35 48	5Le15	25 0	7 13	11 10	17 15	9 37	15 11	19 4	20 30	22 41
23	8: 4:40	0Le33 7	17 2	25 32	8 27	11 36	17 24	9 41	15 14	19 4	20 32	22 38
24	8: 8:36	1 30 26	28 49	26 0	9 41	12 2	17 32	9 45	15 18	19 5	20 34	22 34
25	8:12:33	2 27 46	10Vi38	26 23	10 54	12 28	17 40	9 49	15 21	19 6	20 35	22 31
26	8:16:30	3 25 6	22 32	26 42	12 8	12 55	17 48	9 53	15 25	19 7	20 37	22 28
27	8:20:26	4 22 27	4Li36	26 56	13 22	13 22	17 56	9 58	15 28	19 8	20 39	22 25
28	8:24:23	5 19 48	16 52	27 5	14 36	13 49	18 4	10 2	15 32	19 9	20 41	22 22
29	8:28:19	6 17 10	29 26	27 10	15 50	14 17	18 11	10 6	15 35	19 9	20 43	22 19
30	8:32:16	7 14 33	12Sc21	27 9R	17 4	14 45	18 19	10 11	15 39	19 10	20 44	22 15
31	8:36:13	8 11 56	25 40	27 3	18 18	15 13	18 26	10 16	15 42	19 11	20 46	22 12

7/22 Sun in Leo 22:08   7/7 Full 12:34   7/14 3rd Qt. 3:43   7/21 New 23:31   7/30 1st Qt. 1:51

AUGUST 1952

Day	Sid. T.	Sun	Moon	Merc.	Venus	Mars	Jup.	Saturn	Uranus	Nept.	Pluto	N.Node
1	8:40: 9	9Le 9 19	9Sg27	26Le52R	19Le32	15Sc42	18Ta33	10Li20	15Cn46	19Li12	20Le48	22Aq 9
2	8:44: 6	10 6 44	23 40	26 36	20 46	16 11	18 40	10 25	15 49	19 13	20 50	22 6
3	8:48: 2	11 4 8	8Cp18	26 14	22 0	16 41	18 47	10 30	15 52	19 14	20 52	22 3
4	8:51:59	12 1 34	23 16	25 48	23 14	17 10	18 54	10 35	15 56	19 15	20 54	22 0
5	8:55:55	12 59 1	8Aq26	25 17	24 27	17 40	19 1	10 40	15 59	19 17	20 56	21 56
6	8:59:52	13 56 28	23 38	24 41	25 41	18 11	19 7	10 45	16 3	19 18	20 57	21 53
7	9: 3:48	14 53 57	8Pi44	24 2	26 55	18 41	19 13	10 50	16 6	19 19	20 59	21 50
8	9: 7:45	15 51 26	23 35	23 19	28 9	19 12	19 19	10 55	16 9	19 20	21 1	21 47
9	9:11:41	16 48 57	8Ar 4	22 34	29 23	19 43	19 25	11 0	16 12	19 21	21 3	21 44
10	9:15:38	17 46 30	22 8	21 46	0Vi37	20 15	19 31	11 5	16 16	19 23	21 5	21 40
11	9:19:35	18 44 3	5Ta46	20 57	1 51	20 47	19 36	11 11	16 19	19 24	21 7	21 37
12	9:23:31	19 41 39	18 58	20 8	3 5	21 19	19 42	11 16	16 22	19 25	21 9	21 34
13	9:27:28	20 39 15	1Ge48	19 19	4 19	21 51	19 47	11 22	16 25	19 26	21 11	21 31
14	9:31:24	21 36 54	14 18	18 32	5 33	22 24	19 52	11 27	16 28	19 28	21 12	21 28
15	9:35:21	22 34 34	26 32	17 47	6 47	22 56	19 57	11 33	16 31	19 29	21 14	21 24
16	9:39:17	23 32 15	8Cn35	17 6	8 1	23 30	20 2	11 39	16 35	19 31	21 16	21 21
17	9:43:14	24 29 58	20 29	16 29	9 15	24 3	20 6	11 44	16 38	19 32	21 18	21 18
18	9:47:11	25 27 42	2Le18	15 57	10 29	24 37	20 11	11 50	16 41	19 34	21 20	21 15
19	9:51: 7	26 25 28	14 5	15 31	11 43	25 10	20 15	11 56	16 44	19 35	21 22	21 12
20	9:55: 3	27 23 15	25 53	15 11	12 57	25 44	20 19	12 2	16 47	19 36	21 24	21 9
21	9:59: 0	28 21 3	7Vi43	14 59	14 10	26 19	20 23	12 8	16 50	19 38	21 26	21 6
22	10: 2:57	29 18 53	19 38	14 53	15 24	26 53	20 26	12 14	16 52	19 40	21 28	21 2
23	10: 6:53	0Vi16 44	1Li40	14 56D	16 38	27 28	20 30	12 20	16 55	19 41	21 29	20 59
24	10:10:50	1 14 37	13 52	15 6	17 52	28 3	20 33	12 26	16 58	19 43	21 31	20 56
25	10:14:46	2 12 30	26 15	15 24	19 6	28 38	20 36	12 32	17 1	19 44	21 33	20 53
26	10:18:43	3 10 26	8Sc53	15 50	20 20	29 14	20 39	12 38	17 4	19 46	21 35	20 50
27	10:22:39	4 8 22	21 49	16 24	21 34	29 50	20 42	12 44	17 7	19 48	21 37	20 46
28	10:26:36	5 6 20	5Sg 5	17 6	22 48	0Sg25	20 44	12 51	17 10	19 49	21 39	20 43
29	10:30:33	6 4 19	18 42	17 55	24 2	1 1	20 47	12 57	17 12	19 51	21 41	20 40
30	10:34:29	7 2 20	2Cp43	18 52	25 16	1 38	20 49	13 3	17 15	19 53	21 42	20 37
31	10:38:26	8 0 21	17 6	19 55	26 30	2 14	20 51	13 10	17 17	19 55	21 44	20 34

8/23 Sun in Vir. 5:03   8/5 Full 19:40(E)   8/12 3rd Qt. 13:27   8/20 New 15:21(E)   8/28 1st Qt. 12:04

SEPTEMBER 1952

Day	Sid. T.	Sun	Moon	Merc.	Venus	Mars	Jup.	Saturn	Uranus	Nept.	Pluto	N.Node
1	10:42:22	8Vi58 25	1Aq50	21Le 5	27Vi44	2Sg51	20Ta52	13Li16	17Cn20	19Li56	21Le46	20Aq31
2	10:46:19	9 56 29	16 48	22 22	28 58	3 28	20 54	13 23	17 22	19 58	21 48	20 27
3	10:50:16	10 54 35	1Pi53	23 44	0Li11	4 5	20 55	13 29	17 25	20 0	21 50	20 24
4	10:54:12	11 52 43	16 58	25 11	1 25	4 42	20 56	13 36	17 27	20 2	21 51	20 21
5	10:58: 8	12 50 52	1Ar53	26 44	2 39	5 20	20 57	13 42	17 30	20 4	21 53	20 18
6	11: 2: 5	13 49 4	16 29	28 20	3 53	5 57	20 58	13 49	17 32	20 6	21 55	20 15
7	11: 6: 2	14 47 17	0Ta42	0Vi 0	5 7	6 35	20 59	13 56	17 34	20 7	21 57	20 11
8	11: 9:58	15 45 32	14 28	1 43	6 21	7 13	20 59	14 2	17 37	20 9	21 58	20 8
9	11:13:54	16 43 50	27 46	3 29	7 35	7 51	20 59	14 9	17 39	20 11	22 0	20 5
10	11:17:51	17 42 9	10Ge39	5 17	8 48	8 29	20 59R	14 16	17 41	20 13	22 2	20 2
11	11:21:48	18 40 31	23 9	7 6	10 2	9 8	20 59	14 23	17 43	20 15	22 4	19 59
12	11:25:44	19 38 55	5Cn22	8 58	11 16	9 47	20 58	14 30	17 46	20 17	22 5	19 56
13	11:29:41	20 37 20	17 21	10 50	12 30	10 25	20 58	14 37	17 48	20 19	22 7	19 52
14	11:33:38	21 35 48	29 12	12 42	13 44	11 4	20 57	14 44	17 50	20 21	22 9	19 49
15	11:37:34	22 34 18	10Le59	14 35	14 58	11 44	20 56	14 50	17 52	20 23	22 10	19 46
16	11:41:30	23 32 50	22 46	16 28	16 11	12 23	20 55	14 57	17 54	20 25	22 12	19 43
17	11:45:27	24 31 24	4Vi36	18 21	17 25	13 2	20 53	15 4	17 56	20 27	22 14	19 40
18	11:49:24	25 30 0	16 33	20 14	18 39	13 42	20 51	15 12	17 58	20 29	22 15	19 37
19	11:53:20	26 28 38	28 38	22 6	19 53	14 22	20 50	15 19	17 59	20 31	22 17	19 33
20	11:57:17	27 27 18	10Li53	23 58	21 7	15 2	20 47	15 26	18 1	20 33	22 19	19 30
21	12: 1:13	28 26 0	23 20	25 49	22 20	15 42	20 45	15 33	18 3	20 36	22 20	19 27
22	12: 5:10	29 24 44	5Sc58	27 40	23 34	16 22	20 43	15 40	18 5	20 38	22 22	19 24
23	12: 9: 6	0Li23 30	18 49	29 29	24 48	17 2	20 40	15 47	18 6	20 40	22 23	19 21
24	12:13: 3	1 22 17	1Sg54	1Li18	26 2	17 43	20 37	15 54	18 8	20 42	22 25	19 17
25	12:16:59	2 21 6	15 13	3 6	27 15	18 23	20 34	16 1	18 9	20 44	22 26	19 14
26	12:20:56	3 19 57	28 48	4 53	28 29	19 4	20 31	16 9	18 11	20 46	22 28	19 11
27	12:24:53	4 18 50	12Cp39	6 39	29 43	19 45	20 28	16 16	18 12	20 48	22 30	19 8
28	12:28:49	5 17 44	26 47	8 24	0Sc56	20 26	20 24	16 23	18 14	20 50	22 31	19 5
29	12:32:46	6 16 40	11Aq10	10 9	2 10	21 7	20 20	16 30	18 15	20 53	22 32	19 2
30	12:36:42	7 15 38	25 47	11 52	3 24	21 48	20 16	16 38	18 16	20 55	22 34	18 58

9/23 Sun in Lib. 2:24   9/4 Full 3:20   9/11 3rd Qt. 2:36   9/19 New 7:22   9/26 1st Qt. 20:31

OCTOBER 1952

Day	Sid. T.	Sun	Moon	Merc.	Venus	Mars	Jup.	Saturn	Uranus	Nept.	Pluto	N.Node
1	12:40:39	8Li14 37	10Pi32	13Li35	4Sc37	22Sg30	20Ta12R	16Li45	18Cn18	20Li57	22Le35	18Aq55
2	12:44:35	9 13 38	25 21	15 17	5 51	23 11	20 8	16 52	18 19	20 59	22 37	18 52
3	12:48:32	10 12 42	10Ar 4	16 57	7 5	23 53	20 3	16 59	18 20	21 1	22 38	18 49
4	12:52:29	11 11 47	24 35	18 37	8 18	24 35	19 59	17 7	18 21	21 4	22 39	18 46
5	12:56:25	12 10 55	8Ta46	20 17	9 32	25 16	19 54	17 14	18 22	21 6	22 41	18 43
6	13: 0:22	13 10 4	22 34	21 55	10 46	25 58	19 49	17 21	18 23	21 8	22 42	18 39
7	13: 4:19	14 9 16	5Ge56	23 33	11 59	26 40	19 43	17 29	18 24	21 10	22 43	18 36
8	13: 8:15	15 8 31	18 52	25 10	13 13	27 23	19 38	17 36	18 25	21 13	22 45	18 33
9	13:12:11	16 7 47	1Cn25	26 46	14 26	28 5	19 33	17 43	18 26	21 15	22 46	18 30
10	13:16: 8	17 7 6	13 38	28 21	15 40	28 47	19 27	17 51	18 27	21 17	22 47	18 27
11	13:20: 4	18 6 28	25 38	29 56	16 53	29 30	19 21	17 58	18 27	21 19	22 48	18 23
12	13:24: 1	19 5 51	7Le28	1Sc30	18 7	0Cp13	19 15	18 5	18 28	21 21	22 50	18 20
13	13:27:57	20 5 17	19 15	3 3	19 20	0 55	19 9	18 13	18 29	21 24	22 51	18 17
14	13:31:54	21 4 45	1Vi 4	4 35	20 34	1 38	19 3	18 20	18 29	21 26	22 52	18 14
15	13:35:51	22 4 15	12 58	6 7	21 47	2 21	18 56	18 27	18 30	21 28	22 53	18 11
16	13:39:47	23 3 48	25 3	7 39	23 1	3 4	18 50	18 35	18 30	21 30	22 54	18 8
17	13:43:44	24 3 22	7Li19	9 9	24 14	3 47	18 43	18 42	18 31	21 33	22 55	18 4
18	13:47:40	25 2 59	19 50	10 39	25 28	4 31	18 36	18 49	18 31	21 35	22 56	18 1
19	13:51:37	26 2 38	2Sc35	12 8	26 41	5 14	18 29	18 57	18 31	21 37	22 57	17 58
20	13:55:33	27 2 18	15 34	13 37	27 55	5 57	18 22	19 4	18 32	21 39	22 58	17 55
21	13:59:30	28 2 1	28 47	15 5	29 8	6 41	18 15	19 11	18 32	21 42	22 59	17 52
22	14: 3:27	29 1 46	12Sg10	16 32	0Sg21	7 24	18 8	19 19	18 32	21 44	23 0	17 49
23	14: 7:23	0Sc 1 32	25 44	17 59	1 35	8 8	18 0	19 26	18 32	21 46	23 1	17 45
24	14:11:20	1 1 21	9Cp28	19 25	2 48	8 52	17 53	19 33	18 32	21 48	23 2	17 42
25	14:15:16	2 1 10	23 20	20 50	4 1	9 36	17 45	19 40	18 32R	21 50	23 3	17 39
26	14:19:13	3 1 2	7Aq20	22 14	5 15	10 20	17 38	19 48	18 32	21 53	23 4	17 36
27	14:23: 9	4 0 55	21 28	23 38	6 28	11 4	17 30	19 55	18 32	21 55	23 5	17 33
28	14:27: 6	5 0 50	5Pi44	25 0	7 41	11 48	17 22	20 2	18 31	21 57	23 6	17 29
29	14:31: 2	6 0 46	20 4	26 22	8 54	12 32	17 14	20 9	18 31	21 59	23 7	17 26
30	14:34:59	7 0 44	4Ar27	27 43	10 8	13 16	17 6	20 16	18 31	22 1	23 7	17 23
31	14:38:56	8 0 44	18 46	29 2	11 21	14 0	16 59	20 23	18 31	22 4	23 8	17 20

10/23 Sun in Sco. 11:23   10/3 Full 12:16   10/10 3rd Qt. 19:33   10/18 New 22:43   10/26 1st Qt. 4:05

NOVEMBER 1952

Day	Sid. T.	Sun	Moon	Merc.	Venus	Mars	Jup.	Saturn	Uranus	Nept.	Pluto	N.Node
1	14:42:52	9Sc 0 45	2Ta57	0Sg21	12Sg34	14Cp45	16Ta51R	20Li30	18Cn30R	22Li 6	23Le 8	17Aq17
2	14:46:49	10 0 48	16 54	1 38	13 47	15 29	16 43	20 38	18 30	22 8	23 9	17 14
3	14:50:45	11 0 54	0Ge32	2 54	15 0	16 14	16 34	20 45	18 30	22 10	23 10	17 10
4	14:54:42	12 1 1	13 49	4 8	16 13	16 58	16 26	20 52	18 29	22 12	23 10	17 7
5	14:58:38	13 1 10	26 43	5 21	17 26	17 43	16 18	20 59	18 28	22 14	23 11	17 4
6	15: 2:35	14 1 21	9Cn16	6 32	18 39	18 28	16 10	21 6	18 28	22 16	23 11	17 1
7	15: 6:32	15 1 35	21 31	7 41	19 52	19 12	16 2	21 13	18 27	22 19	23 12	16 58
8	15:10:28	16 1 50	3Le31	8 47	21 5	19 57	15 54	21 19	18 26	22 21	23 12	16 55
9	15:14:25	17 2 7	15 22	9 51	22 18	20 42	15 45	21 26	18 25	22 23	23 13	16 51
10	15:18:21	18 2 26	27 9	10 51	23 31	21 27	15 37	21 33	18 25	22 25	23 13	16 48
11	15:22:18	19 2 47	8Vi59	11 49	24 44	22 12	15 29	21 40	18 24	22 27	23 14	16 45
12	15:26:14	20 3 10	20 56	12 43	25 57	22 57	15 21	21 47	18 23	22 29	23 14	16 42
13	15:30:10	21 3 35	3Li 5	13 32	27 10	23 42	15 13	21 54	18 22	22 31	23 14	16 39
14	15:34: 7	22 4 2	15 30	14 17	28 23	24 27	15 5	22 0	18 21	22 33	23 15	16 35
15	15:38: 4	23 4 30	28 13	14 57	29 36	25 13	14 57	22 7	18 19	22 35	23 15	16 32
16	15:42: 0	24 5 1	11Sc16	15 30	0Cp48	25 58	14 49	22 14	18 18	22 37	23 15	16 29
17	15:45:57	25 5 33	24 36	15 57	2 1	26 43	14 41	22 20	18 17	22 39	23 15	16 26
18	15:49:54	26 6 6	8Sg13	16 17	3 14	27 29	14 33	22 27	18 16	22 41	23 16	16 23
19	15:53:50	27 6 42	22 3	16 28	4 27	28 14	14 25	22 33	18 14	22 43	23 16	16 20
20	15:57:47	28 7 18	6Cp 2	16 31R	5 39	29 0	14 17	22 40	18 13	22 45	23 16	16 16
21	16: 1:43	29 7 56	20 5	16 24	6 52	29 45	14 10	22 46	18 12	22 47	23 16	16 13
22	16: 5:40	0Sg 8 35	4Aq12	16 7	8 4	0Aq31	14 2	22 52	18 10	22 49	23 16	16 10
23	16: 9:36	1 9 15	18 18	15 39	9 17	1 16	13 55	22 59	18 9	22 50	23 16	16 7
24	16:13:33	2 9 56	2Pi24	15 0	10 29	2 2	13 47	23 5	18 7	22 52	23 16	16 4
25	16:17:30	3 10 38	16 28	14 11	11 42	2 48	13 40	23 11	18 6	22 54	23 16R	16 0
26	16:21:26	4 11 21	0Ar29	13 12	12 54	3 33	13 33	23 17	18 4	22 56	23 16	15 57
27	16:25:23	5 12 5	14 27	12 4	14 6	4 19	13 26	23 23	18 2	22 58	23 16	15 54
28	16:29:19	6 12 50	28 20	10 49	15 18	5 5	13 19	23 30	18 1	22 59	23 16	15 51
29	16:33:15	7 13 36	12Ta 4	9 29	16 31	5 51	13 12	23 36	17 59	23 1	23 16	15 48
30	16:37:12	8 14 24	25 36	8 6	17 43	6 37	13 5	23 41	17 57	23 3	23 16	15 45

11/22 Sun in Sag. 8:36   11/1 Full 23:10   11/9 3rd Qt. 15:43   11/17 New 12:56   11/24 1st Qt. 11:35

DECEMBER 1952

Day	Sid. T.	Sun	Moon	Merc.	Venus	Mars	Jup.	Saturn	Uranus	Nept.	Pluto	N.Node
1	16:41: 9	9Sg15 12	8Ge54	6Sg44R	18Cp55	7Aq23	12Ta59R	23Li47	17Cn55R	23Li 5	23Le16R	15Aq41
2	16:45: 5	10 16 2	21 56	5 25	20 7	8 8	12 52	23 53	17 53	23 6	23 15	15 38
3	16:49: 2	11 16 53	4Cn40	4 12	21 19	8 54	12 46	23 59	17 52	23 8	23 15	15 35
4	16:52:59	12 17 45	17 7	3 6	22 31	9 40	12 40	24 5	17 50	23 9	23 15	15 32
5	16:56:55	13 18 38	29 18	2 11	23 42	10 26	12 34	24 10	17 48	23 11	23 14	15 29
6	17: 0:51	14 19 33	11Le18	1 25	24 54	11 12	12 28	24 16	17 46	23 13	23 14	15 26
7	17: 4:48	15 20 28	23 8	0 52	26 6	11 58	12 22	24 21	17 44	23 14	23 14	15 22
8	17: 8:45	16 21 25	4Vi56	0 29	27 18	12 44	12 17	24 27	17 41	23 16	23 13	15 19
9	17:12:41	17 22 23	16 45	0 18	28 29	13 31	12 11	24 32	17 39	23 17	23 13	15 16
10	17:16:38	18 23 22	28 42	0 17D	29 41	14 17	12 6	24 38	17 37	23 19	23 13	15 13
11	17:20:35	19 24 22	10Li51	0 26	0Aq52	15 3	12 1	24 43	17 35	23 20	23 12	15 10
12	17:24:31	20 25 24	23 18	0 45	2 3	15 49	11 56	24 48	17 33	23 22	23 12	15 6
13	17:28:27	21 26 26	6Sc 6	1 12	3 15	16 35	11 52	24 53	17 31	23 23	23 11	15 3
14	17:32:24	22 27 29	19 17	1 46	4 26	17 21	11 47	24 58	17 28	23 24	23 11	15 0
15	17:36:20	23 28 34	2Sg52	2 27	5 37	18 7	11 43	25 3	17 26	23 26	23 10	14 57
16	17:40:17	24 29 39	16 48	3 13	6 48	18 54	11 39	25 8	17 24	23 27	23 9	14 54
17	17:44:13	25 30 45	1Cp 1	4 5	7 59	19 40	11 35	25 13	17 21	23 28	23 9	14 51
18	17:48:10	26 31 51	15 27	5 2	9 10	20 26	11 31	25 18	17 19	23 29	23 8	14 47
19	17:52: 7	27 32 58	29 59	6 3	10 20	21 12	11 27	25 22	17 17	23 31	23 7	14 44
20	17:56: 3	28 34 5	14Aq30	7 7	11 31	21 59	11 24	25 27	17 14	23 32	23 7	14 41
21	18: 0: 0	29 35 13	28 57	8 14	12 41	22 45	11 21	25 31	17 12	23 33	23 6	14 38
22	18: 3:56	0Cp36 21	13Pi15	9 24	13 52	23 31	11 18	25 36	17 9	23 34	23 5	14 35
23	18: 7:53	1 37 28	27 22	10 37	15 2	24 17	11 15	25 40	17 7	23 35	23 4	14 32
24	18:11:50	2 38 36	11Ar18	11 51	16 12	25 4	11 13	25 44	17 4	23 36	23 3	14 28
25	18:15:46	3 39 44	25 2	13 8	17 22	25 50	11 10	25 49	17 2	23 37	23 2	14 25
26	18:19:43	4 40 52	8Ta34	14 26	18 32	26 36	11 8	25 53	16 59	23 38	23 2	14 22
27	18:23:39	5 42 0	21 53	15 45	19 42	27 23	11 6	25 57	16 57	23 39	23 1	14 19
28	18:27:36	6 43 8	5Ge 0	17 6	20 51	28 9	11 5	26 1	16 54	23 40	23 0	14 16
29	18:31:32	7 44 16	17 54	18 28	22 1	28 55	11 3	26 4	16 52	23 41	22 59	14 12
30	18:35:29	8 45 24	0Cn35	19 51	23 10	29 41	11 2	26 8	16 49	23 42	22 58	14 9
31	18:39:25	9 46 32	13 3	21 15	24 19	0Pi28	11 1	26 12	16 47	23 43	22 57	14 6

12/21 Sun in Cap. 21:44   12/1 Full 12:42   12/9 3rd Qt. 13:22   12/17 New 2:03   12/23 1st Qt. 19:52   12/31 Full 5:06

Day	Sid. T.	Sun	Moon	Merc.	Venus	Mars	Jup.	Saturn	Uranus	Nept.	Pluto	N.Node
1	18:43:22	10Cp47 40	25Cn18	22Sg40	25Aq28	1Pi14	11Ta 0R	26Li15	16Cn44R	23Li44	22Le56R	14Aq 3
2	18:47:18	11 48 49	7Le23	24 6	26 37	2 0	10 59	26 19	16 41	23 45	22 55	14 0
3	18:51:15	12 49 57	19 19	25 32	27 45	2 46	10 59	26 22	16 39	23 45	22 54	13 57
4	18:55:12	13 51 6	1Vi 8	26 59	28 54	3 33	10 58	26 26	16 36	23 46	22 53	13 53
5	18:59: 8	14 52 14	12 56	28 27	0Pi 2	4 19	10 58D	26 29	16 34	23 47	22 52	13 50
6	19: 3: 5	15 53 23	24 45	29 55	1 10	5 5	10 58	26 32	16 31	23 47	22 51	13 47
7	19: 7: 1	16 54 32	6Li40	1Cp24	2 18	5 51	10 59	26 35	16 28	23 48	22 50	13 44
8	19:10:58	17 55 41	18 48	2 53	3 26	6 38	10 59	26 38	16 26	23 49	22 49	13 41
9	19:14:54	18 56 50	1Sc11	4 23	4 34	7 24	11 0	26 41	16 23	23 49	22 48	13 38
10	19:18:51	19 57 59	13 56	5 53	5 41	8 10	11 1	26 43	16 21	23 50	22 46	13 34
11	19:22:48	20 59 8	27 4	7 24	6 48	8 56	11 2	26 46	16 18	23 50	22 45	13 31
12	19:26:44	22 0 17	10Sg40	8 55	7 55	9 42	11 4	26 48	16 15	23 51	22 44	13 28
13	19:30:41	23 1 26	24 41	10 27	9 2	10 28	11 5	26 51	16 13	23 51	22 43	13 25
14	19:34:37	24 2 35	9Cp 6	11 59	10 8	11 15	11 7	26 53	16 10	23 51	22 41	13 22
15	19:38:34	25 3 43	23 50	13 32	11 15	12 1	11 9	26 55	16 8	23 52	22 40	13 18
16	19:42:30	26 4 51	8Aq44	15 6	12 21	12 47	11 11	26 57	16 5	23 52	22 39	13 15
17	19:46:27	27 5 58	23 42	16 40	13 26	13 33	11 14	27 0	16 3	23 52	22 38	13 12
18	19:50:23	28 7 5	8Pi35	18 14	14 32	14 19	11 16	27 1	16 0	23 53	22 36	13 9
19	19:54:20	29 8 10	23 16	19 49	15 37	15 5	11 19	27 3	15 58	23 53	22 35	13 6
20	19:58:17	0Aq 9 15	7Ar41	21 24	16 42	15 51	11 22	27 5	15 55	23 53	22 34	13 3
21	20: 2:13	1 10 18	21 45	23 0	17 47	16 37	11 25	27 7	15 53	23 53	22 32	12 59
22	20: 6:10	2 11 21	5Ta29	24 37	18 51	17 23	11 29	27 8	15 50	23 53	22 31	12 56
23	20:10: 6	3 12 23	18 53	26 14	19 55	18 9	11 32	27 9	15 48	23 53	22 30	12 53
24	20:14: 3	4 13 24	1Ge58	27 52	20 59	18 55	11 36	27 11	15 45	23 53	22 28	12 50
25	20:17:59	5 14 23	14 47	29 30	22 2	19 41	11 40	27 12	15 43	23 53R	22 27	12 47
26	20:21:56	6 15 22	27 21	1Aq 9	23 5	20 27	11 44	27 13	15 40	23 53	22 26	12 44
27	20:25:53	7 16 19	9Cn43	2 49	24 8	21 13	11 49	27 14	15 38	23 53	22 24	12 40
28	20:29:49	8 17 16	21 54	4 29	25 10	21 58	11 53	27 15	15 36	23 53	22 23	12 37
29	20:33:46	9 18 11	3Le57	6 10	26 12	22 44	11 58	27 15	15 33	23 53	22 21	12 34
30	20:37:42	10 19 6	15 53	7 52	27 13	23 30	12 3	27 16	15 31	23 53	22 20	12 31
31	20:41:39	11 19 59	27 44	9 35	28 14	24 16	12 8	27 17	15 29	23 53	22 19	12 28

1/20 Sun in Aqu. 8:22   1/8 3rd Qt. 10:09   1/15 New 14:09   1/22 1st Qt. 5:43   1/29 Full 23:44(E)

Day	Sid. T.	Sun	Moon	Merc.	Venus	Mars	Jup.	Saturn	Uranus	Nept.	Pluto	N.Node
1	20:45:35	12Aq20 51	9Vi33	11Aq18	29Pi15	25Pi 1	12Ta13	27Li17	15Cn26R	23Li52R	22Le17R	12Aq24
2	20:49:31	13 21 43	21 21	13 1	0Ar15	25 47	12 18	27 17	15 24	23 52	22 16	12 21
3	20:53:28	14 22 33	3Li12	14 46	1 15	26 33	12 24	27 18	15 22	23 52	22 14	12 18
4	20:57:25	15 23 23	15 9	16 31	2 14	27 18	12 30	27 18R	15 20	23 51	22 13	12 15
5	21: 1:21	16 24 11	27 16	18 17	3 13	28 4	12 36	27 18	15 18	23 51	22 11	12 12
6	21: 5:18	17 24 59	9Sc37	20 4	4 11	28 50	12 42	27 18	15 16	23 51	22 10	12 9
7	21: 9:15	18 25 46	22 16	21 51	5 9	29 35	12 48	27 17	15 14	23 50	22 8	12 5
8	21:13:11	19 26 31	5Sg17	23 39	6 7	0Ar21	12 55	27 17	15 12	23 50	22 7	12 1
9	21:17: 7	20 27 16	18 44	25 27	7 3	1 6	13 1	27 17	15 10	23 49	22 5	11 59
10	21:21: 4	21 28 0	2Cp37	27 16	7 59	1 52	13 8	27 16	15 8	23 49	22 4	11 56
11	21:25: 1	22 28 43	16 57	29 5	8 55	2 37	13 15	27 16	15 6	23 48	22 3	11 53
12	21:28:57	23 29 24	1Aq41	0Pi55	9 50	3 22	13 22	27 15	15 4	23 48	22 1	11 49
13	21:32:54	24 30 5	16 43	2 45	10 44	4 8	13 29	27 14	15 2	23 47	22 0	11 46
14	21:36:51	25 30 43	1Pi55	4 35	11 38	4 53	13 37	27 13	15 0	23 46	21 58	11 43
15	21:40:47	26 31 21	17 8	6 25	12 31	5 38	13 44	27 12	14 58	23 46	21 57	11 40
16	21:44:43	27 31 56	2Ar10	8 14	13 23	6 24	13 52	27 11	14 57	23 45	21 55	11 37
17	21:48:40	28 32 30	16 55	10 3	14 15	7 9	14 0	27 10	14 55	23 44	21 54	11 34
18	21:52:36	29 33 2	1Ta16	11 51	15 6	7 54	14 8	27 8	14 53	23 43	21 52	11 30
19	21:56:33	0Pi33 32	15 11	13 38	15 56	8 39	14 16	27 7	14 52	23 42	21 51	11 27
20	22: 0:30	1 34 1	28 39	15 24	16 45	9 24	14 24	27 5	14 50	23 41	21 49	11 24
21	22: 4:26	2 34 27	11Ge42	17 7	17 33	10 9	14 32	27 4	14 49	23 41	21 48	11 21
22	22: 8:23	3 34 52	24 23	18 48	18 20	10 54	14 41	27 2	14 47	23 40	21 47	11 18
23	22:12:20	4 35 15	6Cn47	20 26	19 7	11 39	14 50	27 0	14 46	23 39	21 45	11 15
24	22:16:16	5 35 36	18 57	22 1	19 52	12 24	14 59	26 58	14 44	23 38	21 44	11 11
25	22:20:12	6 35 55	0Le57	23 32	20 37	13 9	15 7	26 56	14 43	23 37	21 42	11 8
26	22:24: 9	7 36 12	12 50	24 58	21 20	13 54	15 17	26 54	14 42	23 36	21 41	11 5
27	22:28: 6	8 36 27	24 40	26 18	22 2	14 38	15 26	26 52	14 41	23 35	21 39	11 2
28	22:32: 2	9 36 41	6Vi28	27 33	22 44	15 23	15 35	26 49	14 39	23 34	21 38	10 59

2/18 Sun in Pis. 22:42   2/7 3rd Qt. 4:10   2/14 New 1:11(E)   2/20 1st Qt. 17:45   2/28 Full 18:59

MARCH 1953

Day	Sid. T.	Sun	Moon	Merc.	Venus	Mars	Jup.	Saturn	Uranus	Nept.	Pluto	N.Node
1	22:35:59	10Pi36 52	18Vi17	28Pi41	23Ar24	16Ar 8	15Ta45	26Li47R	14Cn38R	23Li33R	21Le37R	10Aq55
2	22:39:56	11 37 2	0Li 9	29 43	24 2	16 53	15 54	26 44	14 37	23 32	21 35	10 52
3	22:43:52	12 37 10	12 6	0Ar36	24 40	17 37	16 4	26 42	14 36	23 31	21 34	10 49
4	22:47:48	13 37 16	24 10	1 22	25 16	18 22	16 14	26 39	14 35	23 30	21 33	10 46
5	22:51:45	14 37 21	6Sc22	1 59	25 51	19 6	16 24	26 36	14 34	23 28	21 31	10 43
6	22:55:41	15 37 24	18 46	2 28	26 25	19 51	16 34	26 34	14 33	23 27	21 30	10 40
7	22:59:38	16 37 26	1Sg25	2 47	26 57	20 35	16 44	26 31	14 32	23 26	21 29	10 36
8	23: 3:34	17 37 26	14 22	2 58	27 27	21 20	16 54	26 28	14 32	23 25	21 27	10 33
9	23: 7:31	18 37 24	27 39	2 59R	27 56	22 4	17 5	26 24	14 31	23 23	21 26	10 30
10	23:11:28	19 37 21	11Cp20	2 52	28 23	22 48	17 15	26 21	14 30	23 22	21 25	10 27
11	23:15:24	20 37 16	25 26	2 36	28 49	23 33	17 26	26 18	14 30	23 21	21 24	10 24
12	23:19:21	21 37 10	9Aq56	2 12	29 13	24 17	17 36	26 15	14 29	23 19	21 22	10 21
13	23:23:17	22 37 1	24 48	1 40	29 35	25 1	17 47	26 11	14 28	23 18	21 21	10 17
14	23:27:14	23 36 51	9Pi55	1 2	29 55	25 45	17 58	26 8	14 28	23 17	21 20	10 14
15	23:31:10	24 36 39	25 9	0 18	0Ta13	26 29	18 9	26 4	14 28	23 15	21 19	10 11
16	23:35: 7	25 36 25	10Ar19	29Pi30	0 29	27 14	18 20	26 1	14 27	23 14	21 18	10 8
17	23:39: 4	26 36 9	25 15	28 38	0 43	27 58	18 31	25 57	14 27	23 13	21 16	10 5
18	23:43: 0	27 35 51	9Ta49	27 44	0 55	28 42	18 43	25 53	14 27	23 11	21 15	10 1
19	23:46:57	28 35 30	23 56	26 48	1 5	29 25	18 54	25 50	14 26	23 10	21 14	9 58
20	23:50:53	29 35 8	7Ge33	25 53	1 12	0Ta 9	19 6	25 46	14 26	23 8	21 13	9 55
21	23:54:50	0Ar34 43	20 42	24 59	1 17	0 53	19 17	25 42	14 26	23 7	21 12	9 52
22	23:58:47	1 34 15	3Cn25	24 7	1 20	1 37	19 29	25 38	14 26	23 5	21 11	9 49
23	0: 2:43	2 33 46	15 47	23 18	1 20R	2 21	19 41	25 34	14 26D	23 4	21 10	9 46
24	0: 6:39	3 33 14	27 53	22 34	1 18	3 4	19 52	25 30	14 26	23 2	21 9	9 42
25	0:10:36	4 32 40	9Le48	21 54	1 14	3 48	20 4	25 26	14 26	23 1	21 8	9 39
26	0:14:33	5 32 3	21 37	21 19	1 7	4 32	20 16	25 21	14 26	22 59	21 7	9 36
27	0:18:29	6 31 25	3Vi24	20 49	0 57	5 15	20 28	25 17	14 27	22 58	21 6	9 33
28	0:22:26	7 30 44	15 13	20 25	0 45	5 59	20 40	25 13	14 27	22 56	21 5	9 30
29	0:26:22	8 30 1	27 5	20 7	0 30	6 42	20 53	25 9	14 27	22 54	21 4	9 27
30	0:30:19	9 29 16	9Li 4	19 55	0 14	7 26	21 5	25 4	14 28	22 53	21 3	9 23
31	0:34:15	10 28 28	21 10	19 48	29Ar54	8 9	21 17	25 0	14 28	22 51	21	9 20

3/20 Sun in Ari. 22:01   3/8 3rd Qt. 18:27   3/15 New 11:06   3/22 1st Qt. 8:11   3/30 Full 12:55

APRIL 1953

Day	Sid. T.	Sun	Moon	Merc.	Venus	Mars	Jup.	Saturn	Uranus	Nept.	Pluto	N.Node
1	0:38:12	11Ar27 39	3Sc25	19Pi47	29Ar32R	8Ta52	21Ta30	24Li56R	14Cn29	22Li50R	21Le 1R	9Aq17
2	0:42: 9	12 26 48	15 50	19 52	29 9	9 36	21 42	24 51	14 29	22 48	21 1	9 14
3	0:46: 5	13 25 55	28 26	20 2	28 42	10 19	21 55	24 47	14 30	22 46	21 0	9 11
4	0:50: 2	14 25 0	11Sg13	20 17	28 14	11 2	22 7	24 42	14 30	22 45	20 59	9 7
5	0:53:58	15 24 4	24 14	20 37	27 44	11 45	22 20	24 38	14 31	22 43	20 58	9 4
6	0:57:55	16 23 6	7Cp31	21 2	27 13	12 28	22 33	24 33	14 32	22 42	20 58	9 1
7	1: 1:51	17 22 6	21 5	21 31	26 40	13 11	22 45	24 29	14 33	22 40	20 57	8 58
8	1: 5:48	18 21 4	4Aq59	22 5	26 5	13 54	22 58	24 24	14 33	22 38	20 56	8 55
9	1: 9:44	19 20 1	19 13	22 43	25 29	14 37	23 11	24 19	14 34	22 37	20 55	8 52
10	1:13:41	20 18 55	3Pi46	23 24	24 53	15 20	23 24	24 15	14 35	22 35	20 55	8 48
11	1:17:37	21 17 48	18 35	24 9	24 16	16 3	23 37	24 10	14 36	22 33	20 54	8 45
12	1:21:34	22 16 39	3Ar33	24 58	23 38	16 46	23 50	24 6	14 37	22 32	20 54	8 42
13	1:25:31	23 15 29	18 32	25 50	23 0	17 28	24 3	24 1	14 39	22 30	20 53	8 39
14	1:29:27	24 14 16	3Ta22	26 45	22 23	18 11	24 17	23 56	14 40	22 28	20 53	8 36
15	1:33:24	25 13 1	17 55	27 43	21 45	18 54	24 30	23 52	14 41	22 27	20 52	8 33
16	1:37:20	26 11 44	2Ge 4	28 43	21 8	19 36	24 43	23 47	14 42	22 25	20 52	8 29
17	1:41:17	27 10 26	15 45	29 47	20 32	20 19	24 56	23 43	14 44	22 24	20 51	8 26
18	1:45:13	28 9 5	28 59	0Ar53	19 57	21 2	25 10	23 38	14 45	22 22	20 51	8 23
19	1:49:10	29 7 41	11Cn46	2 2	19 24	21 44	25 23	23 33	14 46	22 20	20 50	8 20
20	1:53: 7	0Ta 6 16	24 11	3 13	18 51	22 27	25 36	23 29	14 48	22 19	20 50	8 17
21	1:57: 3	1 4 48	6Le19	4 26	18 21	23 9	25 50	23 24	14 49	22 17	20 50	8 13
22	2: 1: 0	2 3 19	18 14	5 42	17 52	23 51	26 3	23 20	14 51	22 15	20 49	8 10
23	2: 4:56	3 1 47	0Vi 4	7 0	17 25	24 34	26 17	23 15	14 53	22 14	20 49	8 7
24	2: 8:53	4 0 13	11 51	8 20	17 0	25 16	26 31	23 11	14 54	22 12	20 49	8 4
25	2:12:49	4 58 36	23 42	9 42	16 37	25 58	26 44	23 6	14 56	22 11	20 49	8 1
26	2:16:46	5 56 58	5Li40	11 6	16 16	26 40	26 58	23 2	14 58	22 9	20 48	7 58
27	2:20:42	6 55 18	17 46	12 32	15 58	27 22	27 11	22 57	14 59	22 7	20 48	7 54
28	2:24:39	7 53 36	0Sc 4	14 0	15 42	28 4	27 25	22 53	15 1	22 6	20 48	7 51
29	2:28:36	8 51 52	12 34	15 30	15 29	28 46	27 39	22 49	15 3	22 4	20 48	7 48
30	2:32:32	9 50 7	25 15	17 2	15 18	29 28	27 53	22 44	15 5	22 3	20 48	7 45

4/20 Sun in Tau. 9:26   4/7 3rd Qt. 4:59   4/13 New 20:09   4/21 1st Qt. 0:41   4/29 Full 4:21

Day	Sid. T.	Sun	Moon	Merc.	Venus	Mars	Jup.	Saturn	Uranus	Nept.	Pluto	N.Node
1	2:36:28	10Ta48 19	8Sg 9	18Ar35	15Ar 9R	0Ge10	28Ta 6	22Li40R	15Cn 7	22Li 1R	20Le48R	7Aq42
2	2:40:25	11 46 31	21 14	20 11	15 3	0 52	28 20	22 36	15 9	22 0	20 48	7 38
3	2:44:22	12 44 40	4Cp29	21 49	14 59	1 34	28 34	22 32	15 11	21 58	20 48D	7 35
4	2:48:18	13 42 49	17 57	23 28	14 58	2 16	28 48	22 27	15 13	21 57	20 48	7 32
5	2:52:15	14 40 55	1Aq36	25 10	14 59D	2 58	29 2	22 23	15 15	21 55	20 48	7 29
6	2:56:12	15 39 1	15 28	26 53	15 3	3 39	29 16	22 19	15 18	21 54	20 48	7 26
7	3: 0: 8	16 37 5	29 32	28 38	15 8	4 21	29 30	22 15	15 20	21 52	20 48	7 23
8	3: 4: 4	17 35 7	13Pi50	0Ta25	15 16	5 3	29 44	22 11	15 22	21 51	20 48	7 19
9	3: 8: 1	18 33 9	28 17	2 14	15 27	5 44	29 58	22 7	15 25	21 49	20 48	7 16
10	3:11:58	19 31 9	12Ar52	4 5	15 39	6 26	0Ge12	22 4	15 27	21 48	20 49	7 13
11	3:15:54	20 29 7	27 27	5 58	15 53	7 7	0 26	22 0	15 29	21 46	20 49	7 10
12	3:19:51	21 27 4	11Ta56	7 52	16 9	7 49	0 40	21 56	15 32	21 45	20 49	7 7
13	3:23:47	22 25 0	26 13	9 49	16 27	8 30	0 54	21 52	15 34	21 44	20 49	7 4
14	3:27:44	23 22 54	10Ge11	11 47	16 48	9 11	1 8	21 49	15 37	21 42	20 50	7 0
15	3:31:40	24 20 47	23 46	13 48	17 9	9 53	1 22	21 45	15 39	21 41	20 50	6 57
16	3:35:37	25 18 38	6Cn56	15 50	17 33	10 34	1 36	21 42	15 42	21 40	20 50	6 54
17	3:39:33	26 16 28	19 43	17 53	17 58	11 15	1 50	21 39	15 44	21 38	20 51	6 51
18	3:43:30	27 14 15	2Le10	19 59	18 25	11 56	2 4	21 35	15 47	21 37	20 51	6 48
19	3:47:27	28 12 2	14 19	22 5	18 53	12 38	2 18	21 32	15 50	21 36	20 52	6 44
20	3:51:23	29 9 46	26 17	24 13	19 23	13 19	2 32	21 29	15 53	21 35	20 52	6 41
21	3:55:20	0Ge 7 29	8Vi 8	26 23	19 54	14 0	2 46	21 26	15 55	21 33	20 53	6 38
22	3:59:16	1 5 10	19 58	28 33	20 27	14 41	3 0	21 23	15 58	21 32	20 53	6 35
23	4: 3:13	2 2 50	1Li51	0Ge44	21 1	15 22	3 14	21 20	16 1	21 31	20 54	6 32
24	4: 7: 9	3 0 28	13 53	2 55	21 36	16 3	3 28	21 17	16 4	21 30	20 54	6 29
25	4:11: 6	3 58 5	26 7	5 7	22 13	16 44	3 43	21 14	16 7	21 29	20 55	6 25
26	4:15: 3	4 55 40	8Sc34	7 19	22 51	17 25	3 57	21 11	16 10	21 28	20 56	6 22
27	4:18:59	5 53 14	21 18	9 30	23 29	18 5	4 11	21 9	16 13	21 27	20 56	6 19
28	4:22:55	6 50 47	4Sg17	11 41	24 9	18 46	4 25	21 6	16 16	21 26	20 57	6 16
29	4:26:52	7 48 19	17 31	13 52	24 50	19 27	4 39	21 4	16 19	21 25	20 58	6 13
30	4:30:49	8 45 50	0Cp58	16 1	25 32	20 8	4 53	21 1	16 22	21 24	20 59	6 10
31	4:34:45	9 43 20	14 37	18 9	26 15	20 48	5 7	20 59	16 25	21 23	20 59	6 6

5/21 Sun in Gem. 8:53   5/6 3rd Qt. 12:21   5/13 New 5:06   5/20 1st Qt. 18:20   5/28 Full 17:04

Day	Sid. T.	Sun	Moon	Merc.	Venus	Mars	Jup.	Saturn	Uranus	Nept.	Pluto	N.Node
1	4:38:42	10Ge40 49	28Cp24	20Ge15	26Ar59	21Ge29	5Ge21	20Li57R	16Cn28	21Li22R	21Le 0	6Aq 3
2	4:42:38	11 38 17	12Aq20	22 19	27 44	22 9	5 35	20 55	16 31	21 21	21 1	6 0
3	4:46:35	12 35 45	26 22	24 22	28 29	22 50	5 49	20 53	16 34	21 20	21 2	5 57
4	4:50:31	13 33 11	10Pi28	26 23	29 16	23 31	6 3	20 51	16 37	21 19	21 3	5 54
5	4:54:28	14 30 38	24 39	28 21	0Ta 3	24 11	6 17	20 49	16 40	21 18	21 4	5 50
6	4:58:25	15 28 3	8Ar52	0Cn17	0 51	24 51	6 31	20 47	16 44	21 17	21 5	5 47
7	5: 2:21	16 25 28	23 5	2 11	1 40	25 32	6 45	20 46	16 47	21 16	21 6	5 44
8	5: 6:18	17 22 52	7Ta15	4 3	2 29	26 12	6 59	20 44	16 50	21 16	21 7	5 41
9	5:10:14	18 20 16	21 17	5 52	3 20	26 53	7 13	20 43	16 53	21 15	21 8	5 38
10	5:14:11	19 17 39	5Ge 8	7 38	4 10	27 33	7 27	20 42	16 57	21 14	21 9	5 35
11	5:18: 7	20 15 2	18 44	9 22	5 2	28 13	7 41	20 40	17 0	21 14	21 10	5 31
12	5:22: 4	21 12 23	2Cn 2	11 3	5 54	28 53	7 55	20 39	17 4	21 13	21 11	5 28
13	5:26: 0	22 9 44	15 1	12 42	6 47	29 34	8 9	20 38	17 7	21 12	21 12	5 25
14	5:29:57	23 7 5	27 41	14 19	7 40	0Cn14	8 22	20 37	17 10	21 12	21 13	5 22
15	5:33:54	24 4 24	10Le 4	15 52	8 34	0 54	8 36	20 36	17 14	21 11	21 14	5 19
16	5:37:50	25 1 43	22 12	17 23	9 28	1 34	8 50	20 36	17 17	21 11	21 15	5 16
17	5:41:47	25 59 0	4Vi10	18 52	10 23	2 14	9 4	20 35	17 21	21 10	21 16	5 12
18	5:45:43	26 56 17	16 2	20 17	11 18	2 54	9 18	20 34	17 24	21 10	21 18	5 9
19	5:49:40	27 53 33	27 53	21 40	12 14	3 34	9 31	20 34	17 28	21 9	21 19	5 6
20	5:53:36	28 50 49	9Li48	23 1	13 10	4 14	9 45	20 33	17 31	21 9	21 20	5 3
21	5:57:33	29 48 3	21 52	24 18	14 7	4 54	9 59	20 33	17 35	21 8	21 21	5 0
22	6: 1:30	0Cn45 18	4Sc 9	25 33	15 4	5 34	10 12	20 33	17 38	21 8	21 23	4 56
23	6: 5:26	1 42 31	16 42	26 45	16 2	6 13	10 26	20 33	17 42	21 8	21 24	4 53
24	6: 9:23	2 39 44	29 34	27 54	17 0	6 53	10 39	20 33D	17 45	21 7	21 25	4 50
25	6:13:19	3 36 57	12Sg46	29 0	17 58	7 33	10 53	20 33	17 49	21 7	21 27	4 47
26	6:17:16	4 34 9	26 18	0Le 2	18 57	8 13	11 6	20 33	17 52	21 7	21 28	4 44
27	6:21:12	5 31 21	10Cp 7	1 2	19 56	8 53	11 20	20 34	17 56	21 7	21 29	4 41
28	6:25: 9	6 28 32	24 10	1 58	20 55	9 32	11 33	20 34	17 59	21 7	21 31	4 37
29	6:29: 6	7 25 44	8Aq24	2 51	21 55	10 12	11 46	20 35	18 3	21 7	21 32	4 34
30	6:33: 2	8 22 55	22 44	3 41	22 55	10 51	12 0	20 35	18 7	21 7	21 34	4 31

6/21 Sun in Can. 17:00   6/4 3rd Qt. 17:36   6/11 New 14:55   6/19 1st Qt. 12:01   6/27 Full 3:30

JULY 1953

Day	Sid. T.	Sun	Moon	Merc.	Venus	Mars	Jup.	Saturn	Uranus	Nept.	Pluto	N.Node
1	6:36:58	9Cn20 7	7Pi 6	4Le27	23Ta55	11Cn31	12Ge13	20Li36	18Cn10	21Li 6R	21Le35	4Aq28
2	6:40:55	10 17 19	21 26	5 9	24 56	12 11	12 26	20 37	18 14	21 6	21 37	4 25
3	6:44:52	11 14 31	5Ar42	5 47	25 57	12 50	12 39	20 38	18 17	21 6D	21 38	4 22
4	6:48:48	12 11 43	19 50	6 22	26 58	13 30	12 52	20 39	18 21	21 7	21 40	4 18
5	6:52:44	13 8 55	3Ta50	6 52	28 0	14 9	13 5	20 40	18 25	21 7	21 41	4 15
6	6:56:41	14 6 8	17 40	7 19	29 2	14 49	13 18	20 41	18 28	21 7	21 43	4 12
7	7: 0:38	15 3 22	1Ge17	7 40	0Ge 4	15 28	13 31	20 42	18 32	21 7	21 44	4 9
8	7: 4:34	16 0 35	14 42	7 58	1 7	16 7	13 44	20 44	18 36	21 7	21 46	4 6
9	7: 8:31	16 57 49	27 53	8 11	2 9	16 47	13 57	20 45	18 39	21 7	21 48	4 2
10	7:12:28	17 55 3	10Cn49	8 19	3 12	17 26	14 10	20 47	18 43	21 7	21 49	3 59
11	7:16:24	18 52 18	23 30	8 22	4 15	18 5	14 22	20 49	18 47	21 8	21 51	3 56
12	7:20:21	19 49 32	5Le57	8 21R	5 19	18 45	14 35	20 50	18 50	21 8	21 52	3 53
13	7:24:17	20 46 47	18 12	8 15	6 22	19 24	14 48	20 52	18 54	21 8	21 54	3 50
14	7:28:14	21 44 2	0Vi16	8 4	7 26	20 3	15 0	20 54	18 58	21 9	21 56	3 47
15	7:32:10	22 41 16	12 12	7 49	8 30	20 42	15 13	20 56	19 1	21 9	21 58	3 43
16	7:36: 7	23 38 32	24 3	7 29	9 35	21 21	15 25	20 58	19 5	21 9	21 59	3 40
17	7:40: 3	24 35 47	5Li54	7 4	10 39	22 1	15 38	21 1	19 8	21 10	22 1	3 37
18	7:44: 0	25 33 2	17 48	6 36	11 44	22 40	15 50	21 3	19 12	21 10	22 3	3 34
19	7:47:57	26 30 18	29 51	6 4	12 49	23 19	16 2	21 6	19 16	21 11	22 4	3 31
20	7:51:53	27 27 34	12Sc 7	5 29	13 54	23 58	16 14	21 8	19 19	21 11	22 6	3 27
21	7:55:49	28 24 50	24 41	4 51	14 59	24 37	16 26	21 11	19 23	21 12	22 8	3 24
22	7:59:46	29 22 6	7Sg35	4 10	16 5	25 16	16 38	21 13	19 27	21 13	22 10	3 21
23	8: 3:43	0Le19 23	20 51	3 29	17 10	25 55	16 50	21 16	19 30	21 13	22 11	3 18
24	8: 7:39	1 16 40	4Cp32	2 46	18 16	26 34	17 2	21 19	19 34	21 14	22 13	3 15
25	8:11:36	2 13 58	18 36	2 3	19 22	27 13	17 14	21 22	19 37	21 15	22 15	3 12
26	8:15:33	3 11 16	2Aq59	1 21	20 28	27 51	17 26	21 25	19 41	21 15	22 17	3 8
27	8:19:29	4 8 35	17 37	0 41	21 34	28 30	17 37	21 28	19 45	21 16	22 19	3 5
28	8:23:25	5 5 55	2Pi24	0 3	22 41	29 9	17 49	21 32	19 48	21 17	22 20	3 2
29	8:27:22	6 3 16	17 11	29Cn27	23 48	29 48	18 0	21 35	19 52	21 18	22 22	2 59
30	8:31:19	7 0 37	1Ar52	28 55	24 54	0Le27	18 12	21 38	19 55	21 19	22 24	2 56
31	8:35:15	7 58 0	16 22	28 28	26 1	1 6	18 23	21 42	19 59	21 20	22 26	2 53

7/23 Sun in Leo 3:53   7/3 3rd Qt. 22:04   7/11 New 2:28(E)   7/19 1st Qt. 4:48   7/26 Full 12:21(E)

AUGUST 1953

Day	Sid. T.	Sun	Moon	Merc.	Venus	Mars	Jup.	Saturn	Uranus	Nept.	Pluto	N.Node
1	8:39:12	8Le55 24	0Ta37	28Cn 5R	27Ge 8	1Le44	18Ge34	21Li45	20Cn 2	21Li21	22Le28	2Aq49
2	8:43: 8	9 52 49	14 34	27 48	28 16	2 23	18 45	21 49	20 6	21 21	22 30	2 46
3	8:47: 5	10 50 15	28 13	27 36	29 23	3 2	18 56	21 53	20 9	21 22	22 32	2 43
4	8:51: 1	11 47 43	11Ge34	27 31	0Cn31	3 41	19 7	21 57	20 13	21 23	22 33	2 40
5	8:54:58	12 45 12	24 38	27 31D	1 38	4 19	19 18	22 1	20 16	21 24	22 35	2 37
6	8:58:54	13 42 42	7Cn42	27 38	2 46	4 58	19 29	22 5	20 20	21 26	22 37	2 33
7	9: 2:51	14 40 13	20 2	27 52	3 54	5 36	19 40	22 9	20 23	21 27	22 39	2 30
8	9: 6:47	15 37 45	2Le26	28 13	5 2	6 15	19 50	22 13	20 26	21 28	22 41	2 27
9	9:10:44	16 35 19	14 39	28 41	6 11	6 54	20 1	22 17	20 30	21 29	22 43	2 24
10	9:14:41	17 32 53	26 43	29 15	7 19	7 32	20 11	22 21	20 33	21 30	22 45	2 21
11	9:18:37	18 30 29	8Vi41	29 56	8 27	8 11	20 21	22 26	20 36	21 31	22 47	2 18
12	9:22:34	19 28 5	20 34	0Le44	9 36	8 49	20 31	22 30	20 40	21 33	22 49	2 14
13	9:26:30	20 25 43	2Li24	1 38	10 45	9 28	20 42	22 35	20 43	21 34	22 50	2 11
14	9:30:27	21 23 22	14 14	2 39	11 54	10 6	20 51	22 39	20 46	21 35	22 52	2 8
15	9:34:24	22 21 1	26 9	3 46	13 3	10 45	21 1	22 44	20 50	21 36	22 54	2 5
16	9:38:20	23 18 42	8Sc10	4 59	14 12	11 23	21 11	22 49	20 53	21 38	22 56	2 2
17	9:42:17	24 16 24	20 24	6 17	15 21	12 2	21 21	22 54	20 56	21 39	22 58	1 59
18	9:46:13	25 14 7	2Sg53	7 41	16 30	12 40	21 30	22 59	20 59	21 41	23 0	1 55
19	9:50:10	26 11 51	15 43	9 10	17 40	13 18	21 40	23 4	21 2	21 42	23 2	1 52
20	9:54: 6	27 9 36	28 57	10 44	18 49	13 57	21 49	23 9	21 5	21 43	23 4	1 49
21	9:58: 3	28 7 22	12Cp36	12 22	19 59	14 35	21 58	23 14	21 9	21 45	23 6	1 46
22	10: 1:59	29 5 10	26 43	14 4	21 9	15 14	22 7	23 19	21 12	21 46	23 8	1 43
23	10: 5:56	0Vi 2 59	11Aq15	15 49	22 19	15 52	22 16	23 24	21 15	21 48	23 9	1 39
24	10: 9:52	1 0 49	26 7	17 37	23 29	16 30	22 25	23 29	21 18	21 49	23 11	1 36
25	10:13:49	1 58 40	11Pi12	19 28	24 39	17 8	22 34	23 35	21 21	21 51	23 13	1 33
26	10:17:46	2 56 33	26 22	21 21	25 49	17 47	22 42	23 40	21 24	21 53	23 15	1 30
27	10:21:42	3 54 28	11Ar25	23 16	26 59	18 25	22 51	23 46	21 27	21 54	23 17	1 27
28	10:25:39	4 52 24	26 12	25 12	28 9	19 3	22 59	23 51	21 29	21 56	23 19	1 24
29	10:29:35	5 50 22	10Ta43	27 9	29 20	19 41	23 7	23 57	21 32	21 58	23 21	1 20
30	10:33:32	6 48 23	24 46	29 6	0Le31	20 19	23 15	24 2	21 35	21 59	23 23	1 17
31	10:37:28	7 46 25	8Ge25	1Vi 4	1 41	20 58	23 23	24 8	21 38	22 1	23 24	1 14

8/23 Sun in Vir. 10:46   8/2 3rd Qt. 3:17   8/9 New 16:10(E)   8/17 1st Qt. 20:08   8/24 Full 20:21   8/31 3rd Qt. 10:47

Day	Sid. T.	Sun	Moon	Merc.	Venus	Mars	Jup.	Saturn	Uranus	Nept.	Pluto	N.Node
1	10:41:25	8Vi44 29	21Ge39	3Vi 2	2Le52	21Le36	23Ce31	24Li14	21Cn41	22Li 3	23Le26	1Aq11
2	10:45:22	9 42 35	4Cn32	4 59	4 3	22 14	23 38	24 20	21 43	22 4	23 28	1 8
3	10:49:18	10 40 43	17 6	6 57	5 14	22 52	23 46	24 25	21 46	22 6	23 30	1 5
4	10:53:14	11 38 53	29 27	8 53	6 25	23 30	23 53	24 31	21 49	22 8	23 32	1 1
5	10:57:11	12 37 4	11Le36	10 49	7 36	24 8	24 0	24 37	21 51	22 10	23 34	0 58
6	11: 1: 8	13 35 18	23 38	12 45	8 48	24 46	24 7	24 43	21 54	22 12	23 35	0 55
7	11: 5: 4	14 33 33	5Vi34	14 39	9 59	25 24	24 14	24 50	21 57	22 13	23 37	0 52
8	11: 9: 1	15 31 50	17 26	16 33	11 10	26 3	24 21	24 56	21 59	22 15	23 39	0 49
9	11:12:57	16 30 9	29 17	18 25	12 22	26 41	24 28	25 2	22 1	22 17	23 41	0 45
10	11:16:54	17 28 30	11Li 8	20 16	13 34	27 19	24 34	25 8	22 4	22 19	23 43	0 42
11	11:20:51	18 26 52	23 0	22 7	14 45	27 57	24 40	25 15	22 6	22 21	23 44	0 39
12	11:24:47	19 25 16	4Sc56	23 56	15 57	28 35	24 46	25 21	22 9	22 23	23 46	0 36
13	11:28:44	20 23 42	17 0	25 44	17 9	29 13	24 52	25 27	22 11	22 25	23 48	0 33
14	11:32:40	21 22 10	29 13	27 31	18 21	29 51	24 58	25 33	22 13	22 27	23 50	0 30
15	11:36:37	22 20 39	11Sg39	29 17	19 33	0Vi29	25 4	25 40	22 16	22 29	23 51	0 26
16	11:40:33	23 19 10	24 24	1Li 2	20 45	1 6	25 9	25 46	22 18	22 31	23 53	0 23
17	11:44:30	24 17 42	7Cp30	2 46	21 57	1 44	25 15	25 53	22 20	22 33	23 55	0 20
18	11:48:27	25 16 16	21 1	4 29	23 10	2 22	25 20	25 59	22 22	22 35	23 56	0 17
19	11:52:23	26 14 52	5Aq 0	6 11	24 22	3 0	25 25	26 6	22 24	22 37	23 58	0 14
20	11:56:20	27 13 29	19 27	7 51	25 34	3 38	25 29	26 13	22 26	22 39	24 0	0 10
21	12: 0:16	28 12 8	4Pi18	9 31	26 47	4 16	25 34	26 19	22 28	22 41	24 1	0 7
22	12: 4:13	29 10 49	19 28	11 10	28 0	4 54	25 38	26 26	22 30	22 43	24 3	0 4
23	12: 8: 9	0Li 9 31	4Ar47	12 48	29 12	5 32	25 43	26 33	22 32	22 45	24 5	0 1
24	12:12: 5	1 8 16	20 4	14 24	0Vi25	6 9	25 47	26 40	22 34	22 47	24 6	29Cp58
25	12:16: 2	2 7 3	5Ta 9	16 0	1 38	6 47	25 51	26 46	22 35	22 49	24 8	29 55
26	12:19:59	3 5 52	19 51	17 35	2 50	7 25	25 54	26 53	22 37	22 52	24 9	29 51
27	12:23:55	4 4 43	4Ge 6	19 9	4 3	8 3	25 58	27 0	22 39	22 54	24 11	29 48
28	12:27:52	5 3 36	17 51	20 42	5 16	8 40	26 1	27 7	22 41	22 56	24 12	29 45
29	12:31:49	6 2 32	1Cn 7	22 15	6 29	9 18	26 4	27 14	22 42	22 58	24 14	29 42
30	12:35:45	7 1 30	13 58	23 46	7 43	9 56	26 7	27 21	22 44	23 0	24 16	29 39

9/23 Sun in Lib. 8:07   9/8 New 7:48   9/16 1st Qt. 9:50   9/23 Full 4:16   9/29 3rd Qt. 21:52

Day	Sid. T.	Sun	Moon	Merc.	Venus	Mars	Jup.	Saturn	Uranus	Nept.	Pluto	N.Node
1	12:39:41	8Li 0 31	26Cn28	25Li17	8Vi56	10Vi34	26Ge10	27Li28	22Cn45	23Li 2	24Le17	29Cp36
2	12:43:38	8 59 34	8Le42	26 46	10 9	11 11	26 12	27 35	22 47	23 4	24 18	29 32
3	12:47:35	9 58 39	20 44	28 15	11 22	11 49	26 15	27 42	22 48	23 7	24 20	29 29
4	12:51:31	10 57 46	2Vi38	29 43	12 36	12 27	26 17	27 49	22 49	23 9	24 21	29 26
5	12:55:28	11 56 55	14 29	1Sc10	13 49	13 4	26 19	27 56	22 51	23 11	24 23	29 23
6	12:59:25	12 56 7	26 19	2 36	15 3	13 42	26 21	28 3	22 52	23 13	24 24	29 20
7	13: 3:21	13 55 20	8Li10	4 1	16 16	14 20	26 22	28 10	22 53	23 15	24 25	29 16
8	13: 7:17	14 54 36	20 4	5 25	17 30	14 57	26 24	28 17	22 54	23 18	24 27	29 13
9	13:11:14	15 53 54	2Sc 2	6 49	18 44	15 35	26 25	28 25	22 55	23 20	24 28	29 10
10	13:15:10	16 53 14	14 5	8 11	19 57	16 13	26 26	28 32	22 57	23 22	24 29	29 7
11	13:19: 7	17 52 35	26 16	9 32	21 11	16 50	26 27	28 39	22 58	23 24	24 30	29 4
12	13:23: 4	18 51 59	8Sg34	10 52	22 25	17 28	26 27	28 46	22 58	23 27	24 32	29 1
13	13:27: 0	19 51 25	21 5	12 11	23 39	18 5	26 28	28 53	22 59	23 29	24 33	28 57
14	13:30:57	20 50 52	3Cp49	13 29	24 53	18 43	26 28	29 1	23 0	23 31	24 34	28 54
15	13:34:54	21 50 21	16 51	14 45	26 7	19 20	26 28R	29 8	23 1	23 33	24 35	28 51
16	13:38:50	22 49 52	0Aq14	16 1	27 21	19 58	26 28	29 15	23 2	23 36	24 37	28 48
17	13:42:46	23 49 24	14 2	17 14	28 35	20 35	26 28	29 22	23 2	23 38	24 38	28 45
18	13:46:43	24 48 58	28 14	18 26	29 49	21 13	26 27	29 30	23 3	23 40	24 39	28 42
19	13:50:40	25 48 34	12Pi52	19 36	1Li 4	21 50	26 26	29 37	23 4	23 42	24 40	28 38
20	13:54:36	26 48 12	27 50	20 44	2 18	22 28	26 25	29 44	23 4	23 44	24 41	28 35
21	13:58:33	27 47 51	13Ar49	21 51	3 32	23 5	26 24	29 51	23 5	23 47	24 42	28 32
22	14: 2:30	28 47 33	28 14	22 54	4 46	23 43	26 23	29 59	23 5	23 49	24 43	28 29
23	14: 6:26	29 47 16	13Ta20	23 56	6 1	24 20	26 21	0Sc 6	23 5	23 51	24 44	28 26
24	14:10:22	0Sc47 1	28 8	24 54	7 15	24 58	26 19	0 13	23 6	23 53	24 45	28 22
25	14:14:19	1 46 49	12Ge30	25 50	8 30	25 35	26 17	0 20	23 6	23 56	24 46	28 19
26	14:18:15	2 46 39	26 23	26 42	9 44	26 12	26 15	0 28	23 6	23 58	24 47	28 16
27	14:22:12	3 46 31	9Cn46	27 30	10 59	26 50	26 13	0 35	23 6	24 0	24 48	28 13
28	14:26: 8	4 46 25	22 41	28 14	12 13	27 27	26 10	0 42	23 6	24 2	24 48	28 10
29	14:30: 5	5 46 22	5Le14	28 53	13 28	28 4	26 7	0 49	23 6R	24 4	24 49	28 7
30	14:34: 2	6 46 20	17 27	29 28	14 42	28 42	26 4	0 57	23 6	24 7	24 50	28 3
31	14:37:58	7 46 21	29 28	29 56	15 57	29 19	26 1	1 4	23 6	24 9	24 51	28 0

10/23 Sun in Sco. 17:07   10/8 New 0:41   10/15 1st Qt. 21:45   10/22 Full 12:56   10/29 3rd Qt. 13:10

NOVEMBER 1953

Day	Sid. T.	Sun	Moon	Merc.	Venus	Mars	Jup.	Saturn	Uranus	Nept.	Pluto	N.Node
1	14:41:55	8Sc46 24	11Vi21	0Sg18	17Li12	29Vi56	25Ge58R	1Sc11	23Cn 6R	24Li11	24Le52	27Cp57
2	14:45:51	9 46 29	23 10	0 33	18 26	0Li34	25 54	1 18	23 6	24 13	24 52	27 54
3	14:49:48	10 46 35	5Li 1	0 41	19 41	1 11	25 51	1 26	23 6	24 15	24 53	27 51
4	14:53:44	11 46 44	16 54	0 40R	20 56	1 48	25 47	1 33	23 5	24 18	24 54	27 48
5	14:57:41	12 46 55	28 54	0 30	22 11	2 25	25 42	1 40	23 5	24 20	24 54	27 44
6	15: 1:38	13 47 8	11Sc 0	0 11	23 26	3 3	25 38	1 47	23 5	24 22	24 55	27 41
7	15: 5:34	14 47 23	23 15	29Sc42	24 41	3 40	25 34	1 54	23 4	24 24	24 56	27 38
8	15: 9:31	15 47 39	5Sg38	29 4	25 56	4 17	25 29	2 2	23 4	24 26	24 56	27 35
9	15:13:27	16 47 57	18 11	28 15	27 11	4 54	25 24	2 9	23 3	24 28	24 57	27 32
10	15:17:24	17 48 17	0Cp54	27 18	28 26	5 31	25 19	2 16	23 2	24 30	24 57	27 28
11	15:21:20	18 48 38	13 49	26 12	29 41	6 9	25 14	2 23	23 2	24 32	24 58	27 25
12	15:25:17	19 49 0	26 57	24 59	0Sc56	6 46	25 9	2 30	23 1	24 35	24 58	27 22
13	15:29:13	20 49 24	10Aq20	23 41	2 11	7 23	25 3	2 37	23 0	24 37	24 58	27 19
14	15:33:10	21 49 50	24 2	22 21	3 26	8 0	24 58	2 44	22 59	24 39	24 59	27 16
15	15:37: 7	22 50 16	8Pi 3	21 0	4 41	8 37	24 52	2 51	22 59	24 41	24 59	27 13
16	15:41: 3	23 50 44	22 22	19 43	5 56	9 14	24 46	2 58	22 58	24 43	25 0	27 9
17	15:45: 0	24 51 13	6Ar58	18 30	7 11	9 51	24 40	3 5	22 57	24 45	25 0	27 6
18	15:48:56	25 51 44	21 47	17 25	8 26	10 28	24 34	3 12	22 56	24 47	25 0	27 3
19	15:52:53	26 52 15	6Ta40	16 29	9 41	11 5	24 27	3 19	22 55	24 49	25 0	27 0
20	15:56:49	27 52 48	21 29	15 44	10 57	11 42	24 21	3 26	22 53	24 51	25 0	26 57
21	16: 0:46	28 53 23	6Ge 7	15 10	12 12	12 19	24 14	3 32	22 52	24 53	25 1	26 54
22	16: 4:43	29 53 59	20 24	14 47	13 27	12 56	24 7	3 39	22 51	24 55	25 1	26 50
23	16: 8:39	0Sg54 37	4Cn16	14 37	14 42	13 33	24 0	3 46	22 50	24 56	25 1	26 47
24	16:12:36	1 55 17	17 42	14 37D	15 57	14 10	23 53	3 53	22 48	24 58	25 1	26 44
25	16:16:32	2 55 57	0Le42	14 48	17 13	14 47	23 46	3 59	22 47	25 0	25 1	26 41
26	16:20:29	3 56 40	13 19	15 9	18 28	15 23	23 39	4 6	22 46	25 2	25 1	26 38
27	16:24:25	4 57 24	25 37	15 38	19 43	16 0	23 32	4 13	22 44	25 4	25 1R	26 34
28	16:28:22	5 58 9	7Vi40	16 16	20 59	16 37	23 25	4 19	22 43	25 6	25 1	26 31
29	16:32:18	6 58 56	19 35	17 0	22 14	17 14	23 17	4 26	22 41	25 7	25 1	26 28
30	16:36:15	7 59 45	1Li26	17 51	23 29	17 51	23 9	4 32	22 40	25 9	25 1	26 25

11/22 Sun in Sag. 14:23   11/6 New 17:58   11/14 1st Qt. 7:53   11/20 Full 23:13   11/28 3rd Qt. 8:16

DECEMBER 1953

Day	Sid. T.	Sun	Moon	Merc.	Venus	Mars	Jup.	Saturn	Uranus	Nept.	Pluto	N.Node
1	16:40:11	9Sg 0 35	13Li18	18Sc48	24Sc45	18Li27	23Ge 2R	4Sc39	22Cn38R	25Li11	25Le 1R	26Cp22
2	16:44: 8	10 1 26	25 14	19 49	26 0	19 4	22 54	4 45	22 36	25 13	25 1	26 19
3	16:48: 5	11 2 19	7Sc19	20 54	27 15	19 41	22 46	4 52	22 35	25 14	25 0	26 15
4	16:52: 1	12 3 13	19 34	22 3	28 31	20 18	22 38	4 58	22 33	25 16	25 0	26 12
5	16:55:58	13 4 8	2Sg 1	23 16	29 46	20 54	22 30	5 4	22 31	25 18	25 0	26 9
6	16:59:54	14 5 4	14 40	24 30	1Sg 2	21 31	22 22	5 10	22 29	25 19	25 0	26 6
7	17: 3:51	15 6 1	27 32	25 48	2 17	22 7	22 14	5 17	22 27	25 21	24 59	26 3
8	17: 7:47	16 7 0	10Cp36	27 7	3 32	22 44	22 6	5 23	22 25	25 23	24 59	25 59
9	17:11:44	17 7 59	23 52	28 28	4 48	23 21	21 58	5 29	22 23	25 24	24 59	25 56
10	17:15:41	18 8 58	7Aq19	29 50	6 3	23 57	21 50	5 35	22 21	25 26	24 58	25 53
11	17:19:37	19 9 59	20 57	1Sg14	7 19	24 34	21 42	5 41	22 19	25 27	24 58	25 50
12	17:23:34	20 11 0	4Pi45	2 39	8 34	25 10	21 34	5 47	22 17	25 29	24 57	25 47
13	17:27:30	21 12 1	18 45	4 5	9 50	25 47	21 25	5 52	22 15	25 30	24 57	25 44
14	17:31:26	22 13 3	2Ar54	5 31	11 5	26 23	21 17	5 58	22 13	25 32	24 56	25 40
15	17:35:23	23 14 5	17 11	6 58	12 21	26 59	21 9	6 4	22 11	25 33	24 56	25 37
16	17:39:20	24 15 7	1Ta34	8 26	13 36	27 36	21 1	6 10	22 9	25 34	24 55	25 34
17	17:43:16	25 16 10	15 59	9 55	14 51	28 12	20 53	6 15	22 7	25 36	24 55	25 31
18	17:47:13	26 17 14	0Ge19	11 24	16 7	28 48	20 45	6 21	22 5	25 37	24 54	25 28
19	17:51:10	27 18 18	14 31	12 53	17 22	29 25	20 36	6 26	22 2	25 38	24 54	25 25
20	17:55: 6	28 19 22	28 28	14 23	18 38	0Sc 1	20 28	6 31	22 0	25 40	24 53	25 21
21	17:59: 2	29 20 27	12Cn 7	15 53	19 53	0 37	20 20	6 37	21 57	25 41	24 52	25 18
22	18: 2:59	0Cp21 33	25 26	17 24	21 9	1 13	20 12	6 42	21 55	25 42	24 52	25 15
23	18: 6:56	1 22 39	8Le24	18 55	22 24	1 49	20 5	6 47	21 53	25 43	24 51	25 12
24	18:10:52	2 23 45	21 2	20 26	23 40	2 26	19 57	6 52	21 50	25 45	24 50	25 9
25	18:14:49	3 24 52	3Vi22	21 58	24 55	3 2	19 49	6 57	21 48	25 45	24 49	25 5
26	18:18:46	4 26 0	15 29	23 30	26 11	3 38	19 41	7 2	21 45	25 46	24 48	25 2
27	18:22:42	5 27 8	27 26	25 2	27 26	4 14	19 34	7 7	21 43	25 48	24 48	24 59
28	18:26:38	6 28 17	9Li18	26 34	28 42	4 50	19 26	7 12	21 40	25 49	24 47	24 56
29	18:30:35	7 29 26	21 11	28 7	29 57	5 26	19 19	7 17	21 38	25 50	24 46	24 53
30	18:34:31	8 30 35	3Sc 9	29 40	1Cp13	6 1	19 11	7 22	21 35	25 50	24 45	24 50
31	18:38:28	9 31 45	15 15	1Cp13	2 28	6 37	19 4	7 26	21 33	25 51	24 44	24 46

12/22 Sun in Cap. 3:32   12/6 New 10:48   12/13 1st Qt. 16:31   12/20 Full 11:44   12/28 3rd Qt. 5:44

Day	Sid. T.	Sun	Moon	Merc.	Venus	Mars	Jup.	Saturn	Uranus	Nept.	Pluto	N.Node
1	18:42:25	10Cp32 56	27Sc35	2Cp47	3Cp44	7Sc13	18Ge57R	7Sc31	21Cn30R	25Li52	24Le43R	24Cp43
2	18:46:21	11 34 6	10Sg10	4 20	4 59	7 49	18 50	7 35	21 28	25 53	24 42	24 40
3	18:50:18	12 35 17	23 2	5 55	6 15	8 25	18 43	7 40	21 25	25 54	24 41	24 37
4	18:54:14	13 36 28	6Cp12	7 29	7 30	9 0	18 36	7 44	21 23	25 55	24 40	24 34
5	18:58:11	14 37 39	19 39	9 4	8 46	9 36	18 30	7 48	21 20	25 56	24 39	24 31
6	19: 2: 7	15 38 50	3Aq21	10 40	10 1	10 12	18 23	7 52	21 18	25 56	24 38	24 27
7	19: 6: 4	16 40 0	17 16	12 15	11 17	10 47	18 17	7 56	21 15	25 57	24 37	24 24
8	19:10: 1	17 41 10	1Pi20	13 51	12 32	11 23	18 10	8 0	21 12	25 58	24 36	24 21
9	19:13:57	18 42 20	15 31	15 28	13 48	11 58	18 4	8 4	21 10	25 58	24 35	24 18
10	19:17:54	19 43 29	29 44	17 5	15 3	12 34	17 58	8 8	21 7	25 59	24 34	24 15
11	19:21:50	20 44 38	13Ar57	18 42	16 19	13 9	17 53	8 12	21 5	25 59	24 32	24 11
12	19:25:47	21 45 46	28 8	20 20	17 34	13 44	17 47	8 15	21 2	26 0	24 31	24 8
13	19:29:43	22 46 53	12Ta14	21 59	18 49	14 20	17 42	8 19	20 59	26 1	24 30	24 5
14	19:33:40	23 47 59	26 14	23 38	20 5	14 55	17 36	8 22	20 57	26 1	24 29	24 2
15	19:37:37	24 49 5	10Ge 6	25 17	21 20	15 30	17 31	8 26	20 54	26 1	24 28	23 59
16	19:41:33	25 50 11	23 47	26 57	22 36	16 5	17 26	8 29	20 52	26 2	24 26	23 56
17	19:45:30	26 51 15	7Cn16	28 37	23 51	16 40	17 21	8 32	20 49	26 2	24 25	23 52
18	19:49:27	27 52 19	20 32	0Aq18	25 7	17 15	17 17	8 35	20 46	26 2	24 24	23 49
19	19:53:23	28 53 22	3Le33	1 59	26 22	17 50	17 12	8 38	20 44	26 3	24 23	23 46
20	19:57:20	29 54 25	16 19	3 41	27 38	18 25	17 8	8 41	20 41	26 3	24 21	23 43
21	20: 1:16	0Aq55 27	28 51	5 24	28 53	19 0	17 4	8 44	20 39	26 3	24 20	23 40
22	20: 5:13	1 56 28	11Vi 9	7 6	0Aq 8	19 35	17 0	8 46	20 36	26 3	24 19	23 37
23	20: 9: 9	2 57 29	23 15	8 50	1 24	20 9	16 57	8 49	20 34	26 4	24 17	23 33
24	20:13: 6	3 58 30	5Li13	10 33	2 39	20 44	16 53	8 51	20 31	26 4	24 16	23 30
25	20:17: 3	4 59 29	17 6	12 17	3 54	21 19	16 50	8 54	20 29	26 4	24 15	23 27
26	20:20:59	6 0 28	28 59	14 2	5 10	21 53	16 47	8 56	20 26	26 4	24 13	23 24
27	20:24:56	7 1 27	10Sc55	15 46	6 25	22 28	16 44	8 58	20 24	26 4R	24 12	23 21
28	20:28:52	8 2 25	23 0	17 31	7 41	23 2	16 41	9 0	20 21	26 4	24 10	23 17
29	20:32:49	9 3 22	5Sg18	19 16	8 56	23 37	16 39	9 2	20 19	26 4	24 9	23 14
30	20:36:45	10 4 19	17 54	21 1	10 11	24 11	16 36	9 4	20 16	26 4	24 8	23 11
31	20:40:41	11 5 15	0Cp51	22 45	11 27	24 45	16 34	9 6	20 14	26 4	24 6	23 8

1/20 Sun in Aqu. 14:12   1/5 New 2:22(E)   1/12 1st Qt. 0:22   1/19 Full 2:37(E)   1/27 3rd Qt. 3:28

Day	Sid. T.	Sun	Moon	Merc.	Venus	Mars	Jup.	Saturn	Uranus	Nept.	Pluto	N.Node
1	20:44:38	12Aq 6 10	14Cp11	24Aq29	12Aq42	25Sc19	16Ge32R	9Sc 8	20Cn12R	26Li 3R	24Le 5R	23Cp 5
2	20:48:35	13 7 4	27 53	26 12	13 57	25 53	16 31	9 9	20 9	26 3	24 3	23 2
3	20:52:31	14 7 57	11Aq58	27 54	15 13	26 27	16 29	9 11	20 7	26 3	24 2	22 58
4	20:56:28	15 8 49	26 20	29 35	16 28	27 1	16 28	9 12	20 5	26 3	24 0	22 55
5	21: 0:25	16 9 40	10Pi54	1Pi14	17 43	27 35	16 27	9 14	20 2	26 2	23 59	22 52
6	21: 4:21	17 10 29	25 34	2 51	18 59	28 9	16 26	9 15	20 0	26 2	23 57	22 49
7	21: 8:17	18 11 17	10Ar13	4 25	20 14	28 42	16 25	9 16	19 58	26 2	23 56	22 46
8	21:12:14	19 12 3	24 44	5 56	21 29	29 16	16 25	9 17	19 56	26 1	23 54	22 43
9	21:16:11	20 12 48	9Ta 3	7 24	22 44	29 50	16 24	9 18	19 54	26 1	23 53	22 39
10	21:20: 7	21 13 31	23 7	8 47	24 0	0Sg23	16 24D	9 18	19 51	26 0	23 52	22 36
11	21:24: 4	22 14 13	6Ge55	10 5	25 15	0 56	16 25	9 19	19 49	26 0	23 50	22 33
12	21:28: 1	23 14 53	20 28	11 17	26 30	1 30	16 25	9 20	19 47	25 59	23 49	22 30
13	21:31:57	24 15 31	3Cn45	12 23	27 45	2 3	16 25	9 20	19 45	25 59	23 47	22 27
14	21:35:54	25 16 8	16 49	13 22	29 0	2 36	16 26	9 20	19 43	25 58	23 46	22 23
15	21:39:50	26 16 43	29 41	14 12	0Pi16	3 9	16 27	9 21	19 41	25 58	23 44	22 20
16	21:43:47	27 17 16	12Le21	14 54	1 31	3 42	16 28	9 21	19 39	25 57	23 43	22 17
17	21:47:43	28 17 48	24 50	15 27	2 46	4 14	16 30	9 21R	19 38	25 56	23 41	22 14
18	21:51:40	29 18 18	7Vi10	15 51	4 1	4 47	16 31	9 21	19 36	25 56	23 40	22 11
19	21:55:36	0Pi18 46	19 20	16 4	5 16	5 20	16 33	9 21	19 34	25 55	23 38	22 8
20	21:59:33	1 19 14	1Li23	16 7R	6 31	5 52	16 35	9 20	19 32	25 54	23 37	22 4
21	22: 3:30	2 19 39	13 19	16 0	7 46	6 25	16 37	9 20	19 30	25 53	23 35	22 1
22	22: 7:26	3 20 3	25 12	15 44	9 1	6 57	16 39	9 19	19 29	25 53	23 34	21 58
23	22:11:22	4 20 26	7Sc 3	15 17	10 16	7 29	16 42	9 19	19 27	25 52	23 32	21 55
24	22:15:19	5 20 48	18 58	14 42	11 31	8 1	16 45	9 18	19 25	25 51	23 31	21 52
25	22:19:16	6 21 8	1Sg 0	13 59	12 46	8 33	16 47	9 17	19 24	25 50	23 30	21 48
26	22:23:12	7 21 26	13 15	13 9	14 1	9 5	16 51	9 16	19 22	25 49	23 28	21 45
27	22:27: 9	8 21 44	25 46	12 13	15 16	9 36	16 54	9 15	19 21	25 48	23 27	21 42
28	22:31: 6	9 21 59	8Cp39	11 13	16 31	10 8	16 57	9 14	19 20	25 47	23 25	21 39

2/19 Sun in Pis. 4:33   2/3 New 15:56   2/10 1st Qt. 8:30   2/17 Full 19:18   2/25 3rd Qt. 23:29

MARCH 1954

Day	Sid. T.	Sun	Moon	Merc.	Venus	Mars	Jup.	Saturn	Uranus	Nept.	Pluto	N.Node
1	22:35: 2	10Pi22 13	21Cp57	10Pi11R	17Pi46	10Sg39	17Ge 1	9Sc13R	19Cn18R	25Li46R	23Le24R	21Cp36
2	22:38:58	11 22 26	5Aq43	9 8	19 1	11 11	17 5	9 12	19 17	25 45	23 23	21 33
3	22:42:55	12 22 37	19 57	8 5	20 16	11 42	17 9	9 10	19 16	25 44	23 21	21 29
4	22:46:52	13 22 46	4Pi35	7 5	21 31	12 13	17 13	9 9	19 14	25 43	23 20	21 26
5	22:50:48	14 22 54	19 31	6 7	22 46	12 44	17 17	9 7	19 13	25 42	23 18	21 23
6	22:54:44	15 22 59	4Ar37	5 14	24 1	13 14	17 22	9 5	19 12	25 41	23 17	21 20
7	22:58:41	16 23 3	19 42	4 26	25 15	13 45	17 26	9 4	19 11	25 39	23 16	21 17
8	23: 2:38	17 23 4	4Ta36	3 43	26 30	14 15	17 31	9 2	19 10	25 38	23 14	21 14
9	23: 6:34	18 23 4	19 13	3 7	27 45	14 46	17 36	9 0	19 9	25 37	23 13	21 10
10	23:10:31	19 23 1	3Ge28	2 37	29 0	15 16	17 41	8 58	19 8	25 36	23 12	21 7
11	23:14:27	20 22 56	17 18	2 13	0Ar14	15 46	17 47	8 56	19 7	25 35	23 10	21 4
12	23:18:24	21 22 49	0Cn46	1 56	1 29	16 16	17 52	8 53	19 6	25 33	23 9	21 1
13	23:22:20	22 22 39	13 52	1 46	2 44	16 45	17 58	8 51	19 5	25 32	23 8	20 58
14	23:26:17	23 22 28	26 41	1 42	3 58	17 15	18 4	8 49	19 5	25 31	23 7	20 54
15	23:30:14	24 22 14	9Le16	1 45D	5 13	17 44	18 10	8 46	19 4	25 29	23 5	20 51
16	23:34:10	25 21 59	21 39	1 53	6 28	18 13	18 16	8 43	19 3	25 28	23 4	20 48
17	23:38: 7	26 21 40	3Vi53	2 6	7 42	18 42	18 22	8 41	19 3	25 27	23 3	20 45
18	23:42: 3	27 21 19	16 0	2 25	8 57	19 11	18 29	8 38	19 2	25 25	23 2	20 42
19	23:45:59	28 20 57	28 1	2 49	10 11	19 40	18 36	8 35	19 2	25 24	23 1	20 39
20	23:49:56	29 20 32	9Li58	3 18	11 26	20 8	18 42	8 32	19 1	25 22	23 0	20 35
21	23:53:53	0Ar20 6	21 52	3 52	12 40	20 36	18 49	8 29	19 1	25 21	22 58	20 32
22	23:57:49	1 19 38	3Sc44	4 29	13 55	21 4	18 56	8 26	19 1	25 19	22 57	20 29
23	0: 1:45	2 19 8	15 37	5 10	15 9	21 32	19 4	8 23	19 1	25 18	22 56	20 26
24	0: 5:42	3 18 36	27 32	5 56	16 24	21 59	19 11	8 20	19 0	25 17	22 55	20 23
25	0: 9:39	4 18 2	9Sg34	6 44	17 38	22 27	19 19	8 16	19 0	25 15	22 54	20 20
26	0:13:35	5 17 27	21 46	7 36	18 52	22 54	19 26	8 13	19 0	25 14	22 53	20 16
27	0:17:32	6 16 49	4Cp14	8 31	20 7	23 21	19 34	8 9	19 0	25 12	22 52	20 13
28	0:21:28	7 16 10	17 1	9 29	21 21	23 48	19 42	8 6	19 0D	25 10	22 51	20 10
29	0:25:25	8 15 30	0Aq12	10 30	22 35	24 14	19 50	8 2	19 0	25 9	22 50	20 7
30	0:29:21	9 14 47	13 52	11 33	23 49	24 40	19 58	7 59	19 0	25 7	22 49	20 4
31	0:33:18	10 14 3	28 2	12 39	25 4	25 6	20 7	7 55	19 0	25 6	22 48	20 0

3/21 Sun in Ari. 3:54   3/5 New 3:12   3/11 1st Qt. 17:52   3/19 Full 12:43   3/27 3rd Qt. 16:14

APRIL 1954

Day	Sid. T.	Sun	Moon	Merc.	Venus	Mars	Jup.	Saturn	Uranus	Nept.	Pluto	N.Node
1	0:37:15	11Ar13 16	12Pi39	13Pi47	26Ar18	25Sg32	20Ge15	7Sc51R	19Cn 1	25Li 4R	22Le47R	19Cp57
2	0:41:11	12 12 28	27 40	14 57	27 32	25 57	20 24	7 47	19 1	25 3	22 46	19 54
3	0:45: 8	13 11 38	12Ar56	16 10	28 46	26 22	20 33	7 43	19 1	25 1	22 46	19 51
4	0:49: 4	14 10 46	28 16	17 25	0Ta 0	26 47	20 42	7 39	19 2	24 59	22 45	19 48
5	0:53: 1	15 9 52	13Ta28	18 42	1 14	27 12	20 51	7 35	19 2	24 58	22 44	19 45
6	0:56:58	16 8 55	28 22	20 0	2 28	27 36	21 0	7 31	19 3	24 56	22 43	19 41
7	1: 0:54	17 7 57	12Ge51	21 21	3 42	28 0	21 9	7 27	19 3	24 55	22 42	19 38
8	1: 4:50	18 6 56	26 52	22 43	4 56	28 24	21 18	7 23	19 4	24 53	22 42	19 35
9	1: 8:47	19 5 53	10Cn25	24 7	6 10	28 47	21 28	7 19	19 4	24 51	22 41	19 32
10	1:12:44	20 4 47	23 32	25 33	7 24	29 10	21 37	7 15	19 5	24 50	22 40	19 29
11	1:16:40	21 3 40	6Le17	27 1	8 38	29 33	21 47	7 11	19 6	24 48	22 40	19 26
12	1:20:37	22 2 30	18 45	28 31	9 52	29 55	21 57	7 6	19 7	24 46	22 39	19 22
13	1:24:33	23 1 17	0Vi59	0Ar 2	11 6	0Cp17	22 7	7 2	19 8	24 45	22 38	19 19
14	1:28:30	24 0 3	13 4	1 34	12 20	0 39	22 17	6 58	19 9	24 43	22 38	19 16
15	1:32:26	24 58 46	25 3	3 9	13 33	1 1	22 27	6 53	19 10	24 41	22 37	19 13
16	1:36:23	25 57 27	6Li58	4 45	14 47	1 22	22 37	6 49	19 11	24 40	22 37	19 10
17	1:40:20	26 56 6	18 51	6 22	16 1	1 42	22 47	6 44	19 12	24 38	22 36	19 6
18	1:44:16	27 54 43	0Sc43	8 2	17 14	2 3	22 58	6 40	19 13	24 37	22 36	19 3
19	1:48:13	28 53 19	12 37	9 43	18 28	2 22	23 8	6 35	19 14	24 35	22 35	19 0
20	1:52: 9	29 51 52	24 33	11 25	19 42	2 42	23 19	6 31	19 15	24 33	22 35	18 57
21	1:56: 6	0Ta50 24	6Sg33	13 9	20 55	3 1	23 29	6 26	19 16	24 32	22 35	18 54
22	2: 0: 2	1 48 54	18 40	14 55	22 9	3 20	23 40	6 22	19 18	24 30	22 34	18 51
23	2: 3:59	2 47 22	0Cp56	16 43	23 22	3 38	23 51	6 17	19 19	24 28	22 34	18 47
24	2: 7:55	3 45 49	13 25	18 32	24 36	3 56	24 2	6 13	19 21	24 27	22 34	18 44
25	2:11:52	4 44 14	26 11	20 23	25 49	4 13	24 13	6 8	19 22	24 25	22 33	18 41
26	2:15:48	5 42 37	9Aq19	22 16	27 3	4 30	24 24	6 4	19 24	24 24	22 33	18 38
27	2:19:45	6 40 59	22 51	24 10	28 16	4 46	24 35	5 59	19 25	24 22	22 33	18 35
28	2:23:42	7 39 20	6Pi51	26 6	29 29	5 2	24 47	5 55	19 27	24 20	22 33	18 32
29	2:27:38	8 37 38	21 17	28 4	0Ge43	5 18	24 58	5 50	19 28	24 19	22 32	18 28
30	2:31:35	9 35 56	6Ar 8	0Ta 3	1 56	5 32	25 9	5 45	19 30	24 17	22 32	18 25

4/20 Sun in Tau. 15:20   4/3 New 12:25   4/10 1st Qt. 5:06   4/18 Full 5:49   4/26 3rd Qt. 4:58

MAY 1954

Day	Sid. T.	Sun	Moon	Merc.	Venus	Mars	Jup.	Saturn	Uranus	Nept.	Pluto	N.Node
1	2:35:31	10Ta34 11	21Ar17	2Ta 4	3Ge 9	5Cp47	25Ge21	5Sc41R	19Cn32	24Li16R	22Le32R	18Cp22
2	2:39:28	11 32 25	6Ta33	4 6	4 22	6 1	25 33	5 36	19 34	24 14	22 32	18 19
3	2:43:25	12 30 38	21 46	6 10	5 35	6 14	25 44	5 32	19 36	24 13	22 32	18 16
4	2:47:21	13 28 48	6Ge46	8 15	6 49	6 27	25 56	5 27	19 38	24 11	22 32	18 12
5	2:51:18	14 26 57	21 23	10 22	8 2	6 39	26 8	5 23	19 39	24 9	22 32D	18 9
6	2:55:14	15 25 4	5Cn33	12 30	9 15	6 51	26 20	5 18	19 41	24 8	22 32	18 6
7	2:59:11	16 23 9	19 14	14 38	10 28	7 2	26 32	5 14	19 44	24 6	22 32	18 3
8	3: 3: 7	17 21 13	2Le27	16 48	11 41	7 12	26 44	5 10	19 46	24 5	22 32	18 0
9	3: 7: 4	18 19 14	15 16	18 58	12 54	7 22	26 56	5 5	19 48	24 3	22 32	17 57
10	3:11: 0	19 17 13	27 45	21 9	14 7	7 31	27 8	5 1	19 50	24 2	22 33	17 53
11	3:14:57	20 15 11	9Vi58	22 1	15 20	7 40	27 20	4 57	19 52	24 1	22 33	17 50
12	3:18:53	21 13 6	22 1	25 30	16 32	7 48	27 33	4 52	19 54	23 59	22 33	17 47
13	3:22:50	22 11 0	3Li56	27 40	17 45	7 55	27 45	4 48	19 57	23 58	22 33	17 44
14	3:26:47	23 8 53	15 48	29 49	18 58	8 2	27 57	4 44	19 59	23 56	22 33	17 41
15	3:30:43	24 6 43	27 40	1Ge58	20 11	8 8	28 10	4 40	20 1	23 55	22 34	17 37
16	3:34:39	25 4 32	9Sc34	4 5	21 23	8 14	28 22	4 35	20 4	23 54	22 34	17 34
17	3:38:36	26 2 20	21 32	6 10	22 36	8 18	28 35	4 31	20 6	23 52	22 34	17 31
18	3:42:33	27 0 6	3Sg35	8 14	23 48	8 22	28 47	4 27	20 9	23 51	22 35	17 28
19	3:46:29	27 57 51	15 44	10 16	25 1	8 26	29 0	4 23	20 11	23 50	22 35	17 25
20	3:50:26	28 55 34	28 2	12 16	26 13	8 28	29 13	4 19	20 14	23 48	22 36	17 22
21	3:54:23	29 53 16	10Cp29	14 13	27 26	8 30	29 25	4 16	20 16	23 47	22 36	17 18
22	3:58:19	0Ge50 58	23 9	16 7	28 38	8 31	29 38	4 12	20 19	23 46	22 37	17 15
23	4: 2:15	1 48 38	6Aq 3	18 0	29 51	8 32R	29 51	4 8	20 22	23 45	22 37	17 12
24	4: 6:12	2 46 17	19 14	19 49	1Cn 3	8 31	0Cn 4	4 4	20 24	23 43	22 38	17 9
25	4:10: 9	3 43 55	2Pi46	21 35	2 15	8 30	0 17	4 0	20 27	23 42	22 38	17 6
26	4:14: 5	4 41 32	16 38	23 19	3 28	8 28	0 30	3 57	20 30	23 41	22 39	17 3
27	4:18: 2	5 39 8	0Ar53	25 0	4 40	8 26	0 42	3 53	20 33	23 40	22 39	16 59
28	4:21:58	6 36 43	15 27	26 38	5 52	8 22	0 55	3 50	20 36	23 39	22 40	16 56
29	4:25:55	7 34 18	0Ta16	28 12	7 4	8 18	1 9	3 46	20 38	23 38	22 40	16 53
30	4:29:51	8 31 52	15 14	29 44	8 16	8 13	1 22	3 43	20 41	23 37	22 41	16 50
31	4:33:48	9 29 24	0Ge12	1Cn13	9 28	8 7	1 35	3 40	20 44	23 36	22 42	16 47

5/21 Sun in Gem. 14:48   5/2 New 20:23   5/9 1st Qt. 18:18   5/17 Full 21:47   5/25 3rd Qt. 13:50

JUNE 1954

Day	Sid. T.	Sun	Moon	Merc.	Venus	Mars	Jup.	Saturn	Uranus	Nept.	Pluto	N.Node
1	4:37:44	10Ge26 56	15Ge 1	2Cn38	10Cn40	8Cp 1R	1Cn48	3Sc37R	20Cn47	23Li35R	22Le43	16Cp43
2	4:41:41	11 24 27	29 33	4 1	11 52	7 54	2 1	3 33	20 50	23 34	22 44	16 40
3	4:45:38	12 21 56	13Cn42	5 20	13 4	7 46	2 14	3 30	20 53	23 33	22 44	16 37
4	4:49:34	13 19 25	27 26	6 36	14 16	7 37	2 28	3 27	20 56	23 32	22 45	16 34
5	4:53:31	14 16 52	10Le44	7 49	15 28	7 28	2 41	3 25	20 59	23 31	22 46	16 31
6	4:57:28	15 14 18	23 38	8 58	16 39	7 18	2 54	3 22	21 3	23 30	22 47	16 28
7	5: 1:24	16 11 43	6Vi11	10 4	17 51	7 7	3 8	3 19	21 6	23 29	22 48	16 24
8	5: 5:20	17 9 7	18 27	11 6	19 3	6 56	3 21	3 16	21 9	23 28	22 49	16 21
9	5: 9:17	18 6 30	0Li30	12 5	20 14	6 44	3 34	3 14	21 12	23 28	22 50	16 18
10	5:13:14	19 3 51	12 26	13 0	21 26	6 31	3 48	3 11	21 15	23 27	22 51	16 15
11	5:17:10	20 1 12	24 19	13 52	22 37	6 18	4 1	3 9	21 18	23 26	22 52	16 12
12	5:21: 7	20 58 31	6Sc12	14 40	23 49	6 4	4 15	3 6	21 22	23 25	22 53	16 9
13	5:25: 3	21 55 50	18 8	15 24	25 0	5 49	4 28	3 4	21 25	23 25	22 54	16 5
14	5:29: 0	22 53 8	0Sg11	16 4	26 11	5 34	4 41	3 2	21 28	23 24	22 55	16 2
15	5:32:56	23 50 26	12 23	16 40	27 23	5 19	4 55	3 0	21 32	23 23	22 56	15 59
16	5:36:53	24 47 42	24 45	17 11	28 34	5 3	5 9	2 58	21 35	23 23	22 57	15 56
17	5:40:49	25 44 59	7Cp18	17 39	29 45	4 47	5 22	2 56	21 38	23 22	22 58	15 53
18	5:44:46	26 42 14	20 3	18 2	0Le56	4 30	5 36	2 54	21 42	23 22	23 0	15 49
19	5:48:43	27 39 29	3Aq 2	18 20	2 7	4 13	5 49	2 53	21 45	23 21	23 1	15 46
20	5:52:40	28 36 44	16 13	18 35	3 18	3 55	6 3	2 51	21 49	23 21	23 2	15 43
21	5:56:36	29 33 59	29 39	18 44	4 29	3 37	6 16	2 50	21 52	23 20	23 3	15 40
22	6: 0:33	0Cn31 13	13Pi19	18 49	5 39	3 19	6 30	2 48	21 55	23 20	23 5	15 37
23	6: 4:29	1 28 28	27 14	18 49R	6 50	3 1	6 43	2 47	21 59	23 19	23 6	15 34
24	6: 8:26	2 25 42	11Ar22	18 45	8 1	2 43	6 57	2 45	22 2	23 19	23 7	15 30
25	6:12:22	3 22 56	25 42	18 37	9 11	2 24	7 11	2 44	22 6	23 19	23 9	15 27
26	6:16:19	4 20 10	10Ta10	18 24	10 22	2 5	7 24	2 43	22 9	23 18	23 10	15 24
27	6:20:16	5 17 25	24 44	18 7	11 32	1 47	7 38	2 42	22 13	23 18	23 11	15 21
28	6:24:12	6 14 39	9Ge16	17 46	12 43	1 28	7 52	2 42	22 17	23 18	23 13	15 18
29	6:28: 8	7 11 53	23 41	17 21	13 53	1 10	8 5	2 41	22 20	23 18	23 14	15 15
30	6:32: 5	8 9 7	7Cn55	16 54	15 4	0 51	8 19	2 40	22 24	23 17	23 15	15 11

6/21 Sun in Can. 22:55   6/1 New 4:03   6/8 1st Qt. 9:14   6/16 Full 12:06   6/23 3rd Qt. 19:47   6/30 New 12:26(E)

JULY 1954

Day	Sid. T.	Sun	Moon	Merc.	Venus	Mars	Jup.	Saturn	Uranus	Nept.	Pluto	N.Node
1	6:36: 2	9Cn 6 21	21Cn52	16Cn23R	16Le14	0Cp33R	8Cn33	2Sc40R	22Cn27	23Li17R	23Le17	15Cp 8
2	6:39:58	10 3 35	5Le28	15 50	17 24	0 15	8 46	2 39	22 31	23 17	23 18	15 5
3	6:43:55	11 0 49	18 44	15 15	18 34	29Sg57	9 0	2 39	22 34	23 17	23 20	15 2
4	6:47:51	11 58 2	1Vi38	14 38	19 44	29 39	9 13	2 38	22 38	23 17	23 21	14 59
5	6:51:48	12 55 15	14 12	14 1	20 54	29 22	9 27	2 38	22 42	23 17D	23 23	14 55
6	6:55:44	13 52 28	26 31	13 24	22 3	29 5	9 41	2 38	22 45	23 17	23 24	14 52
7	6:59:41	14 49 41	8Li36	12 48	23 13	28 49	9 54	2 38D	22 49	23 17	23 26	14 49
8	7: 3:38	15 46 53	20 33	12 12	24 23	28 33	10 8	2 38	22 53	23 17	23 28	14 46
9	7: 7:34	16 44 6	2Sc27	11 39	25 32	28 18	10 21	2 39	22 56	23 17	23 29	14 43
10	7:11:31	17 41 18	14 21	11 7	26 42	28 3	10 35	2 39	23 0	23 18	23 31	14 40
11	7:15:27	18 38 30	26 19	10 39	27 51	27 49	10 48	2 39	23 3	23 18	23 32	14 36
12	7:19:24	19 35 43	8Sg27	10 15	29 0	27 35	11 2	2 40	23 7	23 18	23 34	14 33
13	7:23:20	20 32 55	20 46	9 54	0Vi 6	27 22	11 16	2 40	23 11	23 18	23 36	14 30
14	7:27:17	21 30 8	3Cp20	9 37	1 18	27 10	11 29	2 41	23 14	23 18	23 37	14 27
15	7:31:13	22 27 21	16 10	9 26	2 27	26 58	11 43	2 42	23 18	23 19	23 39	14 24
16	7:35:10	23 24 34	29 16	9 19	3 36	26 47	11 56	2 43	23 22	23 19	23 41	14 21
17	7:39: 7	24 21 47	12Aq38	9 17D	4 45	26 37	12 10	2 44	23 25	23 20	23 42	14 17
18	7:43: 3	25 19 1	26 15	9 21	5 53	26 27	12 23	2 45	23 29	23 20	23 44	14 14
19	7:46:59	26 16 16	10Pi 4	9 31	7 2	26 19	12 36	2 46	23 33	23 20	23 46	14 11
20	7:50:56	27 13 31	24 3	9 46	8 10	26 11	12 50	2 48	23 36	23 21	23 48	14 8
21	7:54:53	28 10 47	8Ar10	10 7	9 19	26 4	13 3	2 49	23 40	23 21	23 49	14 5
22	7:58:49	29 8 4	22 22	10 33	10 27	25 57	13 16	2 51	23 44	23 22	23 51	14 1
23	8: 2:46	0Le 5 21	6Ta36	11 5	11 35	25 52	13 30	2 52	23 47	23 22	23 53	13 58
24	8: 6:43	1 2 40	20 50	11 43	12 43	25 47	13 43	2 54	23 51	23 23	23 55	13 55
25	8:10:39	1 59 59	5Ge 1	12 27	13 51	25 43	13 56	2 56	23 55	23 24	23 56	13 52
26	8:14:35	2 57 20	19 7	13 17	14 58	25 40	14 10	2 57	23 58	23 24	23 58	13 49
27	8:18:32	3 54 41	3Cn 5	14 12	16 6	25 38	14 23	2 59	24 2	23 25	24 0	13 46
28	8:22:29	4 52 4	16 53	15 12	17 13	25 36	14 36	3 2	24 6	23 26	24 2	13 42
29	8:26:25	5 49 27	0Le28	16 18	18 21	25 36	14 49	3 4	24 9	23 26	24 4	13 39
30	8:30:22	6 46 51	13 48	17 29	19 28	25 36D	15 2	3 6	24 13	23 27	24 6	13 36
31	8:34:19	7 44 16	26 52	18 45	20 35	25 37	15 15	3 8	24 16	23 28	24 7	13 33

7/23 Sun in Leo 9:45   7/8 1st Qt. 1:33   7/16 Full 0:30(E)   7/23 3rd Qt. 0:15   7/29 New 22:20

AUGUST 1954

Day	Sid. T.	Sun	Moon	Merc.	Venus	Mars	Jup.	Saturn	Uranus	Nept.	Pluto	N.Node
1	8:38:15	8Le41 41	9Vi39	20Cn 7	21Vi42	25Sg39	15Cn28	3Sc11	24Cn20	23Li29	24Le 9	13Cp30
2	8:42:11	9 39 7	22 11	21 33	22 48	25 42	15 41	3 13	24 24	23 30	24 11	13 26
3	8:46: 8	10 36 34	4Li28	23 4	23 55	25 46	15 54	3 16	24 27	23 31	24 13	13 23
4	8:50: 4	11 34 1	16 33	24 39	25 1	25 50	16 7	3 19	24 31	23 32	24 15	13 20
5	8:54: 1	12 31 29	28 29	26 18	26 8	25 56	16 20	3 21	24 34	23 33	24 17	13 17
6	8:57:58	13 28 58	10Sc22	28 1	27 14	26 2	16 33	3 24	24 38	23 34	24 19	13 14
7	9: 1:54	14 26 28	22 15	29 48	28 20	26 9	16 46	3 27	24 41	23 35	24 20	13 11
8	9: 5:51	15 23 59	4Sg14	1Le37	29 25	26 16	16 58	3 30	24 45	23 36	24 22	13 7
9	9: 9:47	16 21 30	16 23	3 30	0Li31	26 25	17 11	3 33	24 48	23 37	24 24	13 4
10	9:13:44	17 19 2	28 47	5 25	1 36	26 34	17 24	3 37	24 52	23 38	24 26	13 1
11	9:17:40	18 16 36	11Cp28	7 22	2 42	26 44	17 36	3 40	24 55	23 39	24 28	12 58
12	9:21:37	19 14 10	24 31	9 21	3 47	26 55	17 49	3 43	24 58	23 40	24 30	12 55
13	9:25:34	20 11 45	7Aq55	11 21	4 51	27 7	18 1	3 47	25 2	23 41	24 32	12 52
14	9:29:30	21 9 21	21 40	13 22	5 56	27 19	18 14	3 51	25 5	23 43	24 34	12 48
15	9:33:27	22 6 59	5Pi43	15 24	7 0	27 32	18 26	3 54	25 9	23 44	24 36	12 45
16	9:37:23	23 4 37	20 1	17 26	8 5	27 46	18 38	3 58	25 12	23 45	24 38	12 42
17	9:41:20	24 2 18	4Ar26	19 28	9 9	28 0	18 50	4 2	25 15	23 46	24 40	12 39
18	9:45:16	24 59 59	18 55	21 30	10 12	28 15	19 3	4 6	25 19	23 48	24 42	12 36
19	9:49:13	25 57 43	3Ta20	23 32	11 16	28 31	19 15	4 10	25 22	23 49	24 43	12 32
20	9:53: 9	26 55 28	17 39	25 33	12 19	28 47	19 27	4 14	25 25	23 51	24 45	12 29
21	9:57: 6	27 53 15	1Ge48	27 33	13 22	29 4	19 39	4 18	25 28	23 52	24 47	12 26
22	10: 1: 2	28 51 3	15 45	29 32	14 25	29 22	19 51	4 22	25 32	23 53	24 49	12 23
23	10: 4:59	29 48 53	29 31	1Vi30	15 28	29 40	20 3	4 26	25 35	23 55	24 51	12 20
24	10: 8:56	0Vi46 45	13Cn 6	3 27	16 30	29 59	20 14	4 31	25 38	23 56	24 53	12 17
25	10:12:52	1 44 39	26 29	5 23	17 32	0Cp19	20 26	4 35	25 41	23 58	24 55	12 13
26	10:16:49	2 42 34	9Le40	7 18	18 34	0 39	20 38	4 40	25 44	23 59	24 57	12 10
27	10:20:45	3 40 31	22 40	9 11	19 35	0 59	20 49	4 44	25 47	24 1	24 59	12 7
28	10:24:42	4 38 30	5Vi27	11 4	20 37	1 21	21 1	4 49	25 50	24 3	25 1	12 4
29	10:28:38	5 36 30	18 2	12 55	21 37	1 42	21 12	4 54	25 53	24 4	25 3	12 1
30	10:32:35	6 34 31	0Li24	14 44	22 38	2 5	21 24	4 58	25 56	24 6	25 4	11 58
31	10:36:32	7 32 34	12 36	16 33	23 38	2 28	21 35	5 3	25 59	24 7	25 6	11 54

8/23 Sun in Vir. 16:37   8/6 1st Qt. 18:51   8/14 Full 11:04   8/21 3rd Qt. 4:52   8/28 New 10:21

Day	Sid. T.	Sun	Moon	Merc.	Venus	Mars	Jup.	Saturn	Uranus	Nept.	Pluto	N.Node
1	10:40:28	8Vi30 39	24Li37	18Vi20	24Li38	2Cp51	21Cn46	5Sc 8	26Cn 2	24Li 9	25Le 8	11Cp51
2	10:44:25	9 28 45	6Sc32	20 6	25 38	3 15	21 57	5 13	26 5	24 11	25 10	11 48
3	10:48:21	10 26 52	18 23	21 51	26 37	3 39	22 8	5 18	26 8	24 12	25 12	11 45
4	10:52:18	11 25 1	0Sg14	23 34	27 36	4 4	22 19	5 23	26 11	24 14	25 14	11 42
5	10:56:14	12 23 11	12 10	25 16	28 34	4 29	22 30	5 29	26 14	24 16	25 16	11 38
6	11: 0:11	13 21 23	24 17	26 57	29 32	4 55	22 41	5 34	26 17	24 18	25 18	11 35
7	11: 4: 7	14 19 37	6Cp39	28 37	0Sc30	5 21	22 52	5 39	26 19	24 20	25 19	11 32
8	11: 8: 4	15 17 52	0Li16	0Li16	1 27	5 48	23 2	5 45	26 22	24 21	25 21	11 29
9	11:12: 1	16 16 8	2Aq29	1 53	2 24	6 15	23 13	5 50	26 25	24 23	25 23	11 26
10	11:15:57	17 14 26	16 3	3 30	3 20	6 43	23 23	5 56	26 27	24 25	25 25	11 23
11	11:19:54	18 12 45	0Pi 3	5 5	4 16	7 10	23 33	6 1	26 30	24 27	25 27	11 19
12	11:23:50	19 11 6	14 27	6 39	5 11	7 39	23 44	6 7	26 32	24 29	25 28	11 16
13	11:27:47	20 9 30	29 9	8 12	6 6	8 8	23 54	6 12	26 35	24 31	25 30	11 13
14	11:31:43	21 7 54	14Ar 2	9 44	7 0	8 37	24 4	6 18	26 37	24 33	25 32	11 10
15	11:35:40	22 6 21	28 55	11 15	7 54	9 6	24 14	6 24	26 40	24 35	25 34	11 7
16	11:39:37	23 4 50	13Ta42	12 45	8 47	9 36	24 23	6 30	26 42	24 37	25 35	11 4
17	11:43:33	24 3 22	28 15	14 13	9 40	10 6	24 33	6 36	26 45	24 39	25 37	11 0
18	11:47:30	25 1 55	12Ge30	15 41	10 32	10 37	24 43	6 42	26 47	24 41	25 39	10 57
19	11:51:26	26 0 31	26 26	17 7	11 23	11 8	24 52	6 48	26 49	24 43	25 41	10 54
20	11:55:23	26 59 9	10Cn 4	18 33	12 14	11 39	25 2	6 54	26 51	24 45	25 42	10 51
21	11:59:19	27 57 49	23 24	19 57	13 4	12 11	25 11	7 0	26 54	24 47	25 44	10 48
22	12: 3:15	28 56 31	6Le28	21 20	13 53	12 43	25 20	7 6	26 56	24 49	25 46	10 44
23	12: 7:12	29 55 16	19 20	22 42	14 42	13 15	25 29	7 12	26 58	24 51	25 47	10 41
24	12:11: 9	0Li54 3	2Vi 0	24 2	15 30	13 47	25 38	7 18	27 0	24 53	25 49	10 38
25	12:15: 5	1 52 51	14 30	25 21	16 17	14 20	25 47	7 25	27 2	24 55	25 51	10 35
26	12:19: 2	2 51 42	26 51	26 39	17 3	14 53	25 56	7 31	27 4	24 57	25 52	10 32
27	12:22:59	3 50 35	9Li 2	27 56	17 48	15 27	26 4	7 37	27 6	24 59	25 54	10 29
28	12:26:55	4 49 30	21 6	29 11	18 33	16 1	26 13	7 44	27 8	25 1	25 55	10 25
29	12:30:51	5 48 26	3Sc 2	0Sc24	19 16	16 35	26 21	7 50	27 10	25 3	25 57	10 22
30	12:34:48	6 47 25	14 54	1 36	19 59	17 9	26 29	7 57	27 11	25 5	25 59	10 19

9/23 Sun in Lib. 13:56   9/5 1st Qt. 12:29   9/12 Full 20:20   9/19 3rd Qt. 11:11   9/27 New 0:51

Day	Sid. T.	Sun	Moon	Merc.	Venus	Mars	Jup.	Saturn	Uranus	Nepl.	Pluto	N.Node
1	12:38:44	7Li46 26	26Sc43	2Sc46	20Sc40	17Cp43	26Cn37	8Sc 3	27Cn13	25Li 8	26Le 0	10Cp16
2	12:42:41	8 45 28	8Sg32	3 54	21 21	18 18	26 45	8 10	27 15	25 10	26 2	10 13
3	12:46:38	9 44 32	20 26	5 0	22 0	18 53	26 53	8 17	27 17	25 12	26 3	10 10
4	12:50:34	10 43 38	2Cp30	6 4	22 39	19 28	27 1	8 23	27 18	25 14	26 5	10 6
5	12:54:31	11 42 46	14 48	7 6	23 16	20 4	27 8	8 30	27 20	25 16	26 6	10 3
6	12:58:27	12 41 56	27 27	8 5	23 52	20 40	27 16	8 37	27 21	25 18	26 7	10 0
7	13: 2:24	13 41 7	10Aq30	9 1	24 26	21 16	27 23	8 43	27 23	25 21	26 9	9 57
8	13: 6:20	14 40 20	24 3	9 55	24 59	21 52	27 30	8 50	27 24	25 23	26 10	9 54
9	13:10:16	15 39 35	8Pi 5	10 45	25 31	22 28	27 37	8 57	27 26	25 25	26 12	9 50
10	13:14:13	16 38 51	22 36	11 31	26 2	23 5	27 44	9 4	27 27	25 27	26 13	9 47
11	13:18:10	17 38 10	7Ar31	12 14	26 30	23 42	27 50	9 11	27 28	25 30	26 14	9 44
12	13:22: 6	18 37 30	22 40	12 52	26 58	24 19	27 57	9 17	27 29	25 32	26 16	9 41
13	13:26: 3	19 36 53	7Ta55	13 25	27 23	24 56	28 3	9 24	27 30	25 34	26 17	9 38
14	13:30: 0	20 36 18	23 2	13 54	27 47	25 33	28 9	9 31	27 32	25 36	26 18	9 35
15	13:33:56	21 35 45	7Ge55	14 16	28 10	26 11	28 15	9 38	27 33	25 38	26 19	9 31
16	13:37:52	22 35 14	22 25	14 33	28 30	26 49	28 21	9 45	27 34	25 41	26 21	9 28
17	13:41:49	23 34 46	6Cn30	14 43	28 49	27 26	28 27	9 52	27 35	25 43	26 22	9 25
18	13:45:46	24 34 20	20 10	14 46R	29 5	28 5	28 33	9 59	27 35	25 45	26 23	9 22
19	13:49:42	25 33 56	3Le28	14 40	29 20	28 43	28 38	10 6	27 36	25 47	26 24	9 19
20	13:53:39	26 33 35	16 25	14 27	29 33	29 21	28 43	10 13	27 37	25 50	26 25	9 15
21	13:57:36	27 33 15	29 5	14 5	29 43	0Aq 0	28 48	10 21	27 38	25 52	26 26	9 12
22	14: 1:32	28 32 58	11Vi32	13 35	29 52	0 39	28 53	10 28	27 38	25 54	26 27	9 9
23	14: 5:29	29 32 43	23 49	12 55	29 58	1 18	28 58	10 35	27 39	25 56	26 28	9 6
24	14: 9:25	0Sc32 31	5Li57	12 7	0Sg 2	1 57	29 3	10 42	27 40	25 59	26 29	9 3
25	14:13:21	1 32 20	17 58	11 10	0 4	2 36	29 7	10 49	27 40	26 1	26 30	9 0
26	14:17:18	2 32 11	29 55	10 6	0 3R	3 15	29 11	10 56	27 41	26 3	26 31	8 56
27	14:21:15	3 32 5	11Sc47	8 56	0 0	3 55	29 15	11 3	27 41	26 5	26 32	8 53
28	14:25:11	4 32 0	23 37	7 42	29Sc54	4 34	29 19	11 11	27 41	26 8	26 33	8 50
29	14:29: 8	5 31 57	5Sg26	6 25	29 46	5 14	29 23	11 18	27 42	26 10	26 34	8 47
30	14:33: 5	6 31 56	17 16	5 8	29 36	5 54	29 26	11 25	27 42	26 12	26 35	8 44
31	14:37: 1	7 31 57	29 12	3 53	29 23	6 34	29 29	11 32	27 42	26 14	26 36	8 41

10/23 Sun in Sco. 22:57   10/5 1st Qt. 5:31   10/12 Full 5:10   10/18 3rd Qt. 20:31   10/26 New 17:47

NOVEMBER 1954

Day	Sid. T.	Sun	Moon	Merc.	Venus	Mars	Jup.	Saturn	Uranus	Nept.	Pluto	N.Node
1	14:40:57	8Sc31 59	11Cp16	2Sc43R	29Sc 8R	7Aq14	29Cn32	11Sc39	27Cn42	26Li16	26Le37	8Cp37
2	14:44:54	9 32 3	23 33	1 40	28 50	7 54	29 35	11 46	27 42	26 19	26 38	8 34
3	14:48:51	10 32 9	6Aq 8	0 45	28 30	8 35	29 38	11 54	27 42R	26 21	26 38	8 31
4	14:52:47	11 32 16	19 6	0 1	28 8	9 15	29 41	12 1	27 42	26 23	26 39	8 28
5	14:56:44	12 32 24	2Pi30	29Li28	27 44	9 56	29 43	12 8	27 42	26 25	26 40	8 25
6	15: 0:41	13 32 34	16 24	29 6	27 18	10 36	29 45	12 15	27 42	26 27	26 40	8 21
7	15: 4:37	14 32 46	0Ar47	28 55	26 49	11 17	29 47	12 23	27 42	26 29	26 41	8 18
8	15: 8:33	15 32 59	15 36	28 56D	26 19	11 58	29 49	12 30	27 42	26 32	26 42	8 15
9	15:12:30	16 33 14	0Ta45	29 9	25 48	12 39	29 50	12 37	27 41	26 34	26 42	8 12
10	15:16:26	17 33 30	16 4	29 31	25 15	13 20	29 52	12 44	27 41	26 36	26 43	8 9
11	15:20:23	18 33 49	1Ge22	0Sc 2	24 41	14 1	29 53	12 51	27 41	26 38	26 43	8 6
12	15:24:19	19 34 9	16 28	0 42	24 6	14 43	29 54	12 58	27 40	26 40	26 44	8 2
13	15:28:16	20 34 30	1Cn13	1 30	23 30	15 24	29 55	13 6	27 40	26 42	26 44	7 59
14	15:32:13	21 34 54	15 33	2 25	22 53	16 5	29 55	13 13	27 39	26 44	26 45	7 56
15	15:36: 9	22 35 20	29 24	3 25	22 17	16 47	29 56	13 20	27 38	26 46	26 45	7 53
16	15:40: 6	23 35 47	12Le49	4 30	21 40	17 28	29 56	13 27	27 38	26 48	26 46	7 50
17	15:44: 2	24 36 16	25 49	5 40	21 4	18 10	29 56R	13 34	27 37	26 50	26 46	7 47
18	15:47:59	25 36 48	8Vi28	6 54	20 29	18 52	29 56	13 41	27 36	26 52	26 46	7 43
19	15:51:55	26 37 20	20 51	8 11	19 54	19 34	29 55	13 48	27 35	26 54	26 47	7 40
20	15:55:52	27 37 55	3Li 0	9 30	19 20	20 15	29 55	13 55	27 35	26 56	26 47	7 37
21	15:59:49	28 38 31	15 1	10 52	18 47	20 57	29 54	14 3	27 34	26 58	26 47	7 34
22	16: 3:45	29 39 9	26 55	12 16	18 16	21 39	29 53	14 10	27 33	27 0	26 47	7 31
23	16: 7:42	0Sg39 49	8Sc47	13 42	17 46	22 21	29 52	14 17	27 32	27 2	26 48	7 27
24	16:11:38	1 40 30	20 37	15 9	17 19	23 4	29 50	14 24	27 31	27 4	26 48	7 24
25	16:15:35	2 41 13	2Sg27	16 37	16 53	23 46	29 49	14 31	27 29	27 6	26 48	7 21
26	16:19:31	3 41 57	14 20	18 7	16 29	24 28	29 47	14 38	27 28	27 8	26 48	7 18
27	16:23:28	4 42 42	26 18	19 37	16 7	25 10	29 45	14 45	27 27	27 10	26 48	7 15
28	16:27:24	5 43 29	8Cp21	21 7	15 48	25 53	29 43	14 51	27 26	27 12	26 48	7 12
29	16:31:21	6 44 16	20 33	22 38	15 31	26 35	29 41	14 58	27 24	27 14	26 48R	7 8
30	16:35:18	7 45 5	2Aq57	24 10	15 16	27 17	29 38	15 5	27 23	27 16	26 48	7 5

11/22 Sun in Sag. 20:15   11/3 1st Qt. 20:55   11/10 Full 14:30   11/17 3rd Qt. 9:33   11/25 New 12:31

DECEMBER 1954

Day	Sid. T.	Sun	Moon	Merc.	Venus	Mars	Jup.	Saturn	Uranus	Nept.	Pluto	N.Node
1	16:39:14	8Sg45 54	15Aq36	25Sc42	15Sc 4R	28Aq 0	29Cn35R	15Sc12	27Cn22R	27Li17	26Le48R	7Cp 2
2	16:43:11	9 46 45	28 33	27 14	14 55	28 42	29 32	15 19	27 20	27 19	26 48	6 59
3	16:47: 7	10 47 36	11Pi52	28 46	14 47	29 25	29 29	15 26	27 19	27 21	26 48	6 56
4	16:51: 4	11 48 28	25 35	0Sg19	14 43	0Pi 7	29 26	15 32	27 17	27 23	26 48	6 53
5	16:55: 0	12 49 21	9Ar42	1 52	14 40	0 50	29 22	15 39	27 15	27 24	26 47	6 49
6	16:58:57	13 50 15	24 14	3 25	14 40D	1 33	29 19	15 46	27 14	27 26	26 47	6 46
7	17: 2:54	14 51 9	9Ta 5	4 58	14 43	2 15	29 15	15 52	27 12	27 28	26 47	6 43
8	17: 6:50	15 52 4	24 9	6 31	14 48	2 58	29 11	15 59	27 10	27 29	26 46	6 40
9	17:10:47	16 53 1	9Ge17	8 4	14 55	3 41	29 6	16 5	27 9	27 31	26 46	6 37
10	17:14:44	17 53 58	24 21	9 37	15 5	4 24	29 2	16 12	27 7	27 33	26 46	6 33
11	17:18:40	18 54 55	9Cn10	11 11	15 17	5 7	28 57	16 18	27 5	27 34	26 46	6 30
12	17:22:36	19 55 54	23 37	12 44	15 31	5 49	28 53	16 25	27 3	27 36	26 45	6 27
13	17:26:33	20 56 54	7Le40	14 18	15 47	6 32	28 48	16 31	27 1	27 37	26 45	6 24
14	17:30:30	21 57 55	21 15	15 51	16 5	7 15	28 43	16 38	26 59	27 39	26 44	6 21
15	17:34:26	22 58 57	4Vi23	17 25	16 25	7 58	28 37	16 44	26 57	27 40	26 44	6 18
16	17:38:23	24 0 0	17 9	18 59	16 47	8 41	28 32	16 50	26 55	27 42	26 43	6 14
17	17:42:20	25 1 4	29 34	20 33	17 11	9 24	28 26	16 56	26 53	27 43	26 43	6 11
18	17:46:16	26 2 8	11Li43	22 7	17 37	10 7	28 21	17 2	26 51	27 44	26 42	6 8
19	17:50:12	27 3 14	23 42	23 41	18 4	10 50	28 15	17 9	26 49	27 46	26 42	6 5
20	17:54: 9	28 4 20	5Sc34	25 15	18 34	11 33	28 9	17 15	26 47	27 47	26 41	6 2
21	17:58: 6	29 5 27	17 23	26 50	19 4	12 16	28 3	17 21	26 44	27 48	26 41	5 59
22	18: 2: 2	0Cp 6 35	29 13	28 24	19 37	12 59	27 56	17 27	26 42	27 50	26 40	5 55
23	18: 5:59	1 7 43	11Sg 7	29 59	20 10	13 42	27 50	17 32	26 40	27 51	26 39	5 52
24	18: 9:56	2 8 52	23 6	1Cp34	20 46	14 25	27 43	17 38	26 38	27 52	26 38	5 49
25	18:13:52	3 10 1	5Cp14	3 10	21 22	15 8	27 37	17 44	26 35	27 53	26 38	5 46
26	18:17:48	4 11 11	17 31	4 45	22 0	15 51	27 30	17 50	26 33	27 54	26 37	5 43
27	18:21:45	5 12 21	0Aq 0	6 21	22 39	16 34	27 23	17 55	26 31	27 56	26 36	5 39
28	18:25:41	6 13 31	12 40	7 58	23 20	17 18	27 16	18 1	26 28	27 57	26 35	5 36
29	18:29:38	7 14 41	25 34	9 34	24 1	18 1	27 9	18 7	26 26	27 58	26 35	5 33
30	18:33:35	8 15 51	8Pi42	11 11	24 44	18 44	27 2	18 12	26 23	27 59	26 34	5 30
31	18:37:31	9 17 1	22 6	12 48	25 28	19 27	26 54	18 17	26 21	28 0	26 33	5 27

12/22 Sun in Cap. 9:25   12/3 1st Qt. 9:56   12/10 Full 0:57   12/17 3rd Qt. 2:22   12/25 New 7:34(E)

Day	Sid. T.	Sun	Moon	Merc.	Venus	Mars	Jup.	Saturn	Uranus	Nept.	Pluto	N.Node
1	18:41:28	10Cp18 11	5Ar46	14Cp25	26Sc13	20Pi 9	26Cn47R	18Sc23	26Cn19R	28Li 1	26Le32R	5Cp24
2	18:45:24	11 19 20	19 43	16 3	26 59	20 53	26 39	18 28	26 16	28 2	26 31	5 20
3	18:49:21	12 20 29	3Ta56	17 41	27 45	21 36	26 32	18 33	26 14	28 3	26 30	5 17
4	18:53:17	13 21 38	18 23	19 19	28 33	22 19	26 24	18 38	26 11	28 3	26 29	5 14
5	18:57:14	14 22 47	3Ge 1	20 57	29 22	23 2	26 17	18 44	26 9	28 4	26 28	5 11
6	19: 1:11	15 23 55	17 44	22 36	0Sg11	23 46	26 9	18 49	26 6	28 5	26 27	5 8
7	19: 5: 7	16 25 4	2Cn26	24 15	1 1	24 29	26 1	18 53	26 3	28 6	26 26	5 4
8	19: 9: 4	17 26 11	17 1	25 55	1 52	25 12	25 53	18 58	26 1	28 7	26 25	5 1
9	19:13: 1	18 27 19	1Le22	27 34	2 44	25 55	25 45	19 3	25 58	28 7	26 24	4 58
10	19:16:57	19 28 27	15 24	29 14	3 36	26 38	25 37	19 8	25 56	28 8	26 23	4 55
11	19:20:53	20 29 34	29 2	0Aq54	4 30	27 21	25 29	19 12	25 53	28 9	26 22	4 52
12	19:24:50	21 30 41	12Vi17	2 33	5 23	28 4	25 21	19 17	25 51	28 9	26 20	4 49
13	19:28:47	22 31 48	25 8	4 13	6 18	28 47	25 13	19 22	25 48	28 10	26 19	4 45
14	19:32:43	23 32 55	7Li39	5 52	7 13	29 30	25 5	19 26	25 45	28 10	26 18	4 42
15	19:36:39	24 34 2	19 52	7 31	8 9	0Ar13	24 57	19 30	25 43	28 11	26 17	4 39
16	19:40:36	25 35 8	1Sc52	9 10	9 5	0 56	24 49	19 35	25 40	28 11	26 16	4 36
17	19:44:33	26 36 15	13 44	10 48	10 2	1 39	24 41	19 39	25 37	28 12	26 14	4 33
18	19:48:29	27 37 21	25 33	12 25	10 59	2 22	24 33	19 43	25 35	28 12	26 13	4 30
19	19:52:26	28 38 26	7Sg24	14 0	11 57	3 5	24 25	19 47	25 32	28 13	26 12	4 26
20	19:56:22	29 39 32	19 21	15 35	12 56	3 48	24 17	19 51	25 30	28 13	26 11	4 23
21	20: 0:19	0Aq40 37	1Cp27	17 7	13 55	4 31	24 9	19 55	25 27	28 13	26 9	4 20
22	20: 4:15	1 41 41	13 45	18 37	14 54	5 14	24 1	19 58	25 24	28 14	26 8	4 17
23	20: 8:12	2 42 45	26 18	20 4	15 54	5 57	23 53	20 2	25 22	28 14	26 7	4 14
24	20:12: 9	3 43 48	9Aq 6	21 27	16 54	6 40	23 45	20 6	25 19	28 14	26 5	4 10
25	20:16: 5	4 44 50	22 10	22 47	17 55	7 23	23 37	20 9	25 17	28 14	26 4	4 7
26	20:20: 2	5 45 52	5Pi28	24 2	18 56	8 6	23 29	20 12	25 14	28 14	26 3	4 4
27	20:23:58	6 46 52	18 59	25 11	19 57	8 48	23 21	20 16	25 12	28 14	26 1	4 1
28	20:27:55	7 47 51	2Ar41	26 14	20 59	9 31	23 14	20 19	25 9	28 14	26 0	3 58
29	20:31:51	8 48 49	16 32	27 10	22 1	10 14	23 6	20 22	25 7	28 14	25 58	3 55
30	20:35:48	9 49 46	0Ta31	27 59	23 3	10 57	22 59	20 25	25 4	28 14R	25 57	3 51
31	20:39:44	10 50 41	14 37	28 38	24 6	11 40	22 51	20 28	25 2	28 14	25 56	3 48

1/20 Sun in Aqu. 20:03 1/1 1st Qt. 20:29 1/8 Full 12:44 1/15 3rd Qt. 22:14 1/24 New 1:07 1/31 1st Qt. 5:06

Day	Sid. T.	Sun	Moon	Merc.	Venus	Mars	Jup.	Saturn	Uranus	Nept.	Pluto	N.Node
1	20:43:41	11Aq51 35	28Ta47	29Aq 9	25Sg 9	12Ar22	22Cn44R	20Sc31	24Cn59R	28Li14R	25Le54R	3Cp45
2	20:47:38	12 52 28	13Ge 1	29 29	26 13	13 5	22 37	20 34	24 57	28 14	25 53	3 42
3	20:51:34	13 53 20	27 16	29 38	27 16	13 48	22 30	20 36	24 54	28 14	25 51	3 39
4	20:55:31	14 54 10	11Cn29	29 37R	28 20	14 30	22 23	20 39	24 52	28 14	25 50	3 36
5	20:59:27	15 54 58	25 37	29 25	29 25	15 13	22 16	20 41	24 49	28 14	25 48	3 32
6	21: 3:24	16 55 46	9Le37	29 1	0Cp29	15 56	22 9	20 44	24 47	28 13	25 47	3 29
7	21: 7:20	17 56 32	23 23	28 27	1 34	16 38	22 2	20 46	24 45	28 13	25 45	3 26
8	21:11:17	18 57 17	6Vi52	27 44	2 39	17 21	21 56	20 48	24 42	28 13	25 44	3 23
9	21:15:14	19 58 1	20 2	26 51	3 44	18 3	21 50	20 50	24 40	28 13	25 43	3 20
10	21:19:10	20 58 43	2Li53	25 52	4 50	18 46	21 43	20 52	24 38	28 12	25 41	3 16
11	21:23: 7	21 59 25	15 25	24 47	5 55	19 28	21 37	20 54	24 36	28 12	25 40	3 13
12	21:27: 3	23 0 5	27 40	23 39	7 1	20 11	21 31	20 56	24 33	28 11	25 38	3 10
13	21:31: 0	24 0 44	9Sc41	22 29	8 7	20 53	21 25	20 58	24 31	28 11	25 37	3 7
14	21:34:56	25 1 22	21 34	21 20	9 14	21 36	21 20	20 59	24 29	28 10	25 35	3 4
15	21:38:53	26 1 59	3Sg23	20 12	10 20	22 18	21 14	21 1	24 27	28 10	25 34	3 1
16	21:42:49	27 2 34	15 14	19 8	11 27	23 1	21 9	21 2	24 25	28 9	25 32	2 57
17	21:46:46	28 3 9	27 12	18 8	12 34	23 43	21 4	21 3	24 23	28 9	25 31	2 54
18	21:50:42	29 3 42	9Cp21	17 15	13 41	24 25	20 59	21 4	24 21	28 8	25 29	2 51
19	21:54:39	0Pi 4 14	21 47	16 28	14 48	25 8	20 54	21 5	24 19	28 7	25 28	2 48
20	21:58:36	1 4 44	4Aq31	15 48	15 56	25 50	20 49	21 6	24 17	28 7	25 26	2 45
21	22: 2:32	2 5 13	17 37	15 16	17 3	26 32	20 45	21 7	24 15	28 6	25 25	2 42
22	22: 6:29	3 5 41	1Pi 2	14 51	18 11	27 14	20 40	21 8	24 13	28 5	25 23	2 38
23	22:10:25	4 6 6	14 47	14 34	19 19	27 56	20 36	21 9	24 11	28 4	25 22	2 35
24	22:14:22	5 6 30	28 46	14 24	20 27	28 38	20 32	21 9	24 9	28 4	25 20	2 32
25	22:18:18	6 6 52	12Ar55	14 21D	21 35	29 21	20 28	21 10	24 8	28 3	25 19	2 29
26	22:22:15	7 7 13	27 10	14 25	22 43	0Ta 3	20 25	21 10	24 6	28 2	25 17	2 26
27	22:26:12	8 7 31	11Ta25	14 35	23 52	0 45	20 21	21 10	24 4	28 1	25 16	2 22
28	22:30: 8	9 7 47	25 38	14 51	25 0	1 27	20 18	21 10	24 3	28 0	25 15	2 19

2/19 Sun in Pis. 10:19 2/7 Full 1:43 2/14 3rd Qt. 19:40 2/22 New 15:55

MARCH 1955

Day	Sid. T.	Sun	Moon	Merc.	Venus	Mars	Jup.	Saturn	Uranus	Nept.	Pluto	N.Node
1	22:34: 5	10Pi 8 2	Ge46	15Aq13	26Cp 9	2Ta 9	20Cn15R	21Sc10R	24Cn 1R	27Li59R	25Le13R	2Cp16
2	22:38: 1	11 8 14	23 48	15 40	27 18	2 51	20 12	21 10	23 59	27 58	25 12	2 13
3	22:41:58	12 8 24	7Cn43	16 11	28 27	3 33	20 10	21 10	23 58	27 57	25 10	2 10
4	22:45:54	13 8 32	21 32	16 47	29 36	4 14	20 7	21 10	23 56	27 56	25 9	2 7
5	22:49:51	14 8 38	5Le13	17 28	0Aq45	4 56	20 5	21 9	23 55	27 55	25 7	2 3
6	22:53:47	15 8 42	18 46	18 12	1 54	5 38	20 3	21 9	23 54	27 54	25 6	2 0
7	22:57:44	16 8 44	2Vi 8	19 0	3 4	6 20	20 1	21 8	23 52	27 53	25 5	1 57
8	23: 1:41	17 8 43	15 18	19 51	4 13	7 2	19 59	21 8	23 51	27 52	25 3	1 54
9	23: 5:37	18 8 41	28 13	20 45	5 23	7 43	19 57	21 7	23 50	27 51	25 2	1 51
10	23: 9:33	19 8 37	10Li54	21 42	6 32	8 25	19 56	21 6	23 49	27 49	25 1	1 48
11	23:13:30	20 8 32	23 20	22 42	7 42	9 7	19 55	21 5	23 48	27 48	24 59	1 44
12	23:17:27	21 8 24	5Sc32	23 45	8 52	9 48	19 54	21 4	23 46	27 47	24 58	1 41
13	23:21:23	22 8 15	17 32	24 50	10 2	10 30	19 53	21 3	23 45	27 46	24 57	1 38
14	23:25:20	23 8 4	29 24	25 58	11 12	11 11	19 53	21 2	23 44	27 44	24 55	1 35
15	23:29:17	24 7 51	11Sg12	27 7	12 22	11 53	19 52	21 0	23 44	27 43	24 54	1 32
16	23:33:13	25 7 37	23 2	28 19	13 32	12 34	19 52	20 59	23 43	27 42	24 53	1 28
17	23:37: 9	26 7 21	4Cp59	29 32	14 42	13 16	19 52D	20 57	23 42	27 41	24 52	1 25
18	23:41: 6	27 7 3	17 8	0Pi48	15 53	13 57	19 53	20 55	23 41	27 39	24 50	1 22
19	23:45: 3	28 6 43	29 35	2 5	17 3	14 39	19 53	20 54	23 40	27 38	24 49	1 19
20	23:48:59	29 6 22	12Aq24	3 24	18 13	15 20	19 54	20 52	23 40	27 36	24 48	1 16
21	23:52:55	0Ar 5 59	25 38	4 45	19 24	16 1	19 55	20 50	23 39	27 35	24 47	1 13
22	23:56:52	1 5 34	9Pi17	6 8	20 35	16 43	19 56	20 48	23 38	27 34	24 46	1 9
23	0: 0:49	2 5 7	23 21	7 32	21 45	17 24	19 57	20 46	23 38	27 32	24 45	1 6
24	0: 4:45	3 4 38	7Ar44	8 57	22 56	18 5	19 58	20 43	23 38	27 31	24 43	1 3
25	0: 8:42	4 4 7	22 20	10 24	24 7	18 46	20 0	20 41	23 37	27 29	24 42	1 0
26	0:12:38	5 3 33	7Ta 2	11 53	25 18	19 28	20 2	20 39	23 37	27 28	24 41	0 57
27	0:16:35	6 2 58	21 41	13 23	26 28	20 9	20 3	20 36	23 36	27 26	24 40	0 53
28	0:20:32	7 2 21	6Ge13	14 54	27 39	20 50	20 6	20 34	23 36	27 25	24 39	0 50
29	0:24:28	8 1 41	20 32	16 27	28 50	21 31	20 8	20 31	23 36	27 23	24 38	0 47
30	0:28:25	9 0 58	4Cn37	18 1	0Pi 1	22 12	20 11	20 28	23 36	27 22	24 37	0 44
31	0:32:21	10 0 14	18 27	19 37	1 13	22 53	20 13	20 26	23 36	27 20	24 36	0 41

3/21 Sun in Ari. 9:36   3/1 1st Qt. 12:41   3/8 Full 15:42   3/16 3rd Qt. 16:36   3/24 New 3:43   3/30 1st Qt. 20:10

APRIL 1955

Day	Sid. T.	Sun	Moon	Merc.	Venus	Mars	Jup.	Saturn	Uranus	Nept.	Pluto	N.Node
1	0:36:18	10Ar59 27	2Le 3	21Pi14	2Pi24	23Ta34	20Cn16	20Sc23R	23Cn36	27Li19R	24Le35R	0Cp38
2	0:40:14	11 58 38	15 27	22 53	3 35	24 15	20 19	20 20	23 36	27 17	24 34	0 34
3	0:44:11	12 57 46	28 38	24 33	4 46	24 56	20 22	20 17	23 36	27 16	24 33	0 31
4	0:48: 8	13 56 52	11Vi37	26 14	5 57	25 37	20 26	20 13	23 36	27 14	24 33	0 28
5	0:52: 4	14 55 56	24 25	27 57	7 9	26 17	20 29	20 10	23 36	27 12	24 32	0 25
6	0:56: 0	15 54 58	7Li 2	29 41	8 20	26 58	20 33	20 7	23 36	27 11	24 31	0 22
7	0:59:57	16 53 57	19 28	1Ar27	9 31	27 39	20 37	20 4	23 37	27 9	24 30	0 19
8	1: 3:54	17 52 55	1Sc42	3 14	10 43	28 20	20 41	20 0	23 37	27 8	24 29	0 15
9	1: 7:50	18 51 51	13 47	5 3	11 54	29 0	20 45	19 57	23 37	27 6	24 28	0 12
10	1:11:46	19 50 45	25 42	6 53	13 6	29 41	20 50	19 53	23 38	27 4	24 28	0 9
11	1:15:43	20 49 37	7Sg32	8 45	14 17	0Ge22	20 54	19 50	23 38	27 3	24 27	0 6
12	1:19:39	21 48 27	19 20	10 38	15 29	1 2	20 59	19 46	23 39	27 1	24 26	0 3
13	1:23:36	22 47 15	1Cp 9	12 33	16 40	1 43	21 4	19 42	23 40	26 59	24 26	29Sg59
14	1:27:33	23 46 2	13 5	14 29	17 52	2 23	21 9	19 38	23 40	26 58	24 25	29 56
15	1:31:30	24 44 47	25 13	16 27	19 4	3 4	21 14	19 35	23 41	26 56	24 24	29 53
16	1:35:26	25 43 30	7Aq38	18 26	20 15	3 44	21 20	19 31	23 42	26 55	24 24	29 50
17	1:39:23	26 42 12	20 25	20 26	21 27	4 25	21 25	19 27	23 43	26 53	24 23	29 47
18	1:43:19	27 40 52	3Pi38	22 28	22 39	5 5	21 31	19 23	23 43	26 51	24 23	29 44
19	1:47:15	28 39 30	17 20	24 31	23 51	5 45	21 37	19 19	23 44	26 50	24 22	29 40
20	1:51:12	29 38 6	1Ar30	26 36	25 3	6 26	21 43	19 15	23 45	26 48	24 22	29 37
21	1:55: 9	0Ta36 41	16 4	28 41	26 14	7 6	21 49	19 10	23 46	26 46	24 21	29 34
22	1:59: 5	1 35 13	0Ta56	0Ta48	27 26	7 46	21 55	19 6	23 48	26 45	24 21	29 31
23	2: 3: 1	2 33 44	15 58	2 55	28 38	8 27	22 2	19 2	23 49	26 43	24 21	29 28
24	2: 6:58	3 32 13	1Ge 0	5 3	29 50	9 7	22 8	18 58	23 50	26 41	24 20	29 25
25	2:10:55	4 30 40	15 53	7 11	1Ar 2	9 47	22 15	18 54	23 51	26 40	24 20	29 21
26	2:14:51	5 29 5	0Cn31	9 20	2 14	10 27	22 22	18 49	23 52	26 38	24 20	29 18
27	2:18:48	6 27 28	14 49	11 29	3 26	11 7	22 29	18 45	23 54	26 37	24 19	29 15
28	2:22:44	7 25 49	28 46	13 37	4 38	11 47	22 36	18 41	23 55	26 35	24 19	29 12
29	2:26:41	8 24 8	12Le22	15 45	5 50	12 27	22 44	18 36	23 57	26 33	24 19	29 8
30	2:30:37	9 22 24	25 39	17 51	7 2	13 8	22 51	18 32	23 58	26 32	24 19	29 5

4/20 Sun in Tau. 20:58   4/7 Full 6:35   4/15 3rd Qt. 11:01   4/22 New 13:07   4/29 1st Qt. 4:23

Day	Sid. T.	Sun	Moon	Merc.	Venus	Mars	Jup.	Saturn	Uranus	Nept.	Pluto	N.Node
1	2:34:34	10Ta20 39	8Vi39	19Ta57	8Ar14	13Ge48	22Cn59	18Sc27R	24Cn 0	26Li30R	24Le18R	29Sg 2
2	2:38:31	11 18 51	21 24	22 0	9 27	14 27	23 6	18 23	24 1	26 29	24 18	28 59
3	2:42:27	12 17 1	3Li56	24 2	10 39	15 7	23 14	18 18	24 3	26 27	24 18	28 56
4	2:46:24	13 15 10	16 16	26 2	11 51	15 47	23 22	18 14	24 4	26 25	24 18	28 53
5	2:50:20	14 13 16	28 27	28 0	13 3	16 27	23 30	18 9	24 6	26 24	24 18	28 50
6	2:54:17	15 11 21	10Sc30	29 55	14 15	17 7	23 38	18 5	24 8	26 22	24 18	28 46
7	2:58:13	16 9 25	22 26	1Ge47	15 27	17 47	23 47	18 0	24 10	26 21	24 18D	28 43
8	3: 2:10	17 7 26	4Sg17	3 36	16 40	18 27	23 55	17 56	24 12	26 19	24 18	28 40
9	3: 6: 7	18 5 27	16 5	5 22	17 52	19 6	24 4	17 51	24 14	26 18	24 18	28 37
10	3:10: 3	19 3 25	27 53	7 5	19 4	19 46	24 12	17 47	24 16	26 16	24 18	28 34
11	3:14: 0	20 1 23	9Cp43	8 44	20 16	20 26	24 21	17 42	24 18	26 15	24 18	28 31
12	3:17:56	20 59 18	21 41	10 20	21 29	21 5	24 30	17 38	24 20	26 13	24 18	28 27
13	3:21:53	21 57 13	3Aq50	11 53	22 41	21 45	24 39	17 33	24 22	26 12	24 19	28 24
14	3:25:49	22 55 6	16 14	13 22	23 53	22 25	24 48	17 29	24 24	26 11	24 19	28 21
15	3:29:46	23 52 58	28 59	14 47	25 6	23 4	24 58	17 24	24 26	26 9	24 19	28 18
16	3:33:42	24 50 49	12Pi 8	16 8	26 18	23 44	25 7	17 20	24 28	26 8	24 19	28 15
17	3:37:39	25 48 39	25 44	17 26	27 30	24 23	25 16	17 15	24 30	26 6	24 20	28 11
18	3:41:36	26 46 27	9Ar49	18 40	28 43	25 3	25 26	17 11	24 33	26 5	24 20	28 8
19	3:45:32	27 44 15	24 20	19 50	29 55	25 42	25 36	17 6	24 35	26 4	24 20	28 5
20	3:49:29	28 42 1	9Ta13	20 56	1Ta 8	26 22	25 45	17 2	24 37	26 2	24 21	28 2
21	3:53:25	29 39 46	24 20	21 58	2 20	27 1	25 55	16 58	24 40	26 1	24 21	27 59
22	3:57:22	0Ge37 29	9Ge32	22 56	3 32	27 41	26 5	16 53	24 42	26 0	24 22	27 56
23	4: 1:18	1 35 12	24 40	23 50	4 45	28 20	26 15	16 49	24 45	25 58	24 22	27 52
24	4: 5:15	2 32 53	9Cn33	24 39	5 57	29 0	26 25	16 45	24 47	25 57	24 23	27 49
25	4: 9:12	3 30 32	24 7	25 25	7 10	29 39	26 36	16 41	24 50	25 56	24 23	27 46
26	4:13: 8	4 28 10	8Le17	26 6	8 23	0Cn18	26 46	16 36	24 53	25 55	24 24	27 43
27	4:17: 5	5 25 47	22 2	26 42	9 35	0 58	26 56	16 32	24 55	25 54	24 24	27 40
28	4:21: 2	6 23 22	5Vi22	27 14	10 48	1 37	27 7	16 28	24 58	25 52	24 25	27 36
29	4:24:58	7 20 55	18 20	27 42	12 0	2 16	27 17	16 24	25 1	25 51	24 25	27 33
30	4:28:54	8 18 27	0Li58	28 5	13 13	2 55	27 28	16 20	25 3	25 50	24 26	27 30
31	4:32:50	9 15 58	13 21	28 23	14 25	3 34	27 39	16 16	25 6	25 49	24 27	27 27

5/21 Sun in Gem. 20:25   5/6 Full 22:14   5/15 3rd Qt. 1:43   5/21 New 20:59   5/28 1st Qt. 14:02

Day	Sid. T.	Sun	Moon	Merc.	Venus	Mars	Jup.	Saturn	Uranus	Nept.	Pluto	N.Node
1	4:36:47	10Ge13 27	25Li32	28Ge37	15Ta38	4Cn14	27Cn50	16Sc12R	25Cn 9	25Li48R	24Le27	27Sg24
2	4:40:44	11 10 56	7Sc33	28 46	16 50	4 53	28 1	16 8	25 12	25 47	24 28	27 21
3	4:44:40	12 8 23	19 27	28 50	18 3	5 32	28 12	16 4	25 15	25 46	24 29	27 17
4	4:48:37	13 5 49	1Sg17	28 50R	19 16	6 11	28 23	16 1	25 18	25 45	24 30	27 14
5	4:52:34	14 3 14	13 5	28 45	20 28	6 50	28 34	15 57	25 21	25 44	24 31	27 11
6	4:56:30	15 0 38	24 54	28 36	21 41	7 29	28 45	15 53	25 24	25 43	24 31	27 8
7	5: 0:27	15 58 2	6Cp45	28 23	22 54	8 8	28 56	15 50	25 27	25 42	24 32	27 5
8	5: 4:24	16 55 24	18 41	28 6	24 6	8 47	29 8	15 46	25 30	25 41	24 33	27 2
9	5: 8:20	17 52 46	0Aq46	27 45	25 19	9 26	29 19	15 43	25 33	25 40	24 34	26 58
10	5:12:17	18 50 8	13 1	27 21	26 32	10 5	29 31	15 39	25 36	25 39	24 35	26 55
11	5:16:13	19 47 28	25 30	26 54	27 45	10 44	29 42	15 36	25 39	25 39	24 36	26 52
12	5:20:10	20 44 48	8Pi16	26 25	28 57	11 23	29 54	15 33	25 42	25 38	24 37	26 49
13	5:24: 6	21 42 8	21 23	25 53	0Ge10	12 2	0Le 6	15 29	25 45	25 37	24 38	26 46
14	5:28: 3	22 39 27	4Ar53	25 21	1 23	12 41	0 17	15 26	25 48	25 36	24 39	26 42
15	5:31:59	23 36 46	18 48	24 47	2 36	13 20	0 29	15 23	25 52	25 36	24 40	26 39
16	5:35:56	24 34 5	3Ta 7	24 13	3 49	13 58	0 41	15 20	25 55	25 35	24 41	26 36
17	5:39:52	25 31 23	17 48	23 39	5 2	14 37	0 53	15 17	25 58	25 34	24 42	26 33
18	5:43:49	26 28 41	2Ge45	23 6	6 14	15 16	1 5	15 14	26 1	25 34	24 44	26 30
19	5:47:46	27 25 59	17 52	22 35	7 27	15 55	1 17	15 12	26 5	25 33	24 45	26 27
20	5:51:42	28 23 16	2Cn59	22 5	8 40	16 34	1 29	15 9	26 8	25 33	24 46	26 23
21	5:55:39	29 20 33	17 58	21 38	9 53	17 12	1 41	15 6	26 11	25 32	24 47	26 20
22	5:59:35	0Cn17 49	2Le40	21 14	11 6	17 51	1 53	15 4	26 15	25 32	24 48	26 17
23	6: 3:32	1 15 5	17 0	20 53	12 19	18 30	2 6	15 1	26 18	25 31	24 50	26 14
24	6: 7:28	2 12 20	0Vi53	20 36	13 32	19 9	2 18	14 59	26 22	25 31	24 51	26 11
25	6:11:25	3 9 34	14 21	20 23	14 45	19 47	2 30	14 57	26 25	25 30	24 52	26 8
26	6:15:22	4 6 48	27 22	20 14	15 58	20 26	2 43	14 55	26 28	25 30	24 53	26 4
27	6:19:18	5 4 1	10Li 2	20 10	17 11	21 5	2 55	14 52	26 32	25 30	24 55	26 1
28	6:23:15	6 1 14	22 22	20 10D	18 24	21 43	3 7	14 50	26 35	25 29	24 56	25 58
29	6:27:11	6 58 26	4Sc29	20 15	19 37	22 22	3 20	14 49	26 39	25 29	24 58	25 55
30	6:31: 8	7 55 37	16 25	20 25	20 50	23 1	3 32	14 47	26 42	25 29	24 59	25 52

6/22 Sun in Can. 4:32   6/5 Full 14:09   6/13 3rd Qt. 12:38   6/20 New 4:12(E)   6/27 1st Qt. 1:44

JULY 1955

Day	Sid. T.	Sun	Moon	Merc.	Venus	Mars	Jup.	Saturn	Uranus	Nept.	Pluto	N.Node
1	6:35: 4	8Cn52 49	28Sc15	20Ge39	22Ge 4	23Cn39	3Le45	14Sc45R	26Cn46	25Li28R	25Le 0	25Sg48
2	6:39: 1	9 50 0	10Sg 2	20 59	23 17	24 18	3 58	14 43	26 50	25 28	25 2	25 45
3	6:42:57	10 47 11	21 51	21 23	24 30	24 56	4 10	14 42	26 53	25 28	25 3	25 42
4	6:46:54	11 44 22	3Cp43	21 53	25 43	25 35	4 23	14 40	26 57	25 28	25 5	25 39
5	6:50:51	12 41 33	15 42	22 27	26 56	26 13	4 36	14 39	27 0	25 28	25 6	25 36
6	6:54:47	13 38 44	27 49	23 6	28 9	26 52	4 48	14 38	27 4	25 28	25 8	25 33
7	6:58:44	14 35 55	10Aq 5	23 50	29 23	27 30	5 1	14 36	27 7	25 28	25 9	25 29
8	7: 2:40	15 33 6	22 33	24 39	0Cn36	28 9	5 14	14 35	27 11	25 28D	25 11	25 26
9	7: 6:37	16 30 18	5Pi14	25 32	1 49	28 47	5 27	14 34	27 15	25 28	25 12	25 23
10	7:10:33	17 27 29	18 10	26 30	3 2	29 26	5 40	14 33	27 18	25 28	25 14	25 20
11	7:14:30	18 24 41	1Ar21	27 33	4 16	0Le 4	5 53	14 33	27 22	25 28	25 16	25 17
12	7:18:27	19 21 54	14 51	28 40	5 29	0 43	6 5	14 32	27 26	25 28	25 17	25 14
13	7:22:23	20 19 7	28 38	29 52	6 42	1 21	6 18	14 31	27 29	25 28	25 19	25 10
14	7:26:20	21 16 21	12Ta44	1Cn 8	7 56	1 59	6 31	14 31	27 33	25 29	25 21	25 7
15	7:30:16	22 13 35	27 8	2 28	9 9	2 38	6 44	14 30	27 37	25 29	25 22	25 4
16	7:34:13	23 10 51	11Ge47	3 52	10 23	3 16	6 57	14 30	27 40	25 29	25 24	25 1
17	7:38: 9	24 8 6	26 35	5 21	11 36	3 55	7 11	14 30	27 44	25 29	25 26	24 58
18	7:42: 6	25 5 23	11Cn28	6 54	12 50	4 33	7 24	14 30	27 48	25 30	25 27	24 54
19	7:46: 2	26 2 39	26 17	8 31	14 3	5 11	7 37	14 30D	27 51	25 30	25 29	24 51
20	7:49:59	26 59 57	10Le55	10 11	15 17	5 50	7 50	14 30	27 55	25 30	25 31	24 48
21	7:53:55	27 57 14	25 15	11 55	16 30	6 28	8 3	14 30	27 59	25 31	25 32	24 45
22	7:57:52	28 54 32	9Vi11	13 42	17 44	7 7	8 16	14 30	28 2	25 31	25 34	24 42
23	8: 1:49	29 51 50	22 43	15 33	18 57	7 45	8 29	14 31	28 6	25 32	25 36	24 39
24	8: 5:45	0Le49 9	5Li48	17 26	20 11	8 23	8 42	14 31	28 10	25 32	25 38	24 35
25	8: 9:42	1 46 28	18 30	19 23	21 25	9 2	8 56	14 32	28 13	25 33	25 40	24 32
26	8:13:38	2 43 47	0Sc52	21 21	22 38	9 40	9 9	14 32	28 17	25 33	25 41	24 29
27	8:17:35	3 41 7	12 57	23 22	23 52	10 18	9 22	14 33	28 21	25 34	25 43	24 26
28	8:21:32	4 38 27	24 52	25 24	25 6	10 56	9 35	14 34	28 24	25 35	25 45	24 23
29	8:25:28	5 35 48	6Sg41	27 27	26 20	11 35	9 48	14 35	28 28	25 35	25 47	24 20
30	8:29:25	6 33 9	18 29	29 32	27 33	12 13	10 2	14 36	28 32	25 36	25 49	24 16
31	8:33:21	7 30 31	0Cp20	1Le37	28 47	12 51	10 15	14 37	28 35	25 37	25 50	24 13

7/23 Sun in Leo 15:25   7/5 Full 5:29   7/12 3rd Qt. 20:31   7/19 New 11:35   7/26 1st Qt. 16:00

AUGUST 1955

Day	Sid. T.	Sun	Moon	Merc.	Venus	Mars	Jup.	Saturn	Uranus	Nept.	Pluto	N.Node
1	8:37:18	8Le27 54	12Cp19	3Le43	0Le 1	13Le29	10Le28	14Sc38	28Cn39	25Li38	25Le52	24Sg10
2	8:41:14	9 25 17	24 27	5 49	1 15	14 8	10 41	14 40	28 42	25 38	25 54	24 7
3	8:45:10	10 22 42	6Aq47	7 54	2 29	14 46	10 54	14 41	28 46	25 39	25 56	24 4
4	8:49: 7	11 20 7	19 20	9 59	3 42	15 24	11 8	14 43	28 50	25 40	25 58	24 0
5	8:53: 4	12 17 33	2Pi 6	12 4	4 56	16 2	11 21	14 44	28 53	25 41	26 0	23 57
6	8:57: 0	13 15 0	15 7	14 7	6 10	16 41	11 34	14 46	28 57	25 42	26 2	23 54
7	9: 0:57	14 12 28	28 20	16 10	7 24	17 19	11 47	14 48	29 0	25 43	26 4	23 51
8	9: 4:54	15 9 57	11Ar46	18 12	8 38	17 57	12 1	14 50	29 4	25 44	26 6	23 48
9	9: 8:50	16 7 28	25 23	20 12	9 52	18 35	12 14	14 52	29 8	25 45	26 7	23 45
10	9:12:46	17 5 0	9Ta12	22 12	11 6	19 14	12 27	14 54	29 11	25 46	26 9	23 41
11	9:16:43	18 2 34	23 12	24 9	12 20	19 52	12 40	14 56	29 15	25 48	26 11	23 38
12	9:20:40	19 0 9	7Ge22	26 6	13 34	20 30	12 53	14 58	29 18	25 49	26 13	23 35
13	9:24:36	19 57 46	21 41	28 1	14 48	21 8	13 7	15 1	29 22	25 49	26 15	23 32
14	9:28:33	20 55 24	6Cn 7	29 55	16 2	21 46	13 20	15 3	29 25	25 50	26 17	23 29
15	9:32:30	21 53 4	20 36	1Vi47	17 16	22 25	13 33	15 6	29 29	25 52	26 19	23 25
16	9:36:26	22 50 44	5Le 4	3 38	18 31	23 3	13 46	15 8	29 32	25 53	26 21	23 22
17	9:40:22	23 48 27	19 25	5 27	19 45	23 41	13 59	15 11	29 36	25 54	26 23	23 19
18	9:44:19	24 46 10	3Vi32	7 15	20 59	24 19	14 12	15 14	29 39	25 55	26 25	23 16
19	9:48:15	25 43 55	17 20	9 1	22 13	24 57	14 26	15 17	29 42	25 57	26 27	23 13
20	9:52:12	26 41 41	0Li48	10 46	23 27	25 36	14 39	15 20	29 46	25 58	26 29	23 10
21	9:56: 9	27 39 29	13 52	12 30	24 42	26 14	14 52	15 23	29 49	25 59	26 31	23 6
22	10: 0: 5	28 37 17	26 33	14 12	25 56	26 52	15 5	15 26	29 53	26 1	26 33	23 3
23	10: 4: 2	29 35 7	8Sc55	15 53	27 10	27 30	15 18	15 29	29 56	26 2	26 34	23 0
24	10: 7:58	0Vi32 58	21 1	17 32	28 24	28 8	15 31	15 32	0Le 2	26 3	26 36	22 57
25	10:11:55	1 30 50	2Sg56	19 10	29 39	28 46	15 44	15 36	0 6	26 5	26 38	22 54
26	10:15:51	2 28 43	14 45	20 47	0Vi53	29 25	15 57	15 39	0 9	26 6	26 40	22 51
27	10:19:48	3 26 38	26 34	22 23	2 7	0Vi 3	16 10	15 43	0 12	26 8	26 42	22 47
28	10:23:45	4 24 34	8Cp28	23 57	3 22	0 41	16 22	15 47	0 15	26 9	26 44	22 44
29	10:27:41	5 22 31	20 31	25 29	4 36	1 19	16 35	15 50	0 18	26 11	26 46	22 41
30	10:31:38	6 20 30	2Aq47	27 1	5 50	1 57	16 48	15 54	0 20	26 12	26 48	22 38
31	10:35:35	7 18 30	15 20	28 31	7 5	2 36	17 1	15 58	0 22	26 14	26 50	22 35

8/23 Sun in Vir. 22:20   8/3 Full 19:31   8/11 3rd Qt. 2:33   8/17 New 19:58   8/25 1st Qt. 8:52

Day	Sid. T.	Sun	Moon	Merc.	Venus	Mars	Jup.	Saturn	Uranus	Nept.	Pluto	N.Node
1	10:39:31	8Vi16 32	28Aq10	0Li 0	8Vi19	3Vi14	17Le14	16Sc 2	0Le25	26Li16	26Le52	22Sg31
2	10:43:27	9 14 35	11Pi18	1 27	9 34	3 52	17 26	16 6	0 28	26 17	26 54	22 28
3	10:47:24	10 12 40	24 41	2 53	10 48	4 30	17 39	16 10	0 31	26 19	26 56	22 25
4	10:51:20	11 10 46	8Ar19	4 18	12 3	5 8	17 52	16 15	0 34	26 21	26 58	22 22
5	10:55:17	12 8 55	22 7	5 41	13 17	5 46	18 4	16 19	0 37	26 22	26 59	22 19
6	10:59:13	13 7 5	6Ta2	7 3	14 32	6 25	18 17	16 23	0 40	26 24	27 1	22 16
7	11: 3:10	14 5 18	20 3	8 23	15 46	7 3	18 30	16 28	0 43	26 26	27 3	22 12
8	11: 7: 7	15 3 32	4Ge 7	9 42	17 1	7 41	18 42	16 32	0 45	26 28	27 5	22 9
9	11:11: 3	16 1 49	18 13	10 59	18 15	8 19	18 55	16 37	0 48	26 29	27 7	22 6
10	11:15: 0	17 0 8	2Cn21	12 15	19 30	8 57	19 7	16 42	0 51	26 31	27 9	22 3
11	11:18:56	17 58 29	16 28	13 29	20 44	9 36	19 19	16 46	0 54	26 33	27 11	22 0
12	11:22:53	18 56 52	0Le34	14 42	21 59	10 14	19 32	16 51	0 57	26 35	27 12	21 57
13	11:26:49	19 55 17	14 36	15 52	23 14	10 52	19 44	16 56	0 59	26 37	27 14	21 53
14	11:30:46	20 53 44	28 32	17 1	24 28	11 30	19 56	17 1	1 2	26 39	27 16	21 50
15	11:34:43	21 52 13	12Vi16	18 7	25 43	12 9	20 8	17 6	1 5	26 41	27 18	21 47
16	11:38:39	22 50 43	25 47	19 12	26 57	12 47	20 20	17 11	1 7	26 42	27 20	21 44
17	11:42:36	23 49 16	9Li 1	20 14	28 12	13 25	20 32	17 16	1 10	26 44	27 21	21 41
18	11:46:32	24 47 51	21 56	21 13	29 27	14 3	20 44	17 21	1 12	26 46	27 23	21 37
19	11:50:29	25 46 27	4Sc32	22 11	0Li41	14 41	20 56	17 26	1 15	26 48	27 25	21 34
20	11:54:25	26 45 5	16 50	23 5	1 56	15 20	21 8	17 32	1 17	26 50	27 27	21 31
21	11:58:22	27 43 45	28 55	23 56	3 11	15 58	21 20	17 37	1 20	26 52	27 28	21 28
22	12: 2:18	28 42 27	10Sg48	24 44	4 25	16 36	21 32	17 43	1 22	26 54	27 30	21 25
23	12: 6:15	29 41 10	22 37	25 29	5 40	17 15	21 43	17 48	1 25	26 56	27 32	21 22
24	12:10:12	0Li39 55	4Cp26	26 9	6 55	17 53	21 55	17 54	1 27	26 58	27 34	21 18
25	12:14: 8	1 38 42	16 20	26 46	8 10	18 31	22 7	17 59	1 29	27 0	27 35	21 15
26	12:18: 5	2 37 31	28 25	27 18	9 24	19 9	22 18	18 5	1 31	27 3	27 37	21 12
27	12:22: 1	3 36 21	10Aq45	27 45	10 39	19 48	22 29	18 11	1 33	27 5	27 39	21 9
28	12:25:58	4 35 13	23 25	28 7	11 54	20 26	22 41	18 16	1 36	27 7	27 40	21 6
29	12:29:54	5 34 7	6Pi27	28 22	13 8	21 4	22 52	18 22	1 38	27 9	27 42	21 3
30	12:33:51	6 33 2	19 51	28 34	14 23	21 43	23 3	18 28	1 40	27 11	27 43	20 59

9/23 Sun in Lib. 19:42   9/2 Full 8:00   9/9 3rd Qt. 8:00   9/16 New 6:20   9/24 1st Qt. 3:41

Day	Sid. T.	Sun	Moon	Merc.	Venus	Mars	Jup.	Saturn	Uranus	Nept.	Pluto	N.Node
1	12:37:47	7Li32 0	3Ar36	28Li38	15Li38	22Vi21	23Le14	18Sc34	1Le42	27Li13	27Le45	20Sg56
2	12:41:44	8 30 59	17 38	28 35R	16 53	22 59	23 25	18 40	1 44	27 15	27 47	20 53
3	12:45:40	9 30 1	1Ta52	28 25	18 7	23 37	23 36	18 46	1 46	27 17	27 48	20 50
4	12:49:37	10 29 4	16 13	28 7	19 22	24 16	23 47	18 52	1 47	27 19	27 50	20 47
5	12:53:33	11 28 11	0Ge36	27 42	20 37	24 54	23 58	18 58	1 49	27 22	27 51	20 43
6	12:57:30	12 27 20	14 56	27 8	21 52	25 32	24 9	19 4	1 51	27 24	27 53	20 40
7	13: 1:26	13 26 30	29 11	26 27	23 7	26 11	24 19	19 11	1 53	27 26	27 54	20 37
8	13: 5:23	14 25 44	13Cn18	25 38	24 21	26 49	24 30	19 17	1 54	27 28	27 56	20 34
9	13: 9:19	15 24 59	27 17	24 42	25 36	27 28	24 40	19 23	1 56	27 30	27 57	20 31
10	13:13:16	16 24 17	11Le 7	23 40	26 51	28 6	24 51	19 30	1 58	27 33	27 58	20 28
11	13:17:13	17 23 37	24 48	22 33	28 6	28 44	25 1	19 36	1 59	27 35	28 0	20 24
12	13:21: 9	18 23 0	8Vi19	21 22	29 21	29 23	25 11	19 42	2 1	27 37	28 1	20 21
13	13:25: 6	19 22 24	21 39	20 10	0Sc35	0Li 1	25 21	19 49	2 2	27 39	28 2	20 18
14	13:29: 2	20 21 51	4Li46	18 58	1 50	0 40	25 31	19 55	2 3	27 41	28 4	20 15
15	13:32:59	21 21 20	17 40	17 48	3 5	1 18	25 41	20 2	2 5	27 44	28 5	20 12
16	13:36:55	22 20 51	0Sc19	16 43	4 20	1 56	25 51	20 9	2 6	27 46	28 6	20 9
17	13:40:52	23 20 24	12 44	15 44	5 35	2 35	26 1	20 15	2 7	27 48	28 8	20 5
18	13:44:49	24 19 58	24 55	14 53	6 49	3 13	26 10	20 22	2 8	27 50	28 9	20 2
19	13:48:45	25 19 35	6Sg55	14 11	8 4	3 52	26 20	20 29	2 9	27 53	28 10	19 59
20	13:52:42	26 19 14	18 46	13 40	9 19	4 30	26 29	20 35	2 10	27 55	28 11	19 56
21	13:56:38	27 18 54	0Cp33	13 19	10 34	5 9	26 39	20 42	2 11	27 57	28 12	19 53
22	14: 0:35	28 18 37	12 21	13 10	11 49	5 47	26 48	20 49	2 12	27 59	28 14	19 49
23	14: 4:31	29 18 21	24 14	13 12D	13 4	6 26	26 57	20 56	2 13	28 2	28 15	19 46
24	14: 8:27	0Sc18 6	6Aq17	13 25	14 18	7 4	27 6	21 2	2 14	28 4	28 16	19 43
25	14:12:24	1 17 54	18 36	13 49	15 33	7 43	27 15	21 9	2 15	28 6	28 17	19 40
26	14:16:21	2 17 43	1Pi16	14 22	16 48	8 21	27 23	21 16	2 16	28 8	28 18	19 37
27	14:20:17	3 17 33	14 20	15 4	18 3	9 0	27 32	21 23	2 17	28 11	28 19	19 34
28	14:24:14	4 17 26	27 50	15 54	19 18	9 38	27 40	21 30	2 17	28 13	28 20	19 30
29	14:28:11	5 17 20	11Ar46	16 51	20 33	10 17	27 49	21 37	2 18	28 15	28 21	19 27
30	14:32: 7	6 17 16	26 4	17 54	21 47	10 55	27 57	21 44	2 18	28 17	28 22	19 24
31	14:36: 4	7 17 14	10Ta40	19 3	23 2	11 34	28 5	21 51	2 18	28 19	28 23	19 21

10/24 Sun in Sco. 4:44   10/1 Full 19:18   10/8 3rd Qt. 14:04   10/15 New 19:33   10/23 1st Qt. 23:05   10/31 Full 6:04

NOVEMBER 1955

Day	Sid. T.	Sun	Moon	Merc.	Venus	Mars	Jup.	Saturn	Uranus	Nept.	Pluto	N.Node
1	14:40: 0	8Sc17 13	25Ta26	20Li17	24Sc17	12Li12	28Le13	21Sc58	2Le19	28Li22	28Le24	19Sg18
2	14:43:57	9 17 15	10Ge16	21 35	25 32	12 51	28 21	22 5	2 19	28 24	28 24	19 14
3	14:47:53	10 17 19	25 0	22 57	26 47	13 30	28 29	22 12	2 20	28 26	28 25	19 11
4	14:51:50	11 17 25	9Cn35	24 21	28 1	14 8	28 36	22 19	2 20	28 28	28 26	19 8
5	14:55:47	12 17 33	23 55	25 48	29 16	14 47	28 44	22 26	2 20	28 31	28 27	19 5
6	14:59:43	13 17 43	7Le58	27 17	0Sg31	15 26	28 51	22 33	2 20	28 33	28 28	19 2
7	15: 3:40	14 17 55	21 45	28 47	1 46	16 4	28 58	22 40	2 20	28 35	28 28	18 59
8	15: 7:36	15 18 10	5Vi15	0Sc19	3 1	16 43	29 5	22 47	2 20R	28 37	28 29	18 55
9	15:11:32	16 18 26	18 29	1 52	4 16	17 21	29 12	22 55	2 20	28 39	28 30	18 52
10	15:15:29	17 18 44	1Li28	3 26	5 30	18 0	29 19	23 2	2 20	28 41	28 30	18 49
11	15:19:26	18 19 4	14 14	5 1	6 45	18 39	29 25	23 9	2 20	28 44	28 31	18 46
12	15:23:22	19 19 26	26 47	6 36	8 0	19 18	29 32	23 16	2 20	28 46	28 32	18 43
13	15:27:19	20 19 50	9Sc 9	8 11	9 15	19 56	29 38	23 23	2 20	28 48	28 32	18 40
14	15:31:16	21 20 16	21 19	9 47	10 30	20 35	29 44	23 30	2 19	28 50	28 33	18 36
15	15:35:12	22 20 43	3Sg21	11 23	11 44	21 14	29 50	23 37	2 19	28 52	28 33	18 33
16	15:39: 8	23 21 12	15 15	12 59	12 59	21 52	29 56	23 45	2 18	28 54	28 34	18 30
17	15:43: 5	24 21 42	27 4	14 35	14 14	22 31	0Vi 2	23 52	2 18	28 56	28 34	18 27
18	15:47: 2	25 22 14	8Cp50	16 11	15 29	23 10	0 7	23 59	2 17	28 58	28 34	18 24
19	15:50:58	26 22 47	20 37	17 47	16 44	23 49	0 12	24 6	2 17	29 0	28 35	18 20
20	15:54:55	27 23 22	2Aq30	19 22	17 58	24 28	0 18	24 13	2 16	29 2	28 35	18 17
21	15:58:52	28 23 57	14 32	20 58	19 13	25 6	0 23	24 20	2 16	29 4	28 35	18 14
22	16: 2:48	29 24 34	26 48	22 34	20 28	25 45	0 27	24 28	2 15	29 6	28 36	18 11
23	16: 6:44	0Sg25 12	9Pi23	24 9	21 43	26 24	0 32	24 35	2 14	29 8	28 36	18 8
24	16:10:41	1 25 51	22 21	25 44	22 57	27 3	0 37	24 42	2 13	29 10	28 36	18 5
25	16:14:37	2 26 31	5Ar45	27 19	24 12	27 42	0 41	24 49	2 12	29 12	28 36	18 1
26	16:18:34	3 27 12	19 38	28 54	25 27	28 20	0 45	24 56	2 11	29 14	28 36	17 58
27	16:22:30	4 27 55	3Ta57	0Sg29	26 42	28 59	0 49	25 3	2 10	29 16	28 37	17 55
28	16:26:27	5 28 39	18 39	2 4	27 56	29 38	0 53	25 10	2 9	29 18	28 37	17 52
29	16:30:24	6 29 23	3Ge39	3 39	29 11	0Sc17	0 57	25 17	2 8	29 20	28 37	17 49
30	16:34:20	7 30 10	18 47	5 13	0Cp26	0 56	1 0	25 24	2 7	29 22	28 37	17 46

11/23 Sun in Sag. 2:02   11/6 3rd Qt. 21:56   11/14 New 12:02   11/22 1st Qt. 17:29   11/29 Full 16:50(E)

DECEMBER 1955

Day	Sid. T.	Sun	Moon	Merc.	Venus	Mars	Jup.	Saturn	Uranus	Nept.	Pluto	N.Node
1	16:38:17	8Sg30 57	3Cn55	6Sg48	1Cp41	1Sc35	1Vi 3	25Sc31	2Le 6R	29Li24	28Le37R	17Sg42
2	16:42:13	9 31 46	18 53	8 22	2 55	2 14	1 6	25 39	2 5	29 25	28 37	17 39
3	16:46:10	10 32 36	3Le34	9 56	4 10	2 53	1 9	25 46	2 3	29 27	28 37	17 36
4	16:50: 7	11 33 27	17 53	11 30	5 25	3 32	1 12	25 53	2 2	29 29	28 37	17 33
5	16:54: 3	12 34 20	1Vi49	13 5	6 39	4 10	1 15	25 59	2 1	29 31	28 36	17 30
6	16:58: 0	13 35 14	15 20	14 39	7 54	4 49	1 17	26 6	1 59	29 33	28 36	17 26
7	17: 1:56	14 36 9	28 29	16 13	9 9	5 28	1 19	26 13	1 58	29 34	28 36	17 23
8	17: 5:53	15 37 6	11Li18	17 47	10 23	6 7	1 21	26 20	1 56	29 36	28 36	17 20
9	17: 9:49	16 38 4	23 50	19 22	11 38	6 46	1 23	26 27	1 55	29 38	28 36	17 17
10	17:13:46	17 39 3	6Sc 8	20 56	12 53	7 25	1 24	26 34	1 53	29 39	28 35	17 14
11	17:17:42	18 40 3	18 14	22 30	14 7	8 4	1 26	26 41	1 51	29 41	28 35	17 11
12	17:21:39	19 41 4	0Sg13	24 5	15 22	8 43	1 27	26 48	1 50	29 43	28 35	17 7
13	17:25:35	20 42 6	12 6	25 39	16 36	9 22	1 28	26 54	1 48	29 44	28 34	17 4
14	17:29:32	21 43 9	23 55	27 14	17 51	10 1	1 29	27 1	1 46	29 46	28 34	17 1
15	17:33:29	22 44 13	5Cp42	28 48	19 6	10 40	1 29	27 8	1 44	29 47	28 34	16 58
16	17:37:26	23 45 17	17 30	0Cp23	20 20	11 19	1 30	27 15	1 42	29 49	28 33	16 55
17	17:41:22	24 46 22	29 21	1 58	21 35	11 59	1 30	27 21	1 41	29 50	28 33	16 52
18	17:45:19	25 47 28	11Aq17	3 33	22 49	12 38	1 30R	27 28	1 39	29 52	28 32	16 48
19	17:49:15	26 48 33	23 22	5 8	24 4	13 17	1 30	27 34	1 37	29 53	28 32	16 45
20	17:53:12	27 49 39	5Pi38	6 43	25 18	13 56	1 29	27 41	1 35	29 54	28 31	16 42
21	17:57: 9	28 50 46	18 10	8 19	26 33	14 35	1 29	27 47	1 33	29 56	28 31	16 39
22	18: 1: 5	29 51 52	1Ar 2	9 54	27 47	15 14	1 28	27 54	1 30	29 57	28 30	16 36
23	18: 5: 2	0Cp52 59	14 16	11 29	29 1	15 53	1 27	28 0	1 28	29 59	28 29	16 32
24	18: 8:58	1 54 6	27 56	13 5	0Aq16	16 32	1 26	28 7	1 26	0Sc 0	28 29	16 29
25	18:12:55	2 55 13	12Ta 3	14 40	1 30	17 11	1 25	28 13	1 24	0 1	28 28	16 26
26	18:16:51	3 56 20	26 35	16 15	2 45	17 50	1 23	28 19	1 22	0 2	28 27	16 23
27	18:20:47	4 57 27	11Ge29	17 50	3 59	18 30	1 21	28 26	1 20	0 3	28 27	16 20
28	18:24:44	5 58 35	26 38	19 25	5 13	19 9	1 20	28 32	1 17	0 5	28 26	16 17
29	18:28:41	6 59 43	11Cn54	20 59	6 27	19 48	1 17	28 38	1 15	0 6	28 25	16 13
30	18:32:37	8 0 50	27 6	22 33	7 42	20 27	1 15	28 44	1 13	0 7	28 24	16 10
31	18:36:34	9 1 58	12Le 5	24 7	8 56	21 6	1 13	28 50	1 10	0 8	28 23	16 7

12/22 Sun in Cap. 15:11   12/6 3rd Qt. 8:36   12/14 New 7:07(E)   12/22 1st Qt. 9:40   12/29 Full 3:44

Day	Sid. T.	Sun	Moon	Merc.	Venus	Mars	Jup.	Saturn	Uranus	Nept.	Pluto	N.Node
1	18:40:31	10Cp 3 7	26Le42	25Cp39	10Aq10	21Sc45	1Vi10R	28Sc56	1Le 8R	0Sc 9	28Le22R	16Sg 4
2	18:44:27	11 4 15	10Vi53	27 11	11 24	22 25	1 7	29 2	1 6	0 10	28 22	16 1
3	18:48:23	12 5 24	24 35	28 41	12 38	23 4	1 4	29 8	1 3	0 11	28 21	15 58
4	18:52:20	13 6 34	7Li49	0Aq10	13 53	23 43	1 1	29 14	1 1	0 12	28 20	15 54
5	18:56:17	14 7 43	20 38	1 37	15 7	24 22	0 57	29 19	0 58	0 13	28 19	15 51
6	19: 0:13	15 8 53	3Sc 5	3 2	16 21	25 2	0 54	29 25	0 56	0 14	28 18	15 48
7	19: 4:10	16 10 3	15 16	4 24	17 35	25 41	0 50	29 31	0 53	0 15	28 17	15 45
8	19: 8: 7	17 11 13	27 15	5 43	18 49	26 20	0 46	29 36	0 51	0 15	28 16	15 42
9	19:12: 3	18 12 23	9Sg 6	6 58	20 3	26 59	0 42	29 42	0 48	0 16	28 15	15 38
10	19:15:59	19 13 33	20 54	8 9	21 17	27 39	0 38	29 48	0 46	0 17	28 14	15 35
11	19:19:56	20 14 43	2Cp40	9 15	22 30	28 18	0 33	29 53	0 43	0 18	28 12	15 32
12	19:23:53	21 15 52	14 29	10 15	23 44	28 57	0 28	29 58	0 41	0 18	28 11	15 29
13	19:27:49	22 17 2	26 21	11 9	24 58	29 36	0 24	0Sg 4	0 38	0 19	28 10	15 26
14	19:31:46	23 18 11	8Aq20	11 55	26 12	0Sg16	0 19	0 9	0 36	0 20	28 9	15 23
15	19:35:42	24 19 19	20 26	12 33	27 26	0 55	0 13	0 14	0 33	0 20	28 8	15 19
16	19:39:39	25 20 27	2Pi40	13 1	28 39	1 34	0 8	0 19	0 30	0 21	28 7	15 16
17	19:43:36	26 21 34	15 5	13 19	29 53	2 14	0 3	0 24	0 28	0 21	28 5	15 13
18	19:47:32	27 22 40	27 43	13 27	1Pi 6	2 53	29Le57	0 29	0 25	0 22	28 4	15 10
19	19:51:28	28 23 46	10Ar36	13 23R	2 20	3 32	29 51	0 34	0 22	0 22	28 3	15 7
20	19:55:25	29 24 51	23 45	13 7	3 33	4 12	29 46	0 39	0 20	0 23	28 2	15 3
21	19:59:22	0Aq25 55	7Ta15	12 40	4 47	4 51	29 40	0 43	0 17	0 23	28 0	15 0
22	20: 3:18	1 26 58	21 6	12 2	6 0	5 30	29 33	0 48	0 15	0 24	27 59	14 57
23	20: 7:15	2 28 0	5Ge19	11 13	7 13	6 10	29 27	0 53	0 12	0 24	27 58	14 54
24	20:11:12	3 29 1	19 54	10 15	8 27	6 49	29 21	0 57	0 9	0 24	27 57	14 51
25	20:15: 8	4 30 0	4Cn47	9 9	9 40	7 28	29 14	1 2	0 7	0 24	27 55	14 48
26	20:19: 4	5 31 0	19 51	7 58	10 53	8 8	29 7	1 6	0 4	0 25	27 54	14 44
27	20:23: 1	6 31 58	4Le58	6 43	12 6	8 47	29 1	1 10	0 2	0 25	27 53	14 41
28	20:26:58	7 32 55	19 58	5 27	13 19	9 26	28 54	1 15	29Cn59	0 25	27 51	14 38
29	20:30:54	8 33 51	4Vi42	4 13	14 32	10 6	28 47	1 19	29 56	0 25	27 50	14 35
30	20:34:50	9 34 46	19 1	3 1	15 44	10 45	28 40	1 23	29 54	0 25	27 48	14 32
31	20:38:47	10 35 41	2Li53	1 54	16 57	11 24	28 33	1 27	29 51	0 25	27 47	14 29

1/21 Sun in Aqu. 1:49 1/4 3rd Qt. 22:41 1/13 New 3:01 1/20 1st Qt. 22:59 1/27 Full 14:41

Day	Sid. T.	Sun	Moon	Merc.	Venus	Mars	Jup.	Saturn	Uranus	Nept.	Pluto	N.Node
1	20:42:44	11Aq36 35	16Li16	0Aq54R	18Pi10	12Sg 4	28Le25R	1Sg30	29Cn49R	0Sc25R	27Le46R	14Sg25
2	20:46:40	12 37 28	29 11	0 1	19 23	12 43	28 18	1 34	29 46	0 25	27 44	14 22
3	20:50:37	13 38 20	11Sc42	29Cp15	20 35	13 22	28 11	1 38	29 44	0 25	27 43	14 19
4	20:54:33	14 39 11	23 53	28 39	21 48	14 2	28 3	1 42	29 41	0 25	27 41	14 16
5	20:58:30	15 40 2	5Sg51	28 10	23 0	14 41	27 56	1 45	29 39	0 25	27 40	14 13
6	21: 2:26	16 40 52	17 40	27 51	24 12	15 21	27 48	1 49	29 36	0 25	27 38	14 9
7	21: 6:23	17 41 40	29 26	27 39	25 25	16 0	27 40	1 52	29 34	0 24	27 37	14 6
8	21:10:20	18 42 28	11Cp14	27 35	26 37	16 39	27 33	1 55	29 31	0 24	27 35	14 3
9	21:14:16	19 43 15	23 5	27 39D	27 49	17 19	27 25	1 58	29 29	0 24	27 34	14 0
10	21:18:13	20 44 0	5Aq 5	27 49	29 1	17 58	27 17	2 1	29 26	0 24	27 32	13 57
11	21:22: 9	21 44 44	17 14	28 6	0Ar13	18 38	27 9	2 4	29 24	0 23	27 31	13 54
12	21:26: 6	22 45 27	29 33	28 29	1 24	19 17	27 1	2 7	29 22	0 23	27 29	13 50
13	21:30: 2	23 46 8	12Pi 4	28 57	2 36	19 56	26 53	2 10	29 19	0 23	27 28	13 47
14	21:33:59	24 46 48	24 45	29 33	3 48	20 36	26 46	2 13	29 17	0 22	27 26	13 44
15	21:37:55	25 47 26	7Ar39	0Aq 9	4 59	21 15	26 38	2 15	29 15	0 22	27 25	13 41
16	21:41:52	26 48 2	20 43	0 51	6 11	21 55	26 30	2 18	29 13	0 21	27 23	13 38
17	21:45:49	27 48 37	4Ta 0	1 38	7 22	22 34	26 22	2 20	29 10	0 21	27 22	13 35
18	21:49:45	28 49 11	17 30	2 28	8 33	23 13	26 14	2 23	29 8	0 20	27 20	13 31
19	21:53:42	29 49 42	1Ge15	3 21	9 44	23 53	26 6	2 25	29 6	0 20	27 19	13 28
20	21:57:38	0Pi50 11	15 14	4 17	10 55	24 32	25 58	2 27	29 4	0 19	27 17	13 25
21	22: 1:35	1 50 39	29 30	5 17	12 6	25 11	25 50	2 29	29 2	0 18	27 16	13 22
22	22: 5:31	2 51 5	13Cn59	6 19	13 17	25 51	25 42	2 31	29 0	0 18	27 14	13 19
23	22: 9:28	3 51 28	28 40	7 23	14 26	26 30	25 34	2 33	28 58	0 17	27 13	13 15
24	22:13:25	4 51 50	13Le25	8 29	15 38	27 10	25 27	2 35	28 56	0 16	27 12	13 12
25	22:17:21	5 52 10	28 7	9 38	16 48	27 49	25 19	2 36	28 54	0 15	27 10	13 9
26	22:21:18	6 52 29	12Vi39	10 49	17 58	28 28	25 11	2 38	28 52	0 15	27 9	13 6
27	22:25:14	7 52 45	26 53	12 2	19 8	29 8	25 4	2 39	28 50	0 14	27 7	13 3
28	22:29:11	8 53 0	10Li44	13 16	20 18	29 47	24 56	2 41	28 48	0 13	27 6	13 0
29	22:33: 7	9 53 13	24 8	14 32	21 28	0Cp26	24 49	2 42	28 46	0 13	27 4	12 56

2/19 Sun in Pis. 16:05 2/3 3rd Qt. 16:08 2/11 New 21:38 2/19 1st Qt. 9:22 2/26 Full 1:42

MARCH 1956

Day	Sid. T.	Sun	Moon	Merc.	Venus	Mars	Jup.	Saturn	Uranus	Nept.	Pluto	N.Node
1	22:37: 4	10Pi53 25	7Sc 7	15Aq50	22Ar38	1Cp 6	24Le41R	2Sg43	28Cn45R	0Sc11R	27Le 3R	12Sg53
2	22:41: 0	11 53 35	19 41	17 9	23 47	1 45	24 34	2 44	28 43	0 10	27 1	12 50
3	22:44:57	12 53 44	1Sg57	18 30	24 57	2 24	24 27	2 45	28 41	0 9	27 0	12 47
4	22:48:53	13 53 51	13 57	19 53	26 6	3 4	24 20	2 46	28 40	0 8	26 58	12 44
5	22:52:50	14 53 57	25 48	21 16	27 15	3 43	24 13	2 46	28 38	0 7	26 57	12 41
6	22:56:47	15 54 1	7Cp36	22 41	28 24	4 22	24 6	2 47	28 37	0 6	26 56	12 37
7	23: 0:43	16 54 3	19 25	24 8	29 33	5 1	23 59	2 48	28 35	0 5	26 54	12 34
8	23: 4:40	17 54 4	1Aq20	25 35	0Ta41	5 41	23 52	2 48	28 34	0 4	26 53	12 31
9	23: 8:36	18 54 3	13 26	27 4	1 50	6 20	23 45	2 48	28 32	0 3	26 51	12 28
10	23:12:33	19 54 0	25 45	28 34	2 58	6 59	23 39	2 49	28 31	0 2	26 50	12 25
11	23:16:29	20 53 56	8Pi18	0Pi 6	4 6	7 39	23 33	2 49	28 30	0 1	26 49	12 21
12	23:20:26	21 53 49	21 6	1 38	5 14	8 18	23 26	2 49R	28 28	29Li59	26 47	12 18
13	23:24:23	22 53 41	4Ar 8	3 12	6 22	8 57	23 20	2 49	28 27	29 58	26 46	12 15
14	23:28:19	23 53 30	17 23	4 47	7 29	9 36	23 14	2 48	28 26	29 57	26 45	12 12
15	23:32:16	24 53 17	0Ta49	6 24	8 36	10 15	23 8	2 48	28 25	29 56	26 43	12 9
16	23:36:12	25 53 3	14 25	8 1	9 44	10 55	23 3	2 48	28 24	29 54	26 42	12 6
17	23:40: 9	26 52 46	28 10	9 40	10 50	11 34	22 57	2 47	28 23	29 53	26 41	12 2
18	23:44: 6	27 52 27	12Ge 2	11 20	11 57	12 13	22 52	2 47	28 22	29 52	26 40	11 59
19	23:48: 2	28 52 5	26 1	13 1	13 4	12 52	22 46	2 46	28 21	29 51	26 38	11 56
20	23:51:58	29 51 42	10Cn 8	14 44	14 10	13 31	22 41	2 45	28 20	29 49	26 37	11 53
21	23:55:55	0Ar51 15	24 20	16 27	15 16	14 10	22 36	2 44	28 19	29 48	26 36	11 50
22	23:59:52	1 50 47	8Le37	18 12	16 22	14 49	22 31	2 43	28 18	29 46	26 35	11 47
23	0: 3:48	2 50 16	22 56	19 58	17 28	15 28	22 27	2 42	28 18	29 45	26 34	11 43
24	0: 7:44	3 49 43	7Vi11	21 46	18 32	16 7	22 22	2 41	28 17	29 44	26 33	11 40
25	0:11:41	4 49 8	21 17	23 35	19 37	16 47	22 18	2 40	28 16	29 42	26 31	11 37
26	0:15:38	5 48 30	5Li11	25 25	20 42	17 26	22 14	2 38	28 16	29 41	26 30	11 34
27	0:19:34	6 47 51	18 46	27 16	21 47	18 4	22 10	2 37	28 15	29 39	26 29	11 31
28	0:23:30	7 47 10	2Sc 1	29 9	22 51	18 43	22 6	2 35	28 15	29 38	26 28	11 27
29	0:27:27	8 46 26	14 54	1Ar 3	23 55	19 22	22 3	2 34	28 14	29 36	26 27	11 24
30	0:31:24	9 45 41	27 28	2 59	24 58	20 1	21 59	2 32	28 14	29 35	26 26	11 21
31	0:35:20	10 44 54	9Sg43	4 56	26 2	20 40	21 56	2 30	28 14	29 33	26 25	11 18

3/20 Sun in Ari. 15:21   3/4 3rd Qt. 11:54   3/12 New 13:37   3/19 1st Qt. 17:14   3/26 Full 13:12

APRIL 1956

Day	Sid. T.	Sun	Moon	Merc.	Venus	Mars	Jup.	Saturn	Uranus	Nept.	Pluto	N.Node
1	0:39:17	11Ar44 5	21Sg45	6Ar54	27Ta 5	21Cp19	21Le53R	2Sg28R	28Cn13R	29Li32R	26Le24R	11Sg15
2	0:43:13	12 43 15	3Cp38	8 53	28 7	21 58	21 50	2 26	28 13	29 30	26 23	11 12
3	0:47:10	13 42 22	15 28	10 54	29 10	22 37	21 47	2 24	28 13	29 29	26 22	11 8
4	0:51: 7	14 41 28	27 19	12 55	0Ge12	23 15	21 45	2 22	28 13	29 27	26 21	11 5
5	0:55: 3	15 40 32	9Aq17	14 58	1 14	23 54	21 42	2 19	28 13D	29 25	26 20	11 2
6	0:58:59	16 39 35	21 26	17 1	2 15	24 33	21 40	2 17	28 13	29 24	26 20	10 59
7	1: 2:56	17 38 35	3Pi51	19 6	3 16	25 12	21 38	2 15	28 13	29 22	26 19	10 56
8	1: 6:53	18 37 33	16 33	21 11	4 16	25 50	21 36	2 12	28 13	29 21	26 18	10 52
9	1:10:49	19 36 30	29 34	23 16	5 17	26 29	21 35	2 9	28 14	29 19	26 17	10 49
10	1:14:45	20 35 25	12Ar54	25 22	6 16	27 7	21 33	2 7	28 14	29 17	26 16	10 46
11	1:18:42	21 34 17	26 31	27 28	7 16	27 46	21 32	2 4	28 14	29 16	26 16	10 43
12	1:22:39	22 33 8	10Ta23	29 33	8 15	28 24	21 31	2 1	28 15	29 14	26 15	10 40
13	1:26:35	23 31 57	24 22	1Ta38	9 13	29 3	21 30	1 58	28 15	29 13	26 14	10 37
14	1:30:32	24 30 44	8Ge33	3 42	10 11	29 41	21 30	1 55	28 15	29 11	26 14	10 33
15	1:34:29	25 29 28	22 45	5 45	11 9	0Aq20	21 29	1 52	28 16	29 9	26 13	10 30
16	1:38:25	26 28 10	6Cn57	7 46	12 6	0 58	21 29	1 49	28 16	29 8	26 12	10 27
17	1:42:21	27 26 50	21 9	9 45	13 3	1 36	21 29D	1 46	28 17	29 6	26 12	10 24
18	1:46:18	28 25 28	5Le17	11 42	13 59	2 15	21 29	1 42	28 18	29 4	26 11	10 21
19	1:50:15	29 24 3	19 21	13 37	14 54	2 53	21 29	1 39	28 18	29 3	26 11	10 18
20	1:54:11	0Ta22 36	3Vi19	15 28	15 49	3 31	21 30	1 35	28 19	29 1	26 10	10 14
21	1:58: 8	1 21 7	17 8	17 17	16 44	4 9	21 30	1 32	28 20	28 59	26 10	10 11
22	2: 2: 4	2 19 36	0Li47	19 2	17 37	4 47	21 31	1 28	28 21	28 58	26 9	10 8
23	2: 6: 1	3 18 3	14 13	20 43	18 31	5 25	21 32	1 25	28 22	28 56	26 9	10 5
24	2: 9:57	4 16 28	27 25	22 21	19 23	6 3	21 33	1 21	28 23	28 55	26 8	10 2
25	2:13:54	5 14 50	10Sc22	23 55	20 15	6 41	21 35	1 17	28 24	28 53	26 8	9 58
26	2:17:50	6 13 12	23 2	25 24	21 6	7 19	21 36	1 14	28 25	28 51	26 7	9 55
27	2:21:47	7 11 31	5Sg26	26 50	21 57	7 56	21 38	1 10	28 26	28 50	26 7	9 52
28	2:25:44	8 9 49	17 38	28 11	22 46	8 34	21 40	1 6	28 27	28 48	26 7	9 49
29	2:29:40	9 8 5	29 38	29 27	23 35	9 12	21 42	1 2	28 29	28 46	26 7	9 46
30	2:33:37	10 6 19	11Cp31	0Ge39	24 23	9 49	21 44	0 58	28 30	28 45	26 7	9 43

4/20 Sun in Tau. 2:44   4/3 3rd Qt. 8:07   4/11 New 2:40   4/17 1st Qt. 23:28   4/25 Full 1:41

Day	Sid. T.	Sun	Moon	Merc.	Venus	Mars	Jup.	Saturn	Uranus	Nept.	Pluto	N.Node
1	2:37:33	11Ta 4 32	23Cp21	1Ge47	25Ge11	10Aq27	21Le47	0Sg54R	28Cn31	28Li43R	26Le 6R	9Sg39
2	2:41:30	12 2 44	5Aq13	2 49	25 57	11 4	21 49	0 50	28 33	28 42	26 6	9 36
3	2:45:26	13 0 54	17 12	3 47	26 43	11 41	21 52	0 46	28 34	28 40	26 6	9 33
4	2:49:23	13 59 2	29 21	4 40	27 27	12 18	21 55	0 41	28 36	28 39	26 6	9 30
5	2:53:20	14 57 9	11Pi47	5 28	28 11	12 56	21 58	0 37	28 37	28 37	26 6	9 27
6	2:57:16	15 55 15	24 32	6 11	28 54	13 33	22 2	0 33	28 39	28 35	26 6	9 24
7	3: 1:13	16 53 19	7Ar39	6 49	29 36	14 10	22 5	0 29	28 40	28 34	26 6	9 20
8	3: 5: 9	17 51 22	21 8	7 22	0Cn16	14 47	22 9	0 24	28 42	28 32	26 6D	9 17
9	3: 9: 6	18 49 23	5Ta 0	7 50	0 56	15 23	22 13	0 20	28 44	28 31	26 6	9 14
10	3:13: 2	19 47 23	19 11	8 13	1 34	16 0	22 17	0 16	28 45	28 29	26 6	9 11
11	3:16:59	20 45 21	3Ge37	8 30	2 11	16 37	22 21	0 11	28 47	28 28	26 6	9 8
12	3:20:55	21 43 18	18 12	8 43	2 47	17 13	22 25	0 7	28 49	28 26	26 6	9 4
13	3:24:52	22 41 13	2Cn50	8 50	3 22	17 50	22 30	0 3	28 51	28 25	26 6	9 1
14	3:28:48	23 39 6	17 25	8 53R	3 55	18 26	22 34	29Sc58	28 53	28 23	26 6	8 58
15	3:32:45	24 36 58	1Le53	8 50	4 27	19 2	22 39	29 54	28 55	28 22	26 7	8 55
16	3:36:42	25 34 48	16 9	8 43	4 58	19 38	22 44	29 49	28 57	28 21	26 7	8 52
17	3:40:38	26 32 36	0Vi12	8 32	5 27	20 14	22 49	29 45	28 59	28 19	26 7	8 49
18	3:44:35	27 30 22	13 59	8 16	5 54	20 50	22 54	29 40	29 1	28 18	26 7	8 45
19	3:48:31	28 28 6	27 32	7 56	6 20	21 26	23 0	29 36	29 4	28 16	26 8	8 42
20	3:52:28	29 25 49	10Li49	7 33	6 44	22 2	23 5	29 31	29 6	28 15	26 8	8 39
21	3:56:24	0Ge23 31	23 52	7 7	7 6	22 37	23 11	29 27	29 8	28 14	26 9	8 36
22	4: 0:21	1 21 11	6Sc40	6 38	7 27	23 13	23 17	29 22	29 10	28 12	26 9	8 33
23	4: 4:18	2 18 49	19 16	6 7	7 45	23 48	23 23	29 18	29 13	28 11	26 9	8 30
24	4: 8:14	3 16 26	1Sg39	5 34	8 2	24 23	23 29	29 14	29 15	28 10	26 10	8 26
25	4:12:11	4 14 2	13 52	5 1	8 17	24 58	23 35	29 9	29 18	28 9	26 10	8 23
26	4:16: 7	5 11 37	25 55	4 27	8 30	25 33	23 42	29 5	29 20	28 8	26 11	8 20
27	4:20: 4	6 9 11	7Cp51	3 53	8 40	26 7	23 48	29 0	29 22	28 6	26 11	8 17
28	4:24: 0	7 6 44	19 43	3 20	8 49	26 42	23 55	28 56	29 25	28 5	26 12	8 14
29	4:27:57	8 4 16	1Aq33	2 48	8 55	27 16	24 2	28 51	29 27	28 4	26 13	8 10
30	4:31:53	9 1 46	13 25	2 18	8 59	27 50	24 9	28 47	29 30	28 3	26 13	8 7
31	4:35:50	9 59 16	25 23	1 50	9 1	28 24	24 16	28 43	29 33	28 1	26 14	8 4

5/21 Sun in Gem. 2:13   5/3 3rd Qt. 2:56   5/10 New 13:05   5/17 1st Qt. 5:16   5/24 Full 15:26(E)

Day	Sid. T.	Sun	Moon	Merc.	Venus	Mars	Jup.	Saturn	Uranus	Nept.	Pluto	N.Node
1	4:39:47	10Ge56 46	7Pi32	1Ge26R	9Cn 0R	28Aq58	24Le23	28Sc38R	29Cn36	28Li 0R	26Le15	8Sg 1
2	4:43:43	11 54 14	19 56	1 4	8 57	29 32	24 30	28 34	29 38	27 59	26 15	7 58
3	4:47:40	12 51 42	2Ar38	0 46	8 52	0Pi 6	24 38	28 30	29 41	27 58	26 16	7 55
4	4:51:36	13 49 9	15 43	0 32	8 44	0 39	24 45	28 26	29 44	27 57	26 17	7 51
5	4:55:33	14 46 35	29 13	0 22	8 34	1 12	24 53	28 21	29 47	27 56	26 18	7 48
6	4:59:29	15 44 1	13Ta 9	0 16	8 22	1 45	25 1	28 17	29 50	27 55	26 18	7 45
7	5: 3:26	16 41 26	27 29	0 14D	8 7	2 18	25 9	28 13	29 52	27 54	26 19	7 42
8	5: 7:23	17 38 50	12Ge 9	0 17	7 50	2 50	25 17	28 9	29 55	27 53	26 20	7 39
9	5:11:19	18 36 14	27 4	0 24	7 30	3 22	25 25	28 5	29 58	27 52	26 21	7 36
10	5:15:15	19 33 37	12Cn 4	0 36	7 9	3 54	25 34	28 1	0Le 1	27 51	26 22	7 32
11	5:19:12	20 30 59	27 3	0 53	6 45	4 26	25 42	27 57	0 4	27 51	26 23	7 29
12	5:23: 9	21 28 20	11Le51	1 13	6 19	4 58	25 51	27 53	0 7	27 50	26 24	7 23
13	5:27: 5	22 25 40	26 23	1 39	5 51	5 29	25 59	27 49	0 10	27 49	26 25	7 23
14	5:31: 1	23 22 59	10Vi34	2 9	5 21	6 0	26 8	27 45	0 14	27 48	26 26	7 16
15	5:34:58	24 20 17	24 22	2 43	4 49	6 31	26 17	27 42	0 17	27 47	26 27	7 16
16	5:38:55	25 17 34	7Li48	3 21	4 16	7 2	26 26	27 38	0 20	27 47	26 28	7 13
17	5:42:51	26 14 50	20 53	4 4	3 42	7 32	26 35	27 34	0 23	27 46	26 29	7 10
18	5:46:48	27 12 5	3Sc40	4 50	3 6	8 2	26 44	27 31	0 26	27 45	26 30	7 7
19	5:50:45	28 9 20	16 12	5 41	2 30	8 32	26 54	27 27	0 29	27 45	26 32	7 4
20	5:54:41	29 6 34	28 31	6 36	1 53	9 1	27 3	27 24	0 33	27 44	26 33	7 1
21	5:58:38	0Cn 3 48	10Sg39	7 34	1 15	9 30	27 12	27 20	0 36	27 44	26 34	6 57
22	6: 2:34	1 1 1	22 41	8 37	0 38	9 59	27 22	27 17	0 39	27 43	26 35	6 54
23	6: 6:31	1 58 14	4Cp36	9 43	0 0	10 28	27 32	27 14	0 43	27 43	26 36	6 51
24	6:10:27	2 55 27	16 28	10 53	29Ge23	10 56	27 41	27 10	0 46	27 42	26 38	6 48
25	6:14:24	3 52 39	28 16	12 6	28 46	11 24	27 51	27 7	0 49	27 42	26 39	6 45
26	6:18:21	4 49 51	10Aq10	13 24	28 10	11 51	28 1	27 4	0 53	27 41	26 40	6 41
27	6:22:17	5 47 3	22 4	14 45	27 35	12 19	28 11	27 1	0 56	27 41	26 42	6 38
28	6:26:14	6 44 14	4Pi 4	16 9	27 1	12 45	28 22	26 58	0 59	27 40	26 43	6 35
29	6:30:10	7 41 26	16 13	17 37	26 29	13 12	28 32	26 55	1 3	27 40	26 44	6 32
30	6:34: 6	8 38 38	28 35	19 9	25 58	13 38	28 42	26 53	1 6	27 40	26 46	6 29

6/21 Sun in Can. 10:24   6/1 3rd Qt. 19:14   6/8 New 21:30(E)   6/15 1st Qt. 11:57   6/23 Full 6:14

JULY 1956

Day	Sid. T.	Sun	Moon	Merc.	Venus	Mars	Jup.	Saturn	Uranus	Nept.	Pluto	N.Node
1	6:38: 3	9Cn35 50	11Ar14	20Ge44	25Ge29R	14Pi 4	28Le52	26Sc50R	1Le10	27Li40R	26Le47	6Sg26
2	6:42: 0	10 33 2	24 14	22 22	25 2	14 29	29 3	26 47	1 13	27 39	26 48	6 22
3	6:45:56	11 30 15	7Ta38	24 3	24 37	14 54	29 13	26 45	1 17	27 39	26 50	6 19
4	6:49:53	12 27 28	21 28	25 48	24 14	15 18	29 24	26 42	1 20	27 39	26 51	6 16
5	6:53:50	13 24 41	5Ge45	27 36	23 53	15 42	29 35	26 40	1 24	27 39	26 53	6 13
6	6:57:46	14 21 54	20 26	29 27	23 34	16 6	29 46	26 38	1 27	27 39	26 54	6 10
7	7: 1:43	15 19 8	5Cn27	1Cn21	23 18	16 29	29 57	26 35	1 31	27 39	26 56	6 7
8	7: 5:40	16 16 22	20 39	3 17	23 4	16 52	0Vi 7	26 33	1 35	27 39	26 58	6 3
9	7: 9:36	17 13 35	5Le53	5 16	22 53	17 14	0 18	26 31	1 38	27 39D	26 59	6 0
10	7:13:33	18 10 49	20 58	7 17	22 44	17 36	0 30	26 29	1 42	27 39	27 1	5 57
11	7:17:29	19 8 3	5Vi46	9 20	22 37	17 57	0 41	26 27	1 45	27 39	27 2	5 54
12	7:21:26	20 5 17	20 9	11 25	22 33	18 17	0 52	26 26	1 49	27 39	27 4	5 51
13	7:25:22	21 2 31	4Li 4	13 31	22 30	18 38	1 3	26 24	1 53	27 39	27 5	5 47
14	7:29:19	21 59 45	17 32	15 38	22 31D	18 57	1 15	26 22	1 56	27 39	27 7	5 44
15	7:33:15	22 56 59	0Sc34	17 46	22 33	19 16	1 26	26 21	2 0	27 39	27 9	5 41
16	7:37:12	23 54 13	13 14	19 54	22 38	19 35	1 37	26 20	2 4	27 39	27 10	5 38
17	7:41: 8	24 51 27	25 36	22 3	22 45	19 53	1 49	26 18	2 7	27 40	27 12	5 35
18	7:45: 5	25 48 41	7Sg45	24 11	22 54	20 10	2 1	26 17	2 11	27 40	27 14	5 32
19	7:49: 2	26 45 56	19 45	26 19	23 6	20 27	2 12	26 16	2 15	27 40	27 16	5 28
20	7:52:58	27 43 11	1Cp39	28 27	23 19	20 43	2 24	26 15	2 18	27 41	27 17	5 25
21	7:56:55	28 40 26	13 29	0Le34	23 34	20 59	2 36	26 14	2 22	27 41	27 19	5 22
22	8: 0:51	29 37 42	25 19	2 40	23 51	21 13	2 48	26 13	2 26	27 41	27 21	5 19
23	8: 4:48	0Le34 59	7Aq11	4 44	24 10	21 28	2 59	26 12	2 29	27 42	27 23	5 16
24	8: 8:44	1 32 16	19 6	6 48	24 31	21 41	3 11	26 12	2 33	27 42	27 24	5 13
25	8:12:41	2 29 34	1Pi 5	8 50	24 54	21 54	3 23	26 11	2 37	27 43	27 26	5 9
26	8:16:38	3 26 52	13 11	10 50	25 18	22 6	3 35	26 11	2 40	27 43	27 28	5 6
27	8:20:34	4 24 12	25 25	12 49	25 44	22 18	3 47	26 10	2 44	27 44	27 30	5 3
28	8:24:31	5 21 32	7Ar50	14 47	26 11	22 29	4 0	26 10	2 48	27 45	27 32	5 0
29	8:28:27	6 18 53	20 30	16 43	26 40	22 39	4 12	26 10	2 52	27 45	27 33	4 57
30	8:32:24	7 16 16	3Ta27	18 37	27 11	22 48	4 24	26 10	2 55	27 46	27 35	4 53
31	8:36:20	8 13 40	16 44	20 30	27 43	22 57	4 36	26 10D	2 59	27 47	27 37	4 50

7/22 Sun in Leo 21:20   7/1 3rd Qt. 8:41   7/8 New 4:38   7/14 1st Qt. 20:47   7/22 Full 21:29   7/30 3rd Qt. 19:32

AUGUST 1956

Day	Sid. T.	Sun	Moon	Merc.	Venus	Mars	Jup.	Saturn	Uranus	Nept.	Pluto	N.Node
1	8:40:17	9Le11 4	0Ge25	22Le21	28Ge16	23Pi 5	4Vi48	26Sc10	3Le 3	27Li47	27Le39	4Sg47
2	8:44:13	10 8 31	14 32	24 11	28 51	23 12	5 1	26 10	3 6	27 48	27 41	4 44
3	8:48:10	11 5 58	29 3	25 58	29 26	23 18	5 13	26 11	3 10	27 49	27 43	4 41
4	8:52: 6	12 3 26	13Cn56	27 45	0Cn 3	23 23	5 26	26 11	3 14	27 50	27 45	4 38
5	8:56: 3	13 0 56	29 5	29 29	0 42	23 28	5 38	26 11	3 17	27 50	27 47	4 34
6	9: 0: 0	13 58 26	14Le19	1Vi12	1 21	23 32	5 50	26 12	3 21	27 51	27 49	4 31
7	9: 3:56	14 55 58	29 29	2 54	2 1	23 35	6 3	26 13	3 25	27 52	27 50	4 28
8	9: 7:53	15 53 31	14Vi23	4 34	2 43	23 37	6 16	26 14	3 28	27 53	27 52	4 25
9	9:11:49	16 51 4	28 54	6 12	3 25	23 38	6 28	26 14	3 32	27 54	27 54	4 22
10	9:15:46	17 48 38	12Li57	7 49	4 9	23 39	6 41	26 15	3 35	27 55	27 56	4 19
11	9:19:43	18 46 14	26 30	9 24	4 53	23 39R	6 53	26 17	3 39	27 56	27 58	4 15
12	9:23:39	19 43 50	9Sc35	10 57	5 38	23 38	7 6	26 18	3 43	27 57	28 0	4 12
13	9:27:36	20 41 27	22 15	12 30	6 24	23 36	7 19	26 19	3 46	27 58	28 2	4 9
14	9:31:32	21 39 5	4Sg36	14 0	7 11	23 33	7 31	26 20	3 50	27 59	28 4	4 6
15	9:35:29	22 36 44	16 41	15 29	7 59	23 30	7 44	26 22	3 53	28 1	28 6	4 3
16	9:39:25	23 34 24	28 37	16 56	8 47	23 25	7 57	26 23	3 57	28 2	28 8	3 59
17	9:43:21	24 32 6	10Cp28	18 22	9 37	23 20	8 10	26 25	4 0	28 3	28 10	3 56
18	9:47:18	25 29 48	22 17	19 46	10 27	23 15	8 23	26 27	4 4	28 4	28 12	3 53
19	9:51:15	26 27 32	4Aq 8	21 8	11 17	23 8	8 35	26 29	4 7	28 5	28 14	3 50
20	9:55:11	27 25 16	16 4	22 29	12 9	23 1	8 48	26 31	4 11	28 7	28 16	3 47
21	9:59: 8	28 23 3	28 5	23 48	13 1	22 53	9 1	26 33	4 14	28 8	28 18	3 44
22	10: 3: 5	29 20 50	10Pi14	25 5	13 53	22 44	9 14	26 35	4 18	28 9	28 20	3 40
23	10: 7: 1	0Vi18 39	22 31	26 21	14 46	22 34	9 27	26 37	4 21	28 11	28 22	3 37
24	10:10:57	1 16 30	4Ar56	27 34	15 40	22 24	9 40	26 39	4 25	28 12	28 24	3 34
25	10:14:54	2 14 22	17 32	28 46	16 34	22 13	9 53	26 42	4 28	28 14	28 26	3 31
26	10:18:50	3 12 16	0Ta20	29 56	17 29	22 2	10 6	26 44	4 31	28 15	28 27	3 28
27	10:22:47	4 10 12	13 21	1Li 3	18 25	21 49	10 19	26 47	4 35	28 16	28 29	3 25
28	10:26:44	5 8 10	26 38	2 8	19 21	21 37	10 32	26 49	4 38	28 18	28 31	3 21
29	10:30:40	6 6 9	10Ge14	3 11	20 17	21 23	10 45	26 52	4 41	28 19	28 33	3 18
30	10:34:37	7 4 11	24 10	4 12	21 14	21 10	10 58	26 55	4 44	28 21	28 35	3 15
31	10:38:33	8 2 14	8Cn28	5 9	22 12	20 55	11 11	26 58	4 48	28 23	28 37	3 12

8/23 Sun in Vir. 4:15   8/6 New 11:25   8/13 1st Qt. 8:45   8/21 Full 12:38   8/29 3rd Qt. 4:13

Day	Sid. T.	Sun	Moon	Merc.	Venus	Mars	Jup.	Saturn	Uranus	Nept.	Pluto	N.Node
1	10:42:30	9Vi 0 20	23Cn 4	6Li 5	23Cn10	20Pi41R	11Vi24	27Sc 1	4Le51	28Li24	28Le39	3Sg 9
2	10:46:26	9 58 27	7Le56	6 57	24 8	20 26	11 37	27 4	4 54	28 26	28 41	3 5
3	10:50:22	10 56 36	22 55	7 46	25 7	20 10	11 50	27 7	4 57	28 27	28 43	3 2
4	10:54:19	11 54 47	7Vi53	8 32	26 6	19 54	12 3	27 11	5 0	28 29	28 45	2 59
5	10:58:16	12 52 59	22 40	9 14	27 6	19 38	12 16	27 14	5 4	28 31	28 47	2 56
6	11: 2:12	13 51 14	7Li 9	9 52	28 6	19 22	12 29	27 18	5 7	28 32	28 49	2 53
7	11: 6: 9	14 49 29	21 12	10 27	29 6	19 6	12 42	27 21	5 10	28 34	28 51	2 50
8	11:10: 6	15 47 47	4Sc47	10 57	0Le 7	18 49	12 55	27 25	5 13	28 36	28 53	2 46
9	11:14: 2	16 46 6	17 55	11 22	1 8	18 32	13 8	27 28	5 16	28 38	28 54	2 43
10	11:17:58	17 44 27	0Sg39	11 43	2 9	18 16	13 21	27 32	5 19	28 39	28 56	2 40
11	11:21:55	18 42 49	13 1	11 58	3 11	17 59	13 34	27 36	5 22	28 41	28 58	2 37
12	11:25:52	19 41 13	25 8	12 7	4 13	17 43	13 47	27 40	5 24	28 43	29 0	2 34
13	11:29:48	20 39 38	7Cp 4	12 11	5 16	17 27	14 0	27 44	5 27	28 45	29 2	2 30
14	11:33:45	21 38 5	18 55	11 8R	6 18	17 10	14 13	27 48	5 30	28 47	29 4	2 27
15	11:37:42	22 36 34	0Aq45	11 59	7 21	16 55	14 25	27 52	5 33	28 49	29 6	2 24
16	11:41:38	23 35 4	12 39	11 43	8 25	16 39	14 38	27 57	5 36	28 50	29 7	2 21
17	11:45:34	24 33 36	24 40	11 20	9 28	16 24	14 51	28 1	5 38	28 52	29 9	2 18
18	11:49:31	25 32 10	6Pi50	10 51	10 32	16 9	15 4	28 5	5 41	28 54	29 11	2 15
19	11:53:27	26 30 46	19 10	10 14	11 37	15 54	15 17	28 10	5 44	28 56	29 13	2 11
20	11:57:24	27 29 23	1Ar41	9 30	12 41	15 40	15 30	28 14	5 46	28 58	29 15	2 8
21	12: 1:21	28 28 3	14 23	8 41	13 46	15 26	15 43	28 19	5 49	29 0	29 16	2 5
22	12: 5:17	29 26 44	27 17	7 45	14 51	15 13	15 56	28 24	5 52	29 2	29 18	2 2
23	12: 9:14	0Li25 28	10Ta21	6 45	15 56	15 0	16 9	28 28	5 54	29 4	29 20	1 59
24	12:13:11	1 24 14	23 37	5 42	17 1	14 48	16 21	28 33	5 57	29 6	29 22	1 56
25	12:17: 7	2 23 2	7Ge 5	4 36	18 7	14 37	16 34	28 38	5 59	29 8	29 23	1 52
26	12:21: 3	3 21 52	20 46	3 29	19 13	14 26	16 47	28 43	6 1	29 10	29 25	1 49
27	12:25: 0	4 20 45	4Cn39	2 23	20 19	14 16	17 0	28 48	6 4	29 12	29 27	1 46
28	12:28:57	5 19 40	18 47	1 20	21 26	14 6	17 12	28 53	6 6	29 14	29 28	1 43
29	12:32:53	6 18 37	3Le 7	0 22	22 33	13 57	17 25	28 58	6 8	29 17	29 30	1 40
30	12:36:50	7 17 37	17 36	29Vi29	23 39	13 49	17 38	29 3	6 11	29 19	29 32	1 36

9/23 Sun in Lib. 1:36   9/4 New 18:58   9/12 1st Qt. 0:13   9/20 Full 3:20   9/27 3rd Qt. 11:26

Day	Sid. T.	Sun	Moon	Merc.	Venus	Mars	Jup.	Saturn	Uranus	Nept.	Pluto	N.Node
1	12:40:47	8Li16 39	2Vi11	28Vi44R	24Le47	13Pi42R	17Vi50	29Sc 9	6Le13	29Li21	29Le33	1Sg33
2	12:44:43	9 15 43	16 45	28 7	25 54	13 35	18 3	29 14	6 15	29 23	29 35	1 30
3	12:48:39	10 14 49	1Li11	27 40	27 1	13 29	18 15	29 20	6 17	29 25	29 36	1 27
4	12:52:36	11 13 57	15 23	27 23	28 9	13 24	18 28	29 25	6 19	29 27	29 38	1 24
5	12:56:32	12 13 8	29 15	27 17	29 17	13 20	18 40	29 31	6 21	29 29	29 40	1 21
6	13: 0:29	13 12 20	12Sc45	27 21D	0Vi25	13 16	18 53	29 36	6 23	29 31	29 41	1 17
7	13: 4:25	14 11 34	25 51	27 36	1 33	13 13	19 5	29 42	6 25	29 34	29 43	1 14
8	13: 8:22	15 10 50	8Sg34	28 0	2 42	13 11	19 17	29 47	6 27	29 36	29 44	1 11
9	13:12:19	16 10 8	20 58	28 35	3 50	13 10	19 30	29 53	6 28	29 38	29 46	1 8
10	13:16:15	17 9 28	3Cp 7	29 19	4 59	13 10D	19 42	29 59	6 30	29 40	29 47	1 5
11	13:20:12	18 8 50	15 5	0Li10	6 8	13 10	19 54	0Sg 5	6 32	29 42	29 48	1 2
12	13:24: 8	19 8 13	26 58	1 10	7 17	13 12	20 6	0 11	6 34	29 45	29 50	0 58
13	13:28: 5	20 7 38	8Aq49	2 16	8 26	13 14	20 18	0 17	6 35	29 47	29 51	0 55
14	13:32: 1	21 7 5	20 44	3 28	9 36	13 16	20 30	0 23	6 37	29 49	29 53	0 52
15	13:35:58	22 6 34	2Pi49	4 45	10 45	13 20	20 42	0 29	6 38	29 51	29 54	0 49
16	13:39:55	23 6 4	15 5	6 7	11 55	13 24	20 54	0 35	6 40	29 54	29 55	0 46
17	13:43:51	24 5 36	27 35	7 32	13 5	13 30	21 6	0 41	6 41	29 56	29 57	0 42
18	13:47:48	25 5 10	10Ar20	9 1	14 15	13 36	21 18	0 47	6 43	29 58	29 58	0 39
19	13:51:44	26 4 46	23 20	10 32	15 25	13 42	21 30	0 53	6 44	0Sc 0	29 59	0 36
20	13:55:41	27 4 24	6Ta35	12 6	16 35	13 50	21 42	1 0	6 45	0 2	0Vi 0	0 33
21	13:59:37	28 4 5	20 4	13 41	17 46	13 58	21 53	1 6	6 46	0 5	0 1	0 30
22	14: 3:34	29 3 47	3Ge44	15 18	18 56	14 7	22 5	1 12	6 48	0 7	0 3	0 27
23	14: 7:30	0Sc 3 31	17 34	16 56	20 7	14 16	22 16	1 19	6 49	0 9	0 4	0 23
24	14:11:27	1 3 18	1Cn31	18 35	21 18	14 27	22 28	1 25	6 50	0 11	0 5	0 20
25	14:15:24	2 3 7	15 35	20 15	22 29	14 38	22 39	1 32	6 51	0 14	0 6	0 17
26	14:19:20	3 2 58	29 44	21 55	23 40	14 49	22 51	1 38	6 52	0 16	0 7	0 14
27	14:23:17	4 2 52	13Le55	23 35	24 51	15 1	23 2	1 45	6 53	0 18	0 8	0 11
28	14:27:13	5 2 48	28 8	25 15	26 2	15 14	23 13	1 51	6 53	0 20	0 9	0 8
29	14:31:10	6 2 45	12Vi18	26 55	27 14	15 28	23 24	1 58	6 54	0 23	0 10	0 4
30	14:35: 6	7 2 45	26 24	28 35	28 25	15 42	23 35	2 5	6 55	0 25	0 11	0 1
31	14:39: 3	8 2 47	10Li21	0Sc15	29 37	15 57	23 46	2 11	6 56	0 27	0 12	29Sc58

10/23 Sun in Sco. 10:35   10/4 New 4:25   10/11 1st Qt. 18:45   10/19 Full 17:25   10/26 3rd Qt. 18:03

NOVEMBER 1956

Day	Sid. T.	Sun	Moon	Merc.	Venus	Mars	Jup.	Saturn	Uranus	Nept.	Pluto	N.Node
1	14:43: 0	9Sc 2 51	24Li 7	1Sc55	0Li49	16Pi12	23Vi57	2Sg18	6Le56	0Sc29	0Vi13	29Sc55
2	14:46:56	10 2 57	7Sc37	3 35	2 1	16 28	24 8	2 25	6 57	0 32	0 14	29 52
3	14:50:53	11 3 5	20 51	5 14	3 13	16 45	24 19	2 32	6 57	0 34	0 15	29 48
4	14:54:49	12 3 15	3Sg46	6 53	4 25	17 2	24 29	2 38	6 58	0 36	0 16	29 45
5	14:58:46	13 3 26	16 24	8 31	5 37	17 20	24 40	2 45	6 58	0 38	0 16	29 42
6	15: 2:42	14 3 40	28 46	10 9	6 49	17 38	24 50	2 52	6 59	0 40	0 17	29 39
7	15: 6:39	15 3 54	10Cp55	11 47	8 1	17 57	25 1	2 59	6 59	0 43	0 18	29 36
8	15:10:35	16 4 11	22 54	13 25	9 14	18 16	25 11	3 6	6 59	0 45	0 19	29 33
9	15:14:32	17 4 28	4Aq47	15 2	10 26	18 36	25 21	3 13	6 59	0 47	0 19	29 29
10	15:18:28	18 4 47	16 39	16 39	11 39	18 56	25 31	3 20	6 59	0 49	0 20	29 26
11	15:22:25	19 5 8	28 35	18 15	12 52	19 17	25 41	3 27	6 59	0 51	0 21	29 23
12	15:26:22	20 5 30	10Pi39	19 51	14 4	19 38	25 51	3 34	6 59R	0 53	0 21	29 20
13	15:30:18	21 5 53	22 55	21 27	15 17	20 0	26 1	3 41	6 59	0 56	0 22	29 17
14	15:34:15	22 6 18	5Ar28	23 3	16 30	20 22	26 11	3 48	6 59	0 58	0 23	29 14
15	15:38:11	23 6 44	18 20	24 38	17 43	20 44	26 21	3 55	6 59	1 0	0 23	29 10
16	15:42: 8	24 7 12	1Ta33	26 13	18 56	21 7	26 30	4 2	6 59	1 2	0 24	29 7
17	15:46: 4	25 7 41	15 6	27 47	20 9	21 31	26 40	4 9	6 59	1 4	0 24	29 4
18	15:50: 1	26 8 12	28 59	29 22	21 23	21 55	26 49	4 16	6 58	1 6	0 24	29 1
19	15:53:58	27 8 44	13Ge 6	0Sg56	22 36	22 19	26 58	4 23	6 58	1 8	0 25	28 58
20	15:57:54	28 9 18	27 25	2 30	23 49	22 43	27 7	4 30	6 58	1 10	0 25	28 54
21	16: 1:51	29 9 53	11Cn51	4 4	25 3	23 8	27 16	4 37	6 57	1 12	0 26	28 51
22	16: 5:47	0Sg10 30	26 18	5 38	26 16	23 34	27 25	4 44	6 57	1 14	0 26	28 48
23	16: 9:43	1 11 9	10Le41	7 11	27 30	23 59	27 34	4 51	6 56	1 16	0 26	28 45
24	16:13:40	2 11 49	24 58	8 44	28 43	24 25	27 43	4 59	6 55	1 18	0 27	28 42
25	16:17:37	3 12 31	9Vi 5	10 18	29 57	24 52	27 51	5 6	6 55	1 20	0 27	28 39
26	16:21:33	4 13 15	23 0	11 51	1Sc11	25 18	27 59	5 13	6 54	1 22	0 27	28 35
27	16:25:30	5 14 0	6Li44	13 24	2 24	25 45	28 8	5 20	6 53	1 24	0 27	28 32
28	16:29:27	6 14 47	20 15	14 56	3 38	26 13	28 16	5 27	6 52	1 26	0 27	28 29
29	16:33:23	7 15 35	3Sc32	16 29	4 52	26 40	28 24	5 34	6 51	1 28	0 27	28 26
30	16:37:19	8 16 25	16 37	18 2	6 6	27 8	28 32	5 41	6 50	1 30	0 27	28 23

11/22 Sun in Sag. 7:51 11/2 New 16:44 11/10 1st Qt. 15:09 11/18 Full 6:45(E) 11/25 3rd Qt. 1:13

DECEMBER 1956

Day	Sid. T.	Sun	Moon	Merc.	Venus	Mars	Jup.	Saturn	Uranus	Nept.	Pluto	N.Node
1	16:41:16	9Sg17 16	29Sc29	19Sg34	7Sc20	27Pi36	28Vi40	5Sg48	6Le49R	1Sc32	0Vi27	28Sc19
2	16:45:13	10 18 8	12Sg 7	21 7	8 34	28 5	28 47	5 56	6 48	1 34	0 27R	28 16
3	16:49: 9	11 19 1	24 34	22 39	9 48	28 34	28 55	6 3	6 47	1 35	0 27	28 13
4	16:53: 6	12 19 56	6Cp49	24 11	11 2	29 3	29 2	6 10	6 46	1 37	0 27	28 10
5	16:57: 3	13 20 51	18 54	25 43	12 16	29 32	29 9	6 17	6 45	1 39	0 27	28 7
6	17: 0:59	14 21 47	0Aq51	27 15	13 30	0Ar 1	29 17	6 24	6 44	1 41	0 27	28 4
7	17: 4:55	15 22 44	12 44	28 47	14 45	0 31	29 24	6 31	6 42	1 43	0 27	28 0
8	17: 8:52	16 23 42	24 35	0Cp18	15 59	1 1	29 30	6 38	6 41	1 44	0 27	27 57
9	17:12:48	17 24 40	6Pi29	1 49	17 13	1 31	29 37	6 45	6 40	1 46	0 27	27 54
10	17:16:45	18 25 39	18 30	3 20	18 28	2 2	29 44	6 52	6 38	1 48	0 26	27 51
11	17:20:42	19 26 39	0Ar43	4 50	19 42	2 33	29 50	6 59	6 37	1 49	0 26	27 48
12	17:24:38	20 27 39	13 12	6 20	20 56	3 3	29 56	7 6	6 35	1 51	0 26	27 45
13	17:28:35	21 28 39	26 2	7 49	22 11	3 35	0Li 2	7 13	6 34	1 53	0 25	27 41
14	17:32:31	22 29 40	9Ta17	9 18	23 25	4 6	0 8	7 20	6 32	1 54	0 25	27 38
15	17:36:28	23 30 42	22 57	10 45	24 40	4 37	0 14	7 27	6 30	1 56	0 25	27 35
16	17:40:24	24 31 44	7Ge 2	12 11	25 54	5 9	0 20	7 34	6 29	1 57	0 24	27 32
17	17:44:21	25 32 47	21 30	13 36	27 9	5 41	0 25	7 41	6 27	1 59	0 24	27 29
18	17:48:18	26 33 51	6Cn15	15 0	28 23	6 13	0 30	7 48	6 25	2 0	0 23	27 25
19	17:52:14	27 34 55	21 10	16 22	29 38	6 45	0 35	7 55	6 23	2 2	0 23	27 22
20	17:56:11	28 35 59	6Le 6	17 41	0Sg52	7 18	0 40	8 2	6 21	2 3	0 22	27 19
21	18: 0: 7	29 37 5	20 54	18 58	2 7	7 50	0 45	8 8	6 19	2 5	0 22	27 16
22	18: 4: 4	0Cp38 11	5Vi28	20 12	3 22	8 23	0 50	8 15	6 18	2 6	0 21	27 13
23	18: 8: 0	1 39 18	19 44	21 23	4 36	8 56	0 54	8 22	6 16	2 7	0 21	27 10
24	18:11:57	2 40 25	3Li39	22 29	5 51	9 29	0 59	8 29	6 14	2 9	0 20	27 6
25	18:15:54	3 41 33	17 13	23 31	7 6	10 2	1 3	8 35	6 11	2 10	0 19	27 3
26	18:19:50	4 42 42	0Sc28	24 28	8 21	10 36	1 7	8 42	6 9	2 11	0 19	27 0
27	18:23:46	5 43 51	13 26	25 18	9 35	11 9	1 11	8 49	6 7	2 13	0 18	26 57
28	18:27:43	6 45 1	26 9	26 1	10 50	11 43	1 14	8 55	6 5	2 14	0 17	26 54
29	18:31:40	7 46 11	8Sg40	26 36	12 5	12 17	1 18	9 2	6 3	2 15	0 16	26 51
30	18:35:36	8 47 22	21 2	27 3	13 20	12 50	1 21	9 8	6 1	2 16	0 16	26 47
31	18:39:33	9 48 32	3Cp14	27 20	14 35	13 24	1 24	9 15	5 58	2 17	0 15	26 44

12/21 Sun in Cap. 21:00 12/2 New 8:13(E) 12/10 1st Qt. 11:51 12/17 Full 19:07 12/24 3rd Qt. 10:10

Day	Sid. T.	Sun	Moon	Merc.	Venus	Mars	Jup.	Saturn	Uranus	Nept.	Pluto	N.Node
1	18:43:29	10Cp49 43	15Cp19	27Cp26	15Sg50	13Ar59	1Li27	9Sg21	5Le56R	2Sc18	0Vi14R	26Sc41
2	18:47:26	11 50 54	27 19	27 21R	17 4	14 33	1 30	9 28	5 54	2 19	0 13	26 38
3	18:51:22	12 52 5	9Aq13	27 4	18 19	15 7	1 32	9 34	5 52	2 20	0 12	26 35
4	18:55:19	13 53 15	21 5	26 35	19 34	15 42	1 34	9 40	5 49	2 21	0 11	26 31
5	18:59:16	14 54 26	2Pi56	25 55	20 49	16 16	1 37	9 47	5 47	2 22	0 10	26 28
6	19: 3:12	15 55 36	14 49	25 4	22 4	16 51	1 39	9 53	5 44	2 23	0 9	26 25
7	19: 7: 9	16 56 45	26 47	24 2	23 19	17 26	1 40	9 59	5 42	2 24	0 8	26 22
8	19:11: 5	17 57 55	8Ar56	22 53	24 34	18 1	1 42	10 5	5 40	2 25	0 7	26 19
9	19:15: 2	18 59 3	21 20	21 38	25 49	18 36	1 43	10 11	5 37	2 26	0 6	26 16
10	19:18:58	20 0 11	4Ta 2	20 19	27 4	19 11	1 45	10 17	5 35	2 27	0 5	26 12
11	19:22:55	21 1 19	17 9	18 59	28 19	19 46	1 46	10 23	5 32	2 27	0 4	26 9
12	19:26:51	22 2 26	0Ge44	17 41	29 34	20 22	1 46	10 29	5 30	2 28	0 3	26 6
13	19:30:48	23 3 33	14 47	16 26	0Cp49	20 57	1 47	10 35	5 27	2 29	0 2	26 3
14	19:34:45	24 4 39	29 19	15 17	2 4	21 32	1 47	10 41	5 25	2 30	0 1	26 0
15	19:38:41	25 5 44	14Cn16	14 15	3 19	22 8	1 48	10 47	5 22	2 30	0 0	25 57
16	19:42:38	26 6 49	29 28	13 22	4 34	22 44	1 48R	10 52	5 19	2 31	29Le58	25 53
17	19:46:34	27 7 53	14Le46	12 38	5 49	23 19	1 48	10 58	5 17	2 31	29 57	25 50
18	19:50:31	28 8 57	29 58	12 4	7 4	23 55	1 47	11 4	5 14	2 32	29 56	25 47
19	19:54:27	29 10 0	14Vi54	11 39	8 19	24 31	1 47	11 9	5 12	2 32	29 55	25 44
20	19:58:24	0Aq11 3	29 27	11 23	9 34	25 7	1 46	11 15	5 9	2 33	29 53	25 41
21	20: 2:21	1 12 6	13Li33	11 16	10 49	25 43	1 45	11 20	5 6	2 33	29 52	25 37
22	20: 6:17	2 13 8	27 11	11 17D	12 4	26 19	1 44	11 25	5 4	2 34	29 51	25 34
23	20:10:14	3 14 9	10Sc24	11 26	13 19	26 55	1 43	11 31	5 1	2 34	29 50	25 31
24	20:14:10	4 15 11	23 15	11 43	14 34	27 31	1 41	11 36	4 59	2 34	29 48	25 28
25	20:18: 7	5 16 11	5Sg47	12 6	15 49	28 8	1 40	11 41	4 56	2 35	29 47	25 25
26	20:22: 3	6 17 12	18 6	12 34	17 4	28 44	1 38	11 46	4 53	2 35	29 46	25 22
27	20:26: 0	7 18 11	0Cp14	13 9	18 19	29 20	1 36	11 51	4 51	2 35	29 44	25 18
28	20:29:56	8 19 10	12 15	13 48	19 34	29 57	1 34	11 56	4 48	2 35	29 43	25 15
29	20:33:53	9 20 8	24 12	14 32	20 49	0Ta33	1 31	12 1	4 45	2 36	29 42	25 12
30	20:37:49	10 21 5	6Aq 6	15 20	22 4	1 10	1 29	12 6	4 43	2 36	29 40	25 9
31	20:41:46	11 22 1	17 58	16 12	23 19	1 46	1 26	12 11	4 40	2 36	29 39	25 6

1/20 Sun in Aqu. 7:39   1/1 New 2:14   1/9 1st Qt. 7:07   1/16 Full 6:22   1/22 3rd Qt. 21:48   1/30 New 21:25

Day	Sid. T.	Sun	Moon	Merc.	Venus	Mars	Jup.	Saturn	Uranus	Nept.	Pluto	N.Node
1	20:45:43	12Aq22 56	29Aq50	17Cp 7	24Cp34	2Ta23	1Li23R	12Sg15	4Le38R	2Sc36	29Le37R	25Sc 3
2	20:49:39	13 23 49	11Pi43	18 5	25 49	3 0	1 20	12 20	4 35	2 36	29 36	24 59
3	20:53:35	14 24 42	23 39	19 7	27 4	3 36	1 16	12 24	4 32	2 36R	29 34	24 56
4	20:57:32	15 25 33	5Ar40	20 10	28 19	4 13	1 13	12 29	4 30	2 36	29 33	24 53
5	21: 1:29	16 26 23	17 50	21 16	29 34	4 50	1 9	12 33	4 27	2 36	29 32	24 50
6	21: 5:25	17 27 11	0Ta12	22 24	0Aq49	5 27	1 5	12 38	4 25	2 36	29 30	24 47
7	21: 9:22	18 27 58	12 50	23 35	2 4	6 4	1 1	12 42	4 22	2 36	29 29	24 43
8	21:13:19	19 28 43	25 49	24 47	3 19	6 41	0 57	12 46	4 20	2 35	29 27	24 40
9	21:17:15	20 29 27	9Ge13	26 1	4 34	7 18	0 53	12 50	4 17	2 35	29 26	24 37
10	21:21:12	21 30 10	23 5	27 16	5 49	7 55	0 48	12 54	4 15	2 35	29 24	24 34
11	21:25: 8	22 30 50	7Cn27	28 33	7 4	8 32	0 44	12 58	4 12	2 35	29 23	24 31
12	21:29: 5	23 31 29	22 15	29 52	8 19	9 9	0 39	13 2	4 10	2 34	29 21	24 28
13	21:33: 1	24 32 7	7Le25	1Aq12	9 34	9 46	0 34	13 5	4 7	2 34	29 20	24 24
14	21:36:58	25 32 42	22 46	2 33	10 49	10 23	0 29	13 9	4 5	2 34	29 18	24 21
15	21:40:54	26 33 17	8Vi 1	3 55	12 4	11 0	0 23	13 13	4 3	2 33	29 17	24 18
16	21:44:51	27 33 50	23 16	5 19	13 19	11 38	0 18	13 16	4 0	2 33	29 15	24 15
17	21:48:48	28 34 21	8Li 4	6 43	14 34	12 15	0 12	13 19	3 58	2 32	29 14	24 12
18	21:52:44	29 34 51	22 24	8 9	15 49	12 52	0 7	13 23	3 56	2 32	29 12	24 8
19	21:56:40	0Pi35 20	6Sc13	9 36	17 4	13 29	0 1	13 26	3 53	2 31	29 11	24 5
20	22: 0:37	1 35 48	19 33	11 4	18 19	14 7	29Vi55	13 29	3 51	2 31	29 9	24 2
21	22: 4:34	2 36 14	2Sg27	12 33	19 34	14 44	29 49	13 32	3 49	2 30	29 8	23 59
22	22: 8:30	3 36 39	14 59	14 4	20 49	15 21	29 42	13 35	3 47	2 29	29 6	23 56
23	22:12:27	4 37 3	27 15	15 35	22 4	15 59	29 36	13 38	3 45	2 29	29 5	23 53
24	22:16:24	5 37 25	9Cp18	17 7	23 18	16 36	29 29	13 41	3 43	2 28	29 3	23 49
25	22:20:20	6 37 46	21 14	18 40	24 33	17 14	29 23	13 43	3 40	2 27	29 2	23 46
26	22:24:16	7 38 5	3Aq 6	20 15	25 48	17 51	29 16	13 46	3 38	2 27	29 0	23 43
27	22:28:13	8 38 23	14 57	21 50	27 3	18 28	29 9	13 48	3 36	2 26	28 59	23 40
28	22:32:10	9 38 39	26 49	23 26	28 18	19 6	29 2	13 51	3 34	2 25	28 57	23 37

2/18 Sun in Pis. 21:59   2/7 1st Qt. 23:24   2/14 Full 16:38   2/21 3rd Qt. 12:19

MARCH 1957

Day	Sid. T.	Sun	Moon	Merc.	Venus	Mars	Jup.	Saturn	Uranus	Nept.	Pluto	N.Node
1	22:36: 6	10Pi38 53	8Pi44	25Aq 3	29Aq33	19Ta43	28Vi55R	13Sg53	3Le32R	2Sc24R	28Le56R	23Sc34
2	22:40: 2	11 39 5	20 42	26 42	0Pi48	20 21	28 48	13 55	3 31	2 23	28 54	23 30
3	22:43:59	12 39 16	2Ar46	28 21	2 3	20 58	28 41	13 57	3 29	2 22	28 53	23 27
4	22:47:56	13 39 25	14 56	0Pi 2	3 18	21 36	28 34	13 59	3 27	2 21	28 51	23 24
5	22:51:52	14 39 31	27 14	1 43	4 32	22 14	28 26	14 1	3 25	2 20	28 50	23 21
6	22:55:49	15 39 36	9Ta43	3 26	5 47	22 51	28 19	14 3	3 23	2 20	28 48	23 18
7	22:59:45	16 39 39	22 26	5 10	7 2	23 29	28 12	14 5	3 22	2 19	28 47	23 14
8	23: 3:42	17 39 39	5Ge25	6 55	8 17	24 6	28 4	14 6	3 20	2 17	28 46	23 11
9	23: 7:38	18 39 38	18 45	8 40	9 32	24 44	27 57	14 8	3 18	2 16	28 44	23 8
10	23:11:35	19 39 34	2Cn27	10 28	10 46	25 21	27 49	14 9	3 17	2 15	28 43	23 5
11	23:15:32	20 39 28	16 35	12 16	12 1	25 59	27 41	14 10	3 15	2 14	28 41	23 2
12	23:19:28	21 39 19	1Le 6	14 5	13 16	26 37	27 34	14 12	3 14	2 13	28 40	22 59
13	23:23:25	22 39 9	15 58	15 56	14 31	27 14	27 26	14 13	3 12	2 12	28 39	22 55
14	23:27:21	23 38 56	1Vi 3	17 47	15 45	27 52	27 18	14 14	3 11	2 11	28 37	22 52
15	23:31:18	24 38 41	16 12	19 40	17 0	28 30	27 10	14 15	3 9	2 10	28 36	22 49
16	23:35:15	25 38 24	1Li15	21 34	18 15	29 7	27 3	14 15	3 8	2 8	28 35	22 46
17	23:39:11	26 38 5	16 3	23 29	19 29	29 45	26 55	14 16	3 7	2 7	28 33	22 43
18	23:43: 8	27 37 44	0Sc27	25 26	20 44	0Ge23	26 47	14 17	3 6	2 6	28 32	22 40
19	23:47: 4	28 37 22	14 23	27 23	21 59	1 0	26 39	14 17	3 5	2 5	28 31	22 36
20	23:51: 1	29 36 57	27 51	29 21	23 13	1 38	26 32	14 18	3 3	2 3	28 30	22 33
21	23:54:57	0Ar36 31	10Sg53	1Ar21	24 28	2 16	26 24	14 18	3 2	2 2	28 28	22 30
22	23:58:54	1 36 3	23 31	3 21	25 43	2 53	26 16	14 18	3 1	2 1	28 27	22 27
23	0: 2:50	2 35 34	5Cp50	5 21	26 57	3 31	26 8	14 18	3 0	1 59	28 26	22 24
24	0: 6:47	3 35 3	17 55	7 23	28 12	4 9	26 1	14 18R	2 59	1 58	28 25	22 20
25	0:10:43	4 34 29	29 51	9 25	29 26	4 47	25 53	14 18	2 59	1 56	28 24	22 17
26	0:14:40	5 33 55	11Aq43	11 27	0Ar41	5 24	25 45	14 18	2 58	1 55	28 22	22 14
27	0:18:37	6 33 18	23 34	13 29	1 56	6 2	25 38	14 18	2 57	1 54	28 21	22 11
28	0:22:33	7 32 39	5Pi28	15 30	3 10	6 40	25 30	14 17	2 56	1 52	28 20	22 8
29	0:26:30	8 31 58	17 26	17 32	4 25	7 17	25 23	14 17	2 56	1 51	28 19	22 5
30	0:30:26	9 31 16	29 32	19 32	5 39	7 55	25 15	14 16	2 55	1 49	28 18	22 1
31	0:34:23	10 30 31	11Ar46	21 31	6 54	8 33	25 8	14 16	2 54	1 48	28 17	21 58

3/20 Sun in Ari. 21:17   3/1 New 16:13   3/9 1st Qt. 11:51   3/16 Full 2:22   3/23 3rd Qt. 5:05   3/31 New 9:19

APRIL 1957

Day	Sid. T.	Sun	Moon	Merc.	Venus	Mars	Jup.	Saturn	Uranus	Nept.	Pluto	N.Node
1	0:38:19	11Ar29 44	24Ar10	23Ar28	8Ar 8	9Ge11	25Vi 1R	14Sg15R	2Le54R	1Sc46R	28Le16R	21Sc55
2	0:42:16	12 28 56	6Ta44	25 24	9 23	9 48	24 54	14 14	2 53	1 45	28 15	21 52
3	0:46:13	13 28 5	19 29	27 17	10 37	10 26	24 47	14 13	2 53	1 43	28 14	21 49
4	0:50: 9	14 27 12	2Ge27	29 8	11 52	11 4	24 40	14 12	2 53	1 42	28 13	21 46
5	0:54: 5	15 26 17	15 38	0Ta55	13 6	11 41	24 33	14 11	2 52	1 40	28 12	21 42
6	0:58: 2	16 25 19	29 2	2 39	14 21	12 19	24 26	14 9	2 52	1 39	28 11	21 39
7	1: 1:59	17 24 19	12Cn48	4 19	15 35	12 57	24 19	14 8	2 52	1 37	28 10	21 36
8	1: 5:55	18 23 17	26 48	5 55	16 49	13 35	24 13	14 6	2 52	1 35	28 9	21 33
9	1: 9:52	19 22 13	11Le 5	7 26	18 4	14 12	24 6	14 5	2 52	1 34	28 8	21 30
10	1:13:48	20 21 6	25 36	8 53	19 18	14 50	24 0	14 3	2 52D	1 32	28 8	21 26
11	1:17:45	21 19 57	10Vi16	10 14	20 32	15 28	23 53	14 1	2 52	1 31	28 7	21 23
12	1:21:42	22 18 45	25 0	11 31	21 47	16 6	23 47	14 0	2 52	1 29	28 6	21 20
13	1:25:38	23 17 32	9Li41	12 42	23 1	16 43	23 41	13 58	2 52	1 27	28 5	21 17
14	1:29:35	24 16 16	24 11	13 48	24 15	17 21	23 35	13 56	2 52	1 26	28 5	21 14
15	1:33:31	25 14 58	8Sc24	14 48	25 29	17 59	23 30	13 54	2 53	1 24	28 4	21 11
16	1:37:28	26 13 39	22 15	15 43	26 44	18 36	23 24	13 51	2 53	1 23	28 3	21 7
17	1:41:24	27 12 18	5Sg43	16 31	27 58	19 14	23 19	13 49	2 53	1 21	28 3	21 4
18	1:45:21	28 10 55	18 48	17 14	29 12	19 52	23 13	13 47	2 54	1 19	28 2	21 1
19	1:49:18	29 9 30	1Cp30	17 51	0Ta26	20 29	23 8	13 44	2 54	1 18	28 1	20 58
20	1:53:14	0Ta 8 4	13 54	18 22	1 40	21 7	23 3	13 42	2 55	1 16	28 1	20 55
21	1:57:10	1 6 36	26 0	18 47	2 55	21 45	22 58	13 39	2 55	1 14	28 0	20 52
22	2: 1: 7	2 5 6	8Aq 2	19 5	4 9	22 23	22 53	13 37	2 56	1 13	28 0	20 48
23	2: 5: 4	3 3 35	19 55	19 18	5 23	23 0	22 49	13 34	2 56	1 11	27 59	20 45
24	2: 9: 0	4 2 2	1Pi47	19 25	6 37	23 38	22 44	13 31	2 57	1 9	27 59	20 42
25	2:12:56	5 0 27	13 43	19 27R	7 51	24 16	22 40	13 28	2 58	1 8	27 58	20 39
26	2:16:53	5 58 50	25 46	19 22	9 5	24 53	22 36	13 25	2 59	1 6	27 58	20 36
27	2:20:50	6 57 12	7Ar58	19 13	10 19	25 31	22 32	13 22	3 0	1 5	27 58	20 32
28	2:24:46	7 55 33	20 23	18 58	11 33	26 9	22 28	13 19	3 1	1 3	27 57	20 29
29	2:28:43	8 53 51	3Ta 1	18 39	12 48	26 46	22 25	13 16	3 2	1 1	27 57	20 26
30	2:32:40	9 52 8	15 54	18 16	14 2	27 24	22 21	13 12	3 3	1 0	27 57	20 23

4/20 Sun in Tau. 8:42   4/7 1st Qt. 20:33   4/14 Full 12:10   4/21 3rd Qt. 23:01   4/29 New 23:54(E)

MAY 1957

Day	Sid. T.	Sun	Moon	Merc.	Venus	Mars	Jup.	Saturn	Uranus	Nept.	Pluto	N.Node
1	2:36:36	10Ta50 24	29Ta 1	17Ta48R	15Ta16	28Ge 2	22Vi18R	13Sg 9R	3Le 4	0Sc58R	27Le56R	20Sc20
2	2:40:32	11 48 37	12Ge22	17 18	16 30	28 39	22 15	13 6	3 5	0 56	27 56	20 17
3	2:44:29	12 46 48	25 56	16 45	17 44	29 17	22 12	13 2	3 6	0 55	27 56	20 13
4	2:48:26	13 44 58	9Cn41	16 10	18 58	29 55	22 9	12 59	3 7	0 53	27 56	20 10
5	2:52:22	14 43 6	23 37	15 33	20 12	0Cn32	22 7	12 55	3 9	0 52	27 56	20 7
6	2:56:19	15 41 11	7Le42	14 56	21 26	1 10	22 4	12 51	3 10	0 50	27 56	20 4
7	3: 0:15	16 39 15	21 54	14 18	22 39	1 48	22 2	12 48	3 11	0 49	27 55	20 1
8	3: 4:12	17 37 17	6Vi11	13 42	23 53	2 25	22 0	12 44	3 13	0 47	27 55	19 57
9	3: 8: 8	18 35 16	20 30	13 6	25 7	3 3	21 58	12 40	3 14	0 45	27 55	19 54
10	3:12: 5	19 33 14	4Li47	12 32	26 21	3 41	21 57	12 36	3 16	0 44	27 55D	19 51
11	3:16: 1	20 31 10	18 59	12 1	27 35	4 18	21 55	12 32	3 18	0 42	27 55	19 48
12	3:19:58	21 29 4	3Sc 1	11 32	28 49	4 56	21 54	12 28	3 19	0 41	27 55	19 45
13	3:23:55	22 26 57	16 52	11 7	0Ge 3	5 33	21 53	12 24	3 21	0 39	27 56	19 42
14	3:27:51	23 24 48	0Sg26	10 45	1 16	6 11	21 52	12 20	3 23	0 38	27 56	19 38
15	3:31:48	24 22 38	13 43	10 28	2 30	6 49	21 51	12 16	3 24	0 36	27 56	19 35
16	3:35:45	25 20 27	26 41	10 14	3 44	7 26	21 51	12 12	3 26	0 35	27 56	19 32
17	3:39:41	26 18 14	9Cp21	10 5	4 58	8 4	21 50	12 8	3 28	0 33	27 56	19 29
18	3:43:37	27 16 0	21 45	10 0	6 12	8 42	21 50	12 4	3 30	0 32	27 56	19 26
19	3:47:34	28 13 45	3Aq56	10 0D	7 25	9 19	21 50D	11 59	3 32	0 31	27 57	19 23
20	3:51:31	29 11 28	15 56	10 4	8 39	9 57	21 50	11 55	3 34	0 29	27 57	19 19
21	3:55:27	0Ge 9 11	27 51	10 13	9 53	10 34	21 51	11 51	3 36	0 28	27 57	19 16
22	3:59:24	1 6 52	9Pi44	10 27	11 6	11 12	21 51	11 47	3 38	0 27	27 58	19 13
23	4: 3:21	2 4 32	21 40	10 44	12 20	11 50	21 52	11 42	3 40	0 25	27 58	19 10
24	4: 7:17	3 2 12	3Ar45	11 7	13 34	12 27	21 53	11 38	3 43	0 24	27 59	19 7
25	4:11:13	3 59 50	16 2	11 33	14 48	13 5	21 54	11 34	3 45	0 23	27 59	19 3
26	4:15:10	4 57 27	28 34	12 4	16 1	13 42	21 55	11 29	3 47	0 21	27 59	19 0
27	4:19: 6	5 55 4	11Ta23	12 39	17 15	14 20	21 56	11 25	3 49	0 20	28 0	18 57
28	4:23: 3	6 52 39	24 33	13 18	18 28	14 58	21 58	11 20	3 52	0 19	28 0	18 54
29	4:26:59	7 50 13	8Ge 1	14 0	19 42	15 35	22 0	11 16	3 54	0 17	28 1	18 51
30	4:30:56	8 47 47	21 47	14 47	20 56	16 13	22 2	11 11	3 57	0 16	28 2	18 48
31	4:34:53	9 45 19	5Cn49	15 37	22 9	16 50	22 4	11 7	3 59	0 15	28 2	18 44

5/21 Sun in Gem. 8:11   5/7 1st Qt. 2:30   5/13 Full 22:35(E)   5/21 3rd Qt. 17:04   5/29 New 11:40

JUNE 1957

Day	Sid. T.	Sun	Moon	Merc.	Venus	Mars	Jup.	Saturn	Uranus	Nept.	Pluto	N.Node
1	4:38:49	10Ge42 50	20Cn 1	16Ta30	23Ge23	17Cn28	22Vi 6	11Sg 3R	4Le 1	0Sc14R	28Le 3	18Sc41
2	4:42:46	11 40 19	4Le20	17 27	24 36	18 5	22 9	10 58	4 4	0 13	28 4	18 38
3	4:46:42	12 37 48	18 30	18 28	25 50	18 43	22 11	10 54	4 7	0 12	28 4	18 35
4	4:50:39	13 35 15	2Vi59	19 32	27 4	19 21	22 14	10 49	4 9	0 11	28 5	18 32
5	4:54:35	14 32 41	17 12	20 39	28 17	19 58	22 17	10 45	4 12	0 10	28 6	18 29
6	4:58:32	15 30 5	1Li18	21 49	29 31	20 36	22 20	10 40	4 15	0 8	28 6	18 25
7	5: 2:29	16 27 28	15 15	23 2	0Cn44	21 13	22 24	10 36	4 17	0 7	28 7	18 22
8	5: 6:25	17 24 51	29 2	24 18	1 58	21 51	22 27	10 32	4 20	0 6	28 8	18 19
9	5:10:22	18 22 12	12Sc38	25 38	3 11	22 29	22 31	10 27	4 23	0 5	28 9	18 16
10	5:14:18	19 19 32	26 2	27 0	4 24	23 6	22 35	10 23	4 26	0 5	28 10	18 13
11	5:18:15	20 16 52	9Sg14	28 26	5 38	23 44	22 39	10 18	4 29	0 4	28 11	18 9
12	5:22:11	21 14 11	22 13	29 54	6 51	24 21	22 43	10 14	4 31	0 3	28 12	18 6
13	5:26: 8	22 11 29	4Cp58	1Ge25	8 5	24 59	22 47	10 10	4 34	0 2	28 13	18 3
14	5:30: 4	23 8 46	17 29	2 59	9 18	25 36	22 51	10 6	4 37	0 1	28 14	18 0
15	5:34: 1	24 6 3	29 48	4 36	10 32	26 14	22 56	10 1	4 40	0 0	28 15	17 57
16	5:37:58	25 3 20	11Aq56	6 16	11 45	26 52	23 1	9 57	4 43	29Li59	28 16	17 54
17	5:41:54	26 0 36	23 55	7 58	12 58	27 29	23 6	9 53	4 46	29 59	28 17	17 50
18	5:45:51	26 57 52	5Pi49	9 44	14 12	28 7	23 11	9 49	4 50	29 58	28 18	17 47
19	5:49:47	27 55 7	17 42	11 32	15 25	28 44	23 16	9 45	4 53	29 57	28 19	17 44
20	5:53:44	28 52 22	29 37	13 23	16 38	29 22	23 21	9 40	4 56	29 56	28 20	17 41
21	5:57:40	29 49 37	11Ar41	15 16	17 52	29 59	23 27	9 36	4 59	29 55	28 21	17 38
22	6: 1:37	0Cn46 52	23 57	17 12	19 5	0Le37	23 33	9 32	5 2	29 55	28 22	17 35
23	6: 5:34	1 44 7	6Ta31	19 11	20 18	1 15	23 38	9 28	5 5	29 55	28 24	17 31
24	6: 9:30	2 41 22	19 26	21 11	21 31	1 52	23 44	9 25	5 9	29 54	28 25	17 28
25	6:13:27	3 38 36	2Ge45	23 14	22 45	2 30	23 50	9 21	5 12	29 54	28 26	17 25
26	6:17:23	4 35 51	16 28	25 19	23 58	3 7	23 57	9 17	5 15	29 53	28 27	17 22
27	6:21:20	5 33 5	0Cn35	27 25	25 11	3 45	24 3	9 13	5 18	29 53	28 29	17 19
28	6:25:16	6 30 19	15 1	29 32	26 24	4 23	24 10	9 9	5 22	29 52	28 30	17 15
29	6:29:13	7 27 33	29 41	1Cn41	27 38	5 0	24 16	9 6	5 25	29 52	28 31	17 12
30	6:33: 9	8 24 47	14Le26	3 51	28 51	5 38	24 23	9 2	5 29	29 52	28 33	17 9

6/21 Sun in Can. 16:21   6/5 1st Qt. 7:10   6/12 Full 10:02   6/20 3rd Qt. 10:23   6/27 New 20:54

JULY 1957

Day	Sid. T.	Sun	Moon	Merc.	Venus	Mars	Jup.	Saturn	Uranus	Nept.	Pluto	N.Node
1	6:37: 6	9Cn22 0	29Le 9	6Cn 1	0Le 4	6Le16	24Vi30	8Sg59R	5Le32	29Li51R	28Le34	17Sc 6
2	6:41: 2	10 19 13	13Vi43	8 12	1 17	6 53	24 37	8 55	5 35	29 51	28 36	17 3
3	6:44:59	11 16 25	28 4	10 23	2 30	7 31	24 44	8 52	5 39	29 51	28 37	17 0
4	6:48:56	12 13 38	12Li 8	12 33	3 43	8 8	24 51	8 48	5 42	29 50	28 38	16 56
5	6:52:52	13 10 49	25 56	14 43	4 56	8 46	24 59	8 45	5 46	29 50	28 40	16 53
6	6:56:49	14 8 1	9Sc27	16 52	6 9	9 24	25 6	8 42	5 49	29 50	28 41	16 50
7	7: 0:45	15 5 13	22 43	19 0	7 23	10 1	25 14	8 39	5 53	29 50	28 43	16 47
8	7: 4:42	16 2 24	5Sg46	21 7	8 36	10 39	25 22	8 36	5 56	29 50	28 44	16 44
9	7: 8:38	16 59 35	18 36	23 13	9 49	11 17	25 30	8 33	6 0	29 50	28 46	16 41
10	7:12:35	17 56 47	1Cp16	25 17	11 2	11 54	25 38	8 30	6 3	29 50	28 48	16 37
11	7:16:32	18 53 58	13 45	27 19	12 15	12 32	25 46	8 27	6 7	29 49	28 49	16 34
12	7:20:28	19 51 10	26 4	29 21	13 27	13 10	25 54	8 24	6 10	29 49	28 51	16 31
13	7:24:25	20 48 22	8Aq15	1Le21	14 40	13 47	26 2	8 21	6 14	29 50	28 52	16 28
14	7:28:21	21 45 34	20 17	3 19	15 53	14 25	26 11	8 19	6 18	29 50	28 54	16 25
15	7:32:17	22 42 47	2Pi13	5 15	17 6	15 3	26 20	8 16	6 21	29 50	28 56	16 21
16	7:36:14	23 40 0	14 4	7 9	18 19	15 40	26 28	8 14	6 25	29 50	28 57	16 18
17	7:40:11	24 37 14	25 55	9 1	19 32	16 18	26 37	8 11	6 29	29 50	28 59	16 15
18	7:44: 7	25 34 29	7Ar49	10 52	20 45	16 56	26 46	8 9	6 32	29 50	29 1	16 12
19	7:48: 4	26 31 44	19 51	12 41	21 58	17 34	26 55	8 7	6 36	29 50	29 2	16 9
20	7:52: 1	27 29 0	2Ta 4	14 28	23 10	18 11	27 4	8 5	6 40	29 51	29 4	16 6
21	7:55:57	28 26 16	14 36	16 13	24 23	18 49	27 13	8 3	6 43	29 51	29 6	16 2
22	7:59:53	29 23 34	27 30	17 56	25 36	19 27	27 23	8 1	6 47	29 51	29 8	15 59
23	8: 3:50	0Le20 53	10Ge50	19 38	26 49	20 5	27 32	7 59	6 51	29 52	29 9	15 56
24	8: 7:47	1 18 12	24 39	21 17	28 1	20 42	27 42	7 57	6 54	29 52	29 11	15 53
25	8:11:43	2 15 32	8Cn55	22 55	29 14	21 20	27 51	7 55	6 58	29 53	29 13	15 50
26	8:15:40	3 12 53	23 37	24 31	0Vi27	21 58	28 1	7 54	7 2	29 53	29 15	15 46
27	8:19:37	4 10 15	8Le35	26 6	1 39	22 36	28 11	7 52	7 5	29 53	29 17	15 43
28	8:23:33	5 7 37	23 42	27 38	2 52	23 14	28 21	7 51	7 9	29 54	29 18	15 40
29	8:27:29	6 5 0	8Vi47	29 9	4 5	23 51	28 31	7 49	7 13	29 55	29 20	15 37
30	8:31:26	7 2 24	23 41	0Vi38	5 17	24 29	28 41	7 48	7 16	29 55	29 22	15 34
31	8:35:22	7 59 48	8Li15	2 5	6 30	25 7	28 51	7 47	7 20	29 56	29 24	15 31

7/23 Sun in Leo 3:15   7/4 1st Qt. 12:10   7/11 Full 22:50   7/20 3rd Qt. 2:18   7/27 New 4:29

AUGUST 1957

Day	Sid. T.	Sun	Moon	Merc.	Venus	Mars	Jup.	Saturn	Uranus	Nept.	Pluto	N.Node
1	8:39:19	8Le57 13	22Li28	3Vi30	7Vi42	25Le45	29Vi 1	7Sg46R	7Le24	29Li56	29Le26	15Sc27
2	8:43:16	9 54 38	6Sc16	4 53	8 55	26 23	29 11	7 45	7 28	29 57	29 28	15 24
3	8:47:12	10 52 4	19 43	6 14	10 7	27 1	29 22	7 44	7 31	29 58	29 30	15 21
4	8:51: 9	11 49 31	2Sg49	7 34	11 20	27 39	29 32	7 43	7 35	29 59	29 31	15 18
5	8:55: 5	12 46 58	15 39	8 51	12 32	28 17	29 43	7 43	7 39	29 59	29 33	15 15
6	8:59: 2	13 44 26	28 14	10 6	13 44	28 54	29 54	7 42	7 42	0Sc 0	29 35	15 12
7	9: 2:58	14 41 55	10Cp39	11 20	14 57	29 32	0Li 4	7 42	7 46	0 1	29 37	15 8
8	9: 6:55	15 39 25	22 54	12 31	16 9	0Vi10	0 15	7 41	7 50	0 2	29 39	15 5
9	9:10:52	16 36 56	5Aq 2	13 39	17 21	0 48	0 26	7 41	7 53	0 3	29 41	15 2
10	9:14:48	17 34 28	17 3	14 46	18 33	1 26	0 37	7 41	7 57	0 4	29 43	14 59
11	9:18:45	18 32 1	29 0	15 50	19 45	2 4	0 48	7 41	8 1	0 5	29 45	14 56
12	9:22:41	19 29 35	10Pi52	16 51	20 58	2 42	0 59	7 41D	8 4	0 6	29 47	14 52
13	9:26:38	20 27 11	22 43	17 50	22 10	3 20	1 10	7 41	8 8	0 7	29 49	14 49
14	9:30:34	21 24 47	4Ar34	18 46	23 22	3 58	1 21	7 41	8 12	0 9	29 51	14 46
15	9:34:31	22 22 26	16 28	19 39	24 34	4 36	1 33	7 41	8 15	0 9	29 53	14 43
16	9:38:27	23 20 5	28 29	20 28	25 46	5 14	1 44	7 42	8 19	0 10	29 55	14 40
17	9:42:24	24 17 47	10Ta41	21 15	26 58	5 52	1 55	7 42	8 22	0 11	29 57	14 37
18	9:46:20	25 15 30	23 10	21 58	28 10	6 30	2 7	7 43	8 26	0 12	29 59	14 33
19	9:50:17	26 13 14	6Ge 0	22 38	29 22	7 8	2 18	7 43	8 30	0 13	0Vi 1	14 30
20	9:54:14	27 11 0	19 16	23 13	0Li34	7 47	2 30	7 44	8 33	0 14	0 3	14 27
21	9:58:10	28 8 48	3Cn 1	23 45	1 46	8 25	2 42	7 45	8 37	0 16	0 5	14 24
22	10: 2: 7	29 6 38	17 15	24 12	2 57	9 3	2 53	7 46	8 40	0 17	0 7	14 21
23	10: 6: 3	0Vi 4 29	1Le57	24 35	4 9	9 41	3 5	7 47	8 44	0 18	0 9	14 18
24	10:10: 0	1 2 22	17 0	24 53	5 21	10 19	3 17	7 48	8 47	0 20	0 10	14 14
25	10:13:56	2 0 17	2Vi16	25 6	6 33	10 57	3 29	7 50	8 51	0 21	0 12	14 11
26	10:17:53	2 58 12	17 34	25 13	7 44	11 36	3 41	7 51	8 54	0 22	0 14	14 8
27	10:21:50	3 56 10	2Li42	25 15R	8 56	12 14	3 53	7 52	8 58	0 24	0 16	14 5
28	10:25:46	4 54 9	17 31	25 11	10 7	12 52	4 5	7 54	9 1	0 25	0 18	14 2
29	10:29:43	5 52 9	1Sc55	25 1	11 19	13 30	4 17	7 56	9 5	0 27	0 20	13 58
30	10:33:39	6 50 10	15 52	24 45	12 30	14 9	4 29	7 57	9 8	0 28	0 22	13 55
31	10:37:36	7 48 13	29 23	24 23	13 42	14 47	4 41	7 59	9 11	0 30	0 24	13 52

8/23 Sun in Vir. 10:08   8/2 1st Qt. 18:56   8/10 Full 13:09   8/18 3rd Qt. 16:17   8/25 New 11:33

SEPTEMBER 1957

Day	Sid. T.	Sun	Moon	Merc.	Venus	Mars	Jup.	Saturn	Uranus	Nept.	Pluto	N.Node
1	10:41:32	8Vi46 17	12Sg29	23Vi55R	14Li53	15Vi25	4Li53	8Sg 1	9Le15	0Sc31	0Vi26	13Sc49
2	10:45:29	9 44 23	25 15	23 21	16 5	16 4	5 6	8 3	9 18	0 33	0 28	13 46
3	10:49:25	10 42 30	7Cp43	22 41	17 16	16 42	5 18	8 5	9 21	0 34	0 30	13 43
4	10:53:22	11 40 38	19 59	21 55	18 27	17 20	5 30	8 7	9 25	0 36	0 32	13 39
5	10:57:19	12 38 48	2Aq 6	21 5	19 38	17 59	5 43	8 10	9 28	0 37	0 34	13 36
6	11: 1:15	13 37 0	14 5	20 11	20 49	18 37	5 55	8 12	9 31	0 39	0 36	13 33
7	11: 5:12	14 35 13	26 0	19 13	22 0	19 16	6 8	8 15	9 34	0 41	0 38	13 30
8	11: 9: 8	15 33 27	7Pi53	18 14	23 12	19 54	6 20	8 17	9 37	0 42	0 40	13 27
9	11:13: 5	16 31 44	19 44	17 14	24 22	20 32	6 33	8 20	9 41	0 44	0 42	13 24
10	11:17: 1	17 30 2	1Ar37	16 14	25 33	21 11	6 45	8 23	9 44	0 46	0 44	13 20
11	11:20:58	18 28 22	13 31	15 16	26 44	21 49	6 58	8 25	9 47	0 48	0 46	13 17
12	11:24:55	19 26 44	25 30	14 22	27 55	22 28	7 10	8 28	9 50	0 49	0 48	13 14
13	11:28:51	20 25 8	7Ta36	13 32	29 6	23 6	7 23	8 31	9 53	0 51	0 49	13 11
14	11:32:48	21 23 35	19 53	12 48	0Sc17	23 45	7 36	8 34	9 56	0 53	0 51	13 8
15	11:36:44	22 22 3	2Ge24	12 11	1 27	24 24	7 48	8 38	9 59	0 55	0 53	13 4
16	11:40:41	23 20 34	15 13	11 42	2 38	25 2	8 1	8 41	10 2	0 57	0 55	13 1
17	11:44:37	24 19 6	28 25	11 22	3 48	25 41	8 14	8 44	10 5	0 59	0 57	12 58
18	11:48:33	25 17 42	12Cn 2	11 11	4 59	26 20	8 27	8 48	10 8	1 0	0 59	12 55
19	11:52:30	26 16 19	26 6	11 10D	6 9	26 58	8 39	8 51	10 11	1 2	1 1	12 52
20	11:56:27	27 14 58	10Le36	11 18	7 20	27 37	8 52	8 55	10 13	1 4	1 2	12 49
21	12: 0:23	28 13 40	25 29	11 36	8 30	28 16	9 5	8 58	10 16	1 6	1 4	12 45
22	12: 4:20	29 12 23	10Vi37	12 3	9 40	28 54	9 18	9 2	10 19	1 8	1 6	12 42
23	12: 8:17	0Li11 9	25 51	12 40	10 50	29 33	9 31	9 6	10 22	1 10	1 8	12 39
24	12:12:13	1 9 57	11Li 0	13 25	12 0	0Li12	9 44	9 10	10 24	1 12	1 10	12 36
25	12:16: 9	2 8 46	25 55	14 19	13 10	0 51	9 57	9 14	10 27	1 14	1 11	12 33
26	12:20: 6	3 7 38	10Sc28	15 20	14 20	1 30	10 10	9 18	10 29	1 16	1 13	12 29
27	12:24: 3	4 6 31	24 34	16 28	15 30	2 9	10 23	9 22	10 32	1 18	1 15	12 26
28	12:27:59	5 5 26	8Sg13	17 42	16 40	2 48	10 36	9 26	10 35	1 20	1 17	12 23
29	12:31:56	6 4 23	21 25	19 2	17 50	3 26	10 48	9 31	10 37	1 22	1 18	12 20
30	12:35:53	7 3 22	4Cp14	20 27	18 59	4 5	11 1	9 35	10 39	1 24	1 20	12 17

9/23 Sun in Lib. 7:27   9/1 1st Qt. 4:35   9/9 Full 4:55   9/17 3rd Qt. 4:02   9/23 New 19:19   9/30 1st Qt. 17:50

OCTOBER 1957

Day	Sid. T.	Sun	Moon	Merc.	Venus	Mars	Jup.	Saturn	Uranus	Nept.	Pluto	N.Node
1	12:39:49	8Li 2 23	16Cp43	21Vi56	20Sc 9	4Li44	11Li14	9Sg40	10Le42	1Sc26	1Vi22	12Sc14
2	12:43:46	9 1 25	28 57	23 28	21 18	5 23	11 27	9 44	10 44	1 29	1 23	12 10
3	12:47:42	10 0 29	11Aq 0	25 4	22 28	6 2	11 40	9 49	10 47	1 31	1 25	12 7
4	12:51:38	10 59 34	22 56	26 42	23 37	6 41	11 53	9 53	10 49	1 33	1 26	12 4
5	12:55:35	11 58 42	4Pi48	28 22	24 46	7 20	12 6	9 58	10 51	1 35	1 28	12 1
6	12:59:32	12 57 51	16 39	0Li 4	25 55	8 0	12 19	10 3	10 53	1 37	1 30	11 58
7	13: 3:28	13 57 3	28 32	1 47	27 4	8 39	12 32	10 8	10 55	1 39	1 31	11 55
8	13: 7:25	14 56 16	10Ar29	3 30	28 13	9 18	12 45	10 13	10 57	1 41	1 33	11 51
9	13:11:22	15 55 31	22 31	5 15	29 22	9 57	12 58	10 18	10 59	1 43	1 34	11 48
10	13:15:18	16 54 49	4Ta41	7 0	0Sg31	10 36	13 11	10 23	11 1	1 46	1 36	11 45
11	13:19:14	17 54 8	16 59	8 45	1 39	11 15	13 24	10 28	11 3	1 48	1 37	11 42
12	13:23:11	18 53 30	29 28	10 30	2 48	11 55	13 37	10 33	11 5	1 50	1 39	11 39
13	13:27: 8	19 52 54	12Ge10	12 15	3 56	12 34	13 50	10 39	11 7	1 52	1 40	11 35
14	13:31: 4	20 52 21	25 7	14 0	5 4	13 13	14 3	10 44	11 9	1 54	1 42	11 32
15	13:35: 1	21 51 49	8Cn22	15 44	6 12	13 53	14 16	10 49	11 11	1 57	1 43	11 29
16	13:38:58	22 51 20	21 56	17 29	7 20	14 32	14 29	10 55	11 13	1 59	1 44	11 26
17	13:42:54	23 50 53	5Le50	19 12	8 28	15 11	14 42	11 0	11 14	2 1	1 46	11 23
18	13:46:50	24 50 29	20 5	20 55	9 36	15 51	14 55	11 6	11 16	2 3	1 47	11 20
19	13:50:47	25 50 7	4Vi38	22 38	10 44	16 30	15 8	11 11	11 17	2 6	1 48	11 16
20	13:54:43	26 49 47	19 25	24 20	11 51	17 10	15 21	11 17	11 19	2 8	1 50	11 13
21	13:58:40	27 49 29	4Li19	26 2	12 58	17 49	15 34	11 23	11 20	2 10	1 51	11 10
22	14: 2:36	28 49 13	19 13	27 43	14 6	18 29	15 46	11 29	11 22	2 12	1 52	11 7
23	14: 6:33	29 49 0	3Sc58	29 23	15 13	19 8	15 59	11 35	11 23	2 15	1 53	11 4
24	14:10:30	0Sc48 48	18 27	1Sc 3	16 20	19 48	16 12	11 40	11 25	2 17	1 55	11 0
25	14:14:26	1 48 39	2Sg35	2 42	17 26	20 27	16 25	11 46	11 26	2 19	1 56	10 57
26	14:18:23	2 48 31	16 19	4 21	18 33	21 7	16 38	11 52	11 27	2 21	1 57	10 54
27	14:22:19	3 48 25	29 38	5 59	19 39	21 47	16 50	11 58	11 28	2 23	1 58	10 51
28	14:26:16	4 48 20	12Cp32	7 37	20 46	22 26	17 3	12 5	11 29	2 26	1 59	10 48
29	14:30:12	5 48 18	25 6	9 14	21 52	23 6	17 16	12 11	11 30	2 28	2 0	10 45
30	14:34: 9	6 48 17	7Aq22	10 51	22 58	23 46	17 28	12 17	11 31	2 30	2 1	10 41
31	14:38: 6	7 48 17	19 25	12 27	24 3	24 26	17 41	12 23	11 32	2 32	2 2	10 38

10/23 Sun in Sco. 16:25   10/8 Full 21:43   10/16 3rd Qt. 13:45   10/23 New 4:44(E)   10/30 1st Qt. 10:48

NOVEMBER 1957

Day	Sid. T.	Sun	Moon	Merc.	Venus	Mars	Jup.	Saturn	Uranus	Nept.	Pluto	N.Node
1	14:42: 2	8Sc48 19	1Pi20	14Sc 2	25Sg 9	25Li 5	17Li54	12Sg29	11Le33	2Sc35	2Vi 3	10Sc35
2	14:45:59	9 48 23	13 11	15 38	26 14	25 45	18 6	12 36	11 34	2 37	2 4	10 32
3	14:49:55	10 48 28	25 3	17 12	27 19	26 25	18 19	12 42	11 35	2 39	2 5	10 29
4	14:53:52	11 48 35	6Ar58	18 47	28 24	27 5	18 31	12 48	11 36	2 41	2 6	10 26
5	14:57:48	12 48 43	19 1	20 21	29 28	27 45	18 43	12 55	11 36	2 44	2 7	10 22
6	15: 1:44	13 48 54	1Ta13	21 54	0Cp33	28 25	18 56	13 1	11 37	2 46	2 8	10 19
7	15: 5:41	14 49 6	13 36	23 28	1 37	29 5	19 8	13 8	11 37	2 48	2 9	10 16
8	15: 9:37	15 49 19	26 12	25 0	2 40	29 45	19 20	13 14	11 38	2 50	2 9	10 13
9	15:13:34	16 49 35	9Ge 1	26 33	3 44	0Sc25	19 33	13 21	11 38	2 52	2 10	10 10
10	15:17:31	17 49 53	22 4	28 5	4 47	1 5	19 45	13 28	11 39	2 55	2 11	10 7
11	15:21:28	18 50 12	5Cn20	29 37	5 50	1 45	19 57	13 34	11 39	2 57	2 12	10 3
12	15:25:24	19 50 33	18 49	1Sg 9	6 53	2 25	20 9	13 41	11 39	2 59	2 12	10 0
13	15:29:21	20 50 57	2Le31	2 40	7 55	3 5	20 21	13 48	11 40	3 1	2 13	9 57
14	15:33:17	21 51 22	16 26	4 11	8 57	3 46	20 33	13 54	11 40	3 3	2 14	9 54
15	15:37:14	22 51 49	0Vi31	5 41	9 59	4 26	20 45	14 1	11 40	3 5	2 14	9 51
16	15:41:11	23 52 17	14 46	7 11	11 1	5 6	20 57	14 8	11 40	3 8	2 15	9 47
17	15:45: 7	24 52 48	29 9	8 41	12 2	5 46	21 9	14 15	11 40R	3 10	2 15	9 44
18	15:49: 4	25 53 21	13Li35	10 11	13 2	6 27	21 21	14 22	11 40	3 12	2 16	9 41
19	15:53: 0	26 53 55	28 2	11 40	14 3	7 7	21 33	14 28	11 40	3 14	2 16	9 38
20	15:56:56	27 54 31	12Sc23	13 9	15 3	7 48	21 44	14 35	11 40	3 16	2 17	9 35
21	16: 0:53	28 55 9	26 34	14 37	16 2	8 28	21 56	14 42	11 40	3 18	2 17	9 32
22	16: 4:50	29 55 48	10Sg31	16 5	17 1	9 8	22 8	14 49	11 39	3 20	2 18	9 28
23	16: 8:46	0Sg56 28	24 9	17 33	18 0	9 49	22 19	14 56	11 39	3 22	2 18	9 25
24	16:12:43	1 57 10	7Cp26	19 0	18 58	10 29	22 31	15 3	11 39	3 24	2 18	9 22
25	16:16:39	2 57 53	20 23	20 26	19 56	11 10	22 42	15 10	11 38	3 26	2 19	9 19
26	16:20:36	3 58 37	2Aq59	21 51	20 53	11 51	22 53	15 17	11 38	3 28	2 19	9 16
27	16:24:33	4 59 22	15 18	23 16	21 50	12 31	23 4	15 24	11 37	3 30	2 19	9 13
28	16:28:29	6 0 8	27 22	24 40	22 46	13 12	23 16	15 31	11 37	3 32	2 19	9 9
29	16:32:26	7 0 55	9Pi18	26 2	23 41	13 52	23 27	15 38	11 36	3 34	2 19	9 6
30	16:36:22	8 1 43	21 9	27 24	24 36	14 33	23 38	15 45	11 35	3 36	2 20	9 3

11/22 Sun in Sag. 13:40   11/7 Full 14:32(E)   11/14 3rd Qt. 22:00   11/21 New 16:20   11/29 1st Qt. 6:58

DECEMBER 1957

Day	Sid. T.	Sun	Moon	Merc.	Venus	Mars	Jup.	Saturn	Uranus	Nept.	Pluto	N.Node
1	16:40:19	9Sg 2 32	3Ar 0	28Sg44	25Cp31	15Sc14	23Li49	15Sg52	11Le35R	3Sc38	2Vi20	9Sc 0
2	16:44:16	10 3 22	14 56	0Cp 2	26 24	15 55	23 59	15 59	11 34	3 40	2 20	8 57
3	16:48:12	11 4 13	27 3	1 19	27 18	16 35	24 10	16 6	11 33	3 42	2 20	8 53
4	16:52: 9	12 5 4	9Ta22	2 33	28 10	17 16	24 21	16 13	11 32	3 44	2 20R	8 50
5	16:56: 5	13 5 57	21 58	3 45	29 2	17 57	24 31	16 20	11 31	3 46	2 20	8 47
6	17: 0: 2	14 6 51	4Ge52	4 53	29 53	18 38	24 42	16 28	11 30	3 47	2 20	8 44
7	17: 3:58	15 7 45	18 4	5 59	0Aq43	19 19	24 52	16 35	11 29	3 49	2 20	8 41
8	17: 7:54	16 8 41	1Cn33	7 0	1 32	20 0	25 3	16 42	11 28	3 51	2 19	8 38
9	17:11:51	17 9 37	15 16	7 58	2 21	20 41	25 13	16 49	11 27	3 53	2 19	8 34
10	17:15:48	18 10 35	29 11	8 50	3 8	21 22	25 23	16 56	11 25	3 54	2 19	8 31
11	17:19:44	19 11 34	13Le14	9 36	3 55	22 3	25 33	17 3	11 24	3 56	2 19	8 28
12	17:23:41	20 12 33	27 22	10 16	4 41	22 44	25 43	17 10	11 23	3 58	2 19	8 25
13	17:27:38	21 13 34	11Vi31	10 48	5 26	23 25	25 53	17 17	11 22	4 0	2 18	8 22
14	17:31:34	22 14 36	25 39	11 12	6 10	24 6	26 3	17 24	11 20	4 1	2 18	8 18
15	17:35:30	23 15 39	9Li46	11 27	6 52	24 47	26 12	17 31	11 19	4 3	2 18	8 15
16	17:39:27	24 16 43	23 49	11 32R	7 34	25 29	26 22	17 38	11 17	4 4	2 18	8 12
17	17:43:24	25 17 47	7Sc48	11 26	8 14	26 10	26 31	17 46	11 16	4 6	2 17	8 9
18	17:47:20	26 18 53	21 40	11 9	8 54	26 51	26 41	17 53	11 14	4 8	2 17	8 6
19	17:51:17	27 20 0	5Sg25	10 40	9 32	27 33	26 50	18 0	11 12	4 9	2 16	8 3
20	17:55:14	28 21 7	18 59	9 59	10 9	28 14	26 59	18 7	11 11	4 11	2 16	7 59
21	17:59:10	29 22 15	2Cp20	9 8	10 44	28 55	27 8	18 14	11 9	4 12	2 15	7 56
22	18: 3: 6	0Cp23 23	15 26	8 6	11 18	29 37	27 17	18 21	11 7	4 13	2 15	7 53
23	18: 7: 3	1 24 31	28 15	6 55	11 50	0Sg18	27 26	18 28	11 5	4 15	2 14	7 50
24	18:11: 0	2 25 40	10Aq48	5 38	12 21	1 0	27 34	18 35	11 4	4 16	2 14	7 47
25	18:14:56	3 26 49	23 5	4 17	12 51	1 41	27 43	18 42	11 2	4 18	2 13	7 44
26	18:18:53	4 27 58	5Pi10	2 55	13 18	2 23	27 51	18 49	11 0	4 19	2 12	7 40
27	18:22:49	5 29 7	17 5	1 34	13 44	3 4	27 59	18 55	10 58	4 20	2 12	7 37
28	18:26:46	6 30 16	28 55	0 17	14 9	3 46	28 8	19 2	10 56	4 22	2 11	7 34
29	18:30:42	7 31 25	10Ar44	29Sg 6	14 31	4 28	28 16	19 9	10 54	4 23	2 10	7 31
30	18:34:39	8 32 34	22 39	28 3	14 51	5 9	28 24	19 16	10 52	4 24	2 10	7 28
31	18:38:35	9 33 42	4Ta45	27 10	15 10	5 51	28 31	19 23	10 50	4 25	2 9	7 24

12/22 Sun in Cap. 2:49   12/7 Full 6:16   12/14 3rd Qt. 5:46   12/21 New 6:12   12/29 1st Qt. 4:52

JANUARY 1958

Day	Sid. T.	Sun	Moon	Merc.	Venus	Mars	Jup.	Saturn	Uranus	Nept.	Pluto	N.Node
1	18:42:32	10Cp34 51	17Ta 7	26Sg26R	15Aq26	6Sg33	28Li39	19Sg30	10Le48R	4Sc26	2Vi 8R	7Sc21
2	18:46:29	11 36 0	29 48	25 53	15 40	7 14	28 47	19 36	10 45	4 28	2 7	7 18
3	18:50:25	12 37 8	12Ge53	25 30	15 52	7 56	28 54	19 43	10 43	4 29	2 6	7 15
4	18:54:22	13 38 16	26 22	25 18	16 2	8 38	29 1	19 50	10 41	4 30	2 5	7 12
5	18:58:19	14 39 24	10Cn13	25 14D	16 10	9 20	29 8	19 57	10 39	4 31	2 5	7 9
6	19: 2:15	15 40 32	24 24	25 20	16 15	10 2	29 15	20 3	10 36	4 32	2 4	7 5
7	19: 6:11	16 41 40	8Le49	25 34	16 17	10 44	29 22	20 10	10 34	4 33	2 3	7 2
8	19:10: 8	17 42 48	23 20	25 55	16 18R	11 26	29 29	20 16	10 32	4 34	2 2	6 59
9	19:14: 5	18 43 55	7Vi53	26 23	16 16	12 8	29 35	20 23	10 29	4 35	2 1	6 56
10	19:18: 1	19 45 3	22 19	26 57	16 11	12 50	29 42	20 29	10 27	4 36	2 0	6 53
11	19:21:57	20 46 11	6Li36	27 37	16 4	13 32	29 48	20 36	10 25	4 36	1 59	6 50
12	19:25:54	21 47 18	20 42	28 22	15 54	14 14	29 54	20 42	10 22	4 37	1 58	6 46
13	19:29:51	22 48 26	4Sc35	29 11	15 42	14 56	0Sc 0	20 49	10 20	4 38	1 56	6 43
14	19:33:47	23 49 34	18 16	0Cp 4	15 27	15 38	0 6	20 55	10 17	4 39	1 55	6 40
15	19:37:44	24 50 41	1Sg46	1 1	15 10	16 20	0 11	21 1	10 15	4 39	1 54	6 37
16	19:41:40	25 51 48	15 6	2 1	14 51	17 2	0 17	21 8	10 12	4 40	1 53	6 34
17	19:45:37	26 52 55	28 15	3 4	14 29	17 45	0 22	21 14	10 10	4 41	1 52	6 30
18	19:49:33	27 54 2	11Cp14	4 10	14 5	18 27	0 27	21 20	10 7	4 41	1 51	6 27
19	19:53:30	28 55 8	24 1	5 18	13 39	19 9	0 32	21 26	10 5	4 42	1 50	6 24
20	19:57:27	29 56 13	6Aq36	6 28	13 11	19 52	0 37	21 32	10 2	4 43	1 48	6 21
21	20: 1:23	0Aq57 18	18 59	7 40	12 41	20 34	0 41	21 38	10 0	4 43	1 47	6 18
22	20: 5:20	1 58 21	1Pi10	8 54	12 9	21 16	0 46	21 44	9 57	4 44	1 46	6 15
23	20: 9:16	2 59 24	13 10	10 9	11 36	21 59	0 50	21 50	9 54	4 44	1 45	6 11
24	20:13:13	4 0 26	25 3	11 26	11 2	22 41	0 54	21 56	9 52	4 44	1 43	6 8
25	20:17: 9	5 1 27	6Ar51	12 44	10 26	23 24	0 58	22 2	9 49	4 45	1 42	6 5
26	20:21: 6	6 2 27	18 39	14 4	9 50	24 6	1 2	22 8	9 46	4 45	1 41	6 2
27	20:25: 2	7 3 26	0Ta31	15 25	9 13	24 49	1 6	22 14	9 44	4 45	1 39	5 59
28	20:28:59	8 4 24	12 34	16 47	8 36	25 32	1 9	22 19	9 41	4 46	1 38	5 56
29	20:32:56	9 5 20	24 53	18 10	7 59	26 14	1 12	22 25	9 39	4 46	1 37	5 52
30	20:36:52	10 6 16	7Ge33	19 34	7 22	26 57	1 15	22 30	9 36	4 46	1 35	5 49
31	20:40:49	11 7 10	20 38	20 59	6 46	27 40	1 18	22 36	9 33	4 46	1 34	5 46

1/20 Sun in Aqu. 13:29   1/5 Full 20:09   1/12 3rd Qt. 14:02   1/19 New 22:08   1/28 1st Qt. 2:17

FEBRUARY 1958

Day	Sid. T.	Sun	Moon	Merc.	Venus	Mars	Jup.	Saturn	Uranus	Nept.	Pluto	N.Node
1	20:44:45	12Aq 8 3	4Cn11	22Cp25	6Aq10R	28Sg22	1Sc21	22Sg41	9Le31R	4Sc47	1Vi32R	5Sc43
2	20:48:42	13 8 54	18 13	23 51	5 35	29 5	1 24	22 47	9 28	4 47	1 31	5 40
3	20:52:38	14 9 45	2Le40	25 19	5 1	29 48	1 26	22 52	9 26	4 47	1 30	5 36
4	20:56:35	15 10 34	17 26	26 48	4 29	0Cp31	1 28	22 57	9 23	4 47	1 28	5 33
5	21: 0:32	16 11 22	2Vi23	28 17	3 59	1 13	1 30	23 2	9 20	4 47R	1 27	5 30
6	21: 4:28	17 12 8	17 22	29 47	3 30	1 56	1 32	23 8	9 18	4 47	1 25	5 27
7	21: 8:25	18 12 54	2Li13	1Aq18	3 3	2 39	1 34	23 13	9 15	4 47	1 24	5 24
8	21:12:21	19 13 39	16 50	2 50	2 38	3 22	1 35	23 18	9 13	4 47	1 22	5 21
9	21:16:18	20 14 23	1Sc 9	4 23	2 16	4 5	1 36	23 22	9 10	4 46	1 21	5 17
10	21:20:14	21 15 5	15 7	5 56	1 55	4 48	1 37	23 27	9 7	4 46	1 19	5 14
11	21:24:11	22 15 47	28 46	7 31	1 37	5 31	1 38	23 32	9 5	4 46	1 18	5 11
12	21:28: 8	23 16 28	12Sg 7	9 6	1 22	6 14	1 39	23 37	9 2	4 46	1 16	5 8
13	21:32: 4	24 17 7	25 12	10 42	1 9	6 57	1 39	23 41	9 0	4 46	1 15	5 5
14	21:36: 0	25 17 46	8Cp 7	12 19	0 58	7 40	1 40	23 46	8 57	4 45	1 13	5 2
15	21:39:57	26 18 23	20 42	13 56	0 50	8 23	1 40	23 50	8 55	4 45	1 12	4 58
16	21:43:54	27 18 59	3Aq11	15 35	0 45	9 6	1 40R	23 55	8 52	4 45	1 10	4 55
17	21:47:50	28 19 33	15 29	17 15	0 42	9 50	1 40	23 59	8 50	4 44	1 9	4 52
18	21:51:47	29 20 6	27 39	18 55	0 41D	10 33	1 39	24 3	8 47	4 44	1 7	4 49
19	21:55:43	0Pi20 38	9Pi41	20 36	0 43	11 16	1 38	24 8	8 45	4 43	1 6	4 46
20	21:59:40	1 21 8	21 36	22 16	0 47	11 59	1 38	24 12	8 43	4 43	1 3	4 42
21	22: 3:36	2 21 36	3Ar26	24 2	0 53	12 43	1 37	24 16	8 40	4 42	1 1	4 39
22	22: 7:33	3 22 2	15 13	25 46	1 2	13 26	1 35	24 20	8 38	4 42	1 1	4 36
23	22:11:30	4 22 26	27 0	27 31	1 13	14 9	1 34	24 23	8 36	4 41	1 0	4 33
24	22:15:26	5 22 49	8Ta52	29 17	1 26	14 53	1 32	24 27	8 33	4 41	0 58	4 30
25	22:19:23	6 23 10	20 54	1Pi 4	1 41	15 36	1 31	24 31	8 31	4 40	0 57	4 27
26	22:23:19	7 23 29	3Ge 9	2 52	1 58	16 19	1 29	24 34	8 29	4 39	0 55	4 23
27	22:27:16	8 23 46	15 45	4 41	2 17	17 3	1 27	24 38	8 27	4 38	0 54	4 20
28	22:31:12	9 24 1	28 44	6 31	2 38	17 46	1 24	24 41	8 25	4 38	0 52	4 17

2/19 Sun in Pis. 3:49   2/4 Full 8:06   2/10 3rd Qt. 23:34   2/18 New 15:39   2/26 1st Qt. 20:52

MARCH 1958

Day	Sid. T.	Sun	Moon	Merc.	Venus	Mars	Jup.	Saturn	Uranus	Nept.	Pluto	N.Node
1	22:35: 9	10Pi24 13	12Cn12	8Pi22	3Aq 1	18Cp30	1Sc22R	24Sg45	8Le23R	4Sc37R	0Vi51R	4Sc14
2	22:39: 5	11 24 24	26 10	10 13	3 26	19 13	1 19	24 48	8 20	4 36	0 49	4 11
3	22:43: 2	12 24 33	10Le36	12 6	3 52	19 57	1 16	24 51	8 18	4 35	0 48	4 7
4	22:46:59	13 24 40	25 27	14 0	4 20	20 41	1 13	24 54	8 16	4 34	0 46	4 4
5	22:50:55	14 24 44	10Vi35	15 55	4 50	21 24	1 10	24 57	8 14	4 34	0 45	4 1
6	22:54:51	15 24 47	25 49	17 50	5 21	22 8	1 7	25 0	8 12	4 33	0 43	3 58
7	22:58:48	16 24 48	11Li 0	19 46	5 53	22 51	1 3	25 3	8 11	4 32	0 42	3 55
8	23: 2:45	17 24 48	25 57	21 43	6 27	23 35	0 59	25 6	8 9	4 31	0 40	3 52
9	23: 6:41	18 24 45	10Sc35	23 40	7 2	24 19	0 55	25 8	8 7	4 30	0 39	3 48
10	23:10:38	19 24 41	24 48	25 38	7 39	25 2	0 51	25 11	8 5	4 29	0 37	3 45
11	23:14:35	20 24 36	8Sg37	27 35	8 17	25 46	0 47	25 13	8 3	4 28	0 36	3 42
12	23:18:31	21 24 29	22 1	29 33	8 56	26 30	0 43	25 15	8 2	4 27	0 35	3 39
13	23:22:27	22 24 20	5Cp 4	1Ar30	9 36	27 14	0 38	25 18	8 0	4 26	0 33	3 36
14	23:26:24	23 24 9	17 48	3 27	10 17	27 57	0 33	25 20	7 58	4 24	0 32	3 33
15	23:30:21	24 23 57	0Aq16	5 23	11 0	28 41	0 28	25 22	7 57	4 23	0 30	3 29
16	23:34:17	25 23 43	12 33	7 17	11 43	29 25	0 23	25 24	7 55	4 22	0 29	3 26
17	23:38:14	26 23 28	24 39	9 10	12 28	0Aq 9	0 18	25 26	7 54	4 21	0 28	3 23
18	23:42:10	27 23 10	6Pi38	11 1	13 13	0 53	0 13	25 28	7 52	4 20	0 26	3 20
19	23:46: 7	28 22 50	18 31	12 50	13 59	1 37	0 7	25 29	7 51	4 19	0 25	3 17
20	23:50: 3	29 22 29	0Ar21	14 35	14 46	2 21	0 2	25 31	7 50	4 17	0 24	3 13
21	23:54: 0	0Ar22 5	12 9	16 17	15 34	3 5	29Li56	25 32	7 48	4 16	0 23	3 10
22	23:57:56	1 21 40	23 57	17 55	16 23	3 49	29 50	25 34	7 47	4 15	0 21	3 7
23	0: 1:52	2 21 12	5Ta48	19 29	17 12	4 33	29 44	25 35	7 46	4 13	0 20	3 4
24	0: 5:49	3 20 42	17 45	20 58	18 3	5 17	29 38	25 36	7 45	4 12	0 19	3 1
25	0: 9:46	4 20 10	29 50	22 22	18 53	6 1	29 32	25 37	7 43	4 11	0 18	2 58
26	0:13:42	5 19 36	12Ge 8	23 41	19 45	6 45	29 25	25 38	7 42	4 9	0 16	2 54
27	0:17:39	6 18 59	24 43	24 53	20 37	7 29	29 19	25 39	7 41	4 8	0 15	2 51
28	0:21:36	7 18 20	7Cn39	26 0	21 30	8 13	29 12	25 40	7 40	4 7	0 14	2 48
29	0:25:32	8 17 39	21 0	27 0	22 24	8 57	29 6	25 40	7 39	4 5	0 13	2 45
30	0:29:28	9 16 55	4Le47	27 53	23 18	9 41	28 59	25 41	7 39	4 4	0 12	2 42
31	0:33:25	10 16 10	19 2	28 40	24 12	10 25	28 52	25 41	7 38	4 2	0 11	2 39

3/21 Sun in Ari. 3:06   3/5 Full 18:28   3/12 3rd Qt. 10:48   3/20 New 9:50   3/28 1st Qt. 11:19

APRIL 1958

Day	Sid. T.	Sun	Moon	Merc.	Venus	Mars	Jup.	Saturn	Uranus	Nept.	Pluto	N.Node
1	0:37:22	11Ar15 21	3Vi41	29Ar19	25Aq 7	11Aq 9	28Li45R	25Sg42	7Le37R	4Sc 1R	0Vi10R	2Sc35
2	0:41:19	12 14 31	18 41	29 51	26 3	11 53	28 38	25 42	7 36	3 59	0 9	2 32
3	0:45:15	13 13 38	3Li52	0Ta17	26 59	12 37	28 31	25 42	7 36	3 58	0 7	2 29
4	0:49:11	14 12 43	19 6	0 35	27 56	13 21	28 24	25 42	7 35	3 56	0 6	2 26
5	0:53: 8	15 11 46	4Sc13	0 46	28 53	14 5	28 17	25 42R	7 35	3 55	0 5	2 23
6	0:57: 4	16 10 48	19 3	0 50	29 51	14 50	28 9	25 42	7 34	3 53	0 4	2 19
7	1: 1: 1	17 9 47	3Sg30	0 47R	0Pi49	15 34	28 2	25 42	7 34	3 52	0 4	2 16
8	1: 4:57	18 8 45	17 32	0 38	1 47	16 18	27 54	25 42	7 33	3 50	0 3	2 13
9	1: 8:54	19 7 41	1Cp 6	0 23	2 46	17 2	27 47	25 41	7 33	3 49	0 2	2 10
10	1:12:51	20 6 35	14 15	0 2	3 45	17 46	27 39	25 41	7 33	3 47	0 1	2 7
11	1:16:47	21 5 28	27 1	29Ar49	4 45	18 30	27 32	25 40	7 32	3 45	0 0	2 4
12	1:20:44	22 4 19	9Aq28	29 5	5 45	19 15	27 24	25 40	7 32	3 44	29Le59	2 0
13	1:24:40	23 3 8	21 40	28 30	6 45	19 59	27 17	25 39	7 32	3 42	29 58	1 57
14	1:28:37	24 1 55	3Pi40	27 51	7 46	20 43	27 9	25 38	7 32	3 41	29 58	1 54
15	1:32:33	25 0 41	15 33	27 11	8 47	21 27	27 1	25 37	7 32D	3 39	29 57	1 51
16	1:36:30	25 59 24	27 21	26 28	9 48	22 11	26 53	25 36	7 32	3 37	29 56	1 48
17	1:40:27	26 58 6	9Ar 9	25 45	10 50	22 56	26 46	25 35	7 32	3 36	29 55	1 45
18	1:44:23	27 56 46	20 58	25 1	11 51	23 40	26 38	25 33	7 32	3 34	29 55	1 41
19	1:48:20	28 55 24	2Ta51	24 19	12 54	24 24	26 30	25 32	7 32	3 32	29 54	1 38
20	1:52:16	29 54 0	14 49	23 37	13 56	25 8	26 23	25 30	7 33	3 31	29 53	1 35
21	1:56:13	0Ta52 34	26 55	22 58	14 59	25 53	26 15	25 29	7 33	3 29	29 53	1 32
22	2: 0: 9	1 51 6	9Ge12	22 22	16 2	26 37	26 7	25 27	7 33	3 28	29 52	1 29
23	2: 4: 6	2 49 37	21 40	21 49	17 5	27 21	26 0	25 25	7 34	3 26	29 52	1 25
24	2: 8: 2	3 48 5	4Cn23	21 20	18 8	28 5	25 52	25 24	7 34	3 24	29 51	1 22
25	2:11:59	4 46 31	17 23	20 55	19 12	28 49	25 45	25 22	7 35	3 23	29 51	1 19
26	2:15:55	5 44 55	0Le43	20 35	20 16	29 34	25 37	25 20	7 35	3 21	29 50	1 16
27	2:19:52	6 43 16	14 23	20 19	21 20	0Pi18	25 30	25 18	7 36	3 19	29 50	1 13
28	2:23:49	7 41 36	28 25	20 8	22 25	1 2	25 22	25 15	7 37	3 18	29 49	1 10
29	2:27:45	8 39 53	12Vi47	20 1	23 29	1 46	25 15	25 13	7 37	3 16	29 49	1 6
30	2:31:42	9 38 8	27 28	20 0D	24 34	2 30	25 8	25 11	7 38	3 15	29 49	1 3

4/20 Sun in Tau. 14:27   4/4 Full 3:45   4/10 3rd Qt. 23:50   4/19 New 3:24(E)   4/26 1st Qt. 21:36

MAY 1958

Day	Sid. T.	Sun	Moon	Merc.	Venus	Mars	Jup.	Saturn	Uranus	Nept.	Pluto	N.Node
1	2:35:38	10Ta36 22	12Li21	20Ar 3	25Pi39	3Pi14	25Li 1R	25Sg 8R	7Le39	3Sc13R	29Le48R	1Sc 0
2	2:39:35	11 34 33	27 21	20 12	26 44	3 59	24 53	25 6	7 40	3 11	29 48	0 57
3	2:43:31	12 32 43	12Sc19	20 25	27 49	4 43	24 46	25 3	7 41	3 10	29 48	0 54
4	2:47:28	13 30 51	27 7	20 42	28 55	5 27	24 39	25 1	7 42	3 8	29 48	0 51
5	2:51:25	14 28 57	11Sg38	21 4	0Ar 0	6 11	24 33	24 58	7 43	3 6	29 47	0 47
6	2:55:21	15 27 2	25 46	21 31	1 6	6 55	24 26	24 55	7 44	3 5	29 47	0 44
7	2:59:18	16 25 5	9Cp28	22 1	2 12	7 39	24 19	24 52	7 45	3 3	29 47	0 41
8	3: 3:14	17 23 7	22 44	22 36	3 18	8 23	24 12	24 49	7 46	3 2	29 47	0 38
9	3: 7:11	18 21 8	5Aq35	23 14	4 24	9 7	24 6	24 46	7 48	3 0	29 47	0 35
10	3:11: 7	19 19 7	18 4	23 57	5 31	9 51	24 0	24 43	7 49	2 59	29 47	0 31
11	3:15: 4	20 17 5	0Pi17	24 43	6 37	10 35	23 53	24 40	7 50	2 57	29 47	0 28
12	3:19: 0	21 15 2	12 16	25 32	7 44	11 19	23 47	24 36	7 52	2 55	29 47D	0 25
13	3:22:57	22 12 57	24 7	26 25	8 51	12 3	23 41	24 33	7 53	2 54	29 47	0 22
14	3:26:54	23 10 51	5Ar55	27 21	9 58	12 47	23 35	24 30	7 55	2 52	29 47	0 19
15	3:30:50	24 8 44	17 43	28 20	11 5	13 31	23 29	24 26	7 56	2 51	29 47	0 16
16	3:34:47	25 6 35	29 35	29 23	12 12	14 15	23 24	24 23	7 58	2 49	29 47	0 12
17	3:38:43	26 4 25	11Ta35	0Ta28	13 20	14 59	23 18	24 19	7 59	2 48	29 47	0 9
18	3:42:40	27 2 14	23 44	1 36	14 27	15 43	23 13	24 16	8 1	2 46	29 47	0 6
19	3:46:36	28 0 1	6Ge 5	2 47	15 35	16 26	23 8	24 12	8 3	2 45	29 48	0 3
20	3:50:33	28 57 47	18 38	4 0	16 43	17 10	23 2	24 8	8 5	2 44	29 48	0 0
21	3:54:30	29 55 32	1Cn24	5 17	17 50	17 54	22 57	24 4	8 7	2 42	29 48	29Li56
22	3:58:26	0Ge53 15	14 24	6 35	18 58	18 37	22 53	24 0	8 8	2 41	29 48	29 53
23	4: 2:22	1 50 56	27 38	7 57	20 6	19 21	22 48	23 57	8 10	2 39	29 49	29 50
24	4: 6:19	2 48 36	11Le 6	9 21	21 14	20 5	22 43	23 53	8 12	2 38	29 49	29 47
25	4:10:16	3 46 15	24 48	10 47	22 23	20 48	22 39	23 49	8 14	2 37	29 50	29 44
26	4:14:12	4 43 52	8Vi44	12 16	23 31	21 32	22 35	23 45	8 16	2 35	29 50	29 41
27	4:18: 8	5 41 27	22 53	13 47	24 39	22 15	22 31	23 40	8 18	2 34	29 50	29 37
28	4:22: 5	6 39 1	7Li15	15 21	25 48	22 59	22 27	23 36	8 21	2 33	29 51	29 34
29	4:26: 2	7 36 34	21 45	16 57	26 56	23 42	22 23	23 32	8 23	2 31	29 51	29 31
30	4:29:58	8 34 5	6Sc22	18 36	28 5	24 26	22 20	23 28	8 25	2 30	29 52	29 28
31	4:33:55	9 31 35	20 58	20 17	29 14	25 9	22 16	23 24	8 27	2 29	29 53	29 25

5/21 Sun in Gem. 13:52   5/3 Full 12:24(E)   5/10 3rd Qt. 14:38   5/18 New 19:01   5/26 1st Qt. 4:39

JUNE 1958

Day	Sid. T.	Sun	Moon	Merc.	Venus	Mars	Jup.	Saturn	Uranus	Nept.	Pluto	N.Node
1	4:37:52	10Ge29 4	5Sg29	22Ta 0	0Ta23	25Pi52	22Li13R	23Sg20R	8Le30	2Sc28R	29Le53	29Li22
2	4:41:48	11 26 31	19 49	23 46	1 32	26 35	22 10	23 15	8 32	2 27	29 54	29 18
3	4:45:44	12 23 58	3Cp50	25 34	2 41	27 18	22 7	23 11	8 34	2 25	29 54	29 15
4	4:49:41	13 21 24	17 30	27 24	3 50	28 2	22 5	23 7	8 37	2 24	29 55	29 12
5	4:53:38	14 18 50	0Aq47	29 17	4 59	28 45	22 2	23 2	8 39	2 23	29 56	29 9
6	4:57:34	15 16 14	13 40	1Ge12	6 8	29 28	22 0	22 58	8 42	2 22	29 56	29 6
7	5: 1:31	16 13 38	26 12	3 10	7 17	0Ar10	21 57	22 54	8 44	2 21	29 57	29 2
8	5: 5:28	17 11 1	8Pi26	5 9	8 27	0 53	21 55	22 49	8 47	2 20	29 58	28 59
9	5: 9:24	18 8 24	20 26	7 11	9 36	1 36	21 54	22 45	8 50	2 19	29 59	28 56
10	5:13:21	19 5 46	2Ar18	9 14	10 46	2 19	21 52	22 40	8 52	2 18	0Vi 0	28 53
11	5:17:17	20 3 7	14 6	11 19	11 55	3 2	21 51	22 36	8 55	2 17	0 1	28 50
12	5:21:13	21 0 28	25 56	13 26	13 5	3 44	21 49	22 32	8 58	2 16	0 1	28 47
13	5:25:10	21 57 49	7Ta52	15 35	14 15	4 27	21 48	22 27	9 1	2 15	0 2	28 43
14	5:29: 7	22 55 9	19 59	17 44	15 25	5 9	21 47	22 23	9 3	2 14	0 3	28 40
15	5:33: 3	23 52 28	2Ge19	19 55	16 35	5 52	21 47	22 18	9 6	2 13	0 4	28 37
16	5:37: 0	24 49 47	14 55	22 6	17 44	6 34	21 46	22 14	9 9	2 12	0 5	28 34
17	5:40:57	25 47 6	27 48	24 18	18 54	7 16	21 46	22 9	9 12	2 11	0 6	28 31
18	5:44:53	26 44 24	10Cn56	26 30	20 5	7 58	21 45	22 5	9 15	2 11	0 7	28 28
19	5:48:49	27 41 42	24 19	28 41	21 15	8 40	21 45D	22 1	9 18	2 10	0 8	28 24
20	5:52:46	28 38 58	7Le55	0Cn53	22 25	9 22	21 46	21 56	9 21	2 9	0 10	28 21
21	5:56:43	29 36 15	21 41	3 3	23 35	10 4	21 46	21 52	9 24	2 8	0 11	28 18
22	6: 0:39	0Cn33 30	5Vi36	5 13	24 45	10 46	21 46	21 48	9 27	2 8	0 12	28 15
23	6: 4:36	1 30 45	19 36	7 22	25 56	11 28	21 47	21 43	9 30	2 7	0 13	28 12
24	6: 8:33	2 27 59	3Li42	9 29	27 6	12 9	21 48	21 39	9 33	2 6	0 14	28 8
25	6:12:29	3 25 12	17 52	11 35	28 17	12 51	21 49	21 35	9 36	2 5	0 15	28 5
26	6:16:25	4 22 25	2Sc 4	13 40	29 27	13 32	21 50	21 31	9 39	2 5	0 17	28 2
27	6:20:22	5 19 37	16 17	15 42	0Ge38	14 14	21 52	21 26	9 43	2 4	0 18	27 59
28	6:24:18	6 16 49	0Sg28	17 43	1 48	14 55	21 53	21 22	9 46	2 4	0 19	27 56
29	6:28:15	7 14 1	14 35	19 42	2 59	15 36	21 55	21 18	9 49	2 4	0 20	27 53
30	6:32:11	8 11 12	28 32	21 39	4 10	16 17	21 57	21 14	9 52	2 3	0 22	27 49

6/21 Sun in Can. 21:57   6/1 Full 20:55   6/9 3rd Qt. 6:59   6/17 New 8:00   6/24 1st Qt. 9:45

JULY 1958

Day	Sid. T.	Sun	Moon	Merc.	Venus	Mars	Jup.	Saturn	Uranus	Nept.	Pluto	N.Node
1	6:36: 8	9Cn 8 23	12Cp16	23Cn34	5Ge21	16Ar58	21Li59	21Sg 9R	9Le56	2Sc 3R	0Vi23	27Li46
2	6:40: 5	10 5 34	25 44	25 27	6 32	17 38	22 1	21 5	9 59	2 3	0 25	27 43
3	6:44: 1	11 2 45	8Aq52	27 18	7 42	18 19	22 4	21 1	10 2	2 2	0 26	27 40
4	6:47:58	11 59 56	21 40	29 7	8 53	19 0	22 7	20 57	10 6	2 2	0 27	27 37
5	6:51:54	12 57 7	4Pi 9	0Le54	10 4	19 40	22 9	20 53	10 9	2 2	0 29	27 34
6	6:55:51	13 54 18	16 22	2 39	11 15	20 20	22 12	20 50	10 13	2 1	0 30	27 30
7	6:59:47	14 51 30	28 22	4 22	12 27	21 1	22 15	20 46	10 16	2 1	0 32	27 27
8	7: 3:44	15 48 42	10Ar14	6 2	13 38	21 41	22 19	20 42	10 19	2 1	0 33	27 24
9	7: 7:41	16 45 54	22 2	7 41	14 49	22 21	22 22	20 38	10 23	2 1	0 35	27 21
10	7:11:37	17 43 7	3Ta53	9 18	16 0	23 0	22 26	20 34	10 26	2 1	0 36	27 18
11	7:15:34	18 40 20	15 52	10 52	17 12	23 40	22 30	20 31	10 30	2 0	0 38	27 14
12	7:19:30	19 37 34	28 3	12 25	18 23	24 19	22 34	20 27	10 33	2 0	0 39	27 11
13	7:23:27	20 34 48	10Ge32	13 55	19 34	24 59	22 38	20 24	10 37	2 0	0 41	27 8
14	7:27:23	21 32 3	23 20	15 23	20 46	25 38	22 42	20 20	10 40	2 0D	0 43	27 5
15	7:31:20	22 29 18	6Cn28	16 50	21 57	26 17	22 46	20 17	10 44	2 0	0 44	27 2
16	7:35:16	23 26 34	19 58	18 14	23 9	26 56	22 51	20 13	10 48	2 0	0 46	26 59
17	7:39:13	24 23 49	3Le45	19 35	24 21	27 35	22 56	20 10	10 51	2 1	0 48	26 55
18	7:43:10	25 21 6	17 46	20 55	25 32	28 13	23 1	20 7	10 55	2 1	0 49	26 52
19	7:47: 6	26 18 22	1Vi57	22 12	26 44	28 52	23 6	20 4	10 58	2 1	0 51	26 49
20	7:51: 3	27 15 39	16 13	23 27	27 56	29 30	23 11	20 1	11 2	2 1	0 53	26 46
21	7:54:59	28 12 56	0Li29	24 40	29 8	0Ta 8	23 16	19 58	11 6	2 1	0 54	26 43
22	7:58:56	29 10 13	14 42	25 50	0Cn20	0 46	23 22	19 55	11 9	2 1	0 56	26 40
23	8: 2:52	0Le 7 31	28 51	26 58	1 32	1 24	23 28	19 52	11 13	2 2	0 58	26 36
24	8: 6:49	1 4 49	12Sc54	28 3	2 44	2 1	23 33	19 49	11 17	2 2	1 0	26 33
25	8:10:46	2 2 7	26 52	29 5	3 56	2 38	23 39	19 46	11 20	2 2	1 1	26 30
26	8:14:42	2 59 26	10Sg42	0Vi 4	5 8	3 16	23 45	19 44	11 24	2 3	1 3	26 27
27	8:18:39	3 56 45	24 24	1 1	6 20	3 52	23 52	19 41	11 28	2 3	1 5	26 24
28	8:22:35	4 54 5	7Cp57	1 54	7 32	4 29	23 58	19 39	11 31	2 4	1 7	26 20
29	8:26:32	5 51 25	21 18	2 45	8 44	5 6	24 5	19 36	11 35	2 4	1 9	26 17
30	8:30:28	6 48 46	4Aq25	3 32	9 56	5 42	24 11	19 34	11 39	2 5	1 10	26 14
31	8:34:25	7 46 8	17 17	4 15	11 9	6 18	24 18	19 32	11 42	2 5	1 12	26 11

7/23 Sun in Leo 8:51   7/1 Full 6:05   7/9 3rd Qt. 0:21   7/16 New 18:34   7/23 1st Qt. 14:20   7/30 Full 16:47

AUGUST 1958

Day	Sid. T.	Sun	Moon	Merc.	Venus	Mars	Jup.	Saturn	Uranus	Nept.	Pluto	N.Node
1	8:38:21	8Le43 30	29Aq54	4Vi55	12Cn21	6Ta54	24Li25	19Sg30R	11Le46	2Sc 6	1Vi14	26Li 8
2	8:42:18	9 40 54	12Pi15	5 31	13 33	7 30	24 32	19 28	11 50	2 6	1 16	26 5
3	8:46:14	10 38 18	24 23	6 3	14 46	8 5	24 39	19 26	11 54	2 7	1 18	26 1
4	8:50:11	11 35 44	6Ar20	6 31	15 58	8 40	24 46	19 24	11 57	2 8	1 20	25 58
5	8:54: 8	12 33 11	18 10	6 55	17 11	9 15	24 54	19 22	12 1	2 8	1 22	25 55
6	8:58: 4	13 30 39	29 58	7 14	18 23	9 50	25 1	19 20	12 5	2 9	1 24	25 52
7	9: 2: 1	14 28 8	11Ta49	7 28	19 36	10 25	25 9	19 19	12 8	2 10	1 26	25 49
8	9: 5:57	15 25 39	23 47	7 37	20 49	10 59	25 17	19 17	12 12	2 11	1 27	25 45
9	9: 9:54	16 23 11	6Ge 0	7 41	22 1	11 33	25 25	19 16	12 16	2 11	1 29	25 42
10	9:13:51	17 20 44	18 31	7 40R	23 14	12 7	25 33	19 14	12 20	2 12	1 31	25 39
11	9:17:47	18 18 19	1Cn24	7 34	24 27	12 40	25 41	19 13	12 23	2 13	1 33	25 36
12	9:21:44	19 15 55	14 42	7 22	25 40	13 13	25 50	19 12	12 27	2 14	1 35	25 33
13	9:25:40	20 13 33	28 25	7 4	26 53	13 46	25 58	19 11	12 31	2 15	1 37	25 30
14	9:29:37	21 11 12	12Le30	6 41	28 6	14 19	26 6	19 10	12 34	2 16	1 39	25 26
15	9:33:33	22 8 52	26 54	6 13	29 19	14 51	26 15	19 9	12 38	2 17	1 41	25 23
16	9:37:29	23 6 33	11Vi29	5 40	0Le32	15 23	26 24	19 8	12 42	2 18	1 43	25 20
17	9:41:26	24 4 16	26 10	5 1	1 45	15 55	26 33	19 8	12 45	2 19	1 45	25 17
18	9:45:23	25 1 59	10Li48	4 19	2 58	16 26	26 42	19 7	12 49	2 20	1 47	25 14
19	9:49:19	25 59 44	25 18	3 33	4 11	16 57	26 51	19 7	12 53	2 21	1 49	25 11
20	9:53:16	26 57 30	9Sc38	2 43	5 25	17 28	27 0	19 6	12 56	2 22	1 51	25 7
21	9:57:13	27 55 16	23 44	1 52	6 38	17 58	27 9	19 6	13 0	2 24	1 53	25 4
22	10: 1: 9	28 53 5	7Sg36	0 59	7 51	18 28	27 19	19 6	13 4	2 25	1 55	25 1
23	10: 5: 5	29 50 54	21 14	0 6	9 5	18 58	27 28	19 7	13 7	2 26	1 57	24 58
24	10: 9: 2	0Vi48 44	4Cp39	29Le13	10 18	19 27	27 38	19 6D	13 11	2 27	1 59	24 55
25	10:12:59	1 46 36	17 51	28 22	11 32	19 56	27 47	19 6	13 14	2 28	2 1	24 51
26	10:16:55	2 44 29	0Aq49	27 35	12 45	20 25	27 57	19 6	13 18	2 30	2 3	24 48
27	10:20:52	3 42 23	13 36	26 51	13 59	20 53	28 7	19 6	13 21	2 31	2 5	24 45
28	10:24:49	4 40 19	26 10	26 12	15 12	21 21	28 17	19 7	13 25	2 32	2 7	24 42
29	10:28:45	5 38 16	8Pi31	25 39	16 26	21 48	28 27	19 7	13 28	2 34	2 9	24 39
30	10:32:41	6 36 15	20 41	25 13	17 39	22 15	28 37	19 8	13 32	2 35	2 11	24 36
31	10:36:38	7 34 15	2Ar42	24 55	18 53	22 42	28 47	19 8	13 35	2 37	2 13	24 32

8/23 Sun in Vir. 15:47   8/7 3rd Qt. 17:50   8/15 New 3:34   8/21 1st Qt. 19:45   8/29 Full 5:54

Day	Sid. T.	Sun	Moon	Merc.	Venus	Mars	Jup.	Saturn	Uranus	Nept.	Pluto	N.Node
1	10:40:34	8Vi32 17	14Ar34	24Le44R	20Le 7	23Ta 8	28Li58	19Sg 9	13Le39	2Sc38	2Vi15	24Li29
2	10:44:31	9 30 21	26 22	24 41D	21 21	23 33	29 8	19 10	13 42	2 40	2 17	24 26
3	10:48:28	10 28 27	8Ta 9	24 47	22 34	23 59	29 19	19 11	13 46	2 41	2 19	24 23
4	10:52:24	11 26 35	19 59	25 1	23 48	24 23	29 29	19 12	13 49	2 43	2 21	24 20
5	10:56:21	12 24 45	1Ge57	25 24	25 2	24 48	29 40	19 13	13 53	2 44	2 23	24 17
6	11: 0:17	13 22 57	14 8	25 56	26 16	25 12	29 51	19 14	13 56	2 46	2 25	24 13
7	11: 4:14	14 21 10	26 38	26 36	27 30	25 35	0Sc 2	19 16	13 59	2 47	2 27	24 10
8	11: 8:10	15 19 26	9Cn29	27 24	28 44	25 58	0 12	19 17	14 3	2 49	2 29	24 7
9	11:12: 7	16 17 44	22 47	28 19	29 58	26 20	0 23	19 19	14 6	2 51	2 31	24 4
10	11:16: 4	17 16 4	6Le32	29 22	1Vi12	26 42	0 34	19 20	14 9	2 52	2 33	24 1
11	11:20: 0	18 14 26	20 44	0Vi32	2 26	27 3	0 46	19 22	14 12	2 54	2 35	23 57
12	11:23:57	19 12 50	5Vi18	1 48	3 41	27 24	0 57	19 24	14 16	2 56	2 37	23 54
13	11:27:54	20 11 16	20 10	3 10	4 55	27 44	1 8	19 26	14 19	2 58	2 39	23 51
14	11:31:50	21 9 44	5Li10	4 37	6 9	28 4	1 19	19 28	14 22	2 59	2 41	23 48
15	11:35:46	22 8 13	20 10	6 9	7 23	28 23	1 31	19 30	14 25	3 1	2 42	23 45
16	11:39:43	23 6 44	5Sc 3	7 44	8 38	28 41	1 42	19 32	14 28	3 3	2 44	23 42
17	11:43:39	24 5 17	19 40	9 23	9 52	28 59	1 54	19 35	14 31	3 5	2 46	23 38
18	11:47:36	25 3 52	3Sg59	11 5	11 6	29 16	2 5	19 37	14 34	3 7	2 48	23 35
19	11:51:32	26 2 28	17 57	12 49	12 21	29 33	2 17	19 39	14 37	3 8	2 50	23 32
20	11:55:29	27 1 6	1Cp34	14 35	13 35	29 49	2 29	19 42	14 40	3 10	2 52	23 29
21	11:59:26	27 59 45	14 51	16 23	14 50	0Ge 4	2 41	19 45	14 43	3 12	2 54	23 26
22	12: 3:22	28 58 27	27 50	18 11	16 4	0 18	2 52	19 47	14 46	3 14	2 56	23 23
23	12: 7:19	29 57 10	10Aq33	20 1	17 19	0 32	3 4	19 50	14 49	3 16	2 57	23 19
24	12:11:15	0Li55 54	23 2	21 51	18 33	0 45	3 16	19 53	14 52	3 18	2 59	23 16
25	12:15:12	1 54 41	5Pi20	23 41	19 48	0 58	3 28	19 56	14 55	3 20	3 1	23 13
26	12:19: 8	2 53 29	17 27	25 31	21 2	1 10	3 40	19 59	14 58	3 22	3 3	23 10
27	12:23: 5	3 52 19	29 26	27 21	22 17	1 21	3 53	20 2	15 0	3 24	3 5	23 7
28	12:27: 2	4 51 11	11Ar20	29 11	23 32	1 31	4 5	20 6	15 3	3 26	3 6	23 3
29	12:30:58	5 50 5	23 9	1Li 0	24 46	1 41	4 17	20 9	15 6	3 28	3 8	23 0
30	12:34:55	6 49 2	4Ta56	2 49	26 1	1 49	4 29	20 12	15 8	3 30	3 10	22 57

9/23 Sun in Lib. 13:10   9/6 3rd Qt. 10:24   9/13 New 12:03   9/20 1st Qt. 3:18   9/27 Full 21:44

Day	Sid. T.	Sun	Moon	Merc.	Venus	Mars	Jup.	Saturn	Uranus	Nept.	Pluto	N.Node
1	12:38:51	7Li48 0	16Ta43	4Li37	27Vi16	1Ge57	4Sc42	20Sg16	15Le11	3Sc32	3Vi12	22Li54
2	12:42:48	8 47 1	28 35	6 25	28 30	2 4	4 54	20 20	15 14	3 34	3 13	22 51
3	12:46:44	9 46 4	10Cc35	8 12	29 45	2 11	5 6	20 23	15 16	3 36	3 15	22 48
4	12:50:41	10 45 9	22 46	9 58	1Li 0	2 16	5 19	20 27	15 19	3 38	3 17	22 44
5	12:54:37	11 44 17	5Cn13	11 43	2 15	2 21	5 31	20 31	15 21	3 40	3 18	22 41
6	12:58:34	12 43 27	18 1	13 28	3 30	2 25	5 44	20 35	15 23	3 43	3 20	22 38
7	13: 2:31	13 42 39	1Le12	15 12	4 45	2 28	5 56	20 39	15 26	3 45	3 21	22 35
8	13: 6:27	14 41 53	14 50	16 55	6 0	2 30	6 9	20 43	15 28	3 47	3 23	22 32
9	13:10:24	15 41 10	28 55	18 37	7 14	2 31	6 22	20 47	15 30	3 49	3 25	22 29
10	13:14:20	16 40 29	13Vi25	20 19	8 29	2 32R	6 34	20 51	15 33	3 51	3 26	22 25
11	13:18:17	17 39 51	28 17	22 0	9 44	2 31	6 47	20 56	15 35	3 53	3 28	22 22
12	13:22:13	18 39 14	13Li24	23 40	10 59	2 30	7 0	21 0	15 37	3 56	3 29	22 19
13	13:26:10	19 38 39	28 37	25 19	12 14	2 27	7 13	21 5	15 39	3 58	3 31	22 16
14	13:30: 7	20 38 7	13Sc45	26 57	13 29	2 24	7 26	21 9	15 41	4 0	3 32	22 13
15	13:34: 3	21 37 36	28 41	28 35	14 44	2 20	7 38	21 14	15 43	4 2	3 34	22 9
16	13:38: 0	22 37 8	13Sg16	0Sc13	16 0	2 15	7 51	21 18	15 45	4 4	3 35	22 6
17	13:41:56	23 36 41	27 27	1 49	17 15	2 9	8 4	21 23	15 47	4 7	3 37	22 3
18	13:45:53	24 36 16	11Cp12	3 25	18 30	2 2	8 17	21 28	15 49	4 9	3 38	22 0
19	13:49:49	25 35 53	24 32	5 0	19 45	1 54	8 30	21 33	15 51	4 11	3 39	21 57
20	13:53:45	26 35 31	7Aq28	6 35	21 0	1 46	8 43	21 38	15 53	4 13	3 41	21 54
21	13:57:42	27 35 11	20 4	8 9	22 15	1 37	8 56	21 43	15 54	4 15	3 42	21 50
22	14: 1:39	28 34 53	2Pi23	9 43	23 30	1 26	9 9	21 48	15 56	4 18	3 43	21 47
23	14: 5:35	29 34 36	14 29	11 16	24 45	1 15	9 22	21 53	15 58	4 20	3 45	21 44
24	14: 9:32	0Sc34 21	26 27	12 48	26 1	1 3	9 35	21 58	15 59	4 22	3 46	21 41
25	14:13:29	1 34 8	8Ar18	14 20	27 16	0 50	9 48	22 4	16 1	4 24	3 47	21 38
26	14:17:25	2 33 57	20 7	15 51	28 31	0 37	10 2	22 9	16 2	4 27	3 48	21 34
27	14:21:22	3 33 48	1Ta54	17 22	29 46	0 23	10 15	22 14	16 4	4 29	3 50	21 31
28	14:25:18	4 33 41	13 44	18 52	1Sc 1	0 8	10 28	22 20	16 5	4 31	3 51	21 28
29	14:29:15	5 33 36	25 36	20 21	2 17	29Ta52	10 41	22 25	16 6	4 33	3 52	21 25
30	14:33:11	6 33 32	7Ge35	21 51	3 32	29 35	10 54	22 31	16 8	4 36	3 53	21 22
31	14:37: 8	7 33 31	19 42	23 19	4 47	29 18	11 7	22 36	16 9	4 38	3 54	21 19

10/23 Sun in Sco. 22:12   10/6 3rd Qt. 1:20   10/12 New 20:52(E)   10/19 1st Qt. 14:07   10/27 Full 15:41

NOVEMBER 1958

Day	Sid. T.	Sun	Moon	Merc.	Venus	Mars	Jup.	Saturn	Uranus	Nept.	Pluto	N.Node
1	14:41: 5	8Sc33 32	1Cn59	24Sc47	6Sc 2	29Ta 0R	11Sc20	22Sg42	16Le10	4Sc40	3Vi55	21Li15
2	14:45: 1	9 33 35	14 30	26 15	7 18	28 42	11 34	22 48	16 11	4 42	3 56	21 12
3	14:48:58	10 33 40	27 16	27 42	8 33	28 23	11 47	22 54	16 12	4 45	3 57	21 9
4	14:52:54	11 33 48	10Le22	29 8	9 48	28 4	12 0	23 0	16 13	4 47	3 58	21 6
5	14:56:50	12 33 57	23 50	0Sg33	11 3	27 44	12 13	23 5	16 14	4 49	3 59	21 3
6	15: 0:47	13 34 8	7Vi42	1 58	12 19	27 23	12 26	23 11	16 15	4 51	4 0	21 0
7	15: 4:44	14 34 22	21 57	3 23	13 34	27 2	12 39	23 17	16 16	4 53	4 1	20 56
8	15: 8:40	15 34 37	6Li35	4 46	14 49	26 41	12 53	23 23	16 17	4 56	4 2	20 53
9	15:12:37	16 34 55	21 31	6 9	16 5	26 20	13 6	23 30	16 17	4 58	4 3	20 50
10	15:16:34	17 35 14	6Sc38	7 30	17 20	25 58	13 19	23 36	16 18	5 0	4 3	20 47
11	15:20:30	18 35 35	21 48	8 51	18 35	25 36	13 32	23 42	16 19	5 2	4 4	20 44
12	15:24:26	19 35 58	6Sg50	10 10	19 51	25 14	13 45	23 48	16 19	5 4	4 5	20 40
13	15:28:23	20 36 23	21 37	11 28	21 6	24 52	13 58	23 54	16 20	5 7	4 6	20 37
14	15:32:20	21 36 49	6Cp 0	12 45	22 21	24 30	14 12	24 1	16 20	5 9	4 6	20 34
15	15:36:16	22 37 16	19 56	14 0	23 37	24 8	14 25	24 7	16 21	5 11	4 7	20 31
16	15:40:13	23 37 45	3Aq23	15 14	24 52	23 46	14 38	24 14	16 21	5 13	4 8	20 28
17	15:44:10	24 38 15	16 23	16 25	26 8	23 25	14 51	24 20	16 21	5 15	4 8	20 25
18	15:48: 6	25 38 46	29 0	17 34	27 23	23 3	15 4	24 26	16 21	5 17	4 9	20 21
19	15:52: 2	26 39 19	11Pi17	18 41	28 38	22 42	15 17	24 33	16 22	5 20	4 9	20 18
20	15:55:59	27 39 52	23 19	19 44	29 54	22 21	15 30	24 40	16 22	5 22	4 10	20 15
21	15:59:55	28 40 27	5Ar12	20 44	1Sg 9	22 0	15 43	24 46	16 22	5 24	4 10	20 12
22	16: 3:52	29 41 4	16 59	21 41	2 24	21 39	15 56	24 53	16 22R	5 26	4 11	20 9
23	16: 7:48	0Sg41 41	28 46	22 33	3 40	21 19	16 9	24 59	16 22	5 28	4 11	20 6
24	16:11:45	1 42 20	10Ta35	23 20	4 55	21 0	16 22	25 6	16 22	5 30	4 12	20 2
25	16:15:42	2 43 0	22 30	24 2	6 11	20 41	16 35	25 13	16 22	5 32	4 12	19 59
26	16:19:38	3 43 41	4Ge31	24 37	7 26	20 22	16 48	25 19	16 21	5 34	4 12	19 56
27	16:23:35	4 44 24	16 42	25 6	8 41	20 4	17 1	25 26	16 21	5 36	4 13	19 53
28	16:27:31	5 45 8	29 2	25 27	9 57	19 47	17 14	25 33	16 21	5 38	4 13	19 50
29	16:31:28	6 45 54	11Cn34	25 39	11 12	19 30	17 27	25 40	16 20	5 40	4 13	19 46
30	16:35:25	7 46 40	24 17	25 42R	12 28	19 14	17 39	25 47	16 20	5 42	4 13	19 43

11/22 Sun in Sag. 19:30   11/4 3rd Qt. 14:20   11/11 New 6:34   11/18 1st Qt. 5:00   11/26 Full 10:17

DECEMBER 1958

Day	Sid. T.	Sun	Moon	Merc.	Venus	Mars	Jup.	Saturn	Uranus	Nept.	Pluto	N.Node
1	16:39:21	8Sg47 29	7Le12	25Sg35R	13Sg43	18Ta59R	17Sc52	25Sg54	16Le19R	5Sc44	4Vi14	19Li40
2	16:43:18	9 48 18	20 21	25 17	14 58	18 44	18 5	26 0	16 19	5 46	4 14	19 37
3	16:47:14	10 49 9	3Vi46	24 48	16 14	18 30	18 18	26 7	16 18	5 48	4 14	19 34
4	16:51:11	11 50 2	17 28	24 8	17 29	18 17	18 30	26 14	16 17	5 50	4 14	19 31
5	16:55: 7	12 50 56	1Li28	23 17	18 45	18 5	18 43	26 21	16 17	5 52	4 14	19 27
6	16:59: 4	13 51 51	15 45	22 16	20 0	17 53	18 56	26 28	16 16	5 54	4 14R	19 24
7	17: 3: 1	14 52 47	0Sc19	21 6	21 15	17 42	19 8	26 35	16 15	5 56	4 14	19 21
8	17: 6:57	15 53 45	15 6	19 50	22 31	17 32	19 21	26 42	16 15	5 57	4 14	19 18
9	17:10:53	16 54 44	29 59	18 28	23 46	17 23	19 33	26 49	16 14	5 59	4 14	19 15
10	17:14:50	17 55 44	14Sg50	17 5	25 2	17 14	19 45	26 56	16 13	6 1	4 14	19 12
11	17:18:47	18 56 45	29 32	15 43	26 17	17 7	19 58	27 3	16 12	6 3	4 14	19 8
12	17:22:43	19 57 46	13Cp56	14 25	27 33	17 0	20 10	27 10	16 11	6 5	4 13	19 5
13	17:26:40	20 58 49	27 55	13 13	28 48	16 54	20 22	27 17	16 9	6 6	4 13	19 2
14	17:30:36	21 59 51	11Aq28	12 9	0Cp 3	16 49	20 35	27 24	16 8	6 8	4 13	18 59
15	17:34:33	23 0 55	24 34	11 15	1 19	16 44	20 47	27 31	16 7	6 10	4 13	18 56
16	17:38:29	24 1 58	7Pi14	10 31	2 34	16 41	20 59	27 39	16 6	6 11	4 12	18 52
17	17:42:26	25 3 3	19 34	9 59	3 50	16 38	21 11	27 46	16 4	6 13	4 12	18 49
18	17:46:23	26 4 7	1Ar37	9 37	5 5	16 36	21 23	27 53	16 3	6 15	4 12	18 46
19	17:50:19	27 5 12	13 29	9 26	6 20	16 35	21 35	28 0	16 2	6 16	4 11	18 43
20	17:54:16	28 6 17	25 17	9 26D	7 36	16 35D	21 47	28 7	16 0	6 18	4 11	18 40
21	17:58:12	29 7 22	7Ta 4	9 35	8 51	16 36	21 58	28 14	15 59	6 19	4 11	18 37
22	18: 2: 9	0Cp 8 28	18 56	9 52	10 6	16 37	22 10	28 21	15 57	6 21	4 10	18 33
23	18: 6: 5	1 9 34	0Ge56	10 18	11 22	16 39	22 22	28 28	15 56	6 22	4 10	18 30
24	18:10: 2	2 10 40	13 7	10 50	12 37	16 42	22 34	28 35	15 54	6 24	4 9	18 27
25	18:13:58	3 11 47	25 32	11 29	13 53	16 46	22 45	28 42	15 52	6 25	4 9	18 24
26	18:17:55	4 12 54	8Cn 9	12 14	15 8	16 50	22 57	28 49	15 51	6 27	4 8	18 21
27	18:21:52	5 14 1	21 1	13 4	16 23	16 55	23 8	28 56	15 49	6 28	4 7	18 18
28	18:25:48	6 15 8	4Le 4	13 58	17 39	17 1	23 19	29 3	15 47	6 29	4 7	18 14
29	18:29:45	7 16 16	17 19	14 56	18 54	17 7	23 31	29 10	15 45	6 31	4 6	18 11
30	18:33:41	8 17 24	0Vi45	15 58	20 9	17 15	23 42	29 18	15 43	6 32	4 5	18 8
31	18:37:38	9 18 33	14 20	17 3	21 25	17 22	23 53	29 25	15 41	6 33	4 5	18 5

12/22 Sun in Cap. 8:41   12/4 3rd Qt. 1:25   12/10 New 17:24   12/17 1st Qt. 23:53   12/26 Full 3:55

Day	Sid. T.	Sun	Moon	Merc.	Venus	Mars	Jup.	Saturn	Uranus	Nept.	Pluto	N.Node
1	18:41:34	10Cp19 42	28Vi 4	18Sg11	22Cp40	17Ta31	24Sc 4	29Sg32	15Le39R	6Sc34	4Vi 4R	18Li 2
2	18:45:31	11 20 51	11Li58	19 21	23 55	17 40	24 15	29 39	15 37	6 36	4 3	17 58
3	18:49:28	12 22 1	26 3	20 33	25 10	17 50	24 26	29 46	15 35	6 37	4 2	17 55
4	18:53:24	13 23 11	10Sc16	21 47	26 26	18 0	24 37	29 53	15 33	6 38	4 1	17 52
5	18:57:21	14 24 21	24 38	23 3	27 41	18 11	24 47	29 59	15 31	6 39	4 1	17 49
6	19: 1:17	15 25 32	9Sg 4	24 21	28 56	18 23	24 58	0Cp 6	15 29	6 40	4 0	17 46
7	19: 5:14	16 26 42	23 31	25 40	0Aq12	18 35	25 8	0 13	15 27	6 41	3 59	17 43
8	19: 9:10	17 27 53	7Cp51	27 0	1 27	18 48	25 19	0 20	15 25	6 42	3 58	17 39
9	19:13: 7	18 29 3	21 58	28 21	2 42	19 1	25 29	0 27	15 22	6 43	3 57	17 36
10	19:17: 3	19 30 13	5Aq48	29 43	3 57	19 15	25 39	0 34	15 20	6 44	3 56	17 33
11	19:21: 0	20 31 23	19 16	1Cp 7	5 13	19 30	25 49	0 41	15 18	6 45	3 55	17 30
12	19:24:56	21 32 32	2Pi20	2 31	6 28	19 45	26 0	0 48	15 16	6 46	3 54	17 27
13	19:28:53	22 33 41	15 2	3 56	7 43	20 0	26 9	0 54	15 13	6 47	3 53	17 23
14	19:32:50	23 34 49	27 23	5 22	8 58	20 16	26 19	1 1	15 11	6 48	3 52	17 20
15	19:36:46	24 35 56	9Ar28	6 48	10 14	20 33	26 29	1 8	15 8	6 48	3 51	17 17
16	19:40:42	25 37 3	21 22	8 15	11 29	20 49	26 39	1 14	15 6	6 49	3 50	17 14
17	19:44:39	26 38 9	3Ta10	9 44	12 44	21 7	26 48	1 21	15 4	6 50	3 48	17 11
18	19:48:36	27 39 14	14 59	11 12	13 59	21 25	26 58	1 28	15 1	6 51	3 47	17 8
19	19:52:32	28 40 18	26 52	12 42	15 14	21 43	27 7	1 34	14 59	6 51	3 46	17 4
20	19:56:29	29 41 22	8Ge56	14 12	16 29	22 2	27 16	1 41	14 56	6 52	3 45	17 1
21	20: 0:26	0Aq42 24	21 14	15 42	17 44	22 21	27 25	1 47	14 54	6 53	3 44	16 58
22	20: 4:22	1 43 26	3Cn49	17 13	18 59	22 41	27 34	1 54	14 51	6 53	3 42	16 55
23	20: 8:18	2 44 27	16 42	18 45	20 14	23 1	27 43	2 0	14 49	6 54	3 41	16 52
24	20:12:15	3 45 27	29 53	20 18	21 29	23 21	27 52	2 7	14 46	6 54	3 40	16 49
25	20:16:12	4 46 27	13Le20	21 51	22 44	23 42	28 0	2 13	14 43	6 55	3 39	16 45
26	20:20: 8	5 47 25	27 0	23 24	23 59	24 3	28 9	2 19	14 41	6 55	3 37	16 42
27	20:24: 5	6 48 23	10Vi51	24 58	25 14	24 24	28 17	2 26	14 38	6 55	3 36	16 39
28	20:28: 1	7 49 20	24 48	26 33	26 29	24 46	28 25	2 32	14 36	6 56	3 35	16 36
29	20:31:58	8 50 16	8Li50	28 9	27 44	25 8	28 33	2 38	14 33	6 56	3 33	16 33
30	20:35:55	9 51 12	22 45	29 45	28 59	25 31	28 41	2 44	14 30	6 56	3 32	16 29
31	20:39:51	10 52 7	7Sc 0	1Aq22	0Pi14	25 54	28 49	2 50	14 28	6 57	3 31	16 26

1/20 Sun in Aqu. 19:19   1/2 3rd Qt. 10:51   1/9 New 5:34   1/16 1st Qt. 21:27   1/24 Full 19:33   1/31 3rd Qt. 19:07

Day	Sid. T.	Sun	Moon	Merc.	Venus	Mars	Jup.	Saturn	Uranus	Nept.	Pluto	N.Node
1	20:43:47	11Aq53 1	21Sc 5	3Aq 0	1Pi29	26Ta17	28Sc57	2Cp56	14Le25R	6Sc57	3Vi29R	16Li23
2	20:47:44	12 53 54	5Sg10	4 38	2 44	26 40	29 4	3 2	14 23	6 57	3 28	16 20
3	20:51:41	13 54 47	19 14	6 17	3 59	27 4	29 12	3 8	14 20	6 57	3 26	16 17
4	20:55:37	14 55 39	3Cp12	7 57	5 14	27 28	29 19	3 14	14 17	6 57	3 25	16 14
5	20:59:34	15 56 30	17 4	9 37	6 28	27 52	29 26	3 20	14 15	6 58	3 24	16 10
6	21: 3:31	16 57 20	0Aq45	11 18	7 43	28 17	29 33	3 26	14 12	6 58	3 22	16 7
7	21: 7:27	17 58 9	14 12	13 0	8 58	28 42	29 40	3 32	14 9	6 58R	3 21	16 4
8	21:11:23	18 58 56	27 23	14 43	10 13	29 7	29 47	3 37	14 7	6 58	3 19	16 1
9	21:15:20	19 59 42	10Pi16	16 27	11 27	29 33	29 53	3 43	14 4	6 58	3 18	15 58
10	21:19:17	21 0 27	22 55	18 11	12 42	29 58	0Sg 0	3 49	14 2	6 57	3 16	15 55
11	21:23:13	22 1 10	5Ar 8	19 57	13 57	0Ge24	0 6	3 54	13 59	6 57	3 15	15 51
12	21:27: 9	23 1 52	17 13	21 43	15 11	0 50	0 12	3 59	13 56	6 57	3 13	15 48
13	21:31: 6	24 2 32	29 7	23 29	16 26	1 17	0 18	4 5	13 54	6 57	3 12	15 45
14	21:35: 3	25 3 11	10Ta56	25 17	17 40	1 44	0 24	4 10	13 51	6 57	3 10	15 42
15	21:38:59	26 3 47	22 45	27 6	18 55	2 10	0 30	4 15	13 49	6 56	3 9	15 39
16	21:42:56	27 4 23	4Ge39	28 55	20 9	2 38	0 35	4 21	13 46	6 56	3 7	15 35
17	21:46:52	28 4 56	16 43	0Pi45	21 24	3 5	0 40	4 26	13 44	6 56	3 6	15 32
18	21:50:49	29 5 27	29 2	2 35	22 38	3 32	0 46	4 31	13 41	6 56	3 4	15 29
19	21:54:45	0Pi 5 57	11Cn41	4 27	23 52	4 0	0 51	4 36	13 39	6 55	3 3	15 26
20	21:58:42	1 6 25	24 41	6 18	25 7	4 28	0 55	4 41	13 36	6 55	3 1	15 23
21	22: 2:39	2 6 52	8Le 3	8 11	26 21	4 56	1 0	4 46	13 34	6 54	3 0	15 20
22	22: 6:35	3 7 16	21 47	10 3	27 35	5 24	1 5	4 50	13 31	6 54	2 58	15 16
23	22:10:32	4 7 39	5Vi50	11 56	28 49	5 53	1 9	4 55	13 29	6 53	2 57	15 13
24	22:14:28	5 8 0	20 6	13 49	0Ar 3	6 22	1 13	5 0	13 26	6 53	2 55	15 10
25	22:18:25	6 8 19	4Li32	15 42	1 18	6 50	1 17	5 4	13 24	6 52	2 54	15 7
26	22:22:21	7 8 37	19 0	17 34	2 32	7 19	1 21	5 9	13 22	6 52	2 52	15 4
27	22:26:18	8 8 54	3Sc27	19 25	3 46	7 49	1 24	5 13	13 19	6 51	2 50	15 1
28	22:30:15	9 9 9	17 49	21 16	5 0	8 18	1 28	5 18	13 17	6 50	2 49	14 57

2/19 Sun in Pis. 9:38   2/7 New 19:23   2/15 1st Qt. 19:20   2/23 Full 8:54

MARCH 1959

Day	Sid. T.	Sun	Moon	Merc.	Venus	Mars	Jup.	Saturn	Uranus	Nept.	Pluto	N.Node
1	22:34:11	10Pi 9 22	2Sg 2	23Pi 5	6Ar14	8Ge48	1Sg31	5Cp22	13Le15R	6Sc50R	2Vi47R	14Li54
2	22:38: 8	11 9 34	16 5	24 53	7 28	9 17	1 34	5 26	13 13	6 49	2 46	14 51
3	22:42: 4	12 9 45	29 57	26 38	8 41	9 47	1 37	5 30	13 10	6 48	2 44	14 48
4	22:46: 1	13 9 54	13Cp37	28 21	9 55	10 17	1 40	5 34	13 8	6 47	2 43	14 45
5	22:49:57	14 10 2	27 4	0Ar 1	11 9	10 47	1 43	5 38	13 6	6 47	2 41	14 41
6	22:53:54	15 10 8	10Aq19	1 36	12 23	11 17	1 45	5 42	13 4	6 46	2 40	14 38
7	22:57:50	16 10 12	23 21	3 8	13 36	11 48	1 47	5 46	13 2	6 45	2 38	14 35
8	23: 1:47	17 10 15	6Pi 9	4 35	14 50	12 18	1 49	5 50	13 0	6 44	2 37	14 32
9	23: 5:44	18 10 15	18 43	5 56	16 4	12 49	1 51	5 53	12 58	6 43	2 35	14 29
10	23: 9:40	19 10 14	1Ar 5	7 12	17 17	13 20	1 53	5 57	12 56	6 42	2 34	14 26
11	23:13:37	20 10 10	13 14	8 21	18 31	13 50	1 54	6 0	12 54	6 41	2 33	14 22
12	23:17:33	21 10 5	25 14	9 24	19 44	14 21	1 56	6 4	12 52	6 40	2 31	14 19
13	23:21:30	22 9 57	7Ta 6	10 19	20 58	14 53	1 57	6 7	12 50	6 39	2 30	14 16
14	23:25:26	23 9 48	18 55	11 6	22 11	15 24	1 58	6 10	12 48	6 38	2 28	14 13
15	23:29:23	24 9 36	0Ge44	11 46	23 24	15 55	1 58	6 13	12 46	6 37	2 27	14 10
16	23:33:20	25 9 22	12 38	12 17	24 38	16 27	1 59	6 16	12 45	6 36	2 25	14 7
17	23:37:16	26 9 6	24 41	12 40	25 51	16 58	1 59	6 19	12 43	6 35	2 24	14 3
18	23:41:12	27 8 48	6Cn58	12 55	27 4	17 30	1 59	6 22	12 41	6 33	2 23	14 0
19	23:45: 9	28 8 27	19 34	13 1	28 17	18 2	1 59R	6 25	12 40	6 32	2 21	13 57
20	23:49: 6	29 8 4	2Le32	12 59R	29 30	18 34	1 59	6 28	12 38	6 31	2 20	13 54
21	23:53: 2	0Ar 7 39	15 55	12 50	0Ta43	19 6	1 59	6 30	12 37	6 30	2 19	13 51
22	23:56:59	1 7 12	29 44	12 32	1 56	19 38	1 58	6 33	12 35	6 29	2 17	13 47
23	0: 0:55	2 6 42	13Vi57	12 8	3 8	20 10	1 58	6 35	12 34	6 27	2 16	13 44
24	0: 4:52	3 6 10	28 30	11 37	4 21	20 42	1 57	6 37	12 32	6 26	2 15	13 41
25	0: 8:48	4 5 36	13Li17	11 0	5 34	21 15	1 56	6 40	12 31	6 25	2 14	13 38
26	0:12:45	5 5 0	28 12	10 19	6 46	21 47	1 54	6 42	12 30	6 23	2 12	13 35
27	0:16:42	6 4 23	13Sc 6	9 34	7 59	22 20	1 53	6 44	12 28	6 22	2 11	13 32
28	0:20:38	7 3 43	27 51	8 45	9 11	22 52	1 51	6 46	12 27	6 21	2 10	13 28
29	0:24:35	8 3 2	12Sg22	7 55	10 24	23 25	1 49	6 48	12 26	6 19	2 9	13 25
30	0:28:31	9 2 19	26 36	7 4	11 36	23 58	1 47	6 49	12 25	6 18	2 8	13 22
31	0:32:28	10 1 34	10Cp30	6 13	12 49	24 31	1 45	6 51	12 24	6 17	2 6	13 19

3/21 Sun in Ari. 8:55   3/2 3rd Qt. 2:55   3/9 New 10:52   3/17 1st Qt. 15:10   3/24 Full 20:03(E)   3/31 3rd Qt. 11:07

APRIL 1959

Day	Sid. T.	Sun	Moon	Merc.	Venus	Mars	Jup.	Saturn	Uranus	Nept.	Pluto	N.Node
1	0:36:25	11Ar 0 48	24Cp 4	5Ar24R	14Ta 1	25Ge 3	1Sg43R	6Cp52	12Le23R	6Sc15R	2Vi 5R	13Li16
2	0:40:21	11 59 59	7Aq18	4 36	15 13	25 37	1 40	6 54	12 22	6 14	2 4	13 12
3	0:44:17	12 59 9	20 15	3 52	16 25	26 10	1 37	6 55	12 21	6 12	2 3	13 9
4	0:48:14	13 58 17	2Pi57	3 11	17 37	26 43	1 34	6 57	12 20	6 11	2 2	13 6
5	0:52:11	14 57 24	15 25	2 34	18 49	27 16	1 31	6 58	12 19	6 9	2 1	13 3
6	0:56: 7	15 56 28	27 42	2 2	20 1	27 49	1 28	6 59	12 18	6 8	2 0	13 0
7	1: 0: 3	16 55 30	9Ar49	1 35	21 13	28 23	1 24	7 0	12 18	6 6	1 59	12 57
8	1: 4: 0	17 54 30	21 48	1 13	22 24	28 56	1 21	7 1	12 17	6 5	1 58	12 53
9	1: 7:56	18 53 29	3Ta42	0 56	23 36	29 30	1 17	7 1	12 16	6 3	1 57	12 50
10	1:11:53	19 52 25	15 31	0 45	24 48	0Cn 3	1 13	7 2	12 16	6 2	1 56	12 47
11	1:15:49	20 51 19	27 20	0 39	25 59	0 37	1 9	7 2	12 15	6 0	1 55	12 44
12	1:19:46	21 50 11	9Ge10	0 39D	27 10	1 11	1 4	7 3	12 15	5 59	1 54	12 41
13	1:23:43	22 49 1	21 5	0 44	28 22	1 44	1 0	7 3	12 15	5 57	1 53	12 38
14	1:27:39	23 47 49	3Cn 8	0 54	29 33	2 18	0 55	7 3	12 14	5 55	1 53	12 34
15	1:31:36	24 46 34	15 23	1 9	0Ge44	2 52	0 50	7 4	12 14	5 54	1 52	12 31
16	1:35:32	25 45 18	27 55	1 28	1 55	3 26	0 46	7 4	12 14	5 52	1 51	12 28
17	1:39:29	26 43 58	10Le48	1 53	3 6	4 0	0 40	7 4R	12 14	5 51	1 50	12 25
18	1:43:26	27 42 37	24 5	2 21	4 17	4 34	0 35	7 4	12 13	5 49	1 49	12 22
19	1:47:22	28 41 13	7Vi48	2 54	5 28	5 8	0 30	7 3	12 13	5 47	1 49	12 18
20	1:51:18	29 39 48	21 57	3 31	6 38	5 42	0 24	7 3	12 13D	5 46	1 48	12 15
21	1:55:15	0Ta38 20	6Li32	4 12	7 49	6 16	0 19	7 3	12 13	5 44	1 47	12 12
22	1:59:12	1 36 50	21 28	4 56	8 59	6 51	0 13	7 2	12 13	5 42	1 47	12 9
23	2: 3: 8	2 35 18	6Sc36	5 44	10 10	7 25	0 7	7 1	12 14	5 41	1 46	12 6
24	2: 7: 4	3 33 44	21 48	6 35	11 20	7 59	0 1	7 1	12 14	5 39	1 46	12 3
25	2:11: 1	4 32 9	6Sg55	7 30	12 30	8 34	29Sc55	7 0	12 14	5 38	1 45	11 59
26	2:14:58	5 30 32	21 46	8 27	13 40	9 8	29 49	6 59	12 14	5 36	1 45	11 56
27	2:18:54	6 28 53	6Cp16	9 28	14 50	9 43	29 42	6 58	12 15	5 34	1 44	11 53
28	2:22:51	7 27 13	20 20	10 31	16 0	10 17	29 36	6 57	12 15	5 33	1 44	11 50
29	2:26:48	8 25 32	3Aq58	11 37	17 10	10 52	29 29	6 56	12 15	5 31	1 43	11 47
30	2:30:44	9 23 48	17 11	12 45	18 19	11 26	29 22	6 55	12 16	5 29	1 43	11 44

4/20 Sun in Tau. 20:17   4/8 New 3:29(E)   4/16 1st Qt. 7:33   4/23 Full 5:14   4/29 3rd Qt. 20:39

Day	Sid. T.	Sun	Moon	Merc.	Venus	Mars	Jup.	Saturn	Uranus	Nept.	Pluto	N.Node
1	2:34:40	10Ta22 4	0Pi 1	13Ar56	19Ge29	12Cn 1	29Sc16R	6Cp53R	12Le17	5Sc28R	1Vi42R	11Li40
2	2:38:37	11 20 17	12 32	15 10	20 38	12 36	29 9	6 52	12 17	5 26	1 42	11 37
3	2:42:34	12 18 29	24 47	16 26	21 48	13 10	29 2	6 50	12 18	5 24	1 42	11 34
4	2:46:30	13 16 40	6Ar52	17 44	22 57	13 45	28 55	6 48	12 19	5 23	1 41	11 31
5	2:50:27	14 14 49	18 48	19 5	24 6	14 20	28 48	6 47	12 20	5 21	1 41	11 28
6	2:54:23	15 12 57	0Ta40	20 27	25 15	14 55	28 40	6 45	12 20	5 20	1 41	11 24
7	2:58:20	16 11 3	12 29	21 52	26 24	15 30	28 33	6 43	12 21	5 18	1 41	11 21
8	3: 2:16	17 9 7	24 18	23 19	27 32	16 5	28 26	6 41	12 22	5 16	1 41	11 18
9	3: 6:13	18 7 10	6Ge 8	24 49	28 41	16 40	28 18	6 39	12 23	5 15	1 40	11 15
10	3:10: 9	19 5 11	18 2	26 20	29 49	17 15	28 11	6 37	12 24	5 13	1 40	11 12
11	3:14: 6	20 3 10	0Cn 2	27 53	0Cn58	17 50	28 4	6 34	12 25	5 12	1 40	11 9
12	3:18: 3	21 1 8	12 29	29 29	2 6	18 25	27 56	6 32	12 27	5 10	1 40	11 5
13	3:21:59	21 59 4	24 27	1Ta 6	3 14	19 0	27 48	6 30	12 28	5 9	1 40	11 2
14	3:25:56	22 56 58	6Le59	2 46	4 21	19 35	27 41	6 27	12 29	5 7	40D	10 59
15	3:29:52	23 54 50	19 49	4 27	5 29	20 11	27 33	6 24	12 30	5 5	1 40	10 56
16	3:33:49	24 52 41	2Vi59	6 11	6 37	20 46	27 26	6 22	12 32	5 4	1 40	10 53
17	3:37:45	25 50 30	16 32	7 56	7 44	21 21	27 18	6 19	12 33	5 2	1 40	10 50
18	3:41:42	26 48 17	0Li32	9 44	8 51	21 56	27 10	6 16	12 35	5 1	1 40	10 46
19	3:45:39	27 46 2	14 56	11 34	9 58	22 32	27 3	6 13	12 36	4 59	1 41	10 43
20	3:49:35	28 43 46	29 45	13 26	11 5	23 7	26 55	6 10	12 38	4 58	1 41	10 40
21	3:53:32	29 41 28	14Sc51	15 20	12 12	23 43	26 47	6 7	12 39	4 57	1 41	10 37
22	3:57:28	0Ge39 9	0Sg 6	17 15	13 18	24 18	26 40	6 4	12 41	4 55	1 41	10 34
23	4: 1:25	1 36 49	15 20	19 13	14 25	24 53	26 32	6 1	12 43	4 54	1 41	10 30
24	4: 5:21	2 34 27	0Cp22	21 13	15 31	25 29	26 24	5 58	12 44	4 52	1 42	10 27
25	4: 9:18	3 32 4	15 4	23 15	16 37	26 5	26 17	5 54	12 46	4 51	1 42	10 24
26	4:13:14	4 29 41	29 29	25 18	17 42	26 40	26 9	5 51	12 48	4 49	1 42	10 21
27	4:17:11	5 27 16	13Aq 5	27 23	18 48	27 16	26 2	5 48	12 50	4 48	1 43	10 18
28	4:21: 7	6 24 51	26 22	29 30	19 53	27 51	25 54	5 44	12 52	4 47	1 43	10 15
29	4:25: 4	7 22 24	9Pi13	1Ge38	20 59	28 27	25 47	5 41	12 54	4 45	1 44	10 11
30	4:29: 1	8 19 57	21 42	3 48	22 4	29 3	25 40	5 37	12 56	4 44	1 44	10 8
31	4:32:57	9 17 29	3Ar53	5 58	23 8	29 38	25 32	5 33	12 58	4 43	1 45	10 5

5/21 Sun in Gem. 19:43   5/7 New 20:12   5/15 1st Qt. 20:10   5/22 Full 12:56   5/29 3rd Qt. 8:14

Day	Sid. T.	Sun	Moon	Merc.	Venus	Mars	Jup.	Saturn	Uranus	Nept.	Pluto	N.Node
1	4:36:54	10Ge14 59	15Ar52	8Ge 9	24Cn13	0Le14	25Sc25R	5Cp30R	13Le 0	4Sc42R	1Vi45	10Li 2
2	4:40:50	11 12 30	27 44	10 21	25 17	0 50	25 18	5 26	13 2	4 40	1 46	9 59
3	4:44:47	12 9 59	9Ta32	12 33	26 21	1 26	25 11	5 22	13 4	4 39	1 46	9 56
4	4:48:43	13 7 27	21 20	14 45	27 25	2 2	25 4	5 18	13 7	4 38	1 47	9 52
5	4:52:40	14 4 55	3Ge10	16 57	28 28	2 38	24 57	5 14	13 9	4 37	1 48	9 49
6	4:56:37	15 2 22	15 5	19 9	29 32	3 14	24 50	5 10	13 11	4 36	1 48	9 46
7	5: 0:33	15 59 48	27 7	21 19	0Le35	3 49	24 44	5 6	13 14	4 34	1 49	9 43
8	5: 4:30	16 57 13	9Cn16	23 29	1 37	4 25	24 37	5 2	13 16	4 33	1 50	9 40
9	5: 8:26	17 54 37	21 33	25 37	2 40	5 1	24 31	4 58	13 18	4 32	1 51	9 36
10	5:12:23	18 52 0	4Le 0	27 44	3 42	5 37	24 24	4 54	13 21	4 31	1 52	9 33
11	5:16:19	19 49 23	16 40	29 49	4 44	6 14	24 18	4 50	13 23	4 30	1 52	9 30
12	5:20:16	20 46 44	29 33	1Cn52	5 46	6 50	24 12	4 45	13 26	4 29	1 53	9 27
13	5:24:12	21 44 4	12Vi42	3 53	6 47	7 26	24 6	4 41	13 29	4 28	1 54	9 24
14	5:28: 9	22 41 23	26 11	5 53	7 48	8 2	24 0	4 37	13 31	4 27	1 55	9 21
15	5:32: 6	23 38 41	10Li 0	7 50	8 48	8 38	23 54	4 33	13 34	4 26	1 56	9 17
16	5:36: 2	24 35 58	24 12	9 45	9 49	9 14	23 48	4 28	13 37	4 25	1 57	9 14
17	5:39:59	25 33 15	8Sc45	11 38	10 48	9 50	23 42	4 24	13 39	4 24	1 58	9 11
18	5:43:55	26 30 31	23 36	13 28	11 48	10 27	23 37	4 20	13 42	4 24	1 59	9 8
19	5:47:52	27 27 46	8Sg38	15 16	12 47	11 3	23 32	4 15	13 45	4 23	2 0	9 5
20	5:51:48	28 25 0	23 43	17 2	13 46	11 39	23 27	4 11	13 48	4 22	2 1	9 1
21	5:55:45	29 22 14	8Cp42	18 46	14 44	12 16	23 22	4 7	13 51	4 21	2 2	8 58
22	5:59:42	0Cn19 27	23 23	20 27	15 42	12 52	23 17	4 2	13 53	4 20	2 3	8 55
23	6: 3:38	1 16 41	7Aq41	22 6	16 40	13 28	23 12	3 58	13 56	4 20	2 4	8 52
24	6: 7:35	2 13 54	21 31	23 42	17 37	14 5	23 7	3 53	13 59	4 19	2 5	8 49
25	6:11:31	3 11 7	4Pi52	25 16	18 33	14 41	23 3	3 49	14 2	4 18	2 7	8 46
26	6:15:28	4 8 19	17 46	26 48	19 29	15 18	22 59	3 45	14 5	4 18	2 8	8 42
27	6:19:24	5 5 32	0Ar17	28 17	20 24	15 54	22 55	3 40	14 8	4 17	2 9	8 39
28	6:23:20	6 2 45	12 29	29 44	21 20	16 31	22 51	3 36	14 12	4 16	2 10	8 36
29	6:27:17	6 59 58	24 28	1Le 8	22 15	17 7	22 47	3 31	14 15	4 15	2 11	8 33
30	6:31:14	7 57 11	6Ta19	2 30	23 9	17 44	22 43	3 27	14 18	4 15	2 13	8 30

6/22 Sun in Can. 3:50   6/6 New 11:54   6/14 1st Qt. 5:23   6/20 Full 20:00   6/27 3rd Qt. 22:12

JULY 1959

Day	Sid. T.	Sun	Moon	Merc.	Venus	Mars	Jup.	Saturn	Uranus	Nept.	Pluto	N.Node
1	6:35:10	8Cn54 24	18Ta 8	3Le49	24Le 2	18Le20	22Sc40R	3Cp22R	14Le21	4Sc15R	2Vi14	8Li27
2	6:39: 7	9 51 37	29 57	5 6	24 55	18 57	22 37	3 18	14 24	4 14	2 15	8 23
3	6:43: 4	10 48 50	11Ge52	6 20	25 48	19 34	22 34	3 14	14 27	4 14	2 17	8 20
4	6:47: 0	11 46 3	23 54	7 31	26 39	20 10	22 31	3 9	14 31	4 14	2 18	8 17
5	6:50:57	12 43 17	6Cn 5	8 40	27 30	20 47	22 28	3 5	14 34	4 13	2 19	8 14
6	6:54:53	13 40 30	18 27	9 46	28 21	21 24	22 25	3 1	14 37	4 13	2 21	8 11
7	6:58:50	14 37 44	0Le59	10 49	29 11	22 1	22 23	2 56	14 41	4 13	2 22	8 7
8	7: 2:46	15 34 57	13 42	11 49	0Vi 0	22 38	22 21	2 52	14 44	4 12	2 24	8 4
9	7: 6:43	16 32 10	26 36	12 45	0 48	23 14	22 19	2 48	14 47	4 12	2 25	8 1
10	7:10:40	17 29 24	9Vi42	13 39	1 35	23 51	22 17	2 44	14 51	4 12	2 27	7 58
11	7:14:36	18 26 37	23 1	14 29	2 22	24 28	22 15	2 40	14 54	4 12	2 28	7 55
12	7:18:33	19 23 50	6Li33	15 16	3 8	25 5	22 13	2 35	14 58	4 11	2 30	7 52
13	7:22:29	20 21 3	20 20	15 59	3 53	25 42	22 12	2 31	15 1	4 11	2 31	7 48
14	7:26:25	21 18 16	4Sc23	16 38	4 37	26 19	22 11	2 27	15 4	4 11	2 33	7 45
15	7:30:22	22 15 29	18 42	17 14	5 20	26 56	22 10	2 23	15 8	4 11	2 35	7 42
16	7:34:19	23 12 42	3Sg13	17 45	6 2	27 33	22 9	2 19	15 11	4 11	2 36	7 39
17	7:38:15	24 9 56	17 54	18 13	6 43	28 10	22 9	2 15	15 15	4 11D	2 38	7 36
18	7:42:12	25 7 9	2Cp38	18 36	7 23	28 47	22 9	2 11	15 19	4 11	2 40	7 33
19	7:46: 9	26 4 23	17 18	18 54	8 2	29 24	22 8	2 7	15 22	4 11	2 41	7 29
20	7:50: 5	27 1 38	1Aq45	19 8	8 40	0Vi 1	22 8D	2 4	15 26	4 11	2 43	7 26
21	7:54: 2	27 58 52	15 52	19 17	9 17	0 39	22 8	2 0	15 29	4 12	2 45	7 23
22	7:57:59	28 56 8	29 37	19 22	9 53	1 16	22 8	1 56	15 33	4 12	2 46	7 20
23	8: 1:55	29 53 24	12Pi56	19 21R	10 27	1 53	22 9	1 53	15 36	4 12	2 48	7 17
24	8: 5:52	0Le50 40	25 50	19 16	11 0	2 30	22 9	1 49	15 40	4 12	2 50	7 13
25	8: 9:48	1 47 58	8Ar23	19 11	11 31	3 8	22 10	1 45	15 44	4 12	2 52	7 10
26	8:13:45	2 45 16	20 37	18 49	12 2	3 45	22 11	1 42	15 47	4 13	2 53	7 7
27	8:17:41	3 42 36	2Ta38	18 29	12 30	4 22	22 12	1 39	15 51	4 13	2 55	7 4
28	8:21:37	4 39 56	14 31	18 4	12 57	5 0	22 14	1 35	15 55	4 13	2 57	7 1
29	8:25:34	5 37 18	26 21	17 35	13 23	5 37	22 15	1 32	15 58	4 14	2 59	6 58
30	8:29:30	6 34 40	8Ge13	17 1	13 47	6 14	22 17	1 29	16 2	4 14	3 1	6 54
31	8:33:27	7 32 4	20 12	16 24	14 9	6 52	22 19	1 26	16 6	4 15	3 2	6 51

7/23 Sun in Leo 14:46   7/6 New 2:01   7/13 1st Qt. 12:02   7/20 Full 3:34   7/27 3rd Qt. 14:22

AUGUST 1959

Day	Sid. T.	Sun	Moon	Merc.	Venus	Mars	Jup.	Saturn	Uranus	Nept.	Pluto	N.Node
1	8:37:23	8Le29 28	2Cn21	15Le43R	14Vi30	7Vi29	22Sc21	1Cp23R	16Le 9	4Sc15	3Vi 4	6Li48
2	8:41:21	9 26 54	14 42	15 0	14 49	8 7	22 23	1 20	16 13	4 16	3 6	6 45
3	8:45:17	10 24 21	27 16	14 16	15 6	8 45	22 26	1 17	16 17	4 16	3 8	6 42
4	8:49:14	11 21 48	10Le 5	13 30	15 21	9 22	22 28	1 14	16 21	4 17	3 10	6 39
5	8:53:10	12 19 17	23 7	12 43	15 34	10 0	22 31	1 11	16 24	4 17	3 12	6 35
6	8:57: 6	13 16 46	6Vi23	11 57	15 45	10 37	22 34	1 8	16 28	4 18	3 14	6 32
7	9: 1: 3	14 14 16	19 50	11 13	15 54	11 15	22 37	1 6	16 32	4 19	3 16	6 29
8	9: 5: 0	15 11 47	3Li27	10 31	16 0	11 53	22 41	1 3	16 35	4 19	3 18	6 26
9	9: 8:56	16 9 19	17 14	9 52	16 5	12 31	22 44	1 1	16 39	4 20	3 19	6 23
10	9:12:53	17 6 52	1Sc10	9 17	16 7	13 8	22 48	0 58	16 43	4 21	3 21	6 19
11	9:16:49	18 4 26	15 14	8 46	16 7R	13 46	22 51	0 56	16 47	4 22	3 23	6 16
12	9:20:46	19 2 0	29 25	8 21	16 4	14 24	22 55	0 54	16 50	4 23	3 25	6 13
13	9:24:42	19 59 36	13Sg42	8 1	16 0	15 2	23 0	0 52	16 54	4 23	3 27	6 10
14	9:28:39	20 57 12	28 1	7 48	15 52	15 40	23 4	0 49	16 58	4 24	3 29	6 7
15	9:32:35	21 54 49	12Cp20	7 41	15 43	16 18	23 8	0 48	17 2	4 25	3 31	6 4
16	9:36:32	22 52 28	26 32	7 42D	15 31	16 56	23 13	0 46	17 5	4 26	3 33	6 0
17	9:40:28	23 50 7	10Aq34	7 50	15 16	17 34	23 18	0 44	17 9	4 27	3 35	5 57
18	9:44:25	24 47 48	24 21	8 5	15 0	18 12	23 23	0 42	17 13	4 28	3 37	5 54
19	9:48:22	25 45 30	7Pi50	8 28	14 41	18 50	23 28	0 41	17 16	4 29	3 39	5 51
20	9:52:18	26 43 13	20 58	8 58	14 19	19 28	23 33	0 39	17 20	4 30	3 41	5 48
21	9:56:15	27 40 58	3Ar47	9 36	13 56	20 6	23 39	0 38	17 24	4 31	3 43	5 45
22	10: 0:11	28 38 44	16 16	10 21	13 30	20 44	23 44	0 36	17 27	4 33	3 45	5 41
23	10: 4: 8	29 36 32	28 30	11 13	13 3	21 23	23 50	0 35	17 31	4 34	3 47	5 38
24	10: 8: 4	0Vi34 22	10Ta32	12 12	12 34	22 1	23 56	0 34	17 35	4 35	3 49	5 35
25	10:12: 1	1 32 14	22 26	13 17	12 3	22 39	24 2	0 33	17 38	4 36	3 51	5 32
26	10:15:58	2 30 7	4Ge18	14 29	11 31	23 17	24 8	0 32	17 42	4 37	3 53	5 29
27	10:19:54	3 28 2	16 12	15 47	10 57	23 56	24 14	0 31	17 46	4 39	3 55	5 25
28	10:23:51	4 25 59	28 12	17 11	10 22	24 34	24 21	0 30	17 49	4 40	3 57	5 22
29	10:27:47	5 23 58	10Cn24	18 39	9 46	25 13	24 28	0 29	17 53	4 41	3 59	5 19
30	10:31:44	6 21 58	22 51	20 13	9 10	25 51	24 34	0 29	17 56	4 43	4 1	5 16
31	10:35:40	7 20 0	5Le35	21 50	8 33	26 30	24 41	0 28	18 0	4 44	4 3	5 13

8/23 Sun in Vir. 21:44   8/4 New 14:34   8/11 1st Qt. 17:10   8/18 Full 12:51   8/26 3rd Qt. 8:03

SEPTEMBER 1959

Day	Sid. T.	Sun	Moon	Merc.	Venus	Mars	Jup.	Saturn	Uranus	Nept.	Pluto	N.Node
1	10:39:37	8Vi18 4	18Le37	23Le32	7Vi56R	27Vi 8	24Sc48	0Cp28R	18Le 4	4Sc45	4Vi 5	5Li10
2	10:43:33	9 16 10	1Vi57	25 16	7 19	27 47	24 55	0 28	18 7	4 47	4 7	5 6
3	10:47:30	10 14 17	15 35	27 3	6 42	28 25	25 3	0 28	18 11	4 48	4 9	5 3
4	10:51:27	11 12 26	29 27	28 53	6 5	29 4	25 10	0 27	18 14	4 50	4 11	5 0
5	10:55:23	12 10 37	13Li30	0Vi44	5 30	29 43	25 18	0 27D	18 18	4 51	4 13	4 57
6	10:59:20	13 8 49	27 42	2 37	4 55	0Li21	25 25	0 28	18 21	4 53	4 15	4 54
7	11: 3:16	14 7 3	11Sc57	4 31	4 22	1 0	25 33	0 28	18 25	4 54	4 17	4 50
8	11: 7:13	15 5 19	26 14	6 26	3 50	1 39	25 41	0 28	18 28	4 56	4 19	4 47
9	11:11: 9	16 3 36	10Sg29	8 21	3 19	2 18	25 49	0 28	18 31	4 58	4 21	4 44
10	11:15: 6	17 1 54	24 40	10 16	2 50	2 57	25 58	0 29	18 35	4 59	4 23	4 41
11	11:19: 3	18 0 14	8Cp44	12 11	2 23	3 35	26 6	0 29	18 38	5 1	4 25	4 38
12	11:22:59	18 58 35	22 41	14 6	1 58	4 14	26 14	0 30	18 42	5 2	4 27	4 35
13	11:26:56	19 56 58	6Aq27	16 0	1 35	4 53	26 23	0 31	18 45	5 4	4 29	4 31
14	11:30:52	20 55 23	20 1	17 54	1 14	5 32	26 32	0 32	18 48	5 6	4 31	4 28
15	11:34:49	21 53 49	3Pi22	19 47	0 55	6 11	26 41	0 33	18 52	5 8	4 33	4 25
16	11:38:45	22 52 17	16 29	21 39	0 39	6 50	26 49	0 34	18 55	5 9	4 35	4 22
17	11:42:41	23 50 47	29 20	23 31	0 25	7 30	26 59	0 35	18 58	5 11	4 37	4 19
18	11:46:38	24 49 19	11Ar56	25 22	0 14	8 9	27 8	0 36	19 1	5 13	4 39	4 16
19	11:50:35	25 47 53	24 18	27 11	0 5	8 48	27 17	0 38	19 4	5 15	4 41	4 12
20	11:54:31	26 46 29	6Ta28	29 0	29Le58	9 27	27 26	0 39	19 8	5 17	4 43	4 9
21	11:58:28	27 45 7	18 28	0Li48	29 54	10 6	27 36	0 41	19 11	5 18	4 45	4 6
22	12: 2:25	28 43 47	0Ge22	2 35	29 52	10 46	27 45	0 42	19 14	5 20	4 47	4 3
23	12: 6:21	29 42 29	12 13	4 20	29 53D	11 25	27 55	0 44	19 17	5 22	4 49	4 0
24	12:10:17	0Li41 14	24 7	6 5	29 56	12 5	28 5	0 46	19 20	5 24	4 50	3 56
25	12:14:14	1 40 1	6Cn 6	7 49	0Vi 1	12 44	28 15	0 48	19 23	5 26	4 52	3 53
26	12:18:11	2 38 50	18 17	9 32	0 9	13 23	28 25	0 50	19 26	5 28	4 54	3 50
27	12:22: 7	3 37 42	0Le44	11 14	0 18	14 3	28 35	0 52	19 29	5 30	4 56	3 47
28	12:26: 4	4 36 36	13 30	12 55	0 30	14 43	28 45	0 54	19 32	5 32	4 58	3 44
29	12:30: 1	5 35 32	26 37	14 35	0 44	15 22	28 55	0 56	19 34	5 34	4 59	3 41
30	12:33:57	6 34 30	10Vi 8	16 14	1 0	16 2	29 6	0 59	19 37	5 36	5 1	3 37

9/23 Sun in Lib. 19:09   9/3 New 1:56   9/9 1st Qt. 22:07   9/17 Full 0:52   9/25 3rd Qt. 2:22

OCTOBER 1959

Day	Sid. T.	Sun	Moon	Merc.	Venus	Mars	Jup.	Saturn	Uranus	Nept.	Pluto	N.Node
1	12:37:53	7Li33 30	24Vi 2	17Li53	1Vi18	16Li41	29Sc16	1Cp 1	19Le40	5Sc38	5Vi 3	3Li34
2	12:41:50	8 32 32	8Li15	19 30	1 38	17 21	29 27	1 4	19 43	5 40	5 5	3 31
3	12:45:46	9 31 37	22 45	21 7	2 0	18 1	29 38	1 7	19 46	5 42	5 7	3 28
4	12:49:43	10 30 43	7Sc24	22 43	2 24	18 41	29 48	1 9	19 48	5 44	5 8	3 25
5	12:53:40	11 29 52	22 7	24 18	2 49	19 21	29 59	1 12	19 51	5 46	5 10	3 22
6	12:57:36	12 29 2	6Sg46	25 52	3 16	20 1	0Sg10	1 15	19 54	5 48	5 12	3 18
7	13: 1:33	13 28 14	21 16	27 26	3 45	20 40	0 21	1 18	19 56	5 50	5 13	3 15
8	13: 5:30	14 27 28	5Cp32	28 58	4 15	21 20	0 32	1 21	19 59	5 52	5 15	3 12
9	13: 9:26	15 26 43	19 33	0Sc30	4 47	22 0	0 43	1 25	20 1	5 55	5 17	3 9
10	13:13:22	16 26 1	3Aq17	2 2	5 20	22 41	0 55	1 28	20 4	5 57	5 18	3 6
11	13:17:19	17 25 20	16 45	3 32	5 54	23 21	1 6	1 31	20 6	5 59	5 20	3 2
12	13:21:16	18 24 41	29 57	5 2	6 30	24 1	1 17	1 35	20 8	6 1	5 21	2 59
13	13:25:12	19 24 3	12Pi54	6 31	7 7	24 41	1 29	1 38	20 11	6 3	5 23	2 56
14	13:29: 9	20 23 28	25 38	7 59	7 46	25 21	1 40	1 42	20 13	6 5	5 25	2 53
15	13:33: 6	21 22 54	8Ar10	9 26	8 25	26 1	1 52	1 46	20 15	6 7	5 26	2 50
16	13:37: 2	22 22 22	20 30	10 53	9 6	26 42	2 4	1 49	20 17	6 10	5 28	2 47
17	13:40:58	23 21 53	2Ta42	12 18	9 48	27 22	2 15	1 53	20 20	6 12	5 29	2 43
18	13:44:55	24 21 25	14 45	13 43	10 31	28 2	2 27	1 57	20 22	6 14	5 30	2 40
19	13:48:51	25 21 0	26 42	15 8	11 15	28 43	2 39	2 1	20 24	6 16	5 32	2 37
20	13:52:48	26 20 37	8Ge34	16 31	12 0	29 23	2 51	2 5	20 26	6 19	5 33	2 34
21	13:56:44	27 20 16	20 25	17 53	12 46	0Sc 4	3 3	2 10	20 28	6 21	5 35	2 31
22	14: 0:41	28 19 57	2Cn18	19 15	13 33	0 44	3 15	2 14	20 30	6 23	5 36	2 28
23	14: 4:38	29 19 40	14 16	20 35	14 21	1 25	3 27	2 18	20 32	6 25	5 37	2 24
24	14: 8:34	0Sc19 26	26 24	21 54	15 10	2 6	3 40	2 23	20 33	6 27	5 39	2 21
25	14:12:31	1 19 14	8Le46	23 12	15 59	2 46	3 52	2 27	20 35	6 30	5 40	2 18
26	14:16:27	2 19 4	21 27	24 29	16 49	3 27	4 4	2 32	20 37	6 32	5 41	2 15
27	14:20:24	3 18 57	4Vi30	25 45	17 41	4 8	4 17	2 36	20 39	6 34	5 43	2 12
28	14:24:20	4 18 51	18 0	26 59	18 32	4 49	4 29	2 41	20 40	6 36	5 44	2 8
29	14:28:17	5 18 48	1Li57	28 11	19 25	5 30	4 41	2 46	20 42	6 39	5 45	2 5
30	14:32:14	6 18 47	16 20	29 22	20 18	6 11	4 54	2 51	20 43	6 41	5 46	2 2
31	14:36:10	7 18 47	1Sc 6	0Sg30	21 12	6 52	5 7	2 56	20 45	6 43	5 47	1 59

10/24 Sun in Sco. 4:12   10/2 New 12:31(E)   10/9 1st Qt. 4:23   10/16 Full 15:59   10/24 3rd Qt. 20:22   10/31 New 22:42

NOVEMBER 1959

Day	Sid. T.	Sun	Moon	Merc.	Venus	Mars	Jup.	Saturn	Uranus	Nept.	Pluto	N.Node
1	14:40: 7	8Sc18 50	16Sc 7	1Sg37	22Vi 7	7Sc33	5Sg19	3Cp 1	20Le46	6Sc45	5Vi49	1Li56
2	14:44: 3	9 18 55	1Sg14	2 41	23 2	8 14	5 32	3 6	20 48	6 48	5 50	1 53
3	14:48: 0	10 19 1	16 19	3 42	23 58	8 55	5 45	3 11	20 49	6 50	5 51	1 49
4	14:51:56	11 19 10	1Cp11	4 40	24 55	9 36	5 57	3 16	20 50	6 52	5 52	1 46
5	14:55:53	12 19 19	15 43	5 35	25 52	10 17	6 10	3 21	20 52	6 54	5 53	1 43
6	14:59:49	13 19 31	29 52	6 26	26 49	10 58	6 23	3 26	20 53	6 57	5 54	1 40
7	15: 3:46	14 19 43	13Aq36	7 13	27 47	11 40	6 36	3 32	20 54	6 59	5 55	1 37
8	15: 7:43	15 19 58	26 57	7 55	28 46	12 21	6 49	3 37	20 55	7 1	5 56	1 33
9	15:11:39	16 20 13	9Pi56	8 31	29 45	13 2	7 2	3 43	20 56	7 3	5 57	1 30
10	15:15:36	17 20 30	22 38	9 2	0Li44	13 44	7 15	3 48	20 57	7 5	5 57	1 27
11	15:19:32	18 20 49	5Ar 5	9 26	1 44	14 25	7 28	3 54	20 58	7 8	5 58	1 24
12	15:23:29	19 21 9	17 20	9 43	2 45	15 7	7 41	4 0	20 59	7 10	5 59	1 21
13	15:27:25	20 21 30	29 28	9 52	3 46	15 48	7 54	4 5	20 59	7 12	6 0	1 18
14	15:31:22	21 21 54	11Ta29	9 52R	4 47	16 30	8 8	4 11	21 0	7 14	6 1	1 14
15	15:35:19	22 22 19	23 25	9 43	5 49	17 12	8 21	4 17	21 1	7 17	6 1	1 11
16	15:39:15	22 22 45	5Ge19	9 24	6 51	17 53	8 34	4 23	21 1	7 19	6 2	1 8
17	15:43:12	24 23 13	17 10	8 55	7 53	18 35	8 47	4 29	21 2	7 21	6 3	1 5
18	15:47: 8	25 23 43	29 2	8 15	8 56	19 17	9 1	4 35	21 2	7 23	6 3	1 2
19	15:51: 5	26 24 15	10Cn56	7 25	9 59	19 59	9 14	4 41	21 3	7 25	6 4	0 59
20	15:55: 1	27 24 48	22 55	6 25	11 3	20 40	9 27	4 47	21 3	7 27	6 5	0 55
21	15:58:58	28 25 23	5Le 2	5 17	12 7	21 22	9 41	4 53	21 4	7 29	6 5	0 52
22	16: 2:54	29 25 59	17 21	4 3	13 11	22 4	9 54	4 59	21 4	7 32	6 6	0 49
23	16: 6:51	0Sg26 38	29 56	2 43	14 15	22 46	10 7	5 5	21 4	7 34	6 6	0 46
24	16:10:47	1 27 18	12Vi52	1 21	15 20	23 28	10 21	5 12	21 4	7 36	6 7	0 43
25	16:14:44	2 27 59	26 12	0 0	16 25	24 11	10 34	5 18	21 5	7 38	6 7	0 39
26	16:18:41	3 28 43	10Li 1	28Sc41	17 31	24 53	10 48	5 24	21 5	7 40	6 8	0 36
27	16:22:37	4 29 28	24 18	27 29	18 36	25 35	11 1	5 31	21 5R	7 42	6 8	0 33
28	16:26:34	5 30 14	9Sc 3	26 25	19 42	26 17	11 15	5 37	21 5	7 44	6 8	0 30
29	16:30:30	6 31 2	24 9	25 30	20 49	26 59	11 28	5 43	21 4	7 46	6 9	0 27
30	16:34:27	7 31 51	9Sg28	24 46	21 55	27 42	11 42	5 50	21 4	7 48	6 9	0 24

11/23 Sun in Sag. 1:28   11/7 1st Qt. 13:24   11/15 Full 9:42   11/23 3rd Qt. 13:03   11/30 New 8:47

DECEMBER 1959

Day	Sid. T.	Sun	Moon	Merc.	Venus	Mars	Jup.	Saturn	Uranus	Nept.	Pluto	N.Node
1	16:38:23	8Sg32 42	24Sg48	24Sc13R	23Li 2	28Sc24	11Sg55	5Cp56	21Le 4R	7Sc50	6Vi 9	0Li20
2	16:42:20	9 33 34	9Cp58	23 52	24 9	29 7	12 9	6 3	21 4	7 52	6 9	0 17
3	16:46:17	10 34 26	24 48	23 43	25 16	29 49	12 22	6 10	21 4	7 54	6 10	0 14
4	16:50:13	11 35 20	9Aq11	23 44D	26 23	0Sg32	12 36	6 16	21 3	7 56	6 10	0 11
5	16:54:10	12 36 14	23 5	23 55	27 31	1 14	12 49	6 23	21 3	7 58	6 10	0 8
6	16:58: 6	13 37 9	6Pi30	24 15	28 39	1 57	13 3	6 30	21 2	8 0	6 10	0 5
7	17: 2: 2	14 38 5	19 28	24 44	29 47	2 39	13 17	6 36	21 2	8 2	6 10	0 1
8	17: 5:59	15 39 1	2Ar 5	25 21	0Sc55	3 22	13 30	6 43	21 1	8 4	6 10	29Vi58
9	17: 9:56	16 39 58	14 25	26 4	2 3	4 5	13 44	6 50	21 0	8 6	6 10R	29 55
10	17:13:52	17 40 55	26 32	26 53	3 12	4 48	13 57	6 57	21 0	8 7	6 10	29 52
11	17:17:49	18 41 54	8Ta31	27 48	4 21	5 30	14 11	7 4	20 59	8 9	6 10	29 49
12	17:21:46	19 42 53	20 24	28 47	5 30	6 13	14 24	7 10	20 58	8 11	6 10	29 45
13	17:25:42	20 43 53	2Ge16	29 50	6 39	6 56	14 38	7 17	20 57	8 13	6 10	29 42
14	17:29:38	21 44 54	14 8	0Sg57	7 48	7 39	14 51	7 24	20 56	8 15	6 9	29 39
15	17:33:35	22 45 55	26 1	2 6	8 57	8 22	15 5	7 31	20 55	8 16	6 9	29 36
16	17:37:32	23 46 57	7Cn57	3 19	10 7	9 5	15 18	7 38	20 54	8 18	6 9	29 33
17	17:41:28	24 48 0	19 57	4 33	11 17	9 48	15 32	7 45	20 53	8 20	6 9	29 30
18	17:45:25	25 49 4	2Le 2	5 50	12 27	10 32	15 45	7 52	20 52	8 21	6 8	29 26
19	17:49:22	26 50 8	14 15	7 9	13 37	11 15	15 58	7 59	20 51	8 23	6 8	29 23
20	17:53:18	27 51 13	26 37	8 29	14 47	11 58	16 12	8 6	20 50	8 25	6 8	29 20
21	17:57:14	28 52 19	9Vi12	9 50	15 57	12 41	16 25	8 13	20 48	8 26	6 7	29 17
22	18: 1:11	29 53 25	22 4	11 13	17 8	13 25	16 39	8 20	20 47	8 28	6 7	29 14
23	18: 5: 8	0Cp54 32	5Li17	12 36	18 18	14 8	16 52	8 27	20 46	8 29	6 6	29 11
24	18: 9: 4	1 55 40	18 54	14 1	19 29	14 51	17 5	8 34	20 44	8 31	6 6	29 7
25	18:13: 1	2 56 49	2Sc57	15 26	20 40	15 35	17 19	8 41	20 43	8 32	6 6	29 4
26	18:16:57	3 57 58	17 27	16 53	21 50	16 18	17 32	8 48	20 41	8 34	6 5	29 1
27	18:20:54	4 59 8	2Sg20	18 19	23 1	17 2	17 45	8 55	20 40	8 35	6 5	28 58
28	18:24:50	6 0 19	17 30	19 47	24 13	17 45	17 59	9 2	20 38	8 37	6 4	28 55
29	18:28:47	7 1 30	2Cp47	21 15	25 24	18 29	18 12	9 10	20 37	8 38	6 3	28 51
30	18:32:43	8 2 41	17 59	22 44	26 35	19 13	18 25	9 17	20 35	8 39	6 3	28 48
31	18:36:40	9 3 52	2Aq56	24 13	27 47	19 56	18 38	9 24	20 33	8 41	6 2	28 45

12/22 Sun in Cap. 14:35   12/7 1st Qt. 2:12   12/15 Full 4:49   12/23 3rd Qt. 3:29   12/29 New 19:10

Day	Sid. T.	Sun	Moon	Merc.	Venus	Mars	Jup.	Saturn	Uranus	Nept.	Pluto	N.Node
1	18:40:37	10Cp 5 3	17Aq29	25Sg42	28Sc58	20Sg40	18Sg51	9Cp31	20Le31R	8Sc42	6Vi 1R	28Vi42
2	18:44:33	11 6 14	1Pi33	27 12	0Sg10	21 24	19 4	9 38	20 30	8 43	6 1	28 39
3	18:48:30	12 7 24	15 7	28 43	1 21	22 8	19 17	9 45	20 28	8 45	6 0	28 36
4	18:52:26	13 8 35	28 12	0Cp14	2 33	22 52	19 30	9 52	20 26	8 46	5 59	28 32
5	18:56:23	14 9 45	10Ar53	1 45	3 45	23 36	19 43	9 59	20 24	8 47	5 58	28 29
6	19: 0:19	15 10 54	23 14	3 17	4 57	24 20	19 56	10 6	20 22	8 48	5 58	28 26
7	19: 4:16	16 12 4	5Ta20	4 49	6 9	25 4	20 9	10 13	20 20	8 49	5 57	28 23
8	19: 8:13	17 13 13	17 17	6 21	7 21	25 48	20 22	10 20	20 18	8 50	5 56	28 20
9	19:12: 9	18 14 21	29 8	7 54	8 33	26 32	20 35	10 27	20 16	8 51	5 55	28 17
10	19:16: 5	19 15 29	10Ge59	9 27	9 45	27 16	20 47	10 34	20 14	8 53	5 54	28 13
11	19:20: 2	20 16 37	22 51	11 1	10 58	28 0	21 0	10 42	20 12	8 54	5 53	28 10
12	19:23:59	21 17 44	4Cn48	12 35	12 10	28 44	21 13	10 49	20 9	8 55	5 52	28 7
13	19:27:55	22 18 51	16 50	14 10	13 23	29 29	21 25	10 56	20 7	8 55	5 51	28 4
14	19:31:52	23 19 58	28 59	15 45	14 35	0Cp13	21 38	11 3	20 5	8 56	5 50	28 1
15	19:35:48	24 21 4	11Le16	17 20	15 48	0 57	21 50	11 10	20 3	8 57	5 49	27 57
16	19:39:45	25 22 9	23 42	18 56	17 0	1 42	22 3	11 16	20 0	8 58	5 48	27 54
17	19:43:41	26 23 14	6Vi17	20 33	18 13	2 26	22 15	11 23	19 58	8 59	5 47	27 51
18	19:47:38	27 24 19	19 4	22 10	19 25	3 11	22 27	11 30	19 56	9 0	5 46	27 48
19	19:51:35	28 25 24	2Li 3	23 48	20 38	3 55	22 40	11 37	19 53	9 0	5 44	27 45
20	19:55:31	29 26 28	15 18	25 26	21 51	4 40	22 52	11 44	19 51	9 1	5 43	27 42
21	19:59:28	0Aq27 32	28 52	27 5	23 4	5 24	23 4	11 51	19 49	9 2	5 42	27 38
22	20: 3:24	1 28 35	12Sc45	28 44	24 17	6 9	23 16	11 58	19 46	9 2	5 41	27 35
23	20: 7:21	2 29 39	26 58	0Aq24	25 30	6 53	23 28	12 5	19 44	9 3	5 40	27 32
24	20:11:17	3 30 41	11Sg30	2 4	26 43	7 38	23 40	12 11	19 41	9 4	5 38	27 29
25	20:15:14	4 31 44	26 17	3 46	27 56	8 23	23 52	12 18	19 39	9 4	5 37	27 26
26	20:19:10	5 32 45	11Cp12	5 27	29 9	9 8	24 4	12 25	19 36	9 5	5 36	27 22
27	20:23: 7	6 33 46	26 6	7 10	0Cp22	9 52	24 15	12 32	19 34	9 6	5 35	27 19
28	20:27: 4	7 34 46	10Aq51	8 53	1 35	10 37	24 27	12 38	19 31	9 6	5 33	27 16
29	20:31: 0	8 35 45	25 18	10 36	2 48	11 22	24 39	12 45	19 28	9 7	5 32	27 13
30	20:34:57	9 36 43	9Pi22	12 21	4 2	12 7	24 50	12 51	19 26	9 7	5 31	27 10
31	20:38:53	10 37 40	23 0	14 5	5 15	12 52	25 2	12 58	19 23	9 7	5 29	27 7

1/21 Sun in Aqu. 1:11   1/5 1st Qt. 18:53   1/13 Full 23:51   1/21 3rd Qt. 15:01   1/28 New 6:15

Day	Sid. T.	Sun	Moon	Merc.	Venus	Mars	Jup.	Saturn	Uranus	Nept.	Pluto	N.Node
1	20:42:50	11Aq38 36	6Ar11	15Aq51	6Cp28	13Cp37	25Sg13	13Cp 5	19Le21R	9Sc 7	5Vi28R	27Vi 3
2	20:46:46	12 39 30	18 58	17 37	7 41	14 22	25 24	13 11	19 18	9 7	5 27	27 0
3	20:50:43	13 40 23	1Ta24	19 23	8 55	15 7	25 35	13 18	19 15	9 8	5 25	26 57
4	20:54:40	14 41 15	13 34	21 10	10 8	15 52	25 47	13 24	19 13	9 8	5 24	26 54
5	20:58:36	15 42 5	25 33	22 57	11 22	16 37	25 58	13 30	19 10	9 8	5 22	26 51
6	21: 2:33	16 42 54	7Ge26	24 45	12 35	17 22	26 8	13 37	19 8	9 8	5 21	26 48
7	21: 6:29	17 43 41	19 17	26 33	13 48	18 8	26 19	13 43	19 5	9 8	5 20	26 44
8	21:10:26	18 44 27	1Cn11	28 20	15 2	18 53	26 30	13 49	19 2	9 8	5 18	26 41
9	21:14:22	19 45 11	13 11	0Pi 8	16 15	19 38	26 41	13 55	19 0	9 8	5 17	26 38
10	21:18:19	20 45 54	25 20	1 55	17 29	20 23	26 51	14 2	18 57	9 8R	5 15	26 35
11	21:22:15	21 46 36	7Le39	3 42	18 42	21 9	27 2	14 8	18 54	9 8	5 14	26 32
12	21:26:12	22 47 16	20 10	5 28	19 56	21 54	27 12	14 14	18 52	9 8	5 12	26 28
13	21:30: 8	23 47 55	2Vi53	7 13	21 10	22 39	27 22	14 20	18 49	9 8	5 11	26 25
14	21:34: 5	24 48 32	15 49	8 56	22 23	23 25	27 33	14 26	18 47	9 8	5 9	26 22
15	21:38: 2	25 49 8	28 56	10 37	23 37	24 10	27 43	14 32	18 44	9 8	5 8	26 19
16	21:41:58	26 49 42	12Li16	12 16	24 50	24 56	27 53	14 38	18 41	9 8	5 6	26 16
17	21:45:54	27 50 15	25 47	13 53	26 4	25 41	28 2	14 43	18 39	9 7	5 5	26 13
18	21:49:51	28 50 47	9Sc31	15 26	27 18	26 27	28 12	14 49	18 36	9 7	5 3	26 9
19	21:53:48	29 51 18	23 26	16 54	28 31	27 12	28 22	14 55	18 34	9 7	5 2	26 6
20	21:57:44	0Pi51 48	7Sg33	18 19	29 45	27 58	28 31	15 1	18 31	9 6	5 0	26 3
21	22: 1:41	1 52 16	21 49	19 38	0Aq59	28 44	28 41	15 6	18 29	9 6	4 59	26 0
22	22: 5:38	2 52 44	6Cp13	20 51	2 13	29 29	28 50	15 12	18 26	9 6	4 57	25 57
23	22: 9:34	3 53 9	20 39	21 57	3 26	0Aq15	28 59	15 17	18 24	9 5	4 56	25 54
24	22:13:31	4 53 33	5Aq 4	22 57	4 40	1 1	29 8	15 23	18 21	9 5	4 54	25 50
25	22:17:27	5 53 56	19 22	23 48	5 54	1 46	29 17	15 28	18 19	9 4	4 52	25 47
26	22:21:24	6 54 17	3Pi28	24 31	7 8	2 32	29 26	15 33	18 16	9 4	4 51	25 44
27	22:25:20	7 54 37	17 17	25 5	8 22	3 18	29 35	15 39	18 14	9 3	4 49	25 41
28	22:29:17	8 54 54	0Ar46	25 30	9 35	4 4	29 43	15 44	18 11	9 3	4 48	25 38
29	22:33:13	9 55 10	13 54	25 46	10 49	4 49	29 52	15 49	18 9	9 2	4 46	25 34

2/19 Sun in Pis. 15:27   2/4 1st Qt. 14:26   2/12 Full 17:24   2/19 3rd Qt. 23:48   2/26 New 18:24

MARCH 1960

Day	Sid. T.	Sun	Moon	Merc.	Venus	Mars	Jup.	Saturn	Uranus	Nept.	Pluto	N.Node
1	22:37:10	10Pi55 23	26Ar41	25Pi52	12Aq 3	5Aq35	0Cp 0	15Cp54	18Le 6R	9Sc 1R	4Vi45R	25Vi31
2	22:41: 7	11 55 35	9Ta10	25 49R	13 17	6 21	0 8	15 59	18 4	9 1	4 43	25 28
3	22:45: 3	12 55 45	21 24	25 36	14 31	7 7	0 16	16 4	18 2	9 0	4 42	25 25
4	22:48:59	13 55 52	3Ge26	25 14	15 45	7 53	0 24	16 9	17 59	8 59	4 40	25 22
5	22:52:56	14 55 58	15 21	24 44	16 58	8 39	0 32	16 13	17 57	8 58	4 39	25 19
6	22:56:53	15 56 1	27 13	24 6	18 12	9 25	0 40	16 18	17 55	8 58	4 37	25 15
7	23: 0:49	16 56 3	9Cn 8	23 22	19 26	10 11	0 47	16 23	17 53	8 57	4 36	25 12
8	23: 4:46	17 56 2	21 10	22 32	20 40	10 57	0 54	16 27	17 51	8 56	4 34	25 9
9	23: 8:43	18 55 59	3Le22	21 38	21 54	11 43	1 2	16 32	17 48	8 55	4 33	25 6
10	23:12:39	19 55 54	15 48	20 42	23 8	12 29	1 9	16 36	17 46	8 54	4 31	25 3
11	23:16:35	20 55 46	28 30	19 43	24 22	13 15	1 16	16 41	17 44	8 53	4 30	25 0
12	23:20:32	21 55 37	11Vi30	18 44	25 36	14 1	1 22	16 45	17 42	8 52	4 28	24 56
13	23:24:29	22 55 26	24 46	17 46	26 49	14 47	1 29	16 49	17 40	8 51	4 27	24 53
14	23:28:25	23 55 12	8Li19	16 51	28 3	15 33	1 36	16 53	17 38	8 50	4 25	24 50
15	23:32:22	24 54 57	22 5	15 58	29 17	16 19	1 42	16 57	17 36	8 49	4 24	24 47
16	23:36:18	25 54 40	6Sc 4	15 10	0Pi31	17 5	1 48	17 1	17 34	8 48	4 23	24 44
17	23:40:15	26 54 21	20 10	14 27	1 45	17 51	1 54	17 5	17 32	8 47	4 21	24 40
18	23:44:11	27 54 1	4Sg22	13 49	2 59	18 37	2 0	17 9	17 31	8 46	4 20	24 37
19	23:48: 8	28 53 39	18 36	13 16	4 13	19 24	2 6	17 12	17 29	8 45	4 18	24 34
20	23:52: 4	29 53 15	2Cp49	12 50	5 27	20 10	2 11	17 16	17 27	8 44	4 17	24 31
21	23:56: 1	0Ar52 49	16 59	12 30	6 41	20 56	2 17	17 19	17 25	8 42	4 16	24 28
22	23:59:57	1 52 22	1Aq 4	12 16	7 54	21 42	2 22	17 23	17 24	8 41	4 14	24 25
23	0: 3:54	2 51 53	15 2	12 8	9 8	22 28	2 27	17 26	17 22	8 40	4 13	24 21
24	0: 7:51	3 51 22	28 50	12 6D	10 22	23 15	2 32	17 30	17 21	8 39	4 12	24 18
25	0:11:47	4 50 49	12Pi28	12 10	11 36	24 1	2 36	17 33	17 19	8 37	4 10	24 15
26	0:15:44	5 50 14	25 52	12 19	12 50	24 47	2 41	17 36	17 18	8 36	4 9	24 12
27	0:19:40	6 49 37	9Ar 2	12 34	14 4	25 33	2 45	17 39	17 16	8 35	4 8	24 9
28	0:23:37	7 48 58	21 57	12 54	15 18	26 20	2 50	17 42	17 15	8 33	4 7	24 6
29	0:27:34	8 48 17	4Ta36	13 18	16 32	27 6	2 54	17 45	17 13	8 32	4 5	24 2
30	0:31:30	9 47 34	17 1	13 47	17 46	27 52	2 57	17 47	17 12	8 31	4 4	23 59
31	0:35:27	10 46 49	29 14	14 21	19 0	28 38	3 1	17 50	17 11	8 29	4 3	23 56

3/20 Sun in Ari. 14:43 3/5 1st Qt. 11:06 3/13 Full 8:26(E) 3/20 3rd Qt. 6:41 3/27 New 7:38(E)

APRIL 1960

Day	Sid. T.	Sun	Moon	Merc.	Venus	Mars	Jup.	Saturn	Uranus	Nept.	Pluto	N.Node
1	0:39:23	11Ar46 2	11Ge16	14Pi58	20Pi14	29Aq25	3Cp 5	17Cp53	17Le10R	8Sc28R	4Vi 2R	23Vi53
2	0:43:20	12 45 12	23 11	15 40	21 27	0Pi11	3 8	17 55	17 8	8 27	4 1	23 50
3	0:47:16	13 44 20	5Cn 4	16 25	22 41	0 57	3 11	17 57	17 7	8 25	4 0	23 46
4	0:51:13	14 43 25	16 58	17 13	23 55	1 43	3 14	18 0	17 6	8 24	3 59	23 43
5	0:55: 9	15 42 29	28 59	18 5	25 9	2 30	3 17	18 2	17 5	8 22	3 57	23 40
6	0:59: 6	16 41 30	11Le11	19 0	26 23	3 16	3 20	18 4	17 4	8 21	3 56	23 37
7	1: 3: 2	17 40 28	23 38	19 58	27 37	4 2	3 22	18 6	17 3	8 19	3 55	23 34
8	1: 6:59	18 39 25	6Vi25	20 59	28 51	4 48	3 24	18 8	17 2	8 18	3 54	23 31
9	1:10:56	19 38 19	19 33	22 2	0Ar 4	5 35	3 26	18 10	17 2	8 16	3 53	23 27
10	1:14:52	20 37 11	3Li 5	23 8	1 18	6 21	3 28	18 11	17 1	8 15	3 52	23 24
11	1:18:49	21 36 1	16 58	24 16	2 32	7 7	3 30	18 13	17 0	8 13	3 51	23 21
12	1:22:45	22 34 49	1Sc11	25 27	3 46	7 53	3 31	18 15	17 0	8 12	3 51	23 18
13	1:26:42	23 33 35	15 38	26 40	5 0	8 40	3 33	18 16	16 59	8 10	3 50	23 15
14	1:30:38	24 32 19	0Sg14	27 55	6 14	9 26	3 34	18 17	16 58	8 8	3 49	23 11
15	1:34:35	25 31 1	14 51	29 13	7 27	10 12	3 35	18 19	16 58	8 7	3 48	23 8
16	1:38:32	26 29 42	29 23	0Ar32	8 41	10 58	3 36	18 20	16 57	8 5	3 47	23 5
17	1:42:28	27 28 21	13Cp46	1 53	9 55	11 45	3 36	18 21	16 57	8 4	3 46	23 2
18	1:46:24	28 26 58	27 56	3 17	11 9	12 31	3 37	18 22	16 56	8 2	3 46	22 59
19	1:50:21	29 25 34	11Aq52	4 42	12 23	13 17	3 37	18 23	16 56	8 0	3 45	22 56
20	1:54:18	0Ta24 8	25 32	6 9	13 36	14 3	3 37R	18 23	16 56	7 59	3 44	22 52
21	1:58:14	1 22 41	8Pi58	7 38	14 50	14 49	3 37	18 24	16 56	7 57	3 43	22 49
22	2: 2:11	2 21 11	22 11	9 9	16 4	15 35	3 37	18 24	16 56	7 56	3 43	22 46
23	2: 6: 7	3 19 40	5Ar11	10 41	17 18	16 22	3 36	18 25	16 56	7 54	3 42	22 43
24	2:10: 4	4 18 8	17 59	12 16	18 32	17 8	3 35	18 25	16 56D	7 52	3 41	22 40
25	2:14: 0	5 16 33	0Ta36	13 52	19 45	17 54	3 34	18 26	16 56	7 51	3 41	22 37
26	2:17:57	6 14 57	13 2	15 30	20 59	18 40	3 33	18 26	16 56	7 49	3 40	22 33
27	2:21:53	7 13 19	25 18	17 10	22 13	19 26	3 32	18 26	16 56	7 47	3 40	22 30
28	2:25:50	8 11 39	7Ge25	18 51	23 27	20 12	3 31	18 26R	16 56	7 46	3 39	22 27
29	2:29:46	9 9 57	19 24	20 34	24 41	20 58	3 29	18 26	16 56	7 44	3 39	22 24
30	2:33:43	10 8 13	1Cn18	22 19	25 54	21 44	3 27	18 25	16 57	7 42	3 38	22 21

4/20 Sun in Tau. 2:06 4/4 1st Qt. 7:05 4/11 Full 20:28 4/18 3rd Qt. 12:57 4/25 New 21:45

Day	Sid. T.	Sun	Moon	Merc.	Venus	Mars	Jup.	Saturn	Uranus	Nept.	Pluto	N.Node
1	2:37:39	11Ta 6 27	13Cn 9	24Ar 6	27Ar 8	22Pi30	3Cp25R	18Cp25R	16Le57	7Sc41R	3Vi38R	22Vi17
2	2:41:36	12 4 39	25 2	25 55	28 22	23 16	3 23	18 25	16 58	7 39	3 38	22 14
3	2:45:33	13 2 50	7Le 1	27 45	29 36	24 2	3 21	18 24	16 58	7 38	3 37	22 11
4	2:49:29	14 0 58	19 10	29 38	0Ta49	24 48	3 18	18 23	16 59	7 36	3 37	22 8
5	2:53:25	14 59 4	1Vi35	1Ta32	2 3	25 34	3 15	18 23	16 59	7 34	3 37	22 5
6	2:57:22	15 57 8	14 20	3 27	3 17	26 20	3 12	18 22	17 0	7 33	3 36	22 2
7	3: 1:19	16 55 10	27 29	5 25	4 30	27 6	3 9	18 21	17 1	7 31	3 36	21 58
8	3: 5:15	17 53 11	11Li 5	7 24	5 44	27 52	3 6	18 20	17 1	7 30	3 36	21 55
9	3: 9:12	18 51 10	25 9	9 25	6 58	28 38	3 3	18 19	17 2	7 28	3 36	21 52
10	3:13: 8	19 49 7	9Sc38	11 28	8 12	29 23	2 59	18 18	17 3	7 26	3 36	21 49
11	3:17: 5	20 47 2	24 26	13 32	9 25	0Ar 9	2 55	18 16	17 4	7 25	3 35	21 46
12	3:21: 2	21 44 56	9Sg27	15 38	10 39	0 55	2 51	18 15	17 5	7 23	3 35	21 43
13	3:24:58	22 42 49	24 29	17 45	11 53	1 41	2 47	18 14	17 6	7 22	3 35	21 39
14	3:28:55	23 40 40	9Cp24	19 53	13 6	2 26	2 43	18 12	17 7	7 20	3 35	21 36
15	3:32:51	24 38 30	24 4	22 3	14 20	3 12	2 39	18 10	17 8	7 18	3 35D	21 33
16	3:36:48	25 36 18	8Aq24	24 13	15 34	3 57	2 34	18 9	17 9	7 17	3 35	21 30
17	3:40:44	26 34 6	22 22	26 24	16 47	4 43	2 29	18 7	17 10	7 15	3 35	21 27
18	3:44:41	27 31 53	5Pi58	28 35	18 1	5 29	2 24	18 5	17 12	7 14	3 35	21 23
19	3:48:38	28 29 38	19 13	0Ge47	19 15	6 14	2 19	18 3	17 13	7 12	3 35	21 20
20	3:52:34	29 27 22	2Ar11	2 58	20 28	6 59	2 14	18 1	17 14	7 11	3 36	21 17
21	3:56:30	0Ge25 5	14 54	5 9	21 42	7 45	2 9	17 59	17 16	7 9	3 36	21 14
22	4: 0:27	1 22 47	27 25	7 19	22 56	8 30	2 3	17 56	17 17	7 8	3 36	21 11
23	4: 4:24	2 20 28	9Ta46	9 29	24 9	9 16	1 58	17 54	17 19	7 7	3 36	21 8
24	4: 8:20	3 18 8	21 58	11 37	25 23	10 1	1 52	17 51	17 20	7 5	3 37	21 4
25	4:12:16	4 15 46	4Ge 4	13 43	26 37	10 46	1 46	17 49	17 22	7 4	3 37	21 1
26	4:16:13	5 13 24	16 3	15 48	27 50	11 31	1 40	17 46	17 23	7 2	3 37	20 58
27	4:20:10	6 11 0	27 58	17 51	29 4	12 17	1 34	17 44	17 25	7 1	3 38	20 55
28	4:24: 6	7 8 35	9Cn50	19 52	0Ge18	13 2	1 28	17 41	17 27	7 0	3 38	20 52
29	4:28: 3	8 6 9	21 40	21 51	1 31	13 47	1 21	17 38	17 29	6 58	3 38	20 49
30	4:32: 0	9 3 41	3Le33	23 48	2 45	14 32	1 15	17 35	17 30	6 57	3 39	20 45
31	4:35:56	10 1 12	15 31	25 42	3 59	15 17	1 8	17 32	17 32	6 56	3 39	20 42

5/21 Sun in Gem. 1:34   5/4 1st Qt. 1:01   5/11 Full 5:43   5/17 3rd Qt. 19:55   5/25 New 12:27

Day	Sid. T.	Sun	Moon	Merc.	Venus	Mars	Jup.	Saturn	Uranus	Nept.	Pluto	N.Node
1	4:39:52	10Ge58 42	27Le38	27Ge33	5Ge12	16Ar 2	1Cp 1R	17Cp29R	17Le34	6Sc54R	3Vi40	20Vi39
2	4:43:49	11 56 10	10Vi 0	29 22	6 26	16 47	0 55	17 26	17 36	6 53	3 40	20 36
3	4:47:46	12 53 38	22 41	1Cn 8	7 40	17 32	0 48	17 23	17 38	6 52	3 41	20 33
4	4:51:42	13 51 4	5Li46	2 52	8 53	18 16	0 41	17 20	17 40	6 50	3 42	20 29
5	4:55:39	14 48 28	19 19	4 33	10 7	19 1	0 34	17 16	17 42	6 49	3 42	20 26
6	4:59:36	15 45 52	3Sc22	6 11	11 21	19 46	0 27	17 13	17 45	6 48	3 43	20 23
7	5: 3:32	16 43 14	17 53	7 46	12 34	20 31	0 19	17 10	17 47	6 47	3 43	20 20
8	5: 7:28	17 40 36	2Sg49	9 19	13 48	21 15	0 12	17 6	17 49	6 46	3 44	20 17
9	5:11:25	18 37 57	18 1	10 49	15 2	22 0	0 5	17 3	17 51	6 45	3 45	20 14
10	5:15:21	19 35 17	3Cp19	12 16	16 15	22 44	29Sg57	16 59	17 54	6 44	3 46	20 10
11	5:19:18	20 32 36	18 31	13 40	17 29	23 29	29 50	16 55	17 56	6 42	3 46	20 7
12	5:23:15	21 29 55	3Aq28	15 1	18 43	24 13	29 42	16 52	17 58	6 41	3 47	20 4
13	5:27:12	22 27 13	18 2	16 19	19 56	24 57	29 35	16 48	18 1	6 40	3 48	20 1
14	5:31: 8	23 24 31	2Pi 9	17 35	21 10	25 41	29 27	16 44	18 3	6 39	3 49	19 58
15	5:35: 5	24 21 48	15 49	18 47	22 24	26 26	29 20	16 40	18 6	6 38	3 50	19 55
16	5:39: 1	25 19 6	29 22	19 56	23 37	27 10	29 12	16 36	18 8	6 37	3 51	19 51
17	5:42:58	26 16 22	11Ar57	21 2	24 51	27 54	29 4	16 32	18 11	6 36	3 52	19 48
18	5:46:54	27 13 39	24 33	22 5	26 5	28 38	28 57	16 28	18 14	6 36	3 53	19 45
19	5:50:51	28 10 55	6Ta54	23 4	27 19	29 22	28 49	16 24	18 16	6 35	3 54	19 42
20	5:54:47	29 8 11	19 4	24 1	28 32	0Ta 5	28 41	16 20	18 19	6 34	3 55	19 39
21	5:58:44	0Cn 5 27	1Ge 7	24 53	29 46	0 49	28 34	16 16	18 22	6 33	3 56	19 35
22	6: 2:41	1 2 43	13 5	25 42	1Cn 0	1 33	28 26	16 12	18 25	6 32	3 57	19 32
23	6: 6:37	1 59 58	24 58	26 28	2 13	2 17	28 18	16 7	18 27	6 31	3 58	19 29
24	6:10:34	2 57 13	6Cn50	27 9	3 27	3 0	28 11	16 3	18 30	6 31	3 59	19 26
25	6:14:30	3 54 28	18 42	27 47	4 41	3 44	28 3	15 59	18 33	6 30	4 0	19 23
26	6:18:27	4 51 42	0Le34	28 21	5 55	4 27	27 55	15 55	18 36	6 29	4 2	19 20
27	6:22:23	5 48 56	12 29	28 50	7 8	5 11	27 48	15 50	18 39	6 29	4 3	19 16
28	6:26:20	6 46 9	24 30	29 16	8 22	5 54	27 40	15 46	18 42	6 28	4 4	19 13
29	6:30:17	7 43 22	6Vi40	29 36	9 36	6 37	27 33	15 42	18 45	6 27	4 5	19 10
30	6:34:13	8 40 35	19 3	29 53	10 50	7 20	27 25	15 37	18 48	6 27	4 6	19 7

6/21 Sun in Can. 9:43   6/2 1st Qt. 16:02   6/9 Full 13:02   6/16 3rd Qt. 4:36   6/24 New 3:27

JULY 1960

Day	Sid. T.	Sun	Moon	Merc.	Venus	Mars	Jup.	Saturn	Uranus	Nept.	Pluto	N.Node
1	6:38:10	9Cn37 47	1Li43	0Le 5	12Cn 3	8Ta 3	27Sg18R	15Cp33R	18Le51	6Sc26R	4Vi 8	19Vi 4
2	6:42: 6	10 34 59	14 45	0 12	13 17	8 46	27 11	15 29	18 54	6 26	4 9	19 0
3	6:46: 3	11 32 11	28 12	0 15	14 31	9 29	27 3	15 24	18 57	6 25	4 10	18 57
4	6:49:59	12 29 22	12Sc 7	0 12R	15 45	10 12	26 56	15 20	19 0	6 25	4 12	18 54
5	6:53:56	13 26 33	26 31	0 6	16 58	10 55	26 49	15 15	19 4	6 24	4 13	18 51
6	6:57:53	14 23 44	11Sg20	29Cn54	18 12	11 37	26 42	15 11	19 7	6 24	4 15	18 48
7	7: 1:49	15 20 55	26 27	29 39	19 26	12 20	26 35	15 7	19 10	6 24	4 16	18 45
8	7: 5:46	16 18 6	11Cp45	29 19	20 40	13 2	26 28	15 2	19 13	6 23	4 18	18 41
9	7: 9:42	17 15 17	27 1	28 54	21 53	13 45	26 22	14 58	19 17	6 23	4 19	18 38
10	7:13:39	18 12 28	12Aq 5	28 27	23 7	14 27	26 15	14 53	19 20	6 23	4 21	18 35
11	7:17:35	19 9 39	26 48	27 55	24 21	15 9	26 8	14 49	19 23	6 23	4 22	18 32
12	7:21:32	20 6 51	11Pi 4	27 21	25 35	15 51	26 2	14 44	19 27	6 22	4 24	18 29
13	7:25:28	21 4 3	24 53	26 45	26 49	16 33	25 56	14 40	19 30	6 22	4 25	18 26
14	7:29:25	22 1 16	8Ar13	26 6	28 2	17 15	25 49	14 36	19 33	6 22	4 27	18 22
15	7:33:21	22 58 29	21 9	25 27	29 16	17 57	25 43	14 31	19 37	6 22	4 28	18 19
16	7:37:18	23 55 43	3Ta45	24 47	0Le30	18 39	25 37	14 27	19 40	6 22	4 30	18 16
17	7:41:15	24 52 58	16 3	24 7	1 44	19 20	25 32	14 23	19 44	6 22	4 32	18 13
18	7:45:11	25 50 14	28 10	23 28	2 58	20 2	25 26	14 18	19 47	6 22D	4 33	18 10
19	7:49: 8	26 47 30	10Ge 8	22 50	4 12	20 43	25 20	14 14	19 51	6 22	4 35	18 6
20	7:53: 4	27 44 47	22 1	22 15	5 26	21 25	25 15	14 10	19 54	6 22	4 37	18 3
21	7:57: 1	28 42 4	3Cn53	21 42	6 39	22 6	25 9	14 6	19 58	6 22	4 38	18 0
22	8: 0:57	29 39 23	15 44	21 13	7 53	22 47	25 4	14 1	20 1	6 22	4 40	17 57
23	8: 4:54	0Le36 42	27 38	20 48	9 7	23 28	24 59	13 57	20 5	6 22	4 42	17 54
24	8: 8:51	1 34 1	9Le36	20 28	10 21	24 9	24 54	13 53	20 8	6 22	4 43	17 51
25	8:12:47	2 31 21	21 38	20 12	11 35	24 50	24 50	13 49	20 12	6 23	4 45	17 47
26	8:16:44	3 28 42	3Vi48	20 2	12 49	25 31	24 45	13 45	20 16	6 23	4 47	17 44
27	8:20:40	4 26 3	16 8	19 58	14 3	26 11	24 41	13 41	20 19	6 23	4 49	17 41
28	8:24:36	5 23 24	28 39	19 59D	15 17	26 52	24 37	13 37	20 23	6 24	4 51	17 38
29	8:28:33	6 20 47	11Li26	20 7	16 30	27 32	24 32	13 33	20 26	6 24	4 52	17 35
30	8:32:30	7 18 9	24 30	20 20	17 44	28 13	24 28	13 29	20 30	6 24	4 54	17 32
31	8:36:26	8 15 33	7Sc55	20 40	18 58	28 53	24 25	13 26	20 34	6 25	4 56	17 28

7/22 Sun in Leo 20:38   7/2 1st Qt. 3:49   7/8 Full 19:37   7/15 3rd Qt. 15:43   7/23 New 18:31   7/31 1st Qt. 12:39

AUGUST 1960

Day	Sid. T.	Sun	Moon	Merc.	Venus	Mars	Jup.	Saturn	Uranus	Nept.	Pluto	N.Node
1	8:40:23	9Le12 57	21Sc43	21Cn 7	20Le12	29Ta33	24Sg21R	13Cp22R	20Le37	6Sc25	4Vi58	17Vi25
2	8:44:20	10 10 21	5Sg55	21 39	21 26	0Ge13	24 18	13 18	20 41	6 26	5 0	17 22
3	8:48:16	11 7 46	20 29	22 18	22 40	0 52	24 15	13 14	20 45	6 26	5 2	17 19
4	8:52:12	12 5 12	5Cp20	23 3	23 54	1 32	24 11	13 11	20 48	6 27	5 4	17 16
5	8:56: 9	13 2 39	20 22	23 55	25 8	2 12	24 9	13 7	20 52	6 27	5 6	17 12
6	9: 0: 6	14 0 7	5Aq25	24 52	26 22	2 51	24 6	13 4	20 56	6 28	5 7	17 9
7	9: 4: 2	14 57 35	20 22	25 55	27 36	3 30	24 3	13 0	21 0	6 28	5 9	17 6
8	9: 7:59	15 55 5	5Pi 2	27 5	28 49	4 9	24 1	12 57	21 3	6 29	5 11	17 3
9	9:11:56	16 52 35	19 21	28 20	0Vi 3	4 48	23 59	12 54	21 7	6 30	5 13	17 0
10	9:15:52	17 50 7	3Ar13	29 40	1 17	5 27	23 57	12 51	21 11	6 31	5 15	16 57
11	9:19:48	18 47 40	16 40	1Le 5	2 31	6 6	23 55	12 47	21 14	6 31	5 17	16 53
12	9:23:45	19 45 15	29 41	2 35	3 45	6 45	23 53	12 44	21 18	6 32	5 19	16 50
13	9:27:41	20 42 51	12Ta20	4 10	4 59	7 23	23 52	12 41	21 22	6 33	5 21	16 47
14	9:31:38	21 40 29	24 41	5 49	6 13	8 2	23 51	12 38	21 26	6 34	5 23	16 44
15	9:35:35	22 38 8	6Ge48	7 32	7 27	8 40	23 50	12 36	21 29	6 35	5 25	16 41
16	9:39:31	23 35 49	18 46	9 18	8 41	9 18	23 49	12 33	21 33	6 36	5 27	16 38
17	9:43:28	24 33 31	0Cn38	11 8	9 55	9 56	23 48	12 30	21 37	6 36	5 29	16 34
18	9:47:24	25 31 15	12 30	13 0	11 9	10 34	23 48	12 27	21 41	6 37	5 31	16 31
19	9:51:21	26 29 1	24 23	14 54	12 22	11 11	23 47	12 25	21 44	6 38	5 33	16 28
20	9:55:17	27 26 48	6Le21	16 50	13 36	11 49	23 47	12 22	21 48	6 39	5 35	16 25
21	9:59:14	28 24 36	18 26	18 48	14 50	12 26	23 47D	12 20	21 52	6 41	5 37	16 22
22	10: 3:11	29 22 26	0Vi40	20 46	16 4	13 3	23 47	12 18	21 56	6 42	5 39	16 18
23	10: 7: 7	0Vi20 17	13 5	22 45	17 18	13 40	23 48	12 15	21 59	6 43	5 41	16 15
24	10:11: 3	1 18 10	25 40	24 45	18 32	14 17	23 48	12 13	22 3	6 44	5 43	16 12
25	10:15: 0	2 16 4	8Li29	26 45	19 46	14 54	23 49	12 11	22 7	6 45	5 45	16 9
26	10:18:57	3 13 59	21 31	28 44	21 0	15 30	23 50	12 9	22 10	6 46	5 47	16 6
27	10:22:53	4 11 56	4Sc47	0Vi44	22 14	16 6	23 51	12 7	22 14	6 47	5 49	16 3
28	10:26:49	5 9 54	18 20	2 42	23 28	16 43	23 53	12 6	22 18	6 49	5 51	15 59
29	10:30:46	6 7 53	2Sg 8	4 40	24 41	17 19	23 54	12 4	22 21	6 50	5 53	15 56
30	10:34:42	7 5 54	16 12	6 38	25 55	17 54	23 56	12 2	22 25	6 51	5 55	15 53
31	10:38:39	8 3 56	0Cp31	8 34	27 9	18 30	23 58	12 1	22 29	6 53	5 57	15 50

8/23 Sun in Vir. 3:35   8/7 Full 2:41   8/14 3rd Qt. 5:37   8/22 New 9:16   8/29 1st Qt. 19:23

Day	Sid. T.	Sun	Moon	Merc.	Venus	Mars	Jup.	Saturn	Uranus	Nept.	Pluto	N.Node
1	10:42:36	9Vi 1 59	15Cp 1	10Vi29	28Vi23	19Ge 5	24Sg 0	11Cp59R	22Le32	6Sc54	6Vi 0	15Vi47
2	10:46:32	10 0 4	29 39	12 24	29 37	19 41	24 2	11 58	22 36	6 55	6 2	15 44
3	10:50:29	10 58 10	14Aq18	14 17	0Li51	20 16	24 5	11 57	22 39	6 57	6 4	15 40
4	10:54:25	11 56 18	28 53	16 9	2 5	20 51	24 7	11 56	22 43	6 58	6 6	15 37
5	10:58:22	12 54 27	13Pi17	18 0	3 18	21 25	24 10	11 55	22 47	7 0	6 8	15 34
6	11: 2:18	13 52 38	27 26	19 49	4 32	22 0	24 13	11 54	22 50	7 1	6 10	15 31
7	11: 6:15	14 50 51	11Ar14	21 38	5 46	22 34	24 16	11 53	22 54	7 3	6 12	15 28
8	11:10:12	15 49 6	24 39	23 25	7 0	23 8	24 20	11 52	22 57	7 4	6 14	15 24
9	11:14: 8	16 47 23	7Ta43	25 12	8 14	23 42	24 23	11 51	23 1	7 6	6 16	15 21
10	11:18: 5	17 45 41	20 25	26 57	9 27	24 15	24 27	11 51	23 4	7 7	6 18	15 18
11	11:22: 2	18 44 2	2Ge49	28 41	10 41	24 49	24 31	11 50	23 8	7 9	6 20	15 15
12	11:25:58	19 42 25	14 58	0Li23	11 55	25 22	24 35	11 50	23 11	7 11	6 22	15 12
13	11:29:54	20 40 51	26 56	2 5	13 9	25 55	24 39	11 49	23 15	7 12	6 24	15 9
14	11:33:51	21 39 18	8Cn49	3 46	14 23	26 28	24 44	11 49	23 18	7 14	6 26	15 5
15	11:37:47	22 37 47	20 41	5 25	15 36	27 0	24 48	11 49	23 21	7 16	6 28	15 2
16	11:41:44	23 36 19	2Le36	7 4	16 50	27 32	24 53	11 49D	23 25	7 17	6 30	14 59
17	11:45:40	24 34 53	14 39	8 41	18 4	28 5	24 58	11 49	23 28	7 19	6 32	14 56
18	11:49:37	25 33 28	26 51	10 18	19 18	28 36	25 3	11 50	23 31	7 21	6 34	14 53
19	11:53:34	26 32 6	9Vi17	11 53	20 31	29 8	25 8	11 50	23 35	7 23	6 36	14 49
20	11:57:30	27 30 46	21 58	13 28	21 45	29 40	25 13	11 50	23 38	7 25	6 37	14 46
21	12: 1:27	28 29 28	4Li54	15 1	22 59	0Cn10	25 19	11 51	23 41	7 26	6 39	14 43
22	12: 5:23	29 28 11	18 5	16 34	24 12	0 41	25 25	11 51	23 44	7 28	6 41	14 40
23	12: 9:20	0Li26 57	1Sc31	18 5	25 26	1 11	25 31	11 52	23 48	7 30	6 43	14 37
24	12:13:16	1 25 44	15 11	19 36	26 40	1 41	25 37	11 53	23 51	7 32	6 45	14 34
25	12:17:13	2 24 34	29 1	21 5	27 54	2 11	25 43	11 54	23 54	7 34	6 47	14 30
26	12:21:10	3 23 25	13Sg 0	22 34	29 7	2 41	25 49	11 55	23 57	7 36	6 49	14 27
27	12:25: 6	4 22 17	27 6	24 1	0Sc21	3 10	25 56	11 56	24 0	7 38	6 51	14 24
28	12:29: 3	5 21 12	11Cp18	25 28	1 34	3 39	26 3	11 57	24 3	7 40	6 53	14 21
29	12:32:59	6 20 8	25 32	26 54	2 48	4 8	26 9	11 58	24 6	7 42	6 54	14 18
30	12:36:56	7 19 6	9Aq46	28 18	4 2	4 37	26 16	12 0	24 9	7 44	6 56	14 15

9/23 Sun in Lib. 1:00   9/5 Full 11:19(E)   9/12 3rd Qt. 22:20   9/20 New 23:13(E)   9/28 1st Qt. 1:14

Day	Sid. T.	Sun	Moon	Merc.	Venus	Mars	Jup.	Saturn	Uranus	Nept.	Pluto	N.Node
1	12:40:52	8Li18 6	23Aq58	29Li42	5Sc15	5Cn 5	26Sg23	12Cp 1	24Le12	7Sc46	6Vi58	14Vi11
2	12:44:49	9 17 7	8Pi 5	1Sc 4	6 29	5 32	26 31	12 3	24 15	7 48	7 0	14 8
3	12:48:45	10 16 10	22 4	2 25	7 42	6 0	26 38	12 4	24 18	7 50	7 2	14 5
4	12:52:42	11 15 15	5Ar51	3 46	8 56	6 27	26 46	12 6	24 21	7 52	7 3	14 2
5	12:56:39	12 14 23	19 24	5 5	10 9	6 54	26 53	12 8	24 24	7 54	7 5	13 59
6	13: 0:35	13 13 32	2Ta40	6 22	11 23	7 20	27 1	12 10	24 26	7 56	7 7	13 55
7	13: 4:32	14 12 43	15 38	7 39	12 36	7 46	27 9	12 12	24 29	7 58	7 9	13 52
8	13: 8:28	15 11 57	28 18	8 54	13 50	8 12	27 17	12 14	24 32	8 0	7 10	13 49
9	13:12:25	16 11 13	10Ge41	10 7	15 3	8 37	27 26	12 16	24 34	8 2	7 12	13 46
10	13:16:21	17 10 31	22 51	11 19	16 17	9 2	27 34	12 19	24 37	8 4	7 14	13 43
11	13:20:18	18 9 52	4Cn50	12 29	17 30	9 27	27 42	12 21	24 40	8 6	7 15	13 40
12	13:24:15	19 9 15	16 42	13 37	18 44	9 51	27 51	12 24	24 42	8 8	7 17	13 36
13	13:28:11	20 8 40	28 33	14 43	19 57	10 15	28 0	12 26	24 45	8 11	7 18	13 33
14	13:32: 8	21 8 7	10Le28	15 47	21 11	10 38	28 9	12 29	24 47	8 13	7 20	13 30
15	13:36: 4	22 7 37	22 32	16 49	22 24	11 1	28 18	12 32	24 50	8 15	7 22	13 27
16	13:40: 1	23 7 9	4Vi48	17 48	23 37	11 24	28 27	12 35	24 52	8 17	7 23	13 24
17	13:43:57	24 6 43	17 22	18 44	24 51	11 46	28 36	12 38	24 54	8 19	7 25	13 21
18	13:47:53	25 6 19	0Li15	19 37	26 4	12 8	28 45	12 41	24 57	8 22	7 26	13 17
19	13:51:50	26 5 58	13 29	20 26	27 18	12 29	28 55	12 44	24 59	8 24	7 28	13 14
20	13:55:47	27 5 38	27 4	21 11	28 31	12 49	29 4	12 47	25 1	8 26	7 29	13 11
21	13:59:43	28 5 21	10Sc58	21 53	29 44	13 10	29 14	12 50	25 3	8 28	7 30	13 8
22	14: 3:40	29 5 6	25 6	22 29	0Sg57	13 29	29 24	12 54	25 5	8 30	7 32	13 5
23	14: 7:37	0Sc 4 52	9Sg23	23 0	2 11	13 49	29 34	12 57	25 7	8 33	7 33	13 1
24	14:11:33	1 4 41	23 44	23 26	3 24	14 7	29 44	13 1	25 9	8 35	7 35	12 58
25	14:15:29	2 4 31	8Cp 5	23 45	4 37	14 26	29 54	13 5	25 11	8 37	7 36	12 55
26	14:19:26	3 4 22	22 21	23 57	5 50	14 43	0Cp 4	13 8	25 13	8 39	7 37	12 52
27	14:23:23	4 4 16	6Aq29	24 1	7 4	15 0	0 15	13 12	25 15	8 42	7 39	12 49
28	14:27:19	5 4 11	20 30	23 58R	8 17	15 17	0 25	13 16	25 17	8 44	7 40	12 46
29	14:31:16	6 4 7	4Pi21	23 46	9 30	15 33	0 36	13 20	25 19	8 46	7 41	12 42
30	14:35:13	7 4 5	18 3	23 25	10 43	15 48	0 46	13 24	25 21	8 48	7 42	12 39
31	14:39: 9	8 4 5	1Ar35	22 54	11 56	16 3	0 57	13 28	25 22	8 51	7 44	12 36

10/23 Sun in Sco. 10:03   10/4 Full 22:16   10/12 3rd Qt. 17:25   10/20 New 12:03   10/27 1st Qt. 7:34

NOVEMBER 1960

Day	Sid. T.	Sun	Moon	Merc.	Venus	Mars	Jup.	Saturn	Uranus	Nept.	Pluto	N.Node
1	14:43: 6	9Sc 4 6	14Ar56	22Sc14R	13Sg 9	16Cn18	1Cp 8	13Cp33	25Le24	8Sc53	7Vi45	12Vi33
2	14:47: 2	10 4 10	28 7	21 24	14 22	16 31	1 19	13 37	25 25	8 55	7 46	12 30
3	14:50:58	11 4 15	11Ta 6	20 26	15 35	16 44	1 30	13 41	25 27	8 57	7 47	12 27
4	14:54:55	12 4 22	23 51	19 20	16 48	16 57	1 41	13 46	25 29	9 0	7 48	12 23
5	14:58:52	13 4 30	6Ge22	18 8	18 1	17 9	1 52	13 50	25 30	9 2	7 49	12 20
6	15: 2:48	14 4 41	18 41	16 51	19 14	17 20	2 3	13 55	25 31	9 4	7 50	12 17
7	15: 6:45	15 4 54	0Cn47	15 32	20 27	17 30	2 15	14 0	25 33	9 6	7 51	12 14
8	15:10:42	16 5 9	12 44	14 13	21 40	17 40	2 26	14 4	25 34	9 9	7 52	12 11
9	15:14:38	17 5 25	24 35	12 57	22 53	17 49	2 38	14 9	25 35	9 11	7 53	12 7
10	15:18:34	18 5 44	6Le25	11 46	24 6	17 57	2 50	14 14	25 36	9 13	7 54	12 4
11	15:22:31	19 6 5	18 17	10 42	25 18	18 5	3 1	14 19	25 37	9 15	7 55	12 1
12	15:26:28	20 6 27	0Vi18	9 48	26 31	18 12	3 13	14 24	25 39	9 17	7 56	11 58
13	15:30:24	21 6 51	12 33	9 4	27 44	18 18	3 25	14 29	25 40	9 20	7 57	11 55
14	15:34:21	22 7 18	25 7	8 31	28 57	18 23	3 37	14 34	25 41	9 22	7 57	11 52
15	15:38:18	23 7 46	8Li 5	8 10	0Cp 9	18 28	3 49	14 39	25 41	9 24	7 58	11 48
16	15:42:14	24 8 16	21 28	8 1	1 22	18 32	4 1	14 45	25 42	9 26	7 59	11 45
17	15:46:10	25 8 47	5Sc18	8 3D	2 34	18 35	4 13	14 50	25 43	9 28	8 0	11 42
18	15:50: 7	26 9 21	19 33	8 16	3 47	18 37	4 25	14 56	25 44	9 31	8 0	11 39
19	15:54: 3	27 9 56	4Sg 6	8 39	5 0	18 38	4 38	15 1	25 44	9 33	8 1	11 36
20	15:58: 0	28 10 33	18 52	9 10	6 12	18 39	4 50	15 7	25 45	9 35	8 2	11 33
21	16: 1:56	29 11 11	3Cp41	9 50	7 24	18 39R	5 3	15 12	25 46	9 37	8 2	11 29
22	16: 5:53	0Sg11 50	18 25	10 37	8 37	18 38	5 15	15 18	25 46	9 39	8 3	11 26
23	16: 9:50	1 12 30	2Aq58	11 30	9 49	18 36	5 28	15 23	25 47	9 41	8 4	11 23
24	16:13:46	2 13 12	17 15	12 28	11 2	18 33	5 40	15 29	25 47	9 43	8 4	11 20
25	16:17:43	3 13 54	1Pi15	13 32	12 14	18 29	5 53	15 35	25 47	9 46	8 5	11 17
26	16:21:39	4 14 38	14 58	14 40	13 26	18 25	6 6	15 41	25 48	9 48	8 5	11 13
27	16:25:36	5 15 22	28 25	15 51	14 38	18 20	6 19	15 47	25 48	9 50	8 5	11 10
28	16:29:33	6 16 7	11Ar38	17 6	15 50	18 14	6 31	15 53	25 48	9 52	8 6	11 7
29	16:33:29	7 16 54	24 38	18 23	17 2	18 7	6 44	15 59	25 48	9 54	8 6	11 4
30	16:37:26	8 17 41	7Ta28	19 42	18 14	17 59	6 57	16 5	25 48	9 56	8 6	11 1

11/22 Sun in Sag. 7:19   11/3 Full 11:58   11/11 3rd Qt. 13:48   11/18 New 23:47   11/25 1st Qt. 15:42

DECEMBER 1960

Day	Sid. T.	Sun	Moon	Merc.	Venus	Mars	Jup.	Saturn	Uranus	Nept.	Pluto	N.Node
1	16:41:22	9Sg18 30	20Ta 6	21Sc 4	19Cp26	17Cn50R	7Cp10	16Cp11	25Le48R	9Sc58	8Vi 7	10Vi58
2	16:45:19	10 19 20	2Ge35	22 27	20 38	17 40	7 23	16 17	25 48	10 0	8 7	10 54
3	16:49:15	11 20 11	14 54	23 51	21 50	17 30	7 37	16 23	25 48	10 2	8 7	10 51
4	16:53:12	12 21 3	27 3	25 17	23 1	17 19	7 50	16 30	25 48	10 4	8 7	10 48
5	16:57: 9	13 21 56	9Cn 4	26 44	24 13	17 6	8 3	16 36	25 48	10 6	8 7	10 45
6	17: 1: 5	14 22 50	20 58	28 11	25 25	16 54	8 16	16 42	25 48	10 8	8 8	10 42
7	17: 5: 1	15 23 45	2Le47	29 36	26 36	16 40	8 29	16 49	25 47	10 10	8 8	10 38
8	17: 8:58	16 24 42	14 34	1Sg 9	27 47	16 25	8 43	16 55	25 47	10 12	8 8	10 35
9	17:12:55	17 25 40	26 25	2 38	28 59	16 10	8 56	17 2	25 46	10 14	8 8	10 32
10	17:16:51	18 26 38	8Vi23	4 8	0Aq10	15 54	9 10	17 8	25 46	10 15	8 8R	10 29
11	17:20:48	19 27 38	20 34	5 38	1 21	15 37	9 23	17 15	25 45	10 17	8 8	10 26
12	17:24:44	20 28 39	3Li 4	7 9	2 32	15 20	9 37	17 21	25 44	10 19	8 8	10 23
13	17:28:41	21 29 41	15 57	8 40	3 43	15 1	9 50	17 28	25 44	10 21	8 8	10 19
14	17:32:37	22 30 44	29 19	10 12	4 54	14 42	10 4	17 34	25 43	10 23	8 8	10 16
15	17:36:34	23 31 49	13Sc10	11 43	6 5	14 23	10 17	17 41	25 43	10 24	8 7	10 13
16	17:40:31	24 32 54	27 30	13 15	7 16	14 3	10 31	17 48	25 42	10 26	8 7	10 10
17	17:44:27	25 34 0	12Sg15	14 47	8 27	13 42	10 45	17 55	25 41	10 28	8 7	10 7
18	17:48:24	26 35 6	27 18	16 19	9 37	13 21	10 58	18 1	25 40	10 30	8 7	10 4
19	17:52:20	27 36 14	12Cp29	17 52	10 47	12 59	11 12	18 8	25 39	10 31	8 6	10 0
20	17:56:17	28 37 21	27 37	19 24	11 58	12 37	11 26	18 15	25 38	10 33	8 6	9 57
21	18: 0:13	29 38 29	12Aq32	20 57	13 8	12 15	11 40	18 22	25 37	10 35	8 6	9 54
22	18: 4:10	0Cp39 37	27 8	22 30	14 18	11 52	11 54	18 29	25 36	10 36	8 5	9 51
23	18: 8: 6	1 40 46	11Pi21	24 3	15 28	11 29	12 7	18 36	25 35	10 38	8 5	9 48
24	18:12: 3	2 41 54	25 9	25 37	16 38	11 6	12 21	18 42	25 33	10 39	8 5	9 44
25	18:15:59	3 43 2	8Ar36	27 10	17 48	10 42	12 35	18 49	25 32	10 41	8 4	9 41
26	18:19:56	4 44 11	21 42	28 44	18 57	10 18	12 49	18 56	25 31	10 42	8 4	9 38
27	18:23:53	5 45 19	4Ta30	0Cp18	20 6	9 55	13 3	19 3	25 29	10 44	8 3	9 35
28	18:27:49	6 46 28	17 5	1 53	21 16	9 31	13 17	19 10	25 28	10 45	8 3	9 32
29	18:31:46	7 47 36	29 29	3 27	22 25	9 7	13 31	19 17	25 27	10 47	8 2	9 29
30	18:35:42	8 48 45	11Ge42	5 2	23 34	8 43	13 45	19 24	25 25	10 48	8 1	9 25
31	18:39:39	9 49 53	23 42	6 37	24 43	8 19	13 59	19 31	25 23	10 50	8 1	9 22

12/21 Sun in Cap. 20:27   12/3 Full 4:25   12/11 3rd Qt. 9:39   12/18 New 10:47   12/25 1st Qt. 2:30

Day	Sid. T.	Sun	Moon	Merc.	Venus	Mars	Jup.	Saturn	Uranus	Nept.	Pluto	N.Node
1	18:43:36	10Cp51 2	5Cn48	8Cp13	25Aq51	7Cn56R	14Cp13	19Cp38	25Le22R	10Sc51	8Vi 0R	9Vi19
2	18:47:32	11 52 11	17 43	9 49	27 0	7 32	14 27	19 46	25 20	10 52	7 59	9 16
3	18:51:29	12 53 19	29 34	11 25	28 8	7 9	14 41	19 53	25 19	10 54	7 59	9 13
4	18:55:25	13 54 28	11Le22	13 2	29 16	6 46	14 55	20 0	25 17	10 55	7 58	9 10
5	18:59:22	14 55 37	23 11	14 39	0Pi24	6 24	15 9	20 7	25 15	10 56	7 57	9 6
6	19: 3:18	15 56 45	5Vi 3	16 16	1 31	6 1	15 23	20 14	25 13	10 57	7 56	9 3
7	19: 7:15	16 57 54	17 3	17 54	2 39	5 40	15 37	20 21	25 11	10 58	7 56	9 0
8	19:11:11	17 59 3	29 13	19 32	3 46	5 18	15 51	20 28	25 9	11 0	7 55	8 57
9	19:15: 8	19 0 12	11Li40	21 11	4 53	4 57	16 5	20 35	25 8	11 1	7 54	8 54
10	19:19: 4	20 1 20	24 28	22 50	6 0	4 37	16 18	20 42	25 6	11 2	7 53	8 50
11	19:23: 1	21 2 29	7Sc41	24 29	7 7	4 17	16 32	20 49	25 4	11 3	7 52	8 47
12	19:26:58	22 3 38	21 23	26 9	8 13	3 58	16 46	20 56	25 1	11 4	7 51	8 44
13	19:30:54	23 4 47	5Sg34	27 50	9 20	3 39	17 0	21 4	24 59	11 5	7 50	8 41
14	19:34:50	24 5 56	20 13	29 31	10 25	3 22	17 14	21 11	24 57	11 6	7 49	8 38
15	19:38:47	25 7 5	5Cp14	1Aq12	11 31	3 4	17 28	21 18	24 55	11 7	7 48	8 35
16	19:42:44	26 8 13	20 29	2 53	12 37	2 48	17 42	21 25	24 53	11 8	7 47	8 31
17	19:46:40	27 9 20	5Aq47	4 35	13 42	2 32	17 56	21 32	24 51	11 8	7 46	8 28
18	19:50:37	28 10 27	20 57	6 17	14 47	2 17	18 10	21 39	24 49	11 9	7 45	8 25
19	19:54:34	29 11 33	5Pi50	8 0	15 51	2 2	18 24	21 46	24 46	11 10	7 44	8 22
20	19:58:30	0Aq12 39	20 20	9 42	16 55	1 49	18 38	21 53	24 44	11 11	7 43	8 19
21	20: 2:26	1 13 43	4Ar23	11 25	17 59	1 36	18 52	22 0	24 42	11 11	7 41	8 16
22	20: 6:23	2 14 47	17 59	13 7	19 3	1 24	19 5	22 7	24 39	11 12	7 40	8 12
23	20:10:20	3 15 49	1Ta10	14 50	20 6	1 12	19 19	22 14	24 37	11 13	7 39	8 9
24	20:14:16	4 16 50	13 59	16 32	21 9	1 2	19 33	22 21	24 34	11 13	7 38	8 6
25	20:18:13	5 17 51	26 29	18 13	22 12	0 52	19 47	22 28	24 32	11 14	7 37	8 3
26	20:22: 9	6 18 50	8Ge45	19 54	23 14	0 44	20 0	22 35	24 30	11 15	7 35	8 0
27	20:26: 6	7 19 48	20 50	21 34	24 16	0 36	20 14	22 42	24 27	11 15	7 34	7 56
28	20:30: 2	8 20 45	2Cn48	23 12	25 17	0 28	20 28	22 49	24 25	11 16	7 33	7 53
29	20:33:59	9 21 41	14 41	24 49	26 18	0 22	20 41	22 56	24 22	11 16	7 31	7 50
30	20:37:55	10 22 36	26 31	26 24	27 19	0 17	20 55	23 3	24 20	11 17	7 30	7 47
31	20:41:52	11 23 30	8Le20	27 56	28 19	0 12	21 9	23 10	24 17	11 17	7 29	7 44

1/20 Sun in Aqu. 7:02 1/1 Full 23:06 1/10 3rd Qt. 3:03 1/16 New 21:30 1/23 1st Qt. 16:14 1/31 Full 18:47

Day	Sid. T.	Sun	Moon	Merc.	Venus	Mars	Jup.	Saturn	Uranus	Nept.	Pluto	N.Node
1	20:45:49	12Aq24 22	20Le11	29Aq25	29Pi18	0Cn 8R	21Cp22	23Cp17	24Le15R	11Sc17	7Vi27R	7Vi41
2	20:49:45	13 25 14	2Vi 5	0Pi50	0Ar18	0 5	21 36	23 24	24 12	11 18	7 26	7 37
3	20:53:42	14 26 4	14 5	2 12	1 16	0 2	21 49	23 31	24 9	11 18	7 25	7 34
4	20:57:39	15 26 54	26 12	3 28	2 14	0 1	22 3	23 37	24 7	11 18	7 23	7 31
5	21: 1:35	16 27 42	8Li30	4 38	3 12	0 0	22 16	23 44	24 4	11 18	7 22	7 28
6	21: 5:31	17 28 30	21 2	5 42	4 9	0 0D	22 29	23 51	24 2	11 19	7 20	7 25
7	21: 9:28	18 29 16	3Sc51	6 39	5 6	0 0	22 43	23 58	23 59	11 19	7 19	7 22
8	21:13:25	19 30 2	17 1	7 28	6 2	0 2	22 56	24 4	23 56	11 19	7 18	7 18
9	21:17:21	20 30 47	0Sg34	8 8	6 57	0 4	23 9	24 11	23 54	11 19	7 16	7 15
10	21:21:17	21 31 31	14 31	8 38	7 52	0 7	23 22	24 17	23 51	11 19	7 15	7 12
11	21:25:14	22 32 13	28 53	8 59	8 46	0 11	23 35	24 24	23 49	11 19R	7 13	7 9
12	21:29:11	23 32 55	13Cp36	9 9	9 40	0 15	23 48	24 31	23 46	11 19	7 12	7 6
13	21:33: 7	24 33 35	28 35	9 9R	10 33	0 20	24 2	24 37	23 43	11 19	7 10	7 2
14	21:37: 4	25 34 14	13Aq43	8 58	11 25	0 25	24 14	24 44	23 41	11 19	7 9	6 59
15	21:41: 0	26 34 52	28 49	8 37	12 16	0 32	24 27	24 50	23 38	11 19	7 7	6 56
16	21:44:57	27 35 28	13Pi45	8 6	13 7	0 39	24 40	24 56	23 35	11 19	7 6	6 53
17	21:48:53	28 36 2	28 23	7 26	13 56	0 46	24 53	25 3	23 33	11 18	7 4	6 50
18	21:52:50	29 36 35	12Ar38	6 38	14 45	0 54	25 6	25 9	23 30	11 18	7 3	6 47
19	21:56:47	0Pi37 6	26 25	5 43	15 33	1 3	25 19	25 15	23 28	11 18	7 1	6 43
20	22: 0:43	1 37 35	9Ta46	4 43	16 20	1 13	25 31	25 21	23 25	11 18	7 0	6 40
21	22: 4:40	2 38 2	22 42	3 39	17 7	1 23	25 44	25 28	23 22	11 17	6 58	6 37
22	22: 8:36	3 38 28	5Ge16	2 33	17 52	1 33	25 56	25 34	23 20	11 17	6 56	6 34
23	22:12:33	4 38 51	17 33	1 27	18 36	1 44	26 9	25 40	23 17	11 16	6 55	6 31
24	22:16:29	5 39 13	29 36	0 22	19 19	1 56	26 21	25 46	23 15	11 16	6 53	6 27
25	22:20:26	6 39 32	11Cn30	29Aq20	20 1	2 8	26 33	25 52	23 12	11 16	6 52	6 24
26	22:24:23	7 39 50	23 19	28 22	20 42	2 21	26 46	25 58	23 10	11 15	6 50	6 21
27	22:28:19	8 40 6	5Le 8	27 29	21 22	2 35	26 58	26 4	23 7	11 15	6 49	6 18
28	22:32:16	9 40 19	16 59	26 42	22 0	2 48	27 10	26 9	23 5	11 14	6 47	6 15

2/18 Sun in Pis. 21:17 2/8 3rd Qt. 16:50 2/15 New 8:11(E) 2/22 1st Qt. 8:35

MARCH 1961

Day	Sid. T.	Sun	Moon	Merc.	Venus	Mars	Jup.	Saturn	Uranus	Nept.	Pluto	N.Node
1	22:36:12	10Pi40 31	28Le54	26Aq 1R	22Ar37	3Cn 3	27Cp22	26Cp15	23Le 2R	11Sc13R	6Vi46R	6Vi12
2	22:40: 9	11 40 41	10Vi57	25 27	23 13	3 17	27 34	26 21	23 0	11 13	6 44	6 8
3	22:44: 5	12 40 49	23 9	25 0	23 48	3 33	27 46	26 26	22 57	11 12	6 43	6 5
4	22:48: 2	13 40 56	5Li31	24 40	24 21	3 48	27 57	26 32	22 55	11 12	6 41	6 2
5	22:51:58	14 41 1	18 5	24 27	24 52	4 5	28 9	26 38	22 52	11 11	6 39	5 59
6	22:55:55	15 41 4	0Sc52	24 21	25 22	4 21	28 21	26 43	22 50	11 10	6 38	5 56
7	22:59:52	16 41 5	13 53	24 21D	25 50	4 38	28 32	26 48	22 48	11 9	6 36	5 53
8	23: 3:48	17 41 5	27 10	24 28	26 17	4 56	28 44	26 54	22 45	11 9	6 35	5 49
9	23: 7:45	18 41 3	10Sg43	24 40	26 42	5 14	28 55	26 59	22 43	11 8	6 33	5 46
10	23:11:41	19 40 59	24 33	24 58	27 5	5 32	29 7	27 4	22 41	11 7	6 32	5 43
11	23:15:38	20 40 54	8Cp40	25 21	27 27	5 51	29 18	27 10	22 38	11 6	6 30	5 40
12	23:19:34	21 40 48	23 3	25 49	27 46	6 10	29 29	27 15	22 36	11 5	6 29	5 37
13	23:23:31	22 40 39	7Aq38	26 21	28 4	6 29	29 40	27 20	22 34	11 4	6 27	5 33
14	23:27:28	23 40 29	22 21	26 58	28 19	6 49	29 51	27 25	22 32	11 3	6 26	5 30
15	23:31:24	24 40 17	7Pi 7	27 39	28 32	7 9	0Aq 2	27 30	22 30	11 2	6 25	5 27
16	23:35:20	25 40 3	21 48	28 24	28 44	7 29	0 13	27 34	22 28	11 1	6 23	5 24
17	23:39:17	26 39 47	6Ar17	29 12	28 53	7 50	0 23	27 39	22 26	11 0	6 22	5 21
18	23:43:14	27 39 29	20 29	0Pi 4	28 59	8 11	0 34	27 44	22 24	10 59	6 20	5 18
19	23:47:10	28 39 9	4Ta20	0 58	29 4	8 33	0 44	27 48	22 22	10 58	6 19	5 14
20	23:51: 7	29 38 47	17 46	1 56	29 6	8 55	0 55	27 53	22 20	10 57	6 17	5 11
21	23:55: 3	0Ar38 22	0Ge47	2 56	29 5R	9 17	1 5	27 57	22 18	10 56	6 16	5 8
22	23:59: 0	1 37 55	13 26	3 59	29 2	9 39	1 15	28 2	22 16	10 55	6 15	5 5
23	0: 2:56	2 37 26	25 46	5 5	28 57	10 2	1 25	28 6	22 14	10 54	6 13	5 2
24	0: 6:53	3 36 55	7Cn51	6 13	28 49	10 25	1 35	28 10	22 12	10 52	6 12	4 59
25	0:10:50	4 36 22	19 45	7 23	28 39	10 48	1 45	28 15	22 11	10 51	6 11	4 55
26	0:14:46	5 35 46	1Le34	8 35	28 26	11 12	1 55	28 19	22 9	10 50	6 9	4 52
27	0:18:43	6 35 7	13 23	9 49	28 11	11 36	2 4	28 23	22 7	10 49	6 8	4 49
28	0:22:39	7 34 27	25 16	11 5	27 53	12 0	2 14	28 27	22 6	10 47	6 7	4 46
29	0:26:36	8 33 44	7Vi17	12 23	27 33	12 24	2 23	28 30	22 4	10 46	6 5	4 43
30	0:30:32	9 32 59	19 29	13 43	27 10	12 49	2 32	28 34	22 2	10 45	6 4	4 39
31	0:34:29	10 32 12	1Li54	15 5	26 46	13 14	2 41	28 38	22 1	10 43	6 3	4 36

3/20 Sun in Ari. 20:33   3/2 Full 13:35(E)   3/10 3rd Qt. 2:58   3/16 New 18:51   3/24 1st Qt. 2:48

APRIL 1961

Day	Sid. T.	Sun	Moon	Merc.	Venus	Mars	Jup.	Saturn	Uranus	Nept.	Pluto	N.Node
1	0:38:25	11Ar31 23	14Li34	16Pi28	26Ar19R	13Cn39	2Aq50	28Cp42	22Le 0R	10Sc42R	6Vi 2R	4Vi33
2	0:42:22	12 30 31	27 29	17 53	25 50	14 4	2 59	28 45	21 58	10 41	6 1	4 30
3	0:46:19	13 29 38	10Sc39	19 20	25 19	14 29	3 8	28 48	21 57	10 39	5 59	4 27
4	0:50:15	14 28 43	24 2	20 48	24 47	14 55	3 17	28 52	21 56	10 38	5 58	4 24
5	0:54:11	15 27 46	7Sg38	22 18	24 13	15 21	3 25	28 55	21 54	10 36	5 57	4 20
6	0:58: 8	16 26 48	21 24	23 49	23 38	15 47	3 33	28 58	21 53	10 35	5 56	4 17
7	1: 2: 5	17 25 47	5Cp19	25 22	23 2	16 14	3 42	29 1	21 52	10 33	5 55	4 14
8	1: 6: 1	18 24 45	19 22	26 57	22 26	16 40	3 50	29 4	21 51	10 32	5 54	4 11
9	1: 9:58	19 23 41	3Aq31	28 33	21 48	17 7	3 58	29 7	21 50	10 31	5 53	4 8
10	1:13:55	20 22 36	17 46	0Ar11	21 10	17 34	4 5	29 10	21 49	10 29	5 52	4 5
11	1:17:51	21 21 28	2Pi 4	1 50	20 33	18 2	4 13	29 13	21 48	10 27	5 51	4 1
12	1:21:47	22 20 19	16 23	3 31	19 55	18 29	4 21	29 16	21 47	10 26	5 50	3 58
13	1:25:44	23 19 8	0Ar38	5 13	19 18	18 57	4 28	29 18	21 46	10 24	5 49	3 55
14	1:29:41	24 17 55	14 46	6 57	18 41	19 24	4 35	29 21	21 45	10 23	5 48	3 49
15	1:33:37	25 16 40	28 42	8 42	18 5	19 52	4 42	29 23	21 44	10 21	5 47	3 49
16	1:37:34	26 15 24	12Ta21	10 29	17 31	20 20	4 49	29 25	21 44	10 20	5 46	3 45
17	1:41:30	27 14 5	25 41	12 18	16 58	20 49	4 56	29 27	21 43	10 18	5 45	3 42
18	1:45:27	28 12 44	8Ge40	14 8	16 26	21 17	5 3	29 29	21 42	10 17	5 44	3 39
19	1:49:23	29 11 21	21 19	16 0	15 56	21 46	5 9	29 31	21 42	10 15	5 44	3 36
20	1:53:20	0Ta 9 56	3Cn40	17 53	15 28	22 14	5 15	29 33	21 41	10 13	5 43	3 33
21	1:57:16	1 8 29	15 45	19 48	15 1	22 43	5 22	29 35	21 41	10 12	5 42	3 30
22	2: 1:13	2 7 0	27 40	21 45	14 37	23 12	5 28	29 37	21 40	10 10	5 41	3 26
23	2: 5:10	3 5 28	9Le30	23 43	14 15	23 42	5 34	29 39	21 40	10 9	5 41	3 23
24	2: 9: 6	4 3 54	21 19	25 43	13 56	24 11	5 39	29 40	21 40	10 7	5 40	3 20
25	2:13: 3	5 2 19	3Vi14	27 44	13 38	24 41	5 45	29 41	21 39	10 5	5 39	3 17
26	2:16:59	6 0 41	15 18	29 47	13 23	25 10	5 50	29 43	21 39	10 2	5 39	3 14
27	2:20:56	6 59 1	27 37	1Ta51	13 11	25 40	5 55	29 44	21 39	10 0	5 38	3 11
28	2:24:52	7 57 19	10Li14	3 56	13 1	26 10	6 0	29 45	21 39	10 0	5 38	3 7
29	2:28:49	8 55 35	23 10	6 3	12 53	26 40	6 5	29 46	21 39D	9 59	5 37	3 4
30	2:32:46	9 53 49	6Sc25	8 10	12 48	27 10	6 10	29 47	21 39	9 57	5 36	3 1

4/20 Sun in Tau. 7:56   4/1 Full 5:48   4/8 3rd Qt. 10:16   4/15 New 5:38   4/22 1st Qt. 21:49   4/30 Full 18:41

Day	Sid. T.	Sun	Moon	Merc.	Venus	Mars	Jup.	Saturn	Uranus	Nept.	Pluto	N.Node
1	2:36:42	10Ta52 1	19Sc59	10Ta19	12Ar45R	27Cn41	6Aq14	29Cp48	21Le39	9Sc56R	5Vi36R	2Vi58
2	2:40:39	11 50 12	3Sg49	12 28	12 45D	28 11	6 19	29 49	21 40	9 54	5 36	2 55
3	2:44:36	12 48 22	17 50	14 37	12 47	28 42	6 23	29 49	21 40	9 52	5 35	2 51
4	2:48:32	13 46 29	1Cp58	16 47	12 51	29 12	6 27	29 50	21 40	9 51	5 35	2 48
5	2:52:28	14 44 36	16 10	18 57	12 57	29 43	6 31	29 50	21 40	9 49	5 34	2 45
6	2:56:25	15 42 41	0Aq21	21 7	13 6	0Le14	6 34	29 51	21 41	9 47	5 34	2 42
7	3: 0:21	16 40 44	14 31	23 16	13 17	0 45	6 38	29 51	21 41	9 46	5 34	2 39
8	3: 4:18	17 38 46	28 36	25 24	13 30	1 16	6 41	29 51	21 42	9 44	5 33	2 36
9	3: 8:14	18 36 47	12Pi38	27 31	13 45	1 47	6 44	29 51	21 42	9 43	5 33	2 32
10	3:12:11	19 34 46	26 34	29 36	14 2	2 19	6 47	29 51R	21 43	9 41	5 33	2 29
11	3:16: 8	20 32 45	10Ar24	1Ge40	14 21	2 50	6 50	29 51	21 43	9 39	5 33	2 26
12	3:20: 4	21 30 41	24 6	3 42	14 41	3 22	6 53	29 51	21 44	9 38	5 33	2 23
13	3:24: 1	22 28 37	7Ta38	5 41	15 4	3 54	6 55	29 51	21 45	9 36	5 32	2 20
14	3:27:57	23 26 31	20 57	7 39	15 28	4 25	6 57	29 50	21 45	9 35	5 32	2 16
15	3:31:54	24 24 23	4Ge 1	9 33	15 54	4 57	6 59	29 50	21 46	9 33	5 32	2 13
16	3:35:50	25 22 14	16 49	11 25	16 21	5 29	7 1	29 49	21 47	9 31	5 32	2 10
17	3:39:47	26 20 4	29 21	13 14	16 50	6 1	7 3	29 48	21 48	9 30	5 32	2 7
18	3:43:44	27 17 52	11Cn37	15 0	17 21	6 34	7 4	29 47	21 49	9 28	5 32D	2 4
19	3:47:40	28 15 38	23 40	16 43	17 53	7 6	7 5	29 47	21 50	9 27	5 32	2 1
20	3:51:37	29 13 23	5Le34	18 23	18 26	7 38	7 7	29 46	21 51	9 25	5 32	1 57
21	3:55:33	0Ge11 6	17 23	20 0	19 0	8 11	7 7	29 44	21 52	9 24	5 33	1 54
22	3:59:30	1 8 48	29 12	21 33	19 36	8 43	7 8	29 43	21 54	9 22	5 33	1 51
23	4: 3:26	2 6 28	11Vi 6	23 4	20 13	9 16	7 9	29 42	21 55	9 21	5 33	1 48
24	4: 7:23	3 4 6	23 12	24 31	20 51	9 49	7 9	29 41	21 56	9 19	5 33	1 45
25	4:11:19	4 1 43	5Li33	25 54	21 31	10 22	7 9	29 39	21 58	9 18	5 33	1 42
26	4:15:16	4 59 19	18 15	27 14	22 11	10 55	7 9R	29 38	21 59	9 16	5 34	1 38
27	4:19:13	5 56 53	1Sc20	28 31	22 52	11 28	7 9	29 36	22 0	9 15	5 34	1 35
28	4:23: 9	6 54 26	14 50	29 44	23 35	12 1	7 9	29 34	22 2	9 14	5 34	1 32
29	4:27: 6	7 51 58	28 43	0Cn54	24 18	12 34	7 8	29 32	22 3	9 12	5 35	1 29
30	4:31: 2	8 49 28	12Sg56	2 0	25 2	13 7	7 7	29 31	22 5	9 11	5 35	1 26
31	4:34:59	9 46 58	27 22	3 2	25 47	13 40	7 6	29 29	22 7	9 9	5 35	1 22

5/21 Sun in Gem. 7:23   5/7 3rd Qt. 15:58   5/14 New 16:55   5/22 1st Qt. 16:19   5/30 Full 4:38

Day	Sid. T.	Sun	Moon	Merc.	Venus	Mars	Jup.	Saturn	Uranus	Nept.	Pluto	N.Node
1	4:38:55	10Ge44 27	11Cp57	4Cn 1	26Ar33	14Le14	7Aq 5R	29Cp26R	22Le 8	9Sc 8R	5Vi36	1Vi19
2	4:42:52	11 41 54	26 31	4 55	27 20	14 47	7 4	29 24	22 10	9 7	5 36	1 16
3	4:46:49	12 39 21	11Aq 1	5 46	28 8	15 21	7 2	29 22	22 12	9 5	5 37	1 13
4	4:50:45	13 36 47	25 21	6 33	28 56	15 54	7 1	29 20	22 14	9 4	5 37	1 10
5	4:54:42	14 34 13	9Pi30	7 16	29 45	16 28	6 59	29 17	22 16	9 3	5 38	1 7
6	4:58:38	15 31 38	23 27	7 55	0Ta35	17 2	6 57	29 15	22 18	9 2	5 38	1 3
7	5: 2:35	16 29 2	7Ar12	8 29	1 25	17 36	6 54	29 12	22 20	9 0	5 39	1 0
8	5: 6:31	17 26 26	20 44	9 0	2 16	18 10	6 52	29 10	22 22	8 59	5 40	0 57
9	5:10:27	18 23 49	4Ta 5	9 25	3 8	18 44	6 49	29 7	22 24	8 58	5 40	0 54
10	5:14:24	19 21 12	17 14	9 47	4 0	19 18	6 46	29 4	22 26	8 57	5 41	0 51
11	5:18:21	20 18 34	0Ge11	10 4	4 53	19 52	6 43	29 1	22 28	8 56	5 42	0 48
12	5:22:17	21 15 56	12 55	10 16	5 47	20 26	6 40	28 58	22 30	8 55	5 43	0 44
13	5:26:14	22 13 16	25 27	10 24	6 41	21 0	6 37	28 55	22 32	8 54	5 44	0 41
14	5:30:11	23 10 37	7Cn46	10 27	7 35	21 35	6 33	28 52	22 35	8 52	5 44	0 38
15	5:34: 7	24 7 56	19 54	10 26R	8 30	22 9	6 29	28 49	22 37	8 51	5 45	0 35
16	5:38: 3	25 5 15	1Le51	10 20	9 26	22 44	6 26	28 46	22 39	8 50	5 46	0 32
17	5:42: 0	26 2 33	13 42	10 10	10 22	23 18	6 21	28 42	22 42	8 49	5 47	0 28
18	5:45:57	26 59 50	25 29	9 56	11 18	23 53	6 17	28 39	22 44	8 48	5 48	0 25
19	5:49:53	27 57 7	7Vi17	9 38	12 15	24 28	6 13	28 36	22 47	8 48	5 49	0 22
20	5:53:50	28 54 22	19 11	9 16	13 13	25 2	6 8	28 32	22 49	8 47	5 50	0 19
21	5:57:47	29 51 37	1Li15	8 50	14 10	25 37	6 4	28 28	22 52	8 46	5 51	0 16
22	6: 1:43	0Cn48 52	13 36	8 22	15 8	26 12	5 59	28 25	22 54	8 45	5 52	0 13
23	6: 5:40	1 46 5	26 18	7 52	16 7	26 47	5 54	28 21	22 57	8 44	5 53	0 9
24	6: 9:36	2 43 19	9Sc25	7 19	17 6	27 22	5 48	28 17	23 0	8 43	5 54	0 6
25	6:13:32	3 40 32	22 59	6 45	18 5	27 57	5 43	28 14	23 2	8 42	5 55	0 3
26	6:17:29	4 37 43	7Sg 1	6 9	19 4	28 32	5 38	28 10	23 5	8 42	5 56	0 0
27	6:21:26	5 34 55	21 26	5 34	20 4	29 7	5 32	28 6	23 8	8 41	5 57	29Le57
28	6:25:22	6 32 7	6Cp10	4 59	21 4	29 43	5 26	28 2	23 11	8 40	5 59	29 54
29	6:29:19	7 29 18	21 5	4 24	22 5	0Vi18	5 20	27 58	23 14	8 40	6 0	29 50
30	6:33:16	8 26 29	6Aq 2	3 51	23 6	0 53	5 14	27 54	23 16	8 39	6 1	29 47

6/21 Sun in Can. 15:31   6/5 3rd Qt. 21:19   6/13 New 5:17   6/21 1st Qt. 9:02   6/28 Full 12:38

JULY 1961

Day	Sid. T.	Sun	Moon	Merc.	Venus	Mars	Jup.	Saturn	Uranus	Nept.	Pluto	N.Node
1	6:37:12	9Cn23 40	20Aq54	3Cn20R	24Ta 7	1Vi29	5Aq 8R	27Cp50R	23Le19	8Sc38R	6Vi 2	29Le44
2	6:41: 8	10 20 52	5Pi32	2 52	25 8	2 4	5 2	27 46	23 22	8 38	6 4	29 41
3	6:45: 5	11 18 3	19 54	2 27	26 10	2 40	4 56	27 42	23 25	8 37	6 5	29 38
4	6:49: 2	12 15 15	3Ar57	2 5	27 12	3 15	4 49	27 38	23 28	8 37	6 6	29 34
5	6:52:58	13 12 27	17 41	1 48	28 14	3 51	4 42	27 33	23 31	8 36	6 8	29 31
6	6:56:55	14 9 39	1Ta 6	1 34	29 17	4 27	4 36	27 29	23 34	8 36	6 9	29 28
7	7: 0:52	15 6 52	14 14	1 25	0Ge20	5 3	4 29	27 25	23 37	8 35	6 10	29 25
8	7: 4:48	16 4 5	27 6	1 21	1 23	5 38	4 22	27 21	23 41	8 35	6 12	29 22
9	7: 8:44	17 1 18	9Ge45	1 22D	2 26	6 14	4 15	27 16	23 44	8 34	6 13	29 19
10	7:12:41	17 58 32	22 12	1 28	3 29	6 50	4 8	27 12	23 47	8 34	6 15	29 15
11	7:16:37	18 55 46	4Cn28	1 40	4 33	7 26	4 1	27 8	23 50	8 34	6 16	29 12
12	7:20:34	19 53 1	16 35	1 56	5 37	8 2	3 53	27 3	23 53	8 34	6 18	29 9
13	7:24:30	20 50 15	28 33	2 18	6 41	8 39	3 46	26 59	23 57	8 33	6 19	29 6
14	7:28:27	21 47 30	10Le24	2 45	7 46	9 15	3 39	26 55	24 0	8 33	6 21	29 3
15	7:32:24	22 44 45	22 12	3 18	8 50	9 51	3 31	26 50	24 3	8 33	6 22	29 0
16	7:36:20	23 42 1	3Vi58	3 56	9 55	10 27	3 23	26 46	24 7	8 33	6 24	28 56
17	7:40:17	24 39 16	15 47	4 39	11 0	11 4	3 16	26 41	24 10	8 33	6 25	28 53
18	7:44:13	25 36 32	27 41	5 28	12 5	11 40	3 8	26 37	24 13	8 33	6 27	28 50
19	7:48:10	26 33 48	9Li46	6 21	13 11	12 17	3 1	26 32	24 17	8 32	6 29	28 47
20	7:52: 7	27 31 4	22 5	7 20	14 16	12 53	2 53	26 28	24 20	8 32	6 30	28 44
21	7:56: 3	28 28 20	4Sc45	8 24	15 22	13 30	2 45	26 24	24 24	8 32	6 32	28 40
22	8: 0: 0	29 25 37	17 49	9 33	16 28	14 6	2 37	26 19	24 27	8 33	6 34	28 37
23	8: 3:56	0Le22 54	1Sg19	10 46	17 34	14 43	2 30	26 15	24 31	8 33	6 36	28 34
24	8: 7:53	1 20 12	15 17	12 5	18 40	15 20	2 22	26 10	24 34	8 33	6 37	28 31
25	8:11:49	2 17 30	29 43	13 28	19 46	15 56	2 14	26 6	24 38	8 33	6 39	28 28
26	8:15:46	3 14 48	14Cp30	14 55	20 53	16 33	2 6	26 1	24 41	8 33	6 41	28 25
27	8:19:42	4 12 7	29 34	16 27	21 59	17 10	1 58	25 57	24 45	8 33	6 43	28 21
28	8:23:39	5 9 27	14Aq44	18 4	23 6	17 47	1 51	25 53	24 48	8 33	6 44	28 18
29	8:27:35	6 6 47	29 52	19 44	24 13	18 24	1 43	25 48	24 52	8 34	6 46	28 15
30	8:31:32	7 4 8	14Pi48	21 28	25 20	19 1	1 35	25 44	24 55	8 34	6 48	28 12
31	8:35:29	8 1 30	29 26	23 15	26 28	19 38	1 27	25 40	24 59	8 34	6 50	28 9

7/23 Sun in Leo 2:24   7/5 3rd Qt. 3:33   7/12 New 19:11   7/20 1st Qt. 23:14   7/27 Full 19:51

AUGUST 1961

Day	Sid. T.	Sun	Moon	Merc.	Venus	Mars	Jup.	Saturn	Uranus	Nept.	Pluto	N.Node
1	8:39:25	8Le58 54	13Ar42	25Cn 6	27Ge35	20Vi16	1Aq20R	25Cp36R	25Le 3	8Sc35	6Vi52	28Le 5
2	8:43:22	9 56 18	27 33	26 59	28 43	20 53	1 12	25 31	25 6	8 35	6 53	28 2
3	8:47:18	10 53 44	11Ta 0	28 55	29 51	21 30	1 5	25 27	25 10	8 36	6 55	27 59
4	8:51:15	11 51 11	24 5	0Le53	0Cn58	22 7	0 57	25 23	25 14	8 36	6 57	27 56
5	8:55:11	12 48 39	6Ge50	2 53	2 6	22 45	0 49	25 19	25 17	8 36	6 59	27 53
6	8:59: 8	13 46 9	19 18	4 54	3 14	23 22	0 42	25 15	25 21	8 37	7 1	27 50
7	9: 3: 5	14 43 39	1Cn33	6 57	4 22	24 0	0 35	25 11	25 25	8 38	7 3	27 46
8	9: 7: 1	15 41 12	13 37	9 0	5 31	24 37	0 27	25 7	25 28	8 38	7 5	27 43
9	9:10:58	16 38 45	25 33	11 4	6 39	25 15	0 20	25 3	25 32	8 39	7 7	27 40
10	9:14:54	17 36 19	7Le24	13 7	7 48	25 53	0 13	24 59	25 36	8 39	7 9	27 37
11	9:18:51	18 33 55	19 12	15 11	8 57	26 30	0 6	24 55	25 39	8 40	7 11	27 34
12	9:22:47	19 31 31	0Vi59	17 14	10 6	27 8	29Cp59	24 51	25 43	8 41	7 13	27 31
13	9:26:44	20 29 9	12 47	19 17	11 15	27 46	29 52	24 47	25 47	8 42	7 15	27 27
14	9:30:40	21 26 48	24 40	21 19	12 24	28 24	29 46	24 43	25 51	8 42	7 17	27 24
15	9:34:37	22 24 28	6Li39	23 20	13 33	29 2	29 39	24 40	25 54	8 43	7 19	27 21
16	9:38:33	23 22 9	18 48	25 20	14 42	29 40	29 32	24 36	25 58	8 44	7 21	27 18
17	9:42:30	24 19 51	1Sc11	27 19	15 52	0Li18	29 26	24 33	26 2	8 45	7 23	27 15
18	9:46:27	25 17 34	13 50	29 17	17 1	0 56	29 20	24 29	26 6	8 46	7 25	27 11
19	9:50:23	26 15 19	26 50	1Vi13	18 11	1 34	29 14	24 26	26 9	8 47	7 27	27 8
20	9:54:20	27 13 4	10Sg14	3 8	19 21	2 12	29 8	24 22	26 13	8 48	7 29	27 5
21	9:58:16	28 10 51	24 3	5 2	20 31	2 51	29 2	24 19	26 17	8 49	7 31	27 2
22	10: 2:13	29 8 38	8Cp17	6 55	21 41	3 29	28 56	24 16	26 21	8 50	7 33	26 59
23	10: 6:10	0Vi 6 27	22 55	8 46	22 51	4 7	28 50	24 13	26 24	8 51	7 35	26 56
24	10:10: 6	1 4 17	7Aq52	10 36	24 1	4 46	28 45	24 10	26 28	8 52	7 37	26 52
25	10:14: 3	2 2 9	23 1	12 25	25 11	5 24	28 40	24 6	26 32	8 53	7 39	26 49
26	10:17:59	3 0 2	8Pi12	14 12	26 22	6 3	28 34	24 3	26 36	8 54	7 41	26 46
27	10:21:56	3 57 56	23 17	15 58	27 32	6 41	28 29	24 1	26 39	8 55	7 43	26 43
28	10:25:52	4 55 52	8Ar 7	17 42	28 43	7 20	28 24	23 58	26 43	8 56	7 45	26 40
29	10:29:48	5 53 50	22 34	19 25	29 53	7 59	28 20	23 55	26 47	8 57	7 47	26 37
30	10:33:45	6 51 49	6Ta36	21 7	1Le 4	8 37	28 15	23 52	26 50	8 59	7 49	26 33
31	10:37:42	7 49 51	20 11	22 48	2 15	9 16	28 11	23 50	26 54	9 0	7 51	26 30

8/23 Sun in Vir. 9:19   8/3 3rd Qt. 11:48   8/11 New 10:36(E)   8/19 1st Qt. 10:52   8/26 Full 3:14(E)

Day	Sid. T.	Sun	Moon	Merc.	Venus	Mars	Jup.	Saturn	Uranus	Nept.	Pluto	N.Node
1	10:41:38	8Vi47 54	3Ge19	24Vi27	3Le26	9Li55	28Cp 7R	23Cp47R	26Le58	9Sc 1	7Vi53	26Le27
2	10:45:35	9 46 0	16 3	26 6	4 37	10 34	28 3	23 45	27 2	9 3	7 55	26 24
3	10:49:32	10 44 7	28 28	27 43	5 48	11 13	27 59	23 43	27 5	9 4	7 57	26 21
4	10:53:28	11 42 16	10Cn37	29 18	6 59	11 52	27 55	23 40	27 9	9 5	8 0	26 17
5	10:57:24	12 40 28	22 35	0Li53	8 11	12 31	27 51	23 38	27 13	9 7	8 2	26 14
6	11: 1:21	13 38 41	4Le26	2 26	9 22	13 10	27 48	23 36	27 16	9 8	8 4	26 11
7	11: 5:18	14 36 56	16 13	3 58	10 34	13 49	27 45	23 34	27 20	9 10	8 6	26 8
8	11: 9:14	15 35 13	28 0	5 29	11 45	14 29	27 42	23 32	27 23	9 11	8 8	26 5
9	11:13:11	16 33 32	9Vi49	6 59	12 57	15 8	27 39	23 31	27 27	9 13	8 10	26 2
10	11:17: 8	17 31 52	21 43	8 28	14 9	15 47	27 36	23 29	27 31	9 14	8 12	25 58
11	11:21: 4	18 30 15	3Li45	9 55	15 20	16 27	27 34	23 27	27 34	9 16	8 14	25 55
12	11:25: 0	19 28 39	15 55	11 21	16 32	17 6	27 32	23 26	27 38	9 17	8 16	25 52
13	11:28:57	20 27 5	28 15	12 46	17 44	17 46	27 30	23 24	27 41	9 19	8 18	25 49
14	11:32:53	21 25 32	10Sc47	14 10	18 57	18 25	27 28	23 23	27 45	9 21	8 20	25 46
15	11:36:49	22 24 1	23 34	15 32	20 9	19 5	27 26	23 22	27 48	9 22	8 22	25 43
16	11:40:46	23 22 32	6Sg36	16 53	21 21	19 45	27 25	23 20	27 52	9 24	8 24	25 39
17	11:44:43	24 21 5	19 57	18 13	22 33	20 24	27 23	23 19	27 55	9 26	8 26	25 36
18	11:48:39	25 19 39	3Cp37	19 31	23 46	21 4	27 22	23 18	27 59	9 27	8 28	25 33
19	11:52:36	26 18 15	17 38	20 48	24 58	21 44	27 21	23 18	28 2	9 29	8 30	25 30
20	11:56:33	27 16 53	1Aq59	22 3	26 11	22 24	27 21	23 17	28 5	9 31	8 32	25 27
21	12: 0:29	28 15 32	16 37	23 16	27 23	23 4	27 20	23 16	28 9	9 33	8 34	25 23
22	12: 4:25	29 14 12	1Pi30	24 28	28 36	23 44	27 20	23 16	28 12	9 34	8 36	25 20
23	12: 8:22	0Li12 55	16 29	25 39	29 49	24 24	27 20	23 15	28 16	9 36	8 38	25 17
24	12:12:19	1 11 39	1Ar27	26 47	1Vi 2	25 4	27 20D	23 15	28 19	9 38	8 40	25 14
25	12:16:15	2 10 26	16 16	27 53	2 14	25 44	27 20	23 14	28 22	9 40	8 42	25 11
26	12:20:12	3 9 14	0Ta47	28 57	3 27	26 24	27 20	23 14	28 25	9 42	8 44	25 8
27	12:24: 9	4 8 5	14 54	29 59	4 40	27 5	27 21	23 14	28 29	9 44	8 45	25 4
28	12:28: 5	5 6 58	28 35	0Sc59	5 53	27 45	27 22	23 14D	28 32	9 46	8 47	25 1
29	12:32: 1	6 5 53	11Ge49	1 55	7 7	28 25	27 23	23 14	28 35	9 47	8 49	24 58
30	12:35:58	7 4 51	24 37	2 49	8 20	29 6	27 24	23 15	28 38	9 49	8 51	24 55

9/23 Sun in Lib. 6:43   9/1 3rd Qt. 23:06   9/10 New 2:50   9/17 1st Qt. 20:24   9/24 Full 11:34

Day	Sid. T.	Sun	Moon	Merc.	Venus	Mars	Jup.	Saturn	Uranus	Nept.	Pluto	N.Node
1	12:39:54	8Li 3 50	7Cn 3	3Sc40	9Vi33	29Li46	27Cp26	23Cp15	28Le41	9Sc51	8Vi53	24Le52
2	12:43:51	9 2 53	19 11	4 27	10 46	0Sc27	27 27	23 15	28 44	9 53	8 55	24 49
3	12:47:48	10 1 57	1Le 8	5 11	12 0	1 8	27 29	23 16	28 47	9 55	8 57	24 45
4	12:51:44	11 1 4	12 56	5 51	13 13	1 48	27 31	23 16	28 50	9 57	8 58	24 42
5	12:55:41	12 0 12	24 43	6 26	14 27	2 29	27 33	23 17	28 53	9 59	9 0	24 39
6	12:59:38	12 59 24	6Vi32	6 56	15 41	3 10	27 36	23 18	28 56	10 1	9 2	24 36
7	13: 3:34	13 58 37	18 26	7 21	16 54	3 51	27 38	23 19	28 59	10 3	9 4	24 33
8	13: 7:30	14 57 52	0Li29	7 41	18 8	4 32	27 41	23 20	29 2	10 6	9 5	24 29
9	13:11:27	15 57 10	12 42	7 54	19 22	5 13	27 44	23 21	29 5	10 8	9 7	24 26
10	13:15:24	16 56 29	25 7	8 1	20 35	5 54	27 47	23 22	29 8	10 10	9 9	24 23
11	13:19:20	17 55 51	7Sc45	8 0R	21 49	6 35	27 50	23 23	29 11	10 12	9 11	24 20
12	13:23:17	18 55 14	20 35	7 52	23 3	7 16	27 54	23 25	29 13	10 14	9 12	24 17
13	13:27:14	19 54 40	3Sg38	7 36	24 17	7 57	27 57	23 26	29 16	10 16	9 14	24 14
14	13:31:10	20 54 7	16 53	7 12	25 31	8 38	28 1	23 28	29 19	10 18	9 16	24 10
15	13:35: 6	21 53 37	0Cp20	6 39	26 45	9 20	28 5	23 30	29 21	10 20	9 17	24 7
16	13:39: 3	22 53 8	14 0	5 58	27 59	10 1	28 10	23 32	29 24	10 22	9 19	24 4
17	13:42:59	23 52 40	27 53	5 9	29 14	10 42	28 14	23 33	29 26	10 25	9 20	24 1
18	13:46:56	24 52 15	11Aq59	4 12	0Li28	11 24	28 19	23 35	29 29	10 27	9 22	23 58
19	13:50:52	25 51 51	26 18	3 8	1 42	12 5	28 23	23 37	29 31	10 29	9 24	23 54
20	13:54:49	26 51 28	10Pi47	1 59	2 56	12 47	28 28	23 40	29 34	10 31	9 25	23 51
21	13:58:46	27 51 8	25 22	0 45	4 11	13 29	28 34	23 42	29 36	10 33	9 27	23 48
22	14: 2:42	28 50 49	10Ar 0	29Li30	5 25	14 10	28 39	23 44	29 39	10 36	9 28	23 45
23	14: 6:39	29 50 32	24 32	28 15	6 39	14 52	28 44	23 47	29 41	10 38	9 29	23 42
24	14:10:35	0Sc50 17	8Ta52	27 3	7 54	15 34	28 50	23 49	29 43	10 40	9 31	23 39
25	14:14:32	1 50 4	22 55	25 55	9 8	16 16	28 56	23 52	29 45	10 42	9 32	23 35
26	14:18:28	2 49 54	6Ge33	24 54	10 23	16 58	29 2	23 55	29 48	10 44	9 34	23 32
27	14:22:25	3 49 45	19 47	24 2	11 38	17 40	29 8	23 58	29 50	10 47	9 35	23 29
28	14:26:22	4 49 39	2Cn37	23 19	12 52	18 22	29 15	24 0	29 52	10 49	9 36	23 26
29	14:30:18	5 49 34	15 5	22 48	14 7	19 4	29 21	24 4	29 54	10 51	9 38	23 23
30	14:34:15	6 49 32	27 15	22 28	15 21	19 46	29 27	24 7	29 56	10 53	9 39	23 20
31	14:38:11	7 49 32	9Le12	22 19	16 36	20 28	29 34	24 10	29 58	10 56	9 40	23 16

10/23 Sun in Sco. 15:48   10/1 3rd Qt. 14:10   10/9 New 18:53   10/17 1st Qt. 4:35   10/23 Full 21:31   10/31 3rd Qt. 8:59

NOVEMBER 1961

Day	Sid. T.	Sun	Moon	Merc.	Venus	Mars	Jup.	Saturn	Uranus	Nept.	Pluto	N.Node
1	14:42: 8	8Sc49 34	21Le 1	22Li22	17Li51	21Sc11	29Cp41	24Cp13	0Vi 0	10Sc58	9Vi42	23Le13
2	14:46: 4	9 49 39	2Vi48	22 35	19 6	21 53	29 48	24 16	0 1	11 0	9 43	23 10
3	14:50: 1	10 49 45	14 39	22 59	20 21	22 35	29 56	24 20	0 3	11 2	9 44	23 7
4	14:53:57	11 49 53	26 37	23 33	21 35	23 18	0Aq 3	24 24	0 5	11 5	9 45	23 4
5	14:57:54	12 50 3	8Li48	24 15	22 50	24 0	0 18	24 27	0 7	11 7	9 46	23 0
6	15: 1:51	13 50 16	21 13	25 4	24 5	24 43	0 18	24 31	0 8	11 9	9 47	22 57
7	15: 5:47	14 50 30	3Sc54	26 1	25 20	25 25	0 26	24 35	0 10	11 11	9 48	22 54
8	15: 9:44	15 50 46	16 52	27 3	26 35	26 8	0 34	24 39	0 12	11 14	9 50	22 51
9	15:13:40	16 51 4	0Sg 5	28 11	27 50	26 51	0 42	24 43	0 13	11 16	9 51	22 48
10	15:17:37	17 51 24	13 32	29 23	29 5	27 34	0 51	24 47	0 14	11 18	9 52	22 45
11	15:21:33	18 51 45	27 9	0Sc39	0Sc20	28 17	0 59	24 51	0 16	11 20	9 53	22 41
12	15:25:30	19 52 8	10Cp55	1 58	1 35	28 59	1 8	24 55	0 17	11 23	9 53	22 38
13	15:29:27	20 52 32	24 47	3 20	2 50	29 42	1 16	24 59	0 18	11 25	9 54	22 35
14	15:33:23	21 52 57	8Aq45	4 44	4 5	0Sg25	1 25	25 4	0 20	11 27	9 55	22 32
15	15:37:20	22 53 24	22 47	6 11	5 20	1 8	1 34	25 8	0 21	11 29	9 56	22 29
16	15:41:16	23 53 52	6Pi53	7 38	6 36	1 52	1 43	25 13	0 22	11 31	9 57	22 26
17	15:45:13	24 54 21	21 2	9 8	7 51	2 35	1 53	25 17	0 23	11 34	9 58	22 22
18	15:49: 9	25 54 52	5Ar13	10 38	9 6	3 18	2 2	25 22	0 24	11 36	9 59	22 19
19	15:53: 5	26 55 23	19 23	12 9	10 21	4 1	2 12	25 26	0 25	11 38	9 59	22 16
20	15:57: 2	27 55 57	3Ta29	13 41	11 36	4 45	2 21	25 31	0 26	11 40	10 0	22 13
21	16: 0:59	28 56 31	17 26	15 14	12 52	5 28	2 31	25 36	0 27	11 42	10 1	22 10
22	16: 4:55	29 57 7	1Ge 9	16 47	14 7	6 11	2 41	25 41	0 28	11 45	10 1	22 6
23	16: 8:52	0Sg57 44	14 34	18 20	15 22	6 55	2 51	25 46	0 29	11 47	10 2	22 3
24	16:12:49	1 58 23	27 40	19 53	16 37	7 38	3 1	25 51	0 29	11 49	10 3	22 0
25	16:16:45	2 59 4	10Cn26	21 27	17 53	8 22	3 11	25 56	0 30	11 51	10 3	21 57
26	16:20:42	3 59 46	22 52	23 1	19 8	9 6	3 21	26 2	0 30	11 53	10 4	21 54
27	16:24:38	5 0 29	5Le 2	24 35	20 23	9 49	3 32	26 7	0 31	11 55	10 4	21 51
28	16:28:35	6 1 14	16 59	26 9	21 38	10 33	3 42	26 12	0 31	11 57	10 5	21 47
29	16:32:31	7 2 0	28 49	27 43	22 54	11 17	3 53	26 18	0 32	11 59	10 5	21 44
30	16:36:28	8 2 48	10Vi36	29 17	24 9	12 1	4 4	26 23	0 32	12 1	10 5	21 41

11/22 Sun in Sag. 13:08   11/8 New 9:59   11/15 1st Qt. 12:13   11/22 Full 9:44   11/30 3rd Qt. 6:19

DECEMBER 1961

Day	Sid. T.	Sun	Moon	Merc.	Venus	Mars	Jup.	Saturn	Uranus	Nept.	Pluto	N.Node
1	16:40:25	9Sg 3 38	22Vi28	0Sg51	25Sc25	12Sg45	4Aq15	26Cp29	0Vi32	12Sc 4	10Vi 6	21Le38
2	16:44:21	10 4 28	4Li27	2 25	26 40	13 29	4 26	26 34	0 32	12 6	10 6	21 35
3	16:48:18	11 5 20	16 41	3 59	27 55	14 13	4 37	26 40	0 33	12 8	10 6	21 32
4	16:52:14	12 6 13	29 13	5 33	29 11	14 57	4 48	26 46	0 33	12 10	10 7	21 28
5	16:56:10	13 7 9	12Sc 4	7 7	0Sg26	15 41	4 59	26 51	0 33	12 12	10 7	21 25
6	17: 0: 7	14 8 5	25 17	8 42	1 42	16 25	5 11	26 57	0 33R	12 14	10 7	21 22
7	17: 4: 4	15 9 2	8Sg51	10 16	2 57	17 9	5 22	27 3	0 33	12 16	10 7	21 19
8	17: 8: 0	16 10 0	22 41	11 50	4 12	17 54	5 34	27 9	0 33	12 18	10 8	21 16
9	17:11:57	17 10 59	6Cp46	13 24	5 28	18 38	5 45	27 15	0 33	12 19	10 8	21 12
10	17:15:54	18 11 59	20 58	14 58	6 43	19 22	5 57	27 21	0 32	12 21	10 8	21 9
11	17:19:50	19 13 0	5Aq15	16 32	7 59	20 7	6 9	27 27	0 32	12 23	10 8	21 6
12	17:23:46	20 14 1	19 31	18 6	9 14	20 51	6 21	27 33	0 32	12 25	10 8R	21 3
13	17:27:43	21 15 2	3Pi44	19 40	10 30	21 36	6 33	27 39	0 31	12 27	10 8	21 0
14	17:31:40	22 16 4	17 52	21 15	11 45	22 21	6 45	27 46	0 31	12 29	10 8	20 57
15	17:35:36	23 17 7	1Ar54	22 49	13 1	23 5	6 57	27 52	0 30	12 31	10 8	20 53
16	17:39:33	24 18 10	15 50	24 24	14 16	23 50	7 9	27 58	0 30	12 33	10 8	20 50
17	17:43:30	25 19 13	29 38	25 58	15 32	24 35	7 21	28 5	0 29	12 34	10 7	20 47
18	17:47:26	26 20 17	13Ta17	27 33	16 47	25 19	7 34	28 11	0 29	12 36	10 7	20 44
19	17:51:22	27 21 21	26 47	29 8	18 3	26 4	7 46	28 17	0 28	12 38	10 7	20 41
20	17:55:19	28 22 25	10Ge 4	0Cp43	19 18	26 49	7 59	28 24	0 27	12 39	10 7	20 38
21	17:59:16	29 23 30	23 7	2 19	20 33	27 34	8 11	28 30	0 26	12 41	10 7	20 34
22	18: 3:12	0Cp24 36	5Cn56	3 54	21 49	28 19	8 24	28 37	0 25	12 43	10 6	20 31
23	18: 7: 9	1 25 42	18 29	5 30	23 4	29 4	8 37	28 44	0 25	12 44	10 6	20 28
24	18:11: 5	2 26 48	0Le48	7 6	24 20	29 49	8 50	28 50	0 24	12 46	10 6	20 25
25	18:15: 2	3 27 55	12 54	8 42	25 35	0Cp34	9 3	28 57	0 23	12 48	10 5	20 22
26	18:18:58	4 29 2	24 50	10 19	26 51	1 19	9 16	29 4	0 21	12 49	10 5	20 18
27	18:22:55	5 30 10	6Vi39	11 55	28 6	2 4	9 29	29 10	0 20	12 51	10 4	20 15
28	18:26:51	6 31 18	18 26	13 32	29 22	2 50	9 42	29 17	0 19	12 52	10 4	20 12
29	18:30:48	7 32 27	0Li17	15 9	0Cp37	3 35	9 55	29 24	0 18	12 54	10 3	20 9
30	18:34:45	8 33 36	12 16	16 47	1 53	4 20	10 8	29 31	0 17	12 55	10 3	20 6
31	18:38:41	9 34 45	24 28	18 24	3 8	5 6	10 21	29 37	0 15	12 57	10 2	20 3

12/22 Sun in Cap. 2:20   12/7 New 23:52   12/14 1st Qt. 20:06   12/22 Full 0:42   12/30 3rd Qt. 3:57

JANUARY 1962

Day	Sid. T.	Sun	Moon	Merc.	Venus	Mars	Jup.	Saturn	Uranus	Nept.	Pluto	N.Node
1	18:42:38	10Cp35 55	6Sc59	20Cp 2	4Cp24	5Cp51	10Aq34	29Cp44	0Vi14R	12Sc58	10Vi 2R	19Le59
2	18:46:34	11 37 6	19 51	21 39	5 39	6 37	10 48	29 51	0 13	13 0	10 1	19 56
3	18:50:31	12 38 16	3Sg 9	23 17	6 55	7 22	11 1	29 58	0 11	13 1	10 0	19 53
4	18:54:27	13 39 27	16 51	24 55	8 10	8 8	11 15	0Aq 5	0 10	13 2	10 0	19 50
5	18:58:24	14 40 38	0Cp57	26 33	9 26	8 53	11 28	0 12	0 8	13 3	9 59	19 47
6	19: 2:21	15 41 49	15 22	28 10	10 41	9 39	11 42	0 19	0 6	13 5	9 58	19 43
7	19: 6:17	16 43 0	0Aq 0	29 47	11 57	10 25	11 55	0 26	0 5	13 6	9 57	19 40
8	19:10:13	17 44 10	14 44	1Aq24	13 12	11 10	12 9	0 33	0 3	13 7	9 57	19 37
9	19:14:10	18 45 21	29 27	3 0	14 28	11 56	12 23	0 40	0 1	13 8	9 56	19 34
10	19:18: 7	19 46 30	14Pi 4	4 36	15 43	12 42	12 36	0 47	0 0	13 10	9 55	19 31
11	19:22: 3	20 47 39	28 28	6 10	16 59	13 28	12 50	0 54	29Le58	13 11	9 54	19 28
12	19:26: 0	21 48 48	12Ar39	7 44	18 14	14 14	13 4	1 1	29 56	13 12	9 53	19 24
13	19:29:56	22 49 55	26 33	9 15	19 30	15 0	13 18	1 8	29 54	13 13	9 52	19 21
14	19:33:53	23 51 3	10Ta12	10 45	20 45	15 46	13 32	1 15	29 52	13 14	9 51	19 18
15	19:37:49	24 52 9	23 34	12 13	22 1	16 32	13 46	1 23	29 50	13 15	9 50	19 15
16	19:41:46	25 53 15	6Ge42	13 37	23 16	17 18	14 0	1 30	29 48	13 16	9 49	19 12
17	19:45:43	26 54 20	19 36	14 58	24 32	18 4	14 14	1 37	29 46	13 17	9 48	19 9
18	19:49:39	27 55 24	2Cn17	16 16	25 47	18 50	14 28	1 44	29 44	13 18	9 47	19 5
19	19:53:36	28 56 28	14 45	17 29	27 2	19 36	14 42	1 51	29 42	13 19	9 46	19 2
20	19:57:32	29 57 31	27 3	18 36	28 18	20 22	14 56	1 58	29 40	13 19	9 45	18 59
21	20: 1:29	0Aq58 33	9Le10	19 37	29 33	21 8	15 10	2 5	29 37	13 20	9 44	18 56
22	20: 5:25	1 59 35	21 9	20 31	0Aq49	21 54	15 24	2 12	29 35	13 21	9 43	18 53
23	20: 9:22	3 0 35	3Vi 1	21 18	2 4	22 41	15 38	2 20	29 33	13 22	9 42	18 49
24	20:13:18	4 1 36	14 49	21 56	3 19	23 27	15 53	2 27	29 31	13 22	9 40	18 46
25	20:17:15	5 2 35	26 37	22 24	4 35	24 13	16 7	2 34	29 28	13 23	9 39	18 43
26	20:21:12	6 3 34	8Li28	22 42	5 50	25 0	16 21	2 41	29 26	13 24	9 38	18 40
27	20:25: 8	7 4 33	20 26	22 49	7 6	25 46	16 35	2 48	29 24	13 24	9 37	18 37
28	20:29: 5	8 5 30	2Sc36	22 45R	8 21	26 32	16 50	2 55	29 21	13 25	9 35	18 34
29	20:33: 1	9 6 28	15 3	22 30	9 36	27 19	17 4	3 2	29 19	13 25	9 34	18 30
30	20:36:58	10 7 24	27 50	22 3	10 52	28 5	17 18	3 9	29 17	13 26	9 33	18 27
31	20:40:54	11 8 20	11Sg 2	21 26	12 7	28 52	17 32	3 17	29 14	13 26	9 32	18 24

1/20 Sun in Aqu. 12:59   1/6 New 12:36   1/13 1st Qt. 5:02   1/20 Full 18:17   1/28 3rd Qt. 23:37

FEBRUARY 1962

Day	Sid. T.	Sun	Moon	Merc.	Venus	Mars	Jup.	Saturn	Uranus	Nept.	Pluto	N.Node
1	20:44:51	12Aq 9 15	24Sg40	20Aq39R	13Aq22	29Cp38	17Aq47	3Aq24	29Le12R	13Sc27	9Vi30R	18Le21
2	20:48:48	13 10 9	8Cp46	19 43	14 38	0Aq25	18 1	3 31	29 9	13 27	9 29	18 18
3	20:52:44	14 11 3	23 16	18 40	15 53	1 12	18 15	3 38	29 7	13 28	9 28	18 15
4	20:56:41	15 11 55	8Aq 6	17 32	17 8	1 58	18 30	3 45	29 4	13 28	9 26	18 11
5	21: 0:37	16 12 46	23 9	16 20	18 24	2 45	18 44	3 52	29 2	13 29	9 25	18 8
6	21: 4:34	17 13 36	8Pi15	15 7	19 39	3 32	18 59	3 59	28 59	13 29	9 23	18 5
7	21: 8:30	18 14 24	23 17	13 56	20 54	4 18	19 13	4 6	28 56	13 29	9 22	18 2
8	21:12:27	19 15 11	8Ar 5	12 47	22 9	5 5	19 27	4 13	28 54	13 29	9 20	17 59
9	21:16:23	20 15 57	22 34	11 42	23 25	5 52	19 42	4 20	28 51	13 29	9 19	17 55
10	21:20:20	21 16 41	6Ta40	10 43	24 40	6 38	19 56	4 27	28 49	13 29	9 18	17 52
11	21:24:16	22 17 23	20 22	9 50	25 55	7 25	20 10	4 34	28 46	13 29	9 16	17 49
12	21:28:13	23 18 4	3Ge41	9 5	27 10	8 12	20 25	4 41	28 43	13 29	9 15	17 46
13	21:32:10	24 18 43	16 39	8 27	28 26	8 59	20 39	4 48	28 41	13 29	9 13	17 43
14	21:36: 6	25 19 20	29 18	7 58	29 46	9 46	20 54	4 54	28 38	13 29R	9 12	17 40
15	21:40: 2	26 19 56	11Cn43	7 36	0Pi56	10 32	21 8	5 1	28 36	13 29	9 10	17 36
16	21:43:59	27 20 30	23 56	7 22	2 11	11 19	21 22	5 8	28 33	13 29	9 9	17 33
17	21:47:56	28 21 2	5Le59	7 16	3 26	12 6	21 37	5 15	28 30	13 29	9 7	17 30
18	21:51:52	29 21 33	17 55	7 16D	4 41	12 53	21 51	5 22	28 28	13 29	9 6	17 27
19	21:55:49	0Pi22 2	29 47	7 24	5 56	13 40	22 5	5 28	28 25	13 29	9 4	17 24
20	21:59:46	1 22 30	11Vi36	7 37	7 11	14 27	22 19	5 35	28 22	13 29	9 3	17 21
21	22: 3:42	2 22 56	23 25	7 57	8 26	15 14	22 34	5 42	28 20	13 28	9 1	17 17
22	22: 7:38	3 23 20	5Li15	8 22	9 41	16 1	22 48	5 48	28 17	13 28	8 59	17 14
23	22:11:35	4 23 43	17 10	8 52	10 56	16 48	23 2	5 55	28 15	13 28	8 58	17 11
24	22:15:32	5 24 4	29 11	9 27	12 11	17 35	23 16	6 1	28 12	13 28	8 56	17 8
25	22:19:28	6 24 24	11Sc23	10 7	13 26	18 22	23 31	6 8	28 9	13 27	8 55	17 5
26	22:23:25	7 24 43	23 48	10 50	14 41	19 9	23 45	6 14	28 7	13 27	8 53	17 1
27	22:27:21	8 25 0	6Sg31	11 37	15 56	19 56	23 59	6 21	28 4	13 26	8 52	16 58
28	22:31:18	9 25 15	19 35	12 28	17 11	20 43	24 13	6 27	28 2	13 26	8 50	16 55

2/19 Sun in Pis. 3:15   2/5 New 0:11(E)   2/11 1st Qt. 15:43   2/19 Full 13:18   2/27 3rd Qt. 15:50

MARCH 1962

Day	Sid. T.	Sun	Moon	Merc.	Venus	Mars	Jup.	Saturn	Uranus	Nept.	Pluto	N.Node
1	22:35:15	10Pi25 30	3Cp 3	13Aq22	18Pi26	21Aq30	24Aq27	6Aq34	27Le59R	13Sc25R	8Vi49R	16Le52
2	22:39:11	11 25 42	16 57	14 19	19 41	22 17	24 41	6 40	27 56	13 25	8 47	16 49
3	22:43: 7	12 25 54	1Aq18	15 18	20 56	23 4	24 55	6 46	27 54	13 24	8 45	16 46
4	22:47: 4	13 26 3	16 2	16 21	22 11	23 51	25 9	6 52	27 51	13 24	8 44	16 42
5	22:51: 1	14 26 11	1Pi 5	17 25	23 26	24 38	25 23	6 59	27 49	13 23	8 42	16 39
6	22:54:57	15 26 17	16 19	18 32	24 41	25 25	25 37	7 5	27 46	13 22	8 41	16 36
7	22:58:54	16 26 21	1Ar34	19 42	25 55	26 12	25 51	7 11	27 44	13 22	8 39	16 33
8	23: 2:51	17 26 23	16 39	20 53	27 10	26 59	26 5	7 17	27 42	13 21	8 38	16 30
9	23: 6:47	18 26 23	1Ta25	22 6	28 25	27 47	26 19	7 23	27 39	13 20	8 36	16 26
10	23:10:43	19 26 21	15 47	23 21	29 40	28 34	26 33	7 29	27 37	13 19	8 35	16 23
11	23:14:40	20 26 17	29 40	24 38	0Ar55	29 21	26 47	7 35	27 34	13 19	8 33	16 20
12	23:18:37	21 26 11	13Ge 5	25 56	2 9	0Pi 8	27 0	7 40	27 32	13 18	8 32	16 17
13	23:22:33	22 26 2	26 4	27 16	3 24	0 55	27 14	7 46	27 30	13 17	8 30	16 14
14	23:26:30	23 25 52	8Cn40	28 38	4 39	1 42	27 28	7 52	27 27	13 16	8 29	16 11
15	23:30:26	24 25 38	20 58	0Pi 1	5 53	2 29	27 41	7 58	27 25	13 15	8 27	16 7
16	23:34:23	25 25 23	3Le 2	1 26	7 8	3 16	27 55	8 3	27 23	13 14	8 26	16 4
17	23:38:19	26 25 6	14 57	2 52	8 22	4 3	28 8	8 9	27 21	13 13	8 24	16 1
18	23:42:16	27 24 46	26 47	4 19	9 37	4 50	28 22	8 14	27 18	13 12	8 23	15 58
19	23:46:12	28 24 24	8Vi35	5 48	10 51	5 37	28 35	8 20	27 16	13 11	8 21	15 55
20	23:50: 9	29 24 0	20 23	7 18	12 6	6 24	28 49	8 25	27 14	13 10	8 20	15 52
21	23:54: 5	0Ar23 34	2Li15	8 50	13 20	7 12	29 2	8 30	27 12	13 9	8 18	15 48
22	23:58: 2	1 23 6	14 11	10 23	14 35	7 59	29 15	8 36	27 10	13 8	8 17	15 45
23	0: 1:59	2 22 36	26 13	11 57	15 49	8 46	29 28	8 41	27 8	13 7	8 16	15 42
24	0: 5:55	3 22 4	8Sc24	13 33	17 3	9 33	29 42	8 46	27 6	13 6	8 14	15 39
25	0: 9:52	4 21 30	20 44	15 10	18 18	10 20	29 55	8 51	27 4	13 5	8 13	15 36
26	0:13:48	5 20 55	3Sg15	16 48	19 32	11 7	0Pi 8	8 56	27 2	13 3	8 11	15 32
27	0:17:45	6 20 17	16 0	18 28	20 46	11 54	0 21	9 1	27 0	13 2	8 10	15 29
28	0:21:42	7 19 38	29 2	20 9	22 1	12 41	0 34	9 6	26 59	13 1	8 9	15 26
29	0:25:38	8 18 57	12Cp23	21 51	23 15	13 28	0 46	9 10	26 57	13 0	8 7	15 23
30	0:29:35	9 18 15	26 6	23 35	24 29	14 15	0 59	9 15	26 55	12 58	8 6	15 20
31	0:33:31	10 17 31	10Aq11	25 20	25 43	15 2	1 12	9 20	26 53	12 57	8 5	15 17

3/21 Sun in Ari. 2:30   3/6 New 10:31   3/13 1st Qt. 4:39   3/21 Full 7:56   3/29 3rd Qt. 4:11

APRIL 1962

Day	Sid. T.	Sun	Moon	Merc.	Venus	Mars	Jup.	Saturn	Uranus	Nept.	Pluto	N.Node
1	0:37:28	11Ar16 44	24Aq40	27Pi 6	26Ar58	15Pi49	1Pi25	9Aq24	26Le52R	12Sc56R	8Vi 4R	15Le13
2	0:41:24	12 15 56	9Pi28	28 54	28 12	16 35	1 37	9 29	26 50	12 54	8 2	15 10
3	0:45:21	13 15 6	24 31	0Ar43	29 26	17 22	1 50	9 33	26 48	12 53	8 1	15 7
4	0:49:17	14 14 14	9Ar40	2 34	0Ta40	18 9	2 2	9 38	26 47	12 52	8 0	15 4
5	0:53:14	15 13 21	24 45	4 26	1 54	18 56	2 14	9 42	26 45	12 50	7 59	15 1
6	0:57:10	16 12 25	9Ta37	6 20	3 8	19 43	2 27	9 46	26 44	12 49	7 58	14 58
7	1: 1: 7	17 11 27	24 6	8 14	4 22	20 30	2 39	9 50	26 43	12 48	7 56	14 54
8	1: 5: 4	18 10 26	8Ge 8	10 11	5 36	21 17	2 51	9 54	26 41	12 46	7 55	14 51
9	1: 9: 0	19 9 24	21 40	12 9	6 50	22 4	3 3	9 58	26 40	12 45	7 54	14 48
10	1:12:57	20 8 19	4Cn44	14 8	8 4	22 50	3 15	10 2	26 39	12 43	7 53	14 45
11	1:16:53	21 7 12	17 23	16 8	9 18	23 37	3 27	10 6	26 37	12 42	7 52	14 42
12	1:20:50	22 6 3	29 42	18 10	10 31	24 24	3 39	10 10	26 36	12 40	7 51	14 38
13	1:24:46	23 4 51	11Le45	20 13	11 45	25 11	3 51	10 13	26 35	12 39	7 50	14 35
14	1:28:43	24 3 37	23 38	22 17	12 59	25 57	4 3	10 17	26 34	12 37	7 49	14 32
15	1:32:40	25 2 21	5Vi26	24 22	14 13	26 44	4 14	10 20	26 33	12 36	7 48	14 29
16	1:36:36	26 1 3	17 13	26 28	15 26	27 31	4 26	10 24	26 32	12 34	7 47	14 26
17	1:40:32	26 59 42	29 4	28 34	16 40	28 17	4 37	10 27	26 31	12 33	7 46	14 23
18	1:44:29	27 58 20	11Li 0	0Ta41	17 54	29 4	4 48	10 30	26 30	12 31	7 45	14 19
19	1:48:26	28 56 55	23 5	2 49	19 7	29 50	5 0	10 33	26 30	12 29	7 44	14 16
20	1:52:22	29 55 29	5Sc19	4 56	20 21	0Ar37	5 11	10 36	26 29	12 28	7 44	14 13
21	1:56:19	0Ta54 0	17 43	7 4	21 34	1 23	5 22	10 39	26 28	12 26	7 43	14 10
22	2: 0:15	1 52 30	0Sg18	9 10	22 48	2 10	5 33	10 42	26 27	12 25	7 42	14 7
23	2: 4:12	2 50 58	13 3	11 16	24 1	2 56	5 44	10 45	26 27	12 23	7 41	14 4
24	2: 8: 8	3 49 25	26 0	13 21	25 15	3 43	5 54	10 47	26 26	12 21	7 40	14 0
25	2:12: 5	4 47 50	9Cp10	15 24	26 28	4 29	6 5	10 50	26 26	12 20	7 40	13 57
26	2:16: 2	5 46 13	22 34	17 26	27 41	5 15	6 16	10 53	26 25	12 18	7 39	13 54
27	2:19:58	6 44 34	6Aq13	19 25	28 55	6 2	6 26	10 55	26 25	12 17	7 38	13 51
28	2:23:55	7 42 55	20 9	21 23	0Ge 8	6 48	6 36	10 57	26 25	12 15	7 38	13 48
29	2:27:51	8 41 13	4Pi22	23 17	1 21	7 34	6 47	10 59	26 24	12 13	7 37	13 44
30	2:31:48	9 39 30	18 52	25 9	2 34	8 21	6 57	11 2	26 24	12 12	7 37	13 41

4/20 Sun in Tau. 13:51   4/4 New 19:45   4/11 1st Qt. 19:51   4/20 Full 0:34   4/27 3rd Qt. 13:00

MAY 1962

Day	Sid. T.	Sun	Moon	Merc.	Venus	Mars	Jup.	Saturn	Uranus	Nept.	Pluto	N.Node
1	2:35:45	10Ta37 46	3Ar34	26Ta58	3Ge48	9Ar 7	7Pi 7	11Aq 4	26Le24R	12Sc10R	7Vi36R	13Le38
2	2:39:41	11 36 0	18 23	28 43	5 1	9 53	7 17	11 6	26 24	12 8	7 36	13 35
3	2:43:37	12 34 12	3Ta11	0Ge25	6 14	10 39	7 26	11 7	26 24	12 7	7 35	13 32
4	2:47:34	13 32 23	17 51	2 3	7 27	11 25	7 36	11 9	26 24D	12 5	7 35	13 29
5	2:51:31	14 30 32	2Ge13	3 38	8 40	12 11	7 46	11 11	26 24	12 4	7 34	13 25
6	2:55:27	15 28 39	16 12	5 9	9 53	12 57	7 55	11 12	26 24	12 2	7 34	13 22
7	2:59:23	16 26 45	29 45	6 36	11 6	13 43	8 4	11 14	26 24	12 0	7 33	13 19
8	3: 3:20	17 24 48	12Cn51	7 59	12 19	14 29	8 13	11 15	26 24	11 59	7 33	13 16
9	3: 7:17	18 22 50	25 33	9 18	13 32	15 15	8 22	11 16	26 24	11 57	7 33	13 13
10	3:11:13	19 20 50	7Le54	10 33	14 45	16 1	8 31	11 18	26 25	11 55	7 32	13 10
11	3:15:10	20 18 48	19 59	11 43	15 57	16 46	8 40	11 19	26 25	11 54	7 32	13 6
12	3:19: 7	21 16 44	1Vi53	12 50	17 10	17 32	8 49	11 20	26 25	11 52	7 32	13 3
13	3:23: 3	22 14 38	13 43	13 52	18 23	18 18	8 57	11 21	26 26	11 51	7 32	13 0
14	3:26:59	23 12 31	25 32	14 50	19 36	19 4	9 6	11 21	26 26	11 49	7 32	12 57
15	3:30:56	24 10 22	7Li26	15 43	20 48	19 49	9 14	11 22	26 27	11 47	7 31	12 54
16	3:34:53	25 8 11	19 28	16 32	22 1	20 35	9 22	11 23	26 28	11 46	7 31	12 50
17	3:38:49	26 5 59	1Sc41	17 17	23 13	21 20	9 30	11 23	26 28	11 44	7 31	12 47
18	3:42:46	27 3 45	14 7	17 56	24 26	22 6	9 38	11 23	26 29	11 43	7 31	12 44
19	3:46:43	28 1 29	26 47	18 31	25 38	22 51	9 46	11 24	26 30	11 41	7 31D	12 41
20	3:50:39	28 59 13	9Sg40	19 2	26 51	23 37	9 53	11 24	26 31	11 40	7 31	12 38
21	3:54:35	29 56 55	22 45	19 27	28 3	24 22	10 1	11 24	26 32	11 38	7 31	12 35
22	3:58:32	0Ge54 36	6Cp 2	19 48	29 15	25 7	10 8	11 24R	26 32	11 36	7 31	12 31
23	4: 2:28	1 52 15	19 30	20 4	0Cn28	25 52	10 15	11 24	26 33	11 35	7 31	12 28
24	4: 6:25	2 49 54	3Aq 8	20 15	1 40	26 38	10 22	11 24	26 35	11 33	7 32	12 25
25	4:10:22	3 47 32	16 56	20 22	2 52	27 23	10 29	11 23	26 36	11 32	7 32	12 22
26	4:14:18	4 45 8	0Pi53	20 24R	4 4	28 8	10 35	11 23	26 37	11 31	7 32	12 19
27	4:18:15	5 42 44	15 0	20 21	5 16	28 53	10 42	11 23	26 38	11 29	7 32	12 15
28	4:22:12	6 40 19	29 15	20 14	6 29	29 38	10 48	11 22	26 39	11 28	7 32	12 12
29	4:26: 8	7 37 53	13Ar37	20 2	7 41	0Ta23	10 54	11 21	26 41	11 26	7 33	12 9
30	4:30: 4	8 35 26	28 2	19 47	8 53	1 8	11 0	11 21	26 42	11 25	7 33	12 6
31	4:34: 1	9 32 58	12Ta25	19 27	10 4	1 53	11 6	11 20	26 43	11 23	7 33	12 3

5/21 Sun in Gem. 13:17   5/4 New 4:25   5/11 1st Qt. 12:45   5/19 Full 14:33   5/26 3rd Qt. 19:06

JUNE 1962

Day	Sid. T.	Sun	Moon	Merc.	Venus	Mars	Jup.	Saturn	Uranus	Nept.	Pluto	N.Node
1	4:37:58	10Ge30 30	26Ta40	19Ge 5R	11Cn16	2Ta37	11Pi12	11Aq19R	26Le45	11Sc22R	7Vi34	12Le 0
2	4:41:54	11 28 0	10Ge41	18 39	12 28	3 22	11 18	11 18	26 46	11 21	7 34	11 56
3	4:45:51	12 25 30	24 25	18 11	13 40	4 7	11 23	11 16	26 48	11 19	7 35	11 53
4	4:49:48	13 22 59	7Cn48	17 40	14 52	4 51	11 28	11 15	26 49	11 18	7 35	11 50
5	4:53:44	14 20 26	20 48	17 8	16 3	5 36	11 33	11 14	26 51	11 17	7 36	11 47
6	4:57:40	15 17 52	3Le27	16 35	17 15	6 21	11 38	11 12	26 53	11 15	7 36	11 44
7	5: 1:37	16 15 18	15 48	16 2	18 27	7 5	11 43	11 11	26 54	11 14	7 37	11 41
8	5: 5:33	17 12 42	27 54	15 28	19 38	7 49	11 47	11 9	26 56	11 13	7 37	11 37
9	5: 9:30	18 10 5	9Vi50	14 55	20 50	8 34	11 52	11 8	26 58	11 12	7 38	11 34
10	5:13:26	19 7 27	21 41	14 24	22 1	9 18	11 56	11 6	27 0	11 10	7 39	11 31
11	5:17:23	20 4 47	3Li33	13 54	23 12	10 2	12 0	11 4	27 2	11 9	7 39	11 28
12	5:21:20	21 2 7	15 29	13 27	24 24	10 46	12 4	11 2	27 4	11 8	7 40	11 25
13	5:25:16	21 59 26	27 35	13 2	25 35	11 30	12 7	11 0	27 6	11 7	7 41	11 21
14	5:29:13	22 56 44	9Sc54	12 40	26 46	12 14	12 11	10 58	27 8	11 6	7 41	11 18
15	5:33: 9	23 54 2	22 30	12 22	27 57	12 58	12 14	10 55	27 10	11 5	7 42	11 15
16	5:37: 6	24 51 18	5Sg22	12 8	29 8	13 42	12 17	10 53	27 12	11 3	7 43	11 12
17	5:41: 2	25 48 34	18 32	11 58	0Le19	14 26	12 20	10 51	27 14	11 2	7 44	11 9
18	5:44:59	26 45 50	1Cp59	11 52	1 30	15 10	12 23	10 48	27 17	11 1	7 45	11 6
19	5:48:56	27 43 5	15 39	11 51D	2 41	15 54	12 25	10 46	27 19	11 0	7 46	11 2
20	5:52:52	28 40 19	29 32	11 54	3 52	16 37	12 28	10 43	27 21	10 59	7 47	10 59
21	5:56:49	29 37 33	13Aq32	12 1	5 2	17 21	12 30	10 40	27 24	10 58	7 48	10 56
22	6: 0:45	0Cn34 47	27 39	12 14	6 13	18 4	12 32	10 37	27 26	10 58	7 49	10 53
23	6: 4:42	1 32 1	11Pi50	12 31	7 23	18 48	12 34	10 35	27 28	10 57	7 50	10 50
24	6: 8:38	2 29 15	26 2	12 53	8 34	19 31	12 35	10 32	27 31	10 56	7 51	10 47
25	6:12:35	3 26 28	10Ar13	13 19	9 44	20 15	12 37	10 29	27 33	10 55	7 52	10 43
26	6:16:31	4 23 42	24 22	13 51	10 55	20 58	12 38	10 26	27 36	10 54	7 53	10 40
27	6:20:28	5 20 55	8Ta27	14 26	12 5	21 41	12 39	10 22	27 39	10 53	7 54	10 37
28	6:24:25	6 18 9	22 25	15 7	13 15	22 24	12 40	10 19	27 41	10 53	7 55	10 34
29	6:28:21	7 15 23	6Ge13	15 51	14 25	23 7	12 41	10 16	27 44	10 52	7 56	10 31
30	6:32:18	8 12 37	19 48	16 41	15 36	23 50	12 41	10 12	27 47	10 51	7 57	10 27

6/21 Sun in Can. 21:25   6/2 New 13:27   6/10 1st Qt. 6:21   6/18 Full 2:03   6/24 3rd Qt. 23:43

JULY 1962

Day	Sid. T.	Sun	Moon	Merc.	Venus	Mars	Jup.	Saturn	Uranus	Nept.	Pluto	N.Node
1	6:36:14	9Cn 9 51	3Cn 8	17Ge34	16Le46	24Ta33	12Pi41	10Aq 9R	27Le49	10Sc50R	7Vi59	10Le24
2	6:40:11	10 7 4	16 12	18 32	17 55	25 16	12 41	10 6	27 52	10 50	8 0	10 21
3	6:44: 7	11 4 18	28 59	19 34	19 5	25 59	12 41R	10 2	27 55	10 49	8 1	10 18
4	6:48: 4	12 1 31	11Le30	20 41	20 15	26 42	12 41	9 58	27 58	10 48	8 2	10 15
5	6:52: 1	12 58 45	23 46	21 51	21 25	27 25	12 41	9 55	28 1	10 48	8 4	10 12
6	6:55:57	13 55 58	5Vi50	23 6	22 34	28 7	12 40	9 51	28 4	10 47	8 5	10 8
7	6:59:54	14 53 11	17 45	24 24	23 44	28 50	12 39	9 47	28 6	10 47	8 6	10 5
8	7: 3:50	15 50 23	29 37	25 47	24 53	29 32	12 38	9 43	28 9	10 46	8 8	10 2
9	7: 7:47	16 47 36	11Li28	27 13	26 2	0Ge15	12 37	9 39	28 12	10 46	8 9	9 59
10	7:11:43	17 44 48	23 25	28 43	27 12	0 57	12 35	9 35	28 16	10 46	8 11	9 56
11	7:15:39	18 42 1	5Sc32	0Cn18	28 21	1 39	12 33	9 32	28 19	10 45	8 12	9 53
12	7:19:36	19 39 13	17 53	1 55	29 30	2 21	12 32	9 27	28 22	10 45	8 14	9 49
13	7:23:33	20 36 26	0Sg32	3 37	0Vi38	3 3	12 30	9 23	28 25	10 44	8 15	9 46
14	7:27:29	21 33 38	13 31	5 21	1 47	3 45	12 27	9 19	28 28	10 44	8 17	9 43
15	7:31:26	22 30 51	26 52	7 9	2 56	4 27	12 25	9 15	28 31	10 44	8 18	9 40
16	7:35:23	23 28 4	10Cp35	9 0	4 4	5 9	12 22	9 11	28 34	10 44	8 20	9 37
17	7:39:19	24 25 17	24 36	10 54	5 13	5 51	12 20	9 7	28 38	10 43	8 21	9 33
18	7:43:16	25 22 31	8Aq53	12 51	6 21	6 33	12 17	9 3	28 41	10 43	8 23	9 30
19	7:47:12	26 19 45	23 20	14 50	7 29	7 14	12 13	8 58	28 44	10 43	8 25	9 27
20	7:51: 9	27 17 0	7Pi53	16 51	8 38	7 56	12 10	8 54	28 47	10 43	8 26	9 24
21	7:55: 5	28 14 15	22 25	18 54	9 46	8 37	12 6	8 50	28 51	10 43	8 28	9 21
22	7:59: 2	29 11 31	6Ar53	20 58	10 53	9 19	12 3	8 45	28 54	10 43	8 29	9 18
23	8: 2:59	0Le 8 48	21 11	23 4	12 1	10 0	11 59	8 41	28 58	10 43D	8 31	9 14
24	8: 6:55	1 6 6	5Ta18	25 10	13 9	10 41	11 55	8 37	29 1	10 43	8 33	9 11
25	8:10:52	2 3 25	19 12	27 17	14 16	11 22	11 51	8 32	29 4	10 43	8 35	9 8
26	8:14:48	3 0 45	2Ge51	29 24	15 24	12 4	11 46	8 28	29 8	10 43	8 36	9 5
27	8:18:44	3 58 6	16 17	1Le31	16 31	12 45	11 42	8 23	29 11	10 43	8 38	9 2
28	8:22:41	4 55 28	29 27	3 37	17 38	13 26	11 37	8 19	29 15	10 43	8 40	8 59
29	8:26:38	5 52 51	12Cn24	5 44	18 45	14 6	11 32	8 14	29 18	10 44	8 42	8 55
30	8:30:34	6 50 15	25 7	7 49	19 52	14 47	11 27	8 10	29 22	10 44	8 43	8 52
31	8:34:31	7 47 39	7Le36	9 53	20 58	15 28	11 22	8 5	29 25	10 44	8 45	8 49

7/23 Sun in Leo 8:19 7/1 New 23:53 7/9 1st Qt. 23:40 7/17 Full 11:41 7/24 3rd Qt. 4:19 7/31 New 12:24(E)

AUGUST 1962

Day	Sid. T.	Sun	Moon	Merc.	Venus	Mars	Jup.	Saturn	Uranus	Nept.	Pluto	N.Node
1	8:38:28	8Le45 4	19Le54	11Le57	22Vi 5	16Ge 8	11Pi16R	8Aq 1R	29Le29	10Sc44	8Vi47	8Le46
2	8:42:24	9 42 30	2Vi 2	13 59	23 11	16 49	11 11	7 56	29 33	10 45	8 49	8 43
3	8:46:20	10 39 57	14 1	16 0	24 17	17 29	11 5	7 52	29 36	10 45	8 51	8 39
4	8:50:17	11 37 25	25 54	17 59	25 23	18 10	10 59	7 48	29 40	10 45	8 53	8 36
5	8:54:14	12 34 53	7Li45	19 58	26 29	18 50	10 53	7 43	29 43	10 46	8 55	8 33
6	8:58:10	13 32 22	19 36	21 54	27 35	19 30	10 47	7 39	29 47	10 46	8 57	8 30
7	9: 2: 7	14 29 52	1Sc32	23 49	28 40	20 10	10 41	7 34	29 51	10 47	8 58	8 27
8	9: 6: 4	15 27 23	13 37	25 43	29 46	20 50	10 34	7 30	29 54	10 47	9 0	8 24
9	9:10: 0	16 24 55	25 25	27 35	0Li51	21 30	10 28	7 25	29 58	10 48	9 2	8 20
10	9:13:56	17 22 27	8Sg33	29 26	1 56	22 10	10 21	7 21	0Vi 2	10 48	9 4	8 17
11	9:17:53	18 20 1	21 31	1Vi15	3 0	22 50	10 15	7 17	0 5	10 49	9 6	8 14
12	9:21:49	19 17 35	4Cp54	3 2	4 5	23 29	10 8	7 12	0 9	10 50	9 8	8 11
13	9:25:46	20 15 10	18 42	4 48	5 9	24 9	10 1	7 8	0 13	10 50	9 10	8 8
14	9:29:43	21 12 46	2Aq55	6 33	6 13	24 48	9 54	7 4	0 16	10 51	9 12	8 4
15	9:33:39	22 10 24	17 29	8 16	7 17	25 28	9 47	7 0	0 20	10 52	9 14	8 1
16	9:37:36	23 8 2	2Pi19	9 57	8 21	26 7	9 40	6 55	0 24	10 52	9 16	7 58
17	9:41:32	24 5 42	17 16	11 38	9 24	26 46	9 32	6 51	0 28	10 53	9 18	7 55
18	9:45:29	25 3 23	2Ar14	13 16	10 27	27 25	9 25	6 47	0 31	10 54	9 20	7 52
19	9:49:25	26 1 6	17 2	14 53	11 30	28 4	9 17	6 43	0 35	10 55	9 22	7 49
20	9:53:22	26 58 51	1Ta36	16 29	12 33	28 43	9 10	6 39	0 39	10 56	9 24	7 45
21	9:57:19	27 56 37	15 51	18 4	13 35	29 22	9 2	6 35	0 43	10 57	9 26	7 42
22	10: 1:15	28 54 25	29 44	19 37	14 37	0Cn 1	8 55	6 31	0 46	10 58	9 28	7 39
23	10: 5:12	29 52 14	13Ge16	21 8	15 39	0 39	8 47	6 27	0 50	10 59	9 30	7 36
24	10: 9: 8	0Vi50 6	26 27	22 38	16 41	1 18	8 39	6 23	0 54	11 0	9 32	7 33
25	10:13: 5	1 47 59	9Cn20	24 7	17 42	1 56	8 31	6 19	0 58	11 1	9 34	7 30
26	10:17: 1	2 45 54	21 58	25 34	18 43	2 35	8 23	6 16	1 1	11 2	9 37	7 26
27	10:20:58	3 43 50	4Le23	27 0	19 44	3 13	8 15	6 12	1 5	11 3	9 39	7 23
28	10:24:54	4 41 49	16 37	28 24	20 44	3 51	8 8	6 8	1 9	11 4	9 41	7 20
29	10:28:51	5 39 48	28 42	29 47	21 44	4 29	8 0	6 5	1 13	11 5	9 43	7 17
30	10:32:47	6 37 50	10Vi41	1Li 8	22 44	5 7	7 52	6 1	1 16	11 6	9 45	7 14
31	10:36:44	7 35 53	22 35	2 28	23 43	5 45	7 44	5 58	1 20	11 7	9 47	7 10

8/23 Sun in Vir. 15:13 8/8 1st Qt. 15:55 8/15 Full 20:10 8/22 3rd Qt. 10:27 8/30 New 3:09

SEPTEMBER 1962

Day	Sid. T.	Sun	Moon	Merc.	Venus	Mars	Jup.	Saturn	Uranus	Nept.	Pluto	N.Node
1	10:40:41	8Vi33 57	4Li26	3Li46	24Li42	6Cn22	7Pi36R	5Aq54R	1Vi24	11Sc 9	9Vi49	7Le 7
2	10:44:37	9 32 3	16 16	5 2	25 41	7 0	7 28	5 51	1 28	11 10	9 51	7 4
3	10:48:34	10 30 11	28 8	6 17	26 39	7 37	7 20	5 48	1 31	11 11	9 53	7 1
4	10:52:30	11 28 20	10Sc 4	7 30	27 37	8 15	7 12	5 44	1 35	11 12	9 55	6 58
5	10:56:27	12 26 31	22 8	8 41	28 34	8 52	7 4	5 41	1 39	11 14	9 57	6 55
6	11: 0:23	13 24 43	4Sg24	9 50	29 31	9 29	6 56	5 38	1 42	11 15	9 59	6 51
7	11: 4:20	14 22 57	16 57	10 57	0Sc27	10 6	6 48	5 35	1 46	11 17	10 1	6 48
8	11: 8:17	15 21 12	29 49	12 2	1 23	10 43	6 41	5 32	1 50	11 18	10 3	6 45
9	11:12:13	16 19 28	13Cp 6	13 4	2 19	11 20	6 33	5 29	1 53	11 19	10 6	6 42
10	11:16:10	17 17 47	26 50	14 4	3 14	11 56	6 25	5 27	1 57	11 21	10 8	6 39
11	11:20: 6	18 16 6	11Aq 1	15 2	4 9	12 33	6 18	5 24	2 1	11 22	10 10	6 36
12	11:24: 3	19 14 27	25 39	15 56	5 3	13 9	6 10	5 21	2 4	11 24	10 12	6 32
13	11:27:59	20 12 50	10Pi38	16 48	5 56	13 45	6 3	5 19	2 8	11 25	10 14	6 29
14	11:31:56	21 11 15	25 39	17 37	6 49	14 22	5 55	5 17	2 12	11 27	10 16	6 26
15	11:35:52	22 9 42	11Ar 6	18 22	7 41	14 58	5 48	5 14	2 15	11 29	10 18	6 23
16	11:39:49	23 8 10	26 15	19 3	8 33	15 34	5 41	5 12	2 19	11 30	10 20	6 20
17	11:43:46	24 6 41	11Ta 7	19 41	9 24	16 9	5 34	5 10	2 22	11 32	10 22	6 16
18	11:47:42	25 5 14	25 35	20 14	10 14	16 45	5 27	5 8	2 26	11 34	10 24	6 13
19	11:51:39	26 3 49	9Ge36	20 43	11 3	17 20	5 20	5 6	2 29	11 35	10 26	6 10
20	11:55:35	27 2 26	23 23	21 7	11 52	17 56	5 13	5 4	2 33	11 37	10 28	6 7
21	11:59:32	28 1 6	6Cn17	21 25	12 41	18 31	5 6	5 2	2 36	11 39	10 30	6 4
22	12: 3:28	28 59 48	19 2	21 38	13 28	19 6	5 0	5 0	2 40	11 40	10 32	6 1
23	12: 7:25	29 58 32	1Le29	21 45	14 15	19 41	4 53	4 59	2 43	11 42	10 34	5 57
24	12:11:22	0Li57 18	13 42	21 46R	15 0	20 16	4 47	4 57	2 47	11 44	10 36	5 54
25	12:15:18	1 56 6	25 45	21 40	15 45	20 51	4 40	4 56	2 50	11 46	10 38	5 51
26	12:19:15	2 54 57	7Vi42	21 26	16 29	21 25	4 34	4 54	2 54	11 48	10 40	5 48
27	12:23:11	3 53 49	19 34	21 6	17 12	22 0	4 28	4 53	2 57	11 49	10 42	5 45
28	12:27: 8	4 52 44	1Li 5	20 38	17 54	22 34	4 23	4 52	3 0	11 51	10 44	5 42
29	12:31: 4	5 51 41	13 16	20 2	18 35	23 8	4 17	4 51	3 4	11 53	10 46	5 38
30	12:35: 0	6 50 39	25 8	19 19	19 15	23 42	4 11	4 50	3 7	11 55	10 48	5 35

9/23 Sun in Lib. 12:36   9/7 1st Qt. 6:45   9/14 Full 4:12   9/20 3rd Qt. 19:36   9/28 New 19:40

OCTOBER 1962

Day	Sid. T.	Sun	Moon	Merc.	Venus	Mars	Jup.	Saturn	Uranus	Nept.	Pluto	N.Node
1	12:38:57	7Li49 40	7Sc 4	18Li29R	19Sc54	24Cn16	4Pi 6R	4Aq49R	3Vi10	11Sc57	10Vi50	5Le32
2	12:42:54	8 48 42	19 4	17 33	20 32	24 49	4 1	4 48	3 13	11 59	10 52	5 29
3	12:46:50	9 47 47	1Sg11	16 31	21 8	25 23	3 56	4 48	3 17	12 1	10 53	5 26
4	12:50:47	10 46 53	13 29	15 25	21 43	25 56	3 51	4 47	3 20	12 3	10 55	5 22
5	12:54:44	11 46 1	25 59	14 16	22 17	26 29	3 46	4 47	3 23	12 5	10 57	5 19
6	12:58:40	12 45 11	8Cp47	13 6	22 50	27 2	3 42	4 46	3 26	12 7	10 59	5 16
7	13: 2:36	13 44 22	21 56	11 56	23 21	27 35	3 37	4 46	3 29	12 9	11 1	5 13
8	13: 6:33	14 43 36	5Aq30	10 50	23 50	28 8	3 33	4 46	3 32	12 11	11 3	5 10
9	13:10:30	15 42 51	19 31	9 47	24 19	28 40	3 29	4 46	3 35	12 13	11 4	5 7
10	13:14:26	16 42 7	3Pi58	8 52	24 45	29 12	3 25	4 46D	3 38	12 15	11 6	5 3
11	13:18:23	17 41 26	18 51	8 4	25 10	29 44	3 22	4 46	3 41	12 17	11 8	5 0
12	13:22:20	18 40 46	4Ar 1	7 25	25 33	0Le16	3 18	4 46	3 44	12 19	11 10	4 57
13	13:26:16	19 40 9	19 20	6 56	25 54	0 48	3 15	4 46	3 47	12 21	11 11	4 54
14	13:30:12	20 39 33	4Ta37	6 38	26 14	1 19	3 12	4 47	3 50	12 23	11 13	4 51
15	13:34: 9	21 39 0	19 40	6 31	26 32	1 51	3 9	4 47	3 53	12 26	11 15	4 48
16	13:38: 5	22 38 28	4Ge20	6 35D	26 47	2 22	3 6	4 48	3 56	12 28	11 16	4 44
17	13:42: 2	23 37 59	18 31	6 50	27 1	2 53	3 4	4 49	3 58	12 30	11 18	4 41
18	13:45:59	24 37 33	2Cn12	7 15	27 13	3 23	3 2	4 50	4 1	12 32	11 20	4 38
19	13:49:55	25 37 8	15 24	7 50	27 22	3 54	2 59	4 51	4 4	12 34	11 21	4 35
20	13:53:52	26 36 46	28 10	8 33	27 29	4 24	2 58	4 52	4 6	12 36	11 23	4 32
21	13:57:49	27 36 27	10Le35	9 25	27 34	4 54	2 56	4 53	4 9	12 38	11 24	4 28
22	14: 1:45	28 36 9	22 45	10 24	27 37	5 24	2 54	4 54	4 12	12 41	11 26	4 25
23	14: 5:41	29 35 54	4Vi43	11 29	27 38R	5 54	2 53	4 55	4 14	12 43	11 28	4 22
24	14: 9:38	0Sc35 40	16 35	12 40	27 36	6 23	2 52	4 57	4 17	12 45	11 31	4 19
25	14:13:35	1 35 29	28 25	13 56	27 31	6 52	2 51	4 58	4 19	12 47	11 32	4 16
26	14:17:31	2 35 20	10Li15	15 16	27 21	7 21	2 50	5 0	4 21	12 49	11 33	4 13
27	14:21:28	3 35 13	22 8	16 40	27 15	7 50	2 50	5 2	4 24	12 52	11 33	4 9
28	14:25:25	4 35 8	4Sc 6	18 7	27 4	8 18	2 49	5 4	4 26	12 54	11 35	4 6
29	14:29:21	5 35 5	16 9	19 36	26 50	8 46	2 49D	5 5	4 28	12 56	11 36	4 3
30	14:33:17	6 35 4	28 18	21 7	26 34	9 14	2 49	5 8	4 31	12 58	11 38	4 0
31	14:37:14	7 35 5	10Sg36	22 40	26 15	9 42	2 50	5 10	4 33	13 1	11 39	3 57

10/23 Sun in Sco. 21:41   10/6 1st Qt. 19:55   10/13 Full 12:34   10/20 3rd Qt. 8:47   10/28 New 13:05

NOVEMBER 1962

Day	Sid. T.	Sun	Moon	Merc.	Venus	Mars	Jup.	Saturn	Uranus	Nept.	Pluto	N.Node
1	14:41:10	8Sc35 7	23Sg 2	24Li14	25Sc54R	10Le 9	2Pi50	5Aq12	4Vi35	13Sc 3	11Vi40	3Le53
2	14:45: 7	9 35 11	5Cp40	25 49	25 31	10 37	2 51	5 14	4 37	13 5	11 42	3 50
3	14:49: 3	10 35 17	18 31	27 25	25 6	11 3	2 52	5 17	4 39	13 7	11 43	3 47
4	14:53: 0	11 35 25	1Aq38	29 2	24 38	11 30	2 53	5 19	4 41	13 10	11 44	3 44
5	14:56:57	12 35 33	15 5	0Sc39	24 9	11 56	2 54	5 22	4 43	13 12	11 45	3 41
6	15: 0:53	13 35 44	28 54	2 16	23 39	12 22	2 56	5 24	4 45	13 14	11 46	3 38
7	15: 4:50	14 35 55	13Pi 7	3 54	23 6	12 48	2 58	5 27	4 47	13 16	11 48	3 34
8	15: 8:46	15 36 9	27 41	5 32	22 33	13 13	3 0	5 30	4 49	13 19	11 49	3 31
9	15:12:43	16 36 23	12Ar34	7 9	21 58	13 38	3 2	5 33	4 50	13 21	11 50	3 28
10	15:16:39	17 36 40	27 38	8 47	21 23	14 3	3 4	5 36	4 52	13 23	11 51	3 25
11	15:20:36	18 36 58	12Ta44	10 24	20 47	14 27	3 7	5 39	4 54	13 25	11 52	3 22
12	15:24:33	19 37 17	27 42	12 2	20 10	14 52	3 9	5 43	4 55	13 28	11 53	3 19
13	15:28:29	20 37 39	12Ge22	13 39	19 34	15 15	3 12	5 46	4 57	13 30	11 54	3 15
14	15:32:26	21 38 2	26 37	15 16	18 57	15 39	3 15	5 49	4 58	13 32	11 55	3 12
15	15:36:22	22 38 27	10Cn24	16 52	18 21	16 2	3 19	5 53	5 0	13 34	11 56	3 9
16	15:40:19	23 38 54	23 42	18 29	17 46	16 24	3 22	5 56	5 1	13 36	11 57	3 6
17	15:44:16	24 39 22	6Le34	20 5	17 11	16 47	3 26	6 0	5 2	13 39	11 58	3 3
18	15:48:12	25 39 53	19 3	21 41	16 38	17 9	3 30	6 4	5 4	13 41	11 59	2 59
19	15:52: 8	26 40 25	1Vi14	23 17	16 6	17 30	3 34	6 8	5 5	13 43	11 59	2 56
20	15:56: 5	27 40 59	13 13	24 53	15 35	17 51	3 38	6 12	5 6	13 45	12 0	2 53
21	16: 0: 2	28 41 35	25 5	26 28	15 6	18 12	3 43	6 16	5 7	13 48	12 1	2 50
22	16: 3:58	29 42 12	6Li55	28 3	14 39	18 32	3 47	6 20	5 8	13 50	12 2	2 47
23	16: 7:55	0Sg42 51	18 47	29 38	14 14	18 52	3 52	6 24	5 9	13 52	12 2	2 44
24	16:11:51	1 43 32	0Sc43	1Sg13	13 51	19 12	3 57	6 28	5 10	13 54	12 3	2 40
25	16:15:48	2 44 14	12 47	2 48	13 31	19 31	4 2	6 33	5 11	13 56	12 4	2 37
26	16:19:44	3 44 58	25 0	4 22	13 12	19 49	4 8	6 37	5 12	13 58	12 4	2 34
27	16:23:41	4 45 43	7Sg23	5 56	12 57	20 8	4 13	6 41	5 13	14 1	12 5	2 31
28	16:27:38	5 46 29	19 56	7 31	12 43	20 25	4 19	6 46	5 14	14 3	12 5	2 28
29	16:31:34	6 47 17	2Cp40	9 5	12 32	20 43	4 25	6 51	5 14	14 5	12 6	2 25
30	16:35:31	7 48 5	15 34	10 39	12 24	20 59	4 31	6 55	5 15	14 7	12 6	2 21

11/22 Sun in Sag. 19:03   11/5 1st Qt. 7:15   11/11 Full 22:04   11/19 3rd Qt. 2:09   11/27 New 6:30

DECEMBER 1962

Day	Sid. T.	Sun	Moon	Merc.	Venus	Mars	Jup.	Saturn	Uranus	Nept.	Pluto	N.Node
1	16:39:27	8Sg48 55	28Cp40	12Sg13	12Sc17R	21Le15	4Pi37	7Aq 0	5Vi16	14Sc 9	12Vi 7	2Le18
2	16:43:24	9 49 46	11Aq58	13 47	12 11	21 31	4 43	7 5	5 16	14 11	12 7	2 15
3	16:47:20	10 50 37	25 30	15 21	12 13D	21 46	4 50	7 10	5 17	14 13	12 8	2 12
4	16:51:17	11 51 30	9Pi17	16 55	12 14	22 1	4 57	7 15	5 17	14 15	12 8	2 9
5	16:55:13	12 52 23	23 19	18 28	12 18	22 15	5 4	7 20	5 17	14 17	12 8	2 5
6	16:59:10	13 53 17	7Ar36	20 2	12 24	22 29	5 11	7 25	5 18	14 19	12 9	2 2
7	17: 3: 6	14 54 11	22 6	21 36	12 32	22 42	5 18	7 30	5 18	14 21	12 9	1 59
8	17: 7: 3	15 55 6	6Ta44	23 10	12 43	22 54	5 26	7 36	5 18	14 23	12 9	1 56
9	17:11: 0	16 56 2	21 24	24 44	12 55	23 6	5 33	7 41	5 18	14 25	12 9	1 53
10	17:14:56	17 56 59	5Ge59	26 18	13 10	23 17	5 41	7 47	5 18	14 27	12 9	1 50
11	17:18:53	18 57 57	20 22	27 51	13 27	23 28	5 49	7 52	5 18R	14 29	12 10	1 46
12	17:22:49	19 58 56	4Cn27	29 25	13 46	23 38	5 57	7 57	5 18	14 31	12 10	1 43
13	17:26:46	20 59 55	18 9	0Cp59	14 7	23 48	6 5	8 3	5 18	14 33	12 10	1 40
14	17:30:42	22 0 56	1Le27	2 33	14 30	23 56	6 13	8 9	5 18	14 35	12 10	1 37
15	17:34:39	23 1 57	14 22	4 7	14 55	24 5	6 22	8 14	5 18	14 37	12 10R	1 34
16	17:38:36	24 2 59	26 55	5 41	15 22	24 12	6 30	8 20	5 17	14 39	12 10	1 31
17	17:42:32	25 4 2	9Vi11	7 14	15 50	24 19	6 39	8 26	5 17	14 40	12 10	1 27
18	17:46:29	26 5 6	21 13	8 48	16 20	24 25	6 48	8 32	5 17	14 42	12 10	1 24
19	17:50:25	27 6 11	3Li 8	10 21	16 51	24 30	6 57	8 38	5 16	14 44	12 9	1 21
20	17:54:22	28 7 17	14 59	11 54	17 24	24 35	7 6	8 44	5 16	14 46	12 9	1 18
21	17:58:18	29 8 23	26 52	13 27	17 58	24 39	7 15	8 50	5 15	14 47	12 9	1 15
22	18: 2:15	0Cp 9 30	8Sc51	15 0	18 34	24 42	7 25	8 56	5 15	14 49	12 9	1 11
23	18: 6:11	1 10 38	21 0	16 31	19 11	24 45	7 34	9 2	5 14	14 51	12 9	1 8
24	18:10: 8	2 11 47	3Sg21	18 2	19 50	24 47	7 44	9 8	5 13	14 53	12 8	1 5
25	18:14: 5	3 12 56	15 56	19 33	20 30	24 48	7 54	9 15	5 13	14 54	12 8	1 2
26	18:18: 1	4 14 6	28 45	21 2	21 11	24 48R	8 4	9 21	5 12	14 56	12 7	0 59
27	18:21:57	5 15 15	11Cp49	22 30	21 53	24 47	8 14	9 27	5 11	14 57	12 7	0 56
28	18:25:54	6 16 26	25 7	23 56	22 36	24 46	8 24	9 34	5 10	14 59	12 7	0 52
29	18:29:51	7 17 36	8Aq38	25 21	23 20	24 44	8 34	9 40	5 9	15 1	12 7	0 49
30	18:33:47	8 18 46	22 19	26 43	24 6	24 41	8 45	9 46	5 8	15 2	12 6	0 46
31	18:37:44	9 19 56	6Pi10	28 3	24 52	24 37	8 55	9 53	5 7	15 4	12 5	0 43

12/22 Sun in Cap. 8:16   12/4 1st Qt. 16:48   12/11 Full 9:28   12/18 3rd Qt. 22:43   12/26 New 22:59

Day	Sid. T.	Sun	Moon	Merc.	Venus	Mars	Jup.	Saturn	Uranus	Nept.	Pluto	N.Node
1	18:41:41	10Cp21 6	20Pi 9	29Cp19	25Sc39	24Le32R	9Pi 6	9Aq59	5Vi 6R	15Sc 5	12Vi 5R	0Le40
2	18:45:37	11 22 16	4Ar14	0Aq32	26 27	24 27	9 17	10 6	5 4	15 7	12 4	0 37
3	18:49:33	12 23 25	18 25	1 41	27 16	24 21	9 28	10 13	5 3	15 8	12 4	0 33
4	18:53:30	13 24 35	2Ta38	2 45	28 6	24 14	9 39	10 19	5 2	15 9	12 3	0 30
5	18:57:27	14 25 43	16 52	3 43	28 57	24 6	9 50	10 26	5 1	15 11	12 2	0 27
6	19: 1:23	15 26 52	1Ge 3	4 34	29 48	23 57	10 1	10 33	4 59	15 12	12 2	0 24
7	19: 5:20	16 28 0	15 7	5 18	0Sg40	23 48	10 12	10 39	4 58	15 13	12 1	0 21
8	19: 9:16	17 29 8	29 2	5 54	1 33	23 38	10 23	10 46	4 56	15 15	12 0	0 17
9	19:13:13	18 30 16	12Cn43	6 20	2 26	23 26	10 35	10 53	4 55	15 16	11 59	0 14
10	19:17: 9	19 31 24	26 8	6 36	3 21	23 15	10 46	11 0	4 53	15 17	11 59	0 11
11	19:21: 6	20 32 31	9Le15	6 42R	4 15	23 2	10 58	11 7	4 52	15 18	11 58	0 8
12	19:25: 2	21 33 38	22 5	6 36	5 11	22 49	11 10	11 14	4 50	15 19	11 57	0 5
13	19:28:59	22 34 44	4Vi37	6 18	6 7	22 34	11 22	11 21	4 48	15 21	11 56	0 2
14	19:32:56	23 35 51	16 53	5 49	7 3	22 19	11 34	11 27	4 47	15 22	11 55	29Cn58
15	19:36:52	24 36 57	28 58	5 8	8 1	22 4	11 46	11 34	4 45	15 23	11 54	29 55
16	19:40:49	25 38 3	10Li54	4 17	8 58	21 47	11 58	11 41	4 43	15 24	11 53	29 52
17	19:44:46	26 39 9	22 47	3 16	9 56	21 30	12 10	11 48	4 41	15 25	11 52	29 49
18	19:48:42	27 40 14	4Sc40	2 8	10 55	21 12	12 22	11 55	4 39	15 26	11 51	29 46
19	19:52:38	28 41 20	16 39	0 54	11 54	20 54	12 35	12 3	4 37	15 27	11 50	29 42
20	19:56:35	29 42 25	28 48	29Cp37	12 54	20 35	12 47	12 10	4 35	15 28	11 49	29 39
21	20: 0:32	0Aq43 29	11Sg12	28 20	13 54	20 15	13 0	12 17	4 33	15 29	11 48	29 36
22	20: 4:28	1 44 34	23 52	27 4	14 54	19 55	13 12	12 24	4 31	15 29	11 47	29 33
23	20: 8:24	2 45 38	6Cp53	25 51	15 55	19 34	13 25	12 31	4 29	15 30	11 46	29 30
24	20:12:21	3 46 41	20 13	24 44	16 56	19 13	13 38	12 38	4 27	15 31	11 45	29 27
25	20:16:18	4 47 43	3Aq53	23 44	17 58	18 51	13 51	12 45	4 25	15 32	11 44	29 23
26	20:20:14	5 48 45	17 51	22 52	19 0	18 29	14 4	12 52	4 23	15 33	11 42	29 20
27	20:24:11	6 49 45	2Pi 2	22 8	20 2	18 6	14 16	12 59	4 21	15 33	11 41	29 17
28	20:28: 7	7 50 45	16 22	21 34	21 5	17 43	14 30	13 7	4 18	15 34	11 40	29 14
29	20:32: 4	8 51 43	0Ar46	21 8	22 8	17 20	14 43	13 14	4 16	15 34	11 39	29 11
30	20:36: 0	9 52 40	15 9	20 51	23 11	16 56	14 56	13 21	4 14	15 35	11 38	29 8
31	20:39:57	10 53 36	29 28	20 42	24 15	16 33	15 9	13 28	4 11	15 36	11 36	29 4

1/20 Sun in Aqu. 18:55 1/3 1st Qt. 1:02 1/9 Full 23:09 1/17 3rd Qt. 20:34 1/25 New 13:43(E)

Day	Sid. T.	Sun	Moon	Merc.	Venus	Mars	Jup.	Saturn	Uranus	Nept.	Pluto	N.Node
1	20:43:54	11Aq54 31	13Ta38	20Cp42	25Sg19	16Le 9R	15Pi22	13Aq35	4Vi 9R	15Sc36	11Vi35R	29Cn 1
2	20:47:50	12 55 24	27 39	20 49	26 23	15 45	15 36	13 43	4 7	15 37	11 34	28 58
3	20:51:47	13 56 16	11Ge29	21 2	27 27	15 21	15 49	13 50	4 4	15 37	11 32	28 55
4	20:55:43	14 57 7	25 7	21 23	28 32	14 57	16 3	13 57	4 2	15 38	11 31	28 52
5	20:59:40	15 57 56	8Cn33	21 49	29 37	14 33	16 16	14 4	3 59	15 38	11 30	28 48
6	21: 3:36	16 58 44	21 47	22 20	0Cp42	14 9	16 30	14 11	3 57	15 38	11 28	28 45
7	21: 7:33	17 59 30	4Le48	22 57	1 47	13 45	16 43	14 18	3 54	15 39	11 27	28 42
8	21:11:30	19 0 15	17 37	23 38	2 53	13 22	16 57	14 26	3 52	15 39	11 25	28 39
9	21:15:26	20 0 59	0Vi13	24 23	3 59	12 58	17 11	14 33	3 49	15 39	11 24	28 36
10	21:19:23	21 1 42	12 36	25 12	5 5	12 35	17 24	14 40	3 47	15 39	11 23	28 33
11	21:23:19	22 2 23	24 49	26 5	6 11	12 12	17 38	14 47	3 44	15 39	11 21	28 29
12	21:27:16	23 3 3	6Li52	27 1	7 18	11 50	17 52	14 54	3 42	15 40	11 20	28 26
13	21:31:12	24 3 42	18 48	28 0	8 24	11 27	18 6	15 1	3 39	15 40	11 18	28 23
14	21:35: 9	25 4 20	0Sc40	29 1	9 31	11 6	18 20	15 8	3 37	15 40	11 17	28 20
15	21:39: 5	26 4 56	12 33	0Aq 5	10 38	10 44	18 34	15 16	3 34	15 40	11 15	28 17
16	21:43: 2	27 5 32	24 30	1 11	11 45	10 23	18 48	15 23	3 31	15 40R	11 14	28 14
17	21:46:59	28 6 6	6Sg37	2 20	12 53	10 3	19 2	15 30	3 29	15 40	11 12	28 10
18	21:50:55	29 6 39	18 57	3 30	14 0	9 43	19 16	15 37	3 26	15 40	11 11	28 7
19	21:54:52	0Pi 7 11	1Cp36	4 43	15 8	9 24	19 30	15 44	3 24	15 40	11 9	28 4
20	21:58:48	1 7 41	14 38	5 57	16 16	9 5	19 44	15 51	3 21	15 40	11 8	28 1
21	22: 2:45	2 8 10	28 4	7 12	17 24	8 48	19 58	15 58	3 18	15 39	11 6	27 58
22	22: 6:41	3 8 38	11Aq56	8 30	18 32	8 30	20 13	16 5	3 16	15 39	11 4	27 54
23	22:10:38	4 9 4	26 12	9 49	19 41	8 14	20 27	16 12	3 13	15 39	11 3	27 51
24	22:14:35	5 9 28	10Pi48	11 9	20 49	7 58	20 41	16 19	3 10	15 39	11 1	27 48
25	22:18:31	6 9 51	25 38	12 31	21 58	7 42	20 55	16 26	3 8	15 38	11 0	27 45
26	22:22:27	7 10 12	10Ar30	13 54	23 6	7 28	21 10	16 33	3 5	15 38	10 58	27 42
27	22:26:24	8 10 31	25 19	15 18	24 15	7 14	21 24	16 40	3 2	15 38	10 57	27 39
28	22:30:21	9 10 48	9Ta57	16 44	25 24	7 1	21 39	16 46	3 0	15 37	10 55	27 35

2/19 Sun in Pis. 9:09 2/1 1st Qt. 8:50 2/8 Full 14:52 2/16 3rd Qt. 17:39 2/24 New 2:06

MARCH 1963

Day	Sid. T.	Sun	Moon	Merc.	Venus	Mars	Jup.	Saturn	Uranus	Nept.	Pluto	N.Node
1	22:34:17	10Pi11 2	24Ta19	18Aq10	26Cp33	6Le49R	21Pi53	16Aq53	2Vi57R	15Sc37R	10Vi54R	27Cn32
2	22:38:13	11 11 15	8Ge22	19 38	27 42	6 38	22 7	17 0	2 55	15 36	10 52	27 29
3	22:42:10	12 11 26	22 5	21 8	28 52	6 27	22 22	17 7	2 52	15 36	10 50	27 26
4	22:46: 7	13 11 35	5Cn29	22 38	0Aq 1	6 17	22 36	17 14	2 49	15 35	10 49	27 23
5	22:50: 3	14 11 42	18 36	24 9	1 10	6 8	22 51	17 20	2 47	15 35	10 47	27 20
6	22:54: 0	15 11 46	1Le28	25 42	2 20	6 0	23 5	17 27	2 44	15 34	10 46	27 16
7	22:57:57	16 11 49	14 8	27 16	3 30	5 52	23 20	17 34	2 42	15 34	10 44	27 13
8	23: 1:53	17 11 49	26 37	28 50	4 39	5 46	23 34	17 40	2 39	15 33	10 43	27 10
9	23: 5:50	18 11 48	8Vi57	0Pi26	5 49	5 40	23 49	17 47	2 37	15 32	10 41	27 7
10	23: 9:46	19 11 44	21 9	2 3	6 59	5 35	24 3	17 53	2 34	15 32	10 39	27 4
11	23:13:43	20 11 38	3Li13	3 42	8 9	5 30	24 18	18 0	2 32	15 31	10 38	27 0
12	23:17:39	21 11 31	15 12	5 21	9 19	5 27	24 32	18 6	2 29	15 30	10 36	26 57
13	23:21:36	22 11 22	27 6	7 2	10 29	5 24	24 47	18 13	2 27	15 29	10 35	26 54
14	23:25:32	23 11 11	8Sc58	8 43	11 40	5 22	25 1	18 19	2 24	15 29	10 33	26 51
15	23:29:29	24 10 58	20 50	10 26	12 50	5 21	25 16	18 25	2 22	15 28	10 32	26 48
16	23:33:26	25 10 44	2Sg46	12 10	14 0	5 20	25 30	18 32	2 20	15 27	10 30	26 45
17	23:37:22	26 10 28	14 50	13 56	15 11	5 20D	25 45	18 38	2 17	15 26	10 29	26 41
18	23:41:18	27 10 10	27 7	15 42	16 21	5 21	25 59	18 44	2 15	15 25	10 27	26 38
19	23:45:15	28 9 50	9Cp41	17 30	17 32	5 23	26 14	18 50	2 13	15 24	10 26	26 35
20	23:49:12	29 9 29	22 37	19 19	18 43	5 25	26 29	18 56	2 10	15 23	10 24	26 32
21	23:53: 8	0Ar 9 6	6Aq 0	21 9	19 53	5 28	26 43	19 2	2 8	15 22	10 23	26 29
22	23:57: 5	1 8 41	19 51	23 1	21 4	5 32	26 58	19 8	2 6	15 21	10 21	26 26
23	0: 1: 1	2 8 14	4Pi11	24 54	22 15	5 37	27 12	19 14	2 4	15 20	10 20	26 22
24	0: 4:58	3 7 46	18 57	26 48	23 26	5 42	27 27	19 20	2 2	15 19	10 19	26 19
25	0: 8:55	4 7 15	4Ar 2	28 43	24 37	5 47	27 41	19 26	2 0	15 18	10 17	26 16
26	0:12:51	5 6 42	19 15	0Ar40	25 48	5 54	27 56	19 32	1 57	15 17	10 16	26 13
27	0:16:48	6 6 8	4Ta27	2 37	26 59	6 1	28 10	19 37	1 55	15 15	10 14	26 10
28	0:20:44	7 5 31	19 27	4 36	28 10	6 9	28 25	19 43	1 53	15 14	10 13	26 6
29	0:24:41	8 4 52	4Ge 6	6 36	29 21	6 17	28 39	19 49	1 51	15 13	10 12	26 3
30	0:28:37	9 4 10	18 21	8 37	0Pi33	6 26	28 53	19 54	1 49	15 12	10 10	26 0
31	0:32:34	10 3 27	2Cn 9	10 39	1 44	6 35	29 8	20 0	1 48	15 11	10 9	25 57

3/21 Sun in Ari. 8:20   3/2 1st Qt. 17:18   3/10 Full 7:49   3/18 3rd Qt. 12:08   3/25 New 12:10

APRIL 1963

Day	Sid. T.	Sun	Moon	Merc.	Venus	Mars	Jup.	Saturn	Uranus	Nept.	Pluto	N.Node
1	0:36:30	11Ar 2 40	15Cn31	12Ar42	2Pi55	6Le45	29Pi22	20Aq 5	1Vi46R	15Sc 9R	10Vi 8R	25Cn54
2	0:40:27	12 1 52	28 32	14 45	4 7	6 56	29 37	20 10	1 44	15 8	10 6	25 51
3	0:44:24	13 1 1	11Le13	16 49	5 18	7 7	29 51	20 16	1 42	15 7	10 5	25 47
4	0:48:20	14 0 8	23 41	18 53	6 29	7 19	0Ar 5	20 21	1 40	15 5	10 4	25 44
5	0:52:17	14 59 13	5Vi56	20 57	7 41	7 31	0 20	20 26	1 39	15 4	10 3	25 41
6	0:56:13	15 58 15	18 4	23 1	8 52	7 44	0 34	20 31	1 37	15 3	10 1	25 38
7	1: 0:10	16 57 15	0Li 5	25 5	10 4	7 57	0 48	20 36	1 35	15 1	10 0	25 35
8	1: 4: 6	17 56 13	12 3	27 8	11 15	8 11	1 2	20 41	1 34	15 0	9 59	25 31
9	1: 8: 3	18 55 9	23 57	29 9	12 27	8 25	1 16	20 46	1 32	14 59	9 58	25 28
10	1:11:59	19 54 3	5Sc50	1Ta40	13 39	8 40	1 31	20 51	1 31	14 57	9 57	25 25
11	1:15:56	20 52 56	17 42	3 8	14 50	8 55	1 45	20 56	1 29	14 56	9 56	25 22
12	1:19:52	21 51 46	29 36	5 4	16 2	9 11	1 59	21 0	1 28	14 54	9 54	25 19
13	1:23:49	22 50 34	11Sg34	6 58	17 14	9 27	2 13	21 5	1 27	14 53	9 53	25 16
14	1:27:45	23 49 21	23 40	8 49	18 26	9 43	2 27	21 9	1 25	14 51	9 52	25 12
15	1:31:42	24 48 6	5Cp56	10 37	19 37	10 0	2 41	21 14	1 24	14 50	9 51	25 9
16	1:35:39	25 46 49	18 28	12 21	20 49	10 17	2 55	21 18	1 23	14 48	9 50	25 6
17	1:39:35	26 45 31	1Aq19	14 1	22 1	10 35	3 9	21 23	1 22	14 47	9 49	25 3
18	1:43:31	27 44 11	14 35	15 38	23 13	10 53	3 23	21 27	1 20	14 45	9 48	25 0
19	1:47:28	28 42 49	28 11	17 10	24 25	11 12	3 37	21 31	1 19	14 44	9 47	24 57
20	1:51:25	29 41 25	12Pi32	18 38	25 37	11 31	3 50	21 35	1 18	14 42	9 47	24 53
21	1:55:21	0Ta40 0	27 12	20 1	26 49	11 50	4 4	21 39	1 17	14 41	9 46	24 50
22	1:59:18	1 38 33	12Ar15	21 20	28 1	12 10	4 18	21 43	1 16	14 39	9 45	24 47
23	2: 3:14	2 37 4	27 33	22 34	29 13	12 30	4 31	21 47	1 16	14 37	9 44	24 44
24	2: 7:11	3 35 34	12Ta52	23 43	0Ar25	12 50	4 45	21 51	1 15	14 36	9 42	24 41
25	2:11: 7	4 34 1	28 3	24 46	1 37	13 11	4 59	21 54	1 14	14 34	9 42	24 37
26	2:15: 4	5 32 27	12Ge56	25 45	2 49	13 32	5 12	21 58	1 13	14 33	9 42	24 34
27	2:19: 1	6 30 50	27 22	26 38	4 1	13 54	5 26	22 1	1 13	14 31	9 41	24 31
28	2:22:57	7 29 12	11Cn20	27 27	5 13	14 16	5 39	22 5	1 12	14 29	9 40	24 28
29	2:26:54	8 27 31	24 50	28 9	6 26	14 38	5 52	22 8	1 11	14 28	9 40	24 25
30	2:30:50	9 25 48	7Le53	28 47	7 38	15 0	6 6	22 11	1 11	14 26	9 39	24 22

4/20 Sun in Tau. 19:37   4/1 1st Qt. 3:15   4/9 Full 0:57   4/17 3rd Qt. 2:53   4/23 New 20:29   4/30 1st Qt. 15:08

MAY 1963

Day	Sid. T.	Sun	Moon	Merc.	Venus	Mars	Jup.	Saturn	Uranus	Nept.	Pluto	N.Node
1	2:34:47	10Ta24 4	20Le34	29Ta19	8Ar50	15Le23	6Ar19	22Aq14	1Vi11R	14Sc24R	9Vi38R	24Cn18
2	2:38:43	11 22 17	2Vi58	29 45	10 2	15 46	6 32	22 18	1 10	14 23	9 38	24 15
3	2:42:40	12 20 28	15 8	0Ge 6	11 14	16 9	6 45	22 21	1 10	14 21	9 37	24 12
4	2:46:36	13 18 37	27 10	0 22	12 27	16 32	6 58	22 23	1 10	14 20	9 37	24 9
5	2:50:32	14 16 44	9Li 5	0 32	13 39	16 56	7 11	22 26	1 9	14 18	9 36	24 6
6	2:54:30	15 14 49	20 58	0 37	14 51	17 20	7 24	22 29	1 9	14 16	9 36	24 3
7	2:58:26	16 12 53	2Sc50	0 36R	16 3	17 45	7 37	22 32	1 9	14 15	9 35	23 59
8	3: 2:22	17 10 55	14 44	0 31	17 16	18 9	7 50	22 34	1 9	14 13	9 35	23 56
9	3: 6:19	18 8 55	26 39	0 21	18 28	18 34	8 3	22 37	1 9D	14 11	9 34	23 53
10	3:10:16	19 6 54	8Sg39	0 6	19 40	18 59	8 16	22 39	1 9	14 10	9 34	23 50
11	3:14:12	20 4 51	20 44	29Ta47	20 53	19 25	8 28	22 41	1 9	14 8	9 34	23 47
12	3:18: 8	21 2 47	2Cp57	29 25	22 5	19 50	8 41	22 43	1 9	14 7	9 33	23 43
13	3:22: 6	22 0 41	15 21	28 59	23 17	20 16	8 53	22 45	1 9	14 5	9 33	23 40
14	3:26: 2	22 58 34	27 57	28 30	24 30	20 42	9 6	22 47	1 10	14 3	9 33	23 37
15	3:29:58	23 56 26	10Aq51	27 58	25 42	21 9	9 18	22 49	1 10	14 2	9 33	23 34
16	3:33:55	24 54 17	24 4	27 25	26 55	21 35	9 30	22 51	1 10	14 0	9 33	23 31
17	3:37:52	25 52 6	7Pi42	26 51	28 7	22 2	9 42	22 53	1 11	13 59	9 32	23 28
18	3:41:48	26 49 55	21 44	26 16	29 20	22 29	9 54	22 54	1 11	13 57	9 32	23 24
19	3:45:44	27 47 42	6Ar12	25 41	0Ta32	22 56	10 6	22 56	1 12	13 55	9 32	23 21
20	3:49:41	28 45 28	21 1	25 6	1 45	23 24	10 18	22 57	1 12	13 54	9 32	23 18
21	3:53:37	29 43 13	6Ta 5	24 33	2 57	23 51	10 30	22 59	1 13	13 52	9 32D	23 15
22	3:57:34	0Ge40 57	21 15	24 2	4 10	24 19	10 42	23 0	1 13	13 51	9 32	23 12
23	4: 1:31	1 38 39	6Ge20	23 33	5 22	24 47	10 54	23 1	1 14	13 49	9 32	23 9
24	4: 5:27	2 36 20	21 12	23 6	6 35	25 15	11 5	23 2	1 15	13 48	9 32	23 5
25	4: 9:24	3 34 0	5Cn42	22 43	7 47	25 44	11 17	23 3	1 16	13 46	9 32	23 2
26	4:13:21	4 31 39	19 46	22 23	9 0	26 12	11 28	23 4	1 17	13 45	9 33	22 59
27	4:17:17	5 29 16	3Le22	22 7	10 13	26 41	11 40	23 5	1 18	13 43	9 33	22 56
28	4:21:13	6 26 51	16 32	21 55	11 25	27 10	11 51	23 5	1 19	13 42	9 33	22 53
29	4:25:10	7 24 25	29 17	21 48	12 38	27 39	12 2	23 6	1 20	13 40	9 33	22 49
30	4:29: 7	8 21 58	11Vi43	21 44	13 50	28 8	12 13	23 6	1 21	13 39	9 33	22 46
31	4:33: 3	9 19 29	23 54	21 45D	15 3	28 38	12 24	23 6	1 22	13 37	9 34	22 43

5/21 Sun in Gem. 18:59   5/8 Full 17:24   5/16 3rd Qt. 13:37   5/23 New 4:00   5/30 1st Qt. 4:56

JUNE 1963

Day	Sid. T.	Sun	Moon	Merc.	Venus	Mars	Jup.	Saturn	Uranus	Nept.	Pluto	N.Node
1	4:37: 0	10Ge16 59	5Li55	21Ta51	16Ta16	29Le 7	12Ar35	23Aq 7	1Vi23	13Sc36R	9Vi34	22Cn40
2	4:40:57	11 14 28	17 49	22 0	17 28	29 37	12 45	23 7	1 24	13 34	9 34	22 37
3	4:44:53	12 11 55	29 41	22 15	18 41	0Vi 7	12 56	23 7R	1 26	13 33	9 35	22 34
4	4:48:49	13 9 22	11Sc34	22 34	19 54	0 37	13 7	23 7	1 27	13 32	9 35	22 30
5	4:52:46	14 6 47	23 30	22 57	21 6	1 7	13 17	23 7	1 28	13 30	9 36	22 27
6	4:56:42	15 4 11	5Sg31	23 24	22 19	1 38	13 27	23 6	1 30	13 29	9 36	22 24
7	5: 0:39	16 1 34	17 40	23 56	23 32	2 8	13 37	23 6	1 31	13 28	9 37	22 21
8	5: 4:36	16 58 57	29 57	24 32	24 45	2 39	13 48	23 6	1 33	13 26	9 37	22 18
9	5: 8:32	17 56 19	12Cp23	25 12	25 57	3 10	13 58	23 5	1 34	13 25	9 38	22 15
10	5:12:29	18 53 40	25 1	25 56	27 10	3 41	14 7	23 4	1 36	13 24	9 38	22 11
11	5:16:26	19 51 0	7Aq52	26 44	28 23	4 12	14 17	23 4	1 38	13 22	9 39	22 8
12	5:20:22	20 48 20	20 56	27 36	29 36	4 43	14 27	23 3	1 40	13 21	9 39	22 5
13	5:24:19	21 45 39	4Pi18	28 32	0Ge49	5 15	14 36	23 2	1 41	13 20	9 40	22 2
14	5:28:16	22 42 58	17 56	29 31	2 2	5 46	14 46	23 1	1 43	13 19	9 41	21 59
15	5:32:12	23 40 16	1Ar54	0Ge34	3 14	6 18	14 55	23 0	1 45	13 18	9 42	21 55
16	5:36: 8	24 37 35	16 9	1 40	4 27	6 50	15 4	22 59	1 47	13 17	9 42	21 52
17	5:40: 5	25 34 52	0Ta40	2 50	5 40	7 22	15 13	22 57	1 49	13 15	9 43	21 49
18	5:44: 2	26 32 10	15 22	4 3	6 53	7 54	15 22	22 56	1 51	13 14	9 44	21 46
19	5:47:58	27 29 27	0Ge10	5 20	8 6	8 26	15 31	22 54	1 53	13 13	9 45	21 43
20	5:51:55	28 26 44	14 56	6 40	9 19	8 58	15 39	22 53	1 55	13 12	9 46	21 40
21	5:55:51	29 24 1	29 32	8 3	10 32	9 31	15 48	22 51	1 57	13 11	9 47	21 36
22	5:59:48	0Cn21 17	13Cn52	9 29	11 45	10 3	15 56	22 49	1 59	13 10	9 48	21 33
23	6: 3:45	1 18 33	27 52	10 59	12 58	10 36	16 5	22 47	2 2	13 9	9 48	21 30
24	6: 7:41	2 15 48	11Le27	12 32	14 11	11 9	16 13	22 45	2 4	13 8	9 49	21 27
25	6:11:37	3 13 3	24 39	14 8	15 24	11 42	16 21	22 43	2 6	13 7	9 50	21 24
26	6:15:34	4 10 17	7Vi28	15 48	16 37	12 15	16 28	22 41	2 9	13 7	9 52	21 20
27	6:19:31	5 7 30	19 58	17 30	17 50	12 48	16 36	22 39	2 11	13 6	9 53	21 17
28	6:23:27	6 4 43	2Li11	19 16	19 3	13 21	16 44	22 37	2 13	13 5	9 54	21 14
29	6:27:24	7 1 56	14 13	21 4	20 17	13 55	16 51	22 34	2 16	13 4	9 55	21 11
30	6:31:21	7 59 8	26 9	22 55	21 30	14 28	16 58	22 32	2 18	13 3	9 56	21 8

6/22 Sun in Can. 3:05   6/7 Full 8:31   6/14 3rd Qt. 20:54   6/21 New 11:46   6/28 1st Qt. 20:24

JULY 1963

Day	Sid. T.	Sun	Moon	Merc.	Venus	Mars	Jup.	Saturn	Uranus	Nept.	Pluto	N.Node
1	6:35:17	8Cn56 20	8Sc 1	24Ge49	22Ge43	15Vi 2	17Ar 5	22Aq29R	2Vi21	13Sc 2R	9Vi57	21Cn 5
2	6:39:13	9 53 31	19 56	26 46	23 56	15 36	17 12	22 27	2 24	13 2	9 58	21 1
3	6:43:10	10 50 42	1Sg55	28 45	25 9	16 9	17 19	22 24	2 26	13 1	10 0	20 58
4	6:47: 7	11 47 53	14 3	0Cn46	26 22	16 43	17 26	22 21	2 29	13 0	10 1	20 55
5	6:51: 3	12 45 4	26 21	2 49	27 36	17 17	17 32	22 18	2 32	13 0	10 2	20 52
6	6:55: 0	13 42 14	8Cp52	4 54	28 49	17 52	17 38	22 15	2 34	12 59	10 3	20 49
7	6:58:56	14 39 25	21 36	7 0	0Cn 2	18 26	17 45	22 12	2 37	12 59	10 5	20 46
8	7: 2:52	15 36 36	4Aq34	9 8	1 15	19 0	17 51	22 9	2 40	12 58	10 6	20 42
9	7: 6:50	16 33 47	17 46	11 16	2 29	19 35	17 57	22 6	2 43	12 57	10 7	20 39
10	7:10:46	17 30 58	1Pi12	13 26	3 42	20 9	18 2	22 3	2 46	12 57	10 9	20 36
11	7:14:42	18 28 10	14 50	15 35	4 55	20 44	18 8	22 0	2 49	12 57	10 10	20 33
12	7:18:39	19 25 22	28 41	17 45	6 9	21 19	18 13	21 56	2 51	12 56	10 12	20 30
13	7:22:36	20 22 34	12Ar42	19 54	7 22	21 54	18 18	21 53	2 54	12 56	10 13	20 26
14	7:26:32	21 19 47	26 53	22 3	8 36	22 29	18 23	21 49	2 57	12 55	10 15	20 23
15	7:30:28	22 17 1	11Ta10	24 11	9 49	23 4	18 28	21 46	3 1	12 55	10 16	20 20
16	7:34:26	23 14 16	25 32	26 18	11 2	23 39	18 33	21 42	3 4	12 55	10 18	20 17
17	7:38:22	24 11 31	9Ge54	28 24	12 16	24 14	18 37	21 39	3 7	12 54	10 19	20 14
18	7:42:18	25 8 47	24 13	0Le29	13 30	24 49	18 41	21 35	3 10	12 54	10 21	20 11
19	7:46:15	26 6 3	8Cn24	2 33	14 43	25 25	18 46	21 31	3 13	12 54	10 22	20 7
20	7:50:12	27 3 20	22 23	4 35	15 57	26 0	18 49	21 27	3 16	12 54	10 24	20 4
21	7:54: 8	28 0 37	6Le 7	6 36	17 10	26 36	18 53	21 23	3 19	12 54	10 26	20 1
22	7:58: 4	28 57 55	19 33	8 35	18 24	27 12	18 57	21 19	3 23	12 53	10 27	19 58
23	8: 2: 2	29 55 14	2Vi39	10 32	19 37	27 48	19 0	21 15	3 26	12 53	10 29	19 55
24	8: 5:57	0Le52 32	15 26	12 28	20 51	28 23	19 3	21 11	3 29	12 53	10 31	19 52
25	8: 9:54	1 49 51	27 56	14 22	22 5	28 59	19 6	21 7	3 33	12 53	10 32	19 48
26	8:13:51	2 47 11	10Li10	16 14	23 18	29 36	19 9	21 3	3 36	12 53D	10 34	19 45
27	8:17:47	3 44 31	22 13	18 4	24 32	0Li12	19 12	20 59	3 39	12 53	10 36	19 42
28	8:21:44	4 41 51	4Sc 9	19 53	25 46	0 48	19 14	20 55	3 43	12 53	10 37	19 39
29	8:25:40	5 39 12	16 2	21 40	27 0	1 24	19 17	20 50	3 46	12 54	10 39	19 36
30	8:29:37	6 36 33	27 57	23 26	28 13	2 1	19 19	20 46	3 49	12 54	10 41	19 32
31	8:33:33	7 33 56	9Sg58	25 10	29 27	2 37	19 21	20 42	3 53	12 54	10 43	19 29

7/23 Sun in Leo 14:00   7/6 Full 21:56(E)   7/14 3rd Qt. 1:58   7/20 New 20:43(E)   7/28 1st Qt. 13:13

AUGUST 1963

Day	Sid. T.	Sun	Moon	Merc.	Venus	Mars	Jup.	Saturn	Uranus	Nept.	Pluto	N.Node
1	8:37:30	8Le31 18	22Sg 9	26Le52	0Le41	3Li14	19Ar22	20Aq38R	3Vi56	12Sc54	10Vi45	19Cn26
2	8:41:27	9 28 42	4Cp35	28 32	1 55	3 51	19 24	20 33	4 0	12 54	10 46	19 23
3	8:45:23	10 26 6	17 18	0Vi11	3 9	4 27	19 25	20 29	4 3	12 55	10 48	19 20
4	8:49:20	11 23 31	0Aq19	1 48	4 23	5 4	19 26	20 24	4 7	12 55	10 50	19 17
5	8:53:16	12 20 56	13 39	3 23	5 37	5 41	19 27	20 20	4 10	12 55	10 52	19 13
6	8:57:13	13 18 23	27 16	4 57	6 50	6 18	19 28	20 16	4 14	12 56	10 54	19 10
7	9: 1: 9	14 15 51	11Pi 9	6 29	8 4	6 55	19 28	20 11	4 18	12 56	10 56	19 7
8	9: 5: 6	15 13 20	25 13	7 59	9 18	7 33	19 29	20 7	4 21	12 56	10 58	19 4
9	9: 9: 3	16 10 50	9Ar25	9 28	10 32	8 10	19 29	20 2	4 25	12 57	11 0	19 1
10	9:12:59	17 8 21	23 41	10 55	11 46	8 47	19 29R	19 58	4 28	12 57	11 2	18 58
11	9:16:56	18 5 54	7Ta57	12 20	13 0	9 25	19 29	19 53	4 32	12 58	11 4	18 54
12	9:20:52	19 3 29	22 10	13 44	14 14	10 2	19 28	19 49	4 36	12 58	11 6	18 51
13	9:24:49	20 1 4	6Ge19	15 6	15 29	10 40	19 27	19 44	4 39	12 59	11 8	18 48
14	9:28:45	20 58 42	20 21	16 26	16 43	11 17	19 27	19 40	4 43	13 0	11 10	18 45
15	9:32:42	21 56 21	4Cn14	17 44	17 57	11 55	19 25	19 35	4 47	13 0	11 12	18 42
16	9:36:38	22 54 1	17 58	19 0	19 11	12 33	19 24	19 31	4 50	13 1	11 14	18 38
17	9:40:35	23 51 43	1Le32	20 15	20 25	13 11	19 23	19 26	4 54	13 2	11 16	18 35
18	9:44:32	24 49 27	14 53	21 27	21 39	13 49	19 21	19 22	4 58	13 2	11 18	18 32
19	9:48:28	25 47 11	28 1	22 37	22 53	14 27	19 19	19 18	5 2	13 3	11 20	18 29
20	9:52:25	26 44 57	10Vi54	23 45	24 8	15 5	19 17	19 13	5 5	13 4	11 22	18 26
21	9:56:21	27 42 44	23 33	24 51	25 22	15 44	19 15	19 9	5 9	13 5	11 24	18 23
22	10: 0:18	28 40 33	5Li58	25 54	26 36	16 22	19 12	19 4	5 13	13 6	11 26	18 19
23	10: 4:14	29 38 23	18 11	26 55	27 51	17 0	19 10	19 0	5 17	13 7	11 28	18 16
24	10: 8:11	0Vi36 14	0Sc11	27 54	29 5	17 39	19 7	18 55	5 20	13 7	11 30	18 13
25	10:12: 8	1 34 6	12 5	28 49	0Vi19	18 17	19 4	18 51	5 24	13 8	11 32	18 10
26	10:16: 4	2 31 59	23 57	29 42	1 33	18 56	19 1	18 47	5 28	13 9	11 34	18 7
27	10:20: 1	3 29 54	5Sg50	0Li31	2 48	19 35	18 57	18 43	5 32	13 10	11 36	18 4
28	10:23:57	4 27 50	17 50	1 18	4 2	20 14	18 54	18 38	5 35	13 11	11 38	18 0
29	10:27:54	5 25 48	0Cp 1	2 1	5 17	20 52	18 50	18 34	5 39	13 13	11 40	17 57
30	10:31:50	6 23 47	12 30	2 40	6 31	21 31	18 46	18 30	5 43	13 14	11 42	17 54
31	10:35:47	7 21 47	25 18	3 15	7 45	22 10	18 42	18 26	5 47	13 15	11 44	17 51

8/23 Sun in Vir. 20:58   8/5 Full 9:31   8/12 3rd Qt. 6:22   8/19 New 7:35   8/27 1st Qt. 6:54

Day	Sid. T.	Sun	Moon	Merc.	Venus	Mars	Jup.	Saturn	Uranus	Nept.	Pluto	N.Node
1	10:39:43	8Vi19 49	8Aq30	3Li46	9Vi 0	22Li50	18Ar38R	18Aq22R	5Vi50	13Sc16	11Vi47	17Cn48
2	10:43:40	9 17 52	22 7	4 12	10 14	23 29	18 33	18 18	5 54	13 17	11 49	17 44
3	10:47:37	10 15 56	6Pi 6	4 34	11 29	24 8	18 28	18 14	5 58	13 18	11 51	17 41
4	10:51:33	11 14 3	20 24	4 51	12 43	24 47	18 24	18 10	6 2	13 20	11 53	17 38
5	10:55:30	12 12 11	4Ar57	5 2	13 58	25 27	18 19	18 6	6 5	13 21	11 55	17 35
6	10:59:26	13 10 20	19 36	5 8	15 12	26 6	18 13	18 2	6 9	13 22	11 57	17 32
7	11: 3:23	14 8 32	4Ta15	5 7R	16 27	26 46	18 8	17 58	6 13	13 24	11 59	17 29
8	11: 7:19	15 6 46	18 46	5 1	17 41	27 25	18 3	17 54	6 17	13 25	12 1	17 25
9	11:11:16	16 5 2	3Ge 7	4 48	18 56	28 5	17 57	17 51	6 20	13 26	12 3	17 22
10	11:15:13	17 3 20	17 13	4 29	20 10	28 45	17 51	17 47	6 24	13 28	12 5	17 19
11	11:19: 9	18 1 40	1Cn 4	4 3	21 25	29 25	17 45	17 44	6 28	13 29	12 8	17 16
12	11:23: 6	19 0 3	14 41	3 31	22 39	0Sc 5	17 39	17 40	6 31	13 31	12 10	17 13
13	11:27: 2	19 58 27	28 4	2 52	23 54	0 45	17 33	17 37	6 35	13 32	12 12	17 9
14	11:30:58	20 56 54	11Le15	2 7	25 9	1 25	17 27	17 33	6 39	13 34	12 14	17 6
15	11:34:55	21 55 22	24 14	1 16	26 23	2 5	17 20	17 30	6 43	13 35	12 16	17 3
16	11:38:52	22 53 53	7Vi 1	0 21	27 38	2 45	17 13	17 27	6 46	13 37	12 18	17 0
17	11:42:48	23 52 25	19 38	29Vi21	28 52	3 26	17 7	17 24	6 50	13 38	12 20	16 57
18	11:46:44	24 51 0	2Li 4	28 19	0Li 7	4 6	17 0	17 20	6 53	13 40	12 22	16 54
19	11:50:41	25 49 36	14 19	27 15	1 22	4 46	16 53	17 17	6 57	13 41	12 24	16 50
20	11:54:38	26 48 14	26 25	26 12	2 36	5 27	16 46	17 14	7 1	13 43	12 26	16 47
21	11:58:34	27 46 54	8Sc22	25 9	3 51	6 7	16 39	17 12	7 4	13 45	12 28	16 44
22	12: 2:31	28 45 36	20 14	24 10	5 6	6 48	16 31	17 9	7 8	13 46	12 30	16 41
23	12: 6:27	29 44 19	2Sg 3	23 16	6 20	7 29	16 24	17 6	7 11	13 48	12 32	16 38
24	12:10:24	0Li43 5	13 54	22 27	7 35	8 10	16 16	17 3	7 15	13 50	12 34	16 35
25	12:14:20	1 41 52	25 51	21 46	8 50	8 51	16 9	17 1	7 19	13 52	12 36	16 31
26	12:18:17	2 40 41	8Cp 0	21 13	10 5	9 32	16 1	16 58	7 22	13 53	12 38	16 28
27	12:22:14	3 39 31	20 25	20 50	11 19	10 13	15 54	16 56	7 26	13 55	12 40	16 25
28	12:26:10	4 38 23	3Aq12	20 36	12 34	10 54	15 46	16 54	7 29	13 57	12 42	16 22
29	12:30: 7	5 37 17	16 26	20 33D	13 49	11 35	15 38	16 52	7 32	13 59	12 44	16 19
30	12:34: 3	6 36 13	0Pi 8	20 40	15 3	12 16	15 30	16 49	7 36	14 1	12 46	16 15

9/23 Sun in Lib. 18:24   9/3 Full 19:34   9/10 3rd Qt. 11:43   9/17 New 20:51   9/26 1st Qt. 0:39

Day	Sid. T.	Sun	Moon	Merc.	Venus	Mars	Jup.	Saturn	Uranus	Nept.	Pluto	N.Node
1	12:37:59	7Li35 11	14Pi18	20Vi57	16Li18	12Sc57	15Ar22R	16Aq47R	7Vi39	14Sc 3	12Vi48	16Cn12
2	12:41:56	8 34 10	28 54	21 23	17 33	13 39	15 14	16 46	7 43	14 5	12 50	16 9
3	12:45:53	9 33 11	13Ar48	22 0	18 48	14 20	15 6	16 44	7 46	14 6	12 52	16 6
4	12:49:49	10 32 15	28 51	22 45	20 2	15 2	14 58	16 42	7 49	14 8	12 54	16 3
5	12:53:45	11 31 21	13Ta54	23 38	21 17	15 43	14 50	16 40	7 53	14 10	12 56	16 0
6	12:57:43	12 30 28	28 48	24 39	22 32	16 25	14 42	16 39	7 56	14 12	12 58	15 56
7	13: 1:39	13 29 39	13Ge24	25 47	23 47	17 7	14 34	16 37	7 59	14 14	13 0	15 53
8	13: 5:35	14 28 51	27 39	27 0	25 1	17 49	14 26	16 36	8 2	14 16	13 2	15 50
9	13: 9:32	15 28 6	11Cn32	28 19	26 16	18 30	14 18	16 35	8 6	14 18	13 3	15 47
10	13:13:29	16 27 24	25 4	29 43	27 31	19 12	14 10	16 33	8 9	14 20	13 5	15 44
11	13:17:25	17 26 43	8Le17	1Li11	28 46	19 54	14 2	16 32	8 12	14 22	13 7	15 41
12	13:21:22	18 26 5	21 13	2 41	0Sc 0	20 37	13 54	16 31	8 15	14 24	13 9	15 37
13	13:25:19	19 25 29	3Vi55	4 15	1 15	21 19	13 46	16 31	8 18	14 27	13 11	15 34
14	13:29:15	20 24 56	16 25	5 51	2 30	22 1	13 38	16 30	8 21	14 29	13 12	15 31
15	13:33:11	21 24 24	28 46	7 29	3 45	22 43	13 30	16 29	8 24	14 31	13 14	15 28
16	13:37: 8	22 23 55	10Li59	9 8	5 0	23 26	13 22	16 28	8 27	14 33	13 16	15 25
17	13:41: 4	23 23 27	23 4	10 48	6 14	24 8	13 14	16 28	8 30	14 35	13 18	15 21
18	13:45: 1	24 23 2	5Sc 2	12 29	7 29	24 51	13 6	16 28	8 33	14 37	13 19	15 18
19	13:48:58	25 22 39	16 56	14 11	8 44	25 33	12 58	16 27	8 36	14 39	13 21	15 15
20	13:52:54	26 22 18	28 45	15 53	9 59	26 16	12 51	16 27	8 39	14 41	13 23	15 12
21	13:56:50	27 21 58	10Sg33	17 35	11 14	26 59	12 43	16 27	8 41	14 43	13 24	15 9
22	14: 0:47	28 21 41	22 23	19 17	12 29	27 41	12 36	16 27D	8 44	14 46	13 26	15 6
23	14: 4:44	29 21 25	4Cp19	21 0	13 43	28 24	12 28	16 27	8 47	14 48	13 27	15 2
24	14: 8:40	0Sc21 11	16 25	22 42	14 58	29 7	12 21	16 28	8 50	14 50	13 29	14 59
25	14:12:37	1 20 59	28 47	24 23	16 13	29 50	12 14	16 28	8 52	14 52	13 31	14 56
26	14:16:34	2 20 48	11Aq29	26 5	17 28	0Sg33	12 7	16 28	8 55	14 54	13 32	14 53
27	14:20:30	3 20 39	24 37	27 46	18 43	1 16	12 0	16 29	8 57	14 57	13 34	14 50
28	14:24:26	4 20 32	8Pi14	29 27	19 57	1 59	11 53	16 29	9 0	14 59	13 35	14 47
29	14:28:24	5 20 26	22 21	1Sc 7	21 12	2 43	11 46	16 30	9 2	15 1	13 37	14 43
30	14:32:20	6 20 22	6Ar57	2 47	22 27	3 26	11 39	16 31	9 5	15 3	13 38	14 40
31	14:36:16	7 20 20	21 57	4 27	23 42	4 9	11 33	16 32	9 7	15 6	13 39	14 37

10/24 Sun in Sco. 3:30   10/3 Full 4:44   10/9 3rd Qt. 19:28   10/17 New 12:43   10/25 1st Qt. 17:21

NOVEMBER 1963

Day	Sid. T.	Sun	Moon	Merc.	Venus	Mars	Jup.	Saturn	Uranus	Nept.	Pluto	N.Node
1	14:40:13	8Sc20 19	7Ta12	6Sc 6	24Sc56	4Sg53	11Ar26R	16Aq33	9Vi10	15Sc 8	13Vi41	14Cn34
2	14:44: 9	9 20 21	22 30	7 44	26 11	5 36	11 20	16 34	9 12	15 10	13 42	14 31
3	14:48: 6	10 20 24	7Ge42	9 22	27 26	6 20	11 14	16 35	9 14	15 12	13 44	14 27
4	14:52: 2	11 20 30	22 36	11 0	28 41	7 3	11 8	16 37	9 16	15 14	13 45	14 24
5	14:55:59	12 20 37	7Cn 8	12 37	29 56	7 47	11 2	16 38	9 19	15 17	13 46	14 21
6	14:59:55	13 20 47	21 12	14 14	1Sg10	8 31	10 57	16 40	9 21	15 19	13 47	14 18
7	15: 3:52	14 20 58	4Le50	15 51	2 25	9 15	10 51	16 41	9 23	15 21	13 49	14 15
8	15: 7:49	15 21 12	18 4	17 27	3 40	9 58	10 46	16 43	9 25	15 23	13 50	14 12
9	15:11:45	16 21 28	0Vi56	19 2	4 55	10 42	10 40	16 45	9 27	15 26	13 51	14 8
10	15:15:42	17 21 46	13 31	20 38	6 9	11 26	10 35	16 47	9 29	15 28	13 52	14 5
11	15:19:38	18 22 5	25 52	22 13	7 24	12 10	10 31	16 49	9 31	15 30	13 53	14 2
12	15:23:35	19 22 27	8Li 2	23 48	8 39	12 55	10 26	16 51	9 33	15 32	13 54	13 59
13	15:27:31	20 22 50	20 4	25 22	9 54	13 39	10 21	16 54	9 34	15 35	13 55	13 56
14	15:31:28	21 23 15	2Sc 1	26 56	11 9	14 23	10 17	16 56	9 36	15 37	13 56	13 53
15	15:35:25	22 23 42	13 54	28 30	12 23	15 7	10 13	16 58	9 38	15 39	13 58	13 49
16	15:39:21	23 24 11	25 44	0Sg 3	13 38	15 52	10 9	17 1	9 40	15 41	13 58	13 46
17	15:43:18	24 24 41	7Sg34	1 37	14 53	16 36	10 5	17 4	9 41	15 44	13 59	13 43
18	15:47:14	25 25 13	19 24	3 10	16 8	17 21	10 2	17 6	9 43	15 46	14 0	13 40
19	15:51:11	26 25 46	1Cp18	4 43	17 22	18 5	9 58	17 9	9 44	15 48	14 1	13 37
20	15:55: 7	27 26 21	13 18	6 15	18 37	18 50	9 55	17 12	9 46	15 50	14 2	13 33
21	15:59: 4	28 26 57	25 28	7 48	19 52	19 35	9 52	17 15	9 47	15 53	14 3	13 30
22	16: 3: 0	29 27 34	7Aq50	9 20	21 7	20 19	9 49	17 18	9 48	15 55	14 4	13 27
23	16: 6:57	0Sg28 12	20 31	10 52	22 21	21 4	9 47	17 21	9 50	15 57	14 5	13 24
24	16:10:54	1 28 52	3Pi33	12 24	23 36	21 49	9 45	17 25	9 51	15 59	14 5	13 21
25	16:14:50	2 29 32	17 1	13 55	24 51	22 34	9 42	17 28	9 52	16 1	14 6	13 18
26	16:18:47	3 30 14	0Ar56	15 27	26 6	23 19	9 40	17 31	9 53	16 3	14 7	13 14
27	16:22:43	4 30 56	15 19	16 58	27 20	24 4	9 39	17 35	9 54	16 6	14 7	13 11
28	16:26:40	5 31 40	0Ta 7	18 29	28 35	24 49	9 37	17 39	9 55	16 8	14 8	13 8
29	16:30:36	6 32 25	15 13	20 0	29 50	25 34	9 36	17 42	9 56	16 10	14 9	13 5
30	16:34:33	7 33 11	0Ge29	21 30	1Cp 4	26 19	9 35	17 46	9 57	16 12	14 9	13 2

11/23 Sun in Sag. 0:50   11/1 Full 13:56   11/8 3rd Qt. 6:37   11/16 New 6:51   11/24 1st Qt. 7:56   11/30 Full 23:55

DECEMBER 1963

Day	Sid. T.	Sun	Moon	Merc.	Venus	Mars	Jup.	Saturn	Uranus	Nept.	Pluto	N.Node
1	16:38:30	8Sg33 58	15Ge44	23Sg 0	2Cp19	27Sg 4	9Ar34R	17Aq50	9Vi58	16Sc14	14Vi10	12Cn58
2	16:42:26	9 34 46	0Cn47	24 30	3 34	27 49	9 33	17 54	9 59	16 16	14 10	12 55
3	16:46:23	10 35 36	15 30	25 59	4 48	28 35	9 33	17 58	10 0	16 18	14 11	12 52
4	16:50:19	11 36 27	29 48	27 28	6 3	29 20	9 32	18 2	10 0	16 21	14 11	12 49
5	16:54:15	12 37 19	13Le39	28 57	7 17	0Cp 6	9 32D	18 7	10 1	16 23	14 11	12 46
6	16:58:12	13 38 13	27 2	0Cp24	8 32	0 51	9 32	18 11	10 2	16 25	14 12	12 43
7	17: 2: 9	14 39 7	10Vi 0	1 52	9 47	1 37	9 33	18 15	10 2	16 27	14 12	12 39
8	17: 6: 5	15 40 3	22 36	3 18	11 1	2 22	9 33	18 20	10 3	16 29	14 12	12 36
9	17:10: 2	16 41 1	4Li55	4 43	12 16	3 8	9 34	18 24	10 3	16 31	14 13	12 33
10	17:13:59	17 41 59	17 1	6 7	13 30	3 53	9 35	18 29	10 3	16 33	14 13	12 30
11	17:17:55	18 42 59	28 59	7 30	14 45	4 39	9 36	18 34	10 4	16 35	14 13	12 27
12	17:21:52	19 43 59	10Sc50	8 51	16 0	5 25	9 37	18 38	10 4	16 37	14 13	12 24
13	17:25:48	20 45 1	22 40	10 10	17 14	6 11	9 39	18 43	10 4	16 39	14 14	12 20
14	17:29:45	21 46 4	4Sg30	11 27	18 29	6 57	9 41	18 48	10 4	16 41	14 14	12 17
15	17:33:41	22 47 7	16 22	12 42	19 43	7 43	9 43	18 53	10 4	16 42	14 14	12 14
16	17:37:38	23 48 11	28 19	13 53	20 58	8 28	9 45	18 58	10 4R	16 44	14 14	12 11
17	17:41:35	24 49 16	10Cp23	15 1	22 12	9 14	9 47	19 3	10 4	16 46	14 14R	12 8
18	17:45:31	25 50 22	22 34	16 5	23 27	10 1	9 50	19 9	10 4	16 48	14 14	12 4
19	17:49:28	26 51 28	4Aq55	17 5	24 41	10 47	9 53	19 14	10 4	16 50	14 14	12 1
20	17:53:24	27 52 34	17 29	17 59	25 56	11 33	9 56	19 19	10 3	16 52	14 14	11 58
21	17:57:20	28 53 41	0Pi17	18 47	27 10	12 19	9 59	19 25	10 3	16 54	14 13 ·	11 55
22	18: 1:17	29 54 47	13 22	19 28	28 24	13 5	10 2	19 30	10 3	16 55	14 13	11 52
23	18: 5:14	0Cp55 54	26 47	20 1	29 39	13 51	10 6	19 36	10 3	16 57	14 13	11 49
24	18: 9:10	1 57 2	10Ar32	20 25	0Aq53	14 38	10 10	19 41	10 2	16 59	14 13	11 45
25	18:13: 6	2 58 9	24 39	20 40	2 7	15 24	10 14	19 47	10 2	17 1	14 13	11 42
26	18:17: 4	3 59 16	9Ta 6	20 44R	3 22	16 10	10 18	19 53	10 1	17 2	14 12	11 39
27	18:21: 0	5 0 24	23 49	20 38	4 36	16 57	10 22	19 58	10 1	17 4	14 12	11 36
28	18:24:56	6 1 31	8Ge44	20 19	5 50	17 43	10 27	20 4	10 0	17 6	14 12	11 33
29	18:28:53	7 2 39	23 42	19 49	7 4	18 30	10 32	20 10	9 59	17 7	14 11	11 30
30	18:32:50	8 3 46	8Cn36	19 7	8 18	19 16	10 36	20 16	9 59	17 9	14 11	11 26
31	18:36:46	9 4 54	23 17	18 14	9 33	20 3	10 42	20 22	9 58	17 10	14 10	11 23

12/22 Sun in Cap. 14:03   12/7 3rd Qt. 21:34   12/16 New 2:07   12/23 1st Qt. 19:55   12/30 Full 11:04(E)

Day	Sid. T.	Sun	Moon	Merc.	Venus	Mars	Jup.	Saturn	Uranus	Nept.	Pluto	N.Node
1	18:40:43	10Cp 6 2	7Le39	17Cp11R	10Aq47	20Cp49	10Ar47	20Aq28	9Vi57R	17Sc12	14Vi10R	11Cn20
2	18:44:40	11 7 10	21 36	16 0	12 1	21 36	10 52	20 34	9 56	17 13	14 10	11 17
3	18:48:36	12 8 19	5Vi 8	14 43	13 15	22 23	10 58	20 40	9 55	17 15	14 9	11 14
4	18:52:33	13 9 28	18 15	13 23	14 29	23 9	11 4	20 46	9 54	17 16	14 8	11 10
5	18:56:30	14 10 36	0Li58	12 2	15 43	23 56	11 10	20 53	9 53	17 18	14 8	11 7
6	19: 0:26	15 11 46	13 21	10 43	16 57	24 43	11 16	20 59	9 52	17 19	14 7	11 4
7	19: 4:22	16 12 55	25 28	9 27	18 11	25 30	11 22	21 5	9 51	17 20	14 7	11 1
8	19: 8:19	17 14 4	7Sc25	8 18	19 25	26 17	11 29	21 12	9 49	17 22	14 6	10 58
9	19:12:15	18 15 14	19 16	7 17	20 39	27 3	11 35	21 18	9 48	17 23	14 5	10 55
10	19:16:12	19 16 23	1Sg 5	6 25	21 52	27 50	11 42	21 25	9 47	17 24	14 4	10 51
11	19:20: 9	20 17 33	12 56	5 43	23 6	28 37	11 49	21 31	9 45	17 26	14 4	10 48
12	19:24: 5	21 18 42	24 52	5 10	24 20	29 24	11 56	21 38	9 44	17 27	14 3	10 45
13	19:28: 2	22 19 51	6Cp57	4 47	25 34	0Aq11	12 4	21 44	9 42	17 28	14 2	10 42
14	19:31:58	23 21 0	19 13	4 34	26 47	0 58	12 11	21 51	9 41	17 29	14 1	10 39
15	19:35:55	24 22 9	1Aq41	4 30D	28 1	1 45	12 19	21 58	9 39	17 30	14 0	10 36
16	19:39:51	25 23 17	14 21	4 34	29 14	2 32	12 27	22 4	9 38	17 32	13 59	10 32
17	19:43:48	26 24 24	27 15	4 46	0Pi28	3 19	12 35	22 11	9 36	17 33	13 59	10 29
18	19:47:45	27 25 31	10Pi22	5 6	1 41	4 7	12 43	22 18	9 34	17 34	13 58	10 26
19	19:51:41	28 26 36	23 43	5 31	2 55	4 54	12 51	22 25	9 33	17 35	13 57	10 23
20	19:55:38	29 27 41	7Ar17	6 3	4 8	5 41	12 59	22 32	9 31	17 36	13 56	10 20
21	19:59:34	0Aq28 46	21 3	6 41	5 21	6 28	13 8	22 39	9 29	17 37	13 55	10 16
22	20: 3:31	1 29 49	5Ta 3	7 23	6 35	7 15	13 16	22 45	9 27	17 38	13 54	10 13
23	20: 7:27	2 30 51	19 13	8 10	7 48	8 2	13 25	22 52	9 25	17 39	13 52	10 10
24	20:11:24	3 31 52	3Ge33	9 0	9 1	8 50	13 34	22 59	9 23	17 39	13 51	10 7
25	20:15:20	4 32 52	18 0	9 55	10 14	9 37	13 43	23 6	9 21	17 40	13 50	10 4
26	20:19:17	5 33 52	2Cn30	10 52	11 27	10 24	13 53	23 13	9 19	17 41	13 49	10 1
27	20:23:14	6 34 50	16 59	11 53	12 40	11 11	14 2	23 20	9 17	17 42	13 48	9 57
28	20:27:10	7 35 47	1Le20	12 56	13 53	11 59	14 11	23 28	9 15	17 43	13 47	9 54
29	20:31: 7	8 36 43	15 29	14 2	15 5	12 46	14 21	23 35	9 13	17 43	13 46	9 51
30	20:35: 3	9 37 38	29 21	15 10	16 18	13 33	14 31	23 42	9 11	17 44	13 44	9 48
31	20:39: 0	10 38 32	12Vi52	16 20	17 31	14 21	14 41	23 49	9 9	17 45	13 43	9 45

1/21 Sun in Aqu. 0:42   1/6 3rd Qt. 15:58   1/14 New 20:44(E)   1/22 1st Qt. 5:29   1/28 Full 23:23

Day	Sid. T.	Sun	Moon	Merc.	Venus	Mars	Jup.	Saturn	Uranus	Nept.	Pluto	N.Node
1	20:42:56	11Aq39 26	26Vi 1	17Cp32	18Pi43	15Aq 8	14Ar51	23Aq56	9Vi 7R	17Sc45	13Vi42R	9Cn42
2	20:46:53	12 40 18	8Li48	18 46	19 56	15 55	15 1	24 3	9 4	17 46	13 40	9 38
3	20:50:50	13 41 10	21 15	20 1	21 8	16 43	15 11	24 10	9 2	17 47	13 39	9 35
4	20:54:46	14 42 1	3Sc25	21 18	22 20	17 30	15 21	24 17	9 0	17 47	13 38	9 32
5	20:58:43	15 42 51	15 24	22 36	23 33	18 17	15 32	24 25	8 57	17 48	13 37	9 29
6	21: 2:39	16 43 40	27 15	23 54	24 45	19 5	15 42	24 32	8 55	17 48	13 35	9 26
7	21: 6:36	17 44 29	9Sg 4	25 17	25 57	19 52	15 53	24 39	8 53	17 48	13 34	9 22
8	21:10:32	18 45 16	20 56	26 39	27 9	20 40	16 4	24 46	8 50	17 48	13 32	9 19
9	21:14:29	19 46 2	2Cp56	28 2	28 21	21 27	16 15	24 54	8 48	17 49	13 31	9 16
10	21:18:25	20 46 47	15 7	29 26	29 33	22 14	16 26	25 1	8 45	17 49	13 30	9 13
11	21:22:22	21 47 31	27 33	0Aq52	0Ar44	23 2	16 37	25 8	8 43	17 50	13 28	9 10
12	21:26:19	22 48 14	10Aq17	2 18	1 56	23 49	16 48	25 15	8 40	17 50	13 27	9 7
13	21:30:15	23 48 56	23 18	3 45	3 8	24 37	16 59	25 23	8 38	17 50	13 25	9 3
14	21:34:11	24 49 36	6Pi36	5 14	4 19	25 24	17 11	25 30	8 35	17 50	13 24	9 0
15	21:38: 8	25 50 14	20 10	6 43	5 30	26 12	17 22	25 37	8 33	17 50	13 22	8 57
16	21:42: 5	26 50 51	3Ar57	8 13	6 41	26 59	17 34	25 44	8 30	17 50	13 21	8 54
17	21:46: 1	27 51 26	17 52	9 45	7 53	27 47	17 45	25 52	8 28	17 50	13 19	8 51
18	21:49:58	28 52 0	1Ta54	11 17	9 3	28 34	17 57	25 59	8 25	17 50R	13 18	8 47
19	21:53:55	29 52 31	16 0	12 50	10 14	29 21	18 9	26 6	8 23	17 50	13 16	8 44
20	21:57:51	0Pi53 1	0Ge 7	14 24	11 25	0Pi 9	18 21	26 13	8 20	17 50	13 15	8 41
21	22: 1:47	1 53 29	14 14	15 59	12 36	0 56	18 33	26 21	8 17	17 50	13 13	8 38
22	22: 5:44	2 53 55	28 21	17 35	13 46	1 44	18 45	26 28	8 15	17 50	13 12	8 35
23	22: 9:41	3 54 20	12Cn25	19 12	14 57	2 31	18 57	26 35	8 12	17 50	13 10	8 32
24	22:13:37	4 54 42	26 24	20 49	16 7	3 18	19 10	26 42	8 10	17 50	13 9	8 28
25	22:17:34	5 55 2	10Le18	22 28	17 17	4 6	19 22	26 49	8 7	17 49	13 7	8 25
26	22:21:30	6 55 21	24 3	24 8	18 27	4 53	19 34	26 57	8 4	17 49	13 5	8 22
27	22:25:26	7 55 38	7Vi35	25 49	19 37	5 41	19 47	27 4	8 2	17 49	13 4	8 19
28	22:29:24	8 55 53	20 53	27 30	20 46	6 28	19 59	27 11	7 59	17 49	13 2	8 16
29	22:33:20	9 56 6	3Li53	29 13	21 56	7 15	20 12	27 18	7 56	17 48	13 1	8 13

2/19 Sun in Pis. 14:58   2/5 3rd Qt. 12:43   2/13 New 13:02   2/20 1st Qt. 13:25   2/27 Full 12:40

MARCH 1964

Day	Sid. T.	Sun	Moon	Merc.	Venus	Mars	Jup.	Saturn	Uranus	Nept.	Pluto	N.Node
1	22:37:16	10Pi56 18	16Li36	0Pi57	23Ar 5	8Pi 3	20Ar25	27Aq25	7Vi54R	17Sc48R	12Vi59R	8Cn 9
2	22:41:13	11 56 28	29 2	2 42	24 14	8 50	20 38	27 32	7 51	17 47	12 58	8 6
3	22:45:10	12 56 36	11Sc12	4 28	25 23	9 37	20 50	27 39	7 49	17 47	12 56	8 3
4	22:49: 6	13 56 43	23 11	6 15	26 32	10 25	21 3	27 46	7 46	17 47	12 54	8 0
5	22:53: 2	14 56 48	5Sg 2	8 3	27 41	11 12	21 16	27 54	7 43	17 46	12 53	7 57
6	22:57: 0	15 56 52	16 51	9 52	28 50	11 59	21 29	28 1	7 41	17 45	12 51	7 53
7	23: 0:56	16 56 54	28 43	11 42	29 58	12 46	21 43	28 8	7 38	17 45	12 50	7 50
8	23: 4:52	17 56 55	10Cp43	13 34	1Ta 6	13 34	21 56	28 15	7 36	17 44	12 48	7 47
9	23: 8:49	18 56 54	22 57	15 26	2 14	14 21	22 9	28 22	7 33	17 44	12 47	7 44
10	23:12:46	19 56 51	5Aq29	17 20	3 22	15 8	22 22	28 28	7 30	17 43	12 45	7 41
11	23:16:42	20 56 46	18 22	19 14	4 30	15 55	22 36	28 35	7 28	17 42	12 43	7 38
12	23:20:38	21 56 40	1Pi38	21 10	5 38	16 43	22 49	28 42	7 25	17 42	12 42	7 34
13	23:24:35	22 56 32	15 17	23 6	6 45	17 30	23 2	28 49	7 23	17 41	12 40	7 31
14	23:28:31	23 56 21	29 16	25 4	7 52	18 17	23 16	28 56	7 20	17 40	12 39	7 28
15	23:32:27	24 56 9	13Ar30	27 2	8 59	19 4	23 30	29 3	7 18	17 39	12 37	7 25
16	23:36:25	25 55 55	27 54	29 1	10 5	19 51	23 43	29 10	7 15	17 38	12 36	7 22
17	23:40:21	26 55 39	12Ta20	1Ar 0	11 12	20 38	23 57	29 16	7 13	17 38	12 34	7 19
18	23:44:17	27 55 20	26 45	3 0	12 18	21 25	24 10	29 23	7 11	17 37	12 33	7 15
19	23:48:14	28 54 59	11Ge 3	5 0	13 24	22 12	24 24	29 30	7 8	17 36	12 31	7 12
20	23:52:11	29 54 36	25 12	7 1	14 30	22 59	24 38	29 36	7 6	17 35	12 30	7 9
21	23:56: 7	0Ar54 11	9Cn12	9 1	15 35	23 46	24 52	29 43	7 3	17 34	12 28	7 6
22	0: 0: 3	1 53 43	23 1	11 0	16 41	24 33	25 6	29 49	7 1	17 33	12 27	7 3
23	0: 4: 1	2 53 13	6Le40	12 59	17 46	25 20	25 20	29 56	6 59	17 32	12 25	6 59
24	0: 7:57	3 52 41	20 9	14 57	18 50	26 7	25 33	0Pi 2	6 57	17 31	12 24	6 56
25	0:11:53	4 52 6	3Vi29	16 53	19 55	26 54	25 47	0 9	6 54	17 30	12 22	6 53
26	0:15:50	5 51 29	16 38	18 47	20 59	27 41	26 1	0 15	6 52	17 29	12 21	6 50
27	0:19:47	6 50 50	29 35	20 39	22 3	28 28	26 15	0 21	6 50	17 27	12 19	6 47
28	0:23:43	7 50 9	12Li19	22 29	23 6	29 14	26 29	0 28	6 48	17 26	12 18	6 44
29	0:27:39	8 49 26	24 49	24 15	24 10	0Ar 1	26 44	0 34	6 46	17 25	12 17	6 40
30	0:31:36	9 48 40	7Sc 7	25 58	25 13	0 48	26 58	0 40	6 44	17 24	12 15	6 37
31	0:35:32	10 47 53	19 13	27 36	26 15	1 35	27 12	0 46	6 42	17 23	12 14	6 34

3/20 Sun in Ari. 14:11   3/6 3rd Qt. 10:00   3/14 New 2:14   3/20 1st Qt. 20:40   3/28 Full 2:49

APRIL 1964

Day	Sid. T.	Sun	Moon	Merc.	Venus	Mars	Jup.	Saturn	Uranus	Nept.	Pluto	N.Node
1	0:39:29	11Ar47 5	1Sg 9	29Ar11	27Ta18	2Ar21	27Ar26	0Pi52	6Vi39R	17Sc22R	12Vi13R	6Cn31
2	0:43:26	12 46 14	12 59	0Ta41	28 20	3 8	27 40	0 58	6 38	17 20	12 11	6 28
3	0:47:22	13 45 22	24 47	2 6	29 21	3 54	27 54	1 4	6 36	17 19	12 10	6 25
4	0:51:19	14 44 27	6Cp38	3 25	0Ge23	4 41	28 8	1 10	6 34	17 18	12 9	6 21
5	0:55:15	15 43 31	18 37	4 39	1 24	5 28	28 23	1 16	6 32	17 16	12 7	6 18
6	0:59:12	16 42 34	0Aq49	5 48	2 24	6 14	28 37	1 22	6 30	17 15	12 6	6 15
7	1: 3: 8	17 41 34	13 21	6 51	3 24	7 0	28 51	1 28	6 28	17 14	12 5	6 12
8	1: 7: 5	18 40 33	26 16	7 47	4 24	7 47	29 6	1 33	6 26	17 12	12 4	6 9
9	1:11: 2	19 39 29	9Pi38	8 37	5 23	8 33	29 20	1 39	6 25	17 11	12 3	6 5
10	1:14:58	20 38 24	23 27	9 21	6 22	9 20	29 34	1 45	6 23	17 10	12 1	6 2
11	1:18:55	21 37 17	7Ar40	9 59	7 21	10 6	29 49	1 50	6 21	17 8	12 0	5 59
12	1:22:51	22 36 9	22 15	10 30	8 19	10 52	0Ta 3	1 56	6 20	17 7	11 59	5 56
13	1:26:48	23 34 58	7Ta 2	10 55	9 16	11 38	0 17	2 1	6 18	17 5	11 58	5 53
14	1:30:44	24 33 45	21 54	11 13	10 13	12 25	0 32	2 7	6 17	17 4	11 57	5 50
15	1:34:41	25 32 30	6Ge43	11 25	11 10	13 11	0 46	2 12	6 15	17 2	11 56	5 46
16	1:38:37	26 31 13	21 21	11 31	12 6	13 57	1 0	2 17	6 14	17 1	11 55	5 43
17	1:42:34	27 29 54	5Cn43	11 30R	13 1	14 43	1 15	2 22	6 13	16 59	11 54	5 40
18	1:46:31	28 28 32	19 49	11 24	13 56	15 29	1 29	2 27	6 11	16 58	11 53	5 37
19	1:50:27	29 27 9	3Le37	11 12	14 50	16 15	1 44	2 32	6 10	16 56	11 52	5 34
20	1:54:24	0Ta25 43	17 8	10 54	15 44	17 1	1 58	2 37	6 9	16 55	11 51	5 30
21	1:58:20	1 24 14	0Vi23	10 32	16 37	17 47	2 12	2 42	6 8	16 53	11 50	5 27
22	2: 2:17	2 22 44	13 25	10 5	17 29	18 33	2 27	2 47	6 7	16 52	11 49	5 24
23	2: 6:13	3 21 11	26 14	9 35	18 21	19 19	2 41	2 52	6 5	16 50	11 48	5 21
24	2:10:10	4 19 37	8Li51	9 1	19 12	20 4	2 56	2 56	6 4	16 48	11 47	5 18
25	2:14: 7	5 18 0	21 17	8 25	20 2	20 50	3 10	3 1	6 3	16 47	11 47	5 15
26	2:18: 3	6 16 22	3Sc33	7 47	20 52	21 36	3 24	3 6	6 3	16 45	11 46	5 11
27	2:22: 0	7 14 41	15 40	7 7	21 40	22 21	3 39	3 10	6 2	16 44	11 45	5 8
28	2:25:56	8 12 59	27 38	6 27	22 28	23 7	3 53	3 14	6 1	16 42	11 44	5 5
29	2:29:53	9 11 16	9Sg30	5 48	23 15	23 52	4 8	3 19	6 0	16 40	11 44	5 2
30	2:33:49	10 9 30	21 18	5 9	24 2	24 38	4 22	3 23	5 59	16 39	11 43	4 59

4/20 Sun in Tau. 1:28   4/5 3rd Qt. 5:46   4/12 New 12:38   4/19 1st Qt. 4:10   4/26 Full 17:50

Day	Sid. T.	Sun	Moon	Merc.	Venus	Mars	Jup.	Saturn	Uranus	Nept.	Pluto	N.Node
1	2:37:46	11Ta 7 43	3Cp 6	4Ta33R	24Ge47	25Ar23	4Ta36	3Pi27	5Vi59R	16Sc37R	11Vi42R	4Cn56
2	2:41:42	12 5 55	14 57	3 58	25 31	26 9	4 51	3 31	5 58	16 36	11 42	4 52
3	2:45:39	13 4 5	26 55	3 26	26 15	26 54	5 5	3 35	5 58	16 34	11 41	4 49
4	2:49:36	14 2 13	9Aq 7	2 57	26 57	27 39	5 19	3 39	5 57	16 32	11 40	4 46
5	2:53:32	15 0 20	21 37	2 32	27 39	28 25	5 33	3 43	5 57	16 31	11 40	4 43
6	2:57:29	15 58 26	4Pi29	2 11	28 19	29 10	5 48	3 47	5 56	16 29	11 39	4 40
7	3: 1:25	16 56 30	17 48	1 55	28 58	29 55	6 2	3 50	5 56	16 27	11 39	4 36
8	3: 5:22	17 54 33	1Ar36	1 42	29 36	0Ta40	6 16	3 54	5 56	16 26	11 38	4 33
9	3: 9:18	18 52 34	15 51	1 34	0Cn13	1 25	6 30	3 57	5 55	16 24	11 38	4 30
10	3:13:15	19 50 34	0Ta32	1 31	0 49	2 10	6 45	4 1	5 55	16 22	11 38	4 27
11	3:17:12	20 48 33	15 30	1 33D	1 23	2 55	6 59	4 4	5 55	16 21	11 37	4 24
12	3:21: 8	21 46 30	0Ge37	1 39	1 56	3 40	7 13	4 7	5 55	16 19	11 37	4 21
13	3:25: 5	22 44 26	15 44	1 50	2 27	4 25	7 27	4 11	5 55D	16 18	11 37	4 17
14	3:29: 1	23 42 20	0Cn41	2 5	2 58	5 10	7 41	4 14	5 55	16 16	11 36	4 14
15	3:32:58	24 40 12	15 22	2 25	3 26	5 54	7 55	4 17	5 55	16 14	11 36	4 11
16	3:36:54	25 38 3	29 42	2 49	3 53	6 39	8 9	4 19	5 55	16 13	11 36	4 8
17	3:40:51	26 35 52	13Le38	3 17	4 18	7 24	8 23	4 22	5 55	16 11	11 36	4 5
18	3:44:47	27 33 39	27 12	3 50	4 42	8 8	8 37	4 25	5 56	16 10	11 36	4 2
19	3:48:43	28 31 24	10Vi24	4 26	5 4	8 53	8 51	4 28	5 56	16 8	11 35	3 58
20	3:52:41	29 29 8	23 18	5 7	5 24	9 37	9 5	4 30	5 56	16 6	11 35	3 55
21	3:56:37	0Ge26 50	5Li55	5 51	5 42	10 22	9 19	4 33	5 57	16 5	11 35	3 52
22	4: 0:33	1 24 30	18 19	6 38	5 58	11 6	9 33	4 35	5 57	16 3	11 35	3 49
23	4: 4:30	2 22 9	0Sc31	7 29	6 12	11 51	9 47	4 37	5 58	16 2	11 35D	3 46
24	4: 8:27	3 19 47	12 35	8 24	6 24	12 35	10 1	4 39	5 58	16 0	11 35	3 42
25	4:12:23	4 17 23	24 32	9 22	6 34	13 19	10 14	4 41	5 59	15 59	11 35	3 39
26	4:16:19	5 14 58	6Sg24	10 23	6 42	14 3	10 28	4 43	5 59	15 57	11 35	3 36
27	4:20:17	6 12 31	18 12	11 27	6 48	14 47	10 42	4 45	6 0	15 56	11 36	3 33
28	4:24:13	7 10 5	0Cp 0	12 35	6 51	15 31	10 55	4 47	6 1	15 54	11 36	3 30
29	4:28: 9	8 7 37	11 50	13 45	6 52R	16 15	11 9	4 49	6 2	15 53	11 36	3 27
30	4:32: 6	9 5 8	23 44	14 58	6 51	16 59	11 22	4 50	6 3	15 51	11 36	3 23
31	4:36: 3	10 2 38	5Aq46	16 15	6 47	17 43	11 36	4 52	6 4	15 50	11 36	3 20

5/21 Sun in Gem. 0:50   5/4 3rd Qt. 22:20   5/11 New 21:02   5/18 1st Qt. 12:43   5/26 Full 9:29

Day	Sid. T.	Sun	Moon	Merc.	Venus	Mars	Jup.	Saturn	Uranus	Nept.	Pluto	N.Node
1	4:39:59	11Ge 0 7	18Aq 1	17Ta34	6Cn41R	18Ta27	11Ta49	4Pi53	6Vi 5	15Sc48R	11Vi37	3Cn17
2	4:43:56	11 57 35	0Pi31	18 55	6 33	19 11	12 3	4 54	6 6	15 47	11 37	3 14
3	4:47:52	12 55 3	13 22	20 20	6 22	19 54	12 16	4 56	6 7	15 45	11 37	3 11
4	4:51:48	13 52 30	26 36	21 47	6 8	20 38	12 29	4 57	6 8	15 44	11 38	3 8
5	4:55:45	14 49 56	10Ar16	23 17	5 53	21 22	12 42	4 58	6 9	15 43	11 38	3 4
6	4:59:42	15 47 22	24 24	24 50	5 35	22 5	12 56	4 59	6 10	15 41	11 39	3 1
7	5: 3:38	16 44 47	8Ta56	26 25	5 15	22 49	13 9	4 59	6 11	15 40	11 39	2 58
8	5: 7:35	17 42 11	23 50	28 3	4 52	23 32	13 22	5 0	6 13	15 39	11 39	2 55
9	5:11:32	18 39 35	8Ge57	29 44	4 28	24 16	13 35	5 1	6 14	15 37	11 40	2 52
10	5:15:28	19 36 58	24 8	1Ge27	4 1	24 59	13 48	5 1	6 16	15 36	11 41	2 48
11	5:19:24	20 34 20	9Cn15	3 13	3 32	25 42	14 1	5 2	6 17	15 35	11 41	2 45
12	5:23:21	21 31 42	24 9	5 2	3 2	26 25	14 14	5 2	6 19	15 33	11 42	2 42
13	5:27:18	22 29 2	8Le42	6 53	2 30	27 8	14 26	5 2	6 20	15 32	11 42	2 39
14	5:31:14	23 26 22	22 50	8 46	1 57	27 52	14 39	5 2	6 22	15 31	11 43	2 36
15	5:35:11	24 23 41	6Vi32	10 42	1 22	28 35	14 52	5 2R	6 24	15 30	11 44	2 33
16	5:39: 8	25 20 58	19 49	12 40	0 46	29 18	15 4	5 2	6 25	15 29	11 45	2 29
17	5:43: 4	26 18 15	2Li43	14 41	0 10	0Ge 1	15 17	5 2	6 27	15 27	11 45	2 26
18	5:47: 0	27 15 31	15 16	16 43	29Ge33	0 43	15 29	5 2	6 29	15 26	11 46	2 23
19	5:50:57	28 12 47	27 34	18 48	28 55	1 26	15 41	5 1	6 31	15 25	11 47	2 20
20	5:54:53	29 10 1	9Sc39	20 54	28 17	2 9	15 54	5 1	6 33	15 24	11 48	2 17
21	5:58:50	0Cn 7 15	21 35	23 2	27 40	2 52	16 6	5 0	6 35	15 23	11 49	2 14
22	6: 2:47	1 4 29	3Sg25	25 11	27 3	3 34	16 18	5 0	6 37	15 22	11 50	2 10
23	6: 6:43	2 1 42	15 14	27 20	26 26	4 17	16 30	4 59	6 39	15 21	11 50	2 7
24	6:10:40	2 58 54	27 2	29 31	25 50	4 59	16 42	4 58	6 41	15 20	11 51	2 4
25	6:14:36	3 56 7	8Cp53	1Cn42	25 16	5 42	16 54	4 57	6 43	15 19	11 52	2 1
26	6:18:33	4 53 18	20 48	3 53	24 42	6 24	17 6	4 56	6 45	15 18	11 53	1 58
27	6:22:29	5 50 30	2Aq51	6 5	24 10	7 6	17 17	4 55	6 47	15 17	11 55	1 54
28	6:26:26	6 47 42	15 2	8 15	23 40	7 49	17 29	4 54	6 50	15 16	11 56	1 51
29	6:30:23	7 44 53	27 26	10 25	23 12	8 31	17 41	4 52	6 52	15 15	11 57	1 48
30	6:34:19	8 42 5	10Pi 3	12 35	22 45	9 13	17 52	4 51	6 54	15 15	11 58	1 45

6/21 Sun in Can. 8:58   6/3 3rd Qt. 11:08   6/10 New 4:23(E)   6/16 1st Qt. 23:02   6/25 Full 1:09(E)

JULY 1964

Day	Sid. T.	Sun	Moon	Merc.	Venus	Mars	Jup.	Saturn	Uranus	Nept.	Pluto	N.Node
1	6:38:16	9Cn39 17	22Pi57	14Cn43	22Ge20R	9Ge55	18Ta 3	4Pi49R	6Vi57	15Sc14R	11Vi59	1Cn42
2	6:42:12	10 36 29	6Ar10	16 50	21 58	10 37	18 15	4 48	6 59	15 13	12 0	1 39
3	6:46: 9	11 33 41	19 45	18 56	21 38	11 19	18 26	4 46	7 2	15 12	12 1	1 35
4	6:50: 5	12 30 53	3Ta42	21 0	21 20	12 1	18 37	4 44	7 4	15 12	12 3	1 32
5	6:54: 2	13 28 6	18 0	23 2	21 4	12 43	18 48	4 42	7 7	15 11	12 4	1 29
6	6:57:58	14 25 19	2Ge38	25 3	20 51	13 25	18 59	4 40	7 9	15 10	12 5	1 26
7	7: 1:55	15 22 32	17 31	27 2	20 41	14 6	19 10	4 38	7 12	15 10	12 6	1 23
8	7: 5:52	16 19 46	2Cn32	28 59	20 32	14 48	19 21	4 36	7 15	15 9	12 8	1 19
9	7: 9:48	17 17 0	17 34	0Le54	20 26	15 30	19 31	4 34	7 17	15 9	12 9	1 16
10	7:13:45	18 14 14	2Le27	2 48	20 23	16 11	19 42	4 32	7 20	15 8	12 11	1 13
11	7:17:42	19 11 28	17 5	4 39	20 21	16 53	19 52	4 29	7 23	15 8	12 12	1 10
12	7:21:38	20 8 42	1Vi20	6 29	20 23D	17 34	20 2	4 27	7 26	15 7	12 13	1 7
13	7:25:35	21 5 57	15 9	8 16	20 26	18 16	20 13	4 24	7 29	15 7	12 15	1 4
14	7:29:32	22 3 11	28 32	10 2	20 31	18 57	20 23	4 21	7 31	15 7	12 16	1 0
15	7:33:28	23 0 25	11Li29	11 46	20 39	19 38	20 33	4 19	7 34	15 6	12 18	0 57
16	7:37:25	23 57 39	24 4	13 28	20 49	20 19	20 43	4 16	7 37	15 5	12 19	0 54
17	7:41:21	24 54 54	6Sc20	15 8	21 1	21 0	20 52	4 13	7 40	15 5	12 21	0 51
18	7:45:18	25 52 8	18 23	16 46	21 15	21 41	21 2	4 10	7 43	15 5	12 22	0 48
19	7:49:14	26 49 23	0Sg16	18 22	21 31	22 22	21 12	4 7	7 46	15 5	12 24	0 45
20	7:53:11	27 46 39	12 4	19 56	21 48	23 3	21 21	4 4	7 49	15 4	12 26	0 41
21	7:57: 8	28 43 54	23 52	21 29	22 8	23 44	21 30	4 1	7 52	15 4	12 27	0 38
22	8: 1: 4	29 41 10	5Cp43	22 59	22 30	24 25	21 40	3 57	7 56	15 4	12 29	0 35
23	8: 5: 1	0Le38 27	17 40	24 27	22 53	25 6	21 49	3 54	7 59	15 4	12 30	0 32
24	8: 8:57	1 35 44	29 45	25 54	23 17	25 46	21 57	3 51	8 2	15 4	12 32	0 29
25	8:12:53	2 33 1	12Aq 0	27 18	23 44	26 27	22 6	3 47	8 5	15 4	12 34	0 25
26	8:16:50	3 30 19	24 27	28 41	24 12	27 8	22 15	3 44	8 8	15 4	12 36	0 22
27	8:20:47	4 27 38	7Pi 6	0Vi 1	24 41	27 48	22 24	3 40	8 12	15 4D	12 37	0 19
28	8:24:43	5 24 58	19 58	1 20	25 12	28 29	22 32	3 36	8 15	15 4	12 39	0 16
29	8:28:39	6 22 19	3Ar 4	2 36	25 44	29 9	22 40	3 33	8 18	15 4	12 41	0 13
30	8:32:37	7 19 41	16 24	3 50	26 18	29 49	22 48	3 29	8 22	15 4	12 43	0 10
31	8:36:33	8 17 4	0Ta 0	5 1	26 53	0Cn30	22 56	3 25	8 25	15 4	12 44	0 6

7/22 Sun in Leo 19:54   7/2 3rd Qt. 20:31   7/9 New 11:31(E)   7/16 1st Qt. 11:47   7/24 Full 15:58

AUGUST 1964

Day	Sid. T.	Sun	Moon	Merc.	Venus	Mars	Jup.	Saturn	Uranus	Nept.	Pluto	N.Node
1	8:40:29	9Le14 28	13Ta51	6Vi11	27Ge29	1Cn10	23Ta 4	3Pi21R	8Vi28	15Sc 4	12Vi46	0Cn 3
2	8:44:26	10 11 54	27 57	7 18	28 7	1 50	23 12	3 17	8 32	15 4	12 48	0 0
3	8:48:23	11 9 21	12Ge17	8 22	28 45	2 30	23 20	3 13	8 35	15 4	12 50	29Ge57
4	8:52:19	12 6 48	26 49	9 24	29 25	3 10	23 27	3 9	8 39	15 5	12 52	29 54
5	8:56:15	13 4 18	11Cn30	10 23	0Cn 5	3 50	23 34	3 5	8 42	15 5	12 54	29 51
6	9: 0:13	14 1 48	26 13	11 20	0 47	4 30	23 41	3 1	8 46	15 5	12 56	29 47
7	9: 4: 9	14 59 19	10Le52	12 13	1 30	5 10	23 48	2 57	8 49	15 6	12 57	29 44
8	9: 8: 5	15 56 52	25 20	13 3	2 14	5 49	23 55	2 53	8 53	15 6	12 59	29 41
9	9:12: 2	16 54 25	9Vi31	13 50	2 58	6 29	24 2	2 48	8 56	15 6	13 1	29 38
10	9:15:58	17 52 0	23 20	14 34	3 44	7 9	24 9	2 44	9 0	15 7	13 3	29 35
11	9:19:55	18 49 35	6Li44	15 14	4 30	7 48	24 15	2 40	9 3	15 7	13 5	29 31
12	9:23:51	19 47 11	19 43	15 50	5 17	8 28	24 21	2 35	9 7	15 8	13 7	29 28
13	9:27:48	20 44 48	2Sc20	16 22	6 5	9 7	24 27	2 31	9 11	15 8	13 9	29 25
14	9:31:44	21 42 27	14 37	16 50	6 54	9 47	24 33	2 27	9 14	15 9	13 11	29 22
15	9:35:41	22 40 6	26 39	17 13	7 43	10 26	24 39	2 22	9 18	15 10	13 13	29 19
16	9:39:38	23 37 46	8Sg32	17 32	8 33	11 5	24 45	2 18	9 22	15 10	13 15	29 16
17	9:43:34	24 35 28	20 20	17 46	9 24	11 44	24 50	2 13	9 25	15 11	13 17	29 12
18	9:47:31	25 33 10	2Cp 9	17 54	10 16	12 23	24 55	2 9	9 29	15 12	13 19	29 9
19	9:51:28	26 30 54	14 4	17 58	11 8	13 2	25 0	2 4	9 33	15 12	13 21	29 6
20	9:55:24	27 28 39	26 7	17 55R	12 1	13 41	25 5	2 0	9 36	15 13	13 23	29 3
21	9:59:20	28 26 25	8Aq23	17 47	12 54	14 20	25 10	1 55	9 40	15 14	13 25	29 0
22	10: 3:17	29 24 12	20 53	17 34	13 48	14 59	25 14	1 51	9 44	15 15	13 27	28 57
23	10: 7:14	0Vi22 1	3Pi38	17 14	14 42	15 38	25 19	1 46	9 47	15 16	13 29	28 53
24	10:11:10	1 19 51	16 38	16 48	15 37	16 17	25 23	1 42	9 51	15 16	13 32	28 50
25	10:15: 7	2 17 42	29 52	16 17	16 33	16 55	25 27	1 37	9 55	15 17	13 34	28 47
26	10:19: 3	3 15 36	13Ar18	15 40	17 29	17 34	25 31	1 33	9 59	15 18	13 36	28 44
27	10:22:59	4 13 31	26 55	14 59	18 26	18 12	25 35	1 28	10 2	15 19	13 38	28 41
28	10:26:56	5 11 28	10Ta41	14 12	19 23	18 51	25 38	1 24	10 6	15 21	13 40	28 37
29	10:30:52	6 9 27	24 36	13 22	20 20	19 29	25 41	1 19	10 10	15 21	13 42	28 34
30	10:34:49	7 7 27	8Ge38	12 28	21 18	20 7	25 44	1 15	10 14	15 22	13 44	28 31
31	10:38:45	8 5 30	22 46	11 32	22 17	20 46	25 47	1 10	10 17	15 23	13 46	28 28

8/23 Sun in Vir. 2:52   8/1 3rd Qt. 3:30   8/7 New 19:17   8/15 1st Qt. 3:20   8/23 Full 5:26   8/30 3rd Qt. 9:16

Day	Sid. T.	Sun	Moon	Merc.	Venus	Mars	Jup.	Saturn	Uranus	Nept.	Pluto	N.Node
1	10:42:43	9Vi 3 35	7Cn 0	10Vi35R	23Cn15	21Cn24	25Ta50	1Pi 6R	10Vi21	15Sc25	13Vi48	28Ge25
2	10:46:39	10 1 42	21 17	9 38	24 15	22 2	25 53	1 1	10 25	15 26	13 50	28 22
3	10:50:36	10 59 50	5Le36	8 42	25 14	22 40	25 55	0 57	10 29	15 27	13 53	28 18
4	10:54:32	11 58 0	19 51	7 49	26 14	23 18	25 57	0 52	10 33	15 28	13 55	28 15
5	10:58:29	12 56 13	3Vi59	6 59	27 15	23 56	25 59	0 48	10 36	15 29	13 57	28 12
6	11: 2:25	13 54 27	17 53	6 14	28 16	24 33	26 1	0 43	10 40	15 31	13 59	28 9
7	11: 6:21	14 52 42	1Li30	5 36	29 17	25 11	26 2	0 39	10 44	15 32	14 1	28 6
8	11:10:18	15 51 0	14 47	5 4	0Le18	25 49	26 4	0 35	10 48	15 33	14 3	28 3
9	11:14:15	16 49 19	27 43	4 40	1 20	26 26	26 5	0 31	10 51	15 35	14 5	27 59
10	11:18:11	17 47 39	10Sc17	4 24	2 22	27 4	26 6	0 26	10 55	15 36	14 7	27 56
11	11:22: 8	18 46 1	22 34	4 18	3 25	27 41	26 6	0 22	10 59	15 37	14 10	27 53
12	11:26: 4	19 44 25	4Sg36	4 20D	4 28	28 19	26 7	0 18	11 3	15 39	14 12	27 50
13	11:30: 1	20 42 51	16 28	4 32	5 31	28 56	26 7	0 14	11 6	15 40	14 14	27 47
14	11:33:57	21 41 18	28 17	4 53	6 34	29 33	26 7	0 10	11 10	15 42	14 16	27 43
15	11:37:54	22 39 47	10Cp 6	5 23	7 38	0Le10	26 7R	0 6	11 14	15 43	14 18	27 40
16	11:41:50	23 38 17	22 3	6 1	8 42	0 47	26 7	0 2	11 18	15 45	14 20	27 37
17	11:45:47	24 36 49	4Aq11	6 49	9 46	1 24	26 7	29Aq58	11 21	15 46	14 22	27 34
18	11:49:44	25 35 23	16 34	7 44	10 50	2 1	26 6	29 54	11 25	15 48	14 24	27 31
19	11:53:40	26 33 58	29 16	8 47	11 55	2 38	26 5	29 50	11 29	15 49	14 26	27 28
20	11:57:37	27 32 36	12Pi18	9 56	13 0	3 15	26 4	29 46	11 32	15 51	14 28	27 24
21	12: 1:33	28 31 15	25 38	11 12	14 5	3 51	26 3	29 43	11 36	15 53	14 31	27 21
22	12: 5:30	29 29 56	9Ar16	12 33	15 11	4 28	26 1	29 39	11 40	15 54	14 33	27 18
23	12: 9:26	0Li28 39	23 8	13 59	16 17	5 4	26 0	29 35	11 43	15 56	14 35	27 15
24	12:13:23	1 27 24	7Ta10	15 30	17 23	5 41	25 58	29 32	11 47	15 58	14 37	27 12
25	12:17:20	2 26 12	21 17	17 4	18 29	6 17	25 56	29 29	11 50	15 59	14 39	27 8
26	12:21:16	3 25 1	5Ge27	18 42	19 35	6 53	25 54	29 25	11 54	16 1	14 41	27 5
27	12:25:13	4 23 53	19 36	20 22	20 42	7 29	25 51	29 22	11 58	16 3	14 43	27 2
28	12:29: 9	5 22 48	3Cn44	22 4	21 49	8 5	25 48	29 19	12 1	16 5	14 45	26 59
29	12:33: 6	6 21 44	17 48	23 48	22 56	8 41	25 46	29 15	12 5	16 7	14 47	26 56
30	12:37: 2	7 20 43	1Le49	25 33	24 3	9 17	25 43	29 12	12 8	16 8	14 49	26 53

9/23 Sun in Lib. 0:17　9/6 New 4:34　9/13 1st Qt. 21:24　9/21 Full 17:31　9/28 3rd Qt. 15:02

Day	Sid. T.	Sun	Moon	Merc.	Venus	Mars	Jup.	Saturn	Uranus	Nept.	Pluto	N.Node
1	12:40:59	8Li19 45	15Le46	27Vi19	25Le11	9Le53	25Ta39R	29Aq 9R	12Vi12	16Sc10	14Vi51	26Ge49
2	12:44:55	9 18 48	29 36	29 6	26 18	10 29	25 36	29 6	12 15	16 12	14 53	26 46
3	12:48:52	10 17 54	13Vi18	0Li53	27 26	11 4	25 32	29 4	12 19	16 14	14 55	26 43
4	12:52:49	11 17 2	26 48	2 40	28 34	11 40	25 29	29 1	12 22	16 16	14 57	26 40
5	12:56:45	12 16 12	10Li 5	4 27	29 42	12 15	25 25	28 58	12 25	16 18	14 59	26 37
6	13: 0:42	13 15 24	23 6	6 14	0Vi51	12 51	25 20	28 56	12 29	16 20	15 1	26 34
7	13: 4:38	14 14 38	5Sc50	8 1	1 59	13 26	25 16	28 53	12 32	16 22	15 3	26 30
8	13: 8:35	15 13 54	18 17	9 48	3 8	14 1	25 11	28 51	12 36	16 24	15 6	26 27
9	13:12:31	16 13 12	0Sg29	11 34	4 17	14 36	25 7	28 48	12 39	16 26	15 8	26 24
10	13:16:28	17 12 32	12 29	13 19	5 26	15 11	25 2	28 46	12 42	16 28	15 8	26 21
11	13:20:25	18 11 54	24 20	15 4	6 35	15 46	24 57	28 44	12 45	16 30	15 10	26 18
12	13:24:21	19 11 17	6Cp 8	16 49	7 45	16 21	24 52	28 42	12 49	16 32	15 12	26 14
13	13:28:18	20 10 42	17 56	18 32	8 54	16 55	24 46	28 40	12 52	16 34	15 14	26 11
14	13:32:14	21 10 9	29 52	20 15	10 4	17 30	24 41	28 38	12 55	16 36	15 16	26 8
15	13:36:10	22 9 38	12Aq 1	21 58	11 14	18 4	24 35	28 36	12 58	16 38	15 17	26 5
16	13:40: 7	23 9 9	24 26	23 39	12 24	18 38	24 29	28 34	13 1	16 40	15 19	26 2
17	13:44: 4	24 8 41	7Pi13	25 21	13 34	19 13	24 23	28 33	13 4	16 42	15 21	25 59
18	13:48: 0	25 8 15	20 23	27 1	14 44	19 47	24 17	28 31	13 7	16 44	15 23	25 55
19	13:51:57	26 7 51	3Ar57	28 41	15 55	20 21	24 11	28 30	13 10	16 46	15 24	25 52
20	13:55:54	27 7 29	17 54	0Sc20	17 5	20 55	24 4	28 29	13 13	16 49	15 26	25 49
21	13:59:50	28 7 9	2Ta 9	1 58	18 16	21 28	23 58	28 27	13 16	16 51	15 28	25 46
22	14: 3:46	29 6 51	16 37	3 36	19 27	22 2	23 51	28 26	13 19	16 53	15 29	25 43
23	14: 7:43	0Sc 6 35	1Ge11	5 14	20 38	22 36	23 44	28 25	13 22	16 55	15 31	25 40
24	14:11:40	1 6 21	15 45	6 50	21 49	23 9	23 37	28 24	13 25	16 57	15 33	25 36
25	14:15:36	2 6 9	0Cn14	8 26	23 0	23 42	23 30	28 23	13 28	16 59	15 34	25 33
26	14:19:33	3 6 0	14 33	10 2	24 11	24 15	23 23	28 23	13 31	17 2	15 36	25 30
27	14:23:30	4 5 53	28 42	11 37	25 23	24 48	23 16	28 22	13 33	17 4	15 37	25 27
28	14:27:26	5 5 48	12Le38	13 12	26 34	25 21	23 9	28 22	13 36	17 6	15 39	25 24
29	14:31:22	6 5 45	26 22	14 46	27 46	25 54	23 1	28 21	13 39	17 8	15 40	25 20
30	14:35:19	7 5 45	9Vi53	16 20	28 57	26 27	22 54	28 21	13 41	17 10	15 42	25 17
31	14:39:15	8 5 46	23 12	17 53	0Li 9	26 59	22 46	28 21	13 44	17 13	15 43	25 14

10/23 Sun in Sco. 9:21　10/5 New 16:20　10/13 1st Qt. 16:57　10/21 Full 4:46　10/27 3rd Qt. 21:59

NOVEMBER 1964

Day	Sid. T.	Sun	Moon	Merc.	Venus	Mars	Jup.	Saturn	Uranus	Nept.	Pluto	N.Node
1	14:43:12	9Sc 5 50	6Li19	19Sc26	1Li21	27Le32	22Ta38R	28Aq21R	13Vi46	17Sc15	15Vi45	25Ge11
2	14:47: 9	10 5 55	19 12	20 58	2 33	28 4	22 30	28 21D	13 49	17 17	15 46	25 8
3	14:51: 5	11 6 3	1Sc53	22 30	3 45	28 36	22 23	28 21	13 51	17 19	15 47	25 5
4	14:55: 1	12 6 13	14 21	24 2	4 58	29 8	22 15	28 21	13 54	17 22	15 49	25 1
5	14:58:59	13 6 24	26 36	25 33	6 10	29 40	22 7	28 21	13 56	17 24	15 50	24 58
6	15: 2:55	14 6 37	8Sg41	27 3	7 22	0Vi11	21 59	28 22	13 58	17 26	15 51	24 55
7	15: 6:51	15 6 52	20 36	28 34	8 35	0 43	21 51	28 22	14 1	17 28	15 53	24 52
8	15:10:48	16 7 8	2Cp25	0Sg 4	9 47	1 14	21 43	28 23	14 3	17 31	15 54	24 49
9	15:14:45	17 7 26	14 11	1 33	11 0	1 46	21 34	28 24	14 5	17 33	15 55	24 46
10	15:18:41	18 7 46	25 59	3 2	12 13	2 17	21 26	28 24	14 7	17 35	15 56	24 42
11	15:22:37	19 8 7	7Aq53	4 31	13 26	2 47	21 18	28 25	14 9	17 37	15 58	24 39
12	15:26:35	20 8 29	19 59	5 59	14 39	3 18	21 10	28 26	14 11	17 40	15 59	24 36
13	15:30:31	21 8 53	2Pi22	7 26	15 52	3 49	21 2	28 28	14 13	17 42	16 0	24 33
14	15:34:27	22 9 18	15 5	8 53	17 5	4 19	20 54	28 29	14 15	17 44	16 1	24 30
15	15:38:24	23 9 44	28 14	10 20	18 18	4 49	20 46	28 30	14 17	17 46	16 2	24 26
16	15:42:20	24 10 12	11Ar49	11 46	19 31	5 19	20 37	28 32	14 19	17 49	16 3	24 23
17	15:46:17	25 10 41	25 52	13 11	20 44	5 49	20 29	28 33	14 21	17 51	16 4	24 20
18	15:50:13	26 11 12	10Ta18	14 36	21 57	6 19	20 21	28 35	14 23	17 53	16 5	24 17
19	15:54:10	27 11 44	25 3	15 59	23 11	6 49	20 13	28 37	14 24	17 55	16 6	24 14
20	15:58: 6	28 12 17	9Ge59	17 22	24 24	7 18	20 5	28 39	14 26	17 57	16 7	24 11
21	16: 2: 3	29 12 52	24 59	18 44	25 38	7 47	19 57	28 41	14 28	18 0	16 8	24 7
22	16: 6: 0	0Sg13 29	9Cn53	20 4	26 51	8 16	19 49	28 43	14 29	18 2	16 9	24 4
23	16: 9:56	1 14 7	24 35	21 23	28 5	8 45	19 41	28 45	14 31	18 4	16 10	24 1
24	16:13:53	2 14 47	8Le59	22 41	29 19	9 13	19 34	28 47	14 32	18 6	16 10	23 58
25	16:17:49	3 15 29	23 4	23 57	0Sc32	9 41	19 26	28 50	14 34	18 9	16 11	23 55
26	16:21:46	4 16 12	6Vi48	25 11	1 46	10 10	19 18	28 52	14 35	18 11	16 12	23 52
27	16:25:42	5 16 57	20 12	26 23	3 0	10 38	19 10	28 55	14 36	18 13	16 13	23 48
28	16:29:39	6 17 43	3Li18	27 32	4 14	11 5	19 3	28 57	14 38	18 15	16 13	23 45
29	16:33:36	7 18 31	16 7	28 38	5 28	11 33	18 56	29 0	14 39	18 17	16 14	23 42
30	16:37:32	8 19 20	28 42	29 41	6 42	12 0	18 48	29 3	14 40	18 19	16 14	23 39

11/22 Sun in Sag. 6:40   11/4 New 7:17   11/12 1st Qt. 12:20   11/19 Full 15:43   11/26 3rd Qt. 7:11

DECEMBER 1964

Day	Sid. T.	Sun	Moon	Merc.	Venus	Mars	Jup.	Saturn	Uranus	Nept.	Pluto	N.Node
1	16:41:29	9Sg20 11	11Sc 4	0Cp40	7Sc56	12Vi27	18Ta41R	29Aq 6	14Vi41	18Sc22	16Vi15	23Ge36
2	16:45:25	10 21 3	23 16	1 35	9 10	12 54	18 34	29 9	14 42	18 24	16 16	23 32
3	16:49:22	11 21 56	5Sg18	2 24	10 24	13 20	18 27	29 12	14 43	18 26	16 16	23 29
4	16:53:18	12 22 50	17 14	3 8	11 39	13 46	18 20	29 15	14 44	18 28	16 17	23 26
5	16:57:15	13 23 46	29 4	3 45	12 53	14 12	18 13	29 19	14 45	18 30	16 17	23 23
6	17: 1:11	14 24 42	10Cp52	4 15	14 7	14 38	18 7	29 22	14 46	18 32	16 17	23 20
7	17: 5: 8	15 25 40	22 39	4 37	15 21	15 4	18 0	29 26	14 46	18 34	16 18	23 17
8	17: 9: 5	16 26 38	4Aq28	4 50	16 36	15 29	17 54	29 29	14 47	18 36	16 18	23 13
9	17:13: 1	17 27 36	16 23	4 53R	17 50	15 54	17 48	29 33	14 48	18 38	16 18	23 10
10	17:16:58	18 28 36	28 29	4 45	19 4	16 19	17 42	29 37	14 48	18 40	16 19	23 7
11	17:20:54	19 29 36	10Pi48	4 27	20 19	16 43	17 36	29 41	14 49	18 42	16 19	23 4
12	17:24:51	20 30 36	23 26	3 56	21 33	17 7	17 30	29 45	14 49	18 44	16 19	23 1
13	17:28:47	21 31 37	6Ar27	3 15	22 48	17 31	17 25	29 49	14 50	18 46	16 20	22 57
14	17:32:44	22 32 38	19 53	2 24	24 2	17 54	17 19	29 53	14 50	18 48	16 20	22 54
15	17:36:41	23 33 40	3Ta47	1 19	25 17	18 18	17 14	29 57	14 50	18 50	16 20	22 51
16	17:40:37	24 34 43	18 8	0 8	26 32	18 40	17 9	0Pi 1	14 50	18 52	16 20	22 48
17	17:44:34	25 35 46	2Ge53	28Sg50	27 46	19 3	17 4	0 6	14 51	18 54	16 20	22 45
18	17:48:30	26 36 49	17 56	27 28	29 1	19 25	17 0	0 10	14 51	18 56	16 20R	22 42
19	17:52:27	27 37 53	3Cn 9	26 6	0Sg15	19 47	16 55	0 15	14 51	18 58	16 20	22 38
20	17:56:23	28 38 58	18 22	24 44	1 30	20 9	16 51	0 19	14 51R	18 59	16 20	22 35
21	18: 0:20	29 40 3	3Le25	23 27	2 45	20 30	16 47	0 24	14 51	19 1	16 20	22 32
22	18: 4:16	0Cp41 8	18 11	22 16	3 59	20 51	16 43	0 29	14 51	19 3	16 20	22 29
23	18: 8:13	1 42 15	2Vi33	21 14	5 14	21 11	16 39	0 33	14 51	19 5	16 20	22 26
24	18:12:10	2 43 22	16 29	20 22	6 29	21 31	16 35	0 38	14 50	19 7	16 19	22 23
25	18:16: 6	3 44 29	29 58	19 39	7 44	21 51	16 32	0 43	14 50	19 8	16 19	22 19
26	18:20: 3	4 45 38	13Li 2	19 8	8 59	22 10	16 29	0 48	14 50	19 10	16 19	22 16
27	18:23:59	5 46 46	25 44	18 47	10 13	22 29	16 26	0 54	14 49	19 12	16 19	22 13
28	18:27:56	6 47 56	8Sc 9	18 36	11 28	22 48	16 23	0 59	14 49	19 13	16 18	22 10
29	18:31:52	7 49 5	20 19	18 35D	12 43	23 6	16 21	1 4	14 48	19 15	16 18	22 7
30	18:35:49	8 50 16	2Sg19	18 43	13 58	23 23	16 18	1 9	14 48	19 17	16 18	22 3
31	18:39:46	9 51 26	14 12	19 0	15 13	23 40	16 16	1 15	14 47	19 18	16 17	22 0

12/21 Sun in Cap. 19:50   12/4 New 1:19(E)   12/12 1st Qt. 6:02   12/19 Full 2:42(E)   12/25 3rd Qt. 19:27

Day	Sid. T.	Sun	Moon	Merc.	Venus	Mars	Jup.	Saturn	Uranus	Nept.	Pluto	N.Node
1	18:43:42	10Cp52 37	26Sg 1	19Sg24	16Sg28	23Vi57	16Ta14R	1Pi20	14Vi47R	19Sc20	16Vi17R	21Ge57
2	18:47:39	11 53 48	7Cp48	19 55	17 43	24 13	16 12	1 26	14 46	19 21	16 16	21 54
3	18:51:36	12 54 59	19 36	20 32	18 58	24 29	16 11	1 31	14 45	19 23	16 16	21 51
4	18:55:32	13 56 9	1Aq27	21 14	20 13	24 45	16 9	1 37	14 44	19 25	16 15	21 48
5	18:59:29	14 57 20	13 22	22 2	21 28	24 59	16 8	1 43	14 43	19 26	16 15	21 44
6	19: 3:25	15 58 30	25 24	22 54	22 42	25 14	16 7	1 49	14 43	19 27	16 14	21 41
7	19: 7:21	16 59 40	7Pi35	23 50	23 57	25 28	16 7	1 54	14 42	19 29	16 14	21 38
8	19:11:18	18 0 50	19 58	24 49	25 12	25 41	16 6	2 0	14 41	19 30	16 13	21 35
9	19:15:15	19 1 59	2Ar35	25 52	26 27	25 54	16 6	2 6	14 39	19 32	16 12	21 32
10	19:19:11	20 3 8	15 30	26 57	27 42	26 6	16 6D	2 12	14 38	19 33	16 12	21 29
11	19:23: 8	21 4 16	28 47	28 5	28 57	26 18	16 6	2 18	14 37	19 34	16 11	21 25
12	19:27: 5	22 5 23	12Ta27	29 15	0Cp12	26 29	16 6	2 25	14 36	19 36	16 10	21 22
13	19:31: 1	23 6 30	26 32	0Cp27	1 27	26 40	16 7	2 31	14 35	19 37	16 9	21 19
14	19:34:57	24 7 36	11Ge 1	1 40	2 42	26 50	16 8	2 37	14 33	19 38	16 8	21 16
15	19:38:54	25 8 42	25 53	2 56	3 57	26 59	16 9	2 43	14 32	19 39	16 8	21 13
16	19:42:51	26 9 46	10Cn59	4 13	5 12	27 8	16 10	2 50	14 31	19 40	16 7	21 9
17	19:46:47	27 10 51	26 13	5 31	6 27	27 16	16 11	2 56	14 29	19 41	16 6	21 6
18	19:50:44	28 11 54	11Le24	6 51	7 42	27 24	16 13	3 2	14 28	19 43	16 5	21 3
19	19:54:41	29 12 58	26 22	8 12	8 57	27 31	16 14	3 9	14 26	19 44	16 4	21 0
20	19:58:37	0Aq14 0	10Vi58	9 34	10 13	27 37	16 16	3 15	14 24	19 45	16 3	20 57
21	20: 2:33	1 15 2	25 8	10 57	11 28	27 43	16 19	3 22	14 23	19 46	16 2	20 54
22	20: 6:30	2 16 4	8Li48	12 21	12 43	27 48	16 21	3 28	14 21	19 47	16 1	20 50
23	20:10:26	3 17 5	21 59	13 45	13 58	27 52	16 24	3 35	14 19	19 48	16 0	20 47
24	20:14:23	4 18 6	4Sc44	15 11	15 13	27 55	16 26	3 42	14 17	19 48	15 59	20 44
25	20:18:20	5 19 6	17 7	16 38	16 28	27 58	16 29	3 48	14 16	19 49	15 58	20 41
26	20:22:16	6 20 6	29 14	18 5	17 43	28 0	16 33	3 55	14 14	19 50	15 57	20 38
27	20:26:13	7 21 5	11Sg 9	19 33	18 58	28 2	16 36	4 2	14 12	19 51	15 56	20 35
28	20:30: 9	8 22 3	22 58	21 2	20 13	28 3	16 39	4 9	14 10	19 52	15 54	20 31
29	20:34: 6	9 23 1	4Cp44	22 32	21 28	28 2R	16 43	4 16	14 8	19 53	15 53	20 28
30	20:38: 2	10 23 58	16 31	24 2	22 43	28 2	16 47	4 23	14 6	19 53	15 52	20 25
31	20:41:59	11 24 54	28 22	25 34	23 58	28 0	16 51	4 29	14 4	19 54	15 51	20 22

1/20 Sun in Aqu. 6:30   1/2 New 21:07   1/10 1st Qt. 21:00   1/17 Full 13:38   1/24 3rd Qt. 11:07

Day	Sid. T.	Sun	Moon	Merc.	Venus	Mars	Jup.	Saturn	Uranus	Nept.	Pluto	N.Node
1	20:45:56	12Aq25 49	10Aq19	27Cp 5	25Cp13	27Vi58R	16Ta56	4Pi36	14Vi 2R	19Sc55	15Vi49R	20Ge19
2	20:49:52	13 26 43	22 25	28 38	26 28	27 55	17 0	4 43	14 0	19 55	15 48	20 15
3	20:53:49	14 27 35	4Pi39	0Aq11	27 43	27 51	17 5	4 50	13 58	19 56	15 47	20 12
4	20:57:45	15 28 27	17 3	1 46	28 58	27 46	17 10	4 57	13 55	19 56	15 46	20 9
5	21: 1:42	16 29 17	29 37	3 20	0Aq13	27 41	17 15	5 4	13 53	19 57	15 44	20 6
6	21: 5:38	17 30 5	12Ar24	4 56	1 28	27 34	17 20	5 12	13 51	19 57	15 43	20 3
7	21: 9:35	18 30 53	25 24	6 32	2 43	27 27	17 25	5 19	13 49	19 58	15 42	20 0
8	21:13:31	19 31 38	8Ta39	8 10	3 58	27 20	17 31	5 26	13 46	19 58	15 40	19 56
9	21:17:28	20 32 23	22 11	9 47	5 14	27 11	17 37	5 33	13 44	19 59	15 39	19 53
10	21:21:25	21 33 5	6Ge 3	11 26	6 29	27 2	17 43	5 40	13 42	19 59	15 37	19 50
11	21:25:21	22 33 46	20 14	13 6	7 44	26 51	17 49	5 47	13 39	19 59	15 36	19 47
12	21:29:18	23 34 26	4Cn43	14 46	8 59	26 41	17 55	5 54	13 37	20 0	15 35	19 44
13	21:33:14	24 35 3	19 29	16 27	10 14	26 29	18 1	6 2	13 35	20 0	15 33	19 41
14	21:37:11	25 35 39	4Le26	18 9	11 29	26 16	18 8	6 9	13 32	20 0	15 32	19 37
15	21:41: 7	26 36 14	19 24	19 52	12 44	26 3	18 14	6 16	13 30	20 0	15 30	19 34
16	21:45: 4	27 36 47	4Vi16	21 36	13 58	25 49	18 21	6 23	13 27	20 0	15 29	19 31
17	21:49: 1	28 37 18	18 51	23 21	15 13	25 35	18 28	6 31	13 25	20 0	15 27	19 28
18	21:52:57	29 37 48	3Li 5	25 6	16 28	25 19	18 36	6 38	13 22	20 0	15 26	19 25
19	21:56:54	0Pi38 16	16 50	26 53	17 43	25 3	18 43	6 45	13 20	20 0	15 24	19 21
20	22: 0:50	1 38 44	0Sc 8	28 40	18 58	24 46	18 50	6 53	13 17	20 0R	15 23	19 18
21	22: 4:47	2 39 10	12 59	0Pi29	20 13	24 29	18 58	7 0	13 14	20 0	15 21	19 15
22	22: 8:43	3 39 34	25 26	2 18	21 28	24 11	19 6	7 7	13 12	20 0	15 20	19 12
23	22:12:40	4 39 57	7Sg35	4 8	22 43	23 52	19 14	7 14	13 9	20 0	15 18	19 9
24	22:16:36	5 40 19	19 31	5 59	23 58	23 33	19 22	7 22	13 7	20 0	15 16	19 6
25	22:20:33	6 40 40	1Cp20	7 51	25 13	23 13	19 30	7 29	13 4	20 0	15 15	19 2
26	22:24:30	7 40 59	13 7	9 44	26 28	22 53	19 38	7 36	13 2	20 0	15 13	18 59
27	22:28:26	8 41 16	24 56	11 37	27 43	22 32	19 47	7 44	12 59	20 0	15 12	18 56
28	22:32:22	9 41 32	6Aq51	13 31	28 58	22 10	19 56	7 51	12 56	19 59	15 10	18 53

2/18 Sun in Pis. 20:49   2/1 New 16:36   2/9 1st Qt. 8:53   2/16 Full 0:27   2/23 3rd Qt. 5:40

MARCH 1965

Day	Sid. T.	Sun	Moon	Merc.	Venus	Mars	Jup.	Saturn	Uranus	Nept.	Pluto	N.Node
1	22:36:19	10Pi41 46	18Aq57	15Pi26	0Pi13	21Vi49R	20Ta 4	7Pi58	12Vi54R	19Sc59R	15Vi 9R	18Ge50
2	22:40:16	11 41 59	1Pi13	17 21	1 28	21 27	20 13	8 6	12 51	19 59	15 7	18 46
3	22:44:12	12 42 9	13 42	19 17	2 42	21 4	20 22	8 13	12 48	19 58	15 5	18 43
4	22:48: 9	13 42 18	26 24	21 13	3 57	20 41	20 31	8 20	12 46	19 58	15 4	18 40
5	22:52: 6	14 42 25	9Ar18	23 8	5 12	20 18	20 41	8 28	12 43	19 57	15 2	18 37
6	22:56: 2	15 42 30	22 23	25 4	6 27	19 55	20 50	8 35	12 41	19 57	15 1	18 34
7	22:59:59	16 42 33	5Ta39	26 58	7 42	19 31	21 0	8 42	12 38	19 57	14 59	18 31
8	23: 3:55	17 42 34	19 6	28 52	8 57	19 8	21 9	8 49	12 35	19 56	14 58	18 27
9	23: 7:52	18 42 33	2Ge43	0Ar45	10 11	18 44	21 19	8 57	12 33	19 55	14 56	18 24
10	23:11:48	19 42 29	16 32	2 37	11 26	18 21	21 29	9 4	12 30	19 55	14 54	18 21
11	23:15:45	20 42 24	0Cn34	4 26	12 41	17 57	21 39	9 11	12 27	19 54	14 53	18 18
12	23:19:41	21 42 16	14 47	6 13	13 56	17 33	21 49	9 18	12 25	19 54	14 51	18 15
13	23:23:37	22 42 6	29 10	7 57	15 11	17 10	21 59	9 26	12 22	19 53	14 50	18 12
14	23:27:35	23 41 53	13Le41	9 38	16 25	16 46	22 9	9 33	12 20	19 52	14 48	18 8
15	23:31:31	24 41 39	28 14	11 14	17 40	16 23	22 20	9 40	12 17	19 51	14 46	18 5
16	23:35:27	25 41 22	12Vi43	12 47	18 55	16 0	22 30	9 47	12 15	19 51	14 45	18 2
17	23:39:24	26 41 3	27 1	14 14	20 9	15 38	22 41	9 54	12 12	19 50	14 43	17 59
18	23:43:21	27 40 42	11Li 2	15 36	21 24	15 15	22 52	10 1	12 10	19 49	14 42	17 56
19	23:47:17	28 40 20	24 41	16 53	22 39	14 53	23 3	10 8	12 7	19 48	14 40	17 52
20	23:51:13	29 39 55	7Sc57	18 3	23 53	14 32	23 14	10 15	12 5	19 47	14 39	17 49
21	23:55:10	0Ar39 29	20 48	19 7	25 8	14 11	23 25	10 22	12 2	19 46	14 37	17 46
22	23:59: 7	1 39 1	3Sg18	20 4	26 23	13 50	23 36	10 29	12 0	19 46	14 36	17 43
23	0: 3: 3	2 38 31	15 30	20 54	27 37	13 30	23 47	10 36	11 57	19 45	14 34	17 40
24	0: 7: 0	3 37 59	27 28	21 36	28 52	13 10	23 58	10 43	11 55	19 44	14 33	17 37
25	0:10:56	4 37 26	9Cp19	22 11	0Ar 6	12 51	24 10	10 50	11 53	19 43	14 31	17 33
26	0:14:53	5 36 51	21 8	22 39	1 21	12 32	24 21	10 57	11 50	19 42	14 30	17 30
27	0:18:49	6 36 14	2Aq59	22 59	2 36	12 14	24 33	11 4	11 48	19 40	14 28	17 27
28	0:22:46	7 35 35	14 58	23 11	3 50	11 57	24 44	11 11	11 46	19 39	14 27	17 24
29	0:26:42	8 34 54	27 10	23 15	5 5	11 40	24 56	11 18	11 43	19 38	14 25	17 21
30	0:30:38	9 34 12	9Pi35	23 13R	6 19	11 24	25 8	11 25	11 41	19 37	14 24	17 18
31	0:34:36	10 33 27	22 18	23 3	7 34	11 9	25 20	11 31	11 39	19 36	14 23	17 14

3/20 Sun in Ari. 20:05   3/3 New 9:56   3/10 1st Qt. 17:53   3/17 Full 11:24   3/25 3rd Qt. 1:37

APRIL 1965

Day	Sid. T.	Sun	Moon	Merc.	Venus	Mars	Jup.	Saturn	Uranus	Nept.	Pluto	N.Node
1	0:38:32	11Ar32 41	5Ar16	22Ar46R	8Ar48	10Vi54R	25Ta32	11Pi38	11Vi37R	19Sc35R	14Vi21R	17Ge11
2	0:42:28	12 31 52	18 31	22 23	10 3	10 40	25 44	11 45	11 35	19 34	14 20	17 8
3	0:46:25	13 31 2	1Ta59	21 55	11 17	10 27	25 56	11 51	11 32	19 32	14 19	17 5
4	0:50:22	14 30 9	15 39	21 21	12 32	10 15	26 8	11 58	11 30	19 31	14 17	17 2
5	0:54:18	15 29 14	29 28	20 44	13 46	10 3	26 20	12 4	11 28	19 30	14 16	16 58
6	0:58:14	16 28 17	13Ge24	20 2	15 1	9 52	26 33	12 11	11 26	19 29	14 15	16 55
7	1: 2:12	17 27 18	27 25	19 18	16 15	9 42	26 45	12 17	11 24	19 27	14 13	16 52
8	1: 6: 8	18 26 17	11Cn30	18 33	17 29	9 33	26 58	12 24	11 22	19 26	14 12	16 49
9	1:10: 4	19 25 13	25 38	17 46	18 44	9 25	27 10	12 30	11 21	19 25	14 11	16 46
10	1:14: 1	20 24 7	9Le48	17 0	19 58	9 17	27 23	12 36	11 19	19 23	14 10	16 43
11	1:17:58	21 22 58	23 58	16 14	21 12	9 10	27 36	12 43	11 17	19 22	14 8	16 39
12	1:21:54	22 21 47	8Vi 5	15 30	22 27	9 4	27 48	12 49	11 15	19 20	14 7	16 36
13	1:25:50	23 20 34	22 6	14 49	23 41	8 59	28 1	12 55	11 13	19 19	14 6	16 33
14	1:29:47	24 19 19	5Li57	14 11	24 55	8 54	28 14	13 1	11 12	19 18	14 5	16 30
15	1:33:43	25 18 1	19 35	13 36	26 10	8 51	28 27	13 7	11 10	19 16	14 3	16 27
16	1:37:40	26 16 42	2Sc55	13 6	27 24	8 48	28 40	13 13	11 8	19 15	14 2	16 24
17	1:41:37	27 15 21	15 58	12 40	28 38	8 45	28 53	13 19	11 7	19 13	14 2	16 20
18	1:45:33	28 13 58	28 41	12 19	29 52	8 44	29 6	13 25	11 5	19 12	14 0	16 17
19	1:49:30	29 12 33	11Sg 7	12 3	1Ta 6	8 43	29 19	13 31	11 4	19 10	13 59	16 14
20	1:53:26	0Ta11 7	23 17	11 52	2 21	8 43D	29 32	13 37	11 2	19 9	13 58	16 11
21	1:57:23	1 9 39	5Cp17	11 46	3 35	8 44	29 45	13 43	11 1	19 7	13 57	16 8
22	2: 1:19	2 8 9	17 9	11 45D	4 49	8 46	29 58	13 48	10 59	19 6	13 57	16 4
23	2: 5:16	3 6 37	28 59	11 49	6 3	8 48	0Ge12	13 54	10 58	19 3	13 56	16 1
24	2: 9:13	4 5 4	10Aq52	11 59	7 17	8 51	0 25	13 59	10 57	19 1	13 55	15 58
25	2:13: 9	5 3 29	22 53	12 13	8 31	8 55	0 38	14 5	10 56	19 1	13 54	15 55
26	2:17: 6	6 1 53	5Pi 7	12 31	9 45	8 59	0 52	14 10	10 55	18 59	13 53	15 52
27	2:21: 3	7 0 15	17 37	12 54	10 59	9 4	1 5	14 16	10 53	18 58	13 52	15 49
28	2:24:59	7 58 35	0Ar26	13 22	12 14	9 10	1 19	14 21	10 52	18 56	13 51	15 45
29	2:28:55	8 56 54	13 36	13 53	13 28	9 16	1 32	14 26	10 51	18 55	13 51	15 42
30	2:32:52	9 55 11	27 7	14 29	14 42	9 23	1 46	14 32	10 50	18 53	13 50	15 39

4/20 Sun in Tau. 7:27   4/2 New 0:21   4/9 1st Qt. 0:40   4/15 Full 23:03   4/23 3rd Qt. 21:07

Day	Sid. T.	Sun	Moon	Merc.	Venus	Mars	Jup.	Saturn	Uranus	Nept.	Pluto	N.Node
1	2:36:48	10Ta53 27	10Ta56	15Ar 9	15Ta56	9Vi31	1Ge59	14Pi37	10Vi49R	18Sc51R	13Vi49R	15Ge36
2	2:40:45	11 51 41	25 0	15 52	17 10	9 39	2 13	14 42	10 49	18 50	13 48	15 33
3	2:44:42	12 49 53	9Ge15	16 39	18 24	9 48	2 27	14 47	10 48	18 48	13 48	15 30
4	2:48:38	13 48 3	23 37	17 29	19 38	9 57	2 40	14 52	10 47	18 47	13 47	15 26
5	2:52:35	14 46 11	8Cn 0	18 23	20 52	10 8	2 54	14 57	10 46	18 45	13 46	15 23
6	2:56:31	15 44 18	22 22	19 20	22 6	10 18	3 8	15 1	10 46	18 43	13 46	15 20
7	3: 0:28	16 42 22	6Le38	20 19	23 19	10 30	3 21	15 6	10 45	18 42	13 45	15 17
8	3: 4:24	17 40 25	20 47	21 22	24 33	10 41	3 35	15 11	10 44	18 40	13 45	15 14
9	3: 8:21	18 38 25	4Vi46	22 27	25 47	10 54	3 49	15 15	10 44	18 38	13 44	15 10
10	3:12:18	19 36 24	18 36	23 36	27 1	11 7	4 3	15 20	10 43	18 37	13 44	15 7
11	3:16:14	20 34 20	2Li13	24 47	28 15	11 20	4 17	15 24	10 43	18 35	13 43	15 4
12	3:20:11	21 32 15	15 38	26 0	29 29	11 34	4 30	15 29	10 43	18 34	13 43	15 1
13	3:24: 7	22 30 8	28 49	27 16	0Ge43	11 49	4 44	15 33	10 42	18 32	13 43	14 58
14	3:28: 4	23 28 0	11Sc47	28 35	1 56	12 4	4 58	15 37	10 42	18 30	13 42	14 55
15	3:32: 0	24 25 50	24 30	29 56	3 10	12 19	5 12	15 41	10 42	18 29	13 42	14 51
16	3:35:57	25 23 39	6Sg59	1Ta19	4 24	12 35	5 26	15 45	10 42	18 27	13 42	14 48
17	3:39:53	26 21 26	19 15	2 44	5 38	12 51	5 40	15 49	10 42	18 25	13 42	14 45
18	3:43:50	27 19 12	1Cp20	4 12	6 51	13 8	5 54	15 53	10 42	18 24	13 41	14 42
19	3:47:47	28 16 57	13 17	5 43	8 5	13 26	6 8	15 57	10 42D	18 22	13 41	14 39
20	3:51:43	29 14 41	25 9	7 15	9 19	13 43	6 22	16 0	10 42	18 21	13 41	14 35
21	3:55:40	0Ge12 23	6Aq59	8 50	10 33	14 2	6 36	16 4	10 42	18 19	13 41	14 32
22	3:59:36	1 10 5	18 53	10 27	11 46	14 20	6 50	16 8	10 42	18 17	13 41	14 29
23	4: 3:33	2 7 45	0Pi53	12 6	13 0	14 39	7 4	16 11	10 42	18 16	13 41	14 26
24	4: 7:29	3 5 24	13 6	13 48	14 14	14 59	7 18	16 14	10 43	18 14	13 41	14 23
25	4:11:26	4 3 2	25 36	15 32	15 27	15 19	7 32	16 18	10 43	18 13	13 41D	14 20
26	4:15:23	5 0 40	8Ar26	17 18	16 41	15 39	7 46	16 21	10 43	18 11	13 41	14 16
27	4:19:19	5 58 16	21 39	19 6	17 55	15 59	8 0	16 24	10 44	18 10	13 41	14 13
28	4:23:16	6 55 51	5Ta16	20 57	19 8	16 20	8 14	16 27	10 44	18 8	13 41	14 10
29	4:27:12	7 53 26	19 17	22 49	20 22	16 42	8 28	16 30	10 45	18 7	13 41	14 7
30	4:31: 9	8 51 0	3Ge38	24 44	21 35	17 4	8 42	16 33	10 45	18 5	13 41	14 4
31	4:35: 5	9 48 32	18 15	26 41	22 49	17 26	8 56	16 36	10 46	18 4	13 41	14 1

5/21 Sun in Gem. 6:51   5/1 New 11:56   5/8 1st Qt. 6:20   5/15 Full 11:53   5/23 3rd Qt. 14:41   5/30 New 21:13(E)

Day	Sid. T.	Sun	Moon	Merc.	Venus	Mars	Jup.	Saturn	Uranus	Nept.	Pluto	N.Node
1	4:39: 2	10Ge46 4	3Cn 2	28Ta41	24Ge 3	17Vi48	9Ge10	16Pi38	10Vi47	18Sc 2R	13Vi41	13Ge57
2	4:42:58	11 43 34	17 51	0Ge42	25 16	18 11	9 24	16 41	10 48	18 1	13 42	13 54
3	4:46:54	12 41 3	2Le35	2 45	26 30	18 34	9 38	16 43	10 48	17 59	13 42	13 51
4	4:50:52	13 38 31	17 8	4 49	27 43	18 57	9 52	16 46	10 49	17 58	13 42	13 48
5	4:54:48	14 35 58	1Vi27	6 56	28 57	19 21	10 6	16 48	10 50	17 56	13 43	13 45
6	4:58:44	15 33 23	15 28	9 4	0Cn10	19 45	10 20	16 50	10 51	17 55	13 43	13 41
7	5: 2:41	16 30 47	29 10	11 13	1 24	20 10	10 34	16 52	10 52	17 54	13 43	13 38
8	5: 6:38	17 28 10	12Li33	13 23	2 37	20 34	10 48	16 54	10 53	17 52	13 44	13 35
9	5:10:34	18 25 32	25 39	15 35	3 51	20 59	11 2	16 56	10 54	17 51	13 45	13 32
10	5:14:31	19 22 53	8Sc30	17 46	5 4	21 24	11 16	16 58	10 56	17 50	13 45	13 29
11	5:18:28	20 20 13	21 7	19 58	6 17	21 50	11 30	17 0	10 57	17 48	13 45	13 26
12	5:22:24	21 17 32	3Sg31	22 10	7 31	22 16	11 44	17 1	10 58	17 47	13 46	13 22
13	5:26:20	22 14 51	15 45	24 22	8 44	22 42	11 57	17 3	10 59	17 46	13 46	13 19
14	5:30:17	23 12 8	27 50	26 33	9 58	23 8	12 11	17 4	11 1	17 44	13 47	13 16
15	5:34:14	24 9 26	9Cp48	28 44	11 11	23 35	12 25	17 5	11 2	17 43	13 48	13 13
16	5:38:10	25 6 42	21 41	0Cn53	12 24	24 2	12 39	17 7	11 4	17 42	13 48	13 10
17	5:42: 8	26 3 58	3Aq31	3 2	13 38	24 29	12 53	17 8	11 5	17 41	13 49	13 7
18	5:46: 4	27 1 14	15 22	5 9	14 51	24 57	13 7	17 9	11 7	17 40	13 50	13 3
19	5:50: 0	27 58 29	27 16	7 14	16 4	25 24	13 20	17 10	11 9	17 38	13 51	13 0
20	5:53:57	28 55 44	9Pi17	9 17	17 17	25 52	13 34	17 11	11 10	17 37	13 51	12 57
21	5:57:53	29 52 59	21 29	11 19	18 31	26 20	13 48	17 11	11 12	17 36	13 52	12 54
22	6: 1:50	0Cn50 14	3Ar56	13 19	19 44	26 49	14 1	17 12	11 14	17 35	13 53	12 51
23	6: 5:46	1 47 28	16 42	15 17	20 57	27 17	14 15	17 12	11 16	17 34	13 54	12 47
24	6: 9:43	2 44 43	29 51	17 13	22 10	27 46	14 29	17 13	11 17	17 33	13 55	12 44
25	6:13:39	3 41 58	13Ta26	19 6	23 24	28 15	14 42	17 13	11 19	17 32	13 56	12 41
26	6:17:36	4 39 12	27 27	20 58	24 37	28 45	14 56	17 14	11 21	17 31	13 57	12 38
27	6:21:33	5 36 27	11Ge53	22 47	25 50	29 14	15 9	17 14	11 23	17 30	13 58	12 35
28	6:25:29	6 33 41	26 40	24 35	27 3	29 44	15 23	17 14R	11 25	17 29	13 59	12 32
29	6:29:26	7 30 55	11Cn43	26 20	28 16	0Li14	15 36	17 13	11 27	17 28	14 0	12 28
30	6:33:22	8 28 9	26 52	28 3	29 30	0 44	15 50	17 13	11 30	17 27	14 1	12 25

6/21 Sun in Can. 14:56 6/6 1st Qt. 12:12   6/14 Full 2:00(E)   6/22 3rd Qt. 5:37   6/29 New 4:53

JULY 1965

Day	Sid. T.	Sun	Moon	Merc.	Venus	Mars	Jup.	Saturn	Uranus	Nept.	Pluto	N.Node
1	6:37:19	9Cn25 23	11Le57	29Cn44	0Le43	1Li14	16Ge 3	17Pi13R	11Vi32	17Sc26R	14Vi 2	12Ge22
2	6:41:15	10 22 37	26 50	1Le22	1 56	1 45	16 17	17 13	11 34	17 25	14 3	12 19
3	6:45:12	11 19 50	11Vi23	2 59	3 9	2 15	16 30	17 12	11 36	17 25	14 4	12 16
4	6:49: 9	12 17 3	25 32	4 33	4 22	2 46	16 43	17 12	11 39	17 24	14 5	12 13
5	6:53: 5	13 14 15	9Li51	6 5	5 35	3 18	16 56	17 11	11 41	17 23	14 7	12 9
6	6:57: 2	14 11 27	22 36	7 35	6 48	3 49	17 10	17 10	11 43	17 22	14 8	12 6
7	7: 0:58	15 8 39	5Sc33	9 2	8 1	4 20	17 23	17 9	11 46	17 22	14 9	12 3
8	7: 4:55	16 5 51	18 11	10 27	9 14	4 52	17 36	17 8	11 48	17 21	14 10	12 0
9	7: 8:51	17 3 3	0Sg34	11 50	10 27	5 24	17 49	17 7	11 51	17 20	14 12	11 57
10	7:12:48	18 0 15	12 45	13 11	11 40	5 56	18 2	17 6	11 53	17 20	14 13	11 53
11	7:16:44	18 57 27	24 47	14 29	12 53	6 28	18 15	17 5	11 56	17 19	14 14	11 50
12	7:20:41	19 54 39	6Cp43	15 45	14 6	7 1	18 28	17 3	11 58	17 19	14 16	11 47
13	7:24:38	20 51 51	18 35	16 58	15 19	7 33	18 41	17 2	12 1	17 18	14 17	11 44
14	7:28:34	21 49 3	0Aq26	18 9	16 31	8 6	18 53	17 0	12 4	17 18	14 19	11 41
15	7:32:31	22 46 16	12 17	19 17	17 44	8 39	19 6	16 59	12 7	17 17	14 20	11 38
16	7:36:27	23 43 29	24 10	20 23	18 57	9 12	19 19	16 57	12 9	17 17	14 22	11 34
17	7:40:24	24 40 43	6Pi 7	21 25	20 10	9 45	19 32	16 55	12 12	17 16	14 23	11 31
18	7:44:20	25 37 57	18 11	22 25	21 23	10 18	19 44	16 53	12 15	17 16	14 25	11 28
19	7:48:17	26 35 12	0Ar24	23 22	22 35	10 52	19 57	16 51	12 18	17 16	14 26	11 25
20	7:52:14	27 32 27	12 51	24 16	23 48	11 26	20 9	16 49	12 21	17 15	14 28	11 22
21	7:56:10	28 29 44	25 34	25 6	25 1	12 0	20 21	16 47	12 24	17 15	14 29	11 19
22	8: 0: 7	29 27 1	8Ta37	25 53	26 13	12 34	20 34	16 45	12 27	17 15	14 31	11 15
23	8: 4: 3	0Le24 19	22 4	26 37	27 26	13 8	20 46	16 42	12 30	17 15	14 33	11 12
24	8: 7:59	1 21 38	5Ge57	27 17	28 39	13 42	20 58	16 40	12 33	17 14	14 34	11 9
25	8:11:56	2 18 58	20 17	27 53	29 51	14 17	21 10	16 37	12 36	17 14	14 36	11 6
26	8:15:53	3 16 19	5Cn 2	28 25	1Vi 4	14 51	21 22	16 35	12 39	17 14	14 38	11 3
27	8:19:49	4 13 41	20 5	28 53	2 16	15 26	21 34	16 32	12 42	17 14	14 39	10 59
28	8:23:46	5 11 3	5Le20	29 17	3 29	16 1	21 46	16 29	12 45	17 14	14 41	10 56
29	8:27:43	6 8 27	20 36	29 36	4 42	16 36	21 58	16 27	12 48	17 14	14 43	10 53
30	8:31:39	7 5 50	5Vi41	29 50	5 54	17 11	22 9	16 24	12 52	17 14D	14 44	10 50
31	8:35:36	8 3 15	20 27	0Vi 0	7 6	17 46	22 21	16 21	12 55	17 14	14 46	10 47

7/23 Sun in Leo 1:49   7/5 1st Qt. 19:37   7/13 Full 17:02   7/21 3rd Qt. 17:54   7/28 New 11:45

AUGUST 1965

Day	Sid. T.	Sun	Moon	Merc.	Venus	Mars	Jup.	Saturn	Uranus	Nept.	Pluto	N.Node
1	8:39:32	9Le 0 40	4Li47	0Vi 5	8Vi19	18Li22	22Ge33	16Pi17R	12Vi58	17Sc14	14Vi48	10Ge44
2	8:43:29	9 58 6	18 38	0 4R	9 31	18 57	22 44	16 14	13 1	17 14	14 50	10 40
3	8:47:25	10 55 32	2Sc 1	29Le59	10 44	19 33	22 56	16 11	13 5	17 14	14 52	10 37
4	8:51:22	11 52 59	14 57	29 48	11 56	20 9	23 7	16 8	13 8	17 14	14 54	10 34
5	8:55:19	12 50 27	27 31	29 32	13 8	20 45	23 18	16 4	13 11	17 15	14 55	10 31
6	8:59:15	13 47 55	9Sg48	29 10	14 21	21 21	23 29	16 1	13 15	17 15	14 57	10 28
7	9: 3:12	14 45 25	21 51	28 44	15 33	21 57	23 40	15 57	13 18	17 15	14 59	10 24
8	9: 7: 8	15 42 55	3Cp47	28 12	16 45	22 34	23 51	15 54	13 22	17 15	15 1	10 21
9	9:11: 4	16 40 26	15 38	27 37	17 57	23 10	24 2	15 50	13 25	17 16	15 3	10 18
10	9:15: 1	17 37 58	27 28	26 57	19 9	23 47	24 13	15 46	13 29	17 16	15 5	10 15
11	9:18:58	18 35 31	9Aq19	26 13	20 21	24 24	24 24	15 43	13 32	17 17	15 7	10 12
12	9:22:54	19 33 5	21 13	25 27	21 33	25 0	24 34	15 39	13 36	17 17	15 9	10 9
13	9:26:50	20 30 40	3Pi12	24 38	22 45	25 37	24 45	15 35	13 39	17 17	15 11	10 5
14	9:30:48	21 28 17	15 16	23 49	23 57	26 15	24 55	15 31	13 43	17 18	15 13	10 2
15	9:34:44	22 25 54	27 28	22 58	25 9	26 52	25 6	15 27	13 46	17 18	15 15	9 59
16	9:38:40	23 23 34	9Ar49	22 8	26 21	27 29	25 16	15 23	13 50	17 19	15 17	9 56
17	9:42:37	24 21 14	22 21	21 20	27 33	28 7	25 26	15 19	13 53	17 20	15 19	9 53
18	9:46:34	25 18 57	5Ta 6	20 34	28 45	28 44	25 36	15 15	13 57	17 20	15 21	9 50
19	9:50:30	26 16 41	18 8	19 52	29 57	29 22	25 46	15 11	14 1	17 21	15 23	9 46
20	9:54:26	27 14 26	1Ge30	19 14	1Li 8	0Sc 0	25 56	15 6	14 4	17 22	15 25	9 43
21	9:58:24	28 12 14	15 14	18 42	2 20	0 38	26 5	15 2	14 8	17 22	15 27	9 40
22	10: 2:20	29 10 3	29 22	18 15	3 32	1 16	26 15	14 58	14 12	17 23	15 29	9 37
23	10: 6:16	0Vi 7 54	13Cn53	17 55	4 43	1 54	26 24	14 53	14 15	17 24	15 31	9 34
24	10:10:13	1 5 46	28 44	17 42	5 55	2 32	26 34	14 49	14 19	17 25	15 33	9 30
25	10:14: 9	2 3 40	13Le49	17 37	7 7	3 11	26 43	14 45	14 23	17 25	15 35	9 27
26	10:18: 6	3 1 36	28 59	17 39D	8 18	3 49	26 52	14 40	14 26	17 26	15 37	9 24
27	10:22: 3	3 59 33	14Vi 3	17 50	9 30	4 28	27 1	14 36	14 30	17 27	15 39	9 21
28	10:25:59	4 57 32	28 52	18 9	10 41	5 6	27 10	14 31	14 34	17 28	15 42	9 18
29	10:29:55	5 55 32	13Li17	18 35	11 52	5 45	27 19	14 27	14 38	17 29	15 44	9 15
30	10:33:52	6 53 34	27 13	19 10	13 4	6 24	27 27	14 22	14 41	17 30	15 46	9 11
31	10:37:49	7 51 36	10Sc40	19 53	14 15	7 3	27 36	14 18	14 45	17 31	15 48	9 8

8/23 Sun in Vir. 8:43   8/4 1st Qt. 5:48   8/12 Full 8:23   8/20 3rd Qt. 3:51   8/26 New 18:51

SEPTEMBER 1965

Day	Sid. T.	Sun	Moon	Merc.	Venus	Mars	Jup.	Saturn	Uranus	Nept.	Pluto	N.Node
1	10:41:45	8Vi49 41	23Sc40	20Le44	15Li26	7Sc42	27Ge44	14Pi13R	14Vi49	17Sc32	15Vi50	9Ge 5
2	10:45:42	9 47 47	6Sg15	21 41	16 37	8 22	27 52	14 9	14 53	17 33	15 52	9 2
3	10:49:39	10 45 54	18 32	22 46	17 49	9 1	28 0	14 4	14 56	17 34	15 54	8 59
4	10:53:35	11 44 2	0Cp34	23 57	19 0	9 40	28 8	13 59	15 0	17 36	15 56	8 56
5	10:57:31	12 42 12	12 28	25 15	20 11	10 20	28 16	13 55	15 4	17 37	15 59	8 52
6	11: 1:28	13 40 24	24 18	26 38	21 22	11 0	28 24	13 50	15 8	17 38	16 1	8 49
7	11: 5:25	14 38 37	6Aq 8	28 6	22 33	11 39	28 31	13 46	15 12	17 39	16 3	8 46
8	11: 9:21	15 36 52	18 2	29 39	23 43	12 19	28 39	13 41	15 15	17 40	16 5	8 43
9	11:13:18	16 35 8	0Pi 2	1Vi16	24 54	12 59	28 46	13 36	15 19	17 42	16 7	8 40
10	11:17:14	17 33 26	12 9	2 56	26 5	13 39	28 53	13 32	15 23	17 43	16 9	8 36
11	11:21:11	18 31 46	24 25	4 40	27 16	14 19	29 0	13 27	15 27	17 44	16 11	8 33
12	11:25: 7	19 30 7	6Ar50	6 26	28 26	15 0	29 7	13 23	15 30	17 46	16 14	8 30
13	11:29: 4	20 28 31	19 25	8 14	29 37	15 40	29 14	13 18	15 34	17 47	16 16	8 27
14	11:33: 0	21 26 56	2Ta11	10 3	0Sc47	16 21	29 20	13 14	15 38	17 48	16 18	8 24
15	11:36:57	22 25 24	15 7	11 54	1 58	17 1	29 26	13 9	15 42	17 50	16 20	8 21
16	11:40:54	23 23 54	28 17	13 45	3 8	17 42	29 33	13 5	15 45	17 51	16 22	8 17
17	11:44:50	24 22 26	11Ge41	15 37	4 19	18 23	29 39	13 0	15 49	17 53	16 24	8 14
18	11:48:47	25 21 0	25 22	17 30	5 29	19 3	29 45	12 56	15 53	17 54	16 26	8 11
19	11:52:43	26 19 37	9Cn21	19 22	6 39	19 44	29 50	12 51	15 57	17 56	16 29	8 8
20	11:56:40	27 18 15	23 37	21 14	7 49	20 25	29 56	12 47	16 0	17 57	16 31	8 5
21	12: 0:36	28 16 56	8Le10	23 6	8 59	21 6	0Cn 1	12 42	16 4	17 59	16 33	8 2
22	12: 4:33	29 15 39	22 54	24 57	10 9	21 48	0 6	12 38	16 8	18 1	16 35	7 58
23	12: 8:30	0Li14 25	7Vi44	26 48	11 19	22 29	0 12	12 34	16 12	18 2	16 37	7 55
24	12:12:26	1 13 12	22 31	28 39	12 29	23 10	0 16	12 30	16 15	18 4	16 39	7 52
25	12:16:23	2 12 1	7Li 7	0Li28	13 39	23 52	0 21	12 25	16 19	18 6	16 41	7 49
26	12:20:19	3 10 52	21 24	2 17	14 48	24 33	0 26	12 21	16 23	18 7	16 43	7 46
27	12:24:16	4 9 46	5Sc17	4 5	15 58	25 15	0 30	12 17	16 26	18 9	16 45	7 42
28	12:28:12	5 8 41	18 45	5 52	17 8	25 57	0 34	12 13	16 30	18 11	16 47	7 39
29	12:32: 9	6 7 38	1Sg46	7 38	18 17	26 39	0 38	12 9	16 33	18 12	16 49	7 36
30	12:36: 5	7 6 36	14 24	9 24	19 26	27 21	0 42	12 5	16 37	18 14	16 51	7 33

9/23 Sun in Lib. 6:07   9/2 1st Qt. 19:28   9/10 Full 23:33   9/18 3rd Qt. 11:59   9/25 New 3:18

OCTOBER 1965

Day	Sid. T.	Sun	Moon	Merc.	Venus	Mars	Jup.	Saturn	Uranus	Nept.	Pluto	N.Node
1	12:40: 2	8Li 5 37	26Sg43	11Li 8	20Sc36	28Sc 3	0Cn46	12Pi 1R	16Vi41	18Sc16	16Vi53	7Ge30
2	12:43:59	9 4 39	8Cp48	12 52	21 45	28 45	0 49	11 57	16 .44	18 18	16 55	7 27
3	12:47:55	10 3 43	20 43	14 34	22 54	29 27	0 53	11 54	16 48	18 20	16 58	7 23
4	12:51:52	11 2 49	2Aq34	16 16	24 3	0Sg 9	0 56	11 50	16 51	18 22	17 0	7 20
5	12:55:48	12 1 57	14 26	17 58	25 12	0 52	0 59	11 46	16 55	18 23	17 2	7 17
6	12:59:45	13 1 6	26 23	19 38	26 21	1 34	1 1	11 43	16 58	18 25	17 3	7 14
7	13: 3:41	14 0 17	8Pi28	21 17	27 29	2 17	1 4	11 39	17 2	18 27	17 5	7 11
8	13: 7:37	14 59 30	20 43	22 56	28 38	2 59	1 6	11 36	17 5	18 29	17 7	7 8
9	13:11:34	15 58 45	3Ar11	24 34	29 46	3 42	1 8	11 32	17 9	18 31	17 9	7 4
10	13:15:31	16 58 2	15 52	26 11	0Sg55	4 25	1 10	11 29	17 12	18 33	17 11	7 1
11	13:19:27	17 57 21	28 46	27 48	2 3	5 8	1 12	11 26	17 16	18 35	17 13	6 58
12	13:23:24	18 56 42	11Ta52	29 23	3 11	5 50	1 13	11 23	17 19	18 37	17 15	6 55
13	13:27:20	19 56 6	25 10	0Sc58	4 19	6 33	1 15	11 20	17 22	18 39	17 17	6 52
14	13:31:17	20 55 31	8Ge38	2 33	5 27	7 17	1 16	11 17	17 26	18 41	17 19	6 48
15	13:35:13	21 54 59	22 17	4 6	6 35	8 0	1 17	11 14	17 29	18 43	17 21	6 45
16	13:39:10	22 54 30	6Cn 6	5 39	7 42	8 43	1 18	11 11	17 32	18 45	17 22	6 42
17	13:43: 6	23 54 2	20 5	7 12	8 50	9 26	1 18	11 8	17 35	18 47	17 24	6 39
18	13:47: 3	24 53 37	4Le14	8 43	9 57	10 10	1 18	11 5	17 39	18 49	17 26	6 36
19	13:51: 0	25 53 14	18 30	10 14	11 4	10 53	1 19	11 3	17 42	18 52	17 28	6 33
20	13:54:56	26 52 53	2Vi52	11 45	12 11	11 37	19R	11 0	17 45	18 54	17 30	6 29
21	13:58:53	27 52 35	17 15	13 15	13 18	12 20	1 18	10 58	17 48	18 56	17 31	6 26
22	14: 2:49	28 52 19	1Li35	14 44	14 25	13 4	1 18	10 56	17 51	18 58	17 33	6 23
23	14: 6:46	29 52 5	15 45	16 13	15 32	13 48	1 17	10 53	17 54	19 0	17 35	6 20
24	14:10:42	0Sc51 53	29 42	17 41	16 38	14 32	1 16	10 51	17 57	19 2	17 36	6 17
25	14:14:39	1 51 43	13Sc21	19 8	17 44	15 16	1 15	10 49	18 0	19 4	17 38	6 13
26	14:18:36	2 51 35	26 39	20 35	18 50	16 0	1 14	10 47	18 3	19 7	17 40	6 10
27	14:22:32	3 51 28	9Sg36	22 1	19 56	16 44	1 12	10 45	18 6	19 9	17 41	6 7
28	14:26:29	4 51 24	22 13	23 26	21 2	17 28	1 11	10 44	18 9	19 11	17 43	6 4
29	14:30:25	5 51 21	4Cp33	24 50	22 7	18 12	1 9	10 42	18 12	19 13	17 45	6 1
30	14:34:21	6 51 20	16 39	26 14	23 13	18 57	1 7	10 41	18 15	19 15	17 46	5 58
31	14:38:18	7 51 21	28 36	27 37	24 18	19 41	1 5	10 39	18 17	19 18	17 48	5 54

10/23 Sun in Sco. 15:11   10/2 1st Qt. 12:38   10/10 Full 14:14   10/17 3rd Qt. 19:00   10/24 New 14:12

NOVEMBER 1965

Day	Sid. T.	Sun	Moon	Merc.	Venus	Mars	Jup.	Saturn	Uranus	Nept.	Pluto	N.Node
1	14:42:15	8Sc51 23	10Aq28	28Sc59	25Sg23	20Sg25	1Cn 2R	10Pi38R	18Vi20	19Sc20	17Vi49	5Ge51
2	14:46:11	9 51 27	22 21	0Sg20	26 27	21 10	0 59	10 36	18 23	19 22	17 51	5 48
3	14:50: 8	10 51 32	4Pi19	1 40	27 32	21 54	0 57	10 35	18 26	19 24	17 52	5 45
4	14:54: 5	11 51 39	16 26	2 59	28 36	22 39	0 54	10 34	18 28	19 26	17 54	5 42
5	14:58: 1	12 51 48	28 46	4 16	29 40	23 24	0 50	10 33	18 31	19 29	17 55	5 39
6	15: 1:57	13 51 58	11Ar23	5 32	0Cp43	24 9	0 47	10 32	18 33	19 31	17 56	5 35
7	15: 5:54	14 52 10	24 16	6 47	1 47	24 53	0 43	10 32	18 36	19 33	17 58	5 32
8	15: 9:51	15 52 23	7Ta28	8 0	2 50	25 38	0 40	10 31	18 38	19 35	17 59	5 29
9	15:13:47	16 52 39	20 56	9 11	3 52	26 23	0 36	10 31	18 41	19 38	18 0	5 26
10	15:17:44	17 52 56	4Ge39	10 20	4 55	27 8	0 31	10 30	18 43	19 40	18 2	5 23
11	15:21:41	18 53 14	18 35	11 27	5 57	27 53	0 27	10 30	18 45	19 42	18 3	5 19
12	15:25:37	19 53 35	2Cn39	12 30	6 59	28 38	0 22	10 30	18 48	19 44	18 4	5 16
13	15:29:34	20 53 58	16 50	13 31	8 0	29 24	0 18	10 29	18 50	19 47	18 5	5 13
14	15:33:30	21 54 22	1Le 3	14 29	9 2	0Cp 9	0 13	10 29D	18 52	19 49	18 6	5 10
15	15:37:26	22 54 49	15 17	15 22	10 2	0 54	0 8	10 30	18 54	19 51	18 8	5 7
16	15:41:23	23 55 17	29 28	16 12	11 3	1 40	0 3	10 30	18 56	19 53	18 9	5 4
17	15:45:20	24 55 47	13Vi35	16 56	12 3	2 25	29Ge57	10 30	18 58	19 56	18 10	5 0
18	15:49:16	25 56 19	27 35	17 35	13 3	3 10	29 52	10 30	19 0	19 58	18 11	4 57
19	15:53:12	26 56 53	11Li27	18 8	14 2	3 56	29 46	10 31	19 2	20 0	18 12	4 54
20	15:57:10	27 57 28	25 8	18 34	15 1	4 42	29 40	10 32	19 4	20 2	18 13	4 51
21	16: 1: 6	28 58 5	8Sc37	18 52	15 59	5 27	29 34	10 32	19 6	20 5	18 14	4 48
22	16: 5: 2	29 58 44	21 53	19 2	16 57	6 13	29 28	10 33	19 8	20 7	18 15	4 45
23	16: 8:59	0Sg59 24	4Sg53	19 3R	17 54	6 59	29 22	10 34	19 10	20 9	18 16	4 41
24	16:12:56	2 0 6	17 38	18 54	18 51	7 45	29 15	10 35	19 12	20 11	18 17	4 38
25	16:16:52	3 0 49	0Cp 8	18 35	19 48	8 31	29 9	10 36	19 13	20 14	18 17	4 35
26	16:20:49	4 1 33	12 24	18 5	20 44	9 16	29 2	10 38	19 15	20 16	18 18	4 32
27	16:24:46	5 2 19	24 29	17 24	21 39	10 2	28 55	10 39	19 16	20 18	18 19	4 29
28	16:28:42	6 3 5	6Aq26	16 32	22 34	10 48	28 48	10 40	19 18	20 20	18 20	4 25
29	16:32:39	7 3 52	18 18	15 31	23 28	11 35	28 41	10 42	19 19	20 22	18 21	4 22
30	16:36:36	8 4 41	0Pi10	14 20	24 21	12 21	28 34	10 44	19 21	20 24	18 21	4 19

11/22 Sun in Sag. 12:30   11/1 1st Qt. 8:26   11/9 Full 4:16   11/16 3rd Qt. 1:54   11/23 New 4:10(E)

DECEMBER 1965

Day	Sid. T.	Sun	Moon	Merc.	Venus	Mars	Jup.	Saturn	Uranus	Nept.	Pluto	N.Node
1	16:40:32	9Sg 5 30	12Pi 6	13Sg 4R	25Cp14	13Cp 7	28Ge27R	10Pi45	19Vi22	20Sc27	18Vi22	4Ge16
2	16:44:28	10 6 20	24 12	11 43	26 6	13 53	28 20	10 47	19 23	20 29	18 22	4 13
3	16:48:25	11 7 11	6Ar31	10 20	26 57	14 39	28 12	10 49	19 25	20 31	18 23	4 10
4	16:52:21	12 8 3	19 8	8 58	27 48	15 26	28 5	10 51	19 26	20 33	18 24	4 6
5	16:56:18	13 8 56	2Ta 5	7 40	28 37	16 12	27 57	10 54	19 27	20 35	18 24	4 3
6	17: 0:15	14 9 49	15 26	6 29	29 26	16 58	27 49	10 56	19 28	20 37	18 25	4 0
7	17: 4:11	15 10 44	29 9	5 25	0Aq14	17 45	27 42	10 58	19 29	20 39	18 25	3 57
8	17: 8: 8	16 11 39	13Ge14	4 32	1 2	18 31	27 34	11 1	19 30	20 41	18 26	3 54
9	17:12: 4	17 12 36	27 37	3 49	1 48	19 18	27 26	11 3	19 31	20 44	18 26	3 51
10	17:16: 1	18 13 33	12Cn12	3 18	2 33	20 4	27 18	11 6	19 32	20 46	18 26	3 47
11	17:19:57	19 14 31	26 52	2 58	3 18	20 51	27 10	11 9	19 33	20 48	18 27	3 44
12	17:23:54	20 15 31	11Le31	2 49	4 1	21 37	27 2	11 12	19 33	20 50	18 27	3 41
13	17:27:51	21 16 31	26 2	2 50D	4 43	22 24	26 54	11 15	19 34	20 52	18 27	3 38
14	17:31:47	22 17 32	10Vi22	3 1	5 24	23 11	26 46	11 18	19 35	20 54	18 28	3 35
15	17:35:44	23 18 35	24 28	3 21	6 4	23 57	26 38	11 21	19 35	20 56	18 28	3 31
16	17:39:40	24 19 38	8Li17	3 49	6 43	24 44	26 30	11 24	19 36	20 58	18 28	3 28
17	17:43:37	25 20 42	21 51	4 24	7 20	25 31	26 21	11 27	19 36	21 0	18 28	3 25
18	17:47:33	26 21 48	5Sc 9	5 6	7 56	26 18	26 13	11 31	19 37	21 2	18 28	3 22
19	17:51:30	27 22 54	18 12	5 53	8 31	27 5	26 5	11 34	19 37	21 3	18 28	3 19
20	17:55:26	28 24 1	1Sg 3	6 46	9 4	27 52	25 57	11 38	19 37	21 5	18 28	3 16
21	17:59:23	29 25 8	13 42	7 43	9 36	28 39	25 49	11 42	19 38	21 7	18 28R	3 12
22	18: 3:20	0Cp26 16	26 10	8 44	10 6	29 26	25 41	11 46	19 38	21 9	18 28	3 9
23	18: 7:16	1 27 25	8Cp28	9 48	10 35	0Aq13	25 33	11 50	19 38	21 11	18 28	3 6
24	18:11:13	2 28 34	20 37	10 55	11 2	1 0	25 25	11 54	19 38	21 13	18 28	3 3
25	18:15: 9	3 29 43	2Aq38	12 5	11 27	1 47	25 17	11 58	19 38R	21 15	18 28	3 0
26	18:19: 6	4 30 52	14 33	13 17	11 50	2 34	25 9	12 2	19 38	21 16	18 28	2 57
27	18:23: 2	5 32 2	26 24	14 32	12 12	3 21	25 1	12 6	19 38	21 18	18 28	2 53
28	18:26:59	6 33 11	8Pi15	15 48	12 31	4 8	24 53	12 10	19 37	21 20	18 27	2 50
29	18:30:56	7 34 21	20 10	17 6	12 49	4 55	24 45	12 15	19 37	21 21	18 27	2 47
30	18:34:52	8 35 30	2Ar11	18 25	13 4	5 42	24 37	12 19	19 37	21 23	18 27	2 44
31	18:38:49	9 36 39	14 25	19 46	13 18	6 29	24 30	12 24	19 37	21 25	18 26	2 41

12/22 Sun in Cap. 1:41   12/1 1st Qt. 5:25   12/8 Full 17:22   12/15 3rd Qt. 9:52   12/22 New 21:03   12/31 1st Qt. 1:47

Day	Sid. T.	Sun	Moon	Merc.	Venus	Mars	Jup.	Saturn	Uranus	Nept.	Pluto	N.Node
1	18:42:45	10Cp37 48	26Ar57	21Sg 7	13Aq29	7Aq16	24Ge22R	12Pi28	19Vi37R	21Sc26	18Vi26R	2Ge37
2	18:46:42	11 38 57	9Ta49	22 30	13 38	8 4	24 15	12 33	19 36	21 28	18 26	2 34
3	18:50:38	12 40 6	23 7	23 54	13 44	8 51	24 7	12 38	19 36	21 30	18 25	2 31
4	18:54:35	13 41 14	6Ge53	25 18	13 48	9 38	24 0	12 43	19 35	21 31	18 25	2 28
5	18:58:31	14 42 22	21 6	26 44	13 50	10 25	23 53	12 48	19 34	21 33	18 24	2 25
6	19: 2:27	15 43 30	5Cn44	28 10	13 49R	11 13	23 46	12 53	19 34	21 34	18 24	2 22
7	19: 6:25	16 44 38	20 40	29 37	13 46	12 0	23 39	12 58	19 33	21 36	18 23	2 18
8	19:10:21	17 45 46	5Le47	1Cp 4	13 40	12 47	23 32	13 3	19 32	21 37	18 23	2 15
9	19:14:17	18 46 53	20 54	2 32	13 32	13 35	23 25	13 8	19 32	21 39	18 22	2 12
10	19:18:14	19 48 1	5Vi51	4 1	13 21	14 22	23 18	13 14	19 31	21 40	18 22	2 9
11	19:22:11	20 49 8	20 30	5 30	13 7	15 9	23 12	13 19	19 30	21 41	18 21	2 6
12	19:26: 7	21 50 15	4Li47	7 0	12 52	15 57	23 6	13 24	19 29	21 43	18 20	2 2
13	19:30: 4	22 51 23	18 40	8 30	12 33	16 44	22 59	13 30	19 28	21 44	18 19	1 59
14	19:34: 1	23 52 30	2Sc 9	10 1	12 13	17 31	22 53	13 36	19 27	21 45	18 19	1 56
15	19:37:57	24 53 37	15 16	11 32	11 50	18 19	22 47	13 41	19 25	21 47	18 18	1 53
16	19:41:53	25 54 44	28 4	13 4	11 25	19 6	22 42	13 47	19 24	21 48	18 17	1 50
17	19:45:50	26 55 50	10Sg38	14 37	10 58	19 53	22 36	13 53	19 23	21 49	18 16	1 47
18	19:49:47	27 56 57	23 0	16 10	10 29	20 41	22 31	13 58	19 22	21 50	18 15	1 43
19	19:53:43	28 58 2	5Cp12	17 43	9 58	21 28	22 25	14 4	19 20	21 51	18 15	1 40
20	19:57:40	29 59 8	17 17	19 17	9 26	22 16	22 20	14 10	19 19	21 52	18 14	1 37
21	20: 1:36	1Aq 0 13	29 17	20 52	8 53	23 3	22 15	14 16	19 18	21 54	18 13	1 34
22	20: 5:32	2 1 17	11Aq13	22 27	8 18	23 51	22 11	14 22	19 16	21 55	18 12	1 31
23	20: 9:29	3 2 20	23 6	24 3	7 42	24 38	22 6	14 29	19 15	21 56	18 11	1 28
24	20:13:26	4 3 22	4Pi57	25 39	7 6	25 25	22 2	14 35	19 13	21 57	18 10	1 24
25	20:17:22	5 4 24	16 49	27 16	6 29	26 13	21 58	14 41	19 12	21 58	18 9	1 21
26	20:21:19	6 5 24	28 44	28 54	5 52	27 0	21 53	14 47	19 10	21 58	18 8	1 18
27	20:25:16	7 6 23	10Ar45	0Aq32	5 15	27 48	21 50	14 54	19 8	21 59	18 6	1 15
28	20:29:12	8 7 22	22 56	2 11	4 38	28 35	21 46	15 0	19 6	22 0	18 5	1 12
29	20:33: 8	9 8 19	5Ta22	3 50	4 2	29 22	21 43	15 6	19 5	22 1	18 5	1 8
30	20:37: 6	10 9 14	18 7	5 31	3 27	0Pi10	21 39	15 13	19 3	22 2	18 3	1 5
31	20:41: 2	11 10 9	1Ge16	7 12	2 53	0 57	21 36	15 19	19 1	22 3	18 2	1 2

1/20 Sun in Aqu. 12:21   1/7 Full 5:17   1/13 3rd Qt. 20:00   1/21 New 15:47   1/29 1st Qt. 19:49

Day	Sid. T.	Sun	Moon	Merc.	Venus	Mars	Jup.	Saturn	Uranus	Nept.	Pluto	N.Node
1	20:44:58	12Aq11 2	14Ge53	8Aq53	2Aq20R	1Pi44	21Ge33R	15Pi26	18Vi59R	22Sc 3	18Vi 1R	0Ge59
2	20:48:55	13 11 54	28 59	10 36	1 48	2 32	21 31	15 32	18 57	22 4	17 59	0 56
3	20:52:52	14 12 45	13Cn35	12 19	1 18	3 19	21 28	15 39	18 55	22 5	17 58	0 53
4	20:56:48	15 13 34	28 35	14 2	0 51	4 7	21 26	15 46	18 53	22 5	17 57	0 49
5	21: 0:44	16 14 22	13Le52	15 47	0 25	4 54	21 24	15 53	18 51	22 6	17 56	0 46
6	21: 4:41	17 15 9	29 14	17 32	0 1	5 41	21 22	15 59	18 49	22 6	17 54	0 43
7	21: 8:37	18 15 55	14Vi30	19 18	29Cp39	6 28	21 20	16 6	18 47	22 7	17 53	0 40
8	21:12:34	19 16 39	29 29	21 5	29 20	7 16	21 19	16 13	18 45	22 7	17 52	0 37
9	21:16:31	20 17 23	14Li 3	22 52	29 3	8 3	21 18	16 20	18 43	22 8	17 50	0 34
10	21:20:27	21 18 5	28 8	24 40	28 49	8 50	21 17	16 27	18 40	22 8	17 49	0 30
11	21:24:24	22 18 46	11Sc44	26 29	28 37	9 38	21 16	16 34	18 38	22 9	17 48	0 27
12	21:28:20	23 19 27	24 53	28 18	28 27	10 25	21 15	16 41	18 36	22 9	17 46	0 24
13	21:32:17	24 20 6	7Sg39	0Pi 8	28 21	11 12	21 15	16 48	18 34	22 9	17 45	0 21
14	21:36:13	25 20 44	20 6	1 58	28 16	11 59	21 14	16 55	18 31	22 10	17 43	0 18
15	21:40:10	26 21 21	2Cp19	3 48	28 14	12 46	21 14D	17 2	18 29	22 10	17 42	0 14
16	21:44: 7	27 21 57	14 22	5 39	28 15D	13 34	21 15	17 9	18 27	22 10	17 40	0 11
17	21:48: 3	28 22 31	26 19	7 30	28 18	14 21	21 15	17 16	18 24	22 10	17 39	0 8
18	21:52: 0	29 23 4	8Aq12	9 20	28 23	15 8	21 15	17 23	18 22	22 11	17 37	0 5
19	21:55:56	0Pi23 36	20 4	11 11	28 30	15 55	21 16	17 30	18 19	22 11	17 36	0 2
20	21:59:53	1 24 6	1Pi56	13 0	28 40	16 42	21 17	17 37	18 17	22 11	17 34	29Ta59
21	22: 3:49	2 24 34	13 50	14 49	28 52	17 29	21 18	17 45	18 14	22 11	17 33	29 55
22	22: 7:46	3 25 1	25 46	16 36	29 6	18 16	21 20	17 52	18 12	22 11R	17 31	29 52
23	22:11:42	4 25 25	7Ar46	18 22	29 23	19 3	21 21	17 59	18 9	22 11	17 30	29 49
24	22:15:39	5 25 49	19 52	20 5	29 41	19 50	21 23	18 6	18 7	22 11	17 28	29 46
25	22:19:36	6 26 10	2Ta46	21 46	0Aq 1	20 37	21 25	18 14	18 4	22 11	17 27	29 43
26	22:23:32	7 26 29	14 34	23 24	0 23	21 24	21 27	18 21	18 2	22 11	17 25	29 40
27	22:27:29	8 26 47	27 17	24 58	0 47	22 11	21 29	18 28	17 59	22 10	17 24	29 36
28	22:31:25	9 27 2	10Ge21	26 28	1 12	22 58	21 32	18 36	17 57	22 10	17 22	29 33

2/19 Sun in Pis. 2:39   2/5 Full 15:58   2/12 3rd Qt. 8:53   2/20 New 10:50   2/28 1st Qt. 10:16

MARCH 1966

Day	Sid. T.	Sun	Moon	Merc.	Venus	Mars	Jup.	Saturn	Uranus	Nept.	Pluto	N.Node
1	22:35:22	10Pi27 15	23Ge48	27Pi53	1Aq39	23Pi45	21Ge35	18Pi43	17Vi54R	22Sc10R	17Vi20R	29Ta30
2	22:39:18	11 27 27	7Cn42	29 13	2 8	24 31	21 38	18 50	17 51	22 10	17 19	29 27
3	22:43:15	12 27 36	22 4	0Ar27	2 38	25 18	21 41	18 58	17 49	22 9	17 17	29 24
4	22:47:12	13 27 43	6Le52	1 34	3 10	26 5	21 44	19 5	17 46	22 9	17 16	29 20
5	22:51: 8	14 27 48	21 59	2 34	3 43	26 52	21 47	19 12	17 44	22 9	17 14	29 17
6	22:55: 5	15 27 51	7Vi16	3 27	4 18	27 38	21 51	19 20	17 41	22 8	17 12	29 14
7	22:59: 1	16 27 52	22 33	4 11	4 54	28 25	21 55	19 27	17 38	22 8	17 11	29 11
8	23: 2:58	17 27 51	7Li37	4 47	5 31	29 12	21 59	19 35	17 36	22 8	17 9	29 8
9	23: 6:54	18 27 49	22 21	5 15	6 9	29 58	22 3	19 42	17 33	22 7	17 8	29 5
10	23:10:51	19 27 44	6Sc36	5 33	6 49	0Ar45	22 8	19 49	17 31	22 7	17 6	29 1
11	23:14:47	20 27 38	20 23	5 43	7 30	1 31	22 12	19 57	17 28	22 6	17 4	28 58
12	23:18:44	21 27 31	3Sg40	5 44R	8 12	2 18	22 17	20 4	17 25	22 5	17 3	28 55
13	23:22:41	22 27 22	16 31	5 36	8 55	3 4	22 22	20 11	17 23	22 5	17 1	28 52
14	23:26:37	23 27 11	29 1	5 20	9 38	3 51	22 27	20 19	17 20	22 4	17 0	28 49
15	23:30:33	24 26 59	11Cp14	4 56	10 23	4 37	22 32	20 26	17 17	22 4	16 58	28 46
16	23:34:30	25 26 44	23 15	4 25	11 9	5 23	22 37	20 34	17 15	22 3	16 56	28 42
17	23:38:27	26 26 28	5Aq10	3 47	11 56	6 10	22 43	20 41	17 12	22 2	16 55	28 39
18	23:42:23	27 26 11	17 1	3 4	12 43	6 56	22 49	20 48	17 10	22 1	16 53	28 36
19	23:46:20	28 25 51	28 52	2 17	13 32	7 42	22 55	20 56	17 7	22 1	16 52	28 33
20	23:50:17	29 25 29	10Pi45	1 26	14 21	8 28	23 1	21 3	17 5	22 0	16 50	28 30
21	23:54:13	0Ar25 6	22 42	0 33	15 11	9 14	23 7	21 10	17 2	21 59	16 49	28 26
22	23:58:10	1 24 40	4Ar45	29Pi39	16 1	10 1	23 13	21 18	17 0	21 58	16 47	28 23
23	0: 2: 6	2 24 13	16 55	28 45	16 53	10 47	23 20	21 25	16 57	21 57	16 46	28 20
24	0: 6: 3	3 23 43	29 13	27 52	17 45	11 33	23 26	21 32	16 55	21 56	16 44	28 17
25	0: 9:59	4 23 12	11Ta40	27 1	18 37	12 19	23 33	21 40	16 52	21 55	16 43	28 14
26	0:13:56	5 22 38	24 18	26 13	19 30	13 5	23 40	21 47	16 50	21 54	16 41	28 11
27	0:17:52	6 22 2	7Ge10	25 29	20 24	13 51	23 47	21 54	16 47	21 53	16 40	28 7
28	0:21:48	7 21 23	20 18	24 50	21 19	14 36	23 54	22 2	16 45	21 52	16 38	28 4
29	0:25:46	8 20 43	3Cn44	24 15	22 14	15 22	24 2	22 9	16 42	21 51	16 37	28 1
30	0:29:42	9 20 0	17 31	23 46	23 9	16 8	24 9	22 16	16 40	21 50	16 35	27 58
31	0:33:38	10 19 14	1Le40	23 22	24 5	16 54	24 17	22 23	16 38	21 49	16 34	27 55

3/21 Sun in Ari. 1:54   3/7 Full 1:46   3/14 3rd Qt. 0:19   3/22 New 4:47   3/29 1st Qt. 20:44

APRIL 1966

Day	Sid. T.	Sun	Moon	Merc.	Venus	Mars	Jup.	Saturn	Uranus	Nept.	Pluto	N.Node
1	0:37:35	11Ar18 27	16Le 9	23Pi 4R	25Aq 2	17Ar39	24Ge25	22Pi30	16Vi35R	21Sc48R	16Vi32R	27Ta51
2	0:41:32	12 17 37	0Vi55	22 52	25 59	18 25	24 32	22 38	16 33	21 47	16 31	27 48
3	0:45:28	13 16 44	15 51	22 46	26 56	19 11	24 40	22 45	16 31	21 46	16 30	27 45
4	0:49:24	14 15 50	0Li50	22 45D	27 54	19 56	24 49	22 52	16 29	21 45	16 28	27 42
5	0:53:22	15 14 53	15 42	22 49	28 52	20 42	24 57	22 59	16 26	21 43	16 27	27 39
6	0:57:18	16 13 54	0Sc18	22 59	29 51	21 27	25 5	23 6	16 24	21 42	16 25	27 36
7	1: 1:14	17 12 53	14 33	23 14	0Pi50	22 12	25 14	23 13	16 22	21 41	16 24	27 32
8	1: 5:11	18 11 51	28 22	23 33	1 49	22 58	25 23	23 20	16 20	21 40	16 23	27 29
9	1: 9: 8	19 10 47	11Sg44	23 58	2 49	23 43	25 32	23 27	16 18	21 38	16 22	27 26
10	1:13: 4	20 9 41	24 42	24 27	3 49	24 28	25 40	23 34	16 16	21 37	16 20	27 23
11	1:17: 0	21 8 33	7Cp17	25 0	4 50	25 14	25 50	23 40	16 14	21 36	16 19	27 20
12	1:20:57	22 7 24	19 35	25 37	5 51	25 59	25 59	23 47	16 12	21 34	16 18	27 17
13	1:24:53	23 6 12	1Aq39	26 18	6 52	26 44	26 8	23 54	16 10	21 33	16 17	27 13
14	1:28:50	24 4 59	13 35	27 3	7 53	27 29	26 17	24 1	16 8	21 31	16 15	27 10
15	1:32:47	25 3 45	25 27	27 51	8 55	28 14	26 27	24 8	16 6	21 30	16 14	27 7
16	1:36:43	26 2 28	7Pi19	28 43	9 57	28 59	26 37	24 14	16 4	21 29	16 13	27 4
17	1:40:40	27 1 10	19 15	29 37	10 59	29 44	26 46	24 21	16 2	21 27	16 12	27 1
18	1:44:37	27 59 50	1Ar17	0Ar35	12 2	0Ta29	26 56	24 28	16 1	21 26	16 11	26 57
19	1:48:33	28 58 28	13 28	1 36	13 5	1 14	27 6	24 34	15 59	21 24	16 10	26 54
20	1:52:29	29 57 4	25 50	2 39	14 8	1 58	27 16	24 41	15 57	21 23	16 9	26 51
21	1:56:26	0Ta55 38	8Ta23	3 45	15 12	2 43	27 26	24 47	15 56	21 21	16 7	26 48
22	2: 0:23	1 54 11	21 8	4 54	16 15	3 28	27 37	24 54	15 54	21 20	16 6	26 45
23	2: 4:19	2 52 42	4Ge 6	6 5	17 19	4 12	27 47	25 0	15 53	21 18	16 5	26 42
24	2: 8:16	3 51 10	17 17	7 18	18 23	4 57	27 57	25 6	15 51	21 17	16 5	26 38
25	2:12:13	4 49 37	0Cn41	8 33	19 27	5 42	28 8	25 13	15 50	21 15	16 4	26 35
26	2:16: 9	5 48 1	14 18	9 51	20 32	6 26	28 19	25 19	15 48	21 14	16 3	26 32
27	2:20: 5	6 46 23	28 10	11 11	21 37	7 11	28 29	25 25	15 47	21 12	16 2	26 29
28	2:24: 2	7 44 44	12Le14	12 33	22 42	7 55	28 40	25 31	15 46	21 11	16 1	26 26
29	2:27:58	8 43 2	26 28	13 58	23 47	8 39	28 51	25 37	15 44	21 9	16 0	26 23
30	2:31:55	9 41 17	10Vi56	15 24	24 52	9 23	29 2	25 43	15 43	21 7	15 59	26 19

4/20 Sun in Tau. 13:12   4/5 Full 11:14   4/12 3rd Qt. 17:29   4/20 New 20:36   4/28 1st Qt. 3:50

Day	Sid. T.	Sun	Moon	Merc.	Venus	Mars	Jup.	Saturn	Uranus	Nept.	Pluto	N.Node
1	2:35:52	10Ta39 31	25Vi27	16Ar52	25Pi57	10Ta 8	29Ge13	25Pi49	15Vi42R	21Sc 6R	15Vi59R	26Ta16
2	2:39:48	11 37 43	9Li58	18 22	27 3	10 52	29 24	25 55	15 41	21 4	15 58	26 13
3	2:43:45	12 35 53	24 24	19 54	28 9	11 36	29 35	26 1	15 40	21 3	15 57	26 10
4	2:47:41	13 34 1	8Sc39	21 28	29 15	12 20	29 47	26 7	15 39	21 1	15 56	26 7
5	2:51:38	14 32 8	22 38	23 4	0Ar21	13 4	29 58	26 13	15 38	20 59	15 56	26 3
6	2:55:34	15 30 12	6Sg18	24 42	1 27	13 48	0Cn10	26 19	15 37	20 58	15 55	26 0
7	2:59:31	16 28 16	19 36	26 22	2 33	14 32	0 21	26 24	15 36	20 56	15 54	25 57
8	3: 3:28	17 26 18	2Cp34	28 4	3 40	15 16	0 33	26 30	15 35	20 55	15 54	25 54
9	3: 7:24	18 24 18	15 11	29 48	4 47	16 0	0 44	26 35	15 34	20 53	15 53	25 51
10	3:11:21	19 22 17	27 32	1Ta33	5 53	16 43	0 56	26 41	15 34	20 51	15 53	25 48
11	3:15:17	20 20 15	9Aq39	3 21	7 0	17 27	1 8	26 46	15 33	20 50	15 52	25 44
12	3:19:14	21 18 11	21 37	5 11	8 7	18 11	1 20	26 51	15 32	20 48	15 52	25 41
13	3:23:10	22 16 6	3Pi31	7 2	9 15	18 54	1 32	26 57	15 32	20 46	15 51	25 38
14	3:27: 7	23 14 0	15 24	8 56	10 22	19 38	1 44	27 2	15 31	20 45	15 51	25 35
15	3:31: 4	24 11 53	27 22	10 51	11 29	20 21	1 56	27 7	15 31	20 43	15 51	25 32
16	3:35: 0	25 9 44	9Ar28	12 48	12 37	21 5	2 8	27 12	15 30	20 41	15 50	25 29
17	3:38:57	26 7 34	21 46	14 47	13 45	21 48	2 20	27 17	15 30	20 40	15 50	25 25
18	3:42:53	27 5 23	4Ta18	16 48	14 53	22 31	2 33	27 22	15 30	20 38	15 50	25 22
19	3:46:50	28 3 10	17 6	18 51	16 0	23 15	2 45	27 27	15 29	20 37	15 49	25 19
20	3:50:46	29 0 57	0Ge11	20 56	17 8	23 58	2 57	27 32	15 29	20 35	15 49	25 16
21	3:54:43	29 58 42	13 32	23 2	18 17	24 41	3 10	27 36	15 29	20 33	15 49	25 13
22	3:58:39	0Ge56 25	27 8	25 9	19 25	25 24	3 22	27 41	15 29	20 32	15 49	25 9
23	4: 2:36	1 54 7	10Cn57	27 18	20 33	26 7	3 35	27 46	15 29	20 30	15 49	25 6
24	4: 6:33	2 51 48	24 57	29 27	21 42	26 50	3 47	27 50	15 29D	20 29	15 48	25 3
25	4:10:29	3 49 27	9Le 4	1Ge38	22 50	27 33	4 0	27 54	15 29	20 27	15 48	25 0
26	4:14:26	4 47 5	23 16	3 50	23 59	28 16	4 13	27 59	15 29	20 25	15 48	24 57
27	4:18:22	5 44 41	7Vi30	6 1	25 7	28 59	4 25	28 3	15 29	20 24	15 48D	24 54
28	4:22:19	6 42 16	21 43	8 13	26 16	29 42	4 38	28 7	15 30	20 22	15 48	24 50
29	4:26:15	7 39 49	5Li54	10 25	27 25	0Ge25	4 51	28 11	15 30	20 21	15 48	24 47
30	4:30:12	8 37 20	19 59	12 37	28 34	1 7	5 4	28 15	15 30	20 19	15 48	24 44
31	4:34: 9	9 34 51	3Sc57	14 47	29 43	1 50	5 17	28 19	15 31	20 18	15 49	24 41

5/21 Sun in Gem. 12:33   5/4 Full 21:01   5/12 3rd Qt. 11:19   5/20 New 9:43(E)   5/27 1st Qt. 8:51

Day	Sid. T.	Sun	Moon	Merc.	Venus	Mars	Jup.	Saturn	Uranus	Nept.	Pluto	N.Node
1	4:38: 4	10Ge32 20	17Sc44	16Ge57	0Ta52	2Ge33	5Cn30	28Pi23	15Vi31	20Sc16R	15Vi49	24Ta38
2	4:42: 2	11 29 48	1Sg20	19 6	2 1	3 15	5 43	28 27	15 32	20 15	15 49	24 34
3	4:45:58	12 27 15	14 40	21 13	3 10	3 58	5 56	28 30	15 32	20 13	15 49	24 31
4	4:49:54	13 24 42	27 45	23 19	4 20	4 40	6 9	28 34	15 33	20 12	15 49	24 28
5	4:53:51	14 22 7	10Cp34	25 23	5 29	5 23	6 22	28 38	15 33	20 10	15 50	24 25
6	4:57:48	15 19 31	23 8	27 25	6 38	6 5	6 35	28 41	15 34	20 9	15 50	24 22
7	5: 1:44	16 16 55	5Aq26	29 24	7 48	6 47	6 48	28 44	15 35	20 7	15 50	24 19
8	5: 5:41	17 14 18	17 33	1Cn22	8 57	7 29	7 1	28 48	15 36	20 6	15 51	24 15
9	5: 9:38	18 11 41	29 32	3 18	10 7	8 12	7 14	28 51	15 36	20 5	15 51	24 12
10	5:13:34	19 9 3	11Pi26	5 11	11 17	8 54	7 28	28 54	15 37	20 3	15 51	24 9
11	5:17:30	20 6 24	23 19	7 1	12 27	9 36	7 41	28 57	15 38	20 2	15 52	24 6
12	5:21:27	21 3 45	5Ar17	8 50	13 37	10 18	7 54	29 0	15 39	20 1	15 52	24 3
13	5:25:24	22 1 5	17 24	10 36	14 46	11 0	8 7	29 2	15 40	19 59	15 53	24 0
14	5:29:20	22 58 25	29 45	12 19	15 56	11 42	8 21	29 5	15 42	19 58	15 53	23 56
15	5:33:17	23 55 45	12Ta23	14 0	17 7	12 24	8 34	29 8	15 43	19 57	15 54	23 53
16	5:37:14	24 53 4	25 21	15 38	18 17	13 5	8 47	29 10	15 44	19 55	15 55	23 50
17	5:41:10	25 50 23	8Ge42	17 14	19 27	13 47	9 1	29 13	15 45	19 54	15 55	23 47
18	5:45: 7	26 47 41	22 24	18 47	20 37	14 29	9 14	29 15	15 47	19 53	15 56	23 44
19	5:49: 3	27 44 59	6Cn25	20 18	21 47	15 11	9 28	29 17	15 48	19 52	15 57	23 40
20	5:52:59	28 42 17	20 42	21 46	22 58	15 52	9 41	29 19	15 49	19 50	15 57	23 37
21	5:56:56	29 39 33	5Le 8	23 12	24 8	16 34	9 55	29 21	15 51	19 49	15 58	23 34
22	6: 0:53	0Cn36 49	19 39	24 35	25 19	17 15	10 8	29 23	15 52	19 48	15 59	23 31
23	6: 4:49	1 34 5	4Vi 8	25 55	26 29	17 57	10 21	29 25	15 54	19 47	16 0	23 28
24	6: 8:45	2 31 20	18 31	27 13	27 40	18 38	10 35	29 27	15 56	19 46	16 1	23 25
25	6:12:43	3 28 34	2Li43	28 27	28 50	19 20	10 48	29 29	15 57	19 45	16 1	23 21
26	6:16:39	4 25 47	16 44	29 39	0Ge 1	20 1	11 2	29 30	15 59	19 44	16 2	23 18
27	6:20:35	5 23 0	0Sc32	0Le48	1 12	20 42	11 16	29 32	16 1	19 43	16 3	23 15
28	6:24:32	6 20 13	14 7	1 54	2 23	21 23	11 29	29 33	16 3	19 42	16 4	23 12
29	6:28:29	7 17 25	27 30	2 57	3 33	22 5	11 43	29 34	16 4	19 41	16 5	23 9
30	6:32:25	8 14 36	10Sg41	3 57	4 44	22 46	11 56	29 35	16 6	19 40	16 6	23 6

6/21 Sun in Can. 20:34   6/3 Full 7:41   6/11 3rd Qt. 4:59   6/18 New 20:09   6/25 1st Qt. 13:23

JULY 1966

Day	Sid. T.	Sun	Moon	Merc.	Venus	Mars	Jup.	Saturn	Uranus	Nept.	Pluto	N.Node
1	6:36:21	9Cn11 48	23Sg40	4Le54	5Ge55	23Ge27	12Cn10	29Pi37	16Vi 8	19Sc39R	16Vi 7	23Ta 2
2	6:40:19	10 8 59	6Cp27	5 47	7 6	24 8	12 23	29 37	16 10	19 38	16 8	22 59
3	6:44:15	11 6 10	19 2	6 37	8 17	24 49	12 37	29 38	16 12	19 37	16 10	22 56
4	6:48:11	12 3 22	1Aq25	7 24	9 28	25 30	12 50	29 39	16 14	19 36	16 11	22 53
5	6:52: 8	13 0 33	13 38	8 6	10 39	26 11	13 4	29 40	16 17	19 35	16 12	22 50
6	6:56: 4	13 57 44	25 41	8 45	11 51	26 51	13 17	29 40	16 19	19 35	16 13	22 46
7	7: 0: 1	14 54 56	7Pi37	9 20	13 2	27 32	13 31	29 41	16 21	19 34	16 14	22 43
8	7: 3:57	15 52 7	19 29	9 51	14 13	28 13	13 45	29 41	16 23	19 33	16 15	22 40
9	7: 7:54	16 49 20	1Ar21	10 18	15 24	28 54	13 58	29 41	16 25	19 32	16 17	22 37
10	7:11:50	17 46 32	13 18	10 41	16 36	29 34	14 12	29 42	16 28	19 32	16 18	22 34
11	7:15:47	18 43 45	25 23	10 59	17 47	0Cn15	14 25	29 42R	16 30	19 31	16 19	22 31
12	7:19:44	19 40 59	7Ta42	11 12	18 59	0 55	14 39	29 42	16 33	19 30	16 21	22 27
13	7:23:40	20 38 13	20 21	11 21	20 10	1 36	14 52	29 41	16 35	19 30	16 22	22 24
14	7:27:37	21 35 27	3Ge23	11 25	21 22	2 16	15 6	29 41	16 38	19 29	16 23	22 21
15	7:31:33	22 32 43	16 50	11 24R	22 34	2 57	15 19	29 41	16 40	19 29	16 25	22 18
16	7:35:30	23 29 58	0Cn45	11 19	23 45	3 37	15 33	29 40	16 43	19 28	16 26	22 15
17	7:39:26	24 27 14	15 4	11 8	24 57	4 17	15 46	29 40	16 45	19 28	16 28	22 12
18	7:43:23	25 24 31	29 43	10 53	26 9	4 58	16 0	29 39	16 48	19 27	16 29	22 8
19	7:47:20	26 21 48	14Le35	10 33	27 21	5 38	16 13	29 38	16 51	19 27	16 31	22 5
20	7:51:16	27 19 5	29 31	10 9	28 32	6 18	16 26	29 37	16 53	19 27	16 32	22 2
21	7:55:13	28 16 23	14Vi22	9 41	29 44	6 58	16 40	29 37	16 56	19 26	16 34	21 59
22	7:59: 9	29 13 41	29 1	9 9	0Cn56	7 38	16 53	29 35	16 59	19 26	16 35	21 56
23	8: 3: 6	0Le10 59	13Li22	8 33	2 8	8 18	17 7	29 34	17 2	19 26	16 37	21 52
24	8: 7: 2	1 8 18	27 24	7 55	3 20	8 58	17 20	29 33	17 5	19 25	16 38	21 49
25	8:10:59	2 5 36	11Sc 5	7 14	4 33	9 38	17 33	29 32	17 8	19 25	16 40	21 46
26	8:14:55	3 2 56	24 28	6 32	5 45	10 18	17 47	29 30	17 11	19 25	16 42	21 43
27	8:18:52	4 0 15	7Sg34	5 48	6 57	10 58	18 0	29 29	17 14	19 25	16 43	21 40
28	8:22:49	4 57 36	20 27	5 5	8 9	11 38	18 13	29 27	17 17	19 25	16 45	21 37
29	8:26:45	5 54 56	3Cp 7	4 22	9 21	12 18	18 26	29 25	17 20	19 24	16 47	21 33
30	8:30:42	6 52 18	15 36	3 40	10 34	12 57	18 40	29 24	17 23	19 24	16 49	21 30
31	8:34:38	7 49 40	27 57	3 1	11 46	13 37	18 53	29 22	17 26	19 24	16 50	21 27

7/23 Sun in Leo 7:24   7/2 Full 19:37   7/10 3rd Qt. 21:43   7/18 New 4:31   7/24 1st Qt. 19:00

AUGUST 1966

Day	Sid. T.	Sun	Moon	Merc.	Venus	Mars	Jup.	Saturn	Uranus	Nept.	Pluto	N.Node
1	8:38:35	8Le47 2	10Aq 9	2Le24R	12Cn59	14Cn16	19Cn 6	29Pi20R	17Vi29	19Sc24	16Vi52	21Ta24
2	8:42:31	9 44 26	22 13	1 51	14 11	14 56	19 19	29 18	17 32	19 24	16 54	21 21
3	8:46:28	10 41 51	4Pi11	1 22	15 24	15 36	19 32	29 15	17 35	19 24	16 56	21 18
4	8:50:25	11 39 16	16 4	0 59	16 36	16 15	19 45	29 13	17 38	19 25	16 58	21 14
5	8:54:21	12 36 43	27 54	0 40	17 49	16 54	19 58	29 11	17 42	19 25	16 59	21 11
6	8:58:18	13 34 11	9Ar45	0 28	19 1	17 34	20 11	29 8	17 45	19 25	17 1	21 8
7	9: 2:14	14 31 40	21 40	0 21	20 14	18 13	20 24	29 6	17 48	19 25	17 3	21 5
8	9: 6:11	15 29 10	3Ta43	0 21D	21 27	18 52	20 37	29 3	17 52	19 25	17 5	21 2
9	9:10: 7	16 26 42	16 0	0 28	22 40	19 32	20 50	29 0	17 55	19 25	17 7	20 58
10	9:14: 4	17 24 15	28 36	0 42	23 53	20 11	21 2	28 57	17 58	19 26	17 9	20 55
11	9:18: 0	18 21 49	11Ge35	1 2	25 5	20 50	21 15	28 55	18 2	19 26	17 11	20 52
12	9:21:57	19 19 25	25 1	1 30	26 18	21 29	21 28	28 52	18 5	19 26	17 13	20 49
13	9:25:54	20 17 3	8Cn57	2 4	27 31	22 8	21 41	28 49	18 9	19 27	17 15	20 46
14	9:29:50	21 14 41	23 21	2 46	28 44	22 47	21 53	28 45	18 12	19 27	17 17	20 43
15	9:33:47	22 12 22	8Le11	3 34	29 58	23 26	22 6	28 42	18 15	19 28	17 19	20 39
16	9:37:43	23 10 3	23 17	4 29	1Le11	24 5	22 18	28 39	18 19	19 28	17 21	20 36
17	9:41:40	24 7 46	8Vi31	5 31	2 24	24 44	22 31	28 36	18 22	19 29	17 23	20 33
18	9:45:36	25 5 30	23 41	6 38	3 37	25 23	22 43	28 32	18 26	19 29	17 25	20 30
19	9:49:33	26 3 15	8Li37	7 52	4 50	26 2	22 56	28 29	18 30	19 30	17 27	20 27
20	9:53:30	27 1 1	23 13	9 12	6 4	26 41	23 8	28 25	18 33	19 30	17 29	20 23
21	9:57:26	27 58 48	7Sc23	10 37	7 17	27 19	23 20	28 22	18 37	19 31	17 31	20 20
22	10: 1:23	28 56 37	21 9	12 6	8 30	27 58	23 32	28 18	18 40	19 32	17 33	20 17
23	10: 5:19	29 54 26	4Sg30	13 41	9 44	28 37	23 45	28 14	18 44	19 32	17 35	20 14
24	10: 9:15	0Vi52 17	17 30	15 20	10 57	29 15	23 57	28 10	18 48	19 33	17 37	20 11
25	10:13:12	1 50 9	0Cp12	17 2	12 11	29 54	24 9	28 6	18 51	19 34	17 39	20 8
26	10:17: 9	2 48 2	12 40	18 48	13 24	0Le32	24 20	28 3	18 55	19 35	17 41	20 4
27	10:21: 5	3 45 57	24 58	20 36	14 38	1 11	24 32	27 59	18 59	19 35	17 43	20 1
28	10:25: 1	4 43 53	7Aq 6	22 27	15 52	1 49	24 44	27 55	19 2	19 36	17 45	19 58
29	10:28:59	5 41 50	19 8	24 20	17 5	2 28	24 56	27 50	19 6	19 37	17 47	19 55
30	10:32:55	6 39 49	1Pi 6	26 15	18 19	3 6	25 7	27 46	19 10	19 38	17 50	19 52
31	10:36:51	7 37 49	12 59	28 10	19 33	3 44	25 19	27 42	19 13	19 39	17 52	19 49

8/23 Sun in Vir. 14:19   8/1 Full 9:06   8/9 3rd Qt. 12:56   8/16 New 11:48   8/23 1st Qt. 3:02   8/31 Full 0:14

Day	Sid. T.	Sun	Moon	Merc.	Venus	Mars	Jup.	Saturn	Uranus	Nept.	Pluto	N.Node
1	10:40:48	8Vi35 51	24Pi50	0Vi 7	20Le46	4Le22	25Cn30	27Pi38R	19Vi17	19Sc40	17Vi54	19Ta45
2	10:44:45	9 33 55	6Ar41	2 4	22 0	5 1	25 42	27 34	19 21	19 41	17 56	19 42
3	10:48:41	10 32 0	18 34	4 1	23 14	5 39	25 53	27 29	19 25	19 42	17 58	19 39
4	10:52:38	11 30 8	0Ta31	5 58	24 28	6 17	26 4	27 25	19 28	19 43	18 0	19 36
5	10:56:35	12 28 17	12 35	7 55	25 42	6 55	26 16	27 21	19 32	19 44	18 2	19 33
6	11: 0:31	13 26 28	24 52	9 51	26 56	7 33	26 27	27 16	19 36	19 45	18 5	19 29
7	11: 4:27	14 24 41	7Ge26	11 47	28 10	8 11	26 38	27 12	19 40	19 47	18 7	19 26
8	11: 8:24	15 22 57	20 21	13 42	29 24	8 49	26 49	27 7	19 43	19 48	18 9	19 23
9	11:12:20	16 21 14	3Cn42	15 37	0Vi38	9 27	27 0	27 3	19 47	19 49	18 11	19 20
10	11:16:17	17 19 34	17 30	17 30	1 52	10 4	27 10	26 58	19 51	19 50	18 13	19 17
11	11:20:14	18 17 55	1Le48	19 23	3 6	10 42	27 21	26 54	19 55	19 51	18 15	19 14
12	11:24:10	19 16 19	16 33	21 14	4 21	11 20	27 32	26 49	19 58	19 53	18 18	19 10
13	11:28: 6	20 14 44	1Vi38	23 5	5 35	11 58	27 42	26 45	20 2	19 54	18 20	19 7
14	11:32: 3	21 13 12	16 54	24 54	6 49	12 35	27 53	26 40	20 6	19 55	18 22	19 4
15	11:36: 0	22 11 41	2Li12	26 43	8 3	13 13	28 3	26 35	20 10	19 57	18 24	19 1
16	11:39:56	23 10 12	17 18	28 30	9 18	13 50	28 13	26 31	20 14	19 58	18 26	18 58
17	11:43:53	24 8 45	2Sc 6	0Li16	10 32	14 28	28 23	26 26	20 17	20 0	18 28	18 55
18	11:47:50	25 7 20	16 28	2 1	11 46	15 5	28 33	26 21	20 21	20 1	18 31	18 51
19	11:51:46	26 5 57	0Sg22	3 46	13 1	15 43	28 43	26 17	20 25	20 3	18 33	18 48
20	11:55:42	27 4 35	13 49	5 29	14 15	16 20	28 53	26 12	20 29	20 4	18 35	18 45
21	11:59:40	28 3 14	26 52	7 11	15 30	16 58	29 3	26 8	20 32	20 6	18 37	18 42
22	12: 3:36	29 1 56	9Cp33	8 52	16 44	17 35	29 13	26 3	20 36	20 7	18 39	18 39
23	12: 7:32	0Li 0 39	21 57	10 32	17 59	18 12	29 22	25 58	20 40	20 9	18 41	18 35
24	12:11:29	0 59 24	4Aq 9	12 11	19 13	18 49	29 31	25 54	20 44	20 10	18 43	18 32
25	12:15:25	1 58 10	16 11	13 50	20 28	19 26	29 41	25 49	20 47	20 12	18 45	18 29
26	12:19:22	2 56 59	28 7	15 27	21 43	20 3	29 50	25 44	20 51	20 14	18 48	18 26
27	12:23:18	3 55 49	9Pi59	17 3	22 57	20 41	29 59	25 40	20 55	20 15	18 50	18 23
28	12:27:15	4 54 41	21 51	18 39	24 12	21 19	0Le 8	25 35	20 59	20 17	18 52	18 20
29	12:31:11	5 53 34	3Ar43	20 13	25 27	21 54	0 17	25 31	21 2	20 19	18 54	18 16
30	12:35: 8	6 52 30	15 38	21 47	26 41	22 31	0 25	25 26	21 6	20 20	18 56	18 13

9/23 Sun in Lib. 11:44   9/8 3rd Qt. 2:07   9/14 New 19:14   9/21 1st Qt. 14:25   9/29 Full 16:48

Day	Sid. T.	Sun	Moon	Merc.	Venus	Mars	Jup.	Saturn	Uranus	Nept.	Pluto	N.Node
1	12:39: 5	7Li51 28	27Ar36	23Li20	27Vi56	23Le 8	0Le34	25Pi22R	21Vi10	20Sc22	18Vi58	18Ta10
2	12:43: 1	8 50 28	9Ta41	24 52	29 11	23 45	0 42	25 17	21 13	20 24	19 0	18 7
3	12:46:58	9 49 31	21 54	26 23	0Li26	24 22	0 51	25 13	21 17	20 26	19 2	18 4
4	12:50:54	10 48 35	4Ge18	27 53	1 41	24 58	0 59	25 9	21 21	20 27	19 4	18 1
5	12:54:51	11 47 42	16 57	29 23	2 55	25 35	1 7	25 4	21 24	20 29	19 6	17 57
6	12:58:47	12 46 51	29 53	0Sc51	4 10	26 12	1 15	25 0	21 28	20 31	19 8	17 54
7	13: 2:44	13 46 3	13Cn11	2 19	5 25	26 48	1 23	24 56	21 31	20 33	19 10	17 51
8	13: 6:41	14 45 17	26 52	3 46	6 40	27 25	1 31	24 51	21 35	20 35	19 12	17 48
9	13:10:37	15 44 33	10Le57	5 12	7 55	28 1	1 38	24 47	21 38	20 37	19 14	17 45
10	13:14:34	16 43 51	25 26	6 37	9 10	28 37	1 46	24 43	21 42	20 39	19 16	17 41
11	13:18:30	17 43 12	10Vi15	8 2	10 25	29 14	1 53	24 39	21 46	20 41	19 18	17 38
12	13:22:27	18 42 35	25 17	9 25	11 40	29 50	2 0	24 35	21 49	20 43	19 20	17 35
13	13:26:23	19 42 0	10Li24	10 47	12 55	0Vi26	2 7	24 31	21 52	20 45	19 22	17 32
14	13:30:20	20 41 27	25 26	12 8	14 10	1 2	2 14	24 27	21 56	20 47	19 24	17 29
15	13:34:16	21 40 57	10Sc14	13 29	15 25	1 38	2 20	24 23	21 59	20 49	19 26	17 26
16	13:38:13	22 40 28	24 42	14 48	16 40	2 14	2 27	24 19	22 3	20 51	19 28	17 22
17	13:42:10	23 40 1	8Sg44	16 6	17 55	2 50	2 33	24 16	22 6	20 53	19 30	17 19
18	13:46: 6	24 39 36	22 19	17 22	19 10	3 26	2 40	24 12	22 9	20 55	19 32	17 16
19	13:50: 3	25 39 12	5Cp28	18 37	20 25	4 2	2 46	24 8	22 13	20 57	19 33	17 13
20	13:53:59	26 38 51	18 14	19 51	21 41	4 38	2 52	24 5	22 16	20 59	19 35	17 10
21	13:57:56	27 38 31	0Aq41	21 3	22 56	5 14	2 57	24 1	22 19	21 1	19 37	17 7
22	14: 1:52	28 38 13	12 52	22 11	24 11	5 50	3 3	23 58	22 23	21 3	19 39	17 3
23	14: 5:49	29 37 56	24 52	23 22	25 26	6 25	3 8	23 54	22 26	21 5	19 41	17 0
24	14: 9:46	0Sc37 42	6Pi46	24 28	26 41	7 1	3 14	23 51	22 29	21 7	19 42	16 57
25	14:13:42	1 37 28	18 37	25 33	27 56	7 36	3 19	23 48	22 32	21 10	19 44	16 54
26	14:17:39	2 37 17	0Ar28	26 34	29 12	8 12	3 24	23 45	22 35	21 12	19 46	16 51
27	14:21:35	3 37 8	12 23	27 33	0Sc27	8 47	3 29	23 42	22 38	21 14	19 47	16 47
28	14:25:31	4 37 0	24 24	28 28	1 42	9 22	3 33	23 39	22 41	21 16	19 49	16 44
29	14:29:28	5 36 54	6Ta33	29 20	2 57	9 58	3 38	23 36	22 44	21 18	19 51	16 41
30	14:33:25	6 36 51	18 51	0Sg 8	4 12	10 33	3 42	23 33	22 47	21 20	19 52	16 38
31	14:37:21	7 36 49	1Ge20	0 52	5 28	11 8	3 46	23 31	22 50	21 23	19 54	16 35

10/23 Sun in Sco. 20:52   10/7 3rd Qt. 13:09   10/14 New 3:52   10/21 1st Qt. 5:35   10/29 Full 10:01

NOVEMBER 1966

Day	Sid. T.	Sun	Moon	Merc.	Venus	Mars	Jup.	Saturn	Uranus	Nept.	Pluto	N.Node
1	14:41:18	8Sc36 49	14Ge 0	1Sg31	6Sc43	11Vi43	3Le50	23Pi28R	22Vi53	21Sc25	19Vi56	16Ta32
2	14:45:15	9 36 51	26 54	2 5	7 58	12 18	3 54	23 26	22 56	21 27	19 57	16 28
3	14:49:11	10 36 56	10Cn 2	2 33	9 13	12 53	3 57	23 23	22 59	21 29	19 59	16 25
4	14:53: 7	11 37 2	23 26	2 54	10 29	13 28	4 1	23 21	23 2	21 31	20 0	16 22
5	14:57: 4	12 37 11	7Le 6	3 8	11 44	14 2	4 4	23 19	23 5	21 34	20 2	16 19
6	15: 1: 1	13 37 21	21 3	3 15	12 59	14 37	4 7	23 17	23 7	21 36	20 3	16 16
7	15: 4:57	14 37 34	5Vi16	3 12R	14 15	15 12	4 10	23 15	23 10	21 38	20 5	16 12
8	15: 8:54	15 37 49	19 43	3 1	15 30	15 46	4 12	23 13	23 13	21 40	20 6	16 9
9	15:12:51	16 38 6	4Li20	2 40	16 45	16 21	4 15	23 11	23 15	21 43	20 7	16 6
10	15:16:47	17 38 24	19 3	2 9	18 1	16 55	4 17	23 9	23 18	21 45	20 9	16 3
11	15:20:44	18 38 45	3Sc44	1 28	19 16	17 30	4 19	23 7	23 21	21 47	20 10	16 0
12	15:24:40	19 39 8	18 17	0 38	20 31	18 4	4 21	23 6	23 23	21 49	20 11	15 57
13	15:28:37	20 39 32	2Sg36	29Sc38	21 47	18 38	4 23	23 4	23 26	21 52	20 13	15 53
14	15:32:33	21 39 57	16 36	28 30	23 2	19 12	4 24	23 3	23 28	21 54	20 14	15 50
15	15:36:30	22 40 25	0Cp13	27 15	24 17	19 46	4 25	23 2	23 30	21 56	20 15	15 47
16	15:40:26	23 40 54	13 27	25 56	25 33	20 20	4 26	23 1	23 33	21 58	20 16	15 44
17	15:44:22	24 41 24	26 18	24 35	26 48	20 54	4 27	23 0	23 35	22 1	20 17	15 41
18	15:48:20	25 41 55	8Aq48	23 15	28 3	21 28	4 28	22 59	23 37	22 3	20 19	15 38
19	15:52:16	26 42 28	21 2	21 58	29 19	22 1	4 28	22 58	23 39	22 5	20 20	15 34
20	15:56:12	27 43 2	3Pi 3	20 47	0Sg34	22 35	4 29	22 57	23 42	22 7	20 21	15 31
21	16: 0: 9	28 43 37	14 57	19 43	1 50	23 8	4 29	22 57	23 44	22 10	20 22	15 28
22	16: 4: 6	29 44 13	26 47	18 50	3 5	23 42	4 28R	22 56	23 46	22 12	20 23	15 25
23	16: 8: 2	0Sg44 50	8Ar39	18 7	4 20	24 15	4 28	22 56	23 48	22 14	20 24	15 22
24	16:11:58	1 45 29	20 37	17 35	5 36	24 48	4 28	22 55	23 50	22 16	20 25	15 18
25	16:15:56	2 46 9	2Ta44	17 16	6 51	25 21	4 27	22 55	23 52	22 19	20 26	15 15
26	16:19:52	3 46 50	15 3	17 7	8 6	25 54	4 26	22 55	23 54	22 21	20 27	15 12
27	16:23:48	4 47 32	27 37	17 10D	9 22	26 27	4 25	22 55D	23 55	22 23	20 27	15 9
28	16:27:45	5 48 16	10Ge25	17 23	10 37	27 0	4 24	22 55	23 57	22 25	20 28	15 6
29	16:31:42	6 49 1	23 29	17 46	11 53	27 33	4 22	22 56	23 59	22 27	20 29	15 3
30	16:35:38	7 49 47	6Cn47	18 17	13 8	28 5	4 20	22 56	24 1	22 30	20 30	14 59

11/22 Sun in Sag. 18:15   11/5 3rd Qt. 22:19   11/12 New 14:27(E)   11/20 1st Qt. 0:20   11/28 Full 2:41

DECEMBER 1966

Day	Sid. T.	Sun	Moon	Merc.	Venus	Mars	Jup.	Saturn	Uranus	Nept.	Pluto	N.Node
1	16:39:34	8Sg50 35	20Cn18	18Sc55	14Sg23	28Vi38	4Le18R	22Pi56	24Vi 2	22Sc32	20Vi31	14Ta56
2	16:43:31	9 51 24	4Le 0	19 41	15 39	29 10	4 16	22 57	24 4	22 34	20 31	14 53
3	16:47:27	10 52 14	17 52	20 33	16 54	29 43	4 14	22 58	24 5	22 36	20 32	14 50
4	16:51:24	11 53 6	1Vi52	21 30	18 9	0Li15	4 12	22 58	24 7	22 38	20 33	14 47
5	16:55:21	12 53 59	15 59	22 31	19 25	0 47	4 9	22 59	24 8	22 40	20 33	14 44
6	16:59:17	13 54 54	0Li10	23 37	20 40	1 19	4 6	23 0	24 9	22 43	20 34	14 40
7	17: 3:14	14 55 49	14 24	24 46	21 56	1 51	4 3	23 1	24 11	22 45	20 34	14 37
8	17: 7:11	15 56 47	28 38	25 58	23 11	2 22	4 0	23 3	24 12	22 47	20 35	14 34
9	17:11: 7	16 57 45	12Sc51	27 12	24 26	2 54	3 56	23 4	24 13	22 49	20 35	14 31
10	17:15: 3	17 58 44	26 57	28 29	25 42	3 25	3 53	23 5	24 14	22 51	20 36	14 28
11	17:19: 0	18 59 45	10Sg54	29 48	26 57	3 57	3 49	23 7	24 15	22 53	20 36	14 24
12	17:22:57	20 0 46	24 38	1Sg 9	28 13	4 28	3 45	23 9	24 17	22 55	20 37	14 21
13	17:26:53	21 1 48	8Cp 6	2 31	29 28	4 59	3 41	23 10	24 17	22 57	20 37	14 18
14	17:30:50	22 2 51	21 15	3 54	0Cp43	5 30	3 36	23 12	24 18	22 59	20 38	14 15
15	17:34:47	23 3 55	4Aq 4	5 19	1 59	6 1	3 32	23 14	24 19	23 1	20 38	14 12
16	17:38:43	24 4 59	16 36	6 44	3 14	6 31	3 27	23 16	24 20	23 3	20 38	14 8
17	17:42:39	25 6 3	28 51	8 11	4 30	7 2	3 22	23 18	24 21	23 5	20 38	14 5
18	17:46:36	26 7 8	10Pi53	9 37	5 45	7 32	3 17	23 21	24 22	23 7	20 38	14 2
19	17:50:32	27 8 13	22 46	11 5	7 0	8 3	3 12	23 23	24 22	23 9	20 38	13 59
20	17:54:29	28 9 18	4Ar36	12 33	8 16	8 33	3 7	23 25	24 23	23 11	20 39	13 56
21	17:58:26	29 10 24	16 28	14 2	9 31	9 3	3 1	23 28	24 23	23 13	20 39	13 53
22	18: 2:22	0Cp11 30	28 26	15 31	10 47	9 32	2 55	23 31	24 24	23 15	20 39	13 50
23	18: 6:19	1 12 36	10Ta36	17 1	12 2	10 2	2 50	23 33	24 24	23 17	20 39R	13 46
24	18:10:15	2 13 42	23 1	18 31	13 17	10 32	2 44	23 36	24 24	23 19	20 39	13 43
25	18:14:12	3 14 49	5Ge46	20 1	14 33	11 1	2 37	23 39	24 25	23 21	20 39	13 40
26	18:18: 8	4 15 56	18 51	21 32	15 48	11 30	2 31	23 42	24 25	23 22	20 39	13 37
27	18:22: 5	5 17 3	2Cn17	23 3	17 3	11 59	2 25	23 45	24 25	23 24	20 39	13 34
28	18:26: 2	6 18 10	16 2	24 34	18 19	12 28	2 18	23 49	24 25	23 26	20 38	13 30
29	18:29:58	7 19 18	0Le 2	26 6	19 34	12 56	2 12	23 52	24 25	23 28	20 38	13 27
30	18:33:55	8 20 26	14 12	27 38	20 49	13 25	2 5	23 56	24 25R	23 29	20 38	13 24
31	18:37:51	9 21 34	28 29	29 10	22 4	13 53	1 58	23 59	24 25	23 31	20 38	13 21

12/22 Sun in Cap. 7:29   12/5 3rd Qt. 6:22   12/12 New 3:14   12/19 1st Qt. 21:41   12/27 Full 17:44

JANUARY 1967

Day	Sid. T.	Sun	Moon	Merc.	Venus	Mars	Jup.	Saturn	Uranus	Nept.	Pluto	N.Node
1	18:41:48	10Cp22 42	12Vi46	0Cp43	23Cp20	14Li21	1Le51R	24Pi 3	24Vi25R	23Sc33	20Vi37R	13Ta18
2	18:45:44	11 23 51	27 0	2 16	24 35	14 49	1 44	24 6	24 25	23 35	20 37	13 15
3	18:49:41	12 25 0	11Li 9	3 49	25 50	15 17	1 37	24 10	24 25	23 36	20 37	13 11
4	18:53:37	13 26 10	25 12	5 23	27 6	15 44	1 30	24 14	24 25	23 38	20 36	13 8
5	18:57:34	14 27 20	9Sc 6	6 57	28 21	16 11	1 22	24 18	24 24	23 39	20 36	13 5
6	19: 1:31	15 28 30	22 54	8 31	29 36	16 38	1 15	24 22	24 24	23 41	20 36	13 2
7	19: 5:27	16 29 40	6Sg33	10 6	0Aq51	17 5	1 7	24 26	24 24	23 43	20 35	12 59
8	19: 9:24	17 30 50	20 3	11 41	2 7	17 32	1 0	24 31	24 23	23 44	20 35	12 56
9	19:13:20	18 32 1	3Cp23	13 17	3 22	17 58	0 52	24 35	24 23	23 46	20 34	12 52
10	19:17:17	19 33 11	16 31	14 53	4 37	18 24	0 44	24 39	24 22	23 47	20 34	12 49
11	19:21:13	20 34 20	29 25	16 30	5 52	18 50	0 36	24 44	24 21	23 48	20 33	12 46
12	19:25:10	21 35 30	12Aq 5	18 6	7 8	19 16	0 29	24 48	24 21	23 50	20 32	12 43
13	19:29: 7	22 36 39	24 31	19 44	8 23	19 41	0 21	24 53	24 20	23 51	20 32	12 40
14	19:33: 3	23 37 47	6Pi43	21 22	9 38	20 6	0 13	24 58	24 19	23 53	20 31	12 36
15	19:37: 0	24 38 55	18 43	23 0	10 53	20 31	0 5	25 3	24 18	23 54	20 30	12 33
16	19:40:56	25 40 2	0Ar36	24 39	12 8	20 56	29Cn57	25 7	24 17	23 55	20 30	12 30
17	19:44:53	26 41 9	12 24	26 18	13 23	21 21	29 49	25 12	24 16	23 56	20 29	12 27
18	19:48:49	27 42 14	24 13	27 58	14 39	21 45	29 41	25 18	24 15	23 58	20 28	12 24
19	19:52:46	28 43 19	6Ta 9	29 39	15 54	22 9	29 33	25 23	24 14	23 59	20 27	12 21
20	19:56:42	29 44 23	18 17	1Aq20	17 9	22 32	29 25	25 28	24 13	24 0	20 26	12 17
21	20: 0:38	0Aq45 26	0Ge43	3 1	18 24	22 55	29 17	25 33	24 12	24 1	20 25	12 14
22	20: 4:36	1 46 28	13 30	4 43	19 39	23 18	29 9	25 38	24 11	24 2	20 24	12 11
23	20: 8:32	2 47 30	26 43	6 26	20 54	23 41	29 1	25 44	24 9	24 4	20 23	12 8
24	20:12:28	3 48 30	10Cn22	8 9	22 9	24 3	28 53	25 49	24 8	24 5	20 23	12 5
25	20:16:25	4 49 29	24 26	9 52	23 24	24 26	28 45	25 55	24 7	24 6	20 22	12 1
26	20:20:22	5 50 28	8Le50	11 36	24 39	24 47	28 37	26 0	24 5	24 7	20 21	11 58
27	20:24:18	6 51 26	23 29	13 21	25 54	25 9	28 29	26 6	24 4	24 8	20 20	11 55
28	20:28:15	7 52 23	8Vi14	15 6	27 9	25 30	28 21	26 12	24 2	24 9	20 18	11 52
29	20:32:12	8 53 18	22 58	16 51	28 24	25 50	28 13	26 18	24 1	24 9	20 17	11 49
30	20:36: 8	9 54 14	7Li33	18 36	29 38	26 11	28 6	26 24	23 59	24 10	20 16	11 46
31	20:40: 4	10 55 9	21 54	20 22	0Pi53	26 31	27 58	26 29	23 57	24 11	20 15	11 42

1/20 Sun in Aqu. 18:08   1/3 3rd Qt. 14:19   1/10 New 18:07   1/18 1st Qt. 19:42   1/26 Full 6:41

FEBRUARY 1967

Day	Sid. T.	Sun	Moon	Merc.	Venus	Mars	Jup.	Saturn	Uranus	Nept.	Pluto	N.Node
1	20:44: 1	11Aq56 2	6Sc 0	22Aq 7	2Pi 8	26Li51	27Cn50R	26Pi35	23Vi56R	24Sc12	20Vi14R	11Ta39
2	20:47:58	12 56 56	19 50	23 53	3 23	27 10	27 43	26 42	23 54	24 13	20 13	11 36
3	20:51:54	13 57 48	3Sg25	25 38	4 38	27 29	27 35	26 48	23 52	24 13	20 12	11 33
4	20:55:51	14 58 40	16 46	27 22	5 53	27 47	27 28	26 54	23 50	24 14	20 10	11 30
5	20:59:47	15 59 31	29 54	29 6	7 7	28 5	27 20	27 0	23 49	24 15	20 9	11 27
6	21: 3:44	17 0 21	12Cp52	0Pi48	8 22	28 23	27 13	27 6	23 47	24 15	20 8	11 23
7	21: 7:41	18 1 9	25 38	2 30	9 37	28 40	27 6	27 13	23 45	24 16	20 7	11 20
8	21:11:37	19 1 57	8Aq14	4 9	10 51	28 57	26 59	27 19	23 43	24 17	20 5	11 17
9	21:15:34	20 2 43	20 39	5 46	12 6	29 13	26 52	27 25	23 41	24 17	20 4	11 14
10	21:19:30	21 3 28	2Pi53	7 20	13 21	29 29	26 45	27 32	23 39	24 18	20 3	11 11
11	21:23:27	22 4 12	14 58	8 51	14 35	29 45	26 39	27 38	23 37	24 18	20 1	11 7
12	21:27:23	23 4 54	26 54	10 18	15 50	0Sc 0	26 32	27 45	23 35	24 19	20 0	11 4
13	21:31:20	24 5 35	8Ar44	11 41	17 4	0 14	26 26	27 52	23 32	24 19	19 59	11 1
14	21:35:17	25 6 14	20 31	12 58	18 19	0 28	26 19	27 58	23 30	24 19	19 57	10 58
15	21:39:13	26 6 51	2Ta19	14 9	19 33	0 42	26 13	28 5	23 28	24 20	19 56	10 55
16	21:43: 9	27 7 27	14 13	15 14	20 48	0 55	26 7	28 12	23 26	24 20	19 54	10 52
17	21:47: 6	28 8 1	26 18	16 11	22 2	1 7	26 1	28 19	23 24	24 20	19 53	10 48
18	21:51: 3	29 8 33	8Ge39	17 0	23 16	1 19	25 55	28 25	23 21	24 21	19 51	10 45
19	21:54:59	0Pi 9 3	21 23	17 41	24 31	1 31	25 50	28 32	23 19	24 21	19 50	10 42
20	21:58:56	1 9 32	4Cn33	18 12	25 45	1 42	25 44	28 39	23 17	24 21	19 48	10 39
21	22: 2:52	2 9 59	18 12	18 34	26 59	1 52	25 39	28 46	23 14	24 21	19 47	10 36
22	22: 6:49	3 10 24	2Le21	18 46	28 13	2 2	25 34	28 53	23 12	24 21	19 45	10 33
23	22:10:46	4 10 47	16 55	18 48R	29 28	2 11	25 29	29 0	23 9	24 21	19 44	10 29
24	22:14:42	5 11 8	1Vi50	18 40	0Ar42	2 20	25 24	29 7	23 7	24 21R	19 42	10 26
25	22:18:39	6 11 28	16 56	18 22	1 56	2 28	25 20	29 14	23 5	24 21	19 41	10 23
26	22:22:35	7 11 46	2Li 3	17 55	3 10	2 35	25 15	29 21	23 2	24 21	19 39	10 20
27	22:26:31	8 12 2	17 1	17 19	4 24	2 42	25 11	29 29	23 0	24 21	19 38	10 17
28	22:30:28	9 12 17	1Sc43	16 36	5 38	2 48	25 7	29 36	22 57	24 21	19 36	10 13

2/19 Sun in Pis. 8:24   2/1 3rd Qt. 23:03   2/9 New 10:44   2/17 1st Qt. 15:57   2/24 Full 17:44

MARCH 1967

Day	Sid. T.	Sun	Moon	Merc.	Venus	Mars	Jup.	Saturn	Uranus	Nept.	Pluto	N.Node
1	22:34:24	10Pi12 30	16Sc 5	15Pi46R	6Ar52	2Sc53	25Cn 3R	29Pi43	22Vi55R	24Sc21R	19Vi35R	10Ta10
2	22:38:21	11 12 42	0Sg 4	14 51	8 5	2 58	24 59	29 50	22 52	24 21	19 33	10 7
3	22:42:18	12 12 52	13 41	13 52	9 19	3 2	24 56	29 57	22 49	24 21	19 31	10 4
4	22:46:14	13 13 1	26 57	12 51	10 33	3 5	24 53	0Ar 5	22 47	24 20	19 30	10 1
5	22:50:11	14 13 9	9Cp56	11 49	11 47	3 8	24 49	0 12	22 44	24 20	19 28	9 58
6	22:54: 8	15 13 15	22 39	10 47	13 0	3 10	24 46	0 19	22 42	24 20	19 27	9 54
7	22:58: 4	16 13 19	5Aq 9	9 48	14 14	3 11	24 44	0 27	22 39	24 19	19 25	9 51
8	23: 2: 1	17 13 21	17 29	8 51	15 28	3 12	24 41	0 34	22 37	24 19	19 23	9 48
9	23: 5:57	18 13 22	29 39	7 59	16 41	3 12R	24 39	0 41	22 34	24 19	19 22	9 45
10	23: 9:53	19 13 21	11Pi42	7 12	17 55	3 11	24 36	0 49	22 31	24 18	19 20	9 42
11	23:13:50	20 13 18	23 38	6 30	19 8	3 9	24 34	0 56	22 29	24 18	19 19	9 39
12	23:17:47	21 13 12	5Ar29	5 55	20 21	3 6	24 33	1 3	22 26	24 17	19 17	9 35
13	23:21:43	22 13 5	17 17	5 25	21 35	3 3	24 31	1 11	22 23	24 17	19 15	9 32
14	23:25:40	23 12 56	29 4	5 3	22 48	2 59	24 29	1 18	22 21	24 16	19 14	9 29
15	23:29:36	24 12 45	10Ta53	4 46	24 1	2 55	24 28	1 26	22 18	24 16	19 12	9 26
16	23:33:33	25 12 32	22 49	4 36	25 14	2 49	24 27	1 33	22 16	24 15	19 11	9 23
17	23:37:29	26 12 16	4Ge54	4 33	26 27	2 43	24 26	1 41	22 13	24 14	19 9	9 19
18	23:41:26	27 11 59	17 15	4 35D	27 40	2 36	24 26	1 48	22 10	24 14	19 7	9 16
19	23:45:23	28 11 39	29 55	4 43	28 53	2 28	24 25	1 56	22 8	24 13	19 6	9 13
20	23:49:19	29 11 16	12Cn59	4 57	0Ta 6	2 19	24 25	2 3	22 5	24 12	19 4	9 10
21	23:53:16	0Ar10 52	26 30	5 16	1 19	2 10	24 25D	2 10	22 3	24 11	19 3	9 7
22	23:57:12	1 10 25	10Le31	5 40	2 32	2 0	24 25	2 18	22 0	24 11	19 1	9 4
23	0: 1: 9	2 9 56	25 0	6 8	3 45	1 49	24 25	2 25	21 57	24 10	19 0	9 0
24	0: 5: 5	3 9 24	9Vi52	6 42	4 57	1 37	24 26	2 33	21 55	24 9	18 58	8 57
25	0: 9: 2	4 8 50	25 1	7 19	6 10	1 25	24 27	2 40	21 52	24 8	18 56	8 54
26	0:12:58	5 8 15	10Li17	8 0	7 22	1 12	24 27	2 48	21 50	24 7	18 55	8 51
27	0:16:55	6 7 37	25 29	8 45	8 35	0 58	24 29	2 55	21 47	24 6	18 53	8 48
28	0:20:52	7 6 57	10Sc26	9 33	9 47	0 44	24 30	3 3	21 45	24 5	18 52	8 45
29	0:24:48	8 6 16	25 7	10 25	10 59	0 29	24 31	3 10	21 42	24 4	18 50	8 41
30	0:28:45	9 5 33	9Sg22	11 20	12 12	0 13	24 33	3 18	21 40	24 3	18 49	8 38
31	0:32:41	10 4 48	23 10	12 18	13 24	29L156	24 35	3 25	21 37	24 2	18 47	8 35

3/21 Sun in Ari. 7:37 3/3 3rd Qt. 9:11 3/11 New 4:30 3/19 1st Qt. 8:32 3/26 Full 3:22

APRIL 1967

Day	Sid. T.	Sun	Moon	Merc.	Venus	Mars	Jup.	Saturn	Uranus	Nept.	Pluto	N.Node
1	0:36:38	11Ar 4 1	6Cp32	13Pi18	14Ta36	29L139R	24Cn37	3Ar33	21Vi35R	24Sc 1R	18Vi46R	8Ta32
2	0:40:34	12 3 12	19 32	14 21	15 48	29 21	24 39	3 40	21 33	24 0	18 45	8 29
3	0:44:31	13 2 22	2Aq11	15 27	17 0	29 3	24 41	3 48	21 30	23 59	18 43	8 25
4	0:48:28	14 1 30	14 34	16 35	18 12	28 44	24 44	3 55	21 28	23 58	18 42	8 22
5	0:52:24	15 0 36	26 45	17 46	19 24	28 24	24 47	4 2	21 25	23 57	18 40	8 19
6	0:56:21	15 59 40	8Pi45	18 58	20 35	28 4	24 50	4 10	21 23	23 56	18 39	8 16
7	1: 0:17	16 58 43	20 39	20 13	21 47	27 44	24 53	4 17	21 21	23 54	18 37	8 13
8	1: 4:14	17 57 43	2Ar29	21 30	22 59	27 23	24 56	4 24	21 19	23 53	18 36	8 10
9	1: 8:10	18 56 41	14 17	22 48	24 10	27 2	25 0	4 32	21 16	23 52	18 35	8 6
10	1:12: 7	19 55 38	26 6	24 9	25 21	26 40	25 3	4 39	21 14	23 51	18 33	8 3
11	1:16: 4	20 54 32	7Ta56	25 32	26 33	26 18	25 7	4 46	21 12	23 49	18 32	8 0
12	1:19:59	21 53 25	19 51	26 56	27 44	25 56	25 11	4 54	21 10	23 48	18 31	7 57
13	1:23:57	22 52 15	1Ge54	28 22	28 55	25 34	25 15	5 1	21 8	23 47	18 30	7 54
14	1:27:53	23 51 3	14 6	29 50	0Ge 6	25 11	25 20	5 8	21 6	23 45	18 28	7 50
15	1:31:49	24 49 49	26 32	1Ar20	1 17	24 48	25 24	5 15	21 4	23 44	18 27	7 47
16	1:35:46	25 48 33	9Cn14	2 51	2 28	24 25	25 29	5 23	21 2	23 43	18 26	7 44
17	1:39:43	26 47 15	22 16	4 24	3 39	24 3	25 34	5 30	21 0	23 41	18 25	7 41
18	1:43:39	27 45 54	5Le42	5 59	4 49	23 40	25 39	5 37	20 58	23 40	18 24	7 38
19	1:47:35	28 44 31	19 32	7 35	6 0	23 17	25 44	5 44	20 56	23 38	18 22	7 35
20	1:51:33	29 43 6	3Vi46	9 14	7 11	22 54	25 49	5 51	20 54	23 37	18 21	7 31
21	1:55:29	0Ta41 38	18 24	10 53	8 21	22 32	25 54	5 58	20 52	23 35	18 20	7 28
22	1:59:25	1 40 9	3Li19	12 35	9 31	22 9	26 0	6 5	20 50	23 34	18 19	7 25
23	2: 3:22	2 38 37	18 26	14 18	10 41	21 47	26 6	6 12	20 49	23 32	18 18	7 22
24	2: 7:19	3 37 3	3Sc35	16 3	11 51	21 25	26 12	6 19	20 47	23 31	18 17	7 19
25	2:11:15	4 35 28	18 37	17 49	13 1	21 4	26 18	6 26	20 45	23 29	18 16	7 16
26	2:15:12	5 33 51	3Sg23	19 37	14 11	20 42	26 24	6 33	20 44	23 28	18 15	7 12
27	2:19: 9	6 32 12	17 48	21 27	15 21	20 21	26 30	6 40	20 42	23 26	18 14	7 9
28	2:23: 4	7 30 32	1Cp47	23 19	16 31	20 1	26 37	6 47	20 40	23 25	18 13	7 6
29	2:27: 1	8 28 50	15 19	25 12	17 40	19 41	26 43	6 53	20 39	23 23	18 12	7 3
30	2:30:58	9 27 6	28 25	27 7	18 50	19 22	26 50	7 0	20 38	23 22	18 11	7 0

4/20 Sun in Tau. 18:56 4/1 3rd Qt. 20:59 4/9 New 22:21 4/17 1st Qt. 20:48 4/24 Full 12:04(E)

Day	Sid. T.	Sun	Moon	Merc.	Venus	Mars	Jup.	Saturn	Uranus	Nept.	Pluto	N.Node
1	2:34:54	10Ta25 21	11Aq 8	29Ar 4	19Ge59	19Li 3R	26Cn57	7Ar 7	20Vi36R	23Sc20R	18Vi10R	6Ta56
2	2:38:51	11 23 35	23 31	1Ta 2	21 8	18 44	27 4	7 13	20 35	23 19	18 10	6 53
3	2:42:48	12 21 47	5Pi39	3 2	22 17	18 26	27 11	7 20	20 33	23 17	18 9	6 50
4	2:46:44	13 19 57	17 35	5 4	23 26	18 9	27 19	7 27	20 32	23 15	18 8	6 47
5	2:50:40	14 18 6	29 26	7 7	24 35	17 52	27 26	7 33	20 31	23 14	18 7	6 44
6	2:54:37	15 16 13	11Ar13	9 12	25 43	17 37	27 34	7 40	20 30	23 12	18 7	6 41
7	2:58:34	16 14 19	23 1	11 18	26 52	17 21	27 41	7 46	20 29	23 11	18 6	6 37
8	3: 2:30	17 12 24	4Ta52	13 25	28 0	17 7	27 49	7 52	20 28	23 9	18 5	6 34
9	3: 6:27	18 10 26	16 50	15 34	29 9	16 53	27 57	7 59	20 27	23 7	18 5	6 31
10	3:10:24	19 8 28	28 55	17 43	0Cn17	16 40	28 5	8 5	20 26	23 6	18 4	6 28
11	3:14:20	20 6 27	11Ge10	19 53	1 25	16 28	28 13	8 11	20 25	23 4	18 3	6 25
12	3:18:16	21 4 26	23 37	22 4	2 33	16 16	28 22	8 17	20 24	23 3	18 3	6 22
13	3:22:14	22 2 22	6Cn16	24 15	3 40	16 5	28 30	8 24	20 23	23 1	18 2	6 18
14	3:26:10	23 0 17	19 9	26 25	4 48	15 55	28 39	8 30	20 22	22 59	18 2	6 15
15	3:30: 6	23 58 10	2Le19	28 36	5 55	15 46	28 47	8 36	20 21	22 58	18 1	6 12
16	3:34: 3	24 56 1	15 45	0Ge46	7 2	15 38	28 56	8 42	20 21	22 56	18 1	6 9
17	3:37:59	25 53 50	29 30	2 55	8 9	15 30	29 5	8 48	20 20	22 54	18 1	6 6
18	3:41:56	26 51 38	13Vi33	5 4	9 16	15 24	29 14	8 53	20 20	22 53	18 0	6 2
19	3:45:52	27 49 23	27 53	7 10	10 23	15 18	29 23	8 59	20 19	22 51	18 0	5 59
20	3:49:49	28 47 8	12Li28	9 15	11 29	15 13	29 33	9 5	20 19	22 49	18 0	5 56
21	3:53:45	29 44 50	27 13	11 19	12 35	15 8	29 42	9 11	20 18	22 48	17 59	5 53
22	3:57:42	0Ge42 31	12Sc 4	13 20	13 42	15 5	29 51	9 16	20 18	22 46	17 59	5 50
23	4: 1:39	1 40 11	26 52	15 19	14 48	15 2	0Le 1	9 22	20 17	22 45	17 59	5 47
24	4: 5:35	2 37 50	11Sg31	17 15	15 53	15 0	0 11	9 27	20 17	22 43	17 59	5 43
25	4: 9:32	3 35 27	25 53	19 9	16 59	14 59	0 20	9 33	20 17	22 41	17 59	5 40
26	4:13:28	4 33 3	9Cp54	21 1	18 4	14 59D	0 30	9 38	20 17	22 40	17 58	5 37
27	4:17:25	5 30 38	23 30	22 49	19 9	14 59	0 40	9 43	20 17	22 38	17 58	5 34
28	4:21:21	6 28 13	6Aq41	24 35	20 14	15 1	0 50	9 48	20 17	22 37	17 58	5 31
29	4:25:18	7 25 46	19 28	26 18	21 19	15 3	1 0	9 54	20 17D	22 35	17 58	5 28
30	4:29:15	8 23 18	1Pi54	27 59	22 23	15 5	1 10	9 59	20 17	22 34	17 58D	5 24
31	4:33:11	9 20 50	14 3	29 36	23 27	15 9	1 21	10 4	20 17	22 32	17 58	5 21

5/21 Sun in Gem. 18:18   5/1 3rd Qt. 10:33   5/9 New 14:56(E)   5/17 1st Qt. 5:18   5/23 Full 20:23   5/31 3rd Qt. 1:52

Day	Sid. T.	Sun	Moon	Merc.	Venus	Mars	Jup.	Saturn	Uranus	Nept.	Pluto	N.Node
1	4:37: 8	10Ge18 20	26Pi 0	1Cn10	24Cn31	15Li13	1Le31	10Ar 9	20Vi17	22Sc31R	17Vi58	5Ta18
2	4:41: 4	11 15 50	7Ar49	2 42	25 35	15 18	1 42	10 14	20 17	22 29	17 58	5 15
3	4:45: 1	12 13 19	19 37	4 10	26 38	15 24	1 52	10 18	20 17	22 27	17 59	5 12
4	4:48:57	13 10 48	1Ta27	5 35	27 42	15 30	2 3	10 23	20 18	22 26	17 59	5 8
5	4:52:54	14 8 15	13 23	6 58	28 45	15 37	2 14	10 28	20 18	22 24	17 59	5 5
6	4:56:50	15 5 42	25 29	8 17	29 47	15 45	2 24	10 32	20 19	22 23	17 59	5 2
7	5: 0:47	16 3 8	7Ge47	9 33	0Le50	15 53	2 35	10 37	20 19	22 22	17 59	4 59
8	5: 4:44	17 0 34	20 18	10 46	1 52	16 3	2 46	10 41	20 20	22 20	18 0	4 56
9	5: 8:40	17 57 58	3Cn 3	11 55	2 54	16 12	2 57	10 45	20 20	22 19	18 0	4 53
10	5:12:37	18 55 22	16 3	13 1	3 55	16 23	3 8	10 50	20 21	22 17	18 0	4 49
11	5:16:33	19 52 45	29 16	14 4	4 56	16 34	3 20	10 54	20 22	22 16	18 1	4 46
12	5:20:30	20 50 6	12Le42	15 3	5 57	16 46	3 31	10 58	20 22	22 14	18 1	4 43
13	5:24:27	21 47 27	26 20	15 59	6 58	16 58	3 42	11 2	20 23	22 13	18 2	4 40
14	5:28:24	22 44 47	10Vi 9	16 51	7 58	17 11	3 54	11 6	20 24	22 12	18 2	4 37
15	5:32:20	23 42 6	24 5	17 40	8 58	17 24	4 5	11 10	20 25	22 10	18 3	4 34
16	5:36:17	24 39 23	8Li17	18 24	9 57	17 38	4 17	11 14	20 26	22 9	18 3	4 30
17	5:40:13	25 36 40	22 34	19 5	10 56	17 53	4 28	11 17	20 27	22 8	18 4	4 27
18	5:44: 9	26 33 56	6Sc57	19 42	11 55	18 8	4 40	11 21	20 28	22 6	18 4	4 24
19	5:48: 6	27 31 12	21 23	20 14	12 53	18 24	4 52	11 24	20 29	22 5	18 5	4 21
20	5:52: 3	28 28 27	5Sg48	20 42	13 51	18 40	5 3	11 28	20 30	22 4	18 6	4 18
21	5:55:59	29 25 41	20 7	21 6	14 48	18 57	5 15	11 31	20 31	22 3	18 6	4 14
22	5:59:55	0Cn22 55	4Cp13	21 26	15 45	19 15	5 27	11 34	20 33	22 2	18 7	4 11
23	6: 3:53	1 20 8	18 4	21 41	16 41	19 32	5 39	11 37	20 34	22 0	18 8	4 8
24	6: 7:49	2 17 21	1Aq34	21 51	17 37	19 51	5 51	11 41	20 35	21 59	18 9	4 5
25	6:11:45	3 14 34	14 42	21 57	18 33	20 10	6 3	11 44	20 37	21 58	18 10	4 2
26	6:15:42	4 11 46	27 29	21 59R	19 28	20 29	6 15	11 46	20 38	21 57	18 10	3 59
27	6:19:39	5 8 59	9Pi55	21 55	20 22	20 49	6 28	11 49	20 40	21 56	18 11	3 55
28	6:23:35	6 6 11	22 4	21 48	21 16	21 9	6 40	11 52	20 41	21 55	18 12	3 52
29	6:27:31	7 3 24	4Ar 2	21 36	22 9	21 30	6 52	11 54	20 43	21 54	18 13	3 49
30	6:31:29	8 0 37	15 52	21 19	23 2	21 51	7 4	11 57	20 45	21 53	18 14	3 46

6/22 Sun in Can. 2:23   6/8 New 5:14   6/15 1st Qt. 11:12   6/22 Full 4:57   6/29 3rd Qt. 18:40

JULY 1967

Day	Sid. T.	Sun	Moon	Merc.	Venus	Mars	Jup.	Saturn	Uranus	Nept.	Pluto	N.Node
1	6:35:25	8Cn57 49	27Ar41	20Cn59R	23Le54	22Li13	7Le17	11Ar59	20Vi46	21Sc52R	18Vi15	3Ta43
2	6:39:21	9 55 2	9Ta33	20 35	24 45	22 35	7 29	12 2	20 48	21 51	18 16	3 39
3	6:43:18	10 52 15	21 33	20 7	25 36	22 57	7 42	12 4	20 50	21 50	18 17	3 36
4	6:47:14	11 49 29	3Ge46	19 36	26 27	23 20	7 54	12 6	20 52	21 49	18 18	3 33
5	6:51:11	12 46 42	16 15	19 3	27 16	23 43	8 7	12 8	20 54	21 48	18 19	3 30
6	6:55: 7	13 43 56	29 2	18 28	28 5	24 7	8 19	12 10	20 56	21 47	18 20	3 27
7	6:59: 4	14 41 10	12Cn 7	17 51	28 53	24 31	8 32	12 12	20 58	21 46	18 21	3 24
8	7: 3: 0	15 38 23	25 30	17 14	29 40	24 55	8 44	12 14	21 0	21 46	18 23	3 20
9	7: 6:57	16 35 37	9Le 8	16 36	0Vi26	25 20	8 57	12 15	21 2	21 45	18 24	3 17
10	7:10:54	17 32 51	22 57	15 58	1 12	25 45	9 10	12 17	21 4	21 44	18 25	3 14
11	7:14:50	18 30 5	6Vi56	15 22	1 57	26 11	9 23	12 18	21 6	21 43	18 26	3 11
12	7:18:47	19 27 19	20 59	14 47	2 40	26 36	9 35	12 20	21 8	21 43	18 28	3 8
13	7:22:44	20 24 32	5Li 6	14 15	3 23	27 3	9 48	12 21	21 10	21 42	18 29	3 5
14	7:26:40	21 21 46	19 14	13 45	4 5	27 29	10 1	12 22	21 13	21 41	18 30	3 1
15	7:30:36	22 19 0	3Sc22	13 19	4 46	27 56	10 14	12 23	21 15	21 41	18 32	2 58
16	7:34:33	23 16 13	17 28	12 57	5 26	28 23	10 27	12 24	21 17	21 40	18 33	2 55
17	7:38:30	24 13 27	1Sg32	12 39	6 4	28 51	10 39	12 25	21 20	21 40	18 34	2 52
18	7:42:26	25 10 41	15 32	12 26	6 42	29 19	10 52	12 26	21 22	21 39	18 36	2 49
19	7:46:23	26 7 56	29 26	12 18	7 18	29 47	11 5	12 26	21 25	21 39	18 37	2 45
20	7:50:19	27 5 10	13Cp 9	12 15D	7 53	0Sc15	11 18	12 27	21 27	21 38	18 39	2 42
21	7:54:16	28 2 25	26 40	12 18	8 27	0 44	11 31	12 27	21 30	21 38	18 40	2 39
22	7:58:12	28 59 41	9Aq55	12 27	8 59	1 13	11 44	12 27	21 33	21 37	18 42	2 36
23	8: 2: 9	29 56 57	22 52	12 41	9 30	1 43	11 57	12 28	21 35	21 37	18 43	2 33
24	8: 6: 5	0Le54 14	5Pi31	13 1	10 0	2 12	12 10	12 28	21 38	21 37	18 45	2 30
25	8:10: 2	1 51 31	17 53	13 27	10 28	2 42	12 23	12 28R	21 41	21 36	18 47	2 26
26	8:13:59	2 48 50	0Ar 0	13 59	10 55	3 12	12 37	12 28	21 43	21 36	18 48	2 23
27	8:17:55	3 46 9	11 56	14 37	11 20	3 43	12 50	12 28	21 46	21 36	18 50	2 20
28	8:21:52	4 43 29	23 46	15 20	11 43	4 14	13 3	12 27	21 49	21 35	18 51	2 17
29	8:25:48	5 40 50	5Ta35	16 10	12 5	4 45	13 16	12 27	21 52	21 35	18 53	2 14
30	8:29:45	6 38 13	17 27	17 5	12 24	5 16	13 29	12 26	21 55	21 35	18 55	2 11
31	8:33:41	7 35 36	29 29	18 5	12 43	5 47	13 42	12 26	21 58	21 35	18 57	2 7

7/23 Sun in Leo 13:17   7/7 New 17:01   7/14 1st Qt. 15:54   7/21 Full 14:40   7/29 3rd Qt. 12:14

AUGUST 1967

Day	Sid. T.	Sun	Moon	Merc.	Venus	Mars	Jup.	Saturn	Uranus	Nept.	Pluto	N.Node
1	8:37:38	8Le33 0	11Ge46	19Cn12	12Vi59	6Sc19	13Le55	12Ar25R	22Vi 1	21Sc35R	18Vi58	2Ta 4
2	8:41:35	9 30 26	24 22	20 23	13 13	6 51	14 8	12 24	22 4	21 35	19 0	2 1
3	8:45:31	10 27 53	7Cn19	21 40	13 25	7 23	14 22	12 24	22 7	21 35	19 2	1 58
4	8:49:28	11 25 20	20 39	23 2	13 35	7 56	14 35	12 23	22 10	21 35D	19 4	1 55
5	8:53:24	12 22 49	4Le21	24 29	13 43	8 29	14 48	12 21	22 13	21 35	19 5	1 51
6	8:57:21	13 20 19	18 22	26 1	13 49	9 2	15 1	12 20	22 16	21 35	19 7	1 48
7	9: 1:17	14 17 50	2Vi38	27 36	13 53	9 35	15 14	12 19	22 19	21 35	19 9	1 45
8	9: 5:14	15 15 21	17 1	29 16	13 54	10 8	15 28	12 18	22 22	21 35	19 11	1 42
9	9: 9:10	16 12 54	1Li27	1Le 0	13 53R	10 42	15 41	12 16	22 26	21 35	19 13	1 39
10	9:13: 7	17 10 27	15 51	2 48	13 50	11 16	15 54	12 14	22 29	21 36	19 15	1 36
11	9:17: 4	18 8 1	0Sc 9	4 38	13 44	11 50	16 7	12 13	22 32	21 36	19 17	1 32
12	9:21: 0	19 5 36	14 19	6 31	13 36	12 24	16 20	12 11	22 35	21 36	19 19	1 29
13	9:24:57	20 3 12	28 20	8 26	13 26	12 58	16 33	12 9	22 39	21 36	19 21	1 26
14	9:28:53	21 0 49	12Sg11	10 23	13 13	13 33	16 47	12 7	22 42	21 37	19 23	1 23
15	9:32:50	21 58 27	25 52	12 22	12 58	14 8	17 0	12 5	22 45	21 37	19 24	1 20
16	9:36:46	22 56 6	9Cp23	14 22	12 40	14 43	17 13	12 3	22 49	21 38	19 26	1 17
17	9:40:43	23 53 46	22 43	16 23	12 20	15 18	17 26	12 1	22 52	21 38	19 28	1 13
18	9:44:40	24 51 27	5Aq50	18 24	11 58	15 54	17 39	11 58	22 56	21 38	19 30	1 10
19	9:48:36	25 49 9	18 45	20 26	11 34	16 29	17 52	11 56	22 59	21 39	19 32	1 7
20	9:52:33	26 46 53	1Pi25	22 27	11 8	17 5	18 5	11 53	23 3	21 39	19 35	1 4
21	9:56:29	27 44 37	13 51	24 28	10 40	17 41	18 19	11 51	23 6	21 40	19 37	1 1
22	10: 0:25	28 42 24	26 5	26 29	10 10	18 17	18 32	11 48	23 10	21 41	19 39	0 57
23	10: 4:22	29 40 12	8Ar 6	28 29	9 38	18 54	18 45	11 45	23 13	21 41	19 41	0 54
24	10: 8:19	0Vi38 1	19 59	0Vi28	9 5	19 30	18 58	11 42	23 17	21 42	19 43	0 51
25	10:12:15	1 35 52	1Ta47	2 26	8 31	20 7	19 11	11 39	23 20	21 43	19 45	0 48
26	10:16:11	2 33 43	13 35	4 24	7 56	20 44	19 24	11 36	23 24	21 43	19 47	0 45
27	10:20: 9	3 31 40	25 27	6 20	7 20	21 21	19 37	11 33	23 27	21 44	19 49	0 42
28	10:24: 5	4 29 37	7Ge28	8 15	6 43	21 58	19 50	11 30	23 31	21 45	19 51	0 38
29	10:28: 1	5 27 35	19 45	10 9	6 6	22 36	20 3	11 27	23 35	21 46	19 53	0 35
30	10:31:58	6 25 35	2Cn21	12 1	5 29	23 13	20 16	11 24	23 38	21 46	19 55	0 32
31	10:35:55	7 23 37	15 21	13 53	4 52	23 51	20 29	11 20	23 42	21 47	19 58	0 29

8/23 Sun in Vir. 20:13   8/6 New 2:49   8/12 1st Qt. 20:45   8/20 Full 2:27   8/28 3rd Qt. 5:35

SEPTEMBER 1967

Day	Sid. T.	Sun	Moon	Merc.	Venus	Mars	Jup.	Saturn	Uranus	Nept.	Pluto	N.Node
1	10:39:51	8Vi21 41	28Cn47	15Vi43	4Vi15R	24Sc29	20Le41	11Ar17R	23Vi46	21Sc48	20Vi 0	0Ta26
2	10:43:48	9 19 47	12Le39	17 32	3 39	25 7	20 54	11 13	23 49	21 49	20 2	0 23
3	10:47:45	10 17 55	26 55	19 19	3 4	25 45	21 7	11 9	23 53	21 50	20 4	0 19
4	10:51:41	11 16 4	11Vi29	21 6	2 29	26 24	21 20	11 6	23 57	21 51	20 6	0 16
5	10:55:37	12 14 15	26 16	22 51	1 56	27 2	21 33	11 2	24 0	21 52	20 8	0 13
6	10:59:34	13 12 28	11Li 6	24 35	1 25	27 41	21 45	10 58	24 4	21 53	20 10	0 10
7	11: 3:30	14 10 42	25 53	26 18	0 55	28 20	21 58	10 54	24 8	21 54	20 13	0 7
8	11: 7:27	15 8 58	10Sc30	27 59	0 26	28 59	22 11	10 50	24 12	21 55	20 15	0 3
9	11:11:24	16 7 15	24 53	29 40	0 0	29 38	22 23	10 46	24 15	21 57	20 17	0 0
10	11:15:20	17 5 34	8Sg59	1Li19	29Le36	0Sg17	22 36	10 42	24 19	21 58	20 19	29Ar57
11	11:19:16	18 3 54	22 48	2 57	29 13	0 56	22 48	10 38	24 23	21 59	20 21	29 54
12	11:23:13	19 2 16	6Cp20	4 34	28 53	1 36	23 1	10 34	24 27	22 0	20 24	29 51
13	11:27:10	20 0 39	19 36	6 10	28 36	2 16	23 13	10 30	24 30	22 1	20 26	29 48
14	11:31: 6	20 59 4	2Aq37	7 45	28 20	2 55	23 26	10 25	24 34	22 2	20 28	29 44
15	11:35: 3	21 57 31	15 24	9 19	28 7	3 35	23 38	10 21	24 38	22 4	20 30	29 41
16	11:39: 0	22 55 59	27 59	10 51	27 57	4 15	23 50	10 17	24 42	22 5	20 32	29 38
17	11:42:56	23 54 29	10Pi22	12 23	27 49	4 56	24 3	10 12	24 46	22 7	20 34	29 35
18	11:46:52	24 53 1	22 34	13 53	27 43	5 36	24 15	10 8	24 49	22 8	20 37	29 32
19	11:50:50	25 51 35	4Ar37	15 23	27 39	6 16	24 27	10 4	24 53	22 9	20 39	29 28
20	11:54:46	26 50 11	16 32	16 51	27 38D	6 57	24 39	9 59	24 57	22 11	20 41	29 25
21	11:58:42	27 48 49	28 22	18 19	27 40	7 38	24 51	9 55	25 1	22 12	20 43	29 22
22	12: 2:39	28 47 29	10Ta 8	19 45	27 44	8 19	25 3	9 50	25 5	22 14	20 45	29 19
23	12: 6:36	29 46 11	21 56	21 10	27 50	9 0	25 15	9 45	25 8	22 15	20 47	29 16
24	12:10:32	0Li44 55	3Ge48	22 34	27 58	9 41	25 27	9 41	25 12	22 17	20 50	29 13
25	12:14:28	1 43 41	15 49	23 57	28 8	10 22	25 39	9 36	25 16	22 18	20 52	29 9
26	12:18:25	2 42 30	28 4	25 18	28 21	11 3	25 51	9 32	25 20	22 20	20 54	29 6
27	12:22:21	3 41 21	10Cn37	26 39	28 36	11 45	26 2	9 27	25 23	22 22	20 56	29 3
28	12:26:18	4 40 15	23 33	27 58	28 52	12 26	26 14	9 22	25 27	22 23	20 58	29 0
29	12:30:15	5 39 10	6Le55	29 16	29 11	13 8	26 25	9 17	25 31	22 25	21 0	28 57
30	12:34:11	6 38 8	20 45	0Sc32	29 32	13 50	26 37	9 13	25 35	22 27	21 2	28 54

9/23 Sun in Lib. 17:39   9/4 New 11:38   9/11 1st Qt. 3:06   9/18 Full 17:00   9/26 3rd Qt. 21:44

OCTOBER 1967

Day	Sid. T.	Sun	Moon	Merc.	Venus	Mars	Jup.	Saturn	Uranus	Nept.	Pluto	N.Node
1	12:38: 8	7Li37 8	5Vi 1	1Sc47	29Le54	14Sg31	26Le48	9Ar 8R	25Vi38	22Sc28	21Vi 5	28Ar50
2	12:42: 4	8 36 10	19 42	3 1	0Vi18	15 13	27 0	9 3	25 42	22 30	21 7	28 47
3	12:46: 1	9 35 15	4Li39	4 13	0 44	15 56	27 11	8 59	25 46	22 32	21 9	28 44
4	12:49:57	10 34 21	19 46	5 23	1 12	16 38	27 22	8 54	25 50	22 34	21 11	28 41
5	12:53:54	11 33 30	4Sc53	6 31	1 41	17 20	27 33	8 49	25 53	22 35	21 13	28 38
6	12:57:51	12 32 40	19 51	7 38	2 11	18 2	27 44	8 44	25 57	22 37	21 15	28 34
7	13: 1:47	13 31 52	4Sg32	8 42	2 44	18 45	27 55	8 40	26 1	22 39	21 17	28 31
8	13: 5:44	14 31 6	18 53	9 43	3 17	19 28	28 6	8 35	26 4	22 41	21 19	28 28
9	13: 9:40	15 30 22	2Cp50	10 43	3 52	20 10	28 17	8 30	26 8	22 43	21 21	28 25
10	13:13:37	16 29 40	16 24	11 39	4 28	20 53	28 28	8 26	26 11	22 45	21 23	28 22
11	13:17:33	17 28 59	29 36	12 33	5 6	21 36	28 38	8 21	26 15	22 47	21 25	28 19
12	13:21:30	18 28 20	12Aq27	13 23	5 45	22 19	28 49	8 17	26 19	22 48	21 27	28 15
13	13:25:26	19 27 43	25 0	14 9	6 25	23 2	28 59	8 12	26 22	22 50	21 29	28 12
14	13:29:23	20 27 8	7Pi22	14 52	7 6	23 45	29 10	8 7	26 26	22 52	21 31	28 9
15	13:33:20	21 26 34	19 31	15 30	7 48	24 29	29 20	8 3	26 29	22 54	21 33	28 6
16	13:37:16	22 26 3	1Ar31	16 3	8 31	25 12	29 30	7 58	26 33	22 56	21 35	28 3
17	13:41:13	23 25 33	13 25	16 31	9 16	25 56	29 40	7 54	26 36	22 58	21 37	28 0
18	13:45: 9	24 25 4	25 14	16 53	10 1	26 39	29 50	7 49	26 40	23 0	21 39	27 56
19	13:49: 6	25 24 39	7Ta 2	17 9	10 47	27 23	0Vi 0	7 45	26 43	23 2	21 41	27 53
20	13:53: 2	26 24 16	18 50	17 18	11 34	28 6	0 10	7 41	26 47	23 4	21 43	27 50
21	13:56:59	27 23 54	0Ge41	17 20R	12 22	28 50	0 20	7 36	26 50	23 6	21 45	27 47
22	14: 0:56	28 23 35	12 37	17 14	13 11	29 34	0 29	7 32	26 53	23 9	21 46	27 44
23	14: 4:52	29 23 18	24 41	16 59	14 1	0Cp18	0 39	7 28	26 57	23 11	21 48	27 40
24	14: 8:49	0Sc23 3	6Cn57	16 36	14 52	1 2	0 48	7 24	27 0	23 13	21 50	27 37
25	14:12:45	1 22 50	19 30	16 3	15 43	1 46	0 57	7 20	27 3	23 15	21 52	27 34
26	14:16:42	2 22 40	2Le21	15 22	16 35	2 31	1 7	7 16	27 7	23 17	21 55	27 31
27	14:20:38	3 22 31	15 14	14 32	17 27	3 15	1 16	7 12	27 10	23 19	21 57	27 28
28	14:24:35	4 22 25	29 14	13 33	18 21	3 59	1 25	7 8	27 13	23 21	21 57	27 25
29	14:28:31	5 22 21	13Vi20	12 27	19 15	4 44	1 33	7 4	27 16	23 23	21 59	27 21
30	14:32:28	6 22 20	27 50	11 16	20 10	5 28	1 42	7 0	27 20	23 26	22 1	27 18
31	14:36:25	7 22 20	12Li42	10 0	21 5	6 13	1 51	6 56	27 23	23 28	22 2	27 15

10/24 Sun in Sco. 2:45   10/3 New 20:24   10/10 1st Qt. 12:11   10/18 Full 10:11(E)   10/26 3rd Qt. 12:04

NOVEMBER 1967

Day	Sid. T.	Sun	Moon	Merc.	Venus	Mars	Jup.	Saturn	Uranus	Nept.	Pluto	N.Node
1	14:40:21	8Sc22 23	27Li49	8Sc42R	22Vi 1	6Cp57	1Vi59	6Ar53R	27Vi26	23Sc30	22Vi 4	27Ar12
2	14:44:18	9 22 27	13Sc 3	7 25	22 58	7 42	2 8	6 49	27 29	23 32	22 5	27 9
3	14:48:14	10 22 33	28 13	6 11	23 55	8 27	2 16	6 46	27 32	23 34	22 7	27 6
4	14:52:11	11 22 41	13Sg10	5 2	24 53	9 12	2 24	6 42	27 35	23 37	22 9	27 2
5	14:56: 7	12 22 51	27 46	4 0	25 51	9 57	2 32	6 39	27 38	23 39	22 10	26 59
6	15: 0: 4	13 23 3	11Cp57	3 7	26 50	10 42	2 40	6 35	27 41	23 41	22 12	26 56
7	15: 4: 1	14 23 16	25 40	2 25	27 49	11 27	2 47	6 32	27 44	23 43	22 13	26 53
8	15: 7:57	15 23 30	8Aq56	1 54	28 49	12 12	2 55	6 29	27 47	23 46	22 15	26 50
9	15:11:54	16 23 46	21 47	1 35	29 49	12 57	3 3	6 26	27 49	23 48	22 16	26 46
10	15:15:50	17 24 3	4Pi17	1 27	0Li49	13 42	3 10	6 23	27 52	23 50	22 18	26 43
11	15:19:47	18 24 22	16 30	1 30D	1 50	14 28	3 17	6 20	27 55	23 52	22 19	26 40
12	15:23:43	19 24 42	28 31	1 45	2 51	15 13	3 24	6 17	27 58	23 54	22 20	26 37
13	15:27:40	20 25 3	10Ar24	2 9	3 53	15 58	3 31	6 15	28 0	23 57	22 22	26 34
14	15:31:36	21 25 26	22 12	2 42	4 55	16 44	3 38	6 12	28 3	23 59	22 23	26 31
15	15:35:32	22 25 51	4Ta 0	3 24	5 58	17 29	3 44	6 9	28 6	24 1	22 24	26 27
16	15:39:30	23 26 17	15 48	4 13	7 1	18 15	3 51	6 7	28 8	24 3	22 26	26 24
17	15:43:26	24 26 45	27 41	5 8	8 4	19 1	3 57	6 5	28 11	24 6	22 27	26 21
18	15:47:22	25 27 14	9Ge39	6 9	9 8	19 46	4 3	6 2	28 13	24 8	22 28	26 18
19	15:51:19	26 27 45	21 45	7 15	10 12	20 32	4 9	6 0	28 16	24 10	22 29	26 15
20	15:55:16	27 28 18	4Cn 0	8 25	11 16	21 18	4 15	5 58	28 18	24 12	22 30	26 12
21	15:59:12	28 28 52	16 25	9 39	12 20	22 4	4 21	5 56	28 20	24 15	22 32	26 8
22	16: 3: 8	29 29 28	29 3	10 55	13 25	22 50	4 26	5 54	28 23	24 17	22 33	26 5
23	16: 7: 6	0Sg30 5	11Le56	12 15	14 30	23 36	4 32	5 53	28 25	24 19	22 34	26 2
24	16:11: 2	1 30 45	25 7	13 37	15 36	24 21	4 37	5 51	28 27	24 21	22 35	25 59
25	16:14:58	2 31 26	8Vi37	15 0	16 42	25 7	4 42	5 49	28 29	24 24	22 36	25 56
26	16:18:55	3 32 8	22 28	16 26	17 48	25 54	4 47	5 48	28 31	24 26	22 37	25 52
27	16:22:52	4 32 52	6Li41	17 52	18 54	26 40	4 51	5 47	28 33	24 28	22 38	25 49
28	16:26:48	5 33 38	21 14	19 20	20 0	27 26	4 56	5 45	28 35	24 30	22 39	25 46
29	16:30:44	6 34 25	6Sc 4	20 49	21 7	28 12	5 0	5 44	28 37	24 33	22 40	25 43
30	16:34:41	7 35 14	21 6	22 18	22 14	28 58	5 4	5 43	28 39	24 35	22 40	25 40

11/23 Sun in Sag. 0:05   11/2 New 5:49(E)   11/9 1st Qt. 1:00   11/17 Full 4:53   11/25 3rd Qt. 0:24

DECEMBER 1967

Day	Sid. T.	Sun	Moon	Merc.	Venus	Mars	Jup.	Saturn	Uranus	Nept.	Pluto	N.Node
1	16:38:37	8Sg36 4	6Sg10	23Sc48	23Li21	29Cp44	5Vi 8	5Ar42R	28Vi41	24Sc37	22Vi41	25Ar37
2	16:42:34	9 36 56	21 8	25 19	24 29	0Aq31	5 12	5 41	28 43	24 39	22 42	25 33
3	16:46:31	10 37 48	5Cp50	26 50	25 36	1 17	5 16	5 41	28 45	24 41	22 43	25 30
4	16:50:27	11 38 42	20 9	28 22	26 44	2 3	5 19	5 40	28 46	24 44	22 44	25 27
5	16:54:24	12 39 36	4Aq 2	29 53	27 52	2 50	5 23	5 40	28 48	24 46	22 44	25 24
6	16:58:21	13 40 31	17 25	1Sg26	29 1	3 36	5 26	5 39	28 50	24 48	22 45	25 21
7	17: 2:17	14 41 27	0Pi22	2 58	0Sc 9	4 23	5 29	5 39	28 51	24 50	22 46	25 17
8	17: 6:13	15 42 23	12 54	4 30	1 18	5 9	5 32	5 39	28 53	24 52	22 46	25 14
9	17:10:10	16 43 21	25 7	6 3	2 27	5 56	5 34	5 39D	28 54	24 54	22 47	25 11
10	17:14: 7	17 44 18	7Ar 6	7 35	3 36	6 42	5 37	5 39	28 56	24 57	22 47	25 8
11	17:18: 3	18 45 17	18 57	9 8	4 45	7 29	5 39	5 39	28 57	24 59	22 48	25 5
12	17:22: 0	19 46 16	0Ta43	10 41	5 54	8 15	5 41	5 39	28 58	25 1	22 48	25 2
13	17:25:57	20 47 15	12 31	12 14	7 3	9 2	5 43	5 40	29 0	25 3	22 49	24 58
14	17:29:53	21 48 16	24 22	13 47	8 13	9 48	5 44	5 40	29 1	25 5	22 49	24 55
15	17:33:49	22 49 17	6Ge22	15 21	9 23	10 35	5 46	5 41	29 2	25 7	22 50	24 52
16	17:37:46	23 50 19	18 31	16 54	10 33	11 22	5 47	5 41	29 3	25 9	22 50	24 49
17	17:41:42	24 51 21	0Cn50	18 27	11 43	12 8	5 48	5 42	29 4	25 11	22 50	24 46
18	17:45:39	25 52 24	13 22	20 1	12 53	12 55	5 49	5 43	29 5	25 13	22 51	24 43
19	17:49:36	26 53 28	26 4	21 35	14 3	13 42	5 49	5 44	29 6	25 15	22 51	24 39
20	17:53:32	27 54 32	8Le59	23 9	15 14	14 28	5 50	5 45	29 7	25 17	22 51	24 36
21	17:57:29	28 55 38	22 4	24 43	16 24	15 15	5 50	5 47	29 8	25 19	22 51	24 33
22	18: 1:25	29 56 43	5Vi22	26 17	17 35	16 2	5 50	5 48	29 8	25 21	22 51	24 30
23	18: 5:22	0Cp57 50	18 53	27 52	18 46	16 49	5 50R	5 50	29 9	25 23	22 51	24 27
24	18: 9:18	1 58 57	2Li38	29 26	19 57	17 35	5 50	5 51	29 10	25 25	22 51	24 23
25	18:13:15	3 0 5	16 37	1Cp 1	21 8	18 22	5 49	5 53	29 10	25 27	22 52	24 20
26	18:17:12	4 1 14	0Sc50	2 36	22 19	19 9	5 49	5 55	29 11	25 29	22 52R	24 17
27	18:21: 8	5 2 23	15 17	4 12	23 30	19 56	5 48	5 57	29 11	25 30	22 52	24 14
28	18:25: 5	6 3 33	29 54	5 47	24 42	20 43	5 47	5 59	29 12	25 32	22 51	24 11
29	18:29: 1	7 4 43	14Sg37	7 23	25 53	21 29	5 45	6 1	29 12	25 34	22 51	24 8
30	18:32:58	8 5 54	29 17	8 59	27 5	22 16	5 44	6 3	29 12	25 36	22 51	24 4
31	18:36:54	9 7 5	13Cp47	10 36	28 16	23 3	5 42	6 6	29 13	25 38	22 51	24 1

12/22 Sun in Cap. 13:17   12/1 New 16:10   12/8 1st Qt. 17:57   12/16 Full 23:22   12/24 3rd Qt. 10:48   12/31 New 3:39

JANUARY 1968

Day	Sid. T.	Sun	Moon	Merc.	Venus	Mars	Jup.	Saturn	Uranus	Nept.	Pluto	N.Node
1	18:40:51	10Cp 8 16	28Cp 1	12Cp13	29Sc28	23Aq50	5Vi40R	6Ar 8	29Vi13	25Sc39	22Vi51R	23Ar58
2	18:44:47	11 9 27	11Aq52	13 50	0Sg40	24 37	5 38	6 10	29 13	25 41	22 51	23 55
3	18:48:44	12 10 38	25 18	15 27	1 52	25 23	5 36	6 13	29 13	25 43	22 50	23 52
4	18:52:41	13 11 48	8Pi18	17 5	3 4	26 10	5 33	6 16	29 13R	25 44	22 50	23 49
5	18:56:37	14 12 59	20 54	18 43	4 16	26 57	5 31	6 19	29 13	25 46	22 50	23 45
6	19: 0:34	15 14 8	3Ar10	20 22	5 28	27 44	5 28	6 21	29 13	25 48	22 49	23 42
7	19: 4:30	16 15 18	15 11	22 1	6 40	28 31	5 25	6 24	29 13	25 49	22 49	23 39
8	19: 8:27	17 16 27	27 2	23 40	7 52	29 18	5 22	6 28	29 13	25 51	22 49	23 36
9	19:12:23	18 17 36	8Ta49	25 20	9 5	0Pi 4	5 18	6 31	29 12	25 52	22 48	23 33
10	19:16:20	19 18 44	20 38	26 59	10 17	0 51	5 15	6 34	29 12	25 54	22 48	23 29
11	19:20:17	20 19 52	2Ge33	28 39	11 30	1 38	5 11	6 38	29 12	25 55	22 47	23 26
12	19:24:13	21 20 59	14 38	0Aq19	12 42	2 25	5 7	6 41	29 11	25 57	22 47	23 23
13	19:28:10	22 22 6	26 56	2 0	13 55	3 11	5 3	6 45	29 11	25 58	22 46	23 20
14	19:32: 6	23 23 13	9Cn30	3 40	15 7	3 58	4 59	6 48	29 10	26 0	22 45	23 17
15	19:36: 3	24 24 18	22 19	5 21	16 20	4 45	4 54	6 52	29 10	26 1	22 45	23 14
16	19:39:59	25 25 24	5Le23	7 1	17 33	5 32	4 50	6 56	29 9	26 3	22 44	23 10
17	19:43:56	26 26 29	18 41	8 41	18 46	6 18	4 45	7 0	29 8	26 4	22 43	23 7
18	19:47:52	27 27 33	2Vi 9	10 21	19 58	7 5	4 40	7 4	29 7	26 5	22 43	23 4
19	19:51:49	28 28 37	15 47	12 0	21 11	7 52	4 35	7 8	29 7	26 7	22 42	23 1
20	19:55:46	29 29 41	29 33	13 39	22 24	8 38	4 30	7 13	29 6	26 8	22 41	22 58
21	19:59:42	0Aq30 44	13Li25	15 16	23 37	9 25	4 24	7 17	29 5	26 9	22 40	22 55
22	20: 3:38	1 31 48	27 23	16 52	24 50	10 12	4 19	7 21	29 4	26 10	22 40	22 51
23	20: 7: 35	2 32 50	11Sc28	18 27	26 3	10 58	4 13	7 26	29 3	26 11	22 39	22 48
24	20:11:32	3 33 52	25 37	19 59	27 16	11 45	4 7	7 30	29 2	26 13	22 38	22 45
25	20:15:28	4 34 54	9Sg51	21 29	28 30	12 32	4 1	7 35	29 1	26 14	22 37	22 42
26	20:19:25	5 35 56	24 6	22 56	29 43	13 18	3 55	7 40	28 59	26 15	22 36	22 39
27	20:23:22	6 36 56	8Cp18	24 19	0Cp56	14 5	3 49	7 45	28 58	26 16	22 35	22 35
28	20:27:18	7 37 56	22 24	25 38	2 9	14 51	3 42	7 50	28 57	26 17	22 34	22 32
29	20:31:14	8 38 55	6Aq16	26 52	3 23	15 38	3 36	7 55	28 56	26 18	22 33	22 29
30	20:35:11	9 39 53	19 52	28 1	4 36	16 24	3 29	8 0	28 54	26 19	22 32	22 26
31	20:39: 8	10 40 51	3Pi 8	29 3	5 49	17 11	3 22	8 5	28 53	26 20	22 31	22 23

1/20 Sun in Aqu. 23:55   1/7 1st Qt. 14:23   1/15 Full 16:12   1/22 3rd Qt. 19:38   1/29 New 16:30

FEBRUARY 1968

Day	Sid. T.	Sun	Moon	Merc.	Venus	Mars	Jup.	Saturn	Uranus	Nept.	Pluto	N.Node
1	20:43: 4	11Aq41 46	16Pi 3	29Aq58	7Cp 3	17Pi57	3Vi16R	8Ar10	28Vi51R	26Sc21	22Vi30R	22Ar20
2	20:47: 1	12 42 41	28 38	0Pi45	8 16	18 44	3 9	8 15	28 50	26 21	22 28	22 16
3	20:50:57	13 43 34	10Ar54	1 23	9 30	19 30	3 2	8 21	28 48	26 22	22 27	22 13
4	20:54:53	14 44 26	22 56	1 51	10 43	20 17	2 54	8 26	28 47	26 23	22 26	22 10
5	20:58:51	15 45 17	4Ta49	2 9	11 57	21 3	2 47	8 31	28 45	26 24	22 25	22 7
6	21: 2:47	16 46 6	16 37	2 14R	13 10	21 49	2 40	8 37	28 43	26 24	22 24	22 4
7	21: 6:43	17 46 54	28 27	2 1	14 24	22 36	2 33	8 43	28 42	26 25	22 23	22 1
8	21:10:40	18 47 41	10Ge23	1 59	15 37	23 22	2 25	8 48	28 40	26 26	22 21	21 57
9	21:14:37	19 48 25	22 31	1 34	16 51	24 8	2 18	8 54	28 38	26 27	22 20	21 54
10	21:18:33	20 49 9	4Cn54	0 59	18 5	24 54	2 10	9 0	28 36	26 27	22 19	21 51
11	21:22:29	21 49 50	17 36	0 14	19 18	25 40	2 2	9 6	28 34	26 28	22 17	21 48
12	21:26:27	22 50 31	0Le39	29Aq22	20 32	26 27	1 55	9 12	28 32	26 28	22 16	21 45
13	21:30:23	23 51 9	14 1	28 22	21 46	27 13	1 47	9 18	28 30	26 29	22 15	21 41
14	21:34:19	24 51 47	27 40	27 18	22 59	27 59	1 39	9 24	28 28	26 29	22 13	21 38
15	21:38:16	25 52 23	11Vi35	26 10	24 13	28 45	1 31	9 30	28 26	26 29	22 11	21 35
16	21:42:13	26 52 57	25 40	25 1	25 27	29 31	1 24	9 36	28 24	26 30	22 9	21 32
17	21:46: 9	27 53 30	9Li51	23 52	26 40	0Ar17	1 16	9 42	28 22	26 30	22 9	21 29
18	21:50: 5	28 54 2	24 4	22 46	27 54	1 3	1 8	9 49	28 20	26 31	22 8	21 26
19	21:54: 3	29 54 32	8Sc18	21 43	29 8	1 49	1 0	9 55	28 18	26 31	22 6	21 22
20	21:57:58	0Pi55 2	22 28	20 45	0Aq22	2 34	0 52	10 1	28 16	26 31	22 5	21 19
21	22: 1:55	1 55 30	6Sg34	19 53	1 35	3 20	0 44	10 8	28 13	26 31	22 3	21 16
22	22: 5:52	2 55 57	20 36	19 7	2 49	4 6	0 36	10 14	28 11	26 31	22 2	21 13
23	22: 9:48	3 56 22	4Cp31	18 29	4 3	4 52	0 28	10 21	28 9	26 32	22 0	21 10
24	22:13:45	4 56 46	18 17	17 58	5 17	5 38	0 20	10 28	28 7	26 32	21 59	21 6
25	22:17:41	5 57 9	1Aq55	17 34	6 31	6 23	0 13	10 34	28 4	26 32	21 57	21 3
26	22:21:38	6 57 30	15 20	17 17	7 45	7 9	0 5	10 41	28 2	26 32	21 56	21 0
27	22:25:34	7 57 49	28 32	17 8	8 59	7 54	29Le57	10 48	28 0	26 32R	21 54	20 57
28	22:29:31	8 58 7	11Pi28	17 6D	10 12	8 40	29 49	10 54	27 57	26 32	21 53	20 54
29	22:33:28	9 58 23	24 9	17 10	11 26	9 26	29 42	11 1	27 55	26 32	21 51	20 51

2/19 Sun in Pis. 14:10   2/6 1st Qt. 12:21   2/14 Full 6:43   2/21 3rd Qt. 3:28   2/28 New 6:56

MARCH 1968

Day	Sid. T.	Sun	Moon	Merc.	Venus	Mars	Jup.	Saturn	Uranus	Nept.	Pluto	N.Node
1	22:37:24	10Pi58 37	6Ar34	17Aq20	12Aq40	10Ar11	29Le34R	11Ar 8	27Vi52R	26Sc32R	21Vi49R	20Ar47
2	22:41:21	11 58 49	18 46	17 36	13 54	10 57	29 26	11 15	27 50	26 32	21 48	20 44
3	22:45:18	12 58 59	0Ta46	17 58	15 8	11 42	29 19	11 22	27 47	26 31	21 46	20 41
4	22:49:14	13 59 8	12 38	18 25	16 22	12 27	29 11	11 29	27 45	26 31	21 45	20 38
5	22:53:10	14 59 14	24 27	18 57	17 36	13 13	29 4	11 36	27 42	26 31	21 43	20 35
6	22:57: 7	15 59 18	6Ge17	19 33	18 50	13 58	28 57	11 43	27 40	26 31	21 41	20 32
7	23: 1: 4	16 59 20	18 13	20 13	20 4	14 43	28 49	11 50	27 37	26 30	21 40	20 28
8	23: 5: 0	17 59 20	0Cn20	20 57	21 18	15 28	28 42	11 57	27 35	26 30	21 38	20 25
9	23: 8:57	18 59 17	12 43	21 45	22 32	16 13	28 35	12 4	27 32	26 30	21 37	20 22
10	23:12:53	19 59 13	25 26	22 36	23 46	16 59	28 28	12 12	27 30	26 29	21 35	20 19
11	23:16:50	20 59 6	8Le32	23 30	25 0	17 44	28 21	12 19	27 27	26 29	21 33	20 16
12	23:20:46	21 58 57	22 2	24 27	26 13	18 29	28 15	12 26	27 24	26 29	21 32	20 12
13	23:24:43	22 58 46	5Vi55	25 27	27 27	19 14	28 8	12 33	27 22	26 28	21 30	20 9
14	23:28:39	23 58 33	20 8	26 30	28 41	19 59	28 2	12 41	27 19	26 28	21 29	20 6
15	23:32:36	24 58 18	4Li37	27 35	29 55	20 43	27 55	12 48	27 17	26 27	21 27	20 3
16	23:36:33	25 58 1	19 15	28 42	1Pi 9	21 28	27 49	12 55	27 14	26 26	21 25	20 0
17	23:40:29	26 57 42	3Sc57	29 52	2 23	22 13	27 43	13 3	27 11	26 26	21 24	19 57
18	23:44:26	27 57 21	18 35	1Pi 4	3 37	22 58	27 37	13 10	27 9	26 25	21 22	19 53
19	23:48:22	28 56 59	3Sg 4	2 17	4 51	23 42	27 31	13 17	27 6	26 25	21 21	19 50
20	23:52:19	29 56 35	17 21	3 33	6 5	24 27	27 25	13 25	27 3	26 24	21 19	19 47
21	23:56:15	0Ar56 9	1Cp24	4 50	7 19	25 12	27 19	13 32	27 1	26 23	21 17	19 44
22	0: 0:12	1 55 41	15 12	6 9	8 33	25 56	27 14	13 40	26 58	26 22	21 16	19 41
23	0: 4: 9	2 55 12	28 44	7 30	9 47	26 41	27 9	13 47	26 56	26 22	21 14	19 38
24	0: 8: 5	3 54 41	12Aq 0	8 53	11 1	27 25	27 4	13 55	26 53	26 21	21 13	19 34
25	0:12: 2	4 54 8	25 2	10 17	12 15	28 10	26 59	14 2	26 51	26 20	21 11	19 31
26	0:15:58	5 53 34	7Pi50	11 43	13 29	28 54	26 54	14 10	26 48	26 19	21 10	19 28
27	0:19:55	6 52 57	20 25	13 10	14 43	29 38	26 49	14 17	26 45	26 18	21 8	19 25
28	0:23:51	7 52 18	2Ar48	14 39	15 57	0Ta23	26 44	14 25	26 43	26 17	21 6	19 22
29	0:27:48	8 51 37	15 0	16 9	17 11	1 7	26 40	14 32	26 40	26 16	21 5	19 18
30	0:31:44	9 50 55	27 3	17 41	18 24	1 51	26 36	14 40	26 38	26 15	21 3	19 15
31	0:35:41	10 50 10	8Ta58	19 14	19 38	2 35	26 32	14 47	26 35	26 14	21 2	19 12

3/20 Sun in Ari. 13:23   3/7 1st Qt. 9:21   3/14 Full 18:53   3/21 3rd Qt. 11:08   3/28 New 22:48(E)

APRIL 1968

Day	Sid. T.	Sun	Moon	Merc.	Venus	Mars	Jup.	Saturn	Uranus	Nept.	Pluto	N.Node
1	0:39:38	11Ar49 23	20Ta49	20Pi49	20Pi52	3Ta19	26Le28R	14Ar55	26Vi33R	26Sc13R	21Vi 0R	19Ar 9
2	0:43:34	12 48 33	2Ge37	22 25	22 6	4 3	26 24	15 2	26 30	26 12	20 59	19 6
3	0:47:31	13 47 42	14 27	24 2	23 20	4 47	26 21	15 10	26 28	26 11	20 57	19 3
4	0:51:27	14 46 48	26 23	25 42	24 34	5 31	26 18	15 17	26 25	26 10	20 56	18 59
5	0:55:24	15 45 52	8Cn29	27 22	25 48	6 15	26 14	15 25	26 23	26 9	20 55	18 56
6	0:59:20	16 44 54	20 49	29 4	27 2	6 59	26 12	15 33	26 21	26 8	20 53	18 53
7	1: 3:17	17 43 53	3Le29	0Ar47	28 16	7 43	26 9	15 40	26 18	26 7	20 52	18 50
8	1: 7:14	18 42 51	16 30	2 32	29 30	8 27	26 6	15 48	26 16	26 5	20 50	18 47
9	1:11:10	19 41 45	29 58	4 19	0Ar44	9 10	26 4	15 55	26 13	26 4	20 49	18 44
10	1:15: 7	20 40 38	13Vi51	6 7	1 58	9 54	26 2	16 3	26 11	26 2	20 48	18 40
11	1:19: 3	21 39 28	28 10	7 56	3 11	10 37	25 59	16 10	26 9	26 0	20 46	18 37
12	1:22:59	22 38 16	12Li51	9 47	4 25	11 21	25 58	16 18	26 7	26 0	20 45	18 34
13	1:26:56	23 37 2	27 47	11 39	5 39	12 4	25 56	16 25	26 4	25 59	20 44	18 31
14	1:30:53	24 35 46	12Sc51	13 33	6 53	12 48	25 54	16 33	26 2	25 58	20 42	18 28
15	1:34:49	25 34 28	27 53	15 29	8 7	13 31	25 53	16 40	26 0	25 57	20 41	18 24
16	1:38:45	26 33 9	12Sg46	17 26	9 21	14 15	25 52	16 48	25 58	25 55	20 40	18 21
17	1:42:43	27 31 48	27 22	19 24	10 34	14 58	25 51	16 55	25 56	25 54	20 39	18 18
18	1:46:39	28 30 25	11Cp37	21 24	11 48	15 41	25 50	17 3	25 54	25 52	20 37	18 15
19	1:50:35	29 29 1	25 30	23 25	13 2	16 24	25 50	17 10	25 52	25 51	20 36	18 12
20	1:54:32	0Ta27 35	8Aq58	25 28	14 16	17 8	25 50	17 18	25 50	25 50	20 35	18 9
21	1:58:29	1 26 7	22 6	27 32	15 30	17 51	25 49	17 25	25 48	25 48	20 34	18 5
22	2: 2:25	2 24 37	4Pi54	29 37	16 44	18 34	25 49D	17 33	25 46	25 47	20 33	18 2
23	2: 6:22	3 23 6	17 25	1Ta44	17 57	19 17	25 50	17 40	25 44	25 45	20 32	17 59
24	2:10:19	4 21 33	29 44	3 51	19 11	20 0	25 50	17 47	25 42	25 44	20 31	17 56
25	2:14:15	5 19 59	11Ar51	5 59	20 25	20 43	25 51	17 55	25 40	25 42	20 30	17 53
26	2:18:11	6 18 23	23 51	8 7	21 39	21 25	25 51	18 2	25 38	25 41	20 29	17 50
27	2:22: 8	7 16 45	5Ta46	10 16	22 53	22 8	25 52	18 9	25 37	25 39	20 28	17 46
28	2:26: 4	8 15 5	17 36	12 25	24 7	22 51	25 53	18 17	25 35	25 38	20 27	17 43
29	2:30: 1	9 13 23	29 25	14 34	25 20	23 34	25 55	18 24	25 33	25 36	20 26	17 40
30	2:33:58	10 11 40	11Ge15	16 42	26 34	24 16	25 56	18 31	25 32	25 35	20 25	17 37

4/20 Sun in Tau. 0:42   4/6 1st Qt. 3:28   4/13 Full 4:52(E)   4/19 3rd Qt. 19:36   4/27 New 15:22

Day	Sid. T.	Sun	Moon	Merc.	Venus	Mars	Jup.	Saturn	Uranus	Nept.	Pluto	N.Node
1	2:37:54	11Ta 9 54	23Ge 7	18Ta50	27Ar48	24Ta59	25Le58	18Ar38	25Vi30R	25Sc33R	20Vi24R	17Ar34
2	2:41:50	12 8 7	5Cn 5	20 57	29 2	25 42	26 0	18 45	25 28	25 32	20 23	17 30
3	2:45:47	13 6 18	17 12	23 2	0Ta15	26 24	26 2	18 53	25 27	25 30	20 22	17 27
4	2:49:44	14 4 27	29 32	25 5	1 29	27 7	26 4	19 0	25 25	25 28	20 21	17 24
5	2:53:40	15 2 34	12Le 8	27 7	2 43	27 49	26 6	19 7	25 24	25 27	20 21	17 21
6	2:57:37	16 0 39	25 4	29 6	3 57	28 31	26 9	19 14	25 23	25 25	20 20	17 18
7	3: 1:34	16 58 41	8Vi24	1Ge 3	5 10	29 14	26 12	19 21	25 21	25 24	20 19	17 15
8	3: 5:30	17 56 42	22 9	2 58	6 24	29 56	26 15	19 28	25 20	25 22	20 18	17 11
9	3: 9:26	18 54 41	6Li22	4 49	7 38	0Ge38	26 18	19 35	25 19	25 20	20 18	17 8
10	3:13:24	19 52 39	20 59	6 38	8 52	1 20	26 21	19 42	25 18	25 19	20 17	17 5
11	3:17:20	20 50 34	5Sc58	8 23	10 5	2 3	26 24	19 48	25 17	25 17	20 16	17 2
12	3:21:16	21 48 28	21 10	10 5	11 19	2 45	26 28	19 55	25 15	25 16	20 16	16 59
13	3:25:13	22 46 21	6Sg26	11 44	12 33	3 27	26 32	20 2	25 14	25 14	20 15	16 55
14	3:29: 9	23 44 12	21 35	13 20	13 46	4 9	26 36	20 9	25 13	25 12	20 15	16 52
15	3:33: 6	24 42 2	6Cp28	14 52	15 0	4 51	26 40	20 15	25 13	25 11	20 14	16 49
16	3:37: 2	25 39 50	20 57	16 20	16 14	5 33	26 44	20 22	25 12	25 9	20 14	16 46
17	3:40:59	26 37 37	5Aq 0	17 45	17 28	6 14	26 48	20 29	25 11	25 7	20 13	16 43
18	3:44:55	27 35 24	18 34	19 6	18 41	6 56	26 53	20 35	25 10	25 6	20 13	16 40
19	3:48:52	28 33 9	1Pi41	20 24	19 55	7 38	26 58	20 42	25 9	25 4	20 12	16 36
20	3:52:49	29 30 53	14 25	21 38	21 9	8 20	27 2	20 48	25 9	25 3	20 12	16 33
21	3:56:45	0Ge28 35	26 49	22 48	22 22	9 1	27 8	20 55	25 8	25 1	20 12	16 30
22	4: 0:42	1 26 17	8Ar59	23 54	23 36	9 43	27 13	21 1	25 7	24 59	20 12	16 27
23	4: 4:38	2 23 58	20 58	24 57	24 50	10 25	27 18	21 7	25 7	24 58	20 11	16 24
24	4: 8:35	3 21 37	2Ta50	25 55	26 3	11 6	27 24	21 14	25 6	24 56	20 11	16 21
25	4:12:31	4 19 16	14 39	26 49	27 17	11 48	27 29	21 20	25 6	24 54	20 11	16 17
26	4:16:28	5 16 53	26 27	27 39	28 31	12 29	27 35	21 26	25 5	24 53	20 11	16 14
27	4:20:25	6 14 30	8Ge17	28 25	29 44	13 10	27 41	21 32	25 5	24 51	20 11	16 11
28	4:24:21	7 12 5	20 10	29 7	0Ge58	13 52	27 47	21 38	25 5	24 50	20 10	16 8
29	4:28:18	8 9 39	2Cn 9	29 45	2 12	14 33	27 53	21 44	25 5	24 48	20 10	16 5
30	4:32:14	9 7 12	14 14	0Cn18	3 26	15 14	27 59	21 50	25 5	24 47	20 10	16 1
31	4:36:11	10 4 43	26 27	0 46	4 39	15 56	28 6	21 56	25 4	24 45	20 10D	15 58

5/21 Sun in Gem. 0:06   5/5 1st Qt. 17:55   5/12 Full 13:05   5/19 3rd Qt. 5:45   5/27 New 7:30

Day	Sid. T.	Sun	Moon	Merc.	Venus	Mars	Jup.	Saturn	Uranus	Nept.	Pluto	N.Node
1	4:40: 7	11Ge 2 14	8Le52	1Cn10	5Ge53	16Ge37	28Le13	22Ar 2	25Vi 4R	24Sc43R	20Vi10	15Ar55
2	4:44: 4	11 59 43	21 30	1 30	7 7	17 18	28 19	22 8	25 4D	24 42	20 10	15 52
3	4:48: 0	12 57 10	4Vi24	1 45	8 20	17 59	28 26	22 14	25 4	24 40	20 10	15 49
4	4:51:57	13 54 37	17 39	1 55	9 34	18 40	28 33	22 19	25 5	24 39	20 11	15 46
5	4:55:54	14 52 2	1Li15	2 0	10 48	19 21	28 40	22 25	25 5	24 37	20 11	15 42
6	4:59:50	15 49 26	15 16	2 1R	12 1	20 2	28 48	22 31	25 5	24 36	20 11	15 39
7	5: 3:47	16 46 49	29 41	1 58	13 15	20 43	28 55	22 36	25 5	24 34	20 11	15 36
8	5: 7:43	17 44 11	14Sc29	1 50	14 29	21 24	29 3	22 41	25 6	24 33	20 11	15 33
9	5:11:40	18 41 32	29 33	1 38	15 42	22 5	29 10	22 47	25 6	24 31	20 12	15 30
10	5:15:36	19 38 52	14Sg46	1 22	16 56	22 46	29 18	22 52	25 6	24 30	20 12	15 27
11	5:19:33	20 36 11	29 57	1 2	18 10	23 26	29 26	22 57	25 7	24 29	20 12	15 23
12	5:23:30	21 33 30	14Cp55	0 39	19 23	24 7	29 34	23 2	25 7	24 27	20 13	15 20
13	5:27:26	22 30 48	29 32	0 12	20 37	24 48	29 42	23 8	25 8	24 26	20 13	15 17
14	5:31:23	23 28 5	13Aq42	29Ge43	21 51	25 28	29 50	23 13	25 9	24 24	20 14	15 14
15	5:35:19	24 25 23	27 23	29 12	23 4	26 9	29 59	23 17	25 9	24 23	20 14	15 11
16	5:39:15	25 22 39	10Pi34	28 40	24 18	26 49	0Vi 7	23 22	25 10	24 22	20 15	15 7
17	5:43:12	26 19 56	23 20	28 6	25 32	27 30	0 16	23 27	25 11	24 20	20 15	15 4
18	5:47: 9	27 17 12	5Ar44	27 32	26 45	28 10	0 24	23 32	25 12	24 19	20 16	15 1
19	5:51: 5	28 14 28	17 51	26 58	27 59	28 51	0 33	23 36	25 13	24 18	20 16	14 58
20	5:55: 2	29 11 44	29 48	26 24	29 13	29 31	0 42	23 41	25 13	24 16	20 17	14 55
21	5:58:59	0Cn 8 59	11Ta38	25 52	0Cn27	0Cn12	0 51	23 45	25 14	24 15	20 18	14 52
22	6: 2:55	1 6 14	23 25	25 21	1 40	0 52	1 0	23 50	25 16	24 14	20 18	14 48
23	6: 6:52	2 3 30	5Ge15	24 53	2 54	1 32	1 10	23 54	25 17	24 13	20 19	14 45
24	6:10:48	3 0 45	17 8	24 28	4 8	2 13	1 19	23 58	25 18	24 12	20 20	14 42
25	6:14:45	3 57 59	29 8	24 6	5 21	2 53	1 28	24 3	25 19	24 10	20 20	14 39
26	6:18:41	4 55 14	11Cn16	23 47	6 35	3 33	1 38	24 7	25 20	24 9	20 21	14 36
27	6:22:38	5 52 28	23 32	23 33	7 49	4 13	1 48	24 11	25 22	24 8	20 22	14 33
28	6:26:35	6 49 42	5Le58	23 22	9 3	4 53	1 57	24 14	25 23	24 7	20 23	14 29
29	6:30:31	7 46 55	18 35	23 16	10 16	5 33	2 7	24 18	25 24	24 6	20 24	14 26
30	6:34:28	8 44 9	1Vi23	23 15D	11 30	6 13	2 17	24 22	25 26	24 5	20 25	14 23

6/21 Sun in Can. 8:14   6/4 1st Qt. 4:47   6/10 Full 20:14   6/17 3rd Qt. 18:14   6/25 New 22:25

JULY 1968

Day	Sid. T.	Sun	Moon	Merc.	Venus	Mars	Jup.	Saturn	Uranus	Nept.	Pluto	N.Node
1	6:38:24	9Cn41 21	14Vi24	23Ge19	12Cn44	6Cn53	2Vi27	24Ar26	25Vi27	24Sc 4R	20Vi26	14Ar20
2	6:42:20	10 38 34	27 40	23 27	13 58	7 33	2 37	24 29	25 29	24 3	20 27	14 17
3	6:46:17	11 35 46	11Li14	23 41	15 12	8 13	2 47	24 33	25 30	24 2	20 28	14 13
4	6:50:14	12 32 58	25 6	23 59	16 25	8 53	2 58	24 36	25 32	24 1	20 29	14 10
5	6:54:10	13 30 9	9Sc18	24 23	17 39	9 33	3 8	24 39	25 34	24 0	20 30	14 7
6	6:58: 6	14 27 20	23 49	24 51	18 53	10 13	3 18	24 43	25 36	23 59	20 31	14 4
7	7: 2: 4	15 24 32	8Sg36	25 25	20 7	10 52	3 29	24 46	25 37	23 58	20 32	14 1
8	7: 6: 0	16 21 43	23 31	26 3	21 20	11 32	3 39	24 49	25 39	23 57	20 33	13 58
9	7: 9:57	17 18 54	8Cp28	26 46	22 34	12 12	3 50	24 52	25 41	23 57	20 34	13 54
10	7:13:54	18 16 5	23 16	27 35	23 48	12 52	4 1	24 54	25 43	23 56	20 36	13 51
11	7:17:50	19 13 16	7Aq47	28 28	25 2	13 31	4 12	24 57	25 45	23 55	20 37	13 48
12	7:21:46	20 10 28	21 56	29 25	26 15	14 11	4 22	25 0	25 47	23 54	20 38	13 45
13	7:25:43	21 7 40	5Pi37	0Cn28	27 29	14 50	4 33	25 2	25 49	23 54	20 39	13 42
14	7:29:40	22 4 53	18 51	1 35	28 43	15 30	4 44	25 5	25 51	23 53	20 41	13 39
15	7:33:36	23 2 6	1Ar39	2 47	29 57	16 9	4 56	25 7	25 53	23 52	20 42	13 35
16	7:37:33	23 59 20	14 5	4 3	1Le11	16 49	5 7	25 9	25 56	23 52	20 43	13 32
17	7:41:30	24 56 34	26 15	5 24	2 25	17 28	5 18	25 12	25 58	23 51	20 45	13 29
18	7:45:26	25 53 49	8Ta12	6 49	3 38	18 8	5 29	25 14	26 0	23 50	20 46	13 26
19	7:49:22	26 51 5	20 3	8 18	4 52	18 47	5 41	25 16	26 2	23 50	20 48	13 23
20	7:53:19	27 48 22	1Ge52	9 51	6 6	19 26	5 52	25 17	26 5	23 49	20 49	13 19
21	7:57:15	28 45 39	13 44	11 29	7 20	20 6	6 4	25 19	26 7	23 49	20 51	13 16
22	8: 1:12	29 42 57	25 43	13 10	8 34	20 45	6 15	25 21	26 10	23 49	20 52	13 13
23	8: 5: 9	0Le40 16	7Cn51	14 55	9 48	21 24	6 27	25 22	26 12	23 48	20 54	13 10
24	8: 9: 5	1 37 36	20 9	16 43	11 2	22 3	6 38	25 24	26 15	23 48	20 55	13 7
25	8:13: 2	2 34 56	2Le40	18 34	12 15	22 43	6 50	25 25	26 17	23 47	20 57	13 4
26	8:16:58	3 32 17	15 23	20 28	13 29	23 22	7 2	25 27	26 20	23 47	20 58	13 0
27	8:20:55	4 29 39	28 17	22 25	14 43	24 1	7 14	25 28	26 23	23 47	21 0	12 57
28	8:24:51	5 27 1	11Vi23	24 23	15 57	24 40	7 26	25 29	26 25	23 46	21 2	12 54
29	8:28:48	6 24 24	24 40	26 24	17 11	25 19	7 38	25 30	26 28	23 46	21 3	12 51
30	8:32:45	7 21 47	8Li 9	28 26	18 25	25 58	7 50	25 30	26 31	23 46	21 5	12 48
31	8:36:41	8 19 11	21 49	0Le30	19 39	26 37	8 2	25 31	26 33	23 46	21 7	12 44

7/22 Sun in Leo 19:08   7/3 1st Qt. 12:42   7/10 Full 3:18   7/17 3rd Qt. 9:12   7/25 New 11:50

AUGUST 1968

Day	Sid. T.	Sun	Moon	Merc.	Venus	Mars	Jup.	Saturn	Uranus	Nept.	Pluto	N.Node
1	8:40:38	9Le16 35	5Sc42	2Le34	20Le53	27Cn16	8Vi14	25Ar32	26Vi36	23Sc46R	21Vi 8	12Ar41
2	8:44:34	10 14 0	19 48	4 39	22 6	27 55	8 26	25 32	26 39	23 46	21 10	12 38
3	8:48:31	11 11 26	4Sg 5	6 45	23 20	28 34	8 38	25 33	26 42	23 46	21 12	12 35
4	8:52:27	12 8 52	18 31	8 50	24 34	29 13	8 50	25 33	26 45	23 46	21 14	12 32
5	8:56:24	13 6 20	3Cp 3	10 55	25 48	29 52	9 3	25 33	26 48	23 46D	21 15	12 29
6	9: 0:20	14 3 48	17 35	12 59	27 2	0Le31	9 15	25 33	26 51	23 46	21 17	12 25
7	9: 4:17	15 1 16	2Aq 1	15 3	28 16	1 9	9 27	25 34R	26 54	23 46	21 19	12 22
8	9: 8:14	15 58 46	16 14	17 6	29 30	1 48	9 40	25 33	26 57	23 46	21 21	12 19
9	9:12:10	16 56 17	0Pi 8	19 8	0Vi44	2 27	9 52	25 33	27 0	23 46	21 23	12 16
10	9:16: 7	17 53 49	13 41	21 8	1 57	3 6	10 5	25 33	27 3	23 46	21 25	12 13
11	9:20: 3	18 51 22	26 50	23 8	3 11	3 44	10 17	25 33	27 6	23 46	21 27	12 10
12	9:24: 0	19 48 57	9Ar37	25 6	4 25	4 23	10 30	25 32	27 10	23 46	21 29	12 6
13	9:27:56	20 46 33	22 4	27 3	5 39	5 2	10 42	25 31	27 13	23 47	21 30	12 3
14	9:31:53	21 44 10	4Ta14	28 58	6 53	5 40	10 55	25 31	27 16	23 47	21 32	12 0
15	9:35:50	22 41 49	16 13	0Vi53	8 7	6 19	11 7	25 30	27 19	23 47	21 34	11 57
16	9:39:46	23 39 29	28 6	2 45	9 21	6 57	11 20	25 29	27 23	23 48	21 36	11 54
17	9:43:43	24 37 12	9Ge57	4 37	10 35	7 36	11 33	25 28	27 26	23 48	21 38	11 50
18	9:47:39	25 34 55	21 52	6 27	11 48	8 14	11 45	25 27	27 29	23 48	21 40	11 47
19	9:51:36	26 32 41	3Cn54	8 15	13 2	8 53	11 58	25 26	27 33	23 49	21 42	11 44
20	9:55:32	27 30 28	16 8	10 2	14 16	9 31	12 11	25 24	27 36	23 49	21 44	11 41
21	9:59:29	28 28 16	28 36	11 48	15 30	10 10	12 24	25 23	27 39	23 50	21 46	11 38
22	10: 3:25	29 26 6	11Le20	13 32	16 44	10 48	12 36	25 21	27 43	23 50	21 49	11 35
23	10: 7:22	0Vi23 58	24 19	15 15	17 58	11 27	12 49	25 20	27 46	23 51	21 51	11 31
24	10:11:19	1 21 50	7Vi34	16 56	19 12	12 5	13 2	25 18	27 50	23 52	21 53	11 28
25	10:15:15	2 19 45	21 3	18 37	20 26	12 43	13 15	25 16	27 53	23 52	21 55	11 25
26	10:19:11	3 17 41	4Li43	20 16	21 39	13 22	13 28	25 14	27 57	23 53	21 57	11 22
27	10:23: 8	4 15 38	18 34	21 53	22 53	14 0	13 41	25 12	28 0	23 54	21 59	11 19
28	10:27: 5	5 13 36	2Sc33	23 29	24 7	14 38	13 54	25 10	28 4	23 54	22 1	11 16
29	10:31: 1	6 11 36	16 38	25 4	25 21	15 16	14 6	25 8	28 7	23 55	22 3	11 12
30	10:34:58	7 9 38	0Sg47	26 38	26 35	15 55	14 19	25 5	28 11	23 56	22 5	11 9
31	10:38:55	8 7 40	14 59	28 10	27 49	16 33	14 32	25 3	28 15	23 57	22 7	11 6

8/23 Sun in Vir. 2:04   8/1 1st Qt. 18:35   8/8 Full 11:33   8/16 3rd Qt. 2:14   8/23 New 23:57   8/30 1st Qt. 23:35

SEPTEMBER 1968

Day	Sid. T.	Sun	Moon	Merc.	Venus	Mars	Jup.	Saturn	Uranus	Nept.	Pluto	N.Node
1	10:42:51	9Vi 5 44	29Sg12	29Vi41	29Vi 3	17Le11	14Vi45	25Ar 1R	28Vi18	23Sc58	22Vi10	11Ar 3
2	10:46:47	10 3 50	13Cp22	1Li11	0Li16	17 49	14 58	24 58	28 22	23 58	22 12	11 0
3	10:50:44	11 1 57	27 28	2 39	1 30	18 27	15 11	24 55	28 25	23 59	22 14	10 56
4	10:54:41	12 0 5	11Aq26	4 6	2 44	19 5	15 24	24 53	28 29	24 0	22 16	10 53
5	10:58:37	12 58 15	25 12	5 32	3 58	19 43	15 37	24 50	28 33	24 1	22 18	10 50
6	11: 2:34	13 56 26	8Pi44	6 57	5 11	20 22	15 50	24 47	28 36	24 2	22 20	10 47
7	11: 6:30	14 54 39	21 58	8 20	6 25	21 0	16 3	24 44	28 40	24 3	22 23	10 44
8	11:10:26	15 52 54	4Ar55	9 41	7 39	21 38	16 16	24 41	28 44	24 4	22 25	10 41
9	11:14:24	16 51 10	17 34	11 2	8 53	22 16	16 29	24 38	28 48	24 6	22 27	10 37
10	11:18:20	17 49 29	29 57	12 20	10 6	22 53	16 42	24 34	28 51	24 7	22 29	10 34
11	11:22:16	18 47 50	12Ta 6	13 38	11 20	23 31	16 55	24 31	28 55	24 8	22 31	10 31
12	11:26:13	19 46 13	24 6	14 53	12 34	24 9	17 8	24 27	28 59	24 9	22 34	10 28
13	11:30:10	20 44 38	5Ge59	16 7	13 48	24 47	17 21	24 24	29 3	24 10	22 36	10 25
14	11:34: 6	21 43 5	17 51	17 20	15 1	25 25	17 34	24 20	29 6	24 11	22 38	10 22
15	11:38: 2	22 41 34	29 46	18 30	16 15	26 3	17 47	24 17	29 10	24 13	22 40	10 18
16	11:42: 0	23 40 5	11Cn49	19 39	17 29	26 41	18 0	24 13	29 14	24 14	22 42	10 15
17	11:45:56	24 38 39	24 5	20 46	18 43	27 19	18 13	24 9	29 18	24 15	22 45	10 12
18	11:49:52	25 37 14	6Le36	21 50	19 56	27 56	18 26	24 5	29 21	24 17	22 47	10 9
19	11:53:49	26 35 52	19 27	22 52	21 10	28 34	18 39	24 2	29 25	24 18	22 49	10 2
20	11:57:46	27 34 32	2Vi38	23 52	22 24	29 12	18 52	23 58	29 29	24 19	22 51	10 2
21	12: 1:42	28 33 14	16 10	24 49	23 37	29 50	19 5	23 54	29 33	24 21	22 53	9 59
22	12: 5:38	29 31 58	0Li 0	25 43	24 51	0Vi27	19 18	23 49	29 37	24 22	22 56	9 56
23	12: 9:35	0Li30 44	14 7	26 35	26 5	1 5	19 31	23 45	29 40	24 24	22 58	9 53
24	12:13:31	1 29 32	28 25	27 23	27 18	1 43	19 43	23 41	29 44	24 25	23 0	9 50
25	12:17:27	2 28 21	12Sc50	28 7	28 32	2 20	19 56	23 37	29 48	24 27	23 2	9 47
26	12:21:25	3 27 13	27 17	28 48	29 45	2 58	20 9	23 33	29 52	24 28	23 4	9 43
27	12:25:21	4 26 6	11Sg42	29 25	0Sc59	3 35	20 22	23 28	29 56	24 30	23 7	9 40
28	12:29:18	5 25 1	26 0	29 57	2 13	4 13	20 35	23 24	29 59	24 32	23 9	9 37
29	12:33:14	6 23 58	10Cp10	0Sc24	3 26	4 51	20 48	23 19	0Li 3	24 33	23 11	9 34
30	12:37:11	7 22 56	24 8	0 46	4 40	5 28	21 0	23 15	0 7	24 35	23 13	9 31

9/22 Sun in Lib. 23:27   9/6 Full 22:08   9/14 3rd Qt. 20:31   9/22 New 11:09(E)   9/29 1st Qt. 5:07

OCTOBER 1968

Day	Sid. T.	Sun	Moon	Merc.	Venus	Mars	Jup.	Saturn	Uranus	Nept.	Pluto	N.Node
1	12:41: 7	8Li21 57	7Aq54	1Sc 2	5Sc53	6Vi 6	21Vi13	23Ar10R	0Li11	24Sc37	23Vi15	9Ar27
2	12:45: 4	9 20 59	21 27	1 12	7 7	6 43	21 26	23 6	0 14	24 38	23 17	9 24
3	12:49: 1	10 20 2	4Pi47	1 15R	8 20	7 20	21 38	23 1	0 18	24 40	23 19	9 21
4	12:52:57	11 19 8	17 53	1 11	9 34	7 58	21 51	22 57	0 22	24 42	23 22	9 18
5	12:56:53	12 18 15	0Ar45	1 0	10 47	8 35	22 4	22 52	0 26	24 43	23 24	9 15
6	13: 0:50	13 17 24	13 24	0 41	12 1	9 13	22 16	22 47	0 29	24 45	23 26	9 12
7	13: 4:47	14 16 36	25 50	0 15	13 14	9 50	22 29	22 43	0 33	24 47	23 28	9 8
8	13: 8:43	15 15 49	8Ta 5	29Li40	14 27	10 27	22 41	22 38	0 37	24 49	23 30	9 5
9	13:12:39	16 15 5	20 10	28 57	15 41	11 5	22 54	22 33	0 40	24 51	23 32	9 2
10	13:16:36	17 14 23	2Ge 7	28 6	16 54	11 42	23 6	22 29	0 44	24 53	23 34	8 59
11	13:20:32	18 13 43	14 0	27 9	18 8	12 19	23 18	22 24	0 48	24 54	23 36	8 56
12	13:24:29	19 13 6	25 51	26 5	19 21	12 56	23 31	22 19	0 51	24 56	23 38	8 53
13	13:28:26	20 12 31	7Cn45	24 57	20 34	13 34	23 43	22 14	0 55	24 58	23 40	8 49
14	13:32:22	21 11 58	19 46	23 45	21 48	14 11	23 55	22 9	0 59	25 0	23 42	8 46
15	13:36:19	22 11 27	1Le59	22 32	23 1	14 48	24 8	22 4	1 2	25 2	23 44	8 43
16	13:40:15	23 10 59	14 28	21 19	24 14	15 25	24 20	22 0	1 6	25 4	23 46	8 40
17	13:44:12	24 10 33	27 18	20 10	25 28	16 2	24 32	21 55	1 9	25 6	23 48	8 37
18	13:48: 8	25 10 9	10Vi31	19 5	26 41	16 39	24 44	21 50	1 13	25 8	23 50	8 33
19	13:52: 5	26 9 47	24 9	18 6	27 54	17 16	24 56	21 46	1 17	25 10	23 52	8 30
20	13:56: 2	27 9 28	8Li12	17 17	29 7	17 53	25 8	21 41	1 20	25 12	23 54	8 27
21	13:59:58	28 9 11	22 37	16 37	0Sg21	18 30	25 20	21 36	1 24	25 14	23 56	8 24
22	14: 3:55	29 8 55	7Sc20	16 7	1 34	19 7	25 32	21 31	1 27	25 16	23 58	8 21
23	14: 7:52	0Sc 8 42	22 12	15 49	2 47	19 44	25 43	21 27	1 31	25 18	24 0	8 18
24	14:11:48	1 8 31	7Sg 7	15 43	4 0	20 21	25 55	21 22	1 34	25 20	24 2	8 14
25	14:15:44	2 8 21	21 55	15 47D	5 13	20 58	26 7	21 17	1 37	25 23	24 3	8 11
26	14:19:41	3 8 13	6Cp31	16 2	6 26	21 35	26 19	21 13	1 41	25 25	24 5	8 8
27	14:23:37	4 8 7	20 49	16 28	7 39	22 12	26 30	21 8	1 44	25 27	24 7	8 5
28	14:27:34	5 8 2	4Aq47	17 3	8 53	22 49	26 42	21 3	1 47	25 29	24 9	8 2
29	14:31:31	6 7 59	18 24	17 47	10 6	23 26	26 53	20 59	1 51	25 31	24 10	7 59
30	14:35:27	7 7 58	1Pi42	18 38	11 19	24 3	27 4	20 54	1 54	25 33	24 12	7 55
31	14:39:24	8 7 58	14 42	19 36	12 32	24 39	27 16	20 50	1 57	25 35	24 14	7 52

10/23 Sun in Sco. 8:30   10/6 Full 11:47(E)   10/14 3rd Qt. 15:06   10/21 New 21:45   10/28 1st Qt. 12:40

NOVEMBER 1968

Day	Sid. T.	Sun	Moon	Merc.	Venus	Mars	Jup.	Saturn	Uranus	Nept.	Pluto	N.Node
1	14:43:20	9Sc 7 59	27Pi27	20Li41	13Sg45	25Vi16	27Vi27	20Ar46R	2Li 1	25Sc38	24Vi16	7Ar49
2	14:47:17	10 8 3	9Ar59	21 50	14 57	25 53	27 38	20 41	2 4	25 40	24 17	7 46
3	14:51:13	11 8 8	22 21	23 5	16 10	26 29	27 49	20 37	2 7	25 42	24 19	7 43
4	14:55:10	12 8 15	4Ta33	24 23	17 23	27 6	28 0	20 33	2 10	25 44	24 21	7 39
5	14:59: 7	13 8 23	16 38	25 44	18 36	27 43	28 11	20 28	2 13	25 46	24 22	7 36
6	15: 3: 3	14 8 34	28 37	27 9	19 49	28 19	28 22	20 24	2 16	25 49	24 24	7 33
7	15: 7: 0	15 8 46	10Ge31	28 35	21 2	28 56	28 32	20 20	2 19	25 51	24 25	7 30
8	15:10:56	16 9 1	22 23	0Sc 4	22 14	29 32	28 43	20 16	2 22	25 53	24 27	7 27
9	15:14:53	17 9 17	4Cn14	1 34	23 27	0Li 9	28 54	20 12	2 25	25 55	24 28	7 24
10	15:18:49	18 9 35	16 7	3 5	24 40	0 45	29 4	20 8	2 28	25 57	24 30	7 20
11	15:22:46	19 9 55	28 7	4 38	25 53	1 22	29 15	20 4	2 31	26 0	24 31	7 17
12	15:26:42	20 10 17	10Le16	6 11	27 5	1 58	29 25	20 1	2 34	26 2	24 33	7 14
13	15:30:40	21 10 41	22 40	7 45	28 18	2 35	29 35	19 57	2 37	26 4	24 34	7 11
14	15:34:36	22 11 7	5Vi23	9 20	29 30	3 11	29 45	19 53	2 40	26 6	24 36	7 8
15	15:38:32	23 11 34	18 29	10 54	0Cp43	3 47	29 55	19 50	2 42	26 9	24 37	7 5
16	15:42:29	24 12 4	2Li 2	12 30	1 55	4 24	0Li 5	19 46	2 45	26 11	24 38	7 1
17	15:46:25	25 12 35	16 4	14 5	3 8	5 0	0 15	19 43	2 48	26 13	24 40	6 58
18	15:50:22	26 13 8	0Sc33	15 40	4 20	5 36	0 25	19 39	2 50	26 15	24 41	6 55
19	15:54:18	27 13 43	15 26	17 16	5 33	6 12	0 35	19 36	2 53	26 18	24 42	6 52
20	15:58:15	28 14 19	0Sg35	18 51	6 45	6 49	0 44	19 33	2 55	26 20	24 43	6 49
21	16: 2:12	29 14 57	15 51	20 26	7 57	7 25	0 54	19 30	2 58	26 22	24 45	6 45
22	16: 6: 8	0Sg15 37	1Cp 3	22 2	9 10	8 1	1 3	19 27	3 0	26 24	24 46	6 42
23	16:10: 5	1 16 17	16 0	23 37	10 22	8 37	1 12	19 24	3 3	26 27	24 47	6 39
24	16:14: 2	2 16 59	0Aq35	25 12	11 34	9 13	1 21	19 21	3 5	26 29	24 48	6 36
25	16:17:58	3 17 42	14 43	26 47	12 46	9 49	1 30	19 18	3 8	26 31	24 49	6 33
26	16:21:55	4 18 25	28 23	28 22	13 58	10 25	1 39	19 16	3 10	26 33	24 50	6 30
27	16:25:51	5 19 10	11Pi38	0Sg 0	15 10	11 1	1 48	19 13	3 12	26 36	24 51	6 26
28	16:29:47	6 19 56	24 30	1Sg32	16 22	11 37	1 57	19 11	3 14	26 38	24 52	6 23
29	16:33:44	7 20 42	7Ar 4	3 6	17 34	12 12	2 5	19 8	3 17	26 40	24 53	6 20
30	16:37:41	8 21 30	19 23	4 41	18 46	12 48	2 14	19 6	3 19	26 42	24 54	6 17

11/22 Sun in Sag. 5:49   11/5 Full 4:25   11/13 3rd Qt. 8:54   11/20 New 8:02   11/26 1st Qt. 23:31

DECEMBER 1968

Day	Sid. T.	Sun	Moon	Merc.	Venus	Mars	Jup.	Saturn	Uranus	Nept.	Pluto	N.Node
1	16:41:37	9Sg22 18	1Ta32	6Sg15	19Cp57	13Li24	2Li22	19Ar 4R	3Li21	26Sc45	24Vi55	6Ar14
2	16:45:34	10 23 8	13 33	7 49	21 9	14 0	2 30	19 2	3 23	26 47	24 56	6 11
3	16:49:31	11 23 59	25 29	9 24	22 20	14 35	2 38	19 0	3 25	26 49	24 57	6 7
4	16:53:27	12 24 50	7Ge23	10 58	23 32	15 11	2 46	18 58	3 27	26 51	24 57	6 4
5	16:57:23	13 25 43	19 15	12 32	24 43	15 47	2 54	18 56	3 28	26 53	24 58	6 1
6	17: 1:20	14 26 37	1Cn 8	14 6	25 55	16 22	3 2	18 54	3 30	26 56	24 59	5 58
7	17: 5:17	15 27 32	13 2	15 41	27 6	16 58	3 9	18 53	3 32	26 58	25 0	5 55
8	17: 9:13	16 28 28	24 59	17 15	28 17	17 33	3 17	18 51	3 34	27 0	25 0	5 51
9	17:13:10	17 29 25	7Le 1	18 49	29 28	18 8	3 24	18 50	3 35	27 2	25 1	5 48
10	17:17: 7	18 30 23	19 12	20 24	0Aq39	18 44	3 31	18 49	3 37	27 4	25 1	5 45
11	17:21: 3	19 31 22	1Vi34	21 58	1 50	19 19	3 38	18 48	3 39	27 6	25 2	5 42
12	17:24:59	20 32 23	14 12	23 32	3 1	19 54	3 45	18 46	3 40	27 8	25 3	5 39
13	17:28:56	21 33 24	27 10	25 7	4 12	20 30	3 51	18 46	3 42	27 11	25 3	5 36
14	17:32:52	22 34 26	10Li33	26 42	5 23	21 5	3 58	18 45	3 43	27 13	25 4	5 32
15	17:36:49	23 35 30	24 23	28 16	6 33	21 40	4 4	18 44	3 44	27 15	25 4	5 29
16	17:40:46	24 36 34	8Sc41	29 51	7 44	22 15	4 11	18 43	3 46	27 17	25 4	5 26
17	17:44:42	25 37 40	23 27	1Cp26	8 54	22 50	4 17	18 43	3 47	27 19	25 5	5 23
18	17:48:39	26 38 46	8Sg34	3 2	10 4	23 25	4 23	18 43	3 48	27 21	25 5	5 20
19	17:52:35	27 39 53	23 53	4 37	11 14	24 0	4 28	18 42	3 49	27 23	25 6	5 16
20	17:56:32	28 41 0	9Cp14	6 12	12 24	24 35	4 34	18 42	3 50	27 25	25 6	5 13
21	18: 0:28	29 42 8	24 24	7 48	13 34	25 9	4 40	18 42	3 51	27 27	25 6	5 10
22	18: 4:25	0Cp43 17	9Aq13	9 24	14 44	25 44	4 45	18 42D	3 52	27 29	25 6	5 7
23	18: 8:22	1 44 25	23 35	10 59	15 54	26 19	4 50	18 42	3 53	27 31	25 6	5 4
24	18:12:18	2 45 33	7Pi26	12 35	17 3	26 53	4 55	18 43	3 54	27 33	25 6	5 1
25	18:16:15	3 46 42	20 48	14 11	18 13	27 28	5 0	18 43	3 55	27 35	25 6	4 57
26	18:20:11	4 47 51	3Ar42	15 47	19 22	28 2	5 5	18 43	3 56	27 37	25 7	4 54
27	18:24: 8	5 48 59	16 15	17 23	20 31	28 37	5 9	18 44	3 56	27 38	25 7	4 51
28	18:28: 4	6 50 8	28 31	18 59	21 40	29 11	5 13	18 45	3 57	27 40	25 7R	4 48
29	18:32: 1	7 51 16	10Ta34	20 35	22 48	29 46	5 18	18 46	3 58	27 42	25 7	4 45
30	18:35:57	8 52 25	22 29	22 10	23 57	0Sc20	5 22	18 47	3 58	27 44	25 6	4 42
31	18:39:54	9 53 33	4Ge21	23 45	25 5	0 54	5 25	18 48	3 59	27 46	25 6	4 38

12/21 Sun in Cap. 19:01   12/4 Full 23:08   12/13 3rd Qt. 0:50   12/19 New 18:19   12/26 1st Qt. 14:15

JANUARY 1969

Day	Sid. T.	Sun	Moon	Merc.	Venus	Mars	Jup.	Saturn	Uranus	Nept.	Pluto	N.Node
1	18:43:51	10Cp54 42	16Ge12	25Cp20	26Aq14	1Sc28	5Li29	18Ar49	3Li59	27Sc48	25Vi 6R	4Ar35
2	18:47:47	11 55 50	28 5	26 54	27 22	2 2	5 32	18 50	3 59	27 49	25 6	4 32
3	18:51:44	12 56 58	10Cn 0	28 27	28 29	2 36	5 36	18 51	4 0	27 51	25 6	4 29
4	18:55:40	13 58 7	22 0	29 59	29 37	3 10	5 39	18 53	4 0	27 53	25 6	4 26
5	18:59:37	14 59 15	4Le 5	1Aq30	0Pi44	3 44	5 42	18 55	4 0	27 54	25 5	4 22
6	19: 3:33	16 0 23	16 17	2 59	1 52	4 18	5 45	18 56	4 0	27 56	25 5	4 19
7	19: 7:30	17 1 31	28 36	4 26	2 59	4 51	5 47	18 58	4 0	27 58	25 5	4 16
8	19:11:27	18 2 39	11Vi 6	5 51	4 6	5 25	5 49	19 0	4 0R	27 59	25 4	4 13
9	19:15:23	19 3 47	23 48	7 13	5 12	5 58	5 52	19 2	4 0	28 1	25 4	4 10
10	19:19:20	20 4 56	6Li46	8 32	6 18	6 32	5 54	19 4	4 0	28 3	25 3	4 7
11	19:23:16	21 6 4	20 3	9 47	7 25	7 5	5 55	19 6	4 0	28 4	25 3	4 3
12	19:27:13	22 7 12	3Sc43	10 58	8 30	7 38	5 57	19 9	4 0	28 6	25 2	4 0
13	19:31: 9	23 8 20	17 47	12 3	9 36	8 11	5 59	19 11	4 0	28 7	25 2	3 57
14	19:35: 6	24 9 28	2Sg15	13 2	10 41	8 45	6 0	19 14	3 59	28 9	25 1	3 54
15	19:39: 3	25 10 36	17 3	13 55	11 46	9 18	6 1	19 16	3 59	28 10	25 1	3 51
16	19:42:59	26 11 44	2Cp 7	14 39	12 51	9 50	6 2	19 19	3 59	28 11	25 0	3 48
17	19:46:56	27 12 51	17 15	15 15	13 56	10 23	6 2	19 22	3 58	28 13	24 59	3 44
18	19:50:52	28 13 58	2Aq19	15 41	15 0	10 56	6 3	19 25	3 58	28 14	24 59	3 41
19	19:54:48	29 15 4	17 8	15 58	16 4	11 29	6 3	19 28	3 57	28 15	24 58	3 38
20	19:58:45	0Aq16 9	1Pi35	16 3R	17 7	12 1	6 3	19 31	3 56	28 17	24 57	3 35
21	20: 2:42	1 17 14	15 33	15 56	18 10	12 34	6 3R	19 34	3 56	28 18	24 57	3 32
22	20: 6:38	2 18 17	29 3	15 39	19 13	13 6	6 3	19 38	3 55	28 19	24 56	3 28
23	20:10:35	3 19 20	12Ar 5	15 9	20 16	13 38	6 2	19 41	3 54	28 20	24 55	3 25
24	20:14:32	4 20 22	24 43	14 29	21 18	14 10	6 2	19 45	3 53	28 22	24 54	3 22
25	20:18:28	5 21 22	7Ta 2	13 38	22 19	14 42	6 1	19 48	3 52	28 23	24 53	3 19
26	20:22:25	6 22 21	19 7	12 39	23 21	15 14	6 0	19 52	3 51	28 24	24 52	3 16
27	20:26:21	7 23 20	1Ge 3	11 33	24 22	15 46	5 59	19 56	3 50	28 25	24 51	3 13
28	20:30:18	8 24 17	12 54	10 22	25 22	16 18	5 57	20 0	3 49	28 26	24 50	3 9
29	20:34:14	9 25 13	24 45	9 7	26 22	16 49	5 56	20 4	3 48	28 27	24 49	3 6
30	20:38:11	10 26 8	6Cn39	7 52	27 22	17 21	5 54	20 8	3 47	28 28	24 48	3 3
31	20:42: 8	11 27 2	18 39	6 39	28 21	17 52	5 52	20 12	3 46	28 29	24 47	3 0

1/20 Sun in Aqu. 5:39   1/3 Full 18:28   1/11 3rd Qt. 14:01   1/18 New 4:59   1/25 1st Qt. 8:24

FEBRUARY 1969

Day	Sid. T.	Sun	Moon	Merc.	Venus	Mars	Jup.	Saturn	Uranus	Nept.	Pluto	N.Node
1	20:46: 4	12Aq27 54	0Le46	5Aq28R	29Pi19	18Sc23	5Li50R	20Ar17	3Li44R	28Sc30	24Vi46R	2Ar57
2	20:50: 1	13 28 46	13 2	4 23	0Ar17	18 54	5 47	20 21	3 43	28 31	24 45	2 54
3	20:53:57	14 29 36	25 28	3 24	1 15	19 25	5 45	20 25	3 42	28 32	24 44	2 50
4	20:57:53	15 30 25	8Vi 4	2 33	2 12	19 56	5 42	20 30	3 40	28 33	24 43	2 47
5	21: 1:50	16 31 13	20 50	1 49	3 8	20 27	5 39	20 34	3 39	28 33	24 42	2 44
6	21: 5:47	17 32 0	3Li48	1 14	4 4	20 57	5 36	20 39	3 37	28 34	24 40	2 41
7	21: 9:43	18 32 46	16 59	0 47	4 59	21 27	5 33	20 44	3 36	28 35	24 39	2 38
8	21:13:39	19 33 31	0Sc23	0 28	5 54	21 58	5 29	20 49	3 34	28 36	24 38	2 34
9	21:17:37	20 34 15	14 4	0 18	6 48	22 28	5 25	20 54	3 33	28 36	24 37	2 31
10	21:21:33	21 34 58	28 1	0 15D	7 41	22 58	5 22	20 59	3 31	28 37	24 35	2 28
11	21:25:29	22 35 41	12Sg13	0 19	8 34	23 28	5 18	21 4	3 29	28 38	24 34	2 25
12	21:29:26	23 36 22	26 40	0 30	9 26	23 57	5 14	21 9	3 27	28 38	24 33	2 22
13	21:33:23	24 37 2	11Cp18	0 47	10 17	24 27	5 9	21 14	3 26	28 39	24 32	2 19
14	21:37:19	25 37 40	26 1	1 11	11 7	24 56	5 5	21 20	3 24	28 39	24 30	2 15
15	21:41:15	26 38 18	10Aq41	1 39	11 57	25 25	5 0	21 25	3 22	28 40	24 29	2 12
16	21:45:13	27 38 54	25 11	2 13	12 45	25 54	4 55	21 30	3 20	28 40	24 27	2 9
17	21:49: 9	28 39 28	9Pi26	2 51	13 33	26 23	4 50	21 36	3 18	28 40	24 26	2 6
18	21:53: 5	29 40 1	23 19	3 34	14 20	26 51	4 45	21 42	3 16	28 41	24 25	2 3
19	21:57: 2	0Pi40 32	6Ar48	4 20	15 6	27 20	4 40	21 47	3 14	28 41	24 23	2 0
20	22: 0:58	1 41 2	19 53	5 10	15 51	27 48	4 34	21 53	3 12	28 42	24 22	1 56
21	22: 4:55	2 41 29	2Ta36	6 3	16 35	28 16	4 29	21 59	3 10	28 42	24 20	1 53
22	22: 8:51	3 41 55	15 0	7 0	17 17	28 44	4 23	22 5	3 8	28 42	24 19	1 50
23	22:12:48	4 42 19	27 9	7 59	17 59	29 12	4 17	22 11	3 5	28 42	24 17	1 47
24	22:16:44	5 42 41	9Ge 7	9 1	18 40	29 39	4 11	22 17	3 3	28 42	24 16	1 44
25	22:20:41	6 43 1	21 0	10 5	19 19	0Sg 6	4 5	22 23	3 1	28 42	24 14	1 40
26	22:24:38	7 43 19	2Cn53	11 11	19 57	0 34	3 59	22 29	2 59	28 43	24 13	1 37
27	22:28:34	8 43 35	14 49	12 20	20 34	1 0	3 53	22 35	2 57	28 43	24 11	1 34
28	22:32:31	9 43 49	26 52	13 31	21 9	1 27	3 46	22 41	2 54	28 43	24 10	1 31

2/18 Sun in Pis. 19:55   2/2 Full 12:56   2/10 3rd Qt. 0:09   2/16 New 16:26   2/24 1st Qt. 4:31

MARCH 1969

Day	Sid. T.	Sun	Moon	Merc.	Venus	Mars	Jup.	Saturn	Uranus	Nept.	Pluto	N.Node
1	22:36:28	10Pi44 1	9Le 5	14Aq44	21Ar43	1Sg53	3Li40R	22Ar47	2Li52R	28Sc43R	24Vi 8R	1Ar28
2	22:40:24	11 44 12	21 31	15 58	22 16	2 20	3 33	22 54	2 50	28 43	24 7	1 25
3	22:44:20	12 44 20	4Vi11	17 14	22 47	2 45	3 26	23 0	2 47	28 42	24 5	1 21
4	22:48:17	13 44 26	17 6	18 32	23 16	3 11	3 19	23 7	2 45	28 42	24 3	1 18
5	22:52:14	14 44 31	0Li14	19 52	23 44	3 37	3 12	23 13	2 42	28 42	24 2	1 15
6	22:56:10	15 44 33	13 36	21 13	24 10	4 2	3 5	23 20	2 40	28 42	24 0	1 12
7	23: 0: 7	16 44 35	27 11	22 35	24 34	4 27	2 58	23 26	2 37	28 42	23 59	1 9
8	23: 4: 3	17 44 34	10Sc56	23 59	24 57	4 51	2 51	23 33	2 35	28 42	23 57	1 5
9	23: 8: 0	18 44 32	24 52	25 24	25 18	5 16	2 44	23 40	2 32	28 41	23 55	1 2
10	23:11:56	19 44 28	8Sg55	26 50	25 36	5 40	2 36	23 46	2 30	28 41	23 54	0 59
11	23:15:53	20 44 23	23 5	28 18	25 53	6 4	2 29	23 53	2 27	28 41	23 52	0 56
12	23:19:49	21 44 16	7Cp19	29 47	26 8	6 27	2 21	24 0	2 25	28 40	23 50	0 53
13	23:23:46	22 44 7	21 35	1Pi18	26 21	6 50	2 14	24 7	2 22	28 40	23 49	0 50
14	23:27:43	23 43 57	5Aq50	2 50	26 31	7 13	2 6	24 14	2 20	28 40	23 47	0 46
15	23:31:39	24 43 44	20 0	4 23	26 39	7 36	1 59	24 21	2 17	28 39	23 46	0 43
16	23:35:36	25 43 30	4Pi 2	5 57	26 45	7 58	1 51	24 28	2 15	28 39	23 44	0 40
17	23:39:32	26 43 15	17 51	7 32	26 49	8 20	1 43	24 35	2 12	28 38	23 42	0 37
18	23:43:29	27 42 57	1Ar26	9 9	26 50R	8 42	1 36	24 42	2 9	28 37	23 41	0 34
19	23:47:25	28 42 37	14 42	10 47	26 49	9 3	1 28	24 49	2 7	28 37	23 39	0 31
20	23:51:22	29 42 15	27 41	12 26	26 45	9 24	1 20	24 56	2 4	28 36	23 38	0 27
21	23:55:19	0Ar41 51	10Ta22	14 7	26 39	9 44	1 12	25 3	2 2	28 36	23 36	0 24
22	23:59:15	1 41 24	22 46	15 48	26 30	10 5	1 4	25 10	1 59	28 35	23 34	0 21
23	0: 3:12	2 40 56	4Ge57	17 31	26 19	10 24	0 57	25 18	1 56	28 34	23 33	0 18
24	0: 7: 8	3 40 25	16 57	19 16	26 5	10 44	0 49	25 25	1 54	28 33	23 31	0 15
25	0:11: 5	4 39 52	28 51	21 1	25 49	11 3	0 41	25 32	1 51	28 33	23 30	0 11
26	0:15: 1	5 39 17	10Cn44	22 48	25 30	11 22	0 33	25 40	1 49	28 32	23 28	0 8
27	0:18:58	6 38 40	22 40	24 37	25 10	11 40	0 26	25 47	1 46	28 31	23 26	0 5
28	0:22:54	7 38 0	4Le44	26 26	24 46	11 58	0 18	25 54	1 43	28 30	23 25	0 2
29	0:26:51	8 37 17	17 0	28 17	24 21	12 15	0 11	26 2	1 41	28 29	23 23	29Pi59
30	0:30:48	9 36 33	29 32	0Ar 9	23 53	12 32	0 3	26 9	1 38	28 28	23 22	29 56
31	0:34:44	10 35 46	12Vi21	2 3	23 24	12 49	29Vi55	26 17	1 36	28 28	23 20	29 52

3/20 Sun in Ari. 19:09 3/4 Full 5:18 3/11 3rd Qt. 7:45 3/18 New 4:52(E) 3/26 1st Qt. 0:49

APRIL 1969

Day	Sid. T.	Sun	Moon	Merc.	Venus	Mars	Jup.	Saturn	Uranus	Nept.	Pluto	N.Node
1	0:38:41	11Ar34 57	25Vi31	3Ar58	22Ar53R	13Sg 5	29Vi48R	26Ar24	1Li33R	28Sc27R	23Vi19R	29Pi49
2	0:42:37	12 34 6	9Li 0	5 54	22 20	13 20	29 40	26 31	1 31	28 26	23 17	29 46
3	0:46:34	13 33 13	22 47	7 52	21 46	13 35	29 33	26 39	1 28	28 25	23 16	29 43
4	0:50:30	14 32 18	6Sc50	9 51	21 10	13 50	29 26	26 46	1 26	28 24	23 14	29 40
5	0:54:27	15 31 21	21 4	11 51	20 34	14 4	29 19	26 54	1 23	28 22	23 13	29 37
6	0:58:24	16 30 22	5Sg25	13 52	19 57	14 18	29 11	27 2	1 21	28 21	23 11	29 33
7	1: 2:20	17 29 21	19 47	15 55	19 19	14 31	29 4	27 9	1 18	28 20	23 10	29 30
8	1: 6:17	18 28 19	4Cp 8	17 58	18 41	14 44	28 57	27 17	1 16	28 19	23 8	29 27
9	1:10:13	19 27 15	18 22	20 3	18 3	14 56	28 50	27 24	1 13	28 18	23 7	29 24
10	1:14: 9	20 26 9	2Aq28	22 8	17 26	15 7	28 44	27 32	1 11	28 17	23 5	29 21
11	1:18: 6	21 25 2	16 25	24 14	16 49	15 18	28 37	27 39	1 8	28 16	23 4	29 17
12	1:22: 3	22 23 53	0Pi11	26 20	16 12	15 28	28 30	27 47	1 6	28 14	23 3	29 14
13	1:25:59	23 22 41	13 45	28 26	15 37	15 38	28 24	27 55	1 4	28 13	23 1	29 11
14	1:29:56	24 21 29	27 7	0Ta32	15 3	15 47	28 17	28 2	1 1	28 12	23 0	29 8
15	1:33:53	25 20 14	10Ar17	2 38	14 30	15 56	28 11	28 10	0 59	28 11	22 59	29 5
16	1:37:49	26 18 57	23 14	4 43	13 59	16 3	28 5	28 18	0 57	28 9	22 57	29 2
17	1:41:45	27 17 39	5Ta57	6 47	13 30	16 11	27 59	28 25	0 54	28 8	22 56	28 58
18	1:45:42	28 16 18	18 28	8 49	13 2	16 17	27 53	28 33	0 52	28 7	22 55	28 55
19	1:49:39	29 14 56	0Ge47	10 50	12 37	16 23	27 47	28 41	0 50	28 5	22 54	28 52
20	1:53:35	0Ta13 31	12 54	12 49	12 14	16 28	27 41	28 48	0 48	28 4	22 52	28 49
21	1:57:32	1 12 5	24 54	14 46	11 53	16 33	27 36	28 56	0 46	28 2	22 51	28 46
22	2: 1:29	2 10 36	6Cn48	16 40	11 34	16 37	27 31	29 3	0 44	28 1	22 50	28 43
23	2: 5:25	3 9 5	18 40	18 31	11 18	16 40	27 25	29 11	0 41	28 0	22 49	28 39
24	2: 9:21	4 7 32	0Le34	20 19	11 4	16 43	27 20	29 19	0 39	27 58	22 48	28 36
25	2:13:18	5 5 57	12 37	22 3	10 52	16 45	27 15	29 26	0 37	27 57	22 47	28 33
26	2:17:14	6 4 20	24 51	23 44	10 43	16 46	27 11	29 34	0 35	27 55	22 45	28 30
27	2:21:11	7 2 40	7Vi22	25 21	10 36	16 46R	27 6	29 42	0 33	27 54	22 44	28 27
28	2:25: 8	8 0 59	20 14	26 54	10 32	16 46	27 2	29 49	0 32	27 52	22 43	28 23
29	2:29: 4	8 59 15	3Li30	28 24	10 30	16 45	26 57	29 57	0 30	27 51	22 42	28 20
30	2:33: 0	9 57 30	17 12	29 49	10 30D	16 43	26 53	0Ta 4	0 28	27 49	22 41	28 17

4/20 Sun in Tau. 6:28 4/2 Full 18:46 4/9 3rd Qt. 13:59 4/16 New 18:16 4/24 1st Qt. 19:45

MAY 1969

Day	Sid. T.	Sun	Moon	Merc.	Venus	Mars	Jup.	Saturn	Uranus	Nept.	Pluto	N.Node
1	2:36:58	10Ta55 43	1Sc17	1Ge 9	10Ar33	16Sg40R	26Vi49R	0Ta12	0Li26R	27Sc48R	22Vi40R	28Pi14
2	2:40:54	11 53 54	15 44	2 25	10 38	16 37	26 45	0 20	0 24	27 46	22 39	28 11
3	2:44:50	12 52 3	0Sg25	3 37	10 46	16 33	26 42	0 27	0 23	27 45	22 39	28 8
4	2:48:47	13 50 11	15 14	4 45	10 55	16 28	26 38	0 35	0 21	27 43	22 38	28 4
5	2:52:44	14 48 17	0Cp 2	5 47	11 7	16 22	26 35	0 42	0 19	27 42	22 37	28 1
6	2:56:40	15 46 22	14 42	6 45	11 21	16 16	26 32	0 50	0 18	27 40	22 36	27 58
7	3: 0:36	16 44 25	29 8	7 39	11 36	16 9	26 29	0 57	0 16	27 38	22 35	27 55
8	3: 4:34	17 42 27	13Aq16	8 27	11 54	16 1	26 26	1 4	0 15	27 37	22 34	27 52
9	3: 8:30	18 40 28	27 7	9 11	12 14	15 52	26 23	1 12	0 13	27 35	22 34	27 49
10	3:12:26	19 38 27	10Pi39	9 49	12 35	15 42	26 21	1 19	0 12	27 34	22 33	27 45
11	3:16:23	20 36 25	23 55	10 23	12 58	15 32	26 19	1 27	0 10	27 32	22 32	27 42
12	3:20:19	21 34 21	6Ar57	10 52	13 23	15 21	26 17	1 34	0 9	27 30	22 31	27 39
13	3:24:16	22 32 17	19 45	11 16	13 50	15 10	26 15	1 41	0 8	27 29	22 31	27 36
14	3:28:12	23 30 11	2Ta22	11 34	14 18	14 57	26 13	1 49	0 7	27 27	22 30	27 33
15	3:32: 9	24 28 3	14 49	11 48	14 47	14 44	26 12	1 56	0 5	27 25	22 30	27 29
16	3:36: 5	25 25 55	27 6	11 57	15 18	14 31	26 10	2 3	0 4	27 24	22 29	27 26
17	3:40: 2	26 23 44	9Ge15	12 1	15 51	14 16	26 9	2 10	0 3	27 22	22 28	27 23
18	3:43:59	27 21 33	21 17	12 0R	16 24	14 1	26 8	2 18	0 2	27 21	22 28	27 20
19	3:47:55	28 19 20	3Cn13	11 54	17 0	13 46	26 7	2 25	0 1	27 19	22 28	27 17
20	3:51:52	29 17 5	15 5	11 44	17 36	13 30	26 7	2 32	0 0	27 17	22 27	27 14
21	3:55:48	0Ge14 49	26 56	11 30	18 13	13 13	26 6	2 39	29Vi59	27 16	22 27	27 10
22	3:59:45	1 12 31	8Le49	11 11	18 52	12 56	26 6	2 46	29 59	27 14	22 26	27 7
23	4: 3:41	2 10 12	20 49	10 49	19 32	12 38	26 6D	2 53	29 58	27 12	22 26	27 4
24	4: 7:38	3 7 51	3Vi 1	10 24	20 12	12 20	26 6	3 0	29 57	27 11	22 26	27 1
25	4:11:35	4 5 28	15 29	9 56	20 54	12 1	26 6	3 7	29 56	27 9	22 26	26 58
26	4:15:31	5 3 4	28 18	9 26	21 37	11 42	26 7	3 14	29 56	27 8	22 25	26 54
27	4:19:28	6 0 39	11Li33	8 54	22 21	11 23	26 8	3 21	29 55	27 6	22 25	26 51
28	4:23:24	6 58 12	25 16	8 21	23 5	11 3	26 8	3 28	29 55	27 4	22 25	26 48
29	4:27:21	7 55 44	9Sc28	7 48	23 51	10 44	26 9	3 34	29 54	27 3	22 25	26 45
30	4:31:17	8 53 15	24 6	7 14	24 37	10 24	26 11	3 41	29 54	27 1	22 25	26 42
31	4:35:14	9 50 44	9Sg 5	6 41	25 23	10 3	26 12	3 48	29 53	27 0	22 25	26 39

5/21 Sun in Gem. 5:50   5/2 Full 5:14   5/8 3rd Qt. 20:13   5/16 New 8:26   5/24 1st Qt. 12:15   5/31 Full 13:19

JUNE 1969

Day	Sid. T.	Sun	Moon	Merc.	Venus	Mars	Jup.	Saturn	Uranus	Nept.	Pluto	N.Node
1	4:39:10	10Ge48 13	24Sg14	6Ge 8R	26Ar12	9Sg43R	26Vi14	3Ta55	29Vi53R	26Sc58R	22Vi24R	26Pi35
2	4:43: 7	11 45 41	9Cp24	5 38	27 1	9 23	26 15	4 1	29 53	26 57	22 24	26 32
3	4:47: 4	12 43 8	24 24	5 10	27 50	9 2	26 17	4 7	29 52	26 55	22 24D	26 29
4	4:51: 0	13 40 34	9Aq 7	4 44	28 40	8 42	26 19	4 14	29 52	26 53	22 25	26 26
5	4:54:57	14 37 59	23 27	4 22	29 29	8 21	26 22	4 21	29 52	26 52	22 25	26 23
6	4:58:53	15 35 24	7Pi49	4 3	0Ta22	8 1	26 24	4 27	29 52D	26 50	22 25	26 20
7	5: 2:50	16 32 48	20 52	3 47	1 14	7 41	26 27	4 34	29 52	26 49	22 25	26 16
8	5: 6:46	17 30 11	4Ar 1	3 36	2 7	7 21	26 29	4 40	29 52	26 47	22 25	26 13
9	5:10:43	18 27 34	16 51	3 28	3 0	7 1	26 32	4 46	29 52	26 46	22 25	26 10
10	5:14:40	19 24 56	29 26	3 26	3 54	6 42	26 35	4 52	29 52	26 44	22 26	26 7
11	5:18:36	20 22 18	11Ta49	3 27D	4 48	6 22	26 39	4 58	29 53	26 43	22 26	26 4
12	5:22:33	21 19 39	24 2	3 33	5 43	6 4	26 42	5 5	29 53	26 41	22 26	26 0
13	5:26:29	22 17 0	6Ge 8	3 44	6 38	5 45	26 46	5 11	29 53	26 40	22 27	25 57
14	5:30:26	23 14 20	18 8	3 59	7 34	5 27	26 49	5 17	29 53	26 39	22 27	25 54
15	5:34:22	24 11 40	0Cn 4	4 18	8 30	5 10	26 53	5 23	29 54	26 37	22 27	25 51
16	5:38:19	24 8 59	11 56	4 43	9 26	4 53	26 57	5 28	29 54	26 36	22 28	25 48
17	5:42:15	26 6 17	23 47	5 11	10 24	4 36	27 2	5 34	29 55	26 34	22 28	25 45
18	5:46:12	27 3 35	5Le38	5 44	11 21	4 21	27 6	5 40	29 55	26 33	22 28	25 41
19	5:50: 9	28 0 52	17 33	6 22	12 19	4 5	27 11	5 46	29 56	26 30	22 29	25 38
20	5:54: 5	28 58 8	29 33	7 4	13 17	3 51	27 15	5 51	29 57	26 30	22 30	25 35
21	5:58: 2	29 55 24	11Vi44	7 49	14 16	3 37	27 20	5 57	29 57	26 29	22 30	25 32
22	6: 1:58	0Cn52 39	24 10	8 40	15 15	3 24	27 25	6 2	29 58	26 28	22 31	25 29
23	6: 5:55	1 49 53	6Li56	9 34	16 14	3 12	27 30	6 8	29 59	26 27	22 31	25 26
24	6: 9:51	2 47 6	20 6	10 32	17 14	3 0	27 36	6 13	0Li 0	26 25	22 32	25 22
25	6:13:48	3 44 19	3Sc49	11 34	18 14	2 49	27 41	6 18	0 1	26 24	22 33	25 19
26	6:17:45	4 41 32	17 52	12 40	19 14	2 39	27 47	6 24	0 2	26 23	22 33	25 16
27	6:21:41	5 38 44	2Sg28	13 50	20 15	2 30	27 53	6 29	0 3	26 22	22 34	25 13
28	6:25:38	6 35 55	17 28	15 3	21 16	2 21	27 59	6 34	0 4	26 21	22 35	25 10
29	6:29:34	7 33 7	2Cp43	16 20	22 17	2 13	28 5	6 39	0 5	26 20	22 36	25 6
30	6:33:30	8 30 18	18 3	17 42	23 19	2 7	28 11	6 44	0 6	26 18	22 37	25 3

6/21 Sun in Can. 13:56   6/7 3rd Qt. 3:40   6/14 New 23:09   6/23 1st Qt. 1:45   6/29 Full 20:04

JULY 1969

Day	Sid. T.	Sun	Moon	Merc.	Venus	Mars	Jup.	Saturn	Uranus	Nept.	Pluto	N.Node
1	6:37:27	9Cn27 29	3Aq16	19Ge 6	24Ta21	2Sg 1R	28Vi17	6Ta48	0Li 8	26Sc17R	22Vi38	25Pi 0
2	6:41:24	10 24 40	18 12	20 35	25 23	1 55	28 24	6 53	0 9	26 16	22 39	24 57
3	6:45:20	11 21 51	2Pi44	22 6	26 25	1 51	28 30	6 58	0 10	26 15	22 39	24 54
4	6:49:16	12 19 2	16 48	23 42	27 28	1 47	28 37	7 3	0 12	26 14	22 40	24 51
5	6:53:14	13 16 14	0Ar24	25 21	28 30	1 45	28 44	7 7	0 13	26 13	22 41	24 47
6	6:57:10	14 13 26	13 35	27 3	29 34	1 43	28 51	7 12	0 15	26 12	22 43	24 44
7	7: 1: 6	15 10 38	26 23	28 48	0Ge37	1 42	28 58	7 16	0 16	26 11	22 44	24 41
8	7: 5: 3	16 7 51	8Ta53	0Cn37	1 41	1 42D	29 5	7 20	0 18	26 10	22 45	24 38
9	7: 9: 0	17 5 4	21 9	2 28	2 44	1 42	29 13	7 24	0 19	26 10	22 46	24 35
10	7:12:56	18 2 17	3Ge15	4 22	3 48	1 44	29 20	7 29	0 21	26 9	22 47	24 32
11	7:16:52	18 59 31	15 14	6 19	4 53	1 46	29 28	7 33	0 23	26 8	22 48	24 28
12	7:20:50	19 56 46	27 8	8 19	5 57	1 49	29 35	7 37	0 25	26 7	22 49	24 25
13	7:24:46	20 54 0	9Cn 0	10 20	7 2	1 53	29 43	7 40	0 26	26 6	22 51	24 22
14	7:28:42	21 51 15	20 52	12 24	8 7	1 58	29 51	7 44	0 28	26 5	22 52	24 19
15	7:32:39	22 48 30	2Le44	14 29	9 12	2 3	29 59	7 48	0 30	26 5	22 53	24 16
16	7:36:36	23 45 46	14 39	16 35	10 17	2 10	0Li 8	7 52	0 32	26 4	22 54	24 12
17	7:40:32	24 43 2	26 38	18 42	11 22	2 17	0 16	7 55	0 34	26 3	22 56	24 9
18	7:44:29	25 40 18	8Vi44	20 50	12 28	2 25	0 24	7 58	0 36	26 3	22 57	24 6
19	7:48:25	26 37 34	21 0	22 58	13 34	2 33	0 33	8 2	0 38	26 2	22 58	24 3
20	7:52:21	27 34 51	3Li30	25 6	14 40	2 43	0 42	8 5	0 41	26 2	23 0	24 0
21	7:56:18	28 32 7	16 17	27 14	15 46	2 53	0 50	8 8	0 43	26 1	23 1	23 57
22	8: 0:15	29 29 25	29 24	29 22	16 52	3 4	0 59	8 11	0 45	26 0	23 3	23 53
23	8: 4:11	0Le26 42	12Sc57	1Le29	17 58	3 15	1 8	8 14	0 47	26 0	23 4	23 50
24	8: 8: 8	1 24 0	26 56	3 35	19 5	3 27	1 17	8 17	0 50	26 0	23 6	23 47
25	8:12: 5	2 21 18	11Sg21	5 40	20 12	3 40	1 27	8 20	0 52	25 59	23 7	23 44
26	8:16: 1	3 18 37	26 9	7 44	21 18	3 54	1 36	8 23	0 54	25 59	23 9	23 41
27	8:19:57	4 15 56	11Cp14	9 46	22 25	4 8	1 45	8 25	0 57	25 58	23 10	23 38
28	8:23:54	5 13 15	26 28	11 47	23 33	4 23	1 55	8 28	0 59	25 58	23 12	23 34
29	8:27:51	6 10 36	11Aq38	13 47	24 40	4 39	2 4	8 30	1 2	25 58	23 14	23 31
30	8:31:48	7 7 57	26 36	15 45	25 47	4 55	2 14	8 32	1 4	25 57	23 15	23 28
31	8:35:44	8 5 19	11Pi14	17 42	26 55	5 12	2 24	8 35	1 7	25 57	23 17	23 25

7/23 Sun in Leo 0:49   7/6 3rd Qt. 13:18   7/14 New 14:12   7/22 1st Qt. 12:10   7/29 Full 2:46

AUGUST 1969

Day	Sid. T.	Sun	Moon	Merc.	Venus	Mars	Jup.	Saturn	Uranus	Nept.	Pluto	N.Node
1	8:39:41	9Le 2 42	25Pi25	19Le37	28Ge 3	5Sg30	2Li34	8Ta37	1Li10	25Sc57R	23Vi19	23Pi22
2	8:43:37	10 0 6	9Ar 9	21 30	29 11	5 48	2 44	8 39	1 12	25 57	23 20	23 18
3	8:47:33	10 57 31	22 26	23 22	0Cn19	6 7	2 54	8 41	1 15	25 57	23 22	23 15
4	8:51:30	11 54 58	5Ta18	25 12	1 27	6 26	3 4	8 42	1 18	25 57	23 24	23 12
5	8:55:26	12 52 26	17 50	27 1	2 35	6 46	3 14	8 44	1 21	25 56	23 26	23 9
6	8:59:23	13 49 55	0Ge 5	28 48	3 43	7 6	3 24	8 46	1 23	25 56	23 27	23 6
7	9: 3:20	14 47 25	12 9	0Vi33	4 52	7 27	3 35	8 47	1 26	25 56D	23 29	23 3
8	9: 7:16	15 44 57	24 5	2 17	6 0	7 48	3 45	8 49	1 29	25 56	23 31	22 59
9	9:11:13	16 42 30	5Cn57	4 0	7 9	8 10	3 56	8 50	1 32	25 56	23 33	22 56
10	9:15:10	17 40 4	17 48	5 40	8 18	8 33	4 6	8 51	1 35	25 57	23 35	22 53
11	9:19: 6	18 37 40	29 41	7 20	9 27	8 56	4 17	8 52	1 38	25 57	23 37	22 50
12	9:23: 3	19 35 16	11Le38	8 57	10 36	9 19	4 28	8 53	1 41	25 57	23 39	22 47
13	9:27: 0	20 32 54	23 40	10 34	11 45	9 43	4 39	8 54	1 44	25 57	23 40	22 43
14	9:30:56	21 30 33	5Vi49	12 8	12 55	10 8	4 50	8 55	1 47	25 57	23 42	22 40
15	9:34:52	22 28 14	18 7	13 41	14 4	10 33	5 1	8 55	1 50	25 57	23 44	22 37
16	9:38:49	23 25 55	0Li36	15 13	15 14	10 58	5 12	8 56	1 53	25 58	23 46	22 34
17	9:42:45	24 23 38	13 18	16 43	16 23	11 24	5 23	8 56	1 57	25 58	23 48	22 31
18	9:46:42	25 21 21	26 14	18 12	17 33	11 50	5 34	8 57	2 0	25 58	23 50	22 28
19	9:50:38	26 19 6	9Sc27	19 39	18 43	12 17	5 45	8 57	2 3	25 59	23 52	22 24
20	9:54:35	27 16 52	22 59	21 4	19 53	12 44	5 57	8 57	2 6	25 59	23 54	22 21
21	9:58:31	28 14 39	6Sg52	22 28	21 3	13 11	6 8	8 57R	2 10	25 59	23 56	22 18
22	10: 2:28	29 12 27	21 4	23 50	22 13	13 39	6 20	8 57	2 13	26 0	23 58	22 15
23	10: 6:25	0Vi10 16	5Cp35	25 11	23 24	14 8	6 31	8 57	2 16	26 0	24 0	22 12
24	10:10:21	1 8 7	20 20	26 30	24 34	14 36	6 43	8 56	2 20	26 1	24 2	22 9
25	10:14:18	2 5 59	5Aq13	27 47	25 44	15 5	6 55	8 56	2 23	26 2	24 5	22 5
26	10:18:15	3 3 52	20 6	29 2	26 55	15 35	7 6	8 56	2 26	26 2	24 7	22 2
27	10:22:11	4 1 46	4Pi52	0Li15	28 6	16 5	7 18	8 55	2 30	26 3	24 9	21 59
28	10:26: 8	4 59 42	19 22	1 27	29 16	16 35	7 30	8 54	2 33	26 3	24 11	21 56
29	10:30: 4	5 57 40	3Ar32	2 37	0Le27	17 5	7 42	8 53	2 37	26 4	24 13	21 53
30	10:34: 1	6 55 39	17 17	3 44	1 38	17 36	7 54	8 52	2 40	26 5	24 15	21 49
31	10:37:57	7 53 40	0Ta38	4 49	2 49	18 7	8 6	8 51	2 44	26 6	24 17	21 46

8/23 Sun in Vir. 7:44   8/5 3rd Qt. 1:39   8/13 New 5:17   8/20 1st Qt. 20:03   8/27 Full 10:33

Day	Sid. T.	Sun	Moon	Merc.	Venus	Mars	Jup.	Saturn	Uranus	Nept.	Pluto	N.Node
1	10:41:54	8Vi51 43	13Ta35	5Li52	4Le 0	18Sg39	8Li18	8Ta50R	2Li47	26Sc 6	24Vi19	21Pi43
2	10:45:50	9 49 49	26 11	6 53	5 12	19 11	8 30	8 49	2 51	26 7	24 22	21 40
3	10:49:47	10 47 56	8Ge29	7 50	6 23	19 43	8 42	8 48	2 54	26 8	24 24	21 37
4	10:53:43	11 46 5	20 34	8 46	7 34	20 15	8 54	8 46	2 58	26 9	24 26	21 34
5	10:57:40	12 44 16	2Cn30	9 38	8 46	20 48	9 6	8 45	3 1	26 10	24 28	21 30
6	11: 1:36	13 42 29	14 22	10 27	9 57	21 21	9 19	8 43	3 5	26 11	24 30	21 27
7	11: 5:33	14 40 44	26 14	11 13	11 9	21 54	9 31	8 41	3 9	26 12	24 32	21 24
8	11: 9:30	15 39 0	8Le 9	11 55	12 21	22 28	9 43	8 39	3 12	26 13	24 35	21 21
9	11:13:26	16 37 19	20 11	12 34	13 32	23 2	9 56	8 38	3 16	26 14	24 37	21 18
10	11:17:22	17 35 40	2Vi23	13 8	14 44	23 36	10 8	8 35	3 20	26 15	24 39	21 15
11	11:21:19	18 34 2	14 45	13 38	15 56	24 10	10 20	8 33	3 23	26 16	24 41	21 11
12	11:25:16	19 32 27	27 20	14 3	17 8	24 45	10 33	8 31	3 27	26 17	24 43	21 8
13	11:29:12	20 30 53	10Li 8	14 24	18 21	25 20	10 45	8 29	3 31	26 18	24 46	21 5
14	11:33: 9	21 29 21	23 10	14 39	19 33	25 55	10 58	8 26	3 35	26 19	24 48	21 2
15	11:37: 6	22 27 51	6Sc26	14 48	20 45	26 31	11 11	8 24	3 38	26 20	24 50	20 59
16	11:41: 2	23 26 22	19 55	14 52	21 57	27 6	11 23	8 21	3 42	26 22	24 52	20 55
17	11:44:59	24 24 55	3Sg37	14 48R	23 10	27 42	11 36	8 18	3 46	26 23	24 55	20 52
18	11:48:55	25 23 30	17 32	14 39	24 22	28 18	11 49	8 16	3 50	26 24	24 57	20 49
19	11:52:52	26 22 6	1Cp38	14 22	25 35	28 55	12 1	8 13	3 53	26 26	24 59	20 46
20	11:56:48	27 20 45	15 54	13 58	26 48	29 31	12 14	8 10	3 57	26 27	25 1	20 43
21	12: 0:45	28 19 24	0Aq17	13 28	28 0	0Cp 8	12 27	8 7	4 1	26 28	25 3	20 40
22	12: 4:41	29 18 6	14 44	12 50	29 13	0 45	12 40	8 4	4 5	26 30	25 6	20 36
23	12: 8:37	0Li16 49	29 11	12 5	0Vi26	1 22	12 52	8 0	4 8	26 31	25 8	20 33
24	12:12:35	1 15 33	13Pi31	11 14	1 39	2 0	13 5	7 57	4 12	26 33	25 10	20 30
25	12:16:31	2 14 20	27 42	10 18	2 52	2 37	13 18	7 54	4 16	26 34	25 12	20 27
26	12:20:27	3 13 9	11Ar38	9 16	4 5	3 15	13 31	7 50	4 20	26 35	25 15	20 24
27	12:24:24	4 11 59	25 16	8 11	5 18	3 53	13 44	7 47	4 24	26 37	25 17	20 21
28	12:28:21	5 10 52	8Ta33	7 4	6 31	4 32	13 57	7 43	4 27	26 39	25 19	20 17
29	12:32:17	6 9 47	21 30	5 57	7 45	5 10	14 10	7 40	4 31	26 40	25 21	20 14
30	12:36:13	7 8 44	4Ge 7	4 50	8 58	5 49	14 23	7 36	4 35	26 42	25 23	20 11

9/23 Sun in Lib. 5:08   9/3 3rd Qt. 16:58   9/11 New 19:56(E)   9/19 1st Qt. 2:25   9/25 Full 20:21

Day	Sid. T.	Sun	Moon	Merc.	Venus	Mars	Jup.	Saturn	Uranus	Nept.	Pluto	N.Node
1	12:40:11	8Li 7 44	16Ge28	3Li47R	10Vi11	6Cp27	14Li36	7Ta32R	4Li39	26Sc43	25Vi26	20Pi 8
2	12:44: 7	9 6 46	28 34	2 48	11 25	7 6	14 49	7 28	4 42	26 45	25 28	20 5
3	12:48: 3	10 5 50	10Cn31	1 56	12 38	7 45	15 2	7 24	4 46	26 47	25 30	20 1
4	12:52: 0	11 4 56	22 23	1 12	13 52	8 25	15 15	7 20	4 50	26 48	25 32	19 58
5	12:55:57	12 4 5	4Le15	0 36	15 5	9 4	15 28	7 16	4 54	26 50	25 34	19 55
6	12:59:53	13 3 16	16 12	0 11	16 19	9 44	15 41	7 12	4 58	26 52	25 36	19 52
7	13: 3:49	14 2 29	28 18	29Vi56	17 33	10 23	15 54	7 8	5 1	26 54	25 38	19 49
8	13: 7:46	15 1 45	10Vi36	29 51D	18 47	11 3	16 7	7 4	5 5	26 55	25 41	19 46
9	13:11:42	16 1 2	23 10	29 57	20 0	11 43	16 20	6 59	5 9	26 57	25 43	19 42
10	13:15:39	17 0 22	6Li 2	0Li14	21 14	12 24	16 33	6 55	5 13	26 59	25 45	19 39
11	13:19:36	17 59 44	19 12	0 41	22 28	13 4	16 46	6 51	5 16	27 1	25 47	19 36
12	13:23:32	18 59 8	2Sc39	1 18	23 42	13 44	16 59	6 46	5 20	27 3	25 49	19 33
13	13:27:29	19 58 34	16 21	2 3	24 56	14 25	17 12	6 42	5 24	27 4	25 51	19 30
14	13:31:25	20 58 2	0Sg16	2 56	26 10	15 6	17 25	6 37	5 27	27 6	25 53	19 27
15	13:35:22	21 57 31	14 19	3 57	27 24	15 47	17 38	6 33	5 31	27 8	25 55	19 23
16	13:39:18	22 57 3	28 28	5 4	28 39	16 28	17 51	6 28	5 35	27 10	25 57	19 20
17	13:43:15	23 56 36	12Cp39	6 17	29 53	17 9	18 4	6 23	5 38	27 12	25 59	19 17
18	13:47:12	24 56 11	26 50	7 35	1Li 7	17 50	18 17	6 19	5 42	27 14	26 1	19 14
19	13:51: 8	25 55 48	10Aq59	8 57	2 21	18 31	18 30	6 14	5 46	27 16	26 3	19 11
20	13:55: 5	26 55 26	25 4	10 22	3 36	19 13	18 43	6 9	5 49	27 18	26 5	19 7
21	13:59: 2	27 55 6	9Pi 4	11 51	4 50	19 55	18 56	6 4	5 53	27 20	26 7	19 4
22	14: 2:58	28 54 48	22 57	13 23	6 5	20 36	19 9	6 0	5 56	27 22	26 9	19 1
23	14: 6:54	29 54 32	6Ar41	14 56	7 19	21 18	19 21	5 55	6 0	27 24	26 11	18 58
24	14:10:51	0Sc54 17	20 14	16 31	8 34	22 0	19 34	5 50	6 4	27 26	26 13	18 55
25	14:14:47	1 54 4	3Ta34	18 7	9 48	22 42	19 47	5 45	6 7	27 28	26 15	18 52
26	14:18:44	2 53 53	16 39	19 45	11 3	23 24	20 0	5 41	6 11	27 30	26 17	18 48
27	14:22:41	3 53 45	29 28	21 23	12 17	24 7	20 13	5 36	6 14	27 32	26 19	18 45
28	14:26:37	4 53 38	12Ge 1	23 2	13 32	24 49	20 26	5 31	6 17	27 35	26 21	18 42
29	14:30:34	5 53 34	24 20	24 41	14 47	25 31	20 39	5 26	6 21	27 37	26 22	18 39
30	14:34:30	6 53 31	6Cn25	26 21	16 1	26 14	20 51	5 21	6 24	27 39	26 24	18 36
31	14:38:27	7 53 31	18 21	28 0	17 16	26 56	21 4	5 16	6 28	27 41	26 26	18 32

10/23 Sun in Sco. 14:12   10/3 3rd Qt. 11:05   10/11 New 9:40   10/18 1st Qt. 8:33   10/25 Full 8:45

NOVEMBER 1969

Day	Sid. T.	Sun	Moon	Merc.	Venus	Mars	Jup.	Saturn	Uranus	Nept.	Pluto	N.Node
1	14:42:23	8Sc53 33	0Le13	29Li40	18Li31	27Cp39	21Li17	5Ta12R	6Li31	27Sc43	26Vi28	18Pi29
2	14:46:20	9 53 37	12 3	1Sc19	19 46	28 22	21 30	5 7	6 34	27 45	26 30	18 26
3	14:50:17	10 53 43	23 59	2 58	21 1	29 5	21 42	5 2	6 38	27 47	26 31	18 23
4	14:54:13	11 53 51	6Vi 4	4 38	22 15	29 48	21 55	4 57	6 41	27 50	26 33	18 20
5	14:58:10	12 54 2	18 25	6 16	23 30	0Aq31	22 7	4 52	6 44	27 52	26 35	18 17
6	15: 2: 6	13 54 14	1Li 5	7 55	24 45	1 14	22 20	4 48	6 47	27 54	26 36	18 13
7	15: 6: 3	14 54 28	14 7	9 33	26 0	1 57	22 33	4 43	6 51	27 56	26 38	18 10
8	15: 9:59	15 54 44	27 33	11 11	27 15	2 40	22 45	4 38	6 54	27 58	26 40	18 7
9	15:13:56	16 55 2	11Sc22	12 49	28 30	3 24	22 58	4 34	6 57	28 1	26 41	18 4
10	15:17:52	17 55 22	25 31	14 26	29 45	4 7	23 10	4 29	7 0	28 3	26 43	18 1
11	15:21:49	18 55 44	9Sg55	16 3	1Sc 0	4 51	23 22	4 24	7 3	28 5	26 44	17 58
12	15:25:46	19 56 7	24 27	17 40	2 16	5 34	23 35	4 20	7 6	28 7	26 46	17 54
13	15:29:42	20 56 31	9Cp 0	19 17	3 31	6 18	23 47	4 15	7 9	28 10	26 47	17 51
14	15:33:39	21 56 57	23 29	20 53	4 46	7 2	23 59	4 11	7 12	28 12	26 49	17 48
15	15:37:35	22 57 23	7Aq48	22 28	6 1	7 45	24 11	4 6	7 15	28 14	26 50	17 45
16	15:41:32	23 57 53	21 56	24 4	7 16	8 29	24 24	4 2	7 18	28 16	26 52	17 42
17	15:45:28	24 58 23	5Pi51	25 39	8 31	9 13	24 36	3 58	7 21	28 19	26 53	17 38
18	15:49:25	25 58 54	19 33	27 14	9 46	9 57	24 48	3 53	7 24	28 21	26 54	17 35
19	15:53:22	26 59 26	3Ar 4	28 49	11 2	10 41	25 0	3 49	7 27	28 23	26 56	17 32
20	15:57:18	28 0 0	16 23	0Sg24	12 17	11 25	25 12	3 45	7 29	28 25	26 57	17 29
21	16: 1:15	29 0 35	29 32	1 58	13 32	12 9	25 24	3 41	7 32	28 28	26 58	17 26
22	16: 5:11	0Sg 1 11	12Ta29	3 32	14 47	12 53	25 35	3 37	7 35	28 30	27 0	17 23
23	16: 9: 8	1 1 48	25 16	5 6	16 3	13 37	25 47	3 33	7 37	28 32	27 1	17 19
24	16:13: 4	2 2 27	7Ge51	6 40	17 18	14 21	25 59	3 29	7 40	28 34	27 2	17 16
25	16:17: 1	3 3 7	20 14	8 13	18 33	15 5	26 11	3 25	7 42	28 37	27 3	17 13
26	16:20:57	4 3 49	2Cn26	9 47	19 49	15 49	26 22	3 21	7 45	28 39	27 4	17 10
27	16:24:53	5 4 32	14 28	11 20	21 4	16 34	26 34	3 17	7 47	28 41	27 5	17 7
28	16:28:51	6 5 17	26 22	12 54	22 19	17 18	26 45	3 14	7 50	28 43	27 6	17 4
29	16:32:47	7 6 3	8Le11	14 27	23 35	18 2	26 57	3 10	7 52	28 46	27 7	17 0
30	16:36:43	8 6 51	20 0	16 0	24 50	18 47	27 8	3 7	7 55	28 48	27 8	16 57

11/22 Sun in Sag. 11:32   11/2 3rd Qt. 7:14   11/9 New 22:12   11/16 1st Qt. 15:46   11/23 Full 23:54

DECEMBER 1969

Day	Sid. T.	Sun	Moon	Merc.	Venus	Mars	Jup.	Saturn	Uranus	Nept.	Pluto	N.Node
1	16:40:40	9Sg 7 40	1Vi53	17Sg33	26Sc 5	19Aq31	27Li19	3Ta 3R	7Li57	28Sc50	27Vi 9	16Pi54
2	16:44:37	10 8 30	13 55	19 6	27 21	20 16	27 30	3 0	7 59	28 52	27 10	16 51
3	16:48:33	11 9 22	26 12	20 39	28 36	21 0	27 41	2 56	8 1	28 55	27 11	16 48
4	16:52:30	12 10 15	8Li50	22 12	29 52	21 45	27 52	2 53	8 4	28 57	27 12	16 44
5	16:56:27	13 11 9	21 53	23 45	1Sg 7	22 29	28 3	2 50	8 6	28 59	27 13	16 41
6	17: 0:23	14 12 5	5Sc24	25 17	2 22	23 14	28 14	2 47	8 8	29 1	27 14	16 38
7	17: 4:19	15 13 2	19 24	26 50	3 38	23 58	28 25	2 44	8 10	29 3	27 15	16 35
8	17: 8:16	16 14 0	3Sg49	28 22	4 53	24 43	28 36	2 41	8 12	29 6	27 15	16 32
9	17:12:13	17 14 59	18 35	29 55	6 9	25 28	28 46	2 39	8 14	29 8	27 16	16 29
10	17:16: 9	18 15 59	3Cp32	1Cp27	7 24	26 12	28 57	2 36	8 16	29 10	27 17	16 25
11	17:20: 7	19 17 0	18 32	2 59	8 40	26 57	29 7	2 33	8 17	29 12	27 17	16 22
12	17:24: 3	20 18 1	3Aq25	4 30	9 55	27 42	29 18	2 31	8 19	29 14	27 18	16 19
13	17:27:59	21 19 3	18 4	6 2	11 11	28 26	29 28	2 29	8 21	29 16	27 18	16 16
14	17:31:56	22 20 6	2Pi24	7 33	12 26	29 11	29 38	2 26	8 23	29 18	27 19	16 13
15	17:35:52	23 21 9	16 23	9 3	13 42	29 56	29 48	2 24	8 24	29 21	27 20	16 10
16	17:39:49	24 22 12	0Ar 4	10 32	14 57	0Pi41	29 58	2 22	8 26	29 23	27 20	16 6
17	17:43:45	25 23 16	13 23	12 1	16 13	1 25	0Sc 8	2 20	8 27	29 25	27 21	16 3
18	17:47:42	26 24 20	26 27	13 29	17 28	2 10	0 18	2 18	8 29	29 27	27 21	16 0
19	17:51:38	27 25 24	9Ta18	14 56	18 44	2 55	0 28	2 17	8 30	29 29	27 22	15 57
20	17:55:35	28 26 29	21 57	16 22	19 59	3 40	0 37	2 15	8 31	29 31	27 22	15 54
21	17:59:32	29 27 34	4Ge25	17 46	21 14	4 24	0 47	2 14	8 33	29 33	27 22	15 50
22	18: 3:28	0Cp28 39	16 44	19 8	22 30	5 9	0 56	2 12	8 34	29 35	27 23	15 47
23	18: 7:25	1 29 45	28 55	20 27	23 45	5 54	1 5	2 11	8 35	29 37	27 23	15 44
24	18:11:21	2 30 51	10Cn58	21 45	25 1	6 39	1 15	2 10	8 36	29 39	27 23	15 41
25	18:15:18	3 31 58	22 54	22 59	26 16	7 23	1 24	2 8	8 37	29 41	27 23	15 38
26	18:19:14	4 33 5	4Le45	24 9	27 32	8 8	1 33	2 8	8 38	29 43	27 23	15 35
27	18:23:11	5 34 12	16 33	25 15	28 47	8 53	1 41	2 7	8 39	29 45	27 23	15 31
28	18:27: 8	6 35 20	28 21	26 17	0Cp 3	9 38	1 50	2 6	8 40	29 47	27 24	15 28
29	18:31: 4	7 36 28	10Vi13	27 12	1 18	10 22	1 59	2 5	8 41	29 49	27 24	15 25
30	18:35: 1	8 37 37	22 14	28 1	2 34	11 7	2 7	2 5	8 42	29 50	27 24R	15 22
31	18:38:57	9 38 46	4Li28	28 43	3 49	11 52	2 15	2 4	8 43	29 52	27 24	15 19

12/22 Sun in Cap. 0:45   12/2 3rd Qt. 3:51   12/9 New 9:43   12/16 1st Qt. 1:10   12/23 Full 17:35   12/31 3rd Qt. 22:53

JANUARY 1970

Day	Sid. T.	Sun	Moon	Merc.	Venus	Mars	Jup.	Saturn	Uranus	Nept.	Pluto	N.Node
1	18:42:54	10Cp39 55	17Li 1	29Cp17	5Cp 5	12Pi37	2Sc24	2Ta 4R	8Li43	29Sc54	27Vi24R	15Pi16
2	18:46:50	11 41 5	29 58	29 42	6 20	13 22	2 32	2 4	8 44	29 56	27 23	15 12
3	18:50:47	12 42 15	13Sc23	29 56	7 36	14 6	2 40	2 4	8 45	29 58	27 23	15 9
4	18:54:43	13 43 25	27 18	0Aq 0R	8 51	14 51	2 47	2 4D	8 45	29 59	27 23	15 6
5	18:58:40	14 44 36	11Sg43	29Cp52	10 7	15 36	2 55	2 4	8 46	0Sg 1	27 23	15 3
6	19: 2:37	15 45 46	26 33	29 33	11 22	16 20	3 3	2 4	8 46	0 3	27 23	15 0
7	19: 6:33	16 46 57	11Cp41	29 2	12 38	17 5	3 10	2 4	8 46	0 5	27 22	14 56
8	19:10:30	17 48 8	26 57	28 19	13 53	17 50	3 17	2 5	8 47	0 6	27 22	14 53
9	19:14:26	18 49 18	12Aq10	27 26	15 9	18 35	3 25	2 5	8 47	0 8	27 22	14 50
10	19:18:23	19 50 28	27 9	26 23	16 24	19 19	3 32	2 6	8 47	0 10	27 21	14 47
11	19:22:19	20 51 37	11Pi48	25 12	17 40	20 4	3 38	2 7	8 47	0 11	27 21	14 44
12	19:26:16	21 52 46	26 3	23 57	18 55	20 49	3 45	2 8	8 47	0 13	27 21	14 41
13	19:30:13	22 53 54	9Ar51	22 38	20 11	21 33	3 52	2 9	8 47R	0 14	27 20	14 37
14	19:34: 9	23 55 1	23 15	21 19	21 26	22 18	3 58	2 10	8 47	0 16	27 20	14 34
15	19:38: 6	24 56 8	6Ta17	20 1	22 42	23 2	4 4	2 11	8 47	0 17	27 19	14 31
16	19:42: 2	25 57 13	19 1	18 48	23 57	23 47	4 11	2 12	8 47	0 19	27 19	14 28
17	19:45:58	26 58 19	1Ge29	17 41	25 13	24 31	4 16	2 14	8 47	0 20	27 18	14 25
18	19:49:55	27 59 23	13 45	16 41	26 28	25 16	4 22	2 16	8 47	0 22	27 17	14 21
19	19:53:52	29 0 27	25 52	15 50	27 43	26 0	4 28	2 17	8 46	0 23	27 17	14 18
20	19:57:48	0Aq 1 30	7Cn52	15 8	28 59	26 45	4 33	2 19	8 46	0 24	27 16	14 15
21	20: 1:45	1 2 32	19 47	14 36	0Aq14	27 29	4 39	2 21	8 46	0 26	27 15	14 12
22	20: 5:42	2 3 33	1Le39	14 12	1 30	28 14	4 44	2 23	8 45	0 27	27 15	14 9
23	20: 9:38	3 4 34	13 28	13 58	2 45	28 58	4 49	2 25	8 45	0 28	27 14	14 6
24	20:13:35	4 5 34	25 17	13 52	4 0	29 43	4 54	2 27	8 44	0 30	27 13	14 2
25	20:17:31	5 6 33	7Vi 9	13 54D	5 16	0Ar27	4 59	2 30	8 43	0 31	27 12	13 59
26	20:21:28	6 7 31	19 5	14 4	6 31	1 11	5 3	2 32	8 43	0 32	27 11	13 56
27	20:25:24	7 8 29	1Li10	14 21	7 47	1 56	5 7	2 35	8 42	0 33	27 11	13 53
28	20:29:21	8 9 26	13 26	14 45	9 2	2 40	5 12	2 37	8 41	0 34	27 10	13 50
29	20:33:18	9 10 23	25 59	15 14	10 17	3 24	5 16	2 40	8 40	0 35	27 9	13 47
30	20:37:14	10 11 19	8Sc51	15 49	11 33	4 8	5 19	2 43	8 39	0 36	27 8	13 43
31	20:41:11	11 12 14	22 8	16 29	12 48	4 53	5 23	2 46	8 38	0 38	27 7	13 40

1/20 Sun in Aqu. 11:25   1/7 New 20:36   1/14 1st Qt. 13:19   1/22 Full 12:56   1/30 3rd Qt. 14:39

FEBRUARY 1970

Day	Sid. T.	Sun	Moon	Merc.	Venus	Mars	Jup.	Saturn	Uranus	Nept.	Pluto	N.Node
1	20:45: 7	12Aq13 8	5Sg52	17Cp13	14Aq 3	5Ar37	5Sc27	2Ta49	8Li37R	0Sg39	27Vi 6R	13Pi37
2	20:49: 3	13 14 2	20 4	18 1	15 19	6 21	5 30	2 52	8 36	0 39	27 5	13 34
3	20:53: 0	14 14 55	4Cp42	18 53	16 34	7 5	5 33	2 55	8 35	0 40	27 4	13 31
4	20:56:57	15 15 47	19 41	19 48	17 49	7 49	5 36	2 58	8 34	0 41	27 3	13 27
5	21: 0:53	16 16 38	4Aq52	20 46	19 5	8 33	5 39	3 2	8 33	0 42	27 1	13 24
6	21: 4:49	17 17 28	20 7	21 47	20 20	9 17	5 41	3 5	8 31	0 43	27 0	13 21
7	21: 8:47	18 18 16	5Pi15	22 51	21 35	10 1	5 44	3 9	8 30	0 44	26 59	13 18
8	21:12:43	19 19 3	20 7	23 57	22 50	10 45	5 46	3 13	8 29	0 45	26 58	13 15
9	21:16:39	20 19 49	4Ar36	25 5	24 6	11 29	5 48	3 17	8 27	0 45	26 57	13 12
10	21:20:36	21 20 33	18 39	26 15	25 21	12 13	5 50	3 21	8 26	0 46	26 56	13 8
11	21:24:33	22 21 15	2Ta14	27 27	26 36	12 57	5 52	3 25	8 24	0 47	26 54	13 5
12	21:28:29	23 21 56	15 24	28 41	27 51	13 41	5 53	3 29	8 23	0 47	26 53	13 2
13	21:32:25	24 22 35	28 10	29 56	29 6	14 25	5 54	3 33	8 21	0 48	26 52	12 59
14	21:36:23	25 23 13	10Ge38	1Aq13	0Pi22	15 8	5 55	3 37	8 20	0 49	26 50	12 56
15	21:40:19	26 23 49	22 50	2 32	1 37	15 52	5 56	3 41	8 18	0 49	26 49	12 53
16	21:44:15	27 24 23	4Cn51	3 52	2 52	16 36	5 57	3 46	8 16	0 50	26 48	12 49
17	21:48:12	28 24 56	16 45	5 13	4 7	17 19	5 58	3 50	8 14	0 50	26 46	12 46
18	21:52: 8	29 25 27	28 35	6 35	5 22	18 3	5 58	3 55	8 13	0 51	26 45	12 43
19	21:56: 5	0Pi25 56	10Le23	7 59	6 37	18 47	5 58	4 0	8 11	0 51	26 44	12 40
20	22: 0: 2	1 26 23	22 14	9 24	7 52	19 30	5 58R	4 5	8 9	0 52	26 42	12 37
21	22: 3:58	2 26 49	4Vi 7	10 50	9 7	20 14	5 58	4 9	8 7	0 52	26 41	12 33
22	22: 7:54	3 27 13	16 7	12 17	10 22	20 57	5 58	4 14	8 5	0 52	26 39	12 30
23	22:11:51	4 27 35	28 13	13 45	11 37	21 41	5 57	4 19	8 3	0 53	26 38	12 27
24	22:15:48	5 27 56	10Li29	15 14	12 52	22 24	5 56	4 24	8 1	0 53	26 36	12 24
25	22:19:44	6 28 15	22 57	16 45	14 7	23 7	5 55	4 30	7 59	0 53	26 35	12 21
26	22:23:41	7 28 34	5Sc38	18 16	15 22	23 51	5 54	4 35	7 57	0 53	26 33	12 18
27	22:27:38	8 28 50	18 36	19 49	16 37	24 34	5 53	4 40	7 55	0 53	26 32	12 14
28	22:31:34	9 29 5	1Sg53	21 22	17 52	25 17	5 51	4 46	7 53	0 53	26 30	12 11

2/19 Sun in Pis. 1:43   2/6 New 7:13   2/13 1st Qt. 4:11   2/21 Full 8:19(E)

MARCH 1970

Day	Sid. T.	Sun	Moon	Merc.	Venus	Mars	Jup.	Saturn	Uranus	Nept.	Pluto	N.Node
1	22:35:30	10Pi29 19	15Sg30	22Aq57	19Pi 7	26Ar 0	5Sc50R	4Ta51	7Li50R	0Sg53	26Vi29R	12Pi 8
2	22:39:27	11 29 31	29 28	24 33	20 22	26 44	5 48	4 57	7 48	0 53	26 27	12 5
3	22:43:24	12 29 42	13Cp47	26 9	21 37	27 27	5 46	5 2	7 46	0 53R	26 26	12 2
4	22:47:20	13 29 51	28 25	27 47	22 52	28 10	5 43	5 8	7 44	0 53	26 24	11 59
5	22:51:17	14 29 59	13Aq16	29 26	24 7	28 53	5 41	5 14	7 41	0 53	26 22	11 55
6	22:55:13	15 30 5	28 14	1Pi 6	25 21	29 36	5 38	5 20	7 39	0 53	26 21	11 52
7	22:59:10	16 30 9	13Pi12	2 47	26 36	0Ta19	5 35	5 26	7 37	0 53	26 19	11 49
8	23: 3: 6	17 30 11	28 0	4 29	27 51	1 2	5 32	5 32	7 34	0 53	26 18	11 46
9	23: 7: 3	18 30 11	12Ar32	6 12	29 6	1 45	5 29	5 38	7 32	0 53	26 16	11 43
10	23:10:59	19 30 9	26 41	7 57	0Ar20	2 28	5 26	5 44	7 30	0 53	26 14	11 39
11	23:14:56	20 30 5	10Ta25	9 42	1 35	3 11	5 22	5 50	7 27	0 52	26 13	11 36
12	23:18:53	21 29 59	23 43	11 29	2 50	3 53	5 19	5 56	7 25	0 52	26 11	11 33
13	23:22:49	22 29 51	6Ge36	13 17	4 5	4 36	5 15	6 2	7 22	0 52	26 10	11 30
14	23:26:46	23 29 40	19 8	15 6	5 19	5 19	5 11	6 9	7 20	0 51	26 8	11 27
15	23:30:42	24 29 28	1Cn21	16 56	6 34	6 1	5 7	6 15	7 17	0 51	26 6	11 24
16	23:34:39	25 29 13	13 22	18 47	7 48	6 44	5 2	6 21	7 15	0 51	26 5	11 20
17	23:38:35	26 28 56	25 15	20 40	9 3	7 27	4 58	6 28	7 12	0 50	26 3	11 17
18	23:42:32	27 28 36	7Le 3	22 34	10 17	8 9	4 53	6 34	7 10	0 50	26 1	11 14
19	23:46:29	28 28 15	18 52	24 28	11 32	8 52	4 48	6 41	7 7	0 49	26 0	11 11
20	23:50:25	29 27 51	0Vi45	26 24	12 46	9 34	4 43	6 48	7 4	0 49	25 58	11 8
21	23:54:22	0Ar27 25	12 45	28 22	14 1	10 17	4 38	6 54	7 2	0 48	25 57	11 5
22	23:58:18	1 26 57	24 54	0Ar20	15 15	10 59	4 33	7 1	6 59	0 47	25 55	11 1
23	0: 2:15	2 26 27	7Li10	2 19	16 30	11 41	4 28	7 8	6 57	0 47	25 53	10 58
24	0: 6:11	3 25 55	19 49	4 19	17 44	12 24	4 22	7 15	6 54	0 46	25 52	10 55
25	0:10: 8	4 25 21	2Sc35	6 20	18 58	13 6	4 16	7 22	6 52	0 45	25 50	10 52
26	0:14: 4	5 24 45	15 36	8 22	20 12	13 48	4 11	7 28	6 49	0 45	25 48	10 49
27	0:18: 1	6 24 7	28 49	10 24	21 27	14 30	4 5	7 35	6 46	0 44	25 47	10 45
28	0:21:58	7 23 28	12Sg17	12 26	22 41	15 12	3 59	7 42	6 44	0 43	25 45	10 42
29	0:25:54	8 22 46	25 58	14 29	23 55	15 54	3 52	7 49	6 41	0 42	25 44	10 39
30	0:29:51	9 22 3	9Cp52	16 31	25 9	16 36	3 46	7 57	6 39	0 42	25 42	10 36
31	0:33:47	10 21 19	23 59	18 33	26 24	17 19	3 40	8 4	6 36	0 41	25 41	10 33

3/21 Sun in Ari. 0:57   3/1 3rd Qt. 2:34   3/7 New 17:43(E)   3/14 1st Qt. 21:16   3/23 Full 1:53   3/30 3rd Qt. 11:05

APRIL 1970

Day	Sid. T.	Sun	Moon	Merc.	Venus	Mars	Jup.	Saturn	Uranus	Nept.	Pluto	N.Node
1	0:37:44	11Ar20 32	8Aq17	20Ar35	27Ar38	18Ta 0	3Sc33R	8Ta11	6Li33R	0Sg40R	25Vi39R	10Pi30
2	0:41:40	12 19 44	22 44	22 35	28 52	18 42	3 26	8 18	6 31	0 39	25 37	10 26
3	0:45:37	13 18 54	7Pi16	24 35	0Ta 6	19 24	3 20	8 25	6 28	0 38	25 36	10 23
4	0:49:34	14 18 2	21 49	26 32	1 20	20 6	3 13	8 32	6 26	0 37	25 34	10 20
5	0:53:30	15 17 8	6Ar18	28 27	2 34	20 48	3 6	8 40	6 23	0 36	25 33	10 17
6	0:57:27	16 16 12	20 35	0Ta20	3 48	21 30	2 59	8 47	6 20	0 35	25 31	10 14
7	1: 1:23	17 15 14	4Ta37	2 10	5 2	22 12	2 52	8 54	6 18	0 34	25 30	10 10
8	1: 5:19	18 14 14	18 19	3 57	6 16	22 53	2 45	9 2	6 15	0 33	25 28	10 7
9	1: 9:16	19 13 12	1Ge37	5 40	7 30	23 35	2 37	9 9	6 13	0 32	25 27	10 4
10	1:13:13	20 12 8	14 33	7 19	8 44	24 17	2 30	9 17	6 10	0 31	25 25	10 1
11	1:17: 9	21 11 1	27 8	8 55	9 57	24 58	2 23	9 24	6 8	0 29	25 24	9 58
12	1:21: 6	22 9 53	9Cn24	10 25	11 11	25 40	2 15	9 32	6 5	0 28	25 23	9 55
13	1:25: 3	23 8 42	21 27	11 51	12 25	26 21	2 8	9 39	6 3	0 27	25 21	9 51
14	1:28:59	24 7 28	3Le20	13 13	13 39	27 3	2 0	9 47	6 1	0 26	25 20	9 48
15	1:32:55	25 6 13	15 8	14 29	14 52	27 44	1 53	9 54	5 58	0 25	25 18	9 45
16	1:36:52	26 4 55	26 58	15 40	16 6	28 25	1 45	10 2	5 56	0 23	25 17	9 42
17	1:40:49	27 3 35	8Vi54	16 45	17 20	29 7	1 38	10 9	5 53	0 22	25 16	9 39
18	1:44:45	28 2 13	21 0	17 45	18 33	29 48	1 30	10 17	5 51	0 21	25 14	9 36
19	1:48:42	29 0 48	3Li19	18 39	19 47	0Ge29	1 22	10 24	5 49	0 19	25 13	9 32
20	1:52:39	29 59 22	15 54	19 28	21 0	1 10	1 15	10 32	5 46	0 18	25 12	9 29
21	1:56:35	0Ta57 54	28 46	20 11	22 14	1 52	1 7	10 40	5 44	0 17	25 10	9 26
22	2: 0:32	1 56 23	11Sc56	20 48	23 27	2 33	0 59	10 47	5 42	0 15	25 9	9 23
23	2: 4:28	2 54 51	25 20	21 20	24 41	3 14	0 52	10 55	5 40	0 14	25 7	9 20
24	2: 8:24	3 53 18	8Sg58	21 45	25 54	3 55	0 44	11 3	5 37	0 13	25 7	9 16
25	2:12:21	4 51 42	22 47	22 5	27 7	4 36	0 36	11 10	5 35	0 12	25 5	9 13
26	2:16:18	5 50 5	6Cp44	22 19	28 21	5 17	0 29	11 18	5 33	0 10	25 5	9 10
27	2:20:14	6 48 27	20 46	22 27	29 34	5 58	0 21	11 26	5 31	0 8	25 3	9 7
28	2:24:10	7 46 47	4Aq52	22 29R	0Ge47	6 39	0 13	11 33	5 29	0 7	25 2	9 4
29	2:28: 8	8 45 5	19 1	22 26	2 0	7 20	0 6	11 41	5 27	0 5	25 1	9 1
30	2:32: 4	9 43 22	3Pi10	22 18	3 13	8 0	29Li58	11 49	5 25	0 4	25 0	8 57

4/20 Sun in Tau. 12:16   4/6 New 4:10   4/13 1st Qt. 15:44   4/21 Full 16:22   4/28 3rd Qt. 17:19

MAY 1970

Day	Sid. T.	Sun	Moon	Merc.	Venus	Mars	Jup.	Saturn	Uranus	Nept.	Pluto	N.Node
1	2:36: 0	10Ta41 37	17Pi19	22Ta 5R	4Ge27	8Ge41	29Li51R	11Ta56	5Li23R	0Sg 2R	24Vi59R	8Pi54
2	2:39:57	11 39 51	1Ar26	21 47	5 40	9 22	29 44	12 4	5 21	0 1	24 58	8 51
3	2:43:54	12 38 3	15 29	21 25	6 53	10 3	29 36	12 12	5 19	29Sc59	24 57	8 48
4	2:47:50	13 36 14	29 22	20 59	8 6	10 43	29 29	12 20	5 17	29 58	24 56	8 45
5	2:51:46	14 34 23	13Ta 5	20 30	9 19	11 24	29 22	12 27	5 15	29 56	24 55	8 42
6	2:55:44	15 32 31	26 31	19 58	10 32	12 5	29 14	12 35	5 14	29 55	24 54	8 38
7	2:59:40	16 30 36	9Ge40	19 24	11 45	12 45	29 7	12 43	5 12	29 53	24 53	8 35
8	3: 3:36	17 28 41	22 30	18 49	12 57	13 26	29 0	12 50	5 10	29 52	24 53	8 32
9	3: 7:33	18 26 43	5Cn 2	18 12	14 10	14 6	28 53	12 58	5 8	29 50	24 52	8 29
10	3:11:30	19 24 43	17 17	17 36	15 23	14 47	28 47	13 6	5 7	29 48	24 51	8 26
11	3:15:26	20 22 42	29 19	16 59	16 36	15 27	28 40	13 13	5 5	29 47	24 50	8 22
12	3:19:22	21 20 39	11Le12	16 24	17 48	16 8	28 33	13 21	5 4	29 45	24 49	8 19
13	3:23:19	22 18 34	23 1	15 50	19 1	16 48	28 27	13 29	5 2	29 44	24 49	8 16
14	3:27:15	23 16 27	4Vi51	15 19	20 14	17 28	28 20	13 36	5 1	29 42	24 48	8 13
15	3:31:12	24 14 18	16 48	14 50	21 26	18 9	28 14	13 44	4 59	29 40	24 47	8 10
16	3:35: 9	25 12 8	28 57	14 24	22 39	18 49	28 8	13 52	4 58	29 39	24 47	8 7
17	3:39: 5	26 9 56	11Li23	14 2	23 51	19 29	28 2	13 59	4 57	29 37	24 46	8 3
18	3:43: 2	27 7 42	24 8	13 44	25 4	20 9	27 56	14 7	4 55	29 36	24 46	8 0
19	3:46:58	28 5 27	7Sc15	13 29	26 16	20 50	27 50	14 14	4 54	29 34	24 45	7 57
20	3:50:55	29 3 11	20 43	13 19	27 28	21 30	27 44	14 22	4 53	29 32	24 45	7 54
21	3:54:51	0Ge 0 53	4Sg32	13 14	28 41	22 10	27 39	14 30	4 52	29 31	24 44	7 51
22	3:58:48	0 58 34	18 36	13 12D	29 53	22 50	27 33	14 37	4 51	29 29	24 44	7 48
23	4: 2:45	1 56 13	2Cp51	13 16	1Cn 5	23 30	27 28	14 45	4 50	29 27	24 43	7 44
24	4: 6:41	2 53 52	17 11	13 23	2 17	24 10	27 23	14 52	4 49	29 26	24 43	7 41
25	4:10:38	3 51 29	1Aq32	13 36	3 29	24 50	27 18	14 59	4 48	29 24	24 42	7 38
26	4:14:35	4 49 6	15 49	13 52	4 41	25 30	27 13	15 7	4 47	29 23	24 42	7 35
27	4:18:31	5 46 41	0Pi13	14 13	5 53	26 10	27 8	15 14	4 46	29 21	24 42	7 32
28	4:22:27	6 44 16	14 5	14 39	7 5	26 50	27 4	15 22	4 45	29 19	24 42	7 28
29	4:26:24	7 41 50	28 0	15 9	8 17	27 29	26 59	15 29	4 44	29 18	24 41	7 25
30	4:30:20	8 39 23	11Ar48	15 43	9 29	28 9	26 55	15 36	4 44	29 16	24 41	7 22
31	4:34:17	9 36 55	25 27	16 20	10 41	28 49	26 51	15 44	4 43	29 15	24 41	7 19

5/21 Sun in Gem. 11:38   5/5 New 14:52   5/13 1st Qt. 10:27   5/21 Full 3:38   5/27 3rd Qt. 22:32

JUNE 1970

Day	Sid. T.	Sun	Moon	Merc.	Venus	Mars	Jup.	Saturn	Uranus	Nept.	Pluto	N.Node
1	4:38:14	10Ge34 26	8Ta56	17Ta 2	11Cn53	29Ge29	26Li47R	15Ta51	4Li 42R	29Sc13R	24Vi41R	7Pi16
2	4:42:10	11 31 56	22 15	17 48	13 5	0Cn 9	26 43	15 58	4 42	29 11	24 41	7 13
3	4:46: 7	12 29 26	5Ge20	18 37	14 16	0 48	26 40	16 5	4 41	29 10	24 41	7 9
4	4:50: 3	13 26 55	18 12	19 30	15 28	1 28	26 36	16 12	4 41	29 8	24 41	7 6
5	4:54: 0	14 24 22	0Cn49	20 27	16 39	2 8	26 33	16 20	4 41	29 7	24 41D	7 3
6	4:57:56	15 21 49	13 12	21 26	17 51	2 47	26 30	16 27	4 40	29 5	24 41	7 0
7	5: 1:53	16 19 15	25 21	22 30	19 2	3 27	26 27	16 34	4 40	29 4	24 41	6 57
8	5: 5:50	17 16 39	7Le19	23 36	20 14	4 6	26 24	16 41	4 40	29 2	24 41	6 54
9	5: 9:46	18 14 3	19 10	24 46	21 25	4 46	26 22	16 48	4 39	29 1	24 41	6 50
10	5:13:43	19 11 26	0Vi58	25 59	22 36	5 25	26 19	16 55	4 39	28 59	24 41	6 47
11	5:17:39	20 8 47	12 47	27 16	23 48	6 5	26 17	17 2	4 39	28 58	24 41	6 44
12	5:21:36	21 6 7	24 44	28 35	24 59	6 44	26 15	17 9	4 39D	28 56	24 41	6 41
13	5:25:32	22 3 27	6Li53	29 57	26 10	7 24	26 13	17 15	4 39	28 55	24 42	6 38
14	5:29:29	23 0 45	19 20	1Ge23	27 21	8 3	26 11	17 22	4 39	28 53	24 42	6 34
15	5:33:25	23 58 3	2Sc 9	2 51	28 32	8 42	26 10	17 29	4 40	28 52	24 42	6 31
16	5:37:22	24 55 20	15 23	4 23	29 43	9 22	26 9	17 36	4 40	28 50	24 43	6 28
17	5:41:19	25 52 36	29 3	5 57	0Le54	10 1	26 7	17 42	4 40	28 49	24 43	6 25
18	5:45:15	26 49 52	13Sg 7	7 34	2 4	10 40	26 6	17 49	4 40	28 47	24 43	6 22
19	5:49:12	27 47 7	27 15	9 15	3 15	11 20	26 6	17 55	4 41	28 46	24 44	6 19
20	5:53: 8	28 44 21	12Cp10	10 58	4 26	11 59	26 5	18 2	4 41	28 45	24 44	6 15
21	5:57: 5	29 41 35	26 55	12 44	5 36	12 38	26 5	18 8	4 41	28 43	24 45	6 12
22	6: 1: 1	0Cn38 49	11Aq39	14 32	6 47	13 17	26 4	18 15	4 42	28 42	24 45	6 9
23	6: 4:58	1 36 2	26 15	16 24	7 57	13 56	26 4D	18 21	4 43	28 41	24 46	6 6
24	6: 8:55	2 33 15	10Pi40	18 18	9 7	14 35	26 4	18 27	4 43	28 39	24 47	6 3
25	6:12:51	3 30 29	24 50	20 15	10 18	15 15	26 5	18 34	4 44	28 38	24 47	5 59
26	6:16:48	4 27 42	8Ar44	22 14	11 28	15 54	26 5	18 40	4 45	28 37	24 48	5 56
27	6:20:44	5 24 55	22 23	24 15	12 38	16 33	26 6	18 46	4 45	28 36	24 49	5 53
28	6:24:41	6 22 9	5Ta47	26 18	13 48	17 12	26 7	18 52	4 46	28 34	24 49	5 50
29	6:28:37	7 19 22	18 58	28 23	14 58	17 51	26 8	18 58	4 47	28 33	24 50	5 47
30	6:32:34	8 16 36	1Ge56	0Cn30	16 8	18 30	26 9	19 4	4 48	28 32	24 51	5 44

6/21 Sun in Can. 19:43   6/4 New 2:22   6/12 1st Qt. 4:07   6/19 Full 12:28   6/26 3rd Qt. 4:02

JULY 1970

Day	Sid. T.	Sun	Moon	Merc.	Venus	Mars	Jup.	Saturn	Uranus	Nept.	Pluto	N.Node
1	6:36:30	9Cn13 49	14Ge41	2Cn38	17Le17	19Cn 9	26Li10	19Ta10	4Li49	28Sc31R	24Vi52	5Pi40
2	6:40:26	10 11 3	27 14	4 47	18 27	19 48	26 12	19 16	4 50	28 30	24 53	5 37
3	6:44:24	11 8 16	9Cn35	6 57	19 37	20 27	26 13	19 21	4 51	28 29	24 53	5 34
4	6:48:20	12 5 30	21 46	9 7	20 46	21 6	26 15	19 27	4 52	28 28	24 54	5 31
5	6:52:16	13 2 43	3Le46	11 17	21 56	21 45	26 17	19 33	4 53	28 27	24 55	5 28
6	6:56:13	13 59 57	15 39	13 28	23 5	22 23	26 20	19 38	4 55	28 26	24 56	5 25
7	7: 0:10	14 57 10	27 27	15 38	24 14	23 2	26 22	19 44	4 56	28 25	24 57	5 21
8	7: 4: 6	15 54 23	9Vi14	17 47	25 24	23 41	26 25	19 49	4 57	28 24	24 58	5 18
9	7: 8: 3	16 51 36	21 3	19 55	26 33	24 20	26 27	19 54	4 59	28 23	24 59	5 15
10	7:12: 0	17 48 49	2Li59	22 3	27 42	24 59	26 30	20 0	5 0	28 22	25 0	5 12
11	7:15:56	18 46 2	15 7	24 9	28 50	25 38	26 33	20 5	5 2	28 21	25 1	5 9
12	7:19:52	19 43 15	27 32	26 14	29 59	26 16	26 37	20 10	5 3	28 20	25 3	5 5
13	7:23:49	20 40 27	10Sc20	28 18	1Vi 8	26 55	26 40	20 15	5 5	28 19	25 4	5 2
14	7:27:46	21 37 40	23 33	0Le20	2 16	27 34	26 44	20 20	5 6	28 18	25 5	4 59
15	7:31:42	22 34 53	7Sg13	2 20	3 25	28 12	26 47	20 25	5 8	28 18	25 6	4 56
16	7:35:39	23 32 6	21 22	4 18	4 33	28 51	26 51	20 30	5 10	28 17	25 7	4 53
17	7:39:35	24 29 20	5Cp55	6 15	5 41	29 30	26 55	20 35	5 12	28 16	25 9	4 50
18	7:43:31	25 26 33	20 46	8 11	6 49	0Le 8	27 0	20 39	5 13	28 15	25 10	4 46
19	7:47:28	26 23 47	5Aq49	10 4	7 57	0 47	27 4	20 44	5 15	28 15	25 11	4 43
20	7:51:25	27 21 2	20 53	11 55	9 5	1 26	27 9	20 49	5 17	28 14	25 13	4 40
21	7:55:21	28 18 17	5Pi49	13 45	10 12	2 4	27 13	20 53	5 19	28 13	25 14	4 37
22	7:59:18	29 15 33	20 32	15 33	11 20	2 43	27 18	20 57	5 21	28 13	25 16	4 34
23	8: 3:15	0Le12 49	4Ar56	17 19	12 27	3 21	27 23	21 2	5 23	28 12	25 17	4 31
24	8: 7:11	1 10 7	18 58	19 4	13 35	4 0	27 28	21 6	5 25	28 12	25 18	4 27
25	8:11: 7	2 7 25	2Ta39	20 46	14 42	4 39	27 34	21 10	5 27	28 11	25 20	4 24
26	8:15: 5	3 4 45	15 59	22 27	15 49	5 17	27 39	21 14	5 30	28 11	25 21	4 21
27	8:19: 1	4 2 5	28 59	24 6	16 56	5 56	27 45	21 18	5 32	28 10	25 23	4 18
28	8:22:57	4 59 26	11Ge44	25 44	18 2	6 34	27 51	21 22	5 34	28 10	25 24	4 15
29	8:26:54	5 56 49	24 13	27 19	19 9	7 13	27 56	21 26	5 36	28 9	25 26	4 11
30	8:30:51	6 54 12	6Cn31	28 53	20 15	7 51	28 3	21 29	5 39	28 9	25 28	4 8
31	8:34:47	7 51 36	18 38	0Vi25	21 22	8 30	28 9	21 33	5 41	28 9	25 29	4 5

7/23 Sun in Leo 6:38   7/3 New 15:18   7/11 1st Qt. 19:44   7/18 Full 19:59   7/25 3rd Qt. 11:00

AUGUST 1970

Day	Sid. T.	Sun	Moon	Merc.	Venus	Mars	Jup.	Saturn	Uranus	Nept.	Pluto	N.Node
1	8:38:43	8Le49 2	0Le38	1Vi55	22Vi28	9Le 8	28Li15	21Ta36	5Li44	28Sc 8R	25Vi31	4Pi 2
2	8:42:40	9 46 28	12 31	3 24	23 34	9 46	28 22	21 40	5 46	28 8	25 33	3 59
3	8:46:36	10 43 55	24 19	4 51	24 39	10 25	28 28	21 43	5 49	28 8	25 34	3 56
4	8:50:33	11 41 22	6Vi 6	6 16	25 45	11 3	28 35	21 46	5 51	28 8	25 36	3 52
5	8:54:30	12 38 51	17 53	7 39	26 50	11 42	28 42	21 50	5 54	28 8	25 38	3 49
6	8:58:26	13 36 20	29 44	9 0	27 55	12 20	28 49	21 53	5 56	28 8	25 40	3 46
7	9: 2:23	14 33 50	11Li42	10 19	29 0	12 58	28 56	21 56	5 59	28 7	25 41	3 43
8	9: 6:19	15 31 22	23 51	11 36	0Li 5	13 37	29 3	21 59	6 2	28 7	25 43	3 40
9	9:10:16	16 28 54	6Sc16	12 51	1 10	14 15	29 11	22 1	6 4	28 7	25 45	3 37
10	9:14:12	17 26 26	19 1	14 4	2 14	14 54	29 18	22 4	6 7	28 7D	25 47	3 33
11	9:18: 9	18 24 0	2Sg 9	15 15	3 18	15 32	29 26	22 7	6 10	28 7	25 49	3 30
12	9:22: 6	19 21 35	15 43	16 24	4 22	16 10	29 34	22 9	6 13	28 7	25 50	3 27
13	9:26: 2	20 19 10	29 45	17 30	5 26	16 49	29 42	22 11	6 16	28 8	25 52	3 24
14	9:29:59	21 16 47	14Cp50	18 34	6 30	17 27	29 50	22 14	6 19	28 8	25 54	3 21
15	9:33:55	22 14 24	29 3	19 36	7 33	18 5	29 58	22 16	6 22	28 8	25 56	3 17
16	9:37:52	23 12 3	14Aq 9	20 34	8 36	18 43	0Sc 6	22 18	6 25	28 8	25 58	3 14
17	9:41:48	24 9 42	29 21	21 30	9 39	19 22	0 15	22 20	6 28	28 8	26 0	3 11
18	9:45:45	25 7 23	14Pi31	22 23	10 41	20 0	0 23	22 22	6 31	28 8	26 2	3 8
19	9:49:41	26 5 6	29 29	23 13	11 43	20 38	0 32	22 24	6 34	28 9	26 3	3 5
20	9:53:38	27 2 50	14Ar 8	24 0	12 45	21 16	0 41	22 25	6 37	28 9	26 6	3 2
21	9:57:35	28 0 35	28 23	24 43	13 47	21 55	0 49	22 27	6 40	28 9	26 8	2 58
22	10: 1:31	28 58 23	12Ta12	25 23	14 48	22 33	0 58	22 28	6 43	28 10	26 10	2 55
23	10: 5:28	29 56 12	25 36	25 59	15 49	23 11	1 7	22 30	6 46	28 10	26 12	2 52
24	10: 9:24	0Vi54 3	8Ge35	26 30	16 50	23 49	1 17	22 31	6 50	28 11	26 14	2 49
25	10:13:21	1 51 55	21 14	26 58	17 51	24 28	1 26	22 32	6 53	28 11	26 16	2 46
26	10:17:17	2 49 50	3Cn36	27 21	18 51	25 6	1 35	22 33	6 56	28 12	26 18	2 42
27	10:21:14	3 47 46	15 44	27 38	19 51	25 44	1 45	22 34	6 59	28 12	26 20	2 39
28	10:25:11	4 45 44	27 42	27 51	20 50	26 22	1 54	22 35	7 3	28 13	26 22	2 36
29	10:29: 7	5 43 43	9Le34	27 59	21 49	27 0	2 4	22 36	7 6	28 13	26 25	2 33
30	10:33: 4	6 41 45	21 22	28 0R	22 48	27 38	2 14	22 36	7 9	28 14	26 27	2 30
31	10:37: 0	7 39 48	3Vi 9	27 56	23 46	28 17	2 24	22 37	7 13	28 15	26 29	2 27

8/23 Sun in Vir. 13:35   8/2 New 5:59   8/10 1st Qt. 8:50   8/17 Full 3:16(E)   8/23 3rd Qt. 20:35   8/31 New 22:02(E)

Day	Sid. T.	Sun	Moon	Merc.	Venus	Mars	Jup.	Saturn	Uranus	Nept.	Pluto	N.Node
1	10:40:57	8Vi37 52	14Vi57	27Vi46R	24Li44	28Le55	2Sc34	22Ta37	7Li16	28Sc15	26Vi31	2Pi23
2	10:44:53	9 35 58	26 49	27 30	25 42	29 33	2 44	22 37	7 20	28 16	26 33	2 20
3	10:48:50	10 34 6	8Li46	27 7	26 39	0Vi11	2 54	22 37	7 23	28 17	26 35	2 17
4	10:52:46	11 32 15	20 52	26 39	27 36	0 49	3 4	22 38	7 27	28 18	26 38	2 14
5	10:56:43	12 30 26	3Sc 8	26 4	28 32	1 27	3 14	22 38R	7 30	28 19	26 40	2 11
6	11: 0:40	13 28 39	15 38	25 23	29 28	2 6	3 25	22 37	7 34	28 19	26 42	2 8
7	11: 4:36	14 26 53	28 24	24 36	0Sc23	2 44	3 35	22 37	7 37	28 20	26 44	2 4
8	11: 8:32	15 25 8	11Sg29	23 45	1 18	3 22	3 46	22 37	7 41	28 21	26 46	2 1
9	11:12:29	16 23 25	24 56	22 50	2 12	4 0	3 57	22 36	7 44	28 22	26 49	1 58
10	11:16:26	17 21 44	8Cp47	21 51	3 6	4 38	4 7	22 36	7 48	28 23	26 51	1 55
11	11:20:22	18 20 4	23 1	20 51	3 59	5 16	4 18	22 35	7 52	28 24	26 53	1 52
12	11:24:19	19 18 25	7Aq36	19 50	4 51	5 54	4 29	22 34	7 55	28 25	26 55	1 48
13	11:28:16	20 16 48	22 30	18 49	5 43	6 33	4 40	22 33	7 59	28 26	26 57	1 45
14	11:32:12	21 15 13	7Pi35	17 51	6 34	7 11	4 51	22 32	8 2	28 27	27 0	1 42
15	11:36: 9	22 13 40	22 43	16 56	7 25	7 49	5 2	22 31	8 6	28 29	27 2	1 39
16	11:40: 5	23 12 8	7Ar45	16 6	8 15	8 27	5 14	22 30	8 10	28 30	27 4	1 36
17	11:44: 2	24 10 39	22 32	15 22	9 4	9 5	5 25	22 29	8 14	28 31	27 6	1 33
18	11:47:58	25 9 11	6Ta57	14 45	9 52	9 43	5 36	22 27	8 17	28 32	27 9	1 29
19	11:51:55	26 7 46	20 55	14 17	10 40	10 21	5 48	22 26	8 21	28 33	27 11	1 26
20	11:55:51	27 6 23	4Ge26	13 58	11 27	10 59	5 59	22 24	8 25	28 35	27 13	1 23
21	11:59:47	28 5 2	17 30	13 48	12 13	11 37	6 11	22 22	8 28	28 36	27 15	1 20
22	12: 3:45	29 3 43	0Cn10	13 48D	12 58	12 15	6 22	22 21	8 32	28 37	27 18	1 17
23	12: 7:41	0Li 2 27	12 30	13 57	13 43	12 53	6 34	22 19	8 36	28 39	27 20	1 14
24	12:11:37	1 1 13	24 34	14 17	14 26	13 32	6 46	22 17	8 40	28 40	27 22	1 10
25	12:15:34	2 0 1	6Le29	14 46	15 9	14 10	6 58	22 14	8 43	28 41	27 24	1 7
26	12:19:31	2 58 51	18 17	15 24	15 50	14 48	7 9	22 12	8 47	28 43	27 27	1 4
27	12:23:27	3 57 44	0Vi 3	16 11	16 31	15 26	7 21	22 10	8 51	28 44	27 29	1 1
28	12:27:23	4 56 38	11 51	17 6	17 10	16 4	7 33	22 7	8 55	28 46	27 31	0 58
29	12:31:21	5 55 35	23 44	18 9	17 48	16 42	7 45	22 5	8 59	28 47	27 33	0 54
30	12:35:17	6 54 33	5Li44	19 18	18 25	17 20	7 58	22 2	9 2	28 49	27 36	0 51

9/23 Sun in Lib. 11:00   9/8 1st Qt. 19:39   9/15 Full 11:10   9/22 3rd Qt. 9:43   9/30 New 14:32

Day	Sid. T.	Sun	Moon	Merc.	Venus	Mars	Jup.	Saturn	Uranus	Nept.	Pluto	N.Node
1	12:39:13	7Li53 34	17Li53	20Vi33	19Sc 1	17Vi58	8Sc10	22Ta 0R	9Li 6	28Sc50	27Vi38	0Pi48
2	12:43:10	8 52 37	0Sc13	21 54	19 35	18 36	8 22	21 57	9 10	28 52	27 40	0 45
3	12:47: 7	9 51 42	12 43	23 19	20 9	19 14	8 34	21 54	9 14	28 54	27 42	0 42
4	12:51: 3	10 50 48	25 26	24 49	20 41	19 52	8 46	21 51	9 17	28 55	27 44	0 39
5	12:54:59	11 49 57	8Sg22	26 21	21 11	20 31	8 59	21 48	9 21	28 57	27 47	0 35
6	12:58:56	12 49 7	21 32	27 57	21 40	21 9	9 11	21 45	9 25	28 58	27 49	0 32
7	13: 2:52	13 48 19	4Cp58	29 35	22 7	21 47	9 24	21 41	9 29	29 0	27 51	0 29
8	13: 6:49	14 47 33	18 41	1Li15	22 33	22 25	9 36	21 38	9 33	29 2	27 53	0 26
9	13:10:46	15 46 49	2Aq41	2 56	22 57	23 3	9 49	21 35	9 36	29 4	27 55	0 23
10	13:14:42	16 46 6	16 59	4 39	23 19	23 41	10 1	21 31	9 40	29 5	27 57	0 20
11	13:18:39	17 45 25	1Pi31	6 22	23 40	24 19	10 14	21 28	9 44	29 7	28 0	0 16
12	13:22:36	18 44 46	16 16	8 6	23 58	24 57	10 26	21 24	9 48	29 9	28 2	0 13
13	13:26:32	19 44 8	1Ar 7	9 50	24 15	25 35	10 39	21 20	9 51	29 11	28 4	0 10
14	13:30:28	20 43 33	15 56	11 34	24 29	26 13	10 52	21 17	9 55	29 13	28 6	0 7
15	13:34:25	21 43 0	0Ta36	13 19	24 42	26 51	11 5	21 13	9 59	29 15	28 8	0 4
16	13:38:22	22 42 28	15 0	15 3	24 53	27 29	11 17	21 9	10 3	29 16	28 10	0 0
17	13:42:18	23 41 59	29 1	16 47	25 1	28 7	11 30	21 5	10 6	29 18	28 12	29Aq57
18	13:46:15	24 41 32	12Ge35	18 31	25 7	28 46	11 43	21 1	10 10	29 20	28 14	29 54
19	13:50:12	25 41 8	25 44	20 14	25 11	29 24	11 56	20 57	10 14	29 22	28 16	29 51
20	13:54: 8	26 40 45	8Cn27	21 57	25 13	0Li 2	12 9	20 52	10 17	29 24	28 18	29 48
21	13:58: 4	27 40 25	20 49	23 39	25 12R	0 40	12 22	20 48	10 21	29 26	28 20	29 45
22	14: 2: 1	28 40 7	2Le54	25 21	25 9	1 18	12 35	20 44	10 25	29 28	28 22	29 41
23	14: 5:57	29 39 52	14 48	27 3	25 3	1 56	12 48	20 40	10 28	29 30	28 24	29 38
24	14: 9:54	0Sc39 38	26 35	28 44	24 55	2 34	13 1	20 35	10 32	29 32	28 26	29 35
25	14:13:51	1 39 27	8Vi22	0Sc24	24 45	3 12	13 14	20 31	10 36	29 34	28 28	29 32
26	14:17:47	2 39 18	20 13	2 4	24 32	3 50	13 27	20 26	10 39	29 36	28 30	29 29
27	14:21:44	3 39 11	2Li12	3 43	24 17	4 28	13 40	20 22	10 43	29 38	28 32	29 26
28	14:25:40	4 39 6	14 22	5 22	24 0	5 6	13 53	20 17	10 46	29 40	28 34	29 22
29	14:29:37	5 39 3	26 44	7 0	23 40	5 45	14 6	20 13	10 50	29 42	28 36	29 19
30	14:33:33	6 39 2	9Sc21	8 38	23 18	6 23	14 19	20 8	10 53	29 45	28 38	29 16
31	14:37:30	7 39 4	22 11	10 15	22 54	7 1	14 33	20 3	10 57	29 47	28 40	29 13

10/23 Sun in Sco. 20:05   10/8 1st Qt. 4:44   10/14 Full 20:22   10/22 3rd Qt. 2:48   10/30 New 6:28

NOVEMBER 1970

Day	Sid. T.	Sun	Moon	Merc.	Venus	Mars	Jup.	Saturn	Uranus	Nept.	Pluto	N.Node
1	14:41:27	8Sc39 7	5Sg15	11Sc52	22Sc28R	7Li39	14Sc46	19Ta58R	11Li 0	29Sc49	28Vi42	29Aq10
2	14:45:23	9 39 11	18 30	13 28	21 59	8 17	14 59	19 54	11 4	29 51	28 43	29 6
3	14:49:20	10 39 18	1Cp57	15 4	21 30	8 55	15 12	19 49	11 7	29 53	28 45	29 3
4	14:53:16	11 39 26	15 33	16 39	20 58	9 33	15 25	19 44	11 11	29 55	28 47	29 0
5	14:57:13	12 39 35	29 19	18 14	20 25	10 11	15 39	19 39	11 14	29 57	28 49	28 57
6	15: 1: 9	13 39 46	13Aq14	19 49	19 51	10 49	15 52	19 34	11 18	0Sg 0	28 50	28 54
7	15: 5: 6	14 39 59	27 19	21 23	19 16	11 27	16 5	19 30	11 21	0 2	28 52	28 51
8	15: 9: 3	15 40 13	11Pi32	22 57	18 41	12 6	16 18	19 25	11 24	0 4	28 54	28 47
9	15:12:59	16 40 28	25 53	24 30	18 4	12 44	16 32	19 20	11 27	0 6	28 56	28 44
10	15:16:56	17 40 45	10Ar18	26 4	17 28	13 22	16 45	19 15	11 31	0 8	28 57	28 41
11	15:20:52	18 41 3	24 43	27 36	16 51	14 0	16 58	19 10	11 34	0 11	28 59	28 38
12	15:24:49	19 41 23	9Ta 2	29 9	16 15	14 38	17 11	19 5	11 37	0 13	29 0	28 35
13	15:28:45	20 41 45	23 9	0Sg41	15 39	15 16	17 24	19 0	11 40	0 15	29 2	28 31
14	15:32:42	21 42 8	6Ge59	2 13	15 4	15 54	17 38	18 55	11 43	0 17	29 4	28 28
15	15:36:38	22 42 33	20 28	3 45	14 30	16 32	17 51	18 51	11 47	0 20	29 5	28 25
16	15:40:35	23 43 0	3Cn34	5 16	13 57	17 10	18 4	18 46	11 50	0 22	29 7	28 22
17	15:44:32	24 43 28	16 18	6 47	13 26	17 49	18 17	18 41	11 53	0 24	29 8	28 19
18	15:48:28	25 43 59	28 41	8 18	12 56	18 27	18 30	18 36	11 56	0 26	29 9	28 16
19	15:52:25	26 44 31	10Le47	9 48	12 28	19 5	18 44	18 31	11 59	0 29	29 11	28 12
20	15:56:21	27 45 5	22 42	11 18	12 2	19 43	18 57	18 26	12 2	0 31	29 12	28 9
21	16: 0:18	28 45 40	4Vi30	12 48	11 38	20 21	19 10	18 22	12 4	0 33	29 14	28 6
22	16: 4:14	29 46 18	16 18	14 18	11 16	20 59	19 23	18 17	12 7	0 35	29 15	28 3
23	16: 8:11	0Sg46 57	28 11	15 47	10 56	21 37	19 36	18 12	12 10	0 38	29 16	28 0
24	16:12: 8	1 47 37	10Li13	17 16	10 39	22 15	19 49	18 7	12 13	0 40	29 18	27 57
25	16:16: 4	2 48 19	22 30	18 44	10 24	22 53	20 2	18 3	12 16	0 42	29 19	27 53
26	16:20: 1	3 49 3	5Sc 3	20 12	10 12	23 32	20 16	17 58	12 18	0 44	29 20	27 50
27	16:23:57	4 49 48	17 55	21 39	10 2	24 10	20 29	17 54	12 21	0 47	29 21	27 47
28	16:27:53	5 50 35	1Sg 5	23 6	9 54	24 48	20 42	17 49	12 24	0 49	29 22	27 44
29	16:31:50	6 51 23	14 32	24 32	9 49	25 26	20 55	17 45	12 26	0 51	29 23	27 41
30	16:35:47	7 52 12	28 13	25 57	9 47	26 4	21 8	17 40	12 29	0 53	29 25	27 37

11/22 Sun in Sag. 17:26   11/6 1st Qt. 12:48   11/13 Full 7:29   11/20 3rd Qt. 23:13   11/28 New 21:15

DECEMBER 1970

Day	Sid. T.	Sun	Moon	Merc.	Venus	Mars	Jup.	Saturn	Uranus	Nept.	Pluto	N.Node
1	16:39:43	8Sg53 3	12Cp 5	27Sg21	9Sc47	26Li42	21Sc21	17Ta36R	12Li31	0Sg56	29Vi26	27Aq34
2	16:43:40	9 53 54	26 3	28 44	9 49	27 20	21 33	17 31	12 34	0 58	29 27	27 31
3	16:47:37	10 54 46	10Aq 6	0Cp 6	9 54	27 58	21 46	17 27	12 36	1 0	29 28	27 28
4	16:51:33	11 55 39	24 10	1 26	10 1	28 37	21 59	17 23	12 39	1 2	29 29	27 25
5	16:55:29	12 56 33	8Pi16	2 45	10 11	29 15	22 12	17 19	12 41	1 5	29 30	27 22
6	16:59:26	13 57 28	22 20	4 2	10 22	29 53	22 25	17 15	12 43	1 7	29 30	27 18
7	17: 3:23	14 58 23	6Ar25	5 16	10 36	0Sc31	22 38	17 11	12 46	1 9	29 31	27 15
8	17: 7:19	15 59 19	20 26	6 28	10 52	1 9	22 50	17 7	12 48	1 11	29 32	27 12
9	17:11:16	17 0 15	4Ta24	7 37	11 10	1 47	23 3	17 3	12 50	1 13	29 33	27 9
10	17:15:13	18 1 13	18 16	8 42	11 30	2 25	23 16	16 59	12 52	1 16	29 34	27 6
11	17:19: 9	19 2 11	1Ge57	9 44	11 52	3 3	23 28	16 55	12 54	1 18	29 35	27 3
12	17:23: 6	20 3 10	15 25	10 41	12 15	3 41	23 41	16 51	12 56	1 20	29 35	26 59
13	17:27: 2	21 4 9	28 37	11 32	12 41	4 19	23 53	16 48	12 58	1 22	29 36	26 56
14	17:30:58	22 5 10	11Cn32	12 18	13 8	4 58	24 6	16 44	13 0	1 24	29 37	26 53
15	17:34:55	23 6 11	24 8	12 56	13 37	5 36	24 18	16 41	13 2	1 26	29 37	26 50
16	17:38:52	24 7 14	6Le28	13 27	14 8	6 14	24 31	16 38	13 4	1 28	29 38	26 47
17	17:42:48	25 8 17	18 33	13 50	14 40	6 52	24 43	16 34	13 5	1 31	29 38	26 43
18	17:46:44	26 9 21	0Vi27	14 3	15 13	7 30	24 55	16 31	13 7	1 33	29 39	26 40
19	17:50:42	27 10 25	12 16	14 5R	15 48	8 8	25 7	16 28	13 9	1 35	29 39	26 37
20	17:54:38	28 11 30	24 4	13 57	16 25	8 46	25 20	16 25	13 11	1 37	29 40	26 34
21	17:58:34	29 12 37	5Li58	13 37	17 3	9 24	25 32	16 22	13 12	1 39	29 40	26 31
22	18: 2:31	0Cp13 44	17 59	13 5	17 42	10 2	25 44	16 19	13 14	1 41	29 41	26 28
23	18: 6:28	1 14 51	0Sc17	12 22	18 22	10 40	25 56	16 16	13 15	1 43	29 41	26 24
24	18:10:24	2 16 0	12 54	11 28	19 3	11 18	26 8	16 14	13 16	1 45	29 42	26 21
25	18:14:20	3 17 9	25 53	10 24	19 46	11 56	26 20	16 11	13 18	1 47	29 42	26 18
26	18:18:18	4 18 19	9Sg15	9 12	20 30	12 34	26 31	16 9	13 19	1 49	29 42	26 15
27	18:22:14	5 19 29	23 0	7 54	21 14	13 12	26 43	16 6	13 20	1 51	29 42	26 12
28	18:26:10	6 20 39	7Cp 3	6 33	22 0	13 50	26 55	16 4	13 22	1 53	29 42	26 9
29	18:30: 7	7 21 50	21 21	5 11	22 47	14 28	27 6	16 2	13 23	1 55	29 42	26 5
30	18:34: 4	8 23 0	5Aq47	3 51	23 35	15 6	27 18	16 0	13 24	1 57	29 42	26 2
31	18:38: 0	9 24 11	20 17	2 35	24 23	15 44	27 29	15 58	13 25	1 59	29 42	25 59

12/22 Sun in Cap. 6:37   12/5 1st Qt. 20:36   12/12 Full 21:04   12/20 3rd Qt. 21:09   12/28 New 10:43

Day	Sid. T.	Sun	Moon	Merc.	Venus	Mars	Jup.	Saturn	Uranus	Nept.	Pluto	N.Node
1	18:41:57	10Cp25 22	4Pi44	1Cp27R	25Sc12	16Sc23	27Sc41	15Ta56R	13Li26	2Sg 1	29Vi42	25Aq56
2	18:45:53	11 26 32	19 4	0 26	26 3	17 1	27 52	15 54	13 27	2 2	29 42R	25 53
3	18:49:50	12 27 42	3Ar16	29Sg35	26 54	17 39	28 3	15 53	13 28	2 4	29 42	25 49
4	18:53:47	13 28 52	17 18	28 54	27 45	18 16	28 14	15 51	13 29	2 6	29 42	25 46
5	18:57:43	14 30 1	1Ta 8	28 23	28 38	18 54	28 25	15 50	13 29	2 8	29 42	25 43
6	19: 1:40	15 31 10	14 48	28 2	29 31	19 32	28 36	15 49	13 30	2 10	29 42	25 40
7	19: 5:36	16 32 19	28 15	27 51	0Sg25	20 10	28 47	15 47	13 30	2 11	29 42	25 37
8	19: 9:33	17 33 27	11Ge30	27 49D	1 19	20 48	28 58	15 46	13 31	2 13	29 42	25 34
9	19:13:29	18 34 35	24 33	27 56	2 14	21 26	29 9	15 45	13 32	2 15	29 42	25 30
10	19:17:26	19 35 43	7Cn22	28 11	3 10	22 4	29 20	15 45	13 32	2 17	29 41	25 27
11	19:21:23	20 36 50	19 58	28 33	4 6	22 42	29 30	15 44	13 32	2 18	29 41	25 24
12	19:25:19	21 37 57	2Le21	29 2	5 3	23 20	29 41	15 43	13 33	2 20	29 41	25 21
13	19:29:16	22 39 4	14 32	29 37	6 1	23 58	29 51	15 43	13 33	2 21	29 40	25 18
14	19:33:12	23 40 10	26 33	0Cp17	6 59	24 36	0Sg 1	15 42	13 33	2 23	29 40	25 15
15	19:37: 9	24 41 16	8Vi25	1 2	7 57	25 14	0 12	15 42	13 34	2 25	29 39	25 11
16	19:41: 5	25 42 22	20 14	1 51	8 56	25 52	0 22	15 42	13 34	2 26	29 39	25 8
17	19:45: 2	26 43 27	2Li 2	2 45	9 55	26 29	0 32	15 42	13 34	2 28	29 38	25 5
18	19:48:58	27 44 33	13 54	3 42	10 55	27 7	0 42	15 42R	13 34R	2 29	29 38	25 2
19	19:52:55	28 45 38	25 55	4 42	11 55	27 45	0 51	15 42	13 34	2 31	29 37	24 59
20	19:56:52	29 46 42	8Sc10	5 45	12 56	28 23	1 1	15 43	13 34	2 32	29 37	24 55
21	20: 0:48	0Aq47 46	20 44	6 50	13 57	29 1	1 11	15 43	13 33	2 33	29 36	24 52
22	20: 4:45	1 48 50	3Sg41	7 58	14 58	29 39	1 20	15 43	13 33	2 35	29 35	24 49
23	20: 8:41	2 49 54	17 3	9 8	16 0	0Sg16	1 30	15 44	13 33	2 36	29 34	24 46
24	20:12:38	3 50 57	0Cp51	10 20	17 2	0 54	1 39	15 45	13 32	2 37	29 34	24 43
25	20:16:34	4 51 59	15 4	11 33	18 5	1 32	1 48	15 46	13 32	2 39	29 33	24 40
26	20:20:31	5 53 1	29 38	12 49	19 8	2 10	1 57	15 47	13 32	2 40	29 32	24 36
27	20:24:28	6 54 1	14Aq26	14 5	20 11	2 47	2 6	15 48	13 31	2 41	29 32	24 33
28	20:28:24	7 55 1	29 21	15 24	21 14	3 25	2 15	15 49	13 31	2 42	29 31	24 30
29	20:32:21	8 56 0	14Pi16	16 43	22 18	4 3	2 23	15 50	13 30	2 44	29 30	24 27
30	20:36:17	9 56 57	29 1	18 4	23 22	4 40	2 32	15 52	13 30	2 45	29 29	24 24
31	20:40:13	10 57 54	13Ar33	19 26	24 27	5 18	2 40	15 53	13 29	2 46	29 28	24 20

1/20 Sun in Aqu. 17:13   1/4 1st Qt. 4:56   1/11 Full 13:21   1/19 3rd Qt. 18:09   1/26 New 22:56

Day	Sid. T.	Sun	Moon	Merc.	Venus	Mars	Jup.	Saturn	Uranus	Nept.	Pluto	N.Node
1	20:44:10	11Aq58 49	27Ar46	20Cp49	25Sg31	5Sg56	2Sg49	15Ta55	13Li28R	2Sg47	29Vi27R	24Aq17
2	20:48: 7	12 59 42	11Ta40	22 13	26 36	6 33	2 57	15 56	13 27	2 48	29 26	24 14
3	20:52: 3	14 0 35	25 14	23 38	27 41	7 11	3 5	15 58	13 26	2 49	29 25	24 11
4	20:55:59	15 1 26	8Ge29	25 4	28 46	7 49	3 13	16 0	13 26	2 50	29 24	24 8
5	20:59:57	16 2 15	21 26	26 31	29 52	8 26	3 21	16 2	13 25	2 51	29 23	24 5
6	21: 3:53	17 3 3	4Cn 9	27 58	0Cp58	9 4	3 28	16 4	13 24	2 52	29 22	24 1
7	21: 7:49	18 3 50	16 38	29 27	2 4	9 41	3 36	16 7	13 23	2 53	29 21	23 58
8	21:11:46	19 4 35	28 56	0Aq57	3 10	10 19	3 43	16 9	13 21	2 54	29 20	23 55
9	21:15:43	20 5 19	11Le 4	2 27	4 16	10 56	3 50	16 12	13 20	2 55	29 19	23 52
10	21:19:39	21 6 2	23 4	3 58	5 23	11 34	3 57	16 14	13 19	2 55	29 17	23 49
11	21:23:35	22 6 43	4Vi58	5 30	6 30	12 11	4 4	16 17	13 18	2 56	29 16	23 46
12	21:27:33	23 7 23	16 48	7 3	7 37	12 48	4 11	16 20	13 16	2 57	29 14	23 42
13	21:31:29	24 8 1	28 36	8 37	8 44	13 26	4 18	16 23	13 15	2 57	29 14	23 39
14	21:35:25	25 8 38	10Li26	10 12	9 51	14 3	4 24	16 26	13 14	2 58	29 13	23 36
15	21:39:22	26 9 14	22 19	11 47	10 59	14 40	4 31	16 29	13 12	2 59	29 11	23 33
16	21:43:18	27 9 49	4Sc21	13 24	12 6	15 18	4 37	16 32	13 11	2 59	29 10	23 30
17	21:47:15	28 10 23	16 34	15 1	13 14	15 55	4 43	16 35	13 9	3 0	29 9	23 26
18	21:51:12	29 10 55	29 4	16 39	14 22	16 32	4 49	16 39	13 8	3 0	29 7	23 23
19	21:55: 8	0Pi11 27	11Sg54	18 18	15 30	17 9	4 55	16 42	13 6	3 1	29 6	23 20
20	21:59: 4	1 11 57	25 9	19 58	16 39	17 47	5 0	16 46	13 4	3 1	29 4	23 17
21	22: 3: 1	2 12 25	8Cp49	21 39	17 47	18 24	5 6	16 50	13 3	3 2	29 3	23 14
22	22: 6:58	3 12 52	22 57	23 21	18 56	19 1	5 11	16 53	13 1	3 2	29 1	23 11
23	22:10:54	4 13 18	7Aq30	25 4	20 4	19 38	5 16	16 57	12 59	3 3	29 0	23 7
24	22:14:51	5 13 42	22 24	26 47	21 13	20 15	5 21	17 1	12 57	3 3	28 59	23 4
25	22:18:48	6 14 5	7Pi32	28 32	22 22	20 52	5 26	17 5	12 55	3 3	28 57	23 1
26	22:22:44	7 14 26	22 44	0Pi18	23 31	21 29	5 30	17 9	12 53	3 4	28 56	22 58
27	22:26:40	8 14 45	7Ar51	2 5	24 40	22 6	5 35	17 14	12 51	3 4	28 54	22 55
28	22:30:38	9 15 2	22 44	3 52	25 50	22 43	5 39	17 18	12 49	3 4	28 53	22 52

2/19 Sun in Pis. 7:28   2/2 1st Qt. 14:31   2/10 Full 7:42(E)   2/18 3rd Qt. 12:14   2/25 New 9:49(E)

MARCH 1971

Day	Sid. T.	Sun	Moon	Merc.	Venus	Mars	Jup.	Saturn	Uranus	Nept.	Pluto	N.Node
1	22:34:34	10Pi15 17	7Ta16	5Pi41	26Cp59	23Sg20	5Sg43	17Ta22	12Li47R	3Sg 4	28Vi51R	22Aq48
2	22:38:30	11 15 30	21 23	28 9	23 57	23 57	5 47	17 27	12 45	3 4	28 50	22 45
3	22:42:27	12 15 42	5Ge 4	9 22	29 18	24 33	5 51	17 31	12 43	3 4	28 48	22 42
4	22:46:23	13 15 51	18 18	11 14	0Aq28	25 10	5 54	17 36	12 41	3 4	28 47	22 39
5	22:50:20	14 15 57	1Cn10	13 6	1 38	25 47	5 58	17 41	12 39	3 4	28 45	22 36
6	22:54:16	15 16 2	13 42	15 0	2 47	26 24	6 1	17 46	12 37	3 4R	28 44	22 32
7	22:58:13	16 16 5	25 59	16 55	3 57	27 0	6 4	17 51	12 35	3 4	28 42	22 29
8	23: 2: 9	17 16 6	8Le 5	18 50	5 7	27 37	6 7	17 56	12 32	3 4	28 40	22 26
9	23: 6: 6	18 16 4	20 1	20 46	6 17	28 13	6 9	18 1	12 30	3 4	28 39	22 23
10	23:10: 3	19 16 0	1Vi53	22 43	7 28	28 50	6 12	18 6	12 28	3 4	28 37	22 20
11	23:13:59	20 15 55	13 42	24 41	8 38	29 26	6 14	18 11	12 26	3 4	28 36	22 17
12	23:17:56	21 15 47	25 31	26 39	9 48	0Cp 3	6 16	18 17	12 23	3 4	28 34	22 13
13	23:21:52	22 15 38	7Li21	28 37	10 59	0 39	6 18	18 22	12 21	3 3	28 32	22 10
14	23:25:49	23 15 26	19 15	0Ar36	12 9	1 15	6 20	18 27	12 18	3 3	28 31	22 7
15	23:29:45	24 15 13	1Sc15	2 34	13 20	1 52	6 22	18 33	12 16	3 3	28 29	22 4
16	23:33:42	25 14 58	13 22	4 32	14 30	2 28	6 23	18 38	12 14	3 2	28 27	22 1
17	23:37:39	26 14 41	25 39	6 29	15 41	3 4	6 24	18 44	12 11	3 2	28 26	21 58
18	23:41:35	27 14 23	8Sg10	8 25	16 52	3 40	6 25	18 50	12 9	3 2	28 24	21 54
19	23:45:32	28 14 3	20 57	10 20	18 3	4 16	6 26	18 56	12 6	3 1	28 22	21 51
20	23:49:28	29 13 41	4Cp 4	12 13	19 13	4 52	6 27	19 2	12 4	3 1	28 21	21 48
21	23:53:25	0Ar13 17	17 34	14 3	20 24	5 28	6 27	19 9	12 1	3 0	28 19	21 45
22	23:57:21	1 12 52	1Aq29	15 51	21 35	6 4	6 27	19 14	11 59	3 0	28 18	21 42
23	0: 1:18	2 12 25	15 49	17 37	22 46	6 40	6 28R	19 20	11 56	2 59	28 16	21 38
24	0: 5:14	3 11 56	0Pi32	19 18	23 58	7 16	6 27	19 26	11 54	2 59	28 14	21 35
25	0: 9:11	4 11 25	15 34	20 56	25 9	7 51	6 27	19 32	11 51	2 58	28 13	21 32
26	0:13: 8	5 10 53	0Ar47	22 29	26 20	8 27	6 27	19 38	11 48	2 57	28 11	21 29
27	0:17: 4	6 10 18	16 1	23 57	27 31	9 2	6 26	19 44	11 46	2 57	28 9	21 26
28	0:21: 1	7 9 41	1Ta 5	25 20	28 43	9 38	6 25	19 51	11 43	2 56	28 8	21 23
29	0:24:57	8 9 2	15 50	26 38	29 54	10 13	6 24	19 57	11 41	2 55	28 6	21 19
30	0:28:54	9 8 21	0Ge 9	27 50	1Pi 5	10 48	6 23	20 4	11 38	2 54	28 5	21 16
31	0:32:50	10 7 37	14 0	28 55	2 17	11 24	6 21	20 10	11 36	2 54	28 3	21 13

3/21 Sun in Ari. 6:39 3/4 1st Qt. 2:02 3/12 Full 2:34 3/20 3rd Qt. 2:30 3/26 New 19:24

APRIL 1971

Day	Sid. T.	Sun	Moon	Merc.	Venus	Mars	Jup.	Saturn	Uranus	Nept.	Pluto	N.Node
1	0:36:47	11Ar 6 51	27Ge21	29Ar55	3Pi28	11Cp59	6Sg20R	20Ta17	11Li33R	2Sg53R	28Vi 1R	21Aq10
2	0:40:44	12 6 3	10Cn16	0Ta48	4 40	12 34	6 18	20 23	11 30	2 52	28 0	21 7
3	0:44:40	13 5 13	22 47	1 34	5 51	13 9	6 16	20 30	11 28	2 51	27 58	21 4
4	0:48:37	14 4 20	5Le 1	2 13	7 3	13 44	6 14	20 37	11 25	2 50	27 57	21 0
5	0:52:33	15 3 25	17 1	2 46	8 14	14 19	6 12	20 44	11 23	2 49	27 55	20 57
6	0:56:30	16 2 28	28 53	3 11	9 26	14 53	6 9	20 50	11 20	2 48	27 54	20 54
7	1: 0:26	17 1 28	10Vi41	3 29	10 38	15 28	6 6	20 57	11 17	2 47	27 52	20 51
8	1: 4:23	18 0 26	22 28	3 41	11 49	16 3	6 4	21 4	11 15	2 46	27 50	20 48
9	1: 8:19	18 59 22	4Li18	3 46	13 1	16 37	6 1	21 11	11 12	2 45	27 49	20 44
10	1:12:16	19 58 16	16 13	3 44R	14 13	17 11	5 57	21 18	11 10	2 44	27 47	20 41
11	1:16:12	20 57 8	28 15	3 36	15 25	17 46	5 54	21 25	11 7	2 43	27 46	20 38
12	1:20: 9	21 55 58	10Sc25	3 21	16 37	18 20	5 50	21 32	11 5	2 42	27 44	20 35
13	1:24: 5	22 54 46	22 43	3 2	17 48	18 54	5 47	21 39	11 2	2 41	27 43	20 32
14	1:28: 2	23 53 32	5Sg12	2 36	19 0	19 28	5 43	21 47	11 0	2 40	27 42	20 29
15	1:31:58	24 52 17	17 51	2 7	20 12	20 2	5 39	21 54	10 57	2 39	27 40	20 25
16	1:35:55	25 50 59	0Cp44	1 33	21 24	20 36	5 35	22 1	10 55	2 37	27 39	20 22
17	1:39:52	26 49 41	13 52	0 56	22 36	21 9	5 30	22 8	10 52	2 36	27 37	20 19
18	1:43:49	27 48 20	27 18	0 17	23 48	21 43	5 26	22 16	10 50	2 35	27 36	20 16
19	1:47:45	28 46 58	11Aq 3	29Ar36	25 0	22 16	5 21	22 23	10 47	2 34	27 35	20 13
20	1:51:42	29 45 34	25 9	28 53	26 12	22 49	5 16	22 30	10 45	2 32	27 33	20 9
21	1:55:38	0Ta44 8	9Pi35	28 11	27 24	23 22	5 11	22 38	10 42	2 31	27 32	20 6
22	1:59:35	1 42 41	24 19	27 29	28 37	23 55	5 6	22 45	10 40	2 30	27 31	20 3
23	2: 3:30	2 41 12	9Ar16	26 48	29 49	24 28	5 1	22 52	10 38	2 28	27 29	19 57
24	2: 7:27	3 39 41	24 18	26 10	1Ar 1	25 1	4 55	23 0	10 35	2 27	27 28	19 57
25	2:11:24	4 38 8	9Ta15	25 34	2 13	25 33	4 50	23 7	10 33	2 26	27 27	19 54
26	2:15:20	5 36 34	23 59	25 1	3 25	26 6	4 44	23 15	10 31	2 24	27 26	19 50
27	2:19:17	6 34 58	8Ge20	24 32	4 37	26 38	4 38	23 22	10 29	2 23	27 24	19 47
28	2:23:14	7 33 20	22 15	24 7	5 50	27 10	4 32	23 30	10 26	2 21	27 23	19 44
29	2:27:10	8 31 39	5Cn42	23 46	7 2	27 42	4 26	23 38	10 24	2 20	27 22	19 41
30	2:31: 7	9 29 57	18 41	23 30	8 14	28 14	4 20	23 45	10 22	2 18	27 21	19 38

4/20 Sun in Tau. 17:55 4/2 1st Qt. 15:46 4/10 Full 20:11 4/18 3rd Qt. 12:58 4/25 New 4:02

Day	Sid. T.	Sun	Moon	Merc.	Venus	Mars	Jup.	Saturn	Uranus	Nept.	Pluto	N.Node
1	2:35: 4	10Ta28 13	1Le15	23Ar18R	9Ar26	28Cp46	4Sg14R	23Ta53	10Li20R	2Sg17R	27Vi20R	19Aq35
2	2:39: 0	11 26 26	13 30	23 11	10 39	29 17	4 7	24 0	10 18	2 16	27 19	19 31
3	2:42:56	12 24 38	25 31	23 9D	11 51	29 48	4 1	24 8	10 16	2 14	27 18	19 28
4	2:46:54	13 22 47	7Vi23	23 12	13 3	0Aq20	3 54	24 16	10 14	2 13	27 17	19 25
5	2:50:50	14 20 55	19 11	23 14	14 16	0 50	3 47	24 23	10 12	2 11	27 16	19 22
6	2:54:46	15 19 0	1Li 0	23 31	15 28	1 21	3 40	24 31	10 10	2 9	27 15	19 19
7	2:58:43	16 17 4	12 53	23 48	16 40	1 52	3 34	24 39	10 8	2 8	27 14	19 15
8	3: 2:39	17 15 6	24 55	24 9	17 53	2 22	3 27	24 46	10 6	2 6	27 13	19 12
9	3: 6:36	18 13 6	7Sc 6	24 35	19 5	2 52	3 19	24 54	10 4	2 5	27 12	19 9
10	3:10:32	19 11 5	19 28	25 5	20 18	3 22	3 12	25 2	10 2	2 3	27 11	19 6
11	3:14:29	20 9 2	2Sg 2	25 39	21 30	3 52	3 5	25 10	10 0	2 2	27 10	19 3
12	3:18:25	21 6 58	14 48	26 17	22 43	4 21	2 58	25 17	9 59	2 0	27 9	19 0
13	3:22:22	22 4 52	27 44	26 58	23 55	4 51	2 51	25 25	9 57	1 59	27 9	18 56
14	3:26:19	23 2 45	10Cp52	27 43	25 7	5 20	2 43	25 33	9 55	1 57	27 8	18 53
15	3:30:15	24 0 36	24 12	28 32	26 20	5 49	2 36	25 41	9 54	1 55	27 7	18 50
16	3:34:12	24 58 26	7Aq44	29 24	27 32	6 17	2 28	25 48	9 52	1 54	27 6	18 47
17	3:38: 9	25 56 16	21 29	0Ta20	28 45	6 46	2 21	25 56	9 50	1 52	27 5	18 44
18	3:42: 5	26 54 3	5Pi28	1 19	29 58	7 14	2 13	26 4	9 49	1 51	27 5	18 41
19	3:46: 1	27 51 50	19 41	2 20	1Ta10	7 41	2 5	26 12	9 47	1 49	27 5	18 37
20	3:49:58	28 49 36	4Ar 7	3 25	2 23	8 9	1 58	26 19	9 46	1 47	27 4	18 34
21	3:53:55	29 47 21	18 42	4 33	3 35	8 36	1 50	26 27	9 45	1 46	27 3	18 31
22	3:57:51	0Ge45 4	3Ta20	5 44	4 48	9 3	1 43	26 35	9 43	1 44	27 3	18 28
23	4: 1:48	1 42 46	17 57	6 57	6 0	9 30	1 35	26 43	9 42	1 42	27 2	18 25
24	4: 5:45	2 40 28	2Ge23	8 13	7 13	9 56	1 27	26 50	9 41	1 41	27 2	18 21
25	4: 9:41	3 38 8	16 32	9 32	8 26	10 22	1 20	26 58	9 40	1 39	27 1	18 18
26	4:13:37	4 35 46	0Cn19	10 53	9 38	10 48	1 12	27 6	9 38	1 38	27 1	18 15
27	4:17:34	5 33 24	13 42	12 17	10 51	11 13	1 4	27 14	9 37	1 36	27 1	18 12
28	4:21:30	6 31 0	26 40	13 43	12 4	11 38	0 57	27 21	9 36	1 34	27 0	18 9
29	4:25:27	7 28 34	9Le16	15 12	13 16	12 3	0 49	27 29	9 35	1 33	27 0	18 6
30	4:29:24	8 26 8	21 33	16 44	14 29	12 28	0 42	27 37	9 34	1 31	27 0	18 2
31	4:33:20	9 23 39	3Vi36	18 18	15 42	12 52	0 34	27 44	9 33	1 29	26 59	17 59

5/21 Sun in Gem. 17:16   5/2 1st Qt. 7:34   5/10 Full 11:24   5/17 3rd Qt. 20:16   5/24 New 12:32

Day	Sid. T.	Sun	Moon	Merc.	Venus	Mars	Jup.	Saturn	Uranus	Nept.	Pluto	N.Node
1	4:37:17	10Ge21 10	15Vi29	19Ta54	16Ta55	13Aq15	0Sg27R	27Ta52	9Li33R	1Sg28R	26Vi59R	17Aq56
2	4:41:13	11 18 39	27 19	21 33	18 7	13 39	0 19	28 0	9 32	1 26	26 59	17 53
3	4:45:10	12 16 7	9Li10	23 15	19 20	14 1	0 12	28 7	9 31	1 25	26 59	17 50
4	4:49: 6	13 13 33	21 8	24 58	20 33	14 24	0 4	28 15	9 30	1 23	26 59	17 47
5	4:53: 3	14 10 59	3Sc15	26 45	21 46	14 46	29Sc57	28 22	9 30	1 21	26 59	17 43
6	4:57: 0	15 8 23	15 35	28 33	22 58	15 8	29 50	28 30	9 29	1 20	26 59	17 40
7	5: 0:56	16 5 47	28 10	0Ge24	24 11	15 29	29 43	28 37	9 29	1 18	26 59	17 37
8	5: 4:53	17 3 9	10Sg59	2 18	25 24	15 50	29 36	28 45	9 28	1 17	26 59D	17 34
9	5: 8:49	18 0 31	24 4	4 14	26 37	16 10	29 29	28 52	9 28	1 15	26 59	17 31
10	5:12:46	18 57 52	7Cp22	6 12	27 50	16 30	29 22	29 0	9 27	1 14	26 59	17 27
11	5:16:42	19 55 12	20 52	8 12	29 2	16 50	29 15	29 7	9 27	1 12	26 59	17 24
12	5:20:39	20 52 31	4Aq33	10 14	0Ge15	17 9	29 9	29 15	9 27	1 11	26 59	17 21
13	5:24:35	21 49 50	18 22	12 18	1 28	17 27	29 2	29 22	9 26	1 9	26 59	17 18
14	5:28:32	22 47 9	2Pi19	14 24	2 41	17 45	28 55	29 30	9 26	1 8	26 59	17 15
15	5:32:29	23 44 27	16 23	16 32	3 54	18 3	28 49	29 37	9 26	1 6	27 0	17 12
16	5:36:25	24 41 45	0Ar32	18 40	5 7	18 20	28 43	29 44	9 26	1 5	27 0	17 8
17	5:40:22	25 39 2	14 45	20 50	6 20	18 36	28 37	29 51	9 26D	1 3	27 0	17 5
18	5:44:18	26 36 20	29 1	23 1	7 33	18 52	28 31	29 59	9 26	1 2	27 1	17 2
19	5:48:15	27 33 37	13Ta16	25 12	8 46	19 7	28 25	0Ge 6	9 26	1 0	27 1	16 59
20	5:52:11	28 30 54	27 25	27 24	9 59	19 22	28 19	0 13	9 26	0 59	27 1	16 56
21	5:56: 8	29 28 10	11Ge25	29 36	11 12	19 36	28 13	0 20	9 26	0 58	27 2	16 53
22	6: 0: 5	0Cn25 26	25 11	1Cn47	12 25	19 49	28 8	0 27	9 26	0 56	27 2	16 49
23	6: 4: 1	1 22 42	8Cn40	3 57	13 38	20 2	28 2	0 34	9 27	0 55	27 3	16 46
24	6: 7:58	2 19 57	21 50	6 8	14 51	20 15	27 57	0 41	9 27	0 54	27 3	16 43
25	6:11:54	3 17 12	4Le40	8 18	16 4	20 26	27 52	0 48	9 28	0 52	27 4	16 40
26	6:15:51	4 14 27	17 11	10 26	17 17	20 37	27 47	0 55	9 28	0 51	27 4	16 37
27	6:19:47	5 11 41	29 27	12 32	18 30	20 47	27 42	1 2	9 28	0 50	27 5	16 33
28	6:23:44	6 8 54	11Vi29	14 38	19 44	20 57	27 37	1 9	9 29	0 48	27 5	16 30
29	6:27:40	7 6 7	23 24	16 41	20 57	21 6	27 33	1 16	9 29	0 47	27 6	16 27
30	6:31:36	8 3 20	5Li15	18 43	22 10	21 14	27 29	1 23	9 30	0 46	27 7	16 24

6/22 Sun in Can. 1:20   6/1 1st Qt. 0:43   6/9 Full 0:04   6/16 3rd Qt. 1:25   6/22 New 21:58   6/30 1st Qt. 18:11

JULY 1971

Day	Sid. T.	Sun	Moon	Merc.	Venus	Mars	Jup.	Saturn	Uranus	Nept.	Pluto	N.Node
1	6:35:34	9Cn 0 32	17Li 7	20Cn43	23Ge23	21Aq22	27Sc25R	1Ge30	9Li31	0Sg45R	27Vi 8	16Aq21
2	6:39:30	9 57 43	29 7	22 41	24 36	21 29	27 21	1 36	9 32	0 44	27 9	16 18
3	6:43:26	10 54 55	11Sc17	24 37	25 50	21 35	27 17	1 43	9 33	0 43	27 9	16 14
4	6:47:23	11 52 6	23 42	26 32	27 3	21 40	27 13	1 49	9 33	0 41	27 10	16 11
5	6:51:20	12 49 17	6Sg24	28 24	28 16	21 45	27 10	1 56	9 34	0 40	27 11	16 8
6	6:55:16	13 46 28	19 26	0Le14	29 29	21 49	27 6	2 2	9 35	0 39	27 12	16 5
7	6:59:13	14 43 38	2Cp46	2 2	0Cn43	21 52	27 3	2 9	9 36	0 38	27 13	16 2
8	7: 3:10	15 40 49	16 25	3 48	1 56	21 55	27 0	2 15	9 37	0 37	27 14	15 58
9	7: 7: 6	16 38 0	0Aq19	5 33	3 9	21 57	26 57	2 22	9 39	0 36	27 15	15 55
10	7:11: 2	17 35 11	14 26	7 15	4 23	21 58	26 55	2 28	9 40	0 35	27 16	15 52
11	7:14:59	18 32 22	28 40	8 55	5 36	21 58R	26 52	2 34	9 41	0 34	27 17	15 49
12	7:18:56	19 29 34	12Pi58	10 33	6 49	21 57	26 50	2 40	9 42	0 33	27 18	15 46
13	7:22:52	20 26 46	27 18	12 9	8 3	21 56	26 48	2 46	9 44	0 32	27 19	15 43
14	7:26:49	21 23 59	11Ar34	13 43	9 16	21 54	26 46	2 52	9 45	0 31	27 20	15 39
15	7:30:45	22 21 12	25 46	15 15	10 30	21 51	26 44	2 58	9 46	0 31	27 21	15 36
16	7:34:41	23 18 26	9Ta51	16 45	11 43	21 47	26 42	3 4	9 48	0 30	27 23	15 33
17	7:38:38	24 15 41	23 48	18 13	12 57	21 43	26 41	3 10	9 49	0 29	27 24	15 30
18	7:42:35	25 12 56	7Ge33	19 39	14 10	21 37	26 40	3 16	9 51	0 28	27 25	15 27
19	7:46:31	26 10 12	21 7	21 3	15 24	21 31	26 39	3 22	9 53	0 27	27 26	15 24
20	7:50:28	27 7 29	4Cn27	22 24	16 37	21 25	26 38	3 27	9 54	0 27	27 28	15 20
21	7:54:25	28 4 46	17 32	23 44	17 51	21 17	26 37	3 33	9 56	0 26	27 29	15 17
22	7:58:21	29 2 4	0Le23	25 1	19 5	21 9	26 37	3 39	9 58	0 25	27 30	15 14
23	8: 2:17	29 59 23	12 59	26 16	20 18	21 0	26 36	3 44	9 59	0 25	27 32	15 11
24	8: 6:15	0Le56 42	25 20	27 28	21 32	20 51	26 36	3 49	10 1	0 24	27 33	15 8
25	8:10:11	1 54 1	7Vi30	28 38	22 46	20 41	26 36D	3 55	10 3	0 23	27 35	15 4
26	8:14: 7	2 51 21	19 30	29 46	24 0	20 30	26 36	4 0	10 5	0 23	27 36	15 1
27	8:18: 4	3 48 41	1Li23	0Vi51	25 13	20 19	26 37	4 5	10 7	0 22	27 38	14 58
28	8:22: 1	4 46 1	13 14	1 53	26 27	20 7	26 37	4 10	10 9	0 22	27 39	14 55
29	8:25:57	5 43 23	25 6	2 53	27 41	19 54	26 38	4 15	10 11	0 21	27 41	14 52
30	8:29:53	6 40 44	7Sc 5	3 50	28 55	19 41	26 39	4 20	10 13	0 21	27 42	14 49
31	8:33:50	7 38 7	19 15	4 43	0Le 8	19 28	26 40	4 25	10 16	0 21	27 44	14 45

7/23 Sun in Leo 12:16   7/8 Full 10:37   7/15 3rd Qt. 5:47   7/22 New 9:15(E)   7/30 1st Qt. 11:07

AUGUST 1971

Day	Sid. T.	Sun	Moon	Merc.	Venus	Mars	Jup.	Saturn	Uranus	Nept.	Pluto	N.Node
1	8:37:46	8Le35 30	1Sg39	5Vi34	1Le22	19Aq14R	26Sc42	4Ge30	10Li18	0Sg20R	27Vi45	14Aq42
2	8:41:43	9 32 53	14 23	6 21	2 36	19 0	26 43	4 35	10 20	0 20	27 47	14 39
3	8:45:40	10 30 18	27 29	7 5	3 50	18 45	26 45	4 39	10 22	0 20	27 49	14 36
4	8:49:36	11 27 43	10Cp58	7 45	5 4	18 30	26 47	4 44	10 25	0 19	27 50	14 33
5	8:53:33	12 25 8	24 50	8 21	6 18	18 15	26 49	4 48	10 27	0 19	27 52	14 30
6	8:57:29	13 22 35	9Aq 3	8 54	7 32	18 0	26 51	4 53	10 30	0 19	27 54	14 26
7	9: 1:26	14 20 2	23 33	9 22	8 46	17 44	26 53	4 57	10 32	0 19	27 55	14 23
8	9: 5:22	15 17 31	8Pi13	9 46	10 0	17 29	26 56	5 1	10 35	0 19	27 57	14 20
9	9: 9:19	16 15 1	22 58	10 5	11 14	17 13	26 58	5 5	10 37	0 18	27 59	14 17
10	9:13:16	17 12 32	7Ar41	10 19	12 28	16 57	27 1	5 9	10 40	0 18	28 1	14 14
11	9:17:12	18 10 4	22 14	10 29	13 42	16 41	27 4	5 13	10 42	0 18	28 3	14 10
12	9:21: 9	19 7 38	6Ta35	10 33	14 56	16 25	27 8	5 17	10 45	0 18D	28 4	14 7
13	9:25: 5	20 5 13	20 40	10 32R	16 10	16 9	27 11	5 21	10 48	0 18	28 6	14 4
14	9:29: 2	21 2 50	4Ge28	10 25	17 24	15 53	27 15	5 25	10 50	0 18	28 8	14 1
15	9:32:58	22 0 29	17 58	10 13	18 38	15 38	27 18	5 28	10 53	0 18	28 10	13 58
16	9:36:55	22 58 9	1Cn11	9 56	19 52	15 22	27 22	5 32	10 56	0 19	28 12	13 55
17	9:40:51	23 55 50	14 9	9 33	21 6	15 7	27 26	5 35	10 59	0 19	28 14	13 51
18	9:44:48	24 53 33	26 52	9 4	22 21	14 53	27 31	5 39	11 2	0 19	28 16	13 48
19	9:48:45	25 51 18	9Le23	8 30	23 35	14 38	27 35	5 42	11 5	0 19	28 18	13 45
20	9:52:41	26 49 3	21 43	7 51	24 49	14 24	27 40	5 45	11 7	0 19	28 20	13 42
21	9:56:38	27 46 50	3Vi53	7 8	26 3	14 10	27 44	5 48	11 10	0 20	28 22	13 39
22	10: 0:34	28 44 39	15 55	6 21	27 18	13 57	27 49	5 51	11 13	0 20	28 24	13 36
23	10: 4:31	29 42 29	27 50	5 31	28 32	13 45	27 54	5 54	11 16	0 20	28 26	13 32
24	10: 8:27	0Vi40 20	9Li41	4 38	29 46	13 32	28 0	5 57	11 20	0 21	28 28	13 29
25	10:12:24	1 38 12	21 32	3 44	1Vi 1	13 21	28 5	5 59	11 23	0 21	28 30	13 26
26	10:16:21	2 36 6	3Sc24	2 50	2 15	13 10	28 11	6 2	11 26	0 21	28 32	13 23
27	10:20:17	3 34 1	15 21	1 57	3 29	13 0	28 16	6 4	11 29	0 22	28 34	13 20
28	10:24:14	4 31 57	27 29	1 5	4 44	12 50	28 22	6 7	11 32	0 22	28 36	13 16
29	10:28:10	5 29 55	9Sg50	0 17	5 58	12 41	28 28	6 9	11 35	0 23	28 38	13 13
30	10:32: 7	6 27 54	22 30	29Le32	7 12	12 33	28 34	6 11	11 39	0 23	28 40	13 10
31	10:36: 3	7 25 55	5Cp32	28 53	8 27	12 26	28 40	6 13	11 42	0 24	28 42	13 7

8/23 Sun in Vir. 19:16   8/6 Full 19:43(E)   8/13 3rd Qt. 10:56   8/20 New 22:54(E)   8/29 1st Qt. 2:57

Day	Sid. T.	Sun	Moon	Merc.	Venus	Mars	Jup.	Saturn	Uranus	Nept.	Pluto	N.Node
1	10:40: 0	8Vi23 57	18Cp59	28Le20R	9Vi41	12Aq19R	28Sc47	6Ge15	11Li45	0Sg25	28Vi45	13Aq 4
2	10:43:56	9 22 0	2Aq54	27 54	10 56	12 13	28 53	6 17	11 48	0 25	28 47	13 1
3	10:47:53	10 20 4	17 14	27 35	12 10	12 8	29 0	6 19	11 52	0 26	28 49	12 57
4	10:51:50	11 18 10	1Pi57	27 24	13 25	12 3	29 7	6 20	11 55	0 27	28 51	12 54
5	10:55:46	12 16 18	16 56	27 22D	14 39	12 0	29 14	6 22	11 59	0 28	28 53	12 51
6	10:59:43	13 14 28	2Ar 4	27 29	15 54	11 57	29 21	6 23	12 2	0 29	28 55	12 48
7	11: 3:39	14 12 39	17 10	27 44	17 8	11 55	29 28	6 25	12 5	0 29	28 58	12 45
8	11: 7:36	15 10 52	2Ta 5	28 8	18 23	11 53	29 36	6 26	12 9	0 30	29 0	12 42
9	11:11:32	16 9 6	16 42	28 41	19 37	11 53	29 43	6 27	12 12	0 31	29 2	12 38
10	11:15:29	17 7 25	0Ge55	29 22	20 52	11 53D	29 51	6 28	12 16	0 32	29 4	12 35
11	11:19:26	18 5 45	14 45	0Vi11	22 6	11 55	29 59	6 29	12 19	0 33	29 7	12 32
12	11:23:22	19 4 6	28 9	1 8	23 21	11 56	0Sg 7	6 29	12 23	0 34	29 9	12 29
13	11:27:19	20 2 30	11Cn12	2 13	24 35	11 59	0 15	6 30	12 27	0 35	29 11	12 26
14	11:31:15	21 0 56	23 56	3 24	25 50	12 3	0 23	6 31	12 30	0 36	29 13	12 22
15	11:35:12	21 59 24	6Le24	4 41	27 4	12 7	0 31	6 31	12 34	0 37	29 15	12 19
16	11:39: 8	22 57 55	18 39	6 4	28 19	12 12	0 40	6 32	12 37	0 38	29 18	12 16
17	11:43: 5	23 56 27	0Vi46	7 31	29 34	12 18	0 49	6 32	12 41	0 39	29 20	12 13
18	11:47: 2	24 55 1	12 45	9 4	0Li48	12 25	0 57	6 32	12 45	0 40	29 22	12 10
19	11:50:57	25 53 37	24 40	10 39	2 3	12 32	1 6	6 32R	12 48	0 41	29 24	12 7
20	11:54:55	26 52 15	6Li32	12 19	3 18	12 41	1 15	6 32	12 52	0 42	29 27	12 3
21	11:58:51	27 50 55	18 22	14 1	4 32	12 50	1 24	6 32	12 56	0 44	29 29	12 0
22	12: 2:47	28 49 37	0Sc13	15 45	5 47	12 59	1 33	6 31	12 59	0 45	29 31	11 57
23	12: 6:44	29 48 20	12 7	17 30	7 2	13 10	1 42	6 31	13 3	0 46	29 34	11 54
24	12:10:41	0Li47 6	24 6	19 18	8 16	13 21	1 52	6 30	13 7	0 48	29 36	11 51
25	12:14:37	1 45 53	6Sg13	21 6	9 31	13 33	2 1	6 30	13 10	0 49	29 38	11 47
26	12:18:33	2 44 42	18 32	22 55	10 46	13 46	2 11	6 29	13 14	0 50	29 40	11 44
27	12:22:31	3 43 33	1Cp 7	24 44	12 0	13 59	2 21	6 28	13 18	0 52	29 43	11 41
28	12:26:27	4 42 26	14 3	26 33	13 15	14 13	2 30	6 27	13 22	0 53	29 45	11 38
29	12:30:23	5 41 20	27 22	28 23	14 30	14 28	2 40	6 26	13 25	0 55	29 47	11 35
30	12:34:20	6 40 16	11Aq 8	0Li12	15 45	14 43	2 50	6 25	13 29	0 56	29 49	11 32

9/23 Sun in Lib. 16:46   9/5 Full 4:03   9/11 3rd Qt. 18:24   9/19 New 14:43   9/27 1st Qt. 17:18

Day	Sid. T.	Sun	Moon	Merc.	Venus	Mars	Jup.	Saturn	Uranus	Nept.	Pluto	N.Node
1	12:38:17	7Li39 14	25Aq23	2Li 1	16Li59	14Aq59	3Sg 0	6Ge24R	13Li33	0Sg58	29Vi52	11Aq28
2	12:42:13	8 38 13	10Pi 4	3 50	18 14	15 15	3 11	6 22	13 37	0 59	29 54	11 25
3	12:46: 9	9 37 14	25 8	5 38	19 29	15 33	3 21	6 21	13 40	1 1	29 56	11 22
4	12:50: 7	10 36 18	10Ar24	7 25	20 43	15 51	3 31	6 19	13 44	1 2	29 58	11 19
5	12:54: 3	11 35 23	25 44	9 12	21 58	16 9	3 42	6 17	13 48	1 4	0Li 1	11 16
6	12:57:59	12 34 30	10Ta55	10 58	23 13	16 28	3 52	6 15	13 52	1 5	0 3	11 13
7	13: 1:56	13 33 40	25 48	12 43	24 28	16 47	4 3	6 14	13 56	1 7	0 5	11 9
8	13: 5:52	14 32 52	10Ge15	14 28	25 42	17 7	4 14	6 12	13 59	1 9	0 7	11 6
9	13: 9:49	15 32 7	24 13	16 12	26 57	17 28	4 25	6 9	14 3	1 10	0 9	11 3
10	13:13:46	16 31 23	7Cn42	17 55	28 12	17 49	4 36	6 7	14 7	1 12	0 12	11 0
11	13:17:42	17 30 42	20 44	19 37	29 27	18 11	4 47	6 5	14 11	1 14	0 14	10 57
12	13:21:38	18 30 4	3Le23	21 19	0Sc41	18 33	4 58	6 0	14 15	1 16	0 16	10 53
13	13:25:35	19 29 28	15 44	23 0	1 56	18 56	5 9	6 0	14 18	1 17	0 18	10 50
14	13:29:32	20 28 54	27 52	24 40	3 11	19 19	5 20	5 57	14 22	1 19	0 20	10 47
15	13:33:28	21 28 22	9Vi50	26 19	4 26	19 42	5 32	5 55	14 26	1 21	0 22	10 44
16	13:37:25	22 27 52	21 43	27 58	5 40	20 6	5 43	5 52	14 30	1 23	0 25	10 41
17	13:41:22	23 27 25	3Li33	29 36	6 55	20 31	5 55	5 49	14 33	1 25	0 27	10 38
18	13:45:18	24 26 59	15 24	1Sc14	8 10	20 56	6 6	5 46	14 37	1 27	0 29	10 34
19	13:49:14	25 26 36	27 16	2 51	9 25	21 21	6 18	5 43	14 41	1 28	0 31	10 31
20	13:53:12	26 26 15	9Sc11	4 27	10 40	21 47	6 30	5 40	14 45	1 30	0 33	10 28
21	13:57: 8	27 25 55	21 11	6 2	11 54	22 13	6 41	5 36	14 48	1 32	0 35	10 25
22	14: 1: 4	28 25 38	3Sg16	7 37	13 9	22 40	6 53	5 33	14 52	1 34	0 37	10 22
23	14: 5: 1	29 25 23	15 29	9 12	14 24	23 6	7 5	5 30	14 56	1 36	0 39	10 19
24	14: 8:57	0Sc25 9	27 52	10 46	15 39	23 34	7 17	5 26	14 59	1 38	0 41	10 15
25	14:12:54	1 24 57	10Cp28	12 19	16 53	24 1	7 29	5 23	15 3	1 40	0 43	10 12
26	14:16:50	2 24 47	23 20	13 52	18 8	24 29	7 41	5 19	15 7	1 42	0 45	10 9
27	14:20:47	3 24 39	6Aq33	15 24	19 23	24 58	7 53	5 15	15 10	1 44	0 47	10 6
28	14:24:43	4 24 32	20 8	16 56	20 38	25 27	8 6	5 11	15 14	1 46	0 49	10 3
29	14:28:40	5 24 26	4Pi10	18 27	21 52	25 56	8 18	5 8	15 18	1 48	0 51	9 59
30	14:32:37	6 24 23	18 37	19 58	23 7	26 25	8 30	5 4	15 21	1 50	0 53	9 56
31	14:36:33	7 24 21	3Ar28	21 28	24 22	26 55	8 43	5 0	15 25	1 52	0 55	9 53

10/24 Sun in Sco. 1:54   10/4 Full 12:20   10/11 3rd Qt. 5:30   10/19 New 7:59   10/27 1st Qt. 5:55

NOVEMBER 1971

Day	Sid. T.	Sun	Moon	Merc.	Venus	Mars	Jup.	Saturn	Uranus	Nept.	Pluto	N.Node
1	14:40:30	8Sc24 20	18Ar36	22Sc57	25Sc37	27Aq25	8Sg55	4Ge55R	15Li29	1Sg55	0Li57	9Aq50
2	14:44:26	9 24 22	3Ta52	24 27	26 51	27 55	9 8	4 51	15 32	1 57	0 59	9 47
3	14:48:23	10 24 25	19 4	25 55	28 6	28 26	9 20	4 47	15 36	1 59	1 1	9 44
4	14:52:19	11 24 30	4Ge 3	27 23	29 21	28 56	9 33	4 43	15 39	2 1	1 3	9 40
5	14:56:16	12 24 38	18 38	28 51	0Sg36	29 28	9 46	4 39	15 43	2 3	1 4	9 37
6	15: 0:13	13 24 47	2Cn45	0Sg18	1 50	29 59	9 58	4 34	15 46	2 5	1 6	9 34
7	15: 4: 9	14 24 58	16 22	1 45	3 5	0Pi31	10 11	4 30	15 50	2 7	1 8	9 31
8	15: 8: 6	15 25 12	29 30	3 10	4 20	1 3	10 24	4 25	15 53	2 10	1 10	9 28
9	15:12: 2	16 25 27	12Le12	4 36	5 35	1 35	10 37	4 21	15 56	2 12	1 11	9 25
10	15:15:59	17 25 45	24 33	6 0	6 49	2 7	10 50	4 16	16 0	2 14	1 13	9 21
11	15:19:55	18 26 4	6Vi40	7 24	8 4	2 40	11 3	4 12	16 3	2 16	1 15	9 18
12	15:23:52	19 26 25	18 36	8 47	9 19	3 13	11 16	4 7	16 6	2 18	1 17	9 15
13	15:27:48	20 26 49	0Li27	10 9	10 34	3 46	11 29	4 2	16 10	2 21	1 18	9 12
14	15:31:45	21 27 14	12 16	11 30	11 48	4 19	11 42	3 57	16 13	2 23	1 20	9 9
15	15:35:42	22 27 41	24 8	12 49	13 3	4 52	11 55	3 53	16 16	2 25	1 21	9 5
16	15:39:38	23 28 9	6Sc 4	14 8	14 18	5 26	12 8	3 48	16 20	2 27	1 23	9 2
17	15:43:35	24 28 40	18 6	15 25	15 33	6 0	12 21	3 43	16 23	2 30	1 24	8 59
18	15:47:31	25 29 12	0Sg15	16 40	16 47	6 34	12 34	3 38	16 26	2 32	1 26	8 56
19	15:51:28	26 29 45	12 33	17 54	18 2	7 8	12 48	3 33	16 29	2 34	1 28	8 53
20	15:55:24	27 30 20	24 59	19 6	19 17	7 43	13 1	3 28	16 32	2 36	1 29	8 50
21	15:59:21	28 30 57	7Cp34	20 15	20 32	8 17	13 14	3 24	16 35	2 39	1 30	8 46
22	16: 3:18	29 31 35	20 21	21 22	21 46	8 52	13 28	3 19	16 38	2 41	1 32	8 43
23	16: 7:14	0Sg32 14	3Aq20	22 25	23 1	9 27	13 41	3 14	16 41	2 43	1 33	8 40
24	16:11:11	1 32 54	16 35	23 25	24 16	10 2	13 54	3 9	16 44	2 45	1 35	8 37
25	16:15: 7	2 33 35	0Pi 7	24 22	25 30	10 38	14 8	3 4	16 47	2 48	1 36	8 34
26	16:19: 3	3 34 17	13 58	25 13	26 45	11 13	14 21	2 59	16 50	2 50	1 37	8 31
27	16:23: 0	4 35 0	28 10	26 0	28 0	11 49	14 35	2 54	16 53	2 52	1 39	8 27
28	16:26:57	5 35 44	12Ar40	26 41	29 14	12 25	14 48	2 49	16 56	2 54	1 40	8 24
29	16:30:53	6 36 29	27 26	27 16	0Cp29	13 0	15 2	2 44	16 59	2 57	1 41	8 21
30	16:34:50	7 37 16	12Ta21	27 44	1 44	13 36	15 15	2 39	17 1	2 59	1 42	8 18

11/22 Sun in Sag. 23:15   11/2 Full 21:20   11/9 3rd Qt. 20:52   11/18 New 1:46   11/25 1st Qt. 16:38

DECEMBER 1971

Day	Sid. T.	Sun	Moon	Merc.	Venus	Mars	Jup.	Saturn	Uranus	Nept.	Pluto	N.Node
1	16:38:47	8Sg38 3	27Ta16	28Sg 3	2Cp58	14Pi13	15Sg29	2Ge34R	17Li 4	3Sg 1	1Li43	8Aq15
2	16:42:43	9 38 52	12Ge 2	28 14	4 13	14 49	15 42	2 30	17 7	3 3	1 44	8 11
3	16:46:39	10 39 42	26 31	28 15R	5 27	15 25	15 56	2 25	17 9	3 6	1 46	8 8
4	16:50:36	11 40 33	10Cn37	28 5	6 42	16 2	16 9	2 20	17 12	3 8	1 47	8 5
5	16:54:33	12 41 25	24 17	27 45	7 57	16 39	16 23	2 15	17 15	3 10	1 48	8 2
6	16:58:29	13 42 18	7Le30	27 14	9 11	17 15	16 36	2 10	17 17	3 12	1 49	7 59
7	17: 2:26	14 43 13	20 17	26 31	10 26	17 52	16 50	2 6	17 19	3 15	1 50	7 56
8	17: 6:23	15 44 9	2Vi44	25 37	11 40	18 29	17 4	2 1	17 22	3 17	1 51	7 52
9	17:10:19	16 45 6	14 54	24 34	12 55	19 6	17 17	1 56	17 24	3 19	1 51	7 49
10	17:14:16	17 46 4	26 52	23 22	14 9	19 43	17 31	1 52	17 27	3 21	1 52	7 46
11	17:18:12	18 47 4	8Li44	22 4	15 24	20 21	17 44	1 47	17 29	3 23	1 53	7 43
12	17:22: 8	19 48 4	20 35	20 42	16 38	20 58	17 58	1 42	17 31	3 26	1 54	7 40
13	17:26: 5	20 49 6	2Sc28	19 19	17 53	21 36	18 12	1 38	17 33	3 28	1 55	7 36
14	17:30: 2	21 50 9	14 28	17 58	19 7	22 13	18 25	1 33	17 36	3 30	1 55	7 33
15	17:33:58	22 51 12	26 37	16 41	20 22	22 51	18 39	1 29	17 38	3 32	1 56	7 30
16	17:37:54	23 52 17	8Sg57	15 31	21 36	23 29	18 52	1 25	17 40	3 34	1 57	7 27
17	17:41:52	24 53 22	21 28	14 29	22 51	24 6	19 6	1 20	17 42	3 36	1 58	7 24
18	17:45:48	25 54 28	4Cp12	13 37	24 5	24 44	19 20	1 16	17 44	3 39	1 58	7 21
19	17:49:44	26 55 35	17 8	12 56	25 19	25 22	19 33	1 12	17 46	3 41	1 59	7 17
20	17:53:41	27 56 42	0Aq15	12 26	26 34	26 0	19 47	1 8	17 47	3 43	1 59	7 14
21	17:57:38	28 57 49	13 34	12 7	27 48	26 39	20 0	1 4	17 49	3 45	2 0	7 11
22	18: 1:34	29 58 57	27 4	11 58	29 3	27 17	20 14	1 0	17 51	3 47	2 1	7 8
23	18: 5:30	1Cp 0 5	10Pi46	12 0D	0Aq17	27 55	20 27	0 56	17 53	3 49	2 1	7 5
24	18: 9:28	2 1 12	24 39	12 10	1 31	28 33	20 41	0 52	17 55	3 51	2 1	7 1
25	18:13:24	3 2 20	8Ar44	12 29	2 45	29 11	20 54	0 48	17 56	3 53	2 1	6 58
26	18:17:20	4 3 28	22 58	12 56	4 0	29 50	21 8	0 44	17 58	3 55	2 2	6 55
27	18:21:17	5 4 36	7Ta21	13 29	5 14	0Ar29	21 21	0 41	17 59	3 57	2 2	6 52
28	18:25:13	6 5 44	21 47	14 9	6 28	1 7	21 35	0 37	18 1	3 59	2 3	6 49
29	18:29:10	7 6 53	6Ge13	14 54	7 42	1 46	21 48	0 34	18 2	4 1	2 3	6 46
30	18:33: 6	8 8 1	20 32	15 44	8 56	2 25	22 1	0 30	18 3	4 3	2 3	6 42
31	18:37: 3	9 9 9	4Cn40	16 39	10 10	3 3	22 15	0 27	18 5	4 5	2 3	6 39

12/22 Sun in Cap. 12:25   12/2 Full 7:49   12/9 3rd Qt. 16:03   12/17 New 19:03   12/25 1st Qt. 1:36   12/31 Full 20:20

Day	Sid. T.	Sun	Moon	Merc.	Venus	Mars	Jup.	Saturn	Uranus	Nept.	Pluto	N.Node
1	18:40:59	10Cp10 18	18Cn31	17Sg37	11Aq24	3Ar42	22Sg28	0Ge24R	18Li 6	4Sg 7	2Li 3	6Aq36
2	18:44:56	11 11 26	2Le 1	18 39	12 38	4 21	22 41	0 21	18 7	4 9	2 3	6 33
3	18:48:53	12 12 35	15 11	19 44	13 52	5 0	22 55	0 18	18 8	4 11	2 3	6 30
4	18:52:49	13 13 43	27 59	20 51	15 6	5 39	23 8	0 15	18 9	4 13	2 3R	6 27
5	18:56:46	14 14 52	10Vi28	22 1	16 20	6 18	23 21	0 12	18 10	4 14	2 3	6 23
6	19: 0:43	15 16 1	22 41	23 13	17 34	6 57	23 34	0 9	18 11	4 16	2 3	6 20
7	19: 4:39	16 17 10	4Li43	24 27	18 48	7 36	23 47	0 7	18 12	4 18	2 3	6 17
8	19: 8:35	17 18 20	16 37	25 43	20 2	8 15	24 0	0 4	18 13	4 20	2 3	6 14
9	19:12:32	18 19 29	28 29	27 0	21 16	8 54	24 13	0 2	18 14	4 22	2 3	6 11
10	19:16:29	19 20 38	10Sc24	28 19	22 29	9 33	24 26	29Ta59	18 15	4 23	2 3	6 8
11	19:20:25	20 21 48	22 25	29 39	23 43	10 12	24 39	29 57	18 15	4 25	2 2	6 4
12	19:24:22	21 22 57	4Sg37	1Cp 0	24 57	10 51	24 52	29 55	18 16	4 27	2 2	6 1
13	19:28:18	22 24 7	17 4	2 22	26 10	11 31	25 5	29 53	18 17	4 28	2 2	5 58
14	19:32:15	23 25 16	29 46	3 45	27 24	12 10	25 18	29 51	18 17	4 30	2 2	5 55
15	19:36:11	24 26 25	12Cp46	5 9	28 37	12 49	25 31	29 49	18 18	4 32	2 1	5 52
16	19:40: 8	25 27 33	26 2	6 34	29 51	13 29	25 43	29 47	18 18	4 33	2 1	5 48
17	19:44: 4	26 28 41	9Aq35	8 0	1Pi 4	14 8	25 56	29 46	18 18	4 35	2 0	5 45
18	19:48: 1	27 29 48	23 21	9 27	2 18	14 47	26 9	29 44	18 19	4 36	2 0	5 42
19	19:51:58	28 30 55	7Pi18	10 54	3 31	15 27	26 21	29 43	18 19	4 38	1 59	5 39
20	19:55:54	29 32 1	21 23	12 22	4 44	16 6	26 34	29 42	18 19	4 39	1 59	5 36
21	19:59:51	0Aq33 5	5Ar34	13 50	5 57	16 45	26 46	29 40	18 19	4 41	1 58	5 33
22	20: 3:47	1 34 9	19 46	15 20	7 10	17 25	26 59	29 39	18 19	4 42	1 58	5 29
23	20: 7:44	2 35 12	3Ta58	16 50	8 23	18 4	27 11	29 38	18 19R	4 44	1 57	5 26
24	20:11:40	3 36 14	18 7	18 20	9 36	18 44	27 23	29 38	18 19	4 45	1 56	5 23
25	20:15:37	4 37 15	2Ge12	19 52	10 49	19 23	27 35	29 37	18 19	4 47	1 56	5 20
26	20:19:34	5 38 15	16 10	21 24	12 2	20 3	27 48	29 36	18 19	4 48	1 55	5 17
27	20:23:30	6 39 13	29 59	22 56	13 15	20 42	28 0	29 36	18 19	4 49	1 54	5 14
28	20:27:27	7 40 11	13Cn37	24 29	14 28	21 22	28 12	29 35	18 18	4 50	1 54	5 10
29	20:31:23	8 41 8	27 2	26 3	15 40	22 2	28 24	29 35	18 18	4 52	1 53	5 7
30	20:35:20	9 42 3	10Le13	27 38	16 53	22 41	28 35	29 35	18 18	4 53	1 52	5 4
31	20:39:16	10 42 58	23 8	29 13	18 5	23 21	28 47	29 35D	18 17	4 54	1 51	5 1

1/20 Sun in Aqu. 23:00   1/8 3rd Qt. 13:31   1/16 New 10:53(E)   1/23 1st Qt. 9:29   1/30 Full 10:59(E)

Day	Sid. T.	Sun	Moon	Merc.	Venus	Mars	Jup.	Saturn	Uranus	Nept.	Pluto	N.Node
1	20:43:13	11Aq43 51	5Vi49	0Aq49	19Pi18	24Ar 0	28Sg59	29Ta35	18Li17R	4Sg55	1Li50R	4Aq58
2	20:47: 9	12 44 44	18 14	2 25	20 30	24 40	29 11	29 35	18 16	4 56	1 49	4 54
3	20:51: 6	13 45 35	0Li27	4 3	21 42	25 19	29 22	29 35	18 16	4 57	1 48	4 51
4	20:55: 3	14 46 26	12 29	5 41	22 54	25 59	29 34	29 36	18 15	4 59	1 47	4 48
5	20:58:59	15 47 16	24 25	7 19	24 7	26 39	29 45	29 36	18 14	5 0	1 46	4 45
6	21: 2:56	16 48 5	6Sc17	8 59	25 19	27 18	29 57	29 37	18 14	5 1	1 45	4 42
7	21: 6:52	17 48 53	18 11	10 39	26 30	27 58	0Cp 8	29 38	18 13	5 2	1 44	4 39
8	21:10:49	18 49 40	0Sg11	12 20	27 42	28 37	0 19	29 39	18 12	5 2	1 43	4 35
9	21:14:45	19 50 26	12 22	14 2	28 54	29 17	0 30	29 40	18 11	5 3	1 42	4 32
10	21:18:42	20 51 11	24 49	15 45	0Ar 6	29 57	0 41	29 41	18 10	5 4	1 41	4 29
11	21:22:39	21 51 55	7Cp34	17 28	1 17	0Ta36	0 52	29 42	18 9	5 5	1 40	4 26
12	21:26:35	22 52 38	20 42	19 13	2 29	1 16	1 3	29 43	18 8	5 7	1 39	4 23
13	21:30:32	23 53 20	4Aq12	20 58	3 40	1 56	1 13	29 45	18 7	5 7	1 38	4 20
14	21:34:28	24 54 0	18 4	22 44	4 51	2 35	1 24	29 46	18 6	5 7	1 36	4 16
15	21:38:24	25 54 39	2Pi16	24 30	6 2	3 15	1 35	29 48	18 5	5 8	1 35	4 13
16	21:42:21	26 55 16	16 43	26 18	7 13	3 54	1 45	29 50	18 3	5 9	1 34	4 10
17	21:46:18	27 55 52	1Ar18	28 7	8 24	4 34	1 56	29 51	18 2	5 10	1 33	4 7
18	21:50:14	28 56 26	15 56	29 56	9 35	5 14	2 6	29 53	18 1	5 10	1 31	4 4
19	21:54:10	29 56 58	0Ta29	1Pi46	10 45	5 53	2 16	29 55	17 59	5 11	1 30	4 0
20	21:58: 8	0Pi57 28	14 53	3 37	11 56	6 33	2 26	29 58	17 58	5 11	1 29	3 57
21	22: 2: 4	1 57 57	29 4	5 28	13 6	7 12	2 36	0Ge 0	17 56	5 12	1 27	3 54
22	22: 6: 0	2 58 24	13Ge 0	7 20	14 17	7 52	2 46	0 2	17 55	5 12	1 26	3 51
23	22: 9:57	3 58 48	26 41	9 13	15 27	8 32	2 56	0 5	17 53	5 13	1 24	3 48
24	22:13:54	4 59 11	10Cn 8	11 6	16 37	9 11	3 5	0 7	17 51	5 13	1 23	3 45
25	22:17:50	5 59 32	23 20	13 0	17 46	9 51	3 15	0 10	17 50	5 13	1 22	3 41
26	22:21:47	6 59 51	6Le20	14 53	18 56	10 30	3 24	0 13	17 48	5 14	1 20	3 38
27	22:25:44	8 0 8	19 8	16 47	20 6	11 10	3 34	0 16	17 46	5 14	1 19	3 35
28	22:29:40	9 0 24	1Vi45	18 40	21 15	11 49	3 43	0 19	17 45	5 14	1 17	3 32
29	22:33:36	10 0 37	14 11	20 33	22 24	12 29	3 52	0 22	17 43	5 15	1 16	3 29

2/19 Sun in Pis. 13:12   2/7 3rd Qt. 11:12   2/15 New 0:30   2/21 1st Qt. 17:21   2/31 Full 3:13

MARCH 1972

Day	Sid. T.	Sun	Moon	Merc.	Venus	Mars	Jup.	Saturn	Uranus	Nept.	Pluto	N.Node
1	22:37:33	11Pi 0 49	26Vi27	22Pi25	23Ar33	13Ta 9	4Cp 1	0Ge25	17Li41R	5Sg15	1Li14R	3Aq25
2	22:41:30	12 0 58	8Li34	24 16	24 42	13 48	4 9	0 29	17 39	5 15	1 13	3 22
3	22:45:26	13 1 7	20 34	26 5	25 51	14 28	4 18	0 32	17 37	5 15	1 11	3 19
4	22:49:23	14 1 13	2Sc28	27 53	27 0	15 7	4 27	0 35	17 35	5 15	1 10	3 16
5	22:53:19	15 1 18	14 20	29 38	28 8	15 47	4 35	0 39	17 33	5 15	1 8	3 13
6	22:57:15	16 1 21	26 13	1Ar21	29 16	16 26	4 43	0 43	17 31	5 15	1 6	3 10
7	23: 1:12	17 1 23	8Sg11	3 0	0Ta24	17 5	4 52	0 47	17 29	5 15R	1 5	3 6
8	23: 5: 9	18 1 23	20 19	4 35	1 32	17 45	5 0	0 50	17 27	5 15	1 3	3 3
9	23: 9: 5	19 1 22	2Cp42	6 6	2 40	18 24	5 8	0 54	17 25	5 15	1 2	3 0
10	23:13: 2	20 1 19	15 24	7 32	3 47	19 4	5 15	0 59	17 22	5 15	1 0	2 57
11	23:16:59	21 1 14	28 29	8 53	4 55	19 43	5 23	1 3	17 20	5 15	0 58	2 54
12	23:20:55	22 1 7	12Aq 2	10 8	6 2	20 23	5 30	1 7	17 18	5 15	0 57	2 51
13	23:24:51	23 0 59	26 2	11 16	7 9	21 2	5 38	1 11	17 16	5 15	0 55	2 47
14	23:28:49	24 0 49	10Pi28	12 17	8 15	21 41	5 45	1 16	17 13	5 15	0 54	2 44
15	23:32:45	25 0 37	25 15	13 11	9 22	22 21	5 52	1 20	17 11	5 14	0 52	2 41
16	23:36:41	26 0 23	10Ar15	13 58	10 28	23 0	5 59	1 25	17 9	5 14	0 50	2 38
17	23:40:38	27 0 6	25 20	14 37	11 34	23 40	6 6	1 30	17 6	5 14	0 49	2 35
18	23:44:35	27 59 48	10Ta18	15 7	12 40	24 19	6 12	1 34	17 4	5 13	0 47	2 31
19	23:48:31	28 59 28	25 2	15 30	13 45	24 58	6 19	1 39	17 2	5 13	0 45	2 28
20	23:52:27	29 59 5	9Ge26	15 44	14 50	25 38	6 25	1 44	16 59	5 12	0 44	2 25
21	23:56:24	0Ar58 40	23 27	15 50	15 55	26 17	6 31	1 49	16 57	5 12	0 42	2 22
22	0: 0:20	1 58 13	7Cn 5	15 49R	17 0	26 56	6 37	1 54	16 54	5 11	0 40	2 19
23	0: 4:17	2 57 43	20 22	15 39	18 4	27 35	6 43	1 59	16 52	5 11	0 39	2 16
24	0: 8:14	3 57 11	3Le20	15 22	19 9	28 15	6 49	2 5	16 49	5 10	0 37	2 12
25	0:12:10	4 56 37	16 3	14 59	20 12	28 54	6 54	2 10	16 47	5 10	0 35	2 9
26	0:16: 7	5 56 0	28 33	14 29	21 16	29 33	7 0	2 15	16 44	5 9	0 34	2 6
27	0:20: 3	6 55 21	10Vi53	13 53	22 19	0Ge12	7 5	2 21	16 42	5 9	0 32	2 3
28	0:24: 0	7 54 40	23 5	13 13	23 22	0 51	7 10	2 26	16 39	5 8	0 31	2 0
29	0:27:56	8 53 57	5Li11	12 28	24 25	1 31	7 15	2 32	16 37	5 7	0 29	1 57
30	0:31:53	9 53 12	17 10	11 41	25 27	2 10	7 20	2 38	16 34	5 7	0 27	1 53
31	0:35:50	10 52 24	29 6	10 52	26 29	2 49	7 24	2 43	16 32	5 6	0 26	1 50

3/20 Sun in Ari. 12:22   3/8 3rd Qt. 7:06   3/15 New 11:35   3/22 1st Qt. 2:13   3/29 Full 20:06

APRIL 1972

Day	Sid. T.	Sun	Moon	Merc.	Venus	Mars	Jup.	Saturn	Uranus	Nept.	Pluto	N.Node
1	0:39:46	11Ar51 35	10Sc59	10Ar 3R	27Ta31	3Ge28	7Cp29	2Ge49	16Li29R	5Sg 5R	0Li24R	1Aq47
2	0:43:43	12 50 44	22 51	9 13	28 32	4 7	7 33	2 55	16 26	5 4	0 22	1 44
3	0:47:39	13 49 51	4Sg44	8 24	29 33	4 46	7 37	3 1	16 24	5 3	0 21	1 41
4	0:51:36	14 48 57	16 42	7 38	0Ge33	5 25	7 41	3 7	16 21	5 2	0 19	1 37
5	0:55:32	15 48 0	28 48	6 54	1 33	6 4	7 44	3 13	16 19	5 1	0 18	1 34
6	0:59:29	16 47 2	11Cp 8	6 14	2 33	6 43	7 48	3 19	16 16	5 0	0 16	1 31
7	1: 3:25	17 46 2	23 45	5 37	3 32	7 22	7 51	3 25	16 14	5 0	0 15	1 28
8	1: 7:22	18 45 0	6Aq45	5 5	4 31	8 1	7 54	3 32	16 11	4 59	0 13	1 25
9	1:11:19	19 43 56	20 12	4 38	5 29	8 40	7 57	3 38	16 8	4 58	0 11	1 22
10	1:15:15	20 42 51	4Pi 8	4 16	6 27	9 19	8 0	3 44	16 6	4 57	0 10	1 18
11	1:19:12	21 41 44	18 33	3 59	7 24	9 58	8 3	3 51	16 3	4 56	0 7	1 15
12	1:23: 8	22 40 35	3Ar25	3 48	8 21	10 37	8 5	3 57	16 1	4 55	0 5	1 12
13	1:27: 5	23 39 24	18 35	3 42	9 18	11 16	8 7	4 4	15 58	4 53	0 3	1 9
14	1:31: 1	24 38 11	3Ta53	3 41D	10 13	11 55	8 9	4 10	15 56	4 52	0 2	1 6
15	1:34:58	25 36 56	19 9	3 46	11 9	12 34	8 11	4 17	15 53	4 51	0 1	1 3
16	1:38:55	26 35 39	4Ge10	3 55	12 4	13 13	8 13	4 24	15 50	4 50	0 1	0 59
17	1:42:51	27 34 20	18 50	4 10	12 58	13 52	8 14	4 30	15 48	4 49	0 0	0 56
18	1:46:48	28 32 59	3Cn 3	4 29	13 51	14 31	8 16	4 37	15 45	4 48	29Vi58	0 53
19	1:50:44	29 31 36	16 48	4 53	14 44	15 9	8 17	4 44	15 43	4 46	29 57	0 50
20	1:54:41	0Ta30 10	0Le 7	5 21	15 36	15 48	8 18	4 51	15 40	4 45	29 55	0 47
21	1:58:37	1 28 42	13 2	5 53	16 28	16 27	8 18	4 58	15 38	4 44	29 54	0 43
22	2: 2:34	2 27 12	25 39	6 29	17 19	17 6	8 19	5 5	15 36	4 43	29 53	0 40
23	2: 6:30	3 25 40	8Vi 0	7 10	18 9	17 45	8 19	5 12	15 33	4 41	29 51	0 37
24	2:10:27	4 24 5	20 10	7 54	18 58	18 23	8 20	5 19	15 31	4 40	29 50	0 34
25	2:14:24	5 22 29	2Li13	8 41	19 47	19 2	8 20R	5 26	15 28	4 39	29 49	0 31
26	2:18:20	6 20 50	14 10	9 32	20 34	19 41	8 19	5 33	15 26	4 37	29 48	0 28
27	2:22:17	7 19 10	26 4	10 26	21 21	20 19	8 19	5 40	15 24	4 36	29 46	0 24
28	2:26:13	8 17 28	7Sc57	11 23	22 7	20 58	8 18	5 47	15 21	4 34	29 45	0 21
29	2:30:10	9 15 44	19 50	12 23	22 52	21 37	8 18	5 55	15 19	4 33	29 44	0 18
30	2:34: 6	10 13 58	1Sg44	13 26	23 37	22 15	8 17	6 2	15 17	4 32	29 43	0 15

4/19 Sun in Tau. 23:38   4/6 3rd Qt. 23:45   4/13 New 20:32   4/20 1st Qt. 12:46   4/28 Full 12:45

Day	Sid. T.	Sun	Moon	Merc.	Venus	Mars	Jup.	Saturn	Uranus	Nept.	Pluto	N.Node
1	2:38: 3	11Ta12 11	13Sg41	14Ar32	24Ge20	22Ge54	8Cp15R	6Ge 9	15Li14R	4Sg30R	29Vi42R	0Aq12
2	2:42: 0	12 10 22	25 43	15 40	25 2	23 33	8 14	6 17	15 12	4 29	29 41	0 9
3	2:45:56	13 8 31	7Cp53	16 51	25 43	24 11	8 13	6 24	15 10	4 27	29 39	0 5
4	2:49:53	14 6 39	20 15	18 4	26 23	24 50	8 11	6 31	15 8	4 26	29 38	0 2
5	2:53:49	15 4 46	2Aq52	19 20	27 2	25 28	8 9	6 39	15 6	4 24	29 37	29Cp59
6	2:57:46	16 2 51	15 49	20 38	27 39	26 7	8 7	6 46	15 4	4 23	29 36	29 56
7	3: 1:42	17 0 55	29 10	21 59	28 16	26 46	8 5	6 54	15 2	4 21	29 35	29 53
8	3: 5:39	17 58 57	12Pi58	23 21	28 51	27 24	8 2	7 1	15 0	4 20	29 34	29 49
9	3: 9:35	18 56 58	27 13	24 46	29 25	28 3	8 0	7 9	14 58	4 18	29 33	29 46
10	3:13:31	19 54 58	11Ar55	26 14	29 58	28 41	7 57	7 16	14 56	4 17	29 32	29 43
11	3:17:29	20 52 56	26 58	27 43	0Cn29	29 20	7 54	7 24	14 54	4 15	29 32	29 40
12	3:21:25	21 50 53	12Ta13	29 14	0 58	29 58	7 51	7 32	14 52	4 13	29 31	29 37
13	3:25:21	22 48 49	27 29	0Ta48	1 26	0Cn37	7 48	7 39	14 50	4 12	29 30	29 34
14	3:29:18	23 46 43	12Ge36	2 24	1 53	1 15	7 44	7 47	14 48	4 10	29 29	29 30
15	3:33:15	24 44 35	27 24	4 1	2 18	1 53	7 41	7 55	14 46	4 9	29 28	29 27
16	3:37:11	25 42 26	11Cn47	5 41	2 41	2 32	7 37	8 2	14 44	4 7	29 28	29 24
17	3:41: 7	26 40 15	25 41	7 23	3 2	3 10	7 33	8 10	14 43	4 5	29 27	29 21
18	3:45: 5	27 38 2	9Le 6	9 7	3 21	3 49	7 29	8 18	14 41	4 4	29 26	29 18
19	3:49: 1	28 35 48	22 6	10 54	3 39	4 27	7 25	8 25	14 39	4 2	29 25	29 14
20	3:52:57	29 33 32	4Vi44	12 42	3 55	5 5	7 20	8 33	14 38	4 1	29 25	29 11
21	3:56:54	0Ge31 15	17 4	14 32	4 8	5 44	7 15	8 41	14 36	3 59	29 24	29 8
22	4: 0:51	1 28 55	29 12	16 25	4 20	6 22	7 11	8 49	14 35	3 57	29 24	29 5
23	4: 4:47	2 26 35	11Li10	18 19	4 29	7 0	7 6	8 56	14 33	3 56	29 23	29 2
24	4: 8:43	3 24 12	23 4	20 16	4 36	7 39	7 1	9 4	14 32	3 54	29 23	28 59
25	4:12:40	4 21 49	4Sc56	22 15	4 41	8 17	6 55	9 12	14 30	3 53	29 23	28 55
26	4:16:36	5 19 24	16 49	24 15	4 44	8 55	6 50	9 20	14 29	3 51	29 22	28 52
27	4:20:33	6 16 58	28 44	26 18	4 44R	9 34	6 45	9 27	14 28	3 49	29 21	28 49
28	4:24:30	7 14 31	10Sg43	28 22	4 42	10 12	6 39	9 35	14 27	3 48	29 21	28 46
29	4:28:26	8 12 2	22 48	0Ge28	4 38	10 50	6 33	9 43	14 25	3 46	29 20	28 43
30	4:32:23	9 9 33	4Cp59	2 35	4 31	11 28	6 27	9 51	14 24	3 44	29 20	28 40
31	4:36:20	10 7 2	17 20	4 44	4 22	12 6	6 21	9 59	14 23	3 43	29 20	28 36

5/20 Sun in Gem. 23:00   5/6 3rd Qt. 12:27   5/13 New 4:09   5/20 1st Qt. 1:17   5/28 Full 4:28

Day	Sid. T.	Sun	Moon	Merc.	Venus	Mars	Jup.	Saturn	Uranus	Nept.	Pluto	N.Node
1	4:40:16	11Ge 4 31	29Cp52	6Ge53	4Cn10R	12Cn45	6Cp15R	10Ge 6	14Li22R	3Sg41R	29Vi20R	28Cp33
2	4:44:12	12 1 59	12Aq37	9 4	3 56	13 23	6 9	10 14	14 21	3 40	29 19	28 30
3	4:48: 9	12 59 26	25 39	11 16	3 39	14 1	6 2	10 22	14 20	3 38	29 19	28 27
4	4:52: 6	13 56 53	9Pi 1	13 28	3 21	14 39	5 56	10 30	14 19	3 36	29 19	28 24
5	4:56: 2	14 54 18	22 44	15 40	3 0	15 17	5 49	10 38	14 18	3 35	29 19	28 20
6	4:59:59	15 51 44	6Ar49	17 52	2 36	15 56	5 43	10 45	14 18	3 33	29 19	28 17
7	5: 3:56	16 49 8	21 16	20 4	2 11	16 34	5 36	10 53	14 17	3 32	29 19	28 14
8	5: 7:52	17 46 32	6Ta 1	22 15	1 44	17 12	5 29	11 1	14 16	3 30	29 19	28 11
9	5:11:48	18 43 56	20 59	24 25	1 15	17 50	5 22	11 9	14 15	3 29	29 19D	28 8
10	5:15:45	19 41 18	6Ge 0	26 34	0 44	18 28	5 15	11 16	14 15	3 27	29 19	28 5
11	5:19:41	20 38 41	20 56	28 41	0 11	19 6	5 8	11 24	14 14	3 25	29 19	28 1
12	5:23:38	21 36 2	5Cn38	0Cn47	29Ge38	19 45	5 1	11 32	14 14	3 24	29 19	27 58
13	5:27:35	22 33 23	19 59	2 52	29 3	20 23	4 53	11 40	14 13	3 22	29 19	27 55
14	5:31:31	23 30 43	3Le55	4 54	28 27	21 1	4 46	11 47	14 13	3 21	29 19	27 52
15	5:35:28	24 28 2	17 26	6 55	27 50	21 39	4 38	11 55	14 13	3 19	29 19	27 49
16	5:39:24	25 25 20	0Vi30	8 54	27 13	22 17	4 31	12 3	14 12	3 18	29 19	27 46
17	5:43:21	26 22 37	13 13	10 50	26 35	22 55	4 24	12 10	14 12	3 16	29 20	27 42
18	5:47:17	27 19 54	25 36	12 44	25 57	23 33	4 16	12 18	14 12	3 15	29 20	27 39
19	5:51:14	28 17 10	7Li45	14 36	25 20	24 11	4 8	12 26	14 12	3 14	29 20	27 36
20	5:55:11	29 14 24	19 44	16 26	24 43	24 49	4 1	12 33	14 12	3 12	29 21	27 33
21	5:59: 7	0Cn11 39	1Sc38	18 14	24 7	25 27	3 53	12 41	14 11	3 11	29 21	27 30
22	6: 3: 4	1 8 52	13 30	19 59	23 31	26 5	3 45	12 48	14 11D	3 9	29 22	27 26
23	6: 7: 0	2 6 6	25 24	21 42	22 57	26 43	3 38	12 56	14 12	3 8	29 22	27 23
24	6:10:57	3 3 18	7Sg23	23 22	22 24	27 21	3 30	13 3	14 12	3 7	29 22	27 20
25	6:14:53	4 0 30	19 29	25 1	21 53	27 59	3 22	13 11	14 12	3 5	29 23	27 17
26	6:18:50	4 57 42	1Cp44	26 37	21 23	28 37	3 15	13 18	14 12	3 4	29 23	27 14
27	6:22:46	5 54 54	14 10	28 10	20 55	29 15	3 7	13 26	14 12	3 3	29 24	27 11
28	6:26:43	6 52 5	26 47	29 42	20 29	29 53	2 59	13 33	14 13	3 1	29 24	27 7
29	6:30:40	7 49 17	9Aq37	1Le11	20 5	0Le31	2 52	13 41	14 13	3 0	29 25	27 4
30	6:34:36	8 46 28	22 40	2 37	19 43	1 9	2 44	13 48	14 14	2 59	29 26	27 1

6/21 Sun in Can. 7:07   6/4 3rd Qt. 21:22   6/11 New 11:31   6/18 1st Qt. 15:41   6/26 Full 18:47

JULY 1972

Day	Sid. T.	Sun	Moon	Merc.	Venus	Mars	Jup.	Saturn	Uranus	Nept.	Pluto	N.Node
1	6:38:33	9Cn43 39	5Pi57	4Le 1	19Ge24R	1Le47	2Cp37R	13Ge55	14Li14	2Sg58R	29Vi27	26Cp58
2	6:42:29	10 40 51	19 28	5 23	19 7	2 25	2 29	14 3	14 15	2 56	29 27	26 55
3	6:46:26	11 38 2	3Ar15	6 42	18 52	3 3	2 21	14 10	14 15	2 55	29 28	26 52
4	6:50:22	12 35 14	17 17	7 59	18 39	3 41	2 14	14 17	14 16	2 54	29 29	26 48
5	6:54:19	13 32 27	1Ta32	9 13	18 29	4 19	2 6	14 24	14 16	2 53	29 30	26 45
6	6:58:16	14 29 39	15 59	10 24	18 22	4 57	1 59	14 31	14 17	2 52	29 31	26 42
7	7: 2:12	15 26 52	0Ge33	11 33	18 17	5 35	1 52	14 38	14 18	2 51	29 32	26 39
8	7: 6: 9	16 24 6	15 10	12 39	18 14	6 13	1 44	14 45	14 19	2 50	29 33	26 36
9	7:10: 5	17 21 19	29 42	13 42	18 13D	6 51	1 37	14 52	14 20	2 49	29 33	26 32
10	7:14: 2	18 18 33	14Cn 5	14 42	18 15	7 29	1 30	14 59	14 21	2 48	29 34	26 29
11	7:17:58	19 15 48	28 12	15 39	18 19	8 7	1 23	15 6	14 22	2 47	29 35	26 26
12	7:21:55	20 13 2	12Le 0	16 33	18 25	8 45	1 16	15 13	14 23	2 46	29 38	26 23
13	7:25:51	21 10 16	25 27	17 23	18 34	9 23	1 9	15 20	14 24	2 45	29 39	26 20
14	7:29:48	22 7 31	8Vi32	18 10	18 44	10 1	1 3	15 27	14 25	2 44	29 40	26 17
15	7:33:45	23 4 45	21 16	18 54	18 57	10 39	0 56	15 34	14 26	2 43	29 40	26 13
16	7:37:41	24 2 0	3Li41	19 34	19 12	11 17	0 49	15 40	14 28	2 42	29 41	26 10
17	7:41:37	24 59 15	15 52	20 10	19 28	11 55	0 43	15 47	14 29	2 41	29 42	26 7
18	7:45:34	25 56 30	27 53	20 42	19 47	12 33	0 36	15 54	14 30	2 40	29 43	26 4
19	7:49:31	26 53 45	9Sc47	21 9	20 7	13 11	0 30	16 0	14 32	2 39	29 45	26 1
20	7:53:27	27 51 1	21 40	21 33	20 29	13 49	0 24	16 7	14 33	2 39	29 46	25 58
21	7:57:24	28 48 17	3Sg36	21 52	20 53	14 27	0 18	16 13	14 35	2 38	29 47	25 54
22	8: 1:21	29 45 33	15 39	22 6	21 18	15 5	0 12	16 20	14 36	2 37	29 48	25 51
23	8: 5:17	0Le42 49	27 51	22 16	21 45	15 43	0 7	16 26	14 38	2 37	29 50	25 48
24	8: 9:14	1 40 6	10Cp17	22 21	22 13	16 21	0 1	16 32	14 40	2 36	29 51	25 45
25	8:13:11	2 37 24	22 58	22 21R	22 43	16 59	29Sg56	16 39	14 41	2 35	29 53	25 42
26	8:17: 7	3 34 42	5Aq54	22 15	23 14	17 37	29 50	16 45	14 43	2 35	29 54	25 38
27	8:21: 3	4 32 1	19 6	22 5	23 47	18 15	29 45	16 51	14 45	2 34	29 55	25 35
28	8:25: 1	5 29 21	2Pi33	21 50	24 21	18 53	29 40	16 57	14 47	2 34	29 57	25 32
29	8:28:56	6 26 41	16 13	21 29	24 56	19 31	29 35	17 3	14 49	2 33	29 58	25 29
30	8:32:53	7 24 2	0Ar 5	21 4	25 33	20 9	29 31	17 9	14 50	2 33	0Li 0	25 26
31	8:36:50	8 21 25	14 7	20 35	26 11	20 47	29 26	17 15	14 52	2 32	0 2	25 23

7/22 Sun in Leo 18:03   7/4 3rd Qt. 3:26   7/10 New 19:39(E)   7/18 1st Qt. 7:46   7/26 Full 7:24(E)

AUGUST 1972

Day	Sid. T.	Sun	Moon	Merc.	Venus	Mars	Jup.	Saturn	Uranus	Nept.	Pluto	N.Node
1	8:40:46	9Le18 49	28Ar15	20Le 1R	26Ge50	21Le25	29Sg22R	17Ge21	14Li54	2Sg32R	0Li 3	25Cp19
2	8:44:42	10 16 14	12Ta27	19 23	27 29	22 3	29 18	17 26	14 57	2 31	0 5	25 16
3	8:48:39	11 13 40	26 42	18 42	28 10	22 41	29 14	17 32	14 59	2 31	0 6	25 13
4	8:52:36	12 11 7	10Ge56	17 59	28 53	23 19	29 10	17 38	15 1	2 31	0 8	25 10
5	8:56:32	13 8 36	25 7	17 13	29 36	23 57	29 6	17 43	15 3	2 30	0 10	25 7
6	9: 0:29	14 6 6	9Cn12	16 26	0Cn19	24 35	29 3	17 49	15 5	2 30	0 11	25 3
7	9: 4:26	15 3 37	23 8	15 39	1 4	25 13	28 59	17 54	15 8	2 30	0 13	25 0
8	9: 8:22	16 1 9	6Le53	14 52	1 50	25 51	28 56	17 59	15 10	2 30	0 15	24 57
9	9:12:19	16 58 43	20 23	14 6	2 37	26 29	28 53	18 5	15 12	2 29	0 17	24 54
10	9:16:15	17 56 17	3Vi37	13 23	3 24	27 7	28 50	18 10	15 15	2 29	0 18	24 51
11	9:20:12	18 53 53	16 34	12 43	4 12	27 45	28 48	18 15	15 17	2 29	0 20	24 48
12	9:24: 8	19 51 29	29 14	12 7	5 1	28 23	28 45	18 20	15 20	2 29	0 22	24 44
13	9:28: 5	20 49 6	11Li38	11 35	5 50	29 1	28 43	18 25	15 22	2 29	0 24	24 41
14	9:32: 2	21 46 45	23 49	11 9	6 41	29 39	28 41	18 30	15 25	2 29D	0 26	24 38
15	9:35:57	22 44 24	5Sc49	10 49	7 32	0Vi17	28 39	18 35	15 27	2 29	0 28	24 35
16	9:39:54	23 42 5	17 43	10 35	8 24	0 56	28 37	18 39	15 30	2 29	0 29	24 32
17	9:43:51	24 39 47	29 36	10 28	9 16	1 34	28 35	18 44	15 33	2 30	0 31	24 29
18	9:47:48	25 37 29	11Sg31	10 29D	10 9	2 12	28 34	18 49	15 35	2 30	0 33	24 25
19	9:51:44	26 35 13	23 34	10 37	11 3	2 50	28 33	18 53	15 38	2 30	0 35	24 22
20	9:55:41	27 32 58	5Cp50	10 52	11 57	3 28	28 32	18 58	15 41	2 30	0 37	24 19
21	9:59:37	28 30 44	18 23	11 15	12 51	4 6	28 31	19 2	15 44	2 30	0 39	24 16
22	10: 3:34	29 28 32	1Aq14	11 46	13 46	4 44	28 30	19 6	15 47	2 30	0 41	24 13
23	10: 7:31	0Vi26 20	14 27	12 24	14 42	5 22	28 30	19 10	15 50	2 31	0 43	24 9
24	10:11:27	1 24 10	28 0	13 10	15 38	6 1	28 30D	19 14	15 52	2 31	0 45	24 6
25	10:15:24	2 22 2	11Pi53	14 3	16 35	6 39	28 30	19 18	15 55	2 31	0 47	24 0
26	10:19:20	3 19 55	26 2	15 3	17 32	7 17	28 30	19 22	15 58	2 32	0 49	24 0
27	10:23:17	4 17 49	10Ar21	16 9	18 30	7 55	28 30	19 26	16 5	2 32	0 51	23 57
28	10:27:13	5 15 46	24 46	17 22	19 28	8 33	28 31	19 30	16 5	2 33	0 53	23 54
29	10:31: 9	6 13 44	9Ta10	18 41	20 26	9 12	28 31	19 33	16 8	2 33	0 56	23 50
30	10:35: 6	7 11 44	23 30	20 6	21 25	9 50	28 32	19 37	16 11	2 34	0 58	23 47
31	10:39: 3	8 9 46	7Ge43	21 35	22 24	10 28	28 33	19 40	16 14	2 34	1 0	23 44

8/23 Sun in Vir. 1:04   8/2 3rd Qt. 8:03   8/9 New 5:26   8/17 1st Qt. 1:10   8/24 Full 18:22   8/31 3rd Qt. 12:49

Day	Sid. T.	Sun	Moon	Merc.	Venus	Mars	Jup.	Saturn	Uranus	Nept.	Pluto	N.Node
1	10:42:59	9Vi7 50	21Ge46	23Le9	23Cn24	11Vi6	28Sg35	19Ge43	16Li17	2Sg35	1Li2	23Cp41
2	10:46:56	10 5 56	5Cn39	24 48	24 24	11 44	28 36	19 47	16 20	2 35	1 4	23 38
3	10:50:52	11 4 4	19 21	26 29	25 25	12 23	28 38	19 50	16 24	2 36	1 6	23 35
4	10:54:49	12 2 14	2Le51	28 14	26 26	13 1	28 39	19 53	16 27	2 37	1 8	23 31
5	10:58:45	13 0 26	16 11	0Vi2	27 27	13 39	28 41	19 56	16 30	2 37	1 11	23 28
6	11: 2:42	13 58 40	29 19	1 51	28 28	14 18	28 44	19 59	16 33	2 38	1 13	23 25
7	11: 6:38	14 56 55	12Vi15	3 43	29 30	14 56	28 46	20 1	16 37	2 39	1 15	23 22
8	11:10:35	15 55 12	24 58	5 35	0Le33	15 34	28 49	20 4	16 40	2 40	1 17	23 19
9	11:14:32	16 53 31	7Li28	7 29	1 35	16 13	28 51	20 7	16 44	2 40	1 19	23 15
10	11:18:28	17 51 52	19 46	9 23	2 38	16 51	28 54	20 9	16 47	2 41	1 22	23 12
11	11:22:25	18 50 14	1Sc53	11 17	3 41	17 30	28 57	20 11	16 50	2 42	1 24	23 9
12	11:26:21	19 48 38	13 50	13 12	4 44	18 8	29 1	20 14	16 54	2 43	1 26	23 6
13	11:30:18	20 47 4	25 42	15 6	5 48	18 46	29 4	20 16	16 57	2 44	1 28	23 3
14	11:34:14	21 45 31	7Sg33	17 0	6 52	19 25	29 8	20 18	17 1	2 45	1 31	23 0
15	11:38:11	22 44 0	19 26	18 53	7 56	20 3	29 11	20 20	17 4	2 46	1 33	22 56
16	11:42: 8	23 42 31	1Cp27	20 46	9 1	20 42	29 15	20 22	17 8	2 47	1 35	22 53
17	11:46: 4	24 41 3	13 41	22 38	10 6	21 20	29 20	20 23	17 11	2 48	1 37	22 50
18	11:50: 1	25 39 37	26 14	24 30	11 11	21 59	29 24	20 25	17 15	2 49	1 40	22 47
19	11:53:57	26 38 13	9Aq9	26 21	12 16	22 37	29 28	20 26	17 19	2 50	1 42	22 44
20	11:57:54	27 36 50	22 30	28 10	13 21	23 16	29 33	20 28	17 22	2 52	1 44	22 41
21	12: 1:50	28 35 29	6Pi17	29 59	14 27	23 54	29 38	20 29	17 26	2 53	1 46	22 37
22	12: 5:47	29 34 10	20 29	1Li47	15 33	24 33	29 43	20 30	17 29	2 54	1 49	22 34
23	12: 9:43	0Li32 53	5Ar2	3 34	16 39	25 11	29 48	20 31	17 33	2 55	1 51	22 31
24	12:13:40	1 31 37	19 48	5 20	17 46	25 50	29 53	20 32	17 37	2 57	1 53	22 28
25	12:17:37	2 30 24	4Ta40	7 5	18 52	26 28	29 59	20 33	17 40	2 58	1 56	22 25
26	12:21:33	3 29 13	19 28	8 49	19 59	27 7	0Cp4	20 34	17 44	2 59	1 58	22 21
27	12:25:30	4 28 5	4Ge6	10 32	21 6	27 46	0 10	20 34	17 48	3 1	2 0	22 18
28	12:29:26	5 26 58	18 28	12 14	22 14	28 24	0 16	20 35	17 52	3 2	2 2	22 15
29	12:33:23	6 25 54	2Cn32	13 56	23 21	29 3	0 22	20 35	17 55	3 3	2 5	22 12
30	12:37:19	7 24 53	16 17	15 36	24 29	29 42	0 29	20 36	17 59	3 5	2 7	22 9

9/22 Sun in Lib. 22:34   9/7 New 17:29   9/15 1st Qt. 19:13   9/23 Full 4:07   9/29 3rd Qt. 19:17

Day	Sid. T.	Sun	Moon	Merc.	Venus	Mars	Jup.	Saturn	Uranus	Nept.	Pluto	N.Node
1	12:41:16	8Li23 53	29Cn46	17Li16	25Le37	0Li20	0Cp35	20Ge36	18Li3	3Sg6	2Li9	22Cp6
2	12:45:13	9 22 56	12Le59	18 55	26 45	0 59	0 42	20 36R	18 6	3 8	2 12	22 2
3	12:49: 9	10 22 2	25 58	20 32	27 53	1 38	0 48	20 36	18 10	3 9	2 14	21 59
4	12:53: 6	11 21 9	8Vi46	22 10	29 1	2 17	0 55	20 36	18 14	3 11	2 16	21 56
5	12:57: 2	12 20 19	21 23	23 46	0Vi10	2 55	1 2	20 35	18 18	3 12	2 18	21 53
6	13: 0:58	13 19 30	3Li50	25 21	1 19	3 34	1 9	20 35	18 22	3 14	2 21	21 50
7	13: 4:55	14 18 44	16 7	26 56	2 27	4 13	1 17	20 35	18 25	3 16	2 23	21 47
8	13: 8:52	15 18 0	28 16	28 30	3 37	4 52	1 24	20 34	18 29	3 17	2 25	21 43
9	13:12:48	16 17 18	10Sc16	0Sc3	4 46	5 31	1 32	20 33	18 33	3 19	2 27	21 40
10	13:16:44	17 16 38	22 10	1 36	5 55	6 10	1 39	20 32	18 37	3 21	2 30	21 37
11	13:20:42	18 15 59	4Sg0	3 7	7 5	6 48	1 47	20 32	18 40	3 22	2 32	21 34
12	13:24:38	19 15 23	15 48	4 38	8 14	7 27	1 55	20 30	18 44	3 24	2 34	21 31
13	13:28:34	20 14 49	27 39	6 9	9 24	8 6	2 4	20 29	18 48	3 26	2 36	21 27
14	13:32:31	21 14 16	9Cp37	7 38	10 34	8 45	2 12	20 28	18 52	3 27	2 38	21 24
15	13:36:28	22 13 45	21 48	9 7	11 44	9 24	2 20	20 27	18 56	3 29	2 41	21 21
16	13:40:24	23 13 16	4Aq16	10 35	12 55	10 3	2 29	20 25	18 59	3 31	2 43	21 18
17	13:44:21	24 12 48	17 8	12 2	14 5	10 42	2 38	20 24	19 3	3 33	2 45	21 15
18	13:48:18	25 12 23	0Pi27	13 29	15 15	11 21	2 47	20 22	19 7	3 35	2 47	21 12
19	13:52:14	26 11 59	14 15	14 55	16 26	12 0	2 56	20 20	19 11	3 37	2 49	21 8
20	13:56:10	27 11 36	28 33	16 20	17 37	12 39	3 5	20 18	19 14	3 39	2 51	21 5
21	14: 0: 7	28 11 16	13Ar17	17 44	18 48	13 18	3 14	20 16	19 18	3 40	2 53	21 2
22	14: 4: 3	29 10 58	28 20	19 8	19 59	13 58	3 23	20 14	19 22	3 42	2 55	20 59
23	14: 8: 0	0Sc10 41	13Ta33	20 30	21 10	14 37	3 33	20 12	19 26	3 44	2 58	20 56
24	14:11:57	1 10 27	28 43	21 52	22 21	15 16	3 42	20 10	19 29	3 46	3 0	20 52
25	14:15:53	2 10 15	13Ge42	23 12	23 32	15 55	3 52	20 7	19 33	3 48	3 2	20 49
26	14:19:49	3 10 5	28 21	24 32	24 44	16 34	4 2	20 5	19 37	3 50	3 4	20 46
27	14:23:46	4 9 57	12Cn37	25 50	25 56	17 13	4 12	20 2	19 41	3 52	3 6	20 43
28	14:27:43	5 9 52	26 28	27 7	27 7	17 53	4 22	20 0	19 44	3 54	3 8	20 40
29	14:31:39	6 9 48	9Le55	28 23	28 19	18 32	4 32	19 57	19 48	3 56	3 10	20 37
30	14:35:36	7 9 47	23 2	29 37	29 31	19 11	4 42	19 54	19 52	3 58	3 12	20 33
31	14:39:33	8 9 48	5Vi51	0Sg50	0Li43	19 51	4 52	19 51	19 55	4 0	3 14	20 30

10/23 Sun in Sco. 7:42   10/7 New 8:09   10/15 1st Qt. 12:55   10/22 Full 13:26   10/29 3rd Qt. 4:42

NOVEMBER 1972

Day	Sid. T.	Sun	Moon	Merc.	Venus	Mars	Jup.	Saturn	Uranus	Nept.	Pluto	N.Node
1	14:43:29	9Sc 9 51	18Vi25	2Sg 1	1Li55	20Li30	5Cp 3	19Ge48R	19Li59	4Sg 2	3Li16	20Cp27
2	14:47:25	10 9 57	0Li47	3 9	3 7	21 9	5 13	19 45	20 3	4 5	3 18	20 24
3	14:51:23	11 10 4	13 1	4 16	4 20	21 49	5 24	19 42	20 6	4 7	3 20	20 21
4	14:55:19	12 10 13	25 6	5 20	5 32	22 28	5 35	19 38	20 10	4 9	3 21	20 18
5	14:59:15	13 10 24	7Sc 6	6 22	6 44	23 7	5 46	19 35	20 13	4 11	3 23	20 14
6	15: 3:12	14 10 37	19 0	7 20	7 57	23 47	5 57	19 31	20 17	4 13	3 25	20 11
7	15: 7: 8	15 10 52	0Sg51	8 15	9 10	24 26	6 8	19 28	20 20	4 15	3 27	20 8
8	15:11: 5	16 11 8	12 40	9 6	10 22	25 6	6 19	19 24	20 24	4 17	3 29	20 5
9	15:15: 1	17 11 27	24 29	9 52	11 35	25 45	6 30	19 20	20 27	4 20	3 31	20 2
10	15:18:58	18 11 46	6Cp21	10 34	12 48	26 25	6 41	19 17	20 31	4 22	3 32	19 58
11	15:22:54	19 12 8	18 20	11 10	14 1	27 5	6 53	19 13	20 34	4 24	3 34	19 55
12	15:26:51	20 12 30	0Aq29	11 40	15 14	27 44	7 4	19 9	20 38	4 26	3 36	19 52
13	15:30:48	21 12 54	12 55	12 3	16 27	28 24	7 16	19 5	20 41	4 28	3 38	19 49
14	15:34:44	22 13 20	25 41	12 19	17 40	29 3	7 27	19 1	20 45	4 31	3 39	19 46
15	15:38:41	23 13 47	8Pi52	12 27	18 54	29 43	7 39	18 57	20 48	4 33	3 41	19 43
16	15:42:37	24 14 15	22 32	12 25R	20 7	0Sc23	7 51	18 52	20 51	4 35	3 42	19 39
17	15:46:34	25 14 44	6Ar42	12 14	21 20	1 2	8 3	18 48	20 55	4 37	3 44	19 36
18	15:50:30	26 15 15	21 21	11 53	22 34	1 42	8 15	18 44	20 58	4 39	3 46	19 33
19	15:54:27	27 15 47	6Ta22	11 21	23 47	2 22	8 27	18 39	21 1	4 42	3 47	19 30
20	15:58:24	28 16 20	21 38	10 39	25 1	3 2	8 39	18 35	21 4	4 44	3 49	19 27
21	16: 2:20	29 16 55	6Ge58	9 47	26 14	3 41	8 51	18 30	21 7	4 46	3 50	19 24
22	16: 6:17	0Sg17 32	22 10	8 45	27 28	4 21	9 4	18 26	21 11	4 48	3 52	19 20
23	16:10:13	1 18 10	7Cn 6	7 35	28 42	5 1	9 16	18 21	21 14	4 51	3 53	19 17
24	16:14:10	2 18 49	21 37	6 18	29 56	5 41	9 28	18 17	21 17	4 53	3 55	19 14
25	16:18: 6	3 19 30	5Le41	4 58	1Sc10	6 21	9 41	18 12	21 20	4 55	3 56	19 11
26	16:22: 3	4 20 13	19 18	3 35	2 23	7 1	9 53	18 7	21 23	4 58	3 57	19 8
27	16:25:59	5 20 58	2Vi29	2 14	3 37	7 41	10 6	18 3	21 26	5 0	3 59	19 4
28	16:29:56	6 21 44	15 18	0 52	4 51	8 21	10 19	17 58	21 29	5 2	4 0	19 1
29	16:33:53	7 22 31	27 49	29Sc46	6 5	9 1	10 31	17 53	21 32	5 4	4 1	18 58
30	16:37:49	8 23 20	10Li 5	28 44	7 20	9 41	10 44	17 48	21 35	5 7	4 2	18 55

11/22 Sun in Sag. 5:04   11/6 New 1:22   11/14 1st Qt. 5:01   11/20 Full 23:07   11/27 3rd Qt. 17:45

DECEMBER 1972

Day	Sid. T.	Sun	Moon	Merc.	Venus	Mars	Jup.	Saturn	Uranus	Nept.	Pluto	N.Node
1	16:41:46	9Sg24 10	22Li10	27Sc52R	8Sc34	10Sc21	10Cp57	17Ge43R	21Li38	5Sg 9	4Li 4	18Cp52
2	16:45:42	10 25 2	4Sc 7	27 10	9 48	11 1	11 10	17 38	21 40	5 11	4 5	18 49
3	16:49:39	11 25 55	16 0	26 40	11 2	11 41	11 23	17 34	21 43	5 13	4 6	18 45
4	16:53:35	12 26 49	27 50	26 22	12 16	12 21	11 36	17 29	21 46	5 16	4 7	18 42
5	16:57:32	13 27 45	9Sg40	26 14	13 31	13 1	11 49	17 24	21 49	5 18	4 8	18 39
6	17: 1:29	14 28 41	21 31	26 18D	14 45	13 41	12 2	17 19	21 51	5 20	4 9	18 36
7	17: 5:25	15 29 39	3Cp25	26 31	15 59	14 22	12 15	17 14	21 54	5 22	4 10	18 33
8	17: 9:22	16 30 37	15 24	26 53	17 14	15 2	12 28	17 9	21 57	5 25	4 11	18 30
9	17:13:18	17 31 36	27 31	27 23	18 28	15 42	12 42	17 4	21 59	5 27	4 12	18 26
10	17:17:14	18 32 36	9Aq47	28 1	19 43	16 22	12 55	16 59	22 2	5 29	4 13	18 23
11	17:21:11	19 33 37	22 17	28 45	20 57	17 3	13 8	16 54	22 4	5 31	4 14	18 20
12	17:25: 8	20 34 38	5Pi 4	29 35	22 12	17 43	13 22	16 49	22 7	5 33	4 15	18 17
13	17:29: 4	21 35 40	18 12	0Sg30	23 26	18 23	13 35	16 44	22 9	5 36	4 16	18 14
14	17:33: 1	22 36 42	1Ar43	1 29	24 41	19 4	13 48	16 39	22 11	5 38	4 17	18 10
15	17:36:58	23 37 44	15 39	2 32	25 56	19 44	14 2	16 34	22 14	5 40	4 17	18 7
16	17:40:54	24 38 47	0Ta 0	3 39	27 10	20 24	14 15	16 29	22 16	5 42	4 18	18 4
17	17:44:51	25 39 50	14 44	4 48	28 25	21 5	14 29	16 25	22 18	5 44	4 19	18 1
18	17:48:47	26 40 54	29 44	6 1	29 40	21 45	14 43	16 20	22 20	5 46	4 19	17 58
19	17:52:44	27 41 58	14Ge54	7 15	0Sg54	22 26	14 56	16 15	22 22	5 49	4 20	17 55
20	17:56:40	28 43 3	0Cn 2	8 32	2 9	23 6	15 10	16 10	22 24	5 51	4 21	17 51
21	18: 0:37	29 44 8	15 0	9 50	3 24	23 47	15 24	16 5	22 26	5 53	4 21	17 48
22	18: 4:34	0Cp45 14	29 39	11 9	4 38	24 27	15 37	16 1	22 28	5 55	4 22	17 45
23	18: 8:30	1 46 20	13Le55	12 31	5 53	25 8	15 51	15 56	22 30	5 57	4 22	17 42
24	18:12:27	2 47 27	27 43	13 53	7 8	25 49	16 5	15 51	22 32	5 59	4 23	17 39
25	18:16:23	3 48 35	11Vi 4	15 16	8 23	26 29	16 19	15 47	22 34	6 1	4 23	17 36
26	18:20:20	4 49 43	24 0	16 40	9 38	27 10	16 32	15 42	22 36	6 3	4 24	17 32
27	18:24:16	5 50 51	6Li35	18 6	10 53	27 51	16 46	15 38	22 37	6 5	4 24	17 29
28	18:28:13	6 52 1	18 51	19 32	12 8	28 31	17 0	15 33	22 39	6 7	4 24	17 26
29	18:32: 9	7 53 10	0Sc55	20 58	13 22	29 12	17 14	15 29	22 41	6 9	4 25	17 23
30	18:36: 6	8 54 20	12 49	22 25	14 37	29 53	17 28	15 25	22 42	6 11	4 25	17 20
31	18:40: 3	9 55 31	24 39	23 53	15 52	0Sg34	17 42	15 20	22 44	6 13	4 25	17 16

12/21 Sun in Cap. 18:14   12/5 New 20:24   12/13 1st Qt. 18:36   12/20 Full 9:46   12/27 3rd Qt. 10:28

Day	Sid. T.	Sun	Moon	Merc.	Venus	Mars	Jup.	Saturn	Uranus	Nept.	Pluto	N.Node
1	18:43:59	10Cp56 41	6Sg28	25Sg22	17Sg 7	1Sg15	17Cp56	15Ge16R	22Li45	6Sg15	4Li25	17Cp13
2	18:47:56	11 57 52	18 19	26 51	18 22	1 55	18 10	15 12	22 47	6 17	4 25	17 10
3	18:51:53	12 59 4	0Cp15	28 20	19 37	2 36	18 24	15 8	22 48	6 19	4 25	17 7
4	18:55:49	14 0 15	12 17	29 50	20 52	3 17	18 38	15 4	22 49	6 21	4 26	17 4
5	18:59:45	15 1 26	24 28	1Cp20	22 7	3 58	18 52	15 0	22 50	6 23	4 26	17 1
6	19: 3:42	16 2 37	6Aq49	2 51	23 22	4 39	19 6	14 56	22 52	6 25	4 26R	16 57
7	19: 7:39	17 3 48	19 22	4 21	24 37	5 20	19 20	14 52	22 53	6 26	4 26	16 54
8	19:11:35	18 4 58	2Pi 7	5 54	25 52	6 1	19 34	14 48	22 54	6 28	4 26	16 51
9	19:15:32	19 6 8	15 6	7 26	27 7	6 42	19 48	14 45	22 55	6 30	4 25	16 48
10	19:19:29	20 7 17	28 21	8 59	28 22	7 23	20 2	14 41	22 56	6 32	4 25	16 45
11	19:23:25	21 8 26	11Ar52	10 32	29 37	8 4	20 16	14 38	22 57	6 34	4 25	16 41
12	19:27:21	22 9 34	25 40	12 5	0Cp52	8 45	20 30	14 34	22 58	6 35	4 25	16 38
13	19:31:18	23 10 42	9Ta46	13 39	2 7	9 26	20 44	14 31	22 58	6 37	4 25	16 35
14	19:35:14	24 11 49	24 8	15 13	3 22	10 7	20 58	14 28	22 59	6 39	4 24	16 32
15	19:39:11	25 12 55	8Ge43	16 48	4 37	10 49	21 12	14 25	23 0	6 40	4 24	16 29
16	19:43: 8	26 14 0	23 27	18 23	5 53	11 30	21 26	14 22	23 0	6 42	4 24	16 26
17	19:47: 4	27 15 5	8Cn13	19 59	7 8	12 11	21 40	14 19	23 1	6 44	4 23	16 22
18	19:51: 1	28 16 9	22 55	21 36	8 23	12 52	21 54	14 16	23 2	6 45	4 23	16 19
19	19:54:57	29 17 13	7Le25	23 13	9 38	13 33	22 8	14 13	23 2	6 47	4 23	16 16
20	19:58:54	0Aq18 16	21 38	24 50	10 53	14 15	22 22	14 10	23 2	6 48	4 22	16 13
21	20: 2:50	1 19 18	5Vi30	26 28	12 8	14 56	22 36	14 8	23 3	6 50	4 22	16 10
22	20: 6:47	2 20 20	18 57	28 7	13 23	15 37	22 50	14 5	23 3	6 51	4 21	16 7
23	20:10:44	3 21 21	2Li 0	29 46	14 38	16 19	23 4	14 3	23 3	6 53	4 21	16 3
24	20:14:40	4 22 22	14 40	1Aq26	15 53	17 0	23 18	14 1	23 3	6 54	4 20	16 0
25	20:18:37	5 23 22	27 1	3 6	17 8	17 41	23 32	13 58	23 4	6 56	4 19	15 57
26	20:22:33	6 24 22	9Sc 7	4 47	18 23	18 23	23 46	13 56	23 4	6 57	4 19	15 54
27	20:26:30	7 25 21	21 2	6 29	19 38	19 4	24 0	13 54	23 4R	6 58	4 18	15 51
28	20:30:26	8 26 19	2Sg52	8 11	20 53	19 46	24 14	13 53	23 4	7 0	4 17	15 47
29	20:34:23	9 27 17	14 41	9 54	22 8	20 27	24 28	13 51	23 4	7 1	4 16	15 44
30	20:38:19	10 28 14	26 34	11 38	23 24	21 9	24 41	13 49	23 3	7 2	4 16	15 41
31	20:42:16	11 29 10	8Cp34	13 23	24 39	21 50	24 55	13 48	23 3	7 3	4 15	15 38

1/20 Sun in Aqu. 4:49   1/4 New 15:43(E)   1/12 1st Qt. 5:28   1/18 Full 21:29   1/26 3rd Qt. 6:05

Day	Sid. T.	Sun	Moon	Merc.	Venus	Mars	Jup.	Saturn	Uranus	Nept.	Pluto	N.Node
1	20:46:13	12Aq30 5	20Cp45	15Aq 8	25Cp54	22Sg32	25Cp 9	13Ge46R	23Li 3R	7Sg 5	4Li14R	15Cp35
2	20:50: 9	13 31 0	3Aq10	16 53	27 9	23 14	25 23	13 45	23 3	7 6	4 13	15 32
3	20:54: 6	14 31 53	15 49	18 39	28 24	23 55	25 36	13 44	23 2	7 7	4 12	15 28
4	20:58: 2	15 32 45	28 43	20 26	29 39	24 37	25 50	13 43	23 2	7 8	4 11	15 25
5	21: 1:59	16 33 36	11Pi51	22 13	0Aq54	25 19	26 4	13 42	23 1	7 9	4 10	15 22
6	21: 5:55	17 34 25	25 13	24 1	2 9	26 0	26 17	13 41	23 1	7 10	4 9	15 19
7	21: 9:52	18 35 13	8Ar48	25 49	3 24	26 42	26 31	13 40	23 0	7 11	4 8	15 16
8	21:13:49	19 36 0	22 33	27 38	4 39	27 24	26 44	13 39	22 59	7 12	4 7	15 13
9	21:17:45	20 36 45	6Ta27	29 26	5 54	28 5	26 58	13 39	22 59	7 13	4 6	15 9
10	21:21:42	21 37 28	20 29	1Pi15	7 9	28 47	27 11	13 39	22 58	7 14	4 5	15 6
11	21:25:38	22 38 10	4Ge37	3 3	8 24	29 29	27 25	13 38	22 57	7 15	4 4	15 3
12	21:29:35	23 38 50	18 51	4 51	9 39	0Cp11	27 38	13 38	22 56	7 16	4 3	15 0
13	21:33:31	24 39 29	3Cn 8	6 38	10 54	0 54	27 51	13 38D	22 55	7 17	4 2	14 57
14	21:37:28	25 40 6	17 25	8 25	12 9	1 34	28 5	13 38	22 54	7 17	4 1	14 53
15	21:41:24	26 40 41	1Le39	10 10	13 24	2 16	28 18	13 38	22 53	7 18	3 59	14 50
16	21:45:21	27 41 14	15 46	11 53	14 39	2 58	28 31	13 38	22 52	7 19	3 58	14 47
17	21:49:18	28 41 46	29 42	13 35	15 54	3 40	28 44	13 39	22 51	7 19	3 57	14 44
18	21:53:14	29 42 16	13Vi22	15 14	17 9	4 22	28 57	13 39	22 50	7 20	3 56	14 41
19	21:57:10	0Pi42 45	26 44	16 50	18 24	5 4	29 10	13 40	22 49	7 21	3 54	14 38
20	22: 1: 7	1 43 12	9Li45	18 23	19 39	5 46	29 23	13 41	22 48	7 21	3 53	14 34
21	22: 5: 4	2 43 38	22 26	19 51	20 54	6 28	29 36	13 42	22 46	7 22	3 52	14 31
22	22: 9: 0	3 44 3	4Sc49	21 14	22 9	7 10	29 49	13 42	22 45	7 22	3 50	14 28
23	22:12:57	4 44 26	16 57	22 32	23 24	7 52	0Aq 2	13 44	22 44	7 23	3 49	14 25
24	22:16:54	5 44 48	28 53	23 44	24 39	8 34	0 14	13 45	22 42	7 23	3 48	14 22
25	22:20:50	6 45 8	10Sg44	24 50	25 54	9 16	0 27	13 46	22 41	7 24	3 46	14 19
26	22:24:46	7 45 27	22 33	25 48	27 9	9 58	0 40	13 47	22 39	7 24	3 45	14 15
27	22:28:43	8 45 44	4Cp26	26 38	28 24	10 40	0 52	13 49	22 38	7 25	3 43	14 12
28	22:32:40	9 46 0	16 29	27 20	29 39	11 23	1 5	13 51	22 36	7 25	3 42	14 9

2/18 Sun in Pis. 19:02   2/3 New 9:23   2/10 1st Qt. 14:06   2/17 Full 10:08   2/25 3rd Qt. 3:11

MARCH 1973

Day	Sid. T.	Sun	Moon	Merc.	Venus	Mars	Jup.	Saturn	Uranus	Nept.	Pluto	N.Node
1	22:36:36	10Pi46 15	28Cp46	27Pi52	0Pi54	12Cp 5	1Aq17	13Ge52	22Li34R	7Sg25	3Li40R	14Cp 6
2	22:40:33	11 46 27	11Aq20	28 16	2 9	12 47	1 29	13 54	22 33	7 25	3 39	14 3
3	22:44:29	12 46 38	24 14	28 31	3 24	13 29	1 42	13 56	22 31	7 26	3 37	13 59
4	22:48:25	13 46 48	7Pi28	28 36	4 38	14 11	1 54	13 58	22 29	7 26	3 36	13 56
5	22:52:23	14 46 55	21 2	28 31R	5 53	14 54	2 6	14 0	22 27	7 26	3 34	13 53
6	22:56:19	15 47 1	4Ar51	28 18	7 8	15 36	2 18	14 3	22 25	7 26	3 33	13 50
7	23: 0:15	16 47 4	18 53	27 56	8 23	16 18	2 30	14 5	22 23	7 26	3 31	13 47
8	23: 4:12	17 47 6	3Ta 3	27 26	9 38	17 0	2 42	14 7	22 21	7 26	3 30	13 44
9	23: 8: 9	18 47 5	17 15	26 49	10 53	17 43	2 54	14 10	22 19	7 26R	3 28	13 40
10	23:12: 5	19 47 2	1Ge28	26 5	12 8	18 25	3 6	14 13	22 17	7 26	3 26	13 37
11	23:16: 1	20 46 58	15 38	25 16	13 22	19 7	3 17	14 15	22 15	7 26	3 25	13 34
12	23:19:59	21 46 50	29 43	24 23	14 37	19 50	3 29	14 18	22 13	7 26	3 23	13 31
13	23:23:55	22 46 41	13Cn43	23 27	15 52	20 32	3 40	14 21	22 11	7 26	3 22	13 28
14	23:27:51	23 46 29	27 37	22 30	17 7	21 14	3 52	14 24	22 9	7 26	3 20	13 24
15	23:31:48	24 46 15	11Le25	21 32	18 21	21 57	4 3	14 28	22 7	7 26	3 18	13 21
16	23:35:45	25 45 59	25 5	20 35	19 36	22 39	4 14	14 31	22 5	7 26	3 17	13 18
17	23:39:41	26 45 41	8Vi35	19 41	20 51	23 22	4 25	14 34	22 3	7 25	3 15	13 15
18	23:43:37	27 45 21	21 54	18 50	22 5	24 4	4 36	14 38	22 0	7 25	3 13	13 12
19	23:47:34	28 44 58	4Li59	18 2	23 20	24 47	4 47	14 41	21 58	7 25	3 12	13 9
20	23:51:30	29 44 34	17 49	17 20	24 35	25 29	4 58	14 45	21 56	7 24	3 10	13 5
21	23:55:27	0Ar44 7	0Sc23	16 42	25 49	26 12	5 9	14 49	21 53	7 24	3 8	13 2
22	23:59:24	1 43 39	12 42	16 10	27 4	26 54	5 20	14 53	21 51	7 24	3 7	12 59
23	0: 3:20	2 43 9	24 48	15 44	28 19	27 36	5 30	14 57	21 49	7 23	3 5	12 56
24	0: 7:17	3 42 37	6Sg43	15 25	29 33	28 19	5 41	15 1	21 46	7 23	3 3	12 53
25	0:11:13	4 42 3	18 33	15 11	0Ar48	29 2	5 51	15 5	21 44	7 22	3 2	12 50
26	0:15:10	5 41 28	0Cp22	15 3	2 2	29 44	6 1	15 9	21 41	7 22	3 0	12 46
27	0:19: 6	6 40 51	12 15	15 1D	3 17	0Aq27	6 12	15 14	21 39	7 21	2 59	12 43
28	0:23: 3	7 40 12	24 17	15 5	4 32	1 9	6 22	15 18	21 36	7 20	2 57	12 40
29	0:27: 0	8 39 31	6Aq35	15 14	5 46	1 52	6 32	15 22	21 34	7 20	2 55	12 37
30	0:30:56	9 38 48	19 13	15 28	7 1	2 34	6 42	15 27	21 31	7 19	2 54	12 34
31	0:34:53	10 38 4	2Pi15	15 48	8 15	3 17	6 51	15 32	21 29	7 18	2 52	12 30

3/20 Sun in Ari. 18:13   3/5 New 0:08   3/11 1st Qt. 21:26   3/18 Full 23:34   3/26 3rd Qt. 23:47

APRIL 1973

Day	Sid. T.	Sun	Moon	Merc.	Venus	Mars	Jup.	Saturn	Uranus	Nept.	Pluto	N.Node
1	0:38:49	11Ar37 17	15Pi41	16Pi12	9Ar30	3Aq59	7Aq 1	15Ge36	21Li26R	7Sg18R	2Li50R	12Cp27
2	0:42:46	12 36 29	29 32	16 41	10 44	4 42	7 10	15 41	21 24	7 17	2 49	12 24
3	0:46:42	13 35 39	13Ar44	17 14	11 59	5 25	7 20	15 46	21 21	7 16	2 47	12 21
4	0:50:38	14 34 46	28 12	17 51	13 13	6 7	7 29	15 51	21 19	7 15	2 45	12 18
5	0:54:35	15 33 52	12Ta48	18 33	14 28	6 50	7 38	15 56	21 16	7 15	2 44	12 15
6	0:58:31	16 32 55	27 26	19 17	15 42	7 32	7 47	16 1	21 14	7 14	2 42	12 11
7	1: 2:28	17 31 57	12Ge 0	20 6	16 56	8 15	7 56	16 7	21 11	7 13	2 41	12 8
8	1: 6:25	18 30 56	26 23	20 57	18 11	8 58	8 5	16 12	21 9	7 12	2 39	12 5
9	1:10:21	19 29 52	10Cn34	21 52	19 25	9 40	8 14	16 17	21 6	7 11	2 37	12 2
10	1:14:18	20 28 47	24 31	22 50	20 40	10 23	8 22	16 23	21 3	7 10	2 36	11 59
11	1:18:14	21 27 39	8Le15	23 50	21 54	11 6	8 30	16 28	21 1	7 9	2 34	11 56
12	1:22:11	22 26 28	21 46	24 53	23 8	11 48	8 39	16 34	20 58	7 8	2 33	11 52
13	1:26: 7	23 25 16	5Vi 5	25 59	24 23	12 31	8 47	16 40	20 56	7 7	2 31	11 49
14	1:30: 4	24 24 1	18 13	27 8	25 37	13 13	8 55	16 45	20 53	7 6	2 30	11 46
15	1:34: 1	25 22 44	1Li 9	28 18	26 51	13 56	9 3	16 51	20 50	7 5	2 28	11 43
16	1:37:57	26 21 24	13 54	29 31	28 5	14 39	9 10	16 57	20 48	7 4	2 27	11 40
17	1:41:54	27 20 3	26 27	0Ar46	29 19	15 21	9 18	17 3	20 45	7 3	2 25	11 36
18	1:45:51	28 18 40	8Sc48	2 4	0Ta34	16 4	9 25	17 9	20 43	7 1	2 24	11 33
19	1:49:47	29 17 15	20 58	3 23	1 48	16 46	9 32	17 15	20 40	7 0	2 22	11 30
20	1:53:43	0Ta15 49	2Sg58	4 44	3 2	17 29	9 40	17 21	20 38	6 59	2 21	11 27
21	1:57:40	1 14 20	14 51	6 8	4 16	18 12	9 47	17 27	20 35	6 58	2 20	11 24
22	2: 1:36	2 12 50	26 39	7 33	5 30	18 54	9 53	17 33	20 33	6 57	2 18	11 21
23	2: 5:33	3 11 18	8Cp27	9 0	6 44	19 37	10 0	17 40	20 30	6 55	2 17	11 17
24	2: 9:30	4 9 44	20 19	10 30	7 59	20 19	10 7	17 46	20 28	6 54	2 16	11 14
25	2:13:26	5 8 9	2Aq21	12 1	9 13	21 2	10 13	17 52	20 25	6 53	2 14	11 11
26	2:17:23	6 6 33	14 37	13 33	10 27	21 44	10 19	17 59	20 23	6 51	2 13	11 8
27	2:21:19	7 4 54	27 14	15 8	11 41	22 27	10 25	18 5	20 20	6 50	2 12	11 5
28	2:25:16	8 3 14	10Pi15	16 45	12 55	23 10	10 31	18 12	20 18	6 49	2 10	11 2
29	2:29:12	9 1 33	23 44	18 23	14 9	23 52	10 37	18 19	20 15	6 47	2 9	10 58
30	2:33: 9	9 59 50	7Ar40	20 3	15 23	24 35	10 42	18 25	20 13	6 46	2 8	10 55

4/20 Sun in Tau. 5:31   4/3 New 11:46   4/10 1st Qt. 4:29   4/17 Full 13:51   4/25 3rd Qt. 17:59

Day	Sid. T.	Sun	Moon	Merc.	Venus	Mars	Jup.	Saturn	Uranus	Nept.	Pluto	N.Node
1	2:37: 6	10Ta58 5	22Ar 3	21Ar45	16Ta37	25Aq17	10Aq48	18Ge32	20Li11R	6Sg45R	2Li 7R	10Cp52
2	2:41: 2	11 56 19	6Ta46	23 29	17 51	25 59	10 53	18 39	20 8	6 43	2 5	10 49
3	2:44:59	12 54 31	21 42	25 14	19 5	26 42	10 58	18 46	20 6	6 42	2 4	10 46
4	2:48:55	13 52 41	6Ge42	27 2	20 19	27 24	11 3	18 53	20 4	6 40	2 3	10 42
5	2:52:52	14 50 50	21 38	28 51	21 33	28 7	11 8	18 59	20 1	6 39	2 2	10 39
6	2:56:48	15 48 56	6Cn21	0Ta42	22 47	28 49	11 12	19 6	19 59	6 37	2 1	10 36
7	3: 0:45	16 47 1	20 47	2 35	24 1	29 31	11 17	19 13	19 57	6 36	2 0	10 33
8	3: 4:41	17 45 4	4Le53	4 30	25 15	0Pi14	11 21	19 20	19 55	6 34	1 59	10 30
9	3: 8:38	18 43 5	18 39	6 26	26 29	0 56	11 25	19 27	19 53	6 33	1 58	10 27
10	3:12:35	19 41 4	2Vi 6	8 25	27 42	1 38	11 29	19 35	19 50	6 31	1 57	10 23
11	3:16:31	20 39 1	15 15	10 25	28 56	2 21	11 33	19 42	19 48	6 30	1 56	10 20
12	3:20:28	21 36 56	28 8	12 27	0Ge10	3 3	11 36	19 49	19 46	6 28	1 55	10 17
13	3:24:24	22 34 49	10Li47	14 30	1 24	3 45	11 39	19 56	19 44	6 27	1 54	10 14
14	3:28:21	23 32 41	23 15	16 35	2 38	4 27	11 43	20 3	19 42	6 25	1 53	10 11
15	3:32:17	24 30 31	5Sc32	18 42	3 51	5 9	11 46	20 11	19 40	6 24	1 52	10 8
16	3:36:14	25 28 20	17 39	20 49	5 5	5 51	11 48	20 18	19 38	6 22	1 51	10 4
17	3:40:11	26 26 7	29 39	22 58	6 19	6 33	11 51	20 25	19 36	6 20	1 51	10 1
18	3:44: 7	27 23 53	11Sg33	25 8	7 33	7 15	11 53	20 33	19 35	6 19	1 50	9 58
19	3:48: 4	28 21 37	23 22	27 19	8 46	7 57	11 56	20 40	19 33	6 17	1 49	9 55
20	3:52: 0	29 19 20	5Cp 9	29 30	10 0	8 39	11 58	20 48	19 31	6 16	1 48	9 52
21	3:55:57	0Ge17 2	16 58	1Ge42	11 14	9 21	12 0	20 55	19 29	6 14	1 48	9 48
22	3:59:53	1 14 43	28 51	3 54	12 27	10 3	12 1	21 3	19 27	6 12	1 47	9 45
23	4: 3:50	2 12 23	10Aq54	6 5	13 41	10 44	12 3	21 10	19 26	6 11	1 46	9 42
24	4: 7:46	3 10 2	23 11	8 16	14 55	11 26	12 4	21 18	19 24	6 9	1 46	9 39
25	4:11:42	4 7 40	5Pi46	10 26	16 8	12 8	12 5	21 25	19 23	6 7	1 45	9 36
26	4:15:40	5 5 16	18 43	12 35	17 22	12 49	12 6	21 33	19 21	6 6	1 45	9 33
27	4:19:36	6 2 52	2Ar 8	14 42	18 36	13 31	12 7	21 41	19 19	6 4	1 44	9 29
28	4:23:32	7 0 27	16 0	16 48	19 49	14 12	12 7	21 48	19 18	6 3	1 44	9 26
29	4:27:29	7 58 1	0Ta19	18 53	21 3	14 54	12 8	21 56	19 17	6 1	1 43	9 23
30	4:31:26	8 55 34	15 3	20 55	22 16	15 35	12 8	22 4	19 15	5 59	1 43	9 20
31	4:35:22	9 53 7	0Ge 4	22 55	23 30	16 16	12 8R	22 11	19 14	5 58	1 42	9 17

5/21 Sun in Gem. 4:55   5/2 New 20:56   5/9 1st Qt. 12:08   5/17 Full 4:59   5/25 3rd Qt. 8:41

Day	Sid. T.	Sun	Moon	Merc.	Venus	Mars	Jup.	Saturn	Uranus	Nept.	Pluto	N.Node
1	4:39:18	10Ge50 38	15Ge15	24Ge53	24Ge43	16Pi58	12Aq 8R	22Ge19	19Li13R	5Sg56R	1Li42R	9Cp13
2	4:43:16	11 48 9	0Cn24	26 49	25 57	17 39	12 7	22 27	19 11	5 54	1 42	9 10
3	4:47:12	12 45 38	15 24	28 43	27 11	18 20	12 7	22 34	19 10	5 53	1 42	9 7
4	4:51: 9	13 43 6	0Le 6	0Cn33	28 24	19 1	12 6	22 42	19 9	5 51	1 41	9 4
5	4:55: 6	14 40 33	14 26	2 22	29 38	19 42	12 5	22 50	19 8	5 50	1 41	9 1
6	4:59: 2	15 37 59	28 22	4 7	0Cn51	20 23	12 4	22 58	19 7	5 48	1 41	8 58
7	5: 2:58	16 35 23	11Vi53	5 50	2 4	21 4	12 2	23 5	19 6	5 46	1 41	8 54
8	5: 6:56	17 32 46	25 1	7 31	3 18	21 44	12 1	23 13	19 5	5 45	1 41	8 51
9	5:10:51	18 30 9	7Li49	9 9	4 31	22 25	11 59	23 21	19 4	5 43	1 40	8 48
10	5:14:48	19 27 30	20 20	10 44	5 45	23 5	11 57	23 29	19 3	5 42	1 40	8 45
11	5:18:44	20 24 50	2Sc36	12 16	6 58	23 46	11 55	23 37	19 2	5 40	1 40	8 42
12	5:22:41	21 22 9	14 42	13 45	8 11	24 26	11 53	23 44	19 1	5 39	1 40D	8 39
13	5:26:38	22 19 27	26 40	15 12	9 25	25 7	11 50	23 52	19 1	5 37	1 40	8 35
14	5:30:34	23 16 45	8Sg32	16 36	10 38	25 47	11 48	24 0	19 0	5 36	1 41	8 32
15	5:34:31	24 14 2	20 21	17 57	11 51	26 27	11 45	24 8	18 59	5 34	1 41	8 29
16	5:38:27	25 11 18	2Cp 9	19 15	13 5	27 7	11 42	24 16	18 59	5 33	1 41	8 26
17	5:42:24	26 8 34	13 59	20 31	14 18	27 47	11 39	24 24	18 58	5 31	1 41	8 23
18	5:46:21	27 5 50	25 52	21 43	15 31	28 26	11 35	24 31	18 58	5 30	1 41	8 19
19	5:50:17	28 3 5	7Aq51	22 52	16 44	29 6	11 32	24 39	18 57	5 28	1 41	8 16
20	5:54:14	29 0 19	19 59	23 59	17 58	29 45	11 28	24 47	18 57	5 27	1 42	8 13
21	5:58:10	29 57 33	2Pi21	25 2	19 11	0Ar25	11 24	24 55	18 57	5 25	1 42	8 10
22	6: 2: 7	0Cn54 48	14 58	26 2	20 24	1 4	11 20	25 3	18 57	5 24	1 42	8 7
23	6: 6: 3	1 52 2	27 55	26 58	21 37	1 43	11 16	25 10	18 56	5 22	1 43	8 4
24	6:10: 0	2 49 15	11Ar14	27 51	22 51	2 22	11 12	25 18	18 56	5 21	1 43	8 0
25	6:13:56	3 46 29	24 58	28 41	24 4	3 1	11 7	25 26	18 56	5 20	1 43	7 57
26	6:17:53	4 43 43	9Ta 7	29 27	25 17	3 40	11 2	25 34	18 56	5 18	1 44	7 54
27	6:21:50	5 40 57	23 39	0Le 9	26 30	4 18	10 57	25 41	18 56D	5 17	1 44	7 51
28	6:25:46	6 38 11	8Ge31	0 47	27 43	4 57	10 52	25 49	18 56	5 15	1 45	7 48
29	6:29:43	7 35 26	23 36	1 22	28 56	5 35	10 47	25 57	18 56	5 14	1 46	7 45
30	6:33:39	8 32 39	8Cn45	1 52	0Le 9	6 13	10 42	26 5	18 56	5 13	1 46	7 41

6/21 Sun in Can. 13:01   6/1 New 4:35   6/7 1st Qt. 21:12   6/15 Full 20:35   6/23 3rd Qt. 19:46   6/30 New 11:40(E)

JULY 1973

Day	Sid. T.	Sun	Moon	Merc.	Venus	Mars	Jup.	Saturn	Uranus	Nept.	Pluto	N.Node
1	6:37:36	9Cn29 53	23Cn49	2Le18	1Le22	6Ar51	10Aq36R	26Ge12	18Li57	5Sg12R	1Li47	7Cp38
2	6:41:32	10 27 7	8Le40	2 39	2 35	7 29	10 31	26 20	18 57	5 10	1 47	7 35
3	6:45:29	11 24 20	23 11	2 57	3 49	8 7	10 25	26 28	18 57	5 9	1 48	7 32
4	6:49:26	12 21 33	7Vi16	3 9	5 2	8 44	10 19	26 35	18 58	5 8	1 49	7 29
5	6:53:22	13 18 46	20 55	3 17	6 15	9 22	10 13	26 43	18 58	5 7	1 50	7 25
6	6:57:19	14 15 59	4Li 8	3 21	7 27	9 59	10 7	26 50	18 58	5 5	1 50	7 22
7	7: 1:15	15 13 11	16 58	3 19R	8 40	10 36	10 1	26 58	18 59	5 4	1 51	7 19
8	7: 5:12	16 10 23	29 26	3 13	9 53	11 13	9 54	27 6	19 0	5 3	1 52	7 16
9	7: 9: 8	17 7 35	11Sc39	3 2	11 6	11 49	9 48	27 13	19 0	5 2	1 53	7 13
10	7:13: 5	18 4 47	23 39	2 47	12 19	12 26	9 41	27 21	19 1	5 1	1 54	7 10
11	7:17: 2	19 1 59	5Sg32	2 28	13 32	13 2	9 35	27 28	19 2	5 0	1 55	7 6
12	7:20:58	19 59 11	17 20	2 4	14 45	13 38	9 28	27 35	19 2	4 59	1 56	7 3
13	7:24:55	20 56 23	29 8	1 36	15 58	14 13	9 21	27 43	19 3	4 58	1 57	7 0
14	7:28:51	21 53 35	10Cp58	1 5	17 10	14 49	9 14	27 50	19 4	4 57	1 58	6 57
15	7:32:47	22 50 48	22 53	0 31	18 23	15 24	9 7	27 58	19 5	4 56	1 59	6 54
16	7:36:44	23 48 1	4Aq54	29Cn54	19 36	15 59	9 0	28 5	19 6	4 55	2 0	6 51
17	7:40:41	24 45 14	17 4	29 15	20 49	16 34	8 52	28 12	19 7	4 54	2 1	6 47
18	7:44:37	25 42 28	29 25	28 35	22 1	17 9	8 45	28 20	19 8	4 53	2 2	6 44
19	7:48:34	26 39 42	11Pi58	27 54	23 14	17 43	8 37	28 27	19 9	4 52	2 3	6 41
20	7:52:31	27 36 58	24 45	27 13	24 27	18 18	8 30	28 34	19 11	4 51	2 4	6 38
21	7:56:27	28 34 13	7Ar47	26 33	25 39	18 51	8 23	28 41	19 12	4 51	2 6	6 35
22	8: 0:24	29 31 30	21 7	25 54	26 52	19 25	8 15	28 48	19 13	4 50	2 7	6 31
23	8: 4:20	0Le28 47	4Ta46	25 17	28 4	19 58	8 7	28 55	19 15	4 49	2 8	6 28
24	8: 8:17	1 26 6	18 44	24 44	29 17	20 31	8 0	29 2	19 16	4 48	2 10	6 25
25	8:12:13	2 23 25	3Ge 1	24 13	0Vi30	21 4	7 52	29 9	19 17	4 48	2 11	6 22
26	8:16:10	3 20 46	17 35	23 47	1 42	21 37	7 44	29 16	19 19	4 47	2 12	6 19
27	8:20: 7	4 18 7	2Cn22	23 25	2 55	22 9	7 36	29 23	19 20	4 46	2 14	6 16
28	8:24: 3	5 15 29	17 16	23 9	4 7	22 41	7 29	29 30	19 22	4 46	2 15	6 12
29	8:28: 0	6 12 52	2Le10	22 58	5 19	23 12	7 21	29 37	19 24	4 45	2 17	6 9
30	8:31:56	7 10 16	16 56	22 52	6 32	23 44	7 13	29 44	19 25	4 45	2 18	6 6
31	8:35:52	8 7 41	1Vi27	22 53D	7 44	24 15	7 5	29 50	19 27	4 44	2 20	6 3

7/22 Sun in Leo 23:56   7/7 1st Qt. 8:26   7/15 Full 11:56   7/23 3rd Qt. 3:58   7/29 New 19:00

AUGUST 1973

Day	Sid. T.	Sun	Moon	Merc.	Venus	Mars	Jup.	Saturn	Uranus	Nept.	Pluto	N.Node
1	8:39:49	9Le 5 6	15Vi36	22Cn59	8Vi56	24Ar45	6Aq57R	29Ge57	19Li29	4Sg44R	2Li21	6Cp 0
2	8:43:46	10 2 32	29 19	23 13	10 9	25 15	6 50	0Cn 4	19 31	4 43	2 23	5 57
3	8:47:42	10 59 59	12Li37	23 32	11 21	25 45	6 42	0 10	19 33	4 43	2 24	5 53
4	8:51:38	11 57 26	25 29	23 58	12 33	26 15	6 34	0 17	19 35	4 42	2 26	5 50
5	8:55:36	12 54 54	7Sc59	24 31	13 45	26 44	6 26	0 23	19 37	4 42	2 27	5 47
6	8:59:32	13 52 23	20 11	25 10	14 58	27 13	6 19	0 30	19 39	4 42	2 29	5 44
7	9: 3:28	14 49 52	2Sg11	25 55	16 10	27 41	6 11	0 36	19 41	4 41	2 31	5 41
8	9: 7:25	15 47 22	14 2	26 47	17 22	28 9	6 3	0 42	19 43	4 41	2 32	5 37
9	9:11:22	16 44 54	25 49	27 45	18 34	28 37	5 56	0 49	19 45	4 41	2 34	5 34
10	9:15:18	17 42 26	7Cp38	28 49	19 46	29 4	5 48	0 55	19 47	4 41	2 36	5 31
11	9:19:14	18 39 59	19 32	29 59	20 58	29 31	5 41	1 1	19 49	4 40	2 38	5 28
12	9:23:12	19 37 33	1Aq35	1Le15	22 10	29 57	5 33	1 7	19 52	4 40	2 39	5 25
13	9:27: 8	20 35 8	13 48	2 36	23 22	0Ta23	5 26	1 13	19 54	4 40	2 41	5 22
14	9:31: 4	21 32 44	26 13	4 2	24 34	0 48	5 19	1 19	19 56	4 40	2 43	5 18
15	9:35: 1	22 30 22	8Pi51	5 33	25 45	1 13	5 12	1 25	19 59	4 40	2 45	5 15
16	9:38:57	23 28 1	21 42	7 8	26 57	1 38	5 5	1 31	20 1	4 40D	2 47	5 12
17	9:42:54	24 25 41	4Ar47	8 48	28 9	2 2	4 58	1 37	20 4	4 40	2 49	5 9
18	9:46:50	25 23 23	18 4	10 32	29 25	2 25	4 51	1 42	20 6	4 40	2 50	5 6
19	9:50:47	26 21 6	1Ta34	12 18	0Li32	2 48	4 44	1 48	20 9	4 40	2 52	5 2
20	9:54:43	27 18 51	15 16	14 8	1 44	3 11	4 37	1 53	20 11	4 40	2 54	4 59
21	9:58:40	28 16 38	29 9	16 0	2 55	3 33	4 31	1 59	20 14	4 40	2 56	4 56
22	10: 2:37	29 14 26	13Ge15	17 55	4 7	3 54	4 24	2 4	20 17	4 41	2 58	4 53
23	10: 6:33	0Vi12 17	27 31	19 51	5 19	4 15	4 18	2 10	20 19	4 41	3 0	4 50
24	10:10:30	1 10 9	11Cn57	21 48	6 30	4 35	4 12	2 15	20 22	4 41	3 2	4 47
25	10:14:27	2 8 2	26 28	23 46	7 41	4 55	4 6	2 20	20 25	4 41	3 4	4 43
26	10:18:23	3 5 58	11Le 1	25 45	8 53	5 14	4 0	2 25	20 28	4 42	3 6	4 40
27	10:22:19	4 3 55	25 29	27 44	10 4	5 32	3 54	2 30	20 31	4 42	3 8	4 37
28	10:26:16	5 1 53	9Vi46	29 43	11 15	5 50	3 48	2 35	20 34	4 42	3 10	4 34
29	10:30:13	5 59 53	23 46	1Vi42	12 27	6 7	3 43	2 40	20 36	4 43	3 12	4 31
30	10:34: 9	6 57 55	7Li25	3 41	13 38	6 23	3 37	2 45	20 39	4 43	3 15	4 28
31	10:38: 6	7 55 58	20 41	5 38	14 49	6 39	3 32	2 50	20 42	4 44	3 17	4 24

8/23 Sun in Vir. 6:54   8/5 1st Qt. 22:27   8/14 Full 2:17   8/21 3rd Qt. 10:23   8/28 New 3:26

Day	Sid. T.	Sun	Moon	Merc.	Venus	Mars	Jup.	Saturn	Uranus	Nept.	Pluto	N.Node
1	10:42: 2	8Vi54 2	3Sc33	7Vi36	16Li 0	6Ta54	3Aq27R	2Cn54	20Li45	4Sg44	3Li19	4Cp21
2	10:45:59	9 52 8	16 4	9 32	17 11	7 9	3 22	2 59	20 48	4 45	3 21	4 18
3	10:49:55	10 50 16	28 17	11 27	18 22	7 22	3 18	3 3	20 52	4 45	3 23	4 15
4	10:53:52	11 48 24	10Sg16	13 22	19 33	7 36	3 13	3 8	20 55	4 46	3 25	4 12
5	10:57:48	12 46 35	22 7	15 15	20 44	7 48	3 9	3 12	20 58	4 46	3 27	4 8
6	11: 1:45	13 44 46	3Cp55	17 7	21 55	7 59	3 4	3 16	21 1	4 47	3 30	4 5
7	11: 5:42	14 43 0	15 46	18 58	23 5	8 10	3 0	3 21	21 4	4 48	3 32	4 2
8	11: 9:38	15 41 15	27 44	20 48	24 16	8 20	2 57	3 25	21 7	4 49	3 34	3 59
9	11:13:35	16 39 31	9Aq53	22 37	25 27	8 29	2 53	3 29	21 11	4 49	3 36	3 56
10	11:17:31	17 37 49	22 17	24 25	26 37	8 38	2 49	3 32	21 14	4 50	3 38	3 53
11	11:21:28	18 36 8	4Pi57	26 12	27 48	8 46	2 46	3 36	21 17	4 51	3 41	3 49
12	11:25:24	19 34 30	17 55	27 57	28 58	8 52	2 43	3 40	21 21	4 52	3 43	3 46
13	11:29:21	20 32 53	1Ar 9	29 41	0Sc 8	8 58	2 40	3 44	21 24	4 53	3 45	3 43
14	11:33:18	21 31 18	14 37	1Li25	1 19	9 4	2 37	3 47	21 27	4 54	3 47	3 40
15	11:37:14	22 29 45	28 17	3 7	2 29	9 8	2 34	3 50	21 31	4 54	3 50	3 37
16	11:41:11	23 28 14	12Ta 6	4 48	3 39	9 11	2 32	3 54	21 34	4 55	3 52	3 34
17	11:45: 7	24 26 46	26 2	6 28	4 49	9 14	2 30	3 57	21 38	4 56	3 54	3 30
18	11:49: 4	25 25 19	10Ge 3	8 7	5 59	9 16	2 28	4 0	21 41	4 57	3 56	3 27
19	11:53: 0	26 23 55	24 7	9 45	7 9	9 17	2 26	4 3	21 45	4 59	3 59	3 24
20	11:56:57	27 22 33	8Cn13	11 22	8 19	9 16R	2 24	4 6	21 48	5 0	4 1	3 21
21	12: 0:53	28 21 14	22 22	12 58	9 29	9 16	2 23	4 9	21 52	5 1	4 3	3 18
22	12: 4:50	29 19 56	6Le31	14 33	10 39	9 14	2 21	4 12	21 55	5 2	4 6	3 14
23	12: 8:47	0Li18 41	20 38	16 7	11 48	9 11	2 20	4 14	21 59	5 3	4 8	3 11
24	12:12:43	1 17 28	4Vi41	17 40	12 58	9 7	2 19	4 17	22 2	5 4	4 10	3 8
25	12:16:40	2 16 17	18 34	19 12	14 8	9 3	2 19	4 19	22 6	5 6	4 12	3 5
26	12:20:36	3 15 8	2Li15	20 44	15 17	8 57	2 18	4 21	22 10	5 7	4 15	3 2
27	12:24:33	4 14 1	15 40	22 14	16 26	8 51	2 18	4 24	22 13	5 8	4 17	2 59
28	12:28:29	5 12 56	28 46	23 43	17 36	8 44	2 18	4 26	22 17	5 9	4 19	2 55
29	12:32:26	6 11 53	11Sc32	25 12	18 45	8 36	2 18D	4 28	22 21	5 11	4 22	2 52
30	12:36:23	7 10 51	23 59	26 39	19 54	8 27	2 18	4 30	22 24	5 12	4 24	2 49

9/23 Sun in Lib. 4:22   9/4 1st Qt. 15:22   9/12 Full 15:17   9/19 3rd Qt. 16:11   9/26 New 13:55

Day	Sid. T.	Sun	Moon	Merc.	Venus	Mars	Jup.	Saturn	Uranus	Nept.	Pluto	N.Node
1	12:40:19	8Li 9 52	6Sg10	28Li 5	21Sc 3	8Ta17R	2Aq19	4Cn31	22Li28	5Sg14	4Li26	2Cp46
2	12:44:16	9 8 54	18 8	29 31	22 12	8 7	2 19	4 33	22 32	5 15	4 29	2 43
3	12:48:12	10 7 59	29 59	0Sc55	23 20	7 55	2 20	4 35	22 35	5 16	4 31	2 40
4	12:52: 8	11 7 5	11Cp47	2 19	24 29	7 43	2 21	4 36	22 39	5 18	4 33	2 36
5	12:56: 5	12 6 12	23 37	3 41	25 38	7 30	2 23	4 38	22 43	5 19	4 35	2 33
6	13: 0: 2	13 5 22	5Aq37	5 3	26 46	7 17	2 24	4 39	22 46	5 21	4 38	2 30
7	13: 3:58	14 4 33	17 49	6 23	27 55	7 2	2 26	4 40	22 50	5 22	4 40	2 27
8	13: 7:54	15 3 46	0Pi19	7 42	29 3	6 47	2 28	4 41	22 54	5 24	4 42	2 24
9	13:11:51	16 3 1	13 10	9 0	0Sg11	6 32	2 30	4 42	22 58	5 26	4 44	2 20
10	13:15:48	17 2 18	26 22	10 16	1 19	6 16	2 32	4 43	23 1	5 27	4 47	2 17
11	13:19:44	18 1 37	9Ar56	11 31	2 27	5 59	2 34	4 43	23 5	5 29	4 49	2 14
12	13:23:41	19 0 57	23 48	12 45	3 34	5 41	2 37	4 44	23 9	5 31	4 51	2 11
13	13:27:37	20 0 20	7Ta54	13 57	4 42	5 24	2 40	4 44	23 13	5 32	4 53	2 8
14	13:31:34	20 59 45	22 9	15 7	5 49	5 5	2 43	4 45	23 17	5 34	4 56	2 5
15	13:35:30	21 59 13	6Ge29	16 15	6 57	4 47	2 46	4 45	23 20	5 36	4 58	2 1
16	13:39:27	22 58 42	20 48	17 22	8 4	4 28	2 49	4 45	23 24	5 37	5 0	1 58
17	13:43:24	23 58 14	5Cn 3	18 26	9 11	4 8	2 53	4 45R	23 28	5 39	5 2	1 55
18	13:47:20	24 57 48	19 12	19 28	10 18	3 49	2 57	4 45	23 32	5 41	5 5	1 52
19	13:51:17	25 57 25	3Le15	20 27	11 25	3 29	3 1	4 45	23 35	5 43	5 7	1 49
20	13:55:13	26 57 3	17 10	21 23	12 31	3 9	3 5	4 45	23 39	5 45	5 9	1 46
21	13:59: 9	27 56 44	0Vi58	22 16	13 38	2 48	3 9	4 44	23 43	5 47	5 11	1 42
22	14: 3: 6	28 56 28	14 36	23 5	14 44	2 28	3 13	4 44	23 47	5 48	5 13	1 39
23	14: 7: 3	29 56 13	28 4	23 50	15 50	2 8	3 18	4 43	23 51	5 50	5 15	1 36
24	14:10:59	0Sc56 0	11Li20	24 31	16 56	1 48	3 23	4 42	23 54	5 52	5 17	1 33
25	14:14:56	1 55 50	24 23	25 7	18 2	1 27	3 28	4 41	23 58	5 54	5 20	1 30
26	14:18:53	2 55 42	7Sc11	25 38	19 7	1 7	3 33	4 40	24 2	5 56	5 22	1 26
27	14:22:49	3 55 35	19 45	26 3	20 13	0 48	3 38	4 39	24 6	5 58	5 24	1 23
28	14:26:45	4 55 31	2Sg 3	26 21	21 18	0 28	3 44	4 38	24 9	6 0	5 26	1 20
29	14:30:42	5 55 28	14 9	26 33	22 23	0 9	3 50	4 37	24 13	6 2	5 28	1 17
30	14:34:39	6 55 27	26 5	26 36R	23 27	29Ar50	3 55	4 35	24 17	6 4	5 30	1 14
31	14:38:35	7 55 28	7Cp53	26 31	24 32	29 31	4 1	4 34	24 21	6 6	5 32	1 11

10/23 Sun in Sco. 13:31   10/4 1st Qt. 10:32   10/12 Full 3:10   10/18 3rd Qt. 22:34   10/26 New 3:17

NOVEMBER 1973

Day	Sid. T.	Sun	Moon	Merc.	Venus	Mars	Jup.	Saturn	Uranus	Nept.	Pluto	N.Node
1	14:42:32	8Sc55 30	19Cp40	26Sc18R	25Sg36	29Ar13R	4Aq 8	4Cn32R	24Li24	6Sg 8	5Li34	1Cp 7
2	14:46:29	9 55 34	1Aq30	25 55	26 40	28 55	4 14	4 30	24 28	6 10	5 36	1 4
3	14:50:25	10 55 40	13 28	25 22	27 44	28 38	4 21	4 29	24 32	6 12	5 38	1 1
4	14:54:21	11 55 47	25 39	24 40	28 47	28 22	4 27	4 27	24 35	6 14	5 40	0 58
5	14:58:18	12 55 56	8Pi 8	23 48	29 50	28 6	4 34	4 25	24 39	6 17	5 42	0 55
6	15: 2:14	13 56 6	21 1	22 48	0Cp53	27 50	4 41	4 22	24 43	6 19	5 44	0 51
7	15: 6:11	14 56 18	4Ar18	21 40	1 56	27 36	4 48	4 20	24 46	6 21	5 46	0 48
8	15:10: 8	15 56 31	18 0	20 26	2 58	27 21	4 55	4 18	24 50	6 23	5 48	0 45
9	15:14: 4	16 56 46	2Ta 7	19 8	4 0	27 8	5 3	4 15	24 53	6 25	5 49	0 42
10	15:18: 0	17 57 3	16 34	17 49	5 2	26 55	5 10	4 13	24 57	6 27	5 51	0 39
11	15:21:58	18 57 21	1Ge14	16 29	6 3	26 43	5 18	4 10	25 0	6 29	5 53	0 36
12	15:25:54	19 57 41	16 0	15 14	7 4	26 32	5 26	4 7	25 4	6 32	5 55	0 32
13	15:29:50	20 58 3	0Cn45	14 4	8 4	26 22	5 34	4 4	25 8	6 34	5 57	0 29
14	15:33:47	21 58 27	15 22	13 2	9 4	26 12	5 42	4 2	25 11	6 36	5 58	0 26
15	15:37:44	22 58 53	29 48	12 10	10 4	26 3	5 51	3 58	25 14	6 38	6 0	0 23
16	15:41:40	23 59 21	13Le59	11 28	11 4	25 55	5 59	3 55	25 18	6 40	6 2	0 20
17	15:45:36	24 59 50	27 53	10 58	12 3	25 48	6 8	3 52	25 21	6 43	6 3	0 17
18	15:49:34	26 0 21	11Vi31	10 40	13 1	25 41	6 17	3 49	25 25	6 45	6 5	0 13
19	15:53:30	27 0 55	24 54	10 33	13 59	25 36	6 26	3 45	25 28	6 47	6 7	0 10
20	15:57:26	28 1 29	8Li 2	10 38D	14 57	25 31	6 35	3 42	25 31	6 49	6 8	0 7
21	16: 1:23	29 2 6	20 56	10 53	15 54	25 27	6 44	3 38	25 35	6 52	6 10	0 4
22	16: 5:19	0Sg 2 44	3Sc37	11 17	16 51	25 23	6 53	3 35	25 38	6 54	6 11	0 1
23	16: 9:16	1 3 24	16 6	11 50	17 47	25 21	7 3	3 31	25 41	6 56	6 13	29Sg57
24	16:13:12	2 4 5	28 23	12 31	18 42	25 19	7 12	3 27	25 45	6 58	6 14	29 54
25	16:17: 9	3 4 48	10Sg30	13 19	19 37	25 18	7 22	3 23	25 48	7 1	6 16	29 51
26	16:21: 5	4 5 32	22 28	14 13	20 32	25 18D	7 32	3 19	25 51	7 3	6 17	29 48
27	16:25: 2	5 6 18	4Cp20	15 12	21 25	25 19	7 42	3 15	25 54	7 5	6 19	29 45
28	16:28:59	6 7 4	16 7	16 16	22 18	25 21	7 52	3 11	25 57	7 7	6 20	29 42
29	16:32:55	7 7 52	27 53	17 24	23 11	25 23	8 2	3 7	26 0	7 10	6 22	29 38
30	16:36:52	8 8 40	9Aq43	18 35	24 2	25 26	8 12	3 3	26 3	7 12	6 23	29 35

11/22 Sun in Sag. 10:55   11/3 1st Qt. 6:30   11/10 Full 14:28   11/17 3rd Qt. 6:35   11/24 New 19:56

DECEMBER 1973

Day	Sid. T.	Sun	Moon	Merc.	Venus	Mars	Jup.	Saturn	Uranus	Nept.	Pluto	N.Node
1	16:40:49	9Sg 9 30	21Aq40	19Sc50	24Cp53	25Ar30	8Aq23	2Cn59R	26Li 6	7Sg14	6Li24	29Sg32
2	16:44:45	10 10 20	3Pi48	21 7	25 44	25 35	8 33	2 54	26 9	7 16	6 25	29 29
3	16:48:41	11 11 12	16 14	22 26	26 33	25 40	8 44	2 50	26 12	7 19	6 27	29 26
4	16:52:38	12 12 4	29 0	23 47	27 21	25 46	8 54	2 46	26 15	7 21	6 28	29 23
5	16:56:35	13 12 57	12Ar12	25 10	28 9	25 53	9 5	2 41	26 18	7 23	6 29	29 19
6	17: 0:31	14 13 50	25 51	26 34	28 56	26 1	9 16	2 37	26 21	7 25	6 30	29 16
7	17: 4:28	15 14 45	9Ta57	27 59	29 42	26 9	9 27	2 32	26 24	7 28	6 31	29 13
8	17: 8:24	16 15 40	24 29	29 26	0Aq27	26 18	9 38	2 27	26 27	7 30	6 32	29 10
9	17:12:21	17 16 36	9Ge20	0Sg53	1 10	26 28	9 50	2 23	26 29	7 32	6 34	29 7
10	17:16:18	18 17 33	24 24	2 21	1 53	26 38	10 1	2 18	26 32	7 34	6 35	29 3
11	17:20:14	19 18 31	9Cn32	3 49	2 35	26 49	10 12	2 13	26 35	7 37	6 36	29 0
12	17:24:11	20 19 30	24 34	5 18	3 15	27 0	10 24	2 8	26 37	7 39	6 37	28 57
13	17:28: 8	21 20 30	9Le23	6 48	3 55	27 13	10 35	2 4	26 40	7 41	6 37	28 54
14	17:32: 4	22 21 31	23 52	8 18	4 33	27 25	10 47	1 59	26 43	7 43	6 38	28 51
15	17:36: 1	23 22 33	7Vi58	9 48	5 9	27 39	10 59	1 54	26 45	7 45	6 39	28 48
16	17:39:57	24 23 36	21 41	11 19	5 45	27 53	11 11	1 49	26 48	7 48	6 40	28 44
17	17:43:54	25 24 40	5Li 1	12 50	6 19	28 7	11 23	1 44	26 50	7 50	6 41	28 41
18	17:47:50	26 25 45	17 59	14 21	6 51	28 22	11 35	1 39	26 52	7 52	6 42	28 38
19	17:51:47	27 26 50	0Sc40	15 53	7 22	28 38	11 47	1 34	26 55	7 54	6 42	28 35
20	17:55:44	28 27 57	13 5	17 24	7 52	28 54	11 59	1 29	26 57	7 56	6 43	28 32
21	17:59:40	29 29 4	25 18	18 56	8 20	29 10	12 11	1 24	26 59	7 58	6 44	28 29
22	18: 3:37	0Cp30 12	7Sg21	20 29	8 46	29 27	12 24	1 19	27 1	8 1	6 44	28 25
23	18: 7:33	1 31 20	19 17	22 1	9 10	29 45	12 36	1 14	27 3	8 3	6 45	28 22
24	18:11:30	2 32 29	1Cp 8	23 34	9 33	0Ta 3	12 49	1 9	27 5	8 5	6 45	28 19
25	18:15:26	3 33 39	12 56	25 7	9 53	0 22	13 1	1 4	27 8	8 7	6 46	28 16
26	18:19:23	4 34 48	24 44	26 40	10 12	0 41	13 14	0 59	27 10	8 9	6 46	28 13
27	18:23:19	5 35 58	6Aq33	28 14	10 29	1 0	13 27	0 55	27 12	8 11	6 47	28 9
28	18:27:15	6 37 8	18 25	29 47	10 43	1 20	13 40	0 50	27 14	8 13	6 47	28 6
29	18:31:13	7 38 18	0Pi25	1Cp21	10 55	1 40	13 53	0 45	27 15	8 15	6 48	28 3
30	18:35: 9	8 39 27	12 35	2 55	11 5	2 1	14 6	0 40	27 17	8 17	6 48	28 0
31	18:39: 5	9 40 37	24 59	4 30	11 13	2 22	14 19	0 35	27 19	8 19	6 48	27 57

12/22 Sun in Cap. 0:09   12/3 1st Qt. 1:29   12/10 Full 1:35(E)   12/16 3rd Qt. 17:13   12/24 New 15:08(E)

Day	Sid. T.	Sun	Moon	Merc.	Venus	Mars	Jup.	Saturn	Uranus	Nept.	Pluto	N.Node
1	18:43: 2	10Cp41 47	7Ar40	6Cp 5	11Aq19	2Ta43	14Aq32	0Cn30R	27Li21	8Sg21	6Li49	27Sg54
2	18:46:59	11 42 56	20 43	7 40	11 22	3 5	14 45	0 25	27 22	8 23	6 49	27 50
3	18:50:55	12 44 5	4Ta10	9 16	11 22R	3 28	14 58	0 20	27 24	8 25	6 49	27 47
4	18:54:51	13 45 14	18 4	10 51	11 20	3 50	15 11	0 16	27 25	8 27	6 49	27 44
5	18:58:49	14 46 23	2Ge25	12 28	11 16	4 13	15 24	0 11	27 27	8 29	6 49	27 41
6	19: 2:45	15 47 31	17 10	14 4	11 9	4 36	15 38	0 6	27 28	8 31	6 50	27 38
7	19: 6:41	16 48 39	2Cn13	15 41	11 0	5 0	15 51	0 2	27 30	8 33	6 50	27 35
8	19:10:38	17 49 47	17 28	17 19	10 48	5 24	16 5	29Ge57	27 31	8 35	6 50	27 31
9	19:14:35	18 50 54	2Le43	18 56	10 33	5 48	16 18	29 52	27 32	8 36	6 50R	27 28
10	19:18:31	19 52 1	17 49	20 35	10 16	6 13	16 32	29 48	27 34	8 38	6 50	27 25
11	19:22:28	20 53 9	2Vi37	22 13	9 57	6 38	16 45	29 43	27 35	8 40	6 50	27 22
12	19:26:24	21 54 16	17 1	23 53	9 35	7 3	16 59	29 39	27 36	8 42	6 49	27 19
13	19:30:20	22 55 23	0Li56	25 32	9 11	7 29	17 13	29 35	27 37	8 44	6 49	27 15
14	19:34:17	23 56 30	14 23	27 12	8 45	7 55	17 26	29 30	27 38	8 45	6 49	27 12
15	19:38:14	24 57 36	27 23	28 53	8 18	8 21	17 40	29 26	27 39	8 47	6 49	27 9
16	19:42:10	25 58 43	10Sc 1	0Aq34	7 48	8 47	17 54	29 22	27 40	8 49	6 49	27 6
17	19:46: 7	26 59 49	22 20	2 15	7 16	9 13	18 8	29 18	27 41	8 50	6 48	27 3
18	19:50: 4	28 0 55	4Sg24	3 57	6 43	9 40	18 22	29 14	27 42	8 52	6 48	27 0
19	19:54: 0	29 2 1	16 19	5 39	6 9	10 7	18 36	29 10	27 42	8 54	6 48	26 56
20	19:57:56	0Aq 3 7	28 8	7 22	5 34	10 35	18 50	29 6	27 43	8 55	6 47	26 53
21	20: 1:53	1 4 12	9Cp55	9 5	4 58	11 2	19 4	29 2	27 44	8 57	6 47	26 50
22	20: 5:50	2 5 16	21 42	10 48	4 21	11 30	19 18	28 58	27 44	8 58	6 46	26 47
23	20: 9:46	3 6 19	3Aq32	12 31	3 44	11 58	19 32	28 55	27 45	9 0	6 46	26 44
24	20:13:43	4 7 22	15 27	14 15	3 8	12 26	19 46	28 51	27 45	9 1	6 45	26 40
25	20:17:40	5 8 24	27 28	15 58	2 31	12 55	20 0	28 48	27 46	9 3	6 45	26 37
26	20:21:36	6 9 25	9Pi37	17 41	1 54	13 23	20 14	28 44	27 46	9 4	6 44	26 34
27	20:25:32	7 10 25	21 56	19 24	1 19	13 52	20 28	28 41	27 46	9 6	6 44	26 31
28	20:29:29	8 11 24	4Ar26	21 6	0 44	14 21	20 42	28 38	27 46	9 7	6 43	26 28
29	20:33:25	9 12 22	17 10	22 47	0 11	14 50	20 57	28 34	27 47	9 8	6 42	26 25
30	20:37:22	10 13 18	0Ta10	24 28	29Cp39	15 20	21 11	28 31	27 47	9 10	6 42	26 21
31	20:41:19	11 14 14	13 29	26 7	29 8	15 49	21 25	28 28	27 47	9 11	6 41	26 18

1/20 Sun in Aqu. 10:47   1/1 1st Qt. 18:07   1/8 Full 12:37   1/15 3rd Qt. 7:04   1/23 New 11:03   1/31 1st Qt. 7:40

Day	Sid. T.	Sun	Moon	Merc.	Venus	Mars	Jup.	Saturn	Uranus	Nept.	Pluto	N.Node
1	20:45:15	12Aq15 8	27Ta10	27Aq44	28Cp39R	16Ta19	21Aq39	28Ge25R	27Li47R	9Sg12	6Li40R	26Sg15
2	20:49:12	13 16 0	11Ge13	29 18	28 12	16 49	21 54	28 23	27 47	9 14	6 39	26 12
3	20:53: 8	14 16 52	25 40	0Pi51	27 47	17 19	22 8	28 20	27 47	9 15	6 39	26 9
4	20:57: 5	15 17 42	10Cn26	2 20	27 25	17 50	22 22	28 17	27 46	9 16	6 38	26 6
5	21: 1: 1	16 18 30	25 28	3 45	27 4	18 20	22 37	28 15	27 46	9 17	6 37	26 2
6	21: 4:58	17 19 18	10Le36	5 5	26 46	18 51	22 51	28 12	27 46	9 18	6 36	25 59
7	21: 8:55	18 20 4	25 43	6 20	26 30	19 21	23 5	28 10	27 46	9 19	6 35	25 56
8	21:12:51	19 20 48	10Vi36	7 30	26 17	19 52	23 20	28 8	27 45	9 20	6 34	25 53
9	21:16:48	20 21 32	25 9	8 33	26 6	20 23	23 34	28 6	27 45	9 21	6 33	25 50
10	21:20:44	21 22 14	9Li15	9 28	25 58	20 54	23 49	28 4	27 44	9 22	6 32	25 46
11	21:24:41	22 22 56	22 51	10 15	25 52	21 26	24 3	28 2	27 44	9 23	6 31	25 43
12	21:28:37	23 23 36	5Sc59	10 53	25 49	21 57	24 17	28 0	27 43	9 24	6 30	25 40
13	21:32:34	24 24 15	18 40	11 22	25 48D	22 29	24 32	27 59	27 43	9 25	6 29	25 37
14	21:36:30	25 24 53	1Sg 0	11 41	25 50	23 0	24 46	27 57	27 42	9 26	6 28	25 34
15	21:40:27	26 25 30	13 4	11 50	25 54	23 32	25 1	27 56	27 41	9 27	6 27	25 31
16	21:44:24	27 26 6	24 57	11 48R	26 0	24 4	25 15	27 54	27 40	9 28	6 25	25 27
17	21:48:20	28 26 40	6Cp44	11 36	26 9	24 36	25 30	27 53	27 39	9 29	6 24	25 24
18	21:52:17	29 27 14	18 30	11 13	26 20	25 8	25 44	27 52	27 38	9 29	6 23	25 21
19	21:56:13	0Pi27 45	0Aq19	10 41	26 33	25 41	25 58	27 51	27 38	9 30	6 22	25 18
20	22: 0:10	1 28 16	12 14	10 1	26 48	26 13	26 13	27 50	27 37	9 31	6 20	25 15
21	22: 4: 6	2 28 45	24 17	9 12	27 5	26 46	26 27	27 49	27 35	9 31	6 19	25 12
22	22: 8: 3	3 29 12	6Pi30	8 17	27 25	27 18	26 41	27 48	27 34	9 32	6 18	25 8
23	22:12: 0	4 29 37	18 54	7 18	27 46	27 51	26 56	27 48	27 33	9 32	6 17	25 5
24	22:15:56	5 30 1	1Ar28	6 14	28 8	28 24	27 10	27 48	27 32	9 33	6 15	25 2
25	22:19:53	6 30 23	14 13	5 9	28 33	28 56	27 24	27 47	27 31	9 34	6 14	24 59
26	22:23:49	7 30 43	27 10	4 4	29 0	29 29	27 39	27 47	27 29	9 34	6 12	24 56
27	22:27:46	8 31 1	10Ta19	3 1	29 28	0Ge 3	27 53	27 47	27 28	9 34	6 11	24 52
28	22:31:42	9 31 18	23 41	2 0	29 57	0 36	28 7	27 47D	27 27	9 35	6 10	24 49

2/19 Sun in Pis. 1:00   2/6 Full 23:25   2/14 3rd Qt. 0:04   2/22 New 5:34

MARCH 1974

Day	Sid. T.	Sun	Moon	Merc.	Venus	Mars	Jup.	Saturn	Uranus	Nept.	Pluto	N.Node
1	22:35:39	10Pi31 32	7Ge18	1Pi 3R	0Aq28	1Ge 9	28Aq22	27Ge47	27Li25R	9Sg35	6Li 8R	24Sg46
2	22:39:35	11 31 44	21 11	0 12	1 1	1 42	28 36	27 47	27 24	9 36	6 7	24 43
3	22:43:32	12 31 54	5Cn20	29Aq26	1 35	2 16	28 50	27 48	27 22	9 36	6 5	24 40
4	22:47:29	13 32 2	19 45	28 46	2 10	2 49	29 4	27 48	27 21	9 36	6 4	24 37
5	22:51:25	14 32 8	4Le24	28 13	2 47	3 23	29 18	27 49	27 19	9 36	6 2	24 33
6	22:55:21	15 32 12	19 10	27 47	3 24	3 56	29 33	27 49	27 17	9 37	6 1	24 30
7	22:59:18	16 32 13	3Vi56	27 28	4 4	4 30	29 47	27 50	27 16	9 37	5 59	24 27
8	23: 3:15	17 32 13	18 38	27 15	4 44	5 4	0Pi 1	27 51	27 14	9 37	5 58	24 24
9	23: 7:11	18 32 11	3Li 3	27 9	5 25	5 38	0 15	27 52	27 12	9 37	5 56	24 21
10	23:11: 8	19 32 7	17 7	27 10D	6 7	6 12	0 29	27 53	27 10	9 37	5 54	24 18
11	23:15: 5	20 32 1	0Sc45	27 16	6 51	6 46	0 43	27 55	27 8	9 37	5 53	24 14
12	23:19: 1	21 31 54	13 56	27 28	7 35	7 20	0 57	27 56	27 6	9 37R	5 51	24 11
13	23:22:58	22 31 45	26 42	27 46	8 21	7 54	1 11	27 57	27 5	9 37	5 50	24 8
14	23:26:54	23 31 34	9Sg 6	28 9	9 7	8 28	1 25	27 59	27 3	9 37	5 48	24 5
15	23:30:51	24 31 21	21 12	28 37	9 54	9 2	1 38	28 1	27 1	9 37	5 47	24 2
16	23:34:47	25 31 7	3Cp 7	29 10	10 42	9 37	1 52	28 2	26 58	9. 37	5 45	23 58
17	23:38:44	26 30 51	14 56	29 47	11 31	10 11	2 6	28 4	26 56	9 37	5 43	23 55
18	23:42:40	27 30 34	26 44	0Pi27	12 20	10 45	2 20	28 6	26 54	9 36	5 42	23 52
19	23:46:36	28 30 14	8Aq35	1 12	13 11	11 20	2 33	28 8	26 52	9 36	5 40	23 49
20	23:50:34	29 29 53	20 35	2 0	14 2	11 54	2 47	28 11	26 50	9 36	5 38	23 46
21	23:54:30	0Ar29 30	2Pi47	2 51	14 53	12 29	3 1	28 13	26 48	9 36	5 37	23 43
22	23:58:26	1 29 5	15 12	3 46	15 46	13 4	3 14	28 15	26 46	9 35	5 35	23 39
23	0: 2:23	2 28 38	27 51	4 44	16 39	13 38	3 28	28 18	26 43	9 35	5 33	23 36
24	0: 6:20	3 28 9	10Ar44	5 44	17 32	14 13	3 41	28 21	26 41	9 35	5 32	23 33
25	0:10:16	4 27 37	23 50	6 47	18 26	14 48	3 55	28 23	26 39	9 34	5 30	23 30
26	0:14:12	5 27 4	7Ta 8	7 52	19 21	15 23	4 8	28 26	26 36	9 34	5 28	23 27
27	0:18:10	6 26 29	20 37	9 0	20 16	15 57	4 21	28 29	26 34	9 33	5 27	23 24
28	0:22: 6	7 25 51	4Ge15	10 10	21 12	16 32	4 35	28 32	26 32	9 33	5 25	23 20
29	0:26: 2	8 25 12	18 1	11 22	22 8	17 7	4 48	28 35	26 29	9 32	5 23	23 17
30	0:29:59	9 24 29	1Cn56	12 36	23 5	17 42	5 1	28 39	26 27	9 32	5 22	23 14
31	0:33:56	10 23 45	16 0	13 52	24 2	18 17	5 14	28 42	26 25	9 31	5 20	23 11

3/21 Sun in Ari. 0:07   3/1 1st Qt. 18:03   3/8 Full 10:04   3/15 3rd Qt. 19:16   3/23 New 21:25   3/31 1st Qt. 1:45

APRIL 1974

Day	Sid. T.	Sun	Moon	Merc.	Venus	Mars	Jup.	Saturn	Uranus	Nept.	Pluto	N.Node
1	0:37:52	11Ar22 58	0Le11	15Pi11	25Aq 0	18Ge52	5Pi27	28Ge45	26Li22R	9Sg30R	5Li18R	23Sg 8
2	0:41:48	12 22 9	14 29	16 31	25 58	19 28	5 40	28 49	26 20	9 30	5 17	23 4
3	0:45:45	13 21 17	28 50	17 52	26 57	20 3	5 53	28 53	26 17	9 29	5 15	23 1
4	0:49:41	14 20 23	13Vi10	19 16	27 56	20 38	6 6	28 56	26 15	9 28	5 14	22 58
5	0:53:38	15 19 27	27 25	20 41	28 55	21 13	6 18	29 0	26 12	9 27	5 12	22 55
6	0:57:35	16 18 29	11Li28	22 8	29 55	21 48	6 31	29 4	26 10	9 27	5 10	22 52
7	1: 1:31	17 17 28	25 15	23 36	0Pi55	22 24	6 44	29 8	26 7	9 26	5 9	22 49
8	1: 5:27	18 16 26	8Sc41	25 7	1 55	22 59	6 56	29 12	26 5	9 25	5 7	22 45
9	1: 9:24	19 15 22	21 46	26 38	2 56	23 34	7 9	29 16	26 2	9 24	5 5	22 42
10	1:13:21	20 14 16	4Sg29	28 12	3 57	24 10	7 21	29 21	25 59	9 23	5 4	22 39
11	1:17:17	21 13 8	16 53	29 47	4 58	24 45	7 33	29 25	25 57	9 22	5 2	22 36
12	1:21:13	22 11 58	29 2	1Ar23	6 0	25 21	7 46	29 29	25 54	9 21	5 1	22 33
13	1:25:11	23 10 47	10Cp59	3 1	7 2	25 56	7 58	29 34	25 52	9 20	4 59	22 29
14	1:29: 7	24 9 34	22 49	4 41	8 4	26 32	8 10	29 38	25 49	9 19	4 58	22 26
15	1:33: 4	25 8 19	4Aq39	6 22	9 7	27 7	8 22	29 43	25 47	9 18	4 56	22 23
16	1:37: 1	26 7 3	16 33	8 5	10 9	27 43	8 34	29 48	25 44	9 17	4 54	22 20
17	1:40:57	27 5 44	28 37	9 50	11 13	28 19	8 46	29 53	25 41	9 16	4 53	22 17
18	1:44:53	28 4 24	10Pi53	11 36	12 16	28 54	8 58	29 58	25 39	9 15	4 51	22 14
19	1:48:49	29 3 2	23 26	13 23	13 19	29 30	9 9	0Cn 3	25 36	9 14	4 50	22 10
20	1:52:46	0Ta 1 39	6Ar17	15 13	14 23	0Cn 6	9 21	0 8	25 34	9 13	4 48	22 7
21	1:56:42	1 0 13	19 26	17 4	15 27	0 41	9 32	0 13	25 31	9 12	4 47	22 4
22	2: 0:39	1 58 46	2Ta53	18 56	16 32	1 17	9 44	0 18	25 29	9 10	4 46	22 1
23	2: 4:36	2 57 17	16 35	20 50	17 36	1 53	9 55	0 24	25 26	9 9	4 44	21 58
24	2: 8:32	3 55 46	0Ge28	22 46	18 41	2 29	10 7	0 29	25 24	9 8	4 43	21 55
25	2:12:29	4 54 13	14 31	24 43	19 46	3 4	10 18	0 34	25 21	9 7	4 41	21 51
26	2:16:25	5 52 38	28 39	26 42	20 51	3 40	10 29	0 40	25 18	9 5	4 40	21 48
27	2:20:22	6 51 1	12Cn49	28 43	21 56	4 16	10 40	0 46	25 16	9 4	4 39	21 45
28	2:24:18	7 49 22	27 0	0Ta45	23 1	4 52	10 51	0 51	25 13	9 3	4 37	21 42
29	2:28:15	8 47 41	11Le11	2 48	24 7	5 28	11 1	0 57	25 11	9 2	4 36	21 39
30	2:32:12	9 45 57	25 18	4 53	25 13	6 4	11 12	1 3	25 9	9 0	4 35	21 35

4/20 Sun in Tau. 11:20   4/6 Full 21:01   4/14 3rd Qt. 14:58   4/22 New 10:17   4/29 1st Qt. 7:40

Day	Sid. T.	Sun	Moon	Merc.	Venus	Mars	Jup.	Saturn	Uranus	Nept.	Pluto	N.Node
1	2:36: 8	10Ta44 11	9Vi21	6Ta59	26Pi18	6Cn40	11Pi23	1Cn 9	25Li 6R	8Sg59R	4Li33R	21Sg32
2	2:40: 5	11 42 24	23 17	9 7	27 24	7 16	11 33	1 15	25 4	8 57	4 32	21 29
3	2:44: 2	12 40 34	7Li 4	11 15	28 31	7 52	11 44	1 21	25 1	8 56	4 31	21 26
4	2:47:58	13 38 43	20 40	13 24	29 37	8 28	11 54	1 27	24 59	8 55	4 30	21 23
5	2:51:54	14 36 49	4Sc 1	15 34	0Ar44	9 4	12 4	1 33	24 56	8 53	4 29	21 20
6	2:55:51	15 34 54	17 8	17 44	1 50	9 40	12 14	1 39	24 54	8 52	4 27	21 16
7	2:59:47	16 32 57	29 57	19 54	2 57	10 16	12 24	1 45	24 52	8 50	4 26	21 13
8	3: 3:44	17 30 59	12Sg30	22 4	4 4	10 52	12 34	1 52	24 49	8 49	4 25	21 10
9	3: 7:41	18 29 0	24 49	24 14	5 11	11 28	12 43	1 58	24 47	8 47	4 24	21 7
10	3:11:37	19 26 58	6Cp54	26 23	6 18	12 4	12 53	2 4	24 45	8 46	4 23	21 4
11	3:15:34	20 24 56	18 51	28 31	7 25	12 41	13 2	2 11	24 43	8 44	4 22	21 1
12	3:19:30	21 22 52	0Aq42	0Ge37	8 33	13 17	13 12	2 17	24 40	8 43	4 21	20 57
13	3:23:27	22 20 47	12 33	2 42	9 40	13 53	13 21	2 24	24 38	8 41	4 20	20 54
14	3:27:23	23 18 40	24 28	4 46	10 48	14 29	13 30	2 30	24 36	8 40	4 19	20 51
15	3:31:20	24 16 32	6Pi32	6 47	11 56	15 5	13 39	2 37	24 34	8 38	4 18	20 48
16	3:35:17	25 14 23	18 50	8 46	13 4	15 42	13 48	2 44	24 32	8 37	4 17	20 45
17	3:39:13	26 12 13	1Ar25	10 42	14 12	16 18	13 57	2 51	24 30	8 35	4 16	20 41
18	3:43:10	27 10 2	14 21	12 36	15 20	16 54	14 5	2 57	24 28	8 33	4 15	20 38
19	3:47: 6	28 7 49	27 39	14 28	16 28	17 31	14 14	3 4	24 26	8 32	4 15	20 35
20	3:51: 3	29 5 35	11Ta19	16 16	17 36	18 7	14 22	3 11	24 24	8 30	4 14	20 32
21	3:54:59	0Ge 3 20	25 19	18 1	18 45	18 43	14 30	3 18	24 22	8 29	4 13	20 29
22	3:58:56	1 1 4	9Ge36	19 44	19 53	19 20	14 38	3 25	24 20	8 27	4 12	20 26
23	4: 2:52	1 58 46	24 4	21 23	21 2	19 56	14 46	3 32	24 18	8 25	4 12	20 22
24	4: 6:49	2 56 27	8Cn39	23 0	22 11	20 32	14 54	3 39	24 16	8 24	4 11	20 19
25	4:10:46	3 54 7	23 13	24 33	23 19	21 9	15 1	3 46	24 14	8 22	4 10	20 16
26	4:14:42	4 51 45	7Le43	26 3	24 28	21 45	15 9	3 54	24 13	8 21	4 10	20 13
27	4:18:39	5 49 21	22 3	27 29	25 37	22 22	15 16	4 1	24 11	8 19	4 9	20 10
28	4:22:35	6 46 56	6Vi12	28 53	26 46	22 58	15 23	4 8	24 9	8 17	4 8	20 7
29	4:26:32	7 44 30	20 8	0Cn13	27 55	23 35	15 30	4 15	24 8	8 16	4 8	20 3
30	4:30:28	8 42 2	3Li49	1 30	29 4	24 11	15 37	4 23	24 6	8 14	4 7	20 0
31	4:34:25	9 39 33	17 15	2 43	0Ta14	24 48	15 44	4 30	24 4	8 13	4 7	19 57

5/21 Sun in Gem. 10:37   5/6 Full 8:55   5/14 3rd Qt. 9:29   5/21 New 20:35   5/28 1st Qt. 13:04

Day	Sid. T.	Sun	Moon	Merc.	Venus	Mars	Jup.	Saturn	Uranus	Nept.	Pluto	N.Node
1	4:38:22	10Ge37 2	0Sc27	3Cn53	1Ta23	25Cn24	15Pi51	4Cn37	24Li 3R	8Sg11R	4Li 7R	19Sg54
2	4:42:18	11 34 30	13 24	4 59	2 32	26 1	15 57	4 45	24 1	8 9	4 6	19 51
3	4:46:15	12 31 57	26 8	6 2	3 42	26 37	16 3	4 52	24 0	8 8	4 6	19 47
4	4:50:11	13 29 24	8Sg39	7 1	4 51	27 14	16 9	4 59	23 59	8 6	4 5	19 44
5	4:54: 8	14 26 49	20 58	7 56	6 1	27 50	16 15	5 7	23 57	8 4	4 5	19 41
6	4:58: 5	15 24 13	3Cp 7	8 47	7 10	28 27	16 21	5 14	23 56	8 3	4 5	19 38
7	5: 2: 2	16 21 37	15Cp 4	9 35	8 20	29 4	16 27	5 22	23 55	8 1	4 5	19 35
8	5: 5:57	17 18 59	27 1	10 19	9 30	29 40	16 32	5 30	23 54	8 0	4 4	19 32
9	5: 9:54	18 16 21	8Aq52	10 58	10 40	0Le17	16 37	5 37	23 52	7 58	4 4	19 28
10	5:13:51	19 13 43	20 43	11 33	11 50	0 54	16 42	5 45	23 51	7 56	4 4	19 25
11	5:17:47	20 11 3	2Pi38	12 5	13 0	1 30	16 47	5 52	23 50	7 55	4 4	19 22
12	5:21:44	21 8 24	14 41	12 31	14 10	2 7	16 52	6 0	23 49	7 53	4 4	19 19
13	5:25:41	22 5 44	26 57	12 54	15 20	2 44	16 57	6 8	23 48	7 52	4 4	19 16
14	5:29:37	23 3 3	9Ar31	13 12	16 30	3 20	17 1	6 15	23 47	7 50	4 4D	19 13
15	5:33:33	24 0 22	22 25	13 25	17 40	3 57	17 5	6 23	23 46	7 49	4 4	19 9
16	5:37:31	24 57 41	5Ta43	13 34	18 50	4 34	17 9	6 31	23 46	7 47	4 4	19 6
17	5:41:27	25 54 59	19 26	13 38	20 1	5 11	17 13	6 38	23 45	7 46	4 4	19 3
18	5:45:23	26 52 17	3Ge35	13 38R	21 11	5 48	17 17	6 46	23 44	7 44	4 4	19 0
19	5:49:20	27 49 35	18 5	13 33	22 22	6 24	17 21	6 54	23 43	7 43	4 4	18 57
20	5:53:17	28 46 52	2Cn53	13 24	23 32	7 1	17 24	7 2	23 43	7 41	4 4	18 53
21	5:57:13	29 44 9	17 50	13 11	24 43	7 38	17 27	7 9	23 42	7 40	4 5	18 50
22	6: 1: 9	0Cn41 25	2Le48	12 53	25 53	8 15	17 30	7 17	23 42	7 38	4 5	18 47
23	6: 5: 7	1 38 41	17 40	12 32	27 4	8 52	17 33	7 25	23 41	7 37	4 5	18 44
24	6: 9: 3	2 35 56	2Vi18	12 8	28 15	9 29	17 36	7 33	23 41	7 35	4 5	18 41
25	6:12:59	3 33 10	16 38	11 40	29 25	10 6	17 38	7 41	23 40	7 34	4 6	18 38
26	6:16:56	4 30 24	0Li36	11 9	0Ge36	10 43	17 40	7 48	23 40	7 32	4 6	18 34
27	6:20:52	5 27 37	14 12	10 37	1 47	11 20	17 42	7 56	23 40	7 31	4 7	18 31
28	6:24:49	6 24 50	27 27	10 2	2 58	11 57	17 44	8 4	23 40	7 30	4 7	18 28
29	6:28:45	7 22 2	10Sc24	9 27	4 9	12 34	17 46	8 12	23 39	7 28	4 7	18 25
30	6:32:42	8 19 14	23 3	8 51	5 20	13 11	17 47	8 20	23 39	7 27	4 8	18 22

6/21 Sun in Can. 18:38   6/4 Full 22:10(E)   6/13 3rd Qt. 1:46   6/20 New 4:57(E)   6/26 1st Qt. 19:21

JULY 1974

Day	Sid. T.	Sun	Moon	Merc.	Venus	Mars	Jup.	Saturn	Uranus	Nept.	Pluto	N.Node
1	6:36:38	9Cn16 25	5Sg30	8Cn15R	6Ge31	13Le48	17Pi48	8Cn27	23Li39R	7Sg26R	4Li 9	18Sg18
2	6:40:35	10 13 36	17 44	7 40	7 42	14 25	17 50	8 35	23 39D	7 24	4 9	18 15
3	6:44:32	11 10 47	29 50	7 6	8 53	15 2	17 50	8 43	23 39	7 23	4 10	18 12
4	6:48:28	12 7 58	11Cp49	6 34	10 4	15 39	17 51	8 51	23 39	7 22	4 10	18 9
5	6:52:25	13 5 9	23 44	6 4	11 16	16 16	17 52	8 59	23 40	7 20	4 11	18 6
6	6:56:21	14 2 20	5Aq35	5 38	12 27	16 53	17 52	9 6	23 40	7 19	4 12	18 3
7	7: 0:18	14 59 32	17 25	5 15	13 38	17 30	17 52R	9 14	23 40	7 18	4 13	17 59
8	7: 4:14	15 56 43	29 17	4 55	14 50	18 7	17 52	9 22	23 40	7 17	4 13	17 56
9	7: 8:11	16 53 54	11Pi14	4 40	16 1	18 44	17 52	9 30	23 41	7 16	4 14	17 53
10	7:12: 8	17 51 6	23 18	4 30	17 13	19 21	17 51	9 38	23 41	7 14	4 15	17 50
11	7:16: 4	18 48 18	5Ar33	4 25	18 24	19 59	17 51	9 45	23 42	7 13	4 16	17 47
12	7:20: 1	19 45 31	18 4	4 24D	19 36	20 36	17 50	9 53	23 42	7 12	4 17	17 44
13	7:23:57	20 42 45	0Ta53	4 29	20 47	21 13	17 49	10 1	23 43	7 11	4 18	17 40
14	7:27:54	21 39 59	14 6	4 39	21 59	21 50	17 47	10 8	23 43	7 10	4 19	17 37
15	7:31:50	22 37 13	27 44	4 55	23 11	22 28	17 46	10 16	23 44	7 9	4 20	17 34
16	7:35:47	23 34 28	11Ge50	5 16	24 23	23 5	17 44	10 24	23 45	7 8	4 21	17 31
17	7:39:43	24 31 44	26 21	5 42	25 34	23 42	17 43	10 32	23 46	7 7	4 22	17 28
18	7:43:40	25 29 1	11Cn14	6 14	26 46	24 20	17 41	10 39	23 46	7 6	4 23	17 24
19	7:47:37	26 26 17	26 22	6 52	27 58	24 57	17 38	10 47	23 47	7 5	4 24	17 21
20	7:51:33	27 23 35	11Le36	7 35	29 10	25 34	17 36	10 54	23 48	7 4	4 25	17 18
21	7:55:30	28 20 52	26 46	8 23	0Cn22	26 12	17 34	11 2	23 49	7 3	4 26	17 15
22	7:59:26	29 18 10	11Vi41	9 16	1 34	26 49	17 31	11 10	23 50	7 3	4 27	17 12
23	8: 3:23	0Le15 29	26 14	10 15	2 46	27 27	17 28	11 17	23 51	7 2	4 29	17 9
24	8: 7:19	1 12 47	10Li21	11 19	3 59	28 4	17 25	11 25	23 53	7 1	4 30	17 5
25	8:11:16	2 10 6	24 1	12 28	5 11	28 42	17 21	11 32	23 54	7 0	4 31	17 2
26	8:15:13	3 7 26	7Sc14	13 42	6 23	29 19	17 18	11 40	23 55	7 0	4 32	16 59
27	8:19: 9	4 4 45	20 4	15 1	7 35	29 57	17 14	11 47	23 56	6 59	4 34	16 56
28	8:23: 6	5 2 6	2Sg35	16 25	8 48	0Vi34	17 10	11 54	23 58	6 58	4 35	16 53
29	8:27: 2	5 59 26	14 50	17 53	10 0	1 12	17 6	12 2	23 59	6 57	4 36	16 50
30	8:30:59	6 56 48	26 55	19 26	11 12	1 49	17 2	12 9	24 0	6 57	4 38	16 46
31	8:34:55	7 54 10	8Cp52	21 3	12 25	2 27	16 58	12 17	24 2	6 56	4 39	16 43

7/23 Sun in Leo 5:31   7/4 Full 12:41   7/12 3rd Qt. 15:29   7/19 New 12:07   7/26 1st Qt. 3:52

AUGUST 1974

Day	Sid. T.	Sun	Moon	Merc.	Venus	Mars	Jup.	Saturn	Uranus	Nept.	Pluto	N.Node
1	8:38:52	8Le51 33	20Cp44	22Cn44	13Cn37	3Vi 5	16Pi53R	12Cn24	24Li 4	6Sg56R	4Li41	16Sg40
2	8:42:48	9 48 56	2Aq35	24 29	14 50	3 42	16 48	12 31	24 5	6 55	4 42	16 37
3	8:46:45	10 46 20	14 26	26 17	16 3	4 20	16 44	12 38	24 7	6 55	4 44	16 34
4	8:50:42	11 43 46	26 18	28 8	17 15	4 58	16 39	12 46	24 8	6 54	4 45	16 30
5	8:54:38	12 41 12	8Pi14	0Le 1	18 28	5 35	16 33	12 53	24 10	6 54	4 47	16 27
6	8:58:35	13 38 39	20 16	1 58	19 41	6 13	16 28	13 0	24 12	6 53	4 48	16 24
7	9: 2:31	14 36 7	2Ar25	3 56	20 53	6 51	16 23	13 7	24 14	6 53	4 50	16 21
8	9: 6:28	15 33 37	14 43	5 56	22 6	7 29	16 17	13 14	24 16	6 53	4 52	16 18
9	9:10:24	16 31 8	27 15	7 57	23 19	8 7	16 11	13 21	24 18	6 52	4 53	16 15
10	9:14:21	17 28 40	10Ta 2	9 59	24 32	8 44	16 5	13 28	24 20	6 52	4 55	16 11
11	9:18:18	18 26 14	23 9	12 2	25 45	9 22	15 59	13 35	24 22	6 52	4 57	16 8
12	9:22:14	19 23 49	6Ge40	14 5	26 58	10 0	15 53	13 42	24 24	6 51	4 58	16 5
13	9:26:11	20 21 26	20 35	16 9	28 11	10 38	15 47	13 48	24 26	6 51	5 0	16 2
14	9:30: 7	21 19 5	4Cn57	18 12	29 24	11 16	15 40	13 55	24 28	6 51	5 2	15 59
15	9:34: 3	22 16 44	19 42	20 14	0Le37	11 54	15 33	14 2	24 30	6 51	5 4	15 56
16	9:38: 0	23 14 25	4Le46	22 16	1 50	12 32	15 27	14 9	24 32	6 51	5 6	15 52
17	9:41:57	24 12 8	20 1	24 17	3 4	13 10	15 20	14 15	24 35	6 51	5 7	15 49
18	9:45:53	25 9 52	5Vi15	26 17	4 17	13 48	15 13	14 22	24 37	6 51	5 9	15 46
19	9:49:49	26 7 37	20 18	28 16	5 30	14 26	15 6	14 28	24 39	6 51D	5 11	15 43
20	9:53:47	27 5 23	5Li 1	0Vi14	6 44	15 4	14 59	14 35	24 42	6 51	5 13	15 40
21	9:57:43	28 3 10	19 16	2 11	7 57	15 43	14 52	14 41	24 44	6 51	5 15	15 36
22	10: 1:39	29 0 59	3Sc 3	4 7	9 10	16 21	14 44	14 48	24 47	6 51	5 17	15 33
23	10: 5:36	29 58 48	16 20	6 1	10 24	16 59	14 37	14 54	24 49	6 51	5 19	15 30
24	10: 9:33	0Vi56 39	29 10	7 54	11 37	17 37	14 29	15 0	24 52	6 51	5 21	15 27
25	10:13:29	1 54 32	11Sg39	9 46	12 51	18 15	14 22	15 6	24 54	6 51	5 23	15 24
26	10:17:25	2 52 25	23 51	11 36	14 5	18 54	14 14	15 12	24 57	6 52	5 25	15 21
27	10:21:23	3 50 20	5Cp51	13 25	15 18	19 32	14 7	15 19	25 0	6 52	5 27	15 17
28	10:25:19	4 48 16	17 44	15 13	16 32	20 10	13 59	15 25	25 2	6 52	5 29	15 14
29	10:29:15	5 46 13	29 34	16 59	17 46	20 49	13 51	15 31	25 5	6 53	5 31	15 11
30	10:33:12	6 44 12	11Aq24	18 44	18 59	21 27	13 43	15 36	25 8	6 53	5 33	15 8
31	10:37: 8	7 42 12	23 17	20 28	20 13	22 5	13 35	15 42	25 11	6 53	5 35	15 5

8/23 Sun in Vir. 12:30   8/3 Full 3:58   8/11 3rd Qt. 2:46   8/17 New 19:02   8/24 1st Qt. 15:39

Day	Sid. T.	Sun	Moon	Merc.	Venus	Mars	Jup.	Saturn	Uranus	Nept.	Pluto	N.Node
1	10:41: 5	8Vi40 14	5Pi15	22Vi10	21Le27	22Vi44	13Pi28R	15Cn48	25Li13	6Sg54	5Li37	15Sg 2
2	10:45: 2	9 38 17	17 19	23 52	22 41	23 22	13 20	15 54	25 16	6 54	5 39	14 58
3	10:48:58	10 36 22	29 30	23 55	24 1	24 1	13 12	15 59	25 19	6 55	5 41	14 55
4	10:52:54	11 34 29	11Ar50	27 11	25 9	24 39	13 4	16 5	25 22	6 55	5 44	14 52
5	10:56:51	12 32 38	24 18	28 48	26 23	25 18	12 56	16 10	25 25	6 56	5 46	14 49
6	11: 0:48	13 30 48	6Ta58	0Li25	27 37	25 56	12 48	16 16	25 28	6 56	5 48	14 46
7	11: 4:44	14 29 1	19 50	2 0	28 51	26 35	12 40	16 21	25 31	6 57	5 50	14 42
8	11: 8:41	15 27 16	2Ge59	3 34	0Vi 5	27 14	12 32	16 26	25 34	6 58	5 52	14 39
9	11:12:38	16 25 32	16 25	5 7	1 19	27 52	12 24	16 31	25 37	6 58	5 55	14 36
10	11:16:34	17 23 51	0Cn12	6 39	2 33	28 31	12 16	16 37	25 41	6 59	5 57	14 33
11	11:20:30	18 22 12	14 20	8 9	3 47	29 10	12 8	16 42	25 44	7 0	5 59	14 30
12	11:24:27	19 20 35	28 50	9 39	5 1	29 48	12 0	16 47	25 47	7 0	6 1	14 27
13	11:28:24	20 19 1	13Le38	11 7	6 16	0Li27	11 53	16 51	25 50	7 1	6 3	14 23
14	11:32:20	21 17 28	28 37	12 34	7 30	1 6	11 45	16 56	25 53	7 2	6 6	14 20
15	11:36:17	22 15 57	13Vi40	14 0	8 44	1 45	11 37	17 1	25 57	7 3	6 8	14 17
16	11:40:13	23 14 28	28 35	15 25	9 59	2 24	11 29	17 6	26 0	7 4	6 10	14 14
17	11:44:10	24 13 1	13Li15	16 48	11 13	3 3	11 22	17 10	26 3	7 5	6 12	14 11
18	11:48: 6	25 11 35	27 32	18 10	12 28	3 42	11 14	17 15	26 7	7 6	6 15	14 7
19	11:52: 3	26 10 12	11Sc21	19 31	13 42	4 21	11 7	17 19	26 10	7 7	6 17	14 4
20	11:55:59	27 8 50	24 42	20 51	14 57	5 0	11 0	17 23	26 13	7 8	6 19	14 1
21	11:59:55	28 7 30	7Sg36	22 9	16 11	5 39	10 52	17 27	26 17	7 9	6 22	13 58
22	12: 3:52	29 6 11	20 7	23 26	17 26	6 18	10 45	17 32	26 20	7 10	6 24	13 55
23	12: 7:49	0Li 4 55	2Cp20	24 41	18 40	6 57	10 38	17 36	26 24	7 11	6 26	13 52
24	12:11:46	1 3 40	14 21	25 55	19 55	7 36	10 31	17 40	26 27	7 12	6 28	13 48
25	12:15:42	2 2 27	26 14	27 7	21 9	8 15	10 24	17 43	26 31	7 13	6 31	13 45
26	12:19:39	3 1 15	8Aq 4	28 17	22 24	8 55	10 17	17 47	26 34	7 14	6 33	13 42
27	12:23:35	4 0 5	19 56	29 26	23 39	9 34	10 11	17 51	26 38	7 16	6 35	13 39
28	12:27:31	4 58 57	1Pi53	0Sc32	24 53	10 13	10 4	17 54	26 41	7 17	6 38	13 36
29	12:31:28	5 57 51	13 57	1 36	26 8	10 52	9 58	17 58	26 45	7 18	6 40	13 33
30	12:35:25	6 56 47	26 11	2 38	27 23	11 32	9 51	18 1	26 49	7 20	6 42	13 29

9/23 Sun in Lib. 10:00   9/1 Full 19:25   9/9 3rd Qt. 12:02   9/16 New 2:46   9/23 1st Qt. 7:08

Day	Sid. T.	Sun	Moon	Merc.	Venus	Mars	Jup.	Saturn	Uranus	Nept.	Pluto	N.Node
1	12:39:21	7Li55 44	8Ar35	3Sc38	28Vi38	12Li11	9Pi45R	18Cn 5	26Li52	7Sg21	6Li45	13Sg26
2	12:43:18	8 54 44	21 10	4 35	29 52	12 51	9 39	18 8	26 56	7 22	6 47	13 23
3	12:47:14	9 53 46	3Ta55	5 28	1Li 7	13 30	9 33	18 11	26 59	7 24	6 49	13 20
4	12:51:11	10 52 50	16 52	6 19	2 22	14 9	9 28	18 14	27 3	7 25	6 52	13 17
5	12:55: 7	11 51 56	29 59	7 7	3 37	14 49	9 22	18 17	27 7	7 26	6 54	13 13
6	12:59: 4	12 51 5	13Ge19	7 50	4 52	15 29	9 17	18 19	27 10	7 28	6 56	13 10
7	13: 3: 0	13 50 15	26 52	8 30	6 7	16 8	9 12	18 22	27 14	7 29	6 58	13 7
8	13: 6:57	14 49 29	10Cn38	9 5	7 22	16 48	9 7	18 25	27 18	7 31	7 1	13 4
9	13:10:54	15 48 44	8Le54	9 35	8 36	17 27	9 2	18 27	27 22	7 32	7 3	13 1
10	13:14:50	16 48 2	8Le54	10 0	9 51	18 7	8 57	18 30	27 25	7 34	7 5	12 58
11	13:18:47	17 47 22	23 22	10 19	11 6	18 47	8 52	18 32	27 29	7 36	7 8	12 54
12	13:22:43	18 46 45	7Vi57	10 32	12 21	19 27	8 48	18 34	27 33	7 37	7 10	12 51
13	13:26:40	19 46 9	22 35	10 37	13 36	20 7	8 44	18 36	27 37	7 39	7 12	12 48
14	13:30:36	20 45 36	7Li 9	10 36R	14 51	20 46	8 40	18 38	27 40	7 41	7 14	12 45
15	13:34:33	21 45 5	21 31	10 27	16 7	21 26	8 36	18 40	27 44	7 42	7 17	12 42
16	13:38:30	22 44 36	5Sc36	10 10	17 22	22 6	8 32	18 42	27 48	7 44	7 19	12 39
17	13:42:26	23 44 9	19 18	9 44	18 37	22 46	8 29	18 43	27 52	7 46	7 21	12 35
18	13:46:23	24 43 44	2Sg36	9 10	19 52	23 26	8 25	18 45	27 55	7 47	7 23	12 32
19	13:50:19	25 43 21	15 31	8 27	21 7	24 6	8 22	18 46	27 59	7 49	7 26	12 29
20	13:54:16	26 42 59	28 4	7 36	22 22	24 46	8 19	18 47	28 3	7 51	7 28	12 26
21	13:58:12	27 42 39	10Cp20	6 37	23 37	25 26	8 17	18 49	28 7	7 53	7 30	12 23
22	14: 2: 9	28 42 21	22 23	5 31	24 52	26 7	8 14	18 50	28 10	7 55	7 32	12 19
23	14: 6: 5	29 42 5	4Aq17	4 20	26 8	26 47	8 12	18 51	28 14	7 56	7 35	12 16
24	14:10: 2	0Sc41 51	16 9	3 6	27 23	27 27	8 10	18 52	28 18	7 58	7 37	12 13
25	14:13:59	1 41 38	28 2	1 50	28 38	28 7	8 8	18 52	28 22	8 0	7 39	12 10
26	14:17:55	2 41 27	10Pi 2	0 35	29 53	28 48	8 6	18 53	28 26	8 2	7 41	12 7
27	14:21:52	3 41 17	22 11	29Li23	1Sc 8	29 28	8 5	18 53	28 29	8 4	7 43	12 4
28	14:25:48	4 41 9	4Ar33	28 16	2 23	0Sc 8	8 3	18 54	28 33	8 6	7 45	12 0
29	14:29:45	5 41 3	17 9	27 16	3 39	0 49	8 2	18 54	28 37	8 8	7 47	11 57
30	14:33:41	6 40 59	0Ta 0	26 25	4 54	1 29	8 1	18 54	28 41	8 10	7 49	11 54
31	14:37:38	7 40 57	13 6	25 45	6 9	2 10	8 0	18 54	28 44	8 12	7 52	11 51

10/23 Sun in Sco. 19:12   10/1 Full 10:39   10/8 3rd Qt. 19:46   10/15 New 12:25   10/23 1st Qt. 1:54   10/31 Full 1:20

NOVEMBER 1974

Day	Sid. T.	Sun	Moon	Merc.	Venus	Mars	Jup.	Saturn	Uranus	Nept.	Pluto	N.Node
1	14:41:35	8Sc40 57	26Ta25	25Li16R	7Sc24	2Sc50	8Pi 0R	18Cn54R	28Li48	8Sg14	7Li54	11Sg48
2	14:45:31	9 40 59	9Ge57	24 58	8 40	3 31	8 0	18 54	28 52	8 16	7 56	11 45
3	14:49:28	10 41 2	23 39	24 52	9 55	4 11	8 0	18 54	28 56	8 18	7 58	11 41
4	14:53:24	11 41 8	7Cn31	24 57D	11 10	4 52	8 0D	18 53	28 59	8 20	8 0	11 38
5	14:57:20	12 41 16	21 30	25 13	12 25	5 33	8 0	18 53	29 3	8 22	8 2	11 35
6	15: 1:17	13 41 26	5Le35	25 39	13 41	6 13	8 0	18 52	29 7	8 24	8 4	11 32
7	15: 5:14	14 41 38	19 45	26 14	14 56	6 54	8 1	18 52	29 10	8 26	8 6	11 29
8	15: 9:10	15 41 52	3Vi58	26 57	16 11	7 35	8 2	18 51	29 14	8 28	8 8	11 25
9	15:13: 7	16 42 9	18 11	27 48	17 27	8 16	8 3	18 50	29 18	8 31	8 10	11 22
10	15:17: 4	17 42 27	2Li22	28 45	18 42	8 57	8 5	18 49	29 21	8 33	8 11	11 19
11	15:21: 0	18 42 47	16 27	29 49	19 57	9 38	8 6	18 48	29 25	8 35	8 13	11 16
12	15:24:56	19 43 9	0Sc21	0Sc57	21 13	10 19	8 8	18 46	29 29	8 37	8 15	11 13
13	15:28:53	20 43 32	14 2	2 9	22 28	11 0	8 10	18 45	29 32	8 39	8 17	11 10
14	15:32:50	21 43 58	27 26	3 25	23 43	11 41	8 12	18 44	29 36	8 41	8 19	11 6
15	15:36:46	22 44 25	10Sg33	4 44	24 59	12 22	8 14	18 42	29 39	8 44	8 21	11 3
16	15:40:43	23 44 54	23 21	6 6	26 14	13 3	8 17	18 40	29 43	8 46	8 22	11 0
17	15:44:40	24 45 24	5Cp51	7 30	27 29	13 44	8 19	18 38	29 46	8 48	8 24	10 57
18	15:48:36	25 45 55	18 7	8 56	28 45	14 25	8 22	18 37	29 50	8 50	8 26	10 54
19	15:52:33	26 46 28	0Aq10	10 24	0Sg 0	15 7	8 26	18 34	29 53	8 52	8 28	10 51
20	15:56:29	27 47 2	12 6	11 53	1 15	15 48	8 29	18 32	29 57	8 55	8 29	10 47
21	16: 0:25	28 47 38	23 58	13 23	2 31	16 29	8 32	18 30	0Sc 0	8 57	8 31	10 44
22	16: 4:22	29 48 14	5Pi51	14 53	3 46	17 11	8 36	18 28	0 4	8 59	8 33	10 41
23	16: 8:19	0Sg48 52	17 51	16 25	5 2	17 52	8 40	18 25	0 7	9 1	8 34	10 38
24	16:12:15	1 49 30	0Ar 0	17 57	6 17	18 33	8 44	18 23	0 10	9 4	8 36	10 35
25	16:16:11	2 50 10	12 25	19 29	7 32	19 15	8 48	18 20	0 14	9 6	8 37	10 31
26	16:20: 9	3 50 51	25 7	21 2	8 48	19 56	8 53	18 17	0 17	9 8	8 39	10 28
27	16:24: 5	4 51 33	8Ta 8	22 35	10 3	20 38	8 57	18 15	0 20	9 10	8 40	10 25
28	16:28: 1	5 52 17	21 30	24 8	11 18	21 20	9 2	18 12	0 24	9 13	8 42	10 22
29	16:31:58	6 53 1	5Ge11	25 41	12 34	22 1	9 7	18 9	0 27	9 15	8 43	10 19
30	16:35:55	7 53 47	19 9	27 15	13 49	22 43	9 12	18 6	0 30	9 17	8 45	10 16

11/22 Sun in Sag. 16:40   11/7 3rd Qt. 2:48   11/14 New 0:54   11/21 1st Qt. 22:40   11/29 Full 15:11(E)

DECEMBER 1974

Day	Sid. T.	Sun	Moon	Merc.	Venus	Mars	Jup.	Saturn	Uranus	Nept.	Pluto	N.Node
1	16:39:51	8Sg54 35	3Cn21	28Sc49	15Sg 5	23Sc25	9Pi18	18Cn 2R	0Sc33	9Sg19	8Li46	10Sg12
2	16:43:47	9 55 23	17 41	0Sg22	16 20	24 7	9 23	17 59	0 36	9 22	8 47	10 9
3	16:47:45	10 56 13	2Le 5	1 56	17 35	24 48	9 29	17 56	0 40	9 24	8 49	10 6
4	16:51:41	11 57 4	16 28	3 30	18 51	25 30	9 35	17 52	0 43	9 26	8 50	10 3
5	16:55:37	12 57 57	0Vi47	5 3	20 6	26 12	9 41	17 49	0 46	9 28	8 51	10 0
6	16:59:34	13 58 50	14 59	6 37	21 21	26 54	9 47	17 45	0 49	9 31	8 53	9 56
7	17: 3:30	14 59 46	29 0	8 11	22 37	27 36	9 54	17 42	0 52	9 33	8 54	9 53
8	17: 7:27	16 0 42	12Li51	9 45	23 52	28 18	10 0	17 38	0 55	9 35	8 55	9 50
9	17:11:23	17 1 40	26 30	11 19	25 8	29 0	10 7	17 34	0 58	9 37	8 56	9 47
10	17:15:20	18 2 39	9Sc56	12 52	26 23	29 42	10 14	17 30	1 0	9 40	8 57	9 44
11	17:19:16	19 3 39	23 9	14 26	27 38	0Sg24	10 21	17 26	1 3	9 42	8 58	9 41
12	17:23:13	20 4 40	6Sg10	16 0	28 54	1 7	10 28	17 22	1 6	9 44	8 59	9 37
13	17:27:10	21 5 42	18 57	17 34	0Cp 9	1 49	10 36	17 18	1 9	9 46	9 0	9 34
14	17:31: 6	22 6 44	1Cp31	19 9	1 24	2 31	10 43	17 14	1 12	9 49	9 1	9 31
15	17:35: 3	23 7 48	13 53	20 43	2 40	3 13	10 51	17 9	1 14	9 51	9 2	9 28
16	17:38:59	24 8 52	26 4	22 17	3 55	3 56	10 59	17 5	1 17	9 53	9 3	9 25
17	17:42:56	25 9 56	8Aq 6	23 51	5 11	4 38	11 7	17 1	1 20	9 55	9 4	9 22
18	17:46:52	26 11 1	20 1	25 26	6 26	5 21	11 15	16 56	1 22	9 57	9 5	9 18
19	17:50:49	27 12 7	1Pi53	27 1	7 41	6 3	11 23	16 52	1 25	10 0	9 6	9 15
20	17:54:46	28 13 12	13 45	28 36	8 57	6 46	11 32	16 47	1 27	10 2	9 7	9 12
21	17:58:42	29 14 18	25 41	0Cp11	10 12	7 28	11 40	16 43	1 30	10 4	9 7	9 9
22	18: 2:39	0Cp15 24	7Ar48	1 46	11 27	8 11	11 49	16 38	1 32	10 6	9 8	9 6
23	18: 6:36	1 16 30	20 8	3 21	12 43	8 54	11 58	16 33	1 34	10 8	9 9	9 2
24	18:10:32	2 17 37	2Ta48	4 57	13 58	9 36	12 7	16 29	1 37	10 10	9 10	8 59
25	18:14:28	3 18 44	15 50	6 33	15 13	10 19	12 16	16 24	1 39	10 13	9 11	8 56
26	18:18:25	4 19 51	29 17	8 9	16 29	11 2	12 25	16 19	1 41	10 15	9 11	8 53
27	18:22:21	5 20 57	13Ge 9	9 46	17 44	11 44	12 35	16 14	1 43	10 17	9 11	8 50
28	18:26:18	6 22 5	27 26	11 22	18 59	12 27	12 45	16 9	1 46	10 19	9 12	8 47
29	18:30:15	7 23 12	12Cn 2	12 59	20 15	13 10	12 54	16 5	1 48	10 21	9 12	8 43
30	18:34:12	8 24 20	26 54	14 36	21 30	13 53	13 4	16 0	1 50	10 23	9 13	8 40
31	18:38: 8	9 25 28	11Le45	16 14	22 45	14 36	13 14	15 55	1 52	10 25	9 13	8 37

12/22 Sun in Cap. 5:57   12/6 3rd Qt. 10:11   12/13 New 16:25(E)   12/21 1st Qt. 19:44   12/29 Full 3:52

Day	Sid. T.	Sun	Moon	Merc.	Venus	Mars	Jup.	Saturn	Uranus	Nept.	Pluto	N.Node
1	18:42: 5	10Cp26 36	26Le35	17Cp51	24Cp 0	15Sg19	13Pi24	15Cn50R	1Sc54	10Sg27	9Li13	8Sg34
2	18:46: 1	11 27 44	11Vi15	19 29	25 16	16 2	13 34	15 45	1 55	10 29	9 14	8 31
3	18:49:58	12 28 53	25 39	21 7	26 31	16 45	13 45	15 40	1 57	10 31	9 14	8 28
4	18:53:55	13 30 2	9Li43	22 46	27 46	17 28	13 55	15 35	1 59	10 33	9 14	8 24
5	18:57:51	14 31 11	23 27	24 24	29 1	18 11	14 5	15 30	2 1	10 35	9 15	8 21
6	19: 1:48	15 32 21	6Sc52	26 2	0Aq17	18 55	14 16	15 25	2 3	10 37	9 15	8 18
7	19: 5:44	16 33 30	19 59	27 41	1 32	19 38	14 27	15 20	2 4	10 39	9 15	8 15
8	19: 9:41	17 34 40	2Sg51	29 19	2 47	20 21	14 38	15 15	2 6	10 41	9 15	8 12
9	19:13:37	18 35 50	15 29	0Aq57	4 2	21 5	14 49	15 10	2 7	10 43	9 15	8 8
10	19:17:34	19 37 0	27 57	2 35	5 18	21 48	15 0	15 5	2 9	10 45	9 15	8 5
11	19:21:30	20 38 10	10Cp15	4 13	6 33	22 31	15 11	15 0	2 10	10 46	9 15	8 2
12	19:25:26	21 39 19	22 26	5 50	7 48	23 15	15 22	14 55	2 12	10 48	9 15R	7 59
13	19:29:24	22 40 28	4Aq29	7 26	9 3	23 58	15 34	14 51	2 13	10 50	9 15	7 56
14	19:33:20	23 41 37	16 26	9 1	10 18	24 42	15 45	14 46	2 14	10 52	9 15	7 53
15	19:37:16	24 42 45	28 19	10 34	11 33	25 25	15 57	14 41	2 15	10 54	9 15	7 49
16	19:41:13	25 43 52	10Pi10	12 7	12 49	26 9	16 9	14 36	2 17	10 55	9 15	7 46
17	19:45:10	26 44 59	22 2	13 37	14 4	26 53	16 20	14 31	2 18	10 57	9 15	7 43
18	19:49: 6	27 46 5	3Ar57	15 4	15 19	27 36	16 32	14 26	2 19	10 59	9 15	7 40
19	19:53: 3	28 47 10	16 0	16 29	16 34	28 20	16 44	14 22	2 20	11 0	9 14	7 37
20	19:57: 0	29 48 15	28 16	17 50	17 49	29 4	16 56	14 17	2 21	11 2	9 14	7 34
21	20: 0:56	0Aq49 18	10Ta49	19 7	19 4	29 48	17 8	14 12	2 22	11 4	9 13	7 30
22	20: 4:52	1 50 21	23 43	20 19	20 19	0Cp31	17 21	14 8	2 23	11 5	9 13	7 27
23	20: 8:49	2 51 22	7Ge 4	21 25	21 34	1 15	17 33	14 3	2 24	11 7	9 13	7 24
24	20:12:46	3 52 23	20 54	22 26	22 49	1 59	17 45	13 59	2 24	11 8	9 13	7 21
25	20:16:42	4 53 23	5Cn13	23 18	24 4	2 43	17 58	13 54	2 25	11 10	9 12	7 18
26	20:20:39	5 54 22	19 58	24 3	25 19	3 27	18 10	13 50	2 25	11 11	9 12	7 14
27	20:24:35	6 55 19	5Le 3	24 39	26 34	4 11	18 23	13 45	2 26	11 13	9 11	7 11
28	20:28:31	7 56 16	20 18	25 5	27 49	4 55	18 35	13 41	2 26	11 14	9 11	7 8
29	20:32:28	8 57 12	5Vi33	25 21	29 4	5 39	18 48	13 37	2 27	11 16	9 10	7 5
30	20:36:25	9 58 7	20 37	25 26R	0Pi18	6 23	19 1	13 33	2 27	11 17	9 9	7 2
31	20:40:21	10 59 2	5Li20	25 20	1 33	7 7	19 14	13 29	2 28	11 19	9 9	6 59

1/20 Sun in Aqu. 16:37   1/4 3rd Qt. 19:05   1/12 New 10:20   1/20 1st Qt. 15:15   1/27 Full 15:10

Day	Sid. T.	Sun	Moon	Merc.	Venus	Mars	Jup.	Saturn	Uranus	Nept.	Pluto	N.Node
1	20:44:18	11Aq59 55	19Li38	25Aq 3R	2Pi48	7Cp52	19Pi27	13Cn24R	2Sc28	11Sg20	9Li 8R	6Sg55
2	20:48:15	13 0 48	3Sc29	24 34	4 3	8 36	19 40	13 20	2 28	11 21	9 7	6 52
3	20:52:11	14 1 40	16 53	23 55	5 18	9 20	19 53	13 17	2 28	11 22	9 7	6 49
4	20:56: 7	15 2 32	29 54	23 7	6 32	10 4	20 6	13 13	2 28	11 24	9 6	6 46
5	21: 0: 5	16 3 22	12Sg36	22 10	7 47	10 49	20 19	13 9	2 28	11 25	9 5	6 43
6	21: 4: 1	17 4 12	25 2	21 7	9 2	11 33	20 33	13 5	2 28R	11 26	9 4	6 40
7	21: 7:57	18 5 1	7Cp16	19 59	10 16	12 17	20 46	13 2	2 28	11 27	9 3	6 36
8	21:11:54	19 5 48	19 22	18 48	11 31	13 2	21 0	12 58	2 28	11 28	9 2	6 33
9	21:15:51	20 6 35	1Aq21	17 36	12 46	13 46	21 13	12 55	2 28	11 30	9 1	6 30
10	21:19:47	21 7 20	13 17	16 25	14 0	14 31	21 27	12 51	2 28	11 31	9 0	6 27
11	21:23:43	22 8 4	25 10	15 18	15 15	15 15	21 40	12 48	2 28	11 32	8 59	6 24
12	21:27:40	23 8 46	7Pi 2	14 14	16 29	16 0	21 54	12 45	2 27	11 33	8 58	6 20
13	21:31:36	24 9 27	18 55	13 17	17 44	16 45	22 7	12 42	2 27	11 34	8 57	6 17
14	21:35:33	25 10 7	0Ar48	12 26	18 58	17 29	22 21	12 39	2 26	11 35	8 56	6 14
15	21:39:30	26 10 45	12 46	11 42	20 13	18 14	22 35	12 36	2 26	11 36	8 55	6 11
16	21:43:26	27 11 21	24 50	11 6	21 27	18 59	22 49	12 33	2 25	11 36	8 54	6 8
17	21:47:23	28 11 56	7Ta 5	10 37	22 41	19 43	23 3	12 30	2 25	11 37	8 53	6 5
18	21:51:19	29 12 29	19 35	10 17	23 56	20 28	23 16	12 28	2 24	11 38	8 52	6 1
19	21:55:16	0Pi13 0	2Ge23	10 4	25 10	21 13	23 30	12 25	2 23	11 39	8 51	5 58
20	21:59:12	1 13 29	15 35	9 58	26 24	21 58	23 44	12 23	2 23	11 40	8 49	5 55
21	22: 3: 9	2 13 57	29 14	9 59D	27 38	22 42	23 58	12 20	2 22	11 40	8 48	5 52
22	22: 7: 6	3 14 22	13Cn23	10 7	28 52	23 27	24 12	12 18	2 21	11 41	8 47	5 49
23	22:11: 2	4 14 46	28 0	10 21	0Ar 6	24 12	24 26	12 16	2 20	11 42	8 46	5 45
24	22:14:59	5 15 8	13Le 2	10 41	1 21	24 57	24 41	12 14	2 19	11 43	8 44	5 42
25	22:18:55	6 15 28	28 19	11 7	2 35	25 42	24 55	12 12	2 18	11 43	8 43	5 39
26	22:22:52	7 15 46	13Vi42	11 37	3 48	26 27	25 9	12 10	2 17	11 44	8 42	5 36
27	22:26:48	8 16 3	28 58	12 12	5 2	27 12	25 23	12 9	2 16	11 44	8 40	5 33
28	22:30:45	9 16 17	13Li56	12 51	6 16	27 57	25 37	12 7	2 15	11 44	8 39	5 30

2/19 Sun in Pis. 6:51   2/3 3rd Qt. 6:23   2/11 New 5:17   2/19 1st Qt. 7:39   2/26 Full 1:15

MARCH 1975

Day	Sid. T.	Sun	Moon	Merc.	Venus	Mars	Jup.	Saturn	Uranus	Nept.	Pluto	N.Node
1	22:34:41	10Pi16 31	28Li28	13Aq35	7Ar30	28Cp42	25Pi52	12Cn 6R	2Sc13R	11Sg45	8Li38R	5Sg26
2	22:38:38	11 16 43	12Sc32	14 22	8 44	29 27	26 6	12 4	2 12	11 45	8 36	5 23
3	22:42:35	12 16 53	26 5	15 12	9 58	0Aq12	26 20	12 3	2 11	11 46	8 35	5 20
4	22:46:31	13 17 2	9Sg11	16 6	11 11	0 57	26 35	12 2	2 10	11 46	8 33	5 17
5	22:50:28	14 17 9	21 53	17 3	12 25	1 43	26 49	12 1	2 8	11 46	8 32	5 14
6	22:54:24	15 17 15	4Cp16	18 3	13 39	2 28	27 3	12 0	2 7	11 47	8 30	5 11
7	22:58:21	16 17 19	16 26	19 5	14 52	3 13	27 18	11 59	2 5	11 47	8 29	5 7
8	23: 2:17	17 17 22	28 26	20 9	16 6	3 58	27 32	11 58	2 4	11 47	8 27	5 4
9	23: 6:14	18 17 22	10Aq20	21 16	17 19	4 43	27 47	11 58	2 2	11 47	8 26	5 1
10	23:10:11	19 17 22	22 11	22 26	18 32	5 29	28 1	11 57	2 0	11 48	8 24	4 58
11	23:14: 7	20 17 19	4Pi 2	23 37	19 46	6 14	28 15	11 57	1 59	11 48	8 23	4 55
12	23:18: 3	21 17 14	15 55	24 50	20 59	6 59	28 30	11 57	1 57	11 48	8 21	4 51
13	23:22: 0	22 17 8	27 51	26 5	22 12	7 45	28 45	11 56	1 55	11 48	8 20	4 48
14	23:25:56	23 16 59	9Ar51	27 22	23 26	8 30	28 59	11 56D	1 54	11 48R	8 18	4 45
15	23:29:53	24 16 48	21 56	28 40	24 39	9 16	29 14	11 57	1 52	11 48	8 16	4 42
16	23:33:49	25 16 36	4Ta 9	0Pi 1	25 52	10 1	29 28	11 57	1 50	11 48	8 15	4 39
17	23:37:46	26 16 21	16 31	1 22	27 5	10 46	29 43	11 57	1 48	11 48	8 13	4 36
18	23:41:42	27 16 4	29 5	2 46	28 18	11 32	29 57	11 57	1 46	11 48	8 12	4 32
19	23:45:39	28 15 45	11Ge55	4 10	29 31	12 17	0Ar12	11 58	1 44	11 47	8 10	4 29
20	23:49:36	29 15 24	25 5	5 37	0Ta43	13 3	0 26	11 59	1 42	11 47	8 8	4 26
21	23:53:32	0Ar15 0	8Cn36	7 4	1 56	13 48	0 41	11 59	1 40	11 47	8 7	4 23
22	23:57:29	1 14 34	22 33	8 34	3 9	14 34	0 55	12 0	1 38	11 47	8 5	4 20
23	0: 1:25	2 14 6	6Le55	10 4	4 21	15 19	1 10	12 1	1 36	11 46	8 3	4 17
24	0: 5:22	3 13 35	21 40	11 36	5 34	16 5	1 24	12 2	1 34	11 46	8 2	4 13
25	0: 9:18	4 13 2	6Vi42	13 9	6 46	16 50	1 39	12 3	1 32	11 46	8 0	4 10
26	0:13:15	5 12 27	21 52	14 44	7 59	17 36	1 53	12 5	1 29	11 45	7 58	4 7
27	0:17:12	6 11 50	7Li 1	16 20	9 11	18 21	2 8	12 6	1 27	11 45	7 57	4 4
28	0:21: 8	7 11 10	21 57	17 57	10 23	19 7	2 22	12 8	1 25	11 45	7 55	4 1
29	0:25: 5	8 10 29	6Sc34	19 36	11 35	19 53	2 37	12 9	1 23	11 44	7 53	3 57
30	0:29: 1	9 9 46	20 43	21 16	12 48	20 38	2 51	12 11	1 20	11 44	7 52	3 54
31	0:32:58	10 9 1	4Sg25	22 58	14 0	21 24	3 6	12 13	1 18	11 43	7 50	3 51

3/21 Sun in Ari. 5:57   3/4 3rd Qt. 20:21   3/12 New 23:48   3/20 1st Qt. 20:05   3/27 Full 10:37

APRIL 1975

Day	Sid. T.	Sun	Moon	Merc.	Venus	Mars	Jup.	Saturn	Uranus	Nept.	Pluto	N.Node
1	0:36:54	11Ar 8 14	17Sg39	24Pi41	15Ta12	22Aq10	3Ar20	12Cn15	1Sc16R	11Sg42R	7Li48R	3Sg48
2	0:40:51	12 7 26	0Cp27	26 25	16 24	22 55	3 35	12 17	1 13	11 42	7 47	3 45
3	0:44:47	13 6 36	12 55	28 11	17 35	23 41	3 49	12 19	1 11	11 41	7 45	3 42
4	0:48:44	14 5 44	25 6	29 58	18 47	24 26	4 4	12 21	1 9	11 41	7 43	3 38
5	0:52:41	15 4 50	7Aq 6	1Ar46	19 59	25 12	4 18	12 24	1 6	11 40	7 42	3 35
6	0:56:37	16 3 54	19 0	3 36	21 10	25 58	4 32	12 26	1 4	11 39	7 40	3 32
7	1: 0:34	17 2 57	0Pi51	5 28	22 22	26 44	4 47	12 29	1 1	11 38	7 38	3 29
8	1: 4:30	18 1 57	12 43	7 21	23 33	27 29	5 1	12 31	0 59	11 38	7 37	3 26
9	1: 8:27	19 0 56	24 38	9 15	24 45	28 15	5 15	12 34	0 56	11 37	7 35	3 23
10	1:12:23	19 59 53	6Ar39	11 11	25 56	29 1	5 30	12 37	0 54	11 36	7 33	3 19
11	1:16:20	20 58 48	18 48	13 8	27 7	29 46	5 44	12 40	0 51	11 35	7 32	3 16
12	1:20:17	21 57 41	1Ta 5	15 7	28 18	0Pi32	5 58	12 43	0 49	11 34	7 30	3 13
13	1:24:13	22 56 32	13 32	17 7	29 29	1 18	6 13	12 46	0 46	11 33	7 29	3 10
14	1:28:10	23 55 21	26 9	19 8	0Ge40	2 3	6 27	12 49	0 44	11 32	7 27	3 7
15	1:32: 6	24 54 8	8Ge58	21 11	1 51	2 49	6 41	12 53	0 41	11 31	7 25	3 3
16	1:36: 3	25 52 52	22 1	23 14	3 2	3 35	6 55	12 56	0 39	11 30	7 24	3 0
17	1:39:59	26 51 35	5Cn19	25 19	4 12	4 21	7 9	13 0	0 36	11 29	7 22	2 57
18	1:43:56	27 50 15	18 54	27 25	5 23	5 6	7 23	13 4	0 34	11 28	7 21	2 54
19	1:47:52	28 48 53	2Le46	29 32	6 33	5 52	7 37	13 7	0 31	11 27	7 19	2 51
20	1:51:48	29 47 28	16 57	1Ta39	7 43	6 38	7 51	13 11	0 28	11 26	7 18	2 48
21	1:55:46	0Ta46 2	1Vi23	3 47	8 54	7 23	8 5	13 15	0 26	11 25	7 16	2 44
22	1:59:42	1 44 33	16 2	5 54	10 4	8 9	8 19	13 19	0 23	11 24	7 15	2 41
23	2: 3:38	2 43 2	0Li48	8 2	11 14	8 55	8 33	13 23	0 21	11 23	7 13	2 38
24	2: 7:35	3 41 29	15 34	10 10	12 23	9 40	8 47	13 27	0 18	11 22	7 10	2 35
25	2:11:32	4 39 54	0Sc12	12 17	13 33	10 26	9 1	13 32	0 16	11 20	7 9	2 32
26	2:15:28	5 38 17	14 36	14 23	14 43	11 12	9 14	13 36	0 13	11 19	7 9	2 29
27	2:19:24	6 36 38	28 39	16 27	15 52	11 57	9 28	13 40	0 11	11 18	7 8	2 25
28	2:23:22	7 34 58	12Sg19	18 30	17 2	12 43	9 42	13 45	0 8	11 17	7 6	2 22
29	2:27:18	8 33 16	25 35	20 32	18 11	13 29	9 55	13 50	0 5	11 15	7 5	2 19
30	2:31:14	9 31 33	8Cp28	22 31	19 20	14 14	10 9	13 54	0 3	11 14	7 3	2 16

4/20 Sun in Tau. 17:08   4/3 3rd Qt. 12:26   4/11 New 16:40   4/19 1st Qt. 4:42   4/25 Full 19:56

Day	Sid. T.	Sun	Moon	Merc.	Venus	Mars	Jup.	Saturn	Uranus	Nept.	Pluto	N.Node
1	2:35:11	10Ta29 48	21Cp 0	24Ta27	20Ge29	15Pi 0	10Ar22	13Cn59	0Sc 0R	11Sg13R	7Li 2R	2Sg13
2	2:39: 8	11 28 1	3Aq16	26 21	21 38	15 45	10 36	14 4	29Li58	11 12	7 1	2 9
3	2:43: 4	12 26 13	15 19	28 12	22 47	16 31	10 49	14 9	29 55	11 10	7 0	2 6
4	2:47: 0	13 24 24	27 14	0Ge 0	23 56	17 16	11 3	14 14	29 53	11 9	6 58	2 3
5	2:50:57	14 22 33	9Pi 7	1 45	25 4	18 2	11 16	14 19	29 50	11 7	6 57	2 0
6	2:54:53	15 20 40	21 0	3 26	26 12	18 47	11 29	14 24	29 48	11 6	6 56	1 57
7	2:58:50	16 18 46	2Ar59	5 4	27 21	19 33	11 43	14 29	29 46	11 5	6 55	1 54
8	3: 2:47	17 16 50	15 5	6 38	28 29	20 18	11 56	14 35	29 43	11 3	6 53	1 50
9	3: 6:43	18 14 53	27 23	8 9	29 37	21 4	12 9	14 40	29 41	11 2	6 52	1 47
10	3:10:40	19 12 55	9Ta53	9 35	0Cn45	21 49	12 22	14 46	29 38	11 0	6 51	1 44
11	3:14:37	20 10 55	22 36	10 58	1 52	22 35	12 35	14 51	29 36	10 59	6 50	1 41
12	3:18:33	21 8 54	5Ge34	12 17	3 0	23 20	12 48	14 57	29 34	10 57	6 49	1 38
13	3:22:29	22 6 51	18 45	13 32	4 7	24 5	13 0	15 2	29 31	10 56	6 48	1 34
14	3:26:26	23 4 46	2Cn10	14 43	5 14	24 51	13 13	15 8	29 29	10 54	6 47	1 31
15	3:30:23	24 2 40	15 48	15 49	6 21	25 36	13 26	15 14	29 27	10 53	6 46	1 28
16	3:34:19	25 0 31	29 37	16 52	7 28	26 21	13 39	15 20	29 25	10 51	6 45	1 25
17	3:38:16	25 58 21	13Le37	17 50	8 35	27 7	13 51	15 26	29 22	10 50	6 44	1 22
18	3:42:13	26 56 10	27 46	18 44	9 41	27 52	14 4	15 32	29 20	10 48	6 43	1 19
19	3:46: 9	27 53 56	12Vi 2	19 33	10 47	28 37	14 16	15 38	29 18	10 46	6 42	1 15
20	3:50: 5	28 51 41	26 22	20 19	11 53	29 22	14 28	15 44	29 16	10 45	6 41	1 12
21	3:54: 2	29 49 24	10Li42	20 59	12 59	0Ar 7	14 41	15 50	29 14	10 43	6 40	1 9
22	3:57:58	0Ge47 6	25 0	21 35	14 5	0 52	14 53	15 56	29 12	10 42	6 39	1 6
23	4: 1:55	1 44 46	9Sc11	22 6	15 11	1 37	15 5	16 2	29 10	10 40	6 39	1 3
24	4: 5:52	2 42 25	23 10	22 33	16 16	2 22	15 17	16 9	29 8	10 38	6 38	1 0
25	4: 9:48	3 40 2	6Sg55	22 55	17 21	3 7	15 29	16 15	29 6	10 37	6 37	0 56
26	4:13:45	4 37 38	20 23	23 12	18 26	3 52	15 41	16 22	29 4	10 35	6 36	0 53
27	4:17:41	5 35 14	3Cp31	23 25	19 30	4 37	15 53	16 28	29 2	10 34	6 36	0 50
28	4:21:38	6 32 48	16 21	23 33	20 35	5 22	16 4	16 35	29 0	10 32	6 35	0 47
29	4:25:34	7 30 21	28 53	23 36	21 39	6 7	16 16	16 41	28 58	10 30	6 35	0 44
30	4:29:31	8 27 53	11Aq10	23 34R	22 43	6 52	16 27	16 48	28 56	10 29	6 34	0 40
31	4:33:28	9 25 24	23 15	23 28	23 46	7 36	16 39	16 55	28 55	10 27	6 33	0 37

5/21 Sun in Gem. 16:24   5/3 3rd Qt. 5:44   5/11 New 7:06(E)   5/18 1st Qt. 10:30   5/25 Full 5:51(E)

Day	Sid. T.	Sun	Moon	Merc.	Venus	Mars	Jup.	Saturn	Uranus	Nept.	Pluto	N.Node
1	4:37:24	10Ge22 55	5Pi12	23Ge18R	24Cn50	8Ar21	16Ar50	17Cn 1	28Li53R	10Sg26R	6Li33R	0Sg34
2	4:41:21	11 20 25	17 5	23 4	25 53	9 6	17 1	17 8	28 51	10 24	6 32	0 31
3	4:45:17	12 17 53	28 59	22 45	26 56	9 50	17 13	17 15	28 50	10 22	6 32	0 28
4	4:49:14	13 15 21	10Ar59	22 24	27 58	10 35	17 24	17 22	28 48	10 21	6 31	0 25
5	4:53:10	14 12 49	23 9	21 59	29 1	11 19	17 35	17 29	28 46	10 19	6 31	0 21
6	4:57: 7	15 10 15	5Ta33	21 31	0Le 3	12 4	17 45	17 36	28 45	10 17	6 31	0 18
7	5: 1: 4	16 7 42	18 13	21 2	1 4	12 48	17 56	17 43	28 44	10 16	6 30	0 15
8	5: 5: 0	17 5 7	1Ge11	20 30	2 6	13 33	18 7	17 50	28 42	10 14	6 30	0 12
9	5: 8:57	18 2 31	14 29	19 57	3 7	14 17	18 17	17 57	28 41	10 13	6 30	0 9
10	5:12:53	18 59 55	28 4	19 24	4 8	15 1	18 28	18 4	28 39	10 11	6 30	0 5
11	5:16:50	19 57 18	11Cn56	18 50	5 8	15 45	18 38	18 11	28 38	10 9	6 29	0 2
12	5:20:46	20 54 40	26 0	18 17	6 8	16 29	18 48	18 18	28 37	10 8	6 29	29Sc59
13	5:24:43	21 52 2	10Le14	17 45	7 7	17 13	18 58	18 26	28 36	10 6	6 29	29 56
14	5:28:39	22 49 22	24 31	17 14	7 57	17 57	19 8	18 33	28 34	10 5	6 29	29 53
15	5:32:36	23 46 41	8Vi50	16 46	9 6	18 41	19 18	18 40	28 33	10 3	6 29	29 50
16	5:36:33	24 43 59	23 5	16 20	10 4	19 25	19 28	18 48	28 32	10 2	6 29D	29 46
17	5:40:29	25 41 17	7Li15	15 58	11 3	20 9	19 38	18 55	28 31	10 0	6 29	29 43
18	5:44:26	26 38 33	21 18	15 38	12 0	20 53	19 47	19 2	28 30	9 58	6 29	29 40
19	5:48:22	27 35 49	5Sc12	15 23	12 57	21 36	19 57	19 10	28 28	9 57	6 29	29 37
20	5:52:19	28 33 4	18 56	15 11	13 54	22 20	20 6	19 17	28 28	9 55	6 29	29 34
21	5:56:15	29 30 18	2Sg29	15 4	14 50	23 3	20 15	19 25	28 28	9 54	6 29	29 31
22	6: 0:12	0Cn27 32	15 49	15 1	15 46	23 47	20 24	19 32	28 27	9 52	6 29	29 27
23	6: 4: 9	1 24 45	28 57	15 3D	16 41	24 30	20 33	19 40	28 26	9 51	6 30	29 24
24	6: 8: 5	2 21 58	11Cp51	15 9	17 36	25 14	20 42	19 47	28 25	9 49	6 30	29 21
25	6:12: 2	3 19 11	24 30	15 20	18 30	25 57	20 51	19 55	28 24	9 48	6 30	29 18
26	6:15:58	4 16 23	6Aq56	15 36	19 24	26 40	20 59	20 2	28 24	9 45	6 31	29 15
27	6:19:54	5 13 35	19 10	15 57	20 17	27 23	21 8	20 10	28 23	9 45	6 31	29 12
28	6:23:51	6 10 47	1Pi13	16 22	21 10	28 6	21 16	20 18	28 23	9 44	6 31	29 8
29	6:27:48	7 7 59	13 9	16 52	22 2	28 49	21 24	20 25	28 23	9 42	6 31	29 5
30	6:31:44	8 5 11	25 2	17 27	22 53	29 32	21 32	20 33	28 22	9 41	6 32	29 2

6/22 Sun in Can. 0:27   6/1 3rd Qt. 23:23   6/9 New 18:50   6/16 1st Qt. 14:59   6/23 Full 16:55

JULY 1975

Day	Sid. T.	Sun	Moon	Merc.	Venus	Mars	Jup.	Saturn	Uranus	Nept.	Pluto	N.Node
1	6:35:41	9Cn 2 24	6Ar55	18Ge 6	23Le43	0Ta15	21Ar40	20Cn41	28Li 22R	9Sg39R	6Li 32	28Sc59
2	6:39:38	9 59 36	18 55	18 50	24 33	0 57	21 48	20 48	28 22	9 38	6 33	28 56
3	6:43:34	10 56 48	1Ta 4	19 39	25 23	1 40	21 55	20 56	28 22	9 37	6 33	28 52
4	6:47:30	11 54 1	13 29	20 32	26 11	2 22	22 3	21 4	28 21	9 35	6 34	28 49
5	6:51:27	12 51 14	26 14	21 30	26 59	3 5	22 10	21 11	28 21	9 34	6 34	28 46
6	6:55:24	13 48 27	9Ge21	22 31	27 46	3 47	22 17	21 19	28 21	9 33	6 35	28 43
7	6:59:20	14 45 41	22 52	23 38	28 32	4 29	22 24	21 27	28 21D	9 32	6 36	28 40
8	7: 3:17	15 42 55	6Cn47	24 48	29 17	5 11	22 31	21 35	28 21	9 30	6 36	28 37
9	7: 7:14	16 40 8	21 2	26 3	0Vi 1	5 53	22 37	21 42	28 21	9 29	6 37	28 33
10	7:11:10	17 37 22	5Le34	27 22	0 45	6 35	22 44	21 50	28 22	9 28	6 38	28 30
11	7:15: 7	18 34 36	20 14	28 44	1 27	7 17	22 50	21 58	28 22	9 27	6 39	28 27
12	7:19: 3	19 31 50	4Vi56	0Cn11	2 9	7 59	22 57	22 6	28 22	9 26	6 40	28 24
13	7:22:59	20 29 4	19 33	1 42	2 49	8 40	23 3	22 14	28 22	9 25	6 40	28 21
14	7:26:56	21 26 18	3Li58	3 17	3 29	9 22	23 8	22 21	28 23	9 23	6 41	28 17
15	7:30:53	22 23 32	18 9	4 55	4 7	10 3	23 14	22 29	28 23	9 22	6 42	28 14
16	7:34:49	23 20 46	2Sc 5	6 37	4 44	10 45	23 20	22 37	28 24	9 21	6 43	28 11
17	7:38:45	24 18 0	15 44	8 22	5 20	11 26	23 25	22 45	28 24	9 20	6 44	28 8
18	7:42:43	25 15 14	29 9	10 11	5 54	12 7	23 30	22 52	28 25	9 19	6 45	28 5
19	7:46:39	26 12 28	12Sg20	12 3	6 28	12 48	23 35	23 0	28 25	9 18	6 46	28 2
20	7:50:35	27 9 43	25 18	13 57	7 0	13 29	23 40	23 8	28 26	9 17	6 47	27 58
21	7:54:32	28 6 58	8Cp 6	15 54	7 30	14 9	23 45	23 16	28 27	9 16	6 48	27 55
22	7:58:29	29 4 13	20 42	17 54	7 59	14 50	23 49	23 24	28 27	9 15	6 49	27 52
23	8: 2:25	0Le 1 29	3Aq 8	19 55	8 27	15 31	23 54	23 31	28 28	9 15	6 51	27 49
24	8: 6:21	0 58 45	15 23	21 58	8 53	16 11	23 58	23 39	28 29	9 14	6 52	27 46
25	8:10:19	1 56 3	27 30	24 3	9 17	16 51	24 2	23 47	28 30	9 13	6 53	27 43
26	8:14:15	2 53 20	9Pi29	26 8	9 40	17 31	24 6	23 54	28 31	9 12	6 54	27 39
27	8:18:11	3 50 39	21 23	28 14	10 1	18 11	24 9	24 2	28 32	9 11	6 55	27 36
28	8:22: 8	4 47 58	3Ar14	0Le21	10 20	18 51	24 13	24 10	28 33	9 10	6 57	27 33
29	8:26: 4	5 45 19	15 5	2 27	10 37	19 31	24 16	24 18	28 34	9 10	6 58	27 30
30	8:30: 1	6 42 40	27 2	4 34	10 53	20 10	24 19	24 25	28 36	9 9	6 59	27 27
31	8:33:57	7 40 3	9Ta10	6 40	11 6	20 50	24 22	24 33	28 37	9 8	7 1	27 23

7/23 Sun in Leo 11:23   7/1 3rd Qt. 16:38   7/9 New 4:11   7/15 1st Qt. 19:47   7/23 Full 5:29   7/31 3rd Qt. 8:49

AUGUST 1975

Day	Sid. T.	Sun	Moon	Merc.	Venus	Mars	Jup.	Saturn	Uranus	Nept.	Pluto	N.Node
1	8:37:54	8Le37 27	21Ta33	8Le45	11Vi18	21Ta29	24Ar25	24Cn41	28Li 38	9Sg 8R	7Li 2	27Sc20
2	8:41:50	9 34 51	4Ge16	10 50	11 27	22 8	24 27	24 48	28 39	9 7	7 4	27 17
3	8:45:47	10 32 17	17 24	12 53	11 34	22 47	24 30	24 56	28 41	9 7	7 5	27 14
4	8:49:44	11 29 45	0Cn59	14 56	11 39	23 26	24 32	25 3	28 42	9 6	7 7	27 11
5	8:53:40	12 27 13	15 3	16 57	11 42	24 5	24 34	25 11	28 44	9 5	7 8	27 7
6	8:57:37	13 24 42	29 33	18 57	11 43R	24 44	24 35	25 19	28 45	9 5	7 10	27 4
7	9: 1:33	14 22 13	14Le23	20 56	11 41	25 22	24 37	25 26	28 47	9 5	7 11	27 1
8	9: 5:30	15 19 44	29 26	22 53	11 37	26 0	24 38	25 34	28 48	9 4	7 13	26 58
9	9: 9:26	16 17 17	14Vi31	24 48	11 30	26 38	24 39	25 41	28 50	9 4	7 14	26 55
10	9:13:23	17 14 50	29 28	26 43	11 21	27 16	24 40	25 48	28 52	9 3	7 16	26 52
11	9:17:20	18 12 24	14Li10	28 35	11 10	27 54	24 41	25 56	28 54	9 3	7 18	26 49
12	9:21:16	19 9 59	28 31	0Vi27	10 56	28 32	24 42	26 3	28 55	9 3	7 19	26 45
13	9:25:13	20 7 35	12Sc30	2 16	10 40	29 9	24 42	26 11	28 57	9 2	7 21	26 42
14	9:29: 9	21 5 12	26 6	4 5	10 22	29 46	24 42R	26 18	28 59	9 2	7 23	26 39
15	9:33: 6	22 2 50	9Sg22	5 51	10 1	0Ge23	24 42	26 25	29 1	9 2	7 24	26 36
16	9:37: 2	23 0 29	22 20	7 37	9 38	1 0	24 42	26 33	29 3	9 2	7 26	26 33
17	9:40:59	23 58 9	5Cp 3	9 20	9 13	1 37	24 42	26 40	29 5	9 2	7 28	26 29
18	9:44:55	24 55 50	17 34	11 3	8 47	2 14	24 41	26 47	29 7	9 2	7 30	26 26
19	9:48:52	25 53 32	29 55	12 44	8 18	2 50	24 40	26 54	29 9	9 1	7 32	26 23
20	9:52:49	26 51 16	12Aq 8	14 23	7 47	3 26	24 39	27 1	29 12	9 1	7 34	26 20
21	9:56:45	27 49 0	24 13	16 1	7 15	4 2	24 38	27 8	29 14	9 1D	7 35	26 17
22	10: 0:42	28 46 46	6Pi13	17 38	6 42	4 38	24 36	27 15	29 16	9 1	7 37	26 14
23	10: 4:38	29 44 34	18 7	19 13	6 7	5 13	24 35	27 22	29 18	9 1	7 39	26 10
24	10: 8:35	0Vi42 22	29 59	20 47	5 31	5 49	24 33	27 29	29 21	9 1	7 41	26 7
25	10:12:31	1 40 13	11Ar49	22 20	4 55	6 24	24 31	27 36	29 23	9 2	7 43	26 4
26	10:16:28	2 38 5	23 40	23 51	4 18	6 59	24 29	27 43	29 26	9 2	7 45	26 1
27	10:20:25	3 35 59	5Ta37	25 20	3 41	7 33	24 26	27 50	29 28	9 2	7 47	25 58
28	10:24:21	4 33 55	17 43	26 49	3 3	8 8	24 24	27 57	29 31	9 2	7 49	25 55
29	10:28:18	5 31 52	0Ge 3	28 16	2 26	8 42	24 21	28 4	29 33	9 2	7 51	25 51
30	10:32:14	6 29 52	12 43	29 41	1 50	9 16	24 18	28 10	29 36	9 3	7 53	25 48
31	10:36:11	7 27 53	25 47	1Li 5	1 14	9 50	24 15	28 17	29 38	9 3	7 55	25 45

8/23 Sun in Vir. 18:25   8/7 New 11:58   8/14 1st Qt. 2:24   8/21 Full 19:48   8/29 3rd Qt. 23:20

SEPTEMBER 1975

Day	Sid. T.	Sun	Moon	Merc.	Venus	Mars	Jup.	Saturn	Uranus	Nept.	Pluto	N.Node
1	10:40: 7	8Vi25 57	9Cn18	2Li28	0Vi39R	10Ge23	24Ar11R	28Cn24	29Li41	9Sg 3	7Li57	25Sc42
2	10:44: 4	9 24 2	23 20	3 49	0 5	10 57	24 8	28 30	29 44	9 4	7 59	25 39
3	10:48: 0	10 22 9	7Le50	5 8	29Le32	11 30	24 4	28 37	29 46	9 4	8 1	25 35
4	10:51:57	11 20 18	22 45	6 26	29 1	12 3	24 0	28 43	29 49	9 5	8 4	25 32
5	10:55:54	12 18 28	7Vi56	7 42	28 32	12 35	23 56	28 49	29 52	9 5	8 6	25 29
6	10:59:50	13 16 41	23 14	8 57	28 4	13 7	23 52	28 56	29 55	9 5	8 8	25 26
7	11: 3:47	14 14 55	8Li27	10 10	27 39	13 39	23 47	29 2	29 58	9 6	8 10	25 23
8	11: 7:43	15 13 11	23 24	11 21	27 15	14 11	23 43	29 8	0Sc 1	9 7	8 12	25 20
9	11:11:40	16 11 28	7Sc59	12 30	26 54	14 43	23 38	29 14	0 4	9 7	8 14	25 16
10	11:15:36	17 9 47	22 8	13 37	26 34	15 14	23 33	29 21	0 7	9 8	8 17	25 13
11	11:19:33	18 8 7	5Sg50	14 42	26 17	15 45	23 28	29 27	0 10	9 8	8 19	25 10
12	11:23:30	19 6 29	19 7	15 44	26 3	16 15	23 22	29 33	0 13	9 9	8 21	25 7
13	11:27:26	20 4 53	2Cp 2	16 44	25 51	16 45	23 17	29 38	0 16	9 10	8 23	25 4
14	11:31:23	21 3 18	14 38	17 42	25 41	17 15	23 11	29 44	0 19	9 11	8 25	25 1
15	11:35:19	22 1 45	27 1	18 37	25 34	17 45	23 5	29 50	0 22	9 11	8 28	24 57
16	11:39:15	23 0 13	9Aq12	19 29	25 29	18 14	22 59	29 56	0 25	9 12	8 30	24 54
17	11:43:12	23 58 43	21 15	20 17	25 26	18 43	22 53	0Le 1	0 28	9 13	8 32	24 51
18	11:47: 9	24 57 15	3Pi13	21 2	25 26D	19 12	22 47	0 7	0 32	9 14	8 34	24 48
19	11:51: 5	25 55 48	15 7	21 44	25 28	19 40	22 41	0 13	0 35	9 15	8 37	24 45
20	11:55: 1	26 54 24	26 59	22 22	25 33	20 8	22 34	0 18	0 38	9 16	8 39	24 41
21	11:58:59	27 53 1	8Ar50	22 55	25 39	20 36	22 28	0 23	0 41	9 17	8 41	24 38
22	12: 2:55	28 51 40	20 42	23 24	25 48	21 3	22 21	0 29	0 45	9 18	8 44	24 35
23	12: 6:51	29 50 22	2Ta38	23 47	26 0	21 30	22 14	0 34	0 48	9 19	8 46	24 32
24	12:10:48	0Li49 6	14 39	24 6	26 13	21 57	22 7	0 39	0 51	9 20	8 48	24 29
25	12:14:45	1 47 51	26 49	24 18	26 28	22 23	22 0	0 44	0 55	9 21	8 51	24 26
26	12:18:41	2 46 39	9Ge12	24 25	26 46	22 49	21 53	0 49	0 58	9 22	8 53	24 22
27	12:22:38	3 45 30	21 51	24 25R	27 5	23 14	21 46	0 54	1 2	9 23	8 55	24 19
28	12:26:35	4 44 22	4Cn51	24 18	27 26	23 39	21 38	0 59	1 5	9 24	8 57	24 16
29	12:30:31	5 43 17	18 16	24 3	27 49	24 4	21 31	1 4	1 9	9 26	9 0	24 13
30	12:34:27	6 42 15	2Le 8	23 42	28 14	24 28	21 23	1 8	1 12	9 27	9 2	24 10

9/23 Sun in Lib. 15:56   9/5 New 19:19   9/12 1st Qt. 12:00   9/20 Full 11:51   9/28 3rd Qt. 11:47

OCTOBER 1975

Day	Sid. T.	Sun	Moon	Merc.	Venus	Mars	Jup.	Saturn	Uranus	Nept.	Pluto	N.Node
1	12:38:24	7Li41 14	16Le28	23Li12R	28Le40	24Ge51	21Ar16R	1Le13	1Sc16	9Sg28	9Li 4	24Sc 6
2	12:42:20	8 40 16	1Vi12	22 36	29 8	25 14	21 8	1 17	1 19	9 29	9 7	24 3
3	12:46:17	9 39 20	16 16	21 51	29 38	25 37	21 0	1 22	1 23	9 31	9 9	24 0
4	12:50:14	10 38 26	1Li30	21 0	0Vi 9	25 59	20 52	1 26	1 26	9 32	9 11	23 57
5	12:54:10	11 37 34	16 43	20 2	0 41	26 21	20 44	1 30	1 30	9 34	9 14	23 54
6	12:58: 6	12 36 44	1Sc46	18 59	1 15	26 43	20 37	1 34	1 34	9 35	9 16	23 51
7	13: 2: 3	13 35 57	16 30	17 51	1 51	27 3	20 29	1 39	1 37	9 36	9 18	23 47
8	13: 6: 0	14 35 11	0Sg50	16 41	2 27	27 24	20 21	1 42	1 41	9 38	9 21	23 44
9	13: 9:56	15 34 27	14 41	15 30	3 5	27 44	20 13	1 46	1 44	9 39	9 23	23 41
10	13:13:53	16 33 44	28 3	14 21	3 45	28 3	20 4	1 50	1 48	9 41	9 25	23 38
11	13:17:50	17 33 4	11Cp 5	13 14	4 25	28 22	19 56	1 54	1 52	9 42	9 28	23 35
12	13:21:46	18 32 25	23 43	12 12	5 6	28 40	19 48	1 57	1 55	9 44	9 30	23 32
13	13:25:42	19 31 48	6Aq 3	11 17	5 49	28 57	19 40	2 1	1 59	9 45	9 32	23 28
14	13:29:40	20 31 13	18 11	10 30	6 32	29 14	19 32	2 4	2 3	9 47	9 35	23 25
15	13:33:36	21 30 40	0Pi10	9 53	7 17	29 31	19 24	2 8	2 7	9 49	9 37	23 22
16	13:37:32	22 30 8	12 3	9 26	8 3	29 47	19 16	2 11	2 10	9 50	9 39	23 19
17	13:41:29	23 29 38	23 54	9 10	8 49	0Cn 2	19 8	2 14	2 14	9 52	9 41	23 16
18	13:45:25	24 29 10	5Ar46	9 5D	9 36	0 17	19 0	2 17	2 18	9 54	9 44	23 12
19	13:49:22	25 28 44	17 40	9 12	10 25	0 31	18 52	2 20	2 22	9 55	9 46	23 9
20	13:53:18	26 28 20	29 38	9 29	11 14	0 44	18 44	2 23	2 25	9 57	9 48	23 6
21	13:57:15	27 27 58	11Ta43	9 56	12 4	0 57	18 36	2 26	2 29	9 59	9 51	23 3
22	14: 1:11	28 27 39	23 55	10 32	12 54	1 9	18 28	2 28	2 33	10 1	9 53	23 0
23	14: 5: 8	29 27 21	6Ge17	11 18	13 46	1 20	18 20	2 31	2 37	10 3	9 55	22 57
24	14: 9: 5	0Sc27 5	18 49	12 11	14 38	1 31	18 13	2 33	2 40	10 4	9 57	22 53
25	14:13: 1	1 26 52	1Cn38	13 11	15 31	1 41	18 5	2 35	2 44	10 6	9 59	22 50
26	14:16:58	2 26 41	14 43	14 17	16 25	1 50	17 57	2 38	2 48	10 8	10 2	22 47
27	14:20:54	3 26 32	28 7	15 29	17 19	1 58	17 50	2 40	2 52	10 10	10 4	22 44
28	14:24:51	4 26 26	11Le51	16 45	18 14	2 6	17 42	2 42	2 55	10 12	10 6	22 41
29	14:28:47	5 26 21	25 57	18 6	19 9	2 13	17 35	2 44	2 59	10 14	10 8	22 38
30	14:32:44	6 26 19	10Vi23	19 29	20 5	2 19	17 28	2 45	3 3	10 16	10 10	22 34
31	14:36:41	7 26 19	25 6	20 56	21 2	2 24	17 20	2 47	3 7	10 18	10 12	22 31

10/24 Sun in Sco. 1:07   10/5 New 3:24   10/12 1st Qt. 1:16   10/20 Full 5:06   10/27 3rd Qt. 22:08

NOVEMBER 1975

Day	Sid. T.	Sun	Moon	Merc.	Venus	Mars	Jup.	Saturn	Uranus	Nept.	Pluto	N.Node
1	14:40:37	8Sc26 21	9Li59	22Li25	21Vi59	2Cn29	17Ar13R	2Le49	3Sc10	10Sg20	10Li15	22Sc28
2	14:44:34	9 26 25	24 57	23 56	22 57	2 33	17 6	2 50	3 14	10 22	10 17	22 25
3	14:48:30	10 26 31	9Sc49	25 28	23 55	2 36	17 0	2 51	3 18	10 24	10 19	22 22
4	14:52:27	11 26 39	24 29	27 2	24 54	2 38	16 53	2 52	3 22	10 26	10 21	22 18
5	14:56:23	12 26 49	8Sg49	28 37	25 54	2 39	16 46	2 54	3 25	10 28	10 23	22 15
6	15: 0:20	13 27 0	22 46	0Sc12	26 53	2 40	16 40	2 55	3 29	10 30	10 25	22 12
7	15: 4:16	14 27 13	6Cp17	1 48	27 54	2 39R	16 34	2 55	3 33	10 32	10 27	22 9
8	15: 8:13	15 27 28	19 23	3 25	28 54	2 38	16 28	2 56	3 37	10 34	10 29	22 6
9	15:12:10	16 27 44	2Aq 6	5 1	29 55	2 36	16 21	2 57	3 40	10 36	10 31	22 3
10	15:16: 6	17 28 1	14 30	6 38	0Li57	2 33	16 16	2 57	3 44	10 38	10 33	21 59
11	15:20: 3	18 28 20	26 39	8 15	1 59	2 29	16 10	2 58	3 48	10 40	10 35	21 56
12	15:23:59	19 28 40	8Pi37	9 52	3 1	2 24	16 4	2 58	3 51	10 42	10 37	21 53
13	15:27:56	20 29 2	20 29	11 29	4 3	2 19	15 59	2 58	3 55	10 45	10 39	21 50
14	15:31:52	21 29 25	2Ar19	13 6	5 6	2 12	15 54	2 58	3 59	10 47	10 41	21 47
15	15:35:49	22 29 50	14 12	14 43	6 10	2 5	15 49	2 58R	4 2	10 49	10 42	21 44
16	15:39:46	23 30 16	26 10	16 20	7 13	1 56	15 44	2 58	4 6	10 51	10 44	21 40
17	15:43:42	24 30 43	8Ta16	17 56	8 17	1 47	15 39	2 58	4 10	10 53	10 46	21 37
18	15:47:39	25 31 12	20 33	19 32	9 22	1 37	15 35	2 58	4 13	10 55	10 48	21 34
19	15:51:35	26 31 43	3Ge 1	21 8	10 26	1 27	15 30	2 57	4 17	10 58	10 50	21 31
20	15:55:31	27 32 15	15 41	22 44	11 31	1 15	15 26	2 57	4 20	11 0	10 52	21 28
21	15:59:28	28 32 49	28 35	24 20	12 36	1 2	15 22	2 56	4 24	11 2	10 53	21 24
22	16: 3:25	29 33 24	11Cn42	25 55	13 42	0 49	15 18	2 55	4 27	11 4	10 55	21 21
23	16: 7:21	0Sg34 2	25 3	27 30	14 47	0 35	15 15	2 54	4 31	11 6	10 57	21 18
24	16:11:18	1 34 40	8Le37	29 6	15 53	0 20	15 11	2 53	4 34	11 9	10 58	21 15
25	16:15:15	2 35 21	22 24	0Sg40	17 0	0 4	15 8	2 52	4 38	11 11	11 0	21 12
26	16:19:11	3 36 3	6Vi23	2 15	18 6	29Ge48	15 5	2 51	4 41	11 13	11 2	21 9
27	16:23: 8	4 36 46	20 34	3 50	19 13	29 31	15 2	2 49	4 45	11 15	11 3	21 5
28	16:27: 4	5 37 31	4Li55	5 24	20 20	29 13	15 0	2 48	4 48	11 18	11 5	21 2
29	16:31: 1	6 38 18	19 22	6 59	21 27	28 54	14 57	2 46	4 51	11 20	11 6	20 59
30	16:34:57	7 39 6	3Sc51	8 33	22 35	28 35	14 55	2 45	4 55	11 22	11 8	20 56

11/22 Sun in Sag. 22:32   11/3 New 13:05(E)   11/10 1st Qt. 18:21   11/18 Full 22:29(E)   11/26 3rd Qt. 6:52

DECEMBER 1975

Day	Sid. T.	Sun	Moon	Merc.	Venus	Mars	Jup.	Saturn	Uranus	Nept.	Pluto	N.Node
1	16:38:54	8Sg39 56	18Sc19	10Sg 7	23Li43	28Ge15R	14Ar53R	2Le43R	4Sc58	11Sg24	11Li 9	20Sc53
2	16:42:51	9 40 47	2Sg38	11 41	24 50	27 55	14 51	2 41	5 1	11 27	11 11	20 50
3	16:46:47	10 41 39	16 45	13 16	25 59	27 34	14 50	2 39	5 5	11 29	11 12	20 46
4	16:50:44	11 42 33	0Cp35	14 50	27 7	27 13	14 49	2 37	5 8	11 31	11 14	20 43
5	16:54:40	12 43 27	14 4	16 24	28 15	26 51	14 47	2 35	5 11	11 33	11 15	20 40
6	16:58:37	13 44 22	27 12	17 58	29 24	26 29	14 46	2 32	5 14	11 36	11 16	20 37
7	17: 2:33	14 45 18	9Aq58	19 32	0Sc33	26 6	14 46	2 30	5 17	11 38	11 18	20 34
8	17: 6:30	15 46 15	22 26	21 6	1 42	25 44	14 45	2 27	5 20	11 40	11 19	20 30
9	17:10:26	16 47 12	4Pi37	22 40	2 51	25 21	14 45	2 25	5 23	11 43	11 20	20 27
10	17:14:22	17 48 11	16 36	24 14	4 1	24 57	14 45	2 22	5 26	11 45	11 21	20 24
11	17:18:20	18 49 9	28 28	25 48	5 10	24 34	14 45D	2 19	5 29	11 47	11 22	20 21
12	17:22:16	19 50 9	10Ar18	27 22	6 20	24 11	14 45	2 16	5 32	11 49	11 24	20 18
13	17:26:12	20 51 8	22 11	28 56	7 29	23 47	14 46	2 13	5 35	11 52	11 25	20 15
14	17:30: 9	21 52 9	4Ta12	0Cp31	8 39	23 24	14 46	2 10	5 38	11 54	11 26	20 11
15	17:34: 6	22 53 10	16 24	2 5	9 50	23 0	14 47	2 7	5 41	11 56	11 27	20 8
16	17:38: 2	23 54 11	28 50	3 39	11 0	22 37	14 48	2 4	5 44	11 58	11 28	20 5
17	17:41:58	24 55 14	11Ge34	5 14	12 10	22 14	14 50	2 0	5 47	12 0	11 29	20 2
18	17:45:56	25 56 17	24 35	6 48	13 21	21 51	14 51	1 57	5 50	12 3	11 30	19 59
19	17:49:52	26 57 20	7Cn54	8 22	14 31	21 28	14 53	1 53	5 52	12 5	11 31	19 55
20	17:53:48	27 58 24	21 28	9 57	15 42	21 6	14 55	1 50	5 55	12 7	11 32	19 52
21	17:57:45	28 59 29	5Le15	11 31	16 53	20 44	14 57	1 46	5 58	12 9	11 33	19 49
22	18: 1:42	0Cp 0 34	19 12	13 5	18 4	20 22	15 0	1 42	6 0	12 11	11 33	19 46
23	18: 5:38	1 1 40	3Vi15	14 38	19 15	20 1	15 2	1 39	6 3	12 14	11 34	19 43
24	18: 9:34	2 2 47	17 22	16 12	20 26	19 40	15 5	1 35	6 5	12 16	11 35	19 40
25	18:13:31	3 3 54	1Li30	17 45	21 37	19 20	15 8	1 31	6 8	12 18	11 36	19 36
26	18:17:27	4 5 2	15 37	19 17	22 49	19 0	15 11	1 27	6 10	12 20	11 36	19 33
27	18:21:24	5 6 11	29 43	20 49	24 0	18 41	15 14	1 23	6 13	12 22	11 37	19 30
28	18:25:21	6 7 20	13Sc46	22 20	25 12	18 22	15 18	1 18	6 15	12 24	11 38	19 27
29	18:29:17	7 8 30	27 45	23 49	26 23	18 4	15 22	1 14	6 17	12 26	11 38	19 24
30	18:33:14	8 9 40	11Sg36	25 18	27 35	17 47	15 26	1 10	6 19	12 29	11 39	19 21
31	18:37:11	9 10 51	25 19	26 44	28 47	17 30	15 30	1 6	6 22	12 31	11 39	19 17

12/22 Sun in Cap. 11:47   12/3 New 0:51   12/10 1st Qt. 14:40   12/18 Full 14:40   12/25 3rd Qt. 14:53

Day	Sid. T.	Sun	Moon	Merc.	Venus	Mars	Jup.	Saturn	Uranus	Nept.	Pluto	N.Node
1	18:41: 7	10Cp12 1	8Cp49	28Cp 9	29Sc59	17Ge15R	15Ar34	1Le 1R	6Sc24	12Sg33	11Li40	19Sc14
2	18:45: 3	11 13 12	22 5	29 32	1Sg11	16 59	15 39	0 57	6 26	12 35	11 40	19 11
3	18:49: 0	12 14 23	5Aq 5	0Aq52	2 23	16 45	15 43	0 52	6 28	12 37	11 41	19 8
4	18:52:57	13 15 34	17 47	2 8	3 35	16 31	15 48	0 48	6 30	12 39	11 41	19 5
5	18:56:53	14 16 44	0Pi13	3 21	4 48	16 19	15 53	0 43	6 32	12 41	11 41	19 1
6	19: 0:50	15 17 55	12 24	4 29	6 0	16 7	15 59	0 38	6 34	12 43	11 42	18 58
7	19: 4:47	16 19 4	24 23	5 32	7 12	15 55	16 4	0 34	6 36	12 45	11 42	18 55
8	19: 8:43	17 20 14	6Ar14	6 29	8 25	15 45	16 10	0 29	6 38	12 47	11 42	18 52
9	19:12:39	18 21 23	18 3	7 19	9 37	15 35	16 16	0 24	6 39	12 49	11 42	18 49
10	19:16:36	19 22 31	29 55	8 2	10 50	15 27	16 22	0 19	6 41	12 51	11 42	18 46
11	19:20:32	20 23 39	11Ta55	8 36	12 2	15 19	16 28	0 15	6 43	12 52	11 43	18 42
12	19:24:29	21 24 47	24 8	9 0	13 15	15 12	16 34	0 10	6 45	12 54	11 43	18 39
13	19:28:26	22 25 54	6Ge39	9 15	14 28	15 5	16 40	0 5	6 46	12 56	11 43	18 36
14	19:32:22	23 27 0	19 31	9 18R	15 41	15 0	16 47	0 0	6 48	12 58	11 43R	18 33
15	19:36:19	24 28 6	2Cn47	9 9	16 54	14 55	16 54	29Cn55	6 49	13 0	11 43	18 30
16	19:40:15	25 29 11	16 26	8 49	18 6	14 51	17 1	29 50	6 51	13 2	11 43	18 27
17	19:44:12	26 30 16	0Le26	8 17	19 19	14 48	17 8	29 45	6 52	13 3	11 43	18 23
18	19:48: 8	27 31 20	14 42	7 35	20 32	14 46	17 15	29 40	6 53	13 5	11 42	18 20
19	19:52: 5	28 32 24	29 8	6 41	21 45	14 45	17 23	29 35	6 54	13 7	11 42	18 17
20	19:56: 2	29 33 27	13Vi38	5 39	22 58	14 44	17 30	29 30	6 56	13 9	11 42	18 14
21	19:59:58	0Aq34 30	28 5	4 30	24 12	14 44D	17 38	29 25	6 57	13 10	11 42	18 11
22	20: 3:55	1 35 33	12Li26	3 16	25 25	14 45	17 46	29 21	6 58	13 12	11 42	18 7
23	20: 7:51	2 36 35	26 36	2 0	26 38	14 47	17 54	29 16	6 59	13 14	11 41	18 4
24	20:11:48	3 37 36	10Sc35	0 43	27 51	14 49	18 2	29 11	7 0	13 15	11 41	18 1
25	20:15:44	4 38 38	24 23	29Cp28	29 4	14 52	18 11	29 6	7 1	13 18	11 41	17 58
26	20:19:41	5 39 39	8Sg 0	28 17	0Cp18	14 56	18 19	29 1	7 2	13 18	11 40	17 55
27	20:23:37	6 40 39	21 27	27 11	1 31	15 0	18 28	28 56	7 3	13 20	11 40	17 52
28	20:27:34	7 41 38	4Cp44	26 13	2 44	15 5	18 37	28 51	7 3	13 21	11 39	17 48
29	20:31:31	8 42 37	17 51	25 23	3 58	15 11	18 46	28 46	7 4	13 23	11 39	17 45
30	20:35:27	9 43 35	0Aq46	24 41	5 11	15 18	18 55	28 41	7 5	13 24	11 38	17 42
31	20:39:24	10 44 32	13 29	24 8	6 25	15 25	19 4	28 37	7 5	13 26	11 38	17 39

1/20 Sun in Aqu. 22:26   1/1 New 14:41   1/9 1st Qt. 12:40   1/17 Full 4:48   1/23 3rd Qt. 23:05   1/31 New 6:21

Day	Sid. T.	Sun	Moon	Merc.	Venus	Mars	Jup.	Saturn	Uranus	Nept.	Pluto	N.Node
1	20:43:20	11Aq45 28	25Aq59	23Cp44R	7Cp38	15Ge33	19Ar13	28Cn32R	7Sc 6	13Sg27	11Li37R	17Sc36
2	20:47:17	12 46 23	8Pi17	23 28	8 52	15 41	19 23	28 27	7 6	13 29	11 36	17 33
3	20:51:13	13 47 17	20 23	23 21	10 5	15 50	19 32	28 23	7 7	13 30	11 36	17 29
4	20:55:10	14 48 9	2Ar20	23 21D	11 19	16 0	19 42	28 18	7 7	13 31	11 35	17 26
5	20:59: 7	15 49 0	14 10	23 29	12 33	16 11	19 52	28 13	7 8	13 33	11 34	17 23
6	21: 3: 3	16 49 49	25 57	23 43	13 46	16 21	20 2	28 9	7 8	13 34	11 34	17 20
7	21: 7: 0	17 50 38	7Ta47	24 4	15 0	16 33	20 12	28 4	7 8	13 35	11 33	17 17
8	21:10:56	18 51 24	19 44	24 30	16 14	16 45	20 22	28 0	7 8	13 36	11 32	17 13
9	21:14:53	19 52 10	1Ge55	25 2	17 27	16 58	20 32	27 55	7 8	13 37	11 31	17 10
10	21:18:49	20 52 53	14 24	25 39	18 41	17 11	20 43	27 51	7 8	13 39	11 30	17 7
11	21:22:46	21 53 35	27 16	26 20	19 55	17 24	20 53	27 47	7 8R	13 40	11 29	17 4
12	21:26:42	22 54 16	10Cn36	27 6	21 8	17 39	21 4	27 42	7 8	13 41	11 28	17 1
13	21:30:39	23 54 55	24 23	27 55	22 22	17 53	21 14	27 38	7 8	13 42	11 27	16 58
14	21:34:36	24 55 32	8Le37	28 47	23 36	18 8	21 25	27 34	7 8	13 43	11 26	16 54
15	21:38:32	25 56 8	23 13	29 43	24 50	18 24	21 36	27 30	7 8	13 44	11 25	16 51
16	21:42:28	26 56 42	8Vi 4	0Aq42	26 4	18 40	21 47	27 26	7 8	13 45	11 24	16 48
17	21:46:25	27 57 15	23 1	1 43	27 17	18 57	21 58	27 22	7 7	13 46	11 23	16 45
18	21:50:22	28 57 47	7Li54	2 47	28 31	19 14	22 10	27 18	7 7	13 47	11 22	16 42
19	21:54:18	29 58 17	22 36	3 53	29 45	19 31	22 21	27 15	7 6	13 47	11 21	16 39
20	21:58:15	0Pi58 46	7Sc 2	5 2	0Aq59	19 49	22 33	27 11	7 6	13 48	11 20	16 35
21	22: 2:12	1 59 14	21 10	6 12	2 13	20 7	22 44	27 7	7 5	13 49	11 19	16 32
22	22: 6: 8	2 59 40	4Sg58	7 24	3 27	20 26	22 56	27 4	7 5	13 50	11 18	16 29
23	22:10: 4	4 0 5	18 28	8 38	4 41	20 45	23 7	27 0	7 4	13 51	11 16	16 26
24	22:14: 1	5 0 29	1Cp41	9 54	5 54	21 4	23 19	26 57	7 3	13 51	11 15	16 23
25	22:17:58	6 0 51	14 41	11 12	7 8	21 24	23 31	26 54	7 2	13 52	11 14	16 19
26	22:21:54	7 1 12	27 28	12 30	8 22	21 44	23 43	26 51	7 1	13 53	11 13	16 16
27	22:25:51	8 1 32	10Aq 3	13 51	9 36	22 5	23 55	26 48	7 1	13 53	11 11	16 13
28	22:29:47	9 1 50	22 28	15 13	10 50	22 26	24 7	26 45	7 0	13 54	11 10	16 10
29	22:33:43	10 2 5	4Pi44	16 36	12 4	22 47	24 20	26 42	6 59	13 54	11 9	16 7

2/19 Sun in Pis. 12:41   2/8 1st Qt. 10:06   2/15 Full 16:44   2/22 3rd Qt. 8:17   2/31 New 23:25

MARCH 1976

Day	Sid. T.	Sun	Moon	Merc.	Venus	Mars	Jup.	Saturn	Uranus	Nept.	Pluto	N.Node
1	22:37:41	11Pi 2 20	16Pi51	18Aq 0	13Aq18	23Ge 8	24Ar32	26Cn39R	6Sc58R	13Sg55	11Li 7R	16Sc 4
2	22:41:37	12 2 32	28 49	19 26	14 32	23 30	24 44	26 36	6 57	13 55	11 6	16 0
3	22:45:33	13 2 42	10Ar41	20 53	15 46	23 52	24 57	26 33	6 56	13 56	11 4	15 57
4	22:49:30	14 2 51	22 29	22 21	17 0	24 15	25 9	26 31	6 55	13 56	11 3	15 54
5	22:53:27	15 2 58	4Ta16	23 50	18 14	24 38	25 22	26 28	6 53	13 57	11 2	15 51
6	22:57:23	16 3 2	16 5	25 21	19 28	25 1	25 35	26 26	6 52	13 57	11 0	15 48
7	23: 1:19	17 3 5	28 1	26 53	20 42	25 24	25 47	26 24	6 51	13 57	10 59	15 44
8	23: 5:17	18 3 5	10Ge10	28 26	21 56	25 48	26 0	26 22	6 50	13 57	10 57	15 41
9	23: 9:13	19 3 3	22 35	0Pi 0	23 10	26 12	26 13	26 20	6 48	13 58	10 56	15 38
10	23:13: 9	20 3 0	5Cn23	1 35	24 24	26 36	26 26	26 18	6 47	13 58	10 54	15 35
11	23:17: 6	21 2 54	18 38	3 11	25 38	27 1	26 39	26 16	6 45	13 58	10 53	15 32
12	23:21: 3	22 2 45	2Le22	4 49	26 52	27 25	26 52	26 13	6 44	13 58	10 51	15 29
13	23:24:59	23 2 35	16 35	6 28	28 6	27 50	27 5	26 13	6 42	13 58	10 49	15 25
14	23:28:55	24 2 22	1Vi15	8 8	29 20	28 15	27 19	26 11	6 41	13 58	10 48	15 22
15	23:32:52	25 2 7	16 15	9 49	0Pi34	28 41	27 32	26 10	6 39	13 58	10 46	15 19
16	23:36:48	26 1 50	1Li26	11 31	1 48	29 7	27 45	26 8	6 37	13 58R	10 45	15 16
17	23:40:45	27 1 31	16 38	13 14	3 2	29 32	27 58	26 7	6 35	13 58	10 43	15 13
18	23:44:42	28 1 10	1Sc41	14 59	4 16	29 59	28 12	26 6	6 34	13 58	10 41	15 10
19	23:48:38	29 0 48	16 27	16 45	5 30	0Cn25	28 25	26 5	6 32	13 58	10 40	15 6
20	23:52:35	0Ar 0 24	0Sg51	18 32	6 44	0 51	28 39	26 4	6 30	13 58	10 38	15 3
21	23:56:31	0 59 58	14 51	20 21	7 58	1 18	28 52	26 4	6 28	13 58	10 37	15 0
22	0: 0:28	1 59 30	28 26	22 11	9 12	1 45	29 6	26 3	6 26	13 58	10 35	14 57
23	0: 4:24	2 59 1	11Cp39	24 2	10 26	2 12	29 20	26 2	6 24	13 57	10 33	14 54
24	0: 8:21	3 58 30	24 32	25 54	11 40	2 40	29 33	26 2	6 22	13 57	10 32	14 50
25	0:12:18	4 57 57	7Aq 9	27 48	12 54	3 7	29 47	26 2	6 20	13 57	10 30	14 47
26	0:16:14	5 57 22	19 32	29 43	14 8	3 35	0Ta 1	26 2	6 18	13 56	10 28	14 44
27	0:20:11	6 56 45	1Pi44	1Ar39	15 22	4 3	0 15	26 1	6 16	13 56	10 27	14 41
28	0:24: 7	7 56 7	13 47	3 36	16 36	4 31	0 28	26 1D	6 14	13 56	10 25	14 38
29	0:28: 4	8 55 26	25 44	5 35	17 50	4 59	0 42	26 2	6 12	13 55	10 23	14 35
30	0:32: 0	9 54 44	7Ar36	7 34	19 4	5 28	0 56	26 2	6 10	13 55	10 22	14 31
31	0:35:57	10 53 59	19 24	9 35	20 18	5 56	1 10	26 2	6 7	13 54	10 20	14 28

3/20 Sun in Ari. 11:51   3/9 1st Qt. 4:39   3/16 Full 2:54   3/22 3rd Qt. 18:55   3/30 New 17:09

APRIL 1976

Day	Sid. T.	Sun	Moon	Merc.	Venus	Mars	Jup.	Saturn	Uranus	Nept.	Pluto	N.Node
1	0:39:53	11Ar53 13	1Ta12	11Ar37	21Pi32	6Cn25	1Ta24	26Cn 3	6Sc 5R	13Sg54R	10Li18R	14Sc25
2	0:43:50	12 52 24	13 0	13 40	22 46	6 54	1 38	26 3	6 3	13 53	10 17	14 22
3	0:47:47	13 51 33	24 53	15 43	24 0	7 23	1 52	26 4	6 1	13 53	10 15	14 19
4	0:51:43	14 50 40	6Ge53	17 47	25 14	7 52	2 6	26 5	5 58	13 52	10 13	14 16
5	0:55:40	15 49 45	19 4	19 52	26 28	8 21	2 20	26 6	5 56	13 51	10 12	14 12
6	0:59:36	16 48 48	1Cn31	21 57	27 42	8 51	2 35	26 7	5 54	13 51	10 10	14 9
7	1: 3:33	17 47 48	14 16	24 1	28 55	9 20	2 49	26 8	5 51	13 50	10 8	14 6
8	1: 7:29	18 46 46	27 25	26 6	0Ar 9	9 50	3 3	26 9	5 49	13 49	10 7	14 3
9	1:11:26	19 45 41	11Le 0	28 10	1 23	10 20	3 17	26 10	5 46	13 49	10 5	14 0
10	1:15:23	20 44 34	25 3	0Ta13	2 37	10 50	3 31	26 12	5 44	13 48	10 3	13 56
11	1:19:19	21 43 25	9Vi32	2 14	3 51	11 20	3 46	26 13	5 42	13 47	10 2	13 53
12	1:23:16	22 42 14	24 24	4 15	5 5	11 51	4 0	26 15	5 39	13 46	10 0	13 50
13	1:27:12	23 41 1	9Li32	6 13	6 19	12 21	4 14	26 17	5 37	13 45	9 58	13 47
14	1:31: 9	24 39 45	24 46	8 9	7 33	12 52	4 28	26 19	5 34	13 44	9 57	13 44
15	1:35: 5	25 38 28	9Sc57	10 2	8 47	13 22	4 43	26 21	5 32	13 43	9 55	13 41
16	1:39: 2	26 37 8	24 55	11 52	10 1	13 53	4 57	26 23	5 29	13 42	9 54	13 37
17	1:42:58	27 35 47	9Sg34	13 39	11 14	14 24	5 11	26 25	5 27	13 41	9 52	13 34
18	1:46:55	28 34 24	23 47	15 23	12 28	14 55	5 25	26 27	5 24	13 40	9 50	13 31
19	1:50:52	29 33 0	7Cp34	17 3	13 42	15 26	5 40	26 30	5 22	13 39	9 49	13 28
20	1:54:48	0Ta31 34	20 54	18 38	14 56	15 57	5 54	26 32	5 19	13 38	9 47	13 25
21	1:58:45	1 30 6	3Aq51	20 10	16 10	16 29	6 8	26 35	5 16	13 37	9 46	13 22
22	2: 2:41	2 28 37	16 26	21 37	17 24	17 0	6 23	26 37	5 14	13 36	9 44	13 18
23	2: 6:38	3 27 6	28 45	23 0	18 38	17 32	6 37	26 40	5 11	13 35	9 43	13 15
24	2:10:34	4 25 33	10Pi50	24 19	19 51	18 3	6 51	26 43	5 9	13 34	9 41	13 12
25	2:14:31	5 23 59	22 47	25 32	21 5	18 35	7 6	26 46	5 6	13 33	9 40	13 9
26	2:18:28	6 22 22	4Ar37	26 41	22 19	19 7	7 20	26 49	5 4	13 32	9 38	13 6
27	2:22:24	7 20 45	16 25	27 44	23 33	19 39	7 35	26 52	5 1	13 30	9 37	13 2
28	2:26:21	8 19 5	28 13	28 43	24 47	20 11	7 49	26 56	4 59	13 29	9 35	12 59
29	2:30:17	9 17 24	10Ta 3	29 43	26 1	20 43	8 3	26 59	4 56	13 28	9 34	12 56
30	2:34:14	10 15 41	21 57	0Ge25	27 14	21 15	8 18	27 2	4 53	13 27	9 33	12 53

4/19 Sun in Tau. 23:04   4/7 1st Qt. 19:03   4/14 Full 11:50   4/21 3rd Qt. 7:15   4/29 New 10:20(E)

Day	Sid. T.	Sun	Moon	Merc.	Venus	Mars	Jup.	Saturn	Uranus	Nept.	Pluto	N.Node
1	2:38:10	11Ta13 56	3Ge59	1Ge 8	28Ar28	21Cn47	8Ta32	27Cn 6	4Sc51R	13Sg25R	9Li31R	12Sc50
2	2:42: 7	12 12 10	16 9	1 46	29 42	22 20	8 46	27 10	4 48	13 24	9 30	12 47
3	2:46: 4	13 10 21	28 30	2 19	0Ta56	22 52	9 1	27 13	4 46	13 23	9 29	12 43
4	2:49:59	14 8 31	11Cn 4	2 46	2 10	23 25	9 15	27 17	4 43	13 21	9 27	12 40
5	2:53:57	15 6 39	23 55	3 8	3 23	23 57	9 29	27 21	4 41	13 20	9 26	12 37
6	2:57:53	16 4 45	7Le 5	3 25	4 37	24 30	9 44	27 25	4 38	13 19	9 25	12 34
7	3: 1:49	17 2 48	20 35	3 37	5 51	25 3	9 58	27 29	4 36	13 17	9 23	12 31
8	3: 5:46	18 0 50	4Vi27	3 43	7 5	25 36	10 12	27 33	4 33	13 16	9 22	12 28
9	3: 9:43	18 58 50	18 42	3 44R	8 19	26 9	10 26	27 38	4 31	13 14	9 21	12 24
10	3:13:39	19 56 48	3Li16	3 40	9 32	26 42	10 41	27 42	4 29	13 13	9 20	12 21
11	3:17:35	20 54 44	18 6	3 31	10 46	27 15	10 55	27 46	4 26	13 11	9 19	12 18
12	3:21:33	21 52 39	3Sc 6	3 18	12 0	27 48	11 9	27 51	4 24	13 10	9 18	12 15
13	3:25:29	22 50 32	18 8	3 1	13 13	28 21	11 23	27 56	4 21	13 8	9 16	12 12
14	3:29:25	23 48 23	3Sg 3	2 39	14 27	28 54	11 37	28 0	4 19	13 7	9 15	12 8
15	3:33:22	24 46 13	17 43	2 15	15 41	29 28	11 52	28 5	4 17	13 5	9 14	12 5
16	3:37:19	25 44 2	2Cp 3	1 47	16 55	0Le 1	12 6	28 10	4 14	13 4	9 13	12 2
17	3:41:15	26 41 49	15 57	1 16	18 8	0 35	12 20	28 15	4 12	13 2	9 12	11 59
18	3:45:12	27 39 35	29 25	0 44	19 22	1 8	12 34	28 20	4 10	13 1	9 11	11 56
19	3:49: 9	28 37 20	12Aq28	0 11	20 36	1 42	12 48	28 25	4 7	12 59	9 10	11 53
20	3:53: 4	29 35 4	25 7	29Ta36	21 49	2 16	13 2	28 30	4 5	12 58	9 9	11 49
21	3:57: 1	0Ge32 47	7Pi26	29 1	23 3	2 49	13 16	28 35	4 3	12 56	9 8	11 46
22	4: 0:58	1 30 29	19 31	28 27	24 17	3 23	13 30	28 40	4 1	12 55	9 8	11 43
23	4: 4:54	2 28 9	1Ar25	27 54	25 31	3 57	13 44	28 46	3 59	12 53	9 7	11 40
24	4: 8:51	3 25 49	13 14	27 22	26 44	4 31	13 58	28 51	3 57	12 51	9 6	11 37
25	4:12:48	4 23 28	25 1	26 53	27 58	5 5	14 12	28 57	3 54	12 50	9 5	11 33
26	4:16:44	5 21 5	6Ta51	26 26	29 12	5 39	14 26	29 2	3 52	12 48	9 4	11 30
27	4:20:40	6 18 42	18 46	26 2	0Ge25	6 13	14 39	29 8	3 50	12 47	9 4	11 27
28	4:24:37	7 16 17	0Ge49	25 41	1 39	6 48	14 53	29 14	3 48	12 45	9 3	11 24
29	4:28:34	8 13 52	13 3	25 24	2 53	7 22	15 7	29 19	3 46	12 43	9 2	11 21
30	4:32:30	9 11 25	25 28	25 11	4 6	7 56	15 21	29 25	3 44	12 42	9 2	11 18
31	4:36:27	10 8 57	8Cn 6	25 2	5 20	8 31	15 34	29 31	3 43	12 40	9 1	11 14

5/20 Sun in Gem. 22:22   5/7 1st Qt. 5:18   5/13 Full 20:05(E)   5/20 3rd Qt. 21:23   5/29 New 1:48

Day	Sid. T.	Sun	Moon	Merc.	Venus	Mars	Jup.	Saturn	Uranus	Nept.	Pluto	N.Node
1	4:40:24	11Ge 6 28	20Cn57	24Ta58R	6Ge34	9Le 5	15Ta48	29Cn37	3Sc41R	12Sg39R	9Li 1R	11Sc11
2	4:44:20	12 3 58	4Le 3	24 57D	7 48	9 39	16 1	29 43	3 39	12 37	9 0	11 8
3	4:48:16	13 1 26	17 22	25 2	9 1	10 14	16 15	29 49	3 37	12 35	8 59	11 5
4	4:52:14	13 58 54	0Vi56	25 10	10 15	10 49	16 29	29 55	3 35	12 34	8 59	11 2
5	4:56:10	14 56 20	14 45	25 24	11 29	11 23	16 42	0Le 2	3 34	12 32	8 59	10 59
6	5: 0: 6	15 53 44	28 49	25 41	12 42	11 58	16 55	0 8	3 32	12 30	8 58	10 55
7	5: 4: 3	16 51 8	13Li 6	26 3	13 56	12 33	17 9	0 14	3 30	12 29	8 58	10 52
8	5: 7:59	17 48 30	27 35	26 30	15 10	13 8	17 22	0 20	3 29	12 27	8 57	10 49
9	5:11:56	18 45 52	12Sc12	27 0	16 23	13 42	17 35	0 27	3 27	12 26	8 57	10 46
10	5:15:52	19 43 12	26 52	27 35	17 37	14 17	17 48	0 33	3 26	12 24	8 57	10 43
11	5:19:49	20 40 32	11Sg30	28 15	18 51	14 52	18 2	0 40	3 24	12 22	8 57	10 39
12	5:23:45	21 37 51	25 58	28 58	20 4	15 27	18 15	0 46	3 23	12 21	8 56	10 36
13	5:27:42	22 35 9	10Cp11	29 45	21 18	16 2	18 28	0 53	3 21	12 19	8 56	10 33
14	5:31:39	23 32 26	24 3	0Ge36	22 32	16 38	18 41	1 0	3 20	12 18	8 56	10 30
15	5:35:35	24 29 44	7Aq31	1 31	23 45	17 13	18 54	1 6	3 19	12 16	8 56	10 27
16	5:39:32	25 27 0	20 35	2 29	24 59	17 48	19 6	1 13	3 17	12 14	8 56	10 24
17	5:43:28	26 24 17	3Pi17	3 32	26 13	18 23	19 19	1 20	3 16	12 13	8 56	10 20
18	5:47:25	27 21 33	15 38	4 38	27 27	18 59	19 32	1 27	3 15	12 11	8 56	10 17
19	5:51:21	28 18 48	27 44	5 47	28 40	19 34	19 45	1 34	3 14	12 10	8 56D	10 14
20	5:55:18	29 16 4	9Ar39	7 0	29 54	20 9	19 57	1 41	3 13	12 8	8 56	10 11
21	5:59:15	0Cn13 19	21 28	8 17	1Cn 8	20 45	20 10	1 48	3 12	12 7	8 56	10 8
22	6: 3:11	1 10 34	3Ta16	9 37	2 21	21 20	20 22	1 55	3 11	12 5	8 56	10 5
23	6: 7: 8	2 7 49	15 9	11 0	3 35	21 56	20 35	2 2	3 10	12 4	8 56	10 1
24	6:11: 4	3 5 4	27 10	12 27	4 49	22 32	20 47	2 9	3 8	12 2	8 56	9 58
25	6:15: 1	4 2 19	9Ge22	13 57	6 3	23 7	20 59	2 16	3 8	12 1	8 56	9 55
26	6:18:57	4 59 33	21 50	15 31	7 16	23 43	21 12	2 23	3 8	11 59	8 56	9 52
27	6:22:54	5 56 48	4Cn32	17 7	8 30	24 19	21 24	2 30	3 7	11 58	8 57	9 49
28	6:26:50	6 54 2	17 31	18 47	9 44	24 55	21 36	2 37	3 6	11 56	8 57	9 45
29	6:30:47	7 51 16	0Le45	20 30	10 58	25 30	21 48	2 45	3 5	11 55	8 57	9 42
30	6:34:44	8 48 29	14 12	22 16	12 11	26 6	22 0	2 52	3 5	11 53	8 58	9 39

6/21 Sun in Can. 6:25   6/5 1st Qt. 12:21   6/12 Full 4:15   6/19 3rd Qt. 13:16   6/27 New 14:51

JULY 1976

Day	Sid. T.	Sun	Moon	Merc.	Venus	Mars	Jup.	Saturn	Uranus	Nept.	Pluto	N.Node
1	6:38:40	9Cn45 42	27Le50	24Ge 5	13Cn25	26Le42	22Ta11	2Le59	3Sc 4R	11Sg52R	8Li58	9Sc36
2	6:42:37	10 42 55	11Vi38	25 57	14 39	27 18	22 23	3 7	3 4	11 51	8 59	9 33
3	6:46:33	11 40 8	25 34	27 51	15 53	27 54	22 35	3 14	3 3	11 49	8 59	9 30
4	6:50:30	12 37 20	9Li37	29 49	17 6	28 30	22 46	3 21	3 3	11 48	9 0	9 26
5	6:54:26	13 34 32	23 45	1Cn48	18 20	29 7	22 58	3 29	3 2	11 47	9 0	9 23
6	6:58:23	14 31 44	7Sc58	3 50	19 34	29 43	23 9	3 36	3 2	11 45	9 1	9 20
7	7: 2:20	15 28 55	22 13	5 53	20 48	0Vi19	23 20	3 44	3 2	11 44	9 1	9 17
8	7: 6:16	16 26 7	6Sg29	7 59	22 2	0 55	23 32	3 51	3 2	11 43	9 2	9 14
9	7:10:13	17 23 18	20 41	10 5	23 15	1 32	23 43	3 59	3 2	11 42	9 3	9 11
10	7:14: 9	18 20 29	4Cp47	12 13	24 29	2 8	23 54	4 6	3 2	11 40	9 3	9 7
11	7:18: 5	19 17 41	18 41	14 22	25 43	2 44	24 4	4 14	3 2D	11 39	9 4	9 4
12	7:22: 2	20 14 52	2Aq19	16 31	26 57	3 21	24 15	4 21	3 2	11 38	9 5	9 1
13	7:25:59	21 12 4	15 38	18 40	28 10	3 57	24 26	4 29	3 2	11 37	9 6	8 58
14	7:29:55	22 9 17	28 37	20 49	29 24	4 34	24 37	4 37	3 2	11 36	9 7	8 55
15	7:33:52	23 6 30	11Pi15	22 58	0Le38	5 10	24 47	4 44	3 2	11 34	9 7	8 51
16	7:37:49	24 3 43	23 36	25 6	1 52	5 47	24 57	4 52	3 3	11 33	9 8	8 48
17	7:41:45	25 0 57	5Ar41	27 14	3 6	6 24	25 8	5 0	3 3	11 32	9 9	8 45
18	7:45:42	25 58 11	17 36	29 20	4 19	7 0	25 18	5 7	3 3	11 31	9 10	8 42
19	7:49:38	26 55 27	29 25	1Le26	5 33	7 37	25 28	5 15	3 4	11 30	9 11	8 39
20	7:53:35	27 52 43	11Ta14	3 30	6 47	8 14	25 38	5 23	3 4	11 29	9 12	8 36
21	7:57:31	28 50 0	23 8	5 32	8 1	8 51	25 48	5 30	3 5	11 28	9 13	8 32
22	8: 1:28	29 47 17	5Ge13	7 33	9 15	9 28	25 58	5 38	3 5	11 27	9 14	8 29
23	8: 5:25	0Le44 36	17 33	9 33	10 29	10 4	26 7	5 46	3 6	11 26	9 15	8 26
24	8: 9:21	1 41 55	0Cn11	11 31	11 43	10 41	26 17	5 54	3 6	11 25	9 16	8 23
25	8:13:18	2 39 15	13 9	13 28	12 56	11 18	26 26	6 1	3 7	11 25	9 18	8 20
26	8:17:14	3 36 36	26 27	15 22	14 10	11 56	26 36	6 9	3 8	11 24	9 19	8 17
27	8:21:10	4 33 58	10Le 5	17 15	15 24	12 33	26 45	6 17	3 9	11 23	9 20	8 13
28	8:25: 7	5 31 20	23 56	19 7	16 38	13 10	26 54	6 24	3 10	11 22	9 21	8 10
29	8:29: 4	6 28 43	7Vi59	20 57	17 52	13 47	27 3	6 32	3 11	11 21	9 23	8 7
30	8:33: 0	7 26 6	22 10	22 45	19 6	14 24	27 11	6 40	3 12	11 21	9 24	8 4
31	8:36:56	8 23 30	6Li23	24 31	20 20	15 2	27 20	6 48	3 13	11 20		8 1

7/22 Sun in Leo 17:19   7/4 1st Qt. 17:29   7/11 Full 13:09   7/19 3rd Qt. 6:30   7/27 New 1:40

AUGUST 1976

Day	Sid. T.	Sun	Moon	Merc.	Venus	Mars	Jup.	Saturn	Uranus	Nept.	Pluto	N.Node
1	8:40:54	9Le20 55	20Li35	26Le16	21Le33	15Vi39	27Ta29	6Le55	3Sc14	11Sg19R	9Li27	7Sc57
2	8:44:50	10 18 20	4Sc45	27 59	22 47	16 16	27 37	7 3	3 15	11 19	9 28	7 54
3	8:48:46	11 15 46	18 51	29 40	24 1	16 54	27 45	7 11	3 16	11 18	9 29	7 51
4	8:52:43	12 13 13	2Sg53	1Vi20	25 15	17 31	27 53	7 19	3 17	11 17	9 31	7 48
5	8:56:40	13 10 40	16 48	2 58	26 29	18 9	28 1	7 26	3 18	11 17	9 32	7 45
6	9: 0:36	14 8 8	0Cp37	4 35	27 43	18 46	28 9	7 34	3 20	11 16	9 34	7 42
7	9: 4:32	15 5 37	14 18	6 10	28 57	19 24	28 17	7 42	3 21	11 16	9 35	7 38
8	9: 8:30	16 3 6	27 48	7 43	0Vi10	20 1	28 25	7 49	3 23	11 15	9 37	7 35
9	9:12:26	17 0 37	11Aq 5	9 14	1 24	20 39	28 32	7 57	3 24	11 15	9 38	7 32
10	9:16:22	17 58 9	24 7	10 44	2 38	21 17	28 39	8 5	3 26	11 14	9 40	7 29
11	9:20:19	18 55 42	6Pi52	12 13	3 52	21 55	28 46	8 13	3 27	11 14	9 42	7 26
12	9:24:15	19 53 16	19 22	13 39	5 6	22 32	28 53	8 20	3 29	11 14	9 43	7 22
13	9:28:12	20 50 51	1Ar37	15 4	6 20	23 10	29 0	8 28	3 31	11 13	9 45	7 19
14	9:32: 8	21 48 28	13 39	16 28	7 33	23 48	29 7	8 35	3 32	11 13	9 47	7 16
15	9:36: 5	22 46 6	25 31	17 49	8 47	24 26	29 13	8 43	3 34	11 13	9 48	7 13
16	9:40: 1	23 43 46	7Ta20	19 9	10 1	25 4	29 20	8 51	3 36	11 12	9 50	7 10
17	9:43:58	24 41 27	19 8	20 27	11 15	25 42	29 26	8 58	3 38	11 12	9 52	7 7
18	9:47:55	25 39 10	1Ge 3	21 43	12 29	26 20	29 32	9 6	3 40	11 12	9 54	7 3
19	9:51:51	26 36 55	13 8	22 57	13 43	26 58	29 38	9 13	3 42	11 12	9 56	7 0
20	9:55:48	27 34 41	25 30	24 10	14 57	27 37	29 44	9 21	3 44	11 12	9 57	6 57
21	9:59:45	28 32 29	8Cn13	25 20	16 10	28 15	29 49	9 28	3 46	11 12	9 59	6 54
22	10: 3:41	29 30 18	21 19	26 28	17 24	28 53	29 55	9 36	3 48	11 12	10 1	6 51
23	10: 7:37	0Vi28 9	4Le49	27 34	18 38	29 31	0Ge 0	9 43	3 50	11 12D	10 3	6 48
24	10:11:34	1 26 2	18 43	28 37	19 52	0Li10	0 5	9 51	3 52	11 12	10 5	6 44
25	10:15:31	2 23 56	2Vi57	29 38	21 6	0 48	0 10	9 58	3 54	11 12	10 7	6 41
26	10:19:27	3 21 52	17 25	0Li36	22 20	1 27	0 15	10 5	3 56	11 12	10 9	6 38
27	10:23:24	4 19 49	2Li 1	1 32	23 33	2 5	0 19	10 13	3 59	11 12	10 11	6 35
28	10:27:20	5 17 47	16 37	2 25	24 47	2 44	0 24	10 20	4 1	11 12	10 13	6 32
29	10:31:17	6 15 47	1Sc 9	3 15	26 1	3 22	0 28	10 27	4 3	11 13	10 15	6 28
30	10:35:13	7 13 48	15 32	4 1	27 15	4 1	0 32	10 34	4 6	11 13	10 17	6 25
31	10:39:10	8 11 51	29 43	4 44	28 29	4 40	0 36	10 42	4 8	11 13	10 19	6 22

8/23 Sun in Vir. 0:19   8/2 1st Qt. 22:07   8/9 Full 23:44   8/18 3rd Qt. 0:13   8/25 New 11:01

Day	Sid. T.	Sun	Moon	Merc.	Venus	Mars	Jup.	Saturn	Uranus	Nept.	Pluto	N.Node
1	10:43: 6	9Vi 9 55	13Sg42	5Li23	29Vi42	5Li18	0Ge39	10Le49	4Sc11	11Sg13	10Li21	6Sc19
2	10:47: 3	10 8 0	27 27	5 58	0Li56	5 57	0 43	10 56	4 13	11 14	10 23	6 16
3	10:51: 0	11 6 7	10Cp59	6 29	2 10	6 36	0 46	11 3	4 16	11 14	10 25	6 13
4	10:54:56	12 4 15	24 19	6 56	3 24	7 15	0 49	11 10	4 19	11 14	10 27	6 9
5	10:58:53	13 2 25	7Aq27	7 17	4 37	7 54	0 52	11 17	4 21	11 15	10 29	6 6
6	11: 2:49	14 0 36	20 21	7 34	5 51	8 33	0 55	11 24	4 24	11 15	10 31	6 3
7	11: 6:46	14 58 49	3Pi 3	7 45	7 5	9 12	0 57	11 31	4 27	11 16	10 34	6 0
8	11:10:42	15 57 3	15 32	7 51	8 18	9 51	1 0	11 38	4 29	11 16	10 36	5 57
9	11:14:39	16 55 20	27 49	7 50R	9 32	10 30	1 2	11 45	4 32	11 17	10 38	5 54
10	11:18:36	17 53 38	9Ar55	7 44	10 46	11 9	1 4	11 51	4 35	11 17	10 40	5 50
11	11:22:32	18 51 58	21 51	7 30	11 59	11 48	1 5	11 58	4 38	11 18	10 42	5 47
12	11:26:29	19 50 20	3Ta41	7 10	13 13	12 28	1 7	12 5	4 41	11 19	10 44	5 44
13	11:30:25	20 48 44	15 28	6 44	14 27	13 7	1 8	12 11	4 44	11 19	10 47	5 41
14	11:34:22	21 47 10	27 16	6 10	15 40	13 46	1 10	12 18	4 47	11 20	10 49	5 38
15	11:38:18	22 45 38	9Ge10	5 30	16 54	14 26	1 11	12 25	4 50	11 21	10 51	5 34
16	11:42:15	23 44 9	21 14	4 44	18 8	15 5	1 11	12 31	4 53	11 22	10 53	5 31
17	11:46:11	24 42 42	3Cn34	3 53	19 21	15 45	1 12	12 37	4 56	11 22	10 56	5 28
18	11:50: 8	25 41 16	16 15	2 56	20 35	16 24	1 12	12 44	4 59	11 23	10 58	5 25
19	11:54: 5	26 39 54	29 21	1 55	21 49	17 4	1 12	12 50	5 2	11 24	11 0	5 22
20	11:58: 1	27 38 33	12Le53	0 52	23 2	17 43	1 12R	12 56	5 5	11 25	11 3	5 19
21	12: 1:58	28 37 14	26 52	29Vi47	24 16	18 23	1 12	13 3	5 8	11 26	11 5	5 15
22	12: 5:54	29 35 57	11Vi16	28 43	25 29	19 3	1 12	13 9	5 12	11 27	11 7	5 12
23	12: 9:50	0Li34 43	25 59	27 40	26 43	19 43	1 11	13 15	5 15	11 28	11 9	5 9
24	12:13:47	1 33 30	10Li55	26 40	27 57	20 23	1 10	13 21	5 18	11 29	11 12	5 6
25	12:17:43	2 32 20	25 54	25 46	29 10	21 3	1 9	13 27	5 21	11 30	11 14	5 3
26	12:21:40	3 31 11	10Sc49	24 58	0Sc24	21 42	1 8	13 33	5 25	11 31	11 16	5 0
27	12:25:37	4 30 5	25 32	24 17	1 37	22 23	1 6	13 39	5 28	11 32	11 19	4 56
28	12:29:33	5 29 0	9Sg59	23 45	2 51	23 3	1 5	13 44	5 31	11 33	11 21	4 53
29	12:33:30	6 27 56	24 5	23 23	4 4	23 43	1 3	13 50	5 35	11 34	11 23	4 50
30	12:37:26	7 26 55	7Cp52	23 11	5 18	24 23	1 1	13 56	5 38	11 36	11 26	4 47

9/22 Sun in Lib. 21:49   9/1 1st Qt. 3:36   9/8 Full 12:53   9/16 3rd Qt. 17:21   9/23 New 19:56   9/30 1st Qt. 11:13

Day	Sid. T.	Sun	Moon	Merc.	Venus	Mars	Jup.	Saturn	Uranus	Nept.	Pluto	N.Node
1	12:41:23	8Li25 55	21Cp18	23Vi 9	6Sc31	25Li 3	0Ge58R	14Le 1	5Sc42	11Sg37	11Li28	4Sc44
2	12:45:19	9 24 57	4Aq26	23 18	7 45	25 43	0 56	14 7	5 45	11 38	11 30	4 40
3	12:49:16	10 24 1	17 18	23 37	8 58	26 24	0 53	14 12	5 49	11 39	11 33	4 37
4	12:53:12	11 23 6	29 55	24 6	10 11	27 4	0 50	14 18	5 52	11 41	11 35	4 34
5	12:57: 9	12 22 13	12Pi19	24 44	11 25	27 44	0 47	14 23	5 56	11 42	11 37	4 31
6	13: 1: 6	13 21 22	24 32	25 31	12 38	28 25	0 44	14 28	5 59	11 43	11 40	4 28
7	13: 5: 2	14 20 34	6Ar36	26 25	13 51	29 5	0 41	14 33	6 3	11 45	11 42	4 25
8	13: 8:59	15 19 47	18 33	27 25	15 5	29 46	0 37	14 38	6 6	11 46	11 45	4 21
9	13:12:55	16 19 2	0Ta24	28 36	16 18	0Sc26	0 33	14 43	6 10	11 48	11 47	4 18
10	13:16:52	17 18 19	12 12	29 51	17 31	1 7	0 29	14 48	6 13	11 49	11 49	4 15
11	13:20:48	18 17 39	23 59	1Li11	18 45	1 48	0 25	14 53	6 17	11 51	11 52	4 12
12	13:24:45	19 17 1	5Ge48	2 35	19 58	2 29	0 21	14 58	6 21	11 52	11 54	4 9
13	13:28:42	20 16 25	17 43	4 2	21 11	3 9	0 16	15 2	6 24	11 54	11 56	4 6
14	13:32:38	21 15 51	29 48	5 33	22 25	3 50	0 11	15 7	6 28	11 55	11 59	4 2
15	13:36:35	22 15 20	12Cn 7	7 7	23 38	4 31	0 6	15 11	6 32	11 57	12 1	3 59
16	13:40:31	23 14 50	24 44	8 42	24 51	5 12	0 1	15 16	6 35	11 58	12 3	3 56
17	13:44:27	24 14 24	7Le43	10 20	26 4	5 53	29Ta56	15 20	6 39	12 0	12 6	3 53
18	13:48:24	25 13 59	21 8	11 59	27 17	6 34	29 51	15 24	6 43	12 2	12 8	3 50
19	13:52:21	26 13 37	5Vi 1	13 38	28 31	7 15	29 45	15 29	6 46	12 3	12 10	3 46
20	13:56:17	27 13 17	19 20	15 19	29 44	7 56	29 39	15 33	6 50	12 5	12 12	3 43
21	14: 0:14	28 12 59	4Li 3	17 0	0Sg57	8 38	29 34	15 37	6 54	12 7	12 15	3 40
22	14: 4:11	29 12 43	19 4	18 41	2 10	9 19	29 28	15 40	6 58	12 9	12 17	3 37
23	14: 8: 7	0Sc12 30	4Sc15	20 23	3 23	10 0	29 21	15 44	7 1	12 10	12 19	3 34
24	14:12: 3	1 12 18	19 26	22 4	4 36	10 42	29 15	15 48	7 5	12 12	12 21	3 31
25	14:16: 0	2 12 8	4Sg29	23 46	5 49	11 23	29 9	15 52	7 9	12 14	12 24	3 27
26	14:19:57	3 12 0	19 14	25 27	7 2	12 5	29 2	15 55	7 13	12 16	12 26	3 24
27	14:23:53	4 11 54	3Cp36	27 8	8 15	12 46	28 55	15 58	7 16	12 18	12 28	3 21
28	14:27:50	5 11 50	17 33	28 49	9 28	13 28	28 48	16 2	7 20	12 20	12 30	3 18
29	14:31:47	6 11 47	1Aq 4	0Sc30	10 41	14 9	28 41	16 5	7 24	12 22	12 33	3 15
30	14:35:43	7 11 45	14 10	2 10	11 54	14 51	28 34	16 8	7 28	12 23	12 35	3 11
31	14:39:39	8 11 46	26 55	3 49	13 7	15 33	28 27	16 11	7 31	12 25	12 37	3 8

10/23 Sun in Sco. 6:59   10/8 Full 4:56   10/16 3rd Qt. 8:59   10/23 New 5:10(E)   10/29 1st Qt. 22:06

NOVEMBER 1976

Day	Sid. T.	Sun	Moon	Merc.	Venus	Mars	Jup.	Saturn	Uranus	Nept.	Pluto	N.Node
1	14:43:36	9Sc11 48	9Pi22	5Sc29	14Sg20	16Sc15	28Ta20R	16Le14	7Sc35	12Sg27	12Li39	3Sc 5
2	14:47:32	10 11 51	21 35	7 8	15 33	16 57	28 13	16 17	7 39	12 29	12 41	3 2
3	14:51:29	11 11 56	3Ar37	8 46	16 45	17 38	28 5	16 20	7 43	12 31	12 43	2 59
4	14:55:26	12 12 3	15 31	10 24	17 58	18 20	27 58	16 22	7 46	12 33	12 46	2 56
5	14:59:22	13 12 11	27 21	12 2	19 11	19 2	27 50	16 25	7 50	12 35	12 48	2 52
6	15: 3:18	14 12 21	9Ta 9	13 39	20 23	19 44	27 42	16 27	7 54	12 37	12 50	2 49
7	15: 7:16	15 12 33	20 57	15 16	21 36	20 27	27 34	16 29	7 58	12 39	12 52	2 46
8	15:11:12	16 12 47	2Ge47	16 52	22 49	21 9	27 27	16 31	8 1	12 41	12 54	2 43
9	15:15: 8	17 13 3	14 42	18 29	24 1	21 51	27 19	16 34	8 5	12 44	12 56	2 40
10	15:19: 5	18 13 21	26 44	20 4	25 14	22 33	27 11	16 36	8 9	12 46	12 58	2 37
11	15:23: 2	19 13 40	8Cn55	21 40	26 27	23 15	27 3	16 37	8 13	12 48	13 0	2 33
12	15:26:58	20 14 1	21 17	23 15	27 39	23 58	26 55	16 39	8 16	12 50	13 2	2 30
13	15:30:54	21 14 25	3Le55	24 50	28 51	24 40	26 47	16 41	8 20	12 52	13 4	2 27
14	15:34:52	22 14 50	16 51	26 24	0Cp 4	25 23	26 38	16 42	8 24	12 54	13 6	2 24
15	15:38:48	23 15 17	0Vi 7	27 58	1 16	26 5	26 30	16 44	8 27	12 56	13 8	2 21
16	15:42:44	24 15 46	13 48	29 32	2 29	26 48	26 22	16 45	8 31	12 58	13 10	2 17
17	15:46:41	25 16 16	27 52	1Sg 6	3 41	27 31	26 14	16 46	8 35	13 1	13 11	2 14
18	15:50:38	26 16 49	12Li21	2 40	4 53	28 13	26 6	16 47	8 38	13 3	13 13	2 11
19	15:54:34	27 17 23	27 10	4 13	6 5	28 56	25 58	16 48	8 42	13 5	13 15	2 8
20	15:58:30	28 17 59	12Sc14	5 46	7 18	29 39	25 49	16 49	8 46	13 7	13 17	2 5
21	16: 2:27	29 18 37	27 26	7 19	8 30	0Sg22	25 41	16 50	8 49	13 9	13 19	2 2
22	16: 6:23	0Sg19 16	12Sg34	8 52	9 42	1 5	25 33	16 51	8 53	13 12	13 21	1 58
23	16:10:20	1 19 57	27 30	10 24	10 54	1 47	25 25	16 51	8 56	13 14	13 22	1 55
24	16:14:17	2 20 39	12Cp 6	11 57	12 6	2 30	25 17	16 52	9 0	13 16	13 24	1 52
25	16:18:13	3 21 22	26 15	13 29	13 18	3 14	25 9	16 52	9 3	13 18	13 26	1 49
26	16:22:10	4 22 6	9Aq56	15 1	14 30	3 57	25 1	16 52	9 7	13 20	13 27	1 46
27	16:26: 6	5 22 51	23 8	16 33	15 41	4 40	24 53	16 52	9 10	13 23	13 29	1 43
28	16:30: 3	6 23 37	5Pi55	18 5	16 53	5 23	24 45	16 52R	9 14	13 25	13 31	1 39
29	16:33:59	7 24 23	18 21	19 36	18 5	6 6	24 37	16 52	9 17	13 27	13 32	1 36
30	16:37:56	8 25 11	0Ar29	21 7	19 16	6 50	24 30	16 52	9 21	13 29	13 34	1 33

11/22 Sun in Sag. 4:23   11/6 Full 23:15   11/14 3rd Qt. 22:40   11/21 New 15:11   11/28 1st Qt. 12:59

DECEMBER 1976

Day	Sid. T.	Sun	Moon	Merc.	Venus	Mars	Jup.	Saturn	Uranus	Nept.	Pluto	N.Node
1	16:41:53	9Sg26 0	12Ar26	22Sg39	20Cp28	7Sg33	24Ta22R	16Le52R	9Sc24	13Sg32	13Li35	1Sc30
2	16:45:49	10 26 50	24 16	24 9	21 39	8 16	24 15	16 51	9 27	13 34	13 37	1 27
3	16:49:46	11 27 40	6Ta 2	25 40	22 51	9 0	24 7	16 50	9 31	13 36	13 38	1 23
4	16:53:43	12 28 32	17 50	27 10	24 2	9 43	24 0	16 50	9 34	13 38	13 40	1 20
5	16:57:39	13 29 25	29 41	28 40	25 13	10 27	23 52	16 49	9 37	13 41	13 41	1 17
6	17: 1:35	14 30 18	11Ge38	0Cp10	26 24	11 10	23 45	16 48	9 41	13 43	13 43	1 14
7	17: 5:32	15 31 13	23 43	1 38	27 35	11 54	23 38	16 47	9 44	13 45	13 44	1 11
8	17: 9:28	16 32 9	5Cn57	3 7	28 46	12 38	23 31	16 46	9 47	13 48	13 45	1 8
9	17:13:25	17 33 5	18 22	4 34	29 57	13 21	23 24	16 45	9 50	13 50	13 47	1 4
10	17:17:22	18 34 3	0Le57	6 1	1Aq 8	14 5	23 18	16 43	9 53	13 52	13 48	1 1
11	17:21:18	19 35 2	13 44	7 27	2 19	14 49	23 11	16 42	9 57	13 54	13 49	0 58
12	17:25:15	20 36 2	26 45	8 51	3 29	15 33	23 5	16 40	10 0	13 57	13 50	0 55
13	17:29:11	21 37 3	10Vi 1	10 14	4 40	16 17	22 58	16 39	10 3	13 59	13 51	0 52
14	17:33: 8	22 38 4	23 34	11 36	5 50	17 1	22 52	16 37	10 6	14 1	13 53	0 49
15	17:37: 4	23 39 7	7Li25	12 55	7 1	17 45	22 46	16 35	10 9	14 3	13 54	0 45
16	17:41: 1	24 40 11	21 35	14 13	8 11	18 29	22 40	16 33	10 12	14 6	13 55	0 42
17	17:44:58	25 41 16	6Sc 3	15 27	9 21	19 13	22 35	16 31	10 15	14 8	13 56	0 39
18	17:48:54	26 42 22	20 46	16 39	10 31	19 57	22 29	16 29	10 18	14 10	13 57	0 36
19	17:52:51	27 43 28	5Sg39	17 47	11 41	20 42	22 24	16 26	10 20	14 12	13 58	0 33
20	17:56:47	28 44 36	20 35	18 51	12 50	21 26	22 18	16 24	10 23	14 14	13 59	0 29
21	18: 0:44	29 45 44	5Cp25	19 49	14 0	22 10	22 13	16 21	10 26	14 17	14 0	0 26
22	18: 4:40	0Cp46 52	20 0	20 43	15 9	22 55	22 9	16 19	10 29	14 19	14 1	0 23
23	18: 8:37	1 48 1	4Aq13	21 30	16 19	23 39	22 4	16 16	10 31	14 21	14 1	0 20
24	18:12:33	2 49 9	18 0	22 10	17 28	24 24	21 59	16 13	10 34	14 23	14 2	0 17
25	18:16:30	3 50 18	1Pi19	22 41	18 37	25 8	21 55	16 10	10 37	14 25	14 3	0 14
26	18:20:27	4 51 27	14 11	23 4	19 46	25 53	21 51	16 7	10 39	14 28	14 4	0 10
27	18:24:23	5 52 36	26 40	23 17	20 54	26 37	21 47	16 4	10 42	14 30	14 5	0 7
28	18:28:20	6 53 45	8Ar50	23 19R	22 3	27 22	21 43	16 1	10 44	14 32	14 5	0 4
29	18:32:16	7 54 54	20 46	23 9	23 11	28 7	21 40	15 58	10 47	14 34	14 6	29Li58
30	18:36:13	8 56 2	2Ta35	22 48	24 19	28 51	21 36	15 55	10 49	14 36	14 7	29 55
31	18:40: 9	9 57 11	14 22	22 16	25 27	29 36	21 33	15 51	10 52	14 38	14 7	

12/21 Sun in Cap. 17:36   12/6 Full 18:15   12/14 3rd Qt. 10:15   12/21 New 2:09   12/28 1st Qt. 7:48

JANUARY 1977

Day	Sid. T.	Sun	Moon	Merc.	Venus	Mars	Jup.	Saturn	Uranus	Nept.	Pluto	N.Node
1	18:44: 6	10Cp58 20	26Ta11	21Cp31R	26Aq35	0Cp21	21Ta30R	15Le48R	10Sc54	14Sg40	14Li 8	29Li51
2	18:48: 3	11 59 28	8Ge 6	20 36	27 43	1 6	21 27	15 44	10 56	14 42	14 8	29 48
3	18:51:59	13 0 36	20 11	19 31	28 50	1 51	21 25	15 40	10 59	14 44	14 9	29 45
4	18:55:56	14 1 45	2Cn28	18 19	29 57	2 36	21 22	15 37	11 1	14 46	14 9	29 42
5	18:59:52	15 2 53	14 58	17 2	1Pi 4	3 21	21 20	15 33	11 3	14 48	14 9	29 39
6	19: 3:49	16 4 1	27 40	15 41	2 11	4 6	21 18	15 29	11 5	14 50	14 10	29 35
7	19: 7:45	17 5 9	10Le36	14 21	3 17	4 51	21 16	15 25	11 7	14 52	14 10	29 32
8	19:11:42	18 6 17	23 43	13 2	4 23	5 36	21 15	15 21	11 9	14 54	14 10	29 29
9	19:15:38	19 7 24	7Vi 0	11 49	5 29	6 21	21 14	15 17	11 11	14 56	14 11	29 26
10	19:19:34	20 8 32	20 28	10 42	6 35	7 6	21 12	15 13	11 13	14 58	14 11	29 23
11	19:23:32	21 9 40	4Li 6	9 43	7 41	7 52	21 11	15 9	11 15	15 0	14 11	29 20
12	19:27:28	22 10 47	17 55	8 53	8 46	8 37	21 11	15 4	11 17	15 2	14 11	29 16
13	19:31:24	23 11 55	1Sc54	8 12	9 51	9 22	21 10	15 0	11 18	15 4	14 11	29 13
14	19:35:21	24 13 2	16 5	7 42	10 56	10 8	21 10	14 56	11 20	15 6	14 11	29 10
15	19:39:18	25 14 10	0Sg25	7 21	12 0	10 53	21 10D	14 51	11 22	15 8	14 12	29 7
16	19:43:14	26 15 17	14 52	7 9	13 4	11 39	21 10	14 47	11 23	15 10	14 12R	29 4
17	19:47:10	27 16 24	29 22	7 6D	14 8	12 24	21 10	14 42	11 25	15 11	14 11	29 0
18	19:51: 8	28 17 31	13Cp49	7 11	15 11	13 10	21 11	14 38	11 27	15 13	14 11	28 57
19	19:55: 4	29 18 37	28 7	7 24	16 14	13 55	21 12	14 33	11 28	15 15	14 11	28 54
20	19:59: 1	0Aq19 42	12Aq 8	7 45	17 17	14 41	21 13	14 28	11 29	15 17	14 11	28 51
21	20: 2:58	1 20 47	25 48	8 11	18 19	15 27	21 14	14 24	11 31	15 18	14 11	28 48
22	20: 6:54	2 21 51	9Pi 5	8 44	19 21	16 12	21 15	14 19	11 32	15 20	14 11	28 45
23	20:10:50	3 22 54	21 58	9 21	20 23	16 58	21 17	14 14	11 33	15 22	14 11	28 41
24	20:14:47	4 23 55	4Ar29	10 4	21 24	17 44	21 18	14 9	11 35	15 23	14 10	28 38
25	20:18:43	5 24 56	16 41	10 51	22 25	18 29	21 20	14 5	11 36	15 25	14 10	28 35
26	20:22:39	6 25 56	28 40	11 41	23 25	19 15	21 23	14 0	11 37	15 27	14 10	28 32
27	20:26:36	7 26 55	10Ta30	12 36	24 25	20 1	21 25	13 55	11 38	15 28	14 9	28 29
28	20:30:33	8 27 52	22 18	13 33	25 25	20 47	21 27	13 50	11 39	15 30	14 9	28 26
29	20:34:29	9 28 48	4Ge 9	14 34	26 24	21 33	21 30	13 45	11 40	15 31	14 8	28 22
30	20:38:26	10 29 44	16 7	15 37	27 22	22 19	21 33	13 40	11 41	15 33	14 8	28 19
31	20:42:23	11 30 38	28 17	16 43	28 20	23 5	21 36	13 35	11 41	15 34	14 7	28 16

1/20 Sun in Aqu. 4:16   1/5 Full 12:11   1/12 3rd Qt. 19:56   1/19 New 14:12   1/27 1st Qt. 5:12

FEBRUARY 1977

Day	Sid. T.	Sun	Moon	Merc.	Venus	Mars	Jup.	Saturn	Uranus	Nept.	Pluto	N.Node
1	20:46:19	12Aq31 30	10Cn43	17Cp51	29Pi17	23Cp51	21Ta40	13Le30R	11Sc42	15Sg36	14Li 7R	28Li13
2	20:50:15	13 32 22	23 26	19 1	0Ar14	24 37	21 43	13 26	11 43	15 37	14 6	28 10
3	20:54:12	14 33 12	6Le26	20 12	1 11	25 23	21 47	13 21	11 44	15 38	14 6	28 6
4	20:58: 9	15 34 1	19 43	21 26	2 6	26 9	21 51	13 16	11 44	15 40	14 5	28 3
5	21: 2: 5	16 34 49	3Vi14	22 41	3 1	26 55	21 55	13 11	11 45	15 41	14 4	28 0
6	21: 6: 2	17 35 36	16 57	23 58	3 56	27 41	21 59	13 6	11 45	15 42	14 4	27 57
7	21: 9:59	18 36 21	0Li48	25 16	4 49	28 28	22 4	13 1	11 46	15 44	14 3	27 54
8	21:13:55	19 37 6	14 46	26 36	5 42	29 14	22 8	12 56	11 46	15 45	14 2	27 51
9	21:17:51	20 37 50	28 47	27 57	6 35	0Aq 0	22 13	12 51	11 46	15 46	14 1	27 47
10	21:21:48	21 38 32	12Sc51	29 19	7 26	0 46	22 18	12 47	11 47	15 47	14 1	27 44
11	21:25:44	22 39 14	26 57	0Aq42	8 17	1 33	22 24	12 42	11 47	15 49	14 0	27 41
12	21:29:41	23 39 55	11Sg 4	2 6	9 7	2 19	22 29	12 37	11 47	15 50	13 59	27 38
13	21:33:38	24 40 34	25 10	3 32	9 57	3 5	22 34	12 32	11 47	15 51	13 58	27 35
14	21:37:34	25 41 12	9Cp14	4 58	10 45	3 52	22 40	12 28	11 47	15 52	13 57	27 32
15	21:41:31	26 41 50	23 12	6 26	11 32	4 38	22 46	12 23	11 47R	15 53	13 56	27 28
16	21:45:27	27 42 26	7Aq 2	7 54	12 19	5 25	22 52	12 18	11 47	15 54	13 55	27 25
17	21:49:24	28 43 0	20 39	9 24	13 5	6 11	22 58	12 14	11 47	15 55	13 54	27 22
18	21:53:20	29 43 33	4Pi 0	10 54	13 49	6 58	23 5	12 9	11 46	15 56	13 53	27 19
19	21:57:17	0Pi44 4	17 3	12 26	14 33	7 44	23 11	12 5	11 46	15 57	13 52	27 16
20	22: 1:14	1 44 34	29 48	13 58	15 15	8 31	23 18	12 0	11 46	15 58	13 51	27 12
21	22: 5:10	2 45 1	12Ar15	15 32	15 57	9 17	23 25	11 56	11 46	15 58	13 50	27 9
22	22: 9: 7	3 45 27	24 26	17 6	16 37	10 4	23 32	11 51	11 45	15 59	13 48	27 6
23	22:13: 3	4 45 52	6Ta25	18 41	17 16	10 50	23 39	11 47	11 45	16 0	13 47	27 3
24	22:17: 0	5 46 14	18 16	20 18	17 53	11 37	23 46	11 43	11 44	16 1	13 46	27 0
25	22:20:56	6 46 34	0Ge 5	21 55	18 30	12 23	23 54	11 39	11 44	16 2	13 45	26 57
26	22:24:53	7 46 53	11 56	23 33	19 5	13 10	24 2	11 34	11 43	16 2	13 44	26 53
27	22:28:49	8 47 10	23 55	25 13	19 38	13 57	24 9	11 30	11 43	16 3	13 42	26 50
28	22:32:46	9 47 24	6Cn 6	26 53	20 10	14 43	24 17	11 26	11 42	16 3	13 41	26 47

2/18 Sun in Pis. 18:31   2/4 Full 3:57   2/11 3rd Qt. 4:08   2/18 New 3:38   2/26 1st Qt. 2:51

MARCH 1977

Day	Sid. T.	Sun	Moon	Merc.	Venus	Mars	Jup.	Saturn	Uranus	Nept.	Pluto	N.Node
1	22:36:43	10Pi47 37	18Cn35	28Aq34	20Ar41	15Aq30	24Ta25	11Le22R	11Sc41R	16Sg 4	13Li40R	26Li44
2	22:40:39	11 47 47	1Le24	0Pi16	21 10	16 17	24 33	11 18	11 40	16 5	13 38	26 41
3	22:44:36	12 47 56	14 34	2 0	21 37	17 3	24 42	11 15	11 40	16 5	13 37	26 38
4	22:48:32	13 48 2	28 6	3 44	22 3	17 50	24 50	11 11	11 39	16 6	13 36	26 34
5	22:52:29	14 48 7	11Vi58	5 30	22 26	18 37	24 59	11 7	11 38	16 6	13 34	26 31
6	22:56:25	15 48 9	26 5	7 16	22 48	19 24	25 7	11 4	11 37	16 6	13 33	26 28
7	23: 0:22	16 48 10	10Li24	9 4	23 8	20 10	25 16	11 0	11 36	16 7	13 31	26 25
8	23: 4:19	17 48 9	24 49	10 53	23 26	20 57	25 25	10 57	11 34	16 7	13 30	26 22
9	23: 8:15	18 48 7	9Sc15	12 43	23 43	21 44	25 34	10 53	11 33	16 8	13 28	26 18
10	23:12:12	19 48 2	23 37	14 34	23 56	22 31	25 44	10 50	11 32	16 8	13 27	26 15
11	23:16: 8	20 47 57	7Sg53	16 26	24 8	23 17	25 53	10 47	11 31	16 8	13 25	26 12
12	23:20: 5	21 47 49	22 1	18 19	24 18	24 4	26 2	10 44	11 29	16 8	13 24	26 9
13	23:24: 1	22 47 40	6Cp 0	20 14	24 25	24 51	26 12	10 41	11 28	16 8	13 22	26 6
14	23:27:58	23 47 30	19 47	22 9	24 30	25 38	26 22	10 38	11 27	16 9	13 21	26 3
15	23:31:54	24 47 17	3Aq23	24 5	24 33	26 25	26 31	10 35	11 25	16 9	13 19	25 59
16	23:35:51	25 47 3	16 46	26 3	24 33R	27 11	26 41	10 32	11 24	16 9	13 18	25 56
17	23:39:48	26 46 47	29 57	28 1	24 31	27 58	26 51	10 30	11 22	16 9	13 16	25 53
18	23:43:44	27 46 29	12Pi54	0Ar 0	24 27	28 45	27 2	10 27	11 21	16 9R	13 14	25 50
19	23:47:40	28 46 9	25 37	2 0	24 20	29 32	27 12	10 25	11 19	16 9	13 13	25 47
20	23:51:37	29 45 48	8Ar 6	4 0	24 10	0Pi19	27 22	10 22	11 17	16 9	13 11	25 44
21	23:55:34	0Ar45 24	20 22	6 1	23 58	1 6	27 33	10 20	11 16	16 9	13 10	25 40
22	23:59:30	1 44 58	2Ta27	8 2	23 44	1 53	27 43	10 18	11 14	16 9	13 8	25 37
23	0: 3:27	2 44 30	14 24	10 3	23 27	2 39	27 54	10 16	11 12	16 8	13 6	25 34
24	0: 7:24	3 43 59	26 14	12 3	23 7	3 26	28 5	10 14	11 10	16 8	13 5	25 31
25	0:11:20	4 43 27	8Ge 3	14 3	22 45	4 13	28 16	10 12	11 9	16 8	13 3	25 28
26	0:15:17	5 42 52	19 54	16 2	22 21	5 0	28 27	10 10	11 7	16 8	13 1	25 24
27	0:19:13	6 42 15	1Cn52	18 0	21 55	5 47	28 38	10 9	11 5	16 7	13 0	25 21
28	0:23:10	7 41 36	14 2	19 56	21 27	6 34	28 49	10 7	11 3	16 7	12 58	25 18
29	0:27: 6	8 40 54	26 29	21 51	20 57	7 20	29 0	10 6	11 1	16 7	12 56	25 15
30	0:31: 3	9 40 10	9Le16	23 42	20 25	8 7	29 12	10 4	10 59	16 6	12 55	25 12
31	0:34:59	10 39 24	22 27	25 31	19 52	8 54	29 23	10 3	10 57	16 6	12 53	25 9

3/20 Sun in Ari. 17:43   3/5 Full 17:14   3/12 3rd Qt. 11:35   3/19 New 18:33   3/27 1st Qt. 22:27

APRIL 1977

Day	Sid. T.	Sun	Moon	Merc.	Venus	Mars	Jup.	Saturn	Uranus	Nept.	Pluto	N.Node
1	0:38:55	11Ar38 35	6Vi 3	27Ar17	19Ar17R	9Pi41	29Ta34	10Le 2R	10Sc55R	16Sg 6R	12Li51R	25Li 5
2	0:42:53	12 37 44	20 3	28 59	18 42	10 28	29 46	10 1	10 53	16 5	12 50	25 2
3	0:46:49	13 36 51	4Li26	0Ta37	18 5	11 14	29 58	10 0	10 50	16 5	12 48	24 59
4	0:50:45	14 35 56	19 5	2 11	17 27	12 1	0Ge 9	9 59	10 48	16 4	12 46	24 56
5	0:54:42	15 34 59	3Sc55	3 40	16 50	12 48	0 21	9 59	10 46	16 3	12 45	24 53
6	0:58:39	16 34 0	18 48	5 4	16 12	13 35	0 33	9 58	10 44	16 3	12 43	24 49
7	1: 2:35	17 33 0	3Sg36	6 23	15 34	14 21	0 45	9 58	10 42	16 2	12 41	24 46
8	1: 6:31	18 31 57	18 12	7 37	14 56	15 8	0 57	9 57	10 39	16 2	12 40	24 43
9	1:10:29	19 30 53	2Cp34	8 45	14 20	15 55	1 9	9 57	10 37	16 1	12 38	24 40
10	1:14:25	20 29 47	16 37	9 47	13 44	16 42	1 22	9 57	10 35	16 0	12 36	24 37
11	1:18:21	21 28 39	0Aq20	10 43	13 9	17 28	1 34	9 57D	10 32	15 59	12 35	24 34
12	1:22:18	22 27 30	13 45	11 33	12 35	18 15	1 46	9 57	10 30	15 59	12 33	24 30
13	1:26:15	23 26 19	26 51	12 17	12 3	19 2	1 59	9 57	10 28	15 58	12 31	24 27
14	1:30:11	24 25 6	9Pi42	12 55	11 32	19 48	2 11	9 57	10 25	15 57	12 30	24 24
15	1:34: 7	25 23 51	22 18	13 26	11 4	20 35	2 24	9 58	10 23	15 56	12 28	24 21
16	1:38: 4	26 22 35	4Ar42	13 52	10 37	21 21	2 36	9 58	10 20	15 55	12 26	24 18
17	1:42: 0	27 21 16	16 55	14 10	10 12	22 8	2 49	9 59	10 18	15 54	12 25	24 15
18	1:45:57	28 19 56	28 59	14 23	9 50	22 55	3 2	10 0	10 15	15 53	12 23	24 11
19	1:49:54	29 18 34	10Ta56	14 30	9 30	23 41	3 14	10 0	10 13	15 52	12 22	24 8
20	1:53:50	0Ta17 10	22 48	14 30R	9 12	24 28	3 27	10 1	10 10	15 51	12 20	24 5
21	1:57:47	1 15 44	4Ge37	14 25	8 57	25 14	3 40	10 2	10 7	15 50	12 18	24 2
22	2: 1:43	2 14 16	16 26	14 14	8 44	26 1	3 53	10 4	10 5	15 49	12 17	23 59
23	2: 5:40	3 12 46	28 18	13 58	8 33	26 47	4 6	10 5	10 3	15 48	12 15	23 55
24	2: 9:36	4 11 13	10Cn17	13 37	8 25	27 34	4 19	10 6	10 0	15 47	12 14	23 52
25	2:13:33	5 9 39	22 26	13 12	8 19	28 20	4 32	10 8	9 58	15 46	12 12	23 49
26	2:17:30	6 8 3	4Le50	12 43	8 16	29 6	4 45	10 9	9 55	15 45	12 11	23 46
27	2:21:26	7 6 24	17 32	12 11	8 15D	29 53	4 58	10 11	9 53	15 44	12 9	23 43
28	2:25:23	8 4 43	0Vi37	11 36	8 16	0Ar39	5 12	10 13	9 50	15 43	12 8	23 40
29	2:29:20	9 3 0	14 8	10 59	8 20	1 25	5 25	10 15	9 48	15 41	12 6	23 36
30	2:33:16	10 1 15	28 6	10 20	8 26	2 12	5 38	10 17	9 45	15 40	12 5	23 33

4/20 Sun in Tau. 4:58   4/4 Full 4:10(E)   4/10 3rd Qt. 19:15   4/18 New 10:36(E)   4/26 1st Qt. 14:43

Day	Sid. T.	Sun	Moon	Merc.	Venus	Mars	Jup.	Saturn	Uranus	Nept.	Pluto	N.Node
1	2:37:12	10Ta59 29	12Li29	9Ta42R	8Ar34	2Ar58	5Ge52	10Le19	9Sc43R	15Sg39R	12Li 4R	23Li30
2	2:41: 9	11 57 40	27 15	9 3	8 45	3 44	6 5	10 21	9 40	15 38	12 2	23 27
3	2:45: 5	12 55 49	12Sc18	8 25	8 57	4 30	6 18	10 23	9 38	15 36	12 1	23 24
4	2:49: 2	13 53 57	27 29	7 48	9 12	5 16	6 32	10 26	9 35	15 35	11 59	23 21
5	2:52:59	14 52 3	12Sg37	7 14	9 28	6 3	6 45	10 28	9 32	15 34	11 58	23 17
6	2:56:55	15 50 8	27 35	6 42	9 47	6 49	6 59	10 31	9 30	15 32	11 57	23 14
7	3: 0:52	16 48 12	12Cp15	6 13	10 7	7 35	7 12	10 34	9 27	15 31	11 55	23 11
8	3: 4:48	17 46 14	26 30	5 48	10 29	8 21	7 26	10 36	9 25	15 30	11 54	23 8
9	3: 8:45	18 44 14	10Aq20	5 26	10 53	9 7	7 40	10 39	9 22	15 28	11 53	23 5
10	3:12:41	19 42 13	23 44	5 9	11 18	9 53	7 53	10 42	9 20	15 27	11 52	23 1
11	3:16:38	20 40 11	6Pi44	4 56	11 45	10 39	8 7	10 45	9 17	15 26	11 50	22 58
12	3:20:35	21 38 8	19 24	4 47	12 14	11 24	8 21	10 49	9 15	15 24	11 49	22 55
13	3:24:31	22 36 3	1Ar48	4 43	12 44	12 10	8 34	10 52	9 12	15 23	11 48	22 52
14	3:28:28	23 33 57	13 58	4 44D	13 16	12 56	8 48	10 55	9 10	15 21	11 47	22 49
15	3:32:24	24 31 50	25 59	4 49	13 49	13 42	9 2	10 59	9 8	15 20	11 46	22 46
16	3:36:21	25 29 41	7Ta54	4 59	14 23	14 28	9 16	11 2	9 5	15 18	11 45	22 42
17	3:40:17	26 27 31	19 44	5 14	14 59	15 13	9 30	11 6	9 3	15 17	11 43	22 39
18	3:44:14	27 25 20	1Ge33	5 32	15 35	15 59	9 43	11 10	9 0	15 15	11 42	22 36
19	3:48:11	28 23 8	13 23	5 55	16 13	16 45	9 57	11 14	8 58	15 14	11 41	22 33
20	3:52: 7	29 20 54	25 14	6 22	16 53	17 30	10 11	11 17	8 56	15 12	11 40	22 30
21	3:56: 4	0Ge18 38	7Cn10	6 54	17 33	18 16	10 25	11 22	8 53	15 11	11 39	22 27
22	4: 0: 0	1 16 21	19 13	7 30	18 14	19 1	10 39	11 26	8 51	15 9	11 38	22 23
23	4: 3:57	2 14 3	1Le25	8 9	18 56	19 46	10 53	11 30	8 49	15 7	11 38	22 20
24	4: 7:53	3 11 43	13 50	8 52	19 39	20 32	11 7	11 34	8 47	15 6	11 37	22 17
25	4:11:50	4 9 21	26 30	9 39	20 23	21 17	11 20	11 38	8 44	15 4	11 36	22 14
26	4:15:46	5 6 58	9Vi30	10 30	21 8	22 2	11 34	11 43	8 42	15 3	11 35	22 11
27	4:19:43	6 4 33	22 53	11 24	21 54	22 48	11 48	11 47	8 40	15 1	11 34	22 7
28	4:23:40	7 2 7	6Li41	12 21	22 41	23 33	12 2	11 52	8 38	14 59	11 33	22 4
29	4:27:36	7 59 40	20 55	13 22	23 28	24 18	12 16	11 57	8 36	14 58	11 33	22 1
30	4:31:33	8 57 11	5Sc34	14 26	24 17	25 3	12 30	12 1	8 34	14 56	11 32	21 58
31	4:35:29	9 54 41	20 34	15 33	25 6	25 48	12 44	12 6	8 32	14 55	11 31	21 55

5/21 Sun in Gem. 4:15   5/3 Full 13:04   5/10 3rd Qt. 4:09   5/18 New 2:52   5/26 1st Qt. 3:21

Day	Sid. T.	Sun	Moon	Merc.	Venus	Mars	Jup.	Saturn	Uranus	Nept.	Pluto	N.Node
1	4:39:26	10Ge52 10	5Sg47	16Ta43	25Ar55	26Ar33	12Ge58	12Le11	8Sc30R	14Sg53R	11Li31R	21Li52
2	4:43:22	11 49 38	21 3	17 56	26 46	27 18	13 12	12 16	8 28	14 51	11 30	21 48
3	4:47:19	12 47 5	6Cp12	19 12	27 37	28 3	13 26	12 21	8 26	14 50	11 29	21 45
4	4:51:16	13 44 31	21 4	20 31	28 28	28 48	13 40	12 26	8 24	14 48	11 29	21 42
5	4:55:11	14 41 56	5Aq32	21 52	29 20	29 32	13 54	12 31	8 22	14 47	11 28	21 39
6	4:59: 9	15 39 21	19 30	23 17	0Ta13	0Ta17	14 8	12 37	8 20	14 45	11 28	21 36
7	5: 3: 5	16 36 45	3Pi 0	24 44	1 7	1 2	14 22	12 42	8 18	14 43	11 27	21 33
8	5: 7: 1	17 34 9	16 2	26 14	2 1	1 46	14 36	12 47	8 16	14 42	11 27	21 29
9	5:10:58	18 31 31	28 47	27 47	2 55	2 31	14 49	12 53	8 15	14 40	11 26	21 26
10	5:14:55	19 28 54	10Ar59	29 23	3 50	3 15	15 3	12 58	8 13	14 38	11 26	21 23
11	5:18:51	20 26 16	23 4	1Ge 1	4 46	4 0	15 17	13 4	8 11	14 37	11 26	21 20
12	5:22:48	21 23 37	4Ta59	2 43	5 41	4 44	15 31	13 10	8 10	14 35	11 25	21 17
13	5:26:45	22 20 58	16 48	4 26	6 38	5 28	15 45	13 15	8 8	14 34	11 25	21 13
14	5:30:41	23 18 18	28 36	6 13	7 35	6 13	15 59	13 21	8 5	14 32	11 25	21 10
15	5:34:37	24 15 38	10Ge25	8 2	8 32	6 57	16 13	13 27	8 3	14 30	11 25	21 7
16	5:38:34	25 12 57	22 18	9 54	9 30	7 41	16 27	13 33	8 3	14 29	11 24	21 4
17	5:42:31	26 10 16	4Cn15	11 48	10 28	8 25	16 41	13 39	8 2	14 27	11 24	21 1
18	5:46:27	27 7 34	16 19	13 44	11 26	9 9	16 54	13 45	8 1	14 26	11 24	20 58
19	5:50:24	28 4 52	28 31	15 43	12 25	9 53	17 8	13 51	7 59	14 24	11 24	20 54
20	5:54:21	29 2 9	10Le52	17 44	13 24	10 37	17 22	13 57	7 58	14 23	11 24	20 51
21	5:58:17	29 59 25	23 24	19 48	14 24	11 21	17 36	14 4	7 57	14 21	11 24D	20 48
22	6: 2:13	0Cn56 41	6Vi 9	21 53	15 24	12 4	17 50	14 10	7 56	14 19	11 24	20 45
23	6: 6:10	1 53 56	19 9	23 59	16 24	12 48	18 3	14 16	7 54	14 18	11 24	20 42
24	6:10: 6	2 51 10	2Li28	26 7	17 24	13 32	18 17	14 22	7 53	14 16	11 24	20 38
25	6:14: 3	3 48 23	16 8	28 16	18 25	14 15	18 31	14 29	7 52	14 15	11 24	20 35
26	6:18: 0	4 45 37	0Sc10	0Cn26	19 26	14 59	18 44	14 35	7 51	14 13	11 24	20 32
27	6:21:56	5 42 49	14 36	2 37	20 28	15 42	18 58	14 42	7 50	14 12	11 25	20 29
28	6:25:52	6 40 1	29 21	4 48	21 29	16 25	19 12	14 48	7 49	14 10	11 25	20 26
29	6:29:50	7 37 13	14Sg22	6 59	22 31	17 9	19 25	14 55	7 48	14 9	11 25	20 23
30	6:33:46	8 34 25	29 29	9 10	23 33	17 52	19 39	15 2	7 48	14 7	11 25	20 19

6/21 Sun in Can. 12:15   6/1 Full 20:32   6/8 3rd Qt. 15:08   6/16 New 18:23   6/24 1st Qt. 12:45

JULY 1977

Day	Sid. T.	Sun	Moon	Merc.	Venus	Mars	Jup.	Saturn	Uranus	Nept.	Pluto	N.Node
1	6:37:42	9Cn31 36	14Cp34	11Cn20	24Ta36	18Ta35	19Ge52	15Le 8	7Sc47R	14Sg 6R	11Li26	20Li16
2	6:41:39	10 28 47	29 25	13 30	25 39	19 18	20 6	15 15	7 46	14 5	11 26	20 13
3	6:45:36	11 25 58	13Aq56	15 39	26 42	20 1	20 19	15 22	7 45	14 3	11 26	20 10
4	6:49:32	12 23 10	27 59	17 46	27 45	20 44	20 32	15 29	7 45	14 2	11 27	20 7
5	6:53:28	13 20 21	11Pi33	19 52	28 48	21 27	20 46	15 36	7 44	14 0	11 27	20 4
6	6:57:26	14 17 33	24 38	21 57	29 52	22 9	20 59	15 43	7 44	13 59	11 28	20 0
7	7: 1:22	15 14 45	7Ar19	24 0	0Ge56	22 52	21 12	15 50	7 43	13 58	11 28	19 57
8	7: 5:18	16 11 57	19 39	26 2	2 0	23 35	21 26	15 57	7 43	13 56	11 29	19 54
9	7: 9:15	17 9 10	1Ta43	28 2	3 4	24 17	21 39	16 4	7 42	13 55	11 29	19 51
10	7:13:11	18 6 23	13 38	0Le 0	4 9	25 0	21 52	16 11	7 42	13 54	11 30	19 48
11	7:17: 8	19 3 37	25 27	1 56	5 13	25 42	22 5	16 18	7 42	13 53	11 31	19 44
12	7:21: 4	20 0 51	7Ge16	3 51	6 18	26 24	22 18	16 25	7 41	13 51	11 31	19 41
13	7:25: 1	20 58 6	19 7	5 43	7 23	27 7	22 31	16 32	7 41	13 50	11 32	19 38
14	7:28:57	21 55 21	1Cn 5	7 34	8 29	27 49	22 44	16 39	7 41	13 49	11 33	19 35
15	7:32:54	22 52 36	13 11	9 23	9 34	28 31	22 57	16 47	7 41	13 48	11 33	19 32
16	7:36:51	23 49 52	25 26	11 10	10 40	29 13	23 10	16 54	7 41D	13 47	11 34	19 29
17	7:40:47	24 47 8	7Le51	12 55	11 46	29 55	23 23	17 1	7 41	13 45	11 35	19 25
18	7:44:44	25 44 25	20 27	14 38	12 52	0Ge36	23 36	17 9	7 41	13 44	11 36	19 22
19	7:48:40	26 41 41	3Vi13	16 19	13 58	1 18	23 49	17 16	7 41	13 43	11 37	19 19
20	7:52:37	27 38 58	16 11	17 58	15 4	2 0	24 1	17 23	7 42	13 42	11 38	19 16
21	7:56:33	28 36 16	29 21	19 36	16 11	2 41	24 14	17 31	7 42	13 41	11 39	19 13
22	8: 0:30	29 33 33	12Li45	21 12	17 17	3 23	24 26	17 38	7 42	13 40	11 40	19 10
23	8: 4:27	0Le30 51	26 25	22 45	18 24	4 4	24 39	17 46	7 42	13 39	11 41	19 6
24	8: 8:23	1 28 10	10Sc21	24 17	19 31	4 46	24 51	17 53	7 43	13 38	11 42	19 3
25	8:12:20	2 25 28	24 33	25 47	20 38	5 27	25 4	18 1	7 43	13 37	11 43	19 0
26	8:16:16	3 22 47	9Sg 1	27 15	21 45	6 8	25 16	18 8	7 44	13 36	11 44	18 57
27	8:20:13	4 20 7	23 42	28 42	22 53	6 49	25 28	18 16	7 44	13 35	11 45	18 54
28	8:24: 9	5 17 27	8Cp28	0Vi 6	24 0	7 30	25 41	18 23	7 45	13 35	11 46	18 50
29	8:28: 6	6 14 47	23 14	1 28	25 8	8 11	25 53	18 31	7 46	13 34	11 48	18 47
30	8:32: 2	7 12 8	7Aq50	2 48	26 15	8 51	26 5	18 38	7 46	13 33	11 49	18 44
31	8:35:59	8 9 30	22 10	4 6	27 23	9 32	26 17	18 46	7 47	13 32	11 50	18 41

7/22 Sun in Leo 23:05   7/1 Full 3:25   7/8 3rd Qt. 4:40   7/16 New 8:37   7/23 1st Qt. 19:39   7/30 Full 10:53

AUGUST 1977

Day	Sid. T.	Sun	Moon	Merc.	Venus	Mars	Jup.	Saturn	Uranus	Nept.	Pluto	N.Node
1	8:39:56	9Le 6 53	6Pi 7	5Vi23	28Ge31	10Ge13	26Ge29	18Le54	7Sc48	13Sg31R	11Li51	18Li38
2	8:43:52	10 4 17	19 39	6 36	29 39	10 53	26 41	19 1	7 49	13 31	11 53	18 35
3	8:47:49	11 1 42	2Ar45	7 48	0Cn48	11 33	26 52	19 9	7 50	13 30	11 54	18 31
4	8:51:45	11 59 8	15 27	8 57	1 56	12 14	27 4	19 16	7 51	13 29	11 55	18 28
5	8:55:42	12 56 35	27 49	10 4	3 5	12 54	27 16	19 24	7 52	13 29	11 57	18 25
6	8:59:38	13 54 4	9Ta55	11 9	4 13	13 34	27 27	19 32	7 53	13 28	11 58	18 22
7	9: 3:35	14 51 34	21 51	12 11	5 22	14 14	27 39	19 39	7 54	13 27	12 0	18 19
8	9: 7:32	15 49 5	3Ge42	13 10	6 31	14 54	27 50	19 47	7 55	13 27	12 1	18 16
9	9:11:28	16 46 38	15 33	14 7	7 40	15 34	28 1	19 55	7 56	13 26	12 3	18 12
10	9:15:25	17 44 12	27 28	15 0	8 49	16 13	28 12	20 2	7 58	13 26	12 4	18 9
11	9:19:21	18 41 47	9Cn31	15 50	9 58	16 53	28 24	20 10	7 59	13 25	12 6	18 6
12	9:23:18	19 39 23	21 45	16 38	11 7	17 32	28 35	20 18	8 0	13 25	12 7	18 3
13	9:27:14	20 37 1	4Le12	17 21	12 17	18 12	28 46	20 25	8 2	13 25	12 9	18 0
14	9:31:11	21 34 40	16 52	18 1	13 26	18 51	28 56	20 33	8 3	13 24	12 11	17 56
15	9:35: 7	22 32 20	29 46	18 38	14 36	19 30	29 7	20 41	8 5	13 24	12 12	17 53
16	9:39: 4	23 30 2	12Vi52	19 10	15 46	20 9	29 18	20 48	8 6	13 24	12 14	17 50
17	9:43: 1	24 27 44	26 11	19 38	16 56	20 48	29 28	20 56	8 8	13 23	12 16	17 47
18	9:46:57	25 25 28	9Li41	20 2	18 6	21 27	29 39	21 4	8 10	13 23	12 18	17 44
19	9:50:54	26 23 13	23 20	20 21	19 16	22 6	29 49	21 11	8 11	13 23	12 19	17 41
20	9:54:50	27 20 59	7Sc10	20 34	20 26	22 44	29 59	21 19	8 13	13 23	12 21	17 37
21	9:58:47	28 18 47	21 9	20 43	21 36	23 23	0Cn 9	21 27	8 15	13 23	12 23	17 34
22	10: 2:43	29 16 35	5Sg17	20 46	22 47	24 1	0 20	21 34	8 17	13 22	12 25	17 31
23	10: 6:40	0Vi14 24	19 33	20 44R	23 57	24 40	0 29	21 42	8 19	13 22	12 27	17 28
24	10:10:37	1 12 15	3Cp53	20 36	25 8	25 18	0 39	21 50	8 20	13 22D	12 30	17 25
25	10:14:33	2 10 7	18 15	20 22	26 18	25 56	0 49	21 57	8 22	13 22	12 32	17 22
26	10:18:30	3 8 0	2Aq34	20 2	27 29	26 34	0 59	22 5	8 24	13 22	12 34	17 18
27	10:22:26	4 5 55	16 45	19 36	28 40	27 11	1 8	22 12	8 27	13 22	12 36	17 15
28	10:26:22	5 3 50	0Pi42	19 5	29 51	27 49	1 18	22 20	8 29	13 22	12 38	17 12
29	10:30:19	6 1 48	14 22	18 27	1Le 2	28 27	1 27	22 27	8 31	13 23	12 40	17 9
30	10:34:16	6 59 47	27 42	17 45	2 13	29 4	1 36	22 35	8 33	13 23	12 40	17 6
31	10:38:12	7 57 48	10Ar41	16 57	3 24	29 41	1 45	22 42	8 35	13 23	12 42	17 2

8/23 Sun in Vir. 6:01   8/6 3rd Qt. 20:41   8/14 New 21:32   8/22 1st Qt. 1:05   8/28 Full 20:11

SEPTEMBER 1977

Day	Sid. T.	Sun	Moon	Merc.	Venus	Mars	Jup.	Saturn	Uranus	Nept.	Pluto	N.Node
1	10:42: 8	8Vi55 50	23Ar21	16Vi 6R	4Le35	0Cn18	1Cn54	22Le50	8Sc38	13Sg23	12Li44	16Li59
2	10:46: 6	9 53 54	5Ta42	15 11	5 47	0 55	2 3	22 57	8 40	13 23	12 46	16 56
3	10:50: 2	10 52 1	17 49	14 14	6 58	1 32	2 11	23 5	8 42	13 24	12 48	16 53
4	10:53:58	11 50 9	29 47	13 16	8 10	2 9	2 20	23 12	8 45	13 24	12 50	16 50
5	10:57:55	12 48 19	11Ge39	12 18	9 21	2 46	2 28	23 20	8 47	13 24	12 52	16 47
6	11: 1:52	13 46 31	23 31	11 21	10 33	3 22	2 37	23 27	8 50	13 25	12 55	16 43
7	11: 5:48	14 44 45	5Cn28	10 27	11 45	3 58	2 45	23 34	8 52	13 25	12 57	16 40
8	11: 9:44	15 43 2	17 34	9 37	12 56	4 35	2 53	23 42	8 55	13 25	12 59	16 37
9	11:13:42	16 41 20	29 53	8 52	14 8	5 11	3 1	23 49	8 57	13 26	13 1	16 34
10	11:17:38	17 39 40	12Le27	8 13	15 20	5 46	3 8	23 56	9 0	13 26	13 3	16 31
11	11:21:34	18 38 2	25 20	7 41	16 33	6 22	3 16	24 4	9 3	13 27	13 5	16 27
12	11:25:31	19 36 26	8Vi30	7 18	17 45	6 58	3 24	24 11	9 5	13 28	13 7	16 24
13	11:29:27	20 34 52	21 57	7 3	18 57	7 33	3 31	24 18	9 8	13 28	13 10	16 21
14	11:33:24	21 33 20	5Li40	6 57	20 9	8 9	3 38	24 25	9 11	13 29	13 12	16 18
15	11:37:21	22 31 49	19 35	7 1D	21 22	8 44	3 45	24 32	9 14	13 29	13 14	16 15
16	11:41:17	23 30 21	3Sc40	7 13	22 34	9 19	3 52	24 39	9 17	13 30	13 16	16 12
17	11:45:13	24 28 54	17 51	7 36	23 47	9 53	3 59	24 46	9 20	13 31	13 19	16 8
18	11:49:10	25 27 29	2Sg 6	8 7	24 59	10 28	4 5	24 53	9 23	13 32	13 21	16 5
19	11:53: 7	26 26 5	16 20	8 48	26 12	11 3	4 12	25 0	9 25	13 32	13 23	16 2
20	11:57: 3	27 24 43	0Cp33	9 36	27 25	11 37	4 18	25 7	9 28	13 33	13 25	15 59
21	12: 1: 0	28 23 23	14 41	10 33	28 38	12 11	4 24	25 14	9 32	13 34	13 28	15 56
22	12: 4:57	29 22 4	28 43	11 37	29 51	12 45	4 30	25 21	9 35	13 35	13 30	15 53
23	12: 8:53	0Li20 47	12Aq36	12 48	1Vi 4	13 19	4 36	25 28	9 38	13 36	13 32	15 49
24	12:12:49	1 19 32	26 19	14 4	2 17	13 52	4 42	25 34	9 41	13 37	13 35	15 46
25	12:16:46	2 18 18	9Pi50	15 26	3 30	14 26	4 47	25 41	9 44	13 38	13 37	15 43
26	12:20:43	3 17 7	23 6	16 53	4 43	14 59	4 53	25 48	9 47	13 39	13 39	15 40
27	12:24:39	4 15 57	6Ar 6	18 24	5 56	15 32	4 58	25 54	9 50	13 40	13 42	15 37
28	12:28:36	5 14 49	18 52	19 59	7 9	16 5	5 3	26 1	9 54	13 41	13 44	15 33
29	12:32:32	6 13 43	1Ta22	21 36	8 23	16 38	5 8	26 7	9 57	13 42	13 46	15 30
30	12:36:29	7 12 40	13 38	23 16	9 36	17 10	5 12	26 14	10 0	13 43	13 49	15 27

9/23 Sun in Lib. 3:30   9/5 3rd Qt. 14:33   9/13 New 9:24   9/20 1st Qt. 6:19   9/27 Full 8:18

OCTOBER 1977

Day	Sid. T.	Sun	Moon	Merc.	Venus	Mars	Jup.	Saturn	Uranus	Nept.	Pluto	N.Node
1	12:40:25	8Li11 39	25Ta44	24Vi58	10Vi49	17Cn43	5Cn17	26Le20	10Sc 3	13Sg44	13Li51	15Li24
2	12:44:22	9 10 39	7Ge40	26 42	12 3	18 15	5 21	26 27	10 7	13 46	13 53	15 21
3	12:48:18	10 9 43	19 33	28 26	13 16	18 46	5 25	26 33	10 10	13 47	13 56	15 18
4	12:52:15	11 8 48	1Cn25	0Li12	14 30	19 18	5 29	26 39	10 13	13 48	13 58	15 14
5	12:56:12	12 7 56	13 21	1 58	15 44	19 50	5 33	26 45	10 17	13 49	14 0	15 11
6	13: 0: 8	13 7 6	25 26	3 44	16 57	20 21	5 36	26 51	10 20	13 51	14 3	15 8
7	13: 4: 5	14 6 19	7Le44	5 31	18 11	20 52	5 40	26 57	10 24	13 52	14 5	15 5
8	13: 8: 1	15 5 33	20 20	7 18	19 25	21 23	5 43	27 3	10 27	13 53	14 8	15 2
9	13:11:58	16 4 50	3Vi17	9 4	20 39	21 53	5 46	27 9	10 31	13 55	14 10	14 59
10	13:15:54	17 4 9	16 36	10 50	21 53	22 23	5 49	27 15	10 34	13 56	14 12	14 55
11	13:19:51	18 3 30	0Li18	12 36	23 7	22 54	5 52	27 21	10 38	13 57	14 15	14 52
12	13:23:48	19 2 54	14 20	14 21	24 21	23 23	5 54	27 27	10 41	13 59	14 17	14 49
13	13:27:44	20 2 19	28 41	16 6	25 35	23 53	5 56	27 32	10 45	14 0	14 19	14 46
14	13:31:40	21 1 47	13Sc14	17 50	26 49	24 22	5 58	27 38	10 48	14 2	14 22	14 43
15	13:35:37	22 1 17	27 53	19 33	28 4	24 51	6 0	27 44	10 52	14 3	14 24	14 39
16	13:39:33	23 0 48	12Sg32	21 16	29 18	25 20	6 2	27 49	10 56	14 5	14 26	14 36
17	13:43:30	24 0 21	27 5	22 59	0Li32	25 49	6 3	27 54	10 59	14 7	14 29	14 33
18	13:47:27	24 59 56	11Cp30	24 40	1 46	26 17	6 5	28 0	11 3	14 8	14 31	14 30
19	13:51:23	25 59 33	25 35	26 21	3 1	26 45	6 6	28 5	11 7	14 10	14 33	14 27
20	13:55:20	26 59 11	9Aq27	28 2	4 15	27 13	6 7	28 10	11 10	14 11	14 36	14 24
21	13:59:17	27 58 51	23 3	29 42	5 30	27 40	6 7	28 15	11 14	14 13	14 38	14 20
22	14: 3:13	28 58 33	6Pi24	1Sc21	6 44	28 7	6 8	28 20	11 18	14 15	14 40	14 17
23	14: 7: 9	29 58 16	19 29	3 0	7 59	28 34	6 8	28 25	11 21	14 17	14 43	14 14
24	14:11: 6	0Sc58 1	2Ar21	4 38	9 13	29 1	6 8	28 30	11 25	14 18	14 45	14 11
25	14:15: 2	1 57 48	15 1	6 15	10 28	29 27	6 8R	28 35	11 29	14 20	14 47	14 8
26	14:18:59	2 57 37	27 29	7 52	11 42	29 53	6 7	28 40	11 32	14 22	14 49	14 5
27	14:22:55	3 57 28	9Ta47	9 28	12 57	0Le18	6 7	28 44	11 36	14 24	14 52	14 1
28	14:26:52	4 57 21	21 55	11 4	14 12	0 44	6 7	28 49	11 40	14 26	14 54	13 58
29	14:30:49	5 57 15	3Ge55	12 40	15 26	1 8	6 6	28 53	11 44	14 27	14 56	13 55
30	14:34:45	6 57 12	15 50	14 15	16 41	1 33	6 5	28 58	11 47	14 29	14 58	13 52
31	14:38:42	7 57 11	27 42	15 49	17 56	1 57	6 3	29 2	11 51	14 31	15 1	13 49

10/23 Sun in Sco. 12:42   10/5 3rd Qt. 9:21   10/12 New 20:31(E)   10/19 1st Qt. 12:46   10/26 Full 23:36

NOVEMBER 1977

Day	Sid. T.	Sun	Moon	Merc.	Venus	Mars	Jup.	Saturn	Uranus	Nept.	Pluto	N.Node
1	14:42:38	8Sc57 12	9Cn33	17Sc23	19Li11	2Le21	6Cn 2R	29Le 6	11Sc55	14Sg33	15Li 3	13Li45
2	14:46:35	9 57 15	21 28	18 56	20 26	2 45	6 0	29 10	11 59	14 35	15 5	13 42
3	14:50:31	10 57 21	3Le30	20 30	21 40	3 8	5 58	29 14	12 2	14 37	15 7	13 39
4	14:54:28	11 57 28	15 45	22 2	22 55	3 30	5 56	29 18	12 6	14 39	15 9	13 36
5	14:58:24	12 57 37	28 16	23 34	24 10	3 53	5 53	29 22	12 10	14 41	15 12	13 33
6	15: 2:21	13 57 49	11Vi 8	25 6	25 25	4 15	5 51	29 26	12 14	14 43	15 14	13 30
7	15: 6:18	14 58 2	24 25	26 38	26 40	4 36	5 48	29 29	12 17	14 45	15 16	13 26
8	15:10:14	15 58 18	8Li 9	28 9	27 55	4 57	5 45	29 33	12 21	14 47	15 18	13 23
9	15:14:11	16 58 35	22 20	29 40	29 10	5 18	5 42	29 36	12 25	14 49	15 20	13 20
10	15:18: 7	17 58 54	6Sc55	1Sg10	0Sc25	5 38	5 39	29 40	12 29	14 51	15 22	13 17
11	15:22: 4	18 59 16	21 48	2 40	1 40	5 58	5 35	29 43	12 32	14 53	15 24	13 14
12	15:26: 0	19 59 38	6Sg53	4 10	2 56	6 17	5 32	29 46	12 36	14 55	15 26	13 10
13	15:29:57	21 0 3	21 58	5 39	4 11	6 36	5 28	29 49	12 40	14 57	15 28	13 7
14	15:33:54	22 0 29	6Cp55	7 8	5 26	6 54	5 24	29 52	12 43	14 59	15 30	13 4
15	15:37:50	23 0 56	21 36	8 36	6 41	7 12	5 19	29 55	12 47	15 2	15 32	13 1
16	15:41:47	24 1 25	5Aq55	10 4	7 56	7 30	5 15	29 58	12 51	15 4	15 34	12 58
17	15:45:43	25 1 55	19 50	11 32	9 11	7 47	5 10	0Vi 1	12 55	15 6	15 36	12 55
18	15:49:39	26 2 26	3Pi21	12 58	10 27	8 3	5 6	0 3	12 58	15 8	15 38	12 51
19	15:53:36	27 2 58	16 31	14 25	11 42	8 19	5 1	0 6	13 2	15 10	15 40	12 48
20	15:57:33	28 3 32	29 21	15 50	12 57	8 34	4 56	0 8	13 6	15 12	15 42	12 45
21	16: 1:29	29 4 7	11Ar56	17 15	14 12	8 49	4 50	0 10	13 9	15 14	15 44	12 42
22	16: 5:26	0Sg 4 43	24 18	18 39	15 28	9 3	4 45	0 12	13 13	15 17	15 46	12 39
23	16: 9:23	1 5 20	6Ta31	20 2	16 43	9 17	4 39	0 14	13 17	15 19	15 47	12 36
24	16:13:19	2 5 58	18 36	21 24	17 58	9 30	4 34	0 16	13 20	15 21	15 49	12 32
25	16:17:15	3 6 38	0Ge36	22 45	19 14	9 43	4 28	0 18	13 24	15 23	15 51	12 29
26	16:21:12	4 7 20	12 31	24 5	20 29	9 55	4 22	0 20	13 27	15 26	15 53	12 26
27	16:25: 9	5 8 3	24 24	25 23	21 44	10 6	4 15	0 22	13 31	15 28	15 54	12 23
28	16:29: 5	6 8 47	6Cn15	26 39	23 0	10 17	4 9	0 23	13 34	15 30	15 56	12 20
29	16:33: 2	7 9 32	18 8	27 54	24 15	10 27	4 3	0 24	13 38	15 32	15 58	12 16
30	16:36:59	8 10 19	0Le 3	29 10	25 30	10 36	3 56	0 26	13 42	15 34	15 59	12 13

11/22 Sun in Sag. 10:08   11/4 3rd Qt. 3:59   11/11 New 7:10   11/17 1st Qt. 21:53   11/25 Full 17:32

DECEMBER 1977

Day	Sid. T.	Sun	Moon	Merc.	Venus	Mars	Jup.	Saturn	Uranus	Nept.	Pluto	N.Node
1	16:40:55	9Sg11 7	12Le 5	0Cp15	26Sc46	10Le45	3Cn49R	0Vi27	13Sc45	15Sg37	16Li 1	12Li10
2	16:44:52	10 11 57	24 17	1 21	28 1	10 53	3 42	0 28	13 48	15 39	16 3	12 7
3	16:48:48	11 12 48	6Vi43	2 24	29 17	11 0	3 35	0 29	13 52	15 41	16 4	12 4
4	16:52:45	12 13 40	19 28	3 23	0Sg32	11 7	3 28	0 30	13 55	15 43	16 6	12 1
5	16:56:41	13 14 34	2Li36	4 17	1 47	11 13	3 21	0 31	13 59	15 46	16 7	11 57
6	17: 0:38	14 15 29	16 12	5 6	3 3	11 18	3 14	0 31	14 2	15 48	16 9	11 54
7	17: 4:34	15 16 25	0Sc16	5 49	4 18	11 22	3 7	0 32	14 6	15 50	16 10	11 51
8	17: 8:30	16 17 23	14 49	6 25	5 34	11 26	2 59	0 32	14 9	15 53	16 12	11 48
9	17:12:28	17 18 22	29 46	6 54	6 49	11 29	2 51	0 32	14 12	15 55	16 13	11 45
10	17:16:24	18 19 22	15Sg 1	7 14	8 5	11 31	2 44	0 33	14 15	15 57	16 14	11 42
11	17:20:20	19 20 23	0Cp22	7 25	9 20	11 33	2 36	0 33R	14 19	15 59	16 16	11 38
12	17:24:17	20 21 24	15 37	7 26R	10 36	11 33	2 28	0 33	14 22	16 2	16 17	11 35
13	17:28:14	21 22 26	0Aq37	7 16	11 51	11 33R	2 20	0 32	14 25	16 4	16 18	11 32
14	17:32:10	22 23 29	15 13	6 55	13 7	11 32	2 13	0 32	14 28	16 6	16 20	11 29
15	17:36: 7	23 24 32	29 20	6 22	14 22	11 31	2 5	0 32	14 31	16 8	16 21	11 26
16	17:40: 4	24 25 36	12Pi58	5 38	15 38	11 28	1 57	0 31	14 35	16 11	16 22	11 22
17	17:44: 0	25 26 40	26 8	4 43	16 53	11 25	1 49	0 31	14 38	16 13	16 23	11 19
18	17:47:57	26 27 44	8Ar55	3 38	18 9	11 20	1 40	0 30	14 41	16 15	16 24	11 16
19	17:51:53	27 28 48	21 22	2 25	19 24	11 15	1 32	0 29	14 44	16 17	16 26	11 13
20	17:55:50	28 29 53	3Ta36	1 6	20 40	11 10	1 24	0 28	14 47	16 20	16 27	11 10
21	17:59:46	29 30 58	15 39	29Sg44	21 55	11 3	1 16	0 27	14 50	16 22	16 28	11 7
22	18: 3:42	0Cp32 4	27 35	28 21	23 11	10 55	1 8	0 26	14 53	16 24	16 29	11 3
23	18: 7:39	1 33 9	9Ge29	27 1	24 26	10 47	1 0	0 25	14 55	16 26	16 30	11 0
24	18:11:36	2 34 16	21 21	25 45	25 42	10 38	0 52	0 23	14 58	16 28	16 30	10 57
25	18:15:33	3 35 22	3Cn13	24 36	26 57	10 28	0 44	0 22	15 1	16 31	16 31	10 54
26	18:19:29	4 36 29	15 7	23 36	28 13	10 17	0 36	0 20	15 4	16 33	16 32	10 51
27	18:23:26	5 37 36	27 4	22 46	29 28	10 5	0 27	0 18	15 7	16 35	16 33	10 48
28	18:27:22	6 38 43	9Le 5	22 6	0Cp44	9 53	0 19	0 17	15 9	16 37	16 34	10 44
29	18:31:19	7 39 51	21 13	21 37	1 59	9 40	0 11	0 15	15 12	16 39	16 34	10 41
30	18:35:15	8 40 59	3Vi29	21 18	3 15	9 26	0 3	0 13	15 15	16 41	16 35	10 38
31	18:39:12	9 42 8	15 56	21 9	4 30	9 11	29Ge56	0 11	15 17	16 44	16 36	10 35

12/21 Sun in Cap. 23:24   12/3 3rd Qt. 21:17   12/10 New 17:33   12/17 1st Qt. 10:37   12/25 Full 12:50

Day	Sid. T.	Sun	Moon	Merc.	Venus	Mars	Jup.	Saturn	Uranus	Nept.	Pluto	N.Node
1	18:43: 9	10Cp43 17	28Vi39	21Sg10	5Cp45	8Le55R	29Ge48R	0Vi 8R	15Sc20	16Sg46	16Li36	10Li32
2	18:47: 5	11 44 26	11Li41	21 19	7 1	8 39	29 40	0 6	15 22	16 48	16 37	10 28
3	18:51: 2	12 45 35	25 6	21 37	8 16	8 22	29 32	0 4	15 25	16 50	16 38	10 25
4	18:54:58	13 46 45	8Sc57	22 2	9 32	8 4	29 24	0 1	15 27	16 52	16 38	10 22
5	18:58:55	14 47 55	23 15	22 34	10 48	7 46	29 17	29Le59	15 29	16 54	16 39	10 19
6	19: 2:51	15 49 6	7Sg59	23 11	12 3	7 27	29 9	29 56	15 32	16 56	16 39	10 16
7	19: 6:48	16 50 16	23 4	23 54	13 19	7 7	29 2	29 53	15 34	16 58	16 39	10 13
8	19:10:44	17 51 26	8Cp20	24 42	14 34	6 47	28 55	29 50	15 36	17 0	16 40	10 9
9	19:14:41	18 52 37	23 37	25 34	15 50	6 26	28 47	29 47	15 38	17 2	16 40	10 6
10	19:18:38	19 53 47	8Aq43	26 30	17 5	6 5	28 40	29 44	15 41	17 4	16 41	10 3
11	19:22:34	20 54 56	23 29	27 30	18 20	5 43	28 33	29 41	15 43	17 6	16 41	10 0
12	19:26:31	21 56 5	7Pi47	28 32	19 36	5 21	28 26	29 38	15 45	17 8	16 41	9 57
13	19:30:27	22 57 14	21 35	29 37	20 51	4 58	28 20	29 34	15 47	17 10	16 41	9 54
14	19:34:24	23 58 21	4Ar53	0Cp45	22 7	4 35	28 13	29 31	15 49	17 12	16 41	9 50
15	19:38:20	24 59 28	17 45	1 55	23 22	4 12	28 6	29 27	15 51	17 14	16 42	9 47
16	19:42:17	26 0 35	0Ta15	3 7	24 38	3 49	28 0	29 24	15 52	17 16	16 42	9 44
17	19:46:14	27 1 40	12 28	4 20	25 53	3 25	27 54	29 20	15 54	17 17	16 42	9 41
18	19:50:10	28 2 45	24 29	5 36	27 9	3 1	27 47	29 17	15 56	17 19	16 42	9 38
19	19:54: 7	29 3 49	6Ge23	6 52	28 24	2 37	27 41	29 13	15 58	17 21	16 42R	9 34
20	19:58: 3	0Aq 4 52	18 13	8 11	29 40	2 13	27 36	29 9	15 59	17 23	16 42	9 31
21	20: 2: 0	1 5 55	0Cn 5	9 30	0Aq55	1 49	27 30	29 5	16 1	17 25	16 42	9 28
22	20: 5:56	2 6 56	11 59	10 51	2 10	1 25	27 24	29 1	16 2	17 26	16 42	9 25
23	20: 9:53	3 7 57	23 57	12 13	3 26	1 1	27 19	28 57	16 4	17 28	16 42	9 22
24	20:13:49	4 8 57	6Le 2	13 36	4 41	0 37	27 14	28 53	16 5	17 30	16 41	9 19
25	20:17:45	5 9 56	18 14	14 59	5 57	0 14	27 9	28 48	16 7	17 32	16 41	9 15
26	20:21:43	6 10 54	0Vi33	16 24	7 12	29Cn50	27 4	28 44	16 8	17 33	16 41	9 12
27	20:25:39	7 11 52	13 1	17 50	8 27	29 27	26 59	28 40	16 9	17 35	16 41	9 9
28	20:29:35	8 12 48	25 40	19 16	9 43	29 4	26 55	28 36	16 11	17 36	16 40	9 6
29	20:33:32	9 13 44	8Li31	20 44	10 58	28 42	26 50	28 31	16 12	17 38	16 40	9 3
30	20:37:29	10 14 40	21 38	22 12	12 13	28 20	26 46	28 27	16 13	17 40	16 40	8 59
31	20:41:25	11 15 34	5Sc 1	23 41	13 29	27 58	26 42	28 22	16 14	17 41	16 39	8 56

1/20 Sun in Aqu. 10:05   1/2 3rd Qt. 12:08   1/9 New 4:01   1/16 1st Qt. 3:04   1/24 Full 7:56   1/31 3rd Qt. 23:52

Day	Sid. T.	Sun	Moon	Merc.	Venus	Mars	Jup.	Saturn	Uranus	Nept.	Pluto	N.Node
1	20:45:22	12Aq16 28	18Sc45	25Cp11	14Aq44	27Cn36R	26Ge38R	28Le18R	16Sc15	17Sg43	16Li39R	8Li53
2	20:49:19	13 17 22	2Sg49	26 41	15 59	27 16	26 35	28 13	16 16	17 44	16 38	8 50
3	20:53:15	14 18 14	17 15	28 13	17 15	26 55	26 31	28 8	16 17	17 46	16 38	8 47
4	20:57:11	15 19 6	1Cp57	29 45	18 30	26 36	26 28	28 4	16 18	17 47	16 37	8 44
5	21: 1: 8	16 19 57	16 51	1Aq18	19 45	26 16	26 25	27 59	16 19	17 48	16 37	8 40
6	21: 5: 5	17 20 47	1Aq49	2 51	21 0	25 58	26 22	27 54	16 19	17 50	16 36	8 37
7	21: 9: 1	18 21 35	16 42	4 26	22 16	25 40	26 20	27 50	16 20	17 51	16 35	8 34
8	21:12:58	19 22 22	1Pi20	6 1	23 31	25 23	26 17	27 45	16 21	17 52	16 35	8 31
9	21:16:54	20 23 8	15 37	7 37	24 46	25 6	26 15	27 40	16 21	17 54	16 34	8 28
10	21:20:50	21 23 53	29 28	9 14	26 1	24 50	26 13	27 35	16 22	17 55	16 33	8 25
11	21:24:47	22 24 36	12Ar52	10 51	27 17	24 35	26 11	27 30	16 22	17 56	16 32	8 21
12	21:28:44	23 25 17	25 51	12 30	28 32	24 21	26 9	27 25	16 23	17 57	16 32	8 18
13	21:32:40	24 25 57	8Ta26	14 9	29 47	24 7	26 8	27 21	16 23	17 59	16 31	8 15
14	21:36:37	25 26 35	20 44	15 49	1Pi 2	23 54	26 7	27 16	16 24	18 0	16 30	8 12
15	21:40:34	26 27 11	2Ge48	17 30	2 17	23 42	26 6	27 11	16 24	18 1	16 29	8 9
16	21:44:30	27 27 46	14 43	19 11	3 33	23 31	26 5	27 6	16 24	18 2	16 28	8 5
17	21:48:26	28 28 18	26 35	20 54	4 48	23 21	26 4	27 1	16 24	18 3	16 27	8 2
18	21:52:24	29 28 50	8Cn27	22 38	6 3	23 11	26 4	26 56	16 24	18 4	16 26	7 59
19	21:56:20	0Pi29 19	20 23	24 22	7 18	23 2	26 4	26 51	16 24	18 5	16 25	7 56
20	22: 0:16	1 29 47	2Le26	26 8	8 33	22 54	26 4D	26 47	16 24R	18 6	16 24	7 53
21	22: 4:13	2 30 13	14 39	27 54	9 48	22 47	26 4	26 42	16 24	18 7	16 23	7 50
22	22: 8:10	3 30 37	27 3	29 41	11 3	22 40	26 4	26 37	16 24	18 8	16 22	7 46
23	22:12: 6	4 30 59	9Vi38	1Pi29	12 18	22 35	26 5	26 32	16 24	18 9	16 21	7 43
24	22:16: 2	5 31 20	22 25	3 19	13 33	22 30	26 6	26 27	16 24	18 9	16 20	7 40
25	22:19:59	6 31 39	5Li24	5 9	14 48	22 26	26 7	26 23	16 23	18 10	16 18	7 37
26	22:23:55	7 31 57	18 35	7 0	16 3	22 22	26 8	26 18	16 23	18 11	16 17	7 34
27	22:27:51	8 32 13	1Sc59	8 52	17 18	22 20	26 9	26 13	16 23	18 12	16 16	7 31
28	22:31:48	9 32 28	15 35	10 44	18 33	22 18	26 11	26 8	16 22	18 12	16 15	7 27

2/19 Sun in Pis. 0:22   2/7 New 14:55   2/14 1st Qt. 22:11   2/23 Full 1:27

MARCH 1978

Day	Sid. T.	Sun	Moon	Merc.	Venus	Mars	Jup.	Saturn	Uranus	Nept.	Pluto	N.Node
1	22:35:45	10Pi32 41	29Sc24	12Pi38	19Pi48	22Cn17R	26Ge13	26Le 4R	16Sc22R	18Sg13	16Li14R	7Li24
2	22:39:41	11 32 53	13Sg25	14 32	21 2	22 17D	26 15	25 59	16 21	18 14	16 12	7 21
3	22:43:38	12 33 3	27 38	16 27	22 17	22 17	26 17	25 55	16 20	18 14	16 11	7 18
4	22:47:35	13 33 12	12Cp 0	18 23	23 32	22 18	26 19	25 50	16 20	18 15	16 10	7 15
5	22:51:31	14 33 19	26 28	20 19	24 47	22 20	26 22	25 46	16 19	18 15	16 8	7 11
6	22:55:27	15 33 25	10Aq57	22 15	26 2	22 23	26 24	25 41	16 18	18 16	16 7	7 8
7	22:59:25	16 33 29	25 22	24 11	27 17	22 26	26 27	25 37	16 17	18 16	16 6	7 5
8	23: 3:21	17 33 31	9Pi37	26 8	28 31	22 30	26 30	25 32	16 17	18 17	16 4	7 2
9	23: 7:17	18 33 31	23 36	28 4	29 46	22 35	26 34	25 28	16 16	18 17	16 3	6 59
10	23:11:14	19 33 30	7Ar17	29 59	1Ar 1	22 40	26 37	25 24	16 15	18 18	16 1	6 56
11	23:15:11	20 33 26	20 37	1Ar54	2 15	22 46	26 41	25 20	16 14	18 18	16 0	6 52
12	23:19: 7	21 33 20	3Ta35	3 47	3 30	22 53	26 45	25 16	16 13	18 18	15 58	6 49
13	23:23: 3	22 33 12	16 13	5 38	4 45	23 0	26 49	25 12	16 11	18 18	15 57	6 46
14	23:27: 0	23 33 2	28 34	7 27	5 59	23 8	26 53	25 8	16 10	18 19	15 55	6 43
15	23:30:56	24 32 50	10Ge41	9 14	7 14	23 16	26 57	25 4	16 9	18 19	15 54	6 40
16	23:34:53	25 32 36	22 39	10 58	8 28	23 25	27 2	25 0	16 8	18 19	15 52	6 37
17	23:38:50	26 32 19	4Cn33	12 38	9 43	23 35	27 7	24 56	16 7	18 19	15 51	6 33
18	23:42:46	27 32 0	16 26	14 14	10 57	23 45	27 11	24 52	16 5	18 19	15 49	6 30
19	23:46:43	28 31 39	28 23	15 46	12 12	23 56	27 17	24 49	16 4	18 19	15 48	6 27
20	23:50:39	29 31 16	10Le30	17 12	13 26	24 8	27 22	24 45	16 2	18 19	15 46	6 24
21	23:54:36	0Ar30 50	22 48	18 34	14 41	24 19	27 27	24 42	16 1	18 19R	15 44	6 21
22	23:58:32	1 30 22	5Vi21	19 49	15 55	24 32	27 33	24 38	15 59	18 19	15 43	6 17
23	0: 2:29	2 29 52	18 10	20 59	17 10	24 45	27 39	24 35	15 58	18 19	15 41	6 14
24	0: 6:26	3 29 20	1Li16	22 2	18 24	24 58	27 44	24 32	15 56	18 19	15 39	6 11
25	0:10:22	4 28 46	14 39	22 58	19 38	25 12	27 50	24 29	15 55	18 19	15 38	6 8
26	0:14:19	5 28 10	28 16	23 47	20 52	25 27	27 57	24 26	15 53	18 19	15 36	6 5
27	0:18:15	6 27 32	12Sc 6	24 29	22 7	25 42	28 3	24 23	15 51	18 19	15 35	6 2
28	0:22:12	7 26 52	26 6	25 4	23 21	25 57	28 10	24 20	15 49	18 18	15 33	5 58
29	0:26: 8	8 26 11	10Sg14	25 31	24 35	26 13	28 16	24 17	15 48	18 18	15 31	5 55
30	0:30: 5	9 25 27	24 26	25 50	25 49	26 29	28 23	24 14	15 46	18 18	15 30	5 52
31	0:34: 1	10 24 42	8Cp39	26 3	27 3	26 46	28 30	24 12	15 45	18 17	15 28	5 49

3/20 Sun in Ari. 23:35   3/2 3rd Qt. 8:35   3/9 New 2:37   3/16 1st Qt. 18:22   3/24 Full 16:21(E)   3/31 3rd Qt. 15:12

APRIL 1978

Day	Sid. T.	Sun	Moon	Merc.	Venus	Mars	Jup.	Saturn	Uranus	Nept.	Pluto	N.Node
1	0:37:58	11Ar23 56	22Cp52	26Ar 8	28Ar17	27Cn 3	28Ge37	24Le 9R	15Sc42R	18Sg17R	15Li26R	5Li46
2	0:41:55	12 23 7	7Aq 1	26 5R	29 31	27 20	28 44	24 7	15 40	18 17	15 25	5 43
3	0:45:51	13 22 17	21 5	25 56	0Ta46	27 38	28 52	24 4	15 38	18 16	15 23	5 39
4	0:49:48	14 21 25	5Pi 0	25 40	2 0	27 56	28 59	24 2	15 36	18 16	15 21	5 36
5	0:53:44	15 20 30	18 46	25 19	3 14	28 15	29 7	24 0	15 34	18 15	15 19	5 33
6	0:57:41	16 19 35	2Ar20	24 51	4 27	28 34	29 15	23 58	15 32	18 15	15 18	5 30
7	1: 1:37	17 18 37	15 39	24 19	5 41	28 54	29 22	23 56	15 30	18 14	15 16	5 27
8	1: 5:34	18 17 37	28 44	23 42	6 55	29 13	29 30	23 54	15 28	18 14	15 14	5 23
9	1: 9:31	19 16 35	11Ta32	23 2	8 9	29 34	29 39	23 52	15 25	18 13	15 13	5 20
10	1:13:27	20 15 31	24 5	22 20	9 23	29 54	29 47	23 51	15 23	18 12	15 11	5 17
11	1:17:24	21 14 25	6Ge24	21 35	10 37	0Le15	29 55	23 49	15 21	18 11	15 9	5 14
12	1:21:20	22 13 16	18 32	20 50	11 51	0 36	0Cn 4	23 48	15 19	18 11	15 8	5 11
13	1:25:17	23 12 6	0Cn30	20 5	13 4	0 58	0 13	23 46	15 17	18 10	15 6	5 8
14	1:29:13	24 10 53	12 24	19 20	14 18	1 19	0 21	23 45	15 14	18 9	15 4	5 4
15	1:33:10	25 9 38	24 17	18 37	15 32	1 42	0 30	23 44	15 12	18 9	15 3	5 1
16	1:37: 6	26 8 21	6Le14	17 56	16 45	2 4	0 39	23 43	15 10	18 8	15 1	4 58
17	1:41: 3	27 7 1	18 20	17 19	17 59	2 27	0 48	23 42	15 7	18 7	14 59	4 55
18	1:45: 0	28 5 40	0Vi39	16 44	19 12	2 50	0 58	23 41	15 5	18 6	14 58	4 52
19	1:48:56	29 4 16	13 16	16 14	20 26	3 13	1 7	23 41	15 2	18 5	14 56	4 48
20	1:52:53	0Ta 2 50	26 13	15 48	21 39	3 36	1 17	23 40	15 0	18 4	14 55	4 45
21	1:56:49	1 1 22	9Li32	15 27	22 53	4 0	1 26	23 40	14 58	18 3	14 53	4 42
22	2: 0:46	1 59 51	23 13	15 11	24 6	4 24	1 36	23 39	14 55	18 2	14 51	4 39
23	2: 4:42	2 58 19	7Sc15	14 59	25 19	4 49	1 46	23 39	14 53	18 1	14 50	4 36
24	2: 8:39	3 56 46	21 33	14 53	26 33	5 13	1 56	23 39	14 50	18 0	14 48	4 33
25	2:12:36	4 55 10	6Sg 3	14 51D	27 46	5 38	2 6	23 39D	14 48	17 59	14 47	4 29
26	2:16:32	5 53 33	20 37	14 55	28 59	6 3	2 16	23 39	14 45	17 58	14 45	4 26
27	2:20:29	6 51 54	5Cp10	15 3	0Ge12	6 29	2 26	23 39	14 43	17 57	14 44	4 23
28	2:24:25	7 50 14	19 36	15 17	1 26	6 54	2 36	23 39	14 40	17 56	14 42	4 20
29	2:28:22	8 48 32	3Aq51	15 35	2 39	7 20	2 47	23 40	14 38	17 55	14 41	4 17
30	2:32:18	9 46 49	17 54	15 57	3 52	7 46	2 57	23 40	14 35	17 54	14 39	4 14

4/20 Sun in Tau. 10:50   4/7 New 15:16(E)   4/15 1st Qt. 13:56   4/23 Full 4:12   4/29 3rd Qt. 21:03

Day	Sid. T.	Sun	Moon	Merc.	Venus	Mars	Jup.	Saturn	Uranus	Nept.	Pluto	N.Node
1	2:36:15	10Ta45 4	1Pi43	16Ar24	5Ge 5	8Le12	3Cn 8	23Le41	14Sc33R	17Sg53R	14Li38R	4Li10
2	2:40:11	11 43 17	15 18	16 55	6 18	8 39	3 18	23 41	14 30	17 51	14 36	4 7
3	2:44: 7	12 41 30	28 39	17 30	7 31	9 5	3 29	23 42	14 28	17 50	14 35	4 4
4	2:48: 5	13 39 40	11Ar47	18 9	8 44	9 32	3 40	23 43	14 25	17 49	14 33	4 1
5	2:52: 1	14 37 49	24 44	18 52	9 57	9 59	3 51	23 44	14 23	17 48	14 32	3 58
6	2:55:57	15 35 57	7Ta29	19 38	11 10	10 27	4 2	23 45	14 20	17 46	14 30	3 54
7	2:59:54	16 34 3	20 2	20 28	12 23	10 54	4 13	23 46	14 18	17 45	14 29	3 51
8	3: 3:51	17 32 7	2Ge24	21 21	13 35	11 22	4 24	23 48	14 15	17 44	14 28	3 48
9	3: 7:47	18 30 10	14 36	22 17	14 48	11 50	4 35	23 49	14 12	17 42	14 26	3 45
10	3:11:43	19 28 11	26 40	23 16	16 1	12 18	4 47	23 51	14 10	17 41	14 25	3 42
11	3:15:41	20 26 10	8Cn36	24 19	17 13	12 46	4 58	23 52	14 7	17 39	14 24	3 39
12	3:19:37	21 24 7	20 28	25 24	18 26	13 14	5 10	23 54	14 5	17 38	14 22	3 35
13	3:23:33	22 22 3	2Le20	26 32	19 39	13 43	5 21	23 56	14 2	17 37	14 21	3 32
14	3:27:30	23 19 57	14 15	27 43	20 51	14 12	5 33	23 58	14 0	17 35	14 20	3 29
15	3:31:27	24 17 49	26 19	28 56	22 4	14 40	5 45	24 0	13 57	17 34	14 19	3 26
16	3:35:23	25 15 39	8Vi36	0Ta12	23 16	15 9	5 56	24 2	13 55	17 32	14 18	3 23
17	3:39:19	26 13 28	21 11	1 30	24 29	15 39	6 8	24 4	13 52	17 31	14 16	3 20
18	3:43:17	27 11 15	4Li 8	2 51	25 41	16 8	6 20	24 7	13 50	17 29	14 15	3 16
19	3:47:12	28 9 0	17 32	4 14	26 53	16 38	6 32	24 9	13 48	17 28	14 14	3 13
20	3:51: 9	29 6 44	1Sc22	5 40	28 5	17 7	6 44	24 12	13 45	17 26	14 13	3 10
21	3:55: 6	0Ge 4 26	15 39	7 8	29 18	17 37	6 56	24 14	13 43	17 25	14 12	3 7
22	3:59: 2	1 2 7	0Sg18	8 39	0Cn30	18 7	7 8	24 17	13 40	17 23	14 11	3 4
23	4: 2:59	1 59 47	15 11	10 11	1 42	18 37	7 21	24 20	13 38	17 22	14 10	3 0
24	4: 6:56	2 57 25	0Cp11	11 46	2 54	19 7	7 33	24 23	13 36	17 20	14 9	2 57
25	4:10:52	3 55 3	15 8	13 24	4 6	19 38	7 45	24 26	13 33	17 19	14 8	2 54
26	4:14:48	4 52 39	29 54	15 3	5 18	20 8	7 58	24 29	13 31	17 17	14 7	2 51
27	4:18:45	5 50 15	14Aq22	16 45	6 30	20 39	8 10	24 32	13 29	17 16	14 6	2 48
28	4:22:42	6 47 49	28 29	18 30	7 42	21 10	8 23	24 35	13 26	17 14	14 6	2 45
29	4:26:38	7 45 23	12Pi15	20 16	8 53	21 41	8 35	24 39	13 24	17 12	14 5	2 41
30	4:30:35	8 42 56	25 40	22 5	10 5	22 12	8 48	24 42	13 22	17 11	14 4	2 38
31	4:34:32	9 40 28	8Ar47	23 56	11 17	22 43	9 0	24 46	13 20	17 9	14 3	2 35

5/21 Sun in Gem. 10:09   5/7 New 4:48   5/15 1st Qt. 7:40   5/22 Full 13:18   5/29 3rd Qt. 3:31

Day	Sid. T.	Sun	Moon	Merc.	Venus	Mars	Jup.	Saturn	Uranus	Nept.	Pluto	N.Node
1	4:38:28	10Ge37 59	21Ar38	25Ta50	12Cn29	23Le15	9Cn13	24Le50	13Sc18R	17Sg 8R	14Li 2R	2Li32
2	4:42:24	11 35 29	4Ta16	27 45	13 40	23 46	9 26	24 53	13 16	17 6	14 2	2 29
3	4:46:22	12 32 59	16 44	29 43	14 52	24 18	9 38	24 57	13 13	17 4	14 1	2 26
4	4:50:18	13 30 27	29 2	1Ge43	16 3	24 49	9 51	25 1	13 11	17 3	14 0	2 22
5	4:54:14	14 27 55	11Ge12	3 45	17 15	25 21	10 4	25 5	13 9	17 1	14 0	2 19
6	4:58:11	15 25 22	23 16	5 48	18 26	25 53	10 17	25 9	13 7	16 59	13 59	2 16
7	5: 2: 7	16 22 49	5Cn13	7 54	19 37	26 25	10 30	25 13	13 5	16 58	13 59	2 13
8	5: 6: 4	17 20 14	17 6	10 1	20 49	26 57	10 43	25 18	13 3	16 56	13 58	2 10
9	5:10: 0	18 17 38	28 57	12 9	22 0	27 30	10 56	25 22	13 1	16 55	13 57	2 6
10	5:13:57	19 15 1	10Le48	14 19	23 11	28 2	11 9	25 26	13 0	16 53	13 57	2 3
11	5:17:53	20 12 23	22 42	16 30	24 22	28 34	11 22	25 31	12 58	16 51	13 57	2 0
12	5:21:50	21 9 45	4Vi44	18 41	25 33	29 7	11 35	25 36	12 56	16 50	13 56	1 57
13	5:25:47	22 7 5	16 59	20 53	26 44	29 40	11 48	25 40	12 54	16 48	13 56	1 54
14	5:29:43	23 4 24	29 30	23 5	27 55	0Vi13	12 1	25 45	12 52	16 46	13 55	1 51
15	5:33:40	24 1 42	12Li24	25 17	29 6	0 46	12 15	25 50	12 51	16 45	13 55	1 47
16	5:37:36	24 59 0	25 45	27 28	0Le17	1 19	12 28	25 55	12 49	16 43	13 55	1 44
17	5:41:33	25 56 16	9Sc34	29 39	1 27	1 52	12 41	26 0	12 47	16 42	13 55	1 41
18	5:45:29	26 53 32	23 53	1Cn49	2 38	2 25	12 54	26 5	12 46	16 40	13 54	1 38
19	5:49:26	27 50 48	8Sg39	3 58	3 48	2 58	13 8	26 10	12 44	16 38	13 54	1 35
20	5:53:23	28 48 2	23 46	6 6	4 59	3 32	13 21	26 15	12 43	16 37	13 54	1 32
21	5:57:19	29 45 17	9Cp 0	8 12	6 9	4 5	13 34	26 20	12 41	16 35	13 54	1 28
22	6: 1:16	0Cn42 30	24 14	10 16	7 19	4 39	13 48	26 25	12 40	16 34	13 54	1 25
23	6: 5:12	1 39 44	9Aq18	12 19	8 30	5 13	14 1	26 31	12 38	16 32	13 54	1 22
24	6: 9: 9	2 36 57	24 1	14 20	9 40	5 46	14 14	26 36	12 37	16 31	13 54D	1 19
25	6:13: 5	3 34 11	8Pi19	16 19	10 50	6 20	14 28	26 42	12 36	16 29	13 54	1 16
26	6:17: 2	4 31 24	22 11	18 16	12 0	6 54	14 41	26 47	12 35	16 28	13 54	1 12
27	6:20:58	5 28 37	5Ar37	20 11	13 10	7 28	14 55	26 53	12 33	16 26	13 54	1 9
28	6:24:55	6 25 50	18 40	22 4	14 20	8 2	15 8	26 59	12 32	16 25	13 54	1 6
29	6:28:52	7 23 3	1Ta23	23 55	15 29	8 37	15 21	27 4	12 31	16 23	13 54	1 3
30	6:32:48	8 20 17	13 52	25 44	16 39	9 11	15 35	27 10	12 30	16 22	13 54	1 0

6/21 Sun in Can. 18:10   6/5 New 19:02   6/13 1st Qt. 22:45   6/20 Full 20:31   6/27 3rd Qt. 11:45

JULY 1978

Day	Sid. T.	Sun	Moon	Merc.	Venus	Mars	Jup.	Saturn	Uranus	Nept.	Pluto	N.Node
1	6:36:45	9Cn17 30	26Ta 8	27Cn30	17Le49	9Vi46	15Cn48	27Le16	12Sc29R	16Sg20R	13Li55	0Li57
2	6:40:41	10 14 44	8Ge15	29 15	18 58	10 20	16 2	27 22	12 28	16 19	13 55	0 53
3	6:44:38	11 11 58	20 16	0Le57	20 8	10 55	16 15	27 28	12 27	16 17	13 55	0 50
4	6:48:34	12 9 11	2Cn12	2 38	21 17	11 29	16 29	27 34	12 26	16 16	13 56	0 47
5	6:52:31	13 6 25	14 5	4 16	22 26	12 4	16 42	27 40	12 25	16 14	13 56	0 44
6	6:56:28	14 3 39	25 57	5 52	23 35	12 39	16 56	27 46	12 25	16 13	13 56	0 41
7	7: 0:24	15 0 53	7Le48	7 25	24 44	13 14	17 9	27 53	12 24	16 12	13 57	0 37
8	7: 4:21	15 58 7	19 41	8 57	25 53	13 49	17 23	27 59	12 23	16 10	13 57	0 34
9	7: 8:17	16 55 20	1Vi38	10 26	27 2	14 24	17 36	28 5	12 22	16 9	13 58	0 31
10	7:12:13	17 52 34	13 42	11 54	28 11	14 59	17 50	28 12	12 22	16 8	13 58	0 28
11	7:16:10	18 49 47	25 58	13 19	29 19	15 35	18 3	28 18	12 21	16 6	13 59	0 25
12	7:20: 7	19 47 1	8Li29	14 41	0Vi28	16 10	18 17	28 24	12 21	16 5	13 59	0 22
13	7:24: 3	20 44 14	21 20	16 2	1 36	16 45	18 30	28 31	12 20	16 4	14 0	0 18
14	7:28: 0	21 41 28	4Sc35	17 20	2 44	17 21	18 44	28 38	12 20	16 2	14 1	0 15
15	7:31:57	22 38 41	18 18	18 36	3 52	17 57	18 57	28 44	12 20	16 1	14 1	0 12
16	7:35:53	23 35 55	2Sg30	19 49	5 0	18 32	19 11	28 51	12 19	16 0	14 2	0 9
17	7:39:49	24 33 9	17 9	21 0	6 8	19 8	19 24	28 58	12 19	15 59	14 3	0 6
18	7:43:46	25 30 23	2Cp10	22 8	7 16	19 44	19 38	29 4	12 19	15 58	14 4	0 3
19	7:47:43	26 27 37	17 26	23 13	8 23	20 20	19 51	29 11	12 19	15 57	14 5	29Vi59
20	7:51:39	27 24 52	2Aq44	24 16	9 31	20 56	20 4	29 18	12 19	15 55	14 5	29 56
21	7:55:36	28 22 7	17 55	25 16	10 38	21 32	20 18	29 25	12 19D	15 54	14 6	29 53
22	7:59:33	29 19 23	2Pi48	26 13	11 45	22 8	20 31	29 32	12 19	15 53	14 7	29 50
23	8: 3:29	0Le16 40	17 16	27 7	12 53	22 44	20 45	29 39	12 19	15 52	14 8	29 47
24	8: 7:26	1 13 57	1Ar17	27 58	13 59	23 20	20 58	29 46	12 19	15 51	14 9	29 43
25	8:11:22	2 11 15	14 50	28 45	15 6	23 57	21 11	29 53	12 19	15 50	14 10	29 40
26	8:15:18	3 8 34	27 56	29 29	16 13	24 33	21 25	0Vi 0	12 19	15 49	14 11	29 37
27	8:19:15	4 5 54	10Ta40	0Vi 9	17 19	25 10	21 38	0 7	12 20	15 48	14 12	29 34
28	8:23:12	5 3 15	23 6	0 46	18 26	25 46	21 51	0 14	12 20	15 47	14 13	29 31
29	8:27: 8	6 0 38	5Ge18	1 18	19 32	26 23	22 5	0 21	12 20	15 46	14 14	29 28
30	8:31: 4	6 58 1	17 21	1 47	20 38	27 0	22 18	0 28	12 21	15 46	14 16	29 24
31	8:35: 2	7 55 25	29 16	2 11	21 44	27 36	22 31	0 35	12 21	15 45	14 17	29 21

7/23 Sun in Leo 5:01   7/5 New 9:51   7/13 1st Qt. 10:50   7/20 Full 3:06   7/26 3rd Qt. 22:32

AUGUST 1978

Day	Sid. T.	Sun	Moon	Merc.	Venus	Mars	Jup.	Saturn	Uranus	Nept.	Pluto	N.Node
1	8:38:58	8Le52 50	11Cn 9	2Vi30	22Vi49	28Vi13	22Cn44	0Vi43	12Sc22	15Sg44R	14Li18	29Vi18
2	8:42:54	9 50 16	23 0	2 45	23 55	28 50	22 58	0 50	12 23	15 43	14 19	29 15
3	8:46:51	10 47 44	4Le52	2 55	25 0	29 27	23 11	0 57	12 23	15 42	14 21	29 12
4	8:50:48	11 45 12	16 46	3 0	26 5	0Li 4	23 24	1 5	12 24	15 42	14 22	29 9
5	8:54:44	12 42 41	28 45	3 0R	27 10	0 42	23 37	1 12	12 25	15 41	14 23	29 5
6	8:58:40	13 40 10	10Vi50	2 54	28 15	1 19	23 50	1 19	12 26	15 40	14 25	29 2
7	9: 2:38	14 37 41	23 3	2 44	29 19	1 56	24 3	1 27	12 26	15 40	14 26	28 59
8	9: 6:34	15 35 13	5Li27	2 27	0Li23	2 33	24 16	1 34	12 27	15 39	14 27	28 56
9	9:10:30	16 32 45	18 4	2 6	1 28	3 11	24 29	1 41	12 28	15 38	14 29	28 53
10	9:14:27	17 30 18	0Sc59	1 39	2 31	3 48	24 42	1 49	12 29	15 38	14 30	28 49
11	9:18:23	18 27 52	14 14	1 8	3 35	4 26	24 55	1 56	12 30	15 37	14 32	28 46
12	9:22:20	19 25 27	27 51	0 32	4 38	5 4	25 8	2 4	12 31	15 37	14 33	28 43
13	9:26:16	20 23 3	11Sg53	29Le51	5 41	5 41	25 21	2 11	12 33	15 36	14 35	28 40
14	9:30:13	21 20 40	26 18	29 7	6 44	6 19	25 33	2 19	12 34	15 36	14 37	28 37
15	9:34: 9	22 18 18	11Cp 4	28 20	7 47	6 57	25 46	2 26	12 35	15 35	14 38	28 34
16	9:38: 6	23 15 57	26 4	27 31	8 49	7 35	25 59	2 34	12 36	15 35	14 40	28 30
17	9:42: 3	24 13 37	11Aq10	26 40	9 51	8 13	26 11	2 41	12 38	15 35	14 41	28 27
18	9:45:59	25 11 18	26 13	25 48	10 53	8 51	26 24	2 49	12 39	15 34	14 43	28 24
19	9:49:56	26 9 1	11Pi 3	24 58	11 55	9 29	26 37	2 57	12 41	15 34	14 45	28 21
20	9:53:53	27 6 44	25 33	24 8	12 56	10 7	26 49	3 4	12 42	15 34	14 47	28 18
21	9:57:49	28 4 30	9Ar39	23 22	13 57	10 46	27 2	3 12	12 44	15 34	14 48	28 15
22	10: 1:45	29 2 17	23 17	22 38	14 57	11 24	27 14	3 19	12 45	15 33	14 50	28 11
23	10: 5:42	0Vi 0 5	6Ta30	22 0	15 58	12 2	27 26	3 27	12 47	15 33	14 52	28 8
24	10: 9:39	0 57 56	19 19	21 26	16 58	12 41	27 39	3 34	12 49	15 33	14 54	28 5
25	10:13:35	1 55 48	1Ge47	20 59	17 57	13 19	27 51	3 42	12 50	15 33	14 56	28 2
26	10:17:32	2 53 42	14 0	20 39	18 56	13 58	28 3	3 50	12 52	15 33	14 57	27 59
27	10:21:28	3 51 37	26 2	20 26	19 55	14 37	28 15	3 57	12 54	15 33	14 59	27 55
28	10:25:25	4 49 35	7Cn56	20 21	20 54	15 15	28 27	4 5	12 56	15 33D	15 1	27 52
29	10:29:21	5 47 34	19 47	20 23D	21 52	15 54	28 39	4 13	12 58	15 33	15 3	27 49
30	10:33:18	6 45 35	1Le39	20 35	22 50	16 33	28 51	4 20	13 0	15 33	15 5	27 46
31	10:37:14	7 43 38	13 34	20 54	23 47	17 12	29 3	4 28	13 2	15 33	15 7	27 43

8/23 Sun in Vir. 11:58   8/4 New 1:01   8/11 1st Qt. 20:07   8/18 Full 10:15   8/25 3rd Qt. 12:18

SEPTEMBER 1978

Day	Sid. T.	Sun	Moon	Merc.	Venus	Mars	Jup.	Saturn	Uranus	Nept.	Pluto	N.Node
1	10:41:11	8Vi41 43	25Le35	21Le22	24Li44	17Li51	29Cn15	4Vi35	13Sc 4	15Sg33	15Li 9	27Vi40
2	10:45: 8	9 39 49	7Vi43	21 57	25 40	18 30	29 27	4 43	13 6	15 33	15 11	27 36
3	10:49: 4	10 37 57	20 0	22 41	26 36	19 9	29 38	4 51	13 8	15 33	15 13	27 33
4	10:53: 1	11 36 6	2Li29	23 33	27 32	19 49	29 50	4 58	13 11	15 34	15 15	27 30
5	10:56:57	12 34 17	15 8	24 32	28 27	20 28	0Le 2	5 6	13 13	15 34	15 17	27 27
6	11: 0:54	13 32 30	28 2	25 38	29 21	21 7	0 13	5 13	13 15	15 34	15 19	27 24
7	11: 4:50	14 30 44	11Sc 9	26 50	0Sc15	21 47	0 24	5 21	13 17	15 35	15 21	27 21
8	11: 8:47	15 29 0	24 32	28 9	1 9	22 26	0 36	5 28	13 20	15 35	15 23	27 17
9	11:12:44	16 27 17	8Sg12	29 33	2 1	23 6	0 47	5 36	13 22	15 35	15 26	27 14
10	11:16:40	17 25 36	22 8	1Vi 2	2 53	23 45	0 58	5 43	13 25	15 36	15 28	27 11
11	11:20:37	18 23 56	6Cp21	2 36	3 45	24 25	1 9	5 51	13 27	15 36	15 30	27 8
12	11:24:33	19 22 18	20 47	4 13	4 36	25 5	1 20	5 58	13 30	15 37	15 32	27 5
13	11:28:30	20 20 41	5Aq24	5 54	5 26	25 45	1 31	6 6	13 32	15 37	15 34	27 1
14	11:32:26	21 19 6	20 6	7 37	6 16	26 25	1 42	6 13	13 35	15 38	15 36	26 58
15	11:36:23	22 17 33	4Pi47	9 23	7 4	27 5	1 52	6 21	13 37	15 38	15 39	26 55
16	11:40:19	23 16 1	19 20	11 11	7 53	27 45	2 3	6 28	13 40	15 39	15 41	26 52
17	11:44:16	24 14 31	3Ar39	13 0	8 40	28 25	2 14	6 35	13 43	15 40	15 43	26 49
18	11:48:13	25 13 3	17 39	14 50	9 26	29 5	2 24	6 43	13 46	15 40	15 45	26 46
19	11:52: 9	26 11 37	1Ta17	16 41	10 12	29 45	2 34	6 50	13 48	15 41	15 48	26 42
20	11:56: 6	27 10 14	14 32	18 32	10 57	0Sc25	2 45	6 57	13 51	15 42	15 50	26 39
21	12: 0: 2	28 8 52	27 24	20 24	11 40	1 6	2 55	7 5	13 54	15 43	15 52	26 36
22	12: 3:59	29 7 33	9Ge56	22 16	12 23	1 46	3 5	7 12	13 57	15 43	15 54	26 33
23	12: 7:55	0Li 6 16	22 11	24 7	13 5	2 27	3 15	7 19	14 0	15 44	15 57	26 30
24	12:11:52	1 5 1	4Cn14	25 58	13 46	3 7	3 25	7 26	14 3	15 45	15 59	26 26
25	12:15:49	2 3 48	16 9	27 49	14 26	3 48	3 34	7 34	14 6	15 46	16 1	26 23
26	12:19:45	3 2 38	28 1	29 39	15 5	4 28	3 44	7 41	14 9	15 47	16 4	26 20
27	12:23:42	4 1 30	9Le53	1Li28	15 42	5 9	3 53	7 48	14 12	15 48	16 6	26 17
28	12:27:38	5 0 24	21 51	3 17	16 19	5 50	4 3	7 55	14 15	15 49	16 9	26 14
29	12:31:34	5 59 20	3Vi58	5 4	16 54	6 31	4 12	8 2	14 18	15 50	16 11	26 11
30	12:35:31	6 58 18	16 16	6 52	17 28	7 12	4 21	8 9	14 21	15 51	16 13	26 7

9/23 Sun in Lib. 9:27   9/2 New 16:10   9/10 1st Qt. 3:21   9/16 Full 19:02(E)   9/24 3rd Qt. 5:08

OCTOBER 1978

Day	Sid. T.	Sun	Moon	Merc.	Venus	Mars	Jup.	Saturn	Uranus	Nept.	Pluto	N.Node
1	12:39:28	7Li57 18	28Vi48	8Li38	18Sc 0	7Sc53	4Le31	8Vi16	14Sc24	15Sg52	16Li15	26Vi 4
2	12:43:24	8 56 21	11Li34	10 23	18 31	8 34	4 39	8 23	14 28	15 53	16 18	26 1
3	12:47:20	9 55 25	24 36	12 8	19 1	9 15	4 48	8 30	14 31	15 54	16 20	25 58
4	12:51:18	10 54 32	7Sc53	13 52	19 29	9 56	4 57	8 37	14 34	15 55	16 22	25 55
5	12:55:14	11 53 40	21 23	15 35	19 55	10 38	5 6	8 44	14 37	15 57	16 25	25 52
6	12:59:10	12 52 51	5Sg 6	17 17	20 20	11 19	5 14	8 50	14 41	15 58	16 27	25 48
7	13: 3: 7	13 52 3	18 59	18 58	20 43	12 0	5 23	8 57	14 44	15 59	16 29	25 45
8	13: 7: 4	14 51 17	3Cp 0	20 39	21 5	12 42	5 31	9 4	14 47	16 0	16 32	25 42
9	13:11: 0	15 50 32	17 8	22 18	21 24	13 23	5 39	9 10	14 51	16 2	16 34	25 39
10	13:14:57	16 49 49	1Aq21	23 57	21 42	14 5	5 47	9 17	14 54	16 3	16 37	25 36
11	13:18:54	17 49 9	15 37	25 36	21 58	14 47	5 55	9 23	14 58	16 4	16 39	25 32
12	13:22:50	18 48 29	29 53	27 13	22 12	15 28	6 3	9 30	15 1	16 6	16 41	25 29
13	13:26:46	19 47 52	14Pi 5	28 50	22 23	16 10	6 10	9 36	15 4	16 7	16 44	25 26
14	13:30:43	20 47 16	28 11	0Sc26	22 33	16 52	6 18	9 43	15 8	16 9	16 46	25 23
15	13:34:39	21 46 42	12Ar 8	2 1	22 40	17 34	6 25	9 49	15 11	16 10	16 48	25 20
16	13:38:36	22 46 11	25 51	3 36	22 45	18 16	6 32	9 55	15 15	16 12	16 51	25 17
17	13:42:33	23 45 41	9Ta17	5 10	22 48	18 58	6 39	10 2	15 18	16 13	16 53	25 13
18	13:46:29	24 45 13	22 26	6 43	22 48R	19 40	6 46	10 8	15 22	16 15	16 56	25 10
19	13:50:25	25 44 48	5Ge16	8 16	22 46	20 22	6 53	10 14	15 26	16 16	16 58	25 7
20	13:54:23	26 44 25	17 48	9 48	22 42	21 4	6 59	10 20	15 29	16 18	17 0	25 4
21	13:58:19	27 44 4	0Cn 4	11 20	22 35	21 47	7 6	10 26	15 33	16 20	17 3	25 1
22	14: 2:15	28 43 45	12 7	12 51	22 26	22 29	7 12	10 32	15 36	16 21	17 5	24 58
23	14: 6:12	29 43 28	24 2	14 21	22 14	23 11	7 18	10 38	15 40	16 23	17 7	24 54
24	14:10: 9	0Sc43 14	5Le53	15 51	22 0	23 54	7 24	10 43	15 44	16 25	17 10	24 51
25	14:14: 5	1 43 2	17 46	17 20	21 44	24 36	7 30	10 49	15 47	16 26	17 12	24 48
26	14:18: 1	2 42 52	29 44	18 49	21 25	25 19	7 36	10 55	15 51	16 28	17 14	24 45
27	14:21:59	3 42 44	11Vi53	20 17	21 4	26 2	7 41	11 1	15 55	16 30	17 17	24 42
28	14:25:55	4 42 39	24 18	21 44	20 41	26 45	7 46	11 6	15 58	16 32	17 19	24 38
29	14:29:51	5 42 35	7Li 0	23 11	20 16	27 27	7 51	11 12	16 2	16 33	17 21	24 35
30	14:33:48	6 42 34	20 3	24 37	19 49	28 10	7 56	11 17	16 6	16 35	17 23	24 32
31	14:37:44	7 42 34	3Sc27	26 3	19 20	28 53	8 1	11 22	16 9	16 37	17 26	24 29

10/23 Sun in Sco. 18:38   10/2 New 6:41(E)   10/9 1st Qt. 9:39   10/16 Full 6:10   10/24 3rd Qt. 0:34   10/31 New 20:07

NOVEMBER 1978

Day	Sid. T.	Sun	Moon	Merc.	Venus	Mars	Jup.	Saturn	Uranus	Nept.	Pluto	N.Node
1	14:41:40	8Sc42 37	17Sc10	27Sc27	18Sc50R	29Sc36	8Le 6	11Vi28	16Sc13	16Sg39	17Li28	24Vi26
2	14:45:37	9 42 41	1Sg 8	28 51	18 18	0Sg19	8 11	11 33	16 17	16 41	17 30	24 23
3	14:49:34	10 42 48	15 19	0Sg14	17 44	1 2	8 15	11 38	16 21	16 43	17 32	24 19
4	14:53:30	11 42 55	29 36	1 37	17 10	1 46	8 19	11 43	16 24	16 45	17 35	24 16
5	14:57:27	12 43 5	13Cp54	2 58	16 34	2 29	8 23	11 48	16 28	16 47	17 37	24 13
6	15: 1:24	13 43 16	28 11	4 18	15 58	3 12	8 27	11 53	16 32	16 49	17 39	24 10
7	15: 5:20	14 43 28	12Aq22	5 37	15 22	3 55	8 30	11 57	16 36	16 51	17 41	24 7
8	15: 9:17	15 43 42	26 26	6 55	14 46	4 39	8 34	12 2	16 39	16 53	17 43	24 4
9	15:13:13	16 43 58	10Pi23	8 12	14 9	5 22	8 37	12 7	16 43	16 55	17 46	24 0
10	15:17:10	17 44 14	24 11	9 27	13 33	6 6	8 40	12 11	16 47	16 57	17 48	23 57
11	15:21: 6	18 44 32	7Ar50	10 40	12 57	6 49	8 43	12 16	16 51	16 59	17 50	23 54
12	15:25: 3	19 44 52	21 20	11 51	12 23	7 33	8 46	12 20	16 54	17 1	17 52	23 51
13	15:29: 0	20 45 13	4Ta39	13 0	11 49	8 17	8 48	12 25	16 58	17 3	17 54	23 48
14	15:32:56	21 45 36	17 46	14 7	11 17	9 1	8 51	12 29	17 2	17 5	17 56	23 44
15	15:36:52	22 46 0	0Ge40	15 11	10 46	9 44	8 53	12 33	17 6	17 7	17 58	23 41
16	15:40:49	23 46 27	13 20	16 12	10 17	10 28	8 55	12 37	17 9	17 9	18 0	23 38
17	15:44:46	24 46 54	25 46	17 9	9 50	11 12	8 56	12 41	17 13	17 11	18 2	23 35
18	15:48:42	25 47 24	7Cn59	18 3	9 24	11 56	8 58	12 45	17 17	17 13	18 4	23 32
19	15:52:39	26 47 55	20 1	18 52	9 1	12 40	8 59	12 48	17 20	17 15	18 6	23 29
20	15:56:35	27 48 28	1Le54	19 36	8 40	13 24	9 0	12 52	17 24	17 18	18 8	23 25
21	16: 0:32	28 49 3	13 44	20 15	8 22	14 9	9 1	12 56	17 28	17 20	18 10	23 22
22	16: 4:29	29 49 39	7Vi30	20 47	8 5	14 53	9 2	12 59	17 32	17 22	18 12	23 19
23	16: 8:25	0Sg50 17	7Vi30	21 12	7 52	15 37	9 3	13 3	17 35	17 24	18 14	23 16
24	16:12:22	1 50 57	19 37	21 29	7 40	16 22	9 3	13 6	17 39	17 26	18 16	23 13
25	16:16:18	2 51 38	2Li 2	21 37	7 31	17 6	9 3	13 9	17 43	17 28	18 17	23 10
26	16:20:14	3 52 21	14 47	21 36R	7 25	17 50	9 3R	13 12	17 46	17 31	18 19	23 6
27	16:24:11	4 53 6	27 58	21 25	7 21	18 35	9 3	13 15	17 50	17 33	18 21	23 3
28	16:28: 7	5 53 52	11Sc34	21 3	7 20	19 20	9 3	13 18	17 53	17 35	18 23	23 0
29	16:32: 4	6 54 40	25 36	20 31	7 21D	20 4	9 2	13 21	17 57	17 37	18 25	22 57
30	16:36: 1	7 55 28	9Sg59	19 47	7 24	20 49	9 1	13 24	18 1	17 40	18 26	22 54

11/22 Sun in Sag. 16:06   11/7 1st Qt. 16:19   11/14 Full 20:01   11/22 3rd Qt. 21:25   11/30 New 8:20

DECEMBER 1978

Day	Sid. T.	Sun	Moon	Merc.	Venus	Mars	Jup.	Saturn	Uranus	Nept.	Pluto	N.Node
1	16:39:58	8Sg56 19	24Sg38	18Sg53R	7Sc30	21Sg34	9Le 0R	13Vi26	18Sc 4	17Sg42	18Li28	22Vi50
2	16:43:54	9 57 10	9Cp24	17 49	7 38	22 19	8 59	13 29	18 8	17 44	18 30	22 47
3	16:47:51	10 58 2	24 8	16 37	7 49	23 3	8 57	13 31	18 11	17 46	18 31	22 44
4	16:51:47	11 58 55	8Aq45	15 19	8 2	23 48	8 56	13 33	18 15	17 49	18 33	22 41
5	16:55:44	12 59 49	23 8	13 57	8 16	24 33	8 54	13 35	18 18	17 51	18 35	22 38
6	16:59:40	14 0 43	7Pi15	12 34	8 33	25 18	8 52	13 37	18 22	17 53	18 36	22 35
7	17: 3:37	15 1 39	21 6	11 13	8 52	26 3	8 50	13 39	18 25	17 55	18 38	22 31
8	17: 7:34	16 2 35	4Ar41	9 56	9 13	26 48	8 47	13 41	18 29	17 58	18 39	22 28
9	17:11:30	17 3 31	18 2	8 47	9 35	27 34	8 45	13 43	18 32	18 0	18 41	22 25
10	17:15:27	18 4 28	1Ta10	7 46	10 0	28 19	8 42	13 45	18 36	18 2	18 42	22 22
11	17:19:23	19 5 26	14 7	6 55	10 26	29 4	8 39	13 46	18 39	18 4	18 44	22 19
12	17:23:20	20 6 25	26 53	6 15	10 54	29 49	8 36	13 48	18 42	18 7	18 45	22 15
13	17:27:16	21 7 24	9Ge29	5 46	11 24	0Cp35	8 32	13 49	18 46	18 9	18 46	22 12
14	17:31:13	22 8 24	21 54	5 28	11 55	1 20	8 29	13 50	18 49	18 11	18 48	22 9
15	17:35:10	23 9 25	4Cn 9	5 21	12 28	2 6	8 25	13 51	18 52	18 13	18 49	22 6
16	17:39: 6	24 10 27	16 15	5 25D	13 2	2 51	8 21	13 52	18 55	18 16	18 50	22 3
17	17:43: 3	25 11 30	28 12	5 37	13 38	3 37	8 17	13 53	18 59	18 18	18 51	22 0
18	17:46:59	26 12 33	10Le 3	5 59	14 15	4 22	8 13	13 54	19 2	18 20	18 53	21 56
19	17:50:56	27 13 37	21 51	6 28	14 53	5 8	8 8	13 54	19 5	18 22	18 54	21 53
20	17:54:52	28 14 42	3Vi40	7 4	15 32	5 54	8 4	13 55	19 8	18 25	18 55	21 50
21	17:58:49	29 15 47	15 33	7 46	16 13	6 39	7 59	13 55	19 11	18 27	18 56	21 47
22	18: 2:45	0Cp16 53	27 37	8 34	16 55	7 25	7 54	13 56	19 14	18 29	18 57	21 44
23	18: 6:41	1 18 0	9Li58	9 27	17 38	8 11	7 49	13 56	19 17	18 31	18 58	21 41
24	18:10:39	2 19 8	22 39	10 24	18 22	8 57	7 43	13 56	19 20	18 34	18 59	21 37
25	18:14:35	3 20 16	5Sc47	11 25	19 8	9 43	7 38	13 56R	19 23	18 36	19 0	21 34
26	18:18:31	4 21 25	19 23	12 29	19 54	10 29	7 32	13 56	19 26	18 38	19 1	21 31
27	18:22:28	5 22 35	3Sg30	13 36	20 41	11 15	7 27	13 56	19 29	18 40	19 2	21 28
28	18:26:25	6 23 45	18 3	14 46	21 29	12 1	7 21	13 55	19 32	18 42	19 3	21 25
29	18:30:21	7 24 55	2Cp58	15 58	22 18	12 47	7 15	13 55	19 35	18 45	19 3	21 21
30	18:34:17	8 26 6	18 5	17 12	23 8	13 33	7 9	13 54	19 38	18 47	19 4	21 18
31	18:38:15	9 27 17	3Aq13	18 28	23 58	14 19	7 2	13 54	19 40	18 49	19 5	21 15

12/22 Sun in Cap. 5:22   12/7 1st Qt. 0:35   12/14 Full 12:31   12/22 3rd Qt. 17:42   12/29 New 19:37

Day	Sid. T.	Sun	Moon	Merc.	Venus	Mars	Jup.	Saturn	Uranus	Nept.	Pluto	N.Node
1	18:42:11	10Cp28 27	18Aq14	19Sg46	24Sc50	15Cp 5	6Le56R	13Vi53R	19Sc43	18Sg51	19Li 6	21Vi12
2	18:46: 7	11 29 38	2Pi58	21 5	25 42	15 52	6 49	13 52	19 46	18 53	19 7	21 9
3	18:50: 4	12 30 48	17 20	22 25	26 35	16 38	6 43	13 51	19 48	18 55	19 8	21 6
4	18:54: 1	13 31 58	1Ar20	23 47	27 28	17 24	6 36	13 50	19 51	18 57	19 8	21 2
5	18:57:57	14 33 8	14 56	25 9	28 22	18 11	6 29	13 48	19 53	19 0	19 9	20 59
6	19: 1:54	15 34 17	28 12	26 33	29 17	18 57	6 22	13 47	19 56	19 2	19 9	20 56
7	19: 5:50	16 35 26	11Ta10	27 57	0Sg12	19 43	6 15	13 46	19 58	19 4	19 10	20 53
8	19: 9:46	17 36 35	23 53	29 22	1 8	20 30	6 7	13 44	20 1	19 6	19 10	20 50
9	19:13:43	18 37 43	6Ge23	0Cp48	2 5	21 16	6 0	13 42	20 3	19 8	19 11	20 47
10	19:17:40	19 38 50	18 42	2 15	3 2	22 3	5 53	13 41	20 6	19 10	19 11	20 43
11	19:21:36	20 39 58	0Cn53	3 42	4 0	22 50	5 45	13 39	20 8	19 12	19 12	20 40
12	19:25:33	21 41 5	12 57	5 10	4 58	23 36	5 38	13 37	20 10	19 14	19 12	20 37
13	19:29:30	22 42 11	24 55	6 39	5 57	24 23	5 30	13 35	20 12	19 16	19 12	20 34
14	19:33:26	23 43 17	6Le47	8 8	6 56	25 9	5 22	13 33	20 15	19 18	19 13	20 31
15	19:37:22	24 44 23	18 36	9 38	7 55	25 56	5 15	13 30	20 17	19 20	19 13	20 27
16	19:41:19	25 45 29	0Vi24	11 8	8 55	26 43	5 7	13 28	20 19	19 22	19 13	20 24
17	19:45:16	26 46 34	12 14	12 39	9 56	27 30	4 59	13 26	20 21	19 23	19 13	20 21
18	19:49:12	27 47 38	24 9	14 10	10 57	28 16	4 51	13 23	20 23	19 25	19 13	20 18
19	19:53: 9	28 48 43	6Li13	15 42	11 58	29 3	4 43	13 20	20 25	19 27	19 14	20 15
20	19:57: 6	29 49 47	18 32	17 15	12 59	29 50	4 35	13 18	20 27	19 29	19 14	20 12
21	20: 1: 2	0Aq50 50	1Sc 9	18 48	14 1	0Aq37	4 27	13 15	20 28	19 31	19 14	20 8
22	20: 4:58	1 51 54	14 10	20 22	15 4	1 24	4 19	13 12	20 30	19 33	19 14R	20 5
23	20: 8:55	2 52 57	27 38	21 56	16 6	2 11	4 11	13 9	20 32	19 34	19 14	20 2
24	20:12:51	3 53 59	11Sg35	23 31	17 9	2 58	4 3	13 6	20 34	19 36	19 14	19 59
25	20:16:48	4 55 2	26 2	25 6	18 13	3 45	3 55	13 3	20 35	19 38	19 13	19 56
26	20:20:45	5 56 3	10Cp54	26 42	19 16	4 32	3 47	12 59	20 37	19 40	19 13	19 53
27	20:24:41	6 57 4	26 3	28 19	20 20	5 19	3 39	12 56	20 38	19 41	19 13	19 49
28	20:28:38	7 58 4	11Aq20	29 57	21 25	6 6	3 31	12 53	20 40	19 43	19 13	19 46
29	20:32:34	8 59 3	26 35	1Aq35	22 29	6 53	3 23	12 49	20 41	19 45	19 13	19 43
30	20:36:31	10 0 0	11Pi36	3 13	23 34	7 40	3 15	12 45	20 43	19 46	19 12	19 40
31	20:40:27	11 0 57	26 17	4 53	24 39	8 27	3 7	12 42	20 44	19 48	19 12	19 37

1/20 Sun in Aqu. 16:01   1/5 1st Qt. 11:16   1/13 Full 7:09   1/21 3rd Qt. 11:24   1/28 New 6:20

Day	Sid. T.	Sun	Moon	Merc.	Venus	Mars	Jup.	Saturn	Uranus	Nept.	Pluto	N.Node
1	20:44:24	12Aq 1 52	10Ar32	6Aq33	25Sg44	9Aq14	2Le59R	12Vi38R	20Sc45	19Sg49	19Li12R	19Vi33
2	20:48:21	13 2 46	24 21	8 13	26 50	10 1	2 51	12 34	20 47	19 51	19 11	19 30
3	20:52:17	14 3 39	7Ta43	9 55	27 55	10 48	2 44	12 30	20 48	19 53	19 11	19 27
4	20:56:14	15 4 30	20 43	11 37	29 1	11 36	2 36	12 26	20 49	19 54	19 10	19 24
5	21: 0:10	16 5 20	3Ge22	13 20	0Cp 8	12 23	2 28	12 22	20 50	19 55	19 10	19 21
6	21: 4: 7	17 6 9	15 46	15 4	1 14	13 10	2 21	12 18	20 51	19 57	19 9	19 18
7	21: 8: 3	18 6 56	27 56	16 48	2 20	13 57	2 13	12 14	20 52	19 58	19 8	19 14
8	21:12: 0	19 7 42	9Cn58	18 34	3 27	14 44	2 6	12 10	20 53	20 0	19 8	19 11
9	21:15:56	20 8 26	21 53	20 20	4 34	15 32	1 59	12 6	20 54	20 1	19 7	19 8
10	21:19:53	21 9 9	3Le44	22 6	5 41	16 19	1 51	12 2	20 55	20 3	19 7	19 5
11	21:23:50	22 9 50	15 34	23 54	6 49	17 6	1 44	11 57	20 55	20 4	19 6	19 2
12	21:27:46	23 10 30	27 23	25 42	7 56	17 53	1 37	11 53	20 56	20 5	19 5	18 59
13	21:31:43	24 11 8	9Vi15	27 31	9 4	18 41	1 30	11 48	20 57	20 6	19 4	18 55
14	21:35:39	25 11 45	21 11	29 20	10 11	19 28	1 24	11 44	20 57	20 7	19 4	18 52
15	21:39:36	26 12 21	3Li13	1Pi10	11 19	20 15	1 17	11 39	20 58	20 9	19 3	18 49
16	21:43:32	27 12 56	15 24	3 1	12 28	21 3	1 10	11 35	20 58	20 10	19 2	18 46
17	21:47:29	28 13 29	27 48	4 52	13 36	21 50	1 4	11 30	20 59	20 11	19 1	18 43
18	21:51:26	29 14 1	10Sc28	6 43	14 44	22 37	0 58	11 26	20 59	20 12	19 0	18 39
19	21:55:22	0Pi14 32	23 27	8 35	15 53	23 25	0 51	11 21	20 59	20 13	19 0	18 36
20	21:59:19	1 15 1	6Sg49	10 26	17 1	24 12	0 45	11 16	20 59	20 14	18 59	18 33
21	22: 3:15	2 15 30	20 35	12 17	18 10	24 59	0 39	11 12	21 0	20 15	18 58	18 30
22	22: 7:12	3 15 57	4Cp46	14 8	19 19	25 47	0 33	11 7	21 0	20 16	18 57	18 27
23	22:11: 8	4 16 22	19 21	15 58	20 28	26 34	0 28	11 2	21 0	20 17	18 56	18 24
24	22:15: 5	5 16 47	4Aq15	17 47	21 37	27 21	0 22	10 57	21 0R	20 18	18 54	18 20
25	22:19: 1	6 17 9	19 20	19 35	22 47	28 9	0 17	10 53	21 0	20 19	18 53	18 17
26	22:22:58	7 17 30	4Pi30	21 21	23 56	28 56	0 12	10 48	21 0	20 20	18 52	18 14
27	22:26:55	8 17 50	19 33	23 4	25 5	29 43	0 7	10 43	21 0	20 20	18 51	18 11
28	22:30:51	9 18 7	4Ar21	24 45	26 15	0Pi31	0 2	10 38	20 59	20 21	18 50	18 8

2/19 Sun in Pis. 6:14   2/4 1st Qt. 0:37   2/12 Full 2:40   2/20 3rd Qt. 1:18   2/26 New 16:46(E)

MARCH 1979

Day	Sid. T.	Sun	Moon	Merc.	Venus	Mars	Jup.	Saturn	Uranus	Nept.	Pluto	N.Node
1	22:34:47	10Pi18 22	18Ar47	26Pi23	27Cp25	1Pi18	29Cn57R	10Vi33R	20Sc59R	20Sg22	18Li49R	18Vi 4
2	22:38:44	11 18 36	2Ta48	27 56	28 35	2 5	29 53	10 29	20 59	20 23	18 47	18 1
3	22:42:41	12 18 48	16 21	29 26	29 44	2 53	29 48	10 24	20 59	20 23	18 46	17 58
4	22:46:37	13 18 57	29 29	0Ar50	0Aq54	3 40	29 44	10 19	20 58	20 24	18 45	17 55
5	22:50:34	14 19 5	12Ge13	2 9	2 4	4 27	29 40	10 14	20 58	20 25	18 44	17 52
6	22:54:31	15 19 10	24 37	3 22	3 15	5 15	29 36	10 9	20 57	20 25	18 42	17 49
7	22:58:27	16 19 13	6Cn46	4 28	4 25	6 2	29 33	10 5	20 57	20 26	18 41	17 45
8	23: 2:23	17 19 14	18 44	5 27	5 35	6 49	29 29	10 0	20 56	20 26	18 40	17 42
9	23: 6:20	18 19 13	0Le36	6 18	6 45	7 37	29 26	9 55	20 55	20 27	18 38	17 39
10	23:10:17	19 19 10	12 24	7 2	7 56	8 24	29 23	9 50	20 55	20 27	18 37	17 36
11	23:14:13	20 19 5	24 13	7 37	9 6	9 11	29 20	9 46	20 54	20 28	18 35	17 33
12	23:18:10	21 18 58	6Vi 5	8 3	10 17	9 58	29 17	9 41	20 53	20 28	18 34	17 30
13	23:22: 6	22 18 48	18 3	8 21	11 28	10 46	29 15	9 36	20 52	20 28	18 33	17 26
14	23:26: 2	23 18 37	0Li 9	8 30	12 38	11 33	29 13	9 32	20 51	20 29	18 31	17 23
15	23:29:59	24 18 24	12 25	8 30R	13 49	12 20	29 10	9 27	20 50	20 29	18 30	17 20
16	23:33:56	25 18 8	24 51	8 22	15 0	13 7	29 9	9 23	20 49	20 29	18 28	17 17
17	23:37:52	26 17 51	7Sc30	8 6	16 11	13 55	29 7	9 18	20 48	20 29	18 27	17 14
18	23:41:48	27 17 33	20 22	7 43	17 22	14 42	29 5	9 14	20 47	20 30	18 25	17 10
19	23:45:45	28 17 12	3Sg30	7 12	18 33	15 29	29 4	9 9	20 46	20 30	18 24	17 7
20	23:49:42	29 16 50	16 55	6 35	19 44	16 16	29 3	9 5	20 45	20 30	18 22	17 4
21	23:53:38	0Ar16 26	0Cp37	5 53	20 55	17 3	29 2	9 1	20 43	20 30	18 20	17 1
22	23:57:35	1 16 1	14 36	5 7	22 6	17 50	29 1	8 56	20 42	20 30	18 19	16 58
23	0: 1:32	2 15 33	28 53	4 17	23 17	18 37	29 0	8 52	20 41	20 30R	18 17	16 55
24	0: 5:28	3 15 4	13Aq24	3 25	24 29	19 24	29 0	8 48	20 39	20 30	18 16	16 51
25	0: 9:25	4 14 33	28 6	2 32	25 40	20 12	29 0	8 44	20 38	20 30	18 14	16 48
26	0:13:21	5 14 1	12Pi54	1 39	26 51	20 59	29 0D	8 40	20 36	20 30	18 12	16 45
27	0:17:18	6 13 26	27 40	0 47	28 3	21 46	29 0	8 36	20 35	20 30	18 11	16 42
28	0:21:14	7 12 49	12Ar18	29Pi57	29 14	22 33	29 0	8 32	20 33	20 29	18 9	16 39
29	0:25:11	8 12 10	26 41	29 10	0Pi26	23 20	29 1	8 28	20 32	20 29	18 7	16 36
30	0:29: 7	9 11 29	10Ta43	28 27	1 37	24 7	29 2	8 24	20 30	20 29	18 6	16 32
31	0:33: 3	10 10 46	24 22	27 49	2 49	24 53	29 3	8 21	20 28	20 29	18 4	16 29

3/21 Sun in Ari. 5:23   3/5 1st Qt. 16:24   3/13 Full 21:15(E)   3/21 3rd Qt. 11:23   3/28 New 3:00

APRIL 1979

Day	Sid. T.	Sun	Moon	Merc.	Venus	Mars	Jup.	Saturn	Uranus	Nept.	Pluto	N.Node
1	0:37: 1	11Ar10 1	7Ge35	27Pi14R	4Pi 1	25Pi40	29Cn 4	8Vi17R	20Sc27R	20Sg28R	18Li 2R	16Vi26
2	0:40:57	12 9 13	20 25	26 46	5 12	26 27	29 5	8 13	20 25	20 28	18 1	16 23
3	0:44:53	13 8 23	2Cn53	26 22	6 24	27 14	29 7	8 10	20 23	20 28	17 59	16 20
4	0:48:50	14 7 31	15 4	26 4	7 36	28 1	29 8	8 6	20 21	20 27	17 57	16 16
5	0:52:47	15 6 37	27 3	25 52	8 47	28 48	29 10	8 3	20 19	20 27	17 56	16 13
6	0:56:43	16 5 40	8Le54	25 45	9 59	29 34	29 12	8 0	20 18	20 27	17 54	16 10
7	1: 0:39	17 4 41	20 42	25 44D	11 11	0Ar21	29 15	7 57	20 16	20 26	17 52	16 7
8	1: 4:37	18 3 39	2Vi32	25 48	12 23	1 8	29 17	7 54	20 14	20 26	17 51	16 4
9	1: 8:33	19 2 36	14 28	25 58	13 35	1 54	29 20	7 51	20 12	20 25	17 49	16 1
10	1:12:29	20 1 30	26 34	26 12	14 47	2 41	29 23	7 48	20 10	20 25	17 47	15 57
11	1:16:26	21 0 22	8Li51	26 31	15 59	3 28	29 26	7 45	20 7	20 24	17 46	15 54
12	1:20:23	21 59 12	21 23	26 55	17 11	4 14	29 29	7 42	20 5	20 23	17 44	15 51
13	1:24:19	22 58 0	4Sc 8	27 24	18 23	5 1	29 32	7 39	20 3	20 23	17 42	15 48
14	1:28:15	23 56 46	17 9	27 57	19 35	5 47	29 36	7 37	20 1	20 22	17 41	15 45
15	1:32:12	24 55 30	0Sg23	28 33	20 47	6 34	29 39	7 34	19 59	20 21	17 39	15 42
16	1:36: 8	25 54 13	13 50	29 14	21 59	7 20	29 43	7 32	19 57	20 20	17 37	15 38
17	1:40: 5	26 52 53	27 29	29 58	23 11	8 7	29 47	7 30	19 54	20 20	17 36	15 35
18	1:44: 2	27 51 33	11Cp18	0Ar46	24 23	8 53	29 51	7 27	19 52	20 19	17 34	15 32
19	1:47:58	28 50 10	25 17	1 37	25 35	9 39	29 56	7 25	19 50	20 18	17 32	15 29
20	1:51:55	29 48 46	9Aq24	2 32	26 47	10 26	0Le 0	7 23	19 48	20 17	17 31	15 26
21	1:55:51	0Ta47 20	23 38	3 29	27 59	11 12	0 5	7 21	19 45	20 16	17 29	15 22
22	1:59:48	1 45 52	7Pi57	4 30	29 12	11 58	0 10	7 20	19 43	20 15	17 27	15 19
23	2: 3:44	2 44 23	22 19	5 33	0Ar24	12 44	0 15	7 18	19 41	20 14	17 26	15 16
24	2: 7:41	3 42 52	6Ar39	6 38	1 36	13 30	0 20	7 16	19 38	20 13	17 24	15 13
25	2:11:38	4 41 20	20 54	7 47	2 48	14 16	0 25	7 15	19 36	20 12	17 23	15 10
26	2:15:34	5 39 45	4Ta59	8 58	4 1	15 3	0 31	7 13	19 33	20 11	17 21	15 7
27	2:19:31	6 38 9	18 49	10 11	5 13	15 49	0 37	7 11	19 31	20 10	17 19	15 3
28	2:23:28	7 36 31	2Ge20	11 26	6 25	16 35	0 42	7 11	19 29	20 9	17 18	15 3
29	2:27:24	8 34 51	15 30	12 44	7 38	17 20	0 48	7 10	19 26	20 8	17 16	14 57
30	2:31:20	9 33 9	28 19	14 4	8 50	18 6	0 54	7 9	19 24	20 7	17 15	14 54

4/20 Sun in Tau. 16:36   4/4 1st Qt. 9:58   4/12 Full 13:16   4/19 3rd Qt. 18:31   4/26 New 13:16

Day	Sid. T.	Sun	Moon	Merc.	Venus	Mars	Jup.	Saturn	Uranus	Nept.	Pluto	N.Node
1	2:35:17	10Ta31 25	10Cn48	15Ar26	10Ar 2	18Ar52	1Le 1	7Vi 8R	19Sc21R	20Sg 6R	17Li13R	14Vi51
2	2:39:13	11 29 40	23 1	16 51	11 15	19 38	1 7	7 7	19 19	20 5	17 12	14 48
3	2:43:10	12 27 52	5Le 0	18 17	12 27	20 24	1 14	7 6	19 16	20 4	17 10	14 44
4	2:47: 7	13 26 2	16 52	19 45	13 40	21 9	1 20	7 6	19 14	20 2	17 9	14 41
5	2:51: 3	14 24 10	28 40	21 16	14 52	21 55	1 27	7 5	19 11	20 1	17 7	14 38
6	2:55: 0	15 22 16	10Vi32	22 48	16 5	22 41	1 34	7 5	19 9	20 0	17 6	14 35
7	2:58:56	16 20 20	22 31	24 22	17 17	23 26	1 41	7 5	19 6	19 59	17 4	14 32
8	3: 2:53	17 18 22	4Li42	25 59	18 29	24 12	1 48	7 5	19 4	19 57	17 3	14 28
9	3: 6:49	18 16 23	17 9	27 37	19 42	24 57	1 56	7 4	19 1	19 56	17 2	14 25
10	3:10:46	19 14 22	29 55	29 17	20 54	25 43	2 3	7 4D	18 58	19 55	17 0	14 22
11	3:14:43	20 12 19	12Sc59	1Ta 0	22 7	26 28	2 11	7 5	18 56	19 53	16 59	14 19
12	3:18:39	21 10 14	26 22	2 44	23 19	27 13	2 19	7 5	18 53	19 52	16 58	14 16
13	3:22:36	22 8 8	10Sg 2	4 30	24 32	27 59	2 26	7 5	18 51	19 51	16 56	14 13
14	3:26:32	23 6 1	23 55	6 18	25 44	28 44	2 34	7 6	18 48	19 49	16 55	14 9
15	3:30:29	24 3 52	7Cp57	8 8	26 57	29 29	2 42	7 6	18 46	19 48	16 54	14 6
16	3:34:25	25 1 43	22 5	10 1	28 10	0Ta14	2 51	7 7	18 43	19 47	16 52	14 3
17	3:38:22	25 59 31	6Aq14	11 55	29 22	0 59	2 59	7 8	18 41	19 45	16 51	14 0
18	3:42:19	26 57 19	20 24	13 51	0Ta35	1 44	3 7	7 9	18 38	19 44	16 50	13 57
19	3:46:15	27 55 6	4Pi31	15 49	1 47	2 29	3 16	7 9	18 36	19 42	16 49	13 53
20	3:50:12	28 52 51	18 36	17 49	3 0	3 14	3 25	7 11	18 33	19 41	16 48	13 50
21	3:54: 8	29 50 35	2Ar37	19 50	4 13	3 59	3 34	7 12	18 31	19 39	16 47	13 47
22	3:58: 5	0Ge48 19	16 33	21 54	5 25	4 44	3 42	7 13	18 28	19 38	16 46	13 44
23	4: 2: 1	1 46 1	0Ta23	23 59	6 38	5 29	3 51	7 14	18 26	19 36	16 44	13 41
24	4: 5:58	2 43 42	14 3	26 6	7 51	6 14	4 1	7 16	18 24	19 35	16 43	13 38
25	4: 9:54	3 41 22	27 31	28 14	9 3	6 58	4 10	7 17	18 21	19 33	16 42	13 34
26	4:13:51	4 39 1	10Ge45	0Ge23	10 16	7 43	4 19	7 19	18 19	19 32	16 41	13 31
27	4:17:48	5 36 38	23 42	2 33	11 29	8 27	4 29	7 21	18 16	19 30	16 40	13 28
28	4:21:44	6 34 15	6Cn23	4 44	12 42	9 12	4 38	7 23	18 14	19 28	16 39	13 25
29	4:25:41	7 31 50	18 47	6 56	13 54	9 56	4 48	7 25	18 12	19 27	16 39	13 22
30	4:29:37	8 29 23	0Le56	9 8	15 7	10 41	4 58	7 27	18 9	19 25	16 38	13 19
31	4:33:34	9 26 56	12 54	11 20	16 20	11 25	5 7	7 29	18 7	19 24	16 37	13 15

5/21 Sun in Gem. 15:55   5/4 1st Qt. 4:26   5/12 Full 2:02   5/18 3rd Qt. 23:58   5/26 New 0:01

Day	Sid. T.	Sun	Moon	Merc.	Venus	Mars	Jup.	Saturn	Uranus	Nept.	Pluto	N.Node
1	4:37:30	10Ge24 27	24Le45	13Ge32	17Ta33	12Ta10	5Le17	7Vi31	18Sc 5R	19Sg22R	16Li36R	13Vi12
2	4:41:27	11 21 57	6Vi33	15 43	18 45	12 54	5 27	7 34	18 3	19 21	16 35	13 9
3	4:45:24	12 19 25	18 24	17 54	19 58	13 38	5 38	7 36	18 0	19 19	16 34	13 6
4	4:49:19	13 16 52	0Li24	20 3	21 11	14 22	5 48	7 39	17 58	19 17	16 34	13 3
5	4:53:17	14 14 18	12 38	22 12	22 24	15 6	5 58	7 42	17 56	19 16	16 33	12 59
6	4:57:13	15 11 43	25 10	24 18	23 37	15 50	6 8	7 44	17 54	19 14	16 32	12 56
7	5: 1: 9	16 9 7	8Sc 4	26 23	24 50	16 34	6 19	7 47	17 52	19 12	16 32	12 53
8	5: 5: 6	17 6 29	21 21	28 26	26 2	17 18	6 29	7 50	17 50	19 11	16 31	12 50
9	5: 9: 3	18 3 51	5Sg 2	0Cn27	27 15	18 2	6 40	7 53	17 47	19 9	16 30	12 47
10	5:12:59	19 1 12	19 4	2 26	28 28	18 46	6 51	7 56	17 45	19 8	16 30	12 44
11	5:16:56	19 58 32	3Cp22	4 23	29 41	19 29	7 2	8 0	17 43	19 6	16 29	12 40
12	5:20:53	20 55 52	17 50	6 18	0Ge54	20 13	7 12	8 3	17 41	19 4	16 29	12 37
13	5:24:49	21 53 11	2Aq21	8 10	2 7	20 57	7 23	8 6	17 39	19 3	16 28	12 34
14	5:28:45	22 50 30	16 51	10 0	3 20	21 40	7 34	8 10	17 38	19 1	16 28	12 31
15	5:32:42	23 47 47	1Pi14	11 48	4 33	22 24	7 46	8 13	17 36	19 0	16 28	12 28
16	5:36:39	24 45 5	15 27	13 33	5 46	23 7	7 57	8 17	17 34	18 58	16 27	12 25
17	5:40:35	25 42 22	29 29	15 16	6 59	23 50	8 8	8 21	17 32	18 56	16 27	12 21
18	5:44:32	26 39 39	13Ar21	16 57	8 12	24 34	8 19	8 25	17 30	18 55	16 27	12 18
19	5:48:29	27 36 56	27 0	18 34	9 25	25 17	8 31	8 29	17 28	18 53	16 26	12 15
20	5:52:25	28 34 12	10Ta29	20 10	10 38	26 0	8 42	8 33	17 27	18 51	16 26	12 12
21	5:56:21	29 31 29	23 46	21 43	11 51	26 43	8 54	8 37	17 25	18 50	16 26	12 9
22	6: 0:18	0Cn28 45	6Ge51	23 13	13 4	27 26	9 5	8 41	17 23	18 48	16 26	12 5
23	6: 4:14	1 26 1	19 44	24 41	14 17	28 9	9 17	8 45	17 22	18 47	16 26	12 2
24	6: 8:11	2 23 16	2Cn24	26 6	15 30	28 52	9 29	8 49	17 20	18 45	16 25	11 59
25	6:12: 8	3 20 32	14 51	27 29	16 43	29 35	9 40	8 54	17 19	18 44	16 25	11 56
26	6:16: 4	4 17 46	27 5	28 49	17 57	0Ge18	9 52	8 58	17 17	18 42	16 25	11 53
27	6:20: 0	5 15 1	9Le 8	0Le 7	19 10	1 1	10 4	9 3	17 16	18 40	16 25D	11 50
28	6:23:58	6 12 15	21 2	1 21	20 23	1 44	10 16	9 8	17 15	18 39	16 25	11 46
29	6:27:54	7 9 28	2Vi50	2 33	21 36	2 26	10 28	9 12	17 13	18 37	16 25	11 43
30	6:31:50	8 6 41	14 37	3 43	22 49	3 9	10 40	9 17	17 12	18 36	16 26	11 40

6/21 Sun in Can. 23:57   6/2 1st Qt. 22:38   6/10 Full 11:56   6/17 3rd Qt. 5:02   6/24 New 11:59

JULY 1979

Day	Sid. T.	Sun	Moon	Merc.	Venus	Mars	Jup.	Saturn	Uranus	Nept.	Pluto	N.Node
1	6:35:47	9Cn 3 54	26Vi27	4Le49	24Ge 3	3Ge51	10Le52	9Vi22	17Sc11R	18Sg34R	16Li26	11Vi37
2	6:39:44	10 1 7	8Li26	5 52	25 16	4 34	11 4	9 27	17 9	18 33	16 26	11 34
3	6:43:40	10 58 19	20 39	6 52	26 29	5 16	11 16	9 32	17 8	18 31	16 26	11 31
4	6:47:36	11 55 30	3Sc11	7 49	27 42	5 58	11 29	9 37	17 7	18 30	16 26	11 27
5	6:51:34	12 52 42	16 7	8 43	28 56	6 41	11 41	9 42	17 6	18 29	16 27	11 24
6	6:55:30	13 49 53	29 28	9 33	0Cn 9	7 23	11 53	9 47	17 5	18 27	16 27	11 21
7	6:59:26	14 47 4	13Sg17	10 20	1 22	8 5	12 6	9 53	17 4	18 26	16 27	11 18
8	7: 3:23	15 44 15	27 31	11 3	2 36	8 47	12 18	9 58	17 3	18 24	16 28	11 15
9	7: 7:19	16 41 26	12Cp 6	11 43	3 49	9 29	12 31	10 4	17 2	18 23	16 28	11 11
10	7:11:16	17 38 38	26 54	12 18	5 2	10 11	12 43	10 9	17 2	18 22	16 28	11 8
11	7:15:12	18 35 49	11Aq49	12 50	6 16	10 53	12 56	10 15	17 1	18 20	16 29	11 5
12	7:19: 9	19 33 1	26 41	13 17	7 29	11 35	13 8	10 20	17 0	18 19	16 29	11 2
13	7:23: 5	20 30 13	11Pi24	13 40	8 43	12 16	13 21	10 26	16 59	18 18	16 30	10 59
14	7:27: 2	21 27 25	25 52	13 59	9 56	12 58	13 33	10 32	16 59	18 16	16 31	10 56
15	7:30:59	22 24 38	10Ar 2	14 13	11 10	13 40	13 46	10 37	16 58	18 15	16 31	10 52
16	7:34:55	23 21 52	23 54	14 22	12 23	14 21	13 59	10 43	16 58	18 14	16 32	10 49
17	7:38:52	24 19 7	7Ta28	14 27	13 37	15 3	14 12	10 49	16 57	18 12	16 32	10 46
18	7:42:48	25 16 22	20 45	14 27R	14 50	15 44	14 24	10 55	16 57	18 11	16 33	10 43
19	7:46:45	26 13 38	3Ge46	14 21	16 4	16 25	14 37	11 1	16 56	18 10	16 34	10 40
20	7:50:41	27 10 54	16 34	14 11	17 18	17 7	14 50	11 7	16 56	18 9	16 35	10 37
21	7:54:38	28 8 12	29 8	13 57	18 31	17 48	15 3	11 13	16 56	18 8	16 35	10 33
22	7:58:35	29 5 30	11Cn30	13 37	19 45	18 29	15 16	11 20	16 55	18 7	16 36	10 30
23	8: 2:31	0Le 2 48	23 42	13 13	20 59	19 10	15 29	11 26	16 55	18 5	16 37	10 27
24	8: 6:28	1 0 7	5Le45	12 45	22 12	19 51	15 42	11 32	16 55	18 4	16 38	10 24
25	8:10:24	1 57 27	17 40	12 13	23 26	20 32	15 55	11 39	16 55	18 3	16 39	10 21
26	8:14:21	2 54 47	29 30	11 37	24 40	21 13	16 8	11 45	16 55D	18 2	16 40	10 17
27	8:18:17	3 52 8	11Vi16	10 58	25 54	21 54	16 21	11 51	16 55	18 1	16 41	10 14
28	8:22:14	4 49 29	23 3	10 17	27 7	22 34	16 34	11 58	16 55	18 0	16 42	10 11
29	8:26:10	5 46 51	4Li54	9 34	28 21	23 15	16 47	12 4	16 55	17 59	16 43	10 8
30	8:30: 7	6 44 14	16 53	8 49	29 35	23 56	17 0	12 11	16 55	17 58	16 44	10 5
31	8:34: 4	7 41 37	29 5	8 5	0Le49	24 36	17 13	12 18	16 56	17 57	16 45	10 2

7/23 Sun in Leo 10:50   7/2 1st Qt. 15:24   7/9 Full 20:00   7/16 3rd Qt. 10:59   7/24 New 1:41

AUGUST 1979

Day	Sid. T.	Sun	Moon	Merc.	Venus	Mars	Jup.	Saturn	Uranus	Nept.	Pluto	N.Node
1	8:38: 0	8Le39 0	11Sc35	7Le21R	2Le 3	25Ge17	17Le26	12Vi24	16Sc56	17Sg57R	16Li46	9Vi58
2	8:41:57	9 36 24	24 28	6 38	3 17	25 57	17 39	12 31	16 56	17 56	16 47	9 55
3	8:45:53	10 33 49	7Sg46	5 57	4 30	26 37	17 52	12 38	16 57	17 55	16 49	9 52
4	8:49:50	11 31 15	21 32	5 19	5 44	27 18	18 5	12 45	16 57	17 54	16 50	9 49
5	8:53:46	12 28 41	5Cp45	4 45	6 58	27 58	18 18	12 51	16 58	17 53	16 51	9 46
6	8:57:43	13 26 8	20 23	4 16	8 12	28 38	18 31	12 58	16 58	17 53	16 52	9 42
7	9: 1:40	14 23 36	5Aq20	3 51	9 26	29 18	18 44	13 5	16 59	17 52	16 54	9 39
8	9: 5:36	15 21 5	20 28	3 31	10 40	29 58	18 58	13 12	16 59	17 51	16 55	9 36
9	9: 9:33	16 18 35	5Pi37	3 18	11 54	0Cn38	19 11	13 19	17 0	17 50	16 57	9 33
10	9:13:29	17 16 6	20 38	3 11	13 7	1 17	19 24	13 26	17 1	17 50	16 58	9 30
11	9:17:25	18 13 38	5Ar24	3 10D	14 22	1 57	19 37	13 33	17 2	17 49	16 59	9 27
12	9:21:22	19 11 11	19 49	3 17	15 36	2 37	19 50	13 40	17 3	17 49	17 1	9 23
13	9:25:19	20 8 47	3Ta50	3 30	16 51	3 16	20 3	13 47	17 3	17 48	17 2	9 20
14	9:29:15	21 6 23	17 28	3 51	18 5	3 56	20 16	13 54	17 4	17 48	17 4	9 17
15	9:33:12	22 4 1	0Ge43	4 19	19 19	4 35	20 30	14 2	17 5	17 47	17 5	9 14
16	9:37: 9	23 1 41	13 37	4 54	20 33	5 15	20 43	14 9	17 7	17 47	17 7	9 11
17	9:41: 5	23 59 22	26 13	5 36	21 47	5 54	20 56	14 16	17 8	17 46	17 9	9 8
18	9:45: 2	24 57 5	8Cn35	6 25	23 1	6 33	21 9	14 23	17 9	17 46	17 10	9 4
19	9:48:58	25 54 50	20 45	7 20	24 16	7 12	21 22	14 30	17 10	17 45	17 12	9 1
20	9:52:55	26 52 35	2Le45	8 23	25 30	7 51	21 35	14 38	17 11	17 45	17 13	8 58
21	9:56:51	27 50 23	14 39	9 31	26 44	8 30	21 48	14 45	17 13	17 45	17 15	8 55
22	10: 0:48	28 48 11	26 28	10 46	27 58	9 9	22 2	14 52	17 14	17 44	17 17	8 52
23	10: 4:45	29 46 2	8Vi15	12 6	29 13	9 48	22 15	15 0	17 15	17 44	17 19	8 48
24	10: 8:41	0Vi43 53	20 2	13 32	0Vi27	10 27	22 28	15 7	17 16	17 44	17 20	8 45
25	10:12:38	1 41 46	1Li52	15 3	1 41	11 6	22 41	15 15	17 18	17 44	17 22	8 42
26	10:16:34	2 39 40	13 47	16 38	2 56	11 44	22 54	15 22	17 20	17 44	17 24	8 39
27	10:20:30	3 37 36	25 50	18 18	4 10	12 23	23 7	15 29	17 21	17 44	17 26	8 36
28	10:24:27	4 35 33	8Sc 5	20 1	5 24	13 1	23 20	15 37	17 23	17 44	17 28	8 33
29	10:28:24	5 33 31	20 36	21 47	6 39	13 40	23 33	15 44	17 25	17 44	17 30	8 29
30	10:32:20	6 31 31	3Sg25	23 36	7 53	14 18	23 46	15 52	17 27	17 43D	17 31	8 26
31	10:36:16	7 29 32	16 38	25 27	9 8	14 56	23 59	15 59	17 28	17 43	17 33	8 23

8/23 Sun in Vir. 17:48   8/1 1st Qt. 5:58   8/8 Full 3:22   8/14 3rd Qt. 19:03   8/22 New 17:11(E)   8/30 1st Qt. 18:10

SEPTEMBER 1979

Day	Sid. T.	Sun	Moon	Merc.	Venus	Mars	Jup.	Saturn	Uranus	Nept.	Pluto	N.Node
1	10:40:14	8Vi27 34	0Cp15	27Le19	10Vi22	15Cn34	24Le12	16Vi 7	17Sc30	17Sg44	17Li35	8Vi20
2	10:44:10	9 25 38	14 18	29 14	11 36	16 12	24 25	16 14	17 32	17 44	17 37	8 17
3	10:48: 6	10 23 43	28 47	1Vi 9	12 51	16 50	24 38	16 22	17 34	17 44	17 39	8 14
4	10:52: 3	11 21 49	13Aq37	3 5	14 5	17 28	24 51	16 29	17 36	17 44	17 41	8 10
5	10:56: 0	12 19 57	28 42	5 1	15 20	18 6	25 3	16 37	17 38	17 44	17 43	8 7
6	10:59:56	13 18 7	13Pi54	6 58	16 34	18 43	25 16	16 44	17 40	17 44	17 45	8 4
7	11: 3:52	14 16 18	29 4	8 54	17 49	19 21	25 29	16 52	17 42	17 44	17 47	8 1
8	11: 7:50	15 14 31	14Ar 2	10 50	19 3	19 58	25 42	16 59	17 44	17 45	17 49	7 58
9	11:11:46	16 12 46	28 40	12 46	20 18	20 36	25 55	17 7	17 47	17 45	17 52	7 54
10	11:15:42	17 11 3	12Ta54	14 41	21 32	21 13	26 7	17 14	17 49	17 45	17 54	7 51
11	11:19:39	18 9 23	26 41	16 35	22 47	21 50	26 20	17 22	17 51	17 46	17 56	7 48
12	11:23:35	19 7 44	10Ge 1	18 28	24 1	22 28	26 33	17 29	17 53	17 46	17 58	7 45
13	11:27:32	20 6 7	22 55	20 21	25 16	23 5	26 45	17 37	17 56	17 47	18 0	7 42
14	11:31:29	21 4 33	5Cn29	22 12	26 31	23 42	26 58	17 44	17 58	17 47	18 2	7 39
15	11:35:25	22 3 1	17 45	24 3	27 45	24 18	27 10	17 52	18 1	17 48	18 4	7 35
16	11:39:21	23 1 31	29 47	25 53	29 0	24 55	27 23	17 59	18 3	17 48	18 7	7 32
17	11:43:18	24 0 3	11Le41	27 41	0Li14	25 32	27 35	18 7	18 6	17 49	18 9	7 29
18	11:47:15	24 58 37	23 30	29 29	1 29	26 9	27 47	18 15	18 8	17 49	18 11	7 26
19	11:51:11	25 57 13	5Vi16	1Li 1	2 44	26 45	28 0	18 22	18 11	17 50	18 13	7 23
20	11:55: 8	26 55 51	17 4	3 1	3 58	27 22	28 12	18 29	18 13	17 51	18 15	7 20
21	11:59: 5	27 54 31	28 55	4 45	5 13	27 58	28 24	18 37	18 16	17 51	18 18	7 16
22	12: 3: 1	28 53 13	10Li52	6 29	6 28	28 34	28 37	18 44	18 19	17 52	18 20	7 13
23	12: 6:57	29 51 56	22 56	8 11	7 42	29 10	28 49	18 52	18 22	17 53	18 22	7 10
24	12:10:54	0Li50 42	5Sc10	9 53	8 57	29 46	29 1	18 59	18 24	17 54	18 25	7 7
25	12:14:51	1 49 30	17 35	11 33	10 12	0Le22	29 13	19 7	18 27	17 54	18 27	7 4
26	12:18:47	2 48 19	0Sg13	13 13	11 26	0 58	29 25	19 14	18 30	17 55	18 29	7 0
27	12:22:44	3 47 10	13 6	14 52	12 41	1 34	29 37	19 22	18 33	17 56	18 32	6 57
28	12:26:40	4 46 3	26 17	16 29	13 56	2 9	29 49	19 29	18 36	17 57	18 34	6 54
29	12:30:37	5 44 58	9Cp47	18 6	15 10	2 45	0Vi 1	19 36	18 39	17 58	18 36	6 51
30	12:34:33	6 43 54	23 38	19 42	16 25	3 20	0 12	19 44	18 42	17 59	18 39	6 48

9/23 Sun in Lib. 15:18   9/6 Full 10:59   9/13 3rd Qt. 6:16   9/21 New 9:47   9/29 1st Qt. 4:21

OCTOBER 1979

Day	Sid. T.	Sun	Moon	Merc.	Venus	Mars	Jup.	Saturn	Uranus	Nept.	Pluto	N.Node
1	12:38:30	7Li42 52	7Aq51	21Li17	17Li40	3Le55	0Vi24	19Vi51	18Sc45	18Sg 0	18Li41	6Vi45
2	12:42:26	8 41 52	22 23	22 51	18 54	4 30	0 36	19 58	18 48	18 1	18 43	6 41
3	12:46:23	9 40 54	7Pi12	24 25	20 9	5 5	0 47	20 5	18 51	18 2	18 46	6 38
4	12:50:20	10 39 57	22 11	25 57	21 24	5 40	0 59	20 13	18 54	18 3	18 48	6 35
5	12:54:16	11 39 2	7Ar13	27 29	22 38	6 15	1 10	20 20	18 57	18 4	18 50	6 32
6	12:58:13	12 38 10	22 9	29 0	23 53	6 50	1 22	20 27	19 0	18 6	18 53	6 29
7	13: 2: 9	13 37 19	6Ta51	0Sc30	25 8	7 24	1 33	20 34	19 4	18 7	18 55	6 26
8	13: 6: 6	14 36 31	21 11	1 59	26 23	7 59	1 44	20 41	19 7	18 8	18 57	6 22
9	13:10: 2	15 35 44	5Ge 5	3 28	27 37	8 33	1 55	20 48	19 10	18 9	19 0	6 19
10	13:13:59	16 35 1	18 32	4 56	28 52	9 7	2 6	20 56	19 13	18 11	19 2	6 16
11	13:17:56	17 34 19	1Cn31	6 23	0Sc 7	9 42	2 17	21 3	19 17	18 12	19 5	6 13
12	13:21:52	18 33 40	14 7	7 49	1 22	10 15	2 28	21 10	19 20	18 13	19 7	6 10
13	13:25:49	19 33 3	26 23	9 14	2 36	10 49	2 39	21 17	19 23	18 15	19 9	6 6
14	13:29:45	20 32 28	8Le24	10 38	3 51	11 23	2 50	21 23	19 27	18 16	19 12	6 3
15	13:33:42	21 31 56	20 15	12 1	5 6	11 57	3 0	21 30	19 30	18 17	19 14	6 0
16	13:37:38	22 31 26	2Vi 2	13 24	6 20	12 30	3 11	21 37	19 33	18 19	19 16	5 57
17	13:41:35	23 30 58	13 49	14 45	7 35	13 3	3 21	21 44	19 37	18 20	19 19	5 54
18	13:45:31	24 30 32	25 40	16 5	8 50	13 36	3 32	21 51	19 40	18 22	19 21	5 51
19	13:49:28	25 30 9	7Li37	17 25	10 5	14 10	3 42	21 57	19 44	18 23	19 24	5 47
20	13:53:25	26 29 47	19 44	18 43	11 19	14 42	3 52	22 4	19 47	18 25	19 26	5 44
21	13:57:21	27 29 28	2Sc 3	19 59	12 34	15 15	4 2	22 11	19 51	18 26	19 28	5 41
22	14: 1:18	28 29 10	14 33	21 15	13 49	15 48	4 13	22 17	19 54	18 28	19 31	5 38
23	14: 5:14	29 28 55	27 22	22 29	15 4	16 20	4 22	22 24	19 58	18 30	19 33	5 35
24	14: 9:11	0Sc28 41	10Sg 9	23 41	16 18	16 52	4 32	22 30	20 1	18 31	19 35	5 31
25	14:13: 7	1 28 30	23 16	24 52	17 33	17 25	4 42	22 37	20 5	18 33	19 38	5 28
26	14:17: 4	2 28 20	6Cp35	26 2	18 48	17 57	4 52	22 43	20 9	18 35	19 40	5 25
27	14:21: 1	3 28 11	20 7	27 11	20 3	18 28	5 1	22 49	20 12	18 36	19 43	5 22
28	14:24:57	4 28 4	3Aq53	28 11	21 17	19 0	5 11	22 56	20 16	18 38	19 45	5 19
29	14:28:54	5 27 59	17 52	29 13	22 32	19 32	5 20	23 2	20 20	18 40	19 47	5 16
30	14:32:50	6 27 56	2Pi 6	0Sg12	23 47	20 3	5 29	23 8	20 23	18 41	19 49	5 12
31	14:36:46	7 27 54	16 32	1 7	25 2	20 34	5 38	23 14	20 27	18 43	19 52	5 9

10/24 Sun in Sco. 0:29   10/5 Full 19:36   10/12 3rd Qt. 21:24   10/21 New 2:24   10/28 1st Qt. 13:07

NOVEMBER 1979

Day	Sid. T.	Sun	Moon	Merc.	Venus	Mars	Jup.	Saturn	Uranus	Nept.	Pluto	N.Node
1	14:40:43	8Sc27 53	1Ar 8	1Sg59	26Sc16	21Le 5	5Vi47	23Vi20	20Sc30	18Sg45	19Li54	5Vi 6
2	14:44:40	9 27 55	15 48	2 47	27 31	21 36	5 56	23 26	20 34	18 47	19 56	5 3
3	14:48:36	10 27 58	0Ta27	3 31	28 46	22 6	6 5	23 32	20 38	18 49	19 59	5 0
4	14:52:33	11 28 3	14 56	4 10	0Sg 0	22 37	6 13	23 38	20 42	18 51	20 1	4 57
5	14:56:30	12 28 9	29 10	4 43	1 15	23 7	6 22	23 44	20 45	18 53	20 3	4 53
6	15: 0:26	13 28 18	13Ge 2	5 10	2 30	23 37	6 30	23 50	20 49	18 54	20 5	4 50
7	15: 4:22	14 28 29	26 29	5 31	3 45	24 7	6 38	23 55	20 53	18 56	20 8	4 47
8	15: 8:19	15 28 41	9Cn31	5 44	4 59	24 37	6 46	24 1	20 56	18 58	20 10	4 44
9	15:12:16	16 28 56	22 9	5 49	6 14	25 6	6 54	24 7	21 0	19 0	20 12	4 41
10	15:16:12	17 29 13	4Le27	5 45R	7 29	25 36	7 2	24 12	21 4	19 2	20 14	4 37
11	15:20: 9	18 29 31	16 29	5 32	8 43	26 5	7 10	24 17	21 8	19 4	20 16	4 34
12	15:24: 6	19 29 52	28 21	5 9	9 58	26 33	7 18	24 23	21 11	19 6	20 19	4 31
13	15:28: 2	20 30 14	10Vi 9	4 36	11 13	27 2	7 25	24 28	21 15	19 8	20 21	4 28
14	15:31:59	21 30 39	21 57	3 53	12 27	27 31	7 32	24 33	21 19	19 10	20 23	4 25
15	15:35:55	22 31 5	3Li51	3 0	13 42	27 59	7 40	24 38	21 23	19 12	20 25	4 22
16	15:39:52	23 31 33	15 54	1 57	14 57	28 27	7 47	24 43	21 26	19 15	20 27	4 18
17	15:43:48	24 32 3	28 11	0 47	16 12	28 54	7 54	24 48	21 30	19 17	20 29	4 15
18	15:47:45	25 32 34	10Sc44	29Sc31	17 26	29 22	8 0	24 53	21 34	19 19	20 31	4 12
19	15:51:41	26 33 7	23 32	28 11	18 41	29 49	8 7	24 58	21 37	19 21	20 33	4 9
20	15:55:37	27 33 42	6Sg35	26 50	19 56	0Vi16	8 13	25 3	21 41	19 23	20 35	4 6
21	15:59:35	28 34 18	19 53	25 30	21 10	0 43	8 20	25 8	21 45	19 25	20 37	4 3
22	16: 3:31	29 34 56	3Cp22	24 14	22 25	1 10	8 26	25 12	21 49	19 27	20 39	3 59
23	16: 7:27	0Sg35 35	17 1	23 4	23 40	1 36	8 32	25 17	21 52	19 29	20 41	3 56
24	16:11:24	1 36 15	0Aq48	22 3	24 54	2 2	8 38	25 21	21 56	19 32	20 43	3 53
25	16:15:21	2 36 56	14 41	21 11	26 9	2 28	8 44	25 26	22 0	19 34	20 45	3 50
26	16:19:17	3 37 38	28 40	20 31	27 24	2 53	8 49	25 30	22 3	19 36	20 47	3 47
27	16:23:13	4 38 22	12Pi44	20 2	28 38	3 18	8 55	25 34	22 7	19 38	20 49	3 43
28	16:27:11	5 39 6	26 53	19 45	29 53	3 43	9 0	25 38	22 11	19 40	20 51	3 40
29	16:31: 7	6 39 51	11Ar 5	19 40	1Cp 7	4 8	9 5	25 42	22 14	19 43	20 52	3 37
30	16:35: 3	7 40 37	25 19	19 44D	2 22	4 32	9 10	25 46	22 18	19 45	20 54	3 34

11/22 Sun in Sag. 21:55   11/4 Full 5:48   11/11 3rd Qt. 16:25   11/19 New 18:04   11/26 1st Qt. 21:09

DECEMBER 1979

Day	Sid. T.	Sun	Moon	Merc.	Venus	Mars	Jup.	Saturn	Uranus	Nept.	Pluto	N.Node
1	16:39: 0	8Sg41 24	9Ta30	19Sc59	3Cp37	4Vi56	9Vi14	25Vi50	22Sc22	19Sg47	20Li56	3Vi31
2	16:42:57	9 42 12	23 35	20 24	4 51	5 19	9 19	25 53	22 25	19 49	20 58	3 28
3	16:46:53	10 43 2	7Ge28	20 56	6 6	5 43	9 23	25 57	22 29	19 52	20 59	3 24
4	16:50:49	11 43 52	21 5	21 36	7 20	6 6	9 28	26 1	22 33	19 54	21 1	3 21
5	16:54:46	12 44 44	4Cn23	22 22	8 35	6 28	9 32	26 4	22 36	19 56	21 3	3 18
6	16:58:42	13 45 37	17 19	23 15	9 49	6 51	9 36	26 7	22 40	19 58	21 6	3 15
7	17: 2:39	14 46 31	29 55	24 12	11 4	7 13	9 39	26 11	22 43	20 1	21 6	3 12
8	17: 6:36	15 47 26	12Le13	25 14	12 18	7 34	9 43	26 14	22 47	20 3	21 8	3 9
9	17:10:32	16 48 22	24 16	26 19	13 33	7 56	9 46	26 17	22 50	20 5	21 9	3 5
10	17:14:29	17 49 19	6Vi 9	27 28	14 47	8 16	9 49	26 20	22 54	20 7	21 11	3 2
11	17:18:25	18 50 18	17 57	28 40	16 2	8 37	9 52	26 23	22 57	20 10	21 12	2 59
12	17:22:22	19 51 18	29 46	29 56	17 16	8 57	9 55	26 26	23 1	20 12	21 14	2 56
13	17:26:18	20 52 18	11Li41	1Sg12	18 31	9 17	9 58	26 28	23 4	20 14	21 15	2 53
14	17:30:15	21 53 20	23 47	2 30	19 45	9 36	10 0	26 31	23 7	20 16	21 17	2 49
15	17:34:12	22 54 23	6Sc 9	3 51	20 59	9 55	10 2	26 33	23 11	20 19	21 18	2 46
16	17:38: 8	23 55 27	18 50	5 12	22 14	10 13	10 4	26 36	23 14	20 21	21 19	2 43
17	17:42: 5	24 56 32	1Sg52	6 35	23 28	10 32	10 6	26 38	23 18	20 23	21 21	2 40
18	17:46: 2	25 57 37	15 13	7 59	24 42	10 49	10 8	26 40	23 21	20 25	21 22	2 37
19	17:49:58	26 58 44	28 54	9 24	25 57	11 6	10 9	26 42	23 24	20 28	21 23	2 34
20	17:53:54	27 59 50	12Cp49	10 50	27 11	11 23	10 11	26 44	23 27	20 30	21 25	2 30
21	17:57:51	29 0 57	26 55	12 17	28 25	11 39	10 12	26 46	23 31	20 32	21 26	2 27
22	18: 1:47	0Cp 2 5	11Aq 7	13 44	29 40	11 55	10 13	26 48	23 34	20 34	21 27	2 24
23	18: 5:44	1 3 13	25 21	15 12	0Aq54	12 10	10 14	26 49	23 37	20 37	21 28	2 21
24	18: 9:41	2 4 21	9Pi34	16 41	2 8	12 25	10 14	26 51	23 40	20 39	21 29	2 18
25	18:13:37	3 5 29	23 44	18 9	3 22	12 39	10 14	26 52	23 43	20 41	21 30	2 15
26	18:17:34	4 6 37	7Ar49	19 39	4 37	12 53	10 15R	26 53	23 46	20 43	21 31	2 11
27	18:21:30	5 7 45	21 48	21 9	5 51	13 6	10 14	26 55	23 49	20 46	21 32	2 8
28	18:25:27	6 8 53	5Ta42	22 39	7 5	13 19	10 14	26 56	23 52	20 48	21 33	2 5
29	18:29:23	7 10 1	19 28	24 9	8 19	13 31	10 14	26 57	23 55	20 50	21 34	2 2
30	18:33:20	8 11 9	3Ge 5	25 40	9 33	13 42	10 13	26 58	23 58	20 52	21 35	1 59
31	18:37:17	9 12 17	16 31	27 12	10 47	13 53	10 12	26 58	24 1	20 54	21 36	1 55

12/22 Sun in Cap. 11:11   12/3 Full 18:08   12/11 3rd Qt. 14:00   12/19 New 8:24   12/26 1st Qt. 5:12

JANUARY 1980

Day	Sid. T.	Sun	Moon	Merc.	Venus	Mars	Jup.	Saturn	Uranus	Nept.	Pluto	N.Node
1	18:41:13	10Cp13 25	29Ge44	28Sg43	12Aq 1	14Vi 3	10Vi11R	26Vi59	24Sc 4	20Sg57	21Li37	1Vi52
2	18:45:10	11 14 33	12Cn42	0Cp15	13 15	14 13	10 10	27 0	24 7	20 59	21 38	1 49
3	18:49: 6	12 15 41	25 25	1 47	14 29	14 23	10 9	27 0	24 10	21 1	21 39	1 46
4	18:53: 3	13 16 50	7Le52	3 20	15 43	14 31	10 7	27 0	24 13	21 3	21 39	1 43
5	18:56:59	14 17 58	20 4	4 53	16 56	14 39	10 5	27 1	24 15	21 5	21 40	1 40
6	19: 0:56	15 19 6	2Vi 5	6 27	18 10	14 46	10 3	27 1	24 18	21 7	21 41	1 36
7	19: 4:52	16 20 15	13 57	8 0	19 24	14 53	10 1	27 1R	24 21	21 9	21 41	1 33
8	19: 8:49	17 21 23	25 45	9 35	20 38	14 59	9 59	27 1	24 23	21 11	21 42	1 30
9	19:12:46	18 22 32	7Li34	11 9	21 51	15 4	9 56	27 0	24 26	21 13	21 43	1 27
10	19:16:42	19 23 41	19 28	12 44	23 5	15 9	9 53	27 0	24 28	21 16	21 43	1 24
11	19:20:39	20 24 49	1Sc34	14 20	24 18	15 12	9 50	27 0	24 31	21 18	21 44	1 20
12	19:24:35	21 25 58	13 55	15 55	25 32	15 16	9 47	26 59	24 33	21 20	21 44	1 17
13	19:28:32	22 27 7	26 37	17 32	26 45	15 18	9 44	26 58	24 36	21 22	21 44	1 14
14	19:32:28	23 28 15	9Sg42	19 9	27 59	15 20	9 40	26 58	24 38	21 24	21 45	1 11
15	19:36:25	24 29 24	23 11	20 46	29 12	15 21	9 36	26 57	24 40	21 26	21 45	1 8
16	19:40:22	25 30 32	7Cp 4	22 24	0Pi26	15 21R	9 33	26 56	24 43	21 28	21 45	1 5
17	19:44:18	26 31 39	21 19	24 2	1 39	15 20	9 29	26 55	24 45	21 30	21 46	1 1
18	19:48:15	27 32 47	5Aq49	25 41	2 52	15 19	9 24	26 53	24 47	21 31	21 46	0 58
19	19:52:11	28 33 53	20 28	27 20	4 5	15 17	9 20	26 52	24 49	21 33	21 46	0 55
20	19:56: 8	29 34 59	5Pi10	29 0	5 19	15 14	9 15	26 51	24 51	21 35	21 46	0 52
21	20: 0: 4	0Aq36 4	19 48	0Aq41	6 32	15 10	9 11	26 49	24 54	21 37	21 46	0 49
22	20: 4: 1	1 37 8	4Ar17	2 22	7 45	15 6	9 6	26 48	24 56	21 39	21 47	0 46
23	20: 7:57	2 38 11	18 34	4 3	8 58	15 1	9 1	26 46	24 58	21 41	21 47	0 42
24	20:11:53	3 39 13	2Ta36	5 45	10 10	14 55	8 55	26 44	24 59	21 43	21 47	0 39
25	20:15:51	4 40 14	16 22	7 28	11 23	14 48	8 50	26 42	25 1	21 44	21 47R	0 36
26	20:19:47	5 41 14	29 54	9 11	12 36	14 40	8 45	26 40	25 3	21 46	21 47	0 33
27	20:23:43	6 42 13	13Ge10	10 55	13 49	14 32	8 39	26 38	25 5	21 48	21 47	0 30
28	20:27:40	7 43 11	26 13	12 40	15 1	14 22	8 33	26 36	25 7	21 50	21 46	0 26
29	20:31:37	8 44 7	9Cn 2	14 24	16 14	14 12	8 27	26 33	25 8	21 51	21 46	0 23
30	20:35:33	9 45 3	21 38	16 10	17 26	14 2	8 21	26 31	25 10	21 53	21 46	0 20
31	20:39:30	10 45 58	4Le 2	17 55	18 38	13 50	8 15	26 28	25 12	21 55	21 46	0 17

1/20 Sun in Aqu. 21:50   1/2 Full 9:03   1/10 3rd Qt. 11:50   1/17 New 21:20   1/24 1st Qt. 13:59

FEBRUARY 1980

Day	Sid. T.	Sun	Moon	Merc.	Venus	Mars	Jup.	Saturn	Uranus	Nept.	Pluto	N.Node
1	20:43:27	11Aq46 51	16Le16	19Aq41	19Pi51	13Vi38R	8Vi 9R	26Vi26R	25Sc13	21Sg56	21Li46R	0Vi14
2	20:47:23	12 47 43	28 20	21 27	21 3	13 25	8 2	26 23	25 15	21 58	21 45	0 11
3	20:51:19	13 48 35	10Vi15	23 14	22 15	13 11	7 56	26 20	25 16	22 0	21 45	0 7
4	20:55:16	14 49 25	22 6	25 0	23 27	12 56	7 49	26 18	25 17	22 1	21 45	0 4
5	20:59:13	15 50 14	3Li54	26 46	24 39	12 41	7 42	26 15	25 19	22 3	21 44	0 1
6	21: 3: 9	16 51 3	15 43	28 32	25 50	12 25	7 35	26 11	25 20	22 4	21 43	29Le58
7	21: 7: 6	17 51 50	27 37	0Pi17	27 1	12 8	7 28	26 8	25 21	22 6	21 43	29 55
8	21:11: 2	18 52 37	9Sc41	2 1	28 14	11 50	7 21	26 5	25 22	22 7	21 43	29 52
9	21:14:58	19 53 22	21 59	3 44	29 25	11 32	7 14	26 2	25 23	22 8	21 42	29 48
10	21:18:55	20 54 7	4Sg36	5 26	0Ar37	11 14	7 7	25 59	25 24	22 10	21 42	29 45
11	21:22:52	21 54 50	17 36	7 5	1 48	10 54	6 59	25 55	25 25	22 11	21 41	29 42
12	21:26:48	22 55 33	1Cp 1	8 42	2 59	10 34	6 52	25 52	25 26	22 13	21 40	29 39
13	21:30:45	23 56 14	14 54	10 16	4 10	10 14	6 44	25 48	25 27	22 14	21 40	29 36
14	21:34:42	24 56 54	29 12	11 47	5 21	9 53	6 37	25 44	25 28	22 15	21 39	29 32
15	21:38:38	25 57 33	13Aq52	13 13	6 32	9 32	6 29	25 41	25 29	22 16	21 38	29 29
16	21:42:34	26 58 11	28 48	14 35	7 43	9 10	6 22	25 37	25 30	22 18	21 38	29 26
17	21:46:32	27 58 46	13Pi53	15 52	8 54	8 48	6 14	25 33	25 30	22 19	21 37	29 23
18	21:50:28	28 59 21	28 56	17 2	10 4	8 25	6 6	25 29	25 31	22 20	21 36	29 20
19	21:54:24	29 59 53	13Ar49	18 5	11 15	8 2	5 58	25 25	25 31	22 21	21 35	29 17
20	21:58:21	1Pi 0 24	28 27	19 1	12 25	7 39	5 50	25 21	25 32	22 22	21 34	29 13
21	22: 2:18	2 0 53	12Ta43	19 49	13 35	7 16	5 43	25 17	25 32	22 23	21 33	29 10
22	22: 6:14	3 1 20	26 36	20 28	14 45	6 52	5 35	25 13	25 33	22 25	21 32	29 7
23	22:10:10	4 1 45	10Ge 6	20 58	15 55	6 28	5 27	25 8	25 33	22 25	21 31	29 4
24	22:14: 7	5 2 8	23 15	21 18	17 4	6 4	5 19	25 4	25 33	22 27	21 30	29 1
25	22:18: 3	6 2 30	6Cn 4	21 29	18 14	5 41	5 11	25 0	25 34	22 27	21 29	28 58
26	22:22: 0	7 2 49	18 37	21 29R	19 23	5 17	5 3	24 55	25 34	22 28	21 28	28 54
27	22:25:57	8 3 7	0Le56	21 21	20 33	4 53	4 55	24 51	25 34	22 29	21 27	28 51
28	22:29:53	9 3 22	13 4	21 2	21 42	4 29	4 47	24 47	25 34	22 30	21 26	28 48
29	22:33:50	10 3 36	25 5	20 34	22 51	4 6	4 40	24 42	25 34R	22 31	21 25	28 45

2/19 Sun in Pis. 12:03   2/1 Full 2:22   2/9 3rd Qt. 7:36   2/16 New 8:52(E)   2/23 1st Qt. 0:15

MARCH 1980

Day	Sid. T.	Sun	Moon	Merc.	Venus	Mars	Jup.	Saturn	Uranus	Nept.	Pluto	N.Node
1	22:37:46	11Pi 3 48	7Vi 0	19Pi58R	23Ar59	3Vi42R	4Vi32R	24Vi38R	25Sc34R	22Sg32	21Li24R	28Le42
2	22:41:43	12 3 57	18 50	19 15	25 8	3 19	4 24	24 33	25 34	22 32	21 23	28 38
3	22:45:39	13 4 6	0Li39	18 25	26 16	2 56	4 16	24 28	25 34	22 33	21 21	28 35
4	22:49:36	14 4 12	12 29	17 31	27 25	2 34	4 9	24 24	25 34	22 34	21 20	28 32
5	22:53:33	15 4 17	24 21	16 33	28 33	2 11	4 1	24 19	25 33	22 34	21 19	28 29
6	22:57:29	16 4 20	6Sc18	15 32	29 40	1 49	3 53	24 15	25 33	22 35	21 18	28 26
7	23: 1:26	17 4 21	18 24	14 31	0Ta48	1 28	3 46	24 10	25 33	22 36	21 16	28 23
8	23: 5:22	18 4 21	0Sg42	13 31	1 56	1 7	3 38	24 5	25 32	22 36	21 15	28 19
9	23: 9:19	19 4 19	13 16	12 33	3 3	0 46	3 31	24 0	25 32	22 37	21 14	28 16
10	23:13:15	20 4 15	26 9	11 38	4 10	0 26	3 24	23 56	25 31	22 37	21 12	28 13
11	23:17:12	21 4 10	9Cp26	10 46	5 17	0 7	3 17	23 51	25 31	22 38	21 11	28 10
12	23:21: 8	22 4 4	23 7	10 0	6 23	29Le48	3 9	23 46	25 30	22 38	21 10	28 7
13	23:25: 5	23 3 55	7Aq16	9 19	7 30	29 30	3 2	23 42	25 29	22 39	21 8	28 3
14	23:29: 2	24 3 45	21 50	8 45	8 36	29 12	2 55	23 37	25 29	22 39	21 7	28 0
15	23:32:58	25 3 33	6Pi46	8 16	9 42	28 55	2 49	23 32	25 28	22 39	21 5	27 57
16	23:36:55	26 3 19	21 56	7 54	10 48	28 39	2 42	23 27	25 27	22 39	21 4	27 54
17	23:40:51	27 3 3	7Ar11	7 38	11 53	28 23	2 35	23 23	25 26	22 40	21 2	27 51
18	23:44:48	28 2 45	22 22	7 28	12 58	28 8	2 29	23 18	25 25	22 40	21 1	27 48
19	23:48:44	29 2 25	7Ta17	7 24	14 3	27 54	2 22	23 13	25 24	22 40	20 59	27 44
20	23:52:41	0Ar 2 3	21 50	7 27D	15 8	27 41	2 16	23 8	25 23	22 40	20 58	27 41
21	23:56:38	1 1 38	5Ge56	7 35	16 12	27 28	2 10	23 4	25 22	22 40	20 56	27 38
22	0: 0:34	2 1 11	19 34	7 49	17 17	27 16	2 4	22 59	25 21	22 41	20 55	27 35
23	0: 4:31	3 0 42	2Cn45	8 8	18 20	27 5	1 58	22 54	25 20	22 41	20 53	27 32
24	0: 8:27	4 0 11	15 31	8 31	19 24	26 55	1 52	22 50	25 19	22 41	20 51	27 29
25	0:12:24	4 59 37	27 58	9 0	20 27	26 45	1 46	22 45	25 17	22 41R	20 50	27 25
26	0:16:20	5 59 1	10Le 9	9 33	21 30	26 37	1 41	22 41	25 16	22 41	20 48	27 22
27	0:20:17	6 58 23	22 8	10 10	22 33	26 29	1 36	22 36	25 15	22 40	20 47	27 19
28	0:24:13	7 57 42	4Vi 1	10 51	23 35	26 22	1 30	22 32	25 13	22 40	20 45	27 16
29	0:28:10	8 56 59	15 50	11 36	24 37	26 15	1 25	22 27	25 12	22 40	20 43	27 13
30	0:32: 7	9 56 14	27 38	12 24	25 38	26 10	1 20	22 23	25 10	22 40	20 42	27 9
31	0:36: 3	10 55 27	9Li28	13 15	26 39	26 5	1 16	22 18	25 9	22 40	20 40	27 6

3/20 Sun in Ari. 11:11   3/1 Full 21:00   3/9 3rd Qt. 23:50   3/16 New 18:57   3/23 1st Qt. 12:32   3/31 Full 15:15

APRIL 1980

Day	Sid. T.	Sun	Moon	Merc.	Venus	Mars	Jup.	Saturn	Uranus	Nept.	Pluto	N.Node
1	0:39:59	11Ar54 38	21Li21	14Pi10	27Ta40	26Le 1R	1Vi11R	22Vi14R	25Sc 7R	22Sg40R	20Li38R	27Le 3
2	0:43:56	12 53 47	3Sc20	15 7	28 40	25 58	1 7	22 10	25 6	22 39	20 37	27 0
3	0:47:52	13 52 53	15 25	16 8	29 40	25 55	1 2	22 5	25 4	22 39	20 35	26 57
4	0:51:49	14 51 59	27 39	17 11	0Ge40	25 53	0 58	22 1	25 2	22 39	20 33	26 54
5	0:55:45	15 51 2	10Sg 3	18 16	1 39	25 52	0 54	21 57	25 1	22 38	20 32	26 50
6	0:59:42	16 50 3	22 40	19 24	2 38	25 52D	0 51	21 53	24 59	22 38	20 30	26 47
7	1: 3:39	17 49 3	5Cp33	20 35	3 36	25 53	0 47	21 49	24 57	22 38	20 28	26 44
8	1: 7:35	18 48 1	18 45	21 47	4 34	25 54	0 44	21 45	24 55	22 37	20 27	26 41
9	1:11:32	19 46 57	2Aq17	23 2	5 31	25 56	0 41	21 41	24 53	22 37	20 25	26 38
10	1:15:28	20 45 51	16 13	24 19	6 28	25 58	0 38	21 37	24 52	22 36	20 23	26 35
11	1:19:25	21 44 44	0Pi32	25 38	7 24	26 2	0 35	21 33	24 50	22 35	20 22	26 31
12	1:23:21	22 43 35	15 13	26 59	8 20	26 6	0 32	21 30	24 48	22 35	20 20	26 28
13	1:27:18	23 42 24	0Ar12	28 21	9 15	26 10	0 30	21 26	24 46	22 34	20 18	26 25
14	1:31:14	24 41 11	15 21	29 46	10 10	26 16	0 27	21 22	24 44	22 34	20 17	26 22
15	1:35:11	25 39 57	0Ta31	1Ar12	11 4	26 22	0 25	21 19	24 41	22 33	20 15	26 19
16	1:39: 8	26 38 40	15 31	2 40	11 57	26 28	0 23	21 15	24 39	22 32	20 13	26 15
17	1:43: 4	27 37 21	0Ge11	4 10	12 50	26 36	0 21	21 12	24 37	22 32	20 12	26 12
18	1:47: 1	28 36 0	14 26	5 42	13 42	26 44	0 20	21 9	24 35	22 31	20 10	26 9
19	1:50:57	29 34 38	28 12	7 15	14 33	26 52	0 18	21 6	24 33	22 30	20 8	26 6
20	1:54:54	0Ta33 12	11Cn29	8 50	15 24	27 1	0 17	21 2	24 31	22 29	20 7	26 3
21	1:58:50	1 31 45	24 19	10 27	16 14	27 11	0 16	20 59	24 29	22 28	20 5	26 0
22	2: 2:47	2 30 16	6Le46	12 6	17 3	27 21	0 15	20 56	24 26	22 27	20 3	25 56
23	2: 6:44	3 28 44	18 56	13 46	17 51	27 32	0 15	20 54	24 24	22 26	20 2	25 53
24	2:10:40	4 27 10	0Vi53	15 28	18 39	27 44	0 14	20 51	24 22	22 26	20 0	25 50
25	2:14:37	5 25 34	12 43	17 11	19 26	27 56	0 14	20 48	24 19	22 25	19 58	25 47
26	2:18:33	6 23 56	24 31	18 57	20 11	28 8	0 14D	20 45	24 17	22 24	19 57	25 44
27	2:22:30	7 22 16	6Li20	20 44	20 56	28 21	0 14	20 43	24 15	22 23	19 55	25 41
28	2:26:26	8 20 34	18 13	22 33	21 40	28 35	0 14	20 40	24 12	22 22	19 54	25 37
29	2:30:23	9 18 50	0Sc13	24 23	22 23	28 49	0 15	20 38	24 10	22 21	19 52	25 34
30	2:34:19	10 17 4	12 21	26 15	23 5	29 3	0 16	20 36	24 7	22 20	19 50	25 31

4/19 Sun in Tau. 22:24   4/8 3rd Qt. 12:07   4/15 New 3:47   4/22 1st Qt. 3:00   4/30 Full 7:36

MAY 1980

Day	Sid. T.	Sun	Moon	Merc.	Venus	Mars	Jup.	Saturn	Uranus	Nept.	Pluto	N.Node
1	2:38:15	11Ta15 17	24Sc38	28Ar 9	23Ge46	29Le18	0Vi16	20Vi34R	24Sc 5R	22Sg18R	19Li49R	25Le28
2	2:42:13	12 13 28	7Sg 6	0Ta 5	24 25	29 34	0 18	20 32	24 3	22 17	19 47	25 25
3	2:46: 9	13 11 37	19 44	2 3	25 4	29 50	0 19	20 30	24 0	22 16	19 46	25 21
4	2:50: 5	14 9 45	2Cp34	4 2	25 41	0Vi 6	0 20	20 28	23 58	22 15	19 44	25 18
5	2:54: 2	15 7 51	15 35	6 3	26 17	0 23	0 22	20 26	23 55	22 14	19 43	25 15
6	2:57:59	16 5 56	28 51	8 5	26 52	0 41	0 23	20 24	23 53	22 13	19 41	25 12
7	3: 1:55	17 3 59	12Aq22	10 9	27 25	0 58	0 25	20 23	23 50	22 11	19 40	25 9
8	3: 5:51	18 2 1	26 10	12 15	27 57	1 16	0 28	20 21	23 48	22 10	19 38	25 6
9	3: 9:49	19 0 2	10Pi17	14 21	28 28	1 35	0 30	20 20	23 45	22 9	19 37	25 2
10	3:13:45	19 58 2	24 41	16 29	28 57	1 54	0 32	20 19	23 43	22 8	19 36	24 59
11	3:17:41	20 56 0	9Ar20	18 38	29 25	2 13	0 35	20 17	23 40	22 6	19 34	24 56
12	3:21:38	21 53 56	24 10	20 48	29 51	2 33	0 38	20 16	23 38	22 5	19 33	24 53
13	3:25:35	22 51 52	9Ta 3	22 59	0Cn15	2 53	0 41	20 15	23 35	22 4	19 32	24 50
14	3:29:31	23 49 46	23 49	25 10	0 38	3 14	0 44	20 14	23 33	22 2	19 30	24 47
15	3:33:27	24 47 38	8Ge22	27 21	0 58	3 34	0 47	20 14	23 30	22 1	19 29	24 43
16	3:37:25	25 45 30	22 34	29 32	1 17	3 56	0 51	20 13	23 28	21 59	19 28	24 40
17	3:41:20	26 43 19	6Cn20	1Ge43	1 34	4 17	0 54	20 12	23 25	21 58	19 26	24 37
18	3:45:17	27 41 7	19 38	3 53	1 49	4 39	0 58	20 12	23 23	21 57	19 25	24 34
19	3:49:14	28 38 53	2Le31	6 2	2 2	5 1	1 2	20 12	23 20	21 55	19 24	24 31
20	3:53:10	29 36 38	15 1	8 9	2 13	5 24	1 6	20 11	23 18	21 54	19 23	24 27
21	3:57: 7	0Ge34 21	27 13	10 16	2 22	5 47	1 11	20 11	23 15	21 52	19 22	24 24
22	4: 1: 4	1 32 2	9Vi12	12 20	2 29	6 10	1 15	20 11D	23 13	21 51	19 20	24 21
23	4: 5: 0	2 29 42	21 3	14 23	2 33	6 33	1 20	20 11	23 10	21 49	19 19	24 18
24	4: 8:56	3 27 20	2Li52	16 23	2 35	6 57	1 25	20 11	23 8	21 48	19 18	24 15
25	4:12:53	4 24 57	14 43	18 22	2 34R	7 21	1 30	20 12	23 5	21 46	19 17	24 12
26	4:16:50	5 22 32	26 41	20 18	2 32	7 45	1 35	20 12	23 3	21 45	19 16	24 8
27	4:20:46	6 20 6	8Sc48	22 11	2 26	8 10	1 40	20 12	23 1	21 43	19 15	24 5
28	4:24:43	7 17 39	21 6	24 2	2 19	8 35	1 45	20 13	22 58	21 42	19 14	24 2
29	4:28:40	8 15 11	3Sg38	25 50	2 9	9 0	1 51	20 14	22 56	21 40	19 13	23 59
30	4:32:36	9 12 41	16 22	27 35	1 56	9 26	1 57	20 14	22 53	21 38	19 12	23 56
31	4:36:32	10 10 11	29 19	29 18	1 41	9 51	2 3	20 15	22 51	21 37	19 11	23 52

5/20 Sun in Gem. 21:43   5/7 3rd Qt. 20:51   5/14 New 12:01   5/21 1st Qt. 19:17   5/29 Full 21:29

JUNE 1980

Day	Sid. T.	Sun	Moon	Merc.	Venus	Mars	Jup.	Saturn	Uranus	Nept.	Pluto	N.Node
1	4:40:29	11Ge 7 39	12Cp28	0Cn57	1Cn24R	10Vi17	2Vi 9	20Vi16	22Sc48R	21Sg35R	19Li10R	23Le49
2	4:44:26	12 5 7	25 48	2 34	1 5	10 44	2 15	20 17	22 46	21 34	19 10	23 46
3	4:48:22	13 2 34	9Aq19	4 8	0 43	11 10	2 21	20 19	22 44	21 32	19 9	23 43
4	4:52:19	14 0 0	23 0	5 39	0 19	11 37	2 27	20 20	22 42	21 30	19 8	23 40
5	4:56:15	14 57 25	6Pi51	7 7	29Ge53	12 4	2 34	20 21	22 39	21 29	19 7	23 37
6	5: 0:12	15 54 50	20 54	8 32	29 25	12 31	2 41	20 23	22 37	21 27	19 6	23 33
7	5: 4: 8	16 52 14	5Ar 7	9 55	28 55	12 58	2 47	20 24	22 35	21 26	19 6	23 30
8	5: 8: 5	17 49 38	19 28	11 14	28 24	13 26	2 54	20 26	22 33	21 24	19 5	23 27
9	5:12: 1	18 47 1	3Ta55	12 30	27 51	13 54	3 2	20 28	22 30	21 22	19 4	23 24
10	5:15:58	19 44 24	18 23	13 42	27 16	14 22	3 9	20 30	22 28	21 21	19 4	23 21
11	5:19:55	20 41 46	2Ge45	14 52	26 41	14 50	3 16	20 32	22 26	21 19	19 3	23 18
12	5:23:51	21 39 7	16 57	15 59	26 5	15 19	3 24	20 34	22 24	21 18	19 3	23 14
13	5:27:48	22 36 28	0Cn52	17 2	25 28	15 48	3 31	20 36	22 22	21 16	19 2	23 11
14	5:31:44	23 33 48	14 26	18 1	24 51	16 17	3 39	20 38	22 20	21 14	19 2	23 8
15	5:35:41	24 31 7	27 38	18 58	24 13	16 46	3 47	20 40	22 18	21 13	19 1	23 5
16	5:39:37	25 28 26	10Le28	19 50	23 36	17 15	3 55	20 43	22 16	21 11	19 1	23 2
17	5:43:34	26 25 44	22 57	20 39	22 58	17 45	4 3	20 45	22 14	21 9	19 0	22 58
18	5:47:31	27 23 1	5Vi10	21 25	22 22	18 14	4 11	20 48	22 12	21 8	19 0	22 55
19	5:51:27	28 20 17	17 10	22 6	21 46	18 44	4 19	20 51	22 10	21 6	19 0	22 52
20	5:55:24	29 17 32	29 3	22 43	21 11	19 14	4 28	20 54	22 8	21 5	18 59	22 49
21	5:59:20	0Cn14 47	10Li54	23 17	20 37	19 45	4 36	20 57	22 7	21 3	18 59	22 46
22	6: 3:17	1 12 1	22 47	23 46	20 4	20 15	4 45	21 0	22 5	21 1	18 59	22 43
23	6: 7:13	2 9 15	4Sc48	24 10	19 33	20 46	4 53	21 3	22 3	21 0	18 59	22 39
24	6:11:10	3 6 28	17 1	24 31	19 4	21 17	5 2	21 6	22 1	20 58	18 58	22 36
25	6:15: 6	4 3 40	29 28	24 47	18 37	21 48	5 11	21 9	22 0	20 57	18 58	22 33
26	6:19: 3	5 0 52	12Sg11	24 58	18 12	22 19	5 20	21 13	21 58	20 55	18 58	22 30
27	6:23: 0	5 58 4	25 11	25 5	17 48	22 50	5 29	21 16	21 57	20 54	18 58	22 27
28	6:26:56	6 55 15	8Cp27	25 7R	17 27	23 21	5 39	21 20	21 55	20 52	18 58	22 24
29	6:30:53	7 52 27	21 59	25 5	17 9	23 53	5 48	21 23	21 53	20 51	18 58D	22 20
30	6:34:49	8 49 38	5Aq42	24 58	16 52	24 25	5 58	21 27	21 52	20 49	18 58	22 17

6/21 Sun in Can. 5:48   6/6 3rd Qt. 2:54   6/12 New 20:39   6/20 1st Qt. 12:32   6/28 Full 9:03

JULY 1980

Day	Sid. T.	Sun	Moon	Merc.	Venus	Mars	Jup.	Saturn	Uranus	Nept.	Pluto	N.Node
1	6:38:46	9Cn46 49	19Aq36	24Cn46R	16Ge38R	24Vi57	6Vi 7	21Vi31	21Sc51R	20Sg47R	18Li58	22Le14
2	6:42:42	10 44 0	3Pi38	24 30	16 26	25 29	6 17	21 35	21 49	20 46	18 58	22 11
3	6:46:39	11 41 11	17 44	24 10	16 17	26 1	6 27	21 39	21 48	20 44	18 59	22 8
4	6:50:36	12 38 23	1Ar54	23 47	16 10	26 34	6 36	21 43	21 47	20 43	18 59	22 4
5	6:54:32	13 35 35	16 6	23 19	16 6	27 6	6 46	21 47	21 45	20 42	18 59	22 1
6	6:58:29	14 32 47	0Ta17	22 49	16 4	27 39	6 56	21 51	21 44	20 40	18 59	21 58
7	7: 2:25	15 30 0	14 26	22 15	16 4D	28 12	7 6	21 55	21 43	20 39	18 59	21 55
8	7: 6:21	16 27 13	28 30	21 40	16 6	28 45	7 17	22 0	21 42	20 37	19 0	21 52
9	7:10:18	17 24 27	12Ge26	21 3	16 11	29 18	7 27	22 4	21 41	20 36	19 0	21 49
10	7:14:15	18 21 40	26 11	20 25	16 18	29 51	7 37	22 9	21 40	20 34	19 0	21 45
11	7:18:11	19 18 55	9Cn41	19 46	16 27	0Li25	7 48	22 13	21 39	20 33	19 1	21 42
12	7:22: 9	20 16 9	22 56	19 8	16 39	0 59	7 58	22 18	21 38	20 32	19 1	21 39
13	7:26: 5	21 13 24	5Le52	18 30	16 52	1 32	8 9	22 23	21 37	20 30	19 2	21 36
14	7:30: 1	22 10 39	18 32	17 54	17 7	2 6	8 20	22 28	21 36	20 29	19 2	21 33
15	7:33:58	23 7 54	0Vi56	17 21	17 24	2 40	8 30	22 32	21 35	20 28	19 3	21 30
16	7:37:55	24 5 9	13 5	16 50	17 43	3 14	8 41	22 37	21 35	20 26	19 3	21 26
17	7:41:51	25 2 24	25 5	16 22	18 4	3 48	8 52	22 43	21 34	20 25	19 4	21 23
18	7:45:47	25 59 40	6Li58	15 59	18 27	4 23	9 3	22 48	21 33	20 24	19 5	21 20
19	7:49:44	26 56 55	18 49	15 40	18 51	4 57	9 14	22 53	21 33	20 23	19 5.	21 17
20	7:53:41	27 54 11	0Sc43	15 25	19 17	5 32	9 25	22 58	21 32	20 21	19 6	21 14
21	7:57:37	28 51 28	12 45	15 16	19 44	6 7	9 36	23 3	21 32	20 20	19 7	21 10
22	8: 1:34	29 48 44	24 59	15 12	20 13	6 42	9 48	23 9	21 31	20 19	19 8	21 7
23	8: 5:30	0Le46 1	7Sg29	15 14D	20 44	7 17	9 59	23 14	21 31	20 18	19 8	21 4
24	8: 9:26	1 43 19	20 18	15 22	21 16	7 52	10 10	23 20	21 31	20 17	19 9	21 1
25	8:13:23	2 40 37	3Cp28	15 35	21 49	8 27	10 22	23 25	21 30	20 16	19 10	20 58
26	8:17:20	3 37 55	16 59	15 55	22 23	9 2	10 33	23 31	21 30	20 15	19 11	20 55
27	8:21:16	4 35 14	0Aq50	16 20	22 59	9 38	10 45	23 37	21 30	20 14	19 12	20 51
28	8:25:13	5 32 34	14 57	16 52	23 36	10 13	10 57	23 42	21 30	20 13	19 13	20 48
29	8:29:10	6 29 54	29 17	17 29	24 14	10 49	11 8	23 48	21 30	20 12	19 14	20 45
30	8:33: 6	7 27 16	13Pi45	18 13	24 53	11 25	11 20	23 54	21 30D	20 11	19 15	20 42
31	8:37: 2	8 24 38	28 15	19 2	25 33	12 1	11 32	24 0	21 30	20 10	19 16	20 39

7/22 Sun in Leo 16:43   7/5 3rd Qt. 7:28   7/12 New 6:46   7/20 1st Qt. 5:51   7/27 Full 18:54

AUGUST 1980

Day	Sid. T.	Sun	Moon	Merc.	Venus	Mars	Jup.	Saturn	Uranus	Nept.	Pluto	N.Node
1	8:40:59	9Le22 2	12Ar43	19Cn58	26Ge15	12Li37	11Vi44	24Vi 6	21Sc30	20Sg 9R	19Li17	20Le36
2	8:44:56	10 19 26	27 5	20 59	26 57	13 13	11 56	24 12	21 30	20 8	19 18	20 32
3	8:48:52	11 16 52	11Ta17	22 5	27 40	13 50	12 7	24 18	21 30	20 7	19 19	20 29
4	8:52:48	12 14 19	25 17	23 18	28 24	14 26	12 19	24 24	21 30	20 6	19 21	20 26
5	8:56:46	13 11 48	9Ge 4	24 35	29 9	15 2	12 32	24 30	21 31	20 5	19 22	20 23
6	9: 0:42	14 9 17	22 38	25 58	29 55	15 39	12 44	24 36	21 31	20 4	19 23	20 20
7	9: 4:38	15 6 48	5Cn58	27 26	0Cn42	16 16	12 56	24 43	21 31	20 4	19 24	20 16
8	9: 8:35	16 4 21	19 3	28 58	1 30	16 53	13 8	24 49	21 32	20 3	19 26	20 13
9	9:12:32	17 1 54	1Le55	0Le35	2 18	17 30	13 20	24 56	21 32	20 2	19 27	20 10
10	9:16:28	17 59 29	14 33	2 15	3 7	18 7	13 33	25 2	21 33	20 2	19 28	20 7
11	9:20:25	18 57 4	26 58	4 0	3 57	18 44	13 45	25 8	21 33	20 1	19 30	20 4
12	9:24:21	19 54 41	9Vi12	5 48	4 48	19 21	13 57	25 15	21 34	20 0	19 31	20 1
13	9:28:17	20 52 19	21 16	7 38	5 39	19 58	14 10	25 22	21 35	20 0	19 33	19 57
14	9:32:14	21 49 58	3Li12	9 32	6 31	20 36	14 22	25 28	21 36	19 59	19 34	19 54
15	9:36:11	22 47 38	15 4	11 27	7 24	21 13	14 35	25 35	21 36	19 59	19 36	19 51
16	9:40: 7	23 45 19	26 55	13 25	8 17	21 51	14 47	25 41	21 37	19 58	19 37	19 48
17	9:44: 4	24 43 2	8Sc48	15 23	9 10	22 29	15 0	25 48	21 38	19 58	19 39	19 45
18	9:48: 0	25 40 45	20 48	17 23	10 5	23 7	15 12	25 55	21 39	19 57	19 40	19 41
19	9:51:57	26 38 29	3Sg 0	19 24	10 59	23 45	15 25	26 2	21 40	19 57	19 42	19 38
20	9:55:53	27 36 15	15 28	21 24	11 55	24 23	15 37	26 9	21 41	19 56	19 43	19 35
21	9:59:50	28 34 2	28 16	23 25	12 50	25 1	15 50	26 15	21 42	19 56	19 45	19 32
22	10: 3:47	29 31 50	11Cp27	25 25	13 47	25 39	16 3	26 22	21 43	19 56	19 47	19 29
23	10: 7:43	0Vi29 39	25 3	27 26	14 44	26 18	16 15	26 29	21 45	19 55	19 48	19 26
24	10:11:40	1 27 29	9Aq 4	29 26	15 41	26 56	16 28	26 36	21 46	19 55	19 50	19 22
25	10:15:36	2 25 21	23 28	1Vi25	16 38	27 35	16 41	26 43	21 47	19 55	19 52	19 19
26	10:19:33	3 23 14	8Pi 9	3 23	17 37	28 13	16 54	26 50	21 49	19 55	19 54	19 16
27	10:23:29	4 21 9	23 2	5 21	18 35	28 52	17 7	26 57	21 50	19 55	19 56	19 13
28	10:27:26	5 19 5	7Ar58	7 17	19 34	29 31	17 19	27 4	21 51	19 54	19 57	19 10
29	10:31:22	6 17 3	22 50	9 12	20 34	0Sc10	17 32	27 12	21 53	19 54	19 59	19 7
30	10:35:19	7 15 3	7Ta29	11 6	21 33	0 49	17 45	27 19	21 55	19 54	20 1	19 3
31	10:39:16	8 13 5	21 52	12 59	22 33	1 28	17 58	27 26	21 56	19 54	20 3	19 0

8/22 Sun in Vir. 23:42   8/3 3rd Qt. 12:01   8/10 New 19:10(E)   8/18 1st Qt. 22:29   8/26 Full 3:43

Day	Sid. T.	Sun	Moon	Merc.	Venus	Mars	Jup.	Saturn	Uranus	Nept.	Pluto	N.Node
1	10:43:12	9Vi11 9	5Ge54	14Vi51	23Cn34	2Sc 7	18Vi11	27Vi33	21Sc58	19Sg54	20Li 5	18Le57
2	10:47: 9	10 9 14	19 36	16 41	24 35	2 46	18 24	27 40	22 0	19 54	20 7	18 54
3	10:51: 5	11 7 22	2Cn57	18 31	25 36	3 26	18 37	27 47	22 1	19 54	20 9	18 51
4	10:55: 2	12 5 32	15 59	20 19	26 38	4 5	18 50	27 55	22 3	19 54	20 11	18 47
5	10:58:58	13 3 44	28 45	22 5	27 40	4 45	19 3	28 2	22 5	19 55	20 13	18 44
6	11: 2:55	14 1 58	11Le17	23 51	28 42	5 25	19 16	28 9	22 7	19 55	20 15	18 41
7	11: 6:52	15 0 13	23 38	25 35	29 45	6 4	19 28	28 17	22 9	19 55	20 17	18 38
8	11:10:48	15 58 31	5Vi49	27 19	0Le47	6 44	19 41	28 24	22 11	19 55	20 19	18 35
9	11:14:45	16 56 50	17 52	29 1	1 51	7 24	19 54	28 31	22 13	19 55	20 21	18 32
10	11:18:41	17 55 11	29 49	0Li42	2 54	8 4	20 7	28 39	22 15	19 56	20 23	18 28
11	11:22:38	18 53 33	11Li42	2 22	3 58	8 44	20 20	28 46	22 17	19 56	20 25	18 25
12	11:26:34	19 51 58	23 32	4 0	5 2	9 25	20 33	28 53	22 19	19 56	20 27	18 22
13	11:30:31	20 50 24	5Sc23	5 38	6 6	10 5	20 46	29 1	22 21	19 57	20 29	18 19
14	11:34:27	21 48 52	17 16	7 15	7 11	10 45	20 59	29 8	22 23	19 57	20 31	18 16
15	11:38:24	22 47 21	29 16	8 50	8 15	11 26	21 12	29 16	22 26	19 58	20 34	18 13
16	11:42:21	23 45 53	11Sg25	10 24	9 20	12 6	21 25	29 23	22 28	19 58	20 36	18 9
17	11:46:17	24 44 26	23 49	11 58	10 26	12 47	21 38	29 30	22 30	19 59	20 38	18 6
18	11:50:14	25 43 0	6Cp32	13 30	11 31	13 28	21 51	29 38	22 33	19 59	20 40	18 3
19	11:54:10	26 41 36	19 37	15 1	12 37	14 8	22 4	29 45	22 35	20 0	20 42	18 0
20	11:58: 7	27 40 14	3Aq 8	16 32	13 43	14 49	22 17	29 53	22 38	20 0	20 45	17 57
21	12: 2: 3	28 38 54	17 7	18 1	14 49	15 30	22 30	0Li 0	22 40	20 1	20 47	17 53
22	12: 6: 0	29 37 35	1Pi33	19 29	15 56	16 11	22 43	0 8	22 43	20 2	20 49	17 50
23	12: 9:57	0Li36 18	16 23	20 56	17 2	16 53	22 56	0 15	22 45	20 3	20 51	17 47
24	12:13:53	1 35 3	1Ar30	22 22	18 9	17 34	23 9	0 22	22 48	20 3	20 54	17 44
25	12:17:50	2 33 50	16 45	23 47	19 16	18 15	23 22	0 30	22 51	20 4	20 56	17 41
26	12:21:46	3 32 39	1Ta58	25 11	20 23	18 56	23 35	0 37	22 53	20 5	20 58	17 38
27	12:25:42	4 31 30	16 57	26 34	21 31	19 38	23 48	0 45	22 56	20 6	21 1	17 34
28	12:29:39	5 30 23	1Ge36	27 55	22 38	20 19	24 1	0 52	22 59	20 7	21 3	17 31
29	12:33:36	6 29 19	15 49	29 16	23 46	21 1	24 13	1 0	23 2	20 8	21 5	17 28
30	12:37:32	7 28 17	29 34	0Sc35	24 54	21 43	24 26	1 7	23 5	20 8	21 7	17 25

9/22 Sun in Lib. 21:10   9/1 3rd Qt. 18:08   9/9 New 10:01   9/17 1st Qt. 13:55   9/24 Full 12:08

Day	Sid. T.	Sun	Moon	Merc.	Venus	Mars	Jup.	Saturn	Uranus	Nept.	Pluto	N.Node
1	12:41:28	8Li27 18	12Cn53	1Sc53	26Le 2	22Sc25	24Vi39	1Li14	23Sc 8	20Sg 9	21Li10	17Le22
2	12:45:26	9 26 20	25 48	3 10	27 11	23 7	24 52	1 22	23 10	20 10	21 12	17 19
3	12:49:22	10 25 25	8Le23	4 25	28 19	23 49	25 5	1 29	23 13	20 11	21 15	17 15
4	12:53:18	11 24 33	20 43	5 38	29 28	24 31	25 17	1 37	23 16	20 13	21 17	17 12
5	12:57:15	12 23 42	2Vi52	6 50	0Vi37	25 13	25 30	1 44	23 19	20 14	21 19	17 9
6	13: 1:12	13 22 54	14 52	8 1	1 46	25 55	25 43	1 51	23 22	20 15	21 22	17 6
7	13: 5: 8	14 22 7	26 47	9 9	2 55	26 37	25 56	1 59	23 26	20 16	21 24	17 3
8	13: 9: 5	15 21 23	8Li39	10 15	4 5	27 20	26 8	2 6	23 29	20 17	21 27	16 59
9	13:13: 2	16 20 41	20 30	11 20	5 14	28 2	26 21	2 13	23 32	20 18	21 29	16 56
10	13:16:58	17 20 1	2Sc21	12 22	6 24	28 45	26 33	2 21	23 35	20 19	21 31	16 53
11	13:20:54	18 19 23	14 14	13 21	7 34	29 27	26 46	2 28	23 38	20 21	21 34	16 50
12	13:24:51	19 18 47	26 11	14 18	8 44	0Sg10	26 58	2 35	23 41	20 22	21 36	16 47
13	13:28:47	20 18 13	8Sg14	15 11	9 54	0 53	27 11	2 42	23 45	20 23	21 38	16 44
14	13:32:44	21 17 41	20 25	16 1	11 4	1 35	27 23	2 50	23 48	20 25	21 41	16 40
15	13:36:41	22 17 11	2Cp48	16 48	12 14	2 18	27 36	2 57	23 51	20 26	21 43	16 37
16	13:40:37	23 16 42	15 26	17 30	13 25	3 1	27 48	3 4	23 54	20 27	21 46	16 34
17	13:44:33	24 16 15	28 25	18 8	14 36	3 44	28 0	3 11	23 58	20 29	21 48	16 31
18	13:48:30	25 15 50	11Aq46	18 41	15 46	4 27	28 13	3 18	24 1	20 30	21 50	16 28
19	13:52:27	26 15 26	25 35	19 9	16 57	5 11	28 25	3 25	24 5	20 32	21 53	16 25
20	13:56:23	27 15 5	9Pi51	19 30	18 8	5 54	28 37	3 32	24 8	20 33	21 55	16 21
21	14: 0:20	28 14 44	24 34	19 46	19 19	6 37	28 49	3 39	24 11	20 35	21 58	16 18
22	14: 4:17	29 14 26	9Ar38	19 54	20 30	7 21	29 1	3 46	24 15	20 36	22 0	16 15
23	14: 8:13	0Sc14 10	24 56	19 55R	21 42	8 4	29 13	3 53	24 18	20 38	22 2	16 12
24	14:12: 9	1 13 55	10Ta16	19 47	22 53	8 48	29 25	4 0	24 22	20 40	22 5	16 9
25	14:16: 7	2 13 43	25 27	19 31	24 5	9 31	29 37	4 7	24 25	20 41	22 7	16 5
26	14:20: 3	3 13 33	10Ge19	19 6	25 16	10 15	29 49	4 14	24 29	20 43	22 9	16 2
27	14:23:59	4 13 24	24 43	18 32	26 28	10 59	0Li 1	4 21	24 32	20 45	22 12	15 59
28	14:27:56	5 13 18	8Cn38	17 48	27 40	11 42	0 13	4 27	24 36	20 46	22 14	15 56
29	14:31:53	6 13 13	22 3	16 56	28 52	12 26	0 24	4 34	24 39	20 48	22 17	15 53
30	14:35:49	7 13 13	5Le 0	15 55	0Li 4	13 10	0 36	4 41	24 43	20 50	22 19	15 50
31	14:39:45	8 13 14	17 34	14 48	1 16	13 54	0 47	4 47	24 47	20 52	22 21	15 46

10/23 Sun in Sco. 6:19   10/1 3rd Qt. 3:19   10/9 New 2:50   10/17 1st Qt. 3:48   10/23 Full 20:53   10/30 3rd Qt. 16:33

NOVEMBER 1980

Day	Sid. T.	Sun	Moon	Merc.	Venus	Mars	Jup.	Saturn	Uranus	Nept.	Pluto	N.Node
1	14:43:42	9Sc13 17	29Le51	13Sc35R	2Li29	14Sg38	0Li59	4Li54	24Sc50	20Sg53	22Li24	15Le43
2	14:47:38	10 13 21	11Vi54	12 18	3 41	15 23	1 10	5 1	24 54	20 55	22 26	15 40
3	14:51:35	11 13 28	23 49	10 59	4 53	16 7	1 22	5 7	24 58	20 57	22 28	15 37
4	14:55:32	12 13 37	5Li40	9 42	6 6	16 51	1 33	5 14	25 1	20 59	22 30	15 34
5	14:59:28	13 13 48	17 29	8 28	7 19	17 36	1 44	5 20	25 5	21 1	22 33	15 30
6	15: 3:25	14 14 1	29 21	7 20	8 31	18 20	1 55	5 26	25 9	21 3	22 35	15 27
7	15: 7:21	15 14 15	11Sc16	6 20	9 44	19 5	2 7	5 33	25 12	21 4	22 37	15 24
8	15:11:18	16 14 32	23 15	5 29	10 57	19 49	2 18	5 39	25 16	21 6	22 40	15 21
9	15:15:14	17 14 50	5Sg20	4 49	12 10	20 34	2 28	5 45	25 20	21 8	22 42	15 18
10	15:19:11	18 15 10	17 32	4 21	13 23	21 18	2 39	5 51	25 23	21 10	22 44	15 15
11	15:23: 8	19 15 31	29 52	4 4	14 36	22 3	2 50	5 58	25 27	21 12	22 46	15 11
12	15:27: 4	20 15 54	12Cp22	3 59D	15 49	22 48	3 1	6 4	25 31	21 14	22 48	15 8
13	15:31: 1	21 16 19	25 5	4 5	17 2	23 33	3 11	6 10	25 34	21 16	22 51	15 5
14	15:34:57	22 16 44	8Aq 3	4 22	18 16	24 18	3 22	6 16	25 38	21 18	22 53	15 2
15	15:38:54	23 17 11	21 19	4 48	19 29	25 3	3 32	6 21	25 42	21 20	22 55	14 59
16	15:42:50	24 17 40	4Pi58	5 23	20 43	25 48	3 43	6 27	25 46	21 22	22 57	14 56
17	15:46:47	25 18 9	19 0	6 6	21 56	26 33	3 53	6 33	25 49	21 24	22 59	14 52
18	15:50:43	26 18 40	3Ar25	6 55	23 10	27 18	4 3	6 39	25 53	21 27	23 1	14 49
19	15:54:40	27 19 12	18 12	7 52	24 23	28 3	4 13	6 44	25 57	21 29	23 3	14 46
20	15:58:37	28 19 45	3Ta14	8 53	25 37	28 49	4 23	6 50	26 1	21 31	23 5	14 43
21	16: 2:33	29 20 20	18 23	9 59	26 51	29 34	4 33	6 55	26 4	21 33	23 7	14 40
22	16: 6:30	0Sg20 56	3Ge28	11 10	28 4	0Cp19	4 43	7 1	26 8	21 35	23 9	14 36
23	16:10:26	1 21 34	18 19	12 23	29 18	1 5	4 53	7 6	26 12	21 37	23 11	14 33
24	16:14:23	2 22 13	2Cn48	13 40	0Sc32	1 50	5 2	7 11	26 15	21 39	23 13	14 30
25	16:18:19	3 22 54	16 49	15 0	1 46	2 36	5 12	7 17	26 19	21 42	23 15	14 27
26	16:22:16	4 23 36	0Le20	16 21	3 0	3 22	5 21	7 22	26 23	21 44	23 17	14 24
27	16:26:13	5 24 20	13 24	17 44	4 14	4 7	5 30	7 27	26 27	21 46	23 19	14 21
28	16:30: 9	6 25 5	26 3	19 9	5 28	4 53	5 39	7 32	26 30	21 48	23 21	14 17
29	16:34: 6	7 25 52	8Vi22	20 35	6 42	5 39	5 48	7 37	26 34	21 50	23 23	14 14
30	16:38: 2	8 26 40	20 27	22 3	7 56	6 25	5 57	7 42	26 38	21 52	23 25	14 11

11/22 Sun in Sag. 3:43   11/7 New 20:43   11/15 1st Qt. 15:48   11/22 Full 6:40   11/29 3rd Qt. 9:59

DECEMBER 1980

Day	Sid. T.	Sun	Moon	Merc.	Venus	Mars	Jup.	Saturn	Uranus	Nept.	Pluto	N.Node
1	16:41:59	9Sg27 30	2Li22	23Sc31	9Sc11	7Cp10	6Li 6	7Li46	26Sc41	21Sg55	23Li27	14Le 8
2	16:45:55	10 28 21	14 12	25 0	10 25	7 56	6 15	7 51	26 45	21 57	23 28	14 5
3	16:49:52	11 29 13	26 3	26 30	11 39	8 42	6 23	7 56	26 49	21 59	23 30	14 2
4	16:53:48	12 30 7	7Sc56	28 0	12 53	9 28	6 32	8 0	26 52	22 1	23 32	13 58
5	16:57:45	13 31 2	19 56	29 31	14 8	10 14	6 40	8 5	26 56	22 4	23 34	13 55
6	17: 1:42	14 31 58	2Sg 3	1Sg 2	15 22	11 1	6 48	8 9	26 59	22 6	23 35	13 52
7	17: 5:38	15 32 55	14 20	2 33	16 37	11 47	6 56	8 13	27 3	22 8	23 37	13 49
8	17: 9:35	16 33 53	26 46	4 5	17 51	12 33	7 4	8 18	27 7	22 10	23 39	13 46
9	17:13:31	17 34 52	9Cp22	5 36	19 6	13 19	7 12	8 22	27 10	22 13	23 40	13 42
10	17:17:28	18 35 52	22 8	7 9	20 20	14 6	7 20	8 26	27 14	22 15	23 42	13 39
11	17:21:24	19 36 53	5Aq 6	8 41	21 35	14 52	7 28	8 30	27 17	22 17	23 44	13 36
12	17:25:21	20 37 54	18 16	10 13	22 49	15 38	7 35	8 34	27 21	22 19	23 45	13 33
13	17:29:18	21 38 56	1Pi39	11 46	24 4	16 25	7 42	8 37	27 24	22 22	23 47	13 30
14	17:33:14	22 39 58	15 18	13 19	25 19	17 11	7 49	8 41	27 28	22 24	23 48	13 27
15	17:37:11	23 41 0	29 12	14 51	26 33	17 58	7 56	8 45	27 31	22 26	23 50	13 23
16	17:41: 7	24 42 3	13Ar23	16 24	27 48	18 44	8 3	8 48	27 35	22 29	23 51	13 20
17	17:45: 4	25 43 7	27 49	17 57	29 3	19 31	8 10	8 51	27 38	22 31	23 52	13 17
18	17:49: 0	26 44 10	12Ta26	19 31	0Sg18	20 17	8 17	8 55	27 41	22 33	23 54	13 14
19	17:52:57	27 45 14	27 8	21 4	1 32	21 4	8 23	8 58	27 45	22 35	23 55	13 11
20	17:56:53	28 46 19	11Ge50	22 38	2 47	21 51	8 29	9 1	27 48	22 38	23 56	13 8
21	18: 0:49	29 47 23	26 22	24 11	4 2	22 37	8 35	9 4	27 51	22 40	23 58	13 4
22	18: 4:47	0Cp48 29	10Cn39	25 45	5 17	23 24	8 41	9 7	27 55	22 42	23 59	13 1
23	18: 8:43	1 49 35	24 34	27 20	6 31	24 11	8 47	9 10	27 58	22 44	24 0	12 58
24	18:12:39	2 50 41	8Le 5	28 54	7 46	24 58	8 53	9 13	28 1	22 47	24 1	12 55
25	18:16:36	3 51 48	21 12	0Cp28	9 1	25 45	8 58	9 15	28 4	22 49	24 2	12 52
26	18:20:33	4 52 55	3Vi55	2 3	10 16	26 32	9 4	9 18	28 8	22 51	24 4	12 48
27	18:24:29	5 54 3	16 19	3 38	11 31	27 19	9 9	9 20	28 11	22 53	24 5	12 45
28	18:28:25	6 55 11	28 27	5 14	12 46	28 5	9 14	9 22	28 14	22 56	24 6	12 42
29	18:32:23	7 56 20	10Li25	6 49	14 1	28 52	9 19	9 25	28 17	22 58	24 7	12 39
30	18:36:19	8 57 29	22 18	8 25	15 16	29 39	9 24	9 27	28 20	23 0	24 8	12 36
31	18:40:15	9 58 39	4Sc 9	10 1	16 31	0Aq27	9 28	9 29	28 23	23 2	24 9	12 33

12/21 Sun in Cap. 16:57   12/7 New 14:36   12/15 1st Qt. 1:48   12/21 Full 18:09   12/29 3rd Qt. 6:33

Day	Sid. T.	Sun	Moon	Merc.	Venus	Mars	Jup.	Saturn	Uranus	Nept.	Pluto	N.Node
1	18:44:12	10Cp59 49	16Sc 5	11Cp38	17Sg46	1Aq14	9Li32	9Li31	28Sc26	23Sg 4	24Li10	12Le29
2	18:48: 9	12 0 59	28 8	13 15	19 1	2 1	9 37	9 33	28 29	23 6	24 10	12 26
3	18:52: 5	13 2 9	10Sg21	14 52	20 16	2 48	9 41	9 34	28 32	23 9	24 11	12 23
4	18:56: 1	14 3 20	22 48	16 30	21 31	3 35	9 44	9 36	28 35	23 11	24 12	12 20
5	18:59:58	15 4 31	5Cp29	18 8	22 46	4 22	9 48	9 37	28 38	23 13	24 13	12 17
6	19: 3:54	16 5 42	18 24	19 46	24 1	5 9	9 52	9 39	28 41	23 15	24 14	12 14
7	19: 7:51	17 6 52	1Aq32	21 25	25 16	5 57	9 55	9 40	28 43	23 17	24 14	12 10
8	19:11:48	18 8 2	14 54	23 4	26 31	6 44	9 58	9 41	28 46	23 19	24 15	12 7
9	19:15:44	19 9 12	28 28	24 44	27 46	7 31	10 1	9 42	28 49	23 21	24 16	12 4
10	19:19:41	20 10 21	12Pi12	26 23	29 1	8 18	10 4	9 43	28 51	23 23	24 16	12 1
11	19:23:38	21 11 30	26 5	28 4	0Cp16	9 6	10 6	9 44	28 54	23 26	24 17	11 58
12	19:27:34	22 12 38	10Ar 6	29 44	1 31	9 53	10 9	9 45	28 57	23 28	24 17	11 54
13	19:31:30	23 13 46	24 14	1Aq25	2 46	10 40	10 11	9 45	28 59	23 30	24 18	11 51
14	19:35:27	24 14 53	8Ta27	3 6	4 1	11 28	10 13	9 46	29 2	23 32	24 18	11 48
15	19:39:24	25 15 59	22 42	4 47	5 16	12 15	10 15	9 46	29 4	23 34	24 19	11 45
16	19:43:20	26 17 4	6Ge57	6 28	6 31	13 2	10 17	9 47	29 7	23 36	24 19	11 42
17	19:47:17	27 18 9	21 7	8 9	7 47	13 50	10 18	9 47	29 9	23 38	24 19	11 39
18	19:51:14	28 19 13	5Cn10	9 50	9 2	14 37	10 19	9 47	29 12	23 40	24 20	11 35
19	19:55:10	29 20 16	19 1	11 31	10 17	15 24	10 21	9 47R	29 14	23 42	24 20	11 32
20	19:59: 6	0Aq21 19	2Le37	13 11	11 32	16 12	10 21	9 47	29 16	23 43	24 20	11 29
21	20: 3: 3	1 22 21	15 55	14 51	12 47	16 59	10 22	9 46	29 18	23 45	24 21	11 26
22	20: 6:59	2 23 22	28 55	16 30	14 2	17 47	10 23	9 46	29 20	23 47	24 21	11 23
23	20:10:56	3 24 23	11Vi36	18 8	15 17	18 34	10 23	9 45	29 23	23 49	24 21	11 19
24	20:14:53	4 25 23	24 1	19 45	16 32	19 22	10 23	9 45	29 25	23 51	24 21	11 16
25	20:18:49	5 26 22	6Li11	21 19	17 47	20 9	10 23R	9 44	29 27	23 53	24 21	11 13
26	20:22:46	6 27 21	18 12	22 52	19 2	20 56	10 23	9 44	29 29	23 55	24 21R	11 10
27	20:26:42	7 28 19	0Sc 6	24 22	20 17	21 44	10 23	9 43	29 31	23 56	24 21	11 7
28	20:30:39	8 29 17	11 58	25 49	21 33	22 31	10 22	9 42	29 33	23 58	24 21	11 3
29	20:34:35	9 30 14	23 54	27 12	22 48	23 19	10 21	9 41	29 34	24 0	24 21	11 0
30	20:38:32	10 31 10	5Sg57	28 30	24 3	24 6	10 20	9 39	29 36	24 2	24 20	10 57
31	20:42:29	11 32 6	18 13	29 44	25 18	24 54	10 19	9 38	29 38	24 3	24 20	10 54

1/20 Sun in Aqu. 3:37   1/6 New 7:25   1/13 1st Qt. 10:11   1/20 Full 7:40   1/28 3rd Qt. 4:19

Day	Sid. T.	Sun	Moon	Merc.	Venus	Mars	Jup.	Saturn	Uranus	Nept.	Pluto	N.Node
1	20:46:25	12Aq33 0	0Cp44	0Pi51	26Cp33	25Aq41	10Li18R	9Li37R	29Sc40	24Sg 5	24Li20R	10Le51
2	20:50:22	13 33 54	13 33	1 52	27 48	26 29	10 16	9 35	29 41	24 7	24 20	10 48
3	20:54:18	14 34 47	26 42	2 46	29 3	27 16	10 14	9 34	29 43	24 8	24 20	10 45
4	20:58:15	15 35 39	10Aq11	3 31	0Aq18	28 4	10 12	9 32	29 45	24 10	24 19	10 41
5	21: 2:11	16 36 30	23 58	4 7	1 33	28 51	10 10	9 30	29 46	24 11	24 19	10 38
6	21: 6: 8	17 37 19	8Pi 0	4 34	2 48	29 39	10 8	9 28	29 47	24 13	24 19	10 35
7	21:10: 4	18 38 7	22 14	4 50	4 4	0Pi26	10 5	9 26	29 49	24 14	24 18	10 32
8	21:14: 1	19 38 54	6Ar34	4 55	5 19	1 14	10 3	9 24	29 50	24 16	24 18	10 29
9	21:17:58	20 39 39	20 56	4 50R	6 34	2 1	10 0	9 22	29 52	24 17	24 17	10 25
10	21:21:54	21 40 22	5Ta15	4 34	7 49	2 48	9 57	9 19	29 53	24 19	24 17	10 22
11	21:25:51	22 41 4	19 30	4 8	9 4	3 36	9 53	9 17	29 55	24 20	24 16	10 19
12	21:29:47	23 41 45	3Ge36	3 31	10 19	4 23	9 50	9 14	29 56	24 22	24 15	10 16
13	21:33:44	24 42 23	17 32	2 46	11 34	5 11	9 46	9 12	29 57	24 23	24 15	10 13
14	21:37:40	25 43 0	1Cn18	1 53	12 49	5 58	9 43	9 9	29 57	24 24	24 15	10 10
15	21:41:37	26 43 35	14 52	0 53	14 4	6 46	9 39	9 6	29 58	24 25	24 14	10 6
16	21:45:34	27 44 9	28 15	29Aq49	15 19	7 33	9 35	9 4	29 59	24 27	24 13	10 3
17	21:49:30	28 44 41	11Le25	28 42	16 34	8 20	9 30	9 1	0Sg 0	24 28	24 12	10 0
18	21:53:27	29 45 11	24 22	27 49	17 49	9 8	9 26	8 58	0 1	24 29	24 11	9 57
19	21:57:23	0Pi45 40	7Vi 6	26 26	19 4	9 55	9 21	8 55	0 2	24 30	24 11	9 54
20	22: 1:20	1 46 7	19 37	25 21	20 19	10 42	9 17	8 51	0 2	24 32	24 10	9 51
21	22: 5:16	2 46 32	1Li56	24 20	21 34	11 30	9 12	8 48	0 3	24 33	24 9	9 47
22	22: 9:13	3 46 56	14 4	23 23	22 49	12 17	9 7	8 45	0 4	24 34	24 8	9 44
23	22:13: 9	4 47 19	26 4	22 32	24 4	13 4	9 1	8 41	0 4	24 35	24 7	9 41
24	22:17: 6	5 47 40	7Sc58	21 48	25 19	13 51	8 56	8 38	0 5	24 36	24 6	9 38
25	22:21: 3	6 47 59	19 51	21 10	26 34	14 39	8 51	8 34	0 5	24 37	24 5	9 35
26	22:24:59	7 48 18	1Sg45	20 40	27 49	15 26	8 45	8 31	0 5	24 38	24 4	9 31
27	22:28:55	8 48 35	13 46	20 17	29 4	16 13	8 39	8 27	0 6	24 39	24 3	9 28
28	22:32:52	9 48 50	25 59	20 2	0Pi19	17 0	8 33	8 23	0 6	24 40	24 2	9 25

2/18 Sun in Pis. 17:53   2/4 New 22:15(E)   2/11 1st Qt. 17:50   2/18 Full 22:59   2/27 3rd Qt. 1:15

MARCH 1981

Day	Sid. T.	Sun	Moon	Merc.	Venus	Mars	Jup.	Saturn	Uranus	Nept.	Pluto	N.Node
1	22:36:49	10Pi49 4	8Cp29	19Aq53R	1Pi34	17Pi47	8Li27R	8Li19R	0Sg 6	24Sg41	24Li 1R	9Le22
2	22:40:45	11 49 16	21 19	19 51D	2 48	18 34	8 21	8 15	0 7	24 41	24 0	9 19
3	22:44:42	12 49 27	4Aq32	19 55	4 3	19 22	8 15	8 11	0 7	24 42	23 59	9 16
4	22:48:39	13 49 36	18 11	20 6	5 18	20 9	8 8	8 7	0 7	24 43	23 58	9 12
5	22:52:35	14 49 43	2Pi15	20 22	6 33	20 56	8 2	8 3	0 7R	24 44	23 57	9 9
6	22:56:31	15 49 49	16 40	20 44	7 48	21 43	7 55	7 59	0 7	24 44	23 55	9 6
7	23: 0:28	16 49 53	1Ar21	21 11	9 3	22 30	7 48	7 55	0 6	24 45	23 54	9 3
8	23: 4:25	17 49 54	16 10	21 43	10 18	23 17	7 41	7 51	0 6	24 46	23 53	9 0
9	23: 8:21	18 49 54	1Ta 0	22 19	11 33	24 4	7 35	7 46	0 6	24 46	23 52	8 57
10	23:12:18	19 49 52	15 42	22 59	12 47	24 51	7 28	7 42	0 6	24 47	23 50	8 53
11	23:16:14	20 49 47	0Ge11	23 43	14 2	25 37	7 20	7 38	0 5	24 47	23 49	8 50
12	23:20:10	21 49 40	14 22	24 31	15 17	26 24	7 13	7 33	0 5	24 48	23 48	8 47
13	23:24: 8	22 49 31	28 14	25 22	16 32	27 11	7 6	7 29	0 5	24 48	23 46	8 44
14	23:28: 4	23 49 20	11Cn48	26 16	17 47	27 58	6 59	7 24	0 4	24 49	23 45	8 41
15	23:32: 0	24 49 7	25 4	27 13	19 1	28 45	6 51	7 20	0 4	24 49	23 44	8 37
16	23:35:57	25 48 51	8Le 5	28 13	20 16	29 31	6 44	7 15	0 3	24 50	23 42	8 34
17	23:39:54	26 48 33	20 53	29 15	21 31	0Ar18	6 36	7 11	0 2	24 50	23 41	8 31
18	23:43:50	27 48 13	3Vi29	0Pi20	22 45	1 5	6 29	7 6	0 2	24 50	23 39	8 28
19	23:47:46	28 47 50	15 55	1 28	24 0	1 51	6 21	7 2	0 1	24 51	23 38	8 25
20	23:51:44	29 47 26	28 13	2 37	25 15	2 38	6 13	6 57	0 0	24 51	23 36	8 22
21	23:55:40	0Ar46 59	10Li22	3 49	26 29	3 25	6 6	6 52	29Sc59	24 51	23 35	8 18
22	23:59:36	1 46 31	22 25	5 2	27 44	4 11	5 58	6 48	29 59	24 51	23 33	8 15
23	0: 3:33	2 46 0	4Sc21	6 18	28 59	4 58	5 50	6 43	29 58	24 51	23 32	8 12
24	0: 7:30	3 45 28	16 14	7 36	0Ar13	5 44	5 43	6 38	29 57	24 52	23 30	8 9
25	0:11:26	4 44 54	28 6	8 55	1 28	6 31	5 35	6 34	29 56	24 52	23 29	8 6
26	0:15:22	5 44 18	9Sg59	10 16	2 42	7 17	5 27	6 29	29 55	24 52	23 27	8 3
27	0:19:19	6 43 41	21 59	11 38	3 57	8 3	5 19	6 24	29 53	24 52R	23 25	7 59
28	0:23:15	7 43 2	4Cp 9	13 3	5 12	8 50	5 12	6 20	29 52	24 52	23 24	7 56
29	0:27:12	8 42 20	16 34	14 29	6 26	9 36	5 4	6 15	29 51	24 51	23 22	7 53
30	0:31: 9	9 41 37	29 19	15 56	7 41	10 22	4 56	6 10	29 50	24 51	23 21	7 50
31	0:35: 5	10 40 53	12Aq29	17 25	8 55	11 8	4 48	6 6	29 48	24 51	23 19	7 47

3/20 Sun in Ari. 17:04   3/6 New 10:32   3/13 1st Qt. 1:51   3/20 Full 15:23   3/28 3rd Qt. 19:35

APRIL 1981

Day	Sid. T.	Sun	Moon	Merc.	Venus	Mars	Jup.	Saturn	Uranus	Nept.	Pluto	N.Node
1	0:39: 2	11Ar40 6	26Aq 7	18Pi56	10Ar10	11Ar54	4Li41R	6Li 1R	29Sc47R	24Sg51R	23Li17R	7Le43
2	0:42:58	12 39 18	10Pi14	20 28	11 24	12 41	4 33	5 56	29 46	24 51	23 16	7 40
3	0:46:55	13 38 27	24 48	22 2	12 39	13 27	4 26	5 52	29 44	24 51	23 14	7 37
4	0:50:51	14 37 35	9Ar44	23 37	13 53	14 13	4 18	5 47	29 43	24 50	23 12	7 34
5	0:54:48	15 36 41	24 53	25 13	15 8	14 59	4 11	5 42	29 41	24 50	23 11	7 31
6	0:58:45	16 35 45	10Ta 5	26 51	16 22	15 45	4 3	5 38	29 40	24 50	23 9	7 28
7	1: 2:41	17 34 46	25 10	28 31	17 36	16 31	3 56	5 33	29 38	24 49	23 7	7 24
8	1: 6:38	18 33 46	9Ge57	0Ar12	18 51	17 16	3 48	5 29	29 36	24 49	23 6	7 21
9	1:10:34	19 32 43	24 22	1 54	20 5	18 2	3 41	5 24	29 35	24 49	23 4	7 18
10	1:14:31	20 31 38	8Cn22	3 38	21 20	18 48	3 34	5 20	29 33	24 48	23 2	7 15
11	1:18:27	21 30 30	21 56	5 24	22 34	19 34	3 27	5 15	29 31	24 48	23 1	7 12
12	1:22:24	22 29 21	5Le 7	7 11	23 48	20 19	3 20	5 11	29 29	24 47	22 59	7 8
13	1:26:20	23 28 8	17 58	8 59	25 3	21 5	3 13	5 7	29 28	24 47	22 57	7 5
14	1:30:17	24 26 54	0Vi33	10 50	26 17	21 51	3 6	5 2	29 26	24 46	22 56	7 2
15	1:34:14	25 25 38	12 55	12 41	27 31	22 36	2 59	4 58	29 24	24 46	22 54	6 59
16	1:38:10	26 24 19	25 8	14 34	28 45	23 22	2 53	4 54	29 22	24 45	22 52	6 56
17	1:42: 7	27 22 58	7Li14	16 29	0Ta 0	24 7	2 46	4 50	29 20	24 44	22 50	6 53
18	1:46: 3	28 21 35	19 14	18 25	1 14	24 52	2 40	4 46	29 18	24 44	22 49	6 49
19	1:50: 0	29 20 10	1Sc10	20 23	2 28	25 38	2 33	4 42	29 16	24 43	22 47	6 46
20	1:53:56	0Ta18 43	13 4	22 22	3 42	26 23	2 27	4 38	29 14	24 42	22 45	6 43
21	1:57:53	1 17 15	24 56	24 23	4 56	27 8	2 21	4 34	29 12	24 41	22 44	6 40
22	2: 1:50	2 15 44	6Sg49	26 25	6 10	27 54	2 15	4 30	29 10	24 40	22 42	6 37
23	2: 5:46	3 14 12	18 44	28 29	7 24	28 39	2 9	4 26	29 7	24 40	22 40	6 34
24	2: 9:43	4 12 38	0Cp45	0Ta34	8 39	29 24	2 4	4 22	29 5	24 39	22 39	6 30
25	2:13:39	5 11 3	12 55	2 40	9 53	0Ta 9	1 58	4 18	29 3	24 38	22 37	6 27
26	2:17:36	6 9 26	25 18	4 47	11 7	0 54	1 53	4 15	29 1	24 37	22 35	6 24
27	2:21:32	7 7 47	8Aq 0	6 55	12 21	1 39	1 48	4 11	28 59	24 36	22 34	6 21
28	2:25:29	8 6 7	21 3	9 3	13 35	2 24	1 43	4 8	28 56	24 35	22 32	6 18
29	2:29:26	9 4 26	4Pi36	11 12	14 49	3 9	1 38	4 4	28 54	24 34	22 31	6 14
30	2:33:22	10 2 42	18 36	13 22	16 3	3 53	1 33	4 1	28 52	24 33	22 29	6 11

4/20 Sun in Tau. 4:19   4/4 New 20:20   4/11 1st Qt. 11:12   4/19 Full 8:00   4/27 3rd Qt. 10:15

Day	Sid. T.	Sun	Moon	Merc.	Venus	Mars	Jup.	Saturn	Uranus	Nept.	Pluto	N.Node
1	2:37:19	11Ta 0 58	3Ar 5	15Ta31	17Ta17	4Ta38	1Li28R	3Li58R	28Sc49R	24Sg32R	22Li27R	6Le 8
2	2:41:15	11 59 11	17 59	17 40	18 31	5 23	1 24	3 55	28 47	24 31	22 26	6 5
3	2:45:12	12 57 23	3Ta11	19 48	19 45	6 8	1 19	3 51	28 45	24 30	22 24	6 2
4	2:49: 8	13 55 34	18 31	21 56	20 59	6 52	1 15	3 48	28 42	24 29	22 23	5 59
5	2:53: 5	14 53 43	3Ge47	24 2	22 13	7 37	1 11	3 45	28 40	24 28	22 21	5 55
6	2:57: 1	15 51 50	18 48	26 7	23 27	8 21	1 7	3 43	28 37	24 27	22 20	5 52
7	3: 0:58	16 49 55	3Cn26	28 10	24 41	9 6	1 3	3 40	28 35	24 25	22 18	5 49
8	3: 4:55	17 47 58	17 37	0Ge11	25 55	9 50	1 0	3 37	28 33	24 24	22 17	5 46
9	3: 8:51	18 46 0	1Le18	2 10	27 8	10 34	0 57	3 34	28 30	24 23	22 15	5 43
10	3:12:48	19 43 59	14 33	4 7	28 22	11 19	0 53	3 32	28 28	24 22	22 14	5 40
11	3:16:44	20 41 57	27 24	6 0	29 36	12 3	0 50	3 29	28 25	24 20	22 12	5 36
12	3:20:41	21 39 53	9Vi56	7 51	0Ge50	12 47	0 48	3 27	28 23	24 19	22 11	5 33
13	3:24:37	22 37 47	22 13	9 39	2 4	13 31	0 45	3 25	28 20	24 18	22 10	5 30
14	3:28:34	23 35 39	4Li19	11 24	3 17	14 15	0 42	3 23	28 18	24 17	22 8	5 27
15	3:32:31	24 33 29	16 18	13 6	4 31	14 59	0 40	3 21	28 15	24 15	22 7	5 24
16	3:36:26	25 31 18	28 12	14 44	5 45	15 43	0 38	3 19	28 13	24 14	22 5	5 20
17	3:40:24	26 29 5	10Sc 5	16 19	6 59	16 27	0 36	3 17	28 10	24 12	22 4	5 17
18	3:44:20	27 26 51	21 57	17 51	8 12	17 11	0 34	3 15	28 8	24 11	22 3	5 14
19	3:48:16	28 24 36	3Sg51	19 19	9 26	17 55	0 33	3 13	28 5	24 10	22 1	5 11
20	3:52:13	29 22 19	15 48	20 44	10 40	18 39	0 31	3 12	28 3	24 8	22 0	5 8
21	3:56:10	0Ge20 1	27 49	22 5	11 53	19 22	0 30	3 10	28 0	24 7	21 59	5 5
22	4: 0: 6	1 17 42	9Cp57	23 22	13 7	20 6	0 29	3 9	27 58	24 5	21 58	5 1
23	4: 4: 2	2 15 21	22 13	24 36	14 21	20 50	0 28	3 7	27 55	24 4	21 57	4 58
24	4: 8: 0	3 13 0	4Aq42	25 46	15 34	21 33	0 28	3 6	27 53	24 2	21 55	4 55
25	4:11:56	4 10 37	17 26	26 53	16 48	22 17	0 27	3 5	27 50	24 1	21 54	4 52
26	4:15:52	5 8 14	0Pi30	27 55	18 2	23 0	0 27	3 4	27 48	23 59	21 53	4 49
27	4:19:49	6 5 49	13 56	28 54	19 15	23 44	0 27	3 3	27 45	23 58	21 52	4 46
28	4:23:46	7 3 24	27 48	29 49	20 29	24 27	0 27D	3 2	27 43	23 56	21 51	4 42
29	4:27:42	8 0 58	12Ar 6	0Cn40	21 42	25 10	0 27	3 2	27 40	23 55	21 50	4 39
30	4:31:39	8 58 31	26 47	1 26	22 56	25 53	0 27	3 1	27 38	23 53	21 49	4 36
31	4:35:36	9 56 3	11Ta47	2 9	24 9	26 37	0 28	3 0	27 36	23 52	21 48	4 33

5/21 Sun in Gem. 3:40 5/4 New 4:20 5/10 1st Qt. 22:23 5/19 Full 0:04 5/26 3rd Qt. 21:01

Day	Sid. T.	Sun	Moon	Merc.	Venus	Mars	Jup.	Saturn	Uranus	Nept.	Pluto	N.Node
1	4:39:32	10Ge53 34	26Ta57	2Cn47	25Ge23	27Ta20	0Li29	3Li 0R	27Sc33R	23Sg50R	21Li47R	4Le30
2	4:43:28	11 51 5	12Ge 8	3 21	26 36	28 3	0 30	3 0	27 31	23 49	21 46	4 26
3	4:47:25	12 48 34	27 8	3 51	27 50	28 46	0 31	3 0	27 28	23 47	21 45	4 23
4	4:51:21	13 46 3	11Cn49	4 16	29 3	29 29	0 32	2 59	27 26	23 45	21 44	4 20
5	4:55:18	14 43 30	26 5	4 36	0Cn17	0Ge12	0 33	2 59D	27 24	23 44	21 43	4 17
6	4:59:15	15 40 56	9Le54	4 52	1 30	0 55	0 35	2 59	27 21	23 42	21 43	4 14
7	5: 3:11	16 38 21	23 15	5 4	2 44	1 37	0 37	3 0	27 19	23 41	21 42	4 11
8	5: 7: 7	17 35 45	6Vi11	5 10	3 57	2 20	0 39	3 0	27 17	23 39	21 41	4 7
9	5:11: 4	18 33 8	18 46	5 13R	5 10	3 3	0 41	3 1	27 14	23 37	21 40	4 4
10	5:15: 1	19 30 29	1Li 3	5 10	6 24	3 45	0 43	3 1	27 12	23 36	21 40	4 1
11	5:18:57	20 27 50	13 9	5 3	7 37	4 28	0 46	3 2	27 10	23 34	21 39	3 58
12	5:22:54	21 25 9	25 6	4 52	8 51	5 10	0 49	3 2	27 8	23 33	21 38	3 55
13	5:26:51	22 22 28	6Sc58	4 37	10 4	5 53	0 52	3 3	27 5	23 31	21 38	3 52
14	5:30:47	23 19 46	18 50	4 18	11 17	6 35	0 55	3 4	27 3	23 29	21 37	3 48
15	5:34:43	24 17 3	0Sg44	3 56	12 30	7 18	0 58	3 5	27 1	23 28	21 37	3 45
16	5:38:41	25 14 20	12 42	3 30	13 44	8 0	1 1	3 6	26 59	23 26	21 36	3 42
17	5:42:37	26 11 35	24 46	3 2	14 57	8 42	1 5	3 7	26 57	23 24	21 36	3 39
18	5:46:33	27 8 51	6Cp57	2 31	16 10	9 24	1 8	3 9	26 55	23 23	21 35	3 36
19	5:50:30	28 6 6	19 17	1 59	17 23	10 7	1 12	3 10	26 53	23 21	21 35	3 32
20	5:54:26	29 3 20	1Aq47	1 25	18 37	10 49	1 16	3 11	26 51	23 20	21 34	3 29
21	5:58:23	0Cn 0 34	14 29	0 50	19 50	11 31	1 20	3 13	26 49	23 18	21 34	3 26
22	6: 2:19	0 57 48	27 25	0 16	21 3	12 13	1 25	3 15	26 47	23 16	21 34	3 23
23	6: 6:16	1 55 2	10Pi37	29Ge41	22 16	12 55	1 29	3 17	26 45	23 15	21 33	3 20
24	6:10:12	2 52 15	24 6	29 8	23 29	13 36	1 34	3 18	26 43	23 13	21 33	3 17
25	6:14: 9	3 49 29	7Ar55	28 37	24 42	14 18	1 39	3 20	26 40	23 10	21 33	3 13
26	6:18: 6	4 46 42	22 3	28 8	25 55	15 0	1 44	3 22	26 38	23 8	21 33	3 10
27	6:22: 2	5 43 56	6Ta29	27 41	27 8	15 42	1 49	3 25	26 36	23 8	21 32	3 7
28	6:25:59	6 41 9	21 9	27 18	28 22	16 23	1 54	3 27	26 36	23 7	21 32	3 4
29	6:29:55	7 38 23	5Ge58	26 58	29 35	17 5	2 0	3 29	26 34	23 5	21 32	3 1
30	6:33:52	8 35 37	20 48	26 42	0Le48	17 46	2 5	3 32	26 33	23 4	21 32	2 57

6/21 Sun in Can. 11:46 6/2 New 11:33 6/9 1st Qt. 11:34 6/17 Full 15:05 6/25 3rd Qt. 4:26

JULY 1981

Day	Sid. T.	Sun	Moon	Merc.	Venus	Mars	Jup.	Saturn	Uranus	Nept.	Pluto	N.Node
1	6:37:48	9Cn32 51	5Cn32	26Ge30R	2Le 1	18Ge28	2Li11	3Li34	26Sc31R	23Sg 2R	21Li32R	2Le54
2	6:41:45	10 30 5	20 2	26 23	3 14	19 9	2 17	3 37	26 30	23 1	21 32D	2 51
3	6:45:42	11 27 18	4Le13	26 20	4 27	19 51	2 23	3 40	26 28	22 59	21 32	2 48
4	6:49:38	12 24 32	18 1	26 22D	5 40	20 32	2 29	3 43	26 26	22 58	21 32	2 45
5	6:53:35	13 21 45	1Vi25	26 29	6 53	21 13	2 35	3 46	26 25	22 56	21 32	2 42
6	6:57:31	14 18 58	14 24	26 42	8 5	21 55	2 41	3 49	26 24	22 55	21 33	2 38
7	7: 1:28	15 16 10	27 3	26 59	9 18	22 36	2 48	3 52	26 22	22 53	21 33	2 35
8	7: 5:24	16 13 23	9Li23	27 22	10 31	23 17	2 55	3 55	26 21	22 52	21 33	2 32
9	7: 9:21	17 10 35	21 30	27 49	11 44	23 58	3 2	3 58	26 20	22 50	21 33	2 29
10	7:13:17	18 7 48	3Sc28	28 22	12 57	24 39	3 8	4 2	26 18	22 49	21 33	2 26
11	7:17:14	19 5 0	15 21	29 0	14 10	25 20	3 16	4 5	26 17	22 47	21 34	2 23
12	7:21:11	20 2 12	27 14	29 42	15 22	26 1	3 23	4 9	26 16	22 46	21 34	2 19
13	7:25: 7	20 59 25	9Sg10	0Cn30	16 35	26 42	3 30	4 12	26 15	22 45	21 35	2 16
14	7:29: 4	21 56 37	21 13	1 23	17 48	27 23	3 38	4 16	26 14	22 43	21 35	2 13
15	7:33: 0	22 53 50	3Cp25	2 21	19 1	28 3	3 45	4 20	26 13	22 42	21 35	2 10
16	7:36:57	23 51 3	15 48	3 23	20 13	28 44	3 53	4 24	26 12	22 41	21 36	2 7
17	7:40:53	24 48 16	28 24	4 30	21 26	29 25	4 1	4 28	26 11	22 39	21 36	2 3
18	7:44:50	25 45 30	11Aq13	5 42	22 39	0Cn 5	4 9	4 32	26 10	22 38	21 37	2 0
19	7:48:47	26 42 44	24 15	6 59	23 51	0 46	4 17	4 36	26 9	22 37	21 38	1 57
20	7:52:43	27 39 59	7Pi32	8 20	25 4	1 26	4 25	4 40	26 9	22 36	21 38	1 54
21	7:56:40	28 37 14	21 2	9 46	26 16	2 7	4 33	4 44	26 8	22 34	21 39	1 51
22	8: 0:36	29 34 31	4Ar45	11 16	27 29	2 47	4 42	4 48	26 7	22 33	21 39	1 48
23	8: 4:32	0Le31 48	18 40	12 49	28 41	3 27	4 50	4 53	26 7	22 32	21 40	1 44
24	8: 8:29	1 29 6	2Ta46	14 27	29 54	4 8	4 59	4 57	26 6	22 31	21 41	1 41
25	8:12:26	2 26 25	17 1	16 9	1Vi 6	4 48	5 7	5 2	26 5	22 30	21 42	1 38
26	8:16:22	3 23 45	1Ge23	17 55	2 19	5 28	5 16	5 7	26 5	22 28	21 43	1 35
27	8:20:19	4 21 6	15 47	19 43	3 31	6 8	5 25	5 11	26 4	22 27	21 43	1 32
28	8:24:16	5 18 28	0Cn11	21 35	4 43	6 48	5 34	5 16	26 4	22 26	21 44	1 29
29	8:28:12	6 15 51	14 30	23 30	5 56	7 28	5 43	5 21	26 4	22 25	21 45	1 25
30	8:32: 9	7 13 15	28 38	25 27	7 8	8 8	5 53	5 26	26 3	22 24	21 46	1 22
31	8:36: 5	8 10 39	12Le32	27 26	8 20	8 48	6 2	5 31	26 3	22 23	21 47	1 19

7/22 Sun in Leo 22:41   7/1 New 19:04   7/9 1st Qt. 2:40   7/17 Full 4:40(E)   7/24 3rd Qt. 9:41   7/31 New 3:53(E)

AUGUST 1981

Day	Sid. T.	Sun	Moon	Merc.	Venus	Mars	Jup.	Saturn	Uranus	Nept.	Pluto	N.Node
1	8:40: 2	9Le 8 5	26Le 8	29Cn27	9Vi32	9Cn28	6Li12	5Li36	26Sc 3R	22Sg22R	21Li48	1Le16
2	8:43:58	10 5 31	9Vi26	1Le29	10 45	10 8	6 21	5 41	26 3	22 21	21 49	1 13
3	8:47:55	11 2 58	22 23	3 33	11 57	10 48	6 31	5 46	26 3	22 20	21 50	1 9
4	8:51:52	12 0 25	5Li 1	5 37	13 9	11 27	6 41	5 51	26 3D	22 19	21 51	1 6
5	8:55:48	12 57 54	17 23	7 41	14 21	12 7	6 50	5 57	26 3	22 18	21 52	1 3
6	8:59:45	13 55 23	29 31	9 46	15 33	12 47	7 0	6 2	26 3	22 17	21 54	1 0
7	9: 3:41	14 52 53	11Sc29	11 51	16 45	13 26	7 10	6 8	26 3	22 16	21 55	0 57
8	9: 7:37	15 50 24	23 23	13 55	17 57	14 6	7 20	6 13	26 3	22 16	21 56	0 54
9	9:11:34	16 47 55	5Sg16	15 59	19 9	14 45	7 31	6 19	26 4	22 15	21 57	0 50
10	9:15:31	17 45 28	17 13	18 2	20 21	15 24	7 41	6 24	26 4	22 14	21 59	0 47
11	9:19:27	18 43 1	29 19	20 4	21 33	16 4	7 51	6 30	26 4	22 14	22 0	0 44
12	9:23:23	19 40 36	11Cp37	22 5	22 45	16 43	8 2	6 36	26 5	22 13	22 1	0 41
13	9:27:21	20 38 11	24 11	24 4	23 56	17 22	8 12	6 42	26 5	22 12	22 3	0 38
14	9:31:17	21 35 47	7Aq 2	26 3	25 8	18 2	8 23	6 47	26 6	22 12	22 4	0 35
15	9:35:13	22 33 25	20 11	28 0	26 20	18 41	8 34	6 53	26 6	22 11	22 5	0 31
16	9:39:10	23 31 4	3Pi37	29 56	27 31	19 20	8 44	6 59	26 7	22 10	22 7	0 28
17	9:43: 7	24 28 44	17 20	1Vi51	28 43	19 59	8 55	7 5	26 7	22 10	22 8	0 25
18	9:47: 3	25 26 25	1Ar16	3 44	29 55	20 38	9 6	7 11	26 8	22 9	22 10	0 22
19	9:50:59	26 24 8	15 22	5 36	1Li 6	21 17	9 17	7 18	26 9	22 9	22 11	0 19
20	9:54:57	27 21 53	29 34	7 26	2 18	21 56	9 28	7 24	26 10	22 8	22 13	0 15
21	9:58:53	28 19 40	13Ta48	9 15	3 29	22 34	9 39	7 30	26 11	22 8	22 15	0 12
22	10: 2:49	29 17 28	28 2	11 3	4 41	23 13	9 50	7 36	26 11	22 8	22 16	0 9
23	10: 6:46	0Vi15 18	12Ge13	12 49	5 52	23 52	10 2	7 43	26 12	22 7	22 18	0 6
24	10:10:42	1 13 9	26 20	14 34	7 3	24 30	10 13	7 49	26 13	22 7	22 19	0 3
25	10:14:39	2 11 3	10Cn19	16 18	8 14	25 9	10 24	7 55	26 14	22 7	22 21	0 0
26	10:18:35	3 8 58	24 11	18 0	9 26	25 48	10 36	8 2	26 15	22 6	22 23	29Cn56
27	10:22:32	4 6 55	7Le52	19 41	10 37	26 26	10 47	8 8	26 17	22 6	22 25	29 53
28	10:26:28	5 4 54	21 23	21 20	11 48	27 5	10 59	8 15	26 18	22 6	22 26	29 50
29	10:30:25	6 2 54	4Vi40	22 58	12 59	27 43	11 11	8 22	26 19	22 6	22 28	29 47
30	10:34:22	7 0 56	17 43	24 35	14 10	28 21	11 22	8 28	26 20	22 6	22 30	29 44
31	10:38:18	7 58 59	0Li30	26 11	15 21	29 0	11 34	8 35	26 22	22 5	22 32	29 41

8/23 Sun in Vir. 5:39   8/7 1st Qt. 19:27   8/15 Full 16:38   8/22 3rd Qt. 14:17   8/29 New 14:44

Day	Sid. T.	Sun	Moon	Merc.	Venus	Mars	Jup.	Saturn	Uranus	Nept.	Pluto	N.Node
1	10:42:15	8Vi57 4	13Li 3	27Vi46	16Li32	29Cn38	11Li46	8Li42	26Sc23	22Sg 5R	22Li34	29Cn37
2	10:46:12	9 55 10	25 21	29 19	17 43	0Le16	11 58	8 48	26 25	22 5	22 36	29 34
3	10:50: 8	10 53 18	7Sc28	0Li51	18 54	0 54	12 10	8 55	26 26	22 5D	22 37	29 31
4	10:54: 4	11 51 27	19 25	2 21	20 4	1 32	12 22	9 2	26 28	22 5	22 39	29 28
5	10:58: 1	12 49 38	1Sg17	3 51	21 15	2 10	12 34	9 9	26 29	22 5	22 41	29 25
6	11: 1:58	13 47 50	13 9	5 19	22 26	2 48	12 46	9 16	26 31	22 5	22 43	29 21
7	11: 5:54	14 46 4	25 5	6 46	23 36	3 26	12 58	9 22	26 33	22 6	22 45	29 18
8	11: 9:51	15 44 20	7Cp10	8 11	24 47	4 4	13 10	9 29	26 34	22 6	22 47	29 15
9	11:13:47	16 42 37	19 30	9 36	25 57	4 42	13 22	9 36	26 36	22 6	22 49	29 12
10	11:17:44	17 40 55	2Aq 9	10 59	27 8	5 20	13 35	9 43	26 38	22 6	22 51	29 9
11	11:21:40	18 39 15	15 9	12 20	28 18	5 57	13 47	9 50	26 40	22 6	22 53	29 6
12	11:25:37	19 37 37	28 33	13 40	29 28	6 35	13 59	9 57	26 42	22 7	22 55	29 2
13	11:29:33	20 36 0	12Pi20	14 59	0Sc38	7 13	14 12	10 5	26 44	22 7	22 58	28 59
14	11:33:30	21 34 25	26 28	16 16	1 48	7 50	14 24	10 12	26 46	22 7	23 0	28 56
15	11:37:27	22 32 52	10Ar52	17 32	2 58	8 27	14 37	10 19	26 48	22 8	23 2	28 53
16	11:41:23	23 31 21	25 26	18 46	4 8	9 5	14 49	10 26	26 50	22 8	23 4	28 50
17	11:45:20	24 29 52	10Ta 2	19 58	5 18	9 42	15 2	10 33	26 52	22 8	23 6	28 46
18	11:49:16	25 28 26	24 35	21 9	6 28	10 20	15 14	10 40	26 54	22 9	23 8	28 43
19	11:53:13	26 27 1	8Ge59	22 17	7 38	10 57	15 27	10 47	26 57	22 9	23 10	28 40
20	11:57: 9	27 25 39	23 11	23 24	8 47	11 34	15 39	10 55	26 59	22 10	23 13	28 37
21	12: 1: 6	28 24 19	7Cn 9	24 28	9 57	12 11	15 52	11 2	27 1	22 11	23 15	28 34
22	12: 5: 3	29 23 2	20 53	25 31	11 6	12 48	16 5	11 9	27 4	22 11	23 17	28 31
23	12: 8:59	0Li21 46	4Le24	26 31	12 16	13 25	16 17	11 16	27 6	22 12	23 19	28 27
24	12:12:56	1 20 33	17 43	27 28	13 25	14 2	16 30	11 24	27 8	22 13	23 22	28 24
25	12:16:52	2 19 22	0Vi49	28 22	14 34	14 39	16 43	11 31	27 11	22 13	23 24	28 21
26	12:20:49	3 18 13	13 45	29 14	15 44	15 16	16 56	11 38	27 13	22 14	23 26	28 18
27	12:24:45	4 17 6	26 30	0Sc 2	16 53	15 53	17 9	11 46	27 16	22 15	23 28	28 15
28	12:28:42	5 16 2	9Li 3	0 46	18 2	16 29	17 21	11 53	27 19	22 16	23 31	28 12
29	12:32:38	6 14 59	21 25	1 27	19 11	17 6	17 34	12 0	27 21	22 16	23 33	28 8
30	12:36:35	7 13 58	3Sc36	2 3	20 19	17 42	17 47	12 8	27 24	22 17	23 35	28 5

9/23 Sun in Lib. 3:06   9/6 1st Qt. 13:26   9/14 Full 3:10   9/20 3rd Qt. 19:48   9/28 New 4:08

Day	Sid. T.	Sun	Moon	Merc.	Venus	Mars	Jup.	Saturn	Uranus	Nept.	Pluto	N.Node
1	12:40:32	8Li12 59	15Sc38	2Sc35	21Sc28	18Le19	18Li 0	12Li15	27Sc27	22Sg18	23Li38	28Cn 2
2	12:44:28	9 12 2	27 32	3 2	22 37	18 55	18 13	12 22	27 29	22 19	23 40	27 59
3	12:48:25	10 11 7	9Sg22	3 24	23 45	19 32	18 26	12 30	27 32	22 20	23 42	27 56
4	12:52:21	11 10 13	21 11	3 40	24 53	20 8	18 39	12 37	27 35	22 21	23 45	27 52
5	12:56:18	12 9 22	3Cp 4	3 49	26 2	20 44	18 52	12 45	27 38	22 22	23 47	27 49
6	13: 0:14	13 8 32	15 7	3 52R	27 10	21 21	19 5	12 52	27 41	22 23	23 49	27 46
7	13: 4:11	14 7 44	27 24	3 47	28 18	21 57	19 18	12 59	27 44	22 24	23 52	27 43
8	13: 8: 8	15 6 58	10Aq 0	3 35	29 26	22 33	19 31	13 7	27 46	22 25	23 54	27 40
9	13:12: 4	16 6 13	23 1	3 15	0Sg33	23 9	19 44	13 14	27 49	22 26	23 57	27 37
10	13:16: 1	17 5 31	6Pi29	2 47	1 41	23 45	19 57	13 21	27 52	22 28	23 59	27 33
11	13:19:57	18 4 50	20 26	2 11	2 49	24 20	20 10	13 29	27 55	22 29	24 1	27 30
12	13:23:53	19 4 11	4Ar50	1 26	3 56	24 56	20 23	13 36	27 59	22 30	24 4	27 27
13	13:27:50	20 3 34	19 35	0 34	5 3	25 32	20 36	13 43	28 2	22 31	24 6	27 24
14	13:31:46	21 2 59	4Ta33	29Li35	6 10	26 7	20 49	13 51	28 5	22 32	24 9	27 21
15	13:35:43	22 2 26	19 35	28 30	7 17	26 43	21 2	13 58	28 8	22 34	24 11	27 18
16	13:39:39	23 1 55	4Ge32	27 20	8 24	27 18	21 15	14 5	28 11	22 35	24 13	27 14
17	13:43:36	24 1 27	19 15	26 7	9 30	27 54	21 28	14 13	28 14	22 36	24 16	27 11
18	13:47:33	25 1 1	3Cn38	24 53	10 37	28 29	21 41	14 20	28 18	22 38	24 18	27 8
19	13:51:29	26 0 37	17 41	23 40	11 43	29 4	21 54	14 27	28 21	22 39	24 21	27 5
20	13:55:26	27 0 16	1Le22	22 30	12 49	29 40	22 7	14 35	28 24	22 41	24 23	27 2
21	13:59:22	27 59 57	14 40	21 26	13 55	0Vi15	22 20	14 42	28 27	22 42	24 25	26 58
22	14: 3:19	28 59 40	27 48	20 29	15 1	0 50	22 33	14 49	28 31	22 44	24 28	26 55
23	14: 7:15	29 59 25	10Vi38	19 41	16 6	1 25	22 46	14 56	28 34	22 45	24 30	26 52
24	14:11:12	0Sc59 13	23 16	19 3	17 12	2 0	22 59	15 4	28 38	22 47	24 33	26 49
25	14:15: 9	1 59 2	5Li43	18 36	18 17	2 34	23 12	15 11	28 41	22 48	24 35	26 46
26	14:19: 5	2 58 54	18 1	18 20	19 22	3 9	23 25	15 18	28 44	22 50	24 37	26 43
27	14:23: 2	3 58 48	0Sc11	18 16D	20 27	3 44	23 38	15 25	28 48	22 52	24 40	26 39
28	14:26:58	4 58 43	12 14	18 22	21 31	4 18	23 51	15 32	28 51	22 53	24 42	26 36
29	14:30:54	5 58 41	24 10	18 40	22 35	4 53	24 4	15 39	28 55	22 55	24 45	26 33
30	14:34:51	6 58 40	6Sg 1	19 7	23 39	5 27	24 17	15 46	28 58	22 57	24 47	26 30
31	14:38:48	7 58 42	17 49	19 44	24 43	6 1	24 30	15 53	29 2	22 58	24 49	26 27

10/23 Sun in Sco. 12:14   10/6 1st Qt. 7:46   10/13 Full 12:50   10/20 3rd Qt. 3:42   10/27 New 20:14

NOVEMBER 1981

Day	Sid. T.	Sun	Moon	Merc.	Venus	Mars	Jup.	Saturn	Uranus	Nept.	Pluto	N.Node
1	14:42:44	8Sc58 45	29Sg37	20Li29	25Sg47	6Vi36	24Li43	16Li 0	29Sc 5	23Sg 0	24Li52	26Cn24
2	14:46:41	9 58 49	11Cp29	21 22	26 50	7 10	24 55	16 7	29 9	23 2	24 54	26 20
3	14:50:38	10 58 56	23 29	22 22	27 53	7 44	25 8	16 14	29 12	23 3	24 56	26 17
4	14:54:34	11 59 3	5Aq43	23 27	28 56	8 18	25 21	16 21	29 16	23 5	24 59	26 14
5	14:58:30	12 59 13	18 15	24 37	29 58	8 51	25 34	16 28	29 20	23 7	25 1	26 11
6	15: 2:27	13 59 23	1Pi10	25 52	1Cp 0	9 25	25 46	16 35	29 23	23 9	25 3	26 8
7	15: 6:24	14 59 36	14 33	27 10	2 2	9 59	25 59	16 42	29 27	23 11	25 6	26 4
8	15:10:20	15 59 50	28 26	28 31	3 3	10 32	26 12	16 48	29 30	23 13	25 8	26 1
9	15:14:17	17 0 5	12Ar50	29 56	4 4	11 6	26 24	16 55	29 34	23 15	25 10	25 58
10	15:18:14	18 0 22	27 39	1Sc22	5 5	11 39	26 37	17 2	29 38	23 17	25 12	25 55
11	15:22:10	19 0 40	12Ta48	2 50	6 5	12 12	26 50	17 9	29 41	23 19	25 15	25 52
12	15:26: 6	20 1 0	28 5	4 20	7 5	12 45	27 2	17 15	29 45	23 20	25 17	25 49
13	15:30: 3	21 1 22	13Ge21	5 51	8 5	13 18	27 15	17 22	29 49	23 22	25 19	25 45
14	15:34: 0	22 1 46	28 23	7 23	9 4	13 51	27 27	17 28	29 52	23 24	25 21	25 42
15	15:37:56	23 2 12	13Cn 5	8 56	10 3	14 24	27 39	17 35	29 56	23 26	25 24	25 39
16	15:41:53	24 2 39	27 21	10 29	11 1	14 57	27 52	17 41	0Sg 0	23 28	25 26	25 36
17	15:45:49	25 3 8	11Le11	12 3	11 59	15 29	28 4	17 48	0 4	23 31	25 28	25 33
18	15:49:45	26 3 39	24 35	13 37	12 56	16 2	28 16	17 54	0 7	23 33	25 30	25 30
19	15:53:43	27 4 12	7Vi38	15 12	13 53	16 34	28 29	18 0	0 11	23 35	25 32	25 26
20	15:57:39	28 4 47	20 21	16 46	14 49	17 6	28 41	18 7	0 15	23 37	25 34	25 23
21	16: 1:35	29 5 23	2Li49	18 21	15 45	17 38	28 53	18 13	0 18	23 39	25 36	25 20
22	16: 5:32	0Sg 6 1	15 5	19 56	16 40	18 10	29 5	18 19	0 22	23 41	25 38	25 17
23	16: 9:29	1 6 41	27 11	21 31	17 35	18 42	29 17	18 25	0 26	23 43	25 41	25 14
24	16:13:25	2 7 22	9Sc11	23 6	18 29	19 14	29 29	18 31	0 30	23 45	25 43	25 10
25	16:17:21	3 8 5	21 6	24 41	19 22	19 45	29 41	18 37	0 33	23 47	25 45	25 7
26	16:21:19	4 8 49	2Sg57	26 16	20 15	20 17	29 53	18 43	0 37	23 49	25 47	25 4
27	16:25:15	5 9 34	14 47	27 50	21 7	20 48	0Sc 5	18 49	0 41	23 52	25 49	25 1
28	16:29:11	6 10 21	26 36	29 25	21 58	21 19	0 16	18 55	0 44	23 54	25 51	24 58
29	16:33: 8	7 11 9	8Cp28	1Sg 0	22 49	21 50	0 28	19 0	0 48	23 56	25 53	24 55
30	16:37: 5	8 11 58	20 23	2 34	23 39	22 21	0 40	19 6	0 52	23 58	25 54	24 51

11/22 Sun in Sag. 9:37   11/5 1st Qt. 1:10   11/11 Full 22:27   11/18 3rd Qt. 14:55   11/26 New 14:39

DECEMBER 1981

Day	Sid. T.	Sun	Moon	Merc.	Venus	Mars	Jup.	Saturn	Uranus	Nept.	Pluto	N.Node
1	16:41: 1	9Sg12 48	2Aq27	4Sg 9	24Cp28	22Vi52	0Sc51	19Li12	0Sg56	24Sg 0	25Li56	24Cn48
2	16:44:57	10 13 39	14 42	5 43	25 16	23 23	1 3	19 17	0 59	24 3	25 58	24 45
3	16:48:54	11 14 31	27 13	7 17	26 3	23 53	1 14	19 23	1 3	24 5	26 0	24 42
4	16:52:50	12 15 23	10Pi 4	8 52	26 49	24 23	1 26	19 28	1 7	24 7	26 2	24 39
5	16:56:47	13 16 16	23 19	10 26	27 35	24 53	1 37	19 33	1 10	24 9	26 4	24 35
6	17: 0:44	14 17 11	7Ar 1	12 0	28 19	25 23	1 48	19 39	1 14	24 12	26 6	24 32
7	17: 4:40	15 18 5	21 12	13 34	29 2	25 53	1 59	19 44	1 17	24 14	26 7	24 29
8	17: 8:37	16 19 1	5Ta49	15 8	29 45	26 23	2 10	19 49	1 21	24 16	26 9	24 26
9	17:12:33	17 19 57	20 49	16 43	0Aq26	26 52	2 21	19 54	1 25	24 18	26 11	24 23
10	17:16:30	18 20 54	6Ge 2	18 17	1 6	27 22	2 32	19 59	1 28	24 21	26 12	24 20
11	17:20:27	19 21 52	21 20	19 51	1 44	27 51	2 43	20 4	1 32	24 23	26 14	24 16
12	17:24:24	20 22 51	6Cn30	21 26	2 22	28 20	2 54	20 9	1 36	24 25	26 16	24 13
13	17:28:20	21 23 51	21 24	23 0	2 58	28 49	3 4	20 14	1 39	24 27	26 17	24 10
14	17:32:17	22 24 51	5Le54	24 35	3 33	29 17	3 15	20 18	1 43	24 30	26 19	24 7
15	17:36:13	23 25 53	19 58	26 9	4 6	29 46	3 25	20 23	1 46	24 32	26 20	24 4
16	17:40:10	24 26 55	3Vi34	27 44	4 38	0Li14	3 36	20 27	1 50	24 34	26 22	24 1
17	17:44: 6	25 27 58	16 43	29 19	5 8	0 42	3 46	20 32	1 53	24 36	26 23	23 57
18	17:48: 3	26 29 3	29 30	0Cp54	5 37	1 10	3 56	20 36	1 57	24 39	26 25	23 54
19	17:51:59	27 30 8	11Li57	2 29	6 4	1 37	4 7	20 41	2 0	24 41	26 26	23 51
20	17:55:56	28 31 14	24 9	4 5	6 29	2 5	4 17	20 45	2 4	24 43	26 28	23 48
21	17:59:53	29 32 20	6Sc10	5 40	6 52	2 32	4 26	20 49	2 7	24 45	26 29	23 45
22	18: 3:49	0Cp33 28	18 4	7 16	7 14	2 59	4 36	20 53	2 10	24 48	26 30	23 41
23	18: 7:46	1 34 36	29 55	8 52	7 34	3 26	4 46	20 57	2 14	24 50	26 32	23 38
24	18:11:42	2 35 44	11Sg44	10 28	7 51	3 52	4 56	21 1	2 17	24 52	26 33	23 35
25	18:15:39	3 36 54	23 34	12 4	8 7	4 18	5 5	21 4	2 20	24 54	26 35	23 32
26	18:19:35	4 38 3	5Cp28	13 41	8 21	4 44	5 15	21 8	2 24	24 57	26 35	23 28
27	18:23:32	5 39 13	17 27	15 17	8 32	5 10	5 24	21 12	2 27	24 59	26 37	23 26
28	18:27:29	6 40 23	29 33	16 54	8 41	5 36	5 33	21 15	2 30	25 1	26 38	23 22
29	18:31:25	7 41 33	11Aq47	18 30	8 48	6 1	5 42	21 19	2 33	25 3	26 39	23 19
30	18:35:22	8 42 43	24 13	20 7	8 52	6 26	5 51	21 22	2 37	25 6	26 40	23 16
31	18:39:18	9 43 53	6Pi53	21 43	8 54	6 51	6 0	21 25	2 40	25 8	26 41	23 13

12/21 Sun in Cap. 22:52   12/4 1st Qt. 16:23   12/11 Full 8:42   12/18 3rd Qt. 5:48   12/26 New 10:11

Day	Sid. T.	Sun	Moon	Merc.	Venus	Mars	Jup.	Saturn	Uranus	Nept.	Pluto	N.Node
1	18:43:15	10Cp45 3	19Pi48	23Cp20	8Aq54R	7Li16	6Sc 9	21Li28	2Sg43	25Sg10	26Li42	23Cn10
2	18:47:11	11 46 12	3Ar 2	24 56	8 51	7 40	6 17	21 31	2 46	25 12	26 43	23 7
3	18:51: 8	12 47 21	16 37	26 31	8 45	8 4	6 26	21 34	2 49	25 14	26 44	23 3
4	18:55: 4	13 48 30	0Ta34	28 7	8 37	8 27	6 34	21 37	2 52	25 17	26 45	23 0
5	18:59: 0	14 49 39	14 52	29 41	8 27	8 51	6 42	21 40	2 55	25 19	26 46	22 57
6	19: 2:58	15 50 47	29 30	1Aq15	8 14	9 14	6 51	21 42	2 58	25 21	26 47	22 54
7	19: 6:54	16 51 55	14Ge22	2 47	7 58	9 37	6 59	21 45	3 1	25 23	26 47	22 51
8	19:10:50	17 53 3	29 22	4 19	7 40	9 59	7 6	21 47	3 4	25 25	26 48	22 47
9	19:14:47	18 54 11	14Cn21	5 48	7 20	10 21	7 14	21 50	3 7	25 27	26 49	22 44
10	19:18:44	19 55 18	29 10	7 16	6 57	10 43	7 22	21 52	3 10	25 30	26 50	22 41
11	19:22:40	20 56 25	13Le43	8 41	6 32	11 5	7 29	21 54	3 12	25 32	26 50	22 38
12	19:26:36	21 57 31	27 54	10 3	6 5	11 26	7 37	21 56	3 15	25 34	26 51	22 35
13	19:30:34	22 58 37	11Vi39	11 22	5 36	11 47	7 44	21 58	3 18	25 36	26 51	22 32
14	19:34:30	23 59 44	24 58	12 37	5 6	12 7	7 51	22 0	3 21	25 38	26 52	22 28
15	19:38:26	25 0 50	7Li52	13 47	4 34	12 27	7 58	22 1	3 23	25 40	26 53	22 25
16	19:42:23	26 1 56	20 24	14 51	4 0	12 47	8 4	22 3	3 26	25 42	26 53	22 22
17	19:46:20	27 3 1	2Sc39	15 49	3 25	13 7	8 11	22 5	3 29	25 44	26 53	22 19
18	19:50:16	28 4 7	14 40	16 40	2 50	13 25	8 18	22 6	3 31	25 46	26 54	22 16
19	19:54:13	29 5 12	26 33	17 23	2 13	13 44	8 24	22 7	3 34	25 48	26 54	22 13
20	19:58: 9	0Aq 6 17	8Sg22	17 57	1 37	14 2	8 30	22 8	3 36	25 50	26 55	22 9
21	20: 2: 5	1 7 21	20 11	18 22	1 0	14 20	8 36	22 10	3 38	25 52	26 55	22 6
22	20: 6: 2	2 8 25	2Cp 4	18 35	0 23	14 37	8 42	22 10	3 41	25 54	26 55	22 3
23	20: 9:59	3 9 28	14 4	18 38R	29Cp46	14 54	8 48	22 11	3 43	25 56	26 55	22 0
24	20:13:55	4 10 31	26 13	18 30	29 10	15 11	8 53	22 12	3 45	25 58	26 56	21 57
25	20:17:52	5 11 32	8Aq33	18 10	28 35	15 27	8 59	22 13	3 48	25 59	26 56	21 53
26	20:21:49	6 12 33	21 5	17 38	28 1	15 42	9 4	22 13	3 50	26 1	26 56	21 50
27	20:25:45	7 13 33	3Pi50	16 56	27 28	15 57	9 9	22 14	3 52	26 3	26 56	21 47
28	20:29:41	8 14 32	16 49	16 4	26 57	16 12	9 14	22 14	3 54	26 4	26 56	21 44
29	20:33:38	9 15 30	0Ar 1	15 4	26 27	16 26	9 19	22 14	3 56	26 7	26 56R	21 41
30	20:37:35	10 16 27	13 26	13 57	25 59	16 40	9 23	22 14	3 58	26 8	26 56	21 38
31	20:41:31	11 17 22	27 6	12 46	25 33	16 53	9 28	22 14R	4 0	26 10	26 56	21 34

1/20 Sun in Aqu. 9:32   1/3 1st Qt. 4:46   1/9 Full 19:54(E)   1/16 3rd Qt. 23:59   1/25 New 4:57(E)

Day	Sid. T.	Sun	Moon	Merc.	Venus	Mars	Jup.	Saturn	Uranus	Nept.	Pluto	N.Node
1	20:45:28	12Aq18 16	10Ta58	11Aq32R	25Cp10R	17Li 5	9Sc32	22Li14R	4Sg 2	26Sg12	26Li56R	21Cn31
2	20:49:25	13 19 9	25 4	10 18	24 48	17 17	9 36	22 14	4 4	26 14	26 56	21 28
3	20:53:21	14 20 0	9Ge20	9 6	24 29	17 29	9 40	22 14	4 6	26 15	26 56	21 25
4	20:57:17	15 20 50	23 46	7 57	24 12	17 40	9 43	22 13	4 8	26 17	26 55	21 22
5	21: 1:14	16 21 39	8Cn18	6 54	23 57	17 50	9 47	22 13	4 9	26 19	26 55	21 19
6	21: 5:10	17 22 26	22 51	5 56	23 45	18 0	9 50	22 12	4 11	26 20	26 55	21 15
7	21: 9: 7	18 23 12	7Le19	5 6	23 36	18 9	9 54	22 12	4 13	26 22	26 55	21 12
8	21:13: 4	19 23 57	21 37	4 24	23 29	18 18	9 57	22 11	4 14	26 23	26 54	21 9
9	21:17: 0	20 24 40	5Vi40	3 50	23 24	18 26	9 59	22 10	4 16	26 25	26 54	21 6
10	21:20:57	21 25 22	19 23	3 25	23 22	18 33	10 2	22 9	4 17	26 26	26 53	21 3
11	21:24:53	22 26 3	2Li44	3 7	23 22D	18 40	10 5	22 8	4 19	26 28	26 53	20 59
12	21:28:50	23 26 42	15 42	2 58	23 25	18 46	10 7	22 6	4 20	26 29	26 53	20 56
13	21:32:46	24 27 21	28 19	2 55D	23 30	18 52	10 9	22 5	4 21	26 31	26 52	20 53
14	21:36:43	25 27 58	10Sc37	3 0	23 37	18 56	10 11	22 4	4 23	26 32	26 51	20 50
15	21:40:40	26 28 34	22 40	3 12	23 47	19 1	10 13	22 2	4 24	26 33	26 51	20 47
16	21:44:36	27 29 9	4Sg34	3 29	23 59	19 4	10 14	22 0	4 25	26 35	26 50	20 44
17	21:48:33	28 29 43	16 24	3 53	24 13	19 7	10 15	21 59	4 26	26 36	26 50	20 40
18	21:52:29	29 30 15	28 13	4 22	24 29	19 9	10 17	21 57	4 27	26 37	26 49	20 37
19	21:56:26	0Pi30 47	10Cp 8	4 55	24 47	19 10	10 18	21 55	4 28	26 39	26 48	20 34
20	22: 0:22	1 31 17	22 13	5 34	25 7	19 11	10 18	21 53	4 29	26 40	26 48	20 31
21	22: 4:19	2 31 45	4Aq31	6 16	25 29	19 10R	10 19	21 51	4 30	26 41	26 47	20 28
22	22: 8:15	3 32 12	17 3	7 3	25 53	19 10	10 19	21 48	4 31	26 42	26 46	20 24
23	22:12:12	4 32 37	29 55	7 53	26 19	19 8	10 20	21 46	4 32	26 44	26 45	20 21
24	22:16: 9	5 33 1	13Pi 3	8 46	26 46	19 6	10 20R	21 44	4 33	26 45	26 44	20 18
25	22:20: 5	6 33 23	26 27	9 42	27 15	19 2	10 20	21 41	4 33	26 46	26 43	20 15
26	22:24: 2	7 33 43	10Ar 5	10 41	27 45	18 58	10 19	21 39	4 34	26 47	26 42	20 12
27	22:27:58	8 34 1	23 54	11 43	28 17	18 54	10 19	21 36	4 34	26 48	26 41	20 9
28	22:31:55	9 34 18	7Ta50	12 47	28 50	18 48	10 18	21 33	4 35	26 49	26 40	20 5

2/18 Sun in Pis. 23:48   2/1 1st Qt. 14:29   2/8 Full 7:58   2/15 3rd Qt. 20:22   2/23 New 21:14

MARCH 1982

Day	Sid. T.	Sun	Moon	Merc.	Venus	Mars	Jup.	Saturn	Uranus	Nept.	Pluto	N.Node
1	22:35:51	10Pi34 32	21Ta53	13Aq54	29Cp25	18Li42R	10Sc17R	21Li30R	4Sg35	26Sg49	26Li39R	20Cn 2
2	22:39:48	11 34 45	5Ge58	15 3	0Aq 1	18 35	10 16	21 27	4 36	26 50	26 38	19 59
3	22:43:45	12 34 55	20 6	16 13	0 38	18 27	10 15	21 24	4 36	26 51	26 37	19 56
4	22:47:41	13 35 3	4Cn14	17 26	1 17	18 19	10 13	21 21	4 37	26 52	26 36	19 53
5	22:51:38	14 35 9	18 21	18 40	1 56	18 9	10 12	21 18	4 37	26 53	26 35	19 50
6	22:55:34	15 35 13	2Le26	19 57	2 37	17 59	10 10	21 15	4 37	26 54	26 34	19 46
7	22:59:31	16 35 15	16 26	21 15	3 19	17 48	10 8	21 12	4 37	26 54	26 33	19 43
8	23: 3:27	17 35 15	0Vi19	22 34	4 2	17 37	10 6	21 8	4 37	26 55	26 32	19 40
9	23: 7:24	18 35 12	14 1	23 55	4 46	17 24	10 3	21 5	4 37	26 56	26 30	19 37
10	23:11:20	19 35 8	27 28	25 18	5 31	17 11	10 1	21 1	4 37R	26 57	26 29	19 34
11	23:15:17	20 35 2	10Li39	26 42	6 16	16 57	9 58	20 58	4 37	26 57	26 28	19 30
12	23:19:14	21 34 54	23 32	28 7	7 3	16 43	9 55	20 54	4 37	26 58	26 27	19 27
13	23:23:10	22 34 44	6Sc 6	29 34	7 51	16 27	9 52	20 50	4 37	26 58	26 25	19 24
14	23:27: 6	23 34 33	18 24	1Pi 2	8 39	16 11	9 49	20 46	4 37	26 59	26 24	19 21
15	23:31: 3	24 34 20	0Sg28	2 31	9 28	15 55	9 45	20 42	4 36	26 59	26 23	19 18
16	23:35: 0	25 34 5	12 23	4 2	10 18	15 38	9 42	20 39	4 36	27 0	26 21	19 15
17	23:38:56	26 33 48	24 12	5 34	11 9	15 20	9 38	20 35	4 36	27 0	26 20	19 11
18	23:42:53	27 33 30	6Cp 2	7 7	12 0	15 1	9 34	20 31	4 35	27 1	26 19	19 8
19	23:46:50	28 33 10	17 57	8 42	12 52	14 42	9 30	20 26	4 35	27 1	26 17	19 5
20	23:50:46	29 32 49	0Aq 4	10 18	13 45	14 22	9 25	20 22	4 34	27 1	26 16	19 2
21	23:54:43	0Ar32 25	12 26	11 55	14 38	14 2	9 21	20 18	4 34	27 2	26 14	18 59
22	23:58:39	1 32 0	25 8	13 33	15 32	13 42	9 16	20 14	4 33	27 2	26 13	18 56
23	0: 2:36	2 31 32	8Pi12	15 13	16 27	13 21	9 12	20 10	4 32	27 2	26 11	18 52
24	0: 6:32	3 31 3	21 38	16 54	17 22	12 59	9 7	20 5	4 32	27 2	26 10	18 49
25	0:10:28	4 30 32	5Ar26	18 36	18 17	12 37	9 2	20 1	4 31	27 2	26 8	18 46
26	0:14:25	5 29 59	19 30	20 20	19 14	12 15	8 56	19 57	4 30	27 3	26 7	18 43
27	0:18:21	6 29 24	3Ta47	22 5	20 10	11 53	8 51	19 52	4 29	27 3	26 5	18 40
28	0:22:18	7 28 46	18 10	23 51	21 7	11 30	8 46	19 48	4 28	27 3	26 3	18 36
29	0:26:15	8 28 7	2Ge33	25 39	22 5	11 7	8 40	19 43	4 27	27 3	26 2	18 33
30	0:30:11	9 27 25	16 53	27 28	23 3	10 44	8 34	19 39	4 26	27 3R	26 0	18 30
31	0:34: 7	10 26 41	1Cn 5	29 18	24 1	10 21	8 28	19 34	4 25	27 3	25 59	18 27

3/20 Sun in Ari. 22:57   3/2 1st Qt. 22:16   3/9 Full 20:46   3/17 3rd Qt. 17:15   3/25 New 10:18

APRIL 1982

Day	Sid. T.	Sun	Moon	Merc.	Venus	Mars	Jup.	Saturn	Uranus	Nept.	Pluto	N.Node
1	0:38: 4	11Ar25 54	15Cn 9	1Ar10	25Aq 0	9Li57R	8Sc22R	19Li30R	4Sg24R	27Sg 3R	25Li57R	18Cn24
2	0:42: 1	12 25 5	29 4	3 3	25 59	9 34	8 16	19 25	4 23	27 2	25 55	18 21
3	0:45:57	13 24 14	12Le50	4 57	26 59	9 11	8 10	19 20	4 22	27 2	25 54	18 17
4	0:49:54	14 23 20	26 27	6 53	27 58	8 48	8 3	19 16	4 20	27 2	25 52	18 14
5	0:53:51	15 22 24	9Vi54	8 51	28 59	8 25	7 57	19 11	4 19	27 2	25 51	18 11
6	0:57:47	16 21 26	23 11	10 49	29 59	8 2	7 50	19 7	4 18	27 2	25 49	18 8
7	1: 1:44	17 20 26	6Li17	12 49	1Pi 0	7 39	7 44	19 2	4 16	27 1	25 47	18 5
8	1: 5:40	18 19 24	19 9	14 50	2 2	7 17	7 37	18 57	4 15	27 1	25 46	18 2
9	1: 9:37	19 18 19	1Sc48	16 52	3 3	6 55	7 30	18 53	4 13	27 1	25 44	17 58
10	1:13:33	20 17 13	14 13	18 55	4 5	6 33	7 23	18 48	4 12	27 0	25 42	17 55
11	1:17:30	21 16 5	26 25	21 0	5 7	6 11	7 16	18 44	4 10	27 0	25 41	17 52
12	1:21:26	22 14 55	8Sg26	23 5	6 10	5 50	7 9	18 39	4 9	27 0	25 39	17 49
13	1:25:22	23 13 43	20 19	25 11	7 12	5 29	7 2	18 34	4 7	26 59	25 37	17 46
14	1:29:20	24 12 30	2Cp 7	27 17	8 15	5 9	6 55	18 30	4 5	26 59	25 35	17 42
15	1:33:16	25 11 14	13 56	29 23	9 18	4 50	6 47	18 25	4 4	26 58	25 34	17 39
16	1:37:12	26 9 57	25 51	1Ta30	10 22	4 30	6 40	18 21	4 2	26 58	25 32	17 36
17	1:41: 9	27 8 39	7Aq56	3 37	11 26	4 12	6 32	18 16	4 0	26 57	25 30	17 33
18	1:45: 6	28 7 18	20 19	5 42	12 30	3 54	6 25	18 11	3 58	26 56	25 29	17 30
19	1:49: 2	29 5 56	3Pi 3	7 48	13 34	3 36	6 17	18 7	3 56	26 56	25 27	17 27
20	1:52:58	0Ta 4 32	16 11	9 52	14 38	3 20	6 10	18 2	3 54	26 55	25 25	17 23
21	1:56:56	1 3 7	29 47	11 54	15 43	3 4	6 2	17 58	3 52	26 54	25 24	17 20
22	2: 0:52	2 1 40	13Ar48	13 55	16 48	2 48	5 55	17 54	3 50	26 54	25 22	17 17
23	2: 4:48	3 0 11	28 11	15 53	17 53	2 34	5 47	17 49	3 49	26 53	25 20	17 14
24	2: 8:45	3 58 40	12Ta51	17 50	18 58	2 20	5 39	17 45	3 47	26 52	25 18	17 11
25	2:12:42	4 57 7	27 39	19 43	20 3	2 7	5 32	17 40	3 44	26 51	25 17	17 8
26	2:16:38	5 55 32	12Ge27	21 33	21 9	1 54	5 24	17 36	3 42	26 50	25 15	17 4
27	2:20:34	6 53 56	27 8	23 21	22 15	1 42	5 16	17 32	3 40	26 50	25 14	17 1
28	2:24:32	7 52 17	11Cn36	25 5	23 20	1 32	5 9	17 28	3 38	26 49	25 12	16 58
29	2:28:27	8 50 36	25 49	26 45	24 26	1 22	5 1	17 24	3 36	26 48	25 10	16 55
30	2:32:24	9 48 53	9Le45	28 22	25 33	1 12	4 53	17 19	3 34	26 47	25 9	16 52

4/20 Sun in Tau. 10:08   4/1 1st Qt. 5:09   4/8 Full 10:19   4/16 3rd Qt. 12:43   4/23 New 20:30   4/30 1st Qt. 12:08

Day	Sid. T.	Sun	Moon	Merc.	Venus	Mars	Jup.	Saturn	Uranus	Nept.	Pluto	N.Node
1	2:36:21	10Ta47 8	23Le24	29Ta54	26Pi39	1Li 4R	4Sc46R	17Li15R	3Sg31R	26Sg46R	25Li 7R	16Cn48
2	2:40:17	11 45 21	6Vi48	1Ge23	27 45	0 56	4 38	17 11	3 29	26 45	25 5	16 45
3	2:44:14	12 43 32	19 58	2 48	28 52	0 49	4 31	17 8	3 27	26 44	25 4	16 42
4	2:48:10	13 41 41	2Li56	4 8	29 59	0 43	4 23	17 4	3 25	26 43	25 2	16 39
5	2:52: 7	14 39 47	15 41	5 24	1Ar 6	0 38	4 16	17 0	3 22	26 42	25 1	16 36
6	2:56: 3	15 37 53	28 14	6 36	2 13	0 33	4 8	16 56	3 20	26 41	24 59	16 33
7	3: 0: 0	16 35 56	10Sc37	7 43	3 20	0 30	4 1	16 52	3 18	26 39	24 58	16 29
8	3: 3:57	17 33 58	22 49	8 46	4 27	0 27	3 53	16 49	3 15	26 38	24 56	16 26
9	3: 7:53	18 31 58	4Sg52	9 44	5 35	0 25	3 46	16 45	3 13	26 37	24 55	16 23
10	3:11:50	19 29 57	16 47	10 38	6 42	0 23	3 39	16 42	3 11	26 36	24 53	16 20
11	3:15:47	20 27 54	28 37	11 27	7 50	0 23	3 32	16 38	3 8	26 35	24 52	16 17
12	3:19:43	21 25 50	10Cp24	12 11	8 58	0 23D	3 25	16 35	3 6	26 33	24 50	16 13
13	3:23:39	22 23 44	22 12	12 51	10 6	0 24	3 18	16 31	3 3	26 32	24 49	16 10
14	3:27:36	23 21 37	4Aq 7	13 25	11 13	0 25	3 11	16 28	3 1	26 31	24 47	16 7
15	3:31:33	24 19 29	16 12	13 55	12 22	0 28	3 4	16 25	2 58	26 30	24 46	16 4
16	3:35:29	25 17 20	28 33	14 20	13 30	0 31	2 58	16 22	2 56	26 28	24 44	16 1
17	3:39:26	26 15 9	11Pi15	14 40	14 38	0 35	2 51	16 19	2 54	26 27	24 43	15 58
18	3:43:22	27 12 58	24 22	14 54	15 46	0 39	2 45	16 16	2 51	26 26	24 42	15 54
19	3:47:19	28 10 45	7Ar56	15 5	16 55	0 45	2 38	16 13	2 49	26 24	24 40	15 51
20	3:51:15	29 8 31	21 59	15 10	18 4	0 51	2 32	16 10	2 46	26 23	24 39	15 48
21	3:55:12	0Ge 6 16	6Ta28	15 10R	19 12	0 57	2 26	16 8	2 44	26 22	24 38	15 45
22	3:59: 8	1 3 59	21 18	15 6	20 21	1 5	2 20	16 5	2 41	26 20	24 36	15 42
23	4: 3: 5	2 1 42	6Ge20	14 57	21 30	1 13	2 14	16 3	2 39	26 19	24 35	15 39
24	4: 7: 2	2 59 23	21 44	14 44	22 39	1 21	2 8	16 0	2 36	26 17	24 34	15 35
25	4:10:58	3 57 3	6Cn27	14 27	23 48	1 30	2 3	15 58	2 34	26 16	24 33	15 32
26	4:14:55	4 54 42	21 15	14 7	24 57	1 40	1 57	15 56	2 31	26 14	24 31	15 29
27	4:18:51	5 52 19	5Le43	13 43	26 6	1 51	1 52	15 53	2 29	26 13	24 30	15 26
28	4:22:48	6 49 54	19 49	13 16	27 15	2 2	1 47	15 51	2 26	26 11	24 29	15 23
29	4:26:44	7 47 28	3Vi33	12 47	28 25	2 14	1 42	15 49	2 24	26 10	24 28	15 19
30	4:30:41	8 45 1	16 56	12 15	29 34	2 26	1 37	15 47	2 21	26 8	24 27	15 16
31	4:34:38	9 42 32	29 59	11 43	0Ta43	2 39	1 32	15 46	2 19	26 7	24 26	15 13

5/21 Sun in Gem. 9:24   5/8 Full 0:45   5/16 3rd Qt. 5:12   5/23 New 4:41   5/29 1st Qt. 20:07

Day	Sid. T.	Sun	Moon	Merc.	Venus	Mars	Jup.	Saturn	Uranus	Nept.	Pluto	N.Node
1	4:38:34	10Ge40 2	12Li44	11Ge 9R	1Ta53	2Li52	1Sc27R	15Li44R	2Sg16R	26Sg 5R	24Li25R	15Cn10
2	4:42:31	11 37 31	25 15	10 36	3 2	3 6	1 23	15 42	2 14	26 4	24 24	15 7
3	4:46:27	12 34 58	7Sc34	10 2	4 12	3 21	1 18	15 41	2 11	26 2	24 23	15 4
4	4:50:24	13 32 24	19 43	9 30	5 22	3 36	1 14	15 39	2 9	26 1	24 22	15 0
5	4:54:20	14 29 50	1Sg44	8 59	6 32	3 52	1 10	15 38	2 6	25 59	24 21	14 57
6	4:58:17	15 27 14	13 38	8 30	7 41	4 8	1 7	15 37	2 4	25 57	24 20	14 54
7	5: 2:13	16 24 37	25 29	8 4	8 51	4 24	1 3	15 36	2 2	25 56	24 19	14 51
8	5: 6:10	17 22 0	7Cp20	7 40	10 1	4 41	0 59	15 35	1 59	25 54	24 18	14 48
9	5:10: 7	18 19 22	19 4	7 20	11 11	4 59	0 56	15 34	1 57	25 53	24 17	14 45
10	5:14: 3	19 16 43	0Aq56	7 3	12 21	5 17	0 53	15 33	1 55	25 51	24 16	14 41
11	5:18: 0	20 14 4	12 53	6 51	13 31	5 36	0 50	15 32	1 52	25 49	24 16	14 38
12	5:21:56	21 11 24	25 1	6 42	14 42	5 55	0 47	15 31	1 50	25 48	24 15	14 35
13	5:25:53	22 8 43	7Pi23	6 38	15 52	6 14	0 45	15 31	1 48	25 46	24 14	14 32
14	5:29:49	23 6 2	20 4	6 38D	17 2	6 34	0 42	15 30	1 45	25 45	24 14	14 29
15	5:33:46	24 3 21	3Ar 7	6 42	18 13	6 54	0 40	15 30	1 43	25 43	24 13	14 25
16	5:37:43	25 0 39	16 36	6 52	19 23	7 15	0 38	15 30	1 41	25 41	24 12	14 22
17	5:41:39	25 57 57	0Ta31	7 5	20 33	7 36	0 36	15 30	1 39	25 40	24 12	14 19
18	5:45:36	26 55 15	14 53	7 24	21 44	7 58	0 34	15 30D	1 37	25 38	24 11	14 16
19	5:49:32	27 52 33	29 39	7 47	22 55	8 19	0 32	15 30	1 34	25 36	24 11	14 13
20	5:53:28	28 49 50	14Ge41	8 14	24 5	8 42	0 31	15 30	1 32	25 35	24 10	14 10
21	5:57:25	29 47 7	29 52	8 46	25 16	9 4	0 30	15 30	1 30	25 33	24 10	14 6
22	6: 1:22	0Cn44 23	15Cn 2	9 23	26 27	9 28	0 29	15 30	1 28	25 32	24 10	14 3
23	6: 5:18	1 41 39	0Le 2	10 4	27 38	9 51	0 28	15 31	1 26	25 30	24 9	14 0
24	6: 9:16	2 38 55	14 44	10 49	28 48	10 15	0 27	15 31	1 24	25 28	24 9	13 57
25	6:13:12	3 36 9	29 2	11 38	29 59	10 39	0 27	15 32	1 22	25 27	24 8	13 54
26	6:17: 8	4 33 24	12Vi57	12 32	1Ge10	11 3	0 26	15 33	1 20	25 25	24 8	13 51
27	6:21: 5	5 30 37	26 25	13 29	2 21	11 28	0 26	15 34	1 18	25 24	24 8	13 47
28	6:25: 1	6 27 50	9Li29	14 31	3 32	11 53	0 26D	15 35	1 16	25 22	24 8	13 44
29	6:28:58	7 25 3	22 12	15 37	4 43	12 19	0 26	15 36	1 14	25 20	24 8	13 41
30	6:32:54	8 22 15	4Sc37	16 46	5 54	12 45	0 27	15 37	1 13	25 19	24 7	13 38

6/21 Sun in Can. 17:24   6/6 Full 16:00   6/14 3rd Qt. 18:07   6/21 New 11:53(E)   6/28 1st Qt. 5:57

JULY 1982

Day	Sid. T.	Sun	Moon	Merc.	Venus	Mars	Jup.	Saturn	Uranus	Nept.	Pluto	N.Node
1	6:36:51	9Cn19 27	16Sc47	18Ge 0	7Ge 6	13Li11	0Sc27	15Li38	1Sg11R	25Sg17R	24Li 7R	13Cn35
2	6:40:48	10 16 38	28 48	19 17	8 17	13 37	0 28	15 39	1 9	25 16	24 7	13 31
3	6:44:44	11 13 49	10Sg41	20 39	9 28	14 4	0 29	15 41	1 7	25 14	24 7	13 28
4	6:48:41	12 11 0	22 30	22 4	10 39	14 31	0 30	15 42	1 6	25 13	24 7D	13 25
5	6:52:37	13 8 11	4Cp18	23 32	11 51	14 59	0 32	15 44	1 4	25 11	24 7	13 22
6	6:56:34	14 5 22	16 7	25 4	13 2	15 26	0 33	15 46	1 2	25 10	24 7	13 19
7	7: 0:30	15 2 33	27 59	26 40	14 14	15 54	0 35	15 48	1 1	25 8	24 7	13 16
8	7: 4:27	15 59 45	9Aq57	28 20	15 25	16 22	0 37	15 50	0 59	25 7	24 7	13 12
9	7: 8:23	16 56 56	22 3	0Cn 2	16 37	16 51	0 39	15 52	0 58	25 5	24 8	13 9
10	7:12:20	17 54 7	4Pi19	1 48	17 48	17 19	0 41	15 54	0 56	25 4	24 8	13 6
11	7:16:17	18 51 19	16 49	3 38	19 0	17 48	0 43	15 56	0 55	25 2	24 8	13 3
12	7:20:13	19 48 32	29 34	5 30	20 12	18 18	0 46	15 58	0 54	25 1	24 8	13 0
13	7:24:10	20 45 44	12Ar37	7 25	21 23	18 47	0 48	16 1	0 52	24 59	24 8	12 56
14	7:28: 6	21 42 58	26 1	9 22	22 35	19 17	0 51	16 3	0 51	24 58	24 9	12 53
15	7:32: 3	22 40 12	9Ta48	11 22	23 47	19 47	0 54	16 6	0 50	24 57	24 9	12 50
16	7:35:59	23 37 27	23 57	13 24	24 59	20 17	0 57	16 8	0 49	24 55	24 10	12 47
17	7:39:56	24 34 42	8Ge28	15 28	26 11	20 48	1 1	16 11	0 47	24 54	24 10	12 44
18	7:43:53	25 31 58	23 17	17 33	27 23	21 19	1 4	16 14	0 46	24 53	24 10	12 41
19	7:47:49	26 29 15	8Cn17	19 39	28 35	21 50	1 8	16 17	0 45	24 51	24 11	12 37
20	7:51:46	27 26 32	23 22	21 46	29 47	22 21	1 12	16 20	0 44	24 50	24 11	12 34
21	7:55:42	28 23 50	8Le21	23 54	0Cn59	22 52	1 16	16 23	0 43	24 49	24 12	12 31
22	7:59:39	29 21 8	23 8	26 2	2 11	23 24	1 20	16 26	0 42	24 47	24 13	12 28
23	8: 3:35	0Le18 27	7Vi34	28 9	3 23	23 56	1 24	16 30	0 42	24 46	24 13	12 25
24	8: 7:32	1 15 46	21 36	0Le17	4 36	24 28	1 29	16 33	0 41	24 45	24 14	12 22
25	8:11:28	2 13 5	5Li11	2 24	5 48	25 0	1 34	16 36	0 40	24 44	24 15	12 18
26	8:15:25	3 10 25	18 19	4 30	7 0	25 33	1 38	16 40	0 39	24 42	24 15	12 15
27	8:19:22	4 7 45	1Sc 4	6 35	8 13	26 5	1 43	16 44	0 39	24 41	24 16	12 12
28	8:23:18	5 5 5	13 28	8 39	9 25	26 38	1 48	16 47	0 38	24 40	24 17	12 9
29	8:27:15	6 2 27	25 36	10 42	10 37	27 11	1 54	16 51	0 37	24 39	24 18	12 6
30	8:31:11	6 59 48	7Sg33	12 44	11 50	27 45	1 59	16 55	0 37	24 38	24 18	12 2
31	8:35: 8	7 57 10	19 23	14 44	13 2	28 18	2 5	16 59	0 36	24 37	24 19	11 59

7/23 Sun in Leo 4:17   7/6 Full 7:32(E)   7/14 3rd Qt. 3:48   7/20 New 18:58(E)   7/27 1st Qt. 18:22

AUGUST 1982

Day	Sid. T.	Sun	Moon	Merc.	Venus	Mars	Jup.	Saturn	Uranus	Nept.	Pluto	N.Node
1	8:39: 4	8Le54 33	1Cp11	16Le43	14Cn15	28Li52	2Sc10	17Li 3	0Sg36R	24Sg36R	24Li20	11Cn56
2	8:43: 1	9 51 57	12 59	18 40	15 28	29 26	2 16	17 7	0 36	24 35	24 21	11 53
3	8:46:58	10 49 21	24 52	20 36	16 40	0Sc 0	2 22	17 11	0 35	24 34	24 22	11 50
4	8:50:54	11 46 46	6Aq52	22 30	17 53	0 34	2 28	17 16	0 35	24 33	24 23	11 47
5	8:54:51	12 44 12	19 1	24 22	19 6	1 9	2 35	17 20	0 35	24 32	24 24	11 43
6	8:58:47	13 41 39	1Pi21	26 13	20 19	1 43	2 41	17 24	0 35	24 31	24 25	11 40
7	9: 2:43	14 39 8	13 52	28 3	21 31	2 18	2 48	17 29	0 34	24 30	24 26	11 37
8	9: 6:40	15 36 37	26 36	29 50	22 44	2 53	2 54	17 33	0 34	24 29	24 28	11 34
9	9:10:37	16 34 7	9Ar33	1Vi37	23 57	3 28	3 1	17 38	0 34D	24 28	24 29	11 31
10	9:14:33	17 31 39	22 45	3 21	25 10	4 4	3 8	17 43	0 34	24 27	24 30	11 28
11	9:18:30	18 29 12	6Ta12	5 5	26 23	4 39	3 15	17 48	0 34	24 26	24 31	11 24
12	9:22:27	19 26 47	19 54	6 46	27 36	5 15	3 23	17 52	0 35	24 26	24 32	11 21
13	9:26:23	20 24 24	3Ge53	8 26	28 49	5 51	3 30	17 57	0 35	24 25	24 34	11 18
14	9:30:20	21 22 1	18 8	10 5	0Le 3	6 27	3 38	18 2	0 35	24 24	24 35	11 15
15	9:34:16	22 19 41	2Cn37	11 42	1 16	7 3	3 45	18 7	0 35	24 24	24 36	11 12
16	9:38:13	23 17 22	17 17	13 18	2 29	7 39	3 53	18 13	0 36	24 23	24 38	11 8
17	9:42: 9	24 15 4	2Le 3	14 52	3 42	8 16	4 1	18 18	0 36	24 22	24 39	11 5
18	9:46: 6	25 12 48	16 48	16 25	4 56	8 52	4 9	18 23	0 36	24 22	24 41	11 2
19	9:50: 3	26 10 32	1Vi25	17 56	6 9	9 29	4 17	18 28	0 37	24 21	24 42	10 59
20	9:53:59	27 8 19	15 46	19 26	7 22	10 6	4 25	18 34	0 38	24 21	24 44	10 56
21	9:57:56	28 6 6	29 47	20 54	8 36	10 43	4 34	18 39	0 38	24 20	24 45	10 53
22	10: 1:52	29 3 55	13Li24	22 21	9 49	11 20	4 42	18 45	0 39	24 20	24 47	10 49
23	10: 5:48	0Vi 1 45	26 35	23 46	11 3	11 58	4 51	18 50	0 40	24 19	24 48	10 46
24	10: 9:45	0 59 36	9Sc22	25 9	12 16	12 35	4 59	18 56	0 40	24 19	24 50	10 43
25	10:13:42	1 57 29	21 47	26 31	13 30	13 13	5 8	19 2	0 41	24 19	24 51	10 40
26	10:17:38	2 55 23	3Sg56	27 52	14 44	13 51	5 17	19 7	0 42	24 18	24 53	10 37
27	10:21:34	3 53 18	15 52	29 10	15 57	14 29	5 26	19 13	0 43	24 18	24 55	10 34
28	10:25:32	4 51 14	27 42	0Li27	17 11	15 7	5 35	19 19	0 44	24 18	24 56	10 30
29	10:29:28	5 49 12	9Cp29	1 43	18 25	15 45	5 45	19 25	0 45	24 17	24 58	10 27
30	10:33:24	6 47 11	21 20	2 56	19 39	16 23	5 54	19 31	0 46	24 17	25 0	10 24
31	10:37:21	7 45 11	3Aq19	4 7	20 52	17 2	6 4	19 37	0 47	24 17	25 2	10 21

8/23 Sun in Vir. 11:16   8/4 Full 22:35   8/12 3rd Qt. 11:09   8/19 New 2:46   8/26 1st Qt. 9:50

Day	Sid. T.	Sun	Moon	Merc.	Venus	Mars	Jup.	Saturn	Uranus	Nept.	Pluto	N.Node
1	10:41:18	8Vi43 13	15Aq28	5Li17	22Le 6	17Sc40	6Sc13	19Li43	0Sg48	24Sg17R	25Li 4	10Cn18
2	10:45:14	9 41 16	27 49	6 24	23 20	18 19	6 23	19 49	0 49	24 17	25 5	10 14
3	10:49:10	10 39 21	10Pi25	7 30	24 34	18 58	6 33	19 55	0 51	24 17	25 7	10 11
4	10:53: 7	11 37 28	23 16	8 33	25 48	19 37	6 42	20 1	0 52	24 17	25 9	10 8
5	10:57: 4	12 35 36	6Ar21	9 33	27 2	20 16	6 52	20 8	0 53	24 16	25 11	10 5
6	11: 1: 0	13 33 47	19 39	10 31	28 16	20 55	7 2	20 14	0 55	24 16D	25 13	10 2
7	11: 4:57	14 31 59	3Ta 8	11 26	29 30	21 35	7 13	20 20	0 56	24 17	25 15	9 59
8	11: 8:53	15 30 13	16 47	12 19	0Vi44	22 14	7 23	20 27	0 58	24 17	25 17	9 55
9	11:12:49	16 28 29	0Ge36	13 8	1 59	22 54	7 33	20 33	0 59	24 17	25 19	9 52
10	11:16:46	17 26 48	14 33	13 54	3 13	23 34	7 44	20 40	1 1	24 17	25 21	9 49
11	11:20:43	18 25 8	28 38	14 36	4 27	24 14	7 54	20 46	1 2	24 17	25 23	9 46
12	11:24:39	19 23 31	12Cn51	15 15	5 41	24 54	8 5	20 53	1 4	24 17	25 25	9 43
13	11:28:35	20 21 56	27 9	15 49	6 55	25 34	8 15	20 59	1 6	24 17	25 27	9 40
14	11:32:33	21 20 23	11Le30	16 19	8 10	26 14	8 26	21 6	1 8	24 18	25 29	9 36
15	11:36:29	22 18 52	25 51	16 44	9 24	26 54	8 37	21 13	1 10	24 18	25 31	9 33
16	11:40:25	23 17 23	10Vi 7	17 4	10 39	27 35	8 48	21 19	1 11	24 18	25 33	9 30
17	11:44:22	24 15 56	24 11	17 19	11 53	28 16	8 59	21 26	1 13	24 18	25 35	9 27
18	11:48:19	25 14 30	7Li59	17 28	13 7	28 56	9 10	21 33	1 15	24 19	25 37	9 24
19	11:52:15	26 13 7	21 28	17 31R	14 22	29 37	9 21	21 40	1 17	24 20	25 39	9 20
20	11:56:11	27 11 45	4Sc35	17 28	15 36	0Sg18	9 32	21 47	1 19	24 20	25 42	9 17
21	12: 0: 9	28 10 26	17 20	17 17	16 51	0 59	9 44	21 54	1 22	24 20	25 44	9 14
22	12: 4: 5	29 9 8	29 45	17 0	18 6	1 40	9 55	22 0	1 24	24 21	25 46	9 11
23	12: 8: 1	0Li 7 51	11Sg53	16 36	19 20	2 21	10 6	22 7	1 26	24 22	25 48	9 8
24	12:11:58	1 6 37	23 49	16 4	20 35	3 3	10 18	22 14	1 28	24 22	25 50	9 5
25	12:15:54	2 5 24	5Cp39	15 25	21 49	3 44	10 29	22 21	1 30	24 23	25 53	9 1
26	12:19:51	3 4 13	17 27	14 39	23 4	4 26	10 41	22 28	1 33	24 23	25 55	8 58
27	12:23:48	4 3 4	29 19	13 47	24 19	5 8	10 53	22 35	1 35	24 24	25 57	8 55
28	12:27:44	5 1 56	11Aq21	12 49	25 34	5 49	11 5	22 42	1 37	24 25	25 59	8 52
29	12:31:40	6 0 50	23 37	11 46	26 48	6 31	11 16	22 50	1 40	24 26	26 2	8 49
30	12:35:37	6 59 46	6Pi 9	10 40	28 3	7 13	11 28	22 57	1 42	24 26	26 4	8 45

9/23 Sun in Lib. 8:47   9/3 Full 12:29   9/10 3rd Qt. 17:20   9/17 New 12:10   9/25 1st Qt. 4:08

Day	Sid. T.	Sun	Moon	Merc.	Venus	Mars	Jup.	Saturn	Uranus	Nept.	Pluto	N.Node
1	12:39:34	7Li58 44	19Pi 0	9Li32R	29Vi18	7Sg55	11Sc40	23Li 4	1Sg45	24Sg27	26Li 6	8Cn42
2	12:43:30	8 57 44	2Ar10	8 23	0Li33	8 37	11 52	23 11	1 47	24 28	26 9	8 39
3	12:47:27	9 56 46	15 38	7 16	1 47	9 20	12 4	23 18	1 50	24 29	26 11	8 36
4	12:51:24	10 55 50	29 20	6 13	3 2	10 2	12 16	23 25	1 53	24 30	26 13	8 33
5	12:55:20	11 54 56	13Ta15	5 14	4 17	10 45	12 28	23 32	1 55	24 31	26 16	8 30
6	12:59:16	12 54 4	27 16	4 23	5 32	11 27	12 41	23 40	1 58	24 32	26 18	8 26
7	13: 3:13	13 53 14	11Ge22	3 39	6 47	12 10	12 53	23 47	2 1	24 33	26 20	8 23
8	13: 7:10	14 52 27	25 30	3 5	8 2	12 52	13 5	23 54	2 4	24 34	26 23	8 20
9	13:11: 6	15 51 43	9Cn37	2 41	9 17	13 35	13 18	24 1	2 6	24 35	26 25	8 17
10	13:15: 3	16 51 0	23 42	2 28	10 32	14 18	13 30	24 9	2 9	24 36	26 28	8 14
11	13:19: 0	17 50 20	7Le46	2 26D	11 47	15 1	13 43	24 16	2 12	24 37	26 30	8 11
12	13:22:56	18 49 43	21 46	2 34	13 2	15 44	13 55	24 23	2 15	24 38	26 32	8 7
13	13:26:52	19 49 7	5Vi42	2 53	14 17	16 28	14 8	24 31	2 18	24 39	26 35	8 4
14	13:30:49	20 48 34	19 32	3 22	15 32	17 11	14 20	24 38	2 21	24 41	26 37	8 1
15	13:34:45	21 48 3	3Li11	4 0	16 47	17 54	14 33	24 45	2 24	24 42	26 40	7 58
16	13:38:42	22 47 34	16 38	4 47	18 2	18 38	14 45	24 52	2 27	24 43	26 42	7 55
17	13:42:39	23 47 7	29 49	5 42	19 21	19 21	14 58	25 0	2 30	24 44	26 44	7 51
18	13:46:35	24 46 42	12Sc43	6 44	20 32	20 5	15 11	25 7	2 33	24 46	26 47	7 48
19	13:50:32	25 46 19	25 19	7 52	21 47	20 49	15 24	25 14	2 36	24 47	26 49	7 45
20	13:54:28	26 45 58	7Sg39	9 5	23 2	21 32	15 37	25 22	2 39	24 48	26 52	7 42
21	13:58:25	27 45 39	19 45	10 24	24 18	22 16	15 49	25 29	2 43	24 50	26 54	7 39
22	14: 2:21	28 45 22	1Cp40	11 46	25 33	23 0	16 2	25 36	2 46	24 51	26 56	7 36
23	14: 6:18	29 45 6	13 29	13 12	26 48	23 44	16 15	25 44	2 49	24 53	26 59	7 32
24	14:10:15	0Sc44 52	25 16	14 41	28 3	24 28	16 28	25 51	2 52	24 54	27 1	7 29
25	14:14:11	1 44 40	7Aq 8	16 12	29 18	25 13	16 41	25 58	2 56	24 56	27 4	7 26
26	14:18: 8	2 44 30	19 10	17 45	0Sc33	25 57	16 54	26 5	2 59	24 57	27 6	7 23
27	14:22: 4	3 44 21	1Pi27	19 20	1 49	26 41	17 7	26 13	3 2	24 59	27 9	7 20
28	14:26: 1	4 44 13	14 3	20 56	3 4	27 26	17 20	26 20	3 6	25 0	27 11	7 17
29	14:29:57	5 44 8	27 1	22 33	4 19	28 10	17 33	26 27	3 9	25 2	27 13	7 13
30	14:33:54	6 44 4	10Ar23	24 10	5 34	28 55	17 46	26 34	3 12	25 4	27 16	7 10
31	14:37:50	7 44 2	24 8	25 48	6 50	29 39	17 59	26 42	3 16	25 5	27 18	7 7

10/23 Sun in Sco. 17:59   10/3 Full 1:09   10/9 3rd Qt. 23:27   10/17 New 0:05   10/25 1st Qt. 0:08

NOVEMBER 1982

Day	Sid. T.	Sun	Moon	Merc.	Venus	Mars	Jup.	Saturn	Uranus	Nept.	Pluto	N.Node
1	14:41:47	8Sc44 2	8Ta13	27Li27	8Sc 5	0Cp24	18Sc12	26Li49	3Sg19	25Sg 7	27Li20	7Cn 4
2	14:45:44	9 44 4	22 33	29 6	9 20	1 9	18 26	26 56	3 23	25 9	27 23	7 1
3	14:49:40	10 44 8	7Ge 2	0Sc45	10 35	1 53	18 39	27 3	3 26	25 10	27 25	6 57
4	14:53:37	11 44 14	21 33	2 23	11 51	2 38	18 52	27 10	3 30	25 12	27 27	6 54
5	14:57:33	12 44 21	6Cn 2	4 2	13 6	3 23	19 5	27 18	3 33	25 14	27 30	6 51
6	15: 1:30	13 44 31	20 24	5 41	14 21	4 8	19 18	27 25	3 37	25 16	27 32	6 48
7	15: 5:26	14 44 43	4Le37	7 19	15 36	4 53	19 32	27 32	3 40	25 18	27 35	6 45
8	15: 9:23	15 44 57	18 39	8 58	16 52	5 39	19 45	27 39	3 44	25 19	27 37	6 42
9	15:13:20	16 45 13	2Vi29	10 36	18 7	6 24	19 58	27 46	3 47	25 21	27 39	6 38
10	15:17:16	17 45 31	16 8	12 13	19 22	7 9	20 11	27 53	3 51	25 23	27 41	6 35
11	15:21:13	18 45 51	29 35	13 51	20 38	7 54	20 25	28 0	3 55	25 25	27 44	6 32
12	15:25: 9	19 46 13	12Li49	15 28	21 53	8 40	20 38	28 7	3 58	25 27	27 46	6 29
13	15:29: 6	20 46 37	25 52	17 5	23 8	9 25	20 51	28 14	4 2	25 29	27 48	6 26
14	15:33: 2	21 47 3	8Sc41	18 41	24 24	10 11	21 4	28 21	4 5	25 31	27 51	6 23
15	15:36:59	22 47 30	21 17	20 18	25 39	10 56	21 18	28 28	4 9	25 33	27 53	6 19
16	15:40:55	23 47 59	3Sg40	21 54	26 54	11 42	21 31	28 35	4 13	25 35	27 55	6 16
17	15:44:52	24 48 30	15 50	23 30	28 10	12 28	21 44	28 41	4 16	25 37	27 57	6 13
18	15:48:49	25 49 2	27 50	25 5	29 25	13 13	21 57	28 48	4 20	25 39	28 0	6 10
19	15:52:45	26 49 35	9Cp42	26 40	0Sg40	13 59	22 11	28 55	4 24	25 41	28 2	6 7
20	15:56:41	27 50 10	21 30	28 15	1 56	14 45	22 24	29 2	4 27	25 43	28 4	6 3
21	16: 0:38	28 50 46	3Aq16	29 50	3 11	15 31	22 37	29 8	4 31	25 45	28 6	6 0
22	16: 4:35	29 51 23	15 7	1Sg25	4 27	16 17	22 50	29 15	4 35	25 47	28 8	5 57
23	16: 8:31	0Sg52 2	27 7	2 59	5 42	17 3	23 4	29 21	4 38	25 49	28 10	5 54
24	16:12:28	1 52 41	9Pi21	4 34	6 57	17 49	23 17	29 28	4 42	25 51	28 12	5 51
25	16:16:25	2 53 22	21 54	6 8	8 13	18 35	23 30	29 35	4 46	25 53	28 15	5 48
26	16:20:21	3 54 3	4Ar50	7 42	9 28	19 21	23 43	29 41	4 50	25 55	28 17	5 44
27	16:24:18	4 54 46	18 12	9 15	10 43	20 7	23 56	29 47	4 53	25 58	28 19	5 41
28	16:28:14	5 55 30	2Ta 2	10 49	11 59	20 53	24 10	29 54	4 57	26 0	28 21	5 38
29	16:32:11	6 56 15	16 16	12 23	13 14	21 40	24 23	0Sc 0	5 1	26 2	28 23	5 35
30	16:36: 7	7 57 1	0Ge52	13 56	14 29	22 26	24 36	0 6	5 4	26 4	28 25	5 32

11/22 Sun in Sag. 15:24   11/1 Full 12:57   11/8 3rd Qt. 6:39   11/15 New 15:11   11/23 1st Qt. 20:06

DECEMBER 1982

Day	Sid. T.	Sun	Moon	Merc.	Venus	Mars	Jup.	Saturn	Uranus	Nept.	Pluto	N.Node
1	16:40: 4	8Sg57 48	15Ge42	15Sg30	15Sg45	23Cp12	24Sc49	0Sc13	5Sg 8	26Sg 6	28Li27	5Cn29
2	16:44: 0	9 58 37	0Cn39	17 3	17 0	23 59	25 2	0 19	5 12	26 8	28 29	5 25
3	16:47:56	10 59 27	15 34	18 36	18 15	24 45	25 15	0 25	5 15	26 11	28 31	5 22
4	16:51:54	12 0 18	0Le21	20 10	19 31	25 32	25 28	0 31	5 19	26 13	28 32	5 19
5	16:55:50	13 1 11	14 52	21 43	20 46	26 18	25 41	0 37	5 23	26 15	28 34	5 16
6	16:59:46	14 2 4	29 6	23 16	22 2	27 5	25 54	0 43	5 26	26 17	28 36	5 13
7	17: 3:43	15 2 59	13Vi 0	24 49	23 17	27 51	26 7	0 49	5 30	26 20	28 38	5 9
8	17: 7:40	16 3 56	26 34	26 23	24 32	28 38	26 20	0 55	5 34	26 22	28 40	5 6
9	17:11:36	17 4 53	9Li49	27 56	25 48	29 24	26 33	1 1	5 37	26 24	28 42	5 3
10	17:15:32	18 5 52	22 47	29 29	27 3	0Aq11	26 46	1 7	5 41	26 26	28 43	5 0
11	17:19:30	19 6 52	5Sc30	1Cp 2	28 18	0 58	26 58	1 12	5 45	26 29	28 45	4 57
12	17:23:26	20 7 53	17 59	2 34	29 34	1 44	27 11	1 18	5 48	26 31	28 47	4 54
13	17:27:22	21 8 55	0Sg17	4 7	0Cp49	2 31	27 24	1 23	5 52	26 33	28 48	4 50
14	17:31:19	22 9 58	12 25	5 39	2 5	3 18	27 37	1 29	5 56	26 35	28 50	4 47
15	17:35:16	23 11 1	24 25	7 12	3 20	4 5	27 49	1 34	5 59	26 38	28 52	4 44
16	17:39:12	24 12 6	6Cp18	8 43	4 35	4 52	28 2	1 40	6 3	26 40	28 53	4 41
17	17:43: 8	25 13 11	18 7	10 15	5 51	5 39	28 14	1 45	6 6	26 42	28 55	4 38
18	17:47: 5	26 14 16	29 54	11 46	7 6	6 25	28 27	1 50	6 10	26 44	28 56	4 34
19	17:51: 1	27 15 22	11Aq42	13 16	8 21	7 12	28 39	1 55	6 13	26 47	28 58	4 31
20	17:54:58	28 16 29	23 33	14 45	9 37	7 59	28 52	2 1	6 17	26 49	28 59	4 28
21	17:58:55	29 17 35	5Pi33	16 14	10 52	8 46	29 4	2 6	6 20	26 51	29 1	4 25
22	18: 2:51	0Cp18 42	17 40	17 41	12 7	9 33	29 16	2 11	6 24	26 53	29 2	4 22
23	18: 6:48	1 19 49	0Ar14	19 7	13 23	10 20	29 29	2 15	6 27	26 56	29 4	4 19
24	18:10:44	2 20 56	13 3	20 31	14 38	11 7	29 41	2 20	6 31	26 58	29 5	4 15
25	18:14:41	3 22 3	26 17	21 54	15 53	11 54	29 53	2 25	6 34	27 0	29 6	4 12
26	18:18:37	4 23 11	9Ta57	23 14	17 9	12 41	0Sg 5	2 30	6 38	27 3	29 8	4 9
27	18:22:34	5 24 18	24 5	24 31	18 24	13 28	0 17	2 34	6 41	27 5	29 9	4 6
28	18:26:31	6 25 26	8Ge40	25 45	19 39	14 15	0 29	2 39	6 44	27 7	29 10	4 3
29	18:30:27	7 26 33	23 35	26 55	20 54	15 2	0 41	2 43	6 48	27 9	29 11	4 0
30	18:34:24	8 27 41	8Cn44	28 1	22 10	15 49	0 53	2 47	6 51	27 12	29 13	3 56
31	18:38:21	9 28 49	23 57	29 2	23 25	16 36	1 5	2 52	6 54	27 14	29 14	3 53

12/22 Sun in Cap. 4:39   12/1 Full 0:22   12/7 3rd Qt. 15:54   12/15 New 9:19(E)   12/23 1st Qt. 14:17   12/30 Full 11:33(E)

Day	Sid. T.	Sun	Moon	Merc.	Venus	Mars	Jup.	Saturn	Uranus	Nept.	Pluto	N.Node
1	18:42:17	10Cp29 57	9Le 6	29Cp57	24Cp40	17Aq24	1Sg17	2Sc56	6Sg57	27Sg16	29Li15	3Cn50
2	18:46:13	11 31 5	24 0	0Aq45	25 56	18 11	1 28	3 0	7 1	27 18	29 16	3 47
3	18:50:10	12 32 14	8Vi33	1 25	27 11	18 58	1 40	3 4	7 4	27 20	29 17	3 44
4	18:54: 7	13 33 23	22 41	1 57	28 26	19 45	1 51	3 8	7 7	27 23	29 18	3 40
5	18:58: 3	14 34 31	6Li22	2 20	29 41	20 32	2 3	3 12	7 10	27 25	29 19	3 37
6	19: 2: 0	15 35 41	19 38	2 32	0Aq56	21 19	2 14	3 15	7 13	27 27	29 20	3 34
7	19: 5:56	16 36 50	2Sc31	2 34R	2 12	22 6	2 25	3 19	7 16	27 29	29 21	3 31
8	19: 9:53	17 37 59	15 4	2 24	3 27	22 53	2 37	3 23	7 19	27 31	29 22	3 28
9	19:13:49	18 39 9	27 21	2 2	4 42	23 41	2 48	3 26	7 22	27 33	29 23	3 25
10	19:17:46	19 40 19	9Sg26	1 28	5 57	24 28	2 59	3 29	7 25	27 36	29 23	3 21
11	19:21:43	20 41 28	21 23	0 43	7 12	25 15	3 10	3 33	7 28	27 38	29 24	3 18
12	19:25:40	21 42 38	3Cp14	29Cp48	8 28	26 2	3 21	3 36	7 31	27 40	29 25	3 15
13	19:29:36	22 43 47	15 2	28 43	9 43	26 49	3 31	3 39	7 34	27 42	29 26	3 12
14	19:33:33	23 44 56	26 50	27 32	10 58	27 36	3 42	3 42	7 37	27 44	29 26	3 9
15	19:37:29	24 46 4	8Aq39	26 16	12 13	28 23	3 53	3 45	7 40	27 46	29 27	3 6
16	19:41:26	25 47 12	20 31	24 57	13 28	29 11	4 3	3 48	7 43	27 48	29 27	3 2
17	19:45:22	26 48 19	2Pi29	23 39	14 43	29 58	4 14	3 51	7 45	27 50	29 28	2 59
18	19:49:19	27 49 25	14 34	22 23	15 58	0Pi45	4 24	3 53	7 48	27 52	29 29	2 56
19	19:53:15	28 50 31	26 50	21 11	17 13	1 32	4 34	3 56	7 51	27 54	29 29	2 53
20	19:57:11	29 51 36	9Ar19	20 6	18 28	2 19	4 44	3 58	7 53	27 56	29 29	2 50
21	20: 1: 9	0Aq52 40	22 5	19 8	19 43	3 6	4 54	4 0	7 56	27 58	29 30	2 46
22	20: 5: 5	1 53 43	5Ta10	18 19	20 58	3 53	5 4	4 3	7 59	28 0	29 30	2 43
23	20: 9: 1	2 54 45	18 39	17 39	22 13	4 40	5 14	4 5	8 1	28 2	29 31	2 40
24	20:12:58	3 55 46	2Ge32	17 8	23 28	5 27	5 24	4 7	8 4	28 4	29 31	2 37
25	20:16:55	4 56 46	16 51	16 46	24 43	6 14	5 34	4 9	8 6	28 6	29 31	2 34
26	20:20:51	5 57 45	1Cn34	16 33	25 58	7 1	5 43	4 11	8 8	28 8	29 31	2 31
27	20:24:48	6 58 43	16 35	16 29	27 13	7 48	5 53	4 12	8 11	28 10	29 32	2 27
28	20:28:45	7 59 40	1Le48	16 32D	28 28	8 35	6 2	4 14	8 13	28 12	29 32	2 24
29	20:32:41	9 0 36	17 2	16 43	29 43	9 22	6 11	4 16	8 15	28 14	29 32	2 21
30	20:36:37	10 1 31	2Vi 8	17 1	0Pi58	10 9	6 20	4 17	8 18	28 15	29 32	2 18
31	20:40:34	11 2 25	16 56	17 25	2 12	10 56	6 29	4 18	8 20	28 17	29 32	2 15

1/20 Sun in Aqu. 15:18   1/6 3rd Qt. 4:01   1/14 New 5:09   1/22 1st Qt. 5:34   1/28 Full 22:27

Day	Sid. T.	Sun	Moon	Merc.	Venus	Mars	Jup.	Saturn	Uranus	Nept.	Pluto	N.Node
1	20:44:31	12Aq 3 18	1Li18	17Cp54	3Pi27	11Pi43	6Sg38	4Sc19	8Sg22	28Sg19	29Li32R	2Cn12
2	20:48:27	13 4 10	15 12	18 29	4 42	12 30	6 47	4 21	8 24	28 21	29 32	2 8
3	20:52:24	14 5 2	28 37	19 9	5 57	13 17	6 55	4 22	8 26	28 22	29 32	2 5
4	20:56:20	15 5 53	11Sc34	19 53	7 11	14 4	7 4	4 22	8 28	28 24	29 32	2 2
5	21: 0:16	16 6 43	24 7	20 41	8 26	14 51	7 12	4 23	8 30	28 26	29 32	1 59
6	21: 4:13	17 7 32	6Sg21	21 33	9 41	15 38	7 21	4 24	8 32	28 28	29 31	1 56
7	21: 8:10	18 8 20	18 22	22 28	10 55	16 24	7 29	4 24	8 34	28 29	29 31	1 52
8	21:12: 6	19 9 7	0Cp13	23 27	12 10	17 11	7 37	4 25	8 35	28 31	29 31	1 49
9	21:16: 3	20 9 54	12 0	24 27	13 24	17 58	7 45	4 25	8 37	28 32	29 31	1 46
10	21:20: 0	21 10 38	23 46	25 31	14 39	18 45	7 52	4 26	8 39	28 34	29 30	1 43
11	21:23:56	22 11 22	5Aq35	26 37	15 53	19 32	8 0	4 26	8 41	28 35	29 30	1 40
12	21:27:52	23 12 5	17 29	27 45	17 8	20 18	8 7	4 26R	8 42	28 37	29 30	1 37
13	21:31:50	24 12 46	29 29	28 55	18 22	21 5	8 15	4 26	8 44	28 38	29 29	1 33
14	21:35:46	25 13 25	11Pi37	0Aq 7	19 37	21 52	8 22	4 26	8 45	28 40	29 29	1 30
15	21:39:42	26 14 3	23 55	1 21	20 51	22 38	8 29	4 25	8 47	28 41	29 28	1 27
16	21:43:39	27 14 40	6Ar22	2 36	22 5	23 25	8 36	4 25	8 48	28 43	29 28	1 24
17	21:47:36	28 15 15	19 1	3 53	23 20	24 11	8 42	4 24	8 50	28 44	29 27	1 21
18	21:51:32	29 15 48	1Ta53	5 12	24 34	24 58	8 49	4 24	8 51	28 45	29 27	1 18
19	21:55:28	0Pi16 19	15 0	6 32	25 48	25 44	8 55	4 23	8 52	28 47	29 26	1 14
20	21:59:26	1 16 49	28 23	7 53	27 2	26 31	9 2	4 22	8 53	28 48	29 25	1 11
21	22: 3:21	2 17 17	12Ge 5	9 15	28 16	27 17	9 8	4 22	8 54	28 49	29 25	1 8
22	22: 7:18	3 17 42	26 7	10 39	29 30	28 4	9 14	4 21	8 56	28 51	29 24	1 5
23	22:11:15	4 18 6	10Cn30	12 4	0Ar44	28 50	9 20	4 19	8 57	28 52	29 23	1 2
24	22:15:11	5 18 28	25 11	13 30	1 58	29 36	9 25	4 18	8 58	28 53	29 23	0 58
25	22:19: 8	6 18 48	10Le 6	14 58	3 12	0Ar23	9 31	4 17	8 59	28 54	29 22	0 55
26	22:23: 4	7 19 6	25 6	16 26	4 26	1 9	9 36	4 16	8 59	28 55	29 21	0 52
27	22:27: 1	8 19 23	10Vi 5	17 56	5 40	1 55	9 41	4 14	9 0	28 56	29 20	0 49
28	22:30:57	9 19 37	24 51	19 26	6 54	2 41	9 46	4 13	9 1	28 57	29 19	0 46

2/19 Sun in Pis. 5:32   2/4 3rd Qt. 19:18   2/13 New 0:33   2/20 1st Qt. 17:33   2/27 Full 8:59

MARCH 1983

Day	Sid. T.	Sun	Moon	Merc.	Venus	Mars	Jup.	Saturn	Uranus	Nept.	Pluto	N.Node
1	22:34:54	10Pi19 50	9Li16	20Aq58	8Ar 8	3Ar27	9Sg51	4Sc11R	9Sg 2	28Sg58	29Li18R	0Cn43
2	22:38:51	11 20 1	23 16	22 31	9 21	4 13	9 56	4 9	9 2	28 59	29 17	0 39
3	22:42:47	12 20 11	6Sc47	24 5	10 35	4 59	10 0	4 7	9 3	29 0	29 16	0 36
4	22:46:43	13 20 19	19 50	25 40	11 49	5 46	10 5	4 5	9 4	29 1	29 15	0 33
5	22:50:40	14 20 26	2Sg28	27 16	13 2	6 31	10 9	4 3	9 4	29 2	29 14	0 30
6	22:54:37	15 20 31	14 45	28 53	14 16	7 17	10 13	4 1	9 5	29 3	29 13	0 27
7	22:58:33	16 20 35	26 47	0Pi31	15 29	8 3	10 17	3 59	9 5	29 4	29 12	0 23
8	23: 2:30	17 20 37	8Cp39	2 10	16 43	8 49	10 20	3 56	9 5	29 5	29 11	0 20
9	23: 6:26	18 20 37	20 26	3 51	17 56	9 35	10 24	3 54	9 6	29 5	29 10	0 17
10	23:10:23	19 20 36	2Aq13	5 33	19 9	10 21	10 27	3 51	9 6	29 6	29 9	0 14
11	23:14:20	20 20 32	14 5	7 15	20 23	11 7	10 30	3 49	9 6	29 7	29 7	0 11
12	23:18:16	21 20 27	26 4	8 59	21 36	11 52	10 33	3 46	9 6	29 8	29 6	0 8
13	23:22:12	22 20 21	8Pi14	10 44	22 49	12 38	10 36	3 43	9 6	29 8	29 5	0 4
14	23:26: 9	23 20 12	20 36	12 30	24 2	13 24	10 39	3 41	9 6R	29 9	29 4	0 1
15	23:30: 5	24 20 1	3Ar 9	14 18	25 15	14 9	10 41	3 38	9 6	29 9	29 2	29Ge58
16	23:34: 2	25 19 49	15 55	16 6	26 28	14 55	10 43	3 35	9 6	29 10	29 1	29 55
17	23:37:58	26 19 34	28 52	17 56	27 41	15 40	10 45	3 31	9 6	29 10	29 0	29 52
18	23:41:55	27 19 17	12Ta 1	19 47	28 54	16 26	10 47	3 28	9 6	29 11	28 58	29 49
19	23:45:52	28 18 58	25 20	21 39	0Ta 7	17 11	10 49	3 25	9 6	29 11	28 57	29 45
20	23:49:48	29 18 37	8Ge51	23 33	1 19	17 57	10 50	3 22	9 5	29 12	28 56	29 42
21	23:53:45	0Ar18 13	22 33	25 27	2 32	18 42	10 52	3 18	9 5	29 12	28 54	29 39
22	23:57:41	1 17 48	6Cn29	27 23	3 44	19 27	10 53	3 15	9 5	29 12	28 53	29 36
23	0: 1:38	2 17 19	20 37	29 20	4 57	20 12	10 54	3 11	9 4	29 13	28 51	29 33
24	0: 5:34	3 16 49	4Le58	1Ar18	6 9	20 58	10 55	3 8	9 4	29 13	28 50	29 29
25	0: 9:31	4 16 16	19 29	3 17	7 22	21 43	10 55	3 4	9 3	29 13	28 48	29 26
26	0:13:27	5 15 41	4Vi 4	5 17	8 34	22 28	10 55	3 0	9 3	29 14	28 47	29 23
27	0:17:24	6 15 4	18 39	7 18	9 46	23 13	10 56	2 57	9 2	29 14	28 45	29 20
28	0:21:21	7 14 24	3Li 6	9 20	10 58	23 58	10 56R	2 53	9 1	29 14	28 44	29 17
29	0:25:17	8 13 43	17 19	11 22	12 10	24 43	10 55	2 49	9 1	29 14	28 42	29 14
30	0:29:14	9 12 59	1Sc10	13 25	13 22	25 28	10 55	2 45	9 0	29 14	28 41	29 10
31	0:33:10	10 12 14	14 38	15 28	14 34	26 13	10 54	2 41	8 59	29 14	28 39	29 7

3/21 Sun in Ari. 4:40   3/6 3rd Qt. 13:17   3/14 New 17:44   3/22 1st Qt. 2:26   3/28 Full 19:28

APRIL 1983

Day	Sid. T.	Sun	Moon	Merc.	Venus	Mars	Jup.	Saturn	Uranus	Nept.	Pluto	N.Node
1	0:37: 7	11Ar11 26	27Sc41	17Ar31	15Ta46	26Ar57	10Sg54R	2Sc37R	8Sg58R	29Sg14R	28Li38R	29Ge 4
2	0:41: 3	12 10 37	10Sg21	19 34	16 58	27 42	10 53	2 33	8 57	29 14	28 36	29 1
3	0:45: 0	13 9 46	22 41	21 37	18 10	28 27	10 52	2 29	8 56	29 14	28 34	28 58
4	0:48:57	14 8 54	4Cp45	23 38	19 21	29 12	10 50	2 24	8 55	29 14	28 33	28 55
5	0:52:53	15 7 59	16 39	25 39	20 33	29 56	10 49	2 20	8 54	29 14	28 31	28 51
6	0:56:50	16 7 3	28 28	27 38	21 44	0Ta41	10 47	2 16	8 53	29 14	28 30	28 48
7	1: 0:46	17 6 5	10Aq18	29 35	22 55	1 25	10 45	2 12	8 52	29 13	28 28	28 45
8	1: 4:43	18 5 5	22 13	1Ta31	24 7	2 10	10 43	2 7	8 50	29 13	28 26	28 42
9	1: 8:39	19 4 4	4Pi18	3 23	25 18	2 54	10 41	2 3	8 49	29 13	28 25	28 39
10	1:12:36	20 3 0	16 36	5 12	26 29	3 39	10 38	1 58	8 48	29 13	28 23	28 35
11	1:16:33	21 1 55	29 9	6 59	27 40	4 23	10 36	1 54	8 46	29 12	28 21	28 32
12	1:20:29	22 0 47	11Ar58	8 41	28 51	5 7	10 33	1 50	8 45	29 12	28 20	28 29
13	1:24:26	22 59 38	25 2	10 20	0Ge 2	5 51	10 30	1 45	8 44	29 12	28 18	28 26
14	1:28:22	23 58 27	8Ta22	11 54	1 12	6 36	10 27	1 41	8 42	29 11	28 16	28 23
15	1:32:19	24 57 14	21 53	13 25	2 23	7 20	10 24	1 36	8 41	29 11	28 14	28 20
16	1:36:15	25 55 59	5Ge35	14 50	3 34	8 4	10 20	1 32	8 39	29 10	28 13	28 16
17	1:40:12	26 54 41	19 25	16 11	4 44	8 48	10 16	1 27	8 37	29 10	28 11	28 13
18	1:44: 8	27 53 22	3Cn21	17 26	5 54	9 32	10 13	1 22	8 36	29 9	28 9	28 10
19	1:48: 5	28 52 0	17 24	18 37	7 4	10 16	10 9	1 18	8 34	29 9	28 8	28 7
20	1:52: 2	29 50 36	1Le30	19 42	8 15	11 0	10 5	1 13	8 32	29 8	28 6	28 4
21	1:55:58	0Ta49 10	15 41	20 42	9 25	11 44	10 0	1 9	8 31	29 7	28 4	28 1
22	1:59:55	1 47 41	29 53	21 37	10 34	12 27	9 56	1 4	8 29	29 7	28 3	27 57
23	2: 3:51	2 46 10	14Vi 5	22 25	11 44	13 11	9 51	0 59	8 27	29 6	28 1	27 54
24	2: 7:48	3 44 37	28 12	23 9	12 54	13 55	9 47	0 55	8 25	29 5	27 59	27 51
25	2:11:44	4 43 2	12Li12	23 46	14 3	14 38	9 42	0 50	8 23	29 5	27 58	27 48
26	2:15:41	5 41 25	25 59	24 18	15 13	15 22	9 37	0 46	8 21	29 4	27 56	27 45
27	2:19:38	6 39 47	9Sc30	24 45	16 22	16 5	9 31	0 41	8 19	29 3	27 54	27 41
28	2:23:34	7 38 6	22 43	25 5	17 31	16 49	9 26	0 37	8 17	29 2	27 53	27 38
29	2:27:31	8 36 24	5Sg37	25 20	18 40	17 32	9 21	0 32	8 15	29 1	27 51	27 35
30	2:31:27	9 34 40	18 12	25 29	19 49	18 16	9 15	0 28	8 13	29 0	27 49	27 32

4/20 Sun in Tau. 15:51   4/5 3rd Qt. 8:39   4/13 New 7:59   4/20 1st Qt. 8:59   4/27 Full 6:32

Day	Sid. T.	Sun	Moon	Merc.	Venus	Mars	Jup.	Saturn	Uranus	Nept.	Pluto	N.Node
1	2:35:23	10Ta32 54	0Cp30	25Ta33	20Ge58	18Ta59	9Sg 9R	0Sc23R	8Sg11R	28Sg59R	27Li48R	27Ge29
2	2:39:20	11 31 7	12 34	25 31R	22 6	19 42	9 3	0 19	8 9	28 59	27 46	27 26
3	2:43:17	12 29 19	24 30	25 24	23 15	20 25	8 57	0 14	8 7	28 58	27 44	27 22
4	2:47:13	13 27 29	6Aq20	25 13	24 23	21 9	8 51	0 10	8 5	28 57	27 43	27 19
5	2:51: 9	14 25 37	18 11	24 56	25 31	21 52	8 45	0 5	8 3	28 56	27 41	27 16
6	2:55: 7	15 23 44	0Pi 8	24 36	26 40	22 35	8 39	0 1	8 0	28 55	27 39	27 13
7	2:59: 3	16 21 50	12 15	24 12	27 47	23 18	8 32	29Li57	7 58	28 53	27 38	27 10
8	3: 2:59	17 19 54	24 37	23 44	28 55	24 1	8 26	29 53	7 56	28 52	27 36	27 7
9	3: 6:56	18 17 56	7Ar17	23 13	0Cn 3	24 44	8 19	29 48	7 54	28 51	27 35	27 3
10	3:10:53	19 15 58	20 16	22 40	1 10	25 27	8 12	29 44	7 51	28 50	27 33	27 0
11	3:14:49	20 13 58	3Ta35	22 6	2 18	26 9	8 5	29 40	7 49	28 49	27 32	26 57
12	3:18:45	21 11 56	17 13	21 30	3 25	26 52	7 58	29 36	7 47	28 48	27 30	26 54
13	3:22:43	22 9 53	1Ge 8	20 54	4 32	27 35	7 51	29 32	7 44	28 47	27 29	26 51
14	3:26:39	23 7 49	15 15	20 18	5 39	28 18	7 44	29 28	7 42	28 45	27 27	26 47
15	3:30:35	24 5 42	29 31	19 43	6 45	29 0	7 37	29 24	7 40	28 44	27 26	26 44
16	3:34:32	25 3 35	13Cn51	19 10	7 52	29 43	7 30	29 20	7 37	28 43	27 24	26 41
17	3:38:28	26 1 25	28 12	18 38	8 58	0Ge25	7 23	29 16	7 35	28 42	27 23	26 38
18	3:42:25	26 59 14	12Le29	18 9	10 4	1 8	7 15	29 12	7 32	28 40	27 21	26 35
19	3:46:22	27 57 1	26 42	17 43	11 10	1 50	7 8	29 8	7 30	28 39	27 20	26 32
20	3:50:18	28 54 46	10Vi47	17 20	12 15	2 33	7 0	29 5	7 27	28 38	27 19	26 28
21	3:54:14	29 52 29	24 42	17 1	13 21	3 15	6 53	29 1	7 25	28 36	27 17	26 25
22	3:58:11	0Ge50 11	8Li28	16 46	14 26	3 57	6 45	28 58	7 23	28 35	27 16	26 22
23	4: 2: 8	1 47 52	22 2	16 34	15 31	4 39	6 38	28 54	7 20	28 34	27 15	26 19
24	4: 6: 4	2 45 30	5Sc22	16 28	16 36	5 22	6 30	28 51	7 18	28 32	27 13	26 16
25	4:10: 1	3 43 8	18 29	16 25	17 40	6 4	6 23	28 47	7 15	28 31	27 12	26 12
26	4:13:58	4 40 44	1Sg21	16 27D	18 45	6 46	6 15	28 44	7 13	28 29	27 11	26 9
27	4:17:54	5 38 19	13 59	16 34	19 49	7 28	6 7	28 41	7 10	28 28	27 9	26 6
28	4:21:50	6 35 53	26 22	16 45	20 53	8 10	6 0	28 38	7 8	28 26	27 8	26 3
29	4:25:47	7 33 26	8Cp33	17 1	21 56	8 52	5 52	28 35	7 5	28 25	27 7	26 0
30	4:29:44	8 30 58	20 34	17 21	23 0	9 34	5 44	28 32	7 3	28 23	27 6	25 57
31	4:33:40	9 28 29	2Aq29	17 45	24 3	10 15	5 37	28 29	7 0	28 22	27 5	25 53

5/21 Sun in Gem. 15:07   5/5 3rd Qt. 3:44   5/12 New 19:26   5/19 1st Qt. 14:18   5/26 Full 18:48

Day	Sid. T.	Sun	Moon	Merc.	Venus	Mars	Jup.	Saturn	Uranus	Nept.	Pluto	N.Node
1	4:37:37	10Ge25 59	14Aq19	18Ta14	25Cn 5	10Ge57	5Sg29R	28Li26R	6Sg58R	28Sg20R	27Li 4R	25Ge50
2	4:41:33	11 23 28	26 11	18 46	26 8	11 39	5 22	28 23	6 55	28 19	27 3	25 47
3	4:45:30	12 20 57	8Pi 8	19 23	27 10	12 21	5 14	28 21	6 53	28 17	27 1	25 44
4	4:49:26	13 18 24	20 15	20 4	28 12	13 2	5 6	28 18	6 50	28 16	27 0	25 41
5	4:53:23	14 15 51	2Ar36	20 49	29 14	13 44	4 59	28 16	6 48	28 14	26 59	25 38
6	4:57:19	15 13 18	15 16	21 37	0Le15	14 25	4 51	28 13	6 45	28 13	26 58	25 34
7	5: 1:16	16 10 43	28 18	22 30	1 16	15 7	4 44	28 11	6 43	28 11	26 57	25 31
8	5: 5:13	17 8 8	11Ta43	23 26	2 17	15 48	4 37	28 9	6 41	28 10	26 57	25 28
9	5: 9: 9	18 5 33	25 32	24 25	3 17	16 30	4 29	28 6	6 38	28 8	26 56	25 25
10	5:13: 6	19 2 57	9Ge43	25 32	4 17	17 11	4 22	28 4	6 36	28 6	26 55	25 22
11	5:17: 2	20 0 20	24 11	26 34	5 16	17 52	4 15	28 2	6 33	28 5	26 54	25 18
12	5:20:59	20 57 42	8Cn51	27 44	6 16	18 34	4 8	28 1	6 31	28 3	26 53	25 15
13	5:24:55	21 55 3	23 38	28 56	7 14	19 15	4 1	27 59	6 29	28 2	26 52	25 12
14	5:28:52	22 52 24	8Le22	0Ge13	8 13	19 56	3 54	27 57	6 26	28 0	26 52	25 9
15	5:32:49	23 49 44	22 59	1 32	9 11	20 37	3 47	27 55	6 24	27 58	26 51	25 6
16	5:36:45	24 47 2	7Vi24	2 54	10 8	21 18	3 40	27 54	6 21	27 57	26 50	25 3
17	5:40:42	25 44 20	21 32	4 20	11 5	22 0	3 34	27 53	6 19	27 55	26 49	24 59
18	5:44:38	26 41 37	5Li23	5 48	12 2	22 41	3 27	27 51	6 17	27 54	26 49	24 56
19	5:48:35	27 38 53	18 56	7 20	12 58	23 21	3 21	27 50	6 15	27 52	26 48	24 53
20	5:52:31	28 36 8	2Sc12	8 55	13 54	24 2	3 14	27 49	6 12	27 50	26 48	24 50
21	5:56:28	29 33 23	15 11	10 33	14 49	24 43	3 8	27 48	6 10	27 49	26 47	24 47
22	6: 0:24	0Cn30 37	27 56	12 13	15 43	25 24	3 2	27 47	6 8	27 47	26 47	24 44
23	6: 4:21	1 27 50	10Sg28	13 57	16 37	26 5	2 56	27 46	6 6	27 45	26 46	24 40
24	6: 8:18	2 25 3	22 49	15 43	17 31	26 46	2 50	27 45	6 4	27 44	26 46	24 37
25	6:12:14	3 22 16	4Cp59	17 33	18 24	27 26	2 45	27 45	6 2	27 42	26 45	24 34
26	6:16:11	4 19 28	17 1	19 25	19 16	28 7	2 39	27 44	5 59	27 41	26 45	24 31
27	6:20: 7	5 16 40	28 57	21 20	20 8	28 48	2 34	27 44	5 57	27 39	26 44	24 28
28	6:24: 4	6 13 52	10Aq49	23 17	20 59	29 28	2 28	27 43	5 55	27 37	26 44	24 24
29	6:28: 0	7 11 4	22 40	25 16	21 49	0Cn 9	2 23	27 43	5 53	27 36	26 44	24 21
30	6:31:57	8 8 16	4Pi31	27 18	22 39	0 49	2 18	27 43	5 51	27 34	26 44	24 18

6/21 Sun in Can. 23:10   6/3 3rd Qt. 21:08   6/11 New 4:39(E)   6/17 1st Qt. 19:47   6/25 Full 8:33(E)

JULY 1983

Day	Sid. T.	Sun	Moon	Merc.	Venus	Mars	Jup.	Saturn	Uranus	Nept.	Pluto	N.Node
1	6:35:54	9Cn 5 27	16Pi29	29Ge22	23Le28	1Cn30	2Sg13R	27Li43	5Sg49R	27Sg33R	26Li43R	24Ge15
2	6:39:50	10 2 39	28 35	1Cn27	24 16	2 10	2 8	27 43	5 48	27 31	26 43	24 12
3	6:43:47	10 59 51	10Ar54	3 34	25 3	2 50	2 4	27 43	5 46	27 29	26 43	24 9
4	6:47:43	11 57 4	23 31	5 43	25 50	3 31	1 59	27 43	5 44	27 28	26 43	24 5
5	6:51:39	12 54 16	6Ta29	7 52	26 36	4 11	1 55	27 44	5 42	27 26	26 43	24 2
6	6:55:36	13 51 29	19 52	10 1	27 21	4 51	1 51	27 44	5 40	27 25	26 43	23 59
7	6:59:33	14 48 42	3Ge41	12 12	28 5	5 31	1 47	27 45	5 38	27 23	26 43D	23 56
8	7: 3:29	15 45 56	17 55	14 22	28 48	6 12	1 43	27 45	5 37	27 22	26 43	23 53
9	7: 7:27	16 43 10	2Cn34	16 32	29 30	6 52	1 40	27 46	5 35	27 20	26 43	23 50
10	7:11:23	17 40 24	17 29	18 41	0Vi11	7 32	1 36	27 47	5 33	27 19	26 43	23 46
11	7:15:19	18 37 38	2Le35	20 50	0 51	8 12	1 33	27 48	5 32	27 17	26 43	23 43
12	7:19:16	19 34 52	17 41	22 58	1 30	8 52	1 30	27 49	5 30	27 16	26 43	23 40
13	7:23:13	20 32 6	2Vi39	25 4	2 8	9 32	1 27	27 50	5 29	27 14	26 43	23 37
14	7:27: 9	21 29 20	17 21	27 10	2 45	10 12	1 24	27 51	5 27	27 13	26 44	23 34
15	7:31: 5	22 26 35	1Li40	29 14	3 20	10 52	1 22	27 53	5 26	27 11	26 44	23 30
16	7:35: 3	23 23 49	15 35	1Le17	3 54	11 31	1 19	27 54	5 24	27 10	26 44	23 27
17	7:38:59	24 21 3	29 6	3 18	4 27	12 11	1 17	27 56	5 23	27 9	26 45	23 24
18	7:42:55	25 18 18	12Sc13	5 17	4 58	12 51	1 15	27 57	5 22	27 7	26 45	23 21
19	7:46:52	26 15 32	25 0	7 15	5 28	13 31	1 13	27 59	5 21	27 6	26 46	23 18
20	7:50:48	27 12 47	7Sg31	9 11	5 57	14 10	1 11	28 0	5 19	27 5	26 46	23 15
21	7:54:45	28 10 2	19 48	11 5	6 24	14 50	1 10	28 3	5 18	27 3	26 46	23 11
22	7:58:41	29 7 18	1Cp55	12 58	6 49	15 30	1 9	28 5	5 17	27 2	26 47	23 8
23	8: 2:38	0Le 4 34	13 55	14 48	7 13	16 9	1 7	28 7	5 16	27 1	26 47	23 5
24	8: 6:34	1 1 50	25 49	16 37	7 35	16 49	1 6	28 9	5 15	26 59	26 48	23 2
25	8:10:31	1 59 7	7Aq41	18 25	7 56	17 28	1 6	28 11	5 14	26 58	26 48	22 59
26	8:14:28	2 56 25	19 32	20 10	8 14	18 8	1 5	28 14	5 13	26 57	26 49	22 56
27	8:18:24	3 53 43	1Pi24	21 54	8 31	18 47	1 5	28 16	5 12	26 56	26 50	22 52
28	8:22:21	4 51 3	13 18	23 36	8 45	19 27	1 5	28 19	5 11	26 54	26 50	22 49
29	8:26:17	5 48 23	25 18	25 16	8 58	20 6	1 4D	28 21	5 10	26 53	26 51	22 46
30	8:30:14	6 45 44	7Ar26	26 54	9 9	20 45	1 5	28 24	5 10	26 52	26 52	22 43
31	8:34:10	7 43 6	19 45	28 31	9 17	21 24	1 5	28 27	5 9	26 51	26 53	22 40

7/23 Sun in Leo 10:05   7/3 3rd Qt. 12:13   7/10 New 12:20   7/17 1st Qt. 2:51   7/24 Full 23:28

AUGUST 1983

Day	Sid. T.	Sun	Moon	Merc.	Venus	Mars	Jup.	Saturn	Uranus	Nept.	Pluto	N.Node
1	8:38: 7	8Le40 29	2Ta19	0Vi 6	9Vi23	22Cn 4	1Sg 5	28Li30	5Sg 8R	26Sg50R	26Li53	22Ge36
2	8:42: 4	9 37 53	15 12	1 40	9 28	22 43	1 6	28 33	5 8	26 49	26 54	22 33
3	8:46: 0	10 35 19	28 28	3 11	9 29	23 22	1 7	28 36	5 7	26 48	26 55	22 30
4	8:49:57	11 32 45	12Ge10	4 41	9 29R	24 1	1 8	28 39	5 6	26 47	26 56	22 27
5	8:53:53	12 30 13	26 18	6 9	9 26	24 40	1 9	28 42	5 6	26 46	26 57	22 24
6	8:57:50	13 27 43	10Cn53	7 36	9 21	25 19	1 11	28 46	5 6	26 45	26 58	22 21
7	9: 1:46	14 25 13	25 50	9 0	9 14	25 58	1 12	28 49	5 5	26 44	26 59	22 17
8	9: 5:43	15 22 44	11Le 1	10 23	9 4	26 37	1 14	28 53	5 5	26 43	27 0	22 14
9	9: 9:39	16 20 17	26 18	11 44	8 52	27 16	1 16	28 56	5 5	26 42	27 1	22 11
10	9:13:36	17 17 50	11Vi29	13 3	8 37	27 55	1 18	29 0	5 4	26 41	27 2	22 8
11	9:17:33	18 15 25	26 25	14 20	8 21	28 34	1 20	29 4	5 4	26 40	27 3	22 5
12	9:21:29	19 13 0	10Li56	15 35	8 1	29 13	1 23	29 8	5 4	26 39	27 5	22 1
13	9:25:26	20 10 36	25 0	16 48	7 40	29 52	1 26	29 11	5 4	26 38	27 6	21 58
14	9:29:22	21 8 14	8Sc35	17 59	7 16	0Le31	1 28	29 15	5 4D	26 38	27 7	21 55
15	9:33:19	22 5 52	21 42	19 7	6 51	1 10	1 31	29 20	5 4	26 37	27 8	21 52
16	9:37:15	23 3 31	4Sg26	20 14	6 23	1 48	1 35	29 24	5 4	26 36	27 10	21 49
17	9:41:12	24 1 11	16 50	21 18	5 54	2 27	1 38	29 28	5 4	26 35	27 11	21 46
18	9:45: 9	24 58 52	29 0	22 19	5 23	3 6	1 41	29 32	5 5	26 35	27 12	21 42
19	9:49: 5	25 56 35	10Cp59	23 18	4 50	3 44	1 45	29 37	5 5	26 34	27 14	21 39
20	9:53: 2	26 54 18	22 53	24 14	4 16	4 23	1 49	29 41	5 5	26 34	27 15	21 36
21	9:56:58	27 52 3	4Aq43	25 7	3 41	5 1	1 53	29 46	5 5	26 33	27 17	21 33
22	10: 0:55	28 49 49	16 34	25 57	3 5	5 40	1 57	29 50	5 6	26 32	27 18	21 30
23	10: 4:51	29 47 36	28 26	26 44	2 28	6 19	2 2	29 55	5 6	26 32	27 20	21 27
24	10: 8:48	0Vi45 25	10Pi22	27 27	1 51	6 57	2 6	0Sc 0	5 7	26 31	27 21	21 23
25	10:12:44	1 43 15	22 22	28 7	1 14	7 35	2 11	0 5	5 7	26 31	27 23	21 20
26	10:16:41	2 41 7	4Ar29	28 43	0 37	8 14	2 16	0 9	5 8	26 31	27 24	21 17
27	10:20:38	3 39 1	16 44	29 15	0 0	8 52	2 21	0 14	5 9	26 30	27 26	21 14
28	10:24:34	4 36 56	29 9	29 42	29Le23	9 31	2 26	0 19	5 9	26 30	27 27	21 11
29	10:28:31	5 34 53	11Ta46	0Li 5	28 47	10 9	2 31	0 25	5 10	26 29	27 29	21 7
30	10:32:27	6 32 52	24 39	0 23	28 13	10 47	2 37	0 30	5 11	26 29	27 31	21 4
31	10:36:24	7 30 53	7Ge50	0 36	27 39	11 25	2 42	0 35	5 12	26 29	27 32	21 1

8/23 Sun in Vir. 17:09   8/2 3rd Qt. 0:53   8/8 New 19:19   8/15 1st Qt. 12:48   8/23 Full 15:00   8/31 3rd Qt. 11:23

Day	Sid. T.	Sun	Moon	Merc.	Venus	Mars	Jup.	Saturn	Uranus	Nept.	Pluto	N.Node
1	10:40:20	8Vi28 56	21Ge24	0Li43	27Le 7R	12Le 4	2Sg48	0Sc40	5Sg13	26Sg29R	27Li34	20Ge58
2	10:44:17	9 27 0	5Cn21	0 45R	26 36	12 42	2 54	0 46	5 14	26 28	27 36	20 55
3	10:48:14	10 25 7	19 43	0 40	26 8	13 20	3 0	0 51	5 15	26 28	27 38	20 52
4	10:52:10	11 23 16	4Le28	0 30	25 41	13 58	3 6	0 56	5 16	26 28	27 40	20 48
5	10:56: 7	12 21 26	19 30	0 13	25 16	14 36	3 13	1 2	5 17	26 28	27 41	20 45
6	11: 0: 3	13 19 38	4Vi41	29Vi50	24 53	15 14	3 19	1 8	5 18	26 28	27 43	20 42
7	11: 4: 0	14 17 52	19 51	29 21	24 32	15 52	3 26	1 13	5 19	26 28	27 45	20 39
8	11: 7:56	15 16 8	4Li49	28 45	24 14	16 30	3 33	1 19	5 20	26 28D	27 47	20 36
9	11:11:52	16 14 25	19 26	28 3	23 58	17 8	3 40	1 25	5 22	26 28	27 49	20 33
10	11:15:49	17 12 44	3Sc36	27 16	23 44	17 46	3 47	1 31	5 23	26 28	27 51	20 29
11	11:19:45	18 11 5	17 17	26 24	23 33	18 24	3 54	1 36	5 25	26 28	27 53	20 26
12	11:23:42	19 9 27	0Sg28	25 27	23 24	19 2	4 1	1 42	5 26	26 28	27 55	20 23
13	11:27:39	20 7 51	13 14	24 28	23 18	19 40	4 9	1 48	5 27	26 28	27 57	20 20
14	11:31:35	21 6 17	25 39	23 26	23 14	20 18	4 16	1 54	5 29	26 28	27 59	20 17
15	11:35:32	22 4 44	7Cp47	22 24	23 12	20 55	4 24	2 0	5 31	26 29	28 1	20 13
16	11:39:28	23 3 12	19 44	21 23	23 13D	21 33	4 32	2 7	5 32	26 29	28 3	20 10
17	11:43:25	24 1 43	1Aq36	20 24	23 16	22 11	4 40	2 13	5 34	26 29	28 5	20 7
18	11:47:21	25 0 15	13 26	19 28	23 21	22 49	4 48	2 19	5 36	26 30	28 7	20 4
19	11:51:18	25 58 48	25 17	18 38	23 28	23 26	4 56	2 25	5 38	26 30	28 9	20 1
20	11:55:15	26 57 24	7Pi13	17 54	23 38	24 4	5 5	2 32	5 39	26 30	28 11	19 58
21	11:59:11	27 56 1	19 16	17 18	23 50	24 41	5 13	2 38	5 41	26 31	28 13	19 54
22	12: 3: 8	28 54 40	1Ar26	16 51	24 4	25 19	5 22	2 44	5 43	26 31	28 16	19 51
23	12: 7: 4	29 53 22	13 45	16 32	24 20	25 56	5 31	2 51	5 45	26 32	28 18	19 48
24	12:11: 0	0Li52 5	26 13	16 24	24 38	26 34	5 40	2 57	5 47	26 32	28 20	19 45
25	12:14:57	1 50 50	8Ta51	16 25D	24 58	27 11	5 49	3 4	5 49	26 33	28 22	19 42
26	12:18:54	2 49 38	21 40	16 36	25 19	27 49	5 58	3 10	5 51	26 33	28 24	19 39
27	12:22:50	3 48 28	4Ge41	16 57	25 43	28 26	6 7	3 17	5 53	26 34	28 27	19 35
28	12:26:46	4 47 20	17 57	17 28	26 8	29 4	6 16	3 23	5 56	26 34	28 29	19 32
29	12:30:44	5 46 14	1Cn28	18 8	26 35	29 41	6 26	3 30	5 58	26 35	28 31	19 29
30	12:34:40	6 45 11	15 18	18 57	27 3	0Vi18	6 36	3 37	6 0	26 36	28 33	19 26

9/23 Sun in Lib. 14:43   9/7 New 2:36   9/14 1st Qt. 2:25   9/22 Full 6:37   9/29 3rd Qt. 20:06

Day	Sid. T.	Sun	Moon	Merc.	Venus	Mars	Jup.	Saturn	Uranus	Nept.	Pluto	N.Node
1	12:38:36	7Li44 10	29Cn27	19Vi53	27Le33	0Vi56	6Sg45	3Sc44	6Sg 2	26Sg37	28Li36	19Ge23
2	12:42:33	8 43 12	13Le55	20 57	28 5	1 33	6 55	3 50	6 5	26 37	28 38	19 19
3	12:46:30	9 42 15	28 37	22 7	28 38	2 10	7 5	3 57	6 7	26 38	28 40	19 16
4	12:50:26	10 41 21	13Vi28	23 24	29 13	2 47	7 15	4 4	6 10	26 39	28 43	19 13
5	12:54:23	11 40 29	28 20	24 45	29 48	3 24	7 25	4 11	6 12	26 40	28 45	19 10
6	12:58:20	12 39 39	13Li 5	26 11	0Vi25	4 2	7 35	4 18	6 15	26 41	28 47	19 7
7	13: 2:16	13 38 51	27 34	27 41	1 4	4 39	7 46	4 25	6 17	26 42	28 50	19 4
8	13: 6:12	14 38 6	11Sc40	29 13	1 43	5 16	7 56	4 32	6 20	26 43	28 52	19 0
9	13:10: 9	15 37 22	25 21	0Li49	2 24	5 53	8 7	4 38	6 22	26 44	28 54	18 57
10	13:14: 6	16 36 40	8Sg35	2 27	3 6	6 30	8 17	4 45	6 25	26 45	28 57	18 54
11	13:18: 2	17 36 0	21 24	4 6	3 49	7 7	8 28	4 52	6 28	26 46	28 59	18 51
12	13:21:59	18 35 22	3Cp51	5 47	4 33	7 44	8 39	5 0	6 31	26 47	29 1	18 48
13	13:25:55	19 34 45	16 2	7 29	5 17	8 20	8 49	5 7	6 33	26 48	29 4	18 45
14	13:29:51	20 34 10	28 1	9 12	6 3	8 57	9 0	5 14	6 36	26 49	29 6	18 41
15	13:33:48	21 33 37	9Aq53	10 55	6 50	9 34	9 11	5 21	6 39	26 50	29 9	18 38
16	13:37:45	22 33 6	21 44	12 39	7 38	10 11	9 23	5 28	6 42	26 51	29 11	18 35
17	13:41:41	23 32 37	3Pi38	14 22	8 26	10 48	9 34	5 35	6 45	26 53	29 13	18 32
18	13:45:38	24 32 9	15 38	16 6	9 16	11 24	9 45	5 42	6 48	26 54	29 16	18 29
19	13:49:35	25 31 43	27 48	17 49	10 6	12 1	9 56	5 49	6 51	26 55	29 18	18 25
20	13:53:31	26 31 19	10Ar 9	19 33	10 57	12 38	10 8	5 56	6 54	26 57	29 21	18 22
21	13:57:27	27 30 57	22 41	21 16	11 48	13 14	10 19	6 4	6 57	26 58	29 23	18 19
22	14: 1:25	28 30 37	5Ta27	22 58	12 41	13 51	10 31	6 11	7 0	26 59	29 26	18 16
23	14: 5:21	29 30 19	18 25	24 40	13 34	14 27	10 43	6 18	7 3	27 1	29 28	18 13
24	14: 9:17	0Sc30 4	1Ge34	26 22	14 27	15 4	10 54	6 25	7 6	27 2	29 30	18 10
25	14:13:14	1 29 50	14 54	28 3	15 22	15 40	11 6	6 32	7 9	27 4	29 33	18 6
26	14:17:11	2 29 39	28 25	29 43	16 17	16 17	11 18	6 40	7 12	27 5	29 35	18 3
27	14:21: 7	3 29 29	12Cn 7	1Sc24	17 12	16 53	11 30	6 47	7 15	27 6	29 38	18 0
28	14:25: 3	4 29 23	26 0	3 4	18 9	17 29	11 42	6 54	7 19	27 8	29 40	17 57
29	14:29: 0	5 29 18	10Le 4	4 43	19 5	18 5	11 54	7 1	7 22	27 10	29 43	17 54
30	14:32:56	6 29 15	24 18	6 22	20 3	18 42	12 6	7 8	7 25	27 11	29 45	17 50
31	14:36:53	7 29 15	8Vi39	8 0	21 1	19 18	12 18	7 16	7 29	27 13	29 47	17 47

10/23 Sun in Sco. 23:56   10/6 New 11:16   10/13 1st Qt. 19:43   10/21 Full 21:54   10/29 3rd Qt. 3:38

NOVEMBER 1983

Day	Sid. T.	Sun	Moon	Merc.	Venus	Mars	Jup.	Saturn	Uranus	Nept.	Pluto	N.Node
1	14:40:50	8Sc29 17	23Vi 5	9Sc38	21Vi59	19Vi54	12Sg31	7Sc23	7Sg32	27Sg14	29Li50	17Ge44
2	14:44:46	9 29 21	7Li30	11 15	22 58	20 30	12 43	7 30	7 35	27 16	29 52	17 41
3	14:48:43	10 29 26	21 48	12 52	23 57	21 6	12 55	7 37	7 39	27 18	29 55	17 38
4	14:52:39	11 29 34	5Sc55	14 29	24 57	21 42	13 8	7 45	7 42	27 19	29 57	17 35
5	14:56:36	12 29 44	19 45	16 5	25 58	22 18	13 20	7 52	7 45	27 21	29 59	17 31
6	15: 0:32	13 29 56	3Sg16	17 40	26 58	22 54	13 33	7 59	7 49	27 23	0Sc 2	17 28
7	15: 4:29	14 30 9	16 24	19 15	27 59	23 30	13 46	8 6	7 52	27 25	0 4	17 25
8	15: 8:26	15 30 24	29 12	20 50	29 1	24 6	13 58	8 14	7 56	27 26	0 6	17 22
9	15:12:22	16 30 41	11Cp40	22 25	0Li 3	24 42	14 11	8 21	7 59	27 28	0 9	17 19
10	15:16:19	17 30 59	23 53	23 59	1 5	25 18	14 24	8 28	8 3	27 30	0 11	17 16
11	15:20:15	18 31 19	5Aq54	25 32	2 8	25 54	14 37	8 35	8 6	27 32	0 13	17 12
12	15:24:12	19 31 40	17 48	27 6	3 11	26 29	14 49	8 42	8 10	27 34	0 16	17 9
13	15:28: 8	20 32 2	29 40	28 39	4 14	27 5	15 2	8 49	8 13	27 36	0 18	17 6
14	15:32: 5	21 32 26	11Pi35	0Sg12	5 18	27 40	15 15	8 57	8 17	27 38	0 20	17 3
15	15:36: 1	22 32 51	23 36	1 44	6 22	28 16	15 28	9 4	8 20	27 39	0 23	17 0
16	15:39:58	23 33 17	5Ar50	3 17	7 26	28 51	15 41	9 11	8 24	27 41	0 25	16 56
17	15:43:55	24 33 45	18 17	4 49	8 31	29 27	15 54	9 18	8 28	27 43	0 27	16 53
18	15:47:51	25 34 15	1Ta 1	6 20	9 36	0Li 2	16 7	9 25	8 31	27 45	0 29	16 50
19	15:51:48	26 34 45	14 2	7 52	10 41	0 38	16 20	9 32	8 35	27 47	0 32	16 47
20	15:55:44	27 35 18	27 20	9 23	11 47	1 13	16 34	9 39	8 38	27 49	0 34	16 44
21	15:59:41	28 35 52	10Ge54	10 54	12 53	1 48	16 47	9 46	8 42	27 51	0 36	16 41
22	16: 3:37	29 36 27	24 41	12 25	13 59	2 23	17 0	9 53	8 46	27 53	0 38	16 37
23	16: 7:34	0Sg37 4	8Cn38	13 55	15 5	2 59	17 13	10 0	8 49	27 55	0 40	16 34
24	16:11:31	1 37 43	22 44	15 25	16 12	3 34	17 27	10 7	8 53	27 58	0 43	16 31
25	16:15:27	2 38 23	6Le54	16 55	17 18	4 9	17 40	10 14	8 57	28 0	0 45	16 28
26	16:19:24	3 39 5	21 6	18 25	18 25	4 44	17 53	10 21	9 0	28 2	0 47	16 25
27	16:23:20	4 39 48	5Vi18	19 54	19 33	5 18	18 7	10 27	9 4	28 4	0 49	16 22
28	16:27:17	5 40 33	19 28	21 22	20 40	5 53	18 20	10 34	9 8	28 6	0 51	16 18
29	16:31:13	6 41 20	3Li32	22 51	21 48	6 28	18 34	10 41	9 12	28 8	0 53	16 15
30	16:35:10	7 42 8	17 31	24 18	22 56	7 3	18 47	10 48	9 15	28 10	0 55	16 12

11/22 Sun in Sag. 21:20   11/4 New 22:22   11/12 1st Qt. 15:50   11/20 Full 12:30   11/27 3rd Qt. 10:51

DECEMBER 1983

Day	Sid. T.	Sun	Moon	Merc.	Venus	Mars	Jup.	Saturn	Uranus	Nept.	Pluto	N.Node
1	16:39: 6	8Sg42 58	1Sc20	25Sg46	24Li 4	7Li38	19Sg 0	10Sc54	9Sg19	28Sg12	0Sc57	16Ge 9
2	16:43: 3	9 43 49	14 58	27 12	25 12	8 12	19 14	11 1	9 23	28 15	0 59	16 6
3	16:47: 0	10 44 41	28 23	28 37	26 21	8 47	19 27	11 8	9 26	28 17	1 1	16 2
4	16:50:56	11 45 35	11Sg33	0Cp 2	27 30	9 21	19 41	11 14	9 30	28 19	1 3	15 59
5	16:54:53	12 46 29	24 27	1 26	28 39	9 56	19 55	11 21	9 34	28 21	1 5	15 56
6	16:58:49	13 47 25	7Cp 6	2 48	29 48	10 30	20 8	11 27	9 37	28 23	1 7	15 53
7	17: 2:46	14 48 22	19 30	4 9	0Sc57	11 4	20 22	11 34	9 41	28 26	1 9	15 50
8	17: 6:42	15 49 19	1Aq41	5 28	2 6	11 39	20 35	11 40	9 45	28 28	1 11	15 47
9	17:10:39	16 50 18	13 42	6 45	3 16	12 13	20 49	11 47	9 48	28 30	1 13	15 43
10	17:14:36	17 51 17	25 36	8 0	4 26	12 47	21 2	11 53	9 52	28 32	1 15	15 40
11	17:18:32	18 52 16	7Pi28	9 12	5 35	13 21	21 16	11 59	9 56	28 35	1 16	15 37
12	17:22:29	19 53 16	19 22	10 21	6 45	13 55	21 30	12 5	9 59	28 37	1 18	15 34
13	17:26:25	20 54 17	1Ar22	11 26	7 56	14 29	21 43	12 12	10 3	28 39	1 20	15 31
14	17:30:22	21 55 18	13 34	12 27	9 6	15 2	21 57	12 18	10 7	28 41	1 22	15 28
15	17:34:18	22 56 20	26 1	13 23	10 16	15 36	22 11	12 24	10 10	28 44	1 23	15 24
16	17:38:15	23 57 22	8Ta48	14 14	11 27	16 10	22 24	12 30	10 14	28 46	1 25	15 21
17	17:42:11	24 58 24	21 56	14 59	12 37	16 43	22 38	12 36	10 17	28 48	1 27	15 18
18	17:46: 7	25 59 28	5Ge27	15 36	13 48	17 17	22 52	12 42	10 21	28 50	1 28	15 15
19	17:50: 5	27 0 31	19 21	16 6	14 59	17 50	23 5	12 48	10 25	28 53	1 30	15 12
20	17:54: 1	28 1 36	3Cn33	16 27	16 10	18 23	23 19	12 54	10 28	28 55	1 32	15 8
21	17:57:57	29 2 41	18 0	16 38	17 21	18 57	23 32	12 59	10 32	28 57	1 33	15 5
22	18: 1:55	0Cp 3 46	2Le36	16 38R	18 32	19 30	23 46	13 5	10 35	28 59	1 35	15 2
23	18: 5:51	1 4 52	17 14	16 27	19 44	20 3	24 0	13 11	10 39	29 2	1 36	14 59
24	18: 9:47	2 5 59	1Vi48	16 5	20 55	20 36	24 13	13 16	10 42	29 4	1 38	14 56
25	18:13:44	3 7 6	16 12	15 30	22 7	21 8	24 27	13 22	10 46	29 6	1 39	14 53
26	18:17:41	4 8 14	0Li24	14 45	23 18	21 41	24 40	13 27	10 49	29 8	1 40	14 49
27	18:21:37	5 9 23	14 21	13 48	24 30	22 14	24 54	13 33	10 53	29 11	1 42	14 46
28	18:25:34	6 10 32	28 3	12 42	25 42	22 46	25 8	13 38	10 56	29 13	1 43	14 43
29	18:29:31	7 11 42	11Sc30	11 29	26 54	23 19	25 21	13 43	11 0	29 15	1 44	14 40
30	18:33:27	8 12 52	24 42	10 10	28 6	23 51	25 35	13 48	11 3	29 18	1 46	14 37
31	18:37:23	9 14 3	7Sg42	8 48	29 18	24 24	25 48	13 54	11 6	29 20	1 47	14 34

12/22 Sun in Cap. 10:31   12/4 New 12:27(E)   12/12 1st Qt. 13:10   12/20 Full 2:01   12/26 3rd Qt. 18:53

Day	Sid. T.	Sun	Moon	Merc.	Venus	Mars	Jup.	Saturn	Uranus	Nept.	Pluto	N.Node
1	18:41:20	10Cp15 14	20Sg29	7Cp27R	0Sg30	24Li56	26Sg 2	13Sc59	11Sg10	29Sg22	1Sc48	14Ge30
2	18:45:16	11 16 25	3Cp 4	6 8	1 42	25 28	26 15	14 4	11 13	29 24	1 49	14 27
3	18:49:13	12 17 36	15 28	4 54	2 54	26 0	26 28	14 9	11 16	29 26	1 50	14 24
4	18:53:10	13 18 47	27 43	3 47	4 7	26 32	26 42	14 13	11 20	29 29	1 51	14 21
5	18:57: 6	14 19 58	9Aq49	2 49	5 19	27 3	26 55	14 18	11 23	29 31	1 53	14 18
6	19: 1: 3	15 21 9	21 47	2 0	6 32	27 35	27 9	14 23	11 26	29 33	1 54	14 14
7	19: 4:59	16 22 20	3Pi40	1 21	7 44	28 6	27 22	14 27	11 29	29 35	1 55	14 11
8	19: 8:56	17 23 30	15 31	0 52	8 57	28 38	27 35	14 32	11 33	29 38	1 56	14 8
9	19:12:52	18 24 40	27 24	0 33	10 10	29 9	27 48	14 36	11 36	29 40	1 57	14 5
10	19:16:49	19 25 49	9Ar21	0 24	11 22	29 40	28 2	14 41	11 39	29 42	1 57	14 2
11	19:20:46	20 26 58	21 28	0 24D	12 35	0Sc11	28 15	14 45	11 42	29 44	1 58	13 59
12	19:24:42	21 28 6	3Ta51	0 32	13 48	0 42	28 28	14 49	11 45	29 46	1 59	13 55
13	19:28:39	22 29 14	16 32	0 48	15 1	1 13	28 41	14 53	11 48	29 48	2 0	13 52
14	19:32:35	23 30 21	29 38	1 11	16 14	1 43	28 54	14 58	11 51	29 50	2 1	13 49
15	19:36:32	24 31 27	13Ge 9	1 41	17 27	2 14	29 7	15 2	11 54	29 53	2 1	13 46
16	19:40:28	25 32 33	27 9	2 16	18 40	2 44	29 20	15 5	11 57	29 55	2 2	13 43
17	19:44:25	26 33 39	11Cn35	2 56	19 53	3 14	29 33	15 9	12 0	29 57	2 3	13 39
18	19:48:21	27 34 43	26 22	3 42	21 6	3 44	29 46	15 13	12 3	29 59	2 3	13 36
19	19:52:18	28 35 47	11Le23	4 31	22 19	4 14	29 59	15 17	12 6	0Cp 1	2 4	13 33
20	19:56:15	29 36 51	26 29	5 25	23 32	4 44	0Cp12	15 20	12 8	0 3	2 5	13 30
21	20: 0:11	0Aq37 53	11Vi30	6 21	24 46	5 14	0 24	15 24	12 11	0 5	2 5	13 27
22	20: 4: 8	1 38 56	26 17	7 21	25 59	5 43	0 37	15 27	12 14	0 7	2 6	13 24
23	20: 8: 4	2 39 58	10Li44	8 24	27 12	6 12	0 50	15 30	12 16	0 9	2 6	13 20
24	20:12: 1	3 40 59	24 47	9 30	28 26	6 41	1 2	15 33	12 19	0 11	2 6	13 17
25	20:15:57	4 42 0	8Sc27	10 37	29 39	7 10	1 15	15 36	12 22	0 13	2 7	13 14
26	20:19:54	5 43 1	21 45	11 47	0Cp52	7 39	1 27	15 39	12 24	0 15	2 7	13 11
27	20:23:51	6 44 1	4Sg43	12 59	2 6	8 8	1 40	15 42	12 27	0 17	2 7	13 8
28	20:27:47	7 45 1	17 25	14 12	3 19	8 36	1 52	15 45	12 29	0 19	2 8	13 5
29	20:31:44	8 46 0	29 54	15 28	4 33	9 4	2 4	15 48	12 32	0 21	2 8	13 1
30	20:35:40	9 46 58	12Cp12	16 44	5 46	9 32	2 16	15 50	12 34	0 22	2 8	12 58
31	20:39:37	10 47 55	24 22	18 2	7 0	10 0	2 29	15 53	12 37	0 24	2 8	12 55

1/20 Sun in Aqu. 21:06   1/3 New 5:16   1/11 1st Qt. 9:49   1/18 Full 14:06   1/25 3rd Qt. 4:49

Day	Sid. T.	Sun	Moon	Merc.	Venus	Mars	Jup.	Saturn	Uranus	Nept.	Pluto	N.Node
1	20:43:33	11Aq48 51	6Aq26	19Cp22	8Cp14	10Sc28	2Cp41	15Sc55	12Sg39	0Cp26	2Sc 8	12Ge52
2	20:47:30	12 49 46	18 24	20 43	9 27	10 55	2 53	15 58	12 41	0 28	2 8	12 49
3	20:51:26	13 50 40	0Pi19	22 4	10 41	11 22	3 5	16 0	12 43	0 30	2 8	12 45
4	20:55:22	14 51 33	12 11	23 27	11 55	11 49	3 17	16 2	12 46	0 31	2 8R	12 42
5	20:59:20	15 52 25	24 2	24 51	13 8	12 16	3 28	16 4	12 48	0 33	2 8	12 39
6	21: 3:16	16 53 15	5Ar55	26 16	14 22	12 43	3 40	16 6	12 50	0 35	2 8	12 36
7	21: 7:12	17 54 3	17 52	27 42	15 36	13 9	3 52	16 8	12 52	0 37	2 8	12 33
8	21:11: 9	18 54 51	29 57	29 9	16 50	13 35	4 3	16 9	12 54	0 38	2 8	12 30
9	21:15: 6	19 55 37	12Ta15	0Aq37	18 3	14 1	4 15	16 11	12 56	0 40	2 8	12 26
10	21:19: 2	20 56 21	24 50	2 6	19 17	14 27	4 26	16 13	12 58	0 42	2 8	12 23
11	21:22:59	21 57 4	7Ge47	3 36	20 31	14 52	4 38	16 14	13 0	0 43	2 7	12 20
12	21:26:56	22 57 45	21 11	5 6	21 45	15 18	4 49	16 15	13 2	0 45	2 7	12 17
13	21:30:52	23 58 24	5Cn 4	6 38	22 59	15 43	5 0	16 17	13 3	0 46	2 7	12 14
14	21:34:48	24 59 2	19 26	8 10	24 12	16 7	5 11	16 18	13 5	0 48	2 7	12 11
15	21:38:45	25 59 39	4Le16	9 43	25 26	16 32	5 22	16 19	13 7	0 49	2 6	12 7
16	21:42:42	27 0 13	19 26	11 17	26 40	16 56	5 33	16 20	13 8	0 51	2 6	12 4
17	21:46:38	28 0 46	4Vi47	12 52	27 54	17 20	5 44	16 20	13 10	0 52	2 5	12 1
18	21:50:35	29 1 18	20 6	14 28	29 8	17 43	5 54	16 21	13 12	0 54	2 5	11 58
19	21:54:32	0Pi 1 48	5Li13	16 5	0Aq22	18 7	6 5	16 22	13 13	0 55	2 4	11 55
20	21:58:27	1 2 16	19 58	17 43	1 36	18 30	6 16	16 22	13 14	0 56	2 4	11 51
21	22: 2:25	2 2 44	4Sc16	19 21	2 50	18 52	6 26	16 22	13 16	0 58	2 3	11 48
22	22: 6:21	3 3 10	18 5	21 1	4 4	19 15	6 36	16 23	13 17	0 59	2 2	11 45
23	22:10:17	4 3 34	1Sg26	22 41	5 18	19 37	6 47	16 23	13 18	1 0	2 2	11 42
24	22:14:14	5 3 58	14 23	24 23	6 32	19 59	6 57	16 23	13 20	1 2	2 1	11 39
25	22:18:11	6 4 20	26 59	26 5	7 46	20 20	7 7	16 23	13 21	1 3	2 0	11 36
26	22:22: 7	7 4 41	9Cp19	27 49	9 0	20 41	7 17	16 23	13 22	1 4	2 0	11 32
27	22:26: 3	8 5 0	21 28	29 33	10 14	21 2	7 26	16 23	13 23	1 5	1 59	11 29
28	22:30: 1	9 5 17	3Aq28	1Pi19	11 28	21 22	7 36	16 22	13 24	1 6	1 58	11 26
29	22:33:57	10 5 33	15 24	3 5	12 42	21 42	7 46	16 22	13 25	1 7	1 57	11 23

2/19 Sun in Pis. 11:17   2/1 New 23:47   2/10 1st Qt. 4:01   2/17 Full 0:42   2/23 3rd Qt. 17:13

MARCH 1984

Day	Sid. T.	Sun	Moon	Merc.	Venus	Mars	Jup.	Saturn	Uranus	Nept.	Pluto	N.Node
1	22:37:53	11Pi 5 48	27Aq17	4Pi52	13Aq56	22Sc 2	7Cp55	16Sc21R	13Sg26	1Cp 8	1Sc56R	11Ge20
2	22:41:50	12 6 0	9Pi 9	6 41	15 10	22 21	8 4	16 20	13 27	1 9	1 55	11 17
3	22:45:47	13 6 11	21 1	8 31	16 24	22 40	8 14	16 20	13 28	1 10	1 55	11 13
4	22:49:43	14 6 19	2Ar55	10 21	17 38	22 58	8 23	16 19	13 29	1 11	1 54	11 10
5	22:53:39	15 6 26	14 52	12 13	18 52	23 17	8 32	16 18	13 29	1 12	1 53	11 7
6	22:57:37	16 6 31	26 54	14 6	20 6	23 34	8 41	16 17	13 30	1 13	1 52	11 4
7	23: 1:33	17 6 34	9Ta 3	15 59	21 20	23 51	8 50	16 16	13 30	1 14	1 51	11 1
8	23: 5:29	18 6 35	21 23	17 54	22 34	24 8	8 58	16 14	13 31	1 15	1 49	10 57
9	23: 9:26	19 6 34	3Ge58	19 49	23 48	24 25	9 7	16 13	13 32	1 16	1 48	10 54
10	23:13:22	20 6 30	16 51	21 46	25 2	24 41	9 15	16 12	13 32	1 17	1 47	10 51
11	23:17:19	21 6 25	0Cn 7	23 43	26 16	24 56	9 24	16 10	13 32	1 17	1 46	10 48
12	23:21:15	22 6 17	13 49	25 41	27 30	25 11	9 32	16 8	13 33	1 18	1 45	10 45
13	23:25:12	23 6 6	27 59	27 39	28 44	25 25	9 40	16 7	13 33	1 19	1 44	10 42
14	23:29: 8	24 5 54	12Le36	29 38	29 58	25 39	9 48	16 5	13 33	1 19	1 42	10 38
15	23:33: 5	25 5 39	27 36	1Ar37	1Pi12	25 53	9 55	16 3	13 33	1 20	1 41	10 35
16	23:37: 2	26 5 22	12Vi51	3 36	2 26	26 6	10 3	16 1	13 33	1 21	1 40	10 32
17	23:40:58	27 5 3	28 11	5 35	3 40	26 18	10 10	15 59	13 34	1 21	1 39	10 29
18	23:44:55	28 4 43	13Li23	7 33	4 54	26 30	10 18	15 56	13 34R	1 22	1 37	10 26
19	23:48:51	29 4 20	28 17	9 30	6 8	26 42	10 25	15 54	13 34	1 22	1 36	10 23
20	23:52:48	0Ar 3 55	12Sc46	11 27	7 22	26 53	10 32	15 52	13 33	1 23	1 35	10 19
21	23:56:44	1 3 29	26 45	13 22	8 36	27 3	10 39	15 49	13 33	1 23	1 33	10 16
22	0: 0:41	2 3 0	10Sg16	15 14	9 50	27 13	10 46	15 47	13 33	1 23	1 32	10 13
23	0: 4:38	3 2 30	23 19	17 5	11 4	27 22	10 52	15 44	13 33	1 24	1 30	10 10
24	0: 8:34	4 1 59	5Cp58	18 53	12 18	27 30	10 59	15 41	13 33	1 24	1 29	10 7
25	0:12:31	5 1 25	18 19	20 37	13 32	27 38	11 5	15 38	13 32	1 24	1 28	10 3
26	0:16:27	6 0 50	0Aq26	22 18	14 46	27 45	11 11	15 36	13 32	1 25	1 26	10 0
27	0:20:24	7 0 13	12 23	23 55	16 1	27 52	11 17	15 33	13 31	1 25	1 25	9 57
28	0:24:20	7 59 34	24 16	25 28	17 15	27 58	11 23	15 29	13 31	1 25	1 23	9 54
29	0:28:17	8 58 54	6Pi 7	26 55	18 29	28 3	11 29	15 26	13 30	1 25	1 22	9 51
30	0:32:13	9 58 11	17 58	28 18	19 43	28 8	11 34	15 23	13 30	1 25	1 20	9 48
31	0:36:10	10 57 26	29 53	29 34	20 57	28 12	11 39	15 20	13 29	1 25	1 19	9 44

3/20 Sun in Ari. 10:25   3/2 New 18:32   3/10 1st Qt. 18:28   3/17 Full 10:11   3/24 3rd Qt. 7:59

APRIL 1984

Day	Sid. T.	Sun	Moon	Merc.	Venus	Mars	Jup.	Saturn	Uranus	Nept.	Pluto	N.Node
1	0:40: 7	11Ar56 39	11Ar52	0Ta46	22Pi11	28Sc15	11Cp45	15Sc17R	13Sg28R	1Cp26	1Sc17R	9Ge41
2	0:44: 3	12 55 51	23 57	1 51	23 25	28 17	11 50	15 13	13 28	1 26R	1 15	9 38
3	0:47:59	13 55 0	6Ta 9	2 49	24 39	28 19	11 54	15 10	13 27	1 26	1 14	9 35
4	0:51:56	14 54 7	18 30	3 42	25 53	28 20	11 59	15 6	13 26	1 25	1 12	9 32
5	0:55:52	15 53 12	1Ge 1	4 28	27 7	28 21	12 4	15 2	13 25	1 25	1 11	9 28
6	0:59:49	16 52 15	13 44	5 7	28 21	28 20R	12 8	14 59	13 24	1 25	1 9	9 25
7	1: 3:45	17 51 15	26 43	5 39	29 35	28 19	12 12	14 55	13 23	1 25	1 7	9 22
8	1: 7:42	18 50 14	10Cn 0	6 5	0Ar49	28 18	12 16	14 51	13 22	1 25	1 6	9 19
9	1:11:39	19 49 9	23 37	6 24	2 3	28 15	12 20	14 47	13 21	1 25	1 4	9 16
10	1:15:36	20 48 3	7Le37	6 36	3 16	28 12	12 24	14 43	13 20	1 25	1 2	9 13
11	1:19:32	21 46 54	21 58	6 41	4 30	28 8	12 27	14 40	13 19	1 24	1 1	9 9
12	1:23:28	22 45 43	6Vi39	6 41R	5 44	28 3	12 30	14 36	13 17	1 24	0 59	9 6
13	1:27:25	23 44 29	21 34	6 33	6 58	27 57	12 33	14 32	13 16	1 24	0 57	9 3
14	1:31:21	24 43 14	6Li35	6 20	8 12	27 51	12 36	14 27	13 15	1 23	0 56	9 0
15	1:35:18	25 41 56	21 33	6 2	9 26	27 44	12 39	14 23	13 13	1 23	0 54	8 57
16	1:39:14	26 40 37	6Sc19	5 38	10 40	27 36	12 42	14 19	13 12	1 22	0 52	8 54
17	1:43:11	27 39 15	20 45	5 10	11 54	27 27	12 44	14 15	13 11	1 22	0 51	8 50
18	1:47: 8	28 37 52	4Sg47	4 37	13 8	27 18	12 46	14 11	13 9	1 21	0 49	8 47
19	1:51: 4	29 36 27	18 22	4 2	14 22	27 8	12 48	14 6	13 8	1 21	0 47	8 44
20	1:55: 1	0Ta35 0	1Cp32	3 23	15 36	26 57	12 50	14 2	13 6	1 20	0 46	8 41
21	1:58:57	1 33 32	14 17	2 43	16 49	26 45	12 52	13 58	13 4	1 20	0 44	8 38
22	2: 2:54	2 32 2	26 42	2 2	18 3	26 33	12 53	13 53	13 3	1 19	0 42	8 34
23	2: 6:50	3 30 30	8Aq52	1 21	19 17	26 20	12 54	13 49	13 1	1 19	0 40	8 31
24	2:10:47	4 28 57	20 52	0 40	20 31	26 6	12 56	13 44	12 59	1 18	0 39	8 28
25	2:14:44	5 27 22	2Pi45	0 0	21 45	25 51	12 56	13 40	12 58	1 17	0 37	8 25
26	2:18:40	6 25 45	14 36	29Ar22	22 59	25 36	12 57	13 36	12 56	1 16	0 35	8 22
27	2:22:37	7 24 7	26 30	28 46	24 13	25 20	12 58	13 31	12 54	1 16	0 34	8 19
28	2:26:33	8 22 27	8Ar28	28 13	25 26	25 4	12 58	13 27	12 52	1 15	0 32	8 15
29	2:30:30	9 20 46	20 34	27 44	26 40	24 47	12 58	13 22	12 50	1 14	0 30	8 12
30	2:34:26	10 19 3	2Ta49	27 19	27 54	24 29	12 58R	13 17	12 48	1 13	0 29	8 9

4/19 Sun in Tau. 21:39   4/1 New 12:10   4/9 1st Qt. 4:52   4/15 Full 19:12   4/23 3rd Qt. 0:27

MAY 1984

Day	Sid. T.	Sun	Moon	Merc.	Venus	Mars	Jup.	Saturn	Uranus	Nept.	Pluto	N.Node
1	2:38:23	11Ta17 18	15Ta15	26Ar57R	29Ar 8	24Sc11R	12Cp58R	13Sc13R	12Sg46R	1Cp12R	0Sc27R	8Ge 6
2	2:42:19	12 15 31	27 52	26 41	0Ta22	23 53	12 57	13 8	12 44	1 11	0 25	8 3
3	2:46:16	13 13 43	10Ge41	26 28	1 36	23 33	12 57	13 4	12 42	1 10	0 24	8 0
4	2:50:13	14 11 53	23 43	26 21	2 49	23 14	12 56	12 59	12 40	1 10	0 22	7 56
5	2:54: 9	15 10 1	6Cn58	26 18	4 3	22 54	12 55	12 55	12 38	1 9	0 20	7 53
6	2:58: 6	16 8 7	20 28	26 20D	5 17	22 34	12 54	12 50	12 36	1 8	0 19	7 50
7	3: 2: 2	17 6 11	4Le11	26 27	6 31	22 13	12 52	12 46	12 34	1 7	0 17	7 47
8	3: 5:59	18 4 13	18 10	26 38	7 45	21 52	12 51	12 41	12 32	1 5	0 16	7 44
9	3: 9:55	19 2 13	2Vi22	26 54	8 58	21 31	12 49	12 37	12 30	1 4	0 14	7 40
10	3:13:52	20 0 11	16 45	27 14	10 12	21 10	12 47	12 32	12 27	1 3	0 12	7 37
11	3:17:49	20 58 7	1Li16	27 39	11 26	20 48	12 45	12 28	12 25	1 2	0 11	7 34
12	3:21:45	21 56 2	15 51	28 8	12 40	20 26	12 43	12 23	12 23	1 1	0 9	7 31
13	3:25:42	22 53 55	0Sc23	28 41	13 53	20 5	12 40	12 19	12 21	1 0	0 8	7 28
14	3:29:38	23 51 46	14 46	29 18	15 7	19 43	12 38	12 15	12 18	0 59	0 6	7 25
15	3:33:34	24 49 36	28 56	29 59	16 21	19 21	12 35	12 10	12 16	0 57	0 5	7 21
16	3:37:31	25 47 24	12Sg47	0Ta44	17 35	19 0	12 32	12 6	12 14	0 56	0 3	7 18
17	3:41:28	26 45 11	26 17	1 32	18 48	18 38	12 29	12 1	12 11	0 55	0 2	7 15
18	3:45:24	27 42 57	9Cp25	2 23	20 2	18 17	12 25	11 57	12 9	0 54	0 0	7 12
19	3:49:20	28 40 41	22 12	3 18	21 16	17 56	12 22	11 53	12 7	0 52	29Li59	7 9
20	3:53:18	29 38 25	4Aq41	4 16	22 29	17 35	12 18	11 49	12 4	0 51	29 58	7 6
21	3:57:14	0Ge36 7	16 54	5 18	23 43	17 15	12 14	11 45	12 2	0 50	29 56	7 2
22	4: 1:10	1 33 48	28 56	6 22	24 57	16 54	12 10	11 40	11 59	0 48	29 55	6 59
23	4: 5: 7	2 31 28	10Pi51	7 29	26 11	16 34	12 6	11 36	11 57	0 47	29 53	6 56
24	4: 9: 4	3 29 7	22 44	8 40	27 24	16 15	12 2	11 32	11 55	0 46	29 52	6 53
25	4:13: 0	4 26 45	4Ar39	9 53	28 38	15 56	11 57	11 28	11 52	0 44	29 51	6 50
26	4:16:57	5 24 22	16 40	11 9	29 52	15 37	11 52	11 24	11 50	0 43	29 49	6 46
27	4:20:54	6 21 58	28 52	12 27	1Ge 5	15 19	11 48	11 20	11 47	0 42	29 48	6 43
28	4:24:50	7 19 34	11Ta16	13 48	2 19	15 2	11 43	11 17	11 45	0 40	29 47	6 40
29	4:28:46	8 17 8	23 54	15 12	3 33	14 45	11 38	11 13	11 42	0 39	29 46	6 37
30	4:32:43	9 14 41	6Ge49	16 39	4 47	14 29	11 32	11 9	11 40	0 37	29 44	6 34
31	4:36:39	10 12 13	20 0	18 8	6 0	14 13	11 27	11 5	11 37	0 36	29 43	6 31

5/20 Sun in Gem. 20:59   5/1 New 3:46   5/8 1st Qt. 11:51   5/15 Full 4:29   5/22 3rd Qt. 17:46   5/30 New 16:49(E)

JUNE 1984

Day	Sid. T.	Sun	Moon	Merc.	Venus	Mars	Jup.	Saturn	Uranus	Nept.	Pluto	N.Node
1	4:40:36	11Ge 9 44	3Cn26	19Ta40	7Ge14	13Sc58R	11Cp21R	11Sc 2R	11Sg35R	0Cp34R	29Li42R	6Ge27
2	4:44:33	12 7 14	17 7	21 14	8 28	13 44	11 16	10 58	11 32	0 33	29 41	6 24
3	4:48:29	13 4 43	0Le59	22 51	9 41	13 30	11 10	10 55	11 30	0 31	29 40	6 21
4	4:52:26	14 2 10	15 0	24 30	10 55	13 17	11 4	10 51	11 27	0 30	29 39	6 18
5	4:56:23	14 59 37	29 8	26 12	12 9	13 5	10 58	10 48	11 25	0 28	29 38	6 15
6	5: 0:19	15 57 2	13Vi21	27 56	13 23	12 54	10 52	10 45	11 22	0 27	29 37	6 12
7	5: 4:16	16 54 26	27 35	29 43	14 36	12 44	10 45	10 41	11 20	0 25	29 36	6 8
8	5: 8:12	17 51 48	11Li49	1Ge32	15 50	12 34	10 39	10 38	11 18	0 23	29 35	6 5
9	5:12: 9	18 49 10	26 0	3 24	17 4	12 25	10 32	10 35	11 15	0 22	29 34	6 2
10	5:16: 5	19 46 30	10Sc 4	5 18	18 17	12 17	10 26	10 32	11 13	0 20	29 33	5 59
11	5:20: 2	20 43 50	24 0	7 15	19 31	12 10	10 19	10 29	11 10	0 19	29 32	5 56
12	5:23:59	21 41 9	7Sg44	9 13	20 45	12 4	10 12	10 26	11 8	0 17	29 31	5 52
13	5:27:55	22 38 27	21 15	11 14	21 58	11 58	10 5	10 24	11 5	0 15	29 30	5 49
14	5:31:52	23 35 44	4Cp30	13 17	23 12	11 53	9 58	10 21	11 3	0 14	29 29	5 46
15	5:35:48	24 33 1	17 28	15 22	24 26	11 50	9 51	10 18	11 1	0 12	29 28	5 43
16	5:39:45	25 30 18	0Aq10	17 28	25 39	11 46	9 44	10 16	10 58	0 11	29 28	5 40
17	5:43:41	26 27 33	12 36	19 36	26 53	11 44	9 37	10 13	10 56	0 9	29 27	5 37
18	5:47:38	27 24 49	24 49	21 45	28 7	11 43	9 30	10 11	10 53	0 7	29 26	5 33
19	5:51:34	28 22 4	6Pi51	23 55	29 21	11 42	9 22	10 9	10 51	0 6	29 26	5 30
20	5:55:31	29 19 19	18 47	26 6	0Cn34	11 42D	9 15	10 7	10 49	0 4	29 25	5 27
21	5:59:28	0Cn16 34	0Ar39	28 18	1 48	11 43	9 7	10 5	10 47	0 3	29 24	5 24
22	6: 3:24	1 13 48	12 35	0Cn29	3 2	11 45	9 0	10 3	10 44	0 1	29 24	5 21
23	6: 7:21	2 11 3	24 37	2 41	4 15	11 48	8 52	10 1	10 42	29Sg59	29 23	5 17
24	6:11:17	3 8 17	6Ta50	4 52	5 29	11 51	8 45	9 59	10 40	29 58	29 23	5 14
25	6:15:14	4 5 31	19 19	7 2	6 43	11 55	8 37	9 57	10 38	29 56	29 22	5 11
26	6:19:10	5 2 46	2Ge 7	9 12	7 57	12 0	8 30	9 55	10 35	29 55	29 22	5 8
27	6:23: 7	6 0 0	15 16	11 21	9 10	12 6	8 22	9 54	10 33	29 53	29 21	5 5
28	6:27: 4	6 57 14	28 46	13 28	10 24	12 13	8 14	9 52	10 31	29 51	29 21	5 2
29	6:31: 0	7 54 28	12Cn36	15 34	11 38	12 20	8 6	9 51	10 29	29 50	29 21	4 58
30	6:34:57	8 51 42	26 44	17 38	12 52	12 28	7 59	9 50	10 27	29 48	29 20	4 55

6/21 Sun in Can. 5:03   6/6 1st Qt. 16:43   6/13 Full 14:43   6/21 3rd Qt. 11:10   6/29 New 3:19

JULY 1984

Day	Sid. T.	Sun	Moon	Merc.	Venus	Mars	Jup.	Saturn	Uranus	Nept.	Pluto	N.Node
1	6:38:53	9Cn48 55	11Le 3	19Cn41	14Cn 5	12Sc36	7Cp51R	9Sc49R	10Sg25R	29Sg47R	29Li20R	4Ge52
2	6:42:49	10 46 8	25 30	21 42	15 19	12 46	7 43	9 47	10 23	29 45	29 20	4 49
3	6:46:46	11 43 21	9Vi58	23 41	16 33	12 56	7 36	9 46	10 21	29 43	29 20	4 46
4	6:50:43	12 40 34	24 22	25 39	17 47	13 7	7 28	9 46	10 19	29 42	29 19	4 43
5	6:54:39	13 37 46	8Li38	27 34	19 1	13 18	7 20	9 45	10 17	29 40	29 19	4 39
6	6:58:36	14 34 58	22 44	29 27	20 14	13 30	7 13	9 44	10 15	29 39	29 19	4 36
7	7: 2:33	15 32 10	6Sc39	1Le19	21 28	13 43	7 5	9 43	10 13	29 37	29 19	4 33
8	7: 6:29	16 29 21	20 22	3 8	22 42	13 57	6 58	9 43	10 11	29 36	29 19	4 30
9	7:10:25	17 26 33	3Sg53	4 56	23 56	14 11	6 50	9 42	10 10	29 34	29 19D	4 27
10	7:14:22	18 23 44	17 13	6 41	25 9	14 26	6 43	9 42	10 8	29 33	29 19	4 23
11	7:18:19	19 20 56	0Cp20	8 25	26 23	14 41	6 36	9 42	10 6	29 31	29 19	4 20
12	7:22:15	20 18 8	13 15	10 6	27 37	14 57	6 28	9 42	10 4	29 30	29 19	4 17
13	7:26:12	21 15 20	25 58	11 46	28 51	15 13	6 21	9 42D	10 3	29 28	29 19	4 14
14	7:30: 9	22 12 32	8Aq29	13 24	0Le 4	15 31	6 14	9 42	10 1	29 27	29 20	4 11
15	7:34: 5	23 9 44	20 48	14 59	1 18	15 48	6 7	9 42	9 59	29 25	29 20	4 8
16	7:38: 2	24 6 57	2Pi56	16 33	2 32	16 6	6 0	9 42	9 58	29 24	29 20	4 4
17	7:41:58	25 4 11	14 55	18 4	3 46	16 25	5 53	9 43	9 56	29 22	29 20	4 1
18	7:45:54	26 1 25	26 49	19 34	5 0	16 45	5 46	9 43	9 55	29 21	29 20	3 58
19	7:49:51	26 58 40	8Ar41	21 2	6 13	17 4	5 39	9 44	9 53	29 19	29 21	3 55
20	7:53:48	27 55 55	20 34	22 27	7 27	17 25	5 33	9 44	9 52	29 18	29 21	3 52
21	7:57:44	28 53 12	2Ta35	23 51	8 41	17 46	5 26	9 45	9 51	29 17	29 22	3 49
22	8: 1:41	29 50 29	14 47	25 12	9 55	18 7	5 20	9 46	9 49	29 15	29 22	3 45
23	8: 5:38	0Le47 47	27 16	26 31	11 9	18 29	5 13	9 47	9 48	29 14	29 22	3 42
24	8: 9:34	1 45 6	10Ge 6	27 48	12 23	18 51	5 7	9 48	9 47	29 13	29 23	3 39
25	8:13:30	2 42 25	23 22	29 3	13 36	19 14	5 1	9 49	9 46	29 11	29 23	3 36
26	8:17:27	3 39 46	7Cn 3	0Vi15	14 50	19 37	4 55	9 50	9 45	29 10	29 24	3 33
27	8:21:23	4 37 8	21 10	1 25	16 4	20 1	4 49	9 52	9 44	29 9	29 25	3 29
28	8:25:20	5 34 30	5Le39	2 33	17 18	20 25	4 43	9 53	9 43	29 8	29 25	3 26
29	8:29:17	6 31 53	20 24	3 38	18 32	20 50	4 38	9 55	9 42	29 7	29 26	3 23
30	8:33:14	7 29 17	5Vi17	4 41	19 46	21 15	4 32	9 56	9 41	29 5	29 27	3 20
31	8:37:10	8 26 41	20 8	5 40	20 59	21 40	4 27	9 58	9 40	29 4	29 27	3 17

7/22 Sun in Leo 15:59   7/5 1st Qt. 21:05   7/13 Full 2:20   7/21 3rd Qt. 4:02   7/28 New 11:52

AUGUST 1984

Day	Sid. T.	Sun	Moon	Merc.	Venus	Mars	Jup.	Saturn	Uranus	Nept.	Pluto	N.Node
1	8:41: 6	9Le24 6	4Li51	6Vi37	22Le13	22Sc 6	4Cp22R	10Sc 0	9Sg39R	29Sg 3R	29Li28	3Ge14
2	8:45: 3	10 21 31	19 19	7 31	23 27	22 32	4 17	10 2	9 38	29 2	29 29	3 10
3	8:48:59	11 18 57	3Sc28	8 22	24 41	22 59	4 12	10 4	9 37	29 1	29 30	3 7
4	8:52:56	12 16 24	17 18	9 9	25 55	23 26	4 8	10 6	9 37	29 0	29 31	3 4
5	8:56:53	13 13 52	0Sg50	9 53	27 9	23 54	4 3	10 8	9 36	28 59	29 32	3 1
6	9: 0:49	14 11 20	14 5	10 34	28 22	24 21	3 59	10 10	9 35	28 58	29 32	2 58
7	9: 4:45	15 8 49	27 6	11 10	29 36	24 49	3 54	10 13	9 35	28 57	29 33	2 55
8	9: 8:42	16 6 19	9Cp54	11 43	0Vi50	25 18	3 50	10 15	9 34	28 56	29 34	2 51
9	9:12:39	17 3 50	22 30	12 11	2 4	25 47	3 47	10 18	9 34	28 55	29 35	2 48
10	9:16:35	18 1 22	4Aq57	12 35	3 18	26 16	3 43	10 21	9 33	28 54	29 36	2 45
11	9:20:32	18 58 55	17 14	12 55	4 32	26 46	3 40	10 23	9 33	28 53	29 38	2 42
12	9:24:29	19 56 29	29 23	13 9	5 45	27 16	3 36	10 26	9 33	28 52	29 39	2 39
13	9:28:25	20 54 4	11Pi25	13 19	6 59	27 46	3 33	10 29	9 32	28 51	29 40	2 35
14	9:32:21	21 51 40	23 20	13 23	8 13	28 16	3 30	10 32	9 32	28 50	29 41	2 32
15	9:36:18	22 49 18	5Ar12	13 22R	9 27	28 47	3 27	10 35	9 32	28 50	29 42	2 29
16	9:40:15	23 46 57	17 2	13 16	10 41	29 18	3 25	10 38	9 32	28 49	29 43	2 26
17	9:44:11	24 44 38	28 54	13 4	11 54	29 50	3 22	10 41	9 32	28 48	29 45	2 23
18	9:48: 8	25 42 20	10Ta52	12 46	13 8	0Sg21	3 20	10 45	9 32D	28 47	29 46	2 20
19	9:52: 5	26 40 4	23 2	12 22	14 22	0 53	3 18	10 48	9 32	28 47	29 47	2 16
20	9:56: 1	27 37 50	5Ge28	11 53	15 36	1 26	3 16	10 52	9 32	28 46	29 49	2 13
21	9:59:57	28 35 37	18 16	11 19	16 50	1 58	3 15	10 55	9 32	28 45	29 50	2 10
22	10: 3:54	29 33 26	1Cn29	10 40	18 3	2 31	3 13	10 59	9 32	28 45	29 52	2 7
23	10: 7:50	0Vi31 17	15 12	9 56	19 17	3 4	3 12	11 3	9 33	28 44	29 53	2 4
24	10:11:48	1 29 9	29 24	9 8	20 31	3 38	3 11	11 7	9 33	28 44	29 54	2 1
25	10:15:44	2 27 3	14Le 2	8 17	21 45	4 12	3 10	11 10	9 33	28 43	29 56	1 57
26	10:19:40	3 24 59	29 2	7 23	22 59	4 45	3 9	11 14	9 34	28 43	29 58	1 54
27	10:23:37	4 22 56	14Vi12	6 28	24 12	5 20	3 9	11 19	9 34	28 42	29 59	1 51
28	10:27:33	5 20 55	29 24	5 33	25 26	5 54	3 8	11 23	9 35	28 42	0Sc 1	1 48
29	10:31:30	6 18 55	14Li26	4 38	26 40	6 29	3 8	11 27	9 35	28 41	0 4	1 45
30	10:35:26	7 16 56	29 10	3 46	27 54	7 4	3 8D	11 31	9 36	28 41	0 4	1 41
31	10:39:24	8 14 59	13Sc30	2 57	29 7	7 39	3 8	11 36	9 36	28 41	0 6	1 38

8/22 Sun in Vir. 23:01   8/4 1st Qt. 2:34   8/11 Full 15:44   8/19 3rd Qt. 19:41   8/26 New 19:26

Day	Sid. T.	Sun	Moon	Merc.	Venus	Mars	Jup.	Saturn	Uranus	Nept.	Pluto	N.Node
1	10:43:20	9Vi13 3	27Sc26	2Vi12R	0Li21	8Sg14	3Cp 9	11Sc40	9Sg37	28Sg40R	0Sc 7	1Ge35
2	10:47:16	10 11 9	10Sg58	1 32	1 35	8 50	3 9	11 45	9 38	28 40	0 9	1 32
3	10:51:13	11 9 16	24 7	0 59	2 49	9 26	3 10	11 49	9 39	28 40	0 11	1 29
4	10:55: 9	12 7 24	6Cp58	0 32	4 2	10 2	3 11	11 54	9 40	28 40	0 12	1 26
5	10:59: 6	13 5 34	19 34	0 14	5 16	10 38	3 12	11 59	9 40	28 40	0 14	1 22
6	11: 3: 2	14 3 46	1Aq57	0 4	6 30	11 14	3 13	12 3	9 41	28 40	0 16	1 19
7	11: 6:59	15 1 59	14 11	0 2D	7 43	11 51	3 15	12 8	9 42	28 39	0 18	1 16
8	11:10:55	16 0 13	26 17	0 10	8 57	12 28	3 17	12 13	9 43	28 39	0 20	1 13
9	11:14:52	16 58 29	8Pi17	0 26	10 11	13 5	3 19	12 18	9 45	28 39	0 22	1 10
10	11:18:49	17 56 47	20 13	0 51	11 24	13 42	3 21	12 23	9 46	28 39D	0 24	1 6
11	11:22:45	18 55 7	2Ar 5	1 26	12 38	14 20	3 23	12 28	9 47	28 39	0 25	1 3
12	11:26:41	19 53 29	13 56	2 8	13 51	14 58	3 25	12 34	9 48	28 39	0 27	1 0
13	11:30:38	20 51 52	25 46	2 59	15 5	15 35	3 28	12 39	9 50	28 40	0 29	0 57
14	11:34:35	21 50 18	7Ta40	3 57	16 19	16 13	3 31	12 44	9 51	28 40	0 31	0 54
15	11:38:31	22 48 46	19 39	5 3	17 32	16 52	3 34	12 50	9 52	28 40	0 33	0 51
16	11:42:28	23 47 16	1Ge49	6 15	18 46	17 30	3 37	12 55	9 54	28 40	0 35	0 47
17	11:46:25	24 45 48	14 14	7 33	19 59	18 9	3 40	13 1	9 55	28 40	0 37	0 44
18	11:50:21	25 44 22	26 48	8 57	21 13	18 47	3 44	13 6	9 57	28 41	0 39	0 41
19	11:54:17	26 42 59	10Cn 7	10 25	22 26	19 26	3 48	13 12	9 58	28 41	0 42	0 38
20	11:58:15	27 41 37	23 43	11 58	23 40	20 5	3 52	13 17	10 0	28 41	0 44	0 35
21	12: 2:11	28 40 18	7Le48	13 34	24 53	20 45	3 56	13 23	10 2	28 42	0 46	0 32
22	12: 6: 7	29 39 2	22 22	15 13	26 7	21 24	4 0	13 29	10 4	28 42	0 48	0 28
23	12:10: 4	0Li37 47	7Vi19	16 55	27 21	22 4	4 4	13 35	10 5	28 42	0 50	0 25
24	12:14: 0	1 36 34	22 33	18 39	28 34	22 43	4 9	13 41	10 7	28 43	0 52	0 22
25	12:17:56	2 35 23	7Li51	20 25	29 47	23 23	4 14	13 47	10 9	28 43	0 54	0 19
26	12:21:53	3 34 15	23 4	22 12	1Sc 1	24 3	4 18	13 53	10 11	28 44	0 57	0 16
27	12:25:50	4 33 8	8Sc11	23 59	2 14	24 44	4 24	13 59	10 13	28 44	0 59	0 12
28	12:29:47	5 32 3	22 34	25 48	3 28	25 24	4 29	14 5	10 15	28 45	1 1	0 9
29	12:33:43	6 31 0	6Sg41	27 36	4 41	26 4	4 34	14 11	10 17	28 46	1 3	0 6
30	12:37:40	7 29 59	20 20	29 25	5 55	26 45	4 40	14 17	10 19	28 46	1 6	0 3

9/22 Sun in Lib. 20:34   9/2 1st Qt. 10:31   9/10 Full 7:02   9/18 3rd Qt. 9:32   9/25 New 3:12

Day	Sid. T.	Sun	Moon	Merc.	Venus	Mars	Jup.	Saturn	Uranus	Nept.	Pluto	N.Node
1	12:41:36	8Li28 59	3Cp33	1Li14	7Sc 8	27Sg26	4Cp46	14Sc23	10Sg21	28Sg47	1Sc 8	0Ge 0
2	12:45:32	9 28 2	16 24	3 2	8 21	28 7	4 51	14 30	10 23	28 48	1 10	29Ta57
3	12:49:29	10 27 6	28 56	4 50	9 35	28 48	4 58	14 36	10 26	28 49	1 12	29 53
4	12:53:26	11 26 11	11Aq14	6 38	10 48	29 29	5 4	14 42	10 28	28 49	1 15	29 50
5	12:57:23	12 25 19	23 20	8 25	12 1	0Cp10	5 10	14 49	10 30	28 50	1 17	29 47
6	13: 1:19	13 24 28	5Pi19	10 11	13 15	0 51	5 17	14 55	10 33	28 51	1 19	29 44
7	13: 5:16	14 23 39	17 13	11 57	14 28	1 33	5 23	15 2	10 35	28 52	1 22	29 41
8	13: 9:12	15 22 52	29 5	13 43	15 41	2 15	5 30	15 8	10 38	28 53	1 24	29 38
9	13:13: 8	16 22 8	10Ar57	15 27	16 54	2 56	5 37	15 15	10 40	28 54	1 26	29 34
10	13:17: 5	17 21 25	22 49	17 11	18 8	3 38	5 44	15 21	10 42	28 55	1 29	29 31
11	13:21: 2	18 20 44	4Ta44	18 54	19 21	4 20	5 51	15 28	10 45	28 56	1 31	29 28
12	13:24:59	19 20 5	16 45	20 37	20 34	5 2	5 59	15 35	10 48	28 57	1 33	29 25
13	13:28:55	20 19 29	28 52	22 18	21 47	5 45	6 6	15 41	10 50	28 58	1 36	29 22
14	13:32:51	21 18 55	11Ge 9	23 59	23 0	6 27	6 14	15 48	10 53	28 59	1 38	29 18
15	13:36:48	22 18 23	23 39	25 40	24 14	7 9	6 22	15 55	10 56	29 0	1 41	29 15
16	13:40:44	23 17 53	6Cn25	27 19	25 27	7 52	6 30	16 2	10 58	29 1	1 43	29 12
17	13:44:41	24 17 26	19 32	28 58	26 40	8 35	6 38	16 9	11 1	29 3	1 45	29 9
18	13:48:38	25 17 1	3Le 1	0Sc37	27 53	9 17	6 46	16 15	11 4	29 4	1 48	29 6
19	13:52:35	26 16 38	16 56	2 14	29 6	10 0	6 55	16 22	11 7	29 5	1 50	29 3
20	13:56:31	27 16 17	1Vi15	3 51	0Sg19	10 43	7 3	16 29	11 10	29 6	1 53	28 59
21	14: 0:27	28 15 59	15 57	5 28	1 32	11 26	7 12	16 36	11 13	29 7	1 55	28 56
22	14: 4:24	29 15 43	0Li55	7 4	2 45	12 9	7 21	16 43	11 16	29 9	1 58	28 53
23	14: 8:20	0Sc15 29	16 3	8 39	3 58	12 53	7 29	16 50	11 18	29 10	2 0	28 50
24	14:12:17	1 15 18	1Sc10	10 14	5 11	13 36	7 38	16 57	11 21	29 11	2 2	28 47
25	14:16:14	2 15 8	16 8	11 48	6 24	14 19	7 48	17 4	11 25	29 14	2 5	28 44
26	14:20:10	3 15 0	0Sg46	13 21	7 37	15 3	7 57	17 11	11 28	29 16	2 7	28 40
27	14:24: 6	4 14 54	15 1	14 55	8 50	15 46	8 6	17 18	11 31	29 17	2 10	28 37
28	14:28: 3	5 14 50	28 49	16 27	10 3	16 30	8 16	17 25	11 34	29 17	2 12	28 34
29	14:32: 0	6 14 47	12Cp11	17 59	11 15	17 14	8 26	17 32	11 37	29 19	2 15	28 31
30	14:35:56	7 14 46	25 7	19 31	12 28	17 58	8 35	17 40	11 40	29 20	2 17	28 28
31	14:39:53	8 14 47	7Aq43	21 2	13 41	18 42	8 45	17 47	11 43	29 22	2 19	28 24

10/23 Sun in Sco. 5:47   10/1 1st Qt. 21:53   10/9 Full 23:59   10/17 3rd Qt. 21:15   10/24 New 12:09   10/31 1st Qt. 13:08

NOVEMBER 1984

Day	Sid. T.	Sun	Moon	Merc.	Venus	Mars	Jup.	Saturn	Uranus	Nept.	Pluto	N.Node
1	14:43:50	9Sc14 49	20Aq 0	22Sc33	14Sg54	19Cp26	8Cp55	17Sc54	11Sg47	29Sg24	2Sc22	28Ta21
2	14:47:46	10 14 53	2Pi 5	24 3	16 7	20 10	9 5	18 1	11 50	29 25	2 24	28 18
3	14:51:42	11 14 58	14 1	25 33	17 19	20 54	9 16	18 8	11 53	29 27	2 27	28 15
4	14:55:39	12 15 5	25 53	27 2	18 32	21 38	9 26	18 15	11 56	29 28	2 29	28 12
5	14:59:36	13 15 14	7Ar44	28 31	19 44	22 22	9 36	18 22	12 0	29 30	2 31	28 9
6	15: 3:32	14 15 24	19 36	29 59	20 57	23 7	9 47	18 30	12 3	29 32	2 34	28 5
7	15: 7:29	15 15 36	1Ta33	1Sg27	22 10	23 51	9 58	18 37	12 6	29 34	2 36	28 2
8	15:11:26	16 15 50	13 37	2 54	23 22	24 35	10 8	18 44	12 10	29 35	2 39	27 59
9	15:15:22	17 16 6	25 49	4 21	24 35	25 20	10 19	18 51	12 13	29 37	2 41	27 56
10	15:19:18	18 16 23	8Ge10	5 47	25 47	26 5	10 30	18 58	12 17	29 39	2 43	27 53
11	15:23:15	19 16 42	20 43	7 13	26 59	26 49	10 41	19 5	12 20	29 41	2 46	27 50
12	15:27:11	20 17 3	3Cn28	8 37	28 12	27 34	10 52	19 13	12 23	29 43	2 48	27 46
13	15:31: 7	21 17 26	16 27	10 1	29 24	28 19	11 3	19 20	12 27	29 44	2 50	27 43
14	15:35: 5	22 17 51	29 41	11 25	0Cp36	29 3	11 15	19 27	12 30	29 46	2 53	27 40
15	15:39: 1	23 18 17	13Le12	12 47	1 49	29 48	11 26	19 34	12 34	29 48	2 55	27 37
16	15:42:58	24 18 46	27 1	14 8	3 1	0Aq33	11 38	19 41	12 38	29 50	2 57	27 34
17	15:46:54	25 19 16	11Vi 6	15 28	4 13	1 18	11 49	19 49	12 41	29 52	3 0	27 30
18	15:50:51	26 19 49	25 28	16 47	5 25	2 3	12 1	19 56	12 45	29 54	3 2	27 27
19	15:54:47	27 20 23	10Li 3	18 5	6 37	2 48	12 13	20 3	12 48	29 56	3 4	27 24
20	15:58:45	28 20 58	24 46	19 20	7 49	3 33	12 24	20 10	12 52	29 58	3 6	27 21
21	16: 2:41	29 21 36	9Sc31	20 34	9 1	4 18	12 36	20 17	12 55	0Cp 0	3 9	27 18
22	16: 6:37	0Sg22	24 12	21 46	10 13	5 4	12 48	20 24	12 59	0 2	3 11	27 15
23	16:10:34	1 22 56	8Sg41	22 56	11 25	5 49	13 0	20 31	13 3	0 4	3 13	27 11
24	16:14:30	2 23 38	22 52	24 3	12 37	6 34	13 13	20 38	13 6	0 6	3 15	27 8
25	16:18:27	3 24 21	6Cp42	25 6	13 48	7 20	13 25	20 46	13 10	0 8	3 17	27 5
26	16:22:23	4 25 5	20 8	26 6	15 0	8 5	13 37	20 53	13 13	0 10	3 20	27 2
27	16:26:20	5 25 51	3Aq10	27 2	16 12	8 50	13 49	21 0	13 17	0 12	3 22	26 59
28	16:30:16	6 26 37	15 50	27 54	17 23	9 36	14 2	21 7	13 21	0 14	3 24	26 55
29	16:34:13	7 27 25	28 12	28 40	18 35	10 21	14 14	21 14	13 24	0 17	3 26	26 52
30	16:38:10	8 28 13	10Pi18	29 21	19 46	11 7	14 27	21 21	13 28	0 19	3 28	26 49

11/22 Sun in Sag. 3:12   11/8 Full 17:43   11/16 3rd Qt. 7:00   11/22 New 22:58(E)   11/30 1st Qt. 8:01

DECEMBER 1984

Day	Sid. T.	Sun	Moon	Merc.	Venus	Mars	Jup.	Saturn	Uranus	Nept.	Pluto	N.Node
1	16:42: 6	9Sg29 3	22Pi14	29Sg54	20Cp57	11Aq52	14Cp39	21Sc28	13Sg32	0Cp21	3Sc30	26Ta46
2	16:46: 2	10 29 53	4Ar 6	0Cp21	22 9	12 38	14 52	21 35	13 35	0 23	3 32	26 43
3	16:49:59	11 30 44	15 56	0 39	23 20	13 23	15 5	21 42	13 39	0 25	3 34	26 40
4	16:53:56	12 31 36	27 50	0 48	24 31	14 9	15 18	21 48	13 43	0 27	3 36	26 36
5	16:57:52	13 32 29	9Ta52	0 47R	25 42	14 54	15 31	21 55	13 46	0 30	3 38	26 33
6	17: 1:49	14 33 23	22 4	0 35	26 53	15 40	15 43	22 2	13 50	0 32	3 40	26 30
7	17: 5:46	15 34 18	4Ge29	0 12	28 4	16 26	15 56	22 9	13 54	0 34	3 42	26 27
8	17: 9:42	16 35 14	17 8	29Sg38	29 14	17 11	16 9	22 16	13 58	0 36	3 44	26 24
9	17:13:38	17 36 10	0Cn 2	28 53	0Aq25	17 57	16 22	22 23	14 1	0 38	3 46	26 21
10	17:17:35	18 37 8	13 10	27 57	1 36	18 43	16 36	22 29	14 5	0 41	3 48	26 17
11	17:21:32	19 38 7	26 33	26 51	2 46	19 29	16 49	22 36	14 9	0 43	3 50	26 14
12	17:25:28	20 39 6	10Le 7	25 38	3 56	20 14	17 2	22 43	14 12	0 45	3 52	26 11
13	17:29:25	21 40 7	23 53	24 19	5 7	21 0	17 15	22 49	14 16	0 47	3 53	26 8
14	17:33:21	22 41 9	7Vi47	22 56	6 17	21 46	17 29	22 56	14 19	0 50	3 55	26 5
15	17:37:17	23 42 12	21 50	21 33	7 27	22 32	17 42	23 2	14 23	0 52	3 57	26 2
16	17:41:14	24 43 15	5Li59	20 13	8 37	23 17	17 55	23 9	14 27	0 54	3 59	25 58
17	17:45:11	25 44 20	20 13	18 57	9 46	24 3	18 9	23 15	14 30	0 56	4 0	25 55
18	17:49: 8	26 45 26	4Sc29	17 49	10 56	24 49	18 22	23 22	14 34	0 59	4 2	25 52
19	17:53: 4	27 46 32	18 45	16 50	12 5	25 35	18 36	23 28	14 38	1 1	4 4	25 49
20	17:57: 1	28 47 39	2Sg58	16 0	13 15	26 21	18 49	23 34	14 41	1 3	4 5	25 46
21	18: 0:57	29 48 47	17 3	15 22	14 24	27 7	19 3	23 41	14 45	1 5	4 7	25 42
22	18: 4:53	0Cp49 56	0Cp57	14 54	15 33	27 53	19 17	23 47	14 48	1 8	4 8	25 39
23	18: 8:50	1 51 5	14 35	14 37	16 42	28 38	19 30	23 53	14 52	1 10	4 10	25 36
24	18:12:47	2 52 14	27 55	14 30	17 51	29 24	19 44	23 59	14 56	1 12	4 12	25 33
25	18:16:44	3 53 24	10Aq56	14 33D	18 59	0Pi10	19 58	24 5	14 59	1 14	4 13	25 30
26	18:20:40	4 54 34	23 37	14 45	20 8	0 56	20 12	24 11	15 3	1 17	4 14	25 27
27	18:24:37	5 55 43	6Pi 0	15 6	21 16	1 42	20 25	24 17	15 6	1 19	4 16	25 23
28	18:28:33	6 56 53	18 8	15 33	22 24	2 28	20 39	24 23	15 10	1 21	4 17	25 20
29	18:32:29	7 58 2	0Ar 5	16 8	23 32	3 14	20 53	24 29	15 13	1 24	4 19	25 17
30	18:36:26	8 59 12	11 56	16 48	24 40	3 59	21 7	24 35	15 17	1 26	4 20	25 14
31	18:40:23	10 0 21	23 46	17 34	25 47	4 45	21 21	24 41	15 20	1 28	4 21	25 11

12/21 Sun in Cap. 16:24   12/8 Full 10:54   12/15 3rd Qt. 15:26   12/22 New 11:48   12/30 1st Qt. 5:28

Day	Sid. T.	Sun	Moon	Merc.	Venus	Mars	Jup.	Saturn	Uranus	Nept.	Pluto	N.Node
1	18:44:20	11Cp 1 31	5Ta40	18Sg24	26Aq55	5Pi31	21Cp35	24Sc47	15Sg23	1Cp30	4Sc23	25Ta 7
2	18:48:16	12 2 40	17 43	19 19	28 2	6 17	21 49	24 52	15 27	1 33	4 24	25 4
3	18:52:12	13 3 49	0Ge 0	20 17	29 9	7 3	22 2	24 58	15 30	1 35	4 25	25 1
4	18:56: 9	14 4 58	12 34	21 19	0Pi15	7 49	22 16	25 3	15 34	1 37	4 26	24 58
5	19: 0: 5	15 6 6	25 28	22 24	1 22	8 34	22 30	25 9	15 37	1 39	4 27	24 55
6	19: 4: 2	16 7 15	8Cn42	23 31	2 28	9 20	22 44	25 14	15 40	1 41	4 28	24 52
7	19: 7:59	17 8 23	22 16	24 41	3 34	10 6	22 58	25 20	15 43	1 44	4 29	24 48
8	19:11:56	18 9 31	6Le 6	25 53	4 40	10 52	23 12	25 25	15 47	1 46	4 30	24 45
9	19:15:52	19 10 39	20 9	27 7	5 45	11 37	23 26	25 30	15 50	1 48	4 31	24 42
10	19:19:48	20 11 47	4Vi21	28 22	6 50	12 23	23 40	25 35	15 53	1 50	4 32	24 39
11	19:23:45	21 12 54	18 35	29 39	7 55	13 9	23 54	25 40	15 56	1 52	4 33	24 36
12	19:27:41	22 14 2	2Li50	0Cp58	9 0	13 55	24 8	25 45	15 59	1 55	4 34	24 33
13	19:31:38	23 15 9	17 0	2 17	10 4	14 40	24 23	25 50	16 3	1 57	4 35	24 29
14	19:35:35	24 16 17	1Sc 6	3 38	11 8	15 26	24 37	25 55	16 6	1 59	4 36	24 26
15	19:39:32	25 17 24	15 5	5 0	12 12	16 12	24 51	26 0	16 9	2 1	4 37	24 23
16	19:43:27	26 18 32	28 58	6 23	13 15	16 57	25 5	26 5	16 12	2 3	4 38	24 20
17	19:47:24	27 19 39	12Sg43	7 47	14 18	17 43	25 19	26 9	16 15	2 5	4 38	24 17
18	19:51:21	28 20 46	26 21	9 12	15 21	18 29	25 33	26 14	16 18	2 7	4 39	24 13
19	19:55:17	29 21 52	9Cp49	10 38	16 23	19 14	25 47	26 18	16 21	2 9	4 40	24 10
20	19:59:13	0Aq22 58	23 5	12 4	17 25	20 0	26 1	26 23	16 24	2 12	4 40	24 7
21	20: 3:11	1 24 3	6Aq 9	13 31	18 26	20 45	26 15	26 27	16 27	2 14	4 41	24 4
22	20: 7: 7	2 25 7	18 58	14 59	19 27	21 31	26 29	26 31	16 29	2 16	4 41	24 1
23	20:11: 3	3 26 11	1Pi32	16 28	20 28	22 16	26 43	26 35	16 32	2 18	4 42	23 58
24	20:15: 0	4 27 14	13 52	17 57	21 28	23 2	26 57	26 39	16 35	2 20	4 42	23 54
25	20:18:57	5 28 15	25 58	19 27	22 28	23 47	27 11	26 43	16 38	2 22	4 43	23 51
26	20:22:53	6 29 16	7Ar54	20 58	23 27	24 33	27 25	26 47	16 40	2 24	4 43	23 48
27	20:26:50	7 30 15	19 44	22 30	24 26	25 18	27 39	26 51	16 43	2 26	4 44	23 45
28	20:30:47	8 31 14	1Ta32	24 2	25 25	26 3	27 53	26 55	16 46	2 27	4 44	23 42
29	20:34:43	9 32 11	13 24	25 34	26 22	26 49	28 7	26 59	16 48	2 29	4 44	23 38
30	20:38:39	10 33 7	25 25	27 8	27 20	27 34	28 21	27 2	16 51	2 31	4 44	23 35
31	20:42:36	11 34 2	7Ge42	28 42	28 16	28 19	28 35	27 6	16 53	2 33	4 45	23 32

1/20 Sun in Aqu. 2:59 1/7 Full 2:17 1/13 3rd Qt. 23:28 1/21 New 2:29 1/29 1st Qt. 3:30

Day	Sid. T.	Sun	Moon	Merc.	Venus	Mars	Jup.	Saturn	Uranus	Nept.	Pluto	N.Node
1	20:46:33	12Aq34 55	20Ge18	0Aq17	29Pi12	29Pi 5	28Cp49	27Sc 9	16Sg56	2Cp35	4Sc45	23Ta29
2	20:50:28	13 35 47	3Cn18	1 52	0Ar 8	29 50	29 3	27 12	16 58	2 37	4 45	23 26
3	20:54:26	14 36 38	16 43	3 29	1 3	0Ar35	29 17	27 16	17 1	2 39	4 45	23 23
4	20:58:22	15 37 28	0Le34	5 6	1 57	1 20	29 31	27 19	17 3	2 40	4 45	23 19
5	21: 2:19	16 38 16	14 47	6 43	2 51	2 5	29 45	27 22	17 5	2 42	4 45	23 16
6	21: 6:15	17 39 3	29 18	8 22	3 43	2 50	29 58	27 25	17 8	2 44	4 45R	23 13
7	21:10:12	18 39 49	13Vi58	10 1	4 36	3 35	0Aq12	27 28	17 10	2 46	4 45	23 10
8	21:14: 8	19 40 34	28 40	11 41	5 27	4 20	0 26	27 30	17 12	2 47	4 45	23 7
9	21:18: 4	20 41 18	13Li17	13 22	6 18	5 5	0 39	27 33	17 14	2 49	4 45	23 4
10	21:22: 2	21 42 0	27 43	15 3	7 7	5 50	0 53	27 35	17 16	2 51	4 45	23 0
11	21:25:58	22 42 42	11Sc56	16 46	7 56	6 35	1 7	27 38	17 18	2 52	4 45	22 57
12	21:29:55	23 43 23	25 53	18 29	8 44	7 20	1 20	27 40	17 20	2 54	4 44	22 54
13	21:33:51	24 44 2	9Sg36	20 13	9 32	8 5	1 34	27 43	17 22	2 56	4 44	22 51
14	21:37:48	25 44 41	23 5	21 58	10 18	8 50	1 47	27 45	17 24	2 57	4 44	22 48
15	21:41:44	26 45 18	6Cp22	23 44	11 3	9 35	2 1	27 47	17 26	2 59	4 44	22 44
16	21:45:40	27 45 54	19 27	25 31	11 48	10 19	2 14	27 49	17 28	3 0	4 43	22 41
17	21:49:38	28 46 28	2Aq21	27 18	12 31	11 4	2 28	27 51	17 29	3 2	4 43	22 38
18	21:53:34	29 47 2	15 4	29 7	13 13	11 49	2 41	27 53	17 31	3 3	4 42	22 35
19	21:57:31	0Pi47 33	27 36	0Pi56	13 54	12 33	2 54	27 54	17 33	3 5	4 42	22 32
20	22: 1:27	1 48 3	9Pi57	2 46	14 34	13 18	3 8	27 56	17 34	3 6	4 41	22 29
21	22: 5:23	2 48 32	22 7	4 37	15 12	14 3	3 21	27 57	17 36	3 7	4 41	22 25
22	22: 9:20	3 48 59	4Ar 8	6 29	15 50	14 47	3 34	27 59	17 37	3 9	4 40	22 22
23	22:13:17	4 49 23	16 1	8 21	16 26	15 32	3 47	28 0	17 39	3 10	4 40	22 19
24	22:17:13	5 49 47	27 49	10 14	17 0	16 16	4 0	28 1	17 40	3 11	4 39	22 16
25	22:21:10	6 50 8	9Ta36	12 8	17 33	17 0	4 13	28 2	17 42	3 13	4 38	22 13
26	22:25: 7	7 50 27	21 26	14 2	18 5	17 45	4 26	28 3	17 43	3 14	4 38	22 10
27	22:29: 3	8 50 44	3Ge25	15 56	18 35	18 29	4 39	28 4	17 44	3 15	4 37	22 6
28	22:32:59	9 51 0	15 39	17 50	19 3	19 13	4 52	28 5	17 46	3 16	4 36	22 3

2/18 Sun in Pis. 17:08 2/5 Full 15:20 2/12 3rd Qt. 7:58 2/19 New 18:44 2/27 1st Qt. 23:42

MARCH 1985

Day	Sid. T.	Sun	Moon	Merc.	Venus	Mars	Jup.	Saturn	Uranus	Nept.	Pluto	N.Node
1	22:36:56	10Pi51 13	28Ge12	19Pi44	19Ar30	19Ar58	5Aq 4	28Sc 5	17Sg47	3Cp17	4Sc36R	22Ta 0
2	22:40:53	11 51 24	11Cn 9	21 38	19 55	20 42	5 17	28 6	17 48	3 18	4 35	21 57
3	22:44:49	12 51 34	24 34	23 32	20 18	21 26	5 30	28 6	17 49	3 19	4 34	21 54
4	22:48:46	13 51 41	8Le29	25 24	20 40	22 10	5 42	28 7	17 50	3 21	4 33	21 50
5	22:52:43	14 51 46	22 51	27 16	20 59	22 54	5 55	28 7	17 51	3 22	4 32	21 47
6	22:56:39	15 51 49	7Vi35	29 5	21 17	23 38	6 7	28 7	17 52	3 23	4 31	21 44
7	23: 0:35	16 51 50	22 35	0Ar53	21 32	24 22	6 19	28 7R	17 53	3 23	4 30	21 41
8	23: 4:32	17 51 49	7Li40	2 38	21 45	25 6	6 32	28 7	17 53	3 24	4 29	21 38
9	23: 8:29	18 51 46	22 42	4 20	21 56	25 50	6 44	28 7	17 54	3 25	4 28	21 35
10	23:12:25	19 51 42	7Sc30	5 59	22 5	26 34	6 56	28 6	17 55	3 26	4 27	21 31
11	23:16:22	20 51 36	22 0	7 34	22 12	27 18	7 8	28 6	17 55	3 27	4 26	21 28
12	23:20:18	21 51 29	6Sg 9	9 4	22 16	28 1	7 20	28 6	17 56	3 28	4 25	21 25
13	23:24:14	22 51 20	19 56	10 29	22 18	28 45	7 32	28 5	17 57	3 29	4 24	21 22
14	23:28:11	23 51 9	3Cp23	11 49	22 17R	29 29	7 44	28 5	17 57	3 29	4 23	21 19
15	23:32: 8	24 50 56	16 31	13 2	22 14	0Ta12	7 56	28 4	17 57	3 30	4 21	21 16
16	23:36: 5	25 50 42	29 22	14 9	22 9	0 56	8 7	28 3	17 58	3 31	4 20	21 12
17	23:40: 1	26 50 26	12Aq 0	15 10	22 1	1 40	8 19	28 2	17 58	3 31	4 19	21 9
18	23:43:58	27 50 8	24 26	16 3	21 50	2 23	8 30	28 1	17 58	3 32	4 18	21 6
19	23:47:54	28 49 49	6Pi42	16 49	21 37	3 7	8 42	28 0	17 59	3 32	4 17	21 3
20	23:51:50	29 49 27	18 50	17 27	21 22	3 50	8 53	27 59	17 59	3 33	4 15	21 0
21	23:55:47	0Ar49 3	0Ar50	17 57	21 4	4 33	9 4	27 57	17 59	3 34	4 14	20 56
22	23:59:44	1 48 38	12 43	18 19	20 44	5 17	9 16	27 56	17 59	3 34	4 13	20 53
23	0: 3:41	2 48 10	24 33	18 33	20 22	6 0	9 27	27 54	17 59R	3 34	4 11	20 50
24	0: 7:37	3 47 40	6Ta20	18 39	19 57	6 43	9 38	27 53	17 59	3 35	4 10	20 47
25	0:11:33	4 47 8	18 7	18 38R	19 30	7 26	9 48	27 51	17 59	3 35	4 8	20 44
26	0:15:30	5 46 34	29 59	18 29	19 1	8 10	9 59	27 49	17 59	3 36	4 7	20 41
27	0:19:26	6 45 57	11Ge59	18 12	18 31	8 53	10 10	27 47	17 58	3 36	4 6	20 37
28	0:23:23	7 45 19	24 11	17 49	17 58	9 36	10 20	27 45	17 58	3 36	4 4	20 34
29	0:27:20	8 44 38	6Cn42	17 20	17 25	10 19	10 31	27 43	17 58	3 36	4 3	20 31
30	0:31:17	9 43 55	19 34	16 46	16 50	11 2	10 41	27 41	17 57	3 37	4 1	20 28
31	0:35:13	10 43 9	2Le53	16 7	16 14	11 45	10 52	27 39	17 57	3 37	4 0	20 25

3/20 Sun in Ari. 16:15   3/7 Full 2:14   3/13 3rd Qt. 17:35   3/21 New 11:59   3/29 1st Qt. 16:12

APRIL 1985

Day	Sid. T.	Sun	Moon	Merc.	Venus	Mars	Jup.	Saturn	Uranus	Nept.	Pluto	N.Node
1	0:39: 9	11Ar42 21	16Le41	15Ar24R	15Ar37R	12Ta28	11Aq 2	27Sc36R	17Sg57R	3Cp37	3Sc58R	20Ta22
2	0:43: 6	12 41 30	0Vi57	14 38	14 59	13 10	11 12	27 34	17 56	3 37	3 57	20 18
3	0:47: 2	13 40 38	15 40	13 50	14 21	13 53	11 22	27 31	17 55	3 37	3 55	20 15
4	0:50:59	14 39 43	0Li42	13 1	13 43	14 36	11 31	27 29	17 55	3 37	3 53	20 12
5	0:54:56	15 38 46	15 55	12 13	13 5	15 19	11 41	27 26	17 54	3 37R	3 52	20 9
6	0:58:53	16 37 47	1Sc 9	11 25	12 28	16 1	11 51	27 23	17 53	3 37	3 50	20 6
7	1: 2:49	17 36 46	16 14	10 39	11 52	16 44	12 0	27 20	17 53	3 37	3 49	20 2
8	1: 6:45	18 35 43	1Sg 2	9 56	11 16	17 26	12 10	27 18	17 52	3 37	3 47	19 59
9	1:10:42	19 34 38	15 27	9 16	10 41	18 9	12 19	27 15	17 51	3 37	3 45	19 56
10	1:14:38	20 33 32	29 27	8 40	10 8	18 51	12 28	27 11	17 50	3 37	3 44	19 53
11	1:18:34	21 32 24	13Cp 1	8 9	9 37	19 34	12 37	27 8	17 49	3 36	3 42	19 50
12	1:22:32	22 31 15	26 11	7 42	9 7	20 16	12 46	27 5	17 48	3 36	3 41	19 47
13	1:26:28	23 30 3	9Aq 1	7 20	8 39	20 58	12 55	27 2	17 47	3 36	3 39	19 43
14	1:30:24	24 28 50	21 32	7 3	8 13	21 41	13 3	26 58	17 46	3 36	3 37	19 40
15	1:34:21	25 27 35	3Pi49	6 51	7 49	22 23	13 12	26 55	17 45	3 35	3 36	19 37
16	1:38:18	26 26 18	15 54	6 45	7 27	23 5	13 20	26 51	17 44	3 35	3 34	19 34
17	1:42:14	27 25 0	27 52	6 44D	7 8	23 47	13 29	26 48	17 42	3 35	3 32	19 31
18	1:46:10	28 23 39	9Ar44	6 48	6 51	24 29	13 37	26 44	17 41	3 34	3 31	19 27
19	1:50: 8	29 22 17	21 33	6 57	6 36	25 12	13 45	26 41	17 40	3 34	3 29	19 24
20	1:54: 4	0Ta20 53	3Ta20	7 10	6 24	25 54	13 53	26 37	17 38	3 33	3 27	19 21
21	1:58: 0	1 19 27	15 9	7 29	6 15	26 36	14 0	26 33	17 37	3 33	3 25	19 18
22	2: 1:57	2 17 59	27 1	7 52	6 7	27 17	14 8	26 29	17 36	3 32	3 24	19 15
23	2: 5:54	3 16 29	8Ge59	8 20	6 3	27 59	14 15	26 25	17 34	3 32	3 22	19 12
24	2: 9:50	4 14 57	21 5	8 52	6 0	28 41	14 23	26 21	17 33	3 31	3 20	19 8
25	2:13:47	5 13 23	3Cn23	9 28	6 0D	29 22	14 30	26 17	17 31	3 30	3 19	19 5
26	2:17:43	6 11 47	15 57	10 7	6 3	0Ge 5	14 37	26 13	17 29	3 30	3 17	19 2
27	2:21:40	7 10 9	28 49	10 51	6 7	0 47	14 44	26 9	17 28	3 29	3 15	18 59
28	2:25:36	8 8 28	12Le 3	11 38	6 14	1 28	14 50	26 5	17 26	3 28	3 14	18 56
29	2:29:33	9 6 46	25 42	12 28	6 23	2 10	14 57	26 1	17 24	3 28	3 12	18 53
30	2:33:29	10 5 1	9Vi46	13 22	6 34	2 51	15 3	25 57	17 23	3 27	3 10	18 49

4/20 Sun in Tau. 3:27   4/5 Full 11:33   4/12 3rd Qt. 4:42   4/20 New 5:23   4/28 1st Qt. 4:26

MAY 1985

Day	Sid. T.	Sun	Moon	Merc.	Venus	Mars	Jup.	Saturn	Uranus	Nept.	Pluto	N.Node
1	2:37:25	11Ta 3 15	24Vi15	14Ar18	6Ar48	3Ge33	15Aq 9	25Sc52R	17Sg21R	3Cp26R	3Sc 9R	18Ta46
2	2:41:23	12 1 26	9Li 4	15 18	7 3	4 14	15 15	25 48	17 19	3 25	3 7	18 43
3	2:45:19	12 59 36	24 8	16 21	7 20	4 56	15 21	25 44	17 17	3 24	3 5	18 40
4	2:49:16	13 57 43	9Sc18	17 26	7 39	5 37	15 27	25 40	17 15	3 23	3 4	18 37
5	2:53:12	14 55 49	24 25	18 34	8 0	6 19	15 33	25 35	17 13	3 23	3 2	18 33
6	2:57: 9	15 53 54	9Sg20	19 45	8 23	7 0	15 38	25 31	17 11	3 22	3 0	18 30
7	3: 1: 5	16 51 57	23 55	20 58	8 48	7 41	15 43	25 26	17 9	3 21	2 59	18 27
8	3: 5: 1	17 49 58	8Cp 6	22 14	9 14	8 23	15 48	25 22	17 7	3 20	2 57	18 24
9	3: 8:59	18 47 58	21 51	23 32	9 41	9 4	15 53	25 18	17 5	3 19	2 55	18 21
10	3:12:55	19 45 57	5Aq 8	24 52	10 11	9 45	15 58	25 13	17 3	3 18	2 54	18 18
11	3:16:52	20 43 55	18 1	26 15	10 41	10 26	16 3	25 9	17 1	3 17	2 52	18 14
12	3:20:48	21 41 51	0Pi33	27 40	11 13	11 7	16 7	25 4	16 59	3 15	2 51	18 11
13	3:24:44	22 39 45	12 48	29 7	11 47	11 48	16 11	25 0	16 57	3 14	2 49	18 8
14	3:28:41	23 37 39	24 49	0Ta37	12 22	12 29	16 15	24 55	16 55	3 13	2 47	18 5
15	3:32:37	24 35 31	6Ar42	2 9	12 58	13 10	16 19	24 51	16 52	3 12	2 46	18 2
16	3:36:34	25 33 22	18 31	3 42	13 35	13 51	16 23	24 46	16 50	3 11	2 44	17 59
17	3:40:31	26 31 12	0Ta18	5 18	14 14	14 32	16 26	24 42	16 48	3 10	2 43	17 55
18	3:44:28	27 29 0	12 7	6 56	14 53	15 13	16 30	24 37	16 46	3 8	2 41	17 52
19	3:48:24	28 26 47	24 0	8 37	15 34	15 54	16 33	24 33	16 43	3 7	2 40	17 49
20	3:52:20	29 24 33	6Ge 0	10 19	16 15	16 35	16 36	24 28	16 41	3 6	2 38	17 46
21	3:56:17	0Ge22 18	18 9	12 4	16 58	17 15	16 39	24 24	16 39	3 5	2 37	17 43
22	4: 0:13	1 20 1	0Cn29	13 51	17 42	17 56	16 41	24 19	16 36	3 3	2 35	17 39
23	4: 4:10	2 17 42	13 0	15 39	18 26	18 37	16 44	24 15	16 34	3 2	2 34	17 36
24	4: 8: 7	3 15 23	25 45	17 31	19 11	19 17	16 46	24 11	16 32	3 1	2 33	17 33
25	4:12: 4	4 13 1	8Le45	19 24	19 58	19 58	16 48	24 6	16 29	2 59	2 31	17 30
26	4:16: 0	5 10 39	22 3	21 19	20 45	20 38	16 50	24 2	16 27	2 58	2 30	17 27
27	4:19:56	6 8 14	5Vi38	23 16	21 33	21 19	16 52	23 57	16 24	2 57	2 29	17 24
28	4:23:53	7 5 48	19 33	25 16	22 21	21 59	16 53	23 53	16 22	2 55	2 27	17 20
29	4:27:50	8 3 21	3Li46	27 17	23 10	22 40	16 54	23 49	16 20	2 54	2 26	17 17
30	4:31:46	9 0 52	18 17	29 20	24 0	23 20	16 55	23 45	16 17	2 52	2 25	17 14
31	4:35:43	9 58 22	3Sc 0	1Ge25	24 51	24 1	16 56	23 40	16 15	2 51	2 24	17 11

5/21 Sun in Gem. 2:44   5/4 Full 19:54(E)   5/11 3rd Qt. 17:35   5/19 New 21:42(E)   5/27 1st Qt. 12:57

JUNE 1985

Day	Sid. T.	Sun	Moon	Merc.	Venus	Mars	Jup.	Saturn	Uranus	Nept.	Pluto	N.Node
1	4:39:59	10Ge55 51	17Sc52	3Ge51	25Ar42	24Ge41	16Aq57	23Sc36R	16Sg12R	2Cp49R	2Sc22R	17Ta 8
2	4:43:35	11 53 19	2Sg45	5 39	26 34	25 21	16 58	23 32	16 10	2 48	2 21	17 5
3	4:47:32	12 50 46	17 31	7 48	27 27	26 1	16 58	23 28	16 7	2 47	2 20	17 1
4	4:51:29	13 48 11	2Cp 4	9 59	28 20	26 42	16 58	23 24	16 5	2 45	2 19	16 58
5	4:55:26	14 45 36	16 16	12 10	29 13	27 22	16 58R	23 20	16 2	2 44	2 17	16 55
6	4:59:22	15 43 1	0Aq 4	14 22	0Ta 7	28 2	16 58	23 16	16 0	2 42	2 16	16 52
7	5: 3:19	16 40 24	13 27	16 34	1 2	28 42	16 58	23 12	15 58	2 40	2 15	16 49
8	5: 7:15	17 37 47	26 25	18 46	1 57	29 22	16 57	23 8	15 55	2 39	2 14	16 45
9	5:11:11	18 35 9	9Pi 0	20 58	2 53	0Cn 2	16 56	23 4	15 53	2 37	2 13	16 42
10	5:15: 8	19 32 31	21 16	23 9	3 49	0 42	16 55	23 0	15 50	2 36	2 12	16 39
11	5:19: 5	20 29 52	3Ar17	25 20	4 46	1 22	16 54	22 57	15 48	2 34	2 11	16 36
12	5:23: 2	21 27 13	15 10	27 29	5 43	2 2	16 53	22 53	15 45	2 33	2 10	16 33
13	5:26:58	22 24 33	26 57	29 38	6 40	2 42	16 51	22 49	15 43	2 31	2 9	16 30
14	5:30:54	23 21 53	8Ta46	1Cn45	7 38	3 22	16 49	22 46	15 40	2 29	2 8	16 26
15	5:34:51	24 19 12	20 38	3 50	8 36	4 2	16 47	22 42	15 38	2 28	2 7	16 23
16	5:38:47	25 16 31	2Ge38	5 54	9 35	4 42	16 45	22 39	15 35	2 26	2 7	16 20
17	5:42:44	26 13 50	14 49	7 56	10 34	5 21	16 43	22 36	15 33	2 25	2 6	16 17
18	5:46:40	27 11 8	27 12	9 55	11 33	6 1	16 40	22 32	15 31	2 23	2 5	16 14
19	5:50:38	28 8 25	9Cn49	11 53	12 33	6 41	16 38	22 29	15 28	2 21	2 4	16 11
20	5:54:34	29 5 42	22 39	13 49	13 33	7 21	16 35	22 26	15 26	2 20	2 4	16 7
21	5:58:30	0Cn 2 58	5Le44	15 42	14 33	8 0	16 32	22 23	15 24	2 18	2 3	16 4
22	6: 2:27	1 0 14	19 1	17 34	15 34	8 40	16 28	22 20	15 21	2 17	2 2	16 1
23	6: 6:23	1 57 29	2Vi31	19 23	16 35	9 20	16 25	22 17	15 19	2 15	2 2	15 58
24	6:10:20	2 54 44	16 13	21 10	17 36	9 59	16 21	22 14	15 16	2 13	2 1	15 55
25	6:14:16	3 51 58	0Li 7	22 54	18 38	10 39	16 18	22 11	15 14	2 12	2 0	15 51
26	6:18:14	4 49 11	14 12	24 37	19 39	11 18	16 14	22 8	15 12	2 10	2 0	15 48
27	6:22:10	5 46 24	28 26	26 17	20 41	11 58	16 10	22 6	15 10	2 9	1 59	15 45
28	6:26: 6	6 43 36	12Sc49	27 55	21 44	12 37	16 6	22 3	15 7	2 7	1 59	15 42
29	6:30: 3	7 40 48	27 17	29 30	22 46	13 17	16 1	22 1	15 5	2 5	1 58	15 39
30	6:33:59	8 37 59	11Sg46	1Le 3	23 49	13 56	15 57	21 58	15 3	2 4	1 58	15 36

6/21 Sun in Can. 10:45   6/3 Full 3:51   6/10 3rd Qt. 8:20   6/18 New 11:59   6/25 1st Qt. 18:54

JULY 1985

Day	Sid. T.	Sun	Moon	Merc.	Venus	Mars	Jup.	Saturn	Uranus	Nept.	Pluto	N.Node
1	6:37:55	9Cn35 10	26Sg12	2Le34	24Ta52	14Cn35	15Aq52R	21Sc56R	15Sg 1R	2Cp 2R	1Sc58R	15Ta32
2	6:41:53	10 32 21	10Cp28	4 3	25 55	15 15	15 47	21 54	14 59	2 0	1 57	15 29
3	6:45:49	11 29 32	24 29	5 29	26 59	15 54	15 42	21 52	14 57	1 59	1 57	15 26
4	6:49:45	12 26 43	8Aq11	6 53	28 3	16 33	15 37	21 50	14 54	1 57	1 57	15 23
5	6:53:42	13 23 54	21 30	8 15	29 7	17 13	15 32	21 48	14 52	1 56	1 56	15 20
6	6:57:39	14 21 5	4Pi27	9 34	0Ge11	17 52	15 26	21 46	14 50	1 54	1 56	15 16
7	7: 1:35	15 18 17	17 2	10 50	1 15	18 31	15 21	21 44	14 48	1 53	1 56	15 13
8	7: 5:31	16 15 29	29 19	12 4	2 20	19 10	15 15	21 42	14 46	1 51	1 56	15 10
9	7: 9:29	17 12 41	11Ar22	13 16	3 25	19 49	15 9	21 41	14 44	1 49	1 56	15 7
10	7:13:25	18 9 53	23 14	14 24	4 30	20 28	15 3	21 39	14 42	1 48	1 56	15 4
11	7:17:21	19 7 6	5Ta 3	15 30	5 35	21 8	14 57	21 38	14 40	1 46	1 56	15 1
12	7:21:18	20 4 20	16 52	16 33	6 40	21 47	14 50	21 36	14 39	1 45	1 56D	14 57
13	7:25:15	21 1 34	28 48	17 34	7 46	22 26	14 44	21 35	14 37	1 43	1 56	14 54
14	7:29:11	21 58 49	10Ge55	18 31	8 51	23 5	14 37	21 34	14 35	1 42	1 56	14 51
15	7:33: 7	22 56 4	23 15	19 25	9 57	23 44	14 31	21 33	14 33	1 40	1 56	14 48
16	7:37: 5	23 53 19	5Cn52	20 16	11 3	24 23	14 24	21 32	14 31	1 39	1 56	14 45
17	7:41: 1	24 50 35	18 47	21 3	12 9	25 2	14 17	21 31	14 30	1 37	1 56	14 42
18	7:44:57	25 47 52	1Le59	21 47	13 16	25 41	14 10	21 30	14 28	1 36	1 56	14 38
19	7:48:54	26 45 9	15 27	22 27	14 22	26 20	14 3	21 30	14 27	1 35	1 57	14 35
20	7:52:50	27 42 26	29 9	23 4	15 29	26 59	13 56	21 29	14 25	1 33	1 57	14 32
21	7:56:46	28 39 43	13Vi 0	23 36	16 36	27 38	13 49	21 29	14 23	1 32	1 57	14 29
22	8: 0:43	29 37 1	26 59	24 4	17 43	28 16	13 42	21 28	14 22	1 30	1 57	14 26
23	8: 4:40	0Le34 19	11Li 2	24 28	18 50	28 55	13 34	21 28	14 20	1 29	1 58	14 22
24	8: 8:37	1 31 38	25 8	24 48	19 57	29 34	13 27	21 28	14 19	1 28	1 58	14 19
25	8:12:33	2 28 56	9Sc16	25 3	21 4	0Le13	13 19	21 28	14 18	1 26	1 59	14 16
26	8:16:30	3 26 16	23 24	25 13	22 12	0 52	13 12	21 28D	14 16	1 25	1 59	14 13
27	8:20:26	4 23 35	7Sg31	25 18	23 20	1 30	13 4	21 28	14 15	1 24	2 0	14 10
28	8:24:22	5 20 55	21 37	25 18R	24 27	2 9	12 57	21 28	14 14	1 22	2 0	14 7
29	8:28:20	6 18 16	5Cp37	25 13	25 35	2 48	12 49	21 28	14 13	1 21	2 1	14 3
30	8:32:16	7 15 37	19 29	25 3	26 43	3 26	12 41	21 29	14 11	1 20	2 1	14 0
31	8:36:13	8 12 59	3Aq 9	24 48	27 52	4 5	12 34	21 29	14 10	1 19	2 2	13 57

7/22 Sun in Leo 21:38   7/2 Full 12:09   7/10 3rd Qt. 0:50   7/17 New 23:57   7/24 1st Qt. 23:40   7/31 Full 21:42

AUGUST 1985

Day	Sid. T.	Sun	Moon	Merc.	Venus	Mars	Jup.	Saturn	Uranus	Nept.	Pluto	N.Node
1	8:40: 9	9Le10 22	16Aq34	24Le28R	29Ge 0	4Le44	12Aq26R	21Sc30	14Sg 9R	1Cp17R	2Sc 3	13Ta54
2	8:44: 6	10 7 46	29 42	24 3	0Cn 8	5 22	12 18	21 31	14 8	1 16	2 3	13 51
3	8:48: 2	11 5 10	12Pi31	23 33	1 17	6 1	12 10	21 31	14 7	1 15	2 4	13 48
4	8:51:58	12 2 36	25 1	22 59	2 25	6 40	12 2	21 32	14 6	1 14	2 5	13 44
5	8:55:55	13 0 3	7Ar15	22 21	3 34	7 18	11 55	21 33	14 5	1 13	2 6	13 41
6	8:59:52	13 57 30	19 16	21 39	4 43	7 57	11 47	21 34	14 4	1 12	2 6	13 38
7	9: 3:49	14 55 0	1Ta 8	20 55	5 52	8 35	11 39	21 36	14 4	1 11	2 7	13 35
8	9: 7:45	15 52 30	12 57	20 9	7 1	9 14	11 31	21 37	14 3	1 10	2 8	13 32
9	9:11:41	16 50 2	24 47	19 21	8 10	9 52	11 23	21 38	14 2	1 9	2 9	13 28
10	9:15:38	17 47 35	6Ge44	18 32	9 20	10 31	11 16	21 40	14 2	1 8	2 10	13 25
11	9:19:34	18 45 10	18 53	17 44	10 29	11 9	11 8	21 41	14 1	1 7	2 11	13 22
12	9:23:31	19 42 46	1Cn19	16 58	11 39	11 48	11 0	21 43	14 0	1 6	2 12	13 19
13	9:27:28	20 40 24	14 6	16 13	12 48	12 26	10 53	21 45	14 0	1 5	2 13	13 16
14	9:31:25	21 38 3	27 14	15 32	13 58	13 5	10 45	21 47	13 59	1 4	2 14	13 13
15	9:35:21	22 35 43	10Le45	14 55	15 8	13 43	10 38	21 48	13 59	1 3	2 15	13 9
16	9:39:17	23 33 24	24 35	14 22	16 18	14 21	10 30	21 51	13 59	1 2	2 17	13 6
17	9:43:14	24 31 7	8Vi42	13 56	17 28	15 0	10 23	21 53	13 58	1 1	2 18	13 3
18	9:47:10	25 28 51	22 59	13 35	18 38	15 38	10 15	21 55	13 58	1 1	2 19	13 0
19	9:51: 7	26 26 36	7Li21	13 21	19 48	16 17	10 8	21 57	13 58	1 0	2 20	12 57
20	9:55: 4	27 24 22	21 44	13 14	20 59	16 55	10 1	22 0	13 58	0 59	2 22	12 54
21	9:59: 0	28 22 10	6Sc 2	13 14D	22 9	17 33	9 54	22 2	13 58	0 59	2 23	12 50
22	10: 2:56	29 19 58	20 15	13 22	23 20	18 11	9 47	22 5	13 58	0 58	2 24	12 47
23	10: 6:53	0Vi17 48	4Sg19	13 38	24 30	18 50	9 40	22 7	13 58D	0 57	2 26	12 44
24	10:10:50	1 15 39	18 16	14 1	25 41	19 28	9 33	22 10	13 58	0 57	2 27	12 41
25	10:14:46	2 13 31	2Cp 3	14 33	26 52	20 6	9 27	22 13	13 58	0 56	2 28	12 38
26	10:18:43	3 11 24	15 41	15 12	28 3	20 45	9 20	22 16	13 58	0 55	2 30	12 34
27	10:22:40	4 9 19	29 9	15 59	29 14	21 23	9 14	22 19	13 58	0 55	2 31	12 31
28	10:26:36	5 7 15	12Aq25	16 53	0Le25	22 1	9 7	22 22	13 58	0 54	2 33	12 28
29	10:30:32	6 5 12	25 29	17 54	1 36	22 39	9 1	22 25	13 59	0 54	2 34	12 25
30	10:34:29	7 3 11	8Pi18	19 1	2 47	23 17	8 55	22 29	13 59	0 54	2 36	12 22
31	10:38:26	8 1 12	20 53	20 15	3 58	23 55	8 49	22 32	13 59	0 53	2 37	12 19

8/23 Sun in Vir. 4:37   8/8 3rd Qt. 18:29   8/16 New 10:06   8/23 1st Qt. 4:37   8/30 Full 9:28

SEPTEMBER 1985

Day	Sid. T.	Sun	Moon	Merc.	Venus	Mars	Jup.	Saturn	Uranus	Nept.	Pluto	N.Node
1	10:42:23	8Vi59 14	3Ar13	21Le35	5Le10	24Le34	8Aq43R	22Sc35	14Sg 0	0Cp53R	2Sc39	12Ta15
2	10:46:19	9 57 18	15 21	23 1	6 21	25 12	8 38	22 39	14 1	0 52	2 41	12 12
3	10:50:16	10 55 24	27 18	24 31	7 33	25 50	8 32	22 42	14 1	0 52	2 42	12 9
4	10:54:12	11 53 31	9Ta 8	26 6	8 45	26 28	8 27	22 46	14 1	0 52	2 44	12 6
5	10:58: 8	12 51 41	20 55	27 45	9 56	27 6	8 21	22 50	14 2	0 52	2 46	12 3
6	11: 2: 5	13 49 52	2Ge44	29 27	11 8	27 44	8 16	22 54	14 3	0 51	2 48	12 0
7	11: 6: 1	14 48 6	14 41	1Vi12	12 20	28 22	8 11	22 58	14 4	0 51	2 49	11 56
8	11: 9:59	15 46 22	26 50	2 59	13 32	29 0	8 7	23 2	14 4	0 51	2 51	11 53
9	11:13:55	16 44 39	9Cn17	4 49	14 44	29 39	8 2	23 6	14 5	0 51	2 53	11 50
10	11:17:51	17 42 59	22 5	6 40	15 56	0Vi17	7 58	23 10	14 6	0 51	2 55	11 47
11	11:21:48	18 41 21	5Le19	8 32	17 8	0 55	7 53	23 14	14 7	0 51	2 57	11 44
12	11:25:44	19 39 45	18 58	10 25	18 21	1 33	7 49	23 19	14 8	0 51D	2 59	11 40
13	11:29:41	20 38 11	3Vi 2	12 18	19 33	2 11	7 46	23 23	14 9	0 51	3 0	11 37
14	11:33:37	21 36 38	17 27	14 12	20 46	2 49	7 42	23 28	14 10	0 51	3 2	11 34
15	11:37:35	22 35 8	2Li 6	16 6	21 58	3 27	7 38	23 32	14 12	0 51	3 4	11 31
16	11:41:31	23 33 39	16 53	17 59	23 11	4 5	7 35	23 37	14 13	0 51	3 6	11 28
17	11:45:27	24 32 12	1Sc40	19 53	24 23	4 43	7 32	23 41	14 15	0 51	3 8	11 25
18	11:49:24	25 30 47	16 20	21 45	25 36	5 21	7 29	23 46	14 15	0 52	3 10	11 21
19	11:53:20	26 29 24	0Sg47	23 37	26 49	5 59	7 26	23 51	14 17	0 52	3 12	11 18
20	11:57:17	27 28 2	15 0	25 29	28 2	6 37	7 24	23 56	14 18	0 52	3 14	11 15
21	12: 1:13	28 26 42	28 57	27 19	29 15	7 15	7 21	24 1	14 20	0 52	3 16	11 12
22	12: 5:10	29 25 24	12Cp37	29 9	0Vi28	7 53	7 19	24 6	14 21	0 53	3 19	11 9
23	12: 9: 6	0Li24 7	26 2	0Li58	1 41	8 30	7 17	24 11	14 23	0 53	3 21	11 5
24	12:13: 3	1 22 52	9Aq11	2 46	2 54	9 8	7 15	24 16	14 24	0 53	3 23	11 2
25	12:17: 0	2 21 39	22 7	4 33	4 7	9 46	7 14	24 21	14 26	0 54	3 25	10 59
26	12:20:56	3 20 27	4Pi49	6 19	5 20	10 24	7 12	24 27	14 28	0 54	3 27	10 56
27	12:24:52	4 19 17	17 20	8 4	6 34	11 2	7 11	24 32	14 29	0 55	3 29	10 53
28	12:28:50	5 18 9	29 38	9 48	7 47	11 40	7 10	24 37	14 31	0 55	3 31	10 50
29	12:32:46	6 17 3	11Ar47	11 32	9 0	12 18	7 9	24 43	14 33	0 56	3 34	10 46
30	12:36:42	7 16 0	23 46	13 14	10 14	12 56	7 8	24 48	14 35	0 56	3 36	10 43

9/23 Sun in Lib. 2:09   9/7 3rd Qt. 12:16   9/14 New 19:21   9/21 1st Qt. 11:04   9/29 Full 0:09

OCTOBER 1985

Day	Sid. T.	Sun	Moon	Merc.	Venus	Mars	Jup.	Saturn	Uranus	Nept.	Pluto	N.Node
1	12:40:39	8Li14 58	5Ta38	14Li56	11Vi27	13Vi34	7Aq 8R	24Sc54	14Sg37	0Cp57	3Sc38	10Ta40
2	12:44:36	9 13 58	17 26	16 37	12 41	14 11	7 8	25 0	14 39	0 58	3 40	10 37
3	12:48:32	10 13 1	29 13	18 17	13 54	14 49	7 8D	25 5	14 41	0 58	3 43	10 34
4	12:52:28	11 12 6	11Ge 2	19 56	15 8	15 27	7 8	25 11	14 43	0 59	3 45	10 31
5	12:56:26	12 11 13	22 58	21 34	16 22	16 5	7 8	25 17	14 45	1 0	3 47	10 27
6	13: 0:22	13 10 23	5Cn 5	23 11	17 36	16 43	7 9	25 23	14 47	1 0	3 49	10 24
7	13: 4:18	14 9 35	17 29	24 48	18 50	17 20	7 9	25 29	14 49	1 1	3 52	10 21
8	13: 8:15	15 8 49	0Le14	26 24	20 4	17 58	7 10	25 35	14 52	1 2	3 54	10 18
9	13:12:11	16 8 5	13 24	27 59	21 17	18 36	7 11	25 41	14 54	1 3	3 56	10 15
10	13:16: 7	17 7 24	27 1	29 33	22 31	19 14	7 13	25 47	14 56	1 4	3 59	10 11
11	13:20: 4	18 6 45	11Vi 5	1Sc 7	23 46	19 52	7 14	25 53	14 59	1 5	4 1	10 8
12	13:24: 1	19 6 8	25 35	2 40	25 0	20 29	7 16	25 59	15 1	1 6	4 3	10 5
13	13:27:58	20 5 33	10Li25	4 12	26 14	21 7	7 18	26 5	15 3	1 7	4 6	10 2
14	13:31:54	21 5 1	25 27	5 44	27 28	21 45	7 20	26 11	15 6	1 8	4 8	9 59
15	13:35:51	22 4 30	10Sc34	7 14	28 42	22 23	7 22	26 18	15 8	1 9	4 11	9 56
16	13:39:47	23 4 2	25 36	8 45	29 57	23 0	7 25	26 24	15 11	1 10	4 13	9 52
17	13:43:43	24 3 35	10Sg24	10 14	1Li11	23 38	7 27	26 30	15 14	1 11	4 15	9 49
18	13:47:40	25 3 10	24 54	11 43	2 25	24 16	7 30	26 37	15 16	1 12	4 18	9 46
19	13:51:37	26 2 47	9Cp 2	13 11	3 40	24 54	7 33	26 43	15 19	1 13	4 20	9 43
20	13:55:34	27 2 26	22 46	14 38	4 54	25 31	7 37	26 50	15 22	1 15	4 23	9 40
21	13:59:30	28 2 6	6Aq 8	16 5	6 9	26 9	7 40	26 56	15 24	1 16	4 25	9 37
22	14: 3:27	29 1 48	19 9	17 31	7 23	26 47	7 44	27 3	15 27	1 17	4 28	9 33
23	14: 7:23	0Sc 1 32	1Pi52	18 56	8 38	27 24	7 48	27 9	15 30	1 18	4 30	9 30
24	14:11:19	1 1 17	14 19	20 20	9 52	28 2	7 52	27 16	15 33	1 20	4 32	9 27
25	14:15:16	2 1 4	26 34	21 44	11 7	28 40	7 56	27 23	15 36	1 21	4 35	9 24
26	14:19:13	3 0 53	8Ar39	23 7	12 22	29 17	8 0	27 29	15 39	1 22	4 37	9 21
27	14:23:10	4 0 44	20 36	24 28	13 36	29 55	8 5	27 36	15 42	1 24	4 39	9 17
28	14:27: 6	5 0 36	2Ta28	25 49	14 51	0Li32	8 9	27 43	15 44	1 25	4 42	9 14
29	14:31: 2	6 0 31	14 17	27 9	16 6	1 10	8 14	27 50	15 47	1 27	4 44	9 11
30	14:34:59	7 0 27	26 4	28 27	17 21	1 48	8 19	27 57	15 51	1 28	4 47	9 8
31	14:38:55	8 0 26	7Ge53	29 45	18 35	2 25	8 25	28 3	15 54	1 30	4 49	9 5

10/23 Sun in Sco. 11:23   10/7 3rd Qt. 5:05   10/14 New 4:34   10/20 1st Qt. 20:14   10/28 Full 17:38(E)

NOVEMBER 1985

Day	Sid. T.	Sun	Moon	Merc.	Venus	Mars	Jup.	Saturn	Uranus	Nept.	Pluto	N.Node
1	14:42:52	9Sc 0 27	19Ge46	1Sg 1	19Li50	3Li 3	8Aq30	28Sc10	15Sg57	1Cp31	4Sc52	9Ta 2
2	14:46:49	10 0 29	1Cn45	2 15	21 5	3 40	8 36	28 17	16 0	1 33	4 54	8 58
3	14:50:46	11 0 34	13 54	3 28	22 20	4 18	8 41	28 24	16 3	1 34	4 56	8 55
4	14:54:42	12 0 41	26 18	4 39	23 35	4 56	8 47	28 31	16 6	1 36	4 59	8 52
5	14:58:38	13 0 50	8Le59	5 48	24 50	5 33	8 53	28 38	16 9	1 38	5 1	8 49
6	15: 2:35	14 1 0	22 2	6 55	26 5	6 11	9 0	28 45	16 13	1 39	5 4	8 46
7	15: 6:31	15 1 13	5Vi29	7 59	27 20	6 48	9 6	28 52	16 16	1 41	5 6	8 43
8	15:10:28	16 1 28	19 22	9 1	28 35	7 26	9 13	28 59	16 19	1 43	5 9	8 39
9	15:14:25	17 1 45	3Li42	9 59	29 50	8 3	9 19	29 6	16 22	1 44	5 11	8 36
10	15:18:21	18 2 4	18 25	10 54	1Sc 5	8 41	9 26	29 13	16 26	1 46	5 13	8 33
11	15:22:17	19 2 25	3Sc27	11 45	2 20	9 18	9 33	29 20	16 29	1 48	5 16	8 30
12	15:26:14	20 2 48	18 39	12 31	3 35	9 56	9 41	29 27	16 32	1 50	5 18	8 27
13	15:30:11	21 3 12	3Sg53	13 12	4 51	10 33	9 48	29 34	16 36	1 51	5 20	8 23
14	15:34: 7	22 3 38	18 57	13 48	6 6	11 11	9 55	29 41	16 39	1 53	5 23	8 20
15	15:38: 4	23 4 6	3Cp44	14 17	7 21	11 48	10 3	29 49	16 43	1 55	5 25	8 17
16	15:42: 1	24 4 35	18 7	14 39	8 36	12 26	10 11	29 56	16 46	1 57	5 27	8 14
17	15:45:57	25 5 5	2Aq 3	14 54	9 51	13 3	10 19	0Sg 3	16 49	1 59	5 30	8 11
18	15:49:53	26 5 37	15 31	15 0	11 7	13 41	10 27	0 10	16 53	2 1	5 32	8 8
19	15:53:50	27 6 9	28 33	14 57R	12 22	14 18	10 35	0 17	16 56	2 3	5 34	8 4
20	15:57:47	28 6 43	11Pi13	14 44	13 37	14 55	10 44	0 24	17 0	2 5	5 37	8 1
21	16: 1:43	29 7 18	23 34	14 21	14 53	15 33	10 52	0 31	17 3	2 7	5 39	7 58
22	16: 5:40	0Sg 7 55	5Ar40	13 47	16 8	16 10	11 1	0 39	17 7	2 9	5 41	7 55
23	16: 9:37	1 8 32	17 37	13 2	17 23	16 48	11 10	0 46	17 11	2 11	5 44	7 52
24	16:13:33	2 9 11	29 27	12 7	18 38	17 25	11 19	0 53	17 14	2 13	5 46	7 49
25	16:17:29	3 9 51	11Ta15	11 3	19 54	18 2	11 28	1 0	17 18	2 15	5 48	7 45
26	16:21:26	4 10 32	23 2	9 51	21 9	18 40	11 37	1 7	17 21	2 17	5 50	7 42
27	16:25:22	5 11 15	4Ge52	8 33	22 24	19 17	11 46	1 14	17 25	2 19	5 52	7 39
28	16:29:18	6 11 59	16 47	7 11	23 40	19 54	11 56	1 21	17 28	2 21	5 55	7 36
29	16:33:16	7 12 44	28 48	5 49	24 55	20 31	12 5	1 28	17 32	2 23	5 57	7 33
30	16:37:12	8 13 31	10Cn57	4 28	26 11	21 9	12 15	1 36	17 36	2 25	5 59	7 29

11/22 Sun in Sag. 8:52   11/5 3rd Qt. 20:07   11/12 New 14:21(E)   11/19 1st Qt. 9:04   11/27 Full 12:43

DECEMBER 1985

Day	Sid. T.	Sun	Moon	Merc.	Venus	Mars	Jup.	Saturn	Uranus	Nept.	Pluto	N.Node
1	16:41: 9	9Sg14 18	23Cn15	3Sg12R	27Sc26	21Li46	12Aq25	1Sg43	17Sg39	2Cp27	6Sc 1	7Ta26
2	16:45: 5	10 15 18	5Le46	2 3	28 41	22 23	12 35	1 50	17 43	2 29	6 3	7 23
3	16:49: 2	11 15 58	18 30	1 3	29 57	23 0	12 45	1 57	17 47	2 31	6 5	7 20
4	16:52:58	12 16 50	1Vi31	0 13	1Sg12	23 38	12 55	2 4	17 50	2 34	6 7	7 17
5	16:56:56	13 17 44	14 50	29Sc34	2 28	24 15	13 6	2 11	17 54	2 36	6 9	7 14
6	17: 0:52	14 18 38	28 31	29 7	3 43	24 52	13 16	2 18	17 58	2 38	6 11	7 10
7	17: 4:48	15 19 34	12Li34	28 51	4 59	25 29	13 27	2 25	18 1	2 40	6 13	7 7
8	17: 8:45	16 20 31	26 59	28 46D	6 14	26 6	13 37	2 32	18 5	2 42	6 15	7 4
9	17:12:41	17 21 30	11Sc44	28 51	7 30	26 44	13 48	2 39	18 9	2 45	6 17	7 1
10	17:16:38	18 22 29	26 43	29 6	8 45	27 21	13 59	2 46	18 12	2 47	6 19	6 58
11	17:20:34	19 23 30	11Sg49	29 30	10 0	27 58	14 10	2 53	18 16	2 49	6 21	6 54
12	17:24:32	20 24 32	26 53	0Sg 1	11 16	28 35	14 21	3 0	18 20	2 51	6 23	6 51
13	17:28:27	21 25 34	11Cp45	0 40	12 31	29 12	14 32	3 7	18 23	2 53	6 25	6 48
14	17:32:24	22 26 37	26 17	1 25	13 47	29 49	14 44	3 14	18 27	2 56	6 27	6 45
15	17:36:21	23 27 41	10Aq23	2 15	15 2	0Sc26	14 55	3 21	18 31	2 58	6 29	6 42
16	17:40:17	24 28 45	24 0	3 10	16 18	1 3	15 6	3 28	18 34	3 0	6 30	6 39
17	17:44:13	25 29 49	7Pi 9	4 10	17 33	1 40	15 18	3 34	18 38	3 2	6 32	6 35
18	17:48:10	26 30 54	19 53	5 13	18 49	2 17	15 30	3 41	18 41	3 5	6 34	6 32
19	17:52: 7	27 31 59	2Ar14	6 20	20 4	2 54	15 42	3 48	18 45	3 7	6 36	6 29
20	17:56: 3	28 33 4	14 19	7 29	21 20	3 31	15 53	3 55	18 49	3 9	6 37	6 26
21	18: 0: 0	29 34 10	26 13	8 42	22 35	4 8	16 5	4 1	18 52	3 11	6 39	6 23
22	18: 3:57	0Cp35 16	8Ta 1	9 56	23 51	4 45	16 17	4 8	18 56	3 14	6 41	6 20
23	18: 7:53	1 36 22	19 47	11 12	25 6	5 22	16 29	4 15	19 0	3 16	6 42	6 16
24	18:11:49	2 37 28	1Ge36	12 30	26 22	5 59	16 42	4 21	19 3	3 18	6 44	6 13
25	18:15:46	3 38 35	13 31	13 49	27 37	6 35	16 54	4 28	19 7	3 21	6 46	6 10
26	18:19:43	4 39 42	25 34	15 10	28 53	7 12	17 6	4 34	19 10	3 23	6 47	6 7
27	18:23:39	5 40 49	7Cn47	16 32	0Cp 8	7 49	17 19	4 41	19 14	3 25	6 49	6 4
28	18:27:36	6 41 56	20 11	17 55	1 24	8 26	17 31	4 47	19 17	3 27	6 50	6 0
29	18:31:33	7 43 4	2Le46	19 19	2 39	9 2	17 44	4 54	19 21	3 30	6 52	5 57
30	18:35:28	8 44 12	15 33	20 44	3 55	9 39	17 56	5 0	19 25	3 32	6 53	5 54
31	18:39:25	9 45 20	28 31	22 10	5 10	10 16	18 9	5 5	19 28	3 34	6 54	5 51

12/21 Sun in Cap. 22:09   12/5 3rd Qt. 9:02   12/12 New 0:55   12/19 1st Qt. 1:59   12/27 Full 7:31

JANUARY 1986

Day	Sid. T.	Sun	Moon	Merc.	Venus	Mars	Jup.	Saturn	Uranus	Nept.	Pluto	N.Node
1	18:43:22	10Cp46 29	11Vi41	23Sg36	6Cp26	10Sc52	18Aq22	5Sg13	19Sg31	3Cp36	6Sc56	5Ta48
2	18:47:19	11 47 38	25 4	25 3	7 41	11 29	18 35	5 19	19 35	3 39	6 57	5 45
3	18:51:15	12 48 47	8Li40	26 31	8 57	12 6	18 48	5 25	19 38	3 41	6 58	5 41
4	18:55:12	13 49 57	22 32	27 59	10 12	12 42	19 1	5 31	19 42	3 43	7 0	5 38
5	18:59: 8	14 51 7	6Sc39	29 28	11 28	13 19	19 14	5 37	19 45	3 45	7 1	5 35
6	19: 3: 4	15 52 17	21 2	0Cp57	12 43	13 55	19 27	5 43	19 49	3 48	7 2	5 32
7	19: 7: 1	16 53 27	5Sg37	2 27	13 59	14 32	19 40	5 49	19 52	3 50	7 3	5 29
8	19:10:58	17 54 38	20 21	3 57	15 14	15 8	19 53	5 55	19 55	3 52	7 4	5 26
9	19:14:55	18 55 48	5Cp 6	5 28	16 30	15 45	20 7	6 1	19 59	3 54	7 5	5 22
10	19:18:51	19 56 58	19 45	6 59	17 45	16 21	20 20	6 7	20 2	3 57	7 6	5 19
11	19:22:48	20 58 8	4Aq 9	8 31	19 1	16 58	20 33	6 13	20 5	3 59	7 8	5 16
12	19:26:44	21 59 18	18 13	10 3	20 16	17 34	20 47	6 18	20 9	4 1	7 9	5 13
13	19:30:40	23 0 27	1Pi53	11 35	21 32	18 10	21 0	6 24	20 12	4 3	7 9	5 10
14	19:34:37	24 1 35	15 5	13 9	22 47	18 46	21 14	6 30	20 15	4 5	7 10	5 6
15	19:38:34	25 2 43	27 53	14 42	24 3	19 23	21 28	6 35	20 18	4 7	7 11	5 3
16	19:42:31	26 3 50	10Ar18	16 16	25 18	19 59	21 41	6 41	20 21	4 10	7 12	5 0
17	19:46:27	27 4 56	22 25	17 51	26 34	20 35	21 55	6 46	20 25	4 12	7 13	4 57
18	19:50:23	28 6 1	4Ta20	19 26	27 49	21 11	22 9	6 51	20 28	4 14	7 14	4 54
19	19:54:20	29 7 6	16 9	21 2	29 5	21 47	22 23	6 57	20 31	4 16	7 15	4 51
20	19:58:16	0Aq 8 10	27 56	22 38	0Aq20	22 23	22 36	7 2	20 34	4 18	7 15	4 47
21	20: 2:13	1 9 13	9Ge47	24 14	1 35	22 59	22 50	7 7	20 37	4 20	7 16	4 44
22	20: 6:10	2 10 15	21 46	25 52	2 51	23 35	23 4	7 12	20 40	4 22	7 17	4 41
23	20:10: 7	3 11 16	3Cn58	27 30	4 6	24 11	23 18	7 17	20 43	4 24	7 17	4 38
24	20:14: 3	4 12 17	16 23	29 8	5 22	24 47	23 32	7 22	20 46	4 26	7 18	4 35
25	20:17:59	5 13 16	29 3	0Aq47	6 37	25 23	23 46	7 27	20 48	4 28	7 18	4 32
26	20:21:56	6 14 15	11Le57	2 27	7 52	25 59	24 0	7 32	20 51	4 30	7 19	4 28
27	20:25:52	7 15 12	25 6	4 7	9 8	26 35	24 14	7 36	20 54	4 32	7 19	4 25
28	20:29:49	8 16 9	8Vi26	5 48	10 23	27 10	24 28	7 41	20 57	4 34	7 20	4 22
29	20:33:46	9 17 5	21 57	7 30	11 38	27 46	24 42	7 46	21 0	4 36	7 20	4 19
30	20:37:43	10 18 1	5Li37	9 12	12 54	28 22	24 56	7 50	21 2	4 38	7 20	4 16
31	20:41:39	11 18 55	19 24	10 55	14 9	28 57	25 11	7 55	21 5	4 40	7 21	4 12

1/20 Sun in Aqu. 8:47   1/3 3rd Qt. 19:48   1/10 New 12:23   1/17 1st Qt. 22:14   1/26 Full 0:32

FEBRUARY 1986

Day	Sid. T.	Sun	Moon	Merc.	Venus	Mars	Jup.	Saturn	Uranus	Nept.	Pluto	N.Node
1	20:45:35	12Aq19 49	3Sc18	12Aq39	15Aq24	29Sc33	25Aq25	7Sg59	21Sg 8	4Cp42	7Sc21	4Ta 9
2	20:49:32	13 20 43	17 19	14 24	16 40	0Sg 8	25 39	8 3	21 10	4 44	7 21	4 6
3	20:53:28	14 21 35	1Sg27	16 9	17 55	0 44	25 53	8 7	21 13	4 46	7 22	4 3
4	20:57:25	15 22 27	15 41	17 54	19 10	1 19	26 8	8 11	21 15	4 48	7 22	4 0
5	21: 1:22	16 23 18	29 59	19 41	20 26	1 54	26 22	8 16	21 18	4 51	7 22	3 57
6	21: 5:18	17 24 8	14Cp16	21 28	21 41	2 30	26 36	8 19	21 20	4 53	7 22	3 53
7	21: 9:14	18 24 56	28 29	23 15	22 56	3 5	26 50	8 23	21 23	4 55	7 22	3 50
8	21:13:11	19 25 44	12Aq31	25 4	24 11	3 40	27 5	8 27	21 25	4 57	7 22	3 47
9	21:17: 8	20 26 31	26 18	26 52	25 27	4 15	27 19	8 31	21 27	4 57	7 22R	3 44
10	21:21: 4	21 27 16	9Pi46	28 41	26 42	4 50	27 34	8 34	21 30	4 58	7 22	3 41
11	21:25: 1	22 27 59	22 52	0Pi30	27 57	5 25	27 48	8 38	21 32	5 0	7 22	3 38
12	21:28:58	23 28 41	5Ar37	2 19	29 12	6 0	28 2	8 41	21 34	5 2	7 22	3 34
13	21:32:54	24 29 22	18 2	4 9	0Pi28	6 35	28 17	8 45	21 36	5 3	7 22	3 31
14	21:36:50	25 30 1	0Ta11	5 58	1 43	7 10	28 31	8 48	21 38	5 5	7 21	3 28
15	21:40:47	26 30 38	12 8	7 46	2 58	7 44	28 45	8 51	21 40	5 6	7 21	3 25
16	21:44:44	27 31 13	23 57	9 34	4 13	8 19	29 0	8 54	21 42	5 8	7 21	3 22
17	21:48:40	28 31 47	5Ge46	11 21	5 28	8 54	29 14	8 57	21 44	5 10	7 21	3 18
18	21:52:37	29 32 19	17 38	13 7	6 43	9 28	29 29	9 0	21 46	5 11	7 20	3 15
19	21:56:33	0Pi32 49	29 40	14 50	7 58	10 3	29 43	9 3	21 48	5 13	7 20	3 12
20	22: 0:30	1 33 18	11Cn55	16 32	9 13	10 37	29 57	9 6	21 50	5 14	7 20	3 9
21	22: 4:26	2 33 45	24 28	18 11	10 28	11 11	0Pi12	9 8	21 52	5 15	7 19	3 6
22	22: 8:23	3 34 9	7Le19	19 47	11 43	11 45	0 26	9 11	21 54	5 17	7 19	3 3
23	22:12:19	4 34 32	20 30	21 19	12 58	12 20	0 41	9 13	21 55	5 18	7 18	2 59
24	22:16:15	5 34 54	3Vi59	22 47	14 13	12 54	0 55	9 16	21 57	5 20	7 18	2 56
25	22:20:13	6 35 13	17 44	24 9	15 28	13 28	1 10	9 18	21 58	5 21	7 17	2 53
26	22:24: 9	7 35 31	1Li41	25 26	16 43	14 2	1 24	9 20	22 0	5 22	7 17	2 50
27	22:28: 6	8 35 48	15 46	26 37	17 58	14 35	1 38	9 22	22 1	5 24	7 16	2 47
28	22:32: 2	9 36 2	29 56	27 41	19 13	15 9	1 53	9 24	22 3	5 25	7 15	2 43

2/18 Sun in Pis. 22:59   2/2 3rd Qt. 4:42   2/9 New 0:56   2/16 1st Qt. 19:56   2/24 Full 15:03

MARCH 1986

Day	Sid. T.	Sun	Moon	Merc.	Venus	Mars	Jup.	Saturn	Uranus	Nept.	Pluto	N.Node
1	22:35:59	10Pi36 16	14Sc 8	28Pi38	20Pi28	15Sg43	2Pi 7	9Sg26	22Sg 4	5Cp26	7Sc15R	2Ta40
2	22:39:55	11 36 28	28 19	29 27	21 43	16 16	2 21	9 28	22 6	5 27	7 14	2 37
3	22:43:53	12 36 38	12Sg27	0Ar 7	22 58	16 50	2 36	9 29	22 7	5 28	7 13	2 34
4	22:47:49	13 36 47	26 32	0 39	24 12	17 23	2 50	9 31	22 8	5 29	7 12	2 31
5	22:51:45	14 36 54	10Cp32	1 1	25 27	17 57	3 4	9 32	22 9	5 31	7 11	2 28
6	22:55:42	15 37 0	24 25	1 15	26 42	18 30	3 19	9 34	22 10	5 32	7 11	2 24
7	22:59:38	16 37 4	8Aq10	1 19R	27 57	19 3	3 33	9 35	22 12	5 33	7 10	2 21
8	23: 3:34	17 37 7	21 44	1 14	29 12	19 36	3 47	9 36	22 13	5 34	7 9	2 18
9	23: 7:31	18 37 8	5Pi 5	1 0	0Ar26	20 9	4 1	9 37	22 14	5 35	7 8	2 15
10	23:11:28	19 37 6	18 11	0 38	1 41	20 42	4 16	9 38	22 15	5 36	7 7	2 12
11	23:15:24	20 37 3	1Ar 2	0 8	2 56	21 14	4 30	9 39	22 15	5 37	7 6	2 9
12	23:19:21	21 36 58	13 36	29Pi31	4 10	21 47	4 44	9 40	22 16	5 37	7 5	2 5
13	23:23:18	22 36 51	25 55	28 48	5 25	22 19	4 58	9 40	22 17	5 38	7 4	2 2
14	23:27:14	23 36 42	8Ta 1	28 0	6 40	22 52	5 12	9 41	22 18	5 39	7 3	1 59
15	23:31:10	24 36 30	19 57	27 8	7 54	23 24	5 26	9 41	22 18	5 40	7 2	1 56
16	23:35: 7	25 36 17	1Ge47	26 13	9 9	23 56	5 40	9 42	22 19	5 41	7 1	1 53
17	23:39: 4	26 36 1	13 36	25 17	10 23	24 28	5 54	9 42	22 20	5 41	6 59	1 49
18	23:43: 0	27 35 43	25 28	24 20	11 38	25 0	6 8	9 42	22 20	5 42	6 58	1 46
19	23:46:57	28 35 23	7Cn30	23 25	12 52	25 31	6 22	9 42R	22 21	5 43	6 57	1 43
20	23:50:54	29 35 1	19 45	22 31	14 7	26 3	6 36	9 42	22 21	5 43	6 56	1 40
21	23:54:50	0Ar34 36	2Le18	21 41	15 21	26 34	6 50	9 42	22 22	5 44	6 55	1 37
22	23:58:46	1 34 9	15 12	20 55	16 35	27 6	7 3	9 42	22 22	5 44	6 53	1 34
23	0: 2:43	2 33 40	28 30	20 13	17 50	27 37	7 17	9 41	22 22	5 45	6 52	1 30
24	0: 6:40	3 33 8	12Vi11	19 36	19 4	28 8	7 31	9 41	22 22	5 45	6 51	1 27
25	0:10:36	4 32 34	26 13	19 5	20 18	28 39	7 45	9 40	22 22	5 46	6 49	1 24
26	0:14:33	5 31 58	10Li33	18 39	21 32	29 10	7 58	9 39	22 22	5 46	6 48	1 21
27	0:18:29	6 31 21	25 4	18 20	22 47	29 40	8 12	9 39	22 22R	5 47	6 47	1 18
28	0:22:25	7 30 41	9Sc42	18 6	24 1	0Cp11	8 25	9 38	22 22	5 47	6 45	1 15
29	0:26:22	8 29 59	24 19	17 58	25 15	0 41	8 39	9 37	22 22	5 47	6 44	1 11
30	0:30:19	9 29 16	8Sg51	17 56D	26 29	1 11	8 52	9 36	22 22	5 48	6 42	1 8
31	0:34:16	10 28 31	23 14	17 59	27 43	1 41	9 6	9 35	22 22	5 48	6 41	1 5

3/20 Sun in Ari. 22:04   3/3 3rd Qt. 12:18   3/10 New 14:52   3/18 1st Qt. 16:39   3/26 Full 3:03

APRIL 1986

Day	Sid. T.	Sun	Moon	Merc.	Venus	Mars	Jup.	Saturn	Uranus	Nept.	Pluto	N.Node
1	0:38:12	11Ar27 44	7Cp23	18Pi 8	28Ar57	2Cp11	9Pi19	9Sg33R	22Sg22R	5Cp48	6Sc39R	1Ta 2
2	0:42: 9	12 26 56	21 19	18 23	0Ta11	2 40	9 32	9 32	22 21	5 48	6 38	0 59
3	0:46: 5	13 26 6	4Aq59	18 42	1 25	3 9	9 45	9 31	22 21	5 48	6 36	0 55
4	0:50: 1	14 25 14	18 25	19 6	2 39	3 39	9 58	9 29	22 21	5 49	6 35	0 52
5	0:53:58	15 24 20	1Pi36	19 34	3 53	4 8	10 12	9 28	22 20	5 49	6 33	0 49
6	0:57:55	16 23 24	14 33	20 7	5 7	4 36	10 25	9 26	22 20	5 49	6 32	0 46
7	1: 1:52	17 22 26	27 16	20 44	6 21	5 5	10 38	9 24	22 19	5 49R	6 30	0 43
8	1: 5:48	18 21 27	9Ar47	21 25	7 35	5 33	10 50	9 22	22 19	5 49	6 29	0 40
9	1: 9:44	19 20 25	22 5	22 10	8 49	6 2	11 3	9 20	22 18	5 49	6 27	0 36
10	1:13:41	20 19 21	4Ta14	22 58	10 3	6 30	11 16	9 18	22 17	5 49	6 25	0 33
11	1:17:37	21 18 16	16 13	23 49	11 16	6 57	11 29	9 16	22 17	5 48	6 24	0 30
12	1:21:34	22 17 8	28 6	24 44	12 30	7 25	11 41	9 14	22 16	5 48	6 22	0 27
13	1:25:31	23 15 58	9Ge55	25 41	13 44	7 52	11 54	9 11	22 15	5 48	6 21	0 24
14	1:29:28	24 14 46	21 45	26 41	14 57	8 19	12 7	9 9	22 14	5 48	6 19	0 21
15	1:33:24	25 13 32	3Cn37	27 45	16 11	8 46	12 19	9 6	22 13	5 48	6 17	0 17
16	1:37:20	26 12 15	15 38	28 50	17 24	9 12	12 31	9 4	22 12	5 47	6 16	0 14
17	1:41:17	27 10 57	27 51	29 58	18 38	9 39	12 44	9 1	22 11	5 47	6 14	0 11
18	1:45:13	28 9 36	10Le21	1Ar 9	19 52	10 5	12 56	8 58	22 10	5 47	6 12	0 8
19	1:49:10	29 8 12	23 12	2 22	21 5	10 31	13 8	8 56	22 9	5 46	6 11	0 5
20	1:53: 7	0Ta 6 47	6Vi27	3 37	22 19	10 56	13 20	8 53	22 8	5 46	6 9	0 1
21	1:57: 4	1 5 19	20 8	4 54	23 32	11 21	13 32	8 50	22 7	5 46	6 7	29Ar58
22	2: 1: 0	2 3 50	4Li15	6 14	24 45	11 46	13 44	8 47	22 5	5 45	6 6	29 55
23	2: 4:56	3 2 18	18 45	7 35	25 58	12 11	13 56	8 43	22 4	5 45	6 4	29 52
24	2: 8:53	4 0 44	3Sc33	8 59	27 12	12 35	14 7	8 40	22 3	5 44	6 2	29 49
25	2:12:49	4 59 9	18 33	10 24	28 25	12 59	14 19	8 37	22 1	5 44	6 0	29 46
26	2:16:45	5 57 31	3Sg35	11 52	29 38	13 23	14 30	8 34	22 0	5 43	5 59	29 42
27	2:20:43	6 55 53	18 31	13 21	0Ge51	13 46	14 42	8 30	21 59	5 42	5 57	29 39
28	2:24:39	7 54 12	3Cp14	14 52	2 4	14 9	14 53	8 27	21 57	5 42	5 55	29 36
29	2:28:35	8 52 30	17 39	16 25	3 17	14 32	15 5	8 23	21 56	5 41	5 54	29 33
30	2:32:32	9 50 46	1Aq41	18 0	4 30	14 54	15 16	8 20	21 54	5 40	5 52	29 30

4/20 Sun in Tau. 9:13   4/1 3rd Qt. 19:31   4/9 New 6:09(E)   4/17 1st Qt. 10:36   4/24 Full 12:48(E)

Day	Sid. T.	Sun	Moon	Merc.	Venus	Mars	Jup.	Saturn	Uranus	Nept.	Pluto	N.Node
1	2:36:29	10Ta49 1	15Aq20	19Ar37	5Ge43	15Cp16	15Pi27	8Sg16R	21Sg52R	5Cp40R	5Sc50R	29Ar27
2	2:40:25	11 47 15	28 38	21 16	6 56	15 38	15 38	8 12	21 51	5 39	5 49	29 23
3	2:44:21	12 45 27	11Pi36	22 56	8 9	15 59	15 49	8 9	21 49	5 38	5 47	29 20
4	2:48:19	13 43 37	24 16	24 39	9 22	16 20	15 59	8 5	21 47	5 37	5 45	29 17
5	2:52:15	14 41 46	6Ar42	26 23	10 35	16 40	16 10	8 1	21 45	5 36	5 44	29 14
6	2:56:11	15 39 54	18 56	28 9	11 48	17 1	16 21	7 57	21 44	5 35	5 42	29 11
7	3: 0: 8	16 37 59	1Ta 1	29 57	13 1	17 20	16 31	7 53	21 42	5 35	5 40	29 7
8	3: 4: 5	17 36 4	12 58	1Ta47	14 13	17 40	16 41	7 49	21 40	5 34	5 39	29 4
9	3: 8: 1	18 34 6	24 51	3 39	15 26	17 58	16 52	7 45	21 38	5 33	5 37	29 1
10	3:11:58	19 32 8	6Ge41	5 33	16 39	18 17	17 2	7 41	21 36	5 32	5 35	28 58
11	3:15:54	20 30 7	18 30	7 28	17 51	18 35	17 12	7 37	21 34	5 31	5 34	28 55
12	3:19:51	21 28 5	0Cn21	9 25	19 4	18 52	17 22	7 33	21 32	5 30	5 32	28 52
13	3:23:47	22 26 1	12 16	11 25	20 16	19 9	17 32	7 28	21 30	5 29	5 30	28 48
14	3:27:44	23 23 55	24 18	13 26	21 29	19 25	17 41	7 24	21 28	5 28	5 29	28 45
15	3:31:40	24 21 48	6Le31	15 28	22 41	19 41	17 51	7 20	21 26	5 26	5 27	28 42
16	3:35:36	25 19 39	18 58	17 32	23 54	19 57	18 0	7 16	21 24	5 25	5 26	28 39
17	3:39:34	26 17 28	1Vi45	19 38	25 6	20 12	18 10	7 11	21 22	5 24	5 24	28 36
18	3:43:30	27 15 15	14 53	21 45	26 18	20 26	18 19	7 7	21 20	5 23	5 23	28 32
19	3:47:27	28 13 1	28 27	23 54	27 30	20 40	18 28	7 2	21 17	5 22	5 21	28 29
20	3:51:23	29 10 45	12Li28	26 3	28 43	20 53	18 37	6 58	21 15	5 21	5 19	28 26
21	3:55:20	0Ge 8 27	26 55	28 14	29 55	21 6	18 46	6 54	21 13	5 19	5 18	28 23
22	3:59:16	1 6 8	11Sc45	0Ge25	1Cn 7	21 18	18 55	6 49	21 11	5 18	5 17	28 20
23	4: 3:12	2 3 48	26 52	2 36	2 19	21 30	19 3	6 45	21 9	5 17	5 15	28 17
24	4: 7:10	3 1 26	12Sg 6	4 48	3 31	21 41	19 12	6 40	21 6	5 16	5 14	28 13
25	4:11: 6	3 59 4	27 19	7 0	4 43	21 51	19 20	6 36	21 4	5 14	5 12	28 10
26	4:15: 3	4 56 40	12Cp20	9 11	5 54	22 1	19 28	6 31	21 2	5 13	5 11	28 7
27	4:18:59	5 54 15	27 0	11 22	7 6	22 10	19 36	6 27	20 59	5 12	5 9	28 4
28	4:22:55	6 51 49	11Aq14	13 31	8 18	22 19	19 44	6 23	20 57	5 10	5 8	28 1
29	4:26:52	7 49 22	25 0	15 40	9 30	22 27	19 52	6 18	20 55	5 9	5 7	27 58
30	4:30:48	8 46 54	8Pi19	17 47	10 41	22 34	20 0	6 14	20 52	5 8	5 5	27 54
31	4:34:45	9 44 26	21 13	19 53	11 53	22 40	20 7	6 9	20 50	5 6	5 4	27 51

5/21 Sun in Gem. 8:29   5/1 3rd Qt. 3:23   5/8 New 22:11   5/17 1st Qt. 1:01   5/23 Full 20:46   5/30 3rd Qt. 12:55

Day	Sid. T.	Sun	Moon	Merc.	Venus	Mars	Jup.	Saturn	Uranus	Nept.	Pluto	N.Node
1	4:38:42	10Ge41 57	3Ar47	21Ge56	13Cn 4	22Cp46	20Pi15	6Sg 5R	20Sg47R	5Cp 5R	5Sc 3R	27Ar48
2	4:42:39	11 39 26	16 3	23 58	14 16	22 51	20 22	6 0	20 45	5 3	5 1	27 45
3	4:46:35	12 36 56	28 7	25 58	15 27	22 56	20 29	5 56	20 43	5 2	5 0	27 42
4	4:50:31	13 34 24	10Ta 3	27 55	16 39	22 59	20 36	5 51	20 40	5 0	4 59	27 38
5	4:54:28	14 31 51	21 54	29 50	17 50	23 2	20 42	5 47	20 38	4 59	4 58	27 35
6	4:58:25	15 29 18	3Ge43	1Cn43	19 1	23 4	20 49	5 43	20 35	4 57	4 56	27 32
7	5: 2:21	16 26 44	15 32	3 33	20 13	23 6	20 56	5 38	20 33	4 56	4 55	27 29
8	5: 6:18	17 24 9	27 23	5 20	21 24	23 7	21 2	5 34	20 30	4 54	4 54	27 26
9	5:10:15	18 21 34	9Cn18	7 5	22 35	23 7R	21 8	5 30	20 28	4 53	4 53	27 23
10	5:14:11	19 18 57	21 19	8 48	23 46	23 6	21 14	5 25	20 25	4 51	4 52	27 19
11	5:18: 7	20 16 19	3Le27	10 28	24 57	23 4	21 20	5 21	20 23	4 50	4 51	27 16
12	5:22: 4	21 13 41	15 45	12 5	26 8	23 2	21 25	5 17	20 20	4 48	4 50	27 13
13	5:26: 1	22 11 1	28 16	13 40	27 18	22 59	21 31	5 13	20 18	4 47	4 49	27 10
14	5:29:57	23 8 21	11Vi 1	15 12	28 29	22 55	21 36	5 9	20 16	4 45	4 48	27 7
15	5:33:54	24 5 39	24 6	16 41	29 40	22 51	21 41	5 4	20 13	4 43	4 47	27 4
16	5:37:50	25 2 57	7Li32	18 8	0Le50	22 46	21 46	5 0	20 11	4 42	4 46	27 0
17	5:41:46	26 0 14	21 22	19 31	2 1	22 40	21 51	4 56	20 8	4 40	4 45	26 57
18	5:45:43	26 57 30	5Sc38	20 52	3 11	22 33	21 56	4 52	20 6	4 39	4 44	26 54
19	5:49:40	27 54 45	20 17	22 11	4 22	22 25	22 0	4 48	20 3	4 37	4 43	26 51
20	5:53:37	28 52 0	5Sg17	23 26	5 32	22 17	22 4	4 45	20 1	4 35	4 43	26 48
21	5:57:33	29 49 14	20 28	24 38	6 42	22 9	22 8	4 41	19 58	4 34	4 42	26 44
22	6: 1:30	0Cn46 27	5Cp42	25 48	7 52	21 59	22 12	4 37	19 56	4 32	4 41	26 41
23	6: 5:26	1 43 41	20 48	26 54	9 2	21 49	22 16	4 33	19 54	4 31	4 40	26 38
24	6: 9:22	2 40 53	5Aq36	27 58	10 12	21 38	22 20	4 29	19 51	4 29	4 40	26 35
25	6:13:19	3 38 6	19 59	28 58	11 22	21 26	22 23	4 26	19 49	4 27	4 39	26 32
26	6:17:16	4 35 19	3Pi53	29 55	12 32	21 14	22 26	4 22	19 47	4 26	4 38	26 29
27	6:21:13	5 32 31	17 17	0Le48	13 42	21 2	22 29	4 19	19 44	4 24	4 38	26 25
28	6:25: 9	6 29 44	0Ar13	1 38	14 51	20 48	22 32	4 15	19 42	4 23	4 37	26 22
29	6:29: 6	7 26 56	12 47	2 25	16 1	20 34	22 35	4 12	19 40	4 21	4 37	26 19
30	6:33: 2	8 24 9	25 1	3 7	17 10	20 20	22 37	4 9	19 37	4 19	4 36	26 16

6/21 Sun in Can. 16:31   6/7 New 14:01   6/15 1st Qt. 12:01   6/22 Full 3:43   6/29 3rd Qt. 0:54

JULY 1986

Day	Sid. T.	Sun	Moon	Merc.	Venus	Mars	Jup.	Saturn	Uranus	Nept.	Pluto	N.Node
1	6:36:58	9Cn21 22	7Ta 2	3Le46	18Le19	20Cp 5R	22Pi39	4Sg 5R	19Sg35R	4Cp18R	4Sc36R	26Ar13
2	6:40:55	10 18 35	18 55	4 21	19 29	19 50	22 41	4 2	19 33	4 16	4 35	26 10
3	6:44:51	11 15 48	0Ge43	4 52	20 38	19 34	22 43	3 59	19 30	4 14	4 35	26 6
4	6:48:49	12 13 1	12 32	5 19	21 47	19 18	22 45	3 56	19 28	4 13	4 34	26 3
5	6:52:45	13 10 15	24 23	5 41	22 56	19 2	22 47	3 53	19 26	4 11	4 34	26 0
6	6:56:41	14 7 28	6Cn19	5 59	24 5	18 45	22 48	3 50	19 24	4 10	4 34	25 57
7	7: 0:39	15 4 42	18 22	6 12	25 14	18 28	22 49	3 48	19 22	4 8	4 33	25 54
8	7: 4:35	16 1 55	0Le33	6 21	26 22	18 11	22 50	3 45	19 20	4 6	4 33	25 50
9	7: 8:31	16 59 9	12 52	6 25	27 31	17 53	22 51	3 42	19 18	4 5	4 33	25 47
10	7:12:29	17 56 23	25 22	6 24R	28 39	17 36	22 51	3 40	19 15	4 3	4 33	25 44
11	7:16:25	18 53 36	8Vi 2	6 19	29 47	17 18	22 51	3 37	19 13	4 2	4 33	25 41
12	7:20:22	19 50 50	20 55	6 9	0Vi56	17 1	22 52R	3 35	19 11	4 0	4 33	25 38
13	7:24:18	20 48 4	4Li 2	5 54	2 4	16 43	22 52	3 32	19 9	3 59	4 33	25 35
14	7:28:15	21 45 17	17 27	5 35	3 12	16 26	22 51	3 30	19 7	3 57	4 32	25 31
15	7:32:11	22 42 31	1Sc10	5 11	4 19	16 9	22 51	3 28	19 6	3 56	4 32D	25 28
16	7:36: 7	23 39 45	15 14	4 44	5 27	15 52	22 50	3 26	19 4	3 54	4 32	25 25
17	7:40: 4	24 36 58	29 39	4 12	6 35	15 35	22 49	3 24	19 2	3 53	4 33	25 22
18	7:44: 1	25 34 12	14Sg21	3 38	7 42	15 18	22 48	3 22	19 0	3 51	4 33	25 19
19	7:47:58	26 31 27	29 16	3 1	8 49	15 2	22 47	3 20	18 58	3 50	4 33	25 16
20	7:51:54	27 28 41	14Cp16	2 22	9 56	14 46	22 46	3 19	18 56	3 48	4 33	25 12
21	7:55:50	28 25 56	29 12	1 41	11 3	14 30	22 44	3 17	18 55	3 47	4 33	25 9
22	7:59:47	29 23 12	13Aq54	0 59	12 10	14 15	22 42	3 15	18 53	3 45	4 33	25 6
23	8: 3:43	0Le20 28	28 15	0 17	13 17	14 0	22 40	3 14	18 51	3 44	4 34	25 3
24	8: 7:40	1 17 44	12Pi 9	29Cn36	14 23	13 46	22 38	3 13	18 50	3 43	4 34	25 0
25	8:11:37	2 15 2	25 36	28 56	15 30	13 32	22 36	3 11	18 48	3 41	4 34	24 56
26	8:15:34	3 12 20	8Ar35	28 18	16 36	13 19	22 33	3 10	18 47	3 40	4 35	24 53
27	8:19:30	4 9 40	21 11	27 43	17 42	13 7	22 30	3 9	18 45	3 39	4 35	24 50
28	8:23:26	5 7 0	3Ta27	27 11	18 48	12 55	22 27	3 8	18 44	3 37	4 35	24 47
29	8:27:23	6 4 21	15 29	26 44	19 54	12 43	22 24	3 7	18 42	3 36	4 36	24 44
30	8:31:19	7 1 44	27 23	26 21	20 59	12 33	22 21	3 6	18 41	3 35	4 36	24 41
31	8:35:16	7 59 7	9Ge12	26 3	22 5	12 23	22 17	3 6	18 40	3 33	4 37	24 37

7/23 Sun in Leo 3:26   7/7 New 4:56   7/14 1st Qt. 20:11   7/21 Full 10:41   7/28 3rd Qt. 15:35

AUGUST 1986

Day	Sid. T.	Sun	Moon	Merc.	Venus	Mars	Jup.	Saturn	Uranus	Nept.	Pluto	N.Node
1	8:39:13	8Le56 32	21Ge 2	25Cn51R	23Vi10	12Cp14R	22Pi14R	3Sg 5R	18Sg38R	3Cp32R	4Sc38	24Ar34
2	8:43: 9	9 53 58	2Cn57	25 45	24 15	12 5	22 10	3 5	18 37	3 31	4 38	24 31
3	8:47: 5	10 51 24	15 0	25 44D	25 19	11 58	22 6	3 4	18 36	3 30	4 39	24 28
4	8:51: 2	11 48 52	27 12	25 51	26 24	11 51	22 2	3 4	18 35	3 28	4 39	24 25
5	8:54:59	12 46 21	9Le36	26 3	27 28	11 45	21 57	3 4	18 34	3 27	4 40	24 21
6	8:58:56	13 43 51	22 11	26 22	28 33	11 39	21 53	3 4	18 33	3 26	4 41	24 18
7	9: 2:52	14 41 21	4Vi57	26 48	29 37	11 35	21 48	3 4D	18 32	3 25	4 42	24 15
8	9: 6:49	15 38 53	17 54	27 21	0Li40	11 31	21 43	3 4	18 31	3 24	4 42	24 12
9	9:10:45	16 36 25	1Li 3	28 0	1 44	11 28	21 38	3 4	18 30	3 23	4 43	24 9
10	9:14:41	17 33 59	14 24	28 46	2 47	11 26	21 33	3 4	18 29	3 22	4 44	24 6
11	9:18:38	18 31 33	27 57	29 38	3 50	11 25	21 27	3 4	18 28	3 21	4 45	24 2
12	9:22:35	19 29 8	11Sc43	0Le37	4 53	11 25D	21 22	3 5	18 27	3 20	4 46	23 59
13	9:26:32	20 26 44	25 42	1 42	5 55	11 25	21 16	3 5	18 26	3 19	4 47	23 56
14	9:30:28	21 24 21	9Sg55	2 52	6 57	11 27	21 11	3 6	18 26	3 18	4 48	23 53
15	9:34:25	22 21 59	24 20	4 9	7 59	11 29	21 5	3 7	18 25	3 17	4 49	23 50
16	9:38:21	23 19 38	8Cp52	5 31	9 1	11 32	20 59	3 8	18 24	3 16	4 50	23 47
17	9:42:17	24 17 18	23 29	6 58	10 2	11 36	20 52	3 9	18 24	3 15	4 51	23 43
18	9:46:14	25 14 59	8Aq 1	8 30	11 3	11 41	20 46	3 10	18 23	3 14	4 52	23 40
19	9:50:10	26 12 41	22 24	10 6	12 4	11 46	20 39	3 11	18 23	3 13	4 53	23 37
20	9:54: 8	27 10 25	6Pi30	11 47	13 4	11 53	20 33	3 12	18 23	3 12	4 55	23 34
21	9:58: 4	28 8 10	20 15	13 31	14 5	12 0	20 26	3 14	18 22	3 12	4 56	23 31
22	10: 2: 0	29 5 56	3Ar36	15 18	15 4	12 8	20 19	3 15	18 22	3 11	4 57	23 27
23	10: 5:57	0Vi 3 44	16 34	17 8	16 4	12 16	20 12	3 16	18 22	3 10	4 58	23 24
24	10: 9:53	1 1 34	29 10	19 0	17 3	12 26	20 5	3 18	18 21	3 10	5 0	23 21
25	10:13:50	1 59 25	11Ta28	20 55	18 1	12 36	19 58	3 20	18 21	3 9	5 1	23 18
26	10:17:46	2 57 18	23 32	22 51	19 0	12 47	19 51	3 22	18 21	3 8	5 2	23 15
27	10:21:44	3 55 13	5Ge27	24 48	19 57	12 59	19 44	3 24	18 21	3 8	5 4	23 12
28	10:25:40	4 53 10	17 18	26 45	20 55	13 11	19 36	3 26	18 21D	3 7	5 5	23 8
29	10:29:36	5 51 9	29 10	28 44	21 52	13 24	19 29	3 28	18 21	3 7	5 7	23 5
30	10:33:33	6 49 10	11Cn 9	0Vi42	22 49	13 38	19 21	3 30	18 21	3 6	5 8	23 2
31	10:37:29	7 47 12	23 16	2 40	23 45	13 53	19 14	3 32	18 22	3 6	5 10	22 59

8/23 Sun in Vir. 10:27   8/5 New 18:37   8/13 1st Qt. 2:23   8/19 Full 18:55   8/27 3rd Qt. 8:39

Day	Sid. T.	Sun	Moon	Merc.	Venus	Mars	Jup.	Saturn	Uranus	Nept.	Pluto	N.Node
1	10:41:26	8Vi45 16	5Le37	4Vi38	24Li40	14Cp 8	19Pi 6R	3Sg34	18Sg22	3Cp 5R	5Sc11	22Ar56
2	10:45:22	9 43 22	18 11	6 36	25 36	14 24	18 58	3 37	18 22	3 5	5 13	22 53
3	10:49:19	10 41 29	1Vi 2	8 33	26 30	14 40	18 50	3 40	18 22	3 5	5 14	22 49
4	10:53:15	11 39 39	14 7	10 29	27 24	14 57	18 43	3 42	18 23	3 4	5 16	22 46
5	10:57:12	12 37 50	27 27	12 25	28 18	15 15	18 35	3 45	18 23	3 4	5 18	22 43
6	11: 1: 9	13 36 2	10Li59	14 19	29 11	15 34	18 27	3 48	18 24	3 4	5 19	22 40
7	11: 5: 5	14 34 17	24 42	16 13	0Sc 4	15 53	18 19	3 51	18 24	3 3	5 21	22 37
8	11: 9: 1	15 32 33	8Sc34	18 5	0 55	16 12	18 11	3 54	18 25	3 3	5 23	22 33
9	11:12:59	16 30 50	22 34	19 56	1 47	16 33	18 3	3 57	18 25	3 3	5 25	22 30
10	11:16:55	17 29 9	6Sg40	21 47	2 37	16 53	17 55	4 0	18 26	3 3	5 26	22 27
11	11:20:51	18 27 29	20 50	23 36	3 27	17 15	17 47	4 3	18 27	3 3	5 28	22 24
12	11:24:48	19 25 51	5Cp 3	25 24	4 16	17 37	17 39	4 6	18 27	3 3	5 30	22 21
13	11:28:45	20 24 15	19 17	27 11	5 5	17 59	17 31	4 10	18 28	3 2	5 32	22 18
14	11:32:41	21 22 40	3Aq28	28 57	5 52	18 22	17 23	4 13	18 29	3 3	5 34	22 14
15	11:36:37	22 21 7	17 33	0Li41	6 39	18 46	17 15	4 17	18 30	3 2D	5 35	22 11
16	11:40:35	23 19 35	1Pi28	2 25	7 25	19 9	17 7	4 21	18 31	3 3	5 37	22 8
17	11:44:31	24 18 5	15 10	4 8	8 10	19 34	17 0	4 24	18 32	3 3	5 39	22 5
18	11:48:27	25 16 37	28 35	5 49	8 54	19 59	16 52	4 28	18 33	3 3	5 41	22 2
19	11:52:24	26 15 11	11Ar43	7 29	9 38	20 24	16 44	4 32	18 34	3 3	5 43	21 59
20	11:56:20	27 13 47	24 31	9 9	10 20	20 50	16 36	4 36	18 35	3 3	5 45	21 55
21	12: 0:16	28 12 25	7Ta 3	10 47	11 1	21 16	16 29	4 40	18 37	3 3	5 47	21 52
22	12: 4:13	29 11 5	19 19	12 25	11 42	21 43	16 21	4 44	18 38	3 3	5 49	21 49
23	12: 8:10	0Li 9 47	1Ge23	14 1	12 21	22 10	16 13	4 49	18 39	3 4	5 51	21 46
24	12:12: 7	1 8 32	13 19	15 37	12 59	22 38	16 6	4 53	18 41	3 4	5 53	21 43
25	12:16: 3	2 7 18	25 11	17 12	13 36	23 6	15 59	4 57	18 42	3 4	5 56	21 39
26	12:20: 0	3 6 7	7Cn 4	18 45	14 12	23 34	15 51	5 2	18 44	3 5	5 58	21 36
27	12:23:56	4 4 59	19 3	20 18	14 46	24 3	15 44	5 6	18 45	3 5	6 0	21 33
28	12:27:52	5 3 52	1Le12	21 50	15 19	24 32	15 37	5 11	18 47	3 5	6 2	21 30
29	12:31:49	6 2 48	13 35	23 21	15 51	25 2	15 30	5 16	18 48	3 6	6 4	21 27
30	12:35:46	7 1 46	26 16	24 51	16 21	25 32	15 23	5 20	18 50	3 6	6 6	21 24

9/23 Sun in Lib. 8:00   9/4 New 7:09   9/11 1st Qt. 7:42   9/18 Full 5:35   9/26 3rd Qt. 3:18

Day	Sid. T.	Sun	Moon	Merc.	Venus	Mars	Jup.	Saturn	Uranus	Nept.	Pluto	N.Node
1	12:39:42	8Li 0 46	9Vi16	26Li20	16Sc50	26Cp 2	15Pi16R	5Sg25	18Sg52	3Cp 7	6Sc 8	21Ar20
2	12:43:38	8 59 48	22 36	27 48	17 17	26 32	15 10	5 30	18 53	3 8	6 11	21 17
3	12:47:35	9 58 52	6Li16	29 16	17 43	27 3	15 3	5 35	18 55	3 8	6 13	21 14
4	12:51:31	10 57 59	20 13	0Sc42	18 7	27 34	14 57	5 40	18 57	3 9	6 15	21 11
5	12:55:28	11 57 7	4Sc24	2 7	18 29	28 6	14 50	5 45	18 59	3 9	6 17	21 8
6	12:59:24	12 56 18	18 43	3 32	18 50	28 38	14 44	5 50	19 1	3 10	6 20	21 5
7	13: 3:21	13 55 30	3Sg 7	4 55	19 9	29 10	14 38	5 55	19 3	3 11	6 22	21 1
8	13: 7:17	14 54 44	17 31	6 18	19 25	29 42	14 32	6 1	19 5	3 12	6 24	20 58
9	13:11:14	15 54 0	1Cp52	7 39	19 40	0Aq15	14 27	6 6	19 7	3 12	6 26	20 55
10	13:15:11	16 53 18	16 5	8 59	19 53	0 48	14 21	6 11	19 9	3 13	6 29	20 52
11	13:19: 7	17 52 37	0Aq 8	10 19	20 3	1 22	14 16	6 17	19 11	3 14	6 31	20 49
12	13:23: 3	18 51 58	14 1	11 37	20 12	1 55	14 10	6 22	19 13	3 15	6 33	20 45
13	13:27: 1	19 51 21	27 42	12 53	20 18	2 29	14 5	6 28	19 16	3 16	6 36	20 42
14	13:30:57	20 50 45	11Pi11	14 8	20 22	3 3	14 0	6 33	19 18	3 17	6 38	20 39
15	13:34:53	21 50 11	24 26	15 22	20 24	3 37	13 55	6 39	19 20	3 18	6 40	20 36
16	13:38:50	22 49 40	7Ar27	16 34	20 23R	4 12	13 51	6 45	19 23	3 19	6 43	20 33
17	13:42:47	23 49 10	20 15	17 45	20 20	4 47	13 46	6 51	19 25	3 20	6 45	20 30
18	13:46:43	24 48 42	2Ta49	18 53	20 14	5 22	13 42	6 56	19 28	3 21	6 48	20 26
19	13:50:39	25 48 16	15 11	20 0	20 6	5 57	13 38	7 2	19 30	3 22	6 50	20 23
20	13:54:37	26 47 53	27 21	21 4	19 56	6 33	13 34	7 8	19 33	3 23	6 52	20 20
21	13:58:33	27 47 31	9Ge23	22 6	19 43	7 8	13 31	7 14	19 35	3 24	6 55	20 17
22	14: 2:29	28 47 12	21 17	23 5	19 28	7 44	13 27	7 20	19 38	3 26	6 57	20 14
23	14: 6:26	29 46 55	3Cn 9	24 1	19 11	8 20	13 24	7 26	19 40	3 27	7 0	20 10
24	14:10:22	0Sc46 40	15 1	24 54	18 51	8 56	13 21	7 33	19 43	3 28	7 2	20 7
25	14:14:18	1 46 27	26 58	25 43	18 29	9 33	13 18	7 39	19 46	3 29	7 4	20 4
26	14:18:15	2 46 17	9Le 5	26 28	18 5	10 10	13 15	7 45	19 48	3 31	7 7	20 1
27	14:22:12	3 46 9	21 25	27 9	17 38	10 46	13 13	7 51	19 51	3 32	7 9	19 58
28	14:26: 9	4 46 3	4Vi 5	27 45	17 10	11 24	13 10	7 58	19 54	3 33	7 12	19 55
29	14:30: 5	5 45 59	17 6	28 15	16 41	12 1	13 8	8 4	19 57	3 35	7 14	19 51
30	14:34: 2	6 45 57	0Li31	28 39	16 9	12 38	13 6	8 10	20 0	3 36	7 17	19 48
31	14:37:58	7 45 57	14 22	28 57	15 37	13 16	13 5	8 17	20 3	3 38	7 19	19 45

10/23 Sun in Sco. 17:15   10/3 New 18:56(E)   10/10 1st Qt. 13:29   10/17 Full 19:22(E)   10/25 3rd Qt. 22:26

NOVEMBER 1986

Day	Sid. T.	Sun	Moon	Merc.	Venus	Mars	Jup.	Saturn	Uranus	Nept.	Pluto	N.Node
1	14:41:54	8Sc46 0	28Li36	29Sc 7	15Sc 3R	13Aq53	13Pi 3R	8Sg23	20Sg 6	3Cp39	7Sc21	19Ar42
2	14:45:51	9 46 4	13Sc10	29 10R	14 28	14 31	13 2	8 30	20 9	3 41	7 24	19 39
3	14:49:48	10 46 10	27 56	29 3	13 52	15 9	13 1	8 36	20 12	3 42	7 26	19 36
4	14:53:45	11 46 18	12Sg49	28 48	13 16	15 47	13 0	8 43	20 15	3 44	7 29	19 32
5	14:57:41	12 46 28	27 39	28 23	12 40	16 26	12 59	8 49	20 18	3 45	7 31	19 29
6	15: 1:38	13 46 39	12Cp20	27 49	12 3	17 4	12 59	8 56	20 21	3 47	7 34	19 26
7	15: 5:34	14 46 52	26 45	27 5	11 27	17 43	12 58	9 3	20 24	3 48	7 36	19 23
8	15: 9:30	15 47 6	10Aq51	26 11	10 51	18 21	12 58	9 9	20 27	3 50	7 38	19 20
9	15:13:27	16 47 22	24 38	25 8	10 16	19 0	12 58D	9 16	20 30	3 52	7 41	19 16
10	15:17:24	17 47 39	8Pi 5	23 59	9 42	19 39	12 59	9 23	20 33	3 53	7 43	19 13
11	15:21:21	18 47 57	21 15	22 43	9 9	20 18	12 59	9 30	20 37	3 55	7 46	19 10
12	15:25:17	19 48 17	4Ar 8	21 24	8 37	20 57	13 0	9 37	20 40	3 57	7 48	19 7
13	15:29:13	20 48 38	16 48	20 4	8 7	21 37	13 1	9 43	20 43	3 59	7 50	19 4
14	15:33:10	21 49 1	29 16	18 45	7 39	22 16	13 2	9 50	20 46	4 0	7 53	19 1
15	15:37: 6	22 49 25	11Ta35	17 30	7 12	22 55	13 3	9 57	20 50	4 2	7 55	18 57
16	15:41: 3	23 49 51	23 44	16 21	6 48	23 35	13 5	10 4	20 53	4 4	7 58	18 54
17	15:45: 0	24 50 19	5Ge47	15 21	6 26	24 15	13 7	10 11	20 56	4 6	8 0	18 51
18	15:48:57	25 50 48	17 44	14 31	6 6	24 55	13 9	10 18	21 0	4 8	8 2	18 48
19	15:52:54	26 51 19	29 37	13 52	5 48	25 34	13 11	10 25	21 3	4 10	8 5	18 45
20	15:56:50	27 51 52	11Cn28	13 25	5 33	26 14	13 13	10 32	21 7	4 11	8 7	18 42
21	16: 0:47	28 52 26	23 20	13 9	5 20	26 54	13 16	10 39	21 10	4 13	8 9	18 38
22	16: 4:43	29 53 2	5Le16	13 5D	5 10	27 35	13 19	10 46	21 13	4 15	8 12	18 35
23	16: 8:41	0Sg53 39	17 20	13 12	5 2	28 15	13 22	10 53	21 17	4 17	8 14	18 32
24	16:12:37	1 54 19	29 36	13 29	4 57	28 55	13 25	11 0	21 20	4 19	8 16	18 29
25	16:16:33	2 54 59	12Vi 9	13 55	4 54	29 36	13 28	11 7	21 24	4 21	8 18	18 26
26	16:20:30	3 55 42	25 4	14 29	4 54D	0Pi16	13 32	11 14	21 27	4 23	8 21	18 22
27	16:24:26	4 56 26	8Li23	15 11	4 56	0 57	13 35	11 21	21 31	4 25	8 23	18 19
28	16:28:22	5 57 12	22 11	16 0	5 0	1 37	13 39	11 28	21 35	4 27	8 25	18 16
29	16:32:19	6 57 59	6Sc28	16 55	5 7	2 18	13 43	11 35	21 38	4 29	8 27	18 13
30	16:36:16	7 58 47	21 10	17 55	5 16	2 59	13 48	11 42	21 42	4 31	8 30	18 10

11/22 Sun in Sag. 14:46   11/2 New 6:03   11/8 1st Qt. 21:11   11/16 Full 12:12   11/24 3rd Qt. 16:51

DECEMBER 1986

Day	Sid. T.	Sun	Moon	Merc.	Venus	Mars	Jup.	Saturn	Uranus	Nept.	Pluto	N.Node
1	16:40:12	8Sg59 37	6Sg13	18Sc59	5Sc28	3Pi40	13Pi52	11Sg50	21Sg45	4Cp34	8Sc32	18Ar 7
2	16:44: 9	10 0 29	21 26	20 7	5 41	4 20	13 57	11 57	21 49	4 36	8 34	18 3
3	16:48: 6	11 1 21	6Cp40	21 19	5 57	5 1	14 2	12 4	21 52	4 38	8 36	18 0
4	16:52: 2	12 2 14	21 44	22 33	6 15	5 42	14 7	12 11	21 56	4 40	8 38	17 57
5	16:55:58	13 3 8	6Aq28	23 50	6 34	6 23	14 12	12 18	22 0	4 42	8 40	17 54
6	16:59:55	14 4 3	20 48	25 9	6 56	7 5	14 17	12 25	22 3	4 44	8 42	17 51
7	17: 3:52	15 4 59	4Pi41	26 30	7 20	7 46	14 23	12 32	22 7	4 46	8 44	17 48
8	17: 7:48	16 5 55	18 8	27 52	7 45	8 27	14 29	12 39	22 11	4 49	8 46	17 44
9	17:11:45	17 6 52	1Ar10	29 16	8 12	9 8	14 35	12 47	22 14	4 51	8 48	17 41
10	17:15:42	18 7 50	13 53	0Sg41	8 41	9 49	14 41	12 54	22 18	4 53	8 51	17 38
11	17:19:38	19 8 48	26 19	2 6	9 11	10 31	14 47	13 1	22 21	4 55	8 52	17 35
12	17:23:34	20 9 47	8Ta34	3 33	9 43	11 12	14 54	13 8	22 25	4 57	8 54	17 32
13	17:27:31	21 10 46	20 39	5 1	10 16	11 54	15 0	13 15	22 29	5 0	8 56	17 28
14	17:31:28	22 11 47	2Ge39	6 29	10 51	12 35	15 7	13 22	22 32	5 2	8 58	17 25
15	17:35:24	23 12 47	14 34	7 57	11 27	13 17	15 14	13 29	22 36	5 4	9 0	17 22
16	17:39:21	24 13 49	26 27	9 27	12 5	13 58	15 21	13 36	22 40	5 6	9 2	17 19
17	17:43:17	25 14 51	8Cn20	10 56	12 44	14 40	15 28	13 43	22 43	5 8	9 4	17 16
18	17:47:13	26 15 54	20 13	12 26	13 24	15 21	15 36	13 50	22 47	5 11	9 6	17 13
19	17:51:10	27 16 58	2Le 7	13 57	14 5	16 3	15 43	13 57	22 51	5 13	9 8	17 9
20	17:55: 7	28 18 3	14 6	15 27	14 48	16 44	15 51	14 4	22 54	5 15	9 9	17 6
21	17:59: 4	29 19 8	26 11	16 58	15 31	17 26	15 59	14 11	22 58	5 17	9 11	17 3
22	18: 3: 0	0Cp20 13	8Vi26	18 30	16 16	18 8	16 7	14 18	23 2	5 20	9 13	17 0
23	18: 6:57	1 21 20	20 56	20 1	17 1	18 50	16 15	14 25	23 5	5 22	9 15	16 57
24	18:10:53	2 22 27	3Li43	21 33	17 48	19 31	16 24	14 32	23 9	5 24	9 16	16 54
25	18:14:49	3 23 35	16 54	23 5	18 35	20 13	16 32	14 39	23 12	5 27	9 18	16 50
26	18:18:46	4 24 44	0Sc31	24 38	19 24	20 55	16 41	14 46	23 16	5 29	9 19	16 47
27	18:22:43	5 25 53	14 36	26 10	20 13	21 37	16 49	14 52	23 20	5 31	9 21	16 44
28	18:26:40	6 27 3	29 11	27 43	21 3	22 19	16 58	14 59	23 23	5 33	9 23	16 41
29	18:30:36	7 28 13	14Sg 9	29 16	21 54	23 0	17 7	15 6	23 27	5 36	9 24	16 38
30	18:34:32	8 29 24	29 25	0Cp50	22 46	23 42	17 17	15 13	23 30	5 38	9 26	16 34
31	18:38:29	9 30 34	14Cp47	2 24	23 38	24 24	17 26	15 19	23 34	5 40	9 27	16 31

12/22 Sun in Cap. 4:03   12/1 New 16:44   12/8 1st Qt. 8:02   12/16 Full 7:05   12/24 3rd Qt. 9:18   12/31 New 3:11

Day	Sid. T.	Sun	Moon	Merc.	Venus	Mars	Jup.	Saturn	Uranus	Nept.	Pluto	N.Node
1	18:42:25	10Cp31 45	0Aq 4	3Cp58	24Sc32	25Pi 6	17Pi35	15Sg26	23Sg37	5Cp42	9Sc29	16Ar28
2	18:46:22	11 32 56	15 4	5 32	25 25	25 48	17 45	15 33	23 41	5 45	9 30	16 25
3	18:50:19	12 34 7	29 38	7 7	26 20	26 30	17 55	15 39	23 45	5 47	9 31	16 22
4	18:54:16	13 35 17	13Pi44	8 42	27 15	27 12	18 4	15 46	23 48	5 49	9 33	16 19
5	18:58:12	14 36 28	27 19	10 17	28 11	27 54	18 14	15 53	23 52	5 51	9 34	16 15
6	19: 2: 8	15 37 37	10Ar26	11 53	29 7	28 36	18 24	15 59	23 55	5 54	9 35	16 12
7	19: 6: 5	16 38 47	23 8	13 29	0Sg 4	29 17	18 35	16 6	23 58	5 56	9 37	16 9
8	19:10: 1	17 39 56	5Ta32	15 6	1 1	29 59	18 45	16 12	24 2	5 58	9 38	16 6
9	19:13:58	18 41 4	17 41	16 43	1 59	0Ar41	18 55	16 18	24 5	6 0	9 39	16 3
10	19:17:55	19 42 12	29 40	18 20	2 58	1 23	19 6	16 25	24 9	6 3	9 40	15 59
11	19:21:52	20 43 20	11Ge34	19 58	3 56	2 5	19 17	16 31	24 12	6 5	9 41	15 56
12	19:25:48	21 44 27	23 25	21 36	4 56	2 47	19 28	16 37	24 15	6 7	9 42	15 53
13	19:29:44	22 45 34	5Cn17	23 15	5 56	3 29	19 38	16 44	24 19	6 9	9 43	15 50
14	19:33:41	23 46 40	17 11	24 54	6 56	4 11	19 49	16 50	24 22	6 12	9 45	15 47
15	19:37:37	24 47 46	29 8	26 34	7 57	4 53	20 1	16 56	24 25	6 14	9 45	15 44
16	19:41:34	25 48 52	11Le 9	28 14	8 58	5 35	20 12	17 2	24 29	6 16	9 46	15 40
17	19:45:31	26 49 56	23 16	29 55	9 59	6 17	20 23	17 8	24 32	6 18	9 47	15 37
18	19:49:27	27 51 1	5Vi30	1Aq36	11 1	6 59	20 34	17 14	24 35	6 20	9 48	15 34
19	19:53:23	28 52 5	17 52	3 18	12 3	7 41	20 46	17 20	24 38	6 22	9 49	15 31
20	19:57:20	29 53 9	0Li27	5 0	13 6	8 23	20 58	17 26	24 41	6 24	9 50	15 28
21	20: 1:17	0Aq54 12	13 16	6 43	14 8	9 4	21 9	17 32	24 45	6 27	9 51	15 25
22	20: 5:13	1 55 15	26 23	8 26	15 12	9 46	21 21	17 37	24 48	6 29	9 51	15 21
23	20: 9:10	2 56 18	9Sc51	10 9	16 15	10 28	21 33	17 43	24 51	6 31	9 52	15 18
24	20:13: 7	3 57 20	23 44	11 53	17 19	11 10	21 45	17 49	24 54	6 33	9 53	15 15
25	20:17: 3	4 58 22	8Sg 2	13 37	18 23	11 52	21 57	17 54	24 57	6 35	9 54	15 12
26	20:20:59	5 59 24	22 43	15 21	19 27	12 34	22 9	18 0	25 0	6 37	9 54	15 9
27	20:24:56	7 0 24	7Cp42	17 5	20 32	13 16	22 21	18 5	25 3	6 39	9 55	15 5
28	20:28:53	8 1 24	22 52	18 49	21 37	13 58	22 34	18 11	25 6	6 41	9 55	15 2
29	20:32:49	9 2 24	8Aq 1	20 33	22 42	14 39	22 46	18 16	25 9	6 43	9 56	14 59
30	20:36:46	10 3 22	22 59	22 16	23 48	15 21	22 59	18 21	25 11	6 45	9 56	14 56
31	20:40:42	11 4 19	7Pi38	23 59	24 53	16 3	23 11	18 27	25 14	6 47	9 57	14 53

1/20 Sun in Aqu. 14:42   1/6 1st Qt. 22:35   1/15 Full 2:31   1/22 3rd Qt. 22:46   1/29 New 13:45

Day	Sid. T.	Sun	Moon	Merc.	Venus	Mars	Jup.	Saturn	Uranus	Nept.	Pluto	N.Node
1	20:44:39	12Aq 5 15	21Pi50	25Aq41	25Sg59	16Ar45	23Pi24	18Sg32	25Sg17	6Cp49	9Sc57	14Ar50
2	20:48:35	13 6 9	5Ar34	27 22	27 5	17 27	23 37	18 37	25 20	6 51	9 57	14 46
3	20:52:32	14 7 3	18 49	29 1	28 12	18 8	23 49	18 42	25 22	6 53	9 58	14 43
4	20:56:28	15 7 55	1Ta38	0Pi38	29 18	18 50	24 2	18 47	25 25	6 55	9 58	14 40
5	21: 0:24	16 8 45	14 6	2 13	0Cp25	19 32	24 15	18 52	25 28	6 57	9 58	14 37
6	21: 4:22	17 9 34	26 17	3 45	1 32	20 13	24 28	18 57	25 30	6 58	9 58	14 34
7	21: 8:18	18 10 22	8Ge17	5 14	2 39	20 55	24 41	19 1	25 33	7 0	9 59	14 31
8	21:12:15	19 11 8	20 10	6 38	3 46	21 37	24 54	19 6	25 36	7 2	9 59	14 27
9	21:16:11	20 11 53	2Cn 1	7 58	4 54	22 18	25 7	19 11	25 38	7 4	9 59	14 24
10	21:20: 8	21 12 37	13 53	9 13	6 1	23 0	25 21	19 15	25 40	7 6	9 59	14 21
11	21:24: 4	22 13 18	25 49	10 21	7 9	23 42	25 34	19 20	25 43	7 7	9 59	14 18
12	21:28: 2	23 13 59	7Le52	11 23	8 17	24 23	25 47	19 24	25 45	7 9	9 59R	14 15
13	21:31:58	24 14 38	20 2	12 17	9 25	25 5	26 1	19 28	25 48	7 11	9 59	14 11
14	21:35:54	25 15 15	2Vi21	13 2	10 33	25 46	26 14	19 33	25 50	7 12	9 59	14 8
15	21:39:51	26 15 51	14 50	13 39	11 42	26 28	26 28	19 37	25 52	7 14	9 59	14 5
16	21:43:47	27 16 26	27 29	14 6	12 50	27 9	26 41	19 41	25 54	7 16	9 58	14 2
17	21:47:43	28 16 59	10Li19	14 23	13 59	27 51	26 55	19 45	25 57	7 17	9 58	13 59
18	21:51:40	29 17 31	23 21	14 30	15 7	28 32	27 9	19 49	25 59	7 19	9 58	13 56
19	21:55:37	0Pi18 1	6Sc37	14 27R	16 16	29 14	27 22	19 52	26 1	7 20	9 58	13 52
20	21:59:33	1 18 31	20 9	14 13	17 25	29 55	27 36	19 56	26 3	7 22	9 58	13 49
21	22: 3:30	2 18 59	3Sg58	13 49	18 35	0Ta37	27 50	20 0	26 5	7 23	9 57	13 46
22	22: 7:27	3 19 26	18 4	13 17	19 44	1 18	28 4	20 3	26 7	7 25	9 57	13 43
23	22:11:23	4 19 52	2Cp26	12 36	20 53	1 59	28 18	20 7	26 9	7 26	9 56	13 40
24	22:15:19	5 20 16	17 2	11 47	22 3	2 41	28 32	20 10	26 10	7 28	9 56	13 37
25	22:19:16	6 20 39	1Aq45	10 52	23 12	3 22	28 46	20 14	26 12	7 29	9 55	13 33
26	22:23:13	7 21 0	16 30	9 53	24 22	4 3	29 0	20 17	26 14	7 31	9 55	13 30
27	22:27: 9	8 21 20	1Pi 8	8 51	25 32	4 44	29 14	20 20	26 16	7 32	9 54	13 27
28	22:31: 6	9 21 38	15 33	7 47	26 42	5 26	29 28	20 23	26 17	7 33	9 54	13 24

2/19 Sun in Pis. 4:51   2/5 1st Qt. 16:22   2/13 Full 20:59   2/21 3rd Qt. 8:57   2/28 New 0:51

MARCH 1987

Day	Sid. T.	Sun	Moon	Merc.	Venus	Mars	Jup.	Saturn	Uranus	Nept.	Pluto	N.Node
1	22:35: 3	10Pi21 54	29Pi38	6Pi43R	27Cp52	6Ta 7	29Pi42	20Sg26	26Sg19	7Cp35	9Sc53R	13Ar21
2	22:38:59	11 22 8	13Ar20	5 41	29 2	6 48	29 56	20 29	26 20	7 36	9 53	13 17
3	22:42:55	12 22 21	26 38	4 41	0Aq12	7 29	0Ar10	20 32	26 22	7 37	9 52	13 14
4	22:46:52	13 22 31	9Ta32	3 46	1 22	8 10	0 25	20 34	26 23	7 38	9 51	13 11
5	22:50:49	14 22 39	22 5	2 55	2 32	8 52	0 39	20 37	26 25	7 39	9 51	13 8
6	22:54:45	15 22 45	4Ge21	2 10	3 43	9 33	0 53	20 39	26 26	7 41	9 50	13 5
7	22:58:42	16 22 50	16 24	1 32	4 53	10 14	1 7	20 42	26 28	7 42	9 49	13 2
8	23: 2:38	17 22 52	28 19	1 0	6 4	10 55	1 22	20 44	26 29	7 43	9 48	12 58
9	23: 6:34	18 22 52	10Cn11	0 34	7 14	11 36	1 36	20 46	26 30	7 44	9 47	12 55
10	23:10:31	19 22 49	22 4	0 15	8 25	12 17	1 50	20 48	26 31	7 45	9 46	12 52
11	23:14:28	20 22 45	4Le 3	0 3	9 36	12 58	2 5	20 50	26 32	7 46	9 46	12 49
12	23:18:25	21 22 38	16 11	29Aq58	10 47	13 38	2 19	20 52	26 33	7 47	9 45	12 46
13	23:22:21	22 22 29	28 29	29 58D	11 58	14 19	2 34	20 54	26 34	7 48	9 44	12 43
14	23:26:18	23 22 19	11Vi 1	0Pi 5	13 8	15 0	2 48	20 56	26 35	7 49	9 43	12 39
15	23:30:14	24 22 6	23 46	0 17	14 19	15 41	3 2	20 57	26 36	7 49	9 42	12 36
16	23:34:10	25 21 51	6Li45	0 35	15 30	16 22	3 17	20 59	26 37	7 50	9 41	12 33
17	23:38: 7	26 21 34	19 58	0 58	16 42	17 3	3 31	21 0	26 38	7 51	9 40	12 30
18	23:42: 4	27 21 16	3Sc24	1 26	17 53	17 43	3 46	21 2	26 39	7 52	9 38	12 27
19	23:46: 1	28 20 55	17 2	1 58	19 4	18 24	4 0	21 3	26 39	7 53	9 37	12 23
20	23:49:57	29 20 33	0Sg51	2 35	20 15	19 5	4 15	21 4	26 40	7 53	9 36	12 20
21	23:53:53	0Ar20 9	14 49	3 16	21 26	19 45	4 29	21 5	26 41	7 54	9 35	12 17
22	23:57:50	1 19 44	28 56	4 0	22 38	20 26	4 44	21 6	26 41	7 55	9 34	12 14
23	0: 1:46	2 19 17	13Cp 9	4 48	23 49	21 7	4 58	21 7	26 42	7 55	9 32	12 11
24	0: 5:43	3 18 48	27 26	5 39	25 1	21 47	5 13	21 7	26 42	7 56	9 31	12 8
25	0: 9:40	4 18 17	11Aq44	6 34	26 12	22 28	5 27	21 8	26 42	7 56	9 30	12 4
26	0:13:37	5 17 45	26 0	7 31	27 24	23 8	5 42	21 8	26 43	7 57	9 29	12 1
27	0:17:33	6 17 10	10Pi 9	8 31	28 35	23 49	5 56	21 9	26 43	7 57	9 27	11 58
28	0:21:29	7 16 34	24 7	9 34	29 47	24 29	6 11	21 9	26 43	7 58	9 26	11 55
29	0:25:26	8 15 56	7Ar52	10 39	0Pi59	25 10	6 25	21 10	26 43	7 58	9 25	11 52
30	0:29:22	9 15 15	21 19	11 47	2 10	25 50	6 40	21 10	26 44	7 58	9 23	11 48
31	0:33:19	10 14 33	4Ta28	12 57	3 22	26 31	6 55	21 10R	26 44	7 59	9 22	11 45

3/21 Sun in Ari. 3:53   3/7 1st Qt. 11:59   3/15 Full 13:14   3/22 3rd Qt. 16:23   3/29 New 12:46(E)

APRIL 1987

Day	Sid. T.	Sun	Moon	Merc.	Venus	Mars	Jup.	Saturn	Uranus	Nept.	Pluto	N.Node
1	0:37:16	11Ar13 48	17Ta19	14Pi 9	4Pi34	27Ta11	7Ar 9	21Sg10R	26Sg44R	7Cp59	9Sc20R	11Ar42
2	0:41:13	12 13 1	29 51	15 24	5 46	27 51	7 24	21 9	26 44	7 59	9 19	11 39
3	0:45: 9	13 12 12	12Ge 9	16 40	6 58	28 32	7 38	21 9	26 43	8 0	9 17	11 36
4	0:49: 5	14 11 21	24 14	17 58	8 9	29 12	7 53	21 9	26 43	8 0	9 16	11 33
5	0:53: 2	15 10 28	6Cn11	19 18	9 21	29 52	8 7	21 8	26 43	8 0	9 14	11 29
6	0:56:58	16 9 32	18 4	20 40	10 33	0Ge32	8 21	21 8	26 43	8 0	9 13	11 26
7	1: 0:54	17 8 34	29 58	22 4	11 45	1 13	8 36	21 7	26 43	8 0	9 11	11 23
8	1: 4:52	18 7 33	11Le58	23 29	12 57	1 53	8 50	21 6	26 42	8 0	9 10	11 20
9	1: 8:48	19 6 30	24 7	24 56	14 9	2 33	9 5	21 5	26 42	8 0	9 8	11 17
10	1:12:44	20 5 25	6Vi30	26 25	15 21	3 13	9 19	21 4	26 41	8 0R	9 7	11 14
11	1:16:41	21 4 18	19 9	27 55	16 33	3 53	9 34	21 3	26 41	8 0	9 5	11 10
12	1:20:38	22 3 8	2Li 8	29 27	17 45	4 33	9 48	21 2	26 40	8 0	9 4	11 7
13	1:24:34	23 1 57	15 26	1Ar 1	18 58	5 13	10 2	21 1	26 40	8 0	9 2	11 4
14	1:28:31	24 0 43	29 2	2 36	20 10	5 53	10 17	21 0	26 39	8 0	9 0	11 1
15	1:32:28	24 59 28	12Sc55	4 13	21 22	6 33	10 31	20 58	26 38	8 0	8 59	10 58
16	1:36:24	25 58 11	27 1	5 52	22 34	7 13	10 45	20 57	26 38	8 0	8 57	10 54
17	1:40:20	26 56 52	11Sg16	7 32	23 46	7 53	10 59	20 55	26 37	7 59	8 56	10 51
18	1:44:17	27 55 31	25 36	9 14	24 58	8 33	11 14	20 53	26 36	7 59	8 54	10 48
19	1:48:14	28 54 8	9Cp56	10 57	26 11	9 13	11 28	20 52	26 35	7 59	8 52	10 45
20	1:52:10	29 52 44	24 13	12 42	27 23	9 52	11 42	20 50	26 34	7 58	8 51	10 42
21	1:56: 7	0Ta51 18	8Aq24	14 29	28 35	10 32	11 56	20 48	26 33	7 58	8 49	10 39
22	2: 0: 4	1 49 51	22 26	16 17	29 48	11 12	12 10	20 46	26 32	7 58	8 47	10 35
23	2: 4: 0	2 48 22	6Pi19	18 7	1Ar 0	11 52	12 24	20 43	26 31	7 57	8 46	10 32
24	2: 7:56	3 46 51	20 1	19 59	2 12	12 31	12 38	20 41	26 30	7 57	8 44	10 29
25	2:11:53	4 45 19	3Ar32	21 52	3 25	13 11	12 52	20 39	26 29	7 56	8 42	10 26
26	2:15:49	5 43 45	16 51	23 47	4 37	13 51	13 6	20 36	26 27	7 56	8 40	10 23
27	2:19:45	6 42 9	29 57	25 44	5 49	14 31	13 20	20 34	26 26	7 55	8 39	10 20
28	2:23:43	7 40 31	12Ta49	27 44	7 2	15 10	13 34	20 31	26 25	7 55	8 37	10 16
29	2:27:39	8 38 52	25 28	29 42	8 14	15 50	13 48	20 29	26 24	7 54	8 35	10 13
30	2:31:36	9 37 10	7Ge53	1Ta43	9 27	16 29	14 2	20 26	26 22	7 54	8 34	10 10

4/20 Sun in Tau. 14:59   4/6 1st Qt. 7:48   4/14 Full 2:32   4/20 3rd Qt. 22:16   4/28 New 1:35

Day	Sid. T.	Sun	Moon	Merc.	Venus	Mars	Jup.	Saturn	Uranus	Nept.	Pluto	N.Node
1	2:35:32	10Ta35 27	20Ge 7	3Ta46	10Ar39	17Ge 9	14Ar15	20Sg23R	26Sg21R	7Cp53R	8Sc32R	10Ar 7
2	2:39:29	11 33 42	2Cn10	5 50	11 52	17 48	14 29	20 20	26 19	7 52	8 30	10 4
3	2:43:25	12 31 55	14 7	7 56	13 4	18 28	14 43	20 17	26 18	7 51	8 29	10 0
4	2:47:21	13 30 6	25 59	10 3	14 17	19 7	14 56	20 14	26 16	7 51	8 27	9 57
5	2:51:19	14 28 15	7Le52	12 11	15 29	19 47	15 10	20 11	26 15	7 50	8 25	9 54
6	2:55:15	15 26 22	19 50	14 19	16 42	20 26	15 23	20 8	26 13	7 49	8 24	9 51
7	2:59:12	16 24 27	1Vi58	16 29	17 54	21 6	15 37	20 5	26 11	7 48	8 22	9 48
8	3: 3: 8	17 22 30	14 21	18 39	19 7	21 45	15 50	20 1	26 10	7 47	8 20	9 45
9	3: 7: 5	18 20 31	27 3	20 50	20 19	22 24	16 4	19 58	26 8	7 47	8 19	9 41
10	3:11: 1	19 18 30	10Li 7	23 0	21 32	23 4	16 17	19 54	26 6	7 46	8 17	9 38
11	3:14:57	20 16 28	23 36	25 10	22 44	23 43	16 30	19 51	26 4	7 45	8 15	9 35
12	3:18:54	21 14 24	7Sc29	27 20	23 57	24 22	16 43	19 47	26 2	7 44	8 14	9 32
13	3:22:51	22 12 18	21 44	29 29	25 10	25 1	16 57	19 44	26 1	7 43	8 12	9 29
14	3:26:48	23 10 11	6Sg17	1Ge36	26 22	25 41	17 10	19 40	25 59	7 42	8 10	9 26
15	3:30:44	24 8 2	21 0	3 43	27 35	26 20	17 23	19 36	25 57	7 41	8 9	9 22
16	3:34:40	25 5 52	5Cp46	5 47	28 48	26 59	17 36	19 33	25 55	7 40	8 7	9 19
17	3:38:37	26 3 41	20 28	7 50	0Ta 0	27 38	17 48	19 29	25 53	7 39	8 5	9 16
18	3:42:34	27 1 29	4Aq59	9 51	1 13	28 17	18 1	19 25	25 51	7 37	8 4	9 13
19	3:46:30	27 59 15	19 15	11 49	2 26	28 56	18 14	19 21	25 49	7 36	8 2	9 10
20	3:50:27	28 57 1	3Pi14	13 45	3 38	29 35	18 27	19 17	25 47	7 35	8 1	9 6
21	3:54:24	29 54 45	16 55	15 38	4 51	0Cn15	18 39	19 13	25 45	7 34	7 59	9 3
22	3:58:20	0Ge52 28	0Ar20	17 29	6 4	0 54	18 52	19 9	25 42	7 33	7 58	9 0
23	4: 2:16	1 50 10	13 30	19 17	7 16	1 33	19 4	19 5	25 40	7 32	7 56	8 57
24	4: 6:13	2 47 51	26 27	21 2	8 29	2 12	19 17	19 0	25 38	7 30	7 55	8 54
25	4:10:10	3 45 31	9Ta12	22 43	9 42	2 51	19 29	18 56	25 36	7 29	7 53	8 51
26	4:14: 6	4 43 10	21 45	24 22	10 55	3 30	19 41	18 52	25 34	7 28	7 52	8 47
27	4:18: 3	5 40 47	4Ge 9	25 58	12 7	4 9	19 54	18 48	25 31	7 27	7 50	8 44
28	4:21:59	6 38 24	16 24	27 31	13 20	4 47	20 6	18 44	25 29	7 25	7 49	8 41
29	4:25:55	7 35 59	28 30	29 1	14 33	5 26	20 18	18 39	25 27	7 24	7 47	8 38
30	4:29:52	8 33 33	10Cn29	0Ge27	15 46	6 5	20 30	18 35	25 25	7 22	7 46	8 35
31	4:33:49	9 31 6	22 23	1 50	16 59	6 44	20 42	18 31	25 22	7 21	7 45	8 31

5/21 Sun in Gem. 14:11   5/6 1st Qt. 2:26   5/13 Full 12:51   5/20 3rd Qt. 4:03   5/27 New 15:14

Day	Sid. T.	Sun	Moon	Merc.	Venus	Mars	Jup.	Saturn	Uranus	Nept.	Pluto	N.Node
1	4:37:46	10Ge28 38	4Le14	3Cn10	18Ta12	7Cn23	20Ar53	18Sg26R	25Sg20R	7Cp20R	7Sc43R	8Ar28
2	4:41:42	11 26 8	16 5	4 27	19 24	8 2	21 5	18 22	25 18	7 18	7 42	8 25
3	4:45:39	12 23 37	28 2	5 40	20 37	8 41	21 17	18 17	25 15	7 17	7 41	8 22
4	4:49:35	13 21 5	10Vi 7	6 50	21 50	9 19	21 28	18 13	25 13	7 15	7 39	8 19
5	4:53:31	14 18 32	22 27	7 57	23 3	9 58	21 40	18 9	25 10	7 14	7 38	8 16
6	4:57:28	15 15 57	5Li 6	9 0	24 16	10 37	21 51	18 4	25 8	7 13	7 37	8 12
7	5: 1:25	16 13 21	18 9	9 59	25 29	11 16	22 2	18 0	25 6	7 11	7 36	8 9
8	5: 5:22	17 10 44	1Sc39	10 54	26 42	11 54	22 13	17 55	25 3	7 10	7 34	8 6
9	5: 9:18	18 8 6	15 38	11 47	27 55	12 33	22 24	17 51	25 1	7 8	7 33	8 3
10	5:13:15	19 5 27	0Sg 4	12 35	29 8	13 12	22 35	17 46	24 58	7 7	7 31	8 0
11	5:17:11	20 2 47	14 53	13 20	0Ge20	13 50	22 46	17 42	24 56	7 5	7 31	7 57
12	5:21: 7	21 0 7	29 57	14 0	1 33	14 29	22 57	17 37	24 53	7 4	7 30	7 53
13	5:25: 4	21 57 25	15Cp 6	14 36	2 46	15 8	23 8	17 33	24 51	7 2	7 29	7 50
14	5:29: 1	22 54 44	0Aq 9	15 8	3 59	15 46	23 18	17 29	24 49	7 0	7 28	7 47
15	5:32:58	23 52 1	14 59	15 36	5 12	16 25	23 29	17 24	24 46	6 59	7 27	7 44
16	5:36:54	24 49 18	29 27	15 59	6 25	17 3	23 39	17 20	24 44	6 57	7 26	7 41
17	5:40:50	25 46 35	13Pi33	16 18	7 38	17 42	23 49	17 15	24 41	6 56	7 25	7 37
18	5:44:47	26 43 52	27 14	16 33	8 51	18 21	23 59	17 11	24 39	6 54	7 24	7 34
19	5:48:43	27 41 8	10Ar33	16 42	10 5	18 59	24 9	17 7	24 36	6 53	7 23	7 31
20	5:52:40	28 38 24	23 32	16 48	11 18	19 38	24 19	17 2	24 34	6 51	7 22	7 28
21	5:56:37	29 35 40	6Ta15	16 48R	12 31	20 16	24 29	16 58	24 31	6 49	7 21	7 25
22	6: 0:34	0Cn32 56	18 45	16 45	13 44	20 55	24 39	16 54	24 29	6 48	7 20	7 22
23	6: 4:32	1 30 11	1Ge 4	16 36	14 57	21 33	24 48	16 50	24 26	6 46	7 19	7 18
24	6: 8:26	2 27 27	13 15	16 24	16 10	22 12	24 58	16 45	24 24	6 45	7 18	7 15
25	6:12:23	3 24 42	25 19	16 7	17 23	22 50	25 7	16 41	24 22	6 43	7 18	7 12
26	6:16:19	4 21 57	7Cn17	15 47	18 37	23 29	25 16	16 37	24 19	6 41	7 17	7 9
27	6:20:16	5 19 11	19 12	15 23	19 50	24 7	25 25	16 33	24 17	6 40	7 16	7 6
28	6:24:13	6 16 25	1Le 3	14 55	21 3	24 45	25 34	16 29	24 14	6 38	7 16	7 3
29	6:28: 9	7 13 39	12 53	14 25	22 16	25 24	25 43	16 25	24 12	6 36	7 15	6 59
30	6:32: 5	8 10 52	24 45	13 52	23 30	26 2	25 52	16 21	24 10	6 35	7 14	6 56

6/21 Sun in Can. 22:12   6/4 1st Qt. 18:53   6/11 Full 20:50   6/18 3rd Qt. 11:03   6/26 New 5:38

JULY 1987

Day	Sid. T.	Sun	Moon	Merc.	Venus	Mars	Jup.	Saturn	Uranus	Nept.	Pluto	N.Node
1	6:36: 2	9Cn 8 5	6Vi42	13Cn18R	24Ge43	26Cn41	26Ar 0	16Sg17R	24Sg 7R	6Cp33R	7Sc14R	6Ar53
2	6:39:59	10 5 18	18 47	12 42	25 56	27 19	26 9	16 13	24 5	6 32	7 13	6 50
3	6:43:55	11 2 30	1Li 5	12 5	27 9	27 57	26 17	16 9	24 3	6 30	7 13	6 47
4	6:47:51	11 59 42	13 41	11 29	28 23	28 36	26 25	16 6	24 0	6 28	7 12	6 43
5	6:51:49	12 56 54	26 39	10 53	29 36	29 14	26 33	16 2	23 58	6 27	7 12	6 40
6	6:55:45	13 54 5	10Sc 5	10 18	0Cn49	29 52	26 41	15 58	23 56	6 25	7 12	6 37
7	6:59:41	14 51 16	24 0	9 45	2 3	0Le31	26 49	15 55	23 54	6 24	7 11	6 34
8	7: 3:38	15 48 28	8Sg24	9 14	3 16	1 9	26 56	15 51	23 51	6 22	7 11	6 31
9	7: 7:35	16 45 39	23 15	8 46	4 30	1 47	27 4	15 48	23 49	6 20	7 11	6 28
10	7:11:31	17 42 50	8Cp25	8 21	5 43	2 26	27 11	15 44	23 47	6 19	7 10	6 24
11	7:15:27	18 40 1	23 44	8 1	6 56	3 4	27 18	15 41	23 45	6 17	7 10	6 21
12	7:19:25	19 37 12	9Aq 0	7 45	8 10	3 42	27 25	15 37	23 43	6 16	7 10	6 18
13	7:23:21	20 34 24	24 4	7 33	9 23	4 20	27 32	15 34	23 41	6 14	7 10	6 15
14	7:27:17	21 31 36	8Pi46	7 26	10 37	4 59	27 39	15 31	23 39	6 13	7 9	6 12
15	7:31:14	22 28 48	23 2	7 24D	11 50	5 37	27 45	15 28	23 36	6 11	7 9	6 9
16	7:35:10	23 26 1	6Ar50	7 28	13 4	6 15	27 51	15 25	23 34	6 9	7 9	6 5
17	7:39: 6	24 23 15	20 12	7 37	14 17	6 53	27 58	15 22	23 32	6 8	7 9	6 2
18	7:43: 4	25 20 29	3Ta10	7 51	15 31	7 32	28 4	15 19	23 30	6 6	7 9D	5 59
19	7:47: 0	26 17 45	15 48	8 12	16 45	8 10	28 10	15 16	23 29	6 5	7 9	5 56
20	7:50:57	27 15 0	28 11	8 37	17 58	8 48	28 15	15 14	23 27	6 3	7 9	5 53
21	7:54:53	28 12 17	10Ge22	9 9	19 12	9 26	28 21	15 11	23 25	6 2	7 9	5 49
22	7:58:50	29 9 34	22 25	9 46	20 26	10 4	28 26	15 8	23 23	6 0	7 10	5 46
23	8: 2:46	0Le 6 53	4Cn22	10 28	21 39	10 43	28 32	15 6	23 21	5 59	7 10	5 43
24	8: 6:42	1 4 11	16 15	11 11	22 53	11 21	28 37	15 3	23 19	5 58	7 10	5 40
25	8:10:40	2 1 31	28 6	12 10	24 7	11 59	28 41	15 1	23 18	5 56	7 10	5 37
26	8:14:36	2 58 51	9Le58	13 9	25 21	12 37	28 46	14 59	23 16	5 55	7 10	5 34
27	8:18:33	3 56 12	21 50	14 13	26 34	13 15	28 51	14 57	23 14	5 53	7 11	5 30
28	8:22:29	4 53 33	3Vi46	15 23	27 48	13 54	28 55	14 55	23 13	5 52	7 11	5 27
29	8:26:26	5 50 55	15 48	16 37	29 2	14 32	28 59	14 53	23 11	5 51	7 11	5 24
30	8:30:22	6 48 17	27 57	17 57	0Le16	15 10	29 3	14 51	23 9	5 49	7 12	5 21
31	8:34:18	7 45 40	10Li19	19 21	1 30	15 48	29 7	14 49	23 8	5 48	7 12	5 18

7/23 Sun in Leo 9:07   7/4 1st Qt. 8:35   7/11 Full 3:33   7/17 3rd Qt. 20:18   7/25 New 20:38

AUGUST 1987

Day	Sid. T.	Sun	Moon	Merc.	Venus	Mars	Jup.	Saturn	Uranus	Nept.	Pluto	N.Node
1	8:38:15	8Le43 4	22Li56	20Cn50	2Le44	16Le26	29Ar11	14Sg47R	23Sg 6R	5Cp47R	7Sc13	5Ar15
2	8:42:12	9 40 28	5Sc54	22 24	3 58	17 4	29 14	14 45	23 5	5 45	7 13	5 11
3	8:46: 9	10 37 53	19 15	24 1	5 11	17 43	29 17	14 44	23 4	5 44	7 14	5 8
4	8:50: 5	11 35 18	3Sg 2	25 43	6 25	18 21	29 20	14 42	23 2	5 43	7 14	5 5
5	8:54: 1	12 32 45	17 16	27 28	7 39	18 59	29 23	14 41	23 1	5 42	7 15	5 2
6	8:57:58	13 30 12	1Cp56	29 17	8 53	19 37	29 26	14 40	23 0	5 40	7 16	4 59
7	9: 1:54	14 27 39	16 56	1Le 8	10 7	20 15	29 29	14 39	22 58	5 39	7 16	4 55
8	9: 5:51	15 25 8	2Aq 9	3 3	11 21	20 53	29 31	14 38	22 57	5 38	7 17	4 52
9	9: 9:48	16 22 37	17 23	4 59	12 35	21 32	29 33	14 37	22 56	5 37	7 18	4 49
10	9:13:45	17 20 8	2Pi29	6 58	13 49	22 10	29 35	14 36	22 55	5 36	7 19	4 46
11	9:17:41	18 17 40	17 17	8 58	15 3	22 48	29 37	14 35	22 54	5 35	7 19	4 43
12	9:21:37	19 15 12	1Ar41	10 59	16 17	23 26	29 38	14 34	22 53	5 34	7 20	4 40
13	9:25:34	20 12 47	15 37	13 1	17 32	24 4	29 40	14 34	22 52	5 33	7 21	4 36
14	9:29:30	21 10 23	29 6	15 3	18 46	24 42	29 41	14 33	22 51	5 32	7 22	4 33
15	9:33:27	22 8 0	12Ta 9	17 6	20 0	25 20	29 42	14 33	22 50	5 31	7 23	4 30
16	9:37:24	23 5 39	24 49	19 8	21 14	25 59	29 43	14 32	22 49	5 30	7 24	4 27
17	9:41:20	24 3 19	7Ge12	21 10	22 28	26 37	29 43	14 32	22 49	5 29	7 25	4 24
18	9:45:16	25 1 1	19 21	23 12	23 42	27 15	29 44	14 32	22 48	5 28	7 26	4 20
19	9:49:13	25 58 45	1Cn20	25 13	24 57	27 53	29 44	14 32D	22 47	5 27	7 27	4 17
20	9:53:10	26 56 30	13 14	27 13	26 11	28 31	29 44R	14 32	22 47	5 26	7 28	4 14
21	9:57: 7	27 54 17	25 5	29 13	27 25	29 9	29 43	14 32	22 46	5 25	7 29	4 11
22	10: 1: 3	28 52 5	6Le56	1Vi11	28 39	29 47	29 43	14 32	22 45	5 24	7 30	4 8
23	10: 5: 0	29 49 55	18 50	3 8	29 54	0Vi26	29 42	14 33	22 45	5 24	7 32	4 5
24	10: 8:56	0Vi47 46	0Vi48	5 4	1Vi 8	1 4	29 42	14 33	22 44	5 23	7 33	4 1
25	10:12:52	1 45 39	12 53	6 58	2 22	1 42	29 41	14 34	22 44	5 22	7 34	3 58
26	10:16:49	2 43 33	25 5	8 52	3 37	2 20	29 39	14 34	22 44	5 22	7 35	3 55
27	10:20:46	3 41 28	7Li26	10 44	4 51	2 58	29 38	14 35	22 43	5 21	7 37	3 52
28	10:24:43	4 39 25	20 0	12 34	6 5	3 37	29 36	14 36	22 43	5 20	7 38	3 49
29	10:28:39	5 37 23	2Sc47	14 24	7 20	4 15	29 34	14 37	22 43	5 20	7 39	3 46
30	10:32:36	6 35 23	15 50	16 12	8 34	4 53	29 32	14 38	22 43	5 19	7 41	3 42
31	10:36:32	7 33 24	29 12	17 59	9 49	5 31	29 30	14 39	22 43	5 18	7 42	3 39

8/23 Sun in Vir. 16:11   8/2 1st Qt. 19:25   8/9 Full 10:18   8/16 3rd Qt. 8:26   8/24 New 11:59

Day	Sid. T.	Sun	Moon	Merc.	Venus	Mars	Jup.	Saturn	Uranus	Nept.	Pluto	N.Node
1	10:40:28	8Vi31 26	12Sg55	19Vi45	11Vi 3	6Vi 9	29Ar28R	14Sg40	22Sg43R	5Cp18R	7Sc44	3Ar36
2	10:44:25	9 29 30	26 59	21 29	12 18	6 48	29 25	14 42	22 43D	5 17	7 45	3 33
3	10:48:21	10 27 35	11Cp23	23 12	13 32	7 26	29 22	14 43	22 43	5 17	7 47	3 30
4	10:52:19	11 25 42	26 4	24 54	14 46	8 4	29 19	14 45	22 43	5 17	7 48	3 26
5	10:56:15	12 23 50	10Aq57	26 35	16 1	8 42	29 16	14 46	22 43	5 16	7 50	3 23
6	11: 0:11	13 21 59	25 53	28 14	17 15	9 20	29 13	14 48	22 43	5 16	7 51	3 20
7	11: 4: 8	14 20 10	10Pi46	29 52	18 30	9 59	29 9	14 50	22 44	5 15	7 53	3 17
8	11: 8: 4	15 18 23	25 26	1Li29	19 44	10 37	29 6	14 52	22 44	5 15	7 55	3 14
9	11:12: 1	16 16 37	9Ar47	3 5	20 59	11 15	29 2	14 54	22 44	5 15	7 56	3 11
10	11:15:57	17 14 54	23 46	4 40	22 13	11 53	28 58	14 56	22 45	5 15	7 58	3 7
11	11:19:55	18 13 12	7Ta19	6 14	23 28	12 32	28 53	14 58	22 45	5 14	8 0	3 4
12	11:23:51	19 11 33	20 27	7 46	24 42	13 10	28 49	15 0	22 46	5 14	8 1	3 1
13	11:27:47	20 9 56	3Ge12	9 18	25 57	13 48	28 44	15 2	22 46	5 14	8 3	2 58
14	11:31:44	21 8 20	15 38	10 48	27 12	14 26	28 39	15 5	22 47	5 14	8 5	2 55
15	11:35:40	22 6 47	27 48	12 17	28 26	15 5	28 34	15 7	22 48	5 14	8 7	2 52
16	11:39:37	23 5 17	9Cn48	13 45	29 41	15 43	28 29	15 10	22 48	5 14	8 9	2 48
17	11:43:34	24 3 48	21 41	15 12	0Li55	16 21	28 24	15 13	22 49	5 14D	8 11	2 45
18	11:47:31	25 2 21	3Le32	16 38	2 10	17 0	28 18	15 16	22 50	5 14	8 12	2 42
19	11:51:26	26 0 57	15 25	18 2	3 24	17 38	28 13	15 19	22 51	5 14	8 14	2 39
20	11:55:23	26 59 34	27 23	19 25	4 39	18 16	28 7	15 21	22 52	5 14	8 16	2 36
21	11:59:20	27 58 14	9Vi29	20 48	5 54	18 55	28 1	15 25	22 53	5 14	8 18	2 32
22	12: 3:16	28 56 56	21 44	22 8	7 8	19 33	27 55	15 28	22 54	5 14	8 20	2 29
23	12: 7:12	29 55 39	4Li11	23 28	8 23	20 11	27 49	15 31	22 55	5 15	8 22	2 26
24	12:11:10	0Li54 25	16 51	24 46	9 38	20 50	27 42	15 34	22 56	5 15	8 24	2 23
25	12:15: 6	1 53 12	29 43	26 3	10 52	21 28	27 36	15 38	22 57	5 15	8 26	2 20
26	12:19: 2	2 52 2	12Sc50	27 18	12 7	22 7	27 29	15 41	22 59	5 15	8 28	2 17
27	12:22:59	3 50 53	26 10	28 32	13 22	22 45	27 22	15 45	23 0	5 16	8 30	2 13
28	12:26:56	4 49 46	9Sg44	29 44	14 36	23 23	27 15	15 48	23 1	5 16	8 32	2 10
29	12:30:52	5 48 41	23 31	0Sc55	15 51	24 2	27 9	15 52	23 3	5 16	8 35	2 7
30	12:34:48	6 47 37	7Cp32	2 3	17 6	24 40	27 1	15 56	23 4	5 17	8 37	2 4

9/23 Sun in Lib. 13:47   9/1 1st Qt. 3:49   9/7 Full 18:14   9/14 3rd Qt. 23:45   9/23 New 3:09(E)   9/30 1st Qt. 10:40

Day	Sid. T.	Sun	Moon	Merc.	Venus	Mars	Jup.	Saturn	Uranus	Nept.	Pluto	N.Node
1	12:38:46	7Li46 36	21Cp43	3Sc10	18Li20	25Vi19	26Ar54R	16Sg 0	23Sg 6	5Cp17	8Sc39	2Ar 1
2	12:42:42	8 45 36	6Aq 5	4 14	19 35	25 57	26 47	16 4	23 7	5 18	8 41	1 58
3	12:46:38	9 44 37	20 32	5 16	20 50	26 36	26 40	16 8	23 9	5 18	8 43	1 54
4	12:50:35	10 43 41	5Pi 2	6 16	22 4	27 14	26 32	16 12	23 10	5 19	8 45	1 51
5	12:54:32	11 42 46	19 29	7 13	23 19	27 53	26 25	16 16	23 12	5 19	8 48	1 48
6	12:58:27	12 41 53	3Ar49	8 7	24 34	28 31	26 17	16 21	23 14	5 20	8 50	1 45
7	13: 2:24	13 41 2	17 55	8 57	25 48	29 10	26 9	16 25	23 15	5 21	8 52	1 42
8	13: 6:21	14 40 14	1Ta44	9 45	27 3	29 48	26 1	16 29	23 17	5 21	8 54	1 38
9	13:10:18	15 39 27	15 13	10 28	28 18	0Li27	25 54	16 34	23 19	5 22	8 57	1 35
10	13:14:14	16 38 43	28 21	11 8	29 33	1 5	25 46	16 39	23 21	5 23	8 59	1 32
11	13:18:11	17 38 0	11Ge 8	11 43	0Sc47	1 44	25 38	16 43	23 23	5 24	9 1	1 29
12	13:22: 7	18 37 21	23 36	12 12	2 2	2 22	25 30	16 48	23 25	5 24	9 3	1 26
13	13:26: 3	19 36 43	5Cn49	12 37	3 17	3 1	25 22	16 53	23 27	5 25	9 6	1 23
14	13:30: 0	20 36 8	17 49	12 55	4 31	3 39	25 14	16 58	23 29	5 26	9 8	1 19
15	13:33:57	21 35 35	29 43	13 8	5 46	4 18	25 6	17 3	23 31	5 27	9 10	1 16
16	13:37:54	22 35 4	11Le34	13 13	7 1	4 57	24 57	17 8	23 33	5 28	9 13	1 13
17	13:41:50	23 34 36	23 28	13 10R	8 15	5 35	24 49	17 13	23 36	5 29	9 15	1 10
18	13:45:47	24 34 10	5Vi28	13 0	9 30	6 14	24 41	17 18	23 38	5 30	9 17	1 7
19	13:49:43	25 33 46	17 40	12 42	10 45	6 53	24 33	17 23	23 40	5 31	9 20	1 4
20	13:53:39	26 33 24	0Li 5	12 14	12 0	7 31	24 25	17 28	23 42	5 32	9 22	1 0
21	13:57:37	27 33 4	12 47	11 38	13 14	8 10	24 17	17 34	23 45	5 33	9 25	0 57
22	14: 1:33	28 32 47	25 46	10 54	14 29	8 49	24 9	17 39	23 47	5 34	9 27	0 54
23	14: 5:30	29 32 31	9Sc 3	10 0	15 44	9 27	24 1	17 44	23 50	5 35	9 29	0 51
24	14: 9:26	0Sc32 18	22 35	9 0	16 58	10 6	23 53	17 50	23 52	5 36	9 32	0 48
25	14:13:22	1 32 6	6Sg22	7 53	18 13	10 45	23 45	17 55	23 55	5 38	9 34	0 44
26	14:17:19	2 31 56	20 18	6 40	19 28	11 24	23 37	18 1	23 57	5 39	9 37	0 41
27	14:21:15	3 31 48	4Cp22	5 25	20 43	12 2	23 29	18 7	24 0	5 40	9 39	0 38
28	14:25:12	4 31 42	18 31	4 8	21 57	12 41	23 21	18 12	24 2	5 41	9 41	0 35
29	14:29: 9	5 31 37	2Aq41	2 53	23 12	13 20	23 13	18 18	24 5	5 43	9 44	0 32
30	14:33: 6	6 31 34	16 51	1 41	24 27	13 59	23 6	18 24	24 8	5 44	9 46	0 29
31	14:37: 2	7 31 32	0Pi59	0 35	25 41	14 38	22 58	18 30	24 11	5 46	9 49	0 25

10/23 Sun in Sco. 23:02   10/7 Full 4:13(E)   10/14 3rd Qt. 18:06   10/22 New 17:29   10/29 1st Qt. 17:11

NOVEMBER 1987

Day	Sid. T.	Sun	Moon	Merc.	Venus	Mars	Jup.	Saturn	Uranus	Nept.	Pluto	N.Node
1	14:40:58	8Sc31 32	15Pi 3	29Li37R	26Sc56	15Li16	22Ar50R	18Sg36	24Sg13	5Cp47	9Sc51	0Ar22
2	14:44:55	9 31 34	29 2	28 48	28 11	15 55	22 43	18 42	24 16	5 48	9 54	0 19
3	14:48:51	10 31 37	12Ar53	28 10	29 26	16 34	22 36	18 48	24 19	5 50	9 56	0 16
4	14:52:48	11 31 42	26 35	27 43	0Sg40	17 13	22 28	18 54	24 22	5 51	9 58	0 13
5	14:56:45	12 31 48	10Ta 5	27 28	1 55	17 52	22 21	19 0	24 25	5 53	10 1	0 9
6	15: 0:42	13 31 57	23 20	27 24D	3 10	18 31	22 14	19 6	24 28	5 54	10 3	0 6
7	15: 4:38	14 32 7	6Ge19	27 32	4 24	19 10	22 7	19 13	24 31	5 56	10 6	0 3
8	15: 8:34	15 32 20	19 1	27 50	5 39	19 49	22 0	19 19	24 34	5 57	10 8	0 0
9	15:12:31	16 32 34	1Cn27	28 18	6 54	20 28	21 54	19 25	24 37	5 59	10 11	29Pi57
10	15:16:27	17 32 50	13 39	28 54	8 8	21 7	21 47	19 32	24 40	6 1	10 13	29 54
11	15:20:24	18 33 8	25 39	29 39	9 23	21 46	21 41	19 38	24 43	6 2	10 15	29 50
12	15:24:21	19 33 28	7Le32	0Sc31	10 38	22 25	21 34	19 44	24 46	6 4	10 18	29 47
13	15:28:17	20 33 50	19 22	1 30	11 52	23 4	21 28	19 51	24 49	6 6	10 20	29 44
14	15:32:13	21 34 14	1Vi15	2 33	13 7	23 43	21 22	19 57	24 52	6 8	10 23	29 41
15	15:36:10	22 34 40	13 14	3 42	14 21	24 22	21 16	20 4	24 56	6 9	10 25	29 38
16	15:40: 7	23 35 7	25 27	4 54	15 36	25 1	21 11	20 10	24 59	6 11	10 27	29 35
17	15:44: 4	24 35 37	7Li57	6 11	16 51	25 40	21 5	20 17	25 2	6 13	10 30	29 31
18	15:48: 0	25 36 8	20 47	7 30	18 5	26 19	21 0	20 24	25 5	6 15	10 32	29 28
19	15:51:57	26 36 41	4Sc 1	8 52	19 20	26 58	20 55	20 30	25 9	6 16	10 35	29 25
20	15:55:53	27 37 16	17 38	10 15	20 35	27 37	20 50	20 37	25 12	6 18	10 37	29 22
21	15:59:49	28 37 52	1Sg36	11 41	21 49	28 17	20 45	20 44	25 15	6 20	10 39	29 19
22	16: 3:46	29 38 30	15 51	13 8	23 4	28 56	20 40	20 51	25 19	6 22	10 42	29 15
23	16: 7:43	0Sg39 9	0Cp17	14 36	24 19	29 35	20 36	20 57	25 22	6 24	10 44	29 12
24	16:11:40	1 39 49	14 47	16 6	25 33	0Sc14	20 31	21 4	25 25	6 26	10 46	29 9
25	16:15:36	2 40 31	29 16	17 36	26 48	0 53	20 27	21 11	25 29	6 28	10 49	29 6
26	16:19:32	3 41 14	13Aq38	19 7	28 2	1 33	20 23	21 18	25 32	6 30	10 51	29 3
27	16:23:29	4 41 57	27 50	20 38	29 17	2 12	20 19	21 25	25 36	6 32	10 53	29 0
28	16:27:25	5 42 42	11Pi51	22 10	0Cp32	2 51	20 16	21 32	25 39	6 34	10 55	28 56
29	16:31:22	6 43 27	25 40	23 43	1 46	3 30	20 12	21 39	25 43	6 36	10 58	28 53
30	16:35:18	7 44 14	9Ar17	25 15	3 1	4 10	20 9	21 46	25 46	6 38	11 0	28 50

11/22 Sun in Sag. 20:31   11/5 Full 16:47   11/13 3rd Qt. 14:39   11/21 New 6:34   11/28 1st Qt. 0:38

DECEMBER 1987

Day	Sid. T.	Sun	Moon	Merc.	Venus	Mars	Jup.	Saturn	Uranus	Nept.	Pluto	N.Node
1	16:39:16	8Sg45 1	22Ar44	26Sc48	4Cp15	4Sc49	20Ar 6R	21Sg53	25Sg50	6Cp40	11Sc 2	28Pi47
2	16:43:12	9 45 50	6Ta 0	28 21	5 30	5 28	20 3	22 0	25 53	6 42	11 4	28 44
3	16:47: 8	10 46 39	19 6	29 54	6 44	6 8	20 1	22 7	25 57	6 44	11 7	28 41
4	16:51: 5	11 47 29	2Ge 1	1Sg27	7 59	6 47	19 58	22 14	26 0	6 46	11 9	28 37
5	16:55: 1	12 48 21	14 44	3 0	9 13	7 26	19 56	22 21	26 4	6 48	11 11	28 34
6	16:58:58	13 49 14	27 15	4 34	10 28	8 6	19 54	22 28	26 7	6 50	11 13	28 31
7	17: 2:54	14 50 8	9Cn33	6 7	11 42	8 45	19 52	22 35	26 11	6 53	11 15	28 28
8	17: 6:52	15 51 2	21 41	7 41	12 56	9 24	19 51	22 42	26 14	6 55	11 17	28 25
9	17:10:48	16 51 58	3Le38	9 14	14 11	10 4	19 50	22 49	26 18	6 57	11 19	28 21
10	17:14:44	17 52 56	15 29	10 48	15 25	10 43	19 48	22 56	26 22	6 59	11 21	28 18
11	17:18:41	18 53 54	27 17	12 21	16 39	11 23	19 47	23 3	26 25	7 1	11 23	28 15
12	17:22:37	19 54 53	9Vi 7	13 55	17 54	12 2	19 47	23 10	26 29	7 3	11 25	28 12
13	17:26:33	20 55 53	21 1	15 29	19 8	12 42	19 46	23 17	26 33	7 6	11 27	28 9
14	17:30:30	21 56 55	3Li14	17 3	20 23	13 21	19 46	23 24	26 36	7 8	11 29	28 6
15	17:34:27	22 57 57	15 41	18 36	21 37	14 1	19 46	23 31	26 40	7 10	11 31	28 2
16	17:38:23	23 59 0	28 32	20 10	22 52	14 40	19 46D	23 38	26 43	7 12	11 33	27 59
17	17:42:20	25 0 5	11Sc49	21 45	24 6	15 20	19 46	23 46	26 47	7 14	11 35	27 56
18	17:46:17	26 1 10	25 34	23 19	25 20	16 0	19 47	23 53	26 51	7 17	11 37	27 53
19	17:50:13	27 2 16	9Sg47	24 53	26 34	16 39	19 47	24 0	26 54	7 19	11 39	27 50
20	17:54: 9	28 3 23	24 22	26 28	27 49	17 19	19 48	24 7	26 58	7 21	11 41	27 47
21	17:58: 7	29 4 31	9Cp13	28 3	29 3	17 58	19 49	24 14	27 2	7 23	11 43	27 43
22	18: 2: 3	0Cp 5 38	24 11	29 37	0Aq17	18 38	19 51	24 21	27 5	7 26	11 45	27 40
23	18: 5:59	1 6 47	9Aq 6	1Cp13	1 31	19 18	19 52	24 28	27 9	7 28	11 46	27 37
24	18: 9:56	2 7 55	23 50	2 48	2 45	19 57	19 54	24 35	27 13	7 30	11 48	27 34
25	18:13:53	3 9 3	8Pi17	4 23	4 0	20 37	19 56	24 42	27 16	7 32	11 50	27 31
26	18:17:49	4 10 12	22 26	5 59	5 14	21 17	19 58	24 49	27 20	7 35	11 51	27 27
27	18:21:45	5 11 20	6Ar14	7 35	6 28	21 57	20 1	24 56	27 23	7 37	11 53	27 24
28	18:25:42	6 12 29	19 43	9 12	7 42	22 36	20 3	25 3	27 27	7 39	11 55	27 21
29	18:29:39	7 13 37	2Ta56	10 48	8 56	23 16	20 6	25 10	27 31	7 42	11 56	27 18
30	18:33:35	8 14 45	15 55	12 25	10 10	23 56	20 9	25 17	27 34	7 44	11 58	27 15
31	18:37:32	9 15 54	28 41	14 2	11 24	24 36	20 12	25 24	27 38	7 46	12 0	27 12

12/22 Sun in Cap. 9:47   12/5 Full 8:02   12/13 3rd Qt. 11:42   12/20 New 18:26   12/27 1st Qt. 10:02

Day	Sid. T.	Sun	Moon	Merc.	Venus	Mars	Jup.	Saturn	Uranus	Nept.	Pluto	N.Node
1	18:41:28	10Cp17 2	11Ge17	15Cp40	12Aq37	25Sc15	20Ar16	25Sg31	27Sg41	7Cp48	12Sc 1	27Pi 8
2	18:45:24	11 18 11	23 42	17 17	13 51	25 55	20 19	25 38	27 45	7 51	12 3	27 5
3	18:49:21	12 19 19	5Cn58	18 55	15 5	26 35	20 23	25 45	27 49	7 53	12 4	27 2
4	18:53:18	13 20 27	18 6	20 34	16 19	27 15	20 27	25 52	27 52	7 55	12 5	26 59
5	18:57:15	14 21 35	0Le 6	22 12	17 33	27 55	20 31	25 59	27 56	7 57	12 7	26 56
6	19: 1:11	15 22 44	12 0	23 51	18 46	28 34	20 35	26 6	27 59	8 0	12 8	26 53
7	19: 5: 8	16 23 52	23 49	25 30	20 0	29 14	20 40	26 13	28 3	8 2	12 10	26 49
8	19: 9: 4	17 25 0	5Vi36	27 9	21 14	29 54	20 45	26 19	28 6	8 4	12 11	26 46
9	19:13: 0	18 26 8	17 26	28 48	22 27	0Sg34	20 50	26 26	28 10	8 6	12 12	26 43
10	19:16:57	19 27 16	29 21	0Aq27	23 41	1 14	20 55	26 33	28 13	8 9	12 13	26 40
11	19:20:54	20 28 25	11Li28	2 6	24 54	1 54	21 0	26 40	28 17	8 11	12 15	26 37
12	19:24:51	21 29 33	23 51	3 45	26 8	2 34	21 5	26 46	28 20	8 13	12 16	26 33
13	19:28:47	22 30 41	6Sc36	5 23	27 21	3 14	21 11	26 53	28 23	8 15	12 17	26 30
14	19:32:43	23 31 49	19 48	7 2	28 34	3 54	21 17	27 0	28 27	8 18	12 18	26 27
15	19:36:40	24 32 57	3Sg29	8 39	29 48	4 34	21 23	27 6	28 30	8 20	12 19	26 24
16	19:40:36	25 34 5	17 40	10 16	1Pi 1	5 14	21 29	27 13	28 33	8 22	12 20	26 21
17	19:44:33	26 35 13	2Cp18	11 51	2 14	5 54	21 35	27 19	28 37	8 24	12 21	26 18
18	19:48:30	27 36 20	17 18	13 25	3 27	6 34	21 42	27 26	28 40	8 26	12 22	26 14
19	19:52:27	28 37 27	2Aq31	14 58	4 40	7 14	21 48	27 32	28 43	8 29	12 23	26 11
20	19:56:23	29 38 33	17 45	16 28	5 53	7 54	21 55	27 39	28 47	8 31	12 24	26 8
21	20: 0:19	0Aq39 39	2Pi50	17 56	7 6	8 34	22 2	27 45	28 50	8 33	12 25	26 5
22	20: 4:16	1 40 43	17 39	19 20	8 19	9 14	22 9	27 51	28 53	8 35	12 26	26 2
23	20: 8:12	2 41 47	2Ar 4	20 41	9 32	9 54	22 17	27 58	28 56	8 37	12 27	25 58
24	20:12: 9	3 42 49	16 4	21 58	10 45	10 35	22 24	28 4	28 59	8 39	12 27	25 55
25	20:16: 6	4 43 51	29 39	23 9	11 57	11 15	22 32	28 10	29 3	8 41	12 28	25 52
26	20:20: 3	5 44 51	12Ta52	24 15	13 10	11 55	22 40	28 16	29 6	8 43	12 29	25 49
27	20:23:59	6 45 50	25 45	25 14	14 22	12 35	22 47	28 22	29 9	8 45	12 30	25 46
28	20:27:55	7 46 49	8Ge21	26 5	15 35	13 15	22 56	28 28	29 12	8 48	12 30	25 43
29	20:31:52	8 47 46	20 44	26 48	16 47	13 55	23 4	28 34	29 15	8 50	12 31	25 39
30	20:35:48	9 48 42	2Cn56	27 23	17 59	14 36	23 12	28 40	29 18	8 52	12 31	25 36
31	20:39:45	10 49 36	15 0	27 47	19 11	15 16	23 21	28 46	29 21	8 54	12 32	25 33

1/20 Sun in Aqu. 20:26 1/4 Full 1:41 1/12 3rd Qt. 7:05 1/19 New 5:27 1/25 1st Qt. 21:55

Day	Sid. T.	Sun	Moon	Merc.	Venus	Mars	Jup.	Saturn	Uranus	Nept.	Pluto	N.Node
1	20:43:42	11Aq50 30	26Cn58	28Aq 1	20Pi24	15Sg56	23Ar29	28Sg52	29Sg24	8Cp56	12Sc32	25Pi30
2	20:47:38	12 51 23	8Le51	28 4R	21 36	16 36	23 38	28 58	29 27	8 58	12 33	25 27
3	20:51:34	13 52 14	20 41	27 55	22 47	17 16	23 47	29 3	29 30	9 0	12 33	25 24
4	20:55:31	14 53 4	2Vi30	27 36	23 59	17 57	23 56	29 9	29 32	9 1	12 34	25 20
5	20:59:28	15 53 54	14 20	27 6	25 11	18 37	24 5	29 15	29 35	9 3	12 34	25 17
6	21: 3:24	16 54 42	26 13	26 25	26 23	19 17	24 15	29 20	29 38	9 5	12 34	25 14
7	21: 7:21	17 55 29	8Li12	25 36	27 34	19 57	24 24	29 26	29 41	9 7	12 35	25 11
8	21:11:18	18 56 15	20 22	24 39	28 45	20 38	24 34	29 31	29 43	9 9	12 35	25 8
9	21:15:14	19 57 0	2Sc46	23 35	29 57	21 18	24 43	29 37	29 46	9 11	12 35	25 4
10	21:19:10	20 57 45	15 28	22 27	1Ar 8	21 58	24 53	29 42	29 49	9 13	12 35	25 1
11	21:23: 7	21 58 28	28 33	21 17	2 19	22 39	25 3	29 47	29 51	9 15	12 35	24 58
12	21:27: 4	22 59 10	12Sg 5	20 6	3 30	23 19	25 13	29 52	29 54	9 16	12 35	24 55
13	21:31: 0	23 59 51	26 4	18 57	4 41	23 59	25 23	29 57	29 56	9 18	12 35	24 52
14	21:34:57	25 0 31	10Cp30	17 50	5 52	24 40	25 34	0Cp 2	29 59	9 20	12 36R	24 49
15	21:38:53	26 1 10	25 21	16 48	7 2	25 20	25 44	0 7	0Cp 1	9 21	12 35	24 45
16	21:42:50	27 1 48	10Aq28	15 52	8 13	26 0	25 54	0 12	0 3	9 23	12 35	24 42
17	21:46:46	28 2 24	25 43	15 3	9 23	26 41	26 5	0 17	0 6	9 25	12 35	24 39
18	21:50:43	29 2 58	10Pi56	14 20	10 34	27 21	26 16	0 22	0 8	9 26	12 35	24 36
19	21:54:39	0Pi 3 31	25 56	13 45	11 44	28 2	26 27	0 27	0 10	9 28	12 35	24 33
20	21:58:37	1 4 2	10Ar36	13 18	12 54	28 42	26 38	0 31	0 13	9 30	12 35	24 30
21	22: 2:33	2 4 32	24 51	12 58	14 4	29 22	26 49	0 36	0 15	9 31	12 35	24 26
22	22: 6:29	3 5 0	8Ta40	12 46	15 13	0Cp 3	27 0	0 40	0 17	9 33	12 34	24 23
23	22:10:26	4 5 25	22 1	12 41	16 23	0 43	27 11	0 45	0 19	9 34	12 34	24 20
24	22:14:22	5 5 49	4Ge58	12 43D	17 32	1 24	27 22	0 49	0 21	9 36	12 34	24 17
25	22:18:19	6 6 11	17 34	12 51	18 41	2 4	27 34	0 53	0 23	9 37	12 33	24 14
26	22:22:15	7 6 31	29 54	13 6	19 51	2 45	27 45	0 58	0 25	9 39	12 33	24 10
27	22:26:13	8 6 49	12Cn 0	13 26	20 59	3 25	27 57	1 2	0 27	9 40	12 33	24 7
28	22:30: 9	9 7 5	23 57	13 51	22 8	4 6	28 9	1 6	0 29	9 41	12 32	24 4
29	22:34: 5	10 7 19	5Le49	14 22	23 17	4 46	28 20	1 10	0 31	9 43	12 32	24 1

2/19 Sun in Pis. 10:36 2/2 Full 20:52 2/10 3rd Qt. 23:02 2/17 New 15:55 2/24 1st Qt. 12:16

MARCH 1988

Day	Sid. T.	Sun	Moon	Merc.	Venus	Mars	Jup.	Saturn	Uranus	Nept.	Pluto	N.Node
1	22:38: 2	11Pi 7 32	17Le38	14Aq57	24Ar25	5Cp26	28Ar32	1Cp13	0Cp32	9Cp44	12Sc31R	23Pi58
2	22:41:58	12 7 42	29 27	15 36	25 33	6 7	28 44	1 17	0 34	9 45	12 30	23 55
3	22:45:54	13 7 50	11Vi18	16 19	26 41	6 47	28 56	1 21	0 36	9 47	12 30	23 51
4	22:49:51	14 7 57	23 14	17 6	27 49	7 28	29 9	1 24	0 37	9 48	12 29	23 48
5	22:53:48	15 8 1	5Li15	17 57	28 57	8 8	29 21	1 28	0 39	9 49	12 29	23 45
6	22:57:44	16 8 4	17 25	18 51	0Ta 4	8 49	29 33	1 31	0 40	9 50	12 28	23 42
7	23: 1:41	17 8 6	29 46	19 47	1 12	9 29	29 45	1 35	0 42	9 52	12 27	23 39
8	23: 5:38	18 8 5	12Sc19	20 47	2 19	10 10	29 58	1 38	0 43	9 53	12 26	23 36
9	23: 9:34	19 8 3	25 8	21 49	3 26	10 50	0Ta10	1 41	0 45	9 54	12 25	23 32
10	23:13:30	20 8 0	8Sg14	22 54	4 32	11 31	0 23	1 44	0 46	9 55	12 25	23 29
11	23:17:27	21 7 55	21 41	24 0	5 39	12 11	0 36	1 47	0 47	9 56	12 24	23 26
12	23:21:24	22 7 48	5Cp30	25 10	6 45	12 52	0 48	1 50	0 49	9 57	12 23	23 23
13	23:25:20	23 7 39	19 40	26 21	7 51	13 32	1 1	1 53	0 50	9 58	12 22	23 20
14	23:29:17	24 7 29	4Aq11	27 34	8 56	14 13	1 14	1 56	0 51	9 59	12 21	23 16
15	23:33:14	25 7 17	18 58	28 49	10 2	14 53	1 27	1 58	0 52	10 0	12- 20	23 13
16	23:37:10	26 7 3	3Pi56	0Pi 6	11 7	15 34	1 40	2 1	0 53	10 1	12 19	23 10
17	23:41: 6	27 6 48	18 57	1 25	12 12	16 15	1 53	2 3	0 54	10 2	12 18	23 7
18	23:45: 3	28 6 30	3Ar52	2 45	13 17	16 55	2 6	2 6	0 55	10 2	12 17	23 4
19	23:49: 0	29 6 11	18 33	4 7	14 21	17 36	2 19	2 8	0 56	10 3	12 16	23 1
20	23:52:56	0Ar 5 49	2Ta54	5 30	15 25	18 16	2 32	2 10	0 57	10 4	12 15	22 57
21	23:56:53	1 5 25	16 51	6 55	16 29	18 57	2 46	2 12	0 57	10 4	12 14	22 54
22	0: 0:49	2 4 59	0Ge21	8 22	17 33	19 37	2 59	2 14	0 58	10 5	12 13	22 51
23	0: 4:45	3 4 30	13 26	9 50	18 36	20 18	3 12	2 16	0 59	10 6	12 11	22 48
24	0: 8:42	4 4 0	26 7	11 19	19 39	20 58	3 26	2 18	0 59	10 6	12 10	22 45
25	0:12:39	5 3 27	8Cn29	12 50	20 41	21 39	3 39	2 20	1 0	10 7	12 9	22 42
26	0:16:36	6 2 52	20 36	14 22	21 43	22 19	3 53	2 21	1 0	10 7	12 8	22 38
27	0:20:32	7 2 14	2Le31	15 56	22 45	23 0	4 6	2 23	1 1	10 8	12 6	22 35
28	0:24:29	8 1 34	14 21	17 31	23 47	23 40	4 20	2 24	1 1	10 8	12 5	22 32
29	0:28:25	9 0 52	26 9	19 7	24 48	24 20	4 34	2 25	1 2	10 9	12 4	22 29
30	0:32:21	10 0 8	7Vi59	20 45	25 48	25 1	4 47	2 26	1 2	10 9	12 2	22 26
31	0:36:18	10 59 21	19 55	22 25	26 49	25 41	5 1	2 28	1 2	10 10	12 2	22 22

3/20 Sun in Ari. 9:40   3/3 Full 16:02(E)   3/11 3rd Qt. 10:57   3/18 New 2:03(E)   3/25 1st Qt. 4:42

APRIL 1988

Day	Sid. T.	Sun	Moon	Merc.	Venus	Mars	Jup.	Saturn	Uranus	Nept.	Pluto	N.Node
1	0:40:15	11Ar58 32	1Li58	24Pi 5	27Ta49	26Cp22	5Ta15	2Cp29	1Cp 2	10Cp10	12Sc 0R	22Pi19
2	0:44:12	12 57 41	14 12	25 47	28 48	27 2	5 29	2 29	1 3	10 10	11 58	22 16
3	0:48: 8	13 56 48	26 38	27 31	29 47	27 43	5 43	2 30	1 3	10 11	11 57	22 13
4	0:52: 5	14 55 54	9Sc16	29 16	0Ge46	28 23	5 56	2 31	1 3	10 11	11 55	22 10
5	0:56: 1	15 54 57	22 8	1Ar 2	1 44	29 3	6 10	2 32	1 3R	10 11	11 54	22 7
6	0:59:57	16 53 58	5Sg13	2 50	2 41	29 44	6 24	2 32	1 3	10 11	11 52	22 3
7	1: 3:54	17 52 58	18 32	4 39	3 39	0Aq24	6 38	2 32	1 3	10 11	11 51	22 0
8	1: 7:51	18 51 56	2Cp 5	6 30	4 35	1 4	6 52	2 33	1 2	10 12	11 49	21 57
9	1:11:48	19 50 52	15 52	8 22	5 31	1 45	7 6	2 33	1 2	10 12	11 48	21 54
10	1:15:44	20 49 47	29 54	10 15	6 27	2 25	7 20	2 33	1 2	10 12	11 46	21 51
11	1:19:40	21 48 40	14Aq 8	12 11	7 22	3 5	7 34	2 33R	1 1	10 12R	11 45	21 47
12	1:23:37	22 47 31	28 32	14 7	8 17	3 46	7 49	2 33	1 1	10 12	11 43	21 44
13	1:27:33	23 46 20	13Pi 5	16 5	9 10	4 26	8 3	2 33	1 1	10 12	11 42	21 41
14	1:31:30	24 45 7	27 42	18 5	10 4	5 6	8 17	2 32	1 0	10 12	11 40	21 38
15	1:35:27	25 43 53	12Ar16	20 5	10 56	5 46	8 31	2 32	1 0	10 11	11 38	21 35
16	1:39:24	26 42 37	26 42	22 8	11 48	6 27	8 45	2 32	0 59	10 11	11 37	21 32
17	1:43:20	27 41 18	10Ta54	24 11	12 39	7 7	9 0	2 31	0 59	10 11	11 35	21 28
18	1:47:16	28 39 58	24 47	26 16	13 30	7 47	9 14	2 30	0 58	10 11	11 34	21 25
19	1:51:13	29 38 36	8Ge18	28 21	14 20	8 27	9 28	2 30	0 57	10 10	11 32	21 22
20	1:55: 9	0Ta37 12	21 25	0Ta28	15 9	9 7	9 42	2 29	0 56	10 10	11 30	21 19
21	1:59: 6	1 35 45	4Cn10	2 35	15 57	9 47	9 57	2 28	0 56	10 10	11 29	21 16
22	2: 3: 3	2 34 17	16 34	4 43	16 44	10 27	10 11	2 27	0 55	10 10	11 27	21 13
23	2: 6:59	3 32 46	28 43	6 51	17 31	11 7	10 25	2 26	0 54	10 9	11 25	21 9
24	2:10:55	4 31 13	10Le39	9 0	18 16	11 47	10 39	2 24	0 53	10 9	11 24	21 6
25	2:14:52	5 29 38	22 29	11 8	19 1	12 27	10 54	2 23	0 52	10 9	11 22	21 3
26	2:18:49	6 28 1	4Vi18	13 15	19 45	13 7	11 8	2 21	0 51	10 8	11 20	21 0
27	2:22:45	7 26 21	16 10	15 22	20 27	13 47	11 22	2 20	0 50	10 8	11 19	20 57
28	2:26:42	8 24 40	28 10	17 28	21 9	14 27	11 37	2 18	0 49	10 7	11 17	20 53
29	2:30:39	9 22 57	10Li22	19 33	21 49	15 7	11 51	2 17	0 47	10 7	11 15	20 50
30	2:34:35	10 21 11	22 48	21 35	22 29	15 46	12 5	2 15	0 46	10 6	11 14	20 47

4/19 Sun in Tau. 20:46   4/2 Full 9:22   4/9 3rd Qt. 19:22   4/16 New 12:01   4/23 1st Qt. 22:33

Day	Sid. T.	Sun	Moon	Merc.	Venus	Mars	Jup.	Saturn	Uranus	Nept.	Pluto	N.Node
1	2:38:31	11Ta19 24	5Sc30	23Ta36	23Ge 7	16Aq26	12Ta20	2Cp13R	0Cp45R	10Cp 5R	11Sc12R	20Pi44
2	2:42:28	12 17 36	18 29	25 35	23 44	17 6	12 34	2 11	0 44	10 5	11 10	20 41
3	2:46:25	13 15 45	1Sg44	27 31	24 20	17 45	12 48	2 9	0 42	10 4	11 8	20 38
4	2:50:21	14 13 53	15 13	29 24	24 54	18 25	13 3	2 7	0 41	10 3	11 7	20 34
5	2:54:18	15 12 0	28 54	1Ge15	25 27	19 5	13 17	2 4	0 39	10 3	11 5	20 31
6	2:58:15	16 10 4	12Cp45	3 2	25 59	19 44	13 31	2 2	0 38	10 2	11 3	20 28
7	3: 2:11	17 8 8	26 43	4 46	26 29	20 23	13 46	2 0	0 36	10 1	11 2	20 25
8	3: 6: 7	18 6 10	10Aq46	6 27	26 57	21 3	14 0	1 57	0 35	10 0	11 0	20 22
9	3:10: 4	19 4 11	24 54	8 4	27 25	21 42	14 14	1 55	0 33	9 59	10 58	20 19
10	3:14: 0	20 2 10	9Pi 4	9 38	27 50	22 21	14 28	1 52	0 32	9 58	10 57	20 15
11	3:17:56	21 0 9	23 16	11 8	28 14	23 1	14 43	1 49	0 30	9 58	10 55	20 12
12	3:21:54	21 58 6	7Ar27	12 34	28 36	23 40	14 57	1 46	0 28	9 57	10 53	20 9
13	3:25:50	22 56 1	21 35	13 57	28 56	24 19	15 11	1 44	0 26	9 56	10 52	20 6
14	3:29:47	23 53 55	5Ta37	15 15	29 15	24 58	15 25	1 41	0 25	9 55	10 50	20 3
15	3:33:43	24 51 48	19 28	16 30	29 31	25 37	15 40	1 38	0 23	9 54	10 48	19 59
16	3:37:40	25 49 40	3Ge 5	17 41	29 45	26 16	15 54	1 34	0 21	9 53	10 47	19 56
17	3:41:36	26 47 30	16 24	18 48	29 58	26 54	16 8	1 31	0 19	9 52	10 45	19 53
18	3:45:32	27 45 18	29 25	19 51	0Cn14	27 33	16 22	1 28	0 17	9 51	10 44	19 50
19	3:49:30	28 43 5	12Cn 6	20 49	0 16	28 12	16 36	1 25	0 15	9 49	10 42	19 47
20	3:53:26	29 40 51	24 29	21 44	0 22	28 50	16 50	1 21	0 13	9 48	10 40	19 44
21	3:57:23	0Ge38 34	6Le37	22 34	0 26	29 29	17 4	1 18	0 11	9 47	10 39	19 40
22	4: 1:19	1 36 17	18 33	23 20	0 27	0Pi 7	17 19	1 14	0 9	9 46	10 37	19 37
23	4: 5:16	2 33 57	0Vi23	24 1	0 26R	0 46	17 33	1 11	0 7	9 45	10 36	19 34
24	4: 9:12	3 31 36	12 12	24 38	0 22	1 24	17 47	1 7	0 5	9 44	10 34	19 31
25	4:13: 9	4 29 14	24 5	25 10	0 17	2 2	18 1	1 4	0 3	9 42	10 33	19 28
26	4:17: 5	5 26 50	6Li 8	25 38	0 8	2 40	18 15	1 0	0 1	9 41	10 31	19 25
27	4:21: 2	6 24 24	18 25	26 1	29Ge58	3 18	18 29	0 56	29Sg59	9 40	10 30	19 21
28	4:24:59	7 21 58	1Sc 0	26 19	29 44	3 56	18 42	0 52	29 57	9 39	10 28	19 18
29	4:28:55	8 19 30	13 56	26 33	29 29	4 33	18 56	0 48	29 54	9 37	10 27	19 15
30	4:32:51	9 17 1	27 13	26 42	29 11	5 11	19 10	0 44	29 52	9 36	10 25	19 12
31	4:36:48	10 14 30	10Sg50	26 46	28 51	5 48	19 24	0 40	29 50	9 35	10 24	19 9

5/20 Sun in Gem. 19:58   5/1 Full 23:42   5/9 3rd Qt. 1:24   5/15 New 22:11   5/23 1st Qt. 16:50   5/31 Full 10:54

Day	Sid. T.	Sun	Moon	Merc.	Venus	Mars	Jup.	Saturn	Uranus	Nept.	Pluto	N.Node
1	4:40:45	11Ge11 59	24Sg44	26Ge46R	28Ge28R	6Pi26	19Ta38	0Cp36R	29Sg48R	9Cp33R	10Sc23R	19Pi 5
2	4:44:41	12 9 27	8Cp51	26 41	28 3	7 3	19 52	0 32	29 45	9 31	10 21	19 2
3	4:48:38	13 6 54	23 6	26 32	27 37	7 40	20 5	0 28	29 43	9 31	10 20	18 59
4	4:52:35	14 4 20	7Aq24	26 19	27 8	8 17	20 19	0 24	29 41	9 29	10 19	18 56
5	4:56:31	15 1 45	21 41	26 2	26 38	8 54	20 33	0 20	29 38	9 28	10 17	18 53
6	5: 0:27	15 59 10	5Pi54	25 41	26 6	9 31	20 46	0 16	29 36	9 26	10 16	18 50
7	5: 4:24	16 56 34	20 1	25 17	25 32	10 8	21 0	0 12	29 34	9 25	10 15	18 46
8	5: 8:21	17 53 58	4Ar 2	24 51	24 58	10 44	21 13	0 7	29 31	9 23	10 13	18 43
9	5:12:17	18 51 21	17 55	24 21	24 22	11 20	21 27	0 3	29 29	9 22	10 12	18 40
10	5:16:14	19 48 43	1Ta41	23 50	23 45	11 57	21 40	29Sg59	29 27	9 20	10 11	18 37
11	5:20:10	20 46 5	15 18	23 17	23 8	12 33	21 53	29 54	29 24	9 19	10 10	18 34
12	5:24: 6	21 43 27	28 45	22 44	22 31	13 8	22 7	29 50	29 22	9 17	10 9	18 31
13	5:28: 3	22 40 48	12Ge 0	22 10	21 53	13 44	22 20	29 46	29 19	9 16	10 7	18 27
14	5:32: 0	23 38 8	25 1	21 37	21 16	14 20	22 33	29 41	29 17	9 14	10 6	18 24
15	5:35:57	24 35 28	7Cn47	21 4	20 39	14 55	22 46	29 37	29 14	9 13	10 5	18 21
16	5:39:53	25 32 47	20 17	20 33	20 2	15 30	23 0	29 32	29 12	9 11	10 4	18 18
17	5:43:50	26 30 5	2Le33	20 4	19 27	16 5	23 13	29 28	29 10	9 10	10 3	18 15
18	5:47:46	27 27 22	14 37	19 37	18 52	16 40	23 26	29 24	29 7	9 8	10 2	18 11
19	5:51:42	28 24 39	26 31	19 13	18 19	17 15	23 39	29 19	29 5	9 6	10 1	18 8
20	5:55:39	29 21 55	8Vi20	18 52	17 47	17 49	23 51	29 15	29 2	9 5	10 0	18 5
21	5:59:36	0Cn19 11	20 8	18 36	17 17	18 23	24 4	29 10	29 0	9 3	9 59	18 2
22	6: 3:33	1 16 27	2Li 1	18 23	16 48	18 57	24 17	29 6	28 57	9 2	9 58	17 59
23	6: 7:29	2 13 39	14 3	18 14	16 21	19 31	24 30	29 1	28 55	9 0	9 57	17 56
24	6:11:26	3 10 53	26 13	18 10	15 57	20 5	24 42	28 57	28 52	8 58	9 57	17 52
25	6:15:22	4 8 6	9Sc 0	18 10D	15 34	20 38	24 55	28 53	28 50	8 57	9 56	17 49
26	6:19:18	5 5 18	22 2	18 14	15 14	21 11	25 7	28 48	28 48	8 55	9 55	17 46
27	6:23:15	6 2 30	5Sg29	18 25	14 56	21 44	25 20	28 44	28 45	8 54	9 54	17 43
28	6:27:12	6 59 42	19 21	18 39	14 40	22 17	25 32	28 39	28 43	8 52	9 54	17 40
29	6:31: 9	7 56 53	3Cp35	18 59	14 27	22 49	25 45	28 35	28 40	8 50	9 53	17 36
30	6:35: 5	8 54 4	18 5	19 23	14 16	23 21	25 57	28 31	28 38	8 49	9 52	17 33

6/21 Sun in Can. 3:58   6/7 3rd Qt. 6:23   6/14 New 9:15   6/22 1st Qt. 10:24   6/29 Full 19:47

JULY 1988

Day	Sid. T.	Sun	Moon	Merc.	Venus	Mars	Jup.	Saturn	Uranus	Nept.	Pluto	N.Node
1	6:39: 1	9Cn51 15	2Aq45	19Ge52	14Ge 7R	23Pi53	26Ta 9	28Sg26R	28Sg36R	8Cp47R	9Sc52R	17Pi30
2	6:42:58	10 48 26	17 27	20 26	14 1	24 24	26 21	28 22	28 33	8 45	9 51	17 27
3	6:46:54	11 45 37	2Pi 5	21 4	13 57	24 56	26 33	28 18	28 31	8 44	9 51	17 24
4	6:50:51	12 42 48	16 33	21 48	13 56	25 27	26 45	28 14	28 28	8 42	9 50	17 21
5	6:54:48	13 40 0	0Ar49	22 36	13 57D	25 57	26 57	28 10	28 26	8 41	9 50	17 17
6	6:58:45	14 37 12	14 50	23 28	14 0	26 28	27 9	28 5	28 24	8 39	9 49	17 14
7	7: 2:41	15 34 24	28 36	24 26	14 5	26 58	27 20	28 1	28 22	8 37	9 49	17 11
8	7: 6:37	16 31 37	12Ta 9	25 27	14 13	27 28	27 32	27 57	28 19	8 36	9 48	17 8
9	7:10:34	17 28 50	25 28	26 33	14 23	27 57	27 44	27 53	28 17	8 34	9 48	17 5
10	7:14:30	18 26 3	8Ge33	27 44	14 35	28 26	27 55	27 49	28 15	8 33	9 47	17 2
11	7:18:27	19 23 17	21 27	28 59	14 49	28 55	28 6	27 45	28 12	8 31	9 47	16 58
12	7:22:24	20 20 32	4Cn 8	0Cn18	15 5	29 23	28 18	27 41	28 10	8 29	9 47	16 55
13	7:26:20	21 17 46	16 36	1 41	15 22	29 51	28 29	27 37	28 8	8 28	9 47	16 52
14	7:30:16	22 15 1	28 53	3 8	15 42	0Ar19	28 40	27 33	28 6	8 26	9 46	16 49
15	7:34:13	23 12 16	10Le59	4 40	16 3	0 46	28 51	27 30	28 4	8 25	9 46	16 46
16	7:38:10	24 9 32	22 56	6 15	16 27	1 13	29 2	27 26	28 2	8 23	9 46	16 42
17	7:42: 6	25 6 47	4Vi47	7 54	16 51	1 39	29 13	27 22	28 0	8 22	9 46	16 39
18	7:46: 2	26 4 3	16 33	9 36	17 18	2 5	29 23	27 19	27 57	8 20	9 46	16 36
19	7:50: 0	27 1 19	28 21	11 22	17 46	2 31	29 34	27 15	27 55	8 19	9 46	16 33
20	7:53:56	27 58 35	10Li13	13 12	18 15	2 56	29 44	27 12	27 53	8 17	9 46D	16 30
21	7:57:52	28 55 52	22 15	15 4	18 46	3 21	29 55	27 8	27 51	8 16	9 46	16 27
22	8: 1:49	29 53 9	4Sc32	16 59	19 18	3 45	0Ge 5	27 5	27 49	8 14	9 46	16 23
23	8: 5:46	0Le50 26	17 9	18 57	19 52	4 9	0 15	27 1	27 48	8 13	9 46	16 20
24	8: 9:42	1 47 44	0Sg10	20 57	20 27	4 32	0 25	26 58	27 46	8 11	9 46	16 17
25	8:13:39	2 45 2	13 38	22 58	21 3	4 55	0 35	26 55	27 44	8 10	9 46	16 14
26	8:17:36	3 42 20	27 34	25 1	21 40	5 17	0 45	26 52	27 42	8 8	9 47	16 11
27	8:21:32	4 39 39	11Cp55	27 6	22 18	5 39	0 55	26 49	27 40	8 7	9 47	16 8
28	8:25:28	5 36 59	26 38	29 11	22 58	6 1	1 4	26 46	27 38	8 6	9 47	16 4
29	8:29:25	6 34 19	11Aq39	1Le17	23 38	6 21	1 14	26 43	27 37	8 4	9 47	16 1
30	8:33:21	7 31 40	26 38	3 23	24 20	6 41	1 23	26 40	27 35	8 3	9 48	15 58
31	8:37:17	8 29 2	11Pi37	5 29	25 3	7 1	1 33	26 38	27 33	8 1	9 48	15 55

7/22 Sun in Leo 14:52   7/6 3rd Qt. 11:37   7/13 New 21:54   7/22 1st Qt. 2:15   7/29 Full 3:26

AUGUST 1988

Day	Sid. T.	Sun	Moon	Merc.	Venus	Mars	Jup.	Saturn	Uranus	Nept.	Pluto	N.Node
1	8:41:15	9Le26 25	26Pi24	7Le35	25Ge46	7Ar20	1Ge42	26Sg35R	27Sg32R	8Cp 0R	9Sc49	15Pi52
2	8:45:11	10 23 49	10Ar56	9 40	26 31	7 39	1 51	26 32	27 30	7 59	9 49	15 48
3	8:49: 8	11 21 14	25 7	11 45	27 16	7 56	2 0	26 30	27 29	7 57	9 50	15 45
4	8:53: 4	12 18 40	8Ta57	13 49	28 2	8 14	2 8	26 27	27 27	7 56	9 50	15 42
5	8:57: 1	13 16 8	22 26	15 51	28 49	8 30	2 17	26 25	27 26	7 55	9 50	15 39
6	9: 0:57	14 13 37	5Ge36	17 53	29 37	8 46	2 25	26 23	27 24	7 54	9 51	15 36
7	9: 4:53	15 11 8	18 29	19 53	0Cn26	9 1	2 34	26 21	27 23	7 53	9 52	15 33
8	9: 8:51	16 8 39	1Cn 6	21 52	1 15	9 16	2 42	26 18	27 21	7 51	9 52	15 29
9	9:12:47	17 6 12	13 31	23 50	2 5	9 30	2 50	26 16	27 20	7 50	9 53	15 26
10	9:16:44	18 3 46	25 44	25 46	2 56	9 43	2 58	26 15	27 19	7 49	9 54	15 23
11	9:20:40	19 1 22	7Le48	27 41	3 47	9 55	3 6	26 13	27 18	7 48	9 54	15 20
12	9:24:37	19 58 58	19 45	29 34	4 39	10 7	3 14	26 11	27 17	7 47	9 55	15 17
13	9:28:33	20 56 36	1Vi36	1Vi26	5 32	10 18	3 21	26 9	27 15	7 46	9 56	15 14
14	9:32:29	21 54 15	13 23	3 16	6 25	10 28	3 29	26 8	27 14	7 45	9 57	15 10
15	9:36:26	22 51 55	25 9	5 5	7 19	10 38	3 36	26 6	27 13	7 44	9 58	15 7
16	9:40:23	23 49 36	6Li58	6 53	8 13	10 46	3 43	26 5	27 12	7 43	9 59	15 4
17	9:44:20	24 47 18	18 51	8 39	9 8	10 54	3 50	26 4	27 11	7 42	10 0	15 1
18	9:48:16	25 45 1	0Sc55	10 23	10 4	11 1	3 57	26 2	27 10	7 41	10 2	14 58
19	9:52:12	26 42 46	13 12	12 6	11 0	11 8	4 3	26 1	27 10	7 40	10 2	14 54
20	9:56: 9	27 40 32	25 46	13 48	11 56	11 13	4 10	26 0	27 9	7 39	10 3	14 51
21	10: 0: 5	28 38 18	8Sg43	15 28	12 53	11 18	4 16	25 59	27 8	7 38	10 4	14 48
22	10: 4: 2	29 36 6	22 6	17 7	13 50	11 22	4 22	25 59	27 7	7 37	10 5	14 45
23	10: 7:59	0Vi33 55	5Cp55	18 45	14 48	11 25	4 28	25 58	27 7	7 36	10 6	14 42
24	10:11:56	1 31 46	20 12	20 21	15 46	11 27	4 34	25 57	27 6	7 35	10 7	14 39
25	10:15:52	2 29 37	4Aq53	21 56	16 45	11 28	4 40	25 57	27 5	7 35	10 8	14 35
26	10:19:48	3 27 30	19 53	23 29	17 44	11 29	4 45	25 56	27 4	7 34	10 9	14 32
27	10:23:45	4 25 24	5Pi 3	25 1	18 44	11 28R	4 51	25 56	27 4	7 33	10 11	14 29
28	10:27:42	5 23 20	20 15	26 32	19 43	11 27	4 56	25 56	27 4	7 33	10 12	14 26
29	10:31:38	6 21 17	5Ar19	28 1	20 44	11 25	5 1	25 56	27 4	7 32	10 13	14 23
30	10:35:35	7 19 17	20 7	29 29	21 44	11 22	5 6	25 56D	27 3	7 31	10 15	14 20
31	10:39:32	8 17 18	4Ta32	0Li56	22 45	11 19	5 11	25 56	27 3	7 31	10 16	14 16

8/22 Sun in Vir. 21:55   8/4 3rd Qt. 18:23   8/12 New 12:32   8/20 1st Qt. 15:52   8/27 Full 10:57(E)

SEPTEMBER 1988

Day	Sid. T.	Sun	Moon	Merc.	Venus	Mars	Jup.	Saturn	Uranus	Nept.	Pluto	N.Node
1	10:43:27	9Vi15 21	18Ta33	2Li21	23Cn46	11Ar14R	5Ge15	25Sg56	27Sg 3R	7Cp30R	10Sc17	14Pi13
2	10:47:24	10 13 26	2Ge 7	3 45	24 48	11 9	5 20	25 56	27 3	7 30	10 19	14 10
3	10:51:21	11 11 33	15 18	5 7	25 50	11 2	5 24	25 56	27 2	7 29	10 20	14 7
4	10:55:18	12 9 42	28 6	6 28	26 52	10 55	5 28	25 57	27 2	7 29	10 22	14 4
5	10:59:14	13 7 52	10Cn35	7 48	27 55	10 47	5 32	25 57	27 2D	7 28	10 23	14 0
6	11: 3:11	14 6 5	22 50	9 5	28 58	10 39	5 35	25 58	27 2	7 28	10 25	13 57
7	11: 7: 7	15 4 20	4Le53	10 22	0Le 1	10 29	5 39	25 59	27 2	7 27	10 26	13 54
8	11:11: 3	16 2 37	16 48	11 36	1 4	10 19	5 42	26 0	27 3	7 27	10 28	13 51
9	11:15: 0	17 0 56	28 37	12 49	2 8	10 8	5 45	26 1	27 3	7 27	10 30	13 48
10	11:18:57	17 59 16	10Vi25	14 0	3 12	9 56	5 48	26 2	27 3	7 26	10 31	13 45
11	11:22:54	18 57 38	22 12	15 9	4 17	9 44	5 50	26 3	27 3	7 26	10 33	13 41
12	11:26:50	19 56 3	4Li 1	16 16	5 21	9 31	5 53	26 4	27 4	7 26	10 35	13 38
13	11:30:47	20 54 28	15 55	17 21	6 26	9 17	5 55	26 5	27 4	7 26	10 36	13 35
14	11:34:43	21 52 56	27 55	18 23	7 31	9 3	5 57	26 7	27 4	7 26	10 38	13 32
15	11:38:39	22 51 26	10Sc 5	19 24	8 36	8 48	5 59	26 8	27 5	7 25	10 40	13 29
16	11:42:36	23 49 57	22 27	20 21	9 42	8 33	6 1	26 10	27 6	7 25	10 42	13 25
17	11:46:33	24 48 30	5Sg 4	21 16	10 48	8 17	6 2	26 12	27 6	7 25	10 44	13 22
18	11:50:30	25 47 4	17 59	22 8	11 54	8 1	6 4	26 13	27 7	7 25	10 45	13 19
19	11:54:26	26 45 41	1Cp15	22 57	13 0	7 45	6 5	26 15	27 7	7 25D	10 47	13 16
20	11:58:22	27 44 18	14 55	23 42	14 6	7 28	6 6	26 17	27 8	7 25	10 49	13 13
21	12: 2:19	28 42 58	28 58	24 24	15 13	7 11	6 7	26 19	27 9	7 25	10 51	13 10
22	12: 6:15	29 41 39	13Aq26	25 1	16 20	6 54	6 7	26 22	27 10	7 25	10 53	13 6
23	12:10:12	0Li40 22	28 13	25 35	17 27	6 36	6 7	26 24	27 11	7 26	10 55	13 3
24	12:14: 9	1 39 6	13Pi16	26 3	18 34	6 19	6 8R	26 26	27 12	7 26	10 57	13 0
25	12:18: 6	2 37 53	28 25	26 27	19 41	6 1	6 6	26 29	27 13	7 26	10 59	12 57
26	12:22: 2	3 36 41	13Ar33	26 45	20 49	5 43	6 7	26 31	27 14	7 26	11 1	12 54
27	12:25:58	4 35 32	28 28	26 57	21 57	5 26	6 7	26 34	27 15	7 27	11 3	12 51
28	12:29:55	5 34 24	13Ta 4	27 3	23 5	5 8	6 6	26 37	27 16	7 27	11 5	12 47
29	12:33:51	6 33 19	27 16	27 2R	24 13	4 50	6 5	26 39	27 17	7 27	11 7	12 44
30	12:37:48	7 32 17	10Ge59	26 55	25 21	4 33	6 4	26 42	27 19	7 28	11 9	12 41

9/22 Sun in Lib. 19:30   9/3 3rd Qt. 3:51   9/11 New 4:50(E)   9/19 1st Qt. 3:19   9/25 Full 19:08

OCTOBER 1988

Day	Sid. I.	Sun	Moon	Merc.	Venus	Mars	Jup.	Saturn	Uranus	Nept.	Pluto	N.Node
1	12:41:45	8Li31 16	24Ge15	26Li39R	26Le30	4Ar15R	6Ge 3R	26Sg45	27Sg20	7Cp28	11Sc11	12Pi38
2	12:45:42	9 30 18	7Cn 6	26 17	27 38	3 58	6 1	26 48	27 21	7 29	11 14	12 35
3	12:49:38	10 29 22	19 34	25 46	28 47	3 42	6 0	26 52	27 23	7 29	11 16	12 31
4	12:53:34	11 28 29	1Le45	25 8	29 56	3 25	5 58	26 55	27 24	7 29	11 18	12 28
5	12:57:31	12 27 37	13 44	24 22	1Vi 6	3 9	5 56	26 58	27 25	7 30	11 20	12 25
6	13: 1:27	13 26 48	25 34	23 29	2 15	2 53	5 54	27 2	27 27	7 30	11 22	12 22
7	13: 5:23	14 26 2	7Vi21	22 30	3 24	2 38	5 51	27 5	27 29	7 31	11 24	12 19
8	13: 9:21	15 25 17	19 7	21 25	4 34	2 23	5 48	27 9	27 30	7 32	11 27	12 16
9	13:13:17	16 24 34	0Li57	20 16	5 44	2 9	5 45	27 12	27 32	7 32	11 29	12 12
10	13:17:13	17 23 54	12 53	19 5	6 54	1 56	5 42	27 16	27 34	7 33	11 31	12 9
11	13:21:10	18 23 16	24 57	17 54	8 4	1 43	5 39	27 20	27 35	7 34	11 33	12 6
12	13:25: 7	19 22 39	7Sc10	16 43	9 14	1 30	5 35	27 24	27 37	7 35	11 36	12 3
13	13:29: 3	20 22 5	19 33	15 37	10 24	1 18	5 32	27 28	27 39	7 35	11 38	12 0
14	13:32:59	21 21 33	2Sg 8	14 35	11 35	1 7	5 28	27 32	27 41	7 36	11 40	11 57
15	13:36:57	22 21 3	14 55	13 41	12 45	0 57	5 24	27 36	27 43	7 37	11 43	11 53
16	13:40:53	23 20 34	27 56	12 56	13 56	0 47	5 20	27 40	27 45	7 38	11 45	11 50
17	13:44:49	24 20 7	11Cp13	12 20	15 7	0 39	5 15	27 45	27 47	7 39	11 47	11 47
18	13:48:46	25 19 42	24 47	11 56	16 18	0 30	5 11	27 49	27 49	7 40	11 50	11 44
19	13:52:43	26 19 19	8Aq39	11 42	17 29	0 23	5 6	27 54	27 51	7 41	11 52	11 41
20	13:56:39	27 18 57	22 49	11 39D	18 40	0 16	5 1	27 58	27 53	7 42	11 54	11 37
21	14: 0:35	28 18 37	7Pi16	11 48	19 52	0 11	4 56	28 3	27 56	7 43	11 57	11 34
22	14: 4:32	29 18 18	21 58	12 7	21 3	0 6	4 51	28 7	27 58	7 44	11 59	11 31
23	14: 8:29	0Sc18 2	6Ar50	12 36	22 15	0 2	4 45	28 12	28 0	7 45	12 1	11 28
24	14:12:25	1 17 47	21 44	13 14	23 26	29Pi58	4 39	28 17	28 3	7 46	12 4	11 25
25	14:16:22	2 17 34	6Ta32	14 1	24 38	29 56	4 34	28 22	28 5	7 47	12 6	11 22
26	14:20:18	3 17 24	21 6	14 56	25 50	29 54	4 28	28 27	28 7	7 48	12 9	11 18
27	14:24:14	4 17 15	5Ge20	15 57	27 2	29 53	4 22	28 32	28 10	7 50	12 11	11 15
28	14:28:12	5 17 8	19 8	17 4	28 14	29 53D	4 16	28 37	28 12	7 51	12 13	11 12
29	14:32: 8	6 17 4	2Cn29	18 16	29 26	29 53	4 9	28 42	28 15	7 52	12 16	11 9
30	14:36: 5	7 17 2	15 24	19 33	0Li38	29 55	4 3	28 47	28 17	7 54	12 18	11 6
31	14:40: 1	8 17 2	27 55	20 54	1 50	29 57	3 56	28 53	28 20	7 55	12 21	11 3

10/23 Sun in Sco. 4:45   10/2 3rd Qt. 16:59   10/10 New 21:49   10/18 1st Qt. 13:02   10/25 Full 4:36

NOVEMBER 1988

Day	Sid. T.	Sun	Moon	Merc.	Venus	Mars	Jup.	Saturn	Uranus	Nept.	Pluto	N.Node
1	14:43:58	9Sc17 4	10Le 7	22Li17	3Li 3	0Ar 0	3Ge49R	28Sg58	28Sg23	7Cp56	12Sc23	10Pi59
2	14:47:54	10 17 8	22 5	23 44	4 15	0 4	3 43	29 3	28 25	7 58	12 26	10 56
3	14:51:50	11 17 14	3Vi55	25 13	5 28	0 8	3 36	29 9	28 28	7 59	12 28	10 53
4	14:55:48	12 17 22	15 42	26 43	6 41	0 14	3 28	29 14	28 31	8 1	12 30	10 50
5	14:59:44	13 17 33	27 30	28 15	7 53	0 20	3 21	29 20	28 34	8 2	12 33	10 47
6	15: 3:41	14 17 45	9Li24	29 48	9 6	0 26	3 14	29 26	28 36	8 4	12 35	10 43
7	15: 7:37	15 17 59	21 27	1Sc23	10 19	0 34	3 6	29 31	28 39	8 5	12 38	10 40
8	15:11:33	16 18 15	3Sc43	2 57	11 32	0 42	2 59	29 37	28 42	8 7	12 40	10 37
9	15:15:30	17 18 33	16 11	4 33	12 45	0 51	2 51	29 43	28 45	8 8	12 43	10 34
10	15:19:26	18 18 53	28 53	6 9	13 58	1 0	2 44	29 49	28 48	8 10	12 45	10 31
11	15:23:23	19 19 15	11Sg48	7 45	15 12	1 11	2 36	29 55	28 51	8 11	12 47	10 28
12	15:27:20	20 19 38	24 55	9 21	16 25	1 22	2 28	0Cp 1	28 54	8 13	12 50	10 24
13	15:31:17	21 20 2	8Cp13	10 58	17 38	1 33	2 20	0 7	28 57	8 15	12 52	10 21
14	15:35:13	22 20 28	21 42	12 34	18 52	1 45	2 12	0 13	29 0	8 16	12 55	10 18
15	15:39: 9	23 20 56	5Aq22	14 11	20 5	1 58	2 4	0 19	29 3	8 18	12 57	10 15
16	15:43: 6	24 21 24	19 11	15 47	21 19	2 12	1 56	0 25	29 6	8 20	13 0	10 12
17	15:47: 2	25 21 54	3Pi11	17 23	22 32	2 26	1 48	0 31	29 9	8 22	13 2	10 9
18	15:50:59	26 22 25	17 21	18 59	23 46	2 41	1 40	0 37	29 13	8 23	13 4	10 5
19	15:54:56	27 22 57	1Ar40	20 35	25 0	2 56	1 32	0 44	29 16	8 25	13 7	10 2
20	15:58:53	28 23 31	16 6	22 11	26 14	3 12	1 24	0 50	29 19	8 27	13 9	9 59
21	16: 2:49	29 24 6	0Ta35	23 47	27 27	3 28	1 16	0 56	29 22	8 29	13 11	9 56
22	16: 6:45	0Sg24 42	15 1	25 22	28 41	3 45	1 7	1 3	29 26	8 31	13 14	9 53
23	16:10:42	1 25 19	29 17	26 57	29 55	4 3	0 59	1 9	29 29	8 33	13 16	9 49
24	16:14:38	2 25 58	13Ge19	28 33	1Sc 9	4 21	0 51	1 16	29 32	8 35	13 18	9 46
25	16:18:35	3 26 39	27 1	0Sg 8	2 23	4 39	0 43	1 22	29 35	8 37	13 21	9 43
26	16:22:32	4 27 21	10Cn19	1 42	3 37	4 58	0 35	1 29	29 39	8 38	13 23	9 40
27	16:26:28	5 28 4	23 14	3 17	4 51	5 18	0 27	1 35	29 42	8 40	13 25	9 37
28	16:30:24	6 28 49	5Le47	4 52	6 5	5 38	0 19	1 42	29 46	8 42	13 28	9 34
29	16:34:21	7 29 35	18 0	6 26	7 20	5 58	0 11	1 49	29 49	8 44	13 30	9 30
30	16:38:18	8 30 23	0Vi 0	8 1	8 34	6 19	0 2	1 55	29 52	8 46	13 32	9 27

11/22 Sun in Sag. 2:13   11/1 3rd Qt. 10:12   11/9 New 14:20   11/16 1st Qt. 21:36   11/23 Full 15:54

DECEMBER 1988

Day	Sid. T.	Sun	Moon	Merc.	Venus	Mars	Jup.	Saturn	Uranus	Nept.	Pluto	N.Node
1	16:42:15	9Sg31 12	11Vi51	9Sg35	9Sc48	6Ar40	29Ta55R	2Cp 2	29Sg56	8Cp48	13Sc34	9Pi24
2	16:46:11	10 32 2	23 38	11 9	11 3	7 2	29 47	2 9	29 59	8 50	13 37	9 21
3	16:50: 8	11 32 54	5Li28	12 43	12 17	7 24	29 39	2 16	0Cp 3	8 53	13 39	9 18
4	16:54: 4	12 33 48	17 25	14 17	13 31	7 47	29 31	2 22	0 6	8 55	13 41	9 14
5	16:58: 0	13 34 42	29 34	15 52	14 46	8 10	29 23	2 29	0 10	8 57	13 43	9 11
6	17: 1:57	14 35 38	11Sc58	17 26	16 0	8 33	29 16	2 36	0 13	8 59	13 45	9 8
7	17: 5:54	15 36 35	24 40	19 0	17 15	8 57	29 8	2 43	0 17	9 1	13 48	9 5
8	17: 9:51	16 37 33	7Sg39	20 34	18 29	9 21	29 1	2 50	0 20	9 3	13 50	9 2
9	17:13:47	17 38 33	20 56	22 8	19 44	9 45	28 53	2 57	0 24	9 5	13 52	8 59
10	17:17:43	18 39 33	4Cp28	23 43	20 58	10 10	28 46	3 4	0 28	9 7	13 54	8 55
11	17:21:40	19 40 34	18 12	25 17	22 13	10 35	28 39	3 11	0 31	9 10	13 56	8 52
12	17:25:36	20 41 35	2Aq 4	26 51	23 28	11 1	28 32	3 18	0 35	9 12	13 58	8 49
13	17:29:33	21 42 37	16 2	28 26	24 42	11 27	28 25	3 25	0 38	9 14	14 0	8 46
14	17:33:29	22 43 40	0Pi 4	0Cp 0	25 57	11 53	28 18	3 32	0 42	9 16	14 2	8 43
15	17:37:27	23 44 43	14 7	1 35	27 12	12 19	28 11	3 39	0 45	9 18	14 4	8 40
16	17:41:23	24 45 46	28 12	3 10	28 27	12 46	28 5	3 46	0 49	9 20	14 6	8 36
17	17:45:19	25 46 50	12Ar17	4 44	29 41	13 13	27 59	3 53	0 53	9 23	14 8	8 33
18	17:49:16	26 47 54	26 22	6 19	0Sg56	13 40	27 52	4 0	0 56	9 25	14 10	8 30
19	17:53:12	27 48 58	10Ta25	7 54	2 11	14 8	27 46	4 7	1 0	9 27	14 12	8 27
20	17:57: 9	28 50 3	24 23	9 29	3 26	14 35	27 40	4 14	1 4	9 29	14 14	8 24
21	18: 1: 5	29 51 8	8Ge12	11 4	4 41	15 4	27 34	4 21	1 7	9 32	14 16	8 20
22	18: 5: 3	0Cp52 13	21 50	12 39	5 56	15 32	27 29	4 28	1 11	9 34	14 18	8 17
23	18: 8:59	1 53 19	5Cn13	14 13	7 10	16 0	27 23	4 35	1 14	9 36	14 19	8 14
24	18:12:55	2 54 25	18 18	15 48	8 25	16 29	27 18	4 42	1 18	9 38	14 21	8 11
25	18:16:53	3 55 32	1Le 4	17 22	9 40	16 58	27 13	4 49	1 22	9 41	14 23	8 8
26	18:20:49	4 56 39	13 33	18 56	10 55	17 28	27 8	4 57	1 25	9 43	14 25	8 5
27	18:24:45	5 57 47	25 45	20 30	12 10	17 57	27 3	5 4	1 29	9 45	14 26	8 1
28	18:28:42	6 58 55	7Vi45	22 3	13 25	18 27	26 58	5 11	1 33	9 47	14 28	7 58
29	18:32:39	8 0 3	19 36	23 35	14 40	18 57	26 54	5 18	1 36	9 50	14 30	7 55
30	18:36:36	9 1 12	1Li24	25 6	15 55	19 27	26 50	5 25	1 40	9 52	14 31	7 52
31	18:40:32	10 2 21	13 13	26 36	17 10	19 57	26 45	5 32	1 43	9 54	14 33	7 49

12/21 Sun in Cap. 15:29   12/1 3rd Qt. 6:50   12/9 New 5:37   12/16 1st Qt. 5:41   12/23 Full 5:30   12/31 3rd Qt. 4:57

JANUARY 1989

Day	Sid. T.	Sun	Moon	Merc.	Venus	Mars	Jup.	Saturn	Uranus	Nept.	Pluto	N.Node
1	18:44:28	11Cp 3 30	25Li11	28Cp 5	18Sg25	20Ar28	26Ta42R	5Cp39	1Cp47	9Cp57	14Sc35	7Pi46
2	18:48:25	12 4 40	7Sc21	29 32	19 40	20 59	26 38	5 46	1 51	9 59	14 36	7 42
3	18:52:21	13 5 51	19 48	0Aq58	20 55	21 29	26 34	5 53	1 54	10 1	14 38	7 39
4	18:56:18	14 7 1	2Sg35	2 20	22 10	22 1	26 31	6 0	1 58	10 3	14 39	7 36
5	19: 0:15	15 8 12	15 45	3 40	23 25	22 32	26 28	6 7	2 1	10 6	14 41	7 33
6	19: 4:12	16 9 22	29 17	4 57	24 40	23 3	26 25	6 14	2 5	10 8	14 42	7 30
7	19: 8: 8	17 10 33	13Cp10	6 9	25 55	23 35	26 22	6 21	2 8	10 10	14 43	7 26
8	19:12: 4	18 11 43	27 19	7 17	27 11	24 7	26 20	6 28	2 12	10 12	14 45	7 23
9	19:16: 1	19 12 54	11Aq39	8 19	28 26	24 39	26 17	6 35	2 15	10 15	14 46	7 20
10	19:19:57	20 14 4	26 4	9 15	29 41	25 11	26 15	6 42	2 19	10 17	14 47	7 17
11	19:23:54	21 15 13	10Pi30	10 4	0Cp56	25 43	26 13	6 49	2 22	10 19	14 49	7 14
12	19:27:51	22 16 21	24 52	10 45	2 11	26 15	26 11	6 56	2 26	10 21	14 50	7 11
13	19:31:47	23 17 29	9Ar 8	11 17	3 26	26 48	26 10	7 3	2 29	10 24	14 51	7 7
14	19:35:43	24 18 37	23 14	11 40	4 41	27 20	26 8	7 10	2 33	10 26	14 52	7 4
15	19:39:40	25 19 43	7Ta11	11 52	5 56	27 53	26 7	7 17	2 36	10 28	14 54	7 1
16	19:43:37	26 20 49	20 57	11 53R	7 11	28 26	26 7	7 24	2 39	10 30	14 55	6 58
17	19:47:33	27 21 54	4Ge32	11 42	8 26	28 59	26 6	7 31	2 43	10 33	14 56	6 55
18	19:51:30	28 22 59	17 56	11 19	9 42	29 32	26 5	7 38	2 46	10 35	14 57	6 52
19	19:55:27	29 24 2	1Cn 7	10 45	10 57	0Ta 6	26 5	7 44	2 50	10 37	14 58	6 48
20	19:59:23	0Aq25 5	14 5	10 1	12 12	0 39	26 5D	7 51	2 53	10 39	14 59	6 45
21	20: 3:19	1 26 7	26 50	9 6	13 27	1 12	26 5	7 58	2 56	10 41	15 0	6 42
22	20: 7:16	2 27 9	9Le20	8 3	14 42	1 46	26 6	8 4	2 59	10 43	15 1	6 39
23	20:11:13	3 28 9	21 38	6 53	15 57	2 20	26 6	8 11	3 3	10 46	15 2	6 36
24	20:15: 9	4 29 9	3Vi44	5 39	17 12	2 54	26 7	8 18	3 6	10 48	15 2	6 32
25	20:19: 6	5 30 8	15 41	4 22	18 27	3 28	26 8	8 24	3 9	10 50	15 3	6 29
26	20:23: 3	6 31 7	27 32	3 6	19 42	4 2	26 9	8 31	3 12	10 52	15 4	6 26
27	20:26:59	7 32 5	9Li19	1 53	20 58	4 36	26 10	8 37	3 16	10 54	15 5	6 23
28	20:30:55	8 33 2	21 9	0 43	22 13	5 10	26 12	8 44	3 19	10 56	15 5	6 20
29	20:34:52	9 33 59	3Sc 5	29Cp40	23 28	5 44	26 14	8 50	3 22	10 58	15 6	6 17
30	20:38:48	10 34 54	15 13	28 43	24 43	6 19	26 16	8 57	3 25	11 0	15 7	6 13
31	20:42:46	11 35 50	27 38	27 55	25 58	6 53	26 18	9 3	3 28	11 2	15 7	6 10

1/20 Sun in Aqu. 2:08   1/7 New 19:23   1/14 1st Qt. 13:59   1/21 Full 21:34   1/30 3rd Qt. 2:03

FEBRUARY 1989

Day	Sid. T.	Sun	Moon	Merc.	Venus	Mars	Jup.	Saturn	Uranus	Nept.	Pluto	N.Node
1	20:46:42	12Aq36 44	10Sg23	27Cp15R	27Cp13	7Ta28	26Ta20	9Cp10	3Cp31	11Cp 4	15Sc 8	6Pi 7
2	20:50:38	13 37 38	23 33	26 43	28 28	8 2	26 23	9 16	3 34	11 6	15 8	6 4
3	20:54:35	14 38 31	7Cp 8	26 20	29 43	8 37	26 26	9 22	3 37	11 8	15 9	6 1
4	20:58:31	15 39 23	21 8	26 6	0Aq59	9 12	26 29	9 28	3 40	11 10	15 9	5 58
5	21: 2:28	16 40 13	5Aq31	25 59	2 14	9 47	26 32	9 34	3 43	11 12	15 10	5 54
6	21: 6:24	17 41 3	20 11	26 0D	3 29	10 22	26 35	9 41	3 46	11 14	15 10	5 51
7	21:10:22	18 41 51	5Pi 2	26 9	4 44	10 57	26 39	9 47	3 48	11 16	15 10	5 48
8	21:14:18	19 42 38	19 55	26 24	5 59	11 32	26 42	9 53	3 51	11 18	15 11	5 45
9	21:18:14	20 43 24	4Ar44	26 45	7 14	12 7	26 46	9 59	3 54	11 20	15 11	5 42
10	21:22:11	21 44 8	19 21	27 12	8 29	12 42	26 50	10 5	3 57	11 22	15 11	5 38
11	21:26: 7	22 44 50	3Ta42	27 44	9 44	13 18	26 55	10 10	3 59	11 23	15 11	5 35
12	21:30: 4	23 45 31	17 45	28 21	10 59	13 53	26 59	10 16	4 2	11 25	15 12	5 32
13	21:34: 0	24 46 10	1Ge29	29 2	12 14	14 28	27 4	10 22	4 5	11 27	15 12	5 29
14	21:37:57	25 46 48	14 54	29 48	13 29	15 4	27 9	10 28	4 7	11 29	15 12	5 26
15	21:41:53	26 47 23	28 1	0Aq37	14 45	15 39	27 14	10 33	4 10	11 30	15 12	5 23
16	21:45:50	27 47 57	10Cn52	1 29	16 0	16 15	27 19	10 39	4 12	11 32	15 12R	5 19
17	21:49:47	28 48 30	23 29	2 25	17 15	16 50	27 24	10 44	4 15	11 34	15 12	5 16
18	21:53:43	29 49 0	5Le54	3 24	18 30	17 26	27 30	10 50	4 17	11 36	15 12	5 13
19	21:57:39	0Pi49 29	18 8	4 25	19 45	18 2	27 36	10 55	4 20	11 37	15 12	5 10
20	22: 1:36	1 49 56	0Vi13	5 29	21 0	18 38	27 42	11 1	4 22	11 39	15 12	5 7
21	22: 5:33	2 50 22	12 10	6 35	22 15	19 13	27 48	11 6	4 24	11 40	15 11	5 3
22	22: 9:29	3 50 46	24 3	7 43	23 30	19 49	27 54	11 11	4 27	11 42	15 11	5 0
23	22:13:26	4 51 8	5Li52	8 54	24 45	20 25	28 0	11 16	4 29	11 44	15 11	4 57
24	22:17:23	5 51 29	17 40	10 6	26 0	21 1	28 7	11 21	4 31	11 45	15 11	4 54
25	22:21:19	6 51 49	29 32	11 20	27 14	21 37	28 13	11 26	4 33	11 47	15 10	4 51
26	22:25:15	7 52 7	11Sc29	12 36	28 29	22 13	28 20	11 31	4 35	11 48	15 10	4 48
27	22:29:13	8 52 23	23 36	13 53	29 44	22 49	28 27	11 36	4 37	11 49	15 10	4 44
28	22:33: 9	9 52 38	5Sg58	15 12	0Pi59	23 25	28 35	11 41	4 39	11 51	15 9	4 41

2/18 Sun in Pis. 16:22   2/6 New 7:38   2/12 1st Qt. 23:16   2/20 Full 15:33(E)   2/28 3rd Qt. 20:09

MARCH 1989

Day	Sid. T.	Sun	Moon	Merc.	Venus	Mars	Jup.	Saturn	Uranus	Nept.	Pluto	N.Node
1	22:37: 5	10Pi52 52	18Sg38	16Aq32	2Pi14	24Ta 2	28Ta42	11Cp46	4Cp41	11Cp52	15Sc 9R	4Pi38
2	22:41: 2	11 53 4	1Cp40	17 54	3 29	24 38	28 49	11 50	4 43	11 54	15 8	4 35
3	22:44:58	12 53 15	15 8	19 18	4 44	25 14	28 57	11 55	4 45	11 55	15 8	4 32
4	22:48:54	13 53 24	29 3	20 42	5 59	25 50	29 5	12 0	4 47	11 56	15 7	4 29
5	22:52:51	14 53 31	13Aq24	22 8	7 14	26 27	29 13	12 4	4 49	11 58	15 7	4 25
6	22:56:48	15 53 37	28 8	23 35	8 29	27 3	29 21	12 8	4 50	11 59	15 6	4 22
7	23: 0:45	16 53 41	13Pi10	25 4	9 44	27 39	29 29	12 13	4 52	12 0	15 5	4 19
8	23: 4:41	17 53 43	28 21	26 33	10 58	28 16	29 37	12 17	4 54	12 1	15 5	4 16
9	23: 8:38	18 53 43	13Ar30	28 4	12 13	28 52	29 46	12 21	4 55	12 2	15 4	4 13
10	23:12:34	19 53 41	28 30	29 36	13 28	29 29	29 54	12 25	4 57	12 4	15 3	4 9
11	23:16:30	20 53 37	13Ta11	1Pi 9	14 43	0Ge 5	0Ge 3	12 29	4 58	12 5	15 3	4 6
12	23:20:27	21 53 30	27 30	2 44	15 58	0 41	0 12	12 33	5 0	12 6	15 2	4 3
13	23:24:24	22 53 22	11Ge22	4 20	17 13	1 18	0 21	12 37	5 1	12 7	15 1	4 0
14	23:28:21	23 53 11	24 49	5 56	18 27	1 55	0 30	12 41	5 3	12 8	15 0	3 57
15	23:32:17	24 52 58	7Cn51	7 34	19 42	2 31	0 39	12 44	5 4	12 9	14 59	3 54
16	23:36:14	25 52 43	20 33	9 14	20 57	3 8	0 49	12 48	5 5	12 10	14 58	3 50
17	23:40:10	26 52 26	2Le58	10 54	22 12	3 44	0 58	12 51	5 6	12 11	14 57	3 47
18	23:44: 6	27 52 6	15 9	12 36	23 26	4 21	1 8	12 55	5 7	12 12	14 56	3 44
19	23:48: 3	28 51 44	27 11	14 19	24 41	4 58	1 17	12 58	5 9	12 12	14 55	3 41
20	23:52: 0	29 51 20	9Vi 5	16 3	25 56	5 34	1 27	13 1	5 10	12 13	14 54	3 38
21	23:55:57	0Ar50 54	20 56	17 48	27 10	6 11	1 37	13 4	5 11	12 14	14 53	3 35
22	23:59:53	1 50 26	2Li45	19 35	28 25	6 48	1 47	13 7	5 12	12 15	14 52	3 31
23	0: 3:49	2 49 56	14 35	21 23	29 40	7 24	1 57	13 10	5 12	12 16	14 51	3 28
24	0: 7:46	3 49 23	26 26	23 12	0Ar54	8 1	2 7	13 13	5 13	12 16	14 50	3 25
25	0:11:42	4 48 49	8Sc22	25 2	2 9	8 38	2 18	13 16	5 14	12 17	14 49	3 22
26	0:15:39	5 48 13	20 25	26 54	3 23	9 15	2 28	13 19	5 15	12 17	14 48	3 19
27	0:19:36	6 47 35	2Sg36	28 47	4 38	9 51	2 39	13 21	5 16	12 18	14 46	3 15
28	0:23:33	7 46 56	14 59	0Ar42	5 53	10 28	2 49	13 24	5 16	12 19	14 45	3 12
29	0:27:29	8 46 15	27 38	2 37	7 7	11 5	3 0	13 26	5 17	12 19	14 44	3 9
30	0:31:25	9 45 31	10Cp35	4 34	8 22	11 42	3 11	13 29	5 17	12 20	14 43	3 6
31	0:35:22	10 44 47	23 54	6 33	9 36	12 19	3 22	13 31	5 18	12 20	14 41	3 3

3/20 Sun in Ari. 15:29 3/7 New 18:20(E) 3/14 1st Qt. 10:12 3/22 Full 9:59 3/30 3rd Qt. 10:22

APRIL 1989

Day	Sid. T.	Sun	Moon	Merc.	Venus	Mars	Jup.	Saturn	Uranus	Nept.	Pluto	N.Node
1	0:39:18	11Ar44 0	7Aq37	8Ar32	10Ar51	12Ge56	3Ge33	13Cp33	5Cp18	12Cp21	14Sc40R	3Pi 0
2	0:43:15	12 43 12	21 47	10 33	12 5	13 32	3 44	13 35	5 19	12 21	14 39	2 56
3	0:47:12	13 42 21	6Pi21	12 34	13 20	14 9	3 55	13 37	5 19	12 21	14 37	2 53
4	0:51: 8	14 41 29	21 16	14 37	14 34	14 46	4 7	13 39	5 19	12 22	14 36	2 50
5	0:55: 4	15 40 35	6Ar26	16 41	15 49	15 23	4 18	13 41	5 19	12 22	14 34	2 47
6	0:59: 1	16 39 39	21 41	18 45	17 3	16 0	4 29	13 42	5 20	12 22	14 33	2 44
7	1: 2:58	17 38 41	6Ta51	20 50	18 17	16 37	4 41	13 44	5 20	12 22	14 32	2 41
8	1: 6:54	18 37 41	21 45	22 55	19 32	17 14	4 53	13 45	5 20	12 23	14 30	2 37
9	1:10:51	19 36 39	6Ge17	25 0	20 46	17 51	5 4	13 47	5 20R	12 23	14 29	2 34
10	1:14:48	20 35 34	20 21	27 5	22 1	18 28	5 16	13 48	5 20	12 23	14 27	2 31
11	1:18:44	21 34 28	3Cn55	29 10	23 15	19 5	5 28	13 49	5 20	12 23	14 26	2 28
12	1:22:40	22 33 19	17 2	1Ta14	24 29	19 42	5 40	13 50	5 20	12 23	14 24	2 25
13	1:26:37	23 32 7	29 44	3 17	25 44	20 19	5 52	13 51	5 19	12 23	14 23	2 21
14	1:30:34	24 30 54	12Le 5	5 19	26 58	20 56	6 4	13 52	5 19	12 23R	14 21	2 18
15	1:34:30	25 29 38	24 11	7 19	28 12	21 33	6 16	13 53	5 19	12 23	14 19	2 15
16	1:38:27	26 28 20	6Vi 7	9 17	29 26	22 10	6 28	13 54	5 18	12 23	14 18	2 12
17	1:42:24	27 27 0	17 57	11 12	0Ta41	22 47	6 41	13 54	5 18	12 23	14 16	2 9
18	1:46:20	28 25 37	29 44	13 5	1 55	23 24	6 53	13 55	5 18	12 23	14 15	2 6
19	1:50:16	29 24 13	11Li33	14 55	3 9	24 1	7 6	13 55	5 17	12 23	14 13	2 2
20	1:54:13	0Ta22 46	23 25	16 41	4 23	24 38	7 18	13 55	5 17	12 22	14 11	1 59
21	1:58: 9	1 21 18	5Sc23	18 24	5 37	25 15	7 31	13 56	5 16	12 22	14 10	1 56
22	2: 2: 5	2 19 48	17 27	20 3	6 51	25 52	7 43	13 56	5 15	12 22	14 8	1 53
23	2: 6: 3	3 18 16	29 40	21 39	8 5	26 29	7 56	13 56R	5 15	12 22	14 7	1 50
24	2: 9:59	4 16 42	12Sg 2	23 10	9 20	27 6	8 9	13 56	5 14	12 21	14 5	1 47
25	2:13:56	5 15 6	24 35	24 36	10 34	27 43	8 21	13 55	5 13	12 21	14 3	1 43
26	2:17:52	6 13 29	7Cp20	25 59	11 48	28 20	8 34	13 55	5 11	12 20	14 2	1 40
27	2:21:49	7 11 51	20 19	27 17	13 2	28 57	8 47	13 55	5 11	12 20	14 0	1 37
28	2:25:45	8 10 11	3Aq36	28 30	14 16	29 34	9 0	13 54	5 11	12 20	13 58	1 34
29	2:29:41	9 8 29	17 11	29 38	15 30	0Cn11	9 13	13 54	5 10	12 19	13 57	1 31
30	2:33:39	10 6 46	1Pi 8	0Ge42	16 44	0 48	9 26	13 53	5 9	12 19	13 55	1 27

4/20 Sun in Tau. 2:40 4/6 New 3:34 4/12 1st Qt. 23:14 4/21 Full 3:14 4/28 3rd Qt. 20:47

Day	Sid. T.	Sun	Moon	Merc.	Venus	Mars	Jup.	Saturn	Uranus	Nept.	Pluto	N.Node
1	2:37:35	11Ta 5 1	15Pi27	1Ge41	17Ta58	1Cn26	9Ge39	13Cp52R	5Cp 8R	12Cp18R	13Sc53R	1Pi24
2	2:41:32	12 3 15	0Ar 5	2 35	19 12	2 3	9 52	13 51	5 6	12 18	13 51	1 21
3	2:45:28	13 1 27	15 0	3 24	20 26	2 40	10 5	13 50	5 5	12 17	13 50	1 18
4	2:49:25	13 59 38	0Ta 3	4 7	21 40	3 17	10 19	13 49	5 4	12 16	13 48	1 15
5	2:53:21	14 57 47	15 5	4 46	22 54	3 54	10 32	13 48	5 3	12 16	13 46	1 12
6	2:57:19	15 55 54	29 58	5 20	24 8	4 31	10 45	13 47	5 2	12 15	13 45	1 8
7	3: 1:14	16 54 0	14Ge31	5 48	25 22	5 8	10 59	13 45	5 0	12 14	13 43	1 5
8	3: 5:11	17 52 4	28 39	6 11	26 35	5 45	11 12	13 44	4 59	12 14	13 41	1 2
9	3: 9: 8	18 50 6	12Cn19	6 29	27 49	6 23	11 25	13 42	4 57	12 13	13 40	0 59
10	3:13: 4	19 48 7	25 30	6 41	29 3	7 0	11 39	13 41	4 56	12 12	13 38	0 56
11	3:17: 0	20 46 5	8Le15	6 49	0Ge17	7 37	11 52	13 39	4 55	12 11	13 36	0 52
12	3:20:57	21 44 2	20 38	6 51R	1 31	8 14	12 6	13 37	4 53	12 10	13 35	0 49
13	3:24:54	22 41 57	2Vi45	6 49	2 45	8 51	12 19	13 35	4 51	12 9	13 33	0 46
14	3:28:50	23 39 50	14 40	6 42	3 58	9 28	12 33	13 33	4 50	12 9	13 31	0 43
15	3:32:47	24 37 41	26 30	6 30	5 12	10 5	12 46	13 31	4 48	12 8	13 30	0 40
16	3:36:44	25 35 31	8Li18	6 14	6 26	10 43	13 0	13 29	4 46	12 7	13 28	0 37
17	3:40:40	26 33 18	20 9	5 54	7 39	11 20	13 14	13 27	4 45	12 6	13 26	0 33
18	3:44:36	27 31 5	2Sc 6	5 30	8 53	11 57	13 27	13 25	4 43	12 5	13 25	0 30
19	3:48:33	28 28 50	14 12	5 4	10 7	12 34	13 41	13 22	4 41	12 4	13 23	0 27
20	3:52:30	29 26 33	26 27	4 35	11 21	13 11	13 55	13 20	4 39	12 3	13 21	0 24
21	3:56:26	0Ge24 15	8Sg54	4 3	12 34	13 48	14 9	13 17	4 38	12 1	13 20	0 21
22	4: 0:23	1 21 56	21 32	3 30	13 48	14 26	14 22	13 14	4 36	12 0	13 18	0 18
23	4: 4:19	2 19 36	4Cp20	2 56	15 1	15 3	14 36	13 12	4 34	11 59	13 17	0 14
24	4: 8:15	3 17 15	17 21	2 22	16 15	15 40	14 50	13 9	4 32	11 58	13 15	0 11
25	4:12:12	4 14 52	0Aq32	1 48	17 29	16 17	15 4	13 6	4 30	11 57	13 14	0 8
26	4:16: 9	5 12 29	13 57	1 15	18 42	16 54	15 18	13 3	4 28	11 56	13 12	0 5
27	4:20: 6	6 10 4	27 34	0 43	19 56	17 31	15 32	13 0	4 26	11 54	13 11	0 2
28	4:24: 2	7 7 39	11Pi27	0 13	21 9	18 9	15 45	12 57	4 24	11 53	13 9	29Aq58
29	4:27:59	8 5 13	25 34	29Ta45	22 23	18 46	15 59	12 54	4 22	11 52	13 8	29 55
30	4:31:55	9 2 46	9Ar56	29 21	23 36	19 23	16 13	12 51	4 20	11 51	13 6	29 52
31	4:35:51	10 0 18	24 30	28 59	24 50	20 0	16 27	12 47	4 17	11 49	13 5	29 49

5/21 Sun in Gem. 1:55   5/5 New 11:47   5/12 1st Qt. 14:20   5/20 Full 18:17   5/28 3rd Qt. 4:02

Day	Sid. T.	Sun	Moon	Merc.	Venus	Mars	Jup.	Saturn	Uranus	Nept.	Pluto	N.Node
1	4:39:48	10Ge57 50	9Ta11	28Ta41R	26Ge 3	20Cn38	16Ge41	12Cp44R	4Cp15R	11Cp48R	13Sc 3R	29Aq46
2	4:43:45	11 55 20	23 53	28 27	27 17	21 15	16 55	12 40	4 13	11 47	13 2	29 43
3	4:47:42	12 52 50	8Ge27	28 17	28 30	21 52	17 9	12 37	4 11	11 45	13 0	29 39
4	4:51:38	13 50 19	22 47	28 11	29 44	22 29	17 23	12 33	4 9	11 44	12 59	29 36
5	4:55:35	14 47 47	6Cn47	28 9D	0Cn57	23 7	17 37	12 30	4 6	11 43	12 58	29 33
6	4:59:31	15 45 13	20 22	28 12	2 11	23 44	17 50	12 26	4 4	11 41	12 56	29 30
7	5: 3:27	16 42 39	3Le32	28 20	3 24	24 21	18 4	12 22	4 2	11 40	12 55	29 27
8	5: 7:24	17 40 4	16 18	28 32	4 37	24 58	18 18	12 19	4 0	11 38	12 54	29 24
9	5:11:21	18 37 27	28 44	28 48	5 51	25 36	18 32	12 15	3 57	11 37	12 52	29 20
10	5:15:18	19 34 50	10Vi52	29 9	7 4	26 13	18 46	12 11	3 55	11 35	12 51	29 17
11	5:19:14	20 32 11	22 49	29 34	8 17	26 50	19 0	12 7	3 53	11 34	12 50	29 14
12	5:23:10	21 29 32	4Li40	0Ge 4	9 31	27 27	19 14	12 3	3 50	11 33	12 49	29 11
13	5:27: 7	22 26 51	16 31	0 38	10 44	28 5	19 28	11 59	3 48	11 31	12 47	29 8
14	5:31: 3	23 24 10	28 25	1 16	11 57	28 42	19 42	11 55	3 46	11 29	12 46	29 4
15	5:35: 0	24 21 27	10Sc27	1 59	13 10	29 19	19 55	11 51	3 43	11 28	12 45	29 1
16	5:38:57	25 18 44	22 40	2 45	14 24	29 57	20 9	11 47	3 41	11 26	12 44	28 58
17	5:42:54	26 16 1	5Sg 6	3 35	15 37	0Le34	20 23	11 43	3 38	11 25	12 43	28 55
18	5:46:50	27 13 16	17 47	4 30	16 50	1 11	20 37	11 38	3 36	11 23	12 42	28 52
19	5:50:46	28 10 31	0Cp42	5 28	18 3	1 48	20 51	11 34	3 34	11 22	12 41	28 49
20	5:54:43	29 7 46	13 51	6 30	19 16	2 26	21 5	11 30	3 31	11 20	12 40	28 45
21	5:58:39	0Cn 5 0	27 13	7 35	20 30	3 3	21 18	11 26	3 29	11 19	12 39	28 42
22	6: 2:36	1 2 14	10Aq46	8 44	21 43	3 40	21 32	11 21	3 26	11 17	12 38	28 39
23	6: 6:33	1 59 28	24 28	9 57	22 56	4 18	21 46	11 17	3 24	11 15	12 37	28 36
24	6:10:30	2 56 41	8Pi19	11 14	24 9	4 55	22 0	11 13	3 21	11 14	12 36	28 33
25	6:14:26	3 53 55	22 18	12 34	25 22	5 32	22 13	11 8	3 19	11 12	12 35	28 30
26	6:18:22	4 51 8	6Ar25	13 57	26 35	6 10	22 27	11 4	3 16	11 11	12 34	28 26
27	6:22:19	5 48 22	20 37	15 24	27 48	6 47	22 41	11 0	3 14	11 9	12 33	28 23
28	6:26:15	6 45 35	4Ta54	16 55	29 1	7 25	22 55	10 55	3 12	11 7	12 32	28 20
29	6:30:11	7 42 49	19 13	18 29	0Le14	8 2	23 8	10 51	3 9	11 6	12 32	28 17
30	6:34: 9	8 40 3	3Ge28	20 6	1 27	8 39	23 22	10 46	3 7	11 4	12 31	28 14

6/21 Sun in Can. 9:54   6/3 New 19:54   6/11 1st Qt. 7:00   6/19 Full 6:58   6/26 3rd Qt. 9:10

JULY 1989

Day	Sid. T.	Sun	Moon	Merc.	Venus	Mars	Jup.	Saturn	Uranus	Nept.	Pluto	N.Node
1	6:38: 5	9Cn37 16	17Ge36	21Ge46	2Le40	9Le17	23Ge35	10Cp42R	3Cp 4R	11Cp 3R	12Sc30R	28Aq10
2	6:42: 1	10 34 30	1Cn33	23 29	3 53	9 54	23 49	10 37	3 2	11 1	12 29	28 7
3	6:45:58	11 31 44	15 13	25 16	5 6	10 32	24 3	10 33	2 59	10 59	12 29	28 4
4	6:49:55	12 28 58	28 33	27 6	6 19	11 9	24 16	10 29	2 57	10 58	12 28	28 1
5	6:53:51	13 26 12	11Le34	28 58	7 32	11 47	24 30	10 24	2 55	10 56	12 28	27 58
6	6:57:48	14 23 25	24 15	0Cn53	8 45	12 24	24 43	10 20	2 52	10 54	12 27	27 55
7	7: 1:45	15 20 38	6Vi38	2 51	9 57	13 2	24 56	10 15	2 50	10 53	12 26	27 51
8	7: 5:41	16 17 52	18 46	4 51	11 10	13 39	25 10	10 11	2 48	10 51	12 26	27 48
9	7: 9:37	17 15 5	0Li44	6 54	12 23	14 16	25 23	10 6	2 45	10 50	12 25	27 45
10	7:13:34	18 12 18	12 37	8 58	13 36	14 54	25 37	10 2	2 43	10 48	12 25	27 42
11	7:17:31	19 9 30	24 28	11 3	14 48	15 31	25 50	9 58	2 41	10 46	12 25	27 39
12	7:21:26	20 6 43	6Sc24	13 10	16 1	16 9	26 3	9 53	2 38	10 45	12 24	27 36
13	7:25:24	21 3 56	18 28	15 18	17 14	16 46	26 16	9 49	2 36	10 43	12 24	27 32
14	7:29:20	22 1 9	0Sg46	17 26	18 26	17 24	26 29	9 45	2 34	10 42	12 24	27 29
15	7:33:17	22 58 22	13 19	19 35	19 39	18 2	26 43	9 41	2 31	10 40	12 23	27 26
16	7:37:13	23 55 36	26 11	21 44	20 52	18 39	26 56	9 36	2 29	10 38	12 23	27 23
17	7:41:10	24 52 49	9Cp21	23 53	22 4	19 17	27 9	9 32	2 27	10 37	12 23	27 20
18	7:45: 6	25 50 3	22 49	26 1	23 17	19 54	27 22	9 28	2 25	10 35	12 23	27 16
19	7:49: 2	26 47 17	6Aq34	28 9	24 29	20 32	27 35	9 24	2 23	10 34	12 23	27 13
20	7:53: 0	27 44 32	20 31	0Le15	25 42	21 9	27 47	9 20	2 21	10 32	12 23	27 10
21	7:56:56	28 41 47	4Pi39	2 21	26 54	21 47	28 0	9 16	2 19	10 31	12 22	27 7
22	8: 0:53	29 39 3	18 53	4 25	28 7	22 25	28 13	9 12	2 16	10 29	12 22	27 4
23	8: 4:49	0Le36 20	3Ar10	6 29	29 19	23 2	28 26	9 8	2 14	10 28	12 22D	27 1
24	8: 8:46	1 33 38	17 26	8 30	0Vi31	23 40	28 39	9 4	2 12	10 26	12 22	26 57
25	8:12:42	2 30 56	1Ta40	10 31	1 44	24 18	28 51	9 0	2 10	10 25	12 23	26 54
26	8:16:38	3 28 16	15 49	12 29	2 56	24 55	29 4	8 56	2 8	10 23	12 23	26 51
27	8:20:36	4 25 37	29 51	14 26	4 8	25 33	29 16	8 52	2 6	10 22	12 23	26 48
28	8:24:32	5 22 58	13Ge44	16 22	5 21	26 11	29 29	8 48	2 5	10 20	12 23	26 45
29	8:28:29	6 20 21	27 26	18 16	6 33	26 49	29 41	8 45	2 3	10 19	12 23	26 41
30	8:32:25	7 17 45	10Cn55	20 8	7 45	27 26	29 53	8 41	2 1	10 18	12 23	26 38
31	8:36:21	8 15 9	24 11	21 59	8 57	28 4	0Cn 6	8 38	1 59	10 16	12 24	26 35

7/22 Sun in Leo 20:47   7/3 New 5:00   7/11 1st Qt. 0:20   7/18 Full 17:43   7/25 3rd Qt. 13:32

AUGUST 1989

Day	Sid. T.	Sun	Moon	Merc.	Venus	Mars	Jup.	Saturn	Uranus	Nept.	Pluto	N.Node
1	8:40:18	9Le12 35	7Le11	23Le48	10Vi 9	28Le42	0Cn18	8Cp34R	1Cp57R	10Cp15R	12Sc24	26Aq32
2	8:44:15	10 10 1	19 55	25 35	11 22	29 20	0 30	8 31	1 55	10 13	12 24	26 29
3	8:48:11	11 7 28	2Vi25	27 21	12 34	29 57	0 42	8 27	1 54	10 12	12 25	26 26
4	8:52: 8	12 4 56	14 41	29 5	13 46	0Vi35	0 54	8 24	1 52	10 11	12 25	26 22
5	8:56: 5	13 2 24	26 46	0Vi47	14 58	1 13	1 6	8 21	1 50	10 9	12 25	26 19
6	9: 0: 1	13 59 54	8Li43	2 28	16 10	1 51	1 18	8 18	1 49	10 8	12 26	26 16
7	9: 3:57	14 57 24	20 34	4 7	17 22	2 29	1 30	8 14	1 47	10 7	12 26	26 13
8	9: 7:54	15 54 55	2Sc26	5 45	18 33	3 7	1 42	8 11	1 46	10 6	12 27	26 10
9	9:11:51	16 52 27	14 21	7 21	19 45	3 45	1 53	8 8	1 44	10 4	12 28	26 7
10	9:15:47	17 50 0	26 25	8 55	20 57	4 23	2 5	8 5	1 43	10 3	12 28	26 3
11	9:19:44	18 47 34	8Sg42	10 28	22 9	5 0	2 16	8 3	1 41	10 2	12 29	26 0
12	9:23:41	19 45 8	21 17	11 59	23 20	5 38	2 28	8 0	1 40	10 1	12 30	25 57
13	9:27:37	20 42 44	4Cp12	13 29	24 32	6 16	2 39	7 57	1 39	10 0	12 30	25 54
14	9:31:33	21 40 20	17 29	14 57	25 44	6 54	2 50	7 55	1 37	9 59	12 31	25 51
15	9:35:30	22 37 58	1Aq10	16 23	26 55	7 32	3 2	7 52	1 36	9 58	12 32	25 47
16	9:39:27	23 35 37	15 12	17 48	28 7	8 10	3 13	7 50	1 35	9 57	12 33	25 44
17	9:43:23	24 33 17	29 32	19 11	29 18	8 48	3 24	7 47	1 34	9 55	12 33	25 41
18	9:47:20	25 30 58	14Pi 6	20 32	0Li30	9 26	3 35	7 45	1 33	9 54	12 34	25 38
19	9:51:16	26 28 40	28 47	21 52	1 41	10 5	3 45	7 43	1 32	9 53	12 35	25 35
20	9:55:12	27 26 24	13Ar28	23 9	2 52	10 43	3 56	7 41	1 31	9 52	12 36	25 32
21	9:59: 9	28 24 10	28 4	24 25	4 4	11 21	4 7	7 39	1 30	9 52	12 37	25 28
22	10: 3: 6	29 21 58	12Ta30	25 39	5 15	11 59	4 17	7 37	1 29	9 51	12 38	25 25
23	10: 7: 3	0Vi19 47	26 42	26 52	6 26	12 37	4 28	7 35	1 28	9 50	12 39	25 22
24	10:10:59	1 17 38	10Ge37	28 2	7 37	13 15	4 38	7 33	1 27	9 49	12 40	25 19
25	10:14:56	2 15 31	24 16	29 10	8 48	13 53	4 48	7 32	1 26	9 48	12 41	25 16
26	10:18:52	3 13 26	7Cn38	0Li15	10 0	14 32	4 58	7 30	1 25	9 47	12 42	25 13
27	10:22:48	4 11 22	20 45	1 11	11 11	15 10	5 8	7 29	1 25	9 46	12 44	25 9
28	10:26:45	5 9 20	3Le37	2 20	12 22	15 48	5 18	7 27	1 24	9 46	12 45	25 6
29	10:30:42	6 7 20	16 16	3 18	13 32	16 26	5 28	7 26	1 23	9 45	12 46	25 3
30	10:34:39	7 5 21	28 43	4 14	14 43	17 5	5 38	7 25	1 23	9 44	12 47	25 0
31	10:38:35	8 3 24	10Vi59	5 7	15 54	17 43	5 47	7 24	1 22	9 44	12 49	24 57

8/23 Sun in Vir. 3:47   8/1 New 16:06   8/9 1st Qt. 17:29   8/17 Full 3:08(E)   8/23 3rd Qt. 18:41   8/31 New 5:45(E)

SEPTEMBER 1989

Day	Sid. T.	Sun	Moon	Merc.	Venus	Mars	Jup.	Saturn	Uranus	Nept.	Pluto	N.Node
1	10:42:31	9Vi 1 29	23Vi 6	5Li57	17Li 5	18Vi21	5Cn56	7Cp23R	1Cp22R	9Cp43R	12Sc50	24Aq53
2	10:46:28	9 59 35	5Li 5	6 43	18 16	19 0	6 6	7 22	1 21	9 42	12 51	24 50
3	10:50:24	10 57 43	16 59	7 26	19 26	19 38	6 15	7 21	1 21	9 42	12 53	24 47
4	10:54:21	11 55 52	28 49	8 5	20 37	20 17	6 24	7 20	1 21	9 41	12 54	24 44
5	10:58:18	12 54 3	10Sc40	8 41	21 47	20 55	6 33	7 20	1 21	9 41	12 55	24 41
6	11: 2:15	13 52 15	22 34	9 12	22 58	21 34	6 42	7 19	1 20	9 40	12 57	24 38
7	11: 6:11	14 50 29	4Sg36	9 38	24 8	22 12	6 51	7 19	1 20	9 40	12 58	24 34
8	11:10: 7	15 48 45	16 51	10 0	25 18	22 51	6 59	7 18	1 20	9 39	13 0	24 31
9	11:14: 4	16 47 2	29 21	10 17	26 29	23 29	7 8	7 18	1 20	9 39	13 1	24 28
10	11:18: 0	17 45 20	12Cp12	10 28	27 39	24 8	7 16	7 18	1 20D	9 39	13 3	24 25
11	11:21:57	18 43 40	25 28	10 33	28 49	24 46	7 24	7 18D	1 20	9 38	13 5	24 22
12	11:25:54	19 42 2	9Aq10	10 32R	29 59	25 25	7 32	7 18	1 20	9 38	13 6	24 19
13	11:29:51	20 40 25	23 18	10 25	1Sc 9	26 3	7 40	7 18	1 20	9 38	13 8	24 15
14	11:33:47	21 38 50	7Pi51	10 11	2 19	26 42	7 48	7 19	1 21	9 37	13 10	24 12
15	11:37:43	22 37 16	22 42	9 51	3 28	27 21	7 56	7 19	1 21	9 37	13 11	24 9
16	11:41:40	23 35 45	7Ar46	9 23	4 38	27 59	8 3	7 19	1 21	9 37	13 13	24 6
17	11:45:36	24 34 15	22 52	8 49	5 48	28 38	8 11	7 20	1 21	9 37	13 15	24 3
18	11:49:32	25 32 48	7Ta51	8 8	6 57	29 17	8 18	7 21	1 22	9 37	13 17	23 59
19	11:53:30	26 31 23	22 36	7 21	8 7	29 56	8 25	7 21	1 22	9 37	13 18	23 56
20	11:57:26	27 30 0	6Ge59	6 28	9 16	0Li35	8 32	7 22	1 23	9 37	13 20	23 53
21	12: 1:22	28 28 39	20 59	5 30	10 25	1 13	8 39	7 23	1 23	9 37D	13 22	23 50
22	12: 5:19	29 27 20	4Cn34	4 28	11 35	1 52	8 46	7 24	1 24	9 37	13 24	23 47
23	12: 9:16	0Li26 4	17 47	3 24	12 44	2 31	8 52	7 25	1 25	9 37	13 26	23 44
24	12:13:12	1 24 50	0Le40	2 18	13 53	3 10	8 59	7 27	1 25	9 37	13 28	23 40
25	12:17: 8	2 23 38	13 16	1 12	15 2	3 49	9 5	7 28	1 26	9 37	13 30	23 37
26	12:21: 6	3 22 29	25 38	0 9	16 11	4 28	9 11	7 29	1 27	9 37	13 32	23 34
27	12:25: 2	4 21 21	7Vi50	29Vi 9	17 19	5 7	9 17	7 31	1 28	9 37	13 34	23 31
28	12:28:58	5 20 16	19 54	28 15	18 28	5 46	9 23	7 32	1 29	9 37	13 36	23 28
29	12:32:55	6 19 13	1Li52	27 27	19 37	6 25	9 28	7 34	1 30	9 38	13 38	23 24
30	12:36:52	7 18 11	13 46	26 47	20 45	7 4	9 34	7 36	1 31	9 38	13 40	23 21

9/23 Sun in Lib. 1:21   9/8 1st Qt. 9:50   9/15 Full 11:51   9/22 3rd Qt. 2:11   9/29 New 21:48

OCTOBER 1989

Day	Sid. T.	Sun	Moon	Merc.	Venus	Mars	Jup.	Saturn	Uranus	Nept.	Pluto	N.Node
1	12:40:48	8Li17 12	25Li37	26Vi17R	21Sc54	7Li43	9Cn39	7Cp38	1Cp32	9Cp38	13Sc42	23Aq18
2	12:44:44	9 16 14	7Sc28	25 56	23 2	8 22	9 44	7 40	1 33	9 39	13 44	23 15
3	12:48:41	10 15 19	19 19	25 46	24 10	9 2	9 49	7 42	1 34	9 39	13 46	23 12
4	12:52:38	11 14 26	1Sg15	25 46D	25 18	9 41	9 54	7 44	1 35	9 39	13 48	23 9
5	12:56:34	12 13 34	13 17	25 56	26 26	10 20	9 58	7 47	1 37	9 40	13 50	23 5
6	13: 0:31	13 12 44	25 29	26 17	27 34	10 59	10 2	7 49	1 38	9 40	13 52	23 2
7	13: 4:27	14 11 56	7Cp56	26 48	28 41	11 39	10 7	7 51	1 39	9 41	13 54	22 59
8	13: 8:23	15 11 10	20 41	27 28	29 49	12 18	10 11	7 54	1 41	9 42	13 57	22 56
9	13:12:21	16 10 25	3Aq48	28 16	0Sg56	12 57	10 15	7 57	1 42	9 42	13 59	22 53
10	13:16:17	17 9 43	17 22	29 12	2 3	13 37	10 18	7 59	1 44	9 43	14 1	22 50
11	13:20:14	18 9 2	1Pi24	0Li16	3 10	14 16	10 22	8 2	1 45	9 43	14 3	22 46
12	13:24:10	19 8 22	15 54	1 26	4 17	14 55	10 25	8 5	1 47	9 44	14 5	22 43
13	13:28: 7	20 7 45	0Ar49	2 41	5 24	15 35	10 28	8 8	1 48	9 45	14 8	22 40
14	13:32: 3	21 7 9	16 1	4 1	6 31	16 14	10 31	8 11	1 50	9 46	14 10	22 37
15	13:35:59	22 6 36	1Ta21	5 26	7 37	16 54	10 34	8 15	1 52	9 46	14 12	22 34
16	13:39:57	23 6 4	16 37	6 54	8 43	17 33	10 36	8 18	1 54	9 47	14 15	22 30
17	13:43:53	24 5 35	1Ge39	8 25	9 49	18 13	10 39	8 21	1 55	9 48	14 17	22 27
18	13:47:50	25 5 8	16 18	9 58	10 55	18 52	10 41	8 25	1 57	9 49	14 19	22 24
19	13:51:46	26 4 44	0Cn29	11 33	12 1	19 32	10 43	8 28	1 59	9 50	14 22	22 21
20	13:55:42	27 4 21	14 11	13 10	13 7	20 12	10 45	8 32	2 1	9 51	14 24	22 18
21	13:59:39	28 4 1	27 24	14 48	14 12	20 52	10 46	8 36	2 3	9 52	14 26	22 15
22	14: 3:35	29 3 44	10Le14	16 28	15 17	21 31	10 48	8 39	2 5	9 53	14 29	22 11
23	14: 7:32	0Sc 3 28	22 43	18 7	16 22	22 11	10 49	8 43	2 7	9 54	14 31	22 8
24	14:11:29	1 3 15	4Vi56	19 48	17 27	22 51	10 50	8 47	2 10	9 55	14 33	22 5
25	14:15:26	2 3 4	16 59	21 28	18 31	23 31	10 51	8 51	2 12	9 56	14 36	22 2
26	14:19:22	3 2 55	28 55	23 9	19 36	24 11	10 52	8 55	2 14	9 57	14 38	21 59
27	14:23:18	4 2 48	10Li47	24 50	20 40	24 50	10 52	9 0	2 16	9 58	14 40	21 56
28	14:27:15	5 2 43	22 37	26 31	21 44	25 30	10 52	9 4	2 19	9 59	14 43	21 52
29	14:31:11	6 2 40	4Sc29	28 12	22 47	26 10	10 52R	9 8	2 21	10 1	14 45	21 49
30	14:35: 8	7 2 39	16 22	29 52	23 51	26 50	10 52	9 13	2 23	10 2	14 48	21 46
31	14:39: 5	8 2 40	28 19	1Sc32	24 54	27 30	10 52	9 17	2 26	10 3	14 50	21 43

10/23 Sun in Sco. 10:36   10/8 1st Qt. 0:53   10/14 Full 20:33   10/21 3rd Qt. 13:20   10/29 New 15:28

NOVEMBER 1989

Day	Sid. T.	Sun	Moon	Merc.	Venus	Mars	Jup.	Saturn	Uranus	Nept.	Pluto	N.Node
1	14:43: 2	9Sc 2 43	10Sg20	3Sc12	25Sg56	28Li10	10Cn51R	9Cp22	2Cp28	10Cp 4	14Sc52	21Aq40
2	14:46:58	10 2 47	22 28	4 52	26 59	28 51	10 50	9 26	2 31	10 6	14 55	21 36
3	14:50:54	11 2 53	4Cp44	6 31	28 1	29 31	10 49	9 31	2 33	10 7	14 57	21 33
4	14:54:51	12 3 1	17 12	8 9	29 3	0Sc11	10 48	9 36	2 36	10 8	15 0	21 30
5	14:58:48	13 3 11	29 55	9 48	0Cp 4	0 51	10 47	9 41	2 38	10 10	15 2	21 27
6	15: 2:44	14 3 21	12Aq56	11 26	1 6	1 31	10 45	9 46	2 41	10 11	15 5	21 24
7	15: 6:41	15 3 34	26 21	13 3	2 7	2 12	10 43	9 51	2 44	10 13	15 7	21 21
8	15:10:37	16 3 48	10Pi10	14 41	3 7	2 52	10 41	9 56	2 46	10 14	15 9	21 17
9	15:14:33	17 4 3	24 27	16 17	4 7	3 32	10 39	10 1	2 49	10 16	15 12	21 14
10	15:18:30	18 4 19	9Ar 9	17 54	5 7	4 13	10 37	10 6	2 52	10 17	15 14	21 11
11	15:22:27	19 4 38	24 11	19 30	6 6	4 53	10 34	10 11	2 55	10 19	15 17	21 8
12	15:26:24	20 4 58	9Ta27	21 6	7 5	5 33	10 31	10 17	2 58	10 20	15 19	21 5
13	15:30:20	21 5 19	24 44	22 41	8 3	6 14	10 28	10 22	3 1	10 22	15 22	21 2
14	15:34:17	22 5 42	9Ge51	24 17	9 1	6 54	10 25	10 27	3 3	10 24	15 24	20 58
15	15:38:13	23 6 7	24 39	25 51	9 59	7 35	10 22	10 33	3 6	10 25	15 26	20 55
16	15:42: 9	24 6 34	9Cn 1	27 26	10 56	8 15	10 18	10 38	3 9	10 27	15 29	20 52
17	15:46: 6	25 7 2	22 50	29 0	11 52	8 56	10 14	10 44	3 12	10 29	15 31	20 49
18	15:50: 3	26 7 33	6Le11	0Sg35	12 48	9 37	10 10	10 50	3 15	10 30	15 34	20 46
19	15:54: 0	27 8 5	19 5	2 8	13 44	10 17	10 6	10 55	3 19	10 32	15 36	20 42
20	15:57:56	28 8 39	1Vi35	3 42	14 38	10 58	10 2	11 1	3 22	10 34	15 38	20 39
21	16: 1:53	29 9 14	13 49	5 16	15 33	11 39	9 57	11 7	3 25	10 36	15 41	20 36
22	16: 5:49	0Sg 9 52	25 49	6 49	16 26	12 19	9 53	11 13	3 28	10 38	15 43	20 33
23	16: 9:45	1 10 31	7Li42	8 22	17 19	13 0	9 48	11 19	3 31	10 39	15 46	20 30
24	16:13:42	2 11 11	19 32	9 55	18 12	13 41	9 43	11 25	3 34	10 41	15 48	20 27
25	16:17:38	3 11 53	1Sc22	11 28	19 3	14 22	9 38	11 31	3 37	10 43	15 50	20 23
26	16:21:36	4 12 37	13 15	13 1	19 54	15 3	9 32	11 37	3 41	10 45	15 53	20 20
27	16:25:32	5 13 22	25 14	14 33	20 44	15 44	9 27	11 43	3 44	10 47	15 55	20 17
28	16:29:28	6 14 9	7Sg18	16 6	21 34	16 25	9 21	11 49	3 47	10 49	15 57	20 14
29	16:33:25	7 14 56	19 30	17 38	22 22	17 6	9 15	11 56	3 51	10 51	16 0	20 11
30	16:37:21	8 15 45	1Cp50	19 10	23 10	17 47	9 9	12 2	3 54	10 53	16 2	20 8

11/22 Sun in Sag. 8:06   11/6 1st Qt. 14:12   11/13 Full 5:52   11/20 3rd Qt. 4:44   11/28 New 9:41

DECEMBER 1989

Day	Sid. T.	Sun	Moon	Merc.	Venus	Mars	Jup.	Saturn	Uranus	Nept.	Pluto	N.Node
1	16:41:18	9Sg16 36	14Cp19	20Sg42	23Cp57	18Sc28	9Cn 3R	12Cp 8	3Cp57	10Cp55	16Sc 4	20Aq 4
2	16:45:14	10 17 27	26 58	22 14	24 43	19 9	8 57	12 15	4 1	10 57	16 6	20 1
3	16:49:12	11 18 19	9Aq49	23 46	25 27	19 50	8 51	12 21	4 4	10 59	16 9	19 58
4	16:53: 8	12 19 11	22 54	25 17	26 11	20 32	8 44	12 27	4 7	11 1	16 11	19 55
5	16:57: 4	13 20 5	6Pi17	26 49	26 54	21 13	8 37	12 34	4 11	11 3	16 13	19 52
6	17: 1: 1	14 20 59	19 58	28 20	27 36	21 54	8 31	12 40	4 14	11 5	16 15	19 48
7	17: 4:57	15 21 54	4Ar 1	29 51	28 16	22 35	8 24	12 47	4 18	11 7	16 18	19 45
8	17: 8:53	16 22 50	18 24	1Cp21	28 56	23 17	8 17	12 54	4 21	11 9	16 20	19 42
9	17:12:51	17 23 46	3Ta 5	2 51	29 34	23 58	8 10	13 0	4 25	11 11	16 22	19 39
10	17:16:47	18 24 44	17 59	4 20	0Aq11	24 40	8 2	13 7	4 28	11 13	16 24	19 36
11	17:20:43	19 25 41	2Ge57	5 49	0 46	25 21	7 55	13 14	4 32	11 16	16 26	19 33
12	17:24:40	20 26 40	17 51	7 17	1 20	26 3	7 48	13 20	4 35	11 18	16 28	19 29
13	17:28:37	21 27 40	2Cn32	8 44	1 53	26 44	7 40	13 27	4 39	11 20	16 30	19 26
14	17:32:33	22 28 40	16 51	10 11	2 24	27 26	7 32	13 34	4 42	11 22	16 32	19 23
15	17:36:29	23 29 41	0Le44	11 36	2 53	28 7	7 25	13 41	4 46	11 24	16 35	19 20
16	17:40:27	24 30 43	14 11	12 59	3 21	28 49	7 17	13 47	4 49	11 26	16 37	19 17
17	17:44:23	25 31 46	27 10	14 21	3 47	29 30	7 9	13 54	4 53	11 29	16 39	19 13
18	17:48:19	26 32 50	9Vi46	15 41	4 12	0Sg12	7 1	14 1	4 57	11 31	16 41	19 10
19	17:52:16	27 33 54	22 4	16 58	4 34	0 54	6 53	14 8	5 0	11 33	16 43	19 7
20	17:56:13	28 35 0	4Li 7	18 13	4 55	1 36	6 45	14 15	5 4	11 35	16 45	19 4
21	18: 0: 9	29 36 6	16 2	19 24	5 14	2 17	6 37	14 22	5 7	11 38	16 46	19 1
22	18: 4: 5	0Cp37 13	27 52	20 32	5 30	2 59	6 29	14 29	5 11	11 40	16 48	18 58
23	18: 8: 3	1 38 20	9Sc44	21 36	5 45	3 41	6 21	14 36	5 14	11 42	16 50	18 54
24	18:11:59	2 39 29	21 40	22 34	5 58	4 23	6 13	14 43	5 18	11 44	16 52	18 51
25	18:15:55	3 40 37	3Sg43	23 26	6 8	5 5	6 5	14 50	5 22	11 47	16 54	18 48
26	18:19:52	4 41 47	15 56	24 12	6 16	5 47	5 57	14 57	5 25	11 49	16 56	18 45
27	18:23:48	5 42 57	28 21	24 51	6 22	6 29	5 49	15 4	5 29	11 51	16 58	18 42
28	18:27:44	6 44 7	10Cp56	25 21	6 25	7 11	5 41	15 11	5 33	11 53	16 59	18 39
29	18:31:41	7 45 17	23 42	25 42	6 26R	7 53	5 33	15 18	5 36	11 56	17 1	18 35
30	18:35:38	8 46 28	6Aq43	25 52	6 24	8 35	5 24	15 25	5 40	11 58	17 3	18 32
31	18:39:35	9 47 38	19 53	25 52R	6 20	9 18	5 16	15 32	5 43	12 0	17 4	18 29

12/21 Sun in Cap. 21:23   12/6 1st Qt. 1:27   12/12 Full 16:31   12/19 3rd Qt. 23:55   12/28 New 3:20

Day	Sid. T.	Sun	Moon	Merc.	Venus	Mars	Jup.	Saturn	Uranus	Nept.	Pluto	N.Node
1	18:43:31	10Cp48 48	3Pi16	25Cp40R	6Aq14R	10Sg 0	5Cn 8R	15Cp39	5Cp47	12Cp 2	17Sc 6	18Aq26
2	18:47:28	11 49 58	16 50	25 17	6 4	10 42	5 0	15 47	5 51	12 5	17 8	18 23
3	18:51:24	12 51 8	0Ar36	24 41	5 53	11 24	4 52	15 54	5 54	12 7	17 9	18 19
4	18:55:20	13 52 17	14 35	23 54	5 39	12 7	4 44	16 1	5 58	12 9	17 11	18 16
5	18:59:18	14 53 26	28 46	22 57	5 22	12 49	4 36	16 8	6 1	12 11	17 12	18 13
6	19: 3:14	15 54 35	13Ta 6	21 51	5 3	13 31	4 28	16 15	6 5	12 14	17 14	18 10
7	19: 7:11	16 55 44	27 34	20 38	4 42	14 14	4 21	16 22	6 8	12 16	17 15	18 7
8	19:11: 7	17 56 52	12Ge 3	19 20	4 18	14 56	4 13	16 29	6 12	12 18	17 17	18 4
9	19:15: 4	18 57 59	26 29	17 59	3 52	15 39	4 5	16 36	6 16	12 21	17 18	18 0
10	19:19: 0	19 59 7	10Cn46	16 40	3 24	16 21	3 58	16 43	6 19	12 23	17 20	17 57
11	19:22:56	21 0 14	24 47	15 23	2 55	17 4	3 50	16 51	6 23	12 25	17 21	17 54
12	19:26:53	22 1 20	8Le30	14 11	2 23	17 46	3 43	16 58	6 26	12 27	17 22	17 51
13	19:30:50	23 2 27	21 51	13 6	1 51	18 29	3 36	17 5	6 30	12 30	17 24	17 48
14	19:34:47	24 3 33	4Vi51	12 9	1 16	19 12	3 29	17 12	6 33	12 32	17 25	17 45
15	19:38:43	25 4 39	17 30	11 21	0 41	19 54	3 21	17 19	6 37	12 34	17 26	17 41
16	19:42:39	26 5 44	29 51	10 42	0 5	20 37	3 15	17 26	6 40	12 36	17 27	17 38
17	19:46:36	27 6 49	11Li58	10 13	29Cp29	21 20	3 8	17 33	6 43	12 39	17 29	17 35
18	19:50:32	28 7 54	23 55	9 54	28 52	22 3	3 1	17 40	6 47	12 41	17 30	17 32
19	19:54:29	29 8 59	5Sc48	9 44	28 15	22 46	2 54	17 47	6 50	12 43	17 31	17 29
20	19:58:26	0Aq10 4	17 41	9 42D	27 38	23 28	2 48	17 54	6 54	12 45	17 32	17 25
21	20: 2:23	1 11 8	29 38	9 49	27 2	24 11	2 42	18 1	6 57	12 47	17 33	17 22
22	20: 6:19	2 12 11	11Sg44	10 3	26 26	24 54	2 35	18 8	7 0	12 49	17 34	17 19
23	20:10:15	3 13 15	24 2	10 23	25 52	25 37	2 29	18 15	7 4	12 52	17 35	17 16
24	20:14:12	4 14 17	6Cp35	10 50	25 18	26 20	2 23	18 22	7 7	12 54	17 36	17 13
25	20:18: 8	5 15 19	19 25	11 23	24 46	27 3	2 18	18 29	7 10	12 56	17 37	17 10
26	20:22: 5	6 16 21	2Aq31	12 1	24 15	27 46	2 12	18 36	7 14	12 58	17 38	17 6
27	20:26: 2	7 17 21	15 54	12 44	23 47	28 30	2 7	18 43	7 17	13 0	17 38	17 3
28	20:29:58	8 18 20	29 31	13 31	23 20	29 13	2 2	18 50	7 20	13 2	17 39	17 0
29	20:33:54	9 19 19	13Pi20	14 22	22 55	29 56	1 56	18 56	7 23	13 4	17 40	16 57
30	20:37:51	10 20 16	27 19	15 16	22 32	0Cp39	1 51	19 3	7 27	13 7	17 41	16 54
31	20:41:48	11 21 12	11Ar25	16 14	22 12	1 22	1 47	19 10	7 30	13 9	17 41	16 51

1/20 Sun in Aqu. 8:03   1/4 1st Qt. 10:41   1/11 Full 4:58   1/18 3rd Qt. 21:18   1/26 New 19:21(E)

Day	Sid. T.	Sun	Moon	Merc.	Venus	Mars	Jup.	Saturn	Uranus	Nept.	Pluto	N.Node
1	20:45:44	12Aq22 6	25Ar35	17Cp14	21Cp54R	2Cp 6	1Cn42R	19Cp17	7Cp33	13Cp11	17Sc42	16Aq47
2	20:49:41	13 23 0	9Ta47	18 18	21 38	2 49	1 37	19 23	7 36	13 13	17 43	16 44
3	20:53:38	14 23 52	23 58	19 23	21 25	3 32	1 33	19 30	7 39	13 15	17 43	16 41
4	20:57:34	15 24 42	8Ge 7	20 31	21 14	4 16	1 29	19 37	7 42	13 17	17 44	16 38
5	21: 1:30	16 25 32	22 10	21 41	21 6	4 59	1 25	19 43	7 45	13 19	17 44	16 35
6	21: 5:27	17 26 19	6Cn 6	22 53	21 0	5 43	1 21	19 50	7 48	13 21	17 45	16 31
7	21: 9:24	18 27 6	19 52	24 6	20 56	6 26	1 18	19 57	7 51	13 23	17 45	16 28
8	21:13:21	19 27 51	3Le27	25 21	20 55D	7 9	1 15	20 3	7 54	13 25	17 46	16 25
9	21:17:17	20 28 34	16 47	26 38	20 57	7 53	1 11	20 10	7 57	13 26	17 46	16 22
10	21:21:14	21 29 16	29 53	27 56	21 1	8 37	1 8	20 16	8 0	13 28	17 46	16 19
11	21:25:10	22 29 57	12Vi42	29 16	21 7	9 20	1 6	20 22	8 3	13 30	17 47	16 16
12	21:29: 6	23 30 37	25 16	0Aq37	21 16	10 4	1 3	20 29	8 5	13 32	17 47	16 12
13	21:33: 3	24 31 15	7Li36	1 59	21 26	10 47	1 1	20 35	8 8	13 34	17 47	16 9
14	21:36:59	25 31 52	19 43	3 22	21 39	11 31	0 59	20 41	8 11	13 36	17 47	16 6
15	21:40:57	26 32 28	1Sc42	4 46	21 54	12 15	0 57	20 48	8 14	13 38	17 48	16 3
16	21:44:53	27 33 3	13 36	6 12	22 11	12 59	0 55	20 54	8 16	13 39	17 48	16 0
17	21:48:49	28 33 36	25 28	7 38	22 30	13 42	0 53	21 0	8 19	13 41	17 48	15 57
18	21:52:46	29 34 9	7Sg25	9 6	22 51	14 26	0 52	21 6	8 22	13 43	17 48	15 53
19	21:56:42	0Pi34 40	19 30	10 35	23 14	15 10	0 51	21 12	8 24	13 44	17 48R	15 50
20	22: 0:39	1 35 10	1Cp48	12 5	23 39	15 54	0 50	21 18	8 27	13 46	17 48	15 47
21	22: 4:35	2 35 38	14 24	13 35	24 5	16 38	0 49	21 24	8 29	13 48	17 48	15 44
22	22: 8:33	3 36 5	27 20	15 7	24 33	17 22	0 48	21 30	8 32	13 49	17 48	15 41
23	22:12:29	4 36 30	10Aq37	16 40	25 3	18 6	0 48	21 36	8 34	13 51	17 47	15 37
24	22:16:25	5 36 54	24 18	18 13	25 34	18 50	0 48	21 42	8 36	13 53	17 47	15 34
25	22:20:22	6 37 17	8Pi18	19 48	26 7	19 34	0 48D	21 47	8 39	13 54	17 47	15 31
26	22:24:18	7 37 37	22 36	21 24	26 41	20 18	0 48	21 53	8 41	13 56	17 47	15 28
27	22:28:15	8 37 56	7Ar 5	23 1	27 16	21 2	0 49	21 59	8 43	13 57	17 47	15 25
28	22:32:11	9 38 13	21 40	24 38	27 53	21 46	0 49	22 4	8 45	13 59	17 46	15 22

2/18 Sun in Pis. 22:15   2/2 1st Qt. 18:34   2/9 Full 19:17(E)   2/17 3rd Qt. 18:48   2/25 New 8:56

MARCH 1990

Day	Sid. T.	Sun	Moon	Merc.	Venus	Mars	Jup.	Saturn	Uranus	Nept.	Pluto	N.Node
1	22:36: 8	10Pi38 28	6Ta13	26Aq17	28Cp31	22Cp30	0Cn50	22Cp10	8Cp47	14Cp 0	17Sc46R	15Aq18
2	22:40: 4	11 38 41	20 40	27 57	29 10	23 14	0 51	22 15	8 50	14 2	17 45	15 15
3	22:44: 1	12 38 52	4Ge57	29 38	29 50	23 58	0 52	22 21	8 52	14 3	17 45	15 12
4	22:47:58	13 39 0	19 0	1Pi20	0Aq31	24 43	0 54	22 26	8 54	14 4	17 45	15 9
5	22:51:54	14 39 7	2Cn50	3 3	1 14	25 27	0 55	22 31	8 56	14 6	17 44	15 6
6	22:55:50	15 39 12	16 25	4 47	1 57	26 11	0 57	22 36	8 58	14 7	17 44	15 2
7	22:59:47	16 39 14	29 46	6 32	2 42	26 55	0 59	22 42	8 59	14 8	17 43	14 59
8	23: 3:44	17 39 14	12Le54	8 18	3 27	27 40	1 1	22 47	9 1	14 10	17 43	14 56
9	23: 7:40	18 39 13	25 50	10 5	4 13	28 24	1 4	22 52	9 3	14 11	17 42	14 53
10	23:11:37	19 39 9	8Vi35	11 54	5 1	29 8	1 6	22 57	9 5	14 12	17 41	14 50
11	23:15:34	20 39 3	21 8	13 43	5 49	29 53	1 9	23 1	9 7	14 13	17 41	14 47
12	23:19:30	21 38 55	3Li31	15 34	6 37	0Aq37	1 12	23 6	9 8	14 14	17 40	14 43
13	23:23:26	22 38 45	15 43	17 26	7 27	1 21	1 15	23 11	9 10	14 16	17 39	14 40
14	23:27:24	23 38 34	27 47	19 19	8 17	2 6	1 19	23 16	9 11	14 17	17 38	14 37
15	23:31:20	24 38 21	9Sc45	21 13	9 8	2 50	1 22	23 20	9 13	14 18	17 38	14 34
16	23:35:16	25 38 6	21 38	23 8	10 0	3 35	1 26	23 25	9 14	14 19	17 37	14 31
17	23:39:13	26 37 49	3Sg30	25 4	10 53	4 19	1 30	23 29	9 16	14 20	17 36	14 28
18	23:43: 9	27 37 30	15 25	27 2	11 46	5 4	1 34	23 33	9 17	14 21	17 35	14 24
19	23:47: 5	28 37 10	27 27	29 0	12 39	5 48	1 38	23 38	9 19	14 22	17 34	14 21
20	23:51: 2	29 36 48	9Cp42	0Ar59	13 33	6 33	1 42	23 42	9 20	14 23	17 33	14 18
21	23:54:59	0Ar36 25	22 14	2 59	14 28	7 18	1 47	23 46	9 21	14 24	17 32	14 15
22	23:58:56	1 35 59	5Aq 8	5 0	15 24	8 2	1 52	23 50	9 22	14 25	17 31	14 12
23	0: 2:52	2 35 32	18 28	7 1	16 20	8 47	1 57	23 54	9 23	14 25	17 30	14 8
24	0: 6:49	3 35 3	2Pi14	9 2	17 16	9 31	2 2	23 58	9 24	14 26	17 29	14 5
25	0:10:45	4 34 32	16 27	11 4	18 13	10 16	2 7	24 2	9 25	14 27	17 28	14 2
26	0:14:41	5 33 59	1Ar 4	13 5	19 10	11 1	2 12	24 5	9 26	14 27	17 27	13 59
27	0:18:38	6 33 24	15 57	15 6	20 8	11 45	2 18	24 9	9 27	14 28	17 26	13 56
28	0:22:35	7 32 47	0Ta58	17 7	21 6	12 30	2 24	24 13	9 28	14 29	17 25	13 53
29	0:26:32	8 32 8	15 58	19 6	22 5	13 15	2 30	24 16	9 29	14 29	17 23	13 49
30	0:30:28	9 31 27	0Ge47	21 4	23 4	14 0	2 36	24 20	9 30	14 30	17 22	13 46
31	0:34:25	10 30 43	15 20	23 0	24 3	14 44	2 42	24 23	9 30	14 30	17 21	13 43

3/20 Sun in Ari. 21:20   3/4 1st Qt. 2:06   3/11 Full 10:59   3/19 3rd Qt. 14:31   3/26 New 19:49

APRIL 1990

Day	Sid. T.	Sun	Moon	Merc.	Venus	Mars	Jup.	Saturn	Uranus	Nept.	Pluto	N.Node
1	0:38:21	11Ar29 57	29Ge31	24Ar54	25Aq 3	15Aq29	2Cn48	24Cp26	9Cp31	14Cp31	17Sc20R	13Aq40
2	0:42:17	12 29 9	13Cn19	26 45	26 3	16 14	2 55	24 29	9 32	14 31	17 18	13 37
3	0:46:14	13 28 18	26 47	28 34	27 4	16 59	3 1	24 32	9 32	14 32	17 17	13 34
4	0:50:11	14 27 25	9Le54	0Ta 5	28 5	17 43	3 8	24 35	9 33	14 32	17 16	13 30
5	0:54: 8	15 26 30	22 46	2 0	29 6	18 28	3 15	24 38	9 33	14 33	17 14	13 27
6	0:58: 4	16 25 32	5Vi24	3 38	0Pi 7	19 13	3 22	24 41	9 34	14 33	17 13	13 24
7	1: 2: 0	17 24 33	17 50	5 11	1 9	19 58	3 30	24 44	9 34	14 33	17 12	13 21
8	1: 5:57	18 23 31	0Li 8	6 39	2 11	20 43	3 37	24 46	9 34	14 34	17 10	13 18
9	1: 9:53	19 22 26	12 18	8 3	3 13	21 27	3 45	24 49	9 35	14 34	17 7	13 14
10	1:13:50	20 21 20	24 21	9 21	4 16	22 12	3 52	24 51	9 35	14 34	17 7	13 11
11	1:17:47	21 20 12	6Sc19	10 34	5 19	22 57	4 0	24 53	9 35	14 34	17 6	13 8
12	1:21:44	22 19 2	18 14	11 42	6 22	23 42	4 8	24 56	9 35	14 34	17 4	13 5
13	1:25:40	23 17 50	0Sg 6	12 44	7 26	24 27	4 16	24 58	9 35	14 35	17 2	13 2
14	1:29:36	24 16 37	11 58	13 40	8 29	25 12	4 24	25 0	9 35R	14 35	17 1	12 59
15	1:33:33	25 15 21	23 53	14 30	9 33	25 57	4 33	25 2	9 35	14 35	17 0	12 55
16	1:37:29	26 14 4	5Cp54	15 14	10 37	26 41	4 41	25 4	9 35	14 35R	16 58	12 52
17	1:41:26	27 12 45	18 7	15 52	11 41	27 26	4 50	25 5	9 35	14 35	16 57	12 49
18	1:45:23	28 11 25	0Aq35	16 23	12 46	28 11	4 58	25 7	9 35	14 35	16 55	12 46
19	1:49:19	29 10 3	13 24	16 49	13 51	28 56	5 7	25 9	9 34	14 34	16 54	12 43
20	1:53:15	0Ta 8 39	26 39	17 9	14 56	29 41	5 16	25 10	9 34	14 34	16 52	12 40
21	1:57:12	1 7 13	10Pi21	17 22	16 1	0Pi26	5 25	25 11	9 34	14 34	16 51	12 36
22	2: 1: 9	2 5 46	24 34	17 30	17 6	1 11	5 34	25 13	9 33	14 34	16 49	12 33
23	2: 5: 5	3 4 17	9Ar14	17 31R	18 12	1 55	5 43	25 14	9 33	14 34	16 47	12 30
24	2: 9: 2	4 2 46	24 16	17 27	19 17	2 40	5 53	25 15	9 32	14 34	16 46	12 27
25	2:12:59	5 1 14	9Ta31	17 18	20 23	3 25	6 2	25 16	9 32	14 33	16 44	12 24
26	2:16:55	5 59 39	24 48	17 3	21 29	4 10	6 12	25 17	9 31	14 33	16 42	12 20
27	2:20:51	6 58 3	9Ge56	16 44	22 36	4 55	6 21	25 18	9 30	14 33	16 41	12 17
28	2:24:48	7 56 25	24 45	16 20	23 42	5 40	6 31	25 18	9 30	14 32	16 39	12 14
29	2:28:45	8 54 45	9Cn 9	15 53	24 48	6 25	6 41	25 19	9 29	14 32	16 37	12 11
30	2:32:41	9 53 3	23 6	15 22	25 55	7 9	6 51	25 19	9 28	14 31	16 36	12 8

4/20 Sun in Tau. 8:27   4/2 1st Qt. 10:25   4/10 Full 3:19   4/18 3rd Qt. 7:03   4/25 New 4:28

Day	Sid. T.	Sun	Moon	Merc.	Venus	Mars	Jup.	Saturn	Uranus	Nept.	Pluto	N.Node
1	2:36:38	10Ta51 18	6Le37	14Ta48R	27Pi 2	7Pi54	7Cn 1	25Cp20	9Cp27R	14Cp31R	16Sc34R	12Aq 5
2	2:40:35	11 49 32	19 43	14 12	28 9	8 39	7 11	25 20	9 26	14 30	16 32	12 1
3	2:44:31	12 47 43	2Vi28	13 35	29 16	9 24	7 22	25 20	9 25	14 30	16 31	11 58
4	2:48:27	13 45 53	14 57	12 57	0Ar23	10 9	7 32	25 20	9 24	14 29	16 29	11 55
5	2:52:24	14 44 0	27 13	12 19	1 30	10 53	7 43	25 20R	9 23	14 29	16 27	11 52
6	2:56:20	15 42 6	9Li20	11 42	2 38	11 38	7 53	25 20	9 22	14 28	16 26	11 49
7	3: 0:16	16 40 10	21 21	11 5	3 45	12 23	8 4	25 20	9 21	14 27	16 24	11 46
8	3: 4:14	17 38 12	3Sc17	10 31	4 53	13 8	8 14	25 20	9 20	14 27	16 22	11 42
9	3: 8:10	18 36 12	15 11	9 59	6 0	13 52	8 25	25 19	9 19	14 26	16 21	11 39
10	3:12: 7	19 34 11	27 4	9 30	7 8	14 37	8 36	25 19	9 18	14 25	16 19	11 36
11	3:16: 3	20 32 8	8Sg56	9 4	8 16	15 22	8 47	25 18	9 16	14 25	16 17	11 33
12	3:20: 0	21 30 4	20 51	8 42	9 24	16 6	8 58	25 18	9 15	14 24	16 16	11 30
13	3:23:56	22 27 59	2Cp49	8 24	10 33	16 51	9 9	25 17	9 14	14 23	16 14	11 26
14	3:27:54	23 25 52	14 54	8 10	11 41	17 35	9 21	25 16	9 12	14 22	16 12	11 23
15	3:31:50	24 23 44	27 9	8 1	12 49	18 20	9 32	25 15	9 11	14 21	16 11	11 20
16	3:35:46	25 21 34	9Aq38	7 56	14 5	19 5	9 43	25 14	9 9	14 20	16 9	11 17
17	3:39:43	26 19 23	22 25	7 56D	15 6	19 49	9 55	25 13	9 8	14 19	16 7	11 14
18	3:43:39	27 17 12	5Pi35	8 0	16 15	20 34	10 6	25 12	9 6	14 19	16 6	11 11
19	3:47:36	28 14 59	19 11	8 8	17 24	21 18	10 18	25 10	9 5	14 18	16 4	11 7
20	3:51:32	29 12 45	3Ar15	8 22	18 32	22 2	10 30	25 9	9 3	14 17	16 2	11 4
21	3:55:30	0Ge10 30	17 46	8 40	19 41	22 47	10 41	25 7	9 1	14 16	16 1	11 1
22	3:59:26	1 8 13	2Ta41	9 2	20 50	23 31	10 53	25 6	9 0	14 14	15 59	10 58
23	4: 3:22	2 5 56	17 53	9 28	21 59	24 16	11 5	25 4	8 58	14 13	15 57	10 55
24	4: 7:19	3 3 38	3Ge11	9 59	23 9	25 0	11 17	25 2	8 56	14 12	15 56	10 51
25	4:11:15	4 1 18	18 24	10 33	24 18	25 44	11 29	25 0	8 54	14 11	15 54	10 48
26	4:15:11	4 58 57	3Cn21	11 12	25 27	26 28	11 41	24 58	8 52	14 10	15 53	10 45
27	4:19: 8	5 56 35	17 55	11 55	26 37	27 13	11 53	24 56	8 50	14 9	15 51	10 42
28	4:23: 5	6 54 11	2Le 2	12 41	27 46	27 57	12 5	24 54	8 48	14 8	15 50	10 39
29	4:27: 1	7 51 46	15 40	13 31	28 56	28 41	12 18	24 52	8 47	14 6	15 48	10 36
30	4:30:58	8 49 19	28 51	14 24	0Ta 5	29 25	12 30	24 49	8 45	14 5	15 47	10 32
31	4:34:55	9 46 51	11Vi38	15 21	1 15	0Ar 9	12 42	24 47	8 43	14 4	15 45	10 29

5/21 Sun in Gem. 7:38   5/1 1st Qt. 20:19   5/9 Full 19:32   5/17 3rd Qt. 19:46   5/24 New 11:48   5/31 1st Qt. 8:12

Day	Sid. T.	Sun	Moon	Merc.	Venus	Mars	Jup.	Saturn	Uranus	Nept.	Pluto	N.Node
1	4:38:51	10Ge44 22	24Vi 6	16Ta21	2Ta25	0Ar53	12Cn55	24Cp45R	8Cp41R	14Cp 3R	15Sc44R	10Aq26
2	4:42:47	11 41 51	6Li20	17 24	3 34	1 37	13 7	24 42	8 38	14 1	15 42	10 23
3	4:46:44	12 39 19	18 23	18 31	4 44	2 21	13 20	24 39	8 36	14 0	15 41	10 20
4	4:50:41	13 36 46	0Sc19	19 41	5 54	3 4	13 32	24 37	8 34	13 59	15 39	10 17
5	4:54:37	14 34 11	12 12	20 53	7 4	3 48	13 45	24 34	8 32	13 57	15 38	10 13
6	4:58:34	15 31 36	24 4	22 9	8 14	4 32	13 57	24 31	8 30	13 56	15 36	10 10
7	5: 2:31	16 29 0	5Sg57	23 28	9 24	5 15	14 10	24 28	8 28	13 55	15 35	10 7
8	5: 6:26	17 26 23	17 53	24 50	10 34	5 59	14 23	24 25	8 26	13 53	15 34	10 4
9	5:10:23	18 23 45	29 54	26 14	11 44	6 43	14 35	24 22	8 23	13 52	15 32	10 1
10	5:14:20	19 21 6	12Cp 1	27 42	12 55	7 26	14 48	24 19	8 21	13 50	15 31	9 57
11	5:18:17	20 18 27	24 13	29 12	14 5	8 10	15 1	24 16	8 19	13 49	15 30	9 54
12	5:22:13	21 15 47	6Aq40	0Ge45	15 15	8 53	15 14	24 12	8 17	13 48	15 28	9 51
13	5:26:10	22 13 6	19 17	2 21	16 26	9 36	15 27	24 9	8 14	13 46	15 27	9 48
14	5:30: 6	23 10 25	2Pi10	4 0	17 36	10 19	15 40	24 5	8 12	13 45	15 26	9 45
15	5:34: 2	24 7 44	15 21	5 41	18 47	11 3	15 53	24 2	8 10	13 43	15 25	9 42
16	5:37:59	25 5 2	28 54	7 26	19 57	11 46	16 6	23 58	8 7	13 42	15 23	9 38
17	5:41:56	26 2 20	12Ar50	9 13	21 8	12 29	16 19	23 55	8 5	13 40	15 21	9 35
18	5:45:53	26 59 38	27 8	11 2	22 19	13 12	16 32	23 51	8 3	13 39	15 21	9 32
19	5:49:49	27 56 55	11Ta48	12 55	23 29	13 54	16 45	23 47	8 0	13 37	15 20	9 29
20	5:53:46	28 54 13	26 43	14 50	24 40	14 37	16 58	23 44	7 58	13 36	15 19	9 26
21	5:57:42	29 51 30	11Ge45	16 47	25 51	15 20	17 12	23 40	7 55	13 34	15 18	9 23
22	6: 1:38	0Cn48 46	26 47	18 46	27 2	16 3	17 25	23 36	7 53	13 32	15 17	9 19
23	6: 5:35	1 46 3	11Cn38	20 48	28 13	16 45	17 38	23 32	7 51	13 31	15 16	9 16
24	6: 9:32	2 43 19	26 10	22 52	29 24	17 28	17 51	23 28	7 48	13 29	15 14	9 13
25	6:13:29	3 40 34	10Le19	24 57	0Ge35	18 10	18 5	23 24	7 46	13 28	15 13	9 10
26	6:17:25	4 37 49	24 2	27 4	1 46	18 52	18 18	23 20	7 43	13 26	15 12	9 7
27	6:21:21	5 35 3	7Vi18	29 13	2 57	19 35	18 31	23 16	7 41	13 24	15 11	9 3
28	6:25:18	6 32 17	20 10	1Cn22	4 8	20 17	18 44	23 12	7 38	13 23	15 11	9 0
29	6:29:14	7 29 30	2Li42	3 32	5 19	20 59	18 58	23 8	7 36	13 21	15 10	8 57
30	6:33:11	8 26 43	14 57	5 43	6 31	21 41	19 11	23 3	7 34	13 20	15 9	8 54

6/21 Sun in Can. 15:34   6/8 Full 11:02   6/16 3rd Qt. 4:49   6/22 New 18:56   6/29 1st Qt. 22:08

JULY 1990

Day	Sid. T.	Sun	Moon	Merc.	Venus	Mars	Jup.	Saturn	Uranus	Nept.	Pluto	N.Node
1	6:37: 8	9Cn23 56	27Li 0	7Cn54	7Ge42	22Ar23	19Cn25	22Cp59R	7Cp31R	13Cp18R	15Sc 8R	8Aq51
2	6:41: 5	10 21 8	8Sc56	10 5	8 53	23 4	19 38	22 55	7 29	13 16	15 8	8 48
3	6:45: 1	11 18 20	20 48	12 15	10 5	23 46	19 51	22 51	7 26	13 15	15 7	8 44
4	6:48:57	12 15 31	2Sg41	14 25	11 16	24 27	20 5	22 46	7 24	13 13	15 6	8 41
5	6:52:54	13 12 43	14 37	16 34	12 28	25 9	20 18	22 42	7 21	13 12	15 6	8 38
6	6:56:50	14 9 54	26 38	18 42	13 39	25 50	20 32	22 38	7 19	13 10	15 5	8 35
7	7: 0:47	15 7 5	8Cp48	20 49	14 51	26 31	20 45	22 33	7 17	13 8	15 4	8 32
8	7: 4:44	16 4 17	21 7	22 54	16 2	27 12	20 59	22 29	7 14	13 7	15 4	8 29
9	7: 8:41	17 1 28	3Aq36	24 58	17 14	27 53	21 12	22 24	7 12	13 5	15 3	8 25
10	7:12:37	17 58 40	16 17	27 0	18 26	28 34	21 26	22 20	7 9	13 3	15 3	8 22
11	7:16:33	18 55 52	29 11	29 1	19 37	29 15	21 39	22 16	7 7	13 2	15 2	8 19
12	7:20:30	19 53 4	12Pi19	1Le 0	20 49	29 56	21 52	22 11	7 5	13 0	15 2	8 16
13	7:24:26	20 50 17	25 42	2 57	22 1	0Ta36	22 6	22 7	7 2	12 59	15 1	8 13
14	7:28:23	21 47 30	9Ar20	4 53	23 13	1 16	22 19	22 2	7 0	12 57	15 1	8 9
15	7:32:20	22 44 44	23 15	6 46	24 25	1 57	22 33	21 58	6 58	12 55	15 0	8 6
16	7:36:16	23 41 58	7Ta25	8 38	25 37	2 37	22 46	21 53	6 55	12 54	15 0	8 3
17	7:40:12	24 39 13	21 48	10 28	26 49	3 17	23 0	21 49	6 53	12 52	15 0	8 0
18	7:44: 9	25 36 29	6Ge22	12 16	28 1	3 57	23 13	21 45	6 51	12 51	15 0	7 57
19	7:48: 6	26 33 46	21 3	14 2	29 13	4 36	23 27	21 40	6 49	12 49	14 59	7 54
20	7:52: 2	27 31 3	5Cn38	15 46	0Cn25	5 16	23 40	21 36	6 46	12 48	14 59	7 50
21	7:55:59	28 28 21	20 9	17 29	1 37	5 55	23 53	21 31	6 44	12 46	14 59	7 47
22	7:59:56	29 25 40	4Le27	19 10	2 49	6 35	24 7	21 27	6 42	12 44	14 59	7 44
23	8: 3:52	0Le22 59	18 26	20 48	4 2	7 14	24 20	21 23	6 40	12 43	14 59	7 41
24	8: 7:48	1 20 18	2Vi 5	22 25	5 14	7 53	24 34	21 18	6 38	12 41	14 59	7 38
25	8:11:45	2 17 38	15 21	24 1	6 26	8 31	24 47	21 14	6 36	12 40	14 59	7 35
26	8:15:42	3 14 58	28 15	25 34	7 39	9 10	25 0	21 10	6 34	12 38	14 59D	7 31
27	8:19:38	4 12 19	10Li49	27 5	8 51	9 48	25 14	21 5	6 31	12 37	14 59	7 28
28	8:23:35	5 9 40	23 6	28 35	10 4	10 27	25 27	21 1	6 29	12 35	14 59	7 25
29	8:27:31	6 7 2	5Sc11	0Vi 3	11 16	11 5	25 40	20 57	6 27	12 34	14 59	7 22
30	8:31:28	7 4 24	17 8	1 29	12 29	11 43	25 54	20 53	6 25	12 32	14 59	7 19
31	8:35:24	8 1 47	29 1	2 53	13 41	12 21	26 7	20 48	6 23	12 31	14 59	7 15

7/23 Sun in Leo 2:23   7/8 Full 1:24   7/15 3rd Qt. 11:05   7/22 New 2:55(E)   7/29 1st Qt. 14:02

AUGUST 1990

Day	Sid. T.	Sun	Moon	Merc.	Venus	Mars	Jup.	Saturn	Uranus	Nept.	Pluto	N.Node
1	8:39:21	8Le59 10	10Sg54	4Vi15	14Cn54	12Ta58	26Cn20	20Cp44R	6Cp22R	12Cp30R	14Sc59	7Aq12
2	8:43:17	9 56 34	22 53	5 35	16 7	13 36	26 34	20 40	6 20	12 28	15 0	7 9
3	8:47:13	10 53 59	5Cp 0	6 53	17 20	14 13	26 47	20 36	6 18	12 27	15 0	7 6
4	8:51:11	11 51 24	17 18	8 9	18 32	14 50	27 0	20 32	6 16	12 26	15 0	7 3
5	8:55: 7	12 48 51	29 50	9 22	19 45	15 27	27 13	20 28	6 14	12 24	15 0	7 0
6	8:59: 4	13 46 18	12Aq36	10 34	20 58	16 3	27 26	20 24	6 12	12 23	15 1	6 56
7	9: 3: 0	14 43 46	25 39	11 43	22 11	16 40	27 39	20 21	6 11	12 22	15 1	6 53
8	9: 6:57	15 41 15	8Pi56	12 50	23 24	17 16	27 53	20 17	6 9	12 20	15 2	6 50
9	9:10:53	16 38 45	22 27	13 55	24 37	17 52	28 6	20 13	6 7	12 19	15 2	6 47
10	9:14:49	17 36 17	6Ar11	14 57	25 50	18 28	28 19	20 9	6 6	12 18	15 3	6 44
11	9:18:47	18 33 50	20 6	15 56	27 3	19 3	28 32	20 6	6 4	12 16	15 3	6 40
12	9:22:43	19 31 24	4Ta 9	16 52	28 16	19 39	28 45	20 2	6 3	12 15	15 4	6 37
13	9:26:40	20 29 0	18 19	17 46	29 29	20 14	28 58	19 59	6 1	12 14	15 4	6 34
14	9:30:36	21 26 38	2Ge33	18 37	0Le42	20 49	29 11	19 55	6 0	12 13	15 5	6 31
15	9:34:32	22 24 17	16 49	19 24	1 56	21 23	29 23	19 52	5 58	12 12	15 6	6 28
16	9:38:29	23 21 57	1Cn 3	20 8	3 9	21 58	29 36	19 48	5 57	12 11	15 6	6 25
17	9:42:26	24 19 39	15 14	20 48	4 22	22 32	29 49	19 45	5 55	12 9	15 7	6 21
18	9:46:22	25 17 23	29 18	21 25	5 36	23 6	0Le 2	19 42	5 54	12 8	15 8	6 18
19	9:50:19	26 15 8	13Le12	21 57	6 49	23 39	0 15	19 39	5 53	12 7	15 9	6 15
20	9:54:16	27 12 54	26 52	22 25	8 3	24 13	0 27	19 36	5 52	12 6	15 10	6 12
21	9:58:12	28 10 42	10Vi17	22 49	9 16	24 46	0 40	19 33	5 50	12 5	15 11	6 9
22	10: 2: 8	29 8 31	23 24	23 8	10 30	25 19	0 52	19 30	5 49	12 4	15 11	6 6
23	10: 6: 5	0Vi 6 21	6Li13	23 23	11 43	25 51	1 5	19 27	5 48	12 3	15 12	6 2
24	10:10: 2	1 4 12	18 46	23 31	12 57	26 24	1 18	19 24	5 47	12 2	15 13	5 59
25	10:13:58	2 2 5	1Sc 3	23 34	14 11	26 56	1 30	19 22	5 46	12 2	15 14	5 56
26	10:17:55	2 59 59	13 8	23 32R	15 24	27 27	1 42	19 19	5 45	12 1	15 15	5 53
27	10:21:52	3 57 55	25 4	23 23	16 38	27 59	1 55	19 16	5 44	12 0	15 16	5 50
28	10:25:48	4 55 51	6Sg56	23 9	17 52	28 30	2 7	19 14	5 43	11 59	15 18	5 46
29	10:29:44	5 53 49	18 50	22 49	19 5	29 0	2 19	19 12	5 42	11 58	15 19	5 43
30	10:33:41	6 51 49	0Cp49	22 23	20 19	29 31	2 31	19 9	5 42	11 57	15 20	5 40
31	10:37:38	7 49 49	12 58	21 50	21 33	0Ge 1	2 44	19 7	5 41	11 57	15 21	5 37

8/23 Sun in Vir. 9:22   8/6 Full 14:20(E)   8/13 3rd Qt. 15:55   8/20 New 12:40   8/28 1st Qt. 7:35

Day	Sid. T.	Sun	Moon	Merc.	Venus	Mars	Jup.	Saturn	Uranus	Nept.	Pluto	N.Node
1	10:41:34	8Vi47 51	25Cp21	21Vi12R	22Le47	0Ge31	2Le56	19Cp 5R	5Cp40R	11Cp56R	15Sc22	5Aq34
2	10:45:31	9 45 55	8Aq 3	20 29	24 1	1 0	3 8	19 3	5 40	11 55	15 24	5 31
3	10:49:27	10 44 0	21 4	19 40	25 15	1 29	3 20	19 1	5 39	11 55	15 25	5 27
4	10:53:23	11 42 6	4Pi26	18 48	26 29	1 58	3 31	18 59	5 39	11 54	15 26	5 24
5	10:57:20	12 40 15	18 8	17 52	27 43	2 26	3 43	18 58	5 38	11 53	15 28	5 21
6	11: 1:17	13 38 24	2Ar 7	16 54	28 57	2 54	3 55	18 56	5 38	11 53	15 29	5 18
7	11: 5:14	14 36 36	16 19	15 55	0Vi11	3 21	4 7	18 54	5 37	11 52	15 30	5 15
8	11: 9:10	15 34 50	0Ta38	14 56	1 25	3 49	4 18	18 53	5 37	11 52	15 32	5 12
9	11:13: 7	16 33 6	15 1	13 58	2 40	4 15	4 30	18 51	5 37	11 51	15 33	5 8
10	11:17: 3	17 31 23	29 21	13 3	3 54	4 42	4 41	18 50	5 36	11 51	15 35	5 5
11	11:20:59	18 29 43	13Ge36	12 13	5 8	5 8	4 53	18 49	5 36	11 50	15 36	5 2
12	11:24:56	19 28 5	27 43	11 27	6 22	5 33	5 4	18 48	5 36	11 50	15 38	4 59
13	11:28:53	20 26 30	11Cn42	10 49	7 37	5 58	5 15	18 47	5 36	11 50	15 39	4 56
14	11:32:50	21 24 56	25 30	10 17	8 51	6 23	5 27	18 46	5 36	11 49	15 41	4 52
15	11:36:46	22 23 24	9Le 9	9 54	10 5	6 47	5 38	18 45	5 36D	11 49	15 43	4 49
16	11:40:42	23 21 55	22 36	9 40	11 20	7 11	5 49	18 44	5 36	11 49	15 44	4 46
17	11:44:39	24 20 27	5Vi53	9 35	12 34	7 34	6 0	18 44	5 36	11 49	15 46	4 43
18	11:48:35	25 19 2	18 58	9 40D	13 49	7 56	6 10	18 43	5 36	11 48	15 48	4 40
19	11:52:32	26 17 38	1Li49	9 54	15 3	8 19	6 21	18 43	5 36	11 48	15 49	4 37
20	11:56:29	27 16 16	14 28	10 18	16 18	8 40	6 32	18 43	5 37	11 48	15 51	4 33
21	12: 0:26	28 14 56	26 53	10 51	17 32	9 1	6 42	18 42	5 37	11 48	15 53	4 30
22	12: 4:22	29 13 38	9Sc 5	11 33	18 47	9 22	6 53	18 42	5 37	11 48	15 55	4 27
23	12: 8:18	0Li12 22	21 7	12 23	20 2	9 42	7 3	18 42D	5 38	11 48	15 56	4 24
24	12:12:15	1 11 8	3Sg 2	13 22	21 16	10 2	7 14	18 42	5 38	11 48D	15 58	4 21
25	12:16:11	2 9 55	14 52	14 27	22 31	10 21	7 24	18 42	5 39	11 48	16 0	4 18
26	12:20: 8	3 8 44	26 43	15 39	23 46	10 39	7 34	18 43	5 39	11 48	16 2	4 14
27	12:24: 5	4 7 35	8Cp40	16 56	25 0	10 57	7 44	18 43	5 40	11 48	16 4	4 11
28	12:28: 2	5 6 27	20 47	18 19	26 15	11 14	7 54	18 44	5 41	11 48	16 6	4 8
29	12:31:58	6 5 22	3Aq11	19 47	27 30	11 31	8 4	18 44	5 41	11 49	16 8	4 5
30	12:35:54	7 4 18	15 55	21 18	28 44	11 47	8 13	18 45	5 42	11 49	16 10	4 2

9/23 Sun in Lib. 6:57   9/5 Full 1:46   9/11 3rd Qt. 20:54   9/19 New 0:47   9/27 1st Qt. 2:06

Day	Sid. T.	Sun	Moon	Merc.	Venus	Mars	Jup.	Saturn	Uranus	Nept.	Pluto	N.Node
1	12:39:51	8Li 3 15	29Aq 3	22Vi53	29Vi59	12Ge 2	8Le23	18Cp46	5Cp43	11Cp49	16Sc12	3Aq58
2	12:43:47	9 2 15	12Pi37	24 31	1Li14	12 17	8 32	18 46	5 44	11 49	16 14	3 55
3	12:47:43	10 1 16	26 37	26 10	2 29	12 31	8 42	18 47	5 45	11 50	16 16	3 52
4	12:51:41	11 0 20	10Ar59	27 52	3 44	12 44	8 51	18 49	5 46	11 50	16 18	3 49
5	12:55:37	11 59 25	25 38	29 35	4 59	12 57	9 0	18 50	5 47	11 50	16 20	3 46
6	12:59:33	12 58 33	10Ta25	1Li19	6 13	13 8	9 9	18 51	5 48	11 51	16 22	3 43
7	13: 3:30	13 57 42	25 13	3 4	7 28	13 20	9 18	18 52	5 49	11 51	16 24	3 39
8	13: 7:27	14 56 55	9Ge53	4 50	8 43	13 30	9 27	18 54	5 50	11 52	16 26	3 36
9	13:11:23	15 56 9	24 21	6 35	9 58	13 40	9 35	18 55	5 52	11 52	16 29	3 33
10	13:15:19	16 55 26	8Cn32	8 21	11 13	13 49	9 44	18 57	5 53	11 53	16 31	3 30
11	13:19:17	17 54 45	22 26	10 7	12 28	13 57	9 52	18 59	5 54	11 53	16 33	3 27
12	13:23:13	18 54 6	6Le 3	11 52	13 43	14 4	10 0	19 1	5 55	11 54	16 35	3 24
13	13:27: 9	19 53 30	19 24	13 38	14 58	14 11	10 9	19 3	5 57	11 54	16 37	3 20
14	13:31: 6	20 52 56	2Vi31	15 22	16 13	14 17	10 17	19 5	5 58	11 55	16 39	3 17
15	13:35: 3	21 52 24	15 27	17 7	17 28	14 22	10 24	19 7	6 0	11 56	16 42	3 14
16	13:38:59	22 51 55	28 11	18 51	18 43	14 26	10 32	19 9	6 1	11 57	16 44	3 11
17	13:42:56	23 51 27	10Li45	20 34	19 59	14 29	10 40	19 11	6 3	11 57	16 46	3 8
18	13:46:53	24 51 2	23 5	22 17	21 14	14 32	10 47	19 14	6 5	11 58	16 49	3 4
19	13:50:49	25 50 38	5Sc23	23 59	22 29	14 33	10 55	19 16	6 6	11 59	16 51	3 1
20	13:54:45	26 50 17	17 28	25 41	23 44	14 34	11 2	19 19	6 8	12 0	16 53	2 58
21	13:58:42	27 49 58	29 25	27 22	24 59	14 34R	11 9	19 22	6 10	12 1	16 55	2 55
22	14: 2:38	28 49 40	11Sg17	29 3	26 14	14 33	11 16	19 24	6 12	12 2	16 58	2 52
23	14: 6:34	29 49 24	23 5	0Sc42	27 29	14 31	11 23	19 27	6 14	12 3	17 0	2 49
24	14:10:32	0Sc49 10	4Cp54	2 22	28 45	14 28	11 29	19 30	6 16	12 4	17 2	2 45
25	14:14:28	1 48 58	16 48	4 0	0Sc 0	14 24	11 36	19 33	6 18	12 5	17 5	2 42
26	14:18:25	2 48 48	28 52	5 39	1 15	14 20	11 42	19 36	6 20	12 6	17 7	2 39
27	14:22:21	3 48 39	11Aq11	7 16	2 30	14 14	11 48	19 40	6 22	12 7	17 10	2 36
28	14:26:18	4 48 32	23 51	8 53	3 45	14 8	11 54	19 43	6 24	12 8	17 12	2 33
29	14:30:14	5 48 26	6Pi57	10 30	5 1	14 1	12 0	19 46	6 26	12 9	17 14	2 29
30	14:34:10	6 48 22	20 31	12 6	6 16	13 53	12 6	19 50	6 28	12 10	17 17	2 26
31	14:38: 8	7 48 20	4Ar36	13 41	7 31	13 44	12 11	19 54	6 30	12 11	17 19	2 23

10/23 Sun in Sco. 16:15   10/4 Full 12:03   10/11 3rd Qt. 3:32   10/18 New 15:37   10/26 1st Qt. 20:27

NOVEMBER 1990

Day	Sid. T.	Sun	Moon	Merc.	Venus	Mars	Jup.	Saturn	Uranus	Nept.	Pluto	N.Node
1	14:42: 4	8Sc48 19	19Ar 8	15Sc17	8Sc46	13Ge34R	12Le17	19Cp57	6Cp33	12Cp13	17Sc21	2Aq20
2	14:46: 1	9 48 20	4Ta 3	16 51	10 1	13 23	12 22	20 1	6 35	12 14	17 24	2 17
3	14:49:57	10 48 23	19 10	18 25	11 17	13 11	12 27	20 5	6 37	12 15	17 26	2 14
4	14:53:53	11 48 28	4Ge21	19 59	12 32	12 59	12 32	20 9	6 40	12 16	17 29	2 10
5	14:57:50	12 48 35	19 25	21 33	13 47	12 46	12 37	20 13	6 42	12 18	17 31	2 7
6	15: 1:46	13 48 45	4Cn12	23 6	15 3	12 32	12 41	20 17	6 45	12 19	17 34	2 4
7	15: 5:43	14 48 56	18 37	24 38	16 18	12 17	12 45	20 21	6 47	12 21	17 36	2 1
8	15: 9:40	15 49 9	2Le39	26 10	17 33	12 1	12 50	20 25	6 50	12 22	17 38	1 58
9	15:13:37	16 49 24	16 17	27 42	18 48	11 45	12 54	20 30	6 52	12 23	17 41	1 55
10	15:17:33	17 49 41	29 33	29 14	20 4	11 28	12 58	20 34	6 55	12 25	17 43	1 51
11	15:21:29	18 50 0	12Vi31	0Sg45	21 19	11 10	13 1	20 38	6 58	12 26	17 46	1 48
12	15:25:26	19 50 21	25 13	2 16	22 34	10 52	13 5	20 43	7 0	12 28	17 48	1 45
13	15:29:23	20 50 44	7Li42	3 47	23 50	10 33	13 8	20 48	7 3	12 29	17 50	1 42
14	15:33:19	21 51 9	20 1	5 17	25 5	10 13	13 11	20 52	7 6	12 31	17 53	1 39
15	15:37:16	22 51 36	2Sc11	6 46	26 20	9 53	13 14	20 57	7 9	12 33	17 55	1 35
16	15:41:13	23 52 4	14 15	8 16	27 36	9 33	13 17	21 2	7 11	12 34	17 58	1 32
17	15:45: 9	24 52 34	26 12	9 45	28 51	9 12	13 19	21 7	7 14	12 36	18 0	1 29
18	15:49: 5	25 53 6	8Sg 5	11 14	0Sg 6	8 51	13 22	21 12	7 17	12 38	18 3	1 26
19	15:53: 2	26 53 39	19 54	12 42	1 22	8 29	13 24	21 17	7 20	12 39	18 5	1 23
20	15:56:59	27 54 13	1Cp42	14 10	2 37	8 7	13 26	21 22	7 23	12 41	18 7	1 20
21	16: 0:55	28 54 49	13 32	15 37	3 52	7 44	13 28	21 27	7 26	12 43	18 10	1 16
22	16: 4:52	29 55 27	25 26	17 3	5 8	7 22	13 29	21 32	7 29	12 45	18 12	1 13
23	16: 8:48	0Sg56 5	7Aq30	18 29	6 23	6 59	13 31	21 38	7 32	12 46	18 15	1 10
24	16:12:44	1 56 44	19 46	19 55	7 38	6 37	13 32	21 43	7 35	12 48	18 17	1 7
25	16:16:41	2 57 25	2Pi22	21 19	8 54	6 14	13 33	21 48	7 38	12 50	18 19	1 4
26	16:20:38	3 58 7	15 21	22 43	10 9	5 51	13 34	21 54	7 41	12 52	18 22	1 1
27	16:24:35	4 58 49	28 47	24 5	11 24	5 29	13 35	22 0	7 45	12 54	18 24	0 57
28	16:28:31	5 59 33	12Ar44	25 27	12 40	5 6	13 35	22 5	7 48	12 56	18 26	0 54
29	16:32:28	7 0 18	27 10	26 47	13 55	4 44	13 35	22 11	7 51	12 58	18 29	0 51
30	16:36:24	8 1 4	12Ta 2	28 5	15 11	4 22	13 35R	22 17	7 54	12 59	18 31	0 48

11/22 Sun in Sag. 13:48   11/2 Full 21:49   11/9 3rd Qt. 13:03   11/17 New 9:05   11/25 1st Qt. 13:12

DECEMBER 1990

Day	Sid. T.	Sun	Moon	Merc.	Venus	Mars	Jup.	Saturn	Uranus	Nept.	Pluto	N.Node
1	16:40:20	9Sg 1 51	27Ta12	29Sg22	16Sg26	4Ge 0R	13Le35R	22Cp22	7Cp57	13Cp 1	18Sc33	0Aq45
2	16:44:17	10 2 39	12Ge31	0Cp36	17 41	3 38	13 35	22 28	8 1	13 3	18 36	0 41
3	16:48:14	11 3 28	27 48	1 48	18 57	3 17	13 34	22 34	8 4	13 5	18 38	0 38
4	16:52:11	12 4 18	12Cn52	2 58	20 12	2 56	13 34	22 40	8 7	13 7	18 40	0 35
5	16:56: 7	13 5 10	27 35	4 4	21 27	2 36	13 33	22 46	8 11	13 9	18 42	0 32
6	17: 0: 4	14 6 3	11Le52	5 7	22 43	2 16	13 32	22 52	8 14	13 11	18 45	0 29
7	17: 4: 0	15 6 57	25 41	6 5	23 58	1 56	13 30	22 58	8 17	13 13	18 47	0 26
8	17: 7:56	16 7 53	9Vi 4	6 59	25 13	1 37	13 29	23 4	8 21	13 16	18 49	0 22
9	17:11:53	17 8 50	22 3	7 47	26 29	1 19	13 27	23 10	8 24	13 18	18 51	0 19
10	17:15:49	18 9 48	4Li42	8 30	27 44	1 2	13 25	23 17	8 27	13 20	18 54	0 16
11	17:19:47	19 10 47	17 5	9 5	28 59	0 44	13 23	23 23	8 31	13 22	18 56	0 13
12	17:23:43	20 11 47	29 16	9 32	0Cp15	0 28	13 21	23 29	8 34	13 24	18 58	0 10
13	17:27:39	21 12 48	11Sc17	9 51	1 30	0 12	13 18	23 36	8 38	13 26	19 0	0 7
14	17:31:36	22 13 51	23 12	10 0	2 45	29Ta57	13 16	23 42	8 41	13 28	19 2	0 3
15	17:35:32	23 14 54	5Sg 4	9 59R	4 1	29 43	13 13	23 49	8 45	13 30	19 4	0 0
16	17:39:29	24 15 58	16 54	9 46	5 16	29 30	13 9	23 55	8 48	13 33	19 6	29Cp57
17	17:43:26	25 17 3	28 43	9 22	6 31	29 17	13 6	24 2	8 52	13 35	19 8	29 54
18	17:47:23	26 18 8	10Cp35	8 47	7 47	29 5	13 3	24 8	8 55	13 37	19 10	29 51
19	17:51:19	27 19 14	22 30	8 0	9 2	28 54	12 59	24 15	8 59	13 39	19 13	29 47
20	17:55:15	28 20 20	4Aq32	7 2	10 17	28 44	12 55	24 21	9 2	13 41	19 15	29 44
21	17:59:12	29 21 27	16 42	5 55	11 33	28 34	12 51	24 28	9 6	13 44	19 17	29 41
22	18: 3: 8	0Cp22 34	29 4	4 41	12 48	28 26	12 47	24 35	9 9	13 46	19 18	29 38
23	18: 7: 5	1 23 41	11Pi41	3 21	14 3	28 18	12 43	24 41	9 13	13 48	19 20	29 35
24	18:11: 2	2 24 48	24 38	1 59	15 19	28 11	12 38	24 48	9 17	13 50	19 22	29 32
25	18:14:58	3 25 56	7Ar57	0 37	16 34	28 5	12 33	24 55	9 20	13 52	19 24	29 28
26	18:18:54	4 27 3	21 41	29Sg17	17 49	28 0	12 28	25 2	9 24	13 55	19 26	29 25
27	18:22:51	5 28 11	5Ta52	28 3	19 5	27 55	12 23	25 9	9 27	13 57	19 28	29 22
28	18:26:48	6 29 19	20 26	26 57	20 20	27 52	12 18	25 16	9 31	13 59	19 30	29 19
29	18:30:44	7 30 26	5Ge21	25 59	21 35	27 49	12 13	25 22	9 35	14 1	19 32	29 16
30	18:34:40	8 31 34	20 28	25 11	22 50	27 47	12 7	25 29	9 38	14 4	19 33	29 13
31	18:38:38	9 32 42	5Cn40	24 34	24 6	27 45	12 1	25 36	9 42	14 6	19 35	29 9

12/22 Sun in Cap. 3:08   12/2 Full 7:51   12/9 3rd Qt. 2:05   12/17 New 4:22   12/25 1st Qt. 3:17   12/31 Full 18:36

JANUARY 1991

Day	Sid. T.	Sun	Moon	Merc.	Venus	Mars	Jup.	Saturn	Uranus	Nept.	Pluto	N.Node
1	18:42:34	10Cp33 49	20Cn45	24Sg 6R	25Cp21	27Ta45R	11Le56R	25Cp43	9Cp45	14Cp 8	19Sc37	29Cp 6
2	18:46:30	11 34 57	5Le35	23 50	26 36	27 45D	11 50	25 50	9 49	14 11	19 39	29 3
3	18:50:27	12 36 6	20 2	23 43	27 51	27 47	11 43	25 57	9 53	14 13	19 40	29 0
4	18:54:24	13 37 14	4Vi 4	23 45D	29 7	27 48	11 37	26 4	9 56	14 15	19 42	28 57
5	18:58:20	14 38 22	17 39	23 56	0Aq22	27 51	11 31	26 11	10 0	14 17	19 44	28 53
6	19: 2:16	15 39 31	0Li46	24 14	1 37	27 54	11 24	26 18	10 3	14 20	19 45	28 50
7	19: 6:14	16 40 40	13 31	24 40	2 52	27 59	11 18	26 25	10 7	14 22	19 47	28 47
8	19:10:10	17 41 49	25 56	25 13	4 7	28 3	11 11	26 33	10 10	14 24	19 48	28 44
9	19:14: 6	18 42 58	8Sc 5	25 51	5 22	28 9	11 4	26 40	10 14	14 26	19 50	28 41
10	19:18: 3	19 44 7	20 3	26 34	6 38	28 15	10 57	26 47	10 18	14 29	19 51	28 38
11	19:21:59	20 45 16	1Sg55	27 22	7 53	28 22	10 50	26 54	10 21	14 31	19 53	28 34
12	19:25:55	21 46 25	13 44	28 14	9 8	28 30	10 43	27 1	10 25	14 33	19 54	28 31
13	19:29:53	22 47 34	25 33	29 11	10 23	28 38	10 35	27 8	10 28	14 36	19 55	28 28
14	19:33:49	23 48 43	7Cp25	0Cp10	11 38	28 47	10 28	27 15	10 32	14 38	19 57	28 25
15	19:37:46	24 49 51	19 23	1 12	12 53	28 56	10 21	27 22	10 35	14 40	19 58	28 22
16	19:41:42	25 50 59	1Aq29	2 17	14 8	29 6	10 13	27 29	10 39	14 42	19 59	28 18
17	19:45:39	26 52 6	13 43	3 25	15 23	29 17	10 5	27 37	10 42	14 45	20 1	28 15
18	19:49:35	27 53 13	26 8	4 35	16 38	29 28	9 58	27 44	10 46	14 47	20 2	28 12
19	19:53:31	28 54 19	8Pi45	5 46	17 53	29 40	9 50	27 51	10 49	14 49	20 3	28 9
20	19:57:29	29 55 24	21 35	7 0	19 8	29 53	9 42	27 58	10 53	14 51	20 4	28 6
21	20: 1:25	0Aq56 29	4Ar41	8 15	20 23	0Ge 6	9 34	28 5	10 56	14 53	20 5	28 3
22	20: 5:22	1 57 32	18 3	9 32	21 38	0 20	9 27	28 12	11 0	14 56	20 6	27 59
23	20: 9:18	2 58 35	1Ta43	10 50	22 53	0 34	9 19	28 19	11 3	14 58	20 8	27 56
24	20:13:15	3 59 36	15 40	12 9	24 8	0 48	9 11	28 27	11 6	15 0	20 9	27 53
25	20:17:11	5 0 37	29 56	13 30	25 23	1 3	9 3	28 34	11 10	15 2	20 10	27 50
26	20:21: 7	6 1 36	14Ge26	14 52	26 38	1 19	8 55	28 41	11 13	15 4	20 11	27 47
27	20:25: 4	7 2 34	29 8	16 14	27 53	1 35	8 47	28 48	11 16	15 6	20 11	27 44
28	20:29: 1	8 3 31	13Cn56	17 38	29 8	1 52	8 39	28 55	11 20	15 9	20 12	27 40
29	20:32:58	9 4 28	28 44	19 3	0Pi23	2 9	8 31	29 2	11 23	15 11	20 13	27 37
30	20:36:54	10 5 23	13Le23	20 29	1 37	2 26	8 23	29 9	11 26	15 13	20 14	27 34
31	20:40:50	11 6 17	27 47	21 55	2 52	2 44	8 15	29 16	11 30	15 15	20 14	27 31

1/20 Sun in Aqu. 13:48 1/7 3rd Qt. 18:36 1/15 New 23:50(E) 1/23 1st Qt. 14:23 1/30 Full 6:11

FEBRUARY 1991

Day	Sid. T.	Sun	Moon	Merc.	Venus	Mars	Jup.	Saturn	Uranus	Nept.	Pluto	N.Node
1	20:44:47	12Aq 7 10	11Vi51	23Cp23	4Pi 7	3Ge 3	8Le 7R	29Cp23	11Cp33	15Cp17	20Sc16	27Cp28
2	20:48:43	13 8 2	25 31	24 51	5 22	3 22	7 59	29 30	11 36	15 19	20 16	27 24
3	20:52:40	14 8 54	8Li46	26 20	6 36	3 41	7 51	29 37	11 39	15 21	20 17	27 21
4	20:56:37	15 9 44	21 37	27 50	7 51	4 0	7 43	29 44	11 42	15 23	20 18	27 18
5	21: 0:34	16 10 34	4Sc 7	29 21	9 5	4 20	7 35	29 51	11 45	15 25	20 18	27 15
6	21: 4:30	17 11 23	16 19	0Aq52	10 20	4 41	7 27	29 58	11 49	15 27	20 19	27 12
7	21: 8:26	18 12 10	28 19	2 24	11 35	5 1	7 19	0Aq 5	11 52	15 29	20 19	27 9
8	21:12:23	19 12 57	10Sg11	3 57	12 49	5 22	7 12	0 12	11 55	15 31	20 20	27 5
9	21:16:19	20 13 43	21 59	5 31	14 4	5 44	7 4	0 19	11 58	15 33	20 20	27 2
10	21:20:16	21 14 28	3Cp49	7 6	15 18	6 6	6 56	0 26	12 1	15 35	20 21	26 59
11	21:24:13	22 15 12	15 45	8 42	16 33	6 28	6 49	0 32	12 4	15 37	20 21	26 56
12	21:28: 9	23 15 54	27 49	10 18	17 47	6 50	6 42	0 39	12 7	15 39	20 22	26 53
13	21:32: 5	24 16 36	10Aq 6	11 55	19 1	7 13	6 34	0 46	12 10	15 41	20 22	26 50
14	21:36: 2	25 17 16	22 36	13 33	20 16	7 36	6 27	0 53	12 12	15 43	20 22	26 46
15	21:39:59	26 17 54	5Pi21	15 12	21 30	7 59	6 20	0 59	12 15	15 45	20 23	26 43
16	21:43:56	27 18 31	18 20	16 52	22 44	8 23	6 13	1 6	12 18	15 46	20 23	26 40
17	21:47:52	28 19 6	1Ar33	18 32	23 59	8 47	6 6	1 13	12 21	15 48	20 23	26 37
18	21:51:49	29 19 40	14 59	20 14	25 13	9 11	5 59	1 19	12 24	15 50	20 23	26 34
19	21:55:45	0Pi20 13	28 37	21 56	26 27	9 36	5 52	1 26	12 26	15 52	20 23	26 30
20	21:59:41	1 20 42	12Ta25	23 39	27 41	10 1	5 46	1 32	12 29	15 53	20 23	26 27
21	22: 3:38	2 21 10	26 23	25 24	28 55	10 26	5 39	1 39	12 32	15 55	20 23	26 24
22	22: 7:35	3 21 37	10Ge28	27 9	0Ar 9	10 51	5 33	1 45	12 34	15 57	20 23	26 21
23	22:11:32	4 22 1	24 41	28 55	1 23	11 16	5 27	1 52	12 37	15 59	20 23R	26 18
24	22:15:28	5 22 24	8Cn58	0Pi42	2 37	11 42	5 20	1 58	12 39	16 0	20 23	26 14
25	22:19:25	6 22 45	23 18	2 30	3 51	12 8	5 15	2 4	12 42	16 2	20 23	26 11
26	22:23:21	7 23 3	7Le37	4 19	5 5	12 35	5 9	2 11	12 44	16 3	20 23	26 8
27	22:27:17	8 23 20	21 51	6 9	6 19	13 1	5 3	2 17	12 47	16 5	20 23	26 5
28	22:31:14	9 23 35	5Vi56	8 0	7 32	13 28	4 58	2 23	12 49	16 7	20 22	26 2

2/19 Sun in Pis. 3:59 2/6 3rd Qt. 13:53 2/14 New 17:33 2/21 1st Qt. 22:59 2/28 Full 18:26

MARCH 1991

Day	Sid. T.	Sun	Moon	Merc.	Venus	Mars	Jup.	Saturn	Uranus	Nept.	Pluto	N.Node
1	22:35:10	10Pi23 48	19Vi46	9Pi52	8Ar46	13Ge55	4Le52R	2Aq29	12Cp51	16Cp 8	20Sc22R	25Cp59
2	22:39: 8	11 23 59	3Li19	11 45	10 0	14 22	4 47	2 35	12 54	16 10	20 22	25 56
3	22:43: 4	12 24 9	16 32	13 38	11 13	14 49	4 42	2 41	12 56	16 11	20 22	25 52
4	22:47: 0	13 24 17	29 24	15 33	12 27	15 17	4 37	2 47	12 58	16 12	20 21	25 49
5	22:50:57	14 24 24	11Sc56	17 28	13 40	15 44	4 32	2 53	13 0	16 14	20 21	25 46
6	22:54:53	15 24 28	24 10	19 24	14 54	16 12	4 28	2 59	13 2	16 15	20 20	25 43
7	22:58:50	16 24 32	6Sg12	21 20	16 7	16 40	4 23	3 5	13 4	16 17	20 20	25 40
8	23: 2:46	17 24 33	18 4	23 17	17 20	17 8	4 19	3 11	13 6	16 18	20 20	25 36
9	23: 6:44	18 24 34	29 53	25 14	18 34	17 37	4 15	3 17	13 8	16 19	20 19	25 33
10	23:10:40	19 24 32	11Cp44	27 11	19 47	18 6	4 11	3 22	13 10	16 21	20 18	25 30
11	23:14:36	20 24 29	23 41	29 8	21 0	18 34	4 7	3 28	13 12	16 22	20 18	25 27
12	23:18:33	21 24 24	5Aq50	1Ar 5	22 13	19 3	4 4	3 34	13 14	16 23	20 17	25 24
13	23:22:29	22 24 17	18 15	3 0	23 26	19 32	4 1	3 39	13 16	16 24	20 17	25 21
14	23:26:26	23 24 9	0Pi58	4 55	24 39	20 2	3 57	3 45	13 18	16 25	20 16	25 17
15	23:30:22	24 23 59	14 1	6 48	25 52	20 31	3 54	3 50	13 19	16 27	20 15	25 14
16	23:34:19	25 23 46	27 23	8 40	27 5	21 1	3 52	3 55	13 21	16 28	20 14	25 11
17	23:38:15	26 23 32	11Ar 2	10 29	28 18	21 30	3 49	4 1	13 23	16 29	20 14	25 8
18	23:42:12	27 23 16	24 56	12 15	29 30	22 0	3 47	4 6	13 24	16 30	20 13	25 5
19	23:46: 9	28 22 57	8Ta59	13 59	0Ta43	22 30	3 44	4 11	13 26	16 31	20 12	25 2
20	23:50: 5	29 22 37	23 8	15 38	1 56	23 0	3 42	4 16	13 27	16 32	20 11	24 58
21	23:54: 1	0Ar22 14	7Ge19	17 14	3 8	23 31	3 40	4 21	13 29	16 33	20 10	24 55
22	23:57:59	1 21 49	21 29	18 45	4 21	24 1	3 39	4 26	13 30	16 34	20 9	24 52
23	0: 1:55	2 21 21	5Cn36	20 11	5 33	24 31	3 37	4 31	13 32	16 34	20 8	24 49
24	0: 5:51	3 20 52	19 39	21 31	6 45	25 2	3 36	4 36	13 33	16 35	20 7	24 46
25	0: 9:48	4 20 19	3Le38	22 46	7 58	25 33	3 35	4 40	13 34	16 36	20 6	24 42
26	0:13:45	5 19 45	17 32	23 55	9 10	26 4	3 34	4 45	13 35	16 37	20 5	24 39
27	0:17:41	6 19 8	1Vi19	24 57	10 22	26 35	3 33	4 50	13 36	16 38	20 4	24 36
28	0:21:37	7 18 29	14 58	25 52	11 34	27 6	3 33	4 54	13 38	16 39	20 3	24 33
29	0:25:35	8 17 48	28 25	26 41	12 46	27 37	3 33	4 59	13 39	16 39	20 2	24 30
30	0:29:31	9 17 5	11Li40	27 22	13 58	28 8	3 32	5 3	13 40	16 40	20 1	24 27
31	0:33:27	10 16 19	24 39	27 57	15 9	28 40	3 32D	5 7	13 40	16 40	20 0	24 23

3/21 Sun in Ari. 3:03   3/8 3rd Qt. 10:33   3/16 New 8:12   3/23 1st Qt. 6:04   3/30 Full 7:18

APRIL 1991

Day	Sid. T.	Sun	Moon	Merc.	Venus	Mars	Jup.	Saturn	Uranus	Nept.	Pluto	N.Node
1	0:37:24	11Ar15 32	7Sc22	28Ar24	16Ta21	29Ge11	3Le33	5Aq12	13Cp41	16Cp41	19Sc59R	24Cp20
2	0:41:20	12 14 43	19 49	28 43	17 33	29 43	3 33	5 16	13 42	16 42	19 57	24 17
3	0:45:16	13 13 52	2Sg 1	28 56	18 44	0Cn15	3 34	5 20	13 43	16 42	19 56	24 14
4	0:49:13	14 12 59	14 2	29 1	19 56	0 46	3 35	5 24	13 44	16 43	19 55	24 11
5	0:53:10	15 12 4	25 54	28 59R	21 7	1 18	3 36	5 28	13 44	16 43	19 54	24 7
6	0:57: 7	16 11 8	7Cp42	28 51	22 18	1 50	3 37	5 31	13 45	16 43	19 52	24 4
7	1: 1: 3	17 10 10	19 33	28 36	23 30	2 23	3 38	5 35	13 46	16 44	19 51	24 1
8	1: 5: 0	18 9 10	1Aq30	28 16	24 41	2 55	3 40	5 39	13 46	16 44	19 50	23 58
9	1: 8:56	19 8 8	13 40	27 49	25 52	3 27	3 42	5 42	13 47	16 45	19 48	23 55
10	1:12:52	20 7 5	26 8	27 18	27 3	3 59	3 44	5 46	13 47	16 45	19 47	23 52
11	1:16:49	21 5 59	8Pi58	26 43	28 13	4 32	3 46	5 49	13 48	16 45	19 46	23 48
12	1:20:46	22 4 52	22 11	26 4	29 24	5 4	3 48	5 53	13 48	16 45	19 44	23 45
13	1:24:43	23 3 43	5Ar49	25 23	0Ge35	5 37	3 51	5 56	13 48	16 46	19 43	23 42
14	1:28:39	24 2 32	19 50	24 40	1 45	6 10	3 53	5 59	13 48	16 46	19 41	23 39
15	1:32:36	25 1 19	4Ta 8	23 56	2 56	6 43	3 56	6 2	13 48	16 46	19 40	23 36
16	1:36:32	26 0 4	18 38	23 11	4 6	7 15	3 59	6 5	13 49	16 46	19 38	23 33
17	1:40:28	26 58 48	3Ge13	22 28	5 16	7 48	4 3	6 8	13 49	16 46	19 37	23 29
18	1:44:26	27 57 29	17 47	21 45	6 26	8 21	4 6	6 11	13 49R	16 46	19 35	23 26
19	1:48:22	28 56 7	2Cn13	21 5	7 36	8 54	4 10	6 13	13 49	16 46R	19 34	23 23
20	1:52:19	29 54 44	16 28	20 28	8 46	9 28	4 13	6 16	13 49	16 46	19 32	23 20
21	1:56:15	0Ta53 18	0Le32	19 54	9 56	10 1	4 17	6 19	13 48	16 46	19 31	23 17
22	2: 0:11	1 51 51	14 23	19 24	11 6	10 34	4 21	6 21	13 48	16 46	19 29	23 13
23	2: 4: 8	2 50 20	28 2	18 58	12 15	11 8	4 26	6 23	13 48	16 46	19 27	23 10
24	2: 8: 4	3 48 48	11Vi29	18 37	13 25	11 41	4 30	6 26	13 48	16 46	19 25	23 7
25	2:12: 1	4 47 14	24 44	18 20	14 34	12 14	4 35	6 28	13 47	16 46	19 23	23 4
26	2:15:58	5 45 37	7Li49	18 8	15 43	12 48	4 39	6 30	13 47	16 45	19 21	23 1
27	2:19:55	6 43 59	20 42	18 1	16 52	13 22	4 44	6 32	13 47	16 45	19 21	22 58
28	2:23:51	7 42 18	3Sc22	17 59D	18 1	13 55	4 49	6 34	13 46	16 45	19 19	22 54
29	2:27:47	8 40 36	15 51	18 2	19 10	14 29	4 55	6 35	13 46	16 44	19 18	22 51
30	2:31:44	9 38 52	28 7	18 10	20 18	15 3	5 0	6 37	13 45	16 44	19 16	22 48

4/20 Sun in Tau. 14:09   4/7 3rd Qt. 6:46   4/14 New 19:39   4/21 1st Qt. 12:40   4/28 Full 20:59

Day	Sid. T.	Sun	Moon	Merc.	Venus	Mars	Jup.	Saturn	Uranus	Nept.	Pluto	N.Node
1	2:35:40	10Ta37 7	10Sg12	18Ar22	21Ge27	15Cn37	5Le 5	6Aq39	13Cp44R	16Cp43R	19Sc14R	22Cp45
2	2:39:37	11 35 20	22 9	18 40	22 35	16 10	5 11	6 40	13 44	16 43	19 13	22 42
3	2:43:34	12 33 31	3Cp59	19 1	23 43	16 44	5 17	6 41	13 43	16 43	19 11	22 39
4	2:47:31	13 31 41	15 46	19 27	24 51	17 18	5 23	6 43	13 42	16 42	19 9	22 35
5	2:51:26	14 29 49	27 36	19 58	25 59	17 53	5 29	6 44	13 41	16 42	19 8	22 32
6	2:55:23	15 27 56	9Aq32	20 32	27 7	18 27	5 35	6 45	13 41	16 41	19 6	22 29
7	2:59:20	16 26 1	21 42	21 10	28 15	19 1	5 42	6 46	13 40	16 41	19 4	22 26
8	3: 3:16	17 24 5	4Pi 9	21 52	29 22	19 35	5 48	6 47	13 39	16 40	19 3	22 23
9	3: 7:13	18 22 7	16 58	22 38	0Cn29	20 9	5 55	6 48	13 38	16 39	19 1	22 19
10	3:11:10	19 20 9	0Ar14	23 27	1 36	20 44	6 2	6 48	13 37	16 39	18 59	22 16
11	3:15: 6	20 18 9	13 57	24 20	2 43	21 18	6 9	6 49	13 36	16 38	18 58	22 13
12	3:19: 2	21 16 7	28 7	25 15	3 50	21 52	6 16	6 50	13 34	16 37	18 56	22 10
13	3:22:59	22 14 4	12Ta40	26 14	4 57	22 27	6 23	6 50	13 33	16 36	18 54	22 7
14	3:26:56	23 12 0	27 29	27 16	6 3	23 2	6 31	6 50	13 32	16 36	18 53	22 4
15	3:30:52	24 9 54	12Ge26	28 21	7 9	23 36	6 38	6 51	13 31	16 35	18 51	22 0
16	3:34:49	25 7 47	27 22	29 29	8 15	24 11	6 46	6 51	13 29	16 34	18 49	21 57
17	3:38:46	26 5 38	12Cn 9	0Ta39	9 21	24 45	6 54	6 51R	13 28	16 33	18 48	21 54
18	3:42:42	27 3 27	26 42	1 52	10 27	25 20	7 2	6 51	13 27	16 32	18 46	21 51
19	3:46:38	28 1 15	10Le56	3 8	11 32	25 55	7 10	6 50	13 25	16 31	18 44	21 48
20	3:50:35	28 59 0	24 51	4 26	12 37	26 30	7 18	6 50	13 24	16 30	18 43	21 45
21	3:54:32	29 56 45	8Vi27	5 47	13 42	27 5	7 26	6 50	13 22	16 29	18 41	21 41
22	3:58:29	0Ge54 27	21 45	7 10	14 47	27 39	7 35	6 49	13 21	16 29	18 39	21 38
23	4: 2:25	1 52 8	4Li47	8 36	15 52	28 14	7 43	6 49	13 19	16 27	18 38	21 35
24	4: 6:21	2 49 47	17 34	10 4	16 56	28 49	7 52	6 48	13 18	16 26	18 36	21 32
25	4:10:18	3 47 25	0Sc 9	11 35	18 0	29 24	8 0	6 47	13 16	16 25	18 35	21 29
26	4:14:14	4 45 2	12 33	13 8	19 4	29 59	8 9	6 46	13 14	16 24	18 33	21 25
27	4:18:11	5 42 37	24 46	14 43	20 7	0Le34	8 18	6 45	13 12	16 23	18 31	21 22
28	4:22: 7	6 40 11	6Sg51	16 21	21 11	1 10	8 27	6 44	13 11	16 22	18 30	21 19
29	4:26: 5	7 37 44	18 48	18 1	22 14	1 45	8 36	6 43	13 9	16 21	18 28	21 16
30	4:30: 1	8 35 16	0Cp39	19 43	23 16	2 20	8 45	6 42	13 7	16 20	18 27	21 13
31	4:33:57	9 32 47	12 27	21 28	24 19	2 55	8 55	6 41	13 5	16 19	18 25	21 10

5/21 Sun in Gem. 13:21   5/7 3rd Qt. 0:47   5/14 New 4:37   5/20 1st Qt. 19:47   5/28 Full 11:37

Day	Sid. T.	Sun	Moon	Merc.	Venus	Mars	Jup.	Saturn	Uranus	Nept.	Pluto	N.Node
1	4:37:54	10Ge30 17	24Cp14	23Ta15	25Cn21	3Le30	9Le 4	6Aq39R	13Cp 3R	16Cp17R	18Sc24R	21Cp 6
2	4:41:50	11 27 46	6Aq 5	25 5	26 23	4 6	9 14	6 38	13 1	16 15	18 22	21 3
3	4:45:47	12 25 14	18 2	26 56	27 24	4 41	9 23	6 36	12 59	16 14	18 21	21 0
4	4:49:43	13 22 42	0Pi12	28 50	28 25	5 17	9 33	6 34	12 58	16 14	18 19	20 57
5	4:53:41	14 20 8	12 38	0Ge47	29 26	5 52	9 43	6 33	12 56	16 12	18 18	20 54
6	4:57:37	15 17 35	25 25	2 45	0Le27	6 28	9 53	6 31	12 53	16 11	18 16	20 51
7	5: 1:33	16 15 0	8Ar37	4 46	1 27	7 3	10 3	6 29	12 51	16 10	18 15	20 47
8	5: 5:30	17 12 25	22 16	6 48	2 27	7 39	10 13	6 27	12 49	16 8	18 13	20 44
9	5: 9:26	18 9 49	6Ta24	8 52	3 26	8 14	10 23	6 25	12 47	16 7	18 12	20 41
10	5:13:22	19 7 13	20 57	10 59	4 25	8 50	10 34	6 22	12 45	16 5	18 11	20 38
11	5:17:19	20 4 36	5Ge51	13 6	5 24	9 26	10 44	6 20	12 43	16 4	18 9	20 35
12	5:21:16	21 1 59	20 58	15 15	6 22	10 1	10 55	6 18	12 41	16 3	18 8	20 31
13	5:25:12	21 59 21	6Cn 8	17 25	7 20	10 37	11 5	6 15	12 39	16 1	18 6	20 28
14	5:29: 9	22 56 42	21 12	19 36	8 17	11 13	11 16	6 13	12 36	16 0	18 5	20 25
15	5:33: 6	23 54 2	6Le 2	21 48	9 14	11 49	11 26	6 10	12 34	15 58	18 4	20 22
16	5:37: 2	24 51 21	20 31	24 0	10 11	12 24	11 37	6 7	12 32	15 57	18 3	20 19
17	5:40:58	25 48 40	4Vi37	26 12	11 7	13 0	11 48	6 5	12 30	15 55	18 1	20 16
18	5:44:56	26 45 57	18 19	28 23	12 2	13 36	11 59	6 2	12 27	15 54	18 0	20 12
19	5:48:52	27 43 14	1Li38	0Cn34	12 57	14 12	12 10	5 59	12 25	15 52	17 59	20 9
20	5:52:48	28 40 30	14 35	2 45	13 52	14 48	12 21	5 56	12 23	15 51	17 58	20 6
21	5:56:45	29 37 45	27 14	4 54	14 46	15 24	12 32	5 53	12 20	15 49	17 57	20 3
22	6: 0:42	0Cn34 59	9Sc38	7 3	15 39	16 0	12 44	5 50	12 18	15 48	17 56	20 0
23	6: 4:38	1 32 13	21 49	9 10	16 32	16 36	12 55	5 46	12 16	15 46	17 54	19 56
24	6: 8:34	2 29 26	3Sg51	11 15	17 24	17 12	13 6	5 43	12 13	15 45	17 53	19 53
25	6:12:31	3 26 39	15 47	13 19	18 15	17 49	13 18	5 40	12 11	15 43	17 52	19 50
26	6:16:28	4 23 52	27 37	15 21	19 6	18 25	13 29	5 36	12 8	15 41	17 51	19 47
27	6:20:24	5 21 4	9Cp26	17 21	19 56	19 1	13 41	5 33	12 6	15 40	17 50	19 44
28	6:24:21	6 18 16	21 14	19 19	20 46	19 37	13 52	5 29	12 4	15 38	17 49	19 41
29	6:28:17	7 15 28	3Aq 4	21 15	21 34	20 14	14 4	5 26	12 1	15 37	17 48	19 37
30	6:32:13	8 12 40	14 59	23 10	22 22	20 50	14 16	5 22	11 59	15 35	17 48	19 34

6/21 Sun in Can. 21:20   6/5 3rd Qt. 15:31   6/12 New 12:07   6/19 1st Qt. 4:20   6/27 Full 2:59

JULY 1991

Day	Sid. T.	Sun	Moon	Merc.	Venus	Mars	Jup.	Saturn	Uranus	Nept.	Pluto	N.Node
1	6:36:10	9Cn 9 51	27Aq 2	25Cn 2	23Le 9	21Le26	14Le28	5Aq18R	11Cp56R	15Cp34R	17Sc47R	19Cp31
2	6:40: 7	10 7 3	9Pi16	26 52	23 56	22 3	14 39	5 14	11 54	15 32	17 46	19 28
3	6:44: 4	11 4 15	21 45	28 40	24 41	22 39	14 51	5 11	11 51	15 30	17 45	19 25
4	6:48: 0	12 1 27	4Ar32	0Le26	25 26	23 16	15 3	5 7	11 49	15 29	17 44	19 22
5	6:51:57	12 58 39	17 40	2 10	26 9	23 52	15 15	5 3	11 47	15 27	17 43	19 18
6	6:55:53	13 55 52	1Ta13	3 51	26 52	24 29	15 27	4 59	11 44	15 25	17 43	19 15
7	6:59:49	14 53 5	15 11	5 31	27 34	25 5	15 40	4 55	11 42	15 24	17 41	19 12
8	7: 3:46	15 50 18	29 34	7 9	28 15	25 42	15 52	4 51	11 39	15 22	17 41	19 9
9	7: 7:43	16 47 32	14Ge19	8 44	28 54	26 18	16 4	4 47	11 37	15 21	17 40	19 6
10	7:11:40	17 44 46	29 20	10 17	29 33	26 55	16 16	4 43	11 35	15 19	17 40	19 2
11	7:15:36	18 42 1	14Cn29	11 49	0Vi10	27 32	16 29	4 38	11 32	15 17	17 39	18 59
12	7:19:32	19 39 15	29 37	13 18	0 47	28 9	16 41	4 34	11 30	15 16	17 39	18 56
13	7:23:29	20 36 30	14Le36	14 45	1 22	28 45	16 53	4 30	11 27	15 14	17 38	18 53
14	7:27:25	21 33 45	29 16	16 9	1 55	29 22	17 6	4 26	11 25	15 12	17 38	18 50
15	7:31:22	22 31 0	13Vi33	17 32	2 28	29 59	17 18	4 21	11 23	15 11	17 37	18 47
16	7:35:19	23 28 15	27 25	18 52	2 59	0Vi36	17 31	4 17	11 20	15 9	17 37	18 43
17	7:39:16	24 25 29	10Li49	20 10	3 28	1 13	17 43	4 13	11 18	15 8	17 37	18 40
18	7:43:12	25 22 45	23 48	21 26	3 56	1 50	17 56	4 8	11 16	15 6	17 36	18 37
19	7:47: 8	26 20 0	6Sc26	22 39	4 23	2 27	18 9	4 4	11 13	15 5	17 36	18 34
20	7:51: 5	27 17 15	18 46	23 50	4 48	3 4	18 21	3 59	11 11	15 3	17 36	18 31
21	7:55: 1	28 14 31	0Sg51	24 58	5 11	3 41	18 34	3 55	11 9	15 1	17 35	18 28
22	7:58:58	29 11 47	12 47	26 3	5 32	4 18	18 47	3 51	11 6	15 0	17 35	18 24
23	8: 2:55	0Le 9 3	24 38	27 6	5 52	4 55	18 59	3 46	11 4	14 58	17 35	18 21
24	8: 6:52	1 6 20	6Cp25	28 6	6 10	5 32	19 12	3 42	11 2	14 57	17 35	18 18
25	8:10:48	2 3 38	18 14	29 3	6 26	6 9	19 25	3 37	11 0	14 55	17 35	18 15
26	8:14:44	3 0 56	0Aq 5	29 58	6 40	6 46	19 38	3 33	10 57	14 54	17 34	18 12
27	8:18:41	3 58 14	12 2	0Vi49	6 52	7 24	19 51	3 28	10 55	14 52	17 34	18 8
28	8:22:37	4 55 33	24 7	1 36	7 1	8 1	20 4	3 24	10 53	14 51	17 34	18 5
29	8:26:34	5 52 53	6Pi21	2 20	7 9	8 38	20 17	3 19	10 51	14 49	17 34D	18 2
30	8:30:31	6 50 14	18 46	3 1	7 15	9 16	20 30	3 15	10 49	14 48	17 34	17 59
31	8:34:27	7 47 36	1Ar25	3 38	7 18	9 53	20 43	3 10	10 47	14 46	17 34	17 56

7/23 Sun in Leo 8:12   7/5 3rd Qt. 2:52   7/11 New 19:07(E)   7/18 1st Qt. 15:12   7/26 Full 18:25

AUGUST 1991

Day	Sid. T.	Sun	Moon	Merc.	Venus	Mars	Jup.	Saturn	Uranus	Nept.	Pluto	N.Node
1	8:38:23	8Le44 59	14Ar18	4Vi10	7Vi19R	10Vi30	20Le56	3Aq 6R	10Cp45R	14Cp45R	17Sc35	17Cp53
2	8:42:20	9 42 23	27 28	4 39	7 18	11 8	21 9	3 2	10 43	14 43	17 35	17 49
3	8:46:17	10 39 48	10Ta58	5 3	7 14	11 45	21 22	2 57	10 41	14 42	17 35	17 46
4	8:50:13	11 37 15	24 47	5 23	7 8	12 23	21 35	2 53	10 39	14 40	17 35	17 43
5	8:54:10	12 34 43	8Ge56	5 38	7 0	13 0	21 48	2 48	10 37	14 39	17 35	17 40
6	8:58: 7	13 32 12	23 24	5 49	6 49	13 38	22 1	2 44	10 35	14 38	17 36	17 37
7	9: 2: 3	14 29 42	8Cn 8	5 54	6 36	14 16	22 14	2 40	10 33	14 36	17 36	17 34
8	9: 5:59	15 27 14	23 2	5 54R	6 21	14 53	22 27	2 35	10 31	14 35	17 36	17 30
9	9: 9:56	16 24 46	8Le 2	5 48	6 3	15 31	22 40	2 31	10 29	14 34	17 37	17 27
10	9:13:53	17 22 20	22 53	5 38	5 43	16 9	22 53	2 27	10 28	14 32	17 37	17 24
11	9:17:49	18 19 55	7Vi33	5 22	5 21	16 47	23 6	2 23	10 26	14 31	17 37	17 21
12	9:21:46	19 17 31	21 53	5 0	4 57	17 24	23 19	2 18	10 24	14 30	17 38	17 18
13	9:25:42	20 15 8	5Li50	4 33	4 30	18 2	23 33	2 14	10 22	14 28	17 38	17 14
14	9:29:39	21 12 45	19 19	4 1	4 2	18 40	23 46	2 10	10 21	14 27	17 39	17 11
15	9:33:35	22 10 24	2Sc23	3 25	3 32	19 18	23 59	2 6	10 19	14 26	17 40	17 8
16	9:37:32	23 8 4	15 3	2 44	3 1	19 56	24 12	2 2	10 18	14 25	17 40	17 5
17	9:41:28	24 5 44	27 22	1 59	2 28	20 34	24 25	1 58	10 16	14 24	17 41	17 2
18	9:45:24	25 3 26	9Sg27	1 11	1 53	21 12	24 38	1 54	10 15	14 23	17 42	16 59
19	9:49:22	26 1 9	21 21	0 18	1 18	21 50	24 51	1 50	10 13	14 21	17 42	16 55
20	9:53:18	26 58 53	3Cp 9	29Le29	0 42	22 28	25 4	1 47	10 12	14 20	17 43	16 52
21	9:57:15	27 56 38	14 57	28 37	0 5	23 6	25 17	1 43	10 10	14 19	17 44	16 49
22	10: 1:11	28 54 25	26 48	27 45	29Le28	23 45	25 31	1 39	10 9	14 18	17 45	16 46
23	10: 5: 8	29 52 12	8Aq45	26 54	28 50	24 23	25 44	1 35	10 7	14 17	17 45	16 43
24	10: 9: 4	0Vi50 1	20 52	26 7	28 13	25 1	25 57	1 32	10 6	14 16	17 46	16 40
25	10:13: 2	1 47 52	3Pi10	25 23	27 36	25 39	26 10	1 28	10 5	14 15	17 47	16 36
26	10:16:58	2 45 44	15 40	24 43	27 0	26 18	26 23	1 25	10 4	14 14	17 48	16 33
27	10:20:54	3 43 37	28 23	24 9	26 24	26 56	26 36	1 21	10 3	14 13	17 49	16 30
28	10:24:51	4 41 32	11Ar20	23 42	25 50	27 34	26 49	1 18	10 2	14 12	17 50	16 27
29	10:28:47	5 39 29	24 27	23 21	25 17	28 13	27 2	1 15	10 1	14 12	17 51	16 24
30	10:32:43	6 37 27	7Ta49	23 8	24 45	28 51	27 15	1 12	10 0	14 11	17 52	16 20
31	10:36:40	7 35 28	21 23	23 3	24 15	29 30	27 28	1 8	9 59	14 10	17 53	16 17

8/23 Sun in Vir. 15:14   8/3 3rd Qt. 11:27   8/10 New 2:29   8/17 1st Qt. 5:01   8/25 Full 9:08

Day	Sid. T.	Sun	Moon	Merc.	Venus	Mars	Jup.	Saturn	Uranus	Nept.	Pluto	N.Node
1	10:40:37	8Vi33 30	5Ge10	23Le 6	23Le47R	0Li 9	27Le41	1Aq 5R	9Cp58R	14Cp 9R	17Sc54	16Cp14
2	10:44:33	9 31 35	19 10	23 18	23 21	0 47	27 54	1 2	9 57	14 8	17 56	16 11
3	10:48:30	10 29 41	3Cn22	23 38	22 56	1 26	28 7	0 59	9 56	14 8	17 57	16 8
4	10:52:27	11 27 49	17 46	24 7	22 34	2 5	28 20	0 57	9 56	14 7	17 58	16 5
5	10:56:23	12 26 0	2Le17	24 44	22 14	2 43	28 33	0 54	9 55	14 6	17 59	16 1
6	11: 0:19	13 24 12	16 53	25 29	21 57	3 22	28 46	0 51	9 54	14 6	18 1	15 58
7	11: 4:16	14 22 26	1Vi27	26 22	21 42	4 1	28 59	0 48	9 54	14 5	18 2	15 55
8	11: 8:13	15 20 42	15 53	27 22	21 29	4 40	29 12	0 46	9 53	14 5	18 3	15 52
9	11:12: 9	16 18 59	0Li 5	28 29	21 18	5 19	29 25	0 43	9 52	14 4	18 5	15 49
10	11:16: 6	17 17 18	13 56	29 43	21 10	5 58	29 37	0 41	9 52	14 3	18 6	15 45
11	11:20: 3	18 15 39	27 24	1Vi 3	21 5	6 37	29 50	0 39	9 52	14 3	18 7	15 42
12	11:23:59	19 14 2	10Sc28	2 28	21 1	7 16	0Vi 3	0 37	9 51	14 2	18 9	15 39
13	11:27:55	20 12 26	23 9	3 58	21 1D	7 55	0 16	0 34	9 51	14 2	18 10	15 36
14	11:31:52	21 10 52	5Sg30	5 32	21 2	8 34	0 28	0 32	9 51	14 2	18 12	15 33
15	11:35:49	22 9 19	17 34	7 10	21 6	9 13	0 41	0 31	9 50	14 1	18 14	15 30
16	11:39:45	23 7 49	29 28	8 50	21 12	9 52	0 54	0 29	9 50	14 1	18 15	15 26
17	11:43:42	24 6 19	11Cp17	10 34	21 20	10 31	1 6	0 27	9 50	14 1	18 17	15 23
18	11:47:38	25 4 52	23 6	12 20	21 31	11 11	1 19	0 25	9 50	14 0	18 18	15 20
19	11:51:34	26 3 26	4Aq59	14 7	21 43	11 50	1 31	0 24	9 50D	14 0	18 20	15 17
20	11:55:31	27 2 1	17 2	15 56	21 58	12 29	1 44	0 22	9 50	14 0	18 22	15 14
21	11:59:28	28 0 39	29 18	17 46	22 14	13 9	1 56	0 21	9 50	14 0	18 23	15 11
22	12: 3:25	28 59 18	11Pi50	19 36	22 33	13 48	2 8	0 20	9 50	14 0	18 25	15 7
23	12: 7:21	29 57 59	24 37	21 27	22 53	14 28	2 21	0 18	9 50	14 0	18 27	15 4
24	12:11:18	0Li56 42	7Ar41	23 18	23 15	15 7	2 33	0 17	9 51	13 59	18 29	15 1
25	12:15:14	1 55 27	21 0	25 9	23 39	15 47	2 45	0 16	9 51	13 59	18 30	14 58
26	12:19:10	2 54 14	4Ta32	26 59	24 5	16 26	2 57	0 15	9 51	13 59D	18 32	14 55
27	12:23: 7	3 53 4	18 14	28 49	24 32	17 6	3 10	0 15	9 52	13 59	18 34	14 51
28	12:27: 4	4 51 55	2Ge 4	0Li39	25 1	17 46	3 22	0 14	9 52	13 59	18 36	14 48
29	12:31: 1	5 50 49	16 0	2 28	25 32	18 25	3 34	0 13	9 53	14 0	18 38	14 45
30	12:34:57	6 49 46	0Cn 1	4 17	26 4	19 5	3 46	0 13	9 53	14 0	18 40	14 42

9/23 Sun in Lib. 12:49   9/1 3rd Qt. 18:17   9/8 New 11:02   9/15 1st Qt. 22:02   9/23 Full 22:41

Day	Sid. T.	Sun	Moon	Merc.	Venus	Mars	Jup.	Saturn	Uranus	Nept.	Pluto	N.Node
1	12:38:53	7Li48 44	14Cn 6	6Li 4	26Le37	19Li45	3Vi58	0Aq12R	9Cp54	14Cp 0	18Sc42	14Cp39
2	12:42:50	8 47 45	28 14	7 51	27 12	20 25	4 10	0 12	9 54	14 0	18 44	14 36
3	12:46:46	9 46 48	12Le25	9 38	27 48	21 5	4 21	0 12	9 55	14 0	18 46	14 32
4	12:50:43	10 45 54	26 36	11 23	28 26	21 45	4 33	0 12	9 56	14 1	18 48	14 29
5	12:54:40	11 45 1	10Vi45	13 8	29 4	22 25	4 45	0 12D	9 57	14 1	18 50	14 26
6	12:58:37	12 44 11	24 46	14 52	29 44	23 5	4 57	0 12	9 57	14 1	18 52	14 23
7	13: 2:33	13 43 23	8Li37	16 35	0Vi25	23 45	5 8	0 12	9 58	14 2	18 54	14 20
8	13: 6:29	14 42 37	22 13	18 17	1 7	24 25	5 20	0 12	9 59	14 2	18 56	14 17
9	13:10:26	15 41 53	5Sc29	19 59	1 51	25 5	5 31	0 13	10 0	14 2	18 58	14 13
10	13:14:22	16 41 11	18 26	21 39	2 35	25 46	5 42	0 13	10 1	14 3	19 0	14 10
11	13:18:19	17 40 31	1Sg 3	23 19	3 20	26 26	5 54	0 14	10 2	14 3	19 2	14 7
12	13:22:16	18 39 53	13 22	24 59	4 6	27 6	6 5	0 14	10 4	14 4	19 4	14 4
13	13:26:13	19 39 17	25 26	26 37	4 53	27 47	6 16	0 15	10 5	14 4	19 6	14 1
14	13:30: 9	20 38 42	7Cp20	28 15	5 41	28 27	6 27	0 16	10 6	14 5	19 9	13 57
15	13:34: 5	21 38 9	19 8	29 52	6 30	29 7	6 38	0 17	10 7	14 6	19 11	13 54
16	13:38: 2	22 37 38	0Aq57	1Sc28	7 19	29 48	6 49	0 18	10 9	14 6	19 13	13 51
17	13:41:58	23 37 9	12 51	3 4	8 9	0Sc29	7 0	0 19	10 10	14 7	19 15	13 48
18	13:45:54	24 36 42	24 57	4 39	9 1	1 9	7 11	0 21	10 11	14 8	19 17	13 45
19	13:49:52	25 36 16	7Pi18	6 13	9 52	1 50	7 21	0 22	10 13	14 8	19 20	13 42
20	13:53:48	26 35 52	19 58	7 47	10 45	2 30	7 32	0 24	10 15	14 9	19 22	13 38
21	13:57:44	27 35 30	2Ar59	9 20	11 38	3 11	7 43	0 25	10 16	14 10	19 24	13 35
22	14: 1:41	28 35 9	16 21	10 53	12 32	3 52	7 53	0 27	10 18	14 11	19 27	13 32
23	14: 5:38	29 34 51	0Ta 2	12 25	13 27	4 33	8 3	0 29	10 19	14 12	19 29	13 29
24	14: 9:34	0Sc34 35	13 59	13 56	14 22	5 14	8 14	0 31	10 21	14 13	19 31	13 26
25	14:13:31	1 34 20	28 8	15 27	15 17	5 55	8 24	0 32	10 23	14 14	19 33	13 23
26	14:17:28	2 34 8	12Ge23	16 58	16 14	6 36	8 34	0 35	10 25	14 15	19 36	13 19
27	14:21:24	3 33 58	26 39	18 27	17 11	7 17	8 44	0 37	10 27	14 16	19 38	13 16
28	14:25:20	4 33 51	10Cn54	19 57	18 8	7 58	8 54	0 39	10 28	14 17	19 40	13 13
29	14:29:17	5 33 45	25 4	21 25	19 6	8 39	9 3	0 41	10 30	14 18	19 43	13 10
30	14:33:14	6 33 42	9Le11	22 53	20 5	9 20	9 13	0 44	10 32	14 19	19 45	13 7
31	14:37:10	7 33 41	23 10	24 21	21 4	10 1	9 22	0 46	10 34	14 20	19 48	13 3

10/23 Sun in Sco. 22:06   10/1 3rd Qt. 0:31   10/7 New 21:40   10/15 1st Qt. 17:33   10/23 Full 11:09   10/30 3rd Qt. 7:12

NOVEMBER 1991

Day	Sid. T.	Sun	Moon	Merc.	Venus	Mars	Jup.	Saturn	Uranus	Nept.	Pluto	N.Node
1	14:41: 7	8Sc33 42	7Vi 3	25Sc48	22Vi 3	10Sc42	9Vi32	0Aq49	10Cp37	14Cp21	19Sc50	13Cp 0
2	14:45: 4	9 33 45	20 48	27 14	23 3	11 24	9 41	0 52	10 39	14 22	19 52	12 57
3	14:49: 0	10 33 50	4L¡23	28 40	24 3	12 5	9 50	0 55	10 41	14 23	19 55	12 54
4	14:52:56	11 33 58	17 48	0Sg 5	25 4	12 47	10 0	0 58	10 43	14 25	19 57	12 51
5	14:56:53	12 34 7	1Sc 0	1 29	26 5	13 28	10 8	1 1	10 45	14 26	20 0	12 48
6	15: 0:49	13 34 18	13 58	2 52	27 7	14 9	10 17	1 4	10 48	14 27	20 2	12 44
7	15: 4:45	14 34 31	26 41	4 15	28 9	14 51	10 26	1 7	10 50	14 29	20 4	12 41
8	15: 8:43	15 34 46	9Sg 8	5 36	29 11	15 33	10 35	1 10	10 52	14 30	20 7	12 38
9	15:12:39	16 35 2	21 20	6 57	0L¡14	16 14	10 43	1 14	10 55	14 31	20 9	12 35
10	15:16:36	17 35 20	3Cp21	8 16	1 17	16 56	10 52	1 17	10 57	14 33	20 12	12 32
11	15:20:32	18 35 40	15 13	9 34	2 21	17 38	11 0	1 21	11 0	14 34	20 14	12 29
12	15:24:29	19 36 1	27 0	10 51	3 24	18 20	11 8	1 24	11 2	14 36	20 16	12 25
13	15:28:25	20 36 23	8Aq48	12 7	4 28	19 1	11 16	1 28	11 5	14 37	20 19	12 22
14	15:32:21	21 36 47	20 41	13 20	5 33	19 43	11 24	1 32	11 7	14 39	20 21	12 19
15	15:36:19	22 37 12	2Pi45	14 32	6 38	20 25	11 32	1 36	11 10	14 40	20 24	12 16
16	15:40:15	23 37 39	15 6	15 41	7 43	21 7	11 39	1 40	11 13	14 42	20 26	12 13
17	15:44:12	24 38 6	27 47	16 48	8 48	21 49	11 47	1 44	11 15	14 43	20 29	12 9
18	15:48: 8	25 38 36	10Ar51	17 52	9 53	22 31	11 54	1 48	11 18	14 45	20 31	12 6
19	15:52: 5	26 39 6	24 21	18 53	10 59	23 13	12 1	1 52	11 21	14 47	20 33	12 3
20	15:56: 1	27 39 38	8Ta16	19 51	12 5	23 56	12 8	1 56	11 24	14 48	20 36	12 0
21	15:59:58	28 40 11	22 32	20 44	13 12	24 38	12 15	2 1	11 26	14 50	20 38	11 57
22	16: 3:54	29 40 46	7Ge 4	21 33	14 18	25 20	12 22	2 5	11 29	14 52	20 41	11 54
23	16: 7:51	0Sg41 22	21 45	22 16	15 25	26 2	12 29	2 10	11 32	14 53	20 43	11 50
24	16:11:48	1 42 0	6Cn29	22 54	16 32	26 45	12 35	2 14	11 35	14 55	20 45	11 47
25	16:15:44	2 42 40	21 8	23 25	17 40	27 27	12 42	2 19	11 38	14 57	20 48	11 44
26	16:19:40	3 43 21	5Le38	23 49	18 47	28 9	12 48	2 24	11 41	14 59	20 50	11 41
27	16:23:37	4 44 3	19 55	24 5	19 55	28 52	12 54	2 28	11 44	15 1	20 53	11 38
28	16:27:34	5 44 48	3Vi56	24 11	21 3	29 35	13 0	2 33	11 47	15 3	20 55	11 34
29	16:31:30	6 45 33	17 43	24 8R	22 11	0Sg17	13 6	2 38	11 50	15 4	20 57	11 31
30	16:35:27	7 46 21	1L¡14	23 55	23 19	1 0	13 11	2 43	11 53	15 6	21 0	11 28

11/22 Sun in Sag. 19:37   11/6 New 11:12   11/14 1st Qt. 14:02   11/21 Full 22:57   11/28 3rd Qt. 15:22

DECEMBER 1991

Day	Sid. T.	Sun	Moon	Merc.	Venus	Mars	Jup.	Saturn	Uranus	Nept.	Pluto	N.Node
1	16:39:24	8Sg47 9	14L¡30	23Sg31R	24L¡28	1Sg43	13Vi17	2Aq48	11Cp56	15Cp 8	21Sc 2	11Cp25
2	16:43:20	9 48 0	27 33	22 56	25 37	2 25	13 22	2 54	12 0	15 10	21 4	11 22
3	16:47:16	10 48 51	10Sc22	22 10	26 45	3 8	13 27	2 59	12 3	15 12	21 7	11 19
4	16:51:13	11 49 44	22 58	21 13	27 55	3 51	13 32	3 4	12 6	15 14	21 9	11 15
5	16:55:10	12 50 38	5Sg23	20 7	29 4	4 34	13 37	3 9	12 9	15 16	21 11	11 12
6	16:59: 6	13 51 33	17 36	18 53	0Sc13	5 17	13 41	3 15	12 12	15 18	21 13	11 9
7	17: 3: 3	14 52 30	29 39	17 34	1 23	6 0	13 46	3 20	12 16	15. 20	21 16	11 6
8	17: 6:59	15 53 27	11Cp34	16 11	2 33	6 43	13 50	3 26	12 19	15 22	21 18	11 3
9	17:10:55	16 54 25	23 24	14 49	3 43	7 26	13 54	3 32	12 22	15 24	21 20	11 0
10	17:14:52	17 55 24	5Aq10	13 28	4 53	8 9	13 58	3 37	12 26	15 26	21 22	10 56
11	17:18:49	18 56 23	16 58	12 13	6 3	8 52	14 2	3 43	12 29	15 28	21 25	10 53
12	17:22:46	19 57 23	28 50	11 5	7 13	9 35	14 5	3 49	12 32	15 30	21 27	10 50
13	17:26:42	20 58 24	10P¡53	10 7	8 23	10 19	14 8	3 55	12 36	15 32	21 29	10 47
14	17:30:39	21 59 25	23 9	9 18	9 34	11 2	14 12	4 0	12 39	15 35	21 31	10 44
15	17:34:35	23 0 27	5Ar45	8 41	10 45	11 45	14 15	4 6	12 43	15 37	21 33	10 40
16	17:38:31	24 1 29	18 45	8 15	11 56	12 29	14 18	4 12	12 46	15 39	21 35	10 37
17	17:42:28	25 2 31	2Ta10	7 59	13 6	13 12	14 20	4 18	12 49	15 41	21 38	10 34
18	17:46:25	26 3 34	16 3	7 55D	14 17	13 56	14 23	4 25	12 53	15 43	21 40	10 31
19	17:50:22	27 4 38	0Ge23	8 0	15 29	14 39	14 25	4 31	12 56	15 45	21 42	10 28
20	17:54:18	28 5 42	15 5	8 14	16 40	15 23	14 27	4 37	13 0	15 47	21 44	10 25
21	17:58:15	29 6 46	0Cn 3	8 37	17 51	16 6	14 29	4 43	13 3	15 50	21 46	10 21
22	18: 2:11	0Cp 7 51	15 9	9 7	19 3	16 50	14 31	4 49	13 7	15 52	21 48	10 18
23	18: 6: 7	1 8 56	0Le13	9 44	20 14	17 34	14 32	4 56	13 10	15 54	21 50	10 15
24	18:10: 4	2 10 2	15 8	10 27	21 26	18 18	14 33	5 2	13 14	15 56	21 52	10 12
25	18:14: 1	3 11 9	29 45	11 15	22 38	19 1	14 35	5 9	13 17	15 58	21 54	10 9
26	18:17:58	4 12 16	14Vi 2	12 8	23 49	19 45	14 36	5 15	13 21	16 1	21 56	10 6
27	18:21:54	5 13 24	27 56	13 5	25 1	20 29	14 36	5 22	13 25	16 3	21 58	10 2
28	18:25:50	6 14 32	11L¡26	14 6	26 13	21 13	14 37	5 28	13 28	16 5	22 0	9 59
29	18:29:47	7 15 41	24 35	15 10	27 25	21 57	14 37	5 35	13 32	16 7	22 1	9 56
30	18:33:43	8 16 51	7Sc25	16 17	28 38	22 41	14 37	5 41	13 35	16 10	22 3	9 53
31	18:37:40	9 18 1	19 58	17 27	29 50	23 25	14 37R	5 48	13 39	16 12	22 5	9 50

12/22 Sun in Cap. 8:55   12/6 New 3:57   12/14 1st Qt. 9:33   12/21 Full 10:24   12/28 3rd Qt. 1:56

JANUARY 1992

Day	Sid. T.	Sun	Moon	Merc.	Venus	Mars	Jup.	Saturn	Uranus	Nept.	Pluto	N.Node
1	18:41:37	10Cp19 11	2Sg17	18Sg39	1Sg 2	24Sg 9	14Vi37R	5Aq55	13Cp42	16Cp14	22Sc 7	9Cp46
2	18:45:34	11 20 21	14 26	19 53	2 15	24 54	14 37	6 1	13 46	16 17	22 9	9 43
3	18:49:30	12 21 32	26 26	21 9	3 27	25 38	14 36	6 8	13 50	16 19	22 10	9 40
4	18:53:26	13 22 43	8Cp20	22 26	4 40	26 22	14 35	6 15	13 53	16 21	22 12	9 37
5	18:57:23	14 23 54	20 10	23 45	5 52	27 6	14 34	6 22	13 57	16 23	22 14	9 34
6	19: 1:19	15 25 5	1Aq58	25 5	7 5	27 51	14 33	6 29	14 0	16 26	22 15	9 31
7	19: 5:16	16 26 15	13 46	26 26	8 18	28 35	14 32	6 35	14 4	16 28	22 17	9 27
8	19: 9:13	17 27 25	25 36	27 48	9 30	29 20	14 30	6 42	14 7	16 30	22 19	9 24
9	19:13: 9	18 28 35	7Pi32	29 12	10 43	0Cp 4	14 29	6 49	14 11	16 32	22 20	9 21
10	19:17: 5	19 29 45	19 36	0Cp36	11 56	0 49	14 27	6 56	14 15	16 35	22 22	9 18
11	19:21: 2	20 30 53	1Ar52	2 1	13 9	1 33	14 24	7 3	14 18	16 37	22 23	9 15
12	19:24:59	21 32 2	14 24	3 27	14 22	2 18	14 22	7 10	14 22	16 39	22 25	9 12
13	19:28:55	22 33 10	27 16	4 53	15 35	3 2	14 20	7 17	14 25	16 42	22 26	9 8
14	19:32:51	23 34 17	10Ta31	6 20	16 48	3 47	14 17	7 24	14 29	16 44	22 28	9 5
15	19:36:49	24 35 23	24 12	7 48	18 1	4 32	14 14	7 31	14 32	16 46	22 29	9 2
16	19:40:45	25 36 29	8Ge21	9 17	19 14	5 17	14 11	7 38	14 36	16 48	22 31	8 59
17	19:44:41	26 37 34	22 55	10 46	20 28	6 1	14 8	7 45	14 39	16 51	22 32	8 56
18	19:48:38	27 38 39	7Cn51	12 16	21 41	6 46	14 4	7 53	14 43	16 53	22 33	8 52
19	19:52:35	28 39 43	23 2	13 46	22 54	7 31	14 1	8 0	14 47	16 55	22 35	8 49
20	19:56:31	29 40 46	8Le18	15 17	24 7	8 16	13 57	8 7	14 50	16 57	22 36	8 46
21	20: 0:27	0Aq41 48	23 30	16 49	25 21	9 1	13 53	8 14	14 54	17 0	22 37	8 43
22	20: 4:25	1 42 50	8Vi27	18 21	26 34	9 46	13 49	8 21	14 57	17 2	22 38	8 40
23	20: 8:21	2 43 52	23 2	19 53	27 48	10 31	13 44	8 28	15 0	17 4	22 39	8 37
24	20:12:17	3 44 53	7Li11	21 27	29 1	11 16	13 40	8 35	15 4	17 6	22 40	8 33
25	20:16:14	4 45 53	20 51	23 1	0Cp14	12 1	13 35	8 43	15 7	17 8	22 42	8 30
26	20:20:10	5 46 53	4Sc 3	24 35	1 28	12 46	13 30	8 50	15 11	17 11	22 43	8 27
27	20:24: 6	6 47 53	16 51	26 10	2 42	13 31	13 25	8 57	15 14	17 13	22 44	8 24
28	20:28: 4	7 48 52	29 19	27 46	3 55	14 17	13 20	9 4	15 18	17 15	22 45	8 21
29	20:32: 0	8 49 50	11Sg30	29 23	5 9	15 2	13 15	9 11	15 21	17 17	22 46	8 18
30	20:35:57	9 50 47	23 30	1Aq 0	6 22	15 47	13 9	9 18	15 24	17 19	22 46	8 14
31	20:39:53	10 51 44	5Cp22	2 37	7 36	16 33	13 4	9 26	15 28	17 21	22 47	8 11

1/20 Sun in Aqu. 19:34   1/4 New 23:10(E)   1/13 1st Qt. 2:33   1/19 Full 21:30   1/26 3rd Qt. 15:28

FEBRUARY 1992

Day	Sid. T.	Sun	Moon	Merc.	Venus	Mars	Jup.	Saturn	Uranus	Nept.	Pluto	N.Node
1	20:43:50	11Aq52 40	17Cp10	4Aq16	8Cp50	17Cp18	12Vi58R	9Aq33	15Cp31	17Cp23	22Sc48	8Cp 8
2	20:47:46	12 53 35	28 57	5 55	10 4	18 3	12 52	9 40	15 34	17 26	22 49	8 5
3	20:51:42	13 54 29	10Aq45	7 35	11 17	18 49	12 46	9 47	15 37	17 28	22 50	8 2
4	20:55:40	14 55 22	22 37	9 16	12 31	19 34	12 40	9 54	15 41	17 30	22 51	7 58
5	20:59:36	15 56 14	4Pi34	10 57	13 45	20 20	12 34	10 1	15 44	17 32	22 51	7 55
6	21: 3:33	16 57 4	16 38	12 39	14 59	21 5	12 27	10 9	15 47	17 34	22 52	7 52
7	21: 7:29	17 57 53	28 50	14 22	16 12	21 51	12 21	10 16	15 50	17 36	22 53	7 49
8	21:11:26	18 58 41	11Ar13	16 5	17 26	22 36	12 14	10 23	15 53	17 38	22 53	7 46
9	21:15:22	19 59 27	23 49	17 50	18 40	23 22	12 7	10 30	15 57	17 40	22 54	7 43
10	21:19:18	21 0 12	6Ta40	19 35	19 54	24 8	12 0	10 37	16 0	17 42	22 54	7 39
11	21:23:15	22 0 55	19 50	21 21	21 8	24 53	11 53	10 44	16 3	17 44	22 55	7 36
12	21:27:12	23 1 37	3Ge20	23 8	22 22	25 39	11 46	10 51	16 6	17 46	22 56	7 33
13	21:31: 9	24 2 17	17 13	24 55	23 36	26 25	11 39	10 58	16 9	17 48	22 56	7 30
14	21:35: 5	25 2 55	1Cn29	26 44	24 50	27 11	11 32	11 6	16 12	17 50	22 56	7 27
15	21:39: 1	26 3 31	16 8	28 33	26 4	27 56	11 25	11 13	16 15	17 52	22 56	7 23
16	21:42:58	27 4 6	1Le 5	0Pi22	27 18	28 42	11 17	11 20	16 18	17 53	22 57	7 20
17	21:46:54	28 4 39	16 13	2 13	28 32	29 28	11 10	11 27	16 21	17 55	22 57	7 17
18	21:50:51	29 5 11	1Vi24	4 4	29 46	0Aq14	11 2	11 34	16 24	17 57	22 57	7 14
19	21:54:48	0Pi 5 41	16 26	5 55	0Aq59	1 0	10 55	11 40	16 26	17 59	22 57	7 11
20	21:58:45	1 6 10	1Li10	7 47	2 13	1 46	10 47	11 47	16 29	18 1	22 58	7 8
21	22: 2:41	2 6 37	15 29	9 39	3 27	2 32	10 39	11 54	16 32	18 2	22 58	7 4
22	22: 6:37	3 7 2	29 19	11 31	4 41	3 18	10 32	12 1	16 35	18 4	22 58	7 1
23	22:10:34	4 7 27	12Sc40	13 23	5 55	4 4	10 24	12 8	16 37	18 6	22 58	6 58
24	22:14:31	5 7 50	25 34	15 15	7 10	4 50	10 16	12 15	16 40	18 8	22 58	6 55
25	22:18:27	6 8 12	8Sg 3	17 7	8 24	5 36	10 8	12 22	16 43	18 9	22 58R	6 52
26	22:22:24	7 8 32	20 14	18 57	9 38	6 22	10 0	12 28	16 45	18 11	22 58	6 49
27	22:26:20	8 8 51	2Cp12	20 47	10 52	7 8	9 52	12 35	16 48	18 13	22 58	6 45
28	22:30:16	9 9 8	14 1	22 34	12 6	7 54	9 45	12 42	16 50	18 14	22 58	6 42
29	22:34:13	10 9 24	25 48	24 20	13 20	8 40	9 37	12 49	16 53	18 16	22 58	6 39

2/19 Sun in Pis. 9:45   2/3 New 19:00   2/11 1st Qt. 16:16   2/18 Full 8:05   2/25 3rd Qt. 7:57

MARCH 1992

Day	Sid. T.	Sun	Moon	Merc.	Venus	Mars	Jup.	Saturn	Uranus	Nept.	Pluto	N.Node
1	22:38:10	11Pi 9 38	7Aq35	26Pi 4	14Aq34	9Aq27	9Vi29R	12Aq55	16Cp55	18Cp17	22Sc57R	6Cp36
2	22:42: 7	12 9 51	19 26	27 44	15 48	10 13	9 21	13 2	16 58	18 19	22 57	6 33
3	22:46: 3	13 10 2	1Pi25	29 22	17 2	10 59	9 13	13 8	17 0	18 20	22 57	6 29
4	22:50: 0	14 10 11	13 32	0Ar55	18 16	11 45	9 5	13 15	17 2	18 22	22 57	6 26
5	22:53:56	15 10 18	25 48	2 23	19 30	12 32	8 57	13 21	17 5	18 23	22 56	6 23
6	22:57:52	16 10 23	8Ar15	3 47	20 44	13 18	8 50	13 28	17 7	18 25	22 56	6 20
7	23: 1:49	17 10 27	20 53	5 5	21 58	14 4	8 42	13 34	17 9	18 26	22 56	6 17
8	23: 5:46	18 10 28	3Ta42	6 17	23 13	14 50	8 34	13 41	17 11	18 28	22 55	6 14
9	23: 9:43	19 10 27	16 43	7 22	24 27	15 37	8 27	13 47	17 14	18 29	22 55	6 10
10	23:13:39	20 10 24	29 58	8 19	25 41	16 23	8 19	13 53	17 16	18 30	22 54	6 7
11	23:17:36	21 10 19	13Ge26	9 10	26 55	17 10	8 12	13 59	17 18	18 32	22 54	6 4
12	23:21:32	22 10 12	27 11	9 52	28 9	17 56	8 4	14 6	17 20	18 33	22 53	6 1
13	23:25:28	23 10 2	11Cn14	10 26	29 23	18 42	7 57	14 12	17 22	18 34	22 53	5 58
14	23:29:25	24 9 51	25 33	10 52	0Pi37	19 29	7 49	14 18	17 24	18 35	22 52	5 55
15	23:33:21	25 9 37	10Le 8	11 9	1 51	20 15	7 42	14 24	17 25	18 36	22 51	5 51
16	23:37:19	26 9 20	24 54	11 18	3 5	21 1	7 35	14 30	17 27	18 38	22 51	5 48
17	23:41:15	27 9 2	9Vi45	11 18R	4 19	21 48	7 28	14 36	17 29	18 39	22 50	5 45
18	23:45:11	28 8 41	24 33	11 10	5 33	22 34	7 21	14 42	17 31	18 40	22 49	5 42
19	23:49: 8	29 8 18	9Li 8	10 54	6 48	23 21	7 14	14 48	17 32	18 41	22 48	5 39
20	23:53: 4	0Ar 7 54	23 24	10 31	8 2	24 7	7 7	14 53	17 34	18 42	22 48	5 35
21	23:57: 1	1 7 27	7Sc15	10 1	9 16	24 54	7 1	14 59	17 36	18 43	22 47	5 32
22	0: 0:57	2 6 59	20 39	9 25	10 30	25 40	6 54	15 5	17 37	18 44	22 46	5 29
23	0: 4:55	3 6 29	3Sg37	8 43	11 44	26 27	6 48	15 10	17 39	18 45	22 45	5 26
24	0: 8:51	4 5 57	16 11	7 58	12 58	27 13	6 41	15 16	17 40	18 46	22 44	5 23
25	0:12:47	5 5 24	28 25	7 9	14 12	28 0	6 35	15 21	17 42	18 46	22 43	5 20
26	0:16:44	6 4 48	10Cp25	6 18	15 26	28 46	6 29	15 27	17 43	18 47	22 42	5 16
27	0:20:40	7 4 11	22 16	5 26	16 40	29 33	6 23	15 32	17 44	18 48	22 41	5 13
28	0:24:37	8 3 32	4Aq 3	4 35	17 54	0Pi19	6 17	15 37	17 46	18 49	22 40	5 10
29	0:28:34	9 2 51	15 53	3 44	19 8	1 6	6 12	15 43	17 47	18 50	22 39	5 7
30	0:32:31	10 2 9	27 48	2 55	20 22	1 52	6 6	15 48	17 48	18 50	22 38	5 4
31	0:36:26	11 1 24	9Pi53	2 9	21 36	2 39	6 1	15 53	17 49	18 51	22 37	5 1

3/20 Sun in Ari. 8:49   3/4 New 13:23   3/12 1st Qt. 2:37   3/18 Full 18:19   3/26 3rd Qt. 2:31

APRIL 1992

Day	Sid. T.	Sun	Moon	Merc.	Venus	Mars	Jup.	Saturn	Uranus	Nept.	Pluto	N.Node
1	0:40:23	12Ar 0 38	22Pi10	1Ar27R	22Pi50	3Pi25	5Vi56R	15Aq58	17Cp50	18Cp52	22Sc36R	4Cp57
2	0:44:20	12 59 49	4Ar41	0 48	24 4	4 12	5 51	16 3	17 51	18 52	22 35	4 54
3	0:48:16	13 58 59	17 25	0 15	25 18	4 58	5 46	16 8	17 52	18 53	22 33	4 51
4	0:52:12	14 58 6	0Ta22	29Pi46	26 32	5 45	5 41	16 13	17 53	18 53	22 32	4 48
5	0:56:10	15 57 12	13 32	29 23	27 46	6 31	5 36	16 17	17 54	18 54	22 31	4 45
6	1: 0: 6	16 56 15	26 53	29 5	29 0	7 18	5 32	16 22	17 55	18 54	22 30	4 41
7	1: 4: 2	17 55 16	10Ge24	28 53	0Ar15	8 4	5 28	16 27	17 55	18 55	22 28	4 38
8	1: 7:59	18 54 15	24 4	28 46	1 29	8 51	5 23	16 31	17 56	18 55	22 27	4 35
9	1:11:56	19 53 12	7Cn54	28 44D	2 43	9 37	5 19	16 36	17 57	18 56	22 26	4 32
10	1:15:52	20 52 6	21 54	28 48	3 57	10 24	5 16	16 40	17 57	18 56	22 24	4 29
11	1:19:48	21 50 58	6Le 2	28 57	5 10	11 10	5 12	16 44	17 58	18 56	22 23	4 26
12	1:23:46	22 49 47	20 19	29 11	6 24	11 57	5 9	16 49	17 59	18 57	22 22	4 22
13	1:27:42	23 48 35	4Vi42	29 30	7 38	12 43	5 5	16 53	17 59	18 57	22 20	4 19
14	1:31:38	24 47 20	19 7	29 54	8 52	13 30	5 2	16 57	17 59	18 57	22 19	4 16
15	1:35:35	25 46 2	3Li28	0Ar22	10 6	14 16	4 59	17 1	18 0	18 57	22 17	4 13
16	1:39:32	26 44 43	17 40	0 54	11 20	15 2	4 57	17 5	18 0	18 57	22 16	4 10
17	1:43:27	27 43 22	1Sc38	1 31	12 34	15 49	4 54	17 9	18 0	18 57	22 14	4 7
18	1:47:24	28 41 59	15 16	2 11	13 48	16 35	4 52	17 13	18 0	18 58	22 13	4 3
19	1:51:21	29 40 34	28 32	2 55	15 2	17 22	4 50	17 16	18 1	18 58	22 10	4 0
20	1:55:18	0Ta39 7	11Sg27	3 42	16 16	18 8	4 48	17 20	18 1	18 58R	22 8	3 57
21	1:59:14	1 37 38	24 0	4 33	17 30	18 54	4 46	17 23	18 1	18 58	22 7	3 54
22	2: 3:11	2 36 8	6Cp15	5 27	18 44	19 41	4 44	17 27	18 1R	18 58	22 5	3 51
23	2: 7: 7	3 34 37	18 17	6 24	19 57	20 27	4 43	17 30	18 1	18 57	22 5	3 47
24	2:11: 3	4 33 3	0Aq10	7 24	21 11	21 13	4 41	17 33	18 1	18 57	22 2	3 44
25	2:15: 1	5 31 28	12 0	8 27	22 25	22 0	4 40	17 37	18 0	18 57	22 2	3 41
26	2:18:57	6 29 51	23 52	9 32	23 39	22 46	4 39	17 40	18 0	18 57	22 1	3 38
27	2:22:54	7 28 13	5Pi50	10 41	24 53	23 32	4 39	17 43	18 0	18 57	21 59	3 35
28	2:26:50	8 26 33	18 17	11 51	26 7	24 18	4 38	17 46	18 0	18 57	21 57	3 32
29	2:30:47	9 24 52	0Ar24	13 4	27 21	25 5	4 38	17 48	17 59	18 56	21 56	3 28
30	2:34:43	10 23 9	13 5	14 20	28 35	25 51	4 38	17 51	17 59	18 56	21 54	3 25

4/19 Sun in Tau. 19:58   4/3 New 5:02   4/10 1st Qt. 10:07   4/17 Full 4:43   4/24 3rd Qt. 21:41

Day	Sid. T.	Sun	Moon	Merc.	Venus	Mars	Jup.	Saturn	Uranus	Nept.	Pluto	N.Node
1	2:38:39	11Ta21 24	26Ar 4	15Ar38	29Ar49	26Pi37	4Vi38	17Aq54	17Cp58R	18Cp56R	21Sc53R	3Cp22
2	2:42:37	12 19 38	9Ta20	16 58	1Ta 2	27 23	4 38	17 56	17 58	18 55	21 51	3 19
3	2:46:33	13 17 50	22 52	18 20	2 16	28 9	4 38	17 59	17 57	18 55	21 49	3 16
4	2:50:30	14 16 0	6Ge37	19 44	3 30	28 55	4 39	18 1	17 57	18 54	21 48	3 12
5	2:54:26	15 14 8	20 33	21 11	4 44	29 41	4 40	18 3	17 56	18 54	21 46	3 9
6	2:58:22	16 12 15	4Cn35	22 39	5 58	0Ar27	4 41	18 6	17 55	18 53	21 44	3 6
7	3: 2:19	17 10 20	18 43	24 10	7 12	1 13	4 42	18 8	17 55	18 53	21 43	3 3
8	3: 6:15	18 8 22	2Le52	25 42	8 25	1 59	4 43	18 10	17 54	18 52	21 41	3 0
9	3:10:12	19 6 23	17 3	27 17	9 39	2 45	4 45	18 12	17 53	18 52	21 39	2 57
10	3:14: 9	20 4 22	1Vi13	28 54	10 53	3 31	4 46	18 13	17 52	18 51	21 38	2 53
11	3:18: 6	21 2 19	15 19	0Ta32	12 7	4 17	4 48	18 15	17 51	18 51	21 36	2 50
12	3:22: 2	22 0 14	29 22	2 13	13 21	5 3	4 50	18 17	17 50	18 50	21 34	2 47
13	3:25:58	22 58 7	13Li16	3 56	14 34	5 49	4 52	18 18	17 49	18 49	21 33	2 44
14	3:29:55	23 55 59	27 1	5 40	15 48	6 35	4 55	18 20	17 48	18 48	21 31	2 41
15	3:33:51	24 53 49	10Sc32	7 27	17 2	7 20	4 57	18 21	17 47	18 48	21 29	2 38
16	3:37:48	25 51 38	23 49	9 16	18 16	8 6	5 0	18 22	17 46	18 47	21 28	2 34
17	3:41:45	26 49 25	6Sg48	11 7	19 29	8 52	5 3	18 23	17 45	18 46	21 26	2 31
18	3:45:42	27 47 10	19 30	13 0	20 43	9 37	5 6	18 24	17 44	18 45	21 24	2 28
19	3:49:38	28 44 55	1Cp57	14 54	21 57	10 23	5 9	18 25	17 42	18 44	21 23	2 25
20	3:53:34	29 42 38	14 9	16 51	23 10	11 9	5 13	18 26	17 41	18 43	21 21	2 22
21	3:57:31	0Ge40 20	26 9	18 50	24 24	11 54	5 16	18 27	17 40	18 42	21 19	2 18
22	4: 1:27	1 38 1	8Aq 3	20 51	25 38	12 40	5 20	18 28	17 38	18 42	21 18	2 15
23	4: 5:24	2 35 41	19 54	22 53	26 52	13 25	5 24	18 28	17 37	18 41	21 16	2 12
24	4: 9:21	3 33 20	1Pi46	24 57	28 5	14 10	5 28	18 29	17 35	18 40	21 14	2 9
25	4:13:17	4 30 58	13 46	27 3	29 19	14 56	5 32	18 29	17 34	18 39	21 13	2 6
26	4:17:13	5 28 35	25 57	29 10	0Ge33	15 41	5 37	18 29	17 32	18 37	21 11	2 3
27	4:21:10	6 26 11	8Ar23	1Ge19	1 47	16 26	5 41	18 29	17 31	18 36	21 9	1 59
28	4:25: 7	7 23 46	21 9	3 29	3 0	17 12	5 46	18 29R	17 29	18 35	21 8	1 56
29	4:29: 4	8 21 20	4Ta15	5 39	4 14	17 57	5 51	18 29	17 27	18 34	21 6	1 53
30	4:33: 0	9 18 53	17 44	7 51	5 28	18 42	5 56	18 29	17 26	18 33	21 5	1 50
31	4:36:57	10 16 25	1Ge33	10 3	6 41	19 27	6 1	18 29	17 24	18 32	21 3	1 47

5/20 Sun in Gem. 19:13   5/2 New 17:46   5/9 1st Qt. 15:45   5/16 Full 16:03   5/24 3rd Qt. 15:54

Day	Sid. T.	Sun	Moon	Merc.	Venus	Mars	Jup.	Saturn	Uranus	Nept.	Pluto	N.Node
1	4:40:53	11Ge13 57	15Ge40	12Ge15	7Ge55	20Ar12	6Vi 6	18Aq29R	17Cp22R	18Cp31R	21Sc 2R	1Cp44
2	4:44:49	12 11 27	0Cn 1	14 27	9 9	20 57	6 12	18 28	17 20	18 29	21 0	1 40
3	4:48:46	13 8 56	14 30	16 39	10 23	21 42	6 17	18 28	17 18	18 28	20 59	1 37
4	4:52:43	14 6 24	29 2	18 50	11 36	22 27	6 23	18 27	17 17	18 27	20 57	1 34
5	4:56:40	15 3 51	13Le32	21 0	12 50	23 12	6 29	18 26	17 15	18 26	20 56	1 31
6	5: 0:36	16 1 17	27 56	23 9	14 4	23 56	6 35	18 25	17 13	18 24	20 54	1 28
7	5: 4:32	16 58 41	12Vi10	25 16	15 17	24 41	6 41	18 25	17 11	18 23	20 53	1 24
8	5: 8:29	17 56 4	26 12	27 22	16 31	25 26	6 48	18 24	17 9	18 22	20 51	1 21
9	5:12:25	18 53 26	10Li 1	29 27	17 45	26 10	6 54	18 22	17 7	18 20	20 50	1 18
10	5:16:22	19 50 47	23 36	1Cn29	18 59	26 55	7 1	18 21	17 5	18 19	20 48	1 15
11	5:20:18	20 48 7	6Sc57	3 30	20 12	27 39	7 7	18 20	17 3	18 18	20 47	1 12
12	5:24:16	21 45 27	20 3	5 28	21 26	28 24	7 14	18 19	17 1	18 16	20 46	1 9
13	5:28:12	22 42 45	2Sg56	7 24	22 40	29 8	7 21	18 17	16 59	18 15	20 44	1 5
14	5:32: 8	23 40 03	15 35	9 18	23 53	29Pi53	7 29	18 15	16 56	18 14	20 43	1 2
15	5:36: 5	24 37 20	28 2	11 10	25 7	0Ta37	7 36	18 14	16 54	18 12	20 41	0 59
16	5:40: 1	25 34 36	10Cp17	12 59	26 21	1 21	7 43	18 12	16 52	18 11	20 40	0 56
17	5:43:58	26 31 52	22 21	14 46	27 34	2 5	7 51	18 10	16 50	18 9	20 39	0 53
18	5:47:54	27 29 7	4Aq19	16 31	28 48	2 49	7 58	18 8	16 48	18 8	20 38	0 50
19	5:51:52	28 26 22	16 11	18 13	0Cn 2	3 33	8 6	18 6	16 45	18 6	20 36	0 46
20	5:55:48	29 23 37	28 1	19 53	1 16	4 17	8 14	18 4	16 43	18 5	20 35	0 43
21	5:59:44	0Cn20 51	9Pi54	21 30	2 29	5 1	8 22	18 2	16 41	18 3	20 34	0 40
22	6: 3:41	1 18 6	21 53	23 5	3 43	5 45	8 30	18 0	16 39	18 2	20 33	0 37
23	6: 7:37	2 15 20	4Ar 3	24 38	4 57	6 29	8 38	17 57	16 36	18 0	20 32	0 34
24	6:11:33	3 12 34	16 28	26 8	6 10	7 12	8 47	17 55	16 34	17 59	20 31	0 30
25	6:15:30	4 9 48	29 12	27 35	7 24	7 56	8 55	17 52	16 32	17 57	20 30	0 27
26	6:19:27	5 7 2	12Ta18	29 1	8 38	8 39	9 4	17 50	16 29	17 55	20 28	0 24
27	6:23:23	6 4 16	25 50	0Le23	9 52	9 23	9 13	17 47	16 27	17 54	20 27	0 21
28	6:27:20	7 1 30	9Ge47	1 43	11 5	10 6	9 21	17 44	16 24	17 52	20 26	0 18
29	6:31:17	7 58 44	24 6	3 0	12 19	10 50	9 30	17 41	16 22	17 51	20 25	0 15
30	6:35:13	8 55 58	8Cn45	4 15	13 33	11 33	9 39	17 38	16 20	17 49	20 24	0 11

6/21 Sun in Can. 3:15   6/1 New 3:58   6/7 1st Qt. 20:48   6/15 Full 4:51(E)   6/23 3rd Qt. 8:12   6/30 New 12:19(E)

JULY 1992

Day	Sid. T.	Sun	Moon	Merc.	Venus	Mars	Jup.	Saturn	Uranus	Nept.	Pluto	N.Node
1	6:39: 9	9Cn53 12	23Cn37	5Le27	14Cn47	12Ta16	9Vi48	17Aq35R	16Cp17R	17Cp47R	20Sc24R	0Cp 8
2	6:43: 7	10 50 26	8Le33	6 36	16 0	12 59	9 58	17 32	16 15	17 46	20 23	0 5
3	6:47: 3	11 47 39	23 27	7 43	17 14	13 42	10 7	17 29	16 12	17 44	20 22	0 2
4	6:50:59	12 44 52	8Vi10	8 46	18 28	14 25	10 16	17 26	16 10	17 43	20 21	29Sg59
5	6:54:56	13 42 5	22 37	9 47	19 42	15 8	10 26	17 23	16 8	17 41	20 20	29 55
6	6:58:53	14 39 17	6Li45	10 44	20 56	15 51	10 35	17 19	16 5	17 39	20 19	29 52
7	7: 2:49	15 36 30	20 31	11 38	22 9	16 33	10 45	17 16	16 3	17 38	20 18	29 49
8	7: 6:45	16 33 42	3Sc56	12 29	23 23	17 16	10 55	17 13	16 0	17 36	20 18	29 46
9	7:10:42	17 30 54	17 2	13 16	24 37	17 59	11 5	17 9	15 58	17 35	20 17	29 43
10	7:14:39	18 28 5	29 50	14 0	25 51	18 41	11 15	17 5	15 56	17 33	20 16	29 40
11	7:18:35	19 25 17	12Sg24	14 39	27 4	19 23	11 25	17 2	15 53	17 31	20 16	29 36
12	7:22:32	20 22 29	24 46	15 16	28 18	20 6	11 35	16 58	15 51	17 30	20 15	29 33
13	7:26:28	21 19 42	6Cp57	15 48	29 32	20 48	11 45	16 54	15 48	17 28	20 15	29 30
14	7:30:24	22 16 54	19 1	16 15	0Le46	21 30	11 55	16 50	15 46	17 26	20 14	29 27
15	7:34:21	23 14 7	0Aq58	16 39	1 59	22 12	12 6	16 47	15 44	17 25	20 13	29 24
16	7:38:18	24 11 20	12 51	16 58	3 13	22 54	12 16	16 43	15 41	17 23	20 13	29 21
17	7:42:15	25 8 33	24 42	17 13	4 27	23 36	12 27	16 39	15 39	17 22	20 13	29 17
18	7:46:11	26 5 47	6Pi33	17 23	5 41	24 17	12 37	16 35	15 36	17 20	20 12	29 14
19	7:50: 8	27 3 2	18 27	17 28	6 55	24 59	12 48	16 31	15 34	17 18	20 11	29 11
20	7:54: 4	28 0 17	0Ar26	17 28R	8 8	25 41	12 59	16 27	15 32	17 17	20 11	29 8
21	7:58: 0	28 57 33	12 35	17 23	9 22	26 22	13 10	16 22	15 29	17 15	20 11	29 5
22	8: 1:57	29 54 50	24 58	17 14	10 36	27 3	13 21	16 18	15 27	17 14	20 11	29 1
23	8: 5:54	0Le52 7	7Ta38	16 59	11 50	27 45	13 32	16 14	15 25	17 12	20 10	28 58
24	8: 9:51	1 49 26	20 40	16 40	13 4	28 26	13 43	16 10	15 22	17 11	20 10	28 55
25	8:13:47	2 46 46	4Ge 6	16 16	14 17	29 7	13 54	16 5	15 20	17 9	20 10	28 52
26	8:17:43	3 44 6	18 0	15 47	15 31	29 48	14 5	16 1	15 18	17 7	20 10	28 49
27	8:21:40	4 41 28	2Cn20	15 15	16 45	0Ge29	14 16	15 57	15 16	17 6	20 10	28 46
28	8:25:36	5 38 50	17 4	14 39	17 59	1 10	14 28	15 52	15 13	17 4	20 10	28 42
29	8:29:33	6 36 13	2Le 6	14 0	19 13	1 50	14 39	15 48	15 11	17 3	20 10	28 39
30	8:33:30	7 33 37	17 18	13 18	20 27	2 31	14 51	15 44	15 9	17 1	20 10	28 36
31	8:37:27	8 31 2	2Vi30	12 34	21 40	3 11	15 2	15 39	15 7	17 0	20 10D	28 33

7/22 Sun in Leo 14:10   7/7 1st Qt. 2:44   7/14 Full 19:07   7/22 3rd Qt. 22:13   7/29 New 19:36

AUGUST 1992

Day	Sid. T.	Sun	Moon	Merc.	Venus	Mars	Jup.	Saturn	Uranus	Nept.	Pluto	N.Node
1	8:41:23	9Le28 27	17Vi32	11Le49R	22Le54	3Ge52	15Vi14	15Aq35R	15Cp 5R	16Cp58R	20Sc10	28Sg30
2	8:45:19	10 25 53	2Li15	11 3	24 8	4 32	15 25	15 30	15 3	16 57	20 10	28 27
3	8:49:16	11 23 20	16 33	10 18	25 22	5 12	15 37	15 26	15 0	16 56	20 10	28 23
4	8:53:12	12 20 47	0Sc25	9 34	26 36	5 52	15 49	15 21	14 58	16 54	20 10	28 20
5	8:57: 9	13 18 16	13 49	8 52	27 49	6 32	16 1	15 17	14 56	16 53	20 10	28 17
6	9: 1: 6	14 15 44	26 50	8 14	29 3	7 12	16 13	15 12	14 54	16 51	20 10	28 14
7	9: 5: 3	15 13 14	9Sg29	7 38	0Vi17	7 51	16 25	15 8	14 52	16 50	20 10	28 11
8	9: 8:59	16 10 44	21 52	7 7	1 31	8 31	16 36	15 3	14 50	16 49	20 11	28 7
9	9:12:55	17 8 16	4Cp 2	6 42	2 45	9 10	16 49	14 59	14 48	16 47	20 11	28 4
10	9:16:52	18 5 48	16 3	6 21	3 58	9 50	17 1	14 54	14 47	16 46	20 11	28 1
11	9:20:48	19 3 21	27 58	6 7	5 12	10 29	17 13	14 50	14 45	16 45	20 12	27 58
12	9:24:45	20 0 55	9Aq50	5 59	6 26	11 8	17 25	14 46	14 43	16 43	20 12	27 55
13	9:28:42	20 58 31	21 40	5 59D	7 40	11 47	17 37	14 41	14 41	16 42	20 13	27 52
14	9:32:38	21 56 7	3Pi32	6 5	8 54	12 26	17 49	14 37	14 39	16 41	20 13	27 48
15	9:36:34	22 53 45	15 26	6 18	10 7	13 4	18 2	14 32	14 38	16 39	20 14	27 45
16	9:40:31	23 51 24	27 24	6 39	11 21	13 43	18 14	14 28	14 36	16 38	20 14	27 42
17	9:44:28	24 49 4	9Ar28	7 7	12 35	14 21	18 26	14 23	14 34	16 37	20 15	27 39
18	9:48:24	25 46 47	21 40	7 43	13 49	15 0	18 39	14 19	14 33	16 36	20 16	27 36
19	9:52:21	26 44 30	4Ta 4	8 25	15 2	15 38	18 51	14 15	14 31	16 35	20 16	27 33
20	9:56:18	27 42 16	16 43	9 15	16 16	16 16	19 4	14 10	14 29	16 34	20 17	27 29
21	10: 0:14	28 40 3	29 40	10 11	17 30	16 54	19 16	14 6	14 28	16 32	20 17	27 26
22	10: 4:10	29 37 51	12Ge59	11 15	18 44	17 32	19 29	14 2	14 26	16 31	20 18	27 23
23	10: 8: 7	0Vi35 42	26 43	12 24	19 57	18 9	19 41	13 58	14 25	16 30	20 19	27 20
24	10:12: 4	1 33 34	10Cn54	13 40	21 11	18 47	19 54	13 54	14 24	16 29	20 20	27 17
25	10:16: 0	2 31 28	25 30	15 1	22 25	19 24	20 6	13 49	14 21	16 28	20 21	27 13
26	10:19:57	3 29 24	10Le28	16 28	23 39	20 1	20 19	13 45	14 20	16 26	20 21	27 10
27	10:23:53	4 27 21	25 41	18 0	24 52	20 38	20 32	13 41	14 18	16 26	20 22	27 7
28	10:27:50	5 25 20	10Vi58	19 36	26 6	21 15	20 45	13 37	14 17	16 25	20 23	27 4
29	10:31:46	6 23 21	26 8	21 16	27 20	21 52	20 57	13 33	14 17	16 25	20 24	27 1
30	10:35:43	7 21 22	11Li 1	22 59	28 33	22 28	21 10	13 29	14 16	16 24	20 25	26 58
31	10:39:39	8 19 26	25 29	24 46	29 47	23 5	21 23	13 25	14 15	16 23	20 26	26 54

8/22 Sun in Vir. 21:11   8/5 1st Qt. 11:00   8/13 Full 10:28   8/21 3rd Qt. 10:02   8/28 New 2:43

Day	Sid. T.	Sun	Moon	Merc.	Venus	Mars	Jup.	Saturn	Uranus	Nept.	Pluto	N.Node
1	10:43:37	9Vi17 30	9Sc29	26Le35	1Li 1	23Ge41	21Vi36	13Aq22R	14Cp14R	16Cp22R	20Sc27	26Sg51
2	10:47:33	10 15 37	22 58	28 26	2 15	24 17	21 49	13 18	14 13	16 21	20 29	26 48
3	10:51:29	11 13 44	6Sg 0	0Vi19	3 28	24 53	22 1	13 14	14 12	16 20	20 30	26 45
4	10:55:26	12 11 53	18 38	2 13	4 42	25 29	22 14	13 11	14 11	16 20	20 31	26 42
5	10:59:22	13 10 4	0Cp58	4 7	5 55	26 4	22 27	13 7	14 10	16 19	20 32	26 39
6	11: 3:19	14 8 16	13 3	6 3	7 9	26 40	22 40	13 3	14 9	16 18	20 33	26 35
7	11: 7:15	15 6 29	24 59	7 59	8 23	27 15	22 53	13 0	14 8	16 18	20 35	26 32
8	11:11:13	16 4 44	6Aq50	9 54	9 36	27 50	23 6	12 57	14 8	16 17	20 36	26 29
9	11:15: 9	17 3 1	18 40	11 50	10 50	28 25	23 19	12 53	14 7	16 16	20 37	26 26
10	11:19: 5	18 1 19	0Pi31	13 45	12 4	29 0	23 32	12 50	14 6	16 16	20 38	26 23
11	11:23: 2	18 59 39	12 26	15 40	13 17	29 34	23 45	12 47	14 6	16 15	20 40	26 19
12	11:26:58	19 58 1	24 27	17 34	14 31	0Cn 8	23 58	12 44	14 5	16 15	20 41	26 16
13	11:30:54	20 56 24	6Ar33	19 27	15 44	0 43	24 11	12 41	14 5	16 14	20 43	26 13
14	11:34:51	21 54 50	18 47	21 20	16 58	1 16	24 24	12 38	14 4	16 14	20 44	26 10
15	11:38:48	22 53 17	1Ta 9	23 11	18 11	1 50	24 37	12 35	14 4	16 13	20 46	26 7
16	11:42:44	23 51 47	13 41	25 2	19 25	2 24	24 50	12 32	14 3	16 13	20 47	26 4
17	11:46:41	24 50 19	26 25	26 52	20 38	2 57	25 3	12 29	14 3	16 13	20 49	26 0
18	11:50:38	25 48 53	9Ge24	28 40	21 52	3 30	25 16	12 27	14 3	16 12	20 50	25 57
19	11:54:34	26 47 29	22 40	0Li28	23 5	4 3	25 29	12 24	14 3	16 12	20 52	25 54
20	11:58:30	27 46 7	6Cn17	2 15	24 19	4 36	25 42	12 22	14 3	16 12	20 53	25 51
21	12: 2:27	28 44 48	20 16	4 1	25 32	5 8	25 55	12 19	14 2	16 12	20 55	25 48
22	12: 6:24	29 43 31	4Le38	5 45	26 46	5 40	26 8	12 17	14 2	16 11	20 57	25 44
23	12:10:20	0Li42 16	19 20	7 29	27 59	6 12	26 21	12 15	14 2D	16 11	20 59	25 41
24	12:14:17	1 41 3	4Vi17	9 12	29 12	6 44	26 33	12 12	14 3	16 11	21 0	25 38
25	12:18:14	2 39 53	19 22	10 54	0Sc26	7 16	26 46	12 10	14 3	16 11	21 2	25 35
26	12:22:10	3 38 44	4Li25	12 35	1 39	7 47	26 59	12 8	14 3	16 11	21 4	25 32
27	12:26: 6	4 37 38	19 15	14 15	2 53	8 18	27 12	12 7	14 3	16 11	21 6	25 29
28	12:30: 4	5 36 33	3Sc44	15 54	4 6	8 49	27 25	12 5	14 3	16 11D	21 7	25 25
29	12:34: 0	6 35 30	17 47	17 32	5 19	9 19	27 38	12 3	14 3	16 11	21 9	25 22
30	12:37:56	7 34 30	1Sg21	19 9	6 33	9 50	27 51	12 2	14 4	16 11	21 11	25 19

9/22 Sun in Lib. 18:44   9/3 1st Qt. 22:40   9/12 Full 2:17   9/19 3rd Qt. 19:54   9/26 New 10:41

Day	Sid. T.	Sun	Moon	Merc.	Venus	Mars	Jup.	Saturn	Uranus	Nept.	Pluto	N.Node
1	12:41:53	8Li33 30	14Sg27	20Li46	7Sc46	10Cn20	28Vi 4	12Aq 0R	14Cp 4	16Cp11	21Sc13	25Sg16
2	12:45:49	9 32 33	27 9	22 21	8 59	10 49	28 17	11 59	14 5	16 11	21 15	25 13
3	12:49:45	10 31 38	9Cp30	23 56	10 13	11 19	28 30	11 57	14 5	16 12	21 17	25 10
4	12:53:42	11 30 44	21 36	25 30	11 26	11 48	28 43	11 56	14 6	16 12	21 19	25 6
5	12:57:39	12 29 52	3Aq31	27 3	12 39	12 17	28 55	11 55	14 6	16 12	21 21	25 3
6	13: 1:36	13 29 2	15 22	28 35	13 52	12 46	29 8	11 54	14 7	16 12	21 23	25 0
7	13: 5:32	14 28 13	27 7	0Sc 7	15 6	13 14	29 21	11 53	14 8	16 13	21 25	24 57
8	13: 9:29	15 27 27	9Pi 7	1 37	16 19	13 42	29 34	11 52	14 9	16 13	21 27	24 54
9	13:13:25	16 26 42	21 7	3 7	17 32	14 10	29 46	11 52	14 9	16 13	21 29	24 50
10	13:17:21	17 25 59	3Ar15	4 37	18 45	14 37	29 59	11 51	14 10	16 14	21 31	24 47
11	13:21:18	18 25 18	15 32	6 5	19 58	15 4	0Li12	11 50	14 11	16 14	21 33	24 44
12	13:25:15	19 24 39	28 0	7 32	21 11	15 31	0 24	11 50	14 12	16 15	21 35	24 41
13	13:29:12	20 24 3	10Ta38	8 59	22 24	15 57	0 37	11 50	14 13	16 15	21 37	24 38
14	13:33: 8	21 23 28	23 27	10 25	23 37	16 23	0 50	11 49	14 14	16 16	21 39	24 35
15	13:37: 5	22 22 56	6Ge26	11 50	24 50	16 49	1 2	11 49	14 15	16 16	21 42	24 31
16	13:41: 1	23 22 26	19 38	13 15	26 3	17 14	1 15	11 49D	14 17	16 17	21 44	24 28
17	13:44:57	24 21 58	3Cn 2	14 38	27 16	17 39	1 27	11 49	14 18	16 17	21 46	24 25
18	13:48:54	25 21 33	16 40	16 1	28 29	18 4	1 39	11 50	14 19	16 18	21 48	24 22
19	13:52:51	26 21 10	0Le34	17 22	29 42	18 28	1 52	11 50	14 20	16 19	21 50	24 19
20	13:56:48	27 20 49	14 43	18 43	0Sg55	18 52	2 4	11 50	14 22	16 20	21 53	24 16
21	14: 0:44	28 20 30	29 7	20 2	2 8	19 16	2 17	11 51	14 23	16 20	21 55	24 12
22	14: 4:40	29 20 14	13Vi41	21 20	3 21	19 39	2 29	11 51	14 25	16 21	21 57	24 9
23	14: 8:37	0Sc19 59	28 22	22 37	4 34	20 1	2 41	11 52	14 26	16 22	21 59	24 6
24	14:12:33	1 19 47	13Li 2	23 53	5 47	20 24	2 53	11 53	14 28	16 23	22 2	24 3
25	14:16:30	2 19 38	27 33	25 7	7 0	20 45	3 5	11 54	14 29	16 24	22 4	24 0
26	14:20:27	3 19 30	11Sc49	26 20	8 13	21 7	3 17	11 55	14 31	16 25	22 6	23 56
27	14:24:24	4 19 24	25 44	27 31	9 25	21 28	3 30	11 56	14 33	16 26	22 9	23 53
28	14:28:20	5 19 19	9Sg15	28 39	10 38	21 48	3 41	11 57	14 34	16 27	22 11	23 50
29	14:32:16	6 19 17	22 22	29 46	11 51	22 8	3 53	11 58	14 36	16 28	22 13	23 47
30	14:36:13	7 19 16	5Cp 6	0Sg51	13 4	22 28	4 5	12 0	14 38	16 29	22 16	23 44
31	14:40: 9	8 19 17	17 30	1 52	14 16	22 47	4 17	12 1	14 40	16 30	22 18	23 41

10/23 Sun in Sco. 3:58   10/3 1st Qt. 14:13   10/11 Full 18:04   10/19 3rd Qt. 4:13   10/25 New 20:35

NOVEMBER 1992

Day	Sid. T.	Sun	Moon	Merc.	Venus	Mars	Jup.	Saturn	Uranus	Nept.	Pluto	N.Node
1	14:44: 6	9Sc19 20	29Cp38	2Sg51	15Sg29	23Cn 5	4Li29	12Aq 3	14Cp42	16Cp31	22Sc20	23Sg37
2	14:48: 3	10 19 24	11Aq36	3 47	16 41	23 23	4 41	12 5	14 44	16 32	22 23	23 34
3	14:51:59	11 19 30	23 28	4 39	17 54	23 41	4 52	12 7	14 46	16 33	22 25	23 31
4	14:55:55	12 19 37	5Pi20	5 27	19 7	23 58	5 4	12 8	14 48	16 34	22 27	23 28
5	14:59:52	13 19 46	17 16	6 10	20 19	24 14	5 15	12 10	14 50	16 36	22 30	23 25
6	15: 3:49	14 19 56	29 20	6 49	21 31	24 30	5 27	12 13	14 52	16 37	22 32	23 22
7	15: 7:45	15 20 8	11Ar34	7 21	22 44	24 46	5 38	12 15	14 54	16 38	22 35	23 18
8	15:11:42	16 20 22	24 2	7 48	23 56	25 0	5 49	12 17	14 56	16 40	22 37	23 15
9	15:15:39	17 20 37	6Ta44	8 7	25 9	25 15	6 1	12 19	14 59	16 41	22 39	23 12
10	15:19:35	18 20 54	19 41	8 19	26 21	25 28	6 12	12 22	15 1	16 42	22 42	23 9
11	15:23:31	19 21 13	2Ge51	8 23R	27 33	25 41	6 23	12 25	15 3	16 44	22 44	23 6
12	15:27:28	20 21 34	16 14	8 17	28 45	25 54	6 34	12 27	15 6	16 45	22 47	23 2
13	15:31:25	21 21 56	29 49	8 2	29 58	26 5	6 45	12 30	15 8	16 47	22 49	22 59
14	15:35:21	22 22 20	13Cn33	7 37	1Cp10	26 16	6 56	12 33	15 11	16 48	22 51	22 56
15	15:39:18	23 22 46	27 26	7 2	2 22	26 27	7 7	12 36	15 13	16 50	22 54	22 53
16	15:43:15	24 23 14	11Le27	6 16	3 34	26 37	7 17	12 39	15 16	16 51	22 56	22 50
17	15:47:11	25 23 44	25 35	5 21	4 46	26 46	7 28	12 42	15 18	16 53	22 59	22 47
18	15:51: 7	26 24 15	9Vi47	4 17	5 58	26 54	7 38	12 45	15 21	16 54	23 1	22 43
19	15:55: 4	27 24 49	24 2	3 5	7 10	27 2	7 49	12 49	15 23	16 56	23 4	22 40
20	15:59: 0	28 25 24	8Li16	1 47	8 21	27 9	7 59	12 52	15 26	16 58	23 6	22 37
21	16: 2:56	29 26 1	22 27	0 26	9 33	27 15	8 10	12 55	15 29	16 59	23 8	22 34
22	16: 6:54	0Sg26 39	6Sc29	29Sc 5	10 45	27 20	8 20	12 59	15 32	17 1	23 11	22 31
23	16:10:50	1 27 19	20 20	27 45	11 57	27 25	8 30	13 3	15 34	17 3	23 13	22 28
24	16:14:47	2 28 1	3Sg55	26 30	13 8	27 29	8 40	13 7	15 37	17 4	23 16	22 24
25	16:18:43	3 28 44	17 13	25 22	14 20	27 32	8 50	13 10	15 40	17 6	23 18	22 21
26	16:22:40	4 29 28	0Cp11	24 23	15 31	27 35	9 0	13 14	15 43	17 8	23 20	22 18
27	16:26:36	5 30 14	12 52	23 34	16 43	27 36	9 9	13 18	15 46	17 10	23 23	22 15
28	16:30:32	6 31 1	25 15	22 56	17 54	27 37	9 19	13 22	15 49	17 11	23 25	22 12
29	16:34:30	7 31 48	7Aq25	22 30	19 5	27 37R	9 28	13 27	15 52	17 13	23 27	22 8
30	16:38:26	8 32 37	19 24	22 16	20 17	27 36	9 38	13 31	15 55	17 15	23 30	22 5

11/22 Sun in Sag. 1:27   11/2 1st Qt. 9:12   11/10 Full 9:21   11/17 3rd Qt. 11:40   11/24 New 9:12

DECEMBER 1992

Day	Sid. T.	Sun	Moon	Merc.	Venus	Mars	Jup.	Saturn	Uranus	Nept.	Pluto	N.Node
1	16:42:23	9Sg33 26	1Pi17	22Sc12	21Cp28	27Cn35R	9Li47	13Aq35	15Cp58	17Cp17	23Sc32	22Sg 2
2	16:46:19	10 34 17	13 9	22 20	22 39	27 32	9 56	13 40	16 1	17 19	23 34	21 59
3	16:50:16	11 35 8	25 5	22 36	23 50	27 29	10 5	13 44	16 4	17 21	23 37	21 56
4	16:54:12	12 36 0	7Ar 9	23 2	25 0	27 25	10 14	13 49	16 7	17 23	23 39	21 53
5	16:58: 9	13 36 53	19 25	23 36	26 11	27 20	10 23	13 53	16 10	17 25	23 41	21 49
6	17: 2: 5	14 37 46	1Ta58	24 17	27 22	27 14	10 32	13 58	16 13	17 27	23 44	21 46
7	17: 6: 2	15 38 41	14 48	25 4	28 32	27 7	10 40	14 3	16 16	17 29	23 46	21 43
8	17: 9:59	16 39 36	27 59	25 57	29 43	27 0	10 49	14 8	16 20	17 31	23 48	21 40
9	17:13:55	17 40 33	11Ge29	26 55	0Aq53	26 51	10 57	14 13	16 23	17 33	23 51	21 37
10	17:17:51	18 41 30	25 17	27 57	2 3	26 42	11 5	14 18	16 26	17 35	23 53	21 33
11	17:21:48	19 42 28	9Cn20	29 2	3 14	26 32	11 13	14 23	16 29	17 37	23 55	21 30
12	17:25:45	20 43 27	23 34	0Sg11	4 24	26 21	11 21	14 28	16 33	17 39	23 57	21 27
13	17:29:41	21 44 27	7Le54	1 23	5 34	26 9	11 29	14 33	16 36	17 41	23 59	21 24
14	17:33:38	22 45 28	22 16	2 38	6 43	25 57	11 37	14 39	16 39	17 43	24 2	21 21
15	17:37:35	23 46 30	6Vi36	3 54	7 53	25 43	11 45	14 44	16 43	17 45	24 4	21 18
16	17:41:31	24 47 33	20 50	5 12	9 3	25 29	11 52	14 49	16 46	17 47	24 6	21 14
17	17:45:27	25 48 37	4Li56	6 32	10 12	25 14	11 59	14 55	16 49	17 49	24 8	21 11
18	17:49:24	26 49 41	18 53	7 54	11 21	24 59	12 7	15 1	16 53	17 52	24 10	21 8
19	17:53:21	27 50 47	2Sc39	9 16	12 30	24 42	12 14	15 6	16 56	17 54	24 12	21 5
20	17:57:17	28 51 54	16 14	10 40	13 39	24 25	12 20	15 12	17 0	17 56	24 14	21 2
21	18: 1:14	29 53 1	29 36	12 5	14 48	24 7	12 27	15 18	17 3	17 58	24 16	20 59
22	18: 5:10	0Cp54 9	12Sg46	13 30	15 57	23 48	12 34	15 23	17 7	18 0	24 19	20 55
23	18: 9: 6	1 55 17	25 42	14 57	17 6	23 29	12 40	15 29	17 10	18 2	24 21	20 52
24	18:13: 3	2 56 26	8Cp24	16 24	18 14	23 9	12 47	15 35	17 14	18 5	24 23	20 49
25	18:17: 0	3 57 36	20 54	17 51	19 22	22 49	12 53	15 41	17 17	18 7	24 25	20 46
26	18:20:57	4 58 45	3Aq12	19 19	20 30	22 28	12 59	15 47	17 21	18 9	24 27	20 43
27	18:24:53	5 59 55	15 18	20 48	21 38	22 7	13 5	15 53	17 24	18 11	24 28	20 39
28	18:28:50	7 1 4	27 17	22 17	22 46	21 45	13 10	15 59	17 28	18 14	24 30	20 36
29	18:32:46	8 2 14	9Pi10	23 47	23 53	21 22	13 16	16 5	17 31	18 16	24 32	20 33
30	18:36:42	9 3 23	21 1	25 17	25 1	21 0	13 21	16 11	17 35	18 18	24 34	20 30
31	18:40:39	10 4 33	2Ar55	26 47	26 7	20 37	13 26	16 18	17 38	18 20	24 36	20 27

12/21 Sun in Cap. 14:44   12/2 1st Qt. 6:18   12/9 Full 23:42(E)   12/16 3rd Qt. 19:14   12/24 New 0:44(E)

Day	Sid. T.	Sun	Moon	Merc.	Venus	Mars	Jup.	Saturn	Uranus	Nept.	Pluto	N.Node
1	18:44:36	11Cp 5 42	14Ar56	28Sg18	27Aq14	20Cn14R	13Li31	16Aq24	17Cp42	18Cp23	24Sc38	20Sg24
2	18:48:33	12 6 51	27 10	29 49	28 21	19 50	13 36	16 31	17 45	18 25	24 40	20 20
3	18:52:29	13 8 0	9Ta39	1Cp21	29 27	19 26	13 41	16 37	17 49	18 27	24 41	20 17
4	18:56:26	14 9 9	22 29	2 53	0Pi33	19 2	13 46	16 44	17 52	18 29	24 43	20 14
5	19: 0:22	15 10 17	5Ge43	4 25	1 39	18 39	13 50	16 50	17 56	18 32	24 45	20 11
6	19: 4:18	16 11 25	19 23	5 58	2 45	18 15	13 54	16 57	18 0	18 34	24 47	20 8
7	19: 8:15	17 12 33	3Cn27	7 31	3 50	17 51	13 58	17 3	18 3	18 36	24 48	20 5
8	19:12:12	18 13 41	17 52	9 4	4 55	17 27	14 2	17 10	18 7	18 39	24 50	20 1
9	19:16: 9	19 14 48	2Le34	10 38	6 0	17 3	14 6	17 16	18 10	18 41	24 52	19 58
10	19:20: 5	20 15 55	17 24	12 13	7 4	16 39	14 9	17 23	18 14	18 43	24 53	19 55
11	19:24: 1	21 17 2	2Vi15	13 48	8 9	16 16	14 13	17 30	18 17	18 45	24 55	19 52
12	19:27:58	22 18 9	16 59	15 23	9 12	15 53	14 16	17 37	18 21	18 48	24 56	19 49
13	19:31:54	23 19 16	1Li29	16 58	10 16	15 30	14 19	17 43	18 24	18 50	24 58	19 45
14	19:35:51	24 20 22	15 42	18 35	11 19	15 7	14 22	17 50	18 28	18 52	24 59	19 42
15	19:39:48	25 21 29	29 36	20 11	12 22	14 45	14 24	17 57	18 32	18 54	25 1	19 39
16	19:43:45	26 22 35	13Sc10	21 48	13 25	14 23	14 27	18 4	18 35	18 57	25 2	19 36
17	19:47:41	27 23 42	26 26	23 26	14 27	14 1	14 29	18 11	18 39	18 59	25 4	19 33
18	19:51:37	28 24 48	9Sg27	25 4	15 28	13 40	14 31	18 18	18 42	19 1	25 5	19 30
19	19:55:34	29 25 53	22 14	26 43	16 30	13 20	14 33	18 25	18 46	19 3	25 6	19 26
20	19:59:30	0Aq26 58	4Cp49	28 22	17 31	13 0	14 35	18 32	18 49	19 6	25 8	19 23
21	20: 3:27	1 28 3	17 13	0Aq 2	18 31	12 41	14 36	18 39	18 53	19 8	25 9	19 20
22	20: 7:24	2 29 7	29 29	1 43	19 32	12 22	14 38	18 46	18 56	19 10	25 10	19 17
23	20:11:20	3 30 10	11Aq37	3 24	20 31	12 4	14 39	18 53	19 0	19 12	25 11	19 14
24	20:15:16	4 31 13	23 38	5 6	21 30	11 47	14 40	19 0	19 3	19 15	25 13	19 11
25	20:19:13	5 32 14	5Pi34	6 48	22 29	11 30	14 40	19 7	19 7	19 17	25 14	19 7
26	20:23:10	6 33 15	17 26	8 31	23 27	11 14	14 41	19 14	19 10	19 19	25 15	19 4
27	20:27: 6	7 34 15	29 16	10 14	24 25	10 59	14 41	19 21	19 14	19 21	25 16	19 1
28	20:31: 2	8 35 13	11Ar 9	11 58	25 22	10 45	14 42	19 28	19 17	19 23	25 17	18 58
29	20:35: 0	9 36 10	23 8	13 43	26 19	10 31	14 42R	19 35	19 20	19 26	25 18	18 55
30	20:38:56	10 37 6	5Ta17	15 28	27 14	10 18	14 41	19 43	19 24	19 28	25 19	18 51
31	20:42:52	11 38 1	17 40	17 14	28 10	10 6	14 41	19 50	19 27	19 30	25 20	18 48

1/20 Sun in Aqu. 1:24 1/1 1st Qt. 3:39 1/8 Full 12:38 1/15 3rd Qt. 4:02 1/22 New 18:28 1/30 1st Qt. 23:21

Day	Sid. T.	Sun	Moon	Merc.	Venus	Mars	Jup.	Saturn	Uranus	Nept.	Pluto	N.Node
1	20:46:49	12Aq38 55	0Ge24	19Aq 0	29Pi 5	9Cn55R	14Li40R	19Aq57	19Cp31	19Cp32	25Sc21	18Sg45
2	20:50:46	13 39 47	13 32	20 46	29 59	9 44	14 40	20 4	19 34	19 34	25 22	18 42
3	20:54:42	14 40 38	27 8	22 33	0Ar52	9 35	14 39	20 11	19 37	19 36	25 22	18 39
4	20:58:39	15 41 27	11Cn13	24 20	1 45	9 26	14 38	20 19	19 41	19 38	25 23	18 36
5	21: 2:36	16 42 16	25 46	26 7	2 37	9 18	14 36	20 26	19 44	19 40	25 24	18 32
6	21: 6:32	17 43 3	10Le42	27 54	3 28	9 10	14 35	20 33	19 47	19 43	25 25	18 29
7	21:10:28	18 43 48	25 52	29 41	4 18	9 4	14 33	20 40	19 50	19 45	25 25	18 26
8	21:14:25	19 44 32	11Vi 7	1Pi27	5 8	8 58	14 31	20 48	19 54	19 47	25 26	18 23
9	21:18:21	20 45 16	26 16	3 13	5 56	8 53	14 29	20 55	19 57	19 49	25 27	18 20
10	21:22:17	21 45 58	11Li 8	4 57	6 44	8 49	14 27	21 2	20 0	19 51	25 27	18 17
11	21:26:15	22 46 39	25 37	6 41	7 31	8 46	14 24	21 9	20 3	19 53	25 28	18 13
12	21:30:11	23 47 18	9Sc40	8 22	8 17	8 44	14 22	21 16	20 6	19 55	25 28	18 10
13	21:34: 8	24 47 57	23 17	10 2	9 2	8 42	14 19	21 24	20 9	19 57	25 29	18 7
14	21:38: 4	25 48 35	6Sg29	11 39	9 46	8 41	14 16	21 31	20 12	19 59	25 29	18 4
15	21:42: 1	26 49 12	19 20	13 13	10 29	8 41D	14 13	21 38	20 16	20 0	25 30	18 1
16	21:45:57	27 49 47	1Cp54	14 43	11 10	8 41	14 9	21 45	20 19	20 2	25 30	17 57
17	21:49:53	28 50 21	14 15	16 9	11 51	8 42	14 6	21 53	20 22	20 4	25 31	17 54
18	21:53:51	29 50 54	26 25	17 30	12 30	8 44	14 2	22 0	20 24	20 6	25 31	17 51
19	21:57:47	0Pi51 26	8Aq29	18 46	13 9	8 47	13 58	22 7	20 27	20 8	25 31	17 48
20	22: 1:44	1 51 55	20 28	19 55	13 45	8 50	13 54	22 14	20 30	20 10	25 31	17 45
21	22: 5:40	2 52 24	2Pi23	20 57	14 21	8 55	13 50	22 21	20 33	20 12	25 32	17 42
22	22: 9:37	3 52 50	14 15	21 51	14 55	8 59	13 45	22 28	20 36	20 13	25 32	17 38
23	22:13:33	4 53 15	26 7	22 38	15 28	9 5	13 41	22 36	20 39	20 15	25 32	17 35
24	22:17:29	5 53 38	8Ar 0	23 15	15 59	9 11	13 36	22 43	20 42	20 17	25 32	17 32
25	22:21:26	6 54 0	19 54	23 44	16 28	9 18	13 31	22 50	20 44	20 19	25 32	17 29
26	22:25:23	7 54 19	1Ta54	24 3	16 56	9 25	13 26	22 57	20 47	20 20	25 32R	17 26
27	22:29:20	8 54 37	14 3	24 12	17 22	9 33	13 21	23 4	20 50	20 22	25 32	17 22
28	22:33:16	9 54 53	26 24	24 12R	17 47	9 42	13 16	23 11	20 52	20 24	25 32	17 19

2/18 Sun in Pis. 15:36 2/6 Full 23:56 2/13 3rd Qt. 14:58 2/21 New 13:06

MARCH 1993

Day	Sid. T.	Sun	Moon	Merc.	Venus	Mars	Jup.	Saturn	Uranus	Nept.	Pluto	N.Node
1	22:37:12	10Pi55 6	9Ge 3	24Pi 2R	18Ar10	9Cn51	13Li10R	23Aq18	20Cp55	20Cp25	25Sc32R	17Sg16
2	22:41: 9	11 55 18	22 3	23 42	18 30	10 1	13 5	23 25	20 58	20 27	25 32	17 13
3	22:45: 6	12 55 28	5Cn30	23 14	18 49	10 11	12 59	23 32	21 0	20 28	25 32	17 10
4	22:49: 2	13 55 35	19 25	22 38	19 6	10 22	12 53	23 39	21 3	20 30	25 31	17 7
5	22:52:59	14 55 40	3Le50	21 55	19 20	10 34	12 47	23 46	21 5	20 31	25 31	17 3
6	22:56:56	15 55 43	18 42	21 6	19 33	10 46	12 41	23 53	21 8	20 33	25 31	17 0
7	23: 0:52	16 55 45	3Vi54	20 12	19 43	10 58	12 35	24 0	21 10	20 34	25 31	16 57
8	23: 4:48	17 55 44	19 16	19 15	19 51	11 12	12 28	24 6	21 12	20 36	25 30	16 54
9	23: 8:45	18 55 41	4Li36	18 16	19 57	11 25	12 22	24 13	21 15	20 37	25 30	16 51
10	23:12:42	19 55 36	19 43	17 16	20 0	11 39	12 15	24 20	21 17	20 39	25 30	16 48
11	23:16:38	20 55 30	4Sc27	16 17	20 1R	11 54	12 8	24 27	21 19	20 40	25 29	16 44
12	23:20:35	21 55 22	18 44	15 20	20 0	12 9	12 2	24 34	21 21	20 41	25 29	16 41
13	23:24:32	22 55 13	2Sg30	14 26	19 56	12 25	11 55	24 40	21 23	20 43	25 28	16 38
14	23:28:27	23 55 1	15 49	13 36	19 50	12 40	11 48	24 47	21 25	20 44	25 28	16 35
15	23:32:24	24 54 49	28 42	12 50	19 41	12 57	11 41	24 53	21 28	20 45	25 27	16 32
16	23:36:21	25 54 34	11Cp14	12 10	19 29	13 14	11 34	25 0	21 30	20 46	25 27	16 28
17	23:40:18	26 54 18	23 30	11 36	19 15	13 31	11 26	25 7	21 32	20 48	25 26	16 25
18	23:44:14	27 54 0	5Aq35	11 8	18 59	13 49	11 19	25 13	21 33	20 49	25 25	16 22
19	23:48:11	28 53 40	17 32	10 46	18 40	14 7	11 12	25 20	21 35	20 50	25 25	16 19
20	23:52: 7	29 53 18	29 25	10 30	18 19	14 25	11 4	25 26	21 37	20 51	25 24	16 16
21	23:56: 3	0Ar52 54	11Pi16	10 21	17 56	14 44	10 57	25 32	21 39	20 52	25 23	16 13
22	0: 0: 0	1 52 29	23 8	10 17	17 31	15 3	10 49	25 39	21 41	20 53	25 22	16 9
23	0: 3:57	2 52 1	5Ar 2	10 20D	17 3	15 23	10 42	25 45	21 42	20 54	25 22	16 6
24	0: 7:54	3 51 31	16 58	10 28	16 34	15 43	10 34	25 51	21 44	20 55	25 21	16 3
25	0:11:50	4 51 0	29 0	10 42	16 2	16 3	10 26	25 57	21 46	20 56	25 20	16 0
26	0:15:47	5 50 26	11Ta 7	11 0	15 30	16 24	10 19	26 3	21 47	20 57	25 19	15 57
27	0:19:43	6 49 50	23 23	11 24	14 55	16 45	10 11	26 10	21 49	20 58	25 18	15 54
28	0:23:39	7 49 12	5Ge50	11 52	14 20	17 6	10 3	26 16	21 50	20 59	25 17	15 50
29	0:27:36	8 48 31	18 31	12 25	13 44	17 28	9 55	26 22	21 52	20 59	25 16	15 47
30	0:31:33	9 47 49	1Cn30	13 2	13 7	17 50	9 48	26 28	21 53	21 0	25 15	15 44
31	0:35:30	10 47 4	14 51	13 43	12 29	18 12	9 40	26 33	21 54	21 1	25 14	15 41

3/20 Sun in Ari. 14:42   3/1 1st Qt. 15:48   3/8 Full 9:47   3/15 3rd Qt. 4:17   3/23 New 7:15   3/31 1st Qt. 4:11

APRIL 1993

Day	Sid. T.	Sun	Moon	Merc.	Venus	Mars	Jup.	Saturn	Uranus	Nept.	Pluto	N.Node
1	0:39:26	11Ar46 16	28Cn37	14Pi27	11Ar51R	18Cn34	9Li32R	26Aq39	21Cp56	21Cp 2	25Sc13R	15Sg38
2	0:43:22	12 45 26	12Le49	15 15	11 13	18 57	9 25	26 45	21 57	21 2	25 12	15 34
3	0:47:19	13 44 34	27 25	16 6	10 36	19 20	9 17	26 51	21 58	21 3	25 11	15 31
4	0:51:15	14 43 40	12Vi21	17 1	9 59	19 44	9 9	26 56	21 59	21 4	25 10	15 28
5	0:55:12	15 42 43	27 31	17 58	9 22	20 7	9 1	27 2	22 0	21 4	25 8	15 25
6	0:59: 9	16 41 44	12Li43	18 58	8 47	20 31	8 54	27 7	22 1	21 5	25 7	15 22
7	1: 3: 6	17 40 43	27 48	20 1	8 13	20 56	8 46	27 13	22 2	21 5	25 6	15 19
8	1: 7: 2	18 39 40	12Sc35	21 7	7 40	21 20	8 39	27 18	22 3	21 6	25 5	15 15
9	1:10:58	19 38 36	26 58	22 15	7 9	21 45	8 31	27 24	22 4	21 6	25 4	15 12
10	1:14:55	20 37 29	10Sg52	23 25	6 40	22 10	8 24	27 29	22 5	21 7	25 2	15 9
11	1:18:51	21 36 21	24 19	24 37	6 13	22 35	8 16	27 34	22 6	21 7	25 1	15 6
12	1:22:48	22 35 11	7Cp18	25 52	5 48	23 0	8 9	27 39	22 7	21 8	25 0	15 3
13	1:26:45	23 34 0	19 55	27 9	5 25	23 26	8 2	27 44	22 7	21 8	24 58	15 0
14	1:30:42	24 32 46	2Aq14	28 28	5 4	23 52	7 55	27 49	22 8	21 8	24 57	14 56
15	1:34:38	25 31 31	14 19	29 49	4 45	24 18	7 47	27 54	22 9	21 9	24 56	14 53
16	1:38:34	26 30 14	26 16	1Ar11	4 29	24 44	7 40	27 59	22 9	21 9	24 54	14 50
17	1:42:31	27 28 56	8Pi 8	2 36	4 16	25 11	7 34	28 4	22 9	21 9	24 53	14 47
18	1:46:27	28 27 35	19 59	4 3	4 5	25 37	7 27	28 9	22 10	21 9	24 51	14 44
19	1:50:23	29 26 13	1Ar52	5 31	3 56	26 4	7 20	28 14	22 10	21 9	24 50	14 40
20	1:54:21	0Ta24 49	13 49	7 1	3 50	26 31	7 13	28 18	22 10	21 9	24 48	14 37
21	1:58:17	1 23 23	25 53	8 33	3 46	26 59	7 7	28 23	22 11	21 9	24 47	14 34
22	2: 2:13	2 21 55	8Ta 4	10 7	3 44	27 26	7 0	28 27	22 11	21 9	24 45	14 31
23	2: 6:10	3 20 26	20 24	11 42	3 45D	27 54	6 54	28 32	22 11	21 9R	24 44	14 28
24	2:10: 7	4 18 54	2Ge54	13 19	3 49	28 22	6 48	28 36	22 11	21 9	24 42	14 25
25	2:14: 3	5 17 21	15 35	14 58	3 54	28 50	6 42	28 40	22 11	21 9	24 41	14 21
26	2:17:59	6 15 46	28 30	16 39	4 2	29 18	6 36	28 44	22 11R	21 9	24 39	14 18
27	2:21:57	7 14 8	11Cn39	18 21	4 12	29 46	6 30	28 48	22 11	21 9	24 38	14 15
28	2:25:53	8 12 29	25 4	20 6	4 24	0Le15	6 24	28 52	22 11	21 9	24 36	14 12
29	2:29:49	9 10 47	8Le48	21 51	4 38	0 43	6 19	28 56	22 11	21 9	24 35	14 9
30	2:33:46	10 9 3	22 51	23 39	4 54	1 12	6 13	29 0	22 11	21 8	24 33	14 6

4/20 Sun in Tau. 1:50   4/6 Full 18:44   4/13 3rd Qt. 19:39   4/21 New 23:50   4/29 1st Qt. 12:42

Day	Sid. T.	Sun	Moon	Merc.	Venus	Mars	Jup.	Saturn	Uranus	Nept.	Pluto	N.Node
1	2:37:43	11Ta 7 17	7Vi12	25Ar29	5Ar12	1Le41	6Li 8R	29Aq 4	22Cp11R	21Cp 8R	24Sc31R	14Sg 2
2	2:41:39	12 5 29	21 48	27 20	5 32	2 10	6 3	29 7	22 10	21 8	24 30	13 59
3	2:45:35	13 3 39	6Li34	29 13	5 54	2 40	5 58	29 11	22 10	21 7	24 28	13 56
4	2:49:32	14 1 47	21 24	1Ta 8	6 17	3 9	5 53	29 15	22 10	21 7	24 27	13 53
5	2:53:29	14 59 53	6Sc 9	3 4	6 43	3 39	5 48	29 18	22 9	21 7	24 25	13 50
6	2:57:25	15 57 58	20 42	5 2	7 9	4 8	5 44	29 21	22 9	21 6	24 23	13 46
7	3: 1:22	16 56 1	4Sg57	7 2	7 38	4 38	5 39	29 24	22 8	21 6	24 22	13 43
8	3: 5:18	17 54 2	18 50	9 4	8 7	5 8	5 35	29 28	22 8	21 5	24 20	13 40
9	3: 9:14	18 52 2	2Cp18	11 7	8 39	5 38	5 31	29 31	22 7	21 5	24 18	13 37
10	3:13:12	19 50 1	15 21	13 12	9 11	6 9	5 27	29 34	22 6	21 4	24 17	13 34
11	3:17: 8	20 47 58	28 3	15 18	9 45	6 39	5 23	29 37	22 6	21 4	24 15	13 31
12	3:21: 5	21 45 54	10Aq26	17 26	10 21	7 10	5 20	29 39	22 5	21 3	24 13	13 27
13	3:25: 1	22 43 49	22 34	19 34	10 57	7 40	5 16	29 42	22 4	21 3	24 12	13 24
14	3:28:58	23 41 42	4Pi33	21 44	11 35	8 11	5 13	29 45	22 3	21 2	24 10	13 21
15	3:32:54	24 39 34	16 26	23 54	12 14	8 42	5 10	29 47	22 2	21 1	24 8	13 18
16	3:36:50	25 37 25	28 19	26 5	12 54	9 13	5 7	29 50	22 1	21 0	24 7	13 15
17	3:40:48	26 35 15	10Ar14	28 17	13 35	9 44	5 5	29 52	22 0	21 0	24 5	13 11
18	3:44:44	27 33 3	22 16	0Ge28	14 17	10 16	5 2	29 54	21 59	20 59	24 3	13 8
19	3:48:41	28 30 50	4Ta27	2 39	15 0	10 47	5 0	29 56	21 58	20 58	24 2	13 5
20	3:52:37	29 28 36	16 49	4 50	15 44	11 18	4 57	29 59	21 57	20 57	24 0	13 2
21	3:56:33	0Ge26 21	29 24	6 59	16 29	11 50	4 55	0Pi 1	21 56	20 56	23 58	12 59
22	4: 0:30	1 24 4	12Ge13	9 8	17 15	12 22	4 54	0 2	21 55	20 56	23 57	12 56
23	4: 4:26	2 21 47	25 15	11 15	18 1	12 54	4 52	0 4	21 54	20 55	23 55	12 52
24	4: 8:23	3 19 27	8Cn31	13 21	18 49	13 26	4 50	0 6	21 52	20 54	23 53	12 49
25	4:12:20	4 17 7	22 0	15 25	19 37	13 58	4 49	0 7	21 51	20 53	23 52	12 46
26	4:16:17	5 14 44	5Le42	17 27	20 26	14 30	4 48	0 9	21 50	20 52	23 50	12 43
27	4:20:13	6 12 21	19 35	19 27	21 15	15 2	4 47	0 10	21 48	20 51	23 48	12 40
28	4:24: 9	7 9 56	3Vi39	21 25	22 6	15 34	4 46	0 12	21 47	20 50	23 47	12 37
29	4:28: 6	8 7 29	17 53	23 20	22 57	16 7	4 46	0 13	21 45	20 49	23 45	12 33
30	4:32: 2	9 5 1	2Li12	25 13	23 48	16 39	4 46	0 14	21 44	20 48	23 44	12 30
31	4:35:59	10 2 32	16 35	27 3	24 40	17 12	4 45	0 15	21 42	20 46	23 42	12 27

5/21 Sun in Gem. 1:03　5/6 Full 3:35　5/13 3rd Qt. 12:21　5/21 New 14:08(E)　5/28 1st Qt. 18:23

Day	Sid. T.	Sun	Moon	Merc.	Venus	Mars	Jup.	Saturn	Uranus	Nept.	Pluto	N.Node
1	4:39:56	11Ge 0 1	0Sc58	28Ge50	25Ar33	17Le45	4Li45	0Pi16	21Cp40R	20Cp45R	23Sc40R	12Sg24
2	4:43:53	11 57 29	15 15	0Cn35	26 26	18 17	4 45	0 17	21 39	20 44	23 39	12 21
3	4:47:49	12 54 56	29 24	2 17	27 20	18 50	4 46	0 18	21 37	20 43	23 37	12 17
4	4:51:45	13 52 22	13Sg19	3 56	28 15	19 23	4 46	0 18	21 35	20 42	23 36	12 14
5	4:55:42	14 49 47	26 57	5 33	29 9	19 56	4 47	0 19	21 34	20 41	23 34	12 11
6	4:59:39	15 47 11	10Cp16	7 6	0Ta 5	20 30	4 48	0 19	21 32	20 39	23 33	12 8
7	5: 3:35	16 44 34	23 16	8 37	1 1	21 3	4 49	0 19	21 30	20 38	23 31	12 5
8	5: 7:32	17 41 57	5Aq57	10 5	1 57	21 36	4 50	0 20	21 28	20 37	23 30	12 2
9	5:11:28	18 39 19	18 21	11 30	2 54	22 10	4 52	0 20	21 26	20 36	23 28	11 58
10	5:15:24	19 36 41	0Pi32	12 52	3 51	22 43	4 53	0 20R	21 24	20 34	23 27	11 55
11	5:19:21	20 34 2	12 32	14 11	4 49	23 17	4 55	0 20	21 23	20 33	23 25	11 52
12	5:23:18	21 31 22	24 26	15 27	5 47	23 50	4 57	0 20	21 21	20 32	23 24	11 49
13	5:27:15	22 28 42	6Ar19	16 40	6 45	24 24	4 59	0 19	21 19	20 30	23 22	11 46
14	5:31:11	23 26 1	18 16	17 49	7 44	24 58	5 1	0 19	21 17	20 29	23 21	11 43
15	5:35: 8	24 23 21	0Ta20	18 56	8 43	25 32	5 4	0 18	21 14	20 27	23 20	11 39
16	5:39: 4	25 20 39	12 36	20 0	9 42	26 6	5 6	0 18	21 12	20 26	23 18	11 36
17	5:43: 0	26 17 58	25 7	21 0	10 42	26 40	5 9	0 17	21 10	20 25	23 17	11 33
18	5:46:57	27 15 16	7Ge56	21 56	11 43	27 14	5 12	0 16	21 8	20 23	23 16	11 30
19	5:50:54	28 12 34	21 2	22 49	12 43	27 48	5 15	0 16	21 6	20 22	23 14	11 27
20	5:54:51	29 9 51	4Cn27	23 39	13 44	28 23	5 19	0 15	21 4	20 20	23 13	11 23
21	5:58:47	0Cn 7 8	18 9	24 25	14 45	28 57	5 22	0 14	21 2	20 19	23 12	11 20
22	6: 2:43	1 4 24	2Le 4	25 7	15 46	29 32	5 26	0 12	20 59	20 17	23 11	11 17
23	6: 6:40	2 1 39	16 11	25 45	16 48	0Vi 6	5 30	0 11	20 57	20 16	23 9	11 14
24	6:10:36	2 58 54	0Vi24	26 19	17 50	0 41	5 34	0 10	20 55	20 14	23 8	11 11
25	6:14:33	3 56 9	14 41	26 49	18 52	1 15	5 38	0 8	20 53	20 13	23 7	11 8
26	6:18:29	4 53 22	28 57	27 14	19 55	1 50	5 42	0 7	20 50	20 11	23 6	11 4
27	6:22:26	5 50 36	13Li10	27 36	20 57	2 25	5 46	0 5	20 48	20 10	23 5	11 1
28	6:26:23	6 47 48	27 27	27 52	22 0	3 0	5 51	0 4	20 46	20 8	23 4	10 58
29	6:30:19	7 45 1	11Sc17	28 5	23 3	3 35	5 56	0 2	20 44	20 6	23 3	10 55
30	6:34:16	8 42 12	25 9	28 12	24 7	4 10	6 1	0 1	20 41	20 5	23 2	10 52

6/21 Sun in Can. 9:01　6/4 Full 13:03(E)　6/12 3rd Qt. 5:37　6/20 New 1:54　6/26 1st Qt. 22:45

JULY 1993

Day	Sid. T.	Sun	Moon	Merc.	Venus	Mars	Jup.	Saturn	Uranus	Nept.	Pluto	N.Node
1	6:38:12	9Cn39 24	8Sg50	28Cn15	25Ta10	4Vi45	6Li 6	29Aq58R	20Cp39R	20Cp 3R	23Sc 1R	10Sg49
2	6:42: 9	10 36 35	22 19	28 14R	26 14	5 20	6 11	29 56	20 36	20 2	23 0	10 45
3	6:46: 5	11 33 46	5Cp36	28 7	27 18	5 55	6 16	29 54	20 34	20 0	22 59	10 42
4	6:50: 3	12 30 57	18 39	27 57	28 23	6 31	6 22	29 52	20 32	19 58	22 58	10 39
5	6:53:59	13 28 8	1Aq27	27 41	29 27	7 6	6 28	29 49	20 29	19 57	22 57	10 36
6	6:57:55	14 25 19	14 1	27 22	0Ge32	7 41	6 33	29 47	20 27	19 55	22 56	10 33
7	7: 1:52	15 22 31	26 21	26 58	1 36	8 17	6 39	29 44	20 25	19 54	22 55	10 29
8	7: 5:48	16 19 42	8Pi30	26 31	2 41	8 52	6 45	29 42	20 22	19 52	22 54	10 26
9	7: 9:44	17 16 54	20 29	26 1	3 47	9 28	6 52	29 39	20 20	19 50	22 54	10 23
10	7:13:42	18 14 6	2Ar23	25 27	4 52	10 4	6 58	29 36	20 17	19 49	22 53	10 20
11	7:17:38	19 11 19	14 15	24 52	5 58	10 40	7 4	29 34	20 15	19 47	22 52	10 17
12	7:21:34	20 8 32	26 11	24 14	7 3	11 15	7 11	29 31	20 12	19 45	22 51	10 14
13	7:25:31	21 5 46	8Ta15	23 35	8 9	11 51	7 18	29 28	20 10	19 44	22 51	10 10
14	7:29:28	22 3 0	20 32	22 56	9 15	12 27	7 25	29 25	20 8	19 42	22 50	10 7
15	7:33:24	23 0 15	3Ge 7	22 17	10 22	13 3	7 32	29 21	20 5	19 41	22 49	10 4
16	7:37:20	23 57 30	16 2	21 38	11 28	13 39	7 39	29 18	20 3	19 39	22 49	10 1
17	7:41:18	24 54 46	29 21	21 1	12 35	14 16	7 46	29 15	20 0	19 37	22 48	9 58
18	7:45:14	25 52 3	13Cn 4	20 26	13 41	14 52	7 54	29 12	19 58	19 36	22 48	9 55
19	7:49:10	26 49 20	27 9	19 54	14 48	15 28	8 1	29 9	19 56	19 34	22 47	9 51
20	7:53: 7	27 46 37	11Le31	19 25	15 55	16 4	8 9	29 5	19 53	19 33	22 47	9 48
21	7:57: 4	28 43 55	26 5	19 1	17 2	16 41	8 17	29 1	19 51	19 31	22 46	9 45
22	8: 1: 0	29 41 13	10Vi44	18 40	18 10	17 17	8 24	28 58	19 48	19 29	22 46	9 42
23	8: 4:56	0Le38 32	25 21	18 25	19 17	17 54	8 33	28 54	19 46	19 28	22 46	9 39
24	8: 8:53	1 35 50	9Li50	18 14	20 25	18 30	8 41	28 50	19 44	19 26	22 45	9 35
25	8:12:50	2 33 10	24 7	18 9	21 32	19 7	8 49	28 47	19 41	19 25	22 45	9 32
26	8:16:46	3 30 29	8Sc 9	18 10D	22 40	19 44	8 57	28 43	19 39	19 23	22 45	9 29
27	8:20:43	4 27 49	21 56	18 17	23 48	20 20	9 6	28 39	19 37	19 21	22 45	9 26
28	8:24:39	5 25 10	5Sg29	18 30	24 56	20 57	9 14	28 35	19 34	19 20	22 44	9 23
29	8:28:35	6 22 31	18 49	18 48	26 4	21 34	9 23	28 31	19 32	19 18	22 44	9 20
30	8:32:32	7 19 52	1Cp55	19 13	27 13	22 11	9 32	28 27	19 30	19 17	22 44	9 16
31	8:36:29	8 17 14	14 50	19 45	28 21	22 48	9 41	28 23	19 28	19 15	22 44	9 13

7/22 Sun in Leo 19:52   7/3 Full 23:46   7/11 3rd Qt. 22:49   7/19 New 11:25   7/26 1st Qt. 3:26

AUGUST 1993

Day	Sid. T.	Sun	Moon	Merc.	Venus	Mars	Jup.	Saturn	Uranus	Nept.	Pluto	N.Node
1	8:40:26	9Le14 37	27Cp34	20Cn22	29Ge30	23Vi25	9Li50	28Aq19R	19Cp25R	19Cp14R	22Sc44R	9Sg10
2	8:44:22	10 12 1	10Aq 7	21 6	0Cn38	24 2	9 59	28 15	19 23	19 12	22 44	9 7
3	8:48:19	11 9 26	22 29	21 55	1 47	24 40	10 8	28 10	19 21	19 11	22 44D	9 4
4	8:52:15	12 6 51	4Pi42	22 51	2 56	25 17	10 18	28 6	19 19	19 9	22 44	9 0
5	8:56:11	13 4 18	16 45	23 53	4 5	25 54	10 27	28 2	19 17	19 8	22 44	8 57
6	9: 0: 9	14 1 45	28 41	25 0	5 14	26 31	10 36	27 58	19 15	19 7	22 44	8 54
7	9: 4: 5	14 59 14	10Ar32	26 13	6 23	27 9	10 46	27 53	19 12	19 5	22 44	8 51
8	9: 8: 2	15 56 44	22 23	27 31	7 33	27 46	10 56	27 49	19 10	19 4	22 44	8 48
9	9:11:58	16 54 16	4Ta17	28 55	8 42	28 24	11 6	27 45	19 8	19 2	22 45	8 45
10	9:15:54	17 51 49	16 19	0Le23	9 52	29 2	11 16	27 40	19 6	19 1	22 45	8 41
11	9:19:51	18 49 23	28 34	1 56	11 1	29 39	11 26	27 36	19 4	19 0	22 45	8 38
12	9:23:47	19 46 59	11Ge 7	3 34	12 11	0Li17	11 36	27 31	19 2	18 58	22 45	8 35
13	9:27:44	20 44 36	24 3	5 15	13 21	0 55	11 46	27 27	19 0	18 57	22 46	8 32
14	9:31:41	21 42 15	7Cn25	7 0	14 31	1 33	11 56	27 22	18 59	18 56	22 46	8 29
15	9:35:38	22 39 55	21 16	8 48	15 41	2 10	12 6	27 18	18 57	18 54	22 47	8 26
16	9:39:34	23 37 36	5Le34	10 40	16 51	2 48	12 17	27 13	18 55	18 53	22 47	8 22
17	9:43:30	24 35 19	20 15	12 33	18 1	3 26	12 27	27 9	18 53	18 52	22 48	8 19
18	9:47:27	25 33 3	5Vi11	14 29	19 12	4 5	12 38	27 4	18 51	18 51	22 48	8 16
19	9:51:23	26 30 48	20 14	16 26	20 22	4 43	12 49	27 0	18 49	18 49	22 49	8 13
20	9:55:20	27 28 35	5Li14	18 25	21 33	5 21	12 59	26 55	18 48	18 48	22 49	8 10
21	9:59:17	28 26 23	20 1	20 24	22 43	5 59	13 10	26 51	18 46	18 47	22 50	8 6
22	10: 3:14	29 24 12	4Sc30	22 24	23 54	6 38	13 21	26 46	18 44	18 46	22 50	8 3
23	10: 7:10	0Vi22 2	18 38	24 24	25 5	7 16	13 32	26 42	18 43	18 45	22 51	8 0
24	10:11: 6	1 19 53	2Sg24	26 25	26 16	7 54	13 43	26 37	18 41	18 44	22 52	7 57
25	10:15: 3	2 17 46	15 49	28 25	27 27	8 33	13 54	26 33	18 40	18 43	22 53	7 54
26	10:18:59	3 15 40	28 56	0Vi24	28 38	9 11	14 5	26 28	18 38	18 42	22 53	7 51
27	10:22:56	4 13 35	11Cp47	2 23	29 49	9 50	14 17	26 24	18 37	18 41	22 54	7 47
28	10:26:53	5 11 31	24 25	4 21	1Le 0	10 29	14 28	26 19	18 35	18 40	22 55	7 44
29	10:30:49	6 9 29	6Aq53	6 19	2 11	11 7	14 39	26 15	18 34	18 39	22 56	7 41
30	10:34:45	7 7 28	19 11	8 15	3 23	11 46	14 51	26 10	18 33	18 38	22 57	7 38
31	10:38:42	8 5 29	1Pi21	10 10	4 34	12 25	15 2	26 6	18 31	18 37	22 58	7 35

8/23 Sun in Vir. 2:52   8/2 Full 12:10   8/10 3rd Qt. 15:20   8/17 New 19:29   8/24 1st Qt. 9:58

Day	Sid. T.	Sun	Moon	Merc.	Venus	Mars	Jup.	Saturn	Uranus	Nept.	Pluto	N.Node
1	10:42:39	9Vi 3 31	13Pi24	12Vi 5	5Le46	13Li 4	15Li14	26Aq 2R	18Cp30R	18Cp36R	22Sc59	7Sg32
2	10:46:35	10 1 35	25 22	13 58	6 57	13 43	15 26	25 57	18 29	18 35	23 0	7 28
3	10:50:32	10 59 40	7Ar14	15 50	8 9	14 22	15 37	25 53	18 28	18 34	23 1	7 25
4	10:54:29	11 57 48	19 4	17 41	9 21	15 1	15 49	25 49	18 26	18 33	23 2	7 22
5	10:58:25	12 55 57	0Ta54	19 30	10 33	15 40	16 1	25 44	18 25	18 32	23 3	7 19
6	11: 2:21	13 54 8	12 48	21 18	11 45	16 19	16 13	25 40	18 24	18 32	23 4	7 16
7	11: 6:18	14 52 21	24 48	23 6	12 57	16 59	16 25	25 36	18 23	18 31	23 5	7 12
8	11:10:15	15 50 37	7Ge 1	24 52	14 9	17 38	16 37	25 32	18 22	18 30	23 6	7 9
9	11:14:12	16 48 54	19 31	26 37	15 21	18 17	16 49	25 28	18 21	18 30	23 8	7 6
10	11:18: 8	17 47 13	2Cn23	28 20	16 33	18 57	17 1	25 24	18 21	18 29	23 9	7 3
11	11:22: 5	18 45 35	15 41	0Li 3	17 45	19 36	17 13	25 20	18 20	18 28	23 10	7 0
12	11:26: 1	19 43 59	29 29	1 44	18 58	20 16	17 25	25 16	18 19	18 28	23 12	6 57
13	11:29:57	20 42 24	13Le47	3 25	20 10	20 55	17 37	25 12	18 18	18 27	23 13	6 53
14	11:33:54	21 40 52	28 32	5 4	21 23	21 35	17 49	25 8	18 18	18 27	23 14	6 50
15	11:37:50	22 39 22	13Vi37	6 42	22 36	22 15	18 2	25 4	18 17	18 26	23 16	6 47
16	11:41:48	23 37 53	28 53	8 19	23 48	22 55	18 14	25 1	18 16	18 26	23 17	6 44
17	11:45:44	24 36 26	14Li 9	9 55	25 1	23 35	18 26	24 57	18 16	18 25	23 19	6 41
18	11:49:40	25 35 2	29 13	11 30	26 14	24 14	18 39	24 53	18 15	18 25	23 20	6 38
19	11:53:37	26 33 39	13Sc58	13 4	27 27	24 54	18 51	24 50	18 15	18 25	23 22	6 34
20	11:57:33	27 32 17	28 18	14 37	28 40	25 34	19 4	24 47	18 15	18 24	23 23	6 31
21	12: 1:30	28 30 58	12Sg11	16 9	29 53	26 15	19 16	24 43	18 14	18 24	23 25	6 28
22	12: 5:26	29 29 40	25 39	17 40	1Vi 6	26 55	19 29	24 40	18 14	18 24	23 26	6 25
23	12: 9:24	0Li28 24	8Cp44	19 10	2 19	27 35	19 42	24 37	18 14	18 23	23 28	6 22
24	12:13:20	1 27 9	21 29	20 39	3 32	28 15	19 54	24 33	18 14	18 23	23 30	6 18
25	12:17:16	2 25 57	3Aq58	22 7	4 45	28 56	20 7	24 30	18 14	18 23	23 31	6 15
26	12:21:13	3 24 45	16 15	23 34	5 59	29 36	20 20	24 27	18 13	18 23	23 33	6 12
27	12:25: 9	4 23 36	28 23	25 0	7 12	0Sc16	20 32	24 24	18 13D	18 23	23 35	6 9
28	12:29: 6	5 22 29	10Pi24	26 25	8 26	0 57	20 45	24 22	18 13	18 23	23 36	6 6
29	12:33: 2	6 21 23	22 20	27 49	9 39	1 37	20 58	24 19	18 14	18 23	23 38	6 3
30	12:36:59	7 20 19	4Ar13	29 12	10 53	2 18	21 11	24 16	18 14	18 23D	23 40	5 59

9/23 Sun in Lib. 0:24   9/1 Full 2:34   9/9 3rd Qt. 6:27   9/16 New 3:11   9/22 1st Qt. 19:33   9/30 Full 18:55

Day	Sid. T.	Sun	Moon	Merc.	Venus	Mars	Jup.	Saturn	Uranus	Nept.	Pluto	N.Node
1	12:40:55	8Li19 17	16Ar 4	0Sc33	12Vi 6	2Sc59	21Li24	24Aq13R	18Cp14	18Cp23	23Sc42	5Sg56
2	12:44:52	9 18 18	27 55	1 54	13 20	3 39	21 36	24 11	18 14	18 23	23 44	5 53
3	12:48:49	10 17 20	9Ta47	3 13	14 34	4 20	21 49	24 8	18 14	18 23	23 45	5 50
4	12:52:45	11 16 25	21 44	4 31	15 47	5 1	22 2	24 6	18 15	18 23	23 47	5 47
5	12:56:41	12 15 32	3Ge49	5 47	17 1	5 42	22 15	24 4	18 15	18 23	23 49	5 44
6	13: 0:38	13 14 41	16 4	7 3	18 15	6 23	22 28	24 2	18 15	18 23	23 51	5 40
7	13: 4:35	14 13 53	28 34	8 16	19 29	7 4	22 41	24 0	18 16	18 24	23 53	5 37
8	13: 8:31	15 13 7	11Cn23	9 28	20 43	7 45	22 54	23 58	18 16	18 24	23 55	5 34
9	13:12:28	16 12 23	24 36	10 39	21 57	8 26	23 7	23 56	18 17	18 24	23 57	5 31
10	13:16:25	17 11 41	8Le16	11 47	23 11	9 7	23 20	23 54	18 18	18 24	23 59	5 28
11	13:20:21	18 11 2	22 24	12 54	24 25	9 49	23 33	23 52	18 18	18 25	24 1	5 24
12	13:24:17	19 10 25	6Vi58	13 58	25 39	10 30	23 46	23 50	18 19	18 25	24 3	5 21
13	13:28:15	20 9 50	21 55	15 0	26 54	11 12	23 59	23 49	18 20	18 26	24 5	5 18
14	13:32:11	21 9 18	7Li 7	16 0	28 8	11 53	24 12	23 47	18 21	18 26	24 7	5 15
15	13:36: 7	22 8 47	22 23	16 57	29 22	12 35	24 25	23 46	18 22	18 27	24 9	5 12
16	13:40: 4	23 8 19	7Sc33	17 50	0Li36	13 16	24 38	23 45	18 23	18 27	24 12	5 9
17	13:44: 0	24 7 53	22 27	18 40	1 51	13 58	24 51	23 44	18 24	18 28	24 14	5 5
18	13:47:56	25 7 28	6Sg58	19 27	3 5	14 39	25 4	23 43	18 25	18 28	24 16	5 2
19	13:51:53	26 7 6	21 2	20 9	4 20	15 21	25 17	23 42	18 26	18 29	24 18	4 59
20	13:55:50	27 6 45	4Cp39	20 47	5 34	16 3	25 30	23 41	18 27	18 30	24 20	4 56
21	13:59:47	28 6 26	17 50	21 20	6 49	16 45	25 43	23 40	18 28	18 30	24 22	4 53
22	14: 3:43	29 6 8	0Aq37	21 47	8 3	17 27	25 56	23 40	18 29	18 31	24 25	4 49
23	14: 7:40	0Sc 5 52	13 5	22 8	9 18	18 9	26 9	23 39	18 31	18 32	24 27	4 46
24	14:11:36	1 5 38	25 19	22 23	10 33	18 51	26 22	23 39	18 32	18 33	24 29	4 43
25	14:15:32	2 5 26	7Pi22	22 30	11 47	19 33	26 35	23 38	18 33	18 33	24 31	4 40
26	14:19:29	3 5 15	19 17	22 29R	13 2	20 15	26 48	23 38	18 35	18 34	24 34	4 37
27	14:23:26	4 5 6	1Ar 9	22 21	14 17	20 57	27 1	23 38	18 36	18 35	24 36	4 34
28	14:27:23	5 4 59	13 0	22 3	15 31	21 40	27 14	23 38D	18 38	18 36	24 38	4 30
29	14:31:19	6 4 53	24 52	21 36	16 46	22 22	27 27	23 38	18 39	18 37	24 41	4 27
30	14:35:16	7 4 50	6Ta47	21 0	18 1	23 4	27 40	23 38	18 41	18 38	24 43	4 24
31	14:39:12	8 4 48	18 47	20 15	19 16	23 47	27 53	23 39	18 43	18 39	24 45	4 21

10/23 Sun in Sco. 9:38   10/8 3rd Qt. 19:36   10/15 New 11:37   10/22 1st Qt. 8:53   10/30 Full 12:38

NOVEMBER 1993

Day	Sid. T.	Sun	Moon	Merc.	Venus	Mars	Jup.	Saturn	Uranus	Nept.	Pluto	N.Node
1	14:43: 8	9Sc 4 49	0Ge54	19Sc20R	20Li31	24Sc29	28Li 6	23Aq39	18Cp44	18Cp40	24Sc47	4Sg18
2	14:47: 5	10 4 51	13 9	18 18	21 46	25 12	28 19	23 39	18 46	18 41	24 50	4 15
3	14:51: 2	11 4 56	25 35	17 8	23 1	25 55	28 32	23 40	18 48	18 42	24 52	4 11
4	14:54:59	12 5 2	8Cn14	15 53	24 16	26 37	28 45	23 41	18 50	18 43	24 55	4 8
5	14:58:55	13 5 11	21 9	14 36	25 31	27 20	28 58	23 42	18 52	18 44	24 57	4 5
6	15: 2:51	14 5 21	4Le23	13 17	26 46	28 3	29 11	23 43	18 54	18 46	24 59	4 2
7	15: 6:48	15 5 34	17 57	11 59	28 1	28 46	29 24	23 44	18 56	18 47	25 2	3 59
8	15:10:44	16 5 49	1Vi53	10 46	29 16	29 29	29 36	23 45	18 58	18 48	25 4	3 55
9	15:14:41	17 6 5	16 10	9 39	0Sc31	0Sg12	29 49	23 46	19 0	18 49	25 6	3 52
10	15:18:38	18 6 24	0Li47	8 41	1 46	0 55	0Sc 2	23 47	19 2	18 51	25 9	3 49
11	15:22:35	19 6 45	15 39	7 52	3 1	1 38	0 15	23 49	19 4	18 52	25 11	3 46
12	15:26:31	20 7 7	0Sc37	7 15	4 16	2 21	0 27	23 50	19 6	18 53	25 14	3 43
13	15:30:27	21 7 32	15 35	6 49	5 32	3 4	0 40	23 52	19 8	18 55	25 16	3 40
14	15:34:24	22 7 58	0Sg24	6 35	6 47	3 47	0 53	23 54	19 11	18 56	25 18	3 36
15	15:38:20	23 8 26	14 56	6 32D	8 2	4 31	1 5	23 55	19 13	18 58	25 21	3 33
16	15:42:17	24 8 55	29 5	6 41	9 17	5 14	1 18	23 57	19 15	18 59	25 23	3 30
17	15:46:14	25 9 25	12Cp49	6 59	10 32	5 58	1 30	23 59	19 18	19 1	25 26	3 27
18	15:50:10	26 9 57	26 7	7 27	11 48	6 41	1 43	24 2	19 20	19 2	25 28	3 24
19	15:54: 6	27 10 31	9Aq 1	8 4	13 3	7 25	1 55	24 4	19 23	19 4	25 30	3 21
20	15:58: 3	28 11 5	21 34	8 48	14 18	8 8	2 8	24 6	19 25	19 5	25 33	3 17
21	16: 2: 0	29 11 40	3Pi49	9 39	15 34	8 52	2 20	24 9	19 28	19 7	25 35	3 14
22	16: 5:56	0Sg12 17	15 52	10 36	16 49	9 36	2 32	24 11	19 30	19 9	25 38	3 11
23	16: 9:53	1 12 55	27 46	11 38	18 4	10 19	2 45	24 14	19 33	19 10	25 40	3 8
24	16:13:50	2 13 34	9Ar37	12 44	19 20	11 3	2 57	24 16	19 36	19 12	25 42	3 5
25	16:17:46	3 14 14	21 27	13 55	20 35	11 47	3 9	24 19	19 38	19 14	25 45	3 1
26	16:21:42	4 14 55	3Ta22	15 9	21 50	12 31	3 21	24 22	19 41	19 15	25 47	2 58
27	16:25:39	5 15 38	15 23	16 25	23 6	13 15	3 33	24 25	19 44	19 17	25 50	2 55
28	16:29:36	6 16 22	27 33	17 44	24 21	13 59	3 45	24 28	19 47	19 19	25 52	2 52
29	16:33:32	7 17 7	9Ge53	19 6	25 36	14 43	3 57	24 32	19 49	19 21	25 54	2 49
30	16:37:29	8 17 53	22 26	20 29	26 52	15 27	4 9	24 35	19 52	19 22	25 57	2 46

11/22 Sun in Sag. 7:08 11/7 3rd Qt. 6:37 11/13 New 21:35(E) 11/21 1st Qt. 2:04 11/29 Full 6:32(E)

DECEMBER 1993

Day	Sid. T.	Sun	Moon	Merc.	Venus	Mars	Jup.	Saturn	Uranus	Nept.	Pluto	N.Node
1	16:41:26	9Sg18 41	5Cn11	21Sc53	28Sc 7	16Sg12	4Sc21	24Aq38	19Cp55	19Cp24	25Sc59	2Sg42
2	16:45:22	10 19 30	18 9	23 19	29 23	16 56	4 33	24 42	19 58	19 26	26 1	2 39
3	16:49:18	11 20 20	1Le21	24 46	0Sg38	17 40	4 44	24 45	20 1	19 28	26 4	2 36
4	16:53:15	12 21 12	14 47	26 13	1 53	18 25	4 56	24 49	20 4	19 30	26 6	2 33
5	16:57:11	13 22 4	28 26	27 42	3 9	19 9	5 8	24 53	20 7	19 32	26 8	2 30
6	17: 1: 7	14 22 59	12Vi19	29 11	4 24	19 53	5 19	24 56	20 10	19 34	26 11	2 27
7	17: 5: 5	15 23 54	26 24	0Sg41	5 40	20 38	5 31	25 0	20 13	19 36	26 13	2 23
8	17: 9: 1	16 24 51	10Li41	2 11	6 55	21 23	5 42	25 4	20 16	19 38	26 15	2 20
9	17:12:58	17 25 49	25 7	3 42	8 11	22 7	5 53	25 8	20 19	19 40	26 18	2 17
10	17:16:54	18 26 48	9Sc38	5 13	9 26	22 52	6 5	25 13	20 22	19 42	26 20	2 14
11	17:20:51	19 27 48	24 10	6 44	10 42	23 37	6 16	25 17	20 26	19 44	26 22	2 11
12	17:24:47	20 28 50	8Sg37	8 15	11 57	24 21	6 27	25 21	20 29	19 46	26 24	2 7
13	17:28:45	21 29 52	22 53	9 47	13 13	25 6	6 38	25 26	20 32	19 48	26 27	2 4
14	17:32:41	22 30 55	6Cp54	11 19	14 28	25 51	6 49	25 30	20 35	19 50	26 29	2 1
15	17:36:37	23 31 58	20 36	12 51	15 44	26 36	7 0	25 35	20 38	19 52	26 31	1 58
16	17:40:34	24 33 3	3Aq55	14 24	16 59	27 21	7 10	25 39	20 42	19 54	26 33	1 55
17	17:44:30	25 34 7	16 53	15 56	18 15	28 6	7 21	25 44	20 45	19 56	26 36	1 52
18	17:48:27	26 35 12	29 29	17 29	19 30	28 51	7 32	25 49	20 48	19 58	26 38	1 48
19	17:52:23	27 36 18	11Pi48	19 2	20 46	29 36	7 42	25 54	20 52	20 0	26 40	1 45
20	17:56:20	28 37 23	23 52	20 35	22 1	0Cp21	7 53	25 59	20 55	20 2	26 42	1 42
21	18: 0:16	29 38 29	5Ar47	22 8	23 17	1 7	8 3	26 4	20 58	20 5	26 44	1 39
22	18: 4:13	0Cp39 35	17 39	23 41	24 32	1 52	8 13	26 9	21 2	20 7	26 46	1 36
23	18: 8:10	1 40 41	29 28	25 15	25 48	2 37	8 23	26 14	21 5	20 9	26 48	1 33
24	18:12: 6	2 41 48	11Ta24	26 49	27 3	3 23	8 33	26 19	21 9	20 11	26 50	1 29
25	18:16: 2	3 42 54	23 29	28 23	28 19	4 8	8 43	26 24	21 12	20 13	26 52	1 26
26	18:19:59	4 44 1	5Ge47	29 57	29 34	4 53	8 53	26 30	21 15	20 16	26 54	1 23
27	18:23:56	5 45 8	18 21	1Cp31	0Cp50	5 39	9 3	26 35	21 19	20 18	26 56	1 20
28	18:27:52	6 46 15	1Cn12	3 6	2 5	6 24	9 13	26 41	21 22	20 20	26 58	1 17
29	18:31:49	7 47 23	14 20	4 41	3 21	7 10	9 22	26 46	21 26	20 22	27 0	1 13
30	18:35:46	8 48 30	27 45	6 16	4 36	7 56	9 32	26 52	21 29	20 24	27 2	1 10
31	18:39:42	9 49 38	11Le23	7 52	5 52	8 41	9 42	26 57	21 33	20 27	27 4	1 7

12/21 Sun in Cap. 20:27 12/6 3rd Qt. 15:50 12/13 New 9:28 12/20 1st Qt. 22:27 12/28 Full 23:06

JANUARY 1994

Day	Sid. T.	Sun	Moon	Merc.	Venus	Mars	Jup.	Saturn	Uranus	Nept.	Pluto	N.Node
1	18:43:38	10Cp50 46	25Le12	9Cp28	7Cp 7	9Cp27	9Sc50	27Aq 3	21Cp36	20Cp29	27Sc 6	1Sg 4
2	18:47:35	11 51 54	9Vi10	11 4	8 23	10 13	9 59	27 9	21 40	20 31	27 8	1 1
3	18:51:32	12 53 3	23 14	12 41	9 38	10 59	10 8	27 15	21 43	20 33	27 10	0 58
4	18:55:28	13 54 12	7Li20	14 18	10 54	11 44	10 17	27 21	21 47	20 36	27 12	0 54
5	18:59:25	14 55 21	21 28	15 55	12 9	12 30	10 26	27 27	21 50	20 38	27 13	0 51
6	19: 3:21	15 56 31	5Sc36	17 33	13 25	13 16	10 34	27 33	21 54	20 40	27 15	0 48
7	19: 7:17	16 57 40	19 42	19 11	14 40	14 2	10 43	27 39	21 58	20 42	27 17	0 45
8	19:11:14	17 58 50	3Sg45	20 49	15 56	14 48	10 51	27 45	22 1	20 45	27 19	0 42
9	19:15:11	19 0 0	17 43	22 28	17 11	15 34	11 0	27 51	22 5	20 47	27 20	0 38
10	19:19: 8	20 1 10	1Cp34	24 7	18 27	16 20	11 8	27 57	22 8	20 49	27 22	0 35
11	19:23: 4	21 2 19	15 13	25 47	19 42	17 6	11 16	28 4	22 12	20 52	27 24	0 32
12	19:27: 1	22 3 28	28 39	27 27	20 58	17 53	11 24	28 10	22 15	20 54	27 25	0 29
13	19:30:57	23 4 37	11Aq49	29 8	22 13	18 39	11 32	28 16	22 19	20 56	27 27	0 26
14	19:34:53	24 5 46	24 41	0Aq49	23 29	19 25	11 39	28 23	22 22	20 58	27 28	0 23
15	19:38:50	25 6 53	7Pi16	2 30	24 44	20 11	11 47	28 29	22 26	21 1	27 30	0 19
16	19:42:47	26 8 0	19 34	4 11	26 0	20 57	11 54	28 36	22 30	21 3	27 31	0 16
17	19:46:44	27 9 7	1Ar39	5 53	27 15	21 44	12 1	28 42	22 33	21 5	27 33	0 13
18	19:50:40	28 10 12	13 34	7 35	28 30	22 30	12 8	28 49	22 37	21 7	27 34	0 10
19	19:54:37	29 11 17	25 23	9 17	29 46	23 17	12 15	28 55	22 40	21 10	27 36	0 7
20	19:58:33	0Aq12 21	7Ta13	10 59	1Aq 1	24 3	12 22	29 2	22 44	21 12	27 37	0 4
21	20: 2:29	1 13 24	19 8	12 40	2 17	24 49	12 29	29 9	22 47	21 14	27 38	0 0
22	20: 6:26	2 14 26	1Ge14	14 22	3 32	25 36	12 35	29 16	22 51	21 17	27 40	29Sc57
23	20:10:23	3 15 27	13 35	16 3	4 48	26 22	12 42	29 22	22 54	21 19	27 41	29 54
24	20:14:20	4 16 28	26 16	17 43	6 3	27 9	12 48	29 29	22 58	21 21	27 42	29 51
25	20:18:16	5 17 27	9Cn20	19 23	7 18	27 56	12 54	29 36	23 1	21 23	27 44	29 48
26	20:22:12	6 18 25	22 46	21 1	8 34	28 42	13 0	29 43	23 5	21 25	27 45	29 44
27	20:26: 9	7 19 23	6Le34	22 38	9 49	29 29	13 6	29 50	23 8	21 28	27 46	29 41
28	20:30: 5	8 20 19	20 40	24 13	11 4	0Aq15	13 11	29 57	23 12	21 30	27 47	29 38
29	20:34: 2	9 21 15	5Vi 0	25 46	12 20	1 2	13 17	0Pi 4	23 15	21 32	27 48	29 35
30	20:37:59	10 22 9	19 25	27 16	13 35	1 49	13 22	0 11	23 19	21 34	27 49	29 32
31	20:41:56	11 23 3	3Li52	28 43	14 50	2 35	13 27	0 18	23 22	21 36	27 50	29 29

1/20 Sun in Aqu. 7:09   1/5 3rd Qt. 0:02   1/11 New 23:11   1/19 1st Qt. 20:27   1/27 Full 13:24

FEBRUARY 1994

Day	Sid. T.	Sun	Moon	Merc.	Venus	Mars	Jup.	Saturn	Uranus	Nept.	Pluto	N.Node
1	20:45:52	12Aq23 56	18Li13	0Pi 5	16Aq 6	3Aq22	13Sc32	0Pi25	23Cp26	21Cp39	27Sc51	29Sc25
2	20:49:48	13 24 49	2Sc27	1 23	17 21	4 9	13 37	0 32	23 29	21 41	27 52	29 22
3	20:53:45	14 25 41	16 32	2 36	18 36	4 56	13 41	0 39	23 32	21 43	27 53	29 19
4	20:57:41	15 26 31	0Sg26	3 42	19 52	5 43	13 46	0 46	23 36	21 45	27 54	29 16
5	21: 1:38	16 27 22	14 10	4 42	21 7	6 29	13 50	0 53	23 39	21 47	27 55	29 13
6	21: 5:35	17 28 11	27 44	5 34	22 22	7 16	13 54	1 0	23 42	21 49	27 56	29 10
7	21: 9:32	18 28 59	11Cp 8	6 17	23 37	8 3	13 58	1 8	23 46	21 51	27 57	29 6
8	21:13:27	19 29 46	24 23	6 52	24 53	8 50	14 2	1 15	23 49	21 53	27 57	29 3
9	21:17:24	20 30 32	7Aq26	7 16	26 8	9 37	14 6	1 22	23 52	21 55	27 58	29 0
10	21:21:21	21 31 17	20 18	7 31	27 23	10 24	14 9	1 29	23 56	21 58	27 59	28 57
11	21:25:17	22 32 0	2Pi56	7 35R	28 38	11 11	14 12	1 36	23 59	22 0	27 59	28 54
12	21:29:14	23 32 42	15 21	7 28	29 53	11 58	14 15	1 44	24 2	22 2	28 0	28 50
13	21:33:11	24 33 23	27 34	7 10	1Pi 9	12 45	14 18	1 51	24 5	22 4	28 1	28 47
14	21:37: 7	25 34 2	9Ar35	6 42	2 24	13 32	14 21	1 58	24 8	22 6	28 1	28 44
15	21:41: 3	26 34 39	21 28	6 5	3 39	14 19	14 23	2 5	24 12	22 7	28 2	28 41
16	21:45: 0	27 35 14	3Ta16	5 19	4 54	15 6	14 26	2 13	24 15	22 9	28 2	28 38
17	21:48:57	28 35 48	15 4	4 26	6 9	15 53	14 28	2 20	24 18	22 11	28 3	28 35
18	21:52:53	29 36 21	26 57	3 26	7 24	16 40	14 30	2 27	24 21	22 13	28 3	28 31
19	21:56:50	0Pi36 51	9Ge 1	2 23	8 39	17 27	14 32	2 35	24 24	22 15	28 3	28 28
20	22: 0:47	1 37 20	21 20	1 16	9 54	18 15	14 33	2 42	24 27	22 17	28 4	28 25
21	22: 4:43	2 37 47	4Cn 1	0 9	11 9	19 2	14 35	2 49	24 30	22 18	28 4	28 22
22	22: 8:39	3 38 11	17 7	29Aq 3	12 24	19 49	14 36	2 56	24 33	22 20	28 4	28 19
23	22:12:36	4 38 34	0Le41	27 59	13 39	20 36	14 37	3 4	24 36	22 22	28 5	28 16
24	22:16:33	5 38 55	14 42	26 59	14 54	21 23	14 38	3 11	24 39	22 24	28 5	28 12
25	22:20:28	6 39 15	29 7	26 3	16 9	22 10	14 39	3 18	24 42	22 26	28 5	28 9
26	22:24:26	7 39 32	13Vi49	25 14	17 24	22 57	14 39	3 26	24 44	22 28	28 5	28 6
27	22:28:22	8 39 48	28 41	24 31	18 39	23 44	14 39	3 33	24 47	22 30	28 5	28 3
28	22:32:19	9 40 2	13Li34	23 54	19 54	24 32	14 39R	3 40	24 50	22 31	28 5	28 0

2/18 Sun in Pis. 21:23   2/3 3rd Qt. 8:07   2/10 New 14:31   2/18 1st Qt. 17:48   2/26 Full 1:16

MARCH 1994

Day	Sid. T.	Sun	Moon	Merc.	Venus	Mars	Jup.	Saturn	Uranus	Nept.	Pluto	N.Node
1	22:36:15	10Pi40 15	28Li20	23Aq25R	21Pi 9	25Aq19	14Sc39R	3Pi47	24Cp53	22Cp33	28Sc 5R	27Sc56
2	22:40:12	11 40 26	12Sc52	23 3	22 24	26 6	14 39	3 55	24 55	22 35	28 5	27 53
3	22:44: 8	12 40 36	27 7	22 48	23 38	26 53	14 39	4 2	24 58	22 36	28 5	27 50
4	22:48: 4	13 40 44	11Sg 4	22 39	24 53	27 40	14 38	4 9	25 1	22 38	28 5	27 47
5	22:52: 2	14 40 51	24 43	22 38D	26 8	28 28	14 37	4 16	25 3	22 39	28 5	27 44
6	22:55:58	15 40 56	8Cp 6	22 42	27 23	29 15	14 36	4 24	25 6	22 41	28 5	27 41
7	22:59:55	16 41 0	21 14	22 53	28 38	0Pi 2	14 35	4 31	25 9	22 43	28 5	27 37
8	23: 3:51	17 41 2	4Aq 9	23 10	29 52	0 49	14 34	4 38	25 11	22 44	28 4	27 34
9	23: 7:48	18 41 2	16 52	23 32	1Ar 7	1 36	14 32	4 45	25 13	22 46	28 4	27 31
10	23:11:44	19 41 1	29 24	23 58	2 22	2 23	14 30	4 52	25 16	22 47	28 4	27 28
11	23:15:40	20 40 57	11Pi46	24 30	3 36	3 11	14 28	4 59	25 18	22 48	28 3	27 25
12	23:19:38	21 40 52	23 58	25 6	4 51	3 58	14 26	5 6	25 21	22 50	28 3	27 22
13	23:23:34	22 40 45	6Ar 1	25 46	6 6	4 45	14 24	5 14	25 23	22 51	28 3	27 18
14	23:27:31	23 40 35	17 56	26 30	7 20	5 32	14 21	5 21	25 25	22 53	28 2	27 15
15	23:31:27	24 40 24	29 46	27 18	8 35	6 19	14 19	5 28	25 27	22 54	28 2	27 12
16	23:35:23	25 40 11	11Ta33	28 9	9 49	7 7	14 16	5 35	25 30	22 55	28 1	27 9
17	23:39:20	26 39 55	23 20	29 3	11 4	7 54	14 13	5 42	25 32	22 56	28 1	27 6
18	23:43:17	27 39 37	5Ge13	0Pi 0	12 18	8 41	14 9	5 49	25 34	22 58	28 0	27 2
19	23:47:13	28 39 18	17 15	1 0	13 33	9 28	14 6	5 56	25 36	22 59	28 0	26 59
20	23:51:10	29 38 55	29 32	2 2	14 47	10 15	14 2	6 2	25 38	23 0	27 59	26 56
21	23:55: 7	0Ar38 31	12Cn 9	3 7	16 1	11 2	13 59	6 9	25 40	23 1	27 58	26 53
22	23:59: 3	1 38 4	25 11	4 14	17 16	11 49	13 55	6 16	25 42	23 2	27 58	26 50
23	0: 2:59	2 37 35	8Le41	5 24	18 30	12 36	13 51	6 23	25 44	23 3	27 57	26 47
24	0: 6:56	3 37 4	22 41	6 35	19 44	13 24	13 46	6 30	25 46	23 4	27 56	26 43
25	0:10:53	4 36 30	7Vi 8	7 49	20 58	14 11	13 42	6 37	25 47	23 5	27 55	26 40
26	0:14:49	5 35 54	21 59	9 5	22 13	14 58	13 37	6 43	25 49	23 6	27 55	26 37
27	0:18:46	6 35 16	7Li 5	10 22	23 27	15 45	13 33	6 50	25 51	23 7	27 54	26 34
28	0:22:43	7 34 36	22 16	11 42	24 41	16 32	13 28	6 57	25 53	23 8	27 53	26 31
29	0:26:39	8 33 54	7Sc22	13 3	25 55	17 19	13 23	7 3	25 54	23 9	27 52	26 27
30	0:30:35	9 33 11	22 15	14 25	27 9	18 6	13 18	7 10	25 56	23 10	27 51	26 24
31	0:34:32	10 32 25	6Sg48	15 50	28 23	18 53	13 12	7 16	25 57	23 11	27 50	26 21

3/20 Sun in Ari. 20:29   3/4 3rd Qt. 16:54   3/12 New 7:05   3/20 1st Qt. 12:16   3/27 Full 11:11

APRIL 1994

Day	Sid. T.	Sun	Moon	Merc.	Venus	Mars	Jup.	Saturn	Uranus	Nept.	Pluto	N.Node
1	0:38:29	11Ar31 38	20Sg59	17Pi16	29Ar37	19Pi40	13Sc 7R	7Pi23	25Cp59	23Cp12	27Sc49R	26Sc18
2	0:42:25	12 30 49	4Cp45	18 44	0Ta51	20 27	13 1	7 29	26 0	23 12	27 48	26 15
3	0:46:22	13 29 58	18 9	20 13	2 5	21 14	12 56	7 36	26 2	23 13	27 47	26 12
4	0:50:18	14 29 6	1Aq12	21 44	3 19	22 0	12 50	7 42	26 3	23 14	27 46	26 8
5	0:54:14	15 28 12	13 57	23 16	4 33	22 47	12 44	7 48	26 4	23 15	27 45	26 5
6	0:58:11	16 27 15	26 28	24 50	5 47	23 34	12 38	7 55	26 6	23 15	27 44	26 2
7	1: 2: 8	17 26 18	8Pi46	26 26	7 1	24 21	12 32	8 1	26 7	23 16	27 43	25 59
8	1: 6: 5	18 25 18	20 54	28 3	8 15	25 8	12 25	8 7	26 9	23 16	27 41	25 56
9	1:10: 1	19 24 16	2Ar55	29 41	9 28	25 55	12 19	8 13	26 10	23 17	27 40	25 53
10	1:13:58	20 23 12	14 49	1Ar21	10 42	26 41	12 12	8 19	26 10	23 17	27 39	25 49
11	1:17:54	21 22 7	26 39	3 3	11 56	27 28	12 6	8 25	26 11	23 18	27 38	25 46
12	1:21:50	22 20 59	8Ta27	4 46	13 10	28 15	11 59	8 31	26 12	23 18	27 37	25 43
13	1:25:47	23 19 49	20 14	6 30	14 23	29 2	11 52	8 37	26 13	23 19	27 35	25 40
14	1:29:44	24 18 38	2Ge 4	8 17	15 37	29 48	11 45	8 43	26 14	23 19	27 34	25 37
15	1:33:41	25 17 24	14 0	10 4	16 50	0Ar35	11 38	8 49	26 15	23 20	27 33	25 33
16	1:37:37	26 16 8	26 5	11 53	18 4	1 22	11 31	8 54	26 15	23 20	27 31	25 30
17	1:41:33	27 14 50	8Cn23	13 44	19 17	2 8	11 24	9 0	26 16	23 20	27 30	25 27
18	1:45:30	28 13 29	20 59	15 37	20 31	2 55	11 17	9 6	26 17	23 20	27 29	25 24
19	1:49:26	29 12 6	3Le57	17 31	21 44	3 41	11 9	9 11	26 17	23 21	27 27	25 21
20	1:53:23	0Ta10 42	17 20	19 26	22 58	4 28	11 2	9 17	26 18	23 21	27 26	25 18
21	1:57:20	1 9 14	1Vi11	21 23	24 11	5 14	10 55	9 22	26 18	23 21	27 24	25 14
22	2: 1:17	2 7 45	15 29	23 22	25 24	6 1	10 47	9 28	26 19	23 21	27 23	25 11
23	2: 5:13	3 6 14	0Li12	25 22	26 37	6 47	10 40	9 33	26 20	23 21	27 21	25 8
24	2: 9: 9	4 4 40	15 13	27 24	27 51	7 33	10 32	9 38	26 20	23 21	27 20	25 5
25	2:13: 6	5 3 5	0Sc26	29 27	29 4	8 20	10 25	9 43	26 20	23 21R	27 18	25 2
26	2:17: 2	6 1 27	15 39	1Ta31	0Ge17	9 6	10 17	9 49	26 20	23 21	27 17	24 59
27	2:20:59	6 59 48	0Sg44	3 37	1 30	9 52	10 9	9 54	26 20	23 21	27 15	24 55
28	2:24:56	7 58 7	15 32	5 43	2 43	10 38	10 2	9 59	26 20	23 21	27 14	24 52
29	2:28:53	8 56 25	29 57	7 51	3 56	11 24	9 54	10 3	26 20	23 21	27 12	24 49
30	2:32:49	9 54 41	13Cp55	9 59	5 9	12 11	9 46	10 8	26 20	23 21	27 11	24 46

4/20 Sun in Tau. 7:37   4/3 3rd Qt. 2:56   4/11 New 0:18   4/19 1st Qt. 2:35   4/25 Full 19:46

MAY 1994

Day	Sid. T.	Sun	Moon	Merc.	Venus	Mars	Jup.	Saturn	Uranus	Nept.	Pluto	N.Node
1	2:36:45	10Ta52 56	27Cp28	12Ta 9	6Ge22	12Ar57	9Sc39R	10Pi13	26Cp20R	23Cp21R	27Sc 9R	24Sc43
2	2:40:42	11 51 9	10Aq35	14 18	7 35	13 43	9 31	10 18	26 20	23 20	27 8	24 39
3	2:44:38	12 49 21	23 20	16 28	8 48	14 29	9 23	10 22	26 20	23 20	27 6	24 36
4	2:48:34	13 47 31	5Pi47	18 37	10 1	15 15	9 16	10 27	26 20	23 20	27 4	24 33
5	2:52:32	14 45 40	17 58	20 46	11 13	16 1	9 8	10 31	26 20	23 20	27 3	24 30
6	2:56:28	15 43 47	29 59	22 55	12 26	16 47	9 1	10 36	26 20	23 19	27 1	24 27
7	3: 0:24	16 41 53	11Ar52	25 2	13 39	17 32	8 53	10 40	26 19	23 19	26 59	24 24
8	3: 4:21	17 39 57	23 41	27 8	14 51	18 18	8 46	10 44	26 19	23 18	26 58	24 20
9	3: 8:18	18 38 0	5Ta29	29 13	16 4	19 4	8 38	10 49	26 19	23 18	26 56	24 17
10	3:12:14	19 36 1	17 17	1Ge16	17 17	19 50	8 31	10 53	26 18	23 18	26 55	24 14
11	3:16:10	20 34 1	29 8	3 16	18 29	20 35	8 23	10 57	26 18	23 17	26 53	24 11
12	3:20: 8	21 31 59	11Ge 5	5 15	19 42	21 21	8 16	11 1	26 17	23 16	26 51	24 8
13	3:24: 4	22 29 55	23 10	7 10	20 54	22 7	8 9	11 5	26 17	23 16	26 50	24 5
14	3:28: 0	23 27 50	5Cn24	9 3	22 6	22 52	8 1	11 8	26 16	23 15	26 48	24 1
15	3:31:57	24 25 43	17 51	10 54	23 19	23 38	7 54	11 12	26 15	23 15	26 46	23 58
16	3:35:54	25 23 35	0Le32	12 41	24 31	24 23	7 47	11 16	26 14	23 14	26 45	23 55
17	3:39:50	26 21 25	13 32	14 25	25 43	25 9	7 40	11 19	26 14	23 13	26 43	23 52
18	3:43:47	27 19 13	26 53	16 6	26 55	25 54	7 33	11 23	26 13	23 13	26 41	23 49
19	3:47:43	28 16 59	10Vi35	17 44	28 8	26 39	7 27	11 26	26 12	23 12	26 40	23 45
20	3:51:40	29 14 44	24 40	19 19	29 20	27 25	7 20	11 29	26 11	23 11	26 38	23 42
21	3:55:36	0Ge12 26	9Li 7	20 50	0Cn32	28 10	7 13	11 32	26 10	23 10	26 36	23 39
22	3:59:33	1 10 8	23 52	22 18	1 44	28 55	7 7	11 35	26 9	23 10	26 35	23 36
23	4: 3:29	2 7 48	8Sc50	23 43	2 55	29 40	7 1	11 38	26 8	23 9	26 33	23 33
24	4: 7:25	3 5 26	23 54	25 4	4 7	0Ta25	6 54	11 41	26 7	23 8	26 31	23 30
25	4:11:23	4 3 3	8Sg55	26 21	5 19	1 10	6 48	11 44	26 6	23 7	26 30	23 26
26	4:15:19	5 0 40	23 44	27 35	6 31	1 55	6 42	11 47	26 5	23 6	26 28	23 23
27	4:19:16	5 58 15	8Cp14	28 45	7 43	2 40	6 36	11 50	26 3	23 5	26 26	23 20
28	4:23:12	6 55 49	22 21	29 52	8 54	3 25	6 30	11 52	26 2	23 4	26 25	23 17
29	4:27: 9	7 53 22	6Aq 2	0Cn55	10 6	4 10	6 25	11 55	26 1	23 3	26 23	23 14
30	4:31: 5	8 50 54	19 15	1 54	11 17	4 54	6 19	11 57	25 59	23 2	26 21	23 11
31	4:35: 1	9 48 25	2Pi 5	2 49	12 29	5 39	6 14	11 59	25 58	23 1	26 20	23 7

5/21 Sun in Gem. 6:50   5/2 3rd Qt. 14:33   5/10 New 17:08(E)   5/18 1st Qt. 12:51   5/25 Full 3:41(E)

JUNE 1994

Day	Sid. T.	Sun	Moon	Merc.	Venus	Mars	Jup.	Saturn	Uranus	Nept.	Pluto	N.Node
1	4:38:59	10Ge45 55	14Pi33	3Cn41	13Cn40	6Ta24	6Sc 8R	12Pi 1	25Cp57R	23Cp 0R	26Sc18R	23Sc 4
2	4:42:55	11 43 25	26 43	4 28	14 52	7 8	6 3	12 3	25 55	22 59	26 17	23 1
3	4:46:52	12 40 54	8Ar42	5 11	16 3	7 53	5 58	12 5	25 54	22 58	26 15	22 58
4	4:50:48	13 38 22	20 33	5 51	17 14	8 37	5 54	12 7	25 52	22 57	26 14	22 55
5	4:54:44	14 35 50	2Ta20	6 25	18 25	9 22	5 49	12 9	25 50	22 56	26 12	22 51
6	4:58:41	15 33 16	14 8	6 56	19 36	10 6	5 44	12 11	25 49	22 54	26 10	22 48
7	5: 2:37	16 30 42	26 0	7 22	20 47	10 50	5 40	12 12	25 47	22 53	26 9	22 45
8	5: 6:34	17 28 7	7Ge58	7 44	21 58	11 35	5 36	12 14	25 45	22 52	26 7	22 42
9	5:10:31	18 25 32	20 5	8 1	23 9	12 19	5 32	12 15	25 44	22 51	26 6	22 39
10	5:14:28	19 22 56	2Cn23	8 13	24 20	13 3	5 28	12 17	25 42	22 49	26 4	22 36
11	5:18:24	20 20 18	14 53	8 21	25 31	13 47	5 24	12 18	25 40	22 48	26 1	22 32
12	5:22:20	21 17 40	27 36	8 24	26 42	14 31	5 20	12 19	25 38	22 47	26 1	22 29
13	5:26:17	22 15 1	10Le32	8 23R	27 52	15 15	5 17	12 20	25 37	22 45	26 0	22 26
14	5:30:14	23 12 22	23 43	8 18	29 3	15 59	5 14	12 21	25 35	22 44	25 58	22 23
15	5:34:10	24 9 41	7Vi 9	8 8	0Le13	16 43	5 11	12 22	25 33	22 43	25 57	22 20
16	5:38: 7	25 6 59	20 50	7 54	1 24	17 27	5 8	12 22	25 31	22 41	25 56	22 16
17	5:42: 4	26 4 16	4Li47	7 36	2 34	18 10	5 5	12 23	25 29	22 40	25 54	22 13
18	5:46: 0	27 1 33	18 59	7 14	3 44	18 54	5 5	12 23	25 27	22 39	25 53	22 10
19	5:49:56	27 58 48	3Sc25	6 49	4 55	19 38	5 0	12 24	25 25	22 37	25 52	22 7
20	5:53:53	28 56 3	18 1	6 21	6 5	20 21	4 58	12 24	25 23	22 36	25 50	22 4
21	5:57:50	29 53 18	2Sg44	5 51	7 15	21 5	4 56	12 24	25 21	22 34	25 49	22 1
22	6: 1:46	0Cn50 32	17 26	5 18	8 25	21 48	4 54	12 24	25 19	22 33	25 48	21 57
23	6: 5:43	1 47 46	2Cp 3	4 44	9 34	22 31	4 53	12 24R	25 16	22 31	25 46	21 54
24	6: 9:39	2 44 58	16 25	4 10	10 44	23 15	4 51	12 24	25 14	22 30	25 45	21 51
25	6:13:35	3 42 11	0Aq29	3 34	11 54	23 58	4 50	12 24	25 12	22 28	25 44	21 48
26	6:17:32	4 39 23	14 9	3 0	13 3	24 41	4 49	12 24	25 10	22 27	25 43	21 45
27	6:21:29	5 36 35	27 25	2 26	14 13	25 24	4 48	12 24	25 8	22 25	25 42	21 42
28	6:25:26	6 33 48	10Pi17	1 53	15 22	26 7	4 47	12 23	25 5	22 24	25 40	21 38
29	6:29:22	7 31 0	22 47	1 23	16 32	26 50	4 47	12 22	25 3	22 22	25 39	21 35
30	6:33:19	8 28 12	5Ar 0	0 55	17 41	27 33	4 46	12 22	25 1	22 21	25 38	21 32

6/21 Sun in Can. 14:49   6/1 3rd Qt. 4:03   6/9 New 8:27   6/16 1st Qt. 19:58   6/23 Full 11:34   6/30 3rd Qt. 19:32

JULY 1994

Day	Sid. T.	Sun	Moon	Merc.	Venus	Mars	Jup.	Saturn	Uranus	Nept.	Pluto	N.Node
1	6:37:15	9Cn25 25	16Ar59	0Cn30R	18Le50	28Ta16	4Sc46R	12Pi21R	24Cp59R	22Cp19R	25Sc37R	21Sc29
2	6:41:11	10 22 37	28 49	0 9	19 59	28 59	4 46D	12 20	24 56	22 17	25 36	21 26
3	6:45: 8	11 19 50	10Ta37	29Ge51	21 8	29 41	4 46	12 19	24 54	22 16	25 35	21 22
4	6:49: 5	12 17 3	22 27	29 38	22 17	0Ge24	4 47	12 18	24 52	22 14	25 34	21 19
5	6:53: 2	13 14 16	4Ge23	29 29	23 25	1 6	4 47	12 17	24 49	22 13	25 33	21 16
6	6:56:58	14 11 30	16 29	29 25	24 34	1 49	4 48	12 16	24 47	22 11	25 32	21 13
7	7: 0:54	15 8 43	28 48	29 26D	25 42	2 31	4 49	12 14	24 45	22 10	25 31	21 10
8	7: 4:51	16 5 57	11Cn22	29 32	26 51	3 14	4 50	12 13	24 42	22 8	25 30	21 7
9	7: 8:47	17 3 11	24 11	29 43	27 59	3 56	4 51	12 11	24 40	22 6	25 29	21 3
10	7:12:44	18 0 25	7Le15	0Cn 0	29 7	4 38	4 52	12 10	24 38	22 5	25 28	21 0
11	7:16:40	18 57 39	20 33	0 21	0Vi15	5 20	4 54	12 8	24 35	22 3	25 28	20 57
12	7:20:38	19 54 53	4Vi 4	0 48	1 23	6 3	4 56	12 6	24 33	22 1	25 27	20 54
13	7:24:34	20 52 7	17 45	1 20	2 31	6 45	4 58	12 4	24 30	22 0	25 26	20 51
14	7:28:30	21 49 21	1Li35	1 57	3 39	7 26	5 0	12 2	24 28	21 58	25 25	20 48
15	7:32:27	22 46 35	15 34	2 39	4 46	8 8	5 2	12 0	24 26	21 57	25 25	20 44
16	7:36:23	23 43 49	29 39	3 27	5 53	8 50	5 5	11 58	24 23	21 55	25 24	20 41
17	7:40:20	24 41 4	13Sc50	4 19	7 1	9 32	5 7	11 56	24 21	21 53	25 23	20 38
18	7:44:17	25 38 18	28 7	5 17	8 8	10 13	5 10	11 53	24 18	21 52	25 23	20 35
19	7:48:14	26 35 33	12Sg25	6 19	9 15	10 55	5 13	11 51	24 16	21 50	25 22	20 32
20	7:52:10	27 32 47	26 43	7 27	10 21	11 37	5 16	11 48	24 14	21 48	25 22	20 28
21	7:56: 6	28 30 3	10Cp56	8 39	11 28	12 18	5 20	11 46	24 11	21 47	25 21	20 25
22	8: 0: 3	29 27 18	24 59	9 56	12 34	12 59	5 23	11 43	24 9	21 45	25 21	20 22
23	8: 3:59	0Le24 34	8Aq48	11 17	13 41	13 41	5 27	11 40	24 6	21 44	25 20	20 19
24	8: 7:55	1 21 51	22 19	12 44	14 47	14 22	5 31	11 37	24 4	21 42	25 20	20 16
25	8:11:53	2 19 8	5Pi28	14 14	15 53	15 3	5 35	11 34	24 2	21 40	25 19	20 13
26	8:15:49	3 16 26	18 17	15 49	16 58	15 44	5 39	11 31	23 59	21 39	25 19	20 9
27	8:19:45	4 13 45	0Ar46	17 27	18 4	16 25	5 43	11 28	23 57	21 37	25 19	20 6
28	8:23:42	5 11 5	12 58	19 10	19 10	17 6	5 47	11 25	23 54	21 36	25 18	20 3
29	8:27:39	6 8 26	24 56	20 56	20 15	17 47	5 52	11 22	23 52	21 34	25 18	20 0
30	8:31:35	7 5 48	6Ta47	22 45	21 20	18 27	5 57	11 19	23 50	21 33	25 18	19 57
31	8:35:31	8 3 11	18 36	24 37	22 25	19 8	6 2	11 15	23 47	21 31	25 18	19 54

7/23 Sun in Leo 1:42   7/8 New 21:38   7/16 1st Qt. 1:13   7/22 Full 20:17   7/30 3rd Qt. 12:41

AUGUST 1994

Day	Sid. T.	Sun	Moon	Merc.	Venus	Mars	Jup.	Saturn	Uranus	Nept.	Pluto	N.Node
1	8:39:29	9Le 0 35	0Ge27	26Cn32	23Vi29	19Ge49	6Sc 7	11Pi12R	23Cp45R	21Cp30R	25Sc18R	19Sc50
2	8:43:25	9 58 1	12 26	28 30	24 34	20 29	6 12	11 8	23 43	21 28	25 17	19 47
3	8:47:21	10 55 27	24 38	0Le29	25 38	21 10	6 17	11 5	23 41	21 27	25 17	19 44
4	8:51:18	11 52 55	7Cn 7	2 30	26 42	21 50	6 23	11 1	23 38	21 25	25 17	19 41
5	8:55:15	12 50 23	19 54	4 32	27 46	22 30	6 29	10 57	23 36	21 24	25 17	19 38
6	8:59:11	13 47 53	3Le 1	6 36	28 50	23 11	6 34	10 54	23 34	21 22	25 17D	19 34
7	9: 3: 7	14 45 24	16 27	8 40	29 53	23 51	6 40	10 50	23 32	21 21	25 17	19 31
8	9: 7: 5	15 42 56	0Vi10	10 44	0Li56	24 31	6 47	10 46	23 30	21 19	25 17	19 28
9	9:11: 1	16 40 28	14 5	12 48	1 59	25 11	6 53	10 42	23 27	21 18	25 18	19 25
10	9:14:57	17 38 2	28 10	14 52	3 1	25 51	6 59	10 38	23 25	21 16	25 18	19 22
11	9:18:54	18 35 36	12Li19	16 56	4 4	26 30	7 6	10 34	23 23	21 15	25 18	19 19
12	9:22:50	19 33 12	26 29	18 58	5 6	27 10	7 12	10 30	23 21	21 13	25 18	19 15
13	9:26:46	20 30 48	10Sc39	21 0	6 8	27 50	7 19	10 26	23 19	21 12	25 18	19 12
14	9:30:43	21 28 26	24 47	23 2	7 9	28 29	7 26	10 22	23 17	21 11	25 19	19 9
15	9:34:40	22 26 4	8Sg51	25 2	8 10	29 9	7 33	10 17	23 15	21 9	25 19	19 6
16	9:38:37	23 23 43	22 51	27 0	9 11	29 49	7 41	10 13	23 13	21 8	25 19	19 3
17	9:42:33	24 21 23	6Cp46	28 58	10 12	0Cn27	7 48	10 9	23 11	21 7	25 20	19 0
18	9:46:30	25 19 5	20 34	0Vi54	11 12	1 7	7 55	10 4	23 9	21 6	25 20	18 56
19	9:50:26	26 16 47	4Aq12	2 49	12 12	1 46	8 3	10 0	23 7	21 4	25 21	18 53
20	9:54:22	27 14 31	17 38	4 43	13 11	2 25	8 11	9 56	23 5	21 3	25 21	18 50
21	9:58:20	28 12 16	0Pi50	6 35	14 11	3 4	8 19	9 51	23 3	21 2	25 22	18 47
22	10: 2:16	29 10 2	13 46	8 26	15 9	3 42	8 27	9 47	23 2	21 1	25 22	18 44
23	10: 6:13	0Vi 7 50	26 24	10 16	16 8	4 21	8 35	9 42	23 0	20 59	25 23	18 40
24	10:10: 9	1 5 39	8Ar47	12 4	17 6	5 0	8 43	9 38	22 58	20 58	25 23	18 37
25	10:14: 6	2 3 30	20 55	13 51	18 4	5 38	8 51	9 33	22 56	20 57	25 24	18 34
26	10:18: 2	3 1 23	2Ta52	15 36	19 1	6 17	9 0	9 29	22 55	20 56	25 25	18 31
27	10:21:58	3 59 17	14 41	17 20	19 58	6 55	9 8	9 24	22 53	20 55	25 25	18 28
28	10:25:55	4 57 14	26 29	19 3	20 54	7 33	9 17	9 20	22 52	20 54	25 26	18 25
29	10:29:52	5 55 12	8Ge20	20 45	21 50	8 12	9 26	9 15	22 50	20 53	25 27	18 21
30	10:33:49	6 53 12	20 20	22 25	22 45	8 50	9 35	9 11	22 48	20 52	25 28	18 18
31	10:37:45	7 51 14	2Cn34	24 1	23 40	9 28	9 44	9 6	22 47	20 51	25 29	18 15

8/23 Sun in Vir. 8:45   8/7 New 8:46   8/14 1st Qt. 5:58   8/21 Full 6:48   8/29 3rd Qt. 6:41

SEPTEMBER 1994

Day	Sid. T.	Sun	Moon	Merc.	Venus	Mars	Jup.	Saturn	Uranus	Nept.	Pluto	N.Node
1	10:41:41	8Vi49 18	15Cn 6	25Vi42	24Li34	10Cn 6	9Sc53	9Pi 1R	22Cp46R	20Cp50R	25Sc29	18Sc12
2	10:45:38	9 47 23	28 1	27 18	25 28	10 43	10 2	8 57	22 44	20 49	25 30	18 9
3	10:49:34	10 45 31	11Le19	28 53	26 22	11 21	10 11	8 52	22 43	20 48	25 31	18 5
4	10:53:31	11 43 40	25 1	0Li27	27 14	11 59	10 21	8 48	22 42	20 47	25 32	18 2
5	10:57:28	12 41 51	9Vi 4	2 0	28 6	12 36	10 30	8 43	22 40	20 46	25 33	17 59
6	11: 1:25	13 40 4	23 24	3 32	28 58	13 14	10 40	8 39	22 39	20 46	25 34	17 56
7	11: 5:21	14 38 18	7Li54	5 2	29 49	13 51	10 50	8 34	22 38	20 45	25 35	17 53
8	11: 9:17	15 36 34	22 28	6 31	0Sc39	14 28	11 0	8 30	22 37	20 44	25 36	17 50
9	11:13:14	16 34 52	6Sc59	7 59	1 28	15 5	11 10	8 25	22 36	20 43	25 38	17 46
10	11:17:10	17 33 11	21 24	9 26	2 17	15 42	11 20	8 21	22 34	20 43	25 39	17 43
11	11:21: 7	18 31 32	5Sg40	10 51	3 5	16 19	11 30	8 16	22 33	20 42	25 40	17 40
12	11:25: 4	19 29 54	19 44	12 15	3 52	16 56	11 40	8 12	22 32	20 41	25 41	17 37
13	11:29: 0	20 28 18	3Cp35	13 38	4 39	17 33	11 50	8 7	22 32	20 41	25 42	17 34
14	11:32:56	21 26 43	17 15	14 59	5 24	18 9	12 1	8 3	22 31	20 40	25 44	17 31
15	11:36:53	22 25 11	0Aq43	16 19	6 9	18 46	12 11	7 59	22 30	20 39	25 45	17 27
16	11:40:50	23 23 39	13 58	17 38	6 53	19 22	12 22	7 54	22 29	20 39	25 46	17 24
17	11:44:47	24 22 9	27 1	18 55	7 36	19 58	12 33	7 50	22 28	20 38	25 48	17 21
18	11:48:43	25 20 41	9Pi52	20 11	8 18	20 34	12 43	7 46	22 27	20 38	25 49	17 18
19	11:52:40	26 19 15	22 29	21 25	8 58	21 10	12 54	7 41	22 27	20 37	25 51	17 15
20	11:56:36	27 17 51	4Ar53	22 37	9 38	21 46	13 5	7 37	22 26	20 37	25 52	17 11
21	12: 0:32	28 16 29	17 5	23 48	10 17	22 22	13 16	7 33	22 25	20 37	25 54	17 8
22	12: 4:29	29 15 9	29 6	24 56	10 54	22 57	13 27	7 29	22 25	20 36	25 55	17 5
23	12: 8:26	0Li13 50	10Ta59	26 3	11 30	23 33	13 38	7 25	22 24	20 36	25 57	17 2
24	12:12:23	1 12 35	22 47	27 7	12 6	24 8	13 50	7 21	22 24	20 36	25 58	16 59
25	12:16:19	2 11 21	4Ge34	28 10	12 39	24 43	14 1	7 17	22 24	20 35	26 0	16 56
26	12:20:16	3 10 9	16 24	29 10	13 12	25 18	14 12	7 13	22 23	20 35	26 1	16 52
27	12:24:12	4 9 0	28 23	0Sc 7	13 43	25 53	14 24	7 9	22 23	20 35	26 3	16 49
28	12:28: 8	5 7 53	10Cn35	1 2	14 12	26 28	14 35	7 6	22 23	20 35	26 5	16 46
29	12:32: 5	6 6 49	23 6	1 53	14 40	27 3	14 47	7 2	22 23	20 35	26 6	16 43
30	12:36: 1	7 5 46	6Le 0	2 41	15 7	27 37	14 59	6 58	22 23	20 35	26 8	16 40

9/23 Sun in Lib. 6:21   9/5 New 18:34   9/12 1st Qt. 11:35   9/19 Full 20:01   9/28 3rd Qt. 0:24

OCTOBER 1994

Day	Sid. T.	Sun	Moon	Merc.	Venus	Mars	Jup.	Saturn	Uranus	Nept.	Pluto	N.Node
1	12:39:59	8Li 4 46	19Le19	3Sc26	15Sc32	28Cn12	15Sc10	6Pi55R	22Cp23R	20Cp35R	26Sc10	16Sc37
2	12:43:55	9 3 48	3Vi 6	4 7	15 55	28 46	15 22	6 51	22 23D	20 35D	26 12	16 33
3	12:47:51	10 2 52	17 18	4 43	16 16	29 20	15 34	6 48	22 23	20 35	26 13	16 30
4	12:51:48	11 1 59	1Li52	5 15	16 36	29 54	15 46	6 44	22 23	20 35	26 15	16 27
5	12:55:44	12 1 7	16 41	5 41	16 53	0Le28	15 58	6 41	22 23	20 35	26 17	16 24
6	12:59:41	13 0 18	1Sc38	6 3	17 9	1 2	16 10	6 38	22 24	20 35	26 19	16 21
7	13: 3:37	13 59 30	16 34	6 18	17 23	1 36	16 22	6 35	22 24	20 35	26 21	16 17
8	13: 7:35	14 58 45	1Sg21	6 27	17 35	2 9	16 34	6 32	22 24	20 35	26 23	16 14
9	13:11:31	15 58 1	15 54	6 29R	17 44	2 42	16 46	6 29	22 24	20 35	26 25	16 11
10	13:15:27	16 57 19	0Cp 9	6 23	17 52	3 15	16 58	6 26	22 25	20 36	26 27	16 8
11	13:19:24	17 56 39	14 4	6 10	17 57	3 48	17 11	6 23	22 25	20 36	26 29	16 5
12	13:23:20	18 56 1	27 40	5 49	18 0	4 21	17 23	6 20	22 26	20 36	26 31	16 2
13	13:27:17	19 55 24	10Aq57	5 20	18 0R	4 54	17 35	6 17	22 26	20 37	26 33	15 58
14	13:31:13	20 54 49	23 58	4 42	17 58	5 26	17 48	6 15	22 27	20 37	26 35	15 55
15	13:35:10	21 54 16	6Pi42	3 56	17 54	5 59	18 0	6 12	22 28	20 37	26 37	15 52
16	13:39: 6	22 53 44	19 14	3 2	17 48	6 31	18 13	6 10	22 28	20 38	26 39	15 49
17	13:43: 3	23 53 14	1Ar34	2 1	17 39	7 3	18 25	6 8	22 29	20 38	26 41	15 46
18	13:47: 0	24 52 47	13 43	0 54	17 27	7 34	18 38	6 5	22 30	20 39	26 43	15 43
19	13:50:56	25 52 21	25 44	29Li43	17 13	8 6	18 51	6 3	22 31	20 39	26 45	15 39
20	13:54:52	26 51 57	7Ta38	28 29	16 57	8 37	19 3	6 1	22 32	20 40	26 47	15 36
21	13:58:50	27 51 36	19 28	27 14	16 38	9 9	19 16	5 59	22 33	20 40	26 49	15 33
22	14: 2:46	28 51 16	1Ge15	26 1	16 17	9 40	19 29	5 57	22 34	20 41	26 51	15 30
23	14: 6:42	29 50 59	13 2	24 52	15 54	10 10	19 42	5 56	22 35	20 42	26 54	15 27
24	14:10:39	0Sc50 44	24 52	23 48	15 29	10 41	19 55	5 54	22 36	20 43	26 56	15 23
25	14:14:36	1 50 31	6Cn53	22 52	15 2	11 12	20 7	5 52	22 37	20 43	26 58	15 20
26	14:18:32	2 50 20	19 4	22 6	14 33	11 42	20 20	5 51	22 38	20 44	27 0	15 17
27	14:22:28	3 50 12	1Le32	21 30	14 3	12 12	20 33	5 50	22 40	20 45	27 3	15 14
28	14:26:26	4 50 5	14 20	21 5	13 31	12 42	20 46	5 48	22 41	20 46	27 5	15 11
29	14:30:22	5 50 1	27 33	20 51	12 57	13 11	20 59	5 47	22 42	20 47	27 7	15 8
30	14:34:18	6 49 59	11Vi13	20 50D	12 23	13 41	21 12	5 46	22 44	20 47	27 9	15 4
31	14:38:15	7 49 59	25 20	20 59	11 47	14 10	21 25	5 45	22 45	20 48	27 12	15 1

10/23 Sun in Sco. 15:37   10/5 New 3:56   10/11 1st Qt. 19:18   10/19 Full 12:19   10/27 3rd Qt. 16:45

NOVEMBER 1994

Day	Sid. T.	Sun	Moon	Merc.	Venus	Mars	Jup.	Saturn	Uranus	Nept.	Pluto	N.Node
1	14:42:11	8Sc50 2	9Li52	21Li18	11Sc12R	14Le39	21Sc38	5Pi44R	22Cp47	20Cp49	27Sc14	14Sc58
2	14:46: 7	9 50 6	24 46	21 48	10 35	15 7	21 52	5 43	22 48	20 50	27 16	14 55
3	14:50: 4	10 50 12	9Sc53	22 26	9 59	15 36	22 5	5 43	22 50	20 51	27 19	14 52
4	14:54: 1	11 50 20	25 5	23 13	9 22	16 4	22 18	5 42	22 51	20 52	27 21	14 49
5	14:57:58	12 50 30	10Sg12	24 7	8 46	16 32	22 31	5 42	22 53	20 54	27 23	14 45
6	15: 1:54	13 50 42	25 5	25 7	8 11	17 0	22 44	5 41	22 55	20 55	27 26	14 42
7	15: 5:51	14 50 55	9Cp38	26 13	7 36	17 27	22 57	5 41	22 57	20 56	27 28	14 39
8	15: 9:47	15 51 10	23 46	27 24	7 3	17 55	23 11	5 41	22 58	20 57	27 30	14 36
9	15:13:43	16 51 26	7Aq29	28 39	6 30	18 22	23 24	5 41D	23 0	20 58	27 33	14 33
10	15:17:40	17 51 44	20 46	29 57	5 59	18 48	23 37	5 41	23 2	20 59	27 35	14 29
11	15:21:37	18 52 3	3Pi41	1Sc19	5 30	19 15	23 50	5 41	23 4	21 1	27 37	14 26
12	15:25:34	19 52 24	16 17	2 43	5 3	19 41	24 4	5 42	23 6	21 2	27 40	14 23
13	15:29:30	20 52 45	28 36	4 9	4 37	20 7	24 17	5 42	23 8	21 3	27 42	14 20
14	15:33:27	21 53 9	10Ar44	5 37	4 14	20 32	24 30	5 42	23 10	21 5	27 44	14 17
15	15:37:23	22 53 33	22 42	7 6	3 52	20 57	24 43	5 43	23 12	21 6	27 47	14 14
16	15:41:19	23 54 0	4Ta34	8 37	3 33	21 22	24 57	5 44	23 15	21 7	27 49	14 10
17	15:45:16	24 54 27	16 23	10 8	3 17	21 47	25 10	5 45	23 17	21 9	27 52	14 7
18	15:49:13	25 54 57	28 11	11 40	3 3	22 11	25 23	5 45	23 19	21 10	27 54	14 4
19	15:53:10	26 55 28	10Ge 0	13 13	2 51	22 35	25 36	5 46	23 21	21 12	27 56	14 1
20	15:57: 6	27 56 0	21 52	14 46	2 42	22 59	25 50	5 48	23 24	21 13	27 59	13 58
21	16: 1: 2	28 56 34	3Cn49	16 20	2 35	23 22	26 3	5 49	23 26	21 15	28 1	13 54
22	16: 4:59	29 57 10	15 54	17 54	2 31	23 45	26 16	5 50	23 29	21 16	28 4	13 51
23	16: 8:55	0Sg57 47	28 10	19 28	2 29	24 8	26 30	5 52	23 31	21 18	28 6	13 48
24	16:12:52	1 58 26	10Le39	21 2	2 30D	24 30	26 43	5 53	23 33	21 20	28 8	13 45
25	16:16:49	2 59 7	23 25	22 37	2 33	24 52	26 56	5 55	23 36	21 21	28 11	13 42
26	16:20:46	3 59 49	6Vi30	24 11	2 38	25 14	27 9	5 56	23 39	21 23	28 13	13 39
27	16:24:42	5 0 33	19 59	25 46	2 46	25 35	27 23	5 58	23 41	21 25	28 16	13 35
28	16:28:38	6 1 18	3Li52	27 20	2 56	25 56	27 36	6 0	23 44	21 26	28 18	13 32
29	16:32:35	7 2 5	18 10	28 54	3 8	26 16	27 49	6 2	23 46	21 28	28 20	13 29
30	16:36:31	8 2 54	2Sc52	0Sg29	3 23	26 36	28 2	6 4	23 49	21 30	28 23	13 26

11/22 Sun in Sag. 13:07   11/3 New 13:36(E)   11/10 1st Qt. 6:15   11/18 Full 6:58   11/26 3rd Qt. 7:05

DECEMBER 1994

Day	Sid. T.	Sun	Moon	Merc.	Venus	Mars	Jup.	Saturn	Uranus	Nept.	Pluto	N.Node
1	16:40:28	9Sg 3 44	17Sc51	2Sg 3	3Sc40	26Le55	28Sc16	6Pi 7	23Cp52	21Cp32	28Sc25	13Sc23
2	16:44:25	10 4 35	3Sg 2	3 37	3 58	27 15	28 29	6 9	23 55	21 33	28 28	13 20
3	16:48:21	11 5 28	18 14	5 12	4 19	27 33	28 42	6 11	23 57	21 35	28 30	13 16
4	16:52:17	12 6 22	3Cp18	6 46	4 41	27 51	28 55	6 14	24 0	21 37	28 32	13 13
5	16:56:14	13 7 16	18 4	8 20	5 6	28 9	29 8	6 17	24 3	21 39	28 35	13 10
6	17: 0:11	14 8 12	2Aq27	9 54	5 32	28 27	29 22	6 19	24 6	21 41	28 37	13 7
7	17: 4: 7	15 9 8	16 21	11 28	5 59	28 43	29 35	6 22	24 9	21 43	28 39	13 4
8	17: 8: 4	16 10 5	29 46	13 3	6 29	29 0	29 48	6 25	24 12	21 45	28 42	13 0
9	17:12: 1	17 11 2	12Pi45	14 37	7 0	29 16	0Sg 1	6 28	24 15	21 47	28 44	12 57
10	17:15:57	18 12 0	25 20	16 11	7 32	29 31	0 14	6 31	24 18	21 49	28 46	12 54
11	17:19:53	19 12 59	7Ar36	17 45	8 7	29 46	0 27	6 34	24 21	21 51	28 48	12 51
12	17:23:50	20 13 58	19 38	19 19	8 42	0Vi 0	0 40	6 38	24 24	21 53	28 51	12 48
13	17:27:47	21 14 58	1Ta31	20 54	9 19	0 14	0 53	6 41	24 27	21 55	28 53	12 45
14	17:31:43	22 15 59	13 18	22 28	9 57	0 27	1 6	6 45	24 30	21 57	28 55	12 41
15	17:35:40	23 17 0	25 5	24 3	10 36	0 40	1 18	6 48	24 33	21 59	28 57	12 38
16	17:39:37	24 18 2	6Ge54	25 37	11 17	0 52	1 31	6 52	24 37	22 1	29 0	12 35
17	17:43:33	25 19 5	18 47	27 12	11 59	1 4	1 44	6 56	24 40	22 3	29 2	12 32
18	17:47:29	26 20 8	0Cn48	28 47	12 42	1 14	1 57	7 0	24 43	22 5	29 4	12 29
19	17:51:26	27 21 11	12 56	0Cp22	13 25	1 25	2 9	7 3	24 46	22 7	29 6	12 26
20	17:55:22	28 22 16	25 14	1 57	14 11	1 35	2 22	7 7	24 49	22 9	29 8	12 22
21	17:59:20	29 23 21	7Le42	3 33	14 57	1 44	2 35	7 12	24 53	22 11	29 11	12 19
22	18: 3:16	0Cp24 26	20 21	5 8	15 43	1 52	2 47	7 16	24 56	22 13	29 13	12 16
23	18: 7:12	1 25 32	3Vi14	6 44	16 31	2 0	3 0	7 20	24 59	22 16	29 15	12 13
24	18:11: 9	2 26 39	16 21	8 20	17 20	2 7	3 12	7 24	25 3	22 18	29 17	12 10
25	18:15: 5	3 27 47	29 44	9 56	18 10	2 14	3 25	7 29	25 6	22 20	29 19	12 6
26	18:19: 2	4 28 55	13Li26	11 33	19 0	2 19	3 37	7 33	25 9	22 22	29 21	12 3
27	18:22:58	5 30 4	27 27	13 9	19 52	2 24	3 49	7 38	25 13	22 24	29 23	12 0
28	18:26:56	6 31 13	11Sc48	14 46	20 44	2 29	4 2	7 43	25 16	22 26	29 25	11 57
29	18:30:52	7 32 23	26 26	16 23	21 36	2 33	4 14	7 47	25 20	22 29	29 27	11 54
30	18:34:48	8 33 34	11Sg18	18 0	22 30	2 35	4 26	7 52	25 23	22 31	29 29	11 51
31	18:38:45	9 34 45	26 17	19 37	23 24	2 38	4 38	7 57	25 26	22 33	29 31	11 47

12/22 Sun in Cap. 2:24   12/2 New 23:55   12/9 1st Qt. 21:07   12/18 Full 2:18   12/25 3rd Qt. 19:08

Day	Sid. T.	Sun	Moon	Merc.	Venus	Mars	Jup.	Saturn	Uranus	Nept.	Pluto	N.Node
1	18:42:41	10Cp35 56	11Cp13	21Cp14	24Sc19	2Vi38	4Sg50	8Pi 2	25Cp30	22Cp35	29Sc33	11Sc44
2	18:46:38	11 37 7	25 58	22 52	25 14	2 40	5 2	8 7	25 33	22 38	29 35	11 41
3	18:50:34	12 38 18	10Aq23	24 29	26 10	2 40R	5 14	8 12	25 37	22 40	29 37	11 38
4	18:54:32	13 39 29	24 24	26 6	27 7	2 39	5 26	8 18	25 40	22 42	29 39	11 35
5	18:58:27	14 40 39	7Pi56	27 42	28 4	2 37	5 38	8 23	25 44	22 44	29 41	11 32
6	19: 2:24	15 41 50	21 1	29 19	29 2	2 35	5 49	8 28	25 47	22 47	29 43	11 28
7	19: 6:21	16 42 59	3Ar41	0Aq55	0Sg 0	2 32	6 1	8 34	25 51	22 49	29 44	11 25
8	19:10:17	17 44 9	15 59	2 30	0 58	2 28	6 13	8 39	25 54	22 51	29 46	11 22
9	19:14:13	18 45 18	28 1	4 4	1 57	2 23	6 24	8 45	25 58	22 53	29 48	11 19
10	19:18:10	19 46 26	9Ta53	5 37	2 57	2 17	6 36	8 50	26 1	22 56	29 50	11 16
11	19:22: 7	20 47 34	21 40	7 9	3 57	2 11	6 47	8 56	26 5	22 58	29 51	11 12
12	19:26: 3	21 48 42	3Ge27	8 39	4 57	2 4	6 58	9 2	26 8	23 0	29 53	11 9
13	19:30: 0	22 49 49	15 19	10 7	5 58	1 56	7 9	9 7	26 12	23 2	29 55	11 6
14	19:33:57	23 50 55	27 18	11 32	7 0	1 47	7 20	9 13	26 16	23 5	29 56	11 3
15	19:37:53	24 52 1	9Cn28	12 54	8 1	1 37	7 32	9 19	26 19	23 7	29 58	11 0
16	19:41:49	25 53 6	21 50	14 13	9 3	1 27	7 42	9 25	26 23	23 9	29 59	10 57
17	19:45:46	26 54 11	4Le25	15 27	10 6	1 16	7 53	9 31	26 26	23 12	0Sg 2	10 53
18	19:49:43	27 55 16	17 12	16 36	11 8	1 3	8 4	9 37	26 30	23 14	0 4	10 50
19	19:53:39	28 56 20	0Vi11	17 40	12 11	0 51	8 15	9 43	26 33	23 16	0 5	10 47
20	19:57:36	29 57 23	13 21	18 37	13 15	0 37	8 25	9 49	26 37	23 18	0 7	10 44
21	20: 1:33	0Aq58 26	26 41	19 27	14 18	0 23	8 36	9 56	26 40	23 21	0 7	10 41
22	20: 5:28	1 59 28	10Li13	20 8	15 22	0 8	8 46	10 2	26 44	23 23	0 8	10 37
23	20: 9:25	3 0 31	23 55	20 40	16 27	29Le52	8 57	10 8	26 47	23 25	0 10	10 34
24	20:13:22	4 1 32	7Sc49	21 2	17 31	29 35	9 7	10 15	26 51	23 27	0 11	10 31
25	20:17:19	5 2 34	21 55	21 14	18 36	29 18	9 17	10 21	26 54	23 30	0 12	10 28
26	20:21:15	6 3 34	6Sg12	21 15R	19 41	29 0	9 27	10 28	26 58	23 32	0 14	10 25
27	20:25:12	7 4 35	20 39	21 4	20 46	28 42	9 37	10 34	27 2	23 34	0 15	10 22
28	20:29: 8	8 5 34	5Cp11	20 42	21 52	28 22	9 47	10 41	27 5	23 36	0 16	10 18
29	20:33: 4	9 6 33	19 44	20 8	22 58	28 3	9 56	10 47	27 9	23 39	0 17	10 15
30	20:37: 1	10 7 31	4Aq 9	19 25	24 4	27 42	10 6	10 54	27 12	23 41	0 18	10 12
31	20:40:58	11 8 29	18 21	18 32	25 10	27 21	10 15	11 1	27 15	23 43	0 19	10 9

1/20 Sun in Aqu. 13:02   1/1 New 10:57   1/8 1st Qt. 15:47   1/16 Full 20:27   1/24 3rd Qt. 4:59   1/30 New 22:49

Day	Sid. T.	Sun	Moon	Merc.	Venus	Mars	Jup.	Saturn	Uranus	Nept.	Pluto	N.Node
1	20:44:55	12Aq 9 25	2Pi14	17Aq31R	26Sg16	27Le 0R	10Sg25	11Pi 7	27Cp19	23Cp45	0Sg21	10Sc 6
2	20:48:51	13 10 19	15 44	16 24	27 23	26 38	10 34	11 14	27 22	23 47	0 22	10 3
3	20:52:48	14 11 13	28 49	15 13	28 30	26 16	10 43	11 21	27 26	23 50	0 23	9 59
4	20:56:44	15 12 5	11Ar30	13 59	29 37	25 54	10 52	11 28	27 29	23 52	0 24	9 56
5	21: 0:40	16 12 56	23 51	12 46	0Cp44	25 31	11 1	11 35	27 33	23 54	0 25	9 53
6	21: 4:37	17 13 45	5Ta56	11 35	1 52	25 7	11 10	11 42	27 36	23 56	0 26	9 50
7	21: 8:34	18 14 33	17 50	10 28	2 59	24 44	11 18	11 48	27 39	23 58	0 26	9 47
8	21:12:31	19 15 20	29 38	9 26	4 7	24 20	11 27	11 55	27 43	24 0	0 27	9 43
9	21:16:27	20 16 5	11Ge27	8 31	5 15	23 57	11 35	12 2	27 46	24 2	0 28	9 40
10	21:20:23	21 16 48	23 24	7 42	6 23	23 33	11 44	12 9	27 50	24 4	0 29	9 37
11	21:24:20	22 17 30	5Cn24	7 2	7 31	23 9	11 52	12 17	27 53	24 6	0 30	9 34
12	21:28:16	23 18 11	17 42	6 29	8 39	22 45	12 0	12 24	27 56	24 9	0 30	9 31
13	21:32:13	24 18 49	0Le15	6 5	9 48	22 21	12 8	12 31	27 59	24 11	0 31	9 28
14	21:36:10	25 19 27	13 5	5 48	10 56	21 57	12 16	12 38	28 3	24 13	0 32	9 24
15	21:40: 7	26 20 2	26 5	5 39	12 5	21 33	12 23	12 45	28 6	24 15	0 32	9 21
16	21:44: 3	27 20 37	9Vi34	5 38D	13 14	21 10	12 31	12 52	28 9	24 17	0 33	9 18
17	21:47:59	28 21 10	23 8	5 43	14 23	20 46	12 38	12 59	28 12	24 19	0 33	9 15
18	21:51:56	29 21 41	6Li53	5 55	15 32	20 23	12 45	13 7	28 15	24 21	0 34	9 12
19	21:55:52	0Pi22 11	20 45	6 13	16 41	20 0	12 53	13 14	28 19	24 22	0 34	9 9
20	21:59:49	1 22 40	4Sc42	6 37	17 51	19 38	13 0	13 21	28 22	24 24	0 35	9 5
21	22: 3:46	2 23 7	18 44	7 6	19 0	19 16	13 6	13 28	28 25	24 26	0 35	9 2
22	22: 7:43	3 23 34	2Sg48	7 40	20 10	18 54	13 13	13 36	28 28	24 28	0 35	8 59
23	22:11:39	4 23 59	16 55	8 18	21 19	18 33	13 20	13 43	28 31	24 30	0 36	8 56
24	22:15:35	5 24 22	1Cp 4	9 0	22 29	18 12	13 26	13 50	28 34	24 32	0 36	8 53
25	22:19:32	6 24 45	15 12	9 47	23 39	17 52	13 32	13 58	28 37	24 34	0 36	8 49
26	22:23:28	7 25 6	29 16	10 37	24 49	17 32	13 38	14 5	28 40	24 36	0 37	8 46
27	22:27:25	8 25 25	13Aq14	11 30	25 59	17 13	13 44	14 12	28 43	24 37	0 37	8 43
28	22:31:22	9 25 42	27 0	12 26	27 9	16 54	13 50	14 20	28 46	24 39	0 37	8 40

2/19 Sun in Pis. 3:12   2/7 1st Qt. 12:55   2/15 Full 12:16   2/22 3rd Qt. 13:05

MARCH 1995

Day	Sid. T.	Sun	Moon	Merc.	Venus	Mars	Jup.	Saturn	Uranus	Nept.	Pluto	N.Node
1	22:35:18	10Pi25 58	10Pi32	13Aq25	28Cp20	16Le36R	13Sg55	14Pi27	28Cp49	24Cp41	0Sg37	8Sc37
2	22:39:14	11 26 12	23 46	14 27	29 30	16 19	14 1	14 34	28 51	24 42	0 37	8 34
3	22:43:11	12 26 25	6Ar41	15 31	0Aq40	16 3	14 6	14 42	28 54	24 44	0 37	8 30
4	22:47: 8	13 26 35	19 17	16 38	1 51	15 47	14 11	14 49	28 57	24 46	0 37R	8 27
5	22:51: 4	14 26 43	1Ta36	17 46	3 1	15 32	14 16	14 57	29 0	24 47	0 37	8 24
6	22:55: 1	15 26 49	13 41	18 57	4 12	15 17	14 21	15 4	29 3	24 49	0 37	8 21
7	22:58:58	16 26 54	25 36	20 10	5 23	15 3	14 26	15 11	29 5	24 51	0 37	8 18
8	23: 2:54	17 26 56	7Ge25	21 24	6 34	14 51	14 30	15 19	29 8	24 52	0 37	8 15
9	23: 6:50	18 26 56	19 15	22 40	7 44	14 38	14 34	15 26	29 10	24 54	0 37	8 11
10	23:10:47	19 26 54	1Cn 9	23 58	8 55	14 27	14 38	15 33	29 13	24 55	0 36	8 8
11	23:14:44	20 26 50	13 15	25 18	10 6	14 16	14 42	15 41	29 16	24 57	0 36	8 5
12	23:18:40	21 26 43	25 34	26 39	11 17	14 7	14 46	15 48	29 18	24 58	0 36	8 2
13	23:22:37	22 26 34	8Le13	28 2	12 28	13 58	14 50	15 56	29 21	25 0	0 36	7 59
14	23:26:33	23 26 23	21 12	29 26	13 39	13 49	14 53	16 3	29 23	25 1	0 35	7 55
15	23:30:30	24 26 10	4Vi32	0Pi52	14 51	13 42	14 56	16 10	29 25	25 3	0 35	7 52
16	23:34:26	25 25 55	18 12	2 18	16 2	13 35	14 59	16 18	29 28	25 4	0 34	7 49
17	23:38:23	26 25 38	2Li10	3 47	17 13	13 29	15 2	16 25	29 30	25 5	0 34	7 46
18	23:42:19	27 25 19	16 21	5 16	18 24	13 24	15 5	16 32	29 32	25 7	0 34	7 43
19	23:46:15	28 24 58	0Sc40	6 47	19 36	13 20	15 8	16 39	29 35	25 8	0 33	7 40
20	23:50:13	29 24 35	15 3	8 20	20 47	13 17	15 10	16 47	29 37	25 9	0 33	7 36
21	23:54: 9	0Ar24 11	29 25	9 53	21 59	13 14	15 12	16 54	29 39	25 10	0 32	7 33
22	23:58: 6	1 23 45	13Sg43	11 28	23 10	13 12	15 14	17 1	29 41	25 11	0 31	7 30
23	0: 2: 2	2 23 17	27 55	13 5	24 22	13 11	15 16	17 8	29 43	25 13	0 31	7 27
24	0: 5:59	3 22 47	11Cp59	14 42	25 33	13 10	15 17	17 16	29 45	25 14	0 30	7 24
25	0: 9:55	4 22 16	25 53	16 21	26 45	13 10D	15 19	17 23	29 47	25 15	0 29	7 21
26	0:13:53	5 21 43	9Aq36	18 1	27 57	13 11	15 20	17 30	29 49	25 16	0 29	7 17
27	0:17:49	6 21 8	23 8	19 43	29 8	13 13	15 21	17 37	29 51	25 17	0 28	7 14
28	0:21:45	7 20 31	6Pi28	21 26	0Pi20	13 15	15 22	17 44	29 53	25 18	0 27	7 11
29	0:25:42	8 19 52	19 34	23 10	1 32	13 18	15 23	17 51	29 55	25 19	0 26	7 8
30	0:29:38	9 19 12	2Ar26	24 56	2 44	13 22	15 23	17 58	29 56	25 20	0 25	7 5
31	0:33:34	10 18 29	15 3	26 43	3 56	13 26	15 23	18 5	29 58	25 21	0 25	7 1

3/21 Sun in Ari. 2:16   3/1 New 11:49   3/9 1st Qt. 10:15   3/17 Full 1:27   3/23 3rd Qt. 20:11   3/31 New 2:09

APRIL 1995

Day	Sid. T.	Sun	Moon	Merc.	Venus	Mars	Jup.	Saturn	Uranus	Nept.	Pluto	N.Node
1	0:37:31	11Ar17 44	27Ar27	28Pi31	5Pi 8	13Le32	15Sg23R	18Pi12	0Aq 0	25Cp22	0Sg24R	6Sc58
2	0:41:28	12 16 57	9Ta38	0Ar21	6 20	13 37	15 23	18 19	0 1	25 22	0 23	6 55
3	0:45:24	13 16 8	21 39	2 12	7 32	13 44	15 23	18 26	0 3	25 23	0 22	6 52
4	0:49:21	14 15 17	3Ge33	4 4	8 44	13 51	15 23	18 33	0 5	25 24	0 21	6 49
5	0:53:18	15 14 24	15 22	5 58	9 56	13 58	15 22	18 40	0 6	25 25	0 20	6 46
6	0:57:14	16 13 28	27 12	7 53	11 8	14 7	15 21	18 47	0 8	25 26	0 19	6 42
7	1: 1:10	17 12 30	9Cn 6	9 50	12 20	14 16	15 20	18 54	0 9	25 26	0 18	6 39
8	1: 5: 7	18 11 30	21 10	11 48	13 32	14 25	15 19	19 0	0 10	25 27	0 17	6 36
9	1: 9: 4	19 10 27	3Le29	13 48	14 44	14 35	15 17	19 7	0 12	25 28	0 15	6 33
10	1:13: 0	20 9 23	16 6	15 48	15 56	14 46	15 16	19 14	0 13	25 28	0 14	6 30
11	1:16:57	21 8 15	29 5	17 50	17 8	14 57	15 14	19 21	0 14	25 29	0 13	6 26
12	1:20:54	22 7 6	12Vi29	19 53	18 21	15 9	15 12	19 27	0 15	25 29	0 12	6 23
13	1:24:50	23 5 54	26 17	21 57	19 33	15 21	15 10	19 34	0 16	25 30	0 11	6 20
14	1:28:46	24 4 41	10Li28	24 2	20 45	15 34	15 8	19 40	0 17	25 30	0 9	6 17
15	1:32:43	25 3 25	24 58	26 8	21 57	15 47	15 5	19 47	0 18	25 31	0 8	6 14
16	1:36:40	26 2 7	9Sc42	28 15	23 10	16 1	15 2	19 53	0 19	25 31	0 7	6 11
17	1:40:36	27 0 47	24 31	0Ta22	24 22	16 15	14 59	20 0	0 20	25 31	0 6	6 7
18	1:44:33	27 59 26	9Sg19	2 29	25 34	16 30	14 56	20 6	0 21	25 32	0 4	6 4
19	1:48:29	28 58 3	24 0	4 36	26 47	16 45	14 53	20 12	0 22	25 32	0 3	6 1
20	1:52:25	29 56 38	8Cp28	6 42	27 59	17 1	14 50	20 19	0 23	25 32	0 2	5 58
21	1:56:22	0Ta55 12	22 39	8 48	29 11	17 17	14 46	20 25	0 23	25 32	0 0	5 55
22	2: 0:19	1 53 44	6Aq32	10 54	0Ar24	17 33	14 43	20 31	0 24	25 33	29Sc59	5 52
23	2: 4:16	2 52 15	20 6	12 57	1 36	17 50	14 39	20 37	0 25	25 33	29 57	5 48
24	2: 8:12	3 50 43	3Pi22	15 0	2 49	18 8	14 35	20 43	0 25	25 33	29 56	5 45
25	2:12: 9	4 49 10	16 22	17 0	4 1	18 26	14 30	20 49	0 26	25 33	29 55	5 42
26	2:16: 5	5 47 36	29 7	18 58	5 13	18 44	14 26	20 55	0 26	25 33	29 53	5 39
27	2:20: 1	6 46 0	11Ar38	20 54	6 26	19 2	14 21	21 1	0 27	25 33	29 52	5 36
28	2:23:58	7 44 22	23 57	22 47	7 38	19 21	14 17	21 7	0 27	25 33R	29 50	5 32
29	2:27:55	8 42 42	6Ta 7	24 37	8 51	19 41	14 12	21 13	0 27	25 33	29 49	5 29
30	2:31:52	9 41 1	18 8	26 23	10 4	20 1	14 7	21 18	0 28	25 33	29 47	5 26

4/20 Sun in Tau. 13:23   4/8 1st Qt. 5:36   4/15 Full 12:09(E)   4/22 3rd Qt. 3:19   4/29 New 17:37(E)

MAY 1995

Day	Sid. T.	Sun	Moon	Merc.	Venus	Mars	Jup.	Saturn	Uranus	Nept.	Pluto	N.Node
1	2:35:48	10Ta39 17	0Ge 3	28Ta 7	11Ar16	20Le21	14Sg 2R	21Pi24	0Aq28	25Cp33R	29Sc46R	5Sc23
2	2:39:44	11 37 32	11 54	29 47	12 29	20 41	13 56	21 30	0 28	25 33	29 44	5 20
3	2:43:41	12 35 45	23 43	1Ge23	13 41	21 2	13 51	21 35	0 28	25 33	29 42	5 17
4	2:47:37	13 33 57	5Cn33	2 55	14 54	21 23	13 45	21 41	0 28	25 32	29 41	5 13
5	2:51:34	14 32 6	17 28	4 23	16 6	21 45	13 40	21 46	0 28R	25 32	29 39	5 10
6	2:55:31	15 30 13	29 32	5 47	17 19	22 7	13 34	21 52	0 28	25 32	29 38	5 7
7	2:59:28	16 28 19	11Le48	7 7	18 32	22 29	13 28	21 57	0 28	25 32	29 36	5 4
8	3: 3:24	17 26 22	24 22	8 23	19 44	22 51	13 22	22 2	0 28	25 31	29 35	5 1
9	3: 7:20	18 24 24	7Vi16	9 35	20 57	23 14	13 16	22 7	0 28	25 31	29 33	4 58
10	3:11:17	19 22 23	20 35	10 43	22 9	23 37	13 9	22 12	0 28	25 31	29 31	4 54
11	3:15:13	20 20 21	4Li20	11 46	23 22	24 0	13 3	22 17	0 27	25 30	29 30	4 51
12	3:19:10	21 18 17	18 32	12 44	24 35	24 24	12 56	22 22	0 27	25 30	29 28	4 48
13	3:23: 7	22 16 11	3Sc 8	13 38	25 47	24 48	12 50	22 27	0 27	25 29	29 26	4 45
14	3:27: 4	23 14 4	18 3	14 28	27 0	25 12	12 43	22 32	0 26	25 29	29 25	4 42
15	3:31: 0	24 11 55	3Sg10	15 13	28 13	25 37	12 36	22 37	0 26	25 28	29 23	4 38
16	3:34:56	25 9 45	18 19	15 53	29 26	26 1	12 29	22 42	0 25	25 28	29 21	4 35
17	3:38:53	26 7 33	3Cp22	16 28	0Ta38	26 26	12 23	22 46	0 25	25 27	29 20	4 32
18	3:42:49	27 5 20	18 9	16 59	1 51	26 52	12 15	22 51	0 24	25 26	29 18	4 29
19	3:46:45	28 3 6	2Aq35	17 25	3 4	27 17	12 8	22 55	0 23	25 26	29 16	4 26
20	3:50:43	29 0 51	16 35	17 46	4 16	27 43	12 1	22 59	0 23	25 25	29 15	4 23
21	3:54:39	29 58 35	0Pi11	18 2	5 29	28 9	11 54	23 4	0 22	25 24	29 13	4 19
22	3:58:35	0Ge56 18	13 22	18 13	6 42	28 35	11 47	23 8	0 21	25 24	29 11	4 16
23	4: 2:32	1 53 59	26 12	18 20	7 55	29 2	11 39	23 12	0 20	25 23	29 10	4 13
24	4: 6:29	2 51 40	8Ar44	18 22R	9 8	29 28	11 32	23 16	0 19	25 22	29 8	4 10
25	4:10:25	3 49 20	21 1	18 19	10 20	29 55	11 24	23 20	0 18	25 21	29 7	4 7
26	4:14:22	4 46 58	3Ta 7	18 11	11 33	0Vi22	11 17	23 24	0 17	25 20	29 5	4 4
27	4:18:19	5 44 36	15 5	18 0	12 46	0 50	11 9	23 28	0 16	25 19	29 3	4 0
28	4:22:15	6 42 12	26 59	17 44	13 59	1 17	11 2	23 32	0 15	25 19	29 2	3 57
29	4:26:11	7 39 47	8Ge49	17 25	15 12	1 45	10 54	23 35	0 14	25 18	29 0	3 54
30	4:30: 8	8 37 22	20 38	17 2	16 25	2 13	10 46	23 39	0 13	25 17	28 58	3 51
31	4:34: 5	9 34 55	2Cn28	16 36	17 37	2 41	10 39	23 42	0 12	25 16	28 57	3 48

5/21 Sun in Gem. 12:35   5/7 1st Qt. 21:45   5/14 Full 20:49   5/21 3rd Qt. 11:37   5/29 New 9:28

JUNE 1995

Day	Sid. T.	Sun	Moon	Merc.	Venus	Mars	Jup.	Saturn	Uranus	Nept.	Pluto	N.Node
1	4:38: 1	10Ge32 26	14Cn22	16Ge 8R	18Ta50	3Vi10	10Sg31R	23Pi46	0Aq11R	25Cp15R	28Sc55R	3Sc44
2	4:41:58	11 29 57	26 20	15 37	20 3	3 38	10 23	23 49	0 9	25 14	28 53	3 41
3	4:45:54	12 27 27	8Le27	15 5	21 16	4 7	10 16	23 52	0 8	25 13	28 52	3 38
4	4:49:51	13 24 55	20 44	14 32	22 29	4 36	10 8	23 55	0 7	25 12	28 50	3 35
5	4:53:47	14 22 22	3Vi16	13 58	23 42	5 5	10 1	23 58	0 5	25 10	28 49	3 32
6	4:57:44	15 19 48	16 7	13 25	24 55	5 34	9 53	24 1	0 4	25 9	28 47	3 29
7	5: 1:40	16 17 12	29 19	12 52	26 8	6 4	9 45	24 4	0 2	25 8	28 45	3 25
8	5: 5:36	17 14 36	12Li55	12 21	27 21	6 34	9 38	24 7	0 1	25 7	28 44	3 22
9	5: 9:34	18 11 58	26 59	11 51	28 34	7 3	9 30	24 10	29Cp59	25 6	28 42	3 19
10	5:13:30	19 9 19	11Sc28	11 24	29 47	7 33	9 23	24 12	29 58	25 5	28 41	3 16
11	5:17:27	20 6 39	26 20	10 59	1Ge 0	8 4	9 16	24 15	29 56	25 3	28 39	3 13
12	5:21:23	21 3 59	11Sg29	10 38	2 13	8 34	9 8	24 17	29 54	25 2	28 38	3 10
13	5:25:20	22 1 18	26 45	10 20	3 26	9 4	9 1	24 19	29 52	25 1	28 36	3 6
14	5:29:16	22 58 36	11Cp59	10 6	4 39	9 35	8 54	24 22	29 51	24 59	28 35	3 3
15	5:33:12	23 55 53	26 59	9 56	5 52	10 6	8 46	24 24	29 49	24 58	28 33	3 0
16	5:37:10	24 53 10	11Aq38	9 50	7 5	10 37	8 39	24 26	29 47	24 57	28 32	2 57
17	5:41: 6	25 50 27	25 49	9 49D	8 18	11 8	8 32	24 28	29 45	24 55	28 31	2 54
18	5:45: 3	26 47 43	9Pi31	9 52	9 31	11 39	8 25	24 29	29 43	24 54	28 29	2 50
19	5:48:59	27 44 59	22 45	10 0	10 44	12 11	8 18	24 31	29 42	24 53	28 28	2 47
20	5:52:55	28 42 15	5Ar34	10 12	11 57	12 42	8 12	24 33	29 40	24 51	28 26	2 44
21	5:56:52	29 39 30	18 1	10 30	13 11	13 14	8 5	24 34	29 38	24 50	28 25	2 41
22	6: 0:48	0Cn36 45	0Ta12	10 51	14 24	13 46	7 58	24 36	29 36	24 48	28 22	2 38
23	6: 4:45	1 34 1	12 12	11 18	15 37	14 18	7 52	24 37	29 34	24 47	28 21	2 35
24	6: 8:42	2 31 16	24 4	11 49	16 50	14 50	7 45	24 38	29 32	24 46	28 20	2 31
25	6:12:39	3 28 30	5Ge53	12 24	18 3	15 22	7 39	24 39	29 30	24 44	28 20	2 28
26	6:16:35	4 25 45	17 41	13 4	19 16	15 55	7 33	24 40	29 28	24 43	28 19	2 25
27	6:20:31	5 23 0	29 32	13 49	20 30	16 27	7 27	24 41	29 25	24 41	28 17	2 22
28	6:24:28	6 20 14	11Cn26	14 37	21 43	17 0	7 21	24 42	29 23	24 40	28 16	2 19
29	6:28:25	7 17 28	23 26	15 30	22 56	17 33	7 15	24 43	29 21	24 38	28 15	2 15
30	6:32:21	8 14 42	5Le33	16 27	24 10	18 5	7 10	24 44	29 19	24 37	28 14	2 12

6/21 Sun in Can. 20:36   6/6 1st Qt. 10:27   6/13 Full 4:04   6/19 3rd Qt. 22:02   6/28 New 0:51

JULY 1995

Day	Sid. T.	Sun	Moon	Merc.	Venus	Mars	Jup.	Saturn	Uranus	Nept.	Pluto	N.Node
1	6:36:18	9Cn11 55	17Le48	17Ge29	25Ge23	18Vi39	7Sg 4R	24Pi44	29Cp17R	24Cp35R	28Sc13R	2Sc 9
2	6:40:15	10 9 8	0Vi12	18 34	26 36	19 12	6 59	24 44	29 15	24 33	28 11	2 6
3	6:44:11	11 6 21	12 49	19 44	27 50	19 45	6 53	24 45	29 12	24 32	28 10	2 3
4	6:48: 7	12 3 33	25 41	20 57	29 3	20 18	6 48	24 45	29 10	24 30	28 9	2 0
5	6:52: 4	13 0 45	8Li51	22 15	0Cn16	20 52	6 43	24 45	29 8	24 29	28 8	1 56
6	6:56: 1	13 57 57	22 20	23 36	1 30	21 26	6 38	24 45R	29 6	24 27	28 7	1 53
7	6:59:57	14 55 9	6Sc13	25 1	2 43	21 59	6 34	24 45	29 3	24 26	28 6	1 50
8	7: 3:54	15 52 20	20 30	26 30	3 57	22 33	6 29	24 45	29 1	24 24	28 5	1 47
9	7: 7:50	16 49 31	5Sg 8	28 3	5 10	23 7	6 25	24 45	28 59	24 22	28 4	1 44
10	7:11:46	17 46 43	20 5	29 40	6 23	23 41	6 21	24 44	28 56	24 21	28 3	1 41
11	7:15:43	18 43 54	5Cp13	1Cn20	7 37	24 16	6 17	24 44	28 54	24 19	28 2	1 37
12	7:19:40	19 41 5	20 22	3 3	8 50	24 50	6 13	24 43	28 52	24 18	28 2	1 34
13	7:23:37	20 38 17	5Aq22	4 50	10 4	25 24	6 9	24 43	28 49	24 16	28 1	1 31
14	7:27:33	21 35 29	20 4	6 39	11 17	25 59	6 5	24 42	28 47	24 14	28 0	1 28
15	7:31:30	22 32 41	4Pi20	8 32	12 31	26 34	6 2	24 41	28 44	24 13	27 59	1 25
16	7:35:26	23 29 54	18 7	10 28	13 45	27 8	5 59	24 40	28 42	24 11	27 58	1 21
17	7:39:22	24 27 7	1Ar25	12 26	14 58	27 43	5 56	24 39	28 40	24 9	27 58	1 18
18	7:43:19	25 24 21	14 17	14 26	16 12	28 18	5 53	24 38	28 37	24 8	27 57	1 15
19	7:47:16	26 21 36	26 45	16 28	17 25	28 53	5 50	24 36	28 35	24 6	27 56	1 12
20	7:51:13	27 18 51	8Ta56	18 32	18 39	29 29	5 48	24 35	28 32	24 5	27 56	1 9
21	7:55: 9	28 16 8	20 55	20 37	19 53	0Li 4	5 45	24 34	28 30	24 3	27 55	1 6
22	7:59: 6	29 13 25	2Ge46	22 43	21 6	0 39	5 43	24 32	28 28	24 1	27 55	1 2
23	8: 3: 2	0Le10 42	14 34	24 50	22 20	1 15	5 41	24 30	28 25	24 0	27 54	0 59
24	8: 6:58	1 8 1	26 24	26 58	23 34	1 50	5 40	24 29	28 23	23 58	27 53	0 56
25	8:10:55	2 5 20	8Cn18	29 5	24 48	2 26	5 38	24 27	28 20	23 57	27 53	0 53
26	8:14:52	3 2 40	20 20	1Le12	26 1	3 2	5 37	24 25	28 18	23 55	27 53	0 50
27	8:18:49	4 0 1	2Le29	3 19	27 15	3 38	5 35	24 23	28 16	23 53	27 52	0 47
28	8:22:45	4 57 23	14 48	5 25	28 29	4 14	5 34	24 21	28 13	23 52	27 52	0 43
29	8:26:41	5 54 45	27 16	7 31	29 43	4 50	5 34	24 19	28 11	23 50	27 51	0 40
30	8:30:38	6 52 7	9Vi55	9 35	0Le57	5 26	5 33	24 16	28 8	23 49	27 51	0 37
31	8:34:34	7 49 31	22 45	11 39	2 11	6 3	5 32	24 14	28 6	23 47	27 51	0 34

7/23 Sun in Leo 7:31   7/5 1st Qt. 20:04   7/12 Full 10:50   7/19 3rd Qt. 11:10   7/27 New 15:14

AUGUST 1995

Day	Sid. T.	Sun	Moon	Merc.	Venus	Mars	Jup.	Saturn	Uranus	Nept.	Pluto	N.Node
1	8:38:31	8Le46 55	5Li47	13Le41	3Le25	6Li39	5Sg32R	24Pi12R	28Cp 4R	23Cp45R	27Sc51R	0Sc31
2	8:42:28	9 44 19	19 2	15 41	4 38	7 15	5 32	24 9	28 1	23 44	27 50	0 27
3	8:46:25	10 41 45	2Sc33	17 40	5 52	7 52	5 32D	24 7	27 59	23 42	27 50	0 24
4	8:50:21	11 39 10	16 21	19 38	7 6	8 29	5 32	24 4	27 57	23 41	27 50	0 21
5	8:54:17	12 36 37	0Sg27	21 35	8 20	9 5	5 33	24 1	27 54	23 39	27 50	0 18
6	8:58:14	13 34 4	14 50	23 29	9 34	9 42	5 33	23 58	27 52	23 38	27 50	0 15
7	9: 2:10	14 31 32	29 28	25 23	10 48	10 19	5 34	23 55	27 50	23 36	27 50	0 12
8	9: 6: 7	15 29 1	14Cp15	27 14	12 2	10 56	5 35	23 52	27 48	23 35	27 50D	0 8
9	9:10: 4	16 26 31	29 5	29 4	13 16	11 33	5 36	23 49	27 45	23 33	27 50	0 5
10	9:14: 0	17 24 1	13Aq50	0Vi53	14 30	12 11	5 38	23 46	27 43	23 32	27 50	0 2
11	9:17:56	18 21 33	28 20	2 40	15 44	12 48	5 39	23 43	27 41	23 30	27 50	29Li59
12	9:21:53	19 19 6	12Pi30	4 26	16 59	13 25	5 41	23 39	27 39	23 29	27 50	29 56
13	9:25:50	20 16 40	26 15	6 10	18 13	14 3	5 43	23 36	27 37	23 28	27 50	29 53
14	9:29:46	21 14 15	9Ar33	7 52	19 27	14 40	5 45	23 33	27 34	23 26	27 50	29 49
15	9:33:42	22 11 52	22 26	9 33	20 41	15 18	5 47	23 29	27 32	23 25	27 50	29 46
16	9:37:40	23 9 30	4Ta57	11 13	21 55	15 56	5 49	23 25	27 30	23 23	27 51	29 43
17	9:41:36	24 7 10	17 10	12 51	23 9	16 34	5 52	23 22	27 28	23 22	27 51	29 40
18	9:45:32	25 4 52	29 10	14 27	24 24	17 12	5 55	23 18	27 26	23 21	27 51	29 37
19	9:49:29	26 2 35	11Ge 3	16 2	25 38	17 50	5 58	23 14	27 24	23 20	27 52	29 33
20	9:53:26	27 0 20	22 53	17 36	26 52	18 28	6 1	23 10	27 22	23 18	27 52	29 30
21	9:57:22	27 58 6	4Cn45	19 8	28 6	19 6	6 4	23 7	27 20	23 17	27 52	29 27
22	10: 1:18	28 55 54	16 44	20 39	29 21	19 44	6 8	23 3	27 18	23 16	27 53	29 24
23	10: 5:16	29 53 44	28 52	22 8	0Vi35	20 23	6 11	22 59	27 16	23 14	27 53	29 21
24	10: 9:12	0Vi51 35	11Le12	23 36	1 49	21 1	6 15	22 54	27 14	23 13	27 54	29 18
25	10:13: 8	1 49 27	23 44	25 3	3 3	21 40	6 19	22 50	27 12	23 12	27 54	29 14
26	10:17: 5	2 47 21	6Vi29	26 27	4 18	22 18	6 23	22 46	27 11	23 11	27 55	29 11
27	10:21: 1	3 45 17	19 27	27 51	5 32	22 57	6 28	22 42	27 9	23 10	27 56	29 8
28	10:24:57	4 43 14	2Li37	29 13	6 47	23 36	6 32	22 38	27 7	23 9	27 56	29 5
29	10:28:55	5 41 13	15 58	0Li33	8 1	24 15	6 37	22 33	27 6	23 8	27 57	29 2
30	10:32:51	6 39 12	29 30	1 55	9 15	24 54	6 42	22 29	27 4	23 6	27 58	28 59
31	10:36:48	7 37 14	13Sc13	3 8	10 30	25 33	6 46	22 25	27 2	23 5	27 58	28 55

8/23 Sun in Vir. 14:36   8/4 1st Qt. 3:17   8/10 Full 18:17   8/18 3rd Qt. 3:05   8/26 New 4:32

Day	Sid. T.	Sun	Moon	Merc.	Venus	Mars	Jup.	Saturn	Uranus	Nept.	Pluto	N.Node
1	10:40:44	8Vi35 16	27Sc 6	4Li23	11Vi44	26Li12	6Sg52	22Pi20R	27Cp 1R	23Cp 4R	27Sc59	28Li52
2	10:44:41	9 33 20	11Sg10	5 37	12 59	26 51	6 57	22 16	26 59	23 3	28 0	28 49
3	10:48:37	10 31 26	25 23	6 48	14 13	27 30	7 2	22 12	26 57	23 2	28 1	28 46
4	10:52:33	11 29 33	9Cp43	7 58	15 28	28 10	7 8	22 7	26 56	23 1	28 2	28 43
5	10:56:31	12 27 41	24 7	9 5	16 42	28 49	7 14	22 3	26 55	23 1	28 3	28 39
6	11: 0:27	13 25 50	8Aq31	10 10	17 56	29 29	7 20	21 58	26 53	23 0	28 4	28 36
7	11: 4:24	14 24 2	22 50	11 13	19 11	0Sc 8	7 26	21 53	26 52	22 59	28 5	28 33
8	11: 8:20	15 22 14	6Pi57	12 14	20 25	0 48	7 32	21 49	26 50	22 58	28 6	28 30
9	11:12:17	16 20 29	20 48	13 12	21 40	1 28	7 38	21 44	26 49	22 57	28 7	28 27
10	11:16:13	17 18 45	4Ar20	14 7	22 54	2 7	7 45	21 40	26 48	22 56	28 8	28 24
11	11:20: 9	18 17 3	17 31	15 0	24 9	2 47	7 51	21 35	26 47	22 56	28 9	28 20
12	11:24: 6	19 15 23	0Ta20	15 49	25 23	3 27	7 58	21 30	26 45	22 55	28 10	28 17
13	11:28: 3	20 13 45	12 50	16 35	26 38	4 7	8 5	21 26	26 44	22 54	28 11	28 14
14	11:32: 0	21 12 10	25 4	17 17	27 53	4 48	8 12	21 21	26 43	22 53	28 12	28 11
15	11:35:56	22 10 36	7Ge 5	17 56	29 7	5 28	8 19	21 17	26 42	22 53	28 14	28 8
16	11:39:52	23 9 5	19 0	18 30	0Li22	6 8	8 27	21 12	26 41	22 52	28 15	28 4
17	11:43:49	24 7 35	0Cn51	19 0	1 36	6 49	8 34	21 7	26 40	22 52	28 16	28 1
18	11:47:45	25 6 8	12 45	19 25	2 51	7 29	8 42	21 3	26 39	22 51	28 17	27 58
19	11:51:42	26 4 43	24 46	19 45	4 5	8 10	8 49	20 58	26 39	22 51	28 19	27 55
20	11:55:39	27 3 21	6Le58	20 0	5 20	8 50	8 57	20 54	26 38	22 50	28 20	27 52
21	11:59:36	28 2 0	19 25	20 9	6 35	9 31	9 5	20 49	26 37	22 50	28 22	27 49
22	12: 3:32	29 0 41	2Vi 7	20 11R	7 49	10 12	9 13	20 44	26 36	22 49	28 23	27 45
23	12: 7:28	29 59 25	15 7	20 7	9 4	10 53	9 22	20 40	26 36	22 49	28 24	27 42
24	12:11:25	0Li58 10	28 25	19 56	10 19	11 34	9 30	20 35	26 35	22 48	28 26	27 39
25	12:15:22	1 56 58	11Li58	19 38	11 33	12 15	9 39	20 31	26 34	22 48	28 27	27 36
26	12:19:18	2 55 47	25 45	19 12	12 48	12 56	9 47	20 26	26 34	22 48	28 29	27 33
27	12:23:15	3 54 39	9Sc42	18 40	14 2	13 37	9 56	20 22	26 33	22 48	28 31	27 30
28	12:27:11	4 53 32	23 48	17 59	15 17	14 18	10 5	20 18	26 33	22 47	28 32	27 26
29	12:31: 7	5 52 27	7Sg58	17 12	16 32	14 59	10 14	20 13	26 33	22 47	28 34	27 23
30	12:35: 4	6 51 24	22 11	16 19	17 46	15 41	10 23	20 9	26 32	22 47	28 35	27 20

9/23 Sun in Lib. 12:14   9/2 1st Qt. 9:04   9/9 Full 3:38   9/16 3rd Qt. 21:10   9/24 New 16:56

OCTOBER 1995

Day	Sid. T.	Sun	Moon	Merc.	Venus	Mars	Jup.	Saturn	Uranus	Nept.	Pluto	N.Node
1	12:39: 1	7Li50 22	6Cp24	15Li19R	19Li 1	16Sc22	10Sg32	20Pi 5R	26Cp32R	22Cp47R	28Sc37	27Li17
2	12:42:58	8 49 23	20 35	14 15	20 16	17 4	10 41	20 0	26 32	22 47	28 39	27 14
3	12:46:54	9 48 25	4Aq41	13 8	21 30	17 45	10 51	19 56	26 32	22 47	28 41	27 10
4	12:50:51	10 47 28	18 41	11 59	22 45	18 27	11 0	19 52	26 31	22 47	28 42	27 7
5	12:54:47	11 46 34	2Pi32	10 50	24 0	19 9	11 10	19 48	26 31	22 47D	28 44	27 4
6	12:58:43	12 45 41	16 11	9 42	25 14	19 51	11 20	19 44	26 31D	22 47	28 46	27 1
7	13: 2:40	13 44 50	29 37	8 39	26 29	20 33	11 30	19 40	26 31	22 47	28 48	26 58
8	13: 6:37	14 44 1	12Ar47	7 41	27 44	21 14	11 40	19 36	26 31	22 47	28 49	26 55
9	13:10:34	15 43 15	25 42	6 50	28 58	21 57	11 50	19 32	26 32	22 47	28 51	26 51
10	13:14:30	16 42 30	8Ta21	6 8	0Sc13	22 39	12 0	19 28	26 32	22 47	28 53	26 48
11	13:18:27	17 41 47	20 45	5 35	1 28	23 21	12 10	19 24	26 32	22 47	28 55	26 45
12	13:22:23	18 41 7	2Ge57	5 13	2 42	24 3	12 21	19 20	26 32	22 47	28 57	26 42
13	13:26:19	19 40 29	14 58	5 1	3 57	24 45	12 31	19 17	26 33	22 48	28 59	26 39
14	13:30:16	20 39 53	26 52	5 1D	5 12	25 28	12 42	19 13	26 33	22 48	29 1	26 36
15	13:34:12	21 39 20	8Cn44	5 11	6 26	26 10	12 53	19 10	26 33	22 48	29 3	26 32
16	13:38:10	22 38 49	20 37	5 32	7 41	26 53	13 3	19 6	26 34	22 49	29 5	26 29
17	13:42: 6	23 38 20	2Le37	6 3	8 56	27 36	13 14	19 3	26 34	22 49	29 7	26 26
18	13:46: 2	24 37 53	14 49	6 43	10 10	28 18	13 25	18 59	26 35	22 50	29 9	26 23
19	13:49:59	25 37 29	27 16	7 32	11 25	29 1	13 36	18 56	26 36	22 50	29 11	26 20
20	13:53:55	26 37 7	10Vi 2	8 28	12 40	29 44	13 47	18 53	26 36	22 51	29 13	26 16
21	13:57:51	27 36 47	23 9	9 31	13 54	0Sg27	13 59	18 50	26 37	22 51	29 15	26 13
22	14: 1:47	28 36 29	6Li39	10 40	15 9	1 10	14 10	18 47	26 38	22 52	29 17	26 10
23	14: 5:44	29 36 13	20 30	11 54	16 24	1 53	14 21	18 44	26 39	22 52	29 19	26 7
24	14: 9:41	0Sc36 0	4Sc41	13 13	17 38	2 36	14 33	18 41	26 40	22 53	29 22	26 4
25	14:13:38	1 35 48	19 7	14 36	18 53	3 19	14 44	18 38	26 41	22 54	29 24	26 1
26	14:17:34	2 35 39	3Sg41	16 2	20 8	4 2	14 56	18 36	26 42	22 55	29 26	25 57
27	14:21:30	3 35 31	18 18	17 30	21 23	4 46	15 8	18 33	26 43	22 55	29 28	25 54
28	14:25:27	4 35 25	2Cp52	19 1	22 37	5 29	15 19	18 31	26 44	22 56	29 30	25 51
29	14:29:24	5 35 20	17 18	20 34	23 52	6 13	15 31	18 28	26 45	22 56	29 33	25 48
30	14:33:20	6 35 18	1Aq32	22 7	25 7	6 56	15 43	18 26	26 46	22 57	29 35	25 45
31	14:37:17	7 35 16	15 31	23 44	26 21	7 40	15 55	18 24	26 47	22 58	29 37	25 42

10/23 Sun in Sco. 21:33   10/1 1st Qt. 14:37 10/8 Full 15:53 10/16 3rd Qt. 16:27 10/24 New 4:37(E) 10/30 1st Qt. 21:18

NOVEMBER 1995

Day	Sid. T.	Sun	Moon	Merc.	Venus	Mars	Jup.	Saturn	Uranus	Nept.	Pluto	N.Node
1	14:41:13	8Sc35 17	29Aq16	25Li20	27Sc36	8Sg23	16Sg 7	18Pi22R	26Cp49	22Cp59	29Sc39	25Li38
2	14:45: 9	9 35 19	12Pi45	26 57	28 51	9 7	16 19	18 20	26 50	23 0	29 42	25 35
3	14:49: 6	10 35 22	25 59	28 35	0Sg 5	9 51	16 32	18 18	26 51	23 1	29 44	25 32
4	14:53: 3	11 35 27	9Ar 0	0Sc13	1 20	10 35	16 44	18 16	26 53	23 2	29 46	25 29
5	14:57: 0	12 35 34	21 48	1 51	2 34	11 19	16 56	18 14	26 54	23 3	29 48	25 26
6	15: 0:56	13 35 43	4Ta23	3 29	3 49	12 3	17 8	18 12	26 56	23 4	29 51	25 22
7	15: 4:53	14 35 53	16 48	5 7	5 4	12 47	17 21	18 11	26 57	23 5	29 53	25 19
8	15: 8:49	15 36 5	29 2	6 45	6 18	13 31	17 33	18 9	26 59	23 6	29 55	25 16
9	15:12:45	16 36 19	11Ge 7	8 23	7 33	14 15	17 46	18 8	27 1	23 7	29 58	25 13
10	15:16:42	17 36 35	23 5	10 1	8 48	14 59	17 58	18 7	27 2	23 8	0Sg 0	25 10
11	15:20:39	18 36 53	4Cn58	11 39	10 2	15 43	18 11	18 6	27 4	23 10	0 2	25 7
12	15:24:36	19 37 13	16 49	13 16	11 17	16 28	18 24	18 5	27 6	23 11	0 5	25 3
13	15:28:32	20 37 34	28 42	14 54	12 31	17 12	18 37	18 4	27 8	23 12	0 7	25 0
14	15:32:29	21 37 58	10Le40	16 31	13 46	17 57	18 49	18 3	27 10	23 13	0 10	24 57
15	15:36:25	22 38 23	22 48	18 7	15 1	18 41	19 2	18 2	27 12	23 15	0 12	24 54
16	15:40:21	23 38 50	5Vi10	19 44	16 15	19 26	19 15	18 1	27 13	23 16	0 14	24 51
17	15:44:18	24 39 19	17 52	21 20	17 30	20 10	19 28	18 1	27 16	23 17	0 17	24 48
18	15:48:14	25 39 50	0Li56	22 56	18 44	20 55	19 41	18 1	27 18	23 19	0 19	24 44
19	15:52:12	26 40 23	14 27	24 32	19 59	21 40	19 54	18 0	27 20	23 20	0 21	24 41
20	15:56: 8	27 40 58	28 25	26 7	21 14	22 25	20 7	18 0	27 22	23 22	0 24	24 38
21	16: 0: 4	28 41 34	12Sc48	27 42	22 28	23 10	20 20	18 0	27 24	23 23	0 26	24 35
22	16: 4: 1	29 42 12	27 33	29 17	23 43	23 55	20 33	0D	27 26	23 25	0 29	24 32
23	16: 7:57	0Sg42 51	12Sg32	0Sg52	24 57	24 40	20 47	18 0	27 29	23 26	0 31	24 28
24	16:11:54	1 43 32	27 36	2 27	26 12	25 25	21 0	18 0	27 31	23 28	0 33	24 25
25	16:15:50	2 44 14	12Cp37	4 1	27 27	26 10	21 13	18 1	27 33	23 29	0 36	24 22
26	16:19:48	3 44 57	27 24	5 36	28 41	26 55	21 26	18 1	27 36	23 31	0 38	24 19
27	16:23:44	4 45 41	11Aq52	7 10	29 56	27 40	21 40	18 2	27 38	23 33	0 41	24 16
28	16:27:40	5 46 26	25 58	8 44	1Cp10	28 26	21 53	18 2	27 41	23 34	0 43	24 13
29	16:31:37	6 47 12	9Pi40	10 18	2 25	29 11	22 6	18 3	27 43	23 36	0 45	24 9
30	16:35:33	7 47 59	23 0	11 52	3 39	29 56	22 20	18 4	27 46	23 38	0 48	24 6

11/22 Sun in Sag. 19:03   11/7 Full 7:21   11/15 3rd Qt. 11:41   11/22 New 15:44   11/29 1st Qt. 6:29

DECEMBER 1995

Day	Sid. T.	Sun	Moon	Merc.	Venus	Mars	Jup.	Saturn	Uranus	Nept.	Pluto	N.Node
1	16:39:30	8Sg48 47	6Ar 0	13Sg26	4Cp54	0Cp42	22Sg33	18Pi 5	27Cp48	23Cp39	0Sg50	24Li 3
2	16:43:27	9 49 36	18 43	14 59	6 8	1 27	22 47	18 6	27 51	23 41	0 52	24 0
3	16:47:23	10 50 26	1Ta12	16 33	7 23	2 13	23 0	18 7	27 53	23 43	0 55	23 57
4	16:51:19	11 51 17	13 31	18 7	8 37	2 58	23 14	18 8	27 56	23 45	0 57	23 53
5	16:55:16	12 52 9	25 41	19 40	9 51	3 44	23 27	18 10	27 59	23 47	0 59	23 50
6	16:59:13	13 53 2	7Ge44	21 14	11 6	4 30	23 41	18 11	28 2	23 48	1 2	23 47
7	17: 3: 9	14 53 55	19 42	22 47	12 20	5 15	23 54	18 13	28 4	23 50	1 4	23 44
8	17: 7: 5	15 54 50	1Cn37	24 21	13 35	6 1	24 8	18 15	28 7	23 52	1 7	23 41
9	17:11: 3	16 55 46	13 29	25 55	14 49	6 47	24 21	18 16	28 10	23 54	1 9	23 38
10	17:15: 0	17 56 43	25 21	27 28	16 3	7 33	24 35	18 18	28 13	23 56	1 11	23 34
11	17:18:57	18 57 41	7Le14	29 2	17 18	8 19	24 49	18 20	28 16	23 58	1 13	23 31
12	17:22:53	19 58 41	19 12	0Cp35	18 32	9 5	25 2	18 23	28 19	24 0	1 16	23 28
13	17:26:49	20 59 41	1Vi18	2 9	19 46	9 51	25 16	18 25	28 22	24 2	1 18	23 25
14	17:30:46	22 0 42	13 36	3 42	21 1	10 37	25 30	18 27	28 25	24 4	1 20	23 22
15	17:34:41	23 1 44	26 11	5 15	22 15	11 23	25 43	18 30	28 28	24 6	1 23	23 19
16	17:38:39	24 2 47	9Li 7	6 48	23 29	12 9	25 57	18 32	28 31	24 8	1 25	23 15
17	17:42:35	25 3 51	22 29	8 21	24 44	12 55	26 11	18 35	28 34	24 10	1 27	23 12
18	17:46:31	26 4 56	6Sc20	9 54	25 58	13 42	26 24	18 37	28 37	24 12	1 29	23 9
19	17:50:28	27 6 2	20 40	11 26	27 12	14 28	26 38	18 40	28 40	24 14	1 32	23 6
20	17:54:25	28 7 9	5Sg27	12 58	28 26	15 14	26 52	18 43	28 43	24 16	1 34	23 3
21	17:58:22	29 8 17	20 35	14 30	29 40	16 1	27 5	18 46	28 46	24 18	1 36	22 59
22	18: 2:18	0Cp 9 25	5Cp54	16 1	0Aq54	16 47	27 19	18 49	28 50	24 20	1 38	22 56
23	18: 6:15	1 10 34	21 13	17 31	2 9	17 34	27 33	18 53	28 53	24 22	1 40	22 53
24	18:10:12	2 11 43	6Aq21	19 0	3 23	18 20	27 46	18 56	28 56	24 24	1 42	22 50
25	18:14: 8	3 12 52	21 8	20 28	4 37	19 7	28 0	18 59	28 59	24 27	1 45	22 47
26	18:18: 4	4 14 1	5Pi28	21 54	5 51	19 53	28 14	19 3	29 3	24 29	1 47	22 44
27	18:22: 1	5 15 10	19 19	23 19	7 5	20 40	28 27	19 6	29 6	24 31	1 49	22 40
28	18:25:58	6 16 19	2Ar41	24 41	8 19	21 27	28 41	19 10	29 9	24 33	1 51	22 37
29	18:29:55	7 17 28	15 39	26 2	9 33	22 13	28 55	19 14	29 12	24 35	1 53	22 34
30	18:33:51	8 18 37	28 16	27 19	10 46	23 0	29 8	19 18	29 16	24 38	1 55	22 31
31	18:37:48	9 19 46	10Ta36	28 33	12 0	23 47	29 22	19 22	29 19	24 40	1 57	22 28

12/22 Sun in Cap. 8:18   12/7 Full 1:28   12/15 3rd Qt. 5:32   12/22 New 2:23   12/28 1st Qt. 19:07

Day	Sid. T.	Sun	Moon	Merc.	Venus	Mars	Jup.	Saturn	Uranus	Nept.	Pluto	N.Node
1	18:41:44	10Cp20 55	22Ta44	29Cp43	13Aq14	24Cp34	29Sg35	19Pi26	29Cp23	24Cp42	1Sg59	22Li25
2	18:45:40	11 22 4	4Ge44	0Aq48	14 28	25 20	29 49	19 30	29 26	24 44	2 1	22 21
3	18:49:37	12 23 12	16 40	1 48	15 42	26 7	0Cp 3	19 34	29 29	24 46	2 3	22 18
4	18:53:34	13 24 21	28 33	2 42	16 55	26 54	0 16	19 38	29 33	24 49	2 5	22 15
5	18:57:31	14 25 29	10Cn25	3 29	18 9	27 41	0 30	19 43	29 36	24 51	2 7	22 12
6	19: 1:27	15 26 38	22 18	4 8	19 23	28 28	0 43	19 47	29 40	24 53	2 8	22 9
7	19: 5:23	16 27 46	4Le13	4 38	20 36	29 15	0 57	19 52	29 43	24 55	2 10	22 5
8	19: 9:20	17 28 54	16 11	4 59	21 50	0Aq 2	1 10	19 56	29 47	24 58	2 12	22 2
9	19:13:16	18 30 3	28 14	5 9	23 3	0 49	1 24	20 1	29 50	25 0	2 14	21 59
10	19:17:13	19 31 11	10Vi24	5 8R	24 16	1 36	1 37	20 6	29 54	25 2	2 16	21 56
11	19:21: 9	20 32 19	22 44	4 55	25 30	2 23	1 50	20 11	29 57	25 4	2 18	21 53
12	19:25: 7	21 33 27	5Li18	4 31	26 43	3 10	2 4	20 16	0Aq 1	25 7	2 19	21 50
13	19:29: 3	22 34 35	18 10	3 55	27 56	3 57	2 17	20 21	0 4	25 9	2 21	21 46
14	19:32:59	23 35 43	1Sc23	3 8	29 10	4 44	2 30	20 26	0 8	25 11	2 23	21 43
15	19:36:56	24 36 50	15 2	2 10	0Pi23	5 31	2 44	20 31	0 11	25 14	2 24	21 40
16	19:40:52	25 37 58	29 9	1 5	1 36	6 19	2 57	20 36	0 15	25 16	2 26	21 37
17	19:44:49	26 39 6	13Sg42	29Cp53	2 49	7 6	3 10	20 42	0 18	25 18	2 28	21 34
18	19:48:45	27 40 13	28 40	28 36	4 2	7 53	3 23	20 47	0 22	25 20	2 29	21 31
19	19:52:43	28 41 20	13Cp53	27 18	5 15	8 40	3 36	20 52	0 25	25 23	2 31	21 27
20	19:56:39	29 42 26	29 12	26 1	6 28	9 28	3 49	20 58	0 29	25 25	2 32	21 24
21	20: 0:35	0Aq43 32	14Aq25	24 46	7 41	10 15	4 2	21 4	0 32	25 27	2 34	21 21
22	20: 4:32	1 44 37	29 22	23 36	8 53	11 2	4 15	21 9	0 36	25 30	2 35	21 18
23	20: 8:28	2 45 41	13Pi53	22 33	10 6	11 50	4 28	21 15	0 39	25 32	2 37	21 15
24	20:12:24	3 46 44	27 56	21 37	11 19	12 37	4 41	21 21	0 43	25 34	2 38	21 11
25	20:16:21	4 47 46	11Ar28	20 50	12 31	13 24	4 54	21 27	0 46	25 36	2 39	21 8
26	20:20:18	5 48 47	24 32	20 11	13 44	14 12	5 7	21 32	0 50	25 39	2 41	21 5
27	20:24:14	6 49 47	7Ta12	19 42	14 56	14 59	5 19	21 38	0 53	25 41	2 42	21 2
28	20:28:11	7 50 46	19 32	19 22	16 8	15 46	5 32	21 44	0 57	25 43	2 43	20 59
29	20:32: 8	8 51 44	1Ge39	19 10	17 20	16 34	5 45	21 50	1 0	25 45	2 45	20 56
30	20:36: 4	9 52 40	13 36	19 7D	18 32	17 21	5 57	21 57	1 4	25 47	2 46	20 52
31	20:40: 0	10 53 35	25 28	19 11	19 44	18 9	6 10	22 3	1 7	25 50	2 47	20 49

1/20 Sun in Aqu. 18:54   1/5 Full 20:52   1/13 3rd Qt. 20:46   1/20 New 12:52   1/27 1st Qt. 11:15

Day	Sid. T.	Sun	Moon	Merc.	Venus	Mars	Jup.	Saturn	Uranus	Nept.	Pluto	N.Node
1	20:43:58	11Aq54 29	7Cn19	19Cp23	20Pi56	18Aq56	6Cp22	22Pi 9	1Aq11	25Cp52	2Sg48	20Li46
2	20:47:54	12 55 22	19 11	19 41	22 8	19 43	6 35	22 15	1 14	25 54	2 49	20 43
3	20:51:50	13 56 14	1Le 7	20 5	23 20	20 31	6 47	22 22	1 18	25 56	2 51	20 40
4	20:55:47	14 57 5	13 7	20 36	24 31	21 18	6 59	22 28	1 21	25 59	2 52	20 37
5	20:59:44	15 57 54	25 14	21 11	25 43	22 6	7 11	22 35	1 25	26 1	2 53	20 33
6	21: 3:40	16 58 42	7Vi28	21 51	26 54	22 53	7 23	22 41	1 28	26 3	2 54	20 30
7	21: 7:36	17 59 29	19 50	22 35	28 6	23 41	7 35	22 48	1 32	26 5	2 55	20 27
8	21:11:33	19 0 15	2Li22	23 23	29 17	24 28	7 47	22 54	1 35	26 7	2 56	20 24
9	21:15:30	20 1 0	15 5	24 15	0Ar28	25 16	7 59	23 1	1 39	26 9	2 56	20 21
10	21:19:26	21 1 44	28 2	25 10	1 39	26 3	8 11	23 7	1 42	26 11	2 57	20 17
11	21:23:23	22 2 27	11Sc16	26 8	2 50	26 50	8 23	23 14	1 45	26 13	2 58	20 14
12	21:27:19	23 3 9	24 50	27 9	4 1	27 38	8 35	23 21	1 49	26 16	2 59	20 11
13	21:31:15	24 3 49	8Sg45	28 13	5 11	28 25	8 46	23 28	1 52	26 18	3 0	20 8
14	21:35:12	25 4 29	23 2	29 18	6 22	29 13	8 58	23 35	1 55	26 20	3 0	20 5
15	21:39: 9	26 5 8	7Cp39	0Aq26	7 32	0Pi 0	9 9	23 41	1 59	26 22	3 1	20 2
16	21:43: 6	27 5 45	22 30	1 36	8 42	0 48	9 20	23 48	2 2	26 24	3 2	19 58
17	21:47: 2	28 6 21	7Aq30	2 48	9 53	1 35	9 32	23 55	2 5	26 26	3 2	19 55
18	21:50:59	29 6 56	22 28	4 2	11 3	2 23	9 43	24 2	2 8	26 28	3 3	19 52
19	21:54:55	0Pi 7 29	7Pi16	5 18	12 13	3 10	9 54	24 9	2 12	26 30	3 4	19 49
20	21:58:51	1 8 1	21 45	6 35	13 22	3 58	10 5	24 16	2 15	26 32	3 4	19 46
21	22: 2:48	2 8 30	5Ar49	7 53	14 32	4 45	10 16	24 23	2 18	26 34	3 5	19 42
22	22: 6:45	3 8 58	19 27	9 13	15 41	5 32	10 27	24 30	2 21	26 36	3 5	19 39
23	22:10:42	4 9 24	2Ta38	10 34	16 50	6 20	10 37	24 38	2 24	26 38	3 6	19 36
24	22:14:38	5 9 49	15 23	11 57	18 0	7 7	10 48	24 45	2 27	26 39	3 6	19 33
25	22:18:34	6 10 11	27 50	13 21	19 8	7 55	10 59	24 52	2 31	26 41	3 6	19 30
26	22:22:31	7 10 31	10Ge 4	14 46	20 17	8 42	11 9	24 59	2 34	26 43	3 7	19 27
27	22:26:27	8 10 50	21 59	16 12	21 26	9 29	11 19	25 6	2 37	26 45	3 7	19 23
28	22:30:24	9 11 6	3Cn52	17 40	22 34	10 17	11 30	25 14	2 40	26 47	3 7	19 20
29	22:34:21	10 11 21	15 43	19 8	23 42	11 4	11 40	25 21	2 43	26 49	3 7	19 17

2/19 Sun in Pis. 9:02   2/4 Full 15:59   2/12 3rd Qt. 8:38   2/18 New 23:31   2/26 1st Qt. 5:53

MARCH 1996

Day	Sid. T.	Sun	Moon	Merc.	Venus	Mars	Jup.	Saturn	Uranus	Nept.	Pluto	N.Node
1	22:38:18	11Pi11 33	27Cn37	20Aq38	24Ar51	11Pi51	11Cp50	25Pi28	2Aq46	26Cp50	3Sg 7	19Li14
2	22:42:14	12 11 44	9Le36	22 9	25 58	12 39	12 0	25 35	2 49	26 52	3 8	19 11
3	22:46:10	13 11 52	21 43	23 41	27 6	13 26	12 9	25 43	2 51	26 54	3 8	19 8
4	22:50: 7	14 11 59	4Vi 0	25 14	28 13	14 13	12 19	25 50	2 54	26 56	3 8	19 4
5	22:54: 2	15 12 4	16 27	26 49	29 21	15 0	12 29	25 57	2 57	26 57	3 8	19 1
6	22:58: 0	16 12 6	29 6	28 24	0Ta28	15 48	12 38	26 5	3 0	26 59	3 8R	18 58
7	23: 1:56	17 12 7	11Li57	0Pi 0	1 35	16 35	12 47	26 12	3 3	27 0	3 8	18 55
8	23: 5:52	18 12 6	25 0	1 38	2 41	17 22	12 57	26 20	3 6	27 2	3 8	18 52
9	23: 9:49	19 12 4	8Sc15	3 17	3 48	18 9	13 6	26 27	3 8	27 4	3 8	18 48
10	23:13:46	20 12 0	21 43	4 57	4 54	18 56	13 15	26 34	3 11	27 5	3 7	18 45
11	23:17:41	21 11 54	5Sg25	6 37	6 0	19 43	13 24	26 42	3 14	27 7	3 7	18 42
12	23:21:38	22 11 47	19 20	8 20	7 5	20 30	13 32	26 49	3 16	27 8	3 7	18 39
13	23:25:35	23 11 38	3Cp28	10 3	8 11	21 18	13 41	26 57	3 19	27 10	3 7	18 36
14	23:29:32	24 11 27	17 48	11 47	9 16	22 5	13 49	27 4	3 21	27 11	3 6	18 33
15	23:33:28	25 11 15	2Aq15	13 33	10 21	22 52	13 58	27 12	3 24	27 13	3 6	18 29
16	23:37:25	26 11 1	16 47	15 20	11 25	23 39	14 6	27 19	3 26	27 14	3 6	18 26
17	23:41:21	27 10 45	1Pi18	17 8	12 30	24 26	14 14	27 26	3 29	27 15	3 5	18 23
18	23:45:17	28 10 27	15 41	18 57	13 34	25 13	14 22	27 34	3 31	27 17	3 5	18 20
19	23:49:14	29 10 7	29 51	20 48	14 38	26 0	14 30	27 41	3 34	27 18	3 5	18 17
20	23:53:11	0Ar 9 46	13Ar43	22 40	15 41	26 46	14 38	27 49	3 36	27 19	3 4	18 14
21	23:57: 8	1 9 22	27 14	24 33	16 44	27 33	14 45	27 56	3 38	27 21	3 4	18 10
22	0: 1: 4	2 8 56	10Ta24	26 27	17 47	28 20	14 53	28 4	3 40	27 22	3 3	18 7
23	0: 5: 1	3 8 28	23 12	28 22	18 50	29 7	15 0	28 11	3 43	27 23	3 2	18 4
24	0: 8:57	4 7 57	5Ge41	0Ar19	19 52	29 54	15 7	28 19	3 45	27 24	3 2	18 1
25	0:12:53	5 7 24	17 55	2 17	20 53	0Ar40	15 14	28 26	3 47	27 25	3 1	17 58
26	0:16:50	6 6 50	29 57	4 16	21 55	1 27	15 21	28 33	3 49	27 26	3 1	17 54
27	0:20:47	7 6 12	11Cn52	6 16	22 56	2 14	15 28	28 41	3 51	27 28	3 0	17 51
28	0:24:44	8 5 33	23 45	8 17	23 57	3 1	15 35	28 48	3 53	27 29	2 59	17 48
29	0:28:40	9 4 51	5Le39	10 19	24 57	3 47	15 41	28 56	3 55	27 30	2 58	17 45
30	0:32:36	10 4 7	17 41	12 21	25 57	4 34	15 47	29 3	3 57	27 31	2 58	17 42
31	0:36:33	11 3 20	29 52	14 24	26 56	5 20	15 53	29 10	3 59	27 32	2 57	17 39

3/20 Sun in Ari. 8:04   3/5 Full 9:24   3/12 3rd Qt. 17:16   3/19 New 10:46   3/27 1st Qt. 1:32

APRIL 1996

Day	Sid. T.	Sun	Moon	Merc.	Venus	Mars	Jup.	Saturn	Uranus	Nept.	Pluto	N.Node
1	0:40:29	12Ar 2 31	12Vi17	16Ar28	27Ta55	6Ar 7	15Cp59	29Pi18	4Aq 1	27Cp32	2Sg56R	17Li35
2	0:44:26	13 1 40	24 56	18 32	28 54	6 53	16 5	29 25	4 2	27 33	2 55	17 32
3	0:48:23	14 0 47	7Li52	20 35	29 52	7 40	16 11	29 32	4 4	27 34	2 54	17 29
4	0:52:20	14 59 52	21 4	22 39	0Ge49	8 26	16 16	29 39	4 6	27 35	2 53	17 26
5	0:56:16	15 58 55	4Sc32	24 41	1 46	9 12	16 22	29 47	4 7	27 36	2 52	17 23
6	1: 0:12	16 57 56	18 14	26 43	2 43	9 59	16 27	29 54	4 9	27 37	2 51	17 20
7	1: 4: 9	17 56 55	2Sg 7	28 44	3 39	10 45	16 32	0Ar 1	4 11	27 37	2 50	17 16
8	1: 8: 5	18 55 52	16 9	0Ta43	4 34	11 31	16 37	0 8	4 12	27 38	2 49	17 13
9	1:12: 2	19 54 48	0Cp17	2 40	5 29	12 17	16 41	0 16	4 14	27 39	2 48	17 10
10	1:15:59	20 53 42	14 29	4 35	6 23	13 4	16 46	0 23	4 15	27 39	2 47	17 7
11	1:19:56	21 52 34	28 43	6 27	7 17	13 50	16 50	0 30	4 16	27 40	2 46	17 4
12	1:23:52	22 51 25	12Aq55	8 16	8 10	14 36	16 54	0 37	4 18	27 41	2 45	17 0
13	1:27:48	23 50 13	27 4	10 1	9 3	15 22	16 58	0 44	4 19	27 41	2 44	16 57
14	1:31:45	24 49 0	11Pi 6	11 43	9 54	16 8	17 2	0 51	4 20	27 42	2 42	16 54
15	1:35:41	25 47 45	25 0	13 21	10 45	16 54	17 6	0 58	4 21	27 42	2 41	16 51
16	1:39:38	26 46 29	8Ar42	14 55	11 36	17 40	17 9	1 5	4 22	27 43	2 40	16 48
17	1:43:35	27 45 10	22 12	16 25	12 25	18 26	17 12	1 12	4 24	27 43	2 39	16 45
18	1:47:31	28 43 50	5Ta26	17 50	13 14	19 11	17 15	1 19	4 25	27 43	2 37	16 41
19	1:51:27	29 42 27	18 24	19 10	14 2	19 57	17 18	1 26	4 26	27 44	2 36	16 38
20	1:55:24	0Ta41 3	1Ge 6	20 25	14 49	20 43	17 21	1 33	4 26	27 44	2 35	16 35
21	1:59:21	1 39 37	13 32	21 35	15 35	21 29	17 24	1 39	4 27	27 45	2 33	16 32
22	2: 3:17	2 38 8	25 45	22 40	16 21	22 14	17 26	1 46	4 28	27 45	2 32	16 29
23	2: 7:14	3 36 38	7Cn48	23 40	17 5	23 0	17 28	1 53	4 29	27 45	2 31	16 26
24	2:11:11	4 35 5	19 44	24 35	17 48	23 46	17 30	2 0	4 30	27 45	2 29	16 22
25	2:15: 7	5 33 30	1Le37	25 24	18 31	24 31	17 32	2 6	4 30	27 45	2 28	16 19
26	2:19: 3	6 31 53	13 31	26 8	19 12	25 16	17 34	2 13	4 31	27 45	2 27	16 16
27	2:23: 0	7 30 14	25 32	26 46	19 52	26 2	17 35	2 19	4 32	27 45	2 25	16 13
28	2:26:57	8 28 33	7Vi45	27 18	20 31	26 47	17 36	2 26	4 32	27 45	2 24	16 10
29	2:30:53	9 26 50	20 12	27 45	21 9	27 33	17 37	2 32	4 33	27 45R	2 22	16 6
30	2:34:50	10 25 4	2Li59	28 7	21 46	28 18	17 38	2 39	4 33	27 45	2 21	16 3

4/19 Sun in Tau. 19:11   4/4 Full 0:08(E)   4/10 3rd Qt. 23:37   4/17 New 22:50(E)   4/25 1st Qt. 20:41

MAY 1996

Day	Sid. T.	Sun	Moon	Merc.	Venus	Mars	Jup.	Saturn	Uranus	Nept.	Pluto	N.Node
1	2:38:46	11Ta23 17	16Li 6	28Ta23	22Ge21	29Ar 3	17Cp39	2Ar45	4Aq33	27Cp45R	2Sg19R	16Li 0
2	2:42:43	12 21 28	29 35	28 33	22 55	29 48	17 39	2 52	4 34	27 45	2 18	15 57
3	2:46:39	13 19 37	13Sc26	28 38	23 28	0Ta33	17 40	2 58	4 34	27 45	2 16	15 54
4	2:50:36	14 17 45	27 34	28 38R	23 59	1 18	17 40	3 4	4 34	27 45	2 15	15 51
5	2:54:32	15 15 51	11Sg56	28 32	24 29	2 3	17 40R	3 10	4 35	27 45	2 13	15 47
6	2:58:30	16 13 55	26 25	28 22	24 57	2 48	17 40	3 16	4 35	27 45	2 11	15 44
7	3: 2:26	17 11 58	10Cp57	28 7	25 24	3 33	17 39	3 23	4 35	27 44	2 10	15 41
8	3: 6:22	18 10 0	25 25	27 48	25 49	4 18	17 38	3 29	4 35	27 44	2 8	15 38
9	3:10:19	19 8 0	9Aq44	27 25	26 12	5 3	17 38	3 35	4 35R	27 44	2 7	15 35
10	3:14:15	20 5 59	23 53	26 59	26 33	5 48	17 37	3 40	4 35	27 43	2 5	15 31
11	3:18:12	21 3 56	7Pi49	26 29	26 53	6 32	17 35	3 46	4 35	27 43	2 3	15 28
12	3:22: 8	22 1 53	21 32	25 58	27 11	7 17	17 34	3 52	4 34	27 43	2 2	15 25
13	3:26: 6	22 59 48	5Ar 2	25 24	27 27	8 2	17 32	3 58	4 34	27 42	2 0	15 22
14	3:30: 2	23 57 41	18 19	24 49	27 40	8 46	17 31	4 4	4 34	27 42	1 59	15 19
15	3:33:58	24 55 34	1Ta24	24 14	27 52	9 31	17 29	4 9	4 34	27 41	1 57	15 16
16	3:37:55	25 53 25	14 17	23 38	28 2	10 15	17 26	4 15	4 33	27 41	1 55	15 12
17	3:41:51	26 51 15	26 58	23 3	28 9	11 0	17 24	4 20	4 33	27 40	1 54	15 9
18	3:45:47	27 49 3	9Ge27	22 30	28 14	11 44	17 22	4 26	4 32	27 40	1 52	15 6
19	3:49:44	28 46 50	21 45	21 58	28 17	12 28	17 19	4 31	4 32	27 39	1 50	15 3
20	3:53:41	29 44 35	3Cn53	21 29	28 18R	13 13	17 16	4 36	4 31	27 38	1 49	15 0
21	3:57:37	0Ge42 19	15 53	21 2	28 16	13 57	17 13	4 42	4 31	27 38	1 47	14 57
22	4: 1:34	1 40 2	27 47	20 39	28 12	14 41	17 10	4 47	4 30	27 37	1 45	14 53
23	4: 5:31	2 37 43	9Le39	20 19	28 5	15 25	17 6	4 52	4 29	27 36	1 44	14 50
24	4: 9:27	3 35 22	21 32	20 3	27 56	16 9	17 3	4 57	4 29	27 35	1 42	14 47
25	4:13:23	4 33 0	3Vi31	19 51	27 45	16 53	16 59	5 2	4 28	27 35	1 40	14 44
26	4:17:20	5 30 36	15 41	19 43	27 31	17 37	16 55	5 7	4 27	27 34	1 39	14 41
27	4:21:17	6 28 11	28 7	19 39	27 15	18 21	16 51	5 12	4 26	27 33	1 37	14 37
28	4:25:13	7 25 44	10Li54	19 40D	26 56	19 5	16 47	5 16	4 25	27 32	1 36	14 34
29	4:29:10	8 23 16	24 5	19 46	26 35	19 48	16 42	5 21	4 24	27 31	1 34	14 31
30	4:33: 7	9 20 47	7Sc42	19 55	26 12	20 32	16 38	5 26	4 23	27 30	1 32	14 28
31	4:37: 3	10 18 17	21 46	20 10	25 46	21 16	16 33	5 30	4 22	27 29	1 31	14 25

5/20 Sun in Gem. 18:24   5/3 Full 11:49   5/10 3rd Qt. 5:05   5/17 New 11:47   5/25 1st Qt. 14:14

JUNE 1996

Day	Sid. T.	Sun	Moon	Merc.	Venus	Mars	Jup.	Saturn	Uranus	Nept.	Pluto	N.Node
1	4:40:59	11Ge15 45	6Sg14	20Ta29	25Ge19R	21Ta59	16Cp28R	5Ar35	4Aq21R	27Cp28R	1Sg29R	14Li22
2	4:44:56	12 13 13	21 0	20 52	24 50	22 43	16 23	5 39	4 20	27 27	1 27	14 18
3	4:48:53	13 10 39	5Cp55	21 19	24 19	23 26	16 18	5 43	4 19	27 26	1 26	14 15
4	4:52:49	14 8 5	20 52	21 51	23 46	24 10	16 13	5 47	4 18	27 25	1 24	14 12
5	4:56:46	15 5 30	5Aq41	22 27	23 12	24 53	16 7	5 52	4 16	27 24	1 23	14 9
6	5: 0:42	16 2 54	20 16	23 7	22 37	25 36	16 2	5 56	4 15	27 23	1 21	14 6
7	5: 4:38	17 0 18	4Pi31	23 51	22 1	26 20	15 56	6 0	4 14	27 22	1 19	14 3
8	5: 8:35	17 57 41	18 26	24 38	21 24	27 3	15 50	6 4	4 12	27 21	1 18	13 59
9	5:12:32	18 55 3	2Ar 1	25 30	20 47	27 46	15 44	6 7	4 11	27 20	1 16	13 56
10	5:16:29	19 52 25	15 17	26 25	20 10	28 29	15 38	6 11	4 10	27 19	1 15	13 53
11	5:20:25	20 49 47	28 17	27 24	19 32	29 12	15 32	6 15	4 8	27 17	1 13	13 50
12	5:24:22	21 47 8	11Ta 4	28 26	18 55	29 55	15 25	6 18	4 6	27 16	1 12	13 47
13	5:28:18	22 44 28	23 38	29 32	18 18	0Ge38	15 19	6 22	4 5	27 15	1 10	13 43
14	5:32:14	23 41 48	6Ge 3	0Ge41	17 41	1 21	15 13	6 25	4 3	27 14	1 9	13 40
15	5:36:11	24 39 8	18 18	1 54	17 6	2 4	15 6	6 29	4 2	27 12	1 7	13 37
16	5:40: 8	25 36 27	0Cn26	3 10	16 32	2 46	14 59	6 32	4 0	27 11	1 6	13 34
17	5:44: 5	26 33 45	12 27	4 29	15 59	3 29	14 52	6 35	3 58	27 10	1 4	13 31
18	5:48: 1	27 31 3	24 22	5 52	15 28	4 12	14 45	6 38	3 57	27 8	1 3	13 28
19	5:51:57	28 28 20	6Le14	7 17	14 58	4 54	14 38	6 41	3 55	27 7	1 1	13 24
20	5:55:54	29 25 36	18 4	8 46	14 30	5 37	14 31	6 44	3 53	27 6	1 0	13 21
21	5:59:50	0Cn22 52	29 56	10 18	14 4	6 19	14 24	6 46	3 51	27 4	0 59	13 18
22	6: 3:47	1 20 7	11Vi54	11 53	13 40	7 2	14 17	6 49	3 49	27 3	0 57	13 15
23	6: 7:44	2 17 21	24 2	13 31	13 18	7 44	14 10	6 52	3 47	27 1	0 56	13 12
24	6:11:41	3 14 35	6Li25	15 13	12 59	8 26	14 2	6 54	3 45	27 0	0 55	13 9
25	6:15:37	4 11 48	19 8	16 57	12 41	9 9	13 55	6 57	3 43	26 59	0 53	13 5
26	6:19:33	5 9 1	2Sc16	18 44	12 26	9 51	13 47	6 59	3 41	26 57	0 52	13 2
27	6:23:30	6 6 13	15 53	20 34	12 14	10 33	13 40	7 1	3 39	26 56	0 51	12 59
28	6:27:26	7 3 25	29 59	22 27	12 4	11 15	13 32	7 3	3 37	26 54	0 49	12 56
29	6:31:23	8 0 36	14Sg33	24 22	11 56	11 57	13 25	7 5	3 35	26 53	0 48	12 53
30	6:35:20	8 57 47	29 30	26 20	11 51	12 39	13 17	7 7	3 33	26 51	0 47	12 49

6/21 Sun in Can. 2:25   6/1 Full 20:48   6/8 3rd Qt. 11:07   6/16 New 1:37   6/24 1st Qt. 5:24

JULY 1996

Day	Sid. T.	Sun	Moon	Merc.	Venus	Mars	Jup.	Saturn	Uranus	Nept.	Pluto	N.Node
1	6:39:17	9Cn54 58	14Cp41	28Ge20	11Ge48R	13Ge21	13Cp 9R	7Ar 9	3Aq31R	26Cp50R	0Sg46R	12Li46
2	6:43:13	10 52 9	29 56	0Cn22	11 47D	14 3	13 2	7 11	3 29	26 48	0 45	12 43
3	6:47: 9	11 49 20	15Aq 4	2 27	11 49	14 44	12 54	7 12	3 27	26 46	0 43	12 40
4	6:51: 6	12 46 31	29 55	4 32	11 53	15 26	12 46	7 14	3 25	26 45	0 42	12 37
5	6:55: 2	13 43 42	14Pi24	6 40	11 59	16 8	12 39	7 15	3 22	26 43	0 41	12 34
6	6:58:59	14 40 53	28 27	8 48	12 7	16 49	12 31	7 16	3 20	26 42	0 40	12 30
7	7: 2:56	15 38 5	12Ar 4	10 57	12 17	17 31	12 23	7 18	3 18	26 40	0 39	12 27
8	7: 6:52	16 35 17	25 17	13 7	12 30	18 12	12 16	7 19	3 16	26 39	0 38	12 24
9	7:10:48	17 32 30	8Ta 9	15 17	12 45	18 54	12 8	7 20	3 13	26 37	0 37	12 21
10	7:14:45	18 29 43	20 45	17 26	13 1	19 35	12 0	7 21	3 11	26 35	0 36	12 18
11	7:18:42	19 26 56	3Ge 8	19 36	13 19	20 17	11 53	7 21	3 9	26 34	0 35	12 15
12	7:22:38	20 24 10	15 21	21 45	13 40	20 58	11 45	7 22	3 6	26 32	0 34	12 11
13	7:26:35	21 21 25	27 26	23 53	14 2	21 39	11 38	7 23	3 4	26 31	0 33	12 8
14	7:30:32	22 18 39	9Cn25	26 0	14 25	22 20	11 30	7 23	3 2	26 29	0 33	12 5
15	7:34:28	23 15 54	21 20	28 6	14 51	23 1	11 23	7 24	2 59	26 27	0 32	12 2
16	7:38:24	24 13 10	3Le12	0Le11	15 18	23 42	11 15	7 24	2 57	26 26	0 31	11 59
17	7:42:21	25 10 26	15 2	2 14	15 46	24 23	11 8	7 24	2 55	26 24	0 30	11 55
18	7:46:18	26 7 42	26 54	4 16	16 16	25 4	11 1	7 24	2 52	26 22	0 29	11 52
19	7:50:14	27 4 58	8Vi47	6 16	16 47	25 45	10 54	7 24R	2 50	26 21	0 29	11 49
20	7:54:11	28 2 15	20 47	8 14	17 17	26 26	10 47	7 24	2 48	26 19	0 28	11 46
21	7:58: 8	28 59 32	2Li56	10 11	17 54	27 7	10 40	7 24	2 45	26 18	0 27	11 43
22	8: 2: 4	29 56 49	15 19	12 6	18 29	27 47	10 33	7 24	2 43	26 16	0 27	11 40
23	8: 6: 0	0Le54 7	28 0	14 0	19 6	28 28	10 26	7 23	2 40	26 14	0 26	11 36
24	8: 9:57	1 51 25	11Sc 4	15 51	19 43	29 8	10 19	7 23	2 38	26 13	0 25	11 33
25	8:13:53	2 48 43	24 34	17 41	20 22	29 49	10 13	7 22	2 36	26 11	0 25	11 30
26	8:17:49	3 46 2	8Sg34	19 29	21 2	0Cn29	10 6	7 21	2 33	26 9	0 24	11 27
27	8:21:47	4 43 21	23 2	21 16	21 43	1 10	10 0	7 21	2 31	26 8	0 24	11 24
28	8:25:43	5 40 41	7Cp55	23 1	22 25	1 50	9 53	7 20	2 28	26 6	0 24	11 20
29	8:29:40	6 38 1	23 7	24 44	23 8	2 30	9 47	7 19	2 26	26 5	0 23	11 17
30	8:33:36	7 35 22	8Aq26	26 25	23 52	3 11	9 41	7 18	2 24	26 3	0 23	11 14
31	8:37:33	8 32 44	23 41	28 5	24 36	3 51	9 35	7 16	2 21	26 2	0 22	11 11

7/22 Sun in Leo 13:20   7/1 Full 3:59   7/7 3rd Qt. 18:56   7/15 New 16:16   7/23 1st Qt. 17:50   7/30 Full 10:36

AUGUST 1996

Day	Sid. T.	Sun	Moon	Merc.	Venus	Mars	Jup.	Saturn	Uranus	Nept.	Pluto	N.Node
1	8:41:29	9Le30 6	8Pi43	29Le43	25Ge22	4Cn31	9Cp29R	7Ar15R	2Aq19R	26Cp 0R	0Sg22R	11Li 8
2	8:45:27	10 27 30	23 22	1Vi19	26 8	5 11	9 24	7 14	2 17	25 58	0 22	11 5
3	8:49:23	11 24 55	7Ar35	2 53	26 56	5 51	9 18	7 12	2 14	25 57	0 22	11 1
4	8:53:19	12 22 21	21 20	4 26	27 44	6 31	9 13	7 10	2 12	25 55	0 21	10 58
5	8:57:16	13 19 48	4Ta38	5 57	28 33	7 11	9 7	7 9	2 9	25 54	0 21	10 55
6	9: 1:12	14 17 16	17 32	7 27	29 22	7 50	9 2	7 7	2 7	25 52	0 21	10 52
7	9: 5: 8	15 14 46	0Ge 6	8 55	0Cn12	8 30	8 58	7 5	2 5	25 51	0 21	10 49
8	9: 9: 5	16 12 17	12 24	10 21	1 3	9 10	8 53	7 3	2 2	25 49	0 21	10 46
9	9:13: 2	17 9 50	24 31	11 45	1 55	9 49	8 48	7 1	2 0	25 48	0 21	10 42
10	9:16:58	18 7 24	6Cn30	13 7	2 47	10 29	8 44	6 59	1 58	25 46	0 21D	10 39
11	9:20:55	19 4 59	18 24	14 28	3 40	11 8	8 39	6 57	1 56	25 45	0 21	10 36
12	9:24:52	20 2 35	0Le15	15 47	4 33	11 48	8 35	6 54	1 53	25 43	0 21	10 33
13	9:28:48	21 0 13	12 6	17 4	5 27	12 27	8 31	6 52	1 51	25 42	0 21	10 30
14	9:32:44	21 57 52	23 59	18 19	6 22	13 7	8 27	6 49	1 49	25 40	0 21	10 26
15	9:36:41	22 55 32	5Vi54	19 31	7 17	13 46	8 24	6 47	1 47	25 39	0 21	10 23
16	9:40:38	23 53 13	17 55	20 42	8 12	14 25	8 20	6 44	1 45	25 38	0 21	10 20
17	9:44:34	24 50 56	0Li 2	21 51	9 8	15 4	8 17	6 41	1 42	25 36	0 22	10 17
18	9:48:31	25 48 39	12 19	22 57	10 5	15 43	8 14	6 38	1 40	25 35	0 22	10 14
19	9:52:28	26 46 24	24 48	24 1	11 2	16 22	8 11	6 35	1 38	25 34	0 22	10 11
20	9:56:24	27 44 10	7Sc33	25 3	12 0	17 1	8 8	6 32	1 36	25 32	0 23	10 7
21	10: 0:20	28 41 57	20 37	26 2	12 57	17 40	8 5	6 29	1 34	25 31	0 23	10 4
22	10: 4:17	29 39 45	4Sg 4	26 58	13 56	18 19	8 3	6 26	1 32	25 30	0 23	10 1
23	10: 8:14	0Vi37 35	17 55	27 51	14 54	18 58	8 1	6 23	1 30	25 28	0 24	9 58
24	10:12:10	1 35 26	2Cp11	28 41	15 54	19 37	7 59	6 19	1 28	25 27	0 24	9 55
25	10:16: 7	2 33 17	16 49	29 28	16 53	20 15	7 57	6 16	1 26	25 26	0 25	9 52
26	10:20: 3	3 31 10	1Aq46	0Li12	17 53	20 54	7 55	6 12	1 24	25 25	0 25	9 48
27	10:23:59	4 29 5	16 52	0 52	18 53	21 32	7 54	6 9	1 22	25 24	0 26	9 45
28	10:27:56	5 27 0	2Pi 0	1 28	19 54	22 11	7 53	6 5	1 20	25 22	0 26	9 42
29	10:31:53	6 24 58	16 58	1 59	20 55	22 49	7 52	6 2	1 19	25 21	0 27	9 39
30	10:35:50	7 22 57	1Ar39	2 27	21 56	23 27	7 51	5 58	1 17	25 19	0 28	9 36
31	10:39:46	8 20 57	15 57	2 50	22 58	24 6	7 50	5 54	1 15	25 19	0 28	9 32

8/22 Sun in Vir. 20:24   8/6 3rd Qt. 5:26   8/14 New 7:35   8/22 1st Qt. 3:38   8/28 Full 17:53

Day	Sid. T.	Sun	Moon	Merc.	Venus	Mars	Jup.	Saturn	Uranus	Nept.	Pluto	N.Node
1	10:43:43	9Vi19 0	29Ar49	3Li 8	24Cn 0	24Cn44	7Cp50R	5Ar50R	1Aq13R	25Cp18R	0Sg29	9Li29
2	10:47:39	10 17 4	13Ta13	3 20	25 2	25 22	7 49	5 46	1 12	25 17	0 30	9 26
3	10:51:35	11 15 11	26 12	3 28	26 5	26 0	7 49	5 42	1 10	25 16	0 30	9 23
4	10:55:32	12 13 19	8Ge50	3 29R	27 8	26 38	7 49D	5 38	1 8	25 15	0 31	9 20
5	10:59:29	13 11 29	21 9	3 24	28 11	27 16	7 50	5 34	1 7	25 14	0 32	9 17
6	11: 3:26	14 9 42	3Cn16	3 14	29 15	27 54	7 50	5 30	1 5	25 13	0 33	9 13
7	11: 7:22	15 7 56	15 13	2 56	0Le18	28 32	7 51	5 26	1 4	25 12	0 34	9 10
8	11:11:19	16 6 13	27 5	2 33	1 22	29 10	7 52	5 21	1 2	25 11	0 35	9 7
9	11:15:15	17 4 31	8Le56	2 2	2 27	29 47	7 53	5 17	1 1	25 11	0 36	9 4
10	11:19:11	18 2 51	20 49	1 26	3 31	0Le25	7 54	5 13	0 59	25 10	0 37	9 1
11	11:23: 8	19 1 13	2Vi45	0 43	4 36	1 2	7 55	5 8	0 58	25 9	0 38	8 58
12	11:27: 5	19 59 37	14 49	29Vi55	5 41	1 40	7 57	5 4	0 57	25 8	0 39	8 54
13	11:31: 2	20 58 3	27 0	29 1	6 47	2 17	7 59	5 0	0 55	25 7	0 40	8 51
14	11:34:58	21 56 31	9Li21	28 4	7 52	2 55	8 1	4 55	0 54	25 7	0 41	8 48
15	11:38:54	22 55 1	21 53	27 3	8 58	3 32	8 3	4 51	0 53	25 6	0 42	8 45
16	11:42:51	23 53 32	4Sc37	26 1	10 4	4 9	8 5	4 46	0 52	25 5	0 44	8 42
17	11:46:47	24 52 5	17 36	24 58	11 10	4 46	8 8	4 42	0 51	25 5	0 45	8 38
18	11:50:44	25 50 40	0Sg49	23 56	12 17	5 23	8 11	4 37	0 50	25 4	0 46	8 35
19	11:54:41	26 49 16	14 20	22 56	13 23	6 0	8 14	4 32	0 49	25 4	0 47	8 32
20	11:58:38	27 47 55	28 8	22 0	14 30	6 37	8 17	4 28	0 48	25 3	0 49	8 29
21	12: 2:34	28 46 34	12Cp13	21 10	15 37	7 14	8 20	4 23	0 47	25 2	0 50	8 26
22	12: 6:30	29 45 16	26 34	20 27	16 44	7 51	8 23	4 18	0 46	25 2	0 51	8 23
23	12:10:27	0Li43 59	11Aq 9	19 51	17 52	8 28	8 27	4 14	0 45	25 2	0 53	8 19
24	12:14:23	1 42 44	25 52	19 25	18 59	9 4	8 31	4 9	0 44	25 1	0 54	8 16
25	12:18:20	2 41 30	10Pi37	19 7	20 7	9 41	8 35	4 4	0 44	25 1	0 56	8 13
26	12:22:17	3 40 19	25 17	19 0	21 15	10 17	8 39	4 0	0 43	25 0	0 57	8 10
27	12:26:13	4 39 9	9Ar46	19 3D	22 23	10 54	8 43	3 55	0 42	25 0	0 59	8 7
28	12:30: 9	5 38 1	23 57	19 16	23 32	11 30	8 48	3 50	0 42	25 0	1 0	8 4
29	12:34: 6	6 36 56	7Ta48	19 39	24 40	12 6	8 53	3 46	0 41	25 0	1 2	8 0
30	12:38: 3	7 35 52	21 14	20 12	25 49	12 42	8 57	3 41	0 41	24 59	1 3	7 57

9/22 Sun in Lib. 18:01   9/4 3rd Qt. 19:07   9/12 New 23:08   9/20 1st Qt. 11:24   9/27 Full 2:52(E)

Day	Sid. T.	Sun	Moon	Merc.	Venus	Mars	Jup.	Saturn	Uranus	Nept.	Pluto	N.Node
1	12:41:59	8Li34 51	4Ge17	20Vi53	26Le57	13Le19	9Cp 2	3Ar36R	0Aq40R	24Cp59R	1Sg 5	7Li54
2	12:45:55	9 33 52	16 59	21 43	28 6	13 55	9 8	3 32	0 40	24 59	1 7	7 51
3	12:49:53	10 32 56	29 22	22 41	29 16	14 31	9 13	3 27	0 39	24 59	1 8	7 48
4	12:53:49	11 32 2	11Cn30	23 46	0Vi25	15 6	9 18	3 22	0 39	24 59	1 10	7 44
5	12:57:45	12 31 10	23 28	24 58	1 34	15 42	9 24	3 18	0 39	24 59	1 12	7 41
6	13: 1:42	13 30 21	5Le20	26 15	2 44	16 18	9 30	3 13	0 39	24 59D	1 13	7 38
7	13: 5:39	14 29 33	17 11	27 37	3 54	16 53	9 36	3 9	0 38	24 59	1 15	7 35
8	13: 9:35	15 28 48	29 6	29 3	5 4	17 29	9 42	3 4	0 38	24 59	1 17	7 32
9	13:13:32	16 28 5	11Vi 7	0Li33	6 14	18 4	9 48	3 0	0 38	24 59	1 19	7 29
10	13:17:29	17 27 25	23 18	2 6	7 24	18 40	9 55	2 55	0 38D	24 59	1 21	7 25
11	13:21:25	18 26 46	5Li42	3 42	8 34	19 15	10 2	2 51	0 38	24 59	1 22	7 22
12	13:25:21	19 26 10	18 20	5 19	9 45	19 50	10 8	2 46	0 38	24 59	1 24	7 19
13	13:29:18	20 25 35	1Sc12	6 58	10 55	20 25	10 15	2 42	0 39	25 0	1 26	7 16
14	13:33:14	21 25 3	14 20	8 39	12 6	21 0	10 22	2 38	0 39	25 0	1 28	7 13
15	13:37:10	22 24 33	27 41	10 20	13 17	21 35	10 30	2 33	0 39	25 0	1 30	7 9
16	13:41: 8	23 24 4	11Sg15	12 2	14 28	22 10	10 37	2 29	0 39	25 0	1 32	7 6
17	13:45: 4	24 23 38	25 0	13 45	15 39	22 45	10 44	2 25	0 40	25 1	1 34	7 3
18	13:49: 1	25 23 13	8Cp56	15 28	16 50	23 19	10 52	2 21	0 40	25 1	1 36	6 57
19	13:52:57	26 22 50	23 0	17 11	18 1	23 54	11 0	2 17	0 41	25 2	1 38	6 57
20	13:56:54	27 22 28	7Aq11	18 54	19 13	24 28	11 8	2 13	0 41	25 2	1 40	6 54
21	14: 0:50	28 22 9	21 26	20 36	20 24	25 2	11 16	2 9	0 42	25 2	1 42	6 50
22	14: 4:46	29 21 51	5Pi44	22 19	21 36	25 37	11 24	2 5	0 42	25 3	1 44	6 47
23	14: 8:44	0Sc21 34	20 1	24 1	22 48	26 11	11 32	2 1	0 43	25 4	1 46	6 44
24	14:12:40	1 21 19	4Ar14	25 43	23 59	26 45	11 41	1 57	0 44	25 4	1 48	6 41
25	14:16:37	2 21 7	18 18	27 24	25 11	27 19	11 50	1 53	0 44	25 5	1 51	6 38
26	14:20:33	3 20 56	2Ta11	29 5	26 23	27 53	11 58	1 50	0 45	25 5	1 53	6 35
27	14:24:30	4 20 47	15 48	0Sc46	27 35	28 26	12 7	1 46	0 46	25 6	1 55	6 31
28	14:28:26	5 20 40	29 8	2 26	28 48	29 0	12 16	1 43	0 47	25 7	1 57	6 28
29	14:32:22	6 20 35	12Ge 8	4 6	0Li 0	29 33	12 25	1 39	0 48	25 8	1 59	6 25
30	14:36:19	7 20 32	24 50	5 45	1 12	0Vi 7	12 35	1 36	0 49	25 8	2 1	6 22
31	14:40:16	8 20 31	7Cn14	7 24	2 25	0 40	12 44	1 33	0 50	25 9	2 4	6 19

10/23 Sun in Sco. 3:20   10/4 3rd Qt. 12:05   10/12 New 14:15(E)   10/19 1st Qt. 18:10   10/26 Full 14:12

NOVEMBER 1996

Day	Sid. T.	Sun	Moon	Merc.	Venus	Mars	Jup.	Saturn	Uranus	Nept.	Pluto	N.Node
1	14:44:13	9Sc20 33	19Cn23	9Sc 2	3Li37	1Vi13	12Cp53	1Ar29R	0Aq51	25Cp10	2Sg 6	6Li15
2	14:48: 9	10 20 37	1Le21	10 40	4 50	1 46	13 3	1 26	0 52	25 11	2 8	6 12
3	14:52: 5	11 20 42	13 13	12 17	6 3	2 19	13 13	1 23	0 54	25 12	2 10	6 9
4	14:56: 2	12 20 50	25 4	13 54	7 15	2 52	13 23	1 20	0 55	25 13	2 13	6 6
5	14:59:59	13 21 0	6Vi59	15 30	8 28	3 24	13 33	1 17	0 56	25 14	2 15	6 3
6	15: 3:55	14 21 12	19 2	17 6	9 41	3 57	13 43	1 15	0 58	25 15	2 17	6 0
7	15: 7:52	15 21 25	1Li18	18 42	10 54	4 29	13 53	1 12	0 59	25 16	2 19	5 56
8	15:11:49	16 21 41	13 51	20 17	12 8	5 1	14 3	1 9	1 0	25 17	2 22	5 53
9	15:15:45	17 21 59	26 43	21 52	13 21	5 34	14 13	1 7	1 2	25 18	2 24	5 50
10	15:19:41	18 22 18	9Sc55	23 27	14 34	6 6	14 24	1 4	1 4	25 19	2 26	5 47
11	15:23:38	19 22 40	23 26	25 1	15 47	6 37	14 34	1 2	1 5	25 20	2 29	5 44
12	15:27:35	20 23 3	7Sg15	26 35	17 1	7 9	14 45	1 0	1 7	25 21	2 31	5 41
13	15:31:31	21 23 28	21 18	28 9	18 14	7 41	14 56	0 58	1 8	25 22	2 33	5 37
14	15:35:28	22 23 54	5Cp29	29 42	19 28	8 12	15 7	0 56	1 10	25 24	2 36	5 34
15	15:39:24	23 24 22	19 45	1Sg15	20 41	8 43	15 18	0 54	1 12	25 25	2 38	5 31
16	15:43:20	24 24 51	4Aq 1	2 48	21 55	9 15	15 29	0 52	1 14	25 26	2 40	5 28
17	15:47:17	25 25 21	18 13	4 21	23 9	9 46	15 40	0 50	1 16	25 28	2 43	5 25
18	15:51:14	26 25 52	2Pi20	5 53	24 23	10 16	15 52	0 49	1 18	25 29	2 45	5 21
19	15:55:11	27 26 25	16 21	7 25	25 36	10 47	16 3	0 47	1 20	25 30	2 48	5 18
20	15:59: 7	28 26 59	0Ar15	8 57	26 50	11 18	16 15	0 46	1 22	25 32	2 50	5 15
21	16: 3: 4	29 27 34	14 1	10 29	28 4	11 48	16 26	0 44	1 24	25 33	2 52	5 12
22	16: 7: 0	0Sg28 10	27 38	12 0	29 18	12 18	16 38	0 43	1 26	25 35	2 55	5 9
23	16:10:56	1 28 48	11Ta 5	13 31	0Sc32	12 48	16 50	0 42	1 28	25 36	2 57	5 6
24	16:14:53	2 29 26	24 21	15 2	1 46	13 18	17 1	0 41	1 30	25 38	2 59	5 2
25	16:18:50	3 30 7	7Ge24	16 33	3 0	13 48	17 13	0 40	1 32	25 39	3 2	4 59
26	16:22:47	4 30 48	20 13	18 4	4 14	14 17	17 25	0 39	1 34	25 41	3 4	4 56
27	16:26:43	5 31 32	2Cn47	19 34	5 29	14 46	17 37	0 39	1 37	25 42	3 7	4 53
28	16:30:40	6 32 16	15 7	21 4	6 43	15 15	17 50	0 38	1 39	25 44	3 9	4 50
29	16:34:36	7 33 2	27 15	22 33	7 57	15 44	18 2	0 37	1 41	25 46	3 11	4 47
30	16:38:32	8 33 49	9Le12	24 2	9 11	16 13	18 14	0 37	1 44	25 47	3 14	4 43

11/22 Sun in Sag. 0:51   11/3 3rd Qt. 7:51   11/11 New 4:17   11/18 1st Qt. 1:10   11/25 Full 4:11

DECEMBER 1996

Day	Sid. T.	Sun	Moon	Merc.	Venus	Mars	Jup.	Saturn	Uranus	Nept.	Pluto	N.Node
1	16:42:29	9Sg34 38	21Le 3	25Sg31	10Sc26	16Vi42	18Cp27	0Ar37R	1Aq46	25Cp49	3Sg16	4Li40
2	16:46:25	10 35 28	2Vi52	26 59	11 40	17 10	18 39	0 37	1 49	25 51	3 18	4 37
3	16:50:23	11 36 20	14 44	28 27	12 55	17 38	18 51	0 37	1 51	25 53	3 21	4 34
4	16:54:19	12 37 12	26 46	29 53	14 9	18 6	19 4	0 37D	1 54	25 54	3 23	4 31
5	16:58:15	13 38 7	9Li 1	1Cp19	15 24	18 34	19 17	0 37	1 56	25 56	3 25	4 27
6	17: 2:12	14 39 2	21 36	2 45	16 38	19 1	19 29	0 37	1 59	25 58	3 28	4 24
7	17: 6: 8	15 39 59	4Sc33	4 9	17 53	19 29	19 42	0 38	2 2	26 0	3 30	4 21
8	17:10: 5	16 40 57	17 57	5 31	19 7	19 56	19 55	0 38	2 4	26 2	3 32	4 18
9	17:14: 2	17 41 56	1Sg45	6 52	20 22	20 23	20 8	0 39	2 7	26 3	3 35	4 15
10	17:17:59	18 42 56	15 57	8 12	21 37	20 49	20 21	0 39	2 10	26 5	3 37	4 12
11	17:21:55	19 43 57	0Cp27	9 29	22 51	21 16	20 34	0 40	2 13	26 7	3 39	4 8
12	17:25:51	20 44 59	15 8	10 44	24 6	21 42	20 47	0 41	2 16	26 9	3 42	4 5
13	17:29:48	21 46 2	29 52	11 56	25 21	22 8	21 0	0 42	2 18	26 11	3 44	4 2
14	17:33:44	22 47 5	14Aq30	13 5	26 36	22 33	21 13	0 43	2 21	26 13	3 46	3 59
15	17:37:41	23 48 8	28 58	14 11	27 50	22 58	21 26	0 45	2 24	26 15	3 49	3 56
16	17:41:38	24 49 12	13Pi11	15 11	29 5	23 24	21 40	0 46	2 27	26 17	3 51	3 53
17	17:45:34	25 50 16	27 10	16 7	0Sg20	23 48	21 53	0 47	2 30	26 19	3 53	3 49
18	17:49:30	26 51 21	10Ar53	16 57	1 35	24 13	22 6	0 49	2 33	26 21	3 55	3 46
19	17:53:27	27 52 25	24 21	17 41	2 50	24 37	22 20	0 51	2 36	26 23	3 58	3 43
20	17:57:24	28 53 31	7Ta37	18 17	4 5	25 1	22 33	0 52	2 39	26 25	4 0	3 40
21	18: 1:20	29 54 36	20 41	18 45	5 19	25 25	22 47	0 54	2 42	26 27	4 2	3 37
22	18: 5:16	0Cp55 42	3Ge35	19 4	6 34	25 48	23 0	0 56	2 45	26 29	4 4	3 33
23	18: 9:14	1 56 48	16 18	19 13	7 49	26 11	23 14	0 58	2 49	26 31	4 6	3 30
24	18:13:10	2 57 54	28 50	19 11R	9 4	26 34	23 27	1 1	2 52	26 34	4 8	3 27
25	18:17: 6	3 59 1	11Cn12	18 58	10 19	26 57	23 41	1 3	2 55	26 36	4 11	3 24
26	18:21: 3	5 0 8	23 23	18 32	11 34	27 19	23 55	1 5	2 58	26 38	4 13	3 21
27	18:25: 0	6 1 16	5Le25	17 55	12 49	27 40	24 9	1 8	3 1	26 40	4 15	3 18
28	18:28:56	7 2 24	17 19	17 7	14 4	28 2	24 22	1 10	3 4	26 42	4 17	3 14
29	18:32:52	8 3 32	29 8	16 8	15 19	28 23	24 36	1 13	3 8	26 44	4 19	3 11
30	18:36:50	9 4 40	10Vi56	15 1	16 34	28 44	24 50	1 16	3 11	26 47	4 21	3 8
31	18:40:46	10 5 49	22 46	13 46	17 49	29 4	25 4	1 19	3 14	26 49	4 23	3 5

12/21 Sun in Cap. 14:07   12/3 3rd Qt. 5:06   12/10 New 16:57   12/17 1st Qt. 9:32   12/24 Full 20:42

Day	Sid. T.	Sun	Moon	Merc.	Venus	Mars	Jup.	Saturn	Uranus	Nept.	Pluto	N.Node
1	18:44:42	11Cp 6 58	4Li44	12Cp26R	19Sg 4	29Vi24	25Cp18	1Ar22	3Aq18	26Cp51	4Sg25	3Li 2
2	18:48:39	12 8 8	16 56	11 5	20 19	29 44	25 31	1 25	3 21	26 53	4 27	2 58
3	18:52:35	13 9 18	29 27	9 44	21 34	0Li 3	25 45	1 28	3 24	26 55	4 29	2 55
4	18:56:31	14 10 28	12Sc22	8 27	22 49	0 22	25 59	1 32	3 28	26 58	4 31	2 52
5	19: 0:29	15 11 39	25 44	7 15	24 5	0 40	26 13	1 35	3 31	27 0	4 33	2 49
6	19: 4:25	16 12 49	9Sg36	6 10	25 20	0 58	26 27	1 38	3 34	27 2	4 35	2 46
7	19: 8:22	17 14 0	23 57	5 14	26 35	1 16	26 41	1 42	3 38	27 4	4 37	2 43
8	19:12:18	18 15 11	8Cp41	4 27	27 50	1 33	26 55	1 46	3 41	27 7	4 39	2 39
9	19:16:15	19 16 22	23 42	3 50	29 5	1 49	27 9	1 49	3 45	27 9	4 40	2 36
10	19:20:11	20 17 32	8Aq49	3 23	0Cp20	2 6	27 23	1 53	3 48	27 11	4 42	2 33
11	19:24: 7	21 18 42	23 52	3 6	1 35	2 21	27 37	1 57	3 52	27 13	4 44	2 30
12	19:28: 5	22 19 51	8Pi43	2 59	2 50	2 37	27 51	2 1	3 55	27 16	4 46	2 27
13	19:32: 1	23 21 0	23 15	3 0D	4 6	2 52	28 5	2 5	3 59	27 18	4 48	2 24
14	19:35:58	24 22 8	7Ar24	3 9	5 21	3 6	28 20	2 10	4 2	27 20	4 49	2 20
15	19:39:54	25 23 15	21 11	3 26	6 36	3 20	28 34	2 14	4 6	27 22	4 51	2 17
16	19:43:51	26 24 22	4Ta37	3 50	7 51	3 33	28 48	2 18	4 9	27 25	4 53	2 14
17	19:47:47	27 25 27	17 44	4 20	9 6	3 46	29 2	2 23	4 13	27 27	4 54	2 11
18	19:51:43	28 26 32	0Ge35	4 56	10 21	3 58	29 16	2 27	4 16	27 29	4 56	2 8
19	19:55:41	29 27 36	13 13	5 37	11 36	4 10	29 30	2 32	4 20	27 32	4 58	2 4
20	19:59:37	0Aq28 40	25 39	6 22	12 52	4 21	29 44	2 37	4 23	27 34	4 59	2 1
21	20: 3:34	1 29 42	7Cn55	7 12	14 7	4 32	29 58	2 41	4 27	27 36	5 1	1 58
22	20: 7:30	2 30 44	20 3	8 5	15 22	4 42	0Aq12	2 46	4 30	27 38	5 2	1 55
23	20:11:26	3 31 45	2Le 5	9 2	16 37	4 51	0 26	2 51	4 34	27 41	5 4	1 52
24	20:15:23	4 32 45	14 0	10 2	17 52	5 0	0 41	2 56	4 37	27 43	5 5	1 49
25	20:19:19	5 33 45	25 51	11 5	19 7	5 8	0 55	3 1	4 41	27 45	5 7	1 45
26	20:23:16	6 34 43	7Vi39	12 10	20 22	5 16	1 9	3 7	4 44	27 47	5 8	1 42
27	20:27:13	7 35 41	19 27	13 18	21 38	5 23	1 23	3 12	4 48	27 50	5 9	1 39
28	20:31:10	8 36 38	1Li18	14 27	22 53	5 29	1 37	3 17	4 51	27 52	5 11	1 36
29	20:35: 6	9 37 35	13 17	15 39	24 8	5 35	1 51	3 23	4 55	27 54	5 12	1 33
30	20:39: 2	10 38 31	25 28	16 52	25 23	5 40	2 5	3 28	4 58	27 56	5 13	1 30
31	20:42:59	11 39 25	7Sc55	18 7	26 38	5 44	2 19	3 34	5 2	27 59	5 14	1 26

1/20 Sun in Aqu. 0:44   1/2 3rd Qt. 1:46   1/9 New 4:27   1/15 1st Qt. 20:03   1/23 Full 15:12   1/31 3rd Qt. 19:41

Day	Sid. T.	Sun	Moon	Merc.	Venus	Mars	Jup.	Saturn	Uranus	Nept.	Pluto	N.Node
1	20:46:55	12Aq40 20	20Sc44	19Cp24	27Cp53	5Li48	2Aq33	3Ar39	5Aq 5	28Cp 1	5Sg16	1Li23
2	20:50:52	13 41 13	4Sg 0	20 42	29 8	5 51	2 47	3 45	5 9	28 3	5 17	1 20
3	20:54:49	14 42 6	17 44	22 1	0Aq24	5 53	3 1	3 51	5 12	28 5	5 18	1 17
4	20:58:46	15 42 58	1Cp57	23 22	1 39	5 54	3 15	3 56	5 16	28 8	5 19	1 14
5	21: 2:41	16 43 49	16 38	24 44	2 54	5 55	3 29	4 2	5 19	28 10	5 20	1 10
6	21: 6:38	17 44 39	1Aq40	26 7	4 9	5 55R	3 43	4 8	5 23	28 12	5 21	1 7
7	21:10:35	18 45 28	16 54	27 31	5 24	5 54	3 57	4 14	5 26	28 14	5 22	1 4
8	21:14:32	19 46 16	2Pi11	28 56	6 39	5 53	4 11	4 20	5 30	28 16	5 23	1 1
9	21:18:28	20 47 2	17 18	0Aq22	7 54	5 51	4 25	4 26	5 33	28 18	5 24	0 58
10	21:22:25	21 47 46	2Ar 9	1 49	9 9	5 48	4 39	4 32	5 36	28 21	5 25	0 55
11	21:26:21	22 48 29	16 36	3 17	10 25	5 44	4 53	4 39	5 40	28 23	5 26	0 51
12	21:30:17	23 49 11	0Ta36	4 46	11 40	5 39	5 6	4 45	5 43	28 25	5 27	0 48
13	21:34:14	24 49 51	14 11	6 16	12 55	5 34	5 20	4 51	5 47	28 27	5 28	0 45
14	21:38:11	25 50 29	27 21	7 47	14 10	5 28	5 34	4 58	5 50	28 29	5 28	0 42
15	21:42: 8	26 51 5	10Ge11	9 18	15 25	5 21	5 48	5 4	5 53	28 31	5 29	0 39
16	21:46: 4	27 51 40	22 42	10 51	16 40	5 13	6 1	5 10	5 57	28 33	5 30	0 36
17	21:50: 1	28 52 13	4Cn59	12 25	17 55	5 4	6 15	5 17	6 0	28 35	5 31	0 32
18	21:53:57	29 52 44	17 5	13 59	19 10	4 56	6 28	5 23	6 3	28 37	5 31	0 29
19	21:57:53	0Pi53 14	29 4	15 34	20 25	4 45	6 42	5 30	6 7	28 39	5 32	0 26
20	22: 1:50	1 53 41	10Le57	17 11	21 40	4 35	6 56	5 37	6 10	28 41	5 33	0 23
21	22: 5:47	2 54 7	22 47	18 48	22 55	4 23	7 9	5 43	6 13	28 43	5 33	0 20
22	22: 9:44	3 54 32	4Vi36	20 26	24 10	4 11	7 22	5 50	6 16	28 45	5 34	0 16
23	22:13:40	4 54 54	16 26	22 5	25 25	3 58	7 36	5 57	6 20	28 47	5 34	0 13
24	22:17:36	5 55 15	28 19	23 45	26 40	3 44	7 49	6 4	6 23	28 49	5 35	0 10
25	22:21:33	6 55 35	10Li17	25 26	27 55	3 29	8 2	6 11	6 26	28 51	5 35	0 7
26	22:25:29	7 55 53	22 22	27 8	29 10	3 14	8 16	6 18	6 29	28 53	5 35	0 4
27	22:29:26	8 56 9	4Sc39	28 51	0Pi25	2 58	8 29	6 25	6 32	28 55	5 36	0 1
28	22:33:22	9 56 24	17 10	0Pi35	1 40	2 42	8 42	6 31	6 35	28 56	5 36	29Vi57

2/18 Sun in Pis. 14:53   2/7 New 15:07   2/14 1st Qt. 8:59   2/22 Full 10:28

MARCH 1997

Day	Sid. T.	Sun	Moon	Merc.	Venus	Mars	Jup.	Saturn	Uranus	Nept.	Pluto	N.Node
1	22:37:20	10Pi56 37	29Sc59	2Pi20	2Pi55	2Li24R	8Aq55	6Ar39	6Aq38	28Cp58	5Sg36	29Vi54
2	22:41:16	11 56 49	13Sg10	4 6	4 10	2 6	9 8	6 46	6 41	29 0	5 36	29 51
3	22:45:12	12 57 0	26 44	5 53	5 25	1 48	9 21	6 53	6 44	29 2	5 37	29 48
4	22:49: 9	13 57 9	10Cp44	7 42	6 40	1 29	9 34	7 0	6 47	29 4	5 37	29 45
5	22:53: 5	14 57 16	25 9	9 31	7 54	1 9	9 47	7 7	6 50	29 5	5 37	29 42
6	22:57: 2	15 57 22	9Aq56	11 21	9 9	0 49	10 0	7 14	6 53	29 7	5 37	29 38
7	23: 0:58	16 57 26	24 59	13 13	10 24	0 28	10 12	7 21	6 56	29 9	5 37	29 35
8	23: 4:56	17 57 28	10Pi 8	15 5	11 39	0 7	10 25	7 28	6 59	29 10	5 37R	29 32
9	23: 8:52	18 57 28	25 16	16 59	12 54	29Vi45	10 38	7 36	7 2	29 12	5 37	29 29
10	23:12:48	19 57 27	10Ar13	18 53	14 9	29 23	10 50	7 43	7 5	29 14	5 37	29 26
11	23:16:45	20 57 23	24 50	20 49	15 24	29 1	11 3	7 50	7 7	29 15	5 37	29 22
12	23:20:41	21 57 17	9Ta 3	22 45	16 38	28 38	11 15	7 58	7 10	29 17	5 37	29 19
13	23:24:37	22 57 10	22 50	24 43	17 53	28 15	11 27	8 5	7 13	29 18	5 37	29 16
14	23:28:35	23 57 0	6Ge 9	26 41	19 8	27 52	11 40	8 12	7 16	29 20	5 36	29 13
15	23:32:31	24 56 47	19 4	28 39	20 23	27 29	11 52	8 20	7 18	29 21	5 36	29 10
16	23:36:27	25 56 33	1Cn38	0Ar39	21 38	27 6	12 4	8 27	7 21	29 23	5 36	29 7
17	23:40:24	26 56 16	13 54	2 38	22 52	26 42	12 16	8 35	7 23	29 24	5 36	29 3
18	23:44:21	27 55 57	25 57	4 38	24 7	26 19	12 28	8 42	7 26	29 26	5 35	29 0
19	23:48:17	28 55 36	7Le51	6 37	25 22	25 55	12 40	8 49	7 28	29 27	5 35	28 57
20	23:52:13	29 55 12	19 40	8 37	26 36	25 32	12 52	8 57	7 31	29 28	5 35	28 54
21	23:56:11	0Ar54 46	1Vi29	10 35	27 51	25 8	13 3	9 4	7 33	29 30	5 34	28 51
22	0: 0: 7	1 54 18	13 18	12 33	29 6	24 45	13 15	9 12	7 36	29 31	5 34	28 47
23	0: 4: 3	2 53 48	25 13	14 30	0Ar20	24 22	13 27	9 19	7 38	29 32	5 33	28 44
24	0: 8: 0	3 53 16	7Li13	16 25	1 35	23 59	13 38	9 27	7 40	29 34	5 33	28 41
25	0:11:57	4 52 42	19 23	18 17	2 50	23 37	13 49	9 34	7 43	29 35	5 32	28 38
26	0:15:53	5 52 6	1Sc42	20 8	4 4	23 14	14 1	9 42	7 45	29 36	5 32	28 35
27	0:19:49	6 51 28	14 13	21 55	5 19	22 52	14 12	9 49	7 47	29 37	5 31	28 32
28	0:23:46	7 50 48	26 57	23 39	6 33	22 31	14 23	9 57	7 49	29 38	5 30	28 28
29	0:27:43	8 50 6	9Sg56	25 19	7 48	22 10	14 34	10 4	7 52	29 39	5 30	28 25
30	0:31:39	9 49 23	23 12	26 55	9 2	21 49	14 45	10 12	7 54	29 40	5 29	28 22
31	0:35:36	10 48 38	6Cp45	28 27	10 17	21 29	14 56	10 19	7 56	29 41	5 28	28 19

3/20 Sun in Ari. 13:56   3/2 3rd Qt. 9:39   3/9 New 1:16(E)   3/16 1st Qt. 0:07   3/24 Full 4:46(E)   3/31 3rd Qt. 19:40

APRIL 1997

Day	Sid. T.	Sun	Moon	Merc.	Venus	Mars	Jup.	Saturn	Uranus	Nept.	Pluto	N.Node
1	0:39:32	11Ar47 51	20Cp36	29Ar54	11Ar31	21Vi 9R	15Aq 6	10Ar27	7Aq58	29Cp42	5Sg27R	28Vi16
2	0:43:28	12 47 2	4Aq45	1Ta15	12 46	20 50	15 17	10 34	8 0	29 43	5 27	28 13
3	0:47:25	13 46 12	19 12	2 32	14 0	20 32	15 27	10 42	8 1	29 44	5 26	28 9
4	0:51:22	14 45 19	3Pi51	3 42	15 15	20 14	15 38	10 49	8 3	29 45	5 25	28 6
5	0:55:19	15 44 25	18 40	4 47	16 29	19 56	15 48	10 57	8 5	29 46	5 24	28 3
6	0:59:15	16 43 29	3Ar30	5 45	17 44	19 40	15 58	11 4	8 7	29 47	5 23	28 0
7	1: 3:12	17 42 31	18 15	6 37	18 58	19 24	16 8	11 12	8 9	29 48	5 22	27 57
8	1: 7: 8	18 41 31	2Ta48	7 23	20 13	19 8	16 18	11 19	8 11	29 49	5 21	27 53
9	1:11: 4	19 40 29	17 1	8 2	21 27	18 54	16 28	11 27	8 12	29 49	5 20	27 50
10	1:15: 2	20 39 25	0Ge52	8 34	22 41	18 40	16 38	11 34	8 14	29 50	5 19	27 47
11	1:18:58	21 38 19	14 18	9 0	23 56	18 27	16 48	11 42	8 15	29 51	5 18	27 44
12	1:22:55	22 37 10	27 18	9 19	25 10	18 15	16 57	11 49	8 17	29 51	5 17	27 41
13	1:26:51	23 35 59	9Cn56	9 32	26 24	18 3	17 6	11 57	8 18	29 52	5 16	27 38
14	1:30:47	24 34 46	22 15	9 39	27 39	17 52	17 16	12 4	8 20	29 53	5 15	27 34
15	1:34:44	25 33 31	4Le19	9 39R	28 53	17 42	17 25	12 11	8 21	29 53	5 14	27 31
16	1:38:40	26 32 13	16 13	9 33	0Ta 7	17 33	17 34	12 19	8 23	29 54	5 13	27 28
17	1:42:37	27 30 53	28 2	9 21	1 21	17 25	17 43	12 26	8 24	29 54	5 11	27 25
18	1:46:34	28 29 31	9Vi50	9 3	2 35	17 17	17 52	12 34	8 25	29 55	5 10	27 22
19	1:50:31	29 28 7	21 43	8 41	3 50	17 11	18 0	12 41	8 26	29 55	5 9	27 19
20	1:54:27	0Ta26 40	3Li42	8 14	5 4	17 5	18 9	12 48	8 27	29 55	5 8	27 15
21	1:58:23	1 25 12	15 53	7 43	6 18	16 59	18 17	12 55	8 28	29 56	5 6	27 12
22	2: 2:20	2 23 41	28 16	7 9	7 32	16 55	18 25	13 3	8 30	29 56	5 5	27 9
23	2: 6:16	3 22 9	10Sc53	6 32	8 46	16 51	18 34	13 10	8 31	29 56	5 4	27 6
24	2:10:13	4 20 35	23 44	5 53	10 0	16 48	18 42	13 17	8 31	29 57	5 3	27 3
25	2:14:10	5 18 59	6Sg49	5 13	11 14	16 46	18 49	13 24	8 32	29 57	5 1	26 59
26	2:18: 7	6 17 22	20 8	4 32	12 28	16 45	18 57	13 32	8 33	29 57	5 0	26 56
27	2:22: 3	7 15 43	3Cp39	3 52	13 42	16 44	19 5	13 39	8 34	29 57	4 58	26 53
28	2:25:59	8 14 2	17 22	3 13	14 56	16 45D	19 12	13 46	8 35	29 57	4 57	26 50
29	2:29:56	9 12 20	1Aq15	2 35	16 10	16 45	19 20	13 53	8 36	29 58	4 56	26 47
30	2:33:52	10 10 36	15 18	2 0	17 24	16 47	19 27	14 0	8 36	29 58	4 54	26 44

4/20 Sun in Tau. 1:04   4/7 New 11:03   4/14 1st Qt. 17:01   4/22 Full 20:35   4/30 3rd Qt. 2:38

Day	Sid. T.	Sun	Moon	Merc.	Venus	Mars	Jup.	Saturn	Uranus	Nept.	Pluto	N.Node
1	2:37:49	11Ta 8 51	29Aq30	1Ta27R	18Ta38	16Vi49	19Aq34	14Ar 7	8Aq37	29Cp58	4Sg53R	26Vi40
2	2:41:46	12 7 4	13Pi49	0 58	19 52	16 52	19 41	14 14	8 37	29 58R	4 51	26 37
3	2:45:42	13 5 16	28 12	0 32	21 6	16 56	19 47	14 21	8 38	29 58	4 50	26 34
4	2:49:38	14 3 26	12Ar37	0 10	22 20	17 1	19 54	14 28	8 38	29 58	4 48	26 31
5	2:53:35	15 1 35	26 58	29Ar53	23 34	17 6	20 0	14 35	8 39	29 57	4 47	26 28
6	2:57:32	15 59 42	11Ta12	29 40	24 48	17 12	20 7	14 41	8 39	29 57	4 45	26 25
7	3: 1:28	16 57 48	25 12	29 32	26 2	17 18	20 13	14 48	8 39	29 57	4 44	26 21
8	3: 5:25	17 55 52	8Ge54	29 29	27 16	17 25	20 19	14 55	8 40	29 57	4 42	26 18
9	3: 9:22	18 53 54	22 15	29 30D	28 30	17 33	20 24	15 2	8 40	29 57	4 41	26 15
10	3:13:18	19 51 55	5Cn15	29 36	29 44	17 42	20 30	15 8	8 40	29 56	4 39	26 12
11	3:17:14	20 49 54	17 54	29 46	0Ge57	17 51	20 36	15 15	8 40	29 56	4 37	26 9
12	3:21:11	21 47 51	0Le14	0Ta 1	2 11	18 0	20 41	15 22	8 40	29 56	4 36	26 5
13	3:25: 8	22 45 46	12 18	0 21	3 25	18 11	20 46	15 28	8 40R	29 55	4 34	26 2
14	3:29: 5	23 43 39	24 13	0 44	4 39	18 21	20 51	15 35	8 40	29 55	4 33	25 59
15	3:33: 1	24 41 30	6Vi 2	1 13	5 52	18 33	20 56	15 41	8 40	29 55	4 31	25 56
16	3:36:57	25 39 20	17 52	1 45	7 6	18 45	21 0	15 47	8 40	29 54	4 29	25 53
17	3:40:54	26 37 8	29 46	2 21	8 20	18 58	21 5	15 54	8 40	29 54	4 28	25 50
18	3:44:50	27 34 55	11Li51	3 1	9 33	19 11	21 9	16 0	8 39	29 53	4 26	25 46
19	3:48:47	28 32 39	24 10	3 45	10 47	19 24	21 13	16 6	8 39	29 53	4 24	25 43
20	3:52:43	29 30 23	6Sc45	4 32	12 1	19 38	21 17	16 13	8 39	29 52	4 23	25 40
21	3:56:41	0Ge28 5	19 39	5 23	13 14	19 53	21 21	16 19	8 38	29 52	4 21	25 37
22	4: 0:37	1 25 45	2Sg51	6 18	14 28	20 8	21 24	16 25	8 38	29 51	4 20	25 34
23	4: 4:33	2 23 25	16 21	7 15	15 42	20 24	21 28	16 31	8 38	29 50	4 18	25 31
24	4: 8:30	3 21 3	0Cp 5	8 16	16 55	20 40	21 31	16 37	8 37	29 50	4 16	25 27
25	4:12:26	4 18 40	14 0	9 20	18 9	20 57	21 34	16 43	8 36	29 49	4 15	25 24
26	4:16:23	5 16 16	28 2	10 27	19 22	21 14	21 37	16 49	8 36	29 48	4 13	25 21
27	4:20:19	6 13 51	12Aq 9	11 37	20 36	21 32	21 39	16 54	8 35	29 47	4 11	25 18
28	4:24:17	7 11 25	26 17	12 50	21 49	21 50	21 42	17 0	8 34	29 47	4 9	25 15
29	4:28:13	8 8 58	10Pi25	14 5	23 3	22 9	21 44	17 6	8 34	29 46	4 8	25 11
30	4:32: 9	9 6 30	24 32	15 24	24 16	22 27	21 46	17 11	8 33	29 45	4 6	25 8
31	4:36: 6	10 4 2	8Ar37	16 45	25 30	22 46	21 48	17 17	8 32	29 44	4 5	25 5

5/21 Sun in Gem. 0:19   5/6 New 20:48   5/14 1st Qt. 10:56   5/22 Full 9:14   5/29 3rd Qt. 7:52

Day	Sid. T.	Sun	Moon	Merc.	Venus	Mars	Jup.	Saturn	Uranus	Nept.	Pluto	N.Node
1	4:40: 2	11Ge 1 33	22Ar38	18Ta 9	26Ge43	23Vi 6	21Aq50	17Ar22	8Aq31R	29Cp43R	4Sg 3R	25Vi 2
2	4:43:58	11 59 3	6Ta34	19 36	27 57	23 26	21 52	17 28	8 30	29 42	4 1	24 59
3	4:47:55	12 56 32	20 22	21 5	29 10	23 47	21 53	17 33	8 29	29 41	4 0	24 56
4	4:51:52	13 54 1	4Ge 0	22 37	0Cn24	24 8	21 54	17 39	8 28	29 40	3 58	24 52
5	4:55:48	14 51 28	17 24	24 11	1 37	24 29	21 55	17 44	8 27	29 39	3 57	24 49
6	4:59:45	15 48 55	0Cn31	25 48	2 50	24 51	21 56	17 49	8 26	29 38	3 55	24 46
7	5: 3:42	16 46 21	13 21	27 28	4 4	25 13	21 56	17 54	8 25	29 37	3 53	24 43
8	5: 7:38	17 43 45	25 54	29 10	5 17	25 35	21 57	17 59	8 24	29 36	3 52	24 40
9	5:11:34	18 41 9	8Le10	0Ge55	6 30	25 58	21 57	18 4	8 22	29 35	3 50	24 36
10	5:15:32	19 38 32	20 13	2 43	7 44	26 21	21 57R	18 9	8 21	29 34	3 49	24 33
11	5:19:28	20 35 53	2Vi 7	4 33	8 57	26 44	21 57	18 14	8 20	29 33	3 47	24 30
12	5:23:24	21 33 14	13 55	6 25	10 10	27 8	21 56	18 18	8 18	29 31	3 46	24 27
13	5:27:21	22 30 33	25 45	8 20	11 23	27 32	21 56	18 23	8 17	29 30	3 44	24 24
14	5:31:18	23 27 52	7Li40	10 17	12 37	27 57	21 55	18 28	8 16	29 29	3 42	24 21
15	5:35:14	24 25 10	19 47	12 16	13 50	28 22	21 54	18 32	8 14	29 28	3 41	24 17
16	5:39:10	25 22 27	2Sc10	14 18	15 3	28 47	21 53	18 36	8 13	29 27	3 39	24 14
17	5:43: 8	26 19 43	14 53	16 21	16 16	29 12	21 52	18 41	8 11	29 25	3 38	24 11
18	5:47: 4	27 16 59	27 58	18 26	17 29	29 38	21 50	18 45	8 9	29 24	3 36	24 8
19	5:51: 0	28 14 14	11Sg27	20 33	18 42	0Li 4	21 48	18 49	8 8	29 23	3 35	24 5
20	5:54:57	29 11 28	25 17	22 42	19 56	0 30	21 46	18 53	8 6	29 21	3 34	24 2
21	5:58:53	0Cn 8 42	9Cp25	24 51	21 9	0 56	21 44	18 57	8 4	29 20	3 32	23 58
22	6: 2:49	1 5 55	23 46	27 1	22 22	1 23	21 42	19 1	8 3	29 19	3 31	23 55
23	6: 6:46	2 3 8	8Aq14	29 12	23 35	1 50	21 40	19 5	8 1	29 17	3 29	23 52
24	6:10:43	3 0 21	22 42	1Cn24	24 48	2 18	21 37	19 9	7 59	29 16	3 28	23 49
25	6:14:40	3 57 34	7Pi 5	3 35	26 1	2 45	21 34	19 13	7 57	29 14	3 27	23 46
26	6:18:36	4 54 47	21 22	5 46	27 14	3 13	21 31	19 16	7 56	29 13	3 25	23 42
27	6:22:33	5 52 0	5Ar29	7 57	28 27	3 41	21 28	19 20	7 54	29 12	3 24	23 39
28	6:26:29	6 49 13	19 25	10 7	29 40	4 9	21 24	19 23	7 52	29 10	3 23	23 36
29	6:30:25	7 46 26	3Ta12	12 16	0Le53	4 38	21 21	19 26	7 50	29 9	3 21	23 33
30	6:34:22	8 43 39	16 48	14 24	2 6	5 7	21 17	19 30	7 48	29 7	3 20	23 30

6/21 Sun in Can. 8:21   6/5 New 7:04   6/13 1st Qt. 4:52   6/20 Full 19:10   6/27 3rd Qt. 12:43

JULY 1997

Day	Sid. T.	Sun	Moon	Merc.	Venus	Mars	Jup.	Saturn	Uranus	Nept.	Pluto	N.Node
1	6:38:19	9Cn40 52	0Ge13	16Cn31	3Le19	5Li36	21Aq13R	19Ar33	7Aq46R	29Cp 6R	3Sg19R	23Vi27
2	6:42:16	10 38 5	13 27	18 36	4 31	6 5	21 9	19 36	7 44	29 4	3 18	23 23
3	6:46:12	11 35 19	26 29	20 40	5 44	6 35	21 5	19 39	7 42	29 3	3 16	23 20
4	6:50: 8	12 32 32	9Cn17	22 41	6 57	7 5	21 0	19 42	7 40	29 1	3 15	23 17
5	6:54: 5	13 29 46	21 52	24 42	8 10	7 35	20 56	19 44	7 38	29 0	3 14	23 14
6	6:58: 1	14 26 59	4Le13	26 40	9 23	8 5	20 51	19 47	7 35	28 58	3 13	23 11
7	7: 1:58	15 24 13	16 22	28 36	10 36	8 35	20 46	19 50	7 33	28 56	3 12	23 8
8	7: 5:55	16 21 26	28 20	0Le31	11 48	9 6	20 41	19 52	7 31	28 55	3 11	23 4
9	7: 9:52	17 18 39	10Vi11	2 24	13 1	9 37	20 36	19 54	7 29	28 53	3 10	23 1
10	7:13:48	18 15 52	21 58	4 14	14 14	10 8	20 30	19 57	7 27	28 52	3 9	22 58
11	7:17:44	19 13 6	3Li46	6 3	15 26	10 39	20 25	19 59	7 24	28 50	3 8	22 55
12	7:21:41	20 10 19	15 41	7 50	16 39	11 10	20 19	20 1	7 22	28 48	3 7	22 52
13	7:25:37	21 7 32	27 47	9 35	17 52	11 42	20 13	20 3	7 20	28 47	3 6	22 48
14	7:29:34	22 4 45	10Sc10	11 17	19 4	12 14	20 8	20 5	7 18	28 45	3 5	22 45
15	7:33:31	23 1 58	22 54	12 58	20 17	12 46	20 2	20 7	7 15	28 44	3 4	22 42
16	7:37:28	23 59 11	6Sg 3	14 37	21 29	13 18	19 55	20 8	7 13	28 42	3 3	22 39
17	7:41:24	24 56 25	19 39	16 14	22 42	13 51	19 49	20 10	7 11	28 40	3 2	22 36
18	7:45:20	25 53 39	3Cp41	17 50	23 54	14 23	19 43	20 12	7 8	28 39	3 1	22 33
19	7:49:17	26 50 53	18 5	19 23	25 7	14 56	19 36	20 13	7 6	28 37	3 1	22 29
20	7:53:13	27 48 7	2Aq46	20 54	26 19	15 29	19 30	20 14	7 4	28 36	3 0	22 26
21	7:57:10	28 45 22	17 37	22 23	27 31	16 2	19 23	20 16	7 1	28 34	2 59	22 23
22	8: 1: 7	29 42 38	2Pi28	23 50	28 44	16 35	19 16	20 17	6 59	28 32	2 58	22 20
23	8: 5: 3	0Le39 54	17 13	25 16	29 56	17 9	19 9	20 18	6 57	28 31	2 58	22 17
24	8: 8:59	1 37 11	1Ar46	26 39	1Vi 8	17 42	19 2	20 19	6 54	28 29	2 57	22 14
25	8:12:56	2 34 29	16 4	28 0	2 21	18 16	18 55	20 19	6 52	28 27	2 56	22 10
26	8:16:53	3 31 48	0Ta 4	29 19	3 33	18 50	18 48	20 20	6 50	28 26	2 56	22 7
27	8:20:49	4 29 8	13 46	0Vi36	4 45	19 24	18 41	20 21	6 47	28 24	2 55	22 4
28	8:24:46	5 26 29	27 12	1 50	5 57	19 59	18 33	20 21	6 45	28 23	2 55	22 1
29	8:28:43	6 23 51	10Ge21	3 3	7 9	20 33	18 26	20 21	6 42	28 21	2 54	21 58
30	8:32:39	7 21 15	23 17	4 13	8 21	21 8	18 18	20 22	6 40	28 19	2 54	21 54
31	8:36:35	8 18 39	5Cn59	5 20	9 33	21 43	18 11	20 22	6 38	28 18	2 53	21 51

7/22 Sun in Leo 19:17   7/4 New 18:41   7/12 1st Qt. 21:45   7/20 Full 3:22   7/26 3rd Qt. 18:29

AUGUST 1997

Day	Sid. T.	Sun	Moon	Merc.	Venus	Mars	Jup.	Saturn	Uranus	Nept.	Pluto	N.Node
1	8:40:32	9Le16 4	18Cn29	6Vi26	10Vi45	22Li17	18Aq 3R	20Ar22	6Aq35R	28Cp16R	2Sg53R	21Vi48
2	8:44:29	10 13 30	0Le47	7 28	11 57	22 53	17 55	20 22R	6 33	28 15	2 53	21 45
3	8:48:25	11 10 57	12 55	8 28	13 9	23 28	17 48	20 22	6 30	28 13	2 52	21 42
4	8:52:22	12 8 25	24 55	9 25	14 21	24 3	17 40	20 22	6 28	28 11	2 52	21 39
5	8:56:19	13 5 54	6Vi47	10 19	15 33	24 39	17 32	20 21	6 26	28 10	2 52	21 35
6	9: 0:15	14 3 23	18 35	11 10	16 45	25 14	17 24	20 21	6 23	28 8	2 51	21 32
7	9: 4:11	15 0 54	0Li21	11 57	17 57	25 50	17 17	20 20	6 21	28 7	2 51	21 29
8	9: 8: 8	15 58 25	12 9	12 41	19 9	26 26	17 9	20 20	6 19	28 5	2 51	21 26
9	9:12: 4	16 55 57	24 4	13 22	20 20	27 2	17 1	20 19	6 16	28 4	2 51	21 23
10	9:16: 0	17 53 30	6Sc 9	13 59	21 32	27 39	16 53	20 18	6 14	28 2	2 51	21 19
11	9:19:58	18 51 4	18 30	14 32	22 44	28 15	16 45	20 17	6 11	28 1	2 51	21 16
12	9:23:54	19 48 39	1Sg12	15 0	23 55	28 51	16 38	20 16	6 9	27 59	2 51	21 13
13	9:27:51	20 46 15	14 18	15 25	25 7	29 28	16 30	20 15	6 7	27 58	2 51D	21 10
14	9:31:47	21 43 51	27 52	15 44	26 18	0Sc 5	16 22	20 14	6 5	27 56	2 51	21 7
15	9:35:44	22 41 29	11Cp53	15 59	27 30	0 42	16 14	20 12	6 2	27 55	2 51	21 4
16	9:39:40	23 39 8	26 20	16 9	28 41	1 19	16 7	20 11	6 0	27 53	2 51	21 0
17	9:43:38	24 36 48	11Aq 9	16 13	29 52	1 56	15 59	20 9	5 58	27 52	2 51	20 57
18	9:47:34	25 34 29	26 12	16 12R	1Li 4	2 33	15 51	20 7	5 56	27 51	2 51	20 54
19	9:51:30	26 32 11	11Pi20	16 6	2 15	3 11	15 44	20 6	5 53	27 49	2 51	20 51
20	9:55:27	27 29 55	26 20	15 54	3 26	3 48	15 36	20 4	5 51	27 48	2 52	20 48
21	9:59:23	28 27 40	11Ar17	15 36	4 37	4 26	15 29	20 2	5 49	27 47	2 52	20 45
22	10: 3:20	29 25 27	25 50	15 12	5 48	5 4	15 21	20 0	5 47	27 45	2 52	20 41
23	10: 7:16	0Vi23 16	10Ta 2	14 42	6 59	5 42	15 14	19 58	5 45	27 44	2 52	20 38
24	10:11:13	1 21 6	23 50	14 7	8 10	6 20	15 7	19 55	5 43	27 43	2 53	20 35
25	10:15: 9	2 18 59	7Ge15	13 27	9 21	6 58	15 0	19 53	5 41	27 41	2 53	20 32
26	10:19: 6	3 16 53	20 19	12 43	10 32	7 36	14 53	19 51	5 39	27 40	2 53	20 29
27	10:23: 3	4 14 49	3Cn 4	11 54	11 43	8 15	14 46	19 48	5 37	27 39	2 54	20 25
28	10:26:59	5 12 46	15 33	11 2	12 54	8 53	14 39	19 46	5 35	27 38	2 54	20 22
29	10:30:55	6 10 46	27 49	10 7	14 5	9 32	14 32	19 43	5 33	27 36	2 55	20 19
30	10:34:52	7 8 47	9Le54	9 11	15 15	10 11	14 25	19 40	5 31	27 35	2 55	20 16
31	10:38:49	8 6 50	21 52	8 15	16 26	10 50	14 19	19 37	5 29	27 34	2 56	20 13

8/23 Sun in Vir. 2:21   8/3 New 8:15   8/11 1st Qt. 12:43   8/18 Full 10:57   8/25 3rd Qt. 2:25

SEPTEMBER 1997

Day	Sid. T.	Sun	Moon	Merc.	Venus	Mars	Jup.	Saturn	Uranus	Nept.	Pluto	N.Node
1	10:42:45	9Vi 4 54	3Vi43	7Vi20R	17Li36	11Sc29	14Aq12R	19Ar34R	5Aq27R	27Cp33R	2Sg57	20Vi10
2	10:46:42	10 3 1	15 31	6 26	18 47	12 8	14 6	19 31	5 25	27 32	2 57	20 6
3	10:50:39	11 1 8	27 18	5 36	19 57	12 47	14 0	19 28	5 23	27 31	2 58	20 3
4	10:54:35	11 59 18	9Li 6	4 51	21 8	13 26	13 53	19 25	5 22	27 30	2 59	20 0
5	10:58:31	12 57 29	20 57	4 11	22 18	14 6	13 47	19 22	5 20	27 29	2 59	19 57
6	11: 2:28	13 55 41	2Sc55	3 37	23 28	14 45	13 42	19 18	5 18	27 28	3 0	19 54
7	11: 6:25	14 53 55	15 4	3 11	24 38	15 25	13 36	19 15	5 16	27 27	3 1	19 51
8	11:10:21	15 52 11	27 26	2 53	25 48	16 5	13 30	19 12	5 15	27 26	3 2	19 47
9	11:14:18	16 50 28	10Sg 6	2 44	26 58	16 45	13 25	19 8	5 13	27 25	3 3	19 44
10	11:18:14	17 48 47	23 7	2 43D	28 8	17 25	13 20	19 4	5 12	27 24	3 4	19 41
11	11:22:10	18 47 8	6Cp33	2 51	29 18	18 5	13 15	19 1	5 10	27 23	3 5	19 38
12	11:26: 7	19 45 29	20 24	3 9	0Sc28	18 45	13 10	18 57	5 9	27 22	3 6	19 35
13	11:30: 4	20 43 53	4Aq42	3 36	1 38	19 25	13 5	18 53	5 7	27 22	3 7	19 31
14	11:34: 1	21 42 18	19 24	4 11	2 47	20 6	13 0	18 49	5 6	27 21	3 8	19 28
15	11:37:57	22 40 44	4Pi24	4 55	3 57	20 46	12 56	18 45	5 4	27 20	3 9	19 25
16	11:41:54	23 39 13	19 35	5 47	5 6	21 27	12 52	18 41	5 3	27 19	3 10	19 22
17	11:45:50	24 37 43	4Ar48	6 47	6 16	22 7	12 48	18 37	5 2	27 19	3 11	19 19
18	11:49:46	25 36 15	19 52	7 54	7 25	22 48	12 44	18 33	5 0	27 18	3 12	19 16
19	11:53:43	26 34 49	4Ta40	9 7	8 34	23 29	12 40	18 29	4 59	27 17	3 13	19 12
20	11:57:40	27 33 26	19 6	10 26	9 43	24 10	12 37	18 25	4 58	27 17	3 15	19 9
21	12: 1:37	28 32 5	3Ge 5	11 51	10 52	24 51	12 33	18 20	4 57	27 16	3 16	19 6
22	12: 5:33	29 30 45	16 36	13 20	12 1	25 33	12 30	18 16	4 56	27 15	3 17	19 3
23	12: 9:30	0Li29 29	29 42	14 53	13 10	26 14	12 27	18 12	4 55	27 15	3 18	19 0
24	12:13:26	1 28 14	12Cn25	16 29	14 19	26 55	12 24	18 7	4 54	27 14	3 20	18 57
25	12:17:22	2 27 2	24 48	18 9	15 28	27 37	12 22	18 3	4 53	27 14	3 21	18 53
26	12:21:19	3 25 52	6Le57	19 51	16 36	28 18	12 19	17 58	4 52	27 14	3 23	18 50
27	12:25:16	4 24 44	18 55	21 34	17 45	29 0	12 17	17 54	4 51	27 13	3 24	18 47
28	12:29:13	5 23 38	0Vi45	23 20	18 53	29 42	12 15	17 49	4 50	27 13	3 25	18 44
29	12:33: 9	6 22 35	12 33	25 6	20 1	0Sg24	12 13	17 45	4 50	27 13	3 27	18 41
30	12:37: 5	7 21 33	24 19	26 53	21 9	1 6	12 11	17 40	4 49	27 12	3 28	18 37

9/22 Sun in Lib. 23:57   9/1 New 23:52(E)   9/10 1st Qt. 1:32   9/16 Full 18:52(E)   9/23 3rd Qt. 13:36

OCTOBER 1997

Day	Sid. T.	Sun	Moon	Merc.	Venus	Mars	Jup.	Saturn	Uranus	Nept.	Pluto	N.Node
1	12:41: 2	8Li20 34	6Li 8	28Vi41	22Sc17	1Sg48	12Aq10R	17Ar35R	4Aq48R	27Cp12R	3Sg30	18Vi34
2	12:44:58	9 19 36	18 2	0Li29	23 25	2 30	12 9	17 31	4 48	27 12	3 32	18 31
3	12:48:55	10 18 41	0Sc 1	2 17	24 33	3 12	12 8	17 26	4 47	27 11	3 33	18 28
4	12:52:52	11 17 47	12 9	4 4	25 41	3 55	12 7	17 21	4 47	27 11	3 35	18 25
5	12:56:49	12 16 56	24 27	5 52	26 48	4 37	12 6	17 17	4 46	27 11	3 36	18 22
6	13: 0:45	13 16 6	6Sg56	7 39	27 56	5 20	12 6	17 12	4 46	27 11	3 38	18 18
7	13: 4:41	14 15 18	19 41	9 26	29 3	6 2	12 6	17 7	4 45	27 11	3 40	18 15
8	13: 8:38	15 14 33	2Cp42	11 12	0Sg10	6 45	12 6D	17 2	4 45	27 11	3 41	18 12
9	13:12:34	16 13 48	16 2	12 58	1 17	7 28	12 6	16 58	4 45	27 11D	3 43	18 9
10	13:16:31	17 13 6	29 43	14 43	2 24	8 10	12 6	16 53	4 44	27 11	3 45	18 6
11	13:20:28	18 12 25	13Aq46	16 28	3 30	8 53	12 7	16 48	4 44	27 11	3 47	18 3
12	13:24:24	19 11 46	28 10	18 12	4 37	9 36	12 8	16 44	4 44	27 11	3 49	17 59
13	13:28:20	20 11 9	12Pi54	19 55	5 43	10 19	12 9	16 39	4 44	27 11	3 50	17 56
14	13:32:17	21 10 33	27 51	21 37	6 49	11 3	12 10	16 34	4 44D	27 11	3 52	17 53
15	13:36:14	22 10 0	12Ar55	23 19	7 55	11 46	12 11	16 29	4 44	27 12	3 54	17 50
16	13:40:10	23 9 28	27 58	25 0	9 1	12 29	12 13	16 25	4 44	27 12	3 56	17 47
17	13:44: 7	24 8 58	12Ta49	26 41	10 6	13 13	12 14	16 20	4 44	27 12	3 58	17 43
18	13:48: 4	25 8 31	27 21	28 20	11 12	13 56	12 16	16 15	4 44	27 12	4 0	17 40
19	13:52: 0	26 8 6	11Ge28	29 59	12 17	14 40	12 19	16 11	4 45	27 13	4 2	17 37
20	13:55:56	27 7 43	25 8	1Sc38	13 22	15 23	12 21	16 6	4 45	27 13	4 4	17 34
21	13:59:53	28 7 22	8Cn20	3 16	14 27	16 7	12 23	16 2	4 45	27 14	4 6	17 31
22	14: 3:50	29 7 4	21 6	4 53	15 31	16 51	12 26	15 57	4 46	27 14	4 8	17 28
23	14: 7:46	0Sc 6 48	3Le30	6 30	16 36	17 35	12 29	15 53	4 46	27 15	4 10	17 24
24	14:11:43	1 6 34	15 37	8 6	17 40	18 19	12 32	15 48	4 47	27 15	4 12	17 21
25	14:15:40	2 6 22	27 32	9 41	18 44	19 3	12 35	15 44	4 47	27 15	4 14	17 18
26	14:19:36	3 6 13	9Vi20	11 16	19 47	19 47	12 39	15 39	4 48	27 16	4 16	17 15
27	14:23:32	4 6 5	21 7	12 51	20 51	20 31	12 43	15 35	4 48	27 17	4 18	17 12
28	14:27:29	5 6 0	2Li55	14 25	21 54	21 15	12 47	15 30	4 49	27 17	4 20	17 8
29	14:31:25	6 5 57	14 48	15 58	22 57	22 0	12 51	15 26	4 50	27 18	4 22	17 5
30	14:35:21	7 5 56	26 50	17 31	23 59	22 44	12 55	15 22	4 51	27 19	4 24	17 2
31	14:39:19	8 5 56	9Sc 2	19 4	25 1	23 29	12 59	15 18	4 51	27 19	4 27	16 59

10/23 Sun in Sco. 9:16   10/1 New 16:52   10/9 1st Qt. 12:23   10/16 Full 3:47   10/23 3rd Qt. 4:49   10/31 New 10:02

NOVEMBER 1997

Day	Sid. T.	Sun	Moon	Merc.	Venus	Mars	Jup.	Saturn	Uranus	Nept.	Pluto	N.Node
1	14:43:15	9Sc 5 59	21Sc24	20Sc36	26Sg 3	24Sg13	13Aq 4	15Ar14R	4Aq52	27Cp20	4Sg29	16Vi56
2	14:47:12	10 6 4	3Sg58	22 7	27 5	24 58	13 9	15 10	4 53	27 21	4 31	16 53
3	14:51: 8	11 6 10	16 45	23 38	28 6	25 43	13 13	15 6	4 54	27 22	4 33	16 49
4	14:55: 5	12 6 18	29 43	25 9	29 7	26 27	13 19	15 2	4 55	27 23	4 35	16 46
5	14:59: 1	13 6 28	12Cp54	26 39	0Cp 8	27 12	13 24	14 58	4 56	27 24	4 38	16 43
6	15: 2:57	14 6 39	26 18	28 9	1 8	27 57	13 29	14 54	4 58	27 24	4 40	16 40
7	15: 6:55	15 6 51	9Aq55	29 39	2 8	28 42	13 35	14 50	4 59	27 25	4 42	16 37
8	15:10:51	16 7 5	23 48	1Sg 8	3 7	29 27	13 41	14 46	5 0	27 26	4 44	16 34
9	15:14:48	17 7 21	7Pi56	2 36	4 6	0Cp12	13 47	14 43	5 1	27 27	4 47	16 30
10	15:18:44	18 7 38	22 17	4 4	5 5	0 57	13 53	14 39	5 3	27 28	4 49	16 27
11	15:22:41	19 7 56	6Ar51	5 32	6 3	1 42	13 59	14 36	5 4	27 30	4 51	16 24
12	15:26:37	20 8 16	21 33	6 59	7 1	2 28	14 6	14 32	5 5	27 31	4 54	16 21
13	15:30:34	21 8 37	6Ta17	8 25	7 58	3 13	14 12	14 29	5 7	27 32	4 56	16 18
14	15:34:30	22 9 0	20 54	9 51	8 55	3 58	14 19	14 26	5 8	27 33	4 58	16 14
15	15:38:27	23 9 25	5Ge19	11 16	9 51	4 44	14 26	14 23	5 10	27 34	5 0	16 11
16	15:42:24	24 9 51	19 24	12 40	10 46	5 29	14 33	14 20	5 12	27 35	5 3	16 8
17	15:46:20	25 10 19	3Cn 4	14 4	11 42	6 15	14 41	14 17	5 13	27 37	5 5	16 5
18	15:50:16	26 10 49	16 19	15 26	12 36	7 0	14 48	14 14	5 15	27 38	5 7	16 2
19	15:54:13	27 11 21	29 8	16 48	13 30	7 46	14 56	14 11	5 17	27 39	5 10	15 59
20	15:58:10	28 11 54	11Le35	18 9	14 23	8 32	15 3	14 8	5 19	27 41	5 12	15 55
21	16: 2: 6	29 12 29	23 44	19 28	15 16	9 18	15 11	14 6	5 20	27 42	5 15	15 52
22	16: 6: 3	0Sg13 6	5Vi40	20 46	16 8	10 3	15 19	14 3	5 22	27 43	5 17	15 49
23	16:10: 0	1 13 44	17 29	22 2	16 59	10 49	15 28	14 1	5 24	27 45	5 19	15 46
24	16:13:56	2 14 24	29 16	23 16	17 49	11 35	15 36	13 58	5 26	27 46	5 22	15 43
25	16:17:52	3 15 6	11Li 6	24 28	18 39	12 21	15 44	13 56	5 28	27 48	5 24	15 40
26	16:21:49	4 15 49	23 4	25 38	19 28	13 7	15 53	13 54	5 30	27 49	5 26	15 36
27	16:25:46	5 16 34	5Sc14	26 45	20 16	13 53	16 2	13 52	5 32	27 51	5 29	15 33
28	16:29:42	6 17 20	17 38	27 48	21 3	14 39	16 11	13 50	5 35	27 52	5 31	15 30
29	16:33:39	7 18 8	0Sg17	28 48	21 50	15 26	16 20	13 48	5 37	27 54	5 33	15 27
30	16:37:35	8 18 56	13 11	29 44	22 35	16 12	16 29	13 46	5 39	27 56	5 36	15 24

11/22 Sun in Sag. 6:49   11/7 1st Qt. 21:45   11/14 Full 14:13   11/21 3rd Qt. 23:59   11/30 New 2:15

DECEMBER 1997

Day	Sid. T.	Sun	Moon	Merc.	Venus	Mars	Jup.	Saturn	Uranus	Nept.	Pluto	N.Node
1	16:41:31	9Sg19 47	26Sg19	0Cp35	23Cp19	16Cp58	16Aq38	13Ar45R	5Aq41	27Cp57	5Sg38	15Vi20
2	16:45:28	10 20 38	9Cp40	1 21	24 3	17 44	16 47	13 43	5 44	27 59	5 41	15 17
3	16:49:25	11 21 30	23 12	2 1	24 45	18 31	16 57	13 42	5 46	28 1	5 43	15 14
4	16:53:22	12 22 23	6Aq52	2 33	25 26	19 17	17 7	13 40	5 48	28 2	5 45	15 11
5	16:57:18	13 23 17	20 40	2 58	26 6	20 4	17 16	13 39	5 51	28 4	5 48	15 8
6	17: 1:15	14 24 12	4Pi34	3 15	26 45	20 50	17 26	13 38	5 53	28 6	5 50	15 5
7	17: 5:11	15 25 7	18 35	3 22	27 22	21 37	17 36	13 37	5 56	28 8	5 52	15 1
8	17: 9: 7	16 26 3	2Ar43	3 19R	27 59	22 23	17 46	13 36	5 58	28 9	5 55	14 58
9	17:13: 4	17 27 0	16 55	3 5	28 33	23 10	17 57	13 35	6 1	28 11	5 57	14 55
10	17:17: 1	18 27 57	1Ta11	2 40	29 7	23 56	18 7	13 34	6 3	28 13	5 59	14 52
11	17:20:58	19 28 55	15 27	2 3	29 39	24 43	18 17	13 34	6 6	28 15	6 2	14 49
12	17:24:54	20 29 54	29 39	1 15	0Aq 9	25 30	18 28	13 33	6 9	28 17	6 4	14 46
13	17:28:51	21 30 53	13Ge41	0 16	0 38	26 16	18 39	13 33	6 12	28 19	6 6	14 42
14	17:32:47	22 31 53	27 29	29Sg 9	1 5	27 3	18 50	13 33	6 14	28 21	6 8	14 39
15	17:36:43	23 32 54	10Cn59	27 54	1 30	27 50	19 1	13 32	6 17	28 22	6 11	14 36
16	17:40:40	24 33 56	24 7	26 33	1 54	28 37	19 12	13 32D	6 20	28 24	6 13	14 33
17	17:44:37	25 34 58	6Le54	25 10	2 15	29 24	19 23	13 32	6 23	28 26	6 15	14 30
18	17:48:34	26 36 2	19 21	23 48	2 35	0Aq11	19 34	13 33	6 26	28 28	6 18	14 26
19	17:52:30	27 37 6	1Vi30	22 28	2 53	0 57	19 45	13 33	6 28	28 30	6 20	14 23
20	17:56:26	28 38 11	13 28	21 15	3 8	1 44	19 57	13 33	6 31	28 32	6 22	14 20
21	18: 0:23	29 39 16	25 17	20 8	3 22	2 31	20 8	13 34	6 34	28 34	6 24	14 17
22	18: 4:19	0Cp40 23	7Li 5	19 11	3 33	3 18	20 20	13 34	6 37	28 37	6 26	14 14
23	18: 8:16	1 41 30	18 56	18 24	3 43	4 5	20 32	13 35	6 40	28 39	6 29	14 11
24	18:12:13	2 42 38	0Sc57	17 48	3 50	4 52	20 44	13 36	6 43	28 41	6 31	14 7
25	18:16:10	3 43 46	13 10	17 23	3 54	5 39	20 55	13 37	6 46	28 43	6 33	14 4
26	18:20: 6	4 44 55	25 41	17 8	3 56	6 27	21 7	13 38	6 50	28 45	6 35	14 1
27	18:24: 2	5 46 5	8Sg32	17 3D	3 56R	7 14	21 20	13 39	6 53	28 47	6 37	13 58
28	18:27:59	6 47 15	21 42	17 8	3 53	8 1	21 32	13 40	6 56	28 49	6 39	13 55
29	18:31:55	7 48 25	5Cp12	17 22	3 48	8 48	21 44	13 42	6 59	28 51	6 42	13 52
30	18:35:52	8 49 36	18 58	17 43	3 40	9 35	21 56	13 43	7 2	28 53	6 44	13 48
31	18:39:49	9 50 46	2Aq56	18 12	3 30	10 22	22 9	13 45	7 5	28 56	6 46	13 45

12/21 Sun in Cap. 20:08   12/7 1st Qt. 6:10   12/14 Full 2:38   12/21 3rd Qt. 21:44   12/29 New 16:58

JANUARY 1998

Day	Sid. T.	Sun	Moon	Merc.	Venus	Mars	Jup.	Saturn	Uranus	Nept.	Pluto	N.Node
1	18:43:46	10Cp51 57	17Aq 2	18Sg47	3Aq17R	11Aq10	22Aq21	13Ar47	7Aq 9	28Cp58	6Sg48	13Vi42
2	18:47:41	11 53 7	1Pi13	19 28	3 2	11 57	22 34	13 48	7 12	29 0	6 50	13 39
3	18:51:38	12 54 18	15 24	20 14	2 44	12 44	22 47	13 50	7 15	29 2	6 52	13 36
4	18:55:35	13 55 27	29 34	21 4	2 24	13 31	22 59	13 52	7 18	29 4	6 54	13 32
5	18:59:31	14 56 37	13Ar41	21 59	2 2	14 19	23 12	13 54	7 22	29 7	6 56	13 29
6	19: 3:27	15 57 46	27 44	22 58	1 38	15 6	23 25	13 57	7 25	29 9	6 58	13 26
7	19: 7:25	16 58 55	11Ta42	24 0	1 11	15 53	23 38	13 59	7 28	29 11	7 0	13 23
8	19:11:21	18 0 3	25 34	25 4	0 42	16 40	23 51	14 1	7 32	29 13	7 2	13 20
9	19:15:17	19 1 11	9Ge18	26 12	0 12	17 28	24 4	14 4	7 35	29 16	7 3	13 17
10	19:19:14	20 2 19	22 53	27 21	29Cp40	18 15	24 17	14 7	7 38	29 18	7 5	13 13
11	19:23:11	21 3 26	6Cn15	28 33	29 6	19 2	24 30	14 9	7 42	29 20	7 7	13 10
12	19:27: 7	22 4 33	19 23	29 46	28 32	19 50	24 43	14 12	7 45	29 22	7 9	13 7
13	19:31: 3	23 5 39	2Le15	1Cp 2	27 56	20 37	24 57	14 15	7 49	29 25	7 11	13 4
14	19:35: 1	24 6 46	14 51	2 19	27 20	21 24	25 10	14 18	7 52	29 27	7 13	13 1
15	19:38:57	25 7 51	27 12	3 37	26 43	22 12	25 23	14 21	7 55	29 29	7 14	12 57
16	19:42:53	26 8 57	9Vi18	4 56	26 6	22 59	25 37	14 25	7 59	29 31	7 16	12 54
17	19:46:50	27 10 2	21 15	6 17	25 29	23 46	25 50	14 28	8 2	29 34	7 18	12 51
18	19:50:47	28 11 7	3Li 5	7 39	24 53	24 34	26 4	14 31	8 6	29 36	7 19	12 48
19	19:54:42	29 12 11	14 53	9 2	24 17	25 21	26 18	14 35	8 9	29 38	7 21	12 45
20	19:58:40	0Aq13 15	26 44	10 25	23 41	26 8	26 31	14 38	8 13	29 41	7 23	12 42
21	20: 2:36	1 14 19	8Sc43	11 50	23 7	26 56	26 45	14 42	8 16	29 43	7 24	12 38
22	20: 6:33	2 15 22	20 57	13 16	22 34	27 43	26 59	14 46	8 20	29 45	7 26	12 35
23	20:10:29	3 16 25	3Sg28	14 42	22 3	28 30	27 13	14 50	8 23	29 47	7 28	12 32
24	20:14:26	4 17 28	16 21	16 9	21 33	29 18	27 26	14 54	8 27	29 50	7 29	12 29
25	20:18:22	5 18 30	29 38	17 37	21 5	0Pi 5	27 40	14 58	8 30	29 52	7 31	12 26
26	20:22:18	6 19 31	13Cp18	19 6	20 39	0 52	27 54	15 2	8 34	29 54	7 32	12 23
27	20:26:16	7 20 32	27 21	20 36	20 16	1 40	28 8	15 6	8 37	29 56	7 33	12 19
28	20:30:12	8 21 32	11Aq42	22 6	19 54	2 27	28 22	15 11	8 41	29 59	7 35	12 16
29	20:34: 9	9 22 30	26 15	23 37	19 35	3 14	28 36	15 15	8 44	0Aq 1	7 36	12 13
30	20:38: 5	10 23 28	10Pi54	25 8	19 18	4 2	28 50	15 20	8 48	0 3	7 38	12 10
31	20:42: 2	11 24 25	25 32	26 40	19 4	4 49	29 4	15 24	8 51	0 6	7 39	12 7

1/20 Sun in Aqu. 6:48   1/5 1st Qt. 14:19   1/12 Full 17:25   1/20 3rd Qt. 19:41   1/28 New 6:02

FEBRUARY 1998

Day	Sid. T.	Sun	Moon	Merc.	Venus	Mars	Jup.	Saturn	Uranus	Nept.	Pluto	N.Node
1	20:45:58	12Aq25 20	10Ar 4	28Cp13	18Cp52R	5Pi36	29Aq18	15Ar29	8Aq55	0Aq 8	7Sg40	12Vi 3
2	20:49:54	13 26 14	24 25	29 47	18 42	6 23	29 33	15 34	8 58	0 10	7 41	12 0
3	20:53:52	14 27 6	8Ta34	1Aq22	18 35	7 11	29 47	15 39	9 2	0 12	7 43	11 57
4	20:57:48	15 27 58	22 28	2 57	18 30	7 58	0Pi 1	15 43	9 5	0 14	7 44	11 54
5	21: 1:45	16 28 47	6Ge 8	4 33	18 28	8 45	0 15	15 48	9 9	0 17	7 45	11 51
6	21: 5:41	17 29 36	19 34	6 9	18 29D	9 32	0 29	15 54	9 12	0 19	7 46	11 48
7	21: 9:37	18 30 23	2Cn45	7 47	18 31	10 19	0 44	15 59	9 16	0 21	7 47	11 44
8	21:13:34	19 31 8	15 42	9 25	18 36	11 7	0 58	16 4	9 19	0 23	7 48	11 41
9	21:17:30	20 31 52	28 27	11 4	18 44	11 54	1 12	16 9	9 23	0 25	7 49	11 38
10	21:21:27	21 32 35	10Le59	12 43	18 53	12 41	1 27	16 15	9 26	0 28	7 50	11 35
11	21:25:24	22 33 16	23 19	14 24	19 5	13 28	1 41	16 20	9 30	0 30	7 51	11 32
12	21:29:21	23 33 56	5Vi28	16 5	19 19	14 15	1 55	16 26	9 33	0 32	7 52	11 29
13	21:33:17	24 34 35	17 28	17 47	19 35	15 2	2 10	16 31	9 37	0 34	7 53	11 25
14	21:37:13	25 35 12	29 22	19 30	19 53	15 49	2 24	16 37	9 40	0 36	7 54	11 22
15	21:41:10	26 35 47	11Li11	21 14	20 13	16 36	2 38	16 42	9 43	0 38	7 55	11 19
16	21:45: 7	27 36 22	22 59	22 59	20 35	17 23	2 53	16 48	9 47	0 40	7 56	11 16
17	21:49: 3	28 36 56	4Sc51	24 45	20 59	18 10	3 7	16 54	9 50	0 42	7 56	11 13
18	21:53: 0	29 37 28	16 49	26 31	21 24	18 57	3 22	17 0	9 53	0 44	7 57	11 9
19	21:56:57	0Pi37 59	29 0	28 19	21 51	19 44	3 36	17 6	9 57	0 46	7 58	11 6
20	22: 0:53	1 38 28	11Sg28	0Pi 7	22 20	20 31	3 51	17 12	10 0	0 49	7 59	11 3
21	22: 4:49	2 38 57	24 16	1 57	22 50	21 18	4 5	17 18	10 3	0 51	7 59	11 0
22	22: 8:46	3 39 24	7Cp29	3 47	23 22	22 5	4 19	17 24	10 7	0 53	8 0	10 57
23	22:12:43	4 39 49	21 8	5 38	23 56	22 52	4 34	17 30	10 10	0 55	8 0	10 54
24	22:16:39	5 40 14	5Aq14	7 29	24 30	23 38	4 48	17 37	10 13	0 56	8 1	10 50
25	22:20:36	6 40 36	19 43	9 22	25 7	24 25	5 3	17 43	10 17	0 58	8 1	10 47
26	22:24:32	7 40 57	4Pi31	11 15	25 44	25 12	5 17	17 49	10 20	1 0	8 2	10 44
27	22:28:28	8 41 17	19 31	13 9	26 22	25 59	5 32	17 56	10 23	1 2	8 2	10 41
28	22:32:25	9 41 34	4Ar34	15 3	27 2	26 45	5 46	18 2	10 26	1 4	8 3	10 38

2/18 Sun in Pis. 20:56   2/3 1st Qt. 22:54   2/11 Full 10:23   2/19 3rd Qt. 15:28   2/26 New 17:27(E)

MARCH 1998

Day	Sid. T.	Sun	Moon	Merc.	Venus	Mars	Jup.	Saturn	Uranus	Nept.	Pluto	N.Node
1	22:36:22	10Pi41 50	19Ar31	16Pi58	27Cp43	27Pi32	6Pi 1	18Ar 9	10Aq29	1Aq 6	8Sg 3	10Vi35
2	22:40:19	11 42 3	4Ta16	18 53	28 25	28 19	6 15	18 15	10 32	1 8	8 3	10 31
3	22:44:15	12 42 15	18 41	20 48	29 8	29 5	6 29	18 22	10 36	1 10	8 4	10 28
4	22:48:12	13 42 24	2Ge45	22 43	29 52	29 52	6 44	18 29	10 39	1 11	8 4	10 25
5	22:52: 8	14 42 32	16 26	24 38	0Aq37	0Ar38	6 58	18 35	10 42	1 13	8 4	10 22
6	22:56: 4	15 42 37	29 45	26 32	1 23	1 25	7 13	18 42	10 45	1 15	8 4	10 19
7	23: 0: 1	16 42 40	12Cn44	28 25	2 10	2 11	7 27	18 49	10 48	1 17	8 4	10 15
8	23: 3:58	17 42 41	25 26	0Ar16	2 58	2 57	7 41	18 56	10 51	1 19	8 5	10 12
9	23: 7:55	18 42 40	7Le52	2 6	3 46	3 44	7 56	19 3	10 54	1 20	8 5	10 9
10	23:11:51	19 42 37	20 7	3 54	4 35	4 30	8 10	19 10	10 57	1 22	8 5	10 6
11	23:15:47	20 42 32	2Vi13	5 38	5 25	5 16	8 24	19 17	11 2	1 24	8 5	10 3
12	23:19:44	21 42 24	14 11	7 20	6 16	6 3	8 39	19 24	11 5	1 25	8 5R	10 0
13	23:23:40	22 42 15	26 4	8 59	7 7	6 49	8 53	19 31	11 5	1 27	8 5	9 56
14	23:27:37	23 42 4	7Li54	10 33	8 0	7 35	9 7	19 38	11 8	1 28	8 5	9 53
15	23:31:33	24 41 51	19 43	12 2	8 52	8 21	9 21	19 45	11 11	1 30	8 4	9 50
16	23:35:31	25 41 36	1Sc33	13 26	9 46	9 7	9 35	19 52	11 14	1 31	8 4	9 47
17	23:39:27	26 41 19	13 28	14 45	10 40	9 53	9 50	19 59	11 16	1 33	8 4	9 44
18	23:43:23	27 41 0	25 29	15 58	11 34	10 39	10 4	20 6	11 19	1 34	8 4	9 41
19	23:47:20	28 40 40	7Sg40	17 4	12 29	11 25	10 18	20 14	11 22	1 36	8 4	9 37
20	23:51:16	29 40 18	20 6	18 3	13 25	12 11	10 32	20 21	11 24	1 37	8 3	9 34
21	23:55:13	0Ar39 54	2Cp49	18 55	14 21	12 57	10 46	20 28	11 27	1 39	8 3	9 31
22	23:59:10	1 39 29	15 55	19 40	15 18	13 43	11 0	20 36	11 29	1 40	8 3	9 28
23	0: 3: 7	2 39 2	29 24	20 18	16 15	14 29	11 14	20 43	11 32	1 41	8 2	9 25
24	0: 7: 3	3 38 33	13Aq21	20 47	17 13	15 15	11 28	20 50	11 34	1 43	8 2	9 21
25	0:10:59	4 38 2	27 44	21 9	18 11	16 0	11 42	20 58	11 37	1 44	8 1	9 18
26	0:14:56	5 37 29	12Pi30	21 23	19 9	16 46	11 56	21 5	11 39	1 45	8 1	9 15
27	0:18:52	6 36 55	27 35	21 29	20 8	17 32	12 10	21 13	11 42	1 46	8 0	9 12
28	0:22:48	7 36 18	12Ar49	21 28R	21 7	18 17	12 23	21 20	11 44	1 48	8 0	9 9
29	0:26:46	8 35 39	28 2	21 19	22 7	19 3	12 37	21 28	11 46	1 49	7 59	9 6
30	0:30:41	9 34 59	13Ta 5	21 4	23 7	19 48	12 51	21 35	11 49	1 50	7 58	9 2
31	0:34:38	10 34 16	27 48	20 42	24 8	20 34	13 5	21 43	11 51	1 51	7 58	8 59

3/20 Sun in Ari. 19:56   3/5 1st Qt. 8:42   3/13 Full 4:35   3/21 3rd Qt. 7:39   3/28 New 3:15

APRIL 1998

Day	Sid. T.	Sun	Moon	Merc.	Venus	Mars	Jup.	Saturn	Uranus	Nept.	Pluto	N.Node
1	0:38:34	11Ar33 30	12Ge 7	20Ar13R	25Aq 8	21Ar19	13Pi18	21Ar50	11Aq53	1Aq52	7Sg57R	8Vi56
2	0:42:30	12 32 43	25 57	26 9	22 5	22 5	13 32	21 58	11 55	1 53	7 56	8 53
3	0:46:27	13 31 53	9Cn20	19 2	27 11	22 50	13 45	22 5	11 57	1 54	7 56	8 50
4	0:50:24	14 31 1	22 18	18 20	28 12	23 35	13 59	22 13	11 59	1 55	7 55	8 46
5	0:54:22	15 30 6	4Le54	17 36	29 14	24 20	14 12	22 20	12 1	1 56	7 54	8 43
6	0:58:17	16 29 10	17 12	16 49	0Pi17	25 6	14 25	22 28	12 3	1 57	7 53	8 40
7	1: 2:14	17 28 10	29 17	16 2	1 19	25 51	14 39	22 35	12 5	1 58	7 52	8 37
8	1: 6:10	18 27 9	11Vi13	15 15	2 22	26 36	14 52	22 43	12 7	1 59	7 52	8 34
9	1:10: 6	19 26 5	23 4	14 28	3 25	27 21	15 5	22 51	12 9	2 0	7 51	8 31
10	1:14: 3	20 25 0	4Li53	13 43	4 29	28 6	15 18	22 58	12 11	2 0	7 50	8 27
11	1:18: 0	21 23 52	16 42	13 1	5 32	28 51	15 31	23 6	12 12	2 1	7 49	8 24
12	1:21:57	22 22 42	28 33	12 21	6 36	29 36	15 44	23 13	12 14	2 2	7 48	8 21
13	1:25:53	23 21 30	10Sc28	11 46	7 40	0Ta20	15 57	23 21	12 16	2 3	7 47	8 18
14	1:29:49	24 20 16	22 29	11 14	8 44	1 5	16 10	23 29	12 17	2 3	7 46	8 15
15	1:33:46	25 19 1	4Sg38	10 47	9 49	1 50	16 23	23 36	12 19	2 4	7 45	8 12
16	1:37:42	26 17 44	16 56	10 25	10 53	2 35	16 36	23 44	12 21	2 5	7 44	8 8
17	1:41:39	27 16 25	29 26	10 8	11 58	3 19	16 48	23 51	12 22	2 5	7 42	8 5
18	1:45:36	28 15 4	12Cp10	9 56	13 3	4 4	17 1	23 59	12 24	2 6	7 41	8 2
19	1:49:33	29 13 41	25 12	9 49	14 9	4 48	17 14	24 7	12 25	2 6	7 40	7 59
20	1:53:29	0Ta12 17	8Aq34	9 48D	15 14	5 33	17 26	24 14	12 26	2 7	7 39	7 56
21	1:57:25	1 10 52	22 19	9 51	16 20	6 17	17 39	24 22	12 28	2 7	7 38	7 52
22	2: 1:22	2 9 24	6Pi29	10 0	17 26	7 2	17 51	24 29	12 29	2 8	7 36	7 49
23	2: 5:18	3 7 55	21 2	10 13	18 32	7 46	18 3	24 37	12 30	2 8	7 35	7 46
24	2: 9:15	4 6 25	5Ar55	10 31	19 38	8 30	18 15	24 44	12 31	2 8	7 34	7 43
25	2:13:12	5 4 52	21 2	10 54	20 44	9 15	18 27	24 52	12 32	2 9	7 33	7 40
26	2:17: 9	6 3 18	6Ta14	11 21	21 50	9 59	18 39	25 0	12 33	2 9	7 31	7 37
27	2:21: 5	7 1 42	21 20	11 52	22 57	10 43	18 51	25 7	12 34	2 9	7 30	7 33
28	2:25: 1	8 0 4	6Ge11	12 27	24 4	11 27	19 3	25 15	12 35	2 9	7 29	7 30
29	2:28:58	8 58 24	20 39	13 6	25 11	12 11	19 15	25 22	12 36	2 10	7 27	7 27
30	2:32:54	9 56 43	4Cn38	13 49	26 18	12 55	19 27	25 29	12 37	2 10	7 26	7 24

4/20 Sun in Tau. 6:58   4/3 1st Qt. 20:19   4/11 Full 22:24   4/19 3rd Qt. 19:54   4/26 New 11:43

MAY 1998

Day	Sid. T.	Sun	Moon	Merc.	Venus	Mars	Jup.	Saturn	Uranus	Nept.	Pluto	N.Node
1	2:36:50	10Ta54 59	18Cn 8	14Ar36	27Pi25	13Ta39	19Pi38	25Ar37	12Aq38	2Aq10	7Sg24R	7Vi21
2	2:40:48	11 53 13	1Le10	15 26	28 32	14 23	19 50	25 44	12 39	2 10	7 23	7 18
3	2:44:44	12 51 25	13 47	16 19	29 40	15 7	20 1	25 52	12 39	2 10	7 22	7 14
4	2:48:40	13 49 35	26 4	17 15	0Ar47	15 50	20 12	25 59	12 40	2 10R	7 20	7 11
5	2:52:37	14 47 43	8Vi 7	18 15	1 55	16 34	20 24	26 7	12 41	2 10	7 19	7 8
6	2:56:34	15 45 49	20 0	19 17	3 3	17 18	20 35	26 14	12 41	2 10	7 17	7 5
7	3: 0:30	16 43 53	1Li49	20 22	4 10	18 1	20 46	26 21	12 42	2 10	7 16	7 2
8	3: 4:26	17 41 56	13 36	21 30	5 18	18 45	20 57	26 28	12 42	2 10	7 14	6 58
9	3: 8:24	18 39 56	25 27	22 40	6 26	19 28	21 8	26 36	12 43	2 10	7 13	6 55
10	3:12:20	19 37 55	7Sc23	23 53	7 35	20 12	21 18	26 43	12 43	2 9	7 11	6 52
11	3:16:16	20 35 52	19 26	25 9	8 43	20 55	21 29	26 50	12 43	2 9	7 10	6 49
12	3:20:13	21 33 48	1Sg38	26 27	9 51	21 39	21 39	26 57	12 44	2 9	7 8	6 46
13	3:24:10	22 31 42	13 59	27 47	11 0	22 22	21 50	27 4	12 44	2 9	7 6	6 43
14	3:28: 6	23 29 35	26 30	29 10	12 8	23 5	22 0	27 12	12 44	2 8	7 5	6 39
15	3:32: 2	24 27 27	9Cp12	0Ta35	13 17	23 48	22 10	27 19	12 44	2 8	7 3	6 36
16	3:35:59	25 25 17	22 6	2 2	14 26	24 31	22 20	27 26	12 44	2 8	7 2	6 33
17	3:39:56	26 23 6	5Aq13	3 32	15 34	25 15	22 30	27 33	12 44R	2 7	7 0	6 30
18	3:43:52	27 20 53	18 36	5 4	16 43	25 58	22 40	27 40	12 44	2 7	6 59	6 27
19	3:47:49	28 18 40	2Pi16	6 38	17 52	26 41	22 50	27 47	12 44	2 6	6 57	6 24
20	3:51:45	29 16 26	16 14	8 14	19 1	27 24	23 0	27 53	12 44	2 6	6 55	6 20
21	3:55:41	0Ge14 10	0Ar32	9 53	20 11	28 6	23 9	28 0	12 44	2 5	6 54	6 17
22	3:59:39	1 11 53	15 7	11 33	21 20	28 49	23 18	28 7	12 44	2 5	6 52	6 14
23	4: 3:35	2 9 36	29 56	13 16	22 29	29 32	23 28	28 14	12 44	2 4	6 50	6 11
24	4: 7:32	3 7 17	14Ta51	15 1	23 38	0Ge15	23 37	28 21	12 43	2 4	6 49	6 8
25	4:11:28	4 4 57	29 44	16 49	24 48	0 57	23 46	28 27	12 43	2 3	6 47	6 4
26	4:15:25	5 2 36	14Ge26	18 38	25 57	1 40	23 55	28 34	12 42	2 2	6 45	6 1
27	4:19:21	6 0 14	28 50	20 30	27 7	2 23	24 4	28 41	12 42	2 2	6 44	5 58
28	4:23:17	6 57 50	12Cn49	22 24	28 17	3 5	24 12	28 47	12 41	2 1	6 42	5 55
29	4:27:15	7 55 25	26 20	24 20	29 26	3 48	24 21	28 54	12 41	2 0	6 41	5 52
30	4:31:11	8 52 59	9Le25	26 18	0Ta36	4 30	24 29	29 0	12 40	1 59	6 39	5 49
31	4:35: 8	9 50 31	22 5	28 18	1 46	5 13	24 37	29 6	12 40	1 58	6 37	5 45

5/21 Sun in Gem. 6:07   5/3 1st Qt. 10:05   5/11 Full 14:30   5/19 3rd Qt. 4:36   5/25 New 19:33

JUNE 1998

Day	Sid. T.	Sun	Moon	Merc.	Venus	Mars	Jup.	Saturn	Uranus	Nept.	Pluto	N.Node
1	4:39: 4	10Ge48 2	4Vi24	0Ge20	2Ta56	5Ge55	24Pi46	29Ar13	12Aq39R	1Aq58R	6Sg36R	5Vi42
2	4:43: 0	11 45 32	16 29	2 24	4 6	6 37	24 53	29 19	12 38	1 57	6 34	5 39
3	4:46:57	12 43 0	28 23	4 29	5 16	7 19	25 1	29 25	12 37	1 56	6 32	5 36
4	4:50:53	13 40 27	10Li12	6 36	6 26	8 2	25 9	29 32	12 37	1 55	6 31	5 33
5	4:54:50	14 37 53	22 2	8 45	7 36	8 44	25 17	29 38	12 36	1 54	6 29	5 30
6	4:58:47	15 35 18	3Sc56	10 54	8 46	9 26	25 24	29 44	12 35	1 53	6 28	5 26
7	5: 2:44	16 32 42	15 58	13 5	9 57	10 8	25 31	29 50	12 34	1 52	6 26	5 23
8	5: 6:40	17 30 4	28 10	15 16	11 7	10 50	25 38	29 56	12 33	1 51	6 24	5 20
9	5:10:36	18 27 26	10Sg34	17 28	12 17	11 32	25 45	0Ta 2	12 32	1 50	6 23	5 17
10	5:14:33	19 24 47	23 10	19 40	13 28	12 13	25 52	0 8	12 31	1 49	6 21	5 14
11	5:18:29	20 22 8	5Cp59	21 52	14 38	12 55	25 59	0 13	12 30	1 48	6 20	5 10
12	5:22:26	21 19 27	18 59	24 4	15 49	13 37	26 5	0 19	12 28	1 47	6 18	5 7
13	5:26:23	22 16 46	2Aq11	26 15	16 59	14 19	26 12	0 25	12 27	1 46	6 16	5 4
14	5:30:20	23 14 5	15 34	28 25	18 10	15 0	26 18	0 30	12 26	1 44	6 15	5 1
15	5:34:16	24 11 23	29 8	0Cn34	19 20	15 42	26 24	0 36	12 25	1 43	6 13	4 58
16	5:38:12	25 8 40	12Pi53	2 42	20 31	16 24	26 30	0 41	12 23	1 42	6 12	4 55
17	5:42: 9	26 5 58	26 50	4 49	21 42	17 5	26 35	0 47	12 22	1 41	6 10	4 51
18	5:46: 5	27 3 15	10Ar59	6 53	22 53	17 47	26 41	0 52	12 20	1 40	6 9	4 48
19	5:50: 2	28 0 31	25 19	8 56	24 4	18 28	26 46	0 57	12 19	1 38	6 7	4 45
20	5:53:59	28 57 48	9Ta46	10 57	25 14	19 9	26 52	1 3	12 18	1 37	6 6	4 42
21	5:57:55	29 55 5	24 17	12 56	26 25	19 51	26 57	1 8	12 16	1 36	6 4	4 39
22	6: 1:51	0Cn52 21	8Ge46	14 53	27 36	20 32	27 1	1 13	12 14	1 34	6 3	4 35
23	6: 5:48	1 49 37	23 7	16 48	28 47	21 13	27 6	1 18	12 13	1 33	6 1	4 32
24	6: 9:45	2 46 52	7Cn13	18 41	29 59	21 54	27 11	1 23	12 11	1 32	6 0	4 29
25	6:13:42	3 44 8	20 59	20 31	1Ge10	22 36	27 15	1 28	12 9	1 30	5 59	4 26
26	6:17:38	4 41 23	4Le23	22 20	2 21	23 17	27 19	1 32	12 8	1 29	5 57	4 23
27	6:21:35	5 38 37	17 24	24 6	3 32	23 58	27 23	1 37	12 6	1 27	5 56	4 20
28	6:25:31	6 35 51	0Vi 3	25 50	4 43	24 39	27 27	1 42	12 4	1 26	5 54	4 16
29	6:29:27	7 33 4	12 23	27 32	5 55	25 20	27 31	1 46	12 2	1 25	5 53	4 13
30	6:33:24	8 30 17	24 28	29 11	7 6	26 1	27 34	1 51	12 1	1 23	5 52	4 10

6/21 Sun in Can. 14:04   6/2 1st Qt. 1:46   6/10 Full 4:19   6/17 3rd Qt. 10:39   6/24 New 3:51

JULY 1998

Day	Sid. T.	Sun	Moon	Merc.	Venus	Mars	Jup.	Saturn	Uranus	Nept.	Pluto	N.Node
1	6:37:21	9Cn27 30	6Li24	0Le49	8Ge18	26Ge42	27Pi37	1Ta55	11Aq59R	1Aq22R	5Sg51R	4Vi 7
2	6:41:18	10 24 42	18 15	2 24	9 29	27 22	27 40	1 59	11 57	1 20	5 49	4 4
3	6:45:14	11 21 54	0Sc 7	3 57	10 40	28 3	27 43	2 4	11 55	1 19	5 48	4 1
4	6:49:10	12 19 6	12 4	5 27	11 52	28 44	27 46	2 8	11 53	1 17	5 47	3 57
5	6:53: 7	13 16 17	24 11	6 56	13 4	29 24	27 49	2 12	11 51	1 16	5 46	3 54
6	6:57: 3	14 13 28	6Sg30	8 22	14 15	0Cn 5	27 51	2 16	11 49	1 14	5 44	3 51
7	7: 1: 0	15 10 39	19 4	9 45	15 27	0 46	27 53	2 20	11 47	1 13	5 43	3 48
8	7: 4:56	16 7 50	1Cp55	11 7	16 39	1 26	27 55	2 24	11 45	1 11	5 42	3 45
9	7: 8:54	17 5 2	15 1	12 25	17 50	2 7	27 57	2 27	11 43	1 10	5 41	3 41
10	7:12:50	18 2 13	28 23	13 42	19 2	2 47	27 58	2 31	11 41	1 8	5 40	3 38
11	7:16:46	18 59 24	11Aq58	14 56	20 14	3 27	28 0	2 34	11 39	1 6	5 39	3 35
12	7:20:43	19 56 36	25 44	16 7	21 26	4 8	28 1	2 38	11 36	1 5	5 38	3 32
13	7:24:39	20 53 48	9Pi39	17 16	22 38	4 48	28 2	2 41	11 34	1 3	5 37	3 29
14	7:28:36	21 51 1	23 41	18 22	23 50	5 28	28 3	2 45	11 32	1 2	5 36	3 26
15	7:32:32	22 48 14	7Ar48	19 25	25 2	6 9	28 3	2 48	11 30	1 0	5 35	3 22
16	7:36:30	23 45 27	21 58	20 26	26 14	6 49	28 4	2 51	11 28	0 58	5 34	3 19
17	7:40:26	24 42 42	6Ta11	21 23	27 26	7 29	28 4	2 54	11 25	0 57	5 33	3 16
18	7:44:22	25 39 57	20 23	22 17	28 38	8 9	28 4R	2 57	11 23	0 55	5 32	3 13
19	7:48:19	26 37 13	4Ge31	23 9	29 50	8 49	28 4	2 59	11 21	0 54	5 31	3 10
20	7:52:15	27 34 30	18 34	23 56	1Cn 2	9 29	28 3	3 2	11 18	0 52	5 30	3 7
21	7:56:11	28 31 47	2Cn28	24 40	2 15	10 9	28 3	3 5	11 16	0 50	5 29	3 3
22	8: 0: 9	29 29 5	16 8	25 21	3 27	10 49	28 2	3 7	11 14	0 49	5 29	3 0
23	8: 4: 5	0Le26 24	29 33	25 58	4 39	11 29	28 1	3 10	11 11	0 47	5 28	2 57
24	8: 8: 1	1 23 43	12Le40	26 31	5 52	12 9	28 0	3 12	11 9	0 45	5 27	2 54
25	8:11:58	2 21 3	25 30	26 59	7 4	12 48	27 58	3 14	11 7	0 44	5 26	2 51
26	8:15:55	3 18 23	8Vi 2	27 24	8 17	13 28	27 57	3 16	11 4	0 42	5 26	2 47
27	8:19:51	4 15 44	20 18	27 44	9 29	14 8	27 55	3 18	11 2	0 41	5 25	2 44
28	8:23:47	5 13 5	2Li23	27 59	10 42	14 48	27 53	3 20	11 0	0 39	5 24	2 41
29	8:27:45	6 10 27	14 19	28 9	11 54	15 27	27 51	3 22	10 57	0 37	5 24	2 38
30	8:31:41	7 7 49	26 10	28 15	13 7	16 7	27 49	3 24	10 55	0 36	5 23	2 35
31	8:35:37	8 5 12	8Sc 3	28 16R	14 20	16 46	27 46	3 26	10 53	0 34	5 23	2 32

7/23 Sun in Leo 0:57   7/1 1st Qt. 18:43   7/9 Full 16:02   7/16 3rd Qt. 15:15   7/23 New 13:45   7/31 1st Qt. 12:06

AUGUST 1998

Day	Sid. T.	Sun	Moon	Merc.	Venus	Mars	Jup.	Saturn	Uranus	Nept.	Pluto	N.Node
1	8:39:34	9Le 2 35	20Sc 0	28Le11R	15Cn32	17Cn26	27Pi43R	3Ta27	10Aq50R	0Aq32R	5Sg22R	2Vi28
2	8:43:31	9 59 59	2Sg 8	28 1	16 45	18 5	27 40	3 29	10 48	0 31	5 22	2 25
3	8:47:27	10 57 24	14 30	27 46	17 58	18 45	27 37	3 30	10 45	0 29	5 21	2 22
4	8:51:23	11 54 50	27 10	27 26	19 11	19 24	27 34	3 31	10 43	0 28	5 21	2 19
5	8:55:21	12 52 16	10Cp 9	27 1	20 24	20 3	27 31	3 32	10 41	0 26	5 21	2 16
6	8:59:17	13 49 43	23 29	26 31	21 37	20 43	27 27	3 33	10 38	0 25	5 20	2 13
7	9: 3:13	14 47 11	7Aq 9	25 56	22 49	21 22	27 23	3 34	10 36	0 23	5 20	2 9
8	9: 7:10	15 44 40	21 6	25 18	24 2	22 1	27 19	3 35	10 33	0 21	5 20	2 6
9	9:11: 6	16 42 9	5Pi18	24 36	25 16	22 40	27 15	3 36	10 31	0 20	5 20	2 3
10	9:15: 2	17 39 40	19 40	23 51	26 29	23 19	27 11	3 36	10 29	0 18	5 19	2 0
11	9:18:59	18 37 13	4Ar 6	23 3	27 42	23 58	27 6	3 37	10 26	0 17	5 19	1 57
12	9:22:56	19 34 46	18 33	22 14	28 55	24 37	27 1	3 37	10 24	0 15	5 19	1 53
13	9:26:53	20 32 22	2Ta56	21 25	0Le 8	25 16	26 56	3 37	10 22	0 14	5 19	1 50
14	9:30:49	21 29 58	17 12	20 36	1 21	25 55	26 51	3 38	10 19	0 12	5 19	1 47
15	9:34:46	22 27 37	1Ge18	19 48	2 35	26 34	26 46	3 38	10 17	0 11	5 19	1 44
16	9:38:42	23 25 16	15 13	19 3	3 48	27 13	26 41	3 38R	10 15	0 9	5 19D	1 41
17	9:42:38	24 22 58	28 54	18 20	5 1	27 52	26 35	3 38	10 12	0 8	5 19	1 38
18	9:46:35	25 20 41	12Cn23	17 42	6 15	28 31	26 30	3 37	10 10	0 6	5 19	1 34
19	9:50:32	26 18 25	25 38	17 9	7 28	29 10	26 24	3 37	10 8	0 5	5 19	1 31
20	9:54:29	27 16 11	8Le38	16 41	8 42	29 48	26 18	3 37	10 5	0 4	5 19	1 28
21	9:58:25	28 13 59	21 25	16 20	9 55	0Le27	26 12	3 36	10 3	0 2	5 19	1 25
22	10: 2:22	29 11 47	3Vi58	16 6	11 9	1 6	26 6	3 35	10 1	0 1	5 19	1 22
23	10: 6:18	0Vi 9 38	16 19	15 58	12 23	1 44	25 59	3 35	9 59	0Cp 0	5 20	1 19
24	10:10:14	1 7 29	28 28	15 59D	13 36	2 23	25 53	3 34	9 57	29Cp58	5 20	1 15
25	10:14:11	2 5 22	10Li29	16 7	14 50	3 1	25 46	3 33	9 54	29 57	5 20	1 12
26	10:18: 8	3 3 16	22 23	16 23	16 4	3 40	25 40	3 32	9 52	29 56	5 21	1 9
27	10:22: 5	4 1 11	4Sc14	16 48	17 17	4 18	25 33	3 31	9 50	29 54	5 21	1 6
28	10:26: 1	4 59 8	16 5	17 20	18 31	4 57	25 26	3 29	9 48	29 53	5 21	1 3
29	10:29:57	5 57 7	28 2	18 0	19 45	5 35	25 19	3 28	9 46	29 52	5 22	0 59
30	10:33:54	6 55 6	10Sg 8	18 48	20 59	6 13	25 12	3 26	9 44	29 51	5 22	0 56
31	10:37:50	7 53 7	22 28	19 43	22 13	6 52	25 5	3 25	9 42	29 49	5 23	0 53

8/23 Sun in Vir. 8:00   8/8 Full 2:11(E)   8/14 3rd Qt. 19:50   8/22 New 2:04(E)   8/30 1st Qt. 5:07

Day	Sid. T.	Sun	Moon	Merc.	Venus	Mars	Jup.	Saturn	Uranus	Nept.	Pluto	N.Node
1	10:41:47	8Vi51 9	5Cp 6	20Le45	23Le27	7Le30	24Pi57R	3Ta23R	9Aq40R	29Cp48R	5Sg23	0Vi50
2	10:45:44	9 49 13	18 6	21 54	24 41	8 8	24 50	3 21	9 38	29 47	5 24	0 47
3	10:49:41	10 47 18	1Aq30	23 9	25 55	8 46	24 42	3 20	9 36	29 46	5 24	0 44
4	10:53:37	11 45 25	15 19	24 30	27 9	9 24	24 35	3 18	9 34	29 45	5 25	0 40
5	10:57:33	12 43 33	29 31	25 56	28 23	10 2	24 27	3 16	9 32	29 44	5 26	0 37
6	11: 1:30	13 41 42	14Pi 3	27 27	29 37	10 40	24 20	3 13	9 30	29 43	5 26	0 34
7	11: 5:26	14 39 54	28 50	29 3	0Vi51	11 18	24 12	3 11	9 28	29 42	5 27	0 31
8	11: 9:23	15 38 7	13Ar43	0Vi42	2 5	11 56	24 4	3 9	9 27	29 41	5 28	0 28
9	11:13:20	16 36 22	28 36	2 24	3 20	12 34	23 56	3 6	9 25	29 40	5 29	0 24
10	11:17:16	17 34 39	13Ta19	4 10	4 34	13 12	23 48	3 4	9 23	29 39	5 29	0 21
11	11:21:12	18 32 58	27 48	5 57	5 48	13 50	23 40	3 1	9 22	29 38	5 30	0 18
12	11:25: 9	19 31 20	11Ge59	7 46	7 2	14 28	23 33	2 59	9 20	29 37	5 31	0 15
13	11:29: 6	20 29 43	25 50	9 37	8 17	15 5	23 25	2 56	9 18	29 36	5 32	0 12
14	11:33: 2	21 28 9	9Cn21	11 29	9 31	15 43	23 17	2 53	9 17	29 35	5 33	0 9
15	11:36:59	22 26 37	22 32	13 21	10 46	16 21	23 9	2 50	9 15	29 34	5 34	0 5
16	11:40:56	23 25 7	5Le27	15 14	12 0	16 58	23 1	2 47	9 14	29 33	5 35	0 2
17	11:44:52	24 23 39	18 7	17 7	13 14	17 36	22 53	2 44	9 12	29 33	5 36	29Le59
18	11:48:48	25 22 13	0Vi35	19 0	14 29	18 14	22 45	2 40	9 11	29 32	5 37	29 56
19	11:52:45	26 20 50	12 52	20 53	15 43	18 51	22 37	2 37	9 9	29 31	5 38	29 53
20	11:56:42	27 19 28	25 0	22 45	16 58	19 29	22 29	2 34	9 8	29 30	5 39	29 50
21	12: 0:39	28 18 8	7Li 1	24 37	18 13	20 6	22 21	2 30	9 7	29 30	5 40	29 46
22	12: 4:35	29 16 49	18 57	26 28	19 27	20 43	22 13	2 27	9 5	29 29	5 42	29 43
23	12: 8:32	0Li15 33	0Sc48	28 18	20 42	21 21	22 5	2 23	9 4	29 28	5 43	29 40
24	12:12:28	1 14 19	12 39	0Li 8	21 57	21 58	21 57	2 19	9 3	29 28	5 44	29 37
25	12:16:24	2 13 6	24 30	1 57	23 11	22 35	21 49	2 16	9 2	29 27	5 45	29 34
26	12:20:21	3 11 56	6Sg26	3 45	24 26	23 13	21 42	2 12	9 1	29 27	5 47	29 30
27	12:24:17	4 10 47	18 30	5 32	25 41	23 50	21 34	2 8	9 0	29 26	5 48	29 27
28	12:28:15	5 9 40	0Cp46	7 18	26 55	24 27	21 27	2 4	8 59	29 26	5 49	29 24
29	12:32:11	6 8 34	13 19	9 4	28 10	25 4	21 19	2 0	8 58	29 26	5 51	29 21
30	12:36: 7	7 7 31	26 13	10 48	29 25	25 41	21 12	1 56	8 57	29 25	5 52	29 18

9/23 Sun in Lib. 5:39   9/6 Full 11:22   9/13 3rd Qt. 1:59   9/20 New 17:02   9/28 1st Qt. 21:12

Day	Sid. T.	Sun	Moon	Merc.	Venus	Mars	Jup.	Saturn	Uranus	Nept.	Pluto	N.Node
1	12:40: 4	8Li 6 29	9Aq32	12Li32	0Li40	26Le18	21Pi 4R	1Ta52R	8Aq56R	29Cp25R	5Sg54	29Le15
2	12:44: 0	9 5 28	23 18	14 14	1 55	26 55	20 57	1 48	8 55	29 25	5 55	29 11
3	12:47:57	10 4 30	7Pi32	15 56	3 9	27 32	20 50	1 43	8 54	29 24	5 57	29 8
4	12:51:53	11 3 33	22 12	17 37	4 24	28 9	20 43	1 39	8 54	29 24	5 58	29 5
5	12:55:51	12 2 38	7Ar12	19 17	5 39	28 46	20 36	1 35	8 53	29 24	6 0	29 2
6	12:59:47	13 1 46	22 24	20 57	6 54	29 23	20 29	1 31	8 52	29 24	6 1	28 59
7	13: 3:43	14 0 55	7Ta38	22 35	8 9	29 59	20 23	1 26	8 52	29 23	6 3	28 56
8	13: 7:40	15 0 7	22 43	24 13	9 24	0Vi36	20 16	1 22	8 51	29 23	6 5	28 52
9	13:11:36	15 59 21	7Ge31	25 50	10 39	1 13	20 9	1 17	8 51	29 23	6 6	28 49
10	13:15:33	16 58 37	21 55	27 26	11 54	1 49	20 3	1 13	8 50	29 23	6 8	28 46
11	13:19:29	17 57 55	5Cn52	29 2	13 9	2 26	19 57	1 8	8 50	29 23D	6 10	28 43
12	13:23:26	18 57 16	19 22	0Sc36	14 24	3 2	19 51	1 3	8 49	29 23	6 11	28 40
13	13:27:22	19 56 40	2Le28	2 10	15 39	3 39	19 45	0 59	8 49	29 23	6 13	28 36
14	13:31:19	20 56 5	15 13	3 44	16 54	4 15	19 39	0 54	8 49	29 23	6 15	28 33
15	13:35:16	21 55 33	27 40	5 17	18 9	4 52	19 34	0 49	8 49	29 23	6 17	28 30
16	13:39:12	22 55 3	9Vi55	6 49	19 24	5 28	19 28	0 45	8 49	29 24	6 19	28 27
17	13:43: 8	23 54 35	21 59	8 20	20 39	6 4	19 23	0 40	8 48	29 24	6 20	28 24
18	13:47: 5	24 54 9	3Li58	9 51	21 54	6 40	19 18	0 35	8 48	29 24	6 22	28 21
19	13:51: 2	25 53 46	15 52	11 21	23 9	7 17	19 13	0 30	8 48D	29 24	6 24	28 17
20	13:54:58	26 53 24	27 43	12 50	24 24	7 53	19 8	0 26	8 48	29 25	6 26	28 14
21	13:58:55	27 53 5	9Sc34	14 19	25 40	8 29	19 3	0 21	8 49	29 25	6 28	28 11
22	14: 2:52	28 52 47	21 26	15 47	26 55	9 5	18 59	0 16	8 49	29 25	6 30	28 8
23	14: 6:48	29 52 32	3Sg21	17 14	28 10	9 41	18 55	0 11	8 49	29 26	6 32	28 5
24	14:10:44	0Sc52 18	15 19	18 41	29 25	10 17	18 50	0 6	8 49	29 26	6 34	28 2
25	14:14:42	1 52 6	27 25	20 7	0Sc40	10 53	18 47	0 2	8 50	29 26	6 36	27 58
26	14:18:38	2 51 56	9Cp41	21 32	1 56	11 28	18 43	29Ar57	8 50	29 27	6 38	27 55
27	14:22:34	3 51 47	22 11	22 57	3 11	12 4	18 39	29 52	8 50	29 27	6 40	27 52
28	14:26:31	4 51 40	4Aq58	24 21	4 26	12 40	18 36	29 47	8 51	29 28	6 42	27 49
29	14:30:27	5 51 35	18 8	25 44	5 41	13 16	18 33	29 43	8 51	29 29	6 44	27 46
30	14:34:23	6 51 31	1Pi44	27 6	6 56	13 51	18 30	29 38	8 52	29 29	6 46	27 42
31	14:38:20	7 51 29	15 48	28 27	8 12	14 27	18 27	29 33	8 52	29 30	6 48	27 39

10/23 Sun in Sco. 15:00   10/5 Full 20:13   10/12 3rd Qt. 11:12   10/20 New 10:10   10/28 1st Qt. 11:47

NOVEMBER 1998

Day	Sid. T.	Sun	Moon	Merc.	Venus	Mars	Jup.	Saturn	Uranus	Nept.	Pluto	N.Node
1	14:42:17	8Sc51 29	0Ar20	29Sc47	9Sc27	15Vi 2	18Pi25R	29Ar28R	8Aq53	29Cp31	6Sg50	27Le36
2	14:46:14	9 51 30	15 16	1Sg 5	10 42	15 38	18 22	29 24	8 54	29 31	6 53	27 33
3	14:50:10	10 51 33	0Ta30	2 23	11 57	16 13	18 20	29 19	8 55	29 32	6 55	27 30
4	14:54: 7	11 51 38	15 52	3 39	13 13	16 48	18 18	29 14	8 55	29 33	6 57	27 27
5	14:58: 3	12 51 44	1Ge 9	4 54	14 28	17 24	18 16	29 10	8 56	29 34	6 59	27 23
6	15: 1:59	13 51 53	16 11	6 7	15 43	17 59	18 15	29 5	8 57	29 34	7 1	27 20
7	15: 5:56	14 52 4	0Cn48	7 18	16 58	18 34	18 13	29 1	8 58	29 35	7 3	27 17
8	15: 9:53	15 52 16	14 57	8 28	18 14	19 9	18 12	28 56	8 59	29 36	7 6	27 14
9	15:13:50	16 52 31	28 35	9 35	19 29	19 44	18 11	28 52	9 0	29 37	7 8	27 11
10	15:17:46	17 52 48	11Le44	10 39	20 44	20 19	18 11	28 47	9 1	29 38	7 10	27 8
11	15:21:43	18 53 6	24 28	11 41	21 59	20 54	18 10	28 43	9 3	29 39	7 12	27 4
12	15:25:39	19 53 27	6Vi53	12 39	23 15	21 29	18 10	28 39	9 4	29 40	7 15	27 1
13	15:29:35	20 53 49	19 2	13 34	24 30	22 3	18 10	28 34	9 5	29 41	7 17	26 58
14	15:33:32	21 54 14	1Li 1	14 24	25 45	22 38	18 10D	28 30	9 6	29 42	7 19	26 55
15	15:37:29	22 54 40	12 53	15 10	27 1	23 13	18 10	28 26	9 8	29 44	7 21	26 52
16	15:41:26	23 55 8	24 44	15 51	28 16	23 47	18 11	28 22	9 9	29 45	7 24	26 48
17	15:45:22	24 55 37	6Sc34	16 26	29 31	24 22	18 11	28 18	9 11	29 46	7 26	26 45
18	15:49:18	25 56 9	18 27	16 54	0Sg47	24 56	18 12	28 14	9 12	29 47	7 28	26 42
19	15:53:15	26 56 42	0Sg23	17 16	2 2	25 30	18 14	28 10	9 14	29 48	7 31	26 39
20	15:57:11	27 57 16	12 25	17 29	3 17	26 5	18 15	28 6	9 15	29 50	7 33	26 36
21	16: 1: 8	28 57 52	24 32	17 34R	4 33	26 39	18 16	28 3	9 17	29 51	7 35	26 33
22	16: 5: 5	29 58 30	6Cp46	17 29	5 48	27 13	18 18	27 59	9 19	29 52	7 38	26 29
23	16: 9: 2	0Sg59 8	19 9	17 14	7 3	27 47	18 20	27 55	9 20	29 54	7 40	26 26
24	16:12:58	1 59 48	1Aq44	16 48	8 19	28 21	18 22	27 52	9 22	29 55	7 42	26 23
25	16:16:54	3 0 29	14 32	16 12	9 34	28 55	18 25	27 48	9 24	29 56	7 45	26 20
26	16:20:51	4 1 11	27 39	15 24	10 49	29 29	18 27	27 45	9 26	29 58	7 47	26 17
27	16:24:47	5 1 54	11Pi 6	14 27	12 5	0Li 2	18 30	27 41	9 28	29 59	7 49	26 13
28	16:28:44	6 2 38	24 57	13 21	13 20	0 36	18 33	27 38	9 30	0Aq 1	7 52	26 10
29	16:32:41	7 3 23	9Ar13	12 7	14 35	1 10	18 36	27 35	9 32	0 2	7 54	26 7
30	16:36:37	8 4 9	23 52	10 48	15 51	1 43	18 39	27 32	9 34	0 4	7 56	26 4

11/22 Sun in Sag. 12:36   11/4 Full 5:19   11/11 3rd Qt. 0:29   11/19 New 4:28   11/27 1st Qt. 0:24

DECEMBER 1998

Day	Sid. T.	Sun	Moon	Merc.	Venus	Mars	Jup.	Saturn	Uranus	Nept.	Pluto	N.Node
1	16:40:33	9Sg 4 56	8Ta50	9Sg25R	17Sg 6	2Li16	18Pi43	27Ar29R	9Aq36	0Aq 5	7Sg59	26Le 1
2	16:44:30	10 5 44	23 59	8 3	18 21	2 50	18 47	27 26	9 38	0 7	8 1	25 58
3	16:48:27	11 6 33	9Ge 9	6 43	19 37	3 23	18 51	27 23	9 40	0 9	8 4	25 54
4	16:52:23	12 7 23	24 10	5 28	20 52	3 56	18 55	27 21	9 42	0 10	8 6	25 51
5	16:56:20	13 8 15	8Cn51	4 21	22 7	4 29	18 59	27 18	9 45	0 12	8 8	25 48
6	17: 0:17	14 9 7	23 6	3 23	23 23	5 2	19 4	27 16	9 47	0 14	8 11	25 45
7	17: 4:13	15 10 1	6Le52	2 36	24 38	5 35	19 8	27 13	9 49	0 15	8 13	25 42
8	17: 8: 9	16 10 56	20 8	2 0	25 53	6 7	19 13	27 11	9 52	0 17	8 15	25 39
9	17:12: 6	17 11 52	2Vi59	1 35	27 9	6 40	19 18	27 9	9 54	0 19	8 18	25 35
10	17:16: 3	18 12 50	15 27	1 21	28 24	7 12	19 23	27 7	9 57	0 21	8 20	25 32
11	17:19:59	19 13 48	27 38	1 18D	29 39	7 45	19 29	27 4	9 59	0 23	8 22	25 29
12	17:23:56	20 14 48	9Li37	1 26	0Cp55	8 17	19 34	27 3	10 2	0 24	8 25	25 26
13	17:27:53	21 15 49	21 29	1 42	2 10	8 49	19 40	27 1	10 4	0 26	8 27	25 23
14	17:31:49	22 16 50	3Sc19	2 7	3 25	9 21	19 46	26 59	10 7	0 28	8 29	25 19
15	17:35:45	23 17 53	15 10	2 40	4 41	9 53	19 52	26 57	10 9	0 30	8 31	25 16
16	17:39:42	24 18 57	27 6	3 19	5 56	10 25	19 59	26 56	10 12	0 32	8 34	25 13
17	17:43:38	25 20 1	9Sg 9	4 5	7 11	10 57	20 5	26 55	10 15	0 34	8 36	25 10
18	17:47:34	26 21 7	21 19	4 56	8 27	11 29	20 12	26 53	10 17	0 36	8 38	25 7
19	17:51:32	27 22 13	3Cp39	5 51	9 42	12 0	20 18	26 52	10 20	0 38	8 41	25 4
20	17:55:28	28 23 19	16 8	6 51	10 57	12 31	20 25	26 51	10 23	0 40	8 43	25 0
21	17:59:25	29 24 26	28 47	7 55	12 13	13 3	20 33	26 50	10 26	0 42	8 45	24 57
22	18: 3:21	0Cp25 33	11Aq37	9 1	13 28	13 34	20 40	26 49	10 29	0 44	8 47	24 54
23	18: 7:18	1 26 41	24 38	10 11	14 43	14 5	20 47	26 48	10 32	0 46	8 49	24 51
24	18:11:14	2 27 48	7Pi53	11 23	15 59	14 36	20 55	26 48	10 34	0 48	8 52	24 48
25	18:15:12	3 28 56	21 23	12 37	17 14	15 6	21 3	26 47	10 37	0 50	8 54	24 45
26	18:19: 8	4 30 4	5Ar 9	13 53	18 29	15 37	21 10	26 47	10 40	0 52	8 56	24 41
27	18:23: 4	5 31 12	19 13	15 10	19 44	16 7	21 19	26 46	10 43	0 54	8 58	24 38
28	18:27: 1	6 32 19	3Ta33	16 29	21 0	16 38	21 27	26 46	10 46	0 56	9 0	24 35
29	18:30:57	7 33 27	18 7	17 50	22 15	17 8	21 35	26 46	10 49	0 58	9 3	24 32
30	18:34:54	8 34 35	2Ge51	19 12	23 30	17 38	21 44	26 46D	10 53	1 0	9 5	24 29
31	18:38:50	9 35 43	17 36	20 34	24 45	18 8	21 52	26 46	10 56	1 3	9 7	24 25

12/22 Sun in Cap. 1:58   12/3 Full 15:20   12/10 3rd Qt. 17:54   12/18 New 22:43   12/26 1st Qt. 10:47

Day	Sid. T.	Sun	Moon	Merc.	Venus	Mars	Jup.	Saturn	Uranus	Nept.	Pluto	N.Node
1	18:42:48	10Cp36 51	2Cn17	21Sg58	26Cp 0	18Li38	22Pi 1	26Ar47	10Aq59	1Aq 5	9Sg 9	24Le22
2	18:46:43	11 37 59	16 44	23 23	27 16	19 7	22 10	26 47	11 2	1 7	9 11	24 19
3	18:50:40	12 39 7	0Le51	24 48	28 31	19 37	22 19	26 47	11 5	1 9	9 13	24 16
4	18:54:37	13 40 15	14 36	26 14	29 46	20 6	22 28	26 48	11 8	1 11	9 15	24 13
5	18:58:33	14 41 23	27 55	27 41	1Aq 1	20 35	22 37	26 49	11 11	1 14	9 17	24 10
6	19: 2:29	15 42 31	10Vi50	29 8	2 16	21 4	22 47	26 50	11 15	1 16	9 19	24 6
7	19: 6:26	16 43 39	23 23	0Cp36	3 32	21 32	22 56	26 50	11 18	1 18	9 21	24 3
8	19:10:23	17 44 48	5Li39	2 5	4 47	22 1	23 6	26 52	11 21	1 20	9 23	24 0
9	19:14:19	18 45 56	17 41	3 34	6 2	22 29	23 16	26 53	11 24	1 22	9 25	23 57
10	19:18:16	19 47 5	29 36	5 4	7 17	22 58	23 26	26 54	11 28	1 25	9 27	23 54
11	19:22:13	20 48 13	11Sc27	6 34	8 32	23 25	23 36	26 55	11 31	1 27	9 29	23 51
12	19:26: 9	21 49 22	23 20	8 5	9 47	23 53	23 46	26 57	11 34	1 29	9 31	23 47
13	19:30: 5	22 50 30	5Sg19	9 36	11 2	24 21	23 57	26 58	11 38	1 31	9 32	23 44
14	19:34: 2	23 51 39	17 26	11 8	12 17	24 48	24 7	27 0	11 41	1 34	9 34	23 41
15	19:37:59	24 52 47	29 45	12 40	13 32	25 15	24 18	27 2	11 45	1 36	9 36	23 38
16	19:41:55	25 53 55	12Cp17	14 13	14 48	25 42	24 28	27 4	11 48	1 38	9 38	23 35
17	19:45:52	26 55 2	25 3	15 46	16 3	26 9	24 39	27 6	11 51	1 40	9 40	23 31
18	19:49:49	27 56 9	8Aq 3	17 20	17 18	26 36	24 50	27 8	11 55	1 43	9 41	23 28
19	19:53:44	28 57 16	21 15	18 54	18 33	27 2	25 1	27 10	11 58	1 45	9 43	23 25
20	19:57:41	29 58 21	4Pi41	20 29	19 48	27 28	25 12	27 12	12 2	1 47	9 45	23 22
21	20: 1:38	0Aq59 26	18 17	22 4	21 3	27 54	25 23	27 15	12 5	1 50	9 46	23 19
22	20: 5:35	2 0 30	2Ar 5	23 40	22 17	28 20	25 35	27 17	12 9	1 52	9 48	23 16
23	20: 9:31	3 1 33	16 0	25 17	23 32	28 45	25 46	27 20	12 12	1 54	9 50	23 12
24	20:13:28	4 2 35	0Ta 4	26 54	24 47	29 10	25 58	27 23	12 15	1 56	9 51	23 9
25	20:17:24	5 3 35	14 15	28 32	26 2	29 35	26 9	27 26	12 19	1 59	9 53	23 6
26	20:21:20	6 4 35	28 31	0Aq10	27 17	0Sc 0	26 21	27 29	12 22	2 1	9 54	23 3
27	20:25:17	7 5 34	12Ge48	1 49	28 32	0 24	26 33	27 32	12 26	2 3	9 56	23 0
28	20:29:14	8 6 31	27 4	3 29	29 47	0 48	26 45	27 35	12 29	2 5	9 57	22 57
29	20:33:11	9 7 28	11Cn14	5 9	1Pi 1	1 12	26 57	27 38	12 33	2 7	9 59	22 53
30	20:37: 7	10 8 23	25 14	6 50	2 16	1 36	27 9	27 41	12 36	2 10	10 0	22 50
31	20:41: 4	11 9 17	9Le 0	8 31	3 31	1 59	27 21	27 45	12 40	2 12	10 2	22 47

1/20 Sun in Aqu. 12:39   1/2 Full 2:51   1/9 3rd Qt. 14:23   1/17 New 15:47   1/24 1st Qt. 19:16   1/31 Full 16:08

Day	Sid. T.	Sun	Moon	Merc.	Venus	Mars	Jup.	Saturn	Uranus	Nept.	Pluto	N.Node
1	20:45: 0	12Aq10 11	22Le29	10Aq14	4Pi46	2Sc22	27Pi33	27Ar48	12Aq43	2Aq15	10Sg 3	22Le44
2	20:48:56	13 11 3	5Vi39	11 57	6 0	2 44	27 45	27 52	12 47	2 17	10 4	22 41
3	20:52:53	14 11 54	18 31	13 40	7 15	3 7	27 58	27 56	12 50	2 19	10 6	22 37
4	20:56:50	15 12 44	1Li 4	15 25	8 29	3 29	28 10	28 0	12 54	2 21	10 7	22 34
5	21: 0:47	16 13 34	13 22	17 10	9 44	3 50	28 23	28 4	12 57	2 23	10 8	22 31
6	21: 4:43	17 14 22	25 27	18 56	10 59	4 12	28 35	28 8	13 1	2 26	10 9	22 28
7	21: 8:39	18 15 10	7Sc24	20 42	12 13	4 33	28 48	28 12	13 4	2 28	10 10	22 25
8	21:12:36	19 15 56	19 17	22 30	13 28	4 54	29 1	28 16	13 8	2 30	10 12	22 22
9	21:16:32	20 16 42	1Sg10	24 17	14 42	5 14	29 14	28 20	13 11	2 32	10 13	22 18
10	21:20:29	21 17 26	13 9	26 6	15 56	5 34	29 27	28 25	13 15	2 35	10 14	22 15
11	21:24:26	22 18 10	25 18	27 55	17 11	5 53	29 40	28 29	13 18	2 37	10 15	22 12
12	21:28:23	23 18 52	7Cp41	29 44	18 25	6 13	29 53	28 34	13 22	2 39	10 16	22 9
13	21:32:19	24 19 34	20 20	1Pi34	19 40	6 31	0Ar 6	28 38	13 25	2 41	10 17	22 6
14	21:36:15	25 20 13	3Aq18	3 24	20 54	6 50	0 19	28 43	13 29	2 43	10 18	22 2
15	21:40:12	26 20 52	16 35	5 14	22 8	7 8	0 32	28 48	13 32	2 45	10 19	21 59
16	21:44: 8	27 21 29	0Pi11	7 4	23 22	7 26	0 46	28 53	13 36	2 47	10 20	21 56
17	21:48: 5	28 22 5	14 4	8 54	24 36	7 43	0 59	28 58	13 39	2 50	10 21	21 53
18	21:52: 2	29 22 39	28 9	10 43	25 51	7 59	1 12	29 3	13 42	2 52	10 21	21 50
19	21:55:59	0Pi23 12	12Ar24	12 31	27 5	8 16	1 26	29 8	13 46	2 54	10 22	21 47
20	21:59:55	1 23 42	26 43	14 19	28 19	8 32	1 39	29 13	13 49	2 56	10 23	21 43
21	22: 3:51	2 24 11	11Ta 3	16 4	29 33	8 47	1 53	29 18	13 53	2 58	10 24	21 40
22	22: 7:48	3 24 38	25 19	17 48	0Ar47	9 2	2 7	29 23	13 56	3 0	10 24	21 37
23	22:11:44	4 25 3	9Ge29	19 30	2 1	9 17	2 20	29 29	13 59	3 2	10 25	21 34
24	22:15:41	5 25 27	23 32	21 9	3 14	9 30	2 34	29 34	14 3	3 4	10 26	21 31
25	22:19:38	6 25 48	7Cn24	22 44	4 28	9 44	2 48	29 40	14 6	3 6	10 26	21 28
26	22:23:34	7 26 7	21 7	24 16	5 42	9 57	3 2	29 45	14 9	3 8	10 27	21 24
27	22:27:30	8 26 25	4Le37	25 43	6 56	10 9	3 15	29 51	14 12	3 10	10 27	21 21
28	22:31:27	9 26 40	17 56	27 5	8 9	10 21	3 29	29 57	14 16	3 12	10 28	21 18

2/19 Sun in Pis. 2:48   2/8 3rd Qt. 11:59   2/16 New 6:40(E)   2/23 1st Qt. 2:44

MARCH 1999

Day	Sid. T.	Sun	Moon	Merc.	Venus	Mars	Jup.	Saturn	Uranus	Nept.	Pluto	N.Node
1	22:35:24	10Pi26 54	1Vi 2	28Pi21	9Ar23	10Sc33	3Ar43	0Ta 3	14Aq19	3Aq14	10Sg28	21Le15
2	22:39:20	11 27 5	13 55	29 31	10 37	10 44	3 57	0 9	14 22	3 16	10 29	21 12
3	22:43:17	12 27 15	26 34	0Ar33	11 50	10 54	4 11	0 15	14 25	3 17	10 29	21 8
4	22:47:14	13 27 23	9Li 0	1 29	13 4	11 3	4 25	0 21	14 29	3 19	10 29	21 5
5	22:51:10	14 27 30	21 15	2 16	14 17	11 13	4 39	0 27	14 32	3 21	10 30	21 2
6	22:55: 6	15 27 34	3Sc19	2 55	15 30	11 21	4 54	0 33	14 35	3 23	10 30	20 59
7	22:59: 3	16 27 38	15 16	3 26	16 44	11 29	5 8	0 39	14 38	3 25	10 30	20 56
8	23: 3: 0	17 27 39	27 9	3 47	17 57	11 36	5 22	0 45	14 41	3 27	10 30	20 53
9	23: 6:56	18 27 39	9Sg 2	4 0	19 10	11 43	5 36	0 52	14 44	3 28	10 30	20 49
10	23:10:53	19 27 38	20 59	4 3R	20 23	11 49	5 50	0 58	14 47	3 30	10 31	20 46
11	23:14:49	20 27 34	3Cp 6	3 58	21 36	11 54	6 5	1 4	14 50	3 32	10 31	20 43
12	23:18:46	21 27 29	15 27	3 44	22 49	11 59	6 19	1 11	14 53	3 33	10 31	20 40
13	23:22:42	22 27 23	28 6	3 21	24 2	12 3	6 33	1 17	14 56	3 35	10 31	20 37
14	23:26:39	23 27 14	11Aq 8	2 52	25 15	12 6	6 48	1 24	14 59	3 37	10 31R	20 34
15	23:30:35	24 27 4	24 34	2 15	26 28	12 9	7 2	1 30	15 2	3 38	10 31	20 30
16	23:34:31	25 26 52	8Pi24	1 33	27 41	12 10	7 16	1 37	15 5	3 40	10 31	20 27
17	23:38:29	26 26 38	22 38	0 45	28 53	12 12	7 31	1 44	15 8	3 41	10 31	20 24
18	23:42:25	27 26 23	7Ar10	29Pi54	0Ta 6	12 12	7 45	1 51	15 10	3 43	10 30	20 21
19	23:46:22	28 26 5	21 53	29 1	1 19	12 12R	8 0	1 57	15 13	3 45	10 30	20 18
20	23:50:18	29 25 45	6Ta41	28 6	2 31	12 11	8 14	2 4	15 16	3 46	10 30	20 14
21	23:54:15	0Ar25 23	21 25	27 10	3 44	12 9	8 28	2 11	15 19	3 47	10 30	20 11
22	23:58:11	1 24 58	5Ge53	26 16	4 56	12 6	8 43	2 18	15 21	3 49	10 30	20 8
23	0: 2: 7	2 24 32	20 17	25 24	6 8	12 3	8 57	2 25	15 24	3 50	10 29	20 5
24	0: 6: 5	3 24 3	4Cn19	24 34	7 20	11 59	9 12	2 32	15 27	3 52	10 29	20 2
25	0:10: 1	4 23 31	18 1	23 49	8 32	11 54	9 26	2 39	15 29	3 53	10 29	19 59
26	0:13:58	5 22 58	1Le27	23 8	9 45	11 49	9 41	2 46	15 32	3 54	10 28	19 55
27	0:17:54	6 22 22	14 37	22 32	10 56	11 42	9 55	2 53	15 34	3 56	10 28	19 52
28	0:21:50	7 21 43	27 33	22 1	12 8	11 35	10 10	3 1	15 37	3 57	10 27	19 49
29	0:25:47	8 21 3	10Vi17	21 36	13 20	11 27	10 24	3 8	15 39	3 58	10 27	19 46
30	0:29:44	9 20 20	22 50	21 16	14 32	11 19	10 39	3 15	15 42	3 59	10 26	19 43
31	0:33:40	10 19 35	5Li14	21 3	15 43	11 9	10 53	3 22	15 44	4 1	10 26	19 40

3/21 Sun in Ari. 1:47   3/2 Full 7:00   3/10 3rd Qt. 8:41   3/17 New 18:49   3/24 1st Qt. 10:19   3/31 Full 22:50

APRIL 1999

Day	Sid. T.	Sun	Moon	Merc.	Venus	Mars	Jup.	Saturn	Uranus	Nept.	Pluto	N.Node
1	0:37:37	11Ar18 48	17Li29	20Pi55R	16Ta55	10Sc59R	11Ar 8	3Ta29	15Aq46	4Aq 2	10Sg25R	19Le36
2	0:41:34	12 17 59	29 35	20 52D	18 6	10 48	11 22	3 37	15 49	4 3	10 24	19 33
3	0:45:30	13 17 8	11Sc35	20 56	19 18	10 37	11 37	3 44	15 51	4 4	10 24	19 30
4	0:49:26	14 16 16	23 30	21 5	20 29	10 24	11 52	3 51	15 53	4 5	10 23	19 27
5	0:53:23	15 15 21	5Sg22	21 19	21 40	10 11	12 6	3 59	15 55	4 6	10 22	19 24
6	0:57:20	16 14 25	17 14	21 37	22 51	9 57	12 21	4 6	15 58	4 7	10 22	19 20
7	1: 1:16	17 13 26	29 10	22 1	24 2	9 43	12 35	4 14	16 0	4 8	10 21	19 17
8	1: 5:13	18 12 26	11Cp15	22 29	25 13	9 27	12 50	4 21	16 2	4 9	10 20	19 14
9	1: 9:10	19 11 25	23 32	23 2	26 24	9 11	13 4	4 29	16 4	4 10	10 19	19 11
10	1:13: 6	20 10 21	6Aq 7	23 39	27 35	8 55	13 18	4 36	16 6	4 11	10 18	19 8
11	1:17: 2	21 9 16	19 5	24 19	28 46	8 38	13 33	4 44	16 8	4 12	10 17	19 5
12	1:20:59	22 8 9	2Pi30	25 3	29 56	8 20	13 47	4 51	16 10	4 12	10 17	19 1
13	1:24:56	23 7 0	16 23	25 51	1Ge 7	8 2	14 2	4 59	16 11	4 13	10 16	18 58
14	1:28:52	24 5 49	0Ar45	26 42	2 17	7 43	14 16	5 6	16 13	4 14	10 15	18 55
15	1:32:49	25 4 37	15 30	27 36	3 27	7 23	14 31	5 14	16 15	4 15	10 14	18 52
16	1:36:45	26 3 22	0Ta33	28 34	4 37	7 3	14 45	5 22	16 17	4 15	10 13	18 49
17	1:40:41	27 2 6	15 43	29 34	5 47	6 43	14 59	5 29	16 18	4 16	10 12	18 46
18	1:44:38	28 0 48	0Ge50	0Ar37	6 57	6 22	15 14	5 37	16 20	4 17	10 10	18 42
19	1:48:35	28 59 27	15 45	1 42	8 7	6 1	15 28	5 44	16 22	4 17	10 9	18 39
20	1:52:32	29 58 5	0Cn19	2 50	9 17	5 40	15 42	5 52	16 23	4 18	10 8	18 36
21	1:56:28	0Ta56 40	14 30	4 1	10 26	5 18	15 57	6 0	16 25	4 18	10 7	18 33
22	2: 0:25	1 55 13	28 14	5 14	11 36	4 56	16 11	6 7	16 26	4 19	10 5	18 30
23	2: 4:21	2 53 44	11Le37	6 29	12 45	4 34	16 25	6 15	16 28	4 19	10 4	18 26
24	2: 8:17	3 52 12	24 38	7 46	13 54	4 11	16 39	6 23	16 28	4 20	10 4	18 23
25	2:12:14	4 50 38	7Vi21	9 5	15 3	3 49	16 53	6 30	16 30	4 20	10 2	18 20
26	2:16:11	5 49 3	19 51	10 27	16 12	3 26	17 8	6 38	16 31	4 20	10 1	18 17
27	2:20: 8	6 47 25	2Li 9	11 51	17 21	3 4	17 22	6 46	16 33	4 21	10 0	18 14
28	2:24: 4	7 45 45	14 20	13 16	18 29	2 41	17 36	6 53	16 34	4 21	9 58	18 11
29	2:28: 0	8 44 3	26 23	14 44	19 38	2 19	17 50	7 1	16 35	4 21	9 57	18 7
30	2:31:57	9 42 19	8Sc22	16 13	20 46	1 57	18 4	7 9	16 36	4 22	9 56	18 4

4/20 Sun in Tau. 12:47   4/9 3rd Qt. 2:52   4/16 New 4:23   4/22 1st Qt. 19:03   4/30 Full 14:56

Day	Sid. T.	Sun	Moon	Merc.	Venus	Mars	Jup.	Saturn	Uranus	Nept.	Pluto	N.Node
1	2:35:53	10Ta40 34	20Sc18	17Ar45	21Ge54	1Sc35R	18Ar18	7Ta16	16Aq37	4Aq22	9Sg54R	18Le 1
2	2:39:50	11 38 47	2Sg10	19 18	23 2	1 13	18 32	7 24	16 38	4 22	9 53	17 58
3	2:43:47	12 36 58	14 2	20 54	24 10	0 51	18 45	7 32	16 39	4 22	9 52	17 55
4	2:47:44	13 35 8	25 55	22 31	25 18	0 30	18 59	7 39	16 40	4 22	9 50	17 51
5	2:51:40	14 33 16	7Cp53	24 10	26 26	0 8	19 13	7 47	16 41	4 22	9 49	17 48
6	2:55:36	15 31 23	19 57	25 51	27 33	29Li48	19 27	7 55	16 42	4 22	9 47	17 45
7	2:59:33	16 29 28	2Aq14	27 34	28 40	29 27	19 41	8 2	16 42	4 22R	9 46	17 42
8	3: 3:29	17 27 32	14 46	29 18	29 47	29 7	19 54	8 10	16 43	4 22	9 45	17 39
9	3: 7:26	18 25 35	27 40	1Ta 5	0Cn54	28 48	20 8	8 17	16 44	4 22	9 43	17 36
10	3:11:23	19 23 36	10Pi59	2 54	2 1	28 29	20 21	8 25	16 44	4 22	9 42	17 32
11	3:15:20	20 21 35	24 46	4 44	3 7	28 11	20 35	8 33	16 45	4 22	9 40	17 29
12	3:19:16	21 19 34	9Ar 3	6 37	4 14	27 53	20 48	8 40	16 45	4 22	9 39	17 26
13	3:23:12	22 17 31	23 47	8 31	5 20	27 36	21 2	8 48	16 46	4 22	9 37	17 23
14	3:27: 9	23 15 27	8Ta52	10 27	6 26	27 19	21 15	8 55	16 46	4 21	9 35	17 20
15	3:31: 5	24 13 21	24 10	12 25	7 32	27 3	21 29	9 3	16 46	4 21	9 34	17 17
16	3:35: 1	25 11 14	9Ge28	14 25	8 37	26 48	21 42	9 10	16 47	4 21	9 32	17 13
17	3:38:59	26 9 6	24 36	16 27	9 43	26 34	21 55	9 18	16 47	4 20	9 31	17 10
18	3:42:55	27 6 56	9Cn25	18 30	10 48	26 20	22 8	9 25	16 47	4 20	9 29	17 7
19	3:46:51	28 4 44	23 47	20 35	11 53	26 7	22 21	9 33	16 47	4 20	9 28	17 4
20	3:50:48	29 2 30	7Le41	22 42	12 58	25 54	22 34	9 40	16 47	4 19	9 26	17 1
21	3:54:45	0Ge 0 15	21 8	24 50	14 2	25 43	22 47	9 47	16 47	4 19	9 24	16 57
22	3:58:41	0 57 58	4Vi10	26 59	15 6	25 32	23 0	9 55	16 47R	4 18	9 23	16 54
23	4: 2:37	1 55 40	16 50	29 9	16 10	25 22	23 13	10 2	16 47	4 18	9 21	16 51
24	4: 6:35	2 53 20	29 14	1Ge20	17 14	25 13	23 26	10 9	16 47	4 17	9 20	16 48
25	4:10:31	3 50 58	11Li26	3 31	18 18	25 5	23 39	10 17	16 47	4 17	9 18	16 45
26	4:14:27	4 48 35	23 28	5 43	19 21	24 58	23 51	10 24	16 47	4 16	9 16	16 42
27	4:18:24	5 46 11	5Sc25	7 55	20 24	24 51	24 4	10 31	16 47	4 16	9 15	16 38
28	4:22:21	6 43 45	17 19	10 6	21 26	24 45	24 16	10 38	16 46	4 15	9 13	16 35
29	4:26:17	7 41 18	29 12	12 18	22 29	24 40	24 29	10 45	16 46	4 14	9 11	16 32
30	4:30:14	8 38 50	11Sg 4	14 28	23 31	24 36	24 41	10 52	16 46	4 14	9 10	16 29
31	4:34:10	9 36 21	22 59	16 37	24 32	24 32	24 53	10 59	16 45	4 13	9 8	16 26

5/21 Sun in Gem. 11:54   5/8 3rd Qt. 17:30   5/15 New 12:06   5/22 1st Qt. 5:35   5/30 Full 6:41

Day	Sid. T.	Sun	Moon	Merc.	Venus	Mars	Jup.	Saturn	Uranus	Nept.	Pluto	N.Node
1	4:38: 7	10Ge33 51	4Cp57	18Ge45	25Cn34	24Li30R	25Ar 5	11Ta 7	16Aq45R	4Aq12R	9Sg 7R	16Le23
2	4:42: 3	11 31 20	17 0	20 52	26 35	24 28	25 18	11 14	16 44	4 11	9 5	16 19
3	4:46: 0	12 28 48	29 10	22 57	27 36	24 27	25 30	11 20	16 44	4 10	9 3	16 16
4	4:49:56	13 26 15	11Aq32	25 0	28 36	24 27D	25 42	11 27	16 43	4 10	9 2	16 13
5	4:53:52	14 23 41	24 7	27 1	29 36	24 27	25 54	11 34	16 42	4 9	9 0	16 10
6	4:57:50	15 21 7	7Pi 1	29 0	0Le36	24 29	26 5	11 41	16 42	4 8	8 58	16 7
7	5: 1:46	16 18 32	20 17	0Cn56	1 35	24 31	26 17	11 48	16 41	4 7	8 57	16 3
8	5: 5:43	17 15 57	3Ar57	2 51	2 34	24 34	26 29	11 55	16 40	4 6	8 55	16 0
9	5: 9:39	18 13 21	18 4	4 43	3 33	24 38	26 40	12 1	16 39	4 5	8 54	15 57
10	5:13:36	19 10 44	2Ta37	6 32	4 31	24 42	26 52	12 8	16 38	4 4	8 52	15 54
11	5:17:32	20 8 7	17 31	8 19	5 29	24 47	27 3	12 15	16 37	4 3	8 50	15 51
12	5:21:28	21 5 29	2Ge39	10 4	6 26	24 53	27 14	12 21	16 36	4 2	8 49	15 48
13	5:25:26	22 2 51	17 52	11 45	7 23	25 0	27 26	12 28	16 35	4 1	8 47	15 44
14	5:29:22	23 0 12	2Cn59	13 25	8 19	25 7	27 37	12 34	16 34	4 0	8 46	15 41
15	5:33:19	23 57 33	17 50	15 2	9 15	25 15	27 48	12 41	16 33	3 58	8 44	15 38
16	5:37:15	24 54 52	2Le18	16 36	10 10	25 24	27 58	12 47	16 32	3 57	8 43	15 35
17	5:41:11	25 52 11	16 20	18 8	11 5	25 33	28 9	12 53	16 31	3 56	8 41	15 32
18	5:45: 8	26 49 29	29 53	19 37	11 59	25 43	28 20	13 0	16 30	3 55	8 39	15 29
19	5:49: 4	27 46 46	13Vi 0	21 3	12 53	25 54	28 31	13 6	16 28	3 54	8 38	15 25
20	5:53: 1	28 44 2	25 44	22 27	13 46	26 5	28 41	13 12	16 27	3 52	8 36	15 22
21	5:56:58	29 41 18	8Li 9	23 48	14 39	26 17	28 51	13 18	16 26	3 51	8 35	15 19
22	6: 0:55	0Cn38 33	20 20	25 6	15 31	26 30	29 2	13 24	16 24	3 50	8 33	15 16
23	6: 4:51	1 35 47	2Sc20	26 21	16 22	26 43	29 12	13 30	16 23	3 49	8 32	15 13
24	6: 8:47	2 33 0	14 15	27 34	17 12	26 57	29 22	13 36	16 21	3 47	8 30	15 9
25	6:12:44	3 30 13	26 7	28 43	18 2	27 12	29 32	13 42	16 20	3 46	8 29	15 6
26	6:16:40	4 27 26	7Sg59	29 50	18 52	27 27	29 42	13 48	16 18	3 45	8 28	15 3
27	6:20:37	5 24 38	19 54	0Le53	19 40	27 42	29 51	13 54	16 17	3 43	8 26	15 0
28	6:24:34	6 21 50	1Cp54	1 54	20 28	27 58	0Ta 1	13 59	16 15	3 42	8 25	14 57
29	6:28:31	7 19 1	14 0	2 51	21 14	28 15	0 10	14 5	16 13	3 41	8 23	14 54
30	6:32:27	8 16 13	26 14	3 45	22 0	28 32	0 20	14 10	16 12	3 39	8 22	14 50

6/21 Sun in Can. 19:50   6/7 3rd Qt. 4:21   6/13 New 19:04   6/20 1st Qt. 18:14   6/28 Full 21:38

JULY 1999

Day	Sid. T.	Sun	Moon	Merc.	Venus	Mars	Jup.	Saturn	Uranus	Nept.	Pluto	N.Node
1	6:36:23	9Cn13 24	8Aq37	4Le35	22Le46	28L i50	0Ta29	14Ta16	16Aq10R	3Aq38R	8Sg21R	14Le47
2	6:40:20	10 10 35	21 11	5 22	23 30	29 9	0 38	14 21	16 8	3 36	8 19	14 44
3	6:44:17	11 7 47	3Pi59	6 5	24 13	29 27	0 47	14 27	16 6	3 35	8 18	14 41
4	6:48:13	12 4 58	17 1	6 45	24 56	29 47	0 56	14 32	16 4	3 33	8 17	14 38
5	6:52:10	13 2 10	0Ar21	7 20	25 37	0Sc 6	1 5	14 37	16 3	3 32	8 16	14 35
6	6:56: 6	13 59 22	14 1	7 52	26 17	0 27	1 13	14 42	16 1	3 30	8 14	14 31
7	7: 0: 2	14 56 34	28 0	8 19	26 57	0 48	1 22	14 47	15 59	3 29	8 13	14 28
8	7: 3:59	15 53 47	12Ta19	8 42	27 35	1 9	1 30	14 52	15 57	3 27	8 12	14 25
9	7: 7:56	16 51 0	26 55	9 1	28 12	1 30	1 38	14 57	15 55	3 26	8 11	14 22
10	7:11:53	17 48 14	11Ge44	9 15	28 48	1 53	1 46	15 2	15 53	3 24	8 10	14 19
11	7:15:49	18 45 28	26 37	9 24	29 22	2 15	1 54	15 7	15 51	3 23	8 8	14 15
12	7:19:46	19 42 42	11Cn27	9 29	29 55	2 38	2 2	15 12	15 49	3 21	8 7	14 12
13	7:23:42	20 39 56	26 7	9 29R	0Vi27	3 1	2 9	15 16	15 47	3 19	8 6	14 9
14	7:27:38	21 37 11	10Le29	9 24	0 58	3 25	2 17	15 21	15 45	3 18	8 5	14 6
15	7:31:35	22 34 26	24 29	9 14	1 27	3 49	2 24	15 25	15 42	3 16	8 4	14 3
16	7:35:32	23 31 41	8Vi 4	9 0	1 54	4 14	2 31	15 30	15 40	3 15	8 3	14 0
17	7:39:29	24 28 56	21 15	8 41	2 20	4 39	2 38	15 34	15 38	3 13	8 2	13 56
18	7:43:25	25 26 11	4Li 3	8 18	2 45	5 4	2 45	15 38	15 36	3 12	8 1	13 53
19	7:47:22	26 23 27	16 32	7 50	3 7	5 30	2 52	15 43	15 34	3 10	8 0	13 50
20	7:51:18	27 20 42	28 44	7 19	3 28	5 56	2 59	15 47	15 32	3 8	7 59	13 47
21	7:55:14	28 17 58	10Sc46	6 44	3 47	6 23	3 5	15 51	15 29	3 7	7 58	13 44
22	7:59:11	29 15 14	22 40	6 7	4 4	6 50	3 11	15 54	15 27	3 5	7 57	13 40
23	8: 3: 7	0Le12 31	4Sg33	5 27	4 19	7 17	3 17	15 58	15 25	3 3	7 56	13 34
24	8: 7: 5	1 9 47	16 27	4 46	4 33	7 44	3 23	16 2	15 22	3 2	7 56	13 34
25	8:11: 1	2 7 5	28 25	4 3	4 44	8 12	3 29	16 6	15 20	3 0	7 55	13 31
26	8:14:57	3 4 22	10Cp32	3 20	4 53	8 40	3 35	16 9	15 18	2 59	7 54	13 28
27	8:18:54	4 1 41	22 48	2 38	5 0	9 9	3 40	16 13	15 16	2 57	7 54	13 25
28	8:22:50	4 59 0	5Aq16	1 57	5 5	9 38	3 45	16 16	15 13	2 55	7 53	13 21
29	8:26:47	5 56 19	17 56	1 18	5 7	10 7	3 51	16 19	15 11	2 54	7 52	13 18
30	8:30:44	6 53 39	0Pi50	0 41	5 7R	10 36	3 55	16 22	15 9	2 52	7 52	13 15
31	8:34:41	7 51 1	13 57	0 9	5 5	11 6	4 0	16 25	15 6	2 50	7 51	13 12

7/23 Sun in Leo 6:46   7/6 3rd Qt. 11:58   7/13 New 2:25   7/20 1st Qt. 9:01   7/28 Full 11:26(E)

AUGUST 1999

Day	Sid. T.	Sun	Moon	Merc.	Venus	Mars	Jup.	Saturn	Uranus	Nept.	Pluto	N.Node
1	8:38:37	8Le48 23	27Pi19	29Cn40R	5Vi 1R	11Sc36	4Ta 5	16Ta28	15Aq 4R	2Aq49R	7Sg50R	13Le 9
2	8:42:33	9 45 46	10Ar53	29 16	4 54	12 7	4 9	16 31	15 1	2 47	7 50	13 6
3	8:46:30	10 43 11	24 41	28 57	4 45	12 37	4 13	16 34	14 59	2 46	7 49	13 2
4	8:50:26	11 40 36	8Ta41	28 44	4 33	13 8	4 17	16 37	14 57	2 44	7 49	12 59
5	8:54:23	12 38 3	22 52	28 36	4 19	13 39	4 21	16 39	14 54	2 42	7 48	12 56
6	8:58:20	13 35 32	7Ge12	28 35D	4 3	14 11	4 25	16 42	14 52	2 41	7 48	12 53
7	9: 2:16	14 33 1	21 38	28 41	3 44	14 42	4 29	16 44	14 49	2 39	7 48	12 50
8	9: 6:12	15 30 32	6Cn 6	28 53	3 23	15 14	4 32	16 47	14 47	2 38	7 47	12 46
9	9:10: 9	16 28 4	20 30	29 20	3 0	15 47	4 35	16 49	14 45	2 36	7 47	12 43
10	9:14: 6	17 25 38	4Le47	29 38	2 35	16 19	4 38	16 51	14 42	2 34	7 47	12 40
11	9:18: 2	18 23 12	18 51	0Le11	2 8	16 52	4 41	16 53	14 40	2 33	7 46	12 37
12	9:21:58	19 20 48	2Vi38	0 51	1 39	17 25	4 43	16 55	14 37	2 31	7 46	12 34
13	9:25:56	20 18 24	16 7	1 37	1 9	17 58	4 46	16 57	14 35	2 30	7 46	12 31
14	9:29:52	21 16 2	29 15	2 30	0 37	18 32	4 48	16 58	14 33	2 28	7 46	12 27
15	9:33:48	22 13 41	12Li 2	3 29	0 3	19 5	4 50	17 0	14 30	2 27	7 45	12 24
16	9:37:45	23 11 20	24 32	4 35	29Le28	19 39	4 52	17 1	14 28	2 25	7 45	12 21
17	9:41:42	24 9 1	6Sc46	5 46	28 53	20 13	4 53	17 3	14 26	2 24	7 45	12 18
18	9:45:38	25 6 43	18 48	7 3	28 16	20 48	4 55	17 4	14 23	2 22	7 45	12 15
19	9:49:34	26 4 26	0Sg44	8 26	27 39	21 22	4 56	17 5	14 21	2 21	7 45D	12 12
20	9:53:32	27 2 10	12 36	9 54	27 2	21 57	4 57	17 6	14 19	2 19	7 45	12 8
21	9:57:28	27 59 55	24 31	11 27	26 25	22 32	4 58	17 7	14 16	2 18	7 45	12 5
22	10: 1:24	28 57 41	6Cp32	13 4	25 48	23 7	4 58	17 8	14 14	2 17	7 45	12 2
23	10: 5:21	29 55 29	18 43	14 45	25 11	23 43	4 59	17 9	14 12	2 15	7 46	11 59
24	10: 9:17	0Vi53 18	1Aq 8	16 30	24 35	24 19	4 59	17 10	14 9	2 14	7 46	11 56
25	10:13:13	1 51 8	13 49	18 17	24 0	24 54	4 59R	17 10	14 7	2 12	7 46	11 52
26	10:17:10	2 48 59	26 48	20 8	23 26	25 30	4 59	17 10	14 5	2 10	7 46	11 49
27	10:21: 7	3 46 52	10Pi 4	22 0	22 53	26 7	4 58	17 11	14 3	2 9	7 46	11 46
28	10:25: 4	4 44 47	23 37	23 54	22 22	26 43	4 58	17 11	14 1	2 8	7 47	11 43
29	10:29: 0	5 42 43	7Ar24	25 50	21 52	27 20	4 57	17 11	13 58	2 7	7 47	11 40
30	10:32:57	6 40 41	21 23	27 47	21 25	27 57	4 56	17 11R	13 56	2 6	7 47	11 37
31	10:36:53	7 38 40	5Ta29	29 44	20 59	28 34	4 55	17 11	13 54	2 5	7 48	11 33

8/23 Sun in Vir. 13:53   8/4 3rd Qt. 17:28   8/11 New 11:09(E)   8/19 1st Qt. 1:48   8/26 Full 23:49

Day	Sid. T.	Sun	Moon	Merc.	Venus	Mars	Jup.	Saturn	Uranus	Nept.	Pluto	N.Node
1	10:40:49	8Vi36 42	19Ta41	1Vi42	20Le35R	29Sc11	4Ta54R	17Ta11R	13Aq52R	2Aq 3R	7Sg48	11Le30
2	10:44:47	9 34 45	3Ge54	3 39	20 14	29 48	4 52	17 10	13 50	2 2	7 49	11 27
3	10:48:43	10 32 51	18 6	5 37	19 55	0Sg26	4 50	17 10	13 48	2 1	7 49	11 24
4	10:52:40	11 30 59	2Cn15	7 34	19 38	1 3	4 48	17 10	13 46	2 0	7 50	11 21
5	10:56:36	12 29 8	16 20	9 31	19 24	1 41	4 46	17 9	13 44	1 59	7 50	11 18
6	11: 0:33	13 27 20	0Le18	11 27	19 12	2 19	4 44	17 8	13 42	1 58	7 51	11 14
7	11: 4:29	14 25 33	14 7	13 22	19 2	2 57	4 41	17 7	13 40	1 56	7 52	11 11
8	11: 8:25	15 23 49	27 46	15 17	18 55	3 36	4 38	17 6	13 38	1 55	7 52	11 8
9	11:12:22	16 22 6	11Vi13	17 10	18 50	4 14	4 35	17 5	13 36	1 54	7 53	11 5
10	11:16:19	17 20 25	24 26	19 3	18 48	4 53	4 32	17 4	13 34	1 53	7 54	11 2
11	11:20:16	18 18 46	7Li23	20 54	18 47D	5 32	4 29	17 3	13 32	1 52	7 54	10 58
12	11:24:12	19 17 8	20 4	22 45	18 50	6 11	4 25	17 2	13 31	1 51	7 55	10 55
13	11:28: 8	20 15 32	2Sc30	24 34	18 54	6 50	4 22	17 0	13 29	1 50	7 56	10 52
14	11:32: 5	21 13 58	14 42	26 23	19 1	7 29	4 18	16 58	13 27	1 49	7 57	10 49
15	11:36: 1	22 12 25	26 43	28 10	19 10	8 9	4 14	16 57	13 25	1 49	7 58	10 46
16	11:39:58	23 10 55	8Sg38	29 56	19 21	8 48	4 10	16 55	13 24	1 48	7 59	10 43
17	11:43:55	24 9 26	20 29	1Li41	19 35	9 28	4 5	16 53	13 22	1 47	8 0	10 39
18	11:47:52	25 7 58	2Cp22	3 25	19 50	10 8	4 0	16 51	13 20	1 46	8 1	10 36
19	11:51:48	26 6 32	14 22	5 8	20 7	10 48	3 56	16 49	13 19	1 45	8 2	10 33
20	11:55:44	27 5 8	26 35	6 50	20 26	11 28	3 51	16 47	13 17	1 44	8 3	10 30
21	11:59:41	28 3 46	9Aq 3	8 31	20 47	12 8	3 46	16 45	13 16	1 44	8 4	10 27
22	12: 3:37	29 2 25	21 53	10 11	21 10	12 49	3 40	16 42	13 14	1 43	8 5	10 24
23	12: 7:34	0Li 1 6	5Pi 4	11 50	21 35	13 29	3 35	16 40	13 13	1 42	8 6	10 20
24	12:11:31	0 59 49	18 39	13 27	22 1	14 10	3 29	16 37	13 12	1 42	8 7	10 17
25	12:15:27	1 58 33	2Ar36	15 4	22 29	14 51	3 23	16 35	13 10	1 41	8 8	10 14
26	12:19:23	2 57 20	16 51	16 40	22 58	15 32	3 17	16 32	13 9	1 40	8 9	10 11
27	12:23:20	3 56 9	1Ta18	18 16	23 29	16 13	3 11	16 29	13 8	1 40	8 11	10 8
28	12:27:17	4 55 0	15 51	19 50	24 1	16 54	3 5	16 26	13 7	1 39	8 12	10 4
29	12:31:14	5 53 53	0Ge23	21 23	24 35	17 36	2 59	16 23	13 5	1 39	8 13	10 1
30	12:35:10	6 52 49	14 50	22 56	25 10	18 17	2 52	16 20	13 4	1 38	8 15	9 58

9/23 Sun in Lib. 11:33   9/2 3rd Qt. 22:19   9/9 New 22:03   9/17 1st Qt. 20:07   9/25 Full 10:52

Day	Sid. T.	Sun	Moon	Merc.	Venus	Mars	Jup.	Saturn	Uranus	Nept.	Pluto	N.Node
1	12:39: 7	7Li51 47	29Ge 6	24Li27	25Le47	18Sg59	2Ta46R	16Ta17R	13Aq 3R	1Aq38R	8Sg16	9Le55
2	12:43: 3	8 50 47	13Cn10	25 58	26 25	19 40	2 39	16 14	13 2	1 38	8 17	9 52
3	12:46:59	9 49 50	27 1	27 28	27 4	20 22	2 32	16 10	13 1	1 37	8 19	9 49
4	12:50:56	10 48 54	10Le39	28 57	27 44	21 4	2 25	16 7	13 0	1 37	8 20	9 45
5	12:54:53	11 48 2	24 5	0Sc25	28 25	21 46	2 18	16 3	12 59	1 37	8 22	9 42
6	12:58:50	12 47 11	7Vi20	1 52	29 8	22 28	2 11	16 0	12 58	1 36	8 23	9 39
7	13: 2:46	13 46 23	20 24	3 18	29 51	23 10	2 4	15 56	12 58	1 36	8 25	9 36
8	13: 6:43	14 45 36	3Li16	4 44	0Vi36	23 53	1 56	15 52	12 57	1 36	8 26	9 33
9	13:10:39	15 44 52	15 57	6 8	1 21	24 35	1 49	15 49	12 56	1 36	8 28	9 29
10	13:14:35	16 44 10	28 26	7 32	2 7	25 18	1 41	15 45	12 56	1 36	8 30	9 26
11	13:18:32	17 43 30	10Sc44	8 54	2 55	26 0	1 33	15 41	12 55	1 36	8 31	9 23
12	13:22:28	18 42 52	22 51	10 16	3 43	26 43	1 26	15 37	12 54	1 35	8 33	9 20
13	13:26:26	19 42 15	4Sg49	11 36	4 32	27 26	1 18	15 33	12 54	1 35	8 35	9 17
14	13:30:22	20 41 41	16 41	12 55	5 21	28 9	1 10	15 29	12 53	1 35D	8 36	9 14
15	13:34:18	21 41 9	28 29	14 13	6 12	28 52	1 2	15 24	12 53	1 35	8 38	9 10
16	13:38:15	22 40 38	10Cp20	15 30	7 3	29 35	0 54	15 20	12 53	1 36	8 40	9 7
17	13:42:11	23 40 9	22 17	16 45	7 55	0Cp19	0 46	15 16	12 52	1 36	8 41	9 4
18	13:46: 8	24 39 42	4Aq26	17 59	8 48	1 2	0 38	15 12	12 52	1 36	8 43	9 1
19	13:50: 4	25 39 16	16 53	19 12	9 41	1 45	0 30	15 7	12 52	1 36	8 45	8 58
20	13:54: 2	26 38 53	29 42	20 22	10 35	2 29	0 22	15 3	12 52	1 36	8 47	8 55
21	13:57:58	27 38 31	12Pi57	21 31	11 30	3 12	0 14	14 58	12 52	1 36	8 49	8 51
22	14: 1:54	28 38 10	26 40	22 38	12 25	3 56	0 6	14 54	12 52	1 37	8 51	8 48
23	14: 5:51	29 37 52	10Ar51	23 42	13 21	4 40	29Ar58	14 49	12 52D	1 37	8 53	8 45
24	14: 9:47	0Sc37 35	25 26	24 44	14 18	5 24	29 49	14 45	12 52	1 37	8 55	8 42
25	14:13:44	1 37 21	10Ta17	25 44	15 15	6 8	29 41	14 40	12 52	1 38	8 56	8 39
26	14:17:40	2 37 8	25 16	26 40	16 12	6 52	29 33	14 35	12 52	1 38	8 58	8 35
27	14:21:37	3 36 58	10Ge14	27 33	17 10	7 36	29 25	14 31	12 52	1 38	9 0	8 32
28	14:25:33	4 36 50	25 2	28 22	18 9	8 20	29 17	14 26	12 52	1 39	9 2	8 29
29	14:29:30	5 36 44	9Cn33	29 7	19 8	9 4	29 9	14 21	12 53	1 39	9 4	8 26
30	14:33:27	6 36 40	23 44	29 47	20 7	9 49	29 1	14 16	12 53	1 40	9 6	8 23
31	14:37:23	7 36 39	7Le34	0Sg23	21 7	10 33	28 53	14 12	12 53	1 41	9 9	8 20

10/23 Sun in Sco. 20:54   10/2 3rd Qt. 4:03   10/9 New 11:35   10/17 1st Qt. 15:01   10/24 Full 21:04   10/31 3rd Qt. 12:05

NOVEMBER 1999

Day	Sid. T.	Sun	Moon	Merc.	Venus	Mars	Jup.	Saturn	Uranus	Nept.	Pluto	N.Node
1	14:41:19	8Sc36 39	21Le 5	0Sg53	22Vi 8	11Cp18	28Ar45R	14Ta 7R	12Aq54	1Aq41	9Sg11	8Le16
2	14:45:17	9 36 42	4Vi18	1 16	23 9	12 2	28 37	14 2	12 54	1 42	9 13	8 13
3	14:49:13	10 36 47	17 16	1 33	24 10	12 47	28 30	13 57	12 55	1 42	9 15	8 10
4	14:53: 9	11 36 54	0Li 1	1 42	25 12	13 31	28 22	13 52	12 55	1 43	9 17	8 7
5	14:57: 6	12 37 3	12 35	1 43R	26 14	14 16	28 14	13 47	12 56	1 44	9 19	8 4
6	15: 1: 3	13 37 14	25 0	1 35	27 16	15 1	28 7	13 43	12 57	1 45	9 21	8 1
7	15: 4:59	14 37 26	7Sc15	1 18	28 19	15 46	27 59	13 38	12 57	1 45	9 23	7 57
8	15: 8:55	15 37 41	19 22	0 52	29 22	16 31	27 52	13 33	12 58	1 46	9 25	7 54
9	15:12:53	16 37 57	1Sg22	0 15	0Li26	17 16	27 44	13 28	12 59	1 47	9 28	7 51
10	15:16:49	17 38 15	13 16	29Sc28	1 29	18 1	27 37	13 23	13 0	1 48	9 30	7 48
11	15:20:45	18 38 35	25 5	28 33	2 34	18 46	27 30	13 18	13 1	1 49	9 32	7 45
12	15:24:42	19 38 57	6Cp53	27 28	3 38	19 31	27 23	13 13	13 2	1 50	9 34	7 41
13	15:28:38	20 39 19	18 42	26 17	4 43	20 17	27 16	13 9	13 3	1 51	9 37	7 38
14	15:32:34	21 39 44	0Aq37	25 0	5 48	21 2	27 10	13 4	13 4	1 52	9 39	7 35
15	15:36:31	22 40 9	12 43	23 40	6 53	21 47	27 3	12 59	13 5	1 53	9 41	7 32
16	15:40:28	23 40 36	25 5	22 19	7 59	22 33	26 57	12 54	13 6	1 54	9 43	7 29
17	15:44:25	24 41 4	7Pi49	21 0	9 5	23 18	26 50	12 50	13 8	1 55	9 46	7 26
18	15:48:21	25 41 34	20 59	19 47	10 11	24 4	26 44	12 45	13 9	1 56	9 48	7 22
19	15:52:18	26 42 5	4Ar38	18 40	11 17	24 49	26 38	12 40	13 10	1 58	9 50	7 19
20	15:56:14	27 42 37	18 47	17 42	12 24	25 35	26 32	12 36	13 12	1 59	9 52	7 16
21	16: 0:10	28 43 10	3Ta26	16 54	13 31	26 21	26 26	12 31	13 13	2 0	9 55	7 13
22	16: 4: 7	29 43 45	18 26	16 18	14 38	27 6	26 21	12 27	13 15	2 1	9 57	7 10
23	16: 8: 4	0Sg44 21	3Ge40	15 53	15 45	27 52	26 15	12 22	13 16	2 3	9 59	7 7
24	16:12: 1	1 44 58	18 57	15 40	16 53	28 38	26 10	12 18	13 18	2 4	10 2	7 3
25	16:15:57	2 45 38	4Cn 5	15 38D	18 0	29 24	26 5	12 13	13 19	2 5	10 4	7 0
26	16:19:54	3 46 18	18 56	15 47	19 8	0Aq 9	26 0	12 9	13 21	2 7	10 6	6 57
27	16:23:50	4 47 1	3Le23	16 6	20 17	0 55	25 56	12 5	13 23	2 8	10 9	6 54
28	16:27:46	5 47 44	17 25	16 33	21 25	1 41	25 51	12 0	13 25	2 9	10 11	6 51
29	16:31:43	6 48 30	1Vi 1	17 9	22 34	2 27	25 47	11 56	13 26	2 11	10 13	6 47
30	16:35:40	7 49 16	14 13	17 52	23 42	3 13	25 42	11 52	13 26	2 12	10 16	6 44

11/22 Sun in Sag. 18:26   11/8 New 3:54   11/16 1st Qt. 9:04   11/23 Full 7:05   11/29 3rd Qt. 23:20

DECEMBER 1999

Day	Sid. T.	Sun	Moon	Merc.	Venus	Mars	Jup.	Saturn	Uranus	Nept.	Pluto	N.Node
1	16:39:37	8Sg50 5	27Vi 6	18Sc42	24Li51	3Aq59	25Ar38R	11Ta48R	13Aq30	2Aq14	10Sg18	6Le41
2	16:43:33	9 50 55	9Li41	19 37	26 0	4 45	25 35	11 44	13 32	2 15	10 20	6 38
3	16:47:29	10 51 46	22 3	20 37	27 10	5 32	25 31	11 40	13 34	2 17	10 23	6 35
4	16:51:26	11 52 38	4Sc15	21 42	28 19	6 18	25 28	11 36	13 36	2 19	10 25	6 32
5	16:55:22	12 53 32	16 19	22 50	29 29	7 4	25 24	11 33	13 38	2 20	10 27	6 28
6	16:59:19	13 54 27	28 17	24 2	0Sc39	7 50	25 21	11 29	13 40	2 22	10 30	6 25
7	17: 3:16	14 55 23	10Sg10	25 16	1 48	8 36	25 19	11 25	13 43	2 23	10 32	6 22
8	17: 7:13	15 56 21	22 1	26 32	2 59	9 23	25 16	11 22	13 45	2 25	10 34	6 19
9	17:11: 9	16 57 19	3Cp49	27 51	4 9	10 9	25 14	11 18	13 47	2 27	10 37	6 16
10	17:15: 5	17 58 18	15 39	29 12	5 19	10 55	25 11	11 15	13 49	2 29	10 39	6 13
11	17:19: 2	18 59 18	27 31	0Sg34	6 30	11 42	25 9	11 11	13 52	2 30	10 41	6 9
12	17:22:58	20 0 18	9Aq30	1 57	7 40	12 28	25 7	11 8	13 54	2 32	10 44	6 6
13	17:26:55	21 1 19	21 38	3 22	8 51	13 14	25 6	11 5	13 56	2 34	10 46	6 3
14	17:30:52	22 2 21	4Pi 0	4 47	10 2	14 1	25 4	11 2	13 59	2 36	10 48	6 0
15	17:34:49	23 3 23	16 40	6 13	11 13	14 47	25 3	10 59	14 1	2 38	10 51	5 57
16	17:38:44	24 4 25	29 43	7 41	12 24	15 34	25 2	10 56	14 4	2 40	10 53	5 53
17	17:42:41	25 5 28	13Ar12	9 8	13 35	16 20	25 2	10 53	14 6	2 41	10 55	5 50
18	17:46:38	26 6 31	27 10	10 37	14 46	17 7	25 1	10 51	14 9	2 43	10 57	5 47
19	17:50:34	27 7 35	11Ta36	12 6	15 58	17 53	25 1	10 48	14 11	2 45	11 0	5 44
20	17:54:31	28 8 39	26 27	13 35	17 9	18 39	25 0	10 46	14 14	2 47	11 2	5 41
21	17:58:28	29 9 43	11Ge36	15 5	18 21	19 26	25 1D	10 43	14 17	2 49	11 4	5 38
22	18: 2:24	0Cp10 48	26 53	16 35	19 32	20 12	25 1	10 41	14 20	2 51	11 6	5 34
23	18: 6:20	1 11 54	12Cn 9	18 5	20 44	20 59	25 2	10 39	14 22	2 53	11 9	5 31
24	18:10:17	2 12 59	27 11	19 36	21 56	21 45	25 2	10 37	14 25	2 55	11 11	5 28
25	18:14:14	3 14 6	11Le54	21 7	23 7	22 32	25 3	10 35	14 28	2 57	11 13	5 25
26	18:18:10	4 15 13	26 10	22 38	24 20	23 19	25 4	10 33	14 31	2 59	11 15	5 22
27	18:22: 7	5 16 20	9Vi59	24 10	25 32	24 5	25 5	10 31	14 34	3 1	11 18	5 18
28	18:26: 4	6 17 28	23 21	25 42	26 44	24 52	25 7	10 29	14 36	3 3	11 20	5 15
29	18:30: 0	7 18 36	6Li18	27 15	27 56	25 38	25 9	10 28	14 39	3 5	11 22	5 12
30	18:33:56	8 19 45	18 54	28 47	29 9	26 25	25 11	10 26	14 42	3 8	11 24	5 9
31	18:37:53	9 20 55	1Sc13	0Cp20	0Sg21	27 11	25 13	10 25	14 45	3 10	11 26	5 6

12/22 Sun in Cap. 7:45   12/7 New 22:32   12/16 1st Qt. 0:51   12/22 Full 17:32   12/29 3rd Qt. 14:05

Day	Sid. T.	Sun	Moon	Merc.	Venus	Mars	Jup.	Saturn	Uranus	Nept.	Pluto	N.Node
1	18:41:49	10Cp22 4	13Sc19	1Cp53	1Sg34	27Aq58	25Ar15	10Ta24R	14Aq48	3Aq12	11Sg28	5Le 3
2	18:45:47	11 23 14	25 17	3 27	2 46	28 44	25 18	10 23	14 51	3 14	11 30	4 59
3	18:49:43	12 24 25	7Sg 9	5 1	3 59	29 31	25 20	10 22	14 54	3 16	11 32	4 56
4	18:53:39	13 25 36	18 58	6 35	5 12	0Pi17	25 23	10 21	14 58	3 18	11 35	4 53
5	18:57:36	14 26 46	0Cp47	8 9	6 24	1 4	25 26	10 20	15 1	3 20	11 37	4 50
6	19: 1:32	15 27 57	12 39	9 44	7 37	1 51	25 30	10 19	15 4	3 23	11 39	4 47
7	19: 5:29	16 29 8	24 34	11 20	8 50	2 37	25 33	10 19	15 7	3 25	11 41	4 44
8	19: 9:25	17 30 18	6Aq35	12 55	10 3	3 24	25 37	10 18	15 10	3 27	11 43	4 40
9	19:13:23	18 31 28	18 44	14 31	11 16	4 10	25 41	10 18	15 13	3 29	11 45	4 37
10	19:17:19	19 32 38	1Pi 2	16 8	12 29	4 57	25 45	10 18	15 16	3 31	11 47	4 34
11	19:21:15	20 33 47	13 33	17 45	13 42	5 43	25 49	10 18	15 20	3 34	11 49	4 31
12	19:25:12	21 34 56	26 19	19 22	14 55	6 30	25 54	10 17D	15 23	3 36	11 50	4 28
13	19:29: 8	22 36 4	9Ar23	21 0	16 8	7 16	25 59	10 18	15 26	3 38	11 52	4 24
14	19:33: 5	23 37 12	22 48	22 38	17 22	8 3	26 3	10 18	15 30	3 40	11 54	4 21
15	19:37: 1	24 38 18	6Ta34	24 17	18 35	8 49	26 9	10 18	15 33	3 43	11 56	4 18
16	19:40:59	25 39 25	20 43	25 56	19 48	9 35	26 14	10 19	15 36	3 45	11 58	4 15
17	19:44:55	26 40 30	5Ge13	27 36	21 1	10 22	26 19	10 19	15 40	3 47	12 0	4 12
18	19:48:51	27 41 35	20 1	29 17	22 15	11 8	26 25	10 20	15 43	3 49	12 2	4 9
19	19:52:48	28 42 39	4Cn59	0Aq57	23 28	11 55	26 31	10 21	15 46	3 52	12 3	4 5
20	19:56:44	29 43 42	20 2	2 39	24 42	12 41	26 36	10 21	15 50	3 54	12 5	4 2
21	20: 0:40	0Aq44 45	4Le58	4 21	25 55	13 27	26 43	10 22	15 53	3 56	12 7	3 59
22	20: 4:37	1 45 46	19 42	6 3	27 9	14 14	26 49	10 23	15 56	3 58	12 8	3 56
23	20: 8:34	2 46 48	4Vi 5	7 46	28 22	15 0	26 55	10 25	16 0	4 1	12 10	3 53
24	20:12:30	3 47 48	18 3	9 29	29 36	15 46	27 2	10 26	16 3	4 3	12 12	3 50
25	20:16:27	4 48 48	1Li35	11 13	0Cp49	16 32	27 9	10 27	16 7	4 5	12 13	3 46
26	20:20:24	5 49 48	14 41	12 57	2 3	17 19	27 16	10 29	16 10	4 8	12 15	3 43
27	20:24:20	6 50 47	27 23	14 41	3 17	18 5	27 23	10 31	16 14	4 10	12 17	3 40
28	20:28:16	7 51 46	9Sc46	16 26	4 30	18 51	27 30	10 32	16 17	4 12	12 18	3 37
29	20:32:13	8 52 43	21 53	18 11	5 44	19 37	27 37	10 34	16 21	4 14	12 20	3 34
30	20:36:10	9 53 40	3Sg49	19 56	6 58	20 23	27 45	10 36	16 24	4 17	12 21	3 30
31	20:40: 6	10 54 37	15 39	21 40	8 11	21 10	27 53	10 38	16 27	4 19	12 23	3 27

1/20 Sun in Aqu. 18:25   1/6 New 18:14   1/14 1st Qt. 13:35   1/21 Full 4:42(E)   1/28 3rd Qt. 7:58

Day	Sid. T.	Sun	Moon	Merc.	Venus	Mars	Jup.	Saturn	Uranus	Nept.	Pluto	N.Node
1	20:44: 3	11Aq55 32	27Sg27	23Aq25	9Cp25	21Pi56	28Ar 1	10Ta41	16Aq31	4Aq21	12Sg24	3Le24
2	20:48: 0	12 56 27	9Cp18	25 9	10 39	22 42	28 9	10 43	16 34	4 24	12 25	3 21
3	20:51:56	13 57 21	21 13	26 52	11 53	23 28	28 17	10 45	16 38	4 26	12 27	3 18
4	20:55:52	14 58 14	3Aq16	28 35	13 7	24 14	28 25	10 48	16 41	4 28	12 28	3 15
5	20:59:49	15 59 6	15 29	0Pi16	14 21	25 0	28 34	10 50	16 45	4 30	12 29	3 11
6	21: 3:46	16 59 56	27 54	1 56	15 35	25 46	28 42	10 53	16 48	4 33	12 31	3 8
7	21: 7:42	18 0 46	10Pi30	3 33	16 48	26 32	28 51	10 56	16 52	4 35	12 32	3 5
8	21:11:39	19 1 34	23 20	5 8	18 2	27 18	29 0	10 59	16 55	4 37	12 33	3 2
9	21:15:35	20 2 20	6Ar24	6 40	19 16	28 3	29 9	11 2	16 59	4 39	12 34	2 59
10	21:19:31	21 3 5	19 41	8 8	20 30	28 49	29 18	11 5	17 2	4 41	12 35	2 56
11	21:23:28	22 3 49	3Ta12	9 33	21 44	29 35	29 27	11 8	17 6	4 44	12 37	2 52
12	21:27:25	23 4 31	16 57	10 52	22 58	0Ar21	29 37	11 12	17 9	4 46	12 38	2 49
13	21:31:22	24 5 11	0Ge57	12 5	24 12	1 7	29 46	11 15	17 13	4 48	12 39	2 46
14	21:35:18	25 5 50	15 9	13 13	25 26	1 52	29 56	11 18	17 16	4 50	12 40	2 43
15	21:39:15	26 6 27	29 32	14 13	26 40	2 38	0Ta 6	11 22	17 20	4 52	12 41	2 40
16	21:43:11	27 7 2	14Cn 4	15 5	27 54	3 24	0 16	11 26	17 23	4 54	12 42	2 36
17	21:47: 7	28 7 35	28 40	15 49	29 8	4 9	0 26	11 30	17 27	4 57	12 43	2 33
18	21:51: 4	29 8 7	13Le14	16 24	0Aq22	4 55	0 36	11 34	17 30	4 59	12 44	2 30
19	21:55: 1	0Pi 8 37	27 40	16 50	1 36	5 40	0 46	11 38	17 34	5 1	12 44	2 27
20	21:58:58	1 9 6	11Vi53	17 5	2 50	6 26	0 56	11 42	17 37	5 3	12 45	2 24
21	22: 2:54	2 9 33	25 48	17 11	4 4	7 11	1 7	11 46	17 40	5 5	12 46	2 21
22	22: 6:50	3 9 59	9Li21	17 6R	5 19	7 57	1 18	11 50	17 44	5 7	12 47	2 17
23	22:10:47	4 10 23	22 31	16 51	6 33	8 42	1 28	11 54	17 47	5 9	12 48	2 14
24	22:14:43	5 10 45	5Sc18	16 27	7 47	9 27	1 39	11 59	17 50	5 11	12 48	2 11
25	22:18:40	6 11 7	17 45	15 53	9 1	10 13	1 50	12 3	17 54	5 13	12 49	2 8
26	22:22:37	7 11 26	29 55	15 12	10 15	10 58	2 1	12 8	17 57	5 15	12 50	2 5
27	22:26:34	8 11 45	11Sg53	14 23	11 29	11 43	2 12	12 13	18 1	5 17	12 50	2 1
28	22:30:30	9 12 2	23 43	13 29	12 43	12 28	2 23	12 17	18 4	5 19	12 51	1 58
29	22:34:26	10 12 18	5Cp32	12 30	13 57	13 13	2 35	12 22	18 7	5 21	12 51	1 55

2/19 Sun in Pis. 8:35   2/5 New 13:04(E)   2/12 1st Qt. 23:23   2/19 Full 16:28   2/27 3rd Qt. 3:55

MARCH 2000

Day	Sid. T.	Sun	Moon	Merc.	Venus	Mars	Jup.	Saturn	Uranus	Nept.	Pluto	N.Node
1	22:38:23	11Pi12 32	17Cp24	11Pi29R	15Aq11	13Ar58	2Ta46	12Ta27	18Aq10	5Aq23	12Sg52	1Le52
2	22:42:19	12 12 44	29 22	10 26	16 26	14 43	2 57	12 32	18 14	5 25	12 52	1 49
3	22:46:16	13 12 55	11Aq33	9 23	17 40	15 28	3 9	12 37	18 17	5 27	12 53	1 46
4	22:50:13	14 13 4	23 57	8 22	18 54	16 13	3 21	12 42	18 20	5 29	12 53	1 42
5	22:54:10	15 13 11	6Pi38	7 24	20 8	16 58	3 32	12 48	18 23	5 31	12 54	1 39
6	22:58: 6	16 13 17	19 36	6 30	21 22	17 43	3 44	12 53	18 27	5 33	12 54	1 36
7	23: 2: 2	17 13 20	2Ar50	5 40	22 36	18 28	3 56	12 58	18 30	5 34	12 54	1 33
8	23: 5:59	18 13 22	16 18	4 56	23 50	19 13	4 8	13 4	18 33	5 36	12 54	1 30
9	23: 9:55	19 13 22	29 59	4 19	25 5	19 58	4 20	13 9	18 36	5 38	12 54	1 27
10	23:13:52	20 13 19	13Ta50	3 47	26 19	20 42	4 32	13 15	18 39	5 40	12 55	1 23
11	23:17:49	21 13 15	27 48	3 22	27 33	21 27	4 45	13 21	18 42	5 41	12 55	1 20
12	23:21:45	22 13 8	11Ge51	3 4	28 47	22 12	4 57	13 26	18 45	5 43	12 55	1 17
13	23:25:41	23 12 59	25 57	2 52	0Pi 1	22 56	5 9	13 32	18 48	5 45	12 55	1 14
14	23:29:38	24 12 48	10Cn 6	2 47	1 15	23 41	5 22	13 38	18 51	5 47	12 55	1 11
15	23:33:35	25 12 35	24 16	2 48D	2 29	24 25	5 34	13 44	18 54	5 48	12 55R	1 7
16	23:37:31	26 12 19	8Le24	2 55	3 44	25 10	5 47	13 50	18 57	5 50	12 55	1 4
17	23:41:28	27 12 1	22 30	3 7	4 58	25 54	6 0	13 56	19 0	5 51	12 55	1 1
18	23:45:25	28 11 41	6Vi30	3 25	6 12	26 38	6 12	14 2	19 3	5 53	12 55	0 58
19	23:49:21	29 11 18	20 21	3 48	7 26	27 23	6 25	14 8	19 6	5 55	12 55	0 55
20	23:53:17	0Ar10 54	3Li58	4 16	8 40	28 7	6 38	14 15	19 9	5 56	12 55	0 52
21	23:57:14	1 10 27	17 20	4 48	9 54	28 51	6 51	14 21	19 12	5 58	12 55	0 48
22	0: 1:11	2 9 59	0Sc23	5 24	11 8	29 35	7 4	14 27	19 14	5 59	12 54	0 45
23	0: 5: 7	3 9 29	13 7	6 5	12 22	0Ta19	7 17	14 34	19 17	6 1	12 54	0 42
24	0: 9: 4	4 8 57	25 33	6 49	13 36	1 3	7 30	14 40	19 20	6 2	12 54	0 39
25	0:13: 0	5 8 23	7Sg43	7 37	14 51	1 47	7 43	14 47	19 23	6 3	12 54	0 36
26	0:16:57	6 7 48	19 42	8 28	16 5	2 31	7 57	14 53	19 25	6 5	12 53	0 33
27	0:20:53	7 7 10	1Cp33	9 22	17 19	3 15	8 10	15 0	19 28	6 6	12 53	0 29
28	0:24:50	8 6 31	13 22	10 19	18 33	3 59	8 23	15 6	19 31	6 7	12 52	0 26
29	0:28:46	9 5 50	25 14	11 19	19 47	4 43	8 37	15 13	19 33	6 9	12 52	0 23
30	0:32:42	10 5 7	7Aq14	12 22	21 1	5 27	8 50	15 20	19 36	6 10	12 51	0 20
31	0:36:40	11 4 23	19 28	13 27	22 15	6 11	9 3	15 27	19 38	6 11	12 51	0 17

3/20 Sun in Ari. 7:37   3/6 New 5:18   3/13 1st Qt. 7:00   3/20 Full 4:46   3/28 3rd Qt. 0:22

APRIL 2000

Day	Sid. T.	Sun	Moon	Merc.	Venus	Mars	Jup.	Saturn	Uranus	Nept.	Pluto	N.Node
1	0:40:36	12Ar 3 36	2Pi 0	14Pi35	23Pi29	6Ta54	9Ta17	15Ta34	19Aq41	6Aq12	12Sg50R	0Le13
2	0:44:33	13 2 48	14 52	15 45	24 43	7 38	9 31	15 41	19 43	6 13	12 50	0 10
3	0:48:29	14 1 58	28 7	16 57	25 57	8 22	9 44	15 47	19 45	6 15	12 49	0 7
4	0:52:26	15 1 6	11Ar42	18 11	27 11	9 5	9 58	15 54	19 48	6 16	12 49	0 4
5	0:56:22	16 0 12	25 36	19 27	28 25	9 49	10 12	16 1	19 50	6 17	12 48	0 1
6	1: 0:20	16 59 15	9Ta45	20 46	29 39	10 32	10 25	16 9	19 52	6 18	12 47	29Cn58
7	1: 4:16	17 58 17	24 2	22 6	0Ar54	11 15	10 39	16 16	19 54	6 19	12 47	29 54
8	1: 8:12	18 57 17	8Ge23	23 28	2 8	11 59	10 53	16 23	19 57	6 20	12 46	29 51
9	1:12: 9	19 56 14	22 42	24 52	3 22	12 42	11 7	16 30	19 59	6 21	12 45	29 48
10	1:16: 5	20 55 9	6Cn57	26 17	4 36	13 25	11 21	16 37	20 1	6 22	12 44	29 45
11	1:20: 1	21 54 2	21 4	27 45	5 50	14 9	11 34	16 44	20 3	6 23	12 42	29 42
12	1:23:58	22 52 52	5Le 4	29 14	7 4	14 52	11 48	16 52	20 5	6 23	12 42	29 39
13	1:27:55	23 51 40	18 56	0Ar44	8 18	15 35	12 2	16 59	20 7	6 24	12 42	29 35
14	1:31:51	24 50 26	2Vi40	2 17	9 32	16 18	12 16	17 6	20 9	6 25	12 41	29 32
15	1:35:48	25 49 9	16 15	3 51	10 46	17 1	12 30	17 14	20 11	6 26	12 40	29 29
16	1:39:45	26 47 50	29 40	5 27	12 0	17 44	12 44	17 21	20 13	6 27	12 39	29 26
17	1:43:41	27 46 29	12Li54	7 4	13 13	18 27	12 58	17 28	20 15	6 27	12 38	29 23
18	1:47:37	28 45 7	25 55	8 43	14 27	19 10	13 12	17 36	20 16	6 28	12 37	29 19
19	1:51:34	29 43 42	8Sc43	10 23	15 41	19 53	13 27	17 43	20 18	6 29	12 36	29 16
20	1:55:31	0Ta42 15	21 16	12 6	16 55	20 35	13 41	17 51	20 20	6 29	12 35	29 13
21	1:59:27	1 40 47	3Sg35	13 50	18 9	21 18	13 55	17 58	20 21	6 30	12 34	29 10
22	2: 3:24	2 39 17	15 42	15 35	19 23	22 1	14 9	18 6	20 23	6 30	12 32	29 7
23	2: 7:21	3 37 45	27 38	17 22	20 37	22 43	14 23	18 13	20 25	6 31	12 31	29 4
24	2:11:17	4 36 11	9Cp28	19 11	21 51	23 26	14 37	18 21	20 26	6 31	12 30	29 0
25	2:15:13	5 34 36	21 16	21 2	23 5	24 8	14 52	18 29	20 28	6 32	12 29	28 57
26	2:19:10	6 33 0	3Aq 7	22 54	24 19	24 51	15 6	18 36	20 29	6 32	12 26	28 54
27	2:23: 7	7 31 21	15 7	24 48	25 33	25 33	15 20	18 44	20 30	6 33	12 26	28 51
28	2:27: 3	8 29 41	27 21	26 44	26 47	26 16	15 34	18 51	20 32	6 33	12 25	28 48
29	2:31: 0	9 28 0	9Pi55	28 41	28 0	26 58	15 49	18 59	20 33	6 33	12 24	28 45
30	2:34:56	10 26 17	22 51	0Ta40	29 14	27 40	16 3	19 7	20 34	6 34	12 23	28 41

4/19 Sun in Tau. 18:41   4/4 New 18:13   4/11 1st Qt. 13:32   4/18 Full 17:43   4/26 3rd Qt. 19:31

Day	Sid. T.	Sun	Moon	Merc.	Venus	Mars	Jup.	Saturn	Uranus	Nept.	Pluto	N.Node
1	2:38:52	11Ta24 32	6Ar14	2Ta41	0Ta28	28Ta23	16Ta17	19Ta14	20Aq35	6Aq34	12Sg21R	28Cn38
2	2:42:49	12 22 46	20 2	4 43	1 42	29 5	16 31	19 22	20 37	6 34	12 20	28 35
3	2:46:46	13 20 58	4Ta14	6 47	2 56	29 47	16 46	19 30	20 38	6 34	12 19	28 32
4	2:50:43	14 19 9	18 44	8 52	4 10	0Ge29	17 0	19 38	20 39	6 34	12 17	28 29
5	2:54:39	15 17 18	3Ge26	10 58	5 24	1 11	17 14	19 45	20 40	6 34	12 16	28 25
6	2:58:36	16 15 25	18 12	13 6	6 37	1 53	17 29	19 53	20 41	6 35	12 14	28 22
7	3: 2:32	17 13 31	2Cn54	15 15	7 51	2 35	17 43	20 1	20 42	6 35	12 13	28 19
8	3: 6:28	18 11 34	17 27	17 24	9 5	3 17	17 57	20 8	20 42	6 35R	12 12	28 16
9	3:10:25	19 9 36	1Le45	19 34	10 19	3 59	18 11	20 16	20 43	6 35	12 10	28 13
10	3:14:22	20 7 36	15 49	21 45	11 33	4 41	18 26	20 24	20 44	6 35	12 9	28 10
11	3:18:19	21 5 33	29 36	23 55	12 47	5 23	18 40	20 32	20 45	6 34	12 7	28 6
12	3:22:15	22 3 29	13Vi 9	26 6	14 0	6 5	18 54	20 39	20 45	6 34	12 6	28 3
13	3:26:11	23 1 23	26 27	28 16	15 14	6 46	19 9	20 47	20 46	6 34	12 4	28 0
14	3:30: 8	23 59 15	9Li33	0Ge26	16 28	7 28	19 23	20 55	20 46	6 34	12 3	27 57
15	3:34: 4	24 57 6	22 26	2 34	17 42	8 10	19 37	21 2	20 47	6 34	12 1	27 54
16	3:38: 1	25 54 55	5Sc 7	4 42	18 55	8 51	19 51	21 10	20 47	6 34	12 0	27 50
17	3:41:58	26 52 42	17 36	6 48	20 9	9 33	20 6	21 18	20 48	6 33	11 58	27 47
18	3:45:55	27 50 28	29 55	8 52	21 23	10 14	20 20	21 26	20 48	6 33	11 57	27 44
19	3:49:51	28 48 13	12Sg 3	10 54	22 37	10 56	20 34	21 33	20 49	6 33	11 55	27 41
20	3:53:47	29 45 57	24 3	12 54	23 50	11 37	20 48	21 41	20 49	6 32	11 53	27 38
21	3:57:44	0Ge43 39	5Cp55	14 52	25 4	12 18	21 2	21 49	20 49	6 32	11 52	27 35
22	4: 1:40	1 41 20	17 43	16 47	26 18	13 0	21 16	21 56	20 49	6 31	11 50	27 31
23	4: 5:37	2 39 0	29 30	18 40	27 32	13 41	21 30	22 4	20 49	6 31	11 49	27 28
24	4: 9:34	3 36 38	11Aq21	20 30	28 45	14 22	21 45	22 12	20 49	6 30	11 47	27 25
25	4:13:31	4 34 16	23 21	22 17	29 59	15 3	21 59	22 19	20 49R	6 30	11 45	27 22
26	4:17:27	5 31 53	5Pi34	24 1	1Ge13	15 44	22 13	22 27	20 49	6 29	11 44	27 19
27	4:21:23	6 29 29	18 6	25 42	2 27	16 26	22 27	22 34	20 49	6 29	11 42	27 16
28	4:25:20	7 27 3	1Ar 1	27 21	3 40	17 7	22 41	22 42	20 49	6 28	11 41	27 12
29	4:29:16	8 24 38	14 23	28 56	4 54	17 48	22 55	22 50	20 49	6 28	11 39	27 9
30	4:33:12	9 22 11	28 13	0Cn29	6 8	18 29	23 9	22 57	20 49	6 27	11 37	27 6
31	4:37:10	10 19 43	12Ta30	1 58	7 22	19 10	23 23	23 5	20 48	6 26	11 36	27 3

5/20 Sun in Gem. 17:51   5/4 New 4:13   5/10 1st Qt. 20:02   5/18 Full 7:35   5/26 3rd Qt. 11:56

Day	Sid. T.	Sun	Moon	Merc.	Venus	Mars	Jup.	Saturn	Uranus	Nept.	Pluto	N.Node
1	4:41: 6	11Ge17 15	27Ta10	3Cn24	8Ge35	19Ge50	23Ta36	23Ta12	20Aq48R	6Aq25R	11Sg34R	27Cn 0
2	4:45: 2	12 14 45	12Ge 6	4 47	9 49	20 31	23 50	23 20	20 48	6 25	11 32	26 56
3	4:48:59	13 12 15	27 10	6 7	11 3	21 12	24 4	23 27	20 47	6 24	11 31	26 53
4	4:52:56	14 9 43	12Cn12	7 24	12 16	21 53	24 18	23 35	20 47	6 23	11 29	26 50
5	4:56:52	15 7 11	27 5	8 37	13 30	22 34	24 32	23 42	20 46	6 22	11 28	26 47
6	5: 0:49	16 4 37	11Le40	9 48	14 44	23 14	24 46	23 49	20 46	6 21	11 26	26 44
7	5: 4:46	17 2 2	25 56	10 54	15 58	23 55	24 59	23 57	20 45	6 20	11 24	26 41
8	5: 8:42	17 59 26	9Vi50	11 58	17 11	24 36	25 13	24 4	20 44	6 20	11 23	26 37
9	5:12:38	18 56 49	23 22	12 58	18 25	25 16	25 27	24 11	20 44	6 19	11 21	26 34
10	5:16:35	19 54 11	6Li34	13 54	19 39	25 57	25 40	24 18	20 43	6 18	11 19	26 31
11	5:20:32	20 51 31	19 29	14 46	20 53	26 37	25 54	24 26	20 42	6 17	11 18	26 28
12	5:24:28	21 48 51	2Sc 8	15 35	22 6	27 18	26 7	24 33	20 41	6 16	11 16	26 25
13	5:28:25	22 46 10	14 34	16 20	23 20	27 58	26 21	24 40	20 40	6 15	11 15	26 22
14	5:32:22	23 43 28	26 49	17 1	24 34	28 39	26 34	24 47	20 40	6 14	11 13	26 18
15	5:36:18	24 40 45	8Sg54	17 38	25 47	29 19	26 47	24 54	20 39	6 12	11 12	26 15
16	5:40:14	25 38 2	20 52	18 11	27 1	29 59	27 1	25 1	20 38	6 11	11 10	26 12
17	5:44:11	26 35 18	2Cp44	18 40	28 15	0Cn39	27 14	25 8	20 37	6 10	11 8	26 9
18	5:48: 7	27 32 33	14 33	19 4	29 28	1 20	27 27	25 15	20 35	6 9	11 7	26 6
19	5:52: 3	28 29 48	26 21	19 24	0Cn42	2 0	27 40	25 22	20 34	6 8	11 5	26 2
20	5:56: 1	29 27 3	8Aq 9	19 39	1 56	2 40	27 54	25 29	20 33	6 7	11 4	25 59
21	5:59:57	0Cn24 17	20 3	19 50	3 10	3 20	28 7	25 36	20 32	6 5	11 2	25 56
22	6: 3:54	1 21 31	2Pi 5	19 56	4 23	4 0	28 20	25 43	20 31	6 4	11 1	25 53
23	6: 7:50	2 18 45	14 20	19 58R	5 37	4 40	28 33	25 50	20 29	6 3	10 59	25 50
24	6:11:47	3 15 58	26 51	19 55	6 51	5 20	28 46	25 56	20 28	6 2	10 58	25 47
25	6:15:43	4 13 12	9Ar44	19 47	8 4	6 0	28 58	26 3	20 27	6 0	10 56	25 43
26	6:19:39	5 10 26	23 0	19 36	9 18	6 40	29 11	26 10	20 25	5 59	10 55	25 40
27	6:23:37	6 7 40	6Ta44	19 20	10 32	7 20	29 24	26 16	20 24	5 58	10 53	25 37
28	6:27:33	7 4 53	20 55	19 0	11 46	8 0	29 37	26 23	20 22	5 56	10 52	25 34
29	6:31:30	8 2 7	5Ge31	18 36	12 59	8 40	29 49	26 29	20 21	5 55	10 51	25 31
30	6:35:26	8 59 21	20 27	18 9	14 13	9 20	0Ge 2	26 35	20 19	5 53	10 49	25 28

6/21 Sun in Can. 1:49   6/2 New 12:15   6/9 1st Qt. 3:30   6/16 Full 22:28   6/25 3rd Qt. 1:01

JULY 2000

Day	Sid. T.	Sun	Moon	Merc.	Venus	Mars	Jup.	Saturn	Uranus	Nept.	Pluto	N.Node
1	6:39:23	9Cn56 35	5Cn35	17Cn39R	15Cn27	9Cn59	0Ge14	26Ta42	20Aq17R	5Aq52R	10Sg48R	25Cn24
2	6:43:19	10 53 49	20 47	17 6	16 41	10 39	0 27	26 48	20 16	5 51	10 47	25 21
3	6:47:15	11 51 3	5Le52	16 32	17 54	11 19	0 39	26 54	20 14	5 49	10 45	25 18
4	6:51:12	12 48 16	20 42	15 55	19 8	11 59	0 51	27 1	20 12	5 48	10 44	25 15
5	6:55: 9	13 45 29	5Vi12	15 18	20 22	12 38	1 4	27 7	20 11	5 46	10 43	25 12
6	6:59: 6	14 42 42	19 16	14 41	21 36	13 18	1 16	27 13	20 9	5 45	10 41	25 8
7	7: 3: 2	15 39 55	2Li56	14 4	22 50	13 57	1 28	27 19	20 7	5 43	10 40	25 5
8	7: 6:58	16 37 7	16 10	13 28	24 3	14 37	1 40	27 25	20 5	5 42	10 39	25 2
9	7:10:55	17 34 20	29 2	12 54	25 17	15 16	1 52	27 31	20 3	5 40	10 38	24 59
10	7:14:52	18 31 32	11Sc36	12 22	26 31	15 56	2 4	27 37	20 1	5 39	10 36	24 56
11	7:18:48	19 28 44	23 53	11 53	27 45	16 35	2 15	27 42	19 59	5 37	10 35	24 53
12	7:22:45	20 25 56	5Sg58	11 27	28 58	17 15	2 27	27 48	19 58	5 36	10 34	24 49
13	7:26:42	21 23 9	17 55	11 5	0Le12	17 54	2 39	27 54	19 56	5 34	10 33	24 46
14	7:30:38	22 20 21	29 46	10 47	1 26	18 34	2 50	27 59	19 54	5 33	10 32	24 43
15	7:34:34	23 17 34	11Cp35	10 34	2 40	19 13	3 2	28 5	19 51	5 31	10 31	24 40
16	7:38:31	24 14 47	23 23	10 25	3 53	19 52	3 13	28 10	19 49	5 29	10 30	24 37
17	7:42:28	25 12 0	5Aq13	10 23	5 7	20 31	3 24	28 16	19 47	5 28	10 29	24 34
18	7:46:24	26 9 14	17 7	10 26D	6 21	21 11	3 35	28 21	19 45	5 26	10 28	24 30
19	7:50:21	27 6 28	29 7	10 34	7 35	21 50	3 46	28 26	19 43	5 25	10 27	24 27
20	7:54:17	28 3 43	11Pi17	10 47	8 48	22 29	3 57	28 31	19 41	5 23	10 26	24 24
21	7:58:13	29 0 58	23 39	11 7	10 2	23 8	4 8	28 36	19 39	5 21	10 25	24 21
22	8: 2:10	29 58 15	6Ar15	11 32	11 16	23 47	4 19	28 42	19 37	5 20	10 24	24 18
23	8: 6: 7	0Le55 32	19 9	12 2	12 30	24 26	4 30	28 46	19 34	5 18	10 23	24 14
24	8:10: 4	1 52 50	2Ta23	12 39	13 44	25 6	4 40	28 51	19 32	5 17	10 22	24 11
25	8:14: 0	2 50 9	15 59	13 21	14 57	25 45	4 51	28 56	19 30	5 15	10 21	24 8
26	8:17:57	3 47 29	29 59	14 9	16 11	26 24	5 1	29 1	19 28	5 13	10 20	24 5
27	8:21:53	4 44 50	14Ge21	15 3	17 25	27 3	5 12	29 5	19 25	5 12	10 20	24 2
28	8:25:49	5 42 12	29 4	16 2	18 39	27 42	5 22	29 10	19 23	5 10	10 19	23 59
29	8:29:46	6 39 35	14Cn 2	17 7	19 53	28 21	5 32	29 15	19 21	5 8	10 18	23 55
30	8:33:43	7 36 58	29 7	18 17	21 6	28 59	5 42	29 19	19 18	5 7	10 17	23 52
31	8:37:40	8 34 23	14Le12	19 32	22 20	29 38	5 52	29 23	19 16	5 5	10 17	23 49

7/22 Sun in Leo 12:44   7/1 New 19:21(E)   7/8 1st Qt. 12:54   7/16 Full 13:56(E)   7/24 3rd Qt. 11:03   7/31 New 2:26(E)

AUGUST 2000

Day	Sid. T.	Sun	Moon	Merc.	Venus	Mars	Jup.	Saturn	Uranus	Nept.	Pluto	N.Node
1	8:41:36	9Le31 48	29Le 6	20Cn52	23Le34	0Le17	6Ge 1	29Ta27	19Aq14R	5Aq 3R	10Sg16R	23Cn46
2	8:45:33	10 29 15	13Vi43	22 17	24 48	0 56	6 11	29 32	19 11	5 2	10 16	23 43
3	8:49:29	11 26 41	27 57	23 47	26 2	1 35	6 21	29 36	19 9	5 0	10 15	23 39
4	8:53:25	12 24 9	11Li44	25 21	27 15	2 14	6 30	29 40	19 7	4 59	10 15	23 36
5	8:57:22	13 21 37	25 4	27 0	28 29	2 52	6 39	29 43	19 4	4 57	10 14	23 33
6	9: 1:19	14 19 6	7Sc59	28 42	29 43	3 31	6 48	29 47	19 2	4 55	10 14	23 30
7	9: 5:16	15 16 36	20 32	0Le28	0Vi57	4 10	6 57	29 51	18 59	4 54	10 13	23 27
8	9: 9:12	16 14 6	2Sg47	2 17	2 10	4 49	7 6	29 55	18 57	4 52	10 13	23 24
9	9:13: 8	17 11 37	14 48	4 9	3 24	5 27	7 15	29 58	18 55	4 51	10 12	23 20
10	9:17: 5	18 9 10	26 41	6 4	4 38	6 6	7 24	0Ge 2	18 52	4 49	10 12	23 17
11	9:21: 1	19 6 43	8Cp29	8 1	5 52	6 45	7 32	0 5	18 50	4 48	10 12	23 14
12	9:24:58	20 4 17	20 17	9 59	7 5	7 23	7 40	0 8	18 47	4 46	10 11	23 11
13	9:28:55	21 1 52	2Aq 7	11 59	8 19	8 2	7 49	0 11	18 45	4 44	10 11	23 8
14	9:32:52	21 59 29	14 3	14 0	9 33	8 40	7 57	0 14	18 43	4 43	10 11	23 5
15	9:36:48	22 57 6	26 6	16 1	10 47	9 19	8 5	0 17	18 40	4 41	10 10	23 1
16	9:40:44	23 54 45	8Pi19	18 3	12 0	9 57	8 12	0 20	18 38	4 40	10 10	22 58
17	9:44:41	24 52 25	20 43	20 5	13 14	10 36	8 20	0 23	18 36	4 38	10 10	22 55
18	9:48:37	25 50 6	3Ar18	22 7	14 28	11 14	8 28	0 26	18 33	4 37	10 10	22 52
19	9:52:34	26 47 49	16 7	24 9	15 42	11 53	8 35	0 28	18 31	4 35	10 10	22 49
20	9:56:31	27 45 34	29 10	26 9	16 55	12 31	8 42	0 31	18 28	4 34	10 10	22 45
21	10: 0:27	28 43 20	12Ta28	28 10	18 9	13 9	8 49	0 33	18 26	4 32	10 10D	22 42
22	10: 4:23	29 41 8	26 2	0Vi 9	19 23	13 48	8 56	0 35	18 24	4 31	10 10	22 39
23	10: 8:20	0Vi38 58	9Ge53	2 7	20 36	14 26	9 3	0 37	18 21	4 30	10 10	22 36
24	10:12:17	1 36 49	24 2	4 4	21 50	15 4	9 10	0 40	18 19	4 28	10 11	22 33
25	10:16:13	2 34 42	8Cn26	6 0	23 4	15 43	9 16	0 42	18 17	4 27	10 11	22 30
26	10:20: 9	3 32 38	23 4	7 55	24 17	16 21	9 23	0 43	18 15	4 25	10 11	22 26
27	10:24: 7	4 30 34	7Le50	9 49	25 31	16 59	9 29	0 45	18 12	4 24	10 11	22 23
28	10:28: 3	5 28 33	22 39	11 42	26 45	17 38	9 35	0 47	18 10	4 23	10 11	22 20
29	10:31:59	6 26 33	7Vi24	13 33	27 58	18 16	9 41	0 48	18 8	4 21	10 12	22 17
30	10:35:56	7 24 34	21 56	15 23	29 12	18 54	9 46	0 50	18 6	4 20	10 12	22 14
31	10:39:53	8 22 38	6Li 8	17 11	0Li26	19 32	9 52	0 51	18 3	4 19	10 12	22 11

8/22 Sun in Vir. 19:50   8/7 1st Qt. 1:03   8/15 Full 5:14   8/22 3rd Qt. 18:52   8/29 New 10:20

SEPTEMBER 2000

Day	Sid. T.	Sun	Moon	Merc.	Venus	Mars	Jup.	Saturn	Uranus	Nept.	Pluto	N.Node
1	10:43:49	9Vi20 42	19Li58	18Vi59	1Li39	20Le10	9Ge57	0Ge52	18Aq 1R	4Aq17R	10Sg12	22Cn 7
2	10:47:45	10 18 48	3Sc21	20 45	2 53	20 49	10 2	0 54	17 59	4 16	10 13	22 4
3	10:51:43	11 16 56	16 19	22 30	4 7	21 27	10 7	0 55	17 57	4 15	10 13	22 1
4	10:55:39	12 15 5	28 54	24 13	5 20	22 5	10 12	0 55	17 55	4 14	10 14	21 58
5	10:59:35	13 13 15	11Sg 9	25 56	6 34	22 43	10 17	0 56	17 53	4 13	10 14	21 55
6	11: 3:32	14 11 27	23 10	27 37	7 47	23 21	10 21	0 57	17 51	4 11	10 15	21 51
7	11: 7:28	15 9 41	5Cp 2	29 17	9 1	23 59	10 26	0 58	17 49	4 10	10 15	21 48
8	11:11:24	16 7 56	16 50	0Li56	10 14	24 37	10 30	0 58	17 46	4 9	10 16	21 45
9	11:15:22	17 6 12	28 39	2 34	11 28	25 15	10 34	0 58	17 44	4 8	10 17	21 42
10	11:19:18	18 4 30	10Aq33	4 10	12 42	25 53	10 38	0 59	17 43	4 7	10 17	21 39
11	11:23:15	19 2 50	22 36	5 46	13 55	26 31	10 41	0 59	17 41	4 6	10 18	21 36
12	11:27:11	20 1 12	4Pi50	7 20	15 9	27 9	10 45	0 59R	17 39	4 5	10 19	21 32
13	11:31: 8	20 59 35	17 18	8 53	16 22	27 47	10 48	0 59	17 37	4 4	10 19	21 29
14	11:35: 4	21 58 0	0Ar 0	10 25	17 35	28 25	10 51	0 59	17 35	4 3	10 20	21 26
15	11:39: 0	22 56 27	12 55	11 56	18 49	29 3	10 54	0 58	17 33	4 2	10 21	21 23
16	11:42:58	23 54 55	26 4	13 26	20 2	29 41	10 57	0 58	17 31	4 1	10 22	21 20
17	11:46:54	24 53 26	9Ta25	14 55	21 16	0Vi18	10 59	0 57	17 30	4 0	10 23	21 17
18	11:50:51	25 52 0	22 57	16 23	22 29	0 56	11 1	0 57	17 28	3 59	10 24	21 13
19	11:54:47	26 50 35	6Ge39	17 50	23 43	1 34	11 3	0 56	17 26	3 59	10 25	21 10
20	11:58:44	27 49 13	20 31	19 15	24 56	2 12	11 5	0 55	17 25	3 58	10 26	21 7
21	12: 2:40	28 47 53	4Cn32	20 40	26 9	2 50	11 7	0 54	17 23	3 57	10 27	21 4
22	12: 6:36	29 46 35	18 41	22 3	27 23	3 28	11 9	0 53	17 21	3 56	10 28	21 1
23	12:10:33	0Li45 19	2Le59	23 25	28 36	4 5	11 10	0 52	17 20	3 56	10 29	20 57
24	12:14:30	1 44 6	17 22	24 46	29 50	4 43	11 11	0 51	17 18	3 55	10 30	20 54
25	12:18:27	2 42 55	1Vi47	26 5	1Sc 3	5 21	11 12	0 50	17 17	3 54	10 31	20 51
26	12:22:23	3 41 46	16 9	27 23	2 16	5 58	11 13	0 48	17 15	3 54	10 32	20 48
27	12:26:19	4 40 39	0Li22	28 40	3 29	6 36	11 13	0 47	17 14	3 53	10 33	20 45
28	12:30:16	5 39 34	14 22	29 55	4 43	7 14	11 13	0 45	17 13	3 52	10 35	20 42
29	12:34:12	6 38 31	28 2	1Sc 9	5 56	7 52	11 14R	0 43	17 11	3 52	10 36	20 38
30	12:38: 9	7 37 29	11Sc21	2 21	7 9	8 29	11 13	0 41	17 10	3 51	10 37	20 35

9/22 Sun in Lib. 17:29   9/5 1st Qt. 16:28   9/13 Full 19:38   9/21 3rd Qt. 1:29   9/27 New 19:54

OCTOBER 2000

Day	Sid. T.	Sun	Moon	Merc.	Venus	Mars	Jup.	Saturn	Uranus	Nept.	Pluto	N.Node
1	12:42: 6	8Li36 30	24Sc17	3Sc32	8Sc23	9Vi 7	11Ge13R	0Ge39R	17Aq 9R	3Aq51R	10Sg38	20Cn32
2	12:46: 3	9 35 33	6Sg51	4 41	9 36	9 44	11 13	0 37	17 8	3 50	10 40	20 29
3	12:49:59	10 34 38	19 7	5 47	10 49	10 22	11 12	0 35	17 7	3 50	10 41	20 26
4	12:53:55	11 33 44	1Cp 8	6 52	12 2	11 0	11 11	0 33	17 6	3 50	10 42	20 23
5	12:57:52	12 32 52	13 0	7 54	13 15	11 37	11 10	0 31	17 4	3 49	10 44	20 19
6	13: 1:48	13 32 2	24 48	8 54	14 28	12 15	11 9	0 28	17 3	3 49	10 45	20 16
7	13: 5:45	14 31 14	6Aq38	9 51	15 42	12 52	11 7	0 26	17 3	3 49	10 47	20 13
8	13: 9:42	15 30 27	18 35	10 45	16 55	13 30	11 6	0 23	17 2	3 48	10 48	20 10
9	13:13:38	16 29 42	0Pi43	11 36	18 8	14 7	11 4	0 20	17 1	3 48	10 50	20 7
10	13:17:34	17 28 59	13 6	12 23	19 21	14 45	11 2	0 17	17 0	3 48	10 51	20 3
11	13:21:31	18 28 18	25 47	13 7	20 34	15 22	10 59	0 14	16 59	3 48	10 53	20 0
12	13:25:28	19 27 39	8Ar46	13 46	21 47	15 59	10 57	0 11	16 58	3 48	10 55	19 57
13	13:29:25	20 27 2	22 4	14 21	23 0	16 37	10 54	0 8	16 58	3 48	10 56	19 54
14	13:33:21	21 26 27	5Ta37	14 50	24 13	17 14	10 51	0 5	16 57	3 48	10 58	19 51
15	13:37:18	22 25 54	19 23	15 14	25 26	17 52	10 48	0 2	16 57	3 48D	11 0	19 48
16	13:41:14	23 25 23	3Ge18	15 32	26 39	18 29	10 45	29Ta58	16 56	3 48	11 1	19 44
17	13:45:10	24 24 55	17 19	15 44	27 52	19 6	10 42	29 55	16 56	3 48	11 3	19 41
18	13:49: 7	25 24 28	1Cn24	15 48	29 4	19 44	10 38	29 51	16 55	3 48	11 5	19 38
19	13:53: 4	26 24 5	15 29	15 45R	0Sg17	20 21	10 34	29 48	16 55	3 48	11 6	19 35
20	13:57: 1	27 23 43	29 35	15 33	1 30	20 58	10 30	29 44	16 54	3 48	11 8	19 32
21	14: 0:57	28 23 24	13Le40	15 13	2 43	21 36	10 26	29 40	16 54	3 48	11 10	19 28
22	14: 4:54	29 23 7	27 44	14 44	3 56	22 13	10 22	29 37	16 54	3 48	11 12	19 25
23	14: 8:50	0Sc22 52	11Vi44	14 6	5 8	22 50	10 17	29 33	16 54	3 49	11 14	19 22
24	14:12:46	1 22 40	25 40	13 20	6 21	23 27	10 12	29 29	16 54	3 49	11 16	19 19
25	14:16:43	2 22 29	9Li28	12 25	7 34	24 4	10 7	29 25	16 53	3 49	11 18	19 16
26	14:20:39	3 22 21	23 4	11 22	8 47	24 42	10 2	29 21	16 53	3 50	11 20	19 13
27	14:24:37	4 22 15	6Sc26	10 13	9 59	25 19	9 57	29 17	16 53	3 50	11 21	19 9
28	14:28:33	5 22 11	19 30	9 0	11 12	25 56	9 51	29 12	16 54	3 50	11 23	19 6
29	14:32:29	6 22 8	2Sg17	7 43	12 25	26 33	9 46	29 8	16 54	3 51	11 25	19 3
30	14:36:26	7 22 7	14 45	6 26	13 37	27 10	9 40	29 4	16 54	3 51	11 27	19 0
31	14:40:22	8 22 8	26 58	5 11	14 50	27 47	9 34	28 59	16 54	3 52	11 29	18 57

10/23 Sun in Sco. 2:49   10/5 1st Qt. 11:00   10/13 Full 8:54   10/20 3rd Qt. 8:00   10/27 New 7:59

NOVEMBER 2000

Day	Sid. T.	Sun	Moon	Merc.	Venus	Mars	Jup.	Saturn	Uranus	Nept.	Pluto	N.Node
1	14:44:19	9Sc22 11	8Cp58	3Sc59R	16Sg 2	28Vi24	9Ge28R	28Ta55R	16Aq54	3Aq52	11Sg31	18Cn54
2	14:48:15	10 22 15	20 49	2 55	17 15	29 1	9 22	28 50	16 55	3 53	11 33	18 50
3	14:52:13	11 22 21	2Aq37	1 58	18 27	29 38	9 15	28 46	16 55	3 54	11 36	18 47
4	14:56: 9	12 22 29	14 26	1 11	19 39	0Li15	9 9	28 41	16 55	3 54	11 38	18 44
5	15: 0: 5	13 22 38	26 22	0 35	20 52	0 52	9 2	28 37	16 56	3 55	11 40	18 41
6	15: 4: 2	14 22 49	8Pi31	0 11	22 4	1 29	8 55	28 32	16 56	3 56	11 42	18 38
7	15: 7:58	15 23 1	20 58	29Li58	23 16	2 6	8 49	28 28	16 57	3 56	11 44	18 34
8	15:11:55	16 23 15	3Ar45	29 57D	24 29	2 43	8 42	28 23	16 58	3 57	11 46	18 31
9	15:15:52	17 23 30	16 54	0Sc 7	25 41	3 20	8 34	28 18	16 58	3 58	11 48	18 28
10	15:19:49	18 23 47	0Ta27	0 27	26 53	3 57	8 27	28 13	16 59	3 59	11 50	18 25
11	15:23:44	19 24 5	14 21	0 57	28 5	4 34	8 20	28 9	17 0	4 0	11 53	18 22
12	15:27:41	20 24 25	28 32	1 35	29 17	5 11	8 12	28 4	17 1	4 1	11 55	18 19
13	15:31:38	21 24 47	12Ge54	2 21	0Cp29	5 47	8 5	27 59	17 2	4 2	11 57	18 15
14	15:35:34	22 25 11	27 22	3 14	1 41	6 24	7 57	27 54	17 3	4 3	11 59	18 12
15	15:39:30	23 25 37	11Cn50	4 14	2 53	7 1	7 50	27 49	17 4	4 4	12 1	18 9
16	15:43:28	24 26 4	26 14	5 18	4 5	7 38	7 42	27 44	17 5	4 5	12 4	18 6
17	15:47:24	25 26 33	10Le30	6 27	5 17	8 14	7 34	27 39	17 6	4 6	12 6	18 3
18	15:51:20	26 27 4	24 36	7 40	6 29	8 51	7 26	27 35	17 7	4 7	12 8	18 0
19	15:55:17	27 27 37	8Vi32	8 56	7 40	9 28	7 18	27 30	17 8	4 8	12 10	17 56
20	15:59:14	28 28 12	22 17	10 15	8 52	10 4	7 10	27 25	17 9	4 9	12 13	17 53
21	16: 3:10	29 28 48	5Li52	11 36	10 3	10 41	7 2	27 20	17 11	4 10	12 15	17 50
22	16: 7: 6	0Sg29 27	19 15	12 58	11 15	11 17	6 54	27 15	17 12	4 12	12 17	17 47
23	16:11: 4	1 30 6	2Sc25	14 25	12 26	11 54	6 46	27 10	17 13	4 13	12 20	17 44
24	16:15: 0	2 30 48	15 23	15 52	13 38	12 31	6 38	27 5	17 15	4 14	12 22	17 40
25	16:18:56	3 31 31	28 8	17 20	14 49	13 7	6 30	27 0	17 16	4 15	12 24	17 37
26	16:22:53	4 32 15	10Sg39	18 49	16 1	13 44	6 21	26 56	17 18	4 17	12 26	17 34
27	16:26:49	5 33 0	22 57	20 18	17 12	14 20	6 13	26 51	17 19	4 18	12 29	17 31
28	16:30:45	6 33 47	5Cp 2	21 49	18 23	14 56	6 5	26 46	17 21	4 19	12 31	17 28
29	16:34:42	7 34 35	16 58	23 20	19 34	15 33	5 57	26 41	17 23	4 21	12 33	17 25
30	16:38:39	8 35 24	28 48	24 51	20 45	16 9	5 49	26 36	17 24	4 22	12 36	17 21

11/22 Sun in Sag. 0:21   11/4 1st Qt. 7:28   11/11 Full 21:16   11/18 3rd Qt. 15:26   11/25 New 23:12

DECEMBER 2000

Day	Sid. T.	Sun	Moon	Merc.	Venus	Mars	Jup.	Saturn	Uranus	Nept.	Pluto	N.Node
1	16:42:36	9Sg36 14	10Aq35	26Sc23	21Cp56	16Li45	5Ge41R	26Ta32R	17Aq26	4Aq24	12Sg38	17Cn18
2	16:46:32	10 37 5	22 23	27 55	23 7	17 22	5 32	26 27	17 28	4 25	12 40	17 15
3	16:50:29	11 37 56	4Pi18	29 27	24 17	17 58	5 24	26 22	17 30	4 27	12 43	17 12
4	16:54:25	12 38 49	16 24	1Sg 0	25 28	18 34	5 16	26 18	17 32	4 28	12 45	17 9
5	16:58:21	13 39 42	28 48	2 33	26 38	19 10	5 8	26 13	17 33	4 30	12 47	17 5
6	17: 2:18	14 40 36	11Ar33	4 5	27 49	19 47	5 0	26 9	17 35	4 32	12 50	17 2
7	17: 6:15	15 41 31	24 42	5 38	28 59	20 23	4 52	26 4	17 37	4 33	12 52	16 59
8	17:10:12	16 42 27	8Ta18	7 11	0Aq 9	20 59	4 44	26 0	17 39	4 35	12 54	16 56
9	17:14: 8	17 43 23	22 20	8 45	1 19	21 35	4 37	25 56	17 42	4 37	12 57	16 53
10	17:18: 5	18 44 20	6Ge44	10 18	2 29	22 11	4 29	25 51	17 44	4 38	12 59	16 50
11	17:22: 1	19 45 18	21 27	11 51	3 39	22 47	4 21	25 47	17 46	4 40	13 1	16 46
12	17:25:57	20 46 17	6Cn19	13 24	4 49	23 23	4 14	25 43	17 48	4 42	13 4	16 43
13	17:29:55	21 47 17	21 14	14 58	5 58	23 59	4 6	25 39	17 50	4 44	13 6	16 40
14	17:33:51	22 48 18	6Le 4	16 31	7 8	24 35	3 59	25 35	17 53	4 45	13 8	16 37
15	17:37:48	23 49 19	20 41	18 5	8 17	25 11	3 52	25 31	17 55	4 47	13 10	16 34
16	17:41:44	24 50 22	5Vi 3	19 39	9 26	25 46	3 45	25 27	17 57	4 49	13 13	16 31
17	17:45:40	25 51 25	19 6	21 13	10 36	26 22	3 38	25 23	18 0	4 51	13 15	16 27
18	17:49:37	26 52 30	2Li49	22 47	11 44	26 58	3 31	25 19	18 2	4 53	13 17	16 24
19	17:53:33	27 53 35	16 14	24 21	12 53	27 34	3 24	25 15	18 5	4 55	13 20	16 21
20	17:57:30	28 54 41	29 21	25 55	14 2	28 9	3 17	25 12	18 7	4 57	13 22	16 18
21	18: 1:27	29 55 48	12Sc12	27 30	15 10	28 45	3 11	25 8	18 10	4 58	13 24	16 15
22	18: 5:24	0Cp56 56	24 50	29 4	16 19	29 20	3 4	25 4	18 12	5 0	13 26	16 12
23	18: 9:20	1 58 4	7Sg14	0Cp39	17 27	29 56	2 58	25 1	18 15	5 2	13 29	16 9
24	18:13:16	2 59 13	19 28	2 14	18 35	0Sc31	2 52	24 58	18 18	5 4	13 31	16 5
25	18:17:13	4 0 22	1Cp33	3 50	19 42	1 7	2 46	24 55	18 20	5 6	13 33	16 2
26	18:21: 9	5 1 32	13 30	5 25	20 50	1 42	2 40	24 51	18 23	5 8	13 35	15 59
27	18:25: 6	6 2 42	25 22	7 1	21 57	2 18	2 34	24 48	18 26	5 10	13 37	15 56
28	18:29: 3	7 3 51	7Aq10	8 37	23 5	2 53	2 29	24 45	18 29	5 13	13 40	15 52
29	18:33: 0	8 5 2	18 56	10 14	24 12	3 28	2 24	24 42	18 32	5 15	13 42	15 49
30	18:36:56	9 6 12	0Pi46	11 51	25 18	4 3	2 19	24 40	18 34	5 17	13 44	15 46
31	18:40:52	10 7 21	12 41	13 28	26 25	4 39	2 14	24 37	18 37	5 19	13 46	15 43

12/21 Sun in Cap. 13:39   12/4 1st Qt. 3:56   12/11 Full 9:04   12/18 3rd Qt. 0:43   12/25 New 17:23(E)

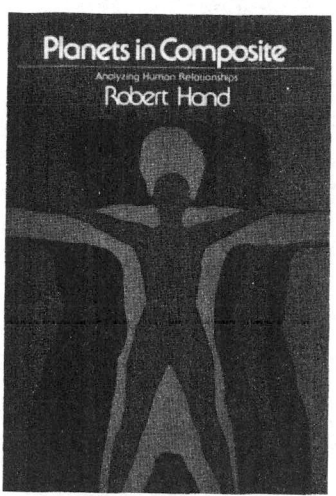

PLANETS IN COMPOSITE

Analyzing Human Relationships
Robert Hand

Robert Hand has written an important reference book that is much needed in the astrological field, a definitive work about human relationships.

After extensive research and professional experience, Hand has concluded that the composite chart technique works more effectively than other techniques as a method of interpreting relationships.

Planets in Composite contains an explanation of the composite technique, chapters on casting and reading the horoscope, five case studies illustrating the use and validity of composite charts, plus twelve chapters of delineations. There are delineations for all the planets (including Sun and Moon) in each house and every major aspect (conjunction, sextile, square, trine, opposition). 374 interpretations in all, 300 words each, thumb-indexed for easy reference. And there are 41 delineations of the Moon's nodes as well.

Planets in Composite is not only the first major textbook to use the composite technique, it is the most complete, in-depth astrology book ever written about human relationships. Robert Hand's analysis of the composite horoscope has made a significant contribution to the study of astrology.

ISBN 0-914918-22-2
362 pages, 6½" x 9¼", paper $19.95

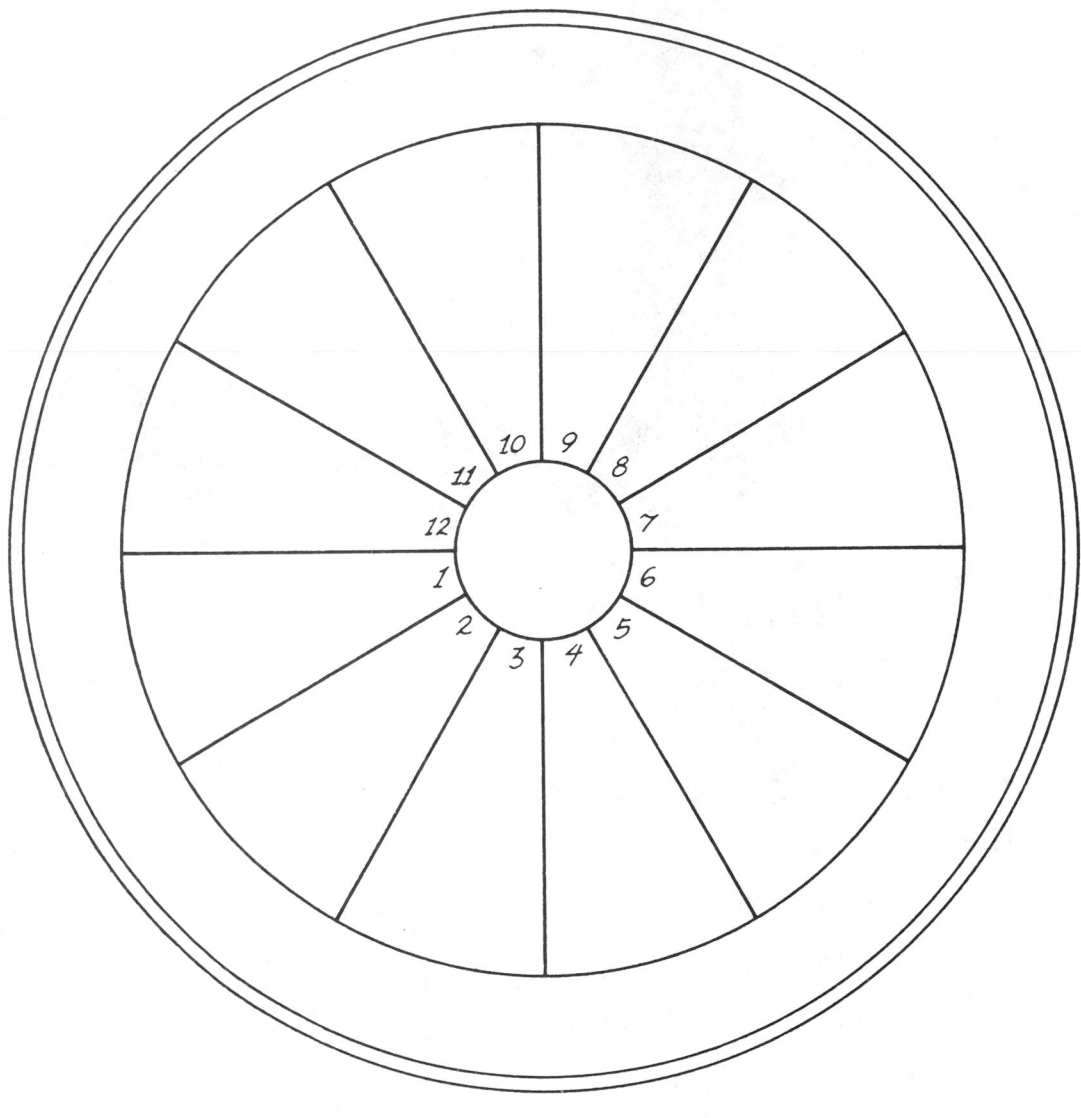

Name _____

Birthdate _____ Fire _____

Standard Time _____ Earth _____

Greenwich Mean Time _____ Air _____

Sidereal Time _____ Water _____

Birthplace _____ Cardinal _____

Longitude _____ Fixed _____

Latitude _____ Mutuable _____

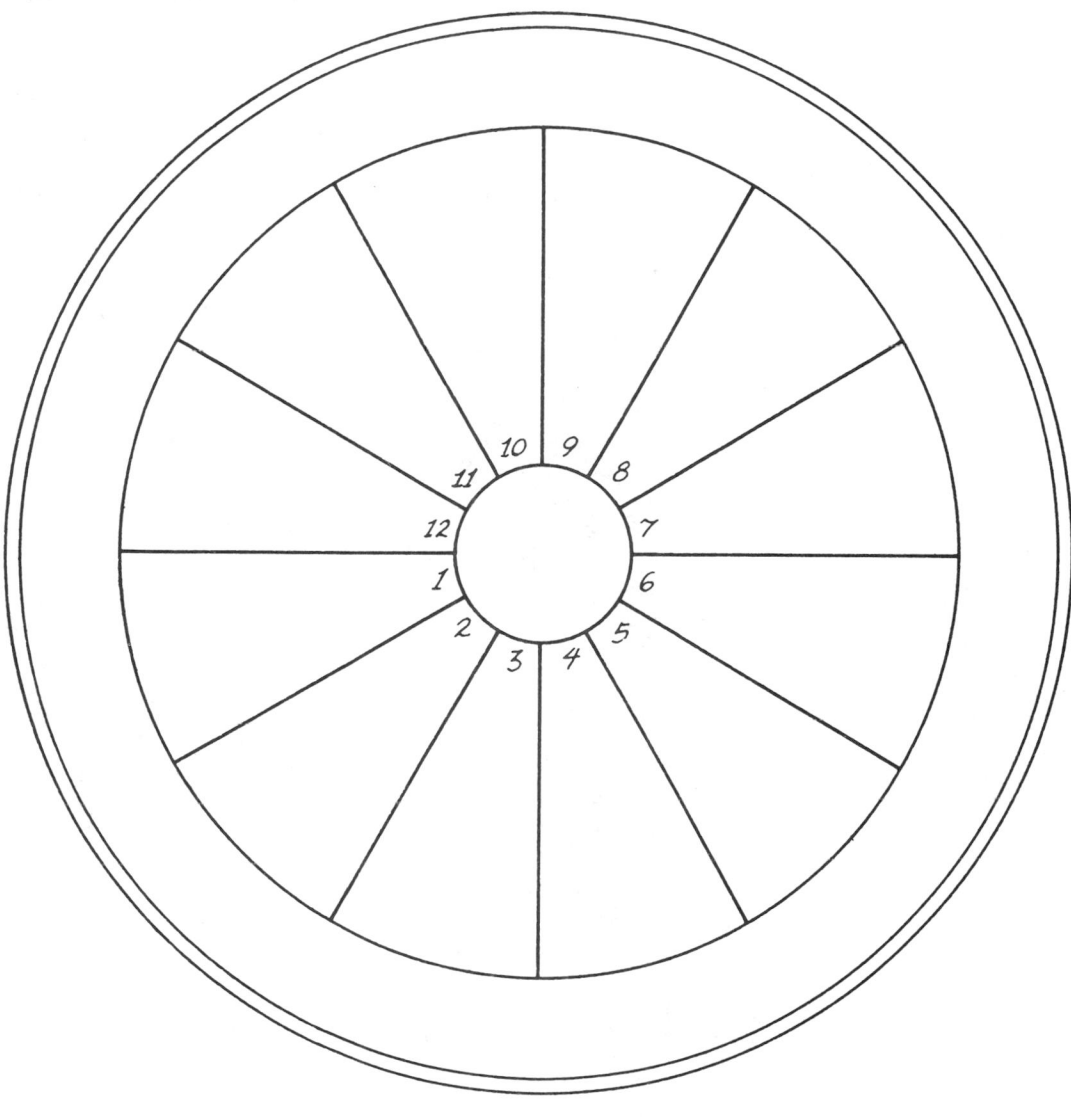

Name _____

Birthdate _____ Fire _____

Standard Time _____ Earth _____

Greenwich Mean Time _____ Air _____

Sidereal Time _____ Water _____

Birthplace _____ Cardinal _____

Longitude _____ Fixed _____

Latitude _____ Mutuable _____

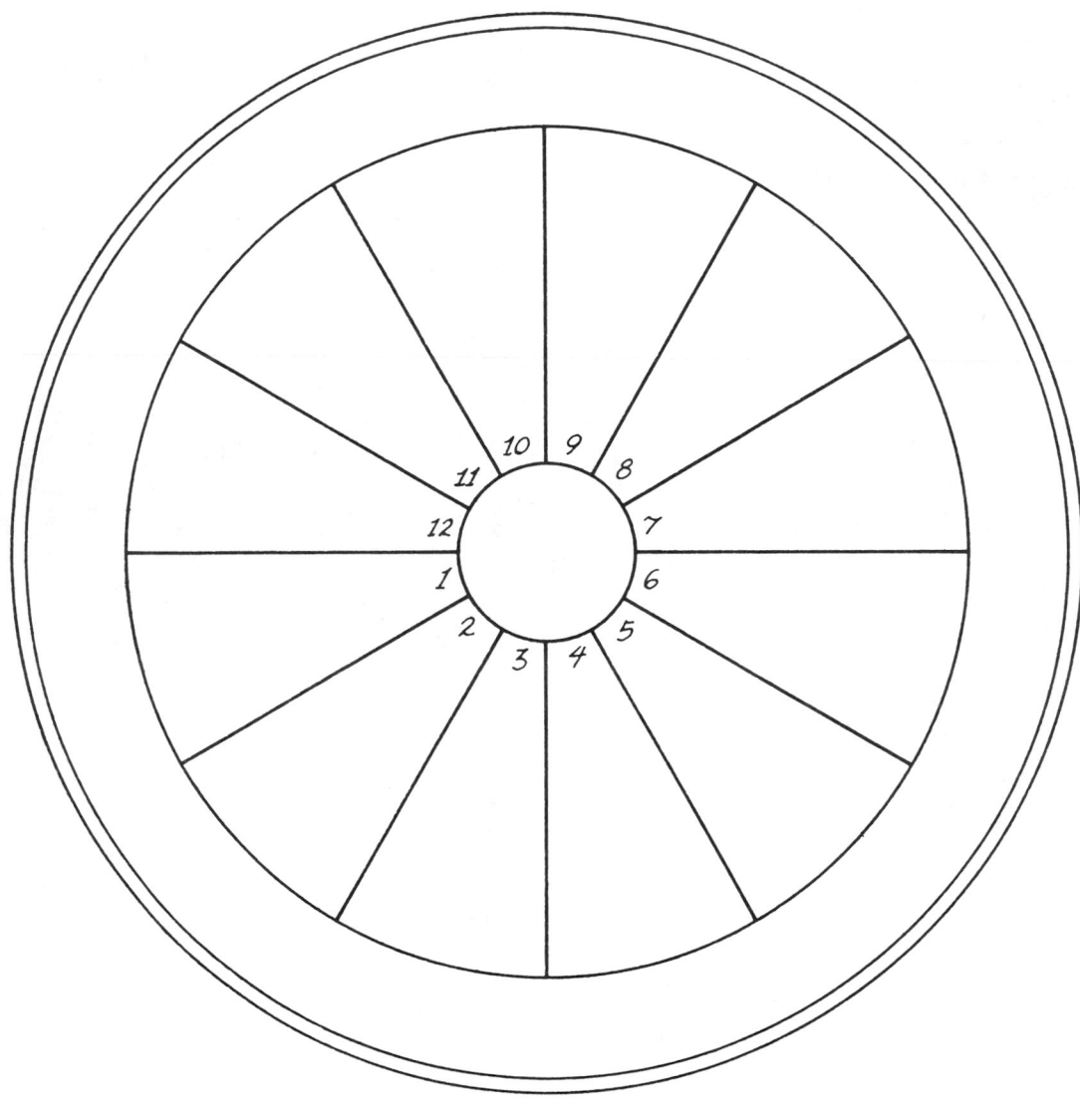

Name _____

Birthdate _____ Fire _____

Standard Time _____ Earth _____

Greenwich Mean Time _____ Air _____

Sidereal Time _____ Water _____

Birthplace _____ Cardinal _____

Longitude _____ Fixed_____

Latitude_____ Mutuable_____

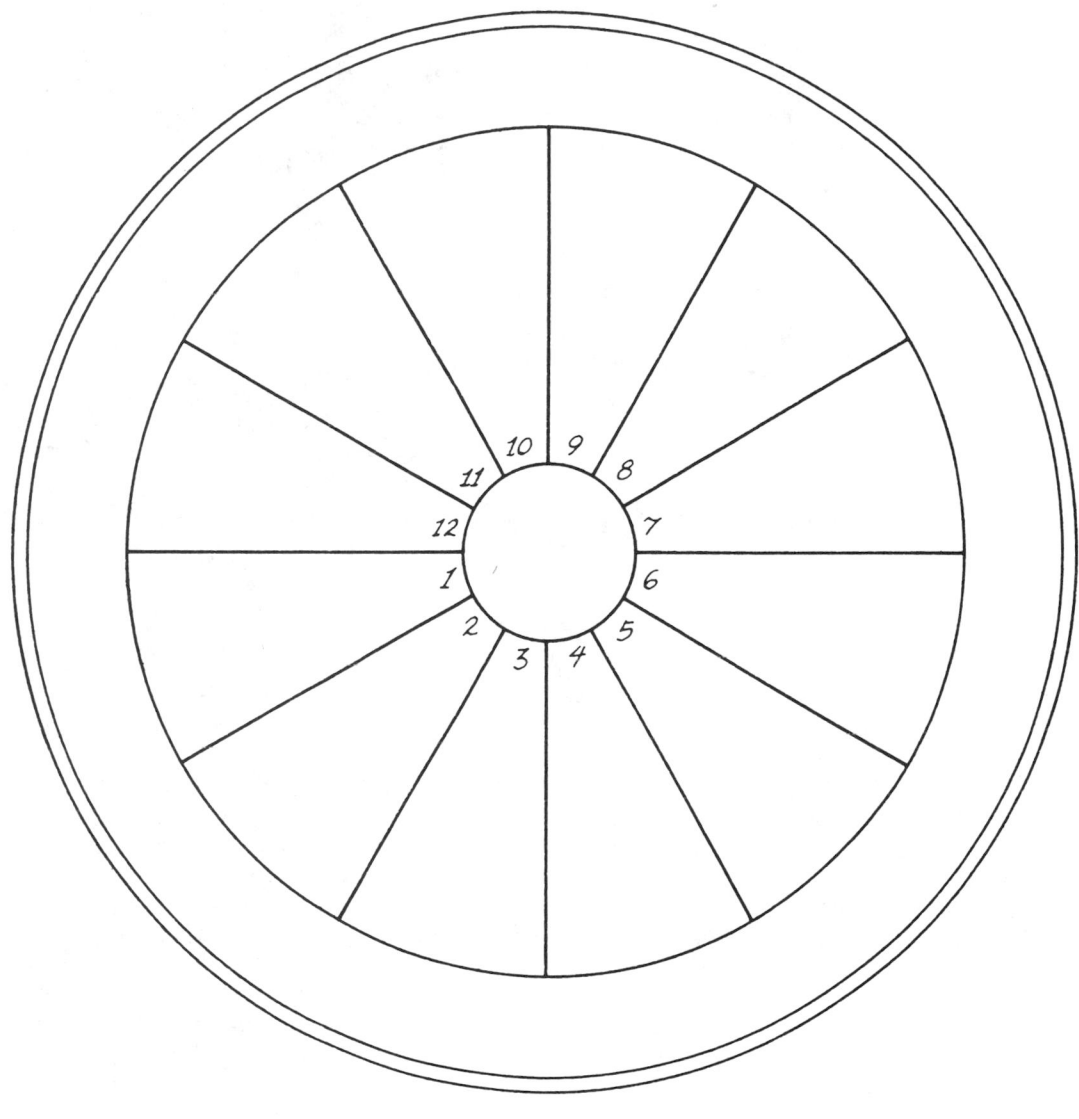

Name _____

Birthdate _____	Fire _____
Standard Time _____	Earth _____
Greenwich Mean Time _____	Air _____
Sidereal Time _____	Water _____
Birthplace _____	Cardinal _____
Longitude _____	Fixed _____
Latitude _____	Mutuable _____

HOROSCOPE SYMBOLS

Robert Hand

Horoscope Symbols, Para Research's latest book by leading astrologer Robert Hand, explores astrological symbolism. Hand, with twenty years experience in the field, analyzes traditional meanings, considers alternatives and uses his own experience to develop and clarify these symbols. He thoroughly explains astrological symbolism—its history as well as its application for modern astrologers. In this new work, Robert Hand continues to build his reputation as the major new voice in humanistic astrology.

The author covers such basics as signs, planets, houses and aspects, illuminating their core meanings. In addition, Hand discusses midpoints, harmonics, the effect of retrograde planets and other often confusing areas for the astrologer.

Previously announced as *Planets in Synthesis*, *Horoscope Symbols* is the culmination of four years work. If you are new to astrology, this is the book to grow with. If you have already studied the basics, Robert Hand's approach will give you new perspective, insight and wisdom.

To quote the noted astrologer Alan Oken reviewing Robert Hand's *Horoscope Symbols*: "As usual, his writing is very clear, . . . what is most noteworthy is his ability to synthesize his comprehensive understanding of astrology from his basic scientific viewpoint . . . in humanistic prose.

ISBN 0-914918-16-8
400 pages, paper, 6½" x 9¼"

$19.95